中华传世藏书

【图文珍藏版】

中国通史

刘宇庚⊙主编

线装书局

贵族与国君的较量

经过长期的争霸战争，许多国家内部发生了变革，大权渐渐落在大夫手里。这些大夫积极笼络人心，势力越来越大。一向被称为中原霸主的晋国，政权也落入赵、韩、魏、范、中行、知氏六卿之手，国君完全丧失了对卿大夫的制约力，晋国实际上已是“政在私门”。

晋国瓦解

晋国六卿的联合专政为后来的三家分晋埋下了伏笔，也可以说是三家分晋的前奏。三家分晋是晋国社会发展的必然趋势，符合时代潮流的前进趋势。

蔡侯产戈

法与礼的较量

西周时期，各国主要依靠宗法制维护统治，到了春秋时期，则更多地需要按法律办事了。于是，尚法精神逐渐产生，在这方面，晋国的表现最为突出。

尚法精神的最初体现，表现在军事上。晋国在战争中，对违犯军令者以法律论处。一次，赵盾推荐韩厥任中军司马，但事后又不放心，就决定考验他一番。在一次与秦军的战斗中，赵盾故意派给自己驾车的御士驱动战车扰乱军队的行列，韩厥毫不留情地按军法把御士杀了。事后，赵盾将韩厥找去，并对他说道：“办事不能讲私人感情，要能够秉公处理，特别在军事上更应当如此。但我不知你是否具备这种品德，所以考验了你一次，你经受住了考验，今后要事事照着这样办，将来国家就要靠你了。”

韩厥不负所望，当了二十多年的军司马，然后升任军将，最后做了七年的元帅，屡立战功。不仅如此，韩厥在政治上也颇有贡献。在晋景公谋划迁都时，许多人建议从故绛（今山西翼城东南）迁到郇（今运城解池西北）、瑕（今解池南）之地，那里土地肥沃，盛产食盐，“国利君乐”。韩厥却认为，郇、瑕之地“土薄水浅”，地下水位高，太潮湿，容易生风湿病，引起人民愁怨，应该迁到新田（今山西侯马），那里“土厚水深”，利于居住，人民可以安居乐业，服从政令，是十世之利。后来晋国迁都于新田，即是采纳了韩厥的建议。

在晋国内部各大家族之间争权夺利十分激烈的漩涡中，韩厥始终保持着一种超然的姿态。栾书与荀偃迫于情势废厉公之时，曾请韩厥参与其事，韩厥断然拒绝。正是由于他这种超然的态度，使得韩氏家族得以保全壮大，成为后来的六卿之一，三家分晋后的韩氏诸侯。

为了严肃军纪，韩厥和一些士大夫很想把军纪上升为成文法。公元前513年，大夫赵鞅、荀寅带领军队在汝水旁筑城，同时征取了两百多斤铁器铸造了一个鼎，把过去制定的刑书都铸在鼎上，公诸于世。不料这一举动引起了晋国上下的震动，孔子甚至把这事视为晋国将亡的征兆，他说："晋国衰败了，丧失了开国之君唐叔虞传下来的法度，这样下去，民众只关心鼎上的法律条文，一律以此为准，尊卑贵贱的秩序将被打乱，怎能管理一个国家的政治呢？"

从晋文公时的尚法，到铸鼎公布成文法，这当中经过了一百多年的发展，可反对以法治国的还是大有人在。

君权的旁落

晋国君主权力的衰落，开始于赵盾执政的时代。在赵盾的保护下，他的族人杀了灵公却没受到惩罚。后来栾书杀了厉公同样也没受到制裁，君主权威已经被大夫们踩在脚下了。

国君当然不会坐以待毙，为了保卫自己的权力，他们同大夫们展开了激烈的斗争。晋景公时，为了打击赵氏专权，杀了赵盾的后代赵朔、赵同、赵括全族。戏曲中有一出《赵氏孤儿》，就是讲的这个故事。公元前597年，晋国大夫屠岸贾借口赵盾的族弟赵穿曾刺杀晋灵公，灭了赵氏全族。赵朔的妻子是晋成公的姐姐，逃进王宫后生下一个男孩，这就是历史上有名的赵氏孤儿赵武。后来，孤儿被赵朔的门客公孙杵臼和朋友程婴救出宫来。十五年后，在韩厥等的努力下，晋景公为赵氏平反昭雪，发兵攻灭屠岸贾，尽灭其族，立赵武为大夫，恢复了赵氏的土地封邑。赵武执政期间，虽然没有突出的建树，但保存了晋国的实力，维持住晋国的霸主地位，在与楚国抗衡中并未明显处于下风。

季札桂剑漆盘

无辜的赵氏子孙被杀后，晋景公便梦见赵盾化作厉鬼来杀他，醒后便生病了。听说晋景公病重，秦桓公便派了个名叫缓的医生去给晋景公治病。医生还没有到，晋景公又做了个梦，梦见疾病化作两个小孩子。一个说："他是个良医，恐怕会伤害我们。往哪儿逃好？"另一个说："我们呆在肓的上边，膏的下边，他能把我们怎么样？"（膏肓：古以膏为心尖脂肪，肓为心脏与隔膜之间，膏肓之间是药力不到之处。）医生缓来后，为晋景公诊病，说道："您的病已经不能治了。在肓的上边、膏的下边，艾灸不到，针够不着，药物的力量也到不了，不能治了。"晋景公见缓诊断的结果与自己梦见的相同，说："真是好医生啊！"于是馈赠丰厚的礼物，把他送回去了。

不久后神巫来给晋景公看病，说道："主公的病，恐怕吃不到今年的新麦了。"转眼到了六月，景公忽然想吃新麦，便命令地方上的人献上，吩咐膳夫煮好麦粥。这时他忽然想起几个月前神巫的话，于是立刻召神巫入宫，指着麦粥对神巫说："你说寡人吃不到新麦，你看这不是新麦吗?"接着喝令左右将神巫推出斩首。神巫死了，景公取来麦粥正要吃，顿觉腹部膨胀要大便，急急起身上厕所，忽然一阵心痛，站立不住，跌入粪池中死了，新麦还是没能吃上。

晋景公死后，晋国的国君一个比一个软弱，于是争权的斗争从大夫对阵君王，逐渐演变为大夫之间的杀戮。大夫专政的形势成为定局后，君主完全为大臣所左右，成为他们手中的傀儡。

公元前544年，吴国公子季札周游列国走到晋国时，目睹了晋国政局，对赵武、韩厥、魏舒说："晋国要被你们三家瓜分了！"然后又对叔向说："我的好朋友，您要注意呢！大夫都有钱财，权力在私家手中，你这个为人正直的人，一定要想办法使自己免于祸难啊。"

叔向很是担心，便对出使到晋国的晏婴说："今天我们的公室已进入衰败时期，兵车瘫痪，公卿不率领公室军队，公室的车乘也配不齐甲士，军队行列没有长官，人民生活痛苦，饿死在道路上的随处可见。可是贵妇人却富丽妖娆，宫室造得又多又豪华，老百姓逃避公室的差事就像逃避盗贼、敌人一样。甚至一些姬姓的世家大族都被降为了奴隶，政治由私家所专断，民众无所归依。面对这一情况，国君不省悟，只知道喝酒玩乐。我的同宗有十一个族，现在只有我这一族还存在，可是我连儿子也没有。唉，公室昏乱得没有一点法度，我能得善终就算很不错，哪能奢望有后代呢！"

公元前514年，晋国的大夫祁盈家族内部发生了矛盾，原因是他的家臣祁胜与邬臧互相交换妻子，祁盈要出面干涉，司马叔游劝他不要管。祁盈说："这是我家的私事，跟国家没有关系。"祁胜和邬臧都被祁盈囚禁了起来，祁胜贿赂荀跞，替他在晋顷公面前说好话。晋顷公逮捕了祁盈，祁盈手下的人见晋顷公处理不公，就杀了祁胜和邬臧。晋顷公大为光火，也将祁盈杀了，并乘机灭掉了祁氏和羊舌氏两个大族。

者减钟

晋国的执政大臣魏舒把祁氏的土地分为七个县，把羊舌氏的土地分为三个县，由国家直接委派大夫管理，这就把贵族的采邑变成了国家的行政区域。在魏舒所委派的十个县大夫中，除魏戊、知徐吾、韩固、赵朝为六卿的小儿子外，其他六人均为有功劳的中小贵族子弟。

魏戊是魏舒的小儿子，做了梗阳(今山西清徐)的大夫。魏舒起先害怕别人议论他"任人唯亲"，因此一再叮嘱小儿子要小心谨慎的办事，不要给别人留下口实。魏戊到职后，梗阳地方有人打官司，案件涉及一个强宗大族，魏戊不敢审理，就将案件上报到魏舒。大宗听说后，以女乐向魏舒行贿，魏舒想要接受。魏戊告诉他的同僚阎没和汝宽说："我的父亲以不受贿赂闻名于诸侯，若是这次接受这些女乐，名誉会受到很大的影响，你们一定要进谏。"二人于是来到魏舒家，魏舒请他们吃饭。在吃饭过程中，二人叹息了三次。吃完饭，魏舒问道："我听说，'唯食忘忧'。你们却在席间三次叹息，是什么原因？"二人异口同声地说："昨天中午有人请我们两人吃酒，多吃了一点。晚上没有吃饭，所以饭前感到肚子特别饿。饭菜刚上桌，怕不够吃，所以叹息；中间，自己感到内疚，哪有将军请吃饭，会不给吃饱之理，就再次叹息；菜饭送完，想到君子的心也像我们小人的肚子那样知道满足就好了，所以三次叹息。"魏舒听了，知道他们是在说自己，于是毅然辞掉了梗阳大宗的贿赂，秉公办理了案件。

晋国魏舒改采邑为县，在春秋时期是一件大事。这是废除分封制，建立中央集权的地方行政制度的一个举措。郡县作为地方行政组织，春秋初期就在一些侯国新征服的地区建立。由于要对这些地区加强控制，便由君主派人去直接管理。当时，最早设县的有秦、楚、晋等国。

铁地誓师

在消灭祁氏、羊舌氏之后大概十年，晋国又发生了赵鞅驱赶范氏、中行氏的事件。

赵鞅即赵简子，又名志父，亦称赵孟。他青少年时代处于晋顷公年间，当时，晋国的内政发生了根本性的变化。一些原来地位显赫的旧族退出历史舞台，逐渐出现了由赵、韩、魏等异姓大夫专权的局面。六卿之间明争暗斗，矛盾十分尖锐。赵鞅家族一度凌驾于众卿之上，但自"下宫之难"后，一蹶不振。这种局面延续到赵鞅即位初期。年仅二十多岁的赵鞅在责任感驱使下，励精图治，终于使赵氏东山再起。赵鞅执政不久，六卿都在各自的封地内进行了为夺取晋国大权进行的全面改革，其中以赵鞅的改革措施最为彻底，改革所带来的成效也最为显著，为赵氏的兴盛、强大和进一步发展奠定了稳固的基础。

绹索龙纹壶

经济上，赵鞅革新亩制，调整赋税，赵氏断制"以万计步为地，以二百计甘（四十）步为响"，而赋税却最轻。政治上，赵鞅礼贤下士，选贤任能。他重用董安于、尹铎等人，同卫庄公、扁鹊等名士的关系也极为融洽。赵鞅虚心纳谏，表彰敢于指出他错误的部下。军事上，赵鞅奖励军功，以功释奴，大大鼓舞了晋军的士气，对取得战争的胜利发挥了巨大作用。改革使赵氏的经济实力得到增强，政治威望得到提高，彻底改变了过去赵氏处于劣势的不利状况。此后，赵鞅联合韩、魏，把矛头指向六卿中最主要的对手范、中行氏两家，揭开了讨伐战争的序幕。赵氏与范、中行氏之间爆发的这场战争，导火线是暂住邯郸的卫贡五百户人口的归属问题。实际上，这是新兴的异姓强族争夺晋国大权的斗争的必然反映。

赵鞅曾攻打卫国，卫国进贡给他五百家奴隶。最初，赵鞅把这些奴隶放在邯郸，后来又打算移到晋阳。治理邯郸的是赵鞅的族人赵午，赵午反对将奴隶们迁出邯郸，和赵鞅发生了矛盾。赵鞅恼怒之下，下令把赵午囚禁在晋阳，并命令随从他的人不得带剑。赵午的随从涉宾坚持带剑，赵鞅更怒，索性杀了赵午。于是，赵午的儿子赵稷和涉宾据守邯郸反叛，赵鞅则派上军司马籍秦带兵包围了邯郸。

赵午与中行氏是姑舅亲的关系，而中行氏与范氏也有姻亲，见赵午被杀，赵鞅还要对赵稷赶尽杀绝，范氏和中行氏于是起兵进攻赵鞅，赵鞅退保晋阳。这时，范氏内部发生了内讧，晋定公得到国人的支持，一举将范氏、中行氏打败，赵鞅回到了国都。

范氏、中行氏逃到了朝歌，晋国很快就派军队包围了朝歌。齐、鲁、卫等国商议援救范氏和中行氏。公元前 493 年，齐国送粮食给范氏，郑国派人帮着护送。赵鞅闻讯后前去争夺，两军在卫国的戚地（今河南淮阳北）相遇。由鲁国逃到晋国的阳虎对赵鞅说，我们的兵车少，要先列好队，伪装成兵车多，使郑人产生畏战思想，然后再向他们进攻，一定会打胜仗。赵鞅表示赞同，誓师后，下令进攻。

战争一开始，赵鞅的肩就被郑人砍伤，倒在车里，帅旗也被抢走。在危急中，一直害怕作战的卫太子蒯聩（因在国内争夺君位失败，避难于晋国）却奋发了精神，举戈杀敌，救起了赵鞅。在蒯聩的率领下，晋军紧追郑军，郑军大败，得到了齐国的粮食一千车。范氏收田税的官公孙龙，因为曾被赵鞅救过性命，在战争中也带领私属五百人在夜里攻击郑军，把赵鞅丢掉的帅旗夺了回来。

历史小常识：赵鞅梦射熊罴

赵鞅曾一连七天入睡不醒，梦见自己去了天帝的住所，非常快乐。这时有一头熊来抓他，他奉帝命一箭将熊射死。这时又有一罴来，他又一箭射死。天帝很高兴，赐给他两个笥。他突然又见自己的儿子在天帝旁边，天帝答应给自己一只狄犬，说道："等你儿子长大成人时，以此赐之。"天帝还告诉他："晋国会逐代衰落，嬴姓将大败周人。现在我将虞舜的后代之女配给你的七世孙。"赵鞅的梦多在后世历史中"应验"。例如，赵鞅的主要政敌是范氏和中行氏，熊与罴是他们的祖先。赵氏采邑之北是代国，属北狄。赵鞅梦见天帝将一狄犬许诺自己，这曲折地表达了他要吞并代地的愿望。赵鞅在梦中借天帝之口，让虞舜的后代之女嫁配自己的后世之孙，表达了他想让赵氏长盛不衰的愿望。

应该说，晋国人的奋勇在很大程度上源于赵鞅战前的誓师。在誓师词中，赵鞅宣布了一系列新政策。许诺有军功的大夫能得到整县整郡的土地作为征收赋税的对象；立了战功的庶人、工商，可以提升地位做官吏；有战功的奴隶，可以免除奴隶身份。

晋军越战越勇，次年便攻下邯郸，邯郸城内的范氏和中行氏出逃，内争这才宣告结束。

赵鞅此后独掌了晋国大权，很是得意，可没过多久，就被楚国的王孙圉奚落了一番。

王孙圉到晋国访问时，赵鞅佩戴着叮咚作声的玉饰担任傧相，问王孙圉说："楚国的白珩还在吗?"王孙圉回答说："在。"赵鞅说："它作为楚国的珍宝有多久了?"王孙圉故作惊诧状，说道："我们楚国从没把它当作珍宝啊。楚国所宝贵的，叫观射父，他擅长辞令，能到各诸侯国交往办事，使诸侯无法拿我们国君作为话柄。又有位左史倚相，能述说古代的典籍，来说明各种事物，早晚向国君提供成败得失的教训，使国君不忘记先王的功业；又能取悦于天上地下的鬼神，顺应它们的好恶，使神灵对楚国没有怨恨。又有个大泽叫云连徒洲，是金、木、竹、箭出产的地方。又有龟甲、珍珠、兽角、象牙、虎豹皮、犀牛皮、鸟羽和牦牛尾，是用来提供兵赋，预防不测之患的。还可以提供币帛，用来招待献赠给诸侯。如果诸侯喜爱这些物品，而又用辞令来疏导，有预防不测的准备，又得到天神的保佑，那我们国君就可以避免得罪诸侯，而国家、百姓也得以保全了。这些才是楚国的珍宝。至于洁白的玉珩，不过是先王的玩物，有什么可宝贵的呢?"

见赵鞅脸上一阵红一阵白，王孙圉继续说道："我听说国家的珍宝不过六种而已。明智的人能裁断评议各种事物，用来辅佐治理国家，就把他作为珍宝；祭祀的玉器足以庇荫嘉美的五谷，使没有水旱灾害，就把它作为珍宝；龟甲足以表明善恶凶吉，就把它作为珍宝；珍珠足以防御火灾，就把它作为珍宝；金属足以抵御兵乱，就把它作为珍宝；山林湖泽足以提供财物器用，就把它作为珍宝。至于发出喧哗声响的美玉，楚国虽然是蛮夷之邦，也不能把它当作珍宝啊。"

赵鞅羞愧不已，此后狂傲的行径收敛了不少。一天深夜，一个守城门的小官叩门求见，说："主君的家臣胥渠得了病，医生告诉他说，只有得到白骡的肝脏，病才可以治好。不能得到就得死了。"当时，只有赵鞅有两匹白骡，且特别喜欢它们，赵鞅的手下董安于听说后气愤地说："嘿！胥渠是什么东西，竟想得到主人的白骡！您让我这就去杀了他吧。"赵鞅说："杀人难道是为了保存牲畜吗？太不仁义了！杀牲畜便可救活人，不是非常仁义的吗?"于是招来厨师杀死白骡，取出肝脏拿去送给胥渠。没过多长时间，赵鞅发兵攻打狄人。守城门的小官和胥渠十分勇猛，最先登上城头，还获取了敌人带甲武士的首级，以报答赵鞅。

迁都与侯马盟书

公元前585年，晋景公提出了迁都的问题，晋国上下吵作一团。有人主张从绛(今山西翼城)迁到郇、瑕氏(郇在今山西解池西北，瑕在解池南)，大臣韩厥力主迁到汾水、浍水会合的新田(今山西侯马市西北)。晋景公经过一番思想斗争，同意了韩厥的主张，当年就迁到新田，这里就成为春秋后期晋国长期的国都。

考古发掘证明，晋都新田规模庞大。在这里，考古工作者们发现了大量的"盟书"。盟书又称"载书"。《周礼·司盟》上说，盟书"掌盟载之法"。当时的诸侯和卿大夫为了巩固内部团结，打击敌对势力，经常举行这种盟誓活动。盟书一式二份，一份藏在盟府，一份埋于地下或沉在河里，以取信于神鬼。侯马盟书是用毛笔将盟辞书写在玉石片上，字迹一般为朱红色，少数为黑色。

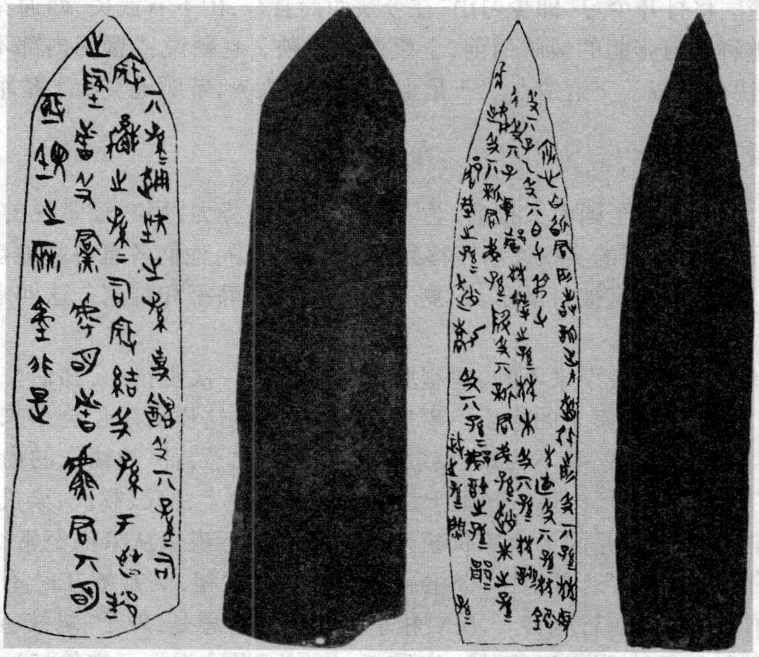

侯马盟书

关于侯马盟书的内容，一般分作五类：第一类是宗盟类，要求与盟人效忠盟主，一致讨伐敌对势力，是主盟人团结宗族内部的盟誓。第二类是委质类，与盟人表示同逃亡的旧主断绝关系，并制止其重返晋国。第三类叫作纳室类，与盟人表示盟誓后不再扩充奴隶、土地和财产。第四类是诅咒类，即对某些罪行加以诅咒。最后还有卜筮类，为盟誓卜牲时龟卜及筮占文辞的记载，不属于正式盟书。侯马盟书对研究中国古代盟誓制度、古文字及晋国历史有重要意义。

不过，迁都后的晋国还是日趋没落了。公元前 541 年，晋、楚、齐、宋、卫、陈、蔡、郑、曹等国的大夫在郑国虢（今河南郑州北）地开会，为的是巩固弭兵大会的成果。楚国的令尹公子围（后来的楚灵王）为了阻止晋国争夺盟主地位，提出只把以前的盟书在会上重读一遍，把祭牲埋在地下就算了。晋国大夫赵武不敢与楚困争论，只得草草收场。

人足兽鋬匜

公元前 491 年，楚人战胜蛮族夷虎，蛮族的首领赤逃到晋国的阴地（今河南卢氏东北）。楚国派人告诉晋国阴地的大夫士蔑说："晋、楚有条约，两国的立场应该一致，否则，楚国将打开少习（即少习山，在今陕西商县东，山下有武关，西通秦国）道路攻伐晋国。”在这种明目张胆的威胁面前，士蔑请示赵鞅。赵鞅说：“晋国内部不安宁，怎敢和楚国对抗，快点将蛮子交给楚人。”于是士蔑逮住蛮人赤，恭顺地交给了楚军。

三家分晋

晋国的大夫们掌握了国家大权后，为了扩大自己的势力，用减轻赋税的办法笼络人心，势力越来越大。晋国的实权逐渐转移到六家大夫手中，他们各有各的地盘和军队，并且互相攻打。后来有两家被打散了，只剩下知家、赵家、韩家和魏家。这四家中，又以知家的势力最大。

知伯与其他三家大夫素来不和，也很瞧不起他们。一次宴饮中，知伯公然在酒宴上戏弄韩康子，并且侮辱韩康子的家臣。事后知国进谏，说这样做恐怕会招来祸患。知伯大言不惭地说：“难将由我，我不为难，谁敢兴之！”言下之意，韩、魏诸家的命运已被他掌握在手中，谁对他也是无可奈何。知国于是举出晋国历史上郤氏、赵氏、栾氏、范氏、中行氏等家族遭难的例子，都是因为仇家伺机而动所致。如不谨慎从事而经常结怨于人，那大祸临头的日子就不远了。并说：“今主一宴而耻人之君相，又弗备，曰‘不敢兴难’，无乃不可乎！蚋、蚁、蜂、虿，皆能害人，况君相乎？”知国的意思是，蚊子、蚂蚁、黄蜂、蝎子这一类昆虫都能害人，而与强宗巨卿的人家结怨，怎能不提防呢？可知伯把这样的规谏当作耳旁风，依然我行我素。

知伯想侵占其他三家的土地，于是他对三家大夫赵襄子、魏桓子、韩康子说：“晋国本是中原霸主，为了使国家再次强大起来，我主张每家都拿出一百里土地和户口来归给公家。”

三家大夫都知道知伯存心不良，想以公家的名义让他们交出土地。可是三家心不齐，韩康子首先把土地交出，魏桓子不愿得罪知伯，也把土地交了。

知伯于是向赵襄子要土地，赵襄子不答应，说：“土地是上代留下来的产业，说什么也不送人。”知伯气得火冒三丈，联合韩、魏两家发兵攻打赵家。赵襄子自知寡不敌众，就带着自家兵马退守晋阳（今山西太原）。

赵襄子是很有影响力的人，他的父亲是赵简子，即赵鞅，因母是从妾，又是狄人之女，所以赵襄子在诸子中名分最低，赵鞅也很看不上他。但是，赵襄子从小就敏而好学，胆识过人，不似诸兄纨绔，久而久之，引起赵氏家臣姑布子卿的注意。子卿素以善相取信于赵鞅。一天，赵鞅召诸子前来，请子卿看相，子卿乘机举荐了赵襄子。赵鞅一贯注重对儿子们的教育和培养，曾将训诫之辞刻在竹板上，分授诸子，要求他们认真习读，领悟其要旨，并告诉他们三年之后要逐一考查。然而在考查时，他的儿子们，甚至连太子伯鲁也背诵不出，更甚者连竹板也不知遗失何处。只有赵襄子对竹板上的训诫背诵如流，而且始终将竹板携藏于身，经常检点自己。及诸子长大成人，赵鞅又对他们进行更深的考查。一天，他召见儿子们说：“我将一宝符藏于常山之上，你们去寻找吧，先得者有赏。”于是，诸子乘骑前往，寻宝符于常山。然而，他们谁也没有找到宝符，只得空手而归。只有赵襄子说："我得到了宝符。凭常山之险攻代，代国即可归赵所有。"赵鞅听罢高兴异常，遂废掉太子伯鲁，破例立赵襄子为太子。公元前468年，知伯与赵襄子一同率兵包围郑国都城，知伯让赵襄子率先领军攻城，赵襄子则用外交辞令推托，让知伯出兵，能言善辩的知伯冷冷地说道："你相貌丑陋，懦弱胆怯，赵简子为什么立你为继承人？"赵襄子回答道："我想一个能够忍受侮辱的继承人对赵氏宗族并没有什么坏处吧。"四年之后，两人再次一同讨伐郑国，知伯带着几分醉意向赵襄子灌酒，遭到拒绝后，竟将酒杯扔到了赵襄子的脸上。赵襄子的部下都要求杀掉知伯以洗刷耻辱，赵襄子说："主君之所以让我做太子，很重要的一点就是因为我能够忍辱负重。"

事到如今，赵襄子凭着晋阳城城高、弓箭多，死守了两年多，三家兵马始终不能把它攻下来。知伯命令士兵在晋阳城东北的晋水上拦河筑坝，等到雨季来临时，在水坝上掘开豁口，使大水直冲晋阳。哪知晋阳城的老百姓恨透了知伯，宁可淹死，也不肯投降。

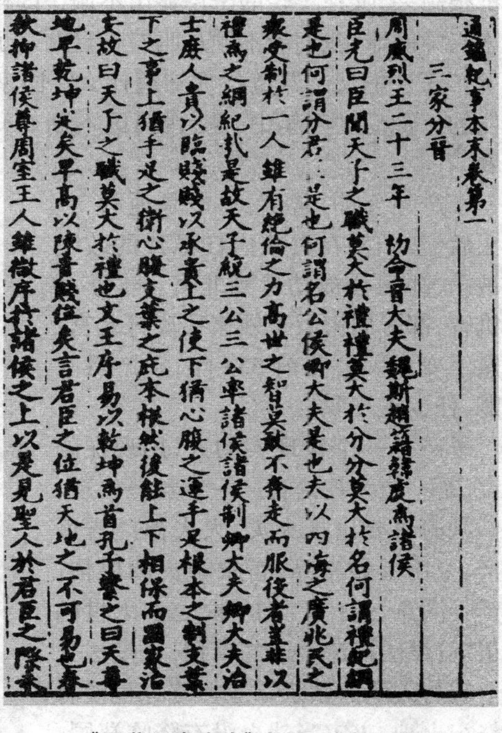
通鑑紀事本末卷第一
三家分晉
周威烈王二十三年　初命晉大夫魏斯趙籍韓虔為諸侯
臣光曰臣聞天子之職莫大於禮禮莫大於分分莫大於名何謂禮紀綱是也何謂分君臣是也何謂名公侯卿大夫是也夫以四海之廣兆民之衆受制於一人雖有絕倫之力高世之智莫敢不奔走而服役者豈非以禮為之綱紀哉是故天子統三公三公率諸侯諸侯制卿大夫卿大夫治士庶人貴以臨賤賤以承貴上之使下猶心腹之運手足根本之制支葉下之事上猶手足之衛心腹支葉之庇本根然後能上下相保而國家治安故曰天子之職莫大於禮也文王序易以乾坤為首孔子繫之曰天尊地卑乾坤定矣卑高以陳貴賤位矣言君臣之位猶天地之不可易也春秋抑諸侯尊周室王人雖微序於諸侯之上以是見聖人於君臣之際未

《通鉴纪事本末》书影：三家分晋

赵襄子见此情景，派大臣张孟谈偷偷地出城，找到了韩康子和魏桓子，约他们反过来一起攻打知伯。三家一拍即合，当即里应外合，一举消灭了知伯。知伯的门客豫让要为主人报仇，意图刺杀赵襄子，没有成功。豫让不死心，以漆涂身、吞炭为哑，乘赵襄子过桥时欲刺杀他，不想惊了赵襄子的马，又被发现。赵襄子问道："你以前也曾效力范氏、中行氏，知伯攻灭他们，你为什么不为他们效死，偏偏为知伯效力，现在又要为他刺杀我？"豫让说："范、中行氏以众人遇我，我以众人报之；知伯以国士遇我，我就以国士报之。"赵襄子很感动，但仍命士兵包围豫让。豫让请求赵襄子把衣服给他刺杀，以表报仇之意。赵襄子更加感动，将衣服脱下送给他，豫让三次跳起刺破赵襄子的衣服，随后自杀。

就这样，赵、韩、魏三家灭了知家，不但把知伯侵占两家的土地收了回来，连知家的土地也由三家平分。公元前403年，韩、赵、魏三家派使者上洛邑去见周威烈王，要求周天子把他们三家封为诸侯。周威烈王看到三家势力已然壮大，便承认了他们的诸侯地位。公元前376年，三家联合灭了晋侯，将晋国土地一分为三，正式瓜分了晋国。

乱世求生的郑国

郑国在春秋初年的郑庄公小霸之后，国力日趋衰弱，在外受到大国的逼迫，国内又遭到大贵族干政，处境很是艰难。

子产相郑

公元前565年，郑国执政的子国、子耳率兵攻打蔡国，俘获了蔡国的司马公子燮，大家都很高兴，唯独年轻的子产显出不愉快的样子，他说："一个小国打败了楚国的盟国，楚国来兴师问罪，我们能不顺从吗？一旦顺从了楚国，晋国又会来找麻烦，我看国家休想安宁了。"子产的父亲骂道："你知道什么？国家大事有执政者过问，小孩子多话，是要受到处罚的。"此后的几年中，楚、晋两国不断对郑国进行战争，郑国的人们不禁对子产刮目相看。

子产姓公孙，名侨，子产是他的字。不久后，公子发在贵族内讧导致的政变中被杀，郑简公被劫持到北宫。子产沉着机智，部署周密后率领家兵攻打北宫，平息了变乱。公元前554年，子产得立为卿，任少正一职。

子产

子产是一个很现实的人，用现在的话说，是一位无神论者。一年彗星出现，人们认为将要出现火灾，大夫裨灶告诉子产，要用玉做祭品，祈求神灵的保佑。子产不同意，说："上天的事太远，人世的事很近，没法搞清上天的事情，也没法了解上天与人间的联系。"子产终究也没有去祭祀火神，火灾当然也没有降临郑国。不久后郑国又发生了水灾，出现所谓的"龙斗"，实际是郑国国都外的水潭里，发生了蛇斗。城里人请求去祭蛇，子产不同意，说："人斗，龙蛇不会管我们；蛇斗，我们为什么要去管它们呢？我们对蛇没有要求，蛇对我们也没有请求，用不着去管它。"

在子产刚执政的时候，子皮因他年轻，总是不放心。一次，子皮打算让自己所宠爱的尹何当私邑的总管，征求子产的意见。子产说："年轻，不行。"子皮说："这个人我喜欢，他不会背叛我的。让他边做官，边学习，不就知道怎么办事了。”子产说：“不行。你喜欢一个人就把政事交给他，正如您有了漂亮的绸缎，让不懂缝纫的人来练习剪裁一样。土地比起漂亮的绸缎来，价值高多少倍？让不懂政治的人去治理，这怎么行？我听说学习以后才去做官，没有听说先做官再学习的。比如打猎，要先熟习射箭驾车，才能获得猎物；如果让没有射、驭技术的人去打猎，那么他就会一心害怕车翻人压，哪里还能想着获得猎物呢？”子皮听了这番话十分佩服，说道：“从前我叫您治理郑国，我管理我的家族。现在，我要求，我家族的事情也由您去办理。”从此以后，子皮就放心地把国事全部交给了子产。

在同霸主晋国的一系列交涉中，子产不卑不亢，尽量维护郑国权益。简公十八年（前548），他随执政公孙舍之攻打陈国，注意军纪，遵守传统礼制。事后向晋国献捷时，又驳回了晋人的责难，迫使其承认郑国的战绩。为此郑简公给予子产重赏，但是他却只接受了与其地位相称的部分。次年，楚康王为慰抚许国，率军伐郑，子产主张坚守不战，让楚军获取小利后满意而退，以换取长期的和平，促成“弭兵之盟”。简公二十三年（前543），郑国大臣内讧，子产严守中立，以其卓越的才能在显贵首领罕虎的支持下，出任执政。

子产治国特别注意策略，他一方面照顾大贵族的利益，一方面严惩贪暴过度的贵族。一次，子产叫贵族伯石去办事，给予他土地作报偿。大家都认为这样做不合理，可子产坚持说：“暂时要安定大族。”没过多久，贵族丰卷请求用新鲜的野物祭祀祖先，这是君主才能享受的一种特权，子产不允许，丰卷生气地召集自己的徒众攻杀子产。子产打算逃往晋国，子皮劝阻了他，把丰卷驱逐出国，而子产却向君主请求保留丰卷的土地。过了三年，丰卷回来，子产将土地及其收入一并归还于他。

子产是一位务实的政治家，遇事胸有成竹，执行中坚持既定规划而不轻易越轨，因而其改革成效颇为显著。

子产整顿内政

子产任郑国卿后，实行了一系列政治改革，承认私田的合法性，向土地私有者征收军赋。他主张保留“乡校”、听取“国人”的意见，善于因才任使，采用“宽猛相济”的治国方略，没用几年，就将郑国治理得秩序井然。

子产的改革一开始受到国人的强烈反对，他们咒骂子产说：“他的父亲死在路上，他自己变成了蝎子尾巴，让他来发号施令，国家会被搞糟的。”大夫子宽将这些情况告诉子产，子产说：“骂我有什么关系，只要对国家有好处，我宁愿以身殉职。并且我听说，做好事的人不随便改变已经定下来的主张，才能获得成功。我做的事只要合乎道理，不怕人家说什么。”

就这样，改革还是继续向前推进。子产允许国人议论政事，并愿从中吸取有益的建议。而对自认为有利于国家的改革，却不顾舆论反对，强制推行。对于晋、楚两霸，他既遵照传统礼制谨慎侍奉，不给对方寻衅的借口，又在有条件时大胆抗争，驳斥其无理苛求。

子产改革伊始，修了许多水利系统来灌溉农田，同时划定地界，将侵占他人的土地都归还原主。一些被勒令还田的贵族很气愤，他们说道："子产对我的土地进行收税，谁要杀子产，我也一同去！"可是，这些措施执行的结果，使有土地的人的田产受到保护，有利于他们安心发展生产，所以几年后，反对子产的人都变了调子，歌颂他说："我有子弟，子产教育他；我的田亩，子产使它增产。要是子产死了，谁能当他的继承人呢？唉……"

因为子产允许国人议论政事，所以郑国人闲时便在"乡校"（乡的学校）里议论国家的政治。有些大夫很讨厌这种议论，对子产说："把乡校毁掉怎样？"子产说："为什么？大家早晨和晚间在那里谈论政治的得失，他们喜欢的事，我们照着办；他们反对的，我们就革除，他们是我们的老师啊。我听说只有用逆耳的忠言来减少大家对我们的怨恨；没有听说用作威作福来防止怨恨。不让老百姓讲话，就好像把河水堵起来一样，河水一旦决堤，死伤很多，是没有办法挽救的。不如让它细水长流，有意见让他讲出来，好把它当成药来治我的病，这不是很好吗？"后来孔子也因此极为称赞子产。

艰难的外交

子产对郑国最大的贡献，要算他在外交上的斗争了。作为一个中等侯国，又是地处中心区的国家，郑国一直在晋、楚两国的争霸中备受欺侮。子产虽不能挽救弱国外交，却在一定程度上为自己的国家争得了尊重和利益。

圣贤师孔子

公元前542年，子产与郑简公到晋国去朝拜晋平公，平公没有及时接见郑君，也没收纳礼物，这是一种怠慢郑国君主的无礼行动。子产于是把宾馆的垣墙砸开，让自己的车马进去。晋国人夫指责子产，说晋国多盗贼，如今毁坏了墙垣，一旦遭遇不测，晋国是不负责任的。子产回答说："我们是小国，随时要向您贡纳物品，还得不到安生。我们搜罗财富来做贡品，却得不到贵国君主的会见。这些贡品暴露在外面，每天经受日晒雨淋。如果你们收下了，就算贵国君主府库的东西。你们不收下，放在露天里腐烂虫蛀，还是我们的事，坏了也是我们的罪责。我听说贵国文公当霸主时，自己的宫室卑陋，没有楼台亭阁，可是宾馆却修建得很好，有各种人侍候宾客，宾客就像在自己家里一样。现在贵国的宫殿有几里宽，招待诸侯的住处却和奴隶的住房差不多，车子都进不了门，若不弄开墙垣，怎么把贡品放进来啊？"这一番话说得晋国大夫们哑口无言，只得回告赵武，赵武说："是我的过错。"并亲自来向子产表示歉意。于是晋平公有礼貌地接见了郑简公。

在对外关系中，子产不仅善于政治斗争，对大国的武装侵略也从没放松过警惕。公元前541年，时任楚国令尹的公子围要娶郑国大夫公孙段的女儿做夫人。楚人本打算在成亲时袭击郑国，就要求住进郑国国都的宾馆，子产看出了这个阴谋，提出很多的理由让他住在城外。举行婚礼时，楚国又要求多带士兵做仪仗队，子产也不同意，派善于外交辞令的子羽去说道："我们国家很小，容纳不下这样多的随从，就在城外打扫个地方举行婚礼吧。"公子围派太宰伯州犁回答说："你们的君主同意了这门婚事，公子启程前隆重地祭祀了祖先，如果他在野外举行婚礼，不仅有失公子的身份，也辱没了祖先，我们没有办法向楚国交代，还请你们重新考虑。"子羽说："小国本来没有过错，过分相信大国也就是过错。倘若大国居心叵测，小国又无准备，那就后悔不及了。否则，进城到公孙段家举行婚礼本来是可以的。"同来的楚国大夫伍举知道郑国人有准备，怕偷袭不成反倒不能联姻，就提出倒挂箭囊解除武装入城，郑人这才同意，由此也避免了一场灾祸。

公元前526年，晋国的执政大夫韩起出使郑国。当时有一对珍贵的玉环，一个在韩起自己手中，另一个则在郑国商人手中。韩起想把这对玉环配成对，就向郑君提出了请求，可子产却坚决不同意。子产对韩起说："这不是官府的器物，我们不能过问。"其他的大夫害怕晋国，都主张给韩起，可子产坚持说："不能大国要什么就给什么，既然韩起想要，可以直接向商人去买，君主与商人有盟约，商人不得反叛官府，官府也不得干涉商人的交易，我们怎么能违背盟誓，强迫商人将玉环出卖呢？"韩起无奈，只得放弃了，并感谢子产对他的教益。

夔龙纹甗

不久后，晋国又想增加诸侯的贡品，子产再次进行抗争，争取郑国按照较低的爵位等级交纳贡品。他说："过去天子规定贡品有轻重，地位高的贡纳重，地位低的贡品少，郑国本是属于男爵一级的国家，现在却要缴纳公侯级别的贡品，实在承担不起。我听说，君子掌管国家，从不担心财货，而是担心没有美德。如今诸侯的财货都聚集在晋国国君的宗室，可诸侯们却离晋国远了。如此下去，诸侯离心，晋国就要垮台了，还要财货有什么用呢？但是说到美名，那可是传播德行的工具，而德行则是国家宗室的基础。有了基础才不会垮台，快乐才能长久啊。你们看看大象，正是因为有了象牙才使自身招来祸患，这都是财货惹的祸。"

这场关于贡品的争论据说从中午一直持续到黄昏，晋人实在受不了了，被迫答应了子产的要求。事后，子太叔担心地对子产说："你这样尽力去争，晋国会联合诸侯来治罪，你难道忽视了这一点吗？"子产说道："你不知道，眼下晋国的政治很不统一，各家大夫都忙于他们自己的政见分歧而苟且偷安，哪里还顾得上来讨伐别人呢！一个国家不力争自强，就会受人欺凌，还算什么国家。"子产善于估计晋国的政治形势，见机行事，在外交上取得了一次又一次的成功。

齐国的扩张

齐国到灵公、景公时，依旧是仅次于晋的中原强国。晋楚争霸时，齐国也没有停止自己对外扩张的脚步。公元前567年，齐灵公灭莱国，疆土扩大到山东东部。疆域东到海，西到黄河，南到泰山，北到无棣水（今河北盐山南）。

齐景公的雄心

在晋国和楚国的长期争霸战中，齐国多是忙着对周边的小国发动进攻。公元前571年，齐国派兵攻打莱国，莱国国君贿赂带兵的齐国大将，齐师不战而回。接着，齐国召集莱君至齐国开会，莱君不到，齐国就派大夫晏弱在靠近莱国的地方筑城，威胁莱国。晏弱修筑了庞大的军事基地——东阳城（遗址在今山东临朐东）。

公元前567年，晏弱发动突然袭击，灭了莱国，得到了大片土地。齐将叔夷因为战功卓著，得到了大片田地和奴隶，兴奋的叔夷特地铸了一口大钟，以示庆祝。

历史小常识：鸟的启示

齐景公特别喜欢鸟，一次他得到了一只漂亮的鸟，就派一个叫烛邹的人专门负责养这只鸟。可是几天后，那只鸟飞了。齐景公气坏了，要亲手杀死烛邹。晏子说：“先让我宣布烛邹的罪状，让他死得明白。”齐景公答应了。晏子于是说：“你罪状有三条：大王叫你养鸟，你让鸟飞了，这是第一条。使国君为一只鸟杀人，这是第二条。这事让其他诸侯知道，就会认为我们国君看重鸟而轻视人，这是第三条。所以现在要杀死你。”听了晏子的话，齐景公干咳了一声，说：“把他放了吧。”接着走到晏子面前，拱手说：“若不是您的开导，我险些犯了大错呀！”

这次战争让齐国的领土扩大了几乎一倍，莱国靠近海边的地区尽入齐国版图。到了公元前530年，齐国的国力靠着渔盐业大为提升，齐景公认为，成为霸主的那一天就要到来了。一次，晋平公举行宴会招待朝见他的各国君主，席间举行投壶（把箭投进一个壶里）的娱乐。从晋平公开始，各国君主顺次投壶。轮到齐景公时，他拿着箭说：“有酒好像泥水那样多，有肉好像树林那样成堆，我的箭若投中在壶里，将代替晋国兴盛起来。”说完，他果然投了进去。齐景公的话看似开玩笑，但在座的诸侯都看出了他的野心。

公元前523年，齐国攻打莒国（今山东莒县一带），莒君逃至纪鄣（今江苏赣榆北），齐国不肯罢休，继续发兵攻打纪鄣城。纪鄣城城墙坚固，难于攻下，一时僵在了原地。因为莒君曾无辜地杀过一个国人，那人的妻子正巧住在纪鄣城，她为了替丈夫报仇，估计了城墙的高度，日夜纺线，终于拧成一根长绳，准备牵引齐军登城。齐军乘夜拉着绳子登城，上了六十人后绳索才断，城上城下的齐军齐声欢呼，吓得莒君逃跑了。

控制住周围小国之后，齐国的矛头正式指向了晋国。公元前501年，齐国出兵进犯晋国的夷仪（今河北邢台西），结果大败而归，齐景公这才意识到自己还不是晋国的对手，争霸的梦想破灭了。

晏婴的功劳

齐景公倚仗的大臣名叫晏婴，又称晏子，字仲，谥平，是齐国的三朝元老。他身材不高，其貌不扬，以生活节俭、谦恭下士著称。司马迁非常推崇晏婴，将其比作管仲，他在《史记·管晏列传》中感慨地说道："假令晏子而在，余虽为之执鞭，所忻慕焉。"

晏婴有着锐利的政治眼光，因此才能在纷至沓来的政治斗争中始终保持清醒的头脑，处于不败之地。

一次晋国为了探清齐国的形势，派大夫范昭出使齐国。齐景公以盛宴款待范昭。席间，正值酒酣耳热，均有几分醉意之时，范昭借酒劲向齐景公说："请您给我一杯酒喝吧！"景公回头告诉左右侍臣道："把酒倒在我的杯中给客人。"范昭接过侍臣递给的酒，一饮而尽。晏婴在一旁把这一切看在眼中，厉声命令侍臣道："快扔掉这个酒杯，为主公再换一个。"依照当时的礼节，在酒席之上，君臣应是各自用个人的酒杯。范昭用景公的酒杯喝酒违反了这个礼节，是对齐国国君的不敬，范昭是故意这样做的，目的在于试探对方的反应如何，但还是被晏婴识破了。

子作弄鸟尊

范昭回国后向晋平公报告说："现在还不是攻打齐国的时候，我试探了一下齐国君臣的反应，结果让晏婴识破了。"范昭认为齐国有这样的贤臣，现在去攻打齐国，没有绝对胜利的把握。晏婴靠智慧避免了一场战争，人们都很钦佩他。

而晏婴最为后世称道的，还是他清廉俭朴的作风。据说他不愿住阔绰的大厦，只喜欢破旧的房屋。后来齐景公实在是看不下去了，就对他说："你的住宅靠近市场，吵闹得厉害，又低湿破陋，起码也要换个向阳干燥的房子吧！"晏婴回答说："我的先人都住下来了，我为什么不能继续住下去呢！住宅靠近闹市，早晚买东西方便，对我有好处。"齐景公笑道："你住在闹市旁边，知道什么东西价钱贵，什么贱？"因为当时景公滥用刑罚，很多人都被施以刖刑，晏婴于是趁机说道："鞋贱，假脚贵。"景公听到这话，减轻了刑法。

公元前522年，齐景公患疟疾，总是不能根治。景公的宠臣进谏说："大王生病久不痊愈，是太史、太祝得罪了神灵，所以天神才降疾病在你身上，要是杀掉他们来向神灵请罪，君主的病就会痊愈。"景公病急乱投医，就要去杀太史。晏婴急忙拦住，怒道："君主生病是你的政治不好，得罪了上天，上天才降灾殃给你的。怎么能赖在太史身上！"景公说："照你这样说，怎么办才好呢？"晏婴说："现在国家垄断山林、水泽、海滨的出产，百姓的负担很重。大夫们放肆地接受贿赂，制度败坏，征税也没有一定的标准。大王还不断新修宫室，淫乐无度；宫内的姬妾任意夺取市场上的物品；朝廷里的宠臣在城外违法乱纪；君主所想要的东西，不给予就治罪。民众痛苦，怨声载道，神灵听到那么多责备您的话，当然会降罪。您只有多做好事才行。”

齐景公听了这话，不由得满身发热，但也不得不接受，立即让官吏减免税收，去掉关卡，免去债务。

晏婴二桃杀三士

齐景公有三个宠臣，分别是公孙接、田开疆和古冶子，都以勇力搏虎闻名天下。

有一天，晏婴从他们身旁经过时，小步快走以示敬意，但这三个人却不起来，对晏婴非常傲慢失礼。晏婴很生气，对景公说：“我听说，贤能的君王蓄养勇士，对内可以禁止暴乱，对外可以威慑敌人，上面赞扬他们的功劳，下面佩服他们的勇气，所以使他们有尊贵的地位，优厚的俸禄。而现在君王所蓄养的勇士，对上没有君臣之礼，对下也不讲究长幼之伦，对内不能禁止暴乱，对外不能威慑敌人，这些是祸国殃民之人，不如赶快除掉他们。”齐景公说：“这三个人力气大，与他们硬拼，恐怕拼不过他们，暗中刺杀，恐怕又刺不中。”晏婴冷笑道：“这些人虽然力大好斗，不惧强敌，但是不讲究长幼之礼，都是些愚蠢的人，我有办法除去他们。”

二桃杀三士壁画（局部）

于是，晏婴请齐景公派人赏赐他们两个桃子，对他们说道：“你们三个人就按功劳大小去分吃这两个桃子吧！”公孙接仰天长叹说：“晏婴果真是位聪明人。他让景公叫我们按功劳大小分配桃子。我们不接受桃子，就是不勇敢；可接受桃子，却又人多桃少，这就只有按功劳大小来分吃桃子。我第一次打败了野猪，第二次又打败了母老虎。像我这样功劳，可以吃桃子，而不用和别人共吃一个。”于是，他拿起了一个桃子站起来了。田开疆说：“我手拿兵器，接连两次击退敌军。像我这样的功劳，也可以自己单吃一个桃子，用不着与别人共吃一个。”于是，他也拿起一个桃子站起来了。古冶子说：“我曾经跟随国君横渡黄河，大鳖咬住车左边的马，把马拖到了河的中间，那时，我不能在水面游，只有潜到水里，顶住逆流，潜行百步，又顺着水流，潜行了九里，才抓住那大鳖，将它杀死了。我左手握着马的尾巴，右手提着大鳖的头，像仙鹤一样跃出水面。渡口上的人都极为惊讶地说：‘河神出来了。’仔细一看，原来是鳖的头。像我这样的功劳，也可以自己单独吃一个桃子，而不能与别人共吃一个！你们两个人为什么不快把桃子拿出来！”说罢，便抽出宝剑，站了起来。公孙接、田开疆说：“我们勇敢赶不上您，功劳也不及您，拿桃子也不谦让，这就是贪婪啊；然而还活着不死，那还有什么勇敢可言？”于是，他们二人都交出了桃子，刎颈自杀了。古冶子看到这种情形，说道：“他们两个都死了，唯独我自己活着，这是不仁；用话语去羞耻别人，吹捧自己，这是不义；悔恨自己的言行，却又不敢去死，这是无勇。虽然如此，他们两个人若是同吃一个桃子，是恰当的；而我独自吃另一个桃子，也是应该的。”他感到很羞惭，也放下桃子，刎颈自杀了。齐景公于是按照勇士的葬礼埋葬了他们。

晏婴的哲学

晏婴作为春秋后期一位重要的政治家、外交家，以其政治远见、外交才能和朴素的生活作风闻名于诸侯。他爱国忧民，敢于直谏，在诸侯和百姓中都享有极高的声誉。晏子善辞令，主张以礼治国，汉代刘向曾把晏子和春秋初年的著名政治家管仲相提并论。孔丘也曾赞其曰：“救民百姓而不夸，行补三君而不有，晏子果君子也！”除了在政治上有所作为外，晏婴还是一个具有无神论和辩证法思想的人。

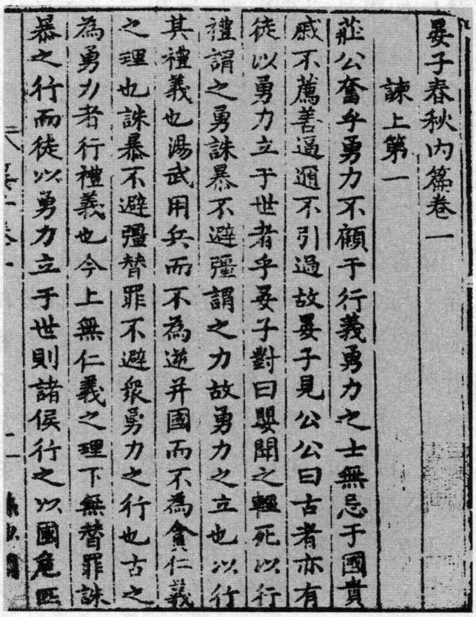
晏子春秋内篇卷一
諫上第一
莊公奮乎勇力不顧于行義勇力之士無忌于國貴戚不薦善逼邇不引過故晏子見公公曰古者亦有徒以勇力立于世者乎晏子對曰嬰聞之輕死以行禮謂之勇誅暴不避彊謂之力故勇力之立也以行其禮義也湯武用兵而不為逆并國而不為貪仁義之理也誅暴不避彊替罪不避衆勇力之行也古之為勇力者行禮義也今上無仁義之理下無替罪誅暴之行而徒以勇力立于世則諸侯行之以國危匹

《晏子春秋》书影

公元前 522 年的冬天，一次齐景公打猎归来，宠臣梁丘据匆忙赶来迎接。齐景公很高兴，对晏婴说：“只有梁丘据同我的关系好啊！”晏婴摇头，说：“你们之间只是‘同’，不是‘和’。”齐景公奇怪地问道：“‘和’与‘同’还有区别吗？”晏婴说：“区别很大。‘和’就像做菜汤一样，厨师用鱼肉加上醋盐等调料进行烹调，人们吃起来津津有味，身心愉快。君臣关系也是同样的道理。君主认为是正确的，其实含有不正确的成分，臣下就应该提出自己的意见，改正君主意见中不正确的部分，使合理的部分更完善；被君主否定的东西，也有可能是正确的，臣下也应该陈述可以肯定的理由，帮助君主改正他的错误意见。这样做，国家的政治才能稳定，这就是‘和’。而梁丘据这人可不是这样。他对君主随声附和，君主认为是错的，他就说‘不对’。君主认为是正确的，他就连声说‘是’。这样，就好比在水里加水，毫无味道。这个叫作‘同’，不是‘和’，在政治上就完全是坏事。”

晏婴在劝谏君王时往往不是直接的强谏而是委婉的曲谏或诱谏，显示了他的高度智慧。一次，晏婴和齐景公及群臣到纪地游玩，有个手下捡到一个精美的金壶，金壶里边刻着“食鱼无反，勿乘驽马”八个字。齐景公看了看，解释道：“吃鱼不吃另一面，是因为讨厌鱼的腥味;骑马不骑劣马,是嫌它不能跑远路。”众人无不随声附和,只有晏婴说道:“臣觉得这八个字里面包含的是治国的道理。‘食鱼无反’是告诫国君不要过分压榨百姓;‘勿乘驽马’是告诫国君不要重用那些无德无才的人。”齐景公反问:“既然有这么好的名言,为什么还亡国了呢?”晏婴答道:“君子们的主张应该高悬于门上,牢记不忘。但是纪国却把名言放在壶里,不能经常看见,能不亡国吗?”齐景公听了频频颔首。

齐景公好色贪杯。一次,他抱着美女饮酒七天七夜还不停杯。弦章进谏:“您饮酒七天七夜了,我请求您停止。”这时,晏婴入见。齐景公说:“弦章竟然阻止我饮酒作乐。如果我听从他的,不是臣子来管我吗?如果把他杀死,我又舍不得。”晏婴回答:“弦章幸遇明君!如果他碰到殷纣,早死了。”齐景公闻言便停止饮酒。弦章的进谏将齐景公推入了两难的境地,而晏婴的一句话便将齐景公从两难处拉了回来,既保全了齐景公的面子,又救了弦章的性命,使齐景公不再沉湎于酒色。正是由于晏子的进谏,才使得这一事件有了圆满的结局。

田氏夺权

靠着晏婴,齐国的发展还算平稳。因为晏婴的主政总体来说还是比较保守的,有意回避了与大族之间的矛盾。到了齐景公的晚年,田氏的力量得到很大发展,大夫田乞向百姓征收赋税时用小斗收进,赐给百姓粮食时却用大斗,暗中向百姓施以恩德,而齐景公也不加禁止。因此田氏得到齐国的民心,家族越来越强大,百姓心向田氏。晏婴多次向齐景公进谏,景公都听不进去。

田穰苴斩监

不久后晏婴去世,齐景公方才意识到自己还没有立太子,犹犹豫豫的,直到临死时才立公子荼为太子,托孤给高张、国夏,他们成为权力很大的托孤大臣,也成了田氏的眼中钉、肉中刺。

公元前489年,田乞派人到鲁国迎回齐景公的另一个儿子姜阳生。姜阳生回到齐国后,藏在田乞家中。田乞邀请大夫们说:“母亲有祭祀后留下的酒食,请各位赏光来聚会饮酒。”大夫们都来田氏家饮酒。田乞把姜阳生装在口袋里,放在中央的座位上,饮宴中,田乞打开口袋,放出姜阳生,他说:“这才是齐国的国君呀。”大夫们都俯身拜见,打算订盟拥立阳生。

田乞编谎话说:“我是与鲍牧合谋一起拥立阳生的。”鲍牧听后怒气冲冲地说:“大夫们忘记景公的遗命了吗?”见大夫们想反悔,阳生就叩头说:“看我可以就立我,不可以就算了。”鲍牧恐怕灾祸落到自己身上,就重新说:“都是景公的儿子,怎么不可以呢!”阳生终于在田乞家中被立为国君,这就是齐悼公。于是,田乞将高张、国夏赶出了齐国,并杀死了公子荼。

齐悼公即位后,田乞任宰相,独揽齐国政权。悼公当了四年的君主后,也被臣下所杀。田氏又从鲁国迎接回悼公的儿子姜壬做国君,这就是齐简公。

齐简公即位后,分别任用田常和阚止为左、右相。渐渐阚止得宠于齐简公,御鞅见状,就建议齐简公择用一人。公元前481年的一天,阚止在上朝途中遇到田氏族人田逆杀人,将其拘捕,齐简公见状,准备借机驱逐田氏。不想阚止的家仆将此事告知了田常,田常先发制人,率车入宫,劫持了齐简公。阚止率军反攻,被田氏击败,阚止慌不择路,竟然误入了田氏的领地,结果被田氏杀死。齐简公也没逃脱厄运,同样是在逃跑的途中被田常的追兵杀死。

田氏一族把公族中有力量的人物都杀掉了,齐国的政权自此完全被田氏掌控。

落后挨打的宋卫两国

宋国由于所处的地理位置及自身制度的不完善,一直是诸侯争夺的对象;而卫国由于统治者穷奢极欲,疏于政事,也难逃灭国的遭遇。这两个国家,在诸侯争霸愈演愈烈的时期,一直处于被动挨打的尴尬境地。

萎靡不振的宋国

宋国地处楚国的北方,晋国的南面,地方虽大,国力却不强,因此一直是大国争夺、压榨的对象。加上国内宗法制度稳固,内政因循守旧,很不灵活,所以一直处于被动挨打的境地。

玉龙形佩

宋昭公时,大臣司马乐豫曾说:“公族是公室的枝叶,树没有枝叶,它的根、干也就没法保护。”可宋昭公并不认同,一度想削弱强宗的力量,结果不但没能实现,反遭杀身之祸。

宋国的大族之一华族,势力极大。宋国人都说,丢了官,族就难保,所以要保住官职,就算人死了,官位可以世袭,宗族照样拥有势力。华族的华元是宋国的最高执政者,本来他家族的地位是无法撼动的,可因为一次内部斗争,反倒给了宋平公一次打击大族的机会。

原来,华元有两个儿子:华阅和华臣,长子华阅袭了父亲的职位。公元前556年,华阅死了，华臣就想吞并哥哥的家室，把华阅的儿子华皋比的家臣华吴杀了。当时的朝廷大臣面对此事，竟然全都不敢过问，宋平公怒道："华臣的行为，不只是在他家族里作乱，而且触犯了宋国的刑律，一定要驱逐他。"可大臣向戌却说："华臣有卿官的职位，大臣之间不和顺是国家的耻辱，不如把这事件掩盖着，算了吧！"

宋平公虽然不愿意，也不能表示异议了。向戌替华臣说了话，却都不敢邀功，还特制一根马鞭，每逢乘车经过华臣家门口时，就帮助驾车的人鞭马，让它疾驰而过，不敢同华臣打照面。岂料不久之后的一天，都城里的人追赶疯狗，不小心赶进了华臣的家。华臣做贼心虚，以为是"国人"攻击他来了，就这样稀里糊涂地逃跑了。

没料到如此偶然的一个事件，结局竟然这样的滑稽且尽如人意，宋平公喜不自禁，从此很是看重向戌。宋平公死后，宋元公即位。宋元公是由向戌拱上王位的，但他是生性多疑、不讲信用的人，同向族发生矛盾，最后引起了一场持续多年的动乱。

宋公乐簠

宋元公死后，宋景公即位。他在位的时间虽然很长，但依然无法控制大族，发生了持续二十余年的"桓魋之乱"。桓魋是向戌的曾孙，属桓族，故名桓魋，任司马之职，因此也叫桓司马、司马魋。宋景公很宠爱桓魋，把弟弟公子地的四匹白马的尾巴涂成红色，送给了桓魋。公子地很气愤，几经争夺，景公始终袒护桓魋，公子地无奈，于是逃往陈国，后来又转入宋国的萧地（今安徽萧县北）据守反抗。

桓魋恃宠而骄，渐渐也不把宋景公放在眼里了。公元前 484 年，卫国大叔疾因乱奔宋，做了桓魋的家臣，献上一颗美珠。宋景公听说后，就向桓魋索要那颗美珠，桓魋不给，从此君臣关系破裂，开始互相以宴请、换邑等手法乘机向对方进攻，闹得无休无止，政事也无人处理了。

宋景公后期，国家虽然连年战事，但景公更怠于政事，国政日趋腐败。据史料记载，大概只有一年平安无事。

这一年，荧惑星侵入了心星的范围，看守住心星。依当时星象，心星属于宋国的分野，所以这是主刀兵灾祸的凶事要临宋国的征兆。宋景公为此非常忧虑，负责占星相的官员子韦说："我有法子将这祸患转移给宰相承受。"景公说："宰相是辅佐国家的大臣，好比我的股肱，支持整个身体的行动一样，怎么可以使他遭受祸患呢？"子韦说："那就转移给老百姓承受吧。"宋景公还是摇头，说："人君应该以仁爱来安抚百姓，怎可反而让百姓承受灾患呢？"子韦又出馊主意："转移到年岁五谷收成上怎样？"景公答说："时令饥荒，人民困苦，我怎够得上为人国君呢？"子韦于是赞叹说："至高在上的天，听顺谦卑养德的人君，现在主公自内心深处发出为人君的三种仁爱、宽厚的言论，必然感应天心，荧惑星必会有所移动。”于是再占候星象,果然移动了三度,离开了心星的范围。宋国在这一年里,果然没有刀兵灾难。

日渐年老的宋景公还是很发愁,因为没有儿子,无奈何,只得把宋元公的两个曾孙,得和启养在宫中考察。这时的宋景公很少上朝,官员乃至六卿很难看见君主,国家大事都通过他身边的近臣大尹转达。公元前469年,宋景公外出打猎时死了。大尹发动甲士千人,一面把国君尸体偷运回宫,一面召集六卿,胁迫他们盟誓,谎称国君有病,先立启为太子。三天之后,国人得知宋景公已死,司城乐茂调动武装进攻大尹。大尹众叛亲离,只好奉太子启逃奔楚国。六卿于是立太子得为昭公,司城乐筌为上卿,不过宋国的国势,依然萎靡。

卫懿公好鹤衰国

卫懿公,名赤,卫惠公之子。他嗜好养鹤,在宫廷定昌、朝歌西北鹤岭、东南鹤城(今河南长垣县鹤寨)等处,均养有大量的鹤。其鹤如官有品位俸禄:上等竟食大夫禄,较次者士禄。他外出游玩,必带鹤,载于车前,号称“鹤将军”。由鹤及人:凡献鹤者给以重赏。俗话说:“上有所好,下必甚之。”那些想邀官求宠的大小官吏都千方百计耗费民力捕鹤。因此,卫懿公的好鹤成瘾,到了不理朝政,漠视民疾,民怨沸腾,国势衰弱的境地。这一消息传出去后,公元前660年冬,北方狄人便从邢国的夷仪(今山东聊城西南)攻卫,到荥泽时,卫懿公发兵抵抗,大臣说:“君好鹤,鹤可令击翟(狄)。”卫懿公向国人“受甲”,国人说:“叫鹤去抵抗敌人吧,鹤有高官厚禄,我们哪里能够打仗呢!”卫懿公无奈,便带少数亲信赴荥泽迎敌,结果兵败被杀。史官华龙滑和礼孔二人逃回朝歌,报告了懿公被杀的噩耗,卫公子申即带卫人连夜向东南逃去。狄人马上追赶。到黄河的时候,宋桓公也已率兵到河边迎接卫公子申,于是狄人才不敢再追,将卫国的库藏和民间留存劫掠一空后离去。

后来,公子申被立为卫戴公,在野外造草庵暂住曹地(今河南滑县东),史称“庐于曹”。一年后卫戴公病死,逃到齐国的公子毁归来,被立为文公。此刻,卫懿公之妹许穆夫人,从许国赶来援助,向诸侯大国奔走呼号,终于说动齐桓公,于是齐桓公派公子无亏率兵助卫击败狄人,并在楚丘(今河南滑县东)新建卫都,卫国得以复兴。但是卫国却从此一蹶不振,沦为小国。

史鱼

放逐国君的卫国

卫国是春秋时期第一个把自己的国君驱逐出去的国家,而那位倒霉的国君,就是卫献公。献公的父亲卫定公在位时，就与卿官孙林父有矛盾，迫于晋国的威胁，卫定公才重新召回孙林父。定公死后，因为没有嫡子，就立了庶子为王，这就是献公。定公的妻子和孙林父都不喜欢献公，联手驱逐了献公。

卫献公向晋国求援，可师旷对晋悼公说："这恐怕是献公自己太过分了，自作自受，还是不要理会他吧。"卫献公无奈，通过弟弟公子鲜联络国内的大族宁喜，许诺一旦复国，将由宁氏掌权。于是宁喜攻打孙林父，迎回了献公。

献公回国以后，疯狂报复与他为敌的人，并公开与晋国作对。晋国发兵活捉了宁喜和献公，后来还是齐国帮着求情，卫侯嫁女给晋君，献公才被释放。再次回国的献公，终究容不得宁氏专政，杀了宁喜并清除其余党，国内动荡不安。

到了卫灵公的时候，卫国更是乱成了一锅粥。卫灵公的夫人南子是宋国人，与宋国的公子朝有私情。一次，卫国太子蒯聩经过宋国，被宋人编起歌谣嘲弄，十分恼怒。蒯聩回国后准备杀掉南子，但没有成功，于是逃往晋国。不久后灵公死了，蒯聩的儿子成为卫君，是为卫出公。晋国把蒯聩送回国，一场父子争夺君位的闹剧就此开始。

公元前 480 年，蒯聩强迫孔悝与之歃血为盟，帮自己夺权。当时孔子的门生高柴和子路都是孔悝的家臣，高柴听说主人被围困后，就从城里逃了出去。刚到城外，可巧碰见子路要进城去救孔悝，高柴对他说："城门已被关了，快走吧！不要自投罗网。"子路说道："我拿了孔家的俸禄，就不能贪生怕死，明知主人有难怎能不去救护呢？"子路一口气跑到城门口，守城人认识子路，也让他赶快逃命，可子路还是坚持进城。

一口气跑到孔家后，只见孔悝正被人胁持着，子路急忙上前救援。蒯聩的手下石乞与子路搏斗，一戈砍到了子路的头，帽缨也被砍落。子路倒在血泊之中，发现自己的帽缨已断，头盔歪了之后，便挣扎着说："且慢动手，正直的君子死时帽子不能不正，衣服不能不整。"说着，他用尽全力扶正帽子，整好帽缨，理了理衣服，安然死去，这就是著名的"结缨而死"。

孔悝无奈，只得拥立蒯聩为君，称作卫庄公。卫庄公上台后，对曾经支持他的人猜忌不已，先是假借设宴酬谢，把孔家母子灌醉，连夜送走，然后又将帮助他夺权的大臣统统流放、处死。不久庄公死了，晋、齐两国各要立投靠自己的人做卫君，中间换了两三个国君，最后还是卫出公回国复位，政局才稳定了几年。

历史小常识：石碏大义灭亲

卫庄公的儿子州吁残忍暴戾，无恶不作。石碏的儿子石厚，常与州吁并车出猎，为非作歹。公元前 719 年，州吁杀害桓公夺位。石碏想为国为民除害，便趁石厚请他参政时，假意献计新主去陈国，请陈桓公向周王说情，以便得到周王的接见。石厚十分高兴，便备厚礼赴陈。见此，石碏写下血书，派人事先送到陈国。陈桓公将州吁、石厚抓住后，众臣都说："州吁首恶应杀，石厚从犯可免。"石碏正色道："州吁罪，皆我不肖子酿成，从轻发落，难道使我徇私情，抛大义吗？"于是派家臣獳羊肩诛杀石厚。

公元前 470 年，卫出公也步了庄公的后尘，陆续对一些卿大夫削职、夺邑。愤恨出公的人决定报仇，联合起来，将出公也赶了出去。后来，卫出公借助越、鲁、宋等国的武装护送回国，但卿大夫和国人都不肯接纳他。卫出公不敢进城，几国军队无功而去，卫出公最后逃到了越国，死在那里。

至此，宋卫等国的内争发展到父子争位、骨肉相残，西周的宗法制已荡然无存了。

守旧而衰的鲁国

在鲁国，周礼是人们的行为准则。周礼由周王室制订，具体实施时各诸侯国一般各取其需，因地制宜。唯有鲁国始终不忘“法则周公”，不论“国之大事”，还是往来小节，都要严格按照周礼的规定来执行，否则就会遭到指责，甚至被视为“不祥”的举动。这一特点在政治、外交上的渗透，导致鲁国国势日弱。

庆父之难

鲁庄公姬同有三个弟弟：庆父、叔牙和季友。庆父最为专横，并且拉拢叔牙蓄谋争夺君位。此外，他还一直与嫂子——鲁庄公的夫人哀姜私通。

柳下惠

鲁庄公有一年得了重病，医治无效，在临死前向自己的几位兄弟就立谁继承君位的事情征求意见。因为夫人哀姜没有生子，而且庄公特别喜欢夫人孟任所生的儿子斑，所以想立斑为继承人。叔牙因为受了二哥的嘱托，主张立庆父。庄公赶紧与季友商量，季友力主立斑，并逼叔牙以死表明拥立斑。

鲁庄公病死，斑即位为国君。庆父不甘心，因为他与哀姜关系甚密，所以就想立哀姜的妹妹所生的儿子开。于是，他便与哀姜密谋，欲暗杀公子斑。恰好有个叫荦的养马人，因受过鲁庄公的责罚怀恨在心，于是公子斑当上国君还不到两个月的时候，就被庆父唆使荦打死了。季友也被迫逃亡到陈国。随后，公子开就被庆父立为国君，即鲁滑公。此后，庆父更加肆无忌惮，与哀姜打得更是火热，并且野心也越来越大，想自立为国君。滑公为了自保，把季友又请回国内。庆父与季友本来就势不两立，见此更不会善罢甘休。于是在鲁滑公二年（前660），他与哀姜又指使一个叫卜齮的人杀了滑公。混乱中，季友领着鲁庄公的另一个儿子姬申逃到了邾国，并发出文告声讨庆父，要求国人杀庆父，立姬申。国人响应，庆父畏惧，逃亡到莒国，哀姜也逃到了邾国。

姬申得立后，季友买通莒国押回了庆父并将其杀死；哀姜是齐公室之女，所以齐桓公很生气，也将哀姜召回杀死。

在鲁庄公死后的几年里，由于庆父串通哀姜连杀了两个国君，而且极度荒淫无耻，作威作福，横行无忌，不但造成了极大的混乱，也给国人带来了极大的灾难。故齐国的仲孙湫到鲁国吊唁回去后，曾叹息地说："不去庆父，鲁难未已。"

周公旦

死守周礼

鲁国是西周时周公旦的封国，周公旦是周王朝礼乐制度的制订者，因此鲁国就算到了春秋时期，还保存着完整的周礼。

公元前478年，鲁哀公与齐平公在蒙地（今山东蒙阴东）会盟，齐平公向鲁哀公叩头，而鲁哀公只回以弯腰礼。因为周礼上明确地记载：除非见天子，鲁君向任何君主都不叩头。齐人对此很是恼怒，从此耿耿于怀。五年后，鲁哀公又与齐平公在顾（今河南范县）会盟，齐国人还记得当年之事，责怪鲁君不尊重他们，编起歌唱道："鲁人有罪疚，几年以来还不自觉，恼得我们顿脚！就是因他死守儒家礼书，弄得我们两国闹口角！"

死守周礼，不知通变，的确是鲁国的特点，因而鲁国一直守旧，不能振作，总是受他国，特别是齐国的欺负。

圣母诉周礼

关于鲁国的周礼，从鲁国大夫公父文伯和他母亲的对话中，我们可以窥见一斑。

公父文伯是世家大族，有一次宴请宾客，筵席上上了甲鱼，但是个子很小。一位宾客见了很不高兴，说道："等这甲鱼长大一点再来吃。"说完便起身走了。文伯的母亲知道这件事后，怒道："我听你死去的父亲说过，祭祀时应当敬奉代表亡灵受祭的人，宴客时应当敬奉坐上位的主客。甲鱼有多贵？为什么要使客人生气？"说着，便将文伯赶出家门。过了五天，鲁国的大夫们纷纷来求情，母亲才让他回家。

不久后，公父文伯退朝回家，先去母亲的房中探望，只见母亲正在纺麻。文伯说："以我们这样的人家，您还纺麻，恐怕国君知道了要生气的，还认为我不孝顺您呢！"

母亲叹息道："唉！鲁国要亡了！竟然让你这样的人做官！坐下，我讲给你听听。从前圣贤国君安置民众，选择贫瘠的土地安置他们，锻炼他的子民，然后依靠他们的能力，所以能长久统治天下。民众劳作才会思考，思考才会有善良的念头产生；安逸就会淫乱，淫乱就会忘记善良；忘了善良，邪恶的念头便产生。肥沃的土地上，民众没有能耐，因为他们荒淫；贫瘠土地上的民众没有不崇尚正义的，因为他们勤劳。因此天子用最完美文采的器具祭祀太阳，和三公、九卿一起祭地和识别土地的功用；中午考察政务，交代百官要履行的事务，众官之长考虑众官员的事，牧、相全面使民众的事务治理有秩序；用简单文采的器具祭月亮，和太史、司载收集威猛的天的法则；日落便督促嫔妃们，让她们清洁并准备好祭品和器皿，然后就休息。诸侯们清早学习和听取天子布置的事务和训导，白天完成他们为国供职的任务，傍晚反省自身，还要温习并思考那些典章和法规，夜晚警告众官，让他们不要享乐过度，然后就休息。卿大夫清早考虑他的职责任务，白天谋划和施行政务，傍晚梳理他的事务，夜晚处理他的家事，然后就休息。贵族青年清早接受教育，白天听讲弄懂所学的知识，傍晚复习，夜晚反省自己有无过错直到没有遗憾，然后就休息。从平民以下，日出而作，日落而息，没有一天懈怠的。王后亲自织黑色的丝带，公侯的夫人还要编织冠冕上的带子，卿的妻子做腰带，大夫的妻子做祭祀的服装，士的妻子还要做朝服，从平民以下，都让她的丈夫有衣穿。春祭祭社时分配事务，冬祭时献上农作物，男男女女献功，有罪愆的就加以惩罚，这些都是古人的制度啊。自上而下，谁敢想荒淫省力气？如今我守着寡，你又是下大夫，从早到晚参与朝政事务，还担心丢失了先人的事业。更别说懈怠懒惰，那怎么躲避得了惩罚呢！我指望你早晚提醒我说：‘一定不要废弃先人的传统。’你今天却说：‘为什么不自己图安逸啊？’以你这样承担君王的官职，我恐怕你爹要绝后了！”

黄子壶

公室衰微

鲁国虽然死守周礼，可君王的权威却早就丧失殆尽，真正在鲁国掌握大权的，是“三家”大族：孟孙氏、叔孙氏、季孙氏，他们同是鲁桓公之子，故又称“三桓”。

公元前 562 年，季武子把鲁国原来的上下二军扩大为三军，即增加了一个中军，由这三家各领一军。当时的军队是寓兵于农，平民都有当兵的资格，奴隶只能在军中服杂役。人们平时务农，有战事或演习则应征出动。大体是每户出一名兵士，按军事组织编入军籍，自己提供军事装备，还按行政与井田制度的系统，规定摊派车马辎重等“军赋”。这样，对于掌管军队的人来说，有了军队，就意味着在政治、财政上都有了实力。

这三大家族的力量不断充实壮大起来，鲁国公室空虚，鲁君的地位可谓江河日下。公元前 544 年，按弭兵盟约的规定，鲁君得亲去朝楚。恰巧这时楚康王死了，楚人故意让鲁襄公按一般的使节身份参加丧礼，借此侮辱鲁君。丧事完结后鲁襄公回国，在出发之前，还要征询季氏的意见道：“我可以入国吗？”季氏回答说：“您是享有鲁国的，谁敢违抗

闵子骞单衣顺母

您?”鲁襄公算是得到一些宽慰,这才启程回国。

季氏逐君

鲁襄公死后,由季氏做主,立了姬稠为鲁君,这就是鲁昭公。公元前517年,季平子因为斗鸡,和郈氏与臧氏结下了仇。这时有人向鲁昭公进言,策划除掉季氏,昭公看到这种形势,为之心动,毕竟季氏的势力大,已经威胁到君主的权威了。

于是,昭公和反季氏的家族毅然进攻季氏,杀了季平子的弟弟。季平子见势不妙,先作退让,请求鲁昭公把他囚禁在费邑(季氏私邑,今山东费县),或是直接驱逐出境,可都没得到允许。

这时子家氏站出来劝昭公应允,说季氏发号施政很久了,收买人众已经不少,一旦有人背叛你,那后果就不可收拾了。话说得中肯,可是昭公哪里能听,郈氏主张趁早杀掉季平子。昭公于是决定联络孟、叔二家,一起动手。

可是,叔孙氏已经决定武装援救季氏了,公室的武装反被包围,兵士毫无斗志,很快被叔孙氏的武装所驱逐。同时,孟孙氏进攻郈氏,然后会合叔孙氏一起进攻鲁君。鲁昭公眼看大势已去,逃亡到了齐国。子家氏又劝鲁昭公不要接受齐君的安排,一则不可信赖齐人,二是接受了反而等于是人家的臣属了。

鲁昭公还是没有听从,一会儿求救于齐国,一会儿又指望晋国,流亡了八年后,死了。季氏于是立了没有跟随鲁昭公出逃的公子姬宋为君,是为鲁定公。

三家内乱

公元前530年,季平子执政鲁国,没有重用家臣南蒯。南蒯怀恨在心,扬言要赶走季氏。南蒯挑拨叔孙氏与季氏的关系，借机发动叛乱，结果被季平子打败。

季平子死后，他的家臣阳虎造反，控制了季氏宗族，同时也操纵了鲁国的权柄。公元前502年，阳虎搞了一次大祭礼，计划事后在蒲圃宴请季氏，乘机杀季桓子。孟孙氏得到消息，比阳虎提前一天行动。到宴请季氏那天，阳虎驾车前行，其弟阳越殿后，把季桓子夹在中间。季桓子发觉情况异常，就和驾车的林楚商量逃脱之计。这时孟孙氏早已做好了准备，挑选了强壮的养马者三百人，在宅门外装着建造房子，以备事变。林楚激怒驾车的马，冲上大路，直奔孟氏家门。阳越在后面追赶，孟氏徒众从门缝里往外射箭，把阳越射死了。阳虎眼看事情败露，就劫持了鲁定公和叔孙武叔，去进攻孟氏。只一战阳虎就被打败，他盗走了公室宝玉、大弓等逃走，窃据阳关（今山东泰安南）对抗。

蛙蛇纹尊

第二年夏天，三家联合攻阳关，阳虎不敌，焚烧了关门出奔齐国。齐人不敢收留，阳虎又逃到宋国，最后秘密逃到晋国，投靠了赵简子。

阳虎之乱刚刚平息，公元前500年，叔孙氏的家臣侯犯在郈邑（今山东东平）又造起反来。原来，当初叔孙成子想立儿子武叔为后，族人公若藐几次劝阻，结果还是立了。成子死后，武叔自然恨公若藐，先后两次派人去暗杀他，均未得逞，直到第三次才杀了公若藐。侯犯曾是被派去暗杀而未得逞的一个刺客，因为怕武叔加罪于自己，于是据守郈邑反抗叔孙氏。武叔费了好大的力气才把侯犯打败，平息了内乱。

就这样，鲁国在国君无权、家臣内乱不断中，坎坎坷坷地继续前行。

吴越争霸战争

春秋后期，无论各国内部怎样混乱，都阻挡不住君主称霸的梦想，只是这梦想的舞台，转向了中国的东南方。吴越之战，是春秋末期位居长江下游的两个诸侯国吴和越之间进行的一次争霸战争，最终以吴的灭亡越的胜利而告结束。

楚国的变乱

春秋后期，各诸侯国无不是君权旁落，大族专政，可楚国偏偏是君权集中，只是，这种专权并没给楚国带来强大的机会，楚国也很快走上了衰败的道路。

多变的政局

楚王之所以能够专权，主要原因是他直接统领军政，在一定程度上做到了军政合一。

但是也碰到一个问题，就是王权与王族势力的矛盾。楚国每代君主的子弟都会被分封给一块地方，楚国每吞并一个小国，也会把那块土地封赏给这些王族，这些地方被称为县，和其他国家不同，县具有很大的独立性，等于一个个小王国。而且，楚国的高级官员，如令尹、司马，是不授给大族的，人选都由王族中产生。因此，当楚王精悍有为时，就能指使一切，对令尹、司马可以生杀予夺。一旦楚王平庸，大权就会旁落于王族大臣之手。

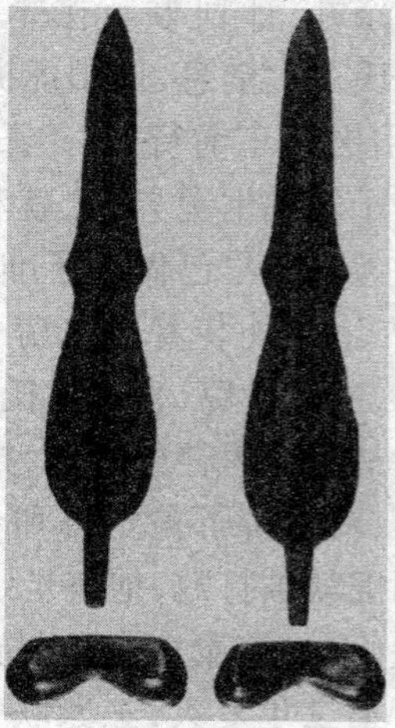

曲刃剑

楚国在楚共王的时候，国力还十分强盛，转变就发生在共王的儿子楚灵王继位之后。楚灵王即位的第三年大会诸侯，鲁国和卫国没来参加，宋国只派了一个代表。这使灵王很不愉快，大臣伍举告诉灵王说："这情况不是一个好兆头，我们一方面要对到会各国以礼相待，同时也要展示我们的武力，使诸侯心有敬畏，然后再讨伐那些没有到会的诸侯。"可楚灵王根本没把伍举的话当回事，他不但处处表示出骄纵的习气，还侮辱别国的使臣，杀死一些无辜的下属，令到会的诸侯很是气愤。

为了维持霸主国的面子，楚灵王四处征伐，与各诸侯国之间战争不断，耗费了先辈多年的积累，加上花天酒地，失去了民心。

一次，楚灵王发兵攻打吴国。当时天降大雪，士兵们身着铁甲，手执兵器，暴露在风雪之中，寒冷难耐。灵王则身穿暖和华丽的裘皮，站在中军帐前观看雪景，连声赞叹"好雪"。这时国内传来消息，楚灵王的弟弟弃疾反叛。

楚灵王的部队本来就无心打仗，一听到这个消息，士兵们顿时作鸟兽散了，只剩下两个随从还守在灵王身边。这时，右尹子革对灵王说道："不如回到楚都的郊外，看看国人的反应怎么样，再作打算。"灵王慌忙摆手道："这还用看吗？我要是到了他们的手上，他们准得把我杀了。"子革说："那就去诸侯家找救兵吧。"灵王还是摇头："我把他们也得罪遍了，谁会在这时候帮助我呢？"子革觉得自己帮不了他，索性也走了。

灵王一个人在山里闲荡，看到农夫耕地，便上前说道："我都三天三夜没有吃东西了，给我一点儿吃的吧。"农夫说："新国王已经下达命令，谁要是送你吃的，就会被杀头。"灵王又气又饿又累，一下倒在了地下，正好压在了农夫腿上，昏了过去。农夫抽出了自己的腿，边走边说："你这罪恶滔天的家伙，你也有这一天啊！"最后，走投无路的楚灵王自缢而死。

人才的出逃

接替楚灵王的是他的弟弟弃疾，史称楚平王，继位后改名熊居。楚平王继位之初，政治上还是比较清明的。当初灵王灭了蔡国后，曾把许、胡、沈、道、房、申的公族迁到蔡地，因此这些大族一直对灵王心怀不满。平王即位后，马上就让他们各回故地，因此得到了这些大族的支持，政局也迅速稳定下来。

平王即位后，任命了伍举之子伍奢为太子太师，宠臣费无忌为太子少师。太子建尊重伍奢，却十分嫌恶费无忌，费无忌因此暗自衔恨。公元前527年，费无忌撺掇平王，给十五岁的太子娶妻，楚平王于是聘了秦女嬴氏为太子夫人。费无忌去秦国迎亲，发现嬴氏非常美丽，就劝平王干脆自己娶了。平王好色，也不管儿子做何感想，便将嬴氏纳入了后宫，然后将太子调出国都，安顿在城父（今河南平顶山市）。费无忌为了铲除后患，一年后诬告太子与伍奢密谋造反。

楚平王召见伍奢，问他为什么要谋反。伍奢大呼冤枉，并劝平王不要亲小臣而疏骨肉，平王执迷不悟，把伍奢关押起来，又派人去杀太子，太子建逃到宋国。

费无忌见杀不了太子，就进一步对平王说：伍奢两个儿子都有才能，若逃往敌国，将是楚国的祸害，不如假装赦免他们的父亲，召他们前来，一块儿杀了。伍奢的大儿子伍尚为人敦厚，虽然知道是计，还是叫弟弟伍员逃走，自己去赴君命。他说：一个“尽孝”，一个“行仁”，比一起去死为好。于是楚王就这样杀害了伍奢父子，逼走了伍员。伍员字子胥，后来逃往吴国。

子西阻封

铲除了伍奢父子后，费无忌又盯上了左尹郤宛。公元前515年，费无忌对令尹囊瓦说：“郤宛准备请你赴宴。”然后又对郤宛说：“令尹有意来你家饮酒，令尹爱好兵器，你把兵器摆出来让他欣赏。”正当郤宛这样准备的时候，费无忌却对囊瓦说：“我差一点害了你！郤宛暗藏兵器，要加害于你。”囊瓦派人察看，果然如此，于是就派人带兵进攻郤宛，郤宛自杀而死。郤宛之死让国人议论纷纷，囊瓦成了众矢之的，不得已，囊瓦杀了费无忌，平息了国人的愤怒。

不久后楚平王死了，楚昭王继位，由囊瓦主持国政。囊瓦贪图前来朝楚的蔡侯的佩玉、皮袍子和唐侯的骕骦马，不惜关押二国国君，使得蔡、唐二国都投向晋、吴一方。

白公之乱

白公名胜，他的父亲名建，原是楚平王的太子。太子建因为费无忌的陷害，逃奔宋国，恰好遇到宋国的华氏之乱。于是太子建转而奔郑。白公胜跟随其父过着颠沛流离的生活，这使他养成了刚强不屈、疾恶如仇的性格。他的父亲在郑国被杀害后，他就向南逃奔到了吴国。

楚令尹子西听说太子建之子胜在吴国，想把他召回国内，但是叶公不同意。然而子西认为胜讲信义而有勇气，不会做不利的事，于是没有听从叶公的劝告。子西把胜召回国内后，将他留在东边的白邑担任守卫，号为白公。白公要求伐郑为父报仇，子西表面同意但没有行动，引起了白公的怨恨。公元前 481 年，子西又与郑订立盟约，胜勃然大怒，视子西为仇人。

公元前 479 年，吴攻楚，被白公击败。白公以让大家观赏战利品为由，发动叛乱。他杀死子西后，劫持了楚惠王。白公杀了王子启而将惠王劫持到高府，不料有人从地道进入宫廷，背负惠王逃至昭夫人宫。于是白公自立为王。

叶公子高闻听都城有变，即率领军队前往干预，他与箴尹固联合惠王的部队一起进攻白公。白公寡不敌众，便上吊自杀。白公之乱虽然被平息了，但是它给楚国带来的损失是严重的。

吴国的征伐

吴国也是姬姓的诸侯国，其国境位于今苏皖两省长江以南部分，后扩张到除徽州地区以外的苏皖两省全境，创立者是周氏族的太伯。到了春秋时期，吴国与中原诸侯国之间的交往越来越密切，也开始加入了争雄的行列。吴国的第一个目标，就是邻近的楚国。

从费无忌在楚国弄权开始，吴国就加强了对楚国的攻击，连年的战争让楚国没有机会再重新振作。

鸡父之战

弭兵会盟后，中原诸侯国之间出现了相对和平的局面。当时，晋、楚、齐、秦四个强国，都因国势日趋衰弱，国内矛盾逐渐激化，而被迫放慢了对外扩张、寻求霸主地位的步伐。与此同时，偏处于东南部的吴国和越国则先后兴盛起来，并开始加入大国争霸的行列，由此，战争的重心也从黄河流域开始转移到了长江淮河流域，征战的国家也由中原诸侯国转变为了楚、吴、越诸国。吴国与晋国联盟之后，乘着楚国鄢陵一役大败的时机，攻下了楚国的四个邑。公元前 519 年，又爆发了著名的鸡父之战。

吴王僚在国力日趋上升之时，决定再一次发动对楚国的大规模战争。于是，他率领公子光等人，兴兵进攻楚国控制下的淮河流域的战略要地州来（今安徽凤台）。楚平王闻讯后，下令司马薳越统率楚、顿（今河南商城南）、胡（今安徽阜阳西北）、沈（今河南沈丘)、蔡(今河南新蔡)、陈(今河南淮阳)、许(今河南叶县)七国联军前往救援,并令令尹阳匄带病督师。

就在这个时候,令尹阳匄因病体沉重,死于军中。楚军失去主帅,士气顿时沮丧低落。司马薳越见状,被迫回师鸡父(今河南固始南)。

公子光听说楚军统帅阳匄身亡,向吴王僚建议率军追击。他说:"随从楚国的诸侯虽多,但都是些小国,而且都是被楚国胁迫而来的。这些小国各自都有弱点,胡、沈两国国君年幼骄狂,陈国率师的大夫夏啮虽然强硬,但却固执,顿、许、蔡等国则一直憎恨楚国的压迫,它们同楚国之间不是一条心。而楚军内部的情况也很糟糕。主帅病死,司马薳越资历低浅,不能集中指挥,楚军士气低落,政令不一。我们一鼓作气,可以击败它!"吴王僚欣然采纳了这个建议。

吴王孙无壬鼎

于是,吴军遂于古代用兵所忌的晦日七月二十九突然出现在鸡父战场上,令司马薳越大吃一惊,仓促之中,他让胡、沈、陈、顿、蔡、许六国军队列为前阵掩护楚军。吴军的先发部队则是从监狱里拉来的死囚。双方交战不久,未受过军事训练的吴国死囚们散乱退却。胡、沈、陈军见状贸然追击,捕捉战俘,纷纷进入了吴军主力的预定伏击圈中。这时,吴国三军当机立断,从三面突然出击,很快战胜了胡、沈、陈三国军队,并俘杀胡、沈国君和陈国大夫夏啮。尔后,吴军将所俘的三国士卒释放,这些士卒侥幸逃得性命,纷纷狂奔,口中还叫嚷不已:"我们的国君死了,我们的大夫死了。"

许、蔡、顿三国军队见状,顿时军心动摇,阵势不稳。这时吴军乘胜擂鼓呐喊,直扑三国之师。三国之师哪里还有心作战,不战而溃。至此,吴军终于大获全胜,并乘胜攻占了州来。司马薳越见状,自缢而死,楚国的囊瓦接替了令尹一职,增修郢城,转攻为守。次年,吴国吞并了楚国经营多年的居巢和钟离。

鸡父之战是吴军实行正确作战指导的必然结果。从兵力对比来看,吴军处于以寡敌众的困难地位;从作战态势来讲,吴军处于"后据战地而趋战"的不利位置,但是吴军最后却打了胜仗。原因就在于吴军统帅准确地判明和掌握了敌军的情况,巧妙利用了对方的弱点,灵活运用了诱敌冒进、乘胜猛攻等一系列正确的作战方法,达到了出奇制胜的目的。鸡父之战是对楚国的一次沉重打击,楚国的司马薳越畏罪自杀,庸碌无能的囊瓦担任了令尹要职。从此楚军很少主动出击吴军,吴国开始在吴楚争霸中居于主动地位。

伍子胥奔吴

伍子胥逃出楚国以后，听说太子建在宋国，于是他也就追随到了宋国。

孔子题季札墓

伍子胥到宋国以后，正好遇上宋国的华氏作乱，他就又带着太子建逃到了郑国。郑国君臣对他们很友好，不久后太子建又前往晋国。晋顷公说：“太子跟郑国关系友好，如果给我们做内应灭掉郑国，就把它分封给太子。”于是太子又回到郑国，但是有个与太子有私人恩怨的追随者知道后，便把太子的计划告诉了郑国。郑定公和子产杀死了太子建。伍子胥只得带着太子建的儿子熊胜一同逃奔吴国。到了昭关（今安徽含山北）时，追兵也赶到了。伍子胥跑到江边，正好江上有一个渔翁，就将伍子胥渡过了江。脱险的伍子胥解下随身宝剑，说道：“这把剑价值百金，送给你老人家。”渔翁说：“按照楚国的法令，抓到伍子胥的人，赏给粮食五万石，封给执珪的爵位，难道是仅仅值百金的宝剑吗？”说完，渔翁把渔船弄翻，自己也随着沉入了水中。伍子胥沉默哀悼良久，才继续前行，终于到了吴国。

这时的吴国，吴王僚刚刚当权执政，公子光做将军。伍子胥就通过公子光的关系求见吴王，请求让他练兵伐楚。过了一阵子，楚平王因为楚国边邑钟离和吴国边邑卑梁氏都养蚕，两地的女子为争采桑叶相互厮打，就大发雷霆，以致两国起兵相互攻打。吴国派公子光攻打楚国，攻克了楚国的钟离、居巢。伍子胥劝吴王僚说：“楚国是可以打败的，希望再派公子去。”公子光对吴王说：“那伍子胥的父兄被楚国杀死，劝大王攻打楚国，是为了报他的私仇。攻打楚国未必可以打败它呀。”公子光的父亲是吴王诸樊。诸樊有三个弟弟：大弟弟叫馀祭，二弟弟叫馀眛，三弟弟叫季札。诸樊知道季札十分贤明，所以就没有立太子，打算依照兄弟的次序把王位传递下去，最后把国君的位子传给季札。于是，在诸樊死去以后，王位传给了馀祭。馀祭死后，又传给馀眛。馀眛死后本来应该传给季札，但是季札却逃避不肯被立为国君，吴国人就拥立了馀眛的儿子僚为国君。这让公子光不太满意，他说：“按兄弟的次序，季札应当被立为国君，但是传位给儿了的话，我才是嫡子，应当传位给我才是。”所以他私下里收留了一些有智谋的人，以便日后依靠他们的帮助而取得王位。伍子胥知道公子光打算杀掉吴王僚自己做国君的想法后，便暗自思量："公子光想要夺取王位，我现在不能劝他向国外出兵，应当先帮他继承王位。"

专诸刺王僚

当初伍子胥在从楚国流亡到吴国的途中，认识了一个叫作专诸的人，他见专诸与人争斗的时候，有万夫不当之勇，就与之结交。现在伍子胥打算要帮公子光继承君位，就将专诸推荐给了公子光，自己则离开朝廷，到乡下种地去了。

> **历史小常识：干将莫邪**
>
> 干将莫邪是中国古代传说中春秋战国时代的造剑名匠，曾为吴王造剑。古书记载："吴王阖闾使干将铸剑，铁汁不下。干将妻莫邪问计，干将曰：'先师欧冶子铸剑，曾以女子配炉神，即得。'莫邪闻言即投入炉中。铁汁出，铸成雌雄双剑，雄为干将，雌为莫邪。"

公子光自从得到专诸后，将其待若上宾。公元前515年，楚平王死，吴王僚趁楚王初丧之机，发动了对楚国的战争。不料，吴国军队遭到楚军夹攻，进退不得。

这时公子光认为机会来了，他对专诸说出了自己想要称王的心思，并表示自己一定会照顾好专诸的老母弱子。专诸说道："好啊，现在王的儿子还小，王的两个弟弟伐楚，被楚国断了后路，正是动手的大好机会，错过就要后悔终生。"

公子光大喜，备下酒宴请吴王僚。吴王僚心中虽然怀疑，但也不好推辞，命人从王宫至公子光的家门，沿途都布满兵卒，就连门窗、台阶左右站的都是吴王僚的亲信。料想这样安全了，吴王僚便放心饮酒。酒酣耳热之时，公子光假装脚痛，退入内室，让专诸把匕首藏在鱼腹中去上菜。走到吴王僚跟前的一刹那，专诸突然撕开鱼腹，用匕首刺向吴王僚，吴王僚当场死去。左右侍卫一拥而上，也把专诸杀了。专诸为报知遇之恩而为公子光出生入死，虽殒身而不恤。这时公子光带领甲士杀出，打败了吴王僚的侍从，自立为王，这就是阖闾。

阖闾成为吴王后，封专诸之子为上卿。

要离断臂刺庆忌

庆忌是吴王僚的儿子，有万夫不当之勇，据说他能够"走追奔兽，手接飞鸟"，是吴国第一勇士。吴王阖闾派专诸刺杀吴王僚后，登上王位。庆忌逃亡卫国，招兵买马，欲报杀父之仇。阖闾想除掉庆忌，伍子胥给他推荐了要离。

要离以捕鱼为业，家住无锡鸿山北。今无锡鸿山东有要潭河，西南角有要家墩，是要离捕鱼、晒网的地方。他虽然身材瘦小，但足智多谋，据说也有万夫不当之勇。要离承诺刺杀庆忌后，就向吴王阖闾献上一计。

在吴国朝堂之上，伍子胥极力向吴王阖闾举荐要离为将，请吴王让要离带兵讨伐楚国。阖闾不屑一顾地看看要离说："寡人观看要离之力，还不如一个小儿，怎么能够胜任讨伐楚国的重任啊！"要离说："您一点也不仁慈，伍子胥为您谋划夺得了王位，平定了吴国，您难道不打算给伍子胥报仇雪恨？"阖闾怒不可遏，令大殿上的武士把他推出去断其

右臂，然后投入监狱；又把他的妻子抓起来。后来，伍子胥又设计让要离越狱逃走，吴王再次震怒，下令杀死要离的妻子，并焚烧、弃尸于闹市。

要离访问得知庆忌避难在卫国，于是他就到卫国去投奔庆忌。庆忌了解到要离是从吴国投奔他的，并听到他的妻子也是被吴王阖闾所杀，就相信了他，用他为心腹，令他每日训练士卒，修治舟舰，准备讨伐吴国。

要离贪名刺庆忌

庆忌在卫国一切准备就绪，就带领要离一起奔袭吴国。要离与庆忌同坐一条船上，趁庆忌不备，举剑刺中庆忌要害。庆忌负伤跃然而起，他力大无穷，把瘦小的要离倒提在手，接连三次沉于水中，然后又将他放在膝上，笑着说："天下竟有如此勇士敢于刺我！"这时两边的卫士欲杀要离。庆忌认为要离是一名讲义气的英雄好汉，不忍心加害他，就说："这是位天下勇士，怎么可以一日而杀死两名勇士呢！还是成全他，放他回去。"说罢自己倒地而死。

但是要离想到自己从此就不能见容于世，便举身投水自杀。

伍子胥辅政

伍子胥好文习武，勇而多谋。入吴后，他帮公子光夺取王位后，得进用为"行人"（掌朝觐聘问之官），辅佐吴王阖闾修法制以任贤能，奖农商以实仓廪，治城郭以设守备。伍子胥又举荐深通兵学的孙武为将，选练兵士，使吴成为东南地区一强国。根据吴与周边各国的强弱形势及利害关系，伍子胥与孙武等制定了先西破强楚，以解除对吴之最大威胁，继而南服越国以除心腹之患的争霸方略。伍子胥的治国用兵，以务实为旨，远见卓识，谋略不凡。

公元前512年，伍子胥针对楚国执政者众而不和，且互相推诿的弱点，提出分吴军为三部轮番击楚，以诱楚全军出战，彼出则归，彼归则出，待楚军疲敝，再大举进攻。此后数年间，吴军连年扰楚，迫楚军被动应战，疲于奔命，实力大为削弱。随即吴国大举攻楚，又出兵攻越，并施反间于楚，使楚不用知兵善战的子期，而用贪鄙无能的囊瓦为帅。公元前506年，伍子胥与孙武等佐阖闾统领大军沿淮水西进，由楚防备薄弱的东北部实施大纵深战略突袭，直捣楚腹地，以灵活机动的战法，击败楚军主力于柏举，并展开追击，长驱攻入楚都郢，终成破楚之功。

柏举之战

吴国的国策就是伐楚称霸，加上伍子胥坚韧的复仇之心，伐楚所缺的，只有时机。

公元前506年，蔡国灭了亲楚的沈国，楚国讨伐蔡国，蔡侯将儿子送往吴国做人质，表示伐楚的决心，伍子胥一直盼望的时机，终于到来了。

在蔡国的引导下，吴国大军向楚国进发，与楚军夹着汉水对峙。这时，楚国的左司马沈尹戌建议令尹囊瓦率部队原地不动迎击吴军，自己率军去摧毁吴国船只，封锁汉水东边的隘口，然后囊瓦再率军渡汉水进攻，前后夹击，必定大败吴军。可是囊瓦怕沈尹戌独抢战功，不等沈尹戌的部队，立即率军渡过汉水出击，结果三次交锋都没取得胜利。最后两军在柏举（今湖北麻城内）对峙，只一战，囊瓦便大败，而且伤亡惨重。吴军士气大增，一路追赶逃亡的囊瓦残部，直到楚国的郢都城下。仓皇之中，楚昭王只带了一个妹妹逃往随国。伍子胥找不到楚昭王，就掘了楚平王的墓，鞭尸三百下。

当初伍子胥逃离楚国时，发誓将来要灭亡楚国，报杀父杀兄这不共戴天之仇。楚国大夫申包胥则表示，父母之国不能亡，发誓要复兴楚国。郢都城破后，申包胥到秦国乞求救兵。秦哀公说要商议商议，让申包胥先在宾馆住下。申包胥知道秦国不愿发兵，就靠在秦宫门外哀哭，哭了七日七夜，连一口水都不喝。秦哀公没见过这么多眼泪，心一软，就命令发兵救楚。

漆瑟

此时已是第二年，即公元前505年的年初了。秦楚联军在沂（今湖北鄂城东）打败了吴军，吴国被迫撤军。但楚国自此元气大伤，国内人心惶惶，国都迁往了都（今湖北宜城东南）。

官吏贪廉做出的判断。以范氏、中行氏来说，他们以一百六十平方步为一亩。六卿之中，这两家的田制最小，收取的租税却最重，高达五分抽一。公家赋敛无度，官吏众多骄奢，军队庞大又屡屡兴兵。长此下去，必然众叛亲离，土崩瓦解！

吴王又接着问道：“范氏、中行氏败亡之后，又该轮到哪家呢？”孙武回答说：“知氏。知氏家族的亩制，只比范氏、中行氏的亩制稍大一点，以一百八十平方步为一亩，租税却同样苛重。亩小，税重，公家富有，人民穷困，吏众兵多，主骄臣奢，又好大喜功，结果只能是重蹈范氏、中行氏的覆辙。”

吴王继续追问：“知氏家族灭亡之后，又该轮到谁了呢？”孙武说：“那就该轮到韩、魏两家了。韩、魏两家以二百平方步为一亩，税率还是五分。

勾践与夫差

勾践忍辱负重，励精图治，最终复国；而夫差骄奢淫逸，滥杀忠臣，最终沦为亡国之君。

越国的崛起

就在吴国走向强盛的时候，它的邻国越国也迅速发展起来。

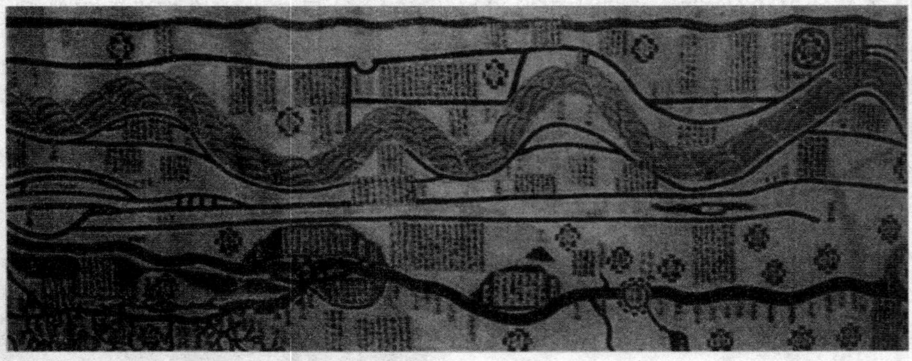

运河图

据说越国的祖先是夏禹的后裔，是夏朝少康帝的庶出之子。少康帝的儿子被封在会稽，恭敬地供奉继承着夏禹的祭祀。他们身上刺有花纹，头发短短的。虽然他们除去草丛，修筑了城邑，但一直保持着比较落后的生活习俗，很少与中原地区发生联系。直到春秋末年，因为和吴国发生了矛盾，越王才起了争霸之心，与吴国相互攻伐。

越国社会发展的历史，并没有清楚的记述，大致和吴国相仿，春秋时代其社会经济发展是较快的，毕竟这里有农业、渔业的优越自然条件。越国较被后世称道的，要算它的冶金业，不但赶上了当时中原的水平，而且独具特点，形制纹饰十分富丽精巧。

越国最早的活动记录，是在公元前601年，越国与吴国、楚国会盟了一次。公元前537年，越国派大夫常寿过率兵助楚伐吴，但失败了。然后是公元前518年，楚国与吴国开战，越国派了大夫去犒劳楚师，不想楚国战败。七年后，吴国正式兴兵伐越。

吴越的仇恨

公元前496年，越王勾践即位，吴国起兵伐越，双方在槜李（今浙江嘉兴南）摆开战场。面对整严的吴军阵势，勾践先后用敢死队冲锋和罪犯队在阵前自刎，破坏了吴军的阵容和士气。吴国战败，吴王阖闾被戈击伤，一只脚的大趾被砍掉，因伤重死在了回师途中。阖闾的儿子夫差即位后，发誓要为父报仇，他派一个臣子站在宫门，每当他出入宫门，那臣子就要高喊：“夫差，你忘了越国的杀父之仇吗？”夫差就回答道：“不敢忘记，三年一定报仇！”

夫差日夜牢记与越国的杀父之仇，命令伍子胥和大臣伯嚭日夜操练兵马，随时准备复仇。公元前494年，吴王夫差亲率大军攻打越国。越国大夫范蠡对越王勾践说：“吴国练兵快三年了。这回决心报仇，来势凶猛。咱们不如守城，不跟他们作战。”勾践不同意，发大军去跟吴国军队硬拼，结果失败了。

西施浣纱

越王对范蠡说：“我当初不肯听从您的劝告，所以才落得这种下场，现在应该怎么办？”范蠡回答说：“不如派人给吴王送去丰厚的礼物讲和吧，如果吴王还是不肯同意，您就把自身也抵押给吴国吧。”于是，勾践派大夫文种向吴求和，吴王将要答应的时候，伍子胥劝阻说：“天帝现在是要把越国赏赐给吴国，大王千万不要答应他。”文种回去将情况告诉勾践后，说：“吴国伯嚭十分贪婪，我们用重财暗中通融让他帮忙吧。”于是文种给伯嚭献上美女珠宝玉器，由他帮自己引见吴王，伯嚭也借机劝吴王说：“越王已经服服帖帖，赦免他将对我国有利。”吴王又要答应，伍子胥进谏说：“勾践是贤明的君主，大夫是贤能的大臣，如果勾践能够返国，必将作乱。今天不灭亡越国，日后必定会后悔莫及。”吴王不听，赦免越王后，撤军回国，并要勾践亲自到吴国去做人质。

卧薪尝胆

勾践把国家大事托付给文种，自己带着夫人和范蠡去往吴国。夫差为了羞辱勾践，让他们夫妇住在阖闾坟旁的一间石屋里，叫勾践给他喂马，范蠡也跟着做奴仆的工作。夫差每次坐车出去，勾践就给他拉马，这样过了两年，夫差认为勾践真心归顺了他，就放勾践回国。

勾践回到越国后，立志报仇雪耻。他唯恐眼前的安逸消磨了志气，便在吃饭的地方挂上一个苦胆，每逢吃饭的时候，就先尝一尝苦味，然后问自己：“你忘了会稽的耻辱吗？”他把席子撤去，用柴草当作褥子。这就是后来人传颂的“卧薪尝胆”。

勾践亲自参加耕种，叫他的夫人亲自织布，以鼓励人们生产。因为越国遭到亡国的灾难，人口大大减少，他订出奖励生育的制度，并叫文种管理国家大事，叫范蠡训练人马。

两年后，吴王想要讨伐齐国。伍子胥进谏说：“不行。我听说勾践吃饭不炒好菜，与百姓同甘共苦。此人不死，一定会成为我国的忧患。越国才是我们的心腹之患，而齐国不过是一块疥癣。希望君王放弃攻齐，先伐越国。”吴王夫差不听，出兵攻打齐国，打了胜仗。不想回国后伍子胥非但没有恭喜夫差，反倒说："您不要太高兴！"吴王很是生气，开始疏远伍子胥。

越国大夫文种听说后对勾践说道："我观察吴王当政太骄横了，请允许我试探一下，向他借粮，来揣度一下吴王对越国的态度。"文种于是向吴王借粮，伍子胥建议不借，可吴王还是借给越国了。伍子胥很是生气，怒道："君王不听我的劝谏，再过三年，吴国将成为一片废墟！"太宰嚭借机诽谤伍子胥说："伍子胥表面忠厚，实际很残忍，他连自己的父兄都不顾惜，怎么能顾惜君王呢？君王上次想攻打齐国，他就强劲地进谏，后来您作战有功，他反而因此怨恨您。您不防备他，他一定会作乱。"夫差于是派伍子胥出使齐国，听说伍子胥把儿子委托给齐国的鲍氏后，大怒道："伍子胥果真欺骗我！"于是下令让伍子胥自杀。伍子胥大笑道："我辅佐你的父亲称霸，又拥立你为王，你当初想与我平分吴国，我没接受。今天你反而因谗言杀害我。唉，你一个人绝对不能独自立国！"说完，伍子胥又告诉使者说："一定取出我的眼睛挂在吴国都城东门上，让我能亲眼看到越军进入都城。"

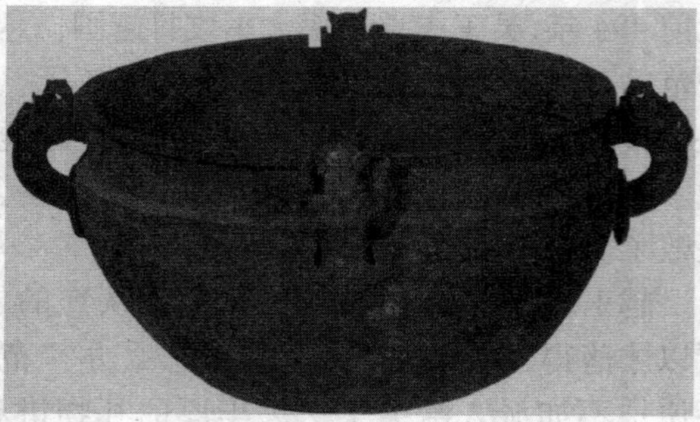

吴王夫差剑

听说伍子胥死了，越国的勾践大喜，召见范蠡，说："现在可以攻打吴国了吗？"范蠡回答说："不行。"第二年春天，吴王会合诸侯，精锐部队全部跟随吴王走了，只剩下老弱残兵和太子留守吴都。范蠡说："可以了。"于是派出熟悉水战的士兵两千人，训练有素的士兵四万人，受过良好教育、地位较高的近卫军六千人，各类管理技术军官一千人，攻打吴国。吴军大败，越军还杀死了吴国的太子。吴国使者赶快向吴王告急，吴王怕会盟的诸侯听到这种惨败消息，就坚守秘密，另外派人带上厚礼请求与越国求和。勾践估计自己也不能灭亡吴国，就与吴国讲和了。

这之后的四年，越国不断攻打吴国，吴国军民疲惫不堪，精锐士兵都在与齐、晋之战中死亡。公元前 473 年，夫差被围困在了姑苏山上，自杀身亡。自尽时，夫差遮住自己的面孔，说道："我没脸面见子胥呀！"

勾践平定了吴国后，就出兵向北渡过黄河，在徐州（今山东滕县）大会诸侯，成为春秋时期的最后一个霸主。因他占有了整个吴国，增加了一倍的国土和财富，以致越国的霸业延续了一个相当长的时期。

也就在这时，范蠡离开了越王，从齐国给文种发来一封信。信中说："飞鸟尽，良弓藏；狡兔死，走狗烹。越王是长颈鸟嘴，只可以与之共患难，不可以与之共享乐，你为何不离去？"文种看过信后，声称有病不再上朝。这时有人中伤文种将要作乱，越王就赏赐给他一把剑说："你教给我攻伐吴国的七条计策，我只采用三条就打败了吴国，那四条还在你那里，你替我到先王面前尝试一下那四条吧！"文种大悲，自杀身亡。

第二章　文学艺术

诸子蜂起百家争鸣

春秋战国时期，官学的没落和私学的兴起推动了“诸子蜂起”“百家争鸣”的思想大解放。所谓诸子百家之中，最重要的学派有道家、儒家、墨家、法家、阴阳家、名家和杂家。他们掀起了中国历史上空前绝后的广泛思潮。

春秋时期由于社会经济的发展和科学水平的提高，以及奴隶制的没落，封建制的兴起，引起了社会思想的激烈变化。因而在这一时期，产生了不同的哲学思想和不同的社会理论。并且出现了朴素唯物主义与唯心主义的冲突论争。这时期有代表性的人物包括老子、孔子、孙子等，他们著书立说，为后代留下了宝贵的精神财富。

老子及其思想

老子姓李，名耳，又称老聃。春秋末期楚国人。他曾做过周朝的史官，晚年回楚隐居。老子著有《老子》一书，亦称《道德经》，全书分为上下两篇，共五千言，系统阐述了老子的哲学观点和政治思想。

孔子问礼

鲁国的孔丘也十分勤奋，他三十岁的时候已经因为博学而名声在外，但是孔丘苦苦钻研关于礼的学问，却始终没有什么收获，为此，他感到十分苦恼。而在这个时候，居周日久的老子则学问日深，声名日响。孔丘听说老子经过多年苦心探索钻研，已经求得天道的消息后，就决定去拜访老子。他对弟子南宫敬叔说：“周朝管理守藏室的官员老子，博古通今，知礼乐之源，明道德之要。现在我打算去周的都城找他求教，你愿不愿意和我一起去呢？”南宫敬叔欣然同意，于是孔子带着南宫敬叔一起来到了周的都城——洛阳。

老子见孔丘千里迢迢前来拜见自己，十分高兴，他除了亲自教授之外，又引见孔丘拜访了大夫苌弘。苌弘授孔丘乐律、乐理，引孔丘观祭神之典，察庙会礼仪，使孔丘感叹不已，获益匪浅。逗留数日后，孔丘向老子辞行。老子赠言说：“天和地没有人推动而它们却能自己运行，太阳和月亮没有人点燃而它们却能自己去照明，天上的星星没有人去排列而它们自己却井然有序，飞禽走兽没有人去制造它们却能自己生存，这就是自然的作为，哪里用得着人去做什么呢？之所以生、所以无、所以荣、所以辱，都是因为有自然之理、自然之道。顺应自然之理而趋，遵守自然之道而行，那么国家就可以自己得到治理，人就会自己变得正直，哪里需要津津于礼乐而提倡仁义呢？津津于礼乐而提倡仁义，那就远远地违背了人的本性，就好像是一个人敲着鼓去寻找逃跑了的人，你敲得越响，那么别人就会逃得越远！”

老子

老子又用手指着黄河，对孔丘说：“你为什么不学习一下水的大德呢？”孔丘问：“水有什么德呢？”老子说：“最高层次的善就好像是水一样，水对万物都有利但是却从来都不争什么，而使自己处于众人都嫌恶的境地，这就是谦下之德；因此江海之所以能成为成千上万的小溪谷的首领，就是因为它谦下，所以才成了无数溪谷的首领。普天之下，再也没有比水更柔软的了，而那些以进攻坚强为使命的却不能够战胜它，这是柔的德；因此能够以柔胜刚，以弱胜强。正是因为它没有，所以才能入于无间，由此可以知道不需要言语的教化和无所作为的益处。与世无争，则天下没有人能够与他相争，这就是效法了水的德行的缘故。水对于道来说：道没有一个地方不存在，水没有一个事物不有利，避高趋下，但是却不曾有过逆返，这是善于适应地势的缘故；空荡荡的地方广阔清净，深不可测，这里容易成为深渊；有损害但是却不枯竭，施以仁德却不求回报，这是善于讲究仁义；圆的东西一定能够旋转，方的东西一定能够折断，堵塞了的河流一定会停止运动，决口了的则一定会流出来，这是善于遵守信用；洗涤众多污浊的东西，使万物上下相抑，平定统一，这是善于治理事物；承载东西就让它浮起来，鉴定东西就清澈透亮，进攻的话那些攻坚的则没有一个能胜得过自己，这是善于利用自己的优势；不分白天黑夜，前仆后继，这是善于运用时间。因此，圣明的人随着时间的改变而采取相应的行动，贤明的人依照事情的变化而有相应的改变；智慧的人无所作为却能使社会得到治理，通达的人顺应天时而得到生存。”孔丘回答说：“先生的话，出自肺腑而能进入我的心脾，我这次求教受益匪浅，终生难忘。”

回到鲁国后，孔子的众弟子都赶紧上前问道：“先生这次去拜访老子，有没有得以见到他的人？”孔子回答道：“见到他了！鸟，我知道它可以在天上飞；鱼，我知道它可以在水里游；野兽，我知道它可以在大地上奔跑。那些奔跑的我们可以用网去捕捉它们，那些游水的我们可以用钩子来钓它们，那些飞翔的我们可以用箭去射取它们，至于龙，我不知道它能怎么样。原来龙能乘着风云而上到九天！我所见到的老子，难道不是像龙一样吗？

他的学识渊深而不可测，志趣高邈而难以知晓；像蛇一样能够随时屈伸，像龙一样能够应时而变化。老子，真是我的老师啊！”

老子出关

周敬王四年（前516），周王室发生内乱，老聃蒙受失职之责，于是离宫归隐，骑一青牛，欲出函谷关，西游秦国。

函谷关的守关官员尹喜，年少的时候就喜欢观天文，爱读古籍，修养深厚。有一天晚上，他在楼观上凝视星空，忽然看到东方紫云聚集，形如飞龙，由东向西滚滚而来。尹喜早就听说过老子的大名，心想莫不是老子将来？于是他派人清扫道路四十里，夹道焚香，迎接圣人。

一天午后，尹喜忽然看到关下的行人中有一个老者，倒骑青牛走过来了。老者花白的头发像雪一样，眉毛垂鬓，耳朵垂肩，胡须垂膝，红颜素袍，简朴洁净。尹喜于是三步并作两步奔上前去，跪在青牛面前拜道：“尹喜叩见圣人。尹喜不才，因为喜欢观天文而略知变化。我看到紫气东来，因此知道有圣人将要西行。紫气的头部白云缭绕，因此我知道圣人白发，是老翁之状；紫气的前面有青牛星相牵，所以我知道圣人是乘坐青牛而来的。”

之后，尹喜引老子至官舍，请老子上坐，焚香行了弟子的礼仪。老子后来答应他，将自己学识并以王朝兴衰成败、百姓安危祸福为鉴，溯其源，著书成卷。果真，老子著上、下两篇，共五千言。上篇起首为“道可道，非常道；名可名，非常名”，人称《道经》；下篇起首为“上德不德，是以有德；下德不失德，是以无德”，人称《德经》，两本书合称《道德经》。据说，尹喜读着这样美妙的著作，深深地陶醉了，被吸引了。于是后来，他就跟着老子一起出关了。

老子出关一事一直被人们津津乐道地传说演绎着，鲁迅先生为此还专门创作了故事新编《老子出关》。此外，老子出关中的“紫气东来”也成了中国文化中的一个元素，被当作吉祥、祥瑞的象征。有趣的是老子骑坐的“青牛”，也成了道教文化中的一个著名的意象，后来成了神仙道士的坐骑。

老子长寿，一直到一百六十余岁才仙逝。邻里来吊唁，老人哭之，如哭其子；少者哭之，如哭其母，皆悲不自胜。

仙道之祖

老子著有《道德经》，是道家学派的始祖，被后人视为宗师。在道教中，老子是一个很主要的神仙，被称为太上老君，尊为道祖。从《列仙传》开始，老子就被列为神仙。东汉时期，成都人王阜撰《老子圣母碑》，把老子和道合而为一，视老子为化生天地的神灵。汉桓帝更是亲自祭祀老子，把老子作为仙道之祖。

老子主张“无为”，其理想政治境界是两国之间鸡鸣狗叫的声音相互都可以听得到，但是老百姓却老死都不相往来。他以“道”解释宇宙万物的演变，认为“道”是自然界的客观规律，同时又独立不改，周行不殆。《道德经》中包括大量朴素辩证法的观点，他认为一切事物均具有正反两面，并能对立转化，如“正复为奇，善复为妖”，“祸兮福之所倚，福兮祸之所伏”。又以为世间事物均为有和无的统一等。老子的学说对中国哲学的发展具有深刻影响，他的哲学思想和由他创立的道家学派，对我国两千多年来思想文化的发展产生了深远的影响。

老子的价值观由“无”“道”“德”这三个方面构成。他认为“德”是“道”的体现，“德”应服从“道”，认为人应有“居后不争”之心，只有仁慈、俭朴、谦让不争的人，方能具备道德勇气，进而博施于人，受人尊敬拥护而成大器。老子谓人应“寡欲”，故谓：“罪莫大于可欲，祸莫大于不知足，咎莫大于欲得。故知足之足，常足。”

老子的“无为”，不能理解为无所作为。道家的“无为”，是清静自守之义，是道家以“道”修身所要达到的“合于道”的理想境界，能达到这种理想境界便无所不能。老子的社会哲理博大精深，他是古今少有的社会辩证逻辑大师。

万世师表之孔子

春秋时期，除了老子以外，还诞生了一位伟大的人物，他就是被后世尊称为圣人的孔子。

孔子周游列国

孔子名丘，字仲尼，出生于公元前551年。十七岁那年，孔子失去了母亲，办完丧事后，孔子觉得自己学业有成，应该找机会做些出人头地的事了。一次，鲁国的贵族季氏欢宴名流，十七岁的孔子听说后，穿着孝服就跑去参加。不想季氏的家臣阳虎向他喝道：“我们请的是有地位的人，并不招待叫花子。”孔子只好退了下来。

历史小常识：野合

《史记·孔子世家》记载：“孔子生鲁昌平乡陬邑。其先宋人也，曰孔防叔。防叔生伯夏，伯夏生叔梁纥。纥与颜氏女野合而生孔子，祷于尼丘得孔子。”“野合”本为苟合的意思，但是这里的“野合”，却是因为孔子之父叔梁纥年老而母亲颜徵在年少，两人的结合不合礼仪。有司马贞的《史记索引》为证：“今此云野合者，盖谓梁纥老而徵在年少，非当壮室初笄之礼，故云野合，谓不合礼仪。”

虽然中华传统文化向来有“为尊者讳”的习惯，不过这种说法已经越来越被认可。

经过这一挫折，孔子更发奋了。自二十多岁起，孔子便对天下大事非常关注，对治理国家的诸种问题，经常进行思考，也常发表一些见解，到三十岁时已有些名气。齐景公在出访鲁国时就曾召见孔子，与他讨论秦穆公称霸的问题。

孔子由此结识了齐景公，后来鲁国发生内乱，鲁昭公被迫逃往齐国，孔子也离开鲁国到了齐国，他受到了齐景公的赏识和厚待，齐景公甚至曾准备分封给孔子田地，但被大夫晏婴阻止了。晏婴对孔子那一套理论并不看重，认为太过迂腐，而且十分烦琐，就驱逐孔

子。孔子向齐景公求救，可得到的回答却是：“吾老矣，弗能用也。”孔子只好仓皇逃回鲁国。

这时的鲁国，政权实际掌握在季氏手中，孔子很不满意，因此在仕途上也一直不得志。直到五十一岁那年，才被任命为中都宰。因为有政绩，又升为小司空，不久又升为大司寇。

孔子学琴师襄

孔子的政绩突出，尤其是在“堕三都”一事上有出色的表现。鲁国的三大家各有私邑，这本是作为专权的根据地。因为这三家的家臣不断发生反叛，都以私邑的武装和防守设施的城堡为自己攻守的屏障，所以这些都城转眼之间就转化为了三家本身的对立物。摧毁这些都城，既迎合三家自己消弭萧墙之患的目的，也符合鲁国公室和孔子借此铲除、削弱三家势力的愿望。

孔子的表现让齐国亮起了警惕的红灯，他们买通鲁国君臣疏远孔子，选了八十名美女，载歌载舞招摇过市，送给鲁君。鲁国君臣一连几天都在南城高门外玩乐，不管政事。这时，孔子的弟子子路说道：“先生！咱们可以走了！”孔子还抱有幻想，说：“国家正举行郊祭，看看他们送不送祭肉来再说。”但是，“祭肉不至，孔子行”。孔子再一次离开家乡，开始了周游列国的旅程，时年五十五岁。

孔子带弟子先到了卫国，卫灵公开始很尊重孔子，按照鲁国的俸禄标准发给孔子俸粟，但没给他什么官职，也没让他参与政事。孔子在卫国住了约十个月，因有人在卫灵公面前进谗言，卫灵公对孔子起了疑心，派人公开监视孔子的行动，孔子于是带着弟子离开卫国，打算去陈国。不想半路上碰到卫国贵族公叔氏发动叛乱，逃脱后，孔子又返回了卫国。卫灵公听说孔子师徒返回，非常高兴，亲自出城迎接。此后孔子几次离开卫国，又几次回到卫国，一方面是由于卫灵公对孔子时好时坏，另一方面是孔子离开卫国后，没有去处，只好又返回。

五十九岁时，孔子离开卫国，经曹、宋、郑至陈国，住了三年。不久吴国攻打陈国，兵荒马乱的，孔子便带弟子离开。楚国人听说孔子到了陈、蔡交界处，派人去迎接孔子。陈国、蔡国的大夫们知道孔子对他们的所作所为有意见，怕孔子到了楚国被重用，对他们不利，于是派服劳役的人将孔于师徒围困在半道，前不靠村，后不靠店，他们身上的粮食也吃完了，绝粮七日，最后还是子贡找到楚国人，楚国派兵迎孔子，孔子师徒才免于一死。

孔子六十四岁时又回到卫国，四年后，在其弟子冉求的努力下被迎回鲁国，但仍是被敬而不用，直到离世。

孔子的政治思想

孔子的政治主张不被当时的国君们认可，晏婴的“烦琐、迂腐”可以作为一个理由。孔子一直主张在经济上“籍田以力”，在政权上必须坚持“君君臣臣”的秩序，“礼乐征伐自天子出”，“庶人不议”乃是天下有道的表现。在社会地位上严格君子、小人之分，用“礼”来维护。在宗法关系上强调不遗故旧、父子相隐。由此不难看出，这些对于那些想要称霸的诸侯们来说，怎么可能做得到呢？

孔子思想中最丰富的要推他的伦理学说。他提出将“仁”用于政治，但是，他把政治与个人修养、社会关系结合在了一起，成为调整人与人之间关系的应有的美好道德原则。孔子主张仁必须出乎本心，不事虚饰，强调事君尽忠，事父母尽孝，交朋友要信，“己欲立而立人，己欲达而达人”，一直做到“博施济众”，达到尧舜也难做到的最理想的境界。

这就是孔子的主张，或者说是理想，只是难于实现。

孔子的教育思想

不过，后世最推崇的还是孔子的教育思想，尊称孔子为万世师表。

孔子认为，人的自然本性都是相近的，是环境和习惯使人们变得各不相同。他提出人们求得知识有生而知之、学而知之、困而学之、困而不学的几种情况，主张知识来源于对客观事物的认识，特别强调学习的重要性。学思结合，学用结合，由感性认识发展到理性认识，是孔子认识论的一个重要内容。

孔子的教育思想和教育方法，在中国是首创的。他是第一个把“学在官府”下放到平民社会中来的人。商周时代是官府设学，学生都是贵胄子弟，教师是官府的师氏、保氏等。而孔子宣布“有教无类”，自己设坛讲学，于是来自列国的学生据说达到三千人，有成就者七十二人。这些人中确有不少平民甚至贫困的人，也有从事各种各样职业的人。如颜渊住在破巷子里，吃粗饭，喝菜汤；子贡是经商的等等。

教育的目的是培养人才，这和孔子一直坚持的“举贤任能”的政治思想分不开。他强调人的后天教育，强调学习必须勤奋、热心、专注，要做到“发愤忘食”的程度，才能有所

孔子退修诗书

得，而且必须持之以恒。

孔子把教学与教人、做人结合在一起，主张学习应该是为自己提高知识和德行，不是学了去炫耀于人、哗众取宠。所以，学习的结果是造就品学兼优的“君子”。孔子很重视培养弟子的志趣、精神，同时把音乐、游泳、美术、射驭等教育手段都利用起来，培养学生的高尚志趣和实际能力。

孔子的教育方法

至于施教的方法，孔子最大的特点是着重启发，根据每个弟子的性格、主要优缺点加以相应的及时的教育。子路曾经问孔子：“听说一个主张很好，是不是应该马上实行？”孔子说：“还有比你更有经验、有阅历的父兄呢，你应该先向他们请教请教再说，哪里能马上就做呢？”可是当冉有问孔子相同的问题时，孔子却答道：“当然应该马上实行。”公西华看见同样问题而答复不同，想不通，孔子解释：“冉有遇事畏缩，所以要鼓励他勇敢；子路遇事轻率，所以要叮嘱他慎重。”

孔子善于选择人容易接受的机会给予提醒，并引导人在原来的想法上更进一步。孔子对弟子使用的语言往往是含蓄而富有形象的，让人可以咀嚼，却又很具体。孔子看到有些人虽然不是不可教育，但根本不努力，又有些人却努力而不得其道，因而也没有成就，便对弟子们说：“庄稼是庄稼，可是光有苗头，长不出穗儿来的，有的是；长了穗儿却是个空壳儿,不结米粒儿的,也还有的是呢!”

孔子对弟子的教育,是结合实际生活来进行的。像对于父母要尊敬,想到父母爱护子女就要注意自己的健康;与人相处要融洽,但不要迁就;对一般人都要友爱,但更要接近好人;做事要勤快,说话要谦虚谨慎,碰见比自己高明的人要老老实实请教,等等。

一次,子路问孔子人死了以后怎样,孔子骂他:“活着的问题还没解决,管死了以后做什么?”子路又问:“那该怎样对待鬼神?”孔子又骂:“对待人还没对待好呢,谈什么对待鬼神!”孔子就是这样看重实际问题,而不喜欢空论的,因此很少谈怪异、武力、变乱、鬼神。

当然,孔子也不喜欢谈论劳动问题。樊迟很想跟孔子学种田,可孔子却板起脸说:“我不如老农夫!”樊迟又想跟孔子学种菜蔬,孔子又说:“我不如种菜的!”樊迟退出后,孔子还跟别的弟子说:“樊迟真下贱啊,居然想学这个!”

应该说,孔子的教育从形式、理论、教学思想到教学方法、教学手段,都形成了一个完整的体系,因此被尊为中国第一位伟大的教育家。

孔子的学术影响

孔子一生大部分时间都在从事教育,虽然曾任鲁国司寇,后又携弟子周游列国,但最终还是返回鲁国,专心执教。在中国五千年的历史上,孔子算是对华夏民族的性格、气质产生最大影响的人了。他在世时已被誉为“天纵之圣”“天之木铎”“千古圣人”,是当时社会上最博学的人之一,并且被后世尊为至圣(圣人之中的圣人)、万世师表,他还曾修《诗》《书》,定《礼》《乐》,序《周易》,作《春秋》等。《春秋》是鲁国的编年史,是中国现存最早的一部编年体断代史书。《春秋》一书的史料价值很高,虽然不完备,但也是儒家的经典之一。《春秋》的文字非常简练,事件的记载很简略。然而在长期的流传过程中,它在文字上难免有脱增之类的问题。

孔子的思想及学说对后世产生了极其深远的影响。在诸侯争战不休、人民困苦不堪的现实面前,孔子没有像宗教家那样创造出一个外在的超越全知全能的救世,而是通过对历史传统作当代诠释,来实现价值的叠加和转换。他正直、乐观向上、积极进取,一生都在追求真、善、美,一生都在追求理想的社会。他的成功与失败,无不与他的品格相关。他品格中的优点与缺点,几千年来影响着中国人,特别是影响着中国的知识分子。

历史小常识:《诗经》

《诗经》收集了从西周初期至春秋中叶大约500年间的诗歌305篇,是中国最早的诗歌总集。《诗经》以四言为主,兼有杂言,多采用重章叠句的形式加强抒情效果。在语言上多采用双声叠韵、叠字连绵词,全面地展示了古代的社会生活,真实地反映了中国奴隶社会从兴盛到衰败时期的历史面貌。《史记·孔子世家》载:“古者诗三千余篇,及至孔子去其重,取可施于礼义……三百五篇,孔子皆弦歌之。”

孔子思想、学说的精华,集中见于《论语》一书,共二十篇,一万一千余字。《论语》是记录孔子及其弟子语录的书,此书对中国历史产生了深远而巨大的影响。它的思想内容、思维方式、价值取向铸成了我们民族的个性。《论语》集中阐述了儒家思想的核心内涵。孔子以“仁”为核心，以为“仁”即“爱人”。提出“己所不欲，勿施于人”等论点，提倡克己复礼，对于殷周以来的鬼神宗教迷信，以为“未知生，焉知死”，“不知命，无以为君子也”。孔子又注重“学”与“思”的结合，提出“学而不思则罔，思而不学则殆”和“温故而知新”等观点。他首创私人讲学风气，主张因材施教，政治上提出“正名”主张，孔子还重视民生疾苦，强调忠和恕。自西汉以后，孔子学说成为两千余年封建社会的文化正统，影响极深。

孔子行教图

当然，《论语》中也有一些思想是与历史潮流相背离的，如他政治上的复古倾向，他对等级、秩序的过分强调，他的内敛的人格价值取向等，还需要加以修正。但在人类文明刚刚露出曙光的先秦时代，孔子就具有如此深刻的生命智慧，是难能可贵的。

孙子及《孙子兵法》

除孔子与老子外，孙子及其所著的《孙子兵法》也对后世产生了广泛而深远的影响。孙子是齐国人，生卒年月已不可考，大致与孔子相同。

孙子名孙武，字长卿，他的祖先本是陈国的公族，姓妫。后迁居齐国，改姓田。齐景公时（公元前 547 年~前 490 年在位），他祖父田书因功封于乐安（今山东惠民），赐姓孙氏，父亲孙冯亦位居齐卿。孙武年轻时，很想有一番作为，但看到齐国统治集团内部矛盾十分激烈，执政的贵族间不断互相倾轧残杀，颇为失望，遂离开齐国，来到南方新兴的吴国。

孙武到吴国后，居于都城姑苏（今苏州）附近的乡间，潜心研究军事，写作兵法，并结识了楚人伍子胥，两人经常在一起切磋学问，讨论天下强弱大势和吴国政治动向。不久，吴王阖庐当国，任命伍子胥为吴国行人（掌管朝觐聘问之官），参与计议军国大事。伍子胥深知孙武的军事才能，竭力向吴王推荐他。吴王开始不以为然，后来读了孙武写的13篇兵法，不觉大为叹赏，很想起用他为将军，但又担心孙武从未打过仗，会不会是个纸上谈兵的角色，便决定先试他一试。

一天，吴王把孙武招来，对他说："先生的兵法果然十分高明，但不知实用起来如何，能否小规模演试一下，让寡人开开眼界？"孙武答道："当然可以。"吴王见他如此自信，有心要难他一难，便问道："妇女也可以操演吗？"孙武知道吴王的用意，稍稍迟疑一下，说道："可以。不过，用兵是严肃之事，来不得半点嬉戏，请大王放手让臣操演，万勿中途干涉，方有成效。"吴王点头同意。

就这样，孙武以练女兵开始了他的军事实践。他把吴王从宫中挑选来的180名宫女分为2队，指定吴王最宠爱的两位美姬为领操队长。然后向她们耐心讲解操练要领。他问道："你们都知道自己的前心、左右手和背后吗？"众宫女七嘴八舌地答道："知道。"孙武点点头，又大声说："操演时，一切行动以鼓声为号，向前，即视前心；向左，视左手；向右，视右手；向后，则视后背。懂了吗？""懂了。"宫女们依然边说边嘻嘻笑着。

孙武

布置已毕，孙武命军吏扛来执法的大斧，竖在练兵场的一侧，并指着大斧反复申明军法。接着，下令操练开始。

一阵"咚咚"的鼓声响起，命令"士卒"向右前进。但宫女们闻鼓，谁也没有按号令行动，反觉得十分好玩，纷纷掩口而笑。孙武见了，先严肃地自我检讨说："军士不熟号令，是为将的规定不明之故，过失在我。"又把操练要领和军令军法细细交代一遍，同时特别关照两位队长要带头听令，领好队伍。然后，亲自击鼓，令"士卒"向左前进。谁知宫女们这回笑得更乐了，一个个前俯后仰，你推我拥，挤做一团，弄得队伍大乱。孙武见状大怒，厉声说道："操演要领和军令我已再三讲明，你们却明知故犯，这就不能怪军法无情了。"说罢，喝令军吏将两个队长推出斩首。

坐在高台上观操的吴王，本想看点笑话，见孙武竟认起真来，知道事情严重了，急忙派人对孙武说："寡人已知将军能用兵了。但少了这两个美人侍候，寡人寝食不安，请将军宽恕她们。"孙武说："臣既已受命为将，将在军，君命有所不受。治军之道，在信赏明罚，不然，则何以练成劲卒？”坚持把两个违令的美姬杀了。并另外指定两个队长，下令继续操演。

众宫女见了这种场面，莫不悚然，哪里还敢有半点怠慢，个个屏息静气，全神贯注，随着鼓声前后左右，旋转跪起，操练起来，不一会儿，便练得步法渐熟，动作整齐。

于是孙武派人报告吴王说：“女兵已训练就绪，请大王前来检阅。”吴王正为两个宠姬被杀而心痛，气恼之下，便说：“寡人不愿去看，让孙武先回家休息罢。”孙武听后，叹道：“看来吴王喜欢的只是兵法上的词句，而不想去真正实行。”伍子胥知道此事后，急忙劝吴王消除杀姬之怨，以大局为重。过了好几天，吴王才稍稍回心，正式拜孙武为将军，负责训练吴军。

孙武子亭

在孙武的主持下，吴军经过几年训练，日益强盛。公元前512年，吴王派孙武、伍子胥率兵讨伐庇护吴国叛臣的徐和钟吾国。钟吾国小民贫，很快被吴军击灭。吴军乘胜移兵攻徐。徐国君臣一面死命守城，一面火速向楚国求援。孙武见一时难以取胜，怕旷日持久，楚军来援，于己不利，便提议堵截山水，灌淹徐国。结果楚国救兵未到，徐国已被攻破。

吴王见吴军初战告捷，十分得意，便想乘势伐楚。孙武分析了敌我形势，认为不妥，劝阻说：“我军已连灭二国，人马疲惫，军资消耗，如立即与楚军开战，必然不利，不如暂且收兵，养精蓄锐，再图进取。”吴王点头称是，遂下令班师。

吴军回国后，为了削弱劲敌楚国，一面采用伍子胥提出的“疲楚误楚”法，不断分兵轮流骚扰楚境，使楚军疲于奔命；一面加紧争取盟友，孤立楚国。经过五六年时间，终于使楚国劳师伤财，附庸离心，渐渐陷入被动局面。

吴王见伐楚时机已成熟，便拜孙武为将军，伍子胥为副将，倾全国兵力，并联合唐、蔡等国，大举出兵攻楚。

吴军在孙武的指挥下，北上溯淮而西，行至维 ，忽舍舟登陆，昼夜兼程，直扑楚国东北境。楚国得到吴军来犯，急忙派令尹子常（即囊瓦）率领20万人马，星夜赶赴汉水南岸立营相拒、孙武见楚军大规模出动，便下令吴军在豫章地区安营扎寨，休整待命。他已通过伍子胥等人了解到楚国政出多门，行事无定见，决定以静制动，相机行事。

楚将子常原来以为吴军千里远袭，军资接济困难，必求速战。如今见吴军忽然按兵不动，反倒困惑起来，不知对方葫芦里卖什么药。正在狐疑之际，手下的左司马戍进来献计说：“兵法云：千里馈粮，士有饥色。吴军远征，利在速战。今孙武按兵不动，正犯兵家大忌。将军可在此与吴军相持，待某分兵绕出敌后，断其粮道，然后与将军夹击吴军，如此必获全胜。"子常听后，连称好计。左司马戌当即领兵而去。

左司马戌走后，手下的武城大夫黑和部将史皇也来见子常，都主张乘楚军兵多势众，速战速决。甚至对子常说，如拖延不决，使左司马戌此去独得头功，恐怕于他的威望有损。子常听后，不觉心动，便不顾与左司马戌的前约，下令强渡汉水，在大小别山一带连营数十里，摆开了与吴军决战的架势。

孙武正在静观形势，见楚军行动露出破绽，心中大喜，立即乘其立足未稳，发起攻击，与楚军大战三次。吴军因深入敌境，处境险恶，无不欲死里求生，个个奋勇冲杀，终于击败楚军。

楚军退到柏举（今湖北麻城以东），重新集结兵力，欲与吴军决战。但经不起吴军先锋夫概5000劲卒的冲击，便阵势大乱，连连败退。楚军主将子常弃军而逃，部将史皇死于乱军之中。吴军乘胜追击，在清发水（今湖北安陆西之滇水）、雍澨（今湖北京山县西南）等地又连败楚军，赶来救援的左司马戌也因兵败自杀。至此，楚军全线崩溃。孙武抓住战机，迅速抢渡汉水，直捣郢都（楚国都城，在今湖北江陵北），楚昭王带着一些大臣慌慌张张地逃了出去。

在这场战争中，孙武指挥数万吴兵。以少击众，大破楚军20万，五战克郢，表现了高超的军事指挥艺术。经此一战，吴国声威大震，楚国受到了立国以来最大的打击。

孙武不仅用兵如神，还写下了中国第一部军事理论著作《孙子兵法》，对后世军事学的发展产生了巨大而深远的影响。

《孙子兵法》的问世，是世界军事史上具有划时代意义的大事，它比色诺芬（公元前403年~前355年左右）的号称古希腊第一部军事理论专著《长征记》，以及古罗马弗龙廷（约公元35年~103年）的《谋略例说》、韦格蒂乌斯（公元4世纪末）的《军事简述》，不仅成书早，学术性强，而且有其独特的思想体系，因而在国际上也享有盛誉。公元7世纪时，《孙子兵法》便传到日本。18世纪以后，又被译为法、英、德、俄等多种文字，受到各国军事理论家的高度赞扬，他们公认"孙子是古代第一个形成战略思想的伟大人物"。《孙子兵法》共13篇，6000余字。是春秋以前战争历史的高度概括，总结了战争进程中的一般规律，提出了诸多战略与战术原则，并指出了决定战争的各种因素。《孙子兵法》对历代兵家产生了巨大的影响，被尊为"兵圣""兵学宝典"，它不仅在中国军事史上占有极其重要的地位，在世界军事史上也享有极高的声誉。

《孙子兵法》论述了战争的普遍规律，具有朴素的辩证法思想。《孙子兵法》分析军事形势常常从彼、己两方面着手，尤其注意总结双方对立关系，如治与乱，勇与怯，强与弱，众与寡，生与死等，而且认为双方形势会发生变化的，"投之亡地然后存，陷之死地然后生"，"乱生于治，怯生于勇，弱生于强，治乱数也，勇怯势也，强弱形也"等。《孙子兵法》是中国古代人民智慧的结晶，它将永远闪耀着睿智的光辉。

历史散文与诸子散文

散文是文字出现后最适于实用的文学形式。殷商以来，就有甲骨的契刻文和竹木简的记载。到西周时，金属范铸的铭文得到更好的发展。春秋战国时期随着社会的急遽变化，尤其是“士”这个新的社会阶层的形成，散文开始进入蓬勃发展的黄金时代。由于当时文、史、哲尚无明确分工，这些散文虽是历史哲学著作，同时也是优秀的文学作品。

中国散文正式形成的真正标志是《尚书》。《尚书》意为“上古之书”，是中国上古历史文件和部分追述古代事迹作品的汇编。春秋战国时称《书》，到汉代，才改称《尚书》，后被儒家尊为经典，名曰《书经》。关于《尚书》的编订年代，有人说为孔子所编，近代学者大都认为《尚书》编订于战国时期。秦始皇焚书后，《尚书》多残缺。汉初，《尚书》存29篇，用汉代流行的隶书抄写，称为今文《尚书》。西汉前期，发现用先秦文字写成的《尚书》，称为古文《尚书》。它比今文《尚书》多16篇。《尚书》比喻贴切、生动，具有形象性，叙事清晰，而且能表达出人物的情感口吻，写得相当传神。比起商和周初的文字，要流畅得多。同时，那些发表辞令的人，多是统治者，故具有居高临下的气势。但由于《尚书》所用语言同后来使用的古汉语差异较大，加以年代久远，传写讹误，十分艰涩难读。

历史散文

这时期的散文可以分为两类，即丰富生动的历史散文和百花齐放的诸子散文。历史散文的主要内容是记载各国卿大夫和新兴阶级——士的言论以及诸侯各国的政治、外交和军事活动。早期出现的历史散文是《春秋》，它还只是简单地以年纪事的历史纲要。《春秋》是现存的中国第一部编年体史书，是关于鲁国的编年史。这种编年史周王朝和诸侯各国都有，虽然内容不同，但多都称为“春秋”。现今流传的鲁《春秋》是经过孔子修订的。随着周室衰落，诸侯争霸，战乱迭起，外族侵扰。孔子想借《春秋》的谨严笔法，表达他主张尊王攘夷，正名定分，维护周朝的最高统治权的政治主张。历史上有所谓“春秋笔法”之说。《春秋》用字准确，选词严谨，虽然记事简单，看似纯客观的叙述，但实际上它暗含褒贬，体现著作者思想倾向，能给读者以深刻的影响，于是后世便把这种文笔曲折，微言大义，带有倾向性的文字表达方式称为“春秋笔法”。史学家从中领悟到修史应该有严格而明确的倾向性，文学家体

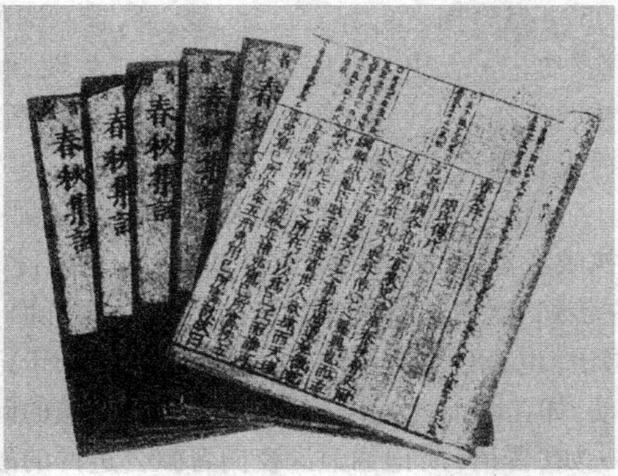

《春秋》书影

会到遣词造句力求简洁而意蕴深刻。当然，刻意求深，也难免造成文意晦涩的弊病。

《春秋》记事，过于简略，后来出现以《春秋》为纲的“三传”——《公羊传》《穀梁传》和《左传》为其进行解说和补充，其中以《左传》内容最翔实。

《左传》是《春秋左氏传》的简称，是配合《春秋》的编年史，它补充记载许多《春秋》忽略的轶闻琐事，记事至鲁哀公二十七年(前468)，并叙述了鲁悼公四年(前464)的事。关于《左传》的作者，历史上的说法历来不一，通常都认同司马迁和班固的观点，即充分掌握春秋时代诸侯各国史料的左丘明。

《左传》丰富多彩，内容涉及春秋列国的政治、外交、军事务方面的活动和有关言论，以及天道、鬼神、灾祥、卜筮、占梦等诸多事宜。从思想内容看，《左传》实事求是地概括春秋和战国初期丰富的历史内容，突破天命的观念，体现出民本的思想。但书中对宗法伦理思想，正统等级观念以及宗教迷信的宣扬，都是它严重的缺点。从文学角度看，首先，《左传》叙事具有故事性和戏剧性，情节的发展出人意料，场面生动，引人入胜。它总是能抓住故事的重要环节或有典型意义的部分来着重地叙述或描写，特别是对那些内容复杂的事件，选材布局极为恰当，注重各种事件的时空联系，结构严密、脉络贯通。比如写晋公子重耳的流亡经过以及晋灵公与赵盾的斗争。其次，人物刻画生动鲜明。心胸豁达的齐桓公、精干老练的晋文公、机智幽默的晏婴、宽厚仁慈的赵盾等，莫不形象生动，跃然于纸上。再则，善于描写战争场面。在叙述战斗的过程中，情节曲折细致，生动真切，波澜起伏，使读者产生身临其境的感觉。最后，《左传》的文学成就还表现在行人辞令上。行人即外交官。春秋时期，外交活动频繁，锐利巧妙的辞令能在外交场合维护国家的利益和尊严。《左传》的语言简而精，曲而达，婉而有致，罕譬而喻，富于形象性。例如“邢迁如归，卫国忘亡”“室如悬磬，野无青草”等等。

春秋战国时期的历史散文，除《左传》外，还有《国语》《战国策》以及汲县古墓出土的《穆天子传》和秦汉间编定成册的《晏子春秋》。

《国语》是中国古代最早的国别史，全书共21卷，分别记载西周末年至战国初年(约前967~453)周、鲁、齐、晋、郑、楚、吴、越八国的历史，主要是记言，故名为《国语》。司马迁在《史记·太史公自序》中说：“左丘失明，厥有《国语》。”从此许多人都认为《国语》是左丘明所作。但分析《国语》的内容，可以推断《国语》可能是左丘明作为瞽史记诵古事，由后人整理再依托他的名义成书的。

《国语》的历史价值远不及《左传》。它对史实采取重点节录的办法，总结经验教训，供执政者参考，而不注意是否忠于历史的实际发展情况。从文学的成就上说也要逊色于《左传》，比如描写长勺之战时，《左传》简练而姿态有神，《国语》则平庸而枯犒乏味。但《国语》也有自己明显的艺术特色。一是长于记言。《晋语》载重耳和子犯二人对话，幽默生动，如在眼前；《越语》载越王勾践与范蠡的问答多用韵语，别具特色。二是虚构故事情节。如《晋语》所记骊姬深夜向晋献公进谗的故事，早在秦汉时期就被人质疑。唐人柳宗元曾说《国语》是“务富文采，不顾事实”，但这也是对《国语》文学成就的肯定。另外，《吴语》和《越语》风格较为特殊，它以吴越争霸和勾践报仇雪耻为中心内容，写得生动传神、扣人心弦，宛如后世小说笔法。

《战国策》是记录战国时代游说士人进行策略活动的史书，内容涉及周、秦、齐，楚，赵、魏、韩、燕、宋，卫、中山诸国。它上接春秋，下至秦并六国。全书共33篇，按国别划分，以记言为主。《战国策》又名《国策》《国事》《短长》《事语》或《长书》。其作者已不可考，可能是秦汉间人杂采各国史料编纂而成。后经西汉刘向重加整理，定名为《战国策》。《战国策》基本内容是战国时代谋臣策士纵横捭阖的斗争及其有关的谋议或说辞，主要反映的是纵横家的思想和观点。它允许朝秦暮楚、背主求荣，忠、义、智、信可以抛弃，凡事要以成就功名利禄为标准。这种观点为儒家所唾弃，但在群雄逐鹿的战国时代，却能被统治者所接受。

《战国策》长于说事，富有文采。与《左传》相比，《战国策》的语言更为明快流畅，纵恣多变，渲染尽情。无论个人陈述或双方辩论，都常使用铺排和夸张的手法，绚丽多姿的辞藻，呈现酣畅淋漓的气势，以增强论者的说服力。语言已不再仅用做说明事实和道理的工具，也是打动听者感情的手段。如苏秦说赵王，张仪说秦王，司马错论伐蜀等，都是显著的事例。其二，《战国策》描写人物的性格和活动，具体细致、生动形象。如《齐策》将冯谖的有胆识、有策略、有手段，同时恃才自傲，多辞善辩的“奇士”风采，表现得淋漓尽致。再如《秦策》描写苏秦说秦不行和相赵归家，前后颓丧和得意的情状，以及庸俗的世态人情，都表现得栩栩如生。特别是《燕策》描写易水送别情景，把荆轲怒发冲冠、沉毅勇决的英雄形象极其鲜明生动地刻画出来。历史上也由此留下“燕赵多慷慨悲歌之士”的美名。

第三，《战国策》所记的策士说辞，常运用巧妙生动的譬喻。这些寓言形象鲜明、寓意深刻，是中国文学宝库中璀璨的明珠。如扛乙以狐假虎威对楚宣王，苏代以鹬蚌相持说赵惠王，苏秦以桃梗和土偶谏孟尝君，庄辛借蜻蛉、黄雀谏楚襄王，虽浅显易懂，但别开生面，惟妙惟肖。

《战国策》长于说事，语言清新流丽，描写细腻准确，辩论富有气势，刻画的人物形象极为生动，是先秦时期文学色彩最为浓厚的历史散文。《左传》《国语》《战国策》的相继出现，标志着成熟的历史散文已经逐步形成，它对后世历史书籍和叙事散文的写作有极其深远的影响。

诸子散文

诸子散文从春秋中叶开始出现，到战国时期呈现出繁荣景象。当时文坛百家争鸣、处士横议，各家文章畅所欲言，各抒己见，对政治、哲学、伦理等社会问题进行讨论，形成活泼鲜明的文风。据《汉书·艺文志》，先秦诸子的学术流派有儒、道、阴阳、法、名、墨、纵横、农、杂、小说10家。其中最重要的是儒家、墨家、道家和法家。这时期的诸子散文可以分为三个发展阶段：第一阶段是《论语》和《墨子》，都是早期的私人著述，前者纯用语录体形式，后者则是语录体中间杂有对话式的论辩文。第二阶段是《孟子》和《庄子》，后者除少数几篇外，几乎完全突破语录的形式而由对话体发展为论点集中的专题议论文。

第三阶段是《荀子》和《韩非子》，它们不再是后学的追忆录或学术流派的集体著作，而是学者个人的文集，标志着先秦哲理散文的完全成熟。

《论语》是孔子思想和言行的集中反映，共20篇。它是中国语录体散文的滥觞。但全书比较散乱，没有系统的组织，先后顺序没有严格的准则。其中多半是简短的谈话和问答。文章多是直接发表观点，具体的阐发和论证较少，但语言简洁隽永，雍容和顺，内敛含蓄，用意深远。由于孔丘对现实社会生活有深刻的认识，《论语》中颇多言简意赅、富于哲理性和启发性的语句。比如"学而不思则罔，思而不学则殆"，"岁寒然后知松柏之后凋也"，"三人行必有我师焉"。《论语》虽语言简短，但感情丰富。既有称赞颜回的情真意切，又有斥责季氏敛财的满腔愤怒，当然还有对远方朋友到来的欢迎和喜悦。《论语》还有个特点，就是通过简单的对话和行动来显示人物的性格。例如《先进》篇中，弟子们各言其志时，子路的直率、冉有的谦逊、公西华的善辩、曾皙的洒脱，以及《微子》篇长沮、桀溺、丈人遗世傲慢的隐逸形象，都写得生动传神。

《墨子》是墨翟门人所记整理而成的，是墨家学派的总集。现存15卷，共53篇。《墨子》有所谓的"十论"，包括《尚贤》《尚同》《兼爱》《非攻》《节用》《节葬》《天志》《明鬼》《非乐》《非命》，是《墨子》书中的主要部分，代表着墨家学派的主要哲学思想和社会政治主张。由于后来墨家分为三派，对墨子学说各有记录和理解，分别成书，故"十论"分上、中、下，其内容稍有差异。《墨子》川论虽具有记言性质，但每篇有明确的论题，文章围绕中心，深入展开论述，层次清晰，内容充实。全书各篇目的观点相互联系，形成比较完整的思想体系，是中国论辩文的雏形。墨子反对没有实用的修饰与文采，强调有切实的内容。他的文章质朴无华，但逻辑性很强，能够自觉运用察类明故的逻辑方法进行论述，论辩色彩浓厚，对中国辩论文的发展有着特殊的影响。同时，《墨子》经常用譬喻类比的手法增强文章的生动性，将深刻的道理形象地呈现在严密的逻辑论述中，使文章具有无可辩驳的力量。

先秦诸子散文中，以《孟子》与《庄子》的文学性最强。《孟子》散文的特点是气势充沛，感情强烈，笔带锋芒，锐气逼人，富于鼓动性，颇有横行无阻的气概。这是孟子骄傲自负，锋芒毕露，动辄与人言辞交锋的性格使然。它与《论语》那种迂徐婉转的风格形成鲜明的对比。以《滕文公上》"计行"为例，孟子首先询问许行生活资料的来源，证明社会分工的必要，再列举尧、舜、禹、稷所以无暇躬耕的原因，充分揭露许行观点的荒谬，显示出高超的论辩技巧。另如《梁惠王下》记载，孟子用层层追问、步步逼紧的方法进行论战，竟弄得齐宣王只好"顾左右而言他"。

《孟子》的文学性，还表现在它善于用寓言故事说理。用"齐秋诲弈"说明"不专心致志则不得也"，用"揠苗助长"说明养浩然正气不能急于求成，用"五十步笑百步"说明事物性质没发生改变的道理。《离娄下》讲述了一个恬不知耻的骗子的故事。文字虽短，但写得简练生动，情节曲折，人物形象鲜明。尤其是故事的结尾，人物内在品格的猥琐与外表的庄严自足，形成强烈的反差，达到尖锐的讽刺效果，可以看作是后世短篇小说的雏形。

《孟子》的散文对后世有深远的影响。它善于用文学手段达到实用目的,在说理中表达个人感情,主张以文载道,成为后世唐宋古文家绝好的典范。

《庄子》是先秦道家学派的重要著作。《汉书艺文志》载,《庄子》共52篇,现存33篇。后世以《逍遥游》至《应帝王》7篇为内篇,《骈拇》至《知北游》315篇为外篇,《庚桑楚》至《天下》11篇为杂篇。现多认为内篇是庄子本人所作,余者则为庄子后学所作。《庄子》这部哲学著作,充满着浓厚的文学色彩。其文章体制已经脱离语录体的形式,标志着先秦散文已经发展到成熟的阶段。它代表着先秦散文的最高成就。

《庄子》一书具有独特的风格。首先,它吸收神话创作的精神,采用并虚构许多寓言故事,作为论证的根据,想象奇谲,汪洋恣肆,最富浪漫主义色彩。《逍遥游》《人间世》《德充符》《大宗师》等多是由寓言、神话、虚构的人物故事连缀而成。例如《逍遥游》写道:“藐姑射之山,有神人居焉。肌肤若冰雪,淖约若处子:不食五谷,吸风饮露,乘云气,御飞龙,而游乎四海之外,其神凝,使物不疵疠而年谷熟。”再如:“北冥有鱼,其名为鲲。鲲之大,不知其几千里也。化而为鸟,其名为鹏。鹏之背,不知其几千里也。怒而飞,其翼若垂天之云。是鸟也,海运则将徙于南冥。南冥者,天池也。《齐谐》者,志怪者也。《谐》之言曰:‘鹏之徙于南冥也,水击三千里,抟扶摇而上者九万里,去以六月息者也。”书中这类奇异生动的形象不胜枚举,令读者神思飞扬。

其次,战国时期的文章都有运用寓言的特点。《庄子》更是由于接受民间寓言故事的影响,大量地采用寓言故事说明事理,可谓“寓言十九”,如《则阳》篇写蜗牛的两角上居住着触,蛮二国,两国“争地而战,伏尸数万,逐北,旬有五日而后反”。以此来讽刺诸侯国的混战。再如以“庖丁解牛”比喻养生要顺其自然,以“痀偻承蜩”比喻做事应“专心致志”,以“匠石运斤”比喻知音难遇的感慨,这都是用生动的寓言故事来阐明深刻的哲学思想。同时,庄子笔下的万物都有思想,能说话辩论,使逻辑思维的理论文更加形象化。

另外,庄周的散文语言也极为生动,文中多用韵,声调铿锵,读来有和谐的节奏感,是古典散文中罕有伦比的精美文章。

《荀子》有32篇,多为荀况所作。《荀子》论理透彻,层次清晰,行文精炼,辞采缤纷,论点明确,每篇都是深刻有力的论说文。《荀子》散文最重要的特色是把生动的比喻和严密的逻辑论述完美地结合起来。论点明确,结构谨严,论断缜密,善于运用自然界和日常生活中的事例作为论据,巧譬博喻。比如《劝学篇》基本全用譬喻重叠构成,妙喻迭出。遍用排偶,辞采缤纷,美不胜收。再则,《荀子》散文造语简练,多用铺陈手法和排比句式,整齐流畅,适于诵读和记忆。如《致士篇》:“川渊者,鱼龙之居也;山林者,鸟兽之居也;国家者,士民之居也。川渊枯,则鱼龙去之;山林险,则鸟兽去之;国家失政,则士民去之。”这也反映出荀子散文严密的逻辑性。另外,《荀子·赋篇》共有《礼》《知》《云》《蚕》《箴》5篇。其形式为问答体,以四言韵语为主,杂有散文形式,类似谜语,属于战国“隐书”的体例,已具汉赋的雏形。再是《荀子·成相篇》,它以民间歌谣形式来表达政治思想,是通俗说唱的文学形式。所以说,荀卿散文的韵文倾向已初现后世韵文的端倪。

《韩非子》55篇,是韩非的个人著作。综合历代学者考证,《初见秦》《有度》《饰邪》3

篇确非韩非所作。

韩非散文的特点，首先是文风峻峭，锋芒锐利，语气坚决专断，文章结构逻辑严密、条理清晰、论述透辟、切中要害。这是政论文主要运用的风格。文章直言凌厉，公然宣扬法，术、势的观念，甚至毫无掩饰地说："上古竞于道德，中世逐于智谋，当今争于气力"；"夫以妻之贵与子之亲，而犹不可信，则其余无可信者矣"。《说难》和《孤愤》深刻暴露统治者的刻薄虚伪，以及"士人"卑劣地向上爬升的手段。

其次，利用大量的寓言故事和丰富的历史知识作为论证资料，来增强文章的形象性和说服力。"守株待兔""郑人买履""滥竽充数"等生动的寓言流传至今。特别是"自相矛盾"的故事，更为深刻明切。它本是用来攻击儒家同时赞颂尧的明察和舜的德化的，指出二者不可能并存，表现出韩非严密的逻辑思维能力。这些脍炙人口的故事主要收集在《说林》上下、内外《储说》等篇。

绘画和音乐艺术

绘画

春秋战国的艺术随着社会的变化而蓬勃发展，各类艺术众采纷呈。中国绘画艺术历史悠久，最早遗迹可上溯到远古的岩画和繁荣于新石器时代彩陶器上的装饰纹样。古代的先民们创造出具有鲜明民族风格和丰富多彩的形式手法，形成独具特色的中国传统绘画。春秋战国时期的绘画取得全面长足的进步，用作冠冕车服、墙壁、各类器皿和工艺品的装饰图案。

商代绘画庄严神秘，西周趋于典雅古朴，春秋以后绘画内容逐渐更多地反映社会生活，形象活泼生动。绘画的题材既有传统的自然纹样和神话传说，也有现实生活的各种图景。绘画的工具主要有笔、墨和绢，这表明以线条为主要造型手段的中国传统绘画，已经达到较高的水平。据文献记载，"宋人善画"，宋国有专为宫廷服务的画家，可以看作是北方绘画艺术的代表。南方楚国的绘画也相当发达，形成飞扬流动、细腻瑰玮的艺术特色。随着绘画艺术的发展，关于绘画的理论也日益成熟。其中尤以孔子的"绘事后素"论和韩非子的写实论为代表。"绘事后素"的含义，现难以明确界定，争论颇多。韩非子的观点是很鲜明的，他说鬼魅易画，犬马难绘，认为写实比虚拟难得多，由此倾向于提倡写实的创作方法，对中国绘画的发展产生了巨大影响。

现存的春秋战国时代的绘画主要有4种：岩画、帛画、漆画和铜器画。岩画是指刻画在岩石表面的图纹。中国是世界上最早发现并记录岩画的国家。岩画反映的主要内容包括传授知识、表达宗教情感、寄托美好的生活理想和娱乐活动场面。

帛画是不依附于工艺品和建筑物的独立的主题性绘画。它出现于战国中期以后，是最早的完整绘画资料。现存的帛画均是楚汉随葬的丝织品，可以归为楚文化的范畴。

漆画是附属于漆器上的装饰图案。许多漆画的题材内容和工艺技巧，正好可以反映春秋战国时代的绘画情况，是珍贵的文物史料。漆器大致能分为两类，即丧器和日用器皿。前者所附的漆画多与巫术有关，表现出浓厚的神秘色彩。后者所附的漆画内容则多与社会生活相关，可以看作是古代生活的风俗画。春秋战国时期的漆画继承“禹作祭器，墨染其外，朱画其内”的传统，以朱、黑色为基调，辅以其他多种色彩，显得斑斓繁丽、变化丰富。

彩绘木俑

春秋战国的青铜器艺术在工艺美术的各门类中居于主导地位。青铜器种类主要有酒器、炊食器、乐器和兵器。其中许多青铜器是礼器，包含宗教和政治意义。为使这些青铜器更加华丽，当时的工匠铸造时想方设法形成器表花纹，还利用金银等贵金属来装饰和嵌错器物，形成铜器画。铜器画主要分为镶嵌画和锥刻画，这取决于制作的工艺。铜器画的题材涉及建筑、车马、人物、鸟兽、战争、狩猎、宴饮各方面，生动地再现当时生产生活和政治活动的真实面貌。

音乐

从西周起乐舞已经较为发达，它与礼互为补充，宣扬软化，维系社会秩序，形成所谓的礼乐制度。礼乐制度严格规定等级，伴随礼的乐舞基本是稚乐。民间乐舞难登大雅之堂。但这种制度规范森严，束缚乐舞的自由发展。春秋以后，周王室衰微，群雄割据，诸侯早已把效忠周王室的伦常观念置之脑后，这种制度逐渐衰落。出现“礼崩乐坏”的局面。同时随着春秋文化的整体下移，世俗的民间乐舞开始占据历史舞台，这就是以“郑卫之音”为代表的新乐。《礼记·乐记》载，魏文侯听雅乐就容易瞌睡，听郑、卫的新乐就不感疲倦。子夏虽斥责新乐是“淫于色而害于德”，但古乐渐趋没落已是不争的事实。齐宣王也曾对孟子说喜欢的是世俗音乐。先秦文献关于新乐的记载，多是贬责。例如子夏曰：“郑音好滥淫志，宋音燕女溺志，卫音趋数烦志，齐音骜辟骄志。”但通过这些描述可以推断，新乐是热情奔放的真性流露。在那个思想解放的时代，它更能表述人民的心声。

据考古发掘和文献记载，周代乐器有近 70 种。《周礼·太师》按乐器的原料将其分为金、石、土、革、丝、木、匏、竹 8 类，即所谓“八音法”。名称有钟、鼓、琴、瑟、箫，竽等。《周礼·考工记》也已有制造乐器的记录。这是乐器学走向成熟的标志。1978 年湖北随州曾侯乙墓出土的战国早期乐器，共记 124 件：编钟 65 件（含镈钟 1 件）、编磬 31 件、鼓 4 件、瑟 12 件、琴 2 件、笙 5 件、排箫 2 件、横吹竹笛 2 件，可以说是个地下乐器陈列室。由于古乐音律失传已久，难以深入探讨，这批乐器对研究先秦传统乐律学具有重要意义。

从传世的青铜器分析，中国古代官商齐奏、八音克谐的音乐体系，应形成于西周，至春秋战国有所发展。十二律（又称十二律吕或律吕）形成于何时，尚无法明确界定。周景王（前544~前520）的乐师伶鸠在回答他的询问时提到十二律的名称是黄钟、大吕、太簇、夹钟、姑洗、仲吕、蕤宾、林钟、夷则、南吕、无射、应钟。同时提到宫、角、羽，指出“大不过宫，细不过羽”，虽未直接说出商、徵，但也表明五音（五声）的体系已经形成。后来加上变宫、变徵合称七阶。《左传》鲁襄公二十九年记载吴公子季札曾用“五声和”来评论“颂”，时为公元前544年。

最早的乐律计算法见于《管子·地员篇》中的“三分损益法”，即将主音律的弦（或管）长三等分，取其两份（全管长的2/3，为损一），或增加一份（全管长的4/3，为益一），依次确定十二律中其他各律的方法。古人最初用竹管定律，后来发现管律过于粗糙，就改用精密的丝弦。这种以管弦长度为准的方法，最迟应产生在春秋时代。它与欧洲当时以频率为准的“五度相生法”是成倒数关系的。十二平均律是中国古代音乐家对音乐声学做出的重大贡献。

乐师师旷

师旷，名旷，字子野，晋国著名音乐家。师旷生而无目，以“师旷之聪”闻名于后世。他还是位杰出的政治活动家和博古通今的学者，时人称其“多闻”。师旷的音乐知识非常丰富，不仅熟悉琴曲，并善用琴声表现自然界的音响，描绘飞鸟飞行的优美姿态和鸣叫。有一次，师旷听到晋平公铸造的大钟音调不准，便直言相告，晋平公不以为然。后经卫国乐师师涓证实，果真如此。有一年，晋平公让人造了一张琴，大弦、小弦全部一样，让师旷调弦校音。调了一整天，总是弹不出和谐的音调。晋平公责怪师旷。师旷说：“琴的大弦好比是君主，小弦好比是臣子。大弦、小弦作用不同，因此配合起来才能发出动听的声音。不互相侵夺职能，阴阳才能调和。现在您把弦都弄成一样的，他们就失去了应有的职能，这难道是乐师能调好的吗？”晚年时，师旷已精通星算音律，撰述了《宝符》一百卷，在明、清的琴谱中，《阳春》《白雪》《玄默》等曲解题为师旷所作。师旷有非凡的音乐才华，虽仅是乐官，但他对政治有自己的见解，敢于在卫侯面前发表自己的意见，向晋王提出了许多治国主张。

乐师师旷图

师旷虽说是个盲人，但他琴艺超凡，十分神奇。晋平公举行王宫庆祝典礼的时候，卫灵公前往祝贺。宴会上，卫灵公命自己的乐师师涓演奏助兴。随着师涓的手指起落，琴声像绵绵不断的细雨，又像是令人心碎的哀痛哭诉。师旷用心倾听着，只见他的神色越来越严肃。到一半的时候，师旷猛地站起身，按住师涓的手，断然喝道："快停住！"

晋平公见卫国国君一行人下不了台，忙责问乐师。师旷答道："这是商朝末年乐师师延为暴君商纣王所做的'靡靡之音'，这音乐很不吉利，谁要沉醉于它谁的国家定会衰落。"晋平公很不以为然地说："早已改朝换代了，现在有什么妨碍呢？"师旷执拗道："佳音美曲可以使我们身心振奋，亡国之音会使人堕落，为什么一定要听亡国之音呢？"

晋平公见卫灵公面有难色，便让师涓继续弹下去。师旷执拗不过，只能松手。师涓弹完后，晋平公命令师旷弹奏一首作为回礼。王命难违，师旷只好坐下来。当他用奇妙的指法拨出第一串音响时，便见有十六只玄鹤从南方冉冉飞来，一边伸着脖颈鸣叫，一边排着整齐的队列展翅起舞。当他继续弹奏时，玄鹤的鸣叫声和琴声融为一体，在天际久久回荡。

晋平公和参加宴会的宾客一片惊喜。晋平公又命师旷弹奏一首更悲怆的曲调曲子。师旷无可奈何，弹起了《清角》。当第一串玄妙的音乐从师旷手指流出时，晴朗的天空顿时翻起滚滚乌云。当第二串音响流出时，狂风暴雨便应声而至。当第三串音响骤起，便见狂风呼啸，掀翻了宫廷的房瓦，撕碎了室内的帷幔，各种祭祀的重器纷纷震破，屋上的瓦坠落一地。满堂宾客惊慌躲避，四处奔走。师旷停手后，顿时风止雨退，云开雾散。在场所有的人都打心底里佩服师旷的琴艺。

由于师旷超凡的琴艺，《淮南子·汜论训》记载说："譬犹师旷之施瑟柱也，所推移上下者，无尺寸之度，而靡不中音。"《周书》记载他不仅擅琴，也会鼓瑟。师旷也通晓南北方的民歌和乐器调律，《左传》记载："晋人闻有楚师，师旷曰：'不害！吾骤歌北风，又歌南风。南风不竞，楚必无功！'"《庄子·齐物论》说师旷"甚知音律"，《洪洞县志》云："师旷之聪，天下之至聪也。"

天文观测及历法

随着周王室的衰微，以往由周王朝少数天文学家把持天文历法的局面被打破。各诸侯国为巩固政权和发展农业生产，都极为重视天文历法的研究。这一时期涌现出了许多天文学家，"鲁有梓慎，晋有卜偃，郑有裨灶，宋有子韦，齐有甘德，楚有唐昧，赵有尹皋，魏有石申，皆掌着天文，各论图验。"其中，最著名的是甘德、石申夫两家。甘德著《天文星占》八卷，石申作《天文》八卷，后人合称《甘石星经》。

天文观测

中国古代天文学主要包括两个方面，即星占和历法。星占学本身是荒谬的，但由于它需要不断地去观测和探索天体的运动情况和规律，客观上能够对古代天文研究起到重要的推动作用。

春秋时期的天文工作者已经能依据恒星的位置，对星象做出相当准确的划分，星官（或称星座、星宿）知识取得突出成绩。古人为观测星体常将邻近的恒星组合起来，给以相应的名称，称为星官。春秋战国时期最具代表性的星象成就要数二十八宿体系的形成。二十八宿就是把沿大球赤道和黄道附近的星象划分为 18 个星区，每星区为 1 宿。这二十八宿自西向东排列依次为：

东宫 7 宿（苍龙）：角、亢、氐、房、心，尾、箕；

北宫 7 宿（玄武）：斗、牛、女、虚、危、宰、壁；

西宫 7 宿（白虎）：奎、娄、胃、昴、毕、觜、参；

南宫 7 宿（朱雀）：井、鬼、柳、星、张、翼、轸。

二十八宿的划分为冃、月、五星及其他若干天象发生位置的确定，提供定量化的参照依据，以后历朝观测天象和制定历法都是以它为基础的。二十八宿是当时天文观测定量化和系统化的重要标志。战国早期曾侯乙墓出土的漆箱盖上绘有二十八宿的伞部名称，这是目前最早的有关二十八宿恒星系统的完整记载。

哈雷彗星

春秋战国时期，对五星的观测也取得明显的成果。“五星者即东方岁星，南方荧惑，西方太白，北方辰星，中央镇星是也”，这里所说的五星就是木、火、金、水、土五大行星。长沙马王堆 3 号汉墓出土的长达 6000 字的《五星占》中保留有《甘石星经》的部分内容，其中最后 3 章列出公元前 246 至前 177 年 70 年间五星运动的情况，充分反映出战国至秦汉初五星的研究成果。当时对五星运行周期的认识已经比较接近。石申指出火星的恒星周期为 1.9 年（应为 1.88 年）；甘德测得木，金、水三星的会合期分别为 400 日（应为 398.9 日）、587.25 日（应为 583.9 日）和 136 日（应为 115.9 日）；两人都测算出木星的恒星周期为 12 年（应为 11.86 年）。

从春秋开始，古代的天文学家非常重视对日月食、彗星，流星雨等的记录，这与统治者把异常天象看作是“上天示警”有密切联系。春秋以后，记录日食 37 次，其中 33 次已证明是可靠的，最早的是鲁隐公三年（前 720）的冃伞食。鲁文公十四年（前 613）秋七月“有星孛人干北斗”，这被天文学界公认为是世界上关于“哈雷彗星”最早的记录。鲁庄公七年（前 687）“夏四月辛卯夜，恒星不见，夜中星陨如雨”，这是世界上关于天琴座流星雨的最早记载。

历法

春秋战国历法的进步主要体现在阴阳台历的逐渐成熟。春秋早期,1年分四季12个月,以朔望周期纪月,这是以月球运行规律的阴历法。但由于12个朔望月只有354或355日,与实际的回归年相差约11日,于是就采用设置闰月的办法来解决这个问题,形成阴阳台历。春秋初期都是年终置闰,称为“闰月”。春秋后期,出现取回归年长度为365.25日,采用19年7闰的方法,这时的闰月安插在年中,称为“闰某月”。由于日数的分数为1/4而命名为四分历。它比罗马人使用的四分历约早500年,是当时十分先进的历法。春秋战国时期,各国分别实行黄帝、颛顼、夏、殷、周、鲁6种历法,合称“古六历”。但实质上,它们都是四分历,只是“岁首”有所不同,也因此出现所谓的“三正”。岁首是指每年的开始月份。黄河下游与周室关系密切的诸侯国多采用周王室颁行的历法,以含冬至的月份即子月(现农历十一月)为岁首,称作“周正”;南方和东方的殷民族以季冬月即丑月(冬至后1个月,现农历十二月)为岁首,称作“殷正”;黄河中游古代夏民族居住的地区以孟春月即寅月(冬至后2个月,现农历正月)为岁首,称作“夏历”。“三正”反映出春秋战国时期不同区域民俗对历法的影响。

传统中医药学的创立

中国医药学具有悠久的历史,它是中国古代先民与疾病和恶劣的卫生环境做斗争的经验积累和理论概括。商代甲骨文中已经有益即腹内寄生虫病、龋即蛀齿等病症的记载。西周的医药学知识更为丰富,《周礼·天官》说:“以五味、五谷、五药养其病,以五气、五声、五色视其死生”,书中还将医生的业务职能分为掌管统治者饮食营养的食医、治疗民众疾病的疾医、治疗疮疡和外伤的疡医和专为牲畜看病的兽医。

春秋战国是传统中医药学的创立时期。当时学术思想活跃,产生许多哲学家和科技人才,也涌现不少医学家和医学著作。但春秋以前,医学是和巫术相联系的。周王室衰败后,人民对天帝的迷信观念开始动摇,巫医的影响才逐渐减弱。许多人逐渐注重以科学的观念来分析疾病产生的原因。比如子产说晋平公患病是由于饮食哀乐,晏婴说齐景公的病是纵欲所致,这均非神鬼使然,祈祷无用。扁鹊明确指出:“信巫不信医不治”。《吕氏春秋·尽数》载:“近世尚卜筮祷词,故疾病愈盛”。这是对巫术的深刻批判,可惜仍旧有无数的后来人为巫术所害,轻则误病,重则丧命。

《诗经》提到40多种疾病和5100余种药用动植物;《山海经》记载38种疾病和120余种药用动植物和矿物。《管子·地水》和《吕氏春秋》对人体的五脏、六腑、肌肤、血脉、筋骨及其功能已有初步的认识。临床诊断上,逐渐形成“切脉”“望色”“听声”“写(观)形”等中医的传统方法。这时期的人们也开始从季节变化,起居环境,饮食卫生和心理因素方面来研究病原,并由此产生丰富的预防疾病、保健养生的思想。《礼记》要求定期沐

浴，穿着饮食要与季节的变化相适应；《吕氏春秋·古乐》提倡以舞蹈防病健身；《周礼》主张晚婚优生，严禁近亲结婚，诸子则多把保持恬静心态作为养生的方法。

扁鹊

正是随着医学的发展，各类医学著述也开始出现。长沙马王堆 3 号汉墓出土的春秋战国时期的帛书《五十二病方》是中国古代最早的医学文献。全书分 52 题，共 1 万余字。现存医方总数 283 个，用药达 247 种，提到的病名有 103 个，涉及内、外、妇、儿、五官各科疾病。书中处方讲究加减化裁，注意对症下药和药物的配伍，另外还记载有一些外治法，如药浴、烟熏、用酒消毒等。

当然，最著名的医学作品要数《万物》和《黄帝内经》。《万物》是发现于安徽阜阳双古堆西汉汝阴侯墓的竹简抄本。据学者考证，它的撰写时代，应该是战国初期或春秋时代，残简共计 133 支，共约 1100 字。《万物》所载药物种类，初步统计为 71 种，多数为日常生活中所能接触到的东西，这是药物早期发展阶段的重要特征。其中玉石部 5 种，草部 13 种，木部 5 种，兽部 11 种，禽部 4 种，鱼部 11 种，果部 4 种，米谷部 4 种，菜部 4 种。书中记录的许多药物功用，不仅与后世本草学相符，而且至今仍应用于临床医疗中。

《万物》关于药物几种原始的加工炮制方法如“煮”“焙”已有描述。但对药物的采集、服法和禁忌的记载却极为缺乏。《万物》记载药物治疗的疾病有 31 种，包括内、外、五官、神经等各科，病症有寒热、烦心、心痛、气臾、鼓胀、痿、痤、折、瘘、痈、耳、惑、睡、梦噩、失眠、健忘等，这些名称皆流传于后世，为后人沿用。

《黄帝内经》简称《内经》，是中医学形成和发展奠基性的作品。它托名于黄帝，是我国现存最能全面总结秦汉以前医学成就的著作。《内经》的成书年代，至今尚无定论。从内容看，它主要反映的是战国时期医学理论水平，基本定稿时期应不晚于战国时期，少数篇章可能出自秦汉和六朝人的手笔。

《内经》注重人体本身的整体性，肯定人与自然环境的密切关系。它运用阴阳五行学说，说明人体组织结构、生理、病理、疾病的发生发展规律和指导诊断与治疗，指出人体的阴阳平衡受到破坏就会生病，强调精神与社会因素对疾病的影响和预防，反对迷信鬼神。全书闪烁着自发的唯物观和朴素的辩证法思想。

《内经》关于脏腑和经络的论述已经比较系统和完整，提出“肺朝百脉”“心主身之血脉”和“经脉流行不止，环周不休”，对人体心脏和血脉的关系和血液循环的描述基本是正确的。

公元前五世纪，扁鹊就已运用“切、望结合”的方法诊断疾病，《内经》对这种方法加以继承和发展。《内经》的诊方主要包括望、闻、问、切，这是后世中医“四诊法”的渊源。同时，《内经》记载的人体穴位有300多处，几乎所有的疾病都有针灸疗法，并对针灸治疗的规则、手法、禁忌均给予相应的论述。

《黄帝内经》是中医理论体系的源泉，它的著成标志着中国医学由经验医学上升为理论医学的新阶段，为战国以后的中国医学发展奠定理论基石，指引中医走上科学发展的道路，具有深远的影响。它是中华民族特有的宝贵文化遗产。

丰富的数学知识

数学是研究数量关系和空间形式的科学。中国古代的数学成就是辉煌的，14世纪以前始终是世界上数学最为发达的国家。殷商甲骨文记录中，中国已经使用完整的十进制记数。到春秋战国时期，由于测量土地、计算租税、兴修水利、规划建设、制造器皿、交换货物、修订律法等生产实践的推动，数学知识得到极大地丰富和提高。但这时期的数学还处于经验积累的阶段，尚未形成完整的数学体系。

算筹是中国古代的计算工具，其方法称为筹算，是中国古代数学对人类文明的特殊贡献。算筹的产生年代已不可考，但可以肯定的是筹算在春秋时代已经较为普遍。

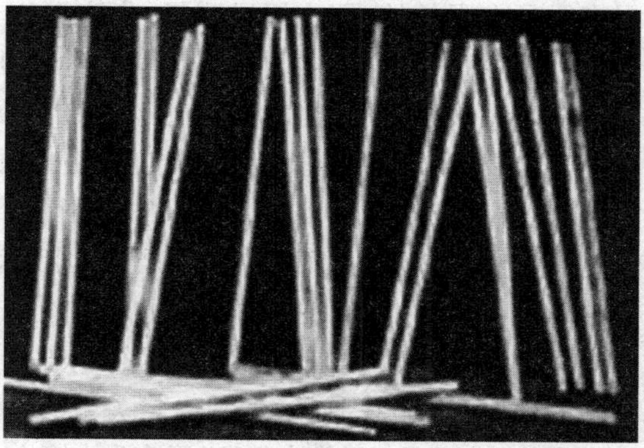

象牙算筹

筹是粗细长短基本一致的竹棍，也有用木、骨或金属制成的。用算筹表示数目，有两种形式，即纵式和横式。表示数字时，用纵式代表个、百、万位的数，用横式代表十、千位的数，这样纵横相间，再加上遇零空位的方法，就可以摆出任意的自然数。通过算筹的摆列，可以进行加减乘除以至开平方、开立方等的运算，整数以后的奇零部分，则用分数表示。这种记数法符合十进位值制原则，它是中国劳动人民极为出色的创造，与其他许多古代文明的计算方法相比，其时间要古老，其方法更优越。

这时期分数也逐渐被使用，前文提到过，当时的历法计算就用到过分数。但从《管子》《墨子》《商君书》等文献记载看，使用分数最多的是牵扯到分配的问题。当然，工匠制造精美的工艺品时也经常使用分数。另外，战国墓葬出土的天平砝码的重量呈等比数列组合。而乐律方面的“三分损益法”的方法相当于$(1\times3)^4=9\times9=81$。这说明春秋战国时期已经具有指数的概念。

几何

《史记·夏本纪》载，夏禹治水时“行山表木”，“左准绳，右规矩”。规、矩、准、绳都是古代用于测量和绘图的工具。先秦时期关于“矩”的记载中，最重要的就是勾股定理。据《周髀算经》，商高回答周公提问时说，“故折矩以为勾广三，股修四，弦隅五”。这就是现在常说的勾三、股四、弦五，或称商高定理，即直角三角形的斜边的平方等于其他两边的平方的和。古希腊著名数学家毕达哥拉斯曾对该定理有所研究，故西方国家均称此定理为勾股定理，发现时间约在公元前550年左右，商高提出这个定理“勾三股四弦五”比毕达哥拉斯要早，是世界历史上对勾股定理的最早表述。

由于战争和生产的需要，各地诸侯国建成不少城防和水利工程，制造大量的农具、兵器、车辆，这必然要涉及计算面积、体积和测算角度的问题，使中国古代几何学得到快速的发展。

战国时期墨家的几何学知识，可与著称于世的古希腊几何学相媲美。《墨经》对许多概念的界定非常确切，如定义平（平行）、中（对称）、圜（圆）、方（矩）、端（点）、祇（切点）、次（二维）、厚（三维）。它的立论也十分精辟，书中说到“穷，或有前，不容尺也”。意思是如果直线是有限长的，那么用尺测量，肯定可以超出这条直线，这也就是著名的“阿基米德公理”。墨家几何学比古希腊几何学早约100年，可以说是世界上最早的几何学系统。

伴随着数学的发展，当时的人已经能够将数学知识熟练地运用于社会生产生活的各个方面。《左传》记载，各国诸侯为周王动工筑城前，士弥牟“计丈数，揣高卑，度厚薄，仞沟洫，物土方，议远迩，量事期，计徒庸，虑材用，书糇粮，以令役于诸侯”。士弥牟对王城的长宽高、土石方以及人工、材料，甚至各国劳动力的往返里程和所需干粮的数量，都计算得精确周到，足见当时的数学知识已经非常丰富。

这时期在实用数学知识不断积累的基础上，墨家、名家和其他学派总结和概括出许多精妙的数学思想。《墨经》记载大量关于数学名词的定义，包含着丰富的数理知识和严密的逻辑推理，还给出“有穷”和“无穷”的概念。据《庄子》记载，惠施、公孙龙等名家辩者强调抽象的数学思想，比如“至大无外谓之大一，至小无内谓之小一”“一尺之棰，日取其半，万世不竭”。他们还提出“矩不方，规不可以为圆”的观点，认为实际画出来的方或圆与它的几何定义是有区别的，即经过抽象以后的名词概念与其原来的实体是有所不同的。这些命题是相当可贵的数学思想，但这种重视抽象性和逻辑严密性的新思想后世未能得到良好的继承和发展。

物理学的应用

物理学是研究物质基本结构和运动规律的科学，它是人类长期的生产实践和观察探讨的产物。到春秋战国时期，中国古代的先民已经积累下丰富的经验性物理知识，内容涉及力、热、声、光、磁，运动、时空，物质结构等诸多方面。

力学

力学知识与人类生产生活的联系密切，是最古老的学科之一。春秋战国时期，中国古代力学开始形成，表现出两种发展趋势。

其一是以《考工记》为代表的实用力学知识的积累。本书可能成书于春秋末期，是现存的关于中国国古代手工业技术规范的书籍。书中记述许多手工业的工艺制作与设施，以及公元前 4~3 世纪以前的工程技术知识。其中包含的力学知识主要有关于惯性、滚动摩擦，物体的浮沉、箭的结构与飞行关系的记载，还记述有力的测量、斜面受力分析，材料和施工的某些软科学知识。

其二是以《墨经》为代表的理性力学的萌芽。《墨经》中的软科学知识已不全是实际生产知识的总结和记述，而是对力学现象进行粗浅的概括，进行简单的推理论证。比如时空观念、运动学知识、力的概念、力系平衡的论述以及简单机械原理等。

随着力学知识的进步，利用力学原理制造的简单机械和工具逐渐得到普遍应用，以提高劳动效率。杠杆是中国出现最早和应用最广的简单机械。传说神农氏“斫木为耜，揉木为耒”，耒耜的使用便是杠杆知识的应用。春秋战国时期常用的杠杆工具是汲水用的桔槔和作为衡器的天平或者杆秤。

相传“伊尹作桔棒”。《庄子・天运》记有颜渊的话“子独不见夫桔棒者乎？引之则俯，舍之则仰。”桔槔的形制是在井旁或渠边的高柱上，横支长木，长木前端用长绳悬下空桶，后端捆绑重物。将前端绳索往下拉，水桶即可打水，再把手松开，由于后重前轻，水便被提上来。这样就比完全靠人力提水轻易得多。当然桔槔的用途非常广泛，比如墨家还用它来高举烽火，所谓“其事急者，引而上下之”。

衡器是称量物体重量的器具，传说帝舜时代就已发明。衡器有等臂秤（天平）和不等臂秤两种，它所依据的原理是两边力矩相等而达平衡的杠杆原理。等臂秤中权（砝码）的重量与物的重量相等；不等臂秤中重物与重臂（重物至支点的距离）的乘积等于权（秤砣）与力臂（权至支点的距离）的乘积。《墨经》127 条说：“（衡），加重于一旁，必捶（垂），权重相若也。相衡，则本短标长，两相加焉，重相若，则标必下，标得权也。”这是墨家探讨杠杆平衡关系的实验总结，比古希腊的阿基米德发现杠杆定律要早 200 多年。只是没有阿基米德杠杆定理那样完整和定量化。据《墨经》128 条记载，当时“斜面”（其变相的形式为轮轴和辘轳）也都得到广泛的应用。《墨经》111 条有句谜语式的话：“举之则轻，废之则重，非有力也。”这正是对杠杆、斜面等简单机械省力效应的形象表述。

光学

中国古代光学知识的历史悠久，商周时期已经懂得利用静止的水面成像，全文的“鉴”字就是人弯腰向水盆照脸的形状。同时，由于青铜技术的发展，青铜镜也开始出现。

春秋战国时期，中国对光的直线传播、反射和直射等规律的认识已经较为全面，这集中反映在《墨经》的光学条文中。

公元前 4 世纪，墨家就做过世界上最早的“针孔成像”实验。《墨经》120 条写道：“景到（倒）、在午有端，与景长，说在端”；“景：光之人，煦（照）若射。下者之人也高，高者之人也下。足敝（蔽）下光，故成景于上；首敝（蔽）上光，故成景于下。在远近，有端与于光，故景库内也”。这条经文说明，光线从人体各个部位向四面直线射出，穿过孔间相交；从人体下部射出的光线射到高处，而从人体上部射出的光线射到低处；足部射向高处的光线被屏壁遮蔽，只能成像于幕的低处，头部射向高处的光线被屏壁遮蔽，只能成像于幕的高处。这样就在屏后的幕上呈现出倒立的像，同时人离孔越近，幕上的像就越大。可见，古人已经认识到光是直线行进的，常用“射”来描述光的径直向前和疾速传播。

墨家还利用光的直线传播性质来讨论光源、物体、投影三者的关系。《墨经》118 条说：“景不徙，说在改为”；“光至，景亡；若在，尽古息”。这说明影是不动的，人们通常看到影的移动，是因为光源或物体发生移动，使原形不断消逝，新影不断生成的缘故。名家也提出“飞鸟之景未尝动也”的观点，这是科学的见解。

《墨经》认为光线遇到镜面就会发生反射现象，它对平面镜和球面镜（凹面镜、凸面镜）的成像规律有深入的研究。《墨经》123 条记载有平面镜成像的实验和光学解释，例如“鉴者，景当俱就”。《墨经》124 条说：“鉴位（洼），景一小而易，一大而正，说在中之外、内”；“鉴：分鉴。中之内：鉴者近中，则所鉴大，景亦大：远中，则所鉴小，景亦小，而必正。起于中缘（燧）正而长其直（置）也。中之外，鉴者近中，则所鉴必大，景亦大；远中，则所鉴小，景亦小，而必易，合于中而长其直（置）也。”这条讲的是凹面镜成像的规律，结论基本是正确的。关于凸面镜成像，墨家也进行过实验。《墨经》125 条：“鉴团，景一”；“鉴：鉴者近，则所鉴大，景亦大；亓（其）远，所鉴小，景亦小，而必正。景过正，故招”。就是说，物体被凸面镜反射会产生缩小正立的虚像。物体离镜面越近，像就越大。如果物体过远，像就会变得模糊。

《墨经》关于几何光学问题的实验和论述是系统和完整的，这些出色的研究和近代光学理论基本是相符的，墨家的光学成果是世界光学史上的宝贵遗产。

声学

春秋战国时期，人们已经从生活和生产实践中较清楚认识到振动与发声的关系，以及各种物质材料和形态的物体所发声音的响度与音色的差异。

据文献记载和考古的发现，周朝以前已有各种管、弦和打击乐器，而且探讨出科学的乐律。中国古代乐律说具有丰富的物理声学内容，它的产生和发展是物理声学史向前进步的重要体现。

前面说过，西周到春秋战国，五声音阶、七声音阶和十律的体系已经初步出现，定“律”的方法为“三分损益法”。中国古代五声音阶宫、商、角、徵、羽，相当于现代音乐的 C、D、E、G、A 五个音阶。《管子·地员篇》载，“将起五音，凡首，先王一而三之，四开以合九九，以是生黄钟小素之首，以成宫。三分而益之以一，为百有八，为徵。不无有三分而去其乘，适足以是生商。有三分而复于其所，以是生羽。有三分去其乘，适足以是成角。”具体方法是：以黄钟的宫音弦长为$(1\times3)^4=9\times9=81$，即

徵音弦长＝81×(1+1/3)＝108

商音弦长＝108×(1+1/3)＝72

羽音弦长＝71×(1+1/3)＝96

角音弦长＝96×(1－1/3)＝64

如果以徵音为1，则各音的频率比：

徵：羽：宫：商：角＝1：9/8：4/3：3/2：17/16

按宫徵商羽角排序时，相邻二音间的音程是3/2和3/4，成简单的整数比，就是说当时对弦长与频率间的关系已有比较深刻的认识。由于只有5个音对于演奏是不够的，后来又增加两个变音即变宫、变徵和其他半音，使1个八度（倍频程）内共有12个音，构成所谓的“十二律”。

除乐律以外，春秋战国时期还知道某些共振方面的知识。《墨子》曾提到用空瓮倒扣在地下来探听敌人的军事行动和确定敌人挖地道的方位。《庄子·徐无鬼》也有共鸣现象的记载：“鼓宫则宫鸣，鼓角则角应，音律同矣。”这可以说是世界上最早关于共鸣现象的认识。

围棋的广泛普及

中国最早的围棋记载是《论语》《左传》和《孟子》中的记载。《论语·阳货》：“饱食终日，无所用心，难矣哉，不有博弈者乎，为之犹贤乎已。”《孟子·离娄下》：“博弈好饮酒，不顾父母之养，二不孝也。”孔孟所说的“博”是指古代象棋，“弈”指下围棋，二人所论反映出当时喜欢下围棋的大有人在。《孟子·告子上》说：“弈秋，通国之善弈者也。使弈秋诲二人弈，其一专心致志，唯弈秋之为听。一人虽听之，一心以为有鸿鹄将至，思援弓缴而射之。虽与之俱学，弗若之矣。”这段文字表明作为围棋好手的弈秋列国皆知，且以此教授学生，可见春秋时代围棋已广泛普及。

围棋在当时寓意着军事，因此弈成为人们相当重视的活动。《关尹子·一字》说：“习射、习御、习琴、习弈，终无一事可以一息得。”可见当时的人们已把下围棋和射箭、驾车、操琴看作并列的文体活动。与此同时，下围棋的规律也逐渐总结出来。《尹文子》中说：“以智力求者，譬如弈棋，进退取与，攻劫放舍，在我者也。”

中国第一部成文法诞生

周景王九年（前536）三月，在子产主持下，郑国将刑法条文铸在鼎上。晋叔向派人向

子产致书说，从前先王衡量事情的轻重来判罪，并不制定刑法，害怕百姓有争夺之心。但这不能禁止犯罪，因此就用道义来防范，用政令来约束，用礼仪来奉行，用信用来保持，用仁爱来养育。并且制定禄位以勉励服从的人；严厉地判罪以威服放纵的人。还怕不能收效，所以又用忠诚训诫他们，根据行为奖励他们，用知识技艺教导他们，用和悦的态度使用他们，用坚决的态度判断他们的罪行；还要访求聪明睿智的卿相、明白事理的官吏、忠诚守信的乡长、慈祥和蔼的老师，这样，百姓才可以使用而不发生祸乱。百姓知道法律，就会对上面不恭敬。大家都有争夺之心，并征引刑法作为根据，而且想侥幸得到成功，这样就不能治理。夏朝有违犯政令的人，就制定《禹刑》；商朝有违犯政令的人，就制定《汤刑》；周朝有触犯政令的人，就制定九刑。现在您制定三种法律，把刑法铸在鼎上，打算以此安定百姓，是很难的。《诗》说，效法文王的德行，每天抚定四方。又说，效法文王，万邦信赖。像这样，何必要有法律？百姓知道争夺的依据，将会丢弃礼仪而征引刑书，一字一句，都要争个明白。触犯法律的案件会更加繁多，贿赂就会到处使用。在您活着时，郑国恐怕就要衰败，我听说，国家将要灭亡，必然多订法律，说的就是这个。子产向给叔向复信说，按照您所说，子产我没有才能，不能考虑到子孙，但我是用来挽救当世的。尽管不能接受您的命令，又岂敢忘您的赐予！

弈棋图

子产所铸的刑书，是中国第一部成文法，是中国法律（特别是刑法）的真正起源，同时又是春秋时代上层建筑领域的重大创造。

第三章 历史谜团

中国古代悬葬之谜

中国古代奇特的悬葬令后人百思不得其解。古人的智慧往往让现代人叹羡。

关于悬葬，在民间，有一个神奇的传说：很久很久以前，有一个聪明伶俐的少年得到一个神谕，说是他只要在家闭门百日，就能当上皇帝。如果在此期间打开大门，则前功尽弃。少年听了大喜，决定耐心等待登基坐殿。好不容易挨到第九十九天，突然他家大门不知被谁打开，同时后园一阵"噼啪"震响。少年大吃一惊，猛然一看，只见竹林里的竹子一节节绽开了，从竹节里跳出一个个人来，穿袍带甲，全副武装。可惜有身无腿，全都落地而死。原来，这都是辅佐少年当皇帝的文武大臣！皇帝梦破灭了，家里仆人只得将这些未成人的躯体装在棺木里。少年又气又怒，飞起脚来，猛踢这些棺木，"噌，噌，噌"，这些棺木竟一个接一个地全都腾空而起，眼看着挂在门前河对岸的岩壁上了！——这就是"悬棺"。

巫溪荆竹峡汉代岩棺群

传说毕竟是传说，真实情况怎样呢？

在古代，人们认为人死以后，灵魂不灭，只要保存好尸体，待灵魂再附回人体时，人就可以复活。所以，在我国南方，盛行"悬葬"。

悬葬，就是把人的尸体，放到人迹罕至、鸟兽难到的悬崖绝壁上，装入楠木制成的棺椁里使尸身千百年不腐不朽。

悬葬的形式，大致有四种。

一种是武夷山区的崖葬。武夷山是我国东南一带武夷山脉中的一座名山。山势高大雄伟，古木参天，遮天蔽日。山林中，悬崖突兀，峭壁险峻。在那云雾缭绕的半山崖上，有些天然岩洞，其中就安放着楠木制成的船形的棺木，称为"船棺"。经碳素年代测定，大概距今3450年以前。

石柱悬岩棺

第二种是三峡崖葬。浩浩荡荡的长江在四川与湖北交界一带，穿过巫山山脉形成了巫峡、瞿塘峡、西陵峡，即“三峡”。这里水流湍急，悬崖层叠，河谷幽深，是古人进行崖葬的最佳所在。这里的崖葬均在面临江河的高陡崖壁上，最高可达700米左右。崖葬的木棺，有的放在天然洞穴中，有的放在崖壁裂缝里，有的放在岩层凸出的岩墩上，还有的放在人工开凿的“龛穴”里。崖葬的习俗形式也多种多样，除了一人一棺，还有多人一棺的“合葬”及多人同葬一处的“群葬”。对这里棺木及随葬品的碳素年代测定分析，大约是战国时期至东汉时期。

第三种是“僰人悬棺”。在四川南部地区，秦汉时期被称为“僰道”，这里主要居住的是“僰人”。这里的崖葬就是僰人的遗迹。僰人地区的崖葬可以说是真正意义上的悬棺而葬。悬棺由楠木整株大树挖凿而成，不髹不漆，长2米左右。一般都是几具棺木水平放在崖壁的木桩上面，一具木棺放在2~3根木桩上，木桩则钉在人工开凿的岩壁方孔内。悬棺离地面最高达40多米，最低也在18米以上。

第四种是“幽岩葬”，大都在西南苗族人聚居地区。这种葬法，是将木棺放入天然溶洞中。这些溶洞又高又深又长，有的长达百米，高达50余米。溶洞中间形成的“大厅”有上百平方米，通风、采光都很好。在这里，几百具木棺垒砌有七八层高，如同小山一样。从棺内随葬的纺织物分析，最早的年代为宋朝。这些悬葬的棺木，经碳14测定，一般都距今2000年以上或更遥远的远古时代。那时，社会生产力水平低下，工具简陋，人们为什么要把死者的棺木放在高不可攀的悬崖之上？这么笨重的必须“小心轻放”的东西，又是怎样安放上去的？都成了千古之谜。

首先，安放悬棺的目的是什么？

经过多方考证和分析，大概有三种说法：

一是“风俗”说。认为悬葬是某些少数民族的风俗习惯。据考证，进行悬葬的有古代大宁河地区的濮人，武夷山区的越人，湘西五溪的蛮人，云南的僚人，四川的僰人。他们认为，把死者的棺木放置得越高，表示越尽了孝道。还有的人认为，南方的一些少数民族有住岩洞的习惯，所以葬尸也在岩洞。还有的民族信奉“水行山处”，所以往往把悬棺置于傍水之高崖。还有的民族死后土葬，过些时日再取出尸骨放在岩穴里。不一而足。

二是“保护”说。据《马可·波罗游记》所述，土僚人死后，用小匣子盛装部分尸首，“携之至高山山腹大洞中悬之，俾人、兽不能侵犯”，这即使死者受到保护，又表达了对死者的尊敬。

三是“祈福”说。认为是一种祈福的方式。据元代的《云南志略》说，土僚人死后，置于千仞巅岩之上，先坠者为吉。也就是说，悬棺放置得越高越好；自然坠落时，落得越快越好。这样，为了子孙后代幸福安康，死者的尸骨就只能越放越高，一个比一个高了。

其次，悬棺是如何安放的？

在古代，只靠人力、畜力，将几百斤甚至几千斤重的楠木棺椁，悬空放置在陡峭的岩壁上，令人难以置信。可是事实上不但放上去了，而且历经千百年保存完好，这简直是个人类奇迹。这个谜团至今难解。

悬棺

人们以武夷山崖葬进行分析推断，对此有两种说法。

一是“栈道运棺”，是说先修了栈道，再把悬棺运入岩洞。据说，在一些河岸的岩壁缝隙处，发现了一些残存的木料。推断可能是用人畜顺着事先铺设好的栈道运送棺木。这些木料大概是安置之后拆除未尽的遗物。但是，一般悬棺都在绝壁悬崖，即使岩洞外也无缓坡可架设栈道。此说不能令人信服。

二是“悬索下棺”，据《武夷山志》载，“成化间有乡人削竹签，插仙船岩壁，攀引而上”，“树民能猿猱者尝登之，棺不施钉，可开视”。但武夷山诸峰的特点是上粗下细，山腰的洞穴多是朝内斜嵌，吊棺垂直升上去是进不了洞的。

总之，答案都不能令人满意。

不过，古代悬葬作为我国古代劳动人民的高空建筑杰作，它的工艺水平确实是高超的。

“和氏璧”的下落之谜

和氏璧一直被视为玉中珍品。古代它被作为权力和财富的象征，因而引起诸侯国间的争夺战。

春秋战国时期蔺相如“完璧归赵”的故事成为千古流传的佳话，这件玉璧被战国各诸侯国视为镇国的宝藏，被奉为“价值连城”的“天下所共传宝”。各诸侯国为了把玉璧拥为己有，想尽办法互相争夺，上演了战国时期一幕精彩的历史剧，最后这件珍贵玉器竟不知落到何处，成为历史上一大疑案。

这件珍贵玉器的来历还有一段曲折的故事：春秋时期，有一个楚国人名叫卞和，一次偶然的机会他在一座山下发现了一件貌似普通的玉璞，为了表示自己对君主的忠心。他把这块玉璞献给了楚厉王。玉璞是一种天然玉料，如果不经锯割，外表看来和普通的石块没什么区别。楚厉王找来相玉家进行鉴定，玉工认为这就是一块普通的石块，没有什么价值。厉王非常生气，认为卞和有意欺骗他，就下令砍掉卞和的左脚，并把卞和驱逐出楚国。

楚厉王死后，楚武王继位，卞和赶回楚国，又把这块玉璞献给了楚武王，玉工仍鉴定为石头，武王又以欺君之罪砍掉了卞和的右脚。

又过了几十年，武王之子文王继位。这时的卞和又想把玉璞献给楚文王，无奈自己已是风烛残年，又被砍掉了双脚，行动很不方便，眼看自己的愿望无法实现，卞和便怀抱玉璞来到楚山下痛哭三天三夜不止，眼泪都流尽了，眼睛直往外滴血。这件事传到了楚文王那里，文王派人问卞和："天下被砍足的人很多，你为何哭得如此悲伤呢？"卞和答道："我并不是因为被砍掉双脚而痛哭，而是因为明明是宝玉却被误认为石头，忠贞之士被当作欺君之臣，我是为大王哭泣，他是非颠倒，黑白不分啊！"文王听后，命人把卞和带到宫殿，并令玉工当面剖开玉璞，果然得到一块无瑕的美玉。为了嘉奖卞和的忠君之心，文王将此玉命名为"和氏之璧"，并把它奉为国宝而珍藏起来。

"和氏璧"的消息很快传到了各诸侯国，各诸侯国国君都想亲眼看看这件宝玉。公元前 333 年，楚国吞灭越国，楚威王因相国昭阳灭越有功，将和氏璧赐给了昭阳。可就在这时，和氏璧竟失窃了，国宝的不翼而飞震惊了朝廷内外，人们纷纷寻找这件价值连城的宝玉，但终无结果。人们把怀疑的目光投向了张仪，因为张仪当时正在楚国游说，曾与昭阳一起饮酒，人们认为他有条件、有机会偷窃了和氏璧。楚国人对张仪严刑拷打，张仪拒不承认，楚人无奈，最后只好将张仪释放了。张仪受辱后辗转到了秦国，后来成为秦国的宰相，为秦国日后的强大立下了汗马功劳。楚国为一件国宝损失了一个人才，这是他们所没预料到的。和氏璧销声匿迹几十年后，突然有一天出现在赵国，至于和氏璧是怎样流落到赵国的，已成为历史上的一个谜。赵惠文王时，一个名叫缪贤的宦官从一外人手中购买到这块玉，经玉工鉴定后，方知正是失踪多年的和氏璧。赵王得知后，便将这件珍贵宝玉占为己有。赵国得到和氏璧的消息很快传到了秦昭王的

透雕双凤腾龙玉·战国

耳中，秦昭王对这件稀世之宝产生了觊觎之心，就派人送信给赵王，希望用15座城来换取和氏璧。赵王明知秦国想强取豪夺，但秦国势力强大，怕得罪秦国招来灭国之灾，只好派蔺相如奉璧出使秦国。

蔺相如到了秦国，把和氏璧献给了秦王，秦王看到玉璧，认为果真是名不虚传，非常高兴，将玉璧传给左右嫔妃大臣观看，众人皆呼万岁。蔺相如见秦王根本无意割城给赵国，就走上前去说："璧上有点瑕疵，让我指给大王看看。"秦王将璧递给了蔺相如，蔺相如持璧而立，大怒道："大王您想得此璧，派人送信给赵王。赵王召集群臣商议时，群臣们认为秦国依势欺人，拿15座城换玉璧只不过是一句空话。可我认为百姓之间交往都不会欺骗，何况秦国是一个大国呢！况且因一璧而得罪秦国，实在不值。赵王采纳了我的建议，为了表示对秦国的尊重，赵王斋戒五日后，才派我将璧送给您。可大王您在召见我时无礼傲慢，还将璧传给众人看，这是在戏弄我和赵国。我看大王您根本无意割城易璧，就取回此璧。您若再逼我献出玉璧，我的头就和这玉璧一起撞碎在这柱子上！"蔺相如说罢，高举玉璧，做出撞击柱子的样子。秦王唯恐玉璧被撞碎，连忙道歉，并召人拿来地图，指出给赵王割去15座城。蔺相如看出这不过是秦王的缓兵之计，就对秦王说："赵王派我送璧之前曾斋戒五日，现在大王您也应斋戒五日，并设九宾之礼，这样我才会献出玉璧来。"秦王见无法强夺，只好同意了。蔺相如回到宾舍，想秦王虽然答应斋戒，但秦王的一举一动表明他根本不可能割城给赵国。于是便派手下人乔装打扮，怀揣玉璧，连夜逃回了赵国。

五日后，秦王在宫廷内设九宾之礼，命人请蔺相如。蔺相如进宫后对秦王说："秦国从缪公以来20余位君主，没有一位是恪守信约的。我担心因您的失约而辜负赵王对我的重托，所以已派人把玉璧送回了赵国。秦国强盛而赵国弱小，如果大王先割15城给赵国，赵国怎么会留璧而得罪您呢？我知道欺君之罪当杀，我愿下汤锅，您看着办吧。"秦王和众人听后面面相觑。有大臣建议将蔺相如囚禁起来，再攻打赵国。秦王想即使杀了蔺相如也得不到玉璧，而且还会使两国的关系恶化，不如厚待蔺相如，自己也可得一个明君的声誉。于是秦王在宫廷内以隆重的礼节款待蔺相如，并将他送回赵国。这就是历史上著名的"完璧归赵"的故事，蔺相如以自己的勇敢和智慧为赵国保住了和氏璧。

玉璧·战国

公元前228年，秦国大军攻占赵国，赵幽王投降，献出了和氏璧。秦王嬴政统一六国，建立了强大的秦王朝，和氏璧最终落到了秦国的宝库之中。但从此以后，和氏璧便从历史记载中消失得无影无踪了。

有一种说法认为，秦始皇统一中国后，用和氏璧制成了传国的玉玺，代代相传。但历史文献中关于秦国传国玉玺的来龙去脉记载还比较详细，指明它是用蓝田玉制成的，因此用和氏璧制成传国玉玺的说法是没有根据的。

那么，和氏璧到底流落到何处呢？目前有两种推测：一种推测认为和氏璧被作为随葬品埋在秦始皇陵墓内，如果这样，将来有朝一日发掘秦始皇陵墓地宫，我们还有机会一睹和氏璧的风采；另一种推测认为和氏璧可能在秦末战争中遗失或被项羽掠夺去。秦末，项羽率兵进攻咸阳，焚烧秦宫殿，挖掘秦陵墓，掠夺宝物、美女，和氏璧可能就在其中。但随后而来的楚汉战争中，项羽兵败，又使和氏璧下落不明。它或许藏在项羽的都城彭城（今江苏徐州），或许遗落在项羽败死的垓下（今安徽灵璧）。

和氏璧是中国历史上非常著名的一件无价之宝，在它流传的几百年间，多少人的命运、多少国家的命运都和它紧密地联系起来，而它神秘的失踪，又成为中国两千多年历史上的一大悬案。

“越王勾践剑”的下落之谜

从某种意义上来说，历史是由许多国家的恩恩怨怨演义而成的，诸侯间争雄称霸的春秋战国尤其如此。地处长江下游的吴、越两国就曾演出了一幕历史上动人心魄的乐章。

公元前 496 年，吴王夫差为报父仇，攻打越国大获全胜，使越王勾践成为阶下囚，被吴王夫差扣押了三年。越王勾践在忍受了三年的屈辱生活后回到越国，在大臣范蠡、文种的辅佐下，他卧薪尝胆、励志图强，用艰苦的生活磨炼自己的意志。历经十年，终于使越国由弱转强。公元前 473 年，越王勾践率精兵灭亡了吴国，迫使吴王夫差以剑自杀，并进而成就了越国霸业。从此，越王勾践卧薪尝胆的动人故事，就在中国历史上代代相传，延续至今。

有趣的是 1965 年 12 月在湖北一个叫望山的地方，竟然出土了一把锋利如初的青铜剑，剑的主人就是越王勾践，剑如同他的主人一样充满了传奇的色彩，这把剑也是越国那段历史的见证者。

龙鹿形漆棂 · 春秋

这把青铜剑出土时，置于棺内人骨架的左侧，并插入涂黑漆的木鞘内。剑长 55.6 厘米，剑形挺拔、庄重，制作精良考究，保存完好如新，剑身满饰黑色菱形暗纹，剑格的一面由绿松石组成美丽的图案,另一面则镶嵌着蓝色琉璃,整个装饰显得华贵、典雅。靠近剑格处有两行错金鸟篆铭文,铭文为"越王勾践,自作用剑"。剑柄以丝缠绕,剑出鞘时寒光凛凛,耀人眼目,剑刃薄而锋利。

既是赵王勾践用过的剑,而且又出土在人骨架的左侧,您一定会怀疑此骨架是否越王勾践呢?这种推测是完全错误的,因为此剑出土于地处长江中游的楚国墓葬中,地处长江下游的越国国君的剑为何没有留存在越国故地,却埋藏在千里之外的楚国贵族墓葬中?这就是越王勾践剑留给我们的第一个谜。

有人认为这柄珍贵的青铜剑是在楚国灭亡越国的战争中被楚军缴获的,然后作为战利品而流入楚国贵族手中,楚国贵族死后把它作为陪葬品伴随身边。还有人认为,这把剑是越女嫁给楚国时的陪嫁品。因为历史上记载,越王勾践的女儿是楚昭王的宠姬。

关于楚越之间的关系,在《史记》《左传》《吴越春秋》等书中都有记载,在楚威王以前楚越的关系还很密切,而后才渐渐疏远,并且相互攻伐,最后楚把越灭亡。根据同墓出土的大批竹简得知,该墓入葬的年代为楚威王或楚怀王前期,所以说越王勾践青铜剑是因赠送而自越传入楚地,是很有可能的。这把越王勾践亲自用过的剑到底是友好时赠送的礼品,还是战争时缴获的战利品,确实是历史上的一个谜。越王勾践青铜剑,不仅铸造精工,花纹秀美,而且深埋于地下 2400 多年而不锈,仍保持着耀眼的光泽,剑刚出土时,工作人员曾用纸进行测试,20 余层的纸竟在一剑之下被划破,可见它的锋利程度了。这么名贵的青铜剑又是如何制造与防锈的呢?这是越王勾践青铜剑留给我们的第二个难解之谜。

剑是一种作直刺用的兵器,要保证其强度以免弯折,而不需要砍击器的韧性,据科学院分析越王勾践剑使用了合理的含锡成分,保持了剑的强度和延伸性。而且越王勾践青铜剑因剑的各个部位的作用不同,铜和锡的比例也不一样。剑脊含铜较多,能使剑韧性好,不容易折断;而刃部含锡高,硬度大,使剑非常锋利。但不同成分的配比在同一剑上又是怎样铸成的呢?

专家们考证后认为是采用了复合金属工艺,即两次浇铸使之复合成一体。这种复合金属工艺,世界上其他国家是到近代才开始使用的。两千多年以前的越国人是如何掌握和使用这种技术的,对我们来说是一个谜。越王勾践青铜剑深埋地下 2400 年为何不生锈?根据现代科学测定,剑的表面大部分地方含有不同程度的硫,硫化铜可以防锈。因此,有的专家认为当时人们已掌握了运用硫化铜进行表面防锈处理的先进工艺,即是这柄剑之所以千年不锈的根本原因。但另一种看法认为,越王勾践青铜剑千年不锈的真正原因在于特殊的密封条件,并且浸泡于酸、碱适度的中性水中。专家仁者见仁,智者见智,孰是孰非,是一个难解之谜。

孔子墓为何叫"孔林"而不叫"孔陵"

公元前 551 年,在鲁国陬邑孔家僻静的小院里,一个小生命诞生了。主人孔纥老年得子，喜出望外，想起自己一年前曾在尼丘山祈祷求子，又见此儿相貌奇特，头顶中间低四边高，很像尼丘山，以为神灵真的降福于孔家，为了称谢老天的赐予，便给此儿起名为丘，字仲尼。孔子是后人对他的尊称。

山东曲阜孔庙“万世师表”匾

孔丘的诞生虽然给孔家带来了一片喜庆吉祥，但丝毫未冲淡孔府门前冷落的气氛，因为孔丘的父亲64岁时才娶了颜征在为妻，当时的颜征在才17岁，老夫少妻，在当时来说是不符合礼节的。谁也没料到，数十年之后，孔丘成为闻名一世的显赫人物。几百年、几千年之后，孔府因孔丘的诞生而成为一个神圣的地方，孔林也因为孔丘的葬地而成为千万人祭祀和瞻仰的地方，成为一个淳朴自然又充满诗意的名胜。孔子曾被封为“大成至圣文宣王”，孔子葬地称陵完全是有资格的，为何却称为“孔林”呢？

孔子生活的春秋时代是一个诸侯争霸、社会动乱的时代，孔子的一生颠沛流离，周游列国，想以自己的仁政学说说服那些野心勃勃的诸侯化干戈为玉帛，结果事事不如意，到处碰壁。救国平天下的抱负不能实现，他只能在68岁高龄时回到阔别14年的家乡，潜心整理古代的典籍并记录当地的历史。尽管他的社会学说不为当时的诸侯理睬，但他的渊博知识和伟大人格感动了一大批青年，这些青年一生追随孔子，虽经常困厄于穷涂，却日日弦歌不断。

公元前479年孔子病逝后，鲁国上下哀悼，当政的鲁哀公亲自写了悼文，抱怨苍天为何如此不公，连这么一个老人都不愿留在他的身边，抛下他一个人孤零零地忍受心中巨大的愧疚。但孔子的得意弟子子贡认为鲁哀公在孔子生前并未重用他，死后追述孔子的德行是不合礼节的。他们遵循一种古老的信仰，从四面八方持奇木异树来到老师的墓地，栽种在坟冢的周围，形成了最原始的孔林，这也同当时的葬俗有密切的关系。

对于人死后的处理方式，是随着人类社会的发展不断演变的。在原始社会初期并不存在丧葬事宜，人自然而然地生，自然而然地死，有的随意掩埋，有的只是任之自朽，既不封土，也不植树。直到春秋时代晚期，才出现了坟丘形式的墓葬。相传孔子3岁时，他的父亲就病故了，葬在防山上，母亲怕孔子前往祭拜，影响学习，一直没告诉他父亲葬在何

孔子家族的墓地

处。直到孔子 17 岁时，母亲病故，孔子才从邻居那儿知道了父亲的葬处。为了便于祭祀父母，孔子主张将父母合葬在一起，并筑起坟丘，孔子成为第一个在父母墓上封土为坟的人。到了春秋晚期至战国时代，随着葬礼观念的加强及高台夯土技术的发展，在墓坑上堆筑高大的陵体，已普及中原。

奇怪的是孔子死后，据说仍是葬后而不起坟土。孔子的弟子们也许担心天长日久找不到老师的墓地，故不约而同携带着树种来到孔子葬地，围绕着墓地种植树木，作为标志。与此同时，不少弟子还为老师守墓。比如孔子最为器重的弟子之一子贡，是一个了不起的外交家和富商，他在老师墓前盖了一座茅屋，为老师守墓六年。这些弟子守墓时，必是年年植树。现在的孔子墓地东边，有一个被称为“楷亭”的凉亭建筑，亭内石碑上刻有一棵古老的楷树。相传在孔子死后，子贡将一棵楷树苗种植在老师的墓旁，后来这棵树长成参天大树。清康熙年间遭雷火焚死，后人便将这棵楷树的柘干图像刻在石上，筑亭纪念孔子弟子们用植树的方式来表达对恩师的思念之情。

子贡六年为老师守墓，绝不会想到老师以后会成为“大成至圣文宣王”。他之所以坚持守墓和栽种楷树，除了寄托老师的哀思外，恐怕也是担心有朝一日，他千里迢迢来凭吊老师，却找不到老师的墓地而无处祭奠。的确，孔子死后也寂寞了几百年。身躺在弟子及后人栽植的树林里，始终只有墓而没有起坟堆。直到东汉桓帝时，朝廷才以官方名义修了孔子墓。此后历代帝王不断地赐给祭田、墓田，重修和扩建，才形成了现在的古木参天、遮天蔽日的孔林规模。孔子的墓地上也堆起了马背形的封土，称为“马鬣封”，是一种特殊尊贵的筑墓形式。

确实应该感谢孔子的弟子们，他们用植树的方式寄托自己对恩师的思念，才使我们后人能知道这位古代圣人的葬身之地。孔子在丛林环绕中长眠了 2400 余年，孔子墓不称孔陵而称孔林，恰如其分地把孔子同那些功业傲天下的帝王们区分开来，因为他毕竟是中国历史上独一无二的圣人。

西施失踪之谜

西施因特殊的政治作用和惊人的美丽，而被后人称为四大美女之一。

西施

中国古代的成语，许多都是由一些脍炙人口的故事演化而来，“东施效颦”就是一个。这则成语是讽刺胡乱模仿，适得其反的。故事中的东施是一个丑女，看到西施抬手置足处处惹人怜爱，羡慕极了，也模仿西施。有一次，西施有病了，捂着心口，皱着眉头，很难受的样子。东施认为这也很美，就整天地皱着眉头，垂着发髻、忸忸怩怩，到处走，丑态百出，街坊们见了都恶心，躲着她，以为她是精神病，可是她却沾沾自喜。

其实，故事中的西施并不是姓西名施，而是姓施，名夷光，是春秋末年越国苎罗山下西村的女子。因为长得如花似玉，貌美绝世，远近闻名，所以人们不喊她的名姓，只把这位西村的施家姑娘，称作“西施”。传说，她是为祖邦的存亡被越王献给吴王，忍辱负重，是传奇式的巾帼英雄。令人不解的是，吴亡之后，她大功告成，却下落不明了。这是怎么回事呢？

事情还得从吴越之战说起。

春秋末年，中国还未统一，许多小国各踞一方，互相吞并，战火不断。在长江下游一带，有两个国家是生死对头。北边是吴国，吴王叫阖闾。南边是越国，越王叫勾践。西施就是越国人。公元前496年，吴王发兵攻越，越王一反常态，不正面对阵，却组成一支队伍作先锋来到吴军阵前，他们拔出刀来并不与吴军厮杀，而是排成三行。一个个从容自刎，挨个倒在敌人眼前。这是什么阵法，真是匪夷所思！就在吴军目瞪口呆之时，后面的越军已经杀过来，喊声震天，令人心惊胆战。吴军不知所措，顿时大败，阖闾也受了伤，阖闾又气又恨离开了人世。

阖闾的儿子夫差继承了王位，念念不忘杀父之仇，天天练兵，一心备战，终于在二年之后和越军大战一场，一下子战胜了越军，把越军困在会稽山上，越王勾践放下武器投降了。

吴王夫差并没有杀死越王替父报仇，好大喜功的他，让越王勾践和王后及大臣范蠡给吴王当奴婢，作人质。勾践又是给吴王养马，又是提马鞭随吴王出行，又是煎药侍候有病的吴王，并且装得恭恭敬敬的样子，博得了夫差的好感和信任，两年之后就被释放回国了。蒙受如此奇耻大辱的勾践怎能甘心！于是，回国以后，他怕自己贪图眼前的安逸，消磨报仇雪恨的意志,决定"卧薪尝胆"。天天夜晚睡在凸凹不平的薪柴上,每顿饭前务必尝尝吊在屋里的苦胆,提醒自己说:"勾践,你忘了会稽之耻吗?"整整十年,日日如此。这期间,他又暗中招兵买马,挖洞积粮,抓紧练兵。他自己还亲自下田耕种,并让王后纺麻织布,以带动百姓发展生产。几年功夫,国家转弱为强,实力雄厚了。为了不使吴王起疑心,他还经常派人给吴王进贡,送厚礼。为了麻痹吴王的斗志,他还实施了既温馨又恶毒的"美人计",特地将美女西施献给吴王。果然,吴王一见西施,如同失去魂魄一般,情迷意乱。又是扩建姑苏台,又是新建馆娃宫,整天和西施乘锦帆游湖,到玩月池赏月,在消夏湾避暑,去响蹀廊漫步,醉生梦死,忘了朝政,一天比一天腐化,根本想不到越国会东山再起。

范蠡

公元前475年,逐渐强盛起来的越国看到时机成熟,便大举进攻吴国,围城两年。最后,逼吴王夫差拔剑自裁,结束了持续几十年的吴越战争。姑苏城被一场大火烧了整整三个月。

后人在评论这段历史时,有的夸大了西施的作用,认为是她让吴王夫差整天沉迷于玩乐之中,丧失了斗志,亡了国。有的则根本不承认有西施这个人,当然就更否认西施的作用了。唐朝诗人罗隐作《西施》,还算说了句公道话:

家国兴亡自有时,
吴人何苦怨西施。
西施若解倾吴国,
越国亡来又是谁?

对于西施的下落,大致有三种说法。

一种说法是,吴越战争之后,西施出了吴宫,回到离别多年的越国。她厌倦了宫中的灯红酒绿的生活,在风景秀美的若耶溪畔,安度了晚年。初唐诗人宋之问写过一篇《浣沙篇》,说:

一朝还旧都,
靓妆寻若耶。
鸟惊入松萝,
鱼沉畏荷花。

估计,这种说法不大可能。因为任何史书都无记载。

第二种说法是,西施被沉水而死。"墨子"记载说:"比干之殪,其抗也;孟贲之死,其勇也;西施之沉,其美也;吴起之裂,其事也。"说明西施被沉,实有其事。《吴越春秋》说,"吴亡,西施被杀"。冯梦龙的《东周列国志》和柏杨先生的《皇后之死》根据这段史实附会了如下情节：越王把西施掳回了越国，越王妻子大发醋劲，妒而生恨，背着越王，把西施沉入水中，还说："这种亡国的妖孽，留着何用？"兔死狗烹，当了"美人计"的工具，事成之后，被人弃之，还是合乎情理的。

第三种说法，是西施随范蠡隐居去了。《越绝书》说：吴亡后，西施复归范蠡，同泛五湖而去。据此，明代的《浣沙记》写道：范蠡早就爱上了西施，西施也钟情于他，二人早已定情。吴亡之后，范蠡看透了越王勾践的阴险毒辣，想法避杀身之祸，于是偷偷带着西施逃跑了。据说，几年之后在山东一带的富家陶朱公，就是范蠡。这个结局，对西施来说，当然是最浪漫、最理想的了。

事实真相究竟如何？无人能说得清。

夏姬魂断何处

在中国历史上，夏姬是最为美艳、妖娆的美女之一。春秋时代，淫风尚炽，秽闻层出不穷，夏姬便为其中魁首。因她曾与三个国君有染，故被称为"三代王后"；她先后嫁了七次，故称"七为夫人"；有九个男人死于她的采补之术，故称"九为寡妇"。

夏姬

春秋战国时期，战乱纷争不断，各国政治不明，官场一片污浊，淫风却极为盛行。一代妖女夏姬就生长在这样一个时代。

郑穆公在位时，夫人张氏生下一女，名叫素娥。素娥自幼天生丽质长大后更是体如春柳，步出莲花，许多名门公子都为之倾倒。素娥长到十五岁时，身材窈窕，风流异常。她的美丽胜过骊姬、息媯；她的妖冶胜过妲己、文姜，玉骨冰肌，花容月貌。轻移莲步，恍如飞燕之舞；兰室静坐，疑是仙女之居。

女儿出落得如此美丽，郑穆公夫妇非常高兴，对她百般疼爱。张夫人对夏姬的管教非常严格，唯恐女儿因美貌惹出祸端。

各国公子仰慕素娥的美貌，纷纷上门求婚。陈国有名大夫，名叫夏御叔，年至二十尚未婚娶，听说郑穆公有一女，美若天仙，便派孔宁为使者带着婚书前去求婚。郑穆公和夫人商量之后，答应了这桩婚事，但是，害怕素娥受委屈，想晚几年再成婚。御叔表示同意，随即将美锦十匹、白玉一双，送到郑国作为聘礼。

得知自己的婚事已定，素娥非常高兴，但又听说因她年幼，父母要她再住几年才谈婚论嫁，心中不禁有些惆怅。一天，素娥在楼下株林中乘凉，两个使女也都采花去了。这时，素娥的表兄子蛮正好经过，见妹妹纳凉的姿态极其优美，不禁动了邪念。素娥也正为自己有如此非凡的容貌，却不得不忍受孤独、寂寞而伤心。

子蛮是一个好色之徒，趁此良机在表妹面前说了些挑逗的话。

素娥脸红了一下后，就笑着与表哥打情骂俏起来。子蛮顺手将素娥搂在怀中，欲行无礼之事。素娥半推半就，也不声张。就这样，兄妹在光天化日之下行云雨之乐，做下了苟且之事。子蛮自从得到素娥以后，心中便念念不忘，被弄得神魂颠倒，一有机会就溜到素娥房中。若房间里没有外人，就与素娥私通。有一次，两人正在巫山云雨之时，却被使女荷花撞见。于是，素娥设计让荷花与子蛮独处，成就两人的好事。从此，他们三个人朝朝共寝，夜夜欢淫。

子蛮身体比较瘦弱，又轮番与两人行事，因此过了两年多，得了色痨，但是仍不收敛，以致吃不下东西，吐血不止。七八个月以后，就一命归西了。

夏御叔与素娥订婚三年以后，亲自到郑国迎娶素娥。成婚后，因为素娥美似嫦娥，又擅男女欢爱之事，御叔对她百般疼爱，两人朝朝相狎，夜夜欢淫。素娥当了夏姬两年之后，生了一个儿子，取名征舒，字子南。

夏御叔也是一个好色之徒，因长期沉湎于夏姬的美色，精力渐渐耗尽，容貌渐渐枯槁，最终一病不起。临终前，御叔嘱咐夏姬，将儿子征舒给挚友孔宁抚养，如果她不能为自己守节，就另嫁他人。夏姬向御叔承诺，誓死不事二夫。御叔含笑而死。

御叔刚死，孔宁就以为他料理丧事为借口，在夏家住下，通过使女荷花与夏姬成就云雨之欢。为了长期幽会，孔宁将御叔的儿子征舒送到外地读书，夏姬搬到株林居住。孔宁还乘机偷了夏姬的绣裤穿在身上。

有一天，孔宁见到了同事仪行父，饮酒的时候，把与夏姬私通时的种种好处告诉了他，又把所偷的绣裤拿给他看。仪行父听说后，不觉心痒意乱，也想勾搭夏姬。他送给夏姬的使女荷花很多财物，要求她代为引见。夏姬看仪行父身材高大，相貌英俊，就同意与仪行父私通。夏姬喜欢他胜于喜欢孔宁。从此以后，夏姬与仪行父往来甚密，把孔宁渐渐疏远了。

为了拆散夏姬和仪行父，孔宁想出一条妙计。他想把好色的陈灵公介绍给夏姬，陈灵公一定会对他心存感激。而陈灵公有狐臭的暗疾，夏姬一定不会喜欢他。他趁机去做个贴身帮闲，从中调情，占些便宜，而仪行父也不常与夏姬幽会了。

陈灵公早听说夏姬已经年近四十，害怕她已没有年轻时的姿色，孔宁再三怂恿说，夏姬精通房中之术，容颜鲜嫩得和十六七岁的年轻女子一样。灵公听了以后，非常好奇，想立刻见到夏姬。

小园幽会图

灵公亲自驾临株林与夏姬幽会。比起孔宁和仪行父，陈灵公的床上功夫差得太远了，再加上他有狐臭之气，夏姬很不满意。但是因为他是一国之君，夏姬有点怕他，也不敢嫌弃他，只能在枕床上百般献媚，虚意奉承。夏姬害怕灵公已经知道她与孔宁、仪行父二人往来之事，就对灵公老实交代，决心以后忠心侍主，不敢再有二心。灵公也不怪她，说只要能与她常常相见，不绝此情，其他的事情，不加禁止。

自此以后，君臣三人经常在朝堂上戏谑，商议同往株林，共赴云雨。陈国大臣泄冶对此非常气愤，在朝堂之上面斥孔、仪二人，对灵公进行规谏。为了除掉泄冶这颗眼中钉，三人密谋派一死囚刺杀他。泄冶一死，君臣三人更是肆无忌惮，不时同往株林。刚开始一两次还是暗中来往，以后就出入自由，国人尽知。

夏征舒渐渐长大成人，见到其母的放荡行为非常痛心，但又碍着陈灵公，无可奈何。每次见到陈灵公去株林，只能回避起来，落得个眼中清净。

征舒十八岁时，生得身材雄伟，力大善射。灵公为了取悦夏姬，让征舒继承了他父亲生前的官职和爵位，成为陈国的司马，执掌兵权。

一天，征舒特地在家中设宴款待灵公，以感谢他赐官的恩遇，夏姬因儿子在座不敢出陪。醉酒之后君臣互相嘲讽，出言不逊，竟拿征舒的身世开玩笑。征舒听到这些话，怒从心上起，恶向胆边生。他偷偷将夏姬锁在房中，吩咐士兵把夏府团团围住，他则戎装披挂，手执利刃，带领数名得力家丁前来捉拿淫贼。三人闻讯，慌忙逃走。陈灵公向东边马厩的短墙跑去，征舒在后面紧追，扯起弓来一箭正中灵公当心。灵公大叫一声，倒地而死。

孔宁、仪行父向西边奔逃。孔、仪二人从狗洞中爬出，逃到楚国去了。征舒杀死陈灵公后，领兵入城，说陈灵公是喝醉后得急病而死的，留下遗言立世子午为君，即成公。成公心恨征舒，但由于自己力量薄弱，隐忍不敢言。

孔、仪二人逃到楚国，觐见了楚王，隐瞒自己淫乱之事，只说夏征舒逆杀陈灵公。楚王召集群臣商议对策。楚国大夫屈巫仪容秀美，文武双全，但特别好色，精通房中之术。数年前出使陈国时，曾窥见过夏姬的容貌，又听说她善于房事，更是对她倾慕不已。屈巫想趁此机会，掳取夏姬，所以他力劝楚庄王兴师伐陈。

楚庄王率领军队在株林擒住了征舒，将其囚于后车，将士则在花园中捉住了夏姬。夏姬向楚王表示愿充当婢役，服侍他。夏姬容色艳丽，话又极为儒雅，楚庄王一见她就心乱意迷，想纳她为嫔妃。屈巫进谏说："千万不可，大王您出兵讨伐夏征舒是因为他有罪，是正义的；想要纳夏姬为嫔妃是贪恋她的美色，是淫乱的。以正义为始，而以淫乱为终，不应该是大王的所作所为。"当时公子侧站在旁边，也倾慕夏姬的美色，跪下来请求楚王把夏姬赐给他，屈巫又表示反对。公子侧大怒，说："子灵（屈巫的字）不让我娶夏姬是什么缘故？"屈巫说："夏姬是天地间不祥之物，据我所知，子蛮为她而死，陈灵公因她被杀，泄冶也因她而遇害，陈国现在乱成这个样子都是她害的呀！天下美人多得是，何必娶这样的淫妇，以免追悔莫及。"楚王表示赞成。结果，屈巫自己也不敢表达想娶夏姬之意了。楚庄王说："一件东西如果没有主人，人们一定会争夺它，听说襄老最近老伴死了，把夏姬赐给他吧。"襄老谢恩而出。

襄老娶了夏姬，才不过一年，就随从庄王出征，被晋荀首射死。襄老的儿子黑对看到这位新娶的继母，有倾国倾城之色，早就心存不轨之心。襄老战死，他假装挂孝举哀，其实心中却极为欢喜。夏姬也是好享的女子，自从嫁给襄老，见他年纪衰残，心中非常不如意。他见襄老的儿子黑对长得膀大腰圆，力大无比，非常中意于他。襄老一年后死在战场之上，夏姬做了寡妇，心里却暗暗称快。两人很快勾搭成奸，每天如胶似漆地腻在一起。若想人不知，除非己莫为，夏姬与继子私通之事，终于远近皆知。当时，襄老尸首尚在晋国，黑对贪恋继母的美色不去迎尸，引起国人的不满，议论纷纷。夏姬自知羞耻，想要借迎尸的名义回到郑国。

这个消息传到屈巫的耳朵里，屈巫于是贿赂夏姬的仆人，让他们暗地里传信给夏姬，说："申公屈巫非常仰慕您的姿容，如果夫人早上回到郑国，申公晚上就会下聘书迎娶您。"仆人们又极力称赞屈巫的武艺高强，英俊潇洒。夏姬芳心大动，希望能够立即回到郑国，与屈巫欢会。屈巫又派使者对郑襄公说："夏姬想要回到自己的祖国，您应该前去迎接她。"郑襄公接受了屈巫的建议，派使者到楚国来接夏姬回国。楚庄王和诸位大夫商议此事，屈巫说："夏姬想要到晋国迎回襄老的尸体，郑国人认为应该这样做，所以派夏姬去迎尸。"楚庄王非常疑惑，问道："襄老的尸首在晋国，郑国从哪儿得到他的尸首的？"屈巫回答说："荀莹是荀首的爱子，莹现在是楚国的囚徒，荀首非常想念他的儿子，现在荀首统率军队，而与郑国的大夫皇戍相交，感情很好，他一定想通过皇戍向楚国请求归还荀莹，而把楚王子和襄老的尸体一同归还。郑国因为邲之战，害怕晋国讨伐，也想通过这个方式向晋国献媚。这就是真实的情况。”

话还没有说完，夏姬就入朝辞别楚庄王，向庄王禀告她回郑国的原因。说着说着泪如雨下，更是楚楚动人。夏姬抽泣着说：“这次若是得到襄老的尸体，妾发誓不回楚国！”楚庄王非常可怜她，便由她去了。

夏姬刚刚离开楚国，屈巫就给郑襄公写了一封信，请求襄公同意他娶夏姬为内室。郑襄公不知道楚庄王和公子侧也喜欢夏姬，想娶她为妻的前因，又因为现在申公屈巫被楚庄王宠认，颇受重用，也想与他结成姻亲，就接受他的聘礼。这件事，屈巫做得非常秘密，楚国没有人知道。

屈巫随后派人到晋国给荀首送信，叫他将楚王子和襄老的尸体送到楚国与荀莹相交换。楚庄王相信了屈巫的话，并不怀疑有其他的原因。等到晋国讨伐齐国时，齐公求救于楚国，楚国因为新丧没有发兵救援，后来听说齐兵大败，盟主的位置已经由晋国取代。楚恭王对群臣说：“齐国战败是因为楚国没有及时救援，我应当举兵伐卫鲁以雪耻。谁能把我的意思传达给齐侯？”屈巫表示自己愿意前往。恭王说：“你这次去经过郑国，就约郑国军队冬月十五在卫境与齐兵会合，并把这个日期告诉齐侯。”

屈巫领命归家，托辞说要到新邑收赋税，先将家属和财帛运出城外，自己才乘坐辂车跟在后面，日夜兼程地赶往郑国。到了郑国，将楚恭王交代的会师日期告诉郑公，自己与夏姬在驿馆成亲。后人有诗讽之道：

佳人应是老妖精，到处偷情旧有名；
采战一双今作配，这回鏖战定输赢。

屈巫在馆舍中，仔细观看夏姬，果然生得面似海棠春月，目若星朗秋波，翠黛初舒杨柳，朱唇半吐樱桃，窈窕轻柔，丰姿儒雅。夏姬虽然已经年近五十，不是十六七岁的模样。到了晚间，两人在灯光下对饮，夏姬更是风姿飘逸，媚态迎人。屈巫顿时欲火中烧，即成好事，四更以后方才停战，枕畔耳语时，屈巫把楚庄王及公子婴齐之事诉说了一遍后说：“我为了夫人费尽心计，今日终于把你弄到手了，生平之愿总算是满足了。但是我再也不敢回楚国了。明天我和夫人到别处另寻一安身之处，做一对恩恩爱爱、白头到老的贫贱夫妻吧！”

第二天起来，屈巫写了一张表，交给仆人寄给楚王，自己则与夏姬一起来到晋国。晋国公以失败于楚国为耻，听说屈巫到了晋国，高兴地说道：“这是上天将这个人赐给我的。”不久就拜屈巫为大夫，将采邑赏赐给他。屈巫接受赏赐后，以屈为姓氏，改名为巫臣，将夏姬改名为芸香，两人从此在晋国安身立命。

楚恭王接到巫臣的表以后，勃然大怒，召公子婴齐、公子侧来看。公子侧说道：“晋楚世仇，今巫臣去晋是反叛，不可不讨。”公子婴齐道：“黑对夏姬乱伦，应该处死黑对。”恭王听从了他们的话，派公子侧领兵抄灭巫臣之族，派公子齐婴领兵将黑对处斩。两族家财都被两人瓜分了。巫臣听说自己的家庭被诛，寄信警告公子侧和公子婴齐，说：“你们以贪婪凶残事君，杀死许多无辜之人，我一定让你们暴死于途中。”

巫臣为晋国谋划强国策略，请求与吴国通好。吴国强大以后，兵力日盛，与楚国为

棋边风月图

敌，楚边境被其侵凌，从此没有了安宁。

夏姬以残花败柳之姿，还能使屈巫为之付出抄家灭族的代价，真是红颜祸水。

巫臣到晋国后，盖了一所花园。春暖花开的季节，百花齐放，桃李争荣。里面有一所别院，非常雅致，前后左右都是牡丹。正中盖一亭子，名叫牡丹亭。巫臣与芸香常常在此寻欢作乐。近朱者赤，近墨者黑，巫臣家的奴婢仆人也争相效仿，全府上下淫乱不甚。芸香也不加以制止，任他们男欢女爱。

芸香年幼时的使女荷花自从为躲避楚兵从花园逃走以后，便流落他乡，嫁给一个姓罗的财主的儿子，不幸罗家被强盗洗劫，只落得孤身一人。她听说夏姬在晋国，就前去投奔。荷花虽也年近五十，却仍旧花容月貌，巫臣遂与夏姬商量欲纳她为妾。芸香也不恼怒，亲自为他们主持婚礼。晚间，巫臣与两位夫人同入帷帐，共行云雨之欢。

一日，晋国十八公主邀请芸香到王府赴宴。公主打扮得如花似玉，亲自出门迎接。欢宴时，三人就叙起年龄。芸香说："我今年五十四岁。"荷花说："我四十八岁了。"公主感叹道："我今年二十一岁，容颜已觉逐渐衰老，荷花姐姐不像四十八岁，还像二十七八岁，唯有芸香姐姐已五十四岁，仍像十六七岁的闺女，姐姐必有抗衰老的方法。"

芸香因为酒力，又见公主与她投机，就把多行房事，采取阳精助阴气的方法授给了公主，并夸赞巫臣如何久战不衰。公主芳心大动，对巫臣倾慕不已，要求芸香代为引见，芸香也不推辞。

芸香拜了公主的丈夫乐书。乐书生得眉清目秀，才二十三四岁，一表人才。芸香的心立刻扑到乐书的身上，荷花也是如此。乐书也是目不转睛，两只眼睛直直地看着芸香。公主是个明白人，早已看破这光景，就向乐书提议，只要乐书同意她同巫臣成云雨之欢，就撮合他与芸香的好事。乐书欣然接受。芸香回府以后，也向巫臣提出类似的建议。

乐书请巫臣亲自来府。饮酒时二人提起风月之事，乐书即慢慢说起易内之事。巫臣生性浪荡，风流不羁，一听此事遂哈哈大笑，非常欣赏这一提议，立即送芸香到了乐府。公主也以赏花的名义住到巫臣府中。

从此以后，巫臣与公主，芸香与乐书沉溺于巫山云雨之中，男欢女爱，不复有人伦道德。芸香使尽浑身解数，将乐书弄得腰软骨麻。巫臣用尽平生所学房中之术，将公主弄得手足瘫软，粉面摇摆不停，又痛苦哀告。如此一月，申公夫妇连战连捷，乐书夫妇屡战屡败，方才各自回家去了。

两家的上下人等全都知道他们两家的情景。一日，乐书在花园闲游，听见一小厮正在一侍女低声议论主人淫乱之事，遂怒打小厮。小厮气不过跑到赵孟家，把乐书与巫臣之事细细说了一遍，赵孟大怒，即刻写了本章上奏晋君。

晋君阅过本章，勃然大怒，立即命赵孟捉拿乐书、巫臣。

晋君亲自领兵包围了驸马府，捉住了乐书。又各处寻找公主，乐书说公主去申公府了。晋君立即带领军队到申公府去，走到半路与赵孟相遇，与他合兵一处，包围了申公府。巫臣正在厅中睡觉，还不知大祸临头。荀莹命人上前将他捆了。巫臣惊醒忙问："我犯了什么罪，为何捉拿我？"荀莹说："你和公主私通事发，主公亲来拿你，你的妻子和公主现在何处？快快说来！"巫臣害怕，默不作声。官兵搜遍了申公府都找不到芸香、荷花和公主的踪影，只得回来复命。晋君命人将他二人斩首示众。

中国历史上最妖娆的女性——夏姬，从此不知所终。

介子推葬身何处

介子推是晋文公重耳的属臣。他跟随重耳流亡国外十九年，历尽艰辛，忠心耿耿。当重耳返回晋国掌握政权后，他却隐居深山拒受封赏，被活活烧死。介子推因何被烧死，他到底隐居在哪里呢？

我们先来看看重耳因何逃亡？

晋献公共有五个儿子：申生、重耳、夷吾、奚齐、卓子。他的爱妾骊姬设计害死太子申生，把自己的儿子奚齐立为太子。重耳、夷吾亦遭陷害，逃往外国。晋国正直大臣狐偃、赵衰、介子推等随重耳出逃翟国。重耳一行颠沛流离，辗转苟安各国之间。有一次，重耳在逃亡途中断绝粮食奄奄待毙。忠心报主的介子推竟把自己的大腿肉割下一块，供重耳充饥活命。重耳得知后心痛不已。十九年后，重耳在秦穆公的帮助下终于返回晋国夺得君位，是为晋文公。

晋文公即位后大封有功之臣，重赏随他患难与共的忠耿臣仆，却独独忘掉了舍身救主的介子推。介子推看透了人情的冷暖，名利的恶俗，他只愿与重耳同苦，拒绝与之共甘，毅然携母隐居深山。功得志满的重耳对此毫无察觉，直至看到这样一段话才醒悟过来："龙饥无食，一蛇割股。龙返其渊，安其壤土。四蛇入穴，皆有处所。一蛇无穴，号于野。"重耳十分惭愧，亲自去深山寻找介子推，请他共享荣华富贵。心志高洁的介子推却避而不见。

晋文公重耳几次派人搜山都找不到介子推，竟听信臣属之意，放火烧山逼其相见。

谁知介子推矢志不移，宁死也不出山，竟与母亲紧紧相抱烧死在一棵枯柳下。重耳十分难过，明白介子推誓死不见自己，是对自己的忘恩负义极其失望。他命人把枯柳砍下做成木屐穿在脚下，每日望屐长叹："悲呼足下。"传说介子推被烧死在绵山，重耳就把绵山改为："介山"，把介子推的故乡定阳县改称"介休"。重耳还规定把介子推烧死的这一天，定为"寒食节"，全国不准动火，以纪念介子推，介子推被烧的日子是清明时节，因此，清明节又叫寒食节。那么，介子推隐居的绵山在哪里呢？

介子推庙

一说在西林河界休南，即今山西介休市。据《史记·晋世家》记述："闻其人绵上山中，于是，文公环绵上山中而封之，以为介推田，号曰介山。"西晋学者杜预、北魏地理学家郦道元和乐史、顾祖禹都认为"绵上之山"在西河界休南（山西介休市）。然而，介休当时在霍山以北被狄人占据，并非晋国土地。介子推会到异邦土地隐居吗？重耳有权把狄人之地封给介子推吗？这样看来，"绵上之山"并不在介休境内。那它在哪里呢？

一说在山西省翼城县南。明末顾炎武据《左传》所述"晋侯于绵上以治军"和"赵简子迎宋乐祁饮之酒于绵上"两则史料推断，乐祁自宋而来，不会绕远走河西介休一线，赵简子迎候他所经之绵山绝不会在介休。而晋之都城绛（今山西翼城县东南十五里处）附近倒有一座绵山，俗称小绵山。靠近曲沃，更合乎乐祁的行进路线。此处小绵山似乎应是介子推隐身之所，然而，后人认为"小绵山"既是晋文公为纪念介子推而命名的，就不可能是史书所指的古地名；再有，此山狭小无法屯兵驻卒，不像是晋文公治兵之所；况且，小绵山距晋城仅几十里，晋文公将环山百里封田给介子推的话，岂不是将国都一并封给他了？晋文公怎么会如此行事呢？综上所述，翼城的绵山亦非介子推藏身之地。

还有一种说法，认为介子推藏在山西万荣县西南的绵山。据史学界人士分析，乐祁从宋至晋很可能穿越太行山南端，选择近路而行。赵简子迎候宋国宾客也不会距晋都城很远。“晋侯系于绵上以治兵”，说明这个绵山附近应开阔平坦，才便于训练车马配合作战。晋国当时只有浍河以南一马平川，即今天的山西稷山、万荣、闻喜一带。而乾隆年间的《万泉县志》记载，万泉西南确有一座绵上山，又称绵山。据此推断，此处绵山似乎是介子推隐居之山。

还有人说山西省平定县东也有一座绵山，山上有介子推庙。如果介子推不烧死在此山中，怎会立庙相祭？

介子推宁死不出绵山，让后人敬仰赞叹。可是，介子推的隐身之地，竟也像这位高人一样，令人捉摸不透。

附：春秋大事年表

时间	事件
公元前 770 年	周平王东迁洛邑，东周开始。
公元前 745 年	晋昭侯封成师于曲沃。
公元前 743 年	郑庄公封其弟叔段于京。
公元前 720 年	周平王死，姬林即位为周桓王。
公元前 719 年	宋、卫、陈、蔡四国攻伐郑国，围郑都东门五日。
公元前 713 年	郑、齐、鲁以王命讨伐宋国，讨其不朝见周王。
公元前 709 年	晋国曲沃武公杀晋哀侯。
公元前 707 年	周桓王伐郑国，郑将祝聃射中周桓王，王师败。
公元前 694 年	齐襄公使公子彭生杀死鲁桓公。
公元前 685 年	齐襄公死后，姜小白刚踏上齐国国土，鲁国派遣送公子纠回国继位的管仲便一箭射去，姜小白借机装死。日夜兼程赶回国都继位，是为齐桓公。
公元前 684 年	齐、鲁两国战于长勺，齐军败。长勺之战是齐桓公争霸斗争史上一次少有的挫折，也是鲁齐长期斗争中鲁国的一次罕见的胜利。
公元前 678 年	晋国曲沃武公灭晋侯，周王封武公为晋侯。
公元前 675 年	周王子颓攻逐惠王。
公元前 664 年	齐桓公伐山戎救燕国。
公元前 661 年	齐国帮邢国迁都。
公元前 658 年	晋献公借道于虞以伐虢。所谓唇亡齿寒，虢国被晋国消灭以后，失去了保障的虞国便在晋国回师的途中被顺带消灭。

时间	事件
公元前 656 年	晋国内乱，太子申生因遭受骊姬的陷害无法辩白而自杀，公子重耳、夷吾为自保相继出逃。
公元前 651 年	齐桓公会诸侯于葵丘。
公元前 645 年	秦、晋两国战于韩原。
公元前 643 年	齐桓公没有听取管仲临终之前的劝谏，坚持以易牙、竖刁等为心腹，结果饿死宫中。
公元前 638 年	宋襄公与楚国战于泓水，宋军败。
公元前 632 年	晋、楚两国战于城濮，晋文公信守诺言退避三舍，楚军以为晋军怯阵而盲目进攻，最终失败。
公元前 632 年	晋文公会诸侯于践土，称霸。
公元前 627 年	秦国袭郑国，郑国商人弦高假借王命犒劳秦师。秦师见事情泄露，灭滑后撤退。
公元前 627 年	秦、晋两国战于崤山。
公元前 624 年	秦国征伐晋国，渡河焚舟。
公元前 624 年	秦穆公封尸于崤山，后向西发展，称霸西戎。
公元前 606 年	楚庄王陈兵周王室边境，问鼎中原。
公元前 605 年	楚庄王平定令尹斗椒之乱，若敖族自此覆灭。
公元前 597 年	楚国征伐郑国，围郑都三个月，郑国投降。
公元前 595 年	楚国围困宋国，晋国不发兵救援，宋国投降
公元前 594 年	鲁国初税亩。
公元前 589 年	晋、齐两国鞌之战，齐师败绩。逢丑父与齐顷公互换衣服，齐顷公借口取水才得以逃脱。
公元前 575 年	晋、楚两国战于鄢陵，楚师大败。鄢陵一战后，楚国开始处于守势，处境越来越困难。
公元前 574 年	晋厉公杀大夫郤至等人。
公元前 573 年	晋国的栾书、中行偃杀死晋厉公，立晋悼公。
公元前 555 年	晋、鲁、宋等十二国征伐齐国，齐国战败。
公元前 547 年	卫国大夫宁喜杀卫侯，卫献公复国。
公元前 546 年	宋都召开弭兵大会。

时间	事件
公元前 530 年	鲁国季氏家臣叛乱。
公元前 522 年	楚国灭伍氏,伍子胥逃往吴国。
公元前 519 年	吴、楚两国鸡父之战。
公元前 517 年	鲁国季氏驱逐鲁昭公。
公元前 515 年	吴国专诸刺王僚,公子光继位。
公元前 506 年	吴、楚两国柏举大战,吴军攻入楚都郢,楚昭王出逃。
公元前 505 年	鲁国季氏家臣阳虎反叛。
公元前 501 年	鲁国"三家"联军打败阳虎。
公元前 497 年	孔子开始周游列国。
公元前 496 年	吴、越两国槜李之战,吴王阖闾受伤而死。
公元前 494 年	吴王夫差兴兵伐越,与越军战于夫椒,越国战败求和。
公元前 493 年	晋国赵氏与帮齐国护送粮食的郑国战于戚,赵简子誓师。
公元前 490 年	晋国范氏、中行氏进攻赵鞅失败,逃往朝歌。
公元前 484 年	伯嚭挑拨离间,伍子胥因谗言而死。
公元前 482 年	越国袭击吴都姑苏。
公元前 481 年	齐国田常杀齐简公。

·中国通史·

战国

刘宇庚⊙主编

导读

战国时期(公元前475年~公元前221年),简称战国,是中国历史上东周的一段时期(秦统一中原前),各国混战不休,故被后世称之为“战国”。“战国”一名取自于西汉刘向所编注的《战国策》。公元前473年之间越王勾践灭吴,公元前403年三家分晋。公元前221年秦统一全国,随着私田制和铁器的广泛运用,社会新兴阶层的崛起,战国时期从政治、经济、文化、科技上迎来变革的高峰。土地国有制彻底瓦解,土地私有制也就是封建地主土地所有制得到确立和发展。社会生产力的发展和各国的改革或变法运动促进了这一转变。土地自由买卖已经合法化,参与土地买卖的有贫民、官僚和贵族。秦国在商鞅变法后,“除井田,民得卖买”。

由于郡县制度的加强,以获取土地、财富、人口的国家不断开展兼并战争,促使这个从春秋时期开始便战争不断的土地逐渐走向新的时代。战国承春秋乱世,启帝秦发端,中续百家争鸣的文化潮流,这是中国思想、学术发展的黄金时期,史称“百家争鸣”。中原经济技术的新发展与各国相继图强而展开的举国变法,名士的纵横捭阖,宿将的战场争锋,涌现出了大量为后世传诵的典故。战国时期也塑造了帝制中国的雏形。

第一章　战国史话

变法图强

从春秋时代开始，中原大地上纷争不断。进入战国时代以后，为了在兼并战争中取得胜利，各诸侯国相继开始进行变法，希望能用改革使国力增强。七雄当中，魏国的李悝、楚国的吴起、秦国的商鞅等实行的变法都在一定程度上推进了社会的进步。

魏国变法

自从分晋后，韩、赵、魏三家同时派人去王都，名义上是去朝见周天子，实际上是要周天子正式册命他们为诸侯。周天子眼看生米已经煮成了熟饭，只好顺水推舟，给予了三家正式的册封。

联座壶

于是，韩、赵、魏三家各自正式立起了宗庙，建起了都城。韩国都阳翟（今河南禹县），公元前 375 年兼并郑国后迁到了郑（今河南新郑）；赵国都晋阳（今山西太原西南），公元前 386 年迁都到了邯郸（今河北邯郸）；魏国都安邑（今山西夏县西北），公元前 361 年迁都到了大梁（今河南开封）。

自此,战国七雄——秦国、楚国、齐国、燕国、韩国、赵国、魏国并立的局面形成了。魏国为了图强,在七国之中率先走上了变法图强的道路。

魏国的东面是淮河,与齐国为邻;南面有鸿沟,与楚国为邻;西面隔着黄河就是秦国;西南方有韩国,北部和赵国接壤。主要的地区,在今山西南部、河南北部所谓的河内一带,以及陕西、河北的部分地区。魏国土地肥沃,人口众多。

魏文侯魏斯是一个胸怀壮志的人,他自从被册封为诸侯,就下定决心要改革图强。他在中央设立了由国君直接任免的将相来统领百官;在地方建立郡县,由国君直接委派守令来统治,并先后用魏成子、翟璜、李悝为相,以孔子的弟子子夏为老师,集结了一大批从各地前来魏国的志士能人,像善于治军的吴起、乐羊,善于兴修水利为民除害的西门豹,等等。依靠这批人,魏国从经济到政治、军事,进行了一场全面的改革。魏文侯剥夺了无能的宗亲贵族的爵位,大力发展农业生产,粮食开始由国家统一收购,在遭遇灾荒的时候平抑粮价,保证了人口不向外流散。魏国还建立了一支常备军队,闲散的时候士兵可以在家耕田种地而且可以不服国家的徭役,有战乱的时候就回到军队成为士兵。没用几年,魏国便成了一个强国,兵精粮足,财力雄厚。

历史小常识:李悝荐相

魏文侯问李悝:“魏成子和翟璜谁适合做宰相?”李悝说:“您平时看他们亲近哪些人,富有时结交哪些人,显贵时推举哪些人,不得志时不做哪些事,贫苦时不要哪些东西,这五条足能决定谁当宰相了!”魏文侯点点头。李悝于是对翟璜说:“魏成子当宰相了。”翟璜很生气,李悝说:“魏成子千钟俸禄,十分之九用在外边,他聘来的卜子夏、田子方、段干木被君主奉为老师。而您推荐的五个人,君主都任他们为臣,您怎么能跟魏成子比呢?”翟璜于是拜了两拜,说:“我是浅薄的人,愿终身做您的弟子。”

李悝变法

李悝是战国初期魏国著名的政治家、法学家,曾受业于子夏的弟子曾申门下,担任过中山相和上地守,能参与机密,是魏文侯的心腹之臣。魏文侯时期,魏国能走上富强的道路,丞相李悝做出的贡献最大。

李悝主张“为国之道,食有劳而禄有功,使有能而赏必行、罚必当”,还要“夺淫民之禄,以来四方之士”。有赏有罚,唯才是用,这个思想成了战国时期十分流行的法家主张,不少国家都因为贯彻这些主张而走向富强。

在经济策略方面,尽地力之教是李悝的主要主张,他认为田地的收成和为此付出的劳动成正比,“治田勤谨则亩益三斗,不勤则损亦如之”。又认为粮食价钱贵的话就会对士民工商不利,谷物价格便宜的话就会伤害到农民的利益,善于治理国家的人必须兼顾到士民工商和农民双方的利益。他指出一个五口之家的小农,如果每年去除衣食、租税和祭祀等开支以外,还得亏空四百五十钱,这就是农民生活贫困和不安心于田亩的原因。他针对这种情况作平籴法,即将丰年分成大熟、中熟、小熟三个等级,按照比例向农民籴

粮；把荒年也分成了大饥、中饥和小饥三个等级，在大饥之年把大熟之年所籴的粮食发放给农民，其余则类推。这样可使饥岁的粮价不致猛涨，农民也不会因此而逃亡或流散。由于能“取有余以补不足”，“行之魏国，国以富强”。

在政治上，李悝实行“食有劳而禄有功”。具体地说，就是废除了旧的世卿世禄制，改为按功劳大小和对国家贡献的多少，分别授予职位和爵禄，取消那些对国家没有贡献却整天花天酒地的贵族的爵位。

政术谕下

而《法经》的编订，则是李悝在法律制度方面所做出的重大贡献。其中包括盗、贼、囚、捕、杂、具六部分。盗是指侵犯别人财产的犯罪活动，大盗则成为守卒，重者要处死。窥宫者和拾遗者要受膑、刖之刑，表明即使仅有侵占他人财物的动机，也仍会构成犯罪行为。贼律是对有关杀人、伤人罪的处治条文，其中规定，杀一人者死，并籍没其家和妻家。杀二人者，还要籍没其母家。囚、捕两篇是有关劾捕盗贼的律文。杂律内容包罗尤广，包括淫禁：禁止夫有二妻或妻有外夫；狡禁是有关盗窃符玺及议论国家法令的罪行；城禁是禁止人民越城的规定；嬉禁是关于赌博的禁令；徒禁是禁止人民群聚的禁令；金禁是有关官吏贪污受贿的禁令。具律是《法经》的总则和序例。《法经》出现后，魏国一直沿用；后由商鞅带往秦国，秦国的律法即从《法经》脱胎而成；汉律又承袭秦律，因此《法经》在中国古代法律史上具有非常重要的地位。

西门豹治邺

西门豹是战国时期魏国著名的政治家、军事家、水利家，同时也是一个无神论者。魏文侯时，西门豹被任命为邺（今河北临漳西南）令。

初到邺城时，西门豹看这里人烟稀少，田地荒芜，很是不解，后来才知道都是“河伯娶妇”带来的结果。原来，魏国的邺郡有条漳河，连年水患，祸害百姓。巫婆就勾结当地的官吏，说要为河伯娶媳妇，每年向老百姓收取钱财几百万，但是为河伯娶媳妇只用其中一二十万，其余的都被巫婆和贪官污吏据为己有。他们还威胁说，如果不给河伯娶媳妇的话，就会大水泛滥，老百姓都要被淹死。因此，每年他们都要假借河伯娶妇，榨取民财。

有些有漂亮女儿的人家担心巫婆会挑到自己的女儿，都逃往外地了。也是因为这个缘故，城里越来越空荡，以致更加贫匮。西门豹想了想，对众人说：“今年给河伯娶媳妇的时候，希望大家都去河边送新娘，也烦请你们通知我一声，我也去送送新娘子。”

于是，到了“河伯娶妇”这天，西门豹也来了。他看了看哭哭啼啼的新娘子，说：“这个新娘子不漂亮，河伯肯定不满意，麻烦巫婆先去跟河伯说一声，我们要另外选个漂亮的，过几天给他送去。”说完，就叫卫士把巫婆投进了漳河。等了好一会儿，不见巫婆回来，西门豹又说：“巫婆怎么还不回来？让她的徒弟去催一催吧。”说完，又叫卫士将巫婆几个打扮得花枝招展的徒弟相继投进了河里。等了一会儿，依然没有人回来，西门豹又说：“看来还是得麻烦地方上的管事去说一说！”地方上的管事早已吓得面如土色，急忙跪在地上求饶，承认自己与巫婆勾结借漳河水患榨取百姓钱财的事情。就这样，西门豹不仅惩治了地方上的恶霸势力，还禁止了巫风，从此再也没有人提起为河伯娶媳妇的事情了。那些原来为了逃避灾祸而出走的人也陆续回到了家乡。

为了治理漳河水患，使老百姓能够安居乐业，生活富足，西门豹率人勘测水源，在漳河周围相继开掘了十二条水渠，使大片的田地成为旱涝保收的良田。在发展农业生产的同时，西门豹还实行“寓兵于农、藏粮于民”的政策，很快就使邺城民富兵强，成为战国时期魏国的东北重镇。西门豹治邺有方，因此深得当地百姓的爱戴。

式闾礼士

乐羊灭中山

乐羊本是中山国的人，后来投奔了魏国。中山国侵扰魏国，魏文侯决定出兵讨伐。素以识才荐才闻名的翟璜推荐了乐羊，说乐羊文武全才。文侯打算召见乐羊的时候，有大臣奏道：“乐羊的长子乐舒，现在正在中山国为官，你怎么能派乐羊去攻打中山，倘若他们父子狼狈为奸，我们该怎么办呢？”翟璜打断说：“乐羊注重功名，他儿子刚在中山国做官的时候，曾替中山国君召乐羊做官，乐羊知道中山国君昏庸，不仅自己不去，也要让儿子离开，结果谁也没能说服谁。现在如果陛下将乐羊封为大将，授以生杀之权，他必然抛却父子之情去收服中山。”翟璜的一番话说服了文侯，他当即召见乐羊，并拜其为元帅。

中山国本来就是个弱小的诸侯国，哪里抵挡得了魏国的进攻。中山国人在魏国的猛烈进攻下，无计可施，君臣经过一番商议后，决定拿乐羊的儿子作为筹码，要挟乐羊退兵。于是，中山国把乐羊的儿子绑起来吊在城楼上，威胁乐羊。谁知乐羊全然不顾吊在城楼上的可怜巴巴的儿子，反而更加猛烈地攻城。中山国人没有想到乐羊原来是这样一个无情无义的人，于是将乐羊的儿子杀了，并烹煮成肉羹送给乐羊吃。

更让中山国人无法接受的事情是，乐羊面对此事仍然毫不动心，竟然没有丝毫悲伤之情，甚至将用儿子的血肉做成的羹汤吃了个干干净净，然后率领着魏军向中山国发起了猛烈进攻，一举灭亡了中山国。

这场战争后，魏国的疆域开拓了一大片。庆功会上，魏文侯给了乐羊很重的奖赏，但是自此以后却冷落了他。有人很不理解，问道："乐羊为大王立了这样大的功劳，您为何如此疏远他呢？"魏文侯说："一个为了可以向上爬而背叛一切的人，连自己的故国、儿子都毫不顾惜，除了自己，他还会对谁忠诚呢？我怎么可以去亲近、信任这样一个危险的人呢？"

吴起拜将

魏文侯虽然不信任吃了儿子的乐羊，但是却信任杀死妻子的吴起。

曾参啮指心痛

吴起是战国初期著名的政治改革家，卓越的军事家、统帅、军事理论家、军事改革家。卫国左氏（今山东定陶，一说曹县东北）人，著有《吴子》一书，在中国古代军事典籍中占有重要地位。后世把他和孙子连称"孙吴"，《吴子》与《孙子》又合称《孙吴兵法》。

吴起曾经在孔子的弟子曾参门下求学，在鲁国为臣。公元前412年，齐国进攻鲁国，鲁国国君想用吴起为将，但是因为吴起的妻子是齐国人，所以对他有所怀疑。吴起由于渴望当将领成就功名，于是就毅然杀死了自己的妻子，表示不倾向齐国，史称杀妻求将。

鲁君于是任命吴起为将军，率军与齐国作战。吴起治军严于律己宽以待人，能与士卒同甘共苦，因而军士皆能效死从命。吴起率鲁军到达前线以后，并没有立即同齐军开仗，而是先向对方"示之以弱"，以老弱之卒驻守中军，给对方造成一种"弱""怯"的假象，麻痹齐军将士，然后出其不意地以精壮之军突然向齐军发起猛攻。齐军仓促应战，一触即溃，鲁军大获全胜。

吴起的得势引起了鲁国群臣的非议，人们纷纷对鲁君说："吴起残暴无情。他小时候家境殷实，因为想当官而四处游说，结果不但没有成功反而破产。乡邻们都耻笑他，他因此就杀了三十多个诽谤他的人，然后逃离卫国。后来他母亲去世，他竟然都没有回家。曾参为此鄙视他的为人，便和他断绝了师生关系。如今他杀死自己的妻子来争取做将军，我们鲁国是小国，一旦有了战胜的名声，就会引起各国的图谋。而且鲁国和卫国是兄弟国家，任用吴起就是抛弃了卫国。"鲁君因而辞退了吴起。

吴起离开鲁国后又去了魏国，魏文侯于是问李悝："吴起为人怎样？"李悝回答："吴起贪图荣名而且好色，但是却用兵如神。"这样，魏文侯任命吴起为将军，率军攻打秦国，攻克了五座城邑。

曾侯尊盘

因为吴起善于用兵，廉洁而公平，因而能得到士卒拥护，魏文侯就任命他为西河（今陕西华阴北）守将。据史料记载，这一时期吴起"曾与诸侯大战七十六，全胜六十四"，"辟土四面，拓地千里"。

魏文侯死后，吴起继续效力于他的儿子魏武侯。不久后魏国选相，很多人都看好吴起，可是最后胜出的却是田文。吴起很不高兴，对田文说："你和我比比功劳可以吗？"田文说："可以。"吴起说："统领三军，使士卒乐于为国牺牲，敌国不敢图谋进攻我们，你比我怎样？"田文说："我不如你。"吴起又说："管理各级官员，亲附人民，使国家的财力充裕，你比我怎样？"田文又说："我不如你。"吴起又说："镇守西河地区，使秦军不敢向东扩张，使韩国和赵国都遵从我们，你比我怎样？"田文回答说："我也不如你。"吴起说："这三方面，你都不如我，但是你职位却比我高，这是为什么？"田文回答说："我们的国君还年少，现在全国人民都在为此忧虑，大臣不亲附，百姓不信赖，在这个时候，由你和我谁来任相合适呢？"吴起沉默了很久，说："应该由你来任相。"

田文死了以后，公叔任相，他的妻子是魏国公主。公叔对吴起非常畏忌，他的仆人就献计说："吴起廉洁而重视声誉，你可以先向武侯说：'吴起贤明，我们魏国是小国，又和强秦接壤，恐怕吴起不愿意长期留在魏国吧。'武侯必然要问：'那应该怎么办？'你就乘机说：'你可以把一位公主许配给吴起，他如果愿意留在魏国就必定会欣然接受，如果不愿意就必然会辞谢。以此就可以探测他的想法。'然后你再把吴起邀到府上，使公主故意发怒而轻慢你。吴起看见公主轻贱你，想到自己也将会被轻贱，一定会辞而不受。"于是公叔照计行事，吴起果然因为看见公主轻慢公叔就辞谢了武侯许配公主的好意。武侯也因而对吴起有所怀疑。后来，吴起因为害怕武侯降罪，就离开魏国到楚国去了。

战国时期的楚国，国土十分辽阔，东到大海，南到苍梧（今湖南南部），西到巴、黔，与秦国为邻，北面与韩、魏、宋、齐相接。主要的国土包括现今湖北、湖南、江西、安徽、江苏、浙江等地，是战国七雄中土地面积最广的诸侯国。

吴起

吴起从魏国逃到楚国以后，受到了楚悼王的重用。楚悼王自从即位以来，一直受到新兴的三晋的威胁。公元前 404 年和公元前 391 年，楚国曾两次被三晋打败。第二次由于向秦国送了丰厚的礼物，才得以在秦国的帮助下与三晋讲和。但是即便如此，国内的贵族却丝毫没有图强的意愿，既腐败又专横。在这种内外交困的情况下，吴起前来投奔，楚悼王便任命他为苑地守。吴起治苑时间不长，便收到了很好的效果，经济发展，边防巩固。楚悼王很是欣慰，便用他为令尹。

吴起受到楚悼王的重用以后，决心在楚国进行一番巨大的改革。首先，吴起宣布限制旧贵族，改变世袭的分封制，规定封君凡超过三世的就要取消爵禄，把住在国都的贵族们强行迁到地广人稀的地方。同时禁止儒生们到楚国宣讲不同的政治理念。

其次，吴起严肃法纪，裁减掉一批无能无用的官员，废除一些不急需的官职，节省费用以奖励耕战，加强国防。裁减下来的爵禄都被用来抚养士卒，以此建立起了一支强大的军队。

最后，吴起大力建设国都，把城墙加高加厚，增强了国都的防卫能力。

吴起在楚国的变革持续了十年，对楚国以后的发展产生了深远的影响。楚国的国力有所增强，三晋不敢再轻易侵袭。楚国还主动向外开拓疆土，例如南下平定百越，向北兼并陈、蔡等小国，与西面渐渐强大起来的秦国形成对峙之势。

不幸的是，就在楚国一步步走向强大的时候，楚悼王却一命呜呼了。楚国贵族由于利益被损害，心里一直憎恨吴起，于是趁机在楚悼王的葬礼上发动叛乱。吴起伏在楚悼王的尸体上，想让作乱的人有所顾忌。但是追杀吴起的贵族才不管这一套呢，依然射杀了吴起，当然，箭也射到了楚悼王的尸身上。

这一年是公元前 381 年。楚悼王下葬以后，太子即位，是为楚肃王，他依照楚国的法律将那些因射吴起而同时射中悼王尸体的人全部杀死，被诛灭宗族的达七十多家，同时，吴起的革新举措也被废除。

魏文侯在位的时候，曾派出大批军队攻取了秦国的河西地区。秦国因为失去了河西这一战略要地，感觉自身的安全受到了严重的威胁。于是经过数年准备，于公元前401年开始大举进攻魏国，公元前393年与魏国战于汪（今陕西澄城境），公元前390年又与魏国战于武城（今陕西华县东），企图夺回河西地区。魏国的军队全力与秦军作战，使得秦军的目的一直没有达到。后来，秦国又再次调集五十万大军进攻阴晋。秦军在阴晋城外布下层层营垒，形势十分危急。魏国在河西地区驻守了一支精锐军队。郡守吴起时刻激励军队保持高昂的士气，他请国君魏武侯举行庆功宴会，让那些立了大功的人坐在前面，使用金、银、铜等贵重的餐具，猪、牛、羊三牲都陈列在前；立了次等功的人坐在中间，适当减少贵重的餐具；没有立功的人坐在最后面，并且不准使用贵重餐具。宴会结束以后，还要在大门外面对有功的人的父母妻子及家属进行论功赏赐。对死难将士的家属，每年都要派使者前去慰问，赏赐他们的父母。这一政策连续实行了三年。秦军一进攻河西，魏军马上就有数万士兵没有等待命令就自己穿戴甲胄，主动要求作战。面对秦军的大规模进攻，吴起请魏武侯派五万名没有立过功的人为步兵，由自己率领对秦军进行反击。武侯同意后，还给吴起加派战车五百乘、骑兵三千人。大战前一天，吴起还向三军发布命令说，诸位都应当和我一起去同敌作战，无论车兵、骑兵还是步兵。随后，吴起率领魏军在阴晋向秦军发起了猛烈的反击。这一天，魏军的人数虽然比秦军少，但是却个个以一当十，将五十万秦军打得大败，取得了辉煌的战果。

吴起吮卒病疽

吴起治军确有独到之处，他始终和最下层的士卒同衣同食。吴起在政治、指导战争诸方面积累了丰富的经验，其主要谋略思想是“内修文德，外治武备”。他一方面强调，必须在国家和军队内部实现协调和统一，才能对外用兵；另一方面强调必须加强国家的军事力量。他认为，军队能否打胜仗，取决于军队的质量。质量高的标准是：要有能干的将领，要有经过严格训练的兵士；要有统一的号令；要有严明的赏罚。他重视将帅的作用，尤其是重视将帅的谋略，强调好的将帅应有优良的品质和作风。重视士卒的训练，提高实际作战能力,强调赏功以励士兵。

吴起把这些经验升华为军事理论。《汉书·艺文志》著录了《吴子》四十八篇,已佚,今本《吴子》共六篇,包括《图国》《料敌》《治兵》《论将》《变化》《励士》。

《图国》阐述了吴起的主要谋略思想。《料敌》篇中,吴起强调了解和分析敌情的重要意义,很好地继承了孙武的"知己知彼,百战不殆"的思想。吴起懂得战争是千变万化的,要根据不同的情况而采取应变的措施。在《应变》篇中,就具体论述了在仓促间遭遇强敌、敌众我寡、敌拒险坚守、敌断我后路、四面受敌及敌突然进犯等情况下的应急战法和胜敌的策略。《治兵》《论将》和《励士》三篇主要阐述了吴起的治军思想。

陈侯午簋

应该说,吴起是继孙武之后,既善于用兵又具有高深军事理论的第一人。历史上,吴起作为军事家与孙武齐名,后世论兵,莫不称"孙吴"。作为政治家、改革家,则与商鞅齐名。同时,他治军严明,能与士卒同甘共苦,深得部众之心。但他为博取功名而杀妻求将的做法,一直被后人所不齿。

邹忌与田忌的争斗

齐国东临大海,南面有泰山,与鲁国为邻,西面与赵国为邻,北面是渤海,与燕国为邻。国土包括今天的山东省偏北的大部分以及河北省的东南部分。

齐国的国君原本姓姜,是西周姜太公的后裔,战国初年被田氏取代,史称"田氏代齐"。田氏的祖先是陈国的陈完,他们在齐国改姓田后,势力逐渐发展壮大。姜姓齐国的末代国君齐康公是个昏君,他只知道贪恋酒色,终日不理朝政。于是,公元前391年,田和借机把这位昏君放逐海上,只留下一城之地作为他的食邑。田和成了事实上的齐国之君,姜氏齐国到此变成了田氏齐国。

公元前387年,田和与魏武侯相会,请求魏武侯出面,在周天子面前同各诸侯国周旋,照着当年三家分晋的先例,把自己也正式立为诸侯。第二年,田和即被周天子封为齐侯。田氏在齐国的政权自此合法化了。

邹忌以琴理谏齐威王

公元前356年,齐威王田因齐即位,他曾一度迷恋弹琴,不理朝政。周边国家看到齐国软弱,接连起兵进犯,齐国出现"诸侯并伐,国人不治"的局面。

有一天,一个叫邹忌的人,自称是高明的琴师,要拜见齐威王。齐威王很高兴,立即召见邹忌。邹忌走进内宫聆听齐威王弹琴,听完后连声称赞。齐威王不等邹忌称赞声落音，就连忙问道，“我的琴艺好在哪里啊？”邹忌答道：“大王那大弦弹出来的声音十分庄重，就像一位名君的形象；小弦弹出来的声音清晰明朗，就像一位贤相的形象；大王指法精湛纯熟，弹出来的音符个个和谐动听，既灵活多变又相互协调，就像一个国家明智的政令一样。这么悦耳的琴声，怎么能不令我叫好呢！”邹忌接着又说：“其实弹琴和治理国家一样，应弹哪根弦就该认真去弹，不应该弹的弦就不要去弹，七弦配合协调，才能够弹奏出美妙的乐曲，这正如君臣各尽其责，才能做到国富民强、政通人和一样。”

齐威王说：“先生，你的乐理真是说到我的心坎里了，那么现在也请先生试弹一曲吧。”邹忌于是坐到琴位上，他的两手轻轻舞动，但是却只摆出了弹琴的架势，并没有真的去弹。齐威王便恼怒地指责道：“你为何只摆了个空架子而不真弹呢？”邹忌答道：“臣以弹琴为生业，当然要悉心研究弹琴的技法。大王以治理国家为要务，怎么可以不好好研究治国的大计呢？这就和我抚琴不弹，摆空架子一样。抚琴不弹，就没有办法使您心情舒畅；您有国家却不治理，也就没有办法使百姓心满意足。这个道理大王要三思。”

齐威王因之醒悟，并下令启用邹忌进行变法。

历史小常识：隐语试相国

淳于髡喜欢打哑谜，听说邹忌从乐师被提拔到相国，就说：“猪油涂在车轴上是为了润滑，但轴孔是方的就不好弄了。”邹忌说：“我会小心侍奉国君。”淳于髡又说：“弓的干用久了要拿胶粘一下，但不能把裂缝完全合起来。”邹忌说：“我会依附予人民。”淳于髡又说：“狐皮大衣不能用狗皮补。”邹忌说：“我不会让小人进入朝堂的。”淳于髡最后说：“大车不校正不能载货，琴弦调不好会五音不全。”邹忌回答：“我一定认真制定法律监督官吏。”这场不着边际的对话让淳于髡非常满意，认为邹忌能胜任相国的职位。

邹忌讽齐王纳谏

邹忌以鼓琴游说齐威王，后来被任命为相国，他于是劝说齐威王奖励群臣吏民进谏，主张革新政治，修订法律，选拔人才。

据说邹忌生得身材高大，容貌十分俊美。一天早晨，邹忌穿戴好衣帽，对着镜子左顾右盼，得意扬扬地问妻子：“我同城北的徐公比，哪个更漂亮些？”妻子回答说：“当然是您漂亮，徐公哪里能比得上您呢？”

城北的徐公是齐国著名的美男子，因此听了妻子的话后，邹忌心里十分高兴，但还是不太相信，于是又去问他的妾：“我同城北的徐公比，谁更漂亮些呢？”妾回答说：“徐公怎么能比得上您呢？”

第二天，有客人来拜访，邹忌同他坐着闲聊的时候，又问道：“我同徐公相比，谁更漂亮些呢？”客人回答说：“徐公不如您漂亮。”

又过了一天，徐公亲自来拜访了，邹忌仔细地看了看他，觉得自己并不如徐公漂亮；再照镜子看看自己，又觉得自己远远不如徐公漂亮。晚上邹忌躺着一直在想这件事，终于明白了：“我的妻子认为我漂亮，是因为她偏爱我；我的妾认为我漂亮，是因为她害怕我；而我的客人认为我漂亮，那是因为他有求于我。”

于是第二天，邹忌上朝拜见齐威王的时候，说：“我确实知道自己不如城北的徐公漂亮。可是我的妻子因为偏爱我，我的妾因为害怕我，而我的客人因为有求于我，他们都说我比徐公漂亮。如今齐国有方圆千里的疆土，一百二十座城池，宫中的妃子、近臣没有谁不偏爱您，朝中的大臣没有谁不害怕您，全国范围内的人没有谁不有求于您，由此看来，大王您受蒙蔽已经很深啦！”

齐威王一听此言有理，于是命令道：“大小官吏百姓，有能够当面指责我的过错的，受上等奖赏；书面劝谏我的，受中等奖赏；能够在公共场所批评议论我的过失，并能传到我的耳朵里的，受下等奖赏。”

一时间，许多大臣都来进谏，宫门前、庭院内，人多得像集市一样；几个月以后，还不时地有人偶然来进谏；一年以后，即使有人想进谏，也没有什么可说的了。

燕、赵、韩、魏等国听说了这件事，都到齐国来朝见齐王，承认他是英明的国君。

齐威王整顿吏治

旌贤去奸

齐威王励精图治，决心王霸天下。邹忌认为做臣下的，要尽心竭力辅佐国君，把国家的事放在第一位；做国君的，要顺应民心，体贴民众，亲贤臣，远小人，鼓励臣民进谏，不被只会阿谀奉承的人所蒙蔽。齐威王完全采纳了邹忌的意见，为了整顿吏治，他还选择了两个典型，进行了严肃而认真的处理。

齐威王曾经多次询问臣下，在地方官中，谁好谁坏。不少人都说即墨（今山东平度东南）大夫最坏，最好的要算阿（今山东阳谷东北）大夫。威王听了后便派人下去了解情况，然后把即墨大夫和阿大夫以及其他官员都召到了朝廷上。齐威王对即墨大夫说：“你到即墨后，经常有人说你不好。但是我派人去了解后，发现那里的人民都有吃有穿，社会秩序安定，府库也增加了积蓄。因为你勤勤恳恳，从不向上级送礼行贿，所以别人都说你不好。”于是下令赏给即墨大夫万户租税作为俸禄。齐威王接着又对阿大夫说：“你到阿地后，常有人在我面前为你说好话。但是我派人去了解后，发现那里田地荒芜，人民缺衣少吃，老百姓连话都不敢多讲。赵国和卫国进攻的时候，你也不去抗击，只知道向上司行贿，你把齐国的风气都败坏了！”于是下令把阿大夫和受贿者及为他说好话的官吏一起烹杀了。

如此一来，整个齐国的风气为之一变。齐威王接着精选郡守，加强边防。使檀子守南城拒楚国，田肦守高唐拒赵国，黔夫守徐州拒燕国。用种首为司寇，用田忌为司马，孙膑为军师，教兵习战，以谋征伐，并且把这些人才看作是比夜明珠还要珍贵的国家至宝。

田忌荐孙膑

齐国经过齐威王和邹忌的努力整治后，在不长的时间内就大治了，史称威、宣时“齐最强于诸侯”。当时的齐国，不仅打退了赵、卫的侵袭，还迫使赵国归还了侵地长城。三晋中最强大的魏国，也曾多次被齐国打败。这些战争的胜利，全依靠田忌推荐的孙膑。

孙膑

田忌，字期，因为封地在徐州（今山东滕县南），又称徐州子期，以田齐宗族的身份被任为齐将。田忌很赏识孙膑的军事韬略，便向齐威王举荐了孙膑。

有一天，田忌和齐威王约定进行赛马，比赛按照马的优劣分成三场。齐威王每个等级的马都要比田忌的强，所以比赛过好多次，每次都以田忌的失败而告终。想到自己这次赛马又要输给齐威王，田忌的心里很不痛快。

这时孙膑上前，他给田忌出了一个主意。于是在赛马的时候，田忌先以自己的下等马对齐威王的上等马，结果当然是输了。由于马的脚力都相差不多，所以接着进行的第二场比赛中，孙膑拿田忌的上等马对齐威王的中等马，结果田忌的上等马赢了齐威王的中等马。第三局比赛的时候，孙膑又拿田忌的中等马对齐威王的下等马，结果又胜了一局。三局两胜，田忌第一次赢了齐威王。

同样的马匹，只不过是调换了一下出场顺序，就得到转败为胜的结果。齐威王本来因为孙膑是个残疾人还怀疑他的才能，这样一来顾虑全部消除，于是任命孙膑为齐国的军师。

孙膑其人

齐威王一开始并没有打算重用孙膑，因为他看到孙膑是个双腿受过刑的残疾人。赛马一事后，齐威王询问孙膑对战争的看法，问他是否不用武力就能使天下归服。孙膑果断地回答：“那不可能，只有打胜了，天下才会归服。”然后，孙膑又列举了黄帝打蚩尤、尧帝伐共工、舜帝征三苗，以及武王伐纣等事实，说明哪一个朝代都是依靠武力用战争实现国家统一的。这一番深刻独到的分析使齐威王大受震动。他再询问兵法，孙膑更是滔滔不绝，对答如流。齐威王感到孙膑这个人确实不简单，从此以“先生”相称，把他作为老师看待。

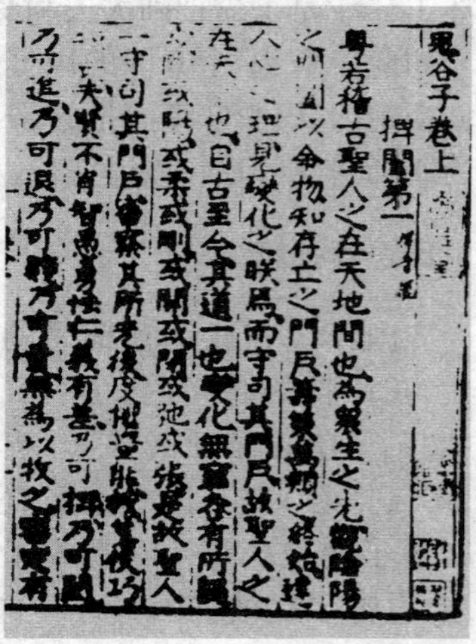

《鬼谷子》书影

孙膑是齐国人，据说他曾拜鬼谷子为师学习《孙子兵法》，显示了惊人的军事才能。他有一个师弟叫作庞涓，庞涓虽然对他的才能很是忌妒，但是却从来都不表现出来，还时刻表示自己对师兄的关心，因此很得孙膑信任。后来庞涓到魏国当了将军，指挥军队打了几次胜仗后，得到了魏惠王的宠信。

春风得意的庞涓很为自己的仕途一帆风顺而自豪，但一想到师兄孙膑，就生怕他断了自己的将来。于是，他想了个陷害孙膑的办法，修书一封，赶紧派人将孙膑请到了魏国。孙膑到魏国后，庞涓并没有如信中所提向魏惠王举荐他，而是以间谍的罪名将他送进大狱，并派人剜去了孙膑的两个膝盖骨，还在他脸上刺了字。

孙膑这才明白庞涓在陷害自己，他为了保住性命，只得装疯卖傻。庞涓一开始并不相信孙膑会疯，便叫人把他扔到猪圈去，然后偷偷派人观察。只见孙膑披头散发地倒在猪圈里，满身都是猪粪，有时甚至会把粪塞到嘴里大嚼几口。庞涓这才相信孙膑是真疯了，于是对他的看管也逐渐松懈下来。

有一天，孙膑听说齐国有使臣来到了大梁，便偷偷让人给使臣传递了消息。齐国的使臣与孙膑谈论一番后，知道孙膑有才华，便将孙膑藏在车子里，秘密带到了齐国。孙膑回到齐国以后，很快就见到了齐国的大将田忌。田忌欣赏他的才华，将他留在了自己的府中，以接待上宾的礼节殷勤款待。

桂陵、马陵之战

战国时期兵家的代表，非孙膑莫属。孙膑继承和发展了先辈孙武、吴起等人的军事学说，总结了战国时丰富的战争经验，主张用战争解决问题。对于如何进行战争，孙膑有许多精辟的论述。

孙膑主张，在战争发生以前一定要做好各种准备，否则就会失败。在力量悬殊的情况下可以战胜敌人，但要善战。善战的办法很多，如不和敌人硬拼，避开敌人锋芒，制造假象，表示软弱，使敌人骄傲而松懈斗志。迷惑敌人，瓦解敌人后，再集中力量狠狠打击敌人。孙膑主张采取以攻为主的战略，主张“攻其无备，出其不意”，就是要灵活机动地突然打击敌人。

孙膑主张严格治军，要求军法严明，下达的命令要像流水一样畅通无阻，继而赏罚分明，这样才能够鼓舞斗志，严明法纪。经常训练的军队像佩剑一样，不一定马上用，一旦打仗，就像剑一样锋利，所向无敌。这就是“养兵千日，用兵一时”的道理。孙膑还注意指挥员的选择和培养，要求指挥员能够精通兵法，善于指挥，有勇有谋。

公元前354年，赵国向依附于魏国的卫国发动了战争，迫使卫国屈服称臣。魏国大怒，于是出兵包围了赵国的国都邯郸。赵国抵挡不住，只得派遣使者向齐国请求救援。

齐威王赶忙召集大臣们进行商议，邹忌反对出兵救赵，齐将段干朋则认为不救赵既会失去对赵国的信用，又会给齐国自身造成麻烦，因而主张救援。齐威王本身是想要出战的，因此欣然采纳了段干朋的建议。

此时，魏国以主力攻打赵国，两军相持已经一年有余了。邯郸形势危在旦夕，魏国也是非常疲惫。齐威王任命田忌为主将，孙膑为军师，统率齐军主力救援赵国。

田忌计划直奔邯郸，同魏军的主力交战。但是孙膑不赞成这种硬碰硬的战法，提出了“批亢捣虚”“疾走大梁”的策略。他说：“要解开乱成一团的丝线，是不能用手硬拉硬扯的；要排解别人的聚殴，自己更不能直接参加进去打。派兵解围的道理也是如此，不能以硬碰硬，应该撇开强点，攻击弱点，避实击虚，冲其要害，使敌人感到形势不利，出现后顾之忧，自然解围的目的也就达到了。”孙膑建议田忌迅速向魏国的都城大梁进军，切断魏国的交通要道，攻击它防备空虚的地方。这样一来，魏军必然被迫回师自救，齐军则可以一举而解救赵国之围，同时又能使魏军疲于遥远路途，最终击败它。

孙膑马陵伏弩

田忌采纳了孙膑的这一建议，统率齐军主力迅速向魏国的国都大梁挺进。大梁是魏国的国都，魏军闻讯后，不得不以少数兵力控制历尽艰难才刚刚攻克的邯郸，而由庞涓率主力回救大梁。而这时候，齐军已将桂陵（河南长垣西南）作为预定的作战区域，准备迎击回归的魏军。魏军长期攻赵，本来兵力消耗就已经很大了，加上这次长途跋涉地急行军，士卒疲惫不堪，在面对已经占有先机、休整良好、士气旺盛的齐军的截击时，顿时陷入了被动挨打的困境，遭受到一次严重的失败。魏国占据的邯郸等赵地，至此得而复失。

不过，桂陵之战的失利并没有使魏国一蹶不振。公元前342年，魏国又发兵攻打比它弱小的韩国。韩国自然不是魏国的对手，危急之中遣使奉书向齐国求救。齐威王一如当年那样，召集大臣商议此事。邹忌依然充当反对派，而田忌则主张发兵。齐威王征求孙膑的意见，孙膑既不同意不救，也不赞成早救，而是主张"深结韩之亲，而晚承魏之弊"。即首先向韩表示必定出兵相救，促使韩国竭力抗魏。然后当韩处于危亡之际，再发兵救援，从而"尊名""重利"一举两得。这一计策为齐威王所接受。

韩国得到齐国的承诺后，人心振奋。竭尽全力抵抗魏军的进攻，但结果仍然是五战皆败。齐威王见韩国告急，忙任命田忌为主将，田婴为副将，率领齐军直趋大梁。魏国眼见胜利在望的时候，齐国又从中作梗，于是决定暂时放过韩国，转将兵锋指向了齐军。

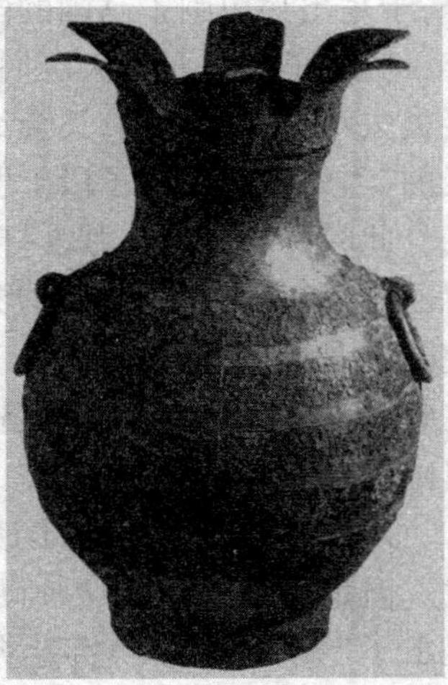
令狐君嗣子壶

这时，齐军已经进入魏国境内的纵深地带，于是孙膑设计，只要齐军与魏军一接触，就立即佯败后撤。为了诱使魏军进行追击，齐军按孙膑预先的部署，施展了"减灶"的高招，第一天挖了十万人煮饭用的灶，第二天减少为五万灶，第三天又减少为三万灶，造成在魏军的追击下，齐军士卒大批逃亡的假象。

庞涓看到齐军"减灶"，就得意地认定齐军已经斗志涣散了，于是下令丢下步兵和辎重，只带着一部分轻装精锐骑兵，昼夜兼程追赶齐军。孙膑根据魏军的行动，判断魏军将于日落后进至马陵（今山东范县西南）。马陵一带道路狭窄，树木茂盛，地势险阻，是打伏击战的绝好处所。于是孙膑在齐军中选择了一万名善射的弓箭手埋伏在道路的两侧，规定到夜里以火光为号，一齐放箭，并让人把路旁一棵大树的皮剥掉，在上面书写"庞涓死于此树之下"的字样。

庞涓的骑兵果真于孙膑预计的时间进入了埋伏圈，只见被剥皮的树干上写着字，因为看不清楚，庞涓就叫人点起火把照明。齐军一见火光，万弩齐发，给魏军以迅雷不及掩耳的打击。魏军大败，庞涓也自杀而死。齐军随后乘胜追击，连续大破魏军，前后歼敌十万余人，并俘虏了魏军的主帅太子申。

从此，魏国开始一步步走下坡路，并且失去了中原的霸权。更可悲的是，魏国的君主惠王好大喜功的作风却没受到一丝震动，丝毫没有奋发图强的意思。为展大国风采，还动不动就宴请各国诸侯。一次酒酣耳热之时，魏惠王给鲁共公敬酒。按说一国国君敬酒，对方本该受宠若惊才是，岂料鲁共公一边站起身来，一边说出一番颇煞风景的话来："从前大禹喝了仪狄进献的美酒，觉得很美妙，于是就戒喝甜酒，说：'后世必有以酒亡其国者。'齐桓公吃了易牙精心烹制的夜宵，觉得很可口，因此直到第二天早晨还没有睡醒，后来他说：'后世必有以味亡其国者。'晋文公得到美女南之威，三天不理朝政，于是推开南之威而疏远她，说：'后世必有以色亡其国者。'楚昭王登上强台，唯觉山水之乐而忘记人之将死，于是在强台上发誓不再游山玩水。后来他说道：'后世必有以高台陂池亡其国者。'现在，主君酒杯里的酒好似仪狄酿的酒；主君的饭菜与易牙烹调的美食相媲美；主君身边左有白台右有闾须，都是和南之威一样的美貌；主君前面是夹林后边是兰台，犹如游强台一样有乐趣。如果在这里只有一种乐趣，就可以使国家灭亡的话，可是如今你兼有这四种乐趣，就完全可以不戒备了！”在美酒、美味、美色、美景俱全，一派歌舞升平、其乐融融的氛围中，这一番劝诫之言不啻一盆败兴的冷水。鲁共公本意是想激励魏惠王振作朝纲，不想魏惠王却依然是一副大国之君宽容为怀的样子，对鲁共公的话称赞不已，但是却一句也没有往脑子里去！

而与此同时，齐国的力量却在迅速发展，成了当时数一数二的强大国家。

田忌出逃

齐相邹忌和田忌不和，因此邹忌想要寻找机会除掉田忌和孙膑。

公孙阅献计给邹忌说："您为什么不再去劝说下大王，让他命令田忌再带兵去攻打魏国呢？如果到时候打了胜仗，那是您策划得好；如果到时候战败了，那么田忌即使不死在战场，回国也定会枉死在军法之下。"邹忌于是劝说齐威王派田忌讨伐魏国。谁料田忌三战皆胜，邹忌又赶紧找公孙阅商量对策。公孙阅就派人带着十斤黄金招摇过市，找人占卜，自我介绍道："我是田忌将军的臣属，现在将军讨伐魏国三战三胜，名震天下，现在打算要谋大事，麻烦你占卜一下，看看吉凶如何？"卜卦的人刚走，公孙阅就派人逮捕他，在齐威王面前验证了这番话。

宴乐渔猎攻战图壶

齐威王本来对田忌手握重兵就有些疑惧，现在听了邹忌的话，也确实相信田忌有了谋反的意图。而这时田忌正率兵在外，于是齐威王遣使召田忌回临淄，准备审问此事。孙膑见齐威王无缘无故派人来召田忌回临淄，感觉齐威王一定是听信了别人的谄言，认为田忌如果回到临淄，必将凶多吉少。于是孙膑提醒田忌说，齐王一定是听信了邹忌的谄言，千万不要贸然回临淄，田忌于是率兵攻打临淄，要"清君侧"。但邹忌也不是等闲之辈，早已做好了守城的准备，田忌攻城不胜，又见各地勤王的兵马都云集而来，只好弃军逃亡到了楚国。直到齐宣王即位以后，田忌才受召回国复职。

宣王聚贤

齐宣王田辟疆在公元前320年继齐威王成为国君，不久后燕国发生内乱，齐宣王乘机发兵干涉，只用了五十天就攻占了燕国的都城蓟（今北京市），几乎灭亡了燕国。

齐宣王心里很是得意，他看到西方秦国招揽贤士，得人而治，有越来越强大的情势，便也着意文化事业的发展，于是不惜耗费巨资招揽天下各派文人学士来齐国的“稷下学宫”讲学，使得稷下学宫迅速进入鼎盛时期。

不过，也有人对此颇不以为意。一次，齐宣王对手下的大臣淳于髡说：“先生谈一谈寡人喜欢的是什么？”淳于髡说：“古代称王的人所喜欢的有四样东西，而现在大王喜欢的有三样。古代称王的人爱马，大王也爱马。古代称王的人爱美味，大王也爱美味。古代称王的人好美色，大王也好美色。古代称王的人尊崇有才德的人，但是大王却不尊崇有才德之士。”

齐宣王摇了摇头说：“我们国中聚集了这么多有才德之士，你怎么能说我不尊崇有才德的人呢？”淳于髡回答说：“古时有骅骝等好马，可是现在没有，大王就不惜花费重金，从所有的马中去挑选，可见大王是真的喜欢马。古时有豹象等动物的肠肚或嫩脆可口的肉，可是现在没有，大王就命令手下人不辞辛苦从众多美味中去挑选，可见大王是真的爱好美食。古时有毛嫱、西施那样的美女，可是现在没有，大王就从当今天下的众多美女中去挑选，可见大王是真的喜欢美女。至于才德之士，大王总说国中之人比不上尧舜禹汤时代的贤德之士，如果尧舜禹汤时代的贤德之士知道了，就会觉得大王并不是真心喜爱人才，所以也不会喜欢大王的。”

申不害严肃法治

韩国都郑（今河南新郑），夹在魏与秦、楚之间。国土面积不大，范围在今天的山西省东南部、河南省中部和西部地区。

韩昭侯在位的时候，列国中大都经过了不同程度的变法和改革，一些国家相继强盛起来，开始不断向外进行扩张。就连当时的小国宋国也敢欺侮韩国，并且攻取了韩国的黄池（今河南封丘西南），魏国更是多次进攻韩国。于是，韩昭侯不得不考虑变革图强。公元前354年，韩昭侯任用申不害为相，开始推行改革。

黄子壶

申不害相韩

申不害也称申子，战国时期郑国京县（今河南荥阳，属郑州）人，是当时著名的思想家和改革家，法家学派的著名代表。他认为君主治国，必须明法察令，法就像是称重量用的秤那样，有了秤才能量知物重；有了法才能驾驭臣下的行为。因此只有确立了法，一切人事关系和国家制度才有一个客观的标准可依据。有了“法”之后，就要依法办事，不能凭主观心智和个人的善恶去随意决定政策措施、赏罚制度，即使国君也不能例外。

在提出法治的同时，申不害还强调“术”的作用，用“术”去推动“法”的实施。申不害是主张国君集权一身的，用他的话说就是“独断”，认为独断者才能为天下主。要把国家官吏的设置、任免、考核、赏罚等以及生杀予夺之权，都牢牢地掌握在国君个人手中。

为了能更好地驾驭臣下，考核臣下，促使臣下去各尽其能，办好任内之事，申不害主张国君要“无为”而治。也就是说，国君平常不要让臣下看出自己的欲望和某些弱点，使臣下猜不透自己内心的意图，臣下就不至于揣摩着国君的心理而投其所好，或弄虚作假，只好去尽力做自己分内的事。

在经济方面，申不害特别注重农业生产，把土地看得十分重要。他说：“四海之内，六合之间，曰奚贵？曰贵土。土，食之本也。”申不害认为，国家要富强，粮食一定要充足，这是先决条件。

在申不害推行改革的十五年间，韩国的君主集权政治得到了大力加强，吏治严肃，国治兵强，终于成为战国七雄之一。但是，申不害的“术”在推行的过程中也遇到了许多困难，因此这场改革并不彻底。在发布新法令后，申不害并没有宣布废除旧的法令，因而一度使官员们感到无所适从。

韩昭侯不以情侵法

应该说，韩昭侯贯彻申不害的主张是非常有力的。有一次，韩昭侯喝多了，醉卧在床上。手下的官吏典冠担心君王着凉，于是便找掌管衣物的典衣要了一件衣服，盖在了韩昭侯的身上。

睡得很舒服的韩昭侯睁开满意的眼睛后，看到了自己身上的衣服。他本来打算表扬一下给他盖衣服的人，于是就问身边的侍从：“这是谁替我盖的衣服啊？”侍从回答说：“是典冠。”

韩昭侯一听，脸立即就沉了下来。他把典冠找来，问道：“是你给我盖的衣服吗？”典冠说：“是的。”韩昭侯又问：“你的衣服是从哪儿拿来的？”典冠说：“是从典衣那里取来的。”韩昭侯于是又把典衣找来，问他：“这件衣服是你给他的吗？”典衣回答说：“是的。”

韩昭侯于是严厉骂道：“你们两个人今天都犯了大错，知道吗？”典冠、典衣两个人顿时面面相觑，只听韩昭侯指着他们说：“典冠，你并不是寡人身边的侍从，你为何擅自离开岗位来干自己职权范围以外的事呢？而典衣，你作为掌管衣物的官员，怎么能随便利用职权将衣服给别人呢？你这种行为是明显的失职。今天，你们两个一个越权，一个失职，如果大家都像你们这样随心所欲，各行其是的话，整个朝廷不是就都乱了套了吗？因此，我必须重罚你们，让你们接受这个教训，也好让大家都引以为戒。”

韩昭侯就这样把典冠、典衣二人一起降了职，他说，宁可自己因为受凉而生病，也要严明职责，严格执法，绝不以情侵法。

不过，因为申不害的改革在韩国的推行并不是十分彻底，再加上韩昭侯在晚年大兴土木，消耗了不少人力、财力，所以即便是君臣合力，韩国在战国群雄中，也还是处于相对弱小的地位的。

赵国的改革之路

赵国都邯郸(今河北邯郸),东面与齐国为邻,南面隔着漳河与魏国相望,西面过了黄河就是秦国,北面与燕国以易水为界,西北方则是匈奴的地盘。国土包括今天的山西省中部、陕西省东北部、河北东南部以及山东西部、河南北部,还有内蒙古南部的部分地区。

赵国的改革活动不像魏国、楚国那样轰轰烈烈,但在国内“选练举贤,任官使能”,根据功德和能力大小授予官职。在经济上能够注意节省财政开支,实行所谓“节财俭用”,确实使得国库日渐充盈,国力取得了很大进展。

赵武灵王胡服骑射

赵武灵王为国君的时候,赵国改革的步子开始向着军事上迈进。

一天,赵武灵王对臣子说:“咱们东边有齐国、中山国;北边有燕国、东胡;西边有秦国、韩国和楼烦。我们如果不发奋图强,随时都会被人家灭了。我看咱们穿的服装,长袍大褂,干活打仗都不方便,不如胡人(泛指北方的少数民族)的短衣窄袖灵活。我打算仿照胡人的风俗,把服装改一改,再学胡人那样骑马射箭,抛弃笨重的兵车。”

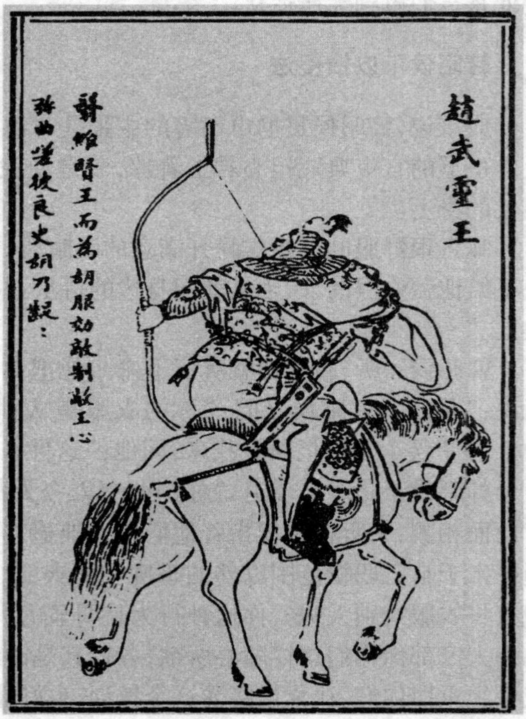

赵武灵王

这个提议当即就遭到了不少大臣的强烈反对,他们认为改变祖先的传统大逆不道。但赵武灵王却认为,制度不分古今,应该顺应当时的情况;衣服器械,更是应该以方便实用为前提。于是双方在朝堂上争论得面红耳赤,不欢而散。

第二天上朝时,赵武灵王首先穿着胡人服装走出来,表明了自己坚持改革的决心。于是,赞同改革的大臣们也相继换上了胡服。随着穿胡服的大臣越来越多,赵武灵王正式下了一道改革服装的命令。没多少日子,赵国人不分贫富贵贱,都穿起胡服来了。接着,赵武灵王又号令大家学习骑马射箭。不到一年,赵国就训练了一支强大的骑兵队伍。

公元前305年,赵武灵王亲自率领骑兵打败临近的中山国,并收服了东胡和临近的几个部落,扩大了疆域,成为北方大国。

赵主父惨死沙丘

公元前299年，赵武灵王在东宫大朝君臣。举行传王位的礼仪，立王子赵何为王，就是赵惠文王。以肥义为相国，赵武灵王则自号主父。主父想让儿子治国，自己则带兵征伐胡地，再从云中、九原南下攻打秦国。为了亲自看地形和了解秦国的情况，主父化装成使者入秦。可惜的是，主父的雄心壮志还没有来得及施展，就因祸起萧墙而过早地死去了。

主父封长子赵章为安阳君，公子章不服弟弟为王，主父因此派田不礼去当赵章的相。肥义对此很担心，说：“赵章为人骄横，党徒众多，欲望很大。田不礼又十分残忍，这两个人在一起，一定会有阴谋。小人有欲望，就会轻虑浅谋，只看得见利益而顾不上祸害，那么祸患就不久了。”

公元前295年，主父和赵惠文王游沙丘。赵章与田不礼等趁机率党徒作乱，杀了肥义。主父的叔叔赵成与谋臣李兑也早在注意赵章的动静，赶忙从邯郸赶来，调兵平乱。

赵章败退时，逃到主父的宫室里，赵成和李兑马上带兵围困了主父的宫室，赵章因抵挡不住被杀。赵成和李兑商议：赵章躲到了主父宫中，而我们围了主父，这也是谋反啊。于是，赵成和李兑决定不解围，命令宫中的人都出来，只留下主父一个人。主父没有吃的，连幼雀都抓来吃了，苦撑了三个多月后，饿死在沙丘宫。自此，赵成为相，李兑为司寇，由于赵惠文王年少，政权便落入赵成手中。

燕昭王求贤

燕国都蓟（今北京东南），南面与齐国交界，国土范围主要在今天河北省的北部、山西省东北部以及辽宁、吉林等部分地区。燕国原是西周在北方的重要封国，春秋时期因为被戎狄所阻隔，因此与中原各诸侯国的交往较少。进入战国时期以后，燕国有了较大的发展，特别是对东北辽东的开拓，但是在战国七雄中比较起来还不是很突出。

燕王哙的时候，燕国发生了内乱，致使国势急转直下。到燕昭王即位以后，便立志要使燕国重新强大起来，这才进行了改革。

燕王哙的内乱

燕王哙的时候，任用子之为相国，子之以办事果断闻名，据说擅刑名之术。将军市被与太子平叛乱，发兵围困了王宫，被子之击败。内讧中，燕王哙被杀。齐宣王来到燕国以平定叛乱为由，出兵干涉燕国的内政，子之战败后不知所终。子之任相国的时候，支持公孙衍合纵的建议，与齐、楚、赵、韩支持魏国改用公孙衍为相，把张仪驱逐去了秦国。

公元前318年，苏代作为齐国的使臣出使燕国。燕王哙问他：“你觉得齐王怎么样？”苏代回答说：“齐王肯定不能称霸。”燕王哙问：“为什么？”苏代回答说：“因为齐王不能信任和重用他的大臣。”苏代的意思是要燕王哙重用子之。为此，子之还送给了苏代百余金，表示要听从苏代的吩咐。

大臣鹿毛寿见状劝燕王哙说："你不如把国家让给子之吧。当年，帝尧之所以被后世称为贤君，是因为他曾经要把国家让给许由，而许由没有接受，所以尧既得到了让贤的美名，又没有失去天下。现在，大王如果肯将国家让给子之，那么子之必然不敢接受，这样一来大王便可以与当年的尧相媲美了。"

燕王哙听信了蛊惑，便使子之的权位更加大了。这时又有大臣劝燕王哙说："当年，禹把伯益定为自己的继承人，但是他所任用的官吏都是启的党羽。等到禹老了，觉得启的党羽不足以担当统治天下的大任时，就传位给了伯益。而启却和他的党羽攻打伯益，最终夺了伯益的国君之位。所以天下人都认为禹虽然名义上传位给了伯益，但不过是给了他一个虚位，而实际上是要让启取而代之。现在，大王您说要把国家让给子之，但是您所任用的官吏却都是太子的人，这就和当年的禹一样，表面上看起来是要把国家让给子之，但实际上却还是太子说了算。"

燕王哙一听，竟然将三百石俸禄以上大官的玺全部收回，由子之擢贤任用。子之大权在握，成了实际上的君主，燕王哙于是再也不上朝听政了。

公元前314年，太子平率军围攻子之数月，一时间燕国人心惶惶。孟子见状，劝齐王抓住时机，攻打燕国。于是齐国派兵入燕，大胜，燕王哙死于战乱，因为他把国家让给了子之，所以死后连谥号都没有。太子平继承王位，是为燕昭王。

千金求马骨

燕昭王继承王位后，登门前去拜访老臣郭隗，说："齐国趁我们国家内乱的时候侵略我们，这个耻辱我是忘不了的。但是现在燕国的国力弱小，所以我还没有办法报这个仇。要是有个贤人能来帮助我报仇雪耻，我宁愿伺候他。您能不能推荐这样的人才给我呢？"

而郭隗摸了摸自己的胡子，讲了一个故事："古时候有个国君，最爱千里马，派人到处寻找，一连找了三年都没有找到。有个侍臣打听到远处某个地方有一匹非常名贵的千里马，就告诉了国君。国君挺高兴，派侍臣带了一千两金子去买。没料到侍臣到了那里的时候，千里马已经害病死了。侍臣想，空着双手回去没有办法向国君交代，于是就拿出一半金子把马骨买了回来。侍臣把马骨献给国君以后，国君大发雷霆，说：'我要你买的是活马，谁叫你花钱把没用的马骨买回来呢？'侍臣却不慌不忙地回答说：'人家听说你肯花钱买死马，难道还怕没有人把活马送来吗？'这个消息一传开，大家都认为那位国君是真爱

乐毅

千里马。不出一年,果然从四面八方送来了好几匹千里马。"

郭隗说完这个故事后,又说:"大王如果要征求贤才治国,我愿意当马骨。"

燕昭王听了后也大受启发,马上派人造了一座精致的大房子给郭隗住,还拜郭隗做老师,礼遇丰厚。各国有才干的人听说后,纷纷赶到燕国,其中最出名的就是赵国人乐毅。燕昭王拜乐毅为亚卿,请他整顿国政,训练兵马,燕国一天天强大起来。

公元前 284 年,燕昭王拜乐毅为上将军,联合五国兵马,浩浩荡荡杀奔齐国。只一仗,就把齐国军队打得一败涂地。乐毅还亲率大军,一直打下了齐国的都城临淄。燕昭王认为乐毅立了大功,于是亲自到济水边劳军,并封乐毅为昌国君。

乐毅离燕

乐毅率燕军在半年内连下齐国七十余城,让燕国前所未有地强盛起来。

公元前 279 年,燕昭王死,太子乐资即位,史称燕惠王。燕惠王做太子时,就与乐毅有矛盾,所以即位后对乐毅用而不信。齐国大将田单探知此种情况后,派人到燕国散布说:"齐国的大片土地全在燕国军队手里。乐毅能在短时间内攻下齐国七十余城,难道用几年的工夫还打不下剩下的三座城池吗?其实他是想用恩德收服齐人之心,为他叛燕自立做准备。"

燕惠王本来就猜疑乐毅,听了这些话后便信以为真,派骑劫为大将去齐接替乐毅。乐毅深知燕惠王要收回自己的兵权,更想要加罪于自己,于是决定拒绝回燕而西向去赵。赵惠王见乐毅归赵,隆重地接待了他,并封他在望观津(在今河南商丘东),号望诸君。

田单火牛破敌

骑劫寡思少谋而又骄狂自大,乐毅投奔赵国以后,他一反乐毅原来的战略部署和争取齐人的正确政策,而施之以残暴镇压,激起了齐国军民的强烈反抗。齐国的田单征集了一千多头牛,在牛身上穿上红丝绸衣服,画上五彩画,两只牛角上都绑上锋利的快刀,牛尾巴绑上灌饱油的芦苇。然后在城墙根挖了几十个洞口,把牛埋伏在里面。田单又挑选了五千名壮士,全副精锐武装跟在牛的后面。晚上,烧着牛尾以后,"火牛"便从城门洞里猛冲出去了,它们拼命向前飞奔,直冲燕军兵营,顿时大火冲天。燕军看到五彩龙纹的火牛,十分害怕。五千名齐军壮士紧跟在牛后面,奋勇冲杀。燕军大惊,全无斗志,加上碰上牛就死,立时溃不成军,骑劫也被杀死。这就是著名的田单大摆"火牛阵"。然后齐军乘胜追击,很快就收复了齐国所失的城池,将燕军逐出了齐境。

此时，燕惠王后悔得肠子都青了，可他不但不肯认错，反而怨恨乐毅奔赵，更派人责难乐毅说："先王曾经将举国的兵马都托付给了将军，将军也为了燕国而大败齐军，为我报了先王之仇，天下人都为之震动，我也时刻记着你的功绩。可是现在正逢先王去世，我又初立，你却听信于左右而误国。我之所以派骑劫代替将军，为的是将军经年累月地暴露于荒郊野外，怕你太辛苦，所以请你回来调息，并想同你共议国事。但是将军你却误听传言，和我产生怨隙，竟然抛弃燕国投降赵国。将军为自己打算，这样做当然是合宜的，可是你又要如何报答先王对你的知遇之恩呢？"

于是，乐毅慷慨地写下了著名的《报燕惠王书》，他一针见血地指出了燕惠王的无理指责和虚伪粉饰，表明自己对先王的一片忠心，及与先王之间的相知相得，驳斥惠王对自己的种种责难、误解，抒发了功败垂成的愤慨，申明自己不为昏主效愚忠，不学冤鬼屈死，故而出走的抗争精神。这才打消了燕惠王对乐毅的某些偏见，并封乐毅之子乐间为昌国君。

尽管乐毅受到了不公平的对待，但他却并没有因为个人的得失而说赵伐燕，以泄私恨，而是居赵、燕两国客卿的位置，往来通好，最后卒于赵国。

秦国的变法

秦国都咸阳（今陕西咸阳），东到黄河、函谷与三晋为邻，南面是楚国，西面则是西戎和匈奴的地盘。国土范围在今陕西中部、甘肃东南部，以及四川、青海、宁夏的部分地区。因为地处西陲，所以长时间被中原国家视为戎狄之邦。直到春秋时期的秦穆公时，国力才渐渐强大起来。

春秋后期，秦国的贵族侵凌公室，干涉君位，秦国曾多次发生内乱，政权分散，君权削弱，国势日衰。魏文侯任用吴起为将，一举连拔秦国五座城池，夺去了河西的大片地方。楚国也一度攻占了汉中之地。公元前384年，秦献公即位后，采取了一些措施，废除人殉制度，并着手清理全国户籍，整顿卒伍，开辟市场交易，国势开始有了好转。

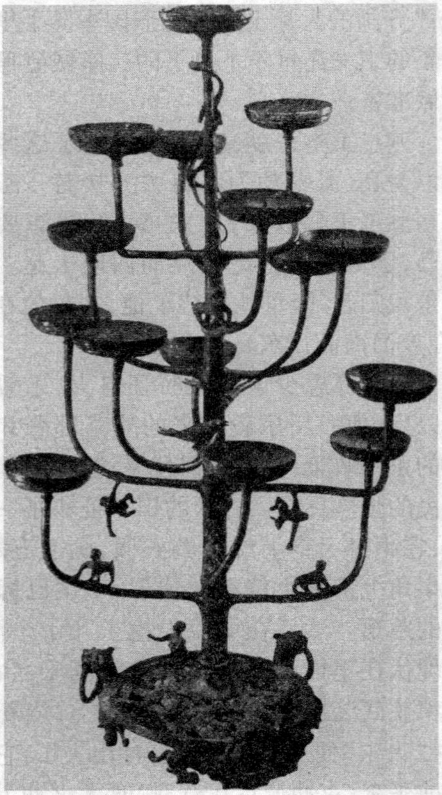
树形灯

公元前361年，秦献公去世，二十一岁的秦孝公嬴渠梁即位，他马上下了一道求贤的诏令，开始广泛收揽人才，变法图强。秦孝公在诏令中诚恳地说道："秦穆公的时候实行了德政，加强武装力量，因而平定了晋国的内乱，使得秦国的国土直达黄河，向西又开拓了大片国土，所以天子和诸侯都来祝贺，秦穆公为后世开创了基业。可是到了厉公、躁公以后，由于国内的动乱，秦国已经没有力量抵御外面的侵扰，以至于把先君开辟的河西地区丧失殆尽，诸侯们都瞧不起秦国。每每想到这里，我都会觉得自己脸上羞愧，非常痛心。如今，我决心光复穆公的事业，因此下诏求贤。如果有人能让秦国再度富强起来，就可以得到重重的封赏。”

商鞅论法

就在这个时候，有个叫商鞅的人从魏国来到了秦国。商鞅据说是卫国国君的后裔，公孙氏，因此也称卫鞅或公孙鞅，后来他被封于商，所以后人也称之为商鞅。商鞅“少好刑名之学”，专研以法治国，受李悝、吴起等人的影响很大。商鞅曾担任魏国宰相公叔痤的家臣，公叔痤病重的时候对魏惠王说：“公孙鞅年少有奇才，可以任用为宰相。但是如果您不用他的话，就一定要杀了他，千万不要让他为别的国家所用。”可惜魏惠王并没有在意，还以为这是公叔痤病重说的胡话。不久后公叔痤死了，公孙鞅听说秦孝公下令求贤后，就到了秦国。

商鞅

商鞅来到秦国以后，他先后游说秦孝公学尧舜禹汤的仁义，行所谓的帝王之道。结果秦孝公一边听一边打瞌睡，事后还骂举荐商鞅的景监说：“你所推荐的这个人简直是太迂腐了，我可不用他！”景监将这话告诉商鞅，商鞅听了很高兴，请求再与秦孝公谈一次话。过了不久，秦孝公第三次接见商鞅，这次他听到了一番洋洋洒洒的富国图霸之术。这一下秦孝公不打瞌睡了，决定起用商鞅。

但是，秦国的一些大臣却表示反对。甘龙对秦孝公说：“圣贤之人不用改变民众的习俗来推行教化，明智的人是不改变原来的制度来治理国家的。遵循民众的旧习来施教，不用费多大力气就会得到成功。依据旧有的法制来治理国家，官吏民众都很熟悉，就不会引起社会的混乱。如果现在要变法，却不按老规矩办事，天下人就会议论。”

商鞅说道：“治理天下不能只按照一个道理，为了国家的利益，不一定要效法古代那一套。成汤和周武王并没有遵循古代的制度，也兴旺发达了。商纣王和夏桀没有改变旧的那一套，却照样亡了国。”

一番唇枪舌剑之后，秦孝公最后拍板，决定变法。

商鞅变法

商鞅在颁布变法令之前，生怕秦国人对他不信任，专门命人把一根 10 米长的木头立在了首都栎阳（陕西临潼）的南门，下令说，“哪个人能把它拿到北门，赏赐十两黄金。”大家听了都不敢相信，因为这件事情太简单了，他们生怕自己被愚弄，于是，一连十多天都没有一个人来试。商鞅因此又提高赏金为五十两。终于，一个好奇的青年把它拿了过去，然后，商鞅如数将赏金给他了。

商鞅的这步妙棋，让秦国人对他产生了极高的信任，变法的民众基础被确立下来。商鞅在秦国的变法前后有两次。第一次是公元前356年公布的，主要内容是：

一、编定户籍，实行“连坐”。商鞅把全国居民按照五家为“伍”，十家为“什”的原则编定户籍。这样不仅使国家直接掌握了全国的户口数，而且便于相互监督。新法规定，有犯法而不报告的，十家都得受到连坐，处以腰斩；报告人和杀敌者同样受奖。隐藏罪犯，按投敌罪论处。

二、奖励军功，严禁私斗。新法规定，凡为国家立有军功的，按功劳大小授予爵位和田宅。私斗者，不论有理无理，按情节轻重，都要处以不同的刑罚。

三、废除旧有的世卿世禄制，重新确定爵位和等级。新法规定，宗室没有军功的，不得再列入宗室的属籍，不得再享受宗室的特权。必须依据其对国家功劳的大小，确定爵位、田宅、奴婢以及车服器用等的占有量，不许僭越逾制。有功的就显荣，没有功劳的，虽然富有也不能尊荣。

四、鼓励个体小家庭经济，发展农业生产。新法规定，凡是一家有两个以上成年男子的就必须分家，否则要加倍出赋税。努力搞好生产，粮食和布帛生产得多的人家，可以免除劳役和赋税；不务正业、游手好闲的人，全家都要罚做官奴隶，或是送到边疆去垦荒。其他国家的人，凡是愿意到秦国从事垦荒的，九年内不收田赋。

新法公布以后，引起了秦国国都很多人的议论。太子对新法很不屑，明知故犯。于是商鞅决定依法处理太子，但太子是国君的继承人，不能施刑，于是，他就命人把太子的老师公孙贾处以黥刑。从此以后，再也没有人敢不遵守新法了。

历史小常识：车裂

所谓车裂，就是把人的头和四肢分别绑在五辆车上，套上马匹，分别向不同的方向拉，这样把人的身体硬撕裂为五块，所以名为车裂。有时，执行这种刑罚时不用车，而直接用牛或马来拉，所以车裂俗称五牛分尸或五马分尸。春秋战国时，各国君主对那些弑君犯上的乱臣贼子加重处罚时，就采用车裂的办法，许多人都死在了这个残酷的刑罚之下。几乎从车裂诞生之日起，主张废除车裂的呼声就不绝于耳。但遗憾的是，直到唐朝末年，这个残酷的刑法才被弃用。

公元前350年，秦国把都城迁到了咸阳，同时进一步进行改革，这就是商鞅的第二次变法。主要内容有：

一、在全国普遍建立县制。新法规定，把原来的小乡邑加以合并，全国统一规划为四十一个县。县设令、丞，令是一县之长，丞辅助令管文书、库房、狱讼等事务，这些官员直接由国君任免。

二、“开阡陌封疆”，“废井田”，“民得买卖”。即把从前所谓的“井田制”那种纵横疆界消除掉，鼓励开辟荒地，承认土地私有，可以自由买卖，按照土地多寡征收赋税。

三、统一秦国的度量衡，方便了税收和交换。

四、焚诗书，制秦律。秦国焚诗书，一般都以为是从秦始皇开始的。其实在秦孝公时就实行过。商鞅根据李悝的《法经》，制定了秦国的法律。秦律的制定，是用法律的形式把他所实行的各种改革成果都固定下来，并且要求人们遵守礼仪，父子、兄弟、姐妹不能同睡在一个炕上，必须分室而居。

商鞅的这两次变法持续了十八年，宣传更是深入人心，就是乡间的妇女也能把变法的内容讲得头头是道。因为商鞅的变法侧重军事，所以秦国自此崛起，成为一个超级强国。

不过，商鞅的变法虽然让秦国富强，却给自己带来了灾难。一些旧贵族因为商鞅的变法而失去了权力和财富，于是将其视为眼中钉，不断进行诋毁。秦孝公死后，继任的秦惠公就以谋反罪，判商鞅车裂而死。商鞅虽然死了，但他的改革举措却被秦惠公一如既往地执行下去，这为日后秦统一六国奠定了坚实的基础。

六国势起

变法之后，各国诸侯都已不再满足于周王室给予的封号了，于是纷纷称王，和周王的称号同等了。

楚国因为早在春秋时期就自封为王，所以到了战国也依然沿袭下来。战国时期最早称王的是魏国，魏惠王时，魏国是七国中最强大的国家。公元前 344 年，魏国率领十二位诸侯朝见周天子，然后举行了会盟，宣布称王。不想魏国的这个举动引起了其他各国的反对。

好盗圆壶

为了确立自己的威信，魏国谋划讨伐秦国，秦王便和商鞅商议。商鞅于是出使魏国，对魏王说，要谋王业不能只让宋、卫、邹、鲁这样的小国听从，而是要讨伐齐、楚、燕、赵这样的大国。秦国是赞成魏国称王的，并且希望魏王能够一切都按照天子的礼仪行事。

魏王听了以后非常高兴，就开始建王宫、造王车、制王旗、穿王衣，“称夏王”，俨然成了天子。各诸侯国本来就反对魏国称王，现在看到魏王居然这样嚣张，都表示不能容忍。

魏王见状，便和大臣惠施商议，要报桂陵之战、马陵之战的仇，和齐国进行决战。惠施说："现在国家弱小，没有力量，还不能决战。不如脱下王服去朝见齐王，这样楚王一定大怒，就能转移大家的注意力了。"魏王觉得这办法很好，就约齐王在齐圈徐州（今山东滕县东南）相会，魏王和齐王互相承认对方为王。

见已有两国称王，公元前325年，秦国、韩国也相继称王。公元前323年，秦国派张仪和齐、楚两国的大臣在啮桑（今江苏沛县西南）相会。这时，魏国的公孙衍为了对抗秦、齐、楚的联合，发起了"五国相王"。参加的五国是魏、赵、韩、燕、中山。"五国相王"就是参加的五国互相承认为王，赵、燕、中山国从这年起也开始称王。魏国用发起相王、承认一些国家称王的办法来组织联合阵线。燕国虽是大国，但力量较小。中山国是小国，别国看不起，他们看到利用"相王"的机会，能够得到一些大国的承认，也就称王了。

中山王方壶

齐王很不屑于这"五国相王"，他还说："寡人羞与中山并为王"，并打算和赵、魏两国一起讨伐中山国，废掉中山王号。中山王非常害怕，和大臣张登商议，张登便带上重金去见齐国的权臣田婴。张登对田婴说："赵、魏两国愿意中山国称王，齐国却要废掉中山称王的权力，中山王一旦被废，中山国就会与赵、魏更加亲密。这不是齐国为赵、魏增加力量吗？这对齐国是很不利的啊。不如齐国允许中山国称王，中山国一定与齐国亲密而与赵国和魏国断绝关系，这样是对齐国有利的。"田婴听信了张登的话，转说给齐王，齐国于是允许中山国称王。

这时，张登又对赵、魏两国的君主说："齐国想要征伐魏国的河东，因为齐国很不愿意中山国称王，现在允许中山国称王，是想用中山国的兵。"赵、魏相信了张登所说的话，于是对齐国很是反感，反而更加保护和支持中山国称王，中山国这才和齐国断绝了关系。齐王知道后大怒，对中山国"闭关不通"，还想割平邑地方给燕、赵两国，然后一起攻打中山国。但是燕、赵却认为这是齐国故意离间燕、赵和中山国的关系，想把中山国置于自己的势力之下，反而更加坚决支持中山国称王了。

合纵连横，纵横捭阖

秦国并巴蜀

六国相继称王后，秦国首先展开了攻势，目标是巴国和蜀国。

巴和蜀在战国时代指的是两个国家，巴国约有今四川省东部沿长江南北的地方，北到剑阁，西边沿嘉陵江与蜀国交界，西南沿长江流域到泸州、宜宾一带，东面和楚国交界。蜀国约有今天的四川中部岷江、沱江、涪江流域的广大地区，南边、东边和巴国接壤，北到今甘肃的文县与秦国交界。巴、蜀地方气候温暖，物产丰富，在战国时期就很富饶。

在和中原各国的交往上，巴、蜀两国与楚国、秦国的来往相对密切。蜀国与巴国的关系并不和睦。公元前318年，巴蜀互攻，双方都向秦国求救。

这时，韩国正发动攻秦的战争，秦王很是犹豫，遂和大臣商议。司马错认为应该讨伐蜀国，张仪却表示反对，说："那还不如去讨伐韩国。"秦王不明就里，张仪解释说："我们与魏国亲近，与楚国友善，沿伊水、洛水、黄河向下游派兵，堵住轩辕山口，挡在通往屯留的路上，让魏国断绝了南阳的通道，楚国管制着南郑，我们就可以攻打新城、宜阳，以此威逼东周、西周京都的城郊，声讨周王朝君主的罪行。随后侵占楚国、魏国的领土。周王朝自己知道没有救了，九鼎宝器必然会被献出来求和。我们占有九鼎后，依照版图和户籍，挟持天子来命令天下，天下没有人敢不听的，这么做是称王的霸业啊。现在那蜀国，是西方偏远落后的国家，都是些野蛮人，劳师动众不足以成名，得到它的土地也不足以获利。为什么我们要去征伐它呢？"

有鞘双剑

司马错说："不对。我听说，想要使国家富强，就务必要扩展它的疆土；想要使军队强大，就务必要使它的民众富有；想要称王，就务必广施他的美德。这三种资格具备了，那么称王的地位便会随之而来。现在我国的疆土小，民众穷，所以我希望从容易的事情开始做。蜀国虽然是西方偏远的国家，但如果我们要攻打它，就如同豺狼驱逐羊群一样容易。取得它的土地，足以扩展我国的疆土；得到它的钱财，足以使我国的民众富有；拿下这个国家，天下人都不会在意，不会因此认为我们是残暴的；从蜀国土地上获得的利益，各诸侯国也都不会放在眼里，不会因此就认为我们有贪婪之心。这样，我们一个行动而名声实惠都能得到，还有制止叛乱的名声。现在攻打韩国、劫持天子，是恶名啊，而且未必能够成功，实在不如攻打蜀国那么完满。"

于是，秦王采纳了司马错的意见，派兵伐蜀。公元前316年，司马错带领秦兵攻入蜀地，蜀王为秦军所杀。拿下蜀地后，司马错矛头一转，继续攻取了巴地。秦王于是在巴蜀之地设巴郡，封儿子嬴通国为蜀侯，并开始大量移民进入巴、蜀，兴修水利，秦国的人力物力由此得到了很大提高。

秦国攻占巴、蜀以后，军事上对楚国就处于十分有利的地位，秦军从蜀地的中心地带乘船而下，不费很大的劳苦，不要十天就可以直达楚国的国境。汉中的兵甲如果乘船出巴地，水涨时下汉水，四天就能到达楚国。

不光是楚国，其他诸侯国看明白这一形势后，都开始坐立不安起来，合纵抗秦被提到了议事日程上。

彩绘出行图夹纻胎漆奁

所谓合纵，就是从北到南，各国缔结军事同盟，共同抵御秦国的侵略，秦国如对某一个国家发动侵略，就等于向所有的盟国侵略，各国同时出兵作战。

第一次合纵在公元前 333 年签订。秦国对此立即采取反应，向魏国表示让步，愿意把从前侵占魏国襄陵（今山西襄汾）地区的七座城归还。魏国抵抗不了这个诱惑，于是同意脱离合纵。而且为了扩张土地，魏国还向赵国发动攻击。齐国在秦国的鼓动下，认为可以从赵国瓜分到土地，就也参加到魏国这一边。两国的军队虽然被赵国击退，但第一次合纵对抗盟约，只维持了一年便告瓦解。秦国在合纵对抗盟约瓦解之后，拒绝归还襄陵七城，魏国在大怒下攻击秦国，被秦国击败。

公元前 318 年，第二次合纵对抗盟约达成，五国联军向秦国东方边界重镇函谷关（今河南灵宝东北）进发。当秦国守关大将樗里疾打开关门迎战之时，联军却震于秦军的声威，谁都不愿意先行攻击。僵持了几天以后，他们的粮道被秦国切断，楚国率先撤退，其他国的军队也跟着仓皇拔营，合纵对抗盟约又一次瓦解。

张仪推销纵横术

秦国之所以能够瓦解六国的合纵，第一功臣当推张仪。张仪本来是魏国人，公元前 329 年来到秦国，被秦惠文王拜为客卿。次年，张仪与公子华带兵攻打魏国，一举拿下了魏国的蒲阳城。张仪便乘机推自己的连横政策出笼，建议秦王把蒲阳归还魏国，并且派公子繇到魏国去做人质，而他将利用护送公子繇入魏的机会与魏王接近，游说魏王投靠秦国。

来到魏国以后，张仪便对魏王说："秦国对待魏国可是真心实意的好啊！得到城邑不要不说，反而又送人质来到魏国，魏国怎么说也不应该对秦国失去礼节呀，您应该想办法来报答一下吧？""我该怎么样来报答呢？"魏王问。张仪说道："秦国只喜欢土地，魏国如果能送一些地方给秦国，那么秦国一定会把魏国视为兄弟之国的。如果秦国和魏能结成联盟，合兵讨伐其他的诸侯国，那么魏国将来从别的国家取得的土地肯定会比送给秦国的土地多很多倍。"魏王被张仪说动了心，于是就把上郡十五县和河西重镇少梁献给了秦国，从此秦魏和好。张仪的连横政策首战告捷。至此，黄河以西的地区全部归秦所有。张仪回到秦国后，立即被秦王提拔为相。

张仪游说楚怀王

对秦国而言，虽然再一次瓦解了合纵联盟，但是南面的楚国和东面的齐国永远是最大的威胁，两国一旦联合紧密，秦国的形势必然出现危机。于是相国张仪决定凭自己的三寸不烂之舌使楚、齐两国断交。

公元前313年，张仪出使楚国。他来到楚国以后，用重金贿赂了楚怀王的宠臣靳尚，由靳尚引荐拜见了楚怀王。他知道楚怀王狂妄自大，便向楚怀王建议说："天下诸国之间，我国最敬重的就是贵国了，我最崇敬的君王也是大王您啊。只要贵国答应跟齐国断绝邦交，秦国愿意把从前占领你们的商於（今陕西丹凤至河南西峡一带河谷）六百里地归还。"楚怀王听了十分高兴，秦国的诚意如此真切，条件又如此优厚，还有什么不满足的呢？于是楚怀王想也没想就同意了，他立即宣布与齐国绝交，为了表示态度的坚决，还派人到两国的边界上对齐国国君大肆辱骂，然后派使臣逢侯丑随同张仪到秦国接收土地。

然而，张仪带逢侯丑到达咸阳后，先将逢侯丑安顿在旅馆住了下来，自己就回去以"养病"为由在家里闭门谢客，直到三个月后才露面。当他看到在朝门外等候的逢侯丑时，还故作惊讶地说："啊呀，你怎么还在这里呢？那些土地难道还没有接收？"逢侯丑回答说："是啊，我现在还等着接收那块地呢。秦王说这是您决定了的事情，让我跟您解决呢！"结果，张仪交出的竟然只是他自己的六里封地。逢侯丑十分吃惊，说："我奉楚王之命来此接收土地，当时不是说好了六百里的吗？"张仪也做吃惊状："那怎么可能？楚王一定是听错了，秦国的每一寸土地都是从血战中得来的，怎么能平白无故就送掉六百里？我说的是六里。"

逢侯丑没有办法，只得回国禀报，楚怀王听了后愤怒至极，命大将屈匄率军进攻秦国，结果被打得一败涂地，汉中地区（今陕西南部）的三百余里疆土也丧失殆尽。

气急败坏的楚怀王于是动员全国兵力，向秦国做了最猛烈的一击。这一次楚国一直攻到了距秦国首都咸阳（今陕西咸阳）四十里的蓝田（今陕西蓝田），秦国岌岌可危，于是向齐国求援。齐王恼恨楚怀王曾经的辱骂，便立即发兵攻入楚国本土，韩、魏两国也开始集结军队，准备南下坐收渔翁之利。楚军因此不得不忍痛从秦国撤退。

公元前306年，楚、齐、韩三国第三次缔结合纵对抗盟约，准备进攻秦国。可是盟约才刚刚签订，楚怀王就又变了卦，致使三国无功而返。

伪献地张仪欺楚

张仪再欺楚怀王

过了不久，秦王又派使者告诉楚怀王，希望以秦国武关（今陕西商县以东）以外的地方换取楚国的黔中之地。楚怀王咬牙切齿地说：“我并不愿意换地，我愿意秦国用张仪来换取黔中一带的土地。”秦王听说后，犹豫起来，不知道该如何对张仪开口。没有想到张仪却主动站了出来，自己请求去楚国。

张仪到了楚国后，楚王立即把他关押起来，准备杀他泄愤。但是张仪通过楚国大夫靳尚，向楚怀王十分宠爱的夫人郑袖说情。靳尚对郑袖说：“秦王十分喜爱张仪，现在如果知道楚王要杀他，秦国肯定愿意用上庸（今湖北竹山西南）六县的地方和美女换回张仪。到时候，如果楚国能从秦国得到土地和美女，那夫人你的状况可就不妙了。”郑袖听了后很害怕，就在楚王面前日夜哭泣道：“现在楚国没有把土地给秦国，秦王还派张仪来到这里，说明秦国还是很看重我们楚国的。我们要是杀了张仪，秦王必定大怒，到时一定会报复楚国。我请求把我们母子都迁到江南去，以免遭到秦国的宰割蹂躏。”

楚怀王受了夫人的蛊惑，又害怕得罪秦国，加上贪图土地，权衡再三，最后不仅下令把张仪释放，并且还客客气气地招待他。张仪趁机又开始游说道：“当今天下的强国，不是秦国就是楚国，不是楚国就是秦国，两个大国交战，当势不两立。一旦秦国攻打楚国的西面，韩魏攻打楚国的北面，国家怎么会不危险呢？秦国现在据有巴蜀，大战船顺江而下，一日能行五百余里，用不了十天，楚国的东部地区就会被秦军占领。所以，楚国不与秦国保持好关系那是很不明智的。再说，坐等弱国的援救而忽视秦国的威胁，这正是下臣为大王所担心的事情啊。”

鄂君启节

看到楚怀王心动，张仪又说道：“现在秦国和楚国接境连界，本来是地缘亲近的邻国。大王如果能听取我的意见，我让秦国的太子到楚国来做人质，您让楚国的太子到秦国去做人质，把秦国女子做大王的姬妾，进献居民万户的都邑，长久作为兄弟邻邦，永世互不攻伐。我认为没有比这更好的计策了。”

张仪的一席话说得楚怀王连连点头称是，马上同意与秦国和好，并送走了张仪。不久屈原出使齐国归来，问楚怀王为什么不杀死张仪时，楚怀王又后悔了，派人去追却为时已晚。

公元前299年，秦王写信给楚怀王表示友好，约楚怀王会盟。楚怀王犹豫不决，屈原和大臣们都劝怀王不要相信秦国。可怀王的儿子子兰却不同意，说：“何必绝了秦国的欢心。”怀王听了子兰的话,前去赴会,结果被秦国扣留了。秦王胁迫楚怀王割地,楚怀王不肯。楚国的大臣们乱成一团,最后只得来到齐国,假称楚怀王死了,要在齐国作人质的太子回国继位,这就是楚顷襄王。

公元前297年,被秦国扣留的楚怀王逃走了,秦王派人封锁了通往楚地的道路,于是怀王逃到赵国,赵国不敢收留他,怀王又企图逃往魏国,但是在途中被秦国追兵抓住了。公元前296年,忧愤成疾的怀王在秦国病逝,秦国才把遗体送还楚国。公元前278年,秦国大将白起带兵南下,攻破了楚国国都,屈原亦在同年五月五日这天投汨罗江自杀。

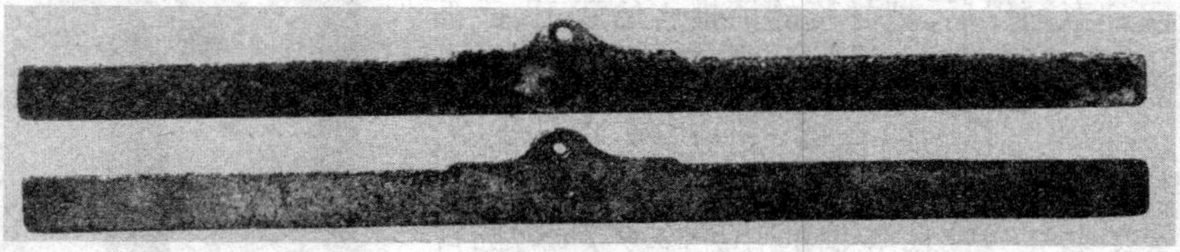

王字铜衡

秦国扩张

此后,秦国更加积极地向外扩张土地,三晋之地首当其冲,人们把这种进占比为蚕食桑叶,如“蚕食六国”。

公元前361年,商鞅对秦王说:“魏国占有安邑一带山岭险要的地区,据有黄河天险,独揽山东之利。有利时就向西攻打我们,不利时则向东发展,是我国的心腹大患,必须要除掉它!”秦王认为很有道理,就派商鞅领兵攻伐魏国。公元前340年,秦国大军逼近魏国边境,诱杀了领兵的魏国公子卬,大破魏军。

公元前330年,秦军在雕阴再次大败魏军,俘虏了魏将龙贾,迫使魏国把河西一带的土地割给秦国。公元前329年,秦国接连向魏国发动猛攻,攻下了河东的汾阴(今山西万荣西南)、皮氏(今山西河津西)、曲沃(今山西曲沃)等地。公元前328年,秦国攻下了魏国的蒲阳(今山西永济北),魏国被迫把上郡十五个县(今山西东南一带)献出。至此,现在的陕西、山西黄河东西地区全部成了秦国的领土,黄河天险被秦国掌握,秦国的声威震动各国。

公元前314年,秦国大败韩军,迫使韩国派太子仓去秦国做人质。公元前313年,魏国被迫按照秦国的意志立公子政为太子。这一年,秦国还攻取了赵国的蔺地(今山西离石西),俘虏了赵国的守将庄豹。

秦齐称帝

此时此刻,秦武王意气风发,对左相甘茂说:“我一直有个心愿,就是想乘着垂帷挂幔的车子,通过三川之地,去看一看周朝的都城,如果能够实现这一心愿,那么即使死去我

少虡剑

也算心满意足了。"甘茂听了以后心领神会,说道:"请允许我到魏国,与魏国相约去攻打韩国,并请让向寿辅助我一同前往。"武王应许了甘茂的请求。甘茂到达魏国以后,对向寿说:"您回去吧,把我们出使的情况报告给大王,就说'魏国听从我的主张了,但是我希望大王先不要攻打韩国'。事情成功的话,全算作您的功劳。"

向寿回到秦国以后,把甘茂的话报告给武王,武王到息壤迎接甘茂。甘茂抵达息壤,武王问他先不攻打韩国是什么缘故。甘茂回答说:"宜阳是个大县,上党、南阳财赋的积贮经时很久了。名称叫县,其实是个郡。现在大王离开自己所凭据的几处险要关隘,远行千里去攻打它们,取胜有很大困难。从前,曾参住在费邑,鲁国有个与曾参同姓同名的人杀了人,有人告诉曾参的母亲说'曾参杀了人',他的母亲正在织布,神情泰然自若。过了一会儿,一个人又来告诉他的母亲说'曾参杀了人',他的母亲仍然织布,神情不变。不一会儿,又有一个人告诉他的母亲说'曾参杀了人',他的母亲马上扔下梭子,走下织布机,翻墙逃跑了。凭着曾参的贤德与他母亲对他的深信不疑,有三个人怀疑他,还使他母亲真的相信他杀了人。现在我的贤能还比不上曾参,大王对我的信任也不如曾参的母亲信任曾参,可是怀疑我的绝非只是三个人,我唯恐大王也像曾母投杼一样怀疑我啊。当初,张仪在西边兼并了巴蜀的土地,在北面扩大了西河之外的疆域,在南边夺取了上庸,天下人并没有因此而赞扬张仪,却认为是大王贤能的原因。魏文侯让乐羊带兵去攻打中山国,一直打了三年才攻下。乐羊回到魏国论功请赏,而魏文侯却把一箱子告发信拿给他看,吓得乐羊一连两次行跪拜大礼说:'这可不是我的功劳,能打胜仗,依靠的全是主上的威力啊。'如今我只是个寄居此地的臣僚,樗里疾和公孙奭二人会以韩国的国力强为理由来同我争议攻韩的得失,大王您一定会听从他们的意见,这样就会造成大王欺骗魏王而我也将遭到韩相公仲侈怨恨的结果。"武王说:"我不听他们的,请让我跟您盟誓。"终于让丞相甘茂带兵攻打宜阳。一直打了五个月都还没有拿下宜阳,樗里疾和公孙奭果然提出反对意见。武王于是召甘茂回国,打算退兵不攻了。甘茂说:"息壤就在那里,您可不要忘记您和臣有过盟誓。"秦武王于是调集了全部兵力,让甘茂进攻宜阳,斩敌六万人,终于拿下了宜阳。韩襄王派公仲侈到秦国谢罪,同秦国讲和了。

秦军占领宜阳后,周都洛阳门户洞开,秦武王亲率大军进攻洛阳。周天子无力抵御,只好出迎秦军。秦武王于是直奔周室太庙观看九鼎。秦武王看到雍州鼎时,对众臣说:"这鼎有人举起过吗?"守鼎人回答:"自从有鼎以来,没有听说也没有人见过举起过,这鼎重达千钧,谁能举得起呀!"秦武王于是问身边的任鄙、孟说二将谁能举起。任鄙知道秦武王一向恃力好胜，婉言辞谢。孟说却是个直性子，伸出两臂走到鼎前便举。只见鼎被举离地面半尺高后重重地落下，孟说顿时感到一阵晕眩，差点站立不住。秦武王大笑，也上前将鼎举起了半尺，不料突然右脚一滑，大鼎失手落下，正好砸到武王的右脚上，足骨被压得粉碎。当晚，秦武王喃喃自语道："心愿已了，虽死无恨。"入夜便气绝而死了。武王的异母弟嬴稷继位为王，是为秦昭襄王。

秦武王虽然死了，但是秦国的征伐并没有因此而停下脚步，且已经不满足于称王了。于是，秦国相约同样强大的齐国一同称帝。秦为西帝，齐为东帝。齐王很痛快地答应了。

赛举鼎秦武王绝胫

这时燕国的苏秦来到齐国，劝说齐王放弃称帝，他说："您答应秦王一同称帝，我建议您还是再观察一下吧。如果秦王称帝以后天下的诸侯都不反对，那么您也称帝。如果秦王称帝遭到了天下人的声讨，那您就不要称帝了，不仅可以借此机会讨伐秦国，还可以收获民心。"

见齐王没有说话，苏秦又道："齐国和秦国并立为帝，天下人是尊崇齐国呢，还是尊崇秦国？"齐王回答说："当然是尊崇秦国了！"苏秦又问："那么齐国放弃帝号，天下是爱戴齐国呢，还是爱戴秦国？"齐王说道："当然是爱戴齐国了！"苏秦笑道："那么两帝并立，相约一起讨伐赵国，与齐国的军队单独讨伐宋国，哪一个更有利呢？"齐王想了想，回答说："当然是讨伐宋国有利！"苏秦接着劝齐王道："如果我们和秦王一样称帝，天下只会尊崇秦国，如果我们放弃帝号，天下就会爱戴齐国而称强秦，相约一起讨伐赵国又不如单独讨伐宋国。所以，我主张放弃帝号来顺应天下百姓的意愿。"

齐王听从了苏秦的建议，于是联合赵国约定共同抗秦，秦国和齐国的关系由此恶化。苏秦趁机又劝齐王攻打宋国，说道："宋国的国君荒淫无度，天下共愤，如果我们挥师击宋，正是奉天讨罪的壮举，大王必然贤名震于诸侯，且可得到实际的利益，使齐国雄踞东方，成为中原诸侯之长。"

齐国于是攻宋。燕国为了取得齐国的信任，也派兵协助齐国。宋国在齐、燕联军的攻击下，割让淮北一带的土地求和。

楚国的衰落

楚国一直是秦国进攻的重点。公元前280年,秦国攻取了楚国的上庸(现今湖北竹山西南)及汉水北岸等地。公元前279年,秦国又攻占了楚国的鄢(今湖北宜城)、邓(今河南邓州市)、西陵。公元前278年,秦国大将白起攻占了楚国的国都郢(今湖北江陵北),放火烧了楚国先王的陵墓所在地,楚国被迫迁都。

这对楚国是很大的打击,引起了楚国上下极大的震动。屈原更是放声悲歌,写下了著名的《哀郢》诗篇。可是,楚国的宗室贵族们却依然故我,没有一丝进取、改革的心思。秦国看到这种情况,就想联合韩、魏两国继续进攻楚国,一举灭亡它。

屈原

楚国的春申君黄歇于是上书劝秦昭王说,秦国和楚国是最强大的两个国家,如果秦国想要攻打楚国,必然会导致两败俱伤,很容易使韩、赵、魏、齐等国家坐收渔翁之利。这还不如让秦国和楚国结盟,然后联合起来一起对付其他的国家。春申君提醒秦王:秦国和楚国互相争斗,魏国一定会乘机占领宋国的领土,齐国也一定会占领楚国淮北的徐泗地方。这样就会使齐、魏、韩三国强大起来。

秦王看了春申君的信以后,取消了和韩、魏联合伐楚的打算,派使者和楚国再次修好。楚国顷襄王于是派黄歇和太子熊完去秦国做人质,秦昭王将他们扣留了十年。公元前263年,楚顷襄王病重,但是秦国却不同意让太子熊完回国,黄歇知道秦国的丞相范睢和熊完的关系很好,于是试图说服范睢。黄歇说:“楚顷襄王这次可能会一病不起,如果秦国能让熊完回去,熊完即位后必然会感激秦国,努力维护和秦国的良好关系;如果不放熊完回去,而是利用熊完要挟楚国,楚国必然会另立太子来对付秦国,那么,秦国和楚国的关系就会破裂,而被秦国掌握的太子熊完也就变成了一个没有价值的人。”秦昭王动了心,便让熊完的师傅回去探问一下楚顷襄王的病情,回来后再作打算。于是黄歇让熊完换了衣服,扮成楚国使臣的车夫出关,自己留守,并以熊完生病为借口谢绝访客。等熊完走远了,秦国没办法再追到时,黄歇才向秦昭王说出实情。秦昭王大怒,想让黄歇自尽。范睢劝道:“熊完即位后,必定会重用黄歇,不如让黄歇回去,以表示秦国的亲善。”秦昭王听从了范睢的意见,这才将黄歇送回了楚国。

赵国外交的胜利

对于三晋,秦国攻魏伐韩,却只在赵国身上吃了哑巴亏。原来,赵惠文王得到了世上稀有的宝玉——楚国的和氏璧。秦昭王知道后，写信给赵王，说自己愿意拿十五座城来交换这块璧。赵惠文王看完信以后。心里十分为难，心想秦国一向爱占便宜，这次居然肯拿十五座城池来交换这块璧，相信他的话，又怕上当；但是不给的话，又怕秦王一怒之下发兵来攻。于是，他便找大臣们商量，大家都没有什么好办法。这时，蔺相如站出来说，自己愿意带和氏璧前去秦国，如果赵国能够得到秦国的城邑，那么就将和氏璧留在秦国；如果赵国没有办法得到那些城池，自己一定完璧归赵。赵惠文王没有其他的办法，只得同意让蔺相如带和氏璧去了秦国。

蔺相如

蔺相如到达秦国以后，将和氏璧献上，秦昭王大喜，他将和氏璧捧在手里仔细把玩，非常喜爱。自己看完以后又传给大臣看，大臣看完以后又给宫里的美人看，全然没有要将十五座城池送给赵国的意思。蔺相如于是诓说和氏璧上面有一个小疵点，要指给秦昭王看，待他拿到和氏璧后，就往后退几步，将身子抵住一根柱子，说道："赵王担心秦国自恃强大，得到和氏璧以后却不给城池，经过我的劝说方才答应与秦国交换。赵王斋戒五天，然后才让我捧璧前来，以示对秦国威严的尊重和敬意。不料大王却礼仪简慢，丝毫没有交割城池的诚意，现在如果大王一定要抢走宝玉，我宁可将脑袋与宝玉一起在柱子上撞碎。"说着，就要朝柱子撞去。秦昭王害怕把和氏璧撞碎，赶紧命人拦住，无奈地拿出地图，划出十五个城池给蔺相如看。蔺相如估计秦昭王不过是假意应付，便提出要秦昭王也斋戒五日，再郑重其事地交换。秦昭王只好应允。蔺相如回到驿所，便派随从化装成做买卖的，怀揣和氏璧，偷偷从小道返回赵国了。秦昭王斋戒完毕，在朝堂举行交换仪式的时候，蔺相如才把自己为了保全和氏璧，已经偷偷派人将其送回赵国的事情告诉秦昭王。

秦昭王听了十分生气，但也没杀蔺相如，放他回了赵国，赵惠文王以功封蔺相如为上大夫。几年以后，秦王又派使臣去赵国，约赵王在渑池（今河南渑池）相会。赵王很害怕，不打算赴会。但是蔺相如和大将廉颇磋商认为，赵王应该前往，以显示赵国的坚强和赵王的果敢。

公元前 279 年，秦王和赵王相会于渑池。筵席上，秦王很轻蔑地对赵王说："我听说赵王爱好音乐，请您鼓瑟让我听听吧。"赵王忍气鼓了瑟。这时，秦国的史官写道："某年某月某日，秦王与赵王赴会饮宴，令赵王鼓瑟。"蔺相如看到这种情况，便上前对秦王说："赵王听说秦王擅长秦国音乐，请秦王击缶，让大家高兴高兴。"秦王大怒，厉声拒绝。蔺相如于是跪在秦王的面前，捧着缶请秦王敲击。秦王还是不肯，蔺相如于是愤怒地说："五步之内，我就可以用颈血飞溅到大王的身上！"秦王怕了，勉强敲了一下缶，蔺相如连忙也叫赵国的史官记下："某年某月某日，秦王为赵王击缶。"秦国的大臣们看到这种情景，都非常不高兴，便挑衅地说："请赵国拿十五座城池为秦王祝寿。"蔺相如也回应道："请秦国拿国都咸阳为赵王祝寿。"

在这次宴会上，秦王施展了威逼、恐吓等手段，但都没能使赵国屈服。而且这时，廉颇已经在赵国的边境上集结了大量的军队，防止秦国的侵犯，秦军也不敢轻举妄动。凭着机智，赵国在与秦国的外交上取得优势，避免了兵祸。

范雎的远交近攻

对赵国外交的失败让秦昭王很是气恼，担心六国的合纵策略再起作用，便任命范雎为相，实行"远交近攻"的策略。

所谓远交近攻，也就是大棒和橄榄枝相互配合运用。近攻，就是对邻国挥舞大棒，把它消灭。因为如果和邻国结交，恐怕变乱会在近处发生。远交，就是和远方的国家交好。当然，这种交好也不是长期和好，在消灭近邻之后，远交之国也就成了近邻，那时再开展新一轮的征伐也不晚。秦国这个外交政策被有效地推行了以后，其余国家都陷于一种孤立的状态。

范雎本来是魏国须贾的一个门客，在一次出使齐国时，齐襄王因为欣赏他的才能，便秘密邀请他到齐国任职。范雎不愿意背叛魏国，就没有同意齐襄王的要求。齐襄王虽然感觉很失望，但还是打算送给范雎一份厚礼，却再次被范雎拒绝。须贾听说后，既妒且怒，一口咬定范雎泄露了魏国的机密，将他毒打后投入监狱。

范雎死里逃生

范雎在遭遇了魏国官员的凌辱以后，哀求狱卒救他，于是，范雎装死，狱卒便在奉命把范雎拖出去埋葬时，暗地里送他回家疗养，后来范雎逃亡到了秦国。

范雎到秦国后，一直没有机会向秦王进谏，直到秦国决定派穰侯发兵攻打齐国，范雎才得以面见秦王。

秦王在离宫召见范雎，范雎犹豫再三，这才说道："不是我求见您后一言不发，而是我在秦国不过是一个过客，和您没有交情，而我要说的，却牵涉您的骨肉之亲穰侯，我虽然愿意以一片忠心进谏，但是我却不知道大王的心是怎样的。我也不是因为害怕而不敢讲，而是知道我今天讲了明天就会被害。人免不了要死，如果能够对秦国有些好处，死也是值得的。但是我害怕的是，在我这样死了以后，天下的人就都不敢再讲话、不敢再来、不肯入秦了。”秦王很是惊诧，命他只管放心大胆地说。

范雎于是说道：“秦国地势险要，军队多，战士勇敢，是可以成就霸王之业的，但是现在穰侯却要越过韩、魏两国去攻打齐国的纲、寿，这是很失策的。要是出兵少了就不能把齐国怎么样，要是出兵多了就会对秦国有危害。如今，秦国和邻国的关系并不和睦，却越过邻国去攻打别的国家，行吗？只有远交近攻才是上策。”秦王认为范雎说得很有道理，就封他为客卿，常和他商议国家大事。

范雎日益得到秦王的信任，几年后，范雎对秦王说：“臣在魏国的时候，只听说过齐国有孟尝君，没有听说过齐王；只听说过秦国有穰侯、华阳君、高陵君、泾阳君，却没听说有秦王。如今，穰侯把持着对外大权，华阳君、高陵君、泾阳君可以自行决断，大王的地位在哪里？权力又在哪里呢？秦国从有等级的官吏到大臣，以及大王左右的人，没有一个不是属于相国的，您在朝廷是孤家寡人啊，我实在很为您感到惶恐不安。”秦王听了后十分惊恐。因此，公元前266年，秦王果断地把穰侯、高陵君、华阳君、泾阳君逐出关中，贬逐了“四贵”，巩固了王权，继而封范雎为相，封以应地（今河南宝丰），号为应侯。靠着范雎远交近攻的策略，秦国开始一步步削弱其他六国的力量。

嵌红铜狩猎纹豆

穰侯的悲哀

被范雎和秦昭襄王逐出关中、剥夺了兵权的穰侯名叫魏冉，是秦昭襄王的舅舅，宣太后同母异父的弟弟，在秦武王死后力推年幼的昭襄王即位，因此深得宣太后的信任，被任为丞相，掌握秦国的兵权。

据说魏冉膂力过人，豪爽猛断。武王在位的时候，在自己熟悉的亲戚中选拔大臣，尤其重视选拔军事人才。尽管魏冉是武王的挂名舅舅，但两人实际年龄相差不多，性情相投，终日在一起习武。魏冉不仅力气大，军事素质过人，而且精通兵法，善于统兵打仗。公元前306年，秦国开始设置武官的最高职——将军。魏冉因为战功卓著，成了秦国历史上第一位将军。

公元前291年，魏冉被封为穰侯。后来又加封陶（今山东定陶）。陶本来属于宋国，是战国时期最繁华的商业大都市，历来为各国所垂涎。齐湣王灭宋以后，陶被齐国所占领。乐毅率燕、秦、韩、赵、魏五国联军攻破齐国后，秦将斯离占领了陶，宣太后便把陶封给了魏冉。

在宣太后主持秦国国政的几十年中，魏冉一直能很好地配合宣太后的内外政策，先后五次根据时局的变化为相，又五次罢相，但是都没有怨言。宣太后在秦昭襄王年幼的时候执掌秦国大权，把秦国的相国职位作为实行内外政策的最高礼帽，根据不同变化的政治需要，戴在不同人的身上。赵国强大的时候，就任命赵国派来的楼缓为相，表明秦赵两国友好；齐国强大，对秦国有威胁的时候，就重金聘请齐国的孟尝君为相；为安抚秦国的客卿，就拜秦国的客卿寿烛为相；为强化昭王的权威，就让与昭王少年同衣，成年同车的向寿为相。

嵌红铜狩猎纹壶

应该说，魏冉少年成名，军功显赫。被封为穰侯以后，仍然经常带兵打仗。公元前290年，魏冉率兵攻魏，魏国被迫割地四百里（今山西西南部）。公元前289年，拔魏国河内，取城大小六十余座。公元前275年，魏冉打败魏国名将芒卯，围困魏都大梁（今河南开封），魏国求和。公元前274年，魏国背叛秦国，与齐国结盟。魏冉再次讨伐魏国，斩首四万，击败从韩国投奔魏国的名将暴鸢，得魏国三县。公元前273年，魏冉与白起、客卿胡阳攻打魏国，取卷、蔡阳、长社、观津等地。魏冉将观津还给赵国，与赵国结成盟国，共同讨伐齐国，齐王求和。

魏冉长期掌握秦国的军权，秦国的高级将领多出自魏冉的门下。惠文王朝的司马错和武王朝的任鄙都是秦国的重要将领，也都投靠了魏冉。在魏冉提拔的大批青年将领中，白起是最出色的一个。

正是因为执政时间长，战功显赫，魏冉的势力让秦王感觉到了压力，因此秦王要铲除他，也在情理之中。魏冉虽然功成失势，但是秦国却据此稳定了内部的统治核心，为最终吞并六国创造了有利条件。

七雄兼并

战国七雄中的六国，势力都在逐渐削弱，那些夹杂在大国中的小国，命运只剩下灭亡了。虽然它们在不同程度上兴盛过，但依然无法逃脱弱肉强食的结局。

宋康王亡国

在《战国策》中，战国七雄被称为万乘之国，而宋国则略逊一筹，属于千乘之国。

战国初年，宋国曾兼并了淮泗一带的小诸侯国，领土东到今徐州西的几县，南到今安徽的宿县，西到今河南商丘地区西部，北到今山东菏泽、定陶一带，地跨河南、山东、江苏、安徽四省，与齐、楚、魏等大国接壤，有着陶邑这样著名的都市，国都则在商丘(今河南商丘西南)，后迁到徐州。

公元前322年，宋康王自立为王，一度打败齐国，夺得五城；打败楚国，占地三百里；还打败过魏国；继而灭滕国、代薛国，攻取了淮北地方。

恰巧这个时候，宋国的城墙上，一个小鸟孵出了一只鹞鹰。依今天的眼光来看，肯定是鹞鹰的卵生在小鸟的窝里了。但是宋康王可没有想到这一层，他马上让人卜了一卦，大吉，说是要以小生大，预示着宋国将吞并天下。这句小人的谄媚之词顿时让宋康王头脑发热、心潮起伏起来，他欢天喜地地砍倒了祭天的神坛，射天鞭地，自称天子，命宫中从此依照周王的饮食起居伺候，每日早晚宫中"万岁"之声不绝。

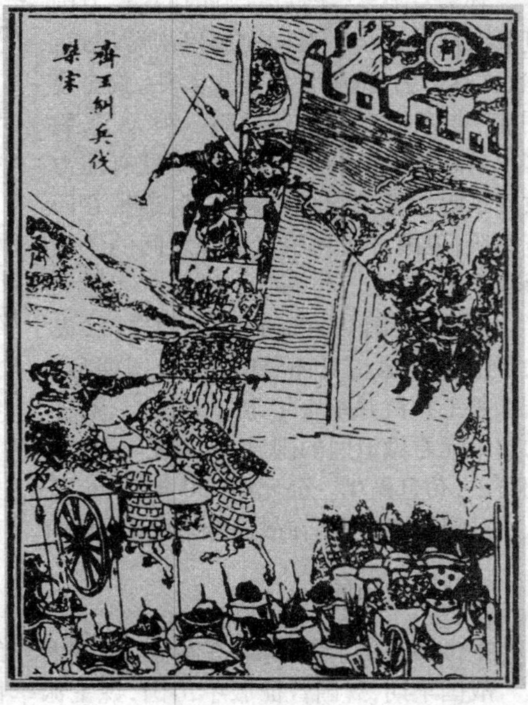

齐王纠兵伐宋

宋康王对此似乎并不满足，问相国唐鞅说："我杀的人已经够多了，但是臣民还是不害怕我，这是为什么呢?"唐鞅回答说："主公杀的人，都是有罪的人。只杀有罪的人，没罪的人当然不会害怕。主公想让臣民都害怕的话，就要不管有罪没罪，时不时的滥杀无辜。那样臣民就会人人自危，对主公非常害怕了。"宋康王觉得有理，于是没过多久，就把唐鞅杀了。宋康王的所作所为惹怒了各国，它们纷纷骂宋康王是"桀宋"。公元前286年，齐国兴兵伐宋，宋国军民溃败，城邑不守，宋康王于是逃到魏国，死在了温(今河南温县西)。

齐国独占了宋国的地方，这让秦国十分忌妒，秦王甚至怒吼道："我喜爱宋国，就像我喜爱新城和阳晋那样。"楚、魏两国也很想能够瓜分宋国，因此齐国灭宋只过了两年，各国就组成了联军攻伐齐国，齐国几乎因此而亡国。

卫国绝祀

卫国也是一个千乘之国，战国时期，卫国的领土，东和南可到今山东郓城、菏泽一带，西到河南滑县，北到河北、河南交界的地方，国都在今河南濮阳。

战国初年，赵国就想吞并卫国，卫王向魏国求救，魏王于是亲自领兵与赵军交战，赵军大败之后便派人向楚国求救，楚国于是发兵袭击魏国的后方。这样一打，赵、魏、楚三国反倒把卫国忘记了，卫国得以渡过一次危机。

还有一次，秦国攻打卫国的蒲，卫国赶紧派使者胡衍去秦国向樗里疾游说道："这样打下去，卫国肯定招架不住，就会连同蒲一起投降魏国。这样魏国强大了，魏国以前献给秦国的西河地方，不就有能力收回了吗？"樗里疾一听有道理，连忙召回了军队，卫国再次利用了秦魏之间的矛盾保存了自己。

历史小常识：智则樗里

樗里疾是战国中期秦国名将，又称樗里子，也称严君，是秦惠文王的异母弟。本名疾，因居樗里。而称樗里疾。为人滑稽多智，秦人称之为智囊。樗里疾死后被葬在渭南章台之东，死前称："后百岁，是当有天子之宫夹我墓。"到了汉朝，长乐宫在樗里子墓东面，未央宫在西，武库正对他的墓。所以秦国人有句谚语说："力则任鄙，智则樗里。"

后来，卫国一直遭到魏国的侵扰，失去了很多土地。卫怀君时，到魏国朝拜，结果魏王扣留并杀害了卫怀君，立了嗣君的弟弟元君做卫国的国君，因为元君是魏王的女婿。公元前241年，秦国攻打卫国，卫迁到野王，苟且偷生。公元前230年，卫元君死，其子角立。公元前209年，秦二世废角为庶人，卫国从此绝祀。在战国众多的诸侯国中，卫国倒是最后一个绝祀的。

汉化的中山国

中山国也是千乘之国，在春秋时期被称作鲜虞，属于白狄族，位于今河北正定东北。

战国早期，魏国曾征服中山国，魏王派李悝治理了一段时期后，将公子挚封为中山君，继而迁都灵寿。后来赵国强大起来，不断地攻伐中山国。公元前296年，中山国被赵国所灭，中山王尚被迁送到肤施（今陕西绥德东南）。

目前，灵寿地区的中山国遗址已经被发掘，出土了许多铁制生产工具和生活用具。在一座中山王的墓葬中，还出土了大量金匕、银贝、戈、剑、铜镜、玉饰、玛瑙和铜鼎、铜壶、铜盂、盘、匜等器皿，技艺非常精巧。

灵寿的中山国古城遗址规模也相当大，城址南北长四公里，东西宽约两公里，城内有居住遗址、制陶作坊、制骨作坊、制钢铁器作坊遗址等。从瓦件等建筑遗物看，王宫建筑也一定相当宏伟。

中山侯钺

郑国和鲁国

西周时，周厉王的小儿子被封在郑地，于是开始有了郑国（今河南新郑一带）。到了战国时期，郑国占有了河南新郑作为统治中心，东到杞县、陈留，南到鄢陵、许昌，西到登封，北到荥阳、郑州。在众多小国里，郑国算是比较大的。

战国初期，韩国和郑国一直在互相攻伐。如公元前408年，韩国攻占了郑国的雍丘

（今河南杞县）；公元前 385 年，韩国又攻占了郑国的阳城（今河南登封境内）。

公元前 398 年，郑国国君杀了相国子阳。因为子阳要实行改革，执法很严，宗室贵族无法容忍。没想到这一来却引起了国家的分裂，开始了长达三年的混乱。这之后郑国一直国力不盛。公元前 375 年，韩国灭亡了郑国，并将自己的国都迁到了郑地。

鲁国最早是周公旦的封地，都城在曲阜（今山东曲阜）。战国时期，鲁国地域北至今山东泰安、新泰，东到今山东曹县、临沂，南到今山东滕县、鱼台，西到今山东巨野、单县，约有今山东临沂、济宁地区和泰安地区的一部分。长平之战时，楚国乘机进攻鲁国。公元前 261 年，楚军占领了鲁国的徐州。公元前 256 年，楚国灭亡鲁国。

其他小国

在淮河和汉水流域，还分布着许多小国，它们大多处在楚国的势力范围之下。从战国初年开始，楚国不断在这些地区活动，先后灭唐（今湖北随县附近）、顿（今河南汝南附近）、胡（今安徽阜阳）。楚惠王（前 488 ~ 前 432）期间，灭了陈、蔡（今安徽寿县）、杞（今山东境内）。楚简王（前 431 ~ 前 408）期间，灭了莒（今山东境内）。

楚国东南的越国，先人是著名的越王勾践，春秋晚期勾践灭吴，占有了吴国全境。战国时，越国国境自今江苏淮安市向南，经江苏长江两岸和浙江全省直到福建境内，西到今安徽南部和江西东部地方，面积十分广大。但是，越国的国势却并不强盛，楚王兴兵伐越，“五年而亡越”，这是在公元前 306 年，楚国灭掉了数十个小国后，成为战国时期疆域最大的国家。

强大秦国

通过商鞅变法而强大起来的秦国一直在谋求向东方扩展，并为此进行了不少的战争。秦王嬴政执掌大权后，听取了李斯关于灭六国、统一中国的建议，开始着手规划一统大业。其战略方针是由近及远，集中力量，各个击破；先北取赵，中取魏，南取韩，然后再进取燕、楚、齐。经过多年征战，秦三政在他登上王位的第二十六个年头，即公元前 221 年，消灭六国，统一了中国。至此，战国时代结束，中国进入一个新时期。

阏与之战

到了战国后期，能在军事上和秦国较量的，也只有赵国了。

公元前 270 年，秦国征伐赵国，围困了阏与（今山西和顺）。赵惠文王问廉颇和乐乘怎么办，两个人都说：“道路遥远而又危险狭窄，难以解救。”赵惠文王又问赵奢，赵奢说：“道路遥远而又危险狭窄，就好像是两只老鼠在窝里争斗，只要将帅勇敢就能取得胜利。”赵惠文王一向欣赏赵奢，于是派他带兵去救。

赵军离开都城邯郸刚走了三十里，赵奢就下令扎营，然后传令全军：“有谁敢上书说要与秦军作战的，斩。”秦国的军队此刻正驻扎在武安以西，他们擂鼓呐喊，连房屋上的瓦都给震动了。于是，赵军中就有一个人要求赵奢出兵急救武安，赵奢立即把他杀了。赵军坚守了二十八日，不仅没有采取任何军事行动，而且还在不断加强防守工事。秦军的奸细窜入赵军被抓，赵奢都很好地招待他们，然后将他们放回去了。奸细回去将自己所见到的情况报告给秦军将领，秦将大喜，说：“赵军怕了。”

赵奢在遣送走秦军的奸细以后，命令全军轻装急行奔赴阏与，只用了两天一夜的工夫，赵军就赶到了离阏与五十里的地方驻扎修筑工事，并抢先占领了制高点北山。

秦军没有想到赵军这么快就赶到了阏与，仓促之间分兵迎击。赵军居高临下，猛击秦军。阏与守军也出城配合。秦军死伤逃散过半，大败而走。赵惠文王因此封赵奢为马服君，地位与廉颇、蔺相如相等，被后人列为东方六国的八名将之一。

赵奢

不过，曾以“火牛阵”复兴齐国的田单并不认可，他对赵奢说：“我并不是不佩服将军的兵法，我所不服气的地方，是将军用这么多的兵才取得胜利，实在没有什么可值得赞许的。过去帝王之兵不过三万，就能令天下人臣服。如今将军带领十万、二十万之众才能打胜一场战斗，我田单不服。”赵奢认为田单并不懂得用兵之道，他说：“过去，四海之内分为万国。城虽大，但是却没有超过三百丈的，人口虽多，却也不过三千户。然而现在情况不同了，古代的万国变成了七国，千丈之城中，人口多达万家。时势已发生了很大变化，战争的形式和规模也必须有相应的改变。你难道还想用三万之众围千丈之城吗？你连一个城门角都围不过来，更不要说大规模的平原战了，不足以实行包围，你将怎么办呢？”赵奢的一席话，说得田单“喟然太息”，这才表示诚服。

艰难的联盟

赵惠文王就是赵武灵王的次子，算得上是一位英明的国君。可惜的是，在阏与之战后不久就死了，他的儿子赵丹继位，这就是赵孝成王。

秦国见赵国易主，便发兵攻赵，一连拿下了三座城池。赵国急忙向齐国求援，齐国国君说：“帮忙当然可以，不过要先让你们君王的弟弟长安君来我们这里当人质！”

本来，王室为了国家的利益互为人质，在春秋战国时期是非常普遍的事情，可是赵孝成王的母亲心疼小儿子，死活抱着不放。任凭边关的告急文书雪片般飞来，老太太就是不肯让小儿子去当人质，还狂喊着说：“有哪个人敢再来说要长安君为人质的，我就要把唾沫吐在他的脸上。”

无奈之下，赵孝成王只得请左师触龙出马。赵太后料定触龙是来游说的，就气冲冲地等着他。触龙来到宫中，一路都慢慢地小跑，到了太后跟前谢罪道："我脚上有毛病，竟不能快步走。好久都没有见您了，我还自己原谅自己呢。我怕您玉体欠安，所以想来见见您。"赵太后听见这话，脸色稍缓，说道："我现在也是靠车子才能走动。"触龙又问："每日饮食应该没减少吧？"太后道："不过是吃点稀饭罢了。"触龙又说："我近来很不想吃什么，却勉强自己散散步，每天去走三四里，食欲就稍稍增加了一些，身体也舒畅了一些。"太后的怒色这时候已然消减了不少，说道："我可做不到那样啊。"

触龙说："老臣今天过来，是有事求太后帮忙啊。我的那个不肖的儿子舒祺，他年岁最小，也不成器得很，而我已经衰老了，心里很怜爱他，希望他能充当一名卫士，来保卫王宫，求您答应。"太后一听是这事，就笑道："这有什么难的啊，他今年多大了？"触龙道："已经十五岁了。不过，虽然他年龄还小，我却希望在我还没死的时候就把他托付给您。"太后问道："男子汉也疼爱小儿子吗？"触龙答道："比女人还爱得很呢！"太后答道："女人格外疼爱小儿子。"触龙说："但是我私下里认为您对燕后的爱怜超过了对长安君的疼爱。"太后道："您说错了，我对燕后的爱远远赶不上我对长安君的爱啊！"触龙道："父母疼爱自己的孩子，就必须要为他考虑长远的利益。您把燕后嫁出去的时候，拉着她的脚跟，还为她哭泣，不让她走，想着她远嫁，您十分悲伤，那情景够伤心的了。燕后走了以后，您不是不想念她。可是在祭祀的时候为她祝福，还是说：'千万不要让她回来。'您这样做难道不是为她考虑长远利益、希望她有子孙能相继为燕王吗？"太后答道："不错，是这样。"

三角云纹敦

触龙又说："从现在的赵王往上推三代，直到赵氏从大夫封为国君为止，历代赵国国君的子孙受封为侯的人，他们的后嗣继承其封爵的，现在还有存在的吗？"太后答道："没有了。"触龙又问："不只是赵国，各诸侯国还有这种情况吗？"太后道："我还没有听说过。"触龙说道："这大概就叫作：近一点呢，祸患就落到自己身上；远一点呢，灾祸就会累及子孙。难道是这些人君之子一定都不好吗？但是如果他们地位尊贵，却对国家一点军功都没有；俸禄十分优厚，却一点功劳政绩都没有，而他们又持有许多的珍宝异物，这就难免危险了。现在您使长安君地位尊贵，把肥沃的土地封给他，赐给他很多宝物，可是却不趁现在使他有功于国，有朝一日您不在了，长安君还凭什么在赵国立身呢？我觉得您为长安君考虑得太短浅了，所以认为您对他的爱不及您对燕后的爱啊！"太后回答道："行了，任凭您把他派到哪儿去吧。"

就这样，赵太后为长安君准备了上百辆车子，送到了齐国，齐国于是派兵前来救赵，两国共同抵御秦国。

楼阙形饰件

长平之战

公元前264年，缓过劲儿来的秦国大举攻击韩国，沿着黄河北岸向东挺进，占领了南阳（今河南修武以西）。两年后，秦国又占领野王（今河南沁阳），切断了韩国上党郡（今山西长子）与国都新郑的联系。

秦军一路逼近，占领了上党。在到达长平关（今山西高平王报村）后，由于老将廉颇的坚守，三年都没能攻下。范雎于是用了反间计，向赵国散布谣言说："廉颇太老了，已经丧失了锐气，屡战屡败，早晚都要投降。秦国最怕的是赵国的赵括，只要赵括不当统帅，秦国就一定能取得胜利。"赵孝成王中计，把廉颇免职，任命赵括继任。

赵括是赵国名将赵奢的儿子，但他的本事只是纸上谈兵而已。赵括的母亲知道儿子被任命为统帅后，立刻上书给赵孝成王说："赵括是一个书呆子，只会读父亲的兵书，根本不会灵活运用，不是做大将的材料，请不要派遣他去。"赵孝成王以为是赵括的老母谦让，仍然坚持。没办法，赵括的母亲只得请求说："如果您一定要用他，万一丧师辱国。但求赦免我们全家。"赵孝成王答应了。

赵括就任后，撤除了所有的防御工事，他还亲自率领精锐，向秦军最弱的营垒进攻。秦将白起下令退却。赵括突破秦军的阵地后，仍然保持猛烈的攻势以扩大战果，白起于是下令再退，然后派出二万五千人的奇袭部队，切断了赵括的退路。接着，白起又切断了赵军的粮道。赵括数次强攻，都没有办法突破秦军的包围。赵军勉强支持了四十多天，士兵们杀马充饥，战马杀尽后又互相攻杀，煮食战友的尸体。赵括无奈，亲自挑选了敢死队想做最后一次突围，结果全军覆没，自己也死在了乱箭之下。赵军剩下的四十万人全部投降。为防兵变，白起命这四十万饥饿疲惫的俘虏，进入长平关附近一个名为"杀谷"的深谷之中，把谷口两端堵塞。预先埋伏在山顶上的秦军，像暴雨一样抛下土石，将四十万赵军全部活埋。

长平关一役，活着回到赵国的只有二百四十人。赵国举国上下哭声震天，全国的青壮年几乎都在这一役中牺牲，赵国从此没落。

秦国想要一鼓作气拿下赵国，于是攻伐不断，不久就围困了赵国的都城邯郸。此时的赵国精锐士兵早已于长平之战中伤亡殆尽，邯郸城内的士卒多为四十岁左右的老人和十几岁的孩子。廉颇亲自上城督战，硬是率领这支老弱残兵坚壁清野，挡住了秦军一次又一次的攻击。

这时，燕国想乘人之危大捞一把，趁机发兵。不料老将廉颇亲自迎击燕军，士兵们同仇敌忾，决心保卫国土，个个奋勇冲杀，大败燕军，斩杀其主将栗腹。廉颇还率军追击了五百里，直入燕境，进围燕都蓟（今北京城西南），燕王只好割让五座城邑求和。廉颇回国后出任相国，六七年间多次击退入侵的敌军。公元前245年，还带兵攻取了魏地繁阳（今河南内黄西北）。

可惜的是，赵悼襄王即位后，听信郭开的谗言，解除了廉颇的军职。廉颇因为受到排挤而发怒，投奔了魏国。魏王虽然收留了廉颇，却并不信任和重用他。赵国因为多次被秦军围困，于是赵王萌生再用廉颇的意思，就派使者带着一副名贵的盔甲和四匹快马前去慰问廉颇。郭开唯恐廉颇回来后再度得势，就暗中买通了使者。使者来到魏国后，廉颇在他面前一顿饭就吃了一斗米，十斤肉，还披甲上马，表示自己现在还可以用。但是使者回来却向赵王报告说："廉将军虽然老了，但是饭量还好，只是和我坐在一起，不多长的时间就拉了三次屎。"赵王于是认为廉颇老了，就没有再任用他，廉颇也就没再得到为国效劳的机会。

错金银立鸟壶

楚国听说后，暗中派人迎廉颇入楚。但是廉颇担任楚国的将军时并没有建立什么功劳，只是说："我思用赵人。"这流露出廉颇对祖国乡亲的眷恋之情，但是赵国终究未能重新起用他，致使这位为赵国做出过重大贡献的一代名将，抑郁不乐，最终死在楚国的寿春。廉颇作为战国时期一位杰出的军事将领，征战数十年，攻城无数，歼敌数十万，从没有失败过。他为人坦荡，有知错就改的勇气。他的一生，正如司马光所说："廉颇一身用与不用，实为赵国存亡所系。此真可以为后代用人殷鉴矣。"

邯郸之战

秦军围攻赵国都城的邯郸之战，最后得以顺利解围，还要归功于赵国的平原君赵胜。

邯郸被围困的时候，赵王派平原君赵胜前去楚国求救。平原君打算在门客中挑选文武俱备的二十个人一同去，选来选去，只选出了十九人。这时，门客中有个叫毛遂的，主动要求一同前去。平原君于是问他来到门下有几年时间了，毛遂回答说三年了。平原君道："贤士处世，就好像是锥子放在囊中，锥尖马上就会露出来。先生来到我这里已经三年的时间了，却没有人称赞过你，我也没有听说你有什么本领，所以，你还是不要去了吧。”毛遂回答说：“我是直到今天才请求将自己放在那个囊中啊，如果我能早些处于囊中，整个铁锥都会露出来，而不只是露出一点点尖来。”平原君听见这话以后，就带了毛遂等人去楚国，但那十九人却都对毛遂表示轻蔑。

到达楚国以后，平原君与楚王商谈合纵抗秦的事情，可是楚王就是不吐口救赵。从早晨谈到中午，一直没有结果。毛遂于是大步跨上台阶，远远地就大声叫起来：“出兵的事情，不是有利就是有害，不是有害就是有利，简单而又明白的事情，为什么商量了半天还不能够决定？”楚王非常恼火，问平原君：“这个人是谁？”平原君回答道：“这个人名叫毛遂，是我的门客！”楚王喝道：“赶快退下！我在和你的主人说话，你来干吗？”毛遂看到楚王发怒，不但不退下，反而又走上了几个台阶，他手按宝剑，大声道：“现在十步之内，大王您的性命就掌握在我的手中！”楚王见毛遂那么勇敢，没有再呵斥他，就听毛遂讲话。毛遂于是把援赵有利楚国的道理，作了非常精辟的分析。毛遂说道：“我听说成汤、周文王都占地很小，但是他们臣服了诸侯，难道是因为军队众多吗？那是因为他们能够掌握形势，发挥出自己的威力。今天楚国有地五千里之大，士卒百万之众，天下谁能阻挡。可是，白起率数万军队，兴师征伐楚国，一仗就攻取了鄢、郢，再一仗就烧了夷陵，第三仗就烧毁了你祖先的宗庙。这是楚国的百世仇怨啊，连我们赵国都替你们感到羞辱，难道大王就没有感到耻辱吗？赵楚联合抗秦，这是为了楚国，而不是为了赵国。”毛遂的一番话说得楚王心悦诚服，答应马上出兵。

毛遂自荐

与此同时，赵国还在不断向魏国求救，魏国派将军晋鄙带十万人救赵。秦王听说后，派使者威胁魏王说：“赵国很快就会攻下，谁救赵，我们攻下赵国以后就攻打谁。”魏王害怕了，命令晋鄙在邺（今河北临漳）安营，不再前进，然后派将军辛垣衍潜入邯郸，想说服赵王和魏王共尊秦王为帝，换取秦军从邯郸撤兵。

这时，恰好齐国的名士鲁仲连在赵国，听说此事后便去见平原君，平原君便介绍鲁仲连见辛垣衍。鲁仲连对辛坦衍说:“今天的秦国,不要礼义,奖励杀伐,对他的士卒玩弄欺诈手腕,对他的民众任意驱使。如果让秦放肆称帝,我跳东海也不愿为秦国的民。”辛垣衍无言以对。

平原君的夫人是魏国信陵君的姐姐,见魏国的救兵隔岸观火,平原君写信责怪信陵君说:“我以为你有急人的高义,现在邯郸这样危急,你却无动于衷。纵然你轻易地抛弃我,难道也要抛弃你的姐姐吗?”

鲁仲连

信陵君当然不愿意抛弃姐姐,无数次去请魏王发兵,但魏王害怕秦国,始终不肯答应。信陵君怒极,亲自率领自己那一百多辆车出发,要去和秦军死拼。路过东门时,遇见侯嬴,信陵君意气风发地说自己要去和秦军死拼。侯嬴说:“公子努力吧,老臣不能和你去。”信陵君心里不快,走出数里又返回去质问侯嬴。侯嬴笑着说:“你的行动好像是以肉去投喂饿虎,有什么用呢?为什么不偷取兵符调动晋鄙的军队呢?”

这侯嬴是魏国的隐士,七十多岁了,是个看守城门的小官。信陵君知道他有才华,曾几次去请他,还送上丰厚的礼物,可侯嬴都不接受。信陵君大宴宾客时,亲自去请侯嬴赴宴,还亲自为他驾车。如今信陵君急得火烧眉毛了,侯嬴建议信陵君说:“我听说调动晋鄙的兵符,就藏在魏王的卧室里,魏王最宠爱如姬,因此如姬可以随便进出卧室。如姬的父亲被人所杀,三年都没找到仇人。是你派人杀了她的仇人,如姬感激你,愿为你死,只要你一开口,如姬一定会答应。”

信陵君如梦初醒,果然,如姬偷出了兵符。这时侯嬴又对信陵君说:“将在外,主令有所不受。如晋鄙不交兵权,就危险了,一定要带大力士朱亥去。如晋鄙听话,那很好,不听,就打死他。”信陵君等一行人到邺后,假传魏王命令要取代晋鄙。晋鄙合了虎符,突然说:“我拥十万之众,今日你几辆车子就来取代我,不对头!”朱亥在旁一听这话,猛地从袖子里抽出四十斤重的铁锤,把晋鄙打死了。

就这样,秦军在魏军、楚军、赵军的内外夹攻下大败,邯郸之围遂解。

信陵君杀死晋鄙,拯救了邯郸。赵孝成王非常感谢他,准备亲自到郊外迎接。唐雎对信陵君说:“我听人说:‘事情有不可以让人知道的,有不可以不知道的;有不可以忘记的,有不可以不忘记的。’”信陵君听得一头雾水,说:“你说的是什么意思?”唐雎回答说:“别人厌恨我,不可不知道;我厌恨人家,又不可以让人知道。别人对我有恩德,不可以忘记;我对人家有恩德,不可以不忘记。如今您杀了晋鄙,救了邯郸,破了秦兵,保住了赵国，这对赵王是很大的恩德啊，现在赵王亲自到郊外迎接您，我们仓促拜见赵王，我希望您能忘记救赵的事情。”信陵君感激地说：“我敬遵你的教诲。”相见之后，信陵君十分谦逊，很得赵孝成王的赏识。

然而邯郸之战后，秦王却很是恼怒，将一腔怒火都发泄到了白起头上。秦军出征前，白起就预言秦军将会失败，他说：“邯郸是不容易攻下的。长平之战虽然我们胜利了，但兵卒死了一半多，国内也空了，远征别国国都，赵国坚守，诸侯救援，内外夹攻，怎么能赢呢？”

白起

因此白起称病不愿前去领兵，秦王对白起很不满意。如今果然败了，白起又说：“不听我的劝告，今天怎样？”这话传到秦王耳里后，他便把白起逐出咸阳。白起走出城门十里，秦王又派人送来一把剑，说是由白起自己定夺，或是领兵再攻邯郸，或是自杀。白起选择了后者，临死时叹道：“我何罪于天而至此哉？”良久，又说：“我固当死。长平之战，赵卒降者数十万人，我诈而尽坑之，是足以死。”白起是中国历史上著名的军事家、统帅，素以深通韬略著称，他是中国历史上战功最辉煌的将军，战国时期最为显赫的大将，曾征战沙场长达三十余载，为秦国的统一大业立下了不世之功，他的战绩创造了中国兵法的最高实战典范。白起用兵，善于分析敌我形势，然后采取正确的战略、战术方针对敌人发起进攻。如伊阙之战中集中兵力，各个击破；鄢郢之战中的掏心战术，并附以水攻；华阳之战长途奔袭。长平之战白起佯败诱敌，使其脱离既设阵地，尔后分割包围战术，歼敌四十万，创造了先秦战史上最大的歼灭战战例，其规模之大、战果之辉煌，在世界战争史上是罕见的，而且也是世界军事史上最残酷、最壮烈的战役。

嬴政执掌秦国

就在长平之战的四年后，也就是公元前256年，秦国军队在征讨韩、赵两国的路上，顺手灭掉了周朝。公元前246年，少年嬴政即位，由相国吕不韦主持朝政。

吕不韦是赵国人，嬴政的父亲嬴异人是秦昭王的太子安国君的庶子。安国君有二十多个儿子，出于战略需要将嬴异人作为人质派往赵国。由于秦国屡次攻赵，赵国对待嬴异人很不好。一次，吕不韦在邯郸见到嬴异人，认为“奇货可居”，对嬴异人说：“我能壮大你的门户。”嬴异人笑笑说：“还是壮大你自己的门户吧！”吕不韦说：“你还不知道，我的门户要靠你的门户来壮大。”嬴异人领悟到他的意思后，便与他进行深谈。吕不韦说：“现在秦王老了，太子安国君宠爱华阳夫人，而华阳夫人没有儿子，只有她能够劝说安国君立太子。你们兄弟有二十多人，你排在中间，又不得宠，还长期在赵国当人质。以后安国君当了国君，你是最没有希望做太子的。”嬴异人当然清楚这些情况，又想到自己窘迫的处境，只能沮丧地摇头叹息。吕不韦又说：“我愿意想办法弄千金为你去秦国游说，让安国君和华阳夫人立你为太子。”嬴异人听罢，对吕不韦叩头说：“如果真的能够这样，我愿意和你共有秦国。”

吕不韦计说夫人

于是，吕不韦送给嬴异人大量财物，要他结交宾客，自己则买了珍奇宝物去秦国，求见了华阳夫人的姐姐，请她把珍奇宝物献给华阳夫人。吕不韦通过华阳夫人的姐姐传话给华阳夫人说：“嬴异人贤智，结交天下的宾客，常说‘以夫人为天，日夜思念太子和夫人’。”华阳夫人听说后很高兴，接见了吕不韦。吕不韦趁机又说：“凡是以美色得人欢喜的，色衰以后也就得不到欢喜了。今天夫人十分得太子的宠爱，可是没有儿子，您应该在诸子中选择一个贤孝的立为嫡子。以后夫人立的儿子继承王位，夫人就不会失势了。现在嬴异人对夫人很贤孝，他自己知道排行在中，不能为嫡。如果夫人现在立他为嫡子，那就是‘异人无国而有国，夫人无子而有子’，夫人终身都能得宠于秦国了。”

这番话打动了华阳夫人，华阳夫人开始不断地在安国君面前吹风，说异人如何如何贤孝，往来赵国的人都称赞他，希望立异人为嫡子，以便日后有所依靠。安国君对华阳夫人言听计从，当然就答应了，还和华阳夫人刻玉符立约，立嬴异人为嫡。

此时，吕不韦和邯郸一个十分美貌的女子赵姬同居，他知道赵姬有孕了，便宴请嬴异人，席间让赵姬歌舞作乐，命赵姬向嬴异人敬酒，令嬴异人神魂颠倒。席后，嬴异人请求吕不韦送赵姬给他，吕不韦假装发脾气，异人苦苦哀求后，才得到了赵姬。后来赵姬生下一个男孩，就是后来的秦始皇嬴政。

秦国围攻邯郸时，赵王想杀嬴异人。吕不韦用黄金六百斤买通了守城人，帮嬴异人逃出了邯郸。回到咸阳后，吕不韦对嬴异人说：“华阳夫人是楚女，你应穿楚国的服装去见她，表示依恋之情。”嬴异人就穿着楚服拜见安国君和华阳夫人。华阳夫人端详嬴异人，说不出的高兴，安国君令异人改名为子楚，正式立其为继承人。

公元前 249 年,子楚终于继承了秦国的王位,即秦庄襄王,以吕不韦为相国,封为文信侯,食洛阳十万户。三年后庄襄王死,秦王嬴政即位,尊吕不韦为相国,号称“仲父”。

吕不韦在秦国说一不二,还与嬴政的母亲赵姬私通,因怕事情败露,就把门客嫪毐假充阉人送入宫中,说是伺候太后。太后赵姬非常喜欢嫪毐,不久后就怀了身孕,怕人知道,就利用占卜移居到雍,生下了两个孩子,私自养了起来。

太后为嫪毐请封,秦王便封嫪毐为长信侯,赐给他山阳的地方,以太原为封国。至于太后给嫪毐的赏赐,更是不计其数。公元前 238 年,秦王嬴政去雍城行冠礼。这时有人告发嫪毐根本不是阉人,还与太后有了两个私生子。秦王大怒,要惩治嫪毐,嫪毐的党徒急忙告密。嫪毐于是假称秦王和太后的旨令,调动了军队想杀秦王。秦王的卫队拼力奋战,最终击败了嫪毐。秦王嬴政下令车裂嫪毐,夷其三族,并把太后囚禁在了雍地。

因为嫪毐一事,吕不韦被牵连进来,因此罢相,迁到了洛阳的封地去。一年多后,嬴政看到各国的宾客使者去看望吕不韦的人络绎不绝,恐怕他作乱,下令让吕不韦全家迁到蜀地。吕不韦又生气又害怕,便喝毒酒自杀了。

继吕不韦之后,嬴政任命法家学派的李斯当宰相,制定了统一中国的伟大战略。

李斯是大儒荀况的学生,学业完成后,他把战国七雄逐个打量琢磨了一番,认定只有秦国才是实现自己抱负的地方,便离开家乡游历到秦国,在吕不韦的门下做了门客。

当时,韩人郑国为了削弱秦国的国力,阻遏秦国东扩,说服秦王修建大规模的水利工程,即后来的郑国渠,这就是有名的“疲秦计”。在水渠修建过程中,“疲秦计”被识破,秦王大怒,要将一切从六国投奔来的“游士”都赶出去。李斯就是其中的一个游士,当然也在被驱逐之列。为了说服秦王收回成命,李斯上了《谏逐客书》。文章中,李斯列举了游士对秦国的功绩,详细分析了留客、逐客的利弊,晓以利害。秦王读罢这篇洋洋洒洒的高论,悚然动容,立即废除逐客令,对李斯加以重用。

在秦王去除逐客令后不久,大梁人尉缭也来到秦国,劝秦王不要爱惜财物,要收买各国的豪臣,搞乱他们国家的君臣关系,不过花些钱财,就可以收到兼并各国诸侯的效果。秦王接受了这个建议,厚待尉缭,让尉缭的衣服饮食与自己一样,还封他为国尉,即统率全国军队的长官。

六国合纵

六国合纵对秦战争,主要的有五次:

第一次合纵战争为楚、燕、韩、赵、魏五国合纵攻秦。发生于周慎靓王三年,楚怀王十一年,魏襄王元年,赵武灵王八年,韩宣惠王十五年,燕王哙三年,秦惠文王七年(公元前 318 年)。合纵军很快被秦军击败。

第二次合纵战争为齐、韩、魏合纵攻秦、赵、宋。发生于周赧王十七年,齐湣王三年,韩襄王十四年,魏襄王二十一年,赵惠文王元年,秦昭王九年(公元前 298 年)。三国合纵军经三年苦战至公元前 296 年，战胜秦军。

第三次合纵战争为燕、齐、魏、韩、赵合纵攻秦。发生于周赧王二十七年，燕昭王二十四年，齐湣王十三年，魏昭王八年，韩厘王八年，赵惠文王十一年，秦昭王十九年（公元前 288 年）。最后于公元前 287 年以秦退还所占魏、赵的土地而罢兵。

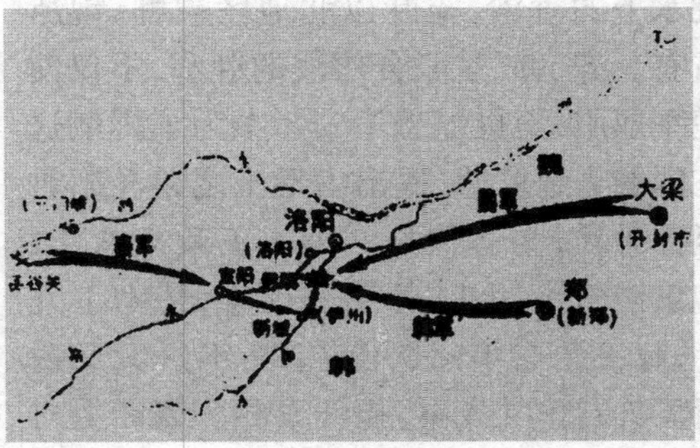

伊阙之战示意图

第四次合纵战争为赵、楚、韩、燕、魏合纵伐秦。发生于秦庄襄王三年，赵孝成王十九年，楚考烈王十六年，韩桓惠王二十六年，燕王喜八年，魏安厘王三十年大败秦军。

第五次合纵战争为赵、燕、楚、韩、魏合纵攻秦。发生于秦王政六年，赵悼襄王四年，燕王喜十四年，楚考烈王二十二年，韩桓惠王三十二年，魏景湣王二年（公元前 241 年）。五国联军攻至今临潼东北，各自收兵。

赵魏燕韩楚五国联合攻秦

秦相张仪来魏，向惠王提出秦、韩与魏联合伐齐的建议，被惠王接受，起用张仪为相。张仪当上魏相后，就积极实现他的“欲令魏失事秦而诸侯效之”的所谓“连横”策略，压迫东方各国。在这种形势下，齐、楚、燕、韩、赵五国又联合支持主持“合纵”策略的公孙衍。魏惠王为了巩固与五国的政治关系，改任公孙衍为相国，把张仪赶回秦国。公孙衍这位素见重于六国的新相国，展开“合纵”策略，联合各国，组织第一次“五国伐秦之战”。实际参加作战的有燕、韩、赵、魏四国军队。公举楚怀王为联合军的“纵约长”，于周慎靓王三年，声势浩大的四国联军，排除秦军的抵抗，打到秦东方战略要隘函谷关。但由于秦军的奋力抵亢，联军最终被秦军击败。四国联军的进攻，虽然没有达到战略目的，但对秦震动极大，纵、横双方的斗争，更加激烈化。

战国时期铁锄

齐魏韩三国联合攻秦

继五国联合攻秦之后，六国间虽也知道应以对秦作战为主，但在此期间，由于秦国极力破坏六国的合纵，挑动各国之间互相攻伐，以削弱六国的实力，所以各国之间也发生过一些战争。周赧王十四年（公元前 301 年），韩、魏受秦军事压力，向东方大国齐靠拢。齐相孟尝君田文，加紧对韩、魏的联合工作，终于促成齐、魏、韩三国合兵对楚进攻。齐将匡章、魏将公孙喜、韩将暴鸢统率的联合军，进攻楚的方城，经过六个月交战，击破楚军于小泚水上的垂沙，宛叶以北地区被韩、魏所占有。齐、韩、魏联合作战的胜利，不仅使楚军屈服，秦也惶恐不安。秦为了拆散这三国的合纵联盟，提出由秦王之弟泾阳君至齐为质，与齐修好。到秦王政十八年，魏景湣王十四年，韩王安十年，楚幽王九年，赵王迁七年（公元前229年），秦又邀请孟尝君田文入秦，担任秦相。表面上对齐友好，实际是把田文控制于咸阳，以破坏他的"合纵"战略。这一行动立即引起赵国严重不安，秦、齐两大国联合的战略形势，使赵陷于两面受敌的危险，于是赵国发动政治攻势，策动秦贵族樗里疾借口田文"外借秦权，阴为齐谋"，促使秦免去孟尝君相位，改任楼缓为相。

鹰形金冠顶，金冠带

周赧王十七年，齐、韩、魏三国联合对秦进攻。战争开始后，赵、宋两国并未真正协助秦国作战，而是利用大国间的矛盾冲突，乘三国与秦作战之机，兼并邻近其他小国，以扩充自己的领土。三国进攻秦国的战争，连续三年之久，最后攻进函谷关，迫使秦国承认战败，退还侵占魏的河外、封陵和韩的河外、武隧等地区，缔结了和约，停止了战争。

反间之计亡赵国

公元前230年，秦国大军攻陷了韩国都城新郑（今河南新郑），把韩国的国土设为颍川郡，开始了统一霸业。

韩国的灭亡引起了其他各诸侯国的震恐，赵国在过度紧张中，跳进了秦国间谍布下的圈套，把那位唯一可以挽救国家、忠心耿耿的名将李牧逼得自杀而死。

李牧是继赵奢、蔺相如、廉颇与乐乘之后，赵国仅剩的重臣。公元前234年，赵将扈辄为秦将桓齮所败，丧师十万。秦军又自北路进攻赵国的后方，形势危急，李牧率兵南下反击秦军，在宜安（今河北藁城西南）大破秦军，十万余秦军全部被歼。桓齮仅率少量亲兵冲出重围。此战给秦国以沉重打击，李牧因功被封为武安君。

次年，秦国再次攻打赵国的番吾（今河北平山南），李牧出兵迎战，重创秦军，但赵国的军力损失也很大。当时韩、魏两国听命于秦，随秦军攻赵，李牧为此又向南进军，抵御韩、魏的进攻。

公元前229年，秦王派王翦攻打赵国，赵国以李牧、司马尚抵抗。秦军见无法取胜，就以重金贿赂赵王的宠臣郭开，让他在赵王面前散布李牧、司马尚想谋反的谣言。赵王信以为真，派赵葱和齐将颜聚代替二人。李牧不从命，赵王竟暗中布置圈套捕获李牧，并斩杀了他，然后撤换了司马尚。三个月后，也就是公元前228年初，秦将王翦乘势急攻，大破赵军，攻陷了邯郸，杀了赵葱，俘虏了赵王和颜聚，赵国灭亡。

荆轲刺秦

此时的燕国由太子姬丹主持国政，眼见赵国灭亡，燕国的大臣们劝姬丹跟齐、楚、魏再组合纵联盟，对抗强秦。姬丹认为那已不切实际，决心派刺客去刺杀嬴政。

姬丹选择的刺客是著名的勇士荆轲，人称庆卿，据说是齐国庆氏的后裔，后迁居卫国，始改姓荆。荆轲来到燕国后，与当地的狗屠夫和擅长击筑的高渐离交上了朋友。荆轲喜好喝酒，整天与狗屠夫、高渐离一起在街市喝酒，然后，高渐离击筑，他和着乐声唱歌，唱着唱着就哭起来了。

姬丹找到荆轲，请求他刺杀秦王，荆轲说道："没有信物，无法接近秦王。现在秦王正用千两黄金和万户封邑来悬赏缉拿樊将军。如果能得到樊将军的首级和燕国督亢的地图献给秦王，秦王一定乐于接见我，这样我才有机会。"

姬丹哭道："樊将军因为走投无路来投奔我，我又怎么忍心为了自己的私事而伤害忠厚老实的人的心，还望您另想个办法。"荆轲知道太子不忍心，于是就私下里去见樊於期说："秦王对您可以说太狠毒了，父母和同家族的人都被杀害了。现在我又听说秦王正悬赏千两黄金和万户封邑来求您的头颅，您打算怎么办呢？"

樊於期仰天长叹，泪流满面地说："我每次想到这些，就恨入骨髓，考虑再三，只是不知道如何才能报仇罢了。"荆轲说："我现在有一个建议，不但可以解除燕国的祸患，而且可以为您报仇。我希望能得到将军的首级，进献秦王，秦王必定很高兴，就会接见我。到那时，我左手抓住他的衣袖，右手用匕首刺进他的胸膛。这样，您的大仇可报，燕国遭受的耻辱也可以洗刷了。将军可有这番心意呢？"樊於期道："这是我日夜咬牙切齿、痛彻心胸的事情，居然在今天能听到您的指引。"说完就自杀了。

燕国还有个勇士叫秦舞阳，十三岁时就杀过人，别人都不敢正眼看他。姬丹就派秦舞阳做荆轲的助手。荆轲正等着另一个人，想跟他一起去，那人住得远，还没有赶到，荆轲为此滞留。但是姬丹却怀疑荆轲反悔了，又去请求他说："现在时间已经不多了，你难道不打算去了吗？请让我先派秦舞阳去吧。"荆轲生气了，呵斥道："我今天去了如果不能回来，就可能因为秦舞阳这小子！如今我拿着一把匕首到吉凶难测的秦国去，之所以还不动身，是要等我的朋友一起走。现在您既然嫌我行动迟缓，那就诀别吧！"于是就出发了。

人形柄短剑

出发这天，姬丹以及知道这件事的宾客，都身穿白衣，头戴白帽为荆轲送行。到了易水岸边，祭祀完路神，高渐离激起了筑乐，荆轲和着曲调唱起歌来，歌声凄厉悲怆，人们听了都流下眼泪。

荆轲一行人到秦国后，秦王很是高兴，亲自在咸阳宫接见他们。荆轲捧着封藏樊於期头颅的匣子，秦舞阳捧着装地图的匣子走上前去。走到宫殿前的台阶下，秦舞阳脸色陡变，浑身发抖，秦国的大臣们感到奇怪，荆轲回过头朝秦舞阳笑了笑，走上前去向秦王谢罪说："他是北方荒野之地的粗人，没有见过世面，今日得见天子，所以害怕，希望大王稍加宽容，让他能在大王面前完成使命。"

秦王并不介意，对荆轲说："起来，把秦舞阳拿的地图取过来。"荆轲取过地图献上，打开卷轴地图，地图完全展开时露出了匕首。荆轲左手拉住秦王的衣袖，右手抓过匕首就刺向秦王，可惜没能刺中。秦王大吃一惊，抽身而起，挣断了衣袖。秦王伸手拔剑，剑身太长，卡在剑鞘里了，竟然没能立刻拔出来。荆轲于是追赶秦王，秦王只好绕着柱子逃跑。群臣都惊慌失措。按照秦国的法律，大臣在殿上侍奉君王时不得携带任何兵器，守卫宫禁的侍卫虽然带着武器，但都站在殿外，没有秦王的命令不能上殿。正在危急的时候，秦王来不及召殿下卫兵，因此荆轲追赶秦王的时候，大臣们在仓促之间惊慌失措，却没有什么东西能拿来还击荆轲，只好一起用手抓他。这时，御医夏无且用他身上带着的药袋向荆轲投去。秦王这才拔出剑来砍荆轲，一下子砍断了他的左腿。荆轲重伤跌倒在地，举起匕首向秦王投去，没有击中，扎在柱子上。秦王又砍荆轲，荆轲自知失败，靠着柱子大笑起来，这时武士冲上殿来，把荆轲杀了，秦王头晕目眩了好久才回过神来。

愤怒的嬴政立即向燕国发起了攻击，增派军队赶往赵国旧地，命令王翦的部队去攻打燕国，很快就攻陷了燕都蓟城。燕王喜、太子姬丹等率领精锐部队退守辽东。秦将李信追击燕王，燕王急了，只好杀了太子，打算献给秦王。但秦军仍旧继续进攻，五年之后终于灭掉了燕国。

唐雎保安陵

公元前225年，秦军进攻魏王国，决开黄河的堤防，从天而降的河水灌入魏国都城大梁（今河南开封），魏国灭亡。

魏国的附庸小国安陵（今河南鄢陵西北），为楚、魏两国接壤，秦王要打楚国，势必灭亡安陵。面对这个小国，秦王不愿意浪费军队的战斗力，派人对安陵君说："我要用方圆五百里的土地交换安陵，安陵君可要答应我！"不想安陵君回复说："大王给予恩惠，用大的交换小的，很好；虽然如此，但我从先王那里接受了封地，愿意始终守护它，不敢交换！"

秦王很不高兴，正准备发兵征服安陵之时，安陵君派来的使臣到了秦国，他就是九十岁高龄的唐雎。

秦王对唐雎说："我用方圆五百里的土地交换安陵，安陵君不听从我，为什么呢？况且秦国灭亡韩国和魏国，而安陵君却凭借方圆五十里的土地幸存下来，是因为我把安陵君看作忠厚的长者，所以不打他的主意。现在我用十倍的土地，让安陵君扩大领土，但是他违背我的意愿，是轻视我吗？"

唐雎回答说："不，不是这样的。安陵君从先王那里接受了封地而守护它，即使是方圆千里的土地也不敢交换，何况仅仅用五百里的土地交换呢？"

猿形银饰

这话让秦王听得很不舒服，对唐雎说："您曾听说过天子发怒吗？"唐雎回答说："我没听说过。"秦王说："天子发怒，死人百万，血流千里。"唐雎说："大王曾经听说过平民发怒吗？"秦王一愣，说："平民发怒，也不过是摘掉帽子赤着脚，用头撞地罢了。"唐雎说："这是平庸无能的人发怒，不是有才能有胆识的人发怒。从前，专诸刺杀吴王僚的时候，彗星的尾巴扫过月亮；聂政刺杀韩傀的时候，一道白光直冲上太阳；要离刺杀庆忌的时候，苍鹰扑击到宫殿上。这三个人都是出身平民的有胆识的人，心里的愤怒还没发作出来，上天就降示征兆，现在，专诸、聂政、要离再加上我，将成为四个人了。如果有才能有胆识的人要发怒，就要让两个人的尸体倒下，血流五步远，全国人民都要穿丧服，今天就是这样。"

说完，唐雎拔出宝剑站起来。秦王没想到这位九十岁高龄的老者还能有如此气魄，顿时变了脸色，长跪着向唐雎道歉："先生请坐！怎么会到这种地步！我明白了：之所以韩国、魏国灭亡，而安陵国却能够凭借五十里的土地幸存下来，就是因为有先生在啊。"

王翦平楚国

虽然暂时放过了安陵，可秦国的终极目标依然是楚国。嬴政此刻倾心于年少壮勇的秦将李信，认为他贤能果敢。李信曾领兵数千，破燕军并虏获太子姬丹。嬴政于是问李信："欲破楚国，须多少人马？"李信表示二十万即可。嬴政又问王翦，王翦道："非六十万不可。"嬴政于是说："王将军老矣，何怯也！李将军果势壮勇，其言是也。"于是派李信和蒙恬将兵二十万伐楚。王翦见状，托病辞官，回家养老去了。

不久秦军大败，嬴政后悔不已，知道王翦确有远见，亲自向王翦谢罪，说："我没有听从将军的话，李信终使秦军受辱，如今楚军逐日西进，将军虽有病在身，怎能忍心背弃寡人？"嬴政坚持要王翦领兵，王翦说："若非要用老臣，必给我六十万大军。"嬴政答应了。

出征之日，嬴政亲自送行，王翦于是请求赏赐给自己大批田宅。嬴政说："将军即将率大军出征，为什么还要担忧生活的贫穷呢？"王翦说："臣身为大王的将军，立下汗马功劳，却始终无法封侯，所以趁大王委派臣重任时，请大王赏赐田宅，作为子孙日后生活的依凭。"秦始皇听了放声大笑。王翦率军抵达关口后，又曾五次遣使者向嬴政要求封赏。有人劝王翦说："将军要求封赏的举动，似乎有些过分了。"王翦却说："你错了。大王疑心病重，用人不专，现在将秦国所有的兵力委托给我，我如果不用为子孙求日后生活保障为借口，多次向大王请赐田宅，难道要大王坐在宫中对我生疑吗？”

王翦

就这样，王翦集六十万大军来到前线，坚壁而守，不肯出战。楚军屡次挑战，秦军始终不出。王翦每日要求士兵休息洗沐，安排好的饭食安抚他们，同时与士卒同饭同食，意在养精蓄锐，消耗敌军，以待殊死一战。不久，王翦打听士兵们以什么来娱乐，有人回答说：“投掷石头，跳远比赛。”王翦说：“士卒可用了。”于是发令出兵，一举大破楚军，进而灭亡了楚国。

公元前221年，在五个诸侯国尽数灭亡之后，齐国没做任何有效抵抗便投降了。至此，秦国在十年之内便灭掉了东方六国，为时两百五十多年的战国时代到此终止，秦王嬴政完成了统一大业。

第二章 社会万象

战国四君子

在战国时期,“养士”之风非常盛行。春秋时期,诸侯、卿大夫虽然也有养士的,不过还很少。战国以后,这种盛极一时的养士风气又不复存在了。战国的士,在政治生活中起过不可估量的特殊作用。一些士本来是布衣平民,有些甚至是赌棍、小偷、屠户,由于贵族官僚的养士、下士,成了某一政治事件中举足轻重的人物,显示了卓越的才能。从战国四公子养士中,我们能对士这个阶层有一定的了解。

孟尝君与他的三千门客

孟尝君是齐国的宗室大臣,姓田名文。父亲田婴是齐威王的小儿子、齐宣王的庶母弟。田婴有四十多个儿子,他的小妾生了田文,因为田文是五月五日出生的,田婴认为不吉利,告诉田文的母亲说:“不要养活他。”可是田文的母亲还是偷偷把孩子养大了。长大后,田文的母亲通过田文的兄弟把田文引见给田婴。田婴愤怒地骂道:“我让你把这个孩子扔了,你竟敢把他养活了,为什么?”不等田文的母亲回答,田文叩头大拜,反问田婴说:“您不让养育五月生的孩子,是什么缘故?”田婴说:“五月出生的孩子,长大了身长跟门户一样高,会害父害母的。”田文说:“人的命运是由上天授予呢,还是由门户授予呢?”田婴不知怎么回答才好,便沉默不语。田文接着说:“如果是由上天授予的,您何必忧虑呢?如果是由门户授予的,那么只要加高门户就可以了,还担心什么!”田婴无言以对。过了些时候,田文问父亲说:“儿子的儿子叫什么?”田婴答道:“叫孙子。”田文接着问:“孙子的孙子叫什么?”田婴答道:“叫玄孙。”田文又问:“玄孙的孙子叫什么?”田婴说:“我不知道了。”田文说:“您执掌大权担任齐国宰相,到如今已经历三代君王了,可是齐国的领土没有增广,您的私家却积贮了万金的财富,门下也看不到一位贤能之士。我听说,将军的门庭必出将军,宰相的门庭必有宰相。现在您的姬妾可以践踏绫罗绸缎,贤士却穿不上粗布短衣;您的男仆女奴有剩余的饭食肉羹,而贤士却连糠菜也吃不饱。现在您还一个劲地加多积贮,想留给那些连称呼都叫不上来的人,却忘记国家在诸侯中一天天失势。我私下是很奇怪的。”从此以后,田婴改变了对田文的态度,让他主持家政,接待宾客。宾客来往不断,日益增多,田文的名声随之传播到各诸侯国中。田婴去世后,田文继承了田婴的爵位。

孟尝君招揽各诸侯国的宾客以及犯罪逃亡的人，食客有几千人，待遇不分贵贱。孟尝君每当接待宾客时，总在屏风后安排侍史，记录自己与宾客的谈话内容，记载所问宾客亲戚的住处。宾客刚离开，孟尝君就已派使者到宾客亲戚家里抚慰问候，献上礼物。一次，孟尝君招待宾客吃晚饭，有人遮住了灯光，宾客很恼火，认为饭食的质量肯定不相等，放下碗筷就要辞别而去。孟尝君马上站起来，亲自端着自己的饭食与他的相比，是一模一样的。那个宾客惭愧得无地自容，就以刎颈自杀表示谢罪。

历史小常识：田婴与“大海鱼”

田婴是齐威王的小儿子，威王临终前将其封到薛地。但是田婴从来不体恤百姓，因为害怕有人来抢钱财，便下令修建一道高高的城墙。当时百姓无力修建，于是纷纷逃亡。田婴又一意孤行，不听劝谏，与百姓间的积怨越来越深。有人听说后，来到田婴跟前说了三个字：“大海鱼。”田婴问什么意思。这人说：“有一种大鱼，渔网网不住，鱼钩钓不动，但是如果在沙滩上搁浅，就只能忍受蝼蛄和蚂蚁的欺凌。现在，齐国是大海，您将它辅佐好了就会富足；若齐国衰亡，你将薛地建得再坚固，又有什么用呢？”田婴听完哑口无言，于是停止筑城。

公元前299年，孟尝君出使秦国，秦昭王让孟尝君担任秦国宰相。臣僚中有的人劝说秦王道：“孟尝君的确贤能，可他是齐王的同宗，现在任秦国宰相，谋划事情必定是先替齐国打算，而后才考虑秦国，秦国可要危险了。”于是秦昭王罢免了孟尝君的宰相职务，把孟尝君囚禁起来，图谋杀掉他。孟尝君知道情况危急，派人去见昭王的宠妾请求解救。那个宠妾提出条件说：“我希望得到孟尝君的白色狐皮裘。”孟尝君来的时候，带有一件白色狐皮裘，价值千金，天下没有第二件，到秦国后献给了昭王，再也没有别的皮裘了。孟尝君为这件事发愁，问遍了宾客，谁也想不出办法。有一位能力差但善于偷盗的人，说：“我能拿到那件白色狐皮裘。”于是当夜化装成狗，钻入了秦宫的仓库中，取出献给昭王的那件狐白裘，拿回来献给了昭王的宠妾。宠妾得到后，替孟尝君向昭王说情，昭王便释放了孟尝君。

孟尝君偷过函谷关

孟尝君获释后，立即乘快车逃离。此刻昭王后悔放出了孟尝君，派人飞奔前去追捕。孟尝君一行到了函谷关，按照关法规定，鸡叫时才能放来往客人出关，孟尝君恐怕追兵赶到，万分着急，宾客中有个能力较差的人，但很会学鸡叫，他一学鸡叫，附近的鸡随着一齐叫了起来，守关的士兵以为天要亮了，打开了城门，孟尝君一行得以逃脱。

视门客如朋友的平原君

平原君名叫赵胜，是赵武灵王之子，赵惠文王之弟，封于东武（今山东武城），在赵惠文王和赵孝成王时任相，也以善于养士而闻名。

公元前265年，秦昭襄王任用范雎为相，范雎在魏国时曾受当时宰相魏齐的羞辱，于是威胁魏国要杀了魏齐。魏齐逃到赵国，躲在平原君处。秦昭襄王得知后，修书邀平原君宴饮。平原君不敢不从，到了秦国后，秦王要平原君交出魏齐，平原君回答说："在富贵时结交的朋友，都是为了贫贱时所预备的。魏齐既然是我的朋友，就算他在，我也不会交出来，何况他现在不在我那里。"

秦王于是扣留了平原君，威胁赵孝成王交出魏齐，赵王于是发兵包围平原君的宅第。魏齐趁夜逃出，拜访虞卿，虞卿认为赵王无法说服，就带着魏齐逃奔魏国，向信陵君求助。信陵君并不愿意见他们，魏齐得知后自刎身亡。赵王于是取了魏齐的头送到秦国，平原君才得以回国。

平原君

仁而下士的信陵君

信陵君名叫魏无忌，是魏昭王的儿子，魏安釐王同父异母的弟弟。信陵君"仁而下士"，不管对什么人都能以礼相待，从不以自己的富贵对士骄傲。士人因而争相前往归附于他，信陵君因此威名远扬，各诸侯国连续十多年都不敢动兵侵犯魏国。

窃符救赵后，魏无忌知道自己无法再在魏国容身，就留在了赵国。赵孝成王感激魏无忌的义举，把汤沐邑封赏给魏无忌。魏无忌遂在赵国广交隐士，无论是隐于赌场的毛公还是隐于酒馆的薛公，都与他们交游，所以天下的很多士人，包括平原君的门客都有很多转归于魏无忌门下。

公元前247年，秦国大举进攻魏国，魏安釐王焦虑不安，派使者去请魏无忌回国。在毛公和薛公的劝谕下，起初犹豫不决的魏无忌终于回到魏国，担任了魏国军队的最高统帅。魏无忌派使者向各诸侯国求援，各国得知魏无忌担任了上将军，都纷纷派兵救魏。魏无忌率领五个诸侯国的联军在黄河以南大败秦军，使秦国将领蒙骜战败而逃。联军乘胜攻至函谷关，秦军紧闭关门，不敢再出关。这次合纵攻秦的胜利，使魏无忌的声威大震，各诸侯的宾客都向他进献兵法．魏无忌编写成书，后世称为《魏公子兵法》。

秦昭王深感魏无忌是秦国的威胁，派人持万斤黄金到魏国行贿，一面散布魏无忌想自立为王的谣言，同时假意祝贺魏无忌，问他是否已经做了魏王。这些谣言让魏安釐王信以为真，剥夺了魏无忌的军权。魏无忌心灰意冷，将印信兵符都交还魏王，以美女醇酒为伴，日夜享乐，过了四年就郁郁而死。

博闻善辩的春申君

春申君黄歇曾任楚相，明智忠信，宽厚爱人。黄歇年轻的时候曾四处拜师游学，见识广博，以辩才出众深得楚顷襄王的赏识。他曾成功地说服秦昭王不要起兵伐楚。

楚顷襄王去世后，太子熊完即位，称为楚考烈王，黄歇被任命为令尹，封为春申君，赐给淮北十二县的封地。当秦国的军队包围赵国都城邯郸时，春申君曾领兵救援赵国。通过援赵灭鲁，黄歇在诸侯中的威望大增。春申君黄歇在对外穷兵黩武的同时，对内则和齐国的孟尝君、赵国的平原君、魏国的信陵君一样竞相礼贤下士，招引门客。据说黄歇的门客多逞强好斗，奢侈浮华。一次，赵国的平原君派门客拜访春申君，春申君把他们安排在上等的客馆住下。平原君的门客想向楚国夸耀赵国的富有，特意在头上插上玳瑁簪子，亮出装饰着珍珠宝玉的剑鞘，前去拜见春申君，而春申君的上等门客都穿着宝珠做的鞋子，让平原君的门客自惭形秽。

楚考烈王病重后，楚国的国舅李园想取代黄歇的地位，暗中豢养了刺客准备刺杀黄歇。黄歇的门客朱英得到了这个消息，提醒黄歇注意李园的动向，但黄歇没有理会朱英的警告。不久，楚考烈王去世，李园抢先进入王宫，在棘门埋伏下刺客。春申君前去王宫奔丧，在棘门受到李园刺客的伏击，当即被斩头扔在棘门外。同时，李园派官兵前去春申君的家中，将春申君的家人满门抄斩。同年，考烈王之子悍继位，是为楚幽王，李园取代黄歇，被任命为楚国令尹。

都江堰与郑国渠

对农业生产来说，水利建设是非常重要的。春秋战国时期，人们普遍使用的灌溉办法，叫作桔槔。具体地说，就是由两根直木，一根竖立在河边或井边，一根用绳子横挂在竖立的直木顶上。横木上，一端系重物（如大石块），一端系长绳，挂上水桶。汲水时，把长绳下拉，让水桶浸入水中，水满时把绳子一放，由于一端结着石块，水桶就升上来了。这是一种利用杠杆原理来汲水的简单设施。

因为各诸侯国国君对水利建设十分重视，因此战国时期大面积的水利设施都是国家兴建的。据文献记载，大型水利的兴建，大致最先是在楚国的江淮地区出现，因为这地区的农业比较发达。

鸿沟

魏国的引漳灌邺工程，历经多年，彻底改变了邺（今河南安阳以北）这个地方的落后面貌。魏国的水利工程见于记载的，最出名的当属鸿沟。鸿沟是中国古代最早沟通黄河和淮河的人工运河。

高奴权

鸿沟也被叫作大沟，约在公元前360年，魏惠王时期开凿。为了灌溉农田，魏国在黄河与圃田泽（今郑州东圃田一带）之间开挖了一条运河，从荥阳引黄河水向东南流，浇灌田地，这就是鸿沟。鸿沟流到圃田泽后继续向东，一直延伸到了魏国的都城大梁（今河南开封），然后向南流入颍水，再经颍水下流注入淮水。鸿沟开凿后，不仅使济水、颍河、淮河、泗水和黄河互相贯通，构成了鸿沟运河系统，而且还可以灌溉大片农田，形成了这一流域的农业丰产区。据记载，当时的鸿沟曾经有几百里长，现在因为黄河水土流失，只剩下三四里长，再也看不到往日的辉煌了。

都江堰

除魏国外，秦国的都江堰也很有名。都江堰水利工程是全世界迄今为止，年代最久、唯一留存、以无坝引水为特征的宏大水利工程，而且至今仍然发挥着作用。

都江堰在今四川灌县西北，岷江流经这里，每当春夏山洪暴发的时候，江水奔腾而下，从灌县进入成都平原，由于河道狭窄，古时常常引发洪灾，洪水一退，又是沙石千里。而灌县岷江东岸的玉垒山又阻碍江水东流，造成东旱西涝。秦昭王时期，蜀郡太守李冰和他的儿子，吸取前人的治水经验，率领当地人民，主持修建了都江堰水利工程。他们对都江堰水利工程的整体规划是将岷江水流分成两条，其中一条水流引入成都平原，这样既可以分洪减灾，又可以引水灌田、变害为利。

首先，李冰父子请教了许多有治水经验的农民，虚心向他们了解当地地形和水情，并做了一系列实地勘察后，决心凿穿玉垒山引水。由于当时还未发明火药，李冰父子便以火烧石，使岩石爆裂，终于在玉垒山上凿出了一个口子。因其形状酷似瓶口，故取名“宝瓶口”，开凿玉垒山分离出的石堆被称作“离堆”。宝瓶口引水工程完成后，虽然起到了分流和灌溉的作用，但因江东地势高，江水很难流入宝瓶口，李冰父子又率领大家在离玉垒山不远的岷江上游和江心筑分水堰，用装满卵石的大竹笼放在江心，堆成一个形如鱼嘴的狭长小岛。鱼嘴把汹涌的岷江分隔成外江和内江，外江排洪，内江通过宝瓶口流入成都平原。为了进一步起到分洪和减灾的作用，在分水堰与离堆之间，又修建了一条长溢洪道，以保证内江无灾害。溢洪道前修有弯道，江水形成环流，江水超过堰顶时洪水中夹带的泥石便流入外江，这样便不会淤塞内江和宝瓶口水道，故取名“飞沙堰”。

郑国渠

秦国的另一大型水利工程是关中的郑国渠。郑国原是韩国的一位水利专家，韩国为了消耗秦国的力量，使其无力东向扩张，在公元前237年派郑国到秦国游说，劝秦国凿一条运河，引泾水东流入洛水，即从今天的陕西礼泉东北谷口地方起，引泾水往东到今天的三原县北汇合浊水及石川河道，再向东入洛水。

李冰石人水尺

本来就想发展水利的秦国，很快采纳了郑国的这一建议，并征集了大量的人力和物力，任命郑国主持兴建。在施工的过程中，不幸韩国“疲秦”的阴谋败露，秦王大怒，要杀郑国。郑国却说：“始臣为间，然渠成亦秦之利也。臣为韩延数岁之命，而为秦建万世之功。”(《汉书·沟洫志》)秦始皇嬴政是位很有远见卓识的政治家，认为郑国说得有理，于是仍然对其加以重用。经过十多年的努力，这条渠才竣工，人称郑国渠。

渠建成后，秦国的经济、政治效益显著，亩产量较黄河中游高许多倍。郑国虽然是个奸细，但在水利建设上可是当之无愧的专家。这一条运河干道的选择，是经过精心考虑的，充分利用了自然的地形特点，渠道开凿在高处，形成了一套自流灌溉系统，最大限度地发挥了渠道的作用，扩大了灌溉面积。

这条历时十余年才完成的伟大工程，非但没消耗秦国的国力，反而给秦国带来了农业的丰收，让关中地区成为名副其实的沃野。郑国渠工程之浩大、设计之合理、技术之先进、实效之显著，在我国古代的水利史上是少有的，也是世界水利史上少有的。

手工业的发展

战国时期，手工业也取得了巨大的发展，分工非常细密。我们举木工这一手工业者来说，战国时期叫作“攻木之工”，分为七部，分别是轮、舆、弓、庐、匠、车、梓。“轮”即“轮人”，主造车轮和车盖；“舆人”专管造车舆，也就是车床；“弓人”专门造兵器弯弓；“庐人”负责制造兵器的把柄；“匠人”除主管营造宫室城郭外，还管制造农具；“车人”主管制造各种车辆，也管制造农具；“梓人”主要制造木质饮食用具和乐器的架座之类。

细致的分工让产品的种类、质量乃至数量都达到了一个前所未有的水平。从采矿、冶炼等大型手工业，到人们日常生活的必备用品，如煮盐、纺织、竹木漆器，等等，都出现了前所未有的发达景象。下面，让我们逐一看看。

煮盐业

食盐是人们日常生活的基本必需品，古代称自然的盐为“卤”，只有经过人力的加工以后，才能称为“盐”。中国古代最早发现和利用自然盐始于洪荒时代，与动物对岩盐、盐水的舐饮一样，是出自生理本能。据说炎黄二帝的对决，就是为了争夺盐。

中国关于食盐制作的最早记载是关于海盐制作的记载，即炎帝时的宿沙氏首创用海水煮制海盐。到了春秋战国时代，制盐已经分为海盐、池盐和井盐了。井盐出现较晚，最早出现于战国时期的巴蜀地区。蜀郡守李冰在治水的同时，勘察地下盐卤的分布状况，开凿了盐井，这也是中国古代开凿盐井的最早记载。

历史小常识：猗顿贩盐

猗顿原是一个穷困潦倒的年轻人，他听说范蠡十九年间获金巨万，便前去请教。范蠡让他先畜养少数牛羊。由于猗顿辛勤经营，“十年之间，其息不可计”。同时，猗顿注意到了河东池盐，所以在贩卖牛羊时，便顺便驮运一些池盐。于是，他在积累了雄厚资本后，便开始从事池盐贸易。河东池盐为取之不尽、用之不竭的财源，猗顿不断扩大池盐的生产与销售规模，终于成了当时我国著名的大富豪，对山西南部地区的畜牧业和河东池盐的开发起了十分重要的作用，在山西商业发展史上也占着重要的地位。

酿酒业

《礼记·月令篇》于仲冬之月说：“乃命大酋，秫稻必齐，麴蘖必时，湛炽必洁，水泉必香，陶器必良，火齐（剂）必得。兼用六物，大酋监之，毋有差贷。”这六个“必”，就是对当时酿酒技术的经验总结。酒是用秫稻做的，首先要挑选好秫稻。用麴来造酒，是我国古代酿酒技术上的重要发明，它能把糖化和酒化两个过程结合起来进行。因为麴既富有糖化力的丝状菌毛霉，又有促成酒化的酵母。蘖是发芽糖化的谷粒，古时曾用作酿酒原料。酒是用麴蘖酿造的，所以要“麴蘖必时”。因为毛霉和酵母菌是很敏感的低级生物，污染就会影响菌类活动，或者滋生杂菌，所以要“湛炽必洁，水泉必香，陶器必良”。温度的控制也很重要，酵母活动最适当的温度是三十摄氏度左右，因此需要“火齐必得”。可见，酿酒业在当时也有极大的发展。

纺织业

中国早在原始社会后期就有了丝麻纺织。到了战国时代，在黄河、长江中下游的广大地区，丝织业非常发达，而且已经形成了不少具有地方特色的纺织品。加上缫车、纺车等手工纺织机器，劳动生产率大幅度提高，手艺日益精湛，缫、纺、织、染工艺逐步配套。

纺织品则大量成为交易物品，有时甚至成为交换的媒介，起到了货币的作用。

齐鲁之地在当时被称作“冠带衣履天下”，意思是说，各国人身上穿戴的都有齐鲁地方出产的纺织品。据说鲁国的纺织工艺水平极高，即“强弩之末不能穿鲁缟”。也就是说，鲁地生产的素白细丝织物非常轻薄精细，而且又很结实耐用。

齐国不仅能生产出罗、纨、纱等大批丝织品，而且能生产出更加精致的锦帛、缟缣等近二十种精品。

漆器制造业

战国时代蓬勃发展起来的手工业，还有竹木漆器的制造。

彩绘漆盒

漆器是中国特有的一项发明，它的历史几乎和纺织品一样悠久。相传早在尧、舜、禹之时，人们已开始用漆器做食具和祭器了。到了战国时代，漆器的颜色种类非常多，而且有了繁复细致的彩绘，并用桐油作稀释剂。桐油是中国特产的一种桐树果实榨出的干性植物油，直到近现代依然是漆料的稀释剂和配料。将桐油掺进漆料中，可以改善漆液的性能，从而调配成更多更便于描绘细致图案花纹的彩色漆料。

在漆器的胎质方面，战国时代也有所创新和发展。当时已能根据不同器物和特点创造出不同的胎质。除一般的木质施漆外，有的还采用了薄木加裱麻布，然后在表面上施漆并绘制各种美丽的图案。

建筑业

战国时期的木工，除了斧、凿、锥等铁工具以外，还有画方形用的矩，画圆形用的规，弹直线用的绳，测量垂直线用的县（悬），测量水平线用的水，同时还发明了一种矫正木料曲直的工具，叫作檃栝或榜檠。木工们的业务主要是建筑房屋、制造车舟等交通工具和建筑坟墓等。这时富贵人家的棺椁往往选取七围八围的楸、柏、桑来制作，坟墓里往往有棺椁数重，外面一层层地堆积着石块、木炭。在安徽寿县和河南汲县战国墓的发掘中，都曾发现木椁外堆积着深厚的石子层和木炭层。战国时棺的制作，底和壁已运用套榫来镶拢。战国时的车，车辐已多到三十辐到三十四辐。这些都说明当时木工技术已相当进步。

当时房屋的建筑，已有葺屋（草屋）和瓦屋之分。富贵人家的房屋往往用石基石础、木柱木架，上盖瓦顶，并开始有两层的楼房，说明建筑技术有了较大进步。战国铜钫上的建筑图案，屋下有高基，上为木结构，屋分两间，有立柱三根。每间各有一门，门扉双扇。

柱顶有斗拱承枋，枋上更有斗拱作平坐。上层楼没有柱，只有两门。上层楼的平坐似有栏杆，平坐两端作向下斜垂线，用来代表屋檐，说明当时平坐直压在腰檐上。战国宴射椭杯上的建筑图案，是架空的阁，阁基有三个支柱，两旁有阶梯五级，阁的两边有立柱，柱顶有斗拱承枋，阁顶有檐伸出很长。根据燕下都故城宫殿建筑的遗址来看，建筑时先挖坑，再填土打夯，然后挖出间次，留出墙壁，挖好柱窝。房屋的结构，是面阔三间，进深两间，其梁架部分大概用木材。房顶先铺芦苇，再涂草泥土，在草泥土上又涂厚一厘米的“三合土”，然后盖瓦。从已经发掘的秦咸阳宫第一号遗址来看，宫殿建筑在较高的大夯土台基上。宫殿四周设有回廊，宫殿之间有复道相连接。有的墙是在夯土台壁上补砌土墼，有的墙全用土墼筑成，并有壁柱用来巩固土墙。据推测，宫室之内设有大柱，用以承托屋盖的大梁。可见当时建筑技术已有相当水平，后代建筑技术就是在这个基础上发展起来的。

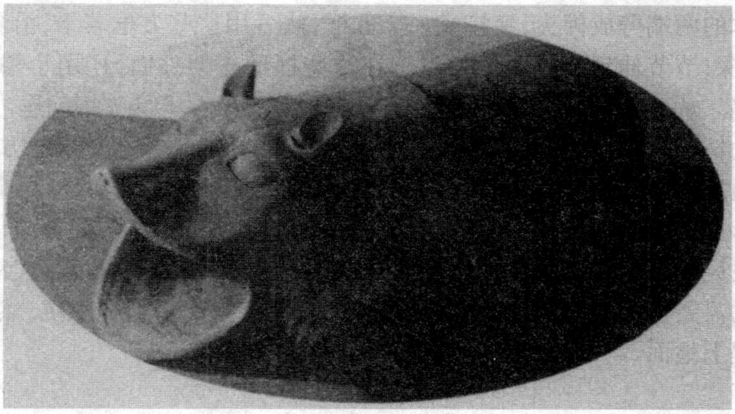

虎头形陶水道管口

当时的大规模建筑，已经有了简单的平面设计图。河北平山中山王墓出土的金银错铜版《兆域图》，是一幅中山王陵园建筑的平面设计图。在这幅设计图上，四周有三道长方形的围墙，外面一道叫“中宫垣”，中间一道叫“内宫垣”，里面围住坟墓封土的一道叫“丘”。三道围墙之间都有规定的距离。在“丘”以内设计建筑五个“堂”，“堂”就是建筑在封土上的“寝”。现在发掘的中山一号和二号墓，都有覆斗形封土，封土下部有平台彼此相连，封土半腰都有一圈方形的回廊建筑，一号墓保存较好，以外檐面积计算约为五十二米见方，和《兆域图》所记王堂方二百尺面积相近。由此可见当时国君陵园的建筑规模。

从青铜到铁器

铸造业的发展主要体现为冶铁业和青铜业的发展，这一时期的青铜冶铸技术有了突飞猛进的进步。

采矿业的进步

战国时代的采矿的遗迹，目前已经发现了许多处，其中以湖北大冶铜绿山和湖南麻阳铜矿遗址最为有名。

湖北大冶铜绿山遗址面积相当广，南北长约两公里，宽约一公里。在这里发现了当时的矿井支架、坑道，出土了不少采矿用具，同时还发现了大小炼炉数座和十多块饼状的铜锭。这里堆积着古代的大量矿渣，有的约数米厚，估计约有四十万吨左右。根据这四十万吨的炼渣计算，当时提炼出来的铜当在万吨以上。

遗址中发现的竖井采用四根圆木，每根的两端砍成台阶状的搭口榫，相互搭成方框支架，然后用这种方框层层叠压构成。这种竖井主要是供采矿工人上下和运取矿石、提取井下积水以及通风换气用的。斜井也用圆木构成，是把两根圆木的两端凿成孔，再将另外两根圆木的两端劈成榫头，穿接成一个方框，然后用这些方框若干，沿着矿层的倾斜走向，由浅入深，节节伸延到需要的位置。在这些框形支架外面，还用小树棍排成一片，防止矿井坍塌。从这种结构来看，当时已经很好地解决了井下的支护问题。

从发掘的情况来看，当时已经把矿井挖掘到了地下五十多米深的地方，而且初步解决了井下的通风、排水、提升、照明等复杂技术问题。在通风方面，当时的矿工们利用井口内外自然形成的不同气压，封闭已经废弃的巷道，使空气沿着采掘方向前进。这样就可以在没有鼓风设备给井下送风的情况下，也能使空气到达工作的地方，从而保证采掘工人对空气的需要。而当时对地下水的排除方法是：将水先引到积水坑，然后通过竖井，用辘轳把水提上地面。

青铜器

春秋战国时期是中国古代青铜器铸作的又一个高潮期。在战国早期，青铜器的纹饰发展成浮雕状，繁复的镂空花纹达到了东周时期青铜器制作的顶峰。到了战国中晚期，许多铜器都变成素面的，而且日用器皿大量增加。

这一时期对青铜的取材、配料等，都有了相当精密的分析记录，并且总结归纳出了一套科学的理论。不少论述用今天的科学方法去验证，也是符合科学道理的。

《周礼·考工记》中，对青铜器中铜与锡的比例问题有这样的记录："金有六齐（金即铜，在化学上称铜锡合金为齐），六分其金，而锡居一，谓之钟鼎之齐；五分其金，而锡居一，谓之斧斤之齐；四分其金，而锡居一，谓之戈戟之齐；三分其金，而锡居一，谓之大刃之齐；五分其金，而锡居二，谓之削杀矢之齐；金锡半，谓之鉴燧之齐。"也就是说，各种不同用途的青铜器，铜与锡的比例是各不相同的。据现代科学分析，这种比例是十分正确的。

铁器

战国时代，铁器得到了大范围的应用，但还没有完全取代青铜器。虽然都是金属，但采矿和冶炼的要求以及技术水平却很不一样，因为铁的熔点比青铜的要高许多。

按照一般冶铁的历史发展过程,是先炼成熟铁,即块炼铁,因为它不像炼生铁那样要求温度高。这种块炼铁出炉的时候,是一种含杂质较多的海绵状铁块,从炉中取出时往往会影响炉膛,这样就不可能连续冶炼。生铁则不然,它是把铁熔成了液体。这样不仅不影响炉膛,还能接二连三地持续冶炼,而且可以进行铸造,是十分有利于铁器的使用和推广的。根据有关记载,在国外,生铁的冶炼大约直到 14 世纪,才用熟铁渗碳的办法炼得。在中国,根据对战国时代的一些铁工具的分析研究,当时已经能够对生铁进行不同工艺的柔化处理了。因为发明了鼓风设备,极大地提高了炉温,所以中国在冶铁方面居于世界领先的地位。

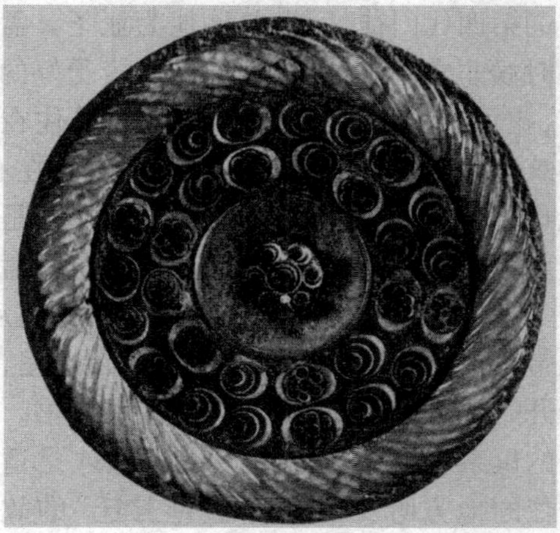

嵌玉琉璃镜

战国时代,一些远近驰名的铁器生产地,如赵国的邯郸,楚国的宛地,韩国的冥山、墨阳,等等,都是当时非常有名的铁器冶铸中心。从有关文献记载和历年各地考古发现来看,铁农具有耒、犁、铫、锄等;铁工具有刀、斧、凿、锯、锥、锤等;铁兵器有杖、矛、剑、甲胄等。礼器中也有用铁做的,甚至在人们的装饰品中,也出现了一些铁制品。

百家争鸣的开展与学术文化的繁荣

战国时期的长期兼并战争,使中国的社会结构发生了很大的改变。世袭贵族千余年来对土地和知识的垄断权丧失了,平民阶级(包括奴隶)通过军功掌握了权力。私学的大量涌现,让平民也有了学习知识的机会。一个人的权力,不再取决于他的祖先是不是贵族,而决定于他自己的思想和能力。

中国所有的古哲学思想和文化创造,几乎都在这个时代中萌芽成长。最主要的有四大学派,即儒家、道家、墨家、法家。此外还有阴阳家、名家、农家、杂家和兵家,等等。诸子百家到处宣传他们的思想,互相争辩和学习,使思想学术进入了空前的辉煌时代。

孟轲好辩

战国时期百家争鸣,儒家是当时最有影响的学派之一,为孔子所创。儒家主张礼治,强调伦常,曾遭到墨、法、道等学派的激烈批判,但因为儒学植根于中国固有的价值系统而又能随时自我调整,因此,儒家文化适应了时代和社会的变化而得以绵延至今。

儒家学派对中国人的影响,至为深远,继它的创造人孔子以后,孟子将儒家学派的理论体系发展得更为完善。

孟子名轲，邹国（今山东邹城）人，是孔子的第四代门徒，后世尊称他为亚圣。孟子小时候非常调皮，母亲为了让他接受好的教育，花了不少心思！刚开始，他们居住在一片墓地附近，孟子就对丧葬之礼熟稔在心。他母亲觉得，这里不适合孩子居住，于是带着孟子搬到了一个集市附近。在这里，孟子又学起了商人做生意的样子。母亲知道后，又带着他搬到了一所学校附近。在这里，孟子开始变得守秩序、懂礼貌、喜欢读书。孟子的母亲很满意地点着头说："这才是适合居住的地方呀！"后来，"孟母三迁"的故事为历代所称道，就流传下来，用以表示人应该要接近好的人、事、物，才能学习到好的习惯！孟子最主要的政治思想，就是"性善论""王道"和"仁政"。

孟母断机教子

孟子继承了孔子的"天命"思想，他说："莫之为而为之者，天也；莫之致而至者，命也。"就是说，没有人去做而自然做出来的，就是天意；没有人去招致而自然到来的，就是命运。他还说，只要充分扩张善良的本性，就懂得了人的本性；懂得了人的本性，就懂得天命了。这样就能达到"天人合一"的境界，也就能够顺"天命"了。孟子还说："五百年必有王者兴。"即五百年左右会出一个"明君""圣人"，然后周而复始地循环。

孟子认为，人一生下来便具备四善：仁，恻隐之心；义，羞恶之心；礼，辞让之心；智，是非之心。而君子能一直保存这四善。所谓王道，即尊崇尧、舜、禹、商汤、周公和孔子，尊崇先王圣人之道。而王道的核心，就是要施仁政，即"民为贵，社稷次之，君为轻"。孟子曾对齐宣王说："假如大王有一个臣下要去楚国，将他的妻子儿女托付给他的一个朋友照料，等他回来时，却发现自己的妻子儿女在挨饿受冻，他应当怎样对待这个朋友呢？"齐宣王回答说："跟这个朋友断交。"孟子接着说："长官管理不好属下，怎么办？"齐宣王说："罢免他。"孟子说："全国都没有得到治理，怎么办？"齐王不敢正对孟子，扭头看左右侍从，说起别的事来了。

孟子反对兼并战争，认为应该对那些提倡富国强兵，能征善战的国君、将领施行最重的刑罚。强调道德修养才是搞好政治的根本，即所谓"天下之本在国，国之本在家，家之本在身"。后来《大学》提出的"修齐治平"，就是根据孟子的这种思想发展而来的。

荀卿守正

荀子虽然是韩非子和李斯的老师，但他本人却是儒家的代表，只是他的观点和孟子大相径庭。荀子名况，字卿，战国时赵国猗氏（今山西安泽）人，对儒家思想有所发展，对重整儒家典籍也有相当的贡献。因为提倡性恶论，常被拿来与孟子的性善论比较。

荀子的思想偏向经验及人事方面，从社会脉络方面出发，重视社会秩序，反对神秘主义，重视人为的努力。孔子中心思想为“仁”，孟子中心思想为“义”，荀子继二人之后提出“礼”，重视社会上人们行为的规范。荀子认为人与生俱来就想满足欲望，若欲望得不到满足便会发生争执，因此主张人性本恶，需要由圣王及礼法的教化来“化性起伪”，使人格提高。

荀子

现存的《荀子》三十二篇，大部分是荀子自己的著作，涉及哲学、逻辑、政治、道德等许多方面的内容。在自然观方面，他反对信仰天命鬼神，肯定自然规律是不以人的意志转移的，并提出人定胜天的思想；在人性问题上，他提出“性恶论”，否认天赋的道德观念。强调后天环境和教育对人的影响；在政治思想上，他坚持儒家的礼治原则，同时重视人的物质需求，主张发展经济和礼治法治相结合；在认识论上，他承认人的思维能反映现实。他非常重视教师在教学中的地位和作用，认为国家要兴旺，就必须看重教师，同时对教师提出严格要求，认为教师如果不给学生做出榜样，学生是不能躬行实践的。

庄周梦蝶

道家的始祖是老子。传说孔子还曾到周向他探询过关于《周礼》的若干细节问题，老子则用一种教训的语调回答：“你问的那些人，骨头都已腐烂，只剩下言论。英雄人物遇到可以施展抱负的机会，立即献身。没有这种机会时，不必勉强追求。我认为有钱的商人要像没钱的人一样，有才能的人不必外表精明。把你的骄傲去掉，再把你的欲望去掉，这些对你无益。”

这一段话答非所问，但恰恰说明了老子的思想——不要作为，任凭事物自然发展。在老子所著的《道德经》中，这种清静无为的思想被表述得淋漓尽致。老子认为，无为即是有为，自然就是一切规律，什么事都不做，就是已经做了很多重要的事。庄子是继老子之后的道家代表。

庄子名周，宋国人，其出身可能是没落贵族，曾在家乡做过管漆园的小官，没多久就

庄子

归隐了。庄子愤世嫉俗，生活很穷困，却不接受楚威王的重金聘请，在道德上非常廉洁、正直。他一生淡泊名利，主张修身养性、清静无为，在他的内心深处则充满着对当时世态的悲愤与绝望，从他退隐、不争、率性的表象上，可以看出庄子是一个对现实世界有着强烈爱恨的人。

庄子的虚无主义比老子更加消沉，反对对任何事情认真，认为世上根本没有真，是非无法肯定，善恶也无法肯定，所以不必发扬善反对恶。不但抽象的事物如此，庄周认为他自己这个人是否存在，同样也无法肯定。有一天，庄子梦见自己变成了蝴蝶，飞来飞去，十分快乐。醒来之后，他感到很迷惑，弄不清是他在梦中变成了蝴蝶，还是蝴蝶在梦中变成了他。

“知其不可奈何而安之若命”，这是庄子的主要思想，他把生死、贫富、饥渴、寒暑等都说成是命中注定的，认为理想的境界当是超脱人世的所谓“至人”。这种人水火伤害不了，活也无所谓，死也无所谓，随随便便地来，随随便便地去，没有忧患，没有利害烦恼，可遨游太空，达到理想境界。庄子的妻子死时，他曾敲起瓦盆唱歌：“形变而有生，今又变而之死，是相与为春秋冬夏四时行也”，表示了对生死的无所谓。

庄子的哲学思想和老子一样，也以“道”作为天地万物的本源，他发展了老子哲学的消极部分。“道”本身既是有情有实的，又是人们看不见摸不着的。“道”是根本，天地还没有的时候，它就已经存在了。到底从什么时候开始，什么时候终了，谁也不知道。鬼神、上帝、天、地都是由“道”生出来的，自然界的万物也是由“道”生出来的，“道”是天地万物的本源，是永恒的、绝对的、无变化的；而万物才是暂时的、相对的、有变化的。“道”无所不在。

庄子的“道”和老子有不同的地方，老子的“道”是客体的，庄子的“道”是指人的主体精神，认为人只要自以为精神上得“道”，就可以与“道”同体。“道”既然存在于天地万物中，也就存在于“我”，“我”就是“道”，“道”就是“我”，世界就成为“我”的主观观念的产物。

庄子的文章，文字汪洋恣肆，意象雄浑飞越，想象的奇特丰富，情致的滋润旷达，给人以超凡脱俗与崇高美妙的感受，在中国的文学史上独树一帜。他的文章体制已脱离语录体形式，标志着先秦散文已经发展到成熟的阶段，可以说，《庄子》代表了先秦散文的最高成就。其名篇有《逍遥游》《齐物论》《养生主》等，《养生主》中的“庖丁解牛”尤为后世传颂。庄子一生洁身自爱，始终过着清贫的隐居生活，是才华横溢的文学奇葩。《庄子》的出现，标志着在战国时代，我国的哲学思想和文学语言，已经发展到非常玄远、高深的水平，是我国古代典籍中的瑰宝。因此，庄子不但是我国哲学史上一位著名的思想家，同时也是我国文学史上一位杰出的文学家。

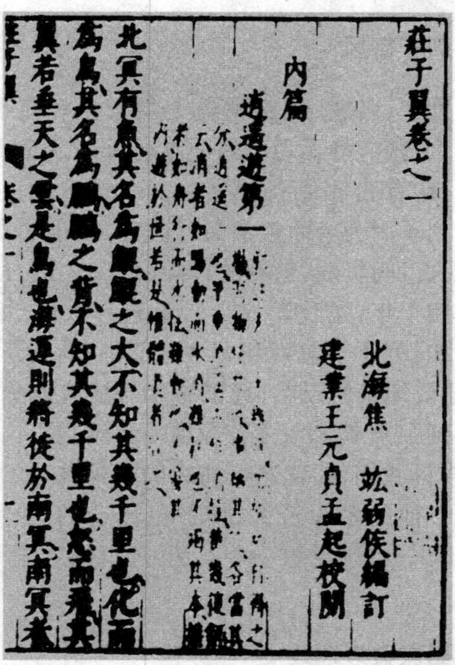
莊子翼卷之一
北海焦竑弱侯編訂
建業王元貞孟起校閱
内篇
逍遙遊第一
北冥有魚其名為鯤鯤之大不知其幾千里也化而為鳥其名為鵬鵬之背不知其幾千里也怒而飛其翼若垂天之雲是鳥也海運則將徙於南冥南冥者

《庄子》书影

《庄子》中还有很多寓言故事，富有幽默讽刺的意味。例如，惠施在梁国做宰相，庄子于是去梁国看这位好朋友。有人报告惠子，道："庄子来梁国是想取代您的相位呢。"惠子很惶恐，便派人在国中搜了三日三夜。正在为找不到庄子发愁的时候，庄子居然从容地来拜见他了。庄子说："南方有一只鸟，它的名字叫做鹓雏，你有没有听说过？这只鹓雏展翅而起，从南海飞向北海，不是梧桐它不栖息，不是精致的食物它不吃；不是醇美的泉水它不喝。这时，有只猫头鹰正津津有味地吃着一只腐烂的老鼠，恰好鹓雏从头顶飞过。猫头鹰看到后，急忙护住自己的腐鼠，仰头看着鹓雏说：'吓！'现在您也想用您的梁国来吓我吗？"还有一次，庄子带着弟子出外访友，夜间留宿在朋友家。主人很高兴，命儿子杀鹅款待。他的儿子问："一只鹅会叫，一只鹅不会叫，我应该杀哪一只呢？"他父亲说："当然杀那只不会叫的了。"第二天，庄子带弟子出了朋友的家门，没走多远，弟子便忍不住问道："昨天在山中，有树木因为不成材而得以终老天年，现在这朋友家的鹅却因为不成材而被杀，弟子不明白。庄子回答说："成则毁，锐则挫，尊则议，有为则亏，贤则厚，不肖则欺。怎能免累呢？只有道德之乡才逍遥啊！"弟子回答说："人应像鹌鹑一样起居：以四海为家，居无常居，随遇而安；像鸟一样饮食：不择精粗，不挑肥瘦，随吃而饱；像飞鸟一样行走：自在逍遥，不留痕迹！"庄子微笑着点点头。又一次，庄子独自骑着匹瘦马，慢慢行走在通向楚国的古道上，哀鸿遍野，骷髅遍地，一派兵荒马乱后的悲惨景象。夕阳西下，庄子走到一棵老树下，想找块石头坐下休息，忽然看到旁边露出一个骷髅。庄子拿过来，问它道："先生是贪生患病而落到此地步的吗？还是国破家亡、刀斧所诛而落到此地步的呢？先生是因有不善之行、愧对父母妻子而自杀才到这地步的吗？还是因冻馁之患而落到此地步的呢？抑或是寿终正寝所致？"说完，拿过来枕在上面就睡着了。半夜时，骷髅出现在庄子梦中，说道："先生，刚才你所谈的那些情况，皆是生人之累。你想知道死后的乐趣吗？"庄子回答说："当然。"骷髅说："无君于上，无臣于下，无四时之事。从容游佚，以天地为春秋。即使南面称王之乐，也不能与此相比。"庄子不信，问："如果让阎王爷使你复生，将你的亲朋妻儿都还给你，你还愿意吗？"骷髅现出愁苦的样子，道："吾安能弃南面王乐而复为人间之劳乎！"

列子御风

列子，名寇，又名御寇，是继老子和庄子之后又一位道家代表人物，他的学识以老子为本，主张清静无为。列子贵虚尚玄，修道炼成御风之术。庄子《逍遥游》中记载其“泠然善也，旬有五日而后返”。

列子因为穷而常常面有饥色，却拒绝郑国暴虐的执政者子阳馈赠的粮食，他主张应摆脱人世间贵贱、名利的羁绊，顺应大道，淡泊名利。列子终生致力于道德学问，在郑国隐居四十年，先后著书二十篇，现存八篇，其中有寓言故事百余篇，篇篇意味深长，发人深省。如《列子学射》《纪昌学射》和《薛谭学讴》三个故事告诉我们：学习时，不但要知其然，还要知其所以然；真正的本领是从勤学苦练中得来的；知识技能是没有尽头的，不能只学到一点就满足了。又如《承蜩犹掇》告诉我们，曲背老人捕蝉的如神技艺源于他的勤学苦练；情节更离奇的《妻不识夫》则说明一个人是可以移心易性的。

墨家兼爱非攻

墨家的人多来自社会下层，十分重视艰苦实践。墨家纪律严明，墨者必须服从巨子的领导。按墨家规定，被派往各国做官的墨者，必须推行墨家的政治主张；如果没有办法推行就要辞职。做官的墨者还要向团体捐献俸禄，当首领的更要以身作则。墨家是一个有领袖、有思想、有组织的学派，他们有强烈的社会实践精神，因此大多数都是有知识的劳动者。墨者勇于吃苦耐劳，严于律己，将维护公理与道义看作是自己义不容辞的责任。

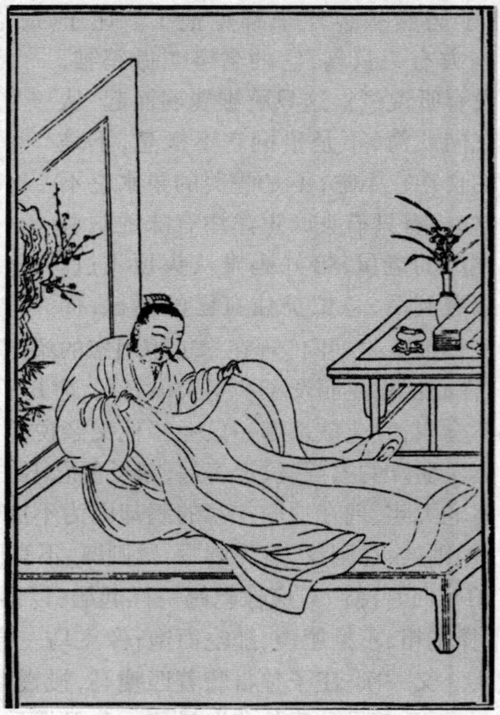
墨子

墨家学派是由鲁国人墨翟开创的，他被后人尊称为墨子。

墨家学派的代表思想就是博爱与和平，反对浪费，反对享受，更反对侵略。他们认为儒家尊崇的一切繁文缛节都是犯罪。墨家有十大主张，即兼爱、非攻、尚贤、尚同、天志、明鬼、非乐、非命、节用和节葬。

墨子曾经提出许多问题，例如：为什么在街上杀一人是犯罪，在战场上杀一万人是英雄？为什么抢夺别人的鸡鸭是盗贼，抢夺别人的国土是名将？为什么一个人死后要用活人殉葬？为什么埋葬一个死人要花费许多钱？为什么父母死了，儿子要守丧三年，不去劳动，却要平白受人供养？

这些问题，说明了墨子务实的思想。因此，当孔子的信徒在各国间游说自己的信念时，墨子的弟子却在努力耕田。

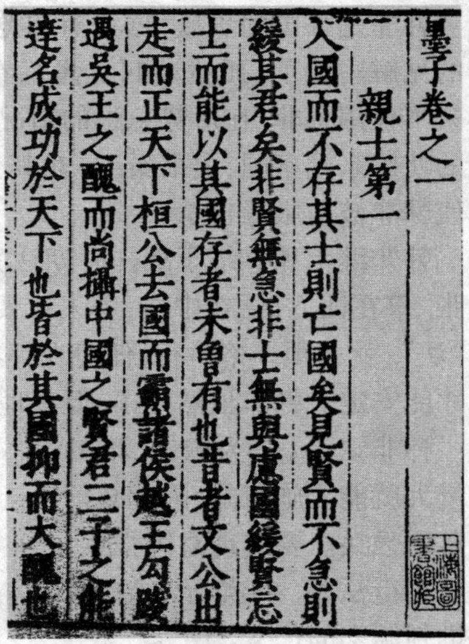
墨子卷之一
親士第一
入國而不存其士則亡國矣見賢而不急則緩其君矣非賢無急非士無與慮國緩賢忘士而能以其國存者未曾有也昔者文公出走而正天下桓公去國而霸諸侯越王句踐遇吳王之醜而尚攝中國之賢君三子之能達名成功於天下也皆於其國抑而大醜也

《墨子》书影

墨子死后，他的门徒把他生前的言论编纂为一本书，命名《墨子》，作为墨家学派的经典。他的信徒都自称墨者，组成小的团体，首领被称为巨子。

后期的墨家充分肯定人的认识能力，认为通过感官与外界事物接触就能获得知识。他们认为知识的来源有“闻知”“说知”“亲知”三条途径。“闻知”是听别人传授的知识，“亲知”是自己亲自经历得来的知识，“说知”是思维推理得来的知识。认为在室内而不直接接触事物得来的知识，即是判断推理，有理性认识的意思，在认识论上比墨子进了一大步。

在此基础上，墨家还提出了一整套逻辑思想和方法。当时盛行“辩”，他们提出概念要准确，要能充分表达事物的含义；理由要充分，要用同类的事物或概念进行类比、类推，不能把不同的事物或概念进行类比、类推。概念应该适应于事物的变化，不要强求别人承认自己的论证等。

后期墨家的认识论和逻辑学在对名家批判中得到发挥。他们给空间和时间下了比较确切的定义，“宇”是空间的总称，“久”是时间的总称。空间包括东、西、南、北、中一切方位，时间包括古、今、日、夜所有历程。空间有远近，时间有先后。这看来好像是很普通的道理，可却是针对名家的诡辩说的，很有意义。墨家能够取得这样的成就，应该说，和他们许多人亲身掌握生产技能和自然科学的知识有直接的关系。

法家以法代礼

战国时期，社会各阶层原有的界限被打破，大国之间互相侵略兼并，各个国家都想在这残酷的竞争中保全自己的国家，因而就需要有强大的国家军事、政治、经济等实力。而要有这样的实力，就要强化国家的统治，加强中央集权。在这样的情况下，法家登上了历史的舞台。他们为自己鼓吹的统治方略提供的理论依据，构成了法家的主要思想。法家的历史哲学观相对于其他哲学流派完全是一种全新、革命的观点。法家是先秦诸子中对法律最为重视的一派，他们以主张“以法治国”的“法治”而闻名，并提出了完整的理论和方法。他们在法理学方面做出了贡献，对于法律的起源、本质、作用等关系做了探讨，而且卓有成效。但是法家也有不足的地方，如极力夸大法律的作用，强调用重刑来治理国家，等等。

法家的集大成者是韩非子。

韩非是韩国的贵族，据说有口吃，不善言谈。他和李斯都是荀子的弟子。韩非将自己的见解写成了《孤愤》和《五蠹》，秦王嬴政读后极为赞赏，急切地下令攻打韩国。韩王本来不任用韩非，在形势急迫的情况下，便派韩非出使秦国。公元前234年，韩非作为韩国的使臣来到秦国，上书秦王，劝其先伐赵而缓伐韩。李斯妒忌韩非的才能，加以陷害，致使韩非被迫服毒自杀。

韩非继承和总结了战国时期法家的思想和实践，提出了君主专制中央集权的理论，主张"事在四方，要在中央；圣人执要，四方来效"。主张改革和实行法治，强调只要制定了"法"，就必须严格执行，任何人都不能例外，而且只有实行严刑重罚，人民才会顺从，社会才能安定。韩非虽然死了，但其理论并没有被嬴政摒弃。

韩非认为，作为国家，谁的力量大就能实施兼并，因此必须要富国强兵。要实现富国强兵，就要实行法治，要实行法治，就要批判儒家的仁义。

秦始皇

韩非说"法者，宪令著于官府"，就是以官府的宪令作为法治的依据，人人都要遵守。"法"是规矩，是准绳，不能离开，更不能任意行事。他主张大力宣传"法"，要让"卑贱"的人都知道，无论什么人都不能犯"法"。为了行"法"，不惜设重刑。

韩非说，"术"是国君驾驭群臣的手段，是一种权术。而这"术"是不能让人知道的。商鞅行法，数十年没有能够成就帝王的事业，在韩非看来，就是没有掌握"术"，"法"也等于失败了。

韩非的哲学思想继承了老师荀子的传统，批判地改造了老子"道"的思想，把"道"说成是自然界的本身和运动着的规律。他认为自然界是在不断地发生变化的，没有永恒不变的东西。他非常反对天命鬼神，认为"天"是没有意志的，就是十个尧那样的"圣人"，也不能使农作物在冬天里长出一株穗来，因此迷信鬼神是国家将亡的一种征兆。

对于韩非的这些思想，秦王嬴政在拜读了他的著作后也不由得感慨，说："寡人得见此人与之游，死不恨矣。"

慎到是战国时期法家的另一个著名代表人物，赵国人。他早年学黄老道德之术，把道家学说向法家理论方面发展。曾在齐国的稷下讲学，受上大夫之禄，负有盛名。他受老子影响，认为“道”的本质是万物相等。他是法家中主“势”的一派，提出了集权的主张，在政治上把权势放到了第一位。他把君主的权势看作行法的力量，认为有了权、有了法，一个平凡的君主就可以无为而治天下；贤能和智慧并不足以服众，权势地位则能够使贤者屈服。慎到尊君，但并不主张独裁，这和申不害不一样。他反对治理国家的关键全在于君主一人，国家兴亡的责任亦非属个人，他强调遵循“天道”，并指出“天道，因则大，化则细；因之者，因人之情也”，这带有较浓的道家色彩。慎到将自己的主张归纳为《慎子》一书，《汉书·艺文志》中著录四十二篇，现仅存残本。

名辩巨子惠施

战国时，“诸侯异政，百家异说”，思想极为活跃，以逻辑与认识论问题为讨论内容的名辩思想，就是在这种情况下形成的。名家着重于讨论“名”与“实”的关系，也就是事物的名称和事物本身的关系，往往在事物的名词、概念和逻辑的分析研究上下功夫，当时人称他们为“察士”或“辩者”，“名家”是汉代人叫出来的。

庄子

宋国人惠施是名家的重要代表之一，他和墨家一样，曾努力钻研宇宙万物构成的原因。他的著作今已失传，只有《庄子·天下篇》中保存了他的十个命题。这十个命题主要是对自然界的分析，其中有些含有辩证的因素。他说：“至大无外，谓之大一；至小无内，谓之小一。”“大一”是说整个空间大到无所不包，不再有外部；“小一”是说物质最小的单位，小到不可再分割，不再有内部。惠施认为一切事物都处于变动之中，比如说，太阳刚升到正中，同时就开始西斜了；一件东西刚生下来，同时又走向死亡了。这种看法在一定程度上认识了事物矛盾运动的辩证过程。但是他无条件地承认“亦彼亦此”，只讲转化而不讲转化的条件。

对于惠施的哲学思想，人们至今依然津津乐道的莫过于他与庄子的那一场辩论。庄子和惠施在濠水的桥上游玩。庄子说：“小鱼悠闲地游出来，这是鱼的快乐啊！”惠子问：“你不是鱼，怎么知道鱼是快乐的？”庄子回说：“你不是我，怎么知道我不晓得鱼的快乐。”惠子辩说：“我不是你，固然不知道你；由此而推，你既然不是鱼，那么，你不知道鱼的快乐，是很明显的了。”庄子回说：“请把话题从头说起吧！你说：‘你怎么知道鱼是快乐的’云云，就是你知道了我的意思而问我，那么我在濠水的桥上也就能知道鱼的快乐了。”

惠施的学问很渊博，魏王经常听他讲学，十分赞赏他的博学。一年，魏国的宰相死了，魏王急召惠施。惠施接到诏令立即起身，日夜兼程直奔魏国都城大梁。途中，一条大河挡住去路。惠施心里记挂着魏王和魏国的事情，心急火燎，结果失脚跌落水中。眼看就要沉入水底了，幸亏一个船家赶来，才救了惠施一命。船家问道："既然你不会水，为什么不等船来呢？"惠施回答说："时间紧迫，等不及了。"船家又问："什么事这么急，让你连安全也来不及考虑呀？"惠施说："我要去做魏国的宰相。"

船家笑得差点从船上栽下去，露出鄙视的神情对惠施说："看你刚才落水的样子，可怜巴巴地只会喊救命，如果不是我赶来，恐怕连性命都保不住。像你这样连凫水都不会的人，还能去做宰相吗？真是太可笑了。"惠施听了这番话十分气恼，很不客气地对船家说："要说划船、凫水，我当然比不上你；可是要论治理国家、安定社会，你同我比起来，大概只能算个连眼睛都没睁开的小狗。凫水能与治国相提并论吗？"

公孙龙

公孙龙"白马非马"

惠施为战国时代"名辩"思潮中的思想巨子，公孙龙与他共同将名辩学说推向顶峰。公孙龙是赵国人，曾经是平原君的门客，因《白马论》一举成名。

当时，赵国的马匹流行烈性传染病，导致大量马匹死亡。秦国战马很多，为了严防这种瘟疫传入秦国，就在函谷关口贴出告示："凡赵国的马不能入关。"

一天，公孙龙骑着白马来到函谷关前。关吏说："你可入关，但马不能入关。"公孙龙辩道："白马非马，怎么不可以过关呢？"关吏说："白马是马。"公孙龙讲："我公孙龙是龙吗？"关吏愣了愣，但仍坚持说："按规定不管是白马黑马，只要是赵国的马，都不能入关。"公孙龙道："'马'是指名称而言，'白'是指颜色而言，名称和颜色不是一个概念。'白马'这个概念，分开来就是'白'和'马'或'马'和'白'，这也是两个不同的概念。譬如说要马，给黄马、黑马者可以，但是如果要白马，给黑马、给黄马就不可以，这证明'白马'和'马'不是一回事吧！所以说白马就不是马。"

关吏越听越茫然，被公孙龙这一通高谈阔论搅得晕头转向，如坠云里雾中，不知该如何对答，无奈之下只好让公孙龙和白马都过关去了。

公孙龙的哲学思想不像惠施那样强调"实"是相对的、变化的，而是强调"名"是绝对的、不变的。

阴阳家

邹衍是齐国人，曾为燕昭王的老师，游历过魏、赵、燕、秦等国。《邹子》一书共四十九篇，但今已失传，只有从秦汉时他人的著作中才能了解到邹衍的思想。

邹衍的学说包括三个部分：一是天论，二是地理学说，三是阴阳五行的五德终始学说。

阴阳五行本是解释宇宙的哲学思想。五行分别是水、火、木、金、土。不同的二物在一起能发展，相同的东西在一起就不能发展，这五种物质合起来则可以造成百物、万物，以至发生无穷的作用。这是关涉到宇宙构成的学说，还属于朴素的五行说。邹衍扩大了这五行学说，成为阴阳五行家。

依据当时的地理知识，邹衍称中国为赤县神州，赤县神州外面是大洲大海。这个说法虽然不着边际，但也扩展了人们的空间概念。

邹衍将金、木、水、火、土与“五德”相联，与天的青、赤、黄、白、黑五色相呼应。“五气”相胜，木胜土，金胜木，火胜金，水胜火，土胜水，一气胜一气，循环往复。与此对应，“五德”也循环往复，相代而兴。每一个朝代相当一个“德”，一切制度设施都要和这个“德”相应。邹衍的五德终始说以宗教迷信的神秘色彩赋予皇权神授。

纵横家

纵横家多为策辩之士，是中国最早也最特殊的外交家。

纵横家们在国力富足的基础上利用联合、排斥、利诱等办法不战而胜，或以较少的损失争取较大的收益。他们的智谋、思想、手段、策略在当时历史条件下所创造的智慧是后世无法超越的。纵横家人物多出身贫贱，他们以布衣之身、用三寸之舌退百万雄师，或者解不测之危，智慧非常。纵横家的始祖为鬼谷子，他是春秋时人，以隐居于鬼谷而得名，追随鬼谷子学习纵横术的人有很多，著名的主要有苏秦、张仪、甘茂、司马错、乐毅、范雎等。《战国策》记录了这些纵横家们的活动和言行。

杂家

杂家，顾名思义，是各家的学说兼而有之，《吕氏春秋》就是杂家集大成之作。

《吕氏春秋》是秦国丞相吕不韦组织属下门客们集体编纂的，又名《吕览》，在公元前239年写成，当时正是秦国统一六国的前夕。《吕氏春秋》写成之时，吕不韦把此书放在咸阳市门，无论诸侯游士，有能增减一字者，悬赏千金。

《吕氏春秋》共分为十二纪、八览、六论，共二十六卷，一百六十篇，二十余万字，内容驳杂，有儒、道、墨、法、兵、农、纵横、阴阳等各家思想，所以《汉书·艺文志》等将其列入杂家。《吕氏春秋》的编著目的就是为了集各家之精华，成一家之思想，那就是以道家思想为主干，融合各家学说。据吕不韦说，此书对各家思想的取舍完全是从客观出发，对各家都抱公正的态度，并一视同仁。因为“私视使目盲，私听使耳聋，私虑使心狂。三者皆私没精，则智无由公。智不公，则福日衰，灾日隆”。

《吕氏春秋》的十二纪是全书的大旨所在，分为《春纪》《夏纪》《秋纪》《冬纪》。每纪都是五篇，共六十篇，使用十二月令作为组合材料的线索。《春纪》主要讨论养生之道，《夏纪》论述教学道理及音乐理论，《秋纪》主要讨论军事问题，《冬纪》主要讨论人的品质问题。八览现存六十三篇，从开天辟地说起，一直说到做人务本之道、治国之道以及如何认识、分辨事物、如何用民、为君等。六论共三十六篇，杂论各家学说。

鬼谷子

群英汇于齐鲁

在齐国都城临淄（今山东淄博东北）稷门（西边南首门）的附近，设有中国古代最早的学术活动和政治咨询中心——稷下学宫。齐宣王在位时扩置学宫，招揽天下贤士近千人，任其“不治而议论”，其中七十六人被尊为“上大夫”。著名的有彭蒙、田骈、慎到、宋钘、尹文、儿说、邹衍等。邹国的孟轲和赵国的荀况，先后到稷下学宫游学。孟子在齐威王和齐宣王时两度游齐；荀子在齐襄王时游学稷下，并多次出任学宫主持人——祭酒。

稷下学宫汇集了道、法、儒、名、兵、农、阴阳等百家之学，成为当时各学派荟萃的中心，历时约一百四五十年，逐渐形成一个具有一定倾向的学派，后人称为“稷下学”。各家在稷下自由讲学、辩论，各自著书，言治乱之事，向君主提建议，促进了百家争鸣的开展和学术文化的繁荣。

赵国的慎到，早年学黄老道德之术，把道家学说向法家理论方面发展，曾在齐国的稷下讲学，受上大夫之禄，负有盛名。齐国的彭蒙、田骈，他们的学说也都有道家倾向，均在稷下讲学。他们主张“齐万物以为首”“贵齐”，强调事物的齐一、均齐。认为对万物应取“莫之是，莫之非”的态度，“万物皆有所可，有所不可”。主张因循自然，不置可否，齐一万物。还提出行不教之教，认为“选则不遍，教则不至，道则无遗者矣”。

宋钘是宋国人，其思想受到道家和墨家的影响，主张以“宽”“恕”为处理人与人之间关系的总原则，“设不斗争，取不随仇”，“见侮不辱，救民之斗”。主张在国与国之间“禁攻寝兵，救世之战”，禁止攻伐，息止兵事，反对诸侯间的兼并战争。提出“接万物以别宥为始”，认为只有破除了见侮为辱、以情为欲多等偏见，才能认识事物的真相。力图从主观上清除荣辱、誉非、美恶的界限，要求做到“定乎内外之分，辨乎荣辱之境”。荣辱等是属于外在的东西，不应以之妨害内心的平静，即使身陷牢狱之中，也不以为羞耻。如能做到人人“见侮不辱”，即虽然被侮，但不以为耻辱，这样就不会互相争斗，能够“救民之斗”，天下便安宁了。

科技、文学与生活

战国时期生产力的发展，也促进了科技的发展。天文方面主要表现为二十八星宿体系的形成，医学方面则是中医体系逐步建立，当时的数学知识也日益丰富，此外，力学、光学等领域也取得辉煌成就，许多科技知识和学科在这个阶段萌芽。文学也有很大发展。

天文和历法

战国时代通用的天文历法叫作四分历，是春秋末年开始有的。这种历法将一年分为三百六十五又四分之一日，规定每一九年置七个闰月，一个朔望月为二十九天半多。这是当时世界上最精密的历法。

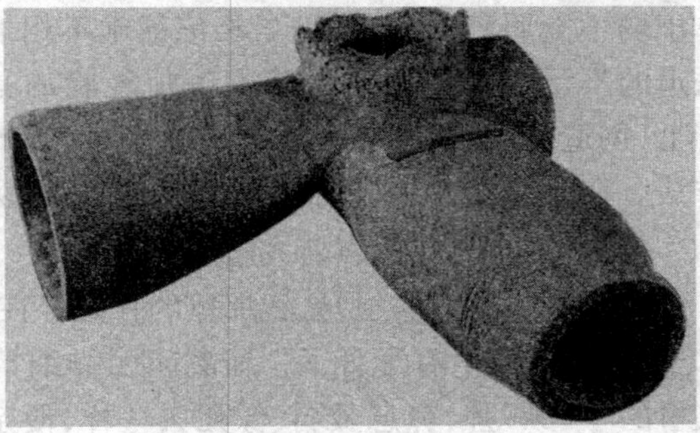

四通水道

战国时代有名可考的天文学家，齐国有甘德，魏国有石申，楚国有唐昧，赵国有尹皋。其中以甘德和石申在天文学上取得的成就最为突出。甘德写有《天文星占》八卷，石申写有《天文》八卷，后人把这两部著作合为一部，称《甘石星经》。

《甘石星经》是中国也是世界上最早的一部天文学著作，可惜它在宋代以后失传了，今天只能从唐代的天文学书籍《开元占经》里见到它的一些片段摘录。这些片段摘录表明，甘德和石申曾系统地观察金、木、水、火、土五大行星的运行，发现了五大行星出没的规律；记录了八百颗恒星的名字，测定了一百二十一颗恒星的方位。后人将甘德和石申测定的恒星记录称为《甘石星表》，这是中国、也是世界上最早的恒星表，比希腊天文学家伊巴谷测编的欧洲第一个恒星表大约早二百年，在中国和世界天文学史上都占有重要地位。

为了准确地计时，战国时还创造了一种在中国一直使用到明清时代的"滴漏"。这些成就，在当时世界上都是十分先进的。

医学

中国现存最早的医学著作是《内经》。《内经》因假托是黄帝所作，故又称《黄帝内经》。实际上，这部医学经典并非出自一人之手，而是许多医学家长期积累的成果，它大约成书于战国时期。

《内经》包括《素问》和《灵枢》（又称《针经》）两大部分。《素问》和《灵枢》各有九卷八十一篇，合为十八卷，一百六十二篇。《内经》在我国古代哲学思想阴阳五行学说的指导下，全面而系统地论述了人体生理学、病理学、病因学、诊断学等，介绍了内科、外科、儿科、妇科等三百余种病候，以及对这些疾病应采取的汤液、针灸、按摩等治疗方法。直到今天，它仍是中医学的必读之书。

扁鹊

战国时代，有一位伟大的医学家，名叫扁鹊。扁鹊本名秦越人，齐国人，精于内、外、妇、儿、五官等科，应用砭刺、针灸、按摩、汤液、热熨等法治疗疾病，被尊为医祖。

据说扁鹊看病行医有“六不治”原则：一是依仗权势，骄横跋扈的人不治；二是贪图钱财，不顾性命的人不治；三是暴饮暴食，饮食无常的人不治；四是病深不早求医的不治；五是身体虚弱不能服药的不治；六是相信巫术不相信医道的不治。扁鹊在总结前人医疗经验的基础上，创造总结出望、闻、问、切的诊断疾病的方法。在这四诊法中，扁鹊尤擅长望诊和切诊。他遍游各地行医，声名大震。

一次扁鹊路过虢国，见到那里的百姓都在进行祈福消灾的仪式，就问是谁病了，宫中术士说，太子死了有半日了。扁鹊问明详细情况，认为太子患的只是一种突然昏倒不省人事的“尸厥”症，鼻息微弱，像死去一样，便亲去察看诊治。他让弟子磨研针石，刺百会穴，又做了药力能入体五分的熨药，用八减方的药混合使用之后，太子竟然坐了起来，和常人无异。继续调补两天后，太子完全恢复了健康。从此，天下人传言扁鹊能“起死回生”，但扁鹊否认说，他并不能救活死人，只不过能把应当活的人的病治愈罢了。

还有一次，扁鹊拜见蔡国桓公，扁鹊说道：“君王在你的皮肤表面有病，如果不治恐怕会深入体内。”蔡桓公认为扁鹊想故意卖弄自己的医术，很不高兴，说道：“我没有病。”扁鹊出去了，桓公对身边的人说：“医生就喜欢治没有病的人来邀功。”过了十天，扁鹊又拜见桓公说：“您的病在肌肤里了，如果不治恐怕会更深入体内。”桓公这回连话都没说，扁鹊只好出去。过了十天，扁鹊又拜见蔡桓公说：“您的病在肠胃里了，如果不治恐怕会更深入。”桓公还是不予理睬。过了十天，扁鹊望见桓公就回头跑开。桓公很纳闷，派人去问他原因。扁鹊说：“病在皮肤表面的时候，汤剂和熨敷就可以治疗它；在肌肤里的时候，用银针和石针就可以治疗它；在肠胃的时候，用火剂汤就可以治疗它；在骨髓的时候，那是掌管命的神所管辖的地方，就无可奈何了。”过了五天，桓公身体疼痛，派人去找扁鹊，扁鹊已经逃往秦国去了，桓公很快就死了。

扁鹊到秦国后去拜见秦武王，当时秦武王正在患病，就把病情告诉了扁鹊。扁鹊建议及早医治，可是武王左右的大臣却提出异议，说：“君王的病在耳朵的前面，眼睛的下面，未必能治好，弄不好反而会使耳朵听不清，眼睛看不明。”秦武王把这话告诉了扁鹊，扁鹊听了很生气，把治病的砭石一丢，说：“君王同懂医术的人商量治病，又同不懂医道的人一道讨论，干扰治疗，就凭这可以了解到秦国的内政，如此下去，君王随时都有亡国的危险。”

秦武王听了觉得有道理，可要不要让扁鹊给自己治病，心里还拿不定主意。秦国太医令李醯见状，忌妒扁鹊的医术，设计把他害死了。

离骚楚风

先秦时期还出现了一些伟大的诗人，他们的文学成就对后世影响十分深远。

屈原是中国历史上最伟大的浪漫主义诗人之一，也是我国已知最早的著名诗人和伟大的政治家。他的代表作主要是《离骚》《九章》《九歌》《天问》等，其中《离骚》是我国古代最长的抒情诗。

沧浪濯足图

屈原出生于楚国的贵族家庭，因为家族衰落，屈原只担任了楚国的大夫。屈原是楚国贵族中的杰出人才，精通历史、文学，洞悉各国形势和治世之道。他二十多岁就做了楚怀王的左徒，对内和楚王讨论国家大事，发布号令，对外接待宾客，应对诸侯。楚王还让他草拟法令，又让他出使齐国，联齐抗秦。屈原的开明政策，曾一度使楚国出现了国富兵强、威震诸侯的局面。但是楚怀王对屈原的信任以及屈原的改革精神和措施，却招来了楚国贵族大臣们的反对和忌妒。他们只知道维护自己的权益，而将国家的利益置之脑后，于是对屈原的诋毁之声终日围绕怀王四周，终于，昏聩的楚怀王听信了谗言，渐渐疏远了屈原。

公元前304年，张仪由秦至楚，使齐楚断交。怀王发觉被骗后，派屈原出使齐国重修旧好。而此间张仪又一次由秦至楚，瓦解了齐楚联盟的活动，楚国彻底投入了秦国的怀抱。于是，屈原被逐出郢都，到了汉北。公元前299年，屈原回到郢都。同年，楚怀王被秦国扣留，最终客死秦国。楚国人因为此事心里很是不平，屈原更是气愤，劝楚顷襄王搜罗人才，操练兵马，为国家和怀王报仇雪耻。屈原的话再一次招来了令尹子兰和靳尚等人的仇视，他们天天在顷襄王面前说屈原的坏话。楚顷襄王于是就把屈原革了职，放逐到了湘南。这是屈原第二次被放逐。

屈原第一次被放逐以后，有三年的时间没有见到楚怀王。他对国家竭尽了忠诚、智慧，可是却被奸佞遮蔽、阻挠。他心烦意乱，不知如何是好，于是去见太卜郑詹尹，说道："我心中有疑惑，想靠您帮我解答。"詹尹就把策摆正，拂去龟壳上的灰尘，问道："什么事，说吧。"

屈原道："我该勤勤恳恳，朴实忠诚呢，还是无止境地去应酬逢迎、往来周旋呢？我该去锄掉茅草，勤劳耕作呢，还是去逢迎达官贵人以博取荣誉呢？我该直言不讳以致使自己受到危害呢，还是随波逐流贪图富贵，苟且偷生呢？我该超越浊世，远举高蹈，以保持自己的本性呢，还是去巧言奉承，强作笑颜来侍奉一位女人呢？我该廉洁正直以保持自身的洁白呢，还是圆滑世故、柔弱取媚于人呢？我该像一匹千里马那样昂然翘首呢，还是像野鸭浮游，与波起伏，偷生全躯呢？我该与骐骥抗轭并驾呢，还是尾随劣马的足迹呢？我该与天鹅一道并翅高飞呢，还是去和鸡鸭争食呢？所有这些，究竟孰好孰坏，何去何从？人世混浊，没有一块干净之处；人们认为知了的翅膀很重，却把千斤的物体看得很轻；体庞音亮的大钟被人们抛弃不用，敲起瓦钵却让它发出雷鸣；谗佞者位高权重，十分显赫；贤仁之士毫无地位，默默无闻。唉，我还说什么呢，谁又知道我的廉正忠诚？"

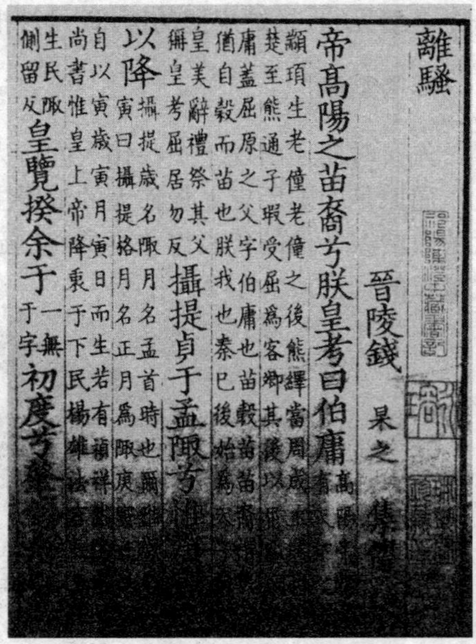
離騷
晉陵錢 杲之
帝高陽之苗裔兮朕皇考曰伯庸
顓頊生老僮老僮之後熊繹當周成
楚至熊通子瑕受屈爲客卿其後以
庸蓋屈原之父字伯庸也苗裔苗
猶自穀而苗也朕我也秦巳後始爲
皇美辭禮祭其父
稱皇考屈居勿反
攝提貞于孟陬兮
以降
攝提歲名陬月月名孟首時也
寅曰攝提格月名正月爲陬庚
自以寅歲寅月寅日而生若有禎祥
尚書惟皇上帝降衷于下民揚雄法
生民陬一無
側留反于字
皇覽揆余于初度兮

《离骚》书影

詹尹听后，放下了手中的蓍草，说："尺有所短，寸有所长；事物各有不足之处，人的智慧也有不明的时候；占卜也有不能解答的问题，神灵有时也无法通晓。您就按自己的心意去行事吧。我的龟壳、蓍草实在无济于事，占卜是解决不了您这些问题的。"

屈原于是天天在汨罗江(在今湖南东北部)一带徘徊，写着伤心的诗歌。一天，屈原在江边遇见渔父。渔父对屈原说："您不是楚国的大夫吗？怎么会弄到这等地步呢？"屈原说："许多人都是肮脏的，只有我是个干净人；许多人都喝醉了，只有我还醒着，所以被赶到这儿来了。"

渔父不以为然："既然您觉得别人都是肮脏的，就不该自命清高；既然别人都喝醉了，那么您何必独自清醒呢！"屈原反对说："我听人说过，刚洗头的人总要把帽子弹弹，刚洗澡的人总是喜欢掸掸衣上的灰尘。我宁愿跳进江心，填在鱼肚子里去，也不能拿自己干净的身子跳到污泥里，染得一身脏。"

由于不愿意随波逐流，在公元前278年五月初五楚国都城被攻破的那天，屈原抱着一块大石头，跳到汨罗江里自杀了。附近的渔民没有找到屈原的尸体，便把竹筒子里的米撒下去，希望鱼儿吃这些米，不要咬食屈原。

五月初五从此被称为端午节。直到今天，人们还在每年的这一天举行划船竞赛和吃粽子，表示对屈原营救不辍。

屈原留下的长诗《离骚》，表达了他忧国忧民的情怀，对楚国的一草一木，都寄托了无限的深情，人们常把它与《诗经》并称。

另一位楚辞的集大成者是宋玉，也有人说他是屈原的弟子。宋玉又名子渊，战国时鄢（今湖北襄樊宜城）人。

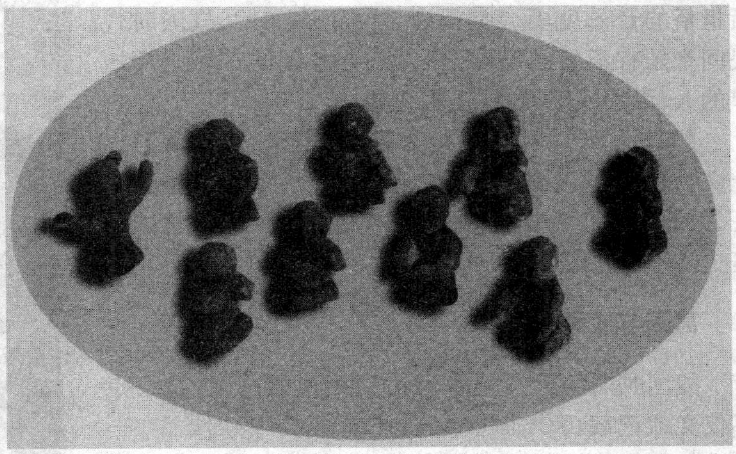

舞队俑

宋玉的作品，最早据《汉书·艺文志》载，有十六篇。现今相传为他所做的《九辩》《招魂》两篇，见于王逸《楚辞章句》；《风赋》《高唐赋》《神女赋》《登徒子好色赋》《对楚王问》五篇，见于萧统《文选》；《笛赋》《大言赋》《小言赋》《讽赋》《钓赋》《舞赋》六篇，见于章樵《古文苑》；《高唐对》《微咏赋》《郢中对》三篇，见于明代刘节《广文选》。但这些作品真伪相杂，可信而无异议的只有《九辩》一篇。

宋玉的成就虽然难与屈原相比，但他是屈原诗歌艺术的直接继承者。在他的作品中，物象的描绘趋于细腻工致，抒情与写景结合得自然贴切，在楚辞与汉赋之间，起着承前启后的作用。

击筑与秦筝

战国时期，音乐的形式多种多样，每一个地区、民族的音乐都有着鲜明的特点。

在北方，燕、赵之地的音乐悲壮而慷慨。荆轲赴秦之时，在易水相别，高渐离击筑，荆轲唱道："风萧萧兮易水寒，壮士一去兮不复还！"据说听者无不虎目圆瞪，怒发冲冠。这应该是很有北方地区音乐特点的。

而荆轲所去的秦地，据李斯在《谏逐客书》中讲，其音乐是"击瓮扣缶，弹筝抚髀，而歌呼呜呜"。

在东方的齐国，流行丝竹之声，也就是舒缓的音乐，大概相当于现代的轻音乐吧。

南方的楚国以舞蹈闻名，楚人的歌声被称为"南音"，多用"兮"字音为尾。

在战国以前，音乐为少数王公贵族所垄断，他们认为乐"可以善民心"，能"移风易俗，天下皆宁"，因此官府每年派人采风，其中除部分作品被采风者收集改造，民间的大多数音乐却还登不上大雅之堂。到了战国时期，以前的"高雅音乐"渐渐使人乏味，甚至连王公贵族们都不爱听了。魏文侯对孔子的弟子子夏说，自己只要一听古乐，就要打瞌睡，但听世俗的音乐就不会觉得疲倦。正因如此,战国时代民间音乐有了新的发展,据说东方齐国的都城临淄城里的人,无不吹竽鼓瑟,击筑弹琴。

此时,乐器的种类也极为繁多,见于记载,并有出土文物佐证的有钟、磬、琴、瑟、笛、箫、笙、竽、筝、筑、钲、鼓等。其中齐国的瑟、秦国的筝特别有名,楚国的笙更是中国之冠。

错金蟠虺纹编钟

帛画与漆画

战国时期的绘画艺术已达到相当的高度,这一点不仅文献记载可供查考,而且还有不少绝妙佳品——考古发掘所获的帛画、铜器纹饰、漆器彩绘等。

战国绘画的应用范围较之商、西周时期有所扩大,已经出现了不依附于工艺品与建筑物的独幅主题性绘画,即作为铭旌用于墓葬的帛画。与此同时,绘画的题材也更加广泛,除传统的动植物纹样、自然气象纹样和几何纹样,天地、山川、神灵以及"古贤圣、怪物行事"等历史神话题材外,战争、田猎、宴乐、出行等现实生活题材也大量进入绘画,表现手法也更趋成熟,更加多样化。

目前为止,战国时期的帛画发现的不多。其中有两幅最有名,一幅是《龙凤仕女图》,一幅是《人物御龙图》。

《龙凤仕女图》是 1949 年春在湖南长沙近郊的战国墓中发现的。构思巧妙,笔调古拙,人体部位比例把握得非常准确。据文献记载,楚国妇女爱细腰,这幅画中妇女的装束就很符合当时楚国的风尚。《人物御龙图》上,画面正中为一身材修长的中年男子,头戴高冠,身着广袖长袂袍服,腰挂长剑,神态刚毅,侧身直立,手执缰绳,驾驭着一条巨龙。这条龙龙头高昂,尾巴上翘,尾巴上还站着一只美丽的仙鹤。这幅画具有相当高的艺术水平,技巧相当成熟。

战国的绘画成就,在当时的铜器、漆器等纹饰上更有充分的反映。青铜器的纹饰更具现实意义,多用写实的手法,着重描绘人物和动物,笔法古拙纯熟,有明有暗有透视,使平板的花纹更具有立体感。漆器的花纹在绘画史上也占有一席之地,图案结构非常新颖,多数是人与动物活动的写实画。

地理学之祖——《禹贡》

《禹贡》是《尚书》中的一篇,大概是中国古代最完整、有系统、有科学性的地理记载,文简而赅,一直被奉为地理学之祖。战国秦汉以来,人们一直认为它是大禹本人或禹时代对大禹治水过程的一部记录，同时顾及与治水有关的地理状况和把贡品送往当时的帝都所在地冀州的贡道。《禹贡》的序说："禹别九州，随山浚川，任土作贡。"《禹贡》大约成书于春秋末期和战国初期。它以地理为径，分天下为九州，这是撰著者理想中的政治区划，此外山脉、河流、土壤、天地、物产、道路，以及各地的部落，无不详加论述。

《禹贡》全篇共1100多字，约为4部分：第一部分是最主要的部分，把中国东部按自然条件的河流、山脉和大海等分界，划分为九州。之后简括各州境内的山、水、泽、地，然后较详细叙述其土壤，三等九则的田赋、动、植、矿的物产和手工业，及其转运的贡道。

《禹贡》书影

《禹贡》所说的九州，包括冀、宛、青、徐、扬、荆、豫、梁、雍。冀州相当于今山西省和河北省的西部、北部以及太行山南河南省的一部分土地，兖州与冀州当时以黄河为界，包括今河北省东南部、山东省西北部和河南省的东北部；青州在今山东省东部：徐州相当于今山东省东南部和江苏省北部；扬州在淮海之间，是今江苏和安徽两省惟水以南，兼有浙江、江西两省的土地，梁州大概包括今陕西南部和四川省，或者还包括四川省以南的一些地方，雍州的具体范围和梁州一样，现在不能十分确定，大约在今陕西省的北部和中部、甘肃省（除东南部）和青海省的东部。

各州的土壤、植被、特产、田赋，《禹贡》中都做了描述，较真实地反映了各个地区的地理特色。例如对冀州和兖州的描述，指出冀州土是一种松散的白色土壤，岁收属于上等，有些地方较差，田地属于中等，当地人穿皮衣服。兖州土壤是黑色的肥土，草木茂盛，田地属于中等，以桑田养蚕，向帝都进贡漆和蚕丝。

《禹贡》对于当时以黄河为中心的水系网络记述得井然有序，提供了古河道情况的宝贵历史资料。贡道，是作者对全国水道交通系统的构想，以帝都安邑为各条送交贡赋道路的目的地：冀州夹右碣石入河；兖州浮于济、漯，通于河；青州浮于汶，达于济；徐州浮于淮、泗，达于河；扬州沿于扛海，通于淮泗；荆州浮于扛、沱、潜、汉，逾于洛，至于南河：豫州浮于洛，入于河；梁州浮于潜，逾于沔，入于渭，乱于河；雍州浮于积石，至于龙门西河，会于渭、汭。因为时代的局限，这些记载不尽确切，但作者能够有这样宏伟的设计，对于当时的天下形势是相当了解的，对于当时的地理山川也是较为熟悉的。第二部分是导山，按从北到南的顺序列出了4列山系，自西向东延伸，而且是西部集中，东部分散，正确反映了中国西部多山，东部平坦，西高东低的地形特点。群山分为四系：第一系，自岍至碣石十二山，在黄河北岸；第二系，自西倾至陪尾八山，在黄河南岸；第三系，自蟠至大别四山，在汉水流域；第四系，自岷山、衡水至敷浅原，在长江流域。这部分对黄河两岸山势，叙述首尾详细明晰，但长江流域诸山则比较模糊。

第三部分是导水，分为九系，对9条河流的水源、流向、流经地区、汇纳的支流和河口等内容都做了叙述。这9条河流分别是弱水、黑水，黄河、漾水、江水、沈水、淮水、渭水、洛水。中国以农立国，作者大概假借大禹治水的故事，描绘全国与农业有关的水利，可做经济地理看待。由于江河河道变迁，加上此部分与导山一样，明北晦南，详于冀而略于梁，所以今天要考证清楚各条河流已经不大可能。

最后部分附带修正《国语·周语》的“五服”制，规定甸、侯、绥、要、荒各500里，它不受诸侯割据形势的局限，把广大的地区看作一个整体，以帝都为中心向外扩展，所言范围远超当时实际了解的地域。这反映了作者政治上的大一统思想，但与九州制不免矛盾。

《禹贡》在我国地理学历史发展过程中具有重要地位，它关于九州区划、山岳关联、水道体系、交通网络以及土壤、物产，景色的描述，都体现出明确的地理观念，所以它对我国后世地理学的发展产生了深远的影响。

中国第一部地理志——《山海经》

除了《禹贡》，到西汉末年才通行于世的《山海经》也包含了先秦时代丰富的地理知识。《山海经》是一部内容丰富，风貌独特的古代著作，包含历史、地理、民族、神话、宗教、生物、水利、矿产、医学等诸方面。《山海经》的今传本为18卷39篇，由《山经》《海经》和《大荒经》三部分组成。其中《山经》5卷，包括《南山经》《北山经》《东山经》《中山经》，共2.1万字，占全书的2/3。《海内经》《海外经》8卷，4200字。《大荒经》及《大荒海内经》5卷，5300字。

《山经》大约是战国后期写成的，包括5篇，在结尾处有“天下名山经五千三百七十山，……居地也，言其五藏”的文字，所以又被称为《五藏山经》。所谓五藏，可能兼有地分5区，书分5篇的意思。《五藏山经》以山为纲，把我国的山地分为中、南、西、北、东五个走向系统，每个系统中的许多山又被分为若干行列，即若干次经，依次分别叙述它们的起首、走向、相距里数和结尾。虽然当时还只有把山隔成行列的概念，而缺乏山势连绵的意义，但在叙述每列山岳时记述山的位置、高度、走向、陡峭程度、形状、谷穴及其面积大小，并注意两山之间的相互关联，有的还涉及植被覆盖密度、雨雪情况等，显然已具备了山脉的初步概念，堪称我国最早的山岳地理书。《五藏山经》中的有些山名现在还在使用，但由于原著对五大系统中各个山列的方位、距离的说明不够准确，加上一些虚构、夸张的内容，造成后人的许多误解和争论。

《五藏山经》叙述的地理范围从黄河流域的中原地区一直延伸到长江流域，反映出当时人们的地理视野已经相当开阔。其中《东山经》的范围包括今山东及苏皖北境，东到大海。包括46座山，分为四次经，大致都呈南北走向。《北山经》西起今内蒙古、于夏腾格里沙漠贺兰山，东抵河北太行山东麓，北至内蒙古阴山以北。有山87座，由东而西分成三次经，其中不少山名至今可考，不过夸大了各国山之间的距离。《南山经》东起浙江舟山群岛，西抵湖南西部，南抵广东南海，包括今浙、赣、闽、粤、湘5省。有山40座，从北到南分为三次经，都是东西走向。《西山经》东起山、陕间黄河，南起陕、甘秦岭山脉，北抵宁夏盐池西北，西北达新疆阿尔金山。有77座山，由南而北分为四次经，大致分布在今山西，陕西两省之间的黄河大峡谷以西。

龙形玉佩

《中山经》论述的范围大致在巴、蜀和东部的湘、鄂、豫部分地区。包括97座山，分为十二次经，基本都是东西走向。这一部分叙述得最为详细，大概是作者最熟悉的地方。

《山经》中还有关于河流的内容，叙述其发源与流向，还注意到河流的支流或流进支流的水系，包括某些水流的伏流和潜流的情况以及盐池、湖泊、井泉的记载。它一共记述了358条河流和湖泊，粗略勾画出了北至黄河流域，南至长江中下游的水系分布情况。关于黄河源头，《北山经》说：“敦薨之水，流入泑泽，出于昆仑之东北隅，实惟河源”，又称：“积石之山，其下有石门，河水冒以西流。”这似乎是想把黄河之源推向积石山以远地区，夸大河源遥远，但由于当时地理考察的局限性，因而把昆仑山以北很远的罗布泊水系和昆仑山以东的黄河水系不切实际地混连起来，把前者当作黄河的上源。这个错误的说法对后世影响颇大。关于长江之源，《中山经》把“岷山之首”称为女凡之山，其水是“东注于江”的支流，“又东北三百里曰岷山，江水出焉，东北流注于海”。这是沿袭“岷山导江”的说法。

《五藏山经》关于其他自然地理的知识也很丰富。例如《南山经》说“南禺之山，……其下多水，有穴焉。水春辄入，夏乃出，冬则闭。”这是对南方山地喀斯特溶洞的描述。又如“白沙之山，……鲔水出于其上，潜于其下”，这是关于潜流或地下暗河的描述。关于北方干旱和半干旱地区季节性或间歇性河流，有“教山，……教水出焉，西流注于河，是水冬干而夏流，实惟干河”等记载。《西山经》还有对火山的描写：“南望昆仑，其光熊熊”。

《山经》中还记述了许多具有区域自然地理特色的内容。例如对西部高山地区的描写：“申首之山，无草木，冬夏有雪。”《南山经》中有“多桂”“多像”“多白猿”的叙述，反映了热带和亚热带的区域特点。凡此种种，不一而足。

到了秦汉以后，有人将《海经》和《大荒经》与《山经》合并成《山海经》。《山海经》是一部记录远古自然地理和人文地理的专著，它记述着中华民族文明与文化的起源和发展，以及这种生存与发展所凭依的自然生态环境。《海经》和《大荒经》记载的内容虽然也有一些地理学方面的内容，但是大都不准确，包含了众多的神话传闻和诡谲荒诞的内容。正因为如此，清在编撰《四库全书》时把此书列入小说类。到了二十世纪，一批学者重新研究《山海经》，取得了重要成果。顾颉刚著《五藏山经试探》，提出了许多极为精辟的见解，使人们认识到《山海经》的科学价值。其后，谭其骧又利用《山海经》中丰富的河道资料，考证出一条最古的黄河故道。《山海经》尤其是《五藏山经》在地理学上的科学地位，得到进一步确立。

曾侯乙墓

春秋战国时期，诸侯国林立，只有少数大国的丰功伟业流传于史册，扬播于闾巷之间，为人们所熟知。众多的小国却逐渐消失在历史的记忆之中，例如东周时期先后被楚国吞并的“汉阳诸姬”，史籍中对它们只有零星记载。然而，在上个世纪70年代末，历史的迷雾终于被揭开了一层，一个重大的考古发现将人们领入2000多年前“汉阳诸姬”之一——曾国辉煌灿烂的文化当中，这就是曾侯乙墓。曾侯乙墓位于湖北省随州市城关西郊擂鼓墩附近。由于随州地处南方荆楚文化与中原华夏文化交流与荟萃之地，所以曾侯乙墓的文化内涵有着鲜明的时代特征和地域特色。

音乐圣殿

我国民族音乐的发展历史悠久，但随着时间的流逝，许多史籍有载的乐器逐渐湮没无闻，难闻其声，有的乐器残缺不全，或者众说纷纭，莫衷一是。曾侯乙墓中出土的乐器数量极多，品种全面能够形成配套，规模也最大，是中国乐器史上的大发现。其中的十弦琴、编钟、排箫，为早已失传的品种，它们的发现意义十分重大。

对凤纹漆耳杯

曾侯乙墓出土的大批乐器，以其品类之多、数量之众、规模之大，展现了当时音乐艺术的辉煌成就。根据《周礼·春官》，中国传统乐器按制造材质可分为“八音”，即金、石、木、革、丝、土、匏、竹八类。曾侯乙墓出土的乐器按“八音”分类，编钟为金，编磬为石，建鼓、悬鼓、手鼓为革，琴瑟为丝，鹿鼓为木，匏有葫芦笙，排箫等为竹，只缺土质乐器。这些乐器件件制作精美绝伦，在地下埋藏2400余年而不朽，出土时摆设位置还保持着当年下葬时的原状，这在中国考古史是没有前例的。此墓出土的9种125件乐器，分属两个乐队使用。出自中室的115件钟、磬、鼓、箫、笙、篪属于“庙堂乐队”，按照礼制规定来编组，不仅娱人，而且也在祭天祀祖等仪式上演奏。东室的七件乐器主要用来为人提供娱乐欣赏的享受，属于“寝宫乐队”。各有自己的主要功能与表演技艺的两个乐队、两组乐器，是曾国音乐艺术高水平的反映。

编钟是中国具有悠久历史的打击乐器，为古代宫廷乐器的最重要的组成部分，是拥有者权位、身份的象征。曾侯乙墓出土的一套编钟,包含铜木结构的钟架一副,青铜挂钟65件以及挂钟构件和演奏工具。整架编钟在墓坑积水中长期浸泡,竟然毫无锈蚀,这种罕见现象令人惊叹不已。65件编钟可分为钮钟、甬钟、镈三类,它们放置有序,使钟架既达到饱和状态,又能够方便演奏者演奏。全套编钟不同层、组的钟,音色各有特点:上层钮钟音质清脆嘹亮,余音较短;中层甬钟音质圆润,余音适中,为演奏乐曲旋律的主要部分;下层大钟声音深沉浑厚,气势磅礴,余音较长,适于和声,用来烘托气氛。整套钟合奏时多种音质音色混合,优雅和谐。又因为钟架呈曲尺形三层,演奏时乐音有了三维立体效果,高低错落有致,音韵跌宕。从声学和音乐学的角度考察,这件钟有一个最为奇妙的地方:敲击每个钟的鼓(钟体下部)的口沿正中和鼓部两侧,能发出两个不同频率的乐音,这两个音可以单独也可以同时击发,而且互不干扰。

全套编钟音域宽广,跨5个八度又1大二度,比现代钢琴高低仅各差一个八度。经过研究,这套钟是以姑洗律为标准设计制作,就是按照现代的C调来调制的,这说明春秋战国之际,我国已存在绝对音高和相对音高的概念,打破了过去一些西方人持有的"中国直到战国晚期受到西方影响才有相对音高的概念"这一说法。

曾侯乙墓编钟的钟体、钟架、挂钟构件上共有铭文3700多字,内容除少数记事外,绝大多数都和音乐相关。其中字数最多的是钟体铭文,65件钟上有2800多字,内容主要为记事、标音和阐述乐理关系。这些铭文堪称目前所见世界上最早的乐理书,将其与测音所获音响资料对照研究,中外音乐史上许多长期以来争论不休的问题迎刃而解。例如唯一沿用至今的一套中国传统乐律十二律,有人认为它是汉朝由希腊传来而后汉化,曾侯乙钟铭文中出现的十二律及其异名达28个,其中大多数早已失传,证明曾国十二律已经过漫长的发展过程,外来之说不攻自破。另外还有我国何时使用七声音阶的问题,长期以来没有定论,甚至有七声音阶是汉以后随着佛教从国外传入的说法。在曾侯乙钟铭文的考释和编钟的演奏实践中,证明了钟磬铭文的阶名包括传统的宫、商、角、徵、羽,还有变徵、变宫;可以奏出五声、六声、七声音阶的乐曲。这表明战国以前七声音阶存在并使用于中国了。

彩绘几何纹漆方豆

天文学成就的新发现

曾侯乙墓的发掘,还发现了许多我国先秦科学技术史的新资料,反映出我国先秦科学技术的光辉成就,也提出了许多有待探索的课题。

自然科学中,天文学是一门古老的学科。人们根据天象变化、四季循环来安排耕种收藏等生产和生活活动,出行时也要依靠星宿和太阳的位置来辨明方向。中国是世界上天文学发展最早的国家之一,几千年中积累了丰富的天文知识。作为先秦中国天文学发达的见证,曾侯乙墓中出土了不少研究我国先秦天文学的珍贵资料。在曾侯乙墓中出土的漆木衣箱5件,它们形制相同、大小相近,但纹饰和铭文各异。与天文星象或天地宇宙间的神话故事有关。编号为E·66的衣箱箱体是矩形,箱盖拱起,分别象征天穹和大地;衣箱顶中央有一个大"斗"字,用意表示北斗天极,象征天球的中央;绕着"斗"字有二十八宿星辰的全部名称,箱盖和箱身绘有代表二十八宿的"四象"中的三象:青龙、白虎和朱雀。古代二十八宿的划分,在中国、印度、波斯、阿拉伯等国家都有,这个衣箱上的二十八宿天文图,是迄今为止世界上最早的,有力支撑了中国老一辈学者关于二十八宿起源于春秋时代的推断。编号为E·61的木箱箱盖左端一角有漆书20字。衣箱上的图像与漆书是中国古代天文历法的形象与文字相配的最早记录,也反映出我国古代天文学的杰出成就。

青铜和纺织工艺的见证

曾侯乙墓出土的青铜器造型大,工艺精湛,需要高超的铸造技术。例如墓主的外棺铜构架,重达3000多公斤。还有编钟,铸造时不仅要求外形精美,还要求音律准确、音色纯正悦耳,铸造难度极大。就是在现在,我国的研究人员采用现代技术复制曾侯乙编钟,总觉得与原钟存在差距。曾侯乙墓青铜器的铸造者们,继承了我国古代传统的青铜铸造工艺,而且在许多方面还有创造发明。

首先是组合陶范浑铸技术有了创新。陶范浑铸就是利用多块陶范合铸铜器的一种技术,曾侯乙墓出土的各类青铜礼器的主体部分大都是采用浑嶹法铸成。另外,传统的分铸技术也有了突破。分铸就是先分别铸出局部,然后与主体铸接。以往的分铸件大多形体小,重量轻,而曾侯乙墓中则出土了许多大件分铸的青铜礼器。例如用来储酒的两件大尊缶,高1米多,腹径1米,重300公斤,铸造时设计和工艺流程十分严密,工序没有丝毫差错。它们的铸件的结合部位,不仅十分牢固,而且还很严密。还有焊接技术,不论是强度较高、操作较难的铜焊,还是强度较低、操作简便的锡焊,都取得了新成就。此外,还大量使用了在前期铜器中少见的榫卯和组装连接技术。使用比较复杂的先组装再加焊的技术,在过去的器物中也是比较罕见的。曾侯乙墓大量青铜器红铜纹饰呈铸态组织,是浇铸而成的,根据其工艺特点,这种方法被称为"铸镶法",是一种新的发明。

曾侯乙墓还出土了大量的丝麻织品,由于年代久远而且长期浸水,都已经腐烂,但仍然为研究战国早期的纺织工艺提供了宝贵的实物资料。通过检测丝纤维,可以看出当时已经注意蚕茧的选用,缫丝质量较之早期也有提高。墓中还首次发现了丝麻交织的纱袋,经线或丝或麻,纬线则全部用丝,是世界上已知最早的丝麻混纺织品。在出土的丝麻织品中,包括纱、绢、锦、绣等多种织物,其中首次发现了一种用夹纬使经线现出暗花的单层几何织锦,对我们了解商锦,周锦再到汉锦的发展过程和织造工艺具有重要价值。

军事装备种种

春秋战国时代,诸侯割据,各国之间征战频繁,军事装备的制作技术随之迅速发展。

曾侯乙墓出土的众多兵器、车马和记载葬仪的车马兵甲的竹简，都生动地反映出这一点。

其中兵器既有车兵所用，又有步兵所用，还有骑兵武器。功能攻防兼备，包括用于格斗的戈、矛、戟、殳，用于远射的弓矢，以及防卫的盾、甲、胄。各种武器如何配备，竹简遗册上还有明确的记载。在进攻性长兵器中，锐殳、双戈、三戈相结合的戟都极具特点。它们的器首锐利异常，所用长杆一般都在 3 米以上，甚至有 4.3 米的。长杆大多为积竹木柲，制作时以木杆为芯，外包竹篾，再用丝线缠绕，最后髹漆。这样的复合杆身，强度、硬度、韧性和防腐防潮都得到了很好的保证，更加适于车站的远距离厮杀，是我国先秦时代兵器制造技术的一大创举。在长兵器中，有我国兵器史上首次发现的锐殳、双戈或三戈结合的戟，杀伤力都很大。

曾侯乙墓内棺漆画

防卫性武器甲胄有大量出土，包括人胄和马胄。经过清理、复原和仿制研究，首次查明了制作甲胄的工艺流程，获得了有关东周甲胄的珍贵科研资料。

曾侯乙墓出土了 1127 件车马器，其中有许多重要品种，尤其是铜车苦的铸造，不仅种类多，铸造精，而且出现了两件矛状车苦。音是车轴上用于固定车轮的部件，矛状车，是在车苦外端加铸连弧刃的矛。装有这种车苦的战车在中国极为少见，可以在和敌车交错时铰断对方车轮的辐条，杀伤战马，这是军事技术上的创造，相当于世界古代史上的刀轮战车。这两件车苦的出土，表明在曾侯乙的时代，中国的战车制作与车战技术处于世界的前列。

曾侯乙墓出土的 240 枚竹简，记载参加葬仪的车马兵甲的情况，所记车名有 40 多种，不少是在文献中没有记载的，其中战车至少有 21 种，明显多于其他用途的车乘。从竹简的记载中，人们还可以看到当年车站的某些情况，例如车上的武器装备，战车的队列阵形等等，反映了当时军事科技的发达。

另外，曾侯乙墓出土的文物，在雕塑、绘画、书法等等艺术领域也有着重要的意义。

曾侯乙墓的发掘和研究，为研究东周诸侯葬制提供了可考资料，为东周考古断代树立了新的标尺。在春秋战国时期曾国这样一个小国的墓葬里，出土了这样多的精美文物，展示出这么高度发达令人称奇的文化。它是社会制度变革，生产力发展的结果，也是中国区域文化交流的见证。

玺印的产生及流行

春秋中晚期以后，玺印大量产生，并流行于各个地域各个阶层。玺印的产生及其普遍应用，与当时社会经济的发展有密切关系。首先是农业和手工业生产已有很大发展，铁制工具普遍应用，城市经济已经建立，许多国家都出现了较大的商业城市和中、小型集市，国家之间和城市之间的水陆交通皆有一定的发展。唯有在这样的经济基础之上，才能进行较大规模的货物交换和国与国之间的贸易往来。为了谋取商业利益，在频繁的交易中，就需要办理一定的行政手续，因而作为一种信物的凭证——玺印，应运而生。在两周时代，西周显然尚未达到如此的经济水平。春秋中叶以后，王室的势力衰微，各大诸侯国的经济力量均有不同程度的发展。例如齐国，不仅地广物博，而且鼓励人民经商，晋国商人，富比国君，郑国富商大贾更可直接参与政治，越国大将军范蠡，则弃官经商，成为巨富。

经济的发展，必然促进政治上的巨大变革。春秋中叶以后，是我国历史上一个急剧转变时期。由于生产力的提高，私有土地得到空前的发展，伴随而来的一个突出的变化，首先是传统的宗法制度和贵族间的等级制度遭到严重的破坏，从而使那些靠贵族血缘关系的世卿世禄制度，也随之瓦解。旧贵族的势力日益没落，新兴的地主阶级和相当于士一阶层的知识分子，得以参与国家机构的管理。但是，这样一些新的官吏，既不是名门贵族出身，又没有近亲的血缘纽带，全凭自己的才能或战功而取得显赫的官职，因而必然会引起国君对他们进行种种控制，他们则竭力摆脱控制，以维护自己的权利。这就需要有一种信物来体现他们同国君之间的从属关系，以及执行其职权的凭证。得到这种凭证，无论是对上下官吏，或同僚之间，均能互相保护和支持，得使平日政务顺利执行。这种凭证就是由国君授予官吏的官玺。据《韩非子》记载：西门豹初为邺县县令的时候，第一年，魏文侯很不满意他的政绩，而“收其玺”，即罢官缴玺。西门豹请求再让他继续留任一年，“愿请玺复以治邺”，后来西门豹在任内自己觉察到重敛了百姓，于是“纳锹而去”，即交回了官玺，辞去了官职，这说明在战国时代，官印已普遍使用了。

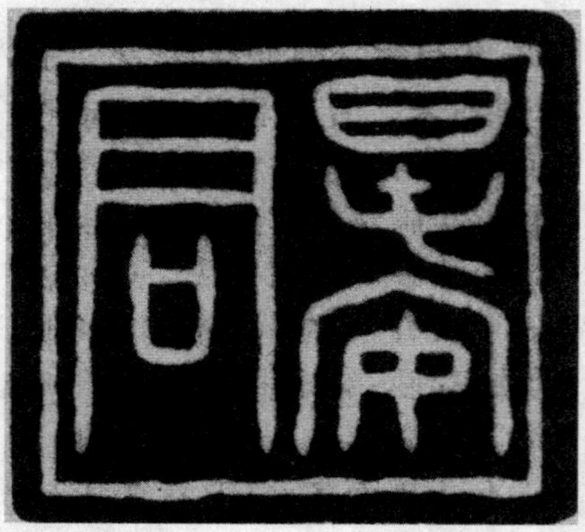

（战国）春安君印信

玺印的起源，还必须具备一个条件，即青铜工艺技术的发展。春秋中叶以后，青铜工艺发生了很大的变化，不仅发明了焊接技术，变浑铸为分铸，而且在雕琢花纹方面出现了捺印板的新工艺。这种青铜工艺方面的花纹印模，为玺印的发明提供了重要条件，可以说玺印就是在这种捺印板技术的启发下产生出来的。

玺印产生于战国之前，但主要流行于战国时代，现存先秦玺印基本上是战国印。

第三章 历史谜团

扁鹊身世之谜

扁鹊，姓秦，名越人。扁鹊采用望、闻、问、切“四诊法”，用“针、石、熨”等医疗器械配合治疗，手到病除。他还精通内、妇、儿、五官各科，为我国古代医学的发展做出了巨大的贡献，被后世人尊称为“医学祖师”。

关于扁鹊的医术，自古以来就有着神话般的传说。

传说扁鹊年轻时，是一个客店老板。扁鹊待客热情周到，让客人有宾至如归的感觉。一个仙风道骨的老者长桑君就经常住在他的客店。老人观察了扁鹊十多年，看他聪慧善良，有一颗济世救人之心，就把一本神秘的药书传给他，又赠送他奇药。扁鹊服药后，竟可以清楚地用肉眼透视人体内脏器官。他想感谢长桑君，谁知老人早已无影无踪了。扁鹊从此开始了他行医送药的生涯。他诊病准确，对症下药，医术高明，受到赵、齐等国人民的尊重和爱戴。

扁鹊

扁鹊行医经过晋国时，晋重臣赵简子生病，已昏迷了五天五夜。扁鹊看后，却说赵简子的魂魄在天庭逍遥畅游，与当年秦穆公梦游上天，昏迷七天的症状相似，不出三天就会清醒，醒来说的话要记好。两天半后，赵简子果然醒来，告诉诸大夫：他在天上很快乐。天帝还预测晋将哀微，七世灭亡，秦将强盛……大夫董安子赶紧记录下“天机”，留待验证。赵简子非常感谢扁鹊的料事如神，厚赏了他。

扁鹊经过虢国时，听说虢太子刚刚病故。扁鹊打听所患病症，认为是昏厥，及时救治可活。连忙求见虢君，欲救太子一命。白发人送黑发人的惨事正让虢君肝肠寸断，听说太子有救，仿佛自己又得重生。扁鹊诊视太子病症，正是他分析的情况，针灸、药熨、汤剂配合，二十天后，太子就复原了。扁鹊起死回生的医术在虢国家喻户晓。

扁鹊一生行医救人，做过太多的善事。但由于医道高明，遭到同行嫉妒，被秦国太医李醯派人暗杀。

扁鹊的精妙医术被千古传颂，可是他的身世却是扑朔迷离，连史学家们也解释不清。

史书有关扁鹊的记载，有矛盾，有漏洞，使后人产生了疑问。《韩非子·喻老》记载扁鹊为蔡桓侯诊病，时间为周桓王六年（公元前714年），《战国策·秦策》记载扁鹊为秦武王诊病，时间为周赧五年（公元前310年）。前后跨度四百年，扁鹊出生时代令人迷惑。而从《史记》所载，赵简子当政为公元前519年，齐桓侯在位从公元前384年开始。两人相差一百三十年左右，扁鹊是如何奔走他们之间，看病诊断的？难说扁鹊到底是哪个时代的人。再有，《史记》说扁鹊是“渤海郡郑人”，古代渤海郡只有“鄚州”，而从无“郑”地这个名称，扁鹊的出生地又是个谜。

史学家们各执一词，莫衷一是。东汉应劭认为：《汉书·艺文志》录有《泰始黄帝扁鹊俞拊方》，说明扁鹊是黄帝时代医生。晋代学者坚持扁鹊是春秋中期医生。清代学者考证，扁鹊应为战国时期人物。现代人概括扁鹊为春秋战国时人，大多数学者认为他是战国末期人。

关于扁鹊故里，有人认为应为渤海鄚州，是司马迁把“鄚”写作“郑”的笔误，在今天的河北省任丘市鄚州镇。有人认为还是郑州，即今天的河南郑州一带。还有人分析是齐国卢地，即今天的山东长清区。

扁鹊医术神奇精妙，他的身世也神秘难测，令后人苦苦探寻，不得其解。

韩非死因之谜

韩非，战国时期的思想家、散文家。他继承和发扬了荀卿的法学思想，同时，吸取了法家前辈李悝、吴起等人学说，成为法家集大成者。韩非的封建君主专制理论，对中国两千多年的封建统治产生了极其深远的影响。秦王看到他的思想言论篇，急欲见到他，然而，韩非来到秦国，却未受重用，且死于秦国。他的死因是什么呢？

据《史记·韩非子列传》记载，韩非出身韩国贵族世家，师从荀子，博学多才。韩非见韩国衰弱，屡谏韩王变法图强，却不为韩国重用。韩非发奋著书十万多字，阐述自己的法治主张，文章锋芒犀利，说理周密，讲究逻辑，富有文采，具有较高的政治、哲学和文学写作成就。

韩非的著作传到秦国，秦王看后击节叹服，激动地说：“寡人得见此人与之游，死不恨矣！”李斯告诉他，作者是自己的同学韩非。秦王下令攻打韩国，索要韩非。危难之际，韩非出使秦国。韩非虽不善讲话，然而思想深刻，秦王与之交谈，相见恨晚。李斯感到了来自韩非的威胁，他于是上奏秦王道：“韩非是韩国公子，能真心实意为秦吞并六国卖力吗？如不能为秦效力，日后归国必为秦患，不如寻个过错将他除掉。”秦王命令查办韩非，李斯派人送去自尽的毒药。韩非想申诉，但官吏不给他机会，韩非含冤而死。秦王惜才，然而，后悔也来不及了。韩非死于李斯的嫉妒陷害。

韩非

但是，《战国策》所述，却是韩非咎由自取，自食其果。当时，楚、吴、燕、代四国欲联合抗秦，姚贾出使四国，重金相贿，破坏了四国计划。姚贾回国受到重赏。韩非就攻击姚贾拿国家的钱，自己交朋友，揭他的老底儿："世监门子，深之大盗，赵之逐臣。"面对秦王，姚贾加以驳斥：以财宝贿四国，出发点是为秦谋利，若为"自交"朋友，何必返回秦国？自己虽出身低贱，名声不好，但有一颗效忠明主之心。不像有些人，光说不做，专挑别人毛病，挑拨是非。秦王认为姚贾所言极有道理，更加信任姚贾，杀了韩非。这样看来，韩非遭杀，是自身忌害别人，最终害己。

后世人还认为，杀害韩非是秦王的主意，秦王才是元凶。不管李斯、姚贾怎么说，决定权在秦王。秦王欣赏韩非理论学说，但始终消除不了对他的防备之心，害怕韩非暗中为韩国出力，因此不加重用。如果放回韩非，就给韩国添了个抗秦的帮手；如果杀掉韩非，他的学说照样可用，又除掉了秦的一大心腹之患。秦王稍加思考，必会选择后一种方式处置韩非。因此说，是虎狼之心的秦王杀害了韩非。

后世学者还有一种看法，认为韩非死于秦、韩政治斗争。野心勃勃的秦国，一心要吞并韩国，韩国使出"弱秦"之策，派水利专家郑国帮助秦国修渠，以兴修水利耗费秦之国力。不承想秦国农业因此受益，韩国帮助了秦国发展生产。韩国派韩非出使秦国，目的是"保全韩国"。韩非考虑到这个使命，必会破坏李斯攻韩，诋毁姚贾在韩国的间谍活动。韩非与李斯、姚贾的冲突并非个人恩怨，而是秦韩政治斗争的反映。韩非实际上为"存韩"而死。

韩非究竟因何而死，就不得而知了。

孟子的"亚圣"之谜

孟子是战国中期的儒学大师。他继承了孔子的守旧思想，推崇复古，反对变法，主张维护阶级秩序。他还提出了"仁政"学说和"性善论"等儒学思想观点，在中国几千年的封建统治历史中，占据重要地位。后世人尊称孟子为"亚圣"，为什么这么称呼他呢？

孟子，字子舆，邹人，是鲁孟孙氏之后。他的老师是孔子弟子子思的再传弟子，孟子学通了孔子的学说加以传播。他先是到齐威王面前游说，威王不用他，转到梁国，梁惠王认为这种迂曲高远的见解不合实际，也没有用他。因为，孟子所处的战国中期，正是各国争相利用法家人才富国强兵、征战吞并的战乱时代。各国都把增加军事实力，武力称霸提到最高地位。秦用商鞅，国家富庶；楚、魏启用吴起，战胜弱敌；齐用孙子、田忌，国势强盛。而孟子主张尊崇远古舜尧时候和夏商周三代的仁政德治来管理国家，缺乏现实作用，自然不被诸侯采纳。孟子晚年退回邹国，教授门徒，作成《孟子》一书。

孟子

孟子在书中阐述自己的主张：承袭孔子思想，反对变法，非议耕战，主张“遵先王”、维护世官世禄和“劳心者治人”的等级秩序。他又提出了旨在缓和阶级矛盾的“仁政”学说，主张“民为贵，社稷次之，君为轻”。为推行“仁政”，他甚至主张把君位让给“贤人”，即“尚贤”学说。孟子呼吁“制民恒产”，不误农时，省刑轻赋。他在哲学上提出“性善论”，认为人生来是善良的，教育的目的就是启发良知。孟子是继孔子“仁爱、礼治”之后，发展和完善儒家思想的第二位伟人，他和孔子的主张被尊称为“孔孟之道”，成为历代统治阶级利用的精神武器，统治人们思想几千年。

孟子是何时被尊为“亚圣”的呢？

许多人认为，汉武帝“罢黜百家，独尊儒术”的“儒术”便是孔孟之道，从那时起孟子被尊崇。事实并非如此，汉时孔子并未被尊为“圣”，周公才是儒教教主，孔子只是传播周礼的传播教师罢了。唐初，周公仍是“先圣”，孔子屈居“先师”之位。在唐国立太学举行祭祀先儒仪式时，孔子侧座，至于孟子，连陪祭的资格也没有，跟尊号搭不上关系。

唐太宗登上皇位后，下令把周公庙迁出太学，把孔子升为“先圣”，孔子大弟子颜回荣升“先师”。唐玄宗时，把颜回尊称“亚圣”。“安史之乱”后，礼部侍郎杨绾上疏唐代宗要求把《孟子》《论语》《孝经》同列为科法考试之书。数十年后，韩愈著《原道》，述说中国“道统”自尧舜始，经夏商周，孔子传孟轲，孟子死后就传不下去了。由于韩愈的名人效应，人们对《孟子》引起重视。晚唐之后，孟子的地位不断提高，到了宋朝尊孟思潮愈演愈烈。

颜回

明世宗相张璁提出由孟子代替颜回，承

袭“亚圣”的称号。清朝建立后，大力弘扬孔孟之道。乾隆九年，孟子被封为“亚圣”，颜回封“复圣”，曾参为“宗圣”，子思为“述圣”，孟子的地位被确定，孔孟思想与孔孟排名统一。

也有后世学者认为孟子的“亚圣”称号，最早可追至东汉。东汉学者赵岐就称孟子为“命世亚圣之大者也！”元文宗时，御制圣旨碑，用蒙、汉文字刻录着：“孟子百世师也，可加封邹国亚圣公。”《明史》也记载，嘉靖帝命礼部与翰林研讨，尊称孟子为“亚圣”。

孟子取代颜回，被尊为“亚圣”的原因是什么呢？颜回是孔子亲传大弟子，德才兼备，颇得孔子赏识。可惜，颜回三十二岁早逝，留给后人的仅是与孔子的对话，没有完整的思想体系，未著书立说。后人尊崇颜回，主要原因是尊崇他的老师孔子。而孟子虽处在儒家思想衰微期，却能坚持倡导儒学，大力宣传周孔之道，并著书传世，为继承和发展孔子学说做出巨大贡献。《孟子》一书，五代时已列为经书典籍，宋元以来为科举必考之书。《孟子》和《论语》并列齐名，因此尊孟子为“亚圣”才是名副其实。

中国古代最早的“冰箱”之谜

你相信在古代人们已经能够制冷了吗？考古证明，制冷技术在古代已经发明。

屈原是战国时期楚国伟大的诗人，他创作了充满激情的诗篇《楚辞》。在《楚辞·招魂》一章中，屈原满怀对农乡的热爱，将楚国当地的饮食融进了诗文，诱导那些楚国的亡灵要留恋故土，不要远去。屈原所记的楚国美食中不仅有五谷饭食、牛鸭鱼肉，当然还有掺着甜甜蜂蜜的美酒，而且还特意提出了滤糟的冰冻酒，自然是莫大的享受。而这种冰冻酒是怎样制作出来的呢？1978 年考古工作者在离楚地不远的湖北随县战国曾侯乙墓出土了一种器物——铜鉴缶，正是中国古代南方的一种冰镇器，考古学家称之为冰鉴，其作用相当于现在的冰箱。

这件铜鉴缶高 63 厘米、长宽均 76 厘米、重 168.8 千克。整体为方鉴内套尊缶的形式，上有镂空盖。盖身正中有方形孔，正好套住尊缶口。尊缶有盖，溜肩，下腹内收，底部有三个榫眼。方鉴底部与尊缶榫眼相应部位安有三个弯形栓钩，尊缶放入时，栓钩与榫眼恰好扣合，其中一只拴钩还装有倒钩，拴钩插入后，倒钩就自动倒下来卡紧，使尊缶不能摇动。方鉴腹部和四角有 8 个龙形耳，龙头顶承 8 块方形和曲尺形的铜勺，是舀酒的用具。把这种铜鉴比作冰箱，从冷冻的作用上讲，可说是名副其实。

铜鉴是通过鉴和缶中间大量的冰块来达到冷冻的效果，有人怀疑春秋战国时期是否具有制冰和藏冰技术。大量的文献和考古遗迹已经证实我国在很早的时代就已发明了蔽冰的方法。藏冰的地方，称为凌阴、凌室、冰井、冰窖等。历代王室必设藏冰机构，有专人处理有关事务。有的地方政府乃至民间有财力的人家，也建有藏冰设施，以备夏季使用或出售牟利。如近 3000 年前的周代就建成了“冰库”，而且还配置了管理冰库的专门官吏，名叫“凌人”，掌管凿冰、藏冰、颁冰诸事，所藏冰主要用于王室成员的饮食。南方春秋时的吴国和楚国，也建有相当规模的冰室。

整件冰鉴制作匠心独运，集实用性、科学性与艺术性于一体，在中国古代的冰镇器具上实属罕见。

白起坑杀四十万战俘之谜

白起，战国时期秦国著名军事将领。他自秦昭王13年首战韩国新城，三十六年间南征北掠，东伐西杀，拔城七十余座，杀人近百万，成为嗜杀无度的虎狼战将。他在公元293年的伊阙之战斩首二十四万；公元前272年攻魏之战斩首十三万，沉河两万；公元前264年陉城之战斩首五万；公元262年长平之战斩首四十五万，围攻鄢城水淹军民数十万……那么，白起为什么要如此凶残，赶尽杀绝呢？

白起效忠的秦国地处西北，长期以来与戎狄等游牧民族相邻，经济、文化、生活习俗都很落后，粗暴尚武，逞凶斗狠。秦固执地认为诗书礼乐是乱国之道，一直拒绝中原文明的熏陶。进入战国后，中原各国迅速发展，而秦却仍旧是落后的奴隶制国家。公元前359年，秦孝公任用商鞅变法富国强兵。商鞅变法急功近利，以暴力推行新政。商鞅极力推崇的“奖励军功”规定了二十个等级的爵位，按斩获的首级数量，赏赐爵位、田地、官职、奴隶……近乎野蛮的秦国军士受此重赏蛊惑，滥杀无度，抢夺军功。残暴凶狠的秦师对中原各国挥起了屠刀，秦国攻伐的战场变成了屠场，秦国军成为屠夫，屠夫头领白起成为杀人凶魔。

公元前294年，白起以左庶长之职率军进攻魏，先后攻战了武始、新城。公元前293年，白起以左更之职攻打伊阙，大败韩魏联军，斩首二十四万，拔城九座。公元前292年，白起又以大良造之职攻占魏国大小城池六十一座。公元前291年，白起又攻下魏国垣城。韩魏在秦国的武力压迫下割地求和，秦国顺利东进，踏上渴慕之久中原土地。白起因连续攻城掠地，斩首众多而荣立军功。六国将士的鲜血染红了他晋升的机会。

公元前279年，秦赵渑池会盟，秦国集中精力攻打楚国。白起率军攻打楚都屏障鄢城。几十万大军久攻鄢城不下，白起命令筑坝蓄水淹没鄢城。鄢城东北角被冲毁，数十万楚国军民被水卷走，尸横遍野，臭不可闻。后来人们把这里称作“臭池”，称淹没鄢城的水渠为“白起渠”。公元前278年，白起攻陷楚国郢都，烧毁了楚国王陵——夷陵。楚国被迫迁都于陈。郢都成为秦国的南郡，刽子手白起又被荣升为武安君，因杀人如麻而再建功勋。

公元前264年，白起进攻韩国陉城，拔五城，斩首五万。公元前263年，白起攻入太行山以南的韩国土地。公元前262年，白起攻占韩城野王，上党郡与韩本土之间的联系被切断，上党郡守冯亭请求归附赵国。赵王贪图韩国土地，将上党并入赵国，秦赵大战一触即发。秦国进攻上党，赵国在长平集结，严阵以待。老将廉颇坚守不出，令秦军毫无办法。秦国施行离间计，诬陷廉颇，诈称最怕赵括。赵孝成王中计，换上只会纸上谈兵的赵括为长平主将。白起利用赵括求胜心切引诱赵军出营，断绝赵军粮道，将赵军分割成两部分，死死包围。赵军困守无援，断炊四十六天，军营混乱，分路突围均被截回。赵括率精兵拼死冲杀，始终无法冲破秦军包围圈。最后赵括中箭身亡，赵军大乱，兵溃如山。四十万大军投降了白起。心狠手辣的白起怕赵国降军叛乱，就以受降为名，将四十万战俘全部坑杀，"血流成川，沸声如雷"，惨绝人寰！

长平之战摧毁了韩赵主要军事力量，秦打开了长驱中原的大门。白起准备一鼓作气灭掉韩赵，但秦丞相范雎惧怕白起再立大功取代他的位置，劝说秦昭王召回白起，允许韩、赵割地献城计和，秦兵退回休整。秦昭王召回白起，韩国割让了垣离，但赵国拒绝献城，并联齐抗秦。秦昭王欲派白起伐赵，白起认为赵国上下同仇敌忾，又取得刘魏等国相助，秦国难于取胜，因此他称病不出。秦王派王陵、王龁、郑安平三次攻赵，均损兵折将。秦昭王迁怒于白起的拒绝出师，削去白起官职，贬为士卒，流放阴密。白起被逼离开咸阳，途中又被勒令自杀，白起悲叹道："我有何罪，竟落如此下场"，他似有所悟，大声喊道："我该死！我坑杀了四十万赵国降卒，我该死呀！"白起至死才觉悟到他杀戮太重，该遭报应。

白起的无情杀戮给中原六国带来了深重的灾难，他也因此而被历史谴责。

附：战国大事年表

时间	事件
公元前 445 年	魏文侯任用李悝实行变法。李悝主张“为国之道，食有劳而禄有功，使有能而赏必行”，还要“夺淫民之路，以来四方之士”。
公元前 386 年	田和被周天子封为齐侯，田氏在齐国的政权合法化。
公元前 381 年	楚悼王死，吴起被杀。吴起生前在楚国进行了一场巨大的改革，他改变了世袭的分封制，严肃了军纪。这场变革对楚国的发展有深远影响，但是吴起死后，其革新措施也被废除。
公元前 361 年	魏国迁都大梁。
公元前 356 年	秦国商鞅实行变法。商鞅编订户籍，奖励军功，重新确定了爵位和等级，并鼓励个体经济的发展，鼓励发展农业。
公元前 355 年	申不害在韩国进行变法。申不害认为君主治国，必须明法察令，依据法驾驭臣下的行为。有了“法”之后，要依法办事，不能凭主观心智和个人的善恶去随意决定政策措施、赏罚制度。
公元前 353 年	魏国与齐国桂陵之战，齐国获胜。
公元前 350 年	秦国商鞅第二次宣布变法，秦国迁都咸阳。商鞅的第二次变法主要内容为建立县制，开阡陌，统一度量衡，焚诗书，制秦律等。秦国自商鞅变法后开始崛起。
公元前 341 年	齐国与魏国发生马陵之战，魏将庞涓兵败自杀，魏国太子申被俘。
公元前 338 年	秦孝公死，商鞅遭车裂。但是商鞅的改革措施因为成效显著，并没有被废除。
公元前 334 年	变法强国之后，各诸侯国都不满足于自己的封号而纷纷称王。魏国与齐国在徐州会盟，魏国与齐国互尊对方为王。
公元前 330 年	秦国在雕阴击败魏国，擒魏将龙贾，魏国献出河西之地给秦国。
公元前 329 年	秦国攻取魏国河东的汾阴、皮氏、焦等地。
公元前 328 年	魏国献上郡十五县给秦国。
公元前 325 年	秦国称王。

时间	事件
公元前 322 年	宋康王自立为王。
公元前 318 年	燕王哙让位给相国子之。
公元前 316 年	秦国吞并巴国和蜀国后,秦王设巴郡并在巴蜀地区兴修水利,秦国国力得到提高。
公元前 313 年	张仪出使楚国,以六百里地欺楚,楚国贪地而与齐国绝交。
公元前 307 年	赵国赵武灵王胡服骑射改革。
公元前 299 年	楚怀王受骗入秦,被秦国扣留。
公元前 296 年	中山国被赵国所灭,中山王尚被遣送肤施。
公元前 290 年	魏冉攻魏,魏国割地四百里求和。
公元前 288 年	齐国与秦国称帝,两个月后都自废帝号。
公元前 286 年	齐国消灭宋国。
公元前 284 年	燕国、秦国、赵国、魏国、韩国与楚国六国觊觎齐国独占宋国,于是联合攻打齐国,占领齐国大片领土。
公元前 279 年	秦王与赵王相会于渑池。赵王为秦王鼓瑟,秦王为赵王击缶。
公元前 279 年	齐国田单进行反攻,将燕军驱逐出齐国。
公元前 278 年	秦国攻入郢,楚国迁都陈。屈原自沉于汨罗江。
公元前 272 年	秦国灭义渠。
公元前 269 年	秦国与赵国阏与之战,赵国胜利。
公元前 266 年	秦王贬逐四贵,将穰侯、高陵君、华阳君、泾阳君逐出关中。
公元前 260 年	秦国与赵国长平之战,秦国胜利,白起坑杀赵军四十多万。赵国的青壮年几乎都在这一役中牺牲,赵国从此没落。
公元前 259 年	秦军围困赵国都城邯郸。
公元前 257 年	魏国、楚国救援赵国,邯郸之围遂解。
公元前 256 年	秦军征讨韩、赵回师的路上,将周朝灭掉。
公元前 251 年	燕军六十万攻打赵国,被赵国击败,赵国包围了燕国都城。
公元前 238 年	秦王赢政平定毐之乱。
公元前 232 年	秦国攻打赵国,被李牧打败。
公元前 228 年	秦将王翦进攻赵国,大破赵军,攻陷邯郸,俘虏赵王,赵国灭亡。
公元前 227 年	燕国太子丹派勇士荆轲刺杀秦王,失败。
公元前 225 年	秦国灭魏国。
公元前 223 年	秦国灭楚国。
公元前 222 年	秦国攻打辽东,俘虏了燕王喜,燕国宣告灭亡。
公元前 221 年	秦国统一东方六国。

·中国通史·

秦朝

刘宇庚⊙主编

导读

大秦帝国（公元前221年~公元前206年）是中国历史上一个极为重要的朝代，由战国时代后期的秦国发展起来的统一大国，它结束了自春秋起五百年来分裂割据的局面，成为中国历史上第一个统一的、多民族的、中央集权制国家。

公元前221年，秦始皇建立了中国历史上第一个统一的封建王朝，并建都咸阳，成为中国封建王朝中第一个皇帝。秦朝初立便北击匈奴；南下百越。疆域迅速扩张，全盛时期的疆域西部已达到今甘肃、四川；西南到云南、广西；北到阴山。

在政治上，秦始皇统一天下后，没有再用分封制，而是采纳了丞相李斯的建议，确立了郡县制，使地方官的任命权收归中央，这有利于消除分裂割据的局面，避免出现周朝分封导致的春秋战国的大乱格局。最初设三十六郡，后来增至四十六个。中央政治制度综合战国时期的官僚体制，使之系统化，对官吏的考核则用“上计”制。此外，秦朝还统一了度量衡和文字，促进了全国经济文化的发展。但秦朝的统一思想和焚书坑儒则极大地破坏了文化，钳制了思想，百家争鸣的局面从此消失，一统江山、一统思想和惩罚思想犯罪成了此后帝王的重要任务，这对古代思想起了很大的阻碍作用。

为防卫匈奴，秦朝在原秦、燕、赵三国长城的基础上，修成了著名的万里长城，这比现存的明长城更往北，距离也更长。

第一章　秦朝史话

千古一帝秦始皇

秦始皇是建立中国统一封建王朝的第一人。他姓嬴,名政,以赵为氏,一说为吕不韦之子。因为在赵国出生,嬴政又被称为赵政。秦始皇十三岁继承王位,三十八岁统一中国,建立秦朝,自称始皇帝。秦始皇是中国历史上功过最受争议、气势最为霸道的帝王。他自认为功高过三皇五帝,以睥睨天下之势,把"皇帝"的烙印印在了中国封建社会两千多年的历史长河中。

嬴政登基

公元前251年,秦昭王死,安国君即位,也就是秦孝文王,华阳夫人被立为王后,子楚为太子。孝文王在位仅三天便死了,子楚即位,也就是秦庄襄王,任命吕不韦为相国,封文信侯。庄襄王在位三年就去世了。

秦始皇

公元前246年,十三岁的嬴政登上了秦王的宝座。由于年少,国家大政为相国吕不韦把持。

吕不韦帮助嬴政清除了很多政治上的潜在威胁,包括嬴政的弟弟成蛟。吕不韦不仅独揽大权,还与太后(赵姬)私通。随着嬴政日渐长大,吕不韦的行为有所收敛,并献假太监嫪毐"侍候"太后,结果太后和嫪毐生下两子。假太监嫪毐亦以王父自居,自称"假父",封长信侯,领有山阳、太原等地,自收党羽,在雍城长年经营,建立了庞大的势力。

当时,曾割据一方的诸侯经过多年争斗,一些小诸侯国已被大诸侯国吞并。地处西部地区的秦国，由于秦孝公任用商鞅实行变法，再加上优越的地理位置和统治者颇具才能，因此已成为势力最强的国家之一。可以说，到嬴政继位时，秦国在政治、军事、经济等方面都已具备了统一六国的条件。

公元前238年，二十二岁的嬴政在雍城蕲年宫举行冠礼。嫪毐动用玉玺发动叛乱，攻向蕲年宫。嬴政早已布置好三千精兵，打败叛军。嫪毐转打咸阳宫，那里也早有嬴政的军队，嫪毐最终被捕获。嬴政将嫪毐五马分尸，曝尸示众，夷灭三族，嫪毐和赵太后生的两个私生子被杀害。赵太后也被嬴政关入雍城的萯阳宫。

不久，嬴政又以失职为由免除了吕不韦的相职，把吕不韦放逐到巴蜀地方。两年后，嬴政又派人给吕不韦送去绝命书，信中对吕不韦大加责问，吕不韦被迫服毒自杀。从此，嬴政彻底扫清了对自己政权的威胁，成为秦国名副其实的君王。

扫灭六国

公元前238年，嬴政除掉嫪毐、罢免吕不韦，开始亲理朝政。当年，他听从秦国贵族所言，下了《逐客令》逐出六国食客，但被李斯的《谏逐客书》所阻。此后，嬴政招揽人才，励精图治，积极准备统一天下。其手下能人众多，文臣像尉缭子、李斯等人，武将像王翦、王贲、蒙武和蒙恬，还有善于间谍活动的姚贾和顿弱。

秦始皇出诏灭六国

公元前230年至公元前229年，嬴政采取远交近攻战略，开始兼并六国。先后于秦王政十七年灭韩、十八年灭赵、二十年灭魏、二十四年灭楚、二十五年灭燕、二十六年灭齐，终于建立了中国历史上第一个统一的、多民族的、中央集权的封建国家———秦帝国。

秦王嬴政首先攻取赵国，因为六国之中赵国的实力最强，是秦王嬴政统一天下的最大障碍。但是，赵国并没有那么不堪一击，秦国军队多次进攻赵国均被击退。在进攻赵国的同时，秦国对韩国采取扶植亲秦势力以从内部逐步瓦解的策略。公元前231年，韩国南阳郡"假守"（即代理郡守）腾，向秦国献出他所管辖之地。腾被秦王嬴政任命为内史，后又派他领兵进攻韩国。腾对韩国军队情况一清二楚，所以进攻较为顺利，于秦王嬴政十七年（前230）擒获韩王安，韩国就此灭亡。

公元前229年，秦利用赵国发生天灾机会，又派王翦率军进攻赵国。赵国派李牧、司马尚率军抵抗秦军，双方相持了一年。在这生死关头，秦国使出离间计：王翦用重金买通赵王的权臣郭开，要他四处散布李牧、司马尚企图反叛的言语。赵王轻信流言，派人撤换李牧。李牧在国难当头的形势下没有从命，赵王暗中派人处死李牧，并处死司马尚。赵王处死李牧，无疑为秦军亡赵除去了主要障碍。此后，秦军如泄洪之水横扫赵军。秦王嬴政十九年（前228），秦军攻下赵国都城邯郸不久，出逃的赵王迁献出本国地图降秦。但是赵国公子嘉却带着随从逃入代郡（今河北蔚县）称王。秦军一直到公元前222年攻占燕国之后才将他俘虏。

漆壶彩绘牛马图

秦军攻打魏国筹谋已久。公元前231年，景滑王迫于秦国的强大压力，主动向秦国进献出丽邑地方，以求缓兵。此时，秦王嬴政正调动兵马准备向赵国发起进攻，不想分散兵力攻打魏国，于是就接受了所献之地，这使得魏国得以残存数年。秦王嬴政二十二年（前225），就在秦军主力南下攻打楚国的当口，秦王嬴政派将领王贲，领兵围攻魏都大梁（今河南开封）。魏军紧关城门，只守不出。由于大梁城防异常坚固，秦军强攻无果。最后王贲采用水攻，派大批兵士去挖掘渠道，引黄河、鸿沟的水灌入大梁。三个月之后，大梁的城墙全被浸坍。魏王假投降，魏国就此灭亡。

在灭赵的过程中，秦国大军已兵到燕国边境。燕国君臣胆战心惊，眼见秦国军队就要向自己杀来，却无力应对。燕国太子丹想用刺杀秦王的办法来化解危局，就派荆轲前往秦国以献上厚礼来接近秦王进行刺杀，时值公元前227年。刺杀行动以失败告终，但是秦王嬴政差点被荆轲刺伤，于是秦王对燕国十分愤恨，立即增兵大举进攻。公元前226年，秦军攻下燕都蓟（今北京），燕王喜与太子丹逃亡辽东郡。秦将李信率领秦军数千人，紧追太子丹至衍水。太子丹因潜伏于水中逃脱。后来，燕王喜为求得休战，保住燕国不亡，就派人将太子丹处死，将其首级献给秦王嬴政。燕王喜逃往辽东以后，秦军就把主力调往南方，去攻打楚国。秦王政二十五年（前222），王贲奉命攻打燕国在辽东的残存势力，擒获燕王喜，燕国灭亡。

南方楚国，版图辽阔，物产丰富，号称拥有百万兵卒。但是，楚国的内政总是贵族在争权夺利，这种状况延续到战国末期并更加严重。公元前228年，楚幽王死，统治集团内部再次发生夺权斗争。幽王的同母弟犹，即位为哀王，仅有两个多月，就被他哥哥负刍的门徒杀掉了。负刍成为楚王。楚王室摇摇欲坠。就在楚国发生内乱的时候，公元前226年，秦王嬴政不失时机地抽调秦军，南下进攻楚国，攻城略地，夺取楚国大小城池十余个。公元前224年，秦国与楚国的决战前夕，秦王嬴政先派将领李信率军二十万攻楚，被楚军

击败。后又派大将王翦率军六十万攻楚。王翦入楚境后,并未立刻进攻。他总结了李信

荆轲刺秦王壁画

兵败的教训,采取屯兵操练、守城不出、麻痹敌人、以逸待劳的战略。这样,一年多时间过去了,秦军对楚地渐渐适应,斗志高昂,体力充沛。而楚国部队,士气不足,缺乏斗志,加上粮草不足,准备东归。楚军撤走时,王翦就抓住时机全军出击,一举挫败楚军的主力,挺军南下,深入楚国腹地,杀死楚军统帅项燕。接着,秦军攻下楚国都寿春(今安徽寿县),俘虏了楚王负刍。秦王嬴政二十四年(前223),楚国灭亡。

齐国是六国中最后一个被秦国消灭的国家。秦王嬴政二十六年(前221),嬴政命令王贲攻打齐国。当时的齐王建奉行其母亲的"谨事秦"的政策,不修战备,不思进取,更无治理好国家的能力。齐王建十六年(前249),他的母亲君王后去世,后胜任丞相。秦国迅速展开收买丞相后胜的谋略,向后胜赠送大量的钱财。后胜得了秦国大量的钱财,就派大批宾客相继到秦国去。他们到秦国后,秦王又赠送他们大量的金银珠宝,让他们回齐国充当内应。这批人从秦国回到齐国后,为亲秦积极地制造舆论。他们说齐王建应去朝秦,以表示归顺之心,又说秦齐是姻亲,用不着与秦国备战对抗,也用不着帮助其他诸侯国攻打秦国。就在这个时候,王贲率军攻齐,几乎如入无人之境,大军长驱直入,攻下临淄,齐王建向秦投降,齐国灭亡。

历史小常识:《吕氏春秋》

《吕氏春秋》是战国末年秦国丞相吕不韦组织门客集体编撰的著作,又名《吕览》。全书共分为十二纪、八览、六论,共二十六卷,一百六十篇,二十余万字。因其中包含有儒、道、墨、法、兵、农、纵横、阴阳家等各家思想,所以《汉书·艺文志》等将其列入杂家。正如该书所说:"天下无粹白之狐,而有粹白之裘,取之众白也。"《吕氏春秋》旨在融合各家之学说,成一家之思想。

齐国的灭亡,使秦国走完了消灭群雄、统一六国的最后征程,结束了诸侯长期割据的局面,建立了一个以咸阳为中心、疆域广阔的国家。这个国家的疆域,东至东海,西至陇西,南至岭南,北至河套、阴山、辽东。秦王嬴政兼采传说中三皇五帝的尊号,宣布自己是

这个国家的第一个皇帝，即始皇帝，并希望后世万代承袭，递称二世、三世皇帝。

大势所趋

秦的统一，在客观上讲，与长期历史演进特别是春秋战国以来所形成的社会经济基础分不开。随着各国政治经济的迅速发展，各地文化联系的不断加强，民族联系的日益巩固，政治上的分裂状态逐渐成为社会发展的绊脚石，统一正成为大势所趋。

西周以来，人们多使用简陋的木制和石制工具进行农业生产，个人很难单独完成繁重的生产劳动，人们通常在贵族田地里集中劳作，形成“千耦其耘”的局面。但是到了春秋时期，铁制工具开始广泛应用于农业耕作。铁农具无论是在数量上还是质量上都明显占据着主导地位。那时候，铁农具种类很多，有锸、锄、耙、镰、镢等等。这些铁农具的广泛使用，便利了砍伐树林、兴修水利、殖垦荒地和精耕细作，从而极大地促进了农业生产的发展。这一时期还出现了牛耕，时人常以“牛”“耕”作为名或字，足见一斑。如，孔子弟子司马耕，字子牛；晋国大力士姓牛，名子耕。这说明，牛耕正成为当时人们习见的生产方式。到了战国时期，牛耕已经推广，人们还开始使用两头牛牵引的犁进行耕作。前尖后宽的V形犁铧极大加强了深耕刺土的功能，适应了深翻土壤、开沟起垄等主要农作物环节的需要，是耕作技术的一大飞跃。铁器牛耕的广泛使用，使得小农生产成为可能，真正意义上的农业革命开始了。“公作则迟”“分地则速”反映了个体小农取代集体农耕的时代精神，小农与新兴地主阶级开始登上社会历史舞台，也极大地推动了各国旨在发展小农以富国强兵的改革风潮。各国变革的程度又直接影响其国运的兴衰成败。

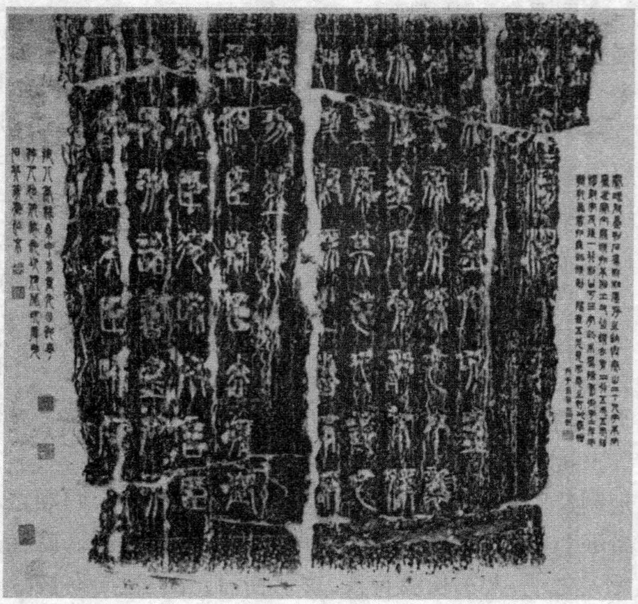

琅邪台刻石

农业的发展还极大地促进了工商业的进步。战国时期，漆器、矿冶、煮盐等手工业都有长足的发展，并且已经有了固定的商品交易场所，如“市张列肆”等，还形成若干个地域性的商品交易市场。那时，东方的渔、盐，南方的象牙、丝、竹，西方的皮革，北方的马匹、吠犬，甚至穷乡僻壤的金、银、铜、锡、驴、骡、姜、桂、丹砂、玳瑁、珠玑等都能运到中原地区交换。与此同时，一些大的都会相继形成，如齐的临淄、楚的郢、赵的邯郸等等。行商坐贾竞相逐利，涌现出众多像范蠡这样的富商大贾。这些都为统一局面奠定了必要的经济基础。

随着工商业的发展，水陆交通也纵横交错，进一步密切了各地的经济、文化联系。这时的天下已如荀子所说的“四海之内若一家”，这就为统一提供了必要的社会基础。

从另一方面来看，政治上的分裂割据局面，越来越成为社会经济发展的桎梏。长期兼并战争耗费大量人力、物力和财力，极大影响农业生产，造成劳动力的锐减。各国统治者以邻为壑，反目成仇，则直接威胁到人民的生命、财产安全。各国城池遍设，关卡林立，横征暴敛，更是直接阻碍交通发展和经济、文化交往。这样一来，统一日趋迫切地提上了社会发展的日程。

人心所向

统一不仅是历史大势，更是人心所向。自周平王东迁洛邑以来，长期战乱，分裂动荡，民不聊生，广大人民颠沛流离，背井离乡，无论哪个社会阶层都引颈期盼早日结束割据局面，能过上安定的社会生活。秦王政结束往日“兵革不休”“流血满野”的惨局，赢得了“天下之士，斐然向风”的大好政治局面，这是中国古代历史的重大转折，也是秦迅速席卷六国的民众基础。

另外，从民族关系的角度看，华夏文明正经受北方游牧民族的袭扰，人们迫切希望建立统一的国家以加强边防，保护先进的中原农耕文化。战国时期，秦、赵、燕三国均面临着北方游牧民族如东胡、楼烦、匈奴等族的侵扰，尤以匈奴为害甚巨。三国尽管修筑长城，派遣精兵，但是长期的兼并战争，迫使其注意力不得不转向统治中心，致使边务废弛，民怨沸腾。匈奴更是乘机据有水草肥美的河套地区，这不仅严重威胁到边地民众日常生产、生活正常秩序，也对中原农耕文明构成巨大挑战。

荣膺大任

统一的客观条件虽已成熟，但是统一大业最终由秦国来完成，这并不只是历史的偶然。在战国七雄中，最有资格荣膺大任的则非秦莫属。

始皇不是“从布衣而为天子者”，而是“从千乘而得天下者”。他有着显赫家世，出身王公世家，有着霸王之胄。正如前面提到的，嬴秦先人的政治发迹史为始皇提供了极其丰厚的政治遗产。秦国历代苦心经营几百年，随着国力的上升，不断鲸吞列国，疆土迅速扩大。至公元前246年嬴政即位之时，包括秦本土，秦的疆域已东至今河南中部，西至甘肃，南至西川、鄂西，北至山西中部。湟湟大国，远非昔日建国之初所可比了。素不为山东大国正眼相瞧的秦国，已没有哪一国可以匹敌的了。

秦半两钱

我们从秦赵长平之战就可见一斑。长平之战是战国时期规模最大的一次战争，也是中国古代战争史上大型歼灭战的著名战例。公元前262年，秦包围韩上党，郡守冯亭不愿降秦，献地于赵，引发史无前例的长平（今山西高平西北）之战。起初，秦国并没有占到便宜，赵国老将廉颇坚守长平达 3 年之久。公元前 260 年，秦军成功施用反间计，放言廉颇老弱，迟早投降，秦军所害怕的只有名将赵奢之子赵括。昏庸的赵孝王不听蔺相如及赵奢之妻的劝阻，执意启用纸上谈兵的赵括为将替代廉颇。秦昭王见反间计成功，秘密派遣能征善战的白起为上将军。赵括率大军盲目出击，白起则正面佯败后退，另遣两路奇兵抄袭赵军后路，将赵军团团围困。赵军困守 46 日，不得突围，械尽粮绝，士卒自相残杀，赵括不甘坐以待毙，亲率精兵突围，竟被秦军活活射死。赵军群龙无首，军心大乱，被迫投降。白起担心降军造反，竟将 40 余万赵军全部坑杀活埋。战国晚期，各国相继衰落，只有赵国比较强大。此战之后，赵国地位一落千丈，强秦优势地位更是不可撼动。秦王嬴政秉承先辈遗烈，虽年少即位，但此时的秦国已是“地方数千里，师名百万，号令赏罚天下不如”了。这正是他大展宏图的绝佳时刻，一场更加惊心动魄的兼并战即将拉开序幕了。

当时，秦国一些官员夹在两大集团之间无所适从，常常长嗟短叹：“与嫪氏乎？与吕氏乎？”嫪氏即颇得嬴政母后宠幸的假宦官嫪毐，吕氏即辅政相国吕不韦。随着两大集团权势的发展，他们争权夺利的斗争日趋白热化。少年嬴政忍气吞声，主动示弱，待他 22 岁亲政后，即刻诛杀起兵作乱的长信侯嫪毐，随后又免“仲父”吕不韦相国职，并逼迫其服毒自杀。嬴政摆平两大政敌，就为他“独制其民”，集中王权，扫清了棘手的障碍，这也突出地反映了他冷静果敢的政治智慧。

如果说顺利铲除嫪、吕两大政治集团反映了嬴政的政治智慧，那么他听从李斯《谏逐客书》之议，收回驱逐客卿成命，承续秦国重用客卿的传统，则更是突出反映了他在政治上的成熟。嬴政不仅没有诛杀企图借大修水利拖垮秦国财政的水工郑国，反而让他继续主持修建了关中水利，千里沃野卒成良田。他不拘一格，任人唯贤，任用年仅 12 岁的甘罗为相以出使赵国，任用曾经有过失的姚贾做使臣，封李斯为廷尉执掌刑法，命尉缭为国尉统领全军，诸如此类，不一而足。这些客卿都在秦的统一大业中立下赫赫功勋。他不仅用人唯贤，而且知人善任。伐楚时他先用自恃年轻有为的李信，既而勇敢承认轻敌错误亲赴老将王翦家中强请其领兵出征，一举灭楚，完成了统一征程的重要一站。反观六国，不谓无才：有孟尝、平原、信陵、春申四公子，有田单、吴起、孙膑、赵奢等将领。相对而言，六国失在人不得用，才不得伸。如魏人张仪因求事魏、楚不得才辗转至秦；魏国人范雎在魏国竟几被冤屈至死；赵王听信谗臣郭开之言拒廉颇而杀李牧。人得其用，人尽其才，这是强秦统一的制胜法宝。

嬴政的雄才大略还突出反映在他为统一制定的正确得当的战略策略方面。他采纳尉缭的离间之计，定下金帛利诱与武力打击相结合的方略，不仅派姚贾携重金出使山东，破坏反秦四国同盟，而且在对齐、赵等国的统一兼并战争中重金贿赂离间君臣，可以说这一策略百试不爽。秦国还重用魏人张仪推行“事一强

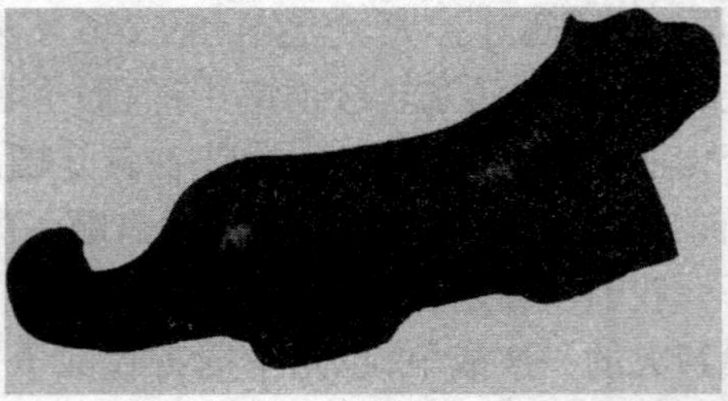
阳陵虎符

以攻众弱”的连横政策，以对抗公孙衍、苏秦等人“合纵弱以攻一强”的合纵政策，不仅多次离间像齐、楚联盟那样的多国同盟，还使一些小国“朝秦暮楚”，无所适从。张仪之所以成功离间齐、楚，在很大程度上归结于他不惜重金，巧舌如簧。由于措施得当，也由于各国利害不一，六国之间从未结起有威慑力的巩固同盟，成不了什么大气候。因此北宋文学家苏洵在其《六国论》中指斥六国败在自己而不在强秦。除了成功施行重金、连横等策略以外，嬴政在兼并战争中还创造性地发挥了由范雎提出而历代秦统治者沿用的“远交近攻”策略，先对距秦较近的三晋（即韩、赵、魏）用兵，伐燕虽在灭魏之前，也大抵与荆轲刺秦有关。最后才灭楚、齐。这样不仅可以各个击破，还便于转徙兵粮。

秦的统一，既是大势所趋，人心所向，也是秦与东方六国实力对比逐步扩大的必然结果，同时还与秦王个人的雄才大略分不开。秦的统一，将中国历史推进到一个崭新的阶段。

定一制而传千古

作为秦王的嬴政，横扫六国，缔造秦朝，结束春秋战国“天下共主”名存实亡的局面，是数百年群雄争霸历史的终结者。作为始皇帝的嬴政，摒弃王制，开创帝制，推行专制主义中央集权制度，更是2000余年历史的开创者。始皇确立皇帝制度，构建起庞大的封建政治金字塔，可谓“定一制而传千古”。

双翼神兽

皇权至上

秦代以前，商、周最高统治者均称“王”。战国时期，王室式微，群雄并起，称“王”称“帝”引为风尚。秦灭六国，秦王政以为不改名号，“无以称成功，传后世”。因此他在统一后下达的首道重要诏令就是命令群臣商议帝号，着手建立皇权。秉承其旨意，群臣集议后认为，他功过三皇，德比五帝，取号“秦皇”，秦王政则不以为然，他提出用“皇帝”的称号。这是秦王政的第一个历史性创造。此后，“皇帝”这一称号为历代最高封建统治者所沿用。

秦王政还规定了皇帝的专用称谓，确立玉玺制度，废除谥号，重拾五德终始旧说，确立并神化皇权。

为显示皇帝的独尊地位，秦王政采纳李斯等人的建议，制定了一套制度。如皇帝的命为“制”，令为“诏”，自称为“朕”，皇帝所用玉印称“玺”，文字要避皇帝“讳名”，等等。而此前，“朕”及“玺”并非最高统治者所专用。此外，还规定了专门的冠服乘舆。这些繁琐的仪式制度化，适应了封建统治者为加强对全国的统治而强调“尊君”的需要。

自周代中叶开始实施的“谥法”制度有善恶褒贬之别。“子议父，臣议君”，有悖秦代加强专制集权需要。为此，秦王政下制书正式废除谥法，自称“始皇帝”，“后世以计数”，称为“二世、三世”，幻想“至于万世，传之无穷”。

五德终始说始为战国邹衍所创，以金、木、水、火、土五种物质相生相克、周而复始、循环往复，来比附朝代的历史更替乃天命注定。这一学说适应了秦国的政治需要，被《吕氏春秋》所收。始皇发挥五德终始说，认为周得火德，水胜火，秦为水德之始，色尚黑，以十月为岁首，限定“数以六为纪”，“度以六为名”。始皇采用这套倒退的历法，显然是为了给皇权涂抹神秘主义的天命色彩。

三公九卿

皇帝制度当然不限于以上方面，也不只停留在形式方面。更重要的是，为加强中央集权，秦皇朝建立起一套从中央到地方的统治机构和封建官僚制度。高居整个统治机构之上的自然是皇帝，此外中央还设立了三公和九卿。

三公即丞相、太尉、御史大夫。丞相，三公之首，金印，紫绶，秩万石，“掌承天子，助理万机”，有左、右之分，是直接听命于皇帝的文官之首。太尉，金印，紫绶，秩万石，“掌武事”，“主五兵”，为武官之长。关于“太尉”一职的资料，现存文献不足，姑且存而不论。御史大夫，银印，青绶，“掌副丞相”，承转诏令制书，负责监察百官。御史大夫多为皇帝心腹，由位微低职的御史改置擢升，以平抑相权。

三公之下有诸卿，号九卿，实际不止九位，多数为秦国原有，少量为秦朝新设。主要有：奉常，掌宗庙礼仪，兼管文化教育；宗正，负责皇室宗族和外戚事务；郎中令，掌宿卫宫殿掖门户；卫尉，秦朝新设，统辖宫内武士守护宫门以内；太仆，秦朝设置，是皇帝最亲近的臣仆，主管皇室车马；廷尉，掌刑罚，是全国最高司法长官；典客，主管少数民族事务，负责如来访接待等事宜；少府，掌管宫殿、宗庙、陵寝的修缮及其他重要工程；治粟内史，主管天下钱粮和财政收支；少府，秦朝设立，掌山海池泽之税和关市之征，专门供应皇室开支，并负责皇室饮食起居。三公九卿均由皇帝任免，概不世袭。

泰山刻石（明拓本）

三公和诸卿的设立，行政、军事、司法、监察、财政的分设，博士议政，既分工，又相互制衡，皇帝操大权于股掌，驭群臣如牛马，体现出高超的政治手腕，强化了家国一体的政治“大一统”格局。

废分封，置郡县

以三公诸卿为主而组成的封建朝廷，绝对听命于皇帝，受命代行政务，是秦代专制主义中央集权政治的核心。围绕这个核心，秦王朝还组建了以郡、县、乡、里为主的遍布全国的地方权力网络。

秦朝建立之初，秦朝君臣曾就分封与郡县组织过多次宫廷辩论。秦朝灭亡以后，整个封建社会都延续了类似的分封与郡县之争，因而单纯把这场旷日持久的历史之辩简单地分为新、旧势力论战，儒、法斗争，抑或是分权、集权之争，都是有失偏颇的。实际上家国一体的政治格局内在地存在“家天下”与“公天下”，历代封建最高统治者在这个问题上总是很难端平这碗水的。表面上看，在两次论辩之中，李斯都战胜了王绾、淳于越等论敌，始皇最终也采纳了李斯的见解而推行单一的郡县制，而实际上，正如张分田在其《秦始皇传》中指出的那样，秦国施行多年的郡县制从制度上能更有效地维护皇权至上，维护君尊臣卑。因此，郡县制也就成了战国、秦汉以来历代封建王朝的基本政治制度之一。

除首都、京畿要地设立内史直辖中央以外，秦朝地方政权多设置郡。秦郡设置，学界素有争议。始皇二十六年（前221）刚统一，秦朝“分天下为卅六郡”，以后随着边远地区的开拓及郡治的调整，总郡数最多可能达到46个。各郡一律置“守、尉、监”。郡守，“掌治其郡，秩二千石”，是秦代最高地方行政长官，统摄辖区政治、军事、财政、民政、司法、监察等要务。郡守之下设有郡丞、佐守，秩600石。郡尉，“掌佐太守典其武职”，亦秩2000石，可见其在军事帝国中的地位。郡监，负责监督官吏及百姓，因其隶属御史大夫，故仍具备较大权力。设立监御史，是秦朝实行郡县制，加强中央集权的重要措施之一。

郡下设县、道和彻侯食邑。道和彻侯食邑基本相当于县一级建制。道设在少数民族聚居区域。这些县级机构都由郡统辖。县令、尉、御史分工与郡守、尉、监类似。县万户以上置县令，秩600石至1000石；不满万户设县长，秩300石至500石。县令或县长统领一县赋役征发、审判、治安等政务。县令主要佐官是丞，还有令史等属吏。从云梦秦简可以看出，县一级经济管理机构也不少，真可谓“麻雀虽小，五脏俱全”。

县下设乡，乡下有里，里下有10户编成的什和5户编成的伍。户是个体小农家庭，而什和伍则是秦皇朝最基层的单位。

由郡、县、乡、里为主组成的郡县制，适应了封建专制政体的需要，对于结束诸侯割据、维护国家统一，无疑有着巨大的进步意义。当然，对于秦皇朝本身而言，适当补充分封，或许可以“救土崩之难”，“削尾大之势”，延缓反秦势力的坐大和赢秦皇朝的速亡。始皇构筑起从中央到地方，从三公九卿到乡里什伍的金字塔般的统治机构，皇权高高在上，雄踞塔尖，劳动群众则被压在塔底。这样奇异的金字塔，标志着秦帝国政治“大一统”文明的确立。

“大一统”文化格局的奠定

始皇作为中华帝制的创建者确立了政治“大一统”文明，他还实行车同轨、书同文、制同度，促成中华文化共同体的基本形成，奠定了“大一统”文化的基本格局。在当时乃至以后的历史发展进程中都产生了巨大的影响。

车同轨

战国时期战乱频仍，诸侯混战，关塞壁垒高筑，加之各国道路宽窄不一，不利于交通往来，因此秦统一后立即着手拆毁关塞，建立起遍布全国的交通游驿网络。这是秦朝建立以后始皇明令修建的首项重大交通工程，也是当时世界上首屈一指的人工交通网络。

始皇于二十六年（前221）刚称帝不久，便下令实行“车同轨”，规定道路和车轨统一尺度为“舆六尺”。次年又下令“治驰道”。二十八年（前219），始皇开始大规模巡行各地。三十二年（前215），他下令“堕毁城郭，决通川防，夷去险阻”，进一步扫清人为设置的交通和水利障碍。同年，他下令南征大军开通灵渠，打通粮道，从而沟通珠江和长江两大水系。三十五年（前212），为巩固北部边防，始皇令北逐匈奴的大将蒙恬修筑“直道”，才两年半的工夫就迅速完成。除了这些“驰道”和“直道”，秦皇朝在建立后的短短几年内，还修筑了西南边疆的“五尺道”和位于今湖南、江西及两广之间的“新道”，构筑起以首都咸阳为中心的遍布全国的交通游驿网络。

秦驰道遗址

“驰道”被时人视作“天子之道”，是以首都咸阳为中心的交通主干道。这些“驰道”，“广五十步，三丈而树，厚筑其外，隐以金椎，树以青松”，中央供天子行走，但以植树为界，两旁还是可供人行走的。这些“驰道”，“东穷齐、燕，南极吴、楚，江湖之上，濒海之观毕至”，蔚为壮观。

“直道”“五尺道”及“新道”则是秦朝专门修建的军事和国防通道。“直道”专为北伐匈奴而设，是从首都咸阳经上郡、云阳到北方九原郡最便捷的通道。这条大道穿越山谷，横越草原，全长“千八百里”。“五尺道”是秦朝进一步密切巴蜀与西南地区联系而修建的通往云贵地区的大道。这条道路凿山越岭，遗迹至今尚存，因宽约5尺，故而得名。“新道”是始皇在平定百越的过程中下令按驰道标准修建的通往南海的扬越新道。这些道路的拓展，反映了秦朝开拓边疆的军事能力，也密切了边地与内地经济、文化交流，有着重大的战略价值。

这么庞大的交通网络，如果单纯归结于巡幸、用兵，斥之以黩武或奢靡，恐怕不足以

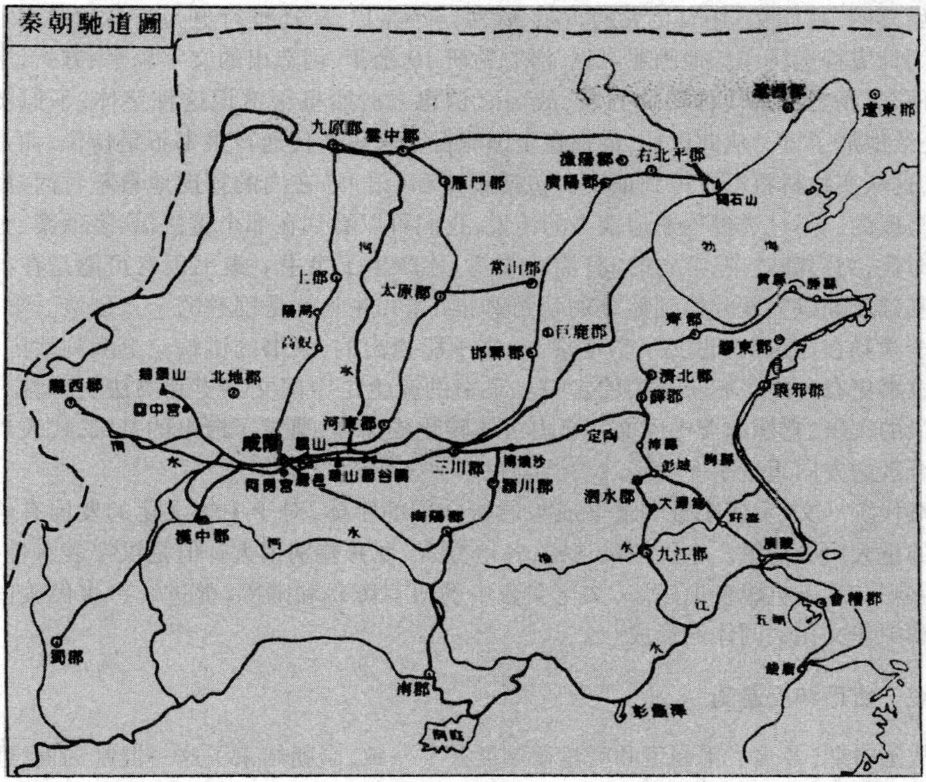

秦朝驰道图

解释这一帝国行为。秦帝国的条条驰道通咸阳不也可以比之于条条大道通罗马吗？凡大帝国，必有大道通衢现象，这是文明发展到一定程度的必然产物。

书同文

中国文字源远流长，至春秋战国时期，社会政治、经济、文化急剧变革，并且长期处于分裂割据状态，以至出现“言语异声、文字异形”的格局。同一个文字，各国间甚至一国之内往往都有不同写法。秦在统一前使用的小篆是由大篆演化而来的，大篆比小篆难写难认，而关东“六国文字”较之篆体更难识别。文字不一，造成各地经济、文化交流的严重障碍。

始皇二十六年（前 221），始皇刚刚统一称帝就接受李斯的建议，下令“书同文字”。他规定以秦小篆为统一书体，罢“不与秦文合者”。秦小篆是以秦国文字为基础，结合了周秦大篆、齐鲁蝌蚪文的优点，修改而成的。为推行这种统一书体，始皇令李斯、赵高、胡毋敬分别用小篆编写《仓颉篇》《爰历篇》《博学篇》作为标准的官方文字范本，颁行全国。尽管这 3 篇字书早已不存，但是各地留下的刻石相传为李斯等人所作，我们还是可以管窥其貌。这些刻石流传至今的有《泰山刻石》《琅琊台刻石》以及山东峄山、浙江会稽两刻石的摹本。它笔画简略，整齐划一，匀圆紧凑，将文字发展推进到一个新的高度。

始皇的"书同文"还有更大的贡献,除法定小篆以外,还推行更为简易的隶书。相传隶书为狱吏程邈所作。他因罪入狱,潜心钻研10余年,创造出的文字扁平、方折,书写更加省便、流畅。因秦代称罪徒为隶,故名之谓隶书。始皇很赏识这种字体,不但赦免了他,还给他加了官。从此以后,隶书在全国流行开来。秦代通行隶书不是传说,而是历史事实,这从实物材料可以得到证实。包括秦律和《语书》在内的睡虎地秦墓竹简,就是用隶书写成的。不过透过程邈造隶书的传说,我们可以看到在那个重法治、多狱案、公文成堆的时代,为提高效率,节省时间,简化书写,才产生了隶书。隶书很有可能是在群众创造的基础上加以整理并得到始皇的认可和推广的,并非就是程邈的个人创造。事实上,正如李学勤在《秦简的古文字学考察》一文中所指出的,隶书的滥觞应上溯到战国晚年,那么隶书更有可能脱胎于秦国的古隶。隶书的诞生是中国文字史和书法史上具有里程碑意义的大事,它标志着中国文字已由古体转化成今体,奠定了楷书的基础,代表着汉字朝着合理的方向迈进了一大步。

秦代统一文字,使小篆和隶书成为通行全国的字体,对于中华文化的发展有着不可磨灭的重大历史功绩。中国幅员辽阔,各地方言、乡音差别很大。但是汉字表意性强,统一文字则有利于克服各地经济、文化交流中的语言障碍和隔阂,促进统一多民族国家的发展和中华文化共同体的形成。

统一货币和度量衡

战国时期,各国货币制度和度量衡制度并不一致,秦朝结束了这一混乱局面,通过统一货币和度量衡,在一定程度上推进了经济和财政的制度化和法制化。

由于长期分裂割据,各国货币制度不一致,货币的形制、大小、轻重、单位等等,往往各不相同。即以形制而论,可分为四大类:郢爰,流行于楚;布币,流行于韩、赵、魏;刀币,流行于齐、燕、赵;圆钱,主要流行于周、秦及赵、魏沿黄河一带。币制的这种混乱局面,成为经济社会发展的严重障碍。因此,秦统一后制定了中国迄今最早的货币金融法规《金布律》及一系列相关法规,依法统一币制并加强了货币管理。"及至秦,中一国之币为二等,黄金以镒名,为上币。铜钱识曰半两,重如其文,为下币。而珠玉、龟贝、银、锡之属为器饰宝藏,不为币。"黄金和铜钱作为全国法定金属货币,将珠玉、龟贝、银锡等排除在法定货币之外,进一步提升了金属货币的地位。整顿周秦旧币,废除六国刀、布、蚁鼻钱及郢爰等,一律使用新规定的法定货币。上币黄金的单位改斤为"镒"(24两),下币圆形方孔铜钱以半两为单位,史称"秦半两",这种外圆内方的铜钱形制为历代王朝所沿袭。秦律还规定货币铸造权归国家,严禁私人盗铸,否则"索其室",没收货币和钱范,并且拘捕严惩。《金布律》还确保国家发行货币正常流通,无论货币质量好坏,禁止"择行钱、布"。秦朝统一货币,促进了商品经济发展和国家统一,垂范后世,影响深远。

战国时期各国度量衡制度也不统一。即以量器而论,赵以斗、升、分、益等为单位,齐则以升、豆、区、釜、钟等为单位。姜齐规定,"四升为豆,各自其四,以登于釜,釜十则钟"。而田氏代齐以后,则改为五升为豆,五豆为区,五区为釜,十釜为钟。至于衡制,就更是千差万别。各国为确保正常的经济和统治秩序，已经出现计量标准趋同迹象。秦在商鞅变法时就施行过“平斗桶权衡丈尺”的政策，传世的商鞅方升至今还藏于上海博物馆。继商鞅之后，秦国多次采取“一度量，平权衡，正钧石，齐斗桶”的措施。到了战国末期，秦国的度量衡标准已经趋于划一。因此，秦完成统一以后，就以秦制为基础，“一法度衡石丈尺”，发布诏令，“法度量则不壹，歉疑者，皆壹之”。这些秦代铭文，多见其加刻于秦国原来通行的标准器与日用器之上，如商鞅方升和秦高奴禾石铜权等，这表明，秦朝统一度量衡制，实际上是以法令形式将秦国原有制度推广到全国。秦朝还以法令形式保证统一的度量衡标准。云梦秦简《效律》就曾规定：“衡石不正，十六两以上，赀官啬夫一甲，不盈十六两到八两，赀一盾”。凡误差超限均受不同程度惩罚。秦朝统一度量衡制度的政治意图也是十分明显的，这在客观上打击了六国旧制度与旧势力，同时也在新区具体推广了统一的法令与制度。这正如李斯事后指出的那样，“更克(通“刻”)画，平斗斛度量文字，布之天下，以树秦之名”。

统一律法

秦始皇二十六年(公元前221年)，秦始皇为了维护封建秩序，令大臣在秦国原有法律的基础上，加以修订、扩充，吸取其他各国的有关条文，制订了一套严密的刑法制度，发布于全国。

秦的主要法律形式有律、令、法律答问、式、廷行事等多种。秦代完整的法律条文今已佚失。但人们从考古发掘中能够部分地窥见其内容。1976年，湖北云梦县睡虎地出土秦代竹简一千余支。这些秦律主要有三部分：一是《田律》《工律》《徭律》《军爵律》《置吏律》《陈吏律》，《效》等各种单行条例近三十种。二是案例与疑案问答，其中有六十多条是关于治“盗”的。三是有关判决程序的规定与说明。由此可见，秦律集中反映了地主阶级的意志，它对巩固和统一专制主义中央集权国家起了积极的作用。秦律所确认的法律形式，对后世封建法制的发展具有深远的影响。

维持一个大国的统一，还需要强大的军队。秦军以灭六国的余威，驻守全国，南北边塞，是屯兵的重点地区。秦制以铜虎符发兵，虎符剖半，右半由皇帝掌握，左半在领兵者之手，左右合符，才能调动军队。这是保证兵权在皇帝手中的重要制度。秦军是一支前所未有的巨大的震慑力量。近年发掘的秦皇陵侧的兵马俑坑，估计其中两坑有武士俑七千件，战车百乘，战骑百匹。武士俑同真人一样高大，所持武器都是实物而非明器。这种车、步、骑兵混合编组的大型军阵，其规模之大，军容之盛，是秦军强大的表征。

秦朝的残爆统治

秦统一中国后，虽然采取了一些措施促进社会发展。但是，秦朝的残暴统治和繁重的徭役，也给广大民众带来了巨大的灾难，使被压迫的农民阶级与统治阶级之间的矛盾日益激化。

为了统一全国民众的思想，秦始皇焚书坑儒；为了求得长生不老，他派人寻找长生不死之药，耗费了大量的人力、物力和财力；为了拥有奢华生活，他又在咸阳大兴土木，建造了阿房宫；为了死后有好的归宿，他又在骊山大造坟墓。繁重的徭役和兵役，给人民带来了极大的负担。

焚书坑儒

春秋战国以来，儒家、墨家、道家、法家等各门学派百家争鸣，不同的学说也在广泛流行。秦始皇统一天下后，心里自然很得意，公元前 213 年，他在都城咸阳举行宴会，齐国人淳于越对此非常不满。他是个思想保守的读书人，当着众人的面，他不仅反对秦始皇设立郡县制，还批评李斯等大臣阿谀逢迎，他说："殷、周之王千余岁，封子弟功臣，自为辅。事不师古而能长久者，非所闻也。"丞相李斯当场进行批驳："愚儒，不师今而学古，以非当世，惑乱黔首，入则心非，出则巷议，夸主以为名，异取以为高，率群下以造谤。"

二人唇枪舌剑地当庭争论了一番，谁也不能说服对方。散会后，李斯对秦始皇建议说："如今各种学说众多，老百姓难免会被它们误导，既然已经统一了文字货币，人们的思想也应该统一，如果任其发展，最终肯定会难以控制。不如将除《秦纪》、医药、卜筮、农书之外的文献典籍一律烧毁，杜绝六国旧人利用它们反对新王朝的机会。"

秦始皇觉得有理，便接受了这个提议，他下令：

一、史书除《秦纪》以外，六国史书一律烧掉。

二、《诗》《书》、百家语除博士官收藏的以外，其他人的藏书都集中到郡，由郡守、尉监督烧掉。

三、偶语《诗》《书》者弃市，以古非今者族，吏见知不举者与同罪，令下三十日不烧，黥为城旦。

四、医药、卜筮、种树等书不在禁列。

五、若有学法令者，以吏为师。

就这样，在全国范围内发生了大规模的焚书事件。此举一出，天下哗然，一些儒生和方士大为不满，他们纷纷议论，说秦始皇"专任狱吏，乐以刑杀为威"等等。

秦始皇听到这些议论，勃然大怒，就派官员彻查此事，对违犯者杀无赦。

官员们经过调查，发现有四百六十多个儒生散布过这些诽谤朝政的话，接着，秦始皇下令将他们全部活埋，这就是历史上有名的"焚书坑儒"事件。

对秦始皇来说，此举无疑是要"杀一儆百"，封住那些儒生的口；但这件事做得实在有些过火，他的大儿子扶苏看不下去了，上书说："天下初定，远方黔首来集，诸生皆诵法孔子，今上皆重法绳之，臣恐天下不安，唯上察之。"

秦始皇一向喜爱这个长子，但这么直率的批评，让秦始皇觉得面子上挂不住，一气之下就把扶苏发配到边关，让他和大将蒙恬一起修长城去了。

不过，史书对这段历史的记录并不相同，绝大部分只对焚书做了详细的说明，对坑儒则非常笼统，而且出现了歧义。有的说秦始皇只坑过一次儒，有的则说坑过两次。

西汉司马迁的《史记》、宋代司马光的《资治通鉴》，都说秦始皇的坑儒只有一次，即公元前212年，在咸阳活埋了四百六十多个辱骂秦始皇的方士和儒生。

但《史记·儒林列传》唐张守节在《正义》中则是这样记载的："秦既焚书，恐天下不从所改更法，而诸生到者拜为郎。前后七百人，乃密种瓜于骊山陵谷中温处。瓜实成，诏博士诸生说之，人言不同，乃令就视。为伏机，诸生贤儒皆至焉，方相难不决，因发机，从上填之以土，皆压，终乃无声。"

也就是说，在第一次的坑儒结束后，广大的儒生不仅没有噤若寒蝉，减少对朝政的议论，反而更加强烈地反对秦始皇了。由于有了第一次公开、大规模的坑儒，引起了很多人的不满，因此第二次他采取了更隐秘、更残忍的方法，让被害者在不知不觉中突然死去。

如果这种说法成立的话，那么秦始皇坑儒的人数就不仅仅只有四百六十多人，而是一千一百六十个。但直到现在，这依然是个未解之谜。

不过，不管是一次还是两次，"焚书坑儒"都是秦始皇对不同政见人士的残酷镇压。一把大火将中华民族千余年的文化结晶付之一炬，极大地摧残了中国的古代文化，同时，也扼杀了百家争鸣的活跃局面，开了"文字狱"的先河。

虽然那些提出反对意见的儒生思想比较保守，但秦始皇采取的行动是野蛮而残酷的，给后世造成了很坏的影响。从一开始，这个事件就是愚昧的，它的目的是为了维护封建王朝的统治，推行愚民政策，但结果却事与愿违。因为防民之口，甚于防川，"坑灰未冷山东乱，刘项原来不读书"，没几年就爆发了陈胜、吴广起义。

遣使求仙

求长生不老药

秦始皇自从坐上皇帝的宝座后，就非常害怕死亡，为了求得长生不老的仙药，他四处打听术士，并将他们召集到咸阳，为其炼制仙丹。

但是，这世上哪有不死药呢？眼看时间一天天过去，术士们百般推脱，秦始皇明白自己上当受骗了，这时恰好发生了儒生散布反对言论的事件，于是他顺水推舟，将这些炼药不成的术士也一并活埋了。

不过，秦始皇并未死心，他曾多次出巡，除了视察长城的修筑情况、了解民情之外，还有一件他念念不忘的大事，那就是寻找三神山，求取长生不老药。

秦始皇第一次东巡，是在公元前219年。这一年，秦始皇刚刚在泰山举行了封禅大典，回来时路过渤海南岸的黄县(今山东龙口)，听说这里有一个非常厉害的术士徐福，秦始皇便召见了他。

徐福说："渤海中有三座神山，分别叫蓬莱、方丈和瀛洲，山里住着很多仙人，他们手上就有一种可以让人长生不老的奇药。如果皇上愿意提供船只、珠宝，我愿意冒险出海，为您求取仙药。"

蓬莱仙境

秦始皇正盼着不老药，听他这么一说，于是高兴地批准了他的请求。就这样，徐福带着人马浩浩荡荡地出发了。

秦始皇望眼欲穿，后来，徐福回来了，他说："臣在海中遇到海神，告诉他想求取仙药，没想到海神觉得礼物太少，只能进去参观。臣在蓬莱仙山见到了灵芝生成的宫阙，里面的仙人个个光彩照人，臣问他们：'需要什么礼物才能得到仙药？'海神说：'必须用三千童男童女作为献礼。'"

一心想长生不老的秦始皇对这番话毫不怀疑，他马上命人在全国搜寻童男童女，让徐福将他们带回去祭海神，可怜这些孩子就这样葬身海底，而失去儿女的百姓无不怨声载道。

公元前218年春天，秦始皇再次东巡，距离上次还不到一年时间，但这次徐福入海没有回来，他只得先返回咸阳。公元前210年，秦始皇第三次东巡，这一次，徐福亲自从家乡赶来面见皇帝，从他最初入海求仙到现在，已经过了十年时间，其间耗费了大量的人力和财力，但他始终没有拿出不死药。

为了逃避惩罚，徐福只好禀报说："虽然长生不老药就在蓬莱仙山，但海神派了大蛟守护，一般人无法靠近，希望您增派一些弓箭能手同去。"

秦始皇一口答应，为了给徐福扫清道路，他甚至派人带上捕鱼工具，亲自入海捕捉大蛟。他们一行人乘船从琅邪港出发，一路并没有什么发现，直到临近芝罘才看见一条大鱼，秦始皇杀死大鱼之后，便返回咸阳了。在返回的路上，秦始皇病死于沙丘平台(今河北平乡)，他到死也没吃上仙丹。徐福担心即位的皇帝追究此事，便带领着剩下的人乘船逃跑了。

徐福乘船到底去了何处，《史记》中并没有记载，成为历史上的一个千古之谜。后世便有了种种推测，有人说徐福乘船东渡日本，有人说徐福乘船到了台湾或琉球，甚至还有人说徐福乘船到了美洲，但这些说法都找不到可靠的历史文献来证明。因此有关徐福去处，至今仍是个谜。

为了求得长生不老仙丹，秦始皇耗费了巨大的财力，还使许多无辜的人葬身海底，加深了人民的苦难。

阿房起，始皇亡

“六王毕，四海一，蜀山兀，阿房出”。秦始皇在消灭六国、统一全国以后，自以为功德超过三皇五帝。他为了体现帝王所享有天下最奢华的生活和至高无上的权威，在都城咸阳大兴土木，修建陵墓和宫殿，也就是历史上著名的骊山陵墓和阿房宫。

秦始皇陵

他将陵墓的地址选在今陕西临潼区城东。书中记载：“坟高五十余丈，周回五里余”。

骊山陵从公元前 246 年就开始修建，直到公元前 210 年才完工，共费时三十六年。在历史文献中，《史记》是首次记载秦始皇陵地宫情况的典籍，书中写道：“穿三泉，下铜而致椁，宫观百官奇器珍怪藏满之，令匠做机弩矢，有所穿近者辄射之。以水银为百川江河大海，机相灌输，上具天文，下具地理。以人鱼膏为烛，度不灭者久之。”

这段话到底是什么意思呢？

“穿三泉”是指地宫的深度。地宫的核心部分叫“玄宫”，也就是盛放尸体的棺材所在地，它位于地宫最底层。“三泉”指的是第三层地下水，根据水文资料表明，第一层地下水距地面为 16 米，根据现在的勘探，地宫口至底部约为 26 米，按照年代继续推算，那么至秦代，地表最深约为 37 米，不过这个结果是否属实，还需要进一步验证。

“宫观百官”是指秦始皇生前居住过的宫殿，比如阿房宫和咸阳宫等。百官的意思很好理解，就是三公九卿及文武官员，不过，这些东西是用什么材料制作的，现在也是一个谜。

“奇器珍怪”则表明陵墓里装满了奇珍异宝和制作精美的器物。“怪”一般是指兽类，所以可以理解为珍稀动物，现在有两种说法，一种是活的珍稀动物直接埋入地宫，另一种是用陶土或其他材料制作的动物。

“令匠做机弩矢，有所穿近者辄射之”的意思是说，为了防止后人盗墓，秦始皇命工匠制造了机关暗箭，一旦有盗墓者靠近，就会被机关暗箭射死。

“以水银为百川江河大海，机相灌输”是指在模具中注入水银，使其循环往复。江是长江，河是黄河，海是秦始皇东巡时到过的东海，毫无疑问，这描述的是一幅秦代疆域的模拟图。

此外，水银很容易挥发，其蒸气更是剧毒无比，只要进入墓穴，就会被蒸气毒死，这个

朱雀

方法也是为了防止盗墓者的。

“上具天文”是说玄宫顶部有一幅天体图。当时秦代的天文知识已经达到较高水平，咸阳城的扩建就是对应着星宿位置分布的。有的学者推测：“这幅天体图的形象是正中为斗星，围绕斗星一周应有二十八宿，与之相配的是青龙、白虎、朱雀、玄武、扶桑、桂树、太阳、月亮、金乌和玉兔。”

“下具地理”是指地理概况，以及统一中国后划分的三十六郡。

“以人鱼膏为烛，度不灭者久之”是说用人鱼膏制成的蜡烛，可以在地宫中燃烧很久。实际上，这种做法也是一种防腐措施，因为蜡烛燃烧需要大量的空气，地宫封闭后，里面的空气逐渐被消耗，最终形成一个相对稳定的真空。直到近代，这种方法还在使用。

据文献记载，人鱼就是鲵鱼，俗称“娃娃鱼”。也有学者认为，人鱼指的是鲸鱼，蜡烛是用鲸鱼油制作而成的。不过，对这个问题，现在也没有答案。

但是不管怎么说，秦始皇陵完全是按地下王国构想的，它藏品丰富、规模宏大，而且是世界上结构最奇特的帝王陵墓之一。不夸张地说，它就是一座豪华的地下宫殿，生动再现了秦代灿烂的文化和科学技术。

可是，为了这座陵墓，老百姓却付出了巨大的代价。修建时，秦始皇征发了几十万人长年累月地干活；修建完毕后，为了防止泄密，所有参加劳动的工匠都被活埋在陵墓里。埋葬秦始皇时，秦二世胡亥下令：宫内没有子女的宫女全部殉葬。

这项工程还在进行中，秦始皇又下令修建阿房宫。在灭六国时，每消灭一个国家，他就仿照其国的宫殿样式在咸阳盖起同样的宫殿。统一天下后，秦始皇自认为功盖三皇五帝，在他眼里，咸阳宫实在太狭小简陋了，配不上自己的气派，因此，他要建造一座规模更大的宫殿。

这一次，他看中的是渭南平原。这里地势开阔，河流密布。早在西周初期，周朝的文王和武王就已经在此修建了丰镐二京，现在，秦始皇也看中了这块风水宝地。

阿房宫的主体建筑就在丰镐遗址不远的东北处。按照秦始皇的总体规划，阿房宫是从位于古城村聚家庄一带的阿房前殿开始，五步一楼，十步一阁，向东有阁楼延伸到骊山，向南则通往终南山巅，向北有道路联结咸阳宫。这个计划气势磅礴，如果全部实现，阿房宫将“复压三百余里，隔离天日”，是任何一个帝王的宫殿都望尘莫及的。

但是，直到秦始皇逝世，阿房宫也仅仅只修建了一部分，这部分有宫城环护，俗称“阿城”，所有石料均运自北山，木材则来源于四川和荆楚。阿城的北门安装了磁铁，如果有少数民族觐见时身披铠甲，怀藏利刃，进门就会被发现，因此这道门也叫“却胡门”。

秦始皇死后，秦二世胡亥先修完骊山陵墓，接着便对阿房宫进行大规模扩建。他的倒行逆施加速了秦朝的灭亡，项羽入关后，阿房宫和其他宫殿一起被烧得精光。

不过，不管是秦始皇陵还是阿房宫，都是人民血汗和智慧的结晶。为了修建它们，秦始皇曾役使了七十万人，以至于最后男子人数不够用，只得让女人来担负运输工作，“丁男披甲，丁女转输”。据统计，服徭役的人数居然不少于全国总人口的百分之十五。

当时就有童谣唱道：“阿房阿房，亡始皇。”果然不出所料，阿房宫还未修完，秦始皇就死掉了。

历史小常识：阿房宫遗址

阿房宫遗址，位于今天陕西西安西郊三桥镇之南赵家堡和大古村之间，又叫阿城，是秦皇宫的前殿，它最初建于惠文王时期，扩建于秦始皇统治时期。当年的阿房宫规模十分庞大，大殿东西五百步，南北五百丈，殿上可坐万人，殿下可建五丈旗，阁道相连，南达终南山，宫前立十二个铜人。

秦二世亡国失势

秦二世胡亥是一个昏庸无道的君主，其残暴程度与秦始皇的统治相比是有过之而无不及。他在统治时滥杀无辜、横征暴敛、加重刑罚，给民众再次带来了巨大的痛苦。为了巩固其统治地位，他不仅处死蒙恬、冯去疾等大臣，而且杀害了他自己的兄弟姐妹，以致天下人心浮动。在埋葬秦始皇时，他下令把后宫无子女的宫女全部陪葬，又怕修陵工匠泄露陵墓内的秘密，便把工匠全部活埋。秦二世豢养了大量的狗马禽兽，供其玩乐游猎之用。因咸阳缺少粮草，他便令各郡县官吏逼迫民众送往咸阳。运输粮草的民众，要自带食物，不得吃咸阳三百里以内的粮食，将百姓推向了死亡的境地。

秦始皇时的刑罚已非常严苛：一人犯法，夷灭三族；一家犯法，邻里连坐。到秦二世胡亥时，更是严苛，以“杀人众者为忠臣”，各级官吏都是执行这种刑法的刽子手。在被压迫阶级同统治阶级的矛盾不断激化的同时，统治阶级内部的斗争也很尖锐，酝酿已久的反秦农民起义终于爆发了。

胡亥登基

沙丘之谋

公元前210年，秦始皇病死，胡亥继位。胡亥是秦始皇的小儿子，按理说皇帝的位置怎么也轮不上他，他最终之所以能当上皇帝，与一个人息息相关，这个人就是宦官赵高。

赵高原本是赵国的旧贵族，由于他“通于狱法”，与“喜刑名之学”的秦始皇不谋而合，因此受到重用。但自古以来，“善泳者溺于水，明法者则多犯法”，赵高也是这么一个人，他自恃有才而恣意妄为，结果被大臣蒙毅（将军蒙恬的弟弟）抓了个正着，按律当斩。秦始皇觉得他是个人才，不忍心杀死他，便赦免了他的罪，还让他担任中车府令，并兼管符玺大权，为自己起草诏书。

秦始皇陵一号兵马俑坑

没多久，他又任命赵高做儿子胡亥的老师，专门教授法律。赵高心胸狭窄，善于弄权，对曾经处置过自己的蒙氏兄弟怀恨在心，总想找机会报仇。有这么一个人当老师，胡亥受到的影响自然很大。

胡亥出生于皇家，自幼娇生惯养，又是最小的儿子，难免有些任性、贪图享乐；而且他常年住在宫中，耳濡目染的都是权力之争，再加上赵高的“教诲”，胡亥养成了贪婪残忍、昏庸无能的性格。

公元前210年，赵高终于等来了机会，胡亥也稀里糊涂地跟着他发迹了。这一年，秦始皇再度东巡，他带着丞相李斯、宠爱的小儿子胡亥和中车府令赵高开始了第五次——也是最后一次出巡。

回程时天气炎热，队伍到达沙丘时，秦始皇突然患了重病。或许他预感到自己躲不过这一劫，就叫来赵高，让他写一封诏书给在北部边境驻守的长子扶苏。但老奸巨猾的赵高并没有按时发出诏书，反而将其扣留在手中，因为他早已打好了自己的算盘。

走出宫殿后，赵高立刻找到胡亥，他意味深长地说：“皇上已经不行了，他没有给你的其他兄弟下诏，独独写了诏书给你的哥哥扶苏，没多久，他就是新皇帝了，而你没有寸土之地，以后打算怎么办呢？”

胡亥没听懂他的意思，傻乎乎地回答：“父亲这个决定没什么呀，我自小就知道，明君了解臣子,明父则了解儿子,既然父亲做出这个决定,那我没什么可说的。”

眼看胡亥碌碌无为,丝毫没有夺权的野心,赵高忍不住继续说:“不然。当臣子和让别人称臣完全不同,前者受制于人,后者却能制人,怎么可能一样呢?如今生杀大权都掌握在我和丞相手中,只要你说句话,我们肯定会帮你图谋这个江山。”

秦始皇崩沙丘

胡亥不敢相信地说:“废兄而立弟,是为不义;不奉父诏而畏死,是为不孝;而且我能力不够,这么做无异于夺人之功,不行不行!如果我当了皇帝,天下人肯定不服气,到时候说不定连江山都保不住了。”

赵高冷笑道:“我只知道,汤、武杀其主,天下人都称其为义举,没听人说他们不忠;卫君杀其父,孔子还专门写书称赞他,谁敢说不孝!如果你顾小而忘大,将来必定后患无穷,后悔自己今天的决定。只要你下定决心,鬼神都会避开,胜利在望啊!我劝你还是听我的话。”

胡亥叹了口气:“可是父亲还在人世你就图谋这种事,恐怕没什么好处,更何况丞相也在,他是万万不会同意的!”

赵高胸有成竹地说:“所谓时机都是自己谋划的,只要你愿意,其他的都交给我来办。”

经过赵高的一番诱惑,胡亥终于动摇了,最后他表示:愿意听从老师的安排。

说服胡亥之后,赵高又找到李斯。一开始,他并未说明来意,而是拐弯抹角地问:“和蒙恬相比,你的才能、谋略、功劳,还有太子扶苏的信任程度如何?”

李斯老老实实地回答:“我不及蒙恬。”

“那么,”赵高终于说到正题了:“一旦扶苏即位,必定会任命蒙恬为丞相,到时候,你会是什么处境应该能想到吧!”

听了这话,李斯低下头没有言语,赵高看出他动了心思,于是趁热打铁地说:“胡亥这孩子心思单纯、性格温顺,不像扶苏那么精明强干,如果他当了皇帝,你的地位和现在拥有的一切都不会消失。”

正所谓“人为财死,鸟为食亡”,再加上丞相李斯一向迷恋权力,因此他和赵高一拍即合,决定伪造一封诏书:“立胡亥为太子。太子扶苏因为不能回京,对皇帝怀恨在心,是为不孝;蒙恬身为臣子,驻守边疆十几年,不仅没立战功,反而多次上书非议朝政,而且不规劝太子的无良行为,是为对皇帝不忠。扶苏不孝、蒙恬不忠,命其自刎,以谢皇恩。”

听说是父亲的命令，扶苏虽然不敢相信自己的耳朵；但他没有丝毫怀疑，举起宝剑就准备自杀。

大将蒙恬怀疑有诈，赶紧拦住他说："你应该回京向皇上申诉，如果真是他的意思，再自刎也不晚。"

但扶苏却说："既然父亲让我死，我还有什么理由申诉呢？"说完流着眼泪自尽了。

蒙恬却据理力争，怎么也不肯自裁，使者无奈，便将他关进阳周（今陕西子长北）的大牢。

李斯诈诏杀扶苏蒙恬

扶苏死后，赵高等人觉得铲除了最大的政敌，因此一回到咸阳，就立刻宣布胡亥继位。胡亥时年二十一岁。立下大功的赵高当然不会放过为自己加官晋爵的机会，在他的指使下，胡亥封他为郎中令。从此，朝政大权被赵高一手掌握。

杀兄弟屠忠良

胡亥登上皇位时年方二十一，正是风华正茂的年纪，他穿戴上和父亲一样的皇冠、皇袍，蓄起胡须，不过，即使他尽量让自己看上去像父亲的样子，心里也依然非常清楚：自己不是当皇帝的料。

没几天，赵高便对胡亥说："虽然你坐上了皇位，但你那些哥哥都是公子，个个都有地位，当初肯定图谋过这个天下。如今你年纪最小，反而当了皇帝，他们肯定都不服气，还是尽早处理他们为好。"

在谋夺帝位的过程中，胡亥已经深刻体会到"胜者为王，败者为寇"的道理，眼看已经大功告成，他当然不愿意被人夺走这个皇位，即便是自己的亲兄弟，如果他们威胁到自己的地位，也不能轻易放过，而且第一步已经迈出去，迈第二步就自然得多了。

据专家考证，秦始皇共有儿女三十三个，但史书中有名有姓的只有长子扶苏、幼子胡亥、公子高和公子将闾四人。对于这些人最后的下场，史书中是这样记载的：

六公子戮死于杜；公子十二人僇死咸阳市；十公主死于杜；公子将闾兄弟三人被杀；公子高欲避祸，要求陪葬始皇帝陵。

在赵高的指使下，胡亥下达了一个又一个屠杀命令。第一次，是在咸阳市（最繁华的商业中心）处死十二个兄长。第二次在杜邮（今陕西咸阳东）同时碾死六个兄弟和十个姐妹。只见刑场上鲜血淋漓，惨叫声不绝于耳，闻讯赶来看热闹的百姓实在受不了，最后只好迅速离开。

公子将闾三兄弟平日小心谨慎、处事稳重，赵高、胡亥找了半天，也没找到可以陷害他们的理由，只好先将他们禁闭起来。等到其他兄弟姐妹都被杀死之后，赵高也不想找什么借口了，直接派人送去毒药，命三兄弟自尽。

将闾对来使说："我们按照要求深居简出、恪尽职守，从来没有违反过宫中的礼节和制度，为什么突然让我们自裁？"

使者面无表情地回答："这个我就不知道了，皇帝下了命令，我只能按章行事，你们还是快点动手，皇上等着我复命呢！"

三人终于恍然大悟，皇帝无非是为了保住自己的地位，担心他们谋反，就算继续求情，他也不会改变主意，他们相对而泣，最后无奈地喝下了毒药。

到了这种时候，剩下的公子高终于变得"聪明"起来，他看着兄弟姐妹们一个个惨死，总有一天厄运会落到自己头上，逃跑肯定是不行的，那样会导致家人被诛。他辗转反侧了好几天，最后决定牺牲自己的性命来保全家人，他上书给胡亥说："臣不才，愿意为父亲殉葬，希望你看在兄弟的情分上饶了家人。"

这个决定让胡亥很高兴，不用自己动手就除掉一个眼中钉，因此他爽快地答应了公子高的请求，兴奋之余，还赏赐了十万钱。至此，胡亥所有的兄弟姐妹都死光了，公子高是唯一一个死得名声好听一点的。

自 1974 年发现秦始皇兵马俑之后，考古队又于 1976 年在秦陵东侧上焦村发现了十七座陵墓，根据工作人员的清理，这些陵墓内埋葬的人有男有女，他们身首异处、肢体分离，有的头骨上插着箭头，有的下骨左右扭错，这些都是非正常死亡的标志。陵墓内的陪葬品既丰富又精致，绝不是普通百姓所能拥有的。再加上陵墓位置靠近秦始皇陵，因此人们猜测，这些人多半是被杀死的公子和公主。

当胡亥铲除了所谓的"眼中钉"之后，赵高又起了别的心思。一直以来，他都对蒙氏兄弟心怀怨恨，一来是因为他们当初得罪过自己，二来是他们的地位会对自己产生威胁，因此赵高念念不忘除掉他们。

当初秦始皇最后一次南巡时，上卿蒙毅曾随行在身边，后来，赵高嫌他碍手碍脚，便找了个"替始皇出祷山川"的借口将他支走了。

秦始皇死后返回咸阳时，蒙毅也准备和队伍一起走，但没想到的是，赵高命人将他抓起来囚禁在了代郡（今河北蔚县）。

胡亥登基后，想到蒙氏兄弟文韬武略，一个能镇守边防、抗击匈奴，一个足智多谋，便打算释放他们，继续为自己效力；但赵高担心他们对自己构成威胁，于是对胡亥说："先帝当初本来是要立您

跽坐俑

做太子的，但蒙毅三番五次地阻挠，结果导致先帝改变主意。”

听了他的话，胡亥信以为真，他火冒三丈地说：“既然如此，就让他去陪伴先帝吧！”

于是下诏令蒙毅自尽，接着又派人来到阳周的监狱，对蒙恬说：“你作恶多端，早就该死了，如今蒙毅已畏罪自杀，按照律法应该株连九族。”

蒙恬气愤地说：“自我先人至今，为朝廷出生入死已有三代。虽然我被关在这里，但我手下统领着三十万大军，足以推翻朝廷，不过我从小接受的教育是应该守义而死，我之所以没有叛变，是不想辱没先人，不敢忘记先帝的大恩。昔日周成王即位时年幼无知，周公旦为了天下大业，曾断指立誓‘忠心为主’，并每天背着他上朝。后来成王长大，却听信谣言要杀周公旦，周公旦只得逃往楚国。当成王醒悟过来后，杀了那些妖言惑众的人请回周公旦，因为这件事，所以《周书》上说：‘君王办事要反复考虑。’我蒙氏家族对朝廷忠心耿耿、从无二心，却落得满门抄斩的下场，这一定是有奸臣挑拨。周成王犯错之后能改过自新，最终换来昌盛的局面；而夏桀杀关龙逢、商纣杀比干后不改过，最终国破人亡。所以我认为，圣君做事一定要反复考虑，哪怕犯了错，只要能改正就是百姓的福气。我说这些并不是想免去死罪，我早就做好了死谏的准备，希望你能将这些话转达给皇上，让他为天下万民着想。”

使者无奈地说：“我只是奉诏而来，将军的良言我不敢传报。”

蒙恬叹息道：“我哪里得罪了上天？竟然落得无罪而被处死的下场！”

想了想他又说：“我这一生，修长城、挖沟渠至少有一万多里，可能无意中挖断了地脉，这也许就是我的罪过吧！”

蒙恬杀死石凯

说完，他毫不犹豫地服药自杀了。

就这样，赵高和胡亥除掉了所有对自己不利的人，胡亥高兴了几天，但没多久他又担心起来，因为大臣官员们对这些行为议论纷纷，言谈中流露出很多不满。

胡亥问赵高说：“自从杀了诸多公子和蒙氏兄弟，大臣不服，普通官员也议论纷纷，为之奈何？”

赵高说：“臣一直想提醒皇上，但又不敢说，先帝的大臣多半是天下累世名贵人，他们的功劳相传久矣。如今我出身低贱，承蒙皇上您抬举，才能主管国家大事，那些大臣虽然表面上对我很尊重，其实心里非常不满，除非皇上能治他们的罪，将其一一铲除，否则无法振威天下。”

胡亥连连点头：“你说得对。”

为了杀一儆百，胡亥大开杀戒。这一次，他的目标是右丞相冯去疾和将军冯劫，二人为了免遭羞辱，毅然选择了自尽。

在赵高的建议下，胡亥于公元前209年初，也就是即位的第二年，效法父亲秦始皇巡游天下。他从南边的会稽（今江苏苏州）一直跑到北边的辽东（今辽宁辽阳）。一路上，他不问青红皂白，连连下令诛杀官员，结果当地的人惶恐不安，而这一切，仅仅源于赵高的一句话：“你应该趁这次巡游树立自己的威信，只要那些官员不听话，就杀了他。”

铜车马

就这样，赵高利用没有头脑的胡亥，大大扩张了自己的权势，只要官员一死，他就安插一个自己的亲信，这些人都是他提拔上来的，他们和赵高一样，出身低贱，自然对他死心塌地。赵高的兄弟赵成做了中车府令，女婿则做了咸阳的县令，至于朝中其他要职，也遍布着赵高的党羽。

在胡亥巡游的过程中，所有的地方官员无不惊慌失措，不知道厄运哪天就会降临到自己头上，一时间，全国人人自危，陷入一片白色恐怖之中。

揭竿而起

虽然秦始皇统一了中国，但老百姓并没有得到休养生息的机会。为了一统天下，秦始皇四处征战。而且在兼并战争过程中，还仿照六国宫殿的建筑风格，在咸阳重新建造各国宫殿多达二百处。没多久又开始兴建自己豪华的陵墓和规模宏大的阿房宫，再加上修筑长城、驰道（为了皇帝巡游而修筑的宽广大道）等等，耗费了大量的人力和物力，老百姓根本无暇顾及农业生产，社会经济生活受到了严重破坏，最后造成“男子疾耕不足于粮馈，女子纺绩不足于盖形”的局面，对此，老百姓怨声载道。

秦始皇死后，秦二世胡亥不仅没有收敛暴政，反而更加厉害。他信任善于玩弄权术的赵高，诛杀有功的大臣和自己的亲兄弟，将朝廷搞得乌烟瘴气，统治阶级的内部矛盾日益尖锐，尤其是扶苏的死，激起了众怒。但稀里糊涂的胡亥丝毫没有察觉到这些隐患，他征调了三百万人继续修建阿房宫和始皇陵，每日寻欢作乐，《史记·六国年表》记载：“二世元年十一月，为兔园。”有一次，胡亥居然征集了五万人到咸阳，目的就是为了“令教射狗马禽兽”。

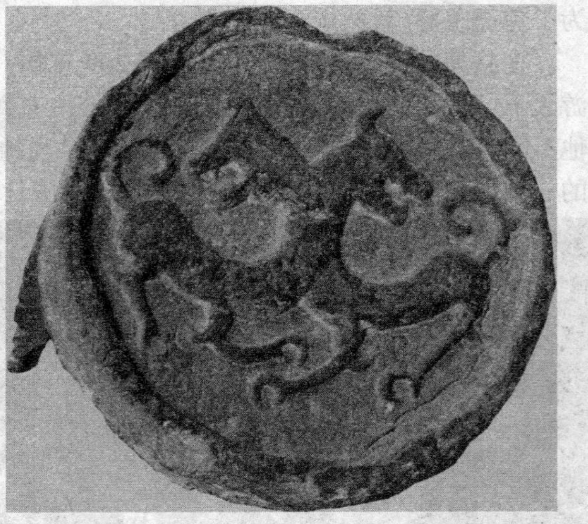

双兽纹瓦当

《史记·滑稽列传》记载：“一天，胡亥觉得咸阳的城墙颜色不好看，于是说：‘如果将城墙重新油漆一遍就好了。’宫里的滑稽演员优旃说：‘皇上的主意太好了！虽然又要花钱，但这么一来，城墙就变得好看了，而且油漆很光滑，就算来了贼寇，想必他们也爬不上去。’胡亥被他的话逗笑了，‘漆城工程’总算作罢。”

但是对于老百姓，法律则特别严苛，最后居然导致“刑者相伴于道，而死人日成积于市”的局面。《史记》中记载的死刑有戮、斩首、活埋、弃市、腰斩、车裂、溺死、夷族等等，共有十几种。至于普通的处罚更是数不胜数，比如割鼻子、断足、笞打等等。虽然笞打是对一般犯人的惩罚，但被打死或打残的人也不少。在如此严酷的统治下，老百姓怎么可能安居乐业呢？

公元前209年，胡亥下令：征发一批徭役到渔阳（今北京密云）。但是，大雨连绵不断，当这批人冒雨赶到大泽乡（今安徽宿县）时，前面的道路被洪水冲毁了，队伍无法前行，每个人都焦灼不安。因为按照规定，如果误了时间，所有的人都会被斩首。

这时，队伍中的两个屯长陈胜和吴广挺身而出。

陈胜，字涉，阳城（今河南方城）人；吴广，字叔，阳夏（今河南太康）人。他们二人仔细分析了大家的处境，然后说："如今被大雨阻隔，耽误了期限，即使赶到也是死路一条，不如起来造反，干一场大事业，就算不成功，左右也不过是个死。"

吴广点头称是："没错，咱们老百姓受到的暴政实在太多，已经到了忍无可忍的地步了。但是，咱们以什么理由造反呢？"

陈胜说："我听说当今皇帝胡亥是秦始皇的小儿子，他根本没有继承皇位的资格，因为当初立的太子是扶苏。扶苏反对父亲的暴政，结果被打发到北边去了。几个月前，始皇突然病死沙丘，赵高、李斯等人却宣布胡亥是新皇帝，然后处死了公子扶苏。虽然咱们不清楚宫闱之变到底是怎么回事，但扶苏的贤明有目共睹。另外，楚国名将项燕一向为楚国人敬仰，很多人以为他逃跑了，可实际上，他早被杀了，我们不如以这两个人为名倡导天下，响应者肯定很多。"

这一番分析有理有据，吴广也认为很有道理。不过，他们俩都是身份低微的奴隶，想要号令天下，很难让人信服，想到这里，二人便找到算命先生求助。

第二天，他们将写有红字的布放入鱼腹，再命属下买回来烹煮。属下割开鱼肚子一看，布上写着"陈胜王"三个大字。

立射武士俑

晚上，士兵们又看到住处附近燃起了大火，并传来"大楚兴，陈胜王"的声音，仔细一听，好像是狐狸发出来的一样。当时的老百姓本来就很迷信，他们深信狐狸有灵性，绝对不会骗人。因此，经过这一番安排，陈胜在他们心中的地位提高了很多。

由于大雨一直下个不停，带领士兵的两个将尉只有喝酒解闷。这时，吴广走过来，故意说要逃跑，将尉一听果然震怒，他拿起鞭子就向吴广挥过来，吴广眼快手疾，夺过他的宝剑将其杀死，陈胜也杀死了另一名将尉。

接着，他们将九百个人召集起来，慷慨激昂地说："我们遇到大雨，看样子肯定会延期，而延期是要被砍头的，你们的父母兄弟也要被杀。我们乃堂堂男子汉，既然要死，就要死得壮烈些，那些王侯将相难道是天生的吗？"

这番鼓动性很强的话果然收到了效果，大家振臂高呼："受命！"

就这样，陈胜、吴广以扶苏和项燕的名义发动了起义，陈胜自封为将军，吴广为都尉。由于项燕是楚国大将，大泽乡是他当初活动的地方，大部分士兵又都是楚国人，因此为了顺应民心，他们打出"大楚"的旗号。

这支不足千人的队伍虽然缺少足够的粮食和兵器，但他们的目标明确——就是"伐无道，诛暴秦”，而且组织严密、战斗力强，因此一路上所向披靡，迅速攻下大泽乡。首战告捷后，军队更加壮大，接着又攻克了蕲县（今安徽宿县南）。当他们来到陈城（今河南淮阳）时，已经拥有几万步兵、几千名骑兵、六七百辆兵车。

当大泽乡起义的烽火迅速呈现燎原之势时，原先战败的六国贵族也开始蠢蠢欲动了。这些人被降为普通人后非常不甘心，但如果他们要造反，作为原先的剥削阶层，老百姓们不可能支持他们，因此，他们顶多是搞一些暗杀。当农民的革命如火如荼时，他们便怀着不同的动机投奔了陈胜。

至于各地出现的小规模农民起义，则更是数不胜数。《汉书·严安传》中记载：“及秦皇帝崩，天下大畔。陈胜、吴广举陈，武臣、张耳举赵，项梁举吴，田儋举齐，景驹举郢，周市举魏，韩广举燕，穿山通谷，豪士并起，不可胜载也。然本皆非公侯之后，非长官之吏，无尺寸之势，起闾巷，杖棘矜，应时而动，不谋而俱起，不约而同会，壤长地进，至于伯王，时教使然也。”

起义军进入陈城后，陈胜便召集当地的三老豪杰商量下一步行动。三老豪杰纷纷说：“将军披坚执锐，伐无道，诛暴秦，我们愿拥立将军。”

但是，魏国名士陈余和张耳不赞成陈胜立即称王，他们提出应从六国贵族中选人，否则难以服人。陈胜没有听他们的话，最终自立为“楚王”，国号“张楚”——暗含着张大楚国之意，同时任命吴广为假王。

陈胜、吴广领导农民起义后，地方官员派人来到咸阳，将这个消息如实禀报给胡亥。二世居然不肯相信，他勃然大怒，免去使者的官职，并将其关进大牢。

当另一个使者再次带来同样的消息时，胡亥才召集大臣们商议此事。

大臣们议论说：“既然百姓造反，应该立刻发兵镇压。”

跪射武士俑

听了这句话，胡亥很不高兴。叔孙通见龙颜不悦，深知皇帝不想承认有人造反的事实，于是他说：“你们都说错了，现在国家太平，哪有什么人敢造反呢？只不过是一群鸡鸣狗盗之徒，只要地方官员下令，就能将他们一网打尽，区区小事怎么还要劳烦皇上亲自过问呢？”

胡亥听他说是强盗，果然心花怒放，这时，他又问大臣：“到底是造反还是强盗？”有的说是“造反”,有的说是“强盗”。最后,胡亥将所有说“造反”的大臣都关进了大牢,而赐叔孙通二十四帛,并升其为博士。

谁知叔孙通早已看出他的残暴无能,一出宫殿,同僚不解地问他:“先生一向仗义执言,今天怎么拍起马屁来了?”

叔孙通说:“如果不这么说,我恐怕会送掉性命。”没几天,他便投奔了义军。

不过,正当各地农民起义进行得如火如荼时,原先投奔陈胜的一些豪杰、名士却纷纷拥兵自重、割地称雄。陈胜称“楚王”后还没到三个月,先后有人自立为赵、燕、齐、魏等王,到了公元前208年,项梁(项燕的弟弟)又封韩成为韩王。自此,六国全部复辟,这些人为了争夺城池而相互残杀,从而给了秦军喘息的机会。

在陈城站稳脚跟后,陈胜派周文向西攻打咸阳,一路上,周文的队伍不断扩大,到达函谷关时已有几十万人马。但是,由于义军缺乏战斗经验,最后战败,周文自杀。

周文的主力军覆灭之后,吴广镇守的荥阳便完全暴露在秦军面前,在这种危急关头,必须改变作战策略才能出奇制胜,但是,吴广的部下田臧却采用了一个卑鄙的手段。

他假造陈胜之命将吴广暗杀,同时捏造了一个罪名证明吴广该死,然后将吴广的首级献给陈胜过目,就这样,大泽乡起义的领袖没有死在战场上,却毁于自己人的屠刀之下。

对于田臧这种擅自杀害主将夺权的行为,本来应该重责,但陈胜担心大敌当前,再杀掉田臧会涣散军心,因此他反而封田臧为上将,出兵迎战秦军。

不过,田臧这个人要阴谋诡计很在行,带兵打仗却一塌糊涂。刚和秦军一对阵,田臧就兵败被杀了,剩下的士兵惊慌失措、四处逃窜。这一仗下来,义军死伤过半,损失惨重。

无独有偶,吴广死后,陈胜也遭遇了同样的下场。自立为王后,陈胜逐渐有些傲慢轻敌起来,对于有过者不罚,有功者不赏,至于那些和自己有私怨的人,则往往任意报复。

公元前208年,秦军攻下荥阳后,便向义军的首府——陈城攻来,而这时,由于义军接连打了几个败仗,陈城的兵力已严重不足。

陈胜坚守了一个多月,眼看就要进入寒冬腊月,城内粮草不继,外面的救兵又没有音信,无奈之下,陈胜只好退守下城父(今安徽蒙城西北)。

没想到,他还未在下城父站稳脚跟,就被最信任的车夫庄贾所杀害,接着,庄贾将下城父拱手献给了秦军。

虽然陈胜的部将吕臣很快就收复陈城,处死庄贾,但陈胜和吴广建立健全的张楚政权已不复存在。在不到一年的时间里,这场中国历史上爆发的第一次农民起义就被消灭了。不过,其他的起义军依然前赴后继,抗击胡亥的暴政。

项梁起兵

项梁是秦代下相(今江苏宿迁)人。他的父亲就是原楚国著名的大将、被王翦所打败的项燕。项家在楚国世代为将,有着很久的尚武传统。因战功显赫,被封于项(今河南沈丘),成为楚国的贵族。

秦始皇二十六年(公元前223年),楚国被秦军攻灭。项燕战死。项家随即成为秦朝政府的打击对象。项梁万不得已,带着自己的侄子项羽逃到栎阳(今陕西临潼北)。这里距秦都咸阳很近,反而比较安全。可项梁在栎阳出了事,被栎阳县官抓起来,关进了栎阳狱,后被救出。但没过多久,项梁又杀了人,因而不得不带着项羽离开关中,逃到了几千里外的吴中(今江苏南部)。当时,六国诸侯虽然被秦吞灭,但六国贵族的后代时刻都在寻找时机,准备恢复自己昔日的割据局面,项梁也不例外。到达吴中后,项梁表面上和吴中的士大夫阶层处得非常好,暗中却交结豪杰,利用给别人主办徭役和丧事的机会,用兵法"部勒宾客及子弟",还要项羽学习兵法。而"吴中贤士大夫皆出项梁下",由此,项梁集结了一定的力量,为起兵反秦打下了基础。

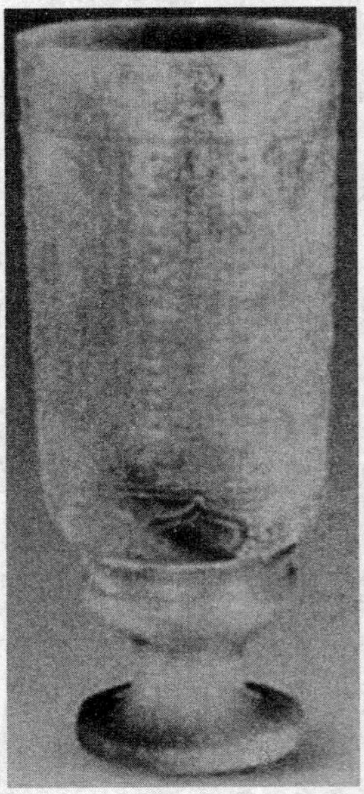
云纹高足玉杯

秦二世元年(公元前209年)七月,陈胜在大泽乡起义,天下纷起响应。秦桧稽郡守殷通见天下义军蜂起,秦亡势成必然,也想乘机捞点利益。他素知项梁之能,便把项梁找来商议,欲以项梁和另一个豪杰桓楚为将。但项梁有自己的打算。他向殷通谎称,只有他一个人知道当时逃亡在外的桓楚的下落,然后以商议军情为名,让项羽持剑闯入,杀了殷通,夺取了印绶。"乃召故所知豪吏",告诉他们,自己要起兵反秦。"遂举吴中兵。使人收下县,得精兵8000人"。公开打起了起义的大旗。很快占领了吴中地区。

是年腊月,陈胜被章邯军击败。广陵(今江苏扬州)人召平奉陈胜之命徇广陵,未能下。听说陈胜败走,不知下落,秦军很快就要打来,局势严重。他当机立断,渡江到吴中,"矫陈王命",拜项梁与楚王上柱国,并令他"急引兵西击秦"。项梁乃受命,以8千人渡江而西。一路上,他陆续收编了陈婴、黥市和蒲将军等人领导的几支义军。等到下邳(今江苏睢宁北)时,兵力已达六七万人。

项梁军下邳时,广陵人秦嘉已经立景驹为楚王,驻扎在彭城(今江苏徐州)东。他听说项梁接受陈胜的指挥,便欲进兵攻击项梁。项梁大怒,谓军吏曰:"陈王先举事,战不利,未闻所在。今秦嘉背叛陈王而立景驹,逆无道。"随即挥军进击,击败秦嘉,追击至胡陵,杀死了他。

项梁消灭秦嘉后,准备挥兵向西。这时,章邯率领的秦军攻了过来。项梁派别将朱离石和余樊君二人率兵迎战。但二人被秦军打败,余樊君战死,朱离石逃了回来。项梁大怒,杀掉了朱离石,引兵入薛(山东滕州)。这时,陈胜牺牲的消息传来。项梁感到有必要重新树立一面反秦的大旗,便召集各路将领至薛商议大事。刘邦此时已在沛起兵,也参加了这次会议。会上,居滢人范增劝项梁立原楚国王室之后,认为"秦灭六国,楚最无罪。自怀王入秦不反,楚人怜之至今,故楚南公曰:'楚虽三户,亡秦必楚'"。立楚王之后，具有更大的号召力。项梁听从了范增的意见，乃求楚怀王的孙子、在民间为人牧羊的心立为楚王，仍号楚怀王，以从民望，而项梁自号为武信君。

在薛休整数月之后，项梁引兵西攻，在东阿（今山东东阿）大败秦军。他又派刘邦和项羽二人率军进攻定陶（今山东曹县），向西攻至雍丘（今河南杞县），在这里大败秦军，杀死了秦丞相李斯的儿子、三川郡守李由。

接连获得几次胜利之后，项梁对秦军轻视起来，认为秦军不足惧。部下宋义劝项梁提高警惕，认为秦军在几次失败之后，必然要增加兵力，寻机反扑。但项梁听不进去，并派宋义出使齐国。

秦军在几次失利之后，见项梁指挥的义军如此强大，便把进攻的重点对准了项梁。秦朝政府调集了所有的精锐部队，由章邯指挥，开始向义军反扑。这时，项梁还沉浸在胜利的欢乐中，对敌军的动向注意不够。章邯在做了充分准备之后，在一天晚上，趁着夜色急行军，令人马皆“衔枚”，向项梁的义军发起突然袭击。毫无准备的义军被打得大败，项梁也在混战中牺牲。

项梁虽然死了，但他领导的义军主力并未被消灭。项羽和刘邦当时正率军在外，逃过了这场大难。以后，他们成为反秦、灭秦的主力。项梁的功绩是不可磨灭的。

钜鹿之战

秦二世二年（公元前 208 年）九月，秦将章邯率军突袭定陶，项梁战死。破项梁之后，章邯认为楚地兵不足忧，乃率秦军主力北渡黄河攻赵，大破赵军。当时，赵歇为赵王，陈余为将，张耳为相，张耳保护着赵王走保钜鹿（今河北平乡西南）。章邯命大将王离和涉间率秦军包围钜鹿，而自率秦军主力军于钜鹿城之南，在两军之间筑起一条甬道以保证王离军的粮草供应。陈余收恒山（今河北石家庄东北）之兵得数万人，驻扎在巨鹿城之北，和城中遥相呼应。因兵力弱小，陈余不敢向秦军进攻，遂一面坚壁固守，一面派人向楚国和齐、燕等国求援。

项梁战死后，楚怀王和项羽、刘邦等人率余部退保彭城（今江苏徐州），又将项羽和吕臣等人所率之军统归自己直辖。接到赵国告急，便将全部兵力拨出，遣以救赵。因为在定陶（今山东定陶）之战前，宋义曾准确地预料项梁必败，楚怀王便召见宋义，和宋义交谈，认为宋义知道兵机，便以宋义为上将军，项羽为鲁公，为次将，范增为末将，率军救赵。诸别将为桓楚、英布、蒲将军等人，皆由宋义统辖，并号宋义为卿子冠军，以示尊崇。一面分遣刘邦向西略地，以袭扰秦军后方。

宋义率军出发，行至安阳（今山东曹县东），便停军不进，屯驻安阳达四十六日之久。项羽会见宋义说：“秦军攻赵很急，应赶快引兵渡河，楚军击其外，赵军应其内，定能击败秦军。”宋义却认为秦军方强，不敢进击，并回答说：“若牛虻在牛背之上，自然可以一下把它打死。若牛虻深藏在牛毛之内，就要运用智谋才能达到目的。如今秦军攻赵，若战胜赵国，士卒必然疲惫，我军可乘其弊。如果秦军战败，则我军可鼓行而西，一举攻破秦国。

说到披坚执锐，冲锋陷阵，我宋义不如你；说到运用智谋，你不如我。”遂不采纳项羽的建议。宋义又觉得项羽意气凌人，骄横难制，便下令军中说：“有猛如虎，贪如狼，强而不可使者，皆斩之！”宋义又派他的儿子宋襄到齐国为齐相，自己把儿子送到无盐（今山东东平），一面置酒高会。这时已是十月，天气转冷，又不断下起大雨，楚军士卒冻饥。项羽心中愤恨，便向军中宣称说：“我们出来齐心协力攻秦，却久留于此，不往前进。如今粮食歉收，人民贫困，士卒只能吃个半饱，军中无现成的粮食，却每天置酒高会，不引兵渡河因赵地之粮，和赵军并力攻秦，还说什么承敌之弊。以强大的秦军进攻刚刚重建的赵国，其势必定击败赵国。击败赵国，秦军会更加强大，我们去承什么弊？而且，我军刚打了败仗，怀王坐不安席，扫尽境内所有军队而交给宋将军，国家安危，在此一举。如今，宋将军却不恤士卒而徇其私情，图其私利，非社稷之臣。”十一月初，宋义回到安阳。第二天清晨，项羽借朝见宋义之机，就帐中杀死宋义，并号令军中说：“宋义和齐国图谋反楚。楚王暗中命我杀掉他！”当时是，楚军诸将皆慑服，无人敢出异言，都说：“带头复立楚国的是将军一家。如今将军是诛杀乱贼。”他们因而相与立项羽为假上将军。项羽又派人到齐国追上宋义的儿子宋襄，将他杀死。又派桓楚向楚怀王报告此事。楚怀王无奈，因使项羽为上将军，当阳君、蒲将军等皆属项羽。项羽乃巡视部曲，抚慰士卒，准备渡河救赵。

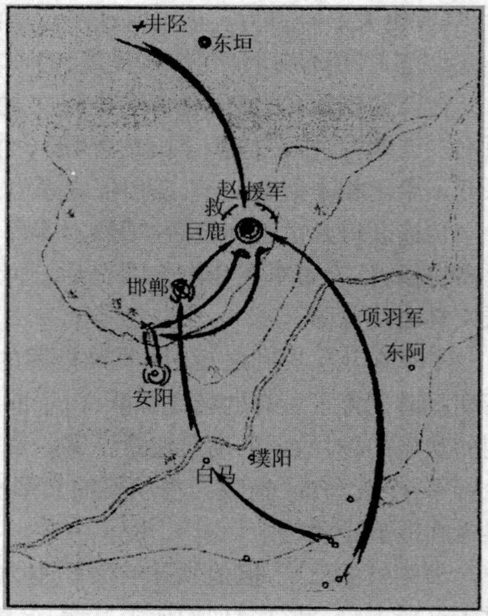

钜鹿之战示意图

这时，王离所率秦军急攻钜鹿。城中兵少食尽，张耳几次派人催促陈余，让他率军击秦。陈余自度力弱不敌，一直不敢进攻。经过了三个月。张耳大怒，派张黡和陈泽二人去责备陈余，陈余仍然坚持说不行。张黡和陈泽表示要战死秦军。陈余迫不得已，交给二人5000人马，让他们先攻击秦军，二人至则尽为秦军所歼灭。

秦二世三年（公元前208年）十二月，项羽杀掉卿子冠军宋义之后，威震楚国，名闻诸侯。楚军军心也大振。于是，项羽决心渡河攻击秦军，乃派当阳君英布和蒲将军先率楚军20000人渡过黄河，向秦军进击。英布和蒲将军二军渡河后，先破坏了秦军补给线的甬道，使王离军乏食。恰在此时，陈余派来求救的使者又到达军中，项羽便率全军渡河，并令在渡过漳河之后，凿沉渡船，击破釜甑，烧掉庐舍，持三日粮，以示士卒必死，无一还心。渡过漳河后，项羽大军向北挺进，与秦军相遇，大战九次，彻底断绝秦军甬道，大败秦军，杀死秦将苏角，俘虏了王离。涉间不愿降楚，投火自杀。当时，诸侯之军救赵者十几批，皆畏秦军之强，不敢向秦军进击。等楚军向秦军进击时，诸侯军将士都站在壁垒上观望，见楚军战士无不以一当十，喊杀之声震天动地。诸侯军之将士无不人人惶恐，战栗不已。于是楚军勇冠诸侯。击败秦军之后，项羽召见诸侯军将领。诸侯军将领入辕门之后，无不膝行而前，莫敢仰视。项羽因此遂为诸侯上将军，各国诸侯都统属项羽指挥。钜鹿之围解除后，赵王歇和张耳出城谢诸侯，犒劳将士。

秦章邯军在巨鹿城南战败后，败退至棘原（今河北大名北）。此时秦军兵力尚有 20 多万，但士气低落，不堪再战。项羽和诸侯国之军驻扎在漳水北岸，休整士卒。秦二世以章邯军数次战败，遣人责让章邯。章邯恐惧，派其长史司马欣到咸阳请罪。司马欣到咸阳后，在司马门守候三日，不得见赵高，又听说赵高有不信任之心，心下惊慌，便从他道逃回章邯军中。赵高果然派人追，没有追上。司马欣回到军中之后，对章邯说："赵高用事于中，下无可为者。战而能胜，赵高必妒忌我们的功劳；战而不能胜，我等必不免于被杀。愿您仔细考虑。"陈余也派人给章邯送信，列举秦将白起、蒙恬之死，及投降之利害。章邯此时外受强敌压迫，内受赵高之迫害，狐疑而不能决，便暗中派人去见项羽，想投降，项羽不答应。至秦二世三年（公元前 207 年）六月，两军相持已经六个月。项羽知章邯内心已经动摇，但秦军尚众，想乘机彻底击败秦军，便遣蒲将军先率军向南日夜急驰，渡过三户津（今河北临漳故城之西的漳水北岸），屯于漳水南岸，以切断秦军南退之路。恰好秦军一部退至此地，当即被蒲将军击败。章邯见局势不利，便率全军向南撤退，项羽遂引全军渡河，向南追击，追击洹水之上，又大败秦军。章邯在连败之下，又派人见项羽，重申愿意投降。项羽因为楚军粮食所剩不多，便同意接受章邯投降，并和章邯在洹水南岸的殷墟（即今河南安阳西北小屯村一带）相会，签订降约。章邯投降后，项羽立章邯为雍王，置之楚军之中。然后率全军向西进入关中。

秦军主力就这样被消灭了。

约法三章

刘邦又叫刘季，沛县（今属江苏）人。他的父兄都是普通农民，他却不愿意从事生产劳动，而且嗜酒好色，疏财乐施，性格开朗，度量宽宏，平易近人。所以他父亲认为他不能发家致富，是个无赖。长大后他当了本县的泗水亭长，与县衙的官吏混得很熟，经常同他们开玩笑。有一次县令的好朋友吕公因避仇家迁来居住，县上的官吏们都去恭贺。由萧何收受贺礼，规定礼品不够千钱的，只能坐在堂下。刘邦走来递进礼单，上写"贺钱万"，实际上一文钱也没带。吕公看到礼单觉得奇怪，亲自出门迎接。他一见刘邦的相貌神态，十分敬重，便邀请入席。熟知刘邦为人的萧何嘲笑说：刘季只会吹牛，办不成什么事。刘邦却满不在乎地坐了首席，嘲弄座客，谈笑风生。饮酒当中吕公递眼色留他久坐，客散之后，吕公对他说：我生平喜欢观察人，见过不少的人，没有谁有你这样的仪表风度，希望你珍重。我有一个女儿，愿意许配给你。席散后吕媪抱怨说：平常总夸女儿好，要嫁给贵人，县令对你那么好，想求婚都没有答应，怎么许给刘季呢？吕公却说：这不是你们懂得的。终于坚持把女儿嫁给了刘邦，她就是后来大名鼎鼎的吕后。

其后秦王朝征发各地刑徒到咸阳修筑骊山陵墓，沛县就派亭长刘邦押送本县刑徒到骊山去服役。一路上刑徒不断逃亡,刘邦防不胜防,合计一下恐怕走到咸阳时都会跑光。到达丰邑(今江苏丰县)西边一个地方,他停下来喝酒。到了晚上,便把所押送的刑徒全部释放,说:你们各奔前程吧,我自己也打算逃亡了。刑徒中有十多名壮士愿意跟随刘邦,他们就隐藏在芒、砀(今河南永城、夏邑附近)山林水泊之间活动,沛县青年听到这个消息也纷纷前来参加。

秦阿房宫下水道

陈胜起义后,很多郡县民众都杀掉长官响应。沛县县令十分惊慌,也打算反秦自保。县吏萧何、曹参劝他说:您是秦王朝的官员,现在想率领沛县人民起来反秦,恐怕人们不会听从。希望您召回从前由于反秦而逃亡的人,他们大约有好几百,有了这批人支持,就不怕人们抗拒了。县令于是叫樊哙去找刘邦,这时刘邦手下已聚集上百人了。当刘邦、樊哙等率众来到时,县令又反悔了,他怕控制不住,便闭门守城并打算杀死萧何、曹参。萧何等翻城跑出来投靠刘邦,他们写了封信射进城中,号召城里父老子弟不要为县令卖命,只有杀掉县令、响应起义军才是出路。城中民众果然起来杀死县令,开城迎接刘邦,并推举他为沛公,宣布起义。这时是秦二世元年(公元前 209 年)九月。刘邦和萧何、曹参、樊哙等聚合沛县一带青年两三千人,活动在今苏、鲁、豫、皖交界地区,在转战中得遇韩国旧贵族张良。张良的祖父和父亲曾相继担任韩昭侯以下五世韩王的丞相,秦灭韩后,张良尽散家财图谋报仇。秦始皇二十九年巡游东方时,张良物色到一位勇士携带一把 120 斤重的大铁锥,在博浪沙(今河南郑州东北)行刺秦始皇,不料误中副车,只把秦始皇吓了一跳,便下令全国大搜捕。张良逃到下邳隐藏起来,有一天在桥上碰见一位老人,赠送张良一部《太公兵法》,从此他便经常用心研读。陈胜起义后,张良也结合百多名青年人起兵。他们原打算去投奔景驹,在路上碰到刘邦的队伍便参加到刘邦军中。张良常和刘邦谈论《太公兵法》,刘邦很欣赏,经常采用他的计策。张良和旁人谈起《太公兵法》,人们都不理解。因此张良非常钦佩刘邦,下决心辅佐刘邦。

刘邦在这一带转战半年多,胜败无常,发展不大。秦二世二年四月,项梁击破秦嘉、景驹,有众 10 余万,成为楚地反秦的主力。刘邦便去见项梁,项梁拨给他 5000 士兵和 10 名小军官,于是刘邦就参加到这支大军中隶属于项梁麾下。此后刘邦经常同项羽一道配合作战,屡立军功,逐步发展为楚军主力之一。九月,项梁在定陶战死后,项羽、刘邦等退保彭城。楚怀王封刘邦为武安侯,在派遣宋义、项羽等北上救赵时,命令刘邦另带一支队伍往西进攻关中。同时他还宣布,诸将谁先进占关中就在关中当王。这时秦军还相当强大,经常主动进攻击破各地义军,所以,诸将都认为这个任务异常艰巨而不愿去。只有项羽因为秦军杀死了项梁,决心报仇,愿意同刘邦一道进攻关中。可是楚怀王部下一些老将却说:项羽为人果断勇悍,他的军队常常残暴地屠城,破坏经过的地方。现在秦地民众也深受秦皇帝的迫害，如果派一位忠厚长者前去抚慰，可能更容易成功。项羽去了反倒不好，还是刘邦去合适。于是楚怀王只派刘邦西进，叫他沿途收罗陈胜、项梁西征时流散的士兵，却让项羽北上去同秦军主力决战。

刘邦率领的西征军兵力异常薄弱，尽管并未遭遇秦军主力，开始四五个月也只能在今山东、河南交界处徘徊，进展不大。到秦二世三年（公元前207年）二月进至高阳（今河南杞县西南），有个叫郦食其的“狂生”替刘邦策划时指出：你带领乌合之众散乱之兵不满万人，却想直入关中，简直是自投虎口。郦食其建议进攻高阳附近拥有丰富储粮的文通要冲陈留（今河南开封南），并表示愿意先去说服他所熟悉的陈留县令归顺。刘邦采纳了这个意见，果然顺利占领陈留，这才得到整顿发展的机会。郦食其的弟弟郦商也纠合数千人跟随刘邦西征。接着就在开封（今河南开封西南）附近打了第一个大胜仗，大破秦将杨熊，杨熊虽然逃脱却被秦二世问罪处死。先是张良向项梁建议立韩国公子成为韩王，由张良辅佐他带领千多人经营韩国旧地，在颍川郡（今河南中部新郑许昌一带）流动袭击秦军。这时便同刘邦会合，攻占十余城。刘邦派韩王成留守阳翟（颍川郡治，今河南禹县），自己率领张良等从轘辕进攻洛阳（三川郡治，今河南洛阳东）。由于进展不利，便改道南下进攻南阳（今属河南）。

秦南阳郡守出战失败，便退回城内坚守，刘邦就越过南阳西进。张良反对，说：您虽然急着想入关，但秦兵还很多，又凭借着险要的地势。如果不先占领南阳，被他们前后夹攻，那就危险了。刘邦便连夜绕道转回南阳，换了一套旗帜，黎明时又把南阳包围起来。南阳守派人翻城出来会见刘邦，对他说：南阳是一个大郡，人民众，蓄积多。官员们自以为投降了也难免一死，所以登城坚守。您如果留下来攻城，伤亡必大，影响您入关。要是放弃不攻，又觉得后路难保。您最好的办法是设法招降南阳郡守，封他一个官爵，让他替您留守，您却抽走他部下的精兵带着去西征。这样不仅地广兵多，前面的秦王朝地方官吏也一定会闻风归顺，您就会一路通行无阻了。刘邦听了点头称好，于是接受投降，封南阳守为殷侯。这时是秦二世三年七月。由此西至武关（今陕西商南县东南），沿途秦王朝地方官吏果然纷纷迎降。对武关以西的秦守军，刘邦也采用贿赂招降军官的办法，使其上下猜疑军心懈怠，然后伺机袭取。这样经过两三个月，便在汉元年（公元前206年）十月（汉初沿袭秦制，也以十月为岁首，汉元年十月紧接秦二世三年九月），顺利地进到咸阳。这时，秦王朝内部也已经发生了巨大变化。

三年来，赵高施展种种阴谋手段，玩秦二世于掌中，最后控制了秦王朝，独揽大政，登上了权力的顶峰。他自以为聪明得计，其实这样的倒行逆施恰好是自掘坟墓。正是他的胡作非为，瓦解了秦王朝的统治机构，促成了章邯等秦军统帅的投降，葬送了秦军主力。从刘邦入关的进展情况也可以看出，秦王朝的覆灭完全由于政治上解体。单从军事力量上较量，刘邦连夺取一座中等城市也很困难，根本谈不上远征关中。但是，他进军沿途的秦王朝地方长官却是人人自危，各怀鬼胎，只求如何保住性命，无心抵抗。所以当刘邦一采取招抚为主的方针，发动政治攻势，局面顿时改观，各地大都望风归顺，进展十分迅速。不妨说赵高的所作所为，客观上有利于农民起义军推翻秦王朝。

等到秦二世三年八月，以刘邦、项羽为主力的农民起义军进逼关中时，赵高哄骗秦二世的“关东盗无能为”的说法，就不攻自破了。他只好请病假不去朝见秦二世，二世派人责问赵高，赵高害怕被杀，便把他的女婿咸阳令阎乐和弟弟郎中令（皇宫警卫队长）赵成找来策划政变。他们借口捕贼，让阎乐领兵千多人来到皇宫，通过赵成为内应驱散宫廷警卫，抓住了秦二世。死到临头的秦二世竟然提出什么“愿得一郡为王”“愿为万户侯”直到“愿与妻子为黔首比诸公子”种种愚蠢可笑的要求，当然全都落空，被迫自杀。赵高于是召集朝臣宣布秦二世罪状，并说：秦本来是王国，始皇统一天下改称皇帝。现在六国都恢复了，秦只保有关中一隅，还是恢复称王为好。于是打算拥立公子婴为秦王。但是赵高是靠秦二世而上台的，他这样把秦二世当作替罪羊抛了出来，岂能遮掩得过？几天工夫，公子婴便设法诱杀赵高并夷其三族，野心家阴谋家终归搬起石头砸了自己的脚，遭到应得的惩罚。不过，风雨飘摇的秦王朝经过这一番折腾更是完全丧失了抵抗能力。

公子婴只当了 46 天秦王，刘邦的军队便首先到达灞上（今陕西西安东南），子婴请求投降。有人建议把他杀掉，刘邦说：楚怀王所以派我攻关中，就是认为我能宽大处理问题。现在敌人已服罪投降，杀掉不好。于是接受其投降，把子婴交官吏看守起来等候处理。刘邦进入咸阳，看到秦宫中华美的陈设，漂亮的妇女，以至金银珠宝猎狗骏马等等享乐的东西成千上万，就想住下来快活一番。樊哙批评他说：您是想夺取天下，还是想当个富翁？我看这些奢华的东西正是秦王朝灭亡的祸根。希望您赶快回军灞上，不要在秦宫停留。刘邦恋恋不舍，哪里肯听。张良也说：正因为秦朝皇帝这样胡搞，您才能来到这里。如果您一来又喜欢这一套，那就是帮着坏人干坏事了。“忠言逆耳利于行，良药苦口利于病”，您应当听从樊哙的意见。刘邦这才把宫室府库一一查封，回到灞上军营中。

回营后，刘邦又召集父老集会，公开宣布：诸位受秦王朝严酷的法令迫害多年了！我国诸侯有协议，先进关中的就在关中称王，我应当为关中王。我同诸位只约定法律三条：“杀人者死，伤人及盗抵罪。”其他苛酷的秦法全部废除。我这次来是为父老们除害的，决不会“侵暴”，请大家不用害怕。我现在驻军灞上，是等待诸侯联军到达后共同商定善后处理办法。这就是著名的“约法三章”。于是他派遣使者配合秦王朝原有地方官吏把这些意思通告各地，秦地民众听了非常高兴，争先恐后地奉献牛羊酒食劳军，刘邦又推辞不接受，说是仓库储积很多，军队不缺供应，不要破费大家。民众更加喜欢，唯恐刘邦不能留在关中当王。这些正确的政策措施产生了巨大的政治影响。

秦朝灭亡

汉王刘邦元年（公元前 206 年）十月，公子婴只当了 46 天秦王，刘邦军至灞上（今陕西西安市东），形成兵临咸阳的局面。秦王子婴用白马素车，封好皇帝的印玺符节，在咸阳东南轵道（今西安东北）旁向刘邦投降。短命的秦王朝结束了自己的统治，宣告覆亡。

在秦军围攻钜鹿时，楚怀王与项羽、刘邦约定，谁先入关中灭秦，谁为“关中王”。在项羽救钜鹿时，刘邦奉命西击秦。刘邦的军队开始人数不多，但刘邦利用了当时秦军主力被牵制在河北的有利形势，在进军途中不断收集散于各地的义军，发展壮大自己的势力，又对秦军避实击虚。经过一年的迂回进军，于公元前 207 年八月，攻入武关。打开了进军关中的门户。刘邦攻下武关时，章邯已在钜鹿投降。关东地区的反秦斗争，烈焰如火如荼。它表示着秦王朝的统治末日即将来临。

而这时，秦统治集团的内部矛盾却进一步表面化了。子婴上台后，秦王朝面临顷刻瓦解的厄运。子婴积极调动兵马，在山尧关（今陕西蓝田东南）设防，企图阻止刘邦军向咸阳逼近。刘邦用张良计，设疑兵，威胁秦军，又以重宝引诱守将投降，乘其不备，大破秦军，攻克扼守咸阳的要塞——山尧关。接着乘胜在蓝田一战中又使秦军一败涂地。待到刘邦军至灞上，继承王位刚刚四十六天的子婴只好投降。秦帝国宣告灭亡。

第二章　古迹考略

秦朝留给后人的众多遗产中，最生动、最直接、最能反映帝国强大的实物，莫过于举世闻名的秦长城和栩栩如生的兵马俑。秦长城十分雄伟、壮观，它是人类建筑工程的奇迹之一，长城的修筑有效地防御了匈奴的侵扰，对巩固其统治，维护国家安定和人民生命财产的安全，有着十分重要的作用。而秦始皇时的兵马俑却生动形象地表现了秦始皇精锐强大的军队。俑的形象生动逼真，造型各异，形态各不相同，显现出秦朝匠人高超精湛的技艺。这些都成为后人一笔非常宝贵的物质文化遗产。

秦长城

匈奴是中国北方边境上的古老民族，他们以强悍和骑射著称，分布在蒙古的大草原上，过着四海为家的游牧生活。

十二字瓦当

从战国末年以来，匈奴时常南下侵袭，抢夺人马和财物，严重地威胁沿边各国百姓的财产和生命安全，因此北面的各诸侯国纷纷修建了长城，以防御匈奴南下的侵扰。

公元前215年，匈奴再次南下，忍无可忍的秦始皇派大将军蒙恬率领三十万兵马，夺回河套一带的大部分地区，将他们打得落花流水。但是，这样并非长久之计，每发动一场战争，势必要投入大量的人力物力，如果一旦吃了败仗，就是劳民伤财，于是秦始皇将内地人民迁往北部边境居住，派大将镇守。

他下令：征调几十万人，在秦、燕、赵原先修筑长城的基础上，进行修补、连接，再向东西延伸，西至甘肃临洮，东至辽东，最终连成一条长达五千余公里的防御线，这就是著名的万里长城。

如今，秦长城虽只剩下部分遗迹，但它作为人类建筑史上的奇迹在当时确实起到了防御匈奴南侵、保障中原人民经济文化发展的积极作用。万里长城蕴含着我国古代劳动人民的血汗,是智慧的结晶。而到了现代,它仍然以其蜿蜒起伏的雄姿,向世界展示了中华民族悠久的历史,象征着我国辉煌灿烂的古代文明。

兵马俑

1974年春天,陕西临潼的一个农民在自家院子里打井,无意中从两米多深的地里挖出一些陶俑的碎片,消息传开后,人们议论纷纷,考古部门则引起了高度重视,他们派来专业勘探人员,从此,尘封于地下两千多年的文化宝库与世人见面了,这就是闻名海内外的兵马俑。

兵马俑坑

经过五年的开发和建设,1979年的国庆节,规模宏大的秦兵马俑博物馆开放了。

位于地下五米的地方,整整齐齐地排列着上千个武士俑,它们和真人一般大小,身体呈现古铜色,排列成三列向东的队伍,每列有武士俑七十个,仿佛是军阵的前锋。后面紧接着是步兵和战车,看上去是军队中的主体,左右两侧各有武士俑一百八十个,仿佛军阵的两翼,西面的一列武士俑则如同军队后卫。

兵马俑身上还有多处文字,据专家研究,一些是陶匠的名字,一些标明了俑的出处,还有一些文字则有待破解。

这些武士俑身穿铠甲,手里拿着青铜兵器,几十匹战马似昂首嘶鸣,好像马上就要出征,整个军队处于整装待发的状态。从如此威武雄壮的气势中我们可以看出,秦始皇为完成统一大业而展现出的军威。

除了武士俑之外,还有和真马一样大小的陶马三十二匹,每四匹为一组,拖着木质战车。武士们手中的兵器也各式各样,有刀、矛、剑、戟和弓箭。令人惊讶的是,还有荆轲刺秦王时,秦王砍伤荆轲的一把利剑,虽然历经了两千多年的侵蚀,这把剑依然十分锋利。

看到如此壮观的景象,人们不禁要问:秦始皇为什么要修造兵马俑呢?

原来,这些兵马俑都是秦始皇为自己的皇陵设置的陪葬品。据《史记》记载,秦始皇十三岁即位,即位后不久,就开始在骊山修建陵墓,直到他五十岁去世安葬时,陵墓尚未竣工。秦二世时,又继续修建了两年,前后历时近四十年。

一般来说,皇帝都少不了为自己安排陪葬用品。根据研究人员的发现,秦始皇陵四周分布着大大小小约四百多个陪葬坑，里面包含有各式宫殿和奇异珍宝，兵马俑就是其中之一。

在挖掘过程中，考古人员又发现了第二个兵马俑坑，于是他们将其命名为二号坑，最初发现的那个称为一号坑。没过几年，三号坑和四号坑也相继被发现。

这些被挖掘出来的武士俑整体风格浑厚简练，如果仔细观察，会发现他们的脸型、发型和体态、神韵均不相同，由此可以看出他们来自不同的地区或其他民族，其脸上的表情将人物性格表现得栩栩如生。

这些兵马俑具有极高的艺术价值，可以说是以现实生活为基础创作的，手法细腻明快，布局井然有序、气势辉煌，生动地再现了当年护卫皇城的御林军的形象。

过去有人认为，中国古代雕塑是从南北朝随佛教传入的，但兵马俑的出现否定了这种观点，它有力证实了秦代的雕塑已经十分成熟，在中国雕塑史上具有重要作用。而那些兵器则说明，秦朝时期的冶金技术业已达到相当高度，大大超过同时代的西方国家，堪称世界冶金史上的奇迹。

毫无疑问，如果没有 1974 年的偶然发现，这些完美的杰作将依旧沉睡于地下。如今，它们不仅为研究秦代历史、铸造技术和古代车马提供了资料，还被誉为“世界第八大奇迹”。

将军俑

1987 年 12 月，秦兵马俑被列为世界文化遗产，国内外游人纷纷慕名而来，其巨大的规模、磅礴的气势、高超的技术都让世人惊叹不已。

这些具有鲜明个性和强烈时代特征的兵马俑，充分展现了中国古代劳动人民巧夺天工的艺术才能，不仅为华夏灿烂的文化增添了光彩，也在世界艺术史上留下了光辉的一页。

第三章 楚汉争雄

继秦末农民大起义之后，项羽和刘邦之间为争夺封建统治权力而进行的战争。自汉元年（公元前206）初至高帝五年（公元前202年）十二月，历时四年余。

项羽

在秦末农民大起义过程中，陈胜牺牲后，刘邦集团和项羽集团成为反秦武装的两支主力。秦二世三年（公元前207年），刘邦、项羽相继率兵入关，推翻秦王朝。按照原来楚怀王的约言“先入定关中者王之”，刘邦先入咸阳，理应王关中，但项羽自恃功高，企图独霸天下。正月，项羽阳尊怀王为义帝，徙于郴。二月，分天下王诸将，自立为西楚霸王，王梁楚地九郡，都彭城，分封十八路诸侯，即以刘邦为汉王，王巴、蜀、汉中，都南郑；章邯为雍王，都废丘；司马欣为塞王，都栎阳；董翳为翟王，都高奴；魏豹为西魏王，都平阳；申阳为河南王，都洛阳；韩成为韩王，都阳翟；司马卬为殷王，都朝歌；赵歇为代王，都代；张耳为常山王，都襄国；英布为九江王，都六；吴芮为衡山王，都邾；共敖为临江王，都江陵；韩广为辽东王，都无终；臧荼为燕王，都蓟；田市为胶东王，都即墨；田都为齐王，都临淄；田安为济北王，都博阳。另封陈余三县之地，梅鋗为10万户侯。

项羽进入咸阳后大肆烧杀抢掠，加上封章邯等秦降将为王，使他失去了关中秦民的支持；不都关中而都彭城，也使他失去了战略上的有利地势；特别是关东屡经战乱，经济残破，使他日后不可能建立一个巩固的后方；至于分封诸侯王，更是项羽在政治上所犯的一个严重错误；他贬义帝于江南，迁刘邦于巴蜀，徙故王于恶地，王亲信诸将于善地，挑动和加剧了各路诸侯之间的权力纷争，并且迅速激化了他与刘邦之间的矛盾。

刘邦被徙封汉王后，本想立即发兵攻楚，但萧何等人从楚汉双方的实力出发，主张以汉中为基地，养民招贤，安定巴蜀，然后收复三秦。刘邦采纳了这一建议，于汉元年夏四月经栈道往南郑，又听从张良的计策，烧绝所过栈道，表示没有东向争夺天下之意，以此迷惑项羽。但是，三个月后，刘邦乘田荣起兵反楚的有利时机，决策东向，终于爆发了楚汉战争。

项羽分封诸侯后即罢兵回归彭城。不久，田荣起兵反楚，于汉元年五月迎击田都，杀田市，自立为齐王，并且以越城为将军。彭越于七月击杀济北王田安。田荣并王三齐之地，命彭越击楚，并以兵援助陈余袭击常山王张耳，迎故赵王于代复为赵王。齐、赵和彭越的起兵，对西楚构成直接威胁。为了制止事态的扩大，项羽先派萧公角将兵迎击彭越，结果大败，不得不调遣主力击齐，以稳定局势。当时僻处巴蜀的刘邦乘项羽无暇西顾之际，听从韩信等人的计议，于八月出故道，击降章邯、司马欣和董翳，迅速还定三秦，继续东进。

陶俑

楚汉战争之始，项羽即在战略上陷于两线作战的不利处境。他认定齐地的田荣为心腹之患，而张良也致书项羽说："汉王失职，欲得关中，如约即止，不敢东。"又以齐、梁的反书移交项羽说："齐欲与赵并灭楚。"以致项羽无意西向，专注东方，在战略上做出了错误的判断。后来，项羽虽然击杀田荣，复立田假为齐王，但由于他在齐地烧夷城廓室屋，掳掠老弱妇女，激起齐民的反抗，使田荣弟田横得以收散卒数万人，据城阳；并于汉二年夏四月立荣子田广为齐王，号令齐民抗击楚军。楚军主力困于齐地，无法脱身。刘邦乘隙降魏王豹，虏殷王。是年冬十月，项羽密使九江王英布等击杀义帝。刘邦在进驻洛阳后，为义帝发丧，并遣使告诸侯，指责项羽放杀义帝，号召诸侯王击"楚之杀义帝者"。之后，率诸侯兵凡56万人进据楚都彭城。

项羽得知彭城失陷的消息后，立即部署诸将击齐，亲自率精兵3万人回师彭城。由于刘邦为轻易取得的大捷所陶醉，进入彭城后，收其宝货、美人，逐日置酒高会，因此，在楚军突然袭击下，汉军50余万乌合之众一败涂地，士卒死伤过半，刘邦仅得与数十骑突围。

彭城之战后，楚汉之间的形势发生了重大变化。刘邦败退荥阳，诸侯皆背汉向楚。由于萧何及时调发关中老弱未成年者补充兵力和韩信的增援，汉军才得以重整旗鼓。项羽虽将战略重点移至西线，但他始终未能摆脱两线作战的困境，无法越过荥阳、成皋一线西进。从此，楚汉便进入了双方相持的阶段。但是，从刘邦方面说，这种相持是积极的。相持阶段一开始，刘邦就组建了骑兵部队，有效地阻挡了楚军的进攻；与此同时，汉军重新调整了战略部署，一方面坚守荥阳、成皋一线，一方面积极在楚的后方和侧翼开辟新战场。这一部署打击了项羽在战略上的致命弱点，很快收到了成效。汉二年八月至次年十月，韩信接连平定魏、代、赵、燕，矛头直指齐地，逐渐形成包围西楚的态势。当时项羽主力虽然在汉三年夏四月、六月再度攻克荥阳、成皋，但由于刘邦采取了"高垒深堑勿与战"的战术，不仅保存了汉军的实力，而且牵制了楚军的主力。使项羽更进一步陷入两线作战，首尾不能相顾的困境。特别是项羽不能用人，不但韩信、陈平等人弃楚投汉，连他的重要谋士范增也得不到信用，这更使他在政治上、军事上连连失策，使刘邦得以调兵遣将完成对项羽的战略包围。汉三年五月，刘邦命彭越率兵渡过睢水，袭杀楚将薛公，直接威胁彭城。八月，刘贾、卢绾将卒两万渡河，进入楚地。彭越在汉军的协助下攻徇梁地，连克睢阳、外黄等17城，完全截断了荥阳、成皋一线楚军主力的后勤补给线。于是，项羽不得不于九月命大司马曹咎固守成皋，亲自回师救援，夺回陈留、睢阳、外黄等十余城。但是，汉四年十月，刘邦乘机诱使曹咎出击，大破楚军，收复成皋。与此同时，韩信也袭破齐历下军，进据临淄，并于十一月在潍水消灭了楚将龙且率领援齐、号称20万的楚军，尽定齐地。项羽在正面和侧翼战场上接连遭到重大失败，有生力量丧失殆尽，腹背受敌，进退失据，陷于汉军的战略包围之中。

成皋之战后，楚汉战争进入了最后阶段，项羽日益孤立，粮秣得不到补充，韩信又继续进兵西楚，汉四年八月，项羽向刘邦提出议和，楚汉约定以鸿沟为界中分天下，鸿沟以西为汉，以东为楚。九月，项羽率兵东归，而刘邦则采纳张良、陈平的计策，乘机追击楚军于固陵；并且调令韩信、彭越等人率兵围歼项羽，命刘贾渡淮包围寿春，诱使楚大司马周殷叛楚。次年十二月，项羽被围困于垓下，汉军四面唱起楚歌，楚军士无斗志；项羽率少数骑兵突围至乌江，自刎而死。楚汉战争最后以刘邦夺取天下，建立汉王朝而告终。

楚汉战争前后进行了四年，虽然对经济生产和广大人民的生活带来了不利的影响，但它换来了国家的统一和社会的安定，因而是有积极意义的。

鸿门宴明争暗斗

项羽准备进攻刘邦。

刘邦自知不是项羽的对手，为了求得项羽的谅解，按照项伯的意见，第二天一早就赶到鸿门，亲自来拜见项羽。他怕引起项羽的猜疑，所以只带了100多名卫士。

项羽接见刘邦的时候，刘邦不等项羽发问，就主动地向项羽解释说："我与将军协力攻秦，你率军北上解了赵国之围，我率军西征，想不到能先进入关中，推翻秦的统治，在咸阳与将军会面。我们本应在一起庆贺反秦斗争的胜利，可现在有小人制造谣言，挑拨我们两人之间的关系，使我们之间产生了误会。"

项羽听了刘邦的这番自我表白，就相信了刘邦不会反对自己，解除了对刘邦产生的误会，他坦率地对刘邦说："你的左司马曹无伤对我讲，你反对我进入关中，所以我才信以为真。不然的话，我怎么会对你产生这些误会呢？"项羽过于天真，他这么一说，等于把信任自己的曹无伤送上了死地，以后刘邦部下的人，谁还再敢向他通风报信呢？项羽从此断绝了来自刘邦阵营的情报来源。

刘邦的一番表白，消除了项羽的误会，项羽就宴请刘邦一行，以示双方的和解。宴会是在军帐中进行的，项羽和项伯是主人，坐在东边，范增南面陪坐；刘邦坐在北面的客人席上，张良陪坐在西边。

鸿门宴

范增是项羽的主要谋士，项羽很尊敬他，以叔父辈称之。范增知道刘邦说的不是真话，他以后会成为项羽称霸天下的主要对手，所以想借机把刘邦除掉。他在宴会上，一再以目示意项羽，并举所佩的玉块三次，要项羽按原定的计谋击杀刘邦，但项羽轻信了刘邦的解释，对范增的示意没有反应。

范增见项羽已被刘邦的花言巧语所迷惑，很着急，就借故离开宴席，把项羽的从弟项庄叫来，对他说："项羽不忍心杀刘邦，会为我们留下一大祸害。等一会儿你进来为大家祝贺，然后请以舞剑助酒兴，在舞剑的时候趁机杀了刘邦。如果不杀了刘邦，以后我们都会变成他的俘虏。"

项庄以善舞剑著名。他听了范增的话，就进入正在举行宴会的军帐，以祝贺反秦斗争取得胜利为名，向项羽和刘邦等人敬酒，然后对项羽建议："你在宴请刘邦，军中没有什么可助兴的，我愿献丑舞一段剑，以助大家的酒兴。"项羽不知道项庄的用意，就同意说："很好。"

项庄拔剑起舞，项伯见他的剑尖常指向刘邦，就感到其中含有杀意。他和刘邦已经结为亲家，怕伤害了刘邦于自己不利，也拔剑与项庄对舞，一再拨开项庄指向刘邦的剑锋，以身体来保护刘邦，项庄不能得手。

张良看见形势十分危急，项伯稍有疏忽，刘邦就会死在项庄的剑下。他借故离开军帐，见到在外面侍候的樊哙。樊哙不了解宴会上的情况，问张良："今天的事情怎么样？"张良说："十分危急！现在项庄舞剑，其目的是想借机杀害刘邦。"樊哙听了，也顾不得什么礼节，就边对张良说："紧迫了，不能再等，我进去与他们拼了。"边带着剑和盾闯进宴会的军帐。守门的卫士要阻止樊哙入内，樊哙以盾把卫士撞倒在地，闯进宴会的军帐中，站在张良的后边，怒目而视项羽。

项羽见突然闯入一个全副武装的壮士，对自己怀着敌意，不知是什么人，就手握剑柄跪起来厉声问："你是什么人？"张良怕发生冲突，赶忙向项羽解释说："他是刘邦的参乘樊哙。"

项羽见樊哙一表威武的勇士风度，称赞说："真是一名壮士，请他喝酒。"把一斗酒送到樊哙面前，樊哙向项羽拜谢后，一饮而尽。项羽见他好酒量，又对部下说："送他一个猪肘子吃。"有人拿给樊哙一个生猪肘子，樊哙把盾放在地上，再把生猪肘子放在盾上，用剑切着把它吃了。项羽见他吃得痛快，就又问："壮士，还能喝酒吗？"樊哙趁机对项羽发了一番议论说："我死都不怕，还怕喝酒吗！秦的统治者心怀虎狼之心，杀人如麻，刑法残酷，所以大家都起义反秦。楚怀王在发兵前曾与诸将相约：'先破秦入咸阳者王之。'现在刘邦率军先破秦进入咸阳，封闭了秦的宫室和宝库，丝毫没有敢动它，驻军灞上，就是等待你的到来。所以派人镇守函谷关，是防备其他的敌人。刘邦有这么大的功劳，还没有得到什么封侯的报酬，而我却听人们在背后议论，你想杀这样有功之人。这是被推翻的秦统治者的做法，我想你不会这么办。”项羽听了樊哙的一番话，默然不语，好久才对樊哙说：“请坐。”樊哙于是坐在张良的后面。

过了一会儿，刘邦见敌对的形势有所缓和，就借出去上厕所的机会，把张良和樊哙一起叫出来。樊哙建议刘邦马上离开这一险境，刘邦觉得出来是上厕所，并未向项羽辞行，擅自离开不合适。樊哙说：“办大事就不能苛求细节，讲大礼就不拘小错。现在人家剑拔弩张要杀我们，我们像放在肉案上的鱼肉一样，人家随时可以任意宰杀，还讲什么辞行的礼节呢！”于是刘邦才决定不辞而别。

刘邦让张良留下来，对项羽的招待表示感谢，并解释他离去的原因。张良问：“你带来什么礼物了吗？”刘邦说：“我带来白玉璧一双，想送给项羽；玉斗一双，要送给范增。因为看见他们很愤怒，没有敢拿出来。请你代我送给他们吧。”张良说：“很好。”

鸿门距灞上约40里地，刘邦为了行动迅速方便，不引人注意，不坐来时的车骑，只带着樊哙、夏侯婴、靳彊、纪信等四人，持剑盾步行，穿过骊山上的小道，平安返回了灞上的军营中。

刘邦怕项羽发现自己逃走后派兵追击，临行前对张良说：“我从小道走，到我们灞上的军营不过20多里。你估计我们已经到了军营后，再进去向项羽说明。”

刘邦上厕所，项羽左等右等也不见他回来，就派都尉陈平去叫刘邦。这时张良估计刘邦已返回灞上，就进来向项羽道谢说：“刘邦酒喝多了，不能来辞行。他让我代他向大王奉献白玉璧一双，向大将军范增奉献玉斗一双，表示感谢！”项羽问：“刘邦现在什么地方？”张良回答说：“他听说你不能原谅他的过失，现在已独身返回灞上军营中。”项羽这时已经谅解了刘邦，不想再杀他，所以也没有责怪刘邦的不辞而别，就接受了刘邦送的一双白玉璧，把它放在案上。范增则对没有杀了刘邦，让他只身跑了，感到非常遗憾。他把刘邦送的一双玉斗放在地上，拔剑将它击碎，愤慨地说：“唉！项羽这个人头脑太简单，不听我的计谋，受了刘邦的骗。今后与他争天下的，必定是刘邦。他斗不过刘邦，我们这些人今后都将成为刘邦的俘虏。”

刘邦返回灞上的军中，立即将向项羽通风报信的曹无伤杀了，以泄心头之愤。

鸿门宴是刘邦与项羽斗争中具有戏剧性的一段插曲。如果项羽决心要杀刘邦，刘邦当时是无法逃脱的。看来，项羽是很重感情的，或者说是很讲义气的。他和刘邦在一起同生死、共患难地战斗过，刘邦在西征中又立下战功，虽然刘邦在函谷关设兵防守，曾使他对刘邦发生了猜疑，但他总认为刘邦还是反秦斗争中的盟友，所以一经解释就消除了误会，不忍对刘邦下杀手。如果项羽下了杀刘邦的决心，刘邦率百余骑进入敌营，怎么可能借上厕所的机会逃走，而项羽的部下都未能发现而加以阻拦呢？这说明项羽根本就没有采取任何防范的措施，所以刘邦才有可能只身逃走。

项羽是一个伟大的军事家，在巨鹿之战中表现出非凡的军事才干，但在政治上却很幼稚,远不如范增有眼光。推翻秦朝统治的是项羽和刘邦这两支主力军,现在摆在他们面前的是组建一个代替秦朝统治的新政权,谁是这个新政权的主人呢?从当时的力量和威望看,当然只能是项羽。可是范增已经看出,刘邦是项羽潜在的强大竞争对手,眼前他虽然力量还不足,不敢对项羽的地位提出挑战,但他的政治斗争经验,却远胜项羽,所以范增主张马上下手除掉这一潜在的竞争对手,否则以后可能败在他的手下。而项羽却没有认识到这一点,他不把刘邦看成是自己的敌手,而却看作是盟友,更不认为刘邦敢反对自己,和自己争夺天下。所以他很快就谅解了刘邦,不再同意范增杀刘邦的意见,让刘邦轻易地逃走了。这说明项羽还缺乏政治斗争的远见,过于迷信自己的武力,致使刘邦得以在困境中生存下来。这是项羽与刘邦对立之后,项羽在决策上的第一个大的失误。

项羽火烧咸阳

鸿门宴后,项羽认为刘邦已经归服,自己理所当然地已成为反秦力量的主宰。于是,刘邦进入咸阳后没有不敢干的事,他毫无顾忌地去办了。他带领自己的大军,以胜利者的姿态进入咸阳,放纵士兵进行烧杀抢掠。他杀了秦降王子婴和秦的全部宗室家族,对秦统治者进行了报复。他把秦宫室里的珠宝和后宫的美女据为己有,然后放了一把大火,全部烧了秦的宫室。大火烧了三个月才熄灭。

除了珍宝和美女外,他对秦的一切都很反感,都存在报复的心理,都想将它们毁掉。经过他的这一番烧杀,繁华壮丽的秦都咸阳,就变成了一片废墟。这时有人出来劝项羽说:“关中土地肥沃,人口众多。东有函谷关,南面武关,西临散关,北隔萧关,四周都以山河为塞,退可以守,进可以攻,是建都称霸的好地方。”可是这个意见提得太晚了,经过项羽的一番报复性的烧杀抢掠,这时的咸阳已经残破不堪,富饶的关中也已非昔日。

项羽活埋了20万秦降卒,又在咸阳一带大肆烧杀抢掠,关中的父老兄弟当然对他很反感。这时有人说:“人们都说楚国人像猕猴,性情暴躁不定,不能久著冠带,项羽果然是这样,他长久不了。”这个话传到了项羽的耳朵中,他很愤怒,找到了说这个话的人,把他杀了。

项羽觉得关中的百姓对他持敌视的态度,关中虽然富饶,但他不愿久留关中,而却很思念故乡,所以决定离开关中,东归故乡。他对别人说:“一个人富贵了,如果不回到家乡,就像夜里穿着绣花的衣服行走一样,谁也看不见,那还有什么意思呢!”

项羽愿意不愿意留居关中,这本来是他个人的一种趋向。但是由于他不愿意留在关中,又对秦统治者的一些遗物采取了报复性的毁灭态度,结果将秦统一全国后集中在咸阳一带的大量经济和文化的财富,毁于大火,这对中华民族经济和文化的积累和发展,无疑是一个不可挽救的重大损失。特别是经过秦始皇的“焚书坑儒”之后,一些古代的文化典籍在民间流传已经很少,但在秦宫室和政府机构中,仍有大量的保存。如果项羽对咸阳秦的遗留物品,采取稍为克制和宽容的态度,不去有意用大火加以焚毁,就会有一部分保留下来，到了汉初开国之时，也就不会因为寻找和恢复一些古籍，要凭老儒靠记忆而口授，费那么大的劲，又给后世研究和校阅古籍造成那么大的困难了。所以项羽对咸阳的烧杀抢掠，不管是从政治上争取秦人的支持，还是从经济和文化的延续发展上，都是做了一件绝大的蠢事，对他自己和后世都产生了恶劣的影响。

张良建议烧绝栈道

项羽分封完之后，就要各个诸侯王去自己的封地就国。刘邦虽然受到不公正的分封，不想去就国，但又迫于项羽的威力，暂时还无法与项羽对抗，别无其他出路，只得去巴、蜀、汉中一带就汉王的封位。他任命萧何为丞相，带着自己的部下和亲信，从灞上出发，向汉中一带进发。

刘邦这时有 10 万大军，项羽为了限制刘邦的力量，只允许他带 3 万人马。可是刘邦的亲信和部下很多，他们都愿意跟随刘邦去汉中，还有一些楚国和各路诸侯中敬慕刘邦的人，也主动表示愿意跟他去，所以跟随刘邦去汉中就国的远远超过了项羽限定的 3 万人。

秦始皇陵

由关中进入汉中、巴、蜀一带，道路很难走，刘邦选择了由杜县（今陕西鄠邑区东）南下入蚀中（今陕西洵河上游）越过秦岭进入汉中平原的路。张良因为要随韩王成去就国，所以不能跟随刘邦到汉中。但张良对刘邦依依舍不得离开，一直把刘邦送到褒中（今陕西城固一带）。张良临别时，刘邦送给了他很多珠宝，张良后来都转送给了项伯。

到了褒中，刘邦一再请张良不要再远送，张良只得与刘邦告别。临别前他向刘邦建议说："你去汉中的路上，经过不少栈道，都是交通险要之处。你应把所过的栈道都烧绝，一方面可以防止项羽或其他人的军队再进入汉中；另一方面也可以示意项羽，你并无再返回来的打算，使项羽不再对你有所警惕。"刘邦接受了张良的意见，把所经过的栈道都烧毁了。消息传到项羽那里，他就开始放松了对刘邦的戒心，刘邦因而得以安心在汉中、巴、蜀一带蓄积力量。

栈道是秦岭山脉中一些险要的地方，人们难以通行，就旁凿山崖，铺以木头板梁，人工修筑的通道。刘邦把这种栈道的木制板梁烧毁，就可以断绝入汉中的通路。但是这些栈道也是人工修筑的，刘邦后来在进入关中的时候，又把这些栈道修复了。所以烧绝栈道，只是暂时迷惑项羽的缓兵之计。

项羽分封之后，一些不满分封的诸侯王，不去就国而反叛项羽，使项羽一开始就处在被动之中。而项羽的主要对手刘邦,却老老实实地去封地就国,还按照张良的意见,边走边烧绝栈道,以转移项羽的视线。这是刘邦的高明之处。

因为分封之后,项羽最注意的当然是刘邦的动向。刘邦如果不去就国,项羽马上就会集中力量对付刘邦。现在刘邦不但去就国,而且烧绝栈道以表示无归意,表面上服从项羽的分封,这就可以转移项羽对他的注意,使项羽误以为刘邦并无与自己争天下的意图,因而对刘邦失去警惕。后来的事实也证明,刘邦达到了麻痹项羽的目的。

其实,刘邦去汉中就国,本身就起到了消除项羽对他敌意的作用,张良的建议烧绝栈道,只是进一步强化了对项羽的影响。即使刘邦不烧栈道,只要他去汉中就国,项羽也不会对他采取什么行动。因为项羽一到彭城,他已无暇顾及远在汉中的刘邦了。

刘邦暗度陈仓

刘邦是汉元年(公元前206年)四月去南郑就汉王位的,到八月他就做好了东进的准备,开始向关中进军,破坏项羽分封所形成的政治格局了。

刘邦让丞相萧何留守巴蜀和汉中,经营后方,支援前线。他自己率大军出故道(今陕西宝鸡市南),暗渡陈仓(今陕西宝鸡市东),突然进入关中。陈仓是雍王章邯的地盘,他急忙率兵迎敌,被刘邦在陈仓击败,章邯退守好畤(今陕西乾县),又被刘邦军所败,章邯再退守废丘(今陕西兴平市)。

秦·云纹瓦当

刘邦没有再以主力围攻退守废丘的章邯,而是只派了一部分兵力加以牵制,使其困守废丘,不让其出兵干扰刘邦的其他军事行动,同时集中军力消灭了章邯的其他力量,占领了咸阳,全部控制了章邯的封地。这样,章邯在废丘就成了孤立无援的一个据点,无法再对刘邦形成威胁。

刘邦基本消灭了章邯的力量,解决了雍王的问题后,接着又迫使塞王司马欣和翟王董翳投降,不到一个月就基本占领了关中,设置了陇西、北地、上郡、渭南(后改名京兆)、河上(后改名冯翊)、中地(后改名扶风)等六郡。从此刘邦就以关中这六郡为根据地,再加上原来的汉中、巴、蜀等地,与项羽展开了全面的楚汉战争。

从刘邦暗渡陈仓,率兵东进后的军事发展形势看,与韩信的估计完全一样。项羽分封的关中三王,都得不到当地百姓的支持,互相又不能协调力量,联合起来对付刘邦。刘邦暗渡陈仓以后,首先集中力量对付三王中力量最强的章邯,连续将其击败,迫使他退守废丘;然后再解决其他两个比较弱的封王的问题。除了退守废丘的章邯,一时未加以解决外,其他进军关中的问题都解决得比较顺利。仅用了不足一个月的时间,就突破了项羽设置的阻止刘邦进入关中的障碍。这不仅是项羽分封的时候没有想到的，连刘邦也没有预计到会这么顺利，但韩信事前却估计到了，这正是韩信比他们的高明之处。

刘邦进占关中，这是他在与项羽斗争中具有决定意义的第一步。这一步选择的时机好，进展很顺利，没有费多大的力量，就占据了有利的地位。这也是他在与项羽的斗争中，由被动变主动的第一步，它对刘邦以后的胜利，具有关键性的意义。

项羽分封刘邦到巴、蜀一带，本来是为了借巴、蜀与关中的交通不便，将刘邦的力量封闭起来，让他无法再到中原地区与项羽争天下。项羽的这一策略如果执行得当，很可能从此就将刘邦的力量驱逐出中原，再也构不成对项羽的威胁。但可惜的是项羽在执行这一策略时，犯了几个重要的错误，使他未能达到原来设想的目的。

第一个错误是把汉中也封给刘邦。汉中是巴、蜀与关中来往必经的要地，如果项羽控制了汉中，就堵住了刘邦进出巴、蜀的咽喉，对刘邦十分不利；可如果刘邦控制了汉中，就让他掌握了进出关中的跳板，他随时可以通过汉中进入关中。项羽本来不打算把汉中封给刘邦，可经过项伯为刘邦说情后，做了让步，把汉中让给刘邦，这无疑给刘邦打通了进入关中的通道，破坏了自己封闭刘邦的策略。

第二个错误是分封三个秦降将王关中。关中是对刘邦逐鹿中原的第一道封锁线，如果在关中设置一个强大的诸侯王，用以扼制刘邦出汉中，那也可以把刘邦封闭在巴、蜀、汉中一带，使他无法进入中原争夺天下。当时只有项羽的力量可以起这个作用，所以如果项羽自己王关中，就会使刘邦进入关中遇到很大的困难。这是封闭刘邦力量的上策。即使项羽自己不愿王关中，他也应分封其他的得力将领如英布等王关中，更不应将关中分割为三块，削弱关中封王的力量。

特别是分封三个秦降将王关中，这是最不利的下策。因为这三个降将在关中百姓中既无威信，又无军事力量，只靠临时招募和组织起来的一点兵力，当然不是刘邦这支久经战斗军队的对手。所以项羽分封这三个降将王关中。无异等于把关中送给刘邦。而如果刘邦据有了关中，项羽再想收拾刘邦就不容易了。

项羽所犯的这两个错误，正好给处于劣势的刘邦以复苏的条件和机会。他到了汉中四个月，一举就成功地进入了关中。进入关中一个月，就基本消灭了三王的力量，占领了全部关中。从刘邦进入关中和占领了关中看，在军事上并没有遇到太大的阻力，总的说来比较顺利。这与半年前刘邦被迫就王汉中，项羽可以左右天下的形势，已经大不相同。为什么形势会发生这么快的变化，主要是由于项羽的一系列失误造成的。而其中项羽最大的一个失误，就是他自己不王关中，却把关中分封给三个秦降将。

张良运筹帷幄

张良，字子房，其家原为韩国贵族。秦国灭掉韩国之时，张良年纪尚少，有家僮300人。为报灭韩之仇，弟弟去世，张良也不埋葬，而散掉全部家财以结交刺客，后果然结识了一个力士，做了一只120斤重的铁锥。秦始皇二十九年（公元前218年），秦始皇东巡，张良和刺客埋伏在博浪沙狙击秦始皇，但未成功，误中副车。秦始皇下令大索天下，张良不得不更名改良生，逃往下邳。

在中国历史上，张良是以其智谋多端著称。早在汉代，就流传着张良智慧来源的神奇传说，司马迁在《史记》中完整地记载了这个故事。据说张良逃到下邳以后，一次在下邳城外的一座桥上散步，遇见一个穿着褐色衣服的老人。老人走到张良近前，把自己的鞋子脱下来踢到桥下去，回头对张良说："小孩，下去把鞋给我取上来。"张良感到很惊愕，伸手想打，又看老人年纪挺大了，便强忍怒气，从桥下把鞋拣了上来。老人又说："给我穿上。"张良想着，既然已经拣了上来，再给他穿上也无妨，便跪在地上，给老人穿上了鞋。老人穿上鞋后，笑着走了。张良觉得其中有怪，心中有点吃惊，一直盯着老人的背影。老人走出一里多以后，又转了回来，对张良说："孺子可教。五天以后天亮时分在这里等我。"张良答应了，五天之后，张良前去赴约，见老人已经先到了那里。老人见张良来迟，发怒说；"与长辈期会，怎么能晚呢？过五天再来。"过了五天后，鸡一叫张良就起身前往，一看，老人又已先到了。老人又发怒说："为何又来迟了？去，过五天再来。"到了第五天，张良半夜就到了期会的地方，过了一会，老人也来了，见张良已先在那里，高兴地说："应该如此。"说着，从怀中掏出一编书递给张良，说："读了这个，就可以为王者之师。十年之后，你当有所成就。十三年后，你会在济北谷城山（今山东东平北）下见到一块黄石，那就是我。"说完老人就走了。天亮之后，张良打开老人送的书一看，原来是《太公兵法》（太公指姜尚）。从此后，张良便经常研究、背诵这本书，终于成为一代著名的谋略家。

张良

这个故事虽有些神奇，但张良的足智多谋是当时人所公认和钦佩的。公元前208年，张良始跟随刘邦，为刘邦出过许多奇谋妙计，使刘邦多次摆脱困境，为汉王朝的建立立下不朽功勋。

垓下之围的项羽

刘邦等到韩信、彭越、项布等援军到达固陵后，就对项羽发动了攻势。项羽的军队退守垓下（今安徽灵璧县南），被刘邦的军队所围困。他兵少食尽，外无援兵，处境十分困难。

项羽这时只有不到10万的军队，而韩信就率军达30万。刘邦让韩信为前锋，韩信的部将孔熙和陈贺为左右军。刘邦居阵中，周勃殿后。韩信先率军向项羽进攻，战斗不利，暂时退却。这时孔熙和陈贺率左右翼的军队又向项羽军进攻，项羽军迎战不利，韩信趁机率前锋军又反攻，项羽军战败，只得坚壁据守垓下。刘邦的军队借助自己数量上的优势，将项羽的军队重重包围起来。

刘邦为了动摇项羽的军心，找了一批会唱楚国地方民歌的将士，让他们夜里在军营中大唱楚歌。项羽听到四面皆楚歌的声音，十分吃惊。他自问："难道刘邦已经全部占领了楚国吗？怎么会有这么多的楚人唱歌！"项羽被四面的楚歌声所感动，夜里起来在军帐中独自饮酒解闷。

项羽有一个喜爱的美人姓虞，常跟随在他身边；有一匹骏马名骓，是他常骑坐的。这时美人虞姬和名马骓，都在他身边，他听到四面的楚歌声，看着自己喜爱的美人和名马，心情十分悲痛，就自编自唱了一曲慷慨悲哀的楚歌。歌词是这样的：

力拔山兮气盖世，
（我有拔山的力量和盖世的勇气）
时不利兮骓不逝。
（可为什么名马还在而时运不利）
骓不逝兮可奈何，
（名马不愿离开我又有什么办法）
虞兮虞兮奈若何！
（虞姬呀，虞姬，我们该怎么办）

项羽反复唱了几遍这首自编的歌，虞姬也和唱了一首自编的歌。歌词是这样的：

汉兵已略地，
（刘邦的军队已侵占了我们的地方）
四方楚歌声。
（四面传来了唱楚歌的声音）
大王意气尽，
（项羽的气势已经完了）
贱妾何聊生。
（我活着还有什么意思呢）

虞姬唱完这首歌，就在项羽面前自杀而亡。项羽抚摸着虞姬的尸体，痛哭不已。左右的随从，听到项羽的歌声，都起来了。他们目睹了这幕悲痛离别的场面，都暗暗哭泣，不敢看项羽痛不欲生的样子。

项羽对自己的处境虽然很绝望，但他绝不是一个束手待擒的英雄，他还要为自己的命运去拼搏，去战斗。他骑上自己的名马骓，带领能跟随他战斗的骑兵800多人，夜里偷偷地从南部突围出来。到了天明的时候，刘邦的军队才发现项羽突围了。刘邦让骑将灌婴率5000骑兵去追击项羽。

项羽突围渡过淮河后，还剩下100多名骑兵跟着他。到了阴陵（今安徽淮南市东），迷失了道路。他们向一个田夫问路，这个田夫不知是出于对项羽的反感，还是不知道他是项羽，欺骗项羽说向左走。照他指的路走下去，结果陷入大泽中，行动很困难，所以被灌婴的骑兵追上。

项羽退出大泽后，带领部下东去，到了东城（今安徽定远县）时，只有28个骑兵还跟着他，而灌婴的数千骑兵这时已经追上来。项羽估计自己难于逃脱追兵，就停下来对他的28个部下说："我起兵反秦到现在已经八年，身经70余战，阻挡我前进的没有一个不被攻破，我所要攻取的没有一个不被征服，从来没有吃过败仗，所以才得以称霸天下。可现在我竟被围困在这里，这是上天要亡我，不是我打不胜的罪过。现在固然只有死路一条，但我愿再次快速决一死战，斩一敌将，断一敌旗，突破敌人的包围。让你们好知道，并不是我不能打胜仗，而是上天要灭亡我。"

项羽说完，就让仅存的28个骑兵，分为四队，组成一个方阵，灌婴的骑兵将他们围了数重。项羽对部下说："我为你们斩一敌将。"他下令28骑向四面驰出，约定到山的东部合为三处。项羽大呼驰下，灌婴的骑兵都被吓得连连后退，项羽趁势杀了一名敌将。

这时杨喜为灌婴的骑将，他见项羽杀了一名自己的战友，就愤而追杀项羽。项羽回头怒目斥之，杨喜人马俱惊，跑了数里才镇定下来。

项羽的骑兵在山的东部会合为三处，灌婴的军队不知项羽在哪一处，就把三处都包围起来。这时项羽又飞驰而出，斩了灌婴的一名都尉，杀了几十个骑兵。

项羽把分在三处的骑兵会合在一起，损失了两名骑兵，还剩下26骑。他对部下说："你们看，不是我不能打胜仗吧！"剩下的26名骑兵对项羽的勇敢善战十分佩服，他们齐声说："正像你说的那样。"

项羽在垓下决战时，仍有将近10万的军队，这些都是跟随他久经战场的精兵，当时虽然很疲惫，但仍有战斗力，固陵之战击败了刘邦，就说明了这个问题。项羽本应率领这支军队从固陵向彭城方向撤退，因为彭城是他的都城，一定还会有守军和物资储存，他应到彭城与留守的军队会合后，再决定下一步的战略。可他没有向彭城的方向撤退，而是到了垓下，其意图显然是想渡过淮河，撤退到江东另谋出路。这样的退却是不妥当的。

因为当时江东的经济发展还很落后，人口也稀少，如果退到江东，想依靠江东的力量与刘邦争天下，是很困难的。当然，刘邦要想渡江追击项羽，也不容易。结果可能是项羽割据江东一隅之地，老死在那里。这种结局与项羽的性格是不符合的。

项羽当然是想退到江东后，经过一番整顿和补充，像他开始和项梁率8000子弟兵渡江时一样，再返回来发展，与刘邦争天下。可此一时，彼一时，当时的情况已与项羽和项梁渡江北上时大不一样。这时刘邦已经基本上统一了中原地区，他哪能让项羽渡江后再发展，必然会集中力量一举加以消灭。

项羽未向彭城撤退，也可能彭城当时发生了变化。因为彭城一直在彭越活动的范围内，这时也可能彭越已包围彭城，或者已经占领了彭城。项羽是因为老窝被端，无处可退，才不得不退向江东。这是他不得已的选择。从项羽失败后，只有鲁地还坚守不降，没有提到彭城的战守情况看，也不是没有这种可能。

项羽当时后方的重要城市，除了彭城外，仍有不少，其中的一些还在项羽力量的手中，如鲁地的一些城市就是这样。项羽还拥有 10 万精兵，不管退守哪一个城市，刘邦也不易一时攻下。项羽为什么要选择退到江东的下策呢？这可能与他留恋故乡的家乡观念有关。他在进入咸阳后，就因为富贵要归故乡的思想作怪，不愿王关中，宁要回到彭城。现在他在与刘邦争天下的斗争中失利了，可能也产生了失败也要回归故乡，宁愿葬身故土，也不愿流落他乡的想法。项羽这样留恋故乡，当然不是一个大政治家的风度。因为大丈夫应该以四海为家，这是我国优秀政治家的一贯传统，而项羽却做不到这一点。

项羽乌江自刎

项羽虽然只剩下 26 名骑兵跟着自己，但凭着他的勇敢，又从东城突围，向东南方向退至长江边的乌江（在今安徽和县北）。他想从这里渡过长江，就可以摆脱追兵，再以江东为据点，图谋再起。

他正在找船的时候，乌江亭长听说项羽战败，很可能从这里渡江，已准备好一条船在这里等他。他见项羽果然来到这里，就驾船迎着项羽说："江东虽然不算大，但也有土地千里，人口数十万，足以称王。这里现在只有我这条船，请你赶快乘船渡江。刘邦的追兵到了，他们找不到船，渡不过江去。"

乌江自刎

项羽这时突然又改变了渡江的打算。他可能觉得在乌江亭长面前，自己乘船逃跑，有失自己的尊严，所以笑着对这位亭长说："上天要灭亡我，我何必还要渡江逃命呢！我率领八千江东子弟渡江而西，参加反秦斗争，现在没有一个人跟着我回来，即使江东父老兄弟可怜我，仍然拥戴我为王。可我还有什么脸面去见他们呢？就是他们看在我的面子上不说出来，我自己心里会不感到惭愧吗！"

项羽接着对这位亭长说："你是一位长者，我很感谢你的好意。这匹马我已经骑了五年，它是一匹好马，能日行千里，跟着我出生入死，没有打过败仗。我不忍心杀了它，把它送给你，请你好好养着它。"

项羽把他的名马骓送给乌江亭长，亭长带着马驾船渡江后，他就徒步持短兵器与追兵接战，一连杀了追兵数百人，他自己也受伤十余处。这时他看见刘邦的司马吕马童也在追兵中，吕马童曾是项羽的部下，后来背叛项羽投降了刘邦，项羽就指着他说："这不是我的老朋友吕马童吗?”吕马童因为过去项羽对他很好,可他背叛了朋友,现在见到项羽觉得很惭愧,就背过脸不敢正视项羽,对旁边的王翳说:“他就是项羽!”

项羽已经无力再作最后的挣扎,他当然也不愿做敌人的俘虏,就对这些刘邦的追兵说:“我听说刘邦悬赏千金,要购买我的头,还要封万户侯。现在我把头给你们,你们可以拿着去立功,成全了你们的心愿吧!”项羽说完,就拔剑自刎而死。

离项羽最近的王翳,见项羽自杀了,马上过去割取了他的头。别人也为了立功,争夺项羽的尸体,互相践踏、彼此残杀者有数十人。最后,杨喜、吕马童、吕胜和杨武,各争得一块项羽的尸体。他们四个人再加上取得首级的王翳,因为追杀项羽有功,后来都被刘邦封为列侯。

项羽二十四岁时,跟随叔父项梁起兵反秦,勇敢善战,屡立战功,成为推翻秦统治的一名主要将领。这位叱咤风云,曾经不可一世的英雄,却在与刘邦争天下中,由优势转为劣势,最后在众叛亲离的情况下,自刎而死,时年仅31岁。

项羽作为一个英雄的悲剧在于,他直到战败自刎而死,也不承认自己是个弱者。他在最后的垂死挣扎中,仍不忘向部下夸示自己的勇敢。可是一个主帅的勇敢,即使你能在最后杀死数百名敌兵,仍不能挽救其失败的命运。项羽至死也不理解一个英雄为什么会失败,所以他才将它归之于天的意愿。这只是一个英雄失败时的自我安慰,它当然不能说明问题的真相。

项羽失败了,但这不是历史的失败!如果项羽某些性格上的严重缺陷,能够在斗争中得到弥补和改正,他本来也是可以成为胜利者的。

第四章 历史谜团

"秦兵马俑"本身的四大未解之谜

秦兵马俑自发现以来,一直受到世界考古学界的极大重视。人们想通过它来研究封建秦朝的过去。

1974 年,在陕西临潼区西杨村,距秦始皇陵东侧 1.5 公里的一片荒原上,考古工作者发掘出了被称为"世界第八大奇迹"的秦代大型地下兵马俑军阵,引起了世界性的轰动。它俨然成了世界上最大的军事博物馆,结构严整,气势恢宏,再现了秦始皇鹰瞵虎视,横扫六国的雄风。

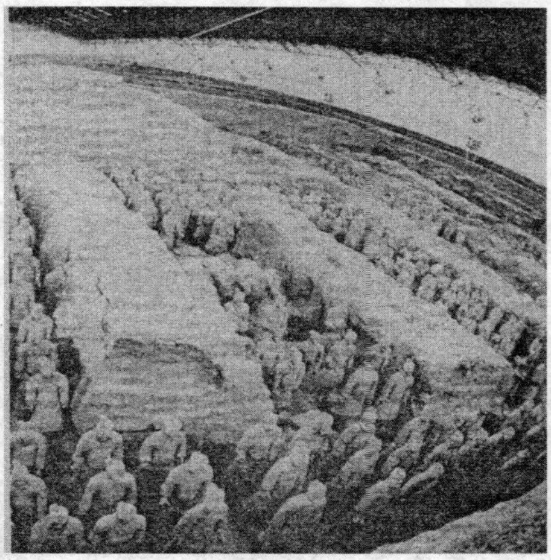
始皇兵马俑·秦

这些如同真人真马的陶俑陶马依次排列在三个俑坑中,共 8000 件。陶俑身材高大,约 1.8 米左右,容貌不一,神态各异整装待发,浑然一体。陶马则昂首肃立肌肉丰满,装备齐全,栩栩如生。还有 130 多辆战车及大量的铜兵器、金、铜、石饰品等。这些陶人陶马和青铜兵器的精良和完美令人叹服!它是一个人间奇迹,也是一个难解之谜。它是让许多人困惑了多少代都没有找到答案的一团谜。试举 4 例如下:

其一,为何没有统帅俑?

这些陶俑无论是步兵、弩兵、骑兵、车兵,都属武士俑,并不见统帅俑。这是为什么呢?有人认为,可能是按秦制,每次出征前由秦王指令,一名将帅任统帅。而修建作为指挥部的 3 号坑时,将帅还未任命,工匠们不敢随意塑一位作统帅。还有人认为,也可能是因为秦始皇是秦军最高统帅,为维护皇帝的绝对权威和神圣尊严,不能把秦始皇的形象塑在兵马俑坑中。这两种说法,都是猜测而已,并无定论。

其二,兵马俑为何被焚毁?

发掘兵马俑时,考古工作者发现,一、二号俑坑的木结构几乎全部被烧成炭迹或灰烬。陶俑和陶马耳上的彩绘颜色经火烤大都脱落，有的青灰色陶俑被烧成了红色。俑坑经火焚后全部塌陷。陶俑和陶马被砸，有的东倒西歪，有的身首异处，有的头破腹裂，有的臂断腿折，有的断成数段，有的成为碎片，完整的很少。俑坑的火是谁放的呢？后人推测有三种可能。一是秦人自己点的火，以烧毁祭墓物品及墓周的某些建筑，使死者灵魂将此带去阴间享用，即所谓“类祭”。但是，如果真的是出于古代的丧葬制度和民间风俗习惯而焚毁掉，为什么只烧一、二号坑而不烧三号坑呢？假如真的是秦人自己烧的，那么肯定从建成到焚毁的间隔时间不会太久。可是据考古发掘来看，俑坑底下浸地砖上普遍都有十几层的淤泥层，这种淤泥层绝不是四、五年能够形成的。

二是秦兵马俑可能是被项羽率领的军队焚毁的。据《汉书》《史记》《水经注》等史籍记载。烧秦宫室，火三月不灭。但上述史书中并没有一个字明确记述项羽军队焚毁秦兵马俑之事，甚至连秦兵马俑的字样都没提到。因而，把烧马俑的罪过加在项羽的头上，只能是后人猜测罢了。

三是兵马俑坑中的火是因为坑内的陪葬物等有机物腐败产生沼气，自燃而造成的。但是，同样的俑坑，同样的环境条件为什么只烧了一、二号坑而三号坑却没有起火呢？这也没有科学的根据。

其三，陶俑制作之谜。

兵马俑坑中的陶俑和陶马均是泥制灰陶。火候高、质地硬。经观察，没有发现模制迹象，肯定是一个个地雕塑而成。陶俑、陶马身上原来都绘有鲜艳的颜色，因俑坑被毁，加上长期埋于地下，颜色几乎全部脱落，但从局部留的颜色仍可窥见颜色的种类繁多，有绿、粉绿、朱红、粉红、紫蓝中黄、橘黄、纯白、灰白等。各种色调和谐、艳丽，更增添了整个军阵的威武雄壮。

陶马·秦

这些陶人陶马在暗无天日的地下掩埋了 20 多个世纪，出土后，仍然保持了色泽纯、密度大、硬度高的特点，以手敲击，金声玉韵，真是达到了“炉火纯青”的境界。当代的制陶工艺大师经过十多年的努力，至今仅能仿造一些简单的陶人。他们想要复制陶马，反复试验竟无一成功。秦代这种杰出的泥塑工艺和制陶工艺，使后人佩服得五体投地。但它的技术、配方，都失了传，成了谜。

其四，青铜剑铸造之谜。

从二号坑出土的青铜剑，长 86 厘米。剑身上有 8 个棱面，极为对称均衡。19 把青铜剑,误差都不到10丝。它们历经2000年,从地下出土,都无蚀无锈,光洁如新。用现代科学方法检测分析,这些青铜剑表面竟涂有一层厚约1/100mm的氧化膜,其中含铬2%。这一发现立即震动了世界。因为这种铬盐氧化处理是一种近代才掌握的先进工艺。据说德国在1937年,美国在1950年才先后发明之,并申请专利,而且,它只有在一整套比较复杂的设备和工艺流程下才得以实现。秦人的铸造水平之高,真是不可思议。

尤为值得称道的是,这些青铜剑的韧性也是异常惊人的。有一口剑,被一具150公斤重的陶俑压弯了,弯曲度超过45度。当陶俑被移开的一瞬间,奇迹发生了,青铜剑反弹平直,自然还原。这精湛的铸剑技艺,令人瞠目结舌,这也是一个难解之谜。

围绕兵马俑的谜团不胜枚举,将来,随着科学的进步,考古的深入,将会逐渐找到答案的。

吴广死因之谜

吴广是秦末农民起义的领袖,他和陈胜所领导的农民起义推动了历史的发展进程,具有积极的意义,他们的失败也给予了后人许多启迪。对于吴广的死因人们也是众说纷纭。

秦二世元年(公元前209年),一场席卷全国的农民大起义爆发,最终埋葬了秦王朝。最初点燃革命烽火的是陈胜与吴广,他们率九百戍卒揭竿而起,很快汇成一支巨大的洪流,建立了张楚政权。不久,陈胜以吴广为假王,率重兵进攻荥阳(今属河南)。然而,正当起义斗争深入发展时,吴广被其部将田臧杀死,这一事件给起义军造成了极大的损失。

吴广为什么会被杀?据《史记·陈涉世家》记载,吴广领兵攻荥阳时,另一位起义将领周文率十万义军直捣咸阳,因孤军深入,形势极为不利。数月后,终因寡不敌众,惨败于渑池(今属河南)。这时,秦王朝组织数十万军队,反击义军。田臧等人见周文战败,秦军不久即至,荥阳迟迟未克,就准备分部分兵力牵制荥阳之敌,以大部分精兵迎击秦军。他们相互商议说:"今假王(吴广)骄,不知兵权,不可与计,非诛之,事恐败。"于是假借陈胜之命杀了吴广,献其首级于陈胜,"陈王使使赐田臧楚令尹印,使为上将"。时在秦二世二年(公元前208年)十一月。从这段史料可知,吴广骄蹇自大,刚愎自用,以至于部下无法与他商议军事行动计划,不得不杀之。有的通史著作据以称"吴广骄傲无能,被部将田臧杀死"。然而这一结论,并非无懈可击,理由是:一,《史记·陈涉世家》称"假王骄,不可与计",此话出于欲取代吴广的田臧等人之口,其可靠性值得怀疑。二,《史记·陈涉世家》载:"吴广素爱人,士卒多为用者"。司马迁在此用了褒词,可见吴广

陈胜

的为人并不是如田臧所说的这般"骄蹇"。三,《史记·陈涉世家》中仅载陈胜为王后骄傲、武断的行为,对吴广的"骄蹇"只字未提,怎能凭田臧的一面之词妄下定论?在上述疑问的基础上,人们展开了深入的探讨。一说认为,田臧和吴广在军事行动上存有分歧,无法统一。面对强大的秦军,田臧不得已杀吴广,以求预定的军事行动能顺利实施。其后,田臧取得陈胜任命,分兵留守荥阳,亲率主力迎击秦将章邯所率秦军于敖仓,结果兵败而死。

一说认为,吴广之死与陈胜有关。陈胜为王后,任用亲信,妄杀故人,苛察臣属。使诸将士离心;与吴广的关系也不如初起事时那么融洽、默契。可以推测,田臧杀吴广得到了陈胜的默许。否则又何须"献首于陈王"?而砍掉陈胜左右臂的田臧,又怎能当令尹、为上将?

还有一说认为,对吴广的死因,应放到当时的历史环境中考察,秦末农民战争时期,群雄蜂起。田臧是个怀有个人野心的人,不甘久处吴广之下,又苦于无法超越他,因此说吴广"骄,不知兵权",或许只是除去吴广以取而代之的借口。

吴广被杀的原因,没有更多的史料来确定某一说。但一位农民战争的领袖,没有死在杀敌的战场上,而倒在部属的刺刀下,个中原因,终究还是值得探究的。

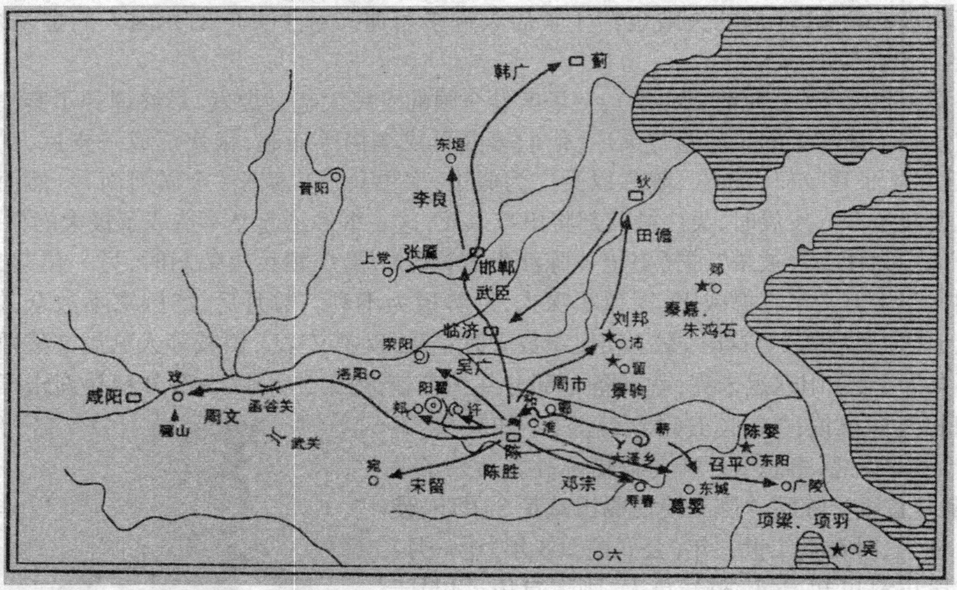

秦末农民起义进军图

秦始皇"传国玉玺"失踪之谜

秦始皇统一六国后,自以为功高五帝,德侔三皇,再不能以秦王相称了,据传说中的三皇五帝的合称，更名为“皇帝”，自称为“朕”。为了表示皇帝的独尊地位，秦始皇还创立了与皇帝称号相一致的一些名物制度。如皇帝的命令涉及制度的叫“制”，诏告臣民的令文叫“令”。另外还规定只有皇帝的印才能称“玺”，为此，秦始皇还命令天下的良工用

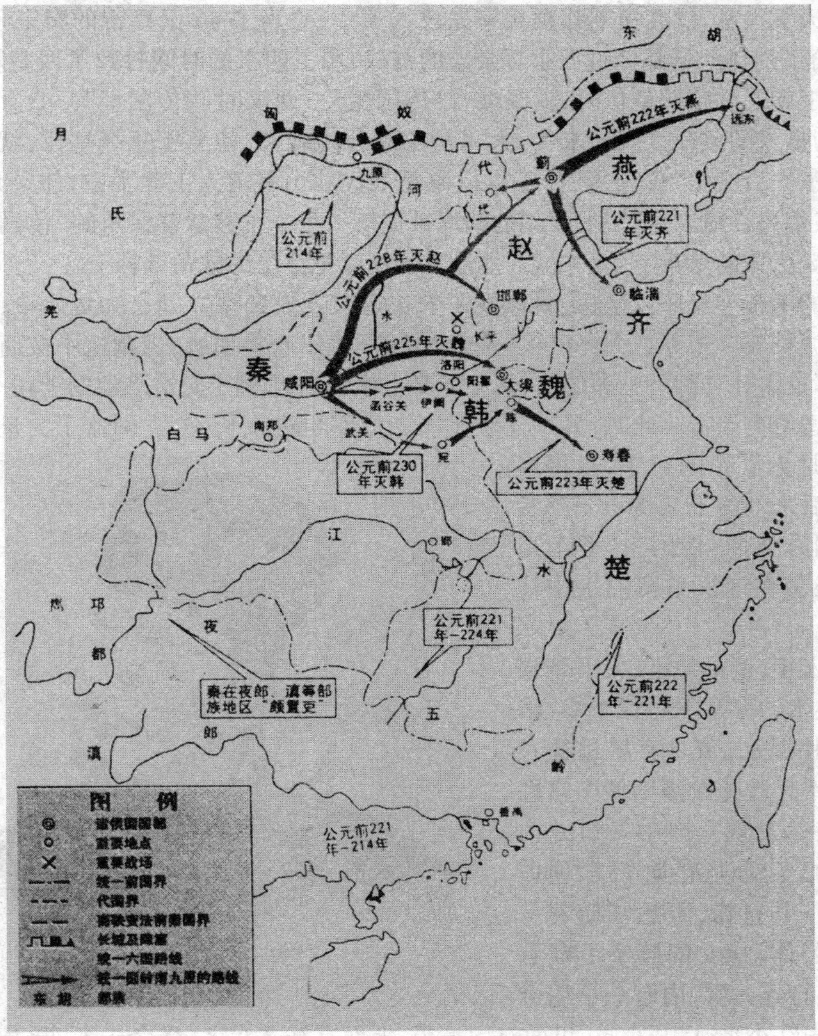

秦始皇统一六国示意图

蓝田山美玉制成玉玺，玺钮雕成龙鱼凤鸟的形状。丞相李斯用大篆体书写了“受命于天，既寿永昌”八字，刻于玉玺上，称为“传国玺”。从此“传国玺”开始了它富有传奇色彩的经历。

秦始皇曾进行五次全国性大规模巡游，每次巡游都有惊险的经历。相传秦始皇有一次巡游到洞庭湖，风浪大作，眼看秦始皇乘的船就要倾覆，急忙之中，秦始皇把随身带的玉玺投入湖中，顿时湖面风平浪静，但玉玺却沉入湖底，不见踪影。8年后，秦始皇出行的

队伍正行走在陕西的华阴一带，突然有人拦在护驾的车马前，对秦始皇的随从说：“请将此玉玺交给祖龙（秦始皇的代称）。”话一说完，此人就消失了，“传国玺”奇迹般重新回到秦始皇的手中。

秦末天下大乱，汉高祖刘邦领兵率先攻入关中，只当了46天皇帝的秦王子婴把“传国玺”献给了刘邦。刘邦经过大小百余次的奋战，用了四年的时间打败了西楚霸王项羽，建立起汉王朝。刘邦即皇位时，就佩戴着“传国玺”。西汉时，“传国玺”一直存放在长乐宫内，成为皇权的象征。西汉末年，大司马王莽独揽朝政，他急于篡夺皇位，就命安阳侯王舜逼迫王太后交出“传国玺”。王太后眼见刘氏江山将落入王莽手中，却又无奈，一气之下，将玉玺摔在地上，玉玺上雕刻的螭虎被崩落一角。王莽拿着缺角的“传国玺”，自己登上了垂涎已久的皇帝宝座。之后，他让工匠用金把玉玺的缺角镶补上。

王莽的皇帝宝座还没坐稳，就爆发了农民起义。农民军立刘玄为更始帝，更始军率先攻入都城长安。王莽见大势已去，携带着“传国玺”仓皇而逃，逃跑途中被商人杜吴刺死，更始军校尉公宾割下王莽的头，从王莽身上拿下“传国玺”交给了他的上司李松，李松将玉玺呈送给更始帝。此时，另一支农民军赤眉军也进入长安，立刘盆子为皇帝。更始帝自知不是赤眉军的对手，只得奉玺投降。后来刘盆子又将玉玺献给了刘秀，刘秀携带“传国玺”登上皇位，从此玉玺在东汉皇帝的手中代代相传。

袁绍

东汉末年，董卓叛乱，天下豪强在袁绍、袁术的率领下讨伐董卓，洛阳城内一片混乱，董卓弃城逃往长安。孙坚率兵驻扎在洛阳城南宫殿中，一天突然发现宫殿中一口井内闪着五彩的光，孙坚感觉奇怪，便命令手下人下井打捞，不想却捞着一位妇女的尸体，妇女的脖子上戴着一个锦囊，打开一看，内有一个用金锁锁着的朱红小匣，启开小匣，里面有一玉玺，上面有篆文八字“受命于天，既寿永昌”，玉玺缺一小角。孙坚知道这是秦始皇的“传国玺”，窃喜这莫非是天意让他当皇帝。没想到他手下的一个士兵与袁绍是同乡，将此事告诉了袁绍，袁绍正有僭越帝位之心，当然想占有“传国玺”，他令人扣押了孙坚的妻子，孙坚被逼无奈，只能交出玉玺。后来袁氏兄弟败在曹操的手下，“传国玺”又回到汉献帝的手里。

东汉亡后，“传国玺”归于曹魏和西晋。此后，北方陷于五胡十六国分裂动荡的局面，“传国玺”几经辗转，又落入东晋征西将军谢尚之手，谢尚把它献给了东晋朝廷。南朝梁武帝时，降将侯景反叛，攻破宫城，劫得“传国玺”，不久侯景败死，他的部将侯子鉴将玉玺投入栖霞寺的井中，有一个寺僧将玉玺捞出收存，后其弟子将玉玺献给了陈武帝。

隋灭陈后，“传国玺”归隋代皇帝所有。隋唐两代，“传国玺”仍被统治者奉为至宝。朱温篡唐后，“传国玺”又遭厄运。后唐废帝被契丹击败，登楼自焚，玉玺也遭焚烧，下落不明。直至北宋哲宗时，有一位名叫段义的咸阳人把玉玺献给了朝廷。金兵南侵时，又将玉玺掠走，后归元朝皇帝所有。明朝灭元时，蒙古部落将玉玺带到了漠北。从此“传国玺”不知所终。

“传国玺”既然被历代统治者视为守国之宝，也就注定了它被无休止争夺的命运。在这颗小小的玉玺上折射着一幅幅朝代更迭，祸福交织的历史画面。

秦始皇真的是“私生子”吗

秦始皇是中国历史上一位具有雄才大略、功业卓著、统一中国的皇帝，又被人们作为“贪狠暴虐、穷困万民”的典型暴君遭到唾骂。这样的人物，在死后必然有褒有贬，而拿他的出生做文章的也必将大有人在。所以，有关他这方面的传言，就被版本不同的编排出来了。

秦始皇是继秦庄襄王（子楚）之位，以太子身份登上王位的。秦始皇之母赵姬，据说曾为吕不韦的爱姬，后献予子楚，被封为王后。那么，秦始皇到底是子楚的儿子，还是吕不韦的儿子，后人争议不休。

吕不韦

要想弄清这个谜底，还须先从吕不韦说起。据说，吕不韦本为河南濮阳的巨富，是远近闻名的大商人。但他不满足这种拥有万贯家私的地位和生活，他野心勃勃，对王权垂涎三尺。他曾与其父有一段精彩的对话：他问：“种田的收益几倍？”

父答：“十倍。”

又问：“贩卖珠宝，收益几倍？”

又答：“百倍”。

再问：“扶立一个国君，掌握一国权柄，收益几倍？”

其父笑答：“那就千倍万倍，算不清楚了。”

吕不韦意味深长地笑着说：“是呀！扶立一个国君，不只可以荣华富贵，还可以泽及子孙后代呀！”

于是，吕不韦打点行装，到了赵国的国都邯郸。精心策划了一个大阴谋，将正在赵国当人质的秦王太子的儿子异人，想法过继给正受宠幸的华阳夫人。转瞬之间，异人被立为嫡嗣，更名为子楚，当上了皇太孙。不久，国事不断生变，秦国的秦昭王、孝文王相继不明去世，子楚堂而皇之地登上王位。事遂人愿，吕不韦被封为丞相。不料子楚仅在位三年就神秘地死掉了，于是他的儿子嬴政就顺理成章地继承了王位，这就是后来的秦始皇。

吕不韦认为嬴政是自己的新生儿子，让嬴政喊自己为“仲父”。他自己则掌管全国政事，被封为文信侯，成为一人之下，万人之上，权倾朝野，一手遮天的大人物。吕不韦在邯郸的密谋实现了。

那么，一些史书上把秦始皇说成是吕不韦的儿子，目的何在呢？据分析有四种可能：

其一，如果嬴政确系吕不韦之子，那他就不是真正的嫡传，不是秦皇室的后代。当时反秦的嬴政的弟弟长安君成是蟜就“造反有理”了，认为自己的血管里流的才是秦皇室的血，就会得到原来秦国的王公贵族的支持了。

其二，如果嬴政确系吕不韦之子，也可能是吕不韦有意公开自己“仲父”的真实面目。因为他的死对头，太后派的握有实权的长信侯嫪毐势力强大，吕不韦想除掉他，必须争取秦始皇的支持。泄露出自己与秦始皇的父子关系，说不定念及骨肉之情，对自己大大有利。

其三，如果嬴政确系吕不韦之子，那么齐、楚、燕、韩、赵、魏六国被秦所统一，就可以变个说法，不是“秦灭六国”，而是“六国灭秦”了。因为“六国”之人吕不韦不动千军万马，只靠一条诡计，就能把自己的儿子弄上秦国的王位，夺了秦的江山。这样，六国的亡国之愤，就可以烟消云散了。

其四，如果嬴政确系吕不韦之子，那么，灭秦的汉代之人，似乎更是大行天道，伸张正义了。因为不但秦的暴政弄得天怒人怨，而且秦王内宫竟这样污秽，甚至会扯到秦始皇的祖父、父亲之死有可能被人所害。秦亡甚速，真是自食其果了。

后世人也有认为上述传说并不能成立。

其一，认为吕不韦并未策划过秦始皇由出生到登基的一连串阴谋。他们说，秦昭王在位时，就想方设法让子楚（异人）当皇孙，已经够反常的了，何况把希望寄托在尚在赵姬腹中的胎儿“太玄孙”（即嬴政），也太渺茫了。下这么大的赌注，不是神人就是傻瓜！而吕不韦既非神人也不是傻瓜，唯一能说通的理由，就是断无此事。说实有其事，只不过是后人据已发生过的史实刻意编排而已。

其二，有人认为，秦始皇的出生日期，值得研究。如果说赵姬是吕不韦献给秦子楚（异人）的，但她身在宫中子楚身边，过门之后孩子是不及期而生，甚至十二月之后过期而生，子楚怎么能不知晓呢？可见，秦始皇的生父应该是子楚，而非吕不韦。

其三，从赵姬的出身看，也大有文章。《秦始皇本纪》记载，秦灭赵之后，秦王亲临邯郸，把同秦王母家有仇怨的，尽行坑杀。既然赵姬出身豪门，她怎么能先作吕不韦之姬妾，再被献作异人之妻呢？如果赵姬是“邯郸诸姬绝好善舞者”，一名出色的优伶，试问，她哪儿来的那么多仇家？这样，就不会发生赵姬肚子里怀上吕不韦的孩子再嫁到异人那里的故事了。

到底秦始皇是谁的儿子，这段个人隐私，竟成了千古之谜，至今无人可解！

秦始皇死因之谜

围绕着秦始皇的历史疑案确实是太多了，秦始皇的死因就是其中之一。关于秦始皇之死，《史记》记述很多，分别见于《秦始皇本纪》《李斯列传》《蒙恬列传》。其大概经过是这样的：始皇三十七年（公元前210年）秦始皇第五次出巡，第一站到了湖北的云梦，过了湖南南部的九嶷山。然后顺长江而下，到过江苏、浙江一些地方；转过头来，从镇江附近上船至长江口，沿海北上，到山东琅邪、荣成山、芝罘山等地，一路劳顿。接着，又沿海而行，到平原津（今山东平原附近）就病倒了。赵高奉命写遗书，给受命监军河套的秦始皇长子扶苏："予丧命咸阳而葬。"信还未送出，秦始皇就死在沙丘行宫（今河北广宗附近）了。从上述记载中，似乎秦始皇的死因已明，无可置疑。可是将所有记载秦始皇死亡情况的文字细细阅读，却发现其中有耐人寻味之处，秦始皇沙丘之死也就变得扑朔迷离了。

木篦彩绘角抵图

据《史记》记载，秦始皇自幼有各种疾病——蜂准（马鞍形鼻梁）、挚鸟膺（鸡胸），这两项均为先天或发育时落下的病症，又有豺声（支气管炎），所以体质较弱。秦始皇在生活上荒淫无度，为人又刚愎自用，事无巨细都要亲自裁决。每日批阅文书120斤，工作极度劳累。加以出巡中7月高温，以上诸因素并发，促使他在途中生病，但是否秦始皇就因此在途中一命呜呼，尚令人怀疑。有的学者把怀疑的目光投向了秦始皇身边的随从赵高。

赵高是个宦官，他的父母都是秦国的罪人，据说是秦统一战争中灭赵时的俘虏。赵父受秦宫型，母亲是官奴婢，赵母在秦宫中生下赵高兄弟几人，都是生而为奴。后来秦始皇听说赵高身强力壮，懂点"狱法"，提拔他为中车府令，是专管宫廷乘舆车与印信、墨书的宦官头儿。秦始皇还命令赵高教自己的小儿子胡亥学习法律。在秦始皇这次出巡中，自然少不了中车府令的事务。而且后来赵高还"行符玺事"，即职掌传达皇帝命令和调兵的凭证"符"和"玺"。赵高在秦始皇病重和死后的种种表现，使人不得不怀疑秦始皇的死与赵高有关。

秦始皇这次出巡，上卿蒙毅也在随行之列。蒙毅是蒙恬的亲弟弟，为皇帝的新信，可是当秦始皇在途中病重时，蒙毅被遣“还祷山川”。这可能是赵高的计谋。因蒙恬当时正领兵30万随公子扶苏驻防上郡，从秦始皇的身边遣走蒙毅，也就是去掉了扶苏的耳目。加之赵高曾被蒙毅治罪而判死刑，后因秦始皇赦免，赵高才恢复官爵，赵高对蒙毅恨之入骨，发誓要灭掉蒙氏一族。赵高遣走蒙毅，也为自己后来计谋的实施清掉了一个绊脚石。

秦始皇死后，赵高采取说服胡亥威胁李斯的手法，三人经过一番密谋，就假造秦始皇诏书，由胡亥继承皇位。同时，还以秦始皇的名义指责扶苏为子不孝，指责蒙恬为臣不忠，让他们自杀，不得违抗。在得到扶苏自杀的消息以后，胡亥、赵高、李斯这才命令车队日夜兼程，迅速返回咸阳。为了继续欺骗臣民，车队不取捷径回咸阳，而是摆出继续出巡的架势，绕道回咸阳。由于暑天高温，秦始皇的尸体已经腐烂发臭了。为了遮人耳目，胡亥一行命人买了许多鱼装在车上以乱其臭，迷惑大家。到了咸阳后，胡亥继位，是为秦二世，赵高任郎中令，总管宫殿大小门户，可以把秦二世控制在手。

赵高阴谋得逞后，又开始实行他的新计谋。他向秦二世谗言，陷害蒙氏兄弟，诛杀诸公子。布下陷阱，把李斯逐步逼上死路。李斯发觉赵高的阴谋后，就上书告发赵高，秦二世不但偏袒赵高，并且将李斯投狱治罪，最后将李斯腰斩于咸阳。赵高升任丞相，由于他是宦官，可以出入宫禁，特称“中丞相”。

灭掉蒙氏一族，斩杀李斯，并不是赵高的最终目的，他还要控制当朝皇帝秦二世，以达到篡位称帝的目的，为此他还精心导演了一幕“指鹿为马”的闹剧。有一天赵高牵了一头鹿进入咸阳皇宫，把它献给秦二世，说这是一匹马。秦二世一听，不觉大笑起来，说丞相你错了，怎么把鹿说成马了？并让左右大臣们确定到底是马还是鹿。大臣们当中，有的怕得罪赵高，不敢说实话，只好默默不语；有的讨好赵高，跟着说假话，硬说是马；有的尊重事实，直言为鹿。结果那些说了实话的人，后来便被赵高暗中依“法”制裁了。这是赵高企图篡权的一次预演。他特意设下圈套，要试验一下哪些人对他俯首帖耳，哪些人还不大听话。当时陈胜、吴广发动的农民起义声势很大。刘邦、项羽的起义军已俘虏了秦名将王离，多次打败章邯，席卷关东，刘邦起义军数万正在攻武关。这些都被赵高隐瞒了，不久赵高便派他的女婿咸阳令阎乐率士兵千余人，乔装谎称为盗，闯入秦二世所在的望夷宫，秦二世惊骇不已，阎乐历数胡亥的罪状后，逼他自杀。秦二世自杀后，赵高就把玉玺佩在自己的身上，来到大殿，欲自立为帝，可是群臣不从，赵高无可奈何，才立胡亥哥哥的儿子子婴为王。子婴随即用计刺杀了赵高。子婴也只当了46天的秦王，投降了最早入关的刘邦起义军，后为项羽所杀。

秦始皇之死，实质上是一场宫廷政变，这场政变的导演者就是赵高，李斯、胡亥、蒙恬、蒙毅等都是政变的牺牲品。赵高的最终目的是要坐在皇帝的宝座上，而他不能像后来支配秦二世那样支配活的秦始皇，秦始皇第五次出巡途中病重，对他来说是天赐良机，只有在秦始皇死后，他才能假传遗诏，一步一步实施他的计谋。秦始皇是病死还是被害，目前尚无定论，如果是被害，赵高又是如何使秦始皇致死的？这些都是历史上的缺页。

孟姜女其人真相之谜

孟姜女在人们心目中是一位“贞烈女神”，受到历代上自帝王、下至百姓的景仰。孟姜女是何许人也？她为何有此殊荣？

秦万里长城第一台遗址

据说，秦始皇时期，有一对新婚夫妇，男的叫范喜良，女的叫孟姜。两人相亲相爱，难舍难分。可是，新婚才三日，新郎就被强征为民夫，去远方修长城去了。从此，两人相隔万水千山，无法见面，也无音讯可通。孟姜女思夫心切，为范喜良一针一线赶制了一件寒衣，只身上路，决心万里寻夫。踏过了千山万水，她终于来到北方崇山峻岭间的长城脚下。可是，在那些饥寒交迫、蓬头垢面的成千上万的民夫中，她怎么也找不到自己的丈夫。后来，听人说范喜良经受不了繁重的劳动，已经冻饿劳累而死，尸骨就埋在长城脚下。她一时悲痛欲绝，放声大哭，三日三夜痛哭不止。悲怨之情惊天地泣鬼神，突然，“轰隆”一声，长城一下子倒塌了800里，范喜良的尸骨见了天日，孟姜女痛不欲生，在绝望之中投海而死。这就是“孟姜女哭倒长城”的故事。

那么，孟姜女是否实有其人？哭倒长城是否实有其事？引起了许多专家学者的兴趣，纷纷进行了种种推测和考证。

据说，范喜良和孟姜女两人都有故事原型。范喜良的原型是春秋时代齐国的大夫杞梁殖，孟姜女的原型是杞梁之妻。

原来的史实出自《左传·襄公二十三年》，是这样记载的：

公元前550年，齐国的齐庄公率领军队攻打卫国和晋国，回师的时候又偷袭了莒国，不承想遭到了顽强的抵抗，齐庄公的大腿受了伤。当天夜里，齐庄公派杞梁殖和华周带一支奇兵埋伏在莒国都城附近。第二天早晨才发现这支伏兵被莒国人包围了，双方经过一番激战，这支伏兵全军覆没，杞梁殖战死疆场。《列女传·杞梁妻》则写道：杞梁妻没有儿子，也没有五服以内的亲戚，她在临淄城外，迎接杞梁殖的尸体，抚尸痛哭，整整哭了10天。突然一声巨响，城墙倒了半截。人们都说，这城墙是杞梁妻哭倒的。掩埋了丈夫的尸体之后，她也投水自尽了。

姜女石

看起来，这时的孟姜女还叫“杞梁妻”，哭倒的也不是秦长城。

后来，在唐、五代《敦煌曲子集》的曲子《捣练子》中，出现了孟姜女的名字。全曲是：

孟姜女，杞梁妻，一去烟山更不归，造得寒衣无人送，不免自家送征衣。

长城路，实难行，乳酪山下雪纷纷，吃酒则为隔饭病，愿身强健早还归。

在这支曲子里，故事情节已粗略具备，但尚无“哭倒长城”一节。

待到五代贯休的诗中，才有一个完整的结尾，即因孟姜女的恸哭亡夫，使长城倒塌，夫尸出土，于是夫妇的魂魄相随回乡。

综上所述，“孟姜女哭倒长城”的演变是这样的轨迹：

《左传》：杞梁殖战死。

《列女传》：杞梁妻哭城、城崩、赴淄水而死。

《敦煌曲子词》：孟姜女赴燕山长城送寒衣。

五代贯休诗：孟姜女哭倒长城。

然而，事实是，长城是不可能被人哭倒的。人们之所以把发生在春秋时期的吊亡故事强加在秦始皇头上，主要是反映了人民对造成妻离子散、家破人亡的秦代暴政及繁重徭役的强烈愤恨和反抗精神。

其实，修筑长城是历代封建王朝各种劳役中最为残酷、最具代表性的一种。两千年来，屡修屡补。强征无数民夫，任何时候任何朝代都会产生孟姜女那样的悲剧。“孟姜女哭倒长城”的故事，是对历代帝王暴虐统治的控诉，也是对受压迫人民不畏强暴、坚贞不屈精神的歌颂。

蒙恬发明毛笔之谜

蒙恬，秦朝著名的军事将领，为秦统一中国，巩固西北边疆，立下赫赫战功。他曾率兵攻打齐国，大获全胜，被拜为“内史”。秦兼并天下后，蒙恬率三十万大军向北驱逐犬狄，收复黄河以南土地，扩大了秦疆域。蒙恬驻守西北边境，令匈奴闻风丧胆，保证了边疆的安全和稳定。

蒙恬

蒙恬还奉秦始皇令，构筑长城。征调百万民夫利用地势，凭借天险，设置要塞，修筑了西起临洮，东至辽东的万里长城。这个巨大的防御工事有效地抵御了北方少数民族的侵袭，但浩大的工程也使服役民众死伤无数，白骨成堆。

蒙恬不仅军事指挥出色，工程指挥也令人叹服。他睿智聪慧，传说毛笔也是他发明的。

蒙恬曾经做狱官，掌文书，文笔也不错。他驻守边疆时，常要奏报军情。当时写字，就是刻字，用刀刻在竹简上，又累又慢。战场情况瞬息万变，文书十万火急，这种书写方式，常会贻误军情。蒙恬用心琢磨，把战士的盔缨撕成小缕，绑在竹管上，蘸着颜色，书写在白绫上，大大加快了速度。但笔头易走形，字迹易模糊，笔画也粗糙。蒙恬利用北方狼、羊动物的毛针，制成均匀的笔头，书写起来均匀流畅，笔画工整，字迹漂亮。这种笔就是早期的狼毫笔、羊毫笔的雏形。蒙恬因此被供奉为制笔行业的祖师爷。

可是，现代考古发现，在蒙恬之前的时期，人们已会使用毛笔了。

在距今六七千年的西安半坡遗址中，出土了彩色陶瓷。陶器上有许多颜色协调的图形，如人面纹、鱼纹、波浪纹，这些图形纹路清晰，线条流畅。在陶坯上作画，只能是软笔描画上去的，那么，在原始社会时期，天然软笔最有可能的来源，就是纤细的动物尾巴尖毛，这极有可能是原始的毛笔。在商朝殷墟出土的陶器和甲骨上，考古人员发现了一些朱、墨字迹，字画丰腴流畅，圆润古朴，一看便知是毛笔书写。我们仔细琢磨甲骨文中的“聿”字形，仿佛一只手在握笔写字，笔杆垂直，握笔姿势逼真。看来，我们的祖先很早就懂得了使用软笔（毛笔）。

考古学家还在湖南长沙古家公山，发掘了一座完整的战国木椁墓。陪葬物品中就有一支精美的兔毫笔。此笔笔头用精选的兔箭毛制成，用结实的细丝线把笔头固定在笔身上，外面再涂添粘牢。该笔全长二十一厘米，直径四毫米，比现今毛笔略细、略长。它是我国迄今为止发现的最早的毛笔。它的发现，也说明了蒙恬并非是最早发明毛笔的祖师爷。

那么，后人为什么要给蒙恬戴上这顶桂冠呢？

有人分析，蒙恬虽然不是最先发明毛笔的，但是对毛笔的改良制作和推广使用上，有积极贡献。他本身的名气又大，后人很容易记住他。蒙恬采用鹿毛和羊毛两种不同硬度的动物毛针，制成刚柔相济的笔尖，书写起来字迹遒劲，潇洒流畅。这种笔的制作工艺显然超过战国时期的毛笔，蒙恬率几十万大军在西北戍边，要求各级军官用毛笔写字，层层推广。许多人得以接触轻便的毛笔，抛弃笨重的刀笔。这些人服役归乡，势必带回先进的书写工具。蒙恬作为秦朝重臣，他的影响力十分大。他使用毛笔奏报军情，在秦中央政权机关产生反响，再波及全国，人们一定牢牢地把他的名字和制笔连在一起，自然推崇他为制笔业的祖师爷。

蒙恬造笔的故事流传了千年，但毛笔最初是谁发明的？蒙恬是否真的改进毛笔的制作工艺；还是另有人改进，蒙恬加以推广？这些都是至今无法破解的谜团。

徐福东渡日本之谜

秦始皇统一中国，创立了惊天伟业。而后他便开始巡游天下，遍访仙山，寻觅长生不死的仙药。

秦始皇祭罢泰山，就来到山东琅琊（今山东胶南市南）。站在高大的筑台上，眺望东海，秦始皇依稀可见海中楼阁耸立，人影绰动。随从们也睁大眼睛仔细辨认。转瞬之间，仙山琼阁没有了。秦始皇不知道这是海市蜃楼，以为是自家有仙缘，海中仙家指引他呢。禁不住心驰神往，决心要寻到仙方，做个快乐的神仙皇帝。

徐福宫

琅邪郡赣榆有个方士，叫徐福。他认为发财的机会到了，跑到秦始皇跟前说："东海有仙山，山上住神仙，求得仙丹到，长生永不老。"正合秦始皇的心思。徐福又说，得派童男童女多人虔诚祈祷，神仙认为心诚，才能舍药。

秦始皇大力支持，从民间强征数千个漂亮可爱的童男童女，随徐福登船寻药。秦始皇在海边等着好消息。徐福几天后返回，假装痛苦地说："皇上，没想到遇上飓风，眼见仙山，靠不得岸，没有求得药来。真是辜负了您的信赖！"秦始皇求药心切，辨不出真假，只是说："再访，一旦求得仙药，速速送到都城。"

徐福借访仙求药之名，名正言顺领取钱财，每日里花天酒地，闷了就去海中游玩一圈，多么惬意的日子！骗一日是一日，但愿秦始皇别醒过神来！

秦始皇等得焦躁，逼问徐福为何求不来仙丹？徐福眼珠乱转，编出个理由："皇上啊，东海里有条大鲛鱼呀，年年兴风作浪，阻碍臣等访仙之路啊。请您派些弓箭手，射此妖孽，航路畅通，仙丹可得。"

秦始皇信以为真，亲率箭手百名，向东海进发。航行数十里，总算找到一条大鱼，黑灰背脊像小山一样，浮出水面。一阵箭雨过去，大鱼伤重而死。秦始皇急切地说："此次鱼妖已除，徐福不可延误时机，速速进发，为朕取药！"

徐福知道此次再无托词了，只能多领粮食物品，做好出逃的打算。那么，徐福逃到哪儿里去了呢？

五代后周的义楚和尚说徐福东渡到了日本。他的日本朋友弘顺和尚告诉说：徐福在日本安居，至今子孙都姓秦，明初日本空海和尚到南京，向朱元璋献诗也提道："熊野峰前徐福祠"证明徐福死在日本。清末驻日使节，还参观了徐福墓，并留诗纪念。这一切看来是真的。

徐福故里

近代史学家对此事加以考证，以为徐福确有其人。他的家乡江苏赣榆区徐阜村，明清时谓徐福村。战国先秦时，中国百姓为避战乱，确实移民海外。这是日本考古发现的。徐福几次渡海，积累了些经验，他如果选择东渡日本，理论上可以到达。

我国学者卫挺生在其《神武开国新考》一书中以为，徐福应是创立了日本王朝的神武天皇。日本新宫市还有徐福墓、徐福祠，蓬莱山等古迹，他们每年都要大祭。如果徐福对日本社会没什么影响，日本人不会如此隆重纪念他。

关于徐福东渡目的地，中日双方都拿不出最有力的证据，只能推测他的行踪。我国史学家也提出许多疑问，认为此说产生于十世纪的日本，宋代以后，中国人深信不疑。那么，日本学者怎么看呢？

他们认为，秦灭六国时，燕赵遗民避难日本之事可能。但神武天皇是神话传说人物，并非真人，也就不可能是徐福。日本学者对徐福遗迹进行实地调查，证实为后人虚设。日本人这么做的目的是为什么呢？

有人猜测，中国盛唐时期，亚洲各国非常崇拜中国的强盛国力、悠久的历史文化，纷纷派留学生来中国学习。能与中国这个世界强国沾些嫡亲关系，是许多小国梦寐以求的事情。日本人把自己看作徐福的后代，也是希望日本像唐朝那般强大无比。这样一来，也增加了自身的文明史。告诉中国朋友日本有徐福遗迹，也可加强中日友好关系。近代的日本，科技发达，再提徐福就不太明智了，干脆否认徐福到过日本算了。

徐福到底东渡到了哪里？去没去日本？众说纷纭，莫衷一是。

附:秦朝大事年表

时间	事件
前 221 年	秦王嬴政统一六国,自称始皇帝,建立起统一的中央集权国家。 废分封、置郡县。 统一文字、货币、度量衡。
前 219 年	秦始皇泰山封禅。
前 215 年	秦始皇派大将蒙恬率军三十万攻打匈奴。
前 214 年	秦始皇建筑西起临洮、东至辽东的万里长城,以防匈奴侵扰。
前 213 年	秦始皇接受李斯的建议,下令焚书。
前 212 年	坑杀儒生四百六十余人于咸阳。
前 210 年	秦始皇出巡,途中患重病,崩于沙丘平台。 赵高、李斯合谋更改遗诏,立胡亥为太子,令扶苏、蒙恬自杀,史称“沙丘之谋”。
前 209 年	陈胜、吴广在大泽乡起义。不久,刘邦起兵于沛,项梁起兵于会稽郡。
前 208 年	赵高杀李斯。
前 207 年	赵高杀秦二世胡亥,立子婴为秦王。
前 206 年	刘邦率军入咸阳,秦王子婴投降,秦朝灭亡。

·中国通史·

汉朝

刘宇庚⊙主编

导读

汉朝（公元前206年~公元220年）是中国历史上继秦朝之后出现的朝代，分为西汉（公元前206年~公元9年）与东汉（公元25年~公元220年）两个历史时期，合称两汉。西汉为汉高祖刘邦所建立，建都长安；东汉为汉光武帝刘秀所建立，建都洛阳。其间曾有王莽短暂自立的新朝（公元9年~公元23年）。另外，由于曹丕篡东汉后，刘备在蜀地建立国号为“汉”的独立政权，部分史学家遂视其为汉朝的延续，而将其归入汉朝的一部分，如此汉朝灭亡则是在公元263年，但大部分说法均将蜀汉政权归入三国朝代史中。

汉朝是一个持续稳定强盛的王朝，创造了辉煌的文明。有人把汉朝和同时期的罗马帝国与印度的孔雀王朝称为当时世界上最先进的文明。西汉王朝汉世宗孝武皇帝在位时期所确立的中国社会与政治制度，一直延续到20世纪初叶。西汉进一步奠定了汉民族的民族文化，西汉所尊崇的儒家文化成为当时和日后的中原王朝以及东亚地区的社会主流文化。到现在，“汉人”仍然为多数中国人的自称，而华夏族亦慢慢被称为“汉族”，华夏文字亦逐渐被称为“汉字”。

西汉起初在汉太祖刘邦在位时根据五德终始说，定正朔为水德，到汉武帝在位时，又改正朔为土德，直到王莽建立新朝，方才采用刘向、刘歆父子的说法，认为汉属于火德。汉光武帝光复汉室之后，正式承认了这种说法，从此确立东汉正朔为火德，东汉及以后的史书如《汉书》《三国志》等皆采用了这种说法。因此汉代有时也被称为“炎汉”，又因汉朝皇帝姓刘而称“刘汉”。

第一章　汉朝史话

西汉建立

西汉建立时，社会形势是人口散亡，经济凋敝，社会动荡不安，百姓疾苦。刘邦为了稳定社会秩序，恢复生产，改善人民的生活，以巩固他的统治，就采纳了士人陆贾的建议，用黄老"无为而治"的思想指导政治，基本上沿袭秦朝的政治制度，以适应当时的政治和社会形势，促进经济发展和社会稳定。

庶民皇帝——高祖刘邦

公元前202年，刘邦兑现诺言，封韩信为楚王、彭越为越王。韩信和彭越联合原来的燕王臧荼、赵王张敖及长沙王吴芮共同上书，请刘邦即位称帝。

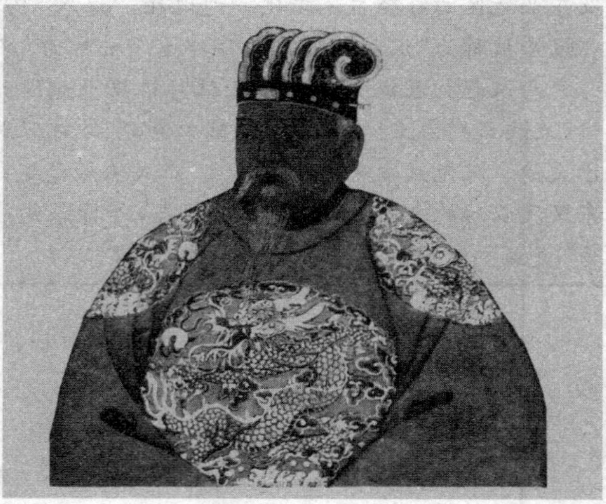
汉高祖刘邦

刘邦假意推辞，韩信等人则说："您虽然出身贫寒，但能率领我等诛灭暴秦，平定天下，功劳远远大于我们，您称帝乃是众望所归。"

听到这里，刘邦也不再推辞，他说："既然你们觉得这么做有利于天下百姓，那就听你们的吧！"

同年二月初三，刘邦在山东定陶汜水之阳（今山东曹县）举行了登基大典，改国号为"汉"，定都洛阳。妻子吕雉被封为皇后，儿子刘盈理所当然地成了太子。汉朝共持续了210年，为了与后来刘秀建立的东汉相区别。历史上将这个时期称为"西汉"，也叫"前汉"。

后来，刘邦在洛阳举行了盛大的庆功宴。喝到酒至半酣时，刘邦询问众人："我们之所以能取胜，原因在哪里呢？”

有的说是因为皇上能与大家同甘共苦，项羽则自私自利、残暴不仁。

刘邦点点头，承认他们说得有理，但没有切中要点，他总结说：“夫运筹于帷幄之中，决胜于千里之外，吾不如子房（张良）；镇国家，抚百姓，给馈饷，不绝粮道，吾不如萧何；连百万之军，战必胜，攻必取，吾不如韩信。此三者，皆人杰也，吾能用之，此吾所以取天下也。项羽有一范增而不能用，此其所以为我擒也。”

刘邦的总结可谓一语中的，众所周知，战争的胜败完全取决于领导者，只有善于用人，才能取得成功。

没多久，刘邦决定迁都长安。因为一个叫娄敬的士卒从山东赶来，他说：“周朝以洛阳为都城，但您之所以得天下和从前的周朝完全不同，所以洛阳不适合作为都城。您应该定都关中，关中易守难攻，这样才能保证国家长治久安。”

刘邦在朝堂上说出娄敬的意见，让大臣们讨论，结果除了张良之外，所有的人都反对，他们一致认为洛阳好。

张良说：“关中乃金城千里，天府之国，进可攻退可守。”

最后刘邦听从了他的意见，将都城迁到长安。从此，长安成了全国的政治文化中心。

打败英布之后，刘邦路过沛县。他想到自己原本是个不起眼的亭长，如今当了皇帝，自然要衣锦还乡、光宗耀祖一下，于是特别召集父老兄弟，举行了一场酒宴。他还命年轻子弟组成一百二十人的歌舞团，为酒宴助兴。

任用三杰

在酒桌上，刘邦有些讥讽地对父亲刘太公说：“父亲，你以前总说我是个不干活的无赖，治家理财比不上二哥。如今我做了皇帝，您看是二哥的财富多，还是我的财富多呢？”

刘太公闻言红了脸，不再说话。刘邦想起自己这些年四处征战，忍不住慷慨泣下、击筑高歌。他唱道：“大风起兮云飞扬，威加海内兮归故乡，安得猛士兮守四方？”这就是著名的《大风歌》。奇怪的是，中国的古诗很少只有三句的，从《诗经》开始就讲究双数，但这首歌却偏偏是单数。

酒宴结束后，刘邦动情地说："我虽定都关中，但我是以沛公之名讨伐暴逆的，所以我决定，沛县永远不必缴纳赋税。"

沛县父老非常高兴，连着十余天举办宴会庆祝。刘邦准备走了，父老乡亲一再挽留，刘邦笑着说："我的人马太多，让你们长期供应粮草，压力实在太大，所以我要尽快离开。"

汉承秦制

历史上有一种通称，叫"汉承秦制"，意思是说，汉朝的制度基本上是继承秦朝的。不过有一点需要注意，汉朝的治国政策有了很大变化，指导思想是一种清静无为的黄老思想。

汉宫图

汉朝首先取消了秦朝的残酷刑法。法律主要是以战国时期李悝制订的《法经》六篇为基础的《九章律》，补充了户籍管理、赋税征收和婚姻制度的"户律"，征发徭役、城市守备的"兴律"，以及管理牛马畜牧、驿传方面的"厩律"，加在一起就是《九章律》，至于其他针对百姓日常生活的严酷法律，基本上都废除了。

在军事方面，军队分为两种：京师之兵和郡国之兵。京师之兵又分为两种：卫尉统领的南军和中尉统领的北军。礼仪方面则没有什么变化，依然沿袭秦制，使人对神圣的皇权产生敬畏。

郡县制度和秦朝也差不多，但乡一级的地方机构有所不同，在各乡的三老中再选出一个三老，负责联系县级的上下官吏。

除了郡县制以外，刘邦还实行了封国制，即在各地分封诸侯王，目的是为了巩固政权。最初分封了很多异姓王，比如韩信等人，后来又封了九个同姓王，都是刘邦的兄弟侄儿。但事实证明，这些人并没有起到好作用，反而多次发生叛乱，到最后，他们一个个也都被杀掉了。

同时，刘邦还规定："辅佐诸王的相国和太傅必须由中央任命；这些中央官员不许依附诸侯王对抗政府,否则以‘阿党附益’的罪名处罚。”

陈平分肉

不过,和这些制度比起来,西汉建国初期最大的问题是经济压力。为此,刘邦颁布了一系列发展经济的措施:

一、军吏归农

凡复员的军吏,可按军功大小分配田宅;动员在外流亡的人回乡;释免罪人和奴婢,以增加劳动人口。

二、减轻徭役

缩短服役时间:从二十三岁开始服役,五十六岁免役。富贵人家则允许以钱代役。

三、薄敛赋税

根据官吏的俸禄制定赋税额:田租(土地税)征收率为十五分之一,口赋(即人口税)每人每年一百二十钱。

四、节约财用

公元前200年,刘邦视察萧何负责修建的未央宫,他责备道:“天下匈匈,劳苦数岁,成败未可知,是何治宫室过度也?”

五、鼓励生育

颁布“民产子令”:生一个孩子可以免除两年徭役。这一政策实施后,汉朝人口渐增,达到中国历史上的第一次人口高峰。

六、抑制商人

工商业者另立户籍,称作“市籍”。凡在市籍的人都要接受监督限制,目的是让商人务农,迅速恢复农业生产。当时的商人地位低下,不能穿丝绸、不得乘车骑马、不可做官、不能携带武器。另外,还要多缴纳一至数倍的口赋。

七、迁徙豪强

为了控制六国贵族的后裔,刘邦将齐、楚两国的五大姓氏——昭氏、屈氏、景氏、怀氏和田氏等共计约十万余人强制移民到关中,由政府提供住宅和土地,使他们处于

历史小常识:奴婢

奴婢是指我国秦汉时期受人役使的奴隶,是秦汉社会中身份地位最低贱的人,是主人的财产,如同牛马、田宅、器物一样。主人可以役使、打骂、赠送和买卖奴婢。但法律规定不得随意杀害奴婢,要杀须报官府获准,称为“谒杀”。

秦代奴婢称为“隶臣”“隶妾”“人奴”“人奴妾”“人臣”“人妾”等,汉代奴婢亦称“僮”“家人”“苍头”“卢儿”“臧获”等。奴婢所生子女称“奴产子”,仍为奴婢身份。

中央控制之下，免除后顾之忧。

八、和亲政策

公元前 200 年，刘邦率军攻打投降匈奴的韩王信——战国韩襄王的后裔，此时正是天寒地冻的季节，汉军士卒“冻死者十之二三”。

匈奴王冒顿单于故意隐匿精兵，用老弱士卒来迷惑汉军，刘邦果然中计，汉军被困在平城（今山西大同西北）的白登山，整整七天，几乎弹尽粮绝，情况十分危急。

最后，陈平送了一幅美女图给冒顿阏氏（相当于汉朝的皇后），阏氏担心汉家美女会夺去丈夫对自己的宠爱，于是劝其解围，放走了刘邦。

这次大败之后，刘邦认识到自己暂时无力征讨匈奴，于是采用了娄敬提出的和亲建议。

公元前 198 年，双方签订“和亲条约”。主要内容是：汉朝以宗室公主——后以普通宫女冒充——嫁给冒顿单于，每年赠送相当数额的物品，互不侵扰，开放关市，允许两族人民进行贸易。

有人认为：和亲政策是个拙劣的谋略。但是，以当时的历史条件，和亲政策是迫不得已的，它在一定程度上缓解了军事压力，使人民获得休养生息的时间，对恢复经济和农业起到了积极作用。另外，汉族和匈奴两族人民和平地进行交易，对我国民族关系的发展也产生了良好影响。

九、安定环境

向边境移民，并加强守卫，为开发边疆赢得了良好的外部环境，并使汉朝政权更稳定。这些措施对汉初的发展均起到了积极作用，为“文景之治”局面的出现打下了坚实的基础。

狡兔死，走狗烹

巡游云梦诱杀韩信

刘邦虽然做了皇帝，但他无时无刻不担心自己的皇位。首先让他如鲠在喉的就是各地的异姓王，这些人拥有兵将，实力不小。其次是部将，他们为了功劳大小而争斗不已，如果安抚不当，就会投奔异姓王，犯上作乱。

刘邦最先下手收拾的是韩信。公元前 201 年，有人告发韩信谋反，刘邦向大臣们询问该如何处理，大部分人的意见是出兵讨伐。

但陈平却说：“楚国兵精粮足，韩信又擅长带兵打仗，公开讨伐很难取胜。不如以巡游云梦为借口，将各诸侯王召集到陈（今河南淮阳），然后抓他问罪。”

刘邦依计行事，果然抓住了韩信。韩信听到自己的罪状，不禁大声喊冤：“古人说‘狡兔死，走狗烹；高鸟尽，良弓藏；敌国破，谋臣亡’，果然不假。如今天下已经安定，早该除掉像我这样的人了。”

由于没有确切的证据，刘邦只好释放韩信，将其降为淮阴侯，韩信对此非常不满，并怀恨在心。第二年，韩信让陈豨在外地反叛，当刘邦亲自率兵讨伐时，他则突然袭击了京城。事情败露后，吕后采用萧何的主意，将韩信诱进宫杀了，正是“成也萧何，败也萧何”。

韩信

没多久，除了长沙王吴芮，其他诸侯王也纷纷被消灭。接着就要安抚其他将领了。

一天，刘邦在洛阳南宫看见众将领聚在一起，便问身边的张良：“这些人聚在一起干什么?”张良说：“他们在计划谋反，因为他们担心皇上以后不会再封高官了。”刘邦接着问道：“如何解决?”张良反问道：“您最恨的人是谁?”刘邦毫不犹豫地说：“雍齿！这家伙虽然立了很多功劳，但他太张狂，好几次都想杀掉他。”“那么皇上，您就封雍齿为侯吧！如果大家发现您最讨厌的雍齿都能受封，他们就不会着急了。”

刘邦一听有理，便立刻封雍齿为什邡侯，还当场命丞相和御史尽快拟出论功行赏的名单。如此一来，将领的心果然都安定了。

打击老功臣萧何

对于丞相萧何，刘邦后来也产生了怀疑。刘邦远征英布前，曾多次派人到相国府问萧何：“有什么需要准备的?”萧何闻言，便决定捐出财物，组织子弟兵。他的一个宾客见了，立刻阻止了他说：“您这么做会遭受灭族之灾的！”萧何大惊，追问原因，宾客解释道：“您当了丞相数十年，时刻为百姓着想，很多百姓尊敬您甚于皇上。所以皇上对您的声望十分不安。这次东征早就准备完毕了，皇上却一再派人来咨询，其实并非有事相商，而是怕您乘机造反。您最好多买些田产，尽量表现得自私些，一旦您的声望受损，皇上才会对您放心。”

萧何依计行事，刘邦果然不再频频追问了。等到刘邦平定叛乱后回到长安，很多人上书告状，说萧何强行低价收买民宅田地。刘邦心里十分明白，于是对萧何说：“你身为丞相，应该多为百姓谋福利啊！”

萧何本来就是故意做给刘邦看的，听他这么一说，当即表示：“长安城土地稀少，但以前秦二世养兽狩猎的地方上林苑空地尚多，而且已经荒芜，不如将其开放，把土地分给农民耕种。”

刘邦闻言大怒："你一定是收了商人的贿赂，借百姓之名为其牟利。"

接着便将萧何关进大牢，并派人调查其有无官商勾结的事情。过了好几天，才有人询问刘邦："丞相犯了什么大罪，皇上如此生气？"

刘邦回答道："我听说李斯当丞相时，将善政归于皇帝，恶政则自己扛起来。如今萧何接受商人贿赂，让我开放皇家园林，完全是在讨好民众，对我不忠。"

大臣解释道："只要对百姓有利，就应该尽量向皇上争取，这是丞相的职责，而且皇上一直御驾亲征，镇守关中的都是丞相。如果他真的有野心，这块土地早就不是皇上您所有了。既然丞相对如此大利都没有兴趣，怎么会收取商人的小利呢？更何况李斯的做法并不足以效仿，望皇上三思。"

萧何

刘邦一听有理，当日便派人赦免了萧何。通过这次萧何事件，刘邦不仅削弱了丞相的权力，同时还增强了皇帝的威信。

英布造反

公元前195年，当吕后诛杀韩信和彭越后，英布极为恐慌，他担心殃及自身，于是暗中聚合部队，准备起兵反叛。

英布，又称黥布，因为他受过秦朝的黥刑而称之，六安（今安徽六安）人。最初是项羽属下，被封为九江王。归降刘邦后被封为淮南王，与韩信、彭越并称汉初三大名将。

英布造反时，刘邦正被宿疾困扰，因此有意让太子刘盈带兵征讨。商山四皓得知后，立刻找到吕泽说："如今皇上让太子东征，即使成功，也没什么帮助，如果失败则会被废掉。而且太子率领的诸将都是曾随皇上打江山的枭将，他们怎么肯听从毫无经验的太子领导呢？到时候，势必不会尽力奋战，最终使太子无功而返。其结果是皇上就会以赵王取而代之，现在唯一的办法是请吕后找机会哭诉。"

于是吕泽连夜进见吕后，说明商山四皓的看法。经过吕后的一番哭诉，刘邦只得打消让太子亲征的念头。

出发前，所有大臣送行，这时张良的病情已非常严重，但他仍勉强支撑着病体，将刘邦送到曲邮。张良说："臣本应随皇上东征，无奈身患重病，皇上此去一定要多加小心。楚人生性剽悍，不要与其过分争斗，尽量避免损伤。太子的威望和经验都不足，不妨让他担任统率关中兵马的将军，好好锻炼一下。"

刘邦点头答应，接着征调上郡、北地、陇西三地的车骑，屯兵于霸上，没多久便到达沛县,在蕲县和英布对决。

在刘邦亲征之前,英布已打探到他身体不适,因此英布在军事会议上和将领们说:“皇上已经老了,无法御驾亲征,依我看,他这次不会来的。他手下的将领真正能独立作战的只有韩信和彭越,可是这两个人都已经死了,这次行动不足为虑。”

于是英布全力进攻荆国,荆王刘贾战死,其余部队几乎全部投降。接着,英布继续西攻楚国。

楚将经过商议,最后决定分三路抵挡,以奇兵之势突袭。楚将手下的谋士劝说道:“英布一向善于用兵,楚民对他十分畏惧,兵法上有云:‘诸侯在自己境内作战,更要避免分散。’如今兵分三路,如果其中一军被打败,剩下的必定会望风而逃,不可能过来相救。”但是楚将不听劝告,依然坚持按原计划行动,事情果然不出所料,楚军全线溃败。攻下荆、楚两国之后,英布继续西行,准备攻打洛阳。

刘邦到达蕲县后,立刻下令:建筑坚固的防御工事。英布也很快进入沛郡,双方在蕲县兵戎相见。由于淮南军大多是楚国军队改编的,布阵和旗帜颇像项羽的队伍,因此刘邦看了很不舒服。

刘邦站在远处,厌恶地质问英布:“你为什么要造反?”英布简单地说:“想当皇帝而已。”刘邦大怒,下令全军出击。由于荆、楚两国投降的将士忠诚度不足,再加上原本以为不会出现的刘邦居然到了前线,因此极大地打击了淮南军的士气。

这场战争打得非常艰苦,混战长达半天,到了最后,刘邦不得不抱病来到前线鼓舞士气。直到傍晚,刘邦安排的特别敢死队猛攻英布大本营,英布才被迫撤退,结束了这场混战。

英布带领人马渡过淮河往南撤退,但刘邦的人马紧追不舍。虽然英布数次反击,但由于他气势已失,每次都没捞到什么好处,慢慢地,他身边的人越来越少,最后只剩下几百人。

刘邦认为英布的力量已经溃散,想必已无可作为,因此命大部队班师回朝,只留下几支精锐队伍继续搜查英布的下落。

不久,特别部队便得到消息:英布投靠了长沙王吴芮。

历史小常识:成也萧何,败也萧何

萧何,汉高祖刘邦的丞相,封为酂侯,食邑八千户,功居群臣之首。成事由于萧何,败事也由于萧何。比喻事情的成功与否都是由这个人一手造成的。语出:宋代洪迈《容斋续笔·萧何绐韩信》:“信之为大将军,实萧何所荐,今其死也,又出其谋。”故俚语有“成也萧何,败也萧何”之语。

刘邦派人以重金贿赂吴芮,希望他能助自己一臂之力,吴芮毫不犹豫地答应了。英布原与吴芮通婚,因此对其深信不疑。

吴芮对英布说:“你长久住在这里也不是办法,刘邦迟早会找到你的,不如逃到越国去,我来安排。”英布相信了,就和吴芮派来的使者一同去了番阳,夜晚路过一户农家时,他们前去借宿,英布便被埋伏好的人杀死了。一代猛将就这样死于乱民之手。

不久,北方周勃也传来捷报:叛变的陈豨兵败被杀。这两场南北叛乱给西汉王朝造

成了沉重的打击，好在最后都顺利讨平，其中最重要的原因应该是刘邦不辞辛苦，亲自上阵。

立太子风波

四皓保太子

早在公元前205年，刘邦就已立儿子刘盈为太子，因为他是吕后所生的嫡长子，理所当然的继承人。当时，刘盈年仅十岁。

四皓护太子

不过，刘盈生性软弱，丝毫没有领导者的风范。虽然他外表高大英俊，但他既没有父亲刘邦的豪迈气概，也没有母亲吕雉的高明手段，而且刘邦长年在外征战，对这个儿子的感情并不深。

刘邦晚年时宠爱年轻的戚姬，戚姬生的儿子如意既可爱又聪慧，颇为懂事。刘邦担心软弱的刘盈会使皇权旁落，而如意跟他相比，更像自己，适于继承帝业，因此有心废掉刘盈的太子之位，改立如意。

虽然戚姬笼络了不少支持如意的大臣，但他们认为刘盈个性仁慈，也没有犯下大错，所以事情一直没有什么进展。

当这些消息传到刘盈的生母吕后耳中时，她不禁恨得咬牙切齿，长年的患难和孤独让她变得多疑而好胜，她好不容易才等到今天这个结果，一旦太子刘盈被废，自己所有的心血也就随之付诸流水了。

她想来想去，最后觉得张良长于谋划，又深得刘邦信任，如能得到他的支持，刘盈的地位说不定能保住。于是，她安排自己的哥哥建成侯吕泽上门请教张良。

其实，张良也反对废掉太子，只不过这是皇帝的家事，自己身为臣子，还是少管为妙。

吕泽上门后，开门见山地对张良说："先生是皇上最信任的谋臣，如今皇上想废立太子，这对国家非常不利，先生怎能不管不问呢？"张良推辞道："虽然早年皇上经常需要臣之谋划，但现在天下太平，更换太子乃皇上的家事，即便大臣们都反对，最后的结果还是由皇上自己决定的。"吕泽不甘心，恳求道："无论如何请先生救救太子，给他出个主意。"张良被他缠得没办法，只好说："这不是仅凭口舌就能解决的，我知道皇上一直想说服四位高人出山辅佐，但这四人一来年岁已高，二来都以为皇上轻慢儒生，因此一直躲在山中。如果你们能将其请出来，并让皇上知道他们愿意辅佐太子就行了。”

张良所说的这四个高人就是“商山四皓”。吕后得知消息后，随即命人带上太子刘盈的亲笔信、价值不菲的厚礼，前去好言请求四人出山，他们果然接受了，从而成为刘盈的座上宾。

这时，由于长期劳累，刘邦的病情更加恶化了。他知道自己的时间已经不多了，便决定尽快解决继承人的问题。但是，这个决定遭到了刘盈的老师叔孙通的强烈反对，他说：“昔日晋献公以骊姬之故，废太子申生，立奚齐，结果晋国混乱数十年；秦始皇不早定扶苏，让赵高得到机会，最后亡国；这些都是皇上亲眼见到的。而太子为人仁孝，这是皇上和吕后辛苦调教的功劳，怎么可以随便更改呢？如果皇上执意要废掉太子，臣愿伏诛，以死相谏。”一听这话，刘邦只好说：“先生多虑了，我不过开个玩笑而已！”看到叔孙通舍命护主，其他大臣也纷纷上书支持刘盈。刘邦见大臣们都反对，只好暂时搁置此事。

消灭英布后，刘邦回朝大摆宴席，庆祝征伐顺利，太子刘盈也奉命陪在一旁。

忽然，刘邦看见太子身后的宾客席上坐着四位老人，他们须发皆白，衣冠甚伟，遂派人上前询问。得知四人是商山四皓，刘邦大惊。他奇怪地问：“我曾派人寻访公等四人，你们从来都不肯见面，如今怎么会成为太子的宾客呢？”

老人回答：“皇上一向不喜欢读书人，经常谩骂不已，我等不愿受辱，所以躲起来了。但现在听说太子仁厚，恭敬天下读书人，大家无不愿意为其效力，臣等理当出来辅佐太子。”

刘邦郑重其事地表示：“还请四位高人替我好好调教太子。”

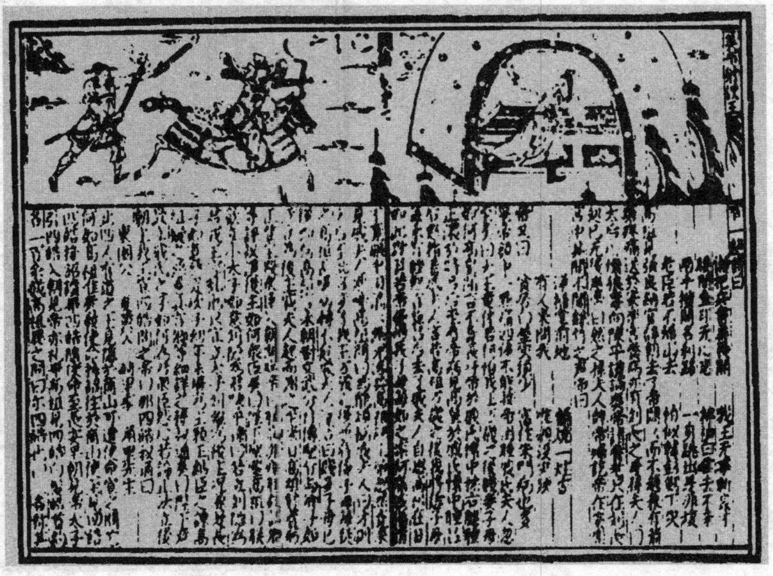

英布射汉王

四人向刘邦敬酒后先行离去，刘邦站起来，恭恭敬敬地目送他们走远。

宴会结束后，刘邦招来戚姬，对她说：“我本来想废掉太子，但现在太子有商山四皓辅佐，羽翼已成，很难变更了。今后，你还是听吕后的话吧！”

戚姬闻言痛哭不已，她说：“以后我们娘儿俩可没有好日子过了。”

身为皇帝，却不能保护心爱的妃子和儿子，刘邦也不禁感叹起来，他说：“我也没有办法，算了，你来跳场楚舞，我给你唱首歌吧！”

接着他高声唱道：“鸿鹄高飞，一举千里。羽翮已就，横绝四海。横绝四海，当可奈何！虽有矰缴，尚安所施。”

从此，刘邦再也不谈论废立太子的事了。不过，虽然他更易太子没有成功，但提前立下太子却成为汉代的一项定制。这个制度后来被历代王朝所承袭，成为封建社会中皇位继承的惯例。

临终托命

长年的征战使得刘邦显得苍老不堪，再加上讨伐英布时被流矢所伤，返回途中又没有好好保养，使得他旧病复发，最终到了难以医治的地步。

虽然御医已经表示无能为力，但皇后吕雉依然不甘心，到处打探名医。经人介绍，找来一个对金疮颇有研究的医生，他替刘邦诊完脉后说：“这病能治。”

吕后立刻将这个好消息告诉刘邦，不过，这对夫妻平时就不和，互相猜忌，因此刘邦毫不领情，反而破口大骂那个医生。

他说：“骗人的江湖郎中。当年我靠三尺宝剑，以平民身份得天下，这都是天命。如今我气数已尽，就算是扁鹊再生，也不可能救活我！”

他拒绝接受治疗，下令赐五十金令其离去。

吕后没办法，眼看皇帝就要咽气，她只好坐在床边询问后事。吕后问道：“陛下百岁后，萧相国即死，令谁代之？”刘邦回答：“曹参可。”吕后又问：“曹参后谁能代之？”刘邦回答：“王陵可。然陵少戆，陈平可以助之。陈平智有余，然难以独任。周勃重厚少文，然安刘氏者必勃也，可令为太尉。”吕后继续追问：“再接下来呢？”刘邦叹息道：“接下来的事你也不用知道了。”

这番遗言记载于《史记》中，它足以证明刘邦的远见和知人善用。

教子务学

不过，一生“崇武轻儒”的刘邦，临终前却反省了自己的“读书无用论”。他在给儿子的遗嘱中说：“吾遭乱世，当秦禁学，自喜谓读书无益。洎践祚以来，时方省书，乃使人知作者之意。追思昔所行，多不是。尧舜不以天下与子而与他人，此非为不惜天下，但子不中立耳。人有好牛马尚惜，况天下耶。吾以尔是元子，早有立意，群臣咸称汝友四皓，吾所不能致，而为汝来，为可任大事也。今定汝为嗣。吾生不学书，但读书问字尚遂知尔。以此故不大工。然亦足自辞解。今视汝书犹不如吾。汝可勤学习，每上疏宜自书，勿使人也。”

开创了汉朝基业的刘邦在弥留之际，谆谆告诫儿子的并非治国安邦的大略，而是嘱咐其勤奋读书，这在中国封建皇帝中是绝无仅有的。从“读书无用”到“读书安邦”，这篇遗嘱可以看作是他的学习体会，也算是一种远见。

公元前 195 年 4 月 25 日，刘邦在长安长乐宫逝世，享年六十二岁。大臣们以其“起于微细，拨乱世反之正，平定天下，功最高”，因此定谥号为汉太祖，尊号为高皇帝，世称“汉高祖”，庙号高祖，葬于长陵（今陕西咸阳秦都区窑店乡附近）。

无为之治

采用黄老学说

汉初，治国思想采用的是黄老学说。它来源于先秦的道家思想，以老子和庄子为代表，到了秦汉，老子的思想曾经风行一时，后来又有人说道家的鼻祖是黄帝，鼓吹“帝道”，从而出现了“黄帝学派”，将“老庄之学”和“黄帝之学”结合起来，就成了当时最流行的学术流派，也就是“黄老之术”。不过，当时的黄老之学已不是道家思想的本来面貌，而是以道家思想为主体，兼收儒、墨、名、法诸家思想，其本质依然是“无为而无不为”的道家思想。

黄老学说重在无为而治，它是道家的基本思想，也是其修行的基本方法。道家的开山鼻祖老子认为，世间一切万物都是由道化生的，而世间一切万物的运动变化也遵循道的规律。老子说：“人法地，地法天，天法道，道法自然。”既然道以自然为本，那么对待事物就应该顺其自然，无为而治，让事物按照自身的必然性自由发展，使其处于符合道的自然状态，不去影响事物的自然进程。也只有这样，事物才能健康发展。当然，无为而治的“无为”，绝不是一无所为，不是什么都不做。无为而治的“无为”是不妄为，不随意而为，不违道而为。

这种清静无为、俭朴寡欲的思想有利于小农生产，它满足了汉初政治经济形势的需要，历史上将这一时期的政治称为“黄老政治”。最先体现这种思想的哲学家是陆贾，但真正开始实行的则首推曹参。

萧规曹随

刘盈即位后，由于年纪太小，因此吕后趁势把持了政权。为了避免汉王朝就此陷入风雨之中，丞相萧何做了很多工作。一方面要阻止吕氏势力扩大，减少对刘氏政权的伤害；一方面还要消除功臣们对吕后的不满，避免内战。萧何性格温和而谨慎，在关中威望甚高，即便是强悍的吕后，也要对其礼让三分。

虽然吕氏家族全力夺权，但在萧何的阻拦下，扩张程度受到了限制。由于长期劳累，萧何的身体每况愈下。

曹参

刘盈深知丞相一职的重要性，因此在萧何病情恶化后，他亲自来到相国府请教后事。

刘盈问道："君相，您百岁之后有谁可以继任？"

萧何吃力地说："皇上应该是最了解臣下的人，这个问题何必问老臣呢？"

刘盈接着说道："您觉得曹参如何？"

萧何微微一笑："既然皇上已经找好了人选，老臣也死而无憾了！"

其实，在刘邦的遗言中，早已确定由曹参继任萧何的丞相职位。但是，吕氏家族的权势越来越大，如果不强化一下曹参继任的合法性，恐怕会出现变数。惠帝正是担心这一点，所以才特意来确定一下，由皇帝和丞相决定的事，自然就不用向吕后汇报了。

隔月，萧何便去世了，他对汉王朝的贡献巨大。刘邦刚入关中时，萧何抢到秦国的文书纪录，得以正确掌握了全国的生产情况；接着他制定了合理的开源节流规划，这些都对汉王朝初期的经济起到了促进作用。不过，萧何本人并不富有，他的相国府窄小简陋，一点儿也不气派。

有人劝他多为子孙准备财产，萧何却说："如果我的后代贤能，必定不会缺少家财；如果后世不贤，再多的钱也会被人夺走。"

曹参和萧何一样，最初都是刘邦的上司，沛县起义时，他们俩出了不少力，可以说是刘邦早期的谋士和亲密伙伴。

曹参和萧何的感情一直很好，楚汉战争爆发后，萧何在关中负责人力粮草，曹参则在外面征战，二人配合得相当默契。曹参个性勇猛，据说他全身的伤疤多达七十余处，在皇朝论功时，曹参的功劳仅次于萧何。

据《史记》记载，曹参曾攻陷过两个诸侯国，郡县多达一百二十多个，俘虏诸侯王两名、丞相三人、将军六人，大莫敖（楚国之上卿）、郡守、司马、侯、御史各一人。

刘邦晚年的两大军事战役——讨伐陈豨和英布——之所以能成功，也是依靠曹参从齐国率兵来支援，由此可见刘邦对他的依赖。

为了表彰曹参，刘邦特意将他调往齐国，为齐王刘肥的相国。令人奇怪的是，曹参此时的作风却完全不同了，他一改往日强悍的军人作风，采用了审慎弱势的"黄老之术"，让一切顺其自然。

对于曹参来说，这是个不容易且非常了不起的改变。由于当时的刘肥年纪尚轻，曹参便召集齐国的儒生，讨论如何让战乱之后的齐国百姓过上安定富足的生活。

各家各派的齐国学者提出了不同的看法，大家议论纷纷、莫衷一是，曹参不禁感到左右为难。后来他听说胶西有位盖公精通黄老之术，于是立刻携带重礼前往聘请，盖公爽快地答应下来。

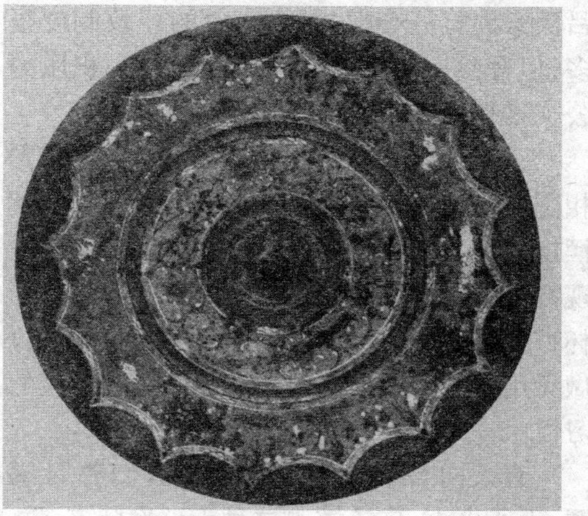

铜镜彩绘车马人物图

盖公说："治道应该清静、无为，顺应自然，相信人民自己处理的能力，则政治自然会趋于安定。"

曹参听了后似有所悟，实际上，他当时并不太了解黄老精神，只是尽量在了解。曹参令人腾出房间给盖公居住，以便能随时向他请教。

从此，曹参就以黄老之术来治理齐国，与民休息，不求自己的成绩，但求百姓安定富足。在九年之内，齐国安定繁荣，人们都公认他是继管仲、晏子之后的齐国第一贤相。

曹参越来越洞悉世事了。他一听到萧何去世的消息，就立刻命人收拾行李，准备入长安，并开始移交工作。

众人不解，向他询问原因，曹参沉静地说："我将入京为相，提前准备以免仓皇失措。"

果然，刘盈的诏令很快就下来了。临行前，曹参交代继任者："努力照顾好齐国的狱政和市场，只要这方面管理得好，齐国大概就没有其他事了，切勿为了自己的绩效干扰百姓的生活。"继任者不解地问道："难道治理国家没有比这更重要的政务吗？"曹参回答："那倒不是。不过，齐国的监狱和市场帮派是兼容善恶的地方，只有接纳恶势力，才能有效管理，如果一味打压，这股势力反而会到处流窜，到时必定会造成社会的腐败，所以我认为这两件事最重要。至于其他的，老百姓自己就会处理，你用不着担心。"

在汉初，曹参的"勿扰狱市"是一项不容忽视的经济政策，它对恢复和发展社会经济起到了重要作用。那么"狱市"到底指的是什么呢？专家们的看法历来不一，最常见的解释是将"狱市"分解为刑狱和都市，但"勿扰刑狱、都市"于情于理都不太通，所以始终没有成为定论。解放后，陈直先生经过仔细考证，认为"狱市为齐国大市之名，狱为嶽字省文，即齐国庄嶽之市。"也就是说，这里的"大市"类似于现在的集贸市场，"勿扰狱市"是指政府不要干涉集市交易，施行市场开放。曹参的这个举动颇有超前意识，这么一来，可以保证商品的顺利流通，刺激生产发展，进而活跃经济。

曹参接替萧何的职位后，对萧何曾经做出的规划没做丝毫改动，完全按照以前的方针实行。不仅如此，他还非常小心地选择官员，从各郡选出有实际经验但拙于文辞、个性稳重的官吏，以最安定的手法来推动政务，如果发现对方有一丁点儿野心或企图，他就绝不任用。

为了降低办事效率，曹参日夜饮酒，避免处理过多的事情。此时，由于吕后专政，吕氏家族打算夺权，需要变更的行政制度很多，但曹参一律不理，每日只顾喝酒，积压的公文多得惊人。

一些大臣见曹参什么事都不办，便来到相国府给他提意见。没待众人开口，曹参就摆出酒菜，让他们没有说话的机会，一旦发现有人想开口，曹参就叫道："喝，再来干杯！"这种事情发生多了之后，大臣们也不再做无用功了，不办事光喝酒反而成了大家的习惯。

萧曹尊神

有人向曹参告密，说："官员们整日喝酒，无所事事，应该整肃这种无效率状态。"

曹参满口答应，他来到现场后，却没有责备一个人，反而与他们同乐，大吃大喝起来。曹参不仅很少花时间处理公事，还大事化小、小事化无，替众人遮掩一些不起眼的过错。这么一来，官员们几乎无事可做。

慢慢的，风声也传到了惠帝耳朵里。自从"人彘"事件后，惠帝整天喝酒作乐，沉溺于女色，但那时还有细心负责的萧何，因此他并不担心，如果现在曹参也成了甩手掌柜，那整个政务岂不要立刻陷入停顿状态？

想到这里，惠帝立刻召见了曹参的儿子曹窋。他斥责道："你父亲是否欺负我年少不懂事，才做出如此荒唐的事？你回去告诉他，'高皇帝已经归天，皇上年纪尚小，您身为相国，整天喝酒，无所事事，怎能成为百姓的领导者呢？'但要记住，别说是我讲的，看看他的反应如何。"

曹窋回去后按照惠帝的吩咐，把话一五一十地告诉父亲，没想到曹参当场发怒。他骂道："你的工作是好好侍奉皇上，怎么如此多嘴？一个黄口小儿也配议论天下事？"

说完，他拿出棍棒，怒责曹窋二百下，以示惩戒。

惠帝得知后气愤不已，他立刻召见曹参，当面斥责道："你为何要处罚曹窋？是我让他这么做的。"其实，曹参早就猜出是惠帝的主意，他处罚曹窋也是做给刘盈看的。一听这话，曹参当即解释道："皇上，我这么做是有原因的！"惠帝奇怪地问："这从何说起？"曹参说："皇上，您认为自己可否比得上圣明英武的先皇？"惠帝说："那当然比不上。"曹参又问："那么陛下认为，我和萧相国谁更贤能？"惠帝回答："老实说，你比不上萧何。"

曹参笑着说："皇上说得对，我们都不如他们。既然高皇帝和萧相国已经制定了清楚的法令，我们只要遵守既定的法令不就行了吗？”惠帝顿时明白过来，说：“那就按相国的意思去办吧！”

事实上，刘邦的汉王朝介于周王朝制度和秦朝郡县制度之间，并没有先例可循，再加上秦朝过分中央集权，最后导致行政一片混乱，因此，萧何采取了一种特别的制度，即一律简化；各地方仍拥有相当自主权，以应付个别情况。可惜这套制度实施不久，刘邦和萧何便相继去世。这段期间是汉朝生死存亡的关键时刻，因为刚刚平定强大的诸王侯，重要将领拥兵在外，而继任的刘盈只有十七岁，根本不可能独立处理朝政。

吕后则野心勃勃，她希望由吕氏家族来掌大权，如果不守好萧何定下的制度，吕后一党肯定会极力破坏。对此，曹参心知肚明，因此他禁绝任何改变，完全依照萧何的规划，以确保汉朝制度不被吕氏破坏。

如果根据需要变更萧何的法制，吕后必定也会找出众多借口更改法律，只有大家都不动，吕后也就无可奈何，尚不稳定的汉朝新政权才能得以维持。

历史小常识：叔孙通

叔孙通是鲁地薛县的一个儒生，秦始皇时被召到咸阳，秦二世时被拜为博士。西汉建立后，他又协助汉高祖刘邦制订了汉朝的宫廷礼仪。并出任太子太傅，辅佐太子刘盈。

《史记·营相国世家》记载：“参为汉相国，出入三年。卒，谥懿侯。子窋代侯。百姓歌之曰：‘萧何为法，颟若画一；曹参代之，守而勿失。载其清净，民以宁一。’”

司马迁则在《史记·曹相国世家》中说：“参为汉相国，清静极言合道。然百姓离秦之酷后，参与休息无为，故天下俱称其美矣。”

吕后专权

由于整日沉溺于酒色，惠帝于公元前188年病逝了，这时他才年仅二十四岁，谥“孝惠”，葬于安陵（今陕西西安附近）。

令人奇怪的是，吕太后身为惠帝的亲生母亲，当唯一的儿子去世时，她居然显得心不在焉，一滴眼泪也没有流。

张良之子张辟强发现了这个情况，立刻告诉右丞相王陵——他曾从项羽手中救出刘邦一家人，包括太公和吕后，因此深得器重。王陵个性耿直，讲义气，是有名的血性汉子，刘邦病逝前，曾留下遗言：“曹参之后，可由王陵接任丞相。”

曹参去世后，惠帝便任命王陵为右丞相，不过王陵的应变能力较差，惠帝于是又让善于智谋的陈平担任左丞相以协助他。

张辟强对王陵说：“太后只有孝惠皇帝这一个儿子，如今惠帝崩逝，太后却不觉得悲痛，丞相您是否知道原因呢？”

王陵坦白地回答：“不知道。”

张辟强分析道：“先帝没有能够继承皇位的儿子，太后想另立继承人，又担心遭到大臣们的刁难，因此心中不安，无法沉浸于丧子的哀痛中。丞相不如主动提出封吕氏家族的人为将，负责南北禁军，如此一来，吕太后必定心安，丞相等人也会免去祸患。”

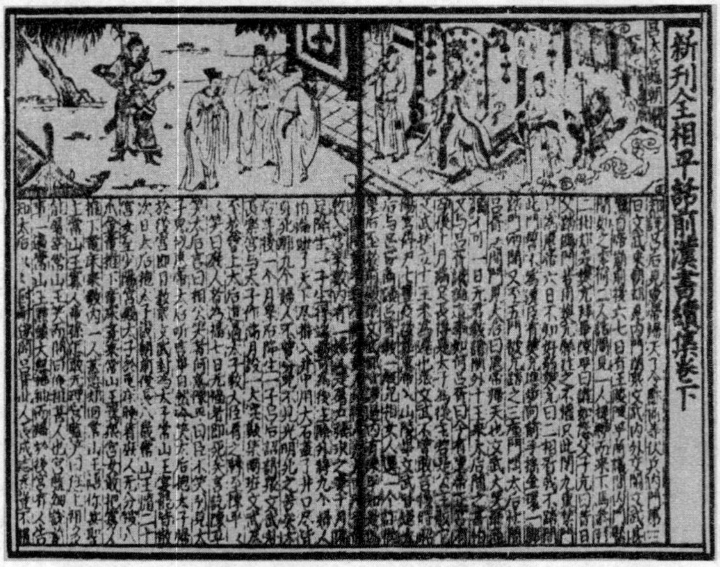

吕太后临朝

王陵觉得有理，便立刻和陈平、周勃等人商量，大家对这个意见都表示同意，于是王陵上书恳请吕太后重用吕氏家人。

吕太后解决了心中的大事，总算缓过劲来，开始为丧子而痛哭不已。

惠帝生前与皇后张嫣并没有儿子，因为皇后张嫣是惠帝姐姐鲁元公主的女儿，惠帝不喜欢张氏，因此并未留下儿女。不过惠帝与后宫的美人却生有几个孩子，分别叫刘疆、刘不疑、刘义、刘朝、刘武。惠帝死后，吕后立刘疆为帝，并处死其生母，改其名刘恭，史称“前少帝”，其他人则相继封王。

至此，刘邦的嫡传血亲中断了，吕后也获得了一个大好的夺权机会。其实，在刘邦病重时，吕后就已在悄悄地独揽大权，她经常阻止大臣们与刘邦见面。

四月中旬，刘邦在长乐宫病逝，吕后秘不发丧，她找到情夫审食其商量：“那些大将都和皇上一起打过江山，如今让他们称臣，心里常有不平，太子继位后年纪太小，他们未必会支持，说不定会造反，引起天下不安。”

经过一番商议，吕后便决定：隐瞒刘邦已死的消息，整肃诸将领。

平日支持吕后的将领郦商听说后，迅速赶来见审食其，他说：“我知道皇上已去世，吕后之所以秘不发丧，是为了诛杀那些不忠诚的将领，但如此一来，天下必乱。陈平和灌婴在荥阳有十万人马，樊哙和周勃在北方有二十万，如果他们知道这个消息，肯定会率军攻打关中。到时候，大臣们从内部响应，诸侯又趁机造反，好不容易打下的江山立刻就会分崩离析。”

审食其把郦商的话转告吕后，吕后才正式宣布死讯，并大赦天下，让诸侯和大将们放心。

惠帝时期，吕太后陆续解决了刘邦分封的一些诸侯王：齐王刘肥差点被毒死，赵幽王刘友被饿死，赵共王刘恢自杀，燕灵王刘建死后，还派人追杀他的独子，使其绝后。

惠帝死前的一年，曹参病逝，紧接着，张良和樊哙也死了，这些能够约束吕太后的功臣相继去世，朝廷的均衡开始发生变动。

此时，吕太后还不到五十岁，而新皇帝年纪尚小，因此她以此为借口，临朝称制，成为中国历史上第一个独掌国家大权的女性。

不过，吕太后和后来的慈禧太后垂帘听政有所不同，慈禧虽然以皇太后的名义掌权，但颁发诏书依然要借皇帝的名义，而吕太后则有自己专用的玉玺，而且纪年也改为“高后”，从这个意义上讲，吕后算得上是中国第一个有实无名的女“帝”。所以，《史记》和《汉书》分别将其列为《吕后本纪》和《高后纪》，是有道理的。

吕后能专权绝不是偶然的，首先她本身精明强干，和丈夫刘邦共同经历过患难，而且对文臣武将极为熟悉，具有较高的威望和深厚的根基，其他宠姬则都不具备这些条件。

其次，她的儿子刘盈懦弱、寡断，难以稳定大局，那些诸侯王对皇权构成了潜在威胁，再加上曾出现过废立太子的前车之鉴，因此有野心、有魄力的太后当然要越俎代庖。

另外，汉代并没有后来的“男尊女卑”思想，恰恰相反，汉代重女权，妇女具有较高的社会地位，当时的很多女性是有爵位的，甚至和男人一样封侯，拥有封地。刘邦曾封兄长刘伯之妻为“阴安侯”，吕后曾封樊哙的妻子——也就是她的妹妹吕须为“临光侯”，封萧何的夫人为“酂侯”等等。

从某种程度上说，秦汉时期的社会风气更宽容大度，崇尚男女平等，人们不觉得私生子、私通和离婚再嫁是耻辱。汉武帝时的名将卫青、霍去病不仅都是私生子，而且是奴隶出身，照样拜将封侯。

据《汉书·地理志下》记载：“民间有‘使男事女，夫诎于妇’的现象，陈国（今河南淮阳一带）妇人尊贵是普遍存在的习俗。”后来的唐朝与汉代颇为相似，即我们所熟悉的“汉唐遗风”。在这种背景下，女主专权自然也就没什么好奇怪的。

正式称制以后，吕太后想晋封吕氏族人，以期刘氏、吕氏共享政权。不过，这个提议遭到了右丞相王陵的反对。王陵说：“高皇帝在世时，曾刑白马和诸大臣、将领盟誓曰：‘非刘氏而王者，天下共击之。’今太后要晋封诸吕氏，是违反盟约的。”吕太后碰了个钉子，非常不高兴，但她又不能发作，只好去找左丞相陈平和太尉周勃，没想到这两个人居然一口就答应了。他们表示：“高皇帝平

历史小常识：汉瓦

汉代瓦当以动物装饰最为优秀，除了造型完美的青龙、白虎、朱雀、玄武四神之外，还有各种动物、植物等纹样，如龟纹、蛟纹、豹纹、鹤纹、玉兔纹、花叶纹等。汉代瓦当中，以文字瓦当的数量最大，特点是在形制上分区划界，中心是乳钉与联珠，给铭文安排一个固定模式，在此范围内做上下左右的变化。文字数目不定，例如：“千秋万岁”“天地相方与民世世中正永安”等，字体有小篆、隶书等，布局疏密相间，用笔粗犷，代表着汉代建筑装饰的一种特色。

定天下时封刘氏子弟为王，今太后称制，封吕氏子弟为王也并无不可。”王陵很不高兴，他责问陈平和周勃：“当年高皇帝盟誓时你们也在场，现在却背弃盟约，讨好太后，有何面目见高皇帝于地下？”陈平苦笑着说：“如果我们一味反对，太后必定生气，到时说不定会杀尽刘氏诸王。”王陵无奈，只好主动辞官，告老还乡，从此不问政事。

没有了反对力量，吕太后更加胆大了，她追尊其父为宣王，将已经去世的长兄吕泽封为悼武王。这时，她的女儿鲁元公主也去世了，吕太后便封其子张偃为鲁王，追谥鲁元公主为鲁元太后。除了死人之外，她还分封了一大堆吕氏族人为诸侯王。

面对势力日渐强盛的吕氏家族，有人为了避祸不敢发言，有的则公然发难，这人就是吕太后颇为欣赏的朱虚侯刘章。刘章是齐王刘肥之子，有勇力。

一次，宫廷举办宴会，吕太后命刘章为酒吏，负责饮宴礼仪和安全。

刘章乘机说：“微臣乃武将后代，希望能以军法来执行酒宴礼仪。”

吕太后听了觉得很有意思，于是当场批准。

接着，刘章吟唱了一首《耕田歌》：“深耕概种，立苗欲疏。非其种者，锄而去之。”意思是隐讽吕氏一族为非作歹，表达了强烈的不满。

精明的吕太后自然明白他的意思，她沉默不语，居然没有治刘章的罪。

宴会即将结束时，一位吕氏官员酒醉，没向太后请示便擅自离去，刘章知道后，拔剑追赶，没一会儿就拎回来一颗人头。他若无其事地说：“有亡酒者一名，臣谨依军法处斩之。”

太后及其左右大惊失色，但由于刚才已经答应他以军法执行礼仪，因此也无法罪责刘章。

这件事过后，吕太后深感刘氏党人已产生了极大的不满，于是嘱咐吕产：“应稍加约束。”而吕氏党人对刘章敬畏有加，刘氏党的士气由此得到了很大鼓舞。

高后四年（前184），逐渐长大的少帝通过熟悉内情的宦官得知，自己并非惠帝之子，而且生母已被吕太后所杀。不懂事的少帝竟然公开声称：“太后杀了我母亲，以后我一定会报复的。”吕太后闻言无比震怒，她将少帝监禁于永巷，对外宣称：“皇上病了，众大臣均不得见。”不过日子久了，总得有个交代，于是吕太后召集群臣，对他们说：“如今皇上一病不起，恐怕无力再视朝政，为了国家的安定，应该尽快找个人来代替。”

历史小常识：汉代官吏俸禄

汉代官吏俸禄，主要发实物给官吏，所以秩品级以“石”为名，如二千石、中二千石等，而级别最低的官吏，年俸不满百石，称作“斗食”。当时的俸禄，也发些货币，称为“俸钱”。西汉后期，官至二千石，月俸钱有一万二千钱。

大臣们不明就里，只得说：“皇太后为天下万民计，一切都是为了宗庙社稷能永久安定，臣等没有异议，愿奉诏行事。”

于是吕太后废了少帝，并将其偷偷杀死。五月，立常山王刘义为帝，并改其名为刘弘，这就是“后少帝”。

接着，吕太后指定侄儿吕禄的女儿为皇后，吕家的势力到达鼎盛。刘氏诸侯虽然心怀不满，但由于禁卫军完全掌握在吕氏手中，因此不敢造次，只得隐忍苟存。

正当右丞相陈平和陆贾、周勃商议如何压制吕氏一党时，年事已高的吕太后突然病危，眼看就要命丧黄泉了。　　临死前，吕太后嘱咐吕产和吕禄："我晋封了很多吕氏诸侯为王。大臣们必定不服，我死之后，皇帝年少，他们恐怕会心存不轨，所以你们两个一定要掌握兵权。如果情况危急，不必来参加我的葬礼，切勿被他人所乘。"

事实证明吕太后的确有先见之明，公元前180年，吕太后逝世，陈平、周勃迅速联合刘襄、刘章，一举消灭了吕家的势力，并拥立代王刘恒继位，即汉文帝。

惠帝当了七年有名无实的皇帝，接着，吕太后又执政八年，在这段时间内，虽然吕太后致力于铲除异己、分封族人，但她也为汉朝的发展做出了一定贡献。

她遵守刘邦的遗嘱，重用萧何、曹参、王陵、陈平、周勃等人；继续让曹参等人推行"清静无为"的黄老政治，一些政策比高祖时期还要宽松；在法律方面，废除"族刑""连坐法"和"妖言令"；继续实行和亲政策，换回了北疆的安定。

应该说，这十五年是汉王朝从建国到文景之治的过渡时期，在历史上占有重要地位。

"文景之治"

西汉王朝建立后，汉高祖着力于恢复农业生产，发展经济，稳定封建统治秩序，收到了显著的成效。文、景两帝相继即位后，又在这基础上进一步采取了与民休息、轻徭薄赋的措施。文、景两帝统治期间，社会稳定，经济和农业生产得到显著发展，这便是历史上所称的"文景之治"。

周勃安刘

公元前180年7月，执掌朝政的吕太后病逝，陈平、周勃等人联合齐王刘襄突然发难，铲除了吕氏家族的势力，史称"周勃安刘"。

吕家的权力被削平后，大臣们商议：应尽快找一个刘邦的儿子来继位，可是吕太后生前已将这些人杀得差不多了，只有刘恒和刘长还在。想来想去，他们便决定：立远在西北边塞的代王刘恒为帝，这就是后来的"汉文帝"。在中国历史上汉文帝是很有名的，"文景之治"的评价就是对他的充分肯定。事实上，刘恒之所以能继承帝位，和他的母亲薄姬分不开。

薄姬是南方的吴国（今江苏苏州）人。秦朝末期，天下大乱，魏豹原本是项羽的部下，后被封为魏王。当时有一个善于看相的女人许负，曾相过吕后，在当地很有名气，许负看过薄姬后，说她面带贵相，将来贵不可言。魏豹听说了这个消息，便强迫薄姬的母亲将女儿送进内宫。

公元前204年，刘邦打败魏王豹，将所有宫女掳到荥阳工作，薄姬也被分配到纺织作坊里做织布等工作。一天，刘邦到荥阳视察工作，发现这个女子楚楚动人、柔弱可爱，于是将她带回长安，但他很快就把这个女人忘得一干二净。按理说，薄姬的下场会和很多不幸的女人一样，愁苦哀怨地度过余生，最后老死宫中。

然而，没想到的是，一天，刘邦和两个美人寻欢作乐时，为了讨好刘邦，两个美人将薄姬的故事当笑料讲给刘邦听。谁知刘邦听后却动了恻隐之心，当晚就临幸了薄姬。

周勃

当薄姬出现在刘邦面前时，他发现这个女子瘦小不堪，立刻没了兴趣，转身就要离去。

薄姬很聪明，她马上拉住刘邦说："我昨夜梦见与一龙交和，不知是何征兆？"刘邦一听大喜，觉得是祥兆，便临幸了她。一夜过后，薄姬就怀孕了，后来生下了刘恒。不过，薄姬虽然母凭子贵，被封为"姬"，但刘恒出生后，薄姬再也没有受到过刘邦的宠爱。

薄姬很懂得自处之道，她喜欢读《老子》，对道家哲学有所认识，明白谦退是上策，于是平日只是种种花草、修身打坐。正因为她的与世无争，皇后吕雉并没有注意到她，也因而得以保全了性命。

在薄姬的教育下，刘恒自小就做事谨慎，从不惹是生非，是刘邦的儿子中最不显眼的一个。刘恒七岁时，三十多个大臣共同保举他做了"代王"，管辖范围在河北西北部和山西北部一带，这里气候严寒，是抵御北方匈奴的前线要塞。

薄姬趁着机会提出和儿子一起去封国，她说："孩子还小，封王守边疆不太放心，还是让我陪他一起去吧！"刘邦答应了。事实上，薄姬早已看透汉室的宫廷，担心吕后会谋害自己的儿子，所以想远远避开。就这样，薄姬成为代王太后。她怎么也没想到，自己的决定最后居然将儿子送上了皇位。

由于受到了母亲的影响，刘恒也力守老子的三宝法则："一曰慈，二曰俭，三曰不敢为天下先。"在这种思想的指导下，刘恒清心寡欲，没有引起吕后的丝毫注意。而这时，刘邦的其他儿子除了齐王刘肥和淮

历史小常识：越俎代庖

出自《庄子·逍遥游》："庖人虽不治庖，尸、祝不越樽俎而代之矣。"常用来比喻超越自己的职分而代替他人行事。

南王刘长外，其他人已全部被吕后害死了。

周勃等人消灭吕氏一族后，远在边塞的刘恒如同得到了天上掉下来的馅饼，做了皇帝，薄姬也被尊为皇太后，正是“因祸得福”。

刘恒对母亲非常孝顺，虽然当了皇帝，但他从来也不怠慢母亲。一次，薄姬患了重病卧床不起，这一病就是三年，刘恒急得团团转，不仅四处找寻良医，还亲自为母亲煎药汤，每次煎完，还要先尝一尝，看汤药苦不苦、烫不烫，觉得合适了才端给母亲喝。

一时间，刘恒孝顺母亲的事广为流传，人们都称赞他是个孝子，还留下一首诗颂曰：“仁孝闻天下，巍巍冠百王。母后三载病，汤药必先尝。”

汉文帝即位

刘邦的旧臣陈平和周勃诛灭吕氏势力之后，便开始商议由谁来继承皇位。当时在位的小皇帝是吕后立的刘弘，他们觉得刘弘不是惠帝的后代，不符合皇位继承的法统，因此只能从刘邦剩下的儿子中选择。当时可供选择的人有齐王刘肥、淮南王刘长和代王刘恒。不过刘长年幼，刘肥的舅舅实力强大，十分凶悍，假以时日，恐怕又是一个“吕氏家族”，只有薄姬没有任何势力和背景，因此，陈平等人选中了刘恒。

他们派使者去代地迎接刘恒，表示要拥他为帝。二十三岁的刘恒听到这个消息，并没有欣喜若狂，反而有些拿不定主意，只好征求左右大臣的意见。

郎中令张武说：“此时正是中央政府最混乱的时候，这些大臣都是当初跟随高帝的大将，他们熟悉兵事、诡计多端，此行的用意恐怕只是畏惧高帝、吕太后的威势，想打着您的幌子作威作福，所以不可轻信。您最好假托有病，以观其变。”

中尉宋昌却不同意这种看法，他说：“当初秦始皇暴虐，天下豪杰纷纷起事，自以为能得天下的人不少，但最后当上皇帝的只有高祖，所以老百姓都认为天下是刘家的。虽然吕后曾经专权，但为时很短，人心仍然向往刘家。吕后当年已立吕氏三人为王，他们权力很大，然而太尉仅凭一支符节便进入吕氏把持的北军，振臂一呼，将士们就表示要辅佐刘氏，消灭叛吕，这是天意所授。即使大臣们想作乱犯上，老百姓也不会随便听他们的驱使，更何况，他们内部能保持同心一致吗？如今高帝的儿子就剩下淮南王和您，而您的贤圣仁孝早已闻名天下，所以我认为，大臣们是根据人心所向才迎大王做皇帝的，大王就不要犹豫了。”

眼看双方各执一词，谁也说服不了谁，刘恒只好去请教母后薄姬。这个深通《老子》的老太太说：“派你舅舅薄昭到长安去察看一下形势吧！”接着，刘恒又用龟甲进行占卜，只见龟甲上显出一条大大的横向裂纹，根据卜辞：大横代表着更替，将做天王。刘恒奇怪地问：“我本来是代王了，还能做什么王？”

占卜者解释说：“所谓‘天王’就是天子。”这时，被派到京城打探消息的薄昭也回来了，他说：“您不要再怀疑大臣们了，他们是真心拥戴您做皇帝。”刘恒笑着对宋昌说：“果然如你所言。”

迎宾拜谒

随后，刘恒带着宋昌、张武等人前往长安。走到高陵，他下令停车，并派宋昌先去打探消息。宋昌刚走到渭桥，太尉周勃便率领丞相以下的官员前来迎接，宋昌回去将情况禀告刘恒，刘恒这才放下心来，继续前进。

他们来到渭桥，群臣立刻跪下拜谒。这时刘恒的身份还是代王，不是皇帝，而汉朝中央政府的权力早已掌握在周勃一人手里，局势非常微妙，进退之间很难处理，因此刘恒当即跪下来还礼。

拜礼完毕后，周勃上前说："代王，我希望向您单独禀报。"还没等刘恒开口回应，他身边的宋昌就过来拦阻——这也是个精通黄老学说的人才，他说："所言公，公言之。所言私，王者无私。"周勃被他说得没办法，只好跪下献上玉玺和符节，说："没有别的，只是公事，这是皇帝的玉玺，今特别送上。"刘恒接过玉玺，按照常理，他就是皇帝了，但他却说："我初来乍到，还不了解情况，不一定由我当皇帝，我先保管这些东西，到了官邸再做商量吧！"

却坐图

刘恒在官邸住了九个月，每天都在观察各方面的情况。他觉得自己尚年轻，处理政务经验不足，如何让刘氏宗族和手握兵权的大将们服气，应该好好想清楚。

眼看刘恒毫无动静，大臣们都急得不得了，他们说："现在您已成为高帝的长子，是继承皇位的最佳人选，希望您早日即天子之位。"

刘恒说："此事事关高帝宗庙，是大事，我没有才能，恐怕难以胜任，请你们还是再找一个最合适的人选吧。"最后，在群臣的苦苦哀求下，刘恒才说："既然所有的宗室、将相、诸王、列侯都认为没有人比我更合适，那我只好勉为其难了。"

于是在公元前179年9月，刘恒正式即位。他在高祖庙举行了典礼。即位后，他的第一道命令就是"大赦天下"，第二道命令是"定振穷、养老"，"令四方毋来献"——即通知各地不要向皇帝进奉宝物。

汉朝时，丞相以右为上，左丞相相当于副职，为了表彰周勃，文帝将原先的右丞相陈平改任左丞相，任命太尉周勃为右丞相。

休养生息

汉文帝和他的儿子汉景帝是封建社会中比较开明的皇帝，西汉著名历史学家司马迁评价他说："汉兴，孝文施大德，天下怀安。至孝景，不复忧异姓，而晁错刻削诸侯，遂使七国俱起，合从而西乡，以诸侯太盛，而错为之不以渐也。及主父偃言之，而诸侯以弱，卒以安。安危之机，岂不以谋哉？"西汉从建立到汉景帝，不过经历了六十多年，但德政达到了极盛的地步，这与他们实施"休养生息"的政策分不开，这些政策极大地推动了西汉的发展，为后来汉武帝时期的鼎盛局面奠定了基础。他们的做法主要体现在以下几个方面。

止辇受言

露台惜费

汉文帝是个出了名的节俭皇帝，他坐上皇位后，一件龙袍就穿了二十多年，破了就缝缝补补，没有换一件新的。这并非矫揉造作，完全是因为他信奉老子"慈""俭"思想的缘故。

据史书记载："帝身衣弋（黑色）绨（厚茧丝袍）。所幸慎夫人，衣不曳地，帷帐无文绣，以示纯朴为天下先。张武等受赂金钱，觉，更加赏赐，以愧其心。专务以德化民，是以海内安宁，后世鲜及之。"

文帝即位的第二年，也就是公元前178年，他下诏清点长安的公用马匹，将多余的全部送到驿站使用。而且他在位期间，没有增修过宫殿和皇苑，全部都是以前留下来的，对此文帝从来不觉得简陋。

一次，他本想造一座露台，但召来工匠一算，需要用“百金”，文帝便说道：“百金相当于十个中等人家的财产，我觉得先帝的宫殿已经很奢侈了，常常觉得羞愧，露台就不用建了。”

在文帝的带领下，后宫所用的衣服器物也很简单，没有任何奢侈攀比之风。

文帝即位不久，有人献给他一匹千里马，文帝说：“我外出时，前面有鸾旗，后面有车队，就算走得再远，一天也不过几十里，我一个人骑着千里马干什么用呢？”结果，他不仅把千里马退还给原主，还按里程给了其生活费。接着，他下了一道诏令说：“我不收献礼，各郡各县都不要给我送礼，否则严惩不贷。”除了在衣食住行上尽量节俭外，汉文帝对那些显示皇帝威严的繁文缛节也不大满意。他刚做皇帝不久，有官吏提出：“新皇登基，应制定相应的朝廷仪礼。”汉文帝却说：“繁礼缛节装腔作势，对治理国家毫无用处，今后一律免除。”

文帝在位二十多年，始终恪守节俭的原则，他不仅自己做到了，还严责各级官员节省，以免扰民。

虚心纳谏

汉文帝曾广开言路，鼓励臣民发表意见。不管职位大小，只要提出建议，他都会认真听取，讲得对的有嘉奖，说错了的也不追究责任。

通过纳谏，文帝纠正了一些错判的案件。如：

不用利口

魏尚原是云中郡的太守，曾多次率军击败匈奴，匈奴对其十分畏惧，一直不敢轻易南下。一次，魏尚又去攻打匈奴，但后来上交的敌人首级比报告中少了六个，文帝一气之下就免了他的官职，并将其关进大牢服刑。

郎署长官冯唐对此颇有微词，于是找了个机会觐见文帝。聊天时，文帝偶然得知冯唐的祖先是赵国人，父亲曾住在代郡，文帝登基前就是代王，因此二人十分投机地谈了起来。这原本就是冯唐刻意制造的机会，因此文帝在他的引导下，不知不觉地谈到了赵国有名的将军廉颇。

文帝感叹道：“如果我能得到廉颇那样的将军，就不怕匈奴入侵骚扰了。”冯唐不客气地反驳道：“那倒未必，恐怕皇上即使得到了廉颇，也不会加以重用。”

文帝一听，便有些生气地问："为什么？"冯唐说："廉颇之所以能经常打胜仗，是因为赵王充分信任他；但现在将军魏尚仅仅因一件小事就被您罢官入狱，所以我认为，您即便得到了像廉颇那样的将军，也不会重用他。"听了冯唐的话，文帝不再出声了，当天下午，他就下令释放魏尚，并恢复了他原来的官职。对于直言进谏的冯唐，文帝也给予了奖赏，升他为车骑都尉。

堵阳人张释之是汉代以铁面无私闻名的法官，虽然他很早就进入了仕途，但他的官运很糟糕，在汉文帝时代做了整整十年的下级官吏，始终没有得到升迁机会。

这时，中郎将袁盎觉得张释之是个人才，就向汉文帝推荐了他。汉文帝听说后，就叫来张释之，当场对他进行面试，谁知张释之不太清楚状况，只简单说了一些目前的法律条令，结果文帝很不满意。

张释之发现自己已经没有机会了，也就不再抱有幻想，他开始像平时那样瞎扯起来。他侃侃而谈，分析了秦代和汉代的政策，诸如秦朝为什么会灭亡之类的问题，没想到居然吸引了文帝，被封为谒者仆射。这也是个小官，但有一个好处是可以常常跟着皇帝。

张释之得到了这个可以表现自己的机会，自然不会放过。

一天，张释之跟着文帝到虎圈（当时皇家猎场的名字）打猎。文帝一时兴起，就招来虎圈的负责人上林尉，询问有关虎圈的情况，结果他问了好几个问题，上林尉居然一个也答不上来。

这时，上林尉身边的一个猎场小吏为了给长官解围，就挺身而出，回答了文帝的问题。

刘恒一见更加生气，他责问上林尉："你是怎么当官的？既然没本事，就回家待着吧！"接着，文帝当即罢免他的官职，由那个小吏接任。这时，身边的张释之突然问道："皇上，您认为丞相周勃是个怎样的人？"文帝被他问得莫名其妙，但依然回答："是个良相。"张释之又问："那么东阳侯张相如呢？"文帝回答道："也是个良相。"张释之接着说："周勃和张相如都是良相，但他们都不擅长言语。而这个小吏夸夸其谈，空有口舌而没有恻隐之实，如此一来，怎么能听到老百姓的声音？这正是秦朝灭亡的原因。如果您仅仅因为逞口舌之利而提拔他，恐怕会误导官员们，请皇上慎重！"

种植水稻

听他这么一说，汉文帝马上想起了周勃当年被自己问得张口结舌的样子，就这样，他打消了提拔小吏的念头，并封张释之为公车令。后来，张释之又凭借自己的才华成了司法机构的最高负责人。

为百姓祈福

即位之初，汉文帝连下了两道诏书："命民政机关每月给八十岁以上的老人赐米一石，肉二十斤，酒五斗；九十岁以上的老人再加赐帛两匹，絮三斤，而且赐给九十岁以上老人的东西，必须由县丞（县令的属官，权力仅次于县令）或县尉（仅次于县丞）送达，其余则由啬夫（乡的官吏）送达。"

文帝认为农业是天下的根本，老百姓只有乐于耕种，才能确保衣食无忧、国富力强。为了劝农耕种，他还亲自耕作，以做表率。后来，文帝采纳了晁错的建议，允许以粮食换爵位，或用粮食来赎罪。最典型的措施就是减轻农民的赋税，公元前 167 年，文帝下令免除了农民的租税。

为了让百姓安心务农，他以一封信消除了即将爆发的战争，顺利解决了南粤王赵佗的独立问题。对于北面的匈奴，文帝则采取和亲和积极防御的措施，同时将内地的人迁到边疆，这些都为老百姓提供了充足的务农条件。

此外，汉文帝对主持祭祀的官员只为自己一人祈福很不满意，后来他下令，主祭官在祭祀时同时要为百姓祈福。这些都表明，文帝时刻将百姓放在心中，不以一己之私而损害百姓的利益。

减轻刑罚

汉文帝之前，对罪犯的刑罚十分严厉，其中有一项"连坐法"——当时叫"首孥连坐法"，也就是一个人犯罪后，整个家族的人都会跟着一起受罚，要么处死，要么沦为奴隶，丧失平民身份。

没当皇帝之前，文帝就觉得这种处罚很不妥当，他说："一个人犯罪应该由他自己承担，而不应该连累家人。"

即位后，汉文帝马上提出废除连坐法，但陈平、周勃和其他大臣都不同意。文帝说："一个人犯了法，直接定他的罪就行了，跟他的父母妻儿有什么关系呢？长此下去，我不相信这种做法会有什么好处，你们还是好好考虑一下吧！"眼看文帝这么坚持，大臣们没办法，只好按他的意思起草诏书，废除了连坐法。老百姓对这项政策十分拥护，他们得知后，高兴地说："以后再也不用担心了。"

不过，除了连坐法之外，古代的刑罚还有多种肉刑，这些都是残害犯人肉体的刑罚，非常残酷。比如用刀割开面额，然后涂上墨，称为"墨刑"；割掉鼻子称为"劓刑"；砍掉双腿称为"刖刑"。

公元前 167 年，临淄有个小姑娘叫淳于缇萦

历史小常识：西汉马王堆

马王堆汉墓遗址位于长沙市东郊，距市中心四公里。因传为楚王马殷的墓地，故名马王堆。1972 年至 1974 年间，先后挖掘出土三座汉墓，二号墓的墓主是汉初长沙丞相轪侯利苍，一号墓的墓主是利苍妻，三号墓的墓主是利苍之子。三座墓中以一号墓规模最大。马王堆三座汉墓共出土珍贵文物三千多件，绝大多数保存完好。

（淳于是姓，缇萦是名），她的父亲淳于意原本是个读书人，但他喜欢研究医学，经常给人治病，是当地的名医。后来，淳于意还做了太仓县令，由于他不喜欢官场，没多久就辞了官，一心一意地当起医生来。

一天，有个商人的妻子病了，他请淳于意来医治，病人吃了药后没有好转，过了几天就死了，气愤的商人于是告到官府，说淳于意是庸医，故意残害人命。经过审理，当地官吏判处淳于意“肉刑”，但由于他曾担任过县令，必须奏报朝廷才能处罚，因此淳于意要被押至都城长安。

临行前，淳于意看见来送别的五个女儿叹息道：“可惜我没有儿子，否则遇到这种危难情况，还能帮上一点忙。”几个女儿都低着头伤心流泪，只有小女儿缇萦又是悲伤又是气愤，她暗想：“为什么女儿就没有用？”父亲的话激起了缇萦的血性，她立刻收拾行李，要随父亲一起去京城，不管家人如何劝解，她都只当没听见。到了长安后，缇萦四处奔走，找人为父亲求情，但到了这种时候，谁会为她出头呢？无奈之下，缇萦只得写了一封奏章，来到宫门口，请求守门的人交给汉文帝。

文帝听说有个少女上书，觉得非常惊讶，忙令人呈上来，只见书中说道：“妾父为吏，齐中尝称其廉平，今坐法当刑，妾伤夫死者不可复生，刑者不可复属，虽欲改过自新，其道莫由，终不可得。妾愿没入官婢，以赎父刑罪，使得改过自新也。”

汉文帝看了信之后又惊又喜。他觉得这个小姑娘很有才气，而且勇敢，于是召集大臣们商议此事。

文帝说：“一个人犯了罪应该受罚，但也应该给他重新做人的机会。受了肉刑之后，犯人们要么脸上被刺了字，要么四肢不全，这会引来人们的歧视，而且失去了劳动能力，这种刑罚如何能劝人为善？不如用其他刑罚来代替吧！”大臣们商议后，决定以后就用“打板子”来取代肉刑，原本要被砍脚的，变成打五百板，割鼻子的改为打三百板。就这样，因为“缇萦救父”的义举，汉文帝正式下令废除了肉刑。后人有诗称赞缇萦：“欲报亲恩入汉关，奉书诣阙拜天颜。世间不少男儿汉，可似缇萦救父还。”

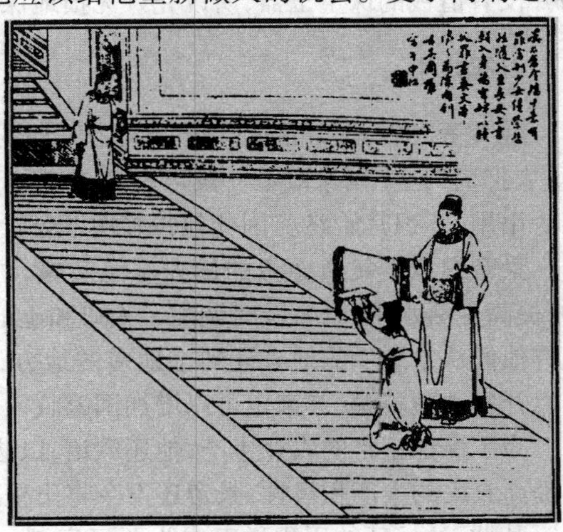

缇萦上书救父

不过，虽然缇萦值得人佩服，但如果她遇到的不是汉文帝，恐怕也不会有这么好的结果。自文帝废除肉刑之后，再也没有皇帝敢冒天下之大不韪恢复它。

但是将肉刑改为打板子也有很多弊病，有的犯人还没被打够数，就已经断气了，于是只好又减轻次数。

接着，文帝又废除了“诽谤妖言罪”。当时，不管是大臣还是百姓，都不能随便议论皇帝，更不能有所怨恨，否则就是犯了“诽谤妖言罪”。百姓如果因为不高兴而诅咒天地，就犯了“民诅上罪”，因为天地和“天子”有关系。文帝说：“这些刑罚使大臣们不敢说真话，久而久之，皇帝就无法了解自己的过失，这对国家政事非常不利，而且也无法招纳良才。”

因此他下令将这些刑罚一一废除，并尽量减轻刑罚，更改法律和社会制度，种种改变宽大到极点。据历史记载，在汉文帝即位的二十几年中，监狱里几乎没有犯人。

正是由于这一系列得力的措施，汉文帝开创了利国利民的“文景之治”。而减轻刑罚、废除肉刑等举动，更是成为历代效仿、歌颂的好榜样，所以历史对汉文帝的评价是“慈惠爱人曰文”。还说：“汉兴，扫除烦苛，与民休息。至于孝文，加之以恭俭，专务以德化民，是以海内富庶，兴于礼义。断狱数百，几至刑措。至于制度礼乐，则谦逊而未遑也。”

公元前157年夏天，汉文帝去世，享年四十六岁。他以道德治天下，虽然他在位期间似乎并未干出轰轰烈烈的大事，但人们对他的评价一直很高。他一去世，丞相就赞颂他“功莫大于高皇帝（指汉高祖刘邦），德莫盛于孝文帝”，并将其与刘邦并列尊为太祖、太宗。

在古代，有夺取天下之功的称为“祖”，有治理天下之德的称为“宗”，汉文帝正是因为有效治理了西汉王朝，庙号即为“太宗”。他死后，大臣们商议他的谥号，大家一致认为，他够得上称一个“文”字，因此谥号“孝文”，老百姓则称他为“汉文帝”。

汉文帝葬在霸陵（今陕西西安东），按照他的遗嘱，霸陵十分朴素，据说是瓦做的，里面并没有值钱的珠宝玉器，所以完好无损地保存到了现在。

以农为本

继文帝之后，汉景帝继续推行文帝时期的一些方针政策。在农业上，景帝继续执行“重农抑商”这一国家政策。景帝说：“农，天下之本也。黄金珠玉，饥不可食，寒不可衣，以为币用，不识其始终。”因此他曾多次下令，让郡国官员将劝勉农桑作为头等大事。

景帝继承了父亲文帝的休养生息政策，国力继续得到加强。为了使百姓都有地可种，提高生活水平，景帝及时调配了人口和土地。他改变了当时“不准百姓迁移”的政策，允许他们从土地少的地方迁到土地多的地方，从贫瘠的地方迁到土地肥沃的地方，一来可以开发土地资源，二来也可以增加国家收入。

为了保证正常的农业生产，他还颁诏，以法律手段严厉打击那些擅用民力的官员；为了提高农民的生产积极性，景帝还下令将田租减免一半，即从“十五税一”降到了“三十税一”，从此，这一新的田租税率成为西汉定制。在降低田租的第二年（前155），景帝又下令推迟男子开始服徭役的年龄三年，缩短服役的时间。这一规定一直沿用至西汉昭帝时代。景帝还为了节约粮食，曾下令禁止用谷物酿酒和以粟喂马。

在“文景之治”时期，社会日趋稳定，物价也慢慢降下来。据学者统计，在整个西汉王朝，只有文景之治的近四十年内米价下跌幅度最大。这直接关系到老百姓的生计。另外，农业的大力发展也为其他事业奠定了良好的基础。

七国之乱

晁错削藩

公元前157年,汉文帝刘恒病逝,三十二岁的太子刘启登基,即汉景帝,他的母亲窦皇后是个极有手腕的女人。

在汉文帝十三岁还是代王时,吕后给他送来了一批宫女,刘恒发现其中有一个窦氏风姿绰约、美丽非凡,马上就被她迷住了,他抛弃代王后,专宠窦氏,很快就生下女儿刘嫖,后被封为馆陶长公主。公元前188年,她又生下一个儿子——就是刘启。窦氏出现之前,刘恒的王后已生下三个儿子,但没多久就都无缘无故地死掉了,就这样,刘启成了文帝刘恒的长子。后来又生下刘武,窦氏非常宠爱这个小儿子,不仅将其封为梁孝王,甚至要求景帝死后将皇位传给他。

晁错

不过,窦氏成为皇后以后,渐渐失去了恩宠,还因为生病瞎了一只眼睛,直到文帝去世后,她当上了太后,才开始干预朝政。

可惜,刘启当上皇帝刚刚才三年,就爆发了"七国之乱"。公元前154年,吴王刘濞率领六个诸侯王起兵叛乱。当年,高祖刘邦灭掉异姓王后,封了很多同姓王,这些人有行政权和司法权,而且官吏也是自己任命的,差不多就是个独立王国,成为一方割据势力。汉文帝时,不断有同姓王谋反,直接威胁到了中央政府,大臣贾谊、晁错等人曾极力主张消灭这些同姓王,以绝后患,但文帝没有及时采取措施。

刘濞成为吴王后,便开始暗中准备攫取皇位。他开采铜矿、私自铸钱;还煮盐贩卖,设官市,免赋税;为了壮大力量,他还招纳逃犯。由于采取了这些措施,吴国的经济迅速发展,刘濞的野心也越来越大。

一次,吴太子(刘濞的儿子)入朝觐见文帝,曾和太子刘启下棋,谁知一言不合争吵起来,刘启一气之下抓起棋盘扔过去,将吴太子砸死。

汉文帝派人将尸体送回吴国,刘濞愤怒地说:"天下一宗,死长安即葬长安,何必送回?"接着,他又派人将灵柩运回长安埋葬,并声称有病,再也不去长安觐见皇帝了。汉文帝赐他老年人用的茶几和手杖,准许他不再朝请,但刘濞不仅没有愧疚之心,反而更加骄横。

景帝即位后，非常重用晁错，先提拔他为内史，然后又升至御史大夫，为三公之一。

晁错写了一篇《削藩策》呈给景帝，里面说："吴王刘濞势力日渐强大，假以时日，恐怕会引起叛乱，应尽早削夺诸侯王的封地，收归朝廷直接统治。早点行动祸患会少一些，反正削了他们会造反，不削他们也要造反，所以应先下手为强。"

景帝采纳了他的"削藩"建议，公元前154年，景帝以各种罪名先后削掉了楚王戊的东海郡，赵王遂的常山郡和胶西王的六个县，这就是历史上说的"削藩"。

不过，当使者将景帝的削地诏书送到吴国时，刘濞不愿束手就擒，他还诛杀了使者，并打出"清君侧，诛晁错"的旗号，号召各诸侯国起兵。消息一传开，胶西王刘印、胶东王刘雄渠、菑川王刘贤、济南王刘辟光、楚王刘戊、赵王刘遂纷纷响应，"七国之乱"于是爆发。

历史小常识：太宗

"太宗"是一种庙号。庙号是中国古代君王死后在太庙里立奉祭祀时追尊的名号，一般认为，庙号起源于殷商，如太甲为太宗、太戊为中宗、武丁为高宗。君王庙号追尊之初非常严格，按照"祖有功而宗有德"的标准，开国帝王一般是祖，继嗣帝王有治国才能者为宗。

刘濞等人发难后，立刻率二十万大军与楚军会合，随即挥戈西向，杀了汉军数万人。景帝的弟弟梁王刘武派兵迎击，结果被打得落花流水。

周亚夫平定七国之乱

七国叛乱的消息传到长安后，景帝马上将周勃的次子中尉周亚夫升为太尉，并由他连同三十六个将军率兵攻打吴楚叛军，窦太后堂兄的儿子窦婴也被封为大将军，驻荥阳督战。

不过，虽然景帝派了周亚夫等人攻打刘濞，但他心里始终摇摆不定，这就给了袁盎可乘之机。

袁盎原为吴相，与刘濞关系甚密，入汉朝做官后，也确实为朝廷着想过；但他最大的缺点是气量狭小，因此不能成大事。七国之乱爆发前，晁错曾在景帝面前批评过他，从此他一直怀恨在心，如今刘濞打着"清君侧，诛晁错"的旗号，他自然不肯放过这个机会。

周亚夫

袁盎对景帝说："方今之计，独有斩错，发使赦吴、楚七国，复其故地，则兵可毋刃血可俱罢。"为了换取七国罢兵，景帝果然相信了袁盎的话，然后下令将晁错腰斩于东市，并族诛。

既然晁错已经死了，七国应该也就没有起兵的借口了；但当景帝发出招降书给刘濞时，刘濞却笑着说："我已经是东方的皇帝，谁有资格对我下诏书？"

景帝这才明白刘濞的狼子野心，他后悔莫及，终于决定以武力平息叛乱。没多久，大将周亚夫就平定了七国之乱，吴王濞逃到东越后被杀。

七国之乱是西汉王朝与诸侯王之间的一次关键性战争，但仅仅只过了三个月，就胜败分明，归根结底只有两个原因。

一是民心向背。汉朝建立以来，停止战争，与民休息，社会经济得到了恢复和发展，百姓的日子也好过起来，在这种情况下，他们当然拥戴汉室。而刘濞等人为了一己之私挑起战火，破坏安定，再加上驱使百姓服兵役，勾结匈奴，所以遭到了从上到下的反对。在战争过程中，甚至有一个平民赵涉向周亚夫建议："只要经蓝田出武关，就能迅速控制洛阳军械库。"周亚夫采用了他的计策，果然顺利避开吴楚伏兵，取得了出奇制胜的效果。

二是人才运用得当。景帝任命太尉周亚夫为主帅，的确找对了人。周亚夫极具谋略，七国之乱刚刚爆发时，他就献计说："楚兵勇悍，正面交锋难以取胜，不如放弃梁国之地，然后断绝吴楚粮道，这样就可以平定叛乱。"后来的发展完全证实了周亚夫的判断是对的。而吴王刘濞虽然招纳了很多亡命之徒，但他却没有真正任用他们。

叛乱平定后，景帝趁机将诸侯王国的权力收回，以加强中央集权。除了保存楚国、另立楚王之外，参加叛乱的其余六国皆被废掉。

接着，景帝加快削藩力度，诸侯王国的郡县从高祖时期的四十二郡减为二十六郡，而由中央直接管辖的郡从十五郡增加到四十四郡，使汉郡总数大大超过诸侯王国，此后，绝大多数诸侯国的地位实际上已降为郡级。景帝还大量裁撤王国官吏的数量，这个变化对于统一国家、加强中央集权，意义非常重大。

另外，他还剥夺削弱了诸侯王的权力，抑贬他们的地位，"令诸侯王不得复治国"，并收回其官吏任免权、行政权和司法特权，比如开采盐、铁、铜等资源的权力。取消"诸侯皆赋"，仅保留"食租税"之权。至此，诸侯王在名义上依然是封君，但实际上成了只享受当地租税的贵族阶层，不再具有同中央对抗的条件了。

经过七国之乱，诸侯王的割据问题总算得以解决。不过，诸侯王势力并未彻底消灭，后来的汉武帝依然要继续采取相应的措施。

汉武雄风

汉武帝刘彻，幼名刘彘。十六岁登基，在位五十四年，他的文治武功使得汉朝达到鼎盛。他继续推行景帝时期的养生息民政策，进一步削弱诸侯的势力，并引入了刺史的官级，监察地方。在军事和经济上则加强中央集权，将冶铁、煮盐、酿酒等民间经营行业变为国家经营，同时禁止诸侯国铸钱，使得财政权集于中央。他采用董仲舒的建议，"罢黜百家，独尊儒术”，使得儒学成为当时社会的正统思想。他抗击匈奴，铲除边关大患；他开疆拓土，扩大版图。他派张骞出使西域，开辟了丝绸之路，促进东西方经济和文化的交往。后来，由于汉武帝连年对匈奴和西域用兵，并举行封禅，祀神求仙，挥霍无度，加以徭役加重，捐税增高，致使农民大量破产流亡。

武帝政治

汉武帝登基之初，一方面政治形势较为稳定，社会经济状况较好；另一方面诸侯王的分裂因素依然存在，对他的统治权构成潜在的威胁。所以，他在继续推行汉景帝时定下的各项政策的同时，采取了一系列措施来强化专制主义中央集权。

蒲轮征贤

罢黜百家，独尊儒术

汉高祖刘邦用太牢祭祀孔子，可见儒学在学术上占据十分重要的地位。但西汉前期，指导统治思想的是黄老刑名之学，其次是阴阳五行之学，儒学博士不被朝廷所重视。著名儒生如贾谊杂阴阳五行学，晁错杂刑名学，讲纯儒学的人只能做博士官。汉景帝的母亲窦太后推崇老子思想，反对儒家学派。到了汉武帝统治时期，他深知在政治上儒道两派对立冲突，对统一国家是不利的。他在年幼时就深受儒学影响，直至即位后他听取董仲舒的建议，“罢黜百家，独尊儒术”，开创中国传统主流文化之正统，还把道、名、法、阴阳五行各家统一在儒家里面。

刘彻还是太子时，就深受儒学影响，因此一继承皇位，他就立刻实施了一系列的“新政”。比如罢免丞相卫绾，改组“三公”人选；任命窦婴为丞相、田蚡为太尉，精通《诗》的儒生赵绾为御史大夫，儒生王臧为郎中令——相当于皇宫侍卫长；议立“明堂”，准备按古制大兴礼乐。“明堂”是儒家提倡的一种朝会礼仪，为了指导筹建明堂的事务，武帝还特意派人请来名儒申公。

为了更好地选拔人才，武帝还下诏：令全国的官吏向中央推荐人才，当时叫“贤良方正”，董仲舒就是这次推荐考试的第一名。

不过这些改革，因为太皇太后窦氏的强烈反对，而遇到了阻力。这样因为汉朝从建国之初，一直都以黄老思想作为治国方针，主张“无为而治”，使国家的经济得到了恢复和发展，最后才有了“文景之治”的盛世。而且，太皇太后从做皇后到现在，已有了四十年，其家族在朝廷中的势力很大。按照规定，分封的王和诸侯都要回到各自的封地去；但这些人不愿离开京城，他们互相勾结，常常做出一些违法乱纪的事，武帝对此颇为头疼。

经过了解，武帝认为儒家思想可以从根本上解决这个问题。他认为汉朝先祖奉行的黄老之学，虽然对恢复、发展生产，稳定社会秩序起到了重要作用；但它的本质是姑息妥协的，这无疑阻碍了社会的进步。而且由于政府对农民控制得比较宽松，很多人为了逃避赋税而脱离户籍，变成“亡人”，如果政府对农民失去控制，当然不利于统治。

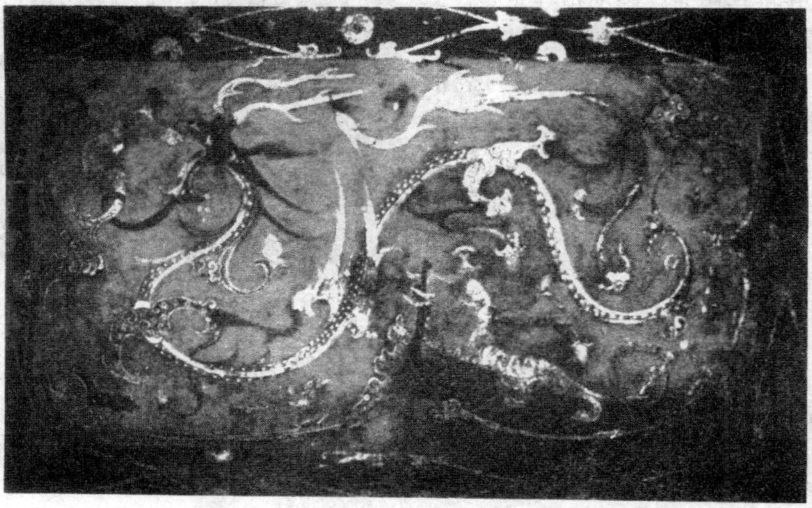

四神云气图壁画

另外，在西汉王朝妥协退让的政策下，匈奴势力一天天扩大，他们肆无忌惮地抢掠边境，这也直接关系到西汉政权的生死存亡。

更严重的是，统治阶级内部也有矛盾，代表地方割据势力的异姓王虽然早已被消灭，同姓王的势力也大大减小，但一些皇室贵族、豪强地主和大商人势力膨胀，这些也对中央集权造成了潜在威胁。

所以，当武帝召见董仲舒时，董仲舒提出了自己的一整套儒家治国思想，武帝听后非常赞赏。

董仲舒，广川（今河北景县）人。元光元年（前134），武帝亲自召见他，针对国家长期积压下来的问题，他一一做了解答，并提出著名的“天人三策”。董仲舒说：“王道之三纲，可求于天，天不变，道亦不变。”意思是：帝王受命于“天”，应秉承“天意”而统治天下，所以称为“天子”。按照这个说法，帝王具有绝对的统治权威，这种“天人感应”的神学思想正是武帝目前最需要的精神武器。接着，董仲舒又从天人关系出发，根据“阳尊阴卑”的思想建立了一套“三纲五常”的伦理学，并直截了当地提出“大一统”的政治思想，建议统一学术和统一思想。

董仲舒

董仲舒的学说原本来源于孔子的思想,但他又融进了法家和其他学派,形成了一套新的思想体系。首先是统一思想,即独尊儒术,先对百姓进行教育,宣扬君主的权力是上天赐予的,使皇权神化,让百姓无条件服从。然后实施仁政、运用法制,即"德主刑辅"。如果教育无效,就用刑罚来镇压。这套治国方针刚柔相济,所以武帝大为赞赏,并将其作为汉朝的指导思想。

但太皇太后窦氏对此却大为光火,原因有两点:一是她认为武帝的想法与老祖宗背道而驰,对国家不利;二是她感觉到了自己面临的危险。几十年来,她一直凭借家族的力量在干预朝政,但武帝任命的重臣赵绾却说,窦氏不应该继续干涉朝政,这一下惹恼了窦氏。

这时,武帝还没有力量与奶奶窦氏较量,在窦氏的干预下,武帝被迫将赵绾和王臧下狱治罪,将丞相窦婴、太尉田蚡免职,然后由窦氏宠信的人接替了这些重要职位。他还放弃了筹建明堂的计划,申公也因病回家,几年后就死了。这些对实施新政的武帝无疑是个打击,但他并没有消沉,因为他还年轻,而窦氏已经垂垂老矣。

四年后,也就是建元六年(前135),年迈的窦氏终于去世,而王太后宠爱儿子,不干预政事,因此二十二岁的武帝告别政治"禁锢期",有了独立处理国家大事的权力。

他马上将窦氏的人一律罢免,重新起用田蚡做丞相,并采用了董仲舒的"罢黜百家,独尊儒术"的建议,开始加强中央集权,对付地方豪强势力。

董仲舒的"天人合一"理论改变了汉朝一直以来的指导方针,由崇尚无为政治的黄老学说,变为崇尚儒学的礼乐文章,不仅开启了汉代灿烂文化的先河,还形成了士子尊儒好学的一代风尚。借助政府的力量,儒学从诸子百家之一迅速取得了绝对优势,并从此成为中国古代的主要哲学思想。

不过,虽然汉武帝是"罢黜百家",但其他思想学派并未完全被禁止,儒家以外的学者不仅可以公开教学,很多人还能入朝为官。

削弱相权

在加强中央集权方面,汉武帝下了不少功夫,主要表现在两个方面:一是加强对大臣的控制;二是加强对全国各地的控制。而这些都需要封建官僚机构来实现。因此,武帝在政治体制上设立了两个官僚系统:一个由大将军、尚书等组成,称为"中朝",又称内朝或内廷，主要是决策；一个以丞相为首，称为"外朝"，主要是管理政务。

当时，丞相主要管理文武百官，手中握有很大的实权，有时候决定权甚至超过了皇帝，对此，武帝非常不满。

丞相田蚡上任之后，掌握任免所有官吏的大权，可谓权倾朝野。一天，田蚡进宫奏事，武帝问他："君除（任命）吏尽未？吾亦欲除吏！"这句话充分表明了武帝的不满，因此他的第一项工作是削弱相权。

历史小常识："天人合一"

"天人合一"的思想观念最早是由庄子阐述，后来被董仲舒发展为天人合一的哲学思想体系，并由此构建了中国传统文化的主体。"天人合一"理论，体现了儒家对阴阳、五行学说的合流并用，是儒家思想的一种创新，他的代表作为《春秋繁露》。

武帝削弱相权还有一个有利条件，原先的丞相一般都是开国功臣，现在他们都已经老了，有的已经去世，武帝便利用这个机会，让儒生来代替元老，掌握国家政权。通过打击丞相，武帝加强了自己的权力。

他通过贤良对策等方式，在身边集中了一批有才干的近侍，这些人由庶僚身份，加衔侍中、诸曹、诸吏、给事中，成为入侍武帝的内臣。不过，他们虽然名义上是侍从，但具有参与讨论国家大事的权力，有时甚至面折廷争而罢黜大臣；但他们的官位并不算高，是名副其实的用小官管大事。对汉武帝来说，这些小官更容易控制，因此收到了"以卑制尊、以轻驭重、以中御外、尊君抑臣"的目的。

元朔五年（前124），武帝任命平民出身的儒生公孙弘担任丞相，一举打破了以前总是由贵族担任丞相的惯例。

"中朝预政"是朝廷政治体制的重大改革，不仅加强了皇权控制，而且为众人理解武帝的意思提供了方便，增强了工作效率。

另外还设置了丞相司直，这个职位说起来是丞相的下属；但他除了协助丞相监察不法官员之外，还有监察丞相的作用。

推恩令

为了进一步加强中央集权，汉武帝又颁布了《推恩令》。高祖刘邦在位时，曾封了很多同姓王；但这些同姓王的后代却横行乡里，不肯服从中央命令，结果导致了七国之乱。汉景帝平定叛乱后，诸侯王国的问题基本解决；但诸侯王的势力依然存在，他们再次成为半独立状态的割据势力，因此武帝决心彻底解决这个内乱。

元朔二年（前127），善于揣摩圣意的主父偃提出了"推恩"政策。他说："愿陛下令诸侯得推恩分子弟，以地侯之。彼人人喜得所愿，上以得施，分其国，不削而稍弱矣。"武帝接受了他的建议，随即颁布"推恩令"，也就是广布恩惠，让更多的人享受特权。内容主要是：诸侯王的王位由嫡长子继承，其他儿子则以推恩的形式在本侯国内分封。新的侯国脱离原来的王国，地域非常独立，受当地郡县官吏的管辖。这么一来，相关的政治权力也被剥夺了，自动将权力交给了国家。这些地方的王侯可以享受封地的租税，依然保有物质上的特权，但没有了以前的政治特权。

车马出行画像石

此时,封侯的数目已多达一百多人,后来又有四十四人封侯。有一次,一天之内居然有二十四人同时被册封。此外,对于有罪的诸侯王,则趁机削夺其封地和爵位。根据汉制,每年八月都要举行宗庙大祭,诸侯王必须献上黄金以助祭,当时称为“酎金”。公元前112年,武帝借口酎金不合规定,一下就削夺了一百多人的爵位。

这种恩威并施的政策,基本上解决了长期以来积压的诸侯王问题。汉武帝以后,虽然诸侯王依旧存在,但他们已经不具备任何政治势力了。

为了进一步加强君主权力,武帝认为:必须加强监察,驾驭一支庞大的官僚队伍,让他们尽心尽力地办事。但从汉景帝开始,由于管理宽松,司法制度日益废弛,奢侈成风。为了扭转这种情况,汉武帝对汉初以来的监察制度进行了重大改革。

元封五年(前106),武帝正式颁行刺史制度,他将全国分成十三个监察区,每个区改名为“部”,每部任命一位刺史,除了中央的刺史叫“司隶校尉”之外,其余十二个州的统称为“刺史”。“刺”即刺举,意思是侦视不法;“史”则表示是皇帝派出的使者。

刺史可以对地方进行六个方面的监督,也就是“以六条问事”:

一、恃强凌弱、强占民田的豪强。

二、不遵守诏书法令,横行地方、贪污腐败的郡守。

三、郡守审判案件草菅人命、随意赏罚,因不体恤百姓而被百姓嫉恨的。

四、选拔官吏不公平的,是否存在排斥贤能、任用小人的情况。

五、当郡守的子弟仗势欺人时,郡守有没有为其求情,使下属法外施恩的。

六、郡守是否忠于皇帝,有没有和地方豪强勾结,损害国家利益的。

也就是说,刺史主要是为了防止郡守和地方豪强勾结,对抗政府,以免出现同姓王犯上作乱的情况;同时负责向中央推荐官吏,可以罢免政绩不好的。

当时,刺史的地位是非常高的,几乎等同于钦差大臣,如果常驻地方,还有自己的官衙。不过,这些刺史虽然权力很大,但属于低级官员,属于御史中丞直接领导。在查明地方官吏的不法事实后,不能擅自处理,必须上报御史中丞,由其定夺。

另外,武帝还于征和四年(前89)设置了司隶校尉,督察京城百官和三辅(京兆尹、左冯翊、右扶风)、三河(河东、河内、河南)及弘农七郡的官员。

就这样，御史中丞、司隶校尉和丞相司直形成了武帝时期的三大监察系统，这三个系统互相监督，大大加强了皇帝对朝廷和地方的管理，从而保证了皇帝至高无上的地位和中央集权的政治体制。

兴办太学

为了维护西汉王朝庞大的官僚体系，必须有一大批官员不断地加以补充，这就需要一套完整的办法。

当时并没有科举制度——隋唐时期才出现，而主要是“察举制”，也就是通过官吏推荐，然后经过考试挑选出来；但这种结果并不理想，因为推荐的人大多都是官员的亲属，贤才并不多，这对急需人才治理国家的武帝来说，是没什么作用的。因此，他扩大了察举的范围，下令郡守向中央推荐贤才，否则就以“不举孝廉罪”处罚；同时允许官吏和百姓上书，谈论政事。通过这种方式，武帝最大限度地选拔出了有德有才之人。另外，汉朝初期的官吏考试只有贤良和孝廉两科，武帝又增加了儒学、法律以及德行等科。

马王堆帛书

武帝还采纳董仲舒的建议，于元朔五年（前124）在京城设立“太学”，这也是中国历史上第一所由国家设立的大学，主要是为了培养文官。办学事宜由丞相公孙弘主持，以儒家五经为课程，教师则由儒学博士担任，太学首开了中国“学而优则仕”的正规途径。由于适应国家培养官吏的需要，所以发展很快，武帝时太学的五经博士弟子只有五十人，到了西汉末年，则达到一万多人。

这样的选官制度也保证了“独尊儒术”的推行。秦汉之际，秦始皇焚书坑儒，汉高祖蔑视儒生，儒家遭到了各种贬黜。到了武帝时期，则处于复兴状态，儒生们开始大量进入政权体系，中国封建时代的统治思想逐步巩固起来。

儒生在太学学习一年之后，再举行考试，然后依照成绩来任命官职。

文景之治时期，儒学就设立了《诗》《书》《春秋》三经博士，到了建元五年（前136），趁着太皇太后窦氏病重之机，汉武帝正式设立了“五经”博士。元朔五年（前124），丞相公孙弘上书奏请：“让博士弟子员受业一年，经过‘射策课试’，能通一经者补文学掌故之缺，课试高第者出任郎中。”

另外，由于在汉文帝时期，文翁办学成功，因此武帝将他的经验加以推广，“令天下郡国皆立学校官”，这些都进一步扩大了选拔官吏的范围。

播种画像砖

应该说,汉武帝是中国古代帝王中教育热情最高、成绩最大的一个,他颁布的一系列兴教举措,在中国和世界教育发展史上都具有深远的影响。

另外,汉武帝也是中国历史上第一位使用年号、在统一的国家制度下颁布历法的皇帝。公元前113年,他下令:"以当年为元鼎四年,并将此前之年追改为建元、元光、元朔、元狩,每一年号均为六年。"

太初元年(前104),改订礼制和历法。其主要内容是:"改用太初历,以正月为岁首,色上黄"。"太初"的意思是宇宙开端,武帝以此命名历法,象征着太初年间的"改元更化"。

这些制度改革都是汉武帝提倡儒术的表现,通过这些措施,儒家思想逐渐渗透到政治、法律、教育等各个领域,巩固了皇权的统治。

重农抑商

汉武帝统治时期所推行的经济政策,包括农业、工商业、税收、货币等几个方面。在农业方面采取兴修水利,移民屯田,实行"代田法";在工商业方面采取桑弘羊的建议,将冶铁、煮盐收归官营;设置平准官、均输官,由官府经营运输和贸易;在税收方面采取"算缗""告缗",征收商人资产税;在货币方面禁止郡国铸钱,统一铸造五铢钱。这些政策的实施,为当时国家的财政收入提供了广阔来源,并解决了对外征战需要的大量钱物,尤其巩固了汉帝国的政权统治,但也不可避免地带来了消极影响。

名田令和代田法

元朔二年(前127),武帝接受主父偃的建议:移民塞下,并在边地设置"屯田官",设立了朔方和五原郡,招募了十万户人迁徙,还从关东迁了七百二十五万人至陇西、北地、西河、上郡和会稽等地。屯田制度是汉武帝的一大发明,为后世统治者所仿效。

汉武帝初期,豪强地主兼并土地的速度很快,巧取豪夺的手段也变本加厉。为了抑制他们的发展,扶持小农经济,稳定在籍编户之民的人口数,汉武帝利用皇权的政治力量,在不改变赋役制度的条件下,抑制和打击了豪强地主的经济发展。

汉武帝下令:将郡国豪杰和资产在三百万以上者,全部迁往茂陵。这次迁徙豪族和当初高祖不同,高祖是为了打击六国旧贵族的政治势力,武帝则是从经济上压制大搞土地兼并的新兴暴发户。

元狩四年(前 119),汉武帝又颁布了《名田令》,其中规定:“贾人有市籍者及其家属,皆无得籍名田,以便农。敢犯令,没如田僮。”这项法令,限制了工商业主和高利贷者霸占田地的数量。同时他还任用酷吏,严厉打击那些横行乡里、作奸犯科的豪强。这些措施对保障赋役来源和巩固社会秩序都有着重要的意义。

汉武帝还大力推广先进的生产工具和耕作技术。当时,人们已广泛使用铁制农具,并在生产中推广牛耕和耧车(又称耧犁)。用耧车播种不但速度快,而且下种均匀,对于农作物生长十分有利。另外还试行了“代田法”。这是一种保护地力的先进耕作方法,垄沟和垄台的位置每年交换使用,可以恢复地力。

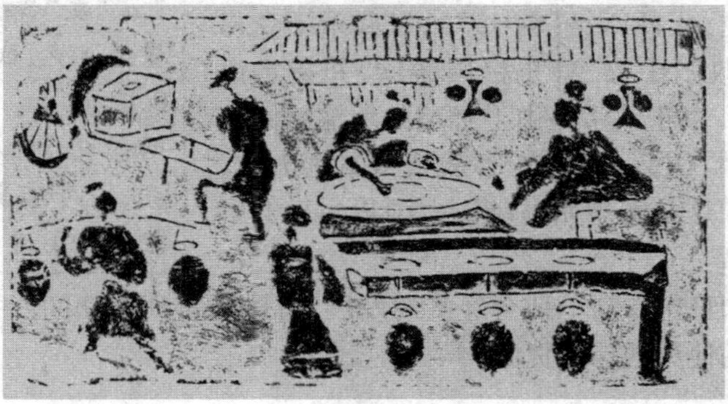

酿酒画像砖

水利对农业生产的发展起着关键性的作用,可以说是农业的命脉,因此武帝大力兴修水利,发展灌溉事业。他指挥修筑的水利工程有漕渠、白渠、六辅渠、成国渠、洛水渠和龙首渠等。

经过上述一系列措施,汉代的农业很快就得到了恢复,并迅速达到鼎盛时期,而农业生产的发展,也促进了工商业的发展。

盐铁官营

为了解决财政危机,武帝于元狩四年(前 119)开始起用精通“轻重之术”的经济专家孔仅、东郭咸阳和桑弘羊,他们都出身于大工商业主之家,号称“理财三杰”。

他们提出“轻重”理论。同一种商品,稀缺时价格就会提高,此为“重”;过剩时则下降,此为“轻”;轻与重完全随着市场需求的涨落而变化。

盐铁是事关国计民生的大事,但在汉初,盐铁是由私人经营的,国家除了收取官税之外,其余的事一概不问,特别是在文帝时期,对盐铁经营完全是放任自流。

元狩五年(前 118),桑弘羊等人提出一个盐铁官营专卖的计划;但是,这个计划遭到很多人的反对。因为盐铁专营起源于战争,又由于当时对外战争较多,国家财政比较困难,富有的商人们却不想对国家做贡献,他们富有的程度足以和郡县及国家对抗,因此他们对这个建议非常反感。

但汉武帝的态度十分坚决,完全不理睬反对意见,于元狩六年(前 117)下令:“在全国实行盐铁官营。”

从此，中央接管了具有巨大收益的盐、铁、酒等商品，从煮制、冶炼、酿造到销售，都由国家全权处理，并制定了法令严格限制私人经营。由于这些东西和百姓生活密切相关，同时关系到国家的稳定，所以这个政策不仅大幅度地增加了国家收入，也打击了商人的势力。

在此之前，由于采矿的权力在诸侯王手中，而且允许郡国铸造货币，因此当时的货币制度非常混乱。为了彻底解决这个问题，元鼎四年（前113），汉武帝下令将开采权和铸币权收归中央，禁止郡国铸钱，并指定由“上林三宝”铸钱。由于钱币是由上林苑的均输、钟官、辨铜三官统一铸造，因此也称“三官钱”；重量为五铢，故又称为五铢钱。这是继秦始皇统一六国货币后的第二次货币统一政策。

历史小常识：五铢钱

五铢钱始铸于汉武帝元狩五年（前118），钱重五铢，钱面上铸有“五铢”二个篆字；钱面上“五铢”二字，分列方孔左右，通常是右“五”左“铢”。它的标准重量为4克，钱径2.5厘米，厚0.12厘米。它继承了秦半两的形制，确立了圆形方孔，内外有郭，并发展成为轻重大小适中的铜钱币。

货币的统一和稳定有利于社会经济的发展，所以一直到隋朝的六七百年间，五铢钱都是历代封建王朝使用的标准货币。

置均输，行平准

为了增加朝廷财政收入，打击商贾随意哄抬物价，元鼎二年（前115），大农丞桑弘羊再次提出试行“均输令”和“平准令”。

均输是国家通过税收征购、调集基本生活用品，比如粮食和布帛等，然后根据市场需求变化，组织商品流通的体制。原来的汉法规定：各郡国每年都要向朝廷进奉一定数目的贡物，当时称之为“贡献”。由于这些贡物往来运输麻烦，因此武帝在郡国任命了均输官。其职责是将朝廷需要的贡品及时运往京师，然后将不需要的物品运到价格较贵的地区出售，所得钱财上缴大司农。这样既可以减轻郡国运输贡物的负担，还能增加国家财政收入，并调节了各地区之间的需求，一举三得，是非常合算的。

接着，桑弘羊又提出了“平准”制度。它是与“均输”配套并行的制度，由国家控制各种商品的销售，平抑物价。“平准”制度是国家实行全面的商业垄断。

任命的平准官员应根据均输官储存的物资，了解市场上的物价变化，如果某种商品开始涨价，就迅速抛售，跌价时则大量购入，以此平抑和稳定物价，调控市场，打击牟取暴利的富商大贾。

在丰收的季节，粮食价格往往比较低，为了保护农民的利益，国家便出高价来收购，等到第二年粮食价格上涨时，国家再平价卖出。这样，富商们就失去了囤积居奇、牟取暴利的机会，稳定了物价和政局。

这些措施都是用行政手段来干预市场、调剂物价，在加强经济管理、打击富商方面起到了重要的作用。

推行“告缗令”

元狩四年(前119),武帝推行“算缗”。这是向商人征收的一种财产税,规定商人们必须向官府申报自己的财产。“缗”是指用绳子串起来的铜钱,一千钱一串,称为一缗。根据财产税,每二千钱征收一算,即一百二十钱。算缗令的颁行严重打击和限制了商人们,并大大增加了他们的负担,所以很多商人为了少交或不交,就隐瞒财产数目,有的甚至干脆不报。

为了解决这种状况,汉武帝于元狩六年(前117)颁布了“告缗令”,并任命杨可负责此事。如果发现隐瞒资产不报或呈报不实者,一经查实,立刻没收其财物;但这种做法的效果也不太好。

李广

元鼎三年(前114),汉武帝加紧推行告缗令。他再次下令,鼓励人们告发那些不遵守“算缗”的人,告发者可得到被告发商人的一半财产作为奖励,这一下,顿时出现了“杨可告缗遍天下”的盛况,中等以上的商贾都被告发。一时间,朝廷增派了很多官员到各郡国收缴缗钱,数以亿计的财物、成千上万的奴婢和大量田宅都被充公。

告缗令前后共实行了四年,至元封元年(前110)才停止。这是自汉初实行“抑商”政策以来,对商人打击最重的一次,很多商人就此破产,工商业的发展受到了抑制。

虽然盐铁官营、均输、平准三大政策打击了商贾的投机,解决了国家财政困难,使濒于崩溃的西汉经济得以恢复;但同时也给百姓带来了很多不便。由于官办企业管理不善,产品质量往往得不到保证,均输、平准也没有达到抑制物价上涨的目的,“轻贾奸吏,收贱以取贵,未见准之平也”。另外,这些政策严重打击了商人的积极性,阻碍了当时商业的发展,再加上官商结合加速了官僚机构的腐败,因此其消极影响也是显而易见的。

抗击匈奴

飞将军李广

汉景帝时期,匈奴也进入了最强大的时期,他们南下进攻汉地,烧杀抢掠,严重威胁了老百姓的生活和西汉王朝的政权。而这时的汉朝虽然社会经济有了恢复和发展,但是要彻底消灭匈奴依然不太可能,在这种情况下,汉景帝只能继续维持和亲的政策,对于他们的小股骚扰,能忍则忍。

不过,景帝虽然没有大规模反攻,但也绝非一味妥协,他任用李广、程不识和郢都等人,在不多的反击战斗中,震慑了匈奴,其中,“飞将军”李广功不可没。在中国历史上,李广是一位家喻户晓、传奇式的人物,《水浒传》中的弓箭高手花荣,就号称“小李广”。

李广,陇西成纪(今甘肃庄浪西)人。他的先祖李信是秦国名将,李家的家传本领是“善骑射”。汉文帝十四年(前166),匈奴大举入侵汉地,李广从军,开始了几十年的征战生涯。

李广的个人作战能力极强,在和匈奴的作战中,他以一名小兵的身份斩杀敌人无数,很快就升为汉中郎,就连汉文帝都见识过他的勇武。

一次,他和文帝一起打猎,当众格杀了一头猛兽,震惊朝野。文帝感叹道:“李广生不逢时啊,如果当年遇到高祖皇帝,万户侯也不算什么。”

景帝刘启即位后,李广被升为陇西都尉,在平定七国之乱中,跟随周亚夫作战,斩将夺旗,勇不可当。不过,李广这个人没什么政治头脑,胜利后他居然接受了梁王的赏赐和印信,作为一名汉将,接受诸侯王的赏赐是非常不妥的,就这样功过相抵,景帝没有给他应有的赏赐。

好在李广也不在乎这些,他只喜欢打仗,于是他上书请求景帝任命自己担任上谷太守,直接和匈奴交锋,景帝答应了。在接下来的日子,李广历任上郡、陇西、北地、雁门、代郡、云中等地区的太守,在边界的各个位置上与匈奴作战。每到一处,李广都是凶悍不已,最后,匈奴士兵只要一看见李广的旗帜就头疼,都盼着他早点离任。当他的离任消息一传出来,当地的匈奴人都弹冠相庆、举杯痛饮,他们高兴地说:“这个瘟神终于走了。”

> **历史小常识:察举制**
>
> 汉代选拔官吏的一种制度。公元前196年,汉高祖刘邦下诏求贤,令所封各郡国推举有治国之才的“贤士大夫”,开创了汉代察举制度的先河。但是把察举作为选拔官吏的一项制度,是从汉文帝时开始的。后来,汉武帝进一步把察举发展为一种比较完备的选官制度。

李广担任上郡太守时,匈奴大军压境,景帝于是派了一名大臣来军中视察,这个大臣平时喜欢舞刀弄枪,善于骑射,自称是“长安第一高手”。

这天,大臣带着十几个人在外面游逛,结果遇到三个匈奴人,他自认为人多,于是虚荣心膨胀,上前挑衅。谁知三个匈奴人武艺高强,箭无虚发,将他的十几个手下全部射伤了。这位大臣气急败坏地跑回来,跟李广一说,李广顿时高兴起来:“他们肯定是传说中的匈奴射箭高手‘射雕儿’。”

说完,李广带了一百多人去追击那三名匈奴人,李广亲自动手,射杀二人,生擒一人,经过询问,果然是“射雕儿”。他带着俘虏正准备离开,突然前面尘烟大起,跑过来几千名匈奴骑兵,手下们顿时惊慌起来。不过,李广有着丰富的实践经验,他不慌不忙地说:“匈奴人不会立刻进攻,他们会在几里之外判断我们是不是诱敌部队。所以我们不能逃跑,不然很快就会被他们追上,大家就都性命不保了。唯一的办法就是若无其事地待着,吓唬吓唬他们,然后再作打算。"

部下一听,既然没有别的办法,也只好这样,在李广的安排下,这一百多人不仅没有逃跑,反而卸下马鞍开始休息,此时,只要匈奴人一进攻,李广就会全军覆没。但是,在远处观望的匈奴人拿不定主意,他们暗自嘀咕:这是不是李广的诱敌之计?

冥山射虎

双方僵持了一会儿,匈奴阵中跑出一位骑白马的将军,在两军阵前驰骋,以鼓舞士气,李广立即上马,率领十几个人冲杀过去,只一箭就将这个白马将军射杀了,然后回到阵中继续休息。这一下,匈奴人士气低落,更加担心汉军有埋伏了,等到晚上,他们终于率兵撤退。　还有一次,李广外出打猎,回来时已经天黑了,在朦朦胧胧中,他似乎看见一只猛虎伏在草丛中,于是立刻拿出弓箭,竭尽全力地把箭射出去。等了一会儿,四周没了动静,他便开始找寻老虎的踪迹,但怎么找也找不到。

第二天他再次返回,才发现草丛中有一块酷似卧虎的巨石,昨天射出的箭就插在上面,箭已深深地陷入巨石,拔不出来了。李广觉得很好奇,再次拔箭射击,却再也射不进去了。这个故事被载于正史,唐代诗人卢纶还作了一首五言绝句《塞下曲》来描述它。诗中写道:"林暗草惊风,将军夜引弓。平明寻白羽,没在石棱中。"

李广对部下极其关爱,每到一处宿营,如果部下没有水喝,他就不会先喝;部下没有食物,他也不会先吃;因此深受部下爱戴,都愿意为他舍生忘死。在他的训练下,部将们都成了弓箭高手,而且锻炼出极强的心理素质,即使匈奴骑兵冲到眼前,他们依然能连眼睛都不眨,然后开弓放箭,命中率极高。他们的很多次作战都是依靠出众的军事素质和凝聚力,以少胜多,或坚持等到支援的大部队。

在李广四十多年的征战生涯中,不当官的日子屈指可数,也就是说,他始终坚持在战斗的第一线。每当他上任的消息传到匈奴,都会引起震惊,匈奴人对李广又害怕又敬畏,称他是"汉之飞将军"。能够在敌人那边得到如此高的评价,李广可以说是汉军第一人。有这个让人挠头的李广挡着,匈奴人顿时变得老实起来,不敢侵犯他镇守的地区。

可惜的是,李广年迈后跟随卫青作战,有一次却因失道延误了战机,使匈奴单于逃脱了。李广说:“我从小和匈奴作战,大大小小的战争有七十多次,这次跟从大将军出战,没想到会迷路,真是天意啊！如果这个消息传出去,肯定会被众人耻笑,我李广已经六十多岁了,不能再去面对这种羞辱。”说完就引刀自杀了,全军将士无不痛哭失声,老百姓们也是流泪叹息。

在中国历史上,很少有这样极具个性的将军,不管输赢,他都保持了一个军人的本色和气度。每到一个地方,他就会与匈奴交战,这样就牵制住了匈奴人,让他们没有时间去考虑如何进攻汉朝,而只顾对付这个勇猛凶狠的敌人了。

李广是将门之后,而且有一套非常适合塞外的治军方法。他的部队简单机动、长于应变,所以司马迁称赞他说:“勇于当敌,仁爱士卒。号令不烦,师徒向之。”

景帝除了支持李广等人与匈奴对抗之外,还采取了一些措施,为后来武帝攻打匈奴做了很多准备工作,比如施行“马政”。中原地区自古以来就不擅长骑马,这样对壮大骑兵不利,无法适应需要,而且限制了交通、运输等方面的发展。景帝即位后,继续进行马政建设,他下令:“扩大设在西边(如北地郡)、北边(如上郡)的马苑,造苑马以广用。”他还鼓励各郡及民间饲养马匹。由于景帝大力促进马业的发展,因此军马生产颇具规模,官府的马匹增加到四十万匹,民间的则数不胜数。

另外,景帝继续实行“卖爵令”及“黩罪之法”,这两项措施是文帝时,由晁错提出来的,经过实践,这些措施被证实是有效的,因此景帝即位后便将它带向更加完善的境界。

他还将大批徙民充实于边地,使其成为一支兵农混一的垦戍队伍,减轻了内地百姓的徭役。这些人在匈奴边界设立关市,和匈奴人交易,这也在一定程度上消解了匈奴的骚扰,为经济发展赢得了时间。

卫青

卫青收复河套

在汉武帝一生的业绩中,抗击匈奴是其中比较大的一项。他在位期间,大大小小的战役多达十五次,关键性的战役有三次,一共持续了四十三年。

元光二年(前 133),汉武帝采纳王恢的建议,派“飞将军”李广、王恢、李息、公孙贺和韩安国五位将军,率三十万汉军埋伏在马邑附近,同时派出聂壹引诱匈奴,可惜匈奴的军臣单于发现这是诱兵之计,因此很快就撤兵了,三十万大军无功而返。不过,虽然马邑之谋失败了,却激起了武帝全面反击匈奴的决心。接着,他全面改革了军事体制,取消太尉,设立大将军和侍中的带兵制度。最重要的是,他提拔了皇后卫子夫的弟弟卫青出任大将军。

卫青的出身非常卑微，他的父亲郑季是平阳侯府中的一个小官，和平阳侯的小妾私通后，生下卫青，从此他就跟随母亲姓卫，终生没有改名字。作为一个私生子，卫青的生活当然不会太好，他在侯爷府生活了一段时间，兄弟姐妹们都看不起他，经常把他当奴隶一样呼来唤去，而卫青从来都是逆来顺受、毫不反抗。后来他跟随父亲郑季，谁知郑季居然打发他去放羊。

一天，卫青作为奴仆陪同侯爷去武帝的甘泉宫，半路上被一个相士看到，相士说："你相貌贵不可言，将来至少要封侯。"卫青不相信地说："我不过是个奴隶，只要每天不被别人打骂就很高兴了，怎么敢有这样的痴心妄想？"卫青长大之后，就不做奴仆，成了一名骑兵。这时，武帝宠幸他的姐姐卫子夫，卫子夫很快就有了身孕，这引起了皇后陈阿娇的极度不满。皇后把这些事情告诉母亲馆陶长公主，但馆陶长公主找不了卫子夫的麻烦，只好拿她的兄弟来出气。在她的指使下，卫青被关进大牢，幸亏他的好兄弟公孙敖劫狱，卫青才得以逃脱。后来卫青功成名就之后，一直照顾公孙敖，也正因为如此，他后来将原本属于李广的机会让给公孙敖，结果导致李广失去最后一次立大功的机会。尽管事情做得非常隐秘，但馆陶长公主要杀卫青的事还是被刘彻知道了，他非常生气："和宠妃过不去的人就是和我过不去。"就这样，武帝将卫子夫的兄弟们都封了官，而卫青则成为一名侍中。

钳徒论相

经过一段时间的准备，汉军的素质和战斗力有了明显提高，于是汉武帝决定要大规模地反击匈奴。

这一次，他派出四路大军：卫青为车骑将军，击匈奴，出上谷；大中大夫公孙敖为骑将军，出代郡；卫尉李广为骁骑将军，出雁门；太仆公孙贺为轻车将军，出云中。每路人马都有一万多骑兵。其实这次作战胜算的机会很小，因为卫青和公孙敖都是初出茅庐，根本没有带大兵团的经验，而且汉军对匈奴一向都是以防御为主，这样大规模的进攻以前从来没有过。

事实也的确如此。运气不好的李广一出战就遇到了匈奴主力，结果全军覆没，李广本人也被俘虏，好在他神勇无比，最后居然夺了敌人的战马逃回来；公孙敖则遇到了匈奴的突袭，苦战后损失七千多人，基本失去了战斗力；公孙贺一心想要和匈奴作战，结果出去晃了一圈，连个人影都没碰到；只有卫青跑到匈奴首府——龙城绕了一圈，并斩杀了数百匈奴骑兵。

这次进攻汉朝损失惨重、得不偿失，李广和公孙敖按律当斩，后来他们出钱为自己赎罪，最后被贬为庶人。幸好卫青小胜了一把，给汉武帝挽回了一些颜面。从此，卫青的地位在武帝心中有所提高。

虽然卫青的官职并没有得到升迁，但他很快又有了机会。元朔元年（前128），匈奴派出两万骑兵侵入边境，由渔阳进入雁门，都城长安受到了直接威胁。

武帝再次派卫青出征，他率领三万骑兵，斩杀匈奴数千人。第二年，匈奴攻入河南，杀死了辽西太守，卫青经过一番苦战，终于收复了河南地区。接着，他乘胜追到陇西，途中斩杀匈奴数千人，并缴获数十万牲畜。

在追击过程中，卫青遇到了跟随匈奴的两个西域小国的军队。他不管三七二十一，将白羊王和楼烦王亲自率领的部队打得落花流水。

回朝后，看着那数十万头牲畜，武帝兴奋极了。一直以来，都是匈奴从汉朝抢东西，如今，汉朝居然也可以从匈奴那里抢东西了，因此他下令封卫青为长平侯，他的部下苏建也被封侯。

接着，武帝在河南地区设置朔方郡，以稳定对北方地域的控制。这次胜利为后来的赫赫战果打开了胜利之门，它不仅证明了匈奴并非不可战胜的，还收复了自秦末以来就沦陷于匈奴的河套地区，极具战略意义。

河套地区距离长安不过一千多里，匈奴骑兵只要两三天就能到达，汉朝初年，就常常被匈奴所扰。收复河套后，不仅减轻了对汉王朝腹地的威胁，还可以利用这个天然屏障，将朔方和五原建成抗击匈奴的基地，为军需粮饷提供了方便，也为最后击败匈奴创造了有利条件。

不过受此重创，匈奴当然不肯善罢甘休，转过年来，到了草长马肥的日子，匈奴又气势汹汹地率兵进攻代郡，杀了代郡太守，还掳走几千名百姓。汉朝也对此进行了反击，车骑将军卫青率领三万骑兵再次出征，游击将军卫尉苏建、骑将军太仆公孙贺、强弩将军左内史李沮和轻车将军代相李蔡都是他的属下。

由于卫青行军隐秘，因此迷惑了匈奴，匈奴主将右贤王甚至认为卫青不可能来得这么快，所以并未进行防范。

当卫青在半夜发动突袭时，右贤王居然喝得酩酊大醉，这一下，他猝不及防，只得连夜逃窜。失去指挥的匈奴军随即溃散，卫青派人尾随追击，虽然没有捉住右贤王，但将他的幕僚全部俘获，共有一万五千多人，牲畜数千头。

汉武帝收到捷报后，立刻派使者手持大将军印，在卫青回师的路上直接封他为大将军。卫青风风光光地回到朝廷，武帝大肆赞扬了他的功劳，并爱屋及乌，将他还在襁褓中的儿子都封了侯。

卫青谦虚地说："我们能取得如此战果乃是皇上的洪福，既然皇上已封赏了臣下，我的几个孩子就不必封赏了，因为他们并没有功劳。更何况取得这个成绩是各位属下苦战的结果，他们都没有被封赏，我的孩子又有什么资格呢？"此时汉武帝龙颜大悦，听他这么一说，于是也一一赏赐了他的部下，上次丢了爵位的公孙敖也顺理成章地成为合骑侯。

胡汉交战画像石

元朔六年(前123),武帝又派卫青率十万骑兵出塞,追歼匈奴。这时,匈奴的实力已经比不上当年了,但他们不肯认输,继续发动报复性战争。

这一次,汉军吃了点亏,代地都尉朱英被杀死。接着,匈奴抓住汉军行军中脱节的破绽,以数万重兵包围了卫青的部下苏建和赵信——他们仅仅只有三千骑兵。

经过一天的苦战,汉军渐渐不支,眼看性命不保,赵信便率领八百人投降了,而苏建则杀出一条血路,孤身逃回大营。面对如此惨败,有人说:“损失了三千骑兵,应该杀死苏建。”但也有人不同意:“苏建以寡敌众,失利后还不顾一切地逃回,并未像赵信那样投降,足见他的忠诚,这种人怎么能杀呢?”眼看部下意见不一、争论不休,卫青只得说:“我奉皇上之命在外统兵,当然要立军威,按职责来说应斩杀苏建,但作为臣子,我不能因为皇上的恩宠在外自行其是,因此我决定,将苏建带回京城,让皇上圣裁。”

历史小常识:射策

射策是汉代选士的一种考试方法,考试题目都和经义有关。主试者提出问题,书之于策,覆置案头,受试人拈取其一,称作“射”;按所射策上的题目作答。西汉时射策分甲、乙、丙三科,这种考试方法一般应用于太学诸生以及选补博士以及明经、察举的考试。

霍去病封狼居胥

在汉军与匈奴交战不利的情况下,又有一人横空出世,他就是年仅十八岁的霍去病。

霍去病,河东郡平阳(今山西临汾)人。他是卫青的外甥,和卫青一样,他也是个私生子。霍去病的父亲叫霍仲孺,是平阳县的县吏。一次,他去平阳侯家做事,结果认识了卫青的姐姐卫少儿,接着卫少儿就生下了霍去病。

霍去病和舅舅卫青关系很好,因为两人的年纪相差无几,在卫青当骑兵的时候,便常常对霍去病进行特别训练。卫青升官之后,霍去病也得到了一个侍中的小官位。

后来,卫青为了让霍去病在实践中得到磨炼,每次出征都带着他,在卫青的提拔下,武帝任命霍去病为剽姚校尉。校尉是地位较高的军官,仅次于将军,“剽姚”的意思是勇健轻捷。

霍去病和卫青最大的区别在于,他敢于冒险,而且以勇悍著称,即使没有援兵,他也敢千里突袭，这种做法非常危险，但一旦成功，战果也很大。卫青的作战方式则是"正兵"，长处是稳健，虽然在和匈奴的周旋中占不了什么便宜，但也不会有什么损失，这么一来，队伍的机动性就大打折扣，不容易发挥出骑兵的优点和特性。

卫青很疼爱霍去病，很少让他单独率兵面对匈奴骑兵，一直将他带在身边，警告他不准乱跑。

可惜霍去病是个坐不住的人，这天，他终于忍不住了，于是带着卫青给他的八百骑兵，离开大军营地去突袭匈奴。

在一般情况下，这样做结果不是战死就是被俘，但是，霍去病表现出了令人惊异的独立作战能力，几乎可以媲美当年的飞将军李广。在霍去病的率领下，这帮骑兵把匈奴打了个措手不及，取得了斩杀俘虏两千多人的战果，不仅杀死了匈奴单于的叔祖父籍若侯产，还活捉了他的叔父罗姑比，大胜而归。

本来，霍去病不听指挥、私自出兵应该受到严惩，不过卫青是他的舅舅，再加上这次出兵很顺利，因此功过相抵，没有惩罚他。回去后，卫青将霍去病推荐给武帝，武帝立即封霍去病为"冠军侯"。

这次胜利使得武帝心情不错，那个等待他处理的苏建也因此保住了一条老命。

在后来的日子，因为霍去病的横空出世，卫青自然就少了很多立功机会，不过，他不会跟自己的外甥斤斤计较。此时，卫青的姐姐卫子夫年纪也大了，武帝又迷上了另一个美女王夫人，卫青得知王夫人的族人很贫穷，于是采纳手下的意见，以祝寿的名义送了王夫人一笔巨款。王夫人非常高兴，一有机会就在武帝面前说卫青如何如何好。

武帝是个聪明人，他立刻明白卫青贿赂了王夫人，于是去质问卫青。卫青一五一十地将事情告诉了武帝，因此武帝觉得卫青老实，就没有追究此事，反而将那个给他出主意的人封为东海都尉。

张掖太守虎符

从此武帝认为卫青对自己忠心耿耿，因此对他一直另眼相看，即使后来霍去病的功劳远远超过了卫青，但他的大将军位置始终没有动摇过，以至于武帝觉得有点对不住霍去病，还特意造出一个"骠骑将军"的名号给他。元封五年（前106），卫青在家中逝世，被谥为列侯。

接下来的战场就是霍去病的舞台了。元狩二年（前121）春天，霍去病被任命为"骠骑将军"，率领一万多人从陇西出塞，这原本是汉朝对匈奴的一次试探性作战，但霍去病跑出长城后就改变了作战目的。

他率领部队越过焉支山(今甘肃山丹东南),在大漠中纵横驰骋,途中击败了无数敌军,其中包括匈奴属下五个小国的军队。他不仅杀死了属国国君折兰王和卢胡王,俘虏了浑邪国的王子和丞相,还抢走了休著国的祭天金人。

不过,这次作战毕竟是在敌人的国土上,因此他们不敢恋战,只斩杀了敌军八千余人就撤退了,但霍去病及其军队带给匈奴的震撼是巨大的。河西首战告捷,武帝看到霍去病又带了一大堆战利品回来,那个高兴劲就别提了。

同年夏天,霍去病再次出击,汉军兵分两路,一路由霍去病和公孙敖率领,另一路由张骞和李广率领。走到半路上,霍去病和公孙敖失散了,不过对他来讲,公孙敖在不在都无关紧要,因此他故伎重演,在匈奴的地盘横冲直撞,深入北地(今甘肃庆阳西北)两千多里,越过居延泽(今内蒙古额济纳旗北),一直杀到了祁连山(今甘肃张掖西北)。

由于没有碰上匈奴主力,霍去病又不甘心空手而回,于是他开始攻打那些归附匈奴的小国。经过多次战斗,他击败了小月氏,俘虏了酋涂王,各级王爷、妃子、王子五十多人,丞相、将军、当户、都尉六十多人,斩杀敌人三万多,迫使两千多人投降。不过,霍去病的队伍也损失惨重,死亡受伤失踪的人占了全军人数的十分之三。

这是西汉对匈奴开战以来,取得的一次空前大捷,这次战役后,汉朝控制了河西地区,截断了匈奴和羌人的联系,打开了内地通往西域的道路。这次胜利也使霍去病的名气如日中天,风头几乎盖过大将军卫青,武帝不好意思把卫青的大将军头衔转给霍去病,但又觉得过意不去,于是将骠骑将军的地位升一级,等同于大将军。

汉军占领河西后,武帝置武威、张掖、酒泉、敦煌四郡,并称为“河西四郡”。由于河西走廊是通往西域的交通要道,因此扫清匈奴之后,就为后来的“通西域”创造了重要条件。同年秋天,匈奴发生了一件大事,匈奴单于认为手下的浑邪王管理的地盘多次被汉军攻破,死伤惨重,因此对他非常不满,匈奴单于下令召见浑邪王,准备杀了他。

浑邪王见势不妙,就上书汉武帝:愿意率领死党休屠王一起降汉。武帝听到这个消息大喜过望,但又害怕敌人是诈降,于是派霍去病前去受降。

不过浑邪王愿意投降,他的部下却不见得,当他宣布要投靠汉朝的时候,军营中立刻炸了窝,多数部将都率领着人马跑了。霍去病见到这个情况,立刻雷霆出击,当场杀了那些不愿投降的敌军,共计八千多人,然后挟着浑邪王及其部众渡过黄河,来到汉朝的地盘。

这是一次标志性的胜利,它意味着汉朝能够保护曾隶属于匈奴的浑邪王,匈奴却对此毫无办法,这从根本上动摇了匈奴对塞外各属国的控制。

所以匈奴对此无比震怒,匈奴王立即出兵袭击汉朝边境。由于汉朝部队早已今非昔比,匈奴根本占不着便宜,恼怒之下只得杀了许多百姓,然后在汉军到来之前仓皇逃走。

元狩四年(前119),武帝和各位大将一致认为:“投降匈奴的赵信为匈奴出谋划策,给了他们很多帮助,这么一来,匈奴就会认为,由于汉军的后勤补给跟不上,所以绝不可能越过大漠来攻打自己,因此应该将计就计。”

经过商议，武帝决定了对匈奴的远征方案：卫青和霍去病各领五万骑兵，辅助步兵和后勤补给部队数十万人，分两路出击匈奴，这是规模最大的一次远征。

赵信原本以为，汉军没有深入大漠的能力和决心，因此给匈奴单于出了个主意："以逸待劳，让卫青送上门来。"不过卫青一生享有不败的美誉，见此情况，他立即以车仗绕营防御，然后用五千骑兵袭击匈奴的侧翼。双方正在激战，突然刮起一阵大风沙，一时间，伸手不见五指，汉军虽然人少，但训练有素、毫不慌乱，匈奴骑兵见势不妙，自然是立即撤退。

卫青追击了二百多里，斩杀匈奴近两万人，夺得大量战略物资，战绩也算不小，不过和霍去病相比，就逊色不少了。

渡河受款

霍去病率领五万骑兵从右北平出击，抓获单于近臣章渠、王爷三人，匈奴将军、相国、当户、都尉等八十三人，斩杀了匈奴王爷比车耆。他还一直追击匈奴左贤王的部队，直到了狼居胥山（今蒙古人民共和国肯特山）、翰海（今俄罗斯西伯利亚贝加尔湖）才停下。霍去病在狼居胥山上积土祭天，这就是著名的"封狼居胥"。

这样辉煌的战绩，彻底奠定了霍去病为西汉第一名将的地位，即便是在中国历史上，这也是对外战争的最高荣誉。后世帝王和将军都希望能达到"封狼居胥"的功业，但几乎无人成功。

而且霍去病完全是无后方作战，所有的粮食和其他物资都是从敌人那里夺取的，共斩杀匈奴七万多人，应该说，这次大规模的出击，狠狠打击了匈奴的势力。匈奴是游牧民族，人口本来就不多，而参战的往往都是青壮年，经过这次漠北大战，匈奴逐渐衰弱下去。

不过，汉军的损失也很大，士兵死了一万多人，十四万匹马损失了足足十一万，这就导致了没有实力将已经虚弱的匈奴彻底消灭，给了他们休养生息的机会。但不管怎么说，这次战争之后，汉朝和匈奴之间出现了少有的平静。

由于霍去病屡建大功，因此多次得到汉武帝的嘉奖，不仅赐封其食邑十七万户，还加官大司马。

一次，霍去病胜利归来，汉武帝准备了豪华的府邸让他参观，谁知他说："匈奴未灭，无以家为也。"这句话被后人无数次地引用，激励着一代代的军人投入到反抗侵略的战争中去。

霍去病为人极为剽悍，而且对待部将也不太好，卫青和李广都是出了名的爱兵如子，霍去病却差很多，当军中士兵没有吃饱饭的时候，就令人陪他玩蹴鞠——古代的足球运动。所以作战的时候，跟着他的往往都是亡命之徒，因为除了能带来军功之外，霍去病实在不能给他们别的东西了。

马踏匈奴石雕

霍去病用兵坚决果断，武帝曾希望他能学一些孙子和吴起等人的兵法，霍去病却说："顾方略何如耳，不至学古兵法。"

不过，从十八岁从军到二十四岁逝世，短短几年工夫，霍去病率兵总计斩首、俘获匈奴十一万多人；迫使浑邪王率数万人投降；夺取河西地区；置酒泉、武威、张掖、敦煌等郡，这个成绩也足以让他笑傲疆场了。

二十四岁那年，霍去病不幸染病身亡。汉武帝十分悲痛，为了纪念他，特意命人仿照祁连山，为他修建了一座宏伟的坟墓。

张骞通西域与丝绸之路

张骞出使西域

建元二年(前139)，大将卫青、霍去病等人抓回了一批匈奴人。由于匈奴人长期侵犯边境，骚扰百姓，因此汉武帝亲自审问了这些人，想摸清他们的心思。

谁知有个匈奴人非常傲慢，他说："你们没什么了不起，根本比不上我们匈奴人，像我们旁边的那个大月氏国王，不听大单于的指挥，还妄想跟我们作对，结果还不是被我们单于把脑袋砍下来做了酒器。"

武帝一听顿时大怒，下令将其处死。不过，这个无名小兵无意中提到的大月氏却引起了武帝的关注，他想："大月氏的国王被匈奴如此羞辱，大月氏人肯定要立誓报仇，如果能联络他们结成同盟，共同对付匈奴，岂不甚好？"

可是，大月氏自从离开敦煌后，就不知道去了何处。当时，人们的地理知识非常匮乏，根本不知道长城以外还有多大，所以，联络大月氏是一项既艰巨又危险的任务。汉武帝提出这个提议后，朝中根本无人敢应承，他只好公开悬赏：招募愿意承担这个任务的使者。

等了一年，武帝总算等来一个人，这就是张骞。张骞，汉中成固人，当时是一名郎官。

张骞出使西域

武帝很欣赏张骞的胆识，当即挑选了一百多人作为他的随从，还找来一个名叫甘父的匈奴人当向导，临行前，武帝将写好的国书交给他。就这样，张骞带好准备的物品出发了，从此拉开汉朝数百年经营西域的序幕。

出了长城，就都是匈奴活动的范围，尽管张骞等人十分小心，但走了近千里路后，他们还是落到了匈奴人手里，当了俘虏。

匈奴大单于得知他们的意图后，非常愤怒，一气之下，便命他们一行人去做奴隶。很多人受不了折磨，最后都死了，只有张骞毫不畏惧，始终保持大汉使者的风范。为此大单于很欣赏他，最后，他给了张骞一个匈奴女人，让她当张骞的老婆。

就这样过了几年，张骞也有了孩子，匈奴人对他的防范之心渐渐小了。一天，甘父来找张骞，经过商量，两人决定乘着匈奴内乱的机会逃跑，于是他们带着老婆孩子一起向西逃窜，这时距张骞离开京城已经十一年了。

为了避免被匈奴追上，他们不停地向西跑，没多久到了另一个国家，张骞起初以为是大月氏，后来才发现是另一个国家大宛（今中亚哈萨克斯坦一带）。

大宛国王一向钦慕中原文化，这时见到一个汉朝使者，自然非常高兴，于是他答应派兵护送张骞去大月氏。在大宛士兵的护送下，张骞顺利找到了大月氏（今阿富汗的北部

汉西域诸国图

地区)。死了丈夫的王后现在成了大月氏的女王。张骞鼓动女王:“和汉朝联手,为国王报仇。”但大月氏已被匈奴吓破了胆,再加上生活安定,不想再惹麻烦,张骞他们在大月氏呆了一年多,也没有说服女王。不过,虽然没有完成汉武帝交代的任务,但张骞在这一年里到了很多地方,见到了很多和中原不一样的东西。

既然说服大月氏已经无望,张骞和甘父只好往回走,路过匈奴的地盘时,他们本想蒙混过关,但很不幸,最后又被抓住了。关了一年多之后,他们又找到一个机会连夜逃跑了,这一次总算回到了汉朝。

见到汉武帝刘彻,张骞便把这十三年的经历讲给他听。虽然张骞第一次出使没有达到结盟目的,却获得了大量关于西域各国的知识,武帝被他的意志所感动,因此封他为太中大夫。

张骞说:“我在大月氏国的时候,居然发现了我国蜀地出产的细纺布,经过一番询问,原来是身毒(今南亚印度地区)的商人贩去的。”武帝一听也觉得很神奇,他说:“既然身毒和蜀地有贸易往来,它们之间就肯定有路,既然你已有了经验,不如再次出去看看。”张骞欣然同意。他将汉武帝提供的人马分成四路,从不同的路线南下。但是,由于当时西南地区天气恶劣,土匪横行,所有人马都没有能够到达身毒国。但他们这次却发现了滇越国(今云南)。

虽然张骞没有找到身毒国,但意外发现了滇越国,因此汉武帝也非常满意。接着,他安排张骞跟着卫青去攻打匈奴,因为如果想要封侯,必须要立军功,另外,张骞当了十一年的俘虏,对匈奴的地形非常熟悉。战斗结束后,张骞被封为博望侯。

两年后,张骞再次和李广一起出征,但这次他差点送掉性命。经此一役,武帝意识到:张骞不适合当将领,还是让他去当探险家好。

当霍去病消灭匈奴的主力骑兵后,匈奴在西域诸国的影响力大大下降,于是武帝派张骞再次出使西域,这一次张骞带了很多礼物。

元狩四年(前119),张骞首先来到乌孙(今新疆境内)。乌孙国王和原来的大宛国王一样,想和汉朝做生意,但又担心匈奴,不敢和它公开决裂。在和乌孙交涉的同时,张骞派遣手下出使附近的大宛（今乌兹别克安集延一带）、康居（今撒马尔罕）、大月氏、安息（今伊朗）、身毒等国，希望它们能归附汉朝，但这些国家都拒绝了，因为他们完全不了解汉朝的实力。不过，通过这次接触，小国国王们都知道还有一个能与匈奴抗衡的汉王朝存在，愿意与汉朝发展贸易往来。

在张骞的努力下，乌孙国王终于派遣使者带着礼物和张骞一起觐见汉武帝。武帝非常高兴，命人带着乌孙使者四处逛逛。这一下，乌孙终于明白，汉王朝的实力远远超出了匈奴，很快，乌孙就与汉朝结亲通好。

两年后，张骞派出的手下才陆续回到中原，他们将到过的地方一一记录下来，最后发现有三十六个国家，并带回了这些国家的使者。武帝出巡时，让各国使者一同前往，这样，使者们进一步了解了中国的情况，回国后经他们一宣传，大部分国家立刻同意和中国建立友好关系。

从此，汉武帝每年都要派使者去访问各国，少则五六次，多则十几次，每次都派出百余人甚至数百人，比较远的安息、奄蔡、条支（今伊拉克）等国也有中国使者的足迹，双方建立了友好的外交关系。

历史小常识：代田法

汉武帝统治后期，为了增加粮食生产，任赵过为搜粟都尉。赵过把关中地区农民创造的耕种方法加以总结推广，即把耕地分治成甽（同畎，田间小沟）和垄，甽垄相间。甽宽为一尺（约当今0.694尺），深为一尺，垄宽为一尺。一亩定制宽为六尺，适可容纳三甽三垄。种子播在甽底，从而避免风吹，可以保墒；幼苗长在甽中，也能得到和保持较多的水分，生长旺盛。在每次锄草时，将垄上的土同草一起锄入甽中，培壅苗根。到了暑天，垄上的土削平，甽垄相齐，这就使农作物的根能扎得牢固，既可耐旱，也可抗风，还可防止倒伏。第二年耕种时颠倒过来，以原来的甽为垄，原来的垄为甽，使同一地块的土地沿甽垄轮换利用，以恢复地力。这种耕种方法称之为代田法。

丝绸之路

张骞通西域后，西域的商人络绎不绝地到中国来做生意，他们将中国的商品经过西域运到西亚，再运到欧洲。由于这些商品中最著名的就是丝织品，因此这条路线被称为“丝绸之路”。

当时，“西域”有广义和狭义之分，广义是指包括今新疆地区、中亚、南亚、西亚乃至罗马帝国等地区；狭义是指玉门关、阳关以西，葱岭以东，昆仑山以北，巴尔喀什湖东南地区，新疆地区和哈萨克斯坦中东部地区。去西域也有两条路：一条是南道，从玉门关、阳关经鄯善，沿昆仑山北麓，西行至莎车，过葱岭即可到达大月氏和安息；一条是北道，出玉门关、阳关经车师前国，西行至疏勒，过葱岭即可到达大宛、康居和奄蔡。匈奴控制西域各国后，这两条道路都被隔断了。

张骞去世后，这段出使西域的历史典故被称为“凿空西域”。“凿空西域”的历史意义非常重大，它不仅将中国的影响扩大到中亚、罗马等地，也让中国人的生活和视野发生了巨大变化。先进的生产技术在西域得到推广，比如冶铁、凿井术等；精美的手工业品也传入各地，比如丝绸和漆器。而西域的诸多物产也先后输入中原，比如蚕豆、黄瓜、大蒜、胡萝卜、葡萄、骆驼、驴、汗血马等等。不过，这些仅仅是丝绸之路通商的附属品。

通过丝绸之路，中国的文化知识、著名的四大发明传播到西方，为西方的近现代化提供了必要条件。在中国古代史和世界古代史上,“丝绸之路”都具有极其重要的地位。

另外,汉武帝也因此使西汉版图得到了空前的扩大。张骞死后,丝绸之路遭到了匈奴的破坏。当时,姑师和楼兰两国是通往西域的要道,元封三年(前108),武帝派兵征伐两国,最后楼兰王被擒,楼兰成为汉朝的藩属,姑师也兵败国破。从此,通往西域的道路便畅通无阻了。

由于大宛出产汗血宝马——这种马速度奇快,因奔跑时会流出红色汗珠而得名。武帝为了改良马种,再加上方士的煽动,他们说大宛马是“天马”“神马”,因此汉武帝决定不惜一切代价攻克大宛。

太初元年(前104),武帝派李广利出兵进攻大宛,大宛誓死抵抗。经过四年苦战,前后发兵十多万,终于包围了大宛都域。最后,城内的贵族杀死国王投降,进献良马数十匹,一般的马三千匹,汉军这才班师回朝。

听到汉军相继攻破楼兰、姑师和大宛的消息,西域各国无比震动,他们相继派人到汉朝朝贡,或让子弟留居汉朝。

为了让使者往还方便,武帝下令:在敦煌至盐泽(今罗布泊)之间设置驿站,修筑烽燧亭障;在轮台(今新疆轮台东)、渠犁(今新疆库尔勒一带)等地屯田,屯田士卒最多时达到了六十多万。

武帝还任命了使者校尉,由其处理与西域各国之间的各种事务。而这一切,均得益于张骞出使西域,因此很多学者都认为他是“中国走向世界的第一人”,敦煌壁画中也有关于他通西域的场景。在张骞纪念馆中,写有“大汉之魂”四个字,这恐怕是对其一生最恰当的评价了。

武帝拓边

武帝在位时,曾向南方、东南、西南和东北地区大力开拓疆土,成果非常辉煌。

匈奴与东北汉四郡

首先是跟匈奴的战争。四十年来,武帝不停地派兵攻打匈奴,将他们一再往北驱赶,使其对汉朝地区失去威胁力。赶走匈奴之后,北方的局势得到稳定,经济也有了比较快速的发展。张骞出使西域后,西域的一些国家与汉朝结盟,共同夹击匈奴,最终确立了汉朝的宗主地位。当时东北方向已将辽东半岛、鸭绿江和浑江一带纳入了中国版图,除此之外,现在的甘肃和新疆地区也归属了汉朝。

东北地区也生活着许多少数民族,除汉族之外,还有挹娄、乌桓、鲜卑、夫余和高句丽等等。汉初,燕人卫满在这里建立了政权,后来与汉朝约为藩属。元封三年(前108),汉武帝在卫氏政权的基础上设置乐浪(今朝鲜平壤南)、临屯(今朝鲜咸镜南道南部)、玄菟(今辽宁新宾西)、真番(今朝鲜开城一带)为汉属四郡。

南越内属

南方及东南沿海地区是越人的地盘，秦始皇统一中国时就在这里设立了郡县。秦末爆发农民起义后，当地贵族和官吏就分别夺去了政权，汉初分割成南越、东瓯（今浙江温州）和闽越（今福建闽侯），并称“三越”，南越由赵佗所创立。

建元六年（前135），闽越的王郢率兵攻打南越，南越王打不过，只好向汉武帝求救。武帝派出大将王恢和韩安国，分两路讨伐闽越。

王郢的弟弟余善见汉军来势汹汹，便和族人合谋，杀了闽越王无诸投降汉军。武帝立闽越王的孙子丑为“越繇王”。为了安抚余善，也封他为“东越王”，共同治理闽越地区，不过，实际权力完全掌握在余善手里。

但即便如此，余善依然不肯善罢甘休。元鼎六年（前111）秋天，他再次起兵，抗拒汉朝，并刻“武帝”印玺，自立称帝。

武帝见此，自然十分震怒，于元封元年（前110）冬天派兵攻入东越。这时，闽越内部发生叛乱，越繇王居股杀死余善，然后率众投降汉军。

为了彻底解决闽越问题，武帝遂废除闽越政权，并将当地居民迁居至江淮之间。

此时，南越统治集团内部的矛盾也表面化了。赵佗的第四代孙婴齐成为南越王之后，因为慑于汉朝的强大，便提出了一些明显的亲汉举措，太后摎氏和儿子赵兴都非常赞同他的意见。但是，以丞相吕嘉为首的割据势力却对此表现出强烈的不满。婴齐死后，赵兴继位，元鼎四年（前113），吕嘉发动政变，他杀死太后、赵兴及汉朝的使者，立建德为王。

骑士贮贝器

元鼎五年（前112）秋天，汉武帝派兵十万，水陆并进，征讨吕嘉。经过一年多的苦战，终于攻下了南越的都城番禺。吕嘉和建德仓皇失措，他们沿着海边逃跑，最后迫于汉军的追赶，逃入海中，但仍被捕获。

至此，南越政权完全消灭，武帝将这些地区分置为九个直属的郡县。这次胜利促进了东南地区民族之间的融合，还发展了海航事业，对中国与南洋、印度之间的海上贸易很有好处。

通西南夷

为拓边，汉武帝还把目光集中在西南地区——现云南、贵州及四川南部，这里居住着一些少数民族，因此统称为“西南夷”。他们有的依然过着氏族部落的生活，有的则已进入奴隶社会。

建元六年（前135），曾率兵攻打闽越的将领王恢，派番阳令唐蒙去南越。一天，唐蒙在南越吃到一样调料，他觉得味很美，于是向当地人打听。原来，这是四川产的枸酱，是巴蜀商人贩卖到夜郎国，然后经牂牁江（今北盘江上游）转运到南越来的。

于是，唐蒙上书汉武帝说："臣打算去夜郎国说服他们联合，只要利用夜郎精兵沿牂牁江而下，就能出其不意地制服南越。"

武帝应允了他的要求，并任他为中郎将，率领一千人前往夜郎国。当时的夜郎国范围包括今贵州北部、西部一带，以及四川南部、云南东北及广西北部地区，国王叫竹多同。

唐蒙来到夜郎国拜见竹多同，竹多同听说汉朝的辽阔强盛后，不禁觉得万分惊讶，这才知道自己见识浅薄、孤陋寡闻，当即表示愿意归顺，从此有了"夜郎自大"的成语，汉武帝在这里设置了郡县（今四川宜宾）。唐蒙攻破南越后，夜郎派使者觐见汉武帝。

元封二年（前109），汉武帝又给滇国王颁发了"滇王之印"。原来，在战国后期，楚将庄蹻来到滇池（今云南昆明）后，征服了这里的居民，由于这里与中原隔绝，因此他建立滇国，自立为王。

武帝发兵攻打西南部时，曾深入到滇国。滇王见汉军实力雄厚，不想自讨苦吃，于是开城投降，从此西南的大部分地区都融入了中国版图。

自此以后，中国版图就形成了，虽然后来历史上每个朝代的疆域都有所变化，但那仅限于局部，总的来说，大体上是汉武帝时期对外扩张的范围。

汉武帝对边疆地区的大力开发，在中国历史上有着极其重大的意义。这些行动不仅融合了多种民族，推动了经济与文化的发展，而且还加强了内地与新疆、西南、中亚、南洋、欧洲及日本等地的海陆交通。国内外人民都扩大了活动范围，往来日益密切，既丰富了各国人民的地理知识，还增强了中外文化的交流，对世界的文明进步都起到了促进作用。

滇王之印

有亡秦之失，而免亡秦之祸

虽然汉武帝雄才大略，以前无古人的姿态创造了中国历史上震古烁今的伟业，但武帝的大功与大过并存，宋代史学家司马光对他的评价是："有亡秦之失，而免亡秦之祸。"也就是说，汉武帝是和秦始皇一样的人物，秦始皇有的缺点他都有，比如专制独裁、大兴土木、连连征战等等，但不同的是，两人的治国政策不一，汉武帝是“文武并用”，而且能意识到自己的错误，因此避免了秦始皇的亡国之祸。

好大喜功

后人提到汉武帝时，总喜欢说他“好大喜功”，事实上也的确如此。

为了满足自己的穷奢极欲，汉武帝修建了很多宫殿和苑囿，上林苑就是一个典型的例子。上林苑是专供皇家游猎的地方，它原本是秦始皇留下来的，武帝即位后，便将终南山和原来的土地划到一起，然后命人重新修建。上林苑完工后，周长四百余里，四周绕着围墙，苑中有七十多座错落有致的宫殿、二十一处别致的道观、十来个清澈的湖泊，还有飞流直下的瀑布、郁郁葱葱的树林、成群结队的麋鹿，至于各地的名果异卉，更是数不胜数，就连南方的龙眼、槟榔、橄榄等水果，也是武帝一声令下后被移植过来的。

梁园飞雪

修建上林苑时，有谏官提醒武帝：“皇上侵占农田过多，应稍加节制。”

汉武帝觉得他说得对，于是赏赐其钱帛以示嘉许，但武帝却丝毫不改，该建的面积一分不少。后来，他觉得旧宫太矮小，不足以迎神，因此又专门修建了“建章宫”，周长三十里，在宫殿北面开凿了太液池，池中有蓬莱、方丈、瀛洲等“仙山”。

每每有外国使者来朝拜，武帝便摆出大国的架子，任意封赏，还带着他们四处巡游。和秦始皇一样，武帝也非常喜欢出巡，不过他的次数更多，高达十几次。

元封元年（前110），汉武帝从京城长安出发，先到北部阅兵，接着南下到了中岳嵩山，然后向东巡游海边，到泰山封禅。封禅结束后，他又沿着海岸线一直往北，来到碣石（今河北昌黎），接着向西经过九原（今内蒙古包头）。就这样绕了一大圈才返回长安，整个巡游里程居然达到了一万八千里，这次巡游的路程和花费都远远超过了秦始皇。

这些都给百姓带来了深重的灾难，武帝即位时由于有文景之治的基础，国家还比较富足，经过他这么一折腾，国库已近空虚。

征伐过度

汉武帝在位总共有五十四年，战争就持续了四十三年，对匈奴之战就有好几次，还有对西域国家的征伐也有几次。他用兵少则几万，多则几十万，战死的民众不计其数。为了满足对外的不断征伐，他加大对商人和手工业者的征税，还加重农民的赋税，这就造成大量百姓破产。到了汉武帝天汉二年（前99），齐、楚、燕、赵和南阳等地均爆发了不同规模的农民起义，但不久各地起义就被平息。他对于建功之人，赏赐更是丰厚，一次的黄金竟然就高达数十万斤。像抗击匈奴名将霍去病、卫青、李广利等人均被封赏过大量钱物，这些钱物都是从民众身上得来的，压得民众不堪困苦。汉武帝即位的头几年，社会安定，经济得到较快发展，老百姓过着衣食无忧的生活，国库里也"人给家足，府藏皆满"；但经过数十年的征战，最后变成"海内虚耗"，每年过重的兵役都让百姓叫苦连天。除了打仗之外，百姓和士兵还有的在朔方城沿边屯田，"衣食皆仰给于县官"，日子过得非常凄苦。

巫蛊之祸

创下一片江山之后，武帝认为自己的至德足以超过历代帝王，于是他决定封禅泰山。元封元年（前110）至征和四年（前89），他共举行了六次封禅活动。

和秦始皇比起来，武帝对长生不老的期望也毫不逊色。《史记·孝武本纪》第一段写道："孝武皇帝初即位，尤敬鬼神之祀。"

从十六岁继位起，武帝就开始修筑自己的陵墓，修了五十多年。他还遍寻方士，希望能得到长生不老药。

元鼎五年（前112），方士栾大来到长安，上书说能找到长生不老药。武帝信以为真，陆续赐予他"五利将军""天土将军""地土将军"等五个封号，还把女儿嫁给他，最后居然为其专门刻了一方玉印，封他为"天道将军"。两年后，栾大的骗局败露，汉武帝下令将其腰斩。但是，他仍然不肯死心，认为自己没有找到真正的高人，因此继续派人到海上求仙。

上林苑驯兽图

一次，他到陕西的黄帝乘龙升天处祭祀，大臣问道："当年黄帝升天时，不忍和妻儿别离，如果让皇上在升天和妻儿之间选择，您会选什么呢?"武帝毫不犹豫地说："将弃妻子如敝屣（即破鞋子）!"由于武帝信奉鬼神、精神恍惚，结果被江充利用，导致了"巫蛊”之祸的发生。

所谓“巫蛊”术，就是在桐木刻制的偶人身上写下仇人的名字，然后埋入地下，象征“为其下葬”，并借助祭祀鬼神的活动实现心愿。“巫蛊”术在西汉很盛行，武帝即位后，就因为“巫蛊案”废了陈皇后。

武帝晚年时，曾住在甘泉宫（今陕西淳化），他常常睡不着，觉得头疼欲裂，因此怀疑有人在暗中作怪，近侍江充趁机挑拨说，是大臣和百姓在诅咒武帝。武帝深信不疑，便指令江充到各地去追查此事。

江充得到这个机会，当然不会放过，他打击异己，先后让几万人死于非命，其中包括丞相和武帝的两个女儿。接着，他又捏造证据陷害太子刘据。

刘据是皇后卫子夫生的儿子，也是武帝的长子，元狩元年（前 122）被立为太子，人称“卫太子”。不过，刘据的地位并不稳固，大将军卫青病逝后，皇后卫子夫和太子刘据就失去了最有力的靠山，再加上卫子夫年老色衰，武帝早已移情别恋。

刘据在很多问题上和武帝的看法都不一致。武帝多任用酷吏，刘据却宽厚待人；武帝坚持以武力解决蛮夷问题，刘据则主张用怀柔政策。结果，父子之间的嫌隙越来越大。武帝怀疑太子会争权夺利，太子则担心父亲会听信谗言，取消自己的继承人资格。

自从江充负责调查巫蛊一事后，就有人揭发刘据宫中有诅咒武帝的木偶人，刘据知道是江充陷害，于是假造圣旨杀了江充。武帝闻讯后大怒，命丞相刘屈氂带人去抓捕刘据，双方激战几天，刘据大败后逃走。接着，汉武帝严令各地缉拿，走投无路的刘据只好自杀了。没多久，卫皇后也自杀身亡。

后来，丞相刘屈氂和将军李广利也被诬陷有巫蛊活动，结果刘屈氂被杀，李广利则带着七万军队投降匈奴，这对武帝的打击无疑是很大的。当他终于弄清楚所谓的“巫蛊”之祸完全是江充一手制造时，武帝无比恼怒，便下令诛杀了江充全家。直到这时，武帝才逐渐清醒过来，明白自己冤枉了儿子，心中十分内疚，但已于事无补，只好在刘据殉难的地方建了一座“望思台”，并补封刘据“戾太子”的谥号。

“戾太子一案”对武帝的刺激极大，他开始进行深刻的自我反思。征和四年（前 89），武帝最后一次到泰山封禅。路过巨定县（今山东广饶）时，他看见农民在辛勤劳作，居然亲自拿着农具到田里劳动。他说：“自即位以来，我所做之事令天下愁苦，不可追悔。如今又误信方士，靡费天下，以后悉罢之。”

不久，武帝斥退了所有的方士。回到长安后，桑弘羊请求武帝增派人手到轮台修筑城堡、驻扎军队，武帝于是下了一道诏书，深刻地反省了自己以前做过的后悔之事。他说：“前段时间专职衙门上奏，想将百姓的赋税再加三十钱，以资助边防费用，这无疑增加了他们的负担，如今又要派兵到遥远的轮台去屯田垦荒，这不是令百姓更加愁苦吗？目前的要务是禁止严厉残暴的法令，不再增加赋税，只要能维持边防就够了。继续以农为本，鼓励百姓养马，并执行‘马复令’（养马可以免除赋役）。”

由于武帝的这道悔过诏书源于轮台屯田之事，所以历史上称之为“轮台悔过”。经过一番痛定思痛，武帝的治国政策从“多欲”向“无为”回归，这是他一生中的重大转折。接着，他采取了与民休息的政策，经过两年努力，社会终于又趋于稳定了。所以说，汉武帝虽然有和秦始皇一样的缺点和做法，但他“有亡秦之失，而免亡秦之祸”就在于能够认识自己的错误。“轮台悔过”也表明他是一位具有远见卓识的政治家。

女巫出入

后宫宠妃

武帝一生宠妃无数，即便是皇后，也比一般皇帝多，总共有四个。第一个皇后叫陈阿娇，她是武帝的表姐。她的母亲馆陶长公主原本看上的是当时的太子刘荣，但刘荣的母亲栗姬对长公主十分不满，因为长公主经常给皇帝推荐后宫的美女。栗姬将长公主嘲笑一番，拒绝了她的请求，长公主非常气愤，接着，她找到武帝的母亲王娡，希望能与其结亲，王娡爽快地答应了。在两人的策划挑唆下，景帝最终废掉刘荣，立刘彻为太子。

不过，景帝听说要将陈阿娇嫁给刘彻的消息时，他反对说：“太子还小，现在就谈婚姻大事太早了点，更何况陈阿娇比他年长，不太般配。”

不甘心的馆陶长公主于是又想了个法子。一天，她将自己的宝贝女儿陈阿娇带进宫中，让她和表弟刘彻一起玩耍，馆陶长公主故意问侄儿：“你想不想娶媳妇呀?”刘彻连连点头。接着，馆陶长公主便将宫女叫过来，一一指给他，结果刘彻都不满意，当馆陶长公主指向陈阿娇时，刘彻却忽然大声说：“若得阿娇，我愿盖一座金宫殿给她来住。”这就是“金屋藏娇”的典故。

馆陶长公主高兴极了，立即找到弟弟景帝，将这些话告诉他。景帝不信，于是亲自盘问儿子，刘彻毫不含糊地将刚才的话又重复了一遍。

景帝听了不禁啧啧称奇，觉得这桩婚事一定是天意，于是很快就答应了这桩婚事。

刘彻当了皇帝后，陈阿娇理所当然地成为皇后。武帝之所以能登上皇位，完全是丈母娘馆陶长公主的功劳，再加上陈阿娇比他年长，他又从小就对表姐言听计从，因此他对皇后陈阿娇非常宠爱。

但过了好几年，陈阿娇都未怀孕，太皇太后窦氏原本就对刘彻更改国策、尊崇儒术气愤不已，于是她抓住这个机会，想以“皇帝无子”的名义另立储君。

这时，武帝的姐姐平阳公主便开始给刘彻推荐美女，她想：一旦刘彻能够保住皇位，自己也有莫大的好处。因此她选了一些良家女子在家中加以训练。

公元前139年春天，按照惯例，武帝应到渭水之畔举行“修禊”祭典。办完公事之后，他在返京途中前往平阳公主府，专程去看望姐姐。在府中他一眼就看中了歌伎卫子夫，并打算将她带回皇宫。

临行前，平阳公主对卫子夫说：“有朝一日你富贵了，希望你不要忘了我。”

不过，当皇后陈阿娇得知丈夫带回了一个歌女时，气得怒火中烧，而武帝对卫子夫也不过是一时新鲜，犯不上为她得罪表姐和姑妈，因此很快他就将卫子夫忘到了脑后。

眼看卫子夫并未受到宠爱，平阳公主于是又进献了很多美女，再加上其他人为了讨好武帝进献的人数，皇宫很快就人满为患，不得不遣散一批人，卫子夫也在被遣散的人之中。

后来，武帝第二次见到了卫子夫。他回想起初遇的情景，不禁对她万分怜爱，为了避免被皇后察觉，他将卫子夫安排在上林苑居住。

没想到卫子夫很快就有了身孕，陈阿娇得知消息后，顿时大哭大闹，痛骂武帝欺骗自己，最后便哭着去找母亲馆陶长公主。

陈阿娇出宫后，武帝便将卫子夫迁到自己的寝宫旁，两人的感情也与日俱增。这时，馆陶长公主指使人将卫子夫的弟弟关进大牢，消息败露后，卫子夫惶恐不安，而武帝更是怒发冲冠，他立即将卫子夫册封为“夫人”，同时升卫长君、卫青为侍中，赏赐卫步、卫广，将卫君孺赐婚公孙贺。卫少儿原本和平阳府的家人霍仲孺有私情，但生下霍去病之后两人就各奔东西了。后来卫少儿又找了汉初名臣陈平的曾孙陈掌，武帝听说后，便命陈掌迎娶卫少儿，并升他为詹事。

陈后

面对这一连串的封赏，陈阿娇气得死去活来，为了挽回丈夫的宠爱，她开始求助于巫术。武帝察觉后，命酷吏张汤办理此案，最后，巫师楚服以“为皇后巫蛊祠祭祝诅，大逆不道”的罪名被判死刑，宫中的三百多名宦官宫女也受连累被当街斩首，陈阿娇则完全失宠。元光五年（前130），二十七岁的武帝颁布了废后诏书：“皇后失序，惑于巫祝，不可以承天命。其上玺绶，罢退居长门宫。”她的母亲馆陶长公主此时也由于丈夫刚死，成为寡妇，并和自己的养子董偃发生了不伦之恋，根本无暇顾及女儿。虽然陈阿娇用重金让武帝欣赏的司马相如写了一篇凄恻动人的《长门赋》，但依然无法重拾往日的宠爱，最后郁郁而终。

而此时，卫子夫已生了三个女儿——卫长公主、阳石公主和诸邑公主，两年后又生下儿子刘据。由于刘据是武帝的长子，因此被立为太子，卫子夫也随之被封为皇后。此外，她的弟弟卫青和外甥霍去病也不断地为国家立下大功，成为大汉王朝的顶梁柱，这些都奠定了卫子夫的地位。

但是，随着年龄的增长，卫子夫逐渐老去，武帝便开始在民间广选美女，三十岁以下的女子共计一万八千名。武帝最开始宠爱赵国王夫人，她生下儿子齐王刘闳后，更加得宠。不过王夫人青年早逝，尚未成年的齐王很快也死了。

接着，中山国李夫人出现了，她是武帝的第三个皇后。李夫人是个从小以歌舞为生的娼女，她的哥哥李延年擅长音律，犯法后被处以宫刑，成为武帝的男宠，被封为协律官。当时汉朝蓄男宠十分常见，《史记·佞幸列传》中记载：李延年常"与上卧起，甚贵幸"。

一天，武帝又让李延年歌舞助兴，李延年唱道："北方有佳人，绝世而独立。一顾倾人城，再顾倾人国。宁不知倾城与倾国，佳人难再得！"武帝听后叹息道："这世上哪有如此倾城倾国的佳人？"这时，早已被李家收买的平阳公主不失时机地说："歌中的美女就是李协律的妹妹。"刘彻大喜过望，立即召见李夫人，一时间形影不离，对她无比宠爱。很快，李夫人就生下儿子刘髆，封为昌邑王。和王夫人一样，李夫人也青年早逝。生下儿子不久，李夫人就生了病，而且越来越严重，武帝得知后便亲自前往看望。

彩绘云气异兽图

听说皇帝驾临，李夫人立刻用被子蒙住自己的脸，不管武帝说什么，她都不肯出来相见，最后惹恼武帝，武帝转身就走了。

这时，入宫陪侍的李家姐妹纷纷责备李夫人："你为什么不肯见皇帝一面呢？"李夫人叹息道："世上以色事人者，色衰则爱弛，爱弛则恩绝情断。皇上之所以喜欢我，完全是因为我容貌出众，如今我重病在身，从前的美色尽失，如果被皇帝看见，他只会厌恶，甚至连从前留下的好印象也一扫而光，将来怎么会顾念旧情，照顾我的兄弟和儿子呢！"

事实证明，李夫人是个非常聪明的女子。她死后，武帝对其念念不忘。为了表示自己的情意，他下令为李夫人举行皇后级别的葬礼，并将其葬在自己的茂陵附近，《三辅黄图》记载她的墓地规格是"东西五十步，南北六十步，高八丈"。武帝还命画师画了她的像，挂在自己居住的甘泉宫，甚至找来方士为她招魂，目的就是想再见她一面。

后来，李夫人的兄弟因犯淫乱后宫罪而被灭族。她的长兄李广利虽然攻打匈奴不利，但武帝顾及跟她的情意，没有将李家绝后，反而封李广利为海西侯。

总之，武帝对李夫人一直不曾淡忘，给身边的大臣留下了深刻的印象。武帝去世后，托孤重臣霍光追封李夫人为“孝武皇后”，并将她的灵位与武帝并列，李夫人的墓被称为“英陵”，又名“习仙台”。

接下来，武帝相继宠幸过尹婕妤和邢夫人，她们都是以歌女的身份得宠的。

这时，后宫却传来了太子造反的消息。作为一个皇帝，武帝也很多疑，因此他任命江充去深入调查。其实，江充假借“巫蛊之事”，几年间在全国杀害了无辜的人高达数万，接着又开始陷害皇后卫子夫和太子刘据。

这时，卫子夫已做了三十八年皇后，由于见不到丈夫无法洗脱自己的冤屈，于是她自杀身亡，最后被胡乱埋在长安的南桐柏。直到汉宣帝即位，才追谥曾祖母卫子夫为“思皇后”，将她重新隆重改葬，并置三百户人家守陵。

不久，被追杀的太子刘据也死了。之后，卫氏家族尽数被灭，只有一个数月大的婴儿刘询幸免于难。

在卫子夫自杀前的两三年，武帝出巡至齐国河间，一个术士声称：“此地有祥云笼罩，必有奇女生长于斯。”武帝听后立即令人就地寻访，果然找到一名女子，她相貌美丽，但从小就得了一种怪病，双拳紧闭，无法张开。武帝见此大为惊讶，他亲自为她掰拳，更让人奇怪的是，女子的双手竟很容易就恢复了健康，她的右手心还握着一只小小的玉钩。于是，武帝将其带回宫，并称她为“拳夫人”。

金日磾

太始三年（前94），她生下一个儿子，就是后来的汉昭帝刘弗陵。据说刘弗陵足足在母腹中呆了十四个月才降世，武帝大喜过望，说：“我只知道尧帝是怀胎十四个月出生的，没想到钩弋夫人也给我生了这样一个儿子。”随即，他下令将生子之处的宫门改为“尧母门”，敕封赵氏为婕妤，号“钩弋夫人”，因此刘弗陵也叫“钩弋子”。

刘弗陵长得虎头虎脑，而且非常聪明，武帝对他爱如珍宝；再加上刘弗陵与众不同的降生经历，武帝终于下决心立他为太子。

卫太子刘据被废后，武帝一直没有再立太子，此时，他的儿子还有三个，三子燕王刘旦、四子广陵王刘胥和幼子刘弗陵。按说，燕王年纪最大，应当封他为太子。一次，燕王从封地派出一个使者上书武帝，请求返回京城侍奉父亲。武帝大怒，当即将该使者处斩。大臣们都很吃惊，他们想：既然皇上不喜欢燕王，那应该轮到广陵王刘胥了。

后元元年（前88），在甘泉宫中养病的武帝招来画师，画了一幅《周公负少年成王图》,大臣们才恍然大悟,原来武帝想立幼子刘弗陵。

《史记·外戚世家》中说:"上居甘泉宫,召画工图画周公负成王也。于是左右群臣知武帝意欲立少子也。后数日,帝谴责钩弋夫人,夫人脱簪珥叩头。帝曰:'引持去,送掖庭狱!'夫人还顾,帝曰:'趣行,女不得活!'"

这个变故更是令群臣大为震惊。原来,武帝担心刘弗陵年纪太小,而钩弋夫人刚刚二十岁,过于年轻,一旦自己离世,钩弋夫人势必会掌握朝政,出现另一个吕雉。

其后,汉武帝询问左右:"老百姓对这件事有什么看法?"左右回答:"人们不明白,将立其子,为什么要杀死其母呢?"汉武帝说:"一般人是不能明白的。自古以来,国家之所以变乱,往往是因为主少母壮,难道你们不知道吕后吗?"

这件事充分体现了汉武帝的深谋远虑和毒辣手段,这个由他一手建立的"立子杀母制",直到南北朝才废除。不过,也有人批评他的做法"违天理而拂人情"。明朝的张宁在《读史录·武帝》中说:"武帝此举,残忍不经,殊非正家裕后之义。"

此外,武帝还下令,将其他儿女的生母都杀掉了,原因就是为了避免她们成为刘弗陵的养母而专权。史书中写道:"故诸为武帝生子者,无男女,其母无不谴死,岂可谓非贤圣哉!昭然远见,为后世计虑,固非浅闻愚儒之所及也。谥为'武',岂虚哉!"

金缕玉衣

后元二年(前87),也就是钩弋夫人被杀的第二年,七十岁的汉武帝卧病不起,这时,他正式册立刘弗陵为太子,令霍光为大司马大将军、金日磾为车骑将军、上官桀为左将军、桑弘羊为御史大夫,和丞相田千秋一起辅佐少主。两天后,武帝逝世,葬于茂陵(今陕西兴平东北)。

其后,八岁的刘弗陵即位,是为汉昭帝。他追封母亲为皇后、皇太后,并为其兴建"云阳陵"。

应该说,汉武帝刘彻是中国历史上最具雄才大略、最杰出的君主之一。他开辟了疆域,奠定了其后两千余年中国版图的基础,还令大汉帝国成为当时世界文明的中心,足以媲美西方的罗马帝国。但是,他也有"大过",如果说他的功劳是一手缔造了汉朝的辉煌,那么他犯下的过错则导致了帝国的衰落。

汉武帝在位整整五十四年,是中国古代史上在位和享年最长的帝王之一。《谥法》说他"威强睿德曰武",也就是威严、坚强、睿智、仁德,所以谥号"孝武皇帝"。

“昭宣中兴”

汉昭帝和宣帝时代，西汉处于稳定发展阶段。汉武帝死后，汉昭帝八岁即位，霍光辅政，一改汉武帝时期穷兵黩武和好大喜功的政策，着力恢复西汉初期实行的无为政治，采用休养生息的政策，多次下诏赈贷农民，减免田租、口赋等税收。另外规定，凡是郡国遭受地震、水旱灾害时，当地当年的租赋、徭役全部免除，减轻农民的力役负担。昭帝死后，宣帝即位，宣帝下令降低食盐的价格，禁止官吏擅自征发徭役，注意减轻农民的负担。他还着力整顿吏治，推行招抚流亡人口、安定民生的措施，使社会生产重新得到一定程度的恢复和发展。这些政策的推行和实施，使濒临崩溃的西汉社会经济逐渐得到恢复和发展，政治又出现新局面，史称“昭宣中兴”。

盐铁会议

由于武帝末年多次进行对外战争、封禅等，结果造成国力严重损耗，百姓负担沉重，国内矛盾出现激化等情况。在霍光的建议下，昭帝多次下令减轻赋税，与民休息，并将那些可有可无的官员统统罢免。

在对待匈奴等国的外交关系方面，昭帝改变武帝长期作战的政策，一方面加强北方戍防，击败进犯的匈奴；另一方面重新实施和亲，从而使大规模的战争停下来，促进了国内的经济恢复与发展。

霍光

在经济方面，则于昭帝始元六年（前81）召开了著名的“盐铁会议”。

武帝时期，由于频繁远征，消耗了大量的钱财，国家财政非常窘迫，必须寻找新的财源。当时，盐铁都是由商人私营的，他们从中获得了巨大利润。

在桑弘羊等人的建议下，武帝实施了一系列的新政策，比如统一货币、盐铁和酒类官营、实行均输平准、算缗告缗等等，这些措施都丰富了国家的财政收入。但是，随着农业生产的发展，土地兼并现象日益严重，盐铁官营出现了很多弊端。比如铁器的质量很差，价格却很高，主管官员借机牟取私利。因此，使得百姓的负担越来越大，加剧了人民与国家之间的矛盾，反抗斗争也日益频繁。

另外，依靠盐铁官营等政策聚敛的财物，无法维持战争的长期消耗，到了武帝晚年时，情况已是“海内虚耗，户口减半。霍光知时务之要，轻徭薄赋，与民休息。至是匈奴和亲，百姓充实，稍复文、景之业焉”。这是班固在《汉书》中描述的情况。不过，由于汉王朝的连年出击，匈奴力量大为削弱，边境的形势有所缓和。出于这些考虑，武帝的治国政策发生了重大改变。征和四年（前89），武帝下令：“此后务绝苛暴，不得擅兴赋役，应致力农耕。”在一定程度上恢复了汉初的“与民休息”政策，但是，对于这些变化，统治阶级内部意见的并不统一。

武帝死后，桑弘羊继续推行以前制定的经济政策；但霍光认为，为了减轻百姓的负担，必须取消盐铁专营。

昭帝始元六年（前81）二月，昭帝命丞相田千秋、御史大夫桑弘羊召集“贤良文学”，询问民间疾苦所在。

贤良文学是一帮来自社会下层的地主阶级知识分子，他们比较了解社会情况，根据自己的见解，提出了不同的治国政策，即废除盐铁官营和平准均输法。事实上，由于这些政策极大地影响了大商人和士族的商业利益，因此他们也打着“与民休息”的旗号大肆反对。

在霍光的支持下，贤良文学与御史大夫桑弘羊、丞相田千秋展开了激烈的辩论，这就是“盐铁之议”。在会议上，双方辩论的主要内容有：

一、民间疾苦的原因

贤良文学认为，民间疾苦主要是由国家经营盐铁等经济事业引起的，必须废除盐铁、酒榷、均输官。桑弘羊一方则认为，兴盐铁、设酒榷、置均输都是为了增加财政收入，是抗击匈奴、消除边患的基础，而且这些政策可以堵塞豪强的兼并，对农民有利。

历史小常识：大月氏

公元前2世纪以前，大月氏是生活在中国西北部的游牧部族，后迁徙到中亚地区居住。在中国先秦时代的书籍中，或译作禺知、禺氏、牛氏等，后来也有人译作月支。公元前5世纪～公元前2世纪初，月氏人在河西走廊西部张掖至敦煌一带游牧，实力强大，被匈奴视为劲敌。公元前177年，月氏打败敦煌附近的小游牧部落乌孙，杀其王难兜靡，夺其地，其残余部落逃往匈奴。公元前177年至公元前176年间，匈奴冒顿单于遣右贤王击败月氏，杀其王，以其头颅为饮器。公元前174年，匈奴老上单于立，不久又打败月氏。月氏大多数民众逐西迁至伊犁河流域及伊塞克湖附近，原居此地的塞种大部分民众被迫南迁到兴都库什山以南。月氏在河西走廊留下少部分的民众与祁连山间羌族混合。号称小月氏，而西迁的月氏则被称为大月氏。

二、对匈奴的政策

贤良文学主张遣散士兵，用财物、美女与匈奴和亲，用德政感化匈奴。桑弘羊则说，匈奴言而无信，德政对其无用，只有通过战争才能保证汉王朝的安全。他还强调武帝的做法是“当世之务，后世之利”。

三、施政方针和治国思想

贤良文学信奉儒家的“仁义学说”，仁政可以无敌于天下，他们反复举出秦始皇的例子，说明严法酷吏是亡国之道。桑弘羊则提倡“法家学说”，他认为，有了严格的法令，百姓自然会小心谨慎，不敢多生奸邪之心。

此外，会议上还讨论了农业的基本政策、社会现状、伦理道德观念以及如何看待古今

酒肆画像砖

关系等问题,双方各执一词,互不相让。

经过一番争论,最后桑弘羊取消酒的专卖,而保留了盐铁专卖。这次会议说明,两位辅政大臣对当时的经济政策产生了巨大分歧。

我们现在看到的《盐铁论》一书,是盐铁会议二十年后,汉宣帝时期经桓宽整理而成的。

桓宽,字次公,汝南(今河南上蔡)人。宣帝时举为郎,后出任庐江太守丞。他根据盐铁会议的文献,进行了加工和概括,最后写出了六十篇《盐铁论》。《盐铁论》内容包括经济、政治、军事、文化等各方面,是研究西汉后期历史的重要史料。它采用了汉赋主客问答的方式,通过双方的互相诘难使论点不断深化。《盐铁论》的议论针砭时弊,切中要害,语言朴实,简洁流畅,郭沫若称它是"一部对话体历史小说"。自宋代以来,《盐铁论》一直都有刊本,现在较通行的是张敦仁的考证本、郭沫若的《盐铁论读本》和王利器的《盐铁论校注》。

不过,由于霍光的影响,《盐铁论》偏袒了贤良文学,文字的大部分比较激烈、夸张,既有从容细致的说理,也有激烈而生动的比喻,给人留下了深刻印象。

经过这次辩论,尽管没有废除盐铁官营和平准均输法,但使桑弘羊在仕途上受到了一定挫折,根据贤良文学的意见,酒类专卖停止了。这就使"与民休息"的政策得到了进一步实施,对昭帝、宣帝时期的社会经济产生了积极影响,控制了武帝后期遗留下的矛盾,史称"百姓充实,四夷宾服"。

不过,如果全部废除这些政策,对国家的财政收入影响也会很大。到了汉元帝时期,由于解除了匈奴的外患,曾一度废除盐铁专卖。但事实证明,政府不能缺少这项收入,于是三年之后,又恢复了专卖政策,所以,当时仅仅废止酒的专卖政策也是明智的。

昭帝明辨诈书

汉昭帝刘弗陵是汉武帝刘彻最小的儿子，母亲赵婕妤，又称钩弋夫人。史称刘弗陵自幼聪明多知，很受武帝疼爱。原太子刘据因巫蛊之祸被逼自杀后，太子之位一直空缺。武帝想立刘弗陵为太子，为避免汉高后吕氏专权之患的历史重演，便将其母赵婕妤赐死。第二年，汉武帝临死前召见群臣，宣布立刘弗陵为太子，拜霍光等人为顾命大臣辅佐少主。汉武帝死后，在霍光的辅佐下，汉昭帝推行了很多利民的政策，武帝时代几乎消耗殆尽的国力得到慢慢恢复，这让老百姓非常高兴，他们认为："又一个汉代雄主在茁壮成长。"

不过，上官桀、桑弘羊、丁外人、长公主等人一直在找机会陷害霍光。后来，他们还联合了燕王刘旦。

汉武帝刘彻驾崩时，消息传到燕国，刘旦不仅没有伤心，反而怨恨父亲没有将皇位传给自己。他派人暗中刺探朝廷的情况，想寻找机会扳倒这个年幼的弟弟。

昭帝始元六年（前81），上官桀、燕王旦等人加紧了政变的准备工作，燕王刘旦先后派了十多人，带上大批金银珠宝贿赂长公主和桑弘羊，希望得到他们的支持。

明辨诈书

一天，霍光到长安附近去检阅御林军——皇帝的近卫队，为了让府中有个照应，他调了一名官职仅次于将军的校尉到自己家里。上官桀和刘旦认为这是整垮霍光的好机会，于是打着"清君侧"的旗号，以燕王刘旦的名义写了一封奏章给昭帝，告了霍光一状。按照他们的计划，只要昭帝相信里面的内容，将霍光定罪，然后就可由桑弘羊组织大臣胁迫汉昭帝退位。

信中说："霍光正在检阅京城装备，京都附近已经戒严，他一路上耀武扬威，坐着皇帝出巡时才用的车马，违反礼仪规定。他还私自调用校尉，召回被匈奴扣留十九年的苏武，令其担任典属国，企图借助匈奴的兵力谋反。而燕王刘旦为了防止奸臣叛乱，已预备放弃爵位，带兵来护卫皇上。望皇上尽快明察，将霍光治罪。"但是，汉昭帝收到这份奏章后，一点反应也没有，好像完全没有这回事。

第二天上早朝之前，霍光已经知道自己被上官桀诬告了，他不敢上朝，便留在偏殿里等待昭帝的处置。汉昭帝没有看见霍光，于是问道："大将军怎么没来？"上官桀乘机说："因为他的诡计被燕王识破，所以心虚不敢进来。"昭帝轻轻一笑，命人唤霍光上殿，霍光一进来，立刻跪倒在地，并摘下官帽叩头请罪。

昭帝说："大将军起来吧！我知道你没有罪，这份奏章是伪造的。"霍光听后又惊又喜，他问："皇上怎么知道的呢？"昭帝说："你出京城去阅兵不过是最近几天的事，如果你要调动兵力谋反，根本用不了十天时间，而燕王刘旦远在北方，这么短的时间，他怎么会知道呢？更何况，你要是真的有心谋反，不可能只调用一个校尉，这些都足以证明有人想陷害你。"此言一出，举座皆惊，在场的大臣无不佩服昭帝的聪明善断，而这时，昭帝也不过十四岁。

李夫人

眼看诡计没有得逞，上官桀仍不肯善罢甘休，他在殿上继续列举霍光的罪责，昭帝越听越不耐烦，他直截了当地说："霍光乃先父挑选的辅政大臣，先父的眼光不会错，更何况他办了很多利于国家的好事，谁要再诬蔑他，我必严惩不贷。如今，到底是谁想挑唆我们君臣的关系？一定要彻查此事。"上官桀闻言大惊失色，他心虚地说："这种小事就不要追查了吧？"昭帝看了上官桀一眼，没有说话，他暗想：陷害辅政大臣怎么会是小事？从此，昭帝开始怀疑上官桀。

上官桀等人陷害霍光不成，反而引起了昭帝的疑心，于是他们决定尽快发动政变。他们计划，由长公主出面宴请霍光，然后在宴席附近埋伏兵士，趁机杀掉他，最后废除汉昭帝，立燕王为皇帝。

不过，凭借霍去病的威望，再加上辅政这么多年，霍光在军队中的地位远远高于上官桀和桑弘羊，中下层军民都很爱戴他。在政变之前，长公主门下一名管理稻田租税的官员，将上官桀等人的阴谋告诉了司马迁的女婿——大司农杨敞，杨敞又立刻转告谏大夫杜延年。昭帝得知这一阴谋后，马上决定先下手为强。他派丞相田千秋发兵，以"谋反罪"逮捕了上官桀和桑弘羊，并将其族人全部关进大牢。

长公主和燕王刘旦自知不得赦免，遂先后畏罪自杀，只有九岁的上官皇后由于年纪幼小，又是霍光的外孙女，所以未被罢黜。由于昭帝的冷静和果断，这场政变迅速被粉碎，保持了西汉王朝的稳定。

就这样，汉昭帝在霍光的辅佐下，将国家治理得井井有条，百姓们都高兴地说："当年的孝文、孝景皇帝又回来了。”

但遗憾的是，年轻有为的昭帝刘弗陵仅仅活了二十一岁。元平元年（前74）四月，刘弗陵病死在长安未央宫，而且没有留下一个子嗣，死后谥号为“昭帝”。

后人对他的评价是：“汉昭帝年十四，能察霍光之忠，知燕王上书之诈，诛桑弘羊、上官桀。高祖、文、景俱不如也。”

昭帝死时，上官皇后年仅十五岁。昭帝葬于平陵（今陕西咸阳秦都区），南阙门遗址至今尚存，是陕西省重点文物保护单位。

霍光大权在握

霍光另立新帝

年轻有为的昭帝死了，又没有留下一个子嗣，但国不可一日无君，在这种情况下，另立新帝是当务之急。

一些大臣主张立广陵王刘胥，他是昭帝同父异母的哥哥，身强体壮，勇力过人，但他有个怪癖，对金钱美女都没兴趣，单单喜欢跟狗熊打架，他在自己的封地建了一个庞大的熊苑，里面豢养着各种狗熊，没隔几天，就抓一只熊出来打架。后来，刘胥被狗熊给挠死了。

当初，正是因为刘胥的品行不端，汉武帝才没有让他继承皇位。作为辅政大臣，霍光自然不愿意立这么一个失德的皇帝，否则就对不起死去的汉武帝了。

他在和皇太后商量后，不顾其他大臣的反对，重新选了一个继承人，这就是汉武帝的孙子昌邑王刘贺——他的父亲是李夫人的儿子。

汉昭帝

不过，霍光这一次却看走了眼，这个昌邑王刘贺在进宫的路上就原形毕露，只要看到稍有姿色的妇女，就命人抢回来。登基后，朝廷为昭帝举行了隆重的葬礼，按规矩：皇帝大丧应该斋戒，但刘贺毫不在意，依然带着手下四处游猎、淫乱放纵，把皇宫弄得乌烟瘴气。

见此情形，霍光后悔莫及，他找来好友大司农田延年，商量该如何解决。

田延年说：“大将军是国家的中流砥柱，既然已经知道昌邑王不是个好君主，就应该禀明太后，将他废掉另立一个贤明的人。当初，商朝的伊尹曾立太甲为君，后太甲残暴不仁，伊尹将他关了三年，自己亲自主政，等到太甲醒悟过来后，才将政权归还给他。你应该向伊尹学习，做一个汉朝的伊尹，做一个安定汉室社稷江山的重臣。”

霍光一贯忠心谨慎，虽然田延年的建议不合礼法，但他犹豫再三之后还是听从了田延年的建议。接着，他征求了其他大臣的意见，大家一致决定要废掉这个昏君。他们一起去见年幼的上官太后，陈述废掉昌邑王的理由，太后写下一纸文书，于是只当了二十七天皇帝的昌邑王就被废黜了。

这件事情让朝廷震惊，虽然霍光完全是为了国家着想，而且这个决定最后被证明是正确的，但作为中国封建王朝的第一权臣，霍光总有些说不出的尴尬。

昌邑王被废掉后，光禄大夫丙吉上书给霍光，推荐生活在民间的皇曾孙刘病已——他是戾太子刘据的孙子。丙吉说：“这位皇曾孙有德有才，是皇帝的好人选。”霍光和大臣们、皇太后一商量，便将刘病已接回宫中，立为皇帝，他就是汉宣帝。

由于之前的皇帝非常强势，而且中央集权的政治结构日趋完善，因此从未出现过能主导朝廷的大臣。但霍光是汉朝的第一位权臣，作为一名辅政大臣，他辅佐了两代帝王共十九年，在处理朝廷的大事上起到了决定性的作用，从而稳定了局势。

在霍光的辅佐下，汉宣帝继续推行“与民休息”的方针，使西汉王朝再次兴盛起来，这就是历史上著名的“昭宣中兴”。

丙吉

盛极而衰的霍家

汉宣帝即位时是十八岁，在掖庭中，他已见过不少宫闱争斗，再加上他天性聪颖，对自己的特殊身份非常敏感，因此即便是做了皇帝，他对辅政大臣霍光依然非常恭敬。

即位之初，由于宣帝已年满十八，霍光觉得他已经成人，便表示要“归政”。宣帝则百般谦让，“不受而委任之”，大臣们的奏章都是先交给霍光浏览，然后才呈给宣帝御览。每次上朝，宣帝都要收敛笑容，以示礼貌。但实际上，每当霍光站在身边时，宣帝就觉得无比恐惧，若有芒刺在背，成语中“芒刺在背”的典故就是出自这里。直到地节二年（前68），霍光去世后宣帝才开始亲自处理政务。

当时，霍家的势力非常强大，霍光的兄弟、女婿和外孙都在朝廷做官。宣帝知道，既然霍光可以让自己一步登天，坐上皇位，他也可以令自己万劫不复，为了自保，最好的方法就是对其言听计从。

没多久，宣帝便下诏，增封霍光食邑一万七千户，赏赐黄金七千斤、钱六千万、奴婢一百七十人、马两千匹。在这之前，霍光已被昭帝封为博陆侯，所封食邑不过三千户。接着，他又封霍光的儿子霍禹为右将军，霍去病的孙子霍山为列侯，食邑三千户。

不过，虽然霍光在朝政上一手遮天，但他推行的政策基本上对国家还是都有利的，因此宣帝也随他处理，从不插手阻拦。

宣帝即位前，就在民间有了患难与共的妻子许平君；但大臣们却认为，霍光的女儿霍成君是最佳的皇后人选，并纷纷上书提出这个建议，霍光对此也不加阻拦。

不过，宣帝虽然平时对霍光言听计从，这一次却非常固执，当大臣们再次提到这件事时，他下了一道诏书："上乃诏求微时故剑。"意思是说，我想找到未当皇帝时在民间用过的那把宝剑。擅长揣摩皇帝心思的大臣们终于明白，皇上惦记以前的结发妻子，于是他们马上改变口风，请求立许氏为皇后。

没多久，宣帝将许平君接进宫，并立为皇后。对于这件事，霍光并未放在心上，但他的妻子霍显却觉得宣帝立一个身份低贱的"刑余之人"的女儿为后，有失体统，是故意跟自己过不去。

其实，霍显的身份也不高贵，她并非霍光的原配夫人，但颇有心计。霍显一心想让自己的女儿霍成君成为皇后，如今希望破灭，她自然恨得咬牙切齿，因此，她紧盯着后宫，等待能够害死皇后许平君的机会。

三年后，许平君怀孕了，很快生下一个小孩，但她的身体却一直很不舒服。宣帝命御医好好诊治，还招募精通医术的女医进宫，掖庭户卫淳于赏的妻子淳于衍也应召入侍。

汉宣帝

淳于衍与霍显的关系很好，临行前，淳于赏对妻子说："你何不去与霍夫人辞别，顺便求她帮忙，把安池监的职位给我。"淳于衍来到霍家提出请求，霍显直截了当地说："这件事一点也不难，但你要帮我做件事。如今皇后正在生病，要是你能帮我使小女为皇后，你要什么官职我都可以给你。"

经过一番思索，淳于衍终于答应了霍显的要求。她将附子捣成粉末藏在衣服里，偷偷带进宫中。许平君喝下药后，顿时觉得头昏眼花，她挣扎着问道："这是什么药？"淳于衍说："是御医开的方子，等一会儿就有效了。"

很快，许平君就命丧黄泉了，宣帝得知后十分悲痛。他下令将所有的医官都抓起来严刑拷问。

霍显收到这个消息后惊慌失措，万般无奈之下，她只得将实情告知霍光。霍光闻言非常吃惊，但事已至此，也只能隐瞒事实，以保全家人的性命。

第二天上朝时，霍光对宣帝说："皇后的崩逝是命中注定，我想众医官没有胆子敢谋害皇后，如果加罪于他们，恐怕有伤仁德。"其实，以汉宣帝的精明，他应该知道妻子的死很蹊跷，但他现在刚刚二十一岁，皇帝的位置还未坐稳，于是他不敢再坚持，很快就赦免了医官们，并将爱妻葬在自己陵墓的南园，追谥为"恭哀皇后"。

之后，霍光的女儿霍成君终于如愿以偿地当了皇后。霍成君和母亲一样，喜欢奢华，更奇怪的是，皇太后上官氏是霍光的外孙女，按照辈分，皇后是她的姨妈，就这样，皇太后反而对皇后恭恭敬敬。

表面上，宣帝对霍成君也不错，几乎达到了独宠的地步。其实，这些都是做给霍家人看的。宣帝知道自己没有与霍家抗衡的能力，于是他采用了韬晦的办法，表面上看，他与霍成君的夫妻关系似乎还超过了与许皇后的关系，但在长达三年的时间里，霍成君都没有怀孕，更别说生下儿子，而与此同时，后宫里却不断有孩子降生。

诏儒请经

四年后，宣帝立许平君的儿子刘奭为太子。这一下，霍显更加生气了，她唆使皇后毒死太子，但宣帝仿佛意识到这一点，并特意给太子安排了保姆，每次吃东西前，都让保姆先试一试，因此霍成君的阴谋没有得逞。

宣帝等了六年，霍光终于死了。亲政后，宣帝开始逐步削弱霍家的权势。他先是任命魏相为丞相，并封他为高平侯，然后一一换下霍家执掌兵权的人。

面对这种情形，霍显当然不肯束手待毙，而且毒杀许平君的事逐渐暴露，霍显和儿子霍禹经过商量，决定假借太后的诏令，杀掉魏丞相，然后再废宣帝。但他们的计划不够周密，被宣帝预先得知。宣帝下令将霍氏灭族，所有参与谋反的人均被连坐诛灭。接着，宣帝向霍皇后颁布了一道诏书："皇后荧惑失道，怀不德，挟毒与母博陆宣成侯夫人显谋欲危太子，无人母之恩，不宜奉宗庙衣服，不可以承天命。呜呼伤哉！其退避宫，上玺绶有司。"

从此，废后霍成君就被幽禁于上林苑的冷宫"昭台宫"。十二年后，刘询突然又想到了她，觉得让她住昭台宫太便宜她了，又下令让她搬到"云林馆"。这时，霍成君已了无生趣，就在云林馆里自杀了，死时大约三十五岁，被葬在蓝田县昆吾亭东（今陕西西安）。

至此，宣帝终于为自己的亲政扫清了道路。不过，虽然霍家被诛，他依然肯定了霍光的功德。他在诏书中说："定万世策以安社稷，天下蒸庶咸以康宁，功如萧相国。"霍光在掌权期间实施的有利政策，宣帝不仅没有禁止，反而一直在沿用。

宣帝承袭文景之政

宣帝即位之初，大小政事都委托给霍光。地节二年（前68），霍光逝世，宣帝开始亲政。不过他并没有什么创新，基本上是承袭了文景之治时期的做法。宣帝重用的丞相是魏相，魏相历数汉朝建国以来实行过的有力措施，还收集了贤臣的言论上奏给宣帝。宣帝对他非常信任，只要是他提出的奏请，几乎没有不依从的。

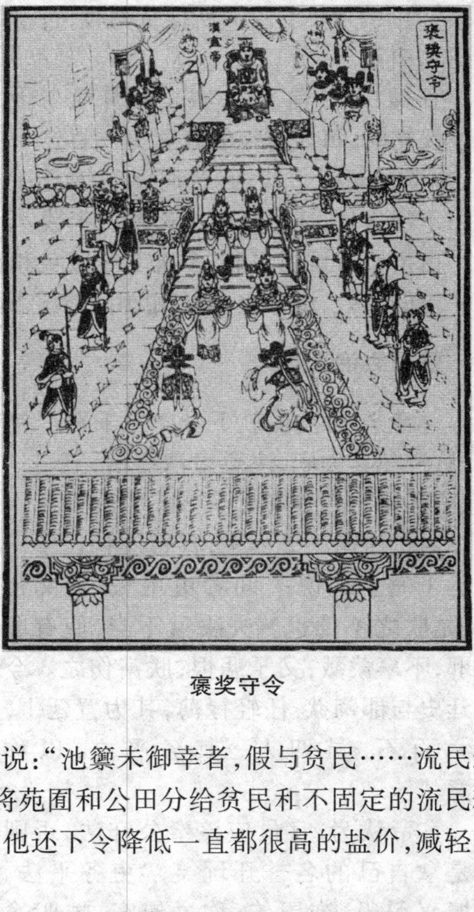
褒奖守令

宣帝遵从儒教。甘露三年（前51），他召一些儒生讲述五经的异同，称制临决。然后他大力整顿了吏治，重用那些注重实际、熟悉法令政策的官吏，并实行刑名考核。为了维护法律的正常行使，他还设置了治书侍御史，审核廷尉量刑是否合适。此外，还命令群臣通报下层百姓的事。

减免租税

宣帝效法文景之治时的"无为而治"，减免租税和徭役，积极发展农业。

本始四年（前70），宣帝下令："今后大量减少御膳，少屠宰牲畜；乐府应裁减多余的乐人，让他们回家发展农业。"

亲政之初，宣帝曾于地节三年（前67）下诏说："池籞未御幸者，假与贫民……流民还归者，假公田，贷种、食，且勿算事。"意思是说，将苑囿和公田分给贫民和不固定的流民耕种，并贷给他们种子和食物，不收算赋和徭役。他还下令降低一直都很高的盐价，减轻了百姓过重的负担。

元康元年（前65），宣帝下诏："原先贷给贫民的种子和食物一笔勾销，不予追回。"

本始元年（前73），全国免收当年租税。本始三年（前71），由于发生大旱灾，宣帝又下令免去受灾地区百姓的租税，如果京城一带的灾民迁徙到其他地方，则一概不收租税、不服徭役。第二年，全国有四十九郡发生地震，当年免去受灾地区所有的租赋和徭役。

地节四年（前66），诏书说："如果家中有祖父母、父母去世，子女或孙子可免服徭役，让其尽孝子之道，为长辈送终。"

元康三年（前63），全国粮食大丰收，谷价非常便宜，一石谷的价钱才五吊，是汉代以来的最低价。为了防止谷价下跌损害农民的利益，大司农中丞耿寿昌设立了常平仓。如果粮食丰收，就以不太低的价格买进，等到灾年饥荒时，则以原价售出。另外，还能保证北边军队的粮食。宣帝对他的这一做法极为赞赏，赐其为关内侯。

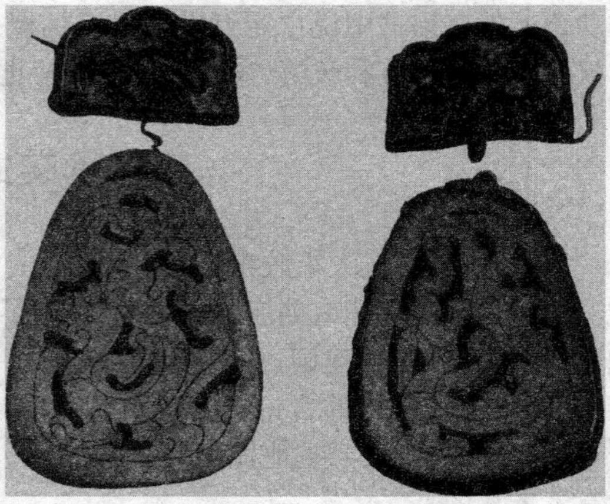
金玉耳坠

神爵元年（前61）春天，宣帝巡行到甘泉、河东等地，下诏：“所振贷勿收，行所过毋出田租。”

甘露二年（前52），减全国算赋二十钱。汉初时，每人每年的算赋为一百二十钱，文帝时减四十钱，武帝时除了恢复一百二十钱之外，还另征收戍边费三十钱。

由于宣帝重视农业，多次下令减免租税和徭役，减轻了百姓的负担，经过努力，取得了一定的实效，史称宣帝时期“用吏多选贤良，百姓安土，岁数丰穰，谷至石五钱”。

整顿吏治

宣帝亲政之初，就下令：“二千石严教吏谨视遇，毋令失职。”他命郡国长官督促地方官员，避免其失职，注意肃清吏治，五日一听事，由此了解下情。平日应该对官吏“观其言、察其行”，定期考试。

为了让律法更公平，宣帝还特设了一名廷平官。他说：“间者吏用法，巧文寖深，是朕之不德也。夫决狱不当，使有罪兴邪，不辜蒙戮，父子悲恨，朕甚伤之。今遣廷史与郡鞫狱，任轻禄薄，其为置廷平，秩六百石，员四人。其务平之，以称朕意。”

历史小常识：修禊

修禊是一种古老的风俗。商周以来，巫觋的遗风仍有流传，禊即其一。《周礼·春官》：“女巫掌岁时，祓除衅俗。”由女巫导演，于三月上巳沐浴除灾祈福。汉代应劭的《风俗通义》把禊列为祀典，说：“禊，洁也。”春日万物生长易生疾病，便于河水中洗浴而将身上的疾病及不祥拂除干净。

宣帝认为，官员应该奉公守法，否则就是拿自己的名誉开玩笑，“吏务平法。或擅兴徭役，饰厨传，称过使客，越职逾法，以取名誉，譬犹践薄冰以待白日，岂不殆哉！”

他经常派出丞相、御史掾及其他官吏巡行全国各地，检查吏治的工作。如果有人上报冤案，一定要追究到底，让导致错误的人负起责任。

元康二年（前64）冬天，一向精明能干、治理有方的京兆尹赵广汉执法出了偏差，“坐贼杀无辜，鞫狱故不以实，擅斥除骑士乏军兴数罪”，最后被腰斩。

神爵四年（前58），号称“屠伯”的河南太守严延年因为用法严酷，导致屈打成招，结果被当众处死。

宣帝一向反对苛政，他下诏批评道："今郡国二千石或擅为苛禁，禁民嫁娶不得具酒食相贺召。"

虽然宣帝出生在帝王之家，但他的这些做法都是来源于幼年时代的坎坷生活。当初，丙吉在监牢里一直保护他到出狱，后来又帮助他登上皇帝宝座。宣帝知道自己的才能并不出众，能登上皇位完全是一种运气，所以他非常谦逊，丝毫不觉得自己有资格乱来。他提出的考察官吏、见役、滥货等措施，除了用来巩固自己的统治地位外，也是体谅百姓的一种表现。

对于有功的官吏，宣帝从不吝啬封赏。地节三年（前67），胶东相王成安抚流民有功，宣帝奖励他定秩中二千石，赐爵关内侯；神爵四年（前58），奖励治行优异的颍川太守黄霸定秩中二千石，黄金百斤，赐爵关内侯；其他官员也各有赏赐。

黄霸

正因为如此，故史称宣帝时期的律法"信赏必罚，综核名实，吏称其职，民安其业"。

为了缓和社会矛盾，宣帝一方面强调法制，主张执法严明，另一方面却减轻刑罚，并多次亲自审理案件。接着，他连续废除了好几项"连坐制"。当时，有很多人犯罪后不愿伏法，都逃到亲戚家里，被抓获后，藏匿的亲戚也会被处死。后来，宣帝认为这样做太严苛、不符合人伦亲情，因此将其改为"其藏匿亲属可以免于受刑"。

为了体现仁政，宣帝在位时，曾十次下令大赦天下，体现了其皇恩浩荡。这些轻刑措施，或许和他当初坐牢的经历有关。

改善周边关系

呼韩邪单于来朝

宣帝时，西汉王朝与周边少数民族的关系基本上相安无事。宣帝即位之初，汉朝与乌孙联合，共同反抗匈奴的侵扰，双方相约出兵，分头攻打匈奴，最后匈奴无力抵抗，只得仓皇逃走，损失惨重。过了几年，匈奴又遭到乌孙、乌桓、丁令等几方夹击，再加上当时大雪纷飞、天气寒冷，匈奴被打得落花流水，力量大大削弱，因此匈奴单于产生了重新与汉朝和亲的念头。

宣帝亲政后，匈奴除了外患外，内部也产生了矛盾，他们分裂成五个单于，每派势力都想投靠汉朝,或者争取与汉和亲。神爵三年(前59),匈奴日逐王先贤掸率众投降,宣帝封其为“归德靖侯”;五凤二年(前56),匈奴左大将军王定投降,被封为信成侯;同年,匈奴呼遬累单于也过来投降,受封为列侯。

眼看匈奴已分崩离析,于是宣帝于五凤三年(前55)拟诏宣称:“(匈奴)诸王并自立,分为五单于,更相攻击,死者以万数,畜产大耗什八九,人民饥饿,相燔烧以求食,因大乖乱。单于阏氏子孙昆弟及呼遬累单于、名王、右伊秩訾、且渠、当户以下将众五万余人来降归义。单于称臣,使弟奉珍朝贺正月,北边晏然,靡有兵革之事。”

为了来投降的匈奴人,汉朝设置了西河、北地两个属国。次年,匈奴单于称臣,派弟弟谷蠡王到汉朝做了侍卫。甘露元年(前53),匈奴呼韩邪单于和郅支单于都将儿子派到汉朝入侍。

甘露二年(前52),呼韩邪单于亲自来到五原塞,他说:“明年正月我愿带着珍宝去拜访汉朝皇帝。”

使者将他的意思传达给宣帝,宣帝欣然接受,并安排盛宴款待其使者,同时,宣帝还给了很多赏赐。接下来的几年,呼韩邪单于、郅支单于不断地派遣使者觐见宣帝。宣帝高兴极了,每次都对使者格外有礼。

由于汉朝边境长久都没有人来侵犯,宣帝便将守卫的士卒减少了十分之二。地节三年(前67)冬十月,宣帝下诏说:“边境屯戍未息。今复饬兵重屯,久劳百姓,非所以绥天下也。其罢车骑将军、右将军屯兵”。

昭君出塞

昭君出塞

汉宣帝在位时期,由于他的励精图治,出现了“边境安,四夷清,单于款塞,天下殷富,百姓康乐”的盛世景象。那时候,匈奴由于内部贵族争夺权力,势力日益衰落,后来,匈奴分裂成五个单于,互相间战事不断。

其中一个单于名叫呼韩邪的,被他的哥哥郅支单于打败了,死伤大批人马。呼韩邪单于战败后,为了摆脱危局,左伊秩訾王建议他“称臣入朝事汉,从汉求助,如此匈奴乃定”。这个建议遭到群臣反对,说:“臣事于汉,卑辱先单于,为诸国所笑。”随后左伊秩訾王予以反驳说:“今事汉则安存,不事则危亡。”各大臣对两种建议相持不下,最后呼韩邪单于决定与汉朝和好,并亲自带着随从来汉朝拜见汉宣帝。

呼韩邪是首个到中原来朝见的单于，受到汉宣帝的特殊礼遇。《汉书》上记载："汉遣车骑都尉韩昌迎，发过所七郡二千骑，为陈道上"。以盛大场面来迎接呼韩邪单于的到来，并赐给呼韩邪单于大量的钱物。呼韩邪单于留在长安一个多月，回国时，他请求汉宣帝派兵护送他回去。汉宣帝同意，就派了两个将军带领万名骑兵护送他到了漠南。这时候，匈奴正缺粮少食，汉宣帝还送去三万四千斛粮食。

呼韩邪单于感激万分，一心和汉朝和好。汉宣帝死后，汉元帝刘奭即位。没过几年，郅支单于侵犯西域各国，还杀了汉朝的使者。汉朝派兵打到康居，打败了郅支单于，把郅支单于给斩杀了。

郅支单于一死，呼韩邪单于的地位才得以稳定。公元前33年，呼韩邪单于再一次到长安朝见，并请求同汉朝和亲。汉元帝答应下来。

以前，汉朝和匈奴和亲，大都挑选公主或者宗室的女儿。这回，汉元帝决定挑个宫女给他，他派人到后宫去传话："谁愿意到匈奴去，皇上就把她当公主看待。"

后宫的宫女都是从民间挑选来的，她们一进了皇宫，便失去了昔日的自由，盼望有一天能放出宫去。但一听说是要远嫁匈奴去和亲，便没有人愿意了。

这时候，有个宫女叫王昭君，不仅长得美丽，还懂音律。她人宫数年，都没有见到皇帝，心生悲怨，听说匈奴请求和亲后，便请求出塞和亲。

负责和亲的大臣正在为无人应征而焦急万分，听到王昭君愿意去，就把她的名字上报给汉元帝。汉元帝让大臣挑选个好日子，让呼韩邪单于和王昭君在长安成亲。

呼韩邪单于得到如此年轻美貌的妻子，欣喜万分，对元帝更是感恩戴德。临行时他和王昭君辞谢汉元帝，汉元帝见到王昭君如此美丽，心中大惊，想要留下王昭君，但他已答应呼韩邪单于，为免失信于人，也就只好如此了。昭君在汉朝和匈奴官员的护送下，离开了长安。她骑着马，冒着凛冽的寒风，千里迢迢地来到了匈奴，做了呼韩邪单于的阏氏，也就是王后。日子一久，她慢慢地就融入匈奴人的生活，并和他们朝夕相处。

王昭君远离自己的故乡，长期生活在匈奴。她劝呼韩邪单于不要去发动战争，还把中原的文化传授给匈奴人。从此以后，匈奴和汉朝和睦相处了数十年。

与羌族休战

宣帝初年，羌族先零部落北渡湟水，毫无顾忌地侵占汉民地区。先零部落酋长甚至联合了其他各部落的二百多个酋长，于元康三年（前63）与他们签订了共同侵犯汉地的盟约。

宣帝得知这个消息后，便问将军赵充国该如何应付。赵充国说："既然羌人内部已经签订了盟约，那么他们很有可能联合其他民族，我们应及早准备。一方面要加强边境守卫，监视羌人的行踪；一方面要打听其内幕消息，破坏他们的联合。"

宣帝听了连连点头，于是派遣义渠安国出使羌族，了解他们的动向。义渠到了羌人的地盘后，将诸首领聚集在一起，他讲了一通道理，羌人反应不一，有的同意，有的极力反对。义渠听得火起，便斩杀了那些不听话的首领，接着，他又调兵杀了先零羌民一千多

彩绘骑马俑

人。这一下,羌族各部恐慌起来,为了自保,他们很快就聚在一起攻打边境城市,并杀了太守。

神爵元年(前61)春天,羌人突然偷袭了义渠率领的三千骑兵,无奈之下,义渠只得垂头丧气地回来,向皇帝报告发生的情况。宣帝立刻调兵支援,并让将军赵充国、强弩将军许延寿一起前往。接着又任命酒泉太守辛武贤为破羌将军,与两人同去。

赵充国来到金城后,安排哨兵了解敌情,并派间谍打入羌人内部宣传政策。每天,他让军士好吃好喝,一点儿也没有进攻的心思。羌人见汉军的壁垒坚如城墙,而且死守着不出来,他们根本无法进攻,不禁开始互相埋怨起来。

这时,辛武贤认为反攻的时机到了,于是向宣帝上书:建议马上出兵。但是赵充国却认为,这个主意不妥,如果现在冒险进兵,到时必定会首尾不顾、进退两难。他说:“我们应先攻其主谋先零部落,逼他们悔过,然后再派一个能干的人去收降。”

接着,赵充国仔细分析了马上进击的不利后果,以及留兵屯田的有利条件。宣帝肯定了他的“屯田之策”,于是下诏命令退兵,让赵充国负责屯田。

神爵二年(前60),忍耐不住的羌民杀了先零大豪杨玉和犹非,并将他们的首级敬献给宣帝,表示愿意投降。于是汉朝设金城属国,安置投降的羌民。至此,羌族之乱终于告一段落,为汉朝的政治安定和社会经济的恢复发展创造了有利条件。

设西域都护

自从张骞开通了丝绸之路、李广利征伐大宛之后,汉朝便在西域设置了校尉,并屯田于渠犁。

地节二年(前68),宣帝派侍郎郑吉到渠犁负责屯田。郑吉在这里积蓄了不少粮食,打下了坚实的基础。后来他一发兵,就打败了车师。

鎏金铜马

捷报传到京城后，宣帝命他继续在渠犁和车师屯田积粮，等安定西域后再对付匈奴。没想到的是，匈奴得知消息后，居然跑过来争夺车师之地，这一下，郑吉抵挡不住，只好向朝廷要求增援。

宣帝命长罗侯常惠率领张掖、酒泉的骑兵开往车师。为了显示汉军的神威，骑兵在车师北边延绵了一千多里，结果匈奴被吓得撤兵了。由于得到了汉军的保护，免遭匈奴欺压，车师王很快就臣服于汉朝。没多久，郑吉又传来好消息："匈奴日逐王来汉投降。"宣帝让他好好负责保护鄯善西南方（南道）各国的安全，同时也要兼顾车师西北方（北道）各国的安全，所以后来郑吉号称"都护"。西域都护的幕府设在乌垒城（今新疆库尔勒与轮台之间），主要负责管理屯田事务，并处理西域各国事务。以前，匈奴管理西域的称为"僮仆都尉"，但现在被汉朝的都护取代了。

神爵三年（前59），宣帝封郑吉为安远侯。史称"汉之号令班于西域矣，始于张骞而成于郑吉"。也就是说，汉朝与西域的关系之所以能密切起来，始于武帝而成于宣帝。

历史小常识：算赋

秦汉时期政府向成人征收的人头税。该税由商鞅创设。这种税收用来治"库兵""车马"，具有军赋性质。汉四年（前203），汉高祖刘邦下令，凡是十五至五十六岁男、女每人每年交纳出一百二十钱（一算），是为算赋（东汉时也称口算），从此成为定制。

宣帝在位期间，汉朝各方面的情况开始好转，如果将其与汉初的情况相比较，不管是经济、政治，还是民族外交关系，"昭宣中兴"都超过了汉初，正是"吏称其职，民安其业"。

社会经济的发展

铁农具、牛耕的普遍使用

西汉时期，铁农具、牛耕的普遍使用和农业的发展，促进了当时经济的发展。从汉初至文、景的六十多年中，社会经济从凋敝状态中得到恢复和发展，到了汉武帝初期，便出现了物阜民丰、国家昌盛的景象。据司马迁说，当时粮仓丰积，粮食都溢出并堆积在仓外，以至于腐败不可食；国库钱财累积百巨万，连钱串都朽断了。

武帝时冶铁制器由国家专营，在很多地区都出现了铁农具。不仅中原地区出现了铁农具，就是在今天的辽宁、甘肃、四川、湖南等地方，也都有西汉的铲、锄、镰、铧等铁制农具出土。出土的犁铧铁制农具数量很多，宽窄大小相异，这是不同地区因地制宜地发展犁耕技术的结果。

北方民族农耕生活壁画

汉代农耕主要用牛，也有用马来耕作的。但从西汉时期牛犁模型、牛耕壁画和犁铧实物等看来，西汉社会已普遍使用所谓二牛抬杠的犁耕法，即《汉书·食货志》中所说的由二牛合犋牵引、三人操作的一种耕犁。汉武帝时，赵过在推行代田法的同时，发明了二牛耦耕的耦犁。其操作方法是一人牵牛引耕，一人掌犁辕，以调节耕地的深浅，一人扶犁，以掌握平衡。这种耕作速度快，不至耽误农时。此后，人们对耦犁构造加以改进，出现了活动式犁箭以控制犁地深浅，不再需要人掌辕。驭牛技术的娴熟，又可不再需人牵牛引耕。从西汉晚期起，二牛三人的耕作方法已逐渐为一人扶犁并驭二牛的方法所取代，这是犁耕法的重大进步。汉武帝时期，应防务的需要，进行大规模移民到边远地区，并实行屯田，把牛耕技术也传播到边远地区。与犁耕技术传播的同时，播种用的耧犁也开始使用。西汉晚期，耧犁已传到辽阳一带，辽阳的汉末村落遗址和北京清河汉代遗址中，都发现有铁制耧足。由于汉武帝频繁地发动战争，出现了马、牛畜力严重不足的问题，农耕时曾出现以人力来代替畜力的现象，给农业生产的发展造成了很大阻碍。

兴修水利

西汉时期，水利建设较为发达，如龙首渠、六辅渠、灵轵渠、成国渠等灌溉田地都很多。龙首渠在洛水旁，由于渠岸容易崩塌，就把容易崩塌的地段凿成若干深井，井与井之间相通，叫作井渠。除了京城和周边地区以外，关东地区也兴修了一些水利。如汉初龚颉侯刘信在舒城（今安徽庐江西南）修建七门堰，灌溉田地。汉景帝时，当时的蜀郡太守文翁率领民众“穿湔江，灌溉繁田一千七百顷”。汉武帝时，朔方、西河、河西、酒泉等郡引黄河及山谷之水，汝南、九江等郡引淮水，东海郡引巨定泽（今山东寿光北），泰山郡引汶水，来灌溉土地。引渠灌溉工程促进水稻种植，并促进了当地农业的生产。西汉时期最重要的水利工程，就是治理黄河。汉文帝十二年（前168），黄河在酸枣（今河南延津西南）地带决口，文帝调遣大批士卒去堵塞，很快便堵住了决口；汉武帝元光三年（前132），黄河又自瓠子（今河南濮阳附近）经巨野泽南流，灌入淮河、泗水，淹没大片地区，虽经武帝治理，但不见成效。汉武帝元封二年（前109），武帝从泰山回长安，路过此处，发卒数万人堵塞决口，并命令将军以下的官员都要去堵塞河堤决口。经过这次治理，黄河之水才流入故道，此后"梁、楚之地复宁，无水灾"。

铁农具、牛耕的普遍使用，农业、水利技术的进步，使西汉时的农业生产提高到一个新的水平。昭帝、宣帝以后，社会内外较为稳定，当时经济得到较快发展。人口也增长较快，根据西汉末年的统计，当时全国有户一千二百二十多万，口五千九百五十多万；全国垦田数达到八百二十七万多顷，未垦田两千四百余顷。

冶铁业、丝织业和商业

在西汉的手工业中，冶铁行业占有重要地位。西汉的冶铁技术比战国有了进一步发展。汉代东至东海，西至陇西，北至辽东，南至犍为，包括某些诸侯王国在内都有铁官，这些铁官的设置，可以说明这些地方的冶炼行业形成了一定规模。山东、河南等地都发现了冶铁遗址，其中河南巩义、郑州的冶铁遗址规模最大。包括矿坑、工场以及从开采矿石到制出成品的全部生产设备。在巩义铁生沟汉代遗址的发掘中，共清理出炼铁炉十七座、熔炉一座、锻炉一座、藏铁坑七个、矿石坑一个、配料池一个等。郑州古荥遗址的炼铁炉，是现知汉代炼铁炉中最大的。古荥遗址资料表明，当时生铁冶炼和加工工艺有较大的进步。随着冶铁技术的进一步发展，铁兵器在军事上的使用逐渐增多，到了武帝以后，铁兵器更多，替代了铜兵器所居的主要地位。由于铁器的兴起，铜器在汉代的独特地位受到了影响，但贵族阶层仍然喜爱精美的铜制器皿。

橙黄色绢地长寿绣

丝织业是西汉的重要手工业之一，是当时农户的家庭副业。当时，长安和临淄（今山东淄博）是全国丝织业的中心。长安设有东西织室，临淄和陈留襄邑（今河南睢县）等地设立了大规模的官营作坊，作坊的织工常达数千人之多。在丝织业发达的城市里，也有富商经营的作坊。农民家庭则主要是纺织自己穿用和缴纳赋税的麻布、葛布和绢帛，有时也卖一小部分纺织品。当时丝织品的种类很多，官营作坊以生产比较贵重的锦、绣、纱縠为主。1972年，从长沙马王堆汉墓出土了大量丝织品，有保存较好的绢、缣、绮、锦、纱、罗等丝织品，这些绚丽多彩的高级丝织物，用织、绣、绘、印等技术制成各种动物、云纹、卷草及菱形等花纹，反映了西汉的纺织技术已经达到很高的水平。西汉的丝织物通过馈赠、互市或贩卖，大批输往边远地区及国外。此外，煮盐（包括海盐、井盐、池盐）、酿造等行业，在西汉时也都是重要的手工业行业，生产规模和技术都超过前代。

彩绘漆案

随着农业、手工业的发展，商业也繁荣起来了。据《史记》记载，西汉时期全国已形成了若干个经济区域，每个区域都有大的都会。关中地域广阔，最为富饶。当时长安是全国政治、经济、文化的中心，也是全国最繁华的都市。洛阳、邯郸、临淄、宛、成都（当时合称五都）、番禺等城市，是全国主要的都会。蓟、阳翟、寿春、江陵、吴等，也都是一方的都会。全国各地区、各都会之间，有大道相连。而江南水路发达，船是重要的交通工具。当时吴王刘濞用江陵之木所造之船，“一船之载，当中国数十辆车”，吴国船载运量之大是陆地上车辆所不及的。出现在通都大城市里的商品，有牲畜、毛皮、谷物、果、水产、染料、木材、木漆器、铜铁器等类。奴隶被当作一种商品，可以在市场上自由买卖。买卖的活跃，促进了商业繁荣，而商业的繁荣又促进了经济的发展。

西汉衰亡

昭帝和宣帝维持了西汉的平稳发展，而从元帝开始，西汉逐渐走向衰落。西汉的衰落与外戚专权有很大关系。成帝时期，外戚王氏得势，权倾朝野，就连成帝也要受制于外戚王氏。公元6年，外戚王莽以“居摄”的形式君临全国，称“假皇帝”。公元9年，王莽由“假皇帝”当上了真皇帝，改国号为“新”，西汉灭亡。

王氏权倾朝野

竟宁元年（前33）五月，在位十六年的汉元帝刘奭去世。六月，皇太子刘骜继承皇位，是为汉成帝。刘骜的亲生母亲王政君被尊为孝元太后，也正是从那一天起，外戚王氏家族堂而皇之地登上了西汉的政治舞台，成为掌控国家生死存亡的决策者，也为后来王莽乱国埋下了伏笔。

汉长安南郊礼制建筑中心建筑复原图

命当大贵

王政君的先祖是黄帝后裔，东周时为田氏，初任齐国卿大夫，后成为齐国国君。秦始皇统一天下，齐国消亡。随着项羽的崛起，田安被封为济北王，田氏家族仍然居住在齐地。汉高祖刘邦建立汉朝后，废除了田安的王侯封号，齐地的人将田氏家族改称“王家”，从此，田氏后代子孙便由“田”改姓“王”。

田安的孙子王遂生有一子名叫王贺，汉武帝时期，王贺曾经担任绣衣御史，被派到魏郡（今河北临漳西南）缉捕地方盗贼。因为对盗贼的宽仁，他的上司对他极为不满，给他扣上了一顶“奉使不称”的罪名。王贺被罢免回家时感叹说：“听说挽救一千条人命，就能造福子孙。如今，我救了万余条性命，不知我的后代子孙们能否得到福佑？”

之后很长一段时间，王氏家族都默默无闻，安静地生活着。后因王贺和济南望族终氏之间产生纠纷，为免生事端，遂带领全族从东平陵（今山东济南东）远迁到魏郡元城（今河北大名东）委粟里，其子王禁在当地担任小小的廷尉史，而王政君正是王禁的二女儿。

胸无大志的王禁一生没有什么建树，最大的爱好就是酒和色。他官职虽小，却一口气娶了好几房妻妾，一共育有八男四女：长子王凤，次子王曼，之后是王谭、王崇、王商、王立、王根、王逢时；长女君侠，次女政君，再次为君力、君弟。王政君和长子王凤及王崇均为王禁嫡妻李氏所生。

根据《汉书》记载,李氏夫人怀王政君时,曾经梦见一轮明月由天而降,投入她腹中,李氏已知晓这一胎必是女儿无疑。而王政君尚未出世,已经显示出了非比寻常的气势。汉宣帝本始三年(前71),王政君呱呱落地,成为李氏所生唯一的女儿。生了三个孩子之后,李氏实在不能忍受丈夫没完没了地纳妾,一气之下,大闹一场,离开王家改嫁给河内(今河南武陟西南)苟宾为妻。

时光飞逝,年复一年,失去母爱的王政君悄然长大了,她不仅美貌如花,且"婉顺"深谙妇人之道。于是她的婚姻大事就被排上了日程。王政君年幼时也曾许配人家,但还没等她到谈婚论嫁的年龄,未婚夫就死了。后来,东平王又听说她容貌出众,便主动上门求亲,王禁惊喜之余,当即答应。正在准备婚礼之际,东平王又突然一命呜呼。两次未嫁丧夫,人们纷纷传言王政君命硬克夫,再无人敢来提亲。

迷信的王禁不免害怕起来,赶紧请来当地最有名的术士给二女儿看相卜卦。术士郑重告知王禁:"令爱命当大贵,天机不可言。"这让王禁立即联想到了皇帝后宫,不由喜出望外,从此对王政君加倍关心爱护,还特意请来老师教授其琴棋书画、宫廷礼仪。

王政君年满十八岁时,就被送进了皇宫,成为掖庭中地位低微的宫人——家人子。恰逢皇太子刘奭痛失爱妃司马良娣,对身边其他妃嫔也都失去了兴趣。皇太子尚无子嗣,却不近女色,这自然引起了宣帝和皇后的忧心。皇后特意从后宫挑选了五名家人子,精心装扮,然后召太子进宫探视,皇后早已吩咐随伺的长御,让他观察太子中意哪一名家人子。

彩绘铜雁鱼灯

皇太子刘奭根本没有注意到皇后身边的美女,当长御奉皇后之命来询问时,他只好随口说:"其中一个人还不错。"长御想起太子曾经对一名身穿红色花边长裙的女子望了一眼,于是回禀皇后,此女正是进宫不久的王政君。皇后随即传命,派侍中杜辅、掖庭令浊贤将王政君送到太子寝宫,太子不好拒绝母亲的美意,当晚便"御幸"王政君。出乎所有人意料的是,太子后宫数十位妃嫔多年来无一人受孕,偏偏王政君只一次机会就有孕在身。

第二年,也就是汉宣帝甘露二年(前52),王政君生下了一个男孩。汉宣帝盼了多年,终于盼到了嫡长皇孙,汉王朝也终于后继有人,真是喜从天降,汉宣帝亲自为小皇孙取名为"骜",骜者,千里马也!足以说明对其满腔厚望。从那时起,汉宣帝常把刘骜带在身边,生活起居,都亲自过问,十分溺爱。

黄龙元年(前49),刘骜三岁,汉宣帝去世,皇太子刘奭登基,是为汉元帝,长皇孙刘骜被册立为太子。王政君升为婕妤。仅仅三天之后,她又母凭子贵,被册封为元帝皇后。

虽然当上了皇太子，但刘骜的命运此时仍摇摆不定。因为汉元帝膝下又多了两名皇子，最受宠的，当属傅昭仪所生的儿子定陶王刘康。汉元帝总是和刘康形影不离，“坐则侧席，行则同辇”。而刘骜随着年龄的增长，渐渐失去了宽博恭慎的本性，一味沉迷在酒色奢靡之中，对国家政事不闻不问。汉元帝认为他无德无能，难以堪当国家重任，渐渐萌生废掉刘骜，另立刘康为皇太子的想法。

王政君和刘骜听闻后，惊惧万分，不知如何是好。幸好汉元帝最宠信的大臣史丹始终支持刘骜，每当汉元帝流露出另立太子之意时，史丹总是鼎力相助，说尽好话，这才一次次保住了刘骜的地位。汉元帝病重之时，傅昭仪和定陶王刘康常在他身旁，而刘骜和王政君却难得有机会进宫朝见龙颜。史丹担心汉元帝改变想法，便趁着在后宫独自侍奉汉元帝之际，泪流满面，跪拜在汉元帝卧榻前，情真意切地说：“皇太子刘骜是您的嫡长皇子，已经册封了十多年，天下的群臣、百姓，都早已接受，众心所归。可如今，宫外流言四起，纷纷谣传陛下您要废当今太子而改立定陶王刘康。如果真是这样，王公大臣必然内心不服，不肯奉诏，天下百姓定将哗然。而臣宁愿先被陛下赐死。”

闻听此言，汉元帝颇受感动，也深知废太子之事阻力重重，不是自己想做就可以轻易做到的。于是他摇头叹息说：“你不必担忧，太子和定陶王都是朕的皇子，我虽然左右为难，但必定还是会为他们的将来认真考虑。既然先帝喜爱刘骜，也曾叮嘱我册封他为太子，王皇后也遵循礼制，母仪后宫，朕自然不能违背先帝意愿。如今，朕卧病不起，恐怕难以治愈，时日无多，以后还望你们全心辅佐太子，以固我汉朝江山，如此朕在地下有知，也绝无遗憾！”史丹泣不成声，连连叩首。经此一事，刘骜的皇太子之位才变得牢不可破，王政君也安然地继续做着当朝的皇后。

五侯擅权

五侯当朝

汉元帝四十三岁时病逝，太子刘骜终于登上了皇位，王政君再也不用小心翼翼地生活，王氏家族的势力迅速在朝野中扩张。早在王政君当上皇后时，她的父亲王禁就已被封为阳平侯。汉元帝永光二年（前42），王禁去世，长子王凤继承阳平侯爵位，同时被任命为侍中、卫尉等官职。汉成帝即位后，王凤以长舅身份担任大司马、大将军，领尚书事。他的兄弟王谭、王商、王立、王根、王逢时同日封侯，世称五侯。其堂弟王音为御史大夫，位列三公。王氏子孙多半被任命为卿大夫、侍中、诸曹、郡国守、相、刺史等官职，王氏家族“群弟世权，更持国柄”，很快形成了“王凤专权，五侯当朝”的政治局面。

汉成帝刘骜安稳地当上了一朝之君，悬了多年的一颗心终于得以放轻松，对王凤等人更是宠信有加。而王凤为巩固权位，大力排除异己，除了借成帝之手打击宦官和其他外戚势力外，还重点排挤丞相王商，王商与王凤五弟同名，其父、兄都曾是朝中重臣，这位王商的政治能力和手腕都不亚于王凤，是当时朝廷中唯一可与王凤相抗衡的政治力量。

建始三年（前30）秋天，长安城外洪水暴发，城内百姓害怕洪水冲进城内，纷纷逃命，王凤劝汉成帝和皇太后带着后宫妃嫔登上船只以避水灾。大臣们也人心惶惶，全都附和王凤的提议，只有丞相王商不慌不忙地说：“洪水来势凶猛，也不可能一日之间突然来到。这一定是宫外的谣传。”果不其然，很快就传来了洪水已退的消息，汉成帝在满朝文武面前批评王凤以讹传讹，并夸奖了王商临危不乱。这一次在帝甥面前大失颜面，使得王凤更对王商恨之入骨，一直在寻找机会要将其赶出朝堂。

河平四年（前25），王凤的亲家琅邪太守失职，受到王商的惩处，王凤去说情，却被不徇私情的王商回绝了。王凤怒不可遏，联合汉成帝宠臣史丹诬陷王商，汉成帝对他们的话深信不疑，当即收回王商的丞相印章，免去其一切朝中职务。王商悲愤不已，吐血身亡，其族人均被赶出长安城。

王章

王凤的势力日渐扩张，朝中群臣大多心怀畏惧，对其唯唯诺诺。渐渐地，汉成帝发现自己也要“遂谦让无所颛”。一天，成帝召见著名学者刘歆，见他畅谈古今，博学多才，诗词歌赋更是令人叫绝。成帝很欣赏刘歆，打算封他为中常侍，当即命人去取官服，谁知身边的大臣却上前提醒道：“陛下请暂缓，这件事情应该先通报给大将军，再做定夺。”成帝一挥手说：“不过册封一个文官，区区小事无须告诉他。”谁曾想，左右大臣面露难色，竟然集体叩拜，奏请成帝先行告知王凤。成帝无奈，只得派人去王凤府中通报，得到的回复竟然是王凤坚决不同意封刘歆为官，成帝大吃一惊，只好打消此念。

这样的事情一再发生，成帝虽是皇帝，却全无九五之尊的绝对权威，这令成帝内心极为不快，对王凤也颇有微词；但皇太后王政君总是维护自家兄弟，成帝得不到皇太后的支持，也无计可施。朝中有一位京兆尹王章，正直不阿，不喜趋炎附势，他看出了成帝的心思，于是上奏说：“如今，朝中政务，事无大小，皆由王凤决断，陛下不曾举手。王凤这样做，乃专擅朝政，绝非忠臣所为。”并列举出王凤的三条大罪，指出应该限制王凤专权，另选贤良之臣打理朝政。

这一番奏言句句深入成帝内心，深以为然。从此，成帝视王章为心腹，经常秘密召见他，并在其提议下，准备召琅邪太守冯野王入朝，取代王凤官职。可惜隔墙有耳，这一番机密谈话偏巧被王音偷听到了，对堂兄王凤"卑恭如子"的王音即刻将一切告知正在宫中的王凤。

王凤马上以身体有恙为由，离开宫中返回自己的府邸，精心润色写了一篇奏章，请乞骸骨(辞职之意)："臣材驽愚戆，因外戚之故得蒙恩宠，委以辅政。然臣无德无能，又久病连年，数出在外，旷职素餐，有负陛下重托，陛下因皇太后之故不忍诛废，臣已知皇恩似海。今仍愿陛下念及臣老病，请许归自养，全其骸骨，不然臣必填于沟壑，唯陛下哀怜！"同时派人送给了成帝和皇太后，皇太后为兄长所感动，又气愤儿子无情，落泪不已，不肯进饮食。这可吓坏了一向孝顺的成帝，急忙跑去找王凤，向他道歉，说自己没有要赶他走的意思，请他进宫安慰皇太后。王凤却不动声色，直到成帝下旨命尚书拟奏章以大逆罪弹劾王章后，王凤这才起身进宫安抚皇太后。这出闹剧最终并没有动及王凤的一根毛发，却让忠直敢谏的王章冤死于大狱之中，还累及他的全家老少均被流放边关。

至此，朝野上下，王公大臣再无人敢质疑王凤，无不恭敬从命，唯恐一个不留神，自己的项上人头就难以保住。而王凤也越发气焰嚣张。阳朔三年(前22)八月，王凤因病而亡，临终前推荐王音接任，汉成帝照此办理，这样一来，朝中大权仍然由王氏家族把持。

玉佩

一年夏天，汉成帝的舅爷——成都侯王商不耐酷暑，病倒了，为了避暑，他竟不顾忌讳，向汉成帝借用皇帝的明光宫当作自己的休养之所。汉成帝虽心中不悦，却也勉强答应了。没过多久，王商在自己的侯爷府中大兴土木，开挖人工湖。为了引水，他自作主张把长安城墙凿了一个大洞，直接将城外河水引入湖中，带领侍妾歌女行船于湖上，饮酒作乐。汉成帝听说后，亲自来到王商府中查看，他虽恼恨王商擅自凿穿都城，破坏了帝王之气，但碍于皇太后的情面，还是隐忍了下来。而几天后发生的一件事，令汉成帝心中压抑许久的怒气终于爆发了。那一天，汉成帝微服出游，路经曲阳侯王根的府邸，一时兴起进去参观，却看到园中的楼台亭阁和皇宫中未央宫的白虎殿十分相似，这么明显"骄侈僭上"大逆不道的行为，使得成帝再也按捺不住，当场发起火来，痛斥王根后甩袖而去。

汉成帝毕竟是当朝天子，又难得龙颜震怒，王根不由得心中慌乱，急忙找来王商一同进宫向皇太后请罪，准备自行黥劓之刑罚，以平息皇帝的怒气。汉成帝听说他们去找皇太后，更加大发雷霆，对王音怒道："两位外家(指舅爷)究竟想干什么？还想自己在皇太后前黥劓，用这种手段，'徒伤慈母之心，更添乱国

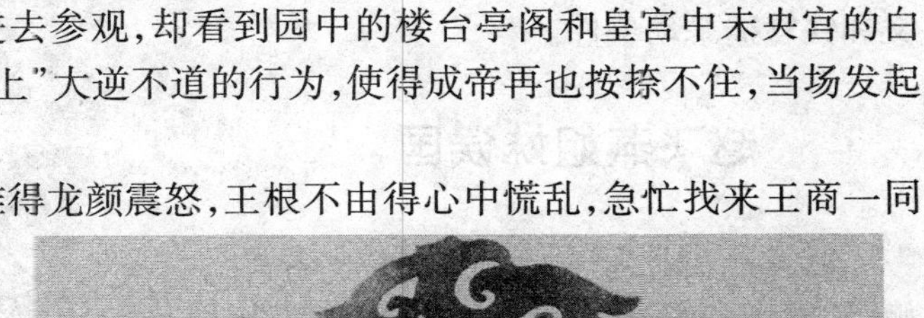

玉镂空龙凤纹佩

之祸。外家宗族强，朕阉弱日久'。今天是他们自取其辱，你告诉他们，不要去打扰皇太后，还是各自回府，闭门思过，以待惩治。”按照汉成帝的打算，这回一定要狠狠地修理自己的舅爷们，可皇太后王政君却匆匆赶来，阻止儿子下诏，并传来王商、王根负荆请罪。当着亲娘皇太后的面，汉成帝实在下不了狠心，只好就此作罢，再不予追究。

安昌侯张禹是汉成帝的老师，颇受成帝敬重，曾担任丞相之职，和王凤、王商一起主持朝政。张禹是一个审时度势、明哲保身的人，眼看王氏外戚炙手可热，为避锋芒，他多次上奏汉成帝，请求辞官，均未获准。于是，张禹采取了“当官不主事”的策略，决不与王氏发生正面冲突。这一次，汉成帝未能如愿处置胆大妄为的舅爷们，心中怒火郁积，便来征询张禹，问他有何想法。刚巧，张禹因为一块好地皮私下里和王根发生了不愉快，要是张禹借机挑拨，以汉成帝对他的信任，必将对王氏造成很大的负面影响。可张禹毕竟在官场上摸爬滚打了多年，早已看出皇太后王政君对成帝的影响力，也深知王氏家族的权势无法撼动。倒不如趁机为王氏说些好话，一来可以化解自己与王根之间的矛盾，二来也可以让自家子弟得到王氏的青睐，何乐而不为呢？于是张禹便违心地安慰汉成帝，不必和王氏兄弟计较，他们虽然张狂了些，但毕竟是一家人，对陛下绝无二心。汉成帝一听老师都这么说，对舅爷们的怨气才消减了不少。王氏兄弟听说这件事后，果然和张禹交好，来往密切起来。

在汉成帝、王氏家族奢靡之风的带动下，朝野上下竞相攀比，剥削百姓，以致“百姓贫，盗贼多，吏不良，风俗薄”。百姓生活无以为继，甚至出现了“人至相食”的悲惨景象。后来，在现今山东、河南、四川等地区，先后爆发了侯毋辟、申屠圣、郑躬、樊并、苏令等领导的农民起义和铁官徒暴动事件。

玉舞人佩

赵飞燕姐妹误国

赵飞燕原是阳阿公主家的一名舞姬，汉成帝刘骜在阳阿公主家见到赵飞燕后，甚是喜欢，便召她入宫，封为婕妤。汉成帝对她极为宠爱，后又废了许皇后，立飞燕为后，赵飞燕之妹赵合德亦被立为昭仪，姐妹二人受成帝专宠近十年，显赫一时。传说赵飞燕体态轻盈，舞技超群，令汉成帝十分着迷。绥和二年(前7)三月，沉迷于酒色的汉成帝在赵合德的怀抱中暴毙，孝元王太后与大司马王莽“治问皇帝起居发病状”，赵合德畏罪自杀。四月刘欣即位，是为汉哀帝。赵飞燕因帮助刘欣即位，汉哀帝感恩，仍旧尊她为皇太后。六年后，汉哀帝死于未央宫，大司马王莽以赵飞燕谋害皇子之罪，迫其自杀。

微行识“飞燕”

鸿嘉三年（前18），汉成帝刘骜身着便服，微服出行，途经阳阿公主府，公主安排了盛大宴席款待贵客，席间招来好几位歌舞伎表演助兴。其中一名叫赵飞燕的舞女引起了汉成帝的关注。她容貌出众，肌肤若雪，舞姿轻盈曼妙，举手投足之间娇柔可人，眉目含情，明眸似水。一曲歌舞还没有跳完，汉成帝已迫不及待地向阳阿公主提出，要赵飞燕随自己一同入宫。公主当然不敢违背圣意，于是赵飞燕自此走进了汉朝皇宫，开始了她载入史册，并被后人评说不断的人生。

若从出身论起，赵飞燕并非出自普通人家，她的母亲是江都王的孙女姑苏郡主，姑苏郡主嫁给江都中尉赵曼之后，因为丈夫无能，不能令她享受闺房之乐，于是她暗地里和美男子冯万金私通，并怀了孕。为避嫌，姑苏郡主借故返回娘家待产，并怀胎十月，生下了一双漂亮的双胞胎女儿。因为是私生子，姑苏郡主也不知如何是好，最后干脆派人将孩子丢弃在了城郊野外。三天之后，姑苏郡主实在心中不忍，前去察看，发现两个女儿居然都还活着，只是连日啼哭，已经奄奄一息。于是，姑苏郡主就将她们抱了回来，送到了冯万金家中，冯妻虽不高兴，还是同意收留她们。冯万金给姐妹俩起名为宜主、合德，她们在生父家度过了平静的童年时光，人也出落得越发娇丽。可好景不长，还没等到她们长大成人，冯万金就突然故去，冯家很快门庭中落，冯妻也将她们姐妹二人赶出了家门。

姐妹俩无处投奔，辗转流离，最后来到了长安城，租了一间屋子安顿下来。她们的邻居名叫赵临，家境殷实，是阳阿公主的管家，一直很照顾她们，姐妹俩也很尊敬他，一来二去，她们干脆拜赵临为义父，搬进了赵家。赵临收了两个如花似玉的女儿，自然也很得意，还将她们举荐进了阳阿公主府，当了公主的侍女。

因为遗传了生父冯万金的音乐才能，姐妹俩对歌舞有着不一般的天赋，很快就从一般的“舍直”，成为公主府中数一数二的歌舞伎。尤其姐姐赵宜主，舞姿动人，优雅柔美，令人叹为观止，因而被称作“飞燕”，她的本名却逐渐不为人们所提起。

汉成帝在阳阿公主府采到了宝贝，兴冲冲地回到皇宫，赵飞燕集万千宠爱于一身，后宫佳丽们再也无缘得见皇帝一面。没几天，汉成帝听说赵飞燕的妹妹赵合德更美，就动了心思，连忙派侍从吕延福去迎接。为了让赵合德受宠若惊，汉成帝还亲自安排了皇后的专座百宝凤舆前去迎接。赵合德却不同于一般于人，她并没有兴高采烈地坐上去，而且对吕延福说：“只有飞燕姐姐传令找我，我才会进宫。”吕延福只好带着空空的百宝凤舆回宫复命。汉成帝一听，对赵合德更是心向往之，为早日将其接进宫中，他不断地赐给赵飞燕昂贵的金银珠宝，还将她迁进了豪华的远条宫。

赵飞燕很快就将妹妹赵合德引荐给了汉成帝，当赵合德亭亭玉立于殿堂之上时，她的娇媚之态令汉成帝如痴如醉。站在汉成帝身后的资深宫廷教习——“披香博士”淖方

成亲眼目睹此景，悄悄叹息道："这是祸水，将要灭火矣！"当时的星相家都认为西汉王朝的命运属于火象星座，现在这"红颜祸水"却要将火象扑灭了。

汉成帝迷恋柔若无骨的赵合德，还将赵合德的酥胸称为"温柔乡"，并心满意足地感叹道："我当终老是乡，不愿效武帝求白云乡。"当然，赵飞燕的歌舞亦令汉成帝流连忘返，成帝特意为赵飞燕在皇宫太液池上，打造了一艘沙棠木做的豪华大船，并取名为"合宫舟"。一次泛舟水面游玩时，赵飞燕身穿云英紫裙，碧琼轻绡，载歌载舞，表演《归风送远曲》，一阵大风吹来，裙袖飘飘，只见赵飞燕仿佛要随风而去，汉成帝急忙令正在吹笙的侍臣冯无方上前，握住赵飞燕的双足，赵飞燕的身体在风中摇摆，继续舞蹈。从那之后，世上便传说她"身轻若燕，能做掌上舞"。

班婕妤

众矢之的的许皇后

一时之间，赵氏姐妹专宠于后宫，汉成帝对她们二人言听计从，就连往日最宠爱的班婕妤也不予理会，那位人老色衰的许皇后更加没有地位。而许皇后的不幸，不仅仅是失去皇帝丈夫的爱，还有与皇太后的积怨和赵飞燕姐妹的野心觊觎。

皇太后王政君一向讨厌这个明媒正娶的儿媳妇，因为许氏外戚曾多年把持朝政，凌驾于王氏家族之上，虽然现在王家早已掌控了政权，但积怨难平，再加上许皇后没有子嗣，汉成帝对她也不复关爱。皇太后就准备对许家和许皇后大动干戈，以报复许皇后的父亲许嘉在汉元帝朝时对王家的轻视。

汉成帝初登帝位之时，就按照母亲王政君的意思，大肆册封王氏亲族。有一天，长安城内突然漫天黄雾，一连好几天都不曾散去，臣民议论纷纷，都认为是上天以此示警，表示对王家外戚大量升迁的不满。王凤也吓坏了，知道自己做得太过分，连忙上奏请求辞去官职。可没想到，汉成帝根本不批，还大包大揽地拍胸脯表示，"咎在朕躬"，希望舅爷们不要多虑，安心做官，以"显先祖之德"。随后一段时间，又不断出现异常天象：日食、地震、洪水。为了让天下人不再把愤怒的目光紧紧盯住王家，也为了让汉成帝向天下人有个交代。皇太后和王家人商议，将这些不祥之兆转嫁到其他人的头上。挑来选去，最合适的人选无疑是许皇后一家人。

在王家人的指使下，大臣刘向、谷永上奏汉成帝"灾异咎验，皆在后宫"，指出一连出现的灾祸之象，是老天暗示在皇帝后宫中，有人图谋不轨，意欲危害国家。奏章中虽未提到“许氏”，但一切隐含的矛头却直指后宫的许皇后。汉成帝自然也读懂了其中的深意，他火冒三丈，当即下令裁减皇后的所有日常开支，“椒房仪法，御服舆驾，所发诸官署，及所造作，遗赐外家群臣妾，皆如竟宁以前故事”。不但皇后的吃用、待遇被降了等级，在朝中为官的许氏家族也均遭到降级处置。

这么大的黑锅被盖在许皇后和许家人头上，一向谦恭温良、谨守礼仪的许皇后满腔怨恨，提笔给汉成帝写了一封正式抗议书：“时世异制，长短相补，不出汉制而已，纤微之间，未必可同。若竟宁前与黄龙前，岂相放哉？家吏不晓。今壹受诏如此，且使妾摇手不得，今言无得发取诸官，殆谓未央宫不属妾，不宜独取也。言妾家府亦不当得，妾窃惑焉。幸得赐汤沐邑以自奉养，亦小发取其中，何害于谊而不可哉？又诏书言服御所造，皆如竟宁前，吏诚不能揆其意，即且令妾被服所为不得不如前。设妾欲作某屏风张于某所，曰故事无有，或不能得，则必绳妾以诏书矣。此二事诚不可行，唯陛下省察。”用以控诉皇帝对自己的不公，自己决不愿从命。

刘向

汉成帝读罢许皇后的抗议书，竟无动于衷，并没有改变先前的决定，还叫人将刘向、谷永的奏章拿给许皇后看，以示自己的公正。不仅如此，汉成帝还亲自召见许嘉，劝他告老还乡。许氏家族在朝廷中几乎丧失了发言的权力。

眼看许皇后一天天以泪洗面，日渐憔悴，许皇后的姐姐平安刚侯夫人许谒看不下去了，她常常出入后宫，对许皇后内心的苦楚极为了解。鸿嘉三年（前18）十一月，许谒又进宫探望，对愁眉不展的皇后妹妹说：“妹妹一定是想念陛下了，我想陛下之所以亲近赵氏姐妹，也是为子嗣后代。要是妹妹你怀上身孕，陛下一定会像当年那样宠爱你的。”许皇后面颊绯红，叹息说：“我现在这个模样，怎么还能怀孕生子呢？”

许谒提议请巫祝在寝宫里设祭坛祈禳，求上天赐子。这个消息被赵飞燕得知，正好赶上后宫一位怀孕的王美人莫名其妙地流产了，赵飞燕便诬蔑说，许谒是受许皇后的指使，找人设坛作法，诅咒王美人，以致龙胎不保，合谋者正是同样失宠的班婕妤。汉成帝和皇太后正为保不住龙子而难过，听了赵飞燕的话后不由勃然大怒，汉成帝当即将许皇后印绶收回，废弃皇后称号，并将其赶到昭台宫中；后又将许谒问斩，其余许氏亲属都被遣送回原籍山阳郡（今山东金乡西北）。

受到无辜牵累的班婕妤也被抓起来拷问，然而她却不卑不亢地回答说："妾闻生死由命，富贵在天，修正尚未得福，为邪还有何望？若使鬼神有知，岂肯听信谗说？万一无知，诅咒何益，妾非但不敢为，也是不屑为！"其坦荡的话语感动了汉成帝，为示歉意和安抚，成帝还特意赐给班婕妤黄金百斤。虽说有惊无险地躲过了一场劫难，但班婕妤心里清楚，如今后宫是赵氏姐妹的天下，自己今日虽然保住了地位，明日或许就会像许皇后一样被废。心有余悸的班婕妤连夜写了一份奏章，请求汉成帝应准她去长信宫奉养皇太后，以借此离开宫廷斗争的核心之地。

飞燕争宠

许皇后被废之后，依照汉成帝所想，恨不能立即将赵飞燕册立为新皇后。可皇太后王政君却不答应，她嫌赵飞燕出身卑贱，实在不配母仪天下，只会有损皇家的脸面，众大臣也纷纷附和。

汉成帝不敢违背皇太后的意愿，便暗地里拜托侍中淳于长向皇太后说情。淳于长不是别人，正是皇太后王政君最喜欢的外甥。得了汉成帝的好处，淳于长不遗余力大下功夫，几乎磨破了嘴皮子，皇太后王政君才终于勉强同意。于是，永始元年（前16）四月，汉成帝下旨将赵氏姐妹的"父亲"赵临封为咸阳侯，这样一来，赵飞燕摇身一变，不再是出身贫贱的歌舞伎，而是王侯之女。皇太后这才公开答应汉成帝立新后的请求。

宠昵飞燕

永始元年（前16）六月，皇后的宝座空虚了一年半之后，汉成帝诏告天下，将赵飞燕立为新皇后，同时册封赵合德为昭仪，赐居昭阳舍。天下臣民一片哗然，但汉成帝置若罔闻，一心只顾讨美人欢心。成帝派人将昭阳舍里里外外重新修整一遍，涂以丹朱，雕梁画栋，用黄金、明珠、蓝田玉等点缀其间，台阶全部用白玉铺设而成，金碧辉煌，极尽奢华。汉成帝流连"温柔乡"中，"湛于酒色"，足不出宫。

虽然赵飞燕、赵合德姐妹俩专宠后宫多年，却未能生下子嗣。汉成帝为此时常忧心，便偷偷召幸后宫其他女子。赵氏姐妹害怕别的妃嫔怀孕生子，威胁到其皇后之位，因此她们绝不允许别人怀孕，并疯狂地摧残有孕的妃嫔、宫人，"生下者辄杀，堕胎无数"。

曹伟能是在皇后中宫侍奉皇后的女教习，负责教授赵飞燕《诗经》。她面容秀丽脱俗，汉成帝曾私下里召幸她几次，元延元年（前12），曹伟能的母亲曹晓进宫探视女儿，惊讶地发现女儿肚腹已经膨胀，就追问发生了什么事。曹伟能毫不隐瞒，对母亲说是"御幸后有了身孕"。就在这一年的十月，曹伟能在宫廷牛官令舍顺利地产下一名男婴。已经四十一岁的汉成帝得到消息后，暗自高兴，随即派遣六名宫女前去服侍曹氏母子，嘱咐她们好生照顾。宫女们也不敢怠慢，心中了然这可是皇帝的继承人，将来的天子。

然而，降生皇子的大事又怎能瞒得过高度警戒的赵氏姐妹，知道此事后，赵合德立刻威逼汉成帝将曹伟能母子解决。汉成帝只好派中黄门（宦官职称）田客拿着诏书去找宫廷典狱长籍武，籍武打开诏书，上面赫然写着："把牛官令舍中那个产妇和新生儿，以及六名宫女全都抓进秘密牢房（暴室）。关于孩子是谁的，是男孩、女孩，都与你无关，不可过问！必须遵照命令执行！"籍武带兵冲进牛官令舍，曹伟能和宫女们都大吃一惊，曹伟能拜托籍武说："请好好照顾这个孩子，收好他的胞衣，你应该知道这孩子的来历。"籍武心中当然也如明镜一般，于是他就将曹伟能母子妥善安顿在牢房中。

赵飞燕

过了三天，田客前来探问情况，听说小婴儿还活着，赶紧回宫请示，没一会拿着新诏书跑了回来，告诉籍武说："陛下与昭仪都非常生气，责问你为何不将这孩子杀死？"籍武震惊万分，哭泣着跪拜在地说："我知道没有奉诏办事，理应受死。可就算是杀了这个孩子，恐怕我也只能一死。请你回奏皇上，就说陛下身边尚无子嗣，曹伟能虽是卑贱宫女，但孩子毕竟是皇上的血脉，还请皇上收回成命，留孩子一条性命吧！"田客也被感动了，又转回后宫，很快就带着第三封诏书回来。籍武满怀希望地迎上前，却听到田客打开诏书命令道："无须多说，今夜漏上五刻时分，你将孩子带到东交掖门处交给王舜。"籍武见已无法挽回，忙问道："皇上听了我的话，是怎么说的？"田客回答说："瞠也。""瞠"就是两眼发直的意思。汉成帝对此什么也没有说。

籍武将婴儿交给王舜之后，又过了三天时间，田客带着一个小绿箧前来，他命令籍武将里面的药丸和一张纸交给曹伟能，且要籍武必须亲眼看着曹伟能吃下药丸。曹伟能看到纸上竟是汉成帝的亲笔字"伟能：努力饮此药，不可复入宫，汝自知之"。曹伟能对籍武长叹道："果然是赵氏姐妹欲专擅天下，不容我和孩子。我儿子前额长有壮发，长相如同皇上的爷爷一样，不知道是不是也遭到了毒手。求您想办法将这件事禀报皇太后，我儿尚且有救。"说完，就服毒身死。

王舜抱走孩子后，带到后宫找到张弃为乳母，张弃养了十一天，又被李南拿着诏书将孩子抱走。当夜，一个未曾满月的男婴尸体就被悄悄带出皇宫，抛弃在长安城外的荒郊野岭。

赵合德也没有放过那六名曾经服侍过曹伟能的宫女，她们被告知可以选择自杀或是被杀，于是这六名无辜的宫女在牢房中用六条悬挂梁间的绳索结束了自己的生命。

曹伟能母子冤死后的第二年，也就是元延二年（前11），同样一幕悲剧再次在皇宫中上演。而这一次，汉成帝竟然亲自充当了杀死自己亲生儿子的刽子手。

双层九子漆奁

元延二年（前11）初，汉成帝在上林苑中宠幸了许美人，这里远离赵氏姐妹的宫殿，十分隐秘，当汉成帝得知许美人身怀有孕时，仍将她安置在上林苑中养胎待产。他自己不敢亲自前去探望，却暗派亲信中黄门严斬带着太医前去照料，还给许美人送去三颗名贵的养生药丸。这一年的十一月，许美人为汉成帝生下了一名皇子。汉成帝闻讯大喜，不知道是不是太过兴奋，竟主动向赵合德全盘托出。赵合德又惊又怒，担心许美人母凭子贵，抢了赵氏姐妹的风头。于是，对着汉成帝又是撒娇又是撒泼，哭哭啼啼地说："你居然骗我，说你只去中宫姐姐那里，既如此，许美人住在上林苑那么远的地方，她的儿子是从哪里来的？你曾发过誓，永不辜负我！现在却让许美人生了孩子，你背弃誓言，是不是想让许家人重新当皇后啊？'今当安置我'？我还是离开皇宫吧！"

汉成帝一听，赶紧表态说："我答应你的事情永远不会变，我决不会教许家翻身来抢你们姐妹的位置。天下没有人能在赵家之上。"说完，汉成帝亲笔给许美人写了一封信，吩咐严斬说："你立即把这封信送给许美人，她会给你一样东西，你带来交给我。"

许美人看到汉成帝的亲笔书信后，没有任何怀疑，将孩子包裹好，放在一个箧屉里交给了严斬。严斬将箧屉送到了赵合德的寝宫，汉成帝立即命令所有侍从离开，并亲手关上了所有的门窗。过了大约一刻钟的时间，寝宫的大门重新开启，汉成帝命中黄门吴恭将箧屉及一纸诏书送到籍武那里。

籍武打开诏书，看到上面写着："箧屉里有一个死孩子，将他埋在一个秘密地点，不要被人发现。"籍武心知肚明，又一个可怜的皇子被扼杀了。他在牢房墙外偏僻角落挖了一个坑，将那只箧屉里幼小的尸体埋葬了。

在曹伟能和许美人之后，还有一些身份低下的宫女因为怀有龙胎而遭到迫害，汉成帝对她们的死毫无怜惜。赵氏姐妹一次次成功地消灭了后宫的隐患，以致当时民间曾流传着一首童谣："燕燕尾涎涎，张公子，时相见。木间仓琅琅，燕飞来，啄皇孙，皇孙死，燕啄矢。"

成帝"温柔乡"中丧命

汉成帝已经四十多岁，却没有一男半女可以继承皇位，这对于"家天下"的封建王朝来说，可是天大的事情。既然汉成帝没有自己的子嗣，他就只能在兄弟中选择。他的父亲汉元帝一共有三个儿子，其中一个就是傅昭仪所生的定陶王刘康，可惜刘康命薄，早在公元前23年8月就已经去世，现任定陶王是刘康的儿子刘欣。汉元帝另外一个儿子就是冯媛昭仪所生的中山王刘兴。

在众位大臣的一再提议下，汉成帝终于答应册立皇储。元延四年（前9）正月，中山王刘兴和定陶王刘欣各自离开自己的封地，应召来到长安城。一个是自己的皇弟，一个是自己的皇侄，为示公允，汉成帝公开对两人进行了各方面的考察，最终发现，刘兴虽早已成年，却不学无术，胸无大志；刘欣虽不过十七岁，却风度翩翩，才华出众，忧国忧民。虽然汉成帝自己一辈子没有对国事、百姓上过心，却在这一点上特别挑剔。他非常欣赏年少有为的皇侄刘欣，并亲自为刘欣主持了冠礼的成年仪式。

汉成帝希望选皇侄刘欣为皇位继承人，可是在朝堂上，大臣们却拿出旧制礼法拒绝了他。御史大夫孔光指出，必须按照“兄终弟及”的规矩，因此应册立汉成帝的皇弟刘兴为皇位继承人。

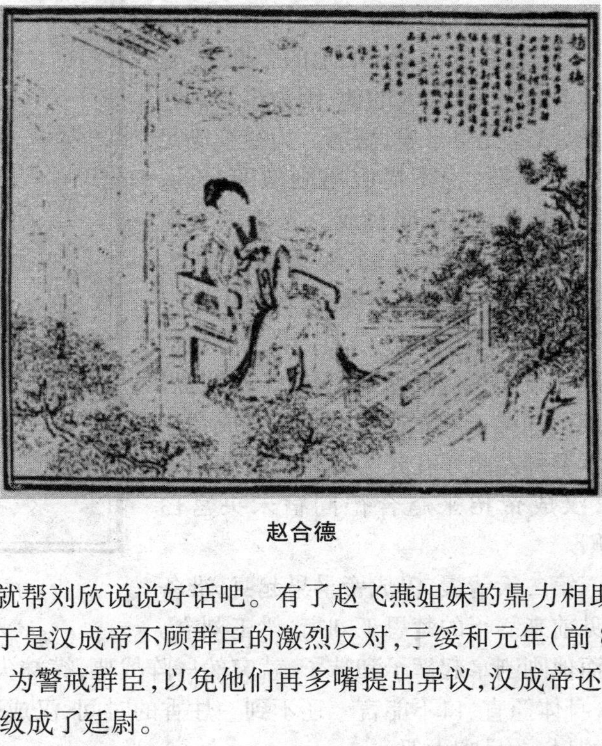
赵合德

陪同定陶王刘欣进朝的人中有一位是他的祖母（即后来的傅太后），老太太对汉成帝召见自己孙儿的目的早就心中有数。当汉成帝在朝堂上考察两位皇位候选人之际，老太太也没有闲着，她利用自己可自由出入后宫的便利条件，将早已备好的金银和奇珍异宝送进皇太后王政君和赵飞燕姐妹的寝宫。皇太后对此不置可否，赵氏姐妹却私下里商议，她们认为汉成帝既然不可能有亲生儿子，那么立谁为皇储对她们而言也没有太大分别，现在刘欣的祖母一心示好，那不妨做个顺水人情，就帮刘欣说说好话吧。有了赵飞燕姐妹的鼎力相助，刘欣在汉成帝的心目中越发完美。于是汉成帝不顾群臣的激烈反对，于绥和元年（前8）二月下诏，正式册定刘欣为皇太子。为警戒群臣，以免他们再多嘴提出异议，汉成帝还下诏将主张“兄终弟及”的御史孔光降级成了廷尉。

绥和二年（前7）二月，正好是册立皇太子一年之后，天上的星象出现了异乎寻常的变化，被视作光耀保佑汉王朝的火星突然失去了光彩，黯然无光，就如同被污水浇过一般。上至朝廷，下至民间百姓，无不人心惶惶，纷纷传言说是当朝皇帝将会遇到大灾难。汉成帝也吓坏了，赶紧昭告天下，寻求解决避难之策。

有一位官员自称善星象和破解之法，求见汉成帝，禀告说只要找到一位权高位重的大臣当皇帝的替身，用他的生命祭天，就可平息天怒，保佑皇上龙体安康。汉成帝急忙

"照方抓药",开始寻觅合适的人选。一时间,满朝文武无不战战兢兢,生怕皇上选中了自己。

选来选去,汉成帝觉得还是当朝丞相位高权重,是最佳人选。当时的丞相是翟方进,汉成帝当即召他入宫,义正词严地要求丞相为社稷安危着想,为国尽职尽忠。如同晴天一个霹雳,震得翟方进晕头涨脑,当他步履蹒跚地刚刚走进丞相府时,汉成帝的催命诏书就紧跟而至。汉成帝在诏书中大骂翟方晋升为丞相,却没能担当起国家重任,以致天下苍生灾难不断,诏书最后还让翟方进好好想想,应该如何谢罪。事已至此,翟方进也只能一死了之,于是当天他就无奈地自杀了。

汉成帝闻讯大喜,特意为替死鬼翟方进举行了隆重的葬礼,不仅命令文武百官都要去参加,汉成帝自己也亲临祭奠,感谢这位为国为自己捐躯的丞相。

至此汉成帝认为自己的灾祸已经消除,于是继续过着花天酒地的奢靡生活。原本身材健壮、高大的他,因为多年酒色浸淫,已经变得干瘦、羸弱。为继续满足自己的淫欲,他不惜服用刚烈的丹药,"其丹养于火,百日乃成。先以大瓮贮水满,即置丹于水中,水即沸腾乃易去,复以新水,如是十日不沸,方行服用"。

嬖佞戮贤

绥和二年(前7)三月十七日夜晚,汉成帝设宴为次日就要离开长安的楚思王刘衍和梁王刘立饯行,席间,汉成帝还表示要拜左将军孔光为丞相。宴席结束后,汉成帝招来赵合德同宿未央宫白虎殿。

第二天清晨,汉成帝早早起身,准备接见前来辞行的楚思王刘衍、梁王刘立。然而他刚刚拿起裤子和袜子,就突然一阵战栗,裤袜失手掉落在地上,他自己随即扑倒在地,身体僵直、口不能言。还不到一炷香的时间,汉成帝竟一命呜呼了。赵合德抱起汉成帝的尸首,号啕大哭。

皇太后王政君和大司马王莽惊闻四十五岁的汉成帝猝死,"治问皇帝起居发病状",群臣声讨赵氏祸水。赵合德自知难逃一死,服毒自尽。绥和二年(前7)四月,刘欣继位,是为汉哀帝。赵飞燕因为当年在立储上帮了他大忙,也被封为皇太后。

王莽篡汉及改制

王莽篡汉

王莽是汉元帝皇后王政君之侄,也是西汉权臣王凤之侄。他在幼年时便没有了父亲,不久他的哥哥也离开人世。他从小勤奋好学,对亲人尽孝重礼,孝母尊嫂,对长辈以礼相待。他的伯父王凤病重期间,他守候在其床榻之旁,亲自为其尝药,衣不解带照顾他数月。王凤尤为感动,临死之前,王凤嘱咐王政君照顾王莽。汉成帝时王莽初任黄门侍郎,后升为射声校尉。一时之间,得到朝廷众多大臣的赞誉。永始元年(前16),汉成帝又封他为新都侯骑都尉、光禄大夫侍中。他的地位愈加显赫,为人处世愈加谦逊谨慎。他生活俭朴,把自己的车马衣裘送与宾客,广交天下能人贤士。他名声越来越大,远远超过了他的叔伯。

他的一个表兄名叫淳于长,与他同时当上黄门侍郎。淳于长是王政君姐姐的儿子,王凤病重期间,他和王莽一样在床榻旁精心照料。王凤临死之前,嘱咐王政君要好好照顾淳于长。不久,淳于长就成了汉成帝的侍从官。

当时,赵飞燕深受宠幸,汉成帝想废掉许皇后,改封她为皇后。而王政君以赵飞燕出身卑微为由,没有同意。淳于长极力讨好赵飞燕,时常为她传递宫中消息。过了一年,汉成帝立赵飞燕为皇后,封淳于长为关内侯,不久又加封淳于长为定陵侯,地位愈加显赫。赵飞燕被封为皇后,原来的许皇后则被汉成帝打入冷宫,住在长定宫。淳于长因经常出入后宫,得知许皇后的姐姐在家寡居,便与其私通,还把她纳为小妾。由于这层关系,许后就送给他大量的钱物,要他向皇二进言,帮助她恢复原来的地位。淳于长就哄骗她,说只要有钱财,他就有办法让许后复出当“左皇后”。许后信以为真,就不断地送金物给他。几年时间下来,他积聚了大量财物。

当时,王莽另一个叔父王根身居要职,是辅佐朝政的大司马和骠骑将军,但年老多病。淳于长位居九卿,是成帝的宠臣,当时是最有希望接替王根的人选。然而,王莽早就对王根的显耀位置有企图,想取而代之。这样,淳于长就成了他掌握大权的障碍。王根生病时,王莽精心照料,深得叔父欢心。王莽知道,除掉淳于长才能在以后掌握辅政大权。此时他早已掌握淳于长的种种劣迹,于是便趁机向王根告发了淳于长,并且说:“您身体欠安,淳于长特别高兴。他以为可以代替您

历史小常识:赵充国

赵充国,西汉名将,字翁孙,陇西上邦人。为人沉着勇猛,熟知兵法。他在对匈奴、羌、氐的战争中,审时度势,每战必胜,威名远播,被册封为后将军。汉宣帝刘询继位后,赵充国因辅政有功,被封为营平侯。赵充国提出了对后世政治家、军事家产生巨大影响的屯田法。此方法被汉宣帝采纳后,取得了对羌战争的最终胜利,巩固了西汉对西北边疆的统治,同时对边疆地区农业的发展也起到了积极作用。

辅政，并且到处封官，说某人可以做什么官，某人可以做什么事。”王根大怒道：“你为什么不早告诉我呀？”王莽说：“侄儿不知道您的心意，所以没敢说。”王根说：“去！快到东宫禀奏皇太后。”王莽进宫向王政君禀告此事。王政君生气地说：“小儿竟敢如此，太不像话了！”于是王政君又把这些告诉了汉成帝，不久淳于长就被诛杀了。

绥和元年（前8）王莽继王凤、王高、王音、王根四位伯、叔之后出任大司马，并执掌朝中大权，时年三十八岁。但他与其他叔伯不一样，为了进一步提高自己在社会上的声誉，他更加小心从事，生活上也更加节俭，甚至把大量钱财赠送给贤良人才。他的母亲患病时，朝中王公大臣都派自己的夫人去探望，王莽的妻子出来招待她们，身上仅穿能够遮住膝盖的破衣裳。这些王公大臣的夫人还以为是王莽的奴仆，一打听，才知是王莽的夫人，对此大家无不惊叹。

汉成帝曾有幼子，后来被赵飞燕姐妹合谋杀死，于是成帝只得立定陶共王刘康的儿子刘欣为皇太子。汉成帝死后刘欣即位，是为汉哀帝，他封王政君为太皇太后。因为刘欣是汉元帝的宠妃傅昭仪的孙子，于是王政君以及王氏家族的权势受到了威胁。高昌侯董宏首发其难。当时，汉哀帝的母亲丁姬健在，董宏便上书说：“春秋之义，母以子贵，应该给予丁姬崇高的封号。”王莽联合师丹当即予以反击，斥责董宏“误国不道”，把董宏的建议驳了回去。过了几天，汉哀帝在未央宫设宴，宫廷侍从把丁姬的座位设在王政君旁边。王莽大声斥责宫廷侍从，说道：“定陶的丁太后只是定陶共王的妻妾，怎么能与至尊的太皇太后并列而坐？”于是他下令把座位撤掉，傅昭仪得知此事后十分愤怒，坚决不同意他的做法，并直奔未央宫怒斥王莽。王莽深知汉哀帝继位后其祖母傅太后、母亲丁太后的外戚正得势，只好辞职回到封地。

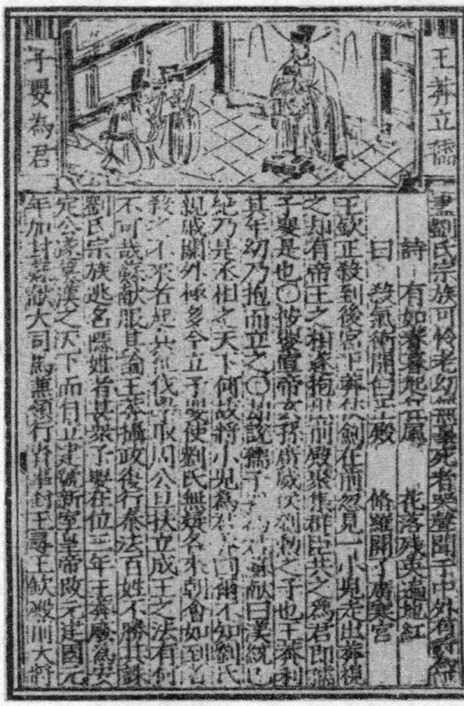

王莽立孺子婴为君

汉哀帝仅在位六年便去世，且并无子嗣。于是王政君直奔未央宫，夺得玉玺，又派人把王莽召回京师，把保卫皇宫的兵权交付他。姑侄二人商定立年仅九岁的刘衎为皇帝，是为汉平帝。

刘衎登上皇位后，王莽就开始铲除曾经与他为敌的汉哀帝的母舅势力，逼迫他们自尽。同时，他借口赵飞燕谋害汉成帝皇子，也逼迫其自尽。这样，傅、赵两家的外戚势力全被他铲除。

因为汉平帝年幼，大权都掌握在王政君手里。除了王莽是她的信赖之人外，还有她的弟弟王立。因此王莽指使他的手下孔光上奏，说王立与淳于长案件有牵连，收受过许皇后的财物。王政君不想处置王立，王莽便说：“现在汉室衰微，几代皇上都没有儿子继承帝业。您代替幼主执掌朝中大权.也要心怀畏惧，处处警惕，力求公正于天下。怎么可以心怀偏私处事不公呢？”于是，王政君只好把王立赶出长安，让他回到自己偏远的封地去了。

于是，王莽逐步扫清了威胁自己地位的一切势力。他的亲信王舜、王邑、甄寻、甄邯、甄丰、刘歆、平晏等人成天在王政君面前称赞他，说他的功劳比萧何、霍光还高。于是，王政君便加封他。王莽却再三推辞，不肯接受，并且称作有病，不去上朝。有人向王政君说：“王莽讲德操，讲礼让，不能勉强。如果先行封赏了孔光等有功之臣，他自然也就会接受封赏了。”王政君听后觉得有道理，就封赏了孔光、王舜、甄丰、甄邯等人。公元1年，王莽接受了“安汉公”的爵位，将俸禄转封两万多人。这些人对王莽感恩戴德，进而大肆宣扬王莽之德。王莽由此得到了朝野的拥戴。

元始四年(4)，王莽把自己的女儿嫁给了年仅十三岁的汉平帝，并被册封为皇后。他便成了国丈，从而也极大地削弱了王政君的权柄。

元始五年(5)，汉平帝死了，年仅十四岁。因为汉成帝、汉哀帝都无子嗣，而汉宣帝还有五个曾孙健在。按规定，新皇帝应该从这五个人中挑选。但因为他们年龄偏大，不易掌握，于是王莽就从汉宣帝玄孙中挑选了一个两岁的婴儿当皇帝。婴儿皇帝名叫刘婴，历史上称其为孺子婴。

没几天，武功县境内有个叫孟通的人在淘井时，淘出了一块白色石头，上圆下方，石头上刻有八个红色大字：“告安汉公莽当皇帝。”之后，王莽指使他的手下将此事告知了王政君。王政君说：“这种荒诞不经、欺骗天下的事，怎么可以实行！”王舜说：“王莽并无野心，不如让他摄政，安服天下。”王政君只好让步，让王莽摄政，改年号为居摄，从此王莽当上了“摄皇帝”。

王莽的野心被刘家宗室的许多人看出来，因而对其极为不满。安众侯刘崇与张绍等人召集百余人起兵讨伐王莽，攻打宛城(今河南南阳)。他们认为，只要他们举事，刘家宗室其他人就会支持，天下民众就会响应。守卫宛城的就是张绍的堂兄张竦。然而，张竦不但没有响应，反而击败了他们。接着，张竦与刘崇的堂叔刘嘉一道去向王莽献媚。并由刘嘉上书，请求赦免刘崇。王莽不费力气就平定了刘崇的叛乱。为了表示他的宽宏大量，他没有株连杀掉刘家宗室和张竦一家，反而封赏他们及其子弟为侯。

历史小常识：严延年

严延年，字次卿，东海下邳(今江苏邳州)人。父为丞相掾。年幼时学法律。昭帝时，为侍御史。宣帝时任涿郡太守，到郡即镇压豪强东高氏、西高氏，豪强得以铲除。后来任河南太守，主要打击豪强，诛杀很多人，被称为“屠伯”。后为人所告，以诽谤朝廷罪被杀。

居摄二年(7)，东郡(今河南濮阳西南)太守翟义立刘信为皇帝，并向全国发出檄文，声讨王莽毒死汉平帝，阴谋夺取刘家天下，号召天下民众诛杀王莽。翟义起兵后，十万余人响应，声势浩大。王莽惶恐不安，成天抱着孺子婴在庙里祷告。他派出王邑、孙建等八名将军迎击翟义大军。翟义起兵不久，赵明、霍鸿等人起兵响应翟义，人数达十万余人，直取长安。王莽更加惶恐不安，派王奇、王级带兵抵抗。十一月，王邑在陈留一带击败翟义的军队。同年，王莽增铸错刀、契刀、大钱等三种钱币，与原有的五铢钱同时流通。居摄三年(8)春，王邑等人回师，打败赵明、霍鸿等部，平定了这场战乱。

战乱平定后，王莽加紧了篡位步伐。一时间，制造出了许多王莽代汉顺应天意的“符命”。一会有人说，巴郡挖出了石牛；一会儿又有人说，扶风发现了一块大石，上面都刻有要王莽当皇帝的字。还有人报告说临淄县昌兴亭亭长辛当夜里做了个梦，梦中天公使者告诉他：“摄政皇帝应该当真皇帝。”如果不相信，这个亭中有一口新井，你看看就信了。第二天早晨，辛当起来，到亭中一看，果然有一口新井。

王莽派人把巴郡石牛、扶风大石都运进未央宫的前殿，让大臣们观看。过了些日子，又有个叫哀章的人做了个铜匣子，声称里面有“赤帝”汉高祖刘邦加盖了玉玺的“金策书”，打开一看，上面写着：“王莽是真天子。”这时，王莽说道：“赤帝汉高祖显灵要我当皇帝，我怎敢违背呢？”于是，初始元年(8)十一月，王莽终于称帝，改国号为“新”。废刘婴为安定公，西汉灭亡。

王莽改制

王莽称帝后进行了一系列改革，史称“王莽改制”。

西汉末年，土地兼并极其严重，大多数农民处于无地或少地的境况之下，再加上统治者骄奢淫逸，对百姓大肆搜刮，致使民不聊生，社会矛盾日益尖锐。当时很多官僚贵族家里都蓄养了很多奴婢，导致社会上劳动力严重不足。为解决西汉时期遗留下来的种种矛盾，王莽附会《周礼》，托古改制。始建国元年(9)，针对当时的土地和奴婢问题，诏令宣布：“今更名天下田曰‘王田’，奴婢曰‘私属’，皆不得买卖。其男口不盈八，而田过一井(900亩)者，分余田予九族邻里乡党。故无田，今当受田者，如制度。”有敢违抗者，就被流放到边远地区。

不久，王莽又开始进行币制改革，废掉之前发行过的错刀、契刀和汉代的五铢钱，另铸小钱。“小钱直一”，它与“‘大钱五十’者为二品，并行”，并颁令禁挟制铜炭，以防盗铸。到了第二年，王莽改做金、银、龟、贝、钱、布，名曰：“宝货”，凡五物(钱、布皆用铜，共为一物)、六名、二十八品。地皇元年(20)，王莽又废掉大小钱，改行货布、货泉二品。

始建国二年(10)，王莽下诏实行五均六筦。五均是在国都长安以及洛阳、邯郸、临淄、宛、成都等大城市设立五均官。政府管理五均赊贷及管理物价，征收商税。六筦是王莽政权对盐、铁、酒、铸钱、山泽等课税对象的掌控，比如盐、铁、酒、铸钱等方面不许私人经营。

在政治制度方面，王莽对中央和地方的官名、官制、郡县名和地方行政区划分都加以改变。另外，王莽还恢复五等爵，滥加封赏。

改革失败

王莽改制的指导思想是“托古”，即效仿古代圣人进行改革。王莽希望革除弊政，使自己的“新”王朝长治久安。更重要的是，他要借助古代圣人帮助自己树立威信，使自己取得的帝位合法化。不过，西汉末年毕竟不是西周初年，井田制早已被时代所淘汰，所以“托古”的实质是历史的倒退，其改制必定要走向失败。

新莽“大泉五十”陶范

王莽改制遭到失败也有其他方面的原因。王莽宣布收天下田为“王田”，不可以私自买卖。由于地主官僚阶级的反对，没过几年，王莽不得不取消这道诏令，宣布“王田”可以买卖。同时对买卖奴婢的做法也不予处治，他之前颁布的诏令变成了一纸空文。王莽的土地、奴婢改革触犯了作为国家统治基础的大地主阶层的根本利益，而他又需要这些人来支持，这就决定了其改革只是一种空想。王莽的货币政策也有很大问题，币制变革成了变相搜刮民财的手段。品级繁多的货币之间兑换关系又不十分明晰，引起了经济混乱，导致“新”朝经济快速崩溃和人民的破产，激起了民众的怨愤。五均六筦改革旨在控制商人对农民的过度剥削，制止发放高利贷的行为，并使国家获得经济效益。然而，王莽无力控制用来推行五均六筦的大商人，这些人与郡县通力作弊，剥削民众，从中谋利，与王莽改革的初衷背道而驰。

王莽的民族关系处理得也不好。他无理地侵侮各族，如：改称高句丽为“下句丽”，改称匈奴单于为“降奴服于”，贬降各族的王为侯，引起了各族的不满与反抗。王莽多次征讨各族，破坏了汉与各族的友好关系，特别是断绝了汉与西域的交通，对各民族间的经济文化交流造成了重大损失。

王莽改制引起天下动乱，导致各地农民起义和西汉宗室旧臣反对“新”朝的斗争不断爆发。地皇四年（23），王莽政权终于在绿林军的打击下灭亡。

光武中兴

刘秀是汉高祖刘邦的九世孙。赤眉、绿林起义时，刘秀与其兄参加了绿林起义。更始元年（23），刘秀取得昆阳之战的巨大胜利，推翻了王莽政权。不久，刘秀又到河北活动，取得部分官吏与地主的支持，收编了河北地区的铜马、高湖、重连等农民起义军，实力大增。建武元年（25），刘秀称帝，重建汉政权，定都洛阳，史称东汉。其在位期间，以“柔道”治天下，采取了一系列措施恢复发展社会生产，使东汉初年社会安定、经济恢复、人口增长,史称“光武中兴”。

刘秀复汉

四神瓦当

西汉自成帝、哀帝之时,便逐步陷入外戚独霸朝政的局面,尤以王莽乱世最为严重。王莽掌权后,连立了两个年幼皇帝,西汉亡国之君刘婴继位时年仅两岁。野心勃勃的王莽亲手覆灭了西汉,于公元9年自建王朝,国号为“新”。之后他推行了多种举措:恢复井田制度,设置六筦、五均、赊贷等制度,改革币制,依照古法建立行政制度和官员配置。这些措施导致社会更加动荡不安,民不聊生,阶级矛盾严重激化,各地不断爆发反抗起义。

新莽王朝末年,各地连年灾荒。公元17年,王匡在湖北揭竿而起,号称“新市兵”;王常在江陵率众起义,称作“下江兵”;荆襄民众在陈牧的带领下也发动起义,被称为“平林兵”;次年,樊崇起兵于山东青州一带,因为他和手下都将眉毛涂成红色,因此号称“赤眉军”。西汉皇族刘氏后裔也纷纷起兵,其中影响最大的是刘縯、刘秀兄弟。公元25年,刘秀灭掉了其他各地的起义军,完成了中国的又一次大一统,定都洛阳,史称东汉,刘秀就是汉光武帝。

兄弟起兵

光武帝刘秀于汉哀帝建平元年(前6)十二月,出生在父亲刘钦任职县令的陈留郡济阳县(今河南兰考东北),是汉景帝庶子长沙王刘发的后裔。刘钦和夫人樊氏共育有三男三女,长子刘縯,次子刘仲,三子即刘秀。

刘秀出生时,济阳县有个地方的谷子一支茎生出九只谷穗,谷类生穗开花即为“秀”。刘钦听闻后,觉得这是大吉之兆,就为新生的儿子取名为刘秀。刘钦去世时,刘秀刚满九岁,由叔父刘良抚养长大。刘秀生得一表人才,七尺三寸,高个子,鼻梁挺拔、额头饱满。他温和守信,处事谨慎,喜欢务农。直到二十五六岁才去游历长安,在那里拜许子威为老师,学习《尚书》。虽然学习只是“略通大义”,但他却交下了不少好友。他见有的同学家中贫寒,就和同住一寝室的韩子共同出钱买了几头驴,派自己的仆人去跑运输,挣到的钱就为同学们支付花费。史书上称刘秀“乐施爱人,勤于稼穑”。

刘秀年轻时没有远大的志向,对生活十分知足,种田之余喜欢读书,总是将多余的粮食送到宛城去卖。为此,他常常受到大哥刘縯的嘲讽。刘縯生性爽直刚毅,一心想恢复刘氏的江山,处处结交天下英雄,等待时机。刘縯看到弟弟刘秀胸无大志,十分焦虑,故意在众人面前取笑刘秀，以此来激励他。久而久之，刘秀果然被刘缜的壮志豪情所感染，"愤而有志于天下"，也投身于反抗新莽政权的运动中，并逐渐显示出了他非凡的谋略和智慧。

地皇三年(22)，农民起义此起彼伏，天下大乱，新莽政权显露出败亡之象。同年十月，刘缜、刘秀兄弟在南阳郡(今河南南阳)春陵乡起兵反抗新莽政权，初期他们的队伍只有七八千人，称为"春陵军"。当地民众包括刘氏宗族子弟对刘缜发难还心存恐惧，认为只有普通百姓才会造反，为了不受拖累，有的"亡逃自匿"，还有的保持观望态度。后来听说一向沉稳持重的刘秀也参与起兵，并亲眼看到刘秀头戴高帽，身穿绛红色军服，意气风发地出现在起义队伍中，人们惊讶地议论道："谨厚者亦复为之！"于是他们这才放弃了怀疑之心，纷纷踊跃参加，就连附近各县的地主豪强也加入进来，刘氏兄弟的起义军得以壮大。因为是西汉皇族后裔领导的起义军，因此他们这支队伍又被世人称作汉军。

起兵一个月后，汉军与王莽军队交战于长安，初战不利，大败而返。刘秀和众人失散，单骑逃跑。在路上，他遇到三妹伯姬，连忙将其拉到马上，不过片刻，又遇到二姐刘元和她的三个女儿，刘秀欲将她也拉上马。刘元看到追兵就在不远处，不肯上马，催促刘秀快点策马离开。而刘元和女儿则均被赶上的追兵杀死。长安之败，刘秀的二哥、二姐及刘良的妻子和两个儿子都被王莽军队杀害，刘氏宗族死伤达数十人。

铜奔马

经此一战，刘秀劝说刘缜改变策略，主动和王匡、王常等人的部队联合为"绿林军"，"合纵"反抗新莽王朝。至第二年，绿林军已发展至十余万人。此时，众将领都意识到，是该拥立一个自己的皇帝了。既然刘氏是西汉皇族，则理应立一位刘姓皇帝，以此号召天下人，齐心协力消灭新莽王朝。从南阳地区起兵的将领豪强一致认为刘缜是最佳人选，因为刘缜功绩灼灼，威望极高；但绿林军中新市、平林等分支的将领们并不支持刘缜，他们都是平民出身，自由散漫惯了，生怕刘缜当了皇帝后，治军更加严明，他们的行为就会大受拘束，于是，他们力保平林军中的更始将军刘玄为帝。刘玄是春陵侯刘仁的曾孙，生性较为懦弱，甚少主见，容易受左右摆布。

最终商讨的结果，刘玄被推选为皇帝。是年二月初一，设祭坛于淯阳，改元为更始元年(23)，以王匡为定国上公，朱鲔为大司马，刘缜为大司徒，陈牧为大司空，刘秀为太常偏将军。随后，刘玄派绿林军主力部队围攻宛城，另派刘秀率王凤、王常领军两万北上作战，接连攻克王莽统治下的昆阳（今河南叶县）、定陵（今河南舞阳）和郾（今河南郾城），夺取了大批粮草、军用物资，以作为围攻宛城的强有力支持。

昆阳之战

王莽得知刘玄自立新朝，且军事力量强大，震惊不已。为保障长安城，王莽急忙将作战的重点转移到南阳。王莽从各地调集了四十二万军队，号称百万大军，任命司空王邑、王寻为主帅，从洛阳出发，率军前往南阳镇压。王莽的讨伐军队浩浩荡荡，连绵千里，五月，已抵达颍川（今河南禹县）。当时刘秀的部下正向阳关（今河南禹县西北）进发，为避王莽大军，不得不退回昆阳。而昆阳城守城军队仅有八九千人，刘秀下属部将见王莽军队人多势众，心生胆怯，返回昆阳城中，并向刘秀提议，不如弃城退守荆州故地，避免和强敌正面交锋，以免损失惨重。可这样一来，攻打宛城的主力部队就会直接暴露在王莽大军面前。因此刘秀不肯弃城，并严厉地对部将们说："只要我们合力抗敌，兵力虽相差悬殊，但仍有打胜的希望。若我们弃城而逃，不仅将会被紧追猛打，更会令宛城之军腹背受敌。昆阳城要是守不住，我们的各路军队都将深受牵累。"当部将们对他所言"合兵尚能取胜，分散势难保全"的道理还在犹疑时，有兵士来报，说王邑、王寻大军已经抵达昆阳城北。

习射画像砖

在刘秀的一再劝说下，众部将终于同意坚守昆阳城等待援兵。刘秀传令王凤、王常负责守城，自己亲率李轶等十三骑连夜从昆阳城南门闯出，前往联络附近各地军队。刘秀将郾县、定陵的军队全部集合起来，随他赶往昆阳。驻守郾县、定陵的将军要求留部分兵力看守原驻地，被刘秀拒绝，并指出现在必须要倾尽全力才可与敌军抗衡。刘秀共集结万人军队带往昆阳，而他亲率步兵、骑兵共千余人一马当先，充任前锋部队。

就在刘秀星夜率援兵往回赶时，围城的王莽军队发生了分歧。有谋士建议王邑、王寻弃围昆阳，直趋宛城，击灭绿林军主力。或者将围昆阳城的军队打开一个缺口，任由守城军队逃离，这样自然就可以顺利进驻昆阳。王凤、王常也派人向王邑、王寻表示投诚之意，但王邑、王寻自恃兵强马壮，一意孤行，放言道："百万之师，所过当灭，今屠此城，喋血而进，前歌后舞，岂不快耶！"因此他们意欲擒杀守城将领，血洗昆阳，随后再消灭围困宛城的绿林军主力。遂将昆阳团团围住，里外数十层，并使用冲车撞城门、挖掘地道、架设云梯爬城等种种方式不断强攻。无奈昆阳城墙十分坚固，再加上王凤、王常投诚被拒，深知只有谨遵刘秀叮嘱，拼死一搏，才会有生存的希望，于是顽强抵抗，将小小的昆阳城守得固若金汤。王邑、王寻纵有百万人马，却一连数日未能进前一步。

由于多次攻城不下，王莽军队已经是身心疲惫，锐气大减。地皇四年（23）六月初一，刘秀带领援兵日夜兼程来到昆阳城外，他率前锋将士直冲到离敌军四五里的地方才停下来。接着，刘秀策马挥刀在前，冲入敌军，击杀敌军几十人。这次小小的胜利，极大地鼓舞了绿林军的士气，将领们高兴地说："刘将军见小敌怯，见大敌却这般勇敢无畏！"

汉光武帝涉水图

在刘秀的带动下，将士们豪气冲天，奋勇杀敌，将王邑、王寻所派数千人一举歼灭。为鼓舞昆阳城守军士气，动摇敌军军心，刘秀派人拟了一份宛城已被绿林军攻克的假战报，用箭射入昆阳城中。王邑、王寻得知，不免有些惶然，为防止各州郡的将士不守制约，遂严令各营不准擅自出兵。此时，刘秀已亲率三千人悄然渡过昆水（今河南叶县辉河），潜行至敌军大营后侧，并突然发起猛攻，直扑王寻、王邑的主帅大营。王寻、王邑仍不以为然，只带领帐下一万余名士兵迎战。刘秀一马当先，王邑、王寻部下被杀得人仰马翻，慌乱逃窜。

各州郡将士远远听见厮杀声，却又不敢违抗王邑的命令擅自出兵救援，致使王寻在战斗中被杀。昆阳守城将士见刘秀取胜，也打开城门冲杀出来，王邑部队受内外夹击，溃不成军，相互践踏，四下夺路而逃。偏偏这时老天爷"雨下如注，滍川盛溢，士卒争赴，溺死者以万数，伏尸百里，水不流"。只有王邑、严尤、陈茂等人带着剩下的几千人，狼狈地逃回了洛阳。刘秀以不足两万之部就将王莽的四十二万大军打得落花流水。这一场战役，刘秀缴获的战利品不计其数，足够支援绿林军主力部队所需。

昆阳之战是历史上著名的以少胜多的战役之一，也是抗莽运动中具有决定意义的战役。这一战几乎摧毁了王莽军事主力，加快了新莽政权覆灭的脚步。昆阳之战的胜利，使战争形势发生了急速转变，"海内豪杰翕然响应，皆杀其牧守，自称将军，用汉年号，以待诏命，几月之间遍布天下。"各地豪门富强争相揭竿而起，高举反莽旗号，如成纪人隗崔、隗义，河北人周宗，皆在此时起兵，接受更始皇帝的年号，等待诏命。

昆阳之战后不久，刘缜一举攻下了宛城，刘氏兄弟威名远扬，于是新市、平林的农民军将领对他们的猜疑心更重，就劝说更始帝刘玄除掉他们。而刘缜的部将对刘玄当皇帝也不服气，总是违抗命令，还表示说："是伯升（即刘缜）兄弟带领我们起兵，如今却让刘玄当了皇帝。"刘玄也害怕刘氏兄弟的威名会影响他的皇帝宝座，于是和新市、平林将领"共谋诛伯升"，给刘缜及其部下安了一个"莫须有"的罪名，把他们全部杀害了。此刻，刘秀正带着部队在外地作战，听说长兄被害，悲愤不已。但他自知势单力薄，不足以与更始帝对抗，只得强忍悲痛，连夜赶回宛城，主动求见刘玄谢罪。刘秀毫无悲色，也不给哥哥刘缜举办葬礼。这一场表演成功地骗过了更始帝和那些排斥他的将领，因而刘玄非但没有杀他，还封他为破虏大将军、武信侯，让他继续领兵作战。而根据史书记载，那段时间刘秀"独居辄不御酒肉，枕席有涕泣处"，足见他忍辱负重，是在等待时机。

伍伯画像砖

刘秀百骑定河北

更始元年（23）九月，更始军队一连攻克长安和洛阳，刘玄打算以洛阳为国都，命令刘秀先行修整洛阳宫殿、官府。刘秀"安排僚属，下达文书"，很快将混乱不堪的洛阳城恢复了以往的平静。刘秀还依照汉朝旧历来安排官制和官服。一切安排就绪，刘玄高高兴兴地选了个黄道吉日，全体"迁都"洛阳。对于曾经历了西汉和新莽朝的大臣们而言，他们当然希望看到刘氏王朝的复兴，于是纷纷从长安城赶往洛阳朝见，可当他们抵达洛阳后，却被帝座上更始皇帝和那些亲信大臣们不伦不类的装束吓了一跳。

西汉时期，服饰有着严格的等级制度，非常考究和复杂。上至皇帝嫔妃、王公大臣，下至平民百姓，都要遵循严格的规定。而现在，更始皇帝和亲信们却胡乱穿着，有的随便用一块布包着脑袋，还有不少人穿着华丽的女服，毫无威严庄重之感。长安的大臣们对此滑稽可笑的一幕，暗暗摇头叹息，这哪里是他们心目中的帝王将相啊？

正当他们大失所望之际，身着正规汉服，神秀俊朗、仪表不俗的刘秀走上前来，一下成为整个大殿中最夺目的焦点。长安的大臣们感觉似乎又回到了西汉的殿堂，顿时心生喜悦，相互感叹道："真没想到，今日又能得见汉朝官员的威严。"因而，他们对刘秀格外尊崇。

刘玄定都洛阳后，他所辖范围仅有长安、南阳及河南大部分地区，其余地方都被打着各种旗号的地方武装势力所盘踞，他们根本不把洛阳的玄汉政权放在眼里。也因此对开阔的洛阳地区虎视眈眈，刘玄坐卧不安，唯恐被不知道哪一支的割据势力侵袭。

在群臣的建议下，刘玄决定招降各地的武装队伍，以保障洛阳的安全，尤其是周边地区如河北冀州一带，各种武装林立。可派谁去招降呢？这是一个棘手的问题，因为任务非常危险，可能会有去无回，一般的文臣武将根本没有勇气和能力前往。新任大司徒刘赐是刘玄和刘秀的堂兄，举荐了唯一能够担当此任的刘秀，左丞相曹竟也力荐刘秀，可刘玄心里却不踏实，因为他深知，一旦外部的武装队伍被招降，势必会增强刘秀的军事实力和威望。可是别无选择的刘玄，最终也只能同意由刘秀担此重任。

心存疑虑的刘玄下诏，任命刘秀为大司马，“持节北渡河，镇慰州郡”，前往招降河北地区的武装队伍。或许是希望刘秀就此葬身河北，以除大患，刘玄居然没有给刘秀指派护卫军队。刘秀仅仅带着冯异等不足两百名随从渡过黄河，前往河北。

荒亭进粥

鉴于河北形势纷繁复杂，刘秀听取邓禹“延揽英雄，务悦民心”和冯异“理冤结，布惠泽”的建议，“所过郡县，考察官吏，平遣囚徒，除王莽苛政，复汉官名；吏民喜悦，争持牛酒迎劳”。刘秀一路惩治地方恶霸贪官，释放关押的无辜百姓，废除新莽王朝的酷刑苛政，恢复汉朝法制，受到各阶层百姓的欢迎，这为刘秀日后建立政权奠定了良好的群众基础。

刘秀在河北遇到的最大的障碍是王郎政权。王郎原本是邯郸一个以卜卦为生的术士，趁乱世谎称自己是汉成帝之子刘子舆，联合当地的豪强富绅自立为王，建立起割据政权，并悬赏十万户通缉刘秀。

在河北一地无军事实力的刘秀被迫逃亡。更始二年(24)初，刘秀从真定北往蓟城，随后继续南逃，一路上被王郎部下追击堵截，“趣驾南辕，晨夜不敢入城邑，舍食道傍”，一度处境危急，直至逃到信都(今河北邢台西南)才摆脱追兵。刘秀身边只余下邓禹、冯异等几名亲信，突遇雷雨大风，众人被浇得透湿，慌忙躲到一处破茅草屋避雨，“冯异抱薪，邓禹热火，光武对灶燎衣”。等到雨过天晴，刘秀前去拜见信都太守任光，并接受任光的建议，发布檄文，征兵讨伐王郎。檄文一出，各地方小型割据武装纷纷主动前来归附。四月，刘秀亲率联合军队出发，将邯郸团团围住，激战二十余天，王郎军队终于被消灭。王郎派人请降，要求予以优待，封给自己一个食邑万户的侯位。刘秀回复说：“即便成帝再生，也不能得到天下，何况你这个假冒刘氏宗亲的人呢？你只要能保住性命就该满足了。”王郎见此，只得带着随从逃跑，途中被杀害。

邓禹

刘秀占领邯郸后，在清理缴获的文书档案时，发现了官员们向王郎密报有关刘秀情况的大批奏折，有人建议按照奏折上所署人名一一查办。那些官员们全都惶恐不安，自以为末日将临。谁知，刘秀根本没有看那些奏折，而是将官吏们召集起来，当着他们的面将奏折全部焚毁。刘秀认为，只有这样做，才能“令反侧子自安”。这样一来，这些官员果然死心塌地的归附了刘秀。铲除了王郎政权后，刘秀牢牢地控制住了黄河以北的广大地区。

托天命称帝

更始帝刘玄听闻刘秀掌握了河北地区，内心更加不安，连忙派使节赶到河北，加封刘秀为萧王，命刘秀和部将们即日返回长安听候调遣。同时，刘玄又暗令在邯郸掌握兵权的尚书令谢躬偷袭刘秀，并派苗曾、韦顺、蔡充分别任幽州牧和上谷、渔阳太守，以掌握幽州地区兵力。对于刘玄的种种安排，刘秀早已看穿其意图，他自然不肯就此罢休，乃“辞以河北未平，不就征”。紧接着，刘秀派吴汉、耿渰攻击苗曾、韦顺、蔡充，将幽州十郡划归在自己的势力范围。随后，刘秀再派吴汉、岑彭在邮城用计袭杀谢躬，收编其下属部队。

当年秋天，刘秀调集全部兵力，发动了一连串军事行动，在馆陶（今山东馆陶）、蒲阳（今河北满城附近）先后击败并收编铜马、高潮、重连、尤来、大枪、五幡等地方起义军。为了解除被收编将领的顾虑，刘秀传令让将领们先行回到各自军营中休整，他独自一人骑着马前往各军营巡视。这一举动无疑在表明自己对被收编将领的绝对信任，将领们大受感动，纷纷表示：“萧王推赤心置人腹中，安得不投死（以死相报）乎？”由此刘秀的军事力量大增，河北地区也安定下来。因为收编了铜马军队，后来关西一带也将刘秀称为“铜马帝”。

历史小常识：东汉兵器

随着汉代的冶炼技术和锻造工艺水平的不断提高，作战兵器种类已有多种多样。如当时的长柄兵器有枪、矛、戟等；短柄兵器有刀、剑等；远射兵器有弓、弩等；防护装具有铠甲、盾牌；锤砸、劈砍兵器有锤、杖、斧、钺等。这些兵器多为铁制品，质量较高，大大增强了军队的战斗力。

建武元年（25）春正月，方望赶赴长安求得孺子婴（刘婴），随即和安陵人弓林在临泾城（今甘肃镇原）“聚党数千人”，立孺子婴为皇帝。方望做了总理庶务（相当于丞相），弓林当了主掌兵权的大司马。孺子婴临泾称帝，自然遭到更始皇帝刘玄的反对。刘玄派丞相李松带军前去攻打，孺子婴、方望、弓林等都被诛杀，身首异处。

在河北观望的刘秀觉得这是一个大好时机，当即任命邓禹为前将军，领二万精兵从晋南赶往关中，等待时机攻取长安。为防止驻扎洛阳的李轶北渡救援长安，刘秀派冯异为孟津将军，率军把守，部署重兵看住黄河渡口。同时，刘秀又委派寇恂担任河内郡（今河南武陟内）太守，“行大将军事”，坐镇当地，确保大后方的安全和前方粮草的供应。

此时，以樊崇、逄安、徐宣为首的赤眉军，正从河南东部迅速扑向长安。刘秀亲率军队来到冀中、冀北一带，部将们纷纷请求刘秀称帝，但刘秀总觉得时机不够成熟，一再推辞。当军队行至中山县时，将领们再次请求刘秀称帝，刘秀不允，随后来到南平棘，刘秀仍然拒绝了将领们的恳求。耿纯进谏说：“天下士大夫，捐亲戚，弃土壤，从大王于矢石之间者，其计固望攀龙鳞。附凤翼，以成其所志耳。……今大王留时逆众，不正号位，纯恐士大夫望绝计穷，则有去归之思，无为久自苦也。大众一散，难可复合。”其言辞恳切，深深打动了刘秀，于是他终于回答说：“吾将思之。”

有一位名叫强华的儒生，特意从关中赶来拜见刘秀，他手捧赤符说：“刘秀发兵捕不道，四夷云集龙斗野，四七之际火为主。”意思是说：四七为二十八，自从汉高祖刘邦称帝的那一年公元前206年，到刘秀起兵的公元22年，正好是二百二十八年。汉朝在五行属于火，如今天意要刘秀称帝，理应顺应从事。

公元25年6月，在“诸将固请”及“赤符天命”之下，刘秀终于下定决心，在鄗城（今河北柏乡北）南的千秋亭五成陌筑坛祭天，登基称帝，重建汉政权，史称东汉。这年改为建武元年。

高平斩使

得陇望蜀，一统天下

作为东汉开国之君，刘秀面对四分五裂的混乱局势，他的首要任务就是消灭各处割据势力，一统天下。

建武元年（25）七月二十九日，刘秀亲率军队来到怀县，并派部将驻守五社津，以防备荥阳以东发生战事。随后命吴汉、朱祐等十一位将军率军包围了洛阳。当时镇守洛阳城的是朱鲔，因长安城的形势日见危急，刘玄迁居到长信宫，丞相李松亲率军队抵抗赤眉军进攻。九月，李松被赤眉军生擒，李松的弟弟李况是城门校尉，闻讯后即刻将长安城门打开，将赤眉军放进城。赤眉军进入长安，刘玄降。九月初六日，刘秀将更始皇帝刘玄改封为淮阳王，并昭告天下“吏民敢有贼害者，罪同大逆；其送诣吏者封列侯”。

洛阳城被围困了好几个月，朱鲔始终顽强坚守，攻城的将领们不免有些焦躁。因为岑彭曾经在朱鲔手下当过校尉，两人颇有交情，刘秀便找来岑彭，让他去劝降朱鲔。岑彭奉旨来到洛阳城外，对城墙上的朱鲔陈述利害得失。朱鲔也坦陈内心所虑：“大司徒被害时，鲔与其谋，又谏更始王遣萧王北伐，诚自知罪深，不敢降！”岑彭回去禀告刘秀，刘秀回答说：“举大事者不计小怨。鲔今若降，官爵可保，况诛罚乎！河水在此，吾不食言！”于是，岑彭又去找朱鲔，朱鲔听了半信半疑，但仍命人从城墙上垂下一条绳索，对岑彭说：“必信，可乘此上。”岑彭毫不犹豫，抓起绳子就要往上攀爬。朱鲔看岑彭确有诚意，当即答应投降。

无终夺军

九月二十六日，朱鲔将自己反绑起来，跟随岑彭拜见刘秀。刘秀迎上前，亲手解开朱鲔身上捆绑的绳索，并随即让岑彭送他返回洛阳城内。这一举动，让朱鲔感动不已。十月初，朱鲔打开洛阳城的大门，带领全体守城将士出城投降。十月十八日，刘秀进入洛阳城，任命朱鲔为平狄将军，封为扶沟侯。从此，东汉定都洛阳。

建武二年(26)，和刘秀反复抢占长安的赤眉军引兵东归，和邓禹的部队遭遇，赤眉军大败邓禹军，邓禹带着二十四骑狼狈地逃回宜阳。次年二月，冯异率汉军以“诱敌伏击法”与赤眉军大战于崤底，赤眉军溃不成军，八万余人投降，其余十多万人仓皇逃走。而刘秀早已断定“赤眉无谷，自当东来”，因而亲率汉军大部队在宜阳(今河南宜阳西)严阵以待。疲惫不堪的赤眉军无力抵抗，樊崇带领十多万将士全体投降，并将在长安城掳来的传国玉玺献给了刘秀。延续了十年之久的赤眉军起义就此结束，而刘秀没有大动干戈，就取得了关中地区的控制权。

至此，刘秀已基本控制了中原(今河南、河北和山西南部)的大部分地区。其余地区仍然被各武装势力所占。如：在东部地区，就有青州张步、东海董宪、睢阳刘永、沪江李宪；在南部，秦丰占领南郡，田戎霸占夷陵；西部地区有几大霸主：公孙述占据成都一带，隗嚣占据天水，窦融驻守河西，九原地区皆属卢芳；北面地区只有占据渔阳的彭宠。经过一番深思熟虑后，刘秀决定采取“先关东，后陇蜀”及“由近及远、各个击破”的军事策略。

建武三年(27)，刘秀派大将大司马吴汉及盖延率汉军攻克睢阳，刘永在突围途中被部将杀害。建武五年(29)，汉军在垂惠(今安徽蒙城)全歼刘永余部，消灭了东部地区的割据势力，确保了京都洛阳的安全。同年二月，彭宠不敌汉军进攻，被叛将杀死，汉军占领渔阳，统一了燕蓟地区。六月，刘秀亲率汉军征讨占据东海郡(今山东郯城)的董宪，董宪弃城而逃，跑到了朐(今江苏连云港南部)，于次年被吴汉击杀。

建武五年(29)十月，刘秀派大将耿弇攻打济南郡(今山东济南)、临淄(今山东淄博东北部)，张步被步步紧逼，最终无路可逃，投降东汉。随后，汉军又铲除了占据庐江一带的李宪，全面平定关东地区。

接着，刘秀将矛头直指占据天水地区的隗嚣，他首先说服占据河西的窦融与汉室合作，使得隗嚣处于腹背夹击的困难境地。建武六年(30)四月，刘秀派耿弇等七名将领分别带一支队伍进攻陇阺(今陇山，陕西陇县西北)，危急时刻，隗嚣主动联合公孙述一起抗汉。

耿弇

建武八年(32)春，刘秀命令来歙率领两千精兵，偷袭略阳，以此来牵制隗嚣的主力部队。入夏后，刘秀亲率汉军，与河西窦融的军队两面夹击陇军，隗嚣大败，逃至西城(今甘肃天水西南部)。不久，他被大将王元带领援兵救出，共同奔赴冀县(今甘肃天水西北部)。汉军一度因粮草匮乏而撤离，但隗嚣的军事力量也遭到重创，已无反抗之力。建武九年(33)正月，郁郁难平的隗嚣因病去世，他手下部将们拥立隗嚣次子隗纯继任王位。刘秀听闻后，再次发兵攻打陇西。建武十年(34)十月，汉军终于大胜，隗纯被迫投降，就此结束了历时四年的陇西之战。

平定陇西之后，各地武装势力中，只剩下占据巴蜀的公孙述是刘秀唯一的心头大患。为了清除统一天下的最后一块绊脚石，刘秀马不停蹄，立即开始讨伐公孙述。公元 25 年，也就是刘秀称帝同一年，四月，公孙述在蜀郡功曹李熊德的劝说下，在成都即帝位，年号“龙兴”，自称白帝。公孙述任命李熊为大司徒，任命自己的弟弟公孙光为大司马、公孙恢为大司空。成为当时割据势力中最有影响力的一支。

建武十一年(35)春，刘秀坐镇长安指挥，命大将岑彭、大司马吴汉率军从长江溯江西行，大将来歙率领陇西军队从天水赶赴河池(今甘肃徽县西北)。很快，岑彭、吴汉军队攻克夷陵，进入江关(今四川奉节)。六月，来歙率领的陇西军占领了河池、下辨(今甘肃成县)，一路向南逼近。公孙述眼看大军压进，竟接连派人暗杀了来歙、岑彭两位汉朝大将军。但这并未能阻拦汉军前进的脚步，吴汉接替了岑彭统帅之职，继续挥兵伐蜀。建武十二年(36)正月，吴汉在鱼腹津(今四川东山北部)大败蜀军。十一月，吴汉大军兵临成都近郊。十七日，公孙述拼死一搏，亲自带领数万蜀军迎战吴汉，被吴汉打得溃不成军，公孙述也身负重伤，不治身亡，蜀地至此平定。历时十二载，刘秀终于削平群雄，取得了统一天下的最后胜利。

云台二十八将

在光武帝刘秀平定天下的过程中，骁勇善战、忠心耿耿的“云台二十八将”无疑立下了汗马功劳。他们是邓禹、马成、吴汉、王梁、贾复、陈俊、耿弇、杜茂、寇恂、傅俊、岑彭、坚镡、冯异、王霸、朱祐、任光、祭遵、李忠、景丹、万脩、盖延、邳彤、铫期、刘植、耿纯、臧宫、马武、刘隆等。光武帝自然也不会亏待这些战功赫赫的将军，但在统一天下之后，他本着“退功臣而进文吏”的原则，只给予这些将领们丰厚的赏赐，而将治理国家的重任交给了文臣。

光武中兴

东汉初期，社会还未安定，历经多年战乱，人口锐减，生产凋敝，经济衰败，人民生活痛苦不堪，在这种情势下，光武帝着手推行一系列的政策和措施，以改变现状。

以柔治国

建武十七年(41)，光武帝刘秀返回故里，宴请家乡父老。家族中女性长辈们也举杯畅饮，其乐融融，她们对刘秀说：“文叔少时谨信，与人不款曲，唯直柔耳。今乃能如此！”意指刘秀从小就生性温和，毫无悍厉之气，如今才能光宗耀祖。刘秀听后大笑，回答说：“吾理天下，亦欲以柔道行之。”

刘秀并非说笑而已，“以柔治国”成为他在位三十三年治理天下的主导思想，也成为他治理国家的一大特色。刘秀建立东汉，接手的是残破不堪、民不聊生的社会局面，为了重建刘汉盛世，完全抹去新莽政权所造成的损害，光武帝刘秀采取了一系列积极的政策。就在平定天下期间，每平定一地，他都诏令部属，“注重安抚，不事屠戮”，实行与民休息的政策。

铫期

建武二年(26)，光武帝刘秀第一次下诏宣布：“被卖的妻妾、子女愿意回到父母身边的，可听其自便；若敢拘留者，按法律论罪。”建武十一年(35)二月，光武帝下诏曰：“天地之性人为贵。其杀奴婢，不得减罪。”同年十二月，光武帝再次下诏称：但凡建武八年以来“被略为奴婢者，皆一律免为庶人；或依托为人下妻，欲去者，恣听之；敢拘留者，比青、徐二州以《略人法》从事”。明令禁止豪门富强抢逼弱民为自己当奴婢。

光武帝曾先后九次下令释放奴婢、禁止买卖并随意杀害奴婢。这些诏令使大量奴婢免为庶人，许多贫苦百姓不再流离失所，并回到自己的家乡，从事生产劳作。这既缓解了社会矛盾，也对解放社会生产力，促进社会发展起到了十分积极的作用。

此外，在建武七年（31），光武帝下诏大赦天下，将京城及各郡、国在押囚犯，除死刑犯外，一律释放，所犯罪行，概不追究。罪犯重获自由之身，且恢复平民身份。至于那些理应受到两年徒刑处罚的在逃犯，由各地方官府统一发布公告，公布其姓名，一概免去罪名，不必再受惩戒，让他们看到公告后，能够安心回家，从事生产。

拜谒画像砖

建武初年，根据全国户籍记录，各地遗存人口不足十分之二，满目荒野，民不聊生。而到了建武五年（29），户籍人口记录已大大提升，乡村土地的荒芜状况得到极大改善。及至建武后期，全国户籍记录在册的人口已升至二千一百多万。

另一项能够体现光武帝“以柔治国”的重大措施就是降低赋税，减少国家开支，以此来减缓百姓的负担。建武六年（30），光武帝下诏说：“顷者师旅未解，用度不足，故行什一之税。”如今军队屯田，后备粮草富足。各郡、国不再征收十分之一的田税，而是恢复汉景帝二年（前155）所实行的“田租三十税一”的田税制度。

光武帝还摒弃了西汉王朝以来累赘复杂的官吏设置制度。他在登基初期就开始大量合并官府，减少吏员。建武六年（30），光武帝宣布调整郡、县及封国，“并省四百余县，吏职减损，十置其一。”同时，大量裁减官员。六月，光武帝下诏说：“夫张官置吏，所以为人也。今百姓遭难，户口耗少，而县官吏职所置尚繁，其令司隶、州牧各实所部，省减吏员。县国不足置长吏可并合者，上大司徒、大司空二府。”仅仅这一举措，就合并了四百余县，原有的官员配置只剩下十分之一。在平定天下后，军事行动锐减，光武帝由此又简化省去了一些官职，“兵革既息，天下少事，文书调役，务以简寡，至乃十存一焉”。这些措施有效地节省了国家开支，大大减轻了百姓的负担。

在建武初期，“田宅逾制”和隐瞒土地、户口的现象极为严重，“是时，天下垦田多不以实，又户口年纪互有增减”。针对这一点，建武十五年（39），光武帝下诏“度田”，即“州郡检核垦田顷亩及户口年纪”。但在核查过程中，地方官员不敢触及王公贵族和豪强世家，“多为诈巧，不务实核”，“优饶豪右，侵刻羸弱”，以致“百姓嗟怨，遮道号呼”。这种不公平的核查激起了农民的不满，全国各地均出现了骚动，当地的豪强也趁机作乱，地方上一时之间形势严峻。刘秀刚柔并济，对农民的反抗采取安抚和镇压两手方案，并处死了十几名在核查中作假的地方官员，随后，宣布停止“度田”，以此来平息地方豪强的抵触情绪。光武帝时期实行的田地丈量，使得征税更加合理化，促进了生产的发展，减轻了农民的一些负担，对国计民生的稳定起到了一定的作用。

宫台望战

有一次，皇太子表示想听父皇讲些战场厮杀的故事，光武帝却说：“古时候，卫灵公曾向孔子请教关于战争之事，孔子没有作答。如今，战争之事业并非你所要了解的！”光武帝执政共三十三年时间，在平定天下之后，他甚少谈及军事，在安定边陲方面，他更注重安全维护，而不赞成武力扩张。建武二十七年(51)，大将军臧宫和马武准备出击匈奴，光武帝没有批准，他指出“柔者德也，刚者贼也，弱者仁之助也，强者怨之归也”。这充分体现了他不提倡武力，而善于“以柔治国”。

虽置三公，事归台阁

光武帝在建立东汉之后，采取一系列措施整顿吏治，以加强中央集权。首先削弱三公(即丞相、太尉、御史大夫)的职权，将其分别改为大司徒、大司马、大司空，“虽置三公，事归台阁”，全国政务都经尚书台，最后总揽于皇帝，以此来突出尚书台的决策地位。“凡国有大造大疑，则与司徒、司空通而论之；国有过事，则与二公通谏争之。”完全降低了以往三公“无所不统”的重要作用。

在东汉初期，光武帝沿用西汉官员配置，各州分设州牧，“总领一州军政大权，品秩为二千石”。直到建武十八年(42)，光武帝下诏废除州牧制度，“置领刺史”。刺史是监察官，不仅品秩减少了大半，仅有六百石，职权也比州牧缩水了不少。这样一来，可以有效地防止各地州牧在自己的势力范围内形成割据。原本每郡太守、都尉各一人，“太守掌民政，品秩两千石，都尉管军事，品秩比两千石”。光武帝在建武六年(30)八月，下诏“罢郡国都尉”，取消郡县的专职武官，“并职太守，无都试之役”，将太守、都尉的职权合并于一人。同时“罢轻车、骑士、材官、楼船士及军假吏，令还复民伍”，将地方上的更戍役制度废除，以加强中央集权的管理。同时，光武帝还下诏强化监察制度，提高御史中丞、司隶校尉等官职的权限和地位。并将春秋时期便已出现的监军之制明文规定，设“北军中候”掌监五营；若有军队出征，皇帝就会派自己的亲信大臣随军监督。

防范宗室外戚

光武帝对刘氏宗族一贯重视，凡是宗族中随他起兵的人，光武帝都给予王、侯之封，在政治、经济方面也予以优厚待遇。但有一点是光武帝始终坚持奉行的，那就是“宗室不得理司”，以防宗室结党营私，干扰甚至祸乱朝纲。光武帝明确表示宗室子弟不得参与政事，都要安居于各自的封地。正因为此，光武帝执政期间，“宗室子弟无得在公卿位者”。建武二十四年(48)，光武帝又“诏有司申明旧制阿附蕃王法”，指出严格依循汉武帝对淮南王、衡山王之乱所制定的“左官之律，设附益之法”，但凡有“阿曲附益王侯者，以重法论处”。光武帝此诏，就是为了告诉宗族子弟，你们不但要老老实实地在封地待着，也绝不可以“豢养宾客”，结交天下豪杰。建武二十八年(52)，光武帝得知诸王多有违背，即“诏郡县捕王侯宾客，坐死者数千人”。从此而后，宗族子弟再不敢违抗相关诏令。

从汉高祖刘邦之始，就有白马之盟，“非刘氏不王”，以防止外戚干政乱权。但在西汉时期，仍不时发生外戚专权的现象，其中影响最大的有两次，第一次在西汉初年，吕后封自家人吕产、吕禄为王，祸乱朝纲，幸而未能得逞。再一次就是覆灭了西汉的王莽，自建新朝称帝。光武帝亲身经历了王莽之乱，自然不会允许同样的不幸发生在自己辛苦建立的东汉王朝。因此，他严格控制外戚的权力，在经济上给予优厚的封赏，但决不允许外戚掌控朝权。阴皇后的兄长阴识，跟随光武帝征战多年，先后被任命为骑都尉、阴乡侯。当光武帝以军功论赏时，阴识却叩首辞让，说：“天下初定，将帅有功者众，臣托属掖廷，仍加爵邑，不可示天下。”因而深得光武帝敬重，“常指识以敕戒贵戚，激励左右焉”。阴皇后的弟弟阴兴也屡建战功，光武帝赐爵关内侯。平定天下后，阴氏兄弟与著名文人冯衍往来密切，而这恰恰犯了光武帝不喜外戚结交宾客的忌讳。光武帝下令将外戚所结交的宾客依法处置，重者处死，轻者贬官。阴氏兄弟虽然是光武帝面前的红人，但也难免受到责备，冯衍也因此被罢免官职，潦倒而死。在为太子选择太傅时，光武帝明确表示不任用外戚阴识，最终选用了大臣张佚。

光武帝在政治、军事权力方面对宗室、外戚诸多控制，但在其他方面却听之任之，只要不干涉朝政，光武帝对他们并不严格管束。久而久之，皇亲国戚们也摸清了光武帝的脾气，绝口不谈政治，一味骄奢淫逸，在洛阳城中恣意妄为、专横跋扈，还纵容奴仆横行于市，百姓们备受欺辱，敢怒而不敢言。光武帝听闻后，特召已经六十九岁的董宣(董少平)为洛阳令，董宣以不畏权贵、执法严明而著称。他到任后不久，湖阳公主(光武帝的姐姐)的家奴在街市上杀了人，董宣立即将他缉拿归案，并就地正法。湖阳公主恼羞成怒，立即哭哭啼啼地跑到皇宫找光武帝哭诉了一番。光武帝心疼自己的姐姐，就安抚说一定要严惩董宣，好让姐姐出这口闷气。

董宣清楚皇帝为何要召见自己，当光武帝怒气冲冲地责问：“你好大的胆子，竟然敢当众羞辱公主！”董宣神色坦然地回答说：“因为陛下一向圣明，施行仁政，才复兴了汉室江山，使国家富强。现在湖阳公主包庇滥杀无辜的家奴，陛下却任意纵容，还要责问臣，陛下以何治理天下？臣只知依法办事，生死早已置之度外！”说罢，董宣便一头撞向殿柱，

赏强项令

顿时头破血流，光武帝急忙命宦官拉住董宣，并给他包扎伤口。光武帝说只要董宣向湖阳公主磕头赔罪，事情就可以就此罢休，董宣却执意不肯。光武帝命人按住董宣给湖阳公主磕头，董宣硬撑着用双手支住地面，抬着脖子大呼道：“臣无过，为何要赔罪！”光武帝深受感动，便不再勉强他。湖阳公主气愤不已，光武帝好言安抚，将其送回公主府。同时，赐封董宣为“强项令”，并赏钱三十万给他，以示对他刚正不阿的奖励。董宣将赏钱全部分给了下属和受害人的家属。从那以后，洛阳城的皇亲国戚个个收敛了不少，京城百姓感激董宣，都把他称为“卧虎”，称赞说：“桴鼓不鸣董少平。”

封禅泰山

光武帝不喜浮华，克勤克俭，登基多年，身为一朝天子依然严格“身衣大练，色无重彩，耳不听郑卫之音，手不持珠玉之玩”。自秦始皇以来，各朝皇帝“厚葬”之习愈演愈烈，光武帝却不循前人之风，多次下诏提倡薄葬。在他生前为自己修造寿陵之时，曾特意吩咐窦融说：“今所制地不过二三顷，无为山陵、陵池，才令流水而已。”

对于群臣屡次提议封禅泰山，光武帝认为那是劳民伤财的事，更是不予答应。谁知仅仅过了两年时间，光武帝竟然自己改了主意。那是建武三十二年(56)正月初，光武帝夜里读《河图会昌符》，正好读到“赤刘之九，会命岱宗。不慎克用，何益于承。诚善用之，奸伪不萌”。一向笃信“谶纬”之说的光武帝，不免心生疑虑，自己不正是汉高祖刘邦的九世孙吗？第二天上朝，他就诏令大臣们在《河》《洛》中找寻有关“九世封禅”的说法。大臣们再次上奏说天意如此，理应封禅泰山，以答谢上天对汉朝复兴的保佑。

光武帝率领众王公大臣，浩浩荡荡从洛阳出发了。抵达山东曲阜时，光武帝会见了当地刘氏宗族，还亲自前往孔子故居拜祭。次日，到达泰山脚下的奉高，先在山下沐浴、斋戒，做封禅的准备。当地官员们早已做好了前期准备工作，安排石刻，修建封禅坛。

二月，光武帝率领诸王、大臣、孔子后裔在泰山南侧，举行了盛大的“燎祭”。光武帝说：“泰山虽已从食于柴祭，今亲升告功，宜有礼祭。”于是，派使者“以一特牲(古代多用一牛或一猪)祭祀于常祠泰山处，告祠泰山”。随即他又登上玉辇上山。抵达山顶时正好是午后，光武帝换上隆重华丽的封禅礼服，立于封禅坛前，面北朝南，身后依次排列着文武百官。刘秀登上封坛，“尚书令奉玉牒检，皇帝以寸二分玺亲封之，讫，太常命人发坛上石，尚书令藏玉牒已，复石覆讫，尚书令以五寸印封石检。事毕，皇帝再拜，群臣称万岁。”之后，光武帝命人将刻有七百字禅文的封禅碑立于坛上，就此结束了当天的封禅仪式。

次日，光武帝又率众前往泰山脚下祭地神，而后返回京城洛阳。

红陶城堡房屋

四月，光武帝下诏大赦天下，并将建武三十二年(56)改称建武中元元年，以纪念泰山封禅之行。中元二年(57)二月，刘秀病逝于洛阳南宫前殿，享年六十三岁。他临终遗诏说："朕无益百姓，(葬礼)皆如孝文皇帝制度，务从约省。刺史、二千石长吏皆无离城郭，无遣吏及因邮奏。"刘秀逝世后，被葬于原陵(今河南孟津谢村)，庙号世祖，谥号"光武"，取其光复汉室、克定天下之意。

儒学与谶纬

光武帝刘秀出身于皇族世家，从小就接受了儒学教育。还在南征北战的时候，他就极为重视儒学，下令搜集、整理古代各类典籍，"采求阙文，补缀漏逸"，并且每到一处"未及下车，先访儒雅"，即拜访当地著名的儒学人物，或是请他们担任官职，或是赐予封号。光武帝时期，担任国家重要官职的人大多为儒生出身。"《易》学者刘昆，《尚书》学者欧阳歙，《春秋》学者丁恭，《诗》《论语》学者包咸"，以及范升、陈元、郑兴、杜林、卫宏、桓荣等都曾担任官职。光武帝以儒家方略治理天下，自然十分敬重他们，对他们以礼相待，往往朝堂政事商议完毕后，还会和他们彻夜长谈儒家经典；或是秉烛诵读，夜深不寐。

建都洛阳之后，光武帝立即在洛阳城门外修建太学，设立五经博士，恢复西汉时期的十四博士之学。他还常常"车驾幸太学，会诸博士论难于前"，并封赏表现出色的儒生。建武五年(29)二月，光武帝册封孔子之后孔安为殷绍嘉公。十月，光武帝派大司空祭祀孔子。因为光武帝对儒学的推崇和提倡，在建武年间，许多郡、县"兴庠序之教"蔚然成风，就连民间也创办了多家私学，儒学盛行一时。

儒学在光武帝执政期间虽然得到了长足的发展，却并非正宗儒学，而是颇有些荒诞的"谶纬"之学，而这完全是受到光武帝自身经历的影响。早在他起兵之时，就有宛人李通以图谶劝他起兵。后来又有儒生强华自关中奉赤符请他称帝。"刘秀发兵捕不道，卯金修德为天子"。这两次"谶纬"，直接引导了光武帝刘秀生命中的两次重大转折。在东汉初年，"谶纬"学说成为儒学中最流行的学问。王莽末年，许多地主豪族起兵，都利用谶纬作为割据称雄的思想工具。刘秀夺取政权也利用谶纬制造舆论，得天下后，遂极力宣扬谶纬，要求臣僚信奉。

太子让位

光武帝刘秀起兵之前，就曾说："仕宦当作执金吾，娶妻当得阴丽华"。二十九岁时，他迎娶了阴丽华。婚后不久，刘秀就被刘玄派去修整洛阳。临行前，刘秀将阴丽华送回了她的娘家新野。这一别就将近一年时间，将更始帝刘玄迎回洛阳后，刘秀又被转派到河北。在征讨王郎期间，为了取得拥兵十万的真定王刘扬的支持，刘植以"天子娶九女，诸侯纳三妇"为由，劝说刘秀答应真定王的要求，于公元 24 年 3 月迎娶了真定王的外甥女郭圣通，郭家是真定国槁县（今河北石家庄东南）当地的大富豪。郭圣通很快怀有身孕，为刘秀生下了长子，取名为刘疆。

弘农渡虎图

建武元年(25)十月，刘秀迁都洛阳，当晚就派侍中傅俊将阴丽华接到洛阳皇宫。在他心目中，阴氏是自己的结发妻子，也是当朝皇后的不二人选。可阴丽华却拒绝接受皇后的册封，反而劝说他："困厄之情不可忘，何况郭贵人已经生子。"光武帝无奈，于建武二年(26)二月册封郭圣通为皇后，封阴丽华为贵人，同时册立长子刘疆为皇太子。

郭圣通虽然当上了皇后，但光武帝最宠爱的依然是阴丽华，就连出外打仗都带她同行。建武四年(28)，阴丽华随光武帝出征彭宠，在元氏诞下一子，也就是后来光武帝的接班人汉明帝刘庄。

刘庄一出生即成为光武帝最喜爱的儿子，常常被光武帝带在身边呵护。而对于长子刘疆却显得有些冷淡。对于朝政，刘疆的见解倒也符合情理，但他对武力扩张却有着超常的热情，而这恰恰为平定天下后的光武帝所不喜。皇后郭圣通不蒙青宠，眼见儿子也不讨皇上的欢心，因担心儿子的皇太子之位不稳，于是对阴丽华母子心生嫉妒和猜疑，因而在光武帝面前也总是呈怨怼之情。再加上她又不善管理后宫，嫔妃之间矛盾多多，频频发生是非，闹得光武帝在后宫也不得安生。

其实光武帝早有废郭皇后改立阴丽华的想法，但一再被阴丽华劝说，才一直没有实行。可日子长了，光武帝不胜烦恼，终于在建武十七年(41)十月十九日，宣布废掉郭皇后，册立阴丽华为皇后。

阴丽华坐上了皇后的宝座，这对于郭圣通而言，她所失去的仅仅是一个皇后的封号，待遇方面并没有丝毫的减少。刘疆继续当他的太子，而郭圣通的小儿子刘焉升为中山王，光武帝还特意多赐给他一郡——而这一郡的收入就用于郭圣通的生活开销，郭圣通从此以“中山王太后”的名义和小儿子一起生活。

历史小常识：门阀

东汉时期，豪门家族的正门外竖有两根柱子，左柱称阀，右柱称阅，用以显耀功绩，这种门第较高的豪门世家被称为阀阅或门阀。汉朝实行察举制选举人才，规定地方郡国按照一定标准定期向中央举荐人才。东汉后期，政治腐败，选举更加注重声望，而不是才能和品德。在这样的情况下，豪门世家垄断了地方选举，使察举制成为豪族安插亲信、培植私人势力的工具。魏晋时期逐渐确立了士族子弟在政治、经济、文化等方面享受祖上留有的特权的制度。隋唐以后，科举制兴起，日益腐朽的门阀制渐渐没落。

亲生母亲被废，这令皇太子刘疆压力重重，于是他主动要求辞去太子之位，并多次委托弟弟们或朝中大臣将自己的心意转达给父皇。最初，光武帝并没有答应，但在刘疆的坚持下，建武十九年(43)六月，光武帝终于下诏，将东海王刘庄册立为皇太子，而刘疆则和刘庄交换，就任新一任东海王。显然光武帝对长子刘疆颇有歉意，毕竟他没有犯任何过错就被废，因此，光武帝将原本东海王的封地扩张到两倍之多，共计二十九个县，还指定将建有壮丽王宫灵光殿的鲁郡划归给他，在其他待遇方面也给予其最高封赏。光武帝还特意安排刘疆的堂舅新郪侯郭竟去担任东海国相，以便更好地照顾刘疆。二十八岁那一年，刘疆离开了皇宫，前往自己的封国东海。临行前，光武帝专门下诏，将刘疆的车马仪仗及宫殿陈设，都升至和皇帝一样的规格，作为对刘疆失去登上帝位机会的补偿。光武帝和废太子刘疆之间的浓浓父子情感动了满朝文武和天下百姓，号称“以柔治国”的光武帝在家庭关系上也同样凸现了这一特点。

明章之治

明帝在位期间，国家繁荣富强，“吏得其人，民乐其业，远近畏服，户口增强，天下安定，百姓殷富”。随后即位的汉章帝，为人宽厚仁和，也始终遵奉光武制度，励精图治，光大祖业。因而史书中将汉明帝及汉章帝时期的政治称之为“明章之治”。

明帝永平之政

明帝继位后，在经济上仍然以柔为主，他曾多次下诏，减轻赋税、徭役，并将属于国家的土地、山林川泽租借给没有田地的平民百姓从事生产，这样一来，许多流离失所的百姓逐渐安稳下来。

明帝重视、提倡儒学教化，兴建各类学校，奖励成绩优秀的儒生。明帝还诏命皇太子、诸王侯及大臣子弟入学校学习。甚至还专门建立南学宫，为四大家族子弟办堂开课。这四大家族就是当时赫赫有名的四姓外戚：阴氏家族、樊氏家族（光武帝的母舅家）、郭氏家族、马氏家族（马明德太后娘家），“樊氏、郭氏、阴氏、马氏诸子立学于南宫”，号称“四姓小学”，设置“五经师”以传道授业。“太学声誉日高，匈奴亦遣人来洛阳学习。”

明帝重视刑法治国，“为政苛察，总揽权柄，权不借下”。他在位期间，吏治严明、国泰民安，很少有贪官污吏和作乱犯上的人。明帝继续限制三公权力，事归台阁，因而尚书职责重大，是朝中举足轻重的大臣。但一向执法严峻的明帝，对尚书并不是恭敬相待，一旦发现他们有失误，就会毫不容情地鞭责，“九卿皆鞭杖”。永平三年（60），明帝封赏给投降的胡人一千匹缣，这事交给尚书郎暨礼办理，谁知他竟然看成赏三千匹，就照此办理了。司农将办理结果奉上请明帝过目，明帝发现了这个失误，大为光火，当即下令重重鞭责暨礼，若不是众大臣求情，暨礼几乎被鞭打致死。

临雍拜老

严治宗室、外戚

明帝之朝，以“严切”闻名，这主要体现在他对宗室、外戚的严格控制和打击上。

从光武帝开始，就十分注意对同姓宗族子弟的管理，光武帝的儿子全都封王，各有封国，但光武帝明令禁止他们扩充权力、交结宾客。明帝即位后，效仿光武帝的做法，妥善处理自己与兄弟之间的关系，经济上一向待遇宽厚，但严格控制诸王权力。刘荆是明帝同母弟弟，生性张狂，暗藏野心。在明帝登基后不久，刘荆假冒郭况的名义给废太子东海王刘疆写信，说他没有任何过失却被废，并劝说刘疆在封地东海起兵造反，像汉高祖那样取天下，夺回原本属于他的皇位。最后，刘荆还在信中讲了一番秦始皇长子扶苏的不幸遭遇，以此来恐吓刘疆。

并无非分之想的刘疆果然被这封书信吓坏了，令他惊慌失措的并不是扶苏的遭遇，而是“造反”这样骇人的字眼。刘疆没有半分迟疑，就连忙将这封书信及送信人全都交给了明帝刘庄。明帝在细细查问之后，才发现这件事情竟然是自己的胞弟所为，出于兄弟之情，明帝并没有采取行动，而是让这件事情悄无声息地过去了，但在暗地里，明帝从此开始对刘荆多加防范。

没过多久，刘荆再次生事，他"使巫祭祀祝诅"，诅咒的正是对他一忍再忍的皇兄刘庄。很快刘荆的举动就被地方官上报给了明帝，刘荆自知这次罪孽难逃，不待明帝下诏处置，就自杀了。明帝听说弟弟刘荆自杀谢罪，心里很难过，也就没有继续追究刘荆的家人、部属，还诏令追谥刘荆为思王。

之后，明帝对自己的兄弟诸王、宗室皇亲也不再心慈手软，而是严惩不贷。最终，在光武帝十一个儿子里，除了长子刘疆被废后抑郁而终，临淮王刘衡去世得早之外，其余诸王中有七位先后因犯"谋反"罪或别的罪名而被处置，东平王刘苍虽然没有任何过错，也主动在永平五年(62)离开京都回到自己的封国，老老实实地过日子。

对待宫廷外戚，明帝更是大加防范。他严格遵行光武帝"后宫之家，不得封侯与政"的指示。对当时四大外戚家族的权势都予以严厉控制。永平三年(60)，明帝根据光武帝的遗愿，同时为了表彰为东汉建国立下汗马功劳的功臣们，特意"画二十八将于云台"，却偏偏没有把自己的岳父大人马援画进去。这并非马援不够资格，而是明帝将其视做皇后外戚而不予尊崇。此外，曾跟随光武帝立下赫赫战功的李彤、邓晨也未能荣登二十八将之列，究其原因，也正是他们迎娶了光武帝的姐妹，而被明帝束之高阁。

馆陶公主带着儿子来找明帝，想为儿子谋个官职，明帝也毫不客气地拒绝了，不过为了安慰馆陶公主，明帝赏赐千万钱把她打发走了。他对群臣说："郎官上应列宿，出宰百里，苟非其人，民受其殃，是以难之。"群臣感怀，皆赞明帝。

明帝在位时，虽奉行儒学，但在君臣关系上，却并未遵行儒家的伦理规范。他采用较为严酷的方式对待臣子，就连那些股肱大臣也难免受到苛责和处罚，他下令处死了大量朝中重臣，对待违法的外戚更是甚为"严切"。明帝所采取的"严切"措施，使得他成为东汉历史上对外戚和功臣打击最重的皇帝。

马援之女明德皇后

光武帝刘秀娶了一位贤惠的妻子，也就是明帝刘庄的亲生母亲阴丽华。而在后宫问题上，明帝刘庄显然要比光武帝更顺利。他只有一位明德皇后，且贤德聪慧，不仅为天下臣民敬重，也深得明帝和阴太后喜爱。

这位明德皇后姓马，说起她的父亲，正是声名显赫的大汉伏波将军新息侯——马援。马援为东汉王朝的创建立下了汗马功劳，为光武帝重臣。但因为其生性率直，不喜奉承，也得罪了不少王公大臣，其中就有年轻的权贵梁松。梁松是光武帝的女儿舞阴长公主的丈夫，受封为陵乡侯。

有一次，马援给自己的侄儿马严、马敦写了一封信，信里面提到了朝中不少大臣，有褒有贬。尤其批评了越骑司马杜季良，并且提到驸马梁松、窦固也和此人来往密切。言语之间颇有不屑。谁知，这封信竟然落到了别人手中，并以此为凭据，上奏给光武帝。光武帝阅罢，怒不可遏，不仅罢免了杜季良的官职，还把两个女婿梁松、窦固狠狠地痛骂了一顿。梁松、窦固吓坏了，赶紧磕头赔罪，好不容易才让光武帝消了气，没有受到惩治。当梁松得知是马援的书信给自己招惹的是非后，愤恨不已，下定决心要报复马援。但马援毕竟居功至伟，梁松一时之间也找不到机会。

爱惜郎官

建武二十四年（48），马援奉命远征武陵、五溪蛮夷。第二年三月，马援身染重病，却被部将耿舒诬告进军不利，光武帝就派时任虎贲中郎将的梁松赶往军中责问马援，还命他代为监管马援部属。梁松长途跋涉，当他抵达军营时，马援已因病去世。但梁松还是诬陷了马援。光武帝一怒之下，追收了马援新息侯印绶。许多小人也借机作乱，纷纷向光武帝告状，说马援在外征战，曾搜刮了一车珍宝藏于家中。光武帝更加震怒，以至于马援的尸首运回京城后，光武帝竟不允许将其埋葬在原来准备好的墓地。家人只得将马援安葬在城西偏远之地。

安葬了马援之后，其妻儿及侄儿马严用草绳将自己捆成一串，集体去皇宫求见光武帝，光武帝将梁松的奏章给他们看，马援家人才明白事情的原委。关于那一车珍宝，竟不过是交趾特产的一种叫薏苡的植物果实，马援常常食用，以治疗筋骨风湿、避除邪风瘴气。马援夫人为申述冤情，先后六次上书，终于打动了光武帝。最终光武帝下诏将马援葬回原来的墓地。

马援

明德皇后幼年时，曾经患过一场大病，病情严重，缠绵难愈。马援夫人非常担忧，便请来巫者占卜。巫者卜毕，说这个小女孩绝非一般人，将来必然大富大贵。马援夫人又请来相士给家里的三个女儿看相，所有相士都对年幼的明德皇后惊叹不已。于是，马夫人从此开始对自己的三女儿另眼相看。

公元52年，十三岁的明德皇后被选入太子刘庄的宫中。建武中元二年（57）二月，刘庄即位。他本打算册立明德皇后为皇后，却遭到诸多大臣的反对，于是先将明德皇后册封为“贵人”。同时为明帝生下长子刘炟的贾氏也被册封为“贵人”，贾氏的母亲是马援和原配妻子所生的长女，论起辈分来，她还是明德皇后的外甥女。因为明德皇后一直没有怀孕生子，明帝就将贾氏所生的儿子刘炟交给她抚养。

明德皇后没有让明帝失望，她将刘炟视若己出，照顾得无微不至，虽然后宫中奴婢众多，但她总是亲自打理刘炟的生活起居。也正因为她无私的爱，刘炟也对她这位养母充满感恩之情，母子之间关系融洽，彼此关心。

永平三年(60)初，大臣们上奏恳请明帝刘庄册立皇后。这时，明帝为光武帝所守三

毛织花带

年孝制已满，再也没有任何理由拒绝立后。可是，在明帝心目中，只有一位堪当皇后的人选，那就是明德皇后，但这再次遭到了群臣的反对。阴丽华太后知道儿子的心思，也知道他顾忌大臣们的反对，于是她公开表态说：“马贵人德冠后宫，宜立为后。”既然德高望重的皇太后发了话，大臣们也不敢再阻拦，阴家、贾家及另两位嫔妃家的外戚们也就都无话可说了。永平三年(60)二月，明帝正式下诏，册立马贵人为明德皇后，同时她的养子刘炟被册立为皇太子。

虽然当上了后宫之首，但明德皇后毫不骄横跋扈，一如往昔一样平易近人，生活俭朴。除了重大隆重的场合身穿绫罗绸缎外，平日里她常穿些粗布衣裙。按照汉室皇宫的规矩，每逢初一、十五，宫中所有嫔妃都必须朝见皇后请安。有一次，嫔妃们又来朝见明

德皇后，远远地看到她的裙摆舒展，都以为她穿着昂贵的织锦缎，谁知等她们离近了细看，才发现那裙子不过是棉布缯料。诸位嫔妃都暗自发笑，明德皇后注意到后，一点也不介意，反而温和地解释道："日常起居，穿这样容易染色的衣料就很好。"嫔妃们闻言，无不露出敬慕之色。在明德皇后的带动下，后宫效行节俭，减少了很多不必要的宫廷开支，而王公贵戚们听闻后，也自检其身，不以奢侈浪费为尚，朝廷风气大大改观。

明帝去世后，皇太子刘炟登基，是为汉章帝。不久，汉章帝欲给明德皇后的三位哥哥封侯爵，却遭到明德皇后的拒绝，并特意提醒自己的养子应以前朝为鉴，谨遵光武帝和明帝不许外戚担任重职的原则。

建初四年(79)六月，明德皇后病逝于长乐宫，终年四十一岁，谥号"明德"。七月，汉章帝将她合葬于明帝显节陵。明德皇后一生简朴正直，宽厚仁和，正如同《续列女传》中所称赞的"在家则可为众女师范，在国则可为母后表仪"。

外戚专权

东汉自光武帝、明帝、章帝之后，开始出现外戚专权的局面。由于外戚专权，使得皇帝虽成年却无法亲政，无奈之际，他们只能依靠身边的宦官。如此一来，宦官因此而得势。等到新的皇帝即位后，新一轮的外戚与宦官专权的局面又开始了。由此东汉政权就在宦官的专权下渐渐走向了衰亡。

窦氏临朝

窦氏家族在东汉历史演进中占有重要地位。西汉末年，王莽当政时，窦融任将军司马，封建武男，占据河西五郡。"新"朝灭亡后，窦融投降更始军，在大司马赵萌部下为校尉，后被推荐出任钜鹿太守。更始政权灭亡后，窦融又归顺光武帝，辅助光武帝统一天下，因立下赫赫战功而奠定了窦氏家族在东汉的政治地位。汉章帝时，窦融的曾孙女被册封为皇后，窦氏家族也因此由功臣之家转变为皇亲国戚。

窦太后听政

章和二年(88)二月，三十一岁的汉章帝刘炟突然病逝，年仅十岁的皇太子刘肇继承了皇位，是为汉和帝，改年号为"永元元年"。

汉和帝刘肇，是汉章帝刘炟的第四个儿子。在他之前有三位兄长，他下面还有四个弟弟，而刘肇之所以能够超越诸多兄弟，登上皇帝的宝座，这完全要归功于被他尊为皇太后的窦氏。

公元75年，汉章帝刘炟登基。两年后，章帝下旨广纳天下美女，一时间，后宫美女充盈，花团锦簇。章帝一共册封了六位贵人，恰好是三对姐妹花。其中宋氏姐妹是明德皇后的外甥女，早在章帝做皇太子时已经入宫陪侍。另外两对则是同时新选入宫，分别是窦氏姐妹和梁氏姐妹。

窦融

窦氏姐妹入宫后，颇受章帝宠爱。建初三年(78)三月，章帝按照惯例册封皇后，从六位贵人中选中了窦氏姐妹中的大窦氏，窦氏一家从此更加春风得意。高兴之余，大窦氏也不免心生忧虑，因为她和妹妹一直未能诞下皇子、皇女。而章帝最为宠爱的大宋贵人已生有三皇子刘庆，并于建初四年(79)四月下诏，册立刘庆为皇太子。窦皇后自然明白母凭子贵的道理，因此不免为自己的皇后之位担忧起来，她常和妹妹窦贵人私下里商议对策。恰在同一年，小梁贵人为章帝生下了四皇子刘肇。

刘肇刚一呱呱坠地，窦皇后就跑到小梁贵人寝宫，宣布说这个孩子由自己抚养，小梁贵人虽然不情愿，但见章帝并不反对，也只好忍气吞声地答应了。窦皇后一心想让章帝改立四皇子刘肇为太子，同时，窦皇后也担心将来刘肇一旦称帝，他的亲生母亲小梁贵人及其一家就会飞黄腾达，自己完全是为他人作嫁衣裳。思前虑后，窦皇后决定先找机会除掉梁氏姐妹。

汉宫春晓图(局部)

有一次，小梁贵人给家中写了一封书信，其中有一句："久病思生菟。"窦皇后得知后，就向章帝诬告说小梁贵人"生菟巫蛊"，章帝信以为真，当即命人将小梁贵人抓起来并严加拷问。紧接着，窦皇后转而陷害皇太子刘庆的生母大宋贵人，她指使宦官诬陷大宋贵人"挟邪媚道"。建初七年(82)六月，宋氏姐妹二人含冤自杀，随即章帝废皇太子刘庆，将其贬为清河王，同时将窦皇后的养子刘肇立为新的皇太子，当时刘肇年仅三岁。

为斩绝梁家，建初八年(83)，窦皇后暗中指使人投"飞书"诬陷梁贵人的父亲梁竦谋反。章帝大怒，命令严刑查办，梁竦不堪刑罚，只得屈打成招，冤死在大牢中。梁家人则都被流放到九真郡(今越南顺化)。梁氏姐妹虽身为贵人,也难逃噩运,姐妹俩同时毙命,而那时小梁贵人刚年满二十二岁。

章和二年(88),章帝去世,十岁的刘肇被推上皇位,窦皇后晋升为皇太后,并临朝听政。窦太后一上台,就大肆封赏朝廷命官,受封之人首选就是窦家的亲戚。她首先提升自己的哥哥窦宪为侍中,提拔弟弟窦笃担任虎贲中郎将,另提拔弟弟窦景、窦瑰担任中常将。此外,窦太后还大力提拔归附窦家的官员,使得朝堂之上,多半是窦家的心腹之人,从而牢牢地把持了朝政大权。

盐场画像砖

窦太后借和帝之口,首先宣布"罢盐铁之禁,纵(任)民煮铸",也就是解除郡国盐铁官营制度,纵容豪强兼并,以此来迎合富强豪绅的经济利益,大大满足了他们贪婪的胃口,以此换取豪强对窦氏政权的默许。这么做最直接的严重后果是既浪费了国家的资源,也令国家税收大幅度减少,加剧了当时的社会矛盾。

窦太后临朝不久,北匈奴遭受天灾,境内大乱,南匈奴单于趁机请求东汉朝廷出兵帮助消灭北匈奴。当时朝中大臣多有反对之声,但窦太后仍坚持发兵征讨北匈奴,而她选择的大将军正是其兄窦宪。

飞扬跋扈的窦宪

窦宪是窦皇后的兄长,性情"暴烈急躁"。窦太后临朝听政后,任命窦宪为侍中,"内主机密,外宣诏命"。窦宪的几个弟弟也获得重用,大权尽落在窦宪兄弟手中。

太尉邓彪仁厚谦和,与权势无争,窦宪看重他这一点,力荐邓彪为太傅录尚书事。窦宪执掌朝政,每当他"有所施为,外令彪奏,内白太后,事无不从"。桓郁为屯骑校尉,曾经给几代皇帝当过老师,生性"恬退自守",窦宪觉得他很适合教育年幼的皇帝,于是推荐他进宫当老师,给皇帝教授经书。经过一番安排,朝堂之上、后宫之内,大多都是窦氏的心腹,每遇事情,窦宪无往而不利。

随着权势的增长,生性暴躁、睚眦必报的窦宪开始清算旧账,大肆打击以前得罪过窦家的人。汉明帝时,窦勋犯法被明帝查办,韩纡曾经参与审理这个案子,窦宪对此一直怀恨在心。为出心头怨气,虽然韩纡早已故世,窦宪仍然不肯罢休,派人杀害了韩纡的儿子,并将其头颅拿到窦勋墓前祭奠。

对于刘氏皇族,窦宪也不放在眼里,毫无顾忌地打击皇族势力,以消除对自己地位可能会造成的威胁。公元89年,即章帝去世之后,各地王公贵族都进京城吊丧。其中有位都乡侯刘畅,乃光武帝刘秀的兄长齐武王刘縯的孙子,英俊潇洒,能说会道,常常进宫陪伴窦太后。窦宪担心刘畅一旦得宠,分了自己的"宫省之权",将对自己大大不利,就安排刺客于屯卫之中杀害了刘畅,并将这个罪名安在了刘畅的兄弟利侯刘刚头上。当窦太后经过调查得知凶手竟是窦宪时,怒不可遏,当即命人将窦宪抓起关押在内宫之中。按照汉朝律法,杀害宗室成员是大罪,窦宪理应判处死刑。可窦太后再生气,也不舍得杀死自己的兄长。正好此时,南匈奴上表东汉朝廷,请求发兵讨伐北匈奴。因而,她不顾朝臣们的反对,答应窦宪提出的率军出征北匈奴,以此来赎死罪的请求。不久,窦宪平定了北匈奴,为朝廷立下大功。

窦宪平定北匈奴之事,使得他在朝中的势力更盛,窦家大大小小的亲戚都被封为京官或地方官:窦宪的叔父窦霸为城门校尉,窦褒为将作大匠,窦嘉为少尉,此外,还有十余人任侍中、将、大夫、郎吏等职,最小的也是个地方县令。就连窦家的仆人也胡作非为,横行霸道,甚至公然强抢民女和财物,主管官员一听说是窦府家奴所为,皆噤若寒蝉,视若不见,"有司莫敢举奏"。

喇叭裙女俑

借宦官铲除窦氏

窦宪大权在握,在朝堂之上唯我独尊,和帝虽贵为一朝少年天子,但对他也是恭恭敬敬。永元四年(92),和帝年满十四岁,这一年,十三个郡国地裂,各地都发生了大旱或蝗灾。此时的窦太后在后宫"百般节俭行善",对权势没有什么要求。而利欲熏心的窦宪却按捺不住对皇权的向往,暗中图谋,欲行叛逆。渐渐长大的和帝也不满于窦氏专权,越发向往亲自执掌朝政,于是,窦宪与和帝之间的矛盾逐渐加深,窦宪开始谋划,怎样将自己这个名义上的外甥皇帝除掉,由自己取而代之。窦宪和女婿郭举及其父亲郭璜、穰侯邓叠、邓叠弟弟步兵校尉邓磊暗地里商议要杀害和帝。和帝也敏锐地感觉到了不祥的气息,于是他决定主动出击,出其不意,好好收拾自己那狂妄的舅舅。

可是在和帝身边,几乎找不到一位可以信任的大臣和随从,唯一能够借助的力量就是身边的那些宦官了。和帝经过细心观察,发现钩盾令郑众"谨慎机敏有心计",是个很有能力的人。于是,和帝找了一个机会,把自己的想法对郑众和盘托出,郑众当即表示全力支持。当时,窦宪拥兵镇守凉州,一旦京城发生变动,他必然会带兵叛乱。因此,郑众建议和帝,一方面先控制住窦宪在京城的党羽,另一方面调窦宪回京。

随后,和帝以回京辅政的名义下诏命窦宪返京,并指令大鸿胪持节到京城外迎接,并按等级赏赐军中将士。在此过程中他们一直都不露声色,以免引起窦宪的怀疑。郑众暗

绿釉陶井

中笼络不少宦官，等待时机。而和帝身边也还有一位皇室支持者——废太子清河王刘庆。

就在行动的前一晚，少年和帝彻夜未眠，他亲自御临北宫，命令司徒兼卫尉官丁鸿带领卫兵“屯卫南、北宫”，严守城门，不得放任何人出入，以防备窦宪出逃或派人出城求援。随即，和帝下诏令执金吾、五校尉等各率领卫兵，前去捉拿郭璜、郭举父子和邓叠、邓磊兄弟，将他们关入大牢并连夜以重罪处死，悄无声息地解决了窦宪的党羽们。

次日，和帝派谒者仆射直入窦家，当着窦宪的面宣读诏书，将其大将军印绶收回，改封为冠军侯。因为顾念到窦太后的养育之恩和窦宪西征的功劳，和帝并没有严惩窦氏兄弟，而是限令窦宪与窦笃、窦景等人各自回到封地，闭门思过，不准滞留京城。等他们回到封地后不久，为绝后患，和帝又密令逼迫窦宪与窦笃、窦景自杀。窦氏四兄弟中，只剩下没有参与谋反的窦环逃过一死。

和帝在宦官郑众等人的协助下，一举铲除了把持朝政的窦氏兄弟，从此开始执掌朝政。亲政后，和帝下诏升郑众为大长秋。不仅让他常伴自己左右，还常与他讨论朝中政事。从此，东汉进入了史书上所言“宦官用权自此始矣”的时代。不久，和帝又下诏将郑众册封为鄛乡侯，这也是东汉历史上宦官封侯的开始。在和帝的信赖和庇护下，宦官的势力开始强大起来。和帝利用宦官的力量铲除了外戚窦氏，结束了东汉历史上的第一个外戚专权的时代，却也打开了东汉宦官擅权专政的局面。

永元九年(97)，窦太后去世。多年以来，和帝生母梁小贵人的堂兄梁禅和姐姐梁嫕一直在等待时机，一听说窦太后去世的消息，他们立即向当朝的三公哭述，讲出了和帝的真实身世。和帝如梦方醒，这才知晓自己多年来孝顺的却不是自己的亲生母亲。和帝当堂痛哭，遂为自己冤死十四年的生母以礼改葬，谥“恭怀皇太后”，姨妈梁大贵人也同时雪冤，梁氏姐妹被重新安葬在西陵。对于窦太后，和帝念及其多年的养育之恩，决定不降窦太后的尊号，仍然上谥为“章德皇后”，与汉章帝合葬于敬陵。

在和帝为梁氏姐妹雪冤的同时，在铲除窦氏外戚行动中立下大功的清河王刘庆也上书和帝，请求和帝为自己的生母宋贵人平反。和帝应准，还将外放的宋氏家族全都召回京城，封刘庆的四个舅舅宋衍、宋俊、宋盖、宋暹为郎官，对他们予以重用。

和帝宽缓为政

十四岁的和帝在扫除了外戚窦氏之后，开始亲理政事。他虽然年少，但颇有才干，在位十七年间，以民为重，行贤良之策，多次平定少数民族之乱，边陲较为稳定，国家富强。但和帝之后，东汉王朝便一蹶不振，渐渐走向衰落，这也是和帝重用宦官而埋下的隐患。

和帝从亲政以来，凡事都亲力亲为，每日早起上朝，从不迟到。和帝十分体恤民众疾苦，多次诏令"理冤狱，恤鳏寡，矜孤弱，薄赋敛"。永元八年(96)京城一带地区发生严重的蝗灾，和帝悲天悯人，将责任揽于自身，他下诏说："蝗虫之异，殆不虚生，万方有罪，在予一人"，表示自责之情。同时，他还要求文武大臣们好好检点自身，忧国忧民，以利民众。岭南(今属广东)地区盛产龙眼、荔枝等南方水果，每年丰收之季，当地官吏都会派专人运送，上供给朝廷。为了保证水果的新鲜，从岭南到京城洛阳沿途"十里一置，五里一候，昼夜传送"。对于这种为满足朝廷口腹之欲而劳民伤财的做法，大臣唐羌十分不满，于是上书和帝，请求停止运送。和帝阅后，表示赞同，"远国珍馐，本以荐奉宗庙，苟有伤害，岂爱民之本？其敕太官勿复受献"，由此足以说明和帝发自内心地关爱天下黎民，堪称明君。

历史小常识：夜郎自大

"夜郎自大"成语出自《史记·西南夷列传》。史书记载：汉武帝征服西南夷后，为寻找通往身毒(今印度)的通道，于元狩元年(前122)派遣使者到达今云南的滇国，之后再无法寻得通道。逗留期间，滇王问汉使："汉孰与我大？"后来汉使返长安时途经夜郎国，夜郎国君也问了同样的问题。这便是"夜郎自大"的由来。

也正因为爱民惜民，和帝耐心听取朝臣的建议，在位时以"宽缓为政"，主张宽刑。和帝朝时重用廷尉陈宠，由他主管刑狱，正是因为看中了陈宠具有一颗仁爱之心，断案"务从宽恕"。和帝时期，还有一位名叫杨孚的南海郡番禺人，熟读经史，在朝廷举办的"贤良对策"中获得提拔成为议郎，他秉直敢言，常上书和帝提建议，每每获得和帝采纳，对他极为赏识。一次，杨孚建议和帝奉行"孝治天下"，和帝深以为然，当即下诏恢复旧礼，命令"臣民均行三年通丧"。

邓后独揽大权

邓后，名邓绥，是汉和帝的皇后。邓氏被立为皇后之后，因其具学识和才能，已逐渐参与政事。汉和帝病死后，邓氏开始独揽朝政，从此专政十六年之久。

邓氏入宫

和帝刘肇一生先后册立了两位皇后，两位皇后都是出身名门的大家闺秀，都曾集万千宠爱于一身。而后一位皇后邓绥在和帝去世后很长一段时间里，是东汉朝政大权的实际把持者。

邓绥有着深厚的家族背景，她的爷爷邓禹是前太傅、高密侯，邓禹子嗣兴旺，共有十三个孩子，而且个个都很有出息，最有名的要数邓震、邓袭、邓珍、邓鸿、邓训等。邓绥是护羌校尉邓训唯一的女儿，母亲阴氏是光烈皇后阴丽华的侄女，邓绥还有五个兄弟，分别

是邓骘、邓京、邓悝、邓弘和邓阊。

邓绥十三岁时被选入宫，但在临行前，却发生了意外，邓训因病不治而去世了。于是，邓绥毅然推迟了进宫的时间，按照儒家的说法，父母之丧是最重的“斩衰之丧”，需守孝整整三年，邓绥严守孝道，一天哭丧两次，而且只吃清淡的食物。三年丧满的时候，她的亲戚都不敢认她，因为邓绥已经变得非常憔悴。大家都为她而担心，而邓绥做的一个奇怪的梦却让大家喜上眉梢。在梦中，邓绥以手抚天，举头饮用天上的钟乳。邓家人都非常好奇，就向解梦的人询问。解梦的人听了邓绥梦境的描述，立即变得严肃起来，他说：“昔日帝尧曾经梦见自己攀天而上，商汤也梦见登天而食，这都是千古帝王的先例。你家姑娘也做这样的梦，将来一定是风光无限。”邓家人听了之后兴奋异常，为了验证解梦人的话，他们又找来相士，结果，相士一看到邓绥，就诧异地说：“小姐生相乃是成汤之格，有主理天下之份！”邓家上下听到这些，更加坚信邓绥的未来不可小觑。

和熹邓后

永元七年(95)，邓绥再次得到入宫的机会。但在她入宫之前，永元八年(96)二月，皇帝在第一批入选的贵人里面，册立了阴贵人为皇后，这让邓绥颇感失落。阴皇后是前朝执金吾阴识的曾孙女，阴识是光武帝的皇后阴丽华的哥哥，阴家是个大家族。阴氏自小知书达理，聪明伶俐，长得也很漂亮，一入宫便深得皇帝宠幸，封为贵人。

邓绥于永元八年(96)底走入皇宫。据史书所记载“后长七尺二寸，姿颜姝丽，绝异于众，左右皆惊”。可见，邓绥的美貌和气质是不一般的，这也使得她能够在众多佳丽中脱颖而出，得到时年十九岁的和帝的宠幸，被册封为贵人，位置仅次于皇后，并安排她入住嘉德宫。

一次，邓绥生了重病，和帝让她的家属进宫探视，甚至破例让他们自由进出，且没有时间限制。病中的邓绥知道后，就向和帝说：“宫禁至重，而使外舍久在内省，上令陛下有幸私之讥，下使贱妾获不知足之谤。上下交损，诚不愿也！”和帝对此非常感动，说：“他人以得见亲属为荣，今贵人反以为忧，深自抑损，真是难得啊！”从此，和帝更加宠爱邓绥，反而将皇后冷落在了一边。

邓绥病好之后，并没有因为得到皇帝的恩宠而忘乎所以，仍然非常谦恭，她和蔼可亲，与其他嫔妃及宫女、宦官都能友好相处，口碑很好。邓绥不爱攀比，平时衣着朴素，即使在宫中有宴会时也是如此。阴皇后对邓绥在宫中的一切看在眼里，恨在心上，常常与她的外祖母邓朱商议如何除掉邓绥。

永元十三年(101)，和帝忽然患了重病，眼看着就要一命呜呼。这消息很快就在后宫传开了，阴后得知后，狠狠地说：“我若得志，不使邓氏再有遗类！”由于邓绥平时在宫中的人缘很好，所以就有人偷偷将阴后的话传给了她。邓绥听后，伤心不已，没想到自己如此战战兢兢地伺候皇后，却换来这样的结果，邓绥觉得自己在宫中已经没有希望了，既然如此，“不如先自引裁，上可报帝恩，中亦解宗族之祸，下不致为人彘，虽死也得瞑目了！”随即就要服毒自杀，幸亏宫女们及时拦阻，并骗她说皇帝已经好转了。

祝祷升仙

和帝果然病情好转，没过几个月便痊愈了。永元十四年（102）四月，有人告发阴皇后，说她和外祖母邓朱合谋，要用妖术谋权夺利。和帝非常生气，决心严查到底。他派出中常侍张慎和尚书陈褒专门负责进行调查。他们逮捕了邓朱和她的两个儿子邓奉、邓毅，阴皇后的弟弟阴轶、阴辅、阴敞也被抓了起来。他们动用酷刑要阴氏一族“认罪”，终于有人因承受不了，而承认了密谋之事。邓奉、邓毅、阴辅都被活活打死了。和帝掌握了证据后，决定废掉阴皇后，收缴她的玺绶，并贬到桐宫居住。阴后的父亲吴防侯阴纲听说了自己儿女的下场，羞愧难当自杀身亡。阴皇后和邓朱的家属均被流放到日南郡（今越南河内）比景县，其他的宗亲也都被贬为庶民，阴氏家族就此没落。失意的阴氏遭受了如此多的打击，没多久也在冷宫中死去。

当邓绥听说皇后阴氏被废的消息时，曾上书进行过劝阻，请求皇帝三思。大臣们在阴皇后被废之后，纷纷请求皇帝再立皇后。和帝一直对邓绥欣赏有加，便下了诏书：以“皇后之尊，与朕同体，承宗庙，母仪天下，岂易哉！唯邓贵人德冠后廷，乃可当之”。邓绥连忙上书进行推辞，这反而让和帝更加欣赏邓绥的品德。最终，邓绥还是接受了册封，在她二十一岁的时候，成为和帝的第二任皇后。邓绥做了皇后以后，第一件事就是下令取消进贡珍玩。她认为这是一种不好的奢靡风气，她规定，每年只能供些纸墨，其他珍奇异宝一概不得接受。和帝对邓绥的家人也是格外照顾，几次都想封赏邓氏家族，却都被邓绥婉言推辞了，所以她的哥哥邓骘在和帝朝时，始终是虎贲中郎将，职位没有任何变化。

元兴元年（105），和帝突然感觉身体不适，卧床不起，且多日不见好转，病情也日渐加重。十二月，终于不治身亡，时年二十七岁，在位共十七年，死后葬在慎陵（今河南洛阳东南），庙号穆宗，谥号孝和皇帝。

邓氏揽权

元兴元年（105），和帝突然去世。朝堂一时间乱成一团，大臣们所担忧的是皇帝临终前并没有立下储君，且后宫多年来并没有留下子嗣。正当大臣们一筹莫展之际，临时听政的邓皇后却向天下宣布：和帝并非没有皇子，只是一出生就送出宫去，在民间抚养。大臣们将信将疑。邓皇后解释说，后宫嫔妃曾先后为和帝诞下十余名皇子，均早夭。久而

女孝经图

久之,后宫被视为不祥之地,在和帝的默许下,后宫再有皇子降生,就立即让乳媪将新生儿抱出宫外在民间抚育。

作为后宫之主,邓皇后对这一切安排极为清楚。如今和帝去世,皇帝的继承人当然要从寄养在宫外的皇子们中选择,邓皇后将他们都接了回来,一共是两位皇子。一位是八岁的长子刘胜,另一位少子刘隆此时才刚满百日。按照儒家"嫡长制"的传统例制,刘胜既为皇帝长子,就理应被立为新帝。可偏偏这位皇长子,一出娘胎,就"痼疾"缠身,天生有些智障,无法担当国家重任。但多数大臣仍认为应坚持儒家礼仪,迎立刘胜登基。

邓皇后却对此坚决反对,她坚持迎立少子刘隆为帝,甚至不惜与群臣对抗。史书上写道:"太后以帝幼弱,远虑不虞"。邓皇后希望将幼帝完全掌控在自己的手中。费尽心机和曲折才登上和帝皇后位置的邓绥,此刻完全抛开了和帝在世时的温良贤德,她深知掌握宫廷中至高无上的权力是多么重要,虽然自己没有亲生儿子可以登上帝位,但一定要选择一个能顺从自己的新皇帝。刘胜已经八岁,与尚在襁褓中的刘隆相比,显然不易控制。于是邓皇后最终以刘胜患有"痼疾"为理由,否决了群臣的决议,将少子刘隆立为新帝,而刘胜被册立为平原王。她本人则以皇太后的名义临朝听政。

公元106年1月13日,邓绥皇太后下诏将这一年改为延平元年,升太尉张禹为太傅,任命司徒徐防为太尉,参与主管尚书事务。因为皇帝还是个婴孩,邓绥还特意下诏,让朝中重要的大臣都常居宫中,尤其是张禹,只准他每五天离宫回家一次,每次上朝,都专门为其唱名,并为其安排一个特殊的位置,坐于"三公"之上。

和帝有四个兄弟:前废太子清河王刘庆、济北王刘寿、河间王刘开及常山王刘章,在为和帝举行了葬礼之后,按照惯例,诸位王爷就带着家眷前往各自的封国就位。但是就在他们去向邓太后辞行之时,清河王刘庆却接到了邓太后的旨意,要求他把十三岁的长子刘祜留在京城。邓太后一向对刘庆特别好,待遇各方面总是比别的王爷要好。如今更是看中了聪明伶俐的刘祜。邓太后说自己非常喜欢这个孩子,想把他留在身边。实则邓太后担心皇帝幼小瘦弱,恐将来发生不测,到时候可以有个准备。清河王刘庆答应了这个要求,并将刘祜的嫡母——清河王妃耿姬也留在了京城,住在清河国设在京城的官邸中。

幼小的刘隆在邓绥皇太后的怀抱中开始了名义上君临天下的生活。而大权在握的邓绥则开始按照自己的心思安排朝政,她深知娘家人是自己的坚实后盾,公元106年4月,少帝登基后不久,邓绥皇太后即下诏大肆提拔兄长邓骘及弟弟邓悝、邓弘、邓阊和亲信宦官郑众。当初和帝在位时，曾多次要按成例封赏邓氏外戚，封邓骘为侯，都被邓绥辞却。如今，邓骘从一个中级武将直接连升几级，被封为上蔡侯、车骑将军，待遇地位等同于三公，成为群臣之首，同时把持兵权；邓悝、邓弘、邓阊也被封为侯。邓悝原为黄门侍郎，现接替邓骘为虎贲中郎将，助其掌控军事；邓弘、邓阊都晋封为侍中。然而，邓绥皇太后立和帝幼子而不立长子，毕竟有违儒家礼教和皇家传统，朝中还是有很多大臣不断上书反对。

邓太后

正如同邓绥皇太后所担忧的那样，刘隆登基不过八个月的时间，就于延平元年(106)八月初六染上风寒而夭折，死时尚不足一岁，史书上以“殇帝”称之。满朝大臣们都以为，这一回，平原王刘胜作为唯一继承皇位的候选人应该顺理成章地当上皇帝了吧。谁知，早有准备的邓绥皇太后依然将群臣的建议当成耳旁风，她将邓骘、邓悝召进宫中，将自己打算立刘祜的想法全盘托出，邓骘又找太傅张禹、司徒徐防等大臣们商议，并获得他们的支持。随即，邓骘连夜亲自持节，用皇室诸王才能乘坐的青盖车将刘祜悄悄地接进了皇宫。

次日一早，邓绥皇太后便来到了崇德殿，亲手将皇帝玺绶奉送到刘祜手中，并正式向天下臣民宣布：这位十三岁的清河王子刘祜登基为帝，即东汉安帝。因为刘祜尚未成年，所以仍由邓绥皇太后临朝听政。

早在殇帝延平元年(106)六月，也就是邓绥做皇太后不久，“郡国三十七雨水”。当时东汉共有一百余个郡国，竟有近三分之一的地方都遇到水灾，随之而来的就是严重的疫情。邓绥皇太后不仅下诏大赦天下，且颁布诏书，大幅度削减各级官员按照级别配置的官服、车马、仪仗，往年太官、汤官的开销费用每年将近两万万钱，此时也被大幅削减至数千万钱。同时，诏令禁止使用过于奢靡的物品和食用珍馐美味，还特意指出除了供奉皇陵祠庙以外，其他场合都不能食用精致的大米和麦面等。

元初六年(119)，邓太后又下诏设立学校，将和帝的弟弟济北王、河间王家中五岁以上的孩子及邓氏家族中的子孙共七十多人召集起来读书。她还为幼童专门配置了老师和保姆，这些孩子每天一早就进宫上学，邓太后亲自监督教育，有时还负责监考。这所在东汉皇宫内开办的学校，或许是我国历史上第一所男女同学的学校。但邓太后过世之后，这所学校也就停办了。

邓太后临朝听政一共十六年，在安帝朝就达十五年。虽说是独揽朝政，但她却勤政爱民，知人善用，从不纵容外戚。她还曾亲自手书《令知司法官员说》，要求司法部门对邓氏子弟犯法者不可网开一面。因而，在史书记载中，也颇为肯定她的历史贡献："太后自临朝以来，水旱十载，四夷外侵，盗贼内起。每闻人饥，或达旦不寐，而躬自减彻，以救灾厄，故天下复平，岁还丰穰"。

安帝除邓氏

安帝刘祜即位四个月后，清河王刘庆就一病不起。永初元年（107）十二月二十一日，刘庆去世，邓太后诏令按照光武帝废太子刘疆的葬礼规格将其隆重安葬。这时的邓太后和少年安帝之间，母子关系较为亲近。邓太后一心提防和帝的长子刘胜，直到永初七年（113），年仅十五岁的刘胜没有留下子嗣就死去了，邓太后这才放下心来。可渐渐长大成人的安帝希望能够亲政时，已经习惯大权在握的邓太后却没有还政的意思，这对母子为争权位，关系日渐紧张起来。

玉辟邪

邓绥自当上皇太后之日起，便一改往昔温柔的做派，对那些胆敢反对自己的大臣从不手软。早在永初元年（107），司空周章因看不惯大长秋郑众干涉朝政，而直言进谏。周章还多次上书，恳请邓绥皇太后将政权交给安帝。几次三番后，周章意识到单凭进谏根本改变不了现状，于是决定谋反。他暗中联络了一些支持立刘胜的大臣，和他们商议，准备买通皇宫门禁守卫，将邓骘兄弟及郑众等人捕杀，将邓太后囚禁南宫，废安帝为远国王，将平原王刘胜立为新帝。然而正在他们筹划此事准备行动时，却被人揭发，邓骘派兵捉拿参与者，周章闻讯后畏罪自杀，其余多位被牵连其中的大臣、皇宫侍卫也被捕下狱，处以酷刑。

之后，又有大臣不断上书请求邓太后归政，邓太后每每读到臣子有关归政的奏疏，便会对其严加惩处。郎中杜根曾经与一位郎官共同上书，请求邓太后让安帝亲自主理国政，"帝年长，宜亲政事"，因而惹恼了邓太后，邓太后当堂下令将他们二人装入白绢制的袋中，在殿上活活打死，然后用车运出宫，弃于京城郊外。多亏杜根命大，又慢慢醒过来，但他怕被邓太后知道，仍然装死躺着一动不动。整整三天后，邓太后派人去调查，调查的人见他的眼眶里生了蛆，才放心地回宫复命了。杜根逃到湖北宜城山中，隐姓埋名，在一家酒店里做酒保，直到十五年后邓太后去世，他才敢重新露面。

诸如此类的事件屡屡发生,邓太后对于胆敢提议归政的人都施以严惩,吓得众多大臣绝口不敢再提归政之事。安帝虽然内心十分不满,但没有大臣们的支持,势单力孤的他也只能一忍再忍。与此同时刘氏皇亲及大臣对邓氏外戚的不满也不断加深。

建光元年(121)二月,邓太后身染重病,竟至吐血,卧床不起,可她仍强撑着起床,“乘辇出殿视朝”。为求早日康复,邓太后大赦天下,但其病情却毫无起色,终于在当年三月十三日驾崩,享年四十一岁。安帝尊谥邓绥为和熹皇后,将其与和帝合葬在一起。

邓太后去世后,安帝终于得以亲政。他的乳母王圣早就对邓太后心怀不满,当年邓太后曾经将河间王的儿子刘翼留在京城,王圣因此怀疑邓太后不愿归还政权,是有废黜安帝的打算,于是她经常和中黄门李闰、江京在安帝面前大说邓太后的坏话,这令安帝心中恐慌和愤恨不已。邓太后尸骨未寒,王圣就向安帝诬告说:“邓后在日,曾暗中与邓悝、邓弘、邓阊及尚书邓访欲谋害陛下,策划改立平原王刘翼为皇帝。臣等欲告陛下,奈其贵宠,禁不敢言。希望陛下圣明详察,严惩奸臣,以告诫天下,以为后世法。”安帝怒不可遏,但因为邓悝、邓弘、邓阊三人均已过世,安帝也只能将怒气发泄到他们的后人身上,于是他们三人的儿子西平侯邓广德、叶侯邓广宗、西华侯邓忠、阳安侯邓珍、都乡侯邓甫德均以大逆不道罪罢官降为庶人。邓骘因为没有参与此事,只是被“免去所居特进,赶出京城,出就所封上蔡侯国”。至于邓氏家族的其他人,也多半受到牵连,家产、田宅全都被充公,“皆免官归故郡,没入骘等资财田宅。徙邓访及属于远郡”。不久,在地方官员的逼迫下,邓广宗、邓忠自杀。安帝又下诏将邓骘改封为罗侯。其后刚晋升为尚书的陈忠,多次上书弹劾邓氏家族,终于让安帝痛下决心,进一步严厉打击邓骘等人。建光元年(121),五月初一,邓骘和儿子邓凤一起绝食而亡。邓骘的堂弟、河南尹邓豹,度辽将军、舞阳侯邓遵及将作大匠邓畅也都被迫自杀。幸亏邓广德和邓甫德两兄弟的母亲与安帝皇后阎氏是亲姐妹,两人这才幸免于难。随即,安帝重新任命耿夔为度辽将军,征召乐安侯邓康回京城,任命其为太仆。五月十七日,安帝下诏将平原王刘翼贬为都乡侯,遣回河间封地。刘翼黯然离开京城,从此不出大门,不再会见宾客,自省谢罪。

宫阙画像砖

大司农朱宠对邓骘无辜受死十分痛心,曾上书安帝,请求安帝允许将他们的尸骨还葬故土祖坟,并对邓家的遗孤好生对待。安帝看到奏章后很不高兴,令朱宠免官返乡。随后,天下百姓群起呼应,为无罪受牵累的邓骘喊冤,安帝这才有所觉悟,经过一番思量后,下诏斥责将邓氏诸人迫害致死的地方官员,还特准邓家人将邓骘等人的尸骨运回北芒山旧茔安葬,并允许那些被流放的邓氏族人重返京城。

安帝之政

重用"有道"之人

二十七岁才真正掌权的安帝，也曾想做出一番卓有成效的事业，让东汉王朝更加富强、辉煌。建光元年(121)四月十九日，安帝下诏命上至三公九卿，下至郡太守、各封国相，都要广泛为朝政提意见，并举荐一位"有道"之人，即品学兼优的人。

尚书陈忠担心安帝不能接受一些激烈言辞而迁怒于提意见的人，因此上书提醒安帝，他在奏章里说道："臣闻仁君广山薮之大，纳切直之谋；忠臣尽謇谔之节，不畏逆耳之害。……若嘉谋异策，宜辄纳用。如其管穴，妄有讥刺，虽苦口逆耳，不得事实，且优游宽容，以示圣朝无讳之美。若有道之士，对问高者，宜垂省览，特迁一等，以广直言之路。"劝安帝效仿前朝汉高祖、汉文帝、汉武帝及汉元帝的宽阔胸襟，接受百家之建议，重用有德之人。安帝读罢奏章，深受感动，当即下诏，任命"有道"之沛国人施延为侍中。

之后，陈忠又向安帝举荐"隐逸"及"直道"之士杜根、成翊世等人，这些人都是当年敢于提议邓太后归政而受到迫害的人。安帝全部接纳并对他们予以重用，任命杜根为侍御史，成翊世为尚书郎。有人问大难不死、隐匿民间多年的杜根："以前你直言上谏，惹来杀身之祸，天下臣民无不敬佩你，为什么你要躲在民间吃苦，而不去朋友故交那里呢?"杜根说自己"周旋民间，非绝迹之处，邂逅发露，祸及亲知，故不为也。"

正直之臣杨震

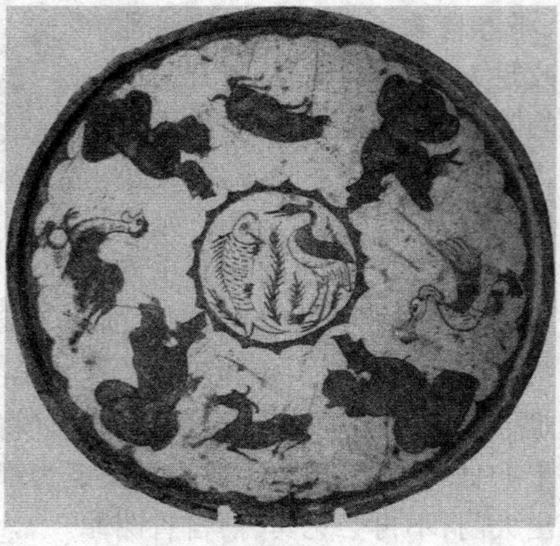

陶盘彩绘禽鱼人畜图

安帝执政初期，很想成就一番事业，但他执政时多受亲信宦官、乳母王圣及圣女伯荣等的影响，以致祸乱朝政，良臣受到迫害。

延光二年(123)十月初六，安帝下诏罢免太尉刘恺。初九，升司徒杨震为太尉。杨震出身世家，"明经博览，无不穷究"，元初四年(117)入京做官，三年后升任司徒。杨震为人正直，不屑与小人为伍。

在杨震升任太尉后，大鸿胪耿宝去找杨震，希望他能向安帝举荐中常侍李闰的哥哥，并说："圣上器重李常侍，想让三公征召他的哥哥当官。我来找你，就是转达圣上的意思。"杨震却拒绝说："要是圣上确实有意让李常侍的哥哥当官，那应当令尚书下诏。"耿宝碰壁而返，将此情形告诉了李闰，李闰对此十分恼恨。

安帝的乳母王圣，仗着皇帝的宠幸，和女儿伯荣在宫廷内外活动，收取贿赂，干预朝政，串通奸恶。杨震先后两次上书，请求安帝“速出阿母，令居外舍，断绝伯荣，莫使往来”。杨震的一片苦心，却未能得到安帝的认可，安帝还把奏章拿给王圣等人传阅。原本就对杨震有诸多不满的王圣母女和宦官们，由此更加仇恨杨震。

杨震

当年十二月间，京城发生了地震，杨震再次上书安帝，指出现今天灾频发，百姓受难，这是上天给我朝的警示，希望皇上能够不为身边中臣左右，“奋乾刚之德，弃骄奢之臣”。杨震还为刚刚发生的地震主动自责，上书说：“臣蒙恩备台辅，不能奉宣政化，调和阴阳……”

然而，杨震的奏章并没有打动安帝，反而令安帝十分反感。而中常侍樊丰及侍中周广、谢恽等人见安帝并不听信杨震的进谏，从此更加胆大妄为、结党营私。延光三年（124）二月十三日，安帝带领文武大臣东巡。二月二十八，临幸泰山、东平，后到达东郡，经魏郡、河内而返回京城。就在安帝巡视地方期间，樊丰等权阉竟私下以安帝的名义发布诏书，“调发司农钱谷、大匠见徒、材木”，各自兴建豪华奢靡的私宅府邸，所费劳役、钱财无法估算。

杨震把这些情况都写入奏章，等待安帝回京后上报，樊丰等人听说后，大为惶恐。他们也知道伪造皇帝诏书罪无可赦，因而决定先下手为强。恰好此时，太史上报说星象出现了奇异的逆行现象。樊丰等人便以此为借口，派人去禀告安帝，大肆诋毁杨震：“这是上天所给的警示，杨震对赵腾之死心有怨恨，何况他还曾与邓氏家族交好，现在一定是对圣上不满。”三月二十九日，安帝巡游归来后，并没有马上回宫，而是住在京城的太学里。当夜，安帝就派遣使者颁策，将杨震的太尉印信收回。此后，杨震闭门不出，也不会见任何宾客。这又给了樊丰等人诬告的理由，他们指使耿宝上书安帝说：“杨震是当朝重臣，现在闭门不出，是因为他对陛下心怀怨恨，不愿意服罪。”

安帝听后更加气恼，遂下诏命杨震遣归原郡。杨震奉旨离开京城洛阳，来到城西夕阳亭。他慨然而叹，对他的儿子和随从们说：“死者士之常分。吾蒙恩居上司，疾奸臣狡猾而不能诛，恶嬖女倾乱而不能禁，何面目复见日月！身死之日，以杂木为棺，布单被裁足盖形，勿归冢次，勿设祭祠！”随即饮鸩而卒，享年七十余岁。

安帝听说杨震服毒自尽后，并没有丝毫悲伤之情。樊丰等人仍不肯罢休，竟指使弘农郡太守移良派人破坏丧仪，拦截杨震的丧车回故乡，迫使停棺道侧，并罚杨震的儿子们为驿站传递文书、充当苦力。“路人皆知杨震之冤，见棺者不禁泣下。”《后汉书》中如是评价杨震：“抗直方以临权枉，先公道而后身名，可谓怀王臣之节，识所任之体矣。”

外戚、宦官在安帝的纵容下，越发横行无度，恃宠妄为，“扰乱天下”。安帝亲政的几

木案画朱雀图

年间，朝政日渐腐败，奸佞小人春风得意，忠良大臣虽义愤填膺，却也只能摇头叹息，无可奈何。东汉王朝在安帝手中逐渐走向没落，邓太后执政时的繁荣不复存在。

阎氏专权

元初元年（114），安帝二十二岁时，阎姬被选入宫。根据史书记载，阎姬并没有东汉以往几位皇后那样显赫的家庭背景。在当时皇后出身名门望族似乎已经成为汉代皇室的惯例，阴皇后、马皇后、窦皇后和邓皇后无一例外都是大户出身。从阎姬这一代上溯祖上，有些名望的只有她的祖父阎章，阎章在明帝时期曾担任尚书之职。阎章的两个女儿都被明帝选中作为贵人，这应该是以往阎家历史上最光耀的一件事情了。但明帝是个大公无私的皇帝，他的姻亲会被有意地限制权力，得不到任何加官晋爵的机会。因而阎章虽然有能力，工作又勤奋，也有足够的资历，但在明帝朝始终未能得到升迁和任何封赏。

然而正是因为阎姬家世不够显赫，才使她有机会成为皇后的人选之一。安帝刘祜一直宠幸着李氏，他本打算立李氏为皇后，但立后这么大的事情，作为皇帝，刘祜也有很多无奈，他并没有独自做决定的权力，因为他要顺从邓太后的想法。阎姬是邓绥弟弟邓弘的姨妹之女，与邓太后本身是亲戚，这就使她占有一定的优势。而阎姬更加被邓太后看好的是她的低微出身，因为阎家无论从哪个方面来说，与邓氏家族相比都是远远比不了的，即使阎姬成为皇后，也不会对邓氏家族构成威胁。这是邓太后立阎姬为皇后的主要原因。

元初二年（115）四月，安帝遵照邓太后的意旨，把贵人阎姬册立为皇后。一开始，安帝对阎皇后也是宠爱有加，甚至许诺说，等阎皇后生子后就将其子立为皇太子。但阎皇后入宫以后，五六年都没有一点怀孕的迹象。而安帝后来所宠爱的妃嫔李氏，却十月怀胎，为安帝诞下了一位龙子。安帝大喜，给这个孩子取名叫作刘保，刘保不仅是安帝的长子，也是他在位多年唯一的皇子。永宁元年（120），安帝立年仅一岁的刘保为太子。阎皇后为此妒忌不已，她设计将李氏用毒酒鸩死，使刘保变得无依无靠。但因为阎皇后和邓太后的特殊关系，谁也不敢彻底追查此事，于是李氏悄无声息地从皇宫中消失了。

容车侍从画像砖

永宁二年(121)，邓太后病死，安帝亲政。阎姬顿时来了精神，连忙要求安帝在对付邓氏外戚的同时，将她的四个兄弟加官晋爵。这样，阎显、阎景、阎耀、阎晏并列为卿校，典掌禁兵。事隔不到一年，到延光元年(122)，又将阎显加封为长社县侯，食邑一万三千五百户，并追封其早死的母亲为荥阳君。连阎显兄弟家年幼的孩童，也全都官拜黄门侍郎。

延光三年(124)，阎皇后暗中勾结安帝的乳母王圣、宦官江京、中常侍樊丰等人诬陷皇太子刘保的奶娘王男、厨监邴吉等人，最终害死了王男，其家属也被流放到比景。而对已经失去了亲生母亲的太子刘保来说，王男和邴吉无疑是他最亲近的人，一下子失去了他们，使刘保伤心不已。江京、樊丰怕皇太子日后复仇，就想斩草除根，彻底断了刘保的后路，他们和阎皇后用莫须有的罪名诬陷太子和太子宫的属官，凭空伪造证据向安帝汇报。安帝自然非常生气，于是召集了所有大臣来讨论废黜太子的事情。

耿宝等人表示赞同安帝的想法，一致认为应当废黜刘保的皇太子之位。而太仆来历、太常桓焉、廷尉张皓则提出反对，说："太子年龄还小，还是个孩子，没有足够的能力来识别好与坏，况且太子并不一定知道王男、邴吉的阴谋，所以不应该以此惩罚他，而应该挑选忠诚厚道的有识之士做他的老师，传授给他必要的知识和礼仪。况且废黜太子不是一件小事，不应该轻易地做出决定！"然而，安帝并没有听进他们的劝告，大臣们也只好无奈地退出。

铜出行车马仪仗

废黜了太子之后，阎皇后及其同党的篡权之心更是变本加厉。她的三个兄弟阎显、阎景、阎耀，都担任了卿、校，统御皇家禁军，同时被安帝封为侯。帝舅耿宝也被封为大将军，并同江京、王圣等宦官、内侍勾结起来。安帝时期，由于外戚和宦官狼狈为奸，朝政腐败、社会黑暗，民不聊生，外忧内患连绵不绝，社会危机日益加深。

延光四年(125)三月初十，安帝在南巡途中，突然发病死于叶城(今河南叶县)，年仅三十二岁。葬于恭陵(今河南洛阳东北)，庙号恭宗，谥号安帝。阎皇后为了使阎氏家族长期把持朝政，便与江京、樊丰决定拥立一个年幼不懂事的皇族成员为帝，最后他们选中了汉章帝的孙子济北王刘寿的儿子——北乡侯刘懿。三月二十八日，北乡侯刘懿即位，史称少帝，尊阎皇后为太后。

阎太后任命阎显为车骑将军，掌握军政大权。以阎显为首的阎氏家族开始打击排斥异己，他们诛杀安帝的亲信宦官，外戚耿宝，宦官樊丰、谢恽、周广，内侍王圣等陆续被贬或被杀，阎氏家族逐步控制了东汉的朝政大权，东汉王朝也由此进入了外戚阎氏擅权的时代。

顺帝时宦官得势

汉顺帝刘保之所以能登上帝王宝座要归功于宦官，因此在他即位后，对有功宦官大肆封赏，宦官成为汉顺帝的亲信重臣。一时间宦官权倾朝野，地位显赫。

凭宦官之力登基

顺帝刘保是安帝唯一的儿子，理应是皇位不可置疑的唯一继承者，可刘保登上皇帝之位的历程却颇为坎坷。他所凭借的完全是宦官的力量，这也注定了在顺帝朝，宦官成为东汉朝政中举足轻重的操纵主体。

延光四年(125)二月十七日，安帝带领文武大臣南巡地方。三月初三，安帝抵达宛城时，感觉身体不舒服。初八，安帝抱病离开宛城。初十，就在即将抵达叶城时，突然病死了，这时他才年仅三十二岁，亲政尚不足五年。

绿釉熊足仓

安帝刚一病死，阎皇后及阎显、阎景、阎耀以及宦官江京、中常侍樊丰等人就秘密商议起来，他们认为如果立刻向天下宣布安帝的死讯，那留守京城的王公大臣们势必会将皇宫中的济阴王刘保拥立为皇帝，那样一来，他们这些人的处境就岌岌可危了。为了避免大权旁落，他们密谋决定，封锁安帝死讯，秘不发丧，一切都等回到京城再做安排。

阎皇后下诏称安帝病重，除了阎显兄弟、江京等人，别人不得求见安帝。他们将安帝的尸首安置在皇帝车驾上，所过之处，饮食、供奉照旧，每天还装作问候安帝起居，一切都和安帝活着时一样。这样一路遮掩，一路快赶。四天后，他们终于回到京城洛阳，然而悄悄把安帝的尸体运进了皇宫，并以安帝身体不适的名义禁止任何人来拜见。

次日早上，阎皇后还一本正经地下诏，派司徒刘熹前往郊庙拜祭，为安帝祈福，祝他早日恢复安康。宫里人与大臣们虽然觉得疑惑，但还是被蒙骗了。在一切准备就绪后，当晚他们诏告天下，宣布安帝驾崩。阎皇后被尊为皇太后，临朝主政。她任命阎显为车骑将军。此时，有大臣提出应当由济阴王刘保继承帝位。早商议好对策的阎太后认为济阴王刘保早已经被废黜，不适合当皇帝。随即宣布将汉宣帝的孙子、济北惠王的儿子、年幼的北乡侯刘懿接进皇宫继位。

延光四年(125)三月二十八日，北乡侯刘懿即皇帝位，史书称其为少帝。阎太后临朝执政，大肆册封阎氏家人以及那些亲信的宦官、随从，就连乳娘、厨师等人也都受封当上了朝廷命官。阎氏外戚和宦官之间相互勾结，为了共同的利益联起手来，祸乱朝纲。朝廷名义上是阎太后执政，而实际掌握政权的则是她的兄弟阎显。为了独揽朝权，清除障碍，阎显首先就拿安帝的舅父大将军耿宝开刀。耿宝多年来执掌兵权，为阎显所嫉恨。阎显指使人诬告耿宝对朝廷不满，图谋不轨，让阎太后下诏剥夺了耿宝的兵权和官职，并将其遣回原籍。阎显又将和阎家不和的中常侍樊丰、虎贲中郎将谢恽、侍中周广等人以与耿宝合谋的名义抓入大牢处死，并声称安帝乳母王圣也牵扯其中。阎太后也不敢过于迫害，遂下诏将王圣母子赶出京城，流放到遥远的雁门地区。清除了皇宫内外的反对势力后，阎太后和阎显的兄弟们变得更肆无忌惮，在朝堂上威风不可一世。

蜀吏(局部)

正当他们春风得意之时，少帝刘懿却病倒了，此时距他称帝不过二百余日。眼看少帝病情一日重甚一日，没有康复的可能，阎太后等人也不免忧心忡忡。宦官江京建议阎显说："眼看着少帝的病情严重难愈，应该及早再作打算，不然一旦济阴王刘保继承皇位，必然会报复我们。还是赶紧征召诸王之子，从中选择一个可以继位的人吧。"阎显对此十分赞同，并赶去和阎太后商议。延光四年(125)，少帝刘懿即位仅七个月就病死了，阎太后还是秘不发丧，阎显带兵将宫门关闭，屯兵自守，准备征召诸王之子进宫，在从中挑选一个年幼便于控制的新傀儡皇帝。几番斟酌之后，阎太后和阎显、江京等人选定了河间王之子，并立即派人前往迎接他入宫。而河间王的儿子还在赶往洛阳的路途中，东汉皇宫内就发生了一起宦官夺权、拥立新帝的宫廷政变。

当初安帝死后，济阴王刘保因为是被废的皇太子，阎太后等人竟然不允许他上殿拜祭安帝。刘保伤心不已，失声痛哭，一连几日茶饭不思，朝臣和宦官无不为之感动。如今少帝早亡，皇宫内的宦官都略有听闻。中常侍孙程找到济阴王谒者长兴渠、曾经担任太子府史的中黄门王康，以及长乐太官丞、京兆尹王国等人说："济阴王是皇帝唯一的后裔，并没有任何过失，先帝却偏偏听信奸臣谗言，废黜了他。要是我们现在联手杀掉江京、阎显等人，拥立济阴王登上皇位，我们必为有功之臣。”众人对此十分赞成。

十一月初二，孙程、王康、王国分头联络了十九个人：中黄门黄龙、彭恺、孟叔、李建、王成、张贤、史泛、马国、王道、李元、杨佗、陈予、赵封、李刚、魏猛、苗光等，他们一同来到皇宫西钟楼下秘密聚会，每个人都撕下衣襟对天发誓，密谋共同发动政变。

单阙画像砖

十一月初四，京城洛阳与十六个郡和封国同时发生了地震。当天晚上，按照预先商议的计划，孙程等人聚集在崇德殿，随后手持兵刃进入章台门。当时，江京、刘安和李闰、陈达等人恰好都围坐在禁门下聊天，见此情形大惊失色，不待他们有所反应，孙程和王康急忙奔上前，挥刀斩杀了江京、刘安和陈达，却没有杀害李闰。因为李闰在内宫具有一定威信，宫内的人都很听他的话，孙程打算让李闰助他们一臂之力，因而他举刀胁迫李闰说：“你必须答应和我们一起拥立济阴王刘保为皇帝，不得动摇，否则就别想活命。”李闰赶紧答应道：“是，一切都听你们的吩咐。”

于是，他们找到济阴王刘保，把他带到皇宫西钟楼下，在那里草草地拜十一岁的刘保为新帝，改元“永建”，这就是东汉历史上的汉顺帝。紧接着，他们就以顺帝的名义传令，将尚书令、仆射等官吏召集来，全体簇拥着新帝刘保的车驾，拥进南宫，直奔云台。同时，孙程派虎贲和羽林军卫士驻守于南宫和北宫的所有宫门，任何人不得外出或进入，以断绝内外交通。随即，顺帝刘保登上云台，发布诏文，号令王公贵族、文武百官，正式宣布新朝换代之事。

此时，有宦官前往阎太后那里禀报发生了政变，正在宫中的阎显也已经听闻，不禁吓出了一身冷汗，一时之间竟不知如何是好。阎太后身边的宦官樊登说：“请太后马上下诏，发兵诛杀谋反之人。”并提议让宫中护卫军官冯诗和阎崇带兵前来保护阎太后。阎太后依此行事，还宣布说：“抓到济阴王刘保的人可封为万户侯；如果抓到孙程、李闰等叛乱主谋封为五千户侯”，希望以重爵悬赏来达到平息叛乱之效。

考虑到冯诗手下的卫兵人数较少，阎显吩咐樊登先不要去联络冯诗，而是立即赶到左掖门外，将驻守在外面的军队领进皇宫保护阎太后。没想到，就在同一时刻，孙程和李闰已经将冯诗带到了南宫云台，要他在顺帝刘保面前宣誓效忠。就在冯诗离开云台，准备进一步行动之际，正碰上了前往传令的樊登。还没等樊登说清楚阎显的命令，冯诗大刀一挥就杀死了他。

掌握兵权的卫尉阎景此时也听到宫廷发生政变的消息，他急忙召集下属军队，准备进皇宫救援阎太后和阎显。然而他带兵刚刚来到盛德门，就遇到了尚书郭镇。原本称病在家休养的郭镇听说刘保被立为新帝，大为欣喜，随即接到孙程派人送来的顺帝诏令，命他带兵抓捕阎显、阎景等人，郭镇即率领羽林军把守在皇宫大门外等待。两军相对，剑拔弩张，阎景的手下首先抽刀大喊："让开，不要挡道！"郭镇手下也举起武器，郭镇持节宣读新帝诏书，阎景轻蔑地说："这是什么诏书？"举刀向郭镇砍去，郭镇闪身躲过，拔剑刺中了阎景，阎景倒在地上，羽林军蜂拥而上，用长戟抵着他的胸脯，将其生擒活捉。一看主将被擒，阎景手下的将士们也纷纷投降。阎景被关押进了廷尉大狱，当天夜里就被杀死。

铜出行车马仪仗(局部)

第二天，即十一月初五，孙程等人派遣使者进入皇宫北宫，将皇帝玺印拿到，随后，他们保护顺帝刘保来到嘉德殿。由刘保发出诏书，命侍御史持符节，前往抓捕阎显及阎耀、阎晏，将他们三人关入大牢，随即处死，阎氏族人全都被流放至偏远地区。至于阎太后，孙程等人还算客气，只是让刘保下诏将她迁往离宫居住。

十一月初六，孙程等人命令将皇宫禁门打开，守卫军队撤回军营。初九，在孙程的示意下，顺帝下诏给司隶校尉，称"阎显、江京等人祸乱朝政，应当被诛杀，其他臣子，均可宽大处理"，以赢得群臣的拥护和安心。十一岁的刘保就在宦官的簇拥下登上了东汉皇帝的宝座，他成为自西汉以来，除汉文帝之外，又一次历经宫廷政变才登上帝位的刘氏皇族，同时也是汉王朝数百年历史上第一次由宦官发动政变拥立的皇帝。这一场宦官主导的宫廷大变革，不仅改变了顺帝刘保的一生，也彻底改变了东汉王朝的命运，从那以后，东汉王朝彻底沦入了衰亡、败落的局面。

宦官十九侯

年仅十一岁的顺帝刘保登基之后的第一件大事，就是报答有功之臣，而宦官孙程等人更是首当其冲。顺帝下诏将孙程等十九人都封为列侯："孙程食邑万户，王康、王国食邑九千户，黄龙食邑五千户，彭恺、孟叔及李建各食邑四千二百户，王成、张贤、史泛、马国、王道、李元、杨佗、陈予、赵封、李刚，各食邑四千户，魏猛食邑二千户，苗光食邑千户，号为十九侯。"并按照他们分封的等级，赏赐车马仪仗，至于金银、锦帛的封赏更为优厚。同时擢升孙程为骑都尉，为十九侯之首。因为李闰是半路参加的政变，并不在首谋之列，所以顺帝没有给他封侯。

顺帝又下诏任命将作大匠来历为卫尉，提拔朱伥、施延、陈光和赵代等人，就连已经故去的闾丘弘等人的儿子也都入朝为官。顺帝也没有忘记当初蒙冤的乳娘王男和厨监郦吉，下诏令他们返回京城，不仅亲自接见安抚，还给予其丰厚的赏赐，并将他们留在自己身边。

在顺帝册封的十九侯之中，苗光的爵位最低。政变之初，孙程等人进入章台门时，只有苗光一人没有随同前往。当顺帝准备封赏有功之人，命王康向上呈报功臣名单的时候，和苗光关系不错的王康就谎报苗光也随他们进入了章台门。在顺帝封赏过后，苗光因为心虚而终日不安，没过多久就主动向黄门令坦白交代了事实真相。黄门令上书顺帝，弹劾王康和苗光欺君犯上，理当严惩。顺帝却没有生气，而是下诏安抚说：对此事不再追究。

当初，顺帝刘保被废黜皇太子之位时，负责服侍他的小黄门籍建、傅高梵、长秋长赵熹、丞良贺、药长夏珍等人都受到牵连，坐罪流放到朔方郡。之后，顺帝诏令他们全部返回京城，并都擢升为中常侍。

增灶断追

这样一来，孙程等十九位封侯授爵的宦官，均大受封赏，成为朝廷中的新贵。后来，顺帝还下诏准许宦官将爵位传给其养子。在顺帝的宠信和纵容下，宦官们不仅在后宫内任意妄为，还兼教朝官，把持朝政。一时间，宦官势力空前膨胀，东汉朝政不再掌控在外戚阎氏手中，而是转为宦官擅权。宦官权势炙手可热，东汉王朝的统治则愈加黑暗腐败。

宦官涉政

顺帝登基之时，虽年少，尚能明智地听取大臣的意见行事，但他性格软弱、做事犹豫不决，因此对待亲信宦官始终不能痛下决心整治，而在朝政方面也深受其扰，未能做出大的成就。

对于群臣的进谏，顺帝大多能够采纳实行。虞诩被顺帝任命为司隶校尉，几个月后他上奏弹劾太傅冯石和太尉刘熹，顺帝接受了他的奏章并下诏将二人免官。随即，虞诩又上书顺帝，弹劾中常侍程璜、陈秉、孟生、李闰等人。这激起了宦官们的不满，朝中大臣也多有议论，认为虞诩过于苛刻。三公联名弹劾虞诩，指责其“违反常法，于盛夏之季，大肆逮捕和关押无罪的人，使吏民深受其害”。

虞诩上书顺帝辩解说：“法禁者俗之堤防；刑罚者人之衔辔。”他指出如今朝臣和地方官员大多推卸职责，使得百姓有冤无处申诉。且当今风气“以苟容为贤，尽节为愚”。虞诩所查出的案件牵连者甚众，三公担心自己也因此受累，所以先来诬陷他，虞诩宁愿一死来向顺帝尸谏。顺帝读阅了虞诩的奏章后，感慨不已，不但未对虞诩降罪，反而从此对他更为器重。

不久，虞诩上书顺帝，请求惩办中常侍张防，控告其利用权势，接受贿赂，贪赃枉法。顺帝一看是弹劾自己最宠信的宦官，心中不悦，就将奏章压下不予表态。虞诩一连写了几次奏章，都没有得到顺帝的答复，为表示愤慨，他自投廷尉监狱，而后再次上书顺帝，指出：以往，安帝重用樊丰，“交乱嫡统，几亡社稷。今者张防复弄威柄，国家之祸将重至矣”。顺帝被奏章所感动，心中稍有动摇。这时，张防却跑到顺帝面前痛哭流涕，大说自己冤枉，顺帝怜惜他，便立刻将虞诩的奏章弃置一旁，并下诏将虞诩遣送到左校罚做苦役。

屏除群盗

对于这样的结果，张防仍不满足，为了断绝后患，他一定要将虞诩置于死地。在张防的指使下，刑狱官员在两天之内，接连传讯虞羽四次，对其严刑拷打，百般虐待。一位狱吏劝说虞诩自杀，免得再受折磨，虞诩却拒绝说：“我宁愿受尽折磨，被斩于街市，以警示世上之人，也不愿默默自杀，否则世人又怎能明辨是非呢？”

张防残害忠臣虞诩的事情在朝野中掀起轩然大波，大臣们多半愤怒，但碍于顺帝对张防的宠信，而不敢为虞诩进言，伸张正义。倒是浮阳侯孙程和祝阿侯张贤听说此事后，先后入宫求见顺帝，孙程直言不讳地指出，当初顺帝在政变之时，“常疾奸臣，知其倾国”。如今却和先帝一样纵容和包庇奸佞。虞诩忠心耿耿，却遭到如此下场，中常侍张防“臧罪明正”，罪恶多端，却逍遥法外，甚至残害忠臣。今日观看天象，示意说宫中有奸臣，请求顺帝将张防打入大牢，以防止天降灾变。孙程慷慨陈词之际，张防就站在顺帝身后，顺帝也很尴尬，还没来得及表态，孙程就气愤地呵斥张防说：“奸臣张防，何不下殿！”张防无奈，只得赶紧退进了东厢。

接着，孙程又请求顺帝马上下令逮捕张防，顺帝迟疑不决，只好征询大臣们的意见，尚书贾朗素来与张防私交很好，因而争辩说虞诩诬告张防，确实犯了罪。顺帝一听，更加犹豫，就让孙程等人先退出宫去，自己要好好想一想。

没想到，孙程等人刚退下，颇受顺帝宠信的中常侍高梵也来求见。原来虞诩的儿子带着虞家门下一百多人，打着旗子，将高梵的车驾团团围住，向高梵不停叩头，直至流血，述说虞诩实属被张防陷害的冤屈。高梵大受感动，答应入宫将此事禀报给顺帝。顺帝正左右为难，高梵的话终于让他下定了决心，随即下诏将张防流放到边疆，处死或罢免了尚书贾朗等六人。当天就将虞诩释放出狱。

接着，孙程又上书顺帝，言辞激烈地陈述虞诩有功而无过，希望顺帝能够再次重用虞诩。顺帝深受触动，随即任命虞诩为议郎，几天后，又下诏将虞诩擢升为尚书仆射。重获启用的虞诩不改以往风范，依然直言上谏。并向顺帝举荐南阳郡人左雄，赞其尽忠尽职，“宜擢在喉舌之官，必有匡弼之益”。这一次，顺帝马上就接受他的提议，任命左雄为尚书。

虽然在虞诩这件事上，顺帝接受了孙程等人的进谏，但顺帝心中已经对孙程有些不满。大臣中有善于见风使舵者借机弹劾孙程等人，说孙程和王国等人结党营私、扰乱朝政。顺帝也正想打击孙程等人，于是随即下诏罢免了孙程一干人的官职，并将他们的封地全都改到偏僻贫瘠的地区。紧接着，顺帝又下诏命令十九侯必须在一定限期内离开京城，各自回到他们的封国去，还派洛阳令监视督促他们按时出发。

玉熊虎相门纹板饰

司徒周举不满顺帝的做法，于是拜托丞相朱伥出面劝说顺帝。朱伥遂上表劝谏，盛怒过后的顺帝也正在后悔自己的决定，于是他立刻接受了朱伥的建议，下诏将孙程改封为宜城侯。孙程抵达封国后，心里怨恨不满，将印信和符策都派人退回给顺帝，自己擅自违背圣旨，来到京城郊外的山林中。顺帝听闻后，心中懊悔不已，急忙下诏寻找孙程，在找到之后，诏令恢复孙程原来的封爵和食邑，并赏赐车马和衣物，将其送回封国。永建三年(128)十二月，顺帝想念孙程，遂将孙程等十九侯又全部召回京城，让他们参与朝政。

永建四年(129)正月初一，顺帝下诏大赦天下。十一日，顺帝行成年加冠礼。阳嘉二年(133)，京城宣德亭突然发生地裂，长85丈。顺帝不安，特意召集王公大臣们所举荐的贤人能士，询问有关对策及当朝的政治利弊。李固直言不讳地指出：应该以前朝安帝为鉴，“放宽胸襟，谋求实行善政，审慎加以选任，使尚书能辅佐君王，推行善政”。并请求顺帝“罢黜宦官，削减他们的权力，仅保留品德方正的常侍二人，在左右听候驱使；再保留有才智和高雅的小黄门五人，在殿中供职”。顺帝读之，深以为然，当天就命乳母宋娥搬出皇宫，回到她自己的私舍。而宦官们闻听大患临头，都向顺帝叩头请求恕罪。顺帝终于还是没有下狠心照李固的提议去做，只是提拔李固为议郎。但宋娥和宦官们却都对李固恨之入骨，于是伪造书信，捏造罪名来诬陷李固。顺帝信以为真，下令查办李固，而宦官们竟然不将诏书送抵尚书台，而直接传达下去。大司农黄尚、尚书仆射黄琼进行挽救，并求助于梁商，请顺帝派人重新查明事实。结果李固被关押了很久才被无罪释放，但从此不再受到顺帝重用，而是被调任为洛县县令。于是李固便辞官回乡。

阳嘉四年(135)二月十六，顺帝下诏将孙程的养子封为侯，这也是中国历史上首次允许宦官以养子继承爵位。因为感激宦官发动政变拥立自己为帝，顺帝允许他们参与朝廷政事。御史张纲上书反对，但顺帝毫不理会。

在顺帝的纵容下，宦官频频干涉朝政，被封侯的宦官黄龙、杨佗等还同顺帝乳母山阳君宋娥"更相贿赂，为人求高官增邑"。永和二年（137）五月初六，有人揭发山阳君宋娥勾结奸佞，以不实之词诬陷他人。顺帝查实后，下令收缴宋娥的印信，并遣送其回乡。而"黄龙、杨佗、孟叔、李建、张贤、史泛、王道、李元、李刚等九侯"，因与宋娥互相贿赂，谋求高官和增加食邑，顺帝下诏将他们也一律遣回各自封国，并以减少其所享用的封国租税的四分之一作为惩戒。

顺帝在位时期，官员选拔的不正之风越发严重，外戚和宦官各自安排自己的亲信，结党营私，使得大批有识之士不能进入官场为国家效力。为此，永建六年（131），尚书令左雄对人事制度进行了一系列改革。"修建太学，扩充生员，任用清白儒生为官吏"。左雄还直谏顺帝诏告天下，鼓励群臣举荐贤良、正直之士，并对明经者进行考试，通过者可为太学生。因为地方官员在举孝廉时最易舞弊，所以左雄针对这些弊端，建议对地方上举荐的孝廉进行复试，再由尚书台举行二次复试，"副之端门，练其虚实"。根据复试的成绩任命官吏，对于那些不合乎才能要求的被举之人一概遣回原籍，而举荐人也要受到严惩。这样一来，便加强了各地方官员对举荐孝廉的责任心，使他们再也不敢随意贪污受贿。

阳嘉元年（132）十一月，顺帝诏令各郡国举孝廉。至汉安二年（143），尚书令黄琼认为，先前左雄所上奏的关于孝廉的选举制度，只限于推荐精通"儒学"和通晓"文吏"，在选拔人才上还有不足之处，于是上奏顺帝请求增加"孝悌"和"有能力从政"两科，一共四科，作为考核内容，得到顺帝的批准。

梁氏乱政

汉顺帝时期，外戚梁氏开始登上政治舞台。汉顺帝死后，梁氏势力如日中天，掌控朝中大权，此后梁氏外戚利用手中的权势胡作非为、扰乱朝政，甚至废立皇帝。外戚乱政给皇权带来了严重的威胁，也引发社会的不安，成为当时社会的一大祸害。

初露端倪

阳嘉元年（132），十八岁的顺帝打算从宠爱的四个贵人中选立皇后，但这四个贵人各有千秋，顺帝也犹豫不决，不知道选哪一位更好。于是有人提议说用抽签的方法，由上天决定，抽到谁就是谁。时任尚书仆射的胡广与尚书郭虔、史敞联名上书进谏。他们认为，选立皇后是一件大事，皇帝本人不愿意自己来决定，是皇帝谦恭的表现，但是用抽签的方法让上天来决定，未免有些欠妥。这种方法自古没有先例，而且选择皇后应该以她的德行为依据，德行好的人自然有不同于其他人的气质。同时他们向皇帝建议：除了四位贵人外，再增选几位良家女儿，从其中物色品德最好的；品德一样好，物色年龄较大的；年龄一样大，挑选外貌美丽的；稽查典籍，最后由陛下考虑决定。顺帝接受了这个建议。

有一位梁贵人，是和帝刘肇的母亲梁贵人的侄女，乘氏侯梁商的女儿。顺帝对她有特别的好感。因此，顺帝决定选立她为皇后。阳嘉元年（132）正月二十八日，梁贵人被顺帝封为皇后。其父梁商被拜为大将军。梁商就任大将军后，开始总揽朝政。在当大将军四个月后，就被顺帝赐为特进，位置仅在三公之下。之后，顺帝又任命执金吾梁冀为河南尹，梁商的小儿子梁不疑为侍中、奉车都尉。自此，梁氏家族越来越多的人进入朝廷之中做官。

汉顺帝

梁皇后膝下无子，顺帝只有虞贵人为他生的一个儿子叫刘炳。建康元年（144）四月，顺帝立皇子刘炳为太子，并大赦天下。

建康元年（144），顺帝在玉堂前殿驾崩，年仅三十岁。安葬在宪陵（今河南洛阳西），庙号敬宗，谥号孝顺皇帝。顺帝刘保在位十九年，昏聩无能，任由宦官与外戚专权，使得东汉王朝在宦官与外戚的争斗中加速了衰落的进程。

顺帝驾崩后，年仅两岁的太子刘炳即位，次年改元为“永嘉”，刘炳就是汉冲帝，梁皇后被尊为皇太后，并临朝主管朝政。她任命太尉赵峻为太傅，大司农李固为太尉。冲帝在位只有半年，便夭折了。为了实现长期掌权的目的，梁太后又将另一个年仅八岁的皇族成员刘缵迎入宫中，于永嘉元年（145）正月立为皇帝，改元“本初”，这就是汉质帝。质帝刘缵是汉章帝的玄孙。质帝即位后，朝政仍旧由梁氏家族把持。东汉王朝向着腐败的深渊又下滑了一步。

几经辗转的帝位

建康元年（144），年仅三十岁的汉顺帝刘保病逝，此时他唯一的儿子——太子刘炳不过两岁，即位后不过半年也死了。因帝位空虚，把持朝政的梁太后和梁冀就在刘氏皇族中挑选，最后挑了一个八岁的孩子，并于永嘉元年（145）正月立其为皇帝，改元“本初”，这就是东汉历史上的汉质帝。

汉质帝名叫刘缵，是汉章帝的玄孙，他年纪虽小，却聪明伶俐。质帝每日坐在朝堂上，看着梁冀对群臣发号施令，对恣意蛮横的梁冀很是不满。小孩子并不懂得遮掩，有一天，梁冀又在呵斥文武大臣，质帝就指着梁冀大声说道：“此跋扈将军也。”梁冀非常恼怒，又不好公然发作。梁冀觉得质帝不是好掌控的人，一旦他长大后亲政，更不会将自己放在眼里，因而暗起杀心。

本初元年（146）闰六月初一，梁冀命令质帝身边的内侍把鸩毒放在汤饼中，送给质帝吃。不一会，药性发作，质帝感到十分难受，就让人赶紧去传太尉李固。李固来到质帝卧榻前，询问详情。质帝挣扎着说："我刚才吃了汤饼，现在觉得肚子里很难受，嘴巴很干，给我点水喝，我还可以活。"站在旁边的梁冀连忙阻止说："恐怕会呕吐，不能喝水。"梁冀话还没有说完，年幼的质帝已经痛苦地咽气身亡。李固大为伤心，伏在质帝的尸体上恸哭，并怒斥服侍质帝起居健康的御医。梁冀担心下毒的真相被揭穿，心里十分痛恨李固。

质帝突然去世，东汉王朝在极短的时间里再一次面对皇位继承人的问题。李固与司徒胡广、司空赵戒，联合给梁冀写了一封书信，信中说："天下不幸，频年之间，国祚三绝。"希望梁太后和梁冀大将军能够像过去前朝一样，广泛征询王公大臣们的意见，以找到一位"令上应天心，下合众望"的新皇帝。并郑重指出："悠悠万事，唯此为大；国之兴衰，在此一举。"

梁冀读信后，心有不悦，但还是和梁太后商议，将朝中三公、俸禄二千石的官员及列侯都请到宫中，一起讨论继承皇位的合适人选。太尉李固、司徒胡广、司空赵戒、大鸿胪杜乔提议由"明德著闻，又属最尊亲，宜立为嗣，朝廷莫不归心"的清河王刘蒜继承皇位。不想这个提议却遭到了宦官曹腾的破坏。

曹腾听说三公提名刘蒜，赶紧连夜去拜访大将军梁冀，说："大将军您位高权重，几代都是皇亲国戚，门客下属遍布朝廷、地方，难免有一些过错，落下不少埋怨。清河王以严厉明察著称，要是立他为帝，大将军您的日子恐怕就不好过了，还有可能会大祸临头！您不如拥立蠡吾侯，这样就可以长保富贵。"这番话说得梁冀心惊肉跳，如梦方醒。说起来，他原本和梁太后打算立为新帝的就不是清河王，而是蠡吾侯刘志。当初，平原王刘翼被贬逐回到河间国，他的父亲河间王刘开上书顺帝，请求将自己封地中的蠡吾县分给刘翼，顺帝批准，并将刘翼封为蠡吾侯。刘志是刘翼的儿子，章帝的曾孙，继承父亲的侯位成为现任蠡吾侯。此时刘志正在京城洛阳，因为梁太后想把自己的妹妹嫁给他，特意下诏把他叫来的。

梁冀急忙进宫去找梁太后，两人合谋还是立刘志为新帝。于是，第二天一早，梁冀重新召集王公大臣们讨论。梁冀为恐吓众人，故意摆出凶神恶煞的样子，司徒胡广和司空赵戒及大部分的大臣都心生畏惧，不敢坚持前一天的建议，而是唯唯诺诺地表示："但凭大将军做主，我们愿意听从！"只有李固和杜乔坚持立刘蒜为帝。梁冀恼羞成怒，宣布散会，让众大臣回去等通知。李固回府后，又给梁冀写了一封信重申其立帝的想法。

这下可彻底惹恼了梁冀，并于初四日，劝说梁太后下诏免去了李固太尉之职。此日，梁太后又下诏，将胡广升任为太尉，任命赵戒为司徒，和梁冀一起主管朝廷事务，随之又将太仆袁汤升为司空。又过了两天，即本初元年（146）六月初七，梁太后正

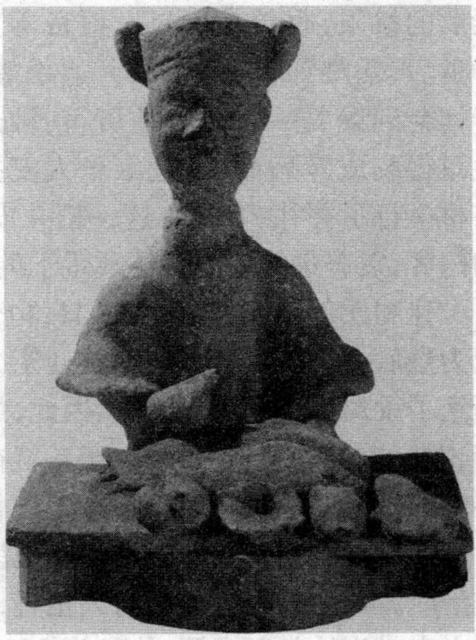

庖厨俑

式下诏，派大将军梁冀亲自持符节，用帝王乘坐的青盖车迎接蠡吾侯刘志，将其迎进南宫。当天，时年一五岁的刘志登基即皇帝位，是为东汉桓帝，梁太后仍然临朝听政。将朝廷大权交给三公等辅佐大臣，但实际执掌朝权的还是大将军梁冀。

七月初二，汉质帝被安葬于静陵（今河南洛阳东南）。同年九月，汉桓帝追尊皇祖河间王为孝穆皇，夫人赵氏为孝穆后，追尊父亲蠡吾侯刘翼为孝崇皇，祭庙名为烈庙，陵园名为博陵；并设置令、丞等官员负责掌管，派司徒以隆重大礼举行祭祀。十月，汉桓帝尊亲生母亲为孝崇博园贵人。

梁冀独霸朝政

汉桓帝即位后，为感谢梁冀的拥立之功，下诏："增封梁冀食邑一万三千户"。由此大权在握的梁冀变得更加飞扬跋扈，为所欲为。

男墓主与男侍仆图

因为喜欢兔子，梁冀就在洛阳城西建立了一处兔苑，面积竟达数十里。他还公开发布文书，向各地官府征收兔子。每只兔子都被剃掉一撮兔毛，作为标志。要是有人伤害了梁家兔苑里的兔子，必受严惩，甚至被判以死罪。有一位来自西域的商人不知道这个禁令，误杀了一只梁氏兔苑的兔子，以致被杀，且不少人遭到株连，最后因罪致死的竟达十多人。

对于朝中大臣，梁冀也是任意处置。当时朝中有一位年轻的郎中袁著，年轻气盛，因看不惯梁冀狂妄的行为，直言上书，请求桓帝下诏削减梁冀的权限，收敛其威风。桓帝不置可否，梁冀知道后，暴跳如雷，马上派人追杀袁著。袁著终于体会到梁冀一手遮天的厉害，被逼无奈之下，他只得装成暴病而亡，让家里人安排后事，抬着棺材举行了葬礼。谁知，这一招并没能瞒过梁冀的门客，袁著最终还是被梁冀手下的兵丁抓了起来，施以鞭刑，结果被活活地打死了。

建和元年（147）八月十八日，桓帝按照梁太后的意思，册封梁太后和梁冀的妹妹梁女莹为皇后。梁冀本打算以厚礼迎亲，可杜乔却说此与礼制不合，予以反对。之后，杜乔还回绝了梁冀推荐的尚书人选，因此，梁冀越发憎恨杜乔，总想找个机会除掉他。而宦官唐衡、左一道也一向嫉恨杜乔，于是就在桓帝面前诬告说："以前杜乔和李固反对陛下即位，认为您不能侍奉汉朝宗庙的祭祀。"桓帝由此也讨厌起杜乔和李固来。

随后，梁冀诬称李固、杜乔暗地里和刘文、刘鲔等人互相勾结，图谋不轨，欲将二人逮捕治罪。梁太后素知杜乔为人正直，因此拦住梁冀，不让他为难杜乔，梁冀只好将李固抓入大牢。为给李固申冤，他的门生王调，身戴刑具上书桓帝，赵承等数十人闻讯，也都带着腰斩所用刑具一起聚集到皇宫外。梁太后听说此事后，下诏将李固释放，京城的百姓无不欢欣雀跃，为李固庆贺。梁冀大为吃惊，没想到李固竟然如此深得民心。他担心日后被李固追究，再次上书桓帝弹劾李固。桓帝不分青红皂白，下令严查李固。

刚出牢狱没多久的李固再次被捕，关进了监狱。大将军长史义愤填膺，去找梁冀理论，劝其不要再迫害李固。梁冀非但不听，还甩袖而去。虽然有几位忠臣仗义执言，梁太后也力图挽留，但是梁冀不依不饶，而桓帝也任由他发威。几天后，李固便冤死在狱中。

李固死后，梁冀再次将矛头对准了杜乔，他派人威胁杜乔说："你还是赶紧自杀吧，这样可以保全你的妻子、儿女。"杜乔不肯答应。第二天。梁冀又派人骑马来到杜乔家门口，细细倾听，没有听到里面悲伤痛苦的声音。梁冀进宫要求梁太后下诏逮捕杜乔。这一次，梁太后没有再保护杜乔，没几天，杜乔就冤死狱中。

和平元年(150)正月初二，梁太后下诏，告知天下，自己不再临朝听政，正式将朝政大权归还给已经年满十九岁的桓帝。仅仅一个多月后，梁太后便去世了。桓帝隆重地安葬了梁太后，谥号为顺烈皇后。

借宦官铲除梁氏

延熹元年(158)，梁冀执掌政权已近二十年时间，而桓帝刘志也已经登基十三年，是二十八岁的成年人了。梁冀对权力的欲望随着年龄的增长而愈发强烈，他对桓帝也越来越轻视。每逢地方上进贡财物，梁冀总是先挑选上品留给自己享用，挑剩下的才派人进献给桓帝。

汉安帝的生母耿贵人病死后，梁冀竟派人向耿贵人的侄子耿承索求耿贵人遗产中那些珍稀的宝物。耿承也是一位侯爷，身份显赫，对梁冀的无理要求自然不予理会。梁冀大怒，竟然找了个理由将耿承一家十多口人全都杀害了。类似的事情一再发生，致使桓帝对梁冀的不满也日渐增多。

汉桓帝

这一年的五月二十九日，天上出现了日食之象，这在古代被视为大不吉，是上天在警告当朝皇帝"为政有过"。太史令陈授派小黄门徐璜上报桓帝说："这次的日食之变，罪过在于大将军梁冀。"梁冀听闻后，授意洛阳令逮捕和拷打陈授，最后将其杀害在大牢中。一向宠信太史令的桓帝由此更加憎恨梁冀。

未曾有机会掌权的桓帝终于不堪忍受跋扈凶残的梁冀，下决心要除掉他。但他的身边,宦官、宫女、羽林军大多是梁冀的亲信或眼线,桓帝深知必须谨慎行事。延熹二年(159)七月的一天,桓帝刘志趁上厕所的机会,把亲信宦官小黄门唐衡召进去,问他朝廷内外有哪些人和梁冀不合,唐衡回答说有中常侍单超、徐璜以及黄门令具瑗等。桓帝就对唐衡和盘托出自己铲除梁冀的想法,唐衡表示一定倾力支持。八月,桓帝在内殿秘密召见单超、徐璜等人,桓帝对他们说:"大将军兄弟专权,威慑天下,我现在打算铲除他们,你们意下如何?"单超等人连声附和,都大骂梁冀篡权误国,早应诛杀。桓帝赞同道:"奸臣当国,必诛不赦!"于是,桓帝与五位宦官合谋如何发动羽林军一举击败梁冀。

此时,梁冀也得到眼线来报,说桓帝和单超等人正在密谋除掉他,于是他马上派中黄门张恽带禁军入宫把守。张恽刚进入宫中,正巧遇到具瑗带羽林军而来,具瑗指责张恽"擅自入殿,欲图不轨"且将其抓住,并迅速报给桓帝。见事情已经泄露,桓帝决定事不宜迟,立刻开始行动。桓帝亲自来到御前殿,诏令诸位尚书入宫见驾,并指派羽林军守卫皇宫,同时派具瑗与司隶校尉张彪一起率一千多名羽林军将梁冀府邸团团围住,立即收缴其大将军印绶。往日狂妄自大的梁冀自知难逃一死,即和老婆孙寿服毒自尽,而梁家、孙家三族的男女老少,除已经病死的梁不疑之外,全都被抓到街头当众斩首。

紧接着,桓帝又下诏杀掉与梁冀素来亲近的王公大臣数十人,太尉、司徒、司空均免死而被废为庶人。其余大小官员被罢黜者达三百余人,以致"朝廷为之一空"。梁冀全部家产被没收,最后一统计,发现没收的梁冀家产的总价值竟然达到三十多亿,相当于当时东汉王朝一年租税的二分之一。梁冀在各地所建造的庭院也全都被捣毁,占用的民田仍旧归还给当地农民耕种,百姓闻之,无不欢欣鼓舞。

在彻底铲除梁冀及其党羽之后,桓帝大肆封赏有功之臣,首先就是参与主谋的单超、徐璜、具瑗、左悺、唐衡这五名宦官,他们都被封为侯,世人合称其为"五侯"。因为单超死得较早,余下四侯依仗桓帝的宠信,肆无忌惮,横行于朝野。当时,京城中流传这样的顺口溜:"左回天(左悺)、具独坐(具瑗)、徐卧虎(徐璜)、唐雨堕(唐衡)。"根据史书记载,桓帝亲政后"中官近习,窃持国柄,手握王爵,口含天宪"。桓帝借助宦官的力量铲除了外戚梁氏,换来的却是比梁冀更加贪婪骄纵、独裁奢靡的宦官专权。

海外交往

东汉时期,朝廷与各民族的交往进一步发展,不仅出现了汉人与边境地区的各民族的交往,而且出现了汉人与海外一些民族国家的交往。这一时期,汉人与边境的匈奴、西域、羌人、鲜卑等民族交往密切,对这些民族地区的统治也逐步加强;与海外的国家如倭国、天竺等国的交往也逐渐频繁,这些交往促进了航海和造船技术的发展。

匈奴弱势

南匈奴与北匈奴

新莽时期，与匈奴的关系就很紧张。王莽政权被绿林军推翻后，时隔一年，更始帝刘玄派使者到匈奴，授单于玉绶，以改善关系。刘秀建东汉后，又于建武六年（30）再次派王飒使出使匈奴，以通旧好。汉匈关系虽然得到改善，但匈奴贵族内部斗争激烈，一再分裂内战，对汉朝也一再侵扰。刘秀为了防御的需要，将幽、并二州边区的百姓迁到常山关（今河北正定）和居庸关以东。在长城一带修筑亭候、烽燧，以加强防御。建武二十二年（46），匈奴贵族为争夺单于王位而分裂为南、北两部。建武二十四年（48），匈奴日逐王比被南边八部拥立为单于。日逐王比的祖父呼韩邪单于曾与汉交好，得到过汉的帮助，统治稳定。目逐王比也称呼韩邪单于，他率部众归附汉朝，之后，单于比向汉"奉藩称臣"，并请求使者监护。屯居于五原塞（今内蒙古包头一带），南下归附东汉的称为南匈奴，留居漠北的称为北匈奴。

汉匈奴归义亲汉章

此后，南、北匈奴互相攻打，匈奴势力大大削弱。建武二十六年（50），光武帝刘秀派遣中郎将段彬等人授南匈奴单于玺绶，立单于庭于五原西部，后又内迁到云中（今内蒙古托克托）。此后，东汉正式设置使匈奴中郎将，派兵监护匈奴。南匈奴率部众迁徙到云中后。继续向内徙居到西河美稷（今内蒙古准格尔旗北），以美稷为南单于庭。汉朝每年赏赐匈奴贵族金银珍宝，向匈奴提供粮食。南匈奴单于还派贵族子弟到洛阳学习汉文化。

南匈奴归附汉朝，而北匈奴则与东汉为敌，经常对南匈奴和东汉民众进行掠夺。当时东汉刚刚建立，国力尚在恢复中，因此直到汉明帝时，才发动了对北匈奴的反击战。永平十六年（73），明帝派窦固、耿忠等人分兵四路，进攻北匈奴。窦固、耿忠追至天山，攻击匈奴呼衍王，斩首千余级；又追至蒲类海（今新疆巴里坤湖），攻占伊吾卢（今新疆哈密西），设置宜禾都尉，留官吏士兵屯田伊吾卢城。章和元年（87），北匈奴为鲜卑所破，北单于被杀，北匈奴五十八部降汉。

窦宪燕然山勒铭

永元元年（89），朝廷任命窦宪为车骑将军，联合南匈奴讨伐北匈奴。窦宪"佩金印紫绶，比照司空规格配备属员"，以执金吾耿秉和耿夔为副将，奉命出征，"发北军五校、黎阳、雍营、缘边十二郡骑士,及羌胡兵出塞”,与北匈奴军队大战于稽落山。汉军大破北匈奴军,“斩首一万三千级,受降二十万人”。窦宪率军一鼓作气,出塞三千余里,将北匈奴的残余部队一直追击至私渠海。经此一役,北匈奴的军事势力土崩瓦解。窦宪“登燕然山(今蒙古杭爱山),刻石勒功”,才班师回朝。

窦宪平定北匈奴立下大功,窦太后喜出望外。在窦太后的要求下,当年九月,和帝下诏,派中郎将持节到五原任命窦宪为大将军,同时犒劳赏赐三军将士,军中凡“各郡二千石长官子弟,都升任太子舍人”。永元二年(90)六月,和帝在窦太后的授意下,再次下诏:册封窦氏四兄弟侯爵之位,窦宪封爵为武阳侯,食邑二万户,窦景为执金吾,窦瑰为光禄勋,窦宪的叔叔窦霸为城门校尉,霸弟褒奖作大匠,褒弟嘉少府,窦氏父子兄弟并为卿、校。窦笃、窦景、窦瑰等人均接受了封赏,唯有窦宪坚决辞去封爵,仍领大将军之职。按照汉朝官员级别配置,大将军的官位在三公之下,官属标准与太尉相同。如今窦宪北伐成功,手握重兵,满朝文武谁都不敢得罪他。为讨好权倾朝野的窦宪,王公大臣们竟然联合起来,上书奏请朝廷:将窦宪的大将军之位置于“三公之上,太傅之下”,并将其设置官属的档次提升。

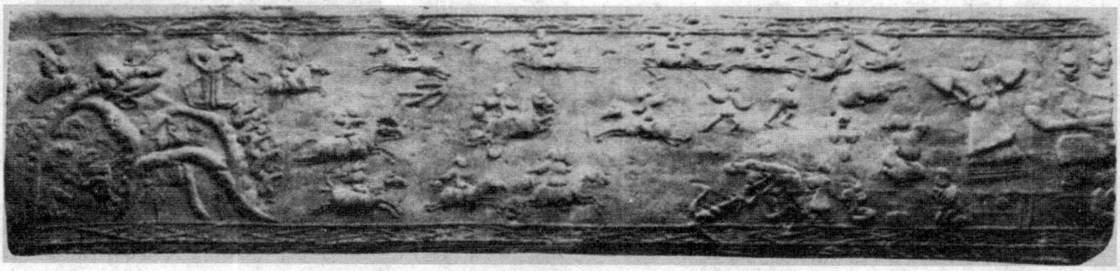

胡汉战争画像砖

永元三年(91),窦宪决定彻底消灭北匈奴,遂派右校尉耿夔、司马任尚、赵博等人率领汉军出征,从居延塞至金微山(今阿尔泰山),“大破北单于,斩首五千余级,北单于遁逃,不知去向,其国遂亡”。这一场大战,令北匈奴彻底从西域消失了。

经营西域

班超投笔从戎

班超,字仲升,扶风平陵(今陕西咸阳东北)人。他的父亲班彪、长兄班固、妹妹班昭都是闻名于世的史学家。班超“有大志,不修细节”,博览群书,明察事理,不辞劳苦,孝敬恭谨。

永平五年(62),班固奉召入京担任校书郎,班超和母亲随同前往。因为家境贫寒,班超就在官府里找了一份文书工作,每天伏案抄抄写写。他常常投笔而立,长叹道:“大丈夫无它志略，犹当效傅介子、张骞立功异域，以取封侯，安能久事笔研间乎？”

有一次，明帝无意向班固问起班超现在何处，班固回答说：“他在官府当文书，赡养母亲。”明帝当即下诏将班超因任命为兰台令史，掌管奏章和文书。可没过多久，班超因犯了过错而被免职，后来投到窦固帐下为假司马，跟随窦固出击匈奴，多有战功，深得窦固信任。

永平十六年（73），班超接受窦固的指派，和郭恂带着三十六名随从人员出使西域。他们一行来到了鄯善（今属新疆），鄯善王一开始热情相待，可没几天，却明显冷淡下来。班超不由警觉起来，他猜想一定是北匈奴也派了使者前来，鄯善王迫于北匈奴的强势而不再和汉朝使者亲近。于是班超对随从们说：“宁觉广礼意薄乎？此必有北虏使来，狐疑未知所从故也。明者睹未萌，况已著邪。”正在此时，恰好鄯善王的仆人前来安排酒食。班超做出早已知晓的样子，突然问道：“匈奴使者来了几天？现在住在什么地方？”鄯善王的仆人知道，有关匈奴使者的消息是要瞒住汉朝使者的，可一时惊慌，竟脱口说出了实情：“他们已经来了三天，就住在距此十五公里的营地。”

班超

班超随即下命将这个仆人严加看管，以防其向鄯善王通风报信。此时班超心里已经有了决断，但他深知郭恂胆小谨慎，不会同意他的做法，因此班超只将三十六位随从召集起来饮酒，痛饮几杯后，班超举起酒杯说道：“你们和我一起出使西域，为的就是‘立大功，以求富贵’。如今匈奴的使者也来到这里，鄯善王对我们不再友好，极有可能会‘收吾属送匈奴’，我们的处境岌岌可危，恐怕性命难保，你们打算怎么办呢？”大家一听，都愤慨激昂，纷纷表示说：“今在危亡之地，死生从司马。”班超说：“不入虎穴，焉得虎子。”现在我们只有一个选择，那就是趁夜火烧匈奴使者，让他们不知道究竟有多少人来偷袭，将他们全部消灭。这样一来，匈奴必然迁怒于鄯善王，而“鄯善破胆，功成事立矣”。大家都点头赞同。于是，班超带领三十六名随从直奔匈奴使者的营帐。

此时夜色渐深，刮起了大风。班超安排了十个人拿着鼓藏在营帐后面，叮嘱他们一旦看见火光就猛敲战鼓，大声呐喊。另外安排二十人拿着武器埋伏在营帐前。班超亲自带着余下的六个人顺着风向纵火焚烧营帐。大火一起，那十个人就敲鼓大喊起来，营帐内的匈奴使者受惊，纷纷探出身子来观看发生了什么事情，还没等他们回过神来，班超就带着埋伏的二十个人冲杀进了营帐，将匈奴使者及其三十多名随从，全都斩杀，烧毁了所有营帐。

第二天一早，班超带众人回到自己的营帐，派人去请鄯善王，鄯善王尚不知发生了什么事情，班超将被杀的匈奴使者的首级给他看，鄯善王惊恐不已，脸色大变。班超见他心生惧意，便上前好言安抚，鄯善王当即表示归顺汉朝，还愿意将王子送到汉朝做质子。

班超顺利地完成了使命，窦固更加欣赏他，还将班超出使的经过上奏给明帝。明帝也赞叹班超足智多谋。此时，于阗王国（今新疆和田）已取代莎车王国在那一地区的霸主地位，北匈奴也派遣了使者和于阗王国交好。明帝也打算派使者前往，在他看来，班超无疑是最佳人选，于是，明帝任命班超为军司马，率人出使于阗王国。临行前，明帝担心他的安危，吩咐他多带些随从人员。班超拒绝说："于阗王国距离遥远，兵力强盛，我就是多带几百个人同去，也起不到什么作用，要是真遇到什么麻烦，人多反而会增加累赘。愿将本所从三十余人足矣。"最终，班超仍然只带着原来的三十六名随从出发了。

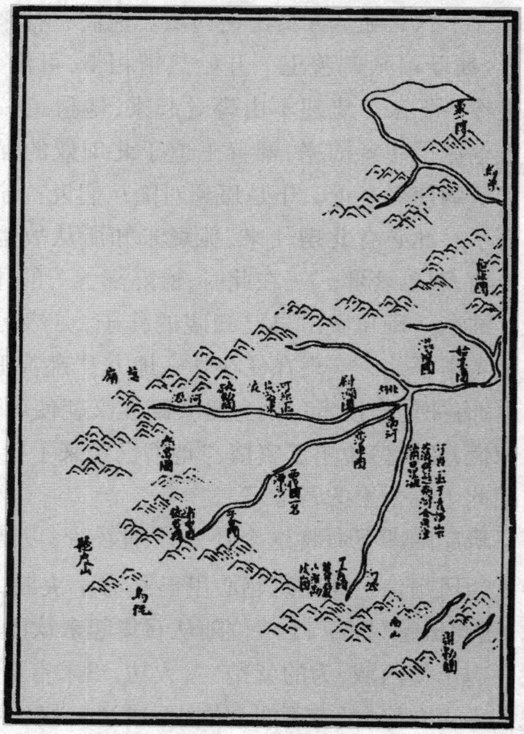

东汉西域图

班超抵达于阗王国后，于阗王见汉朝使者人员很少，心中轻视，对他们并不热情。班超劝说他与汉朝交好、脱离匈奴，于阗王犹豫不决，便求助于本国的巫师，请求神的指示。在于阗王国，巫风炽盛，而于阗王所信任的巫师早已被北匈奴使者收买，他故意对于阗王说："天神生气，责问你为何要与和汉朝交好？汉朝使者带来一匹'骟马'，神要你将此马杀掉来祭天。"

于阗王一听是天神的意见，哪敢违抗，连忙派国相向班超讨要那匹马，班超已经知晓是巫师在捣鬼，还是欣然答应了，只是要求由巫师前来亲自把马牵走。巫师不知何意，他刚来到马前，班超立即下令随从将巫师斩首，把其首级送到于阗王面前。于阗王大惊失色，因为他对班超在鄯善国诛杀匈奴使者一事早有听闻，为了避免班超采取更凌厉的行动，于阗王赶紧下令将北匈奴的使者处死，并表示愿意归顺汉朝，永世交好。

鄯善和于阗王国是当时西域的主要国家，另外还有龟兹（今新疆库车）、疏勒（今新疆喀什噶尔地区）等国家。龟兹王国一向和北匈奴关系最为密切，还依借北匈奴的军事力量，攻击疏勒王国，将其国王杀死，将龟兹籍的大将兜题立为疏勒新王。劝服于阗王国之后，班超继续出使西域各国。他派部将田虑先行出使疏勒王国，劝说兜题归顺汉朝，兜题当然不肯答应。对此心中早有准备的田虑突袭兜题，将其抓住囚禁在自己的营帐，此时班超也赶到疏勒，主持大局，将疏勒已故先王的侄儿榆勒立为新王，疏勒从此归顺汉朝。没多久，龟兹王国也臣服于汉朝王室。至此“西域南道诸国，全部归顺”。

永元三年（91），和帝为表彰班超多年的功绩，特任命他为西域都护，由其负责西域各国的管理，驻守在龟兹的它干城。任命有功之臣徐干为长史，驻扎在疏勒，和班超互为呼应。就任西域都护后不久，班超还做出了一个大胆决定，派遣甘英代表东汉政府出使大秦（即罗马帝国）。甘英率领的使团一直前行到西海（即波斯湾）才返回西域。这是中国和外国交好的一件重大历史事件。

经过多年征战，班超以疏勒为根据地完成了统一西域的伟大使命。永元十二年（100），思念家乡的班超上书和帝，表示说：“不敢望到酒泉郡，但愿生入玉门关。”和帝深为感动，随即下诏，将时年七十一岁的班超调回京城洛阳，任为射声校尉，并封他为定远侯。回京一个月后，班超不幸病逝，和帝感怀不已，常表示对其的追念。

班勇再通西域

安帝即位后不久，西南部的蛮夷接连请求“内属”，接受东汉王朝的统治。北匈奴也再次向汉朝提出和亲的请求，但邓太后认为北匈奴早已不成气候，因而没有答应其请求，只是赏赐来使，以礼相送。北匈奴单于被拒，觉得很没面子。又听信了韩琮虚报的消息“关东水潦，人民饥饿死尽，可击也”，于是决定起兵反叛东汉的统治，而这也随即引发了西域诸国的连锁反叛。永初元年（107）六月，邓太后与大臣们开会商讨西域问题，认为维持在西域的统治所耗费用巨大，决定放弃对西域诸国的统治权，撤销西域都护。

乐舞百戏图

延光二年（123）四月，北匈奴与车师国联合，入侵东汉所辖河西地区。有朝臣上书安帝，建议关闭玉门关和阳关，以杜绝外患。敦煌太守却认为“弃西域则河西不能自存”，并提出有关西域的上中下三策：“西域各国受北匈奴呼衍王的控制，入侵我朝，呼衍王常辗转来往于蒲类海和秦海之间。我朝可派酒泉属国军队两千人直进昆仑塞，除掉呼衍王，令西域各国失去首领。之后再调集鄯善国军队五千人进逼车师国后方，此为上策。中策则是我朝不出兵，但设置军司马，领兵五百人，由河西四郡武威、酒泉、张掖、敦煌供给犁、牛、粮食,出塞进据柳中。还有一种是下策,就是放弃交河城,将鄯善国愿意归顺我朝的民众迁入塞内定居。”

安帝召集群臣商议,众人议论纷纷。陈忠上书说:“西域大部分国家还是向往汉朝的,只是由于受到北匈奴的胁迫,不得不服从他们。如今北匈奴已经打败车师国,下一步就是收服鄯善国。要是我们不派军援救,那其他国家也会相继归附北匈奴。这样一来,北匈奴的实力就会增强,并会步步进逼南羌地区,若一旦他们与羌人联合,势必会对河西四郡造成极大威胁。到那时,我们必然要派军救援河西地区,而那样就要征发百倍徭役,耗费巨大。既然目前敦煌告急,朝廷理应施以援手,不然如何面对天下臣民和各异族,这不仅有损朝廷威信,也会减少我朝的疆土,实非良策。”安帝觉得有理,就问陈忠有何想法,陈忠回答说:“依我所见,朝廷应该在敦煌设置校尉,依照旧例增加河西四郡的驻军,以镇抚西域各国。”安帝深以为然,宣布照此办理。随即,安帝下诏重新任命班勇为西域长史,率兵五百人西出塞外,驻扎在柳中。

延光三年(124)的正月,班勇一行抵达楼兰,他带给归顺东汉朝廷的鄯善王三条特赐的绶带印信。但此时,龟兹王白英还犹豫不决,不知是否归附。班勇“开以恩信”,打动了白英,于是白英带着姑墨、温宿两国国王,把自己五花大绑,来到班勇面前表示愿意诚心归降。

班勇觉得这是进一步行动的大好时机,当即答应了龟兹王白英和姑墨、温宿两国的归降,并从龟兹等国征调了步骑兵一万多人,和汉军一同奔赴车师前王国。在伊和谷赶走了入侵的匈奴伊蠡王,收编车师前王国军队五千余人。而后,车师前王国重新与东汉王朝交好。班勇率众返回柳中,在那里垦田屯戍。东汉王朝与西域诸国暂时恢复了平稳安定。

宦官专权

桓、灵帝时期,宦官专权,酿就了两次迫害儒生的“党锢之祸”。“党锢之祸”后,宦官的权力更是达到了顶峰。他们卖官鬻爵、横行乡里,甚至鼓动皇帝建造园林,铸造新币,最终致使民众不断反抗,加速了东汉的灭亡。

士大夫“清议”

东汉宦官专权不仅使朝政日益黑暗,而且也阻断了当时读书人的仕途。这时的选举、征辟制度,都要按照宦官的意愿行事,这就严重地侵夺了当时读书人的仕途之路。这一时期,太学生已发展到三万余人,各地方的儒生也很多,他们入仕无门,就与当朝不满宦官专权的士大夫结合，在朝野形成反宦官专权的社会政治力量。他们“激扬名声，互相题拂；品核公卿，裁量执政”，形成了所谓的“清议”。

鎏金兽形盒砚

所谓“激扬名声，互相题拂”，主要是比较廉正的官吏、士人、太学生等互相标榜。当时最善于评论人物的是名士郭泰，“泰之所名，人品乃定，先言后验，众皆服之”。许邵、许靖也善于评论人物，“俱有高名，好共核论乡党人物，每月更其品题”。曹操未仕之前，许邵曾评之曰“清平之奸贼，乱世之英雄”。

所谓“品核公卿，裁量执政”，就是批评朝中的高官，表扬优秀之人，以树立他们的威信。如他们十分推崇反对宦官专权的士大夫李膺、陈蕃、王叔茂，就编成谚语说：“天下模楷李元礼（李膺），不畏强御陈仲举（陈蕃），天下俊秀王叔茂（王畅）。”如批评当时的察举、征辟制度，就说“举秀才，不知书。举孝廉，父别居。寒素清白浊如泥，高第良将怯如鸡”。

“清议”这种舆论起初兴于地方，后来迅速传播，“流言（品评之言论），转入太学，诸生三万余人，郭林宗、贾伟节为其冠”，于是太学成为京师洛阳的清议中心。

“清议”这种政治舆论力量，在揭露当时宦官专权的黑暗，反映民生疾苦，维护封建统治秩序等方面都起到了一定的积极作用。但是在当时宦官专权的情况下，“清议”这股政治舆论力量又使他们成为被清理的对象，最终酿成了党锢之祸。

第一次党锢之祸

桓帝刘志顺利地诛杀了权倾朝野的大将军梁冀之后，就想效仿前朝贤明君主，好好治理国家，成就东汉王朝新的辉煌。可是，桓帝的远大志向很快就在其宠信宦官的影响下慢慢磨灭了，而他也渐渐习惯了宦官们把持朝政、指点江山。

桓帝亲政后，除了重用宦官，也颇为器重不少当朝的名人志士。其中最著名的当属被任命为太尉的陈蕃和担任司隶的李膺。《世说新语》中分别有对他们的极高评价，记载陈蕃为“言为士则，行为示范，登车揽辔，有澄清天下之志”。而评价李膺“风格秀整，高目标持，欲以天下名教是非为己任”。桓帝朝的读书人都以与他们二人结交或拜访为荣，在人们心目中，若是得到李膺的亲自接待，那无异于喜跃龙门，会得到世人的艳羡和敬佩，身份地位也会大大提高。

早在梁太后执政期间，太学就得到了迅猛发展，她曾诏令自大将军以下至六百石官员家中的孩子都必须送往太学学习，各地学子也纷至沓来。至桓帝亲政时，学子日盛，太学生已经达三万多人。他们对宦官掌权感到痛恨和悲哀，同时也为自己黯淡的政治前途表示不满。也正基于此，太学生们才和“清流”官员们结成同盟，共同对抗宦官专权的黑暗现状。

李膺

永兴元年（153）七月，全国有三十二个郡和封国同时发生了严重的蝗灾，“黄河河水上涨，泛滥成灾”。百姓饥寒交迫，生活无以为继，流离失所，最多时竟有数十万户在外逃荒。其中，尤以冀州的情况最为严重。接到灾情的相关报告后，桓帝也十分忧心，下诏命侍御史朱穆为冀州刺史前往察看。还在路上时，朱穆就听闻冀州所属的各地方官员已经有四十多名解下印信绶带自动离职而去。及至到任，朱穆便据实向桓帝报告并弹劾了那些贪官污吏。不久，宦官赵忠的父亲去世，赵忠将棺材运回故乡安平国安葬，并逾制偷偷制作了只有皇帝和王侯才准许穿的玉衣来装殓其父。朱穆知道后，命当地郡太守核实，郡太守左右为难，最后还是迫于朱穆的威严将赵忠父亲的坟墓挖开，劈开棺木验看。赵忠大怒，向桓帝哭诉，桓帝下诏将朱穆送至廷尉治罪，判处他到左校罚做苦役。此事引起一片哗然，太学学生刘陶等数千人集体在皇宫前上书请愿，为朱穆申冤。他们指出朱穆秉公处事，而宦官们目无国法，恣意妄为，朱穆为民除害，伸张正义，才受到宦官们的痛恨和迫害。“只是因为他深感朝廷的纲纪不振，畏惧国家法令长久丧失，所以竭尽忠心，报答国家，为皇上深谋远虑。我们愿意接受黥刑，在脸上刺字，脚戴铁镣，代替朱穆去服苦役。”桓帝被奏章所打动，经过一番考虑后，还是将朱穆释放了。

永寿元年（155），天降灾荒，冀州等地的农田颗粒无收，灾情严重，人们食不果腹，甚至发生了人吃人的悲惨事件。刘陶直言上书，指责桓帝“妄假利器，委授国柄”，指出朱穆、李膺等人“履正清平，贞高绝俗”，应当予以重用，“宜还本朝，挟辅王室”。可这篇措辞激烈的奏章并没有引起桓帝的反思，桓帝甚至根本没有理会。

延熹五年（162），在平定羌人之乱中立下大功的皇甫规被宦官们合谋陷害，于是在朝野之间引发了一次大的风潮。皇甫规对待羌人不仅是靠武力收服，更取得了他们的信任，羌人数十万人主动投降，基本解除了多年来东汉朝廷深感头疼的一个大问题。但由于皇甫规“恶绝宦官，不与交通”，就连“五侯”中的徐璜、左悺亲自表示友好，“欲从求货，数遣宾客就问功状”，婉转地向他索取贿赂，但他“终不答”，全都不卑不亢地回绝了。这就惹恼了不可一世的徐璜等人。为报复皇甫规,他们指使人诬陷皇甫规“贿买羌人降汉”,桓帝竟不问事情真相,就将皇甫规打入大牢,“论输左校”。有功之臣反被奸佞小人陷害,这样黑白不分的事情激怒了太学生和那些正气尚存的官员们。因此,“诸公及太学生张凤等三百余人诣阙讼之”。桓帝见激起了众怒,也清楚自己对待皇甫规的事情过于草率,很快就下诏将他无罪释放了。

皇甫规

延熹八年(165),桓帝开恩,特批李膺官复原职。李膺与当时担任太尉一职的陈蕃仍坚持与掌权的宦官集团做斗争。当时,宦官张让的弟弟张朔在其属下任县令,有人告发张朔“贪残无道”,张朔害怕李膺严办自己,赶紧逃到京城藏匿在哥哥张让家中。李膺亲自带领兵士到张让家搜查,从夹墙中搜出了张朔,将其抓进监狱,在案情审理清楚后,立刻将张朔处决。张让痛心疾首,向桓帝哭诉,桓帝心有不忍,随即招来李膺,责怪他“不先请便加诛”。李膺毫不畏惧,据理力争,桓帝确知张朔犯下了该杀的罪行,也不好降罪于秉公执法的李膺。张让见桓帝放过了李膺,心中愤恨不已,暗暗发誓一定要为自己的弟弟报仇。

延熹九年(166),“素以方伎交通宦官”的河南方士张成,得知朝廷即将颁布大赦令,于是唆使他的儿子杀人。当时担任司隶校尉的李膺执法严厉,将张成父子“督促收捕”。谁知,没几天,朝廷果然颁布了大赦令,张成洋洋得意,等待和儿子一起安然无恙地回家。李膺激愤之极,不顾赦令,竟将张成父子就地正法。这件事情一下轰动了整个京城,素来和张成交好的宦官们乘机唆使张成的学生牢修,上书控告李膺“养太学游士,交结诸生徒,更相驱驰,共为部党,诽讪朝廷,疑乱风俗”。昏庸的桓帝闻之震怒,立即下令逮捕李膺,并将其囚禁在黄门北寺狱。接着,又一连串地逮捕了林密、陈翔、范滂等二百多人,并且“布告天下,使同忿疾”。并根据各地方郡、县的举报,“班下郡国,逮捕党人”,一举抓捕了一百多人。宦官集团希望借此机会,重创或消灭与之对立的官员群体,遂“使者四出,相望于道”,甚至“悬赏金购募”,并动用酷刑逼供,迫使被抓的人“钩谓相牵引也”,也正因为此,这些党人也被称作“钩党”。而太尉陈蕃不肯签署逮捕党人的官文,并上疏抨击宦官“肆行贪虐,奸媚左右”,请求桓帝大赦正直之臣,并“割塞近习与政之源,引纳尚书朝省之士,简练清高,斥黜佞邪”。但已被宦官们挑拨得一肚子怒火的桓帝根本听不进去,宦官们也“由此疾蕃弥甚”,最终,陈蕃非但没有改变桓帝的想法,还因此被罢免了官

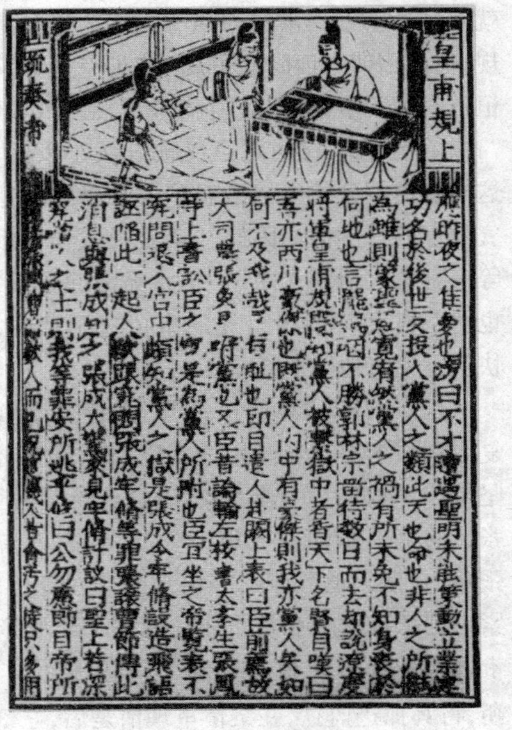

皇甫规上书奏帝

职。永康元年(167),有一位颍川人贾彪自告奋勇赶到京城为党人鸣冤,恰好此时,李膺在牢狱中也改变了策略,他在应付审讯时,故意将一些宦官子弟牵扯其中。宦官们听说后,心里十分不安,生怕受到什么牵累。他们就对桓帝建议说:“如今,天象总是不正常,看来到了大赦天下的时候。”大将军窦武出于对宦官专权的不满和对党人的同情,也上书劝谏桓帝,不要严惩连坐天下党人,以免臣民失望。窦武在奏章里还着意请桓帝吸取以往宦官专权祸国的教训,不要重蹈秦二世灭亡的覆辙:“今不虑前事之失,复循覆车之轨;臣恐二世之难,必将复及;赵高之变,不朝则夕。”桓帝终于改变了原来的打算,就在第二年,永康元年(167)六月初八日,桓帝下诏改元,同时大赦天下,将李膺等党人全部罢官“赦归田里”,但把他们的名字记录在三府,禁锢终身不得为官。这就是历史上著名的第一次“党锢之祸”。虽然李膺被贬官遣返故乡,却赢得了世人的尊重和敬佩,家乡父老夹道欢迎他的归来,世人赞誉这些正义的党人,还为他们起了各种美号:窦武、陈蕃、刘淑被尊为一代宗师“三君”,李膺、杜密等八人被称作一代精英“八俊”。此外,还有“八顾”“八及”“八厨”等。

其后,东汉朝廷虽几次宣布大赦天下,但都特意注明“党人不赦”。由此,党人成为东汉王朝中特殊的政治分子,而桓帝也因为在宦官的怂恿下制造了第一次“党锢之祸”而在中国历史上留下了一笔浓重的记录。

桓帝后位三迁无子嗣

在桓帝刘志的一生中他共迎娶了三位皇后,第一位皇后梁女莹,是梁太后和大将军梁冀的妹妹,说起来,要不是当初梁太后早就看好刘志,打算把妹妹嫁给他,恐怕刘志也未必能够成为皇帝。本初元年(146),十五岁的桓帝登基后,就按照梁家的安排册封梁女莹为皇后。而梁皇后依仗梁太后和梁冀的势力,也是极尽奢靡,其居住的宫殿和朝服仪仗都超过前朝任何一位皇后。她生性好妒,不能容忍桓帝宠幸其他妃嫔,但她侍奉桓帝多年,都没有怀过身孕,因此她更加嫉恨受宠的妃嫔怀孕。只要她听说有哪一位妃子或宫人有妊娠之征，她就一定要想办法将此人整死，心里才能痛快。这样一位凶残暴戾的皇后，桓帝自然对她没什么感情，只是碍于梁太后和梁冀的面子，经常去梁皇后那里。等到梁太后去世后，桓帝就很少涉足她的居所，逐渐疏远冷落了她。梁皇后气恨交加，于延熹二年(159)因病去世。

梁皇后死后，桓帝终于摆脱了束缚，于是他立即下诏，让宦官们从民间选取美女进宫供其淫乐。当时最受宠爱的邓猛女后来就成为桓帝的第二任皇后。邓猛女是汉和帝皇后邓绥的侄女，她的母亲改嫁给了梁冀的族人梁纪，邓猛女也改姓梁。梁冀的妻子孙寿无意中见到邓猛女，觉得此女容颜秀丽动人，就举荐她入宫，没想到她竟然颇受桓帝宠幸。在铲除了梁冀外戚之后，她非但没有受到影响，还因为是邓家女儿，而被桓帝正式册立为皇后。但是，身为皇后的她却和桓帝的宠妃争风吃醋，且始终没有子嗣，终于也被桓帝废除，贬死于冷宫。

宴饮观舞

延熹八年(165)，郎中窦武的长女窦妙被选入宫当了贵人。窦武是窦融的后代，也是世族大家。大臣们因而都举荐窦贵人为新任皇后。而桓帝这会儿正宠信采女田圣，并打算立她为皇后。司隶校尉应奉上书反对说："皇后之位非同小可，它关系到国家的兴衰。前朝曾经立赵飞燕为皇后，以致皇室后嗣断绝。恳请陛下虑及《关雎》，而疏远五种禁忌。"太尉陈蕃也反对立出身卑微的田圣，而力荐窦贵人。桓帝无奈，只得顺从大臣们的意愿。延熹八年(165)冬，桓帝下诏册立窦贵人为皇后，擢升其父窦武为特进、城门校尉，封为槐里侯，食邑五千户。窦妙成为桓帝的第三任皇后，但是桓帝几乎从没有宠爱过她，而是迷恋于宦官们推举的那些采女，因此，窦皇后十分憎恨那些宦官。

永康元年(167)十二月二十八日，汉桓帝刘志于德阳前殿去世，享年三十六岁。汉桓帝虽然有三位皇后、无数妃嫔，却没能留下一个可以继承皇位的皇子。在他死后第二天，窦妙就以太后身份临朝执政。侍御史刘儵推举河间王刘开的曾孙刘宏继承皇位。刘宏是汉章帝玄孙，河间孝王刘开曾孙，解读亭侯刘淑之孙，刘苌之子。于是，窦太后与父亲窦武派人迎接年仅十三岁的刘宏入宫，于公元168年正月拥立刘宏为帝，改元"建宁"，是为汉灵帝。

承明门之变

汉灵帝刘宏登基时，东汉王朝危机四伏，民间疾苦，奸佞作乱，天下已处于风雨飘摇之中。作为一个十三岁的少年，灵帝哪有治理国家的能力，而这一切自然要由窦太后来担当。

临朝听政的窦太后“欲振兴刘氏天下，挽大厦于将倾”，从桓帝死后，她就立即展开了一系列举措。公元168年正月初三，窦太后将自己的父亲城门校尉窦武升任为大将军，任命桓帝朝的太尉陈蕃为太傅，和窦武及司徒胡广一起“参录尚书事”，主理尚书台的政务。并任命前长乐卫尉王畅为司空。此外，窦太后还重新征用李膺等天下名贤参与政事。这些举措无疑反映了窦太后想让士大夫重新掌权，打击宦官专权势力的决心，因而赢得了天下贤士的向往，也给当时昏暗已久的朝政带来了一线希望。

汉灵帝

建宁元年(168)六月十七日，灵帝依照窦太后的懿旨，“录定策功”，册封窦武为闻喜侯，窦武的儿子即窦太后的兄弟窦机为渭阳侯，窦武的侄儿窦绍为雩侯，窦靖为西乡侯，中常侍曹节为长安乡侯，共封侯爵十一人。

执政后，窦太后决定铲除宦官集团，陈蕃早已对宦官当道深恶痛绝，此时更是积极响应。

有一天，天上出现日食，百姓们祈祷呼喊。陈蕃遂赶往大将军府，窦武言道：“日乃阳气，君王之象。月乃阴气，臣下之象。今苍天示以日食，当有君侧小人作奸弄权，太傅必为此事而来吧？”陈蕃也直言不讳：“我今年已经八十岁，只想助扶将军一臂之力，除掉朝廷祸害，斥退废黜宦官，以消除上天的警示。”于是，窦武上奏窦太后，请求“将宦官全部诛杀或废黜，以肃清朝廷”。窦太后大为吃惊，回答说：“汉来故事，世有宦官，但当诛其有罪者，岂可尽废邪！”见窦太后不批准，窦武只好请准先行逮捕中常侍管霸及苏康等，并坐罪处死。其后，窦武又多次上书请求诛杀曹节等，但窦太后不忍批准。陈蕃专门写了一份奏章，希望窦太后和灵帝下定决心，将侯览、曹节、公乘昕、王甫、郑疯等人全部诛杀，以免他们危害国家，并请求将这份奏章昭告天下。窦太后还是拿不定主意。

建宁元年(168)九月初七，负责主管奏章的中官先将此事报告给了长乐五官史朱瑀。朱瑀偷看了陈蕃的奏章后，气得大骂说：“那些掌权宦官放任犯罪，自然可以诛杀，可是我们又没有犯罪，为什么要受到株连？”于是他大呼：“陈蕃、窦武奏请皇太后废黜皇帝，大逆不道！”并连夜召集长乐从官史共普、张亮及中黄门王尊、长乐谒者滕是、长乐食监王甫等十七人歃血为誓，决意诛杀窦武、陈蕃等人。

曹节赶紧跑去叫醒灵帝说："现在情况紧急，请陛下速往德阳前殿。"并让灵帝拿着佩剑，在乳母赵娆和宦官的保护下，前往德阳前殿，睡得迷迷糊糊的灵帝并不知道发生了何事，就按照曹节的话去做了。宦官们关闭宫门，威逼尚书撰写诏书，任命王甫为黄门令，随即持节到北寺狱，逮捕尹勋、山冰等人。山冰怀疑有诈，不肯受诏，被王甫杀害。之后，王甫率领兵士将窦太后劫持，抢到了皇帝印玺。宦官又逼尚书拟诏给窦武，要求他服罪。窦武拒不受诏，和他的侄儿窦绍，共同射杀使者，并集合手下士兵数千人，与王甫对抗。

酹酒还金

陈蕃听闻事变，就带着门客、学生八十余人，拿着武器闯入承明门，一直来到尚书台，正好遇到王甫，陈蕃被拘捕，送到北寺狱囚禁，当天就被杀死。而王甫向窦武手下出示了所谓的皇帝的诏令，命令手下不断向窦武军中呼喊："窦武反叛，汝等皆为禁兵，当宿卫宫省，为何随之造反？先降者有赏！"窦武手下将士信以为真，纷纷跑到王甫一方。窦武和窦绍只得撤走，后被追兵包围在都亭，窦武长叹一声，拔剑自刎，窦绍也自杀而亡。他们的首级被砍下，悬挂在洛阳都亭示众。为绝后患，宦官们又大肆搜捕窦武的亲族、门客、姻戚，大肆屠杀。窦武的家人全部被流放到日南郡，朝中大臣但凡是窦武、陈蕃所举荐的，都被免官，永世不得录用。就连窦太后，也被迁到南宫云台。

宦官主谋的这场宫廷政变大获成功，灵帝稀里糊涂地以为自己避过了大灾祸，而对宦官们感激不尽，很快就大肆封赏亲信宦官。建宁二年(169)正月，十四岁的汉灵帝大赦天下，并下诏册封：中常侍、长安乡侯曹节为长乐卫尉，改封育阳侯。长乐食监王甫迁为中常侍，仍照旧兼任黄门令。长乐五官及其从官史被共普、张亮等六人，皆封为列侯。护匈奴中郎将张奂迁大司农并封侯。此外，还有十一名宦官与官吏被封为关内侯。原本是小黄门的张让因平息窦武、陈蕃有功升为中常侍。在汉朝初年，中常侍没有固定的编制，但一般都设四人，每年俸禄一千石。可是灵帝却一口气封了十二位中常侍，分别是：张让、赵忠、夏恽、郭胜、孙璋、毕岚、栗嵩、段珪、高望、张恭、韩悝、宋典。其中张让、赵忠为首，“皆贵盛无比，分封为侯”，与两位大宦官：时任大长秋和领尚书令的曹节及黄门令王甫“相为表里，把持朝政”，为所欲为，朝堂之上群小得志。

光和四年（181），曹节去世，中常侍赵忠代领大长秋，张让升任宫廷总管。他们的权势达至顶峰，其家族中的人也皆升做重要的地方官职。世人把张让、赵忠为首的中常侍专权称作“十常侍”。灵帝对“十常侍”百依百顺，非常依赖，甚至在大臣面前表示说：“张常侍乃我公，赵常侍乃我母。”令大臣们啼笑皆非，叹息不已。

蔡邕

第二次党锢之祸

昏庸无能的灵帝倚仗宦官的力量，赶跑了窦氏外戚，却又使东汉王朝沦落入混乱不堪的宦官专权时期。这激起了社会上贤能之士的强烈不满，最终再一次引发了“党锢之祸”。

在梁太后执政期间，太学获得迅速发展，全国各地奔赴来京城学习的学生人数猛增至三万多。在灵帝执政期间，这个人数有增无减。灵帝还曾诏令“当代名儒蔡邕、马日磾等正定五经文字，由蔡邕以八分隶书书写刊刻于碑以相参检，碑高一丈许，广四尺，共四十六枚。骈罗相接，立于太学门外，以瓦屋覆之，四面栏槺，开门于南，河南郡设卒看守”。一时间，太学生“观视摹写者，车乘日千余辆，填满大街小巷。经学之盛，于斯为美”。太学的繁盛本是一件好事，但儒生们对宦官把持朝政的不满，却令得太学很快就受到打击而迅速败落下去。

大宦官侯览的母亲及家人在老家山东为非作歹、气焰嚣张，山东名士、督邮张俭上书灵帝弹劾侯览，奏章却被侯览扣下。气急败坏的侯览指使无赖朱并诬告张俭与同郡二十四人“互相别署称号，结成朋党，图谋社稷，而以张俭为领袖”。灵帝不问青红皂白，立即下诏追捕张俭等人。张俭在逃亡途中受到了很多人的帮助，最后成功地逃到塞外。宦官们借机大肆抓捕帮助张俭逃跑的人，受牵连者甚众。

永康二年（168）十月，曹节上奏灵帝，逮捕、拷杀虞放、李膺、杜密、范滂等百余人，其妻子家人皆受到流放边境的处置。在第一次党锢事件中幸存的李膺被捕后死于狱中，其子弟、亲戚全部被削职为民。此外，“借机报私怨和地方官滥捕牵连，以至死、徙、废、禁者又有六七百人”。宦官们又几次兴风作浪追捕党人，党人之狱遍及全国。熹平元年（172），宦官又指使司隶校尉抓捕党人和太学诸生千余人。熹平五年（176）闰五月，永昌太守曹鸾毅然上书，欲为众“党人”讨个公道，要求赦免党人。掌权的宦官们认为这是替党人翻案，竟然胁迫灵帝立即下令益州用槛车将曹鸾从永昌押解到了司隶所属的槐里县，用棒槌将其活活打死。灵帝又诏令各地方州郡，"凡党人的门生、故吏、父子兄弟及族亲，都被免官禁锢"，永远不许再做官。这就是东汉末年的第二次"党锢之祸"。官僚、儒生反对宦官专权的斗争，最后以失败而告终。经此重创，天下儒生所剩无几。

腐败的政治

"十常侍"作恶

建宁四年（171），灵帝认为窦太后当年拥立自己为帝有功，便于十月初一率领文武百官，专程来到南宫拜见窦太后，并亲自为窦太后进食和祝寿。见灵帝对窦太后仍有关心，黄门令董萌借机多次为窦太后申冤，灵帝也颇有感触，于是接受了董萌的建议，下诏增加给窦太后的财物供奉。但曹节、王甫却非常气恼，为了除掉不和他们站在同一阵线的董萌，他们大肆诽谤，直到灵帝深信不疑，诏令将董萌下狱处死。

熹平石经

熹平元年（172），窦太后的母亲于比景病故，窦太后过度忧伤，思念成疾，一病不起，于当年六月初十病逝于南宫云台。因为宦官们对窦氏家族积怨很深，竟然不顾皇宫礼仪，用一辆简陋的运载衣服的车装着太后的尸体，放在了城南的一个院子里。几天之后，曹节、王甫打算用贵人的礼节为太后发丧，灵帝不肯。曹节等人又打算将窦太后埋葬到别处，不和桓帝合葬，而把冯贵人的尸体移来和桓帝合葬。灵帝虽然心里不情愿，但又不想直接反对，于是诏令王公大臣们开会讨论，命中常侍赵忠监督集议。与会者数百人，大臣们多半不愿开口，以免得罪了宦官。互相观望了很久，赵忠催促说："议案应迅速确定！"最后廷尉陈球说："皇太后以盛德良家，母临天下，宜配先帝，是无所疑。"赵忠暗含威胁地请陈球执笔起草议案，太尉李咸也表示支持，王公大臣们也纷纷附和，赵忠极为恼怒。曹节、王甫听说后，争辩说："窦家罪恶如此深重，怎么能和先帝合葬？"李咸上书灵帝劝说道："后尊号在身，亲尝称制，且援立圣明，光隆皇祚"。同时他还尖刻地指出："太后以陛下为子，陛下岂得不以太后为母！"灵帝看了奏章，大为感触，当即同意了将窦太后"合葬宣陵"的意见。七月初二，灵帝诏令将窦太后葬于宣陵，谥号为桓思皇后。

关于窦太后葬礼的争执是宦官和外戚及官员们的再一次较量，虽然最终灵帝接纳了官员的建议，但从召开公卿会议讨论这件事，就可知灵帝的昏庸无能及宦官对他的掌控。整个灵帝朝，朝政大权都在宦官势力的垄断之中。

光和五年（182），司徒陈耽向灵帝上疏揭露张让、赵忠与地方官员勾结营私、狼狈为奸，灵帝不予理会。但张让等宦官却怀恨在心，两个月之后，陈耽就被诬陷而屈死狱中。以张让、赵忠为首的“十常侍”更加嚣张狂妄、肆无忌惮。

卖官鬻爵

汉朝选拔官员的方式主要是征辟，也就是每年各地方向朝廷推荐贤良之才，再通过考试得以录用。安帝刘祜时，东汉买官卖官的歪风已经滋生。汉桓帝时期，执掌朝权的大宦官更是暗中买卖官爵。到了灵帝朝，干脆就公开设定了买卖制度。光和六年（183），张让怂恿灵帝公开买卖官爵，灵帝欣然应允，就在西园第一次开设“西邸”机构，专门公开出卖官爵，按照官位高低标出不等的价钱。俸禄为二千石的官职价钱为两千万，四百石的官职价钱四百万，甚至可以指定买某县的县令、长官职，而且根据每个县的大小、贫富等不同，官职的价格也不等。且可以有钱的先交钱，没钱的人到任以后照原定价格加倍偿还。卖官价格十分昂贵，官吏的任期却很短，这样一来，新官上任后根本无心为民办事，而是想方设法掠夺财富，搜刮民脂民膏，以捞回本钱。

西邸鬻爵

桓帝时期只是把一些低级官吏秘密买卖，而现在已是“自关内侯、虎贲、羽林”等都可以买卖。在满足灵帝贪欲的同时，作为“西园卖官”开创者的张让，私自叫宦官亲信出卖三公、九卿等朝廷重臣的官职，公的价钱是一千万，卿的价钱是五百万。等到了中平二年（185），汉灵帝朝堂上三公九卿、地方刺史、太守等官职，都被中常侍、阿保（即保姆）用钱买得。地方官员大多是富绅豪强买得，那些原本可以通过征辟踏入仕途的读书人却因为没钱而得不到官职。

后来，张让不满足于在西园买卖官爵，他又向灵帝建议说：以后官员升迁、调任或新官上任，都必须按照卖官的价格再支付三分之一到四分之一的钱。很多官员倾家荡产也拿不出这么高昂的费用，好多人只得弃官而去。

灵帝和张让等人肆无忌惮地买卖官职，使得本来已经很尖锐的宦官与官僚、太学生之间的矛盾进一步激化了。

建园铸钱

光和三年(180),沉迷于吃喝玩乐和赚钱乐趣中的灵帝刘宏已经二十七岁。他不满于现有的皇家园林,决定建造新苑。张让等人当然是拍手赞成,文武大臣们也对此不闻不问,只有光禄勋杨赐直言上谏,请求灵帝不要劳民伤财。灵帝心里有些犹豫,便询问张让等人。张让便鼓动说:“陛下您自己用的园林,并不是很大,不会耗费多少财力。”于是,灵帝还是下令动工在洛阳宣平门外建造毕圭苑。

十侍乱政

灵帝早先当解读亭侯时,日子过得比较清苦,现在拥有了天下还觉得不满意,他偏爱积蓄私房钱,并将各郡、国向朝廷进贡的奇珍异宝,都精挑细选出来一部分自己最喜欢的珍品,存放到皇帝私人的宝库——中署,叫作“导行费”。灵帝觉得钱财放在宫中也不稳妥,遂派人回到河间老家购买良田,建造府邸。不久,灵帝又想出了一个新主意,让人在西园建造万金堂,将大司农所管国库中的金钱及绸缎,自己所收的钱财宝物统统藏在里面。之后,灵帝为了更稳妥,干脆将自己的巨额“私房钱”分别寄存在他最宠信的宦官张让、赵忠等人家中,每家寄存几千万钱不等。中常侍吕强上书规劝说:“全天下的财富,无不生于阴阳,皆归陛下您所有,这难道还有公私之分吗?”可视钱如命的灵帝根本听不进去,还是横征暴敛,东藏西放。

光和四年(181),灵帝在后宫中呆腻了,便突然提出要“微服私访”。张让、赵忠一听,根本不敢让灵帝出宫亲眼看到他们那些逾制的府邸。而要拦住灵帝对张让而言再容易不过,他告诉灵帝近来京城盗贼猖獗,恐怕外出有危险。灵帝担心自己的安危,也就打消了出宫的念头。为了让灵帝感受宫外的生活,张让在宫内仿照外面的街市,修建了许多店铺,并让一部分宫女扮成各种商人在叫卖,另一部分人则扮成顾客购买。还有的扮成卖唱、耍猴等各行业的人,然后请灵帝穿上商人的服装,与众人一起玩乐。

中平二年(185),皇宫南宫遭了一场火灾,足足烧了半个月才熄灭,南宫被毁。没多久,京城西面的广阳门又倒塌了。灵帝打算将这些宫殿重新修复,可是一想到要动用国库里的钱,他就觉得心疼。张让明白灵帝的心思,就提议说:“现在国用不足,但修复宫殿也是大事,不可不为。请陛下命令全国的耕地加收田税,每亩十钱,那样就足够用来修复南宫的了。”灵帝一听说不用动自己的钱财,当然喜出望外,遂令各州郡除了正常赋税之

外,每亩多上缴十钱,用以修缮宫殿。而各级地方官员借此名义,往往多收钱财以中饱私

绿釉陶水亭

囊,这就更加重了普通平民的负担。

为了修建豪华宫殿,除了每亩地多征收十钱,灵帝还下诏调发太原、河东(治今山西夏县)、狄道(治今甘肃临洮)诸郡向朝廷进献木材及精美的石料,定期运送到京城来,限期内不能完成任务者将予以重罚。张让指示手下宦官验收这些物料时,百般挑剔,将好的评定为次品,不符合要求而拒绝接收,因这些材料无法运回原地,他们就强迫各地方官员贱卖,自己则用原价的十分之一来收购。各地方官员为完成任务,只得再次采购木材、石料,而宦官们仍是百般挑剔,宫殿连年未能修成,朝廷就年年征收贡献,百姓们苦不堪言。

灵帝对此十分不满,遂命皇宫卫士分别到各地方官府督促,这些人也受张让、赵忠的指使向各州、郡官府索取大量贿赂。灵帝还下诏,但凡刺史、俸禄二千石官员以及茂才、孝廉在升迁和赴任时,都必须先去西园交纳"助军"和"修宫"钱,方能赴任。很多清正廉明的人即便不愿升迁而想辞去官职,也要被迫去交纳这两项费用才能得到批准。一次,司马直被任命为钜鹿太守,因为张让等人也知道他极为清廉,还把他的应交款数额减少了三百万。司马直捧着诏书长叹不已:"身为父母官,我怎能忍心剥削百姓去迎合弊政。"于是,他借口身染疾病而辞职,但却没有获得批准。无奈,司马直只好赴任。他途经孟津时,详细直率地写了一份陈述当朝各种弊政的奏章送给灵帝,随后就服毒自杀了。灵帝读了奏章后,大为震动,遂下诏暂时停止征收"修宫"钱。

中平三年(186),贪得无厌的灵帝还是觉得自己的钱财太少。这时张让又想出了新主意,他怂恿灵帝下诏铸制新货币——四出文钱。汉朝多年来通行的都是五铢钱,而新

出的四出文钱比五铢钱小，但“充五铢钱用”，这样一来，不仅朝廷变相搜刮了天下的财富，而张让等宦官也借此大赚了一笔。

在昏聩、荒淫的灵帝带动下，再加上宦官弄权朝廷，文武大臣也无心国事，纷纷热衷于聚敛钱财，沉醉于侈靡之风。

灵帝牡丹花下死

灵帝登基后，先立宋氏为皇后。宋皇后是扶风平陵人，性情温和善良、与世无争。因为过于正统端庄，未能得到灵帝的宠爱，后宫中那些受宠的妃嫔都欺负她，甚至联起手来诬陷和诋毁她。而在宦官那里，宋皇后也没有强有力的支持者，中常侍王甫曾经枉杀渤海王刘悝及他的王妃宋氏，而宋氏正是宋皇后的姑母。王甫怕宋皇后因她的姑母被诛杀而怨恨他，就和太中大夫程阿诬陷宋皇后在宫廷里采用巫蛊、方术等邪门旁道诅咒皇帝。这在古代宫廷里可是最严重的罪行，原本就不喜欢宋皇后的灵帝怒不可遏，在光和元年(178)收缴了宋皇后的皇后印信，宋皇后也没有辩解，而是自行来到暴室监狱，没过多久，她就在狱中忧郁而死，她的父亲宋酆以及她的兄弟们，也都先后被诛杀。

灵帝是东汉历史上出了名的追求淫欲的皇帝。一年盛夏，为了避暑，灵帝命人建造了“裸游馆”，让人采来绿色的苔藓覆盖在台阶上，又命人沿着殿堂挖凿沟渠，引来渠水环流整个“裸游馆”。渠水中种植“莲大如盖”的荷花，“高一丈有余，荷叶夜舒昼卷，一茎有四莲丛生”，取名叫作“夜舒荷”。因为这种莲荷只在月亮升起后才将叶子舒展开，故又名“望舒荷”。灵帝命年纪在十四岁以上十八岁以下的宫女都浓妆艳抹，并除去身上一切衣饰与他一同裸浴。当时西域进献了一种茵墀香，灵帝命宫女以此香沐浴，并将沐浴后漂着脂粉的水倒在渠水中，世人称之为“流香渠”。灵帝找来肌肤玉般柔滑的歌女执篙划船，他和众人于船上寻欢作乐。有时，他还命人将船弄沉，然后观看那些落入水中的裸体美女们，同时伴以《招商七言》的歌曲衬托情境。灵帝与那些裸体的美女在裸游馆中日夜饮酒作乐，还举杯叹息道：“假如一万年都如此，就如同天上的神仙。”灵帝常常喝得不省人事，连天亮了也不知道，为了把自己从醉梦中叫醒，灵帝又让宦官们争相学鸡叫，还在裸游馆北侧修建了一座鸡鸣堂，里面放养了许多只鸡。有一天，灵帝醉得实在厉害，就连宦官们学的鸡叫声也未能将他唤醒，直到一个宦官无意间将一个大蜡烛扔到殿堂外，才惊醒了灵帝。

灵帝耽于淫乐，不思立后之事，朝中大臣们一再上书说：宋皇后被废已经两年时间，还请陛下尽快确立中宫。光和三年(180)十二月初五，灵帝册封何贵人为皇后，并下诏将何皇后的哥哥、颍川郡太守何晋升为侍中。何皇后出身低微，她只是南阳郡一个屠户家的女儿，后来被选进皇宫。据史书上记载，她“身高七尺一寸，肌肤如雪，亭亭玉立”。进宫之后，颇受灵帝宠爱，并诞下了灵帝的皇长子刘辩，因而才有机会被立为新皇后。

除了何皇后所生皇子刘辩之外，灵帝的诸多妃嫔也曾生育多个儿子，但大多没能存活于世，最后仅留有两位皇子，另一个就是王美人所生的次子刘协。何皇后听说王美人生下了皇子，妒性大发，竟然派人用毒药杀死了王美人。灵帝大怒，打算废掉何皇后，何皇后又惊又怕，急忙以重金贿赂张让等宦官，让其帮忙求情，这才让灵帝打消了废后的念头。但灵帝从此不再理会何皇后，而且也嫌恶何皇后生的皇长子刘辩，觉得他“轻佻无威仪”，不是当皇帝的适宜人选。灵帝害怕何皇后再下手害死刘协，就把他寄养到永乐宫。在董太后的精心呵护下，刘协才得以顺利地成长。而在灵帝心目中，只有刘协才是日后皇帝之位的继承人。

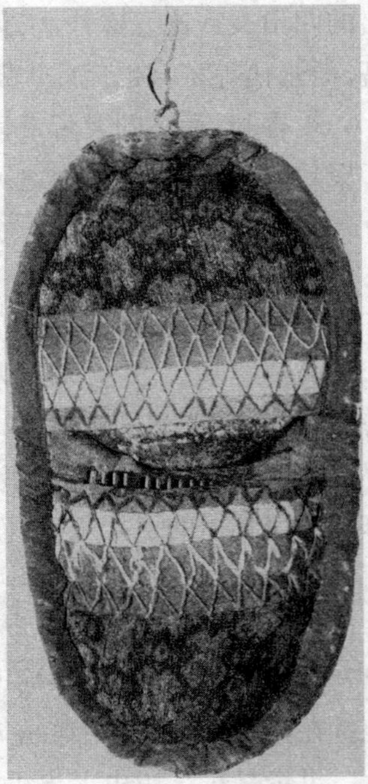
铜镜木梳刺绣锦袋

中平六年(189)四月十一日，三十四岁的汉灵帝刘宏驾崩于嘉德殿，葬于文陵(今河南洛阳西北)，谥号孝灵皇帝。“灵”在谥法中解释为：“乱而不损曰灵”，足以说明对他二十二年在位的中肯评价。汉灵帝死后，四月十三日，何皇后与其兄何进一起拥兵入宫，临朝听政，拥立时年十四岁的皇长子刘辩为皇帝，史称汉少帝。少帝尊何皇后为皇太后，主持朝政，并大赦天下，改年号为光熹。并将其九岁的弟弟刘协封为渤海王，任命何进为大将军，与太傅袁隗共同辅政，负责国家军政要务。

中华传世藏书

【图文珍藏版】

中国通史

刘宇庚⊙主编

綫装書局

中华传世藏书

【图文珍藏版】

中国通史

刘宇庚⊙主编

线装书局

杨忠辅创制《统天历》

天文学是我国历史上一门古老的科学。北宋时期，由于农业经济的发展，更需要有完善的天文历法来指导农耕。庆元五年(1199)正月，宋朝颁行杨忠辅创制的《统天历》。

银镶珠"金翅鸟"

宋朝曾在公元1075年颁行了由卫朴创立的《奉天历》；公元1107年，姚舜辅制成《纪元历》，首创利用观金星以定太阳的方法。庆元四年(1198)九月，因所用《纪元历》"占候多差"，宁宗下令更造新历。庆元五年(1199)五月，杨忠辅创制新历，赐名为《统天历》。在《统天历》中，天文学家杨忠辅首先使用365.2425日的精密岁实数值，这与现代所测数值只相差26秒，而与现行的公历所采用的数据相同，比西欧《格里历》的颁行早383年，并认为回归年长度呈古大今小的变化状态。但因推测日食等不验，《统天历》只使用到开禧三年(公元1207年)，开禧三年又造《开禧历》，附《统天历》，通行于世45年。

官修本草

两宋医药学在唐代基础上有进一步的发展，外国药物大量传入中国，因而在宋代官私编纂的医药书中，新药名不断增加，新的医药书也陆续闻世。

《新修本草》是唐时政府颁行的第一部国家药典，历经三百余年的辗转传抄，至宋时，其内容已有不少错漏之处，再加上药物新的功用及新药物的陆续发现，《新修本草》已远不能适应社会对药物的需要，所以亟待整理和修订。

宋开宝六年(973)，宋太祖诏尚药奉御刘翰、御医马志、翰林医官张素、翟煦、王从蕴、吴复圭、王光祐、陈昭遇、安自良等九人，修订《新修本草》，后编成《开宝新详定本草》一书，除纠正错误、增写注文之外，在该书中还增收了一部分新药，如使君子、威灵仙、何首乌等常用药物。赵匡胤亲自为序，刻印颁行天下。

《开宝新详定本草》印行后，发现仍有部分不妥之处，于是开宝七年(974)，宋政府又命王光祐、李昉、扈蒙等重加修订，对某些归类不当的药物加以调整，再次增收一些新药，成书21卷，名为《开宝本草》。《开宝本草》比《新修本草》新增药物139种。

宋·白釉镂雕殿宇人物瓷枕

宋时还有一些私撰本草并行于世，其中许多经验和知识为官修药典所不备，嘉祐二年(1057)，宋仁宗又命掌禹锡、张洞、苏颂、秦宗古、朱有章等人，增修《开宝本草》。在《开宝本草》的基础上，附以《蜀本草》《本草拾遗》《日华子本草》《药性论》等各家之说，又选录其他医药著作及经史诸书中有关药物的知识，于嘉祐五年(1060)，编成《嘉祐补注本草》，简称《嘉祐本草》。《嘉祐本草》比《开宝本草》新增药物近百种。

唐宋流行的本草药书，药图多为手绘，长期传抄，以致原貌难辨，品类混杂。太常博士苏颂对本草素有研究，深感图经混乱，不宜适用，遂上奏朝廷，建议对本草图经进行重新整订。朝廷接受了苏颂的建议，并于嘉祐三年(公元1058年)，下令各州郡，将所产各种植物、动物、矿物等地道药物，制成标本，并绘制成图，注明生长情况，采集季节、效用功用等，呈送京师；进口药材则命令关税机关及商人辨清来源，说明出处，并选送样品到京，以供绘图之用。这是中国历史上规模最大的一次药物普查，也是世界药学史上的创举。苏颂等人奉诏对来自全国各地的药物标本、药图及文字说明，加以研究、整理，编成《图经本草》二十一卷，共有药图九百三十三幅之多，与《嘉祐本草》同时刊行，这是第一部刻板印刷的药物图谱。苏颂是一位科学家，又精通医学。他对医药学的贡献，主要是依靠集体力量，把全国各地关于药物学的知识集中起来，把实物与文献资料相对证，使我国的药物学建立在调查研究的基础上。

公元1083年，唐慎微将《嘉祐本草》和《图经本草》合为一书，复拾旧本五十余种补入，此外，还博采经史百家、佛书、道藏有关本草者附之，成《经史证类备急本草》三十二卷。全书共载药一千七百四十六种，每药附图，有单方三千余首，方论一千余首，为集前代本草之大成。公元1108年，经艾晟略加整理，雕版印行，名为《大观经史证类备急本草》，简称《大观本草》。公元1116年，曹孝忠等校定刊行，更名《政和经史证类备急本草》(简称《政和本草》)。此后，公元1159年，又由医官王继先校定刊行，称《绍兴校定经史证类备急本草》(简称《绍兴本草》)。

《大观本草》《政和本草》在金元明清各朝均曾重刻，广为流传，还流传到日本、朝鲜。此书沿用五百年，有很高的医学价值，至明代为李时珍所推崇。

针灸疗法

针灸疗法是我国医学的优秀遗产。宋代有一位学问渊博、技术精湛的针灸学家名叫王唯一。他精通古今医学理论，对针灸医疗有很深的造诣。天圣五年（1027），王唯一奉诏设计并主持铸造中国最早的针灸铜人，在铜匠的帮助下，制作了两尊针灸铜人。针灸铜人又称“天圣铜人”，是用精铜铸造而成的针灸模型，工艺精巧，体型与正常成年男子相同，外壳由前后两件构成，内置脏腑，表面刻有人体手三阳、足三阳、手三阴、足三阴和任脉、督脉等十四条经脉和六百五十七个腧穴。穴孔与身体内部相通，可供教学和考核用。考核时，用蜡涂在铜人外表，体腔内注入水或水银。当被考核者取穴进针时，如选择部位准确，刺中穴位，水银或水便流出来。这种精密直观的教学模型是实物形象教学法的重大发明，对针灸学的发展有着深远的影响。针灸铜人共有两具，一具置于汴梁（今河南开封）翰林医官院，另一具则存放于大相国守仁济殿。南宋时，其中一具铜人不明去向。明代正统八年（1443），鉴于铜人的经络、腧穴已模糊不清，难以辨认，明英宗朱祁镇遂命能工巧匠进行复制。此后，宋代针灸铜人这一珍贵的医学文物便失于记载，下落不明。

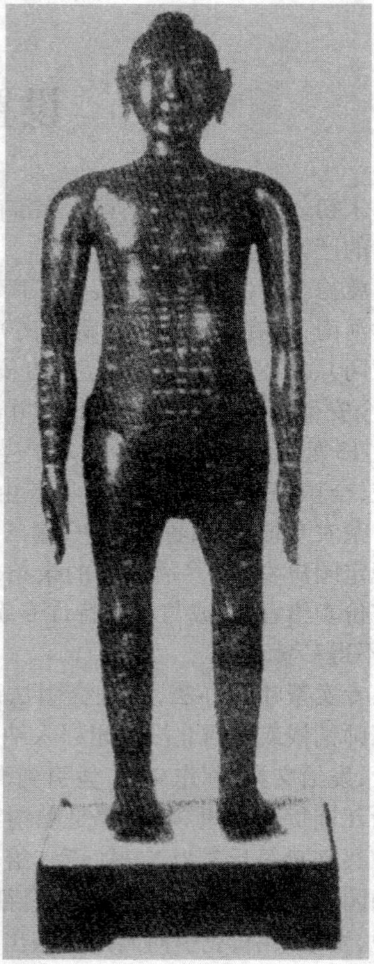

针灸铜人

王唯一在铸成针灸铜人后，完成了《铜人腧穴针灸图经》这部著名的针灸学著作。过去，医学家们考定了 313 个穴位，王唯一增加到 354 个穴位，这是针灸学的一大发展。

除了王唯一的这部著作外，我国现在还流传着两部宋代的针灸学著作：一部是王执中的《资生经》，汇集了南宋以前我国针灸学的精华；另一部是闻人耆年的《急备灸法》，是一部专治急性疾病的针灸学。

第三章　社会万象

设置茶叶专卖市

宋初，为了加强税赋管理，在淮南、东南、四川等地设立了管理茶场的机构，官府负责茶叶的产销专卖与课税。

乾德二年(964)，开始专卖东南茶，次年又专卖河南茶，在蕲(今湖北蕲春南)、黄(今湖北黄冈)、舒(今安徽安庆)、庐(今安徽合肥)、寿(今安徽寿县)、光(今河南潢川)六州相继设立13处买卖茶场，称十三场。茶场中设置官吏，全国茶叶专卖和茶利收入由榷货务主掌。茶农专置户籍，称为园户，输茶折租；由官府规定园户岁额，岁额以外的余茶，必须全部按官价卖给官府，或与官府特许专卖的茶商交易，不得私卖。

宋煮茶画像砖

专卖茶叶的办法，一是交引法，允许商人在京师钠钱或从西北沿边州郡入纳粮草，从优折价，发给文券，称作交引，凭引到淮南十三场和沿江榷货务那里领茶；二是贴射法，商人贴纳官买官卖每斤茶叶应得净利，给券为据，直接向园户买茶出售；三是茶引法，征收商人专卖税，发给茶引，凭引向园户买茶出售；四是茶马法，储备蜀茶，专用来给少数民族换取马匹。

北宋初期设立榷茶场，茶利收入对保证财政开支、军需和军马供应，起了重要作用。但是，嘉祐四年(1059)，朝廷放松了茶禁，允许茶商与园户直接交易，这样，茶场相继废黜。北宋中后期，十三场早已名存实亡。

铜版印刷的出现

我国四大发明之一的印刷术就出现于宋代。在宋代，古代印刷技术达到很高程度，成为印刷技术发展的一个重要阶段，不但雕版印刷达到鼎盛时期，而且也发明了铜版印刷。

宋代版画《御制秘藏诠山水图》（部分）

宋代铜版印刷主要用以铜铸成的铜活字进行排版印刷，其工序同泥活字印刷基本相同，只是铜活字比泥活字造价高，未能如泥活字那样广为流传。铜版印刷在宋代主要印刷一些商品广告、纸币等。用铜版印刷的商品广告，如北宋时期所印的、流传下来的有中国历史博物馆所藏的“济南刘家功夫针铺”铜板，其最上部刻“济南刘家功夫针铺”8 字，上半部正中刻玉兔捣药图像，左右两边分刻“认门前白，兔儿为记”8 字，下半部刻有“收买上等铜条”等 28 字。另有南宋用铜版印制纸币“会子”，上海市博物馆今收藏有会子铜板，版式长方形，上郎右边为金额，左边为料号，当中为赏格文“敕伪造会子犯人处斩。当钱壹仟贯”等字，赏格下文是“行在会子库”5 字，再下为花纹图案。南宋时还有用铜版印刷会子的文献记载，《文献通考·钱币考二》就有南宋 1176 年皇帝下诏令都茶场会子库将第四界铜版继续印会子的记载。

铜版印刷的发明，从一个侧面反映了宋代印刷技术的发展，也是我国印刷术走在世界前列的一个实证之一。

宋代蒙学教育的形成

对幼童进行蒙养教育，古已有之。西周时规定每巷必有一塾；汉代的启蒙学校叫书馆，教师叫书师，还配备有《仓颉》《凡将》《急就》《元尚》等识字教材。宋代偃武修文，文化教育的普及和繁荣是前代无可比拟的，其蒙学水平的发展已达到相当成熟的阶段，教学手段和教育理论渐成体系，还产生了高质量的、长期流传的蒙学课本，如《三字经》、《百家姓》等。

宋代蒙学水平的发达首先表现在学校形式之多与照顾面之广。除开正规官学之外，更多的幼童是读于私立学堂。在当时，乡有乡学、村有村校，还有家塾、舍馆等。此外尚有利用农闲季节专为贫民子弟设置的冬学。这类学校，尽管教育质量不高，但至少使受教育者不至流为文盲。

宋代蒙学教育的目的和任务首先是注重品行的培养，不论是童蒙教材，还是当时著名学者的专章著述，都清楚地表明了这种价值取向。他们认为，“幼学之士，先要分别人品之上下”，小学的目的和大学是一致的，归根结底，是要学好“做人的样子”。其次，宋代学者相信人性本善，因此，童蒙教育的目的也就是保持好先天带来的这种善，防止后天的恶习浸染。两宋理学家关于蒙养教育的一系列论述，都发自这一主题。

中国古代蒙学课本

再次，注重基本历史文化知识的传授和文字基础的积累，并强调自小养成正确的学习态度和良好的学习习惯。背书、写字就成为很重要的功课，写字要求一笔一画，严正分明；读书要求身体正对书册，详缓看字，响亮朗读；日用笔砚物品，要求放有常处。朱熹在《童蒙须知》中总结道：幼童读书，要做到心到、眼到、口到，三到之中，心到最为重要。这一切，都是对后代乃至我们今天仍有积极意义的。

与人们想象中宋儒的刻板形象不同，宋代学者，包括道学家朱熹在内，都非常重视儿童的兴趣和爱好，主张启蒙教育应当形式活泼、因势利导，他们将蒙学教育形容成是春风化雨一般。道学家张载认为：教之不受，告之无益；程颐也强调：孩子未见意趣，必不乐学。显然，他们对教育方法的研究是颇为重视的，这也是蒙学成熟的一个标志。

宋代的蒙学教材，常常是由著名的学者宗师执笔的。诸如司马光、朱熹、赵鼎、真德秀、吕祖谦，均为一代宗师，有的贵为宰相，但并不因粗浅而不屑自为。这也是宋代蒙学教材水平高的缘故。

宋代蒙学教材比起前代发展很大，内容体系方面更为完备。历史类的有四言韵语的《十七史蒙求》《两汉蒙求》；博物类的有方逢辰的《名物蒙求》和王应麟的《小学绀珠》，伦理道德，起居礼仪和家庭训诫的教材尤其多，其中影响最大的当数朱熹的《小学》《童蒙须知》、司马光的《家范》及《袁氏世范》，这类教材更适宜师长用作参考书。

北宋大教育家——胡瑗

胡瑗（公元993年~1059年）是北宋时期的大教育家，因他在湖州办学十分成功，后胡瑗到中央太学担任官员，他的教育方法随之推广到全国。

开始带着保宁军节度推官的头衔在湖州(今浙江湖州)办学,学校规章制度十分健全,胡瑗以身作则,带头执行也穿着厚厚的衣服正襟危坐公堂之师重教,教师把学生当成自己的子弟父兄,因而胡瑗兴办的学校越来越红火,跟着他学习的学生多达数百人。

宋仁宗庆历年间,政府下令振兴全国学校教育,中央也整顿太学,纷纷效法胡瑗在湖州的办学经验,并由中央规定成正式的法令,各地必须严格执行。胡瑗担任太学官员后,学生日趋增加,甚至到了太学原有校舍容纳不下的程度,政府不得不下令征集一批官府公房安置学生。礼部每年所录取的进士,十分之四五都是胡瑗的学生,从而声名大震,声誉日隆。嘉祐元年(1056)十二月,宋仁宗提拔胡瑗为管勾太学,具体负责太学的一切事务。

蒙学教材——《百家姓》《三字经》

北宋时编的《百家姓》和相传为宋王应麟编的《三字经》(一说是宋末区适子所撰),是两种流传较广的以识字教育为主的综合性识字课本。

《百家姓》是集汉族姓氏为四言韵语的蒙学课本,作者佚名。全篇从"赵、钱、孙、李"始,为"尊国姓",以"赵"姓居首。全篇虽是400多个前后并无联系的字的堆积,由于编排得巧,亦极便于诵读。不仅为孩童提供识字条件,而且提供全国姓氏的基本内容。

《三字经》自宋编成后,经明、清陆续补充,到清初的本子为1140字。全书从论述教育的重要性开始,开头是"人之初,性本善。性相近,习相远",然后依次叙述三纲五常十义,五谷六畜七情,四书六经子书,历史朝代史事,最后以历史上奋发勤学,"显亲扬名"的事例作结,把识字、历史知识和封建伦理训诫冶为一炉。《三字经》"分别部居,不相杂厕",全为三言,开三言韵语蒙书的先例,且句法灵活,语言通俗,是中国古代最著名的蒙学课本。

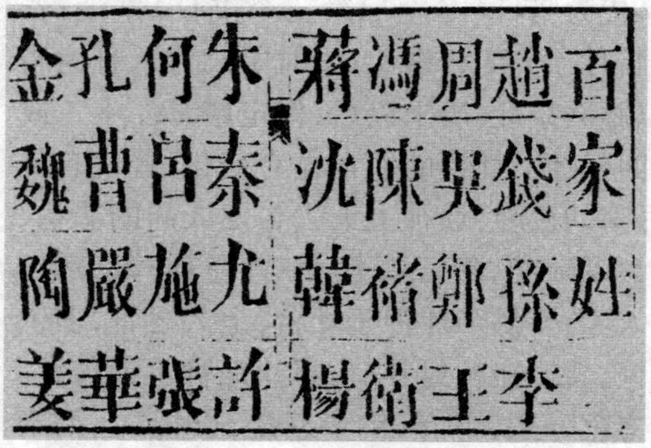
百家姓
趙錢孫李
周吳鄭王
馮陳褚衛
蔣沈韓楊
朱秦尤許
何呂施張
孔曹嚴華
金魏陶姜

清版《百家姓》

《百家姓》《三字经》和《千字文》曾合称"三、百、千",成为相辅相成的整套启蒙识字教材,一直流传到清末。后世曾有不少对《百家姓》《三字经》的改编本,但都未能较久、较广地流传,没能够取旧本而代之。可见旧本在群众中的影响,也可见旧本的文字功力。《百家姓》《三字经》后来还译成少数民族文字,供儿童学习汉文之用,有的还流传到别的国家。

诸神体系逐渐定形

流传于民间的道教神祇，有自然神、英雄神、文化神、守护神、行业神和功能神等。道教诸神有些起源很早，在唐宋时代经改造和新产生，神的体系逐渐定形。

雷公是中国古代神话传说中的司雷之神，又称雷师。《太平广记》谓雷公有兄弟五人，是谓五雷，即天雷、地雷、水雷、神雷、社雷。雷公的画像好像力士，左手引连鼓，右手推椎，若击之状。

门神是中国古代神话传说中司门之神。《礼记·丧大记注》有"礼门神"之说。汉时的门神指神荼、郁垒。后世所绘门神，神荼为白脸，喜相；郁垒为红脸，怒相。

唐代门神改为秦叔宝、尉迟敬德。宋之后，门神愈益多样，有将军、朝官、爵鹿、蝠喜、宝马、瓶鞍等。

灶君是中国古代神话传说中主管饮食之神，亦称灶王。灶神的来由，众说纷纭。一说颛顼氏有子名黎，为祝融火正，祀为灶神。一说炎帝作火，死而为灶。灶神的姓名传说不一。祭灶的时间，历代不同。先秦为孟夏祀灶；汉代为腊日（冬至后第三个戌日）祭灶；晋时于腊月二十四日祭灶；梁时十二月八日为腊日，以豚酒祭灶；唐宋以后，俗定腊月二十三或二十四祭灶。灶神的职司也有变化，晋代有传说，月晦的夜晚，灶神上天去告发人间的罪状，称罪大者夺纪，纪三百日，小者夺算，算三日。旧时人家，多供奉灶神于灶台，上天之日，多供以饴糖，希望能粘封其口，不让灶神上天告发。除夕之夜，迎其下降，供奉迎送，以祈"上天奉善事，下地降吉祥"。

财神

财神是中国旧时民间供奉的招财进宝之神。俗祀财神为赵公明，或称赵公元帅、赵玄坛。民间也有分文武财神的，武财神即赵公明，神像为头戴铁冠，一手举铁鞭，一手持翘宝，黑面浓须，身跨黑虎，全副戎装。俗以三月十五日为神诞而祀之。文财神传为春秋战国时的范蠡。范助勾践灭吴后，改名易姓，理财致富，号陶朱公，商贾多崇奉之。还有奉关帝为财神的，多为合伙经商者信奉。也有奉五路神为财神的。旧时民间奉祀财神，或于正月初去财神庙敬祀，或在家迎接财神帖子，或在店堂迎接人扮的财神登门。

土地神是中国古代神话传说中的村社守护神，古称社神。《诗经》《礼记》《孝经纬》中都有祭祀社神的记载，据《夷坚志》载，有普净寺僧，得沈约所赠墓地为寺，供奉沈约为

土地神。六朝以后，有的地方将当地名人死后祀为土地神，祭奉不绝。旧时各地多设小龛，内塑白发黑衣老翁，伴以老妪，称之为土地公公、土地婆婆，年节奉祀，以祈保四方清静，五谷丰登。

城隍是中国古代神话传说中的城市守护神。古代建国，范土为城，依城凿池曰隍。城隍之名，即本于此。祭祀城隍，由来已久。六朝时，郢城有祠，俗号城隍神。《梁武陵王纪》记有烹牛祭城隍神事。宋后奉祀越演越烈，各处城隍神，多是死去名人，如苏州祀春申君、镇江奉纪信。

文财神范蠡

药王是中国古代或传说中的名医，后演化为神。主要有：一是神农；二是扁鹊，河南郑州城北有药王庄，传为扁鹊故里，立有药王庙，专祠扁鹊为药王神，常于农历四月二十八日祀之，道教尊扁鹊为灵应药王真君；三是孙思邈，俗尊其隐居故里五台山为药王山，并立庙塑像以奉祀。

瘟神是中国古代神话传说中主司瘟疫之神，又称疫神、瘟鬼、疫鬼。隋开皇十一年（591），出现了五瘟神，即春瘟张元伯、夏瘟刘元达、秋瘟赵公明、冬瘟钟仕贵、总管中瘟史文业。当年瘟疫盛行，隋帝立祠并封五瘟为将军。隋唐时，皆于五月初五祭之。历代都有逐瘟神、送瘟神的事。旧时江南，有纸船明烛送瘟神的习俗。

蚕神是中国古代神话中的司蚕神，又称蚕女戎马头娘。战国荀子《蚕赋》作句："身女好而头马首"，蚕马始相连属。晋后，蚕马仙化说广为流传。唐宋后，蚕神又成为乘云架马的九宫仙嫔。后世宫观塑蚕神为女像，披马皮，称马头娘，俗称马明王，用以祈蚕事。

文昌，又称文曲星或文星，原为古代对斗魁六星的总称，后被道教奉为掌人间士人禄籍之神。传说它生于周初，经七十三化，晋末降生，名张亚子，玉皇大帝命其掌文昌府和人间禄位等。旧时士人多崇祀之，以为可保功名。

关帝，道教奉为降神助威的武圣人，又称关公、关圣帝君。原为三国蜀汉刘备的武将，姓关名羽，字云长，蒲州解良（山西临猗）人。传说死后，头葬在河南洛阳，身葬在湖北当阳玉泉山，世人感激他的德义，岁明奉祀。宋代始流传其应龙虎山张天师之召，现形御前，降魔伏怪的显灵故事。宋徽宗于崇宁元年（1102）追封忠惠公，宣和五年（1123）封义勇武安王。

妈祖，原为中国东南沿海民间传说中的女神，道教奉为航海保护神。古称天妃、天后或天上圣母，沿海俗称妈祖。传说她能通变化，驱邪救世，乘席渡海，云游岛屿，人呼龙女。又传她常朱衣翻飞海上，父老即其地而祠之。又说天妃是妙行玉女降世，三月二十三日为诞日，神通广大，救死扶危。人们买卖求财、种作经营、行兵布阵，只要心诚意笃，

往往遂心如愿，因而备受敬奉。其庙遍于东南沿海和台湾，尤以台湾为多。神像为珠冠云履，玉佩宝圭，绯衣青绶，龙车凤辇，佩剑持印，前呼后拥，有千里眼、顺风耳从事。旧时航海，船上多供奉其神像。

宋磁州窑驰名中外

磁州窑是宋代北方民间瓷窑之一，以釉下彩绘著称，其产品纯供邻近地区民间使用。针对购买力不同的消费对象，磁州窑产品主要分为两类：一类是质量较差、价格较低的粗瓷；一类是质量较高、加工较细或艺术性较强的瓷器。磁州窑以后者驰名于当时，这类磁瓷畅销北方广大地区，并对南方地区一些瓷窑产生较大影响，形成了以磁州窑为首的磁州窑体系。

宋瓷以单色釉瓷（青瓷、白瓷、黑瓷）为主流，釉下彩绘影响虽不及单色釉瓷大，但也在唐代的基础上向前发展了一步，为我国瓷器由单色瓷为主向彩绘瓷发展打下了基础。磁州窑之所以能够成为宋代北方民间瓷窑的代表，首先在于它烧出了具有浓郁的民间生活气息的釉下彩绘，这是磁州窑的代表产品。磁州窑的工匠们深谙艺术来源于生活的道理，有意识地把当时当地人的日常生活中喜闻乐见的事物，予以艺术的概括，用纯熟而又简练的笔墨在瓷坯上加以表现。面对这类瓷器，人们不仅对装饰题材倍感亲切，而且还获得了艺术享受。其次，磁州窑装饰手法多种多样，在北方民间磁窑中可谓首屈一指，其以釉下彩绘为代表的装饰风格新颖独特，极大地丰富了宋代瓷器的装饰艺术，把我国陶瓷工艺引入了新的境地。

磁州窑梅瓶

磁州窑釉下彩装饰手法极为丰富，以白地釉下黑花最具代表性，还有白地赭花、黄地黑花、绿地黑花、剔花、划花、点彩、珍珠地等十多种，图案多为花草、鸟兽及反映当时生活风俗的人物小品，如马戏图、戏熊图、钓鱼图、婴戏图、蹴球图、莲塘赶鸭图，还有诗句书法等，构图丰满，线条流畅，气势磅礴，意趣横生，充分体现了民间艺术朴实健康、生机勃勃的情趣，同时也触发了宋代文人写意画的灵感，是中国陶瓷史上的一朵奇葩。

除烧釉下彩外，磁州窑还创烧出了中国最早的釉上彩，即红绿彩，在白瓷釉上用红、绿等色彩彩绘，再经低温烧制即成红绿彩。釉上彩多画花鸟虫鱼，寥寥数笔，色彩浓艳，也颇具民间艺术生动活泼、自由奔放的风味。宋代红绿彩开中国瓷器釉上彩绘之先河，为明清釉上五彩发展做好了准备。

磁州窑瓷器流传下来的比较多,也极为珍贵。如河北省出土的钓鱼枕,画面着墨不多,但生活情趣盎然,非常惹人喜爱。画面突出一男孩执竿垂钓,两鱼正争食鱼饵,男孩儿聚精会神,双目凝视,准备扬竿提线;水面只画三条水波,显示出河水的平静;河边地上点缀几丛野草,笔墨不多,却形神毕肖,由此可见画师高超的绘画水平。这件磁枕以娴熟的艺术技巧,运用先进的彩釉技术来表现具有浓厚生活情趣,正是磁州窑瓷器典型风格的代表作。

磁州窑童子戏鸭图瓷枕

磁州窑瓷器民间色彩浓郁,虽然一直不为士大夫阶层赏识,宋代文献对它甚至只字不提,一直到明代初期才有记载,但其在中国陶瓷史上的地位和影响都是客观存在的。

宋造船业兴旺

宋朝每年都要通过运河从南方运输数百万石粮食和大批布帛等物资到东京附近地区,供应皇室、官吏和驻军,因此,每年都要修治和新造大批运输用船。据《宋会要缉稿》记载,宋太宗至道三年(997)官方共造船3337艘,宋真宗天禧五年(1021)官方共造船2916艘,故造船业十分兴旺。

宋朝在许多地方设有官办造船场,有些规模颇大,如南宋时期洪州、吉州、赣州三造船场各有工役兵卒200人,每天造成一艘船。

宋朝官船场也造海船,官办船场制造较多的又一类船是战舰,尤以南宋记载最多,南宋时官船场造了许多车船,有脚踏拨水轮多个,船速很快。

宋代河运、海贸兴盛,私人船只往来于江河湖海,常被官府运输雇用,私人造船业也极其发达,并且私人船只也有载重量极大的万石船和载数千石的海船。

宋代造船技术在汉唐的基础上有不少的创新,最值得注意的是水密舱技术得到普遍推广和车船技术得到很大发展。

水密舱技术发明于唐,而兴盛于宋。宋代水密舱实物今在许多地方可以看到。1960年扬州施桥镇出土宋代大木船和独木舟各一艘,前者残长18.4m,船艄部分已经破坏,以残存情况看,约可分为5个大舱和若干小舱。隔舱板与船舷是榫按的,缝隙用油灰填塞。1982年泉州发掘的南宋古船已清理部分发现四舱,同时还发现有关于水密舱的确切记载。可见水密舱技术在宋代得到普遍推广。

车船技术始于南朝,成熟于唐,而发展于宋。建炎四年(1130)至绍兴五年(1135),杨

么领导的农民起义军建造了不少车船，据《老学庵笔记》记载，官军战船长三十六丈，宽四丈一尺，高七丈二尺五寸，可见当时的车船规模都是较大的。车船速度快，机动灵活，深受宋人重视。淳熙八年（1181），荆湖帅臣造成五车、六车、七车、八车战船，次年建康府又造 90 只车船，据说其车轮数有多达 22 和 24 个，可见车船技术在宋代得到了更大发展。

宋代在造船技术方面有如下方面的新成就：一是制作了尖底船。尖底船吃水深，故其抗御风浪的能力较强。1979 年在宁波东门口发掘了一艘尖头、尖底、方尾的海船，是我国今见最早的单龙骨尖底船实物。二是船舵技术有了多方面的发展。如平衡舵就是那时发明的，平衡舵把一部分舵面分布在舵柱的前方，以缩短舵压力中心与舵轴的距离，降低转舵力矩，使操纵起来更为轻便灵活，又如升降舵在那时得到了使用，另还使用了副舵、三副舵及开孔舵。三是那时设置了防摇装置，船上的舭龙骨，就是为了减缓船舶左右摇摆，提高行船平稳性而设置的。四是使用了修船的船坞，熙宁中（1068～1077），于金明池北普大澳修成船坞，这是世界上最早的记录。五是船上设探水铅锤，以测水深，预防搁浅。六是造船工艺过程由设计到施工都较为严密科学，宋人在建造形式新颖或结构较为复杂的船舶时，大凡都先制作模型，后依比例放大、施工的。而西方直到 16 世纪才出现类似的简单船图。

毕昇发明活字印刷术

庆历年间（1041～1048），毕昇发明活字印刷术，实现人类印刷史上一次伟大变革。

毕昇的生卒时间、籍贯及经历不可考。据《梦溪笔谈》卷一八载：毕昇用胶泥刻字，字的厚度薄如铁钱，每字一印，用火焙烧使之坚硬而成活字。排版时，先在铁板上放置松脂、腊和纸灰，铁框排满活字后，再在火上加热至药熔掉，用一块平板按压字的表面，使整版字平如砥，即可印刷。"若止印三二本，未为简易，若印数十百千本，则极为神速"。为了提高效率，通常准备两块铁板，一块用来印刷，一块则可排字。第一块印完后，第二块已准备就绪，这样可以交替使用，瞬息可成。每个字有几个字模，特别像"之""也"等字字模多达 20 个，以防同板内重复使用。如果有奇字，旋刻之，用草火烘烤，一会儿就能用。

毕昇

活字印刷的优点主要是减少反复雕刻字模的过程。雕版印刷时，每种书都要自刻一套印版，用过即作废，而泥活字印刷便可印刷许多书籍而不会磨损字模，从而大大提高印刷效益。后代的木活字、铜活字、铅活字均由泥活字发展而来。毕昇发明泥活字，比德国

丁·谷腾堡发明铅活字早400多年。活字印刷术的发明是一次印刷史上的技术革命，在人类文明史上起过里程碑式的重大作用。

中国象棋定型

北宋是我国象棋史上的大革新时代，这个象棋革新的最后结果是象棋逐渐定型为今日中国的象棋，无论是在理论上、技艺上都有较高成就，标志着中国象棋进入了一个新的发展阶段。

北宋时流行的象棋有几种形式。

(1)尹洙(1001~1047)著有《象戏格》1卷，可惜久已失传了。晁公武在记述该书时说："凡五图，今世所行者不多焉"。依此推测，尹洙在1047年以前所述的有五种图谱的象棋，是与南宋流行的定型象棋不同的另一种象棋。

(2)据程颢《明道先生文集》卷一《象戏》的叙述，这种象棋有将、偏、禅、车、马、卒等子；有河界，卒过河可斜行一尖角；很可能有九宫，将在九宫内不但可以八方行一格，而且开局前放在九宫中央。

西藏仅有的吐蕃、古格王统世系图

(3)《七国象戏》是司马光(1019~1086)采用当时流行的两人对局的象棋而编出的棋子。以战国区别：秦白、楚赤、齐青、燕墨、韩丹、魏绿、赵紫、周居中间不动。棋子有将(以各国名代)、偏、禅、行人、炮、弓、弩，刀、剑、骑。七人对局，每人各占一国；六人对局，秦和一国"连衡"；五人对局，楚又和一国"合从"；至到三人对局(《欣赏编》辛集《古局象棋图》)。

(4)据《济北晁先生鸡肋集》卷三五《广象戏图序》记载北宋当时通行一种象棋，"盖局纵横路十一，棋三十四为两军耳"。

(5)有"将、士、象、马、车、炮、卒"32个子并没有河界的棋盘，纵10路、横9路。

以上几种象棋，只有第五种民间象棋形制比较简洁，而对局的复杂性甚强，故能长期流传。这种象棋在宋徽宗时，形制已经同于今日。宋徽宗的《宫词》里有这样一首："白檀象戏小盘平，牙子金书字更明，夜静倚窗辉绛蜡，玉容相对暖移声"。(《十家宫词》)象戏即指象棋，棋盘是用白檀木制造，棋子是象牙做的，以金粉涂写成字。据《渎藏经》甲编第一辑第五十九套《支那撰述·大小乘释律郎》所说可知，南宋初年民间流行的象棋，棋盘

中间有河界，双方各 16 子。《二朝北盟会编》卷九八引曹勋《北狩见闻录》也说到了三十二子。由此可以推断，这种 32 子的象棋的成立，当不迟于 11 世纪中叶。

南宋时，象戏已成为当时群众文娱活动不可缺少的内容。

临安市内的小商店、小摊贩那里都可以买到棋子棋盘。在一般的茶肆中也置有棋具，供人娱乐。以棋供奉的宫廷棋待诏中，象棋手占了很大一部分，其中还有女棋手。宋代还有专门的棋师，姚宽《西溪丛语》卷上记载一道人善棋，是民间著名棋手。就连当时的船员和乘客都普遍爱好象棋。

白庙壁画《二十七星宿》

棋局记载在南宋已有，如《事林广记》中发现了两局棋，其一，“白饶先顺手取胜局”；其二，“白饶先白起列手取胜局”。前者以“炮八平五，炮八平五”起局，后者以“炮八平五，炮二平五”起局。因宋代记谱方法是以黑棋为准，自左至右 22 方都用一至九的中文数码表示，故前局是顺手炮局，后者是列手炮局。

《事林广记》还记载了 30 个残局的名称，分十舱局面、人名局面和兽名局面三种，“二龙出海势”一局有图，是我国现存的最古的一个残局图。

我国象棋在宋代定型后，爱好者不断研习、创新，逐渐丰富了着法的变化，使象棋进入了新的发展时期。

宋神宗命名的传统兵书——《武经七书》

中国传统兵学到宋代最后趋向定型，其标志是《武经七书》的颁行。

《武经七书》的颁行，和宋代建武学、设武举紧密相连。在武学设立之前，宋就沿用唐武举选拔军官的旧制，武举考试的重要内容之一是古代兵法。武学设立之后，编辑选定一套标准的军事理论教科书更成为迫切的需要。中国古代兵书浩如烟海，良莠不一，为了便于学员学习，也为了给武举考试划定范围，元丰四年（1081），神宗下令国子监选出一批精粹作为教材。朱服、向去非等人经过三年多努力，最后确定和校理了《孙子兵法》《吴子兵法》《司马法》《六韬》《尉缭子》《黄石公三略》《李卫公问对》七部兵书，宋神宗命名

为《武经七书》，刻版颁行，作为教材。

《武经七书》在中国军事学术史上占有重要地位，它是我国古代战争实践经验的概括和总结，是古代军事理论的精华和优秀代表。它的颁行，奠定了中国传统兵学的基础，标志着中国传统兵学的定型。它一直作为一个整体被广为流传，产生了重大影响，南宋、明、清都将《武经七书》作为武学取士的重要内容。

苏颂制造天文仪器

苏颂（1020~1101），中国宋代著名的天文学家，字子容，福建泉州南安人。他主持制作水运仪象台并撰写设计说明书《新仪象法要》，书中收录其绘制的中国历史上最重要的星图之一——全天星图，他还改造了天象仪的鼻祖——假天仪，反映中国古代天文学高峰时期的杰出成就。

苏颂

苏颂从小就熟读四书五经，22岁中进士入仕途，终身从政，担任过馆阁校勘、集贤校理、刑部尚书、吏部尚书及宰相。元祐元年（1086），他奉命校验新旧浑仪，在吏部守当官韩公廉的帮助下，于元祐七年（1092）集合一批工人制造出一座把浑仪、浑象和报时装置三组器件合在一起的高台建筑，整个仪器用水力推动运转，经变速和传动装置使三部分仪器联动，浑仪和浑象可自动跟踪天体，又能自动报时，后称水运仪象台。仪器共分三层，约高12米、宽7米，上狭下宽，底层足全台的动力机构和报时钟，中层密室内旋转着浑象，上层是屋顶可启闭的放置铜浑仪的观察室。这是当时世界上最高水平的天文仪器，对世界天文学的发展起过举足轻重的推动作用。它是世界上最早出现的融测时、守时和报时为一体的综合性授时天文台，是保留有最早详细资料的天文钟，可能是欧洲中世纪天文钟的祖先，而水运仪象台上层的铜浑仪是典型的赤道装置，代替望远镜的是一根望铜，这一发明比英国威廉·拉塞尔和德国夫朗和费在望远镜上使用转仪钟早了8个世纪。它也是世界上首次采用活动天窗观测室的仪器，现代天文台观测室的天窗都活动启闭，既方便观测又便于保护仪器，水运仪象台上层放铜浑仪的小屋，其屋顶就可开合。它是世界文明史上无与伦比的一颗明珠。

苏颂为能更直观理解星宿的出没，又提出设计一种“人在天里”观天演示仪器，即假

天仪，它是用竹木制成，形如球状竹笼，外面糊纸，按天上星的位置在纸上开孔，人在黑暗的球体里透过小孔的自然光，好像夜幕下仰望天空。人悬坐球内扳动枢轴，转动球体，就可以设身处地地观察到星宿的出没运行。

而近代的天象仪是通过小孔发光射到半球形天幕上来演示星空的，因而假天仪是近代天文馆中使用天象仪进行星空演示的先驱。

宋版画的普及与盛行

版画是绘画和印刷术的结晶，它于唐、五代时期兴盛，至宋而更趋发达。宋代版画有佛教版画、科技版画、人物版画和山水版画等种类，题材广泛，传播覆盖面大，其艺术特色在总体上继承和发扬了五代各地的刻印传统，以刀代笔，追仿绘画笔法，但由于题材内容不同，插图风格各显其异，宗教版画以庄重华贵为主，农、医等科技类版画注重结构严谨和具体的实用性，而文艺类书籍插页中的版画则手法活泼，力求表现自然的生活气息。

曼陀罗图

宋代版画大量运用于传播宗教经卷，最著名的是开宝年间印制的5000卷《大藏经》，其他佛教经典如《开宝藏》《崇宁藏》《圆觉藏》《碛砂藏》等，也都是规模庞大的刻印，其中卷首图，章法完善，体韵遒举，称得上一代珍本。北宋之时，画家高文进曾绘《弥勒菩萨像》，由“越州僧知礼雕”，由于绘、刻两者都是高手，作品蜚声域外。在这些版画中，还有一种山水图，为宋大观二年（1108）刊印，现存四幅于美国哈佛大学福格美术馆。画中虽然刻有僧众的活动场面，但作品以山水景物为主体，可视为中国最早的山水版画，此画以细密的水纹衬出留白的丘壑，在保留绘画线描的基础上，充分发挥刻刀的力度，颇具装饰效果。

宋代科技版画也获得了重要发展，大量的医药、天文、地理与金石皆随书刊印成版画，既有说明性，又有艺术性。如当时的应用书籍《营造法式》《宣和博古图》以及医学用书等，绘制都非常精细，一丝不苟，它们对版画的发展，可以说起到了积极的作用。

版画也是宋代传播绘画艺术的重要手段，南宋宋伯仁编绘的《梅花喜神谱》百图，刻画了梅花的各种自然生态，刀法、笔法相得益彰，劲健明快。

这个时期的经史书籍如《毛诗》《周礼》《尚书》《论语》《荀子》以及老子的《道德经》、庄子的《南华经》等，都有木刻插图相配。又如《古列女传》，上图下文，成为福建安版画

的早期代表作，这些插图多至123幅。宋代还有用版画刻印年画的记载：孟元老《东京梦华录》记汴京“迎岁节，市井皆印卖门神”；吴自牧《梦粱录》记载汴京岁终时，“纸马铺印钟馗、财马、四头马等”；沈括在《梦溪笔谈》里更详细记载了宫中大量镌版印制“钟馗捉鬼图”的情景。这说明绘画的刻印，不仅在宫禁，而且在民间，都已盛行。

妇女裹头裹足的习俗

妇女裹头的习俗自唐代开始。当时妇女流行头戴皂罗，5尺见方，也叫作“幞头”，到宋代就称为“盖头”。据说当时妇女走上大街，常用方幅紫罗，以障蔽半身（《清波别志》）。司马光在《家范·治家》中提倡如果妇女有事走出家里的中门，就一定要“蒙蔽其面”。宋代时，妇女出门戴盖头日渐增多，当时东京的妓女出门都将盖头背系在冠子上。元夕节观灯，妇女戴着“幂首巾”上街，甚至到曲巷酒店中饮酒，仍然要“以巾蒙首”。到了南宋时，农村少妇外出，也要带上皂盖头。毛珝有诗说：“田家少妇最风流，白角冠儿皂盖头。笑问旁人披得称，已遮月色又遮羞。”（《吾竹小稿·吴门田家十咏》）新娘在举行婚礼时戴上盖头也是源自宋代。据《梦粱录·嫁娶》记载，临安府富室的男女，在结婚前三天，由男家送给新娘一些“催妆”礼物，其中包括销金盖头。举行婚礼时，由男家夫妇双全的女亲，用秤杆或机杼挑下新娘的盖头，新娘“方露花容”。

裹足的风俗源自南唐后主李煜（937~978），他曾下令宫女妃嫔用帛缠足，使之纤小，向上弯曲成新月形状，此后逐渐流行到京城以外的城市。苏轼曾写过一首词描写教坊乐籍的舞女仿效“宫样”缠足：“涂香莫惜莲承步，长愁罗袜凌波去；只见舞回风，都无行处踪。偷穿宫样稳，并立双趺困，纤妙说应难，须从掌上看。”（《菩萨蛮·咏足》）把缠足女子的体态写得很美。北宋后期时，徐积（1028~1103）赋诗表彰蔡氏寡妇艰苦持家：“何暇裹两足，但知勤四肢。”可见其时裹足现象已很多。南宋时，妇女裹足现象逐步增多。安葬在江西德安县的一周姓妇女，生前裹足，死后双脚犹裹有脚带，各长200厘米，宽10厘米，用浅黄色素罗制成。这是宋代妇女裹足的物证。

车若水（字清臣）目睹妇女从小缠足，遭受无谓的痛苦，最早撰文提出反对。他说：女子不到四五岁，就将双足“缠得小束”，“无罪无辜而使之受无限苦”，“不知何用？”（《脚气集》卷一）这种观点在当时女子缠足蔚然成风之时显得难能可贵。

宋代报纸迅速发展

宋代，我国古代报纸得到迅速发展，不仅中央和地方两级官报成为各级官吏和士大夫的必读之物，小报也应运而生，且发挥着越来越重要的作用。

中国最早的报纸是唐代的“进奏院状报”，也称邸报，由各藩镇派驻京师的进奏官根

据政府发布的“报状”抄传编发，是藩镇传报朝廷消息的一种地方性官报。宋初中央集权进一步强化，进奏院被改为直属中央政府的行政机构，朝政大事由其“誊报天下”，发布的“进奏院状报”便上升为中央一级的官报，发行到地方后，各州进奏吏再据其内容要点编发“邸抄”或“邸报”。这样，便出现了中央和地方两级报纸。南宋，中央官报称“朝报”，且每日发行，新闻时效性较强。

宋代官报内容除了一般诏旨章奏，还报道许多关于宫廷生活、仕官升迁、镇压农民起义和少数民族的战报等国家政事的动态，通过阅读报纸得知朝廷大事，不仅成为各级官吏和士大夫茶余饭后的雅兴，也是他们侧身官场的一种政治需要。

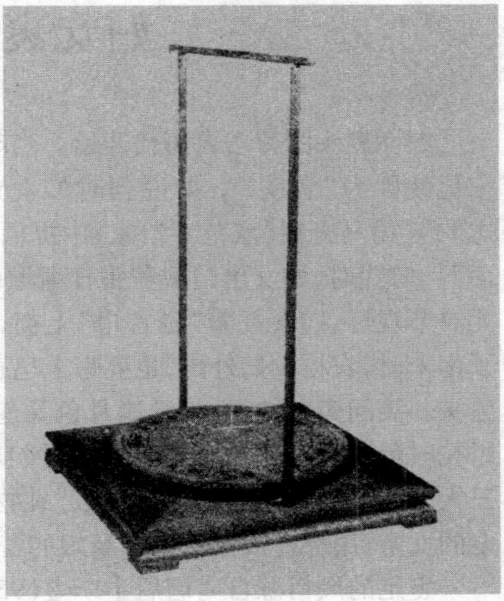

北宋中期的缕悬法指南针

宋代的官报审稿和发布制度较严格，官报样本传布各地前需经中央执掌军权的最高机关枢密院审查，到南宋则改由最高国务机关之一的门下省编定。进奏院将严格筛选出来的官报“定本”向地方发布。后来又出现了脱离“定本”制度的“小报”，这是报纸在宋代的一个重要发展。小报出现于北宋末，盛行于南宋，是宋朝内外矛盾交错的产物。长期以来主战派和主和派之间、改革派和保守派之间矛盾尖锐，官场人物及其附庸都想及时得知朝廷动态和内幕新闻，进奏官吏和专事探听消息者合伙秘密经营的“小报”便应运而生。他们利用职权，抢先用小纸书写官报尚未发表和不准发表的消息，以及奏章中未曾实施的事，并飞报远近，高价出售，“小报”之称即由此而来。“小报”还曾被“隐而号之曰新闻”，具有时事报道含义的“新闻”一词就从南宋起和报纸联系在一起。小报的新闻性很强，但内容有真有假，因其消息有的来自政府机构的泄漏，有的来自市井谈论，甚至有的纯属凭空编造。徽宗时，就发生过小报刊登伪诏的事件。当时，徽宗任用蔡京主持国政，蔡京对外妥协投降，对内搜括勒索，正直官吏和百姓都很痛恨。大观四年(1110)，小报上突然登出徽宗斥骂蔡京的诏书，且淋漓尽致，大快人心。虽然这是小报经营者的编造，但人民的呼声和愿望却得到曲折的表达。

“小报”这种半官方半民间的报纸具有强大的生命力，它动摇了官报的垄断，冲击了“定本制度”，被统治者认为制造了混乱、蛊惑了人心而屡遭严厉查禁，但不仅没有在宋代绝迹，而且在明、清二代得到了发展。

观世音塑像的流行

观世音菩萨以其大慈大悲救苦救难而受到中国信众的普遍供祀，特别是在北宋，其时帝王对佛教优礼甚厚，影响到民间，信仰观世音菩萨蔚为一时风尚，突出的标志是观世音塑像的大量流行。

开宝四年(971)，宋太祖赵匡胤下诏在隆兴寺内兴建大悲阁，并铸大悲菩萨千手千眼观世音铜像。做成前后，宋皇曾三度临幸视察，足见皇室对佛教的崇信程度。由于帝王的提倡，朝野上下信仰大悲观世音渐成风俗，各地争相造观世音塑像，或塑或雕，不一而足。在陕北、四川、浙江等地的宋代石窟造像遗迹中，或者单独开龛供养，或者雕作不同名称的观音化相，于佛像之外自成体系。当时有像辛澄这样以画观音像知名一方的画家名手，经他所传的“海州观音样”曾在四川广为流传。

山西大同送子观音雕像

现存的宋代观世音塑像遗迹甚多，都有各自的姿态和特色。如四川安岳华严洞左壁观音像，取跏趺坐姿，手作定印，头戴宝冠，外罩薄纱，双目微合，端庄娴雅，神态雕刻细腻生动。浙江杭州烟霞洞观音像头戴高冠，外着风帽，袈裟罩体，项饰七宝瓔珞，双手交置腹前，表情慈祥恬静，形象间融入了中国信众对观世音菩萨悲天悯人神性的理解和企盼。大足托山石窟125龛数珠手观音为北宋年间开龛雕造，形象娇媚柔丽，含笑欲语，有“媚态观音”美称。北山113龛水月观音，取消散悠闲的姿态。这种水月体的观音像，首创于唐代画家周昉，五代北宋时期在石窟造像中首次出现水月之体，稍后又出现水月样式的紫竹观音，如雕造于南宋的四川安岳塔子山毗卢洞紫竹观音，背间刻出竹丛巉岩，极富雕饰意味，面容表情已出现世俗人特质，从而使水月观音样式更显出世俗化特征。大足北山149号窟如意轮观自在菩萨像，改变唐以来一体六臂的形式而作一面二臂，与另外两尊观音像同臂雕出，并在三像左右两侧分别刻出男女供养人像。据窟内题记可知，这窟观音像是北宋建炎二年(1128)奉直大夫知军州事任宗易夫妇发愿雕造，由此可知当时信奉观音之风的兴盛。另外，宋代还镌造有观音菩萨多体像，如大足妙高山第4窟正壁雕刻西方三圣像，左右两壁共有观音立像十躯，手中分持不同法器作对称排列，左壁观音着对襟式天衣，右壁观音穿圆领方口

天衣，下着长裙，风姿绰约，宛如人间美女。据造像风格观之，当为南宋绍兴年间雕造，为观音像体系的最终定型作了图样上的有益尝试，也为其他菩萨像的创造和完善提供了可资参考的经验。

此外，北宋出现了过去所罕见的以观音为中尊，配以文殊、普贤两位菩萨三位一体的组合形式，这是入宋以来观音信仰在民间流行之后逐渐发展起来的新样式，如隆兴寺大悲阁内的观音塑壁展现的就是这种形式。还有元丰二年(1079)兴建的山西长子县崇庆寺三大士像，观音菩萨地位显尊，体现出宋代民间普遍信仰观世音菩萨的空前盛况。

宋代观音像的流行，以及当时观音供祀的风气，反映了由唐迄宋信仰风气的转变。

中国出版业全面发展

宋代，图书出版事业得到全面发展，进入了一个黄金时期。经济、文化的空前活跃和繁荣，图书生产手段日趋完善，使得图书的生产规模和生产数量取得惊人进展。各地都开始出现雕版刻书机构，并形成分布于中原、西南、东南的四大刻书中心，全国性刻书网络以官刻、坊刻和私刻为三大主干力量，开创了空前的繁荣景象。

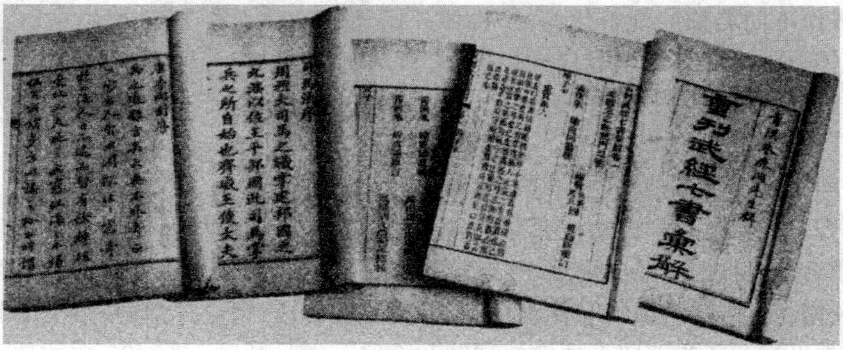

宋代《武经七书》

政府刻书业称官刻，建隆四年(963)颁行的《重门宋刑统》是宋代官刻第一部书，也是我国历史上第一部官方刊印颁行的法典，对宋代早年全国律令的统一、法制法规的建立有重要意义。后来，为顺应民间尊崇佛教的风气，政府又在四川成都开雕大藏经，即是佛教上著名的《开宝藏》，共计 13 万版片，1076 部，是有史以来第一部刊印的汉文佛教总集。

宋朝政府在发展刻书业的同时，也建立和完善各级刻书机构。中央主要刻书管理机构是国子监，同时又是国家教育管理机构和最高学府。国子监出书注重质量，刻书内容除翻刻五代监本十二经外，还编刻九经的新旧注疏。从宋代建国初到景德二年的 40 余年里，国子监雕版数量增长 25 倍，其中有大量史书，《三史》(《史证》《汉书》《后汉书》)、《三国志》《五代史》等，司马光主编的《资治通鉴》也曾镂版印刷。国子监也刻印了许多

医书,类书、算书、文选等也有校刻。中央刻书机构还有秘书监、崇文院、太史局、校正医书局等。各级地方政府也竞相刻书,并且常请知名学者担任校勘,故刻印质量都属上乘。地方官刻也是宋代官刻的主要组成部分,在宋代官刻中发挥过重要作用。尤其是宋朝南渡后,旧存开封国子监版全遭毁弃,在恢复和重建过程中,国子监调集地方书版或依靠地方力量搜集书籍版进行刻印。

校书图

书坊刻书称坊刻,书坊又称书肆、书林、书堂、书棚、书铺、经籍铺、书籍铺,是卖书兼刻书的店铺作坊。书坊规模增大,遍布全国,以开封、杭州、建阳麻沙等地最为集中和有名。这些书坊以刻印出售书籍为业,以营利为目的,拥有写工、刻工、印工等,雕版、印刷、装订等生产手段齐备。有的坊主本人就是藏书家或编辑,能集编辑、出版、发行于一身,因此使坊刻书名目新,刻印快,行销广。坊主还常刻意翻新版刻形式,客观推动了版刻技术的发展。

两宋有很多著名书坊,尤以临安陈起父子睦亲坊和建安余氏刻书世家最有名。陈起有颇深的文学艺术造诣,曾为江浙文人编印诗集《江湖集》,还刻印了不少唐人诗集,他的刻印质量精美,是坊刻中的上品。建安余氏刻书百年不衰,官刻之书也不少由其承刻。鲁迅曾在《中国小记史略》中高度评价余氏刊本。坊刻书内容广、涵盖面大,迎合不同阶层的文化需要,比起官刻和私刻又有刻印快、发行量大、行销广等优势,促进了图书的广泛流传,也促进了文化的普及发展,但因为坊主追求营利,印书质量往往参差不齐。

私家刻书则称私刻或家刻,是指不以卖书为业,由私人出资校刻书。两宋时私刻很多,刻书人注重声誉,总是选择优秀版本作底本,且极重注意校订、镂刻的质量,因此所刻之书大多是上品。如临安进士孟琪所刻《唐文粹》、京台岳氏所刻《新雕诗品》等都一直受到推崇,尤其南宋廖莹中刻印的《昌黎先生集》和《河先生集》历来被誉为神品。

私刻也包括家塾本,是富贵之家的私塾教师依靠主人财力刊刻的书籍。私塾教师中不乏真才实学之人,他们或著述、或校勘、或注释、或阐发前人著作,质量较高,具有学术性强和校刻精湛的特点。著名的善本书“庆元三史”(黄善夫本《史记集解索引正义》《汉书》和刘元起本《后汉书》)、岳氏本《九经》《三传》等都是家塾本。

总的来看,发达的刻书事业体系和完善的刻印网络已在宋代形成,其刻印内容很广,反映了社会文化的各个方面;精湛的校刻为后世留下许多珍贵善本;强大的刻印力量促使许多大部头著作问世;并且拥有足可雄视前代的刻印数量。我国古代图书事业由此而跨入了全盛时期。

皮影戏的出现与兴盛

皮影戏属于傀儡戏的一种，是中国古老剧种，皮影戏演出用的“影人”是用驴皮，或用牛皮、羊皮经过硝制刮平，根据剧中的角色和衬景的设计进行雕簇、敷色、熨平、装订，在艺人掌握操纵下，靠灯光透射、将影人映现到屏幕上（俗称亮子），随着乐器伴奏和唱腔配合，便成为“一口叙还千古筝，只手对舞百万兵。”意趣盎然，生动形象。

中国皮影艺术的历史，最早的记载是西汉时期，汉武帝最宠爱的李夫人亡故后，非常思念，有“方士齐少翁言能致其神，乃夜张灯烛，设帷帐，陈酒肉，而令上居他帐，遥望见好女李夫人之貌，还幄坐而步”。武帝看后倍加相思悲感，作诗曰：“是邪，非邪，立而望之，偏可姗姗其来迟！”（《汉书·外戚传》）

从记述看，方士少翁可能是用皮革或其他平面材料，雕簇成剪影形成的李夫人形象，不但貌似，而且还可以走动，在表演设备上，有灯烛、帷帐，汉武帝观看要“居他帐”，就是坐到帷帐的前面，似乎已具备皮影戏的雏形。不过，汉代“百戏”虽然十分盛行，“扮演人物，敷演故事”的艺术形式也开始出现，而影戏则不见记载，大概除在宫廷内搞些影人的活动外，尚未形成剧种。

到了唐、五代，寺院僧徒俗讲，或谓夜讲时，有在讲筵设图像之事，即宣扬佛事的解说图像。

真正的皮影戏是北宋时期才开始出现并兴盛起来的，据宋代孟元老《东京梦华录》记载：当时北宋京城汴梁城内市民娱乐场所“瓦肆”很多，演出的“百戏”种类也“不可胜数”观众“不以风雨寒暑，诸棚看人，日日如是”，可见其繁华的景象，“瓦肆”中专有“影戏”的演出，著名影戏艺人有董十五、赵七、曹保义……等。此书还记载京城正月十六日，大街小巷挂满了花灯，设计了许多乐棚，没有灯棚和乐棚的地方，设小影戏棚子，为防止本坊巷游人的小儿迷失，让他们聚集在这里看影戏。

宋朝高承《事物纪原》记叙“仁宗时市人”有谈三国者，或采其说加缘饰，作“影”，宗代时以影戏讲史，是很深入人心的。不过，宋初的影戏还不是皮影，而是“纸影”。据南宋吴自牧《梦粱录》记载“……汴京初以索纸雕簇，自后人巧工精，以羊皮雕形，用以彩色妆饰，不致损坏。”当时演出的剧目“其话本与讲史书者颇同，大抵真假相半，公忠者雕以巨貌；奸邪者刻以丑形，盖亦寓褒贬于其间耳。”宋代还有一种，名叫“大影戏”，以真人扮演，说唱均由后面的人担任，如同木傀儡，又名“弄乔影戏”，专演讽刺滑稽的小剧目。宋诗中有影戏诗写道：“三尺生绡做戏台，全凭十指逞诙谐，有时明月灯窗下，一笑还从掌握来。”

皮影戏之所以在宋代兴起，与宋代的历史条件分不开，当时的宋京汴梁城政治稳定，商业十分发达，城内的“瓦舍”有五十余处之多，因此市民说唱文学也随着商业经济的发展而兴盛起来。许多民间优秀文学作品，多以歌曲说书、鼓词、弹词、戏曲等艺术形式出现，而皮影戏便是从说书讲史演变成形声并茂的特殊剧种。

皮影戏在宋代形成后，金、元变替并未因此而断绝，明武宗正德戊辰三年（1508），北京举行百戏大会演，皮影戏也在其中。

富于贵族气派的南宋官窑

南宋官窑窑址在今杭州一带。据文献记载，宋窑南迁后，在首都临安（今杭州）先后设立了两个官窑，一是修内司窑，二是郊坛下窑。修内司窑与北宋汴京官窑、汝窑相似，都是紫口铁足，都有蟹爪纹开片此窑地迄今尚未得到证实。郊坛下窑窑址在杭州乌龟山发现，出土瓷片胎质黑灰，胎薄釉厚，乳浊如玉，釉色有粉青、炒米黄等多种，造型多仿古。

南宋官窑传世器物以盘、碗、洗等圆器较多，器身有葵瓣、莲瓣诸式，造型精细规整，碗足多露胎，盘、洗则多为满釉支烧，器底有支钉痕，痕底比汝窑大，呈黑灰色。琢器也传世不少，多模仿古青铜器物式样烧铜，瓶有觯式、投壶式、贯耳式、扁壶贯耳式、扁腹贯耳式，每式均有大小，以小件者较多。洗以圆型者为多，有方形者，四角有垂云足。圆洗传世不少，均为线式，口微外敞，器身接近垂直，底有两种形式：一为平底满釉支烧，底有六或七个支烧痕，此种烧法与传世宋汝窑相似；二为线圈足，足微高出器底，圈足较宽，微微凸出器底，足均露胎，呈黑灰或黑紫色。

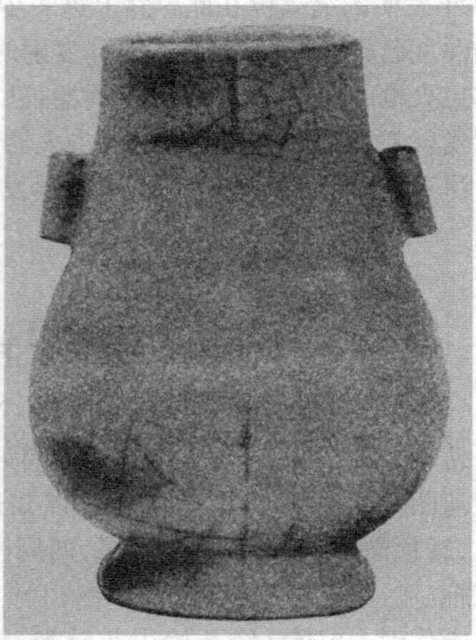

官窑贯耳瓶

官窑纹片有大小，纹片大者纹路稀疏，纹片小者纹路细密，纹片均呈金黄色，文献称为鳝血色。官窑釉色，明代文献说以“粉青、月白为上，油灰乃色之下也”，事实上官窑釉色用粉青、月白及油灰三种是不能概括的。官窑釉质呈晶莹润泽特征，文献形容为“如堆脂”，包含有滋润凝重的含义。传世官窑釉好者多藏故宫博物院，以双耳大瓶、圆洗等最富代表性。

南宋官窑存世时间不长，而且官窑之间前后依存性较明显，南宋官窑（修内司窑、郊坛下窑）都模仿北宋官窑（汴京官窑、汝窑），注重器形釉色，不重纹饰，素面无纹，线青色中没有明显的开片面，器形端庄大方，富于贵族气派。

南宋突火枪的出现

南宋时，火药性能提高，火药兵器在兵器中的比重显著增大，火药武器的制作也日趋精良。这时，战场上开始出现类似近代枪炮的火药兵器，突火枪是其中具有代表性的一种。

1132 年，陈规镇守德安时，制成了能喷射火焰的长筒形火枪，用以焚毁敌人的大型攻城器；1232 年，金军在作战中使用了飞火枪，它其实是用 16 层纸卷成约 2 尺长的筒，内装火药、铁渣、磁末等物，再绑在长矛前端，临阵先点燃烧杀敌人，喷完火后再用矛格斗。1259 年发明的突火枪在此思路上进一步发展，它用良竹为筒，能发射出"子窠"，即弹丸，这种弹丸已具备后世子弹的雏形，发射时声响如炮，远近皆闻。

突火枪的出现，意味着火药兵器，已从过去只能喷火焰烧灼敌人的管形喷火器，发展到能发射弹丸杀伤敌人的管形射击火器，不能不说是世界武器制造史上的划时代进步。

尽管当时的突火枪还未使用金属发射管，但其发射原理却是后世步枪、火炮的理论先导。

用花轿迎娶新娘

轿子是从辇、舆等载人工具演变而来的，在五代出现了有顶的轿子。从张择端的《清明上河图》和《宋史·舆服志》中可以知道，当时的轿一般呈正方或长方形，有黄、黑两种颜色，轿顶向上凸出，没横梁支撑，四周围以篾席，左右开窗，前面没有门帘，以两根竹长竿扛抬。

宋代时，男家已经开始用花轿来迎接新娘，在此以前使用的迎亲工具是花车。司马光在《书仪·亲迎》中记载说："今妇人幸有毡车可乘，而世俗重担子，轻毡车"，担子也就是轿。可见当时民间迎亲已大部分采用花轿。据《政和五礼新仪》规定，皇帝要皇后入宫，皇后乘后肩舆（原注，"肩舆为担子"）进堂上，再降舆升车。当时亲王家的公主出嫁，要乘坐金铜担子，轿顶用朱红漆的脊梁，用剪棕作盖，再装饰上渗金铜铸云凤花朵，四周垂绣额珠帘、白藤间花。两壁栏槛上雕以金花装的雕木人物、神仙。担子装有两根长竿，竿前后都用绿

上花轿是婚礼上最热闹的一个场面

丝绦金鱼钩子钩定。据《东京梦华录·公主出降》士庶之家和贵家女子结婚,也乘坐轿子,只是轿顶上没有铜凤花朵罢了,当时市面上还有店铺专门出租担子。

据吴自牧记载,临安府民间在迎亲的日子,男家算定时辰,预先命"行郎"指挥搬运花瓶、花烛、妆盒、镜台等人,还要雇上妓女乘马,雇请乐官鼓吹,抬着花轿到女家迎接新人。花轿抬到女家之后,女家摆下酒宴款待行郎,发给花红银碟及利市钱,然后乐官奏乐催妆,时辰一到,催促登轿;茶酒司齐念诗词,说着吉利的话,催请新人出阁上娇。新娘是由女家的亲戚抱上轿的。新娘上轿后,抬轿人还不肯起步,仍在那儿念着诗词,索取利市钱和酒,这叫"起担子"。女家发给钱以后,行郎们才抬起轿子齐声奏乐,一直迎到男家的门口。这时候预定的吉时将到了,那些乐官、妓女和茶酒司等还要互相念着吉利的话,在门口索取利市钱物花红等,这叫"拦门"。

宋代以后,新娘乘坐花轿的风气一直沿袭下来。花轿的设备越来越考究,花轿也更加富丽堂皇。

陈旉著《农书》

南宋绍兴十九年(1149),陈旉著成《农书》。它所反映的是南宋初长江下游三角洲的农桑经营情况,是一本典型的地方性农书,也可视为一部自耕农和小经营地主的生产经营和技术指导手册。学者们对《农书》评价甚高,认为它可以与《氾胜之书》《齐民要术》《王祯农书》《农政全书》等并列为我国一流的古农书,它有许多独特的创见和发明,内容丰富多彩。

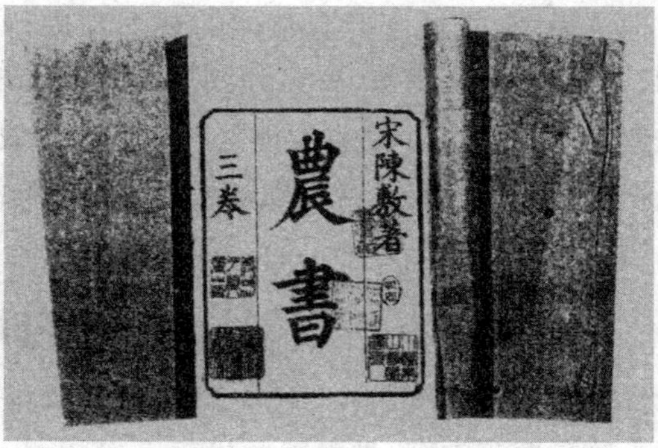

《农书》

陈旉《农书》是以江南一个农业区域或一个具体农场为研究对象,虽然连序、跋在内才一万二千余字,但书的结构表现出了江南泽农特点的一个相当严谨的整体,作者似乎是试图追求一个新的完整的农学体系。全书分上、中、下三卷,上卷没设篇名,内容是论述土地经营管理和作物栽培,重点讨论水田生产但也兼及旱地的耕种为全书主体;中卷《牛说》,论述耕牛,实际上是水牛的经济地位、饲养管理,以及牛病的防治,这是所有现存农书中第一次用专篇系统研究耕牛的问题;下卷蚕、桑,讨论蚕、桑的培育管理。把蚕桑作为农书的一个重要问题来研究,也是此书所开先例,并对以后的农书有深远的影响。最能体现出其体系严谨的是他上卷诸篇的编次,按实际耕作过程中先后当考虑的问题而贯穿为一个有条理的有机整体,分别论述

了“财力之宜”“地势之宜”“耕耨之宜”等“十二宜”。正如作者在后序中所说,其目的是使“览者有条而易见,用者有序而易循”。

陈旉本人是一个杂糅释、儒、道思想的全真教道徒,《农书》中用以解释农学原理的哲学思想也较驳杂,有“农本”“圣人”之训、阴阳五行学说等,而其核心的指导思想仍是以“天、地、人”为内涵的“三才”哲学思想,这与其他农书一样。陈旉对农业生产的一般原理进行较高理论性的探索,常用自己的语言表达心得体会,表现了其独创性。陈旉把“人力”的作用放在首位,看作是整个农业生产的核心。对于“地”,注重统筹观察与利用,特别强调施肥对于提高地力的重要性。论述“天时”,他把“天”“地”“时”紧密结合起来谈,反映出他对三者相互作用的关系的深刻认识。

陈旉在《农书》中对土壤和施肥理论的发展有突出的贡献。陈旉以前的农书对于施肥的方法的论述很贫乏,似乎是只有基肥一种,只强调绿肥的使用。陈旉在《粪田之宜》等篇中介绍了火粪、发酵的麻枯、粪屋积肥、沤池积肥等积肥方法,其指导思想是开辟肥源、多积肥料,增进肥效、避免损失,大大地丰富发展了我国古代土壤、肥料学的理论。

陈旉

陈旉《农书》还有一个与其他农书不同的特点是,它不仅仅记述耕作、栽培等生产技术,而且还注重对农业进行经营管理,并且形成了比较系统的经营管理思想。这些思想来自他自己经营管理的实践活动中。

他认为,农业经营要有整体的观念和进行通盘筹划,要有计划、有步骤,要充分利用同一块土地,多种经营,使“种无虚日”“收无虚月”,还得注重农业技术的应用,重视农具和动力,提高工作效率。这种系统的经营管理思想对后世影响深远。

宋代火箭的广泛应用

火箭起源于中国,是中国古代重大发明之一,是一种依靠自身向后喷射火药燃气的反作用力飞向目标的兵器。宋代火箭广泛应用于军事,被称为“军中利器”。

火箭一词,最早见于《三国志·魏明帝纪》注引《魏略》,魏明帝太和二年(228),诸葛亮出兵攻打陈仓(今陕西宝鸡市东),魏守将赫昭“以火箭逆射其云梯,梯然,梯上人皆烧死”。但那时的火箭,只是在箭杆靠近箭头处绑缚浸满油脂的麻布等易燃物,点燃后用弓弩发射出去,用来纵火。火药发明后,上述易燃物由燃烧性能更好的火药所取代,出现了火药箭。北宋时期已大量生产火药,并用来制造火器,主要有弓火药箭、弩火药箭、霹雳

炮。北宋后期,民间流行的能高飞的"流星"(或称起火)属于用来玩赏的火箭。南宋时期,产生了最早的军用火箭。当时的火箭是在普通的箭杆上绑一个火药筒,发射时用引线点燃火药,火药燃气从尾部喷出,产生反作用力推动火箭前进,它以火药筒作发动机,以箭杆作箭身,用翎和箭尾上的配重铁块稳定飞行方向。其构造虽简单,但组成部分却很完整,是现代火箭的雏形。当时有些称"雷"或"炮"的武器,如南宋绍兴三十一年(1161),宋金采石之战所用的带着火光升空的"霹雳炮"实际上就是一种火箭。火箭的火药筒制造简单,用多层油纸、麻布等做成筒状,筒内装满火药,前端封死,后端留有小孔,从中引出火线,这与现代火箭制造原理十分相似。火箭的战斗部就是一般的箭头,或代之以刀、矛、剑,强者可射穿铠甲,射程可达五百步(约775米),有时在箭头上涂缚毒药来增强杀伤效果。火箭战斗部从用冷兵器实施个体杀伤,发展到用火药作群体杀伤和破阵攻城,是火箭武器杀伤威力的重大推进。火箭技术迅速提高,发展成种类繁多的火箭武器,广泛应用于战场。许多中外文献对中国古代火箭均有记述,尤以明朝焦玉撰《火龙神器阵法》和茅元纹撰《武备志》最为详尽,对各种火箭的制作、使用和维修方法、火药配方和用量,及飞行和杀伤性能等均有记载,并有大量附图。

宋代火箭技术的发展,不仅为中国古代战争提供了先进武器,而且具有重大的科学价值,是我国对世界文明的一项特殊贡献。

宋代佛塔盛行

宋朝是我国建造佛塔的盛期,这时期的佛塔已由木结构向砖石结构转变,平面形式和外观都更丰富多彩,以楼阁式为主的几种主要佛塔类型均已出现,而且几乎遍布全国,尤以中原黄河流域和南方为最多。

龙华寺塔

楼阁式佛塔是在受佛教外来文化影响下,采用中国古代传统建筑技术建造的高层建筑。起初多为木结构,故易毁于火灾,所以两宋以后砖石塔大量出现。两宋砖石塔按其结构和造型可以分为三种类型:第一种是塔身砖砌,外檐采用木结构,其外形同于楼阁式木塔,如苏州报恩寺塔和杭州六和塔等。报恩寺塔在苏州城北,又称北寺塔,建于南宋绍兴年间(1131~1162)。塔共9层,高71.85米,平面八角形,木檐外廊和底层副阶为清末重建,砖砌塔身是宋代遗构。六和塔在杭州

钱塘江畔的月轮山腰，始建于宋开宝三年（970），绍兴二十六年（1156）重建，至隆兴元年（1163）建成，共7层，高59.89米，为平面八角的木檐砖塔。现存13层木构外檐为清末重建，砖心部分为宋代原构。两塔的砖心部分为外壁和塔心室，里外两圈，之间夹以回廊和楼梯的"套筒式"结构布置，加强了塔身的刚度。在800年前就有此高层砖结构出现，足以说明中国古代砖石技术的先进。第二种是全部砖造，但塔的外形完全模仿楼阁式木塔建造。如屋檐、平坐、柱额、斗拱等用专门制作的异型砖或石构件拼装而成，形象逼真，泉州开元寺双塔是此种塔的代表。双塔在开元寺大殿前东西两侧，东塔称镇国塔，高48米，西塔称仁寿塔，高44米。两塔平面皆为八角形，高五层，塔下施须弥座石刻莲瓣、力士、佛教故事等装饰。塔心作巨型石柱楼梯设在塔壁和石柱间。塔身全部用约一吨重的大石条砌成，在古代无特殊起重设备的条件下，建造这样高的石塔，也可称为世界奇迹。第三种是用砖或石砌造模仿楼阁式木塔，并根据砖材料的特点，在构造上和外观装饰上做了适当的简化，如河北定州开元寺塔和河南开封祐国寺塔等。开元寺塔为11层八角形楼阁式砖塔，高84米多，是中国现存最高的砖塔，宋咸平四年（1001）开工，至和二年（1055）建成。砖塔只在底层作平坐、腰檐，以上各层用简单的砖叠涩挑出腰檐，檐下石作砖仿斗拱。塔壁与塔心之间作回廊，第四层以上各层阶梯在塔心作十字交叉。八角形塔身各层开4门，只在第二、第十及第十一层四面开窗，其余各层开假窗．这些都是加强砖塔刚性的措施。祐国寺塔建于宋皇祐元年（1049），是中国现存最早的琉璃砖塔，因使用深褐色琉璃砖，俗称"铁塔"。塔上所用构件如柱额、椽枋和斗拱、平坐等用28种型砖镶拼而成，装饰琉璃砖雕刻有飞天、降龙、麒麟等。

庆华寺花塔

宋塔流行是佛教建筑在中国成熟的标志，而宋代砖塔精良的技术、多种多样的形式结构不仅丰富了中国式的佛教建筑艺术，同时也对朝鲜、日本、越南等国产生了不小的影响。

宋杂剧发展成熟

宋代的杂剧，是一种独立的戏剧表演艺术。在散乐中占有首要的地位。

北宋的杂剧演出在宫廷、军队、民间勾栏里都很活跃。宫廷演出由教坊承应，每当春、秋、圣节三大宴，或是皇帝“赐酺”，教坊演出需与饮酒活动相合。北宋，教坊演出杂剧，即在舞队演出节目中表演，“一场两段”。这种情况，到南宋时发生了变化。宫廷内宴多雇用、征调民间伎艺人和杂剧艺人演出，同时，也由于取消小儿队、女童队，杂剧也就成为独立上演的节目。唐宋时，杂剧也有了一场三段的演出方式。

军中杂剧演出，也是两段，一段由军队演出，一段由民间杂剧女艺人演出。军人演杂剧，也得约请民间艺人。

民间勾栏里的杂剧演出活动也很多，勾栏伎艺人将勾栏杂剧与世俗民情相结合做营业性演出。据《东京梦华录》“中元节”记载，他们在中元节时期上演《目连救国》杂剧，与民俗活动结合在一起，在戏曲形成与发展史上有重要的地位。

宋杂剧演出，总是以两段或者三段的方式进行的。第一段，称艳段，表演寻常熟事；第二段，称正杂剧，表演故事内容比较复杂的事；第三段，称散段，也称“杂扮”。

杂剧及乐队砖雕（金代）

宋杂剧的角色行当，有末泥、副净、副末、旦、贴等。

《武林旧事》“官本杂剧段数”，收录了宋代杂剧的280个剧本的名目，它们在一定程度上反映了杂剧的重要变化。

宋杂剧，初始以滑稽调笑的剧目为主，从段数名目看，可以分三种情况。

滑稽调笑、诙谐风趣的剧目，并非没有人和事，而是以“务在滑稽”组织故事和表演。“官本杂剧段数”中《讳药孤》《眼药酸》《急慢酸》《双打球》《三社争赛》《四教化》等就是这类剧目。

全以人名和以故事命名的，有《相如文君》《崔智韬艾虎儿》《李勉负心》等这些全是有人物、有情节的杂剧剧目，是杂剧内容与形式发生变化后出现的故事剧。

以人名或故事名加曲名命名的，如《雀护六幺》《霸王剑器》《柳毅大圣乐》等，它们是采用大曲表现故事的剧目。

杂剧作为一种独立的舞台表演艺术在宋代已经发展成熟，它吸收、融合说唱、歌舞的艺术成就，为南戏的产生奠定了基础。

禅宗日本东渡

南宋时代，禅宗在中国已经进入全盛时期，江南五山十刹得到政府的提倡，全成禅

寺。荣西是日本禅宗的开山祖。1169 年，他第一次到明州参拜天台山和阿音王山，带回天台宗的新章疏和茶籽。1187~1191 年，荣西第二次到明州，向天台山万年寺的虚庵怀敞学禅，怀敞移居天童山后，他也随往继承法统，宋孝宗封他为千光法师。回国以后，他将禅宗的临济宗在日本传扬，著成《兴禅护国论》，开始脱离天台宗，提倡修禅护国，宣扬"见性成佛"，"不立文字"等，切合武士的口味，得到当时的镰仓幕府的大力支持，在日本全国迅速传播开来。荣西在博多修建圣福寺，在镰仓修建寿福寺，在京都创建建仁寺，给当时正期待变革的日本佛教以强烈的刺激，在日本掀起一股学习禅宗的风气。

南宋观音菩萨坐像

至 13 世纪，中国也有禅僧到达日本，传播禅宗。1246 年，阳山兰溪道隆来到日本，成为镰仓禅宗道场的开创者。1248 年 12 月，他又应幕府执政北条时赖的邀请，在镰仓粟船常乐寺开讲禅学。1253 年，北条时赖建成"建长寺"，从此日本才有了独立的禅寺，不再和天台、真言寺庙相混。禅宗在幕府的保护下，也不再受天台、真言宗的排斥。道隆东渡，为日本禅宗奠定了基础。此后，执政北条时宗特地从明州天童山请来无学祖元主持镰仓建长寺。1282 年镰仓圆觉寺建成之后，祖元成为开山祖，北条时宗等许多镰仓武士都跟从祖元学禅。据说在 1281 年元兵大举进攻博多时，祖元鼓励镰仓武士发扬勇猛精神，北条时宗更是临危不惧，继续参禅不止。禅宗从此在日本落地生根，使得武士道中增添了视死如归、死生本一的精神。

禅宗的传播，对日本的建筑、工艺和社会习俗等方面都产生了深远的影响。在建筑上，输入天竺式和唐式两种式样，改变了日本原有的建筑模式。中国的陶瓷、丝织工艺也借禅宗的传播在日本得到了发展。荣西到中国后，将茶种带回日本，提倡种茶、喝茶，后来发展起独具民族精神的日本茶文化。

《四书》成为标准教科书

北宋时期，儒学在理学家的带动下，又开始兴盛起来，在民间掀起了授徒讲学之风。在教材的选定上，理学家们依照自己的理解，特地从关于礼仪制度的典籍《礼记》中抽取出《大学》《中庸》两篇，并为之做注解以教授生徒。南宋时，理学的集大成者朱熹于 1177 年完成了《论语集注》和《孟子集注》后，又于 1189 年完成了《大学》《中庸》的集注。直到绍熙元年即 1190 年，他在福建漳州做官时，才首次把这四书连同自己的集注，汇集成一本，刊行于世，称为《四书章句集注》(简称《四书集注》)，四书之名从此确定下来。

儒家经典《大学》《中庸》《论语》《孟子》合称“四书”

《大学》相传是孔子弟子曾参的著作,主要内容是提出了三纲领和八条目。三纲领是“明明德”“新民”“止至善”,是儒家学者所追求的最根本目标。八条目是“格物”“致知”“诚意”“正心”“修身”“齐家”“治国”和“平天下”,是学者为学的具体方法,逻辑程序、框架。八条目的核心内容是“修身”,它说:“自天子以至于庶人,壹是皆以修身为本。”八条目中的前四条是所以修身的方法,后三条则是由“修身”发出来的,以“修身”为基础、前提。《大学》对八条目的逻辑先后关系做了详尽的阐释,提出了所谓“挈矩之道”,要求统治者从自身做起,推己及人。《大学》所教的对象是“欲明明德于天下”的“大人”,故被朱熹解释为“大人之学”。朱熹对《礼记》的《大学》原篇的章句顺序做了部分调整,并把“格物”释为“郎物穷理”,奠定了他的“理学”修养方法的基础,实现了他的理学的特色。

《中庸》相传是孔子孙子子思的著作,朱熹说它是为“孔门传授心法”。子思被后世颂为“述圣”。《中庸》认为,人性是“天”赋予的,因此,人伦之“道”以及修道的“教”都是本于“天道”的,而“天道”就是“诚”,它把“诚”视作世界的本体,学者修道就是要体证这个“诚”。它还发挥了孔子“执两用中”的方法论,肯定了“中庸”是道德行为的最高标准。朱熹释“中”为“不偏不倚”,释“庸”为“不变不易”“平常”。书中还提出了“博学之、审问之、慎思之、明辨之、笃行之”的治学方法。朱熹认为《中庸》承继了尧舜以来道统的真传,对于驳斥当时似是而非的异端——佛、老之学极有功,是故对该书的评价甚高。

《论语》是孔子弟子及再传弟子所记的关于孔子的言行的语录体散文,保存了孔子的哲学、伦理、政治特别是道德教育思想及道德实践方法,提出了以“仁”为核心的伦理学说。《孟子》是战国时期孟轲及其弟子万章所著,它发挥了孔子的“仁”学思想,主张性善论,提出“配义与道”以“养浩然之气”的修养方法,以实现“尽心知性以知天”。政治上主张扩充“不忍人之心”的“仁政”,首次提出“民贵君轻”的民本思想。《论语》《孟子》自汉始已为学者重视,作为教材使用。

朱熹之所以把四书汇集起来并作集注,是因为他认为读四书较读传统的《诗》《书》《礼》《乐》(汉时亡佚)、《易》《春秋》六经“用功少而收效多”。他曾经说:《诗经》在孔子时,小孩子都会吟诵,而今天的老生宿儒都很难理解,是不宜于作为现今的重点教材的。他认为做学问就须先穷理,而“穷理必在于读书”,而四书“义理”丰富,又易读,所以读起来效率高。他曾经把《春秋》等经比作“鸡肋”,“食之无肉,弃之可惜”,所以他主张先读四书,“四书治,则群经不攻而治矣。”可见,他把四书的地位抬得很高,甚至可以驾空五经

了。对于四书的学习顺序和意义他也有论述，他说：“先读《大学》以定其规模，次读《论语》以立其根本，次读《孟子》以观其发越，次读《中庸》以求古人之微妙处。”

朱熹在“避佛老”的过程中吸收佛道的思想，完成了有特色的“理学”体系，为儒学建立了宇宙论、本体论基础，与孔孟的原始儒学是有所不同的，故被后世称为“新儒学”。他的理学的特色在《四书集注》中得以充分的体现。总的来说，他继承了孔孟的核心思想，同时又发展了它，使道德实践方法变得更为明晰、精微。他的理学对于儒学的继承与传播是极有功的，对于其后的学术思想及文化传统等具有莫大的影响。当然，这种影响力是借助于统治阶级对理学的推崇。朱子的理学在其生前及逝世后曾遭到短暂的禁止，但其价值很快重新为统治阶级认识。南宋宁宗时，把《论语集注》和《孟子集注》列入学官，元朝时，科举考试试题必须出自《四书集注》，并要求考生答题时以程朱理学的观点阐述。明清两代都以《四书集注》作为从朝廷到地方的官办和私办的一切学校最基本教材以及科举考试的标准答案．四书及朱子的集注，成为标准的教科书，为封建社会晚期广大知识分子所必读。

越窑青瓷的代表——龙泉窑

龙泉窑位于浙江省西南部，在北宋中期越窑渐趋没落的情况下，它继承越窑的传统，主烧青瓷，在南宋时达到它的鼎盛阶段，并成为越窑青瓷的代表。

在彩绘瓷出现以前，宋代即以青瓷为主。宋代青瓷，南北竞烧，官民齐上，争奇斗艳，各有千秋。龙泉窑能够于此中脱颖而出，主要就归功于它在继承上有所创新，烧出了粉青釉、梅子青等特殊品种。

粉青釉、梅子青的烧制工艺非常复杂，需多次挂釉，多次烧成，同时还要有白胎映衬，确是青瓷中的上乘之作。粉青釉色如青玉、梅子青更是可与翡翠媲美。

龙泉窑青瓷的种类极为丰富。饮食用具有各类盆、碟、盘、碗、盏、壶、渣斗等器，仅瓶类就有胆式、鹅颈式、堆贴龙虎瓶、带盖梅瓶和五管瓶等多种；文房用具有水盂、水注、笔筒、笔架；供器有各式香炉以及八仙塑像。

此外，还有棋子、鸟食罐等器物。值得注意的是，为迎合当时的考古风尚，龙泉窑还烧制了许多仿古瓷器，如鼎、投壶、琮、文房四宝等。

龙泉窑青瓷的装饰手法也比较多样。早期比较普遍地采用刻花装饰，辅以篦点或篦划纹。此外，还有波浪、云纹、蕉叶、团花等纹饰。北宋晚期开始出现刻花莲瓣纹，多装饰在碗的外部，瓣尖呈圆形，瓣内均划直线。

这一时期浮雕和堆贴的装饰手法也大量运用于瓶盖和器物外部，从而带来了瓷器的立体感。

龙泉窑作为宋代著名的青瓷产地，其影响较为广泛。邻近的庆元、云和、丽水、武义、江山等县以及福建的浦城、松溪两县都是龙泉窑的竞相仿效者。龙泉窑也因其高超的青

瓷工艺而存在了近八百年。

独尊程朱理学

南宋中期以后，程朱道学由于得到宋理宗的极力倡导扶植，完全取得了官学地位。宋理宗本人也因为独尊程朱理学，死后谥号为“理”。

南宋中期，程朱道学体系形成。但在孝宗和宁宗前期，由于朝中权贵对朱熹进行排挤，道学不被皇帝赏识，从庆元到嘉定的二十多年间，朝中大臣多次请求宋廷严禁道学，道学也就一直受到禁锢和压抑。因为开禧北伐失败，朝臣更替，史弥远执政等变故，为了制造舆论，开始提倡道学。儒学大师真德秀、魏了翁等人也以恢复程朱正学为己任。嘉定元年（1208）九月，真德秀在朝廷上奏，说当务之急应当褒奖名节，表明好尚。宋宁宗采纳他的建议，为朱熹正名，并且追赐谥号文正公。接着，朱熹的《论语集注》和《孟子集注》成为官定读本。嘉定九年，魏了翁又上书请求皇帝追赐周敦颐等谥号。嘉定十三年，朝廷追周程谥号，周敦颐为元公，程颢为纯公，程颐为正公，张载为明公。这样一来，天下州郡纷纷给周程建造祠堂，程朱道学的思想统治地位基本上确立了。

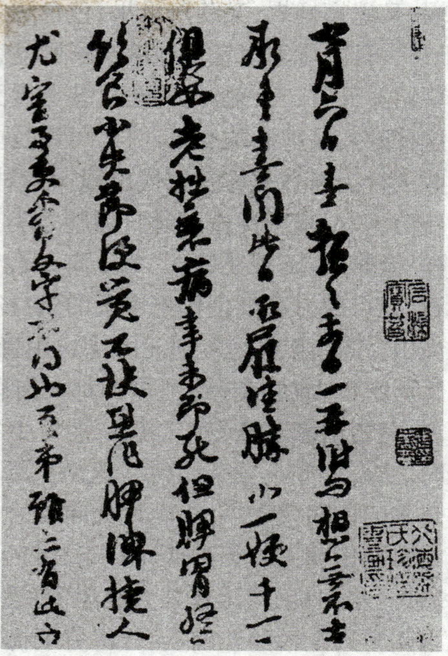

朱熹信札

宋理宗即位后，对道学更是推崇备至。宝庆三年（1227），他下诏褒奖朱熹的《四书集注》，认为其发挥了圣贤的奥妙道理，有利于治国安邦，又特别追赠朱熹为太师，追封为信国公。理宗还撰写了《道统十三赞》，说伏羲、尧、舜、禹、孔子、孟子等十三人是一脉相承的道统，对他们大加赞扬，还亲自到太学，听祭酒等官员讲儒家经典，并且把《道统十三赞》送往国子监，让人宣读。理宗亲笔书写了朱熹订立的《白鹿洞学规》，颁赐太学。

从此，程朱道学成为封建王朝的统治思想。

宋剪纸艺术繁荣

宋代民间剪纸艺术得到了一个蓬勃发展的良机。

在民间剪纸术中，“江淮南北，五月五日钗头彩胜之制，备极奇巧，凡以缯绡剪制艾叶，或攒绣仙佛、禽鸟、虫鱼、百兽之形、八宝群花之美，绉纱蜘蛛，绮谷麟风，茧虎绒蛇，排草蜥蜴，又螳螂蝉蝎，又葫芦瓜果，色色逼真，名曰‘豆娘’”（《唐宋遗记》），又“凡孕妇入月，于初一日父母家以银盆或绫或彩画盆盛秫秸一束，上以锦绣生色帕覆盖之，上插花朵及通草帖罗五罗二女花样，用盘盒装送馒头”（《东京梦华录》）。

这种随礼品剪制的通草花样，可说是剪纸艺术里的“喜花”或“礼品花”之创始。

剪纸行当与名家亦在宋代出现，《武林旧事》中记有：“都下十月以来，朝天门外竞售锦装新历，……金彩镂花，春帖、幡胜之类，为市甚盛。”平时，杭州小经济中还有剪字，剪镞花样、镞影戏，闹蛾儿等。“每一事率数十人，各专籍以为衣食之地”（同上书），不用笔墨砚石，只以剪刀和纸创作出字画的，有杨诚齐（万里）诗集中，赠剪纸道人诗，序云：“道人取义山（李商隐）《经年别元山诗》，用青纸剪作采元章字体，逼真。”

又周密《志雅堂杂钞》：“向旧都大街有剪诸花样者，极精妙，随所欲而成，又中瓦有俞敬之者，每剪诸家字皆专门，其后，忽有少年能衣袖中剪字及花朵之美，更精于人，于是独擅一时之誉，今亦不复有此矣。”这是剪纸艺人留下姓氏的第一名，而即能剪花朵的少年却和众多的民间艺人一样，湮没无闻了。

与雕镞影戏人物相类者，是“走马灯”中以剪纸形式制成的刀马人，姜夔《观灯口号》“纷纷铁马小回旋，幻出曹公大战年”是悉走马灯中剪刻的刀马人和影戏相同。再有就是南宋吉州窑鸟金釉的瓷碗上，曾将剪纸梅花、“长命富贵”等字样用到瓷品的装饰上去，这种巧思表达了民间艺人的聪明才智。

南宋算码成形

中国古代的数码有Ⅰ、Ⅱ、Ⅲ、Ⅹ、ㄅ、⊥、⊥、≟、○等多种形体，经过长期的发展，到南宋时形成了完整的体系。

蔡沈的《律吕成书》把十一万八千○九十八用文字表示为十一万八千□□九十八，两个方格用来代表空白。蔡沈的这种方法很快被大家仿效，流行起来。但画方格时一快便画成了○。大概在南宋末年，江南的数学著作中，使用了○的符号，到了金末元初，北方的数学著作也使用○的符号。这样，经过长期发展的中国数码形成了完整的体系。数码中的ㄅ后来演变成八、义则演变发展成夕字。

算码完善以后，普遍用于商业计算和数学演算，后人把这一套算码称为苏州码子字。

直到阿拉伯数字传入中国后，中国的数码才逐渐废弃不用。

陈自明系统性整理妇科医术

南宋嘉熙元年(1237)，妇产科兼外科医家陈自明广泛采摭诸家之善，结合家传的医方，编成《妇人良方大全》一书，成为中国现存最早、具有系统性的妇产科专著。

陈自明(约1190~1270)，字良甫，临川(今浙江杭州)人。世医出身，医术精湛，医德高尚，曾受聘任建康府明道书院医学教授。他在长期的医疗实践中，认识到医妇人之病，特别是妇人生产时的一些疾病非常危险艰难，而当时的妇产科书籍散漫无纲，分类简略，所选病症又不齐备，影响具体的医疗实践和专科医术的进一步提高。鉴于此，在编写《妇人良方大全》时，便力求在前人基础上“补其偏而会其全，聚其散而敛于约”。全书分为八门，顺序为调经、众病、求嗣、胎教、妊娠、坐月、产难、产后。每门分列若干篇论，总计约266论，论后介绍方药主治，内容条理清晰而又妇产兼备。书中突出了“效”：即实用性。在论述诸病时着重概括受病之由，阐述症候特色，并附有医案，可供临床借鉴参考。而且在选方时不分贵贱，注意吸取一些民间验方与中草药的治疗经验，加强实用价值。书写成后，影响深远，流传广泛，并有一定国际影响，为后世妇产科的发展发挥了重要的承上启下作用。但原书中存在的一些封建唯心观点，如妊娠门中的“转女为男”，坐月门中的“禁草法”“禁水法”“催生灵符”等，须批判地对待。

陈自明

1263年，他又编成《外科精要》(一名《外科宝鉴》)3卷，集55论，选方70首。书中全面地论述了痈疽病因、病机、诊断、预后，并针对当时外科医生重对病阅方，不重医理辩证，疗效很差的弊病，强调辨证选方，如反对拘泥于热毒内攻之方，而专用寒凉攻伐之剂等，使《外科精要》成为南宋很有代表性的外科专著。

南宋艺术的瑰宝——开元寺双塔

宋绍定元年至嘉熙元年(1228~1237)，在泉州开元寺紫云大殿前，建成“仁寿塔”，嘉熙二年至淳祐十年(1238~1250)又建成“镇国塔”。

仁寿塔高约44米，镇国塔高约48米，两塔东西相对，全用石料，仿木构成八角五层楼阁式。塔基是须弥座，塔身是实心。有一层辟出一方洞，有梯子可上下，外面有回廊栏杆，可以绕塔周行，每一层分别开四门，设四龛。每一门龛都有浮雕佛像。塔壁浮雕有中国和印度僧人像，大小与真人差不多相等。龛内浮雕有佛、菩萨，龛两侧有武士、天王、金刚、罗汉等，神态各异，惟妙惟肖。仁寿塔须弥座的花鸟虫兽装饰图案，线条柔美细致，非常别致。镇国塔须弥座的三十九幅释迦牟尼故事浮雕，造型精美。开元寺双塔是南宋艺术的瑰宝。

海上丝绸陶瓷之路通达世界

宋代奖励海外贸易，海外贸易比之唐代有了较大的发展，市舶之利成为国家财政收入中的重要组成部分。在南起琼州，北至密州的广大沿海地区，都有政府设立的市舶机构，专门管理海外贸易和商船的进出。广东、泉州、明州（宁波）成为宋代对外贸易的三大海港。

宋代中国和亚、非各国经济上的交流，最具有代表性的是丝、瓷的输出和香药的进口。在中国出口的货中，从宋初开始，便是以金、银、缗钱、铅、锡、杂色帛和瓷器为主，中国帆船曾经频繁地出没于北起高丽、日本，南至苏门答腊、爪哇，西抵印度、阿拉伯、东非的许多口岸，担当了丝帛和瓷器的出口、香料和药材的进口任务，同时也担当将中国的丝、瓷文化向广大海外世界传递的重任。

宋代丝织业保持着向上发展的势头，丝绸织造技术推陈出新，海外市场随着航运业的繁荣有了比之过去更为广阔的拓展。当时，世界上生产丝绸的国家和地区逐渐增多，花色品种也越来越丰富，在这种国际环境下，宋朝的丝绸在保持传统信誉的同时，谋求生产出更多与其他丝绸生产国相比具有一定优势的产品。在海外市场上享有崇高的声誉。

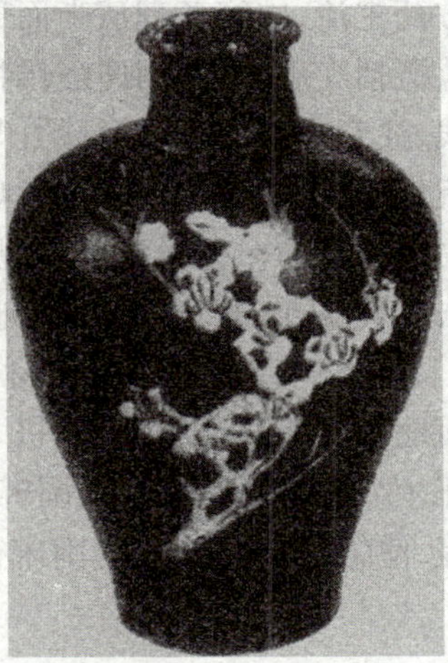
建窑黑釉剔花梅花纹瓶

与陆上的丝绸之路相对，宋代开辟了海上丝绸之路，将丝绸从海上运销到亚洲各地和东非沿岸的国家。这些国家分布在北起日本，南至东南亚和印度洋各地，例如日本、阇婆（爪哇）、注辇（朱罗）、天竺（巴特那）和一些阿拉伯国家。宋代生产的各种绢伞、绢扇、缬绢、白绢、假锦、建阳锦、锦绫、皂绫、五色绢、丝帛等，在这些国家和地区拥有广大的市场和很高的声誉。

中国的瓷器一向以色泽晶莹，纹饰绚丽著称于世，深受各国人民的喜爱。从8世纪末起，中国瓷器就开始大批出口海外各国，外销瓷的繁荣期达1000年之久。瓷器最适合

于水路运输，宋代航海业的发展，直接刺激了中国东南沿海的青瓷和青白瓷的生产。华瓷大量外销，出现了所谓的海上陶瓷之路。陶瓷之路起自中国沿海的扬州、明州和广州，东通日本、向西跨越印度洋，一直到达坦桑尼亚的基尔瓦和埃及的亚历山大里亚，并且进入地中海。

9、10 世纪风行世界的外销瓷中名列榜首的是长沙铜官窑的陶瓷。长沙窑首创釉下彩绘，有釉下褐、绿两彩，突破了青瓷的单一青色，各种彩色纹样开始大量涌现。这些产品从甬江运往日本、朝鲜、琉球、菲律宾、印度尼西亚、斯里兰卡、巴基斯坦、伊朗和伊拉克等地，甚至在埃及的古都福斯塔特遗址中也有铜官窑的陶瓷出土。在 11 世纪上半叶，阿拉伯学者几乎一致认为铜官窑所产的“杏黄色瓷器最佳：胎薄、色净、声脆；奶白色次之；各种浅色又次之”。在外销瓷中数量最多的是青瓷。宋代外销瓷以越窑系、龙泉系青瓷为主。宋代青瓷几乎在世界各地均有出土。

总之，宋代海上丝绸之路、陶瓷之路通达世界各地，丝绸与瓷器大量外销，为许多民族增添了新的生活用品，输送了新的艺术图样，为世界文明的发展做出了巨大贡献。

秦九韶著《数书九章》

1247 年，南宋数学家秦九韶，写成《数书九章》，对数学的重要性、应用的广泛性了精辟的论述，认为它足以揭示自然界的各种规律，描述万事万物的情状。

秦九韶（1202~1296），其父秦李櫄曾任四川巴州太守、工部郎中、秘书少监、四川潼川府知府等职，秦九韶自小随父受过良好启蒙教育。秦九韶清楚地认识到数学在计算历法、度量田域、测量雨雪、军事部署、财政管理、建筑工程、商业贸易中的作用。他注意搜求生产、生活、交换及战争中数学问题，“设为问答以拟于用”。1244 年，秦九韶因母丧回湖州守孝，这一时期专心数学研究。1247 年，写成《数书九章》，南宋时称为《数学大略》或《数术大略》，明朝时称为《数学九章》。

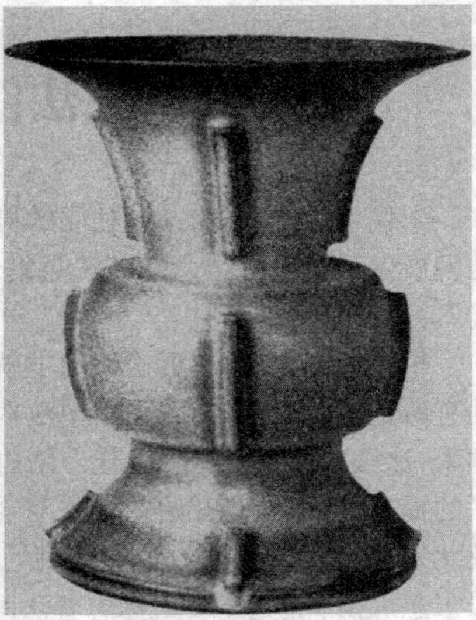

钧窑月白出戟尊

《数书九章》全书共 18 卷，约 20 万字，收入 81 题，分为九大类。第一，大衍类：集中阐述他的重要成就——“大衍求一术”，即一次同余式组解法。他总结历算家计算上元积年方法，在《孙子算经》“物不知数”的数学模型基础上，系统地提出了一次同余式组解法。大衍求一术的发明具有重大意义，在欧洲，550 年以后经过欧拉、拉格朗日、高斯几十年努力才达到同等水平。第二，天时类：关于历法推算及降雨降雪量测算。第三，田

域类：面积问题。第四，测望类：勾股重差问题。第五，赋役类：均输及相税问题。第六，钱谷类：粮谷转运和仓库容积问题。第七，营建类：建筑工程问题。第八类，市易类：交易及利息问题。这 81 题均包括答（答案）、术（解决方法、依据）和草（演算过程）。

秦九韶在高次方程数值解法方面成就尤为突出。他以"增乘开方法"为主导求高次方程正根。他运用这种方法解决 21 个问题中高次方程 26 个，其中二次方程 20 个，三次方程 1 个，四次方程 4 个，他还用勾股差章算出一个十次方程。这是继刘益、贾宪之后，建立起求高次方程正根的一般方法。秦九韶将贾宪开创增乘开方法发展到十分完备的地步。在开方中，他发展刘薇开方不尽求微数思想，这些思想远远领先于西方数学界几百年。

秦九韶第一次用十进小数表示无理根的近似值。《数书九章》卷五中"三斜求积题中"秦九韶提出已知三角形三边 a、b、c，求面积的公式：设 $a<b<c$. 则：$A=\sqrt{\frac{1}{4}\left[a^2\cdot b^2+\left(\frac{a^2+b^2-c^2}{2}\right)\right]}$，这个公式与古希腊数家海伦提出求任意三角形面积公式：$A=\sqrt{s(s-a)(s-b)(s-c)}$，$S=\frac{1}{2}(a+b+c)$ 是等价的。这在中国数学史上是具有特色的一项数学成就。

秦九韶《数书九章》体现了他深刻的数学思想，他明确把数学划分为理论基础与具体应用两部分，进而探讨多种数学方法。

秦九韶的杰出成就，被美国科学史家萨顿誉为"他那个民族、他那个时代，并且确实也是所有时代最伟大的数学家之一"。

宋慈及法医学著述《洗冤集录》

宋代，法医学作为一门独立学科的条件已初步具备。宋慈在此时对中国古代法医学的发展做了全面总结，写成《洗冤集录》一书，开创了法医学，宋慈也由此成为"法医学之父"。

早在战国时期，在诉讼活动中就已有法医检验参与其间，《礼记》中对法医的检验活动有所记载。秦汉时期，司法中法医检验活动已成为刑事诉讼中不可缺少的环节，相当频繁，法医检验也开始理论化。隋唐时期，随着司法制度的完备与成熟，以及古代医学水平的提高，法医检验于始在立法与司法中占据重要地位。五代和氏父子的《疑狱集》，以及北宋郑克《折狱龟鉴》等折狱书的相继问世，也都为法医学的成熟提供了现实条件，南宋宋慈编撰《洗冤集录》，标志着法医学作为一门独立学科的开创。

宋慈（1186～1249），字惠父，福建建阳人，南宋宁宗朝进士，历任多地行政、司法官员。他一贯严肃认真地对待司法审判，尤其重视刑事案件的现场勘验。宋慈反对国家委派一些新入仕途、没有实际经验的官员和一些武官去处理重大命案，认为这些人难免造

成冤案、错案。为了“洗冤泽物”，他特采撷前人折狱著作中有关法医检验的案件实例，结合自己的实践经验，“会而粹之，厘而正之”，加进去自己的意见，总为一编，这就是《洗冤集录》。

宋慈

《洗冤集录》是中国最早的一部比较完整的法医学专著，也是世界上第一部法医学专著，比意大利人佛图纳图·菲德利(Fortunato Fidelis)所著的欧洲第一部法医学著作要早350多年。此书的最早版本是宋理宗淳祐七年(1247)宋慈于湖南宪治的自刻本。该书一出，皇帝立即命令颁行全国，成为南宋王朝及后世办理刑案官员的必读本，据钱大昕称，该书一直被“官司检验奉为金科玉律”(《十驾斋养新录·洗冤录条》)。

《洗冤集录》共5卷，53目，每目下又分若干条。全书共有四部分，其第一部分是将宋代历年公布的同法医检验有关的法令汇总，辑为“条令”目，共29条，都是针对检验官制定的法律规定，凡是违犯者都要承担法律责任，这说明宋代司法中的法医检验已有法可依，已经法律化了。第二部分是检验总论，包括法医检验人员的一般办事原则、检验原则以及技术操作程序等，说明宋代法医检验已有章可循，已规范化。第三部分是关于验尸、验骨、验伤、中毒等各种死伤的检验和区别的方法。第四部分里有关各种急救的方法和药方，包括对自缢、溺水、冻死、杀伤、胎动等数十则。

《洗冤集录》中不少内容符合近代法医学原理，有许多具有相当科学水平，对法医检验是很有价值的东西。它提出了即使在今日法医检验中也须遵循的法医检验的一般原则，如实事求是、不轻信口供、调查研究、验官亲填“尸格”等。该书所论述的法医检验范围和项目与现代法医学所论述的基本一致。如现代医学对人的非正常死亡，定为：机械

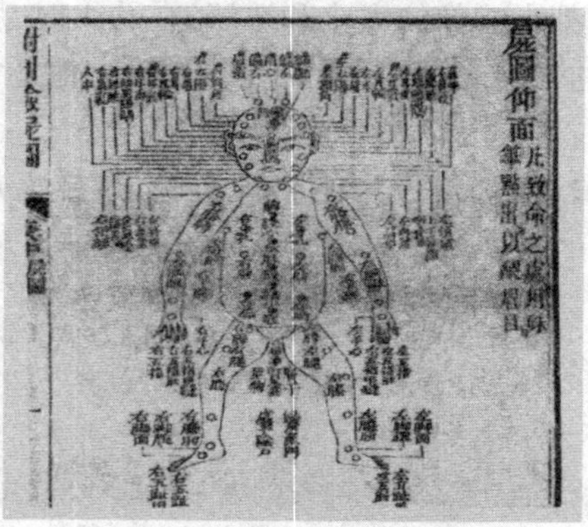

《洗冤集录·验尸图》

性死亡、机械性窒息、高低温致死等，该书则定有“刃伤物灭、手足他物伤、缢死、勒死、溺死、捂死、烧冻死”等。对于各种死伤的疑难辨析，有许多是符合现代医学、生理学原理

的，如对溺死、烧死、缢死者在不同状况下的不同特点，作了细致，形象的描述，多与现代法医学相同。

宋慈之后，元、明、清各代都有不少类似的法医学专书问世，但“后来检验诸书，大抵以此为蓝本而递相考究，互有增损，则不及后来之密也”（《四库全书总目·子部·法家类》）。明代以后，朝鲜、日本、法国、英国、德国、荷兰先后翻译出版《洗冤集录》，该书在国际上广为流传，是中华民族对世界法律文明发展的一大贡献。

赵友钦做光学实验

13世纪中叶，赵友钦设计和实施了小孔成像实验。赵友钦（13世纪中叶~14世纪初），自号缘督，饶州鄱阳（今江西省鄱阳县）人。

中国宋末元初的科学家，其著述颇多，但大都失散，唯留《革象新书》五卷。此书以讨论天文问题为主，兼及光学和数学，有不少精辟的论述。其中“小罅光景”节便记载了这一实验。

赵友钦以楼房为实验室，在楼下相邻两个房间的地上各挖一个直径约为4尺多的圆阱，右阱深4尺，左阱深8尺。实验时，在左阱中可安放一张4尺高的桌子。另在两块直径4尺的图板上各密插1000多支点燃的蜡烛，放在阱底（或桌面上）作为光源。再备中心开孔的大小和形状各不相同的木板若干块，实验时根据需要选取分别盖在两阱口。每个房间楼板下各水平挂一块大木板作像屏。在这个实验室中，赵友钦进行了如下步骤的实验：改变孔的大小和形状，即改换阱口的木板；改变光源的形状和强度，即抽减蜡烛；改变像距，即改变大木板高度；改变物距，即拿掉左阱中的桌子，将光源放在阱底。这样，在只有一个条件不同的情况下，进行对比试验，对每个参数逐一进行探讨。赵友钦总结指出：物距、像距、光源和孔窍都影响像的大小和浓淡；在孔大时，所成的像（明亮部分）与大孔形状相同；孔小时，所成的像与光源的形状相同。另外，他还注意到两个参数同时变化时的相长相消现象。

这是中国历史上记载最详、规模最大的物理实验，这样大规模的光学实验当时在世界上也是绝无仅有的。

第四章　历史谜团

陈桥兵变之谜

公元959年，周世宗柴荣突然病逝，他年仅七岁的儿子即位，史称周恭帝。次年元旦，正值君臣在宫中同贺新年之时，北方突然来了份紧急军事报告："辽师南下，与北汉合兵，进攻周境，形势十分紧急，若不马上增兵，辽兵必将长驱直下，后果不堪设想。"小皇帝不懂事，皇太后也束手无策，只好由两位老宰相范质和王溥商量，请归德年节度使、检校太尉、殿前都点检赵匡胤率领禁军前往北方边境，抵抗入侵的辽军。

大军走了一天，驻扎在陈桥驿。当天夜里，士兵们聚集起来，喧嚷着："皇帝这么年幼无知，他怎么治理朝政？让我们与辽人打仗，出生入死，谁能了解我们的辛苦与功劳？不如先立总检当了天子，要我们干什么都没有二话！"此时赵匡胤正醉卧帐中。天快亮时，闹事的将士们手执兵器来到赵匡胤帐前，声称"诸将无主，愿策太尉为天子！"赵匡胤方才被惊醒，未等回话，将士们就把象征皇权的黄袍裹在他身上，并且都下跪欢呼"万岁"。然后众人又硬拥他上马，返回开封，取代后周政权，建立了北宋。这就是历史上著名的陈桥兵变、黄袍加身的故事。

陈桥兵变历来被看作是"千古疑案"，疑点颇多。分析的结果是：

一、不是偶然事件，而是精心策划。

据《涑水纪闻》等书记载："及将北征，京师喧言，出师之日，将策总检为天子。故富室或挈家远避于外州，独宫中未之知也。"古诗言道："黄袍不是寻常之物，谁信军中偶得之。"是啊，当时军队未到陈桥已有兵变之说，未见黄袍，已有天子之说，怎能不是预谋？

二、"醉卧不省"，掩人耳目。

赵匡胤是率军出征缴敌的主帅，刚刚出发上路，怎能在军帐"醉卧不省"？他再爱喝酒，也不能对军国大事如此掉以轻心，看来，"醉卧"是在演戏，意在掩人耳目，给人们对兵变一无所知的假象。据宋人笔记记载，赵匡胤早年曾为自己的功名前程占卜，"自小校以上至节度使，一一掷之，皆不应。忽曰：'过此则为天子乎！'一掷而得圣筊。"这段轶闻反映了赵匡胤的夙愿，而在陈桥驿，他兵权在握，当天子易如反掌之时，反而不念及早年愿望，一醉了之？

三、太后之语，泄露天机。

宋太祖黄袍加身处（今河南封丘陈桥镇）

《宋史·杜太后传》说，杜太后知赵匡胤黄袍加身说："吾儿素有大志，今果然。""吾儿生平奇异，人皆言当极贵，又何忧也。"本来朝廷有天子在，赵匡胤却篡位夺权，当受祸灭九族之罪，而其母杜太后却不惊不慌，谈笑自若。明眼人一看便知，赵匡胤夺帝位是早已存心。杜太后说他有"大志"，不是当节度使，而是当皇帝。

四、"紧急军情"，亦为谎言。

一首古诗说："千秋疑案陈桥驿，一着黄袍便罢兵。"当时赵匡胤领兵出战，是因国境告急，临危受命。而黄袍加身后，不费一兵一卒，"紧急军情"就没了？战事就平定了？这不明摆着此事情全系谎报！谎报的结果是，赵匡胤轻易地掌握了禁军的兵权，而且能制造出在陈桥驿之夜，众将士给他"黄袍加身"的机会，凡此种种，都足以证明兵变自始至终都有人在精心策划。

和上述看法相反的人也大有人在，他们认为"疑案不疑"。其看法是"军情并非谎报"，其理由是：

一、《宋史》《续资治通鉴长编》《契丹国志》等史书都记有镇、定二州的急报：北汉勾结契丹入寇。

二、镇、定二州节度使不是赵匡胤集团的人，他们或是"追感周主因恩遇，时复泣下"，有异心的人，或是在宋初乞解官归山，又欲拥兵自重的人，他们绝不会为陈桥兵变造假情报的。

三、清代赵翼认为，五代诸帝，多由军士拥立，相沿成袭。赵匡胤之前，已有周太祖郭威、唐废帝李从珂、唐明宗李嗣源由军士拥立，这是唐代藩镇割据后军士擅废立之权而留下的遗风，是王政下纲，下凌上替，祸乱相寻的反映。因此，赵匡胤的"黄袍加身"很可能

真是军士拥立的。

总而言之，陈桥兵变确实令人起疑，不过目前尚难确定其真相罢了。

“杯酒释兵权”之谜

宋太祖赵匡胤通过陈桥兵变成为大宋朝第一位皇帝。据史载，从出兵到返回汴京受后周幼主“禅位”仅5天的时间，也许是因为这个江山社稷到手的太容易，赵匡胤担心它失去也容易，或者说担心别人用同样的手段迫使他“禅位”，于是就和赵普商量“欲息天下之兵，建国家久长之计”，聪明的赵普向他建议执掌禁军的人“稍夺其权，制其钱谷，收其精兵”。没有多久，一出“杯酒释兵权”的好戏便上演了。关于“杯酒释兵权”的史书记载，内容基本相同，下面摘录的是袁了凡、王凤洲合著的《纲鉴合编》中的一段：

雪夜访普图

一日因晚朝，与石守信等饮酒酣，屏左右，谓曰：“朕非卿等不及此(石守信、高怀德、王审琦等是陈桥兵变的主要参与者——编者)。然天子亦大艰难，殊不若为节度使之乐，朕终夕未尝安枕也，居此位者，谁不欲为之。”守信等顿首曰：“陛下何为出此言，今天命已定，谁敢有异心！”帝曰：“卿等固然，其麾下欲富贵何？一旦有以黄袍加汝身，虽欲不为，其可得乎。”守信等泣谢曰：“臣等愚不及此，陛下哀矜，指示可生之途。”帝曰：“人生如白驹过隙。所以好富贵者，不过欲多积金钱，厚自娱乐，使子孙无贫乏耳，卿等何不释去兵权，出守大藩，择便好田宅市之，为子孙立永远不可动之业，多买歌儿舞女，旦夕饮酒相欢，以终其天年。朕且与卿等约为婚姻，君臣之间两无猜疑。上下相安，不亦善乎。”守信等皆谢曰：“陛下念臣等至此，所谓生死而肉白骨也。”明日，皆称疾乞罢典兵，赐赉甚厚。

接着，赵匡胤便任命石守信等为节度使，却不让他们“出守”(赴任)，而是待在京城，过着只拿俸禄不管实事的悠闲官生活。解除了大臣的兵权，赵匡胤还不放心，又在兵制上进行了改革，分全国军队为禁兵、厢兵、乡兵和藩兵四种。禁兵是皇帝的卫士，一部分

驻守京城，却要到外州县就食。官员另一部分镇守边防要地，但要经常移防换地，名义是“习勤苦、均劳逸”，实际上是为了达到“兵没有固定的将、将没有固定兵”，从而无法联合叛变朝廷的目的；厢兵是各州的守军，只供官府役使，从不练习武艺；乡兵是从农民中抽出的壮丁，名义上是地方守军，却没有一点战斗力；藩兵是招募来守卫边防的，但大多是空名额。乡兵、藩兵既不常有，也不训练，都是有名无实的。北宋时期的武备如此，难怪常常受到契丹、西夏、辽、金的侵犯，每一次战争的结局几乎都是宋王朝求和、输币、甚至乞降。范文澜先生评记宋史时说：“赵匡胤来回 5 天功夫，获得帝位，他知道自己成功太容易了，所以登位以后，专力巩固中央政权，一切设施，都含着对内严防的性质，因而内政最腐朽，外患最强烈。”

“杯酒释兵权”使武职官员成了形同虚设，名义是节度防御使，实际上什么事也不管，只是依照品级领俸禄。实际管理军政事务的官员，是由朝廷临时差遣。因为是临时差遣，像走马灯一样转来转去，他们不肯也不可能安下心来办几件实事。对武将如此，文职官员又怎样呢？尽管宋朝沿用了唐、五代的台、省、寺、院、部的名号，设置了官员，此外还有阰、勋、爵，但都是领俸禄的名号，没有一个是认真办事、管事的实职，实际管事办事的被称为职式差遣的人，又都是流动性很强的，自然和武职的“临时差遣”一样。宋朝采取这样的官僚制度，便形成了一个庞大重叠的、官僚机构种类繁多的官俸禄。据一些史书记载，宋朝官员俸禄的名称有官俸、禄粟、职钱、公用钱、职田、茶汤钱、给券、厨料、薪炭费、仆人衣粮等。真是像人们所说的那样，只要能任上个大小官职，就能一生丰衣足食，享受不尽。

赵匡胤为了维持自己的统治，设置了许许多多的文武官职，但却又不给他们实权，而有实权的官员流动性很大，使他们形不成威胁朝廷和叛变朝廷的势力。另一方面，赵匡胤为了得到官员、地主、富商的拥护，千方百计地保护他们的利益，放任他们欺压盘剥劳苦人民，绝不严惩，甚至像吏部公开评价发卖官职，官员公开受贿贪赃等，都不予过问。如果是民愤极大的，也不过贬官降职或外调，很少有处以死刑或籍没家财的。所以有人以这样两句话评说宋朝的政治：恩施于百官者唯恐其不足，财取于万民者不留其有余。

赵匡胤的“杯酒释兵权”换来的只是官员重臣的不反叛，而不是国家的富强和人民的拥护，其局面是“兵无制，用无节，国家无法度，一切苟且而已”。

赵匡胤死因之谜

公元 976 年，宋代开国之君赵匡胤一夜之间猝然离世，正史中没有他患病的记载，野史中的记载又其说不一。一直以来，世人在不停地探索和考证他离奇的死因，但至今悬而未决。

《湘山野录》中说，开宝九年 10 月，一个雪夜里，赵匡胤急召他的弟弟晋王赵光义入宫。兄弟二人在寝宫对饮，喝完酒已经是深夜了，赵匡胤用玉斧在雪地上刺，同时说：“好

做好做。”当夜赵光义留宿寝宫，第二天天刚亮，赵匡胤就不明不白地死了。赵光义受遗诏，于灵柩前继位。

花蕊夫人

《烬余录》说，赵光义对赵匡胤的妃子花蕊夫人垂涎已久，趁赵匡胤病中昏睡不醒时半夜调戏花蕊夫人，惊醒了赵匡胤，并用玉斧砍他，但力不从心，砍了地。于是赵光义一不做二不休，杀了赵匡胤，逃回了府中。

《涑水纪闻》里说，太祖去世时已是四鼓。宋皇后叫内侍王继恩把皇子德芳叫来。王继恩考虑到太祖早就打算传位于晋王光义，于是没去找德芳，却找来了赵光义。进宫后，宋皇后问：“是德芳来了吗？”王继恩说：“晋王来了。”宋皇后惊诧莫名，后来突然醒悟，哭着对赵光义说：“官家，我母子的性命，都托付给你了。”“官家”，是宋朝宫廷内对皇帝的称呼。晋王说：“我们共保富贵，你不要担心。”

另外，据说赵光义以皇弟的身份继承兄长的帝位，是他母亲杜太后的意见。说是杜太后临终之时，曾对赵匡胤说，“你之所以能够取得天下，是因为后周的皇帝年纪太少，不能凝聚众心的缘故。如果后周是一个年长的皇帝继位，你怎么可能有今天呢？你和光义都是我的亲生儿子，你将来把帝位传与他，国有长君，才是社稷之纲啊！”赵匡胤表示同意，于是叫宰相赵普当面写成誓词，封存于金匮里，这就是所谓的“金匮之盟”，也就是赵光义“兄死弟及”的合法根据。

这一切，都使人们产生了许多疑问。

一是赵匡胤猝死时的“烛光斧影”。

按说宫廷礼仪，赵光义是不可以在宫里就寝的，他却居然在宫里就寝。太监、宫女不该离开皇帝，却居然都离开了。忙乱的人影、奇怪的斧声，以及赵匡胤的“好做好做”的呼喊，一一都告诉了人们，这是一场事先策划的血腥谋杀。

二是王继恩假传懿旨。

王继恩有何胆量，敢违背宋皇后的旨意，本该传赵德芳，却传来赵光义？倘若事败，不是杀身之祸吗？这种说法，只不过把篡位的罪过加在一个太监身上而已，同时掩盖了杀兄的罪行。

三是“金匮之盟”的真伪。

杜太后去世时，赵匡胤只有34岁，正值壮年，他的儿子德昭已经14岁了。即使赵匡胤几年后去世，也不会出现后周柴世宗遗下7岁孤儿群龙无首的局面。杜太后一生贤明，怎能出此下策？况且，“金匮之盟”是赵光义登基5年后才列举证人、公布出来的。为什么不在赵匡胤死时，堂堂正正公布出来呢？

还有一些疑点，也使人对赵光义有非议。

赵光义不等到第二年就改换年号。新君即位,常例是次年改用新年号纪年。可是赵光义把只剩下两个月的开宝九年,改为兴国元年。这打破常规的迫不及待,只有一个解释:抢先为自己"正名"。是不是他心里有鬼?

赵光义的弟弟被贬而死。赵光义即位不久,就把他的弟弟削夺了王位,贬为涪陵县公,不久,就"抑郁"而死。按照"兄死弟及"的逻辑,下一轮皇位继承人该是他弟弟了,可是人死了,这皇位不就是自己或自己的儿子的了吗?

宋·河南巩义皇陵石刻羊

逼杀了赵匡胤的长子德昭。当时德昭已经30岁了,被封为武功郡王。征讨北汉之后,德昭好意地劝赵光义奖励出征有功的将士,可赵光义居然说:"等你自己当了皇帝,再赏也不迟。"德昭感觉受到猜忌,性命难保,回家自刎而死,其实等于逼杀。

赵匡胤的幼子德芳,仅23岁,也神秘地暴病身亡。

赵匡胤的遗孀死后,赵光义不按皇后礼仪发丧。

赵匡胤暴死,两个儿子也不明不白地死去,这都是偶然的吗?

最让人感到莫名其妙的是,赵光义的子孙后代却相信他的老祖宗"杀兄篡位"的说法,把皇位又传给了赵匡胤的后代。这里说的是宋高宗赵构传位的事。

据说赵构没有儿子,谁来继承皇位呢?大臣们议论纷纷。有一种强有力的意见是:赵匡胤是开国之君,应该在他的后代中选择接班人。起初,赵构对这种议论严加贬责。可是后来他改变了主意,说他做了一个梦,梦见宋太祖赵匡胤带他到了"万岁殿",看到了当日的"烛光斧影"的全部情景,并说:"你只有把王位传给我的子孙,国势才可能有一线转机。"于是赵构终于找到了赵匡胤的七世孙赵慎,并且把皇位传给了他,这时离那个血

腥的恐怖之夜已经187年了。

这恰恰说明了:赵构承认了祖先的罪孽,也给了赵匡胤之死一个基本的答案。

花蕊夫人之谜

君王城上竖降旗,妾在深宫哪得知。
十四万人齐解甲,宁无一个是男儿!

这首《述亡国诗》悲愤婉转,不亢不卑,几句话道出亡国缘由:从君王到兵将,竟没有一个是男子汉,敢于拼死一战,须眉们不能保家卫国,致使国破家亡,表达了一个有气节的亡国之女深沉的悲哀。这位才高气傲的女诗人是谁呢?据说是五代时后蜀君主孟昶的妃子,人称"花蕊夫人"。

"花蕊夫人"聪明贤淑,风流蕴藉,不但貌若天仙,而且擅长诗词。她的诗风清丽婉转,多咏叹宫中杂事,与王遂的《宫词》异曲同工,她给后世留有一百首词,这就是有名的《花蕊夫人宫词》。

花蕊夫人生不逢时,红颜薄命。据传她的身世是这样的:

后蜀主孟昶少年风流,为寻找不到美女闷闷不乐,后来,有一心腹太监在青城明察暗访终于物色到一位美女。这位美女体态轻盈,浅着粉黛,容颜绝世,给人一种空谷幽兰自然淡雅之感,孟昶如获至宝,立即留在宫中,封为慧妃。慧妃喜欢芙蓉花和牡丹花,孟昶投其所好,特地为她修了一座牡丹苑,还下令在城墙上种满芙蓉花,连寻常百姓家也要家家栽种。每到芙蓉花开时节,成都城上花团锦簇,争奇斗艳,红如火,白似雪,远看如朝霞灿烂,近旁花香浓郁。从此,成都便多芙蓉花,成都也得了雅号,叫"锦城"。孟昶带着慧妃登城饮酒赏花,望着花丛中的美人,感慨地说:"你真美呀!这芙蓉不足以形容你的柔媚,这牡丹不足以形容你的明艳,你是人中之花,花中之蕊。啊,朕封你为花蕊夫人。"至此,她便有了"花蕊夫人"的美称。

"花蕊夫人"的诗作,虽然大多描写宫廷生活,但既没有脂粉气,也没有富贵气,写得清新脱俗,灵巧生动。

诸如:

龙池九曲远相通,杨柳丝牵两岸风。
长似江南好风景,画船来往碧波中。

又如:

殿前宫女总纤腰,初学乘骑怯又娇。
上得马来才欲走,几回抛鞚抱鞍桥。

还如:

罗衫玉带最风流,斜插银篦慢裹头。

花蕊夫人

闲向殿前骑御马，掸边模过小桥头。

这些诗，都很值得一读。

然而，好景不长，孟昶性好游乐，不理朝政。公元964年，宋太祖赵匡胤发兵南击后蜀，蜀军不堪一击，孟昶只得自缚请降，成了北宋的阶下囚。花蕊夫人也成了囚徒，陪孟昶被押解进京。

一路上颠簸跋涉，苦不堪言，在一处驿站的墙壁上她提笔写道：

初离蜀道心将碎，
离恨绵绵。
春日如年，
马上时时闻杜鹃……

写到一半已是泣不成声，不能再写下去了，只得弃笔掩面而去。

到了汴京，宋太祖假意安抚孟昶，封他为检校太师兼中书令，秦国公。宋太祖早闻"花蕊夫人"之名，令立即召见。不见则已，一见失魂。只见花蕊夫人腰似弱柳，眉含远山，唇若朱涂，确实是蜀国第一丽人。为掩饰自己的失态，宋太祖竟厉声指责花蕊夫人说："人说女色是亡国祸水，你倚仗美貌，使孟昶荒于游乐，败了国家，该当何罪？"花蕊夫人面无惧色，坦然陈辞："作君主的掌握军政，占有权力，不能悉理朝政，强军保国，自己迷恋声色，又要将罪名加到宫妃身上，是什么道理？"当场索要纸笔，题了一首《述亡国诗》献上。宋太祖看了不但未责怪她，反而哈哈大笑起来。原来，投降的蜀兵有14万，而宋军才几万人。

宋太祖喜爱花蕊夫人，将她收入宋宫。7天之后，孟昶不知何故竟暴死于宅第。花蕊夫人悲痛欲绝，在宫中挂上孟昶的像，表示纪念。后来，宋太祖死，赵光义继位，又逼花蕊夫人就范，她哪肯再度失身偷生？被恼羞成怒的赵光义一箭射死。

才名远播的花蕊夫人香消玉殒，但却给后人一连串的问号。

谁是作《宫词》的花蕊夫人？

历史上，有两个花蕊夫人。

一是五代前蜀君主王衍的妃子，亦称“慧妃”，为后唐庄宗所害；一是五代后蜀主孟昶的妃子，国亡后入宋。在有的资料上，她的姓名、称号刚好相反。明代陶宗仪在《辍耕录》中说：“蜀主孟昶纳徐匡璋女、拜贵妃，别号‘花蕊夫人’，意花不足以名其色，或以为姓费氏，则误矣。”从前蜀到宋初约40年。在当时，口诵《述亡国诗》的，应该只能是后一个花蕊夫人。

她的《述亡国诗》是独创，还是模仿？

花蕊夫人的这首《述亡国诗》与王承旨作的一首诗，用事相同，用韵相同，而且有些句子也相同，因此，一些人认为花蕊夫人的诗是模仿，是因袭，是旧瓶装新酒的应急之作。

王承旨的诗，录如下：

蜀朝昏主出降时，衔璧牵军倒系旗。

二十万人齐拱手，更无一人是男儿。

再对比一下花蕊夫人的诗作：

君王城上竖降旗，妾在深宫哪得知。

十四万人齐解甲，宁无一人是男儿！

意境和格调根本不同。

前者是自呈丑陋，是无耻无廉的谄媚之词，后者则痛斥不战而降，义正词严，韵味深沉，显示了作者的豪气与胆识。即使这首诗有所因袭，也是一种脱胎换骨的再创造。

花蕊夫人的结局如何？

有的说，她是被赵光义一箭射死的。

有的说，她被宋太祖纳入后宫后，依然怀念前夫孟昶，把孟昶的画像供奉在内宫，骗宋太祖说是“张仙送子图”（据说后人盛行供奉“张仙送子图”，就是由此而来）。后来，她年长色衰，郁郁而死。

总之，国破家亡，一个弱女子的结局可想而知。

“狸猫换太子”真假之谜

京剧《狸猫换太子》讲的是宋朝龙图阁大学士钦差大人包拯巡行到一处破窑之前，被一双目失明的老妇人拦住，哭诉自己的身世。经过了解，方知她就是当今圣上宋仁宗的生母李娘娘，了解了她鲜为人知的悲惨而又离奇的经历。

历史小常识：包拯的实际职务

戏文中多称呼包拯为“包相爷”，但包拯并没有担任过宰相职务，不过他担任的最高行政职务是枢密副使，也就是枢密院的副长官，也可称为副宰相级别的官职。因此人们称呼他为“包相爷”也不为错。

原来，李娘娘只是宋仁宗之父——宋真宗后宫的宫女，因受皇帝宠幸，被封为才人、婉仪，并且怀上了“龙种”。那时候，“母以子贵”，李娘娘幻想着生下儿子，平步青云，当上皇后。

可是，阴险毒辣的刘德妃，自己没有生育，偏偏嫉妒李娘娘，于是用一只剥了皮的狸猫，换去了刚刚生下的宋仁宗。待到宋真宗来看自己的骨肉之时，眼前却是血淋淋的一个怪物。他不问青红皂白，一怒之下，把李娘娘打入冷宫。后来李娘娘在一位好心的宫女帮助之下，逃出了深宫，躲过了刘德妃的灭口之灾。从此在一处破窑里，隐姓埋名，苦苦等了 20 年，盼望自己有出头之日。

包拯是以清正廉明、大公无私闻名的清官。为洗雪李娘娘的冤仇，他把她带回京城，设计使仁宗认母，真相大白。结果坏人受到惩处，李娘娘被封为李宸妃，母子团圆，结局美满。

可是，现实中的李宸妃并没有母子相认这回事。

宋仁宗在解开他的生母之谜之时，李宸妃已经去世许久了。围绕宋仁宗生母的传说就是另一些说法了。

据说，宋真宗最宠爱的妃子是刘德妃。这刘德妃虽然是临街播鼓卖艺出身，但长得如花似玉。15 岁时被刚刚成年的太子赵恒——后来的宋真宗看上，纳入王宫。赵恒登基之后，刘德妃从“美人”“婉仪”，一直封到“德妃”，可惜未能生育。为了和杨淑妃、沈才人竞争皇后之位，她想出了“借腹怀胎”的诡计。她刻意打扮身边一个姓李的侍女，引诱宋真宗上钩。当这小宫女怀了“龙种”之后，她也装作怀孕的样子。不过宫女怀的是真胎，她怀的假胎。待十月分娩之时，“两个”龙种先后呱呱落地。结果，演了一场真的“狸猫换太子”。李宫女被打入冷宫，寂寞而死。刘德妃则登上了梦寐以求的皇后宝座。

《宋史》则提供了另一种说法。

说是李宸妃实有其人。她本是刘德妃的侍女，生得花容月貌。怀上龙子时，刘德妃已被立为皇后。于是，刘德妃请皇帝把李宸妃生下的儿子赵祯立为己子。为了弄假成真，把孩子从李宸妃怀里夺走交杨淑妃抚育，断绝了李宸妃母子的联系。

后来，真宗去世，11 岁的赵祯继位，史称宋仁宗。刘皇后成了刘太后，辅政掌权，谁敢挑明这个真相？天圣九年（1031）仁宗生母病危，刘太后晋升她为宸妃。次年，李宸妃去世。刘太后想，现在仁宗并不知道自己的生母是李宸妃，一旦将来自己死去，仁宗得知了实情，痛感自己生身的母亲在生前死后都没得到应有的待遇，一定会怨恨自己，肯定还会迁怨于刘氏的后裔。于是，她吩咐以一品礼安葬李宸妃。

当时的宰相吕夷简又暗中吩咐内侍押班罗崇勋，给李宸妃穿皇后装成殓，并使用水银宝棺，刘太后也一一依允。李宸妃的丧礼也举行得特别隆重，送葬队伍长达 30 余里。

1033 年，刘太后死后，宋仁宗才知道自己的生母是谁，他无比悲痛、无比愤怒。他号

啕大哭，哭自己身为天子，却不能保护自己的母亲；哭自己身为人子，却不能孝敬自己的母亲，让母亲含恨而死。

于是，他下令包围了刘太后娘亲的府第。眼看一场血腥的杀戮就要开始了，还是宰相吕夷简的一番公道话使仁宗冷静下来。吕夷简说："太后虽有不义之事，但以皇后礼仪厚葬宸妃，表明她已有自悔之心；虽非生母，但对陛下仍有抚育之情，不可忘。"

仁宗决定重葬生母。开棺考查，一看生母没有鸩杀、残害或者虐待的迹象，这才下令解除对刘姓戚属的包围。仁宗尊宸妃为皇后，谥章懿，新临殡仪之所祭告。

为了弥补他对生母的愧疚之情，他把李太后的弟弟李用和一再擢升，并把福康公主下嫁给李用和的儿子李玮。

综上所述，包拯和李宸妃之事肯定毫无关系，李宸妃也没有流落到民间。至于刘德妃到底是用什么方法把宋仁宗收为己子的，谁也不知其详。

尤为令人难解的是，赵祯登基之后 9 年间，李宸妃为什么缄口不言，一直到死？这就更没有人知道答案了。

名妓李师师的晚境之谜

小说《水浒传》中详细描写了东京名妓李师师。水泊梁山大头领宋江，正是通过她，向当朝道君皇帝表露了愿受"招安"的心意，最后全体归顺了朝廷。这个李师师是不是真有其人呢？

据《李师师外传》和《贵耳记》都记载着她和北宋皇帝赵佶的风流韵事。

《李师师外传》是这样记载的：李师师，北宋汴京人，一个洗染工之女。按当时社会的民俗，父母喜爱的儿女，从小都要送到佛寺去挂个出家的名儿，叫作"舍身"。师师小时就长得眉清目秀，聪明伶俐，被爹娘视为掌上明珠，也就舍了身。当时的佛门弟子都习惯称"师"，所以，她就叫"李师师"。

师师 4 岁的时候，不幸父母双亡，她成了孤儿，跟随李姥姥过活。这李姥姥年轻时当过妓女，琴棋书画都很精通。她把李师师当成"摇钱树"，决心悉心调教她，以便日后让李师师也当烟花女子，给她大把挣钱。李师师长大以后，色艺双绝，入了教坊，成了东京第一名妓。达官贵人、文人学士都以和她交往为一大幸事。当朝皇帝宋徽宗生性风流，热衷玩乐，把朝政扔在一边，由奸臣把持，自己甚至打扮成平民模样到花街柳巷私会妓女。

宋徽宗第一次见李师师时，他假扮大商人，出手阔绰，送给李师师大把的金银、绸缎，显示富有，但李师师却对此不屑一顾，态度极为傲慢，问话也不答，使他干坐一宿，非常扫兴。事后李姥姥问她为何如此冷漠？她说，她瞧不起这些靠钱买笑，浑身散发铜臭之人。

后来，听说来者竟是当今皇帝，李姥姥吓个半死，以为大祸临头了。李师师却很沉着，说，逛妓院的事毕竟不光彩，皇帝忌讳此事，决不能声张。并推测，宋徽宗第一次讨个没趣不会甘心，很可能第二次还来。果然不出李师师所料，春节之时，宋徽宗又登门来

了。从此,李师师和宋徽宗打得火热,一块儿写字呀,画画呀,下棋呀,弹琴呀,卿卿我我,情爱甚笃。宋徽宗还特别欣赏李师师的幽姿逸韵,为她画了一幅画,题字道"金勒马嘶芳草地,玉楼人醉杏花天"。

李师师

《贵耳集》则记载,有一次宋徽宗到李师师家,碰巧开封的监税官周邦彦也在那里。周邦彦听说皇帝来了,吓得躲在床下不敢吭声。皇帝走后,周邦彦把这段见闻填了一首词,叫《少年游》:

并刀如水,吴盐胜雪,纤指破新橙。锦幄初温,兽香不断,相对坐吹笙。

低声问:向谁行宿?城上已三更。马滑霜浓,不如休去,直是少人行。

意思是:刺骨的水,洁白的雪,纤细的手啊掰开新橙。房里暖暖的,烧着兽香,两人对坐吹竹。悄声地问:今晚哪里去住?城头已敲三更。马走打滑,寒霜浓重,不如不走,路上简直没人行。

后来,宋徽宗又到李师师处,听李师师唱《少年游》,觉得词中所写仿佛上次来时情景再现。又听说是周邦彦所写,于是大怒,回宫以后弄个莫须有的罪名下旨罢了周邦彦的官并逐出京师。

隔了不久,宋徽宗又到李师师家,见李师师憔悴不堪,愁眉泪眼,原来她是送别周邦彦出京。她和周邦彦之间的情谊使宋徽宗很感动。不久,他下了一道诏书,召回了周邦彦,并提拔周当个"大晟乐正"的官。

这两本书记录的故事,引出了两大疑问。

一是到底赵、李、周之间有没有这件风流韵事?

据考查,周邦彦生于1056年,死于1121年,活了65岁,他在汴京李师师家见到宋徽宗时,应该是1109年,李师师应该40多岁了,而宋徽宗才27岁,他怎么会看上一个老妇呢?再一查,周邦彦并没当过税监这类小官,当朝也无"大晟乐正"的官职。这是否认者的观点。

大多数研究宋史的人持肯定观点。他们认为,这段风流韵事流传很广。记载这段故事的作者都是有一定地位之人,所记事实肯定有根据。另外,当时叫师师的同名女子很

多，有熙宁时代的师师、也有宣和时代的师师，此师师不是彼师师。以一家之言推断师师的年龄，是不对的。还有，宋代的官僚、文人到妓院厮混的大有人在，据说周邦彦就行为不检点，很可能"人老心不老"，年近花甲仍有花心。

二是李师师晚景如何？

有的说，李师师后来出家了。《李师师外传》写道，宋徽宗把皇位让给儿子宋钦宗之后，自号"道君教主"，退居太乙宫。李师师没了靠山，自身难保。当时金兵南侵，河北告急，李师师想法到北城慈云观当了女道士。

还有的说，她殉难了。说是金兵攻破汴京之后，金兵统帅达懒听说李师师是名妓，指名要交出她来，张邦昌到处派人搜捕，终于把她送到金营。李师师宁死不受辱，拔金簪自刺咽喉，未死，又把金簪吞入肚中，才死去。

后来，被拘押在五城里的徽宗，听说了李师师的惨死，也不禁悲痛欲绝。

不少人还说李师师南渡了。说她流落在江、浙、湖、湘一带，有人说曾在湖湘一带见到过她，有人说在江浙一带，她曾和士大夫一起听过歌，还有说她曾在杭州重操旧业，晚年嫁给个商人。宋人刘子翚写了一首《汴京纪事》：

辇毂繁华事可伤，师师垂老过湖湘。
缕金檀板今无色，一曲当年动帝王。

刘子翚亲身经历了靖康之难，这首诗是目睹的口气，所说可能是有根有据的。

总之，李师师在国破家亡、兵荒马乱之时，下场不可能如意，种种结局也只是人们的猜测而已，真实情况仍无法破解。

毕昇是何许人

活字印刷术，开辟了印刷史上的新纪元，为世界文化的交流和发展做出了重大的贡献，被称为我国古代的四大发明之一。其发明者为北宋人毕昇，《梦溪笔谈》详细记载了他的这一伟大发明，使他名扬千古。然而，毕昇的出身却令人百思不得其解，有人说他是锻工，有人说他是刻字工人，有人说他是雕梓良工，还有人说他是士人，至今没有定论。

王国维、胡适、冯汉庸等人，都认为毕昇是一个锻工。他们的根据是沈括在《梦溪笔谈》中的两处提法。其一、在该书卷十八中记载，"庆历中有布衣毕昇又为活版"；其二、在该书卷二十中说"祥符中方士王捷本黥卒，尝以罪配沙门岛，能做黄金，有老锻工毕昇曾在禁中为捷锻金。"他们以为这个锻工毕昇就是那个作活版的毕昇，他们俩是一个人。"布衣"，即平民，是他的身份，锻工是他的职业。冯汉庸还在《毕昇活字胶泥为六一泥考》一文中，否定了毕昇用黏土制活字的流行说法。他认为用胶泥制砀活字经火烧后会变成瓷字或陶字，均不能着油墨印书，进而推论毕昇的身份是锻工，曾作为道家方士王捷的助手，与王捷一起炼丹。炼丹时封坩鼎用的物品称作"六一泥"。"六一泥"不是泥，而是由七种矿物研细和合后再入醋搅和而成的泥状物，毕昇掌握了它的配方及制作方法。

可见，毕昇是个锻工。

毕昇和他发明的活字印刷

刘国钧的《中国书史简编》、胡道静的《活字板发明者毕昇卒年及地点试探》、徐仲涛等编的《中国古代发明创造》、王天恩等编的《出版工作手册》等书中，都认为毕昇是刻字工人。影片《毕昇》则将毕昇塑造成一位雕梓良工。这些说法，传播很广，颇为流行。

有人对《梦溪笔谈》中两处关于毕姓人的记载做了分析，认为"昇"与"升"是同音异字；治学严谨的沈括，不可能将一人的名字写成两个字。从地域上看，造活字的毕昇是在沈括的家乡印刷业发达的杭州；而锻工毕升为王捷锻金却在汴京；一南一北，相隔几千里，不可能是一个人。从时间上看煅工毕昇生活在祥符年间（1008～1016），而造活字毕昇则生活在庆历年间（1041～1048）。一个老煅工在二三十年后再发明活字？根本不可能。因此说，毕昇与毕昇当是两人，毕昇不是锻工。

有人还认为，北宋的工匠地位低贱，不可能读书识字，不具备相当的文化程度，他们收入微薄，生活艰难，不可能拥有大量资财。从发明活字印刷术所必须具有的文化和资财两方面分析，毕昇也不可能是工人。因为，活字印刷术从铸字、排检到印刷，有一套完整的方法。须先造出数以万计的单字，再根据各字使用的次数多少决定哪些字多造，哪些字少造，造好后按规律编排起来，以便排字时容易找到。其中的排检工作很复杂，毕昇

采用了当时比较先进的“音韵分类排检法”。据说,清代人瞿金生用毕昇的方法,使用了十五个人,经三十多年才造出泥活字十几万。可想而知,毕昇从木活字到泥活字的不断试验和改进过程,肯定需要雇用工匠,花费几至几十年的时间,没有相当的资财是办不到的。因此,有人认为,虽然《梦溪笔谈》说毕昇是“布衣”,泛指平民,其实是未入仕途的士人。猜测他可能是位热心出版书籍的人,或为出版自著诗文,或为印行著名经史,或为印书牟利,是位不图仕途、献身于改进和发展印刷业的文人雅士。

看来,几种说法各有千秋,短时间还没人能搞清毕昇的出身之谜。这些说法随着研究的深入,势必会有个清晰准确的答案。

“返老还童”之谜

我国科学家沈括就曾在《梦溪笔谈》中记载过一位名叫吕缙叔的人,他在颍州做官时,忽然怪病缠身,身子越缩越短,临死时身高只有幼儿般大小。

吕缙叔是不是真的返老还童了呢?科学家告诉我们,这不是真的返老还童,而是患了一种称为“返老还童症”的病。由于病人体内蛋白质的合成量渐渐地减少,于是身高便慢慢缩短。造成这种可怕后果的主要原因,就是因为控制蛋白质合成的酶突然失去了活力。

但是,即使如此,成年人的骨骼缩成只有幼儿般长短,还是难以理解的。所以,科学家至今还没有弄明白其中的原因。

古往今来,返老还童的事例屡屡出现。

(一)

在我国山东省桓台地区的唐山镇,有一位年过百岁的张次珠老太太。1986 年,本已白发苍苍的张次珠,却又长出了乌发。

1982 年 3 月,我国江西省宜春市新坊乡,一位 101 岁的老人罗世俊,突然长出了满口新牙。罗世俊老汉 80 岁时牙就全掉了,1980 年 7 月却开始长新牙。最后,他的上牙床有 8 颗牙齿撑破牙龈,下牙床则长满了 16 颗整齐的白牙。有人想试试他新出来的牙齿,拿了几颗刚炒熟的黄豆给罗老汉吃。罗老汉想都没想就朝嘴里送,不多一会便咯嘣咯嘣吃了个干干净净。

在土耳其,有一位叫哈蒂杰·于勒盖尔的 105 岁老妇,十多年前,牙齿早已掉光,可不久之后,她的口腔中居然又长出了 10 颗新牙。

然而,光是头发和牙齿的更新还不算是真正的返老还童,真正的返老还童应该是全身器官的更新。在这一方面,丹麦哥本哈根的妇女艾莎则是一个极好的例子。

年已 52 岁的艾莎,看上去仍像 18 岁的姑娘,她的牙齿和内脏与年轻人不相上下。

1987年,经丹麦遗传学家赞森检查,艾莎的身体确实不见衰老,岁月似乎没在她的身上留下痕迹。

(二)

如今,科学家们十分关注返老还童原理的研究。

关于头发的更新,专家们是这样认为的:头发的颜色是由毛发中的色素细胞决定的。色素细胞产生的色素颗粒,会使人的头发乌黑发亮。年龄大了,色素细胞的功能就减退了。一般地说,人在35岁以后,头发色素颗粒就会逐渐减少,于是就出现了白头发。不过,有个别身体健壮的人,由于机体功能比较旺盛,到了老年仍然是满头黑发。

那么,一些满头银发的人为什么会长出黑发呢?科学家认为,这可能是因药物、保健和饮食等原因引起的。可是,为什么只有少数老人的银发能变成黑发呢?科学家还回答不出这个问题。

至于牙齿的更新,科学家认为:由于少数人在胎儿时期多生了一套牙坯。因此,当恒牙掉完以后,又长出了第三套牙齿。照他们的说法,一般的人在胚胎时期只具备了一套乳牙坯和一套恒牙坯。只有万分之一的人才具备第三套牙齿。他们的说法到底对不对,目前尚未找到充分的证据。

至于那位名叫艾莎的妇女,她身上所表现出来的返老还童现象,人们也进行了十分细致的研究。可是,找来找去,找不到肯定的答案。人们只是猜测,会不会因为艾莎身上具备某些抗衰老的遗传物质,才使得她青春永驻。可惜,科学家们至今尚未找到这种神奇的物质。

(三)

眼下,围绕着返老还童这个话题,各种各样的推测、假说纷纷纭纭,众说不一。

之一:要想使人类真的返老还童,必须向癌细胞"学习","学习"它们青春常在的本领。因为专家们发现,即使是再老的体细胞,只要变成了癌细胞,就不会进一步衰老。因此,人们将癌细胞称作是"不死的细胞"。癌细胞为什么不会衰老?这是因为它能够将内部的遗传物质重新组合。那么,照此推断,如果人们能人为地将遗传物质重新组合,就能使老人长出一口新牙,长出一头乌发,从而青春焕发。

之二:人类衰老是因为大脑中一种叫多巴胺的化学物质明显减少了。多巴胺对于人类的生理功能至关重要,因为它能传递细胞之间的信息,充当"信使",很明显,"信使"少了,信息的传递就不畅通,人体的机能就要衰退。为了证明这种假说的正确性,科学家用培养了25个月的老年大白鼠,往它们的大脑中注入一定数量的多巴胺,原先老态龙钟的大白鼠竟然又重新充满了活力。

之三:人体的老年细胞存在一种物质,这种物质会使细胞进一步老化。如果没有这

种物质，细胞的衰老会延缓。如今，为了证明这个假说，美国科学家已经在人体细胞中分离得到一种特殊的蛋白质，而这种特殊蛋白质只有在老化的细胞中才能找到。这就使人们进一步想到，如果衰老确实是由于这种蛋白质造成的，那么只要清除这种蛋白质，人就能返老还童，大大延长寿命。

之四：人体脑下垂体的“死亡激素”会使人体老化，若是能抑制脑下垂体分泌“死亡激素”，衰老就能得到控制。但遗憾的是，人类至今尚未找到这种“死亡激素”，而只能通过动物实验加以间接地证明。有人摘除了大白鼠的脑下垂体，它们的寿命大为延长。

在将来，随着科技的进步，人类可能真会达到返老还童的目的。

岳飞请立资宗之谜

靖康二年（1127）的靖康之变，宣告了北宋王朝的灭亡。金军掳走了宋徽宗、宋钦宗及赵氏宗室、大臣三千余人，又策划、建立了以刘豫为帝的伪齐政权，统治黄河以南地区，镇压抗金活动。与此同时，宋徽宗第九个儿子康王赵构重建南宋王朝，形成宋金对峙的局面。没过几年，金国与伪齐的矛盾日益加剧，两河地区的抗金斗争又此起彼伏，金国就放出风声说，要把宋钦宗的儿子赵湛送回宋都汴京，以就大位。这么做，一方面是威胁伪齐王刘豫，示意随时可能将他废去；一方面也是威胁宋高宗赵构，若不俯首听命，将用钦宗之子来取代他。岳飞请立资宗之事，就发生在这一特殊历史时期。

岳飞

有关资宗的解释，本身就是一个悬而未决的谜。有人认为资宗即“跻宗”，“跻”字作“升”字解。钦宗是徽宗长子，在嫡长子继承的宗法制度下，他的后代是皇位的合法继承人。而高宗却是徽宗第九子，因此乞立资宗的意思是建议把高宗养子建国公，从第九房升到长房，即立为钦宗之子。这样，金国就没有理由再送个钦宗的后代回来继承皇位了。另一种意见认为，资宗是资善堂宗室的简称。高宗唯一的儿子，在建炎三年（1129）的明受之变（即苗刘之变）中丧生，太宗一支的嫡系子孙又都被掳北上，不得已在太祖后裔中选一孩子养在宫中，并立资善堂为其书院。这孩子虽被封为建国公，却并没有明确立为高宗嗣子，因此乞立资宗，是要求正其名分。确立其皇子的地位，表示嗣君已立，以挫败金国再送嗣君、威胁高宗的阴谋。第三种意见认为，“资”有发祥或源泉的意思，资宗即宗族中统始的这一支。徽、钦二帝及高宗都是太宗的后裔，赵氏的资始之宗是指太祖的子孙。因金国欲立钦宗之子为傀儡皇帝，使以徽宗第九子身份即位的高宗不自安，故乞立资宗是建议

立更为正宗的太祖的子孙，以此“沮虏之谋”。虽然三种说法涉及的资宗是同一人，即高宗养子建国公，但关于资宗的解释，在当时是个极其敏感的问题，它会在高宗心中产生截然不同的反应，还关系到岳飞的死因。因此，史学界曾为此争论了一段时间，至今尚未有定论。

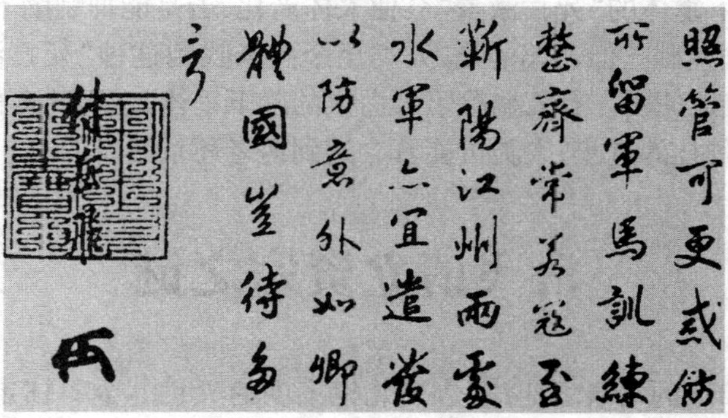
照管可更戒飭
所留軍馬訓練
整齊常若寇至
蘄陽江州兩處
水軍亦宜遣發
以防意外如卿
體國豈待多
言

宋高宗书《付岳飞》

岳飞请立资宗之事，在张戒《默记》中，有薛弼所叙的一段史料：绍兴五年（1135）正月，岳飞入朝觐见高宗时，面奏乞正资宗之名，受到高宗呵斥，吓得面如死灰而退。围绕这一记载，后人产生了许多歧异之说。

其一，岳飞究竟有没有“面奏”？一说认为，张戒《默记》虽已失传，但熊克《中兴小纪》、李心传《建炎以来系年要录》均加以引用，说明宋人也以为这一记载是可靠的。一说引岳珂所编《鄂王行实编年》指出，建储之议是岳飞在鄂州军营写成后密奏，并无面奏之事。既无面奏，高宗当面训诫之语，也是张戒、薛弼捏造的。于是，持前说者又引证秦桧政敌赵鼎的《辩诬笔录》，指出赵鼎与岳飞并无宿怨，但也在书中记载了这件事，而岳珂的书中没有记，只不过是为尊者讳而已。持后说者也引南宋史官章颖之语，说明所谓面奏被斥之事，是秦桧密探嫁罪于人的秋蝉脱壳之计。

其二，岳飞的提议究竟是目无君王，还是体贴圣意？一说高宗乃太宗后裔，但岳飞一心想对付金人阴谋，大胆建议高宗不承认自己父兄的后人（即金国欲送回的赵谌），而改立太祖之后，实为犯忌。说明岳飞心中只知有国而不知有家，只知民族利益而不考虑帝王尊严。另一种意见认为，岳飞是高宗一手提拔的，对高宗感恩戴德。高宗无子，而金人要立钦宗之子，是对高宗的威胁。如抬出太祖的子孙与之对抗，当可挫败金人的阴谋，不仅对国家有利，也可使高宗稳坐帝位。因此，岳飞此举不仅以国事为重，也是善于体贴高宗的表现。

其三，乞立资宗之事，是否导致岳飞的被害？一部分学者认为，岳飞请立太祖的后人，犯了大忌，加之他一再提出迎回二圣（徽、钦二帝），也触及高宗心病，促使高宗日后诛杀岳飞。另一种意见认为，岳飞从未主张高宗应将皇位交还钦宗或钦宗后人，请立资宗主要是对抗金人之谋，因此根本不会特别触怒高宗。高宗的训诫只是因为他越职言事，否则不会在事后派人去安慰他，又将他连升三官。岳飞的杀身之祸，还是因为他坚持抗

金、反对和议而招致的。

资宗究竟是指什么？岳飞请立资宗的真相究竟如何？仍是值得进一步探究的问题。这是历史留给我们的任务。

陆游与唐婉离异之谜

陆游，字务观，号放翁，越州山阴人，是南宋著名的爱国诗人。他一生勤于创作，仅诗就达九千余首，不少诗篇洋溢着爱国热情，直到临终时还写诗念念不忘恢复中原，统一中国。他的绝笔诗《示儿》“死去原知万事空，但悲不见九州同。王师北定中原日，家祭无忘告乃翁。”感人肺腑，千古传诵。近代梁启超称赞他说“千古男儿一放翁”。

然而，这样一位忧国忧民、胸怀大志的诗坛巨匠，早年的婚姻却酿成了悲剧，这个痛苦的伤痕伴随了陆游一生。

陆游

陆游二十岁那年，与温柔多情、能诗会词的唐婉结成夫妻。两人相亲相爱，生活十分美满。可是，不到数月，陆游的母亲竟逼着陆游与唐婉离婚，慑于封建礼教的淫威，陆游被迫将爱妻休归娘家。藕虽断，丝还连，暗地里两人仍在私下相会，结果被陆母发觉，大闹一场，夫妻俩只得强忍悲痛，含恨分离。十年后，陆游重游沈园，巧遇唐婉，二人蓦然相逢，恍若隔世，离情别恨一齐涌上心头，此时的唐婉已嫁作他人妇，只能让人送酒肴表达心意，陆游饮下苦酒，百感交集，于是挥笔在墙上题了一首荡气回肠的词——《钗头凤》：

红酥手，黄藤酒。满城春色宫墙柳。东风恶，欢情薄。一怀愁绪，几年离索。错！错！错！

春如旧，人空瘦。泪痕红浥鲛绡透。桃花落，闲池阁。山盟虽在，锦书难托。莫！莫！莫！

唐婉见词，悲愤不已，从此郁郁成病，不久便含恨去世了。

陆母逼着这对恩爱夫妻离异，让人难以理喻。后人对陆游与唐婉婚姻悲剧的原因进行探讨，出现了几种分歧很大的说法：

一是为了“事业”和“前程”。

《后村诗话》的作者刘克庄说，陆游青少年时，父母对他管教甚严，逼他休妻是怕他荒废学业，是为了他的“前途”着想，是一番苦心，一片好意。

据说，陆父陆母对陆游的期望很高，希望他入仕为官，对他科场不利很为担忧。尤其

是陆父，长期居家不仕，把厚望寄托在陆游的仕途上，而陆游对政治并无兴趣，却对诗极为痴迷，可想而知此时的陆游越是爱诗，越是同妻子玩得开心，就越不能为双亲所容。陆父决不允许他舍经取诗，也就是说，一心要他当官，而不是成为诗人。这样，陆父决定拆散他们，由陆母出面，迁怒于唐婉，结果陆游屈服于"尊者意"，被逼与娇妻分手。遗憾的是，陆游仕途上并不得志，与其父的愿望相反，倒真成了大诗人。晚年的陆游思前想后，只感到愧对前妻，悔怅无比。

二是陆母不满意唐婉。

有人以事实为依据，驳斥了上述说法，认为主要是陆母蛮不讲理，对唐婉不满。

其一，陆游第一次应考失败时才十八岁，如果陆母真的极为看重儿子的前途和事业，干嘛在他二十岁时，落第不到二年就急急忙忙把唐婉娶到家来？

其二，陆游第二次考试因激怒秦桧被贬黜落榜，时年二十九岁，与唐婉早已离异，陆游的科场失利，和唐婉毫不相干。

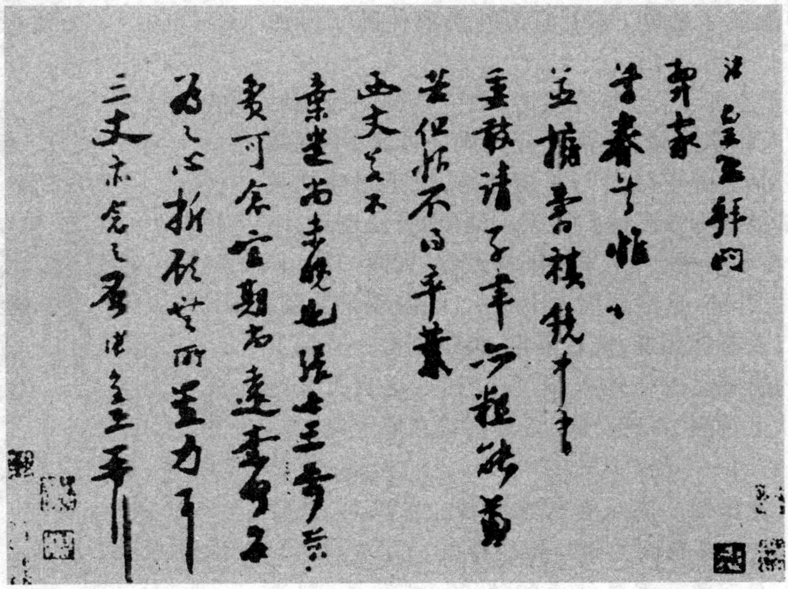

陆游行草帖

其三，分析陆游的《夏夜舟中闻水鸟声甚哀，若曰"姑恶"，感而作诗》，似可以找到此谜的蛛丝马迹，诗中说：

所冀妾生男，庶几姑弄孙。此意竟蹉跎，薄命来谗言。

这里的"姑"，古代指婆母。"姑恶"意指婆婆蛮不讲理。《钗头凤》中的"东风恶"也是暗喻"姑恶"。由此诗推断，可能是唐婉婚后不育，陆母"弄孙"心切，又听信了谗言，才逼儿子休妻。

有人认为，唐婉是不通人情世故，惹得陆母心生不满。当时，陆父因被革职，郁郁而死，唐婉心胸豁达，没形诸颜色而引起陆母不快。于是借口"不孝翁姑"，让陆游休弃了唐

婉，并让他娶了“端庄婉顺”的王氏女。

经考证，这个说法也让人生疑。因为唐婉离开陆家后，陆游二十三四岁时才娶王氏，稍后，陆父病逝，根本不可能有唐婉因此而得罪婆母之事。

四是违反了“重敬不重爱”的观念。

有人认为，上述各种说法都没涉及问题的本质。应该从封建礼教上去寻找原因，从封建宗法家长制上去寻找原因。当时，程朱“理学”盛行，什么“三纲五常”“三从四德”“男尊女卑”，都是不可逾越的“雷池”。在夫妻之间，也强调“重敬不敬爱”。陆游的家，是个封建礼教大家，儿子必须苦读经史，儿媳则应该下厨、纺织，处处低眉顺眼，谦卑恭顺，而陆游与唐婉却在花前月下，谈诗论文，卿卿我我，必然被陆母所不容，越看越不顺眼，直至逼儿休妻。陆游之所以尊从母命，舍弃爱妻，纯粹是封建礼教的牺牲品，唐婉之死，也是封建礼教所害。

此说似乎言之成理，但造成悲剧的直接原因是什么？后人皆不甚明了。

李清照改嫁之谜

李清照，自号“易安居士”，是南宋时期最著名的爱国女词人，也是婉约派词人的杰出代表。她学识渊博，才华横溢，其词作风格清新婉丽，是词苑中的佼佼者。她出身于诗书官宦之家，十八岁时嫁给宰相赵廷之之子、著名的金石学家赵明诚。靖康元年，金兵攻破京师，她随夫南下。后来赵明诚在赴湖州上任途中不幸病死，她孤苦伶仃地漂泊在越州、台州及金华一带，在颠沛流离中郁郁而逝。

李清照纪念馆

李清照死后，人们在欣赏、研究她那颇有造诣的诗文的同时，还对她在夫亡之后的个人生活产生了浓厚的兴趣，并引发出了“李清照晚年是否改嫁”的争论。其说不一，历经几百年，仍无定论。

一是“改嫁张汝舟”说。

宋赵彦卫的《云麓漫钞》中录有李清照的《上内翰綦公(崇礼)启》一文，是李清照写给綦崇礼的一封信。这封信记录了李清照晚年改嫁张汝舟的经过。信中说，李清照在重病期间被骗与张汝舟结婚。婚后，张汝舟暴露出市侩面目，不久李清照与其反目，便冒着坐牢的惩罚告发了张汝舟行贿得官的罪行，最后涉讼与之离异。按照宋律《刑统》的规定，妻告夫，虽属实，仍须徒刑两年。因为綦崇礼仗义相助，使李清照免受牢狱之苦，所以写这封信表示“感戴鸿恩”。除此以外，宋代史籍《建炎以来系年要录》及当时其他不少学部著作也均记载了李清照改嫁之事。

二是否定改嫁说。

明代学者徐勃认为李清照改嫁之说不可信。他的观点一是说李清照四十六岁时成了寡妇，年近半百的她怎么会改嫁呢？二是说李清照是诗书官宦人家出身，改嫁即是“失节”，她不会不顾礼教，任性而为。

李清照

清人卢见曾、俞正燮等人也认为李清照改嫁一事不可信，指出《上内翰綦公启》可能是篡改本，内容不可靠。其一，信中称此事为“无根之谤”，即是否认有改嫁一事，其二，信中还有“持官书文字来辄信”的话。按常理，男女婚嫁，世间常有之事，朝廷无须过问，官吏岂有文书？其三，这封信文笔劣下，前后矛盾，不似出自李清照之手。俞正燮推断，这封信是李清照为了感谢綦崇礼解救李清照的另一冤案——“颂金通敌”案而写的，至于改

嫁一事可能是别人强加上去的。俞正燮还认为,《建安以来常年要录》的可靠性也值得怀疑,因为作者李心传与李清照相隔万里,他的记录可能是误听误载,其中有一节辛弃疾为韩侂胄作寿词就是虚构的。

近代,也有不少人否认李清照改嫁一事,他们除了附合俞正燮的观点之外,还列举了以下几点:

一、经考查张汝舟及李清照寡居后的行踪,各在一方,说明不可能有改嫁一事。

二、綦崇礼与李清照的亡夫赵明诚是亲戚,如果李清照真的改嫁了,又惹了官司她好意思去找他帮助吗?她的信肯定是为了感谢解救"颁金通敌"冤案才写的。

三、赵明诚的表甥,也就是綦崇礼的儿女亲家谢仍写的《四六谈尘》一书中,引用了李清照对赵明诚表示坚贞的祭文,并称李清照为"赵令人李",根本未提及什么改嫁之事。

四、李清照自传性文章《后序》作于绍兴五年,此时张汝舟已经除名三年了。退一步说,即使李清照有改嫁一事,为什么在《后序》中只字未提呢?

五、李清照曾经讲过:"虽处忧患而志不屈"。在赵明诚死后,她又为颁行他的《金石录》耿耿于怀,在六十八岁时还上表于朝。联想到李清照的诗、词、文章和她的性情品格,生平事迹,不难看出,李清照是不会改嫁的。

对俞正燮的观点也有人持相反的意见。有的人认为,《上内翰綦公启》不是伪造的;有的人认为李清照的这封信与"颁金通敌"案无关;有的人认为,张汝舟从"独松岭道"去过杭州,很可能见过李清照;还有的人认为,改嫁在宋代是极为寻常的事,宋人不会对李清照改嫁之事大惊小怪……

三是强迫同居说。

又有人提出一种新颖的说法,认为李清照确实与张汝舟一起生活过,但不是"改嫁",而是"同居"。因为当时李清照因"颁金通敌"之谤意外获罪,成为"犯妇"。按照当时的规定,所有的犯妇都可以强卖,张汝舟对李清照这位才女仰慕已久,便趁李清照病重之机,用阴谋手段将其据为已有。他凭借的就是李清照《上内翰綦公启》中说的那种"官文书"。拿了这种批条而强迫李清照与他同居,完全违背了李清照的意愿,因此,不能称之为"改嫁"。

有人认为,上述说法也不足为信。其一,出"官文书"的衙门,为何后来又同意二人离异?难道视官断的事为儿戏?其二,赵明诚的哥哥存诚、思诚都身为朝廷命官,怎能对弟媳之事袖手旁观?其三,綦崇礼理应及早营救,何必等到李清照成为人妇之后再费气力?"同居"一说,也经不起推敲。

看来,三种说法各异,此谜只得由人们继续评说了。

南宋的"计划生育"之谜

南宋时期的农村，有个奇怪的习俗，叫"生子不举"，即生了孩子不养育，把婴儿溺死或扔掉。最初，这个风俗还有些迷信色彩，说五月初五生的儿子不祥，不吉利，所以"不举子"，这个"子"指的是男孩子。可是后来这个"子"竟演变成了包括男孩、女孩都在内的所有刚刚出生的婴儿，而且也不单指五月初五了。这个"生子不举"现象存在的时间之长，地域之广令人吃惊。在福建、两浙、荆湖、江南等地广泛分布，尤其以建州、处州、汀州、南剑州、邵武军、建宁府、衢州、严州、鄂州、岳州、信州、饶州等地最为严重。极大地影响了当时人口的繁衍，影响了农村经济的发展，并因大量溺婴、弃婴，造成男女比例严重失调，致使无妇可娶，拐卖妇女、女子早婚等现象越演越烈。值得一提的是，这种"生子不举"现象，完全出于农民的自发行为，没有任何来自政府的限制。

其实，南宋政府是大力鼓励生育的，并采取了很多奖惩措施，严禁生子不举之风。高宗绍兴八年规定，贫乏之人妊娠，支给米4斗。十五年又改为支给一石。二十三年为弥补常平救济不足，创办"举子仓"，以救助贫困之家生子而无力养赡者。南宋政府这样做的目的有两个：

一是发展人口，能够提高生产力，增加税收，解决兵源，从而增强国力，抵御北方的女真族、蒙古汉国的南下，保住内外交困的政权。

二是南宋的儒、佛、道融合一起的"理学"已形成了体系，统治着人们的思想，尤其是佛家的"五戒"与儒家的"五常"都把"不杀"放在第一位，违背了这一原则的"生子不举"，不但是"无道"，更不利于治国利民。

但是，由于种种原因，惩罚措施往往不能执行，"生子不举"之风并未消灭。

这其中的原因之一是"多生多育"的自我报复。

"多子多福"是封建社会根深蒂固的一种观念，妇女不孕和堕胎被视为不祥之举，因此，在既无办法不孕，又无办法不生的情况下，只有采取"生下来再处理"的下策。当时，在农村的情况是，很多妇女的生育都在8、9胎，甚至10胎以上。这些妇女往往是年年怀孕，年年生产，而生下的孩子又养不起只得溺死或遗弃了之。

原因之二是农民贫困难以聊生。

南宋土地私有制进一步发展，土地兼并非常严重，大量土地越来越集中在少数官户、富豪之手，很多农民沦为佃仆，更难以养育儿女。如遇旱涝灾害或盗贼侵扰，农民就更加难以为继。

"身丁钱"的征收也造成生子不举。宋朝建立以后，规定男子20成丁，60为老，人户每岁按丁输纳钱米和绢，总称"身丁钱"。贫苦农民不堪重负，往往采取隐瞒丁口的办法来逃避"身丁钱"的征收，影响了人口的增长。

政府救济措施不力，地方官吏从中贪污舞弊，使生子不举现象长期存在。如政府虽

有常平救济政策，但因常平积欠严重，遇灾荒之年都难放粮施救，何况平时对妊娠之人救济了。因此，这一政策不过是一纸空文而已。

原因之三是财产继承关系的制约，使农村中富有的阶层也生子不举。

这些人家兄弟越多家产便越分散，这就越易为人所兼并，因此，为了保住家产，使家道不致中落，只有生子不举。

综上所述，南宋时期农村“生子不举”的做法，是以最野蛮最残酷最原始的办法来控制人口增长，对社会的经济、思想、道德各方面都有相当大的负面影响，这也是后世之人应该深思并引以为戒的历史教训。

附一：北宋大事年表

时间	事件
960 年	后周禁军将领赵匡胤发动陈桥驿兵变，宋朝建立。
961 年	为消除将领兵变危险及避免藩镇割据局面，赵匡胤杯酒释兵权，开始削弱军事将领权力。
965 年	宋灭后蜀。
976 年	赵匡胤突然死亡，其弟赵光义继位。
977 年	宋廷组织人力编纂《太平御览》。
979 年	北宋灭掉北汉，结束了五代十国的分裂局面。 宋攻辽，宋军大败于高梁河，宋太宗腿部中箭，乘驴车而逃。
986 年	北宋试图收复幽云十六州，遭到惨败，杨业死节。从此北宋再也无力向辽国发动进攻。
993 年	王小波、李顺在四川发动起义，提出“均贫富”的主张。
1004 年	辽大举攻宋，在寇准的坚持下，宋真宗御驾亲征。
1005 年	宋军在澶州击退辽军，签订澶渊之盟，约定辽宋为兄弟之国，宋国每年向辽国交纳三十万岁币。
1008 年	宋真宗制造天书骗局，并改元“大中祥符”。 宋真宗封禅泰山。
1015 年	丁谓运用统筹方法，修复失火宫室。
1023 年	宋朝设立益州交子务，首次由中央政府发行纸币。
1041～1043 年	宋军先后遭受好水川以及定川寨数次惨败。
1041～1048 年	毕昇发明活字印刷术。
1043 年	范仲淹主持庆历新政，改革吏治。
1045 年	庆历新政失败。
1047 年	士兵王则发动兵变，占领贝州，建国号安阳。

时间	事件
1052 年	壮族首领侬智高起兵，围困广州。
1053 年	狄青夜袭昆仑关，击败侬智高。
1063 年	濮议之争。
1069 年	为改变北宋积贫积弱局面，特别是解决财政危机，宋神宗任王安石为相，开始变法，但遭到强烈抵制。
1076 年	王安石第二次罢相，从此退出政坛。
1079 年	苏轼因遭御史弹劾，被关入狱，是为乌台诗案。
1086 年	司马光尽废新法。
1086~1093 年	沈括创作《梦溪笔谈》，反映了北宋的科学发展水平和他自己的研究心得，被誉为“中国科学史上的坐标”。
1102 年	宋廷立“元祐党人碑”，刻反对变法的大臣姓名于其上。
1103 年	李诫编修的《营造法式》刊行全国，这是中国古代最完整的建筑技术书籍。
1111 年	宋朝开始筹划联金灭辽。
1117 年	宋徽宗开始修建艮岳，始开花石纲。
1120 年	江南民众不堪官府花石纲侵扰，方腊起义爆发。
1125 年	金灭辽。金国开始进攻北宋。
1126 年	金军攻破开封城。
1127 年	金灭北宋，宋徽宗、宋钦宗以及宗室被掳。同年，赵构称帝，南宋建立。

附二：南宋大事年表

时间	事件
1129年	赵构为躲避金军的攻击，在海上飘荡数月。
1130年	黄天荡之战，金军被韩世忠带领的南宋水军围困四十余天。 钟相、杨幺起义，提出了“等贵贱，均贫富”口号。
1131年	杨幺部队俘获高宣，起义军开始建造车船，对付官军。
1132年	军事专家陈规发明世界上最早的管型火器，并投入实战。
1142年	因反对议和以及遭皇帝猜忌，主战的岳飞被害。 宋金和议签订，宋向金割地称臣。
1161年	李宝利用火箭射击金军战船，以三千人击溃金人六万人舰队，火药武器开始应用于水战。 虞允文在采石矶击败完颜亮渡江部队。完颜亮被乱兵所杀，南宋转危为安。
1162年	辛弃疾以五十名骑兵突袭金营，生擒叛徒，以归南宋。
1163年	张浚北伐，历经二十余天而败。
1194年	绍熙政变，光宗被太皇太后和大臣联合推翻。
1196年	御史沈继祖上书弹劾朱熹，朱熹呈上《谢表》。
1204年	岳飞被追封鄂王，南宋开始为北伐做舆论准备。
1206年	在韩侂胄的推动下，南宋北伐。
1208年	宋金嘉定和议签订，规定宋每年交纳岁币六十万，另付犒军费三百万。
1210年	爱国诗人陆游抱着“但悲不见九州同”的遗憾去世。
1231年	拖雷袭击宋境，迫使南宋借道，以绕道进攻金国。
1233年	南宋联蒙攻金。
1234年	宋将取金哀宗骸骨而还，宋理宗以此告祭祖先。 宋蒙爆发战争。
1247年	宋慈发表《洗冤录》，这是世界上现存的第一部系统的法医学专著。

时间	事件
1253年	忽必烈革囊渡江,奇袭大理,完成了对南宋的包围。
1259年	蒙古大汗蒙哥在南宋钓鱼城下战死,三路伐宋蒙古大军撤退。
1273年	元军在回回炮的协助下,攻下了襄阳、樊城。
1276年	元军逼近临安,南宋朝廷投降。
1279年	厓山海战爆发。陆秀夫背负宋末帝投海而死。南宋灭亡。

·中国通史·

辽西夏金

刘宇庚⊙主编

导读

辽朝(公元 916 年~公元 1125 年),又称大契丹国,是东亚历史上由契丹人建立的一个王朝。公元 907 年,契丹族首领耶律阿保机称“天皇帝”,公元 916 年 3 月 17 日,耶律阿保机登基称“大圣大明天皇帝”,国号“契丹”。公元 916 年改元神册,改渤海国为东丹国,立其长子耶律倍为东丹王,后为辽的藩属。公元 918 年定都临潢府(今内蒙古赤峰市巴林左旗南波罗城)。公元 936 年南下中原,攻灭五代 后晋后改国号为“大辽”。开创出两院制的政治体制,并且创造契丹文字,保存自己的文化,同时吸收渤海国、五代、北宋、西夏以及西域各国的文化,有效地促进辽朝政治、经济和文化各个方面发展。

西夏(公元 1038 年~公元 1227 年)是指中国历史上由党项人在中国西部建立的一个封建政权。拓跋思恭占据夏州(今陕西省横山区),建国时便以夏州得名,称“大夏”。又因其在西方,宋人称之为“西夏”。其统治范围大致在今宁夏,甘肃,新疆、青海、内蒙古以及陕西的部分地区,其疆域方圆数千里,东尽黄河,西至玉门,南界萧关(今宁夏同心南),北控大漠,幅员辽阔。

金朝(公元 1115 年~公元 1234 年)简称金,是指中国东北地区的女真族建立的一个古代王朝,创建人为金太祖完颜阿骨打(完颜旻),国号大金,建于 1115 年,建都会宁府(今黑龙江省哈尔滨市阿城区)。此后,金国逐渐强大,1125 年灭辽朝。以后又继续南侵,1127 年灭北宋,迁都中都,占领了华北地区,华中秦岭、淮河以北地区,和南宋对峙达百余年之久。后受蒙古帝国所迫,迁都汴京(今河南开封)。1234 年时灭于蒙古与南宋联合进攻,共经历 10 位帝王。

第一章　王朝史话

吸收中原文化的辽国

辽国是中国北方曾强大一时的少数民族政权，与北宋形成了长期对峙的局面。同时大力吸收中原文化，建造城市，创立文字，创造了融农耕文化及游牧文化于一体的辽国文化。辽国灭亡后，其余部又在西域地区建立西辽，扩大了中原文化的影响。

辽之兴衰

契丹部落经过长期的发展，乘中原战乱迅速壮大，建立了辽国，并夺得了幽云十六州，还与北宋发生多次战争，最终签订澶渊之盟，保持了多年的和平。但随着女真部落的崛起，辽国在女真和北宋的联合打击下灭亡。

白马青牛的后代

建立辽国的契丹部落出自鲜卑宇文部，居于辽河（今西拉木伦河）上游的草原地区，即今天辽宁省和吉林省与内蒙古相邻的西部地区。对于契丹的起源，有一个美丽的神话传说。相传远古时候，有个漂亮的小伙子乘着一匹雄健的白马，沿土河（今内蒙古老哈河）向东走，他遇上了一个骑着青牛的美貌少女，少女是沿潢水（今内蒙古西拉木伦河）向下游走，他们相遇在两条河汇合的木叶山（意为“高山”，在内蒙古境内）上。相遇之后，两人都产生了爱慕之心，就结为夫妻，生下了八个儿子。他们的子女就是契丹族八部的祖先。这说明契丹族最初是由以白马和青牛为名的两个原始氏族组成的小部落，后来发展成八个部落。辽国在木叶山建立了庙宇，每当辽国出兵或者春秋祭祀的时候，都要用白马和青牛作为祭品。

契丹各部各自为生，在其疆域内放养羊、马畜群和狩猎。只是在有战事的时候，他们的首领才会聚在一起选举一位临时的领袖。唐朝曾经赐予一名首领国姓“李”，并任命其为世袭的松漠都督，这是为间接管理契丹诸部特别设立的官员。契丹与唐朝之间，既有朝贡、入仕和贸易，也有战争和掳掠。

9世纪40年代初，回鹘政权垮台，北方草原产生了权力真空。契丹实力不断增强，晋

王李克用与契丹部落中实力最强大的耶律阿保机约为兄弟，而朱温也派人乘船过海向阿保机送来书信和珍贵的礼品。但契丹人还是经常越过唐朝边界进行突袭，掠取牲畜、人口。唐朝节度使刘仁恭也常派兵在深秋时节攻打契丹，并在每年霜降之后派人焚烧塞外的牧草。

辽人牵马图

为了更好地进行对外扩张，耶律阿保机开始试图统一契丹各部。907 年，阿保机通过部落联盟选举的仪式，正式继任可汗，成为名副其实的契丹族领袖。阿保机继任可汗之后，修建城池，招徕躲避中原战乱的汉人，实力不断壮大。为了加强自己的统治，阿保机又从契丹各部挑选健壮勇武的兵士，建立了自己的侍卫亲军“腹心军”，使它成为自己统治权力最可靠的保障。他还准备采纳汉族知识分子的建议，仿效中原汉族王朝，实行君主世袭制，但这也激起了其他各部的不满。915 年，契丹其他七部用武力逼迫阿保机退位。阿保机退位后，保留着对自己所建汉式城池的控制权，拥兵自立。

916 年，阿保机在妻子的建议下，向其他七部首领写信，说你们吃的盐，都是我供给的，你们都应该来犒赏我。各部首领接到信件，各备礼品前去赴宴。耶律阿保机在筵席上突然变脸：“契丹强盛，都是由于我努力的结果，你们只不过是沾了我的光，但是你们竟然合伙把我赶下了头领之位。既然你们不愿意给，今天我只好用武力强抢了。”说罢，伏兵四起，各部首领被当场格杀。阿保机随后统一了各部，成为契丹部落的首领。经过多年经营，契丹成了当时北方少数民族中最强盛的民族，党项、室韦、回鹘等都成为契丹的附庸。

王子客死他乡

耶律倍又名李赞华，是耶律阿保机长子，曾在 916 年被立为太子，后被封为东丹王，最后却客死他乡。

耶律倍能武能文，他曾多次随军出征，立有不少战功。同时他酷爱读书，崇拜汉族的文明，能用汉文写诗作文。有一次阿保机问他：“当了皇帝应该祭天敬神。我想立庙祭祀

有大功德的人，不知应该先祭祀谁?”耶律倍马上回答说：“孔子是大圣人，应该先祭祀孔子。”阿保机非常赞同，马上命人建立孔子庙，每年分春、秋两季祭祀。

926年初春，新兴的契丹政权攻破曾强盛一时的渤海国都城，并改其名为东丹国。所谓“东丹”即东契丹之意。阿保机鉴于渤海国余势之大和疆域之广，辽国一时难以完全消化，而耶律倍既有军事才能，又熟悉中原文化，能够很好地治理深受中原影响的渤海国故地，就封耶律倍为东丹王。耶律倍即位后衣天子冠服，建元甘露。东丹实际是一独立王国，其王至尊，权力极大，仅次于契丹皇帝。

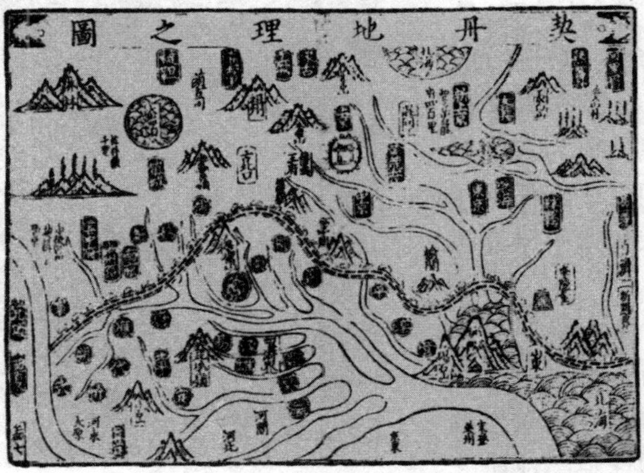

契丹地理之图

但事情马上起了变化，数月后，阿保机突然病故，述律皇后执政。耶律倍闻听父王病故前去奔丧，在外督军征讨的契丹大元帅、耶律倍之二弟耶律德光亦自奔丧，名为奔丧，实则争位。由于述律皇后偏爱耶律德光，耶律倍只好让位。耶律德光927年11月即帝位，是为辽太宗。耶律德光担心耶律倍仍会和他争夺皇位，就将他迁到东平府(今辽宁省辽阳市)，派人严密监视。耶律倍愤懑难忍，意欲离开契丹。后来他就借机从海路来到后唐。他在临走前，还写了一首诗以抒发自己出走的心情：“小山压大山，大山全无力。羞见故乡人，从此投外国。”他把诗刻在一块木牌上，竖在海边，然后避过监视者，乘船逃走。李嗣源热情地接待了他，供给食宿，并赐以节度使的官职。而耶律倍为了表示对汉族文化的崇敬，又改名为李赞华。

936年，后唐的李从珂发动兵变，夺取了帝位，并派人谋杀了闵帝李从厚。同年，亲契丹的原后唐节度使石敬瑭统兵攻打李从珂。李从珂兵败，走投无路，决定自焚。但他要找耶律倍来殉葬，马上派人去召他前来与他一起自焚。耶律倍拒绝前去，李从珂立刻派人赶到耶律倍的住处杀死了他。耶律倍因皇室内斗被迫流落他乡，最后死于非命，实在值得同情。

宋辽对峙

938年,石敬瑭割给契丹位于今天北京、天津以及山西、河北北部的幽云十六州,从而使契丹占据了中原的边缘部分。幽云十六州分别是幽州(今北京)、顺州(今北京顺义)、儒州(今北京延庆)、檀州(今北京密云)、蓟州(今河北蓟州区)、涿州(今河北涿州)、瀛州(今河北河间)、莫州(今河北任丘北)、新州(今河北涿鹿)、妫州(今河北怀来)、武州(今河北宣化)、蔚州(今河北蔚县)、应州(今山西应县)、寰州(今山西朔州东)、朔州(今山西朔州)、云州(今山西大同)。辽国得到广大的农耕地区,开始从单纯的游牧经济转向游牧与农耕混合经济,实力大增。在古代,游牧民族固然拥有强大的武力,但也是非常脆弱的。一场大雪就能让草原的牲畜死亡大半,强大一时的东突厥就是因为一场大雪而元气大伤,再加上唐朝将领千里奔袭,击破东突厥的王廷,东突厥就此瓦解。而农耕地区的生产则比较稳定,拥有幽云十六州的辽国支援北汉,一次就能给粮数万石。947年,辽太宗耶律德光改国号为辽,改年号为大同,并借用了唐朝宫廷的全套体制,公开表明了他力图成为整个中国北部的皇帝的决心。

历史小常识:拒马河的来历

拒马河古称涞水,后来因其水大而马匹不得过,故称拒马河。战国期间,燕国和赵国就曾以此河为界,这也是宋朝防御辽国侵入的重要防线。宋辽之间爆发的很多战争都发生在拒马河一带。而在北京一带的拒马河因古有十个渡口,故称十渡,现在是北京有名的旅游景点。

而幽云十六州一失,中原王朝的北部边防也从此几乎无险可守。幽云十六州所处的地势居高临下,易守难攻,秦国的万里长城就修建在这一带。对于宋朝而言,游牧民族的铁骑可以纵横驰奔于繁华富庶的千里平原,数日之内即可饮马黄河,宋朝始终直接暴露在北方骑兵的凶猛攻击之下。宋朝立国之初,面对辽人铁骑由幽云十六州疾驰而至的威胁,不得不在开封附近广植树木,以防辽国骑兵快速突击。宋朝还在河北南部兴建"北京"大名府,驻守大量军队,以和辽国对峙。而宋朝在灭掉北汉之后,就开始筹划进军幽云十六州。

难堪大任的曹彬

宋朝成立后,为收复幽云十六州,宋太宗在979年驱疲惫之卒攻辽,大败于高梁河,宋太宗腿部中箭,乘驴车而逃。后来又在986年乘辽国政局变动,发动了进攻,但仗还没有打,宋朝已注定输了。

当时辽国主政的萧太后,是中国古代女性政治家、军事家的杰出代表。其秉政后内平不服,亲征澶渊,展示了雄才大略。在用人方面,她唯才是举,韩德让、耶律斜轸、耶律休哥等人尽其才。而宋朝方面,主将曹彬这个人本来就不能独当一面,更别说是主力军的主帅了。在此次战斗中,西路军取得了一些胜利,而曹彬手下诸将欲与西路军争功,他却无法平息众议,导致宋军人心不齐。在宋军被辽军团团包围时,他又弃军而逃,造成宋军群龙无首,最终伤亡惨重。

当时宋军的战略意图很清楚，以曹彬、米信为主力，在离幽州最近的地段出兵，缓慢推进，吸引契丹主力，给太行山西北方向的田重进、潘美作掩护，创造机会，待田重进、潘美全取太行山西北诸州之后，再合力攻取幽州。

软弱的曹彬

在宋朝突然进攻的情况下，契丹首先是战略收缩，以燕京为防御重心，对太行山西北诸州的失陷暂时不理，对宋军曹彬主力采取的不是硬碰，而是坚守要地，寻机袭扰，目的是使宋军疲惫，消磨宋军的斗志，好为援军的到来争取时间。之后，契丹全力驰援，主要方向还是在幽州地区。

等到宋军曹彬部被契丹截断了粮道，粮尽而退时，契丹的援军也基本上到位了。曹彬竟然又被宋太宗一诏挡回，退而复进。他听说萧太后大军已到，又掉头而退，结果被辽军包围。这时曹彬与米信弃军而逃，幸好曹彬的部下李继隆、李继宣等人奋力抵抗，才没有全军覆灭。大部分宋军，或被杀，或掉入河中溺死，或被俘，损失巨大，“为辽师冲击死者数万人，沙河为之不流，弃戈甲若丘陵”，可见当时之惨烈。

宋朝的惨败基本上宣告了宋朝对收复幽云的努力的彻底失败。从此之后，宋朝一百多年内再也没有主动进攻过契丹（直到辽末联金灭辽），战略上完全处于极其被动的守势。宋朝也从此产生了畏惧辽人的心理，在国防上只专注于构筑河北防线，又疏浚河道、种植林木，想尽各种办法阻止契丹铁骑的南下，而不再有锐意反击之举。

巾帼英雄萧太后

辽国有一种氏族外通婚的习俗，也就是本氏族的男子要到外氏族娶妻。与创立辽国的耶律氏世代通婚的是唯乙室和拔里氏二部族。耶律阿保机建立辽国之后，因为追慕汉高祖皇帝，便将自己的耶律氏改称刘氏，又认为唯乙室、拔里氏功劳极大，可比汉开国丞相萧何，遂将后族一律改称萧氏，萧氏与耶律氏世代通婚的习俗一直沿袭下来：萧氏的女子都嫁给耶律氏，耶律氏的女子都嫁给萧氏。萧氏成为辽国仅次于耶律氏的势力。有辽一代，萧氏共有十三名皇后、十七位北府宰相、二十位驸马。

这一次指挥辽军的是萧太后萧绰，又称萧燕燕。她就是《杨家将》里面杀伐决断的萧太后的原型。她既是率领辽国军队与北宋在中原北部对峙的将领，又是一个清正贤良、深明大义、为辽国的发展做出重大贡献的女政治家。

萧绰是北府宰相萧思温的三女儿。她小时候就与众不同，有一次她和两个姐姐一块扫地，她们都是胡乱应付，唯独萧绰很安静地把地打扫得一尘不染，于是萧思温高兴地说：“此女必能成家。”969 年耶律贤即位，是为景宗。萧绰也很快被立为皇后，但她父亲

因贵族内部的矛盾又在此年被刺杀。残酷的权力斗争使年仅十七岁的小皇后萧绰受到了极大的刺激，她也迅速地成长起来。

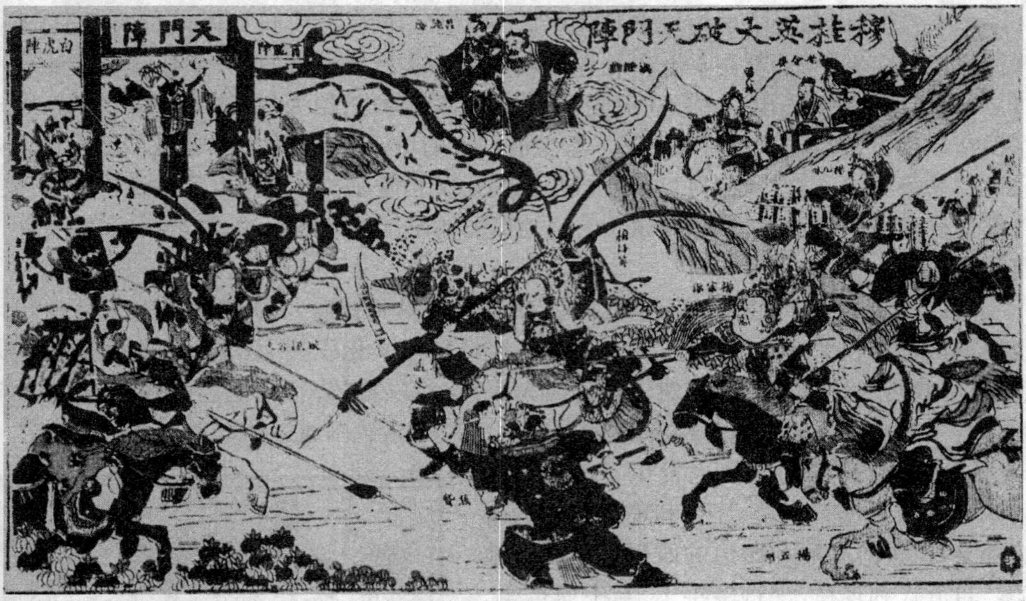

穆桂英大破天门阵

当时的辽国经过了前面皇帝十九年的残暴治理之后，国势大为衰落。景宗想振兴辽国，但他的身体非常虚弱，于是便将希望寄托在了聪慧过人的皇后身上。萧绰开始辅助景宗治理国家，推行全面的改革。在景宗的支持下，萧绰得到了充分发挥政治才能的机会，也由此得到了群臣由衷的钦佩和忠诚。景宗也常对大臣说："你们凡是写到皇后的讲话，也要用'朕'字，这可要作为一条法令定下来！"可见，萧皇后那时就已初步显露了政治才干。

辽景宗逝世以后，萧太后虚心依靠将领，任用汉人不加怀疑。她制定了重视农耕、减轻农民赋税的政策，教育儿子辽圣宗学习中原文化。在她的教导下，辽圣宗能写出"乐天诗集是吾师"的诗句，还能用契丹文翻译白居易文集，并与臣下共同欣赏。辽圣宗还喜欢读《贞观政要》这部书，从中吸取治国的经验。

而在军事上，她也有卓越的战功，除去这次击败宋军外，后来还以年过半百之躯攻打北宋，迫使宋朝签订澶渊之盟。按照约定，北宋每年要向辽国交纳岁币三十万。自此以后，辽国在享受多年和平的同时，也凭空得到了一大笔财富，从而有力地促进了辽国经济与社会的发展。

宋辽之间的和平

在 1005 年澶渊之盟订立的时候，寇准估计最多可以保持几十年的和平，结果两国长期和平共处，从 1005 年直到最后宋朝毁约联金攻辽，长达一百多年。宋、辽两国后来的

文书往来一律不称国名，而是互称南北朝。宋称南朝，辽称北朝。宋辽两国已经互相承认都是中国的一部分，并保持了对中国文化的一致认同。

本来，辽国内部对于是否与宋朝对峙就有争议。述律太后（耶律阿保机的妻子）不主张深入汉地南进中原，愿在本土和北方游牧民族中实行统治，而辽太宗耶律德光主张南进。947 年，耶律德光出兵占领了开封。因辽军四处掳掠，给人民带来深重的灾难，中原军民奋起反击，到处袭击辽兵，夺回了不少被侵占的城镇，使辽军无法立足。耶律德光叹息说："想不到汉人这样难对付！"他被迫后撤，死于北返途中。述律太后就说："等待本土各部恢复到过去的强盛时，再葬你入土。"她责怪耶律德光倾国南伐，耗竭财富，造成本部落不安。

澶渊之盟之后，即使辽国的主战派也意识到宋朝拥有强大的实力，难以攻下。同时也逐渐认识到和平发展的好处，认识到汉人在经济与文化发展上所起的重大作用，于是就有计划地笼络燕地汉人韩、刘、马、赵四大家族，给以特权，帮助他们治理地方，韩德让就是其中的代表人物。随着经济的发展，契丹人就不再试图通过掠夺来积累财富。

改容听讲

而宋朝对辽国的看法也发生了改变。韩琦认为："契丹据有大漠、辽东和整个燕地数十个郡县，东边的高丽和西边的西夏都臣服于他们。自五代到现在，一百多年了，与中原抗衡，越来越兴旺。从高层次的文化事业到日常生活习惯，尽是模仿汉人。"富弼也说："自契丹侵取燕蓟以北，……其间所生豪英皆为其用，得中国土地，役中国人力，称中国位号，仿中国官属，任中国贤才，读中国书籍，用中国车服，行中国法令……皆与中国等，而又劲兵骁将，长于中国。中国所有，彼尽得之；彼之所长，中国不及。"虽然富弼的话有所夸张，但也说明了契丹已经高度汉化，而且在很多方面不亚于北宋。

辽兴宗耶律宗真精于绘画，他曾经自绘一幅肖像送给宋仁宗，请宋仁宗回赠他一幅真容，以增加兄弟情谊。等到宋仁宗的画像送到，辽兴宗已去世，道宗耶律洪基继位，他就把宋仁宗真容和辽兴宗的画像挂在一起。辽道宗即位之初，宋廷派大学者欧阳修前往祝贺，辽国举国轰动。辽道宗组织满朝官员热情接待，宾主尽欢。他自己在接见欧阳修时还发了一个宏愿："如果人生有轮回，愿后世生在中国。"而宋仁宗驾崩的讣告送到辽国时，辽道宗竟然痛哭流涕。

与西夏的战争

宋辽实现了相对和平，但辽国与西夏又爆发了战争。本来辽国极重视与西夏的关系，早在1031年辽兴宗即位之初就把兴平公主(辽兴宗的姐姐)许配给李元昊，但夫妻二人关系一直不睦。后来，兴平公主病重，李元昊仍不闻不问。直到公主病死，李元昊才向辽国通报此事。辽兴宗闻讯大怒，当时就派使者持诏质问李元昊。李元昊由于正在全力攻宋，就献贡献宝讨好辽兴宗，但矛盾仍未化解。

自从1042年北宋答应每年增加二十万岁币之后，辽国就劝阻元昊不要伐宋，李元昊非常不满。夏辽两国又因边境地区的党项部落归属问题发生争执，最后发展到李元昊劝诱辽国的党项人叛逃，辽国派使臣令李元昊归还，元昊不从，双方关系破裂。

1044年5月，辽国党项部落叛乱，李元昊派兵救援，杀掉了辽国的招讨使。辽兴宗大怒，在国内征调人马，准备亲征西夏。西夏也加快了与宋朝的和议，不再一味加码，最终达成了向宋朝称臣，但宋每年要给岁赐"银、绮、绡、茶二十五万五千"的和议，也开始进行与辽国的战争准备。

1044年10月，辽夏战争爆发。辽兴宗率领十万精兵攻打西夏，开始节节胜利，西夏连吃败仗。后来李元昊实行坚壁清野政策，沿途的房屋和粮草全部烧毁，水井全部填埋。但根据辽国军事制度，士兵作战时一律自备鞍马兵器、自带粮饷食品，进入敌境后士卒靠四处抢掠、自筹给养，这种筹措粮草的办法被称之为"打草谷"。辽国十万大军这次却无法借粮于敌、以战养战，后勤失去了保障，人粮马料皆成大问题，战斗力大减。

这时候李元昊又派人"请降"，辽国君臣正在大营计议，李元昊忽然发起猛攻，直袭辽军中军大营，却被打得大败。辽军正待追击，忽然天起大风，风沙吹向辽军。辽人尊崇神灵、迷信鬼神。大风一吹，兵将皆心惊肉跳，一时军中大乱。但西夏军队早已习惯风沙，李元昊立即命令反攻，攻破了辽军中军大营。辽军溃败，辽兴宗本人与数十骑勉强逃脱，差点成为这位妹夫的阶下囚。此次大战，发生于河曲(今内蒙古鄂尔多斯市)，故称"河曲之战"。但西夏迫于辽国的实力，派使与辽国讲和，并送回西夏军俘获的辽国驸马等贵族大臣。但辽人害怕宋朝人知道后耻笑，还在幽州等地大贴告示，夸耀大败西夏，李元昊被迫服软纳贡。

青白瓷观音

更有意思的，辽兴宗败后，仓皇逃命，其身边有个名叫罗衣轻的伶人，趁着辽兴宗驻马休息时，还故意说："陛下您看看鼻子还在吗？"当时

西夏还保留浓厚的原始社会遗风，总是割掉俘虏的鼻子再放归。辽兴宗本来就很不高兴，听到罗衣轻这样说后，怒上心头，命令卫士把罗衣轻宰了。时为太子的辽道宗赶紧解劝："插科打诨的不是黄幡绰。"（黄幡绰是唐朝的有名伶人）罗衣轻不肯服软，继续拿辽兴宗找乐，顺口接声："领兵打仗的也不是唐太宗。"辽兴宗闻言之后也忍不住笑了起来，就放过了罗衣轻。

辽国的灭亡

辽国在建立城市后，皇族仍保持渔猎骑射的传统。皇帝在四季出外游猎，其行在称为捺钵。"捺钵"是契丹语，汉译为"行营""行宫"。春捺钵捕杀野鸭、大雁和凿冰钓鱼，夏捺钵在避暑胜地放鹰，秋捺钵猎鹿、熊和虎，冬捺钵在永州（今辽宁西拉木伦河与老哈河汇合处）猎虎。捺钵也是政治活动的中心，皇帝在夏捺钵和冬捺钵与大臣会议国事，在春捺钵会见各族首领，招降纳贡，安抚各部。

春捺钵的重要活动是钓鱼和举行头鱼宴。头鱼宴有点类似于汉族的尝新（庄稼收获时所进行的庆祝活动）。这时虽然春天已经来临，但东北的江面还结着厚厚的冰，他们先在冰面上搭起帐篷，凿开几个冰眼，其中中间的冰眼凿透月以钓鱼，外围的不凿透，用以观察鱼的动静。而生活在附近水中的鱼已经感觉到春天的来临，便重新活跃起来。为了呼吸空气，它们一般都会游到凿开的冰眼去。鱼将到时，观察人告诉皇帝，皇帝就到中间的冰眼用绳钩掷鱼，钩得的第一条鱼叫作头鱼，得头鱼后，皇帝要举行头鱼宴。这时东北各部首领及在千里之内者皆要朝见进贡。但这种忠诚关系并不紧密，而且随着辽国实力的变化而忠叛不定。

到了 1112 年春捺钵时，辽国最后一个皇帝天祚帝在酒席间要求各部首领们依次歌舞。但女真族首领完颜阿骨打"端立直视，辞以不能"，劝者再三，执意不从，致使宴会不欢而散。本来天祚帝要处死他，不过有大臣担心会就此激起已经很强大的女真部落的反抗，就劝阻了天祚帝。

历史小常识：喀喇汗王朝

在喀喇汗王朝诸大汗铸造的钱币上，常有"秦之王"等称号。"秦"是当时中亚地区对中国的称号。据《突厥语大词典》的解释：秦分三部，上秦即宋，中秦为契丹，下秦即喀喇汗王朝。《宋史·回鹘转》说："先是，唐朝继以公主下嫁，救回鹘世称中朝为舅，中朝每赐答诏，亦曰外甥。五代之后皆因之。"喀喇汗人的《福乐智慧》以及《突厥语大词典》也是中华文化宝库中的瑰宝。

但这时辽国由于政治腐败、佛事浪费等原因已经虚弱。例如，圣宗时期曾数次禁私度、滥度僧尼，乃至裁汰僧尼。这表明当时辽境内佛教的急剧发展，已到了国家难以控制的程度。但这种状况一种没有得到改变，道宗耶律洪基曾经在一年之内饭僧三十多万，懿德皇后一次施寺十三万贯，一贵族用自己的宅院建立寺院，并捐出田地百顷，在这种风气影响下，民众也纷纷施舍。一时之间，辽国佛教大盛，但也造成国力空虚，以至后人认为辽亡于佛。

阿骨打回到自己的部落之后，就于 1114 年对辽国发动了进攻，这时候辽国已经很虚

弱，再加上内部的分裂，根本抵抗不住女真部落的进攻。而在这时，宋朝又加入其中，不但不施以援手，而且还派兵攻击辽国。虽然宋朝的进攻被击退，但也消耗了辽国的力量。1125 年，天祚帝被俘，辽国灭亡。

辽国余绪：西辽

西辽（1132~1218）亦称黑契丹。当时辽贵族耶律大石在辽国覆亡前夕，召集残部出走，以图光复辽国，但迫于金朝的强盛，向西发展，建立了西辽。西辽先后降服诸国包括喀喇汗王朝，定都虎斯斡耳朵（今吉尔吉斯斯坦托克马克，即唐代的碎叶城，也就是唐朝大诗人李白的出生地），一时成为西域强国，直到 1218 年被成吉思汗的蒙古帝国灭亡。

西辽的建立结束了西域各国内部纷争不已和各国之间相互侵袭的局面，使社会秩序空前安定。西辽统治者以中原儒家思想作为指导，轻徭薄赋，促进了当地的经济发展。难能可贵的是，西辽统治者还实行宗教宽容政策，萨满教、佛教、景教、犹太教、伊斯兰文化都得到很好的发展。

出行图

西辽文化方面最突出的贡献就是在西域地区传播了中原的汉文化，是汉、唐之后汉文化向西域传播的又一个新浪潮、新高峰。耶律大石本身就接受过汉族的文化教育，并于 1115 年考中进士，取得殿试第一名，后来当上了翰林承旨。契丹语称翰林为林牙，所以人们称他为大石林牙，或林牙大石。耶律大石建立西辽时，尊号为天志皇帝，建元延庆。后来的皇帝实行汉文年号，采用汉语为官方语言。蒙古西征时，随成吉思汗来到这里的耶律楚材就说，耶律大石“颇尚文教，西域人至今思之”。在生活习惯上，耶律大石除中国丝绸外，不穿别的衣服。末代公主在出嫁时还坚持“按照汉女的习惯”梳妆。

耶律大石西征的军队中有大批汉人，当时有人在撒马尔罕（今乌兹别克斯坦撒马尔罕）见到“汉人工匠杂处城中”，在农村也有汉人，或为地主，或为农民，这应是耶律大石军中汉人的后代，他们与契丹人一起在传播汉文化方面起了很大作用。当时伊犁河谷地区居民“以瓶取水，戴而归。及见中原汲器，喜曰：‘桃花石诸事皆巧。’桃花石，谓汉人也。”可见当地传入了不少汉人的先进技术。在建筑和造型艺术方面，当地也受到汉文化的很大影响。汉人的建筑技术和材料例如瓦、方砖、灰色的半圆瓦、火炕式的取暖系统得到广泛使用。在汉族文化的影响下，“回纥与汉氏杂居，其俗渐染，颇似中国”。

辽汉之间

契丹部落与中原地区很早就有了交往，周围的其他少数民族也有着和汉族交往的历史，再加上辽国社会发展程度较高，有着较多的农业生产，因此比较广泛地吸收了汉族文化，形成了独具特色的文明。由于辽国政权大力吸取并传播中原文化，古代西方人曾就认为辽国才是中国的主人，以契丹代称中国。

南院大王与北院大王

契丹政权建立之后，由于中原战乱，很多汉人来到辽国境内，阿保机很早就效仿中原体制，修建了一座城池，号为汉城，安置这些汉人，又仿照幽州的官制任命各部官员。后来逐渐发展成辽国的两部制：“官分南、北，以国制治契丹，以汉制待汉人”。“北面治宫帐、部族、属国之政；南面治汉人州县、租赋、军马之事”。这实际上是辽国统治者根据游牧民族和农业民族的不同特点，分别设置国家机构进行统治。在这种体制下，北方各部所在地区用契丹文处理政务、记录文件，而南方（汉人）地区既用汉文又用契丹文。南面的政府体系，它的许多官员，尤其是中下级官吏，都是汉人。汉人家族在幽州城中占据很重要的地位，但重大决策的权力尤其是军权仍掌握在皇帝以及契丹人手中。

918 年，阿保机下令建造一个规模宏大的都城，后来被称为上京，但有了固定的都城并不意味着就具备像中原王朝那样拥有固定官署与宫廷的永久性政府组织。相反，至少在辽国早期，皇帝的住处仍然不是宫殿，而是临时搭设的营帐。

辽国于 988 年举行首次科举考试，但时兴时废，考试的内容也很不规范。例如圣宗游猎，曾一箭射中三鹿，科举考试即以“一箭贯三鹿”为题，而在 1036 年，考生必须以《日射三十六熊赋》为题撰写他们的文章。辽统治者不许契丹人参加科举以保持骁勇善战的传统，后来才放开了这一政策。有辽一代，参加科举考试的主要是汉人，但辽国汉人高级官员的儿子和孙子们更多的是通过世袭获得权力，例如一度成为辽国最有权势的汉人韩德让的祖父韩知古是中书令，其父亲韩匡嗣担任过枢密使，这一做法同契丹人职位世袭的传统做法相符。

辽国与汉族文化

契丹与汉人很早就有了较多交流，特别是唐末以及五代中原的战乱，使大批的汉人流

汉族与契丹官员

入辽国,汉人竟然占到辽国都城人口的三分之一。这样就造成了一种特殊现象:辽国虽然为少数民族政权,但汉人占相当比重。而辽国统治者也努力学习汉族文化,掌握中原政治文明。阿保机在修建都城的同时,就修建了孔庙以及佛寺、道观,并亲自拜谒孔庙,表示了对儒学的重视。都城也是完全按照标准的汉式设计,建立了城墙、城门、街衢、宫殿、官署、寺庙、驿舍等。1027年,一部基于唐律的汉式法典被下令编纂修订,该法典也适用于契丹人,辽国皇帝和契丹大臣们能够直接阅读汉文的儒家经典。而辽国的外交使节到了辽廷,双方人员全用汉语交谈,就是辽国民间市场也用汉语。辽国甚至还冲破宋朝的禁令封锁,弄到宋军的火药配方,并在燕京大规模检阅,给当时的宋朝君臣以不小的震动。

特别是938年夺取幽云十六州后,辽国汉人的数量就超过了契丹人。而汉人的文化又远远高于契丹人,所以辽国虽是契丹人统治的国家,却很快接受了汉人的语言文字及风俗习惯。后来,不少契丹人都以中原文化的继承者自居,成吉思汗时期的耶律楚材就是典型一例。特别是契丹政权趁着中原战乱,先后从太原和开封取得了以前王朝的书籍、地图、历象、仪器、乐谱、宫中乐器、皇帝出行的法物以及铠仗甚至包括刻在石头上的经书。他们就自豪地宣称:"秦汉以来,帝王文物,尽入于辽,周宋按图更制,乃非故物。"辽国君臣更在族源等方面制造舆论,自称契丹本是炎黄之后,同属华夏一脉。辽代史学

家耶律俨在其主编的辽国史《皇朝实录》中就称“辽为轩辕后”，即认为辽人是黄帝的后代。

自然，辽国也吸收了其他民族的优秀成果。室韦、渤海的冶铁技术传入契丹，经过各族人民的共同创造，生产出著名的镔铁。辽国的马鞍，被宋人称为“天下第一”。而汉族的制瓷技术传入契丹，辽国瓷器生产颇为发达，质地、色彩和形制都具有特色，鸡冠壶、长颈瓶、袋形壶等是辽瓷中最有代表性的产品。

定窑白釉童子诵经壶

辽国在吸收中原的思想体系与其他民族的文化的同时，也极力维护和发展契丹文化。与鲜卑和拓跋这样的早期征服者不同，耶律阿保机下令创立一套本民族的文字。920 年，契丹人在汉族知识分子的帮助下，借鉴汉字，创造了数千个契丹文字，是为契丹大字，契丹人从此有了文字，结束了结绳刻木记事的历史。925 年，又借鉴回鹘文字，在他们原有文字的基础上，发明了第二种文字“小字”。

在拥有自己的文字后，契丹人根据统治的需要翻译了一部分汉文著作。除了法律和医学著作以外，还有《旧五代史》等历史著作被翻译过去，这些史书描写的时期正是契丹人兴起的时期。另一部重要译著是《贞观政要》，这部唐太宗与大臣们之间的答问录提供了一套有关唐代治国方略的生动的书面指南。由于它的政治风格和讲求实效的内容，再加上少数民族统治者对唐太宗的崇拜，使得这本书极受欢迎。辽夏金包括后来的元朝都翻译了《贞观政要》，这是有很深的意味在里面的。因为虽然唐朝统治者起初包含了突厥的成分在其中，但最终唐太宗成为天可汗，在汉族和少数民族中间确立了巨大的声望。基于这个原因，这本书后来还被译成西夏文、女真文和蒙古文，几个世纪后又被译成满文。

在此基础上，辽国成为当时多民族交流的中心之一。五代时，辽与后梁、后唐、后晋等都有贸易往来，与南方的吴越、南唐也通过航海往来使臣、交换商品。澶渊之盟之后，宋辽实现了相对和平的局面，先后在边地州军设置榷场，进行边境贸易。辽国卖给宋朝的商品主要是羊、马、珍珠和镔铁刀。自宋朝输入的商品有茶叶、药材、丝麻织品、漆器、瓷器、铜钱、香料以及印本书籍。上京城的南门之东有回鹘营，是回鹘商贩的住地。西夏、吐蕃、高昌和中亚等国也经常有使臣往来和贡献赏赐，交换畜产和手工业品。日本的僧人和商客也来到辽国交易货物。

统治延续了两个多世纪的辽国实际上只控制了中原边缘地区，但其疆域十分辽阔，东濒太平洋，西至额尔齐斯河上游，北至外兴安岭和贝加尔湖一线。再加上他们又极力学习中原文化，在传播汉文化方面起了很大的作用，古代西方人就以为横跨东西的契丹

是中国的真正主人。因此，在穆斯林文献中常把北中国称为契丹，而在俄语、希腊语和中古英语中则把整个中国称为契丹。

神秘的西夏王国

西夏由党项的拓跋氏建立，拓跋部是党项化了的鲜卑上层。后来被蒙古所灭，其国延续二百多年。其统治范围大致在今宁夏、甘肃、新疆、青海、内蒙古以及陕西的部分地区，其疆域方圆数千里，是西北地区又一重要的少数民族政权。

三足鼎立之势

西夏原来臣属于宋，后来脱宋而立，与宋爆发多次战争形成了宋、辽（金）、西夏三足鼎立的局面。开国皇帝李元昊死后，西夏在是否汉化的争论中反复，最后被蒙古所灭。

西夏的建立

拓跋部就是党项化了的鲜卑上层。9 世纪，拓跋部生活在夏州（今陕西横山区西）一带。9 世纪末年，唐朝统治处于风雨飘摇之中，这种形势使拓跋部的野心大大膨胀。873 年，拓跋思恭占领了宥州（今内蒙古鄂尔多斯市境内），自称刺史。拓跋思恭还追随沙陀人李克用，曾帮助唐王朝收复长安，并击败黄巢，因功被封为夏国公，并赐国姓“李”，夏州地区的党项武装也被称为“定难军”，总括夏、绥、宥、银四州。由此，以夏州为中心，鄂尔多斯以南的广大地区皆成为拓跋部的私人领地。

宋朝建立之后，拓跋部先是臣服于宋，向宋称臣。991 年，宋朝曾赐李继迁国姓“赵”，而他还使用着唐朝的李姓。因拓跋部多次劫掠宋朝边境，并与辽交好，宋朝曾一度与其断绝贸易往来。到了 1032 年，拓跋部首领李德明病死，其子李元昊继位。李元昊在这之前，就多次劝其父李德明不要向宋朝称臣，李德明表示：“我们以前总是打仗，也没有得到什么好处。而且，我们党项人三十年能衣锦服绮，都是宋朝的恩赐呵，不可轻易辜负。”李元昊则不同意：“衣皮毛，事畜牧，是我们的习俗。英雄在世，当图王霸大业，何必介意锦绮这些小东西！我们不如拒绝朝贡，训练兵马。力量小可以去掳掠，大了可以去夺取土地，这样岂不更好？”

李元昊继位后除改名为“曩霄”以外，又自称“嵬名兀卒”，即党项语的可汗。“嵬名”是拓跋鲜卑“元”姓（北魏孝文帝改制时，把“拓跋”皇姓改为“元”姓）的党项音译，“兀卒”在党项语中有“青天子”之意，李元昊称帝野心可窥见一斑。接着，他还“自制蕃书，命野利仁荣演绎之”，李元昊称帝的准备工作基本完成。李元昊的叔父山遇劝他不要反宋，李元昊不听。山遇逃奔宋朝，宋廷怕得罪李元昊，反把山遇抓起来交给李元昊，结果山遇被残酷杀害。

1038年,李元昊称帝,西夏对宋朝自称为大夏,建都兴庆(今宁夏银川)。大夏的国名承袭匈奴贵族赫连勃勃在十六国时期建立的夏国,当时赫连勃勃在今天的宁夏及周边地区建立过一个大夏政权。因为它在宋朝的西北,又叫作西夏。

李元昊派使臣去开封,宣告自己称帝一事。虽然语气不乏谦恭,但对于宋朝来讲,藩国一下子变成"友邦",宋廷上下非常愤怒,马上下诏削夺李元昊官爵。但众大臣并没有意识到西夏威胁的严重性,认为:"元昊小丑,出师征讨,旋即诛灭!"唯有谏官吴育一人忧心忡忡:"元昊已经称帝,不可能自己再改回原先的称号,而且他一定做好了充足的战争准备。当今之计,应暂且答应他的要求,让他没有口实兴兵,同时严命边将抓紧战备,争取时间,兵祸还可能不会太深。"人们却认为吴育迂腐可笑。宋朝在削夺李元昊爵号的同时,立刻断绝双方的互市,在边境张贴告示,称有斩李元昊之首者就授予定难军节度使一职。李元昊也派遣使臣,把宋朝先前赐予的旌节和诰敕都退了回去。双方正式决裂。

与北宋的战争

回鹘王画像

李元昊即位之后,对西夏军队进行了大规模整顿。首先,他以黄河为界,在西夏国内把军队划为左、右两部厢军,设十二监军司,分别命以军名,明确驻地。其次,李元昊设立几个新兵种:铁鹞子、卫戍军、泼喜军。铁鹞子是西夏最精锐的骑兵部队,配以最优良的战马、最精良的盔甲,总人数三千人;卫戍军是西夏禁卫军,共五千人,皆为西夏贵族子弟充任;泼喜军是炮兵,主要在攻城时用抛石机协助进攻,人数最少,才二百人。西夏炮兵所装备的是轻型旋风炮,作战时可立于骆驼鞍上发射石弹,主要用于野外作战。

在军事准备完成之后,在辽国的支持下,西夏在1040~1043年间接连向北宋发动了三次大规模战争,即三川口之战、好水川之战以及定川寨之战。三次战役皆以西夏胜利告终,李元昊歼灭宋军精兵数万。总结其原因,不外乎有如下几点:

第一,由于宋朝原先的软弱政策,同时又在是否赞同李元昊称帝问题上面采取强硬立场,导致西夏主和派遭到沉重打击,以李元昊为首的强硬派势力抬头,他们贪图宋朝的财富,一致对外,军纪严明。而宋朝很多地方将领怯战畏敌,消极抵抗,吃了败仗也无实质性惩罚,导致军纪松弛。

第二,西夏的君主李元昊"幼熟读兵书,心娴韬略",而且自年轻时就带兵打仗,战场烽火将他锻炼成一个杰出的军事指挥官,"性雄毅,多大略"。而宋军将领范仲淹、韩琦、范雍、夏竦等,都是以"儒臣委西路",他们不能像汉唐的名将卫青、霍去病、李靖等一样,

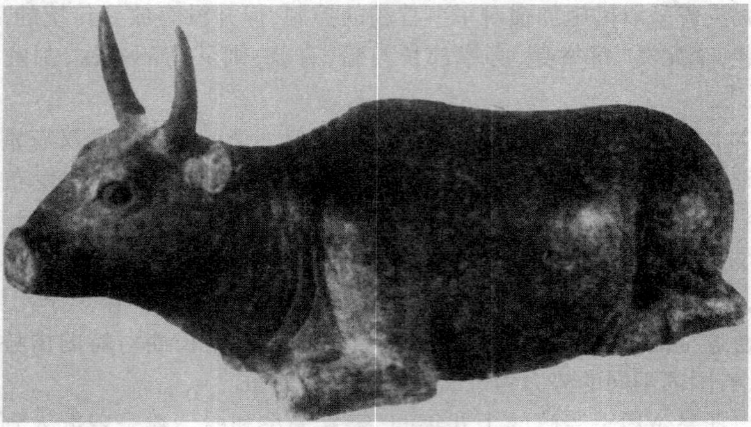

西夏青铜镀金牛

“身当行阵，为士卒先”。范仲淹、韩琦“忧国有情，谋国有志”，但未能娴熟兵略，不能尽知军情，以致“纵之而弛，操之而烦，慎则失时，勇则失算”，屡遭败绩。

第三，西夏总兵数虽少于宋军，但每次大战皆是集中优势兵力，一举歼灭宋军一部主力，反观宋朝，战线拖沓，兵源分散。无论是宋军动向还是战场地形，西夏军皆是成竹在胸，反观宋军，在李元昊的声东击西之计下，宋军如堕云里雾里，好几次贪功冒进，陷入西夏优势兵力包围。

虽然西夏的军事胜利使宋朝和辽国承认他的皇帝地位，但李元昊牺牲了与辽国的联盟关系，长期的消耗战争换来的不过是一些局部的胜利。李元昊发动宋夏战争的最重要目的之一，是为了大量掠夺财富，以满足西夏皇室和党项贵族的贪欲，但几次战争下来，所获不偿所费，不但没有达到预期的目的，反而加重了老百姓的负担。沉重的兵役和徭役将老百姓压得喘不过气来，加上宋朝对西夏实行经济制裁，关闭边境榷场，停止互市贸易，对西夏经济造成很大打击。而宋朝答应每年给西夏绸缎十五万匹，银币七万两，茶叶三万斤，这也初步满足了西夏贵族的贪欲。自此以后，李元昊贪图享乐，肆意妄为，最后竟然强夺儿媳，结果被儿子所杀，西夏政局也从此走向动荡，无力发动新的进攻。

但是宋朝与西夏间的外交较量一直没有停止：党项使臣一再要求得到与契丹使臣相等的礼遇，而宋朝官员则抱怨党项使臣素质低下，言辞无礼，更重要的是，宋、夏和约中对边界问题存而未决。由于未能划定一条清楚的边界，为双方日后的激烈争端留下了隐患。西夏后来曾向宋朝发动了进攻，而宋朝也乘西夏国内的政局动荡，攻占了不少西夏土地，而且不接受西夏的求和。后来由辽国出面疏通，宋朝才勉强同意与夏和解，接受了西夏的“输诚请罪”，但坚决不同意归还西夏的失地。直到北宋灭亡，双方不再接壤，宋夏之间的冲突才得以停止。

治国政策的反复

早期党项军队主要依赖由部落首领率领的军队，而这些军队往往都处于高度分散的

状态。而李元昊曾采取措施加强对军事首领的控制，但并没有放弃传统的部落长者议事的习俗。据载，李元昊“每举兵，必率部长与猎，有获，则下马环坐饮，割鲜而食，各问所见，择取其长”。

这种军事上的结构与西夏的统治阶层结构类似。李元昊强调蕃汉有别，这也是他立国的重要基础。在他土著化的革新措施中，最有名的是他在1034年发布的剃发法令，“初制秃发令，元昊先自秃发，及令国人皆秃发，三日不从令，许杀之”。但西夏统治区域内，有党项、汉人、吐蕃等族，而李元昊初期的“主谋议”的六个人中五个都是汉人，就西夏的经济而言，东部汉人的农耕和西部的游牧是截然不同的两种体系。李元昊的远祖北魏拓跋氏就是通过全面汉化化解了这一问题。而在与宋、辽长期对峙的情势下，这一问题显得尤为复杂，国内不同的势力为之展开了激烈的斗争。

西夏第二任皇帝毅宗亲政的十九年间，宋夏关系和缓。毅宗曾派人到开封，说自己的父亲李元昊建国时废除了汉礼，他希望宋廷恩准“去蕃礼，从汉仪”，并请求服饰汉族衣冠。同时他用马匹换取了《诗经》《尚书》等汉族典籍，恢复了与宋朝的边境贸易。毅宗的行为引发了一系列关于汉族与党项礼仪的争论，争论的此起彼伏直接反映了主张亲汉派与党项排外派之间的相互力量对比的变动。后来，出身汉人的皇太后在摄政期间，主张拥护党项礼仪，而小皇帝只要有机会就要改用汉族的传统习俗。在朝廷的权力斗争中，中原的政治制度甚至是具体的汉人，都成了双方斗争的武器和被攻击的对象。后来小皇帝联合大臣谋取太后的实权，遭到了太后的囚禁，拥护皇族的西夏大将也纷纷拥兵自立，西夏局势动荡不已。

西夏酿酒图

西夏的灭亡

蒙古崛起之后，向西夏发动了攻击，曾在1205年、1207年、1209年三次攻入西夏，但是始终没有占领西夏都城中兴府（今天宁夏银川）和灵州。在1209年围攻中兴府的战役中，蒙古人引黄河水灌中兴府，但因为缺乏修筑水利工程的技能，堤围溃决，反而淹没了

蒙古军队的营地,被迫解围撤军。但西夏国王也不得不承认自己是蒙古的附属国,除了贡献大批骆驼、鹰隼和纺织品之外,还被迫向蒙古首领请和。

但到了后来,西夏由于内部的纷争,拒绝支持成吉思汗经略中亚、攻打花剌子模的军事行动。1226 年成吉思汗西征结束之后,亲率大军攻打西夏,并于年底包围了中兴府。1227 年 6 月,中兴府被围半年,粮尽援绝,军民病困,又发生地震,“宫室多坏,王城夜哭”。没多久瘟疫肆虐,军民死伤过半,西夏皇帝被迫乞降,西夏就此灭亡。

汉蕃之间

西夏地处西北一带,既有黄河之利,农耕条件优越,又有广阔的草场,畜牧业发达,同时又受到西藏地区的影响。因此西夏的经济就兼农耕与游牧于一体,在吸收汉族文化的同时,也吸收西藏地区的文化。在这其中,藏传佛教的发展是西夏文化的重要特色。

混合经济

西夏畜牧业发达,以其家畜、猎鹰和其他牲畜著称于世,而且农耕也有相当的发展。主要粮食作物有小麦、大麦、荞麦、水稻、豌豆、黑豆等;蔬菜品种有香菜、萝卜、茄子、胡萝卜、蒜、韭等;水果品种有杏、梨、葡萄、李子、柿子、枣、石榴、桃等。

西夏的手工业也相当发达,其中包括珍贵的驼毛毯、足以与最优质的宋朝出版物相媲美的插图印本书籍、大黄和其他药用植物。盐也是当时和宋朝交易的重要商品。

西夏的冶铁业更是发达。西夏政府开办有大型的冶铁作坊,宋朝使者在李元昊的宫中曾听到附近传来千百人锻铁的声音。党项人有“天下第一”盛誉的“夏人剑”,受到各族军队的珍视,宋统治阶级上层人士以佩戴该剑为荣。应用了当时较先进的鼓风技术,西夏的冷锻技术达到了很高的水平。由于西夏的军队多披经过冷锻的重甲作战,而宋军因“衣甲皆软脆,不足当矢石”,在宋夏战争初期屡遭失利,故宋人就建议“悉令工匠冷砧打造纯钢甲”,以削弱西夏军队在铠甲方面的优势。

西夏与汉族文化

西夏政权非常推崇汉族文化。李元昊设立了汉学,以培养人才。西夏在 1144 年,在全国设置学校,并为七至十五岁的皇室子孙开设了汉文学校。1145 年则创建了“大汉太学”。1147 年,还实施了通过考试选拔官员的策举制度。有意思的是,1211~1223 年在位的西夏神宗皇帝李遵顼还是 1203 年的西夏状元,后统领西夏军事,最后登上皇位。从状元到皇帝,在中国历史上是史无前例的。

汉语和党项语都是西夏官方认可的语言,并且都在社会生活中得到了广泛的应用。西夏人还特意编写了《番汉合时掌中珠》这本西夏文同汉文的对照字典,以促进各民族的文化交流。作者的写作目的在序言中说得很清楚:“不学番言,则岂和番人之众;不会汉语,则岂入汉人之数。番有智者,汉人不敬;汉有贤士,番人不崇,若此者,由语言不通故

西夏播种壁画

也。"这说明作者编写该书的主要目的是为了给西夏人学习汉文、汉人学习西夏文提供方便,从而解决语言不通的问题,以便互相学习,取长补短,增进西夏与汉族人民之间的友谊。

在这种思想的引导下,《论语》和《孟子》、各种专科书籍、治国方略著作都被翻译成西夏文。军事论著如《孙子兵法》,也有西夏文的文本保存下来。而为了推动本国的养马事业,汉族兽医学的著作也被大量翻译。西夏的政府官员和文人们还往往把《孝经》《论语》《孟子》这些经典作为他们的研究对象,同时喜欢阅读《庄子》《老子》以及汉族的军事论著。

西夏也重视本民族文化的发展。李元昊在称帝之前,就筹划创立文字。党项文字由六千多个字构成,表面上很像汉字,但实际上是以包括复合表意在内的极为复杂的原则为基础的。西夏文字主要使用于政府机构和学校,并开始了将汉文和藏文文献翻译为党项文的工作。

西夏与佛教

西夏以佛教为国教。佛教思想体系在西夏社会的思想意识中占有极为重要的地位,儒学往往在西夏的统治者阶层影响较大。而佛教思想的影响,不仅在西夏上层,而且在下层群众中也都广泛地存在。

西夏历代诸王均崇信佛教,除自中原请经及翻译、雕印佛经之外,还致力于寺庙的修建,故境内寺院林立。有些寺庙还承担了重要的文化任务,或翻译西夏文经,或刻印汉文佛经,或刻印西夏文佛经。而皇室还资助印制了大批最受欢迎的佛教文献,并在各种庆

典场合广泛散施。例如，1189 年，皇室特意用西夏文和汉文印制了数万部《观弥勒菩萨上生兜率天经》和其他经典。西夏的几朝皇帝和皇太后多以佛经的译者、校者的身份署名于当时所译、校的佛经卷首，由一般的倡导者变为主要佛事活动的实践者，在历代王朝中是极少见的。

但党项人信奉的佛教是一种混合宗教，它属于北方佛教的一支，吐蕃密教和汉地大乘经典的传统被巧妙地糅合在了一起。西夏对西夏境内的吐蕃人给予了较高的地位，并招揽藏族高僧入境传法，使藏传佛教能够在西夏流传发展，藏文佛经也得到流行和保护。后来藏族文化、藏传佛教得以通过西夏故地为蒙古人所接受，与西夏时期打下的基础也有很大关系。

值得一提的是，西夏首次出现帝师，帝师具有极其崇高的地位，高于国师。这种特殊的宗教体制后为元朝所继承，对元朝的政治生活、宗教生活产生了重大影响。

雄霸百年的大金朝

建立金国的女真是我国东北地区的古老民族。他们建立了金国，并很快灭掉曾强大一时的辽国和北宋，建立起对中原的统治，并在科技和文学方面有着突出的成就。

金之兴衰

女真部落于 12 世纪初兴起之后，用十多年的时间灭掉曾强大一时的辽国，后来又消灭北宋，与南宋形成了南北对峙的局面。后来，金朝逐渐掌握汉族文化，开始和南宋争夺正统地位。但在其北部边境，蒙古部落崛起，在其攻势下，金节节败退，最后金亡于蒙古和南宋的联手攻击。

肃慎，吾北土地

女真和他们的先人们世世代代居住在松花江和黑龙江流域的广大地区。他们的历史可上溯到舜、禹和商周时期，其先祖被称作肃慎，其生活的白山黑水地区也被称为肃慎。周代有“肃慎、燕、亳，吾北土也”的记载，这是东北地区见诸记载的最古老的民族。此后，肃慎的后裔，名称屡有变更。到隋唐时称靺鞨，女真就是其中的黑水靺鞨。到了五代，黑水靺鞨逐渐兴旺起来，改称女真。

11 世纪末，他们被辽国统治者分为三大群落。首先是熟女真，他们是 10 世纪被契丹所俘获的部落后裔，被安置在辽河流域且已完全被同化。熟女真生活在吉林省东部，与辽国有着密切与定期的联系。但是最庞大和最主要的部分是生女真，他们居住在松花江中下游和黑龙江的东部山区，精于射猎，猎手们身披鹿皮，头戴鹿头皮帽，口衔用桦树皮制成的口哨，模仿鹿鸣，引鹿而至，然后用弓箭射杀。生女真在 10 世纪已足够强大，以致

宋朝认为他们是反对辽国的一个潜在同盟，而他们也确实不时给辽国制造严重的麻烦。

古格王统世系图

在11世纪，生女真诸部的完颜部逐渐强大起来，建立起对其邻部的统治，并开始将女真诸部落凝聚为一个强大的民族。辽廷承认完颜氏为女真的首领，并任命他们的首领为女真节度使。

金国建立

在辽国末代皇帝天祚帝朝初期，女真与辽的关系已经逐渐变得紧张起来。辽国政日益腐败，而女真部落已足够强大，不想臣服于辽。

1113年，阿骨打被部落首领们选为女真族的领袖，并被辽廷按惯例授予汉式官职节度使的称号。阿骨打以阿疎为借口，开始骚扰辽国。阿疎本是一个女真首领，曾反对过当时完颜盈哥的霸权，并在辽国境内避难。辽国斥责了完颜盈哥，女真人当时实力还不足够强大，只好接受，但在女真人羽翼丰满之后，却以不把“逃犯”阿疎交出来当作辽国最大的罪恶。辽金两国十年血战，几乎每次战役都要出现阿疎的名字，金国坚持只有把阿疎交出来，才可以和解，但辽国基于对藩属的责任和义务，每一次都加以拒绝。1114年，

阿骨打以让辽国交出阿疎的要求又一次被辽廷拒绝为借口，进攻作为边界的主要贸易场所和辽国皇帝按惯例接见女真首领的地点的宁江州。看起来好像阿疎是一个辽金和战的关键人物，金国对他有不共戴天的仇恨，可是等到辽国崩溃，金国把阿疎逮捕后，只不过打了几板，即行释放。后来每有人请教阿疎姓名时，他都幽默地自我介绍："我叫破辽鬼。"

阿骨打起兵之后，取得了一系列胜利。1115 年，建国号"大金"。由于辽国以及北宋的统治极其腐朽，金国于 1125 年灭掉了辽国，而金国又在联宋灭辽中看出宋的虚弱，就于 1126 年攻占了北宋都城开封，1127 年北宋灭亡。后来金兵南下攻宋，一度攻入浙江，但宋金分界线在大多数时间还是稳定在江淮一线。

完颜亮的改革

金国建立前后，其政治制度尚处于早期形态，就是在灭辽阶段，"国有大事，适野环坐，画灰而饮，自卑者始……军将行，大会而饮，使人献策，主帅听而择焉，其合者即为将，任其事。师还，有大会，问有功者，随功高下与之金，举以示众，众以为薄，复增之。"而金朝早期的统治者，根本不知道在汉族的等级思想中皇帝与臣民之间存在着不可逾越的鸿沟。甚至到了 1197 年，当金的国家机构已经完全采用了汉制之后，在朝廷一次有关是不是应该对蒙古人发动进攻的讨论中，还是运用了投票决定的方式，表决结果为："议者凡八十四人，言攻者五，守者四十六，且攻且守者三十三。"最后金朝根据投票结果，采取了守势。

但到了北宋灭亡之后，女真人不仅统治了辽国故地，还统治了中国北方的大部分地区，特别是河北和河南。于是如何来统治这样一个由许多有着不同的经济和社会背景的众多民族组成的国家便成为女真政权面临的一个难题。一开始，女真人是按照辽国的旧例对他们进行治理的。整体而言，女真贵族掌握着所有大权。

海陵王完颜亮为了改变这种状况，加强君主的权力，就采用汉制，进行大力改革。他为巩固皇权，镇压大批贵族反对派，大批任用汉人、契丹人、渤海人执掌朝政。他还于 1153 年，迁都长城以南的燕京（今北京），废除了大部分世袭的官职，并试图把他们的职位转变为正规官员的职务，而作为正规官员，必须是经过任命的，必要的话，政府可以随时将他们撤职，但他的改革也引起女真贵族的反对。随着他对宋军事扩张的受挫，他被部将所杀，但在他死之后，改革仍在继续。到 12 世纪末，金国设立了与几乎所有宋曾设立过的中央官署相对应的部门。金国逐步从部落的和贵族的政治体制转化为中原的官僚政体。

猛安谋克的没落

猛安谋克是金代女真社会的最基本组织，它产生于女真原始社会末期，由最初的围猎编制进而发展为军事组织，最后变革为地方行政组织，具有行政、生产与军事合一的特点，它是满洲八旗制度的先驱。

番骑猎归图

汉语中的猛安谋克是两个女真词的音译:猛安的意思是千,在早期战争中统领千人的首长(千夫长)被称为猛安,后来这个词也被当作他所统领的这个单位的称谓;谋克为百人的首长(百夫长);猛安谋克的编制中有猛安(千夫长)、谋克(百夫长)、谋克之副蒲里衍(牌子头)、什长(执旗)、伍长(击柝)、士卒(正兵)、士卒之副阿里喜。这种组织最初是平时射猎,战时出征,后来就转化成常设的军事组织,但无论是猛安还是谋克,一般都不能达到足额。

自阿骨打起兵后,女真贵族为了降服汉、渤海、契丹和奚等族人,亦用猛安谋克编制,并用猛安或谋克称号授其首领,首领均为世袭,这在一定程度上减弱了他们的反抗情绪,并增强了自身的力量。因此女真只用了十余年时间,就灭掉了辽与北宋。除了女真兵的勇猛善战和辽、宋的腐朽外,猛安谋克也发挥了很大作用,但随着女真统治的稳固,金国又逐步撤销了外族的猛安谋克。

后来为了更好地控制中原,金朝统治者把大量猛安谋克迁到中原,并创屯田军之制。政府规定:“凡女真、契丹之人皆自本部徙居中州,与百姓杂处,计其户口授以官田,使自播种,春秋量给衣马。若遇出军,始给其钱米。”但许多女真人由于缺乏农事经验,又不习惯于在汉地的条件下耕种,就将土地租给汉人,坐收地租。他们逐渐失去原来剽悍善战的习性,一部分变得游手好闲,贪图享乐,或者沉溺于打猎,或者过度饮酒,甚至陷入贫困的境地。而另一部分人则崇尚汉族文化,吟风弄月,舞文弄墨,以考取进士为最大荣誉,而把世袭猛安谋克这一军官职务看成是一种有失自己高贵身份而去充当赳赳武夫的莫大耻辱。

政府对于猛安谋克的没落采取了诸多措施。例如制定反对奢侈的法律来禁止酗酒和过度挥霍,定期进行军事训练。对于最贫困的谋克由官府颁给官粮,鼓励他们学习农耕技术,但不废除民族特权,就无法真正刺激这些猛安谋克努力耕作,加强武备。到了金国末年,黄河以北地区被蒙古占领,金政府为了安置这些猛安谋克,又占据了汉人的大量

土地，但黄河和淮河流域正是密集耕种地带，这样大量汉人失去了自己的土地，金国失去了很大一部分民心，金国的灭亡进程也由此加快。

蒙古部落的威胁与金长城

自金国成立以来，其北方的蒙古部落就构成了严重威胁。金初对蒙古部的战争投入的军队都是驻防北部的偏师，屡战不利，后来将兀术用于对宋作战的精锐部队调回，但蒙古的合不勒汗还是成功地打败了一部金军。1147 年，金国被迫以割让几个边区县和献出大量实物为代价与蒙古人讲和。金国开始修建多条漫长的长城防御工事，防御蒙古骑兵入侵。

金人出行仪仗

金长城全长约五千千米，共有两条。一条起于大兴安岭北麓，穿呼伦贝尔草原，达蒙古人民共和国肯特省德尔盖尔汗山以北沼泽地中，史称“明昌旧城”或“兀术长城”，这是兀术主持修建的。而到了 12 世纪末期，蒙古部落的威胁变得更加严重，金国就修建了第二条长城，史称“明昌新城”或“金界壕”，主要分布在今内蒙古自治区境内，与兀术长城相比，金界壕已向南退缩不少。

金界壕的最大特点是由单线变成网状，构成了多重防御体系。金界壕长约一千九百千米、宽八百千米。金界壕变单层阻断为多层阻断，外线失守，还有内线可防；变单向横

向阻断为网内多方位阻断，敌军即使攻破一点，也不能长驱直入或左右迂回，这避免了单线长城所存在的一点突破全线崩溃的缺点。而蒙古骑兵作战的特点是反应快速，迂回包抄，在长城网中，骑兵的特点难以发挥出来，后来的明长城有许多地方汲取了金长城的特点。不过后来蒙古利用民族以及宗教信仰的相似使防守西部长城的汪古部归附，使金国苦心经营的长城屏障失去作用，金国利用长城拒敌于国门之外的战略也化为泡影。

金国之所以在攻打宋朝的同时采取防守蒙古部落也就是南攻北守的战略，是基于现实的考虑。宋廷腐败而懦弱，宋军战斗力低下，加之中原的发达和富庶，攻打南宋会得到较多的好处，而蒙古高原地广人稀，自然条件恶劣，经济文化落后，即使攻下来也不会有太多的好处。再者，由于蒙古部落还是松散的部落联盟，无法对之进行致命的打击，这也是以前中原王朝难以对付游牧民族的重要原因。而游牧民族一旦形成初步的政权，其实力已经相当强大。不过，历史上也有几次成功突袭的例子。汉朝的卫青就乘匈奴的麻痹心理，利用骑兵的机动性，找到匈奴单于的直属部队，并进行决战，从而使匈奴转向彻底的守势。而唐朝的李靖也曾利用东突厥遭受大灾而实力大损的有利时机，利用骑兵千里奔袭，一举攻破颉利可汗的牙帐，生擒颉利可汗，从而灭掉了东突厥。但总体而言，这样的情况在历史上只是少数。

撞车

蒙金战争

防御工事的修建并没有消除来自北方的蒙古部落的威胁。到了金大定（1161～1189）年间，金国民间就开始流传谣言：“鞑靼来，鞑靼去，赶得官家没去处。”铁木真1206年称成吉思汗之后，为掠夺财富和扩张势力范围，以为祖先复仇之名，于1211年2月聚众誓师，决计出兵大举攻金。

蒙古军队一路势如破竹，后以十万蒙古军队在野狐岭（今河北万全区西北）与三十万金军进行决战。成吉思汗命大将木华黎率领敢死队在前冲杀，他则率主力跟进，攻破金军中军大营，金军败退会河堡。蒙古军骑兵跟踪追击，经三天激战，歼灭金军精锐。经过这一战役，金军再也无力抵抗蒙古军队的进攻，也没有了与对手决战的勇气，只是一味地依靠坚城死守，直到被蒙古兵一一攻破。蒙古军队乘势围困了中都（今北京），但因城墙坚固，金军又屯有重兵，蒙古军伤亡惨重，就掳掠大批人畜和财物后撤兵，金国被迫将首都迁至开封。但这一战也让蒙古军队开始认识到中原先进的防守技术特别是火药武器的威力。后来蒙古军队吸收了中原的先进技术，组建了炮军，配合骑兵攻坚。1215年5月，金中都守将服毒自杀，蒙古军进占中都。

经历了多年战争后，1232 年 4 月蒙古军队开始围攻开封城，围城战异常激烈，双方都使用了火器。女真和汉人的军士们努力抗击蒙古与汉人联军的攻击，震天雷、飞火枪首次出现于战场，给蒙古军队巨大杀伤。蒙古军停止攻城，但击败了金军的援军。开封粮尽援绝，又发生了瘟疫，军民伤亡惨重。

在此情况下，金哀宗只好带领少数臣僚离开开封，最后到达蔡州。蒙古军队又包围了蔡州，在前锋部队被击退之后，蒙古军不再攻城，而是筑起长垒，把蔡州城围了起来。而这时南宋应蒙古之约，也遣孟珙率领两万军队、运米三十万石，来到蔡州城下。蒙古军得到了宋军的粮食援助，就联合修建攻城器械，宋蒙联军在蔡州城外砍伐树木，用来制造攻城武器，砍伐呼喝声传数里，蔡州城内人心浮动，惊惧异常。幸亏守将四处游说，激以忠义，勉强安定了蔡州城内的动荡局势。金军守城壮丁不够用，就在城中到处征召健壮女子，上城墙运送木石充当壮丁。对于这种局面，哀宗也亲出劳军，“人有被创者，驻马近视，敷药，军民感泣”。

金哀宗深知大势已去，对侍臣叹息道：“我当皇帝十年，自知没有什么大的过错，死无恨矣。所恨祖宗传国百余年，至我而绝，与自古荒淫暴君同为亡国之君，这让我耿耿于怀……自古以来，没有不亡之国，亡国之君往往为人辱囚，或被绑缚献俘，或跪于殿庭受辱，或关闭于空房。我绝对不会到这个地步！”哀宗带人趁夜出东城突围，但被打退。宋蒙联军在城外大搞心理战，他们支开大锅，煮肉豪饮，缺粮多日的守城金军闻见肉香，斗志大减。有投降者从城上缒城而下，告知宋军说城内绝粮三个月，能吃的都已经吃尽，连鞍靴甲革包括鼓皮都煮掉吃了。

1234 年，金哀宗准备传位于金末帝完颜承麟，完颜承麟拜而不受。守绪说：“实不得已啊，我身体肥重，不能驰马奔逃，你矫捷多智，如果侥幸得脱重围，保存一线宗祚，我死也瞑目了！”承麟乃起身受玺。这时宋蒙军队已破城门，守绪自杀于幽兰轩，残余金军多战死，承麟也死于乱军之中，金朝自此为宋蒙联军所灭。蒙古灭亡金朝，为随后建立元朝、统一全国奠定了基础。

金之文教

金朝在广泛学习汉族文化之后，文化事业有了很大发展，在建筑、文学、武器制造方面都取得了突出成就。在此基础上，金朝开始尝试和南宋争夺中原文化的正统地位。

女真与中原文化

在吸收汉族文化方面，与契丹人相比，由于社会发展程度的差异，女真人一开始对中原文化吸收得并不多，但也很早就受到汉族文明的影响。随着时间的推移，女真开始广泛接受汉族文化，完善了科举制，并萌发了自己身为唐的继承者的观念。

对汉文化的向往

金朝很早就受到汉族文明的影响。金朝及其他少数民族王朝统治者汉化程度高低

的一个重要标志，就是个人的姓名，孩子除了取女真名之外还要再取一个汉名，早在阿骨打那一代就已经如此。在阿骨打称帝时，在原有的姓名之外，阿骨打又为自己取了个汉名叫做“旻”。取名时女真人还往往遵从汉人的所谓“排行”制度，就是凡属同一代的所有男性成员，名字中都要有次序已经提前规定的同一个汉字。比如，阿骨打的下一代，汉名中的第一个字都是“宗”，这显然是在有意识地仿效中原的习俗。汉人传统上还有一种惯例，即将皇族的姓氏赐给有功的外族人，特别是心向中原的少数民族首领。这在金朝也不乏其例，曾有几十人得到过这种荣誉。在皇室认可的情况下，其他女真氏族的姓氏有时也被赐给非女真人的官员。

金熙宗是金国第一个祭孔的皇帝，并积极地学习汉文化典籍。金国迁都中都（今北京）之后，汉文典籍被大量翻译。当时金国组织人力翻译了《贞观政要》《史记》等书。为了使这一翻译更加富有成效，让不懂汉文的女真人学习汉文化，还专门在中都成立了翻译中原文化典籍的翻译机构——译经所。1183 年，金人翻译了中原文化经典中的重要著作《易经》《尚书》《论语》《孟子》《老子》《列子》《新唐书》。金世宗曾经对大臣们说：“我之所以命人翻译《五经》，就是想让你们也都知道仁义道德的标准。”1194 年，金朝又在中都设立了弘文院，全面翻译中原文化典籍。金章宗还下令由朝廷出资购买《崇文总目》里所缺书籍，设立藏书之所；还曾明确要求低于三十五岁以下的皇家侍卫人员，必须要熟读中原的文化经典。

历史小常识：少数民族与孔子

辽国 907 年建立，916 年建立孔庙，指定由皇太子在一年的春秋两季祭奠。西夏 1038 年建立，1146 年仁宗皇帝李仁孝尊孔子为文宣帝，并下令各州郡修建孔庙。金国 1115 年建立，金熙宗 1137 年设立孔庙，1141 年亲自祭孔，并认为：“孔子虽无位，其道可尊，使万世景仰。大凡为善，不可不勉。”

1119 年，女真人正式颁行了一种特殊的文字，即所谓的女真大字，它是在契丹大字的基础上创制的。1138 年又颁布了一种女真字，称为“小字”，但有意思的是，金朝与西夏和宋的外交通信一直是完全使用汉字的。就是在货币上，女真人从未铸造过带有女真文的钱币，他们使用的钱币上只铸有汉文，金的纸币上印刷的也完全是汉文，并没有女真文字。

科举制度

金朝科举制始于 1123 年。从 1129 年起，进士科的考试每三年举行一次，后来则是一年一次。最初南方与北方的考试有所区别，称为南北选，北方侧重于辞赋，而南方偏重于经义。1173 年，世宗特地创立女真进士科，希望能有更多的女真平民进入官僚集团，以此来取代那些世袭的女真贵族们，不过女真人不中进士照样可以得到入仕和升迁的机会。

虽然具有实权的职位，特别是最高层的职位，大多数都由女真人把持，但汉人还是通过进士考试进入官僚集团。在金代，有越来越多的汉族高官是通过科举，而不是通过诸如赐给某人官爵或者军功等等途径获得官职的。在金朝，科举制度在人才选拔上所起的重大作用，是另外两个非汉族建立的王朝辽与元所无法比拟的。

金朝在科举考试中的预防作弊方法也值得一提。古人的作弊法主要是夹带，古人为此想了不少办法，其中最主要的就是搜身，并将其雅称为“符验”。而到了金朝，考场纪律更为严苛，考生入场前，要进行裸体搜身，让考生脱去衣服、鞋帽，打开发结，甚至连鼻孔、耳孔也不放过。金世宗完颜雍即位后，觉得对考生脱衣检查实在不雅，不利于金朝笼络文士的大局，便开设了官办浴池，令考生脱衣入浴，事后换上统一服装入场。

历史小常识：古人预防作弊法

糊名法：唐朝武则天时，考生必须用纸糊住考卷上自己的姓名，待考官评卷后，才由专人揭开登记。棘围法：唐宪宗时，试院四周及墙上插满棘枝，令人无法爬越，以防有人传递作弊。

对正统的追求

阿骨打在建国伊始，就确定了一个汉族式的年号“收国”。当时他手下的汉人谋士提出自古英雄开国，或受禅，或求大国册封。因此阿骨打起草了一份向辽国请求册封的文书，提出了十项要求，首先为阿骨打要求封号为“大圣大明皇帝”，国号大金。其次，允许他乘用玉辂、服衮冕，玉刻“御前之宝”。而在联宋攻辽的协议中，阿骨打的皇帝地位得以被郑重地承认，阿骨打被称为“大金大圣皇帝”，这意味着金朝已经成为一个与宋平等的国家。

完颜亮则是金国追求正统的最典型人物，他想成为整个中国的统治者而不仅仅是女真人的首领。完颜亮自幼聪敏好学，汉文化功底很深，能诗善文，又爱同留居金地的辽宋名士交往。他一直有君临万民以为正朔的理想，在做藩王时，给人题写扇面，就有这样的诗句：“大柄若在手，清风满天下。万里车书尽混同，江南岂有别疆封？提兵百万西湖上，立马吴山第一峰！”他征服江南的雄心暴露无遗。他还认为：“自古帝王混一天下，然后可以为正统。”江南对于他来说是势在必得。

因此完颜亮上台后，实施了一系列旨在使女真的国家和社会汉化的改革。无论是礼乐、仪式上还是财政政策和行政管理上，他都不再满足于金国的政治中心仍然偏居东北的局面，决心将政治中心南移。1153 年，海陵王开始定居于燕京（今北京），将它定名为中都。1157 年，他甚至下令毁掉位于东北地区北部中京的那些女真宫室。1158 年，他还下令开封修建宫室，称之为南京，准备再次迁都。所有这一切都表明他完颜亮认为金国已经接受了汉文化，南北已经没有区别，所以应该由他来统一中国。他把自己看成为全中国未来的皇帝，并且认为自己对中国的统治将会像宋朝的统治一样正当，但这并不是单靠自我宣称就能实现的，完颜亮因此发动了对南宋的攻击。

完颜亮征南宋时，自命“六师”（周代天子六师，后来古人用六师来代指天子的部队）南伐，约束军纪，严禁扰民，有违犯者被他下令处决。据说一名小兵因不慎烧着了一户人家的房子，马上被处死，这与金国初期金兵南下时的烧杀抢掠有着很大的不同。而他还特意到项羽庙去拜祭，据说他还祈求项羽保佑他能够统一中国。但虞允文在采石矶一战中击败了他，他没有在“笑谈顷”（这是完颜亮诗词中的句子）灭掉南宋，反而被部将所杀。他没有成为第二个周瑜，而是成为第二个苻坚。

海陵王之后的金世宗对女真的贵族和平民中日益增长的汉化倾向感到忧虑，采取了诸如下令禁止取汉名、穿汉服等措施，想使女真人保持民族特性。但金章宗同时又加速了金国对正统的追求。在他近二十年的统治期间，都在致力于把金国变成像唐、宋那样政治体制的王朝而加紧进行各项改革。女真人的旧法是建立在“以眼还眼，以牙还牙”的原则和损害赔偿的基础之上的，轻罪被判鞭笞，杀人者被处决，他们的家资百分之四十人官（首领或者酋长），百分之六十给受害者家属，杀人者的亲属被充做奴隶，但如果将马牛杂物送给受害者家属来赎身也是可以的。在这种情况下，对罪犯唯一的惩罚就是割下他的耳朵或鼻子，以标明他的罪犯身份。曾出使金朝的范成大就在诗中写道：“屠婢杀奴官不问，大书黥面罚犹轻。”而基于唐律的《泰和律义》就废除了这一做法。

而金章宗与谋士们经过长久的讨论之后，终于在1203年从五行中选定了土作为金朝的德运。按照汉族传统的政治观念，每个正统的王朝，都相应地以五行中的一种物质来表示。宋朝选定的是火，代表他们王朝的颜色便是红色。对这种所谓德运的正式采用，说明最迟到1203年，至少在女真人自己眼中，他们所建立的金朝已经完全汉化，可以取代南宋作为中原正统的王朝。这是在完颜亮武力统一中国的企图失败之后，金朝在文治方面对宋朝发动的一次重大攻势。

金亡之后，元好问拒不应聘蒙古政权的官职，以表明自己的遗民身份和对故国的忠贞，但为了写作金史、保留金国的历史，在众人“百谤百骂，嬉笑姗侮，上累祖弥，下辱子孙”的情况下，与蒙古政权的官员相周旋，以便取得他们的协助，他们自认为是“真正的”中国即唐的传统的维护者。特别是到了后来，由于金国统治的中原地区受蒙古、南宋的双向进攻，使得华夏正统意识空前高涨，在金国甚至出现了自居华夏正统而视南宋为“蛮”“夷”的思想（在宋代以前，因南方多为少数民族，且开发不够，北方人故称南方人为蛮夷）。这种思想为元朝所继承，蒙古人也称呼南方人为蛮子，这种称呼直到现在仍有影响。

文学的发展

虽然女真人侵中原造成了极大的社会动荡，但局势也逐渐稳定下来。当女真人沿着唐代的轨道建立了中原式的中央政府后，汉人继续在大多数政府机构中供职。高雅文化受到保护，各种体裁的文学作品大量涌现，有对经典的诠释，有散文和诗歌。大部分诗歌体现了唐代或宋代的风格，但也有女真自己的风格。

其中元好问就是典型一例。他在赶赴科举考试的路上，遇到一个捕捉大雁的人。那个人说：“今天早上逮到一只大雁，将它杀掉。但脱网的那一个却悲鸣不已，久久不离，最后撞地而死。”元好问就花钱买了这两只大雁，葬在汾水之上，用石头做了标志，称作雁坟。而与他同行的人就像唐宋的文人一样，纷纷赋诗纪念此事。元好问就写下了在中国文学史上有着重要地位的《摸鱼儿》：

“问世间情为何物？直教生死相许。天南地北双飞客，老翅几回寒暑。欢乐趣，离别苦，其中更有痴儿女。君应有语，渺万里层云，千山暮雪，只影向谁去？横汾路，寂寞当年

金朝的戏曲演出

箫鼓，荒烟依旧平楚。招魂楚些何嗟及，山鬼暗啼风雨。天也妒，未信与，莺儿燕子俱黄土。千秋万古，为留待骚人，狂歌痛饮，来访雁邱处。”

在民族风格上面，完颜亮的《念奴娇》与宋人的词相比，别有一番豪情。

“天丁震怒，掀翻银海，散乱珠箔。六出奇花飞滚滚，平填了山中丘壑。皓虎癫狂，素麟猖獗，掣断真珠索。玉龙酣战，鳞甲满天飘落。谁念万里关山，征夫僵立，缟带占旗脚。色映戈矛，光摇剑戟，杀气横戎幕。貔虎豪雄，偏裨真勇，非与谈兵略。须臾一醉，看取碧空寥廓。”

火药武器的进步

女真很善于学习其他兄弟民族的长处。在唐朝的时候，他们还曾经使用石头做的箭头，但接触到辽国文化特别是先进的汉文化之后，他们迅速接受，并形成了自己的特色。这在军事技术方面体现得最为明显。

金兵第一次攻打开封时，还缺乏攻城器材。而到了1126年第二次攻打宋都开封时，金军已普遍装备了攻城炮。当时炮以梢多为胜，炮梢越多，射出的石弹越重，射程越远。金军造炮由早期的二梢、五梢迅速发展为七梢、九梢，种类也很多，如可投放巨石的虎蹲炮，可左旋右转、变换射向的旋风炮，可同时发放数枚炮石的撒星炮等。当时宋军遗留在城下的数百门大炮落入金军手中，成为宋军的噩梦，再加上原来拥有的大炮，金军“一夜安炮五千余座”。金军在兵器制造上也并不甘于模仿，而是积极将其加以改造，使之更适于作战的需要。比如辽、宋军所使用的炮架多无防护，拽炮士兵在实战中伤亡较大。金军则在炮架旁用原木密排成屏风，并用生牛皮和铁皮包裹，能抗击对方火器的攻击，从而

避免了不少伤亡。

金国在火药武器方面的成就更是突出。在防御蒙古人的入侵中,金国发明了突火枪。据说这是由汉族工匠发明的武器,它是继南宋初年陈规所创长竹竿火枪后的又一种管形武器,灵巧轻便,适用于单兵作战。它以十几层硬黄纸叠在一起成筒状,长约六十厘米,然后将柳炭、铁渣、磁末、硫黄、砒硝之类混在一起紧紧填装进去,以绳系在枪头,军士各带一个小罐,里面藏有火炭,临阵时点燃,火焰可冒出枪端三米多远,无人敢于接近,到药烧尽时,筒也不会损坏。喷射完毕后,还可用锋利的矛头刺杀敌人。飞火枪是中国火器史上第一次大规模装备的单兵火枪。

到了1232年,金国又发明了"震天雷",是一种用铁罐装填火药的抛射兵器,首先用于抵抗蒙古人进攻开封城的战斗中。《金史》中描述说:"铁罐盛药,以火点之,炮起火发,其声如雷,闻百里外,所爇围半亩之上,火点著甲铁皆透。"这种铁火炮的出现,表明爆炸性火器已从纸壳装填火药发展为用铁壳装火药,增大了杀伤和摧毁的威力,成为以后铁壳爆破弹的先声。

第二章　社会文化

辽代渔猎、畜牧和农业长足发展

渔猎

契丹族居住在黄河、土河之间，以渔猎为基本的生产方法。捕鱼有钓鱼法。辽人钓鱼时，先在河上十里范围内，用毛网截鱼，防止鱼跑掉，再在河面上凿四个冰洞，叫冰眼。其中三个冰眼凿成薄冰，以便从这里观察鱼的动静，将其余一个冰眼凿透，在这里钓鱼。因为鱼在冰里待的时间久了，一遇到有出水的地方，一定会来伸头吐气，等鱼到冰眼，将拴着铁钩的绳子投去，便能钓到鱼。另一种方法是：在河冰上凿冰眼，举着火把向水里照，这时鱼都会凑到火光处，将钓竿插下水里，定会钓到鱼。

辽朝历代皇帝经常在达鲁河或鸭子河的春捺钵钓鱼，当捕获头条鱼后，则设宴庆祝，称“头鱼宴”。我国北方某些地区至今仍然沿用凿冰钓鱼法。

契丹人酷爱射猎，居无常处。连契丹妇女，自后妃以下，都长于骑射，和男子一起田猎。他们春季捕鹅、鸭，打雁，四五月打麋鹿，八九月打虎豹。另外，还射猎熊、野猪、野马，打狐、兔。狩猎以骑射为主，辅以其他方法。比如射鹿，在鹿群必经之地撒上盐，夜半鹿饮盐水，猎人吹角仿效鹿鸣，把鹿引到一起，聚而射之，叫作“舐舐鹿”，又叫“呼鹿”。辽朝皇帝春捺钵捕鹅，先由猎人找到有鹅的地方，举旗为号，四周敲起扁鼓，把鹅惊起，然后再放鹰捕捉，鹅坠下后，用专门制作的刺鹅锥将鹅刺死，举行“头鹅宴”，以示祝贺。契丹人还用驯服的豹帮助捕兽。

契丹人饲养猎鹰做助手，捕捉各种飞禽，东北地区号为海东青的鹰，最为有名。契丹人还驯养豹，在出猎时随行捕兽，辽朝建国后，居住在黄河流域的契丹人，继续从事渔猎。辽朝皇帝和随行官员，四季也在捺钵进行渔猎活动。

畜牧

契丹人以畜牧为业，随水草游牧。辽朝统治下的北方各民族也经营畜牧。畜牧业在辽朝经济中占有重要的地位。“大漠之间，多寒多风，畜牧畋渔以食，皮毛以衣。转徙随时，车马为家。”“马逐水草，人仰湩酪”。畜牧有马、驼、牛、羊等牲畜，而以马、羊为主。马

花鸟图

是射猎放牧所必需，也是交通和作战的必要工具。羊提供皮毛和肉食，是牧区衣食的来源。太宗时，述律后说："我有西楼羊马之富"。道宗时，"牧马蕃息，多至万"。辽朝在各地区设有"群牧司""马群司""牛群司"等畜牧业管理机构。

农业

辽朝农业主要在南京道、西京道汉人地区和东京道的渤海人住地。辽朝的农业主要在汉人居住的燕云十六州地区。辽朝统治者多次下诏募民垦荒，减免租赋，鼓励垦荒种植。辽朝的农作物以稻、麦、穄为主。辽朝劳动人民在垅上做垅田的耕种方法是一个创造。这主要是因为，北方风沙大，没有树木，怕吹沙壅塞田地，所以将农作物种在田垄上。有诗云："万顷青青麦浪平"，"冲风磨旧麦，悬碓杵新粳。"即是对辽朝农业景象的描写。辽太宗以后，部分契丹人和奚人也从事农业耕作。辽太宗曾将一些契丹氏族迁到海勒水(今海拉尔河)一带开垦农田。辽圣宗以后，头下州县从事农耕的部分汉人农民沦为契丹和奚人的佃户。辽道宗时，屯田积谷，农业有较大的发展。辽朝的农作物，汉人、渤海人地区以麦、粟、稻为主，契丹和奚人地区，多种穄米。

辽代手工业的各部门成绩斐然

契丹奴隶制时期，手工业即是重要的生产部门，汉人和渤海人地区的手工业也很发达。辽朝各民族相互交流生产技术，手工业的许多部门出现具有特色的成就。

冶矿业

铁器是渔猎和作战所必需。室韦、渤海的冶铁技术传入契丹，经过各族人民的共同创造，生产出著名的镔铁。金银矿的开采和金银器的制造，也是辽朝的主要成就。用金银制作的各种马具、饮食用具、服饰和佛教器物，都达到相当高的工艺水平。辽朝的马

鞍，被宋人称为“天下第一”。

制瓷业

汉族的制瓷技术传入契丹，辽朝瓷器生产颇为发达，质地、色彩和形制都具有特色，鸡冠壶、长颈瓶、袋形壶等是辽瓷中最有代表性的产品。辽瓷是辽代汉族、契丹族等各族人民在唐、五代制瓷技术的基础上创造出的、具有民族特色的工艺品。近年来，各地陆续发现了大批辽墓和辽朝遗址，出土了大量辽瓷。其分布地区遍及辽代的南京、上京、东京和现在的赤峰、建平、沈阳等地。品种有白瓷、青瓷、三彩、细胎白黑瓷器、缸胎杂色大型瓷器和翠绿釉瓷等。

辽瓷的一大特点是适合契丹人鞍马毡帐的生活需要的鸡冠壶、鸡腿坛，长颈瓶是新式样的瓷器。鸡冠壶是仿照契丹皮袋的形式，壶上有穿孔或环梁，便于骑马时携带。这是辽瓷中最有代表性的特产。

辽·鎏金银化妆盒

辽瓷中的很大一部分是仿照北宋定州窑烧造的，称为“仿定”。这些瓷器在造型上承袭了唐瓷的风格，在工艺上接近或达到了北宋定瓷的水平。

纺织业

辽时纺织业得到发展，丝织业得到传播，设置有专门机构从事各种丝织品的生产。

早在耶律阿保机建国元年时，就驱掳汉地仕女到契丹传播纺织技术。随着各民族的经济交流与农业发展，契丹族和奚族居住地出现了纺织业，当时布匹生产已很普遍。胡峤写辽初上京是“交易无钱而用布”。当辽朝获得幽云十六州后，纺织业的规模越来越大。辽朝上京有绫锦院诸多工作坊，编织工主要是汉人。祖州的绫锦院，有契丹族、汉族和渤海族等手工业者三百人纺织，专供辽朝皇室之用，此外，宜州、灵州、锦州、显州、霸州等也有纺织业。辽朝的纺织品种有绫、罗、绮、锦、纱、縠、缎等品种，并有缂丝和印染丝罗，说明辽朝的丝织业技术已经达到了相当高的水平。

印刷和造纸

辽代的印刷业和造纸业也得到了发展。辽兴宗时雕印大藏经约近一千册，高丽僧人称赞它“纸薄字密”，“帙简部轻”，说明辽朝的造纸术和印刷术都已达到相当的水平。辽朝虽禁止火药制造技术出口，但至晚在辽道宗时，辽朝已掌握此项技术，在南京“日阅火

炮”,说明辽已能制造火药武器,此外,辽还在榷场私买硫磺、焰硝等火药原料。

辽代商业贸易往来频繁

辽朝的五京是各地区的政治中心,也是商业贸易的中心。辽太祖建上京城,南城称汉城,汉人在此聚居,有商肆贸易。南门之东有回鹘营,是回鹘商贩的住地。中京城街道阔百,余步,街东西有廊舍约三百间,居民在廊下贸易。城中坊间,有牧民停置车、驼的场所。东京外城是汉城,有南北两市交易,南京原是汉人的城市,依旧制在城北设商市,陆海百货都在北市买卖。西京是军事重镇,商业贸易不如南京繁盛。四时捺钵的皇帝和官员驻在地有临时的市场,商民驱车随从货卖。契丹居地在辽代陆续出现了一些州城,也有商业经营,上京以西的祖州城内即有市肆。辽朝统治下的东北和西北诸部落,通过贡赐或以物相易,进行物产交换。

西辽统治时期,出现了一批主要供贵族、官员、富人居住和享受的城市。这些成市主要有:别失八里、不剌城及其附庸之邑(附庸之邑也就近似现在的“卫星城”),虎司窝鲁朵及其“卫星城”数十个,论打剌城及其“卫星城”十数个,寻思干等。《西游录·上》描写“寻思干甚富庶。……环郭数十里皆园林也。家必有园,园必成趣,率飞渠走泉,方池圆沼,柏柳相间,桃李连延,亦一时之胜概也。”《宋史》卷四百九十《高昌传》记述西州回鹘地,早就是“城中多楼台卉木”,那里除了富人、贵人之外,还居住许多“贫者”,他们住在城里简陋的小屋里。从对这些西辽城市的描述中,我们看到了现代城市文明的曙光。

辽朝与周邻诸国的贸易,也不断发展。五代时,辽与梁、唐、晋等都有贸易往来,与南方的吴越、南唐也通过航海,使臣往来,交换商品。宋朝和辽朝先后在边地州军设置榷场,在官员控制下进行商品交换,征收商税,私人之间的走私贸易也使大量商品输入辽朝。辽朝卖给宋朝的商品主要是羊、马、珍珠和镔铁刀,自宋朝输入的商品有茶叶、药材、丝麻织品、漆器、瓷器、铜钱、香料以及印本书籍。辽朝与西夏、叶蕃、高昌和中亚等国经由使臣往来和贡献赏赐,交换畜产和手工业品,私人商贩也有违禁的贸易。辽与高丽的贸易发达。辽圣宗之后,两国关系稳定,商品贡赐每年不断,并在边地设有榷场。日本的僧人和商客也来到辽朝交易货物。辽朝初期的商业交易仍用布或银作为交换手段,辽景宗、圣宗以后,辽朝自铸的铜钱与宋钱兼行,广泛流通。

辽·“天禄通宝”铜币

西辽统治之地，是自古以来丝绸之路的一段通道。早在西辽之前，这里就是辽朝统治地区与中亚及中亚以西地区进行政治、经济、文化交往的重要通道。到了西辽时期，这里的商业更加繁荣。刘郁说："孛罗城以西，金、银、铜为钱，有文而无孔。"耶律楚材说："其金、铜、银钱元孔郭。"这些货币都是用以交换的。西辽的寻思干城非常富庶，商业贸易甚是发达，"目物皆以权平之"，"食饭秤斤卖"，"金银用麦分"，"其风景佳美，有似江南；繁富似中国，商人至其国者多不思归。"

辽代佛教的传播与流行

建国前的契丹，有对自然界的原始崇拜和原始文化。

契丹族的原始时代，以白马与青牛作为互通婚姻的两个部落的象征。天地、白青、马牛、男女等概念形成对立统一的两极。辽朝建国后，皇帝称天皇帝，皇后称地皇后，相信天地都有神。出兵作战前用白马、青牛祭祀天地，用白羊骨占卜，巫和太巫执行占卜和各种原始的宗教仪式。辽朝皇帝举行祭山仪、岁除仪、瑟瑟仪（射柳祈雨）仍由巫师赞祝行礼。契丹崇拜太阳，故以东向为尚。

辽朝建立后，佛教逐渐在契丹贵族中传播。汉人、渤海人居住地区，仍继承唐代的文化传统。辽圣宗以后，汉族的封建文明为契丹贵族所接受，在辽朝得到发展。

北京牛街清真寺

辽太祖、太宗时，佛教从渤海和燕云两个地区传入辽国的中心。阿保机建国前，俘获汉人，据说已在黄河上游的龙化州建开教寺。天显元年（公元926年）灭渤海国后，渤海僧人崇文等50人到上京，建天雄寺传教，辽太宗得燕云后，河北汉人僧尼也陆续来到上京。辽圣宗以后，佛教更为发展，各地区建造佛寺甚多，并通过贵族信徒的施舍，占有大量的土地和民户。头下户被施给寺院后，将原来交纳给领主的赋税转交给寺院，同时仍向国家交租，称为寺院二税户。辽代佛教以华严宗为最盛，佛教圣地五台山在辽朝境内，由西京管辖，是华严宗的教学中心。上京开龙寺僧也专攻华严。辽道宗并曾亲撰《华严经随品赞》十卷。密宗也在辽朝传播，五台山和南京都有究习密宗的高僧，并翻译密典多部，密宗的经咒也在契丹社会中流行。

辽圣宗以后，刊刻石经，雕印大藏对佛教经典做出了贡献。隋代僧人静琬在涿州（今

释迦涅槃石雕像

河北涿州市)大房山,开凿石室,用石板刊刻佛经收藏。唐代建云居寺,继续刊刻石经。后经战乱中断,云居寺被毁。辽圣宗时重修云居寺,发现石室,辽圣宗命僧人可玄继续刊刻经版。经辽兴宗、道宗两朝,刻完《大般若经》《大宝积经》等经石六百块,合原存《涅槃经》《华严经》石共有2730块,合称四大部经,石经的刊刻也是对佛经的一次校勘整理。兴宗时开始校印佛经的总集《大藏经》,佛经以木版雕印,全用汉文,并经僧人详为校勘,完成597帙。辽道宗时继续收罗刊印。在此以前,公元971年,宋太宗曾在成都雕印大藏经,号称"宋藏"。辽代印本通称"丹藏"。

辽朝僧人的著述,主要有《续一切经音义》和《龙龛手镜》两书流传,都完成于辽圣宗时代。南京崇仁寺僧人希麟(汉人)依仿唐慧琳《一切经音义》体例,对唐开元以后的佛经,续作音注,成《续一切经音义》十卷。此书广泛参阅了有关训诂和音韵文字的古代著述,详征博引是一部有价值的著作。僧人行均(汉人,俗姓于)在五台山金河寺著《龙龛手镜》,是一部通俗的汉字字书,依平、上、去、入四声分编四卷,共收26.4万多字,注释16.3万多字。行均收录当时实际读音和通用字体,并多收民间通行的俗字,是一部有独创性的字书。此书曾传入宋朝,在浙江雕版,周避纬改名《龙龛手签》。

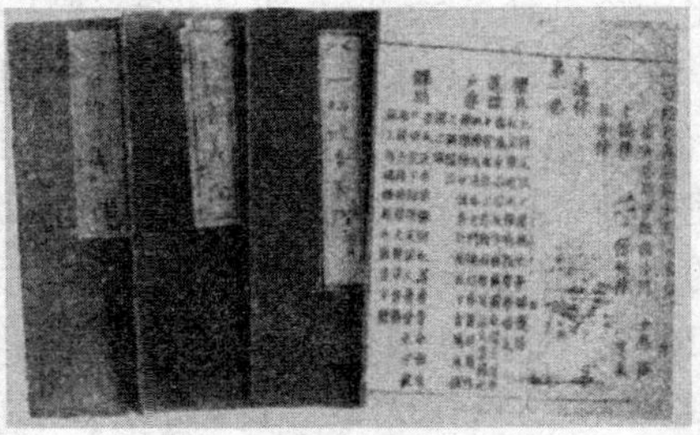

经摺装宋刻本《一切经音义》

辽朝的佛教建筑,有自己独特的风格。现存蓟县独乐寺观音阁,建于辽圣宗统和二年(公元984年),是三层重叠的木构建筑,继承了唐代建筑的框架法。辽代的佛塔遍布于五京地区,现存北京天宁寺砖塔、宁城(辽中京)砖塔和山西应县的木塔,都是实体,八角层檐,为前代所未有。这种新形制为金代所继承,形成独特风格的辽金塔。内蒙古赤峰市林西(上京路)的白砖塔,八角七层,但内部中空可以直登,近似唐塔。山西应县佛宫寺木塔,即辽代应县木塔,高达20丈,层檐用拱平托八角六檐,分为五层,附暗层四层,实为九层。塔身全部用木头建成,造型犹如楼阁,是我国现存的仅有的一座大木塔。

辽代文学备受推崇

儒学在辽朝也备受推崇。阿保机时即建孔子庙，作为统治汉人的工具。

辽圣宗好读《贞观政要》，并由汉臣摘录唐高祖、太宗、玄宗可以取法的事迹进程《贞观政要》，是以儒家的政治学说为指针，对唐朝和前代的封建统治经验的一个总结。因之，它不像儒家经典的迂阔，而更能切合封建统治者的实际需要，《贞观政要》一书一直受到辽朝的重视。兴宗时，萧韩家奴并把它译为契丹文，给兴宗阅读。道宗时，儒学更盛。公元 1086 年，曾召翰林学士讲五经大义。公元 1089 年，又召耶律俨（汉人，本姓李）讲《尚书·洪范》。

阿难

辽朝至道宗时，封建的经济制度已经很发达，汉文化为契丹贵族普遍接受，儒家的封建政治思想也在统治阶级中，成为占统治地位的政治思想。

辽朝创造了契丹文字，有契丹大字和契丹小字两种，都是根据汉字字体创制的拼音文字。契丹大字是以几个音符叠成契丹语的一个音缀，在形状上仿照汉字合成一个方块字，特别繁赘难认。据史书记载，这种契丹大字是契丹贵族知识分子突吕不创造的。契丹小字，笔画比契丹大字简单，所以也叫“小简字”。据史书记载，契丹小字是阿保机的弟弟学习回鹘文后制造的。契丹小字大约是以一个方体字代表一个音缀，不过不像契丹大字那样合叠成多音衔的方块字，而是仿照古回鹘文的办法，从上至下，连续直写，所以称它数少而该贯。但由于汉文化的传布，用于记载的辽代文学作品，仍多用汉文。最早的诗篇是辽太祖皇子耶律倍的五言诗：“小山压大山，大山全无力。”辽圣宗以后，契丹贵族多学作汉诗，辽圣宗时曾以契丹字译白居易讽谏集。流传的圣宗佚诗有“乐天诗集是吾师”句。传说圣宗喜吟诗，曾作曲百余首，但并未流传。北宋苏轼诗曾传到辽朝，在南京书肆刻印，很有影响。辽道宗和宣懿后，辽天祚帝的文妃（渤海人）都能作汉诗，道宗所作诗赋曾编为《清宁集》，已失传。辽朝贵族文人也有一

契丹文大字碑残石

些诗集，都未能传留后世，可能也都是汉诗。近年不断有契丹文物出土，但由于契丹语文尚不能通解，契丹语写成的文学作品，还有待于研究发掘。

辽太祖皇子耶律倍醉心于汉文明，不但能诗，也能作画。宋朝藏有耶律倍的绘画十五幅，有“猎骑图”一幅，到元代仍受到珍视。辽兴宗曾画鹿赠给宋仁宗赵祯。辽朝的庆陵和近年在吉林库伦旗发现的辽墓，都有大幅壁画，都是受到唐壁画墓的影响。

辽圣宗时，依仿汉人的修史传统，撰修辽朝的历史。室昉、邢抱朴等曾撰实录二十卷。辽兴宗时，又编录遥辇可汗以来的事迹共二十卷，辽道宗时，撰修太祖以下七帝实录。辽天祚帝时，耶律俨（汉人）修成《皇朝实录》七十卷，是元人所修《辽史》的主要依据。辽道宗时，汉人王鼎撰《焚椒录》一书，记述宣懿皇后被诬案始末，是辽代仅存的一部私人著作。

西夏畜牧业发展迅猛

党项夏国的自然条件是非常适合畜牧业的经营。何亮《安边书》中提到的灵州系“放牧耕战之地”；夏州，“惟产羊马，贸易百货悉仰中国”；盐州，“地居沙卤，无果木，不植桑麻”，“土俗……以牧养牛马为业”；丰州，“自汉魏以后，多为羌胡所侵，入俗随水草以畜牧”，“迫近边外，唯以鞍马骑射为事，风声气俗，自古而然”，“尤宜牲畜”；至于河西走廊地带，更是天然的极好的畜牧场所。汉武帝据有河西之地，匈奴人一片唉声叹气，称“失我祁连兮，使我六畜不得蕃息”。而在宋夏交界，并为双方激烈争夺的横山地区，也是一个宜稼宜牧的地区，《宋史》卷二三五《种谔传》上说横山地区“多马宜稼，人物劲悍善战”。总之，除去夏州一带的毛乌素沙漠，西夏境内大多是放牧的好场所，如上党项族素以放牧为生，西夏的畜牧业便随之发展起来了。

畜牧业是西夏的主要生产部门，在西夏国民经济中占有重要地位。党项人向北移居到今鄂尔多斯和阿拉善地区以后，即主要从事游牧式的畜牧业。10世纪中，党项人居住的夏州只产羊、马。李继迁时，仍过着“逐水草牧畜，无定居”的生活。元昊说：“衣皮毛，事畜牧，蕃性所便”（《宋史·夏国传》），说明西夏建国时，畜牧业仍是党项人传统的生产部门。

党项穹庐家族岩画

羊是党项畜牧业占第二位的产品。羊的品种甚多，《文海》对此分析得极为细致，“有绵羊、山羊、羖䍽、一岁大的羊、守羊等”。羊是党项人同各族特别是同宋进行

贸易的大宗产品，在党项人的经济生活中占有重要地位。

畜牧产品中值得提出的是犛牛。“犛牛生西羌，似牛而尾甚长，毛可为犛，异产也。”宋人康与之称这种牛为“竹牛”，“重数百斤，角甚长，黄黑相间，用以制弓极佳，夏人常杂犛角以市焉。”党项人除了有身份地位的贵族官宦人家的住房是瓦房，而一般贫苦人家所居住的“皆土房”，房顶则以所“织犛牛尾及羖䍽毛”覆盖。由此看来，犛牛在党项人的经济生活中是非常重要的。

西夏的畜牧业包括国营和私营两种形式，朝廷设有“群牧司”，负责全国的畜牧业管理。

西夏的畜牧业地区主要在银、夏、盐等州及其以北的鄂尔多斯高原、阿拉善和额济纳一带。西夏境内草原辽阔，特别是凉州地区，有广阔的草原，“善水草、宜畜牧”，历来都有“凉州畜牧甲天下”的美称。西夏牲畜的品种主要有羊、马、驼、牛、驴等。马是西夏对宋、辽、金进行贸易的大宗传统商品，马和骆驼也是西夏给宋、辽、金的主要贡品。

西夏农业出现兴盛局面

农业是西夏另一个主要经济部门。继迁时，党项人多住在夏、盐等州荒僻地区，后来发展到西南洪州等地，占领灵州后，西夏农业得到发展。

李继迁提倡垦殖，兴修水利，使境内农业生产有所发展。李德明统治时期，国内相对安定，农业出现兴盛局面。

西夏的水利建设抓得很好。《西夏书》提到共有六十八条大小渠道灌溉着九万顷土地。兴州是水利灌溉的中心，汉、唐以来就开始在这里兴修水利屯田。汉源渠长达二百五十里，唐梁渠长达三百二十里，其余支渠几十条，可以引黄河水灌溉。在灵州附近，有秦家、汉伯、艾山、七级、特进等五渠同兴州汉源、唐梁两渠相连。夏统治者很重视这些水利设施，役使民工整修了这些渠道，使它们互相沟通。甘、凉之间，也可乘祁连山雪水融化时，筑渠引河水灌溉。汉人在西夏农业居民中占相当比例，他们同党项劳动人民长期接触，特别是“沿边地区，蕃、汉杂处”，可以直接交流生产经验，使部分党项人逐渐熟悉农耕技术，转牧为农。所以宋人记载说，西夏境内，“耕稼为事，略与汉同”。夏国的农业生产技术和农产品种，基本上与汉族地区相同。粮食作物有麦、大麦、荞麦、青稞、糜粟、稻、豌豆、黑豆、荜豆等；蔬菜有芥菜、香菜、蔓菁、萝卜、茄子、胡萝卜、葱、蒜、韭菜等；水果、药材也有栽培；耕作农具有铧犁、镰、锄、锹、碌碡、子耧、耙、钁扻（坎）等。牛耕已普遍采用，从事农耕的多是汉人，但也有一部分从事畜牧的党项人开始转事农耕。

皇室、地主、农民土地所有制是西夏土地所有制的三种形式。皇室占有的田地，主要是通过战争掠夺而来的和宋、金割予的土地，这些田地主要由士兵在战争间隙时耕种，皇室占有全部收获物。地主、贵族和官僚所占有的私田，包括掠夺人民的土地和皇帝赐予的土地。他们役使无地的农民耕种，或者把土地租给农民，收取高额地租。西夏出现过

一些由官僚掠夺大片土地而改变为兼营土地的大地主。公元 1055 年,国相没藏讹庞霸占宋麟州屈野河以西的大片肥沃土地,派兵护耕,“令民播种,以所收入其家,岁东侵犯”,“宴然以为己田。”地主还利用各种超经济手段,直接从农民手中掠夺土地和园宅。农民所有的田地主要是开垦的生荒地。《天盛年改定新法》规定,生荒地归开垦者所有,他和他的族人可以永久占有并允许买卖。这个规定确立了农民的土地所有制。

西夏发达的手工业

毛纺织业

西夏毛皮原料丰富,毛纺织业发达。产品有氆氇、毛布、毡、毯等,它们是党项人制作帐幕、衣服、被单、帽、鞋、袜等的原料,也是对外交易的重要物资。西夏建国后,在原先皮毛加工业的基础上,建立起了纺织手工业,纺织产品主要有氆氇、毛布、毡、毯等。公元 1972 年,在甘肃武威发现的西夏文物中,有木刮布刀、石纺轮等纺织生产工具。公元 1975 年,在宁夏西夏陵区正献王墓,出土了罗、绫、锦等丝织品残片,其中茂花闪色锦为我国首次发现,这种锦织制工艺精致,表明西夏丝织手工业已经达到了相当高的水平。

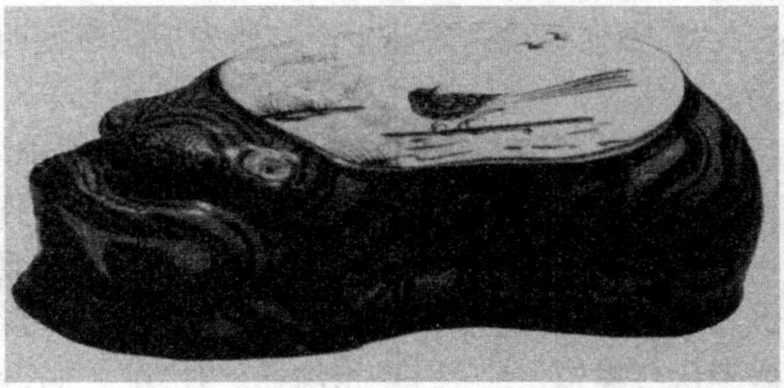

磁州窑虎形枕

陶瓷业

灵武县发现的夏国瓷器,器壁很薄,瓷胎呈灰白色,胎质欠细腻,有的成型不规整,釉为白色,但不稳定,器表下部及圈足部分都不挂釉,器底有砂痕,其质量显然不能与宋瓷相比。在内蒙古伊金霍洛旗发现的酱褐色釉剔花瓶,瓶身上刻有牡丹花纹画式,其形制与花式凝重大方,是夏国瓷器的精品,均是稀世珍品。

冶铁及金属制造业

景宗在夏州东境曾置冶铁务,管领铁矿的开采和冶炼。现存安西榆林窟的西夏壁画

中有锻铁图，图中二人持锤锻铁，一人在竖式的风箱后鼓风。公元1976年，在夏王陵区出土的鎏金铜牛，形体硕大，重达一百八十八公斤，形态逼真，显示了当时高超的冶铸工艺水平。夏国统治者十分重视兵器制造，景宗曾在其官厅东厢后设有锻造作坊。兵器的种类有弓箭、枪、剑、锹、镬、斤、斧、刀等，工巧质优。西夏时军器制造业在仿宋的基础上，有了很大的创新。名叫"对垒"的战车，可以载人填壕而进，是攻城的一种先进武器装备。旋风炮，装置在骆驼鞍子上，能够发射拳头大的石弹，是一种很精良的武器。公元1975年，在西夏陵区发掘的一座帝王陵中，有一件长达一米的铁剑。西夏的甲胄，采用冷锻工艺制造，坚滑光莹，一般的弓箭很难射透。公元1972年至公元1975年，发掘的神宗遵顼陵墓中，出土了大量甲片，有的外表鎏金，厚薄均匀，孔眼整齐划一，具有很高的工艺水平。夏国铸造的剑有"天下第一"的美誉。但因金属资源贫乏，无法自给，常遣使赴宋购买兵器，或者将购到的铁就地打造，再运回本国。

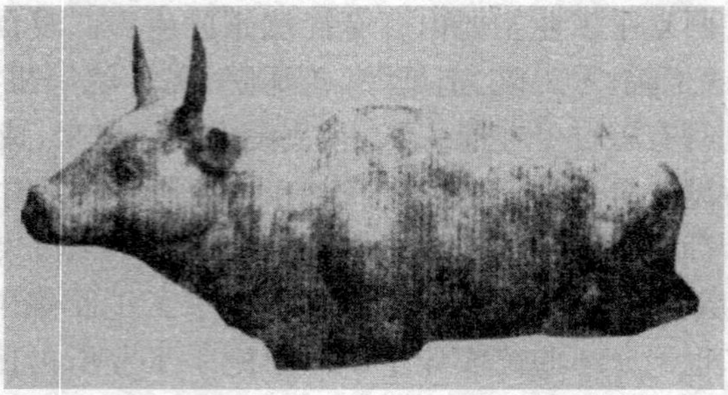

西夏鎏金铜牛

印刷业

夏国从宋、金输入大量汉文典籍。金平阳的印本在夏国行销。夏国刻印书籍，以佛经为多。现存的印本书籍有崇宗正德六年（公元1132年）刻行的《音同》、仁宗乾祐二十一年（公元1190年）刊行的《番汉合时掌中珠》、桓宗天庆七年（公元1200年）雕印的《秘咒圆因往生集》等。乾祐二十年，仁宗就大度民寺作大法会，一次就散施刻印的夏、汉文《观弥勒上升兜率天经》十万卷，汉文《金刚普贤行愿经》《观音经》等五万卷。佛经之外，还刻印诗、文、小说、谚语、文字、音韵、法律、医术、日历、卜筮、咒文等书籍，以及大量以西夏文翻译的汉籍，包括儒家经籍、诸子、史传、兵书、医书以及版画等。政府设有"刻字司"，作为官家的出版机构。

采盐业

采盐业在西夏经济中占据着十分重要的地位，也是西夏最兴盛的手工业。西夏国的采盐业实行官营，在朝廷专门设盐铁使，专管盐铁，据估计西夏每年至少产盐十万石。西夏的"青盐价贱而味甘"，比当时宋朝解池的盐强百倍，尽管宋朝官方为保护山西解县池盐，严禁西夏青盐进入，但民间走私一直不断。盐是西夏换取周边国家粮食的主要产品。

西夏的盐业，仅盐州一处，就有乌池、白池、瓦窑池、佃项池四个盐场，其中最有名的是乌池和白池中生产的青盐和白盐。乌池方圆八十里，小盐池方圆二十里，均为自然凝结成盐，产量很大。

西夏手工业主要由官府控制工匠生产。夏国设有文思院、工艺院以及金工司、绢织院、铁工院、木工院、造纸院、砖瓦院、出车院等机构,管理各种手工业生产,为王家服务。西夏时有一批专业匠人从农、牧民中分离出来,成为国家作坊的官匠。夏景宗元昊时,就先后设置夏州铁冶务、茶山铁冶、酒务等。仁孝时,立通济监专司铸钱。据《天盛律令》记载,官府中还有制金司、织绢院、铁工院、木工院、纸工院、砖瓦院、出车院(造车)等,还有专门刻书的字刻司。这说明有许多手工工匠集中在官营作坊中,分工的专业性强,生产技术也绝非不脱离农业生产的家庭手工业所可比拟。夏国曾经以"变革衣冠之度"为理由,遣使向宋朝求匠人,西夏国内有不少来自宋朝的汉人丝织工匠。

商业和贸易

夏国前期的商业和贸易主要是与宋朝,后期则为金国。夏与宋、金间的贸易,主要采取以下几种方式。

和市:在沿边开设小规模榷场,主要用于满足双方边民日常生活的需要。宋朝在河东路、陕西路的久良津、吴堡、银星、金汤、白豹、虾麻、折姜等地都辟有和市。如公元1002年,李继迁所部在赤沙川、橐驼口各置"会"贸易。"会"是一种定期的集市。

在双方边境设立榷场,进行大宗货物交易:宋朝利用开闭榷场贸易,对夏方进行牵制,以期达到安边绥远的政治效果。

通过使臣贸易:西夏是一个靠大量进口各种物品和原料的物质依赖性国家。"夏人仰吾和市,如婴儿之望乳",宋朝知延州庞籍如是说。西夏的对外贸易相当发达,其中的"使臣贸易"独具特色。景宗元昊时期,经常以向宋"称臣纳贡"的名义,每年换取大量的银、绢、茶等物品的"赏赐"和厚礼,并且获准在夏宋边境开设榷场(买卖货物的市场),以及西夏使臣进入宋朝享受免税贸易等特权。景宗元昊以后的西夏统治者,继续把向宋、辽、金派遣使臣当作谋取厚利、增加朝臣收入的手段。公元1061年,谅祚派出的使臣一次所带货物,价值达八万贯。公元1085年,梁乞逋一边对宋朝发动战争,一边又四次向宋朝派遣使臣,其目的正是"使者往来既得赐,且可因为市贩"(司马光语)。乾顺时,西夏"使人入京赐予货物,得绢五万余匹,归鬻之民,疋值五六千。再以他物计之,一个使臣获利不下三十万缗。故以进奉为利。"一次转手买卖即可赢利三十万贯。可见,使臣贸易是西夏获取经济收入的一个重要途径。夏国的使节每年按规定到开封输贡,宋朝政府除优予回赐外,还听任使者在京自便贸易,这种贸易往往规模甚大,获利甚丰。夏与辽也通过贡使进行贸易。上京临潢驿、中京来宾馆都设有接待夏使的处所。夏使入境,允许沿途私相贸易。后期夏、金的贸易中,夏使进入金境便同富商交易,到达中都后留都亭贸易。

夏国从宋、金取得的商品主要为缯、帛、罗、绮、香药、瓷器、漆器、姜、桂等。茶叶是夏国最感兴趣的商品,它除了供夏人消费之外,还用来与西北邻部交易,牟取厚利,夏国也图多方贸取铁制品,但辽、金都严禁铁器外流。夏国的输出品有羊、马、牛、骆驼、盐、玉、毡毯、甘草、蜜、蜡、麝香、毛褐、羱、羚角、硇砂、柴胡、苁蓉、大黄、红花、翎毛等,其中以牲

畜、毛皮制品和毛纺织品为大宗。盐州一带所产的青盐，品质纯净，略带青绿色，早在夏国建国之前，当地人民从盐湖中取得盐粒，运往关中，供应内地人民的需要，再购回粮食等生产必需物品。其后，夏国垄断盐产，成为重要的财政收入，强求宋朝政府收购，以换取物资。宋朝为了保障解盐（解州所产）的专卖利益，总是加以拒绝，并严禁私贩入境，但因为青盐价低而质优，走私之风无法禁绝，私贩的数量且相当巨大。药材中，夏国所产的大黄最负盛名，商人远贩到各地。夏国地处中国与中亚地区往来的要道，它从回鹘或中亚商人那里抽取实物或承买转卖，从中获取厚利。为了便利交通，夏国修筑驿道，通贯全境，东西二十五驿，南北十驿，从兴庆府东北行十二驿可至契丹。驿道的兴修便利了商业的发展。

夏对辽的贸易比对宋规模小得多，市场在西京西北的东胜、天德、云内、银瓮口等处，后来金朝也继续开放这些市场。在关陇地区，金开设子环州、保安军、兰州、绥德等榷场。辽禁止夏国使臣沿路私市铜、铁，后又禁止边民卖铜、铁给夏国，并严禁夹带交易。

夏国在西边同回鹘贸易。回鹘的商品主要是珠、玉，还有棉织物、丝毛织品、药材、香料、镔铁刀、乌金银器等，这些货物主要是通过夏国贩往宋、辽和金境内，夏国边将和官吏从中取十分之一的过境税，然后又以珠、玉交换中原的丝帛。

西夏国发行过自己的货币，除献宗德旺、末主日见两代外，西夏其他各代帝王均有铸钱的实例。目前发现和出土的西夏货币，最早的为景宗元昊时铸造的汉文天授通钱，最晚的为神宗遵顼时铸造的汉文光定元宝钱。西夏货币包括西夏文钱和汉文钱两类。目前发现的西夏文钱有福圣宝钱、大安宝钱、贞观宝钱、乾祐宝钱、天庆宝钱五种，汉文钱有天授宝钱、大德宝钱、元德通宝、元德重宝、天盛元宝、乾祐元宝、天庆元宝、皇建元宝、光定元宝九种。西夏货币轮廓规整，书写清晰秀丽，可与宋朝货币相媲美，而铸钱技术远远超过辽朝。

西夏宗教的大力倡导

党项人原崇信鬼神和自然物，巫术流行。西夏建国以后，大力提倡佛教，李德明和西夏景宗都通晓佛学，多次从宋朝请来《大藏经》，此后，以西夏文翻译了大量佛经。夏国境内庙宇遍布。景宗在兴庆府东建高台寺，鸣沙州建大佛寺。西夏毅宗的生母没藏氏出家为尼，在兴庆府戒坛寺受戒，她修建了承天寺，前后役使兵民达数万人。西夏崇宗在民安五年（1094）重修凉州的护国寺感应塔，后又在甘州兴建崇

西夏壁画·伎乐

庆寺和卧佛寺。在夏国后期官署中设有僧众功德司、出家功德司、护法功德司，位居次品（即五品中的第二级）。有不少高昌（今新疆吐鲁番）的大乘高僧来到夏国宣教，他们都有颇高的佛学造诣，权势甚盛。

约自景宗时起，喇嘛教在夏国已见流行，朝中达官有的便是喇嘛教徒，后期影响更加扩大。天盛十一年（1159），吐蕃迦马迦举系教派初祖都松钦巴建立粗市寺，西夏仁宗遣使入藏奉迎。都松钦巴派他的大弟子格西藏琐布带着经像随使者来到夏国，仁宗尊礼他为上师，大规模翻译佛经。

夏人笃信巫术，称巫师为“斯乱”，或音译为“厮也”。出兵作战时，总要求巫师卜问吉凶。

夏国也流行道教。景宗的太子宁明从定仙山道士路修篁学辟谷法，丧命。大安七年（1081），宋军对夏大举进攻，夏人散逃，西平府城里留下僧道数百人。据马可·波罗游记中记述夏国地区除偶像教徒外，还有景教（基督教聂思脱里派）及伊斯兰教教徒。

西夏文学艺术作品广泛流行

夏国的文士多有诗词之作，一些通俗的劝世行善作品，也常采用诗体形式。宋词人柳永的作品在夏国广泛流行。大德五年（1139），夏国攻占府州（今陕西府谷）时，崇宗亲作《灵芝歌》，与濮王仁忠相唱和。诗篇的石刻曾保存在兴庆府的孔庙里。

佛教艺术在夏国发展突出。现存的夏文物中，佛画以佛、菩萨的画像为多，画风精致巧丽，与敦煌艺术有着某些共同点；在姿态容貌的表现手法上，则与吐蕃画风相似。敦煌莫高窟，西千佛洞和安西榆林窟等处都保存有夏国时期的艺术作品。榆林窟第一窟内的夏国“水月观音”壁画，是造型艺术中的杰作，榆林窟内还有一些反映夏国人民生活状况的壁画，如《打铁图》《酿酒图》《农耕图》等。党项人早期使用的乐器有琵琶、箫、笛等，以击缶为节，羌笛悠扬清越，最为流行。党项人也十分喜爱汉族歌曲，宋沈括有“万里羌人尽汉歌”句。唐僖宗曾赏给拓跋思恭一部鼓吹乐（即军乐），这是夏人有完整乐队的开始。景宗时，汉族音乐在夏国仍有相当的影响。人庆五年（1148），夏国乐官李元儒曾参酌汉人乐书（歌谱集）更定音律。哈拉浩特出土了《刘知远诸宫调》残本。金朝汉人的说唱艺术也传到夏国。

西夏建筑雕塑艺术达到很高的水平

西夏的雕塑艺术达到了相当高的水平。

西夏陵区出土的雕塑中有许多精美的作品，其中尤以浮雕的栏柱为最佳。它以中国传统的二龙戏珠为题材，凸雕出两条龙在云雾中翻腾戏珠的生动的逼真形象，其刀法娴

熟，栩栩如生，具有高超的雕刻技巧。巨大的琉璃鸱吻，由上下两段连接而成，兽首鱼尾，张口吞脊，甚是威严、庄重。

西夏皇帝陵园位于宁夏银川市西部贺兰山东麓，面积：东西四公里，南北十公里，总面积约四十平方公里。按时代先后将帝王陵从南到北依次排列，庄重严整、宏伟壮观。每座陵园都是一个相对独立和完整的建筑群体，占地面积均在十万平方米以上。每个陵园都由角台、阙台、碑亭、月城、内城等构成。平面严格按照中轴线左右对称的格式布局。显示了党项的某些民族特点及其他民族葬俗的影响。现存天祐垂圣元年（1050），建造的承天寺塔（在今宁夏银川）和天祐民安五年（1094）重修的凉州护国寺感应塔（在今甘肃武威），虽经后世重修，仍现当时建筑的宏伟。

甘州卧佛寺的大卧佛，体形魁梧，仪态庄严，是雕像中的杰作。夏王陵区出土的石马，通体圆雕，神态生动。王陵碑亭遗址发现的石雕人像的造型奇特，线条粗壮，面部和肢体都突出地表现出强力感。在同一地区发现的已残损的竹雕上，有庭院、松树、假山、花卉和人物，布置适宜，形态优美。

西夏历法与医药的广泛吸收和运用

党项人中，沿袭古代北方民族的习惯，以十二生肖纪年，藏历对他们有着明显的影响。宋朝每年要向夏国颁发新历，在夏国行用。西夏建国前，党项人患病，便延请巫师驱鬼，或把患者迁避到另一间房内，以图躲避灾祸，叫作“闪病”。

西夏在汉族文化的熏陶下，改变了“有疾占筮，令厮者送鬼或迁他室谓之闪病”的愚昧习俗，广泛吸收和运用汉族的中医和中药学。在黑土城出土的西夏文刊本中，有《治疗恶疮要议》等医学著作；在武威出土的西夏文药方残页中有椒、牛膝、茱米等药名，还有“精细煎煮，频频翻动”的煮法说明和“于空腹时温水送下，每服十粒”的服用方法说明。西夏国还设有“医人院”，隶属三品。

西夏建国以后，《千金方》《神农本草》等汉人医书传入夏国，夏国统治者还多次向金朝请求医药。公元 1971 年在甘肃武威发现的西夏文药方残页里，有治疗伤寒病的药方，药物有牛膝、椒、茱米等，明显地反映了汉族医药的影响。

西夏习俗大观

党项人从隋唐以来，盛行收继婚制，允许娶庶母、伯叔母、兄嫂、子弟妇，只是不娶同姓。富有家庭的男性家长可以收养众多的妇女，实行多妻制。党项人旧俗，死则焚尸，名为火葬。西夏建国以后，皇室、贵族多改行土葬，并仿汉人制度修建豪侈的陵墓。

党项族人以不报仇为耻辱。如果不能够马上报仇，就先逃避他处，三年后再回来，捉

人马射之，叫作“杀鬼招魂”，或者束草人埋于地里，射击而还，叫作“厌胜”。如果没有力量报仇的，就纠集邻族妇女，到仇家放火焚烧庐舍，仇家只能躲避而去，因为习俗认为和女人斗不祥。如果仇家出现凶丧事，并“负甲叶于背识之”，两家之仇则解。和好后，用鸡、猪、狗血和酒混合，盛于髑髅中，双方发誓：“今后若再复仇，谷麦不收，男女秃癞，六畜死亡，蛇入帐篷。”由能言善辩的“和断官”主持仪式。

西夏法律法令的颁布

西夏建国前，没有成文的法律，相约成俗，“杀人者，纳命价钱百二十千”了之。自向北宋朝称臣以后，特别是不断向宋朝派遣使节的交往中，西夏人渐渐地熟习了宋朝的一些典章制度，并在此基础上陆续制定了西夏自己的法律。目前已经知道的西夏法律有：《天盛年改定新法》《猪年新法》《新法》《官阶封号册》《赈济法》《戍边法》等。

《天盛年改定新法》（亦叫《天盛年改新定律令》）是西夏法令类编成文于夏仁宗天盛年间，参与此法修订者二十一人，北王嵬名氏为总监修《新法》共二十章，今存十九章，共计一千四百六十条。第一章首列十大罪状：谋反、谋大逆、恶逆、谋叛、不道、大不敬、不孝、不睦、不义、内乱（乱伦）。第十章为“司次行文门”，详列西夏官衙军府州县品次，分为上品、次品、中品、下品、末品、品外六种。

西夏文字的创建

西夏建国，元昊即令人创造文字，称“国书”。野利仁荣演绎为十二卷，是西夏最早的一部字书。西夏文模仿汉字，字形方整，字体也有草书、隶书、篆书，文字结构有全、左、右、干、头、下等区别。字体的创制，多用汉字六书的会意法，如闪为电旁、霹旁，也有类相从法，如属于丝织品的字自成一类。西夏文中还有时直接借用汉书，如圣字，字义和读音都作圣。西夏语言的语法结构独特，在一句话当中，谓语往往放在句子的末尾，而宾语则放在谓语动词的前面，形容词的位置不固定，有时在名词前，有时在名词后。国内外学者对西夏语言的规律有了一些了解，但还未认识其奥秘，有待进一步研究。

西夏文石牌（残）

西夏的文字，是景宗元昊和野利

仁荣仿照汉字创制的，当时叫“国书”。野利仁荣演绎为十二卷，是西夏最早的一部字典。西夏文字形方整，字体有草、篆、隶、楷等，字体的构成多采用汉字的会意法，以及类相从法等。西夏字无直钩，多用左撇，这是其独到之处。

西夏文字演绎成书后，元昊将它定为国字。西夏国内艺文浩牒，都换用西夏文。公元1037年11月，设立了蕃字、汉字两院，分别掌管与北宋和吐蕃、回鹘等来往的文书。两院的设立，使西夏文的应用推广到了西夏的邻近地区，扩大了西夏文的使用范围，并以法律的形式确立了西夏文字在西夏文化中的地位。

西夏文字的创制是夏国进入阶级社会、建立国家的标志之一，也为西夏的发展提供了条件。

西夏还编写了字典，公元1190年，西夏骨勒茂才编写了夏文和汉文的双解字典。该书序言中说：“不学蕃言，则岂和蕃人之众；不会汉语，则岂入汉人之数。”书中每一词语皆并列四项，中间两项是西夏文及其汉译文，右边以汉字为西夏文注音，词语编排以事分类，分天地人三大类，这三大类又各分为上中下三小类，即：天体上、天相中、天变下；地体上、地相中、地用下；人体上、人相中、人事下。其中人事下约占全书篇幅的一半左右，内容最为丰富，包括亲属称谓、佛事活动、房屋建筑、日用器皿、衣物首饰、农事耕具、官府机构、诉讼程序、弹奏乐器、食馔、马具、婚姻等。该书是研究西夏语言文学和社会历史的重要文献。

随着西夏文字的广泛应用，西夏学者编纂了多种说明西夏字声韵、字义和结构的书籍。《音词》是按排列的字汇，仿《切韵》的九音分类编辑，收入六千余字。《五声切韵》编排与《音同》一样，是仿司马光的《切韵指掌图》编纂的西夏字韵表。文海杂类也是按声排列的字典，每一个字下面都有解释，说明字的字体构成，字义和发音等。

古体文石刻

《文海》的内容与《文海杂类》一样，但它是一种仿照《广韵》按韵排列的字典。梁义礼编的《义同一类》属于另一种类型，是一部大型的同义语字典。还有一种按字形和概念分类排列的字汇，如《杂字》《三才杂字》等，书中分天、地、人三部，以下再分小类，如“地”部分牛、羊、男服、女服、山、河海、宝、丝……等，这类字书收编字数不多，没有解释。元昊曾命人译《尔雅》《四言杂字》供番学之用，可能这些书是《四言杂字》一类的西夏字识字读本。另有一种字书名《要集》，每字下注有汉义，用西夏字表汉字音，兼有帮助学习汉文的用途。

金国农业的恢复与发展

女真族在金朝建国前后，实行奴隶制的土地分配制度，役使奴隶耕作。被占领的辽、宋故地，仍然实行原有的封建制经济关系。女真人大批南下后，虽然仍保留供家内服役的奴隶制的残余，但社会经济制度逐渐地封建化。海陵王迁都中都后，将大批女真贵族和平民从上京一带南迁，南迁的女真人需要大量的田地，公元1156年(金贞元四年)2月，海陵王派遣刑部尚书纥石烈娄室等十一人分别在大兴府、山东路和大名府各地拘收原侵占官地和荒闲的土地，官员占据的逃户地，以及大兴府、平州路僧尼道士占据的田地，分给南迁的女真猛安、谋克户耕作。公元1158年(金贞元六年)，又将中都屯军两猛安迁到南京(汴京)，分地安置。这样，就造成了女真人散处在汉人村落之间的状况，女真人被汉人封建文化所同化，民族融合，国家统一。

公元1194年(金明昌五年)，金章宗规定制度：凡能劝农田者，谋克每年赏银十两、绢十匹，猛安加一倍、县官升级；三年不怠者，猛安、谋克升一官，县官升一级；如田荒芜十分之一，猛安、谋克均要受罚，笞三十；农田荒芜严重者，判徒刑一年；连续三年都荒芜者，猛安、谋克降一官、县官降级。这种奖罚严明的农业政策，使章宗时期的农业有了较大的发展，出现了“泉源疏地脉，田垄上山腰”，“远斸山田多种黍”的可喜景象。

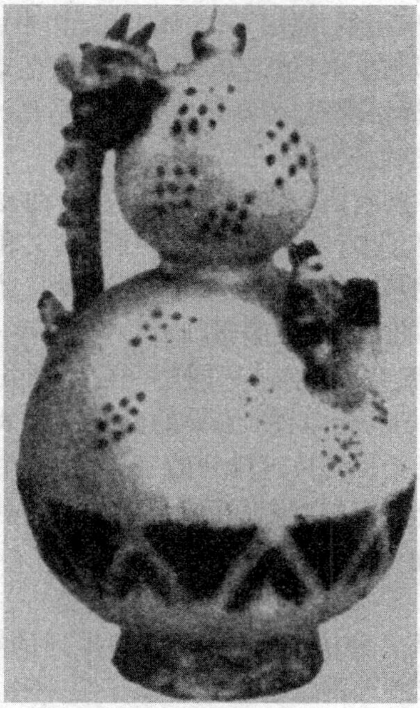
白釉黑花葫芦瓶

所以，金朝建立后，因为统治者采取了一些积极有效的措施，被战争破坏的农业有了较大的恢复和发展。到金世宗、章宗时已出现全面恢复和发展的景象。金朝全境人口，金世宗初年，有300多万户，大定二十七年(1187)，增至678万多户，4470多万口，泰和七年(1207)为768万余户，4581万多口，已超过北宋哲宗元符二年(1099)的户口数(4341万多口)。金的全部垦田数无从得知，但据大定二十三年(1183)统计，猛安谋克的垦田数为169万多顷，也已超过了北宋神宗时北方的垦田数，耕地面积的增加，在中都、河北、河东、山东等地区尤其显著，赵秉文的《滏水文集》说，这些地方“久被抚宁，人稠地窄，寸土悉垦”。粮食产量也迅速增加，陆田亩产一石左右，南阳上等水田亩产高达五石，已接近北宋时的水平。政府的粮食贮备也很多，章宗明昌三年(公元1192年)，各地常平仓的积粟达3786万余石，

可供官兵五年之食;米810余万石,可备四年之用。故,其农业已经达到了一个相当高的水平。

金国转为发达手工业

金朝手工业中,矿冶是较为发达的部门,女真族建国前即重视炼铁。金朝上京地区冶铁业仍继续发展。云内州(今内蒙古呼和浩特市土默特左旗西北)、真定府(今河北正定)、汝州鲁山、宝丰、邓州南阳等都是著名的产铁地。金世宗规定金银矿许民间自采,官府抽分收税,后又取消矿税,以鼓励开采。但民间铸造铜器被严格禁止,只由官营作坊铸造。金代煤(石炭)的开采与使用,更为普遍,用作冶炼的燃料,并用以取暖。手工业中,制瓷业也比较发达,定窑、钧窑和耀州窑出产的名瓷数量很大,奉圣州永兴县西南的磨石窑,窑内可容500人,烧瓷技术也不比北宋落后。

印刷业在辽、宋基础上有新的发展。中都(今北京)和平阳府(今山西临汾)是著名的刻印书籍的中心。赵城雕印大藏经是一项巨大的工程。辽、宋发达的制瓷业和纺织业在金朝也继续得到发展。

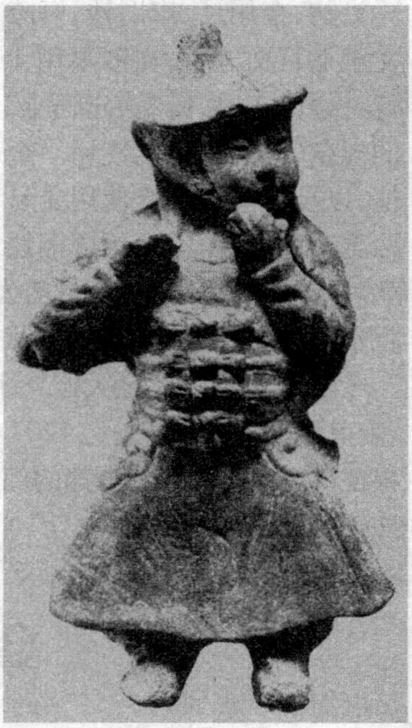

吹笛童俑

金朝的火器制造技术,在北宋的基础上又向前发展了。公元1189年(金大定二十九年),太原府阳曲县郑村中社的李姓猎户,将火药装入陶罐,挂在腰间备用,遇到狐群,就把药线点着,“药火发,猛作大声”,就能捕杀了狐群,这种火罐具有爆炸的威力。金朝的工匠还生产出了铁火炮,这种铁火炮的形状像匏,口小,用生铁铸成,厚二寸,打仗时发射出去,声如霹雷,威力很大。此后又将这种铁炮改进为“震天雷”,用铁罐装上火药,用火点燃,“炮起火发,其声如雷,闻百里外,所热围半亩之上,火点着甲铁皆透”,杀伤力很大。此外,金朝的火器中还有“飞火枪”,这种枪的栓筒是用十六层纸做成的,枪筒中装上柳炭、铁屑、磁末、硫磺、砒硝,用绳子缚在枪头上,临阵时点着,火焰喷出栓前十多步,蒙古军最怕金军的这种飞火枪。总之,金朝在火药应用和火器制造方面的成就,为中国科学技术的发展做出了贡献。

金国繁华商业景象

西夏以中都和汴京作交流中心。

东京辽阳、河北相州（今河南安阳）和河东上谷也是繁华的商埠。金世宗时，制定商税法，买卖金银征税 1%，其他货物征 3%。以后税率又有提高。商业税收是朝廷重要的财政收入。金朝在和南宋、西夏的边界上设置榷场，以通贸易。榷场设有场官管理，获得巨额的税收。金朝自南宋输入的商品有茶叶、铜钱等，西夏输入的商品主要是马匹。

金国货币的印造与使用

初，金用辽、宋旧钱，海陵王才印"交钞"。大钞分为一贯至十贯五种，小钞分为一百文至七百文五种，交钞限用十年，倒换新钞。海陵王时，又铸铜钱"正隆元宝"与交钞并行。金世宗时，铸"大定通宝"铜钱，年铸十四万余贯。交钞印量不大，但取消了十年为限的规定，民间可长期使用。金章宗时，因财政亏空，开始大量印造交钞。交钞因而急剧贬值，以至民间多拒绝使用交易和倒换铜钱。承安二年（1197），又发行银币"承安宝货"，一两至十两五种，一两折合铜钱二贯，后因民间多有伪造，银币行使三年后即停止使用。金朝后期，财政窘急，遂大量滥发纸钞和绫币，以致市肆昼闭，商旅不行，物价踊贵，民间不得不以白银作为交换手段。

公元 1180 年（金大定二十年），金朝制定《商税法》。《商税法》规定：凡金银百分征一，其他货物 3%。公元 1207 年（金太和七年），税率提高，小商贩贸易的货物征钱 4%，金银征 3%。金朝都城中都的商税额，世宗时为十六万四千贯，章宗承安初年增到二十一万四千贯。

金国繁荣的文学艺术

金国建国之初，文教未兴。太祖、太宗始用辽、宋旧人。熙宗、世宗、章宗（1136 年～1208）时期大为提倡文化建设，文学也开始发展，可分为三个阶段。

早期，文学尚不很发达，文坛上活跃的人物是辽宋被迫入金的文士，主要作家有宇文虚中、吴激、蔡松年等，其中吴、蔡二人尤善作词，时称"吴蔡体"。他们有些作品抒发了对旧期的眷恋。

中期，金国进入"投戈息马，治化休明"期，文学也相对繁荣，出现了一批俨然以中华正统自居的作家，文风也出现了追求尖巧凿琢的倾向。代表作家如蔡珪，被时人称为"煎

胶续弦复一韩，高古近欲摩欧苏”之人。又如与辛弃疾少时同学的党怀英，“立似欧公。不为尖新奇险之语；诗似陶谢，奄有晋魏。”词亦清丽生新，与苏辛词有同工之妙。

后期，金“纪纲大坏，亡征已见”。或者面对现实，描写战乱及亡国；或者逃避现实，描写隐逸与享乐，便成了这时文学的主要内容。前者风格激越悲凉，后者风格旷达闲逸。总的说来以前者成就较高，主要作家有赵秉文、王若虚、元好问等。

元好问

元好问（1190~1257），字裕之，号遗山，太原秀容（今山西省忻县）人，金代最伟大的作家，曾官至尚书省左司员外郎，金亡后不仕。筑“野史”亭于家，从事著述，有《遗山集》。

海陵王、章宗等帝王都学作汉诗。女真贵族能诗者有完颜允成、完颜勖、耨盌温敦兀带等人。金章宗是书画爱好者，收集历代书画名品，藏于朝廷，专设画院，由书画家王庭筠主持。章宗本人也擅长书法。金代著名画家还有任询、李早、杨邦基等人。女真人多能乐舞，女真乐器有鼓、笛两种。世宗以后，宋朝的乐舞在金朝流行。女真乐舞与宋乐舞得以相互吸收。北宋流行的“说话”和“诸宫调”等说唱艺术，金代更为盛行。章宗时出现董解元所作《西厢记诸宫调》，据唐人《莺莺传》故事改编，以十四种宫调，一百九十三套组曲组成，用琵琶伴奏说唱。《诸宫调》达到成熟的境界，被誉为“北曲之祖”。金代又创造了称为“院本”的戏剧，科白动作为主，加入唱曲。院本作为一种戏剧体裁，至元代仍继续演出。诸宫调与院本孕育了北曲杂剧的产生，是金代文化的一大贡献。元杂剧在金末已渐形成，著名的杂剧作家关汉卿、白朴、杜仁杰、梁进之等多是金元之际的文士。

金国儒学的普及与推广

女真族原来只有原始的萨满教，灭辽后，辽代兴盛的佛教在各地继续发展。灭宋后，北宋的儒学逐渐在金代文化思想中占统治地位。金初行科举，即以“经义”取士。金熙宗在上京建孔庙。世宗、章宗力崇儒学。以女真字翻译儒家经书，学校以《论语》和《孝经》为必读课本。霸州（今河北霸州市）杜时升在嵩、洛山中讲授北宋程颐、程颢的理学，易州（今河北易县）麻九畴传授邵雍之学，研制《易经》和《春秋》，麻九畴的弟子在金末元初多为名儒。真定王若虚讲授理学，对二程和朱熹之学，多有褒贬，有《滹南遗老集》传世。磁州（今河北磁县）人赵秉文，号为金末的文宗，也研治理学，标榜继承程朱。

南宋《孝经图》彩绘历代节孝故事

全真教的兴起

金朝建立以后，有的汉族地主文人被吸收到统治集团中，而有的汉族地主文人则不愿在金朝做官，也不进行反抗，而是选择了消极隐遁的道路，全真教就是这样一个披着宗教外衣的汉族地主文人的在野集团。全真教又叫全真道，全真派。公元 1167 年（金大定七年），大地主王吉吉（王重阳）弃家立教，在宁海州（今牟平）全真庵聚徒讲道，教义以道教为主，夹杂儒、释，提倡修身养性，除情去欲，克己忍辱，道士不娶妻、不吃荤、不喝酒，静坐苦修，以达到返本还真，得道成仙。王吉吉、王立甫、钟离权、吕釁和刘操为全真教的五大祖师。王吉吉的弟子马钰、谭处端、丘处机、刘处玄、王处一、郝大通和孙不二（女）等七人，号称七真人。他们以全真教作掩护，过着清静游闲的生活，做诗文唱和。到后来，他们承认了金朝的统治地位，金世宗也承认了全真教的合法地位。

金代科技和医学成就显著

金代科学技术有相当的成就。金世宗时，赵知微重修杨级编制的大明历，用几何方法预测日食、月食，是天文计算上的进步。蒋周著《益古》一书，记录了当时流行的数学公式天元术，以元为未知数，立式求解。金末另有一部数学著作《洞渊测圆》，记述演算勾股容圆的方法。著名的数学家李冶依据此书和天元术，写成著名的数学著作《测圆海镜》。

金代医学的成就也很显著。金初，名医成无已注释《内经》和《伤寒论》，开金代医学研究的先声。世宗时，刘守真（字完素）和张元素是两大名医，各成一家。刘守真的学生张守正（字子和），用攻法去邪，自成一派号攻下派。张元素的学生李杲用温补脾胃法治病，被称为温补派。李杲著有《脾胃论》和《内外伤寒辨惑论》，对伤寒病的识辨，有独到的成就。金代医学学派的建立，对元代和后世医学的发展有深远的影响。

金代名医刘完素

金代发明天元术

金代在数学上取得的巨大成就，当以天元术的发明为代表，它标志着金元时期数学

的飞跃发展。

天元术的发明人李冶，字仁卿，金末人，自称在其成年以后，“得洞渊九容之说”，日夜钻研，并说天元术是依据洞渊测圆门第一十三计算而成，至于洞渊是人名还是书名已无从考究，但李冶的《测圆海镜》是在吸收了当时流行的同类著作成果的基础上写成是毋庸置疑的。据李冶《益古演段自序》说，《益古演段》也是在某人《益古集》基础上撰写而成的，以使之更为明白晓畅，易懂，以有利于更广泛传播。在李冶之前，中国北方流传着关于推算勾股形容圆（直角三角形的内接圆），解算方程的著作，这一时期还有一些有关天元术的著作，但均已失传，很可能是由于李冶的著作为当时同类著作的集大成者，在问世后迅速取代了其他著作，使之销声匿迹了。

李冶的著作有《测圆海镜》12卷和《益古演段》3卷，是迄今所见最早的系统论述天元术的著作，成书时间已是金元之后的蒙元时期，前者为1248年，后者为1259年。

所谓天元术是解算高次方程的方法，在金元时期十分盛行，李冶的《测圆海镜》和《益古演段》两书，都是以问答的方式，阐述天元术的解法，其方法是用“元”字表示未知数（相当于近代数学中设X为未知数），用“太”子表示常数，依据所给的数字列出两个数量相等的方程，两者相减，一端为零，然后进行解算。

金元之际天元术的发明以及李冶的有关天元术的论述，在中国数学发展史上占有重要地位，为历代学者极为重视和高度评价。

除李冶以外，著名诗人元好问也曾研究天元术，莫子偲《遗山诗集跋》说元好问精通九数天元之学，其《如积释琐细草》是一部有关天元术的著作，为解释刘汝谐所撰《如积释琐》而作，据说麻九畴也通数学，但其学术未能流传下来。

金元人在数学上取得的巨大成就，尤其是对天元术的系统论述，标志着这是数学史的一个辉煌的时代。

桑树栽培嫁接技术的流行

桑树栽培技术的迅速发展和提高始于北魏贾思勰著《齐民要术》之后六七百年间，最重要的成就是采用了嫁接技术。《陈旉农书》最早提到过桑树的嫁接，方法是取品质和生长良好桑树上的直上生枝条“三四寸长截，截如接果子样接之。其叶倍好，然也易衰，不可不知也。湖中安吉人皆能之”。书中所说安吉即指现在浙江湖州市安吉县。这说明桑树嫁接技术，最晚至南宋时已在浙江安吉一带广泛流行。桑树嫁接的另一成就是鲁桑移到杭嘉湖地区后，通过自然选择和人工选择，在宋代甚至更早些时候形成了湖桑类型的新桑种。嘉泰《吴兴志》和《梦粱录》中所说的青桑、白桑都是湖桑类型的桑种，只是当时没有“湖桑”这个名称，清代才见于记载。“湖桑”是一个桑种系统的通称，不是一个桑品种名。自宋朝以后，杭嘉湖地区培育出众多的优良桑种，明、清时期，种苗业发达，外地在引种推广作文字宣传时，无以命名，于是统称“湖桑”，此即湖桑的历史及其名称由来。

桑树的嫁接对老树更新复壮，加速苗木繁殖，利用杂交优势培育优良品种等方面都具重要意义。

宋、元之际，人们开始用压条繁殖林木作为桑树繁殖的一种手段。金朝的《务本新书》和《士农必用》关于桑树压条法的记载十分具体细致，反映出关于桑树压条繁殖技术已积累了丰富的经验。桑树压条方法简便、繁殖快，到明清时期，已成为我国桑树繁殖的主要措施了。

耶律楚材著《西游录》

耶律楚材是蒙古国的开国重臣。1219 年，他随成吉思汗西征，此后六七年一直留驻西域寻思干城（撒马尔罕城），并因此著有《西游录》一书，记载 13 世纪初西域及中亚一些地方的情况。《西游录》的内容包括有西域及中亚的山川物产、风土人情、城郭关塞等。如对寻思干城的名称由来、地名涵义、货币、园林、泉水、池沼、花果瓜木、谷物、气候、酿酒、棉织品、服装等都有记载，对当时伊犁河一带的地理和农业发展也有生动的描述。还有耶律楚材对中亚楚河——塔拉斯河一带地理情况的描述，特别是他亲自见到唐碎叶镇的故墟、唐凿渠道修石闸的遗址，以及唐节度参谋、检校刑部外郎太原王济的石碑，为研究这一带的地理沿革提供了重要资料。

《西游录》是研究元代初年中亚地区历史地理的珍贵文献，虽然它已经失传，但流传在民间的节录本仍可参见其详。

耶律楚材对边疆及中亚地区的发展和地理视野的扩大做出了重要贡献。

赵秉文为斯文盟主

金室南迁之后，赵秉文与杨云翼同掌文坛，号为“斯文盟主”。

赵秉文（1159～1232），字周臣，晚号闲闲老人，金磁州滏阳（今河北磁县）人，金代文学家、思想家。他是金一代文宗，研治经史兼善诗文，为天下士人所景仰。

赵秉文平生以道学自居，提倡孔孟，思想源于韩愈和二程，认为“道”即“天道”，是天下万物的根源，道又不离开人而客观存在，它存在于人的心中。人们要认识道，不必远求，应从自身下功夫。只要务学求知，使天理日明，人欲日消，就能达到圣贤境界，这与程朱灭人欲、存天理的思想是一致的。他认为“君臣、父子、夫妇、朋友”之间的关系同“道”是一体的，离开这些，道就不成为道。他提倡“慎独”，“养诚”的修养方法，要人对道诚惶诚恐，恪守不移。他的这些学术思想得到当世学者们很高的评价，大都认为他的学说是最纯正的儒学。其实，他对佛道也有所得，不过以儒为主，来生推崇儒学，愿为纯儒。因此，他虽多因袭周程之学，没取得新的进展，但大大地推进了儒学的北传，代表了金代儒

学思想发展的最高水平。他著述宏丰，考订诸经诸子达 9 种 41 卷之多。其文师法欧阳修、苏轼，崇尚平易，著有《闲闲老人滏水文集》《易丛说》《中庸说》《论语孟子解》等。

金代典籍《中州集》编成

金哀宗天兴二年(1233)，元好问辑成《中州集》(亦名《中州鼓吹翰苑英华》《乾苑英华中州集》)10 卷，是一部附有作者小传的诗歌总集，代表了元好问在史学上的贡献，可看成是一部借诗存史的传记体金史撰述。

元好问(1190~1257)，字裕之，号遗山，秀容(山西忻州市)人，系出北魏拓跋氏。他博学经传，贯穿百家，是金代著名的大学子，人称元才子。金时，曾官至行尚书省左司员外郎。晚年著书立说，在史学和文学上都做出了重大贡献。他本着"不可令一代之迹泯而不传"的信念，采摭所闻的"金源君臣遗言往行"，详细记录，成百余万字的"野史"，另有记亲身闻见的金末丧乱事，堪称实录的《壬辰杂编》(天兴元年，即 1232 年著成)和《中州集》等。

《中州集》汇集金代 249 人诗词 2259 首，对每个作者都撰有小传，述其主要事迹，间或评论其诗作。元好问为各个诗作者撰写的小传，贯穿了整个金代历史，可以看作是一部传记体的金史总汇。这些小传中有不少为元修《金史》所采用，有的略做删削移用，有的甚至原文照录，直至今天，它仍是一部重要的，反映金代历史的传记体史书，为金史的研究提供了宝贵的资料。

《中州集》是一部诗作，诗论、史传结合的著作，包含着丰富的诗论、文论、史论内容。虽以史论突出，而三苞往往相互关联，形成一个整体的评述。如论赵秉文时，对他的道德、文章都给予极高评价。他的描写，对认识金代的道德习气、文人学识都有很大启发。他还为金代文士排次，在人物小传中穿插一些重要典故。

《中州集》对金代的史学、文学贡献非凡，至今不失为一部了解金代的重要典籍。

蒙古任人尊孔

蒙古起于漠北，崇尚武力、攻战。进入中原的初期，也只对技巧工艺感兴趣而不重视孔孟之道。窝阔台即位不久，中原大部分地区已经被征服，如何有效地控制、治理广大地区被提到议事日程上来。著名政治家耶律楚材经常向窝阔台讲述周公、孔子的学说，提倡"以儒治国"，并向他讲"马上得天下，不可以马上治天下"的道理，窝阔台听后深表赞赏，决心采纳耶律楚材的建议。

在耶律楚材等儒士的影响下，窝阔台逐渐重视任用汉人儒者，注意保存吸收汉族文化。窝阔台汗四年(1232)二月，蒙古军围攻汴京，派人向金朝索要翰林学士赵秉文，孔子

中国罕见的孔庙碑林

第五十一代孔元措等人。第二年四月，崔立以汴京投降蒙古，把后妃、宗室、衍圣公及三教，医卜、工匠、绣女送交蒙古。六月，窝阔台采纳耶律楚材的建议，续封孔元措袭衍圣公。同年，又下令修孔庙。九年(1237)，蒙古修缮曲阜孔庙完成，命孔元措主祭祀事，又规定免去孔、孟、颜等儒门圣人子孙差发杂役，以示优待。

蒙古开始考试儒生

蒙古窝阔台汗九年(1237)八月，耶律楚材对窝阔台说，治理国家必用儒业，建议考试儒生，得到窝阔台同意。

窝阔台于戊戌年(1238)，在中原诸路选试儒生，命课税使刘中主持。考试采用金、宋贡举旧制，分经义、辞赋、策论三科，凡不失文义便被中选。被掠为奴的儒生也可应试，原主不得隐瞒阻拦，违者处死，经考试，得东平杨负等儒士 4030 人，被俘为奴的儒生有四分之一得赦免。中选儒士入儒户籍，享受一定的优待，部分儒士还被任命为本地议事官，与达鲁花赤一起商讨公事，史称“戊戌之试”。

对绝大多数中选者而言，戊戌之试实际是一次确定儒籍的考试，一千多沦为奴隶的儒士通过这次考试重获自由。所以元代儒士文人对这次考试评价很高，念念不忘。

蒙古在燕京建太极书院

窝阔台汗十年(1238)十月，蒙古在燕京(今北京)建太极书院。

窝阔台汗八年(1236)，杨惟中率蒙古军在蜀、湖、京、汉用兵，得名士教十人，他收集伊、洛诸书，运到燕京。杨惟中、姚枢从俘虏中访得赵复，听了赵复关于程朱理学的论述，

开始喜欢理学，在 1238 年十月，杨惟中和姚枢一起筹划建成太极书院和周子祠（周敦颐），附带供祭二程、张载、杨时、游酢、朱熹，选取南征中收集的八千余卷遗书，请赵复在书院中讲授道学，又派亡金儒生王粹当助手，招选河朔地为人俊秀有见识者为学生。到书院和祠建成，河朔地区的士人才明了道学的深奥和妙处。从此，理学在北方也开始逐渐推广传播。太极书院开学后，从学者有一百多人，姚枢、杨惟中、郝经、梁枢、赵彧、许衡等人都直接或间接受学于赵复。

蒙古重用工匠

蒙古因崛起于漠北草原，擅长于游牧，而对工艺则十分生疏，所以他们在征战中注意搜罗各色工匠艺人。成吉思汗曾下令，凡进行抵抗的城邑，攻陷后要屠城，只有工匠艺人可以免于一死，他们被俘虏到漠北，为蒙古人制作武器及日用品。蒙古在西征、攻金灭复和对宋战争，俘获了大批工匠。为了多俘工匠，他们还把俘虏工匠多少作为奖励军功的一项条件。因此，每次战争后，将士报功常称俘虏工匠若干。由于蒙古人对工匠另眼相看，所以不少居民为了免祸就冒充工匠。俘虏的工匠满足不了蒙古人的需要，他们便在征服地区括取工匠，或集中到漠北或就地设官管理。成吉思汗时，蒙古国已开始括匠造作，窝阔台、蒙哥时代，也在北方几次籍户，把工匠列入专门户籍。忽必烈平定江南，又在江南括匠。至元十二年（1275），在江南括匠 30 万户，十六年（1279）又括 42 万，至元二十四年（1287），还在下令括取江南诸路工匠。在政府括匠的同时，诸王也收罗工匠。匠户集中在各类局院中服役，子承父业，子孙世袭。政府也给工匠许多优厚待遇，官匠由政府供给口粮，免除科差。元初，还免去当杂泛差役，和雇和买。因此，有的民户为避免差役之累，也乐于投属匠籍。工匠艺人的地位在元一代仍是比较高的。元朝统一之后，政府设置的局院遍布全国各地，据估计官府所领匠户达 30~40 万以上。除此，隶属诸王投下的匠户也为数不少。

蒙古建和林城

蒙古窝阔台汗七年（1235）二月，窝阔台命刘敏在斡耳寒河岸建城，作为大蒙古国的都城。

成吉思汗时代，蒙古人仍不习惯于宫室城池，只是逐水草居穹帐。灭金之后，窝阔台受中原城居生活影响，加上国家事务日益繁多，他感到迫切需要建立都城和营建与帝王地位相称的庄严宫阙。于是他命刘敏负责在蒙古草原筑城，地址在鄂尔浑河东面原回鹘故城和林（今蒙古人民共和国后杭爱省厄尔得尼召北）。他下令从中原征调各色匠人。窝阔台汗七年（1235），刘敏指挥山东，山西、西域的工匠开始筑城。建筑包括汗宫万安

宫、诸王宫、仓库、官邸、市肆、佛寺道观清真寺、教堂等。大汗居所万安宫于次年(1236)建成,坐落在城的西南隅,有宫墙环绕,周约2里。城南北约四里,东西约二里,外城周长约十五里,辟东西南北四门。从窝阔台到蒙哥的二十多年间,和林一直是蒙古汗国的都城,全称哈剌和林。在和林周围,窝阔台还选定了春、夏、秋、冬四季的驻地,建立了行殿或宫帐。他每年在和林宫中的时间不长,大部分时间在四季驻地度过。和林成为当时国际都市,居住有畏兀儿人、波斯人、斡罗斯人、英国人和法国人,知名的有法国歌手罗伯特,金银匠威廉·布歇。

蒙古政治汉化

中统以后,为维护蒙古在中原的统治,忽必烈在政治上实行一系列汉化措施。

中统元年(1260)四月,忽必烈遵用汉法,在中央设立中书省总领全国政务,又置十路宣抚司为地方最高行政机构,派到各地行使中书省的职权,简称行省。至元二十年(1283)前后,行省官员不再以中书省官系衔,行省也从都省派出机构演变为地方最高行政机构,成为一级政区的名称。

中统元年,忽必烈即位后,任命萨斯迦派法主八思巴为国师,统领天下释教。至元元年(1264),又在中央置总制院,管辖全国佛教事务及吐蕃僧俗政务,由国师八思巴领院事(八思巴升号帝师后,就由帝师领院事)。至元二十五年(1288),总制院改为宣政院。

蒙古国时期,蒙古是以札鲁忽赤(断事官)总司法行政事务。忽必烈即位后,将处理国家政务的权力移交给了新立的中书省,札鲁忽赤就成为专门的司法长官,于至元二年(1265),设大宗正府为其官署,但大宗正府并非蒙古唯一的司法系统,各投下还设有自己的断事官,枢密院、金玉府、总制院(宣政院)等都自行处理各自的涉讼。终元之世,也没形成统一的司法系统。

为了纠察百官善恶,谏言政治得失,拘刷拾括、追理财赋,至元五年(1268)七月,忽必烈设御使台。至元五年十一月,开始议定朝仪,整理百官姓名,各依班次,听通事舍人传呼赞引然后进,一改喧扰无序的原状。至元七年(1270)正月,忽必烈设尚书省专管财赋。

南宋时,地方办学曾非常普遍。蒙古学习宋制,于至元七年(1270)二月立社制,规定每社立学校一所,谓之社学,选择通晓经书者为师,农闲时令子弟入学。第二年,又开办了国子学,增置司业、博士、助教各一员,选随朝百官近侍蒙古,汉人子弟和俊秀者为生徒。

以上便是忽必烈即位后采取的一系列汉化措施,这些政治举措对稳定元朝的统治秩序起了重大作用。

附：辽、西夏、金大事年表

时间	事件
916 年	统一各部之后，耶律阿保机称帝，建立契丹政权。
918 年	阿保机下令建造上京。
920 年	契丹人在汉族知识分子的帮助下，借鉴汉字，创立契丹大字。
938 年	辽国获得幽云十六州。
947 年	辽国攻占开封。 辽国正式改国号为“辽”。
979 年	宋攻辽，宋军大败于高梁河，宋太宗腿部中箭，乘驴车而逃。
986 年	北宋试图收复幽云十六州，被辽军击败。辽军自此占据主动。
988 年	辽国举行首次科举考试。
991 年	宋朝赐李继迁国姓“赵”。
1005 年	辽国与北宋签订澶渊之盟，两国开始和平共处。
1032 年	拓跋部首领李德明病死，其子李元昊继位。
1034 年	李元昊发布秃发令，强调汉蕃有别。
1038 年	李元昊建国，自称“大夏”，因其居北宋西北，故称“西夏”。
1040～1043 年	宋夏战争爆发，宋军遭受三川口、好水川、定川寨大败。
1042 年	北宋增加对辽国的岁币二十万。
1044 年	宋夏和约签订，宋朝每年须支付岁币。辽夏战争爆发，辽兴宗亲征西夏。
1112 年	完颜阿骨打在春捺钵的宴会上拒绝表演歌舞，女真部落与辽国的矛盾公开化。
1113 年	完颜阿骨打成为女真部落领袖。
1114 年	完颜阿骨打开始起兵反抗辽国。
1119 年	金朝创立女真大字。
1115 年	完颜阿骨打建立金国。
1123 年	金朝开始科举考试。

时间	事件
1125 年	金灭辽。 金国开始进攻北宋。
1126 年	金军攻破开封城。
1132 年	辽国贵族耶律大石建立西辽。
1138 年	金朝创立女真小字。
1144 年	西夏为皇室子孙开设汉文学校。
1145 年	西夏创建大汉太学。
1147 年	西夏开始通过考试选拔官员。
1153 年	金朝从上京迁都到燕京。
1158 年	金国在汴京(今河南开封)大兴土木,准备将都城再次南迁。
1161 年	虞允文在采石矶击败完颜亮渡江部队,完颜亮被部下所杀。
1173 年	金朝创立女真进士科。

·中国通史·

元朝

刘宇庚⊙主编

导读

元朝（公元1271年～公元1368年），由蒙古族建立的中国历史上第一个由少数民族建立的大一统帝国。定都大都（北京市）。

1260年忽必烈即位大汗并建元“中统”，1271年忽必烈取《易经》“大哉乾元”之意改国号为大元，随后又逐步消灭金朝、西夏、大理等国，1276年攻占临安，南宋灭亡。1279年经崖山海战后消灭南宋残余势力，全面占领中国，结束了自五代以来的分裂局面。后对外扩张，但在侵略日本、东南亚诸国却屡次失利，其中在元日战争战败。中期皇位频繁更迭，政治始终没有上轨道。经济也未恢复到宋朝时期的水平，但是仍有发展。后期因统治腐败，宰相专权、内乱频发和民族矛盾过深，导致大规模的农民起义，各地人民纷纷起兵反抗元朝暴政，公元1368年朱元璋领导的农民军攻占南京，改国号为大明，正式建元称帝，随后明军北伐，占领元大都。元朝在中国的统治结束，元政权退居漠北称北元。1402年元臣鬼力赤篡位建国鞑靼，北元亡。

元朝的疆域空前广阔，北至北海、东到日本海，在澎湖列岛设置巡检司。元朝实行一省制，在中央设中书省，左右丞相和平章政事处理政务。地方实行行省制度，开中国行省制度之先河。商品经济和海外贸易较繁荣，其整体生产力不如宋朝，其间出现了元曲和散曲等文化形式。

第一章　元朝史话

草原骄子

在一代天骄成吉思汗的带领下，蒙古部落凝聚成一个强大的民族，开始走上军事扩张之路，兵锋直指欧洲。同时灭掉金国和西夏，为中国的完全统一打下了坚实的基础。

苍狼白鹿的后代

《蒙古秘史》的开篇第一章便说："天命所生的苍色狼与惨白色鹿同渡腾吉思水来到斡难河源的不儿罕山前，产生了巴塔赤罕。"相传，在周穆王时代，在周朝的西北、北方有一个以犬图腾为中心的部落联盟，在犬部族的周围，有很多不同图腾的部落，其中有四个白狼图腾的部落，有四个白鹿图腾的部落。狼鹿两个氏族，世代婚姻，双方男女互相嫁娶。周穆王攻打犬部落的时候，打败了犬部落极其有利助手即这八个狼鹿部落。

草原的银器

据说在这场三四千年前的浩劫中，特古斯、乞袁氏各有一对夫妇逃了出来。乞袁即乞颜，意思是从山上冲下来的狂暴湍急的洪流。据说当时乞颜人勇敢、大胆而又极其刚强，所以人们以这个词作为他们的名字。他们在阿尔泰的高山之中找到了安身之地。这个地方名叫"额尔古讷昆"，意为险峻的山岭。那里四周全是高山和丛林，除一条攀着山石、扯着葛藤可以攀登而上的羊肠小道外，再也没有任何可以出入的途径。但随着人口的增加，大约过了一千五百年，他们居住的地域逐渐显得狭窄了，于是他们就商量着要迁出山外，但那么多牲畜与财产却没法搬出去。他们开始寻找走出山区的办法，后来找到了一处铁矿，聚集木柴，用七十头牛的皮制成风箱，点火鼓风，直到山岩溶化，结果得到了无数的铁，山路也被开辟了出来。狼鹿部落的子孙走出阿尔泰山，各自去开辟自己的新生活。这个故事叫作"化铁出山"，起初以口头形式流传。它是乞颜部族在远古时期创作的有关祖源的传说，在其氏族中代代相传，是这个部族祖先光辉业绩的记载。成吉思汗一系的蒙古王公，为纪念此事，每到除

夕，都要召集铁匠们来到内廷，举行捶铁仪式，用以答谢天恩。

成吉思汗家族的来历

据说成吉思汗的第十一世祖阿兰豁阿先是生了两个孩子，但在丈夫死后，她又生下了三个儿子。阿兰豁阿的两个年长的儿子别勒古台和不古纳台，看到母亲寡居生子，私下议论纷纷。阿兰豁阿发觉了那两个儿子的怀疑，就将五个儿子唤齐，分给每人一支箭杆，叫他们一一折断，然后又拿出五支箭杆，捆成一束，让他们轮流去折，却没有一个人能够折断。然后对他们说："每天夜里都有个黄白色的人，从天窗和门额上透光的地方进来，抚摩我的腹部，一缕缕的光便浸入我的腹中。他离去的时候，借着日月之光，像黄狗一般，冉冉飘去。你们不要造次乱说，看起来，你们的三个弟弟都是天的儿子，怎么能够和凡夫俗子们相比呢？"阿兰豁阿进而又谆谆教诲五个儿子说："你们五个孩子，都是从我肚皮里生出来的。你们恰如刚才的五支箭一般，如果各自分开，谁都很容易被任何人折断；如果紧紧地捆在一起，同心同德、友好合作，不管是什么都难以把你们怎么样！"

但阿兰豁阿死后，前四个儿子把食物牲畜都分了，只有五弟孛端察儿平时沉默寡言，被当作傻子，只分得一匹劣马。但等到这几个哥哥来找弟弟的时候，他却劝说四个哥哥，袭击了一群"没有大小好歹，不分头蹄上下，没有头脑管束，容易对付的百姓"，把他们掳为奴仆。兄弟五人各自分得一份属民和畜群之后，便移住在不儿罕山麓。孛端察儿便是乞颜孛儿只斤的祖先，成吉思汗就是这个部族的后裔。孛儿只斤，意为苍狼的苍色。

成吉思汗

这个故事见于《元史》《蒙古秘史》，大约反映着有母无父的母系氏族时代的风俗。在那个时候，原始制度开始解体，奴隶制逐渐兴起。不过阿兰豁阿后来所生的三个儿子的后人被称为纯洁出身的蒙古人，蒙古部的可汗都出于这个家族，所以就被称为"黄金家族"。但在成吉思汗死后，只有他的直系后裔，即术赤、察合台、窝阔台、拖雷四人的后代才被称为"黄金家族"，才有资格继承各汗国的汗位。拖雷之子蒙哥夺得蒙古大汗之位后，这个范围又进一步缩小为拖雷的后代。黄金家族的观念对现在的蒙古族仍有很大影响。

铁木真统一草原

铁木真在动荡的草原局势下成长起来，先后击败各路势力，被尊称为“成吉思汗”。一个强大的蒙古民族在中国北方形成。

童年铁木真

后来蒙古氏族形成了松散的联盟，成吉思汗的始祖曾担任部落首领。直到他的曾祖父合不勒的时候，开始有了可汗的称呼。但当时尚不具备国家形式，不能发挥国家的作用，更不能调动全体蒙古人的力量，在军事和政治上没有什么建树。

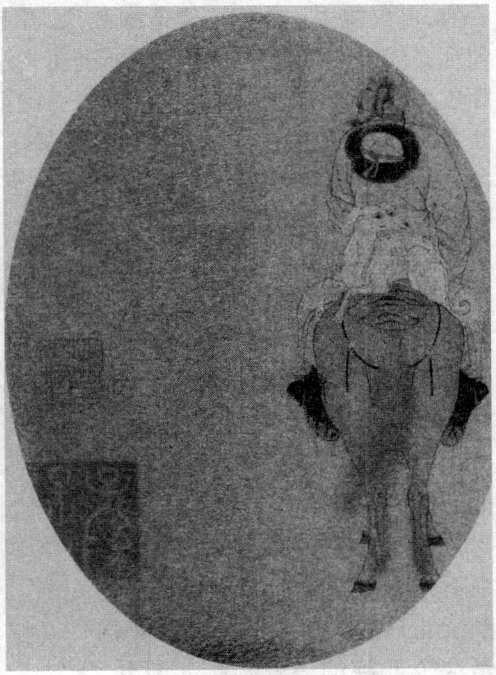

马背民族

成吉思汗则是合不勒之第二子的第三子也速该的儿子。一天，也速该在野外放鹰捕雀，看见一个男子带了美丽的新婚妻子坐着马车经过。他就回到家里，叫上哥哥和弟弟，抢了那个男子的妻子，和她成亲。这就是成吉思汗的母亲诃额仑。当时由于草原各部实行族外婚，年轻人找妻子总要走出很远的距离，到没有血缘关系的其他氏族去求婚，当找不到合适的妻子时，还不惜采取抢亲的行动，用暴力去夺取其他部落的女人做妻子。这也是草原争斗的重要缘由。后来诃额仑夫人的前夫的族人又抢去了铁木真的妻子孛儿帖。等到铁木真夺回妻子的时候，孛儿帖已经给别人生了孩子，铁木真给他取名为术赤，意为“客人”。但术赤的出身问题却成为成吉思汗家族的一个阴影，成吉思汗的次子察合台和三儿子窝阔台都认为术赤不是成吉思汗亲生的，因此看不起他，只有小儿子拖雷和术赤交好。这种矛盾一直影响了成吉思汗的好几代子孙。

在铁木真降生时，也速该在作战中俘获塔塔儿部首领铁木真兀格，为纪念这次武功，就把儿子取名为铁木真。据说成吉思汗出生的时候手中握有一块凝血，不知道这是不是预示着他以后会杀伐四方的征兆。蒙古族民间则传说其手握苏鲁锭（长矛。因成吉思汗曾以长矛为武器，故后来被赋予了蒙古象征、战神标志等含义）式的血饼而生，这是战神的象征。

到了成吉思汗九岁时，父亲也速该带他到与乞颜部世代通婚的弘吉剌部去求婚，最后就定了德薛禅家里的孛儿帖。孛儿帖这时十岁，比铁木真大一岁。当时蒙古人还存在

着母系氏族的残余，按照习惯，儿女定亲以后，要先把男孩留在未婚妻家。也速该留下聘礼，交代了一句“我儿子怕狗，不要让他被狗惊着了”，就返回部落。蒙古人的牧羊犬固然凶猛，但未来的一代天骄小时候却怕狗，这恐怕是很多人不会想到的。

草原上的大车

也速该在回家途中，遇到一群塔塔儿人正在宴会，便依照草原习俗上前参加。在草原上，旅行者如遇到正在用餐的人们，可下马共餐，不必得其允诺，主人也不得拒绝。塔塔儿人请他喝酒，但想起也速该以前经常抢掠他们，与他们有世仇，便在食物里放上了毒药。也速该勉强支撑着走了几天，毒发而死。

也速该死后，俺巴孩的孙子、泰亦赤人的首领塔尔忽台因对也速该取得部落首领之位心有怨恨，就挑拨也速该的部下，使他们纷纷离去，连铁木真家的牲畜也被一起赶走了。后来泰亦赤人担心铁木真长大成人后报复，就把他抓了起来，给他戴上木枷，带到各个营帐里去示众。有一天，泰亦赤部的首领和百姓都在斡难河边举行宴会，只留了一个年轻的看守监视他。铁木真趁看守不防备，举起木枷把看守砸昏，逃了出来。

以后，铁木真和他的母亲、弟弟又躲进深山里，靠捉土拨鼠、野鼠生活，日子过得更艰苦了。后来因为他的异母弟弟抢走了他一条鱼，他就和亲弟弟合撒儿射死了异母弟弟别克惕。据说，别克惕临死前说：“咱们正受泰亦赤兀惕人的欺辱，仇还没有报，你们为什么把我当作眼中钉？我们大家孤零零的，除了影子之外，没有旁的朋友；除了马尾之外，没有旁的鞭子，为什么要自相残杀？请你们不要杀弟弟别勒古台。”实际上，别克惕果敢聪

明，兄弟中只有他敢违抗铁木真的命令，铁木真对他早已心生不满，于是就借机杀死了他。类似的事情差点又再次发生。当他的大儿子术赤因病不能参加会议之时，他却听信一个商人的传言，决定出兵攻打术赤，不过尚未起兵，术赤病死的消息就已传来。

铁木真称成吉思汗

铁木真家族内部的仇杀并不是个案。当时的蒙古草原上，诸部混战不已，休息无暇，互相苦斗、残杀。愿望不能实现，只有英勇拼战。躲避，退却无地，只有厮杀、混战。金国的插手更加剧了草原的动荡。原来蒙古各部都臣服于契丹。12世纪初，金朝代辽，蒙古又归金朝统辖。成吉思汗本人和其他蒙古首领都接受过金朝的封职。据说，起初燕京一带有谣言说："鞑靼去，赶得官家没去处"。金国就每三年遣兵向北剿杀，谓之"减丁"。后来金朝改变了统治手法，开始利用蒙古各部的内部矛盾，来挑动蒙古各部互相残杀。而俺巴孩也因和塔塔儿部爆发冲突，被塔塔儿人送到金朝，后被钉死在木驴上。这时最受磨难的还是广大的牧民，牧民生活在这水深火热之中，盼望有个坚强的首领，能够统一各部消除战争，使他们过上安定的生活。

胡骑出猎图

铁木真就应时而动，逐步统一了蒙古草原。童年的重重磨难没有把铁木真打倒，反而磨炼了他的意志，为其日后成为一代天骄奠定了基础。铁木真在拼杀冲锋时如雄鹰，高兴的时候就像三岁牛犊一般欢快，在明亮的白昼深沉细心，在黑暗的夜里有坚强的忍耐力。

年轻的铁木真为了恢复父亲的事业，先是依附当时蒙古高原上最强大的克烈部首领

王罕，并尊其为父，把自己部落失散的亲属和百姓聚集拢来，又与札答兰部首领札木合结为安答（蒙古语，相当于汉语中的结拜兄弟），力量渐渐壮大起来。他与王罕、札木合出兵，合本部兵共数万，夺回了被抢走的妻子。后来他独立出来，却与札木合爆发了冲突。1189 年，札木合集合了泰赤乌等十三个部落共三万人，向铁木真发起攻击，铁木真也将自己部落的三万人分成十三翼迎战。结果铁木真大败，这是铁木真所遭受的第一次大挫折。

据说，札木合得胜之后，命人用七十口大锅烹煮战俘，这激起了很多同盟者的反感，丧失了人心。另外，铁木真来自蒙古可汗所在的氏族即黄金家族，铁木真的父亲也速该生前也享有较大声望。札木合则不属于黄金家族。而当时的蒙古人非常重视血统，铁木真由此占据很大优势。

更重要的是，铁木真在用人方面，主要看才能大小，而不问出身，不管是贵族还是平民，只要有才能，就予以重用。他打破了当时草原上一个人只要沦为奴隶就要世代为奴的传统，凝聚了人心，吸引了大批人才。成吉思汗曾说过："智勇兼备者，使之典兵。活泼矫捷者，使之看守辎重。愚钝之人，则付之以鞭，使之看守牲畜。"就是被成吉思汗委以重任的四杰中的木华黎、赤老温和被札木合称为"四狗"之一的哲别都是奴隶，对于这些人，成吉思汗都能予以重任。

1201 年，在征战泰赤乌部的战斗中，敌军猛将只儿豁阿歹射伤了铁木真的脖颈，幸好部将及时救治，铁木真才活了下来。战后，成吉思汗询问何人所为，被俘的只儿豁阿歹站出来承认是自己所为，并表示愿为成吉思汗效劳。成吉思汗惊奇而赞许地拍着只儿豁阿歹的肩膀说："凡是害人的事，别人都隐讳不说。你却不隐己所杀，不讳己所敌，直言不讳地告诉我，你真是一个诚实的人。你的名字原叫只儿豁阿歹，可以改名哲别。"（在蒙语中，哲别就是箭的意思，这里用来形容只儿豁阿歹箭术高超）后来哲别屡立战功，成为蒙古杰出将领。这种不计前仇的用人政策，使成吉思汗赢得了民众，瓦解了敌人。

另外，铁木真也身先士卒，常常把个人生死置之度外。当时哲别射伤了铁木真，铁木真血流不止，昏睡至半夜才醒。有一次，成吉思汗战斗失利，"会大雪，失牙帐所在，夜卧草泽中"。这样铁木真就和部下上下一心，同甘共苦，艰苦奋斗，最后开创了一份大事业。

从十三翼之战恢复过来之后，铁木真就不断地强大起来。1196 年，铁木真与王罕一起，配合金国攻击塔塔儿部，被金朝授以札兀忽里（部族官）。得到强大的金国授予的官职，他在草原上的声望因此大为增强。1201 年，他击败了札木合的联军。1204 年，他因与王罕产生矛盾，遭王罕突袭，败走，以饮浊水与从者盟誓，共渡难关。后来乘王罕不备，夜袭王罕大营，打败了王罕。

1206 年，铁木真统一了蒙古草原的上百个部落。蒙古各部落在斡难河源（斡难河即今蒙古国鄂嫩河，在呼伦贝尔草原北部）举行大会，萨满教巫师阔阔出借当时蒙古族信奉的长生天的名义（萨满教认为可以通过一定的仪式使天神附身于萨满身上，这时萨满可代神立言），宣布授予铁木真统治所有蒙古部落的权力，并给铁木真上尊号为成吉思汗。成吉思汗就是"坚强有力的可汗"的意思。蒙古汗国宣告成立，蒙古民族就此形成。

蒙古民族的形成

在蒙古族登上历史舞台之前，漠北草原上先后出现过由匈奴、突厥等民族建立的强大政权。它们虽曾盛极一时，对中原王朝构成严重威胁，但其政权组织却都是建立在氏族或部族共同体基础之上，并没有冲破氏族或部族组织的血缘外壳，统治部族与被其征服的草原诸部族一直未能成功地融为一体，一旦受到外部的打击，就会土崩瓦解。

而蒙古政权建立之后的情况则有了不同。成吉思汗吸取了金国的统治经验，强化了王权。第一个措施就是清除宗教的异己势力。萨满教巫师阔阔出为蒙古国政权的建立立下了大功。但萨满教巫师可代神立言的权力却与新兴蒙古政权的王权形成了冲突。铁木真指使部下，以决斗之名，杀死了阔阔出。宗教势力因此受到沉重打击，铁木真的王权进一步巩固。

第二个措施就是千户制。成吉思汗将草原百姓划分为若干千户。以前的对手诸如塔塔儿、克烈或乃蛮之类作为部落群体被有计划地零散分配给混合千户或者是分散成为由其他人组成的千户的属民。千户取代传统的氏族、部族结构成为新的基本社会组织和国家单位。在千户制度下，氏族共同体逐渐分解，蒙古草原上原有各部族不再像以前游牧政权治下的被征服部族那样能够保持自己组织的完整和相对独立，蒙古民族逐渐形成。元朝虽然在 14 世纪下半叶灭亡，但在蒙古草原上再也没有像匈奴、突厥汗国崩溃后那样出现新的统治民族了。

元代金饰件

蒙古对外军事征伐的胜利更是强化了蒙古人的民族认同。随着掠夺来的财富不断流入蒙古草原，这一荒远的亚洲腹地进入一个超正常繁荣的黄金时期。蒙古人的境遇已从赤贫如洗变成生活富足。在起初阶段，蒙古人的生活极其困苦。据出使蒙古的欧洲人记载，夏天有充足的马奶时，蒙古人很少吃肉，除非偶尔赠给他们肉吃，或猎得禽兽时才有肉吃，也没有蔬菜。一般的普通百姓，冬天甚至连马奶也喝不上，他们还将黍子放在水里熬成稀粥，每个人早上喝一至两碗，白天他们就不再吃什么了，晚上每人再分给少量肉，喝些肉汤。人民很难只靠这点肉过活，因此当时的蒙古人极端节约食物。他们认为，不管用

什么方式浪费任何食物或饮料，都是极大的犯罪。在骨髓被完全吸尽以前，骨头是不允许丢给狗吃的。而在取得一系列的对外胜利之后，蒙古贵族过上了可以天天饮酒作乐的生活。同时，由于蒙古军队征服了大量的土地，蒙古贵族推行民族歧视政策，即使普通的蒙古人身份也得到了很大提高。出使蒙古的教皇使者就注意到，不管照料那些诸如王公的外宾的蒙古人出身多么微贱，也总是走在这些外宾前面，并且总是占有最前面和最高的座位。实际上，恢复成吉思汗时代的荣光也成为以后蒙古民族团结一致的重要动力，而蒙古族也多以成吉思汗的子孙自居。

草原民族的生活风貌

在铁木真的小儿子拖雷五岁的时候，铁木真已经初步统一了蒙古草原，但也结下了无数的仇人。其中用毒酒杀死了铁木真的父亲的塔塔儿人被灭族，但一个叫作合儿吉勒失剌的塔塔儿人逃过了这次浩劫，他蓄意复仇。一天他来到了铁木真的母亲诃额仑的账房，假言要东西吃。诃额仑让他进入大帐，他却趁机抓住了在诃额仑大帐玩耍的拖雷，并拔出刀子（游牧民族多随身携带小刀，这也是他们吃肉的餐具），准备杀死拖雷。诃额仑大叫："小孩子完了！"刚好"四杰"之一的博尔忽的妻子阿勒塔泥正在诃额仑账房，就冲上去，抓住合儿吉勒失剌的头发，打掉他的刀子，双方扭打成一团。正在账房外面宰牛的两个蒙古将领者歹和者勒蔑急忙赶来，杀死了行刺者。

拖雷被救下来之后，成吉思汗开始论功行赏。阿勒塔泥、者歹、者勒蔑三个要争头功，者歹、者勒蔑说："若不是我们来得快，你一个妇女家，能拿他怎么样？要不是我们，拖雷已被他害了。"阿勒塔泥说："你们要不是听到我呼喊，怎么会过来？要不是我抓住他头发，把他刀子打掉，等你们来的时候，拖雷早就被害了。"铁木真就将首功归于阿勒塔泥，者歹和者勒蔑其次。

草原生活

当时蒙古族作为一个脱离原始社会不久的新兴民族，有着独特的社会风貌。就拿拖雷被刺的故事来说，乐于待客的主人，帮厨的将领和集体会议，展示了一幅 13 世纪草原上独特的社会风貌。这也是当时蒙古政权的重要特点。

伙伴与侍卫军

者歹和者勒蔑虽然身为将领，但仍要帮铁木真的母亲诃额仑宰牛，这与蒙古政权中的伴当（又称那可儿，相当于汉语的伙伴）制度是分不开的。与中原的政治传统不同，蒙古政权中有很强的人格化关系，首领与追随者之间的个人关系特

别重要。任何被认为能为可汗做出贡献的人都受到欢迎，都会纳入可汗的伴当圈，而不论其种族或社会出身如何。即使是在后期，当统治者与其伙伴间的这种伴当关系通过授“伙伴”以中原官称而被形式化时，社会实践中依然遵守着沿袭下来的习惯。例如，耶律楚材虽然官衔为“中书丞相”，但在蒙古人心目中，他是以大汗的伴当的身份出现的。他荣幸地被大汗昵称为“吾图撒合里”，意为有着长胡须的人。

伴当在蒙古社会中是一个重要的阶层，他们是从各个社会阶层招募的。有一些伴当是贵族成员，也有些是从奴隶阶层中提拔出来的，但都与可汗没有血缘关系。他们为他提供军事和政治建议，一般说来还要执行主人发出的任何命令，从追踪迷失的牲畜到外交谈判中担任个人的使者。

怯薛（即汉语中的宿卫）军是蒙古可汗直接掌握的精锐部队，他们的身份与伴当相似。怯薛起源于草原部落贵族亲兵，成吉思汗所建怯薛共一万四千人。担任宿卫的怯薛人员称“怯薛歹”，从万户长、千户长、百户长子弟及随从中选拔，分四班宿卫，称四怯薛。怯薛歹除宿卫外，也分任大汗的冠服、弓矢、食饮、文史、车马、庐帐、府库、医药、卜祝等事。任事者一概世袭，这也是元朝没有宦官之祸的重要原因。在其他朝代，宦官为皇帝提供贴身服务而获得宠信的机会，但在元代这些事情却被怯薛歹做了。

应该说，以贵族子弟充做侍卫的做法自古早已有之。例如汉朝就规定中央和地方二千石以上的高级官员，在任职满三年后，可以保举子弟一人为郎，也就是充当宫廷禁卫军官。辽国、西夏和金国也招募贵族子弟建立侍卫亲军，但都没有像怯薛那样成为宫廷军事官僚集团。虽然自忽必烈以后，越来越多的汉式行政机构被引入，怯薛在政治上的重要性开始下降，但终元一代，加入怯薛仍是蒙古青年获得官职的捷径，怯薛仍是元代官僚阶层的核心部分。

耶律楚材

公议与大汗选举

铁木真之所以要召开会议来论功行赏，几个功臣还由此发生争执，这与蒙古的全体会议制度有很大的关系。就是选择大汗，蒙古部落也要召开由贵族组成的忽邻勒台（相当于汉语中的聚会，就是部落首长会议）。当大汗过世之后，蒙古贵族就要召开忽邻勒台，所有的蒙古贵族都要到场，共同推选新的大汗。这也是蒙古大军在第二次及第三次西征撤军的最重要原因，因为统军将领要回到蒙古高原上参加忽邻勒台，推选新的大汗。原则上，不符合这些条件而选出的大汗是不被蒙古贵族认可的。忽必烈之所以与他的弟弟阿里不哥发生冲突，就是因为阿里不哥认为忽必烈没有遵循传统，最后忽必烈还是依靠中原的人力物力打败了阿里不哥，但仍有不少蒙古贵族起兵反对忽必烈。这种皇权及其传承的不确定性导致元朝诸多的统治者都是通过谋杀和

放逐来清除他们的前任或竞争对手，引起了统治集团的分裂。

这一分裂在成吉思汗逝世后就凸显出来。成吉思汗的四个儿子开始出现纷争。在1219年入侵花剌子模前夜，成吉思汗的一个妻子指出了在即将发生的战役中他所面临的许多个人危险，在她的劝说下，成吉思汗决定立即确定自己的继承人。一场激烈的争吵很快就在两个主要候选人即他的两个较年长的儿子术赤与察合台之间爆发。察合台为了实现他夺取汗位的愿望，公开提出术赤的血统问题。在他看来，他的哥哥不是成吉思汗的亲生骨肉，不能继承汗位。争吵随之发生，拖雷明确支持术赤，兄弟们陷入了纷争。为了避免矛盾扩大，成吉思汗就转向他的第三个儿子窝阔台，这是一个折中的候选人。最后，成吉思汗的其他三个儿子都发誓：他们将尊重这一决定，在窝阔台即位时，他们将毫不犹豫地忠于他和支持他。为了消除对这一点产生怀疑的任何可能性，成吉思汗在临终前又重新肯定了窝阔台继承汗位的权利。

游牧社会的早期生活

但成吉思汗的决定也要得到忽邻勒台的批准。1229年，在选举大汗的忽邻勒台上，王公、驸马、众大将都主张恪守幼子继承父业的旧制，主张立幼子拖雷，反对成吉思汗的遗命。因为按照蒙古习俗，幼子继承父亲所有的领地、牧地及军队，而年长诸子则外出自谋生计，故成吉思汗生前分封诸子，拖雷留在父母身边。拖雷是成吉思汗最宠爱的儿子，成吉思汗出征，经常叫拖雷陪在身边。同时他立下了很多战功，在蒙古人中具有极高的声望。1227年成吉思汗逝世后，由于几个哥哥都在外作战，拖雷监国。而成吉思汗留下的军队共有十二万九千人，其中十万一千人由拖雷带领，掌握着绝大部分蒙古百姓和军队的拖雷的态度起初暧昧不明，并无坚决推戴窝阔台之意，窝阔台不得不一再推让。因此自夏至秋，聚会多时，一直决定不下来。后来拖雷表示接受父亲的主张，将汗位给予三哥窝阔台。由于拖雷的实力实在太雄厚，虽然他已经点头应允，窝阔台仍然颇为犹豫，又经过多次推让后，窝阔台终于被二哥察合台、弟弟拖雷、叔父斡惕赤斤推上了蒙古帝国的大汗宝座。

到底拖雷是在犹豫，还是力推窝阔台上台，没有史料说明。1232年，拖雷以三万蒙古军队击破金国三十万大军，宣告了金国的死刑，但在北返途中死去。据说，当时窝阔台大汗亲征金国，占领了许多城市，忽然得了病，说不出话。萨满巫师卜占之后，说道：“由于

蒙古军队灭金之时杀戮太过惨毒,触怒了金国土地上的鬼神,侵害大汗,必须由亲族中一个人代死,否则病不能好。"拖雷说:"我答应过父皇,一心辅助皇兄。何况在征战中杀人最多的正是我,造下无边罪孽的也是我,我愿意代皇兄死。巫师,你念咒罢。"事实上,在成吉思汗几个儿子中拖雷确实最为残暴,杀人也最多。巫师就念了咒,给拖雷饮了据说是抹过窝阔台身体后又施了咒语的水。拖雷说:"请皇兄照料我的孤儿和妻子。"不久就死了。拖雷死了之后,窝阔台的病果然就好了。据说,当时由于拖雷有这样代兄赴死的"义举",整个蒙古帝国上下,都将他奉若神明,窝阔台也非常感激。但对于拖雷的死,有人认为是托烈尼哥(窝阔台之妃)的阴谋,甚至是窝阔台暗害的。拖雷之死也成了元史的最大一桩谜案。

拖雷临死前,曾经嘱咐窝阔台照料自己留下的孤儿寡妇。但从后来发生的事情来看,窝阔台倒是对不起拖雷。当时蒙古汗国盛行的是萨满教,当时的萨满教仍然带着原始宗教的印记,相信巫术、天意。以巫师的说法来解释拖雷之死,自然得到了绝大多数人的认可。然而拖雷的妻子唆鲁忽帖尼是成吉思汗义父王罕之弟扎合干不的女儿。虽然王罕的克烈部后被成吉思汗灭掉,她的父亲也被杀,但是唆鲁忽帖尼仍然坚持着克烈部的景教信仰,也就是基督教中的聂思脱里派,蒙语称之为也里可温,因此巫师的解释并不能让唆鲁忽帖尼心服口服。唆鲁忽帖尼是一位杰出的女性,她在得知丈夫死讯的那一刻起,就怀疑事情另有隐情。不光是因为宗教信仰差异太大,更因为她深知蒙古政权权力斗争内部的许多秘密——早年,成吉思汗就曾经指使三名力士杀死了威胁自己

成吉思汗全家福

权威的巫师阔阔出并毁尸灭迹，还声称是上天取走了阔阔出的性命和尸体。她也同时意识到人死不能复生，拖雷"义举"的名声肯定是比被大汗铲除的名声更符合实际需要。当务之急是严格地约束诸子及部属，既不让他们做任何违拗窝阔台大汗的事情，更不让他们彼此之间争执，不能给别人任何整治拖雷后人的理由。

后来窝阔台在未经过任何宗室商议的情况下，就忽然把原属于拖雷家族的三千军户划到了自己的次子阔端的名下，这果然触怒了忠于拖雷家族的将领，他们纷纷表示要去讨回这个公道。然而唆鲁忽帖尼仍然不动声色，她劝阻了部属的冲动，并平息了他们的怒火。唆鲁忽帖尼甚至变害为利：既然自己的部属和财产是不能拿回来了，何不趁势和阔端结下友情？果然，阔端从此成了窝阔台系最为亲近拖雷家族的人物之一。同时，唆鲁忽帖尼继续保持与术赤系的关系，拖雷家族与术赤家族联系得更紧密了。这也使得窝阔台不再轻易为难唆鲁忽帖尼。

1241 年，五十六岁的窝阔台因为饮酒无度离开了人世，蒙古贵族陷入了纷争，1246 年才选出新的大汗，而 1248 年大汗贵由又在讨伐术赤系的途中死去。在蒙古贵族几年的纷争之后，1251 年，术赤的长子拔都推选拖雷的长子蒙哥作为蒙古的大汗。经过一系列的争斗，蒙哥家族独占了蒙古大汗的位置。唆鲁忽帖尼也成为养育了三位蒙古大汗蒙哥、忽必烈、阿里不哥（后被忽必烈推翻）的母亲。而将建立伊儿汗国（伊儿汗一词意为"附属汗"，即指波斯的蒙古统治者从属于大汗）的旭烈兀也看作皇帝的话，那就意味着唆鲁忽帖尼的四个儿子全部都成为皇帝。

拖雷系的上台一方面标志着蒙古政权的内部纷争到了一个新的阶段。据说，窝阔台被推戴即大汗位时，参加会议的诸宗王曾立下"只要是从窝阔台合罕子孙中出来的，哪怕是一块肉，我们仍要接受他为汗"的誓言。在贵由汗即位的忽邻勒台上，诸王也有类似的宣誓，但这些宣誓都让位于武力。因此，也可以说拖雷之死是窝阔台家族与拖雷家族逐渐开始反目的导火线，它最终造成了帝国的长久内乱。

不过，公议的原则对于后来的元朝政府的行政体系也有很大的影响。集体协商决定在大多数行政机构的运作中都作为一项标准。官员每天都要参加会议，不参加者要受到处罚。出席会议的官员必须签上他们的姓名，由于很多蒙古官员不会书写，就盖上他们的印章，以证明他们的出席。特别是在司法体系中，相关官员要坐在一起共同进行司法活动，最后的文件也要由相关官员共同署名才能生效。

蒙古妇女的生活

由于原始母系社会的残留，到了成吉思汗的时候，虽是男权社会，但女性仍发挥着重要作用，拥有相当高的社会地位。成吉思汗的母亲诃额仑、成吉思汗的妻子孛儿帖、拖雷的妻子唆鲁忽帖尼都是其中的杰出女性。

南宋的使者曾经注意到，在木华黎的营帐中，妇女地位很突出，她们可以自由地与男人喝酒和交谈。另外，由于蒙古族的尚武之风，蒙古族妇女对骑马射箭并不陌生。欧洲的使者曾指出："年轻姑娘和妇女也会骑马，并能在马背上奔跑，同男人们一样敏捷。我

们甚至看见她们携带弓箭……有些妇女也能像男人一样射箭。”

但整体而言，蒙古族妇女是很辛苦的。居无定所、逐水草而牧的生活，更多地依赖妇女高强度劳动。张罗吃喝，缝补穿戴，管教子女，迁徙时蒙古包的拆卸装运，到达新居地时搭建毡帐。

缂丝帕玛顿月珠巴像

除了身体的劳累之外，蒙古妇女还承受着心理的重担。草原上盛行抢婚，妇女被抢来抢去，而好不容易有了一个稳定的家庭，又会面临着失去儿子或丈夫的忧虑。虽然当时蒙古人不断取得对外的军事胜利，但这无疑是不计其数的蒙古子弟的鲜血和生命铺就的。命丧异域而终生不能见父母者肯定无法计数，生离死别的哀痛给妇女以及母亲带来了巨大的痛苦。例如，1252 年，蒙哥汗把完全征服阿拉伯世界的重任交给弟弟旭烈兀。旭烈兀于第二年举兵西进。当时，他把大部分家眷留在蒙古本土，身边只带一部分女眷出征。但这次战争极为漫长，等到局势稳定下来，旭烈兀才派人从蒙古接家眷到波斯。遗憾的是，家眷还未到来，旭烈兀就于 1265 年去世。他的长妻忽推哈屯异常悲痛，哭瞎了双眼。

军事扩张

蒙古政权建立之后，就走上了对外扩张之路，几乎把对外战争作为民族生存的依靠，游牧反而降居次席。当时不仅南宋、金、西夏之间你争我夺、矛盾重重，而且各个政权内部也充满了各个阶级、各个民族以及各个政治集团之间的矛盾和冲突。西辽也已经衰落。而中亚的花剌子模才摆脱西辽的统治，统治还不牢固。俄罗斯也只是一个松散的联盟。而阿拉伯世界和基督教世界互相攻击，特别是欧洲发动数次十字军远征之后，双方实力大损。因此这些国家最后就被拥有诸多军事天才和来自中原的精良武器的蒙古军队各个击破。

三次西征及与欧洲的交往

蒙古先向金国和西夏发动了攻击，并于1215年攻下了金国原来的都城燕京（今北京）。但鉴于金国的城市均有坚固的防守，就利用从蒙金战争中学到的火药技术及攻城技术，再加上阿拉伯世界和基督教世界已陷入激烈的争斗中，就在继续保持对金国和西夏的军事压力的情况下，于1219年也就是欧洲发动第五次十字军远征之后的第三年，发动了首次西征。

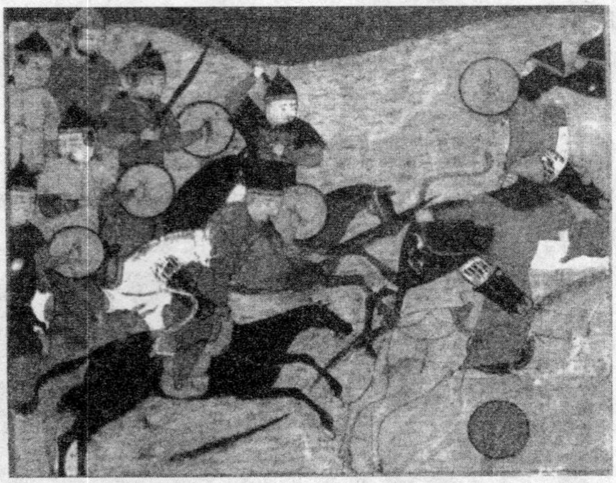

蒙古西征

这次战争的起因是花剌子模杀蒙古商队及使者，成吉思汗以此为借口，亲率二十万大军（真正的蒙古军队只有十来万人，剩下的都是从统治下的各族民众中强行抽调的丁壮组成的部队，其中包括金国统治下的汉人百姓）西征。在蒙古政权准备大举进攻之时，花剌子模只是初具帝国的雏形，如撒马尔罕归属于花剌子模还不到八年，因此相当虚弱。在蒙古军队的攻势之下，其国王西逃，太子札兰丁逃到印度河以南地区。花剌子模王国的灭亡是一个转折点，本来并没有太大野心的铁木真和其他蒙古贵族受到极大鼓舞。花剌子模王国的脆弱、战争胜利后精神上和物质上的满足和享受，使他们的人生观改变，走上了不断扩张之路。

1221年，成吉思汗派遣的使者到达高加索地区，要求当地人投降。同年，第五次十字军东征结束。蒙军又深入俄罗斯，于1223年大败钦察和俄罗斯联军。1225年，成吉思汗引军东归，将本土及新征服所得的西域土地分封给四个儿子，后来发展为四大汗国。

1227年，成吉思汗在灭亡西夏前不久死去。1228年，欧洲教会发动了第六次东征，重新占领了耶路撒冷。1229年，元太宗窝阔台继任大汗，第六次十字军东征也在这时结束。

窝阔台于1234年派遣其兄术赤之次子拔都，率军再度西征。窝阔台长子贵由、拖雷长子蒙哥等王子从之，故又称长子西征（主帅拔都虽为术赤次子，但因其兄将继承人位置相让，实为真正意义上的“长子”）。西征军杀死札兰丁，彻底消灭花剌子模。不久，又攻陷莫斯科、基辅诸城，并分兵数路向西欧挺进。1241年，北路蒙军在波兰西南部大破波兰与条顿骑士团联军。拔都亲率蒙军主力由中路进入匈牙利，渡过多瑙河，直逼奥地利，全欧震惊，称蒙古军队为上帝罚罪之鞭。当时的英国也提心吊胆，禁止船舶出海捕鱼。正当西方各国惶惶不可终日之际，拔都忽然接到窝阔台驾崩的噩耗，于是率军东还至伏尔

加河下游，建萨莱城为国都，建立钦察汗国，因其帐顶为金色，故又称“金帐汗国”。这时，从中国东北到匈牙利，所有“毛毡帐篷下的人”，无论是主动还是被迫，都成为蒙古民族统治下的成员。

在以前的西征中，蒙古人给阿拉伯世界沉重的打击。当绝望中的穆斯林请求基督教国家的统治者提供援助时，一位主教却这样说：“让这帮畜牲互相残杀去吧！”但这一次他们不得不重视蒙古人带来的威胁。此时，欧洲教会已经得知在蒙古人统治的帝国内部，基督徒有相当的实力，他们甚至想象蒙古第三任大汗贵由就是基督徒。有些人就认为，蒙古军队是支持基督教事业的天赐的干预者，是反对宿敌阿拉伯世界的有力的同盟者。为了消除蒙古西征的威胁以及联合蒙古基督徒共同对付伊斯兰教，罗马教皇英诺森四世派人带着教皇致蒙古大汗的书信，出使蒙古。

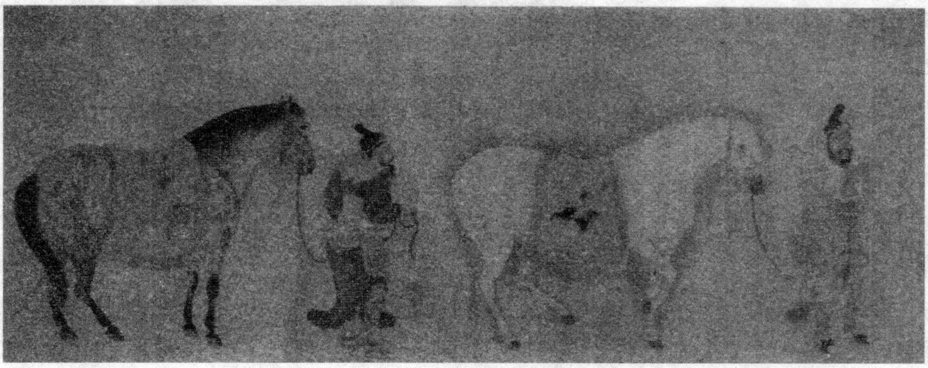

职贡图

欧洲教皇给蒙古大汗的信中，指责蒙古人滥杀无辜，要求蒙古人受洗成为基督徒，同时还试图与蒙古人建立一个政治联盟。贵由给教皇回了一封信，信中写道：“你在来信中称，我们应该领洗，成为基督教徒，我们对此仅给以简单的回答：我们并不理解，为何我们必须如此。……你们认为，只有你们西方人是基督教徒，并且蔑视他人。但是，你们怎么知道天主究竟要施恩给哪些人？”贵由对教皇认为蒙古人滥杀无辜的指责嗤之以鼻，因为蒙古政权也了解到十字军对伊斯兰世界的屠杀。这封书信的原件，现在还保存在梵蒂冈的档案中，上面盖有蒙古大汗的印章。这是中西方外交史上最早的国书原件。后来教皇的使者不得不降低标准，改口要求蒙古大汗不要杀基督徒。

而蒙古大汗的回应则是：“要对所有基督教徒普施慈悲。”然而，罗马教会不愿接受蒙古方面关于宗教和解的建议，更不愿意放弃对于基督教世界的控制，与蒙古人的谈判随即破裂。

蒙哥于 1251 年即大汗位后，令其弟旭烈兀率兵西征，是为蒙古的第三次西征。这次西征主要方向是西南亚地区，头等目标是消灭木剌夷国。木剌夷国属于伊斯兰教的什叶派，养有大批刺客，四处刺杀伊斯兰教逊尼派的重要人物，据说还曾经到和林行刺蒙古大汗，但被蒙古军队截获。同时他们还经常侵扰来往的商队，但他们的据点深在山区，其要塞很难攻破。不过在来自中原的工程部队的协助下，蒙古军队先将巨大的攻城器械拆卸

浴马图(局部)

后一件一件地运上山来,然后逐个攻破了他们的要塞。

消灭木剌夷国之后,蒙古军队挥师继续西进,这时有大批基督教的军队加入。高加索地区的亚美尼亚国王海屯主动要求出兵协助,攻击阿拉伯世界。

1257年,旭烈兀攻陷了巴格达,灭亡历时五百余载的黑衣大食。此后旭烈兀又率兵攻陷阿拉伯的圣地麦加,1260年攻占了大马士革,据说其前锋还渡海攻下了今地中海东部的塞浦路斯岛。本来还要攻打埃及,但蒙哥伐宋阵亡引起了蒙古内部纷争,旭烈兀遂将主力撤回,蒙古第三次西征结束。

这时,忽必烈和阿里不哥为争汗位爆发了战争。旭烈兀支持忽必烈,金帐汗国支持阿里不哥。金帐汗国在高加索边境驻扎大军,旭烈兀便留下怯的不花统领五千军队驻守叙利亚,自己则驻军于阿塞拜疆。此后蒙古各部为了争夺汗位争斗不休。虽然名义上诸汗国都听命于蒙古大汗,但事实上已成独立王国。诸汗国之间的斗争取代了以前的齐力西征。

在这种情况下,埃及的马木留克苏丹忽都思乘机发动了进攻。马木留克是阿拉伯语中的奴隶之意,当时阿拉伯人贩子每年都从高加索地区和中亚草原诱拐或绑架数以万计的孩童,将之训练成雇佣兵。阿拉伯各国的苏丹(相当于汉语中的统治者)将他们买来,并训练成军。埃及王朝的马木留克后来废掉了埃及原来的苏丹自立,他们的将领忽都思成为新的苏丹。忽都思组织了五万马木留克骑兵,并以伊斯兰圣战的名义召集北非所有穆斯林部队,最后组成一支十二万人的联军。这些应召而来的部队由于来自非洲内陆,消息闭塞,对蒙古人的军威一无所知,因而士气反倒很高。

而这时蒙古军队由于过去几十年攻无不克、战无不胜,极为骄横狂妄。怯的不花就轻敌冒进,率领一万多人前去攻打忽都思,进入了他的包围圈。怯的不花率先发动了攻击,几乎将忽都思大军击溃。但忽都思军队人数众多,又擅长近战,逐渐在肉搏战中占据了上风。怯的不花不肯撤退,兵败被杀。

1270年,欧洲发动第八次十字军东征,也是最后一次十字军行动,从第一次算起,前

后将近两百年。而到了14世纪,位于中亚的蒙古势力纷纷接受伊斯兰教,欧洲教皇企图联合蒙古基督徒共同对付伊斯兰教的计划彻底泡汤。

恃北方之马力,就中国之技巧

蒙古大军在13世纪发动了数次大规模的西征,凭借较少的军队(总数最多不过二十万人)战胜了所有的敌人,改变了整个亚欧的历史,也促进了欧洲和近东的军事革命。蒙古军队的胜利并不是单靠勇猛获胜的,也不单是因为在文化和物质上都处于落后地位,对财富的向往使蒙古军队保持了旺盛的战斗力。蒙古军队之所以能够攻城掠地无数,用金朝末代皇帝的话说,最重要的原因就是"恃北方之马力,就中国之技巧"(这里的中国指金国,因为当时金国占据了中原,自命正统,而古时往往称中原王朝为中国)。

精锐的骑兵

如前文所述,游牧民族在骑兵方面向来有巨大的优势,蒙古骑兵更是其中的佼佼者。蒙古马身材矮小,跑速慢,越障碍能力也远远不及欧洲的高头大马,但蒙古马是世界上忍耐力最强的马,可以长距离不停地奔跑,对环境和食物的要求也是最低的。而为了让战马在急驰中减弱风的轰鸣,更清楚地听见背后主人的声音,以利于驾驭,骑手将战马双耳各剪一道缺口。再加上蒙古人"其爱惜良马,视爱惜他畜尤甚。见一良马,即不吝几匹马易之。得之则旦视而暮抚,剪拂珍,更无以加。出入不骑,唯蓄其力,以为射猎战阵所需而已。"人马之间建立了深厚的感情,很容易达到人马一体的境地,从而取得对于其他骑兵的优势。

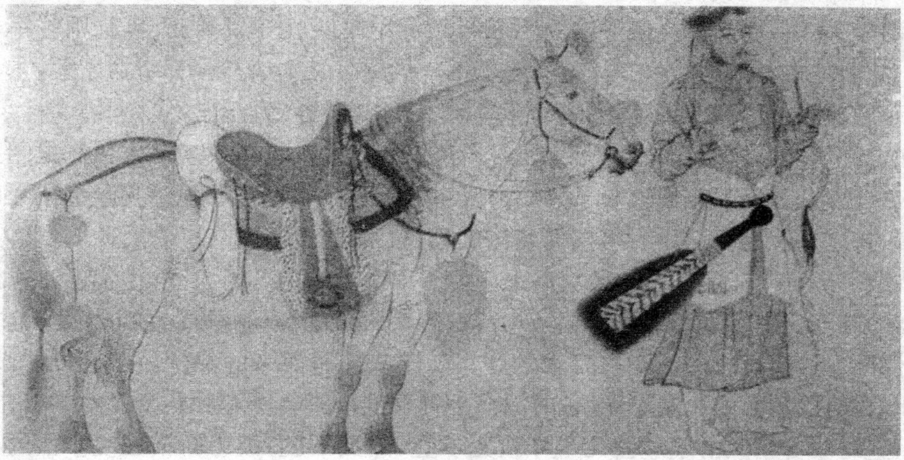

蒙古马

而蒙古人"乐意互相共享他们的食物,虽然他们的食物并不是很充足的。可他们能吃苦耐劳,即使他们没有食物,一两天完全不吃东西的时候,也不会轻易地表现出不耐烦,而是唱歌和作乐,好像他们吃得很好。他们在骑马时,能够忍受严寒,也能忍受酷暑。

他们不是养尊处优的人”。当时蒙古军队分三路攻打花剌子模，术赤、哲别率领三万人的军团，负责绕到敌后，切断花剌子模与阿富汗之间的联系，掩护主力战略展开。他们穿过海拔四千多米的雪山，在一丈多深的积雪中行军，最终达成了战略目的。而且蒙古马除了作为骑乘工具外，也是食物来源的一种。蒙古军队的每名骑兵都拥有好几匹马，且一般为可以挤马奶的母马，这也就减少了蒙古军队对后勤的要求。在攻打城市时，如果粮食耗尽就在城下打猎；等攻下城市之后，就向居民索要粮食及牲畜。这样就在后勤保障上占据了很大的优势，能够长途奔袭作战。

历史小常识：蒙古骑兵的推进

当时，蒙古军队攻占北俄罗斯，只用了两个多月时间，每天的平均速度达到九十千米左右；攻占南俄罗斯，只用了七十天左右的时间，每天进攻速度达到将近六十千米；攻占匈牙利和波兰只用了九十天的时间，每天进攻速度达到六十千米。即使不考虑天气地形因素，这样的速度对于步兵来说也是不可想象的。

严明的纪律

更重要的是，虽然所有的游牧军队都天生机动灵活，但没有一个像成吉思汗的军队那样纪律严明。成吉思汗颁布蒙古第一部成文法——《大札撒》，针对各种不同情况分别制定法令，针对各种不同罪行也制定相应的刑罚。他大力加强法制教育，下令所有将士都要遵守《大札撒》，“对于将校之有过者，只需遣派一最微贱之臣民，已足惩之。此将虽在极远之地，统兵十万，亦应遵守使者所传之命。若为受杖，则应伏于地，若为死刑，则应授其首。”他严明军纪，单是参加军事会议迟到，就会被处以死刑。对违纪者即使是亲戚贵族也不例外。而当成吉思汗怀疑术赤托病不参加军事会议时，就立即准备出兵讨伐。他说：“凡诸临敌不用命者，虽贵必诛。”士兵们对于成吉思汗的命令总是认真执行，还互相告诫：“遣我火里去或水里去，则与之去。”将士们就是以这种火海敢闯、深水敢钻的精神去效死战斗。上下同心协力，使得军令、政令得以贯彻执行，这是蒙古军队的可怕战斗力的基础。

古代的鸽子通信

与此同时，蒙古军队又设立了叫作“预力得格其”（实施战斗）的参谋部，并通过“箭速传骑”来传达命令和情报，昼夜可急驰四百里，相当于古代的电报系统，增强了军令传

递和军队调遣的速度，极大地发挥了骑兵的优势。在此情况下，花剌子模国根本不知道蒙古军队的主攻方向，只好分兵防御各个城市，结果被各个击破。而在战斗中，蒙古军队也可以上百里地大规模机动，使敌人很难预料和防范到他们的主力在何位置。1241 年，在与匈牙利国王贝拉十万大军的作战中，一支小部队吸引匈牙利军队主力出战，而蒙古军队主力则在近百里远的南方乘夜渡河，从背后攻击匈牙利军队，匈牙利军队顿时大乱。

在和欧洲军队的作战中，拥有严明纪律的蒙古军队有着很大优势。当时欧洲多为重装甲骑兵，欧洲骑兵的马也远比蒙古马高大，依靠骑兵的冲击力取胜，而不像蒙古骑兵那样依赖弓箭。蒙古军队的装甲虽然没有欧洲军队的坚固，但保证了机动性。更重要的是，与欧洲骑兵协同作战的步兵多为临时征召来的农民，军纪根本无法与蒙古军队相比。当时，蒙古军队的指挥通常用旗帜，偶尔用鼓点和响箭，部队调动迅捷无声，让对阵的欧洲军队摸不着头脑。而欧洲军队在追击的时候，往往就会阵型大乱，在后退的时候，步兵又会立刻溃散，一发不可收拾。

蒙古军队更多的是先用一小部分骑兵利用弓箭的优势，不停地骚扰敌军。通常蒙古军队的骑兵只要发动一两次这种攻击，就会让对手不得不出击。如果对方出击，蒙古军队就立即后撤，因为骑兵的机动性，蒙古军队很容易在远离敌军后重新排列整齐，伺机再次骚扰。一旦追击的敌军队形散乱或疲惫时，早已四面包抄的骑兵则在一阵密集的弓箭射击后蜂拥而来。一旦对手开始败退，蒙古军队就会迅速变成包抄队形，利用骑兵的机动性，对残敌穷追不舍，彻底击破敌军。这种战术匈奴、汉族、契丹、女真人都用过，但蒙古人则把它发挥到极致。1223 年，三万蒙古大军与俄罗斯联军在迦勒迦河进行会战，蒙古军派出少量部队诱敌，连续退却九天九夜，期间遗弃一些财物诱敌，使对方追击的部队阵型大乱，然后再反攻制胜，一路追杀，全歼对方八万人。

相马图

先进的攻城技术

单靠骑兵的机动灵活，蒙古军队固然可以在野战中所向无敌，但对于坚固防守的城

市，还是要付出极大的代价。他们曾经将土倒在城墙下，待与墙平时，再冲上城头。这种战术极为落后，但由于蒙古军队极为重视工匠，蒙古人很快就从金、西夏的军队那里学到了各种攻坚技术，改变了以往单纯依赖骑兵的战术，并且学会使用已经在中原运用的火药。蒙古人特别注重投石机的使用，还专门成立了炮兵，在攻城时集中使用，具有无坚不摧的威力。

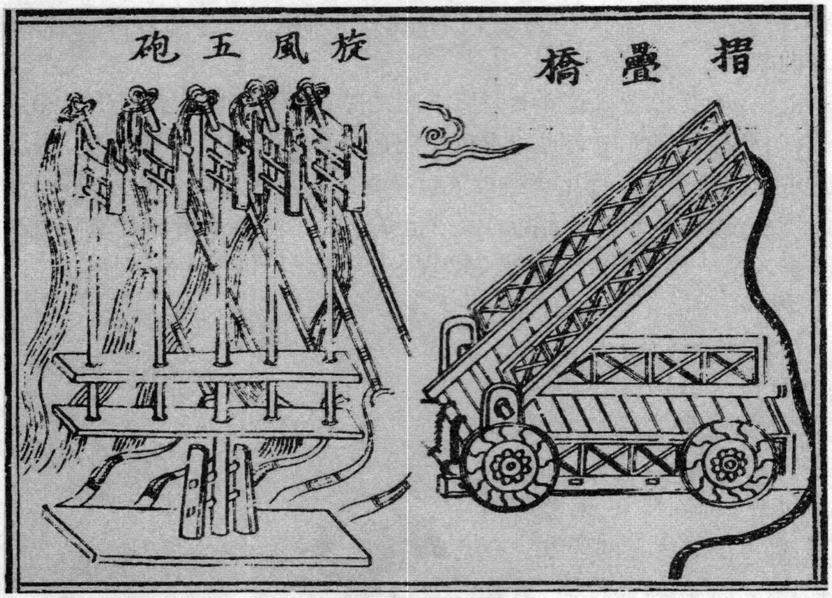

中原的攻城器械

蒙古军队在投石机的制造技术方面，与阿拉伯世界及西方并无太大差别。他们主要胜在规模上，利用了中原充足的工匠资源，在西征过程中，蒙古就大量征发汉族等各族人民的工匠。号称永远都不会陷落的巴格达的城墙，也在随同旭烈兀西征的一支包括一千名汉人炮手在内的炮兵部队的攻击下变得不堪一击。原来凭借深山城堡而自立的木剌夷国也直接亡于来自中原地区的工匠之手。

蒙古军队另外一个优势是火药武器的装备。当时阿拉伯世界和欧洲从未见过火药和火箭类武器，这对他们产生极大的心理震撼。很多时候火药类武器尚未完全破坏城墙，守军就已失去战斗的意志，开始弃城逃亡。在攻击波兰的一场战斗时，蒙古军队将含砒霜、巴豆的火箭射入波兰军队营帐中，产生强烈的毒烟，造成很大伤亡。而在当时西方宗教观念还非常浓厚的情况下，西方军队将此看作妖术，顿时斗志全无。蒙古军队强大的实力再加上新式的武器，使当时的西方人认为蒙古人是来自地狱的使者，而他们居住的地方就是《圣经》上的地狱。

高明的战略

蒙古军队之所以取得诸多胜利，不但是蒙古精锐的部队以及中原攻坚技术结合的结

果，而且还有蒙古统帅高明战略的作用，这些在其他战争中也有充分体现。

蒙古兴起之后，虽然金远比西夏富裕，而且金与蒙古还有很深刻的矛盾，但它却先攻打西夏，这有成吉思汗深刻的考虑在内的。西夏与金相比，金毕竟是上邦。长期以来，漠北诸部（包括蒙古）一直是金的藩属，在当时北方各族心目中，金朝的国君是“极其强大而尊严的”。因此，如果先攻金，西夏很可能被金拉过去充当盟国。那时，如果西夏出兵直捣蒙古本部，将会对成吉思汗构成极严重的威胁。因此，为了全力攻金，蒙古必须首先剪除来自西夏的威胁。

从战术上说，从漠北统一战争中锻炼出来的蒙古军团，擅长于在开阔的无遮无拦的原野上作战，西夏又处于游牧文明和农耕文明的交汇处。这种地域环境，恰恰是成吉思汗军队南进中原的演兵场。而南下进攻人口稠密的农耕定居区，蒙古人将面对严密的防守和坚固的堡垒，而动辄十几万大军的大战也是蒙古军队从未接触过的。当时从金朝投奔蒙古的一些人曾一再怂恿成吉思汗立即攻金，成吉思汗仍不为其言所动。

骑着骆驼的商人

而到了蒙古军西征花剌子模前夕，当时成吉思汗有三个选择。一是金国，金国与蒙古有仇，经过长达数年的战争，金朝已无力抵抗蒙古的进攻，但蒙古灭金需要付出很大的代价。二是西夏，西夏时而归附，时而反叛，对蒙古构不成威胁，但仍可能成为金的盟友。三是花剌子模，花剌子模斩其使臣、屠其商队。花剌子模表面强大，但内部并不统一。

成吉思汗权衡利弊，避实就虚，稳住西夏，牵住金朝，利用从攻西夏、攻金的战争中学到的技术，全力攻击花剌子模。在初步统一亚欧大陆上的游牧部落之后，又在西域的人力物力的协助之下，开始进攻西夏。而蒙古每次进攻西夏都选择其防守较弱的西线进兵，而不是一直与宋、金对峙国防配置设施牢固的东线。等灭掉西夏之后，再用在对西夏的战争中得到锻炼的蒙古军队大力攻击金国。同时又绕开金重兵把守的潼关，绕道宋境直扑金的都城，金军主力不得不回师救援，结果因过于疲惫被击败。

在西征之时，蒙古军队不但建立了参谋部，而且还重视商人的作用。商人为蒙古军队提供了很多物资和情报。战前，他们尽量收集有关敌人的道路、河流、防御工事、政治

和经济状况等方面的情报。据说拔都在决定是否攻打西欧时，就向商人们打听法国等地方是否有水草、是否有利于蒙古军队的作战。而蒙哥也询问相关人士“法兰西王国的情况，那里是否有许多羊、牛和马，他们是否最好立即进攻那里，并完全占领它”，这也是蒙古军队在西征过程中战无不胜的重要原因，他们从不打无准备之仗。

更让人称奇的是蒙古军队的心理战。在第一次西征期间，成吉思汗千里奔袭花剌子模的重要城市布哈拉。在包围了该城市之后，他知道援军不会到来，所以并不急着马上发动攻击，而是削弱布哈拉民众的斗志，试图在战斗真正开始之前，用恐吓手段迫使敌人投降。蒙古军队先夺取邻近的几个小城镇，再释放了一些平民，让他们逃往布哈拉。这些逃亡者不仅充斥该城，加重了城市的负担，而且大大地加剧了城内的恐惧氛围。蒙古军队又派间谍散布蒙古势力强大、任何抵抗都无济于事的传言，使市民士气低落。最后他们又给城外的民众提供宽待的投诚条款，对城市的居民展开心理攻势。而对于拒不投降的城市，蒙古军队则采用残酷的恐怖战术，以削弱敌人的士气。战俘被迫站在队伍前列向自己人进攻，而攻城时稍遇抵抗，就大肆屠杀该城居民，以恐吓其他城池。

莫高窟六体文石刻

蒙古军队还利用当时民众对天命的迷信来进行心理战。还是在布哈拉，成吉思汗把该城的失败归结为统治者的过失和罪行，并宣布蒙古军队是代表上天来惩罚他们的。而到了元朝攻打南宋时，忽必烈就在《下江南檄》中指责贾似道误国，“堪嗟此宋，信任非人”，并宣称自己是“吊民而伐罪”（慰问受害的百姓，讨伐有罪的人）。而伯颜的“得国由小儿，失国由小儿”也对南宋军民产生了很大的震撼，就包括后来的不少史学家都认为宋朝的灭亡是天道循环，这就削弱了南宋军民的抵抗。另外元军可能还实行了心理战。南宋末年临安流传童谣：“江南如破，白雁来过。”又有流言：“亡宋者，百眼将军也。”这些流言的印证，再加上蒙古军队强大的军力，对仍在抗争的军民造成了很大的心理震撼，这也是元军能够很快平定江南的原因。

应该说，蒙古军队经常采用欺骗战术。蒙古军队常用的一个战术就是将树枝拴在马尾巴上，扬起灰尘，以及让假人骑在多余的马上，给人以大部队在行军的假象。而第一次西征时，速不台和哲别在高加索山区遇到了钦察人以及阿速人和薛尔客速人的联军。哲别与速不台派人带了礼物去向钦察人说：“你们是突厥人，我们也是突厥人，不可同类相

残，为什么要和外族联合？他们给你们的好处，可以从我们这里得到。”哲别与速不台之所以如此说，是因为在语言上，蒙古人与突厥人确有很多互相借用的字词；在生活方式上，同为游牧之民，更有很多一致之处。因此哲别与速不台说蒙古人是突厥人，钦察人果然就深信不疑，于是离开战场。但等到蒙古军队打败了阿速人与薛尔客速人之后，就追击并打败钦察人，夺回了刚赠给他们的全部礼品。这与孙子的“诡道”思想是一脉相承的。孙子总结战争规律，提出了兵不厌诈的“诡道”思想，自此以后春秋以前以“仁义”为核心的战争指导思想在战国时期已销声匿迹。当然，这并不是说成吉思汗熟读《孙子兵法》，而是说成吉思汗在与野兽、与外敌长期的争斗中，同样悟出了这一真理。

蒙古军队是世界战争史上的奇迹。对于蒙古军队的战略，历代评价不一，这在对成吉思汗的评论上体现得更为明显。阿拉伯史学家鉴于成吉思汗具有摧毁城市和战胜数倍于己的敌军的能力，断言成吉思汗“熟悉巫术并且诡计多端，以魔鬼为友”。据说拿破仑则这样评论：“不要以为蒙古大军入侵欧洲是亚洲散沙在盲目移动，这个游牧民族有严格的军事组织和深思熟虑的指挥，他们要比自己的对手精明得多。我不如成吉思汗，他的四个虎子都争为其父效力，我无这种好运。”

蒙古西征与马可·波罗

蒙古西征直接导致了一个横跨亚欧大陆，东起太平洋西至波罗的海的强大政权，丝绸之路再次畅通，商人可自由往来于蒙古政权的土地上。据说当时即使一个少女怀揣一袋金子，也可以安心遨游这个广大的帝国。东西方开始频繁交往，中国的火药、纸币、活字印刷术也因蒙古西征而传入欧洲；西方的天文、医药传入中国，促进了东西方的陆路交通和文化交流，对社会的发展起到了推动作用。欧洲人开始络绎不绝地来到中国，其中最有名的就是马可·波罗。

马可·波罗的父亲尼古拉·波罗和叔父玛飞·波罗，原来是威尼斯的商人，兄弟俩常常到国外做生意。蒙古汗国建立后，他们带了大批珍宝到金帐汗国做生意，后来又到了中亚的一座城市——布哈拉居住。有一次，忽必烈的使者经过布哈拉，使者第一次见到欧洲商人，感到很新奇，便邀请他们一起到中国。波罗兄弟本来也是喜欢到处游历的人，就跟随使者一起到了上都（今内蒙古自治区多伦县西北）。忽必烈听到来了两个欧洲客人，十分高兴，在行宫里接见了他们。后来两人告别了忽必烈，回到威尼斯。

这时候马可·波罗已经十五岁了。他听父亲和叔父说起中国的繁华情况，十分羡慕，央求父亲带他到中国去。尼古拉也觉得让孩子一个人留在家里不放心，就决定带他一起走。尼古拉兄弟带着马可·波罗向中国进发。1275 年，尼古拉兄弟带着马可·波罗经过三年的旅行，再次来到了中国，觐见忽必烈。此时的大都城已经建好，马可·波罗便决定留下来。

马可·波罗在中国整整住了十七年，他被元世祖派到许多地方巡察，还经常出使到国外，到过南洋的好几个国家。1292 年，伊儿汗国大汗阿鲁浑的妃子死了，派使者到大都

来求亲。元世祖忽必烈接受了阿鲁浑的请求，挑选了科克清公主作为阿鲁浑的王妃，并派尼古拉兄弟和马可·波罗与他们一起，由海路把科克清公主护送到伊儿汗国。

马可·波罗父子又经过三年的跋涉，回到了故乡威尼斯。这时候，他们离开威尼斯已经二十年了。当地人看到他们穿着东方的服装回来，又带回许多珍奇的物品，都大为好奇。没过多久，威尼斯和另一个城邦热那亚发生冲突，双方的舰队在地中海打起仗来，马可·波罗也参加了威尼斯的舰队。结果，威尼斯打了败仗，马可·波罗被俘，关在热那亚的监牢里。有一个名叫鲁思梯谦的作家跟马可·波罗一起关在监牢里，他把马可·波罗讲述的事都记录了下来，编成一本书，这就是著名的《马可·波罗游记》(一名《东方闻见录》)。在该书中，马可·波罗将中国的著名城市，像大都、扬州、苏州、杭州等，都做了详细的介绍，极力称颂中国的富庶和文明。他认为杭州是世界上最大、最美的城市，与杭州相比，欧洲当时最富裕的威尼斯只能算是一个村子。马可·波罗写道："我相信世界上没有别的地方能聚集这么多的商人，并且将比世界上的任何一个城市里的更贵重、更有用和更奇特的商品都汇集到这个城市里。"

挖煤图

这本书一出版，就激起了欧洲人对中国文明的向往。但有些欧洲人认为马可·波罗把元朝中国的辽阔和繁华渲染得太过分，以为他是在吹牛，给他起了个绰号"百万牛皮"。当不相信此事的忏悔牧师在他临死时敦促他收回他说的所有话时，马可·波罗回答道："我还没有讲出我看到的一半呢！"

不过更多的欧洲人则相信马可·波罗说的是真的。《马可·波罗游记》也成为欧洲中世纪最著名的畅销书，在文艺复兴运动中广为传播。文明繁荣的中国也成为文艺复兴的思想家批评当时欧洲的政府及教会的有力工具。而两百年后，哥伦布在《马可·波罗游记》一书中留下了三百多条读书笔记，然后开始了他到富裕的东方去发财的海洋航行。而欧洲人对从东方传播过去的火药诸技术进行改进，开始了向东方殖民掠夺的进程。在这一点上，《马可·波罗游记》的作用倒是跟柳永的"三秋桂子，十里荷花"的词句类似，成为欧洲人殖民扩张的重要诱因。

包围南宋

第一次西征结束之后，蒙古军队就开始攻击西夏、金、宋这些有着坚固防守的城市的国家。这些国家拥有大量的财富，但已处于衰落之中。蒙古军队灭掉了西夏，在此之前，成吉思汗于1227年8月逝世。蒙古军队遵循他临终前制定的战略，灭掉了金国，后来又将大理、西藏纳入版图，从而完成对南宋的战略包围。

三峰山之战

成吉思汗在临终前，把儿子叫到床前，告诉他们去攻打金国的计策，他说："金的精兵在潼关，城防坚固，难以攻破，如果向宋借道，宋与金是世仇，必定会应允，那就可以直插金的后路，威胁他们的都城开封。金国都城危急，肯定会召回驻守潼关的军队，但他们千里行军去救援，人马疲惫，即使赶到也不能作战了，这样我们必能大胜。"

1231年，拖雷就绕开金兵重兵把守的潼关，从凤翔南下，绕道宋境，越过秦岭，出汉中盆地，由金州（今陕西安康）沿汉水东进。金哀宗闻讯，急调潼关以及黄河沿岸守军到汉水一带阻击蒙古西路军。拖雷避开金军主力，兵分多路北上。金军又匆忙由邓州驰援南京。拖雷的主力在钧州（今河南禹县）三峰山附近伺机而动，另派三千轻骑袭扰金军。当金兵进击时，蒙军就快速退去；金兵刚扎营寨，蒙军就来偷袭。金军且战且行，昼夜不得休息，甚至连续三天吃不上饭，将士们精疲力竭，结果被蒙军包围在三峰山。当时恰逢天降大雪，天气非常寒冷。蒙古人长期在严寒多风雪的蒙古高原生活，习惯风雪和严寒，而此时的金兵长期生活在中原地带，从未受过严寒和风雪的洗礼。蒙军在四面烤火煮肉，轮番休息。金兵却披着金属铠甲僵立雪中，饥寒交迫。蒙军知道金兵急于突围，就故意让出一条路。当金兵争相逃跑之时，蒙军伏兵四起，大败金兵，全歼金军精锐十五万，俘杀金帅完颜合达、移蒲阿。三峰山一战，金兵主力被歼灭殆尽。1234年，金朝灭亡。

历史小常识：蒙古的秘葬

成吉思汗包括后来元朝的统治者均采用秘葬的方式。下葬后，由马匹踏平墓地。等到第二年春天小草长出以后，墓地与其他地方分辨不出时，护卫的骑兵才撤走。为便于日后能找到墓地，在陵墓上杀死一只驼羔，将羔血洒于其上，子女如想念成吉思汗，就让当时被杀驼羔的母驼作为向导，如果母骆驼停在一个地方久久徘徊，哀鸣不已，那么这个地方就是陵墓所在地。

蒙古灭金战争，共经历了三个阶段：1211～1217年为成吉思汗侵金阶段；1217～1223年为木华黎侵金阶段；1229～1234年为窝阔台侵金阶段。在前两个阶段中，蒙古汗国的目的主要是掠夺财富和奴隶，逐渐消灭金朝的有生力量，在第三个阶段中灭掉金朝，这种战略部署是正确的。金朝失败，在于统治阶级内部腐朽，缺乏全局战略，指挥不当，如三

峰山之战，在朝廷的指挥下，十几万金兵疲于奔命，最后败于蒙古之手。尽管当时金国民众坚持抗战，也无法挽救败局。

蒙古之所以能够灭掉强大的金国，是因为成吉思汗及其继承人，在政治上以反抗压迫为号召，发挥了新兴民族的锐气；在谋略上善于利用金、宋、夏以及金朝内部的矛盾，联此击彼，各个击破，尤其是成功地运用了借道于宋、联宋灭金之策；在战法上利用骑兵的优势，声东击西，突袭歼敌，逐渐消灭金朝的有生力量；在战争前期焚烧金国城池，掠夺财富和奴隶，破坏了金国的经济，消耗金国的实力；在武器装备上善于吸取中原先进技术，使长于野战的蒙古军增强了攻坚能力。而金统治者，政治腐败，多方树敌，士气不振，战法消极。再加上金遭遇了严重的自然灾害，而蒙古军队的不断攻击也破坏了金国的经济，后来开封地区又发生严重的瘟疫，遂亡于蒙古之手。

平定边疆

为了完成对宋朝的包围，忽必烈1253年率领十万大军攻打大理。元军来到金沙江边，面对汹涌的江水，蒙古军士缺乏船只渡江，却创造性地使用革囊渡过了金沙江天险。革囊顾名思义就是羊皮或牛皮做的气囊，元军或用单个革囊缚在身上，或坐在多个皮囊连缀而成筏子上，出其不意地渡过长江。而这时大理早已陷入分裂，段氏传位二十二代，就有十代帝王被迫托庇于佛祖座下为僧。元军很快攻下了昆明城，征服了唐朝屡攻不下的大理。

而西藏地区很早就与蒙古政权发生了联系。1247年，宗王阔端颁布令旨给乌思藏（今西藏自治区除昌都地区以外的大部分地区以及锡金、不丹），要求各地首领清查户口。清查户口的目的在于征收赋税，这也是中央政府行使管辖权的标志。1253年，蒙古军队进入西藏，结束了西藏地区不相统属的混乱局面，从此西藏成为中国版图不可分离的一部分。1260年忽必烈即位后，立即遣官赴西藏地区清查户口，1268年又派官员抵乌思藏，进行更大范围的户口调查。1287年、1334年又进行了两次全面的人口调查。

与籍户同时进行的是设立驿站。西藏的驿站与内地的驿站相连，直通元大都。通过籍户，可以确定各地方首领统辖户口的多寡和资源情况，以便确定支差的人数和赋税的数量。法律规定，每一冒烟的烟孔为一户，每户要派出一人支应差役，并为驿站提供物资即牲畜。史载答失蛮等在清查户口与设置驿站时，“一路上在各地召集民众，颁发堆积如山的赏赐品，宣读诏书与法旨”。驿站的管理权统归宣政院和中书省。西藏地区的居民负有提供运畜、人丁和器具的法定义务。沿驿居民也负有接站传送文书，为过站官员提供马匹和食物住宿的义务。

后来，元朝设置了宣政院，直接管理西藏地区军政要务，同时在西藏地区驻扎军队，成立地方军政机构，名为“宣慰使司都元帅府”，隶属于宣政院。宣慰使司下面辖有管理民政的十三个万户府、千户所等。

建立“大元”

1259年蒙哥战死后，忽必烈和他的幼弟阿里不哥展开了皇位争夺。在夺得皇位之后，忽必烈定都北京，确定国号“大元”。在此过程中，他向南宋发动了攻击，最终统一了全国。

定都北京

蒙哥死后，忽必烈从前线撤军，并于1260年春天抵达开平。他在仓促召集的一次忽邻勒台上被选举为大汗。但因为大部分蒙古贵族没有出席这次会议，忽必烈的选举受到异议。不到一个月，阿里不哥就在蒙古旧都和林宣布为争位的大汗。双方因此展开了长达四年的内战。忽必烈受到被他征服的中原地区的文明的吸引并且依赖汉人谋士，而他的弟弟阿里不哥则作为传统的蒙古方式及准则的捍卫者出现。对于阿里不哥来说，草原世界要比农耕世界更有吸引力，他不信任他的两个哥哥旭烈兀和忽必烈，认为他们背叛了蒙古的风俗。最后忽必烈凭借中原的资源和兵力打败了阿里不哥。

元代风格的建筑

为了巩固他的皇位，忽必烈更加认同中原，并且寻求中原汉人对他的支持。这其中最明确的信号就是忽必烈在他的汉人幕僚刘秉忠的劝说下，接受了把首都从开平迁到燕京（今北京）的想法。忽必烈于1264年8月改燕京（今北京）为中都。由于金国旧城受战火焚毁，无法在此重建新的宫室，同时莲花河水系水量不足，不能满足城市日常的需要，只能另选城址。刘秉忠选定高梁河水系为城市提供日常用水，1267年在燕京东北方向另建新都。1272年2月，改中都为大都。从此，大都城作为统一的多民族国家的政治、文化中心而闻名于世。和以前的大部分位于黄河或其支流附近的中原首都不同，大都位于北部边境附近。忽必烈选择这个曾是辽国、金国首都的地点，一是因为元朝不仅仅包括中原地区，二是忽必烈希望保持

对蒙古诸部落的控制。

国号的确立

1271年,忽必烈建立元朝。与金国的完颜亮一样,他把自己看作是中原封建王朝更替的正统继承者。最显著的一个标志就是“大元”国号的采用。“大元”的国号出自儒家经典《易经》中的“大哉乾元”一句,是对无始无终、无边无际的浩瀚宇宙的赞叹。

元是第一个与原来部落或封号或管辖地无关的国号。楚霸王项羽封刘邦为汉王,以后刘邦击败项羽,统一中国,改国号为“汉”。唐高祖李渊的祖父李虎为北周八柱国之一,佐命有功,被追封为“唐国公”,故国号“唐”。后周恭帝继位后,命赵匡胤为归德节度使,归德军驻扎在宋州(今河南商丘),次年,赵匡胤在陈桥发动兵变即位,因其发迹在宋州,故国号曰“宋”。后来的两个封建王朝,都不约而同地继承了元朝的传统。朱元璋在创业时代曾经称过吴王,也曾用过“宋”的国号,但当他在应天府称帝的时候,就将国号定为“明”。女真人在东北建国,是辽、金的故地,一度称“金”,不过入关后不久也就改成“清”了。“明”和“清”昭示着帝王们希望政治清明、天下为公的理想,如同得大位不久的忽必烈一样,都心存大志。

刘秉忠

忽必烈一方面声称他的蒙古皇族是受命于天的,另一方面又力图让宋统治者公开承认天命的转移。忽必烈利用汉族的政治观念来打击南宋,在《下江南檄》中就宣称“宅中图大,天开一统之期;自北而南,雷动六师之众”,认为自己处在中国的中央,谋划四方,以天子之师,“吊民而伐罪”。伯颜的“得国由小儿,失国由小儿”无疑也是迫使宋皇室承认自己的退位是天意。而忽必烈虽然在军事上占有绝对的优势,但对于宋朝皇室却相当优待,这样就进一步减弱了汉人在军事上和心理上的对抗,也给汉人服务于新的政府铺平了道路。连朱元璋也不得不承认“元以北夷入主中国,四海以内,罔不臣服,此岂人力,实乃天授。”

经过辽金元王朝的努力,汉人逐渐接受了“胡汉一家”的局面。例如朱元璋就这样评论元朝:“昔胡汉一家,胡君主宰。”朱元璋祭祀从伏羲到忽必烈的十六个中国帝王,自称继承了他们的大统。后来又祭祀中国历代名臣三十七人,木华黎、伯颜等蒙古族将领也名列其中。

统一全国

忽必烈对南宋是志在必得。1259年,忽必烈通过他的异母兄弟派出的信使获悉蒙哥的死讯,他要求忽必烈返回蒙古本土选举新的大汗。此时忽必烈刚刚到达长江北岸并且正准备向南入侵。但他告诉使者:“我们带着一支多如蚂蚁和蝗虫的军队来到这里,使命尚未完成,我们怎么能够返回,难道仅仅因为传闻?”遂强渡长江,包围鄂州(今湖北武汉)。而忽必烈在1264年彻底击败阿里不哥之后,又开始对南宋磨刀霍霍。

攻打南宋

南宋是蒙古军队遇到的众多对手中最难对付的一个。因为南宋所处的江淮地区,洞渠成网,城镇林立,除襄阳、淮河防线外,西段四川一带是连绵不断的高山峡谷,东段地处淮河下游,水道众多,后方还有长江天堑,都不利于骑兵作战而有利于南宋的水军。当年兀术下海追击赵构三百里,但却在退兵北归的途中,遭到了韩世忠带领的南宋水军顽强阻击,十万大军被困黄天荡,四十余日才得脱身。据说兀术回去之后仍心有余悸,说:“南人使船,好像我们北人使马,难以对付啊。”尽管蒙古军队和骑兵在北方是成功的,但他们不习惯南方的气候和地形,对南方的湿热高温没有准备。蒙古马不能很快适应高温,并且在南方农田上不能像以前在中亚的草原上那么容易得到草料。另外,蒙古军队需要采用以前未使用过或至少很少使用过的军事技术。例如,为了对付南方的水军,他们需要造船,招募水手并且需要更加精通水战。

但对于忽必烈来说,攻打南宋是一种必然的选择。南宋人口众多,资源丰富,固然征服不易,但若打下来之后可以提供大量的财富与资源。而南宋此时也陷入了统治危机,虽然商业繁荣,水军强大,但自13世纪中期起已经面临许多严重的政治和经济困难,腐败和低效使军队战斗力下降,政府财政近乎崩溃。从13世纪60年代初期起,贾似道开始试图改革并约束牟取暴利的将领、外戚和官吏,但他也借机扩大自己的势力,安插党羽,从而使南宋朝廷陷入分裂,一些将领就投降了蒙古军队。

而在蒙古人的心目中,衡量一位统治者的成就在某种意义上讲是看他是否有能力将更多的领土并入他的版图,从而获得巨额财富。忽必烈曾经受到他自己弟弟的挑战,在他作为蒙古统治者的合法性上确实笼罩着疑云。新的征服特别是征服汉人的国家将会壮大他在蒙古人中的声誉。再者,汉人的世界观强调统一,而忽必烈也如前面的完颜亮一样,渴望成为全中国的统治者。在他看来,南宋成了蛮夷,而元朝则成了华夏正统,“用夏而变夷”。尽管此时宋军相对较弱并且没有构成对蒙古的直接威胁,但它可能恢复元气,并且它的首要目的之一是收复被蒙古占领的北方领土。忽必烈应该在南宋变成强大的对手之前征服它。

来孙却见九州同，家祭如何告乃翁

最初，忽必烈并不想采用武力。他一方面无力南顾，一方面又想实践儒家思想，以最小的代价取得江南的人口及财富。1260 年，郝经建议南宋承认忽必烈是天子，换取实质上的自治。但南宋君臣不可能接受这种臣服，而蒙古前两次进攻的受挫也使南宋军民的自信心高涨。

而忽必烈在统治稳定下来之后，就发动了对南宋的攻击。位于汉水沿岸的襄阳是具有决定意义的重要战略要地，是通向长江中游的最后一个要塞。宋人在那里修建了几乎坚不可摧的防御工事，其中包括坚固的城堡、厚实的城墙和深深的护城河。从 1269 年 4 月到 1270 年 4 月，忽必烈向该地区派出十万部队和五千艘战船。1272 年初，襄阳陷入完全孤立，但蒙古人认识到强攻城堡和要塞会付出沉重伤亡。忽必烈的侄子、波斯的伊儿汗阿八哈应大汗的要求派出亦思马因和阿剌瓦丁前来中国，这两位回回工匠在 1272 年下半年到达襄阳，并架设了能够远距离发射巨石的回回炮。借助这种大炮的威力，元军最后在 1273 年攻破襄阳。

1273 年夏天，忽必烈任命伯颜为元军统帅。伯颜在波斯和中东战役以及大理战役中，就立下了赫赫战功。他在完成对军队特别是水军的训练之后，于 1275 年 3 月再次利用回回炮的优势，击溃贾似道带领的宋军。1276 年，南宋的太皇太后最终承认宋朝的失败并把国玺交给伯颜，并传令仍在抵抗的郡县投降。1279 年，张弘范又打败了宋朝最后的抵抗力量，宋朝灭亡。一个大一统的王朝又出现在中国的历史上。

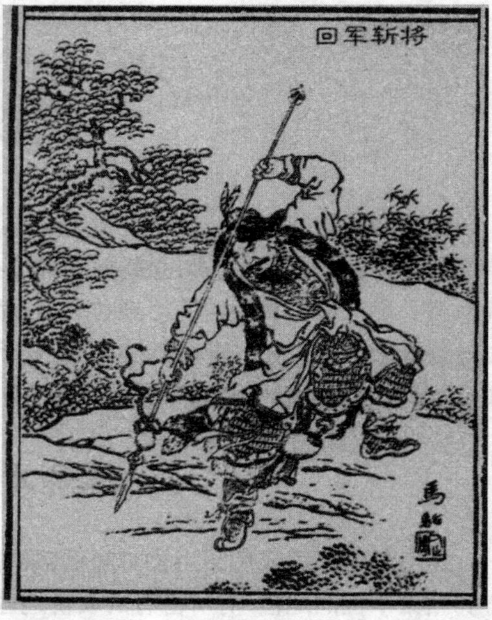

勇猛的伯颜

这种外族征服对汉人来说，特别是对中原的士大夫来说，具有矛盾的意味。一方面，中国获得了 10 世纪以来的第一次统一，如果从唐后期的藩镇割据时算起，中国已陷入分裂状态四百多年。但从另一方面看，垮台的宋朝被推崇为具有高度文明和繁荣文化的朝代。具有鲜明对照的是，蒙古人是外族，他们给被征服者印象最深的是军事上的勇武而不是文化上的成就。特别是元朝在吸收农耕文明方面异常迟缓，还对汉人采取民族歧视政策，这对于汉人来说都是一种严重的挫折。诚然，“南北一家今又见”，这对于中国多民族统一国家的缔造无疑是具有积极意义的。然而对于南宋统治下的江南

文人士大夫们而言却是“南人堕泪北人笑”，是一种亡国之痛。“来孙却见九州同，家祭如何告乃翁”一语道出南人的复杂心境。

雪竹图

民族歧视

元朝的政治制度主要是在元世祖忽必烈时期建立起来的。忽必烈即位后，“采取故老诸儒之言，考求前代之典，立朝廷而建官府”，并创设行省以统治辽阔的国土。但元朝统治者为确保蒙古贵族的统治地位，对汉人实行民族歧视政策，较少吸收中原文化。同时过分尊崇喇嘛教，又按照职业对居民进行划分，对社会各界产生了重大的影响。整体而言，元朝的政治制度存在很大的缺陷。

草原本位的阴影

在对外征服完成后相当长时间里，蒙古政权仍然像最初一样维持着漠北作为统治中心和国家本位的地位，对所占有的农耕地区仅采取间接统治的方式加以控制。在窝阔台成为大汗后，有一些蒙古人甚至主张将汉人杀光，将中原的田地一律改为牧场。耶律楚材劝说窝阔台：“汉人留下不杀，比杀了好，可以向他们抽税，何况大汗想渡江灭宋，正需要庞大的战费。”耶律楚材进一步解释说：“怎么能说汉人没有用处呢？现在陛下准备伐宋，正需要军资，如果均定中原地税、商税和盐、酒、铁冶、山泽的收利，一年就可以得银五十万两、帛八万匹、粟四十万石，足够供给。请给我一年的时间，让大汗看看效果。”耶律楚材就奏立燕京等十路征收课税使在各地征收赋税，由汉人儒者充任。1231 年秋，窝阔

台到云中，十路课税使将已征收到的仓廪米谷的簿籍和金银布帛等陈放到他面前，都符合耶律楚材原奏之数。窝阔台大喜，对耶律楚材说："你没有离开我左右，怎么就能收到这么多的钱米？"杀光汉人的建议这才在蒙古贵族中间消失。但在此时，蒙古人还只是把中原看成是巨大财富的产生地，对其文明特别是生活方式并不感兴趣。

打球图

1260年忽必烈即汗位后，定都汉地，改行汉法，并击败其弟阿里不哥的竞争，夺回漠北，才将蒙古国家的统治政策由草原本位变为汉地本位，但草原本位的思想仍然深刻地影响着以后元王朝的历史。首都虽然南迁，但蒙古草原作为祖宗龙兴之地，在元朝的政治生活中占有重要地位。统治集团难以做到完全从汉族农业地区的角度出发看问题，草原本位政策的阴影长期笼罩不散。大量阻碍社会进步的蒙古旧制，因为牵涉到贵族特权利益，都在"祖先宗法"的幌子下得到长期保存。

迟缓的汉化

中国古代少数民族政权在入主中原后受到汉族农业文明的熏陶下走上汉化道路，这是一个总的历史趋势。但它们各自受汉文化影响的深浅和缓急，是大有差别的。就元朝而言，它的汉化程度与北魏、金、清等进入内地的少数民族政权相比是很低的。

有元一朝，以皇帝为代表的蒙古贵族接受汉文化十分缓慢，他们中的大多数人都不会说汉语，甚至元代皇帝中汉语最好的忽必烈也需要借助翻译。这样蒙古贵族就始终对汉族地区的典章制度、思想文化比较隔膜。虽然元朝统治者恢复了郊祀等儒家仪式，但他们一般不亲自参加这些仪式。元朝灭亡后，蒙古又回到过去游牧部落社会的老路上。

之所以出现这种情况，有着复杂的原因。第一，蒙古在进入中原以前从事比较单纯的游牧狩猎经济，建国后又主要通过对外扩张来谋得生存，没有进行过农耕生产。而拓跋鲜卑在南下前与农业社会有较多接触，契丹也是这样，女真人则很早就开始进行粗放的农业生产。因此前者认识到农业经济的重要性，接受相关的一套上层建筑、意识形态，就要比后者困难得多。第二，北魏等朝代建国后，所接触的唯一成体系的先进文化就是汉文化。而除汉文化外，蒙古人还受到西藏地区喇嘛教文化、西域伊斯兰文化乃至欧洲基督教文化的影响。蒙古贵族起初信仰多神的萨满教，后来皈依喇嘛教，尊奉吐蕃僧侣为帝师，对其狂热崇拜，皇帝亲自受戒。八思巴也为蒙古人创立了八思巴文，而文明发达

的畏兀儿人很早就进入了蒙古政权之中，并贡献了不少军队，例如阿里海牙就在张弘范灭宋之战中立下了大功。而蒙古族最早创制的蒙古语也与畏兀儿文字有很大的关系。

第三，漠北草原在国家政治生活中占有重要地位，元朝存在着一个强大而保守的草原游牧贵族集团。汉文化主张加强王权，削减冗员，这就触犯了蒙古贵族的利益。例如耶律楚材将中原皇帝的跪拜礼引入蒙古政权，大汗窝阔台高兴，但蒙古贵族不满，察合台就说："我是哥哥，给弟弟下跪，有这道理吗？"同时中原文化又反对民族压迫政策，主张民族平等，这也影响了蒙古贵族乃至皇帝的利益。

汗位继承与赏赐制度

蒙古帝国的汗位传承一直没有稳定过。按照蒙古的祖制，应该是由诸王、贵族参加的忽邻勒台选举出，然而参加大会的各个王族和贵族都有自己的封地和军队，所以汗位的归属完全取决于力量的对比。第一次汗位的和平更迭，是因为势力最大的拖雷基于兄弟情谊支持窝阔台，但是以后的血缘越来越淡薄，汗位的传递也就更麻烦。忽必烈虽然用武力夺得了政权，但四大汗国也陷入了分裂。因为支持蒙哥上台而获得较为自由地位的金帐汗国不再承认忽必烈的最高统治权。为了获得旭烈兀的支持，忽必烈给予了他所建立的伊儿汗国（伊儿汗一词意为附属汗，即指波斯的蒙古统治者从属于大汗）相对独立的权力。等到海都打出反抗忽必烈的旗号，察合台汗国和窝阔台汗国也不再从属于忽必烈。等到忽必烈去世时，元与窝阔台汗国、察合台汗国的战争还在继续。

八思巴文百家姓

就是在元朝内部，自忽必烈去世（1294年）到顺帝即位（1333年），在这短短的四十年中，汗位竟然更替了九次，最短的一次仅不到两个月。九个皇帝中有六位是在激烈斗争或武装冲突后登基的，有两位被杀，还有一位在被推翻后失踪。不仅皇帝成为争斗的牺牲品，高官显贵亦经常大幅度更换，因为每次帝位争夺之后总是伴随着血腥的清洗。

另外，诸王大会不常召开，宗室外戚各居封地，养尊处优，与国家日常政务已基本无涉。相反，由次等异姓贵族组成的怯薛组织却是高级官僚的主要来源，再加上以皇帝为首的蒙古贵族贪图享乐、不勤政务，这就给了那些"家臣"——次等异姓贵族充分扩展势

力的机会。忽必烈去世之后，元朝又爆发了皇位之争。战功显赫的伯颜握剑站在大殿阶梯上，宣布忽必烈的旨意并解释为什么要立铁穆耳为帝，结果是“诸王股栗，趋殿下拜”。这是元朝权臣涉入皇位继承的开始。“大臣权重”成为元代中后期历史的一个基本现象，皇帝也只能利用朝臣之间的矛盾来维护自己的统治。

因此，尽管蒙古建立了一个中央集权的王朝，但蒙古贵族仍保留着很强的部落意识。再加上权臣的作用，就是到了元末，元朝已经到了即将灭亡的危急时刻，他们仍在互相残杀，加快了政权的瓦解。

防范汉人

在改朝换代之后，元朝政府明确宣布了对原宋臣民的保护政策，其中包括优待前贤之后、保护寺观庙宇和前代名人遗迹等等。例如，元朝政府对于岳飞不仅给予谥号，而且支持对杭州的岳庙及坟墓的修缮。而早在蒙古灭金占领中原后，就访得岳飞的后人岳珍，并授予许州长官。1325 年，元朝皇帝还规定，如果有人在黄帝陵园里砍伐树木或者打鸟掏鸟窝，都要扭送到官府问罪，这是第一份由中央政府颁发的保护黄帝陵的法令。但整体而言，蒙古贵族还是实行了对原南宋臣民不利的民族政策。

元朝并没有把民族明确分为四等的专门法令，但是在诸多政策法令法规中，蒙古人、色目人确实享有诸多特权。元朝人口数千万，蒙古人、色目人不过一二百万，占了全国人口的绝大多数的汉人(原金朝统治下的居民)、南人(原南宋统治区域下的居民)却最受歧视。

挟弹游骑图

在政府部门，往往是由政治经验不多的蒙古贵族担任长官，处于“监临”地位；由汉人官吏负责日常行政，同时配备一位权位相当的色目官吏进行防范和牵制。在军事方面，汉人极少有担任主将的机会。而在元朝，枢密院掌握军权，“掌天下兵甲机密之务”，汉人不得参与。

元顺帝时期的宰相伯颜更是让防范汉人的政策达到了顶峰。1337 年，伯颜借民众爆发起义之机，下令禁止汉人、南人携带并拥有兵器，不准拥有马匹，不准汉人、南人学习蒙古、色目文字，以此使汉人难以进入政府。尽管这一措施不久就取消了，但伯颜的这些政策还是引起了极大恐惧。民间开始流传一种说法，这位丞相曾下令在全国范围内诛杀张、王、刘、李、赵五大姓氏汉人，因为这五个姓氏占了汉族的绝大多数。虽然伯颜没有执

行这种政策，但也的确反映了当时民族歧视之严重、蒙汉矛盾之尖锐。

但元朝统治者制定民族歧视和民族压迫的政策，目的是为了巩固蒙古贵族的统治。对于那些早期就投靠蒙古统治者的汉族地主，元朝政府对他们与蒙古贵族同样看待。元世祖就曾亲昵地称呼董文炳为董大哥，到了他的孙子成宗即位后，也称呼董文炳的二儿子董士选为董二哥，董文用"与蒙古大臣同列"。世侯军队在忽必烈战胜内部的竞争者时起到了很大的作用，忽必烈靠世侯军队打败了阿里不哥。1287年，忽必烈攻打乃颜时，由于蒙古军将多是乃颜的将校或亲属，两军对阵时往往立马聊天，互不攻打，忽必烈就命令李庭、董士选等人统领汉军进攻。

天童寺前景图

南方的汉人地主在元朝也是受优待的。元朝灭宋时，忽必烈已逐渐建立起封建的统治秩序，再加上江南作为税收基地的重要性，元军南下作战就采用较温和的手段，注意保护江南财富。在取得江南后，元朝统治者又注意重用南方的汉族地主。1287年，诏命程钜夫为御史中丞，又下诏求贤于江南。程钜夫乘机推荐了赵孟頫等江南名流，忽必烈都授予他们一定的职位，试图借此取得江南地主的拥护。

而元朝委派蒙古、色目官员到江南各地进行统治。但这些官员只知贪求财富，不了解基层情况，因而往往被南人富豪所操纵。据说，蒙古色目官员办理公务，都必须依靠汉人小吏，而这些小吏又多与当地地主相交结，或者即是土豪充任，路府州县各级官府大都为当地的地主富豪所把持。但南方地主在土地兼并手段上不同于北方，他们先凭借财富来谋求政治地位，然后再依靠其权势来保护和兼并土地。

行省制度

但元朝的政治体制并不是一无是处。随着蒙古在军事上的节节胜利，为了协调军事和行政管理工作，蒙古人借鉴金朝的先例，建立了一系列行台尚书省。这类机构原来是金朝政府的最高行政管理机构尚书省的分支机构，最早于12世纪初组成，它们简称为行

省，主要建立于新征服的领土以及后来受到进攻威胁的边界地区。蒙古也设立了不少行省，其负责官员，多为汉人或其他少数民族，在他的管辖范围内被授予全权。

而元朝建国后，在中央立中书省。省臣被派往地方执政，称为行中书省事。行中书省（简称“行省”）成为固定的官府的名称，并进而成为地方行政区划的名称。忽必烈灭宋前后，陆续设立河南、江浙、江西、湖广、陕西、四川、辽阳、甘肃、云南行省，后来又在和林设岭北行省，总共十个行省。黄河以北，太行山以东、以西之地，称为“腹里”，直属中书省。元朝设行省，后世一直沿用，是中国行政区划和政治制度沿革史上的一个重要事件。

行省下设路、府、州、县。路、府、州、县都设达鲁花赤一员，为最高长官。路设总管、同知，府设知府或府尹，州、县长官也都称尹。1265年，诏“以蒙古人充各路达鲁花赤，汉人充总管，回回人充同知，永为定制。”府、州、县达鲁花赤也都必须由蒙古人充任。达鲁花赤在地方官中地位最高，但往往不实际管事，成为高居于地方官之上的特殊官员，因而被称为“监临官”。

三教图

宗教政策

元朝统治者重视宗教，宗教势力由此大涨，其中以喇嘛教的势力最大。但宗教之间也产生了突出矛盾，佛、道之间爆发多次冲突，但蒙古统治者和元朝统治者支持佛教，道教惨败。

独尊喇嘛教

在诸多宗教中，以喇嘛教为尊。有的皇帝一年四季斋醮不断，用于佛事的花费极多。据说当时佛事最多时达五百余种。大臣张养浩在1310年做过粗略的统计，如果把当年国家的财政总开支分为三份，朝廷每年用于佛事的就占二份，这种挥霍浪费的程度实为前代所不及。根据元朝宣政院的材料，仅1318年全国各寺院做佛事就用掉面粉四十多万斤，油八万余斤，每日用羊一万头。将当年全国的官俸和兵饷两项开支加在一起，也抵消不了做佛事一项的开支。而且每个皇帝还要动用国库资金修建各式各样的佛寺，赏赐僧人的钱帛土地、金银财宝有增无减，刊印佛经所费的金银也是数量惊人。时人就有“今国家财赋半入西蕃”的感叹。

喇嘛教在政治上也享有各种特权。忽必烈专设全国佛教和蕃地事务的总制院，领之于帝师（元代僧官名，意为皇帝之师。作为皇帝在宗教上的老师，其地位是十分崇高的）

八思巴，专管全国佛教和蕃地事务。这就是说，政府任命僧人管理宗教事务，而且喇嘛教有了管理地方的官府授权，这是中国历史上从来没有的情况。后来总制院改为宣政院，而拥有中央人事、行政、司法大权的中书省、枢密院和御史台根本不能或者很少能够插手宣政院大小事务，这势必会造成宣政院及其所辖势力范围之不法行为。不仅如此，帝师或上层高僧常常以佛事为由请求释放重囚（好多是死囚），干扰法律。喇嘛僧人这种行为，让一心崇佛的皇帝也一度怒不可遏。1312 年，云南行省右丞有罪，喇嘛僧人奏请释之，仁宗皇帝大怒：“僧人宜诵佛书，官事岂当与耶！”

元仁宗

对于元朝如此尊崇喇嘛教的原因，一般认为与当时喇嘛僧人教纵情享乐的蒙古贵族特别是皇帝以房中术，迎合蒙古贵族的享乐需求是分不开的。喇嘛教中有习密宗者，精通“大欢喜禅定”。元亡前夕，元顺帝的太子宣称：“李先生教我儒书许多年，我不省书中何义，西番僧教我佛经，我一夕便晓。”李先生就是他的儒臣李好文，而所谓的佛经就是“大欢喜禅定”之类的房中术。

佛道之争

蒙古政权实行宽松的宗教政策，各种宗教得到蓬勃发展，但宗教之间的矛盾也日益尖锐，其中以佛教与道教的斗争最为激烈。

道教在丘处机拜见成吉思汗时达到了一个高峰。丘处机生于 1148 年，自号“长春子”，曾拜全真教创始人王重阳为师，是著名的“全真七子”之一，1217 年他成为全真教第五任掌门。而此时全真教已极为鼎盛，成为蒙古、金、南宋三国争取的对象。金与南宋都曾遣使到丘处机隐居的山东前去召见。但丘处机审时度势，认为蒙古统治者很有可能一统天下，就拒绝了金和南宋的邀请。但他在接到成吉思汗的诏书之后，为了全真教的发展，同时也想借机为民请命，劝蒙古军队少杀无辜，就以七十一岁高龄率十八高徒，前往已被蒙古军队控制的燕京（今北京）。

丘处机抵达燕京之后，成吉思汗已率军西征。丘处机不顾年老体衰，跋涉万里，最后于 1222 年在西域雪山（今阿富汗兴都库什山）行营见到了成吉思汗。成吉思汗向丘处机请教养生长生之道。他说：“世界上只有卫生之道，而无长生之药。”短命之人皆因“不懂卫生之道”，而卫生之道以“清心寡欲为要”，即一要清除杂念，二要减少私欲，三要保持心地平静。成吉思汗虽然不赞同他的看法，但却非常欣赏他。成吉思汗在他告还时“赐号神仙，爵大宗师，掌管天下道教”，并下令免去全真门下道士的差役赋税。后来，成吉思汗

又赐给丘处机虎符玺书，并将原来金朝在燕京的御花园赏给全真教建造宫观。丘处机取得了相当于蒙古国国师的地位，一时间全真教达到“古往今来未有如此之盛”的兴盛局面。

吕洞宾游寒山寺

蒙哥即位特别是忽必烈主持中原政事之后，中原的佛教已逐步恢复，藏传佛教的影响也日益增强，加上留驻漠北的皇弟阿里不哥同样具有崇佛抑道的宗教倾向，佛教界就开始反击。

第一次佛道大辩论发生在1255年。当时蒙哥命少林长老福裕在都城和林建造佛寺，恰好全真教为扩大影响，将《老子化胡经》的图画版《八十一化图》携至和林传布。福裕就将其上呈蒙哥，由此引发第一次佛道之争。道教败绩，不得不在寺观、田产、经文等方面，对佛教做出一些让步，但佛教界仍不满意，又继续告状。忽必烈大怒，将全真教代掌门张志敬打了个头破血流。后来，佛教界又北上和林拜见蒙哥，意欲再开论战。不巧全真掌教李志常病死，门人筹办丧事，论战只好推迟。

1258年的佛道大辩论由蒙哥委托忽必烈在开平（今内蒙古境内）主持。据佛教人士的记载，当时忽必烈认为，按照佛教本来的说法，如果辩论输了，将被斩头，但他加以变通，决定如果佛教方输了，担任主要辩手的十七名僧侣将跟着张真人回白云观当道士；如果道教方面输了，十七个主辩道士就得削发为僧。

由于蒙古贵族的偏袒，道教在辩论中失利。最后忽必烈又向道士们提出了一个难题：“你们道士经常说，只要持咒，就可以入火不烧，或白日上升，或摄人返魂，或驱妖断鬼，或服气不老，或固精久视。那现在你们就给大家表演一下。”众道士无言以对。其实，佛教对于此类问题也是束手无策。

这次辩论之后，道教遭受重创。十七个主辩道士被迫削发为僧，他们的道冠、道服被挂在长竿之上，以让远近民众知晓。蒙哥还发布命令，要求《老子化胡经》《八十一化图》等书及底版，统统烧毁，相关碑刻和塑画之像，予以清除。但对道教的打击还没有结束。佛教和道教的矛盾仍未化解，佛教人士也想乘胜追击。第三次佛道之争遂于1280年爆发。佛教人士上书忽必烈，称“往年所焚道家伪经板本画图，多隐匿未毁，其《道藏》诸书，

类皆诋毁释教，剽窃佛语，宜加甄别。”而这时忽必烈已统一中国，全真教笼络汉族人心的作用进一步下降，由于种种原因他对汉法的热情也已经下降，而佛教的势力进一步增强。1281 年，忽必烈命令烧掉除老子的《道德经》之外的所有道教书籍，而且毁掉刻版。同时，他禁止道士出售符咒并强迫一些道士皈依佛教。这一事件最终改变了元初道教的优势地位。

后来，生活在元末明初的张三丰在武当山创立一个新的道派——武当派，掀起了中国道教发展史上的最后一波。据说他还将道家文化和武当武术相结合，融太极、形意、八卦于一体，创立了动静结合、以柔化刚的武当太极拳。

重医轻文

有宋一代，进入上层社会圈子要通过个人努力，特别是要通过科举。而一般的农民也可以自由流动，有选择农业、手工业和商业的自由。但到了元朝，各种职业不再像以前那样自由流动，而对于从事不同职业的人来说，其地位也发生了很大的变化。

户计制度

由于当时蒙古人的社会发展程度较低，世袭制还有强大的影响。虽然有能力的军事领导人可以获得很快提升，但到了和平年代，世袭制度成为常态。蒙古人为确保自己的利益，将这样一种社会制度带到中原，并一直在元朝实行，其重要实践就是职业户计制度。在这种制度下，蒙古人及其所有属民都以一定职业按户划分，例如民户、儒户、军户、站户、匠户等，这些往往是世袭的，不能更改。元朝政府再根据某项职业对国家的相对重要性，决定是否给予免除赋役或给予其他福利。

户计制度对蒙古政权乃至元朝社会产生了深刻影响。当时所有的铁匠、木匠和黑色火药的制作者在人口普查时都被登记为炮手，并建立了专门的名册。因此在旭烈兀西征时，蒙哥很快就召集了一支包括一千名汉人炮手在内的军队随同旭烈兀西征，帮助他攻破了伊朗山区的城堡和巴格达的城墙。

不过户计制度也有不少疏漏之处。例如朱元璋祖籍江苏沛县，祖父朱初一被列为淘金户，但当地并不出产黄金，只好到市场上购买。由于无法承担如此重负，他索性丢弃了房屋田产，1289 年带着大儿子朱五一和小儿子朱五四（朱元璋的父亲）迁走，后来朱五四又迁到了濠州（今安徽凤阳）定居。朱元璋就出生在这个地方。

医生地位的提高

很久以来，中国一贯重文章而轻科技，例如缔造天府之国的李冰父子的名声，远远无

法与朱熹等思想家以及苏轼之类的文学家相提并论，但这种状况在元朝却有所不同。例如，出于实用的目的，元朝重视医学并且给医生较高的社会地位。

元朝的洗婴习俗

元朝用武力和战争统一中国，战争中人畜伤亡不可避免，再加上元朝自然灾害及瘟疫频繁，屡有人员伤亡，医学是必要的救助手段，因此元统治者十分重视医学。特别是为了满足对医学人才的大量需求，元朝统治者不断提高医生的政治地位，以便笼络天下医学人才。秦汉唐宋最高的医官品级未曾超过从六品，金代也不过正五品而已，而在元代则达到秦汉以来历史上的最高点，始终在正四品以上，最高时达正二品，曾由礼部尚书兼任。

医生政治地位颇高并不等于医业在民间的地位也很高，汉族民众对医学仍抱鄙夷态度，不愿学医从医。因此，元统治者为提高医生的形象地位，改变人们对医学的偏见，借鉴了部分民间医生，尊三皇为医学始祖的做法，将三皇确立为德高望重的行业祖神。中国古人视伏羲、神农、黄帝为圣贤先哲和汉族等民族的始祖神，尊称“三皇”，历代崇祀。而在元代，“三皇”成为医学祖神，供奉于三皇庙，由医户专司祭祀。1286 年，朝廷下令各地三皇庙祀伏羲、神农、黄帝，正式将三皇尊为医学始祖。医业三皇庙祀在元朝被列入国家大典，是三大全国性祭祀活动之一。当时要求全国都得祭祀的，只有三皇、社稷和孔子。政府还采取各种措施保证三皇庙的运行。祭祀三皇活动的兴盛，在一定程度上消解了人们从医耻辱的心态，乐于学医从医，使政府有条件向百姓提供更多的医疗服务。

文人地位的下降

如果说工匠和医生这两种职业都是早已有之的话，那么儒户则是元朝的特色。在蒙古人看来，儒学也相当于一种宗教，是为孔教。当时还有以佛教、道教、聂思脱里派、萨满教和其他宗教信仰确定的户籍。蒙古政权以优待、奖赏和免税政策来鼓励所有的宗教专职人员。按照国家的政策，儒户的主要义务是出人上学读书，“研习以备任用”。但由于元朝政府中有些当政的蒙古、色目官员对中原传统文化怀有成见，由此对儒户心存轻视甚至敌意，强迫他们和民户一样承担差役和各种苛捐杂税。因此，儒户的实际处境远逊于同时代的僧、道户，和以前各朝特别是宋朝士人享受的优遇更是难以相提并论。

元朝也重用了不少汉人，例如最终击败南宋的张弘范以及首开漕粮海运航道的朱清。朱清一度还拥有发行货币的权力。马端临的《文献通考》撰成之后，朝廷不但予以刊行，而且还授予他及其亲属官职。但当时的大多数文人只会讲道德性命、圣贤之道，根本就不会得到重用。宋朝是最优待文人的朝代，却失败得如此之惨。当时有人认为，金国之所以灭亡，就与接受了汉族文化特别是重用儒生有很大关系。因此在蒙古人看来，重用文人就是亡国之俗，而且还与蒙古传统违背，不可能再继续下去。

在著名的汉族士大夫许衡看来，以章句、诗词为内核的科举考试于国于民是没有什么用处的，他曾说出“也须焚书一遭”的豪语。科举直到元朝中后期才进行，但只重经文、策论，对辞赋不屑一顾。当时中书省臣就称：“夫取士之法，经学实修己治人之道，辞赋乃摛章绘句之学，自隋、唐以来，取人专尚辞赋，故士习浮华。今臣等所拟将律赋省题诗小义皆不用，专立德行明经科，以此取士，庶可得人。”后来皇帝也下诏：“若稽三代以来，取士各有科目，要其本末，举人宜以德行为首，试艺则以经术为先，辞章次之。浮华过实，朕所不取。”就这样，以诗赋见长的文人失去了用武之地。

历史小常识：儒学与儒教

进入二十世纪以来，学界掀起了儒学是不是宗教的讨论。一部分学者甚至提出了“儒教”这种说法。这至少说明儒学是含有某种宗教性内容的。

因此，在元朝各个阶层中，文人感到的痛苦最大，以致引发“九儒十丐”的说法。有宋一代，文人享有国家给予他们的历史上从未有过的最大限度地社会声望与利益，即使是少数民族建立的辽国及金国最后也不得不尊崇文人。但当文人的社会地位在宋朝达到至高无上的境地后，却在元朝跌倒了谷底。

元朝灭亡

蒙古贵族夺得政权之后，贪图享乐，吏治腐败。贪图享乐的后果就是财政的紧张乃

至破产，腐败的吏治更是给民众带来了深重的苦难，再加上元代自然灾害频繁，民众生活苦不堪言。而贾鲁治理黄河则使大量民工聚集，刘福通等人就以宗教为号召发动一系列起义。而此时蒙古贵族又陷入激烈的内斗，遂被朱元璋带领的义军推翻。

寻欢作乐的元顺帝

在生产力尚不发达的古代，过分的享乐肯定要走向灭亡。少数民族并非接触汉族文化之后就开始腐朽堕落的。蒙古贵族几乎没有吸收什么汉族文化，反倒更快地腐朽堕落。但蒙古政权的衰落也确实与汉族有一定的关系，那就是蒙古贵族凭借着从汉族掠来的财富纵情享乐，以至于国事不可收拾。

这种情况在窝阔台时期就开始了。窝阔台在他统治的后期酗酒的程度实在太厉害了，以至于特别指定了一个宫廷官员来控制他每天饮酒的数量。然而这种方法于事无补。1241 年，窝阔台在出猎途中的一次酗酒后死去，时年五十六岁。

因酒丧命的窝阔台

如果说窝阔台还只是喜好宴饮和游猎的话，那元顺帝则是荒淫无耻了。他很聪明，据说入宫受佛戒时，他看到佛前供着羊心，便问喇嘛，供佛是否用过人的心肝。喇嘛回答："有的。只要人生歹心害人，就要用他的心肝做佛供。"他沉思片刻，问道："这只羊也害过人吗？为什么把它的心拿出来做佛供？"喇嘛无言以对。顺帝也喜欢做木工活，凡是他身边的近臣在宫外建住宅，顺帝都要亲自动手设计制作缩小比例的实物模型。因此京师人戏称顺帝为"鲁班天子"。

但他却因纵欲而迟钝，对治理国家毫无兴趣，将大权交给大臣。当时一喇嘛教顺帝"演揲儿"法，译作汉文是大喜乐的意思，其实就是淫荡的房中术。顺帝如获至宝，悉心练习，每天与后宫女子淫戏作乐。那些喇嘛也留宿宫闱，肆意妄为。顺帝只知习法为快，从来不去禁止。朝廷成了君臣淫态百出之所。时人都说："不秃不毒，不毒不秃，唯其头秃，一发淫毒。"令人啼笑皆非的是，元顺帝居然担心其子不晓密法，对他说"秘密可以益寿"，并令喇嘛教之。没过多久，太子也迷上了房中术，并传到宫外，蔚为时尚。朝野内外、廷内宫外无不充斥着这股邪气淫风。纵有臣僚劝谏，皇帝不但不听，反而想方设法躲避，其法荒谬可

历史小常识：九儒十丐的来历

谢枋得在《送方伯载归三山序》中有这样一段话："滑稽之雄，以儒为戏曰：我大元典制，人有十等，一官二吏……先之者贵之也；七匠八倡九儒十丐，后之者贱之也。吾人岂在倡之下丐之上者乎？"但由于元代文人地位相对较低，戏言遂被很多人认为是元朝的真实情况。

笑，甚至掘地道以躲“宰相以旧制为言”。有此皇帝，元朝怎能不亡？

上行下效，吏治腐败

上面的皇帝如此骄奢淫逸，下面的蒙古贵族和官员也不会好到哪里去。而元朝的官僚机制随着时间的推移，已经暴露出众多问题。元朝法律规定，职官升迁，从七品以下属吏部，正七品以上属中书省，三品以上由皇帝决定。实际上元朝州、县官多在外选拔，即使由吏部或中书省监督，各级官员的权力也很大。因此吏员要升官，只要能讨上级喜欢就行了，这就为请客送礼、贪污受贿、结党营私创造了条件。官僚们为了获得利禄，拼命争夺权力，拼命行贿巴结上级，以求得到一官半职或升迁。一旦得逞之后，则肆无忌惮地贪污或厚颜无耻地向属下和老百姓搜刮，根本“不知廉耻之为何物”，向老百姓要钱的名目无奇不有，“所属始参曰拜见钱，无事白要曰撒花钱，逢节曰追节钱，生辰曰生日钱，管事而索曰常例钱，送迎曰人情钱。”

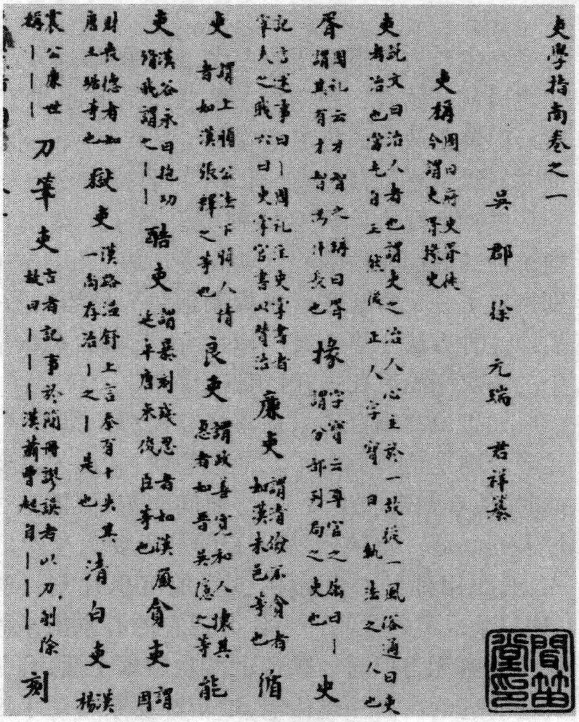
吏學指南卷之一
吳郡徐元瑞君祥纂
吏 吏稱 胥 掾 史 廉吏 循吏 吏 良吏 能吏 吏 酷吏 貪吏 獄吏 清白吏 刀筆吏

吏学指南

让人吃惊的是，元朝官员不以贪污腐败为耻，反而以此为荣。对于贪污受贿，他们美其名曰得手；委任到富裕地区做官者，叫作好地分；委派到京都附近州县做官者，道是好窠窟。在元顺帝即位以前，就有人说：“数十年来，风俗大坏，居官者习于贪，无异盗贼，已不以为耻，人亦不以为怪，其间颇能自守者，千百不一二焉。”

更可笑的是，蒙古贵族虽然吸收汉文化极少，却用汉文化来为贪官污吏辩护。当时，有人接收贿赂，政府只是没收赃物将其革职，御史认为判罪太轻，就有大臣辩护：“按照礼法，大臣贪污，也只是不让他享受待遇，如果加重惩罚，就违背了刑不上大夫之意。”

元朝设计完备的监察制度也完全失效。元朝初年，由于法度清明，监察官员还能够严于律己，忠于职守。后来随着社会的腐败，监察系统也逐渐腐化堕落，用数千贯钱就可以在监察系统买个官做。监察官员也逐渐沾染上了贪污受贿的恶习，利用每年巡行地方之时，随意勒索，老百姓对这样的官员极为痛恨。当时，如果监察官员巡行地方，各地会“用巡尉司弓兵旗帜金鼓迎送，其音节则二声鼓一声锣。起解杀人强盗，亦用巡尉司金

鼓,则用一声鼓一声锣”。民间就把监察官员视为和盗贼一样:“解贼一金并一鼓,迎官两鼓一声锣。金鼓看来都一样,官人与贼不争多。”

在这种情况下,已经没有几个官员勤于政事了。忽必烈时代曾经对官员处理事务规定了时限,一般事务五天内完结,中等事务七天完结,即使再重大的事务,相关部门也必须在十天内处理完毕。但忽必烈过世尚不到十年,就有官员上书,指出哪怕是一件小事,官员们也往往会拖延半年,要紧的事务办上一年也不稀奇。民间嘲之为“一紧二慢三休”。1338 年,有一位名叫孟端的人曾在河南行省的墙壁上写道:“人皆谓我不办事,天下办事有几人?”

红巾军起义

有元一代,水灾、旱灾、虫灾、饥荒频频发生,几乎年年都发生自然灾害,且多数年份是一年数灾。特别是黄河流域,水灾与旱灾比以往任何时候发生得都要频繁,黄河也是频频决口。而到了 14 世纪,至少有三十六个冬天异常严寒,比有记载的任何一个世纪都多。十四世纪四五十年代还发生了极为严重的瘟疫。而当时的政府赈灾力量有限,只好寄托于苍天的保佑,在 1303 年伤亡数十万人的山西大地震之后,把太原路改名为冀宁路,平阳路改名为晋宁路,意思是希望两地尽快安宁下来。

自然灾害使众多的百姓背井离乡、陷于贫困,很多人走上反抗的道路。政府不但财政收入大为减少,还要花大量钱财赈济灾民和镇压农民起义。这加速了元朝财政的破产,元朝应付饥荒的能力下降,遂形成了恶性循环。为了应付庞大的开销,元廷不得不依靠滥印纸钞来支撑,这就使国家信用彻底破产,民间交易只肯使用铜钱或者以货易货,致“京师料钞十锭,易斗粟不得”,民间的怨气积累到极点。而此时元政府组织大量人力物力,由贾鲁统领来治理黄河,这本来是一件好事,但由于人群的大量聚集,红巾军起义就开始爆发。元朝在“丞相造假钞,舍人做强盗,贾鲁要开河,搅得天下闹”的民谣中消失了。

当时 1351 年的治黄工程刚一开工,北方明教首领韩山童及其信徒刘福通等就决定利用这次大量民众聚集的机会发动起义。他们暗中凿刻一个独眼石人,埋在即将挖掘的黄陵岗附近的河道上,之后就广布谣言“石人一只眼,挑动黄河天下反”。独眼石人挖出后,河工们惊诧不已,大河南北,人心浮动。韩山童、刘福通等聚众三千人,杀黑牛白马,誓告天地,准备起义。刘福通等宣称韩山童为宋徽宗八世孙,当为中原的皇帝。刘福通自称是南宋名将刘光世的后代,应当辅之。但他们的行动被官府发现,韩山童被捕杀,其子韩林儿逃走。刘福通等仓促起兵,一举攻克颍州(今安徽阜阳)。起义军头裹红巾为标志,故称红巾军。元末农民大起义正式爆发。

元末农民起义中一个很重要的特点就是宗教色彩特别浓厚。其中一个很重要的原因就是元朝皇帝推崇宗教,民间宗教势力强盛,因此通过宗教组织有利于组织民众。在元末农民起义中,弥勒教和明教影响较大。

官员下棋图

弥勒教主要相信弥勒会转生到世间，拯救世人。元朝的弥勒教大本营在江西。教主彭莹玉是一个四方行走的和尚，以替人免费治病为名传教，在江西、湖北两地秘密传教近十年。由于他“法术”高强，老百姓“事之如神”。彭莹玉乘元末局势动荡不安，到处宣扬“释迦佛衰谢，弥勒佛当寺世”这一理论，湖广信众都期待“末世劫变”的来临。1351 年 5 月，北方明教刘福通“挑得黄河天下反”。而彭莹玉认为布贩子徐寿辉相貌奇特，应是弥勒转世，因此就在 8 月拥戴徐寿辉起义。

明教即摩尼教，由波斯人摩尼创立，因崇尚光明，故有此称。摩尼教的教义杂糅了袄教、基督教、佛教的教义思想，其主要经典有《二宗三际经》，“二宗”宣传明暗斗争，明是善、理，暗是恶、欲，明终胜暗，达到安乐。“三际”则指初际、中际、后际。在初际的时候，明暗对立；中际的时候斗争；后际的时候明归明，暗归暗。初际明暗相背，中际明暗相混，后际明暗分别。摩尼教的神称为明使，也称为明尊，就是摩尼。摩尼教就认为“若有明使，出兴于世，教化众生，令脱诸苦”，明使引导众信徒树立各种美德，最终进入极乐世界。

在红巾军起义中，本来推举韩山童为明王，但他被元朝官府杀害，义军遂尊其儿子韩林儿为小明王，而朱元璋就归他管辖。后来朱元璋自立，率领部众推翻了元朝，而明朝的国号也与明教的“明”有很大渊源。

这时的元军再也抵挡不住农民起义军的攻势。军官大部分是世袭的贵族子弟，骄奢淫逸，只知吃喝玩乐，“至于武事，略不之讲，但以飞觞为飞炮，酒令为军令，肉阵为军阵”，完全失去了战斗能力。他们也学会了贪污受贿，克扣军粮，奴役士兵，抢劫百姓。每逢军官节日、生辰、出征、婚聘，属下都得出钱送礼，甚至军官拿钱买官，也向属下勒索。

霜浦归渔图

这时候地主武装就开始充当镇压农民起义军的主力，察罕帖木儿和他的养子扩廓帖木儿开始脱颖而出。察罕帖木儿是畏兀儿人，世居安徽，自幼攻读儒书，曾应进士举，名闻乡里。元末农民起义爆发后，他深感切身利益受到威胁，因而纠集武装，组织义兵，对抗起义军。他治军有方，作战勇敢，打败了长江以北的红巾军，使这支地主武装发展成当时规模最大、对农民军镇压最有力的地方武装力量。

在察罕帖木儿被降将谋害后，他的养子王保保接替了他的职位。王保保是个汉人与畏兀儿人的混血儿。1361 年，王保保受到元顺帝的接见，并被赐予蒙古名字“扩廓帖木儿”，这是他以蒙古名字取代汉名“王保保”的开始。

王保保在为养父报仇之后，没有利用朱元璋、陈友谅等人在江南大战的机会麾兵南指，反而不遗余力地参与元朝内部党争。当时太子希望早日继承帝位，加紧打击宰相孛罗帖木儿，以迫使顺帝禅位，致使孛罗帖木儿于 1364 年率军攻入京师。而太子逃到山西太原扩廓帖木儿军中，意欲仿效唐朝肃宗安史之乱爆发以后即位于灵武（今宁夏灵武西北）之故事，然后进攻京师，消灭孛罗帖木儿的叛乱，但王保保没有答应。王保保同意出兵讨伐孛罗帖木儿，但不同意拥太子为帝，引起太子的不满。

1365 年王保保率兵攻入京师以后，仍不同意拥立太子，遭到太子嫉恨。后因出身及

资历问题，无法在朝廷立足，就请求到南方去镇压反元武装。顺帝就封王保保为河南王，让他带领天下兵马去肃清江淮地区的反元武装。1366年，王保保回到河南军中，下令征调四方军马，可各地军队均不听王保保调遣，反而联合起来与王保保打内战。顺帝屡次下诏，令双方停止内战，合力镇压反元武装，双方军队皆置之不理。顺帝及太子对王保保不镇压反元武装反而打内战十分不满。1367年10月，就在朱元璋发布北伐檄文、准备大举灭元之时，顺帝下诏削夺王保保的一切官爵，下令将领率兵剿除王保保。1368年秋，明军逼近北京。顺帝被迫下诏恢复王保保官职。1368年8月，明兵逼大都，顺帝不战而逃，王保保入援不及，北京落入明军之手。曾经威震欧亚的元朝就这样在统治阶级的激烈内讧中灭亡了。

第二章 文学艺术

元曲是元代文学主流

元杂剧

元曲包括散曲和杂剧,散曲是曲诗词发展而来的新诗体;杂剧是一种包括歌唱、音乐、舞蹈和完整故事情节的歌剧。通常所说的元曲,主要是指杂剧。

我国唐朝时已经有了戏剧的雏形。到了宋、金时期又有了进一步发展,宋代的一些城市里已经有许多民间艺人在戏院里进行说唱表演。宋金时期盛行一种"诸宫调",就是有说有唱而以唱为主的演出形式,唱的部分是把多种宫调联缀在一起。元杂剧就是在这一基础上发展起来的。

关汉卿

元杂剧是一种综合的戏剧艺术,它把歌曲、宾白、舞蹈动作结合在一起,歌曲按一定的宫调和曲牌歌唱,是按规定韵律、富有抒情性的新诗体:宾白包括人物的对白、独白,一般都用当时通俗的口语;动作叫"科",是角色的动作表情。曲词一般由一个演员(男的称"正末",女的称"正旦")演唱,通过它抒发主人公的心情,表现主人公的思想性格,描绘环境,渲染气氛。反面人物和次要人物靠简短的宾白来勾画面目。元杂剧大部分有四折(或加一楔子)演完一个完整的故事。元杂剧的作者大部分是下层知识分子,元朝前期没有科举制度,他们失去了通过科举当官的希望,就从事话本、诸宫调、杂剧的创作和演出。因为他们组织创作的专业团体叫"书会",这些剧作家也就被称为"书会才人"。他们的社会地位较低,生活在城市市民中,作品中充满了生活气息,广大市民很欢迎。

元杂剧分前后两期。前期从 13 世纪 50 年代到 14 世纪初,这是元杂剧的鼎盛时期。

关汉卿、王实甫、白朴、马致远、康进之、高文秀等等，都是这一时期的剧作家。当时杂剧的中心在大都，这些作家都是北方人，主要是大都人。十四世纪初以后，戏剧中心南移到杭州，后期的杂剧作家有郑光祖、乔吉、宫天挺、秦简夫等，他们大部分是南方或寄居于南方的作家。元代后期的杂剧不像前期那样富有现实主义，比较追求曲辞的典雅工巧。据记载，元代一共创作了杂剧五百多本，现在保存下来的有136本。见于记载的剧作家有200多人，最著名的有关汉卿、马致远、王实甫、白朴、郑光祖等。关、马、郑、白被誉为“元曲四大家”。

白朴是隩州（今山西河曲附近）人。他的作品以爱情喜剧《墙头马上》最著名，它和《西厢记》相似，也是歌颂男女自由恋爱、反对封建礼教的。戏中的主人公李千金敢于和她公公做斗争，最后终于和裴少俊重做夫妇。

王实甫是大都人。《西厢记》是王实甫的代表作。这是一部描写张生和崔莺莺恋爱故事的戏剧。作者歌颂了这一对青年男女为争取婚姻自主，冲破封建礼教束缚的斗争精神，无情揭露和抨击了封建伦理道德的虚伪性。《西厢记》是一部对后世文学有很大影响的优秀作品。

郑光祖是元代后期的杂剧作家，平阳襄陵（今山西临汾西南）人。他的代表作是根据唐人传奇《离魂记》改编的《倩女离魂》。剧本通过张倩女灵魂出壳追随王文举进京的浪漫主义情节，突出地表现了在封建压抑下青年妇女追求爱情婚姻自由的强烈愿望。张倩女既有崔莺莺的温柔深情，又有李千金的勇敢坚定，是独具特色的。这个剧本和关汉卿的《拜月亭》、王实甫的《西厢记》、白朴的《墙头马上》一样，都是元代著名的爱情剧。

关汉卿（约公元1214年~公元1300年）原籍山西解州（今山西运城西南）人，后流寓河北祁州（今河北安国）伍仁村。据传说曾任元太医院尹，还有传说他为金遗民。

他毕生致力于戏剧活动，常自编、自导、甚至亲自参加演出，具有丰富的舞台经验。他善于从民间汲取生活素材和语言词汇，因此，他的戏剧内容充实，艺术技巧运用娴熟，创作杂剧60余种，占金、元杂剧现知剧目1/10强，后人列为元曲四大家之首。其剧作通过现实主义的艺术手法，广泛而又深入地反映出元朝统治下的极端黑暗混乱的历史环境和不合理的社会制度，塑造了众多典型性格的人物形象，反映了人民特别是妇女的苦难生活和思想感情。现存杂剧13个，其中以《窦娥冤》影响最为广泛。

他的《窦娥冤》等剧作在公元1838年以前就被译为英文传诵。现存的套曲有十余套，小令五十余首。其剧作对元杂剧和后来的戏曲的发展起了很大的作用。公元1958年被列为世界文化名人之一。他是大都创作剧本和唱本的团体——“玉京书会”里最优秀的元曲作家。由于长期与市民接触，对社会现状很了解，因而他的作品具有深刻的现实主义内容。他不仅是一位多才多艺的作家，而且会下棋、踢球、歌舞、演戏、吹弹、作诗，与艺人往来密切，常常与著名艺人朱帘秀一起粉墨登场。

《窦娥冤》的大体故事情节如下：

窦娥7岁时，因父亲窦天章欠高利贷无法偿还，被卖给蔡婆婆家做童养媳。不料窦娥的丈夫早死，她就守了寡。一天，蔡婆婆出外讨账，遇赛卢医谋财害命，张驴儿和他的

父亲救了她。张氏父子乘机要强娶她婆媳俩。张驴儿见窦娥不愿，就想药死蔡婆婆来威胁她，不料竟药死了自己贪嘴的父亲。张驴儿却倒打一耙，恶人先告状，贿赂官府，判了窦娥死罪，窦娥死前发了三个毒誓，结果一一应验。数年后，其父做官返乡，窦娥冤魂告状，终于沉冤得雪。

《西厢记》插图

元杂剧有大量以水浒故事为题材的作品，至少有33部，流传下来的有10部，其思想内容大都是描写水浒英雄凌强扶弱、除暴安民的英勇事迹，歌颂他们主持正义、"替天行道"、为民除害的侠义行为。康进之的《李逵负荆》，以民间流传的故事为素材，描写了李逵主持正义、不怕官府和地痞流氓的英雄本质，又刻画了他粗中有细、知过必改的性格。故事情节曲折，有着自己显著的艺术特色。

元代的散曲包括小令和套数两种。小令主要是民间小典，也有的脱胎于诗词；套数是合一个宫调中的几个曲子而联成的。散曲形式简单，坦率真挚，清新活泼，为一般市民所喜爱。

散曲

散曲又叫"清曲""乐府"，包括小令、套曲两种主要形式。它是在金代的俗谣俚曲的基础上又吸收了蒙古等少数民族的乐曲，而形成的一种新型的韵文形式，是不同于传统诗词的一种独特的诗歌样式。开始主要流传在北方，故也称北曲。小令又被称为"叶儿"，原是民间流行的小调，与来词相似。小令是散曲中最早产生的体制，它比套曲更为盛行，作品数量约九倍于套曲。一般地说，小令是单只曲子，句调长短不齐，有一定的腔格，而几乎每句都要押韵。在本调(正字)之外还可以加衬字。在语言的表达上更加活泼生动，小令短小精悍，使用方便，在散曲中居主要地位。套曲也叫套数，是由两者以上同一宫调的曲子连缀而成的组曲，一般都有尾声，并且全套通押一韵。套曲篇幅较长，适于表现比较复杂的内容，既可抒情，亦可叙事。散曲中还有介于小令和套数之间的"带过曲"，通常是三个以下单只曲子的联合，但必须是同一宫调，同押一韵。此外，还有"重头小令"，是由问题、同调，内容相连，首尾句法相同的若干只小令联合而成。每首小令可不同韵，每首可以单独成立。总之，散曲比起传统诗词来，更加灵活多变，对仗形式也比较自由。但它是有严格格律的倚声填词的诗歌形式，所以在某些方面比诗词还有更多的限制。

白朴也是这时期很有才华的作家。他的散曲主要内容是咏唱男欢女爱、感叹人生无

常和描写自然景色。他的作品笔调明朗,色彩鲜明,他的那首《天净沙·秋思》,描写秋天景色,别开生面,独具一格。白朴是金代遗民,又终生不仕于元,所以在他的散曲中还充满着对故国衰亡的感叹。在发泄不满、怨愤和牢骚的同时,不免有些消极悲观的情调。

关汉卿的散曲大部分内容是写离愁别恨、男女恋情。他特别长于对女性心理的刻画,形象鲜明、细致入微。其写景作品也很成功。他的代表作是《南吕一枝花·不伏老》,可以看作是他自己思想性格的自我表白,曲辞自然,比喻生动,是他散曲中的优秀篇章,但他创作散曲的成就远不如他的杂剧。

《西厢记》插图

马致远在前期散曲作家中占有重要地位,现存辑本《东篱乐府》一卷就收有散曲作品120多首,比关汉卿、白朴现有散曲的总和还要多。马致远是个政治上很不得意的文人,是"困煞中原一布衣"。他有"九天雕鹗之志",但"恨无上天梯",只落得退隐山林,寄情诗酒。他的《北双调夜行船·秋思》是一首充满愤激和厌世之情的套曲,最能反映他的思想感情和生活态度,是他"叹世"题材的代表作。他极端厌恶追名逐利的官场和市侩,骂他们如"蚁排兵""蜂酿蜜""蝇争血",自己则满足于"竹篱茅舍""东篱醉了也",充满人生如梦及时行乐的消极情绪。这篇套曲,显示了作者在造句用字,声调和谐等方面的功力,苦心锤炼的功夫见于字里行间。马致远描写景物的代表作是《天净沙·秋思》小令:"枯藤老树昏鸦,小桥流水人家。古道西风瘦马,夕阳西下,断肠人在天涯"。以几种具有代表性的景物,写出秋天的萧瑟,形象地表现出天涯游子的凄凉情感。马致远的散曲具有独特的艺术风格,他的作品语言清新俊丽,写景抒情自然逼真,他的散曲艺术成就最高,是元代散曲大家。

散曲兴盛期是1300年以前的元代、大德四年后,散曲创作进入一个新的阶段。张可久、齐吉、贯云万、睢舜臣是主要作家。他们当中有些是专攻散曲的专业作家,写出了不少好的作品,在数量上多于前期。有的作品继承和发扬前期散曲通俗直白、生动活泼的特色,像睢舜臣的《高祖还乡》,张养浩的《潼关怀古》和刘时中的《上高监司》等都是些具有进步的思想内容和散发散曲独特艺术魅力的作品。但总的说来,这一时期的散曲作

元·捶丸图壁画(山西洪洞水神庙明应王殿)

家,多是追求音律格调,撷取诗词名句,艺术上趋于雅正典丽,失去了散曲质朴的本色,也就逐渐丧失了它的生命力。到了元末,南戏音乐融入散曲,出现了南北合套的方式,为以南曲为主的明代散曲准备了条件。

元代书画艺术成就卓著

元代不设画院,画家逐渐摆脱了南宋画院的形式主义习气,而形成了挥洒淋漓、重视笔墨情趣、追求意境深远的写意派。且在画面上加题跋和篆刻印章,把书法、文学、治印和绘画艺术融为一体,开创了新境界。前期著名画家有赵孟頫、钱选和高克恭等。赵孟頫擅画山水、人马、花鸟,博采众长,自成一格,绘画、书法、篆刻兼施,书法用笔圆转流美,画面自然有神,开创了元代文人画的新风貌。钱选擅画山水、人物和花鸟蔬果,笔致柔劲,着色清丽,自成风格。高克恭是畏兀儿族人,晚年居钱塘,擅画林峦烟景和墨竹,笔墨苍润,造诣精绝。后期著名画家有黄公望、王蒙、倪瓒、吴镇等,他们经常深入山水之间,领略自然之胜,用水墨或浅绛描绘山水,凭意虚构,峰峦浑厚,气势雄秀,自然生动,形成了宋以后山水画的主流,称"元画四大家"。

"元画四大家"崛起于画坛。他们在赵孟頫的影响下,广泛吸收五代、北宋水墨山水画的成就,充分发挥笔墨于绘画中的效用,将笔墨趣味提到一个新的高度,突出了山水画的文学趣味,使诗、书、画有意识地融为一体,开创了一代新风,形成了以文人画为主流的绘画潮流。黄公望,江苏常熟人,过继于浙江永嘉黄氏。曾于做小吏时受累入狱,出后遂隐居不仕,皈依"全真教",寄情山水之中。常携笔墨于虞山、三泖九峰、富春之间领略江南自然胜景,随时模记,代表作有《富春山居图》《溪山雨意图》《快雪时晴图》等,其作品有浅绛和水墨两种面貌,浅绛山水浑厚圆润,水墨山水则萧散苍秀,笔墨洒脱。王蒙,元

末弃官归隐浙江杭县黄鹤山，善画山水，也工诗文书法，绘画主题多表现隐居生活，喜用枯笔、干皴，其山水画的突出特点是布局充实，结构复杂，层次繁密，笔法苍秀，而在笔墨工夫上又高出时辈。吴镇，浙江嘉兴人，为人“抗简孤洁”，隐居不仕，以卖卜卖画为生，一生贫困。绘画主题多为渔夫、古木、竹石之属，所作多幅《渔父图》，表现江南名山景色及离尘脱俗的意境。倪瓒，江苏无锡人，家为豪富，雄于资财，喜与名士往来，后遇元末动乱，便卖去田庐，散其家资，浪迹于五朔三泖之间。长于山水、竹石，多以水墨为之，又创“折带皴”。其画好作疏林坡岸、浅水遥岑之景，意境萧散简远，用笔似嫩实苍，给文人水墨山水画以新的发展，有传世名作《水竹居图》《梧竹秀石图》等，论画主张超于形似之外，重在抒发“胸中逸气”。

赵孟頫二羊图

元代文人画创作无论就笔法还是境界上，都成就卓著，并最终奠定了文人画在中国画史上的重要地位，极大影响了后代的绘画创作，使该派画风成为中国画的最典范样式。

元代壁画在绘画史上占有重要地位。现存的敦煌、安西榆林窟（今万佛峡）的元壁画，西藏日喀则德钦顿章宫的壁画，山西永济市永乐宫壁画，山西洪洞县广胜寺的壁画，都是极其珍贵的文物。著名壁画家有朱玉、李时等。

元代著名书法家有赵孟頫、鲜于枢、虞集、杨维桢等人，他们都善正、行、草书，笔力有劲健之气。而赵孟頫的书法则属一代大师，称雄一时，篆、隶、楷、行、草、无不精湛，自成一家。他的书法落笔奔腾，运笔流美，骨力秀劲，笔势超绝，世称“赵体”。

元代哲学思想的创新

理学

理学，始创于北宋，经过程颢、程颐，到了南宋时得到进一步发展，成为我国封建社会

中后期儒学的正宗。

理学在北方的广为传播始于赵复被俘到北方以后。赵复，字仁甫，德安（今湖北安陆）人，人称江汉先生，是朱熹门生谢梦先的学生。公元1235年窝阔台伐宋，攻破德安，赵复被俘，欲赴水自沉，被姚枢救出留在幕中，后随姚枢至燕京，受到忽必烈召见。忽必烈在燕京立太极书院，请赵复传授程朱理学，培养了一批理学家，姚枢、许衡、刘因等皆出其门。

许衡

许衡、刘因、吴澄是元代著名理学家。

许衡（公元1209年～公元1281年）河内（今河南泌阳）人。早年不满北方落第老儒所授的句读训解，转从姚枢、赵复处闻之理学大义。金朝灭亡的前一年，许衡为元平军所得，渐获忽必烈的赏识和重用，与刘秉忠、郝经、郭守敬等人一起，为元朝行汉法、重儒学、定官制、立朝义。和刘因、吴澄一起并列为元代三大理学家。许衡认为天理在心中，直求本心即得天理，强调本心自悟，自识本心，这些都是后来王阳明之学的类型，成为王学的先声。因此，从理学史的角度看，许衡之学是宋陆九渊之学无法直接过渡到王学。

许衡不是迂腐的理学家，他主张践履力行，他在蒙古族初主中原之时，主持国学，以儒教六艺教授蒙古弟子，对推动汉、蒙文化的融合交流及保存（从当时来说）比较先进的汉文化发挥了积极作用。

刘因在对理学的态度上，反对舍传注疏释而空论，强调反求六经，以六经为根本，在一定程度上看到了宋代理学凭空意断、自圆其说的疏漏与弊病。

吴澄一生从事教育，弟子众多，他虽授朱学，但却能调和朱、陆之学。他们的学说继承了朱熹“理在气先”的精华，并提出“以道事君”，即在理论上把推行道学与推行汉法相结合，并广加宣传。许衡曾向忽必烈讲授《资治通鉴》《贞观政要》，并阐发了孔子“为君难”的思想，指出为君必须做到修德、用贤、爱民。由于理学有利于巩固封建统治，元朝统治者便大加称颂，如武宗加封孔子“大成至圣文宣王”，仁宗还下诏让许衡从祀孔子庙廷。又于公元1313年诏令考试和教学以朱熹章句集注为准，把朱熹的《四书集注》称为“圣经章句”。

邓牧的异端

邓牧，字牧心，钱塘（今浙江杭州）人，生于公元1247年（宋理宗淳祐七年），死于公元1306年（元成宗大德十年），这是一个激烈的、动荡不安的朝代更替的时代。他出生在一个破落的地主知识分子家庭中，年幼时读过许多古书，对诸子百家钻研很深。元军占领杭州时，他才二十多岁。这时，他怀着南宋灭亡的悲愤心情，对民族压迫的强烈不满，决心放弃名利，拒不和元朝合作，周游名山大川，最后走上了隐居道观的消极道路。公元1305年（大德九年），元朝派当时的玄教大师吴全节到他隐居的余杭大涤山洞霄宫，请他

出山做官,被他拒绝了。他自号“三教外人”,表示不崇儒,不信佛道,不做元朝的官吏,是一个有民族气节的思想家。

邓牧为我们留下的著作不多,只有一本薄薄的《伯牙琴》。他的诗文为什么定名为《伯牙琴》呢?这是因为他觉得这个时代趋炎附势的人太多,蒙古统治者严密的控制和残暴的压迫,逼得他只能用隐晦曲折的手法来发泄他的不满,而世上能理解他的心情的人太少了。他就借用春秋时伯牙善琴、钟子期知音的故事,取了《伯牙琴》作书名。他是非常希望也有一个“钟子期”懂得他的“琴声”的。

邓牧在《伯牙琴》里所写的《君道》《吏道》和《二戍——学柳河东》各篇,是他反对专制统治最杰出的篇章。

在《君道》篇中,邓牧对君主统治进行了无情的抨击。他说:古代立君,是为了人民。那时的皇帝生活极其俭朴,而且十分关心下民。帝位是没有人争着要做的,尧要让位于隐士许由,许由逃跑了;舜要让位给石户之农,而石户之农入海,一辈子不回来。皇位并不是至高无上的。不幸,秦始皇统一了天下,君主地位尊贵极了,横征暴敛,搜括天下的财富都供他挥霍。这样,他就像怀中揣着黄金的匹夫一样,唯恐人家来夺走它,死死地霸占着皇位不放。唉!老天生长百姓而立君,并不是为了君主呀!怎能以四海之广来供一人专用呢?皇帝并不是四睛两嘴、鳞头羽臂的怪物,是和普通常人一样的人。夺取人们的财富、霸占百姓的劳动果实是不可能“长治久安”的!

在《吏道》篇中,邓牧对那些助豺为虐的官吏进行了控诉。他说:协助皇帝治天下的官吏,由于古代君民之间相安无事,所以人数不多,而且都是选择有才能的贤者来担任的,但是有才能的贤者很不愿意当,当官的都是不得已的。后来那些当官的是怎样统治老百姓的呢?他们怕老百姓作乱,所以防范十分严密,大大小小的官吏布满了天下,取民愈广,害民愈深,有才能的贤者再也不肯当官了。于是天下愈来愈治不好了。现在的情况更加严重了,大官僚的食邑(从地方税收中分得的财富)达数万,小官吏虽无俸禄,但他们搜括资财,几十个农夫辛勤劳动也抵不上。唉!带了虎狼去放牧猪羊,猪羊怎能繁殖呢?夺取了百姓的财产,用尽了百姓的力气,百姓怎能不怒不怨呢?人民造反,就是因为剥夺了他们的生计才造成的。盗贼害民,能够随起随扑,不至于严重到不可收拾的地步,因为盗贼是有顾忌的;官吏是毫无顾忌,大白天也照样横行不法,百姓对他们敢怨而不敢言,敢怒而不敢杀。这种情景难道是在老天爷怂恿之下,让他们像虎豹蛇虺(悔,毒蛇)样都成为民害吗?

在另外两则寓言中,邓牧用讽刺的笔调对当时的统治者进行了揭露。在《越人与狗》中,他把元朝统治者影射为狗,刻画了“狗”的贪婪与凶残;在《楚佞鬼》中,推写了冒充“神”的“楚鬼”和依附于他的“市井亡赖”对“齐民”的欺压,后来“天神”闻知,灭了“楚鬼”,震死“亡赖”,“齐民”得安。从以上几则短文中,我们可以清楚地看出,邓牧对人吃人的君主专制统治极其痛恨,对人民反抗表示同情。这些方面说明了他的思想具有一定的进步性和人民性,确实是与元朝统治者提倡的儒、佛、道三教格格不入的。

但是,在如何解决这种社会矛盾时,邓牧陷入了虚无缥缈、消极倒退的幻想之中去

了。他竭力美化尧舜时代的那种原始社会，在《君道》《吏道》中他勾画了这样的社会情景：那里君民相安无事，都是有才能的贤者来治理天下。在邓牧看来，即使得不到那些有才能的贤者，也宁可废官府，去官吏，让天下听其自然。这种社会理想当然是一种不可实现的空想。

这样，邓牧在如何解决社会矛盾方面，陷入了虚无缥缈、消极倒退的幻想之中。当他找不到出路时，就消极、悲观，只好躲进深山老林中默默死去。

尽管如此，邓牧看到了人民的悲惨遭遇，并对他们表示同情，也看到了封建制度的不合理，并对此进行了揭露，他的反专制统治的思想，是极其可贵的，他的民主思想代表了当时思想界的一定高度。

元代科技居世界领先之列

郭守敬的科学成就

郭守敬是元代最杰出的科学家。

郭守敬（公元 1231 年～公元 1316 年），字若思，顺德邢台（今河北邢台）人，他以毕生精力从事天文学的研究和天文仪器的创制，为祖国古代天文科学的发展做出了重大贡献。他在其他学科上也有很多贡献。

郭守敬

郭守敬的祖父郭荣是一位精通数学和水利的学者，他的渊博知识对年轻的郭守敬影响很大。还在郭守敬年幼的时候，祖父就把他送到精通天文和地理的老朋友刘秉忠那里去学习了。刘秉忠和他的好友张文谦都是忽必烈非常赏识的学者。

由于郭守敬刻苦学习，十五六岁时就能弄通石刻的“莲花漏图”（古代的计时器）的原理。到 32 岁时，他的科学知识更加丰富扎实了，张文谦就把他推荐给忽必烈。忽必烈高兴地让他跟随张文谦到西北去视察水利设施，修复古渠。公元 1265 年（至元二年），他被任命为都水少监，使他得以专心致志地从事水利建设事业。

早在元朝统一全国以前，刘秉忠就提出要修改历法，因为辽、金以来沿用的《大明历》使用已经很久了，误差越来越大。至元十三年（公元 1276 年），忽必烈决定设局改订历法，派许衡、王恂和郭守敬主持这项工作。在这期间，郭守敬通过实测，获得了许多天文方面的科学知识，他深深感到：要制订新历，必须创造精密的仪器。他说：“历之本在于测验，而测验之器莫先于仪表。今司天浑仪，宋皇祐（公元 1049 年～公元 1054 年）汴京所

造，不与此处（指大都灵台，在今北京市建国门外泡子河北）天度相符。”于是决心自己动手创制和改造天文仪器。

针对浑仪的缺陷，郭守敬研制了新的仪器——简仪。元代以前所用的浑仪越来越复杂，用它测量天体的赤道坐标、黄道坐标和地平坐标的读数，每个系统都需要有专门的环圈，因此大大小小的互相圈套的环圈有八、九个之多，不但转动不便，而且妨碍观测。郭守敬摒弃了把测量三种不同坐标的圈环集中在一起的做法，精简了黄道坐标，而把地平坐标和赤道坐标分为两个独立的装置——赤道装置和地平装置。这两个装置都很简单，使用方便，因此这种仪器叫“简仪”。简仪的设计很精密，刻度最小分格达到 1/36 度，观测结果也就准确多了。当时从尼泊尔来的工艺家阿尼哥，帮助郭守敬制造了简仪。可惜的是，郭守敬的这一重大发明创造，竟在清初被法国传教士纪理安（当时他在饮天监任职）当作废铜销毁了。明朝正德（公元 1506 年～公元 1521 年）年间仿制的一台简仪，也在八国联军侵略中国时被劫走。后来虽然归还了，但已残缺不全，现在保存在南京紫金山天文台。

简仪（模型）

郭守敬还研制了仰仪。仪器的外形很像一口朝天的大锅。在半球的大圆面上，刻着东、南、西、北和十二时辰；半球面上刻着与观测地纬度相应的横纵线网。大圆平面上用纵横相交的两根杆子架着一块小板，板上有小孔。太阳光线通过小孔，在球面上投下一个倒像，映在格网上，可以观测太阳的位置和日食。

郭守敬还改革了圭表、创制了景符等仪器。圭表是观测日中影长变化以决定春分、秋分、夏至、冬至时刻的天文仪器。古代的圭表一般高 8 尺，郭守敬把它加高到 36 尺，在表顶又添一根被抬起的横梁，横梁高出表顶四尺，这样表高就达到 40 尺，比原来的表高增加 5 倍，因而影长也增加了 5 倍，使观测的误差也下降到原来的 1/5。现在河南省登封市元代观星台还完整地保存着当时的高表。景符是定影象的仪器。一块铜片，中有小孔，用一小架子斜撑在圭面上。太阳光经过横梁，再通过小孔，在圭面上形成了一个米粒大小的太阳像，象中间有一根细如丝线的横梁影子，非常清晰。景符与圭表是结合在一起使用的，用来观测太阳、星星和月亮。

有了这些先进的仪器，郭守敬利用当时疆域辽阔的有利条件，在全国范围内开展了实测活动。他在全国各地设立了 27 个测景所，最北的北海测景所，设在大约北纬 64°5 的地方，已在北极圈附近了。他亲临全国各地，收集科学资料。经过他们大规模的实测，他不仅测定了有关地方的纬度与夏至日昼夜长短，还测定了黄赤交角为 29°90′（合今 23°33′5.3″），这个数字虽然与当时的实际交角尚有极小的误差，但这是科学上的一大进步，因为从汉朝以来，一直认为黄赤交角是 24°。我国古代把黄道附近的星分为二十八宿，每

一宿用一个星为代表，称为“距星”。两距星间的距离称为“距度”。古代是用距星来测定星辰的，因此测定二十八宿距是非常重要的。经过郭守敬的实测后，距度的误差减少了，精密度提高了一倍。郭守敬还进行了恒星位置的测定工作，对那些还没有定名的星，也做了观测，编制了星表。

阶梯式滴漏

至元十八年（公元 1281 年），经过郭守敬等人多年辛勤的劳动编制出来的《授时历》正式颁行了。郭守敬根据自己多次精密测定的冬至时刻的结果，并利用历史上从祖冲之《大明历》以来的六次冬至时刻的观测资料，证实了一年为 365.2425 日，它比地球绕太阳一周的实际时间只差 26 秒，《授时历》就是采用这一数据的。这在世界的历法史上还是第一次。现在国际上通行的格利哥里历也是采用这一数据的，但格利哥里历比《授时历》晚了整整 300 年。

至元十六年（公元 1279 年）春，在大都东城墙开始兴建大都天文台，郭守敬开始负责仪器与观察，后来担任第二任太史令。天文台分 3 层，高达 7 丈，第一层南屋是太史令等天文台负责人的办公室，向东的房间是负责推算的工作人员，向西的房间是负责观测和计时的工作人员，向北的房间为仪器储藏室。仅推算、测验、漏刻三局就有 70 人。第二层按离、巽、坤、震、兑、坎、乾、艮八方分成八个房间，它们分别是观测准备室、图书资料室、天球仪和星图室、漏壶计时室、日月行星室、恒星室等专业工作室。最上一层为观测台，北有简仪，中有仰仪，西有圭表，东有玲珑仪，南边是印历工作局、堂、神厨和算学的建筑。可见元大都天文台规模宏大，人员众多，组织严密，设备齐全。更令人注目的是该台拥有大量先进的观测仪器。据《元史》记载，有玲珑仪、简仪、浑天象、仰仪、高表、立运仪、证理仪、景符、窥几、日月食仪、星晷定时仪、候极仪、悬正仪、正方案和座正仪等。其中由郭守敬设计制作的就多达 13 件，其中最著名的是简仪，它是对传统浑仪进行重大革新，是一台用一高一低两个支架支撑起极轴的赤道仪，集测赤道坐标和地平坐标于一体，开创了在仪器上同时设置使用附加设备的先河，并一改传统的圆周分割法，将一圆周分成 3600 分，使刻度与读数更加精确和方便。该仪也是首次采用滚柱轴承的机械。仰仪可从仪器上读出太阳的去极度、时角和地方真太阳

方日晷

时，特别是发生日食时，日食全过程以及各阶段的位置和时刻，均可连续记录下来。仰仪解决了以前观测太阳时观测者光芒刺眼的苦恼，使仰视观测变为俯视观测，这些仪器在当时世界上是十分先进的。

《授时历》是我国古代的一部优秀的新历法。根据新历法推算出的节气，比较准确，因而对农业生产帮助很大。

郭守敬在天文、数学方面的科学著作很多，有《推步》《立成》《历议拟稿》等，可惜现在都已失传了。

在水利工程技术方面，郭守敬也有光辉的成就。公元1291年（至元二十八年）春，他担任都水监长官，负责整修已经荒废的大都至通州的运粮河。他经过实地考察后，决定引白浮泉水解决了河水的来源问题，用了一年多时间疏通了这条运河，定名为通惠河。为了解决由于河床倾斜坡度造成运行的困难，他在这条运河上每隔十里设置一个闸门，在距离闸门半公里的地方又置斗门，使船只得以顺利通过。这样，从杭州到大都的大运河完全通航了，过去每年从南方运来的粮食到通州后就要陆运，驴马死伤不可胜数，现在通行无阻了。

郭守敬在科学技术上取得的成就是多方面的，他一生坚持不懈，亲自从事科学实验，并善于吸取前人的科研成果，因而取得了更大的成就。一直到86岁那年他去世时为止，他始终没有中断自己的工作，真可以说把毕生精力献给了科学事业。

王祯及其农书

元代农学著作十分丰富，流传至今有名的农书是官方司农司所编的《农桑辑要》、王祯《农书》和鲁明善的《农桑衣食撮要》。这里我们讲的是王祯和他的《农书》。

王祯是山东东平人，由于他的生平活动史料记载很少，我们只知道他曾做过两任县官：公元1295年（元贞元年）任安徽旌德县的县尹，在职六年；公元1300年（大德四年）任江西水丰县尹。据《旌德县志》记载，他当县官时，生活比较俭朴，办学校、修桥梁、施医药，认真劝农，做了不少好事，受到当地人民的称赞，是封建时代的“清官”。

元朝的大统一，为全国各地经济文化的交流创造了条件。由于各族人民辛勤劳动，农业生产的恢复和发展是很迅速的。在这种情况下，人们渴望有一部总结和指导全国农业生产技术经验的农书，这是很自然的。有这样的社会需要，才促使王祯下功夫去研究农业技术，总结农业生产经验，写出这部《农书》来。他认为：农业是天下的大本。一夫不耕，就要挨饥；一女不织，就要受寒。作为一个地方官，应该熟悉农业生产知识，否则就不能担负起劝导农桑的职责。为了写好《农书》，他平常很注意农事，仔细观察，用心考察和积累农业知识，大约在永丰任职二年后，完成了该书的初稿，后来又花了十年时间进行修改补充，到了公元1313年（皇庆二年）时才正式付印出版。

《农书》的内容主要分三大部分：第一部分是《农桑通诀》，第二部分是《百谷谱》，第三部分是《农器图谱》。《农桑通诀》可以说是农业总论。内容包括农业史、授时、地利、耕垦、耙劳、播种、锄治、粪壤、灌溉、收获，以及植树、畜牧、蚕桑等方面，是非常系统和完

整的。关于“授时”和“地利”：王祯很重视“不违农时”，认为播种一定要适合农时，不能错过时机；他对各地的气候、地形、土壤等自然条件做了比较，认为农作物应该根据环境不同而有所不同，提出了选择适宜于环境的作物和工具以及改造自然的主张。关于“播种”：他认为选种很重要，并介绍和推广占城稻等优良品种；他还主张实行多种经营和作物轮种。关于“粪壤”：他列举了大量肥源，并认为施肥是提高地力、改造土壤的关键。关于“灌溉”：他的基本思想是“天时不如地利，地利不如人事。”就是说：依靠兴修水利等人事努力，可以克服天灾而夺得农业丰收，因此他特别强调灌溉的作用，具体介绍了引水的方法、南方围田和圩田的建设。

仰仪

王祯在这里还主张推广北方的“锄社”来解决农忙时劳动力不足的问题。

《百谷谱》分别叙述各种农作物、菜蔬、瓜果、竹木等种植培养法。这一部分主要是介绍农作物品种，其中最值得我们注意的是棉花的推广。元朝时棉花主要产于南方，后来北方和西北也渐渐种植，但当时有人以“风土不宜”为理由，认为北方不宜种植。王祯觉得这种看法是错误的，他说：种不好棉花是因为种植不认真、不得法造成的，于是他在书中详细介绍了种植的方法，并断言：种植棉花，南北方都可以获利。

《农器图谱》是《农书》中最有创造性的部分。书中绘出各种农具，农业机械图和田制、农舍、灌溉工程、运输工具、纺织机具图共三百零六幅，每幅图后面都有一段文字说明，描写这种工具的构造、来源、演变和用法，其中许多是当时最新式的农具和器具。如出现了用四牛拉的犁，节省施肥工序的下粪耧耘式耧车，割荞麦用的推镰和灌溉用的牛转翻车、高转筒车等。

我国古代历来有编写农书的优良传统，但是还没有一部书能从全国范围的角度来总结农业生产经验。后魏贾思勰的《齐民要术》虽然很有价值，但还仅仅限于黄河中下游一带；南宋陈旉的《农书》也只限于江浙一带；元初的《农桑辑要》主要也是北方地区的。而且这些农书离开王祯那个时候已经有几十年或者几百年了。王祯这部书兼论南北，对南北农业技术和农具的异同、功能，进行分析比较，这在中国农书编写史上还是第一部。

王祯不仅是一位杰出的农学家，也是一位杰出的机械设计师和印刷技术革新家。东汉杜诗制造的利用水力鼓风来炼铁的“水排”，到元朝时已经失传，王祯经多方搜访，加以研究、改进，把古人用皮囊鼓风改用木扇（简单的风箱）鼓风，对提高冶炼技术有重大意义。王祯还创制了木活字，并且成功地把它用来印刷。他在旌德县撰写《农书》时，估计到字数很多，雕版有困难，就亲自指导木工花了两年多时间，制造了三万多个木活字，并

试印了他自己编写的《旌德县志》，全书有六万多字，只用了一个多月时间就印了一百部，效果很好。王祯把这次造木活字的方法与排版、印刷经验，写成《造活字印书法》附在《农书》后面。他发明的“转轮排字盘”，工人只要坐着推动转盘，就可以拣字。大大节省了印刷工人的劳动强度。

当然，由于时代的局限，王祯书中难免一些迷信色彩。但是，王祯的《农书》是通过对劳动人民的接触，通过自己的实践而写出来的。书中流露出对劳动人民的同情和朴素的唯物主义思想。他说：“种田太艰难了！那些高高在上的统治者们却不知道衣食从何处来的，只知道享受，不知道农夫农妇的苦，反而对他们拼命地剥削和压榨！”书中还多次强调了“人定胜天”的思想，《农书》始终是一部杰出的科学著作，王祯也不愧为中国古代杰出的农学家、科学家。

王祯发明的转轮排字盘

《农桑辑要》和《农桑衣食撮要》

元代虽是马上民族建立的。但是，他们入主中原后，吸收汉文化，十分重视农耕。元代农学方面颇有成就。除了王祯的《农书》外，还有两部比较重要的农学著作。这就是《农桑辑要》和《农桑衣食撮要》。

公元1286年（至元二十三年），元向全国颁行《农桑辑要》。该书是为了推广先进的农业技术，由司农司组织农业专家于公元1273年编写的，它吸收了十三世纪以前的农业耕作经验。全书共分七卷，包括典训、耕垦、播种、栽桑、养蚕、瓜菜、果实、竹木、药草、孳畜等十个部分。典训主要是介绍我国古代有关农业的传统习惯和重农言论；耕垦主要是介绍整地技术和丰产经验；播种、瓜菜和药草等部分讲各类农作物和果木的栽培技术；孳畜是介绍家畜的饲养技术。最后还有“岁用杂事”排列了农家十二个月的主要农业生产以外的行事历。

《农桑辑要》是继《齐民要术》之后我国的又一部重要的农书。书中有二十多种农作物是《齐民要术》没有记载的，加之对农业技术的推广，是我国农业发展史上的一件大事。

公元1330年（至顺元年），元代农学家鲁明善撰成农学专著《农桑衣食撮要》，共二卷。按月令记述我国各族人民农事活动。该书对于耕种方法和饲养技术等有比较详细的记载。全书分为十二个月，每个月应种应收什么农作物，栽种什么树木，家畜应注意什么，怎样贮藏蔬菜，如何腌制肉类等，都一一详细记载。其记录以中原地区农事为主，兼

及西北少数民族地区的农业和畜牧业经验，记述了牧羊种、造酥酒、晒干酪等方法，具有明显的民族特色，也反映了我国各民族在生产方面的相互渗透和相互吸收。

纺织家黄道婆

黄道婆出生在一个穷苦农民的家庭里，家住松江乌泥泾（今闵行区华泾镇）。她的生卒年代和身世没有详细记载，大约生活在13世纪中叶的南宋末期和元朝初期。她的名字也没有留下来，后人称她为黄道婆或黄婆婆。

黄道婆从小受尽苦难生活的熬煎，被迫给人家做童养媳。在她18岁那年，再也不能忍受这牛马般的生活，决心逃跑。有一天夜里，黄婆在茅草屋上挖了个洞，逃到黄道浦江边，悄悄躲在一艘即将远航的海船中。这样，她一直漂流到远离故乡的海南岛崖州（今广东海南黎族、苗族自治州崖县）。

黄道婆生活的时代，正是植棉业传到江南的时候。棉花自印度传入我国，经过南、北两路；南路，经过南洋的国家，传入现在的云南。约在公元1~2世纪之间的东汉时代。云南的少数民族哀牢人当时生产出一种名叫“白叠花布”的纺织品。这是我国植棉、织布的最早记录。北路，传入西域（现在的新疆），约在公元5~6世纪的南北朝朝代。

上海地区的植棉业，是由南路传进的。首先传入乌泥泾，种植在一块名叫“八千亩”的地方。随着棉织技术逐渐被人掌握，棉织品很受群众欢迎。因此，黄道婆很小就学会纺织技术。不过当时乌泥泾的棉纺织技术，是非常落后的。

黎族地区自11世纪（北宋中期）以后，就已大量种植棉花，棉纺织业也有所发展。在南宋周去非所著《岭外代答》一书中，介绍纺织情况：“取其茸絮，以铁筋碾去其子，即以手握茸就纺，不烦缉绩，以之为布最为坚善”。当时生产的棉织品种类很多。赵汝适在《诸蕃志》中记载黎族：“妇人不事蚕桑，惟织吉贝（棉花）花被、缦布、黎幕”。光是往南宋都城临安（杭州）“进贡”的，就不下二十多种，还能织出坚厚的兜罗棉、番布、吉布等多种棉纺织品，其中被染成各种彩色的“黎单”（宽幅床单）、“黎饰”（幕布）等，更为精美，远销内地。在这样的环境中，黄道婆虚心向黎族姐妹学习，很快就掌握了全套操作技术，成为技术高超的纺织能手。

元朝建立后，江南地区的生产逐渐恢复，经济有了好转。但是，乌泥泾的棉纺品技术仍处于落后状态，随着人们对棉布需要日益增加，急待解决的问题就是生产工具的改进，生产技术的提高。正在这时，黄道婆从崖州回来了。

黄道婆在黎人织布技术基础上，发明创造了从轧籽、弹花到纺纱织布全过程的新生产工具，确立了一套较完整的生产工序。

第一道工序：轧棉去籽。原来人们一直用手剖去籽的方法，手指极易疲乏，工作效率很低。黄道婆创造了轧棉搅车，用四块木板装成大框，上面树立两根木柱，高度在一尺五寸左右，柱头镶在一根方木下面，柱的中央装着两个曲柄转轴，利用两轴间相互碾轧，将棉籽从棉絮内排挤出来。

第二道工序：弹花。用四尺多长，强而有力的绳弦竹弓替换了原来一尺四寸长、弹力

轻微的线弦小竹弓。用弹椎敲击弓弦开棉,代替指拨弦弹花,保证了成纱质量。

第三道工序:纺纱。她创造了一种三个纺锭的脚踏纺车,比原来手摇一个纺锭的纺车劳动强度减轻了,生产效率提高数倍。

第四道工序:整经和织布。她改进了原先所使用的投梭织布机,能织出各种美丽的棉布。

黄道婆的纺织技术普遍地传播,乌泥泾靠棉织为生的增到千余家。"乌泥泾被"闻名全国各地。我国人民就是从那时开始普遍穿棉布衣服的。

黄道婆热心地教当地妇女"错纱配色""综线挈花",深受尊敬。她在人民心中留下了不可磨灭的印象。她去世后,当地人民怀着悲痛的心情埋葬了她。后人为了纪念她,又给她立过祠。直到现在,当地人还用歌谣歌颂着她。黄道婆对纺织技术的革新和推广,反映了我国古代各族人民生产经验的交流,具体地说明了劳动群众创造了古代社会的文明。

黄道婆对纺织技术的革新和推广,为我国棉纺织业的发展做出了突出贡献。

元代特色的学校教育与科举制

社学属于正规教育之外的教育面广泛的一种社会教育。它是元代教育中一个极富特色的教育形式。

元代规定每社设立一所学校,选择通晓经书者为学校的老师,在农闲时教农民子弟读书。社学的建立大大加强了对农民的文化教育和农桑耕种技术的传播,有利于朝廷的统治。社学出现以后发展极为迅速,到至元二十三年(公元 1286 年),各种学校已达 20166 所,两年之后增至 24400 余所。社学发展盛况空前,二十八年(公元 1291 年),诸路设立学校之数为 21300 多所。

成贤街国子监牌坊

元代的私人教学因受统治者鼓励而得到充分发展,私学不仅促进了一般教育,还补充了学校教育的不足,更有意义的是私学促进了专门学术研究的发展。

元代史传中记载了许多靠家学和自学成才的人物,如雷膺、许谦等,反映了元代家学和自学从师现象的普遍存在。私人办学在元朝也较为普遍,如董士选曾聘名儒虞集的父亲虞汲在家塾中教导子弟等,在少数民族及西域诸族居住地区,私人办学者也不少。据《元史》记载,蒙古族的月鲁不花,因受业于韩性先

生,“为文下笔立就,灿然成章”。元开国之初,成吉思汗的孙子蒙哥曾命令其弟在征服西域的过程中,把西域著名天文学家送到国内,请其讲授。他还注意学习西文教学,是我国最先接触和翻译欧几里得《几何原本》的人。可见元代各民族学者在兴办私学、研究科学文化方面都表现出极高的热情。

元代作为一多民族国家,其文化教育在民间以私学的形式广泛展开,内容丰富,教育涉及专业技术、宗教、音乐美术等多个方面,反映了多民族国家多元化共同发展的繁荣景象,为统一国家教育事业的发展,做出了积极的贡献。

公元1313年(皇庆二年)11月,元廷下诏科举取士。

元初,科举制度没有受到重视,仁宗即位后,命中书省议行科举,于11月正式下诏科举取士,定于公元1314年正式实行。

元朝的科举考试,一般是每三年举行一次,共举行过9次,分为乡试、会试和殿试三层。乡试于当年8月举行,蒙古人、色目人试经问、策问二场,汉人、南人试明经、古赋、策问三场。全国共设乡试会场17处,从考生中选出300人参加第二年在大都举行的会试,会试科目与乡试相同,从中选出100人,其中蒙古人、色目人、汉人和南人各25名,以参加殿试。根据考试结果分为三等,每等从这四类人中各选1人,后增至3人。进士及第,封六品官;第二等赐进士出身,封七品官;第三等赐进士出身,封八品官。

元代建筑艺术的创新发展

元代建筑最有代表性的要算道教建筑永乐宫和元中都城的建成。

中都城建设,发扬了中国传统建筑术,建筑结构和形式承袭宋代旧制,但在砖石结构、材料和装饰方面有所创新。又采用了许多兄弟民族的建筑造型,并创造了完全新的式样。在宫廷布局方面进一步发展了“千步廊”。城市恢复了宋以前的坊里封闭制度。城东西两面相当于今北京旧城东西城墙,南抵今东西长安街,北抵今德胜、安定门外土城旧址。都城规模宏大,宫殿壮丽,为当时世界少有的大城。《马可波罗行纪》描绘当时北京的景象是“城中有壮丽宫殿,复有美丽官邸”,“全城规划有如棋盘,其美善之极,未可言宣”,“世界诸城,无能与比”。

元大都

至元八年(1271)十一月,忽必烈采纳刘秉忠、王鹗等儒臣的建议,根据《易经》“乾元”的意思,正式建国号为大元,并颁布《建国号诏》。蒙古自从成吉思汗建国以来,一直用族名充当国名,称大蒙古国,没有正式建立国号。忽必烈登上蒙古汗位后,建年号为“中统”,仍然没有立国号。随着征宋战争的顺利进行,蒙古政权实际上已成为效法中原地区汉族统治方式的封建政权,尤其是忽必烈统治日益巩固,于是他决定在“附会汉法”方面再迈进一步,把自己的王朝建成传承汉族封建王朝正统的朝代。忽必烈建国号大元,明确表示

他所统治的国家已经不只属于蒙古一个民族,而是中国历代封建王朝的继续。

居庸关云台

至元九年(1272)二月,忽必烈采纳刘秉忠迁都的建议,改中都为大都,正式定为元朝首都。蒙古国时期,统治中心在和林(今蒙古境内),忽必烈即位后,元朝的统治中心已经南移,远在漠北的和林不再适合作都城,忽必烈开始寻找新的建都地点。他升开平为上都,取代和林,接着又迁往更理想的燕京(今北京),定名为中都。中都改为大都后,忽必烈于至元十一年(1274)正月,在大都正殿接受文武百官的朝贺,大都从此成为元朝的政治中心。

中国与阿拉伯数学交流

中国与"西域"各国的接触始于汉代,宋元时得到了进一步发展。尤其是元代蒙古族政权的范围达到中亚、西亚直到阿拉伯和东欧,打破了以往地域界限,造成中西交通的空前盛况,使中国与阿拉伯等国的数学交流进一步发展。

中国数学西传中最突出的是中国"盈不足术"的西传,9 世纪阿拉伯数学家花拉子米的著作中已有关于"盈不足"问题的叙述,在 10~13 世纪一些阿拉伯数学家的著作中,盈不足术被称为天秤术或契丹(即中国)算法。中国数学中的一些著名问题如《九章算术》中的"持米出关""折竹问题""池中之葭",《孙子算经》中的"物不知数",《张邱建算经》中的"百鸡问题"等,都多次出现在 10~15 世纪阿拉伯数学书中。

1258 年,成吉思汗之孙旭烈兀攻陷巴格达,创立了伊利汗国。1259 年,根据阿拉伯数学家、天文学家纳速拉丁·徒思的建议,建立了巨大的天文台,经精密观测后编成著名的《伊利汉历》。据《多桑蒙古史》记载,"旭烈兀自中国携有中国天文学家数人至波斯……纳速拉丁之能知中国纪元及其天文历数者,盖得之于是人也"。随着中国天文历法的西传,中国传统的数学知识自然也传入西亚各国。

在数学西传的同时,正处于蓬勃发展时期的阿拉伯数学也有许多内容传入中国。如西域人札马鲁丁撰的《万年历》,"元世祖稍颁行之"。另一西域人马哈麻所作《回回历

法》还与《大统历》(即《授时历》)参互使用。阿拉伯幻方也在这时传入中国。解放后我国曾在西安及上海等地出土元代阿拉伯文幻方。此外,阿拉伯人计算乘法的“格子算”也在这一时期传入,后被明代数学家称为“写算”“铺地锦”。

青花技术的兴起

青花是用氧化钴作颜料,在陶胎上描绘纹样,然后上透明釉,白地蓝花,属釉下彩绘。元代青花技术的兴起,是我国陶瓷史上的一件大事,具有划时代意义。

出土文物显示,我国人民对于钴料还原为蓝色的彩釉技术早有认识,战国墓出土的陶胎琉璃珠上已有一些蓝彩。据此推测,这时的陶器可能已使用了钴料着色剂。龙泉市金沙塔塔基出土的宋青花器“青花十釉”,从氧化物的含量分析,很可能采用的是国产钴土矿而着色的。云南玉溪元代青花器所用的色料的氧化物含量与当地钴土矿的原矿十分接近,以此作着色剂的可能性也很大。

元代青花釉里红开光镂花盖罐,纹饰使用了绘、镂、雕塑、堆贴等多种手法,立体感很强,且色泽明快。

同时,西亚地区盛产钴料,早在9世纪这些地区就烧制出简陋粗糙的青花,无疑也对我国青花技术的兴起和成熟产生了巨大影响,尤其是元西征俘获的大批回族工匠被编入官营手工业作坊,并作为骨干力量,也是元朝青花技术兴起并成熟的一大因素。元代景德镇官窑使用的青化料 MnO 含量较低,含铁量较高,还有一定量的砷,与我国出产的钴料的数据明显不同,因此很可能是从西亚进口的。

中国青花技术的发展,从唐代三彩技术的运用以及对西亚伊斯兰地区青花技术的学习并加以改造,到元代中叶,这一技术成熟了。资料显示,我国的青花瓷并不是单一的钴离子着色,而是一种含有铁、锰等着色元素的天然钴土矿或其他钴料着色剂。钴、铁、锰的含量及其相互间的比例和着色氧化物 Al_2O_3 含量的多少,烧制的温度和气氛等,都直接影响着青花的色泽。青花层的厚度通常只有10mm 左右,很难剥离,其成分也难于单独分析,然而通过对景德镇的元代青花成分的有关比例关系的分析,比较一致的看法是,其为一种低锰高铁的着色钴料,其从西亚进口的可能性很大。这种钴料绘制而成的青花色泽较浓艳,釉面上多带有黑色斑点,“至正型”一类的大型青花器,就是用这种钴料着色的。相反,用国产料着色的青花多无黑色斑疵,饰纹草率简单,器型较小,菲律宾出土的小件元代青龙器就属这类作品。

元代的青花瓷器物品种多样,有盘、瓶、香炉、执壶、罐、碗、杯等,其中以大盘较多。

纹饰多取材于元代服饰，常见的有菊花、莲花、牡丹、竹、芭蕉、鸭、鸳鸯、鹿、麒麟等。突出特点为胎体厚重，装饰图案繁复，纹饰层次多，如折沿大盘，盘沿多绘海水或斜方咯，或卷枝、缠枝化纹；盘里绘缠枝或折枝花卉；盘心画莲池鸳鸯或鱼藻、凤凰、花卉、鹭鸶、麒麟、海水云龙纹等。

三足掐丝珐琅香炉

由于青花料的着色力强，呈色比较稳定，色彩鲜艳明丽，对窑内气氛不很敏感，烧成范围较宽，又是釉下彩，纹饰永不褪色，白地蓝花，明净素雅，因而深受国内外人士青睐。它一出现，就获得了世界声誉，很快发展成外销品和国际市场上的俏销货，还返销到青花的原产地西亚伊斯兰地区。中国青花几乎成为中国陶瓷的代名词，影响十分深远。

元代青花技术的兴起以及由此影响而产生的釉里红、铜红釉、钴锰釉、卵白釉等彩釉技术的成熟，说明我国人民对呈色釉剂掌握已达到相当熟练的程度，从而奠定了景德镇造瓷工艺在世界陶瓷史上的地位，为瓷器工艺美术写下了灿烂而辉煌的篇章。

元代壁画大量出现

元代的壁画创作达到了前所未有的高峰期，壁画作品大量涌现，主要有宗教壁画、墓室壁画和宫室宅第壁画几种，其中水平最高、数量最多的是宗教壁画。

元代统治者对各种宗教均采用包容的政策，利用宗教来维护其政权，热衷于修功德，作佛事，建寺宇，其中全真道教和佛教占主要地位，道观佛寺的兴建藻绘非常隆盛。在佛道相互影响、渗透的情况下，寺观壁画更加丰富多彩。

山西省保存下来的寺观壁画为全国之冠。这里的壁画数量巨大，题材丰富，艺术水平极高，其中成就最高的是山西芮城的全真教永乐宫壁画，这里的壁画和山西稷山兴化寺的《七佛图》一样均为山西民间画家朱好古、张伯渊、张遵礼、田德新、李弘宜、王士彦和洛阳画家马君祥、马七等所绘。其中三清殿的壁画《朝元图》有完整的构思和统一的设计，图中人物众多而不雷同，性格特征鲜明生动，线条刚健而婉转，流畅而含蓄，整个画面构图严谨富于变化，可谓我国寺观壁画的精华。纯阳殿和重阳殿壁画也各具神采。此外，山西稷山青龙寺、兴化寺、山西洪洞县的广胜寺、水神庙壁画也很有成就。

元时除民间画家创作壁画外，文人士大夫画家有时兴之所至也为寺庙创作一些非宗

教内容的壁画作品，如赵孟頫、管道升夫妇在归安天圣寺作壁画山水、竹石，时称“二绝”。王冕曾在山阴蜀阜寺作壁画梅等。

此外，敦煌莫高窟和榆林窟也保存了部分佛教壁画。莫高窟第3窟中绘制着精美的密宗壁画，主要作品是绘于南、北二壁的千手千眼观音，手的姿态变化万千，衣纹潇洒活泼，是壁画中的精品。

山西广胜寺水神庙明应王殿壁画（园林梳妆）。线条苍劲有力，画面富力浑厚、深沉古朴。

除宗教壁画外，在山西、内蒙古、辽宁等地还发现了大量的元代墓室壁画，表现了蒙古族特有的生活内容，壁画山水有五代、北宋遗意，其中水平最高、最有代表性的是大同市冯道真墓壁画。冯道真墓建于至元二年（1265），墓主为全真教道宫、龙翔万寿宫的宗主，社会地位较高。墓室壁画应用水墨画技法表现出一个超凡脱尘的修行环境，仙气浓郁，绘画技法相当娴熟。1991年在内蒙古乌兰察布市凉城县发现一座元代蒙古贵族壁，画墓室北壁绘有表现墓主人家居环境的《燕居图》，生动反映出蒙古贵族的生活习俗和汉族文化习俗对蒙古族的影响。元代在宫殿、衙署、宅第绘制壁画的风气也很盛行，唐棣就曾在嘉熙殿创作壁画。

元代壁画对当时及后代的美术创作都有深远的影响。

朱丹溪创中医滋阴学派

朱丹溪（1281~1358），即元代名医朱震亨，字彦修，婺州义乌（今浙江省义乌市）人，因居住地有小河“丹溪”，故被尊称为“丹溪翁”，是金元四大家之一。他曾为应科举考试而钻研儒家经典。30岁时因母亲生病开始研读《黄帝内经》，初步掌握医理，治好其病。35岁时师从朱熹四传弟子许谦研习理学，后一心致力学医，并四处寻访名医，于43岁从学于名医罗知悌门下。罗知悌将金代医家刘元素、张从正、李杲的著作和学说悉数传授给他。朱丹溪将刘元素、张从正、李杲三家学说融会贯通，并结合自己的实践研究中医理论，著有《格致余论》1卷（1347）、《局方发挥》1卷（1347）、《本草衍义补遗》1卷、《金匮钩玄》3卷（1358）等。其门人将他的著作整理编纂为《丹溪心法》《丹溪心法附余》等，集中体现其医疗经验并形成滋阴学派，对后世影响较大。

朱丹溪中医学理论的主要内容有：①阳有余阴不足论。他从理学的观点出发，结合《黄帝内经》的论述，运用“天人感应”的理论，通过对天地日月和人体生命过程中阴阳状况的分析，指出在自然界中存在“阳常有余，阴常不足”的情况，在人体内同样也是阳有余

山西稷山青龙寺壁画《三界诸神图——帝释圣众》。帝释天为佛教三十六天之一。

而阴不足:人受天地之气以生,天之阳气为气,地之阴气为血,故气常有余,血常不足。而男子16岁而精通,64岁而精绝;女子14岁而经行,49岁而经断,故阴精"难成易亏",相火易于妄动,此即"阳有余阴不足",容易使人体发生病变。要避免"阴不足",就须防止"阳有余",顺应阴阳之理,提倡男子30、女子20方可娶嫁。朱丹溪将《黄帝内经》的"恬淡虚无,精神内守"说同理学的"主静节欲""收心""养心"等学说结合起来,主张以澄心静虑的方法防止相火妄动,重视保养阴气精血,节制饮食,力戒色欲,反对服用丹药。由此可见,朱丹溪的"阳有余阴不足论",旨在强调抑制相火,保护阴精,祛病延年,为阐发"阴虚火动"的病机和倡导滋阴降火法提供理论基础。②相火论。相火论与阳有余阴不足论有着密切的联系,共同构成其滋阴降火学说的理论核心。他十分重视相火的作用,认为相火作为人身之动气,推动和维持人体的生命活动。相火主要居于肝肾两脏,以肝肾精血为其物质基础,此外,还分属于胆、膀胱、心包络、三焦等脏腑。相火的常态属生理性相火,对人体的生命活动是至关重要的。相火的变动指相火越位妄动,主要原因是色欲过度、情态过极、饮食厚味,结果伤阴耗精,变生了多种疾病。他提出的相火常与变、吉与凶的两重性,是对李杲学说的补充和发展。③火证论治,倡导滋阴降火。朱丹溪论述火势病症,主要是内生火热,尤其多指相火妄动而为病。强调"阴虚火动难治",主张"补阴即火自降",倡导滋阴降火法,其用药特点是补阴必兼泻火,泻火亦即补阴,并创制了大补阴丸等著名方剂。他对阴虚火旺病机的阐发和滋阴降火法的确立,不仅补充了刘元素河间学派重在寒凉清热泻火的不足,又在李杲东垣内伤阴火学说中增加了阴虚发热的内容,从而发展了中医内伤热病学说,对后世杂病和温病的论治影响很大。④杂病论治,提倡气血痰郁辨证治疗。朱丹溪是一位杂病大家,具有独特的见解和丰富的临床经验,主张以气血痰郁为纲治疗杂病,把繁杂的症候表现统括在气、血、痰、郁之中,并设置了调治的基本方,随症加减施治,大大丰富和发展了杂病的辨证论治,故有"杂病用丹溪"的赞誉。⑤在《局方发挥》中集中批评了宋代大观年间盛师文等编制的《和剂局方》及宋元之交形成的"局方之学",指出了《局方》"一切认为寒冷"的错误观点和"一方通治诸病"的错误疗法,主张临病开方,重用养阴补血之品,反对过用辛燥之品和不问病由据症验方的医风。

朱丹溪善于继承、创新而成就卓著。他常援引理学解说医理,从而开理学渗入医学的先河。他创造性地提出了"阳有余而阴不足论""相火论"等新医学理论,主张滋阴降火,后世称他为"滋阴派"。

第三章 历史谜团

金兀术是民族英雄吗

完颜宗弼女真名兀术，俗称金兀术，金太祖完颜阿骨打第四子，是宋金对峙时期杰出的军事家和政治家。靖康元年（1126年），金破北宋都城汴京，俘获徽钦二帝，灭掉了北宋。同年五月一日，康王赵构继位于南京（今河南商丘），改元建炎，史称南宋。在当时，金国处于战略攻势，而南宋处于守势。金国屡屡南侵，战事频繁，由此为完颜宗弼、岳飞等杰出将领提供了一展宏图的舞台。

一、"搜山检海"一战成名

金天会七年（1129年，金太宗年号），宗弼率军南下，五月奔袭扬州，赵构渡江南逃；十月，率军直趋江浙；十一月，在和州大破宋军，强渡长江，直逼建康（今南京）城下，赵构逃往杭州；宗弼紧追不舍，连下广德、安吉等地，勇闯天险独松岭，十二月又克杭州，赵构又逃往越州（今绍兴）；宗弼驻兵杭州，不给赵构以喘息的机会，命先锋阿里、蒲卢浑率4000轻骑追袭，兵未发已闻赵构又逃往明州（今宁波），金兵便巧渡曹娥江大败宋将张俊，攻克明州；赵构乘船逃亡海上；金兵入海又追了300余里，由于不习水战，追之不及而还。这次金宗弼领兵追赵构，跨江河，越天险，破关隘，捣城池，搜山川，入大海，无坚不摧，无敌不克。时间之短，战线之长，地域之广，都出人意料，金人称之为"搜山检海"捉赵构。此役大大振奋金国朝野，使宗弼一战成名。

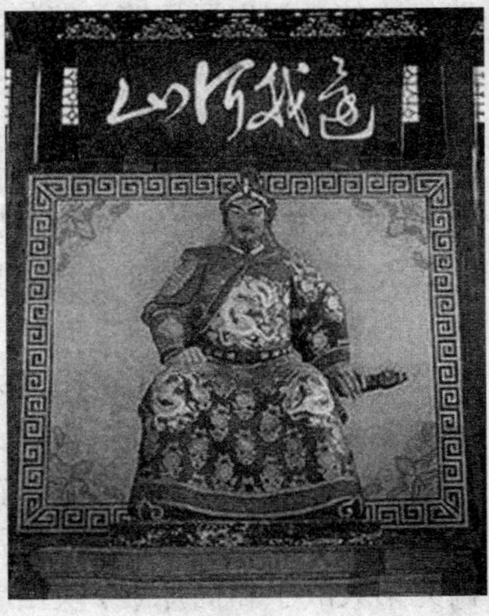

岳飞坐像

值得一提的是在宗弼退兵北归的途中，遭到了南宋名将韩世忠、岳飞的顽强阻击，10万大军被困黄天荡48日才得脱身。宗弼回到金上京后仍心有余悸，说："南人使船，好像我们北人使马，怎么了得！"金国内部以挞懒为首的主和派乘金熙宗刚继位之时专权，将河南、陕西之地归宋议和。

二、血战富平，得失和尚原

天会七年(1129年)大金国开始实施战略转移,拓疆川陕。天会八年(1130年)秋,自江浙回军不久的宗弼,又同宗辅一起转战陕西。九月,宗辅进兵洛水,以娄室、宗弼为左、右翼督统,并进合击,拉开了“富平之战”序幕。而当时的宋朝川陕宣抚处置使张俊也以刘锡为帅,集结了刘锜、赵哲、吴玠等将领统率的数倍于金的40余万大军,以层层包围之

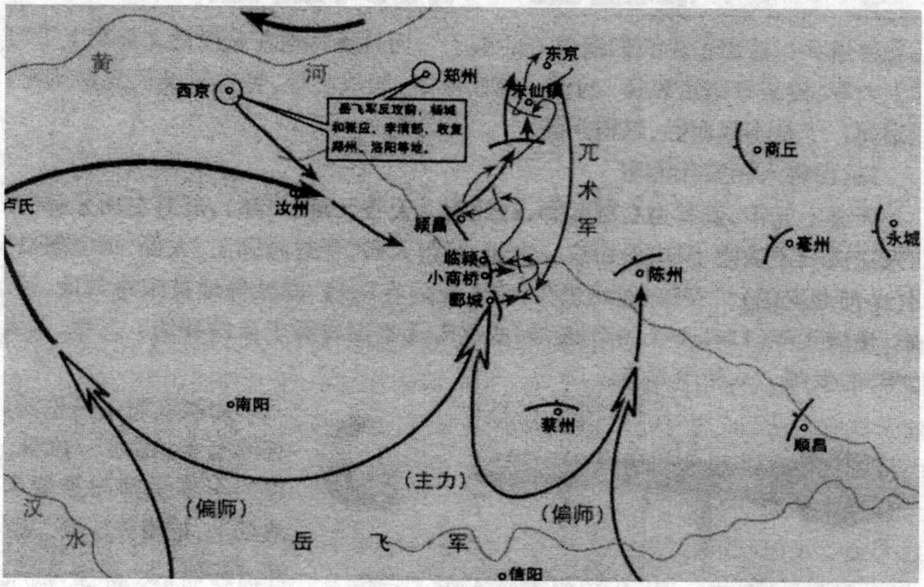

岳飞反攻中原之战要图

势,与金军在富平(今陕西富平县北)展开决战。南宋名将张浚、刘琦、赵哲、吴玠并秦凤路经略使孙渥以熙河路经略使刘锡为都统制将马步兵18万,号称40万,五路齐发集结于富平,张浚坐镇邠州督战。战役中宋军攻势凶猛,宗弼军被重重包围,从中午战至黄昏,力战而不却,牵制了宋军的主力,为扭转战局赢得了时间。金将赤盏晖全军覆没、大将韩常被射伤一目,死战不退。此时的金将完颜娄室找到了宋军的薄弱处——赵哲统率的宋军,于是以其所率的所有精锐骑兵冲击赵军,赵军一触即溃,娄室与宗弼合兵掩杀,金军士气大振,致使南宋18万大军顷刻间土崩瓦解。金军乘胜追击,以少胜多,取得了富平之战的胜利。

富平战役,一方面由于张俊自恃强大,判断失误,没有利用敌弱我强,且敌军兵分两路的失误,果断发动攻击,贻误战机,另一方面也由于完颜宗弼的剽悍勇猛,牵制了敌人主力,最终以金朝大胜而结束,南宋尽失陕西五路大部分地区。

天会九年(1131年)冬,宗弼率部入四川,与“富平之战”中兵败的南宋名将吴玠、吴磷兄弟大战于和尚原(今陕西宝鸡西南)。此一役宗弼被打得大败而归,宗弼“仅以身免”,甚至“剃其须髯而去”。此战,宗弼损失兵将过千,自己还受了箭伤,这是金宋交战中,金军首次的大败仗。天会十一年(1134年)冬,宗弼率兵突袭,一举拿下和尚原。

和尚原战役后,宗弼又取仙人关,半路又一次遇到了吴氏兄弟的有备之师,又打了一个和尚原式的大败仗,无奈他只好退往秦中。宗弼见吴氏兄弟善战,便不再与其力战,专

以智取。皇统元年(1141 年),宗弼致书宋高宗赵构:“望宋朝派专人让吴氏兄弟退兵!这恐怕是我们最关心的事了”,而且还特地在这段话之前写上了“所有淮上大军,使至日诸道班还”的话。高宗看了,胆战心惊,特告诫吴氏兄弟不可再冒犯宗弼。于是不战而胜,纵横川陕。

三、出将入相,安邦治国

天会十五年,宗弼为右副元帅,封沈王。天眷元年(1138),反对左副元帅完颜昌与宋达成归还陕西、河南的协议。次年,任都元帅,晋封越国王、太保,杀完颜昌于祁州(今河北安国)。三年,毁约进兵河南,先后在顺昌、郾城等地被宋将刘琦、岳飞击败。皇统元年(1141 年),率军渡淮,威逼宋廷签订屈服于金的和约。二年,晋太傅。七年,为太师。八年十月卒。

北宋喷火兵器

完颜宗弼是一位功勋卓著的宗王,也是一位极为难得的军事统帅与重要宰执。战场上,他身先士卒,用兵神速,胆略过人,连连大破宋朝名将宗泽、韩世忠,平定中原,追击宋朝皇帝赵构,迫使宋朝上表称臣,确立金朝不可撼动的超级政治大国地位。在朝中开国元老或死或叛、政局不稳之时,他独撑危局,使王朝顺利渡过难关。《金史·宗弼传》赞曰:“宗弼蹙宋主于海岛,卒定画淮之约。熙宗举河南、陕西以与宋人,矫而正之者,宗弼也。宗翰死,宗磐、宗隽、挞懒湛溺富贵,人人有自为之心,宗干独立,不能如之何,时无宗弼,金之国势亦日殆哉。世宗尝有言曰:“宗翰之后,惟宗弼一人。非虚言也。”

四、如何评价完颜宗弼

如何评价完颜宗弼,实际上并不是一个太困难的问题。女真民族于宋时,是一个弱小的民族,先后臣服宋、辽,一度甚至臣服高丽,幸有阿骨打奋起于白山黑水,征服辽、高丽,使女真一跃成为当时世界上最强大的国家,疆域之广,超过了当时被尊为正朔的宋王朝,完颜宗弼在征服契丹的战役中,立有大功,在对宋的战争中,完颜宗弼起到了决定性

的作用，没有他的英勇善战，身先士卒，女真人的金政权不可能连续战胜当时世界上文化最发达、经济最繁荣的赵宋王朝，完颜宗弼为女真民族扩大了生存空间，改善了生存环境，是女真民族不折不扣的民族英雄。

岳飞是中华民族的英雄，这已经毫无疑问，无论是当时作为岳飞对手的女真人，还是后来入主中原的蒙古人，对岳飞的评价都是没有丝毫动摇的。但是，完颜宗弼的评价，至今为史家讳言。关键点，无外乎宋金的关系。当其时，无论是契丹、女真，都承认宋的正统地位，因此，赵宋王朝就是当时中国的正统，而女真、契丹与宋王朝的关系，无外乎就是蜀、吴与魏的关系。人类历史上，国中有国，一国之中存在不同政权的时期比比皆是，不独中国。宋、金战争，就是中华民族的兄弟之争。岳飞是民族英雄，完颜宗弼自然也是民族英雄。没有必要否认岳飞民族英雄的地位，也不能处于狭隘落后的历史观认定完颜宗弼是侵略者。

成吉思汗的陵寝为何在“马背”上

一代天骄成吉思汗的陵园，建筑在美丽、辽阔的鄂尔多斯高原上。在那静静的蓝天、白云、黄沙、草地之间，三座蒙古包式的宫殿伫立着。有明黄的墙，朱红的门，金黄色的琉璃宝顶，一派雍容、典雅、庄严的气象。但这并不是他们的真正意义上的陵墓，这里并没有他的遗骨。

成吉思汗名叫铁木真，一生坎坷。9岁时，父亲被世仇塔塔尔人毒死，他成了孤儿。他逃亡过、潜伏过、被捕过、曾被人当众羞辱。这些人间痛苦磨炼了他的意志，把仇恨化为力量。他小心翼翼地积聚力量，收罗父亲的残部，培植亲信。短短7年间，他横扫塔塔尔部、克烈部和乃蛮，一跃成为当时蒙古各部中最强大的首领。1206年，在“忽烈而台”大会上，他被各部贵族一致推举为全蒙古的大汗，命名为“成吉思”，后人称他为“成吉思汗”。

成吉思汗的一生是在马背上度过的。他能征善战，所向无敌，四处扩张。他首先向南扩张，降服了西夏。接着攻陷了金国的中都，然后挥师西进，直达中亚、东欧，把中亚古国花剌子模的国君，逼上了里海的荒岛，再向东击溃了俄罗斯军队，把疆域扩张到顿河一带。1226年，成吉思汗再次攻打西夏。第二年，在即将攻克西夏首都之前，逝世于行营中。成吉思汗给他的孙子忽必烈统一中国、建立元朝奠定了基础。他的蒙古铁骑震撼了世界。

但是，他的陵墓何在呢？

按照蒙古民族的遗俗，他们的君主无论死在何地，他的遗骨都必须送到他们的发祥地漠北去。

据《元史》载，“成吉思汗起辇谷”。所谓“起辇谷”，大概是肯特山脉中的一道山谷。“辇”是古时帝王乘坐的车。“起辇”就是说，成吉思汗从这里乘车，起步，先统一蒙古各

部，再建成横跨欧亚大陆的蒙古汗国。可惜，这个“起辇谷”年久失传，早已湮没在历史的长河里了。

成吉思汗陵后殿供奉着象征性的灵帐，正中央黄色灵帐内安放着三副灵柩，中为成吉思汗和夫人孛儿帖灵柩，东、西两侧是另两位夫人的灵柩。

另据《多桑蒙古史》记载，成吉思汗的墓地在斡难、怯绿连、秃刺三水发源之不儿罕合勒敦诸山之一山中。可是这山既没栽树，又无标志，群山奔奔，四顾茫茫，无处寻觅。为了祭祀成吉思汗，后来的蒙古人为他建立了一座马背上的陵园：“八白室”。所谓“八白室”，就是八座白色的毡帐，毡帐里供奉着成吉思汗的遗物，象征着墓地。这样的陵园既便于迁移，也便于祭祀，很符合游牧民族到处迁徙的特点。“八白室”迁移多处，起初在肯特山一带的蒙古高原上，后又移到黄河河套一带，最后迁到鄂尔多斯高原，现在的地点在伊金霍洛旗。“伊金霍洛”在蒙语里就是“主人的陵寝”之意。

成吉思汗墓地之难寻，原因其实很简单。

从传统上看，蒙古人是游牧民族，迁徙频繁，瀚海无垠，黄尘弥天，建了高大陵寝也会被沙丘掩埋。所以，该民族是薄于“墓葬”而奉行“天葬”和“野葬”的。无论是天葬或是野葬，不外乎是将尸体暴露于荒野，最好被鸟兽食尽。蒙古的王公贵族身份高贵，当然不行“天葬”“野葬”，但也遵循“墓而不坟”的古训（深埋地下为“墓”，隆起地面为“坟”），成吉思汗的陵墓也只能按传统深埋于地下。

再从当时现实看，成吉思汗是在战争中去世的，即将攻克西夏都城的紧要关头，如果大汗去世的消息传了出去，势必会动摇军心，而给强敌以喘息和反攻的机会。所以当时，成吉思汗为了骗取西夏早日投降，留下遗嘱“秘不发丧”。待西夏投降后，才由一支秘密骑兵部队护送灵柩到预定墓地。据说，到达墓地把灵柩深埋之后，还把原来地面上的草、木、石等还原，不留一点痕迹，并用群马在墓地上任意践踏，使之平整，再在上面当着一匹母骆驼的面杀死它的小骆驼，然后，派支部队远远守护它。等第二年青草长起，四周的大草原绿成一片，无法分辨了，才拔营撤走，确保万无一失。

为什么留下母驼呢？据说，骆驼有辨识自己血亲的天性。将来要寻成吉思汗的墓地时，只以母骆驼为先导，就能找到小骆驼死的地方——那里的地方就是大汗的墓了。可是，这只骆驼如果死了，或是再杀的骆驼死了，那么成吉思汗的墓地将永远无人知晓了。

现在，骆驼没了，谜就谁也破解不了了。

这就是成吉思汗陵寝无法寻找的根本原因，一个永远难解的谜！

黄道婆身世之谜

黄道婆（又称黄婆）是我国元代的女纺织家。她一生钻研纺织技术，大力改革纺织工具，促进了松江地区纺织业的发展，时有“松郡棉布，衣被天下”之谚。作为一个技术革新家，她所做出的贡献一直被世人称颂。

由于黄道婆出身卑贱，是个普通百姓，有关她的史料凤毛麟角。再加上年代久远，所以关于她的籍贯、身世、业绩，都没有一个完整可信的说法，仅有一些传说的故事流传在民间，且又说法不一，给后世研究者留下了难题。

关于她的身世有如下两种说法。

一说是上海乌泥泾人。

传说黄道婆生于上海乌泥泾，自小给一个顾姓人家当童养媳，受尽了婆母的虐待，虽然聪明、勤劳、善良，但仍过着痛苦的生活。十六岁时与女伴阿明偷偷去龙华镇赶庙会，第一次见到一种细密柔软的棉布，爱不释手，并萌生了学习这种纺织技术的想法。后来得知，此种棉布即是“黎锦”，是从海南岛崖州地方贩运来的。于是，黄道婆决心逃出顾家，去海南岛学艺。当时正值元朝初年，元朝统治者实行民族压迫和民族歧视政策，黄道婆的家乡属于原南宋境内，百姓们被称为“南人”，地位最低，受迫害最重。试想，黄道婆一个柔弱少女，想漂洋过海到海南岛去，谈何容易。但黄道婆决心逃离虎口，与阿明相约离家出走，恰在此时，乌泥泾停泊着一艘海船，她和阿明摸黑溜进了这艘船。途中受尽了种种折磨，阿明不幸死去，黄道婆死里逃生，辗转来到了海南岛。一个江浙地区的汉族姑娘，只身闯入少数民族聚居的荒凉之地，语言不通，习俗不同，种种困难可想而知。但黄道婆的初衷不改，几经周折，终于找到了崖州，拜黎族姐妹为师，经过三十多年的苦心学习，成为一位纺织能手。她能一手摮三锭，错纱提花，日产匹布，此时，她已年近半百，她要把这精湛的纺织技术带到家乡去，让江浙一带的纺织业兴旺发达起来，于是她告别了黎族的朋友们，重又回到乌泥泾。她的手艺传遍江南，妇女们都争相向她学艺。很快，质地优良、花色繁多的“松江布”造出来了，一时闻名遐迩，供不应求。

她的事迹令人感动，家乡人为她立祠在张家湾，不幸被毁。明代山东布政使又在宁国寺西重建一祠，称“先棉祠”。

《新编中国史话》与《黎族简史》的说法与上述传说稍有不同。前者说黄道婆是不堪忍受婆母虐待和官府逼迫，偷偷跑到浦东一所道院里，后来随海南岛云游来道院的师姨去了崖州，后者说她在崖州生活了四十年，其间创造出一套先进的棉纺工具和技术，对我国棉纺织技术的发展做出了很大贡献。但两书的作者都肯定了黄道婆是乌泥泾人。

一说是海南岛人。

说是海南岛的姑娘黄道婆与一个叫得曼的男青年私下相好，两人海誓山盟，决心白头偕老。不料当地族人的头领认为他俩是血缘结亲，违反规训，应予惩治，于是黄道婆被逼离家，被禁在深山洞穴里。

她的心上人得曼悲伤不已，全力相救无法得手，只好偷偷往洞里送食物相助。二十年过去了，头领死了，黄道婆才得以重见天日。这时她已近四十，两鬓斑白。爱情的打击，并没有使她失去生活勇气，从此她出家为道，借云游海外的机会，到印度、南泽等地，学到了许多播种木棉、纺织、染色技术。后来，又随海船来到上海。其时正值元朝江南木棉提举司催征“贡布”，织户昼夜赶织仍难以完成，怨声载道。于是，黄道波落脚乌泥泾，教人们用新法纺织，产量迅速提高。她的名声妇孺皆知，死后，其墓筑于钱粮庙西侧，香火不断。清同治《上海县志》载有元朝惠州知府王逢的诗歌赞颂她。但这个说法颇似民间故事，无从考证。

黄道婆

黄道婆，一生致力于纺织技术的革新，为家乡人民造福，理当受到后世的尊敬。研究黄道婆的身世，给她的人生、她的业绩一个完整准确的诠释是很有意义的，但愿研究者能有更深入的成果问世。

元朝的外国籍太监之谜

太监是中国封建制度的畸形产物，是封建王朝极端残忍、极不人道的具体表现。作为太监，不仅要饱尝生理及心理的双重摧残，而且还要承担社会舆论的巨大压力，他们是封建社会最底层的可怜人。但在历史上，也出现过几位“幸运”的太监，像魏忠贤、李莲英等，他们因得到了皇上的宠爱而权贵无比，可是，你知道中国历史上还曾有过外国籍的太监吗？

的确有，这位中国历史上第一位外国籍的太监叫朴不花，是高丽人，生于元朝文宗时代。朴不花在皇宫中因与奇洛皇后关系密切，官职一升再升，就连大臣们都要看他的眼色行事，可谓是权倾天下，光耀了“太监”的门庭。

朴不花 7 岁时，一个偶然的机会被净了身，送到元朝的皇城内，专门做些斟茶倒水、扫地擦桌子的杂务。与他同时进宫的还有一位小姑娘，名叫奇洛，是朴不花的儿时玩伴，这个小姑娘在皇宫里做些针线活什么的，没事的时候，两个孩子常在一起互诉思乡之苦，二人相互关怀、相互照应着，在宫里苦熬着日子。几年过去了，风吹不着、雨打不着的宫

内生活，把奇洛出落得粉面娇容，鲜嫩可爱。元文宗的儿子妥欢帖木尔在游玩时发现了美丽的奇洛，并收进了自己的府里。奇洛不仅人长得美，更难得的是极为乖巧温柔，很得妥欢帖木尔宠爱。不久，妥欢帖木尔登基，是为元顺帝，顺帝封奇洛为二皇后。

奇洛成了母仪天下的皇后，锦衣玉食自不待言，但她没有忘了自己的同乡朴不花，她把朴不花调到自己的兴圣宫，并迁升为荣禄大夫，加资正院使。资政院是元朝专门管理全国财政的部门，是个能捞银子的肥缺。奇洛二皇后把如此实惠的事交给了朴不花，朴不花当然不能不捞，朴不花逐渐地蓄存了万贯家资，并且分给了奇洛二皇后很多。朴不花贪污动作很小心，很巧妙，朝廷并未察觉，加上朴不花把贪占的财物经常送给朝中的权贵及皇亲国戚们，使得宫内宫外都说朴不花人好心好，赞扬声不绝于耳。朴不花慢慢地变了，变的财物已不能填满他那不断膨胀的私欲了，他开始觊觎权势了。而元顺帝也很喜欢朴不花，也经常派个差使让朴不花外出干些检查、赈灾什么的。奇洛二皇后生的儿子被立为皇太子后，朴不花又把心思都扑在了太子身上，太子的日常生活全由朴不花亲自打理。当顺帝厌倦了政务、只耽于声色后，不但把军国大权交给了太子，而且还任用了朴不花推荐的搠思监为宰相。这时的朴不花已经是权熏朝野的人物了，不管是官吏任免，还是国策的拟定，都任凭朴不花来决定了，朴不花把朝中与自己不睦的官吏——降职处理。

因为顺帝放任朴不花、搠思监这些人擅权枉法，朝野内外开始动荡不安。而国内的军阀势力也趁机起兵造反。军阀们为了扩大势力，纷纷参与了宫廷权力的争斗，一时之间，天下大乱。太子早就想登基称帝了，见国家局势动荡，便想趁机逼迫父皇禅位，而朴不花、搠思监、奇洛二皇后完全赞同，几个开始了阴谋颠覆的活动。就在他们依计划在剪除朝中反对派的官员时，元顺帝发现了他们的阴谋，而且几人在朝中无法无天的行为也引起一片弹劾之声，顺帝下旨把朴不花、搠思监押入了大牢。素日与他们有仇的勃罗帖木儿趁太子出京的机会，斩杀了这两个乱国的奸臣。

军阀混战的局面尚未理顺，南方的朱元璋又直接威胁着大元帝国的命运。元顺帝见国将灭亡，不由地潸然泪下，万分懊悔地对太子道："你们母子误了我的天下，我大元的江山毁在了你们母子的手中！"元顺帝嘴上是这么说，但他心里明白，自己对朴不花之流的放任，才是最重要的原因。

朴不花死后不久，元朝就灭亡了。

施耐庵是不是《水浒传》的作者

被称为中国古代四大名著之一的《水浒传》是中国古典小说民族艺术风格的代表，在思想性、艺术性上都达到了相当的高度。它通过对北宋末年宋江等36人起义的描述，艺术地概括了我国封建社会后期人民起义发生、发展直至失败的全过程。它深刻地揭露了封建统治阶级的罪恶，歌颂了反抗封建压迫的英雄人物，其中的宋江、鲁智深、林冲、武松

……等梁山好汉，在人民中流传甚广，家喻户晓。

施耐庵

但是，在元末明初问世时的《水浒传》是在以往长期流传的宋江起义的民间故事、说话艺人的“水浒故事”话本和元代《水浒》杂剧的基础上进行再创作的成果。因而，从民间口头流传到文人加工创作就是一个相当漫长而又复杂的过程，这一工作的完成者是谁，就成了一个学术界长期争论不休的问题。

比较公认的说法是，《水浒传》的作者是元末明初的施耐庵。迄今为止，所有版本的《水浒传》基本上都冠有施耐庵的名字。

但是，也有人认为《水浒传》的作者是罗贯中。因为，据考证罗贯中所做的《三遂平妖传》的 21 篇赞词中，有 13 篇被插入到《水浒传》中，这足以证明两书的作者为同一个人，即罗贯中。

还有人认为《水浒传》是施耐庵与罗贯中合作的。根据是：一、《忠义水浒传一百卷》题为“施耐庵撰，罗贯中编次”；二、天都外臣作序的《水浒传》题署“施耐庵集传，罗贯中纂修”。前者是《水浒传》的祖本，后者是如今能见到的最早的《水浒传》的版本。二者都很有权威性。

另外，也有人认为《水浒传》的作者是郭勋，并有两个理由：

一是郭勋的百回本《水浒传》应是《水浒传》的最早版本，现在可能见到的最早谈到《水浒传》的文献出现在嘉靖年，此时距明初已 100 多年，所以《水浒传》不会产生在元末明初。

二是经考证，《水浒传》里的不少地名都是明朝的建制，这是元末明初之人不可能写出来的。而施耐庵是元末人，所以，他不是《水浒传》的作者。

除此以外，有人还怀疑施耐庵的真伪问题。因为，有考证称，明代嘉靖时还没有公开在小说卷首上署上作者真名的惯例，所以，《水浒传》上署的施耐庵也许不是真名实姓，或

是为了逃避文字狱迫害的伪托名字。

时至今日，这些观点还各执己见，达不成一致。

另外，《水浒传》在长期演变的过程中，出现了百回本、百二十回本、七十回、一百一十五回等不同版本，而且还有繁本和简本两个系统。学者们对繁本、简本产生的先后问题又进行着激烈的争论。

施耐庵故居

有人认为，《水浒传》是先有繁本后有简本，即简本是繁本的删节本，并推断出现这种由繁到简的删节本是因为出版商们为了谋利而采取的偷工减料、投机取巧的手段。

还有人认为，先有简本后有繁本，即由简到繁。其理由是，繁本叙述故事情节的文字详尽。若去删简字，非常麻烦。同时对一些繁本、简本做了比较，明显看出简本的文笔极为粗糙。而且，就一般长篇小说的创作规律而言，应该是从小到大，从低级到高级，文字逐渐精细，故事情节逐渐合理、复杂，思想性和艺术性逐渐提高的。可是，近些年，这个“由简到繁”说却不为大多数人所赞同。

围绕《水浒传》的作者及版本问题的争论仍在进行着。对众多《水浒》迷来说，这未尝不是一件好事！

附：元朝大事年表

时间	事件
1189 年	蒙古部落爆发十三翼之战，铁木真大败。
1194 年	金国在中都建立弘文院，大量翻译汉文化典籍。
1206 年	铁木真在斡难河源召开蒙古部落大会，称成吉思汗。
1211 年	成吉思汗聚众誓师，决计出兵攻金。
1215 年	蒙古攻占金中都。
1219 年	蒙古西征开始。
1222 年	成吉思汗会见道教首领丘处机。
1223 年	蒙古军队大败钦察和俄罗斯联军。
1226 年	成吉思汗在西征结束之后，亲率大军攻打西夏。
1227 年	成吉思汗逝世，临终前制定灭夏灭金战略。 西夏灭亡。
1231 年	拖雷绕道宋境，进攻金国。
1232 年	拖雷以三万人击败金军三十万，但很快死去。 震天雷、飞火枪首次出现在战场上。
1233 年	蒙古联合南宋攻金。
1234 年	蒙古灭金。 蒙古发动王子西征。
1241 年	蒙军在波兰大破波兰与条顿骑士团联军。欧洲震动。 蒙古大汗窝阔台因饮酒无度病死。
1247 年	蒙古宗王阔端命令西藏当地首领清查户口。
1253 年	忽必烈革囊渡江，奇袭大理，完成了对南宋的包围。
1259 年	蒙古大汗蒙哥在南宋钓鱼城——卞瓦死，忽必烈引军北还。

时间	事件
1260年	忽必烈遣官赴西藏地区清查户口。 忽必烈派遣特使郝经到南宋商讨和平解决方案。 蒙古军队攻占大马士革。
1264年	与忽必烈争夺汗位的阿里不哥投降。
1271年	忽必烈取《易经》“大哉乾元”之义,改国号为元。
1273年	元军在回回炮的协助下,攻下襄阳、樊城。
1276年	南宋朝廷投降。
1279年	张弘范打败了宋朝最后的抵抗力量,宋朝灭亡。
1280年	《授时历》由郭守敬主编而成。
1281年	忽必烈命令烧掉除《道德经》外的所有道教书籍。
1282年	朱清等人海道运粮成功。
1286年	元政府规定各地三皇庙祭祀伏羲、神农、黄帝。
1296年	黄道婆从海南返回,在今上海一带推广先进的纺织技术。
1337年	伯颜惜民众爆发起义之机,下令禁生汉人、南人携带并拥有兵器。
1351年	贾鲁治理黄河。 红巾军起义爆发。
1367年	朱元璋平定江南,发布北伐檄文。 顺帝下诏削夺王保保的一切官爵,下令将领率兵剿除王保保。
1368年	明军攻至大都,元顺帝北逃。元朝灭亡。

·中国通史·

明朝

刘宇庚⊙主编

导读

明朝(公元1368年~公元1644年)是中国历史上最后一个由汉族建立的大一统封建王朝。历经十二世、十六位皇帝,国祚二百七十六年。

1368年明太祖朱元璋在南京应天府称帝,国号大明。因明朝的皇帝姓朱,故又称朱明。明初定都于应天府,公元1421年迁都至顺天府,而在应天府设立南直隶。明朝前期综合国力强盛,开创了洪武之治、永乐盛世、仁宣之治和弘治中兴等盛世,国力达到全盛,疆域辽阔。中后期由于与政治腐败和天灾不断导致国力下降,爆发农民起义。公元1644年,李自成攻入北京,崇祯帝朱由检于煤山自缢。明朝宗室在江南建立南明政权,随后,满清趁乱进入中原,击败李自成农民军和南明政权,1662年永历帝朱由榔被杀,公元1683年清军占领台湾,明郑结束。明朝的领土囊括内地十八省之范围,初年东北抵日本海、外兴安岭、黑龙江流域诸部落有宗主权,后缩为辽河流域;初年北达戈壁沙漠一带,后改为今长城;西北至新疆哈密,后改为嘉峪关;并曾在今满洲、新疆东部、西藏等地设有羁縻机构。明成祖时期甚至短暂收复安南,1415年,明朝领土面积达到约1100万平方公里。明朝时期手工业和商品经济发达、经济繁荣,出现商业集镇和资本主义萌芽。文化艺术呈现世俗化趋势。人口方面,《明实录》所载明朝人口有7000余万,也有人指出明末人口接近两亿。明朝是继周朝、汉朝和唐朝之后的繁盛黄金时代。明朝无汉唐之和亲,无两宋之岁币,天子守国门,君主死社稷。在清朝官修史书《明史》中评价明朝是“治隆唐宋”“远迈汉唐”。

第一章　明朝史话

大明盛世

明太祖朱元璋出身寒微，在元末群雄中脱颖而出，建立了大明王朝。经过了元末的长期战乱，整个社会还处在百废待兴之中。朱元璋励精图治，主持制定了明朝政治、军事、经济、法律、文化等方面的各项制度，推行了一系列有利于经济恢复的政策，取得了显著的成就。成祖朱棣开拓进取，使永乐时期明朝的国力臻于极盛。洪熙、宣德二朝，仍处于大明王朝的鼎盛时期，被誉为“仁宣之治”。一时“吏称其职，政得其平，纲纪修明，仓庾充羡，闾阎乐乐，岁不能灾。盖明兴至是历六十年，民气渐舒，蒸然有治平之象矣”。或称“明有仁、宣，犹周有成、康，汉有文、景，庶几三代之风焉”。

从和尚到皇帝的朱元璋

元朝末年，政治腐败，各路英雄揭竿而起，爆发了以红巾军为主体的元末农民起义。朱元璋以一介游方和尚之身加入红巾军，与群雄逐鹿中原，最后开创了一个新的朝代。正如《明史》所言，“太祖以聪明神武之资，抱济世安民之志，乘时应运，豪杰景从，戡乱摧强，十五载而成帝业。崛起布衣，奄奠海宇，西汉以后所未有也。”

明太祖朱元璋

出身贫寒

自古以来，中国人的家世观念十分浓厚，祖先崇拜的表现也十分突出。《荀子·礼论》说：“天地者，生之本也；先祖者，类之本也……无天地，恶生？无先祖，恶出？”正因如此，中国人重视家世，有修家谱的传统，喜欢从祖先辉煌的历史中寻找成功的依据。历史上许多血统并不高贵的皇帝在登上帝王后，往往要请一个身世显赫的古人作为自己的祖宗，如隋文帝请到了汉代太尉杨震为其先祖，唐高祖将

先祖推到了春秋时的老子身上。

在中国历代帝王中，朱元璋的身份十分特殊。他出身贫寒，从一名小和尚一步一步走向权力的巅峰，成为一国之君。这种传奇性的人生经历给他的生平笼罩了一层迷雾。

朱元璋即位后，一些人揣摩他的心理，将南宋大儒朱熹作为他的先祖。朱熹是徽州（今江西婺源）婺源人，按照明代的地域划分，是朱元璋的同乡。对于一个封建皇帝来说，难能可贵的是朱元璋从不隐瞒自己卑微的身世，他命令大臣详细记录他的身世和经历，将自己贫寒的身世原原本本地告诉世人和子孙。这些大臣出于种种顾虑，不愿直接描写朱元璋当年的窘境，不免稍加润饰，他对这些稍事粉饰的文字并不满意，在许多文章中坦率地谈到了自己的家世，其中最具代表性的就是他在洪武十一年（1378）所做的《御制皇陵碑》。

明代学者徐祯卿的《翦胜野闻》中，引用了朱元璋亲笔所做的《朱氏世德碑》碑文，详细记载了朱元璋的身世。朱元璋这一朱姓宗族出自金陵（今江苏南京）之句容，家住朱家巷，地属通德乡，世代以务农为生。因生计所迫，其先祖几经迁徙，曾迁往泗州盱眙县（今江苏盱眙），在父亲朱五四这一代又举家来到濠州钟离县东乡（今安徽凤阳）。元天历元年（1328）九月十八日，朱元璋来到人世。关于朱元璋的出生，民间流传着许多神化的传说。

为了标榜“君权神授”，增强自己统治的合法性，历代帝王的出生都有许多神化的传说，朱元璋也不例外。据《天潢玉牒》记载：在朱元璋出生之前，朱元璋的母亲陈氏遇到一个道士，道士给陈氏一粒大丹，陈氏吞下大丹后不久，就生下朱元璋，在朱元璋出生之时，自东南飘来一股白气，香气弥漫，历经一夜都没有散去。《明太祖实录》中也有类似的记载：“母陈氏，方娠，梦神授药一丸，置掌中有光，吞之，寤，口余香气。及产，红光满室。自是夜数有光起，邻里望见，惊以为火，辄奔救，至则无有。比长，姿貌雄杰，奇骨贯顶。志意廓然，人莫能测。”但是，现存的《明太祖实录》曾历经两次重修，其可靠程度一直令人怀疑。《明史》因循旧说，也记载了一些这样的故事。因年代久远，朱元璋出生时是不是“白气贯室”“红光烛天”，都已无从考证。

金冠

关于朱元璋的出生地，也出现了两种说法，其一是泗州盱眙县说，其二是濠州钟离说。那么，朱元璋到底出生在何处呢？

《凤阳花鼓》是一首流传广泛的安徽民歌，歌中唱道：“说凤阳，道凤阳，凤阳是个好地方，自从出了朱皇帝，十年倒有九年荒……”原来，明朝时濠州钟离和泗州盱眙都隶属于

凤阳府，因此都可以说朱元璋生在凤阳。

在《御制皇陵碑》上有这样的记载：“皇考五十，居钟离之东乡，而朕生焉。”但是，这里有一个至今无法解释的疑问。根据朱元璋的自述，父亲朱五四在六十四岁去世，朱元璋当时为十七岁，那么朱元璋出生时父亲就应该是四十七岁。而朱元璋又提到他的父亲是在五十岁时来到钟离东乡，那么，朱元璋的出生地就不可能是钟离东乡。朱元璋的出生地到底在何处呢？这个问题还有待于学者进行进一步的研究。

入皇觉寺为僧

堂堂大元，奸佞专权。开河变钞祸根源，惹红巾万千。官法滥，刑法重，黎民怨。人吃人，钞买钞，何曾见？贼做官，官做贼，混愚贤。哀哉可怜！

这首元朝末年民间广为流传的《醉太平小令》，深刻地暴露了元末政治的腐败和社会

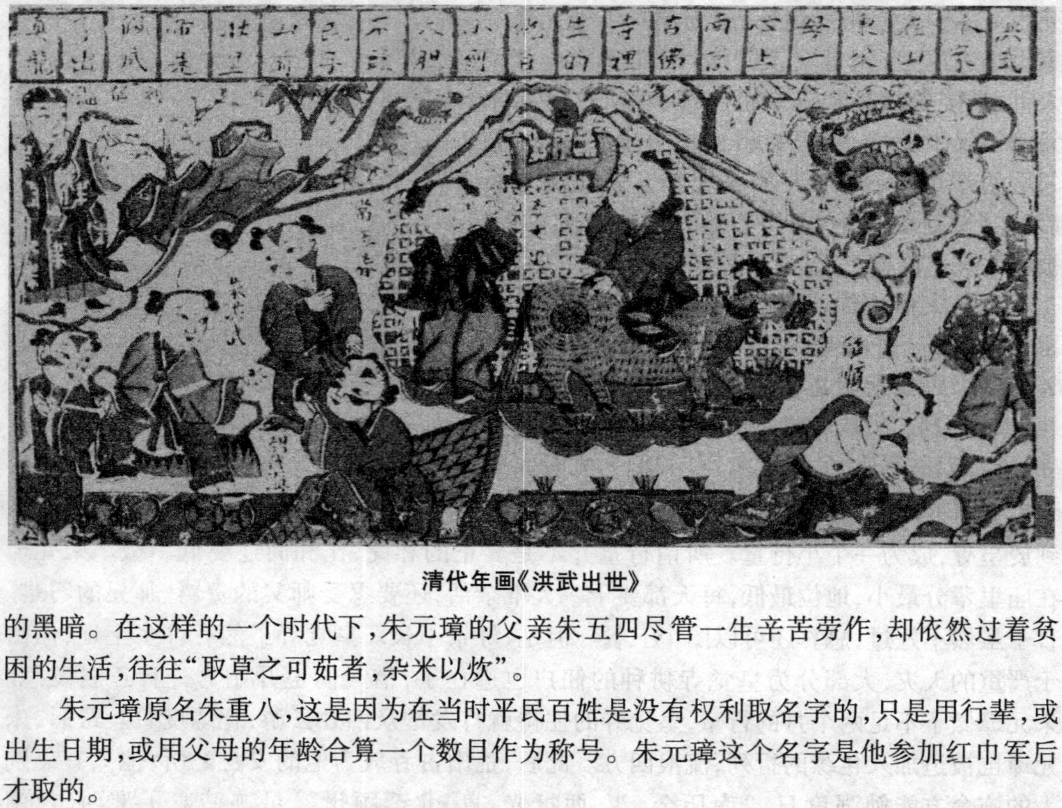

清代年画《洪武出世》

的黑暗。在这样的一个时代下，朱元璋的父亲朱五四尽管一生辛苦劳作，却依然过着贫困的生活，往往“取草之可茹者，杂米以炊”。

朱元璋原名朱重八，这是因为在当时平民百姓是没有权利取名字的，只是用行辈，或出生日期，或用父母的年龄合算一个数目作为称号。朱元璋这个名字是他参加红巾军后才取的。

朱元璋曾念过几个月私塾，后因家境贫困而辍学。为了生活，他曾给地主放牛，结识了徐达、汤和、周德兴等许多放牛娃。朱元璋从小就聪明过人，敢作敢当，大家都把他当作头目看待。一次，大家正在山中放牧，突然感到饥饿，由于离收工的时间还早，又不敢回去。朱元璋就从牛群中拉出一头小牛崽。孩子们恍然大悟，七手八脚地宰杀了这头小牛，美美地大吃了一顿。当饥肠辘辘的孩子们将牛肉全部吃光后，才意识到已经闯了大

祸，开始互相埋怨起来。朱元璋挺身而出，吩咐大家把小牛崽的皮骨埋好，用沙土遮盖了血迹，并把牛尾巴牢牢地插在石缝里。回去后，他便对地主谎称小牛钻进了山洞，夹在石头缝里，无法拉出来了。地主知道有诈，就把朱元璋毒打一顿，并且不再让他放牛了。朱元璋虽然丢掉了饭碗，还挨了一顿打，却赢得了大家的感激和信赖。

元顺帝至正四年（1344），淮河流域发生了多年不遇的旱灾。紧接着，又发生蝗灾，蝗虫铺天盖地，所到之处颗粒无收。百姓们还在为一日三餐发愁，谁料到祸不单行，瘟疫又起，人畜大批地死亡。不少人家相继病死，成为绝户。朱元璋一家也难逃厄运，先是父亲染病，不几天就离开了人世，紧接着大哥和母亲也相继病死，这一年朱元璋年仅十七岁，家里穷得连棺材也买不起，在邻居的帮助下，将亲人草草埋葬。朱元璋称帝后，在《御制皇陵碑》中伤心地写道："殡无棺椁，被体恶裳。浮掩三尺，奠何肴浆！"

六祖像图轴

当时灾祸连绵，田地荒芜，已经没有办法再留在家乡了。正在朱元璋一筹莫展之际，好心的邻居汪妈妈就给附近的一所寺庙的主持送了点礼，求他们收下朱元璋。这所寺庙当时叫於皇寺，朱元璋称帝后，洪武十六年（1383），在原址东北十五里处命人加以重建，改名为皇觉寺，后又改名为大龙兴寺。朱元璋为了生计，就来到於皇寺，成为一个小行童。所谓行童并不是真正的和尚，比和尚还要低一级。朱元璋在庙里辈分最小，地位最低，每天都要干一大堆杂活，还要忍受师父的责骂、师兄的刁难。日子虽然不好过，总算还可以图个三餐。但是，好景不长。皇觉寺虽然有许多土地，但由于严重的天灾，大部分为皇觉寺耕种的佃户也逃亡了，僧人们也开始为一日三餐发愁。朱元璋做了不足两个月的行童，皇觉寺的住持就打发僧众四处云游，化缘度日。最后，朱元璋也被迫加入化缘的行列，流浪四方。此后，荒山古寺成为他的安身之所，他只有靠别人的施舍方能勉强度日，"南历金、斗，西抵光、息，北至颍州"，足迹踏遍了淮西、豫南一带。

元朝末年，北方的韩山童、刘福通和南方的彭莹玉都利用"明教""弥勒教"和"白莲教"等宗教形式进行起义的宣传活动。"明教"又叫作"摩尼教"，是3世纪一个波斯人摩尼（Mani）综合了波斯拜火教、印度佛教和犹太罗马的基督教而创立的新宗教，在唐朝时传入我国。而"弥勒教"的历史最为神秘，所谓弥勒是指释迦牟尼成佛后的次一佛陀，是

梵文 Maitreya 的音译，意思是“慈氏”，也就是最后降生人间的佛陀。据佛经记载，弥勒出生于古印度波罗奈国的一个婆罗门家庭，是释迦牟尼的弟子。释迦牟尼临死前告诉弟子，再过若干年，弥勒佛将重新出世，人间将变得无比美好。“白莲教”是中国人创立的一个佛教支派，与崇拜“阿弥陀佛”的净土宗不无渊源。早在两宋时期，弥勒教与摩尼教就出现融合趋势，主张“释迦佛衰，弥勒佛当持世”。到了元末，弥勒教、摩尼教与白莲教相互融合，在民间广泛流传“明王出世”“弥勒降生”等教义，成为起义造反的理论工具。朱元璋在淮西一带云游时，正值彭莹玉在这一带宣传弥勒教，秘密进行起义的组织活动。朱元璋很快地就接受了起义造反的思想，这为他以后投奔红巾军埋下了伏笔。

大肚弥勒佛

至正八年(1348)，朱元璋回到皇觉寺。这三年来，他开阔了眼界，增长了见识。据《皇朝本纪》载：“(朱元璋)复入皇觉寺，始知立志勤学。”在青灯古佛之下，他开始发奋读书，阅读了大量的书籍。至正十一年(1351)五月，白莲教教主韩山童在颍州(今安徽阜阳)白鹿庄聚众起义。之后，彭莹玉、徐寿辉在湖北组织起义，土豪方国珍、盐贩张士诚也先后在浙江和苏北起兵反元。因起义军头裹红巾，身穿红衣，被称为“红巾军”。在短短的几个月内，红巾军起义的烈火燃遍了大江南北。朱元璋虽身处佛门，内心却早已不能平静。

至正十二年(1352)二月，定远(今安徽定远)土豪郭子兴联合孙德崖等人响应红巾军起义，在濠州(今安徽凤阳)起兵。起义军袭杀州官，占领了濠州城，郭子兴自称元帅。元朝派来镇压濠州红巾军的军队，不敢攻城，却在城外乱抓百姓，来报功请赏。就连和尚也可能被当作乱民，皇觉寺已经不安全了。这时，朱元璋接到儿时伙伴汤和的一封信。汤和曾和朱元璋一起放牛，比朱元璋大几岁，在外面闯荡几年后投奔了郭子兴，因军功当上了千户。汤和对朱元璋的能力非常有信心，劝他“速从军，共成大业”。朱元璋看过信后，“既忧且惧”，一直犹豫不决。不久，一位师兄偷偷地告诉他，汤和来信邀他参军之事已经泄露出去了，有人扬言要去报官领赏。

何去何从，朱元璋一时拿不定主意。他在伽蓝神面前祷告，用两个珓杯算一算吉凶。朱元璋发愿说，如果起义可以取得成功就请神显示两个阴珓，结果真的得到了双阴珓。被逼上绝路的朱元璋终于下定决心，离开皇觉寺，投奔红巾军。

投奔郭子兴

至正十二年(1352)闰三月初一，天刚蒙蒙亮，朱元璋就来到了濠州城下。当时，两军对峙，红巾军的防范也很严密。守城军士认为朱元璋是元朝奸细，打算要杀掉他。朱元璋知道多说无益，只是宣称要求见大帅，却不说所为何事。守城军士不敢贸然行事，就通报了郭子兴。

朱元璋见到郭子兴后，从容不迫，侃侃而谈，给郭子兴留下了很好的印象。再加上汤和的书信，朱元璋被留了下来。加入红巾军后，由于办事周全，心思缜密，朱元璋很快就升为九夫长，成为元帅郭子兴帐下的亲兵。他每次作战总是冲锋在前，从不贪图战利品，得到赏赐时还会平分给部下，因此很得人心。郭子兴认为朱元璋是个难得的人才，将他视作心腹，对他信宠有加。后来郭子兴还把养女马氏嫁给他，并给他取名元璋，字国瑞。郭氏一家对朱元璋日益亲厚，朱元璋在军中的威望也日益提高，军中称其为“朱公子”。

郭子兴

当时，濠州城里有五位元帅，孙德崖等四人都是农民出身，大字不识，与郭子兴的意见时常相左。郭子兴瞧不起他们，双方不断发生摩擦，久而久之，矛盾日益尖锐。孙德崖等四人采取各种方法排挤郭子兴。

历史小常识：马皇后拒药

马皇后，安徽宿州人，是郭子兴的养女。马氏“善解人意，而知书，精女红”，深得郭子兴夫妇的宠爱。郭子兴对朱元璋十分器重，将马氏嫁给朱元璋为妻。后在他人的调唆下，郭子兴对朱元璋猜忌日深。多亏马氏从中斡旋，朱元璋在红巾军的地位才得以巩固。朱元璋称帝后，册封马氏为皇后。朱元璋感念马氏跟随他“备历艰难，赞成大业”，多次对群臣称说皇后的贤德，可与唐太宗的长孙皇后相提并论。洪武十五年（1382）八月，马皇后病逝。病重时，她知道自己的病已经很难治愈了，怕连累医生，便不肯服药。临终前，她嘱咐朱元璋：“愿陛下求贤纳谏，慎终如始，子孙皆贤，臣民得所而已。”朱元璋为之恸哭，此后再也没有立后。

至正十二年九月，徐州的红巾军首领彭大、赵均用被元军所败，投奔濠州。孙德崖等四人本想借助彭大、赵均用的力量铲除郭子兴，却被彭、赵二人反客为主。在赵均用的煽动下，孙德崖等人终于发难，趁郭子兴单独外出的机会，将他抓到自己家的地窖里，打算把他杀了。此时，朱元璋身在淮北，听说郭子兴有难后，连夜赶赴濠州。他分析形势，认为郭子兴素来与彭大交好，此事的主谋应该是赵均用。第二天，朱元璋陪着郭子兴的两个儿子到彭大处告状，当面陈说厉害，请彭大主持公道。彭大带领人马，同朱元璋一起包围了孙德崖家，救出郭子兴。这场内讧就这样过去了，但将帅们之间的矛盾日益激化，濠州城已成是非之地。至正十二年十二月，元朝大将贾鲁包围了濠州城，大敌当前，五人只好将怨恨放到一边，共同御敌。至正十三年（1353年），贾鲁去世，“元兵解围去”，城内的义军也伤亡惨重。于是，朱元璋就回到家乡招兵买马，儿时伙伴徐达、周德兴和乡里很多青年都来投军，很快就建立起一支七百人的队伍。郭子兴喜出望外，当即升任朱元璋为镇抚，并把这支部队交给他率领。朱元璋正

式成为带兵的军官，有了自己的人马。

此时，郭子兴虽名为大元帅，却没有什么实权。他越来越多疑，只相信自己的儿子。随着朱元璋羽翼渐丰，郭子兴对朱元璋的态度也发生了变化，将朱元璋帐下的得力干将一个一个地调到自己的帐下，逐渐剥夺朱元璋的兵权，对他百般刁难。一次，郭子兴把朱元璋关进了禁闭室，朱元璋的妻子马氏想到丈夫饿着肚子，就偷偷到厨房拿些热饼，藏在怀中，送给朱元璋。当她把热饼拿给朱元璋时，胸前的皮肤都被烫坏了，朱元璋大为感动。朱元璋的处境日益艰难，马氏深明大义，将自己的私房钱全部拿出来，交给朱元璋上下打点。这样，朱元璋渡过了这场危机。

至正十四年（1354）正月，与郭子兴失和后，朱元璋决定离开濠州独立发展。为了不致引起猜疑和反对，他将原来率领的队伍留给了郭子兴，只带着徐达、汤和、吴良、吴祯、花云、陈德、顾时、费聚、耿再成、耿炳文、唐胜宗、陆仲亨、华云龙、郑遇春、郭兴、郭英、胡海、张龙、陈桓、谢成、李新材、张赫、张铨、周德兴二十四人南下，攻打定远。这二十四人不仅对朱元璋忠心耿耿，而且才干过人，后来都成为明朝的开国功臣。

这时，定远县同其他混乱地区一样，兵匪如蝗，军寨林立。有的是游兵团聚，有的是财主结寨自保。收降这些散兵游勇，是壮大势力的最好途径。朱元璋看准了这一点，智取了定远县的驴牌寨，收编了这支三千多人的队伍。不久，他就凭借着自己手中的这支人马，乘胜夜袭占据横涧山、拥兵数万的缪大亨。缪大亨在睡梦中慌忙迎战，毫无准备，士兵伤亡惨重。迫于形势，缪大亨只得率领剩下的两万多人投降朱元璋。朱元璋在不断

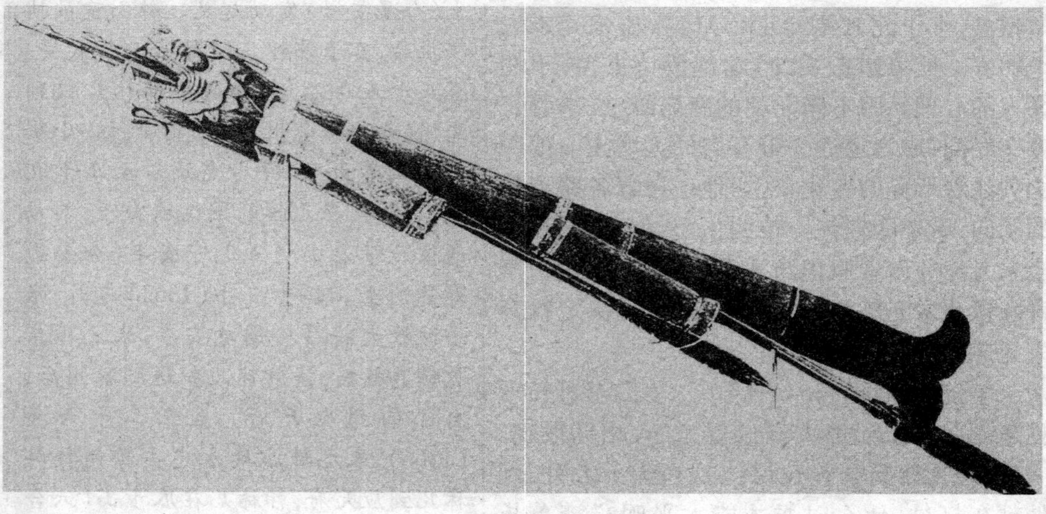

火龙出水

扩大自己的力量的同时，建立了严明的军纪，仁义之声远近闻名，深得民心。很多人都带着队伍主动归附，朱元璋的实力得以迅速扩大。

冯国用、冯国胜两兄弟靠着祖上留下的一些产业，专好习刀弄剑，攻读兵书，结交天下豪杰，是远近闻名的才子。他们对朱元璋很佩服，主动前来归附。朱元璋向冯家兄弟请教夺取天下的大计，冯国用回答：“书生有六字相告。”朱元璋急忙虚心请教。冯国用接

着说："'有德昌，有势强。'建康（今江苏南京）虎踞龙盘，帝王之都，拔而取之以为根本，成有势之强。然后命将出师，倡仁义，收人心，不贪子女玉帛，则为有德之昌。而后天下可定。"听到这番话，朱元璋茅塞顿开，将冯氏兄弟留在身边，冯氏兄弟成为朱元璋最早的幕府参谋。

当时，起义军的成分十分复杂，其中有投降的元朝官军，也有收编的地方武装，所以不少士兵养成了抢掠奸淫的恶习。为了成就大业，朱元璋下决心整顿部队，严肃军纪，使自己的部队成为一支仁义之师。他听从了冯氏兄弟的建议，制定了向南京发展，并以南京为根据地向四方扩张的战略计划。

经营江南

在刘福通、韩山童揭竿而起之时，朱元璋还是一个到处化缘的游方和尚；当徐寿辉自立为帝，建立"天完政权"时，他还是个半僧半俗之人；当陈友谅坐拥雄兵百万、张士诚占据江南之时，他还是郭子兴帐下的一个无名小卒。朱元璋礼贤下士，制定了正确的发展战略，在短短几年的时间里就以南京为中心，建立了自己的根据地，这不能不令人佩服。

朱元璋凭借着手中这支训练有素的队伍，一举拿下滁州城。此战最大的收获不在于得到滁州城，而在于朱元璋得到了他日后的左膀右臂——李善长。李善长，原名元之，祖籍安徽歙县，生于元延祐元年（1314），比朱元璋大十四岁。他家道殷实，自幼饱读诗书，善于揣摩人的心理。因不满元朝的腐朽统治，李善长弃文经商，成为定远一带有名的大财主。他一直关注着形势的变化，密切地注视着各路英雄的动向，希望能辅佐一位明主，开创一番事业。当朱元璋凭借着胆识与智慧迅速崛起之时，李善长认为朱元璋是位难得的明主，便决定投奔朱元璋。

至正十四年（1354），四十二岁的李善长求见朱元璋。朱元璋大喜过望，二人相见恨晚。一次，朱元璋问李善长说："现在天下大乱，到处都在打仗，什么时候才能太平呢？"李善长说："秦朝末年，也这样大乱过。汉高祖是平民出身，因为他气量大，知人善用，从不滥杀无辜，只花了五年时间就统一天下。现在元朝政治这样混乱，天下土崩瓦解，您何不向汉高祖学习呢？"此后，朱元璋以汉高祖为榜样，礼贤下士，有了吞并天下的远大志向。李善长成为朱元璋帐下的记室（秘书官），深得朱元璋的信任，一切机密谋议朱元璋都会与李善

历史小常识：小明王

至正十一年（1351）五月，白莲教领袖韩山童与刘福通、杜遵道等在颍上（今属安徽）发动起义。韩山童被捕牺牲后，其子韩林儿随母亲逃往武安。至正十五年春，刘福通将韩林儿接到亳州（今安徽亳州）立为皇帝，称"小明王"，国号大宋，年号龙凤。至正十九年（1359），在元军的围追堵截下，刘福通被迫带着小明王退守安丰（今安徽寿县），至正二十三年（1363）二月，张士诚派大将吕珍围攻安丰，朱元璋亲自领兵救援，将韩林儿护送到滁州后，自己回到应天府。至正二十六年（1366），朱元璋派廖永忠去滁州接韩林儿到应天府，韩林儿在瓜步山（六合区东南）落水而死。次年，朱元璋将年号改为吴元年，不再用龙凤纪年。

长相商，并认真听取他的意见。朱元璋还让李善长负责协调诸将关系，由此李善长在淮西诸将中享有很高的威望。

太祖兵取金陵府

至正十五年（1355），郭子兴病死了。小明王任命郭子兴的儿子郭天叙为都元帅，朱元璋为左副元帅。不久，郭天叙阵亡，朱元璋成为大元帅，他接管了郭子兴的旧部，实力更加强大。至正十六年（1356）二月，朱元璋大破元朝水军，攻克南方重镇集庆（今江苏南京），斩杀了元江南行台御史大夫福寿等人，元水寨元帅康茂才等率众投降。朱元璋改集庆为应天府，置天兴建康翼统军大元帅府，以廖永安为统军元帅，以赵忠为兴国翼元帅；置淮兴镇江翼元帅府，以徐达、汤和为统军元帅；置秦淮翼元帅府，以俞通海为元帅；置广兴翼行军元帅府，以邓愈为元帅。

同年，小明王置江南行中书省，命朱元璋为中书省平章政事、右丞相、吴国公。朱元璋以李善长、宋思颜为行中书省参议，李梦庚、郭景祥为左右司郎中；置江南行枢密院，以徐达、汤和为行枢密院同佥；置帐前总制亲兵都指挥使司，以冯国用为都指挥使；置前、后、左、右中五翼元帅府，以华云龙、唐胜宗，陆仲亨、邓愈、陈兆先、张彪、王玉、陈本等为元帅；置镇抚司、提刑按察司、兵马指挥司、理问所，负责稽查、监察、司法；置营田司，负责屯田、农事等。这样，行政、军政、司法等机构就大体完备了，朱元璋在江南正式建立了政权机构。

攻下应天之后，朱元璋占有的地盘虽然还很小，但整个局势却对他非常有利。这时北方小明王、刘福通率领的红巾军主力牵制着元朝的主力部队，使元军无暇顾及他这样的红巾军小头目。朱元璋的东面是张士诚，西面是徐寿辉，在他们之间还夹杂着一些小的地方割据势力以及一些孤立的元军据点。朱元璋与张士诚、徐寿辉之间经常发生摩擦，但江南元军的势力还没有完全消灭，他们还有共同的敌人。再者，此时张士诚、徐寿辉的实力还不足以兼并朱元璋。这样，朱元璋就得到了一个很好的发展机会。

至正十七年(1357),朱元璋攻下徽州,召见名儒朱升,请教夺取天下的计策。朱升向他提出了三条战略:“高筑墙,广积粮,缓称王。”第一条是扩充兵力,巩固后方;第二条是发展生产,储备粮食;第三条是不图虚名,暂不称王。

朱元璋听取了朱升的意见,留朱升在军中办事,并制定了一个在两淮、江南地区“积粮训兵,待时而动”的策略。

所谓“高筑墙”,是指扩充兵力,巩固后方,建立巩固的根据地。朱元璋夺取应天之后,在应天大兴土木,并以应天为中心,向东扩展,逐渐控制浙东,巩固自己的势力。所谓“广积粮”是指发展生产,储备粮食。当时的军队每到一处,都采取抢掠或强征的方法来得到军粮,老百姓的生命财产没有保障,纷纷逃走,这样军队的粮食供应便会出现问题,这在当时是一个普遍存在的问题。朱元璋刚过江的时候,采取的也是抢掠和强征的办法,称之为“检刮寨粮”。为了减轻农民负担,朱元璋强调“惠爱加于民,法度行于军”,在军队里面设都水营田司,任命康茂才任都水营田使,专门负责屯田种地、兴修水利。朱元璋还命诸将在各地开垦种田,制定章程,以生产量的多少来决定赏罚。同时,他推行民兵制度,组织农村丁壮一面练武,一面耕种。一年后,康茂才的屯区所生产的粮食不仅可供本部队的军饷,还有了存粮。这些措施不仅增强了日后战胜群雄的经济实力,还得到百姓们的拥戴。与此同时,朱元璋还在自己的势力范围内,设立了盐法局和茶引制度,向商人收税。此外,朱元璋为了避免树大招风,在形式上一直对小明王保持臣属关系。直到朱元璋改称吴王后,文告中的第一句话仍是“皇帝圣旨,吴王今旨”,表示自己仍是小明王的臣属。

冯国用

同年,朱元璋派兵先后攻下镇江、广德(今安徽广德)、长兴(今浙江长兴)、常州、江阴、常熟、池州(今安徽贵池)、徽州(今安徽歙县)、扬州等地,占据了应天周围所有的战略据点。这样,从战略上看,东面起自江阴,沿太湖南岸到长兴形成一条阻挡张士诚西进的防线;北面是友军,只需用少数的兵力来维持地方秩序;西线与天完政权接壤,采取以守为攻的战略;南面的宁国、徽州是向浙东(指浙江钱塘江以东以南的地区)挺进的先头阵地,需要派重兵把守。此时,浙东的元军与元朝的主力部队完全隔绝,势单力孤,最容易取得成功。朱元璋清楚地看到了这一点,集中力量向南扩展。

到了至正十九年(1359)年底,朱元璋已经占据了从江苏南京、太湖以西,南经江苏、

安徽、浙江三省交界处，到浙东的一带地区，实力大大增强。次年三月，朱元璋礼贤下士，将刘基、叶琛、宋濂、章溢四大名士请到应天。朱元璋诚恳地说道："我为天下屈四先生，今天下纷纷，何时定乎？"章溢回答："天道无常，唯德是辅，惟不嗜杀人者能一之耳。"这句话大有深意，令朱元璋肃然起敬。一天，朱元璋问陶安："这四个人同你相比怎么样？"陶安回答："臣谋略不如刘基，学问不如宋濂，治民之才不如章溢、叶琛。"于是，朱元璋命刘基参谋政务，任宋濂为江南等处儒学提举，兼做长子朱标的老师，任命章溢、叶琛为营田司佥事，负责民事，并专门建造礼贤馆供他们居住，对他们恩礼备至，人称"四先生"。在这四位先生中，尤以刘基的功业最大。刘基出身于名门望族，自幼聪明好学，有神童之誉。元至顺四年（1333），二十三岁的刘基一举考中进士，开始进入官场。据《明史》记载，刘基"博通经史，于书无不窥，尤精象纬之学。西蜀赵天泽论江左人物，首称基，以为诸葛孔明俦也"。此时元朝政治腐败，刘基虽然富有才干，但宦海生涯屡遭贬抑。刘基来到朱元璋的大军后，成为参赞军务的谋士。他"自谓不世遇，知无不言，遇急难，勇气奋发，计划立定，人莫能测"，为明王朝的建立和发展立下了许多汗马功劳，朱元璋尊其为"吾子房（张良）也"。刘基为母亲奔丧时，朱元璋在给刘基的信中非常谦卑地写道："顿首奉书伯温老先生阁下。"

朱元璋知人善任，礼贤下士，天下英雄无不归心，武有徐达、汤和、邵荣、常遇春、俞廷玉等一批骁勇善战的武将，文有李善长、朱升、刘基、叶兑等一批足智多谋的谋臣，这些人无一不是一时之选。朱元璋胸襟宽广，善于争取敌军的将领。康茂才本是元朝水军元帅，投降后得到了重用，立下无数战功，死后被封为蕲国公。

经过数年的卧薪尝胆，朱元璋不仅在元军和诸豪强的夹缝中生存了下来，还不动声色地建起了一支强大的军事力量。他以避强击弱为发展战略，在东部以防为主，防中有攻，对南部则是稳扎稳打，步步推进，以应天为中心，控制了皖南，夺取了婺州（今浙江金华）、衢州、处州（今浙江丽水）等地，成为雄霸一方的霸主。

康茂才

建立西吴政权

朱元璋取得浙东后，他的领土东、北两面与张士诚相接，西邻陈友谅，东南邻方国珍，南邻陈友定。在这些割据势力中，方国珍、陈友定志在保土割据，对朱元璋威胁不大。张士诚对元朝首鼠两端，也没有多大野心。陈友谅势力最强，占据朱元璋的上游，野心勃勃，是朱元璋最主要的敌人。

陈友谅本是沔阳府玉沙县一个渔民的儿子，略通文义，做过县吏。徐寿辉起兵后，他在大将倪文俊手

下做了文案，屡立军功，“为领兵元帅”。至正十六年（1356）正月，徐寿辉在汉阳称帝，建立天完政权，而实权则落在了大将倪文俊的手中。九月，倪文俊企图加害徐寿辉，事情泄露后逃往黄州，被陈友谅所杀。陈友谅自立宣慰使，又称中书平章，将天完政权牢牢地把持在自己手里。至正二十年（1360）五月，陈友谅派人又杀死了徐寿辉，自立为帝，“以采石五通庙为行殿，即皇帝位，国号汉，改元大义”。他占据江西、湖南和湖北一带，地广兵多。徐寿辉的一些旧部疑忌不安，怕遭到陈友谅的毒手，纷纷投降朱元璋。陈友谅称帝后不久，就率领强大的水军沿江东下，与张士诚相约夹攻朱元璋，成功后瓜分朱元璋的领地。

刘基来到应天后，朱元璋就曾向他征求对目前军事形势的意见。刘基认为：“陈友谅是最危险的敌人。张士诚目光短浅，胸无大志，只满足于割据一方，没有什么值得忧虑的。陈友谅势力最强，版图最大，拥有精兵利舰，又占据我方的上游，来势凶猛，必须集中力量先打败他。陈友谅势力虽然强大，但他杀君胁众，部众离心，人民疲敝，不难取胜。消灭陈友谅的势力后，张士诚势孤，便不敢出兵，应天城就没有后患，可一举而定。我们再北向中原，必定可成王业。”朱元璋接着问：“如何打败陈友谅呢？”刘基说：“陈友谅自恃人多势众、装备精良，骄傲轻敌。诱敌深入，用伏兵截击，定能取胜。”朱元璋听后茅塞顿开。

陈友谅东下的军报传来，应天城里的文官武将众说纷纭，有的主张投降，有的主张弃城，有的主张抵抗。朱元璋召刘基商讨对策。刘基认为：“我们必须与陈友谅决一死战，不能弃城而逃。目前，我们与陈友谅的力量相差悬殊，首先要避免两线作战，一定要争取主动，集结主要兵力给陈友谅以迎头痛击，这样张士诚便不敢轻举妄动。而争取主动最好的方法就是诱敌深入。”朱元璋采纳了刘基的意见，决定伏兵智取陈友谅。这时，康茂才便成了一个关键的棋子。

刘基

朱元璋在攻打集庆时招降了元水军元帅康茂才，康茂才本是陈友谅的好友，归顺后一直备受器重，对朱元璋忠心耿耿。在朱元璋的授意下，康茂才亲笔写信给陈友谅诈降，说自己愿做内应。康茂才在信中说自己守的是江东桥，当陈友谅大举进攻之时，他就把这座木桥吊起来，使陈友谅的军舰直达应天城下，同时还约好了接应信号。

同年六月，陈友谅接到信后，深信不疑，迫不及待地率主力部队直奔江东桥。这时，朱元璋派大将胡大海进攻广信，切断了陈友谅的后路，在陈友谅的行军路线上埋下伏兵，并连夜命人将江东桥改为石桥。陈友谅率舰队来到江东桥后，发现是座石桥，方知其中有诈，急忙命令舰队返航，并直驶龙湾（今江苏南京沿江六渡口之一），在那里离船上岸，

整编部队。朱元璋在卢龙山（狮子山）掌控全局，见陈友谅的部队进入包围圈，便挥旗进攻，霎时伏兵四起，把陈友谅的部队团团围住。陈友谅的大军被打得丢盔弃甲，死伤无数，逃到江边后又发现已经退潮，许多船只搁浅在岸边。在这场战役中，陈友谅的大军元气大伤。朱元璋得到了七千多名俘虏，百余艘大舰，数百艘小船。张士诚见状，果然未敢轻举妄动。不久，朱元璋乘胜追击，攻取了太平、安庆、信州（今江西上饶）、袁州（今江西宜春）等地，进一步巩固了胜利成果。

此时，中原的形势发生了很大的变化。在元军的反攻下，小明王被迫退到安丰（今安徽寿县），红巾军内部发生分裂，由盛转衰。元军在击败红巾军后，也陷于内部争斗之中，无心南顾。至正二十三年（1363），张士诚派大将吕珍攻打安丰，刘福通派人向朱元璋求救。朱元璋不顾刘基的反对，决定亲自带兵救援安丰。当朱元璋赶到时，刘福通已壮烈牺牲，朱元璋击退吕珍，将小明王接到滁州（今安徽滁县）。朱元璋对小明王表面上供养优厚，实际上则将他软禁了起来。

当朱元璋赶赴安丰时，陈友谅乘虚而入。六月，陈友谅率大军包围洪都（今江西南昌），同时攻下了吉安、临江等地。陈友谅制造了数百艘巨型军舰，上下三层，船尾可当作攻城的云梯，企图采取军舰攻城术。朱元璋吸取了太平失守的教训，改建了洪都的城墙，离河岸后退三十步。这样，陈友谅就无法利用军舰的优势来攻城，而只有弃舟登岸，采取陆战。洪都被围了八十多天，陈友谅也一直未能取胜。朱元璋在解除安丰之围后，亲率二十万大军救援洪都。朱元璋在到达湖口后，就派兵扼守鄱阳湖通往长江的水道，切断了陈友谅的后路。陈友谅得知朱元璋的援军到了，急忙撤去围城的部队，退至鄱阳湖迎战，从而爆发了规模空前的鄱阳湖水战。

胡大海

陈友谅的水军战舰又高又大，用铁索相连，一字排开，远远望去像山一样。朱元璋的水军全是些小船，双方实力悬殊，朱元璋屡屡战败。这时，部将郭兴向朱元璋献策："双方的兵力相差太远，硬拼不是办法，不如采取火攻。"朱元璋采纳了郭兴的意见，派出一支敢死队驾着七支小船，内装火药和芦苇，借着风势，冲入敌军舰阵，并乘机放火。刹那间，火借风势，风助火威，江面被大火染成红色。陈友谅的舰队因连接在一起，无法逃跑，死伤惨重。此后陈友谅又接连打了好几个败仗，只好带兵突围。陈友谅带着残兵败将来到鄱阳湖湖口，在这里又与朱元璋的伏兵相遇。由于连连失利，陈友谅的部队士气低落，很多将士投降了朱元璋。战场上飞矢如雨，陈友谅被一支冷箭射中头部当场丧命。主帅一

死，部队更是人心离散。鄱阳湖水战一直持续了三十六天之久，战况十分激烈。之后，朱元璋对刘基说："我真不该不听先生的建议，到安丰去。如果陈友谅乘机直取应天，我便进无所成，退无所守了。但陈友谅反去攻打洪都，在那里被困了三个多月，让我有充分的时间来布置。他出此下策，怎么会不灭亡呢？"鄱阳湖水战后，朱元璋回到应天，命部将攻取武昌。武昌城坚难攻，朱元璋便采取围困的方法，同时分兵攻下湖北诸州县。

这样，朱元璋就吞并了陈友谅的残余势力，大汉政权灭亡。至此，朱元璋扫除了发展道路上的最大威胁。至正二十四年（1364）正月，朱元璋在应天（今江苏南京）自立为吴王，置百官司署，但仍奉小明王为皇帝，用龙凤纪年，对外发布命令称"皇帝圣旨，吴王令旨"，史称"西吴政权"。

群雄俯首

朱元璋吞并了陈友谅的势力后，实力更为强大。至正二十五年（1365）十月，朱元璋挥师东进，将矛头对准了"吴王"张士诚。徐达、常遇春、胡廷瑞等水路并进，讨伐张士诚。

张士诚，小字九四，秦州白驹场（今属江苏大丰）人。早年以贩盐为生，元朝末年，张士诚率领一帮盐贩子起事。至正十四年（1354），张士诚占据高邮，自称诚王，国号大周。至正十六年（1356），张士诚以平江（今江苏苏州）为都城，改名为隆平郡。经过七八年的扩张，其所据土地"南抵绍兴，北逾徐州，达于济宁之金沟，西距汝、颍、濠、泗，东薄海，二千余里，带甲数十万"。张士诚的领地盛产粮食，饶有鱼盐桑麻之利，最为富庶。他"外迟重寡言，似有器量，而实无远图"，对部下赏罚不明。朝中大臣整日只知寻欢作乐，武将们每遇战事，都谎称有病，直到张士诚加官赐爵后方率部出军。打仗时，这些大将还随身带着妓女解闷。胸无大志的张士诚，"既据有吴中，吴（地）承平久，户口殷盛，渐骄纵，怠于政事"，养尊处优，只图保住一块地盘尽情享乐，自称吴王后，终日不理政事，整日里与一批文人谈古论今，舞文弄墨。其弟张士信和其女婿潘元绍把持大权，贪渎无能，"金玉珍宝及古法书名画，无不充溢。日夜歌舞自娱"。此时，张士诚的统治集团已经腐朽不堪，无力阻挡朱元璋的进攻。

朱元璋首先将目标对准大周境内的苏北、淮河流域，在短短的七个月里，占领了通州（今江苏南通）、兴化、盐城、秦州、高邮、淮安、徐州、安丰等地，使张士诚的军力局促在长江以南。

至正二十六年（1366）八月，朱元璋命左相国徐达为大将军，平章常遇春为副将军，统兵二十万攻打张士诚。朱元璋采取了儒士叶兑的计策，先攻打平江的外围地区，分散敌人的军力，使张士诚的军队疲于奔走，再逐一击破，最后直取平江。朱元璋亲自誓师，再三严明军纪，严禁烧杀抢掠，不许部将挖掘坟墓，特别是注意保护平江城外张士诚母亲的坟墓，以免引起百姓的抗拒心理。在出师的同时，朱元璋又发布檄文声讨张士诚。檄文中列举了张士诚的八条大罪，并指斥弥勒教为妖术，这表明朱元璋已背叛了红巾军，以承顺天命的王者自居，要承继王朝的正统。

朱元璋的大军势如破竹，不到几个月就攻取了绍兴、嘉兴、海宁等地。十一月，朱元

璋的大军合围苏州。苏州此时虽是一座孤城，但城坚粮足，一时难以攻克。朱元璋在城外筑起长长的围墙，派兵四面立营，屯田固守，断绝了城中与外界的一切联系。张士诚走投无路，只能坐以待毙。小明王死后，朱元璋于至正二十七年（1367）正月去龙凤年号，称吴元年。同年九月，苏州城破，张士诚被俘，后自缢而死。朱元璋“得城中兵民二十余万”，消灭了张士诚的割据政权。朱元璋从下令讨伐张士诚，到攻取苏州城，总共用了一年多的时间。他愤恨当地人对张士诚的忠心，即位后对这一带收取的田赋特别重。

徐达

朱元璋消灭了张士诚的力量后，占据了现在湖北、湖南、河南的东南部、江西、安徽、江苏和浙江，而这些地方正是全国最富庶、人口最稠密的地区。局势已经有了根本性的变化，朱元璋凭借着手中的强大实力，开始了统一天下的大业。

在平江快要被攻克之时，朱元璋又派军攻打浙江的方国珍，并很快取得胜利。次年正月，朱元璋平定了福建的陈友定，又乘胜南进，击败了盘踞在两广地区的元朝残余势力，从而展开了与元朝廷争夺全国政权的北伐战争。

朱元璋洞观全局，运筹帷幄，为部下做出大的方略，而具体作战则交给手下的大将。朱元璋认为，直接攻打大都（今北京）是十分危险的，如果不能很快地取得胜利，就会进退失据，应用斫树的方法，先去枝叶，再去老根。他提出了一整套完整的作战计划，先取山东，撤其屏蔽；回师河南，破其藩篱；进据潼关，扼其门户；此时东、南、西三面的军事据点都被我军掌握，再围攻大都，元政府势单力孤，自然会不战而取。攻取大都后，云中、九原及关陇一带，皆可席卷而下。

至正二十七年十月，朱元璋派徐达、常遇春率二十五万大军挥师北上，并亲自制定了周密的作战计划。大军临行之前，朱元璋告谕全体军士：“此行非必略地攻城，要在削平祸乱，以安生民。凡遇敌则战。若所经之处，及城下之日，勿妄杀人，勿夺民财，勿毁民居，勿废农具，勿杀耕牛，勿掠人子女，或有遗弃幼孤在营，父母或亲戚来求者，即还之。”为了瓦解元军的斗志，朱元璋发布檄文告谕北方百姓，在檄文中提出“驱逐胡虏，恢复中华，立纲陈纪，救济斯民”的口号，同时又指出蒙古、色目等族如愿为臣民者，“与中夏之人抚养无异”。这就表明朱元璋北伐大军是正义之师，北伐的目的是为了将中原百姓从异族统治和阶级压迫中解救出来，新政权的合法性不言而喻。

至正二十七年十一月，徐达率军平定了山东全境，继而兵分两路，进军河南。大军所向披靡，元朝将领纷纷归附。北伐战争按照朱元璋的计划全面展开，并取得了很大的胜利。这时，朱元璋已经占据了中原、江南和闽广等地，局势已经十分明朗，李善长率文武

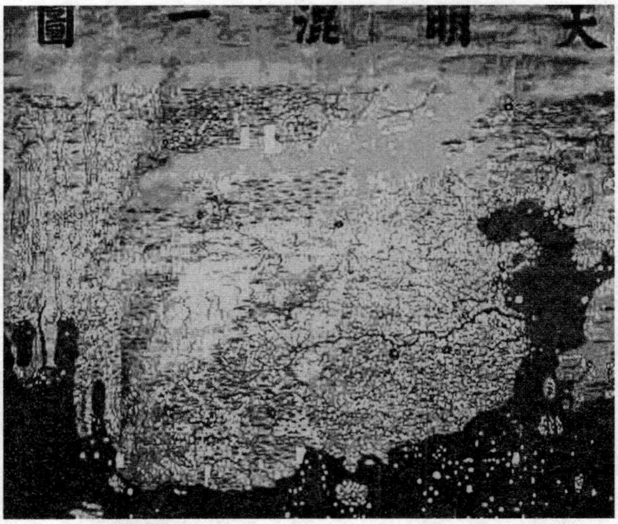

大明混一图

百官奉表，劝朱元璋称帝。

洪武元年（1368）正月，朱元璋建立了明朝，年号洪武，建都于南京，是为明太祖。同年三月，北伐军已对元大都形成包围之势。元顺帝见孤城难守，慌忙带着后妃、太子逃往上都（今内蒙古中部地区）。八月，徐达率领大军攻进大都（今北京），元朝在中原九十余年的统治宣告结束。朱元璋之所以取得成功，究其根本原因，在于顺应了历史潮流，顺应了民意。北伐大军旗帜鲜明，得到中原广大百姓的支持，一个生机勃勃的大明帝国诞生了。

洪武四年（1371），明朝大军平定四川。洪武十四年（1381），傅友德率大军攻打云南。次年，大军凯旋而归。洪武二十年（1387），冯国胜、傅友德、蓝玉率大军攻打辽东元朝残将纳哈出，纳哈出被迫投降，朱元璋顺利地完成了统一大业。

雄才大略明太祖

明太祖朱元璋南征北战，开创了大明王朝。他雄才大略，一手创建了明朝的各种政治、法律制度，几乎一人完成了明朝延续三百年的机构设置。为了巩固政权、循正吏治，他采取“以猛治国”的方针，甚至连功臣宿将也不放过。这种刚猛的治国手段一方面有力地保证了政局的稳定，对统一战争的顺利进行、经济的恢复与发展都起到积极的推动作用，另一方面也将民主精神扼杀殆尽，对中国历史的发展有着不可忽视的消极影响。

《大明律》与《大诰》

明朝建立后，百废待兴，朱元璋实行了一系列巩固政权的政策。他非常重视法律的制定。他明确提出，“礼法，国之纲纪。礼法立，则人志定，上下安。建国之初，此为先

务”,“纪纲法度,为之本”。《大明律》和其后的《大诰》遂应运而生。

据《明史·刑法志》记载,元朝至正二十五年(1365),朱元璋占领武昌后即着手议订律令。元至正二十七年即吴元年(1367)十月,朱元璋命左丞相李善长为律令总裁官,参知政事杨宪、傅瓛,御史中丞刘基,翰林学士陶安等二十人为议律官,着手编修法律。朱元璋采纳了李善长提出的关于立法原则的意见:“历代之律,皆以汉九章为宗,至唐始集其成。今制宜遵唐旧。”十二月,又修订《律令直解》,把适用于民间的律令条文及违犯法令的案例,分类编辑成册,颁发到州县,但这部法律毕竟成书尚早,修订的时间也比较仓促,还存在许多问题。

明太祖朱元璋

建国后,朱元璋认为这部法律已经不适合现实的需要,决定着手进行重新修订。从洪武元年(1368)开始,他就与主持法律修订的官员和儒生一起研究《唐律》。洪武六年(1373),朱元璋命刑部尚书刘惟谦等人编订《大明律》。洪武七年(1374),《大明律》正式完成。之后,又经过三次修改和增删,于洪武三十年(1397)正式颁发。《大明律》计有30卷,篇目有名例1卷,包括五刑(笞、杖、徒、流、死)、十恶(谋反、谋、大逆、谋叛、恶逆、不道、大不敬、不孝、不睦、不义、内乱)、八议(议亲、议故、议功、议贤、议能、议贵、议宾),以及吏律2卷、户律7卷、礼律2卷、兵律5卷、刑律11卷、工律2卷,共460条。

与《唐律》相比,《大明律》具有以下特点:条例周密,刑罚手段极为严苛,对贪赃枉法打击极为严厉。

条例周密,刑罚手段严苛这两点主要集中体现在对“十恶”大罪的惩处上。历代对“十恶”大罪的惩处已是相当严厉,是“遇赦不赦”的重罪,但《大明律》对“十恶”大罪的惩处手段异常严厉,刑罚之严苛乃历代所未见。对犯下谋反罪的人,一改《唐律》中穷追首恶的规定,不分主犯、从犯,一律凌迟处死,三族以内男子在十六岁以上者都要斩首,就连左邻右舍也要一律杀头。《大明律》还将斩、绞列为轻刑,获罪者动辄被“凌迟”“剥皮”。自宋朝以来,吏治一直非常黑暗。宋、元两朝对腐败现象打击不力,官场污浊黑暗,至元朝末年,吏治更为糟糕。元末士人叶子奇在《草木子》一书中写道:“元朝末年,官贪吏污。始因蒙古、色目人惘然不知廉耻之为何物。其问人讨钱,各有各自,新属始参曰拜见钱,无事白要曰撒花钱,逢节曰追节钱,生辰曰生日钱,管事而索曰常例钱,送迎曰人情钱,勾追曰赍发钱,论诉曰公事钱。觅得钱多曰得手,除得州美曰好地分,补得职近曰好窠窟,漫不知忠君爱民为何事也。”明朝建国后,前朝的流弊盛行,贪贿之风横炽。朱元璋对贪官污吏深恶痛绝,一案处死者竟达八万多人。这表现在《大明律》中,就是“枉法八十贯论绞”的规定,而实际执行起来则比律文还要残酷。据清人赵翼《廿二史札记》记载:“明祖

严于吏治，凡守令贪酷者，许民赴京陈述，赃至六十两以上者，枭首示众，仍剥皮实草。府州县卫之左，特立一庙，以祀土地，为剥皮之场，名曰皮场庙。官府公座旁，各悬一剥皮实草之袋，使之触目惊心。"

朱元璋鉴于唐、宋两朝臣下结党、皇权旁落的教训，不断地加强皇权。为防止大臣们结党营私，《大明律》中还专设"奸党"条，规定："若在朝官员，交结朋党，紊乱朝政者，皆斩，妻子为奴，财产入官"；"若犯罪，律该处死；其大臣小官巧言谏免，暗邀人心者，亦斩"；"若刑部及大小各衙门官吏不执行法律，听从上司主使，出入人罪者，罪亦如之"。同时，为防范内外官交结，《大明律》还规定："凡诸衙门官吏，若与内官及近侍人员互相交结，漏泄事情，夤缘作弊，而附同奏启者，皆斩，妻子流两千里安置。"

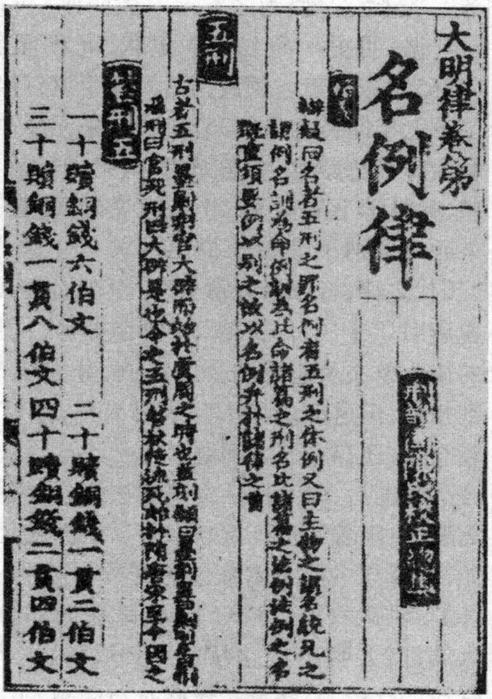
大明律卷第一
名例律
五刑
笞刑五
一十 贖銅錢六伯文
二十 贖銅錢一貫二伯文
三十 贖銅錢一貫八伯文
四十 贖銅錢二貫四伯文

《大明律》书影

由于长期法纪松弛，人们对法律是否切实执行还持观望态度。朱元璋严厉惩处贪污受贿的官员，但贪污的现象却屡禁不止。为了使《大明律》深入人心，在洪武中后期，朱元璋就命人将全国官吏、百姓犯罪的实例汇编成书，取名为《大诰》。这一方面是为了给有关律条的具体实施提供参考，一方面是用犯罪者的悲惨下场以儆效尤。

《大诰》分为大诰、大诰续编、大诰三编以及大诰武臣四部分，共 236 条，记载了被处以凌迟、枭首示众、诛九族的案例近五千个，杀头、弃世以下的案例一万个。太祖要求"一切官民诸色人等，户户有此一本"，为"臣民之至宝"。如犯死罪以下，家有《大诰》者罪减一等，家无《大诰》者罪加一等。此外还规定，"令天下府、州、县民，每里置塾，塾置师，聚生徒教诵御制《大诰》，欲其自幼知所遵守。阅三岁，为师者率其徒至礼部背诵，视其所诵多寡次第赏之"。洪武三十年（1397），全国讲读《大诰》的师生至礼部背诵者就达十九万余人。

《大明律》是朱元璋毕生政治活动的经验总结，他在《祖训》中谆谆嘱咐："凡我子孙，钦承朕命，勿作聪明，乱我已成之法，一字不可改易。"《大明律》无论体例、还是内容，都较之前代法律有所突破，是我国古代具有深远意义的成文法典。《大诰》更加充分地反映出明太祖乱世用重典的施政方针，由于过于严酷，因此在洪武以后已经基本不再行用。

胡惟庸案

朱元璋手下有一大批辅佐自己打江山的谋臣武将，建朝后这些人也自然而然地成为

明朝的开国功臣。从洪武二年(1369)到三年(1370),朱元璋先后两次大封功臣,徐达、常遇春等六人被封为公爵,汤和等二十九人被封为侯爵,其余身居高位者更是数不胜数。

在这些开国功臣中,李善长裁决如流,为开国功臣之首,被封为左丞相。朱元璋曾这样评价李善长的功绩:“东征西讨,目不暇接;尔独守国,转运粮储;供给器杖,未尝缺乏;剔繁治剧,和辑军民,各靡怨谣。昔汉有萧何,比之于尔,未必过也。”右丞相徐达是员武将,长期领兵在外,朝廷大权掌握在李善长手中。大部分开国功臣都是出身于淮西地区的将领,他们与朱元璋、李善长大多是同乡,在朝廷中掌握实权。李善长自投奔朱元璋后,就被委以重任,负责协调众将领之间的关系,在淮西将领中威望很高。之后,李善长的儿子李祺又被朱元璋招为驸马,权势更为显赫,成为淮西集团的首领。李善长是个同乡观念很重的人,用人执政处处从淮西官僚集团的利害出发,以培植自己的势力。李善长凭借自己的权势,颐指气使,凌驾于百官之上,引起朝中大臣和朱元璋的不满。早在胡惟庸成为丞相之前,朱元璋曾有意提拔杨宪为相,胡惟庸听到风声后,就私下里对李善长说:“杨宪为相,我等淮人不得为大官矣。”杨宪与李善长不和,曾多次在朱元璋面前说李善长无相才。李善长早就对杨宪心怀不满,再加上胡惟庸的挑拨,即弹劾杨宪“排陷大臣、放肆为奸”,这实际上为胡惟庸排除了晋升路上的障碍。

洪武元年(1368),太祖到汴梁视察,命李善长与刘基留守南京。李善长的亲信、中书省都事李彬犯有贪污罪,时任御史的刘基负责调查此事。刘基为人忠正,依法判斩,李善长却一再为之求情。刘基无奈之下,最后只有上奏朱元璋,在得到皇帝的准许后,将李彬处死了。李善长认为刘基不把自己放在眼里,故意使自己难堪,恼恨至极。朱元璋一回到南京,李善长立即上奏诬告刘基侵职擅权,还撺掇淮西派及其他对刘基不满的大臣联名弹劾刘基。刘基淡然处之,次年就告老回乡了。

汤和

事实上,明朝建立后,局势发生了根本性的变化,朱元璋的注意力也由外部转移到内部。他深知创业难,守业更难,而危险主要是来自统治集团内部,因此他经常与臣下谈论治道,告诫臣下留意晚节。李善长居功自傲,引起朱元璋的反感,这就为他以后悲剧性的命运埋下了祸根。随着淮西集团势力的日益膨胀,朱元璋对李善长颇有顾忌。洪武四年(1371),朱元璋以年迈有病之由,让李善长告老还乡,时年五十八岁。刘基认为朱元璋生性刻薄,很难容人,如果再在朝中为官难免有杀身之祸,他对朱元璋封赏的官职,多次拜辞不受。李善长致仕后,刘基的地位就显得更突出了。不久,刘基就告老还乡。他韬光养晦,过着闲云野鹤的生活。朱元璋

对刘基还不放心，还派人监督他的一举一动。

刘基是一位奇人，善于洞察世事，无有不中。朱元璋对刘基十分倚重，曾向刘基请教丞相的合适人选，以撤掉李善长。刘基说："善长是有功的老臣，能够调和各位将领间的关系，不宜马上把他换掉。"朱元璋很奇怪地问道："善长多次说你的短处，你怎么多次说善长的长处呢？我想让你做右相，你觉得怎么样？"刘基连忙顿首说："换丞相就好比换房子里的梁柱，必须用相当的大木，如果用小木头代替，那么房子立刻就会倒塌。"朱元璋又问："杨宪如何？"刘基说："杨宪虽然有丞相的才干，却没有丞相的气量。"朱元璋又问："汪广洋如何？"刘基又答："器量偏浅，还比不上杨宪。"朱元璋又问："胡惟庸如何？"刘基急忙摇头道："不可！不可！区区小犊，一经重用，必至辕裂犁破，祸且不浅了！"

李善长致仕后，胡惟庸成为淮西集团的首领。胡惟庸是凤阳定远（今安徽定远）人，和李善长有同乡之谊，在和州投奔朱元璋，是渡江前的旧人。胡惟庸是李善长的心腹，极有才干。胡惟庸还将自己的侄女嫁给李善长的弟弟李存义的儿子为妻，结为姻亲，使得他与李善长的关系更为密切。在李善长的提携下，胡惟庸一直官运亨通，于洪武三年任中书省参知政事。洪武六年（1373），朱元璋任胡惟庸为右丞相。他大权独揽，独断专行，对官员升降、生杀之事都自作主张，不向朱元璋一一请示。对于送来的奏章，他也先行拆阅，凡不利于己者，就藏匿不报，朝廷势利之徒都奔走在他的门下。此外他还与陆仲亨等武将勾结在一起，在朝廷内形成了一股很大的势力。

李善长

魏国公徐达对胡惟庸的独断专行深恶痛绝，便给朱元璋上了密本。胡惟庸知道此事后，私下里买通了徐达家里的下人，让他诬告徐达。谁知弄巧成拙，这条奸计反被自己的下人告知了徐达，此后胡惟庸才略有收敛。

洪武十二年（1379）九月，发生了占城（今越南南部）贡使事件。占城贡使到南京进贡，把象、马赶到皇城门口。右丞相胡惟庸不仅未能及时引见占城贡使，还与礼部官员互相推卸责任。朱元璋大为震怒，以蒙蔽欺君之名将右丞相胡惟庸和左丞相汪广洋关进监狱。此时，胡惟庸的相位已经岌岌可危。

洪武十三年（1380）正月，御史中丞涂节告发胡惟庸阴谋叛乱。朱元璋立刻派大臣审理此案，很快就以谋反罪杀了胡惟庸。涂节被大臣参劾，说他本来准备参加谋反，因事情不顺利方才告变。涂节连同御史大夫陈宁一同被处死。

胡惟庸死后，胡惟庸案却一直没有了结。胡惟庸的同乡、故旧、僚属以及其他有关系的人皆被连坐族诛，一万多人因此丧命。胡惟庸案成为朱元璋进行政治斗争的工具，许

多对朝廷统治有威胁的文武官员、大族地主，都被罗织为胡党，被灭族抄家。朱元璋还乘机下令废除中书省，声称今后永不再设丞相一职。

洪武二十三年(1390)，朱元璋以胡惟庸案为借口，再兴大狱，许多人被杀。朱元璋颁布严敕，说李善长虽为元勋老臣，却“知逆谋不举，狐疑观望怀两端，大逆不道”，将七十七岁的李善长赐死，并处死了他的家属七十多人。只有李善长的长子李祺和他的两个儿子，因为临安公主的缘故，得以幸免于难，后被流放江浦。洪武二十八年(1395)，朱元璋敕谕群臣：“国家罢丞相，设府、部、院、寺，分理庶务，立法至为详善。以后嗣君，其勿得议置丞相。臣下有奏请设立者，论以极刑。”

朱元璋要赐死开国功臣李善长时，太子朱标曾向朱元璋进谏说：“父皇诛杀的人太多了，恐怕有违天道。”朱元璋听了没有作声。第二天，他把太子叫来，将一根棘杖扔在地下，要太子捡起来。太子面有难色，朱元璋说：“我让你拿棘杖，你认为棘杖上有刺，怕伤了你的手，若是把棘刺除去，你就可以不必担忧了。”朱元璋这番话可谓意味深长。

朱元璋《教说大将军》手迹(局部)

这场“肃清逆党”的活动，前后株连而死者多达三万余人。为了平服人心，朱元璋亲作《昭示奸党录》告示天下，以述其罪状。一时间，大臣们人人自危，每天上朝时都要愁眉苦脸地向家人诀别，交代后事，傍晚时如能平安回家，就要摆下宴席，举家庆祝。天下士子更把仕途视作畏途。

事实上，胡惟庸谋反的证据并不充分。据《明史·胡惟庸传》载：“惟庸既死，其反状犹未尽露。”由此可知，在胡惟庸被处死的时候，他谋反的证据还不充分，所谓的“胡党”更是牵强附会。朱元璋之所以兴起此案，是为了解决君权与相权的冲突。此案的直接后果，是彻底地废除了延续一千多年的丞相制度。此后，皇帝直接统辖吏、户、礼、兵、刑、工六部，控制了一切生杀大权。

蓝玉案

胡惟庸案刚刚告一段落，到了洪武二十六年(1393)，又发生了一起震动全国的大案——蓝玉案。

蓝玉是开国名将常遇春的内弟，早年曾在常遇春的帐下。他作战勇敢，所向披靡，深得常遇春的喜爱。由于常遇春的引荐，蓝玉由管军镇抚升为大都督府佥事。洪武四年(1371)四月，常遇春的女儿被册封为太子妃，蓝玉也成为太子朱标的舅父，与太子朱标往来密切。蓝玉在北征时看到燕王朱棣的行止，深感不安，回来后对太子说："我看如今的燕王举动行止与皇帝无异。我还听善观望气的人说燕地有天子气，愿殿下早做防备，免生不测。"太子为人忠厚，不愿生事，就对蓝玉说："燕王对我十分恭顺，绝不会有这样的事。"随后有人将此事报告了燕王，燕王由此对蓝玉怀恨在心。

洪武二十四年(1391)，四川建昌卫发生叛乱，朱元璋命蓝玉率军平叛。同年，监察御史胡子祺上书："据百二河山之险，可以耸诸侯之望，举天下形胜所在，莫如关中"。朱元璋颇为心动，有迁都关中的打算，遂派太子朱标巡视关中，并告谕说："天下山川，惟秦中号为险固，向命汝弟分封其地，已十余年，汝可一游，以省观风俗，慰劳秦民。"十一月，奉皇命巡视关中三月之久的朱标累引旧疾，回京后即卧病在床，不久后就去世了。这对六十五岁的朱元璋是个沉重的打击，他在召见群臣时伤心地说："朕老矣，太子不幸，遂至于死，命也！"按照嫡长子继承制，皇位由皇长孙朱允炆接任，此时朱允炆方才十五岁。太子朱标病死后，朝中便无人再替蓝玉说话。燕王朱棣在入朝奏事时就对朱元璋说："在朝诸公，有人纵恣不法，如不处置，将来恐成尾大不掉之势。"朱棣虽未明名道姓，但大家都心知肚明，所说的正是蓝玉。

石武将

徐达、常遇春去世后，蓝玉南征云南、北征大漠，立下赫赫大功，是洪武后期最有名的将领之一，被封为大将军、凉国公、太子太傅，赐世券。蓝玉带兵多年，麾下有十多名勇将，在部队中享有很高的威望。事实上，蓝玉虽然为明朝立下许多汗马功劳，但他的死却不那么令人同情。他广置庄田，蓄养了无数的庄奴、义子，为害乡里，霸占民田。蓝玉在出征时，还私自占有元朝皇帝的妃子，这也是一种大逆的行为。他被封为凉国公后，居功自傲，骄横跋扈，令朱元璋十分不满。此后，蓝玉上朝奏事，没有一件能够获准，但他不仅不知收敛，仍然率性而为。

洪武二十年(1387)，朱元璋命冯国胜为大将军，傅友德、蓝玉为左右副将军，率领二十万大军北征蒙古，取得了"金山之役"的胜利，降服了元将纳哈出。次年三月，蓝玉再次

率大军北征，取得捕鱼儿海（今贝加尔湖附近）战役的胜利，沉重打击了蒙古贵族势力，使蒙古内部陷入连绵不断的内讧之中。洪武二十五年（1392）六月，蓝玉还平定了川西建昌月鲁帖木儿叛乱。平叛胜利后，蓝玉于同年十二月班师回朝，而等待他的却是一场突如其来的灾难。

傅友德

蓝玉大胜而归后，朱元璋封宋国公冯国胜、颍国公傅友德为太子太师，蓝玉为太子太傅。蓝玉目空一切，见冯国胜、傅友德的官号比自己大，遂愤愤不平，朱元璋更加坚定了铲除蓝玉的决心。事实上，早在蓝玉出征时，朱元璋就以"胡惟庸案"为借口，处死了蓝玉的亲家靖宁侯叶升，从而拉开了清洗蓝玉势力的序幕。洪武二十六年二月，锦衣卫指挥使蒋瓛告发蓝玉谋反，说他与景川侯曹震等计划在朱元璋出宫举行"籍田"仪式时发动兵变。朱元璋下旨将蓝玉收监，第三天就以谋反罪把他处死了，抄斩三族。朝中武将、军中骁勇之士被大批屠戮。凡是与蓝玉偶通讯问之人，也不能幸免，四面构陷，八方株连，受此案牵扯而丧命者多达两万多人。诏辑案犯口供为《逆臣录》，并颁行天下。

次年十一月，朱元璋找借口除掉了宋国公冯国胜。二十八年（1395）二月，又赐死了颍国公傅友德。傅友德有勇有谋，对大明朝的建立有不世之功，是朱元璋册封的九个公爵之一。至此，列入《逆臣录》引颈就戮者就有一公、十三侯、两伯。在明初开国功臣中，身为公侯而得以善终的仅有长兴侯耿炳文和武定侯郭英二人。朝廷中的勋旧权贵，几乎一扫而空。正所谓"飞鸟尽，良弓藏，狡兔死，走狗烹"。

《逆臣录》共5卷，记载了近千人在不到一个月的时间里，到蓝玉的公爵府赴宴，并密谋叛乱的事情。吕景琳在《蓝玉党案考》一文中，对《逆臣录》的记载加以多方考证，指出了诸多疑点。籍田典礼的举行，对天气要求非常高，需要钦天监预测一个风和日丽的日子。虽定在仲春二月，但具体哪一天还要"择日而行"。为了保证准确，一般都是短期预测，不可能过早决定。即使钦天监奏定了祭祀的日期，朱元璋也不一定会出行。朱元璋一向行踪诡秘，警戒甚严，不可能将出宫的日期提前公布。这样，蓝玉在一个月前又怎能知道皇帝在二月十五日这一天要出宫举行籍田典礼呢？这个日期被《明史》等典籍所引据，作为此案的证据，但同时也是蓝玉案中最大的漏洞。再者，这起大案仅有几个证人的证言，且这几人身份低微，不是渔夫就是染匠，很难想象身为封疆大吏、手下拥有重兵的蓝玉会跟这些人同谋作乱。

胡惟庸案与蓝玉案前后延续十四年之久，后人合称为“胡蓝之狱”。经过这两次大清洗，剩下的开国功臣已经寥寥无几。明太祖终于不必再费心罗织什么大狱，剩下的元勋宿将靠一些零散的罪名慢慢收拾就可以了。一些著名的功臣如周德兴、廖永忠、朱亮祖等人，纷纷因为一些莫须有的小过被赐死、鞭死或是砍头。一时间朝堂上下血雨腥风，人人自危。

在大兴党狱、剪除功臣势力的同时，太祖不断加强分封诸王的宗藩制度。朝廷调兵，守镇官必须有御宝文书和藩王令旨方可发兵，如果没有藩王令旨，即使有皇帝的御宝文书也无权发兵。这样，诸王实际上就成为皇帝在地方上的军权代表了，军权从武将转移到皇室手中。

空印案与郭桓案

明朝建国后，元末腐败的风气再次兴起，在中央和地方衙门中泛起一股贪墨之风，“贪墨所起，以六曹为罪魁”。这股歪风邪气乘王朝体制变革的空隙而起，不仅威胁着新政治体制的正常运行，而且对社会经济秩序的建立和巩固产生了消极的影响。

太祖朱元璋出身于社会下层，对元末腐败的吏治有着切身的体会，对贪官污吏深恶痛绝，认为“吏治之弊，莫过于贪墨”。洪武二年（1369），他告诫群臣：“朕昔在民间，时见州县官吏多不恤民，往往贪财好色，饮酒废事，凡民疾苦视为默然，心实怒之。故今严法禁，但遇官吏贪污蠹害吾民者，罪之不恕。”朱元璋运用刑律处置贪污案件，但仍不能有效地阻止贪污腐败风气的蔓延，多起大案相继发生，这促使朱元璋不惜轻罪重判，法外用刑，用重典整肃吏治。“空印案”与“郭桓案”就是其中最著名的两起贪污大案。

乌纱帽

“空印案”发生于洪武九年（1376）。这是一起明太祖严惩地方财政人员持空印账册至户部结算钱谷的重大案件。

所谓空印，就是指事先盖好官印的空白账册。明朝规定，各布政司、府、州、县对本地的户口、钱粮、军需等事项，均需在年底时派人到京城的户部进行核对。为了防止官员舞弊，明朝还规定地方的账目要与户部的账目完全吻合，稍有出入，即被驳回，要求地方重新填写。地方上报的文书还要加盖地方衙门的印信方能生效，逐级核对无误后方可通过。事实上，地方的账目与户部的账目时有出入，地方官员如要回到原地重新填写，有时要往返上千里以上，这样不仅浪费时间，而且会延误上报，因此各地进京申报的地方人员就便宜行事，在进京时携带多份空印账册，以便在被户部驳回后重新填制。此法作为“权

宜之务”，上下早已习以为常。明太祖朱元璋偶然得知此事后，认为官员相互勾结、徇私舞弊，大为震怒，下令彻查。

“空印案”发生后，宁海人郑士利上书诉冤。郑士利是湖广按察使佥事郑士元的弟弟，在空印案中，郑士元因参与考校钱谷数目而被捕入狱。郑士利指出，考校钱谷的账册必须加盖完整的印信方可使用，且为加盖在两张纸上的骑缝印，即使被奸人得到也不能行使，何况一般人也得不到。各地编造钱谷账册的依据都在各府县留有存根，无论在当地合计，还是到省城合计，都无法作弊。再者，先加盖印信而后书写不过是权宜之策，朝廷对此并没有明确禁止，各级官吏并不知这是犯罪，现在朝廷突然要给他们治罪，无法让人心服。虽然郑士利将“空印案”的原委讲得很清楚，但朱元璋此举意为杜绝奸诈之徒，不为所动。最后郑士元、郑士利都被处以重刑，将全国十三个省、一百四十一个府、一千多个县的主印长吏及署字签名者一概处死，副职以下的官员打一百棍，充军流放。

洪武十八年(1385)，又爆发了户部侍郎郭桓盗卖官粮案，史称“郭桓案”。

御史徐敏、丁举廷弹劾郭桓等人与北平布政使司、提刑按察使司等官吏勾结贪污，吞盗官粮。朱元璋听说此事后，十分愤怒，即令司法部门依法严加追查。此案一直牵连到礼部尚书赵瑁、刑部尚书王惠迪、兵部侍郎王志、工部侍郎麦志得等高级官员和许多布政使司的官员。在追查过程中还发现他们贪污了大量没有入库的税粮和渔盐等项税款，其数量之大令人震惊。据《大诰》记载，郭桓的罪行有：“其所盗官粮，以军卫言之，三年所积卖空。前者榜上若欲尽写，恐民不信，但略写七百万耳。若将其余仓分并十二布政司通盗卖见在仓粮，及接受浙西等府钞五十万张，卖米一百九十万不上仓，通算诸色课程鱼、盐等项，及通同承运库官范朝宗偷盗金银，广惠库官张裕妄支钞六百万张，除盗库见在金银宝钞不算外，其卖在仓税粮及未上仓该收税粮及鱼、盐诸色等项，共折米算，所废者二千四百余万精粮。”

壹贯钞

朱元璋即将赵瑁、王惠迪等人处以弃市之刑，郭桓及六部侍郎以下的官员也一概处死。一时间，与各布政使司有牵连的大小官吏几万人也都被逮捕入狱，严加治罪。追赃时又波及全国各地的一批地主富户，受牵连而破产者不计其数。由于此案株连过广，导致民怨沸腾，明太祖最后不得不杀掉此案的主审官员吴庸等人，以平息众怒。

"郭桓案"是一起比"空印案"牵连更广的大案。朱元璋通过此案,不仅彻底打击、震慑了贪官污吏,也打击了地方豪强。通过这两起大案,明初的吏治大为好转,明初的清廉之风持续了很长一段时间。肃清吏治也为经济的发展起到了很大的推动作用,为后世的发展奠定了坚实的经济基础。但不可否认,这两起大案牵连甚广,许多无辜者无端丧命,充分暴露出专制统治的残暴。

锦衣卫与诏狱

早在明朝建国前,内部就曾出现了几次叛乱事件,引起朱元璋的警惕。明朝立国后,朝中大臣出现结党营私的现象,太祖朱元璋多次训诫群臣,要对朝廷绝对忠诚。为了监视大臣的不法行为,朱元璋建立起了严密的特务组织——锦衣卫。

洪武初年,朱元璋印置"检校"一职,暗中侦查大臣的举动。这些人并没有逮捕和审讯的权力,也没有固定的编制,"专主察听在京大小衙门官吏不公不法及风闻之事,无不奏闻"。检校人员的构成也很复杂,有社会闲散人员,也有一些文武官员。这些人互相并不认识,只接受朱元璋一人的调遣,也只向他一人报告事务。当时重要的检校头目有高见贤、夏煜、杨宪、凌说等人。朱元璋将这几个人比作自己养的恶狗,使人见人怕。他们"伺察搏击",专门窥探满朝文武的隐私,以此来博取皇帝的欢心,最后将自己搞得声名狼藉。结果,朱元璋也容不下他们,把他们统统处死。

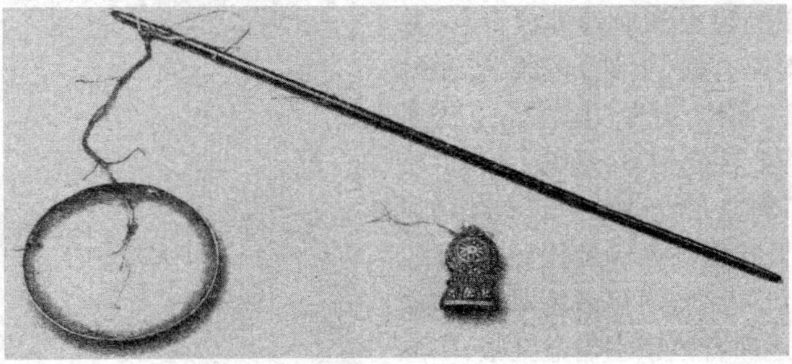

称银两的戥子

洪武初年,朱元璋设置拱卫司,作为皇帝的侍从军事机构,后改名为拱卫指挥使司,于洪武二年(1369)又更名为亲军都尉府,别设仪鸾司归其统领。洪武十五年(1382),朱元璋将仪鸾司改为锦衣卫,"掌直驾侍卫、巡查缉捕",归属皇帝直接管辖。锦衣卫由两个职能不同的部门组成,其一与传统的禁卫军没有什么不同,其二负责侦缉、刑讯事务。锦衣卫的最高长官是指挥使,还专门设立了刑讯机构——镇抚司。太祖朱元璋常将重犯逮捕至京关入镇抚司狱中,令其讯治,故又有"诏狱"之称。这样,锦衣卫从缉查逮捕到刑讯一应俱全,成为严密的特务系统。

"诏狱"起源于西汉。古代,司法本由专掌司法的官员司寇掌管,到了汉武帝时,为了加强中央集权,开启了皇帝亲自掌管司法的先河。此后,历代因革不常,五代的后唐、后汉都设有侍卫亲军掌管的诏狱,但是荼毒人民生命之残酷,都比不上明朝的诏狱。

这些特务组织最初是负责监视百官动静的，只是负责调查及逮捕谋反妖言大奸大恶之人，后来发展到专门用于迫害在政治斗争中的失败者。这些特务组织相互交错，密如蛛网，遍布全国的各个角落。这样，街头巷尾的一举一动，甚至夫妻吵架和市井打斗，早上发生，晚上就能到皇帝耳中，这是中国前所未有的现象。

据说有一次，博士钱宰罢朝回家，在路上信口吟道："四鼓咚咚起着衣，午门朝见尚嫌迟。何时得遂田园乐，睡到人间饭熟时？"第二天上朝，朱元璋就对钱宰说："你的诗做得不错啊！不过我并未'嫌'你啊，改作'忧'字怎么样？"钱宰一听，连忙跪下叩头，吓得出了一身冷汗。好在朱元璋并不是要追究他的罪责，而是要显示自己的无所不知，钱宰才算没有倒霉。吏部尚书吴琳告老还乡，已是无所作为，但朱元璋还是不放心，常派锦衣卫去监视他。一天，一个特务向田间插秧的一个老农夫问讯道："这里可有个退了休的吴尚书吗？"那老人搓手答道："我吴琳便是。"朱元璋得到了这一消息，知道吴琳并无异志，十分高兴，奖赏了吴琳。

大学士宋濂对朱元璋赤胆忠心，但朱元璋还不放心，经常派特务监视。一天，宋濂在家请客，特务竟把赴宴人等乃至菜肴全都列单汇报给了朱元璋。第二天上朝，朱元璋问宋濂请客及菜肴的情况，宋濂把所请客人和菜肴情况一一据实回答，朱元璋听后十分满意地说："宋学士所说皆实，没有骗我！"国子监祭酒宋讷有一天在家生闷气，监视他的人认为有可能是对皇上不满，就偷偷地把他生气的样子画了下来，交给了朱元璋。第二天上朝时，朱元璋问他何故生气，宋讷做了解释，朱元璋知道他生闷气与朝事无关，才不追究。宋讷非常奇怪地问太祖怎么知道他的家事，太祖就把那张画像拿出来给他看，结果宋讷几被惊倒。锦衣卫审讯案件对犯人严刑逼供，非法凌虐，致使民怨沸腾。洪武二十年（1387），朱元璋被迫下令焚毁锦衣卫刑具，所押囚犯转交刑部审理；同时还下令将内外狱全部交由三法司审理，废除了锦衣卫。成祖发动靖难之役窃取皇位后，又恢复了诏狱，并且作为一项祖制。

靖难之役，朱棣登基

为保证大明国祚绵长，朱元璋殚精竭虑，大行分封，企图用家族力量来维护王朝统治，结果却造成尾大不掉的隐患。建文帝登基后，实行宽政，同时针对诸王势大难制的问题，实行削藩。燕王朱棣以"清君侧"为名发动"靖难之役"，占据南京，城破后建文帝下落不明。朱棣入城后，大索"奸党"，展开了一系列残酷的报复。一代名士方孝孺因拒绝为朱棣起草即位诏书，其"十族"被灭。其余建文遗臣皆死于酷刑，甚至"转相扳染，谓之瓜蔓抄，村里为墟"。

建文新政

朱元璋一当上吴王，按照嫡长子继承制，立马皇后所生的长子朱标为世子，将朱标视作自己的接班人。四年后，朱元璋建立明朝，建元洪武。洪武元年（1368）正月，朱元璋立

朱标为太子。

宋濂

朱元璋对太子寄予了很大的希望，花了大量心血去培养这位未来的储君。他命左丞相李善长兼任太子少师，右丞相徐达兼太子少傅，中书平章录军国重事常遇春兼太子少保。朱元璋还特别设置了宾客、谕德等官职，培养太子的道德品性。在繁忙的政事中，还不忘对太子耳提面命，教导太子为君之道。太子未满二十岁时，朱元璋就让他帮助处理政务。朱元璋要求朱标做到“仁、明、勤、断”这四个字。做到了仁，就不会失之于粗暴；做到了明，就不会为奸佞所惑；做到了勤，就不会沉溺于安乐；做到了断，就不会教条刻板地去执行法律。这四个字正是朱元璋为君多年的经验总结。

朱标也不负厚望，无论为人还是处事都符合一个帝王的标准，可以预见将来会成为一代明君。可惜的是，这位饱学的太子在三十七岁时就因病去世，朱元璋为此痛不欲生。之后，朱元璋权衡再三，立朱标的长子朱允炆为皇太孙，准备让他将来继承大统。朱允炆小时候相貌并不出众，朱元璋一开始对他并不满意。为了培养朱允炆，朱元璋就把他带在身边，渐渐发现朱允炆聪明好学，有过目不忘之能，心地十分宽厚。时间长了，朱元璋慢慢地开始喜欢上这个孙子，殚精竭虑地为朱允炆安排一切。他知道宋濂的弟子方孝孺学问极好，只是为人有些骄傲，就把他派到太子的府里去当教习。朱元璋还高兴地对孙子说：“我有一个很好的人才送给你。这个人才学很好，就是有点傲气，我先压他几年，等你当皇帝后就可以重用了。”

洪武三十一年（1398）五月初十，明太祖朱元璋去世。同日，皇太孙朱允炆即帝位，以第二年为建文元年。建文帝即位后，罢黜了一批洪武旧臣，提拔了一批人同参国事，如兵部侍郎齐泰为兵部尚书，翰林院编撰黄子澄为太常卿，汉中府教授方孝孺为翰林院侍讲，决意实行新政。

建文帝推行大力提升文臣的地位，改变太祖重武轻文的官僚体制。太祖朱元璋用武力夺得天下，自然而然地形成重武轻文的局面。洪武时期，军事衙门大都督府的左右都督都是正一品，都督也是从一品，而六部尚书却只有正二品。朱元璋的主要谋士刘基仅仅得封“诚意伯”，而武将得封公侯者甚多，在这种局面下，文官在朝廷中的地位可想而知。朱允炆决心结束祖父尚武的政风，大力加强文官在国家政治中的作用。建文帝大开科举考试，并下诏要求荐举优通文学之士，授之官职。建文帝所重用的大臣大多为文人，人称新朝廷为“秀才朝廷”。洪武三十一年末，建文帝采纳了方孝孺的建议，把六部尚书从二品提到了一品，又在尚书和侍郎之间加了一个侍中的职位。在朱元璋废除丞相之后，都司是比任何文官的品级都要高的，这种制度上的改革就把六部尚书提到了与都司同级的地位。

建文帝对政府内部的权力进行了重新分配。建文帝按照《周礼》,对六部及其下属司的组织做了许多改动,对官员和皇帝侍从的头衔也做了变动,同时,对南京各官署的名称也都进行了改革。这些变革并不是象征性地恢复古代的模式,更不是任意变更祖制,其真正目的是建立一套新的建制,加强皇帝所信任的顾问们的权力,从而加强文官之治,以削弱将军们和皇子们的权势。

建文帝重用黄子澄、齐泰和方孝孺。明太祖朱元璋裁掉中书省后,国家的一切事务都必须由皇帝决定,翰林学士们和六部尚书只有建议权和在政府中执行命令的权力。当建文帝召集这三位士大夫来“参国政”时,就结束了这种局面。此时,这几位儒生不仅仅是作为皇帝的老师,实际上还处理国家大事,这样做远远地背离了明太祖朱元璋所定下的制度。这些儒生被置于六部之上施政的地位,他们不仅制定政策,而且执行政策,他们虽无丞相之名,但有丞相之权。文人获得了更高的政治地位,再也不用担心像洪武朝那样动辄以一言获罪的情况。他们对于朝政敢于表达自己的意见,对建文帝忠心耿耿,这也是后来大批文臣甘愿为建文帝殉难的原因。其实,建文帝之所以没有设立丞相,只是在形式上尊重明太祖的《祖训录》而已。因为《祖训录》中明确规定严格禁止后世子孙任命丞相。除此之外,建文帝还将户部和刑部的所属司从十二个减到了四个;都察院中的两个都御史合并成了一个;同时,国子监和翰林院的各项职责和人员编制都被提高和扩大了。这些措施,加强了儒家教育和翰林学士在政府中的顾问作用。同时,在詹事府也设立了一些新职位,目的是使翰林学士在教育太子及各位年幼王子方面能发挥更大的作用。

明孝陵前的石象生

建文帝还改变太祖“以猛治国”的方针,实行宽政。太祖朱元璋以刚猛治国,经常法外用刑。朱元璋认为:“法严则人知惧,惧则犯者少,故能保全民命。法宽则人慢,慢则犯者众,民命反不能保。”他“雄猜好杀”,屡次兴起大狱,动辄杀戮,政治气氛非常凝重,文武大臣人人自危。建文帝在当皇太孙时就已经意识到太祖用刑过猛,曾向祖父请求更定《大明律》。太祖曾叫朱允炆断刑狱之事,朱允炆宅心仁厚,聪明果决,获得了朝野广泛的称誉。建文帝即位仅仅一个多月,就下诏全国行宽政、平反冤狱。洪武时期的一些冤假错案得到了纠正,一批无辜的官吏得以恢复自由,被发配远方的人也得以回到家乡。据

记载，建文朝监狱里的罪犯比洪武朝减少了三分之二。建文帝的这些措施，实际上是对太祖朱元璋严刑峻法的一种调整，也反映了建文帝与太祖执政风格的迥异。

建文元年(1399)，建文帝下令减轻江浙地区的田赋。明初以来，江浙地区的田赋明显重于其他地方，这是因为朱元璋憎恨江浙地区的缙绅当年依附张士诚而采取的惩罚措施。另外，朱元璋特意规定江浙人不许担任户部的职位，目的在于防止江浙人偏袒家乡。建文帝则认为江浙重赋只是用惩一时，不应该形成定制。此后，江浙人也可以担任户部的官职。他还针对寺庙侵占民田的情况，下令僧道每人占田不得超过五亩，多余的要退官分给农民。江南地区“一时士大夫崇尚礼义，百姓乐利而重犯法。家给人足，外户不阖，有得遗钞于地，置屋檐而去者”。

建文帝和他的辅臣所实行的新政，应该说是切中时弊的。建文帝宅心仁厚，生长于深宫之中，缺少对现实的了解，而且他所重用的大臣也多是读书人，因此他的改革、实行新政难免有理想主义色彩。他接受方孝孺的建议，甚至要恢复西周时期的井田制度。他们缺乏政治经验，提出的一些新法脱离实际，造成了一些混乱。特别是建文帝重用文臣，引起武将的不满；控制内廷过严，引起宦官的离心。建文帝及其亲信大臣对此没有察觉，反而在时机不成熟的情况下，贸然削藩，使新政的基础更不稳定。

削藩惹祸端

明朝建国后以南京为都城，远离塞北，北方蒙元残余势力时常南下，威胁着明朝的统治。为了保持朱氏王朝的长久统治，加强对边疆的管理，朱元璋便挑选一些“名城大都”分封诸王，以达到“外卫边陲，内资夹辅”的目的。他于洪武三年(1370)、洪武十一年(1378)、洪武二十四年(1391)，先后三次分封藩王，分镇全国各地。朱元璋共有二十六个儿子，除立为太子的长子和早夭的第二十六子以外，其余二十四个儿子均被封为藩王，加上一个从孙，共二十五个藩王。

为防备北元势力的入侵，明太祖在从东北到西北的漫长边防线上，选择险要地区，建立藩国。如以北平为中心的燕国，以太原为中心的晋国，以西安为中心的秦国，以大宁为中心的宁国，等等，共设九国。此外，在内地则有周(地处开封)、楚(地处武昌)、潭(地处长沙)、蜀(地处成都)等国。

按照明制，皇子封为亲王都授予金册金宝，年食禄米万石，其护卫“少者三千人，多者至万九千人”。但这只是就一般情况而言，像北边防御蒙古的几个藩王，所统士兵都超过此数。边塞诸王因有防御蒙古贵族侵扰的重任，所以护卫甲士尤多，其中又以宁、晋、燕三王的兵力最为强盛。北平的燕王朱棣拥兵十万，大宁的宁王有“带甲八万，革车六千”。他们在边塞负责筑城屯田、训练将兵、巡视要害、督造军器。晋王、燕王多次出塞征战，打败元朝残余势力的军队，尤被重视，军中大将皆受其节制，甚至特诏二王军中小事自断，由于燕王朱棣功绩卓著，朱元璋令其“节制沿边士马”，位列诸王之上。这些藩王的府第、服饰和车旗等，“下天子一等”，公侯大臣见了他们都要“伏而拜谒”。

朱元璋分封诸王，本是为了保卫大明江山，却造成诸王拥兵自重、尾大不掉的祸患。

洪武九年(1376),山西平遥训导叶伯巨就上书太祖,直言藩王封国太大,拥兵太盛,恐"数世之后,尾大不掉",势必造成大乱,不如现在就采取措施,"节其都邑,减其卫兵,限其疆域"。太祖大怒,将叶伯巨下狱。此后,朝臣再也没有人敢出来反对封藩了。

朱元璋曾对朱允炆说:"现在朕将抵御胡虏的重任交给诸王,你尽可以在朝中做一个太平天子。假如边关有事,他们就会帮你应付。"朱允炆沉默片刻后问道:"如果诸王对我有异心,又有谁来对付呢?"朱元璋大感意外,沉默了好大一会儿才问道:"那你说如果发生了这种事要怎么办呢?"朱允炆答道:"先用仁德去收服约束他们;如果不起作用,就要削夺他们的封地和军队;如果还不行,就要征伐他们。"朱元璋默默点头,一言不发。

诸子受封

各地的藩王大都是朱允炆的叔父,根本不把年轻的皇太孙放在眼里,言行颇为不逊。朱允炆对东宫侍读黄子澄说:"现在诸位藩王都是我的长辈,手握重兵,不守法纪,将来该怎么办呢?"黄子澄说:"诸王护卫兵的数量并不是很多,如果发生变故,朝廷以大军相临,无人可以抗衡。朝廷讨伐作乱的藩王是以大击小、以强击弱,以顺击逆。西汉吴楚七国的实力非常强大,最后都自取灭亡。殿下不必过于担心。"朱允炆听了,心稍微放宽了一些。洪武三十一年(1398),朱元璋去世。老皇帝去世,往往是新皇帝铲除政敌的一个绝好时机,这种事例在历史上数不胜数。朱元璋去世后,建文帝发布遗诏:"诸王各于本国哭临,不必赴京。"此时,如果建文帝有心铲除燕王,完全可以在南京布下天罗地网,让燕王束手就擒,但饱读经史的建文帝白白放过了这个机会。

朱允炆即位,是为明惠帝。因次年改元建文,又称建文帝。建文帝提拔齐泰为兵部尚书,黄子澄为太常寺卿兼翰林学士,同参军国事。即位后的第三个月,建文帝听从黄子澄、齐泰的建议,制定了先剪除其他各王、让燕王孤掌难鸣的削藩计划。

此时,朱棣的三个儿子在南京,如果朱棣有异谋,三个儿子则性命难保。因此朱棣便以病重为借口,请求建文帝让三个儿子回来照顾自己。这是一箭双雕之策:如果朝廷把他的三个儿子都放回来,那么就免去了受制于人的情况;即使不同意放归,也可以探知朝廷的意向,早做谋划。建文帝一时拿不定主意,后来在徐增寿的蛊惑下竟将朱棣三个儿子送归燕国,燕王此后便没有了后顾之忧。建文帝的这种妇人之仁,被后代的史家们评为最愚蠢的举动。后来,周王的幼子告发自己的父亲有谋反之意,建文帝即以此为借口,

命大将军李景隆率兵北上巡边，路过开封时，突然派兵包围周王府邸，将周王逮捕，押往京师。最后，周王被剥夺封号，流放云南。大臣们看清了建文帝的意图，告发藩王谋反的奏疏如雪片一般飞来。

为了应对建文帝随时可能派来的大军，朱棣私下里培养了一批壮士，同时在燕王府里秘密地打造兵器。建文帝对燕王的行迹有所察觉，有了猜疑之心。朱棣便决定亲自去南京，一方面可以打消仁弱的建文帝对自己的疑心，还可以趁机探听朝廷的虚实。建文元年(1399)二月，朱棣来到了南京。户部侍郎卓敬劝建文帝将燕王徙封南昌，以解除燕王对朝廷的威胁。但是建文帝优柔寡断，没有采纳卓敬的建议，几天后就将燕王放归北平。建文元年六月，燕王护卫百户倪谅告发朱棣，说他派两个部下招募死士，意图谋反。建文帝便下令逮捕了这两个人，他们供认了朱棣的一些谋事。建文帝没有当机立断，只是下诏训责。

青花舞乐胡人纹扁壶

在短短一年的时间里，建文帝先后废除了岷王、湘王、代王等五位藩王，但是饱读诗书的建文帝与朝中的大臣对消藩的艰巨性认识不足，没有及早制定周密的计划，起初对诸王采取的措施颇显软弱。黄子澄的削藩策略一开始就没有抓住燕王这个最危险的对象，反而将打击对象放在其他势力较弱的诸王上，扩大了打击面，将本来可以争取的力量都推到了敌方阵营。燕王朱棣趁此时机，则在暗中加紧活动，挑选壮士充实自己的护卫军，以勾逃军为名，收罗异人术士。一场大战已经无法避免了。

靖难之役

拥兵自重的宗藩严重威胁了中央皇权的巩固，建文帝对此有着清醒的认识。早在他还是皇太孙时，就已经有削藩的打算。朱允炆登基时，朱元璋的二子秦王、三子晋王已经相继辞世，四子燕王朱棣就成为皇室中的最年长的人了，而且他的封地在北边，扼守防御蒙古的第一线，位尊权重，实权最为强大。建文元年(1399)十二月，建文帝命工部侍郎张昺为北平布政使，谢贵、张信掌北平都司，监视燕王的一举一动。

面对这种局势，燕王韬光养晦。为了麻痹建文帝，燕王假装生病，成天胡言乱语，有时还躺在地上好几天也不起来。张昺、谢贵两人去探病，在盛夏之时，燕王却坐在火炉边烤火，嘴里还不停地叫冷。于是建文帝就信以为真。

建文元年六月，朝廷觉察了燕王的谋反活动，密令张昺、谢贵、张信设计捉拿朱棣。没想到张信偷偷地向燕王告密。八月，燕王设下“鸿门宴”，杀掉了张昺和谢贵。北平城官军成了无头的苍蝇，燕王乘乱攻下九门，控制了全城。为了师出有名，燕王援引《皇明祖训》，以“清君侧”为白起兵叛乱，因其自称“靖难”，即平定朝廷的祸难，史称此事为“靖

难之役”。朱棣称黄子澄、齐泰为奸臣，把自己的部队称为“靖难军”。

石狮

“靖难之役”初起，北方诸将多为朱棣旧日下属，降燕者甚众。朱棣起兵不久，即攻取了北平以北的居庸关、怀来、密云和以东的蓟州、遵化、永平(今河北卢龙)等州县，扫平了北平的外围，排除了后顾之忧，便于从容对付朝廷的问罪之师。经过朱元璋大肆杀戮功臣宿将之后，朝廷也无将可用，朱允炆只好起用年近古稀的长兴侯耿炳文为大将军，率大军(下简称南军)伐燕。建文元年八月，南军在河北滹沱河被燕军所袭，大败而退。耿炳文军大败后，在黄子澄的推荐下，惠帝任曹国公李景隆为大将军，取代了耿炳文。

李景隆是开国元勋李文忠的儿子，是个纨绔子弟，素不知兵，“寡谋而骄，色厉而馁”。九月，李景隆至德州，收集耿炳文的溃散兵将，并调各路军马，共计六十万，进抵河涧驻扎。为了引诱南军深入，朱棣命姚广孝协助世子朱高炽留守北平，自己则率大军援救被辽东军进攻的永平。他告诫世子只宜坚守，不得出战，还特意撤去了卢沟桥的守军。李景隆听说朱棣率军赴援永平，就率师于十月直趋北平城下，见卢沟桥并没有守兵，喜不自胜。李景隆号令不严，指挥失当，几次攻城都未能成功。南军都督瞿能曾率千余精骑，杀入张掖门，但因李景隆贪图军功，命瞿能等待大部队一起进攻，结果错过了良机。燕军得到喘息之机，扭转了战局。

朱棣解救永平之后，率师直趋大宁(今内蒙古宁城西)。大宁为宁王朱权的封藩，所属朵颜诸卫，多为蒙古骑兵，骁勇善战。朱棣攻破大宁后，挟持宁王回到北平，合并了宁王的部属及朵颜三卫的军队。朱棣带着这些精兵强将于十一月回到北平。李景隆腹背受敌，无法取胜，乘夜率先逃跑，退至德州。次日，士兵听说主帅已逃，“乃弃兵粮，晨夜南奔”。

历史小常识：耿炳文晚节不保

耿炳文，濠州(今安徽凤阳)人。他跟随太祖朱元璋南征北战，立下了赫赫战功。建文元年(1399)七月，燕王朱棣起兵，发动靖难之役。朝廷任六十五岁的耿炳文为征北大将军，率军北上讨伐。耿炳文的兵力号称三十万人，真正参战的只有十三万。之后，耿炳文的部将张保投降了燕王，将耿炳文军中的实际情况告知了燕王。耿炳文中计，遭到了燕军的伏击，伤亡惨重。耿炳文率领残军十万人退守真定城(今河北正定)，坚守不出。建文帝一听说耿炳文战败的消息便派李景隆取代耿炳文。李景隆素不知兵，战事遂不可为。燕王称帝后，御史陈瑛在永乐元年(1403)弹劾耿炳文“衣服器皿有龙凤饰，玉带用红鞓，僭妄不道”，耿炳文上吊自杀。

建文二年(1400)夏,双方又在白沟河(今河北雄县北)交战。李景隆会同郭英、吴杰等集合兵将六十万众,号称百万,进抵白沟河。朱棣命令张玉、朱能、陈亨、丘福等率军十余万迎战,战斗十分激烈,燕军一度受挫。但南军政令不一,不能乘机扩大战果。燕军抓住有利时机,大败南军,李景隆再次逃往德州。五月,又从德州逃到济南。李景隆立足未稳之际,又被紧随其后的燕军所败。都督盛庸和山东布政使铁铉固守反击,朱棣久攻不下,下令暂时退兵。

李景隆大败后,建文帝撤免了他的大将军之职,代之以盛庸。建文二年九月,盛庸率兵北伐。十月,至沧州,为燕军所败。十二月,燕军轻易地夺取了山东临清、馆陶、大名、汶上、济宁等地,在东昌(今山东聊城)与南军的主力相遇,发生了一场大战。在胜利面前,燕军产生了轻敌之心,被南军所败,朱棣的亲信将领张玉死于战前,朱棣自己也被包围,多亏二儿子朱高煦带兵来救,才得以突出重围。东昌战役是双方交战以来南军取得的第一次大胜利。

朱棣及时地总结失败教训,于建文三年(1401)二月再次出军,先后于滹沱河、夹河、真定等地大败南军。接着,又攻下顺德、广平、大名等地。这场战争进行了将近三年,燕王的部队虽然胜多负少,但他的军队毕竟有限,这些年来转战各地,逐渐的已成了强弩之末,燕王对此也无计可施。三年来,燕军所攻克的城池在燕军离开后又重被官军占据,燕军所得只有北平、保定、永平三府,双方处于僵持状态。此时朱棣得到朝中密报,得知南京城守备空虚,遂举兵南下,决意"临江一决,不复反顾"。

郭英

建文四年(1402)正月,朱棣孤注一掷,率大军南下,绕过守卫严密的济南,破东阿、汶上、邹县,直至沛县、徐州。四月,燕军进抵宿州,与南军大战于齐眉山(今安徽灵璧),燕军大败。这本是南军大举进攻的大好时机,惠帝听信一些大臣的建议,认为京城不可无良将,遂将魏国公徐辉祖的军队调回南京。此举不仅削弱了前线的军事力量,还打乱了部署,南军粮运又为燕军所阻截。燕军趁机反攻,大败南军于灵璧,俘获南军将领数百人。自此,燕军士气大振,南军士气低迷,形势明显有利于朱棣。五月,燕军南下攻占扬州。六月,燕军自瓜洲渡江,围攻南京。此时,南军已经丧失了抵抗能力。建文帝见形势紧急,又派人向燕王求和,表示愿意割让土地,请求燕王退兵。这种缓兵之计当然瞒不过燕王,他指挥大军渡过长江,把南京城包围了起来。几天后,李景隆和谷王朱穗打开城门投降。

燕王朱棣带兵进城,第一件事就是追查建文帝的下落。有人说看到城破前,皇宫燃

起大火,建文帝与一些后妃们已经葬身火海。燕王派人在废墟中寻找,果然找到几具尸体,但这些尸体都已烧焦,连男女都很难分清。燕王对着尸体号啕大哭,嘴里说着:"侄儿啊,我只是帮你剪除奸臣,何必要弄成这个样子啊!"他下令将这些尸体以礼下葬。在群臣们的拥戴下,燕王志得意满地登上了帝位。他废除了建文年号,改年号为永乐,表明自己是直接继承了明太祖的帝位,并把这整个事件称之为"建文逊国",意思是建文帝"自愿"把帝王之位让给自己的。"靖难之役"的结局有一定的偶然性。就实力、道义等因素而言,这次叛乱取得成功的希望并不是很大,但就双方领导者的个人政治、军事素质而言,朱棣占据显著的优势。建文四年六月,朱棣在南京奉天殿登上了帝位,以次年为永乐元年(1403),从此开始了他长达二十二年的统治。

灭十族与"瓜蔓抄"

朱棣带兵进入京城后,发布"燕王令旨","奸臣榜"上仅有二十九人,并下令:"凡首恶有名者听人擒拿,余无名者不许擅自绑缚。"但事实究竟如何呢?

方孝孺早年曾师从江南第一大儒宋濂,宋濂对方孝孺的才学赞誉有加,曾把他比作"百鸟中之孤凤"。太祖朱元璋对方孝孺的才学也十分赞赏,只是方孝孺力主教化,与太祖的治国主张不同才未得重用。早在建文帝时,方孝孺就已是名震天下的大儒,其学问和品德为天下人所敬重。建文帝久闻方孝孺之贤,即位后召方孝孺做翰林侍讲学士,后升文学博士,对他颇为倚重。据《明通鉴》记载,建文帝读书时每有疑惑,即召方孝孺前来为他讲解。当时朝廷的诏书、往来的檄文大都出自方孝孺之手。建文帝对方孝孺十分敬重,君臣关系十分契合。

方孝孺

建文元年(1399),燕王朱棣发动靖难之役,争夺皇位。建文帝廷议讨伐,诏檄也都出自方孝孺之手。当朱棣在北平起兵时,谋士姚广孝就曾为方孝孺求情:"城下之日,彼必不降,幸勿杀之。杀孝孺,天下读书种子绝矣。"朱棣答应了姚广孝的请求。

方孝孺对建文帝忠心耿耿,南京城破后,誓死不降。朱棣看在姚广孝的面子上并没有杀他,而是将他投入狱中。几天后,朱棣准备即位,就想让方孝孺拟写登基诏书。朱棣多次派人到狱中劝方孝孺投降,方孝孺坚决不从。朱棣又命方孝孺的两个学生廖镛、廖铭前去劝降,方孝孺还是没有改变主意。朱棣只好命人押方孝孺上殿,方孝孺穿着一身孝服进入大殿,见到朱棣也不行礼,只是大哭不止。

朱棣强压怒火,离座劝慰道:"先生不要再伤心了,朕只是效法周公辅佐成王罢了!"方孝孺止住哭声,反问道:"成王在哪里呢?"朱棣答道:"他自焚而死。"方孝孺又接着问:"为何不立成王的儿子?"朱棣说:"国家需要一个成年的君主。"方孝孺又问道:"那么,为

什么不立成王的弟弟为皇帝?”朱棣无法回答,苦笑着说:“这些都是朕的家事,先生不必操心。”他暗示左右递过纸笔,说:“即位诏书一定要由先生出面不可。”方孝孺夺过诏纸,在上面乱批数字,便把笔仍在地上,放声痛哭。他边哭边说道:“死即死耳,诏不可草!”朱棣大怒,喝道:“难道你不怕我诛你九族吗?”方孝孺愤然大喝:“便诛我十族又能如何!”

太和殿前的铜龟

盛怒之下的朱棣将方孝孺关在狱中,同时命人逮捕方孝孺的九族,以及他的“门生故旧”,凑成十族,共八百七十三人。不久,这八百七十三人便被磔杀于市,整个行刑过程持续了七天。方孝孺也被凌迟于聚宝门(今江苏南京中山门)外,时年四十六岁。方孝孺临死时,作了一首绝命词:“天降乱离兮孰知其由?奸臣得计兮谋国用犹。忠臣发愤兮血泪交流。以此殉君兮抑又何求!呜呼哀哉庶不我尤!”清代学者齐周华曾评价道:“靖难受祸惨烈者,亦莫若孝孺。无论知与不知,无不义而悲之。”历朝历代,最严酷的刑罚莫过于诛“九族”,朱棣竟灭掉方孝孺的十族,其残暴由此可见。清初史家谷应泰这样叹道:“嗟乎!暴秦之法,罪止三族;强汉之律,不过五宗……世谓天道好还,而人命至重,遂可灭绝至此乎!”与此同时,建文帝的余党也遭到了血腥镇压。削藩的提倡者齐泰、黄子澄被凌迟处死,诛灭三族。建文帝兵部尚书铁铉死守济南,城破被俘,朱棣亲自审问他,铁铉宁死也不肯转身面对朱棣。朱棣盛怒之下下旨将铁铉寸磔,还把铁铉八十多岁的父母投放海南做苦役,虐杀了他两个年幼的儿子,并把他的妻子杨氏和两个女儿罚做官妓。

建文帝大理寺丞刘端弃官而逃,后被抓获。朱棣问他:“方孝孺是怎样的人?”刘端答道:“是忠臣!”朱棣问:“你弃官而逃,还能算是忠臣吗?”刘端说:“我之所以活下来是为了将来能报仇!”朱棣震怒,命人用刀割去刘端的耳鼻,问满头血污的刘端:“你现在这个样子,还能算是人吗?”刘端骂道:“我是忠臣孝子的面目,九泉之下也有面目去见太祖皇帝!”朱棣大为恼怒,亲手用棍棒把刘端打死。

“十族之诛”尚有一个明确的打击范围,“瓜蔓抄”就像是一张无边无际的大网,任何人随时随地都有可能被罩入网中。所谓“瓜蔓抄”是指明成祖朱棣即位后大肆诛戮建文诸臣,因妄引株连,如瓜蔓之伸延,故名。

建文朝的御史大夫景清早先曾做过燕王朱棣的参议,其才华能力深得朱棣的敬重。燕王攻破南京即位以后,就让他官复原职。景清为人倜傥洒脱,但最注重名节。他毫不推辞地接受了任命,那些以前认识他的人都大惑不解。御史大夫是从一品的大官,上朝时离皇帝比较近,景清身藏利刃,想利用上朝的机会行刺朱棣。没等他接近朱棣,就被锦

衣侍卫拦下，搜出利刃。景清毫不畏惧，对朱棣破口大骂。朱棣大怒，命人将他牙齿全部打落。景清将一口血喷到了朱棣的龙袍上。朱棣在盛怒之下将他剥皮填草，尸体挂在城门上示众。一天晚上，朱棣梦见景清披头散发，手拿宝剑追杀自己。次日，他又命人将景清尸体上的肉一块块刷掉，还将骨头敲碎。朱棣仍不解恨，"赤其族，籍其乡，转相攀染，村里为墟"，就连他的邻居也受到株连，这就是中国历史上著名的"瓜蔓抄"。此后但凡和景清扯上关系的人全都倒了霉。据吕毖《明朝小史》记载，大理寺少卿胡闰全族男女共二百一十七人被诛，"所居之地，在府城西隅硕铺坊，一路无人烟。雨夜闻哀号声，时见光怪。尝有一猿，独哀鸣彻夜。东西皆污池，黄茅白苇。稍夜，人不敢行"。

成祖对建文旧臣的杀戮长达十多年，在晚年时法禁犹严。这一方面与成祖的个性有关，另一方面暴露了他内心的不安。成祖即位后，为了摆脱篡位的嫌疑，革除了建文年号，在建文朝官方文献中歪曲事实，将宽厚仁慈的建文帝描述成一个荒淫昏聩之徒。朱棣之后的明朝皇帝中没有人正式承认建文的帝位，建文帝一直没有庙号。直到清朝乾隆年间，建文帝方才有了一个谥号——恭闵惠皇帝，史称惠帝。

建文帝下落成谜

建文四年(1402)六月，朱棣的大军直逼南京城下，谷王与曹国公李景隆开门纳降，南京城破，宫中起火，建文帝也随着这场大火，不知所终，成为明代历史的第一谜案。建文帝在太祖严苛统治之后，大力实行宽政，所以他的遭遇引起了无数人的同情，他的下落也就备受关注。

孟森等学者都认为建文帝在城破后以身殉国，自焚而死。据《明太宗实录》记载，建文四年六月，燕王的军队打到南京金川门，建文帝本想出来迎接燕王，之后又自叹道："我何面目相见耶！"于是建文帝与皇后一起闭宫自焚。燕王看到宫中火起，匆忙命人前来救援，可惜鞭长莫及，太监从一片废墟中找到建文帝烧焦的尸体，报告燕王。朱棣伤心欲绝，抚尸痛哭。八天后，朱棣以天子之礼埋葬了建文帝，遣官致祭，辍朝三日。

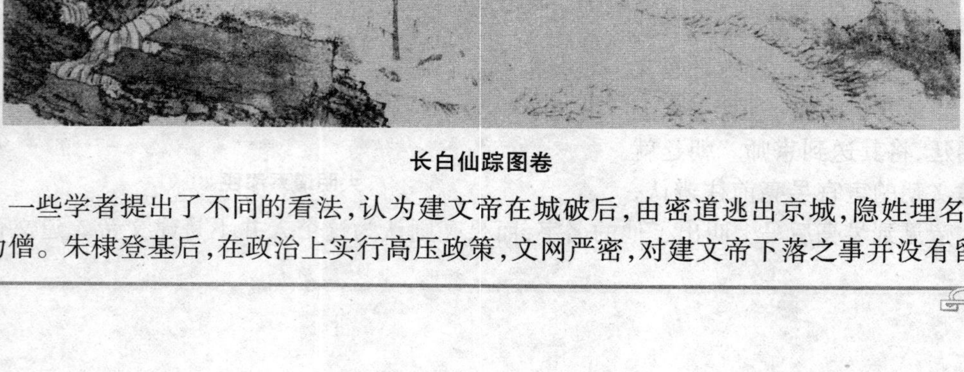

长白仙踪图卷

一些学者提出了不同的看法，认为建文帝在城破后，由密道逃出京城，隐姓埋名，出家为僧。朱棣登基后，在政治上实行高压政策，文网严密，对建文帝下落之事并没有留下

多少记载。而《明太祖实录》的可靠性一直为人们所质疑，朱棣曾经三次下旨修改《太祖实录》，为自己夺取皇位寻找冠冕堂皇的理由，以美化自己的形象。天顺、正德朝之后，严峻的政治气氛有所好转，关于建文帝出亡说的史料开始多了起来。据《明史纪事本末》记载，建文帝带着杨应能、叶希贤等人离开京城，隐名易服，云游四海。一些学者根据地方志、遗迹、遗址等资料考证，认为建文帝脱逃后，“西游重庆，东到天台，转入祥符，侨居西粤，中间结庵于白龙，题诗于罗永，两入荆楚之乡，三幸史彬之第”。在这些地方，流传着许多关于建文帝的传说。

《徐霞客游记》中也记载了建文帝曾在贵州白云山修行之事：“有巨杉二株，爽立磴旁，大合三人抱；西一株为火伤其顶，乃建文君所手植也。再折而西半里，为白云寺，则建文君所开山也；前后架阁两重。有泉一坎，在后阁前槛下，是为‘跪勺泉’。下北通阁下石窍，不盈不涸，取者必伏而勺，故名曰‘跪’，乃神龙所供建文君者。”

在一些古籍中还记载了建文帝殉国后所做的诗文：“风尘一夕忽南侵，天命潜移四海心。凤返丹山红日远，龙归沧海碧云深。紫微有象星还拱，玉漏无声水自沉。遥想禁城今夜月，六宫犹望翠华临。”这首诗据说是建文帝避难贵州金竺（今贵州广顺）时所作，因为年代久远，已经无法判断是否是后人假托，但从诗的内容来看还是符合建文帝的经历的。

一些学者认为建文帝当年曾藏身于江苏吴县普济寺内。在江苏吴县，现在还保留着建文帝出亡时的一些遗迹、遗物。1423年，建文帝因病而死，葬于寺后的山坡上。四川也留下了许多关于建文帝的遗迹和传说，青川华严庵里有“广佛碑”和“华严庵重建碑”，在这两块碑文中记载了宣德六年（1431）建文帝从陕西来到四川之事。这些记载与《明史纪事本末》互相印证。还有一些记载表明，建文帝曾在四川平昌佛罗寺中出家为僧，病逝后就葬在寺后的山坡上。佛罗寺地处偏僻，不容易被发现，建文帝多年来隐居在此。因为建文帝经常面向京城的方向暗自哭泣，后人就把佛罗寺改称望京寺。

大明谱系漆匣

谷应泰在《明史纪事本末》一书中指出，建文帝失去帝位后，一直在外游历。正统七年（1442），因年事已高，建文帝就到广西思恩洲官府，自称是建文帝。当地官员大吃一惊，立刻上报朝廷，将其送到京师。朝廷就派建文朝的宦官吴亮前往辨认，建文帝见到吴亮后马上叫出了他的名字，而吴亮则认为这个人并不是建文帝。建文帝说

起当年往事，他在吃饭的时候，曾把一片鹅肉扔在地上，吴亮趴下去把鹅肉吃掉。吴亮听后跪在地上大哭不止，回去后就上吊而死。建文帝被迎入宫中，死后葬在西山，“不封不树”，以庶人之礼被埋葬。郑晓在《吾学篇》中也对这种意见提供了类似的佐证。

成祖朱棣也并不相信建文帝自焚而死，曾对身边的大臣说：“朕于宫中遍寻皇考宸翰不可得，有言建文自焚时，并宝玺皆毁矣，朕深恸之。”事实上，宝玺被焚不可能没有一点痕迹，建文帝很可能带着宝玺而逃走，随时可以卷土重来，这种忧虑始终困扰着成祖。据《明史》载：“惠帝之崩于火，或言遁去，诸旧臣多从者，帝（指成祖）疑之。（永乐）五年遣颁御制诸书，并访仙人张邋遢，遍行天下州郡乡邑，隐察建文帝安在，以故在外最久。”此处提到的张邋遢，就是道教著名人物张三丰。朱棣派人以访寻张邋遢的名义来寻找建文帝的下落，前后竟长达十六年之久，这充分说明建文帝在城破后非常有可能逃出宫中。

张三丰

一些学者主张建文帝在逃出宫后，曾在泉州开元寺避难，后来坐船流亡到海外，最终隐居在印尼苏门答腊岛东海岸。据《明史》记载：“成祖疑惠帝亡海外，欲踪迹之，且欲耀兵异域，示中国富强。永乐三年（1405）六月，命（郑）和及其侪王景弘等通使西洋，将士卒二万七千八百余人，多赍金币。”在郑和率领的船队中，包括了一部分锦衣卫，他们专门负责寻找建文帝的踪迹。这种观点缺乏足够的史料支持，只是一种猜测。

建文帝到底是自焚而死呢，还是由密道逃生，历代学者对此各持一说，尚无定论。清朝编修《明史》之时，负责编修此书的大臣对此就发生意见分歧。徐嘉炎主张建文帝逊国外逃，而朱彝尊则以《明实录》的记载为根据，认为建文帝自焚而死。因此，在《明史·恭闵帝本纪》中便有如下的记载：“宫中火起，帝不知所终。”由此可见，这两种观点都缺乏足够的证据。近年来，有让姓人自称是建文帝的后人，并献出《让氏家谱》，称建文帝由地道逃生后，假扮为僧人，在四方云游，最后在武昌定居，死后就葬在武昌洪山之上。南明弘光帝追谥建文帝为“让皇帝”，故他们以“让”为姓。

随着对建文帝出亡问题研究的不断深入，大多数人都主张建文帝并未死在大火之中，而是逃出南京。当然，这一说法还有待于进一步的验证。

明成祖的文治武功

朱棣即位后，为了剪除藩王对中央皇权的潜在威胁，继续推行削藩措施，将地方军政大权再度集中在自己手中。与此同时，他进一步调整中央机构，设立内阁，从而奠定了明朝政治体制的基本格局。为了加强北部边防，于永乐十九年(1421)，正式迁都北京，使北京成为明朝政治、军事中心。他整肃吏治，重用人才，把恢复发展农业生产放在重要地位，有效地促进了社会的安定和经济的发展。在文化上，他标榜文治，尊崇儒学，进行了一系列大规模的修书工作。在外交方面也有许多建树，采取开拓进取的方针，北征蒙古，南下安南，又遣郑和率船队下"西洋"，不仅维护并发展了多民族国家的统一，而且扩大了对外影响。虽然成祖取得帝位的手段并不光彩，但从他的政绩公允而论，仍不失为一位盛世明君。

迁都北京

首都是一个国家的政治中心，建都或迁都，都是关系着国计民生的大事。太祖朱元璋在建国时经过再三考虑，最终仍以南京为首都。明成祖登基后不久，便计划迁都北平，这在中国历史上是极为罕见的。

明成祖朱棣

太祖朱元璋之所以定都南京，主要出于以下原因：其一，应天(今江苏南京)是朱元璋建国的根据地；其二，南京地理位置得天独厚，形势险要；其三，江南一带经济较北方发达，可作立国之本；其四，此时西北尚未平定，建都北方的风险性很大。而对于朱棣而言，迁都之事并非可有可无，而是势在必行。首先，北平是成祖夺取天下的"兴王之地"。他在北平度过了几十年，在北平乃至整个北方根基深厚。其次，北平有着优越的地理位置条件，是中原通往东北、塞外的门户。时人指出："北京北枕居庸，西峙太行，东连山海，南俯中原沃壤千里，山川形胜，足以控四夷制天下，诚帝王万世之都也。"朱棣深知，削藩之后诸王失去兵权，北方的边防势必会受到影响，当时北元势力强大，时常南下侵扰，迁都北平就可以加强对北方的防守与控制。再者，北平是辽、金、元时的京城，曾是全国的政治中心和文化中心。可见，迁都北京是一件利国利民的好事。

永乐元年(1403),明成祖下诏,改“北平”为“北京顺天府”,作为陪都,并开始进行迁都北京的准备工作。这主要包括两方面的工作:一是增强北京的经济实力,二是对北京进行大规模的土木建设。

为了增强北京的经济实力,成祖从农业、手工业、商业三大主要产业方面全盘着手。即位三个月后,他就命人到山西太平、平阳等七个府州,核实户口和田产,将那些丁多地少和没有田地的人家,分丁或全家迁往北京务农,由政府出资给他们购置耕牛、种子等农具,还给予了五年以内减免赋税的优待政策。永乐二年(1404),成祖下令向北京附近大规模地移民屯田。从永乐元年到永乐二年,共有两万户山西百姓迁到北京周边地区务农。同时,成祖还采取募民务农、将士解甲归田、招抚流民复业、迁发犯人种田等办法。为了促进北京手工业的发展,成祖还将南京的二万七千户工匠迁往北京。同时,成祖还下旨选浙江、江西、湖广、福建、四川、陕西、广东、广西、河南等地没有土地或者土地较少的大户人家充当北京富户,将这些人的户籍迁入顺天府,给予免除五年徭役的优惠。实际上这些富户都是当地的大商人,将他们迁到北京,就是让他们在北京投资,发展北京的商业。通过种种努力,北京地区逐渐繁荣起来。

永乐五年(1407)五月,成祖下旨动工修建京城。早在动工的前一年,明成祖就派工部尚书宋礼、副都御史刘观等人负责营建工作,开始集中人力和物力。同时,派人分赴湖广、四川、江西、浙江、山西等地采集木材、石料,又征集了二十多万工匠和上百万的民工,此外还征集了数不胜数的军队。为了保证物资供应,从永乐九年(1411)起,着手对大运河进行修浚。成祖派工部尚书宋礼,对淤塞的运河进行重点整治,引汶水、泗水入其中,沿线建闸三十八座。过去,漕船到淮安后,需借助一段陆运才能进入淮河,十分不便。针对这种情况,成祖派大臣开清江浦,筑堤建闸,使漕船可直达淮河,至此京杭大运河全线畅通。

经过几年经营,至永乐十八年(1420),北京城的营建工作基本完成。

北京是在元朝大都的基础上改建的,总体设计仿照南京,但更为壮丽。明代的紫禁城建立在元代皇宫的旧址上,宫殿宏伟华丽,其中心建筑有奉天殿(今太和殿)、华盖殿(今中和殿)、谨身殿(今保和殿)三大殿。整个北京城的建筑布局,是以一条贯穿南北的中轴线为基准左右对称展开,堪称中国古代建筑工艺的结晶。

永乐十九年正月,明朝正式迁都北京。明成祖亲往太庙祭祀并派人赴各坛祭诸神,随后,升坐奉天殿,接受朝贺,并大宴群臣。同时颁布诏书,表明他迁都乃是“仿成周卜洛之规,建立两都,为永远之业”。

对于迁都北京之事,一些朝臣并不赞成,但慑于皇帝的威严也不敢多加非议。谁知,迁都不到三个月,奉天、华盖、谨身三殿接连发生火灾,朝野为之震动,很多人因此说迁都不吉利,导致天灾。成祖只得下诏,令群臣直陈朝政得失。有些朝臣便乘机上书,指出肇建北京,工费繁巨,调动太广,以致百姓终岁供役,加上官吏横征暴敛,苦不堪言,其中又以主事萧仪、侍读李时勉的言辞最为激烈。成祖大怒之下,处死萧仪,将李时勉下狱。反对迁都的大臣不敢指责皇上,便转而攻击那些主张迁都的大臣,双方各执一词,争论得非

常激烈,成祖便令他们在午门外跪着辩论。最后,夏原吉出面上奏道:“这些朝臣都是应诏而言,并没有罪。臣等备员大臣不能协赞大计,罪在臣等。”听了这番话,成祖的怒气才稍稍平息下来,此后再也没人敢非议迁都之事了。

明成祖力排众议,迁都北京,从而巩固了边防,有力地控制北方蒙古势力的发展,巩固了明朝的统治。但政治中心与经济中心分离,也带来了不少问题。一方面北京距赋税重地江南距离遥远,京城及广大北方边城所需要的粮食都需要通过大运河运输调集,然而运河时常淤塞。经过十几年的苦心经营后,北京的经济得到了繁荣,疏通的运河也保证了粮食的运输。另一方面,北京以北一带是平原,无险可守。如果敌军越过长城,即可长驱直入,其潜在的危险是不容忽视的。

郑和下西洋

郑和本名为马三保,人称三保太监,史称“三宝太监”。三宝是佛教用语,指佛、法、僧。所谓佛,是指先知先觉之意。所谓法,是指佛教教义。所谓僧,是指佛教信徒。明朝宦官大多信佛,因此叫三保的人很多,不过郑和“三宝太监”的称号是成祖钦封的。

郑和是元代色目人的后裔,是当年追随成吉思汗到中国来的中亚布哈拉贵族赛典赤的六世孙。世代居住在云南,信奉伊斯兰教。他的祖父、父亲都曾亲自到过圣地麦加朝圣。郑和从小就从长辈的口中听说了许多海外的奇人逸事,对航海有着浓厚的兴趣。洪武十五年(1382),明朝大军平定云南,消灭了元朝残余势力梁王的割据政权。在这场战争中,年仅十二岁的郑和失去了双亲,被明朝的军队掳获阉割,在军中做“秀童”。云南平定后,郑和随军调往北方,因“丰躯伟貌,博辩机敏,有智略,习兵法”,被选送到北京燕王府服役,深得燕王朱棣的宠信。

善于理财的夏原吉

在“靖难之役”中,郑和随侍军中,立下大功。燕王即位后,提拔他当了内宫监的太监,主管营建宫室和供应皇室的需要。郑和后来也兼信佛教,法名“佛善”。永乐二年(1404),为表彰郑和的功绩,成祖亲笔写了一个“郑”字,赐他为姓,从此改名郑和。郑和以太监的身份得到赐姓的光荣,在当时极为少见,由此可见成祖对他的看重。同年,倭寇在江浙沿海一带抢掠,成祖命郑和带着敕书出使日本。郑和展现了杰出的外交才能,使日本国王源道义主动出兵剿除倭寇,且按本国法律加以惩处。源道义还接受了明朝“日本国王”的封号,派使者到南京朝见成祖,与明朝签订了《勘合贸易条约》。

从永乐三年(1405)到宣德八年(1433)的二十八年里,郑和先后七次率领规模庞大的船队出海远航,到达东南亚、印度洋、红海、东非等地的三十多个国家和地区。

第一次:永乐三年至永乐五年(1405~1407)。成祖派郑和为主使,太监王景弘为副使,率领船队出海。这支船队有士兵二万七千多人,还有医生、工匠、翻译人员等等。他们乘坐着六十二艘大船,包括宝船、马船、粮船、座船、战船等具有不同功能的船舶。马船,亦称马快船,在船队中负责运载马匹和货物。粮船主要用来运载船队所需的粮食和其他后勤物品。座船是战座船的简称,是一种由海军指挥人员乘用的大型战舰。战船是负责护航和海战的巡航战舰。宝船是船队中体积最大的船只,是正、副使乘坐的旗舰,有“清和”“惠康”“长宁”“安济”“清远”等不同的名号。最大的宝船长四十四丈,宽十八丈,载重量达二千五百吨,可以容纳千人。船队从江苏太仓的刘家港扬帆出海,沿长江顺流而下,经南海,到达越南、泰国、印度尼西亚,最后到达古里(今印度科泽科德)。郑和携带成祖诰封各国的诰命和文绮等贵重礼物,每到一地,宣读成祖的诏书,行封赏赐,与各国建立友好关系。郑和与古里建立了友好关系后,立碑纪念,之后古里成为郑和船队的中转站。

第二次:永乐五年至永乐七年(1407~1409)。出行路线与上一次相同,到达印度西海岸柯钦及当时中东贸易中心卡利库特(即古里,在今印度南部)。郑和还特意到锡兰(今斯里兰卡)访问,对锡兰山佛寺进行慷慨的布施,并立碑为文。这块石碑以汉文、泰米尔文和波斯文三种文字刻成,目前保存在锡兰博物馆中,是中斯两国人民友好往来中的一件珍贵文物。

郑和出海

第三次:永乐七年至永乐九年(1409~1411)。此次航行以东印度洋为中心,到达孟加拉湾。途中曾遭到锡兰国王亚烈苦奈儿的袭击,郑和临危不惧,生擒了亚烈苦奈儿及其头目,献俘于朝廷。成祖宽大为怀,将他们遣放回国,海外各国得知无不感佩。

第四次:永乐十一年至永乐十三年(1413~1415)。此次最远到达波斯湾,访问了溜山国(今马尔代夫群岛)、东非海岸的木骨都束(今索马里首都摩加迪沙)等地,更多的贡使随船队来华。

第五次:永乐十五年至永乐十七年(1417~1419)。船队经阿拉伯南岸驶往东非沿海,到达布腊瓦(今属索马里)、阿丹(今也门亚丁)、剌撒(今红海东岸)等地。

第六次:永乐十九年至永乐二十年(1421—1422)。船队的主要任务是送忽鲁谟斯等十六国使节回国。主力舰队留在波斯湾各港,分舰队周游了东非各地。

第七次:宣德六年至宣德八年(1431~1433)。宣宗怀念祖父当年“万方玉帛风云会,

一统山河日月明”的盛况，再次派郑和出使西洋。郑和在返航途中病逝，是年六十二岁。

总之，郑和率船队“自永乐三年奉使西洋，迄今七次，所历番国由占城国、爪哇国、三佛齐国、暹罗国，直逾南天竺、锡兰山国、古里国、柯枝国，抵于西域忽鲁谟斯国、阿丹国、木骨都束国。大小凡三十余国，涉沧溟十万余里”，可谓中国航海史上一次空前的壮举。

郑和的航海船队非常庞大，每一次出海都耗资巨大。关于郑和下西洋的目的，历代都有不同的说法。

许多人认为此举是为了寻找流亡海外的建文帝。燕王攻占南京城后，并没有找到侄子建文帝的尸体，但为了安抚人心他只好发诏书，说建文帝已在皇宫大火中丧生。朱棣担心建文帝会从海外卷土重来，所以一直不断地派人四处寻找建文帝的下落，而派往海外的就是郑和。近代一些学者认为，郑和为了找寻建文帝不但多次下西洋，还曾经三次东渡扶桑（日本）。

有的人不赞同这种说法，认为建文帝根本不可能在燕王严密的追捕下逃出京城，肯定已死在城中，即使建文帝未死，以他一介文弱书生，也并不值得成祖耗费这么大的心力去寻找。实际上，郑和远航主要是“欲耀兵异域，示中国富强”，否则仅仅为了寻找建文帝，也不用带这么多的士兵。正是这支强大的海军力量充分显示了明朝泱泱大国的国威，使那些小国纷纷派使臣随船朝见。

还有人指出，郑和航海主要是出于经济上的考虑。船队远航既可以满足明朝政府扩大对外贸易的要求，也可以建立起西方国家对明朝的“朝贡贸易”体系，借此增加财政收入。除此之外，普通的沿海百姓也从中大大受益。实际上，这种说法是站不住脚的。明朝的历代皇帝遵守祖训，坚持以农立国，从未把贸易收入视作政府财政收入的主要来源，更别提主动地去拓展海外贸易市场了。再者，在朝贡贸易中，明朝本着大国的姿态，一向薄来厚往，若想以此增加财政收入，岂不是白日做梦一样？

无论出于何种原因，郑和下西洋促进了中国与亚非各国间政治、经济、文化上的友好交流，增进了人民间的友谊，在15世纪初期的人类文明发展史上写下了光辉的一页。

永乐大典

《永乐大典》是明成祖永乐年间编纂的一部大型类书（文献汇编），涉及哲学、历史、地理、语言、文学、艺术、宗教、科学技术等方方面面，比著名的《大英百科全书》还要早三百多年。它不仅是我国文化遗产中的瑰宝，在世界文化史上也具有崇高的地位。

据《明实录》记载，成祖即位后，感到“天下古今事物散载诸书，篇帙浩穰，不易检阅。朕欲悉采各书所载事物类聚之，而统之以韵，庶几考所之便，如探囊取物尔”，于是命解缙、胡广、胡俨、杨士奇等著名学者编纂一部大型类书。成祖还规定了编纂宗旨：“凡书契以来经史子集百家之书，至于天文、地志、阴阳、医卜、僧道、技艺之言，修辑一书，毋厌浩繁！”

明成祖此举是有其政治目的的。洪武三十一年（1398），明太祖朱元璋病故，皇太孙朱允炆即位。时藩王势重，朝廷孤危，建文帝采用了齐泰、黄子澄的计谋削藩。燕王援引《祖训》“朝无正臣，内有奸恶，则亲王训兵待命，天子密诏诸王统领镇兵讨平之”，以“靖

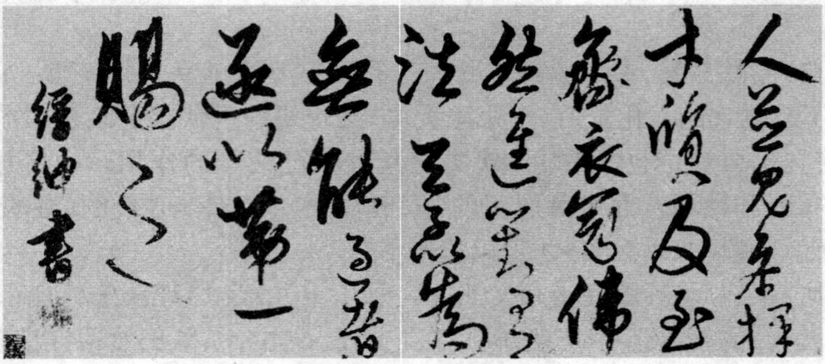

解缙《宋赵恒殿试佚事》

难”为名，行造反之实。建文四年(1402)，燕王率大军攻入南京，建文帝下落成谜。这次事变，按照封建正统观念，是“大逆不道”的，从而引起方孝孺等士大夫的坚决反对。朱棣登基后，大肆屠杀建文帝忠臣，朝野间的气氛十分紧张。朱棣想通过编纂大型类书来炫耀文治，笼络文人，消除朝野间的不平之气，从而巩固自己的统治。

永乐元年(1403)，解缙等奉成祖之命，召集了一百四十七名儒生纂修大型类书，于次年十一月编成《文献大成》。成祖阅览后，认为“所纂尚多未备”，内容过于简单。永乐三年(1405)，又下令太子少师姚广孝、礼部尚书郑赐、侍读解缙担任全书的监修。在监修之外，又下设副监修三人，监修以下还设有都总裁、总裁、副总裁、纂修、编写人、缮录及圈点生等。由于组织严密，分工明确，整个编纂工作得以有条不紊地进行。朱棣对大典的编纂工作十分重视，对编纂者提供了许多便利条件，特别启用了当时皇家图书馆——南京文渊阁的全部藏书，令编纂人员“尽读禁中之书”。同时，还派官员去各地购买遗书秘籍，并指示买书可不计价钱。

历史小常识：解缙

解缙，字大绅，又字缙绅，号春雨，又号喜易。洪武二年(1369)出生在一个书香门第之家。自幼聪敏过人，文采出众。洪武时中进士，官至翰林学士，在明野内外享有极高的威望。他学识渊博，才华横溢，一生最大的功绩就是主持了《永乐大典》的编纂工作。永乐元年(1403)，成祖朱棣即位后擢解缙为翰林侍读，进文渊阁参与机务。成祖曾对大臣们说：“天下不可一日无我，我则不可一日少解缙。”解缙为人耿直，屡次上疏，针砭弊政，并在立储问题上得罪了汉王朱高煦。汉王曾在成祖面前屡进谗言，解缙被捕入狱。永乐十三年(1415)，解缙被活埋在雪中，死时年仅四十七岁。成祖还下令没了他的家产，把他的家人都发配到辽东。后人对他一生的评价是：“名节千秋壮，文章百代尊。”

在政府的大力支持下，永乐六年(1408)全书正式完成。成祖审阅后甚为满意，亲自作序，谓此书“上自古初，迄于当世，旁搜博采，汇聚群书，着为奥典”，并定名为《永乐大典》。这部皇皇巨著共计22937卷，仅目录就达60卷，装订为11095册，37000万字，全部用毛笔工楷书写，是世界上最早的百科全书。全书分门别类，辑录了上自先秦，下迄明初的8000余种古书资料，大凡经史子集与道释、医卜、杂家之书均有收辑，并加以汇聚群

分，甚为详备。

《永乐大典》卷帙浩繁，参加编纂人员达三千多人，因此难免有所疏漏，如前后体例不一等，但这并不影响它的文化价值。《永乐大典》最重要的贡献在于原原本本地保存了明初以前大量的文化典籍，对中国的文献文化具有不可估量的作用。西晋杜预《春秋释例》、唐林宝的《元和姓纂》、北宋薛居正的《旧五代史》、南宋李心传的《建炎以来系年要录》等重要文献，全赖《永乐大典》才得以流传下来。

《永乐大典》书成后，珍藏在南京文渊阁。永乐十九年(1421)，朱棣迁都北京时专门下令将《永乐大典》的正本运往北京，收藏在“文楼”之中，原稿仍然留在南京文渊阁里。永乐至万历年间，一些人提议刊刻《永乐大典》，但因“工费浩繁”而作罢。英宗朱祁镇即位后，南京文渊阁遭遇了一场大火，原稿化为乌有。嘉靖三十六年(1557)四月，宫中发生火灾，三殿主要建筑都被焚毁，《大典》幸得保全。为了防止意外，明世宗便想重录一部。嘉靖四十一年(1562)八月，命阁臣徐阶、礼部侍郎高拱等组织儒士一百零九人，誊写了副本一部。重录工作整整用了六年，至穆宗隆庆元年(1567)四月才得以完成，此后《永乐大典》才有正副两部，分别珍藏在文渊阁和皇史宬两处。

此后，《永乐大典》的命运仍十分坎坷。《永乐大典》的正本下落不明，大多数人认为明亡后，文渊阁再次被焚，《永乐大典》的正本很可能在此时被火烧毁。《永乐大典》的副本流传到清代，但没有得到应有的重视。直到雍正年间，《永乐大典》才由皇史宬移藏到翰林院，一些学士和编修官才有机会看到这本巨著。乾隆三十八年(1773)，清政府纂修《四库全书》，此时《大典》已经缺佚达2000多卷，但仍从中辑出500多种佚书，其文化价值可见一斑。咸丰十年(1860)英法联军和光绪二十六年(1900)八国联军两次入侵北京，侵略者大肆焚烧抢掠，《永乐大典》也未能幸免于难，所剩寥寥无几。新中国成立后，对《大典》等珍贵的文化典籍制定了保护措施。国内外许多收藏家将自己珍藏的《大典》的残本捐献给国家，现存797卷。

明仁宗

仁宣之治

永乐二十二年(1424)，成祖在北征途中驾崩，皇太子朱高炽即位，是为仁宗。他一改父亲追求事功的国策，转而采取稳健务实的治国方略。这一方略又被宣宗朱瞻基所承继，从而使洪熙、宣德年间出现了一个政治清明、经济繁荣、国家安定的治世局面，被史家

誉为“仁宣之治”。

守成令主

仁、宣二帝在位期间，在政治、军事、经济等方面做出了一系列重大调整，强调以文治国，使百姓得到了充分的休养生息，生产力得到了长足的发展，明朝进入了一个稳定、强盛的时期——“仁宣之治”。一时“吏称其职，政得其平，纲纪修明，仓庾充羡，闾阎乐业，岁不能灾。盖明兴至是历年六十，民气渐舒，蒸然有治平之象矣”，后人称这一时期为“明代的黄金时代”。

杨士奇

在对外政策上，从战略进攻转变为积极防御。朝廷改变了永乐时期好大喜功的政策。明成祖五次出征蒙古，长期征战导致军费开支膨胀，不仅大量消耗了国家财力，也加重了百姓的负担，国家财政一度濒临崩溃。永乐末期，不少地方发生灾荒，在一些地方出现了民不聊生的局面。成祖还曾一度征服安南，但统治不稳，耗资甚巨，成为中央财政的负担。成祖去世后，蒙古各部落因连年争战，大伤元气，无暇大举南侵，“或有扰边者，不过朵颜之类，或猎或掠，多不过百余骑，少或数十骑而已”。仁、宣二帝充分利用这一有利的时机，修复与蒙古各部落的关系，在北方边疆采取以防御为主的战略。宣德二年(1427)，宣宗果断地放弃安南，将军队撤回。宣德三年(1428)，宣宗率军出巡边境，但也只是为了固守而已。这些措施，节省了大笔的军费开支，有效地减轻了国家的财政负担。在和平安定的社会环境下，社会经济得到了迅速的恢复和发展。

这一时期一改前朝政治大清洗的做法，力求“上下情通”，“政得其平”。为了改善君臣关系，仁宗即位后从安抚官员入手，妥善地解决历史的遗留问题。经历了太祖、成祖的大肆屠杀，政治气氛十分紧张，朝堂之上，大臣们噤若寒蝉，看皇帝脸色行事。仁宗下令宽宥建文诸臣的家属，每家只留一名男子戍边，其余全被放还为民。宣宗即位后，下旨将“教坊司、锦衣卫、浣衣局及功臣家为奴”的建文诸臣的家属全部赦免。在这一时期，许多冤案得以昭雪，有利于政局的稳定。仁宗还起用了一批贤臣，将被罢免的夏原吉、杨溥等人官复原职，这些人后来都成为明朝的中流砥柱。夏原吉和蹇义在永乐朝就以前朝旧臣而受到重用。蹇义为人忠厚，行事谨慎，熟悉朝章典故。夏原吉敢于直言，不怕犯上。永乐十九年(1421)冬天，成祖准备征讨瓦剌，向他询问边镇粮草情况。夏原吉告知粮草只够边军，不足以供应大军，并借机劝谏成祖身体欠安，不宜出征。成祖大怒，将其下狱，籍没家产。当查抄他的家产时，除了皇帝的赐钞之外，别无余财，家徒四壁，只有些布衣瓦器。后来成祖在军中病逝前，想到了夏原吉，不禁慨叹：“原吉爱我！”仁宗朱高炽即位后，

立即将他从监狱中释放出来，官复原职，共商丧礼之事。后来“罢西洋宝船，迤西市马及云南、交阯采办”，都是“从夏原吉之奏也”。这一时期大臣各尽其才，同心辅政，君臣关系融洽，改变了明朝初年大臣动辄得咎的情况。

为了鼓励大臣劝谏，仁宗下诏要求大臣上疏讨论时政得失，并指出：“前世人主，或自尊大，恶闻直言，臣下相与阿附，以至于败。朕与卿等当用为戒”。他清醒地认识到正是由于言路不通，才使得朝政没有起色。仁宗还先后赐给蹇义、杨士奇、杨荣等人银章各一枚，上面刻有“绳愆纠缪”字样，鼓励他们若见政事有所阙失，即用此印密疏上奏。宣宗也沿用了仁宗的这一做法，多次下旨，让群臣上书进谏。

为了形成清明的政治环境，仁宣父子都注意整顿吏治，同时慎用刑罚，禁止法外用刑。在处理官吏贪污犯法案件时，大都依法议罪，不施法外用刑，官场风气为之一变。在刑法上，改变了原来用刑过重的情况，废除了“宫刑”和“连坐之法”，强调司法的公正性。对于不称职的官员，绝不姑息，立刻黜退罢斥。为了加强对官吏的考核，杨士奇荐举以廉明刚直闻名的薛宣、顾佐、陈勉等人担任两京左右都御史。仅宣德八年(1433)，就罢斥京城冗官七十七名。同时，朝廷积极地选拔循吏人才，“察墨吏，举文学武勇之士，令极刑家子孙皆得仕进。又请廷臣三品以上及二司官，各举所知，备方面郡守选”。因此，在这一时期出现了许多悉心治国安民的良吏。《明史·循吏列传》中记载了循吏共一百二十人，而在洪熙、宣德年间任职的就占半数以上。

在经济方面，实行休养生息的政策。永乐时期，南征北伐，工役繁重，人民疲敝，百姓贫困。仁宗即位后，立即下令停止各地为宫中采办宝石、金珠、马匹之举，同时下令以后官司所用的物料一律在产地计价购买，盘剥百姓者，严惩不贷。

宣宗行乐图轴

仁宗体恤民情，常常担心自己的行为加重了百姓的负担。仁宗对地方的水旱情况十分关心，凡是地方受灾，即下旨减免田赋，发放官粮救济灾民。对一些受灾严重的地区，朝廷十分重视赈济，采取多种措施帮助灾民恢复生产。洪熙元年(1425)四月，山东、河北

一带发生灾荒，地方官员却依旧催征夏税。仁宗得知此事后，立即命大学士杨士奇草拟诏书，减免当年的夏税和秋粮的一半，并停置一切官需物料。杨士奇认为此事应当让户部和工部事先上奏，仁宗说："救民之穷当如救焚拯溺，不可迟疑。有司虑国用不足，必持不决之意。"如果地方遭受天灾，仁宗要求当地官府必须马上上奏，赈济饥民。宣宗即位后，继续实行仁宗与民休息的政策，爱惜民力，力行节俭。宣德五年(1430)，宣宗下令在全国减税。在减免田赋的同时，为了保证这些措施的落实，他还常常派钦差大臣去各受灾地区进行监督。

为了发展经济，朝廷还实行了一系列有利于发展生产的措施。仁宗即位后不久，令"山林川泽，皆与民共，命自居庸关以东，与天寿山相接，禁樵采，余俱弛禁"。洪熙元年正月，"罢山场、园林、湖池、坑冶，听民采取"。这一时期，朝廷对军队的屯田极为重视，同时还鼓励农民垦荒种植，大力兴修水利。这些措施有效地促进了农业的发展和经济的繁荣。

仁、宣时期政治稳定，汉王朱高煦的叛乱也得以很快平定，没有广加株连。在安定清明的政治下，百姓得以安居乐业，社会经济得到恢复和发展，出现了一片繁荣的盛世景象。

"三杨"辅政

仁宗、宣宗两朝，其政治核心的组成存在一个明显的倾向，即保储有功者备受重用，反之，则受到冷遇。杨荣、杨士奇、杨溥三人是仁、宣时期的主要辅政大臣，他们都是五朝(建文、永乐、洪熙、宣德、正统)元老，通达政体，时人合称"三杨"。

杨荣

"三杨"都是建文朝的旧臣。杨荣、杨溥都是建文二年(1400)进士，同年进入翰林院。杨荣，名子荣，字勉仁，福建建安(今福建建瓯)人。杨溥，字弘济，湖广石首(今属湖北)人。杨士奇，名寓，字士奇，江西泰和人。他出身贫寒，未曾中举，在翰林院王叔英的引荐下才进入翰林院。靖难之役后，"三杨"和翰林院的众多大臣一起出道迎降。此后，"三杨"因迎立有功，再加上自身出众的才华，得到了成祖的信任，很快得以升迁。永乐元年(1403)，杨荣被命为"侍皇太子讲读"，并负责给"诸皇孙讲学"。同年十一月，杨士奇被命为东宫侍讲，负责皇太子的教育，并破格进入内阁，参与朝政。永乐二年(1404)，杨溥被命为太子洗马。太子朱高炽仁义宽厚，对儒学非常感兴趣，主张以德治国，与"三杨"相处得非常融洽。此后，以"三杨"为首的东宫僚属就成为太子朱高炽的心腹，"三杨"的命运就与朱高炽紧密地联系在了一起。

仁宗朱高炽自幼端重沉静，言行得体，性格仁厚，是太祖朱元璋亲立的燕王世子。然

而，朱高炽身体肥胖，行动不便，有时还跌跌撞撞，成祖对这个长子并不太满意。他更喜欢另外两个酷似自己的儿子朱高燧和朱高煦。靖难起兵之际，朱高炽留守北平，朱高煦随父出征，多次救朱棣于危难之际，扭转了不利的战局。朱棣认为在自己这三个儿子中朱高煦最像自己，因此特别喜爱他。建文四年（1402），朱棣在渡过长江之前，曾经向朱高煦暗示朱高炽体弱多病，事成之后有意立他为太子。成祖登基后，储位之争逐渐明朗化。以淇国公丘福和驸马王宁为首的武将大多认为朱高煦军功卓著，支持他为太子。而满朝文臣认为朱高炽是太祖朱元璋亲封的燕王世子，为人仁慈宽厚，按照嫡长子继承制，理应被立为太子。在解缙等人的极力劝说下，朱棣于永乐二年四月初四正式册立朱高炽为太子。同一天，又分别封次子朱高煦、三子朱高燧为汉王和赵王。

朱高炽虽然被立为太子，但是争夺储位的斗争并没有因此而结束。汉王朱高煦和赵王朱高燧时刻窥视着皇储的宝座，多次陷害朱高炽，令朱高炽与成祖的关系一直颇为紧张。永乐十二年（1414），朱棣北征回师，监国太子朱高炽遣使迎驾稍迟，再加上给朱棣的奏疏用语不当，成祖十分不快。朱高煦又乘机进谗言，成祖对太子更加不满。为了开脱太子的罪责，杨士奇等人将罪责揽在自己身上，结果所有的东宫僚属——包括礼部尚书蹇义、学士黄淮、谕德杨士奇、洗马杨溥等人被抓入诏狱。其中黄淮、杨溥等人在狱中竟达十年之久，直到朱高炽登基后才被释放出来。文臣们在这场立储之争中受到了很大的迫害，而他们也确实起到了保护太子的作用。永乐九年（1411），朱棣回师南京时，曾向阁臣杨士奇询问太子的情况。杨士奇列举了许多事，证明太子诚敬孝谨，打消了成祖对太子的怀疑。

杏园雅集图卷（局部）

永乐二十二年（1424）七月，成祖在北征途中驾崩。随军的杨荣沉着果断，对成祖的死讯密而不发，连夜派人骑马通知太子。在京的杨士奇妥善地处理了迎丧、即位等重大事宜，帮助太子朱高炽顺利即位。朱高炽登基后，颁布了大赦令，立即释放了狱中的杨溥，令其官复原职。“三杨”不仅能力出众，还与仁、宣父子共过患难，关系非比寻常，因此在仁、宣时期屡获升迁。

杨士奇能荐人之长，克人之短，为“三杨”之首。他为官顾全大局，不计小节，体恤爱民。针对当时“流徙尚未归，疮痍尚未复，民尚艰食”的实际情况，他多次上奏，提出与民休息的施政主张。仁宗采纳了他的意见，实施休养生息的政策，促进了社会经济的恢复

与发展。杨士奇后又升为少保、少傅，兼任兵部尚书，开启了内阁直接插手六部行政事务的先例。不久，杨士奇又成为内阁首辅，逐渐填补了朱元璋废除丞相后留下的权力真空。杨士奇还特别注意人才的选拔，积极举荐优秀人才，周忱、况钟以及于谦等名臣皆得力于他的引荐。一次，仁宗与大臣讨论科举中存在的弊病，杨士奇虽是南方人，看问题却非常公允，指出科举取士应该制定措施以保证南北兼收。仁宗说："北方人的学问远不如南人，该如何处理？"他说："南方人虽多有才华，然而偏于轻浮。长才大器者，不少就出自北方。"仁宗便询问杨士奇有何良策，杨士奇说："试卷依旧密封誉录，但在外边表明'南'、'北'字样。如要取进士一百名，可取南卷六十名，北卷四十名。"仁宗觉得他的意见很好，当即让大臣与礼部讨论具体方案。仁宗去世后，宣宗将仁宗的这一政策贯彻下去。科举制度的这一改革，在一定程度上改变了科举录取名额地区不平等的状况，保证了各省士人都有机会进入中、高级官僚的队伍，从而加强与扩展了封建政权在全国的统治基础。杨荣曾多次在宣宗面前中伤杨士奇，杨士奇得知此事后不但不生气，还请求宣宗还像信任自己一样信任杨荣。

杨荣机敏通达，善于察言观色，尤其擅长谋划边防事务，被封为太子少傅、谨身殿大学士，兼工部尚书，并食三禄。宣宗朱瞻基即位不久，汉王朱高煦发动叛乱，杨荣极力主张宣宗御驾亲征，掌握战争的主动权。朱瞻基接受了杨荣的建议，以迅雷不及掩耳之势围攻乐安，朱高煦被迫投降，叛乱很快得以平定。他曾两次跟随宣宗巡边，深得宣宗的信任，始终坚持"事君有体，进谏有方"的本分。宣宗即位后，杨溥成为朝廷重臣，被选入内阁，与杨士奇、杨荣等阁臣共掌机务。他为人十分低调，擅长处理臣僚关系，每次上朝都沿皇墙而走，以示遵守礼制。

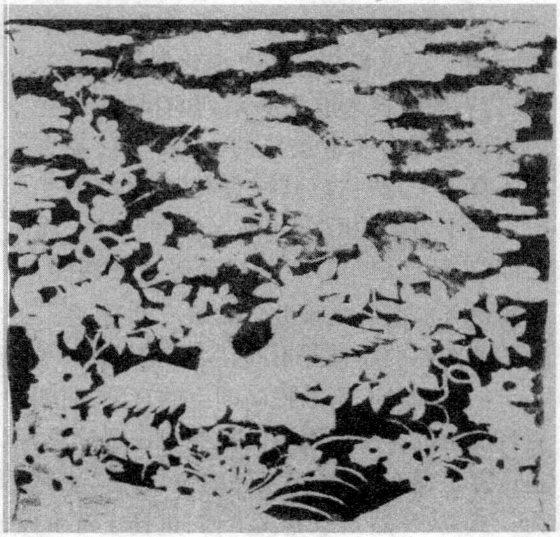
七品文官的补子

"三杨"相得益彰，同心协力，尽心辅佐皇帝，为"仁宣之治"的出现做出了不可忽视的贡献。

内阁制的完善

明代的内阁制是在废除传统的宰相制度基础上逐步发展起来的，它标志着封建专制中央集权制度进入了一个更高的历史阶段。它在洪武和永乐时期出现雏形，在仁宗、宣宗时期得以进一步完善。

明代建国之初，朱元璋沿袭元朝官制，设中书省作为佐助皇帝综理政务的机构，但相权过重常使皇帝的意愿难以实施。洪武十三年(1380)，朱元璋为了加强皇权，废除了中

书省及宰相，分设吏、户、礼、兵、刑、工六部，分管朝政，对国家政治体制进行了重大改革，以期“权不专于一司，事不留于壅蔽”。六部直接向皇帝负责，皇帝事务繁杂，“密无论思，不可无人”。洪武十三年九月设置“四辅官”，任命年高的耆儒王本等人先后担任辅官，在皇帝身边讲论治道，以“协赞政事”。

四辅官虽然官秩正三品，但事实上从未直接地处理过重大的政务。不到两年，四辅官就被废除。洪武十五年(1382)，朱元璋仿效宋朝制度，置华盖殿、武英殿、文渊阁、东阁、文华殿诸大学士以备顾问，正五品，这就是明代内阁辅政制度的雏形。大学士办公地点在宫内殿阁，后改称内阁学士。这时的内阁还不能参决政务，只是辅助性的办事机构。

明宣宗坐像

内阁制度的基本形成，是在明成祖朱棣时期。明成祖通过“靖难之役”夺取天下，为巩固政权采取了一系列的措施，设立内阁就是其中非常重要的一项。据《明史·职官志一》载：“以其授餐大内，常侍天子殿阁之下，避宰相之名，又名内阁。……成祖即位，特简解缙、胡广、杨荣等直文渊阁，参预机务。阁臣之预务自此始。”此后，阁臣的设置成为常制，职责是“参与机务”。但永乐一朝阁臣的品秩并不高，“各赐五品服”，仅属于中级官员，地位远不及尚书。

仁、宣时期，不断提高阁臣的官阶，明朝的内阁制度得到进一步发展。仁宗即位之初就将阁臣的官阶由正五品提到正三品。此后，为了进一步提高原东宫僚属的地位，仁宗还恢复了建文、永乐时废除的公、孤官(太师、太傅、太保为三公，正一品；少师、少傅、少保为三孤，从一品)，进蹇义少傅，进杨士奇少保，进杨荣太子少傅兼谨身殿大学士。内阁大学士本身的品秩虽然并不高，但若加上公、孤衔，就成为一品大员。

仁宗对于原东宫僚属的宠信，打破了永乐年间内阁的基本格局，扩大了内阁的权限。起初官居五品的内阁学士，此时跻身于公侯尚书之列，内阁的势力已有超过六部势力的迹象。据《明史》记载：“至仁宗而后，诸大学士历晋尚书、师、保、傅，品位尊崇，地居近密，而纶言批答，裁决机宜，悉由票拟，阁权之重偃然汉唐宰辅，特不居丞相名耳。”

宣宗登基后，不断擢升杨士奇等阁臣，又召杨溥入内阁，不久后又将其升为尚书。在宣宗时期，阁权得以进一步强化，内阁开始下设官属，《明史》载：“宣德间，内阁置诰敕、制敕两房，皆设中书舍人。”

内阁的政治地位得以明显提高，其最主要的表现在于有了“票拟”之权。所谓票拟，亦称票旨、条旨，也就是说对于全国各地的奏章，在送呈皇帝批示以前，由内阁学士“用小

票墨书”，贴在各奏疏的对面进呈。在君主专制体制下，掌握代替皇帝起草批示的职权，其重要性是可想而知的。在这一时期，阁权之重、阁职之隆，自不待言。《殿阁词林记》载：“至宣德时，始令内阁杨士奇辈及尚书兼詹事蹇义、夏原吉，于中外章奏，许用小票墨书，贴各疏面以进，谓之‘条旨’，中易红书批出御笔亲书。及遇大事大疑，犹命大臣面议，议既定，即传旨处分，不待批答。自后始专命内阁条旨。”由此可知，阁臣拥有票拟权，就相当于直接掌握了处理国家政事的大权。

随着内阁权势的提高，阁体内部也产生了变化。内阁权力集中在三杨手中，“天下建言章奏，皆三杨主之”。宣德时期，三杨所拟的“票拟”，基本上都被皇帝采纳。张瑛、陈山二人虽然也是加尚书衔的阁臣，但权力与三杨相比不可同日而语。由此可见，明中叶形成的首辅制度，在此时已初见端倪。

明宣宗孙皇后

在洪武、永乐时期，武臣对于军国大事多有参赞决议之权。永乐后期，大臣在储位人选上产生严重分歧，武臣多支持汉王朱高煦，文臣则支持世子朱高炽。仁宗即位后，对于武臣不予重用，削弱了武臣的权力。洪熙元年（1425）正月，仁宗设置宦官守备，“命内宫监太监郑和领下番官兵守备南京，在内与太监王景弘、朱卜英、唐观保协同管事，遇到有事同襄城伯李隆、驸马都尉沐昕计议而行”。同年二月，设内监镇守之职，此后设置守备太监和镇守太监成为定制，武臣的权力受到了大幅地削弱。仁、宣二宗对于武臣权力的限制，适应了内阁制权位上升的需要。

仁、宣时期，内阁成员与皇帝关系亲密，使内阁成为“偃然汉唐宰辅”的中枢机构，加强了中央集权制度，有效地发挥了朝廷的统治职能。明代的内阁制度作为一种新的政治制度，对维护政局的稳定和制约皇权方面有着积极的作用，对明代政局有着深远的影响。

平定朱高煦叛乱

朱高煦是成祖朱棣的次子，英勇善战，屡立奇功。在靖难之役中，成祖陷入建文帝大军的包围之中，朱高煦不远千里带兵来救，方才脱险。成祖最宠爱这个酷似自己的儿子，还曾许下诺言将来事成后封朱高煦为太子。成祖一向觉得长子朱高炽儒雅有余，而英武不足，对他不甚满意，因此登基后一直在太子人选的问题上犹豫不决。

淇国公丘福、驸马王宁等人拥护朱高煦为太子，在成祖面前“时时称高煦功高”。而朱高炽早在朱元璋洪武二十八年（1395）就被册封为世子，得到朝中大部分文臣的支持。

朱高炽身体肥胖，不能骑射，并有足疾，行动不便，朱棣对他并不太满意。但朱高炽的长子朱瞻基却相貌英俊，聪明过人，颇得朱棣的宠爱。朱棣将希望寄托在朱瞻基身上，朱高炽也因此巩固了自己的地位。

永乐二年(1404)四月初四，成祖正式册立朱高炽为太子。同一天，又分别封次子朱高煦、三子朱高燧为汉王和赵王。朱高炽虽然已经被立为太子，但是争夺储位的斗争并没有因此而结束。汉王朱高煦和赵王朱高燧时刻窥视着皇储的宝座。成祖对朱高炽始终不太满意，几次想废掉他，多亏文臣们的支持，才保住了皇太子之位。永乐十五年(1417)，野心勃勃的朱高煦因触怒了成祖而被治罪，朱高炽不计前嫌地为朱高煦求情，成祖将朱高煦逐出了京城。朱高煦怨怼日深，处心积虑要夺取皇位。永乐二十二年(1424)，成祖在北征途中去世，朱高炽登上帝位，是为明仁宗。不幸的是，仁宗在位不足一年，就因病去世。洪熙元年(1425)，朱瞻基毫无悬念地登上帝位，是为宣宗。

朱瞻基《武侯高卧图卷》

朱瞻基"天资聪颖，过目不忘"，文武全才，深得大臣们的拥护。但他即位后，就一直面临着亲叔叔汉王朱高煦的威胁。宣德元年(1426)正月，朱高煦派人向宣宗进献元宵灯笼，借以刺探朝廷虚实。八月，朱高煦认为时机成熟，派亲信枚青潜至京师，秘密联络英国公张辅做内应，又约山东都指挥使靳荣等接应。张辅得知汉王的阴谋后，立即上报宣宗。

宣宗准备派阳武侯薛禄率军征讨，但遭到夏原吉、杨士奇、杨荣、杨溥等人的强烈反对。夏原吉等人指出，朱高煦在功臣宿将中享有很高的威望，不若出其不意，"以天威临之，事无不济"。八月初十日，宣宗御驾亲征，围攻汉王朱高煦的封地山东乐安。宣宗为了瓦解敌军，两次致信招降。汉王的属下听到宣宗亲征的消息，人心大乱。大军压境后，乐安城人心惶惶，许多人都逃出城外，投降了宣宗。朱高煦众叛亲离，成为孤家寡人，被

迫在八月二十一日出城投降。

九月，汉王朱高煦父子被押至京城，废为庶人，“筑室西安门内锢之”，取名为“逍遥城”。宣宗除了限制朱高煦的行动自由外，供给颇为丰厚。宣德四年（1429），宣宗来囚室看望朱高煦，朱高煦出言不逊，并出其不意地将宣宗绊倒在地。宣宗大怒，处死了朱高煦。

赵王朱高燧，一贯与朱高煦关系亲密。宣宗率大军回到京城后，马上传诏给赵王朱高燧，暗示他交出兵权，朱高燧见大势已去，公开认罪并交出兵权，至此困扰明初近半个世纪的藩王问题在宣德一朝终于得到了圆满解决。朱高煦叛乱的平定，保证了政治稳定和社会安定，为明朝的顺利发展提供了必要的条件。

社会经济的恢复和发展

明朝建国后，在经济上面临着一幅凋敝不堪的景象。中原大地满目疮痍，人烟稀少，就连一向经济较为发达的汉中地区，也是一片废墟。统治者励精图治，使社会经济得到很快的恢复和发展。到了永乐时期，国力已臻于极盛，为郑和下西洋的壮举奠定了坚实的经济基础。

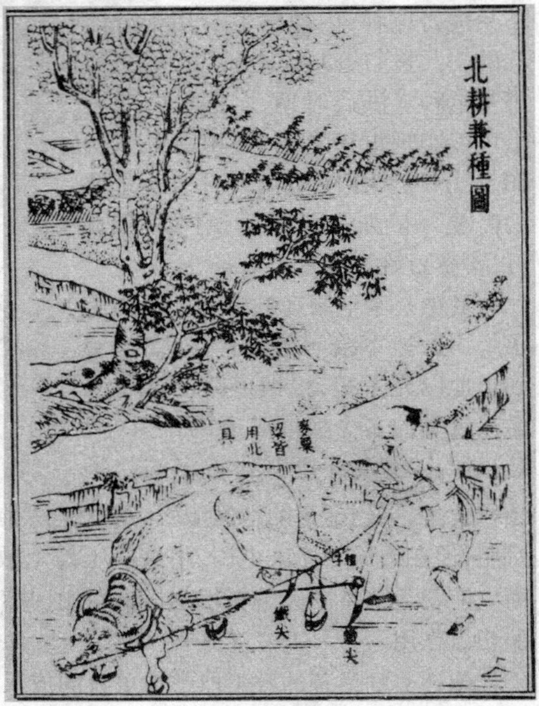

北耕兼种图

农业的快速发展

经过元末的长期混战，明初的经济十分凋敝，尤以中原为最。朝廷针对这种情况，制定了各项经济措施，大量发展农业。

其一，鼓励垦荒屯田。洪武元年（1368），朝廷规定：“州郡人民先因兵燹遗下田土，他人垦成熟者，听为己业；业主已还，有司于附近荒田如数给与。”这样，业主在战争中遗下的荒田经他人耕种后成为熟地的，土地就归开垦者所有；如果原业主重新回到乡里，则由朝廷在附近拨给同样面积的荒地。朝廷通过一系列政策法令，从法律意义上正式承认了农民在战争中取得的胜利成果，承认垦荒之后土地所有权为耕者所有。新政策体现了按照现有实际生产能力调整土地的原则，防止了占地抛荒的现象。此外，政府把大批游离于编户之外的自耕农重新控制在册，增加了政府的赋税收入，巩固了新皇朝统治的经济基础。朝廷下令各地流亡人民还乡生产，还乡者皆免税三年。对于荒地较多的山东、河南、河北、

陕西等地，朝廷还下旨各处新垦荒地，都“永不起科”。

在奖励垦荒的同时，朝廷大力推行屯田政策。屯田可分为民屯、军屯、商屯三种，其中以军屯规模最大。所谓民屯是由政府组织人民进行屯田，又分为移民屯种、募民屯种等等。洪武年间，朝廷不断地把地狭人稠地方的百姓迁往地广人稀的地方开垦荒地，这就是移民屯田。政府发给他们路费、耕牛、农具等，还规定免除三年的赋税。政府还招募无业农民开垦荒地，每人给田十五亩，又给地二亩种菜，这就是募民屯种。朝廷还把犯罪的官员和百姓发配到偏僻的地区。民屯解决了部分穷苦农民的困难，使人口与土地资源配置失调的状况有所调整。民屯与一般的垦荒有所区别，一般垦荒是由百姓自行开垦，所垦的田地归百姓所有，而民屯由官府组织，土地属于官田，人民是官府的佃户。

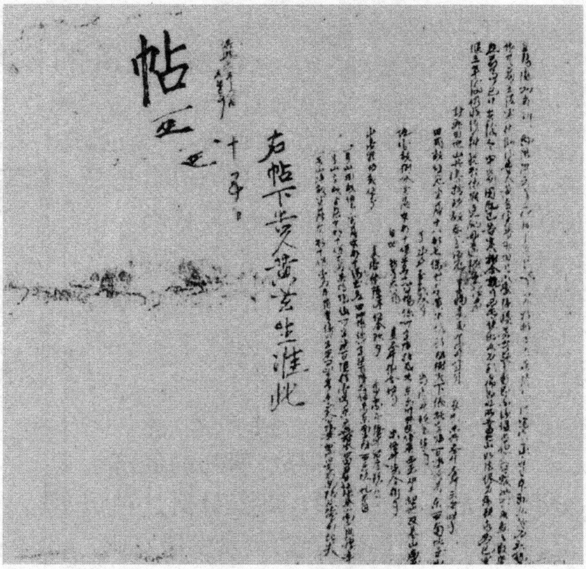

垦地产业凭证

军屯是由卫所军队屯田，粮食自给自足，以减少政府的军费开支。明初各地卫所一律屯田，大致上边地十分之三的士兵进行守城，十分之七的士兵进行屯种；内地的卫所用十分之二的士兵进行守城，十分之八的士兵进行屯种。洪武时期，全国军队基本上可以实现屯田自给，屯田总额多达60余万顷，满足了全国一百多万军队的需要。正如朱元璋所说：“养兵百万，不费百姓一粒米。”

商屯是军屯制度的补充。明初为了解决边地军粮问题，招募盐商运粮到边地以充军粮，根据道路的远近和运粮数量的多少换取政府的盐引（贩盐执照），商人持盐引到指定的盐场领取食盐，再到指定的地区贩卖，这就是所谓的“开中法”。商人为了免除运粮的麻烦及费用，便在边地上雇人屯田，用这些土地上收获的粮食来换取盐引，这就是所谓的商屯。商屯使朝廷节省了大笔军粮的运输费用，并对边疆荒地的开垦及经济的繁荣起到了一定的积极作用。

朝廷奖励垦荒的政策取得了可喜的成果。在明朝建立伊始，朝廷所能控制耕田仅有180万顷。洪武十四年（1381），全国耕田面积就达3667715顷。洪武末年，全国耕地面积达800万顷以上，比元朝末年足足增加了四倍多。

其二，重视兴修水利。元末动荡，水利失修，河患严重。明初，朝廷对兴修水利十分重视，命令各地的地方官吏陈奏有关水利事宜，并派官员分赴各地乘农闲之时督修水利；对那些轻视水利、玩忽职守的官员予以处罚。明初，朝廷多次组织百姓在各地兴修水利，动辄动用役夫多达几十万人。到了洪武二十八年（1395），全国各地共开塘堰40987处，

疏通河流4062处，修建陂渠堤岸5048处。永乐时期，朝廷继续兴修水利。户部尚书夏原吉疏浚吴淞江，使苏、松一带的百姓大得其利。工部尚书宋礼督开山东境内的会通河，并建有调节水量的闸门，重新疏浚开通南北大运河，而且使沿岸农田获得灌溉之利。

《耕织图》之桔槔

其三，鼓励种植桑棉等经济作物。明初，政府十分重视经济作物的种植。早在龙凤十一年（1365），朱元璋就曾下令："农民田五至十亩者栽桑、麻、木棉各半亩，十亩以上者倍之。其田多者率以是为差，有司亲临督劝，惰不如令者有罚，不种桑使出绢一匹，不种麻及木棉，使出麻布、棉布各一匹。"洪武元年，朝廷又将这一法令推广到全国各地，规定全国农民有田五亩至十亩者，必须栽种桑、麻、棉各半亩；有地十亩以上者，种植面积则要按比例加倍。凡不种桑者，要交纳绢一匹；不种麻者，要交纳麻布一匹；不种棉者，要交纳棉布一匹。凡种桑、麻"四年始征其税，不种桑者输绢，不种麻者输布"。洪武二十七年（1394），朝廷下令各地农民多种棉花则蠲免赋税。经过政府的强行推广，棉花的种植开始普及起来，从南方的局部地区扩展到全国，对纺织业的发展起到了积极的作用。

历史小常识：明朝前期赋役

明朝前期的赋税征收基本上沿袭了唐、宋以来的两税法，田赋分"夏税"和"秋粮"两次交纳，所纳"大略以米、麦为主，而丝绢与钞次之"。纳米、麦者谓之"本色"，用钱钞、丝绢及其他物品折纳税粮者谓之"折色"。税率则因地而异，有不同的"科则"，如经济发达的苏州、松江等地，税额每亩有多达亩税二三石者。明朝的户籍主要分为三类：军户、匠户、民户。军户充兵役，匠户充匠役。一般民户之役大体分三类，"以户计曰甲役，以丁计曰徭役，上命非时曰杂役。皆有力役，有雇役"。里甲又称"正役"，以里甲为单位轮流服职役，负责催办钱粮等公务。官府所派之役谓之"杂役"，其名目、数量的伸缩性更大。亲身服役的谓之"力役"，纳银免役，再由官府雇人服役谓之"雇役"。

朝廷还大力推广其他经济作物的种植。次年，朝廷下令山东、河南农民，自洪武二十六年（1393）以后所种植的桑、枣、果树，"不论多寡，俱不起科"。朝廷还规定地方官员任满赴京考课的，"必书农桑学校之绩"，从而把种植经济作物的情况作为考核官吏政绩的

重要内容。

通过这一系列措施，桑、麻、棉等经济作物的种植面积有了很快的增长，为手工业提供了充足的原料，从而为明中后期丝、棉织业的繁盛打下了坚实的基础。

《耕织图》之织机

通过这些努力，明朝初期的农业生产很快得以恢复和发展。洪武二十六年，全国岁征麦、米、豆、谷达3278多万石，比元代的岁入粮数增加了近两倍。永乐十七年(1419)，朝廷共征收布帛1206887匹，丝绵246507万斤，棉花绒583324斤。中央政府的财政收入得到大幅度的增长，从另一个角度说明当时的农业经济已达到十分繁荣的程度。农业经济的繁荣，为社会经济的兴盛和繁荣奠定了坚实的基础。

工商业日趋繁荣

元朝统治者强迫全国手工业工人和大批的俘虏、驱丁在各种官营手工业部门服役，制造兵器和贵族消费品。这些工匠的户籍，编入另册，称为匠户。匠户的社会地位非常低下，实际上就是官奴。匠户的职业是世袭的，不经朝廷批准，子孙不能脱籍，这就是所谓“匠不离局”。这种落后的奴隶制劳役，严重压抑了工匠的劳动积极性和创造性，再加上手工技术被宫廷垄断，产品不能拿到市场上交换，技术无法得到交流，这些都大大阻碍了手工业的发展。明朝建立后，沿袭了元朝的匠户制度，定以前的匠户为匠籍，还规定这些加入匠籍的手工工人的后世子孙不得脱籍。但是，朝廷大大提高了工匠的地位，他们无须成年累月地为朝廷服役，只需抽出一小部分时间到京城服役。洪武十九年(1386)，朝廷规定工匠“轮班”制，各地工匠轮流到京城服役，每三年为一班，每期无偿服役三个月，其余时间可自由地进行生产经营。洪武二十六年(1393)，朝廷又对工匠服役法进行改革。

明初匠役制度的改革，大大提高了工匠的生产积极性，使他们将大部分的时间投入到社会生产中，为手工业的发展提供了技术和劳动力，促进了手工业的发展，其中尤以纺织业、陶瓷业、冶铁业的表现最为突出。

明朝建国后，在南京设有织染局，“内局以应上供，外局以备公用”。此后，又在苏州、

杭州、绍兴以及四川、陕西等地设织染局。同时，民间的棉纺织业也很发达，成为许多地区农民家庭的重要副业。松江、苏州、杭州等地成为棉纺织业的中心。在这些地方出现了许多作坊主，雇十多个工人进行纺织，作坊主除供给工人衣食外，还发给他们工钱。其中，松江的棉纺织业最为著名，几乎家家有织布机，有“衣被天下”之美誉。每年松江仅供给朝廷的军用棉布就达三十万匹。

瓷器制造也有了很大进展，永乐、宣德时期堪称明朝瓷器制造的鼎盛时期。江西景德镇成为当时全国瓷器制造的中心，其生产规模、工艺水平和瓷器产量都居于全国前列。景德镇的窑场分为官窑和民窑，官窑专门烧造皇家瓷器。洪武年间，景德镇有官窑 20 座，到了宣德年间增至 58 座，工匠达三百多人。景德镇的民窑主要生产民用瓷器，其产品远销南洋各地。这一时期的瓷器制造，在品种、造型、釉彩等方面取得了很大的成就。永乐时期的锥拱、脱胎，宣德时期的镂空等，都是瓷器制造技术的新突破。釉彩方面的成绩更为突出，如永乐时期出现的甜白、翠青、釉里红，宣德时期的釉红。半胎薄釉瓷器、勃青瓷器、三彩瓷器都是名重一时的艺术品。

皇都积胜图卷（局部）

明代的矿冶业分为官营和民营，其中以官营为主。明初的官矿包括金、银、铜、铁等矿业，以冶铁业的规模最大。洪武六年（1373）在江西、湖广、山东、广东、陕西、山西设置了十三个铁冶所，年得铁达 746 万多斤。此后，朝廷常根据库存铁量的多少来决定铁冶所的生产或停产。洪武二十八年（1395），内库贮铁多达 3743 万斤，遂罢各处铁冶所，允许民间自由采炼，每年交纳课程（实物税）。洪武三十一年（1398），因内库贮铁量不足，朝廷下令重开铁冶所。永乐时期，又在四川龙州，辽东宁辽左卫、三万卫和遵化新设了铁冶。遵化冶铁所的规模很大，冶铁技术也十分高。官营的铜矿和铅矿在这一时期发展不大。铜、铅是铸造铜币的原料，官府控制较严。洪武时期，在济南、青州、莱州建有铅厂，年产量达 32 余万斤。江西德兴、铅山两地的铜场，在宣宗时期年产量可达 50 余万斤。金、银是贵金属，具有货币价值，官府对金、银矿的开采和冶炼控制极严。洪武时期，福建尤溪县银屏山设置银场局，有炉冶 42 座，规模很大。此外，在浙江的温州、处州、丽水、平

阳等地也设有银场。永乐年间，在陕西商县、福建浦城、贵州太平溪、云南大理等地设置金银矿场。永乐十二年(1414)，全国年课金约为495两，年课银约为393900多两。宣德九年(1434)，全国年课金约为335两，年课银约为127608两。事实上，这些数字是朝廷派给当地的岁征数额，而并不是实际产量，因此不能完全反映这时期金、银矿冶的实际情况。明代的矿冶技术较前代有所进步，永乐年间所铸的华严大铜钟，高5.8米，重84000斤，钟口铸有《金刚经》，钟内铸有《华严经》《光明经》，钟的表面有诸佛菩萨名号，共计二十多万字，至今仍可辨识，显示了高超的铸造技术。

青花海水龙纹扁瓶

明初造船业十分发达。造船业也分为官营和民营，其中以官营为主。南京的龙江船厂、福州的五虎门船厂、新会的东莞船厂是著名的造船业的中心。南京的龙江船厂是明初官营造船业中规模最大的，厂内分工很细，除船主体工厂以外，还设有细木、油漆、铁件、舱作、蓬作、索作、缆作等作坊。龙江宝船厂专门负责为郑和下西洋制造大型的海船，厂里工匠都是从闽、粤、江、浙等地征调而来，技术十分高超。福建福州船厂专门生产抵御倭寇的战船，即所谓的“大福船”。据《明史·食货志》载，这种船“能容百人，底尖上阔，昂首尾高，舵楼三重，帆桅二，傍护以板，上设木女墙及砲床。中为四层，最下实土石，次寝息所，次左右六门，中置水柜，扬帆炊爨皆在是。最上如露台，穴梯而登，傍设翼板，可凭以战，矢石火器皆俯发，可顺风行”。此外，政府在太仓、临清、直沽、辽东吉林等地也都设有造船厂。官营造船厂生产种类很多，如海上远航用的大型海船、用来作战的战船、运粮的浅船以及航行在江河之上的快船等等。民间造船厂则主要生产小型的民运船只。明初造船业的制造技术和生产总量都居于世界前列，是发展水平较高的手工业部门。

明初的制盐业由官府垄断，盐务由户部掌管，盐价和盐税收入是与田赋收入同等重要的官府财源。洪武时期，设有两淮、两浙、长芦、山东、福建、河东六个都转运盐使司(简称“转运司”“盐运司”或“盐司”)。此外，在广东、海北、四川、云南黑盐井、白盐井、安宁盐井、五井等地设七个盐课提举司(简称“提举司”)。盐运司和提举司是明代管理盐务的最高地方机构，下设分司、盐课司等机构，设在盐业生产地。明初，制盐业的生产者称为灶户。灶户和匠户一样属于灶籍，不许随便脱籍。灶户每年生产的原盐，定额之内称为“正盐”，多生产的部分称为“余盐”。“余盐”也归官府专卖，灶户不得私自出卖。洪武时期规定，灶户私自出卖余盐则处以绞刑。

明初农业和手工业的发展给商业带来了新的发展契机，特别是这一时期，交通事业发展很快，给商业的发展扫除了障碍。洪武时期，整顿驿站。永乐年间，大运河沟通了南北。这些都有力地促进了商业的发展，加强了南北地区和全国各地的经济交流。江南的

南京、扬州、苏州、杭州等地，成为以手工业和商业闻名的城市。中原地区社会安定和商业的发展，使内地与边疆少数民族的贸易恢复起来。朝廷在边境设立了茶、马市场，进行与少数民族的茶、马贸易。这种贸易不可避免地带有浓厚的政治色彩，但加强了各族人民的经济往来，促进了边疆地区的经济发展。

明初的边疆统治

明朝建国后，大力防守北边，壮大了国威。成祖即位后采取恩威并施的政策，在广阔的边境建立起自己的统治。

设立奴儿干都司

洪武元年（1368），明军北伐紧逼元大都（今北京），元顺帝仓皇北逃，明军遂占领了大都，元朝宣告灭亡。但其时元军主力尚存，数十万精兵强将盘踞在从东北至西北绵延数千里的北疆一带，时常南下侵扰，极大地威胁了明朝北疆的安全。为了稳固建立统治不久的北方地区，明朝一方面加强边防，一方面采取安抚边疆地区少数民族的策略，以分化瓦解元朝的残余势力。

女真这个古老的民族，在秦以前称肃慎，隋唐时期称为靺鞨，辽代时才叫女真。明朝永乐时期，朝廷为了对东北地区进行统治，将其分为建州女真、海西女真、野人女真，合称为“女真三部”。“野人女真”生活在黑龙江两岸广大地域，此时他们还处于原始社会末期，“道在三泽之表，其民曰吉列迷，及诸种野人杂居焉；其地不生五谷，不产布帛，蓄养惟狗；或以捕鱼为业，食肉而衣皮，好弓矢”。建州女真则居住在牡丹江、绥芬河流域和长白山一带，以及今黑龙江省依兰县。海西女真主要在海西江（今松花江）南岸一带活动，因海西江而得名为海西女真。三部中，以海西女真的进化程度最高，野人女真较为落后。元朝时，他们归辽阳行省管辖，然而元朝政府对他们的统治和管理只是象征性的，并没有多大的实际意义。明朝建国后，朝廷对于北疆的统治极为重视。明朝以大都为北方的战略枢纽，在其东西两翼展开防卫，屯有重兵。为了牵制北元势力，明朝积极地经营东北。朱元璋在攻占大都后，就派人到辽阳行省招降。洪武四年（1371），“元辽阳行省平章刘益，以辽东州郡地图并籍其钱粮兵马之数”投降明朝。明朝设辽东卫指挥使司（后改称辽东都指挥使司，简称“辽东都司”），以刘益为指挥同知，辖区为今辽宁省大部。之后，明朝又以辽东都司为依托，不断向西发展势力，先后建立兀良哈三卫、大宁卫等。洪武二十年（1387），太祖派大将冯国胜、傅友德和蓝玉率兵二十万征讨元朝残余势力纳哈出，纳哈出归降。此后，太祖朱元璋对东北各族提出以王化吸附其归属的策略，多次派人到东北各地进行诏谕，并给予一定的物质帮助，赢得各部的拥戴。

成祖即位后，定都北京。为巩固北部边防，他多次亲率大军北攻大漠，重创了蒙古残余势力。他采取“以夷制夷”的民族政策，招抚东北各少数民族，封其首领为世袭官员，统率所属各部。永乐元年（1403），成祖“遣行人邢枢偕知县张斌往谕奴儿干，至吉烈迷诸部

落诏抚之”,“于是海西、建州、野人女真诸酋长,悉境来附”。成祖下令,对于这些归顺的部落,以本部落为基础,统一设立了军事机构——卫所,任命各部落首领为卫所的世袭官员。这些卫所以“守备为本”,兼管民政,是军政合一的机构。从永乐元年开始,朝廷在奴儿干地区先后设立了一百三十四个卫所,其分布遍于今鄂嫩河、嫩江、松花江、格林河、乌第河、乌苏里江领域。到永乐七年(1409)时,几乎整个奴儿干地区都归附了明朝,归奴儿干卫统辖。在这些卫所当中,地处北山(今外兴安岭)、兀的河(今乌第河)和黑龙江下游的卫所离辽东都司所在地辽阳远达五六千里,管理多有不便。形势的发展,需要设置一个更高级别的政府机构来管理这一地区。同年四月,奴儿干地区的一个名叫忽剌冬奴的酋长进京,奏称奴儿干“其地冲要,宜立元帅府”。明成祖同意了这一建议,在这年的闰四月下旨设置奴儿干都指挥使司(简称“奴儿干都司”),以汉人官员康旺为都指挥使同知、王肇舟为都指挥佥事,治所在黑龙江下游东岸的特林。

奇楞人

永乐九年(1411),康旺、王肇舟等奴儿干都司的官员,会同钦差大臣亦失哈,“率官军一千余人、巨船二十五艘,复至其国,开设奴儿干都司”。亦失哈对所到之处的女真部落首领大加封赏,“授以官爵印信,赐以衣服,赏以布钞,大赍而还”,同时还“依土立兴卫所,收集旧部人民,使之自相统属”,建立了一套完善的统治体制,从而确立了明朝对奴儿干地区的有效统治。

奴儿干都司是明朝政府设置的第十八个都司,管辖黑龙江、精奇里江(今俄罗斯结雅河)、乌苏里江、松花江流域等地以及库页岛(今俄罗斯萨哈林岛),与辽东都司相依相辅,是明代在东北地区的一个非常重要的据点。女真族三部,还有这一地区的蒙古族及其他各族人民都受奴儿干都司的管辖。奴儿干都司是当地军政合一机构,与其他都司不同,直接隶属于中央政府的清吏司。

奴儿干都司下设都指挥使、都指挥同知、都指挥佥事等职,品秩由正二品递减至正三品,均由明朝从内地派往担任,属于“流官”。每隔几年要调换一次,但不按照明代“凡流官不袭”的惯例处理,而是“父死子代,世世不绝”,以维护该地区的长治久安。而卫所的官员,如卫指挥使、千户等职,均由当地少数民族部落首领担任,代代世袭,称为“土官”。土官的任命、升降和承袭,都必须经过明政府的批准行文,方可生效。

为了加强奴儿干都司与内地的联系,明朝恢复了元朝时候在北方设立的驿站,从辽东都司的边境到奴儿干的满泾(在奴儿干都司对岸),建设了四十五个驿站,同时又在吉

林松花江岸设立造船厂，以便通过水路运输粮食、贡品和其他货物。这种种措施，使奴儿干地区的落后面貌有了极大的改善，民族融合的步伐大大加快，经济日益繁荣。

明成祖亲征漠北

元顺帝逃往漠北后，于洪武三年（1370）死于应昌（今内蒙古克什克腾旗西北达里诺尔西）。其子爱猷识理达腊继位，逃往和林（今蒙古人民共和国哈尔和林），史称“北元”。永乐初年，蒙古贵族势力发生内乱，遂分裂为鞑靼、瓦剌和兀良哈三部。鞑靼部居住在今俄罗斯贝加尔湖以南和蒙古人民共和国的大部分地区；瓦剌部居住在今蒙古人民共和国西部和准噶尔盆地一带；兀良哈部则占据今老哈河（今属内蒙古）和辽河流域一带。

朱棣

三部中以鞑靼部最为强盛，鞑靼部首领本雅失里于永乐七年（1409）斩杀了成祖派遣的使臣，并在明朝边境大肆剽掠。这一事件成为战争的导火索。同年七月，成祖朱棣命令淇国公丘福为征虏大将军，率精骑十万出征鞑靼。丘福轻敌冒进，孤军深入，导致全军覆灭。败讯传至朝廷，成祖大怒，决定御驾亲征。

永乐八年（1410）二月，朱棣率五十万大军亲征。三月出塞，抵凌霄峰（今河北省张北东北）。四月，抵阔滦海（今内蒙古呼伦湖）。五月初，进至胪朐河（今克鲁伦河）流域。本雅失里闻讯后，尽弃辎重牲畜，率领一部分军队逃至瓦剌部。太师阿鲁台则带领另一部分人马东逃。朱棣兵分两路，一部分人马负责监视阿鲁台部，自己亲自率领另一部分大军追击本雅失里。双方在斡难河畔相遇，发生了一场激战。本雅失里大败，仅率七骑突出重围，在逃亡途中被瓦剌所杀。两路明朝大军汇合后，挥师攻击阿鲁台，在飞云壑和静虏镇（今哈拉哈河南岸）重创阿鲁台部，斩杀无数，阿鲁台败退。鞑靼部经过这次打击，降服了明朝，鞑靼太师向明朝称臣进贡马匹。

本雅失里死后，阿鲁台屡次请求明成祖出兵攻打瓦剌，为大汗本雅失里报仇雪恨。另一方面，鞑靼战败后，瓦剌部逐渐强盛起来，一再声称要进攻鞑靼，并不断以武力要挟明朝，妄图占领明朝的宁夏、甘肃地区。在这种形势下，成祖决定亲率大军征讨瓦剌部。

永乐十二年（1414）三月，成祖率领三十万大军由京师出发，并让皇太孙从行。六月初，前锋部队在三峡口（今内蒙古多伦西北）大败瓦剌部的游兵。朱棣乘势向西北方向进攻，在忽兰忽失温（今蒙古人民共和国首都乌兰巴托）与瓦剌大军相遇，爆发一场大战。瓦剌军大败，朱棣顺势追击。瓦剌部受此重创，此后多年不敢侵犯明朝边境。次年，瓦剌

部向明朝称臣进贡。

经过数年的恢复,鞑靼部的势力日渐强盛。阿鲁台改变了对明朝的依附政策,反叛明朝,不仅轻侮、拘留明朝使节,还时常骚扰明朝北部边境。朱棣为此致书劝止阿鲁台,但阿鲁台不予理会,依旧我行我素。永乐十九年(1421)十月,阿鲁台率大军围攻明朝北方重镇兴和,并斩杀了指挥使王祥。为了打击鞑靼的嚣张气焰,朱棣决定第三次亲征。

永乐二十年(1422)二月,成祖率大军出征。当明朝大军来到宣府(今河北宣化)鸡鸣山时,阿鲁台闻讯后乘夜逃跑,避而不战。五月,大军过偏岭(今河北沽源南),举行阅兵式。朱棣告谕兵将:“兵行犹水,水因地而顺流,兵因敌而作势,水无常行,兵无常势,能因敌变化取胜者,得势者也。”为了鼓舞士气,朱棣还亲自作平虏曲,供将士传唱。七月,大军来到煞胡原,俘获了阿鲁台部属,得知阿鲁台已仓皇北遁。朱棣生怕重蹈覆辙,下令停止追击。朱棣认为兀良哈部为阿鲁台之羽翼,在回军途中派两万人马分五路攻打兀良哈部。兀良哈部得知大军来袭,仓皇西逃。朱棣指挥军队夹击围歼,兀良哈部大败。九月初,成祖大胜而归。

胡人出猎图(局部)

永乐二十一年(1423),鞑靼首领阿鲁台再次率军袭扰明朝边境,成祖决定再次亲征。九月上旬,大军来到沙城(今河北怀来),阿鲁台的部将阿失帖木儿率众来降。十月,明军继续北上。鞑靼王子也先土干率部众来降,朱棣立即封其为忠勇王,赐名金忠,余者皆有封赏。十一月,成祖班师回朝。

永乐二十二年(1424)正月,鞑靼阿鲁台出兵扰袭大同等地,朱棣决定第五次亲征。忠勇王金忠自降明后,多次请求出兵攻打阿鲁台,朱棣任命他为前锋。明朝的大军一直行至答兰纳木儿河,鞑靼军避而不战。因军中粮食日渐匮乏,成祖遂命班师回京。在回师途中,成祖身染重病。七月,大军来到榆木川,朱棣病死在军中。

占据漠北的蒙古割据势力,是明王朝面临的最大威胁。成祖利用蒙古各部之间的矛盾,频频反击,五次远征漠北,进一步巩固了明王朝的统治。

驿道直达乌斯藏

西藏在明代称乌斯藏，藏族的上层喇嘛和各个部落的酋长成为各级封建主，占有大量的农奴和牲畜，对藏族人民进行统治。元朝政府利用当地的宗教势力统一了藏族地区，之后又大力扶植萨迦派设立了一系列的军政机构。元世祖忽必烈封花教首领八思巴为“大宝法王”，在西藏实行政教合一，八思巴成为西藏的政治领袖。八思巴去世后，元朝政府赐号为“大元帝师”，此后的“大宝法王”皆被称为“帝师”。明朝建国后，承袭元朝旧制，利用宗教势力统治西藏。洪武二年(1369)，太祖朱元璋多次派官员到西藏，招谕各地僧俗首领归顺新朝，宣布承认元朝所封僧侣的封号。此后，朝廷派陕西行省员外郎许允德到西藏，“令举元故官赴京授职”。

洪武六年(1373)，明太祖颁降诏谕：“我国家受天明命，统御万方，恩抚善良，武威不服。凡在幅员之内，咸推一视之仁。乃者摄帝师喃加巴藏卜率所举故国公、司徒、宣慰、招讨、元帅、万户诸人，自远入朝。朕嘉其识天命，不劳师旅，共效职方之贡。已授师及故国公等为指挥同知等宫，皆给诰印。自今为官者务遵朝廷之法，抚安一方；僧务敦化导之戒，率民为善，共享太平，永绥福祉，岂不休哉。”这样，西藏最后一位故元摄帝师喃加巴藏卜奉诏归顺明朝政府，被封为“炽盛佛宝国师”，授以玉印。同时，朝廷根据喃加巴藏卜的举荐，将元朝在西藏所封的旧官员一百余名，分别封为指挥同知、佥事、宣慰使同知、副使、元帅、招讨等各级官职。其他僧俗首领争相归附，上缴元朝旧敕印信，换取明朝新敕印信。

历史小常识：永宁寺碑

奴儿干都司设立后，明朝廷对这一地区的少数民族采取“柔化斯民”的政策，不仅直接委派官员对奴儿干地区进行有效管理，还经常派遣官员到该地区巡视。太监亦失哈就曾多次奉命到奴儿干都司巡视，并主持官员和士兵的调换。永乐十一年(1413)，钦差大臣亦失哈在奴儿干都司的治所(今俄罗斯特林)修建了永宁寺，并在寺旁立下一块石碑。上刻《敕建永宁寺记》。宣德八年(1433)，朝廷对永宁寺进行了重修，又立下一块石碑，刻有《宣德八年重建永宁寺记》。这两座石碑记录了奴儿干都司的设置经过以及亦失哈等多次宣谕镇抚其地的情况，碑文用汉、蒙古、女真、藏四体书写。从永宁寺碑上所刻的官员人名来看，有汉族人、蒙古人、女真人以及其他的少数民族人。永宁寺碑现藏于俄罗斯符拉迪沃斯托克博物馆，是明朝统辖和管理我国黑龙辽流域的铁证，具有重要的历史意义。

为了加强对西藏地方的统治，自洪武四年到洪武六年，朝廷先后在西藏地区设置了乌斯藏、朵甘卫指挥使司，下设宣慰使司、招讨司、万户府、千户所等行政机构。洪武七年，乌斯藏、朵甘卫指挥使司升为都指挥司。明廷直接敕封当地的僧俗首领担任各级官员，并直接决定这些官员的升迁、任免和更替。

喇嘛教在西藏势力极大，内部教派林立，互相争夺统治权。永乐时期，元朝扶持起来的藏传佛教萨迦教派逐渐衰落，帕木竹巴派、止贡派、噶玛派、格鲁派等教派的势力日益

强大。明朝统治者根据当时西藏教派林立的特点，派人持节入藏，与各地方、各教派领袖人物多方接触，对具有地方实力的诸教派首领都赐加封号，最高者为王和法王。

永乐年间，萨迦派在西藏仍有举足轻重的力量。永乐十一年（1413），明廷封萨迦派尚师昆泽思巴为大乘法王，领天下释教。所谓尚师是藏语对高级僧侣的尊称。大乘法王之封，是继大宝法王之后超越地域的教法王爵，地位十分崇高。同年，明廷将萨迦派另一支系的南渴烈思巴封为思达藏辅教王。同年，明廷还封止贡派真巴儿吉监藏为阐教王，使止贡派与帕木竹巴派、萨迦诸派相抗衡。

帕木竹巴是西藏封教噶举派中的一支，因创始人帕木竹巴·多吉杰布得名。帕木竹巴僧章阳沙加监藏在西藏地区享有很高的威望，被元朝封为灌顶国师。14世纪后期，帕木竹巴派的势力发展很快，胜过了萨迦派。洪武五年（1372），明朝仍封章阳沙加为灌顶国师。章阳沙加去世后，他的徒弟承袭了国师一职。永乐四年（1406），朝廷封灌顶国师吉剌思巴监藏为阐化王，赐印并厚赏。其后，每一代阐化王都由中央政府册封。这一举措改变了元朝以宣政院掌治释教僧徒的做法，开始以王爵封授各教派僧人。

宗喀巴

永乐元年（1403），噶玛派第五世曲贝藏卜应明廷之召，来到南京，为明太祖朱元璋夫妇追荐冥福，成祖封曲贝藏卜“如来大宝法王”名号。永乐五年（1407），封噶玛派尚师哈立麻为如来大宝法王。同年，朝廷封噶玛派馆觉（今西藏贡觉）灌顶国师宗巴斡（南哥巴藏卜）为护教王；封噶玛派灵藏（今四川邓柯）灌顶国师著思巴儿监藏为赞善王。

格鲁派出现在明朝前期，是西藏喇嘛教中新兴的一个教派，因其僧侣头戴黄色的僧帽，俗名为“黄教”。当时喇嘛教各教派戒律松弛，严重削弱了其在社会上的影响力。格鲁派的创始人宗喀巴进行宗教改革，严禁僧人娶妻生子和进行各种世俗活动，同时加强

对经典的研究，在西藏享有崇高的声望，引起明廷的注意。明廷于永乐六年(1408)、永乐十二年(1414)两次宣召宗喀巴入京，皆因事而未能成行。永乐十二年，宗喀巴命其上首弟子释迦也先代行进京。宣德九年(1434)，释迦也先再度进京，宣宗封其为大慈法王。此后，格鲁派逐渐成为西藏地区占统治地位的教派。

直到宣德时期，朝廷先后在西藏封授了三大法王(大宝法王、大乘法王、大慈法王)和五大地方之王(阐化王、护教王、赞善王、辅教王、阐教王)。次于法王的封号是“王”，五王都是各有领地的政教首领，其承嗣必须上报中央政府，由中央政府派人、入藏册封。明朝还制定了西藏的僧官制度，僧官分为法王、王、西天佛子、大国师、国师、禅师、都纲、喇嘛等。三大法王因从事传法没有一定的驻地，其封号由师徒或转世相传承，不由朝廷任命，修贡也没有定期，也没有任命下一级僧官的权力。法王以下的各级僧官均由朝廷颁授印信，以“忠修职贡”“抚治人民”，其任免升迁皆由朝廷直接决定。明朝规定，除三大法王外，西藏地方的各级僧俗官员都必须在规定的时间里向朝廷修贡。由于朝廷赏赐丰厚，入贡者络绎不绝。

明朝政府还十分重视发展内地与西藏的交通。永乐五年，阐化王、护教王、赞善王奉朝廷之命，修建了从四川雅州(今四川雅安)到乌斯藏的驿道。这样，西藏地区与内地的交通，除了由甘肃经青海入藏外，又多了一条路线。此后，朝廷多次下令对这条驿道的驿站进行修复与增设，“自是道路毕通，使臣往还数万里，无虞盗贼矣”，大大加强了内地与西藏地方之间的政治、经济、文化交流。

内外交困

正统十四年(1449)至正德年间的七十多年，在明朝历史上，乃至在中国封建社会历史上占有举足轻重的地位。一方面，长期相对稳定的政局，使统治者怠于政事，宦官因而得以窃取朝政大权，造成了政治上的腐败与黑暗；另一方面，土地兼并之风日炽，社会矛盾日益尖锐，不堪忍受的农民一次次地掀起了武装斗争的高潮。此时朝政黑暗，财政拮据，边防废弛，侵略势力纷至沓来，朝廷失去了定国安边的强大实力，处于内外交困之中。

土木堡之变

宣德十年(1435)正月，宣宗朱瞻基病逝，皇太子朱祁镇即位，是为英宗，年号正统。时英宗年仅九岁，太皇太后张氏用“三杨”等老臣主持政务。正统七年(1442)太皇太后张氏病故，太监王振窃取了朝政大权，政治日趋腐败。时瓦剌在北方崛起，王振却不予重视，边防松弛。正统十四年七月，也先率瓦剌大军大举入侵明朝。在没有做好准备的情况下，王振挟英宗率五十万大军亲征，导致英宗在土木堡之变中被瓦剌所俘。这使强盛的大明王朝面临着前所未有的危机。

王振乱政

英宗当太子时，太监王振在东宫伴他读书并服侍他。王振为人狡黠，摸透了英宗的秉性，遂曲意逢迎，取得朱祁镇的欢心。朱祁镇尊称王振为“先生”，而不直呼其姓名。后来，宣宗壮年去世，年仅九岁的朱祁镇成了新皇帝。王振依仗英宗的宠信，入掌司礼监，逐渐开始掌握朝政大权，开启了明朝宦官专权的序幕。

王振是山西大同府蔚州（今河北蔚县）人。他本是个市井无赖，永乐末年自愿净身当了太监，宣宗时被选入内书堂读书。宣德时期，宦官的整体文化素质并不高，王振便显得与众不同。为此，宣宗让他进了司礼监当了秉笔太监，又让他侍候皇太子朱祁镇读书。

明英宗

明朝初年，太祖朱元璋鉴于历代宦官干预朝政、酿成祸乱的教训，曾制定了许多制度，主要是不许宦官读书识字，禁止宦官兼任外臣文武官衔，不许与各部往来，不得互通消息，不许干预外事等，且太监的官职不得超过四品。太祖还在宫中立一铁碑，上书：“内臣不得干预政事，预者斩！”太祖对太监的管理十分严格，对违犯禁令的太监严惩不贷，因此在洪武时期太监没有什么势力。但是，这个制度在永乐年间便被破坏了。成祖在夺取帝王时，得到了宦官的帮助，便将宦官视作心腹。自永乐朝开始，宦官便可以出使外国，还可以到地方去征税、采办、监军，甚至可以担当镇守地方、边防的重任。宣宗时，在宫中设内书堂，选小太监为小内侍，令大学士陈山为教习，使宦官读书成为定制。

英宗继位后，群臣以皇上年纪幼小为由，请求太皇太后张氏垂帘听政。张氏坚持不允，说：“不要破坏祖宗成法，只要废止一切不急的事务，勉励皇帝向前人学习，并委托得力大臣就可以了。”

太皇太后张氏是仁宗的皇后，见地出众，深得成祖及仁孝文皇后的欢心。仁宗朱高炽在当太子时多次被汉王、赵王所离间，又因身体肥硕不能骑射，成祖对此十分不满，大减太子的宫膳，且多次要另立太子，张皇后从中巧为周旋，改善了父子之间的关系。朱高炽最后坐稳太子之位，张皇后起到了很大的作用。宣宗继位后尊奉张氏为皇太后，军国大事多受命于皇太后，非常尊重她的裁决。当时国家安宁祥泰，宣宗对皇太后入奉起居，出奉游宴，四方有所进献，即便是微小物品，也一定要先奉送给皇太后。张太后对外戚要求严格，她的弟弟张升虽然为人忠厚谨慎，却一直没有让他参与国家大事。宣宗驾崩时，英宗年仅九岁，一些大臣主张立襄王为皇帝。张氏立刻把各位大臣召集到宫中，指着朱

祁镇说："这就是新天子啊！"群臣立刻叩头高呼万岁，英宗的皇位这才定了下来，流言也就不攻自破了。

英宗刚即位时，朝政由他的祖母和辅政五大臣主持。王振只能通过怂恿小皇帝来干预朝政。此时，他虽然已掌握了一些权力，却不能随心所欲。他最忌惮的人就是太皇太后张氏。太皇太后精明能干，把政事委托于杨荣、杨士奇、杨溥等元老重臣。太皇太后虽然不直接参与朝政，但对朝政十分关心，在朝中有着举足轻重的地位。

王振为了巩固自己的地位，故作姿态，耍弄权术，以取得张太后和"三杨"的好感。一次，英宗朱祁镇与小宦官在宫廷内击球，王振跪奏说："先皇帝为一球子，几误天下，陛下复踵其好，如社稷何！"他每次到内阁去传旨时，都表现得非常恭敬，"立阁外，不敢入，'三杨'呼入坐，以宠异之"。暗地里王振却勾结内外官僚，窃取权力。起初，张太后对王振是存有戒心的。在英宗刚即位后的一天，张太后就把英国公张辅，大学士杨士奇、杨荣、杨溥和尚书胡濙召到便殿，对朱祁镇说这些大臣是"先朝所简贻皇帝者，有行必与之计。非五人赞成不可行也"。之后，张太后又把王振招来，对他说："汝侍皇帝起居多不律，今当赐汝死。"太皇太后话音刚落，几个女官便一拥而上，把刀架在他的脖子上。王振吓得面如土色，拼命磕头求饶。英宗急忙跪地求情，皇帝身边的大臣见英宗跪下，也只好跪下为王振求情。张太后这才宽免了王振，命他"此后不可令干国事也"。

仁孝文皇后

王振谨言慎行，处处表现自己的忠心。正统四年（1439）十月，福建按察佥事廖谟杖死驿丞。驿丞是辅政大臣杨溥的同乡，而廖谟则是辅政大臣杨士奇的同乡。杨溥想为驿丞报仇，将廖谟处以死刑，杨士奇则想包庇廖谟，以"因公杀人"论罪。此事久议不决，闹到太后那里。王振乘机对太后说："二人皆挟乡故，抵命太重，因公太轻，宜对品降调。"太后认为他说得有道理，降廖谟为同知。太后见王振处理事情"秉公无私"，渐渐地信任他，有时还会交给他一些事情去办。王振在取得太皇太后的信任后，诱导年轻的英宗经常对臣下施以重刑，以防止朝臣的欺蔽行为。结果，很多大臣被责杖下狱。于是，一些官员畏服王振，更有一些阿谀献媚之辈投靠到他的门下。久而久之，王振便逐渐培植起自己的势力。

英宗年少即位，不知轻重，用王振掌管司礼监。司礼监是明代二十四个宦官衙门中最重要的一个，督理皇城内礼仪、刑名、当差、关防门禁等一切事务，更为重要的是替皇帝

管理内外一切奏章，代皇帝批答臣下的一切公文。每天大巨们的章奏，一般由皇帝亲批数本，其余的按照惯例由秉笔太监用朱笔楷书分批，再由内阁拟诏颁发。司礼监的宦官往往迎合皇帝的心意，取得皇帝的信任，欺上瞒下，在代皇帝批答奏章和传达皇帝的命令时，私下加以篡改，以此来威慑百官，从而来把持朝政大权。王振执掌了司礼监之后，便借此树立自己的权威。

正统四年，英宗年满十五岁，开始亲秉国政。王振就开始左右国家的大政方针。正统六年(1441)，宫中的奉天殿、华盖殿、谨身殿建成，英宗在奉天殿大宴百官，按照皇室规矩，宦官无论如何得宠都是没有资格参加宫宴的。宴会上，英宗想念王振，便派人前去问候。王振见了来人，生气地说："我像周公辅佐成王一样辅佐皇上，难道我就不能到宴会上去坐一坐吗！"来人将王振的话回复给英宗，英宗也觉得王振受到了委屈，立刻下令打开东华中门，召王振前来。王振应召而来，百官候于门外，望风罗拜，王振春风满面，得意扬扬。

泥塑太监雕像

正统七年，太皇太后病逝，元老重臣或死或贬，王振更加擅作威福，肆无忌惮。他命侄子王山为锦衣卫指挥，王林为锦衣卫佥事，其党羽一个个平步青云，飞黄腾达。他命人盗走太祖立于宫中的"内臣不得干预政事"的铁碑，并大兴土木，役使军民在皇城内修建自己的府第。他的府第在京城内外有好几所，富丽堂皇，不亚于皇宫。

他在朝中恣意排斥异己，陷害忠良。侍讲刘球在奏疏中语刺王振，被逮捕下狱，王振令人将其残酷肢解。大理寺少卿不愿附从王振，王振记恨在心，设法将他下狱。御史李铎碰到王振没有下跪，被谪戍铁岭。驸马都尉石璟，有一回斥骂自己家中的阉人，王振得知后心怀不满，把他逮捕入狱。几个内侍和锦衣卫卒对王振的专横心怀不平，以匿名书揭露王振的种种罪行，王振查获后，把这几个人全部处以磔刑。在王振的淫威下，许多正直的朝臣相继受到迫害。

王振如此专横，但昏庸的英宗一直对他信任有加。正统十一年(1446)，英宗赏给王振白金等物，还特赐敕一道，内称王振"性资忠孝，度量弘深"。王振在朝中呼风唤雨，公侯勋戚也不得不尊称他为"翁父"，至于那些畏祸者更是争附其下。许多人为了讨好他，

备厚礼晋见，王振来者不拒，招降纳叛，卖官鬻爵，大肆聚敛。土木堡之变后，朝廷抄没王振家产，从他家中搜出金银六十余库，玉盘百面，珊瑚高达六十七尺的就有二十余株，其他珍珠宝玩，不计其数。

土木“北狩”

洪武后期，塞北的贵族势力内部互相残杀，分裂为鞑靼、瓦剌和兀良哈三部。鞑靼为明朝对中部蒙古的称谓，游牧于在今贝加尔湖以南和蒙古人民共和国的大部分地区。瓦剌为明朝对西部蒙古的称谓，游牧于今蒙古人民共和国西部和准噶尔盆地一带。兀良哈部聚居在今老哈河（今属内蒙古）和辽河流域一带，靠近中原，实力也比较弱，在洪武时期就已归附中原。永乐末年，蒙古瓦剌部逐渐强大起来，首领脱欢率领部众攻杀了鞑靼的阿鲁台，吞并了各部落，立成吉思汗的后裔脱脱不花为可汗，自为太师（丞相），把持大权。明英宗正统四年（1439），脱欢去世，他的儿子也先嗣位。他征服了漠南诸部，数次侵扰明朝辽东、宣府、大同等边镇，以致明朝连年边患不断。

王振藻饰太平，对瓦剌的贡使优礼款待、有求必应，以求得边境的安宁。按原来规定，每年瓦剌到明朝的贡使不得超过五十人。正统朝时，明朝政府软弱无能，瓦剌贪图明朝优厚的赏赐，贡使逐年增加到两千人。如果他们的要求不能得到满足，就要在边境制造事端，所以明朝赐予的财物也与年俱增。正统十四年（1449）春，瓦剌派两千人前来明朝贡马，为了多领赏赐就冒称有三千人。王振令礼部按实际人数赐予赏赐，还削减马价五分之四，也先大为震怒。再加上明朝本来答应把公主嫁给他的儿子，现在却出尔反尔。同年七月，也先诱胁其他部落一起向明朝进攻。

明朝因为太平已久，久无战事，军队的战斗力很差。在这种情况下，在边境驻守的部队根本就不是强悍的瓦剌部落士兵的对手，纷纷不战而逃，防御战线很快就崩溃了。瓦剌军队长驱直入，一直攻到了内地，包围了西北重要的军事基地——大同。边镇告急，边报接二连三地传到京城。英宗把大臣们都招来商议对策，王振为了邀功固宠，极力怂恿英宗亲征。七月十五日，英宗下诏令自己的弟弟郕王朱祁钰留守北京，驸马都尉焦敬辅政。于谦等大臣听说英宗要亲征，认为“六师不宜轻出”，而且时间又如此仓促，都劝谏皇帝不要亲征，主张派大将出兵讨伐。但是，英宗听信王振的蛊惑，认为自己亲率大军定可一战而胜，竟下令再谏者以煽动军心罪论处，斩首示众。七月十七日，在王振的陪伴下，英宗率五十万大军从北京出发。

明朝大军出居庸关，过怀来，抵宣府。由于时间仓促，军队所需的粮草辎重并没有完全准备好，到达宣府时，就开始缺少粮草，许多士兵饿死在路上。一路上风雨交加，士气低落，而前方战事却越来越吃紧，随行的大臣不断请求英宗回京，王振大怒，把在场的大臣痛骂了一顿，还命兵部尚书邝野和户部尚书王佐在草地上跪了一天。王振的心腹、钦天监正彭德清见形势不妙，也劝王振：“再往前行，只恐凶多吉少。”王振却说：“果真如此，那也是命。”学士曹鼐听了，忍不住责问道：“臣子生命不足惜，皇上系宗社安危，岂可轻率前进！”但王振仍坚持继续深入。

胡人出猎图(局部)

八月初,大军到达大同,王振还想北进,这时,前方全军覆没的消息传来,英宗和王振这才开始慌张起来,决定回师。起初,军队准备从紫荆关撤退,途经蔚州,王振想邀英宗临幸他的家乡,借此炫耀自己的权势,于是,大军就向蔚州方向行进。走了四十里后,王振忽然想起大队人马行进势必会践踏他庄田里的庄稼,便下令改道宣府。也先得知英宗退兵,就日夜兼程,紧追不舍。

几经周折,明朝大军在十三日才来到土木堡。土木堡距怀来城仅二十里,许多大臣主张进怀来城抵御,因为瓦剌军都是骑兵,擅长野战,却不擅长攻城。如果大军保护英宗进入城中,是可以脱险的。王振却以辎重车辆未到为由,拒绝进城。实际上,那一千多辆车上装的都是王振一路上搜刮来的民脂民膏。兵部尚书邝野见形势危急,来到行殿极力劝说英宗迅速入关,留下重兵殿后,严加防守。王振怒喝道:"腐儒怎会懂得行军作战,再胡说就砍掉你的脑袋!"他命令左右把邝野拖出去。

十四日,敌军追至,土木堡很快被瓦剌兵重重包围。土木堡地势高,挖井二丈多深还看不到水,而南面的河流又被瓦剌部队占领。这时人马已经两天多喝不到水,饥渴难耐。十五日,也先派使臣假装请和,指挥军队佯退,意在诱明军出营,好乘乱一举歼灭。王振和英宗不知是计,见瓦剌退兵,急忙下令移营取水,一时间阵形大乱。瓦剌兵突然回军掩杀,从四面冲杀过来,明军毫无准备,顿时溃不成军,被瓦剌骑兵往来践踏,死伤遍野。混战之中,邝野、张辅等随从大臣多遭死难。禁军将领樊世忍无可忍,痛斥王振误国,抡起手中大锤将王振锤杀于阵前,自己冲入敌阵,力战而死。明英宗跟随着亲兵数次突围都没成功,手下的将士越杀越少。明英宗无计可施,只好下马盘膝而坐,束手就擒。

土木堡这一战,明军几乎全军覆没。也先带着缴获的大量马匹、辎重,拥着英宗皇帝,退兵北去,这就是明史上的土木堡之变。土木堡之败,是明朝由盛而衰的分水岭,也是英宗人生经历的第一个低谷。

皇兄弟的政治博弈

也先俘获英宗后，大喜过望，企图以英宗为人质要挟明朝。在于谦等大臣的支持下，英宗之弟朱祁钰受命于危难之际，登上了皇位，有效地稳定了政局。北京保卫战后，也先无计可施，于景泰元年（1450）八月将英宗放归。代宗无意于传位于英宗，并将英宗软禁起来。景泰八年（1457）正月，徐有贞、石亨、曹吉祥等人乘代宗病重之机，发动政变，拥戴

长城图

英宗复位。英宗复辟成功后，将代宗废为郕王。病中的代宗大受打击，没过几天就去世了。石亨、曹吉祥以拥立之功把持了大权，朝政大坏，最后酿成了“曹石之变”，使国家元气大伤。

北京保卫战

正统十四年（1449）八月，明朝北征大军在土木堡遭瓦剌围歼，英宗被俘。失败的消息传到北京后，文武百官一片恐慌。英宗的母亲孙太后和皇后钱氏在内宫中号啕大哭，并把宫中的金银珠宝聚集在一起，企图用财物赎回英宗。也先见到送来的大批珠宝，认为英宗奇货可居，更加不肯将英宗放回来。

为了安定局势，孙太后于午门南接见百官，下诏立英宗年仅三岁的儿子朱见深为皇太子，命英宗之弟郕王朱祁钰监国。朱祁钰是监国的不二人选，因为英宗只有他一个弟弟，且太子朱见深年纪幼小，无法在此时承担起拯救大明江山的重任。此时孙太后并没有立朱祁钰为帝之意，诏书中说：“迩者贼寇肆虐，毒害生灵。皇帝罹忧宗社，不遑宁处，

躬率六师问罪。师徒不成，被留王庭。神器不可无主，兹于皇庶子之人，选贤与长，立见深为皇太子，正位东宫，仍命郕王为辅，代总国政，抚安百姓，布告天下。”不过不久后发生的“左顺门事件”，使局势产生了很大的变化。

土木堡之变后，明军精锐部队多已陷没，当时京城中疲卒不满十万，北京城内人心不安。郕王召集群臣讨论战守之策，“群臣聚哭于朝”，翰林侍讲徐珵（后改名为徐有贞）倡言南迁避难。兵部侍郎于谦慷慨陈词，坚决主张抗战，得到了吏部尚书王直、内阁大学士陈循的支持。孙太后与郕王便任命于谦负责抗御瓦剌。

金壶

八月十九日，于谦奏请调南北两京河南备操军、山东及南京沿海备倭军、江北及北京诸府运粮军以及宁阳候陈懋的军队亟赴北京。同日，调通州仓粮入京。各地部队先后抵达京城，人心日趋安定。八月二十日，于谦升任兵部尚书。

八月二十三日，朱祁钰在午门代理朝政。右都御史陈镒上奏，指出三振祸国殃民，应族诛以安民心。朝臣大都认为王振是土木堡之败的罪魁祸首，因此纷纷响应，痛哭声响彻殿宇。郕王朱祁钰犹豫不决，挥手命群臣退下。这时，王振党羽锦衣卫指挥马顺上前叱骂、驱逐朝臣。在悲愤之中，户科给事中王竑怒火中烧，上前扯住马顺的头发，呵斥道：“若曹奸党，罪当诛。”群臣们蜂拥而上，将马顺打死。随后群臣又索要王振的余党宦官毛贵、王长随。在大臣的压力下，二人被人从宫门中推出来，立刻又被大臣们打死。郕王想退避回宫，于谦上前拦住郕王，请求宣布马顺等人论罪当诛，参与殴杀的官员一概不予治罪。朱祁钰宣布了王振的罪状，王振家族中无论老幼皆被斩首，家产籍没。于谦当机立断，处置得宜，使混乱的局面在很短的时间内得到平息，朝野为之一振。

当时郕王朱祁钰没有皇帝的名分，明朝仍然处于一种国无君主的境况，不利于政令、军令的推行和人心的稳定。九月一日，群臣合请皇太后立郕王为帝，孙太后准议。九月六日，朱祁钰登基，是为代宗，遥尊英宗为太上皇，以明年年号为景泰元年，英宗长子朱见深仍为皇太子。代宗称帝后，稳定了动荡的朝廷政局，朝野上下一心，抵御瓦剌。

代宗即位后，重用于谦，斥退了主张南迁的大臣，积极筹划抗击瓦剌。于谦识拔和荐举了一批有才干的文武官员，从各方面大力整顿内政，加强战备。时“上下皆倚重谦（于谦），谦亦毅然以社稷安危为己任”。经过于谦的苦心经营，京师人心稳定，军事力量大大增强。

同年十月一日，也先挟英宗南下。代宗得到紧急军报后，京师即行戒严，初八日于谦受命提督各营军马，将士皆受节制。面对瓦剌的大军压境，代宗召集文武群臣商量对策。

总兵石亨提出将军队撤进城里，关闭北京九门，坚壁清野，以避贼锋。于谦坚决主张出城迎敌，说："敌军气焰嚣张，我军如果示弱，只会助长敌人的气势。"

在代宗的支持下，于谦分遣诸将率兵二十二万列阵于京城九门之外：总兵石亨、副总兵范广、武兴列阵于德胜门；都督陶瑾列阵于安定门；广宁伯刘安列阵于东直门；武进伯朱瑛列阵于朝阳门；都督刘聚列阵于西直门；镇远侯顾兴祖列阵于阜成门；都指挥李端列阵于正阳门；都督刘德新列阵于崇文门；都指挥杨节列阵于宣武门。于谦命兵部侍郎吴宁代理兵部的日常事务，亲自来到德胜门石亨军营，参加抵御瓦剌的战斗。各部队在城外部署就绪后，于谦即下令关闭各城城门，并颁布临阵军令："临阵将不顾军先退者，斩其将；军不顾将先退者，后队战前队。"于谦以忠义报国的道理晓谕众将士，明军官兵上下士气昂扬，誓与北京共存亡。

瓦剌大军来势凶猛，攻破了紫荆关，从紫荆关、白羊口两路进逼京城。十月十一日，瓦剌军来到北京城下，驻扎在西直门外。也先挟持英宗，要求明朝派人出迎，想乘机攻进城中。代宗和一些大臣有些动摇，想议和，就派人到军中问于谦的意见。于谦答道："今日止知有军旅，它非所敢闻。"在于谦的坚持下，代宗拒绝派人出迎。

十三日，瓦剌军与明军在德胜门外展开激战。于谦令石亨带兵埋伏在道路两旁的空屋里，另派数骑前去诱敌，待瓦剌大军来到埋伏圈后，前后夹攻，瓦剌大军人仰马翻，大败而逃。之后，瓦剌军转攻西直门，同样受到明军的坚决抗击。

这次战斗后，于谦根据实际情况重新进行部署，加强了西直门和彰义门（今广安门）之间的军事力量。瓦剌军在彰义门组织进攻，于谦命副总兵武兴、都督王敬等率领明军迎战。明军"俱以神铳列于前，弓矢短兵次之"，击退了瓦剌军的主力。此时，监军太监为了争功，领数百骑抢到阵前，令明军大乱，武兴中流矢而亡。瓦剌军乘机攻到土城，附近的老百姓纷纷跳上屋顶，用砖瓦投掷敌人，喊声震天。毛福寿等率军来援，瓦剌军腹背受敌，仓皇撤退。

也先本以为明军不堪一击，京城唾手可得，但经过五天的激战，瓦剌军死伤惨重，士气低落。也先听说各地的援军马上就要赶赴京城，害怕退回草原的后路被截断，于十五日夜晚拔营潜逃。于谦侦知英宗已经离开后，立即命石亨用大炮轰击瓦剌军营，瓦剌兵马死伤无数。也先被迫下令全线撤退，于谦派将领分路追击，乘胜扩大了战果。十一月初八日，瓦剌军退出塞外，京城解除戒严，北京保卫战取得了辉煌的胜利。

于谦临危受命，救国家于危难之时，不仅确保了京城的安全，而且粉碎了也先对中原的图谋，在中国历史上书写了辉煌壮丽的一页。

夺门之变

也先掳走英宗后，本想以英宗为人质，使明朝上下方寸大乱，从而实现自己的野心。明朝在于谦的带领下，众志成城，在京师大败瓦剌大军，使也先的这一图谋落空。景泰元年（1450），也先多次出兵南下，结果又为明廷所败。此时，瓦剌内部的矛盾也日益激化，反对也先的人愈来愈多。八月，也先被迫与明朝议和，送回英宗。

代宗朱祁钰与英宗朱祁镇是异母兄弟。朱祁钰当上皇帝后，对迎回英宗回国之事一直不太热心。八月初二日，也先给朱祁镇饯行，派人护送他回京。代宗朱祁钰无意让位，规定迎接朱祁镇的礼仪也异常简慢，只派侍读商辂率一轿二马迎于居庸关。十五日，朱祁镇回到北京，由安定门进入东安门，群臣在此朝见。代宗也在东安门谒见朱祁镇，双方完成了授受帝位的形式上的礼节。之后，代宗将英宗朱祁镇软禁在南宫（今北京南池子）。代宗对英宗严加防范，不让他与外界有任何接触。英宗不能随便见任何人，不能过问朝政，也不能走出宫门一步，就连每天的饮食都是由专人从墙洞中递进来的。

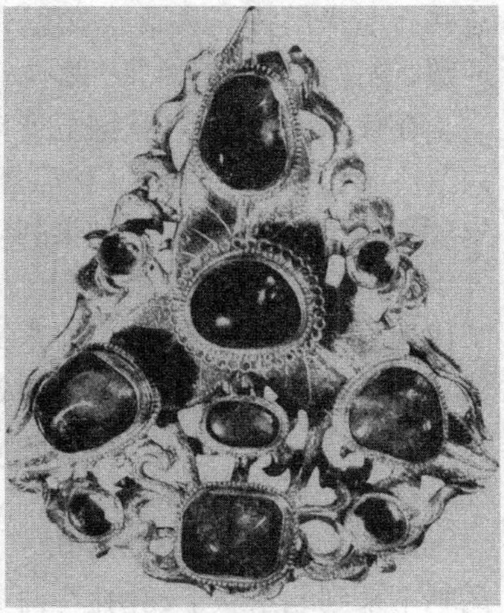
嵌宝石金帽饰

代宗为了解除后顾之忧，在小心防范英宗的同时，意欲废掉原太子朱见深，而改立自己的儿子为太子。朱见深是英宗的儿子，被立为太子后也没有什么大的过错，想要废掉他也不是一件容易的事。几经周折，景泰三年（1452）五月，代宗将太子朱见深废为沂王，将自己的儿子朱见济立为太子。朱见济是代宗唯一的儿子，被立为太子后不久就病死了，此事令代宗大受打击。代宗重用于谦等贤臣，击退了瓦刺大军，挽救了危难中的明朝，但始终为皇位的承袭问题所困扰，一直未能做出妥善安置。

景泰八年（1457）正月，代宗一病不起，不能视朝，群臣上奏请择立太子。代宗仍一味拖延，迟迟未有定论。副都御史徐有贞见代宗病重，想乘机拥立太上皇复位，以图迎复之功。徐有贞与武清侯石亨共谋废立之事，拉拢京营监军太监曹吉祥，密谋发动政变。他们偷偷地把消息传递给英宗，英宗答应按计划行事。

正月十六日夜，在徐有贞、石亨的组织下，张軏率领千余名将士在四更时分进入南宫。一行人簇拥着英宗离开南宫，行至东华门。守门的士兵远远地喝令他们站住，英宗对守门的人说："朕是太上皇！"门卫不敢拦阻，四散而逃。英宗来到奉天殿升座，徐有贞等人立即高呼万岁。十七日黎明，钟鼓齐鸣，诸门大开。此时，大臣们都在朝房中等待代宗临朝。听到钟鼓声后，群臣来到大殿，见英宗坐在宝座之上，方恍然大悟，纷纷跪倒，英宗复辟取得了成功。

卧病在床的代宗听到深夜之中的喧哗之声，不以为意。直到英宗派来的亲兵闯进他的宫中，宣布太上皇复辟了，方才明白过来。随后，英宗将代宗幽禁在西宫之中。代宗在一夜之间失去了皇位，成为阶下囚，心中忧愤难平，病情更为加重，没过几天，就去世了。这场宫廷政变，史称"南宫复辟"，又称"夺门之变"。

十七日，英宗便命徐有贞入内阁参与机务。次日，少保于谦、王文，学士陈循、萧镃、商辂，尚书俞士悦、江渊，都督范广，太监王诚、舒良、王勤、张玉被捕入狱。

二十一日，英宗改年号为天顺。他昏庸如前，对祸国殃民的王振追念不已，于天顺元

金爵、金托

年(1457)十月下诏恢复了王振的官位,“刻香木为(王)振形,招魂以葬,建祠祀之”,还在匾额上书写“旌忠”二字。于谦本对朝廷有大功,但因性格刚直,执法时不避权贵,得罪了很多大臣。徐有贞、石亨等人对他恨之入骨,一再上书以“谋逆”罪处死于谦。英宗感到于谦有大功于国家,有些于心不忍,徐有贞怂恿道:“不杀于谦,今日之事无名。”英宗下定决心,将于谦判处死刑,于谦的家属也被发配到边地充军。就这样,一位铁骨铮铮的功臣成为这场皇室权力斗争的牺牲品。许多大臣被视作于谦一党,遭到了残酷迫害。

于谦遇害后,天下人都认为他冤枉。有人感念于谦的耿直无私,偷偷收殓了他的尸骨。之后,于谦的女婿又把灵柩送到他的家乡杭州。于谦祠墓位于杭州西湖畔,与南宋民族英雄岳飞的墓相邻,后人有“赖有岳(岳飞)、于(于谦)双少保,人间始觉重西湖”的诗句。人们感佩于他们的忠义,每年到那里祭拜的人络绎不绝。

曹石之乱

在这起夺门之变中,有三个人踩着于谦的尸骨爬上了权力的顶峰,他们就是徐有贞、石亨和曹吉祥。

翰林侍讲徐有贞颇有智谋,热心功名。土木堡之变后,代宗召集群臣商议对策。徐有贞大声说:“对应星象,再根据历数,天命已去,只有南迁才能消除灾难。”他的话刚说完,就遭到兵部侍郎于谦的激烈反对。于谦慷慨陈词:“言南迁者,可斩也!京师是天下的根本,一动则大势已去。大家难道忘了宋朝南渡的教训吗?”于谦的话得到吏部尚书王直、内阁大学生陈循的支持,太监金英将徐有贞轰出大殿。之后,在于谦的领导下,北京保卫战取得极大的成功,徐有贞不仅丢了面子,而且多年未得升迁。于是,他便开始攀附达官贵人,请求大学士陈循在于谦面前替自己说好话,谋得国子监祭酒一职。于谦见徐有贞颇有才学,就在代宗面前推荐了他。代宗对于谦说:“徐有贞虽然有才气,但心术不正,如果让他做祭酒,恐怕把天下的书生都教坏了。”徐有贞见此事不成,就认为于谦从中作梗,影响了自己的前程,因此怀恨在心。

英宗复辟成功后,徐有贞的小人嘴脸立刻显露出来。英宗当天就任命他为学士,入内阁参与机务,第二天又加封他为兵部尚书。徐有贞还不满意,由于石亨以功封伯,他就对石亨说:“愿得冠带随仁兄之后。”石亨把他的愿望告诉了英宗,英宗又封他为武功伯兼华盖殿大学士,掌文渊阁事务,赐了个“奉天翊卫推诚宣力守正文臣”的称号,食禄一千一百石,世袭锦衣卫指挥使,他这才心满意足。

徐有贞一得志，立刻开始了疯狂的报复，诬陷少保于谦、大学士王文，并使他们丧命。内阁各大臣几乎全被逐出，陈循素来对徐有贞有恩，徐有贞也见死不救。徐有贞得志后，便想大权独揽，开始疏远曹吉祥和石亨。他看到英宗对两人已经开始厌恶，一面稍稍地压制他们，一面暗中对英宗说两人贪婪凶暴的情况。英宗开始对石亨、曹吉祥存有戒心。正巧御史杨瑄上奏弹劾石亨、曹吉祥侵占民田，英宗便征求徐有贞和李贤的意见，他们都说杨瑄所奏的情况属实。石亨、曹吉祥非常怨恨，日夜图谋陷害徐有贞。此时，英宗对徐有贞宠信有加，经常屏退左右秘密交谈。曹吉祥令小宦官偷听，然后故意把听来的话泄露给英宗。英宗大吃一惊，问他是从何处得到这些消息，曹吉祥就说是从徐有贞那里听到的。英宗从此开始疏远徐有贞。正好御史张鹏等人想弹劾石亨的罪行，奏疏还没有送给皇上，就被给事中王铉把此事泄露给石亨、曹吉祥。两人于是向皇上哭诉，说此事实为内阁主使。皇上于是将各御史投进监狱，同时逮捕徐有贞和李贤。不过，英宗很快又后悔了，让徐有贞出任广东学政。

桃形紫砂杯

没有扳倒徐有贞，石亨和曹吉祥不肯善罢甘休，继续寻找机会。一次，石亨派人送匿名信给英宗，说徐有贞怨恨皇上。徐有贞遂被关进监狱，后被罢黜为民。石亨等人叛乱失败后，皇上又让徐有贞回家静养。徐有贞一直希望皇上再起用他，结果一直也没有得到消息，最终老死于家中。

南宫复辟后，石亨被封为忠国公，太监曹吉祥也被升为司礼监，总督三大营。在除掉徐有贞之后，石亨和曹吉祥更加嚣张。他们公开纳贿，结党营私，随意更换文武大臣，朝臣们敢怒不敢言。石亨的侄儿也被封为定远侯。另外，其亲朋故旧冒功而得官者达四千多人。太监曹吉祥迎复英宗有功，他的侄儿曹钦、曹铉、曹铎等都被封为都督，执掌兵权。曹钦还被封为昭武伯，拉开了宦官子弟封爵的序幕。曹吉祥门下之人冒功当官者多达千人，其权势与石亨相当，朝野并称为曹、石。

木仪仗俑

石亨一面排斥异己，一面培植自己的党羽，朝廷内外的将帅大多出自他的门下，一时

权势滔天。他屡兴大狱，构陷弹劾他的大臣。户部侍郎陈汝言，依附石亨而升为兵部尚书，贪赃枉法，胡作非为。英宗下令将他逮捕，籍没家产，查抄出无数家产。石亨以忠国公的身份，自居复辟功臣，每天直入内廷，引起英宗的不满。英宗对石亨的专权擅政也有所察觉，开始疏远他。

石亨见自己地位下降，心怀不满。他自恃兵权在手，养子石彪勇冠三军，领兵在外，于是图谋不轨。石亨对他的党羽说：“宋太祖陈桥兵变，历史上并没说他是篡位，你们若能助我成就大业，将来富贵同享。”皇上让石亨去大同视察，途中，石亨在查看紫荆关的地形时，对左右的人说：“此处地势险要！如果派兵守住此关，以大同作为根据地，京师的兵马就无法通过。”英宗得知此事后，对石亨产生戒心。此时石彪从陕西回朝，上奏请求镇守大同。石亨还指使千户杨斌等人出面奏保，这种种异常更引起了英宗的怀疑。天顺三年(1459)八月，英宗下令逮捕了杨斌，通过审讯证实石彪确有异谋，于是下旨逮捕了石彪。石亨急于举事，其家人出来告发，石亨被捕入狱，死于狱中。就这样，一场叛乱被扼杀在萌芽之中。

李贤

一次，英宗与大学士李贤谈及“夺门”事件，李贤说：“说迎驾可以，怎么能说‘夺门’呢？这个说法就不对。陛下复位，理所当然，何必要夺？况且内府的门能随便夺吗？当时有人邀臣，臣就不参加。”英宗问：“为什么？”李贤说：“代宗病重，代宗的儿子也早已去世，群臣自当上表请陛下复登大位，何须夺？这都是因为有几个小人想借陛下升官发财，达到专权干政的目的，根本不是为陛下和国家着想？如果不是他们，就不会有那么多的大臣被杀或被贬，贪贿之风也不至于发展到如今这个地步！这种人也谈不上有什么社稷之功。”英宗这才恍然大悟。

英宗下旨，凡是总兵官，非有“宣召”不许进宫。英宗还下旨朝臣，在今后的奏章中不许再提“夺门”二字，此外还命令在夺门事件中冒功受赏的人自首。

石亨死后，曹吉祥感到自己的处境也十分危险，遂决心铤而走险。他通过侄儿曹钦，用贪污得来的钱财网罗了一批亡命之徒。一天，曹钦和他的心腹一起喝酒时说：“自古以来，历史上有没有宦官子弟当皇帝的？”有个姓冯的千户说：“有啊，魏武皇帝曹操就是中官曹腾的后人。”曹钦听后非常高兴，加紧了阴谋叛乱的活动。

天顺五年(1461)七月，蒙古侵扰甘州(今甘肃张掖)、凉州(今甘肃武威)一带，朝廷派恭顺侯吴瑾、怀宁伯孙镗领军征讨，命兵部尚书马昂做监军，决定在初二黎明开拔。曹

吉祥和曹钦认为时机已到,商议在这天黎明以京军开拔作掩护,由曹钦率五百人袭杀孙镗,曹吉祥在宫中以所掌握的部分禁军接应,夺取帝位。计谋已定,曹钦大摆酒宴,与属下畅饮。席间,一个蒙古族降将马哈麻连夜溜了出来,把这一紧急情况告诉了等候早朝的吴瑾和孙镗。英宗得知消息后,立即逮捕了曹吉祥,并下旨紧闭皇城大门及京城九门。

黎明时分,曹钦发现走漏了风声,认为告密者是锦衣卫指挥陆杲。于是,曹钦领兵直奔陆杲家,陆杲被乱刀所杀。曹钦提着陆杲的人头,带兵闯进西朝房,砍杀了好几个大臣。

吴瑾和孙镗得到马哈麻的情报之后,便分头去调兵。孙镗召集城内西征军与曹钦的兵马展开一场激烈的战斗。曹铉、曹铎死于乱军之中。曹钦见大势已去,拼死杀开一条血路,直奔齐化门(今朝阳门)。北京城门早已奉命关闭,曹钦久攻不下,折向东直门、安定门,都无法出城。

在走投无路之下,曹钦率领残兵回到自己府里死守。当天晚上,官军攻入曹府,曹钦投井自尽,官军尽屠其家,曹钦的党羽也全被杀死。经过一整天的激战,叛乱才彻底平息。英宗在午门连夜召见了有功之臣,曹吉祥也被处以磔刑。

这两起事变被合称"曹石之变",英宗又度过一场惊心动魄的危机。此后,他在政治上开始成熟起来,与阁部大臣建立起较为稳定的君臣关系,百官各任其职,政局较为稳定。

万氏乱政

宪宗朱见深自幼缺乏家庭温暖,对年长他十七岁的宫女万氏一往情深,即位后封其为贵妃。万贵妃依仗皇帝对自己的宠爱,不仅在后宫颐指气使,还染指朝政,其父兄都任职锦衣卫,与大学士万安互通声气,从而控制了朝政。宪宗耽于游乐,万贵妃内控宦官,外结阁臣,其父兄掌控了锦衣卫,朝政十分混乱。万贵妃死后,朱见深悒悒不乐,"甘弃臣民不复故",不久也离开了人世。

明宪宗朱见深

万贵妃独宠后宫

万贵妃,山东诸城(今山东益都一带)人。父亲万贵为县衙掾吏,犯法戍边。万氏年仅四岁便入宫,成为英宗母亲孙太后身边的宫女。她聪明伶俐,得到孙太后的欢心。正统十四年(1449),十九岁的万氏奉孙太后之命照顾年仅两岁的皇太子朱见深,这是他们缘分的开始。

朱见深虽长于深宫,自小锦衣玉食,却缺乏家

庭温暖。朱见深在万氏的照顾下一天天长大，对她产生了深厚的感情。在他的眼中，万氏有时像母亲，有时像姐姐，有时又像情人。万氏并没有倾国倾城之貌，“貌雄声巨，类男子”，周太后对朱见深钟情于万氏之事大惑不解，曾问他：“彼有何美，而承恩多？”朱见深答道：“彼抚摩，吾安之，不在貌也。”可见，朱见深对万贵妃的感情是极其深厚的。

天顺八年（1464），十八岁的朱见深即位，是为宪宗，此时万氏已经三十五岁了。出于种种原因，宪宗无法立万氏为后。同年七月，宪宗册立吴氏为皇后。吴皇后入宫之初就得不到丈夫的喜爱，心里十分不满。万氏恃宠而骄，每次见到吴皇后都板着脸，甚至故意摆架子。吴皇后忍无可忍，斥责了她几句。万氏不但不知悔改，反而反唇相讥。吴皇后在盛怒之下，下令杖打了万氏。朱见深大怒，立刻废掉了吴皇后，在诏书中说：“后举动轻佻，礼度率略，德不称位。不得已请命太后废吴氏别宫。”此后，万氏在宫中更加横行无忌。同年十月，王氏被立为皇后。王氏天资聪颖，性情淡泊，对万氏一味忍让，得以相安无事。

后妃宫嫔侍女图

万贵妃为了将皇帝牢牢地掌握在自己的手里，处处迎合圣意。她经常身穿戎装，骑着大马在皇帝的辇车前扬鞭开路，皇帝十分高兴，对她更加宠爱。成化二年（1466），万氏为朱见深生下了他的第一个儿子。宪宗大喜过望，立刻册封万氏为皇贵妃，将万氏一门尽数封官，还赏赐大量的金银财宝。宪宗一心想立这个孩子为太子，派人到全国各地去祭祀山川河海、天地神灵。不料一年后，这个孩子就夭折了，此后万氏就再也未能生育。

万贵妃恃宠而骄，在宫中横行无忌，她决不允许任何一个女人母以子贵，夺走宪宗对她的宠爱。她派人在宫中暗自侦察，千方百计地阻挠其他嫔妃宫女接近皇帝，并以残酷的手段迫使怀孕的宫女堕胎。

宪宗没有子嗣，宫内外为此事而忧虑，一些大臣直言要宪宗“广施恩泽，博爱后宫”。宪宗深知没有皇子的严重性，但又不能放弃与万氏的多年感情。万贵妃的父兄都是锦衣卫指挥使，负责侦伺百官，统领诏狱。许多官吏奔走在她的门下，成为她的党羽。阁臣万安自称是万贵妃的子侄，二人互通声气。万贵妃祸乱宫廷，她的三个兄弟与太监梁芳、韦兴勾结在一起，将大明的国库挥霍殆尽。宪宗得到消息后，到国库视察，“见累朝金七窖俱尽”，说道：“靡费帑藏，实由汝二人。”可见，宪宗对太监梁芳、韦兴的不法行为是清楚的，只是碍于万贵妃的面子而没有加以惩治。

成化五年（1469），柏氏为宪宗生下了一个皇子。在群臣的极力规劝下，成化七年

(1471),这个皇子被立为太子。不久,这个孩子也夭折了,时人多认为此事与万贵妃有关。

纪氏是广西一个地方酋长的女儿,被明军俘至北京,送入后宫。纪氏容貌出众,颇有文才,入宫后很快升任女吏。由于她是乱酋之后,没有资格侍候皇帝和宫中后妃,所以被派往一处宫室,负责管理书籍。宪宗喜好文墨,一天偶然去翻阅书籍,正好巧遇纪氏,就临幸了她,纪氏因此怀上身孕。万贵妃一听说宪宗宠幸了纪氏,马上派太监张敏去打探实情。张敏隐瞒了纪氏怀孕的消息,万贵妃这才放下心来,命人将纪氏关到西内的冷宫。

纪氏在冷宫中忍受着孤独寂寞,几个月后居然顺利地生下了一个儿子,这就是朱祐樘。由于营养不良,这个孩子一生下来十分虚弱。太监张敏帮助纪氏将小皇子藏在宫中一个隐秘的地方,细心喂养。宪宗的第一个皇后吴氏这时也居住在西内的冷宫中,她十分同情纪氏的遭遇,与纪氏一起细心地抚养皇子。

成化十一年(1475),宪宗召太监张敏为他梳理头发。他对着镜子长叹道:"老将至矣,无子!"张敏闻言后立即跪伏请罪:"奴才罪该万死,万岁已有皇子!"宪宗不禁愕然,忙问皇子安在。张敏回答说:"奴才说了即死,请万岁给皇子做主!"张敏心知自己的性命不能保全,只是恳求宪宗为皇子做主。站在一边的太监怀恩也随声伏地顿首说:"张敏所说的是实情,纪氏早已生下皇子,偷偷地养在西宫,如今已经六岁了!我们一直不敢告诉您!"宪宗欣喜若狂,当即派人迎接皇子。宪宗看到这个孩子,不禁悲喜交加,流着眼泪说:"是我的儿子,很像我。"

朝中大臣得知后欣喜万分,纷纷入贺。宪宗立刻颁诏天下,封纪氏为淑妃,立即迁出

明宪宗元宵行乐图(局部)

冷宫,住进了宫城内的永寿宫。万贵妃得知此事后,大为恼怒。不久,刚刚住进永寿宫的纪淑妃突然暴死。紧接着,帮助纪氏潜养皇子的太监张敏也吞金自尽,时人都怀疑此事与万贵妃脱不了干系。宪宗一直对万贵妃怀着一种又爱又怕的情感,事情就这样不了了之。

宪宗对这个儿子十分宠爱,取名为朱祐樘。同年十一月,立朱祐樘为太子。为了太

子的安全，宪宗开始注意宫中的防范措施。此时，后宫到处都是万贵妃的亲信，宪宗谁也不敢相信，只好把太子放到自己母亲所住的仁寿宫里。万贵妃挟恨在胸，酿成肝疾，越发喜怒无常。成化二十三年(1487)正月，万贵妃突然病故。万贵妃之死，对宪宗打击很大。此后宪宗一直心情抑郁，于同年八月去世了。

万岁阁老

万安是四川眉州人，善于揣摩宪宗的心意，成化五年(1469)被封为大学士，入内阁。成化七年(1471)，由于宪宗多日不召见群臣，大学士彭时和商辂就力请宪宗出来上朝。司礼监宦官于是约定皇上御殿之日召大臣应对，并说："君臣初见，感情可能不会太融洽，不要说得太多。"宦官将入内时又叮嘱了一遍。宪宗召见群臣时，彭时上奏道："昨天御史有奏疏，请削减京官的俸薪。这样做武臣不免失望，请照旧为便。"皇上答应了。彭时本来还有其他的事要上奏，岂料万安叩头高呼万岁。彭时、商辂不得已都叩头告退。宦官嘲笑朝臣说："你们曾说得不到皇上的召见。这回见到了，就只知道高呼万岁吗?"这件事一时传为笑谈，万安因此被称为"万岁阁老"。

万安虽然没有多大的本领，但非常善于钻营。尹直入阁后，想求见皇上讨论朝政。万安劝他说："从前彭公请召对，一语不合，即叩头呼万岁，以此让人笑话。现在我辈应每事都尽言，由太监选择向皇上汇报，皇上无不应允，这胜过当面应对多了"。

时万贵妃宠冠后宫，万安通过宦官献殷勤，自称是万贵妃子侄之辈。万贵妃一直自愧没有门阀家世，听说此事后非常高兴，将万安视作心腹。万贵妃的弟弟万通担任锦衣卫指挥，以同族的身份多次拜访万安。万通娶妻王氏，王氏的母亲从博兴来到京城，王氏对母亲说："原来家贫时，曾把妹妹送给别人做妾，不知她现在身在何处?"她的母亲回答道："好像是四川万编修家。"万通怀疑是万安，一番查访，王氏的妹妹果然是万安的妾室。此后，两家妇人经常往来。万通的妻子落籍在禁宫内，可以随意出入内宫。万安由此与万贵妃互通消息，以巩固自己的地位。

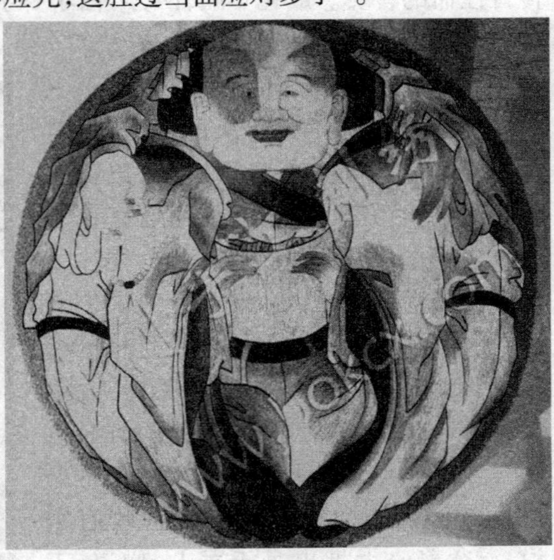
一团和气图

成化九年(1473)，万安升为礼部尚书，后来改调到户部。十三年，孝宗加封他为太子少保，不久改为文渊阁大学士。万安结党营私，排斥异己，在朝二十年，每遇科举考试，一定令他的门生任考官，他的子侄多能得第。他的儿子万翼任南京礼部侍郎，孙子万弘璧任翰林院编修。

万安在位多年，只做过一件好事，那就是借势上奏撤了西厂。成化十八年(1482)，汪

直失宠，言官上奏请求撤去西厂，皇上没有答应。万安上奏再次请求，皇上居然批准了。

万安一生碌碌无为，时人讥讽他“面如千层铁甲，心似九曲黄河”。当初纪氏之死，朝臣纷纷暗指是万贵妃所做的手脚。孝宗即位后，大臣主张逮捕审问曾经出入禁宫的万贵妃的亲戚。万安惊惧不安，孝宗仁厚，没有追究此事，万安才得以无事。

万安为了邀宠，还在给宪宗的奏章中大谈房中术。孝宗即位后，在宫中发现一小盒奏疏，里面都是谈论房中术的，末尾署名是“臣安进”。孝宗命太监怀恩拿着这些奏疏来到内阁，斥责万安道：“这是大臣所应该做的事吗？”万安羞愧万分，跪倒在地。大臣们纷纷弹劾他，皇上又命怀恩对着万安宣读他的罪状。万安多次跪下恳求哀悯，一直不想辞官。怀恩不为所动，上前摘下他的牙牌说：“你可以出去了。”万安这才回到家中，上疏请求辞官，此时他已七十多岁了。一年后，万安去世，赠太师，谥号“文康”。万安死后不久，万翼、万弘璧也相继死去，万安竟然绝后，时人都说这是他应得的惩罚。

传奉官

天顺八年(1464)二月，即位不到一月的朱见深下了一道诏令，授予一位名叫姚旺的文人为文思院副使。《明史》对此的简要记载是：“二月庚子，始以内批授官。”这便是“传奉官”之始。传奉官是不经过正常途径，不经选拔、廷推和部议等选官过程，由皇帝直接传旨任命的官员。成化年间，四方“白丁”勾结内臣，进献珍玩，哄皇上高兴了，动辄便赏个什么官。

这一举措对制度的破坏，带来了三个最直接的后果：第一，从此，皇帝视官爵为私物。只要皇帝喜欢，他可以随意地任用官员，从而破坏了皇帝与官僚士大夫之间的平衡。宪宗自己，也往往一传旨就授官百数十人。对于士大夫们来说，官爵原是“天下公器”，皇帝这样的行为，无疑将官爵变成了“人主私器”。第二，传奉官既然是由皇帝直接任命的，也就说明其中大部分人是无法通过正常渠道获得官职的。对于一个文官政府来说，混杂着一大批出身于军人、僧道、工匠、画士、医官的官员，朝廷想不乱政都困难。传奉官中多数是一些佞幸之人，靠着结交宦官或者行贿的手段取得一官半职，他们的在职也就大大地败坏了吏治。第三，既然传奉官由宫中旨意直接传授，而又不需要经过吏部复核，因此，

杏园夜宴图(局部)

掌握宫中大权的嫔妃及太监就可以借皇帝之名，大行私利，卖官鬻爵。

太监梁芳为了取得宪宗的宠信，经常给宪宗的宠妃万贵妃送去一些美玉珍宝，然后以采办珠宝为名，出使各地，在地方上大肆搜刮民脂民膏。为了敛财，梁芳开始卖官鬻爵，江西人李孜省本是江西布政司下一个贪赃枉法的小官吏，靠着梁芳的引荐得到了宪宗的信任。终成化一朝，太监梁芳始终得宠于宪宗，取中旨授官累计多达上千人。

传奉官的泛滥，引起了许多官员的不满，大臣们纷纷上疏指责传奉官之弊。成化十九年(1483)，山西巡抚郑时上疏，指出传奉官日益冗滥，弹劾梁芳、李孜省等。御史张稷也上疏，谈及传奉官给朝政带来的混乱："末流贱伎妄厕公卿，屠狗贩缯滥居清要；文职有未识一丁，武阶亦未挟一矢。……自古以来，有如是之政令否也？"张稷说，自有传奉官后，文官中竟有一字不识的，武官中竟有从来没拿过弓箭的，自古以来，有这样的政治吗？因此，官员们纷纷请求淘汰传奉官员。

明宪宗元宵行乐图(局部)

成化二十一年(1485)正月的一天，京城上空坠落一道白光，并有赤星出现。古时天象变化常被附会人事、政事，出现如此星变，宪宗不免有些惊惶，忙下令群臣，直言时政得失。于是，九卿大臣、给事御史纷纷上书，条陈政事，指责的中心便是传奉官，认为这是目前"最大且急"的弊政。有大臣在上疏中为宪宗算了一笔账："一年传奉千人，几年就是几千人；几千人的俸禄，一年就要耗费几十万。这些都是国家的租税，老百姓的脂膏。"请求宪宗尽罢传奉官。

在巨大的舆论压力下，宪宗有所感悟，于是贬李孜省为上林监丞，斥罢五百余名传奉官，一时朝野称快。然而，大臣们有关方士、宦官的言论，也不免触痛宪宗，宪宗便叫人暗暗地将这些大臣的姓名写在屏风上，遇有官员调迁，便将这些大臣贬往边远地区。直至成化二十三年(1487)孝宗即位后大力裁汰冗官，这才平息了朝野的议论。

由宪宗创造的传奉官本是对制度的破坏，但由于能满足历代皇帝任用私人的愿望，

因此竟成了制度。或许，这就是所谓的"率土之滨，莫非王臣"吧。

汪直与西厂

宪宗朱见深即位后，启用了一些忠直之士，朝政颇有振兴的气象。成化元年(1465)，宪宗为于谦平反，任于谦之子于冕为府军前卫副千户。宪宗为夺门之变厘定是非，恢复了被父亲废掉的代宗的庙号，顺乎人心。可惜好景不长，年轻的宪宗宠信宦官，耽于游乐，使朝政大权又被一些奸佞所把持。成化中期，终于形成了太监汪直擅权的局面。

汪直擅权

汪直是广西大藤峡瑶族人。1465 年，佥都御史韩庸率领明军镇压了瑶族人民大起义后，年仅五六岁的汪直成了俘虏。韩庸将汪直阉割后带到京城，作为礼物送给了宪宗皇帝。

宪宗见汪直机灵可爱，就让他到昭德宫当了一名小内侍，服侍万贵妃。汪直聪明伶俐，很快就取得万贵妃的欢心，在万贵妃的举荐下，很快就升为御马监太监。

宪宗调禽图

成化十二年(1476)，妖人李子龙"以符术结太监韦舍私入大内"，在宫内图谋不轨，事情泄露后被诛。这件事使宪宗对内外朝臣都产生了警戒之心，"锐欲知外事"。汪直为人狡黠，得到宪宗的宠信。宪宗经常派他带领两三个校尉乔装出宫，秘密监督内外官僚的一举一动。

早在洪武初年，太祖朱元璋即设立了锦衣卫，以探听臣下的动静。燕王朱棣为夺取帝位，勾结京师宦官，以为内应。即位后，他对朝廷大臣心怀戒心，对锦衣卫这个特务机关也不尽放心，一反太祖关于宦官不得干预政事的禁令，重用宦官。永乐十八年(1420)十二月，明成祖朱棣为了镇压政治上的反对势力，设立"东缉事厂"(简称"东厂")，命宦官担任提督，委以缉访刺探的大权，与锦衣卫互相监督。

成化十二年正月，宪宗命汪直领锦衣卫官校百余人，在灵济宫旁灰厂拘讯人犯。由于灵济宫在皇城之西，故称"西厂"。至此，厂卫的编制不断膨胀，已超过了六七万人。西厂"事倍东厂，而势出其上"，"自京师及天下，旁午侦事，虽王府不免"，权势远远高于锦衣卫和东厂。西厂特务四处侦察，官员百姓的一言一行都在西厂的侦察视听之下。

汪直统领西厂后，为树立权威，屡兴大狱，极力培植自己的党羽。南京守备太监覃力朋到北京进贡，在返回的途中弄了上百船的私盐。途经山东时，受到武城县典吏的盘查，覃力朋胆大妄为，将典吏毒打了一顿，还射杀了随从一人。汪直得知此事后，急忙报告宪宗，下令逮捕覃力朋治罪。之后覃力朋通过关系免除了刑罚，但宪宗认为汪直能惩奸罚恶，对他越发信任。

锦衣卫百户韦瑛是汪直的心腹。一次，韦瑛向太医院左通政方贤索取药品，被方贤拒绝。韦瑛大怒之下，经过搜查得到片脑沉香、御墨及龙凤瓷器，就把方贤抓了起来。西厂还有权"不伻奏请"逮捕大臣，事后再向皇帝禀告，还时常捉完又放，这些事情皇帝都不知情。

《明人宫装图》中的太监

都御史王越、陈钺以及御史戴缙、王亿等人都先后投靠汪直，得以加官晋爵。那些不肯屈服的大臣则被罗织种种罪名加以陷害。同年二月，西厂大兴杨晔之狱。建宁卫指挥杨晔是故少师杨荣的曾孙。他和父亲杨泰横行乡里，被人告发后逃入京师，藏在姐夫中书舍人董玙家里。董玙找到汪直的心腹锦衣百户韦瑛求情，韦瑛表面上答应下来，暗地里却报告汪直以邀功。汪直立即把杨晔和董玙逮捕，搜出了一张准备行贿的名单，其中有大学士商辂、三法司官员和司礼太监黄赐、陈祖生等人的名字。汪直将情况报告给宪宗，宪宗命他严加追查。当时，杨晔还没有开始行贿，因此一时也查不出个所以然。西厂校尉便施以酷刑，杨晔"骨节皆寸解，绝而复苏"，因不胜其苦，谎称行贿用的财物寄放在叔父兵部主事杨仕伟处。汪直不奏闻朝廷，就将杨仕伟一家逮捕入狱。之后，杨晔死在狱中，杨泰论斩，杨仕伟、董玙被谪官。汪直还诬陷左右大臣多得杨晔的贿赂，"一时九卿劾罢者，尚书董方、薛远及侍郎滕昭、程万里等数十人"。汪直利用西厂罗织大狱，使得人心惶惶。从此，汪直更加有恃无恐，大臣见到汪直都要跪着说话。

成化十五年(1479)秋，宪宗命汪直巡边，这实际上就是授予他指挥九边部队的权力。汪直到达边镇后，气焰十分嚣张，"率飞骑日驰数百里，御史、主管等官迎拜马首"。各边都御史畏惧汪直的势力，都出迎数百里外。都御史陈钺"郊迎蒲伏，厨传尤盛，左右皆有贿"，得到汪直的欢心。"兵部侍郎马文升方抚谕辽东，(汪)直至，不为礼，又轻(陈)钺，被陷坐戍"。此后汪直权倾天下，时人"知有汪太监，不知有天子"，皇权受到严重的损害。

西厂被废

汪直及西厂的恶行，激起了人们极大的不满。成化十三年(1477)五月，大学士商辂在要求罢西厂的奏疏中指出："自汪直用事以来，卿大夫不安其职，商贾不安于途，庶民不安于业，若不立即加以匡正，天下安危，未可知也！"宪宗看过后大发雷霆，说："无非是用

一内臣，何至于危及天下。”商辂据理力争，说：“朝臣无大小，有罪皆请旨收问。（汪）直擅逮三品以上京官。大同、宣府，北门锁钥，守备不可一日缺，（汪）直则一日擒械数人。南京，祖宗根本重地，留守大臣（汪）直辄收捕。诸近侍，（汪）直辄易置。（汪）直不黜，国家安得不危！”这时，兵部尚书也率九卿上书弹劾汪直。宪宗不得已之下，下令罢西厂，将缇骑划归锦衣卫，令汪直仍回御马监。一时间，人心大快，这是第一次罢西厂。

商辂

不过，宪宗并非真心接受商辂的意见，虽然西厂被废，依然宠信汪直，密召汪直伺察外间动静。太监黄赐、陈祖生曾在司礼监任职，位在汪直之上，汪直对他们很嫉恨。西厂被罢后，汪直诬称商辂奏疏为“黄赐、陈祖生意”，目的是“为杨晔报复”，宪宗立即让他们去南京。御史戴缙逢迎宪宗之意，上书“盛称（汪）直功”，请求恢复西厂，宪宗立即同意。成化十三年六月十五日，宪宗下令复开西厂。大学士商辂因西厂终于恢复，知事不可为，于是上疏坚决要求致仕，与汪直有矛盾的刑部尚书董方、都御史李宾等人也先后被迫去职。汪直的亲信王越接任兵部尚书兼左都御史，陈钺为右都御史巡抚辽东，汪直的权势越发显赫。

汪直好大喜功，王越、陈钺等人便劝汪直用战功来巩固自己的地位。汪直听了正中己意，借口辽东有战事，几次协同王越、陈钺等人出征，每次回来后都得到宪宗的厚赏。汪直迷恋战功，时常在外，宫中有个善演杂戏的小太监，名叫阿丑，一天，他在宫中扮醉酒者谩骂之状，别人提醒说：皇帝来了。他照旧谩骂不休，说：“汪太监来才避走。今日只知汪太监也。”随即，又学作汪直的模样，手操两钺，走到宪宗面前，说：“我统率军队，全仗此两钺。”别人问哪两钺，他答道：“王越、陈钺也。”宪宗忍不住笑了。然而，他由此也对汪直及西厂的胡作非为有所觉察。

汪直的擅权引起东厂和锦衣卫的不满，西厂与东厂经常发生矛盾。东厂头目尚铭，起初因依附汪直而得到宪宗的重用。正当汪直忙于出征之际，有贼人偷了大内西宫的财物，宪宗命厂校侦缉此案。东厂抢先抓住了贼人，起获了赃物。汪直怨恨尚铭抢功，声称“尚铭负我”，要对付尚铭。尚铭“惧将倾己”，决定先发制人，勾结李孜省和阁臣万安等，弹劾汪直。以前汪直“时或泄禁中语于（王）越”，王越传之他人，尚铭有所耳闻，这时“尽发王越交通不法事”，宪宗于是开始疏远汪直。

成化十七年（1481），明朝北部边境遭受蒙古骑兵侵扰，宪宗命汪直、王越前往宣府御敌。敌兵退却后，其他人均奉调回京，却让汪直镇守大同。同年秋天，朝臣们看到这个情况，知道汪直在宪宗面前失宠了，才敢上告汪直的罪行，请求罢西厂。成化十八年（1482），言官弹劾西厂胡作非为有违国体。三月，宪宗下诏再罢西厂，危害一时的西厂这才在宪宗朝终结了它罪恶的历史。

次年六月，汪直被贬到南京司马监供职。八月，御史徐镛上疏弹劾汪直与王越、陈钺勾结，犯下欺罔不法之罪，疏中有“天下只知有西厂而不知有朝廷，只知畏汪直而不知畏陛下”之句。宪宗这时才对汪直擅权之事有所警觉，下诏贬汪直为南京奉御，其党羽亦先后被罢黜。

弘治中兴

成化二十三年(1487)，年仅十八岁的太子朱祐樘即位，是为孝宗。孝宗一扫前朝弊政，重用了一大批正直、练达之士，弘治时期形成了“朝多君子”的盛况，出现了许多名臣。孝宗“明于任人”，进行了一系列政治改良活动，有效地促进了生产的发展和社会的稳定，开创了“朝序清宁，民物康阜”的盛世局面，史称“弘治中兴”。

中兴令主

宪宗朱见深在位期间，重用宦官，偏信僧道，沉湎方术，成化一朝虽无大的战事，政局较为平稳，但朝政已经极为秽乱，为后世留下了许多隐患。孝宗即位后，面临着“朝多秕政”的局面。

为了巩固统治，孝宗大刀阔斧地整肃朝纲，在四个方面进行政治改良。首先，就是清理朝中的奸佞之徒，任用贤能。太监梁芳在万贵妃的荐举下，得宠于宪宗。他以采办珠宝为名，出使各地，在地方上大肆搜刮民脂民膏，宪宗朱见深对此不管不问。梁芳还利用宪宗对道教和佛教的迷信，大兴土木，从中敛财。江西人李孜省本是一个贪赃枉法的小官。他得知宪宗喜爱方术，便拜左道为师，学会五雷法，重金买通太监梁芳，向宪宗进献符咒。术士僧继晓通晓“秘术”，也是靠着梁芳的关系得到了皇帝的宠信，使宪宗沉迷于佛教。僧继晓蛊惑宪宗建大永昌寺，仅建寺一项的费用就高达十万两，迁移居民几百家。尤其荒唐的是，僧继晓的母亲本是一个娼妓。他胆大妄为，竟然请求皇帝旌表他的母亲，皇帝立即下旨为他的母亲立起了牌坊。成化后期，许多内阁权臣明哲保身，庸碌无为，京城流传着这样一句俗谚：“纸糊三阁老，泥塑六尚书”。所谓“三阁老”是指万安、刘翊、刘吉；所谓“六尚书”是指尹祎、殷谦、周洪谟、张鹏、张鎣、刘昭。这九人尸位素餐，毫无建树，所以有此时评。

面对这种情况，孝宗即位不久就把太监梁芳下狱，随后又将李孜省流放边陲。太监韦兴、陈喜等人也先后得到应有的惩罚。同年十月，孝宗又做出了一项重要的决策，罢免了宪宗朝所封的法王、国师、真人等一千多人，处死妖僧继晓，同时，下旨取消传奉官，右通政任杰、侍郎蒯钢等两千多人被罢免。紧接着，大学士万安也被逐出朝廷。刑部尚书杜铭、吏部尚书李裕、左都御史刘敷、礼部左侍郎黄景、兵部尚书尹直等一大批不称职的大臣也被孝宗罢免。孝宗大力惩治奸佞之徒，使“先朝妖佞之臣，放斥殆尽”，天下正直之士无不拍手称快。

在罢斥佞臣的同时，孝宗还注意任用贤能，多次指示吏部、都察院，“考察进退人才，

务得实迹以闻”。在弘治一朝，出现了许多名垂青史的名臣，如王恕、马文升、刘大夏、谢迁、李东阳等。

明孝宗

其次，孝宗一改前朝怠于政事的陋习，勤于政事。明朝中期以来，皇帝常常身居后宫，不问政事，大臣们的奏折直接让司礼监的太监代批，从而造成宦官专权。明孝宗即位后，勤于朝政，天下臣工的奏折往往由自己来批阅。孝宗还十分注重太监的遴选，任用正直有才的人来执掌司礼监。大太监怀恩，为人正直，敢于直谏，是弘治朝不可多得的忠臣。孝宗下令恢复正统年间废除的午朝，每天坚持上朝听政。弘治元年（1488），孝宗采纳大臣的建议，重新开设大小经筵。经筵制度创立于正统初年，在宪宗朝时一度废置。所谓大经筵，即在每月逢二、十二、廿二日举行，主要是一种礼仪；所谓小经筵，又称日讲，君臣之间不拘礼节，从容地讨论朝政，是重要的辅政方式。此外，孝宗还在文华殿议政，在早朝与午朝之余的时间与内阁大臣共同商讨政事。孝宗锐意求治，朝廷上下纷纷上言，或痛陈时弊，或广进方略。马文升上时政十五事，包括选贤能、禁贪污、正刑狱、广储积、恤土人、节费用、抚四裔、整武备等诸多方面，孝宗无不大为赞赏，一一付诸实施，对弘治朝兴利除弊起到了积极的作用。

其次，孝宗采取了一系列的措施，力求节俭，减轻农民的负担，使百姓能够休养生息。孝宗多次下诏，减少皇宫的开支与供奉，禁止宗室、勋戚侵占民田，鱼肉百姓。同时，孝宗还大力兴修水利，发展农业，对于发生水旱灾害的地区及时加以赈济，并对这些地区减免赋税。弘治二年（1489），开封黄河决口，孝宗命户部左侍郎白昂领五万人前去治理黄河，并派朝中重臣前往督察。弘治五年（1492），苏松河道淤塞，河水泛滥成灾，孝宗命工部侍郎徐贯主持治理，历时近三年方告完成。经过孝宗一朝的精心治理，苏松地区消除了水患，再度成为鱼米之乡。

再者，鉴于前朝教训，孝宗注意抑制勋戚宦官的势力。弘治三年（1490）闰九月，孝宗下旨“禁宗室、勋戚奏请田土及受人投献”。弘治九年，孝宗再次下旨“禁势家侵夺民利”。孝宗还惩治了张皇后的两个弟弟张鹤龄和张延龄，表现出了抑制势家近幸作恶的决心。东厂、锦衣卫再也不敢任意行事，几任锦衣卫指挥使大都持法公允，用刑宽松。

孝宗“恭俭有制，勤政爱民”，缓解了日益激化的社会矛盾，在统治阶级内部也没有较大的纷争，在政治上相对稳定，史家称为“弘治中兴”。

名臣辈出

大力裁汰冗官后，孝宗着手选拔贤能委以重任。他制定了严格的官吏考核制度，诏

谕吏部官员:提拔选调官员要以政绩为主要标准。他还令内官将两京文武大臣和内外抚臣、守备的名字抄下来,贴在宫内的墙上,以便自己熟悉选用。明孝宗注意任用贤能,使得弘治一朝名臣辈出,朝中的许多重臣都是正直贤能之士。其中最著名的有王恕、马文升、丘浚、彭程、李东阳、刘大夏。

王恕,字宗贯,号介庵,陕西三原人。正统十三年进士。成化元年(1465),爆发了以刘千斤和石和尚为首的流民起义。宪宗得到急报后,立即派白圭带大军前往镇压,同时提升王恕为副都御史,参与兵事。朝廷的许多官员都认为流民造反,大逆不道,应该予以彻底剿杀。王恕深知民间疾苦,认为流民造反主要是因为难以维持生计,可抚不可剿,应该更为重视对流民的抚治。白圭采纳了他的建议,一方面陈兵以待,一方面贴出榜文昭告流民,只要放下武器愿意归乡复业的,一律由国家分配土地钱粮。王恕的这一措施安抚了流民的反抗情绪,也解决了流民的生计问题。成化十二年(1476),王恕被派往云南做巡抚。云南镇守太监钱能专横强暴、贪赃枉法,当地的地方官敢怒不敢言。王恕到任之后,得知钱能贪赃枉法之事,立刻写了一份参劾他的奏折,令侍卫火速送往京城,同时派人监视钱能的心腹郭景。郭景得知此事后,自知难逃一劫,就畏罪自杀。钱能想收买刺客刺杀王恕,但阴谋没有得逞。不久,钱能买通朝中权贵,在宪宗面前参劾王恕,王恕被贬到了南京管理都察院。王恕恪尽职守,严格对官员进行考察和参劾,拒绝纳贿,声誉渐隆,随后就被提升为南京兵部尚书。孝宗即位以后,很赏识王恕,任命他为吏部尚书,加太子太保衔。王恕事事以身作则,亲自写了一副对联悬挂于吏部的大堂之中:"仕于朝者,以馈遗及门为耻;仕于外者,以苞苴入都为羞。"王恕用这副对联告诫官员不可收受贿赂、贪赃枉法。王恕一生为官四十多年,"刚正清严,始终一致。所引荐耿裕、彭韶、何乔新、周经、李敏、张悦、倪岳、刘大夏、戴珊、章懋等,皆一时名臣"。王恕在吏部任上选用的一大批忠正廉明的大臣,为弘治中兴局面的出现奠定了坚实的人才基础。

马文升

马文升,字负图,号三峰居士,钧州(今河南禹州)人。成化四年(1468),西北地区的少数民族在满四的带领下起兵反明,响应的人号称十万。消息传到京城,宪宗大为震动,急忙派大将带兵十万前往镇压。由于用人不当,官兵初战大败。宪宗再调马文升以右副都御史巡抚陕西,协助作战。马文升经过细心部署,平定了满四之乱。马文升被升为陕

西巡抚，后又因功擢升为左副都御史兼兵部右侍郎。他制边不仅重视守备，还十分重视边民贸易，认为只有允许边民相互贸易，边民的生计得以维持，他们才不会犯上作乱。是时，孛罗忽、满都鲁等少数民族首领连年进犯明朝边境，马文升采取诱敌深入之计，大败敌军于黑水口，使之大伤元气。之后，马文升被调回京城，授以兵部右侍郎之职。马文升调入兵部后，对屯田、马政、边备、守御等各方面事务，多次提出很好的建议。后来，马文升被汪直陷害贬官。汪直事发后，马文升再次被起用，被任命为左副都御史巡抚辽东。

流民图

巡抚辽东期间，其治军有方，一时间边患偃然。成化二十一年(1485)，马文升因功被升为兵部尚书。孝宗即位后，马文升被调任左都御史，后又升任兵部尚书。他采取了一系列的措施，努力扭转前朝军备废弛的状况，加强对将校的考核，罢黜了不合格的军将。云南思叠反叛朝廷，许多官员都建议发兵讨伐，马文升则主张如今国家军困民乏，财政短缺，没有力量出兵讨伐，如果勉强出兵，可能会激起更大的祸乱，不如派一名朝臣前去宣谕安抚，然后再派兵立威。孝宗听从了他的建议，成功地平息了这场叛乱，避免了一场战争。之后，他一度调任吏部尚书。孝宗接受了他的建议，废除了传奉官，为朝廷节省了大量的费用。马文升文武全才，善于应变，朝廷大事的决策多要等待他的决定。

丘浚，字仲深，琼山(今属海南)人。成化元年，两广瑶族人民起义，官府屡次用兵皆未能平叛。丘浚向大学士李贤奏报情况，详细分析了两广地区的形势。李贤非常欣赏他的谋略，依计而行果然取得了成功。他奉命参与编纂了《英宗实录》后，被擢为学士，兼国子监祭酒。他撰写了《大学衍义补》一书，仿照真德秀《大学衍义》的体例，论及政治、经济、军事、礼乐等许多方面的内容，尤其在古人忽略的财政、赋税、货币和生产等经济理论方面提出了许多独到见解，书中的某些理论对当今社会还有某些实际的指导意义。丘浚十分重视理财，认为国家理财，是为民而理，理民之财，要注重发展生产，使黎民富有，反对将国家财政专门用在皇帝一人身上。在这本书中，丘浚提出了“理财为天下之要道，财用为立国之本”的著名思想。孝宗继位以后，丘浚将《大学衍义补》进献给皇上，孝宗读后，深以为然，下诏命有关部门刊行。孝宗加授丘浚为太子太保，兼文渊阁大学士，入阁

参与机务。丘浚为官廉洁，敢于坚持自己的意见，经常上疏针砭时弊。弘治五年（1492），丘浚上疏孝宗，主张朝廷应该对经籍图书给予充分保护。孝宗立即下诏命全国官员访求遗书，加强对宫廷所藏图书和档案的管理和保藏。丘浚是明朝中叶的著名理学家、经济思想家，与同乡海瑞被并称为“海南双璧”。

李东阳

李东阳，字宾之，茶陵（今湖南茶陵）人。在家庭文化氛围的熏陶下，李东阳自幼就显现出非凡的才华。他四岁时就会写直径一尺的大字，被京城中人视为神童。顺天府官员把他推荐给代宗，他在代宗面前写了“龙、凤、龟、麟”等十多个大字，代宗看了非常高兴，两次召见李东阳，并要他试讲《尚书》大义，代宗听后非常满意，准予他进顺天府学读书。之后，李东阳师承颜真卿书法，得其精髓而又自成一家。人们称赞道：“长沙公大草，中古绝技也！玲珑飞动，不可按抑，而纯雅之色，如精金美玉，毫无怒张蹈厉之癌，盖天资清澈，全不带渣滓以出。”弘治八年，他考取进士，任户部主事一职。李东阳参与编修《宪宗实录》，因编修有功被升为侍讲学士，兼太常寺少卿。李东阳敢于直谏，深受孝宗皇帝赏识。弘治七年（1494），李东阳升为礼部右侍郎兼侍读学士，朝廷的诏书、行文大多出自李东阳之手。弘治十一年（1498），被升为礼部尚书，兼文渊阁大学士。弘治十八年（1505），上书明孝宗，品评朝政，指出时政上有“二病”“三害”“六渐”。他认为现在官场的风气不正，官员们相互庇护，对皇上也不肯说出实情，宦官专权现象对社会稳定和社稷安全是一个极大的威胁。他还上书弹劾寿宁侯张鹤龄的不法行为，惹怒了处处维护张皇后的明孝宗，被囚于锦衣卫狱中。大学士刘健、谢迁等人一再为他求情，才被从狱中放了出来，官复原职。李东阳不仅热心朝政，在文坛上还颇有声望。在成化、弘治年间他主持诗坛，奖励后学，颇具声望，形成了以他为首的茶陵诗派。李东阳主张写诗要反映民间真实生活，他为明朝的诗歌发展史注入了一股清新自然的气息。李东阳为官清廉，虽身居高位，却从不敛财，过着清贫的书生生活。

刘大夏，字时雍，号东山。他做官不求虚名，注重务实，在朝野之中享有很高的声誉。弘治五年，刘大夏被转调为浙江右布政使。次年春天，黄河在张秋镇、黄陵岗等处决口，漕运也被阻断。明代漕运一直为南粮北运的重要通道，朝廷对此事极为重视。在吏部尚书王恕的推荐下，刘大夏被任为右副都御史，前往治理黄河。刘大夏采取遏制北流、分流入淮的策略治理黄河，他不顾年高体弱，每天都要亲临工地，还善于听取水利专家的建议，成功地治理了黄河。此后，刘大夏更加得到孝宗皇帝的信任和倚重。孝宗采纳了他的建议，下诏在全国反贪倡廉，裁革传奉官，削减捐纳。孝宗的宠信，使刘大夏声名鹊起，同时也引起了一些大臣们的不满。孝宗为了保护刘大夏，告诉他不必在朝堂上亲自陈奏，可以写个折子密封上奏。刘大夏却认为用密折之法，时间长了会出弊端，令孝宗更为

叹服。孝宗善于用人，一批才德兼备的大臣得到重用，“弘治朝中多君子”，朝廷风气为之一新。

刘大夏

改革盐法

洪武三年(1370)六月，山西行省针对军屯和税粮不足的实际情况，提出：“大同粮储，自陵县(今山东陵县)远至太和岭(今山西马邑)，路远费烦，请令商人于大同仓入米一石，太原仓入米一石三斗，给淮盐一小引。商人鬻毕，即以原给引目赴所在官司缴之。如此则转运省费而边储充。”这就是开中盐法的肇始。

明代统治者通过开中制度这种形式，将盐政与边政有机地结合起来。永乐之后，由于各个部门从中克扣，商人无利可图，开中盐法逐步废弛。明朝中期，官宦富商纷纷利用职权，把持盐场的专卖权，然后贱买贵卖，从而影响了商人运粮支边的整个流程，对开中制度造成了极大的破坏。成化时期，“内府供用日繁”，“光禄岁供增数十倍，诸方织作，务为新巧，斋醮日费数万，太仓所储不足饷战士，而内府取入，动四五十万。宗藩贵戚之求土田、夺盐利者亦数千万计”，国家开支增多，使国库日渐枯竭。弘治二年(1489)，国家已陷入“民日贫，财日匮”的窘困局面。为了解决财政问题，孝宗任用叶淇担任户部尚书，实行盐法变革，一改盐政边政相结合的政策，从而使明代盐法发生了一次大的变化。

叶淇对盐法中的弊端早有所闻，指出：“商人们到边境送粮，价格本来就低，还要长途跋涉，到头来还得不到食盐，也赚不到多少钱，长此以往自然没有人再愿意做这些事。如果不让他们运送粮食，而是让他们到盐法司用银子来换取食盐，再由朝廷自己买粮充边，这样商人们获利多而且容易实施，对朝廷和商人都有好处。臣认为改用银子来换取食盐是大势所趋，也是利国利民的大事。希望皇上能够及时下诏改革旧制，实行新法。”孝宗深以为然，下决心改革旧盐法。弘治五年(1492)，孝宗正式下诏，改革盐法，规定由商人交纳银两给国库，由国库分拨到各边作为军饷，再由国家给商人凭据换盐运销。这次变革盐法的提倡者是叶淇，因此

历史小常识：开中盐法

所谓开中盐法，就是招募商人贩运粮食、马匹、铁器、布帛等军队和官府所需要的东西来换取食盐，然后运到全国各地贩卖。明朝边患严重，戍边的军队每年都需要大量的粮食，仅仅靠朝廷运输和边军屯田远远不够供应。只要边地缺粮，就由户部贴出榜文，招募商人来运粮支边，发给这些商人全国盐务机关通用的凭据。这些商人纳粮之后，就可以凭借收据到各地的盐务机关换取食盐，再到不同的地方销售。开中盐法实行初期，许多大商人招募大量的流民到边境开荒屯田，用收获的粮食来换取食盐，然后再转运各省，获利颇丰，“商利而民亦利，国足而边亦足，称美善矣”。

在历史上一般也称之为“叶淇变法”。

这次改革盐法，大大促进了山西一带商人的兴起。山西南部有巨大的盐池，在夏季可以捞采到天然结晶盐，这种盐比晒制河盐、海盐、井盐和熬制土盐都要容易得多。这些商人就近输银换盐，然后再运往全国各地，逐步成为历史上一个十分有影响力的地方商人集团。但是这次盐法改革，也危害了一大批以贩盐渔利的权贵宦官们的利益，一些保守的官僚诬蔑叶淇，说叶淇收受了盐商的贿赂。叶淇担任户部尚书六年，正直廉洁，但在强大的舆论压力下被迫辞官归乡，退出了政治的舞台。孝宗继续推行他所提倡的盐法改革，给明朝带来了巨大的实利，对明朝中后期商品经济的发展起到了积极的作用。

武宗嬉政

明武宗朱厚照是明孝宗朱祐樘长子，年号正德，是中国历史上很有争议的一位皇帝。有人认为他一生纵情声色，荒淫暴戾，是为世人所诟病的“风流天子”；也有人认为他一生追求个性解放，追求自由与平等，是极富个性色彩的“个性皇帝”。武宗狂放不羁，一生纵情声色，不问朝政，使昏庸之臣充斥朝廷，弘治时期的“中兴”气象一扫而空，社会逐渐趋于动荡。

太监刘瑾的时代

弘治十八年(1505)五月，孝宗在弥留之际，将内阁大学士刘健、李东阳、谢迁三人召至床前，将年仅十五岁的太子朱厚照托付给他们，是为明武宗皇帝。武宗即位后，“好逸乐”，大权落在了宦官刘瑾之手。

刘瑾，原本姓谈，陕西兴平人。他自幼被太监刘顺收养，后净身入宫当了太监，改姓刘，侍奉太子朱厚照，“以俳弄为太子所悦”。武宗即位后，入侍东宫的内宦刘瑾、马永成、谷大用、魏彬、张永、邱聚、高凤、罗祥等八人得宠，“八人俱用事，谓之‘八党’，亦谓之‘八虎’”，形成了以刘瑾为首的宦官集团。

明武宗

武宗生性好嬉戏，刘瑾等“八虎”处心积虑地迎合圣意，每日进奉飞鹰、猎狗等物，供武宗游玩享乐，取得了武宗的欢心，以便乘机窃取朝政大权。为了满足武宗的欲望，刘瑾准备了各种歌舞技艺取悦武宗，武宗整日沉湎于逸乐。朝中大臣对这种情况很是担忧，纷纷上疏劝谏，武宗仍然我行我素。在这种情况下，大臣们的言辞开始激烈起来。正德元年(1506)十月，大学士刘健、谢迁等

大臣上疏，斥责太监败坏朝政。十月，户部尚书韩文又联合九卿冒死进言，以汉朝“十常侍之祸”和唐朝“甘露之变”的旧事，请求武宗将刘瑾等“八虎”治罪。武宗读后，“惊泣不食”，颇受震动。这时，司礼太监王岳等人与“八虎”已有嫌隙，因而和阁臣刘健、谢迁等联合，决定除去“八虎”。此时恰逢京师接连下了三个月的大雨，在一个风雨之夜，雷电把祭坛的大门、奉天殿的屋顶以及太庙的镇脊兽都劈坏了。陕西及江南一带发生了地震，天象一时间大变，出现了彗星。时人认为这些都是灾祸的预示，上天借此来警告世人。武宗不知所措，但还是不忍心杀掉刘瑾等“八虎”，准备将他们送到南京安置起来。

刘健、谢迁等坚持主张严惩刘瑾等权宦，与王岳等人商议此事，不慎走漏了风声。吏部尚书焦芳是刘瑾的党羽，在得知此事后，立刻通报刘瑾。刘瑾得悉后，十分恐惧，与马永成等连夜跑到武宗面前，跪在地上痛哭流涕。武宗于心不忍，便好言相慰。刘瑾乘机对武宗说：“想加害奴才的人正是王岳。”武宗不明其故，刘瑾道：“王岳暗结阁臣，想限制皇上外出，还想把他们嫉恨的人除掉。骑马射箭怎么会损害到国家大事呢？朝臣之所以胆敢反对，是因为我们在司礼监没有人。如果司礼监有了人，陛下就可以随心所欲，再也没有人胆敢出来反对了。”武宗听后，态度骤变，当即任命刘瑾掌司礼监，同时让马永成与谷大用分掌东、西厂。在明朝，司礼监是一个很重要的内宫官署。许多皇帝怠于政事，百官向皇帝上书，便由司礼太监代笔批示，这就给太监的胡作非为提供了机会。此外，司礼太监还有一个别人无法比拟的特权，那就是传达皇上的旨意，大开了篡改圣旨之门。刘瑾掌管了司礼监，成为日后把持朝政大权的重要资本。

第二天早晨，大臣入朝议事，见刘瑾等人趾高气扬，方知发生了变故。刘健、谢迁等大臣纷纷提出辞官，刘瑾矫旨准允。一些曾上疏弹劾刘瑾的大臣，一个个被削职为民。王岳被贬逐到南京，在途中被刘瑾派去的人追杀。不久，焦芳出任文渊阁大学士，与刘瑾沆瀣一气，由此，朝廷内外大权皆归刘瑾。这样一来，朝中的大臣们噤若寒蝉，对刘瑾等“八虎”的胡乱作为敢怒不敢言。此后，武宗更加无所顾忌，纵情放荡，朝政日益败坏。

刘瑾一方面千方百计地讨好武宗，一方面在朝中大发淫威。每当皇帝上朝时，刘瑾就站立在皇帝的身边，一同接受大臣的朝拜，没有一点儿退让一旁的意思，人们在私下里称他为“立皇帝”，也就是说他是站着的皇帝。

刘瑾专权用事，不遗余力地打击异己，并将自己的想法用法律形式固定下来，以便名正言顺地发号施令。大学士刘健、谢迁曾力主惩治刘瑾等人，刘瑾把他们充军边关，痛加残害。一些挽留刘、谢二人的官员皆被撤职拿问，有的还被列为奸党，揭榜朝堂，颁示天下。正德三年的一天，御道上出现了揭露刘瑾罪行的匿名书。刘瑾闻讯后大怒，假借皇帝的圣旨，召集朝廷文武百官，责令长跪于奉天门下。天气炎热，许多大臣因中暑而死。黄昏时分，刘瑾又将其中的三百多人逮入锦衣卫狱。幸亏李东阳等人极力援救，被捕的大臣第二天才得以释放。当时许多正直的官员被谪徙贬死，生杀予夺的大权尽由刘瑾掌握，朝廷上下人心惶惶，不可终日。

刘瑾在打击异己的同时，广收贿赂，将亲信党羽擢升要职，大力培植自己的势力。他公开索取贿赂，凡外地官员入朝觐见，每人都必须给他两万两银子，方能见得到皇帝。朝

官因公外出,回京时也必须向他交纳重贿。

刘宇依附刘瑾,仗势凌人,任吏部尚书,后为文渊阁大学士,加授少傅兼太子太傅。张彩,善于献策,被刘瑾委以重任,视为心腹。当时,满朝文武在刘瑾重压之下,曲意逢迎,只求自保。在这一时期,社会矛盾重重,自然灾害不断发生,出现了大批避难迁徙的流民。刘瑾依旧派人到边境地区查勘屯田情况,严令各地按田交税以搜刮钱财,闹得民怨沸腾。正德五年(1510)四月,远在西北的安化王以"诛刘瑾,清君侧"为名起兵反叛。这次叛乱虽然没有持续多长的时间,但在朝廷中掀起了轩然大波,武宗也隐隐约约地意识到了刘瑾过于跋扈。

青花人物套盒

此时,以刘瑾为首的"八虎"集团内部也出现了分裂。刘瑾一直想独掌大权,对其他人的要求不予理会,引起他们的不满。"八虎"之一的张永一直受刘瑾的排挤,越来越不得志,对刘瑾恨之入骨。御史杨一清抓住了这个难得的机会,联合张永,计划铲除刘瑾。

正德五年八月,杨一清、张永平定了安化王的叛乱,班师回朝。京城举行了盛大的献俘仪式,武宗还设宴慰劳张永。庆功宴过后,刘瑾先行告退,张永就趁此机会把安化王叛乱的檄文和供词都呈给皇帝,说安化王与刘瑾互相勾结,并提醒武宗提防刘瑾。武宗这时已有几分醉意,同意了张永的奏请,命他带人去抓刘瑾。张永怕武宗酒醒后会改变主意,得到圣旨后马上连夜带人闯到刘瑾家中,将其抓获。

次日凌晨,张永就请皇帝一起去查抄刘瑾的府邸,抄出金银数百万、珠玉宝玩数不胜数,还发现了衮服、玉带、甲杖、弓弩等违禁之物,并在刘瑾平常所用的扇子中发现匕首两把。武宗大怒说:"这个奴才果然有谋反之心。"武宗下令将刘瑾凌迟处死,行刑之时,许多人花钱买割下来的肉吃,以解心头之恨。

安化王起事

安化王朱寘鐇的曾祖是庆靖王。庆靖王是朱元璋的第十六子。明朝初年,朱元璋大肆分封朱姓子孙,庆靖王就藩于宁夏。朱寘鐇的祖父是庆靖王的第四子,于永乐十九年(1421)封安化王。弘治五年(1492),朱寘鐇嗣王爵。他"素有逆谋,与宁夏卫生员孙景文、孟彬往来甚密。觋王九儿降鹦鹉神,妄言祸福,每见寘鐇,辄呼'老天子',寘鐇益怀不轨"。

武宗荒淫无道,不问政事,朝政大权被左右佞臣把持。正德三年(1508)八月,大太监刘瑾奏明武宗后,派人到边境各地查勘屯田,编审屯粮,使民怨沸腾。被派到宁夏的巡查官为了迎合刘瑾的心意,严令丈量土地,强令以五十亩折合一顷,按顷征税,大肆搜刮钱财以孝敬这位九千岁。这种做法使当地的戍将卫卒大为愤怨。驻守宁夏的安化王朱寘

鐇抓住了这个难得的机会，大肆收买人心，蠢蠢欲动。

孙景文为朱寘鐇出谋划策，制造舆论。他们利用一些江湖术士到处进行宣扬，说安化王相貌伟岸，有九五至尊之相，将来必定会大富大贵。之后他们又借助巫师之言，当众称王朱寘鐇有帝王之相，为天上星宿下凡。此后，他们打出了“诛刘瑾，清君侧”的旗帜，到各地发布檄文，详细列举了宦官刘瑾残害忠良、扰乱朝纲的种种罪行。

正德五年(1510)，会有边警，游击将军仇钺和副总兵杨英奉命出征。指挥周昂是朱寘鐇的党羽，接到出兵的任命后，就和朱寘鐇的另一个同党千户何锦一起为王朱寘鐇谋划叛乱之事。

四月五日，朱寘鐇设宴，宴请巡抚安惟学、镇守太监李增、大理寺少卿周东以及总兵姜汉等人，托词说商量处理边镇军队中出现的骚乱现象。安惟学、周东辞而未来，何锦、周昂率牙兵闯入宴会，将李增、邓广以及姜汉等人当场杀掉。同时，千户丁广奉命来到公署，除掉了安惟学和周东。

朱寘鐇招兵买马，扩充军队，解除了游击将军仇钺的兵权。宁夏副总兵杨英虽然进行了抵抗，但很快就被击溃。朱寘鐇以何锦为讨贼大将军，周昂、丁广分别为左右副将，四处出击，企图先控制整个宁夏，然后再图大业。固原总兵曹雄得知安化王谋反后，立即统兵进行镇压。曹雄命黄正率领三千人入灵州，联合附近的各镇总兵一起进行讨叛，同时暗地里拉拢仇钺，让他做内应。朝廷得知朱寘鐇反叛之后，立即派老臣杨一清和太监张永率兵前往。仇钺接到曹雄的密信后，整天装病在家，何锦等人不知实情，经常前往探望仇钺，与他商量战略部署。仇钺“谬输心腹，而阴结壮士，遣人潜出城，令还报‘官军旦夕至’”。一天，大将何锦前来探病，仇钺乘机对何锦说：“曹雄的大军就要来了，应该抢先出兵把守渡口要塞，以阻止他们渡河，这是取胜的关键。”何锦信以为真，率领军队倾营而出，只留下周昂守城。仇钺又趁安化王命周昂探视之机，在家里埋伏兵士，斩杀了周昂。随后，仇钺率壮士一百余人直奔安化府，将安化王擒获。仇钺假传安化王之令，召何锦、丁广回城，同时在暗中传播安化王被擒的消息。何锦、丁广的部众人心惶惶，四分五裂，何锦、丁广二人单骑出逃，皆被捕获。孙景文等党羽也被斩杀。四月二十三日，安化王的仓促起事彻底宣告失败。

杨一清

这次反叛从举事至平定，前后仅十九天，却产生了很大的政治影响，并间接导致了刘

瑾的灭亡。

“豹房”与“镇国府”

武宗朱厚照贪玩好动，凭借着皇帝至高无上的权力，随心所欲，为所欲为，游戏国政。他废除了尚寝宫和在文书房侍从皇帝的内官，以减少对自己行动的限制，并以各种理由逃脱经筵日讲，后来甚至连早朝也不上了。

正德二年（1507），武宗听从刘瑾的建议，下令在紫禁城西北筑起了一片宫殿式的高大建筑，命名为“豹房”。从此武宗和他的近侍人员就朝夕呆在此地，不再回宫。朱厚照即位不久就娶了夏皇后，之后又选置了几个妃嫔，但他对后宫中的皇后、嫔妃并不在意，自从搬到豹房之后，就很少回到后宫了。

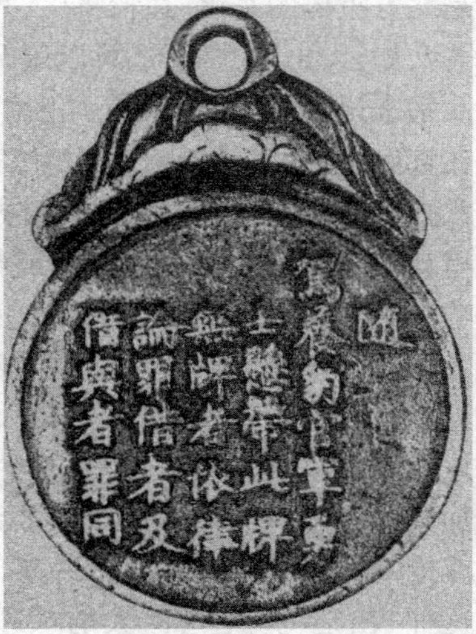

豹房勇士铜牌（背面）

事实上，豹房并非由武宗首创，早在元朝时期就有此风气。一般认为豹房是贵族豢养虎豹等猛兽以供玩乐的场所，也有人认为豹房里并没有豹子，只是一个行政机关。明朝是皇帝及贵族豢养动物的鼎盛时期，光北京城内就有虎豹园、虎城、象房、豹房、鹁鸽房、鹿场、鹰房等场所，房又称为坊，如羊坊、象坊、虎坊等，北京至今尚存此类地名。明武宗命刘瑾在西苑（今天东华门外的报房胡同）建造豹房，令江彬广选民间美女充实其中。

江彬是宣府（今河北宣化）人，初任蔚州卫（今山西蔚县）指挥佥事。通过贿赂武宗的宠臣钱宁，江彬得以获得武宗的召见。江彬见驾时，于御前大谈兵法，深得武宗的欢心，就被留在皇帝身边。他为人狡诈，善于献媚。一次，武宗在豹房里玩“搏虎”的游戏，武宗先下场搏虎，不料平日里十分温顺的老虎突然兽性大发，朝武宗冲过来，武宗急忙招呼身旁的钱宁护驾，钱宁非常害怕，不敢上前。在一旁的江彬立刻上前，制服了老虎，武宗心里十分感激。此后，江彬逐渐取代钱宁成为皇帝的宠臣。武宗升江彬为左都督，并赐姓朱，收为义子。

据《万历野获编》载：“嘉靖十年，兵部覆勇士张升奏，西苑豹房畜土豹一只，至役勇士二百四十名，岁糜二千八百石，占地十顷，岁租七百金。”豹房就像密室彼此相连的迷宫，一些密室专供武宗淫乐，一些是武宗用来玩乐的场地，一些是武宗做法事时所用的场所。武宗用各种手段从各地网罗美女，并把她们置于豹房之中，以便随时享乐。武宗在玩腻了所选的美女之后，又令锦衣卫到京官府第中物色能歌善舞的美女，将她们留在豹房的密室中，待之如妃嫔。一时无法安置的美貌女子，就被安排在浣衣局寄养；又令各地贡献珍禽野兽，招纳伶人、僧人、市井无赖、义子等人聚之。

武宗的玩乐之心如脱缰之马，不断寻找新的刺激。他令宦官们开设店铺，自己换上平民服装充作店主，以讨价还价为乐。他又让宦官们开设酒店，弄来宫中美女歌舞助兴。

此外，他还经常大搞军事游戏，把太监分成两帮，自己身披铠甲指挥宦官对阵攻打，呐喊声震天，火炮声不断，闹得京城鸡犬不宁。

武宗每日广招乐鼓，荒淫无度。正德九年(1514)正月十六日，宫中元宵节放烟花，不慎失火，大火烧到了乾清宫。乾清宫是内廷三殿之首，象征着皇帝至高无上的权力和地位。武宗见到大火，不但没有下令扑救，反而跑到豹房观看，并对身边的随从说："好大的烟火啊。"

为了进一步得到武宗的欢心，江彬又极力鼓动武宗到西北巡幸。他对武宗宣称宣府是北方重要的军镇，兵精将广，靠近蒙古，皇帝来到此地可大展大明朝的声威，此外这里美女如云，山川秀丽，还可以避开朝臣们喋喋不休的劝谏。"豹房"对于不断寻求刺激的武宗来说，也显得乏味了。正德十二年(1517)，在江彬等人的鼓动下，朱厚照离开京城，在宣府建造了"镇国府"，称为"家里"。武宗将豹房内的珍宝、美女运来，填充镇国府，有常驻宣府之意。宣府是抵御蒙古军队入侵的第一道防线，朱厚照虽然荒淫无耻，在内心里却一直仰慕太祖朱元璋和成祖朱棣的武功，盼望着自己也能像他们一样立下赫赫军功。驻守宣府，多少满足了他追求军功的心理。

武宗来到宣府后，在"镇国府"中设立了各种玩乐设施，同时命人把各地的奏章送到这里。武宗的生活更加放荡，经常夜闯民宅，或索要酒食，或抢劫妇女，无恶不作。后来，他对这种"出巡"产生了巨大的兴趣。每一次出巡回来，他的队伍都满载着金玉玩器、美姬艳妓，仿佛像打了一场大胜仗，俘获了无数战利品一样。正德十二年，武宗西巡大同，又大索女乐于太原。

在这些美女乐妓之中，武宗一眼就发现了天生丽质的刘美人。刘美人不仅有倾城之貌，还能歌善舞，武宗如获至宝。刘美人，名叫刘良女，是太原乐工刘良的女儿，后来嫁给了晋王府的乐工杨滕为妻。武宗巡幸完大同后，对刘美人念念不忘，再次宠幸了她，愈加觉得难舍难分，于是把她一起带回京师。从此，这位色艺双绝的美女就留在武宗的身边，两人日夜相伴。

历史小常识：武宗生母之谜

武宗是孝宗唯一的皇子，肩负起传承大明王朝的重任。然而，这个颇受上天眷顾的皇子从出生那一刻起，关于他生母另有其人的说法就不胫而走。据正史记载，武宗的生母是张皇后。张皇后为河间兴济(今河北沧州北)人，成化二十三年(1487)就被选为太子妃，孝宗即位后被正式册立为皇后。孝宗对张皇后非常宠爱，一直没有选嫔妃，只有五个级别很低的夫人。张皇后与孝宗婚后四年没有生育，大臣们都十分焦急。孝宗和张皇后在宫中一连斋戒几个月，以求上苍的怜悯。最令人怀疑的事情就在这个时候发生了，弘治四年(1491)九月，宫中突然传出喜讯，张皇后终于生了一位皇子。举国欢庆之余，各种流言也随之四起，许多人开始怀疑这个皇子是从别的宫人那里抱过来的。

江彬深恐钱宁对自己不利，经常向武宗鼓吹边军如何英勇善战，引诱武宗将边军与京军互调，借以稳固自己的权势。按照明朝的祖制，边军、京军是绝对不允许互调的。因

为如果边军的战斗力过弱，蒙古就会大举入侵；如果京军的战斗力太弱，边塞的将领就会拥兵自重。武宗对江彬宠爱有加，对他言听计从，不顾群臣的反对，打破祖制调边军入京，江彬的势力逐渐扩张。

秦乐铜俑

当时，许多大臣上疏弹劾江彬，但这些弹劾的奏章根本到不了皇帝的手中。武宗到河西巡游时，当地驻军指挥在江彬的授意下，大肆搜刮民脂民膏，许多人家破人亡。御史刘士元上奏弹劾江彬，奏章被江彬直接扣下了，江彬因此对刘士元恨之入骨，向皇帝进谗言，说刘士元私下里辱骂陛下荒淫无道，并让这里的百姓将他们的女儿全都藏了起来，以免被武宗糟蹋。武宗听后，大为恼怒，立即派人将刘士元绑了起来，亲自审问。由于当时正在野外，没有什么正规的刑具，武宗就命人用柳条当作刑杖，当众狠狠地杖打了刘士元。之后刘士元被押送回京，受到严惩。

朝中的大臣们对江彬等佞臣的胡作非为敢怒而不敢言，武宗不务朝政，纵情声色，朝政更加黑暗。

宁王之乱

朱宸濠的高祖是太祖朱元璋的第十七子朱权。洪武二十四年（1391），朱权受封为宁王，后就藩大宁。靖难之役中，燕王朱棣挟朱权迁北平，永乐元年改封南昌。正统十三年（1448），朱宸濠的祖父朱奠培嗣位，在天顺年间因罪削去护卫，改为南昌左卫。弘治十年（1497），朱宸濠袭位。

早在刘瑾当权时期，朱宸濠就野心勃勃，千方百计地发展自己的势力，为夺取皇位做准备。时"术士李自然、李日芳，妄言其有异表，又谓（南昌）城东南有天子气"，朱宸濠的野心更加膨胀。正德二年（1507），他用重金贿赂刘瑾，得以恢复护卫。刘瑾倒台后，朱宸濠的护卫也被削去。正德八年（1513），陆完被任命为兵部尚书。朱宸濠与陆完素有交往，写信请他帮助恢复护卫。陆完回信请他"须以祖训为言"，拒绝了他的要求。时伶人臧贤得宠于武宗，臧贤的女婿司钺在南昌卫当兵。朱宸濠通过司钺结交了臧贤，在臧贤的帮助下，贿赂朝中诸权要，与武宗的宠臣钱宁勾结在一起。在钱宁的帮助下，朱宸濠于正德九年四月实现了恢复护卫的目的。

朱宸濠不断网罗四方死士，积极扩充自己的队伍，不断添购武器，储备粮草，加紧为叛乱做准备。恢复厂卫后，朱宸濠更加恣意行事，"尽夺诸附王府民庐，责民间子钱，强夺

田宅子女，养群盗，劫财江、湖间，有司不敢问，日与致仕都御史李士实、举人刘养正等谋不轨”。南京留守太监刘琅、太监张锐、近臣钱宁、江彬等均被朱宸濠所收买。此外，朱宸濠还与广西土官及南赣、汀、漳等地的土司互相勾结，以图壮大叛乱的势力。

朱宸濠谋叛的迹象愈来愈明显，大学士费宏、江西按察副使胡世宁、巡抚江西右副都御史孙燧等先后上奏武宗，请求裁抑。朱宸濠“奥援甚众”，武宗受近臣挑拨，对此置若罔闻，这些官员反而先后遭到贬谪，甚至被捕下狱，这更助长了朱宸濠的气焰。由于觉得时机尚未成熟，朱宸濠本想利用武宗无子的时机，拥立自己的儿子为皇位继承人，从而兵不血刃地夺取政权。事实上，从血缘上讲，朱宸濠一脉离武宗很远。朱宸濠想入非非，贿赂武宗的近臣钱宁，想让自己的儿子承继大统。谁知就在朱宸濠春风得意之时，形势突然起了变化，江彬成为武宗身边的红人，与钱宁之间的矛盾日益激化，江彬与太监张忠合谋，想借朱宸濠谋反之事除掉钱宁与臧贤。

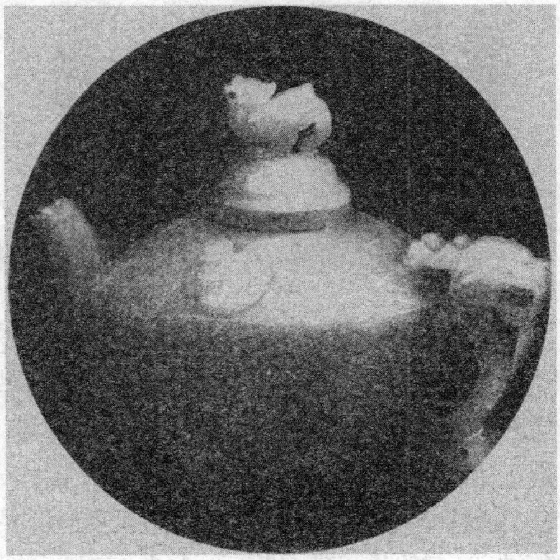
玉砚滴

适逢朱宸濠祭父，大肆张扬，场面搞得很大，甚至惊动了朝廷。张忠乘机对武宗说：“钱宁、臧贤勾结宁王谋叛，不知陛下可知此事？他们认为宁王孝顺，讥讽陛下不孝；认为宁王勤政，讥讽陛下怠于政事！”武宗一改过去的态度，开始注意起朱宸濠的一举一动，下诏驱逐宁王派到京城里的人。张锐等曾帮助朱宸濠恢复护卫，得知消息后，怕引火烧身，连忙策划削夺了朱宸濠的护卫。御史萧淮借此机会上疏说：“宁王不遵祖训，包藏祸心，招纳亡命，反形已具。”内阁大学生杨廷和提议削除宁王的护卫，令其归还所夺的田地。武宗同意了这一意见，派驸马都尉崔元、都御史颜颐寿、太监赖义等到南昌，欲革除朱宸濠的护卫，对其进行处置。朱宸濠得到消息后，知道用儿子“入嗣”的办法已经彻底失败，于是决定破釜沉舟，在南昌举兵反叛。

正德十四年(1519)六月十四日，宁王朱宸濠在南昌正式举兵反叛。在反叛前夕，他以庆祝生日为借口，宴请地方官员。次日，地方官员前来道贺，朱宸濠即命人将地方官员团团围住，称“奉太后密旨，令起兵入朝”，并杀害了巡抚江西都御史孙燧和江西按察司副使许逵，参政王纶、按察使杨璋、副使唐锦等人投降了朱宸濠。朱宸濠起兵反叛后，一面向附近各州县宣布讨伐檄文，一面派人到江西各地夺印起兵，妄图以南昌为根据地，直取南京，建立与朝廷对立的政权。朱宸濠派人到各地进行征兵，组成了一支八九万人的军队，号称十万，命李士实、刘养正任左右丞相，王纶为兵部尚书。

汀、赣巡抚副都御史王守仁得到朱宸濠叛乱的消息后，通过对朱宸濠军事动向的深入分析，料定了他将沿江东进，企图夺得南京。为了使各州县有足够的备战时间，他又设

法拖延朱宸濠的行动。王守仁派出士兵四处散播谣言，说朝廷派出的大军马上就要抵达南昌。朱宸濠得到的消息后，被拖在了南昌，白白浪费了十几天的时间，贻误了最佳战机。王守仁与吉安知府伍文定等急檄各府州县，调集了近十万人马，按兵不动。七月一日，朱宸濠亲率大军攻打安庆，想打开南京的大门。王守仁抓住南昌守备空虚的大好时机，北上直取南昌，于七月二十日轻而易举地占领了南昌。宁王朱宸濠进攻安庆并不顺利，又得知老巢已失，急忙撤兵回救。二十四日，疲惫不堪的叛军与王守仁的大军相遇于黄家渡，王守仁以逸待劳，击溃了叛军。此后，朱宸濠又接连打了好几个败仗。二十六日，王守仁用火攻之计，大败朱宸濠的军队。朱宸濠及其世子、郡王，并李士实、刘养正、王纶皆被生擒。

珐华高士图梅瓶

朱宸濠的叛乱不得人心，很快就被平定。王守仁等为了朝廷，不顾个人安危，与叛军进行了激烈的战斗，而武宗却把这一事件作为寻欢作乐的机会。江彬等人借宁王朱宸濠叛乱之事，游说武宗南巡亲征，并献上所谓擒拿朱宸濠的策略。大臣百余人跪求劝阻，江彬故意激怒武宗，使这些人全部被捕入狱。八月十二日，武宗与江彬等率兵从北京出发，亲自征讨朱宸濠。途中，武宗获悉朱宸濠已被王守仁所擒获，但为了畅游江南，竟压着捷报，秘而不宣。一路上江彬时常假传圣旨，派自己的手下到处骚扰搜括，百姓苦不堪言。

九月，武宗一行来到临清。在从京城出发前夕，武宗与宠妃刘美人约好，自己带兵先行，之后再派人接刘美人随驾同行。临别之际，刘美人取下一簪，送给武宗，作为凭信。武宗将簪藏在衣中，在过芦沟“驰马失簪，大索数日不得”。武宗到达临清后，立刻遣中使宣召刘美人南行。中使传旨，刘美人不见信簪，辞谢说：“不见簪，不敢前往。”武宗没有办法，便独自乘舸昼夜兼行，亲自迎接刘美人，刘美人这才和武宗一同南行。这次为了迎刘美人，往返花去了一个月的时间。

同年九月，王守仁将朱宸濠押至杭州，交给太监张永，自己返回南昌。正德十五年(1520)闰八月，武宗在南京举行了一个很滑稽的受俘仪式。十二日，武宗从南京起驾回宫。二十五日，从镇江出发，于九月初到达了淮安的清江浦。武宗突然游性大发，不顾大臣的劝告，坚持要在河上泛舟，不料落入水中。此时已是农历九月，天气已经转凉，武宗长期沉迷于女色，身子已是外强中干，落水后就一病不起。

十二月，朱宸濠被处死，武宗回到京城。十四日，武宗大祀天地于南郊，“再拜，呕血于地，不能终礼，遂大渐”。武宗一生阅女无数，但一直没有子嗣。武宗在豹房养病期间，

张太后等人联合起来把持朝政，切断了武宗同外界的联系，以防止意外。正德十六年(1521)三月，武宗在豹房离开了人世。

风起云涌的起义

在这一时期，大地主阶级分化为皇族和豪绅两大集团，他们大肆兼并土地，无数农民失去了赖以为生的土地。皇室地主横征暴敛在前，豪绅地主肆虐乡里于后，再加上赋税庞杂，差役增多，人民逃亡日众，阶级矛盾激化，起义风起云涌。

浙江矿徒起义

开采银矿图

明朝初期，冶金业主要控制在官府手中。贵金属金银等矿皆属于官矿，由国家统一经营，严禁民间开采。明初货币，行用钱钞，禁止用银。英宗时，由于商品经济的发展，社会上普遍使用白银。统治者将银矿视为其利源所在，屡下禁令，封禁矿区，加重"盗矿"处罚，以严格控制矿源。正统三年(1438)朝廷下令："福建、浙江等处军民私煎银矿者，正犯处以极刑，家口迁化外，如有逃遁不服追问者，量调附近官兵剿捕。"正统五年(1440)朝廷再次重申，严禁私采，对于聚众偷采银矿者"调军捕获，首贼枭首示众，为从及诱引通同有实迹者，连当房家小，发云南边卫充军"。朝廷还将划定封禁山区，派兵把守。仙霞岭山区位于浙江、福建、江西三省的交界处，是当时的禁区之一。明中叶以来，土地兼并日趋激烈，大量农民失去土地，他们为生活所迫，不得不背井离乡进入深山，冒险"盗矿"，以图温饱。此外，参加"盗矿"的还有官矿的矿工。明朝朝廷对官矿的矿工采取农奴制度进行残酷剥削，强迫矿工为朝廷提供"矿课"，即使矿脉微竭，也依然要按原额征收，大量的矿工被迫逃亡，逃亡的矿工无以为生，只好进入封禁的山区进行"盗矿"，明朝政府派兵围剿这些"盗矿"者，激起了矿工的武装反抗。叶宗留起义就是在这种情况下爆发的矿徒起义。

叶宗留是浙江庆元人。他出身贫苦，自幼丧父，随叔父在宣平读私塾，稍长习武，立志"刀劈人间不平事，枪打世上不平人"。因不堪受压迫，正统七年(1442)，他与王能、郑祥四、苍大头、陈恭善率领数百名流民，进入仙霞岭山区开采银矿。他们在非常艰苦条件下进行劳动，开采所得十分微薄，还时常发生坍塌事件，"没死者甚众"。而朝廷还多方逼

迫，实行封禁政策，地方官吏经常派士兵搜山，驱逐入山开矿的流民。因为叶宗留带领的人数众多，地方官府便将此事上报了朝廷，朝廷命福建参议竺渊、兵马指挥佥事刘海率兵进行围剿。

掐丝珐琅出戟尊

正统十年(1445)，叶宗留为了自卫，率矿工武装起义，对抗官兵。起义军诱敌深入，大败官兵，擒杀了竺渊，刘海被箭所伤，带兵逃走。起义军首战告捷，闽北各坑场矿工纷纷响应，附近的贫苦农民也加入了起义军，起义军的势力迅速发展到仙霞岭铜塘山一带。江西承宣布政使司命广信(今江西上饶)府和铅山县的官兵围剿起义军。起义军抢先进攻官兵必经的永丰(今江西广丰)县城，乘官兵立足未稳之机，出城袭击，大败前来镇压的官军，“被杀者甚众”。此后，起义军活跃在闽、浙、赣三省边境山区，流动作战，对付官兵的“搜剿”，“东剿则西走，南搜则北移”，多次粉碎官军的“进剿”。

朝廷见地方官兵镇压不力，“贼势滋蔓”，命御史柳华提督闽、浙、赣三省兵马合力围剿起义军。起义军在永丰、浦城、庆元、政和、福安一带与官军展开激烈的战斗，多次大败官军。柳华因剿匪无功，被弹劾问罪。永丰知县邓容派人入山招抚，王能等三十五人投降了朝廷。王能等人充当“快手”，帮助官兵镇压起义，郑祥四、苍大头等三百多人被诱杀。

叶宗留率众转战到处州(今浙江丽水)、云和(今属浙江)、政和(今福建松政东南)等地，一边继续采矿，一边积聚力量，准备伺机再起。叶宗留认为：“与其取于山，劳而不获，孰若取于人，一举而有余。”正统十二年(1447)，叶宗留再次举起义旗，自称“大王”，攻打政和县城。之后，叶宗留带领起义军回到庆元，“召龙泉良葛山人叶七为教师，训练武艺”，队伍有了很快的发展。随后，起义军进入福建浦城、建阳、建宁(今福建建瓯)，“从者益众”，起义队伍已达近万人。不久，叶宗留分兵进入江西铅山(今属江西上饶)车盘岭，控制了福建、浙江、江西三省的交界地带，声势大振。次年春，福建爆发了邓茂七起义，明朝政府派遣都御史张楷、都督刘得新、陈荣率军前去镇压。叶宗留为配合福建义军，率领一支起义军越过铜塘山进入江西，占领了闽、赣交通要道上的车盘岭，在广信(今江西上饶)、铅山等地袭击官军，使之不得进入福建。不久，叶宗留率起义军主力转战在浙南一带。这时，叶宗留的好友陶得二在处州领导千余农民响应起义，起义军声势更大，控制了闽、浙、赣三省边境地区和交通要道。

正统十三年(1448)十一月,叶宗留起义军在建阳黄柏铺与官军进行了殊死的战斗。叶宗留身先士卒,率领起义军奋勇杀敌,不幸中流矢牺牲。起义军拥戴叶希八为领袖,继续与明军作战。起义军在玉山(今属江西)十二都与明军展开激战,大败明军,斩杀了都督陈荣、指挥戴礼,都御史张楷不敢再战,逃奔福建。此后,起义军的声势更加壮大,与邓茂七起义军"互为声援,此入彼出"。明军两面受敌,疲于奔命。

玉环把杯

叶希八率领起义军来到浦城,攻占龙泉(今属浙江)、云和、丽水。陶得二、陈鉴胡率众加入起义军。此后,起义军的主力部队占据云和山中。不久,起义军进逼处州。明朝守将频频告急,朝廷命都指挥徐恭率兵前往救援,也为起义军声势所吓,不敢出城迎战。陈鉴胡率领一支起义军大破浙江松阳(今浙江丽水西)、龙泉,活动于浙江武义、义乌、东阳一带,"自号太平国王,改泰定元年"。不久,陈鉴胡受丽水县丞丁宁诱降,被杀。

正统十四年(1449)五月,邓茂七起义失败。张楷率明军由闽入浙,集中兵力围攻叶宗留起义军。叶希八势单力孤,声势稍弱,后进攻江西广信、永丰、上饶等地,斩杀了永丰知县邓颙。

张楷以"相机抚剿"之策诱降起义军。景泰元年(1450),叶希八、陶得二先后投降,起义宣告失败。明朝统治者大肆屠杀,"录居民通贼者尽行诛戮,家产入官"。在起义军主要根据地铜塘(江西上饶、铅山、永丰三县的交界地)封禁数十里,山塘地皆不得耕种。为了加强对这一地区的统治,朝廷于次年在浙江分丽水、青田两县为云和、宣平、景宁三县,在福建置永安、寿宁两县。

福建邓茂七起义

正统十三年(1448)四月,在叶宗留矿工起义的推动下,邓茂七率领农民在福建沙县起义。

邓茂七原名邓云,建昌(今江西南城)人。佃农出身,"勇悍自智"。他不堪忍受地主的剥削,杀死恶霸地主,逃到福建宁化县投靠陈政景,改名茂七。"时郡邑长吏受富民贿,纵其多取田租,倍征债息。小民赴愬无所",福建农民饱受地主阶级残酷的剥削。邓茂七在宁化经常聚集佃户谋划抗租斗争,被当地官府察觉后,转移到沙县。

御史柳华奉命围剿叶宗留矿工起义,来到福建后,命"乡村各置望高楼,及编其各乡居民为什伍,设总小甲以统率之","由是总小甲各得号召其乡人"。邓茂七和他的弟弟邓

茂八被推为总甲。当地地主除了向佃户收取地租之外，逢年过节还强迫佃户缴纳鸡鸭等，称为“冬牲”。邓茂七利用总甲的身份组织农民反抗地主的剥削，号召废除“冬牲”，不给地主送租谷，要地主自行到地头收租，得到附近农民的响应。

当地地主向官府告状，县衙派兵丁缉捕，邓茂七拒捕，并打死了前来抓捕的士兵。随后，沙县县令亲自带领三百名官兵进行围捕，邓茂七组织佃农武装反抗，斩杀了县令和巡检，官兵几乎全被斩杀。邓茂七率众占据陈山寨，正式宣布起义。

明代火器之鸟铳

当时，福建左布政使宋新是宦官王振的党羽，“浸鱼贪恶，民不能堪”。当地贫苦百姓不堪宋新的残酷压迫，“相率从乱”，“皆举金鼓器械应之”。邓茂七带领起义军主力，进攻杉关、光泽、邵武、顺昌等地。陈政景在宁化率众起义，蒋福成在尤溪率众声援。农民起义军所到之处，官吏、豪绅“悉逃匿”。宁化农民军进攻连城、汀州（今福建长汀）等地。邓茂七与蒋福成会合，联兵占领了沙县，并在这里建立了地方政权，积极向外扩展势力。邓茂七自称“铲平王”，宣称要铲平天下的不平之事。起义军进逼延平（今福建南平），朝野震动。

八月，朝廷感到起义军声势浩大，一时难以平定，便命御史丁瑄到福建前往“剿抚”。朝廷任都督刘聚为总兵，都督陈荣为副总兵，陈诏、刘德新为左右参将，佥都御史张楷监军，率大军随后进入福建，以解延平之危。丁瑄到延平后，立刻命同知邓洪率领官兵前往沙县征剿，遭到邓茂七、蒋福成联合反击，全军覆没。丁瑄又改变策略，派人前去招降，说“解散得免死”。邓茂七轻蔑地说：“吾岂畏死求免者！吾取延平，据建宁，塞二关，传檄南下，八闽谁敢窃焉！”遂斩杀了朝廷前来诱降的官员。延平守城御史张海立刻派兵前去阻击，在王台南部双溪口遭到起义军的伏击。起义军派少量士兵事先埋伏在双溪口隘道的两旁，大部队则埋伏在附近山上，当官兵大队人马过去、殿后都指挥将至之际，埋伏在道路两旁的起义军突起，用木栅塞道，使前面的明军无法返回，迅速地擒杀了都指挥及其数

名从兵。明军得知都指挥被杀，军心溃乱，山上的伏兵趁机出击，一举歼敌数千人。邓茂七乘胜追击，进而围攻延平府城。张海再次上城诱降，都未能取得成功。双方在城外展开大战，起义军连斩明军都指挥范真、指挥彭玺，官兵不敢再战，闭城固守。

正统十三年九月，张楷率南京、江西、浙江官兵及数百名蒙古骑兵向福建进军。邓茂七派人与叶宗留取得联系，商讨协同作战。叶宗留派重兵在闽、赣边境要道袭击官军，阻止明军入闽。张楷派刘德新率军从建昌入邵武，亲自率领主力部队由浙江经广信入闽北。

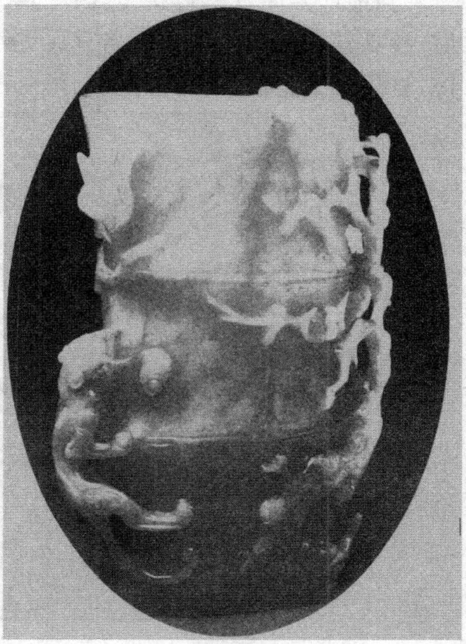
玉竹筒形杯

张楷来到广信，前锋陈诏被矿工起义军所败。张楷畏惧起义军的锋芒，久久不敢进军。之后，张楷怕朝廷追究责任，命都督陈荣、指挥戴礼率兵进攻铅山的黄柏铺。叶宗留牺牲后，叶希八率领起义军继续坚持作战，并派人与邓茂七取得联系。在矿工起义军的支援和配合下，邓茂七继续围攻延平，派部将黄琴、刘宗、罗海把守建阳、邵武等要塞，防止明军南下。同时，陈敬德、吴都总带领一支起义军，连克德化、永春、安溪，直抵闽中沿海重镇泉州府，生擒了知府熊尚初。另一支起义军转战闽西，由将乐、连城，进逼上杭。农民起义军沿途焚烧衙门，打开监狱释放囚徒，开仓赈济贫苦的百姓，深得百姓的拥护。起义军在短短数月，先后连克二十余州县，队伍很快发展到十余万人，建立了十九寨三十六营，严重威胁了朝廷在东南的统治。

正统十四年(1449)正月，英宗下诏严斥刘聚、张楷“进军日久，全无实效”，“再不用心，必杀不宥”。同时，朝廷命宁阳侯陈懋为征南将军，保定伯梁瑶、平江伯陈豫为副将军，都督同知范雄、都督佥事董兴为左右参将，刑部尚书金濂参赞军务，太监曹吉祥、王瑾、陈梧监军，“率京营及江西、浙江诸处大军”，配备神机铳、炮火器，进入福建镇压起义军。

南部的农民军在杨福的带领下，先后攻陷了漳浦、南靖、长泰、龙岩等地，在进攻漳州时受挫，被明军守将卫指挥顾斌击退。邓茂七久攻延平不下，遂转攻建宁，斩杀了参政张瑛。

滞留在广信的张楷率兵抵达建宁，金濂的大军也将入闽，形势对农民军十分不利，邓茂七便主动撤回到陈山寨一带。张楷诱降了起义军首领罗汝先、黄琴等人。由于罗汝先等叛徒的引诱，邓茂七再次率兵进攻延平。

张楷于四面布置重兵，令延平的官军出城诱敌。邓茂七中计，乘浮桥前进，此时埋伏的明军枪炮齐发，突起合围，起义军伤亡惨重，混战中邓茂七不幸中流矢阵亡。罗汝先、

黄琴为官军诱杀了刘宗、罗海等起义军将领，起义军遭到溃败，明军终于打通了南下的通道。邓茂七牺牲后，形势急转直下，余部在邓茂七的侄子邓伯孙的带领下继续坚持战斗。起义军据守陈山寨、后洋、贡川、九龙山等地，与官兵展开战斗。

明代火器之万人敌

此时，陈懋带领大军来到福建。在众寡悬殊的形势下，起义军被迫退守山寨。张楷、金濂在分兵进剿的同时招降纳叛，邓伯孙中了明军的离间计，误杀了农民军骁将张留孙。起义军内部互相猜疑，人心不稳，一些人投降了明军，邓伯孙陷入孤立，九龙山等据点先后失守。景泰初年，陈山寨也被明军攻破，邓伯孙被捕遭害，农民军将士二百余人殉难，至此邓茂七领导的农民起义被镇压下去。

邓茂七领导的农民起义，是明朝中叶较大规模的农民起义，沉重打击了明王朝的腐朽统治，在我国农民战争史上具有重大的意义。

广东黄萧养起义

正统年间，广东沿海一带社会矛盾尖锐。这一带经济虽然非常繁荣，但地远法疏，官员多贪赃舞弊，欺压百姓，大地主经常采用“占沙”和“抢割”来抢占农民的土地和农产品。在广东沿海地区，不断有冲积而成的新地，称为沙田，或称浮生土地。这些土地“皆海中浮土，原无税业”，贫苦的百姓往往到这里耕种。当地的豪强地主抢夺农民已经耕种的土地，将其据为己有，这就是“占沙”。所谓“抢割”更是一种赤裸裸的强盗行径，当沙田里的庄稼成熟后，恶霸地主就派打手将农民的土地连同农作物一起抢过来。这种情况，主要集中在顺德、香山、新会一带。广东沿海一带的农民不堪忍受地主阶级的压迫，终于在正统十四年(1449)爆发了黄萧养起义。

黄萧养，原名黄茂松，广州府南海区冲鹤堡人。在他刚满月的时候，地方官吏到处拉壮丁服役，他父亲连夜逃走，叔叔就把黄茂松托付给表兄萧大成，黄茂松由萧家养大，改名为黄萧养。他自幼性情倔强，喜欢舞枪弄棒，好打抱不平。他为人豪爽，先后结识了许多江湖好汉，在当地颇有侠名。正统十一年(1446)，边境战乱频频，赋税徭役繁重，再加上南海、顺德一带洪水为患，农田失收，但税赋依然苛重，人民生活在水深火热之中。黄萧养在走投无路之下，带头抗粮抗税，痛殴抢占沙田的恶霸地主，吃了一场人命官司，被

捕入狱。之后，他逢大赦出狱，参与了武装走私，结识了许多江湖豪杰。当时，沿海一带海禁甚严，黄萧养以"盗嫌"的罪名再次入狱，并被定了死罪。当时广东地区经常有人民起来反抗地主阶级的残酷剥削，朝廷将他们称之为"山海盗"。黄萧养智计过人，想办法联络在押的"山海盗"，伺机越狱。正统十三年(1448)，在狱外同伴的接应下，黄萧养和事先串联好的难友利用利斧砍开囚械，打开牢门，狱中的上百名重囚集体越狱。

辛苦劳作

黄萧养率众攻入军械局夺取武器，撞开东城门，登上事先停靠在河边的船只，扬帆出海。两个月后，黄萧养回乡招兵起义，得到当地百姓的热烈响应，"赴之者如归市"。

正统十四年五月，黄萧养在南海区冲鹤堡正式祭旗起义，自称"天威将军"。起义军一边召集人马，一边训练队伍。当地老百姓闻风归附，起义军很快就发展到上万人，并拥有了一百多艘战船。起义军先后攻下桂洲、逢简、大良、马齐、龙江、新涌口、太艮堡(今顺德大良)等地，并以太艮堡为根据地，开仓济民，修筑防御工事，封锁河道，储备粮草，并乘机大力发展水师。黄萧养亲自率领三百艘战船，从苇涌进逼广州，沿途官兵节节败退，起义军声威大震，队伍不断扩大。起义军顺利地来到广州城下，水军进军南门，陆路则进军西关，形成水陆夹击之势。广州城内的官军不敢出城迎战，一边派人向朝廷告急，一边紧闭城门死守待援。明朝都指挥王清奉命由高州驰援广州，但船至沙角尾搁浅。起义军装扮成逃难的百姓，乘着小船，船上装着柴、米、油、盐等物品，迎面向官军划去。起义军出其不意，冲上了王清的坐船，活捉了王清，明军全军覆没。广西总兵张安率领水军前往镇压，被起义军重重包围，张安落水而死。广州城里的官兵不敢出战，龟缩在城里。朝廷为了防止起义军混入城里，下令禁止百姓出入，以致"樵采绝"。这更加激起了人民的反抗，起义军的队伍很快就发展至十多万人，拥有战船一千余艘。起义军围攻广州数月之久，沙田一带的农民纷纷起来响应，扫清了广州外围一带，解除了起义军的后顾之忧。之后，黄萧养分兵攻打新会，与新会的起义军联合起来，大败官军。起义军又分兵占据南海、番禺等县，军威大振。此时，英宗在土木堡被也先所俘，朝廷人心惶惶，局势十分混乱。黄萧养乘机在大良建立政权，以广州城南五羊驿为行宫，建立"大东国"，自立为"顺民天王"，改年号东阳，分封文武官员。起义军加紧赶造吕公车、云梯等攻城器械，广州城中的官兵登城见到起义军，十分震恐，相顾涕泣。

即位不久的代宗朱祁钰收到军报后大为震惊，命令都督同知董兴为左副总兵，调集

广西、江西、南京的兵力增援广东。景泰元年(1450),右佥都御史杨信民奉命巡抚广东。杨信民曾在广东做过官,有较好的官声。杨信民面对声势浩大的起义势力,感到不能仅用武力加以镇压,还要采取安抚的方法,以孤立分化起义队伍。他一到广州,就开仓赈济,并派人到起义军中诱降,还打开城门,让百姓得以自由进出,同时又刻制散发了数万份“押印公据”,宣称即使参加了起义军,只要拿着“押印公据”即可免罪,可以进城就食。起义军此时粮食不继,很多人动摇了,散归家乡,“留者不满千人”,“叛萧养者渐多”。同时,朝廷又派都督同知董兴率大军前往镇压。黄萧养的起义军经过杨信民的招抚,战斗意志大大减弱,甚至连黄萧养本人也动摇了。直至杨信民暴病身亡,董兴率领大军前来围剿,起义军的军心才坚定下来。同年二月,董兴来到广州,水陆并进,在广州外围与起义军展开激战。双方激战了五天五夜,黄萧养在战斗中被流矢射中,落水牺牲。黄萧养死后,大东国瓦解,义军群龙无首,士气低落,被迫分两路撤退。一路由黄大牙率领,退守三山、太艮等地,因孤立无援很快就被明军镇压。另一路由黄公庞率领,转战在钦州一带,一直坚持到成化三年(1467)。至此,黄萧养起义宣告失败。

斗彩“天”字款龙纹盖罐

荆襄流民起义

明朝政府对人户的控制十分严格。早在洪武三年(1370)十一月,太祖就下令推广由陈灌所创的户贴。史载:“明初,宁国知府陈灌禁豪右兼并,创‘户帖’以便稽民,帝取为式,颁行天下。”所谓户贴,就是明代的户籍。洪武十四年(1381),户贴制因为有着诸如“不载户丁等则及田地科则”等先天缺陷,被黄册制度所取代。太祖诏令天下整顿户籍,编制黄册,在全国范围内普查人口、丈量土地。朝廷规定全国人口以户为主,分“里”(一百一十户为里)来编制户口档案,详列所有户籍人口情况,包括丁口、事产、乡贯、名姓等具体情况。

明朝法律制度规定,百姓外出超过一百里的,就要向朝廷申请“路引”,否则就要以私度关津论罪,杖八十。其主要目的就是要把人户束缚在土地上,以便于管理。明代中期,随着土地兼并的加剧和赋役的苛重,“逃户”和“流民”日益增多,使明朝政府的赋税和徭役大量流失,成为朝廷的“腹心之疾”。为了稳定统治,朝廷采取了各种措施来遏制流民问题。正统元年(1436),朝廷造“逃户周知册”,登记流民的详细情况,送报巡抚,督令他们回籍复业,或在当地纳税服役。次年,政府又发布“挨勘流民令”,登记流民的丁口,十家编为一甲,互相识保,由甲长管理。景泰二年(1451),朝廷用颁布“隐丁换户之禁”,允许原来隐瞒丁口或改换户籍的人自首,重新入籍。但这些措施,都未能解决根本问题。最终于成化年间,爆发了著名的荆襄流民起义。

流民图(局部)

荆襄地区是流民最集中的地区。荆襄的郧阳地区,在湖广、河南、陕西、四川四省交界处,山深地广,有许多荒地,是流民屯聚垦荒的理想地区。长期以来,许多破产的农民来到这里垦荒开矿,安家落户。为了加强对这一带的控制,朝廷于天顺八年(1464)特地添设湖广布政司参议一员,专门处理荆、襄、南阳三府的流民事宜。到了成化年间,这里的流民已多达一百五十万人以上。

由于政府屡次强令驱散流民,成化元年(1465),荆襄流民在刘通(又名刘千斤)、石龙(又名石和尚)领导下在房县(今湖北房县)举行了起义。刘通是河南西华人,由于不堪忍受盘剥于正统年间流亡到湖广房县。刘通自称汉王,年号德胜,设置将军、元帅、国师、总兵等官职,竖起反旗,荆襄地区的流民纷纷响应,一时间起义军声势浩大,建立起四万多人的队伍。刘通在襄阳房县、豆沙河等地的大山中,分作七屯,一边种田,一边进行战斗。刚刚当上皇帝的宪宗急忙派工部尚书白圭、湖广总兵李震前往镇压,双方在梅溪附近相遇,发生一场激战。起义军锐不可当,大败李震率领的湖广军,杀死都指挥以下军官三十八人。白圭率领大军从南漳、远安、房县、穀城四路向梅溪进逼。刘通避其锋芒,转战到寿阳,在古口山与明军相遇。经过两天的血战,刘通被明军俘虏,后壮烈牺牲。刘通等被杀后,明军深入山区,大肆残杀起义群众及其家属一万多人。石龙率领一支起义军转战至四川,攻下巫山、大昌。后来石龙被叛变的部下抓住,交给了明军,石龙不屈被杀。起义暂时陷入低谷。

起义失败后,几年来不断发生旱灾,百姓们生活在水深火热之中,朝廷赈灾不利,各地流民源源不断地来到荆襄山区。成化六年(1470),李原(又称李胡子)和小王洪聚众起义。李原和小王洪都是刘通的属下,李原起义后,自称太平王,在南漳和河南内乡、陕西渭南一带活动,得到了数百万流民的响应,起义军声势大震。成化七年(1471),宪宗派都御史项忠率领大军二十五万,分八路进攻起义军,同时派人进山招抚流民复业。这些流民多半是赤手空拳跟随李原起义,既没有武器,也没有严密的组织,在项忠的引诱下,几十万流民走出大山,严重削弱了起义军的力量。成化七年,李原在竹山(今湖北竹山)被明军击溃,被俘牺牲。小王洪率领义军在均州(今湖北丹江口)一带遭到明军的袭击,兵

败被俘。项忠没有遵守抚恤流民的诺言，残酷地屠杀起义军，驱逐山区里的流民，数十万流民被折磨致死。《明宪宗实录》记载说“兵入，尽草剃之，死者枕藉山谷”。

项忠在流民的白骨之上树立起一块“平荆襄碑”，以纪念自己的“功劳”。人民将这块石碑称为“堕泪碑”，因为这里埋葬了无数无辜的生命。朝廷还将流民开垦的土地封赏给各级军官，荆襄地区附近的藩王也乘机以各种名目霸占土地。

掐丝珐琅狮纹尊

此后，朝廷企图以严刑峻法来隔绝郧阳地区，在这一地区的通行要道上筑立营堡，分兵把守，以防止流民再次涌入。朝廷无力解决农民的生计问题，饥饿交迫的流民还是成批地涌入荆襄一带。到了成化十二年(1476)，荆襄流民又聚集了几十万人。为了解决流民问题，祭酒周洪谟总结了东晋时处理流民的历史经验，写了一篇《流民说》，主张采取安抚的政策。他认为：“若今听其近诸县者附籍，远诸县者设州县以抚之，置官吏，宽徭役，使安生业。”宪宗采纳了周洪谟的建议，于成化十二年二月命都御史原杰经略郧阳，负责安抚流民。朝廷又设置郧阳府与湖广行都司，由都御史吴道宏抚治郧阳、襄阳、荆州、南阳、西安、汉中六府。这样，几十万流民在当地加入户籍，荆襄地区的流民问题暂时得以解决。流民附籍后，垦辟老林，从事农作，大力开发当地的药材、竹木、铁、炭等资源，使荆襄山区的经济得到了很大的发展。

河北刘六、刘七起义

正德年间，由于宦官刘瑾乱政，皇庄不断发展，土地兼并问题日趋严重，促使社会矛盾日益尖锐。农民的反抗斗争此起彼伏，规模较大的就是河北刘六、刘七起义。

河北地区作为明朝的统治中心，皇帝和权贵在这里广占庄田，无数农民失去了赖以为生的土地。皇庄内部的管理人员大多由宫廷直接委派管庄太监管理，管庄太监倚仗权势，对农民进行残酷剥削，引起京畿地区农民的不断反抗。同时，河北农民还饱受马政之害。为了保证军用马匹的供应，官府强迫京畿百姓代官喂养种马，缴纳马驹，充当马户。一般按丁田授给种马，每年征小马，种马死掉或小马孳生数量不足，都要加以赔偿。官吏催督甚紧，马户不堪忍受，不断聚众反抗。他们经常利用官马来组织马队，劫富济贫，被官府称为“响马盗”。正德初年，响马的势力逐渐壮大，朝廷派御史分驻各地，采用各种手段进行压制。他们以捕盗为名，滥杀乱捕无辜百姓，民怨沸腾。

历史小常识:皇庄

所谓皇庄就是皇室直接经营的庄田。天顺八年,宪宗没收宦官曹吉祥在顺义的田地,设为"皇庄"。此后皇室不断地搜括土地。武宗即位后,皇庄急剧发展。据《菽园杂记》记载:"前代赐诸侯有汤沐邑,赐公主有脂粉田,而皇庄则未闻也。今所谓皇庄者,大率皆国初牧地及民田耳。岁计之人,有内官掌之,以为乘舆供奉。然国家富有天下,尺地莫非其有,仓廪府库,莫非其财,而又有皇庄以为己有,此固众人所不识也!"事实上,皇庄并不单是皇帝一个人的庄田,而且包括后妃、皇太子的庄田。皇庄的分布主要集中在北直隶的顺天等八府,尤以顺天、保定、河间等府最多。皇庄的土地大部分源自侵占的民田,开了明代土地兼并的先河。上行下效,藩王、勋戚、宦官也纷纷请求皇帝赐给土地,于是土地兼并问题日益严重。

正德五年(1510)十月,刘六、刘七在霸州举起了起义大旗,各地流民纷纷响应,起义的队伍越来越大。刘六名宠,霸州文安人。他的弟弟刘七,名宸。兄弟二人骁勇善战,精于骑射。刘六、刘七率领起义军南征北战,打击各州县的官吏以及地主大户,杀富济贫,受到百姓的欢迎和拥护,"凡'贼'过之处,则乐于供给,粮草器械皆因于民,弃家从乱者比比而是"。正德六年(1511),参加起义的人日渐增多,起义军的势力有了进一步的发展,"自畿南达山东,倏忽来去,势如风雨"。起义军兵分两路,一路由刘六、刘七、齐彦名率领,一路由赵镃、杨虎、邢老虎率领。朝廷派惠安伯张伟、都御史马中锡率京营兵前往镇压。张伟是个纨绔子弟,是昭皇后的兄长,为人软弱,不敢与起义军作战。马中锡则是一介书生,不懂用兵,只知道采用招抚的办法,于是起义军声势更盛。

次年九月,赵镃、杨虎一路起义军攻破兴济(今河北沧县)、沧州,在山东蒙山大败副总兵李瑾带领的明军。赵镃题诗有"纵横六合谁敢捕"之句,可见起义军的声威之盛。他们转战在河北、山东、河南等地,攻破城池数以百计。十月,刘六率领大军进入山东,连破日照、海丰、曲阜诸城,后又在济宁焚烧漕船千艘,擒拿工部主事王宠。随后,赵镃又挺进河南,攻克灵璧、夏邑、虞城,入归德府,大破官军。明朝政府将主张招抚起义军的右都御史马中锡下狱,命太监谷大用总督军务,兵部侍郎陆完提督军务,除加派京营军外,还增调宣府、大同、延绥等地的边镇兵,企图将起义军围困在山东。杨虎率领起义军突破明军的包围,南下徐州,没有攻克,于正德六年十一月转战宿迁。在与明军的战斗中,杨虎牺牲。在众人的推举下,刘惠为首,赵镃为副。刘惠进一步整顿了起义队伍,自封为奉天征讨大元帅,赵镃改名为怀忠,任副元帅。正德七年(1512)二月,起义军首领邢老虎因病去世,赵镃合并了他的部众,拥兵十三万。辽东巡抚都御史彭泽、总兵咸宁伯仇钺等率延绥、榆林边镇精兵,参加了对河南起义军的围剿。赵镃、刘惠率领起义军在河南洛阳大败明军,杀掉指挥冯祯,但也付出了惨重的代价。之后,起义军在汝宁府等地作战屡告失利,刘惠与赵镃为逃脱明军的追捕,兵分两路,刘惠被明将仇钺击败,中箭后自杀,赵镃突围后化装成和尚,潜渡长江,准备去江西再次举事,不幸在江夏被捕殉难。河南方面的起义军被镇压下去。

刘六、刘七领导的起义军，于正德六年秋从河北进入山东。起义军所向披靡，连破日照、海丰、寿张、阳谷、宁阳、曲阜等地。之后，起义军往来于霸州、德州、洛阳、登州、莱州等地，与官军展开战斗，互有胜负。在大敌面前，起义军时分时合，协力作战。刘七率领的起义军一路直逼固安，使京师大震。武宗亲御左顺门，紧急召见阁臣，命陆完迅速回师救援。陆完兵分两路，一部分官军留在霸州与起义军作战。起义军见官军前后夹击，便乘机退走。正德七年四月，朝廷派十万大军合围起义军，在明军的围追堵截之下，起义军的势力渐渐衰弱。刘惠、赵鐩失败后，官军便集中兵力扑向刘六、刘七所率领的起义军。刘六、刘七被迫转战湖广，在黄州（今湖北黄冈）战斗中，刘六中箭受伤，与儿子一起投水自尽，刘七、齐彦名夺得船只，顺江而下。起义军活跃在九江、安庆直到南通的长江沿岸，多次打败官军，三过南京如入无人之境。之后，起义军以通州（今江苏南通）的狼山为根据地，不断出击江阴等地。这时，各路明军进逼通州，对起义军形成包围之势。同年七月，副总兵刘晖率辽东兵、千总任玺率大同兵、游击郤永率宣府兵合力猛攻狼山，起义军寡不敌众，刘七中箭后投水而死，齐彦名阵亡，起义军几乎全部英勇牺牲，起义失败。

刘六、刘七领导的起义历时近三年，转战河南、河北、山东、山西、湖广、南直隶等大片地区，纵横上千里，声势极壮，对明王朝的统治是一次很大打击。

政治改革

从武宗正德十六年（1521）至神宗万历十年（1582）是明朝的调整期。正德末年，统治者面临的形势相对严峻。统治阶级内部的有识之士，从长远的统治利益出发，主张政治改革。这些改革措施在一定程度上顺应了历史发展的要求，对于挽救明王朝的危机也起到了一定作用，国内各民族进一步融合的趋势也得到了强化。

大礼议之争

武宗去世后，留给朝廷一个难题：他既没有儿子，也没有亲兄弟，皇位该由谁继承呢？皇太后张氏命太监张永、谷大用等到内阁与大学士们商量对策。首辅杨廷和援引《皇明祖训》，说：“兄终弟及，谁能渎焉。兴献王长子，宪宗之孙，孝宗之从子，大行皇帝之从弟，序当立。”杨廷和的意见得到其他大学士和张太后的首肯。正德十六年（1521）四月，藩王朱厚熜来到京城，即皇帝位，这就是在位长达四十五年的明世宗。

《大礼疏》

世宗朱厚熜以藩王的身份继承大统，并不是当然的皇位继承人。他即位后的第五天，也就是正德十六年（1521）四月二十七日，即下旨礼官集议生身父亲的祀典和尊称，以提高生身父亲的地位。杨廷和主张效法汉代定陶王入继成帝和宋代濮王入继仁宗的故

事,“宜尊孝宗为皇考,称兴献王为皇叔考兴国大王,母妃为皇叔母兴国太妃,自称侄皇帝名,别立益王次子崇仁王为兴王,奉献王祀,有异议者即奸邪,当斩”。于是,毛澄会公卿台谏等官六十多人上奏,主张尊孝宗为皇考,尊兴献王及兴献王妃为皇叔父和皇叔母,祭告上自称侄。这就是说,世宗不得称自己的生身父母为父母,而要以大伯孝宗朱祐樘为“皇考”。这种“移易”父母的办法令世宗难以接受,虽然“皇考”只是个称谓,但在朱厚熜心里却等同于认不认亲生父亲的问题。他深知,给自己父亲上封号之事阻力重重,然而如果不上封号,父亲只是个藩王,很快就会淹没在历史的风尘之中。世宗当即表示不满,要求另议。

以藩王身份继位的明世宗

事实上,朱厚熜在未即位之前,就在内阁制定的继位大礼的问题上与朝臣们发生争执。当时,内阁主张朱厚熜以皇太子的身份继承皇位,朱厚熜对此十分不满,说:“遗诏上只说要我继承皇帝之位,并没有命我当皇太子。我是先皇的堂弟,怎么能够以皇太子的身份即位呢?”朱厚熜坚决不入城,让内阁重新修改继位大礼,方肯入城。因情势紧急,张太后和杨廷和只好同意了朱厚熜的要求。朱厚熜在和大臣们的初次较量中获得了胜利,树立起自己的威信,这件事可以说是议礼之争的导火索。朱厚熜从外藩即皇帝位,对朝廷的旧臣并不十分信任,因此不希望以明孝宗朱祐樘养子的身份来承继大统,坚决要求追封自己的亲生父亲为皇帝。世宗的要求恰恰是标榜尊崇礼教的大臣们所无法接受的,杨廷和等内阁大臣,一意坚持原议。世宗每次召见杨廷和,都赐茶慰谕,希望他能妥协。杨廷和则一直坚持己见,不肯让步。

正德十六年七月,事情出现了转机。张璁以新科进士的身份上《大礼疏》,提出:“夫汉哀帝、宋英宗皆预养宫中,立为储嗣,其为人后之义甚明。今陛下以伦序当立,循继之义,非为孝宗也……故谓陛下入继祖统则可,谓为人后而绝其亲则不可。”张璁提出了不同于杨廷和的主张,为朱厚熜尊崇自己的亲生父母提供了理论依据,而且引经据典地批驳了群臣的观点。此时,世宗正为此事一筹莫展,看见张璁的奏疏如获至宝,急忙把他的奏章交给朝臣商议。大臣们看了张璁的奏章,群起而攻之。张璁又写了一篇《大礼或问》疏,皇帝就拿着这篇文章去责问阁臣。九月,世宗的母亲兴献王妃蒋氏从安陆来到通州,得知大臣们打算让世宗以孝宗为皇考,非常生气,就不肯来到北京。世宗听说后,非常伤心,流泪不止。杨廷和不得已,于是草敕下礼部说:“圣母慈寿皇太后懿旨,以朕缵承大统,本生父兴献王宜称兴献帝,母宜称兴献后。”世宗批准了这个草敕,蒋氏这才来到京城。

至此,围绕着议礼一事,朝臣中分为两派:一派以张璁为首,主张尊兴献王为皇考,史称“议礼派”;一派以杨廷和为首,主张尊奉孝宗为皇考,史称“护礼派”。

杨廷和

杨廷和利用手中的权力,开始排斥在议礼之事上持不同意见的人,授意吏部任张璁为南京刑部主事,使之远离了朝廷。同年十二月,世宗下御札一道,令加兴献帝、兴献后以“皇”字。杨廷和等大臣表示反对,世宗声称这是慈寿皇太后的“懿旨”,不敢不从命。

嘉靖元年(1522)正月,清宁宫后殿起火,杨廷和等抓住时机,说此事是由于“兴献帝、后之加称,祖宗神灵容有未悦”所致。世宗迷信神灵,这才尊孝宗为皇考,兴献帝、后为本生父母,取消了“皇”字。此时,张璁等“议礼派”大臣都被以各种理由调离京城,只剩下皇帝独自与整个文官集团对抗。

杨廷和在此事上屡持反对意见,引起世宗的不满。杨廷和自知前路茫茫,上疏请辞。世宗开始还做出挽留的样子,到了嘉靖三年(1524)正月,“听之去”,还责备他不懂为臣之道。

世宗再次命礼部讨论皇考这个问题,吏部尚书乔宇和新任礼部尚书汪俊率领百官继续坚持杨廷和的主张。张璁于是再次给世宗上疏,支持他的想法。与此同时,另外一个中级官员桂萼也上书支持世宗。世宗得到两人的支持,非常高兴,下旨调张璁、桂萼进京集议。嘉靖三年三月,朱厚熜决意抛开内阁,一意孤行,下旨奉本生父兴献帝为“本生皇考恭穆献皇帝”,奉本生母兴献太后为“本生母章圣皇太后”,并在奉先殿侧另建一室,安置皇考神主。

五月,张璁、桂萼二人抵达京城,再次上书支持皇帝。“护礼派”大臣气势汹汹,甚至扬言要杀掉他们。桂萼吓得连门都不敢出,张璁也经过好多天才敢出门朝见皇上。最后,在世宗的坚持下,御史段续、陈相被下狱。张璁、桂萼在世宗的支持下力辩朝臣,终于使世宗如愿定自己的生父为“皇考”。从此,世宗对张璁宠信有加。

之后,“护礼派”以文渊阁大学士石瑶、大学士毛纪为代表,坚持恪守礼法,维护皇室血统的一脉相承,与以张璁、桂萼为首的“议礼派”相对抗。在世宗朱厚熜的支持下,“议礼派”大臣的队伍不断扩大,大礼议之争达到了白热化的程度。

大礼狱

嘉靖三年(1524),世宗任张璁、桂萼为翰林学士,任席书为礼部尚书,这样,"议礼派"就掌握了典礼大权。七月,朱厚熜又采纳了张璁、桂萼的意见,多次派司礼太监到内阁找大学士毛纪等人,要求去除生身父母尊号中的"本生"二字。这件事在朝中立刻引起了一场极大的风波,成为大礼议斗争中最激烈的一幕。

大学士毛纪等坚决反对此事,令朱厚熜大怒,限四日恭上册室。对于"护礼派"大臣的奏折,皇帝觉得不满意,皆被驳回。"议礼派"大臣的奏折得到了皇帝的批准,但又被内阁驳回,双方陷入僵持状态。

杨慎簪花图

七月十五日早朝后,内阁、六部、詹事、翰林、御史、给事等两百多名朝臣跪在左顺门下,请求世宗继续尊奉孝宗为皇考。世宗两次派司礼监太监前去劝说大臣们回家,"群臣仍伏不起,自辰迨午"。世宗大怒,立即下令锦衣卫旗校逮捕为首之人,于是丰熙等八人皆系诏狱。杨慎、王元正等百官大哭不止,"声震阙廷"。世宗怒不可遏,命太监将所有跪伏官员的名字记录下来,对四品以上的官员夺俸,五品以下的官员一律逮捕入狱。次日,世宗余怒未息,将昨天所捕之人处以廷杖,受刑人数达一百多名,结果十多人死于杖下,"护礼派"大臣受到了沉重的打击。这件事被称为"大礼狱"。

这次事件成为大礼议之争的转折点,此后,大部分大臣"依违顺旨",世宗不仅实现了追封自己父亲为皇帝的愿望,而且树立了新皇的威信。同年九月,世宗定大礼,称明孝宗朱祐樘为"皇伯考",昭圣太后张氏为"皇伯母";称自己的父亲、恭穆献皇帝为"皇考",母亲、章圣太后为"圣母"。与此同时,兴献王的神主被迎奉入京,供奉在新建的观德殿(奉先殿西室)里,尊号为"皇考恭穆献皇帝"。

"大礼议"本身不过是礼文末节,但其背后却隐藏着大臣之间的权力之争。随着斗争形势的变化,统治集团的内部也随之发生变化。世宗通过对左顺门事件的处理,大大打击了"护礼派"官员。杨廷和罢官后,蒋冕为首辅,因反对世宗尊崇生父的活动,不久就被免职。此后,接替蒋冕之位的是毛纪,他仍然坚持杨延和的主张,几个月后也被罢官。同时,"议礼派"大臣在世宗的支持下开始风光起来。

嘉靖四年(1525)四月,光禄寺丞何渊请立世室,崇祀世宗的生身父亲于太庙。席书、张璁、桂萼都表示反对,他们认为世宗的生身父亲没有当过皇帝,不宜入太庙,否则会干

犯皇帝的统系。他们提议另建一庙，将朱祐杬的神主迁去，以便“尊尊亲亲，并行不悖”，得到了世宗的同意。张璁升为詹事兼翰林学士，从此深得世宗的器重。后来在讨论世庙神道、庙乐、武舞及太后谒庙等问题上，世宗也都根据张璁的意见做出决定。嘉靖五年。世庙建成于太庙之左。张璁升任兵部右侍郎，他的升迁遭到许多朝臣的反对，但反对者都遭到世宗的训斥。不久，张璁又升为兵部左侍郎。张璁大权在握后，就开始报复原来反对过他的大臣。不久，张璁升任礼部尚书兼文渊阁大学士，进入内阁，参与机务。

嘉靖七年（1528）正月，世宗视朝，看见张璁、桂萼位列兵部尚书李承勋之下，不太满意。内阁首辅杨一清为了讨好皇帝，上书请求给二人加官，世宗赐张璁少保兼太子太保。世宗为肯定“议大礼”之事上的胜利，颁布一部《明伦大典》，并借此机会，再一次打击了“护礼派”的大臣。他发布命令详细列举这一派官员的“罪过”，并宣布了惩治决定。许多官员被免职，这样支持尊崇世宗父亲的官员开始得到重用。张璁升任少傅兼太子太傅、吏部尚书、谨身殿大学士。

嘉靖十七年（1538），世宗奉皇考献皇帝为睿宗，祔于太庙。至此，这场大礼议之争以世宗的胜利告终。致仕的大学士杨廷和被视为“罪之魁”，削籍为民；已故尚书毛澄、林俊，各夺生前的官职；大学士蒋冕、毛纪、乔宇、汪俊等人虽已退休，也被夺职。通过“大礼议”，世宗清除了以杨廷和为首的前朝旧臣的势力。关于世宗父亲的尊崇典礼，世宗君臣前后争论了一二十年，对嘉靖年间的政治格局产生了极为深远的影响。

历史小常识：杨慎

杨慎，字用修，号升庵。生于弘治元年（1488），卒于嘉靖三十八年（1559）。四川新都人。祖父杨春，官至提学佥事。父杨廷和，成化进士，改庶吉士，正德二年（1507）入阁，官至内阁首辅。杨慎在正德三年（1508）会试下第入国子监。正德六年（1511）考中进士，在后来的殿试中名列为一甲第一名，取得状元头衔。后来任翰林院修撰，经院讲官。后因反对世宗尊崇生父而得罪了皇帝，被贬官流放到云南，终生没有再被起用。杨慎在云南潜心研究学术，成为我国历史上著名的学者、诗人和文学家。《明史·杨慎传》称：“明世记诵之博，著述之富，推慎第一。”

世宗崇道废政

正德十六年（1521）四月二十二日，朱厚熜以藩王身份继承皇位，第二年改年号为嘉靖，是为世宗，亦称嘉靖帝。嘉靖帝在位四十五年，是明朝统治时间较长的皇帝之一。其即位之初，革除先朝蠹政，朝政为之一新。但不久与杨廷和等朝臣发生大礼议之争。通过大礼议之争，他大力打击异势力，总揽朝政大权，皇权高度集中。同时，他还信奉道教，幻想通过方术得以长生不老，爱慕虚荣，喜好祥瑞，使得朝纲败坏。

信方术

世宗朱厚熜崇信道教，一辈子追求得道成仙，长生不老。早在嘉靖初年，就“数不

豫”，身体状况欠佳。这样的身体状况，使他痴迷于求长生、成神仙的方术。

崇奉道教的明世宗

世宗即位不久，就在太监崔文等人的引诱下，好方术鬼神之事，日事斋醮，即建坛向神灵祈福。嘉靖二年(1523)闰四月，大学士杨廷和上奏“慎始修德十二事”，其中也包括停止斋醮之事。其他大臣和言官也多次上奏请求停止斋醮，但世宗一意孤行，一直不肯听从大臣的建议。在他长达四十五年的帝王生涯里，基本上有一半的时间，住在专门用来炼丹、斋醮的西苑。他还为自己取了几个很长的道号，如“灵霄上清统雷元阳妙一飞元真君”“九天弘教普济生灵掌阴阳功过大道思仁紫极仙翁一阳真人元虚圆应开化伏魔忠孝帝君”，又号“太上大罗天仙紫极长生圣智昭灵统元证应玉虚总掌五雷大真人元都境万寿帝君”。世宗将自己当作道教的神仙，真是可笑至极。

道士们看准了世宗想寻找长生之道的心理，竞相向他进献一些邪方妖术，以讨取他的欢心。道士邵元节和陶仲文是世宗最宠信的道士。

邵元节，江西贵溪人，龙虎山上清宫的道士。正德年间，宁王朱宸濠曾礼聘他去宁王府，邵元节婉言谢绝。宁王朱宸濠的叛乱被平定后，邵元节非但没有受到牵连，反而受到人们的尊崇。嘉靖三年(1524)，迷恋道教的世宗召邵元节入京，让他居住在显灵宫中，专门掌管祷祀之事。当时世宗正因为没有皇子而苦恼十分，邵元节进宫后，马上建祈嗣醮。邵元节做法后不久就请求回山修炼，临行前告诉皇帝说不必为子嗣的事烦心，上天念皇帝信道心诚，皇子指日可待。世宗听后喜出望外。不久，世宗宠爱的阎贵妃果然生下一个儿子，紧接着，其他几个妃子也相继生下皇子。世宗因此对邵元节感激不尽，邵元节步步高升，屡得赏赐。

嘉靖十五年(1536)闰十二月，邵元节又得到礼部尚书的头衔，赐一品冠服，专事祷祀。此后，嘉靖对道教更加痴迷，修建显灵宫的昊极通明殿，来祭祀道教神仙浮德王、宝月光后。每天上朝之后，世宗就到邵元节的宫中学他做法。有一次，京师大旱，一连几个月不下雨。世宗知道邵元节做法灵验，便要他做法求雨。没想到几天之后果然下起了雨，世宗对邵元节更加信任有加，加封邵元节为真人，让他主管朝天、显灵、灵济三个道观，总领天下道教。世宗还派人在邵元节的家乡贵溪建造道院，名仙源宫。

之后，邵元节患重病，在死前向世宗推荐了自己的好友陶仲文。陶仲文，初名典真，

湖广黄冈人，曾做过黄梅县的县吏、辽东库大使。他来到京城后，就住在邵元节的府邸中。邵元节去世后，陶仲文成为世宗身边最受宠的道士。世宗还加封陶仲文为“忠孝秉一真人”，加礼部尚书衔，食一品俸禄，命他马上进宫侍奉皇上，同时下诏封自己年仅四岁的儿子为监国，自己则退居后宫，专门体验陶仲文的房中术和金丹。世宗对陶仲文的宠信已到了“见则与上同坐绣礅，君臣相迎送，必于门庭握手方别”的程度。

一次，世宗出巡，陶仲文也随行护驾。在路上他们遇到了旋风，陶仲文说宫中将会发生火灾。当天晚上行宫果然起火，世宗惊叹不已，认为陶仲文真的是神仙，又加封他为少师兼少保、少傅，位登三孤。此后，世宗每次举行斋醮大礼，总要命文臣写一篇祷告太上老君的文章，用朱笔写在青藤纸上，名曰“青词”。一些大臣投其所好，致力于撰写青词，以取得皇帝的欢心。嘉靖完全沉迷于道教，不再理会朝政。

陶仲文向世宗推荐一种名为“元性纯红丹”的丹药，说服下此药后就可以长生不老。世宗信以为真，马上派人去各地采集炼制丹药的必备药材。

水陆画中的道士形象

相传，这种药必须以晨起采得的露珠或是女子初为人母的乳汁调服才能奏效。当时，宫女们每天黎明起床，到御花园之中采集露珠。早晨很冷，宫女们穿着单薄的衣裳站在晨风之中，冻得浑身发抖，很多人都因此病倒。天长日久，宫女们心中都充满了怨恨。因为采集甘露极为辛苦，世宗就把它作为惩罚嫔妃和宫女的一种手段。宫女们实在忍受不了这种残酷的折磨，杨金英和邢翠莲秘密地纠集了十几个患难与共的宫女，准备找机会杀死荒淫暴戾的世宗。

嘉靖二十一年(1542)十月二十一日，世宗在爱妃曹氏的宫中饮宴，晚上就倒在曹妃的床上酣然入睡，曹妃自己则避到另一个房间歇息。以杨金英为首的十六名宫女趁世宗熟睡之机，蹑手蹑脚潜入房间，企图勒死世宗。她们七手八脚地按住他的手脚，用绳子勒住他的脖子，眼看就要大功告成，可是由于过分紧张，宫女们将绳子系成了死扣，怎么也收不紧。曹妃宫中的另一名宫女张金莲发现此事，立刻向方皇后处报信。方皇后马上领人前来救驾，这十六名宫女全部被捕。世宗苏醒后，神志恍惚，好长时间不能说话，一时无法处理此事。方皇后全权处理了这场宫变。方皇后对曹妃素有妒忌之心，审讯时将曹妃打成主谋，并以朱厚熜名义将杨金英等十名宫女及曹妃一并凌迟处死。这件事情发生

在旧历壬寅年，所以后人称之为“壬寅宫变”。

朱厚熜恢复神智后，得知方皇后构陷曹妃的经过，心里暗暗怀恨。嘉靖二十六年十一月，宫内发生火灾，方皇后陷身于大火之中，厉声呼救。太监们向朱厚熜报告，朱厚熜却有意拖延时间，不采取抢救措施，以致方皇后就这样被大火烧死。此后，世宗落下了一个心病，总觉得宫中鬼影憧憧，总听到冤魂凄厉的哭声。

对于宫女们的反抗，世宗并没有忏悔之意，认为自己之所以大难不死，全赖于崇敬神灵，因此更加笃信道教。但是，他再也不敢住在宫中，为了躲“鬼”，搬到西苑燕王的旧居居住，并宣称自己已是化外之人，还自封为“灵霄上清统雷元阳妙一飞玄真君”。他自封为仙界的帝君，从此不问人间政事，专心炼丹修道，朝中事务变得一片混乱，到了难以收拾的地步。

凤凰图

晚年的世宗，更加荒诞不经。他派人巡行天下，遍访名士，寻求长生不老之术，因而又有一大批道士、方士先后得到世宗的宠信。百姓为了获得封赏也纷纷献书，丰城居民熊显进献《仙书》六十六册，方士赵添寿、医士申世文共献“秘法”三十五种，还有人伪造了《诸品仙方》《养老新书》等书，说是仙书，献给皇帝。

世宗信用方术，耗费了大量的财物，“时每一举醮，无论他费，即赤金亦至数千两。”他一生迷信道教，最后终于因为服用红丸中毒而死。在临终之际，他对自己的所作所为方才有所悔悟。

爱祥瑞

世宗迷信道教，一生都在追求长生不老，十分喜欢祥瑞吉兆之类的东西。所谓祥瑞，就是指吉祥的征兆，源于道教中的天人感应说。古人认为祥瑞是上天预示人间的征兆，封建帝王如果顺应上天的意愿治理国家，天下承平，百姓安居，那么自然界就会出现一些好的征兆。如果君主无道，民不聊生，自然界也会有所反应，发生自然灾害或者彗星之类的变异反应。皇帝们喜欢祥瑞，大多是为了标榜自己把国家治理得很好，上天赐福罢了。

世宗爱慕虚荣，对祥瑞的喜爱超出了人们的想象。许多善于逢迎的大臣因此得到了加官晋爵的机会。嘉靖七年(1528)三月，灵宝市的官员上奏说，灵宝市境内的黄河突然变清。世宗得知后十分高兴，以为这是上天赐给自己的吉兆，立刻下诏令当地官员祭谢河神，又派武定侯郭勋携礼部诸官员到京郊祭祀天地。世宗则在内廷答谢诸神灵。御史周相上书指出这是大臣们逢迎皇上之举，请求皇上即刻罢黜祭告，昭告天下臣民不可奏祥瑞之象。世宗听后十分生气，认为周相诽谤朝政，亵渎圣灵，下旨将周相捕入诏狱，严

加审讯。此后，一些官员投其所好，纷纷寻找或者制造所谓的祥瑞，以图加官晋爵或者抵消己过。

嘉靖八年（1529），御史唐凤仪进献了据说是一茎五穗的麦子，说这支麦子是在四川发现的。陕西总制王琼也不甘落后，奏称甘露降于固原。祥瑞接二连三地出现，世宗认为是上天在嘉奖自己。嘉靖三十七年（1558），胡宗宪因平倭失利而受到指责。为了讨好世宗，他将一只在舟山捕获的白鹿献上。事实上，毛色纯白的鹿只不过是动物的一种变异，诸如“白虎”之类，都算不得上珍禽异兽，只是世间少有罢了。世宗却以为这是上天赐给他的祥瑞之物，如获至宝，立刻到玄极宝殿、太庙举行了隆重的告庙礼，并亲临两处，告谢天神和祖宗。百官也都顺着他的心意纷纷称贺，闹得沸沸扬扬。胡宗宪又设法弄来两只白龟和五棵大灵芝，把它们进献给世宗。世宗一高兴，不仅没有治罪，还对他大加封赏，真是昏聩不堪。

麒麟图

同年八月，世宗突然在几案和被子里发现了一粒金丹和一只桃子。他询问众人是谁放的，大家都回答说不知道。世宗立刻跑到太极殿去拜谢天帝。宫里养的白兔生了两只小兔子，白鹿也在同时生了两只小鹿，世宗就以为天眷非常，大喜过望。官员们也纷纷上表称贺，朝政一片混乱。

各地的祥瑞接连不断地奏来，世宗整天忙得不亦乐乎。一次，泰安地区的地方官进献祥瑞，世宗准备斋醮来答谢上苍，废寝忘食地整整忙了一天。他对身边的太监说：“朕仰仗皇天的保佑，今年夏天醴泉在西苑里出现，各地也纷纷出现鹿瑞龟祥，这是上天在酬谢天下。我不敢怠慢皇天，所以要赶紧答谢。”可见世宗对祥瑞的喜爱已经到了无可救药的程度。

此后，各地吉祥层出不穷。世宗对祥瑞的喜爱至死不悟，酿成了许多闹剧。满朝文武大臣明哲保身，缄默不言，只是在暗中讪笑不已。户部主事海瑞为民请命，在《治安疏》中指出：“现在已经到了民穷财尽的时刻。皇帝不惜劳民伤财，浪费了无数人力物力去寻找祥瑞。这种做法对皇帝、对国家没有什么好处。那些祥瑞其实是皇帝身边的奸邪小臣讨取皇帝欢心的把戏，根本不是什么祥瑞，还请皇上三思而行。尽快罢黜祥瑞，整治朝纲。”世宗勃然大怒，下旨将海瑞捕入狱中，不久又转到刑部大牢。

世宗如此痴迷地喜欢祥瑞，目的就是为了粉饰太平。阿谀奉承之徒以此作为晋身之阶，使朝政更加腐败。

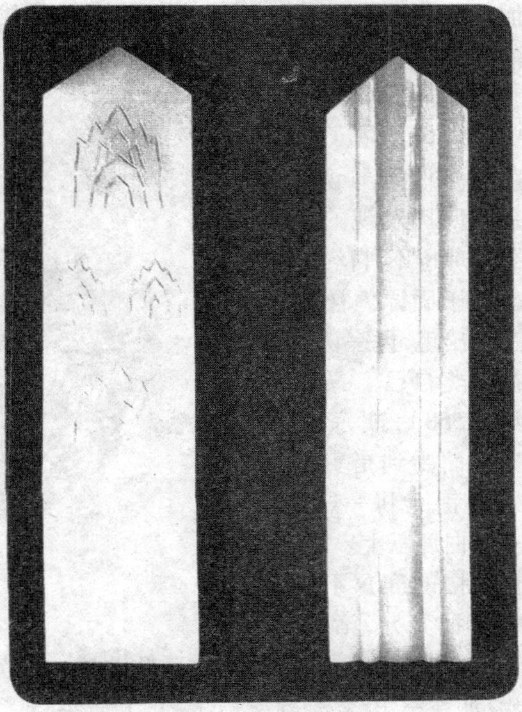

玉圭

首辅专权及内阁纷争

世宗即位之初，求治之心甚切，“力除一切弊政，天下翕然称治”。嘉靖二年(1523)以后，世宗就开始“厌薄言官，废黜相继，纳谏之风微矣”。为了维护自己的专制统治，世宗广布耳目，对大臣的互相攻讦也大为鼓励，时人普遍觉得他“恩威不测”。嘉靖一朝，宦官的权力不是很大，政归内阁，但世宗的专制暴虐使得正直的大臣无处容身，大臣之间倾轧之事层出不穷，政治混乱不堪。

杨廷和、蒋冕、毛纪先后任职首辅，但都因反对世宗尊崇生父而被罢黜。费宏“颇揣知帝旨”，因此得到世宗的青睐，接任首辅之位。费宏对弊政也多有指斥，多次上疏要求改革，但世宗并没有采用。实际上，真正受世宗重用的是席书、张璁、桂萼等“议礼派”大臣。张璁、桂萼为了争权夺利，多次在世宗面前攻击费宏。嘉靖六年(1527)二月，费宏被迫辞官归里。费宏致仕后，“政府日以权势相倾”，敢言直谏的大学士已不可多得。

世宗命杨一清接替首辅之位。杨一清在正德年间做过大学士，因得罪权臣江彬而致仕。在张璁、桂萼的引荐下，杨一清再次入阁，得到世宗的欢心。杨一清对张璁、桂萼心怀感激，“倾心下二人”。此时，张璁任内阁大学士，对自己居于杨一清之下而心怀不满，“以压于一清，不获尽如意，遂相龃龉”。锦衣聂能迁弹劾张璁，张璁欲置他于死地，杨一清不答应，对聂能迁的处罚很轻。张璁大怒，骂杨一清是奸人鄙夫，多次上疏弹劾杨一清。杨一清上疏请求退休，并向世宗陈说张璁的不是。嘉靖八年(1529)八月，工科给事中陆粲再次弹劾张璁擅作威福、以个人恩怨打击报复同僚，世宗于是罢免了张璁。不久，张璁的同党霍韬大力攻击杨一清，并替张璁辩白，嘉靖又下令召还张璁。最后，在张璁等人的排挤下，杨一清于嘉靖八年九月辞官，张璁成为首辅。

张璁成为内阁首辅。世宗虽然宠信张璁，但并不允许任何臣子的权力过大。早在杨一清任首辅之时，世宗对张璁恃宠妄为的行为就心怀不满。嘉靖十年(1531)，夏言受到世宗的赏识，任少詹事，兼翰林学士。夏言是江西贵溪人，因善于迎合圣意，“大蒙圣眷”。行人司正薛侃上疏请求“泽亲藩贤者居京师”，以作为储君。世宗因没有子嗣，正在请道

士“祈嗣”，对这类事情非常忌讳。世宗见到奏章后大怒，将薛侃下狱，并“究交通主使者”。张璁想通过这起事件兴起大狱，陷害夏言。事情泄露后，世宗大怒。御史谭缵、端廷赦、唐愈贤等也先后弹劾张璁，于是世宗罢免了张璁。张璁丢掉了首辅之位，第二次被免职。不久，世宗再次派人召他回朝，张璁于嘉靖十一年(1532)三月回到京城。八月，天上出现彗星，世宗认为这是大臣擅政的征兆，遂命张璁自请退休。嘉靖十二年(1533)正月，皇帝又开始想念张璁，再次将他召回。嘉靖十三年(1534)，升张璁为少师兼太子太师、华盖殿大学士。嘉靖十四年(1535)春，张璁生病，请求还乡养老。世宗同意了他的请求，并派御医护送他回去。

夏言

张璁倒台后，夏言又遇到了另一个劲敌严嵩。严嵩，字惟中，号勉庵、介溪、分宜等，江西分宜人。他自幼聪慧好学，善于作对，二十五岁时就考中进士，被选为庶吉士，入翰林院就读。嘉靖四年(1525)，严嵩升国子监祭酒。他工于心计，善于揣摩皇帝的心思。世宗入继大统后，崇奉道教。古代道士斋醮，必念上奉天神的表章，这种表章是用朱笔写在一种青藤纸上，因此又称为“青词”。严嵩为了邀宠，刻意求工，以青词赢得了天子的宠幸，加为太子太保。嘉靖二十一年(1542)，严嵩升任武英殿大学士，入值文渊阁，仍兼礼部尚书，开始参与机要，后累进吏部尚书、谨身殿大学士、少傅兼太子太师、少师、华盖殿大学士。严嵩表面上对夏言十分恭敬，暗地里贿赂世宗喜欢的方士陶仲文，以谋取首辅之位。

嘉靖二十三年(1544)七月，夏言被削职，严嵩开始独揽国政。严嵩虽然年过花甲，却整天在西苑处理朝政，由此取得了世宗的信任。八月，严嵩代为首辅。次年，世宗将夏言召回京城，出任首辅。夏言复出后，大力惩治营私违法的官吏，得罪了许多权贵和内侍宦官。嘉靖二十五年(1546)，陕西三边总督曾铣上书请求收复河套地区，夏言极力支持。世宗本来也表示赞同。此时，严嵩突然改变立场，提出此次师出无名，兵力粮草都不充足，不能保证成功。嘉靖的态度也随之发生变化，认为收复河套的提议不适当。严嵩不失时机地攻击夏言的专擅，说他“骄横自恣，凡事专制，一切机务忌臣干预，每于夜分票本，间以一二送臣看而已”。二十七年(1548)，世宗命夏言致仕。严嵩又联合锦衣卫都督陆炳、总兵官仇鸾二人攻击夏言，要治夏言于死地。十月，世宗一怒之下，把夏言斩首示众。

此后，严嵩再次当上了首辅，内阁诸臣不敢与他争长短。严嵩的儿子严世藩升任工部左侍郎，父子二人排斥异己，购置了大量的土地。嘉靖中期以来，世宗经常不视朝。严嵩利用世宗刚愎自用的性格，大力培植自己的势力，独揽大权。严嵩大量侵吞军饷，导致前线武器装备陈旧，将士常年戍边而得不到军饷，战备松弛。东南倭寇和北方蒙古骑兵

更加猖狂地侵扰明朝，边疆出现严重危机，而身为首辅的严嵩却束手无策。由于政治黑暗，上下官员竞相贪污搜刮，导致赋役日增，民不聊生，阶级矛盾日益激化，明朝的统治面临着严峻的危机。

嘉靖三十七年（1558），世宗对严嵩的擅权有所察觉，转而信任大学士徐阶。方士蓝道行和严嵩素有矛盾，乘机借仙人之口指出严嵩父子是奸臣，使世宗产生了罢免严嵩的念头。嘉靖四十一年（1562）五月，御史邹应龙在徐阶的授意下，上疏弹劾严嵩父子收受贿赂，卖官鬻爵，广置田宅，霸占民田，奏请斩杀严世蕃，罢免严嵩。其他对严嵩不满的大臣也乘机而起，上疏列举严嵩的罪行。世宗于是以严嵩放纵严世蕃有负皇恩为由，将他罢免，籍没家产，并将严世蕃下狱。嘉靖四十四年（1565）三月，严世蕃论罪依法被斩。严嵩也被罢黜为民，寄食墓舍。

严嵩

徐阶则取代严嵩成为首辅。徐阶执政以后，力革弊政，宽政轻刑，还不顾世宗的反对起用了因大礼议之争被贬斥边疆的官员，做了很多好事，后世的史书把他列入贤相之列。

嘉靖年间，首辅权势显赫，但这种权势必须在皇帝允许的范围内。世宗反复无常，内阁大臣为了固位保身而一意媚上。一些大臣对时弊有着深刻的认识，但在权力倾轧之下也无法施展他们的抱负。

海瑞冒死上疏

海瑞，字汝贤，自号刚峰，广东琼山（今属海南）人，是明代嘉靖时期著名的清官。海瑞敢于直言进谏，一心为民谋利，有"明朝第一清官"的美誉，被老百姓尊称为"海青天""南包公"。

徐阶

海瑞的先世是军籍，祖父是举人，曾当过知县，伯父做过监察御史。父亲海瀚是正德年间的廪生，读书能明大义，安贫乐道。母亲谢氏粗识史书，持家有方。在海瑞四岁的时候，父亲因病去世，从此家道中落。谢氏为人刚直，教海瑞自幼诵读《大学》《中庸》等书，还为他请来了严厉通达的先生，督导他的功课。海瑞自

幼就有了报国爱民的思想。

嘉靖二十八年(1549),海瑞中了举人,任福建南平市儒学教谕。当时县学的儒学教谕地位并不高,海瑞主张为人师应该有老师的尊严,不应向上官磕头。一位提学御史来学校视察,县学的人都跪下迎接,只有海瑞不肯向上级磕头,被传为美谈,并赢得了"笔架博士"的称号。嘉靖二十九年(1550),海瑞进京参加会试,结果榜上无名。嘉靖三十二年(1553)二月,海瑞再次进京参加会试,依然名落孙山。之后,海瑞升任浙江淳安知县,此时他已四十五岁了。

海瑞

淳安山多地少,百姓生活十分穷苦。海瑞抱着"知县知一县之事。一民不安其生,一事不得其理,皆知县之责"的决心,对淳安进行了大规模治理,严惩不法之徒,深得百姓的敬重。

淳安还位于新安江的下游,是连接江苏、浙江、安徽三省的水陆枢纽。朝廷使臣、过往的官员都需要地方妥善接待。当时,接待一个普通的官员就要花费二三十两银子,接待一个巡抚,少则需要三四百两,此外还要为他们提供所需的食物、马匹以及船夫、轿役等,这无疑给地方财政增加了很大的负担。

此时,浙江总督胡宗宪是权臣严嵩的心腹,兼管江浙一带防御倭寇事宜,位高权重。他的儿子途经淳安,仗着父亲的权势,作威作福,对驿站的招待百般挑剔,甚至还吊打驿吏。海瑞得到消息后,立即来到驿站,发现几十个贴着总督衙门封条的箱子,便令人打开箱子,发现里面装满银子。海瑞心生一计,对众人说:"这些恶徒假冒总督的家人,败坏总督的清誉。总督经常三令五申,要求地方勤俭节约,这些不法之徒竟然携带着巨额的财物,怎么可能是总督的儿子呢?他们肯定是假冒的,一定要严惩这些胆大妄为之徒。"海瑞将这些财物充入国库,派人将这位公子押送到总督衙门交给胡宗宪。胡宗宪有苦说不出,只好作罢。之后,严嵩的党羽鄢懋卿以左副都御史的身份,总理两浙(浙东、浙西)、两淮(淮南、淮北)、长芦、河东盐政。左副都御史是朝廷最高级的监察人员之一,位高权重,对地方官吏有着进退升降的建议权,因此地方官员对这些官员都唯恐招待不周。按照当时惯例,长官到地方视察时都会发出告示,说明来意和注意事项。鄢懋卿一路上到处敲诈勒索,闹得地方官吏苦不堪言,却还要装出一副清廉的样子,在告示中说接待时不准铺张浪费,以沽名钓誉。海瑞接到了鄢懋卿的告示后,于是提笔写了一份《禀鄢都院揭帖》,写着:"严州府淳安知县海谨禀:我仔细地看了您的通令,知道您生性简朴,不喜逢迎,要求臣下饮食供应俱应简朴,不得过分奢华。但我又听说地方官员为您大摆宴席,每席费银多达三四百两,山珍海味各样齐备,席间还奉上金花金锻。这与您所颁发的告示大相

径庭，可能是地方官员误解了您的用心。我担心自己不能领悟到您的真正用意，所以事先请问您该如何是好。”鄢懋卿接到禀帖后，气得七窍生烟，批了个“照布告办”，就改变主意不去淳安了。

海瑞不惧权贵的声名逐渐传开了，又因治理淳安政绩出众，得到任命要升为嘉兴通判。但鄢懋卿对海瑞怀恨在心，就指使手下编造罪名，弹劾海瑞。海瑞被调任为江西兴国知县。海瑞的生活极为简朴，与当时的官员格格不入。明朝的俸禄在历代各朝中算是比较低的，官员们因为俸禄远远不够支付日常用度，就想方设法地从百姓身上捞取钱财。海瑞安于贫寒，从来不接受别人的礼物，也从未添置过一亩土地。他每天粗茶淡饭，甚至连家里吃的蔬菜都是自家仆人种的。海瑞在兴国任知县一年多后，因功被荐，应召入京。

嘉靖四十一年（1562），首辅严嵩被罢官，其亲信胡宗宪和鄢懋卿也先后倒台。海瑞因为曾与胡宗宪和鄢懋卿作对而名声大振。嘉靖四十三年（1564），海瑞升任户部云南司主事，为正六品。次年，海瑞冒着生命危险，向世宗上了一份《治安疏》，直言指斥世宗宠信方士，大肆斋醮，妄求长生不死之药，怠于政事，以致国事日非，民不聊生。《治安疏》不仅以激越的言论震惊朝野，“公是疏出，一日而直声震天下，上自九重，下及薄海内外，无不知有所谓海主事也者”，后人称为《直言天下第一疏》。海瑞的奏疏，处处击中世宗的痛处，世宗大怒，下旨将海瑞捕入狱中，不久又转到刑部大牢。实际上，海瑞在上这份奏疏之前就有了必死的决心。他事先为自己买好了棺材，告别家人，遣散了府里的下人，并托人帮他料理后事。

海瑞敢于直谏皇帝，在朝野享有极高的声望。世宗驾崩后，穆宗即位，大赦天下，将海瑞官复原职。隆庆三年（1569）六月，海瑞被任为南直隶巡抚。他到任后，对土地兼并采取了极为严厉的处置手段，勒令地方豪强将侵夺的民田全部归还农民，如果是抵押的就让农民以极低的代价赎回，严厉打击了应天府境内的豪绅富户。给事中舒化认为海瑞为官清廉，不失为耿直之臣，但不识大体，纠缠于一些细枝末节，对往来官员的供应都定了许多规定加以限制，这种与时俗相对的做法恐非人情。给事中戴凤翔弹劾海瑞“庇奸民，鱼肉缙绅”，纵民为虎。此后，要求罢免海瑞的奏疏不断。一年之前，海瑞还被视为最正直的忠臣，无人敢于非议，如今他却成为众矢之的，被彻底地孤立起来。在这种情况下，海瑞辞职回乡。万历十三年（1585），海瑞被重新起用。他建议恢复洪武时期重典治国的政策，严厉打击贪污受贿，引起朝中许多大臣的怨恨。

最后，朝廷只让他担任一些没有实权的虚职。海瑞一生提出过许多治国施政的意见，但都未被采纳。他被视为道德的典范，以示朝政清明。万历十五年（1587），海瑞抱憾而死。海瑞一生为官清廉，两袖清风，去世后全部家财只是当月应得的一点薪俸。当装着海瑞灵柩的船只在江上行驶时，两岸的百姓都自发地身穿孝服为他送行，哭声震天。事实上，海瑞的施政主张往往都是不现实的。正如黄仁宇先生所说：“他虽然被人仰慕，但没有人按照他的榜样办事，他的一生体现了一个有教养的读书人服务于公众而牺牲自我的精神，但这种精神的实际作用却至为微薄。”

北疆边患

长期以来，明朝的北部边防一直受到蒙古各部落的侵扰。瓦剌部势力衰落后，鞑靼部开始强盛起来，于成化年间进入河套地区。河套地区三面临河，土地肥沃，地理位置十分重要。出河套，即可攻击明朝重镇宣府、大同、三原，震动畿辅；入河套，则可攻击延绥、宁夏、固原等地，侵扰关中。蒙古鞑靼各部以河套为基地侵扰明朝，而“套寇”也成为明朝中期的主要边患。

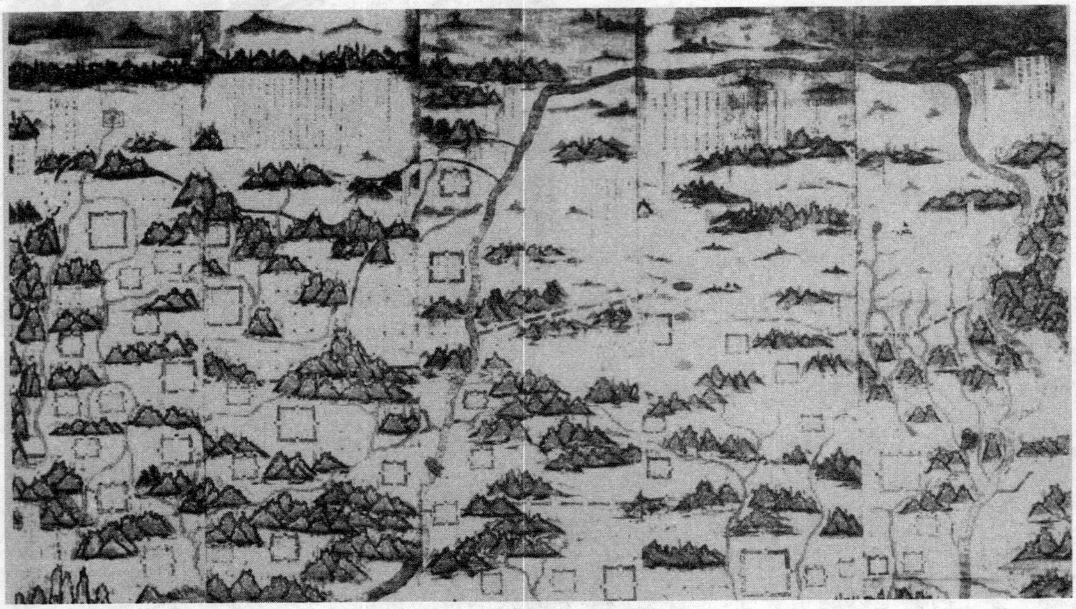

九边图（局部）

庚戌之变

土木堡之变以后，明朝在北部边疆一直处于防御状态。景泰四年（1453）也先自立为可汗，明朝朝廷称其为“瓦剌可汗”。景泰六年，也先被阿剌知院所杀，导致内部分裂，此后瓦剌部落逐渐衰落，鞑靼部落乘机兴起。孛来拥立脱脱不花之子麻儿可儿为可汗，号“小王子”。其后，麻儿可儿与孛来互相仇杀。麻儿可儿去世后，马古可儿吉思继位，亦称“小王子”。

天顺、成化年间，鞑靼各部在河套地区互相争斗，夺取水草牧地，时而侵犯明朝边境。朝廷多次派兵进行打击，但河套地区的蒙古各部“去辄复来，迄成化末年无宁岁”。弘治时期，达延汗崛起，统一了蒙古各部，“渐往来套中，出没为寇”，势力十分强大。此后，蒙古军队大肆进入内地，抢掠百姓，“三辅震动，戕杀残酷”。嘉靖二十二年（1543），达延汗病死，他的子孙们为了抢占地盘进行内战，蒙古重新进入分裂状态。之后，他的三儿子阿

勒坦汗势力日渐强盛，成为蒙古各部中最有影响的人物，被称为俺答汗。俺答汗是土默特部的首领，盘踞在河套一带，拥众数十万。

俺答汗

俺答汗声势日盛，要求与明朝互通贸易，以换取百姓所需的农业、手工业用具和粮食、丝绸等物。早在嘉靖二十年(1541)，俺答汗就派遣使者恳切、石天爵来到大同，向明朝政府表达了通市的愿望。如果明朝答应通市，就令边民在塞中垦田，在塞外牧马，永不相犯；否则，将派大军南下抢掠。大同巡抚史道上奏朝廷，兵部拟准入贡通市。世宗刚愎自用，认为求贡之事并不可信，群臣附和。世宗将恳切扣留下来，还下旨悬赏捉拿俺答汗。次年五月，俺答汗再次派石天爵来到大同，请求入贡，陈说蒙古急需纱缎，贡市之事对双方都是有利可图的，如果再不同意，就要纵兵南下。大同巡抚龙士将石天爵押送到京城，世宗的态度十分强硬，竟将石天爵和肯切一起问斩。俺答汗大怒，纵兵南下是不可避免了。嘉靖二十一年(1542)六月，俺答汗军从大同进入明境，大肆抢掠，明军武备松弛，无力抵御。俺答汗自大同进逼太原，南至平阳，东进潞州，如入无人之境，之后从雁门返回。嘉靖二十五年(1546)，俺答汗再次遣使投书议和，请求互通贡市，被大同官兵所杀。

鉴于河套地区的重要性，总督三边军务的兵部侍郎曾铣力主收复河套地区。他上书世宗，提出“套贼不除，中国之祸未可量也”，得到当时首辅夏言的支持。嘉靖二十六年(1547)，曾铣奉命率兵出击鞑靼，取得了胜利。随后他再次上疏提出恢复河套的方略。严嵩一直不甘心居于夏言之下，于是借河套问题向世宗进谗言，说夏言与曾铣相互勾结，轻开边战，败坏国政。昏聩的世宗听信了严嵩的谗言，不分是非曲直，将夏言罢官，将曾铣下狱。严嵩又唆使咸宁侯仇鸾诬陷曾铣犯有掩盖败绩之罪，世宗也不加以核实，就将曾铣问斩。此时恰逢俺答汗率众入侵，严嵩乘机对世宗说：“俺答进扰，都是夏言、曾铣挑起边警所致。”于是，世宗就把夏言问斩。夏言之死震动朝野，此后再也无人敢提收复河套地区了。

世宗犹豫不决，一直未能批准俺答汗通贡。嘉靖二十九年(1550)，俺答汗率领蒙古骑兵十几万人，从河套出发，进逼山西大同。驻守大同的总兵仇鸾昏庸无能，面对俺答汗的进攻，束手无策。在他手下的策划下，用重金收买俺答汗，请求俺答汗不要进攻自己的防区。俺答汗于是引兵东去，攻占古北口，挥师长驱直入来到通州，进逼京师，“大掠村落居民，焚烧庐舍，火日夜不绝”。

京师闻讯大乱。世宗宣布京师戒严，下令集合军队准备作战。兵部尚书丁汝夔急忙部署军队，发现城中仅有四五万军士，其中大部分都是老弱之兵。在这紧要关头，看管武器仓库的太监仍要按例索取贿赂，武器也无法顺利取出。世宗只好令文武大臣分守京城九门，同时派人到民间招募义勇，传檄各镇兵马入京勤王。

各镇接到勤王的诏令，陆续到达北京。仇鸾为了乘机邀功，也主动要求入援。世宗任命他为平虏大将军，节制各路勤王军队。各路援兵虽会聚北京，但因仓促出发，粮草不足。世宗只得下令犒赏三军，可钱粮及诸项费用却无从所出，户部公文转来转去，转了两三天，士兵才只能领到几张薄饼。士兵疲敝交加，士气低迷。

兵部尚书丁汝夔带领这些老弱残兵，没有取胜的信心，便向首辅严嵩问计。严嵩说："在京畿地区作战与边境地区不同，如果战败了，则很难向皇帝隐藏真相。俺答汗抢掠够了自然就会退兵，我认为眼下最好坚守城池。"丁汝夔听从了严嵩的建议，命令守城诸将不可轻易出战。俺答汗前锋士兵仅有七百多人，他们在京郊大肆烧杀抢掠，没有遇到任何抵抗。百姓们纷纷逃向京城，京城却九门紧闭，百姓号哭之声震天。

仇鸾带大军进援京城，在昌平附近与俺答汗士兵相遇，被打得大败，死伤惨重。俺答汗大军大摇大摆地由古北口出塞，仇鸾斩杀了几十个百姓，向世宗报捷。世宗竟对仇鸾大加称赞，加封他为太保。

俺答汗退军后，世宗斥责丁汝夔看着俺答汗逞凶却按兵不动，一怒之下将他逮捕入狱。丁汝夔慌忙向严嵩求救，严嵩拍着胸脯保证说："有我在，一定不会让你死的。"事实上，面对世宗的怒火，严嵩在一旁一言不发。直到临刑前，丁汝夔才知道自己被严嵩出卖了。

龙凤纹方胜形雕填漆盒

嘉靖二十九年的干支纪年是庚戌年，这次俺答汗入侵事件被称为"庚戌之变"。蒙古部落自也先去世后，多遣使臣与明朝通贡市，明廷对入贡的时间、地点及贡使人数大多加以限制。世宗即位后，实行闭关绝贡的政策。俺答汗强盛后，占据西起河套东至兀良哈三卫的广阔地区。这一地区生产的发展和蒙汉人民的日常生活，都迫切需要与明廷开展互市贸易。世宗多次拒绝俺答汗的请求，蒙古得不到需要的物资，便开启战事。世宗缺乏战略眼光，在通贡一事上处置不利，双方的矛盾日益激化，致使边警不断。

俺答封贡

庚戌之变后，蒙古各部依然时常进犯明朝边境，双方陷入连年征战之中。明朝一直处于被动之中。直到隆庆初年形势才逐渐发生变化。明朝统治者为了稳固统治，实行了

一系列改革措施，边防日益加强，有力地遏制了蒙古的入侵势力。

隆庆元年（1567），俺答汗率领蒙古铁骑数万人攻掠大同、石州、交城一带，骑兵前锋一直深入滦河。明兵畏其锋芒，不敢抵抗，任其掳掠而去。穆宗深切地感受到了蒙古对大明统治的威胁，命群臣商议边守之策。工科给事中吴时来上书，建议调任抗倭名将戚继光等人督师蓟辽。戚继光到任之后，带来了参加过抗倭战争的三千精锐部队，又在边墙修建空心敌台一千二百座。这些措施加强了北部防御，初步改变了北部边防空虚的状况。穆宗又下旨，命总督陕右副都御史兼总兵侍郎王崇古总督大同军务。王崇古上任后，大力加强边地的防务，不失时机地同俺答汗修好，大大缓和了紧张的局势，明朝的北部边防还算稳定。

三娘子

隆庆四年（1570），俺答汗的部落里发生了一桩变故。俺答汗有个孙子，叫把汉那吉。把汉那吉是俺答汗第三子铁背台吉的独生子，自幼丧父，由俺答汗妻抚养成人，同姑姑的女儿，也就是俺答汗的外孙女三娘子订有婚约。三娘子容貌清丽，天性聪颖。俺答汗见三娘子貌美如花，就夺为己妻。把汉那吉咽不下这口气，又听说大同的明朝总督王崇古招降蒙古人，便在一怒之下带着部属十余人直奔大同，投降大明。大同总兵方逢时不敢妄做决定，急忙派人把这件事情禀告给总督王崇古。王崇古一方面尽量安抚把汉那吉，对他以礼相待，派了一个五百人的仪仗队在城门迎接，一面迅速把这件事情上报朝廷，请求朝廷定夺。

王崇古在给朝廷的奏章中说："若俺答临边索取，则因与为市，责令缚送板升诸逆，还被掠人口，然后以礼遣归，策之上也。若遂桀骜称兵，不可理喻，则明示欲杀，以挠其志。彼望生还，必惧我制其死命，志夺气沮，不敢大逞，然后徐行吾计，策之中也。若遂弃而不求，则当厚加资养，结以恩信……他日俺答死，子辛爱必有其众。因加把汉名号，令收集余众，自为一部。辛爱必忿争。彼两族相持，则两利俱存，若互相仇杀，则按兵称助。彼无暇侵陵，我遂得休息，又一策也。"这个奏疏在朝中引起很多争论。朝臣们众说纷纭，有人主张杀掉把汉那吉，以雪旧恨。有人主张将把汉那吉放回去，以免给俺答汗再次发兵入侵的借口。内阁大学士高拱、张居正大力支持王崇古的建

议，穆宗便下诏封把汉那吉为指挥使，赐绯衣一袭。

此时，俺答汗正准备率军进攻青藏高原一带，听说孙子逃归明朝，急忙退兵回家。把汉那吉投降明朝后，抚养他长大的祖母害怕明朝政府杀掉自己的孙子把汉那吉，日夜啼哭，见到俺答汗后不停地责备他。俺答汗一筹莫展，十分后悔。俺答汗亲自率领十五万大军，兵分三路向明朝袭来。到了明朝边境后，俺答汗送来战书要求明朝归还把汉那吉。王崇古针锋相对，派使节到俺答汗驻地，告诉其朝廷优待把汉那吉的情况，同时表示，朝廷愿意送还把汉那吉，但希望俺答汗将赵全等叛徒献给明朝以表诚意。俺答汗暗地派人到明朝探听情况，看到把汉那吉蟒衣貂帽，驰马从容，受到明朝的优待。俺答汗大喜过望，回书对王崇古说："我本不想发动战事，都是你们的叛将赵全等人怂恿的。天子若能封我为王，让我统辖北方诸部，谁还敢再兴兵作乱呢？我死之后，我的孙子必将袭封。他曾深受明朝的大恩，怎么能背叛明朝呢？我愿意和明朝结盟通好。"随即，俺答汗派遣使者到明朝议和。

历史小常识：三娘子

三娘子，明代蒙古瓦剌部之奇喇古特（土尔扈特）部落首领哲恒阿哈之女。嘉靖三十七年（1558），俺答汗迎娶三娘子。俺答汗晚年多病，事无巨细多凭三娘子裁决。俺答汗去世后，她嫁给俺答汗的长子黄台吉，并时常劝解他要与明朝和解，不与明朝为敌。黄台吉病逝后，三娘子又嫁给黄台吉的长子扯力克为妻。三娘子主政的时期，是蒙古和明朝关系最为融洽的时期，明朝册封"三娘子"为"忠顺夫人"。

隆庆四年十二月，俺答汗答应将叛臣赵全等人交由明朝处置，明廷则命王崇古派人护送把汉那吉返回蒙古。把汉那吉临行前恋恋不舍，并派人向明朝致谢，表示愿为明朝的外臣。俺答汗还向明朝提出通贡的要求，此事又在朝廷中引起了一场大的争论。朝中大臣们大多持反对意见，纷纷上书穆宗，阐述通贡的危害，并说："先帝已经杀了仇鸾，定下制度说再提出开市者斩首。守卫边疆的官兵谁敢违背旨意，重蹈覆辙？"内阁大学士的张居正、高拱等人一致认为应该允许通贡。王崇古上书朝廷，说："朝廷若能答应俺答封贡，边疆就会有数年安定的日子，我朝可乘此时机加强战备。如果敌人背弃盟约，我朝以数年蓄养之财力来从事战守，远胜于终岁疲于奔命、自救不暇。"最后，穆宗采纳了张居正、高拱、王崇古等人的建议。

隆庆五年（1571）三月，穆宗下诏封俺答汗为顺义王，赐俺答汗绯蟒衣一件，彩币八件，派遣特使出边代封。俺答汗在边地搭设棚厂，陈列彩旗，大张旗鼓迎诏，受封仪式十分隆重。其他蒙古诸首领也被封为都督同知、指挥同知、指挥佥事、正千户、副千户、百户等职。特使宣读完诏书后，俺答汗率众叩头谢恩，宣读与明朝议和的十三条誓约，以表示蒙汉世代友好相处，永不相犯。穆宗下旨在山西、甘肃、宁夏等地开放十一个边境城镇作为互市，允许汉蒙百姓自由贸易。俺答汗为了表示自己的忠诚，派人将赵全等明朝叛臣押送进京。隆庆帝在午门楼举行了盛大的受俘仪式，由皇帝亲自受俘，宣读祭天文书，诏告太庙，以磔刑在法场把赵全等人全部处死，传首九边。这件事在历史上被称为"俺答封贡"。

从此，明朝与蒙古恢复了正常的贸易往来。在东起永平府，西到嘉峪关七镇数千里的边境上，“军民乐业，不用兵革，沿边旷土皆得耕牧”，俺答汗的牧民也得以安心耕牧，边境城镇又呈现出安定繁荣的景象。

东南倭乱

自古以来，中国将日本称为“倭国”。元末明初，日本进入封建割据的南北朝时期。南朝指后醍醐天皇在吉野所建立的朝廷，北朝是指征夷大将军足利尊氏在京都建立的幕府。除此之外，各地还有许多割据称雄的地方势力。在战乱中，一些封建主组织武士、商人和浪人到中国沿海地区进行武装走私和劫掠烧杀的海盗活动，史称“倭寇”。洪武时期，朝廷加强海防，所以倭寇未酿成大祸。嘉靖时期，倭寇又开始猖獗起来。由于倭患的日益严重，嘉靖一朝对倭寇的战争，也从未间断。

倭寇猖獗

古代中国与日本的交往可谓历史悠久，六朝以后中日之间开通了南路航线。海上航路的便利不仅为两国间的民间交往和海上贸易的发展提供了现实的可能性，还给中国的海防建设带来了新的考验。

抗倭图卷(局部)

元朝末年，江苏泰州人张士诚、浙江台州人方国珍先后在当地发动起义，并分别建立起自己的割据政权。之后，朱元璋崛起，消灭了张士诚和方国珍的势力。他们的残部大多逃亡在海上，以海上诸岛为根据地，成为出没无常的海盗。更为严重的是，中国的海盗

与日本的倭寇互相勾结，向明朝沿海地带发动抢掠活动，严重威胁了中央王朝的统治。这时"海患"的性质较为单纯，主要有两种势力，一是中国方面反抗政府的海上江湖人士，成为"岛寇"；一是日本诸岛的武装走私者。

太祖朱元璋采取了多种措施，以解决这种带有海盗性质的"倭患"问题，在以重兵武力镇压的同时，还积极地与日本国王进行交涉，敦促其采取措施遏制这种侵扰行径。当时日本国王并没有给予积极地响应。为了断绝海盗的耳目，太祖于洪武四年(1371)下旨严令沿海居民私自出海，并大量招纳原张士诚、方国珍部下将士以及沿海一带的渔民为兵。此后，太祖多次重申禁令，并采用釜底抽薪的方法严禁民间贩卖、使用外国产品。洪武十三年(1380)，左丞相胡惟庸案发，有人指责他勾结日本官府，意图谋反。太祖勃然大怒，断绝了与日本官方的关系，并在沿海地区建设了大规模的防务工事。朱元璋一方面厉行海禁，一方面实行朝贡贸易，由皇家垄断海外贸易，并以此作为一个外交筹码。

经过几年的经营，明朝拥有了强大的海防力量，有效地遏制了洪武一朝的"倭寇"问题。禁止百姓自由出海贸易的政策被当作明朝的一项基本国策继承下来。成祖不遗余力地推行海禁，并凭借着强大的国力，多次令太监郑和率大型船队下西洋。郑和携带着大量的中国珍奇物产，对沿岸国家遍行赏赐，以显示"天朝大国"的慷慨大度。许多国家对中国的珍宝财物甚为艳羡，"归附"中国，并提出"入贡"的要求。日本也不例外，向明朝提出了"入贡"的要求。成祖朱棣一方面允许日本政府和商人到中国进行贸易，同时加强沿海防御。明朝政府在各口岸设置市舶司来管理朝贡贸易，市舶司除负责接待贡使外，还要对前来贸易的外国商船进行贸易管理。永乐二年(1404)，明朝对日本开始实行勘合制。凡是日本开往中国的贸易船舶，必须携带明朝送发的勘合(类似于贸易许可证)一道，鉴定不伪后方才允许开展外交或贸易活动。永乐十七年(1419)，明朝政府在辽东望海埚取得了对倭寇作战的一次大规模的胜利。此后，倭寇就不敢对明朝进行大规模的侵扰。此时，明王朝成为整个亚洲贸易圈的核心。中国与日本、东南亚等国通过朝贡的方式进行贸易。明朝政府对朝贡国进贡的时间、人数、船只的数量规模、进贡路线都加以明确规定。贡品一般由进贡方物、国王附进物和使者附进物三部分组成。明朝政府以高出原物数倍价值的物品进行赏赐，即"贡"少而"赏"多。朝贡贸易虽然受到几年一贡的限制，但却是中国与外国贸易往来的主要通道。一旦这种通道被堵塞，就导致走私的风行。

到了嘉靖时期，倭寇对中国沿海的侵扰再次开始猖獗起来。此时，日本进入历史上的"战国时代"，"虽号统于一君，近来君弱臣强，不过徒存名号而已。其国尚有六十六国，互相雄长"，政局处于分裂割据的局面。嘉靖二年(1523)五月，日本封建主大内氏派来的使者宗设来宁波通贡，另一封建主细川氏也派使者瑞佐、宋素卿到宁波通贡。宁波市舶司规定，货物的验发以贡使所带的勘合号数为序，否则，就以船只进入港口的时间先后为准。宗设所持的是正德朝的勘合，而瑞佐、宋素卿所持的是弘治朝的勘合，两者勘合不同，本应以入港的时间先后为准。瑞佐、宋素卿的船本来后到，却通过贿赂市舶司提举太监得到优先的验发。宴会上瑞佐、宋素卿又位列上宾，宗设心中愤愤不平，当场要求和瑞

佐决斗。之后,宗设因无处申诉,就焚烧了瑞佐的船,捣毁了宁波市舶司的嘉宾堂,并抢劫了当地仓库,最后逃遁回了海上,整个浙中地区都为此事震荡。这就是所谓的“争贡之役”。明朝政府立即对这件事情进行调查,结果处死了宋素卿,将瑞佐送回了日本。世宗君臣认为“倭患起于市舶司”,将这件事归因于市舶司的官吏腐败,于是废市舶司。在一个国际贸易逐渐发达的年代,这种消极的措施阻碍了中日之间正常的贸易活动,使走私活动更加猖獗。争贡之役本是日本诸道争贡引发的事件,但同时也暴露了嘉靖时期海防的废弛和军队的懦弱。日本商人转而与中国的海盗、奸商勾结,从事武装走私活动,在沿海一带侵扰杀掠。正如清代学者谷应泰所说:“市舶罢,而利权在下,奸豪外交内讧调,海上无宁日也!”

由于倭患的日益严重,嘉靖一朝对倭寇的战争也从未间断。嘉靖二十五年(1546),浙汀巡抚朱纨提督浙闽海防事务。浙闽地区是当时走私贸易最猖獗的地方。朱纨到任后,大力整顿海防,实行严厉的海禁政策。他派兵攻入了倭寇巢穴双屿港,斩杀了通倭的海盗头目李光头和许栋,搜捕处斩了一些通倭的商民,重申通倭禁令。朱纨深刻地认识到,抗倭斗争的关键就是杜绝境内的走私商人下海活动,在奏疏中指出:“去外盗易,去中国盗难;去中国群盗易,去中国衣冠盗难。”所谓“衣冠盗”,就是指参与走私贸易的浙江、福建的势家豪族。朱纨的这些抗倭措施取得了显著的成效,同时也引起了闽浙地方官吏的强烈反对。这些官吏与通倭的势家豪族之间有着千丝万缕的联系,并通过势家豪族的走私活动而获取巨额利润。他们联系京城官员,联合攻击朱纨的举措有失平和,杀人太多。世宗立即削去了朱纨的官职,朱纨自知自己得罪的人太多,愤然自杀。临死前,他叹息道:“纵天子不死我.大臣且死我;即大臣不死我,闽浙人必死我。”此后倭寇之祸越演越烈。

抗倭名将戚继光

嘉靖时期,倭寇日益猖獗。倭寇与中国的海盗汪直、徐海等人结合成巨大的武装集团,一次出动可纠集上百艘战船,分几路入侵。他们攻城掠寨,杀人放火,奸淫掳掠。倭寇连年的大举入侵给东南沿海一带人民的生命财产带来了难以估计的损失。朱纨死后,海禁大弛,走私贸易更加猖獗。正当平倭战争长期失利的情况下,明朝军队中出了一个抗倭将领戚继光。

戚继光,字元敬,号南塘,晚号孟诸,山东蓬莱人(祖籍安徽定远)。他出生将门,自小立志驰骋疆场,保国卫民,曾挥笔写下“封侯非我意,但愿海波平”的名句。嘉靖二十三年(1544),戚继光在父亲去世后袭官登州卫指挥佥事,这一年他才十七岁。嘉靖三十二年(1553),他升任署都指挥佥事,管理三营二十五所,负责防御山东沿海一带的倭寇。

嘉靖三十四年(1555),戚继光调任浙江都司佥书。次年,戚继光被推荐为参将,镇守宁波、绍兴、台州三府.不久又改守台州、金华、严州三郡。当时海防松弛,卫所的军卒多为老弱残兵,战斗力极差,从外地调来的士兵也缺乏训练。军队纪律败坏,自相残杀,甚至靠着杀害百姓来冒领军功。戚继光上书要求准许在当地的百姓中招募新军,得到朝廷

的批准。嘉靖三十八年(1559),处州山区的矿夫来到义乌市从事开矿。当地大族陈、宋两家人多势大,不允许外地人到义乌开矿,双方发生冲突。这场民间械斗事件波及数百里,自夏而冬发生了三次,死伤了数千人。戚继光从这起事件中,发现义乌人勇敢且具有血气,便想到义乌招募士兵,抵御倭寇。戚继光来到义乌后,对因民事纠纷引起械斗的双方晓以大义,说服他们以国事为重,共同抵御外敌。他的爱国热情感动了械斗的双方及当地百姓,许多矿徒、农民踊跃参军。就这样,戚继光建立起一支新军,并立即着手对这支新军进行严格的军事训练。他针对江南的地形和倭寇活动的特点,创造了一种鸳鸯阵法,有效地杀伤倭寇。这支队伍虽然人数不多,但军纪严明,作战勇敢,当地人亲切地称呼他们为"戚家军"。

戚继光

嘉靖四十年(1561),倭寇大举侵犯台州。戚继光率领这支新军投入了战斗。在这些战斗中,戚家军显示出很强的战斗力,在一个多月的时间里,消灭了五千多个倭寇,使这些倭寇遭到了沉重的打击。同时,戚家军还救出被掳百姓六千多人,取得了很大的胜利。台州大捷后,戚继光被升为都指挥使。戚继光再次到义乌招募民兵,此后他带领着这支部队驰骋在抗倭斗争的第一线,百战百胜,威震四方。次年夏天,倭寇再次流窜到温州、台州。戚家军和其他抗倭部队配合,全力歼敌,浙东的倭患遂告平息。

倭寇由于在浙江受到了严厉的打击,纷纷转向福建。嘉靖四十一年(1562),福建成为倭患的中心。沿海千里,几乎处处有倭,形势十分危急。七月,戚继光奉命到福建剿除倭寇。福建宁德县城东北海中有一个名叫横屿的小岛,岛上盘踞着两千多名倭寇,并筑有工事。这些倭寇倚仗着此处险要的地势,与宁德、福清等地的倭寇互通声气,侵扰沿海州县。三年来,明朝官兵多次讨伐失利,对他们束手无策。戚继光来到福建后,决心铲除倭寇的这一据点。戚继光先命张谏、张岳在横屿西、北陆上布阵,以防止倭寇上岸;命张汉水师在横屿东部海面上游弋,以防止倭寇从海上逃窜;命戚家军主力从南面进攻。横屿与大陆之间隔着十里浅

历史小常识:鸳鸯阵

江南一带多水泽,道路曲折,难于大规模作战。戚继光总结多年来与倭寇作战的实际经验,针对倭寇善于短兵作战的特点,创造了一种新的阵法——鸳鸯阵。鸳鸯阵以十二人为一个战斗小组,综合各种武器,使盾牌、狼筅、长枪、叉、钯、棍、刀等长短兵器相互配合,各尽所能,大大地提高了战斗力。在必要时,鸳鸯阵变一阵为左右两小阵,谓之"两仪阵";也可以变一阵为左中右三小阵,谓之"三才阵"。"鸳鸯阵"长短兼具,攻守兼备,阵形变化灵活,在抗倭斗争中取得很好的效果。

滩，涨潮时是一片汪洋，退潮后则尽是淤泥，难于行走。戚继光便命士卒每人背着一捆草，把草铺在淤泥上匍匐前进。上岸后，戚家军如猛虎下山，扑向敌人。经过一场激烈的厮杀，戚家军消灭了岛上的全部倭寇，救出被掳百姓八百多人，取得了入闽抗倭斗争的第一次胜利。戚家军乘胜向福建倭寇最大的巢穴牛田（今福建福清南）进军。倭寇大败，大部被歼，余寇落荒而逃。不久，戚家军以迅雷不及掩耳之势奇袭倭寇的另一个大巢穴——林墩，彻底消灭了兴化（今福建莆田）一带的倭寇，受到了当地人民的热烈欢迎。戚家军进入福建以来，在不到两个月的时间里，攻克了大小倭巢十多个，威震八闽，倭寇望风而逃。在此期间，明朝将领刘显也屡败倭寇。至此，福建倭患基本平定。十月，戚家军班师回到浙江，从事休整。戚继光因抗倭有功，升任副总兵官，分守台州、温州、福州等地。

阵演鸳鸯

不久，倭寇卷土重来，攻陷了兴化府城。倭寇在城中烧杀抢掠，无恶不作，盘踞了两个多月才弃城而逃。此后倭寇占据莆田市东的平海卫，并以此为据点，四出侵扰。次年四月，戚家军奉命再次入闽剿倭。明朝大军在兴化府平海卫与倭寇展开战斗，戚家军正面进攻，福建总兵官俞大猷、广东总兵刘显为两翼，配合作战，取得了很大的胜利。明军歼敌二千二百多人，救出被掠人口三千人。戚继光在平海卫一战中立首功，迁升为总兵官，镇守福建全省及浙江金华、温州两地。

嘉靖四十三年（1564），倭寇又纠集万余人，进攻兴化府附近的仙游。戚家军大败倭寇，斩首两千余级。在俞大猷的配合下，戚继光扫清了福建境内的倭寇。倭寇在江南无立足之地，纷纷逃至广东，俞大猷任广东总兵，奉命到广东剿倭。次年春天，戚继光奉命南下，与俞大猷协同作战，进剿福、广交界处的倭寇，连战皆捷。到嘉靖四十五年（1566），经过沿海军民的浴血奋战、戚继光等抗倭将领的共同努力，沿海倭寇基本被平定了。

倭寇的侵扰给东南沿海一带的人民生活和社会经济造成了极大的危害。在平定倭乱的战争中，一些有远见的官员认识到海禁政策不得人心。倭乱基本平息以后，许多官员纷纷请求朝廷解除海禁的命令，以杜绝沿海商民与倭寇互相勾结、谋求暴利的行为。隆庆元年（1567），福建巡抚御史涂泽民向穆宗建议“开放海禁，准贩东西二洋”，得到穆宗的批准。所谓“东洋”，是指吕宋、苏禄诸国，也就是今天的菲律宾。所谓“西洋”就是指安南、占城、暹罗诸国，即今东南亚越南、柬埔寨、泰国诸国。海禁的开放，使亚洲贸易圈

的正常国际贸易重新运转起来，打破了约二百年“濒海居民不得私自出海”的祖制，使私人海上贸易进入了一个新的阶段。明朝政府最终放弃了海禁政策，困扰明朝近两百年的倭寇问题才得以彻底解决。从这一点上来说，隆庆元年的开放海禁，是具有历史意义的革新举措。

经营西南

自古以来，在云南、贵州、两广以及四川、西藏等地聚居着我国苗、瑶、彝、壮、傣、藏等各少数民族。明代时，根据居住地区的不同，西南少数民族的社会状况也呈现出显著的差别，有的进入封建社会，有的还处在原始社会时期。洪武十四年(1381)，傅友德平定了云南全境，将整个西南地区完全划入中国版图。此后，明朝政府通过一系列措施在西南地区进行了卓有成效的管理。

西藏与内地的茶马贸易

藏族人民以肉食为主，茶叶可弥补他们膳食结构的不足，正所谓“以其腥肉之食，非茶不消；青稞之热，非茶不解”。在明代时，藏区虽不产茶，但与其毗邻的四川、云南等地却是盛产茶叶之乡，因此西藏与内地长期保持着紧密的经济交流互补关系。藏族用马匹来交换内地的茶叶，史称“茶马互市”，或“茶马贸易”。伴随这一贸易而开通的商道，也就被称作“茶马古道”。

早在元代，西藏便正式纳入中国版图。随着明朝政府在西藏地方统治的建立和巩同，西藏与内地的经济交流也越来越频繁，河州(今甘肃临夏)、秦州(今甘肃天水)、洮州(今甘肃临潭)和雅州等地都是汉藏两族进行贸易的主要地点。

爨文刻铭

武宗朱厚照宠信佛教，喜欢学习藏语。宦官刘允曾奉命出使西藏往迎“活佛”，“所携茶盐以数十万计”，漕运为之阻滞，由此可见当时销往西藏的茶盐的数量之巨。朝廷还免除了天全百姓的其他徭役，“专令蒸造乌茶，运至岩州，置仓收贮，以易番马”。事实上，随着西藏与内地贸易的发展，“茶马互市”的内容早已不限于茶和马，内地向西藏提供布匹、锦缎、食盐等，西藏向内地提供画佛、铜佛、铜塔、犀角、氆氇、羊毛、药材、矿产等。

西藏向明朝政府进行朝贡。西藏的僧俗官员定期到京城朝见皇帝。每次朝贡，他们

白地加金胡桃纹双层锦

都随身带着马匹、刀剑、珊瑚、犀角等物，将它们贡献给皇帝，明朝政府则赐给他们绸缎、布帛、茶叶等物。明朝皇帝为了炫耀自己，回赐物品的价值往往远远超过进贡物品的价值。此外，朝廷还允许他们在内地采购限额外的茶叶。这样一来，明朝政府对贡期和贡使都有一定的限制。洪武时期，朝廷要求乌斯藏地方僧俗官员三年一贡，邻近汉区的朵甘藏族僧俗首领可以二年一贡，对入贡使团的人数则未做详细限制。有的直接奏称"今来进贡，专讨食茶"，返回时总是"茶驮成群，络绎于道"。到了成化年间，朝贡的人数也越来越多，往来于道，络绎不绝。成化十八年(1482)"近赞善王连贡者再，已遣四百十三人，今请封请袭，又遣千五百五十人"。到了弘治十二年(1499)，辅教王等四王朝贡，使者最多达二千八百多人。嘉靖十五年(1536)，大乘法王协同辅教王、阐教王等诸王前来朝贡，使者多达四千多人。由此可见，当时西藏与明朝政府往来的密切和贸易的繁荣。随着内地与乌斯藏地区联系日益密切，受封入贡者比年递增，入贡期限并没有得到严格的执行，而且入贡人数越来越多，几乎到了无法接待的程度。为此，朝廷只好让一部分人员进入京城，而让大部分随员暂时留在西宁、河州、成都等地。所有入贡人员的日常生活费用也由朝廷支付。朝贡使团往返大多需要一年左右甚至更长的时间，时间一长，有些人反而不愿回去，情愿留住当地。

成化六年(1470)，朝廷规定乌斯藏、朵甘思各部朝贡必须取道四川。四川成为边茶的主要生产地以及"茶马互市"最主要的贸易区。然而，这种官府主持的朝贡贸易并不足以满足汉藏两族人民的生活需要，因此汉藏两族人民常常不顾朝廷的禁令而进行民间贸易，永乐以后，"茶禁亦稍弛，多私出境"。明朝政府也曾取消禁令，允许民间贸易。一些藏人"专务贸贩碉门乌茶、蜀之细布，博易羌货，以赡其生"，汉族商人也深入到藏区进行贸易。就连明朝官员到西藏去巡视也会私带茶叶、丝绸去进行贸易，有时多达数万斤。

有明一代，西藏一直服从中央朝廷的管辖，茶马贸易始终不断。客观地说，茶马贸易是一条政治、经济纽带，不仅满足了藏族人民的生活所需，推动了西藏社会经济的发展，与内地形成了一种互惠互利的经济关系，由此进一步推动了西藏与祖国的统一及民族的团结。

土司制度和"改土归流"

明朝建国后，对这些地区的统治也带有与内地不同的特点。明朝政府总结了历代羁

縻统治的经验以及元代的土官制度，设立土司进行管理。到了明朝中期，在整个西部和南部少数民族地区普遍设置了土司。

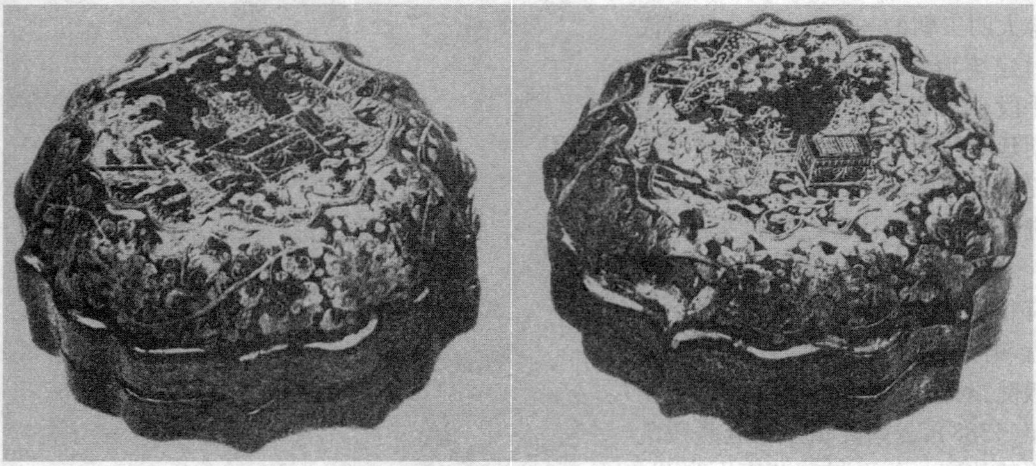

人物花卉纹戗金莲瓣形黑漆盒

在这些地区，上层统治机构仍和内地一样设都、布、按三司，在民族聚居区的基层管理则主要依靠土官（少数民族聚居地区之本地官）。土官有宣慰使、宣抚使、土知府、土知州、土知县以及土判官等职。这些土官大多是各族的大小首领世袭的，如播州宣慰使杨氏从唐代时世袭下来，其他如水西安氏、水东宋氏也莫不如此。明朝建国后，这些土官就依附明朝政府，“领原职世袭”。到了明代中叶，出现了“土司”这一名称。朝廷在府、县流官管辖下的少数民族地区设置宣慰司、宣抚司和长官司等地方行政机构，委派当地民族头人担任这些机构的长官，谓之“土司”。土司就是土官，土司制度也就是土官制度。

明朝的土司制度与元朝时期的土官制度有一些区别。元朝虽任命各族头人为土官，但并未形成完整的制度，再者，各土官在地方权力依然很大，地方官吏很难使其“奔走唯命”。然而，明朝建立了完整的土司制度，从形式上把少数民族中的地方政权直接纳入王朝政权组织系统，在保证封建中央集权统治的前提下，允许土司在自己辖区内处理各种事务。

据万历《明会典》记载：“土官承袭，原俱属验封司掌行。洪武末年，以宣慰、宣抚、安抚长官等官皆领士兵，改隶兵部，其余守土者，仍隶验封司。”所谓验封司是吏部下设的机构，负责封爵、议恤、褒赠、土官世职及任用吏员等事务。由此可知，土官原来皆归吏部管辖，直到洪武末年才划归兵部管辖。实际上，朝廷的这一规定并没有得到彻底地贯彻，直到明朝中期以后，宣慰、宣抚、安抚司等还有隶属于户部管辖的。

土司绝大多数是世袭的，不受朝廷的迁调。但必须经过朝廷的认可，承认自己是朝廷委派的官吏，负责守卫疆界，缴纳赋税，进贡土产，修护驿道。土司拥有自己的武装，当朝廷有战事时，还要出兵供朝廷的调遣。土司如果不守法度，则与流官一样被朝廷革职。明代统治者为了缓解财政的紧张，鼓励西南地区土司向朝廷进献大木。虽然西南土司进

献大木与接受中央朝廷的赏赐仅是象征性的，但它却是土司表示效忠大明王朝的一种形式，也是明代封建统治者显示中央王权的一种手段。土司制度大大加强了中央朝廷对西南地区的统治，还进一步促进了西南地区与内地的联系，促进了这些地区社会经济的发展。

沐英

由于这些土司都是世袭的，具有很强的割据性，经常因争夺地盘、财产而互相争斗，有时还起兵叛乱，对抗明朝政府。洪武二十一年（1388），云南陇川土司起兵叛乱明朝政府。西平侯沐英率军讨伐，大败陇川土司叛军，平定了叛乱。为了加强对云南的统治，明廷世封沐家镇守云南，此后沐氏子孙世代承袭镇守云南。天启元年（1621），四川苗族土司及贵州水西土司奢崇明、安邦彦联合乌蒙、东川、沾益等地土司起兵叛乱，图谋扩大割据势力。明中央政府四方筹集兵饷，调四川、贵州、广东等五省兵力联合围剿，用了十多年的时间，直到崇祯十年（1637）才平定了这场叛乱。

在平定战乱后，明廷在条件成熟时就逐渐裁撤土司，代之以可调迁的“流官”，这种办法叫“改土归流”。所谓流官是相对于土官而言的，是明朝统治者在四川、云南、广西等少数民族聚居的地区所设的地方官，有一定任期，期满调任，不能世袭。永乐十一年（1413），思南宣慰使田宗鼎与思州宣慰使田琛仇杀火拼，成祖朱棣命镇远侯顾成率五万大军前往镇压，平定战乱后“乃分其地为八府四州，设贵州布政使司”。此后，贵州便成为省一级的行政单位。万历时期，播州（今贵州遵义）土司杨应龙起兵叛乱，明政府在平叛后在其地设遵义、平越（今贵州黄平）二府，改用流官统治。事实上，明朝“改土归流”政策的推行并不彻底，在府以下的官员仍任用土官。与此同时，朝廷在推行“改土归流”政策时遭到各少数民族上层分子的反对，从而不断出现反复。弘治八年（1495），朝廷改马湖府（今四川雷波马湖乡）为流官知府。之后，在此地少数民族上层分子的坚决反对下，重又任用土司。嘉靖三年（1524），马湖府再次“改土归流”，但结果当地少数民族发动叛乱，明朝政府被迫任土官陇姓为知府，恢复了土官制度，才平息了事态。

“改土归流”政策的推行，有利于消除土司的割据状态，改善了少数民族地区落后闭塞的面貌，对西南地区经济、文化的发展起到了积极的作用。

张居正变革

在封建时代，政以人举，也以人亡，这是专制主义政体下政治变迁和社会改革的普遍现象。作为改革家的个人命运与新政连为一体，往往以喜剧开场却以悲剧告终，张居正也未能例外。

出任首辅

嘉靖末年，首辅更替频繁，内阁之中爱恶交攻，吐唾辱骂，甚至大打出手。官员无视朝廷法令，政多纷更，事无统纪，政治局面非常混乱。皇亲国戚争先恐后地吞并土地，并利用特权逃避赋税。国家的财政收入日益减少，而开支却有增无减。官员的贪污、浪费和浩大的军费更大大加重了财政的拮据，国穷财尽已到了触目惊心的地步。面对着这种危机四伏的局面，统治集团内部出现了一些倡导改革的人物，企图以此挽救大明王朝的颓势，张居正就是其中的佼佼者。

张居正，字叔大，号太岳，湖广江陵（今属湖北）人，世称张江陵。他自幼天资过人，十岁就通四书五经，有“神童”之称。在十三岁时，他作了一首《咏竹》诗，表达了非凡的志向。诗云：“律遍潇湘外，疏林玉露寒；凤毛丛劲节，只上尽头竿。”他在十六岁时考中举人，一举成名，深得湖广巡抚顾璘的赏识。嘉靖二十六年（1547），张居正少年得志，考中进士，被选为翰林院庶吉士。庶吉士是一种见习官员，按例要在翰林院学习三年，期满后可赐编修。张居正入选庶吉士，得到内阁重臣徐阶的赏识。在徐阶的引导下，张居正努力钻研朝章国故，为他日后走上政治舞台打下了坚实的基础。两年后，张居正升任翰林院编修，上《论时政疏》，抨击时弊，并系统阐述了改革政治的主张，但并未得到朝廷应有的重视。后因受严嵩的排挤，张居正托病在家里闲居三年之久。

张居正

在这三年中，他仍不忘国事，亲身接触农民，深刻地体会到农民的疾苦，在《荆州府题名记》中写道：“田赋不均，贫民失业，民苦于兼并。”嘉靖三十六年（1557），张居正被召回朝，仍然供职翰林院。

当时，世宗崇信道教，三十年不理朝政。嘉靖四十一年，徐阶接替严嵩继任首辅，和张居正共同起草世宗遗诏，纠正了世宗时期的修斋建醮、大兴土木的弊政，为一些因冤案获罪的朝臣平反，受到了朝野上下的普遍欢迎。嘉靖四十三年（1564），深谋远虑的徐阶举荐张居正为裕王朱载垕的侍讲侍读。张居正由此得到裕王朱载垕的赏识，“王甚货之，

邸中中宫亦无不善居正者”。嘉靖四十五年(1566),世宗去世,裕王即位,是为明穆宗。

穆宗在位期间,朝中基本没有大的变故。穆宗对政事也没有多大的兴趣,便将朝政完全放给大臣们去处置。皇帝的宽松放任,使得朝中一时间人才济济,如徐阶、张居正、高拱、杨博、谭纶、戚继光、李成梁等人都是明朝不可多得的贤臣。前朝荒废的朝政为之一新,经济上也出现了较大改观。但穆宗皇帝沉湎于女色,整日在深宫里同妃嫔们荒淫享乐,即使偶尔召见大臣,也很少发表意见。皇帝长期不理朝政,使朝政大权落在内阁大臣的手中。此时,内阁内部的政治斗争进入白热化。在政治的风浪中,张居正“内抱不群,外欲浑迹”,相机而动。

隆庆元年(1567)二月,张居正以裕王旧臣的身份任礼部右侍郎兼翰林院学士,后改任吏部左侍郎兼东阁大学士,进入内阁,参与朝政。四月,张居正迁任礼部尚书,兼武英殿大学士。隆庆二年(1568)七月,徐阶终因年迈多病致仕。次年,徐阶的政敌高拱重回

二进宫

内阁兼掌吏部事,控制了内阁大权。张居正曾是高拱的知己,后来二人发生嫌隙,关系日益疏远,此时高拱又和权宦冯保发生矛盾。冯保在嘉靖年间任司礼监秉笔太监,隆庆元年提督东厂,兼掌御马监事。张居正结交冯保,得到穆宗陈皇后及神宗生母李贵妃的支持。

隆庆六年(1572)五月,穆宗驾崩,遗诏任命高拱、张居正、高仪三名内阁大臣与司礼监掌印太监冯保同为顾命大臣。年仅十岁的太子朱翊钧即位,以翌年为万历元年

(1573)，是为神宗。高拱自视甚高，为人骄横，与冯保早有嫌隙。神宗即位后，冯保身为司礼监掌印太监，兼督东厂，势力很大。高拱对冯保权力的扩张十分不满，企图让冯保将权力归还内阁。张居正权衡利弊，表面上附和高拱，私下里却与冯保结盟，共同驱逐高拱。高拱曾说“十岁天子如何治天下”，冯保就以此为口实，在太后和小皇帝面前挑拨离间。最后，高拱以“专政擅权”之罪被免职。高拱回乡，高仪病死，张居正自然地就成为内阁首辅。神宗对张居正奉若神明，言听计从，张居正从此独掌国家大权达十年之久，成为明朝最有权势的首辅。但是，张居正从出任首辅之日便留下了一个为人诟病的口实，这就是阴结太监。

政绩炳然

作为一个雄才大略的政治家，张居正对明王朝所面临的问题有着深刻的认识。他“勇于任事，以天下为己任”，从出任内阁首辅以来，雷厉风行地展开了一系列的改革，使日渐衰颓的明王朝一度呈现出繁荣强盛的景象。他认为“天下之事，极则必变”，有着鲜明的变革思想。同时，他讲求实效，主张“凡事务实，勿事虚文”。张居正改革的主要内容有：

一、整顿吏治

嘉靖年间以来，吏治十分腐败，贪官污吏上蠹国库，下剥贫民，趋炎附势，上下姑息。张居正对当时官场中因循敷衍的风气深恶痛绝，十分重视对吏治的整顿。

在多年的从政生涯中，张居正深刻地认识到令行禁止对改革朝政的重要性，要求严格贯彻对官员的考察制度。万历元年(1573)，张居正实行“考成法”，对官员进行随事考成，考核各级官吏的政绩优劣，以改变以往那种“上之督之者虽谆谆，而下之听之者恒藐藐”的不良习气。张居正认为：“盖天下之事，不难于立法，而难于法之必行；不难于听言，而难于言之必效。”

首先，加强内阁的行政责任和督察责任，提高六科的督察职能。所谓六科，是指吏、户、礼、兵、刑、工六科，这些政府机构是与吏、户、礼、兵、刑、工六部相应而设的，掌“侍从、规谏、补阙、拾遗、稽查六部百司事”，实际上就是六部的监察机关。六部的最高长官为二品官，六科的最高长官为七品官，可六科的长官却对二品长官具有封驳纠劾的权力。嘉靖、隆庆年间，吏治腐败，六科的职能名存实亡。张居正恢复、健全了六科职能，以六科督察六部，以六部督察诸司与地方安抚，最后以内阁直接控制六科，这样内阁就直接掌握了各级官吏的监察大权。这样，一个严密而又完整的官吏考成行政系统就形成了。此后，又建立起对各有司部门事事责实的稽查制度。这样，各级官吏对于朝廷发布的政令不敢随意敷衍塞责，有效地提高了行政效率，“虽万里外，朝下而夕奉行”。

其次，将征收赋税的情况作为考核官吏政绩的标准。张居正毅然提出对官员“以钱谷为考成”，规定凡是追缴欠税不足的官员，都要受到批评、调离或撤职的处分。这样，官吏自身的前途就与催征赋税的情况联系在一起。万历四年(1576)规定，地方官征赋试行不足九成者，一律处罚。同年十二月，地方官因征收赋税不足而受到降级处分的，山东有

十七名，河南有两名；受到革职处分的，山东有两名，河南有九名。各级官员不敢懈怠，努力完成当年税粮的缴纳，改变了拖欠税粮的状况，使国库日益充裕。万历五年(1577)，据户部统计全国的钱粮数目岁入达435万余两，扭转了长期财政空虚的状况。由此可见，实行考成法对整顿田赋、增加国家财政收入起到了积极作用。

为了更有效地推行考成法，张居正着手裁汰大批的冗员，大力培植改革的中坚力量。在任用官吏时，张居正坚持唯才是举的用人方针，只要有真才实学，就破格录用。他认为立贤无方，即使身份卑贱，只要才能出众一样可以位列九卿，成为国家的栋梁。同时，张居正严格选择学官和生员，成功地扭转了学校“冒滥居多”的弊病，以提高候补官吏的素质。他还特许府、州、县的考生越级报考京师的国子监，将各地人才收罗到中央，形成了改革的中坚力量。

石文官

二、整饬边防

隆庆年间，张居正主持北方边务。他大胆地启用了一些独当一面的将领，巩固了边防。在他的大力举荐下，在“抗倭”斗争中功勋卓著的谭纶出任蓟辽总督，抗倭名将戚继光总理蓟州、昌平、保定三镇练兵事务。在谭纶、戚继光的大力努力下，蓟镇军防有了很大的改善。在大力加强战备力量的同时，张居正积极改善汉蒙关系。隆庆四年(1570)，俺答汗之孙把汉那吉与俺答汗发生矛盾，归附了明朝。张居正支持宣府总督王崇古的正确意见，采取安抚政策，优待把汉那吉，并以此为契机使明朝与蒙古各部的关系有了良性的发展。次年，俺答汗与明朝议和，此后“边境休息，东起延、永，西抵嘉峪七镇，数千里军民乐业，不用兵革，岁省费什七”。

万历初年，张居正成为内阁首辅。他对边防十分重视，认为“当今之事，其可虑者莫重于边防”，大力贯彻“外示羁縻，内修战备”的方针，整顿边疆的防务。他在边防军事方面的改革，与在吏治上的改革是一脉相承的。一方面，张居正以“积钱谷、修险隘、练兵马、整器械、开屯田、理盐法、收塞马、散叛党”八事督察边臣，令边防军事落在实处。另一方面，张居正知人善任，提拔了一些有才能的将领全权处理边防事务。谭纶、王崇古、方逢时、张学颜、郑洛等将领都在北边防务上发挥了积极的作用。这些改革措施取得了很

好的成效，在张居正执政时期及其后的二三十年里明朝没有发生大的战争，有力地促进了国家经济的发展，稳固了国家的统治。

三、丈量土地

明朝的赋税制度是向土地所有者征收田税，按人头派差役，所以土地和户口是国家财政的主要来源。财税征收的混乱局面是明朝中期以来财政危机产生的根本原因。贵族、官僚和地主大量兼并土地，还利用自己手中的特权贿赂官府，隐占户口，瞒田偷税，逃避差役，致使“小民税存而产去，大户有田而无粮”。大量农民失去土地，依然要承受沉重的税赋，被迫走上流亡的道路，国家的税源衰竭，严重影响了明王朝的统治。为了解决这一问题，首先就必须清丈全国土地。

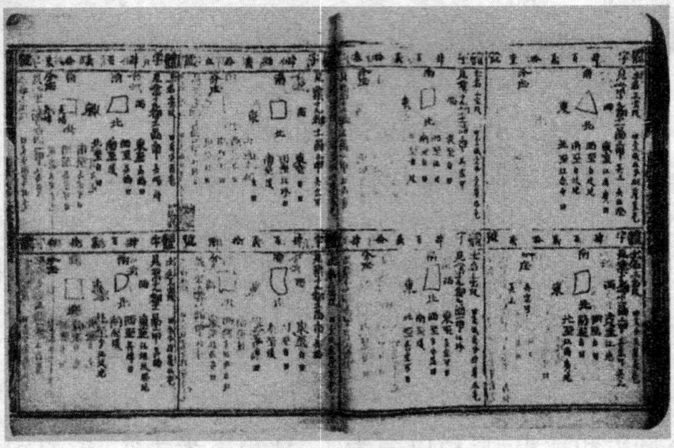

清丈鱼鳞图册

万历五年，张居正提出清丈全国土地。次年，张居正以福建为试点地区，清丈田地，结果“闽人以为便”。于是在万历八年(1580)，张居正在全国陆续展开清丈土地，并在此基础上重绘鱼鳞图册。全国大部分地区根据户部颁布的《清丈条例》对田地进行了认真的清丈，但也存在一些问题，如一些地方官吏改用小弓丈量土地，以求田多，地方豪强地主千方百计地进行隐瞒土地等。到了万历九年(1581)，全国田地丈量完竣，总共为7013976顷，比弘治时期增加了3000000顷。

张居正通过清丈土地，严厉打击了违法的权贵地主，迫使他们依法纳税，扭转了财政亏损。后人评价这一举措说：“既不减额，亦不增赋，贫民之困以纾，而豪民之兼并不得逞。”

四、一条鞭法

万历年间，豪强地主兼并田地的情况十分严重，他们有地而不纳税，万历八年，张居正主张重新丈量田地，极大地打击了豪强地主的利益。接着他又在全国范围内推行一条鞭法，一条鞭法简化了征收项目和手续，计亩征银。役银由旧制按照户、丁征收改为以丁、田分担，在一定程度上抑制了豪强漏税的现象，减轻了无田或少田农民的负担，增加了国家的收入。一条鞭法是中国古代赋役制度的一个重大变革。

张居正深知仅靠清丈田亩还远远不能解决问题，必须进一步改革赋税制度，以保证

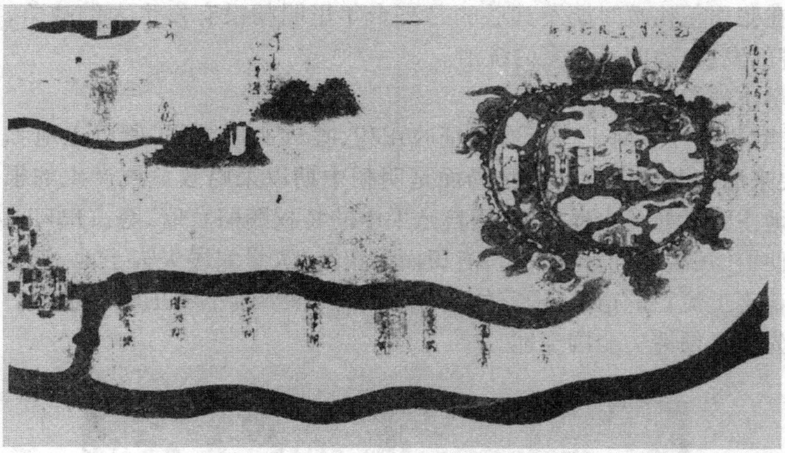

黄河运河全图(局部)

国家财政收入的稳定增长。早在嘉靖十年(1531),南赣都御史陶谐在江西率先实行一条鞭法,取得了很好的成绩。之后,王宗沐在江西、潘季驯在广东、庞尚鹏在浙江、海瑞在应天、王圻在山东曹县也都实行过一条鞭法,“田不荒芜,人不逃窜。钱粮不拖欠”,取得了很好的成效。在清丈土地的同时,张居正积极推广从嘉靖以来在这些地区试行并取得成效的一条鞭法。万历四年,张居正将一条鞭法推广到湖广地区。在积累了相当多的经验后,张居正于万历九年下令在全国范围内实行一条鞭法。

明初的田赋分夏税和秋粮,夏税以麦为主,秋粮以米为主,皆以银钞钱绢代纳。凡以米麦交纳者,称为“本色”,而以其他实物折纳者,称为“折色”。显然,一条鞭法与明朝前期的赋役征收制度已有很大的不同,具有以下特点:其一,将赋役中的各项名目,如均徭、力差、银差等各种税收合并为一种,一律按田亩计征,简化了税目和征收手续。其二,取消力役,改折银两,统一由官府雇人应役,这样就扩大了货币流通的范围,削弱了人身依附关系,对商品经济的发展起了促进的作用。其三,除了苏、松、杭、嘉、湖等供应皇室官僚食用的漕粮外,其余一概改收折色银,大大扩大了赋役征收中的货币比重。其四,计算赋役数额时,以州县为单位,各州县原有的赋役额不得减少。其五,赋役由地方官吏直接征收,即所谓“丁粮毕输于官”,改变了以往民征民解的办法。

一条鞭法是中国赋税制度继两税法之后又一次重大的改革。它将明初的赋役制度化繁为简,由实物税改为货币税,结束了我国历史上实行了两千多年的三征(粟米之征、布帛之征、力役之征)税制体系。可以说,一条鞭法的实行,在一定程度上遏制了豪强漏税和官吏贪污的现象,减轻了农民的赋税负担,客观上促进了农业和工商业的发展。但是,它也触动了官僚地主阶级的切身利益,在各地推行时,遭到种种阻挠和破坏,无法彻底实行。

张居正的改革是明朝封建统治者为了挽救积弱积贫的统治危机而进行的一场政治改良活动。《明通鉴》对张居正给予了很高的评价:“起衰振隳,纲纪修明,海内殷阜,居正之力也。”张居正在王朝颓败之际临危制变,以非凡的勇气和智慧彪炳史册,就连对张居

正颇有偏见的李贽也感叹张居正是“宰相之杰”。

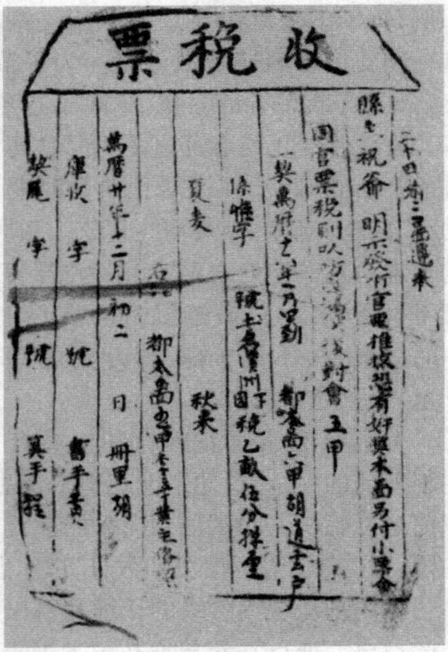

收税票

身后之悲

作为一个改革家，张居正有着杰出的才干。《明神宗实录》对张居正的政绩给予客观的评价：“海内肃清，四夷聋服，太仓粟可支数年，冏寺积金至四百余万。成君德，抑近倖，严考成，综名实，清邮传，核地亩，洵经济之才也。”然而，张居正在尸骨未寒之际却成为朝野攻讦的对象，十年新政，毁于一旦。

一种观点认为，张居正在推行改革的过程中独断专行，树敌过多，导致了悲剧的发生。

张居正将改革的侧重点放在谋求封建政权统治的稳定，因此带有明显的弱点，特别在经济改革方面，这些弱点就更为明显。张居正以“强公室、杜私门”为经济改革的立足点，强制大地主按田纳赋，触动了富豪权贵的利益，遭到了许多人的反对。万历五年(1577)九月，张居正的父亲张文明去世，张居正夺情留职，引来一片反对浪潮。

明朝是重孝的王朝，按照当时礼制规定，在职官员从得知父母丧日起，要辞官守孝二十七个月，不计闰月，期满后再重新启用。英宗时还规定，如果官员隐匿丧情不向朝廷奏报，则一律削职为民，并且在服丧期间，不允许上奏夺情。所谓“夺情”，就是指经过皇帝的特批可以继续留任。此时改革正处于方兴未艾之际，张居正知道自己一旦离任，改革就将前功尽弃。他一面屡次上疏请求守制，一面在私底下通过冯保让神宗出面挽留自己。他在《乞恩守制疏》中提出要辞官守制，但又强调“受非常之恩，宜有非常之报”，并说“父制当守，君父尤重”。于是，在大太监冯保和皇太后等人的支持下，神宗皇帝出面以政务繁忙为由，下诏挽留张居正“夺情视事”。张居正不领俸禄，穿素服在阁中处理朝政。

此事在朝中引起一场轩然大波。翰林院编修吴中行、检讨赵用贤等人纷纷上奏，攻击张居正不奔丧、不守制，置伦理纲常于不顾。刑部员外郎艾穆、主事沈思孝联名上疏，弹劾张居正“忘亲贪位”。张居正对此不屑一顾，坦然地说：“今言者已诋臣为不孝矣。斥臣为贪位矣，詈臣为禽兽矣，此天下之大辱也，然臣不以为耻也。”十月二十二日，吴中行、赵用贤分别被处以廷杖六十，并被逐出京城。艾穆和沈思孝被处以廷杖八十，流放充军。新科进士邹元标打抱不平，上疏求情，也被处以廷杖八十，发配充军。这样，在明神宗的支持下，事情才渐渐平息下来。

张居正的权势如日中天，得以继续推行改革。大臣们对张居正排斥异己十分不满，但迫于形势，隐而不发。此后，反对派散布各种流言蜚语，对改革进行败坏和中伤。按照

明神宗

旧例，每年冬天皇帝要赐朝臣貂皮帽以御风寒，这一项支出动辄花费数万缗。为了节省国库开支，张居正带头不带貂帽，革除了这项赏赐。一些人就说张居正吃春药过多，导致“毒发于首，冬月遂不御貂帽”。在张居正执政时期，不利于他的流言广为流传，令人不胜其眩。张居正以坚强的意志对这一切处之泰然，认为“浮言私议，人情必不可免”。他以破釜沉舟的决心宣称：“不但一时之毁誉，不关于虑，即万世之是非，亦所不计也。”

万历十年，张居正因病去世，时年五十七岁。在临死前的一个月，他还上疏请求免去万历七年以前老百姓积欠的赋税，并获准施行。神宗赠上柱国，谥“文忠”，下诏罢朝数日，以示悲痛。

张居正从统治阶级的长远利益出发，开罪了一些权贵。他自己在政策及用人上也存在一些失误，给反对派留下口实。张居正死后，一些大臣就开始了肆意的报复和攻击。

一种观点认为，张居正身死受辱的真正原因是威权震主。张居正四面树敌固然对他造成了不利的影响，但并不足虑，明神宗对他态度的转变才是张居正悲剧结局的关键所在。

神宗朱翊钧即位时年仅十岁，李太后就把教育培养朱翊钧的重任交给了张居正。张居正成为首辅后，一方面治理国事，一方面对神宗严加训导。张居正亲自指导神宗读书，为他安排课程，选拔有素养的大臣指导神宗的课业，与神宗建立起深厚的师生之情。神宗视张居正为“擎天一柱”，对他极为敬畏，一向言听计从。因此，张居正得以独擅权柄，成为有明一朝最有权势的内阁首辅。

随着年龄的增长，神宗对张居正强硬的作风感到不满。一次，神宗和身边的两个太监一起深夜里喝醉酒，在宫中嬉戏胡闹。次日，神宗便受到皇太后的严厉斥责，张居正还出面将陪他玩耍的太监全部调走了。张居正还命皇帝向全国百姓发布了一篇“罪己诏”，措辞十分严厉。此后，神宗对张居正的感情慢慢从敬畏转变为怨恨。

张居正当国十年，威柄震主，引起神宗的不满。张居正手中的当权便是神宗的失位，在权力上，张居正和神宗成为对立面。张居正去世后，神宗为了树立起自己的权威，就着手清算张居正。张居正逝世后的第四天，御史雷士帧等言官弹劾潘晟，神宗命潘晟致仕。潘晟是张居正生前所举荐的大臣，他的下台就是张居正失宠的信号。之后，神宗经过多方权衡决定拿与张居正一向交好的太监冯保开刀。张居正与大宦官冯保关系密切，冯保贪婪成性。张居正为了得到首辅之位，曾先后送给冯保名琴七张，夜明珠九颗，珍珠帘五副，金三万两，银二十万两。在冯保的鼎力相助下，张居正当上了内阁首辅，得以施展自

玉花耳杯

己的政治才能。尽管张居正本人比较清廉，曾经拒绝过数以万计的贿赂，但是他与冯保之间的关系，给反对派留下了口实。

神宗为了成为大权独揽的君主，首先就要摆脱张居正的影响。朝中的文武百官根据对张居正的态度而分为两派，一派拥护张居正，一派反对张居正。在反张派的眼里，张居正成为伪君子和独裁者。在反对派的调唆下，同年十二月，神宗以欺君之罪，免去冯保东厂提督之职，抄没其家产。随后，张居正重用的官员被罢免，从前反对张居正的大臣重新得到重用。张居正呕心沥血所推行的改革，至此宣告彻底失败。

最为悲惨的是，在张居正死后不到两年，神宗又指责他"罔上负恩，谋国不忠"，下旨削去他的官职和谥号，剥夺生前所赐玺书、四代诰命，并查抄他的家产，甚至要"斫棺戮尸"。一代能相之家竟落得如此可悲的下场。

司礼监太监张诚和刑部右侍郎邱橓奉旨前往江陵查抄张府。在他们还未到达江陵之时，荆州府、江陵县的地方官员就亲自到张府封门，张家的子女仆人躲在空房间里不敢出来，饿死了十多人。查抄张居正家产时更是锱铢必较，共计查出黄金万余两，白银十多万两，与当初预计的有很大出入。邱橓便用重刑拷问，硬要张家交出寄存在外的二百万两白银，还逼迫其招供寄存在曾省吾家白银十五万两、王篆家十万两、傅作舟家五万两。张居正的第二子张懋修屈打成招，侥幸活了下来。长子张敬修不堪折磨自缢身亡，死前留下一封血书，记录了张府遭受不白之冤的惨状。

张居正死后，各种社会矛盾日益激化，一发而不可收，大明王朝日益衰颓。国衰思良臣，明熹宗朱由校于天启二年（1622）为张居正平反，予以复官，并追封为吏部尚书、建极殿大学士，重新给以葬祭，张府房产没有变卖的一并发还。崇祯二年（1629），思宗还赐予张居正后人官荫与诰命。

社会经济的高度发展

从嘉靖中期开始，由于社会生产力的提高，直接促进了工农业的发展，对全国各地商业的繁荣、商人资本的积累都起到了积极的作用，使这一时期成为中国封建社会后期社会经济特别繁荣的时期。

新作物传入

洪武末年，明朝的人口大致在 6500 万。而到了万历二十八年（1600），明朝的人口已

达到1.5亿，这是中国历史上从未有过的数字。人口的增长自然对农业的发展提出了更高的要求；反之，农业的增长也为人口的增长提供了必备的条件。万历时期人口之所以能达到前所未有的规模，正是这一时期农业发展的结果。

历史小常识：明代后期人口

据正史记载，明初人口峰值为6000余万，到了万历初年，人口峰值仍为6000余万。对于这样的数据，许多学者都提出了不同的看法，认为它远远低于实际人口数量。当代学者一般大多以明初人口数据为基数，选取有价值的参照系，从而推算出明代后期的人口总量。目前，学者们普遍认为明代后期的人口巅峰出现在万历中期，大体有以下几种主要观点：2.3亿~2.9亿；2亿；1.97亿~2亿；1.9亿；1.5亿；1.2亿~1.3亿。也就是说，在这一时期，中国人口已经突破一亿大关。

我国传统的粮食作物有稻、菽、麦、稷、黍五大类。据宋应星《天工开物》载："今天下育民人者，稻居什七，而来（小麦）、牟（大麦）、黍、稷居什三。"自古以来，稻子是我国人民最重要的粮食作物。在明代以前，大体上已经形成南稻北麦的生产格局。在嘉靖时期，随着长江流域的开发，麦类作物在南方水道产区的种植面积有所增长，稻麦轮作一年两熟的耕作方式已得到极为普遍的应用。与此同时，稻子在北方的种植也不断扩张，在直隶地区开垦了为数相当客观的水稻田。

除了传统的粮食作物，玉米、番薯等粮食新品种的引进和推广，为农业的发展开辟了新的途径。玉米又称"番麦""西天麦""回回大麦"，原产于美洲。在正德以前，玉米就由中亚传入我国，虽然很快在东南重要的粮食产区出现，但没有受到重视。到了嘉靖后期，玉米已成为长江中上游流域山地，尤其是汉水流域山区的重要的粮食作物。据田艺衡《留青日札》载："御麦出于西番，旧名番麦，以其曾经进御，故曰'御麦'。干叶类稷，花类稻穗，其苞如拳而长，其须如红绒，其粒如芡实大而莹白，花开于顶，实结于节，真异谷也。吾乡传得此种，多有种之者。"嘉靖、万历时期，玉米的种植地区有贵州、四川、广西、甘肃、山东、陕西、河北等地。番薯又称"白薯""红薯""金薯""红山药"等，原产于美洲，于万历前期传入我国。甘薯具有抗旱、产量高、口味好等优点，适宜于较为贫瘠的旱地和山地。到了万历时期，已成为福建、广东、浙江、江苏四省重要的粮食作物。玉米、甘薯的产量较一般粮食作物要高，不与五谷争地，在旱地、山地等处皆可种植，因此得到广泛传播。此外，它们的传入与推广对提高粮食亩产量、增加粮食总产量起到了革命性的作用，在一定程度上缓解了人口增长对土地造成的压力。

在经济作物种植方面，也获得了显著的发展。烟草、花生等新的经济作物在这一时期传入中国，进一步丰富了农产品结构。花生作为重要的油料作物，它的传入具有很大意义，而且花生适于在沙地生长，这对于利用沿海、沿河以及其他沙滩地带，也有积极的意义。万历初年，棉花的种植已遍布河北、山东、河南、两淮等地区，尤其是长江三角洲已成为著名的产棉区。在松江地区，"官民军灶垦田凡二百万亩，大半植棉，当不止百万亩"。由于棉花种植广泛，品种也日益增多，如江花、北花、浙花、黄蒂、青核、黑核、宽大衣

等。这一时期，浙江杭州、嘉兴、湖州三府的植桑业得到进一步的发展，其中湖州是植桑业的中心。花生也在这一时期传入我国，种植于江苏、福建、浙江等地。与此同时，在江南等农业较为发达的地区，传统的农业单一经营方式已被突破，出现了多种经营的方式，经济作物棉、麻、桑、蓝靛、茶树、甘蔗、蔬菜、果木、花卉等品种的种植日益广泛。很多农民在种植经济作物的同时还经常进行一些初级加工，或兼营其他副业，以获取更多的收入。在松江、苏州二府，棉作物的种植已经超过水稻的种植，“邑之民业，首藉棉布”；而在嘉兴、湖州二府，则是蚕桑的种植超过水稻的种植，“蚕或不登时，举家辄哭”。以经济作物种植为主的地区需要邻近地区提供粮食，湖广、江西等地成为新的粮食生产中心，承担了向江南、福建、广东等地提供粮食的重任。唐宋以来，江南一直是最大的粮食产区，后谚云“湖广熟，天下足”。

弹棉图

嘉靖、万历时期，农业技术有了进一步的提高。在长江下游三角洲等农业发达地区，人们更注意通过水利灌溉、扩大牛耕的面积、加大肥料的投入和培育高产品种等农业技术来提高粮食产量。在福建、浙江等地，双季稻已开始采取间作技术，形成早、晚稻二熟制。而早晚稻连作制，也在一些南方地区出现。南方稻田亩产一般为二三石，甚至有的地区可达到五六石。这一时期，轮作复种技术的广泛应用，对提高粮食的亩产量起到积极的促进作用。

手工业的进步

明代中期以来，官匠制度发生变化，工匠可以用银代役，在很大程度上提高了生产率，同时使自由手工业者的数量得以扩大。随着农业的增长和商品流通的活跃，民间手工业生产也随之发展起来，到了嘉靖时期，民间手工业已居于主要地位，而且无论是生产技术还是经营方式都有显著的进步。

纺织业是明代最重要的手工业，分布十分广泛，“凡棉布存土皆有”。江南是棉纺织业的中心地区。以湖州来说，“正嘉以前，南溪仅有纱帕，隆万以来，机杼之家相沿比业，巧变百出。”松江府地区是棉纺织业最为发达的地区，“俗务纺织，他技不多，女真族而精线绫、三梭布、漆纱、剪线毯，皆为天下第一。……百工众技与苏杭等。要之，松郡所出皆切于实用，如绫、布二物，衣被天下，虽苏杭不及也”。松江府所出的一种“上阔尖细”的称作“标布”的棉布，盛行全国。与此同时，纺织业的生产技术也取得了重大的突破。在轧

棉方面，明初尚需要“二人掉轴，一人喂上棉花”，万历时期则改为四足脚踏缆车，大大提高了生产效率。在纺线方面，从手摇纺车改为足踏纺车，有的地方甚至可以一手纺织四根以致五根线。

历史小常识：湖广熟，天下足

湖广地区在明朝初年以“田多而地少”著称，于是江南、江西等各地人口向湖广移居，开垦田地。到了嘉靖时期，山区的开发以及水利工程的兴修，使湖广地区耕地面积有了大幅的增长。在这样时期，江南各地的粮食供应多依靠湖广地区的供应，湖广地区实际上成为天下的粮仓。明人李釜源在《地图综要》中写道：“楚故泽国，耕稔甚饶。一岁再获。柴桑、吴楚多仰给焉。谚曰‘湖广熟，天下足’，言其土地广阔，而长江转输便易，非他省比。”

丝织业也在这一时期发展到新的高度。丝织业要经过缫丝、络丝、牵丝、治纬和开织等诸多工序。到了这一时期，这些工序在工具与操作技术方面都有不同程度的进步。如万历年间沈氏机户所改造的“纱绸机”所生产的纱绸“质细而滑，且柔绝海内外”，受到人们的欢迎。当时的织机有两种：一种是织平面纹的腰机；一种是织花纹的花机。其中花机机长达一丈六尺，其构造十分复杂，工作时要有两人协作，可织出画师所绘出的任何花纹和图案。再如福州的织缎机原为五层，弘治时期改为四层，谓之“改机”，大大提高了产品质量。从明朝中期以来，丝绸种类日益增多，有缎、锦、纱、罗、绸、绢、绫等数十种。江南地区是丝织业的中心，如苏州以花缎闻名，南京以素缎、云锦闻名，杭州以宁绸、线绉闻名，镇江以江绸、元青线缎闻名，湖州以花绉、素绉、绸等闻名。到了万历时期，苏州“家杼轴而户纂织”，集中了数量很大的丝织业工人。山西潞州府生产的潞绸名闻全国，有“西北之机，潞最工”之称。

冶铁业也得到极为显著的发展，有了大规模的生产和比较细密的分工。据嘉靖《徽州府志》载：“凡取矿，先认地脉，租赁他人之山，穿山入穴。……既得矿，先必烹炼，然后入炉。煽者、看者、上矿者、取钩沙者、炼生者，而各有其任。昼夜番换，约四五十人。若取矿之夫，造炭之夫，又不止是。故一炉之起，厥费亦重。”这一时期，冶铁炉具宏大，使用人力十分庞大，生产规模很大。在全国各地兴起了许多以制铁著称的城镇，如广东南海区佛山镇、檀丘市等。在钢铁生产技术方面有了很大的进步，广泛利用煤为燃料，并使用装有活塞、活门的木风箱。尤为重要的是，炼铁炉与炒铁塘串联使用，减少了炒炼熟铁时再熔化的过程，节约了时间，降低了成本，是现代冶金技术的一个重要的起点。

这一时期手工业进步的一个突出现象是民营手工业渐居于主要的地位。就纺织业而言，民间纺织手工业已远远超过了官纺织业，尤其是江南乡村纺织业主和手工业者皆因此而致富，一般百姓也依赖纺织而度日。可以说，私营纺织业已成为江南社会经济的一个重要的组成部分。陶瓷业也出现了类似的情况。明代陶瓷业以浙江龙泉、福建建窑、江西景德镇最为有名。明初在许多地方开设官窑，而到了嘉靖、万历时期，民窑的数量不断增加，超越了官窑。如在江西景德镇的瓷器生产中，出现了“官搭民烧”制度，部分

瓷窑已开始为满足市场而进行生产，而景德镇已发展为瓷业的专业城市。其他如制盐、矿冶、采珠等官府控制较严的行业，也在不同程度上出现了民营化的倾向。

国内外贸易的繁荣

随着农业和手工业的发展，嘉靖、万历时期商品经济呈现出空前繁荣的局面，已经超过了以前任何时期。

明代水陆畅达，为大规模的商品流通提供了极为有利的交通条件。诚如明人宋应星所说，其时“滇南车马纵贯辽阳，岭徼宦商横游蓟北，为方万里中，何事何物不可见见闻闻”。到明中后期，全国各地的水陆交通较前有了很大的发展。伴随着道路交通的畅达，商品流通日益兴盛繁荣。嘉靖、万历时期，全国各地的商品往来十分频繁。据张瀚《松窗梦语》载：“列肆贸易者，匪仅田亩之获，布帛之需；其器具充栋与珍玩盈箱，贵极昆玉琼珠，滇金越翠。凡山海宝藏，非中国所有，而远方异域之人，不避间关险阻，而鳞次辐辏，以故畜聚为天下饶。”嘉靖《河间府志》更对北直隶（今河北）河间府的货贩行商的状况做了详细记载：“河间行货之商，皆贩缯、贩粟、贩盐、铁、木植之人。贩缯者，至南京、苏州、临清。贩粟者，至自卫辉、磁州并天津沿河一带，间以岁之丰歉，或籴之使来，粜之使去，皆辇致之。贩铁者，农器居多，至自临清、泊头，皆驾小车而来。贩盐者，至自沧州、天津。贩木植者，至自真定。其诸贩瓷器、漆器之类，至自饶州、徽州。”由此可见，到河间贩卖货物的商人来自山东、河南、江苏、安徽、江西等地。许多重要商品的贸易，已不再局限于地

繁华的都市

方局部范围内的狭小市场，而是被长途贩运到很远的地方销售，乃至行销全国。如此等等，充分反映出当时全国各地商品流通的盛况。

随着各地商业往来的加强，在物产丰富、交通便利的地方便形成了大大小小的商业中心区。易地货贩的经营与商风习俗，一时大兴，并涌现出一批专门货贩的行商与坐地营销的坐贾商人。江南地区和福建是商业最为发达的地方，全国各地的货物都汇聚在此，十分繁华。明人王世懋《闽部疏》载：“凡福之绸丝，漳之纱绢，泉之蓝，福延之铁，福漳之桔，福兴之荔枝，泉漳之糖，顺昌之纸，无日不走分水岭及浦城之小关，下吴越如流水。

金花银

其航大海而去者，尤不可计，皆衣被天下，所仰给他省，独湖丝耳。”这些地区的产品向外输出的也很多，据张瀚《松窗梦语》载：“桑麻遍野，茧丝棉之所出，四方咸取给焉，虽秦晋燕周大贾，不远数千里求罗绮缯布者，必走浙之东也。”其他地方也涌现出相当多的商业中心区，如河间、保定、武安、开封等不一而足。岭南、滇中等边远地区的商业也有了一定的发展，如广东“高、廉、处、琼、滨海诸夷往来其间，志在贸易”。

嘉靖、万历时期的国内贸易在一定程度上已经具有了地域分工的特点。在东南沿海地区和运河沿岸地区，形成了具有地方特色的手工业产品和经济作物的生产据点，出现了不同地区之间专业性的商品流通。如江南地区的松江一带是棉布的生产中心，而其原料棉花则有相当一部分来自北方。安徽芜湖以浆染业闻名天下，有“织造尚松江，浆染尚芜湖”之称，其浆染业的原料则多来自福建。苏州作为丝织业的中心，其原料蚕丝则来自浙江的湖州。

与此同时，内地与边疆各少数民族之间的商业往来也有较大的发展。政府放宽了某些限制，使内地与边疆各民族的贸易出现了较为繁荣的景象，由单纯的官市贸易发展到多渠道的贸易，且民间的贸易日益超过了官市贸易。

在国内贸易发展的基础上，东南沿海地区的对外贸易也突破了官方朝贡贸易的限制，民间的私人海上贸易得到了迅速的发展。明朝初期，政府实行锁国政策，限制私人海外贸易活动，但这种朝贡贸易无法满足国内外经济发展的需要，许多朝贡国的商人经常违禁与沿海商民进行贸易。到了16世纪初叶，西方葡萄牙人、西班牙人先后东航，势力扩张到中国的沿海地区，刺激了东南沿海一带的海上贸易活动。于是，民间私人海上贸易活动冲破了种种阻碍，迅速兴起，并取代了朝贡贸易。到了嘉靖时期，这种私人海上贸易活动得以迅猛的发展，政府对此已经无力禁止。于是隆庆时期，政府开放海禁，承认了私人海上贸易活动。随着海禁的开放，沿海各地的海外贸易活动进入了一个新的发展阶段。明人周起元《东西洋考》记载：“我穆庙时除贩夷之律，于是五方之贾，熙熙水国，刳艅艎，分市东西路。其捆载珍奇，故异物不足述，而所贸金钱，岁无虑数十万。公私并赖，其殆天子之南库也。”很显然，开放海禁以后民间前往南洋各国的贸易活动是极为活跃的，对国家和民生都有很多好处。大批中国商品以东南亚为跳板流入欧洲和美洲，在一定程度上刺激和影响了欧洲工业技术的革新，为西方资本主义的兴起做出了不可磨灭的贡献。

南都繁会图卷（局部）

随着商品经济的发展，从明代中期以来，白银代替了铜钱、钞（纸币），成为通行的主要货币。嘉靖时期，朝野上下普遍用银。民间不仅大的交易用银，小的交易也都使用碎银。朝廷在田赋、徭役、工商业税、海关税乃至官吏俸禄、国库开支等方面也大都是以银折价，以银计算。此时，无论商品大小，都用银两表示价格，一改以往用铜钱表示物价的制度。这一时期，海外白银的大量输入，大大增加了国内白银的储藏量，扩大了白银的流通范围，对正在演变的明朝货币制度起到了催化作用。白银作为货币，具有不变质、易分割、价值高等优点，其货币化本是商品经济发展的产物，反过来又进一步推动了商品经济的发展。

城市与商人集团

在农业和手工业发展的基础上，明代中后期城镇经济得到了空前的发展，在全国各地有很多商业发达的城市，还兴起了很多市镇。

南北两京，由于居民的增加和消费能力的提高，商业极为繁荣，人口皆在百万以上。嘉靖时期，北京的商业十分繁荣，“四方之货，不产于燕而毕聚于燕”，中外的商品源源不绝地运往北京。北京的商业已不再局限于九门之内的东、西二市，前三门以南一带成为重要的商业区。除此之外，正阳门外有猪市、煤市；崇阳门外有花市、米市、柴市；宣武门外有菜市、骡马市等，这些地方都已成为当时十分重要的行市和集市。北京作为明朝的政治中心，是达官贵人的聚集地，消费水平十分高，除日常消费品外，较高档的消费品如绸缎、皮裘以及珠宝等奢侈品也在城市中成行成市。为了给全国各地进京参加会试的举子提供食宿，在北京城南商业区内纷纷设立以籍贯为特征的会馆。这些地方还成为各地在京官员和商人的社交场所，大大促进了京城商业的繁荣。在各地省、府、县所在地，会馆也纷纷设立，推动了当地商业的发展。而南京作为明太祖朱元璋开基之地，“北跨中

原，瓜连数省，五方辐辏，万国灌输。三服之官，内给尚方，衣履天下，南北商贾争赴”。

云龙纹梅花形雕填漆盒

在两京之外，还有许多繁华的大城市，散布在长江两岸、运河两岸、东南沿海等地，如苏州、杭州、德州、济宁、徐州、淮安、扬州、嘉兴、湖州、宁波、福州、泉州、漳州、广州、饶州、九江、芜湖、徽州、武昌、开封、潞安、太原、西安、成都等。这些城市的繁荣或者是因为有其发达的手工业为基础，或者是因为其地处水陆交通要道，或者是因为其具有某一地区政治、经济和文化的中心地位，或者是因为其地处沿海地区，有通商海外的便利条件。如苏州、杭州等城市，因为漕运而带来了许多商机，更为重要的是这一地区的丝织业、棉纺织业以及其他家庭手工业都居全国之首，是明朝经济最发达的地区，从而使这些地区商货辐辏，商业的发展尤为迅速，是明代城市发展中最具代表性的地方。很明显，此时城市经济的发展是南北不平衡的，北方的工商业城市比较少，而南方则占了绝大多数。

尤为引人注意的是，在江浙地区出现了一大批新兴的市镇。在明代正德以后，江南市镇发展最快。在长江三角洲地区，涌现了一大批较为著名的市镇，如福山镇、梅李镇、黎里镇、平望镇、同里镇、盛泽镇、南浔镇等等。这些市镇大多在草市或村落的基础上发展起来，人烟繁庶，到了嘉靖时期，有的市镇甚至已达到上万户的规模。广东佛山镇、江西景德镇、湖北汉口镇、河南朱仙镇成为闻名全国的四大专业性市镇，合称“天下四大镇”，俨然已成为新兴的商业城市。由城市到市镇，再到星罗棋布的乡村集市，构成了一个个较大的地区贸易网络。

随着商品经济的发展，自明代中期以后，弃农经商现象日益增多。到了嘉靖时期，出现了弃农经商的浪潮，不仅商人的人数较以往有了成倍的增长，而且还在此基础上逐步形成了具有地方特色的商人集团。其中尤以徽商和晋商最为著名，财富称雄于天下。徽商源自安徽南部的徽州府（今安徽歙县），地属山区，人多地狭，百姓遂多出外经商。当地物产丰富，木器、漆器、茶、文具等特产都闻名全国，为商业资本的积累提供了绝好的物质条件。再者，徽州与全国经济最为发达地区苏、浙一带毗邻，地理位置十分优越，交通非常便利。在诸多因素的综合作用下，徽商实力勃兴，在长江中下游地区甚至有“无徽不成镇”之称，一些徽商还把生意发展到海外。徽州经商之风盛行，“其俗男子受室后，尊者即督令行贾，无赢折皆不得速归，久者数十年，近亦逾纪”。徽商以贩盐为主，兼营粮、棉、丝、茶等多种贸易，很多人通过与官府的合作成为豪富。晋商指山西商人，他们通过经营

边防军需物资起家,迅速积累了资本,势力经久不衰。此外还有江右商、洞庭商、闽商、粤商、吴越商、关陕商等。万历时期,"富室之称雄者,江南则推新安,江北则推山右。新安大贾,鱼盐为业,藏镪有致百万者,其他二三十万则中贾耳。山右或盐,或转贩,或窖粟,其富甚于新安"。这些商团以巨大的商业资本,经营着大宗商品贸易和远途贩运,并进入生产领域,控制着手工业者的生产活动,还经营典当等金融行业,有力地促进了各地商品流通,繁荣了商品经济。这些商人集团,在以后的数个世纪中,一直操控着中国的商业和市场。

明朝灭亡

张居正改革失败后,朝政遂一蹶不振。大地主集团贪无止境,生活糜烂,疯狂地进行残酷的掠夺和剥削。贫富极端分化,土地高度集中,百姓不堪忍受暴政,不断进行反抗斗争。在明王朝国事衰颓之际,我国东北境内的女真族(后称为满洲)崛起,并随着其军事力量的强大,严重威胁了明王朝的统治。大明帝国摇摇欲坠地走向灭亡的深渊。

万历三大征

张居正去世后,万历皇帝就开始亲政。他采取非常手段,摆脱了冯保、张居正的影响和控制,建立起自己的权威。万历皇帝在十二年的时间里,在东北、西北、西南取得了三次重大的军事胜利,史称"万历三大征"。这三次战役虽然取得了胜利,但也使明朝元气大伤。据史料记载:"二十年,宁夏用兵,费帑金二百余万。其冬,朝鲜用兵,首尾八年,费帑金七百余万。二十七年,播州用兵,又费帑金二三百万。三大征踵接,国用大匮。"更为糟糕的是,万历皇帝志得意满,越发开始怠于政事。

宁夏之乱

哱拜原是蒙古鞑靼部人。嘉靖中期,他得罪了酋长,以致其父兄皆被酋长所杀,"(哱)拜伏水草中得免",投奔明朝守备郑印。他作战勇敢,多次立功,被提升为参将,独自统率一军。万历十七年(1589),朝廷提升哱拜为副总兵,后致仕,职位由他的儿子哱承恩承袭。哱拜虽然致仕,但"平居恒多蓄苍头军"。

万历十九年(1591),蒙古火落赤、真相等部入侵洮州(今甘肃临潭西),副总兵李联芳阵亡,边关告急。蒙古骑兵先后侵占临洮、河州、渭源地区,大败总兵官刘承嗣。河套地区的卜失兔也率部"欲驱青海",与火落赤等相呼应。朝廷得知后,派郑洛为七镇经略。万历十九年二月,经略郑洛从宁夏调兵,支援甘肃。宁夏巡抚党馨派土文秀率兵支援。哱拜恐怕土文秀不能独当一面,向经略郑洛请求,率所部三千人与儿子哱承恩从征,得到郑洛的同意。宁夏巡抚党馨对哱拜自荐领军出征一事极为反感,百般刁难。哱拜部众所

平番得胜图(局部)

骑的军马羸弱衰落,党馨也不许调换,宁夏镇有多余的军马也不肯拨给哱拜,哱拜心怀不满。

洮河战事平定后,哱拜父子回到宁夏。哱拜见沿途明军都不如自己的军队,此后越发骄横。宁夏巡抚党馨经常压制哱拜。哱拜回到宁夏后,不仅没有叙功,还被追究冒领军饷的罪责。哱承恩强娶民女为妾,受到党馨的责罚。土文秀和哱拜的义子哱云等也因升官之事未能如意,而对党馨怀恨在心。

当时,戍守宁夏镇的兵将长期领不到军饷,对朝廷心怀不满。万历二十年(1592)二月,哱拜纠合儿子哱承恩、义子哱云及土文秀等人,唆使军锋刘东旸发动叛乱。叛军杀死了巡抚党馨及副使石继芳,放火焚烧了衙门,并释放了所有关押的囚徒。叛军威胁总兵官张惟忠以党馨"扣饷激变"上奏朝廷,并索取敕印,张惟忠被迫上吊自杀。叛军控制了宁夏城(今宁夏银川),叛军首领刘东旸自称总兵,哱拜为叛军主谋,任哱承恩、许朝为左右副总兵,土文秀、哱云(哱拜的义子)为左右参将。总督魏学曾得知此事,派手下张云、郜宠劝哱拜等人投降。刘东旸对张云说:"如果朝廷能封我做宁夏总兵,并世代承袭,我就愿归顺,否则,我就将联合河套地区的鞑靼部落进军潼关。"

叛军以许花马池一带听其住牧为诱饵,得到套部蒙古首领著力兔等人相助,实力大大增强,整个陕西都为之震动。叛军大肆出击,叛乱全面爆发。哱承恩进攻玉泉营(今宁夏吴忠市以西),俘获了守将游击傅垣。此后,叛军陆续占领了中卫(今宁夏中卫)、广武(今宁夏青铜峡附近),守军参将熊国臣等弃城而逃,大大助长了叛军的气焰。叛军势如破竹,很快就横扫了黄河以西的大片地区。

叛军将领土文秀在平虏遭到明军将领萧如薰的坚决抵抗,接连几个月也未能取胜。萧如薰的夫人杨氏是尚书杨兆之女,非常贤淑。为了帮助丈夫守城。她变卖了自己的首饰,购买食物来犒劳将士。哱云联合河套鞑靼首领著力兔一起猛攻平虏城。萧如薰在平虏城下设下伏兵,引诱叛军进入包围圈,之后又突然率大军杀了个回马枪。萧如薰身先士卒,亲手射死了哱云。叛军群龙无首,四散而逃。萧如薰乘胜出击,攻破著力兔大营,

俘获了大批敌军和牲畜。之后，著力兔再次组织大队人马攻打平虏城。萧如薰在朝廷派来的援军的配合下，再次大败著力兔，使平虏得以保全。

三月四日，副总兵李昫奉总督魏学曾之命，率大军前往驰援。叛军渡过黄河，向东欲攻取灵州（今宁夏灵武）。灵州守将吴世显与叛军勾结，幸亏参将来保誓死守城，灵州才未落到叛军手中。李昫亲率大军驰援灵州，派游击赵武率军前往攻打鸣沙州（今宁夏中宁县东北），并派兵扼守黄河，防止叛军向南逃窜。大大打击了叛军的气焰。三月底，明军六路进攻，包围了宁夏。

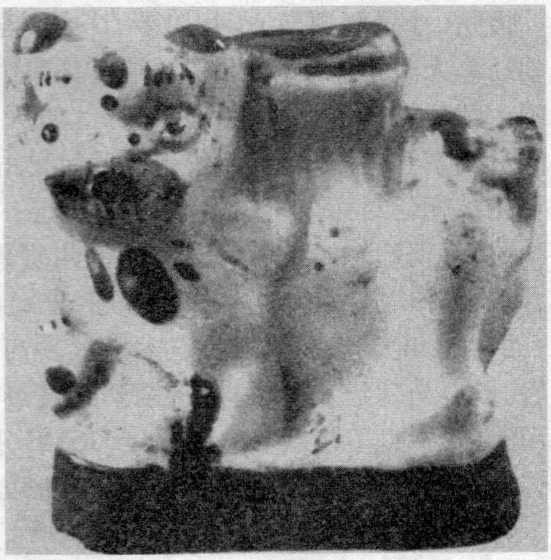
白釉黑彩狗形水注

四月，总督魏学曾派大军围攻宁夏城。战斗十分激烈，双方各有伤亡。朝廷从各地征调大军，防止宁夏叛军与套部蒙古势力合兵。朝廷命李如松为宁夏总兵，以浙江道御史梅国桢监军，任朱正色为宁夏巡抚，由甘肃都御史叶梦熊协助剿敌。明军先后收复了中卫、玉泉营等四十七处营堡。套部蒙古引兵马支援叛军，叛军在蒙古的支持下进逼玉泉营。在李昫的支持下，玉泉营才得以保全。

六月，魏学曾用兵两月，也未能攻下宁夏城。神宗下诏赐总督魏学曾尚方宝剑，授予生杀大权，全力平叛。都御史叶梦熊特调神炮火器四百车赶到宁夏，并征苗兵御敌。浙江巡抚常居敬也率领浙江兵马开赴宁夏。明军兵分五路，向宁夏城开始了总攻。之后，御史梅国桢、总兵李如松率领辽东、宣府、大同等地部队到达宁夏。梅国桢在城南树立受降旗。

七月，朝廷将魏学曾撤职，任叶梦熊为宁夏总督。各路援军在总督叶梦熊的带领下，将宁夏城团团围住。明军击退了套部蒙古势力，将他们逐出塞外，叛军失去外援。七月底，明军决定水攻宁夏城。明军在宁夏城周围修建了一道与城墙平行的堤堰，之后掘开黄河大堤，把中间的空地灌满水。堤堰完工时有 5.63 千米，水深达 2.74 米，不久后部分城墙开始崩塌。八月，叛军势单力孤，城中缺粮，士兵开始吃马，百姓开始吃树皮，不少人被饿死，人心惶惶不安。九月初，城墙崩毁。九月八日，明朝大军对宁夏城发起总攻。官军水淹北关，又调集舟筏假装进攻北关，吸引了叛军的主力部队。同时，萧如薰与李如松率领各部人马突然进攻宁夏城南关，一举攻破南关。叛军内部发生火并，刘东旸杀死土文秀，哱承恩、周国柱又杀死许朝、刘东旸。李如松率领明朝大军乘机攻入宁夏内城。九月十七日，哱承恩到南门请降，明军将叛军总头目哱拜的府邸团团围住。哱拜走投无路，合家自焚而死。他的儿子哱承宠、养子哱洪大等均被明军所俘。至此，长达七个月的哱拜之乱终于平息。

神宗收到捷报，喜出望外，登午门受贺。十一月，神宗下旨，将哱承恩、哱承宠、哱洪大等人凌迟处死，同时大赏叶梦熊、梅国祯等有功之臣。

播州之乱

播州（今贵州遵义）山川险要，广袤千里。唐乾符三年（876），南诏国入侵，攻陷播州。唐朝廷募人收复播州，太原人杨端应募率军大败南诏兵，收复了播州，在当地享有崇高的声望。朝廷将杨端封为武略将军。此时天下大乱，朝廷无暇顾及边疆，杨端的后代子孙得以世代掌管播州。宋代时，杨氏后代仍占据播州，向宋朝廷称臣。到元朝时，杨氏后代杨邦宪被朝廷封为播州宣慰使。

明初，朝廷封杨氏后代杨铿为播州宣慰司使。播州宣慰司辖有草塘、黄平两个安抚司，以及真州、播州、余庆、白泥、容山、重安六个长官司等，地域广阔，有田、张、袁、卢、谭、罗、吴七姓，世袭各级土官。这七姓大多与杨氏有姻亲关系。嘉靖年间，杨烈承袭父职。此后，杨烈与朝廷发生矛盾，斩杀朝廷官员，发动叛乱。明军派兵前往镇压，经过十余年的用兵，才平息了叛乱。隆庆五年（1571），杨烈去世，他的儿子杨应龙袭职。杨应龙任职后多次随明军出征，因军功受到朝廷的褒奖。

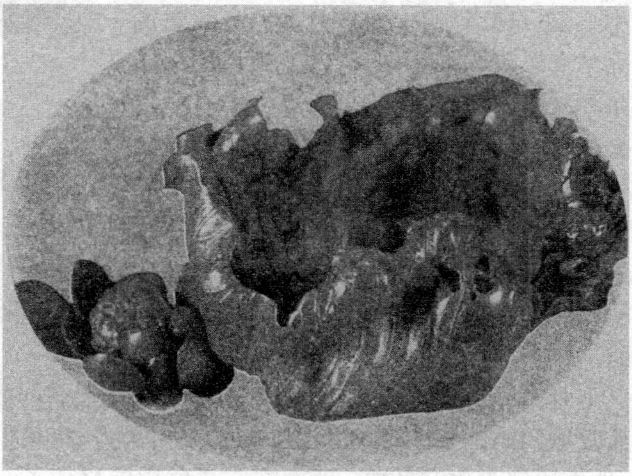

竹雕残荷洗

万历十三年（1585），杨应龙向朝廷进献六十根珍贵的木材。万历帝十分高兴，赏赐杨应龙大红飞鱼服，加都指挥使衔。杨应龙见明朝驻守四川的官军兵力薄弱，就萌发了野心，想占据整个四川，独霸一方。他在自己的府邸雕龙饰凤，又擅用阉宦，俨然是一个土皇帝。杨应龙宠爱小妾田雌风，怀疑妻子张氏不忠，将妻子赶出家门。不久，杨应龙乘醉杀死妻子张氏和她的母亲，并屠其全家。杨应龙生性雄猜，阴狠嗜杀，酷爱杀人立威，在播州施行残暴的统治。他还勾结苗族人为羽翼，到处抢掠。

杨应龙的跋扈行为，引起贵州巡抚叶梦熊的警惕。万历十八年（1590），贵州巡抚叶梦熊向朝廷上奏杨应龙的种种劣迹。巡抚陈效也上奏朝廷，说杨应龙犯下大罪二十四条。此后，杨应龙之妻的族叔张时照以及其部下何恩、宋世臣向朝廷上奏杨应龙谋反。叶梦熊主张出兵围剿，但四川当地官员大多认为杨应龙兵强马壮，且屡立战功，取胜并非易事，主张予以安抚。

此后，杨应龙就时叛时降，喜怒无常。朝廷也举棋不定，没有对杨应龙采取有力的对

策。万历二十年(1592),杨应龙被俘。依照明朝法律,杨应龙应被处以死刑,但杨应龙请求用两万两银子赎罪,御史张鹤鸣等人坚决反对。当时正逢倭寇入侵朝鲜,朝廷在各地征兵进行抗倭战争,杨应龙自请带兵征讨倭寇。于是,神宗释放了杨应龙,让他戴罪立功。杨应龙重获自由后,又出尔反尔。万历二十一年(1593),巡抚王继光奉命进剿杨应龙的叛军。杨应龙一面假装向明朝投降,说愿意出钱赎罪,一面又偷偷地带领苗族兵攻入四川、贵州、湖广的数十个屯堡与城镇,一路上奸淫掳掠,搜刮百姓。王继光被叛军所败,明军死伤惨重,军资、器械大多被叛军所得。朝廷将王继光革职查办,任谭希思为四川巡抚,与总兵刘承嗣联合贵州部队,相机围剿。御史薛继茂上疏主张安抚杨应龙,而杨应龙也上奏自辩,并派心腹到北京贿赂大臣。

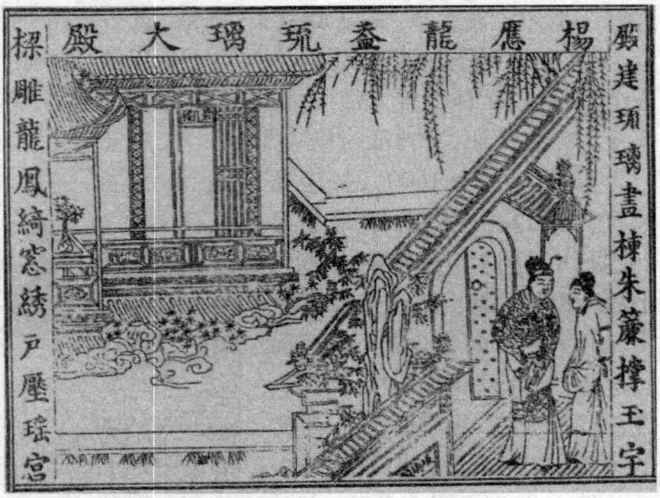

杨应龙盖琉璃大殿

万历二十二年(1594),兵部侍郎邢玠奉命来到四川,调查杨应龙的罪行,得知永宁、酉阳等地都为杨应龙所控制。邢玠向杨应龙发出檄文,晓谕他如能归顺,则免他一命;如负隅顽抗,则悬赏万金,购买他的项上人头。此时,杨应龙所网罗的地方势力都应杨应龙的叛变而得利,坚决反对投降,以致这些文书都被人中途拦截,没有被杨应龙看到。

万历二十三年(1595),贵州总督邢玠命王士琦招降杨应龙。杨应龙派弟弟杨兆龙到安稳,向朝廷表示自己愿意投降,只是怕安稳的百姓会对自己不利,请求到松坝受降。王士琦同意了杨应龙的请求,派人来到松坝。杨应龙果然自穿囚服,跪地郊迎,并将部下黄元、阿苗等十二人缚献请罪。朝廷判杨应龙处斩,但仍允许他"输四万金助采木"赎罪。朝廷免除杨应龙的死罪,将他革职,将黄元等人问斩。此时,倭寇尚未平定,大部分朝臣主张安抚杨应龙,以专心抵御倭寇。神宗也念杨应龙曾有功于朝廷,对他从宽发落。杨应龙却并无悔意,以次子杨可栋之死为借口,不肯缴纳全部的赎金。之后,他派士兵到各处抢掠,勾结苗人据险而战。

万历二十四年(1596),杨应龙在苗人的相助下,在兴隆、都匀等地肆虐行凶。他还派其弟杨兆龙占据黄平,气焰十分嚣张。次年,杨应龙的叛军抢掠江津市及四川南部地区。年底,杨应龙带兵围攻合江,杀死了仇人袁子升。

万历二十六年(1598),重庆知府王士琦升任兵备使,奉命征讨倭寇,离开四川。杨应龙乘机率领苗兵在贵州高坪、洪头等地杀掠,之后还侵入湖南,大肆抢掠,荼毒地方,以致

民怨沸腾。四川巡抚谭希思在綦江、合江(今四川泸州东)设置防备守军,布置围剿事宜。

万历二十七年(1599)初,贵州巡抚江东之命都司杨国柱、指挥李廷栋率兵围剿杨应龙。杨应龙令其子杨朝栋、其弟杨兆龙、何汉良等在飞练堡抗击明军。明军大败,杨国柱及经略潘汝资被叛军杀害。朝廷将江东之革职,派前都御史李化龙兼兵部侍郎,节制四川、湖广、贵州三省兵事,并征调麻贵、陈磷、董一元等抗倭将领南征,回军讨伐杨应龙。六月,杨应龙乘明军未调齐之机,举兵攻下綦江区。杨应龙纵兵在城中抢掠,将城中老弱百姓全部杀害,尸体被投入江中,江水变成红色。神宗得知綦江区被叛军攻破,下旨将四川巡抚谭希思革职,下旨征讨杨应龙。十月,总督李化龙奉命进驻重庆,布置军务。

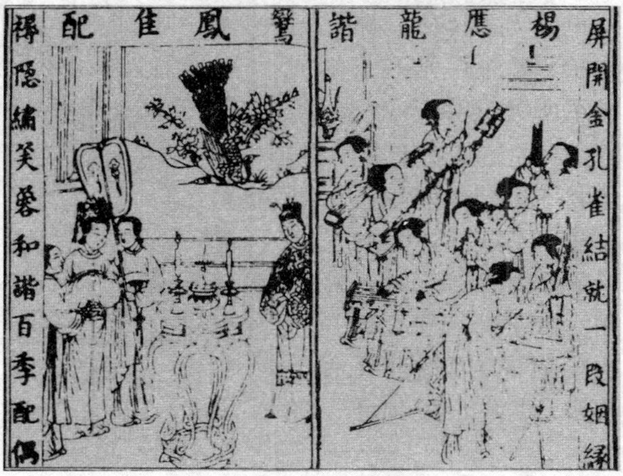

杨应龙谐鸾凤佳配

万历二十八年(1600),杨应龙调数万大军,兵分五路,攻打龙泉司(今贵州凤冈)。守备杨惟忠自知不敌,弃城而走。杨应龙攻下龙泉司,后因明兵全力反击,撤兵而走。这时,朝廷从延宁四镇、河南、山东、天津、云南、浙江以及广西所调的军队先后来到,明军士气大盛。总督李化龙将明军分为八路,讨伐杨应龙。二月十二日,八路明军大举进发,苗族兵看到明军的阵势,大为震惊。总督李化龙在重庆督战,命各路将领不可滥杀,也不可轻信诈降。

二月十五日,明将刘綎进兵綦江,连破楠木山、羊简台、三峒天险。杨应龙之子杨朝栋率数万苗族军抵抗,双方展开一场激战。刘綎大败杨朝栋,杨朝栋率领残兵败将逃走。三月十二日,明军又攻克了乌江关,次日又收复了河渡关。此后,战况日益激烈,明朝将领杨显、陈云龙、阮士奇等先后阵亡,明军死伤惨重。朝廷得知后,将总兵童元镇逮捕治罪。三月底,刘綎攻占娄山关,娄山关的位置十分险要,是叛军的门户。四月,杨应龙率军想夺回娄山关,都未能成功。刘綎进占娄山关后,连破龙爪、海云,兵压天险海龙囤(今遵义西北)。其他几路明军也先后攻下了青蛇囤、大水田等地。杨应龙见败局已定,向各路明军发出投降文书。总督李化龙通告各路明军斩杀杨应龙的来使,将降书烧毁。四月底,八路明军在海龙囤会合。六月五日,刘綎身先士卒,大破海龙囤土城。杨应龙知大势已去,与他的两个姬妾一起上吊自杀,他的儿子杨朝栋等人被明军所俘。明军攻入城内,播州之乱平息了。十二月,明军到北京献俘。神宗下令将杨应龙的尸体肢解,将杨兆龙、杨朝栋凌迟。朝廷将播州“改土归流”,直接派“流官”管理,并将播州分为遵义、平越二府,分别属四川省、贵州省,从而结束了杨氏在播州长达七百多年的世袭统治。

朝鲜之役

16世纪中期，日本经过近百年的战争，基本实现了地域性的统一。各地霸主进一步争取全国的统治权。控制尾张国的织田信长大败群雄，于1568年率大军进入京都。1582年，织田信长的家臣明智光秀发动叛乱，信长自焚而死。信长的部将羽柴秀吉(丰臣秀吉)得知织田信长自焚后，率四万大军攻打明智光秀。明智光秀大败后，切腹自杀。羽柴秀吉便继承了信长的事业，于1584年与冈崎领主德川元康结盟，统一了日本。1585年，朝廷任命羽柴秀吉为“关白”(摄政)，兼太政大臣，赐姓丰臣。

丰臣秀吉掌握了朝政大权。此时，日本经济发展很快，封建主和商人都要求向外扩张。为了满足封建主和商人的贪欲，丰臣秀吉积极向外扩张，把矛头首先指向朝鲜，妄图先灭亡朝鲜，再进攻中国。明朝政府获悉这一情报后，转告朝鲜，时朝鲜国王李昖怠于政事，不做防备。

万历十八年(1590)冬，丰臣秀吉致书朝鲜国王李昖，宣称要“长驱直入大明国，易吾朝之风俗于四百余州，施帝都政化于亿万斯年”，强迫朝鲜臣服，并充当入侵中国的先锋部队。中朝两国一向通过朝贡保持着友好的关系，朝鲜拒绝了丰臣秀吉的要求。万历十九年(1591)底，丰臣秀吉决定入侵朝鲜。

万历二十年(1592)正月，丰臣秀吉正式发布出征朝鲜的命令。十八万日军兵分九路，“舟师数百艘”，向朝鲜进发。小西行长率领一路日军于四月十二日在朝鲜釜山登陆。紧接着，加藤清正、黑田长政率大军先后在釜山登陆。朝鲜国王李昖长期沉湎于酒色，不理政事，国家军备松弛，与日军交火总是望风溃败。日军占领釜山后，分兵进犯，以势如破竹之势连克诸州县。在登陆后不久，日军就占领了王京(今首尔)，朝鲜国王李昖被迫逃往义州。之后，平壤陷落。日军经过长期内战，积累了丰富的作战经验，加之武器先进，在短短三个月的时间里，几乎侵占了朝鲜全国。日军“毁坟墓，劫王子、陪臣，剽府库，荡然一空，八道几尽没，旦暮且渡鸭绿”。李昖急忙遣使向明王朝告急，要求出兵援助。大部分大臣认为“朝鲜属国，为我藩篱，必争之地”，主张派兵支援朝鲜。朝廷决定出兵援朝抗倭。

万历二十年七月，明朝派副总兵祖承训、游击史儒率五千人支援朝鲜。明军对地形不熟，又遇上大雨，道路泥泞难行，最后被日军所败。结果，史儒力战而死，祖承训只身逃回，明军几乎全军覆没。消息传到北京，朝廷震动。神宗决定增加兵力，任命兵部侍郎宋应昌为经略，李如松为总兵官，前往支援。当时李如松尚在宁夏平定叛乱，便由宋应昌去山海关集合抗倭部队。兵部尚书石星对战争缺乏取胜的信心，派沈惟敬到平壤和日军将领小西行长议和。小西行长为了麻痹明军，诡称：“天朝幸按兵不动，我亦不久当还。当以大同江为界，平壤以西，尽归朝鲜耳。”

十二月，李如松从宁夏来到东征军中，为援朝东征提督，部署军事。沈惟敬将日军将领小西行长的和谈条件转告给李如松，主张退军。李如松怒斥沈惟敬奸邪，将他关在军营，拒绝了日本的和谈条件。宋应昌制定军令三十条，严明军纪，其中规定：凡损坏民间

釜山城战斗图

一草一木者，一律处以死刑。当时大军尚未集齐，李如松于十二月二十五日先带领四万多人兵东渡鸭绿江，浩浩荡荡赶赴朝鲜，于次年正月抵达平壤城下。平壤地形险要，易守难攻。日军在城墙上设有炮台，并用鸟铳等新型火器进行防守。正月八日，李如松下令攻城，日军据城死守，双方展开一场激烈的战斗。日军炮石如雨，李如松见明军前锋稍有退却，就立刻斩杀了一名先退的士兵，之后明军继续奋勇攻城。李如松当机立断，组织敢死队登梯攻城。李如松部将杨元突入小西门，李如松则率军攻入大西门。战斗中，明将吴惟忠胸中铅弹，仍大呼杀敌。李如松的坐骑被炮石击毙，立刻换马再战，又坠入沟壑，仍镇定自如，指挥杀敌。明军士气高昂，奋勇拼杀，日军终于抵挡不住，乘夜逃跑。明军乘胜追击，杀敌数千，取得了平壤会战的胜利。

随后，李如松与朝鲜军并肩作战，收复了开城、平安、黄海、京畿、江源等地。日军退守王京。平壤大捷后，李如松产生了轻敌思想，误信朝鲜人“贼弃王京遁”的谎报，率领轻骑直奔王京，结果在离王京三十里处的碧蹄馆，遭到日军的伏击。明军伤亡惨重，幸好杨元所率的一支明军闻讯赶到，日军才仓皇撤离。经此一战，明军精锐大减。

平壤大捷使朝鲜由被动走向主动，双方力量对比发生根本性的变化。日军连失平壤、开城后，军粮不足，不敢恋战，只好放弃王京，退守釜山。

丰臣秀吉为了诱使明朝撤兵，假意与中国议和。日军一面与明朝议和，一面进军咸安、晋州，直逼全罗道。李如松命令诸将不得松懈，全力打击日军。正当抗倭战争即将取

得彻底胜利的关键时刻,明廷内以兵部尚书石星为首的主和派这时占了上风,再次派沈惟敬与日本议和。双方议定日军退出朝鲜后,明军也撤主力回国。这样,明朝政府不顾朝鲜方面及朝中有识之士的反对,留下刘綎率领四川兵帮助朝鲜世子防守,其他部队全部撤回国内。

事实上,丰臣秀吉提出议和只是权宜之计。直到万历二十五年(1597),日军仍未完全从釜山撤军。明朝廷决策上的错误,贻误了有利的战机,使日军有了喘息之机。丰臣秀吉重新整顿军备,决定再次入侵朝鲜。万历二十五年正月,丰臣秀吉征调水陆大军共十四万,第二次进军朝鲜。神宗任命兵部尚书邢玠为总督,佥都御史杨镐为经略,麻贵为备倭总兵官,率大军东征。

明军抵达朝鲜后,赶赴王京。这时,朝鲜政府内部党派相争,被日军反间计所乘,罢免了著名水军将领李舜臣的职务,改派懦弱无能的元均迎敌。李舜臣苦心经营的闲山岛要塞被日军攻破,元均被日军所杀。此后,全罗道的重镇南原、忠州等地相继失守,王京岌岌可危。

十二月,邢玠会集各军正式发起进攻,但因指挥无方,明军没有能取得应有的战果。次年正月,主帅杨镐指挥不力,明军在位于釜山东北的蔚山再遭败绩,折损两万余人,余部撤回王京。面对这种形势,明廷只得再次易帅,罢免了杨镐,任天津巡抚万世德为经略,增派部队赴朝驰援。

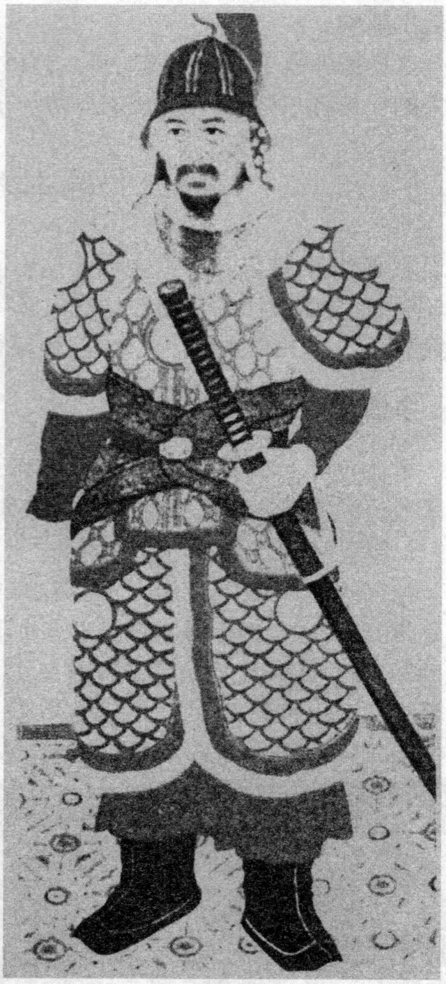

李舜臣

总督邢玠总结水军力量不足的教训,专门招募江南水兵,以增强军事力量。万历二十六年(1598)二月,邢玠兵分四路,“中路李如梅(后以董一元代),东路麻贵,西路刘綎,水路陈璘,各守信地,相机行剿”。此时日军盘踞朝鲜已达七年之久,战线长达一千多里,士兵疲敝,粮草供应不足。丰臣秀吉为了支撑这场旷日持久的战争,在国内征兵数十万,赋税沉重,引起民怨沸腾。士兵们普遍厌战,投降明军的人越来越多。

同年七月,丰臣秀吉病死。日军士气更为低落,阵脚大乱。加藤清正首先率兵先逃,明军乘机追击。明将陈璘、邓子龙会同朝鲜名将李舜臣与日军展开激烈的海战。在釜山南海,中朝军队大破日军。在激战中,七十多岁的老将邓子龙身先士卒,冲锋在前,最后与李舜臣一同战死疆场。日军落荒而逃,五百艘日船仅逃回五十艘。十二月,日军全部

被赶出朝鲜。

这场援朝战争前后历时七年，约有数十万人客死异乡，朝廷也“糜饷数百万”，付出了巨大的代价，但对于确保明代的海防与东北边疆有着重大的意义。

国本之争与三大案

万历时期，神宗与群臣之间为“国本之争”展开了十多年的对立。“国本之争”平息后，围绕着皇帝宝座的争夺在皇宫内又接连发生了三件疑案，这就是“梃击案”“红丸案”“移宫案”。这几件大事彼此牵连，环环相扣，对明朝后期的政局产生了深远的影响。

争国本

早在万历十四年(1586)，朝臣就开始“争国本”，即群臣要求明神宗早日确定皇长子太子地位的谏诤。立太子本是皇帝家事，外人不能也无权干涉，但万历时期的“国本之争”却持续了十几年，对当时的政局产生了很大的影响。

神宗的皇后姓王，万历六年(1578)被册立为皇后。王皇后为人贤淑，却不为神宗所宠爱，在皇后之位四十多年里也没有生下一男半女。神宗的长子朱常洛出生于万历十年(1582)，母亲王恭妃原是慈宁宫的宫女。一次，神宗来到慈宁宫索水洗手，王氏侍候神宗洗手。神宗一时兴起，便私下里宠幸了王氏。后来王氏便怀孕了，李太后见王氏体形发生变化，追问下得知此事。明朝制度，皇帝对宫女“有私欢，必有赐赍”，随侍的文书房宦

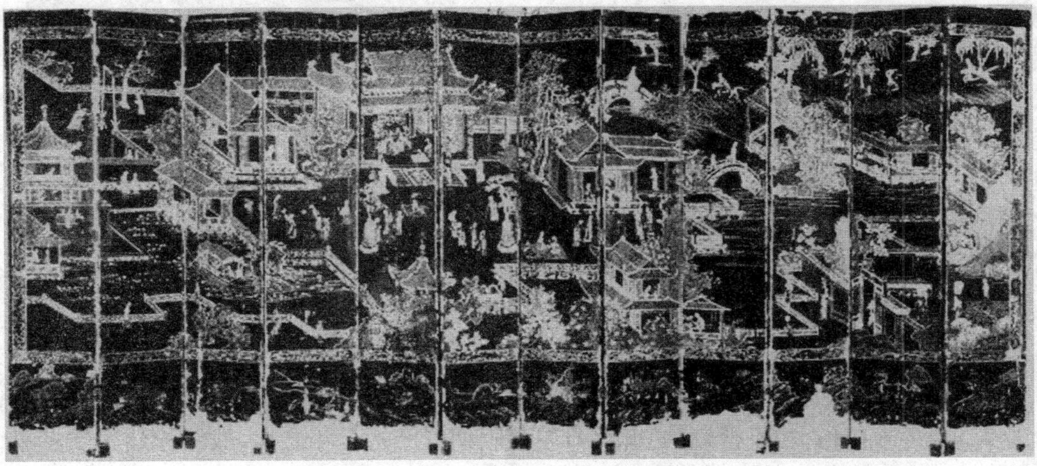

园林仕女图嵌螺钿黑漆屏风

官在内起居注上记录下来，以备以后查核。神宗嫌弃王氏身份低微，再加上自己并不是真心喜欢，便矢口否认此事。李太后便命人拿出内起居注，让神宗自己看。神宗看见白纸黑字，无法抵赖，便只能低头承认。李太后在旁边劝慰道：“我已经老了，想早点抱孙子。如果王氏能生个皇子，这也是祖宗有灵，何必要隐瞒呢?”神宗这才勉强封王氏为恭妃。同年八月十一日，恭妃生下一个儿子，这便是神宗的皇长子朱常洛。

神宗幼年丧父，其生母慈圣李太后集慈母严父之职于一身。神宗对李太后非常敬重，唯命是从。然而，神宗对王恭妃没有什么感情，册立其为恭妃也只是迫于母亲的压力。恭妃生下儿子后，神宗长期不给其进封位号。恭妃带着皇长子僻居别宫，很长时间也见不到神宗一面。皇长子朱常洛在神宗心目中也没有什么地位，“一应恩礼俱从薄”。

按照明朝礼法，继承皇位的顺序是“有嫡立嫡，无嫡立长”，最看重嫡子和长子。当时明神宗已有王皇后和刘昭妃，但二人都不曾生养，因而朱常洛出生后便有了皇长子的名分。由于皇太子是储君，是国家的根本，太子一立，可以杜绝旁人对于皇位的觊觎，因此朱常洛一出生，皇太后与廷臣们便都想到了立储问题。李太后和满朝文武大臣都把朱常洛当作皇位继承人，但明神宗借口皇后还年轻，说不定能生出一个嫡皇子来，不愿意立朱常洛为太子。

万历十四年正月，神宗的宠妃郑妃生下了“皇三子”朱常洵，使朱常洛“准皇位继承人”的地位受到了严重的威胁。郑妃，大兴人，在万历初年进宫。她容貌过人，且聪明机警，深受神宗的宠爱，于万历十二年(1584)被封为贵妃。朱常洵排行老三，但因为神宗的第二子早夭，实际上是皇二子。郑氏母凭子贵，被封为皇贵妃。神宗对朱常洵十分宠爱，以致“皇三子”的地位要远远高于“皇长子”。

户科给事中姜应麟上疏指出，恭妃先生下皇长子，现在反而位居郑妃之下，这于情于理都不合适，请求神宗收回进封郑氏为皇贵妃的成命，进封王恭妃为皇贵妃。神宗看到奏疏后怒火中烧，立即下旨把姜应麟下放到边疆地区任杂职。

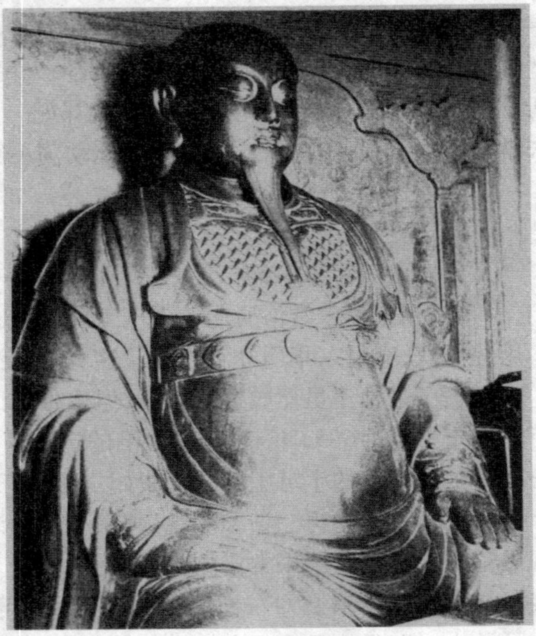

真武大帝

李太后得知此事十分不快。一次，神宗去慈宁宫向母后问安，李太后故意问他：“大臣们都主张尽早立朱常洛为太子，你打算怎么办呢？”神宗说：“他是宫女的儿子。”太后怒道：“母以子贵，分什么等级？你不也是普通宫女的儿子吗？”神宗惶愧伏地，无以自容。

神宗不敢拂逆母后，便借口皇子们年龄还小，等到皇子们长到十五岁再谈册立之事，以此来延迟册立皇太子的时间。据《先拨志始》载，当时北上西门(紫禁城西北门)之西，有大高元殿，殿中供奉真武大帝，“颇著灵异”。神宗和郑贵妃曾到大高元殿谒神盟誓。神宗在殿中写下将来立朱常洵为太子的“密誓”，并“御书一纸，封缄玉盒中”，交给郑贵妃保管，这就是所谓的“玉盒密约”。神宗一直想立朱常洵为太子，便对朱常洛非常冷淡。按照常规，皇子七八岁时便应出阁讲学，而朱常洛直到

十三岁才在群臣的力争下正式出阁接受教育。

神宗的这种做法，不符合封建王朝的长子继承制，不利于封建统治秩序的稳定，遭到了朝中恪守礼法的官员们的一致反对。内阁首辅申时行上疏，请求将皇长子朱常洛立为太子，其他大臣纷纷也上书附和。神宗十分生气，许多官员因此而获罪。

群臣一次又一次地上疏，“请立东宫”的奏疏雪片般地传递上来。神宗采取各种手段来压制这种舆论，却没有什么成效。神宗又提出三王并封，意欲将众皇子都封为王，以降低长子的地位，此事在朝中引起激烈的反对。他们首先把反对的矛头对准当时的内阁首辅王锡爵，说他破坏祖宗礼法，王锡爵被迫致仕还乡。王锡爵辞职之后，反对“三王并封”的奏疏像雪片一样飞来，神宗只好打消了“三王并封”的念头。神宗觉得这些臣子是故意与自己作对，从万历十八年(1590)以后便开始消极怠政，不上早朝，也不出席经筵。

朝中大臣由于立太子的问题，分为两派：一批拥立“皇长子”为太子；一派拥立“皇三子”，与郑贵妃互通声气。朝廷之中，党争不绝。直到万历二十年(1592)，在慈圣皇太后的直接干预下，神宗才极不情愿地册立皇长子朱常洛为皇太子。他的几个弟弟也同时受封，皇三子朱常洵被封为福王。这时，朱常洛已经二十岁。次年，皇太子朱常洛纳郭氏为皇太子妃。

神宗和朝臣因为册立太子之事对立了二十多年，极大地影响了日常政务的处理。神宗疏于政事，就连长期的职官空缺问题也置之不理，使整个政府行政体系几乎形同瘫痪。严重的缺官问题，导致豪强恶霸四处横行，人民苦不堪言。神宗对朱常洛一直十分冷淡，册立他为太子也并非出自真心。再者，郑妃一直处心积虑地想让自己的儿子成为太子，朱常洛的太子地位并不稳固，政坛因此动荡不安，为日后的党争埋下了祸根。

梃击案

万历四十三年(1615)五月初四日傍晚，一个手持枣木棍的陌生男子闯入大内东华门，一直来到太子朱常洛所居的慈庆宫前，打伤守门太监李鉴，直到前殿檐下才被太监韩本用等抓获，交付东华门守卫收监。这就是震惊一时的“梃击案”。

皇长子朱常洛虽然被立为太子，但生母王氏一直未能得到加封，始终居住在景阳宫。万历三十三年(1605)十一月，朱常洛的选侍王氏生下皇长孙朱由校。神宗因喜得长孙，方才进封朱常洛的生母王恭妃为贵妃。万历三十九年(1611)，太子朱常洛的母亲王氏病重，双目失明，太子再三请求探视，神宗都不允许，直到母亲病危时，朱常洛才得以入宫探视。王贵妃听到儿子朱常洛的声音，用手抚摸着儿子，不禁凄然泪下，说：“儿长大如此，我死何憾！”朱常洛及左右皆泪如雨下。由此可见，神宗对太子朱常洛的冷漠。

神宗对郑贵妃及朱常洵一直百般照顾。万历三十四年(1606)，神宗命人在洛阳为福王朱常洵建造府邸，费银“至二十八万，十倍常制”。按照明朝制度，亲王受封后，就应立刻到封地居住，且就藩后不得随意入京。郑贵妃不愿让福王离开京城，不肯让福王按制度就藩，神宗也竭力迁就。万历四十一年(1613)六月，锦衣卫百户曰乾告发，奸人孔学与皇贵妃郑氏宫中内侍姜严山等人互相勾结，请妖人王子诏(一作王三诏)诅咒皇太子，“刊

木像圣母(神宗的生母李太后)、皇上,钉其木”。神宗看到这份奏疏后怒不可遏,想将此事交给刑部查办。大学士叶向高立刻上密谒,请求神宗以静处之,以免闹得满城风雨,当务之急是请福王回到他的封地,以稳定政局。神宗深以为然,就把告密人投到刑部大狱,秘密处死。

事态的发展,对郑贵妃一派极为不利。郑贵妃处心积虑地想把福王留在京城。在她的活动下,神宗于万历四十一年十月提出,明年就是李太后的七十大寿,福王宜留在京城,待李太后寿辰过后再择吉日就藩。大学士叶向高和李太后都坚决地反对此事,神宗被迫在十二月下旨,命福王在次年三月二十四日就藩,以避免局势的振荡。

朱常洛虽然当上了太子,但实际上并不受重视,生活环境比几个弟弟都要差很多。朱常洛知道自己的太子之位并不稳固,所以一直如履薄冰,谨言慎行,以防被人抓住什么把柄。福王就藩洛阳,在客观上进一步巩固了朱常洛的太子之位。福王取代朱常洛成为太子的希望已经基本不存在了。正是在这种情况下,拥护福王为太子的势力导演了这出“梃击案”。

达摩立像

五月五日,巡城御史刘廷元奉命审理此案,奏称:“闯宫的男子名叫张差,是蓟州井儿峪的百姓,话里头常提到‘吃斋讨封’的字眼,说话颠三倒四,有些狡猾,看来需要由刑部进行认真审问。”

五月初十日,刑部郎中胡士相、岳骏声对张差进行了重审。张差供称:“因被人烧了供差柴草,气愤不已,就来到京城申冤,遇到两个男子,给我一根枣木棍,说这根木棍以当作冤状,一时受气癫狂就闯入宫门,误伤了守门太监。”此时,福王已经离开京城,但神宗对朱常洛的态度依然十分冷淡。当时,叶向高已经托病请辞。阁臣方从哲、吴道南胆小怕事,不敢妄下结论,便和刑部商议,决定大事化小,小事化了,不追究幕后主使人。

朝廷上下沸沸扬扬,群臣纷纷猜测此事是郑贵妃在背后主使。五月十三日,当时的刑部提牢是王之寀为牢中囚犯发放饭菜,见张差身强力壮,看起来并不像疯癫之人。王之寀骗他说:“说实话就给你饭吃,否则就饿死你。”张差低头说:“我不敢说。”王之寀便只留下两名狱卒在旁,亲自对张差进行审问。张差供称:“小人小名叫张五儿,父亲张义病故。马三舅、李外父叫我跟个不知道名字的太监做事,并说事成后给我几亩地。这个太监把我带到京城,来到一个大宅子。一个太监给我饭吃,让我冲进去看见人就打,打完后他会来救我。之后他就把我带到宫门,守门的人阻拦我,我就把他打倒在地。太监多了,我就被抓住了。小爷(宫中太监称太子为小爷)福大,没打着。”王之寀将情况禀告给

明光宗

神宗，并说张差“不颠不狂，有心有胆”，要求举行会审。王之寀的奏疏在朝中掀起轩然大波。一些正直的官员就开始影射背后指使之人必有“奸畹”，暗示郑贵妃和其弟郑国泰主使张差加害太子，为福王朱常洵夺取太子之位。

此案越闹越大，参与调查此案的人越来越多。御史过庭训移文给蓟州知州戚延龄，调查张差此人的一贯表现。知州戚延龄回报说：“郑贵妃派宫中太监来到蓟州修建佛寺，制陶烧砖。许多人通过卖薪得利，张差把自己的田地卖了买了柴火，不料遭人嫉恨，柴火被人烧光了。张差向宫监告状，反被宫监斥责，不胜愤懑，神志不清，便想到京城告御状。”大臣们看到奏报后，都认为张差确属疯癫之人，欲以“疯癫”二字了结此案。

五月二十一日，刑部郎中胡士相等官员再次提审张差。张差供称：“马三舅名三道，李外父名守才，同住在蓟州井儿峪。之前我说的不知姓名的太监其实就是修铁瓦殿的庞保。之前所说的大宅子就是住朝外刘成的房子。因为马三舅、李外父经常往庞保处送炭，受庞保、刘成两人指使，三舅、外父逼着我打入宫中。还告诉我撞一个打一个，如果能打到小爷就会有吃有穿。”

历史小常识：大理寺

洪武十四年（1381），太祖设置大理寺，与刑部、都察院合称为“三法司”。刑部是朝廷的司法机关，审核地方上的重大案件以及京城地区案件，并分掌各省的上诉案件。都察院负责弹劾全国官吏的违法犯罪行为，还参与重大疑难案件的审判。大理寺的主要职责是对朝廷司法机关及地方司法机关所审判的刑事案件进行复审，以保证执法公正。此外，大理寺还经常参与重大案件、疑难案件的三法司会审或九卿会审，在其中担当复审的角色。明朝中期以后，大理寺的执法权被剥夺，其职责仅是核阅案卷。

太监庞保、刘成二人都是郑贵妃翊坤宫的有权太监，明眼人一看都明白此事的究竟。至此，案情已经十分清楚了，一时议论汹汹。大臣们纷纷上奏，主张彻查此案，并暗示此案与外戚有关。大臣们还没有直接把矛头指向郑匡泰，郑国泰就沉不住气了，在五月二十一日写了一个揭帖，来表明自己的清白。郑国泰这一愚蠢的行为不仅落人口实，还将郑贵妃也卷入此事。

眼看事情败露，郑贵妃日夜向神宗哭泣。神宗命郑贵妃去求太子朱常洛，郑贵妃见到太子后，极力为自己开脱，并向太子下拜。五月二十八日，神宗在慈宁宫召见群臣，亲自处理此事。太子朱常洛说：“像张差这样疯癫之人，处决了就行了，不必株连。”神宗下

令立即将张差以“疯癫奸徒”之罪斩首。紧接着，刑部、都察院、大理寺三法司会审庞保、刘成。皇太子朱常洛谕旨，为庞保、刘成二人开脱。六月一日，神宗密令太监将庞保、刘成处死，草草了结了梃击一案。

此后，郑贵妃收敛了许多，一味地讨好朱常洛。太子朱常洛在这件事情中的表现令神宗十分感动，太子之位也总算保住了。万历四十八年(1620)七月，神宗去世，历尽艰辛的朱常洛终于登上皇帝的宝座，是为光宗。

红丸案

红丸案发生在泰昌元年(1620)八月。光宗朱常洛从出生后就备受冷落，直到梃击一案发生后，太子的地位才总算稳定下来。郑贵妃感到废立之事已成为泡影，害怕朱常洛为以前的事情怀恨自己，便开始对他百般讨好。朱常洛继位后第二天，郑贵妃便将八名绝色美女连同大量的金银珠宝进献宫中。

熊廷弼

光宗朱常洛原本是想有一番作为的。他在继位后，便一改神宗怠政的局面，每天临朝处理政事。为了扭转万历朝后期的弊政，他采取了一系列的改革措施。首先，他下旨停止征收矿税，罢黜派往各地的矿监，停止了一切的捐奉。矿税早为人们所深恶痛绝，诏令一颁，朝野欢腾。其次，他从内库调拨了二百万两银子作为军饷，令辽东经略熊廷弼用来安抚九边的将士。虽然这笔钱可以说是杯水车薪，但是这种做法却令朝中大臣和边关将士十分感动。内阁首辅方从哲劝说光宗收回成命，上奏道：“在先皇丧礼期间，动用内库之银恐怕不合适吧。”光宗则认为，以帝王私有的银子来犒劳为国家效力的将士，并不算违反孝道礼制，因此坚持原议。再者，光宗还扭转了“官曹空虚”的局面。他起用了大量前朝因进谏而得罪皇帝的言官，将他们官复原职，并提拔了一大批有才干的中下级官员，补齐了缺员的官缺，使国家的行政机器得以正常运转。经过光宗一个多月的整治，朝政有了很大的改观。

明光宗朱常洛历尽波折才坐上皇帝的宝座，精神长期处于压抑之中。此时他便开始贪淫纵欲，整天在后宫与美女们厮混在一起。他的身体本来就十分虚弱，一时放纵起来，身体很快就垮了。八月十日，也就是光宗即位后的第十天，他便一病不起。

光宗本是纵欲伤身，身体虚弱以致卧床不起。御医崔文升却诊断为肾虚火旺，给光宗开了一副药性很强的泻药。光宗服后，一日之间便泄了三四十次，精神委顿不支，随时都有大行升天的危险，更别论处理朝政了。

大臣们议论纷纷，猜测此事是郑贵妃的阴谋。崔文升原本是郑贵妃的亲信太监，朱

常洛登基后，才升任司礼监秉笔太监，兼任御药房太监。郑贵妃用美色来迷惑光宗在先，光宗病后命自己的心腹进药在后，这不能不让人怀疑。此时，李选侍深受光宗的宠爱。郑贵妃还住在乾清宫，与李选侍一起照顾朱常洛的长子朱由校。大臣们怕光宗一旦驾崩，郑贵妃和李选侍通过控制皇长子朱由校来把持朝政，纷纷上奏要求郑贵妃离开乾清宫。郑贵妃迫于压力，不得不离开乾清宫，搬回到她自己的住所慈宁宫。郑贵妃昼夜派人前来问讯，却不提光宗的病情，只是一味催逼光宗封她为太后。大臣们见皇帝突然病重，都认为崔文升庸医误人，或另有隐情，一致主张严惩崔文升。

八月二十三日，鸿胪寺丞李可灼来到内阁，请求向光宗进献仙丹。内阁首辅方从哲认为皇帝进药应十分慎重，便令李可灼先行离去。八月二十九日，李可灼进宫向太监进药。太监不敢自作主张，便将此事禀告内阁，遭到内阁大臣的阻止。

这一天，光宗召见群臣安排后事，并要皇长子朱由校出来面见群臣。皇长子出来后，随即启奏："选侍娘娘乞封皇后，恳父皇传旨。"光宗深知李选侍的野心，不愿意立她为皇后，但在这种情形下也不好拒绝。大臣孙如游察言观色，便对皇帝说："陛下要封选侍为贵妃，臣等遵命，立刻就起草仪注(册封仪式的日程表)。"光宗便默许了。沉默片刻后，光宗突然问道："我听说有鸿胪寺丞进药，现在此人在何处？"方从哲答道："李可灼自称有仙丹，臣等不敢相信，因此没有进献。"光宗对李可灼的仙丹抱有一丝希望，下旨命太监速召李可灼进宫。

李可灼进宫为光宗诊治病情，谈了病因和治法。光宗听后大喜过望，命他立即进药。中午时，李可灼便将调制好的一颗红丸进献给光宗。服药后，光宗感觉精神好多了，便一个劲地夸李可灼是"忠良"。他传谕："朕用药后感觉身心舒畅，也想吃饭了，卿等尽可放心。"朝臣这才放心离去，只留下李可灼与几个御医。

入夜后，光宗担心药力不足，又命李可灼进献了一颗红丸。外官派人前来探问皇上的病情，李可灼说皇上服药后病情已经稳定。不料，光宗在第二天凌晨就去世了。光宗只当了二十九天的皇帝，成为明朝历史上在位时间最短的皇帝。光宗的死因也是扑朔迷离，在他死后引发了一场轩然大波。

有人认为光宗身体虽然一直虚弱，但并没有什么大病，郑贵妃进奉美女导致皇帝的身体每况愈下，接着崔文升进奉大黄，使圣体脱水致虚，而后李可灼进献红丸，使光宗毙命。所谓"红丸"，实际上是红铅金丹，由红铅、秋石、人乳等炮制而成，是宫中特制的一种春药。这种药服用后短期内会令人感到精力倍增，但却对人的身体十分有害。大黄性寒，红铅性热，两者同时用于纵欲过度的身体，自然只能加速死亡。稍懂药理的人决不会采用这种方法为光宗治病，因此此事显然别有内情。

内外官员都把光宗之死归咎于李可灼。首辅方从哲却用光宗遗诏的名义，拟赏李可灼白银五十两。群情大哗，纷纷上疏弹劾李可灼和方从哲。给事中高攀龙等先后上疏：内医崔文升是郑贵妃的心腹，故意使用泻药，使光宗的元气大伤；李可灼进献红丸使光宗死亡，罪不容诛；首辅方从哲有十大罪、三可杀。方从哲迫于压力，被迫辞官。一些大臣主张严查此事，势必追查出幕后真凶。而拥护郑贵妃的一派大臣们则坚持光宗是病重

而死。

天启二年(1622),礼部尚书孙慎行主张追究李可灼和方从哲,指斥方从哲为"弑逆"。由于拥护郑贵妃的大臣们的阻挠,此案没有追究下去。为了平息事态,直到天启四年(1624),朝廷才判李可灼误用药剂,流戍边疆,崔文升被发配到南京。"红丸"一案草草了解。事实上,此案至今仍然疑点重重。虽然并不能肯定地说光宗是被"红丸"毒死的,但很显然光宗的死与郑贵妃等人脱不了干系。天启年间,魏忠贤等人又重提此案,利用此事来打击朝中异己,牵连甚广。

朱常洛一生坎坷,好不容易才登上皇帝的位子,没想到还没到一个月就暴病身亡,史称"一月天子"。他在位的时间虽然很短,但还是做了不少令人称道的事情。神宗驾崩后不到一个月光宗便去世了,一时间建造两位皇帝的陵寝十分困难。无奈之下,只好将景泰皇帝生前为自己修建的景泰陵修葺一番,作为这位短命皇帝的新陵。天启元年(1621)三月,开始修葺陵墓工程,当年八月就修建完工,九月光宗入葬,并改景泰陵为庆陵。

宫中图(局部)

移宫案

按照明朝制度,乾清宫地位显重,只有皇帝和皇后才能居住,其他妃嫔都不可以长久居住,以示尊卑。光宗病故后,其宠妃李选侍便占据了乾清宫,一直不肯搬出,生出许多事端,便有了"移宫案"。

万历四十一年(1613),朱常洛的皇太子妃郭氏病故。之后,朱常洛一直没有立妃子,身边只有才人、选侍(选侍系宫中没有封号的宫嫔)、淑女。其中有两名选侍,一位居于东面,一位居于西面,分别称作"东李""西李"。"东李"地位较高,但"西李"比较受宠于朱常洛。万历四十八年(1620),神宗病重。此时,王皇后已经去世了,郑贵妃便以侍疾为名住在乾清宫。神宗去世后,郑贵妃还依然不愿搬出。大臣们纷纷上疏,郑贵妃迫于压力才搬回了慈宁宫。

光宗朱常洛的宠妃李选侍恃宠骄横,早在万历年间就曾对朱由校的生母王才人百般

欺凌，致使王才人在万历四十七年(1619)三月含愤而死。李选侍自己无子，在王才人死后便一直抚养年幼的朱由校。她热衷于权力地位，为了得到皇后之位而不择手段。光宗即位后，李选侍以照顾朱由校为借口，也住在乾清宫。郑贵妃与李选侍勾结在一起，郑贵妃支持李选侍请封皇后，而李选侍支持郑贵妃请封皇太后。泰昌元年(1620)八月，光宗在病危之际召见阁部大臣，口谕“册封李选侍为皇贵妃”。躲在门幔后的李选侍十分不满，与太子朱由校“手挽”而入。朱由校进去后，对光宗说：“要封皇后！”众大臣瞠目结舌，光宗也为之“色变”。光宗虽然宠爱李选侍，但深知李选侍心计深沉，不甘久居人下，便没有答应她的要求。

金凤钗

泰昌元年九月初一，光宗朱常洛暴毙。朱常洛的死，使郑贵妃、李选侍二人失去了保护伞。李选侍不仅没有得到皇后的封号，连皇贵妃的册封也没有进行。当时朝中群臣，尤其是东林党人对她们并没有好感，两人感到自己的地位很不稳固，于是李选侍想出了“挟皇长子自重”的计策：扣留朱由校。

历史小常识：乾清宫

乾清宫是故宫内廷正殿，内廷后三宫之一，始建于明代永乐十八年(1420)。明清两代多次被焚毁而重建，现存的建筑为清代嘉庆三年(1798)所建。乾清宫建筑规模为内廷之首，不仅是明代皇帝的寝宫，还与政务有着相当密切的关系。皇帝在这里读书学习、批阅奏章、召见官员、接见外国使节以及举行内廷典礼和家宴。

神宗、光宗先后去世，新帝的继位决定着国家的命运，成为朝野上下关注的焦点。在光宗驾崩的当日，杨涟等大臣就直入乾清宫，请求拜见皇长子朱由校，商议即位之事，不料遭到守门太监的阻拦。杨涟大声怒斥道：“现在吾皇刚刚驾崩，嗣主幼少，你们竟敢阻止大臣们前来哭临，究竟是想干什么？”太监们无言以对，只好让开，大臣们这才得以进入宫中。大臣们首先在光宗的灵位前大声痛哭了一番，然后就请求拜见皇长子朱由校，商谈即位之事，但受到李选侍的阻拦。李选侍把朱由校藏在东暖阁，不让他出来。在东宫伴读王安的帮助下，朱由校才得以见到群臣。众人见到朱由校后连忙叩头，齐呼万岁。群臣奏请进诣文华殿，王安拥皇长子而行，阁臣大学士刘一燝掖左，勋臣张惟贤掖右，离开乾清宫。朱由校在文华殿接受朝臣的礼拜，应于当月初六举行登基大典。为了朱由校的安全起见，大臣们将朱由校安排在慈宁宫，由太监王安负责保护。吏部尚书周嘉谟上奏：“今日殿下之身，是社稷神人托重之身，不可轻易。即诣

明熹宗朱由校像

乾清宫哭临，须臣等到乃发。"不久，李选侍又提出凡是朝臣的奏章要先交给她过目，再交给朱由校，这当然不合祖制，遭到大臣们的坚决反对。

李选侍见自己控制皇长子的计策没有成功，就赖在乾清宫不走，想以此来邀挟群臣，从而得到皇太后的封号。李选侍之所以能住在乾清宫，全凭光宗的宠爱。现在光宗驾崩，按理李选侍必须从乾清宫搬出来。

为了使李选侍彻底失去干政的可能，周嘉谟等人先后上疏，主张令李选侍搬出乾清宫，迁往别宫。御史左光斗的言辞最为激烈。他在奏疏中指出："李选侍既不是嫡母，也不是生母，没有名分住在乾清宫；殿下已经十六岁了，内有忠直老成的内官，外有朝中重臣，何须李选侍贴身相随；如果李选侍借抚养之名而行专制之实，那么武则天之祸就为时不远了。"

新皇登基在即，大臣们纷纷敦促李选侍移出乾清宫。李选侍虽然不敢公然反对，却一直赖着不走。几天后，李选侍还住在乾清宫，根本没有移宫之意。初五日，给事中杨涟直言上奏："陛下应以国家社稷为重，宫闱恩宠为轻，登基之日在即，没有天子偏于偏宫之理，移宫一事刻不容缓。"方从哲认为移宫之事不必着急，晚两天也没什么关系。杨涟反驳道："太子明天就要登基，难道登基后还要回到东宫的住处吗？李选侍今天不愿意离开乾清宫，难道以后就会主动离开了吗？"由于杨涟等大臣理直气壮，态度坚决，朱由校下旨"即日移宫"。李选侍无计可施，只得在当天搬出乾清宫，移往仁寿殿。当李选侍从乾清宫搬出时，太监刘逊、刘朝、田诏等乘机偷盗大内库藏，在经过乾清门时，"金宝坠地"。熹宗大怒，令有关部门彻查。

朱由校在东林党人的支持下，于初六日正式即帝位，改次年为天启元年。这起"移宫案"以李选侍的失败落下了帷幕，熹宗朱由校进驻乾清宫，成功登上皇位。

东林党与阉党之争

万历中期以来，神宗怠于政事，吏治更加腐败。嘉靖以来逐渐形成的朋党风气，更加膨胀。大臣们一味秉承皇帝的心意，结朋树党，相互攻击。魏忠贤外结阉党，内控皇帝，窃取了朝政大权。而江南东林党人为了挽救王朝的颓势与阉党等反动政治力量展开了一场生死较量。

东林党议兴起

万历中期以来，吏治更加腐败。朝中大臣一味媚上擅权，排斥异己，政局一片混乱。

顾宪成

国家武备松弛，财政拮据，横征暴敛十分严重，社会矛盾日益激化。女真族在东北崛起，不但不服中央政府的管辖，还对中原虎视眈眈。一些正直的地主阶级知识分子团结在一起，积极参加政府决策，反对擅权无能的大官僚和专权乱政的宦官势力，力图挽救处于严重危机的明王朝，这就是晚明东林党议。

东林党议的领袖顾宪成，字叔时，无锡人。顾宪成自幼就十分有主见，从来不肯委曲求全，一旦认准的事就会坚持到底。他天资聪颖，自幼刻苦读书，抱负远大。为了鼓励自己，他在房间的墙壁上题下两句话："读得孔书才是乐，纵居颜巷不为贫。"

万历四年(1576)，二十七岁的顾宪成赴应天(今江苏南京)参加考试。他在试卷中指出，天下治理的关键在于用人得当，只有选拔、任用贤才，使之各司其职，才能令政治清明、民情安定。此外，他还主张朝廷要广开言论，虚心纳谏，以法治国，注意总结前代的经验教训。顾宪成的文章立意远大，分析透彻，以第一名中举，天下闻名。

万历八年(1580)，解元顾宪成赴京参加会试，又被录取在二甲第二名，被授以户部主事。顾宪成进入仕途后，不顾自己位微言轻，上书直谏，主张举用人才，评论时政得失，无所隐避。他先后在户部、吏部任职，因得罪权贵而仕途坎坷。万历十五年(1587)，顾宪成外放到桂阳(今属湖南)。万历二十一年(1593)，顾宪成作为文选司郎中，掌管官吏班秩迁升、改调等事务。他敢于直谏，因争立太子引起神宗的反感。次年，朝廷会推内阁大学士。顾宪成与吏部尚书陈有年不徇私情，拒绝请托，根据品望拟了七人名单上报，请神宗亲裁。不料，顾宪成所举荐的大臣都是神宗所厌恶的。神宗不由分说，指责吏部"徇私"，在吏部的奏疏上批了"司官降杂职"五个字，就把顾宪成文选司郎中的职务给撤掉了。陈有年上疏引咎自责，恳请神宗恢复顾宪成的官职。其他正直的大臣也纷纷上疏申救顾宪成，神宗一意孤行，将上疏申救的官员外放的外放，降职的降职，削职的削职。顾宪成被革职为民。

顾宪成回到家乡无锡，在东林书院讲学，并在讲学中宣传自己的政治主张。东林书院原是宋代著名理学家杨时讲学之地。顾宪成德高学湛，在士大夫中享有极高的声誉，由此得到常州知府欧阳东风的资助，在万历三十二年(1604)重修了这所书院，顾宪成也捐出了自己所有的积蓄。书院竣工后，顾宪成亲自为书院讲会审订了宗旨及具体会约仪式。这年十月，顾宪成会同顾允成、高攀龙、安希范、刘元珍、钱一本、薛敷教、叶茂才(时

称“东林八君子”）等人发起东林大会，制定了《东林会约》，规定每年举行一两次大会，每月举行一次小会。顾宪成任东林书院的主讲，其讲学活动成为他一生事业的辉煌。顾宪成还特意写了一副对联挂在书院的墙上，以示对学生的教诲和激励。这副“风声、雨声、读书声，声声入耳；家事、国事、天下事，事事关心”的对联成为天下有识之士的座右铭。

顾宪成引导书院的学生一面研习程朱理学，一面讨论救国济世之道。他们关心朝中政治，经常“讽议朝政，裁量人物”，对国家大事发表自己的看法，对当时的吏风、士风提出尖锐的批评。由于东林讲会开创了一种崭新的讲学风气，引起了朝野的普遍关注。一些学者从全国各地赶来赴会，学者云集，每年一次的大会有时则多达千人。东林书院实际上成为一个舆论中心，并逐渐由一个学术团体转变成一个政治派别，被他们的反对派称为“东林党”。顾宪成作为东林党的首创者，在社会上声望很高，在东林党人中也很有威信，时人皆称为“泾阳先生”。

东林党人对朝政的讽刺，引起了朝中保守官员们的反对。他们的反对派主要是齐、楚、浙、昆、宣诸党。这些党派以浙党为中心，依附皇室、勋戚、权臣，交结有权力的宦官，不以国事为重，专门抨击东林党。

东林党人主要按照政治主张和取向组合，构成了一股主要代表社会中下层利益的全国性的政治力量。东林党议在明代后期的政治斗争中深入到各个层面，对明朝后期的政局起到了很大的影响。

魏进中开赌场

九千岁魏忠贤

熹宗朱由校自幼丧母，由乳母客氏抚养长大，即位后封她为“奉圣夫人”。

太监魏忠贤与客氏狼狈为奸，在得到了熹宗的宠信后，勾结外廷官僚，把持了朝政大权。与东林党人作对的各派官员纷纷投靠到魏忠贤的门下，形成一股强大的反动势力，人们称其为“阉党”。阉党通过东厂和锦衣卫钳制百官，镇压异己，朝政日益黑暗。一些无耻的官员公开称呼魏忠贤为“九千岁”，可见当时宦官专权的严重程度。东林党人对阉党的擅权乱政十分愤慨，上疏弹劾魏忠贤的罪行。魏忠贤对东林党人怀恨在心，不仅将东林党人逐出朝廷，还对他们展开了一场大屠杀。

魏忠贤，原名魏进忠，河北肃宁人。他是个市井无赖，因赌博输了钱，被债主逼得走投无路，只好自施宫刑，改姓为李，于万历十七年(1589)混入宫中当了太监。魏忠贤入宫后，极力巴结太监魏朝，和魏朝结拜为兄弟，因此宫中有“大魏、二魏”之称。魏朝原与客

氏对食（宦官与宫女结成假夫妻）。魏忠贤处心积虑地向客氏大献殷勤，博得客氏的欢心。客氏逐渐厌恶魏朝，与魏朝断了私情，魏忠贤得以专门侍奉客氏。

熹宗朱由校对客氏十分尊重。客氏借机向皇帝推荐魏忠贤，使目不识丁的魏忠贤担任了司礼监秉笔太监。司礼监是明朝宦官机构中最为重要的部门，权势极重。魏忠贤乘机假借皇帝的名义干预朝政，许多大臣投入他的门下。熹宗日益宠信魏忠贤，魏忠贤得以把持了东厂和锦衣卫。此后，魏忠贤权倾朝野，成为一人之下、万人之上的权宦。

大学士顾秉谦、阁臣魏广微等对魏忠贤十分忌惮，百般逢迎。一些大臣路遇魏忠贤，即在道旁拜伏，高呼“九千岁”。魏忠贤在内阁、六部和外地总督、巡抚中遍植死党，“内外大权，一归忠贤（魏忠贤）”。

魏忠贤的爪牙遍布天下，其中最为狠毒的有“五虎”“五彪”“十孩儿”“四十孙”等形成了为害极大的“阉党”集团。许多地方上的官员为了巴结他，竞相为他建造生祠。不愿意巴结他的官员轻则免官，重则丧命。东林党人对阉党的胡作非为十分愤慨，上疏熹宗不要受魏忠贤和客氏的蒙蔽。熹宗昏庸无能，不辨忠奸，使魏忠贤得以大肆打击那些不肯依附的大臣。天启二年（1622），刑部尚书王纪、礼部尚书孙慎行、左都御史邹元标、副教御史冯从吾等人被迫辞职。

杨涟

天启四年（1624），御史黄尊素（东林党）在奏疏中暗指魏忠贤与客氏狼狈为奸，将会引起亡国之忧。魏忠贤大怒，想将黄尊素处以廷杖，后经他人相救，才改为夺俸一年。阉党的势力日益强大，朝政日益黑暗。

面对这种形势，杨涟于同年六月上疏熹宗，列举了魏忠贤的二十四条罪状，这就是有名的《二十四罪疏》。杨涟以大量事实为根据，揭露了魏忠贤迫害先帝旧臣、干预朝政、逼死后宫贤妃、操纵东厂滥施淫威等罪行，还指出魏忠贤专权，造成了忠直之士遭罢斥、奸佞之臣当道的局面。杨涟坚决要求熹宗严惩魏忠贤，“以正国法”，将客氏逐出内宫，“永消隐忧”。之后，魏大中、陈良训、黄尊素、袁化中、李应升等数十人先后上疏，弹劾魏忠贤。魏忠贤大惊，到熹宗面前哭诉自己冤枉，客氏又为魏忠贤开脱。熹宗好坏不分，依然宠信魏忠贤。

此后魏忠贤更加不可一世，向那些反对他的大臣展开了报复行动。首辅叶向高为官正直，引起魏忠贤的不满。天启四年七月，在阉党的排斥下，叶向高被迫辞职。十月，魏忠贤矫旨将吏部尚书赵南星和左都御史高攀龙削职为民。十一月，魏忠贤发动同党上书弹劾杨涟，并利用手中的御批之权，矫旨斥责杨涟目无尊长，欺君罔上，欲治杨涟于死地。由于杨涟的名声过大，皇帝还很相信他，魏忠贤不敢过于露骨，就将杨涟革职为民。此

时，东林党人在朝中还有一定的势力，魏忠贤尚不敢大开杀戒。督师山海关的大学士孙承宗要求入京觐见皇帝，被阉党阻止。

天启五年(1625)，孙承宗在阉党的打击下，被迫辞职。至此，东林党人基本上都被魏忠贤逐出朝廷，失去了参与朝政的权力，魏忠贤权倾天下。阉党为了恣意打击正直官员，首先制造舆论，炮制了大量东林党人士的黑材料。他们编造了《同志录》《天鉴录》《东林点将录》《雷平录》《蝇蚋录》《蝗蝻录》等，将不愿依附魏忠贤的大臣列名在内，统称为东林党人，献于魏忠贤。一些原与东林党人有过节的官员，这时也纷纷进献名册，以泄旧恨。魏忠贤得意无比，罗织罪名，大肆搜捕东林人士，杨涟、左光斗、魏大中、袁化中、周朝瑞、顾大章六人先后被捕。除顾大章自杀外，其余五人都被严刑拷打，惨死狱中，史称"前六君子"。

同年十二月，魏忠贤将三百零九人榜示全国，凡榜上有名者，生者削职为民，死者追夺官爵。为了钳制舆论，压服民心，魏忠贤便下令拆毁天下书院，禁止人们评议时政，东林党人讲学的权利也被剥夺。

天启六年(1626)正月，魏忠贤命令修《三朝要典》，诬陷东林党人借"梃击案""红丸案""移宫案"邀宠。二月，魏忠贤再兴大狱，逮捕佥都御史周起元、左都御史高攀龙、吏部主事周顺昌、左谕德缪昌期、御史周宗建、御史黄遵素、御史李应升等七人。高攀龙在无锡家中投水自杀，缪昌期等六人在狱中备受拷问，慷慨赴死。这次大狱中受难的东林党人，被称为"后七君子"。就连早已病故的李三才也未能幸免，阉党削除了他的官职，夺去封诰，由此可见阉党对东林党人的疯狂迫害。六月，《三朝要典》编成并向全国颁布，成为魏忠贤打击东林党人的重要武器。阉党肆意打击政敌，凡是与自己有嫌隙的，便安上个东林党的头衔，轻则充军，重则砍头。于是，东林党成为一个十恶不赦的罪名。许多奸邪之徒吠声吠影，以讨好魏忠贤。魏忠贤残酷地镇压了东林党和其他反对力量后，更加肆无忌惮，为所欲为。

天启七年(1627)八月，熹宗病故。熹宗没有儿子，他的弟弟信王朱由检入继帝位，改元崇祯，是为思宗。魏忠贤失去了熹宗这个大靠山，许多大臣纷纷上疏弹劾。贡生钱嘉徽慷慨激昂，在奏章中列举了魏忠贤的十大罪状：并帝、蔑后、弄兵、无二祖列宗、克削藩封、无圣、滥爵、邀边功、伤民财、亵名器。十一月，崇祯皇帝将魏忠贤司发配到凤阳守皇陵。之后，崇祯皇帝又派锦衣卫将魏忠贤逮捕治罪。魏忠贤闻讯后，在去凤阳的途中畏罪自杀。客氏、魏良卿、侯国兴等人也先后被处死。

崇祯二年(1629)，崇祯帝将依附魏忠贤的阉党定为"逆案"。除首逆魏忠贤、客氏二人外，其他党羽二百六十人分别处以斩首、充军、徒刑、革职等七等罪。崇祯帝下旨焚毁了《三朝要典》，为遭受阉党迫害的东林党人平反。

崇祯帝朱由检谈笑间便铲除了以魏忠贤为首的阉党集团，令朝野刮目相看。面对危机四伏的政局，他殷殷求治，起用了天启年间被罢黜的大臣，禁止朋党，力戒廷臣结交宦官，大力整饬边防，使朝政一时大为改观。但是，崇祯帝生性多疑，重用宦官以监视百官。在崇祯一朝，东林党和阉党仍然保持着对立，并时有纷争。

后金崛起

万历后期，明神宗“怠于临朝，勇于敛财，不郊不庙不朝者三十年，与外廷隔绝”，致使朝政日益败坏，边务废弛。建州女真首领努尔哈赤乘机崛起，统一了女真各部，建立了后金政权。他的儿子皇太极继承了努尔哈赤的事业，不断对明挑起战事，严重威胁了明王朝的统治。

努尔哈赤崛起

明代女真分为建州女真、海西女真和东海女真（野人女真）三大部。明初，建州女真先后设置了建州卫、建州左卫和建州右卫，合称为“建州三卫”。海西女真因受到“野人女真”和蒙古骑兵的侵扰而不断南迁，形成叶赫、辉发、哈达、乌拉四部，称为海西四部，又称为扈伦四部。东海女真活动在黑龙江以北、乌苏里江以东地区，因开化程度较低，被明朝称为“野人女真”。

历史小常识：马市

所谓“马市”就是汉人与女真、蒙古族人民的集市贸易。女真用马匹、皮革、人参等土特产来换取汉人的布、绢、盐、米、耕牛、铁器等物品。马市贸易使双方互通有无，加强了经济文化交流，对女真族的经济发展起到积极的作用。

建州女真和海西女真南迁后，更加接近汉族地区，不断吸收汉族先进的技术和文化，经济发展很快，军事实力也不断壮大，这对于明朝的统治成为一种威胁。明朝不断加强东北地区的军事力量，同时还对女真各部实行“羁縻”的政策。这种政策有两方面：在政治上，明朝通过女真各部酋长进行间接管辖，授给酋长官职（如都督、都指挥、指挥、千户、百户等）、官印和敕书，并且按期朝贡；在经济上，明朝在辽东开原、抚顺、清河、宽甸等地开设“马市”，以笼络女真各部。

除此之外，明朝实行“分而治之”手段来控制女真各部。如果女真出现一副坐大之势，明王朝就采用军事手段加以牵制和平衡。成化时期，明朝就曾对日渐强大的建州三卫给予沉重的打击。到了嘉靖时期，朝政腐败，边防废弛，女真各部特别是建州女真趁机扩大势力，重新强大起来。

隆庆年间，建州右卫首领王杲因不满明朝绝贡而屡次犯边，对辽东造成严重的威胁。隆庆四年（1570），李成梁镇守辽东，整饬武备，并于万历三年（1575）诱杀了王杲，并利用建州各部的矛盾极大地削弱了女真各部的实力。明朝对女真采取“分其枝，离其势”的民族政策，造成“各部蜂起，皆称王争长，互相残杀，甚至骨肉相残，强凌弱，众暴寡”的局面，给女真各部和东北地区的各族人民带来了深重的苦难。正因如此，女真族的广大百姓都希望有一个统一安定的局面。而明朝自万历十年（1582）张居正病故后，一度出现的中兴局面迅速消失，明王朝从此一蹶不振。万历十九年（1591），李成梁被明朝免职，辽东军备废弛。就在这样的情况下，建州部的努尔哈赤崛起，完成了统一女真各部的大业。

斋萨献尼堪外兰首图

努尔哈赤于明嘉靖三十八年(1559)出生在一个女真族奴隶主家庭,是建州左卫都督猛哥帖木儿的六世孙。祖父觉昌安和父亲塔克世世袭担任建州左卫指挥使。努尔哈赤的家庭原是女真族中的显赫世家,但到了他父亲塔克世这一代时家道中落。努尔哈赤自幼丧母,与继母的关系一直不太融洽,在十九岁时便离开父母。为了维持生计,他上山采松子、挖人参,然后拿到抚顺的"马市"去卖。他又投到明辽东总兵官李成梁的麾下,因作战勇敢而颇受器重。

明朝扶植建州左卫图伦城主尼堪外兰,企图通过他来加强对女真各部的控制。万历十一年(1583),尼堪外兰引导明军攻打建州右卫古勒寨阿台。努尔哈赤的祖父觉昌安和父亲塔克世在战斗中被明军误杀,明朝为了安抚努尔哈赤,任命他为建州左卫都指挥使。同年五月,努尔哈赤整理出父亲塔克世的"遗甲十三副",率领近百人士兵攻打尼堪外兰的驻地图伦城。尼堪外兰胆小如鼠,得知努尔哈赤率军前来,就弃城而走,逃到甲板(嘉班)。图伦城不攻而下,努尔哈赤首战告捷,声势大震。

努尔哈赤家族原居住在苏克苏浒河(苏子河)下游一带,因此他便从这里开始了对女真各部的统一战争。努尔哈赤并不一味地依靠武力,而采取"恩威并行,顺者以德报,逆者以兵临"的策略。经过三年的努力,努尔哈赤就统一了苏克苏浒河部、董鄂部和哲陈部。

努尔哈赤在发展自己的势力时,遇到最严重的问题便是如何处理同明朝中央政府的关系。努尔哈赤有勇有谋,在冷静地分析形势的基础上,制定了正确的策略。他表面上对明朝十分恭顺,多次亲自到北京朝贡,因此其扩张并没有受到明朝的阻碍。与此同时,他大力整顿内部,不断发展自己的实力。

万历十四年(1586),努尔哈赤得知仇人尼堪外兰住在浑河部的鄂勒珲城,便亲自率

兵攻打鄂勒珲城，斩杀了尼堪外兰。此后，努尔哈赤兵势日盛，不少建州女真的部落纷纷主动前来依附。到万历十六年(1588)，除长白山诸部外，建州女真各部都被努尔哈赤所统一。此时，明朝仍对努尔哈赤没有保持应有的警惕，认为他"忠顺学好，看边效力"。万历十七年(1589)，努尔哈赤升任都督佥事。万历十九年(1591)，努尔哈赤升任左都督。

努尔哈赤势力的扩张引起紧邻的海西四部的恐慌。万历二十一年(1593)，海西的叶赫、哈达、辉发、乌拉四部先发制人，联合蒙古的科尔沁、锡伯、卦勒察三部以及长白山的珠舍里、纳殷二部，以九部之师，合兵三万，攻打努尔哈赤。面对九部联军浩大的声势，建州内部人心浮动。努尔哈赤足智多谋，面对大军压境，依然胸有成竹。他率领部众列阵于古勒山的险要之处。努尔哈赤诱敌深入，在古勒山大败九部联军，斩杀了叶赫部首领布斋，"乘胜逐北，斩级四千，获马三千，铠胄千"。古勒山一役是女真各部统一战争史上的转折点，改变了建州女真和海西女真的力量对比。此后，努尔哈赤"军威大震，远迩慑服"，称雄于辽东。他积极与蒙古联盟，尽力避免过早地与明朝发生正面冲突，这为统一女真的事业清除了潜在的危险。

努尔哈赤在恭顺的外表下，大力发展势力，辟抚顺、清河、宽甸、叆阳为马市以通商贾，"满洲民殷国富"，为自己的统一大业打下了坚实的经济基础。与此同时，努尔哈赤采取正确的用兵策略，远交近攻，逐步扩大自己的实力。他感到不可能一举平定海西四部，便采取各个击破的方法。万历二十三年(1595)，明朝廷晋封努尔哈赤为龙虎将军。

万历二十六年(1598)，努尔哈赤攻陷哈达城，俘虏了哈达贝勒孟格布禄。之后，努尔哈赤杀死了孟格布禄，并囚禁了他的儿子武尔古代。这时，明廷感到建州的力量过于强大，不易驾驭，便于万历二十九年(1601)派使臣责备努尔哈赤。努尔哈赤感到自身的实力还不足以与中央朝廷对抗，就将武尔古代放回哈达，立为哈达贝勒，并暗中加强对哈达部的控制。同年，哈达发生饥荒，努尔哈赤乘机灭掉哈达，紧接着就把进攻的矛头对准辉发部。万历三十五年(1607)，努尔哈赤亲自率兵灭掉辉发部。至此，海西四部已经收复了两部，努尔哈赤将注意力转向了乌拉和叶赫。

努尔哈赤通过征战和联姻，逐渐控制了辽东地区。直到万历四十一年(1613)，乌拉部也被努尔哈赤所灭。明朝此时才发现努尔哈赤已势大难控，于是全力支持海西女真中仅存的叶赫部。在明朝的支持下，叶赫部多次击败努尔哈赤的进攻。万历四十七年(1619)八月，努尔哈赤在萨尔浒击败明军之后，便乘胜灭掉了叶赫部。至此，努尔哈赤经过二十七年的努力，统一了海西诸部。

努尔哈赤在对海西女真用兵的同时，积极统一东海诸部。东海女真主要包括瓦尔喀部、窝集部、萨哈连部等，社会发展程度较低，被明朝称为"野人女真"。万历二十四年(1596)，努尔哈赤征讨临近的瓦尔喀部，开始了统一东海女真的战争。此后，努尔哈赤多次派兵攻打东海诸部，经过三十年的努力，以"征抚并用，以抚为主"的策略，统一了东海女真的主要部落，成为辽东地区的一代霸主。

后金的建立

努尔哈赤一生戎马倥偬，以十三副遗甲起兵，统一了女真各部，结束了女真族的分裂

状态。他顺应历史潮流,在征伐过程中不断建立、完善统治体系。

第一,建立八旗制度。努尔哈赤在进行征伐的过程中,逐步建立并完善了八旗制度。努尔哈赤在起兵第二年,也就是万历十二年(1584),就打破了旧有的氏族组织,建立起以三百人为一牛录的新型军事组织。随着军事力量的不断扩展,努尔哈赤在牛录组织的基础上又增加了"旗"的建制。据《清会典则例》记载:"太祖高皇帝辛丑年(万历二十九年),满洲生齿繁,诸国归服人众,设四旗以统之,以纯色为辨,曰黄旗、曰白旗、曰红旗、曰蓝旗。"到了万历四十三年(1615),努尔哈赤不仅统一了建州女真,还平定了海西女真的哈达、辉发和乌拉三部。为了便于管理,努尔哈赤在原来的黄、白、红、蓝四旗以外,增设了镶黄、镶白、镶红、镶蓝四旗,共为八旗。至此,八旗制度正式确立。八旗组织分为三级:每三百人为一牛录,统于牛录额真;每五牛录为一甲喇,统于甲喇额真;每五甲喇为一旗,统于固山额真,在固山额真的身边,又设两名梅勒额真。这种组织方式适应了女真族全民为兵的特点,加强了军队的战斗力。努尔哈赤为八旗的共主(最高统帅),并亲自统领两黄旗,次子代善领两红旗,第五子莽古尔泰领正蓝旗,第八子皇太极领镶白旗,长孙杜度领正白旗,侄子阿敏领镶蓝旗。八旗制度是兵民合一的社会组织形式,出则备战,入则务农。牛录额真、甲喇额真、固山额真不仅是各级军事首领,还是各级行政长官。努尔哈赤通过八旗制度,将分散的女真各部严密地组织起来,不仅保证了统一战争的顺利进行,还加快了女真各部的民族融合。

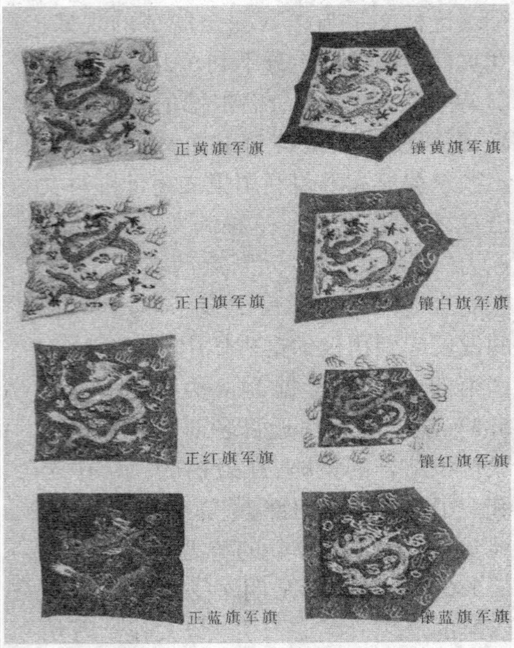

八旗旗帜

第二,设置理政大臣。由于统一战争的顺利进行,努尔哈赤的辖地不断扩大,部众日益增多,各种军政事务日益庞杂。这样,由旗主裁定军政事务的方式已不能满足新形势的要求。努尔哈赤采取推荐和选拔的方式,录用官员。万历四十三年,努尔哈赤设置理政大臣五人和断事官十人,以佐理国事。努尔哈赤的用人标准是"公正处理国事""不贪酒""不索金银"和"公平地审断事之是非"。理政大臣和八旗贝勒每五天视朝一次,参决机务,成为后金政权的最高决策机构。努尔哈赤还十分重视法制的建设,命人翻译《刑部会典》和《明会典》,从中选取适用于女真的各种法律条令,命断事官专门负责审理诉讼案件。

第三,创制满文。努尔哈赤在进行统一战争的过程中,创制了满文,对满族的发展做出了卓越的贡献。努尔哈赤起兵后,女真人口头上讲的是女真语,书面上却要使用蒙古

清太祖努尔哈赤

文字。这种文字与语言完全脱节的现象，对女真社会的发展十分不利。万历二十七年(1599)，努尔哈赤命额尔德尼和噶盖创制满文，以使口头语言与书面文字统一起来。额尔德尼和噶盖利用蒙文字母拼写女真语言，创制了满文。这种满文没有圈点，被称为“老满文”或“无圈点满文”。老满文在女真地区通行了三十多年，对满洲社会的发展起到积极的推进作用。

第四，建立根据地。万历十一年(1583)，努尔哈赤率近百名部众起兵。他采取打拉结合的策略，在最初的三年中努力统一了苏克苏浒河部、董鄂部和哲陈部，成为女真族中不可小觑的势力。万历十四年(1586)，努尔哈赤从明军手中索斩了前往躲避的尼堪外兰，一时声势大作。万历十五年(1587)，努尔哈赤在呼兰哈达山下(今辽宁新宾境内)，“筑城三层，启建楼台”，修建费阿拉城，以便进一步扩张自己的势力。费阿拉城不仅是努尔哈赤居住之所，还是他行使政权的地方。为了适应形势的发展，努尔哈赤于万历三十一年(1603)，“自虎栏哈达南冈，移于祖居苏克苏浒河、加哈河之间赫图阿喇地”，并建立城池，这就是赫图阿拉城，俗称“老城”。赫图阿拉城规模十分庞大，“周四里，南一门，东二门，北一门”，后改名为“兴京”，也就是今天的辽宁新宾老城。

万历三十三年(1605)，努尔哈赤又下令加筑外城。重修后的赫图阿拉城有高达七丈的城墙，城墙上还有射箭用的女墙，布局十分严格。努尔哈赤和亲戚贵胄住在内城，部队驻扎在外城，各种从事军事手工业的工匠则居住在城外。这样，赫图阿拉城便成为努尔哈赤辖地的统治中心，努尔哈赤自称“建州等处国王”。

努尔哈赤在进行征战的过程中，在政治、经济、文化等方面采取了一系列发展措施，并取得了很大的成效。努尔哈赤在迁至赫图阿拉城后，便有了与明朝争夺天下的雄心。万历四十四年(1616)正月，努尔哈赤在赫图阿拉举行开国登基大典，自称“承奉天命覆育列国英明汗”(简称“英明

历史小常识：女真文字

早在12世纪初叶金太祖时，满族的祖先女真人就创制了女真文字，并分为女真大字和女真小字两种。前者是金太祖完颜旻命完颜希尹和叶鲁创制的，于天辅三年(1119)颁行。后者于金熙宗完颜亶天眷元年(1138)颁布，皇统五年(1145)开始使用。女真文字是参照汉字创制的，是一种方块字。元朝建立后，蒙古族统治了女真地区，开始时蒙古文与女真文并行，后来模仿汉字创制的女真文便没落了。到了明朝中叶，女真文已经无人可识了。

汗”)，定国号为后金，建元天命。一个强大的后金国出现在中国的东北地区，与明朝分庭抗礼。

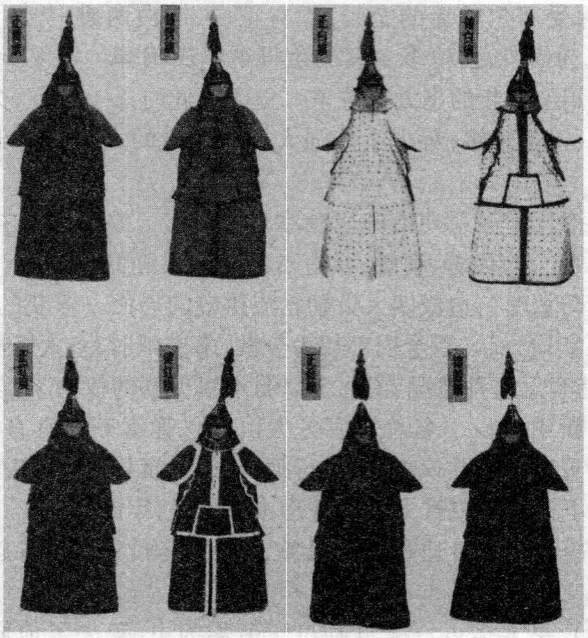

八旗盔甲

皇太极建立清朝

在对外作战的节节胜利中，努尔哈赤所控制的户口和土地迅速增加，引发了后金统治者内部的斗争。各种矛盾错综复杂，努尔哈赤两次选定继承人的计划都失败了。

天启二年(1622)三月，努尔哈赤建立八和硕贝勒共理国政的体制。也就是说，八和硕贝勒组成的贵族会议成为后金最高的权力机构。努尔哈赤在后金建立起八旗制度，八旗中的任何一旗都是一个相对独立的政治、经济、军事集团，而旗主贝勒则成为本旗最大的财富拥有者和最高的军事首领，被称为八固山贝勒，亦称八和硕贝勒。当时，除了八旗的共主努尔哈赤可以统辖八旗外，其他八旗的旗主贝勒都缺乏统率八旗的力量和权威。在这种局势下，努尔哈赤便采用共议国政的折中办法。为了维护其家族对后金的长久统治，努尔哈赤规定：八和硕贝勒有决定军国大事的最高决策权；八和硕贝勒共同推举新汗；严禁新汗和八大和硕贝勒之间私下密议朝政。八和硕贝勒是后金势力最大的女真贵族，但他们之间的权位是不同的，又分为四大贝勒与四小贝勒。此时，四大贝勒掌握了后金的军政大权。努尔哈赤此举，也主要是为了平衡四大贝勒之间的权力。

天启六年(1626)八月十一日，努尔哈赤病故。他的尸骨未寒，争夺汗位的斗争就展开了。此时，四大贝勒是大贝勒代善、二贝勒阿敏、三贝勒莽古尔泰和四贝勒皇太极；四小贝勒是阿济格、多尔衮、多铎和济尔哈朗。代善、皇太极和多尔衮成为汗位有力的争夺

者。但代善由于和努尔哈赤的大福晋关系暧昧而声誉受损，此时已无法与皇太极匹敌。多尔衮为大福晋纳喇氏所生，纳喇氏是努尔哈赤的宠妃，有阿济格、多尔衮和多铎三个儿子。多尔衮和多铎深受努尔哈赤的宠爱，领有正白、镶白两旗，势力很强。努尔哈赤死后，诸王就以“遗言”为借口，强迫多尔衮的生母纳喇氏殉葬。年仅十五岁的多尔衮失去母亲的支持，无法与正值盛年的皇太极抗争。皇太极此时三十五岁，久经战争的锻炼，智勇双全，且领有镶黄、正黄两旗，势力十分强大。在代善的大力支持下，皇太极被八和硕贝勒推荐为后金汗。

皇太极上台后，推行了一系列措施以独掌后金政权。在即位之初，皇太极遵照努尔哈赤“共议国政”的规定，与代善、阿敏、莽古尔泰三大贝勒共同当政，“按月分值，国中一切机务，俱令值月贝勒掌理”，造成四大贝勒轮流执政的局面。俘获的人口和财物也遵照努尔哈赤的遗训“八家均分”。后金内部权力分散，事事掣肘，皇太极徒有“一汗之虚名”。

皇太极自然不能容忍这种情况，便逐步削弱八旗贝勒的权力来提高汗权。天启六年十月，皇太极便在每旗中下设一名总管旗务大臣。总管旗务大臣有权参加贝勒议政会议，“凡议国政，与诸贝勒偕坐共议之，出猎行师，各领本旗兵行，一切事务皆听稽查”。之后，皇太极又在每旗下设两名佐管大臣，“佐理本旗事务，审断狱讼”。每旗还设两名调遣大臣，执行出兵的命令。皇太极通过这些措施，大大削弱、分割了各旗主贝勒的权力，扩大自己的统治基础。

崇祯二年(1629)，皇太极以三大贝勒过于劳累为由，免去了他们按月分值的大权。次年，皇太极以阿敏丢失滦州、永平(今河北卢龙)、迁安、遵化四城为借口，将其幽禁。不久，阿敏就因病而死。此后，形成皇太极、代善与莽古尔泰“三尊佛”并列的局面。崇祯四年(1631)，在围攻大凌河时，大贝勒莽古尔泰同皇太极发生口角，竟拔刀相向。事后，皇太极遂以“御前露刃”之罪，革去莽古尔泰大贝勒衔，并将其降为一般贝勒并罚银一万两。莽古尔泰愤恨难平，不久便死了。此时，三大贝勒只剩下代善一人。崇祯五年(1632)，皇太极终于废除了“上与三大贝勒，俱南面坐”的旧制，改成大汗南面独坐，形成后金汗独尊的地位。崇祯八年(1635)，皇太极又以擅自行猎等罪名严厉地谴责代善，并罚马甲胄等物及银万两。代善从此对皇太极唯命是从，不敢再有违抗。之后，皇太极追莽古尔泰篡逆之罪，将正蓝旗据为己有。这样，皇太极手中就握有正黄、镶黄和正蓝三旗，其他旗主没有能力与之抗衡，使汗权得以加强和巩固。

在加强汗权的同时，皇太极仿照明朝的封建制度，逐步建立和完善国家的统治机构，把权力集中到自己的手中。崇祯二年四月，皇太极建立了由满汉知识分子组成的“文馆”，负责翻译汉文书籍并记注本朝政事。这些措施使皇太极借鉴中原王朝特别是明朝的执政经验，并不断总结后金政权的统治经验，为推进改革提供依据。

崇祯四年八月，皇太极仿照明制，设立吏、户、礼、兵、刑、工六部，分掌国家行政事务。不久，他又下令将贝勒排斥在国家行政机构之外，巩固了中央集权。崇祯九年(1636)三月，皇太极改文馆为内三院，即内国史院、内秘书院和内弘文院，统称“内三院”，负责撰拟诏令、编纂史书、掌管和起草对外文书与敕谕、讲经注史、颁布制度等事务。同年六月，皇

太极又建立了都察院，负责弹劾、纠察包括贝勒在内的贵族官员。崇祯十一年(1638)，改蒙古衙门为理藩院，负责管理内外蒙古事务。内三院、六部、都察院以及理藩院等，合称为三院八衙门。皇太极在汉族官员的建议和协助下，仿照明制建立起这套较为完整的官制，使国家权力转向三院、八衙门。

清太宗皇太极

在经济上，皇太极也采取了一系列的改革措施。努尔哈赤晚年在辽东实行“抗拒者被戮，俘取者为奴”的政策，汉人纷纷逃亡和暴动，社会矛盾日益尖锐。皇太极即位后，便提出“治国之要，莫先安民”的方针，对后金辖区的土地进行丈量，把“各处余地”分给百姓耕种，“其余汉人，分屯别居，编为民户”，用汉官管理。这样，大量汉族奴隶取得了“民户”的地位，成为后金政权下的个体农民。崇祯四年，皇太极颁布《离主条例》。所谓“离主”，就是指奴仆可以讦告主人，经过审核后，讦告的奴仆可以离开原主人。《离主条例》规定：“凡奴隶主犯有私行拓猎、擅杀人命、隐匿战利品、奸污属下妇女、冒功滥荐、压制申诉等罪，许奴仆告发，准其离主。”这一条例限制了满洲贵族的特权，有利于提高奴仆的身份和地位。皇太极继承努尔哈赤开创的事业，顺应历史发展趋势，加强和扩大封建生产关系，使满族社会完成了由奴隶制向封建制的转化。

皇太极在国内大力实行改革的同时，继续执行对外扩张的政策。他认为要战胜明朝，首先必须对付蒙古和朝鲜，这样不仅可以解除后顾之忧，还可以利用他们的军事力量。天启七年(1627)，皇太极不宣而战，命阿敏、济尔哈朗、阿济格等人率大军进攻朝鲜，迫使朝鲜签订《江都和约》。此后，皇太极多次对蒙古用兵。经过几次征战，林丹汗势力大衰。崇祯八年九月，林丹汗在青海大草滩病死。多尔衮奉命率精骑一万人渡黄河西进，抵达托里图，带回了林丹汗之子额哲保存的元朝“传国玉玺”，彻底平定了漠南蒙古。为了笼络蒙古贵族，皇太极软硬兼施，采取联姻、赏赐、封王封爵等手段赢得了蒙古诸部的支持和效忠。皇太极深知要想击败大明，必须取得汉族地主阶级的支持。他即位后，就十分重视汉族地主知识分子和明朝降官降将的作用，网罗汉族知识分子，优待明朝的降将。孔有德、耿仲明、尚可喜、沈志祥等明朝将领纷纷主动归附后金，皇太极对他们封王封侯，宠荣备至。

到了崇祯九年，朝鲜“称弟纳贡”，漠南蒙古彻底臣服，明朝已无还手之力，后金拥有

了夺取中原的实力。同年四月五日，皇太极在沈阳称帝，建国号为大清，改元崇德。从此，皇太极走上了取代明朝、统治全中国的道路。

袁崇焕奇冤

作为明朝镇守辽东的守边大吏，督师袁崇焕成了明朝抵御后金的中流砥柱。他在宁远大败努尔哈赤，取得了明朝自有辽事以来的第一个大胜仗，展现出杰出的军事才华。之后，袁崇焕在辽东的战事中多次为朝廷立下大功，令皇太极铩羽而归。然而这位能征善战的大将，最后却落得万人争啖其肉的悲剧下场。这不仅是袁崇焕个人的悲剧，也是大明王朝的悲剧。

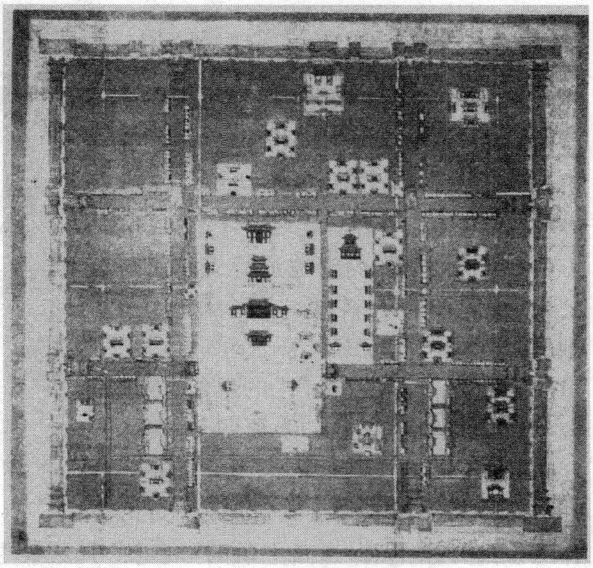

盛京城阙图

五年平辽的海口

袁崇焕，字元素，号自如，祖籍广东东莞，落籍于广西藤县。他自幼胸怀大志，在十四岁时就考取了秀才。万历三十四年（1606），袁崇焕考取举人，这一年他年仅二十三岁。万历四十七年（1619），时年三十六岁的袁崇焕考取进士。次年，袁崇焕被任为福建邵武知县，开始步入仕途。

邵武位于福建西北部，地理位置十分重要，为“八闽屏障”。袁崇焕在就任邵武知县的三年里，一心为民，政绩颇为突出。他从不摆官架子，亲民爱民，深受当地百姓的爱戴。到任后，他秉公办事，为民申冤，显示出“明决有胆略”的特质。其时，明军在萨尔浒一战中惨败，先后丢失开原、铁岭、沈阳、辽阳等地。袁崇焕心系辽东，在公务之余十分关注辽东战事。

三年任期届满后，也就是天启二年（1622），袁崇焕按照惯例从福建来到北京朝觐。御史侯恂慧眼识英才，提请熹宗破格重用袁崇焕。熹宗采纳了侯恂的建议，授袁崇焕为兵部职方司主事。通过此次朝觐，袁崇焕不仅由外官调为京官，还由正七品升为正六品。此时，明军在与后金的作战中屡遭败绩。正月，明军在广宁兵败，京城为之大震，辽东局势更为险恶。当时京城的文武百官，皆畏于后金的声势，普遍存在悲观的情绪，不愿出关担任辽职。熊廷弼被免官后，朝廷需要物色一个新的辽东经略。兵部尚书张鹤鸣自请兼任辽东经略，但迟迟不愿就职，不久后就又找借口推脱。熹宗改派解经邦为辽东经略，解经邦对辽东的局势没有把握，借故推脱。熹宗一怒之下，将解经邦免职。之后，王在晋勉

为其难，硬着头皮出任辽东经略。与此相反，袁崇焕胆略过人，主动请缨赴辽东就职。在兵部任职后不久，他就一个人骑马到山海关外了解局势。回来后，他向皇帝详细介绍了山海关的形势，胸有成竹地说："予我军民钱谷，我一人足守此！"熹宗破格提拔袁崇焕为辽东按察司佥事（正五品）、山海监军。袁崇焕任职后不久就上《擢佥事监军奏方略疏》，力请练兵选将，整饬武备，固守山海关，以图恢复大业。在去辽东就职前，他还拜见了听勘在京的熊廷弼，两人在恢复辽东的方略上达成一致。

袁崇焕

崇祯帝即位后铲除了魏忠贤的势力，重新启用了袁崇焕。崇祯元年（1628），崇祯帝任袁崇焕为兵部尚书兼右副都御史，督师蓟辽，兼督登、莱、天津军务，对抗后金军。此时，崇祯帝对袁崇焕寄予厚望，赐给他尚方宝剑，以便他全力应付辽东战局。同年七月，崇祯帝在平台召见袁崇焕，询问治辽方略。袁崇焕回答道："臣深受圣恩，希望能让我自行处理辽东之事，预计五年就可以收复整个辽东。"此语一出，当然令崇祯帝万分欣喜。事实上，在当时的形势下，明军能抵抗住后金的进攻就已非易事，而袁崇焕竟然说"五年平辽"，这无异于痴人说梦。这种不切实际的豪言壮语为袁崇焕日后的悲剧埋下了伏笔。

崇祯帝退回休息时，给事中许誉卿向袁崇焕询问恢复辽东的具体打算，袁崇焕方说五年之期只是为了宽慰崇祯帝。许誉卿说："陛下英明，你怎敢随意应对呢？他日按期责问成效，你将如何自处呢？"袁崇焕此时方知失言。崇祯帝再次回到平台后，袁崇焕急忙上奏："辽东之事本来就不容易成功。陛下既然把这个重任交给我，我怎敢推辞。但五年之内，户部负责转解军饷，工部负责发给器械，吏部负责人事任用，兵部负责调兵选将，朝廷事事大力支持，辽东之事方能收到成效。"崇祯皇帝此时刚刚即位，迫切希望改变明朝当时的颓败局面，将希望寄托在袁崇焕身上，对他有求必应。

袁崇焕知道崇祯皇帝生性多疑，怕自己远离京师后有小人无端生事。他上奏说："以卑臣的能力，可以收复辽东，但却不能排除众人的议论，臣一出京师，便远离万里，难免尤人嫉贤妒能。这些人即使不用权力来牵制我，也足以干扰我的计划。"崇祯皇帝道："你不用担心，我自有安排。"于是，崇祯皇帝把辽东满桂、王之臣的尚方宝剑都收回了，将尚方宝剑赐给袁崇焕，准他相机行事。

袁崇焕在离京赴辽东前给崇祯皇帝上书明志。他在奏章中指出："恢复辽东的策略，

不外乎臣当年用“以辽人守辽土、以辽土养辽人”的手段，臣以防守为主要策略，作战时要出奇制胜，不排除为了争取时机而与敌暂时议和。辽东之事十分艰巨，成功的关键在于渐进而不在于急躁，在于务实而不在于空谈。这是臣和各边地将领所能做到的。至于用人之事，都由陛下掌管。用人的关键在于用人不疑，疑人不用。军队里可惊可疑的事很多，希望陛下不计较一言一行之微瑕，而以成败定大局。臣担负重任，必然遭到很多怨恨。各种对保卫疆土有利的举措，会遭到很多人的反对。况且臣与敌人作战，敌人也会乘机离间我们，因此臣的处境十分艰难。陛下对臣宠信有加，臣不敢过于怀疑，但这其中的危险，臣不敢不禀告陛下。”

王在晋

在这道奏书中，袁崇焕不仅向崇祯皇帝表明了恢复辽东的基本策略，委婉地表达出对辽事不可操之过急的建议。他还恳切地请求崇祯皇帝用人不疑，崇祯皇帝对袁崇焕进行了一番抚慰，“旨嘉其忠劳久著，战守机宜，悉听便宜从事，浮言朕自有鉴别，切勿瞻顾”。崇祯皇帝赐给袁崇焕蟒袍玉带和银币，袁崇焕上疏推辞了蟒袍玉带。不幸的是，袁崇焕在奏折中所言却如谶书一般在事后一一得到了应验。

擅杀毛文龙

崇祯元年(1628)，袁崇焕任兵部尚书，督师蓟辽。他在皇帝面前许下五年复辽的诺言，手持尚方宝剑统揽辽东军事大权。崇祯二年(1629)闰四月，崇祯帝下旨加袁崇焕太子太保，赐蟒衣、银币，荫锦衣千户。袁崇焕意气风发，将原本的小心谨慎抛之脑后，诛杀了毛文龙，令朝野大为震惊。崇祯帝对此十分不满，却碍于局势隐忍不发。

毛文龙，祖籍山西太平，浙江杭州人。他天生不爱读书，也不事生产，原是个市井无赖之徒。后来，他投奔叔父毛得春，世袭其职，便开始了军旅生涯。天启元年(1621)，他已是巡抚王化贞手下的练兵游击。同年，毛文龙说服后金镇江(九连城)守将陈良策反清，侥幸成功。这次胜利被广宁巡抚王化贞称之为“镇江大捷”。王化贞想乘胜追击，一举收复辽东，结果无功而还。而毛文龙则因这次“镇江大捷”，被提升为副总兵，累加左都督。不久，镇江城被后金收复。毛文龙则率部撤往鸭绿江口近海的皮岛，随后晋升为总兵。皮岛又称东江，在登州、莱州的海面上，绵延八十里，地理位置十分险要。岛上居民多是从辽东逃出来的汉人，毛文龙便拉拢这些人当兵，安排哨船，连接登州，形成犄角之

势。天启二年(1622),辽东全线崩溃,毛文龙据守的皮岛显得更为重要。同年六月,朝廷在皮岛设东江镇,毛文龙升任平辽总兵官,挂将军印,赐尚方剑。

毛文龙为了巩固自己的地位,以重金贿赂魏忠贤,"拜魏忠贤为父",成为魏忠贤的党羽。东江在位置上十分险要,但毛文龙并没有什么谋略,每次出兵都打败仗,浪费军饷无数。他常常上书朝廷,说些中听的大话,来讨魏忠贤的欢心。天启三年(1623),他上书朝廷:"得饷百万,明年可以灭奴。"事实上,他根本无法承担收复辽东的重任。毛文龙不断向朝廷要官要饷,并在军饷中吃些空额,中饱私囊。更为严重的是,他利用皮岛的地理优势和军队的特权,大力招揽客商,贩卖违禁物品。他还代朝廷征收过往商人的商税,但从不将这些税款上缴朝廷。

毛文龙自恃战功,"渐骄恣,所上事多浮夸,索饷又过多,岁百二十万,朝议多疑而厌之"。袁崇焕主张撤销东江镇,朝廷没有采纳。天启七年(1627),皇太极出兵攻打皮岛,袁崇焕救援来迟,令毛文龙吃了大亏,丢掉了铁山大营。袁崇焕也因此事遭到阉党的猛烈攻击,最后不得不致仕归里。可以说,袁崇焕和毛文龙之间早有嫌隙。后金多次派人诱降毛文龙,"时朝议忧皮岛文龙难驭"。袁崇焕此次重掌辽东帅印,毛文龙的问题当然是无法逃避的。袁崇焕在赴辽之前,大学士钱龙锡就曾与他商讨赴辽后的具体方略。袁崇焕明确表示:"当自东江始。文龙用则用之,不可用则处之,易易耳。"这表明袁崇焕早在赴辽之前,就有除掉毛文龙的打算。

袁崇焕到辽东任事后,毛文龙依然很傲慢,不愿受袁崇焕的节制。袁崇焕上疏请求朝廷改变运往东江粮饷的饷道,并请求兵部派官员前来管理皮岛的粮饷,以控制毛文龙。毛文龙立即上疏抗辩,言辞颇为激烈。崇祯二年五月二十九日,袁崇焕抵达距旅顺口陆路十八里、水路四十里的双岛。次日,毛文龙从皮岛赶来拜见。袁崇焕与毛文龙白日欢宴,夜间促膝长谈,毛文龙未能发觉任何异常。袁崇焕以阅兵为名,来到皮岛。六月初四晚,袁崇焕有心试探毛文龙,提出改变军队的编制并设置监司,毛文龙很不高兴。袁崇焕便暗示让毛文龙告老回乡,而毛文龙不愿放弃手中的兵权,说只有自己最清楚辽东之事,别人恐怕无法替代。于是,袁崇焕便准备痛下杀手。

素三彩龙凤牡丹纹碗

六月五日,袁崇焕邀请毛文龙观看将士射箭。他预先在一座山上设置大帐,并在帐中埋伏了亲兵。接着,他邀毛文龙一起上山,却把他的随从挡在山下,只许一些将领随行。一进大帐,袁崇焕便突然责问毛文龙违反朝命之事,毛文龙极力争辩。袁崇焕命人剥去毛文龙的冠戴,捆绑起来。袁崇焕当众宣布了毛文龙的十二条可斩之罪:"大将在外,必命文臣监。尔专制一方,军马钱粮不受核,一当斩。人臣之罪,莫大欺君。尔奏报尽欺罔,杀降人难民冒功,二当斩。人臣无

将，将则必诛。尔奏有牧马登州取南京如反掌语，大逆不道，三当斩。每岁饷银数十万，不以给兵，月止散米三斗有半，侵盗军粮，四当斩。擅开马市于皮岛，私通外番，五当斩。部将数千人悉冒己姓，副将以下滥给札付千，走卒、舆夫尽金绯，六当斩。自宁远还，剽掠商船，自为盗贼，七当斩。强取民间女子，不知纪极，部下效尤，人不安室，八当斩。驱难民远窃人参，不从则饿死，岛上白骨如莽，九当斩。辇金京师，拜魏忠贤为父，塑冕旒像于岛中，十当斩。铁山之败，丧军无算，掩败为功，十一当斩。开镇八年，不能寸土，观望养敌，十二当斩。”毛文龙至此方明白事态的严重性，便叩头乞求免除一死。

袁崇焕召集毛文龙的部将，在帐前用尚方宝剑斩杀了毛文龙。毛文龙的部将害怕袁崇焕的威势，无人敢于反抗。袁崇焕命人用棺木收敛了毛文龙。次日，袁崇焕备下酒肉祭奠毛文龙说：“昨天我斩你，是出于朝廷的法度；今天我来祭拜你，是出于朋友的私情。”说完，他还流下眼泪。之后，袁崇焕着手对毛文龙的部队进行了改编，分为西协，任命毛文龙的儿子毛承祚、副将陈继盛、参将徐敷奏、游击刘兴祚为首领。袁崇焕还采取了一系列安抚措施，总算是稳住了毛文龙的旧部。

事实上，毛文龙的“十二斩罪”中有些十分牵强。如给魏忠贤行贿、在皮岛上为魏忠贤建生祠这一条，就算不上可斩之罪。当魏忠贤把持朝政之时，全国各地都为魏忠贤建祠塑像，并蔚然成风。袁崇焕自己也曾上书朝廷，请求在宁远给魏忠贤造生祠，不过由于种种原因没有造成而已。再者，毛文龙镇守辽东期间虽未复寸土，但这在当时的局势下也算不上弥天大罪。从当时的敌我局势而言，袁崇焕诛杀毛文龙之举也是失策。崇祯初年，朝鲜投降后金，毛文龙所驻守的东江镇成为唯一能在敌人后方起牵制作用的重镇。毛文龙一死，东江镇便群龙无首，不久便土崩瓦解。毛文龙的许多部下纷纷投降清朝，其中尚可喜、耿精忠、孔有德等人还成为清兵入关的急先锋。

袁崇焕诛杀毛文龙，虽不是出于降金的目的，但此举确实有些过分。无论如何，毛文龙也是一位由皇帝钦命的守边大将。袁崇焕虽有尚方宝剑，但也不能先斩后奏，随意斩杀。袁崇焕在诛杀毛文龙之后，立即上疏请罪。崇祯帝得知此事后，非常震惊，但因为当时正倚重袁崇焕便没有追究，甚至还“优旨褒答”。为了安抚袁崇焕，崇祯皇帝还传谕公开毛文龙的大罪。毛文龙死后，辽东的战局便急转而下，战火蔓延到了京畿。

皇太极行反间计

袁崇焕复镇辽东后，自知“兵力不敌，思以捭阖纵横之计”，便不顾崇祯皇帝和一些大臣的反对，积极与后金进行谈判，企图通过和议使后金退出辽东地区。

皇太极一面与袁崇焕商谈议和，一面积极备战。当时明朝在山海关以西的长城防线十分薄弱，对此袁崇焕有着清醒的意识。他一再上书朝廷，请求在这一带增加军队，尤其要用重兵把守蓟州镇（今河北迁西）、遵化（今河北遵化）、蓟州（今河北蓟州区）等要地。但崇祯皇帝对此未能给予充分的重视，未能听取袁崇焕的建议。此时，蒙古和朝鲜已经先后归附后金，后金没有后顾之忧。皇太极感到宁锦防线不易突破，便决定绕道蒙古，进攻大明。

崇祯二年(1629)十月,皇太极突然率兵由蒙古境内开拔,兵分三路,直逼喜峰口以西的长城边隘大安口、龙进关、马兰峪等关口。当时明朝只在宁远、锦州一带布有重兵,山海关以西则军备松弛,后金兵长驱直入,势如破竹,于十一月初二日直抵遵化城下,距京师不到三百里。山海关总兵赵率教率兵驰援,在遵化城下力战而死,遵化沦陷。遵化城破后,三屯营军心动摇,三屯营副总兵等守将临阵脱逃。总兵官朱国彦极为愤慨,在城中张榜公布逃跑将领的名单,并散尽家财,与妻子张氏双双上吊自杀。巡抚王元雅也自杀身亡。袁崇焕立即调兵遣将,对后金军进行堵截,并亲率祖大寿、何可刚驰援京城,于十一月十日到达蓟州。崇祯帝对袁崇焕"温旨褒勉",犒赏三军将士,令袁崇焕统领各路兵马。

当后金军队突破长城防线的战报传到京师后,朝廷上下大为震惊,京师戒严,人心惶惶。皇太极攻陷遵化后,并没有如袁崇焕所料强攻蓟州城,而是越过蓟州迅速向西挺进,连克玉田、三河、香河、顺义等地,直逼京师,形势已是十分严峻。袁崇焕本应把后金军阻挡在蓟州至通州一线,以确保京城安全,但由于护驾心切,率兵火速向京师靠拢,于十五日抵达通州附近,这无异于纵敌深入,把战火引到京城外围。

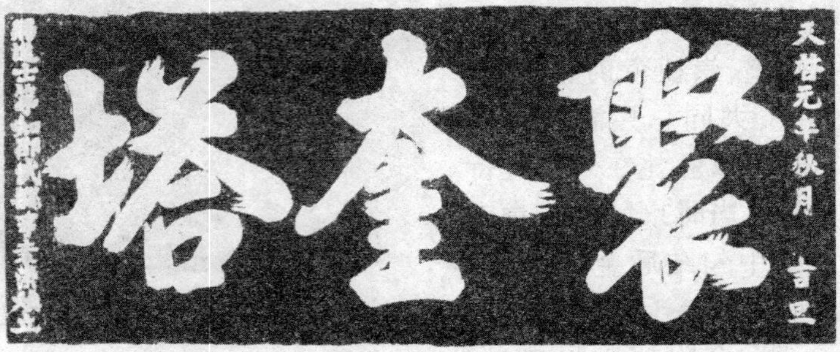

聚奎塔匾额

当时京城的百姓骤遭兵祸,怨恨"崇焕纵敌拥兵",京城上下关于袁崇焕勾结后金的谣言沸沸扬扬。

袁崇焕并没有与清军展开大规模的交战,只是派小股部队与后金鏖战。实际上,他所带兵力并不多,本想等各地勤王大军到来后,再以优势兵力对后金军进行反扑。皇太极猜测到袁崇焕迟迟不肯出战的用意,为了逼迫袁军与后金军展开决战,便派人在北京郊外大举烧杀。朝中勋戚的产业都在城外,如今被敌人焚毁殆尽。他们迁怒于袁崇焕,纷纷跑到崇祯帝面前告状,说袁崇焕以入援为名,却听任敌骑大肆劫掠,不肯出战,一定是别有用心。京城百姓长期生活在歌舞升平之中,突然遭遇变故,心态不免失常,流言蜚语顿起。

崇祯皇帝对袁崇焕猜忌日深,命袁崇焕的驻地不得越过蓟州,而袁崇焕勤王心切,越界到达通州附近。此时,一些部将建议袁崇焕把部队驻扎在通州附近的河西务,不要再向京师靠近,以免引起朝廷的怀疑。袁崇焕自认为有功无罪,不但没有听取这个建议,反而于十六日抵达左安门。崇祯帝命兵部尚书李邦华、右侍郎刘之纶主持京师的守卫,命督师袁崇焕统辖各路兵马。

十九日,皇太极率兵抵达京师外围。二十日,皇太极率军攻打德胜门。此时在德胜门驻守的将领是大同总兵满桂和宣府总兵侯世禄。袁崇焕得知后,立即赶来救援。皇太

极令大贝勒莽古尔泰率军阻击袁崇焕。侯世禄得知后金军来攻,避其锋芒,不战而逃。大同总兵满桂则独自率领部众迎战。在德胜门城楼上督战的兵部尚书李邦华,命人开炮助威,不料误伤了满桂。后金兵马对京城发起猛攻,袁崇焕亲自上阵督战,战斗十分激烈。在袁崇焕的领导下,明军击退了后金军的进攻。与此同时,崇祯帝下诏各地入京勤王,一时间天下震动。各地援军纷纷向京师集结,后金军队开始后退。

十一月二十三日,崇祯帝在平台召见袁崇焕、祖大寿、满桂等将领。此时崇祯帝尽管不露声色,但对袁崇焕已经起了疑心。袁崇焕因为兵马困乏,请求入城整修部队,崇祯帝一口回绝。两天后,袁崇焕再次请求把自己的部队开进外城进行休整,崇祯帝仍然拒绝。此时,大同总兵满桂的部队却可以驻扎在外城进行休整。当时京城盛传袁崇焕暗中勾结后金,袁崇焕之所以斩杀毛文龙就是为了帮后金除掉心腹之患。还有人说后金从蒙古犯边,正是袁崇焕的主意。俗语云,众口铄金,积毁销骨,何况崇祯帝还生性多疑。这时,袁崇焕的处境已非常危险了。二十七日,袁崇焕击退了皇太极的进攻,京师外围局势趋于平静。

清太宗文皇帝谥宝

皇太极不失时机地导演了一出反间计。后金兵在京畿牧马厂抓获了两个明朝太监,将他们关在军营中。这两位太监一个叫杨春,一个叫王成德。皇太极派副将高鸿中、参将鲍承先在夜间窃窃私语说:袁崇焕与皇太极已有密约,大事即日可成。第二天,后金故意放走了太监杨春。杨春一回到宫中,就立即将此事告知崇祯帝。崇祯帝对袁崇焕的信任便荡然无存。

崇祯帝对袁崇焕起了杀心后,便把京城与皇城的警卫置于自己的直接控制之下。安排妥当之后,崇祯帝便于十二月初一以议饷为名,再次在平台召见袁崇焕、满桂、祖大寿。崇祯帝责问袁崇焕:“以前你擅自斩杀毛文龙,如今又使敌人兵临城下,还射伤满桂,你到底有何用意?”接着他不由分说,立刻令锦衣卫拿下袁崇焕,朝中大臣无不感到惊诧。内阁大臣极力劝谏,在大敌当前之际不应轻易易将,此为兵家大忌。而崇祯皇帝只道势已至此,不得已而为之。随后,他命满桂统领各路兵马,命马世龙、祖大寿分理辽东兵马。

祖大寿是袁崇焕手下的得力大将,袁崇焕对他还有救命之恩。袁崇焕入狱,令祖大寿心灰意冷,率军不辞而别,离开京城。崇祯帝猝不及防,一面指责袁崇焕的罪状,一面褒扬祖大寿等人的功劳。他命孙承宗为之设法,孙承宗命游击石柱国飞驰追赶祖大寿,

但未能见到祖大寿本人。阁臣成基命建议崇祯帝请狱中的袁崇焕给祖大寿写信，来阻止祖大寿谋反。孙承宗深知袁崇焕是国家栋梁之材，写密信给祖大寿，让他为朝廷立功，以帮袁崇焕赎罪，并许诺为祖大寿开脱罪责。祖大寿接到袁崇焕的亲笔书信，泣不成声。他以国事为重挥师入关，收复了永平、遵化一带，并切断了清军的后路。崇祯帝下诏安抚祖大寿，命他继续镇守宁远。后来，为了安定辽东，崇祯帝还命孙承宗、马世龙移镇山海关。孙承宗、马世龙在辽东素有威信，由他们出面，辽东才没有生出事端。

农民起义风起云涌

从万历初年到崇祯元年(1628)的五十多年间，全国各地几乎连年遭灾，灾区人口大量死亡，“人吃人”的惨剧屡见不鲜，成千上万的百姓面临着生存的困境。陕西地区受灾情况最为严重，无年不灾，当地官府不仅不设法赈济灾民，反而不顾百姓的死活，变本加厉地催逼粮饷。天启七年(1627)，陕西白水农民王二率众起义，揭开了明末农民大起义的序幕。

八大王张献忠

张献忠塑像

张献忠，字秉忠，号敬轩，陕西延安卫柳树涧(今陕西定边东)人。他出生于万历三十四年(1606)，出身贫苦，曾在明朝军队里当过兵，因违犯军法当斩，被打了一百军棍除名，从此便流落民间。轰轰烈烈的农民起义爆发后，他在崇祯三年(1630)四月，率领米脂县十八寨之众起义，自号“西营八大王”(简称八大王)。

当时，农民军中最大的首领是王嘉胤，他以陕西、山西交界的府谷、河曲为根据地，活动在陕西、山西一带，部众有数万人。这些农民军分散为若干部，缺乏集中的领导和严密的组织，基本上各自为战。此时，陕西三边总督杨鹤主张对农民起义军采取“招抚”政策。所谓招抚，实际上就是以“抚”为主，以“剿”为辅。在这种形势下，有几十个重要的农民起义军将领投降朝廷。崇祯四年(1631)，明军攻克山西北部河曲，王嘉胤率军退入山西南部阳城，为部下王国忠所杀。王自用在众人的推举下，成为起义军的首领，自号“紫金梁”。王自用联合高迎祥、张献忠、马守应、罗汝才、李自成等三十六营，聚众二十多万，占据山西。张献忠为人多智谋，成为三十六营义军中的一营首领。

同年九月，洪承畴取代杨鹤成为陕西三边总督，改变策略，实行急剿政策。陕西农民军屡屡失利，其主力部队进入山西，与山西农民军会合。崇祯六年(1633)，王自用病故，闯王高迎祥成为农民起义军的首领。在明军的攻势下，山西农民军向山西南部发展，趁

冬季黄河结冰时，渡过黄河，进入河南西部。由于这次渡河事件是在渑池县境内登陆，史称“渑池渡”。渑池渡是农民军发展中的一个重大的事件，此后农民军的活动区域大大扩大，转战于河南、湖广（今湖南、湖北）、南直隶（今安徽、江苏）、四川等省，形成全国性的大起义。

大西军军营铜印

张献忠转战于各地，与明军周旋厮杀，队伍发展很快。崇祯七年（1634），张献忠入川，攻陷夔州（今重庆奉节），进围太平，明廷大为震惊。同年七月，张献忠进入陕西，与李自成农民军联合作战。

崇祯七年年底，各路农民军聚集在河南，共有十三家七十二营，声势大振。总督洪承畴调大兵前来围剿。为了粉碎明军的进攻，崇祯八年（1635）正月，十三家七十二营的首领在河南荥阳举行了军事会议，史称“荥阳大会”。会议由张献忠、高迎祥主持，决定采取李自成所提出的“分兵定所向”的策略，不仅分路抵御明军的围剿，且以主力部队进攻明军防守空虚的江淮一带。荥阳大会标志着明末农民大起义进入了一个新阶段，农民军由分散作战转向协同作战。

荥阳大会后，高迎祥、张献忠、李自成率东路军挺进，于正月十五日攻克明朝的中都凤阳，焚毁了明朝皇陵，明廷大为震动。张献忠与李自成因意见不合，分军作战。高迎祥率李自成西赴归德（今河南商丘），由河南进入陕西。张献忠则挥师南下，转战千里，连克庐州（今安徽合肥）、安庆、和州、滁州等地，辗转回到陕西，由商雒打回关中。洪承畴企图在中原围歼义军的战略计划全盘破产。

崇祯八年九月，明廷命洪承畴总督关中，卢象昇总理关外，实行分地剿防的战略。这时，起义军已发展到几十万人，而张献忠的部队已达十万人之众。次年，闯王高迎祥不幸牺牲，李自成由闯将成为闯王，率领余部转战于川、陕界上，消沉数年之久。在这一时期，农民军中以张献忠势力最强，罗汝才次之。张献忠所部转战于鄂、豫、皖时，多次打败官军。崇祯十一年（1638）春，由于各部义军各自为战，缺乏配合，皆连遭挫折。在官军的强大攻势下，张献忠在谷城伪降兵部尚书熊文灿，以保存实力。不久，罗汝才也诈降朝廷。这样，崇祯十一年、崇祯十二年（1639）暂时出现了农民军的沉寂时期。

张献忠拒绝接受朝廷的改编和调遣，占据谷城来发展自己的势力，以图东山再起。罗汝才在郧阳区一带不断扩充自己的势力，与张献忠遥相呼应。崇祯十二年五月，张献

忠在谷城重举义旗，史称“谷城变”。与此同时，罗汝才、马守应部也群起响应，藏身于商雒山中的李自成也重整旗鼓，农民起义的烽火又一次在中原大地上熊熊燃烧起来。

张献忠攻克房县，七月在房县西罗猴山大败明军，斩杀明将罗岱。崇祯帝大怒，将兵部尚书熊文灿弃市，以大学士杨嗣昌督师襄阳，围剿农民起义军。崇祯十三年（1640）闰正月，张献忠率大军突破明军的包围，进入四川，不仅打破了杨嗣昌的围剿计划，而且在军事上也从防御转入了进攻。张献忠避免与官军打阵地战，采取“以走制敌”的策略，取得了战场上的主动。次年二月，张献忠率部攻克军事重镇襄阳，以所获饷银分十五万两赈济饥民，处死襄王朱翊铭和贵阳王朱常法等，受到百姓的热烈拥护。杨嗣昌自知死罪难逃，忧惧自杀。从此，明朝无力对农民军组织大规模的围剿，农民起义进入极盛时期。

卢象昇

张献忠攻破襄阳后，转战于河南、湖北、安徽一带。崇祯十六年（1643）三月，张献忠率部攻占黄州（今湖北黄冈），改成西王。五月，张献忠连克汉阳，武昌，并在武昌自立为“大西王”，建立了大西农民政权。张献忠以武昌为京城，改武昌为天授府，设六部五府，开科取士。这时，李自成也在襄阳建号称王，大有进军汉阳之势，明将左良玉也率兵西上，准备进攻武昌。同年七月，张献忠弃武昌而南下，所得之地被明军占据。张献忠撤出武昌后，进军湖南、江西，连克长沙、常德、吉安、袁州（今江西宜春）等重镇，军容较前更盛。数月间，张献忠控制了湖南、江西中部、福建西部、广东、广西北部的广大地区。

张献忠认为四川易守难攻，于崇祯十七年（1644）正月率部向四川进发。起义军连克夔州、梁山、忠州、涪州、重庆、成都等地，控制了四川大部地区。十一月十六日，张献忠在成都正式建国，国号大西，年号大顺，称大西王，以成都为西京，建立了大西政权。称帝后，张献忠设置左右丞相，六部尚书等文武官员，以加强政权建设。大西政权设五军都督府，以王尚礼、王定国、冯双礼、马元利、张化龙为都督。军队编为一百二十营，有数十万之众。李定国为安西将军，统领十六营；刘文秀为抚南将军，统领十五营；艾能奇为定北将军，统领二十营。

明朝残余势力顽固地反对大西政权，张献忠在四川大肆杀戮报复，双方的矛盾日益激化。在斗争中，张献忠没有很好地讲究策略，打击面过宽，杀害了许多四川百姓，使大

西政权脱离了人民群众，为日后的失败埋下了祸根。

顺治二年（1645）十一月，清廷企图以高官厚禄招抚张献忠，遭到张献忠的严词拒绝。次年，肃亲王豪格、吴三桂率军进入四川，攻打大西军。同年七月，张献忠撤出成都，率兵北上，投入抗清的斗争。由于叛徒的出卖，张献忠在西充凤凰山遭到清军的突袭，中箭身亡。大西军不久便在清军的攻击下瓦解了。

李自成功败垂成

李自成，陕西米脂县李继迁寨人，家境贫寒，原在甘肃当兵。崇祯元年（1628），府谷王嘉允、宜川王左挂、安塞高迎祥、汉南王大梁等纷纷率众起义，李自成便在此时加入了起义队伍。

崇祯三年（1630），农民起义军开始从陕西进入山西，起义军声威大震。崇祯四年（1631），李自成已崭露头角，成为高迎祥手下的重要将领。崇祯七年（1634），明廷命陈奇瑜总督陕西、山西、河南、四川、湖广五省总督，专办"围剿"起义军事宜。此时，农民军多驻扎在河南四部，陈奇瑜采取包围的战术。高迎祥、李自成在转移途中，误入车箱峡（今陕西岚皋东），被明军包围。李自成献计诈降，起义军方突出重围。高迎祥率部离开峡谷后，立即与官军展开战斗，继而纵横于陕西、甘肃、河南三省，彻底粉碎了陈奇瑜的围攻。崇祯皇帝大怒，将陈奇瑜削职戍边，其他有关联的五十多名将领都被下狱。

李自成

明廷又派洪承畴任五省总督，再次对农民军展开进攻。这时，大部分的起义军转战于河南，洪承畴调七万大兵前往河南，企图将起义军扼杀于中原。为了制定统一的作战计划，高迎祥、张献忠、老回回、罗汝才、革里眼、左金王、改世王、射塌天、横天王、混十万、过天星、九条龙、顺天王等十三家七十二营的起义军于崇祯八年（1635）正月在河南荥阳召开大会，商讨作战方略。李自成在会议上胸有成竹地提出"分兵定向、四路攻战"的方略，得到众人的认可，显示出卓越的军事才能。荥阳大会按照李自成的战略方针确定了具体的作战计划，分成五路大军，分头出击。高迎祥、李自成、张献忠率领其中一路大军，向凤阳挺进。凤阳不仅是明朝的中都，而且是南北大运河的重镇。这路农民军攻克凤阳，焚毁了明朝皇帝的祖坟，沉重打击了明朝统治者。之后，张献忠与李自成发生矛盾，分军而去。高迎祥偕李自成突破明军的防线，由河南进军陕西。

崇祯九年（1636）七月，高迎祥在周至被明军生擒，在北京遭到杀害。李自成被推为闯王，采取声东击西、避实击虚的方法，屡败明军，进入四川，连克广元、昭化、剑州、梓潼

等地。李自成此次入蜀，对于明廷是一次沉重的打击，但自身也付出了惨痛的代价，其人数由数十万锐减为数万人。崇祯十一年(1638)春，李自成率部分道返陕，遭到洪承畴、孙传庭的攻击，在河州、洮州接连失利，死伤惨重。起义军连连受挫，许多人感到前途无望，或降或散。经过浴血奋战，李自成率刘宗敏等十八人突出重围，隐藏在陕西商洛山中。

崇祯十二年(1639)，张献忠在谷城重新起兵，李自成也在商洛山中打起闯王旗帜，再次活跃在陕西、湖广、四川边境。崇祯十三年(1640)，全国又发生一场严重的灾荒，饥民纷纷加入起义军，李自成的队伍得以壮大。此时，明军的主力部队被张献忠拖在四川，李自成趁机挥师攻入河南，受到当地百姓的欢迎，一些失意的知识分子也加入了起义军。这些人的归附对李自成的兴亡有重大的影响。李岩就是其中的佼佼者，其最大的贡献就是帮助李自成建立了斗争纲领。他针对明末土地高度集中和赋税繁重的社会现实，提出了“均田免粮”的口号。李岩还把这一纲领编成通俗的歌谣，让起义军四处传唱。歌谣唱到：

李自成施织金黄缎袍

吃他娘，穿他娘，
吃着不尽有闯王，
不当差，不纳粮。
杀牛羊，备酒菜，
开了城门迎闯王，
闯王来时不纳粮。

起义军还提出了“割富济贫”“平买平卖”等革命口号，并加强了纪律整顿。起义军每到一处，秋毫无犯，老百姓“执香迎导，远近若狂”。

崇祯十四年(1641)正月，李自成移师洛阳，得守军策应破城，斩杀了福王朱常洵，声威大震。李自成继而挥师围攻开封，数攻不克，南走邓州，与脱离张献忠部的罗汝才合兵，号称百万，声势在张献忠之上。洛阳之战后，李自成起义军由弱变强，由战略防御进入战略进攻，进入极盛时期。紧接着，起义军在河南的战场上取得了一系列的胜利，消灭了几十万的明朝部队，占领了河南全省。

次年年底，李自成攻克湖北重镇襄阳。崇祯十六年(1643)三月，李自成在襄阳建立政权，改襄阳为襄京，自称“新顺王”。五月，李自成召开军事会议，商谈下一步的作战计划。左辅牛金星主张先取河北，直逼京城。礼政府侍郎杨永裕主张先克金陵(今江苏南京)，断京师粮道，再出军北伐。兵政府从事顾君恩主张先平定关中，再取山西，最后再直

捣京城。当时,国内存在着明军、清军和农民军这三种军事力量,杨永裕的建议实为上策,可惜的是李自成采取了顾君恩的主张。之后,农民军尽管势如破竹,取得了很多胜利,但潜在的战略失误给将来的失败埋下了祸根。

崇祯十七年(1644)正月,李自成在西安正式建国,国号大顺,年号永昌,改西安为西京,调整并完善了政权机构。这时,李自成拥有步兵四十万,骑兵六十万。同年二月,李自成挥师进入山西,对明王朝进行最后的冲击。李自成战无不胜,于三月十七日进围北京。三月十八日,太监曹化淳打开彰义门(广安门)投降,起义军进入外城。三月十九日,崇祯帝自缢。是日,李自成进入北京,宣告了大明王朝统治的崩溃。

陈圆圆

大顺军进入京城后,大肆拷掠明官,四处抄家,规定助饷额为"中堂十万,部院京堂锦衣七万或五万三万,道科吏部五万三万,翰林三万二万一万,部属而下则各以千计",使京城人心惶惶,以致在政治上树敌过多,对大顺政权的稳定产生了不利的影响。巨大的胜利冲昏了李自成的头脑,滋生了轻敌麻痹的思想,对关外的清军缺乏警惕性,将天下大势置之不理。上自将军,下至士卒,都沉醉于眼前的胜利,斗志大不如前。刘宗敏沉迷于女色,抓走了吴三桂的宠妾陈圆圆,激反了明朝降将吴三桂。

四月二十二日,李自成在山海关一片石遭到吴三桂和清军的夹击,伤亡惨重。二十六日,李自成率领残部逃回京城。二十九日李自成在北京称帝,在盛怒之下斩杀吴三桂家中大小共三十四口。次日,李自成撤出北京,向陕西转移。由于南明弘光帝朝廷的建立和大顺军的节节败退,很多投降大顺的原明朝将领复投南明或清朝。李自成疑心日盛,不辨忠奸,错杀了李岩等人,致使人心离散。

李自成率领农民军且战且退,占据西安。顺治二年(1645)正月,清军攻破潼关和延安。李自成被迫放弃西安,经襄阳入湖北,试图与武昌的明朝总兵左良玉联合抗清。四月,起义军撤退到通山县的九宫山地区,李自成带领二十多名战士上山察看地形,遭到当地地主武装的突袭,不幸牺牲。这一年,李自成年仅三十九岁。

崇祯帝自缢煤山

天启七年(1627)八月,熹宗朱由校病故,其弟信王朱由检继位,次年改元崇祯,是为崇祯帝。当时,大明王朝已是弊端丛生,积重难返。崇祯帝继位后,大力清除阉党,勤于政事,一度使大明江山的中兴有了一线希望,然而随后的一系列错误使国家走向灭亡的深渊。

视大臣如奴仆

崇祯帝崇尚节俭,不贪女色,这在明朝后期的皇帝中显得尤为可贵。为了挽救行将倾覆的大明王朝,崇祯帝自律甚严,殷殷求治。自崇祯初年起,他就经常召见大臣,探求治国方策。每逢经筵,他总是悉心恭听阐释经典,毫无倦意。每当遇到军机急务,他还常常废寝忘食。在努力勤政的同时,他还采取了一系列措施,以稳定混乱的政局。他下旨为杨涟、左光斗等一大批遭受阉党迫害的忠臣平反,同时起用了天启年间许多被罢黜的官员。这些做法,使崇祯朝朝政与前两朝相比有了明显改观,但当时的大明帝国已是积弊深重,政局无法在短期内根本好转。崇祯皇帝不顾实际情况,苛责臣下,使朝廷中充满紧张和猜疑的气氛。

崇祯帝

崇祯帝性格急躁,在处理棘手的政务时,常急功近利,结果问题不但无法解决,反而日益严重。崇祯皇帝不能反思自己的错误,反而迁怒于文武百官,用严刑峻法来惩处大臣。孟子曰:“帝者与师处,王者与友处,亡国与役处。”崇祯帝自视甚高,将满朝文武百官视为奴仆,造成“重典绳下”的局面,加深了政治的混乱。正如崇祯二年(1629)九月,顺天府尹刘宗周所上奏章中所说:“求治之心操之过急,不免酿为功利;功利之不已,转为刑名;刑名之不已,流为猜忌;猜忌之不已,积为壅蔽。”御史陕嗣宗在奏疏中指出崇祯帝性格中的“五不自知”,如“日涉于猜疑而不自知”“日习于尊倨而不自知”“日趋于纷苛而不自知”等。客观地说,这个评论是非常中肯的。

崇祯在用人上的猜忌和刻薄,在其执政的后期表现得更为明显,往往使朝臣们处于一种两难的境地。如果大臣们表现得平庸无能,则自然无法得到皇帝的欢心,而大臣们如果表现得精明能干,却又容易遭到皇帝的猜忌。当真是伸头是一刀,缩头也是一刀,结果导致“诏狱累累,犯者不绝”,史家常感叹崇祯一朝“有君而无臣”。事实上,在一个过分苛求的皇帝之下,大臣们怎敢承担政事呢?皇帝过分地苛责大臣,大臣动则得咎,又能有什么作为呢?崇祯帝找不到“有用之才”,便频繁地更换大臣。

明朝阁臣“贵极人臣”，甚受尊礼，因罪被杀者极少，而崇祯皇帝则连杀二人。内阁大学士薛国观被赐自尽后，“准取殓”的圣旨迟迟不予发出，尸体被吊达两昼夜，史家称之为“真从来未有之惨”。崇祯十六年(1643)，大学士周延儒也被赐自尽。在崇祯一朝，被遣戍的大学士有两人，即钱龙锡和刘鸿训。作为皇帝最亲信的大臣，内阁大学士轻易落到这样的下场，实在令大臣们寒心。由于罪废相踵，朝中大臣更换十分频繁。在崇祯一朝十七年里，内阁大学士多不得久任，所用多至五十人，其中有十多人曾先后担任首辅。

在六部尚书中，刑部尚书换了十六人，其中薛贞被处死，韩继思、郑三俊、刘之凤、李觉斯、徐石麒等人先后下狱，狱中病死两人，大部分人都不得善终。兵部尚书所用至十七人，其中王洽、陈新甲被处死。总督及督师被诛者多达七人，即郑崇俭、袁崇焕、刘策、杨一鹤、熊文灿、范志完、赵光忭。巡抚被戮者十一人，即蓟镇王应豸、山西耿如杞、宣府李养冲、登莱孙元化、大同张翼明、顺天陈祖苞、保定张其平、山东颜继租、四川邵捷春、永平马成名、顺天潘永图，另外还有河南巡抚李仙凤被逮自杀。除此之外，侍郎以下官员被杀者难以计数。

崇祯帝手迹“九思”

崇祯帝在执政后期，一直处在对朝臣猜忌和对自己的自责之中，喜怒无常。大臣们战战兢兢，如丈二和尚摸不着头脑。对于群臣们来说，朝堂早已不是什么荣耀的场所，出相入阁也成为一件可怕的事情。惊魂不定的群臣在心里早已经完成了对大明王朝的背叛，对崇祯帝的背叛，所差的只不过是一条李自成兵临城下的导火索而已。

爱财的天性

崇祯皇帝在生活上自我要求很严，在衣食日用方面相当节俭。据《崇祯遗录》记载：“上恭勤节俭，励精图治。自神宗以来，膳羞日费万余金，上命尽减，但存万分之一。旧制，冠袍靴履日一易，上命月一易。”事实上，他的这种节俭是由他爱财的天性所决定的，而这种天性却使大明王朝陷入奄奄一息的窘境。

崇祯初年，崇祯皇帝自作聪明地裁撤驿站以节省国库开支。崇祯皇帝认为驿站的存

在是导致官僚机构臃肿、官员腐败的一大祸根,因而不遗余力地加以压缩。这次改革直接导致大批驿卒无法生存,从而加入了农民起义的阵营,其中一个默默无闻的驿卒还成为闻名天下的闯王李自成。事实上,崇祯皇帝此举所节约的开支仅仅为三十万两银子,而这笔银子则仅供皇宫一个月的支出。

文武百官欲壑难填,精于敛财,敲剥民髓。战事的频繁使每年的军费开支成为一个十分惊人的数字,国家朝政陷入崩溃的边缘。为了弥补亏空,崇祯皇帝便向百姓加派各种饷银,而这无疑是饮鸩止渴的做法。天启七年(1627),百姓无处存身,相率为盗,终于在陕西爆发了如火如荼的农民起义。其实,当时最简单有效的办法就是妥善地赈济饥民,安置复业。崇祯皇帝虽然深知这是对付起义的上策,但是安抚措施需要大量的财力支持。经过再三考虑,崇祯皇帝这才拿出十万两银子来救助灾民。但这些钱对于陕西的大批灾民来说,犹如杯水车薪,无数百姓在死亡线上挣扎。当时就有大臣在奏章中算了一笔账:如果按一人一两银子分配,十万两银子仅能救活十万人;而按照当时粮食的价格,也仅供五十天而已。许多大臣上疏,请求继续赈济,而爱财如命的崇祯皇帝则断然拒绝了安抚的建议,力主镇压。

崇祯帝的花押玉印

为了节省军费开支,崇祯皇帝大力压缩军费,戍边的将士们经常为衣食所苦。崇祯皇帝还振振有词地让将士们捉麻雀、捉老鼠来填饱肚子。袁崇焕率先请发内帑,崇祯皇帝迫于形势不得不应允,但由此便开始对袁崇焕心存不满。

当李自成的百万大军进逼北京之时,无计可施的崇祯皇帝特地召见群臣商量对策。大臣们提出调吴三桂的军队驰援北京,以解燃眉之急。吴三桂的父亲吴襄还提出,如果让吴三桂救援北京大约需要一百万两银子的军费。这笔银子在崇祯皇帝眼里,实在是笔令人心痛的数字,最后便放弃了这一计划。崇祯皇帝多次严令户部设法筹钱以解决军需之急,但此时国库已是囊空如洗,存储仅有区区四十万两。与此同时,崇祯皇帝的个人财产却丰厚无比。大臣们多次上疏恳请崇祯皇帝拿出个人的财产以充军饷,都遭到拒绝。左都御史李邦华痛心疾首地说:“社稷已危,皇上还吝惜那些身外之物吗?皮之不存,毛将附焉?”事已至此,崇祯皇帝却还是一毛不拔。崇祯皇帝自己不愿掏钱,却催逼勋戚、太监、各级文武百官“捐赀助饷”。许多大臣依靠贪污受贿而大饱私囊,此时却不约而同地开始装穷。

崇祯皇帝无奈,暗地里求助周皇后之父嘉定伯周奎,密谕其率先纳银十二万两,以便为群臣做个榜样。周奎却一个劲地向崇祯皇帝哭穷,声称只能捐出一万两。崇祯皇帝认为一万两太少了,周奎就向女儿周皇后求助,周皇后私下送来了五千两,周奎反而扣下三

千两，又上交了两千两。其他的勋戚、大臣争先仿效，只有一位太康伯张国纪拿出两万两银子。为了逼出银子，崇祯皇帝甚至把许多大臣投入大狱，但应者依旧寥寥，最后只筹得二十多万两银子。许多大臣装模作样地把家里的摆设拿到大街上卖，甚至在自家的大门上贴出“此房急售”的字样，来表明他们家已穷得只能卖房子了。

承天门闯王射箭

在大明王朝大厦将倾之际，大明朝堂之上却上演一出集体哭穷的闹剧，而这出闹剧的后果自然由崇祯皇帝一人承担。当李自成攻破北京后，发现崇祯皇帝的个人财库中“有镇库银，积年不用者三千七百万锭，金一千万锭，皆五百两为一锭”。而国丈周奎也不敢和起义军讨价还价，拿出了军饷五十三万两。最后，起义军用重刑追讨军饷，结果追出七千多万两银子。两相比较，真令人慨叹不已。

崇祯皇帝坐拥如此巨大的财富，却不舍得赈济灾民，不舍得用作军饷，以致无法挽救明朝防线的全面崩溃。历史在这里化作无尽的悲怆。

推诿己过

当大势已去时，崇祯皇帝曾无奈地叹息道：“朕非亡国之君，事事皆亡国之象。”这句话虽然有朱由检掩饰自己过失的成分，但也说明了一个无法逃避的现实，即在崇祯初年，大明江山就已陷入难以自拔的困境之中。崇祯皇帝的内心深处有一种无可救药的自恋心理，不敢承担责任成为他不可逾越的心理障碍。这使大明王朝失去了振兴的机会，最后走向灭亡。

崇祯皇帝过分珍惜自己的颜面，不能容忍自己身上出现一丁点的错误。正是由于这种病态的心理，他对舆论的评价极为敏感，行事之时迫切需要得到群臣和百姓的肯定。在执政过程中出现失误或者舆论反对力量过于强大时，他便不自觉地选择将失误和责任转嫁给他人。

执政前期，崇祯皇帝成功地剿灭了客魏集团，朝野无不称颂。因此他对于自己的政治才能产生了过高的估计，不能虚心听取别人的意见，遇事刚愎自用。他虚荣心很强，只对合乎自己想法的意见感兴趣，不能听取逆耳之言。大学士钱士升鉴于崇祯皇帝为政急躁严刻，在崇祯九年（1636）三月，“因撰《四箴》以献，大指谓宽以御众，简以临下，虚以宅心，平以出政”。“其言深中时病”，令崇祯帝十分不快。一个月后，崇祯帝就在钱士升所

上的另一道奏疏上写下极为难堪的评语："即欲沽名，前疏已足致之，毋庸汲汲。"这里所说的"前疏"就是指《四箴》疏而言。钱士升看到皇帝的批语惶恐不安，急忙"引罪乞休"。崇祯皇帝当即就批准了。

崇祯皇帝不能听取逆耳的忠言，这便给善于逢迎之徒大开方便之门。而温体仁就是这一时期靠逢迎窃取高位的最典型的代表。温体仁，字长卿，浙江乌程（今浙江湖州）人。万历二十六年（1598）考中进士，选为庶吉士，授翰林院编修，官至礼部侍郎。崇祯初年，升为礼部尚书。魏忠贤被除后，温体仁跃跃欲试，想实现窃取权柄的野心。他"为人曲谨而中猛鸷，机深刺骨"，善于揣摩圣意，先事逢迎，是不折不扣的奸佞之徒。崇祯皇帝为人多疑，"久疑廷臣植党"。温体仁便上呈所谓的"神奸结党"疏，恶语攻击钱谦益，专拣崇祯帝深恶痛绝的罪名扣在钱谦益的头上。崇祯帝勃然大怒，在次日的朝会上命钱谦益与温体仁当庭对质。温体仁言辞咄咄，气势逼人，令钱谦益措手不及，相形之下十分被动。结果钱谦益被罢官，他的学生给事中瞿式耜、御史房可壮等也受到降职的处分。此后，崇祯帝对温体仁信任有加，"闻体仁言，辄称善"。崇祯帝起用袁崇焕后，皇太极使用反间计，打算借用崇祯帝之手除掉袁崇焕。崇祯二年（1629），崇祯帝将袁崇焕逮捕入狱。就在崇祯帝将信将疑之际，温体仁乘机落井下石，两次密奏，力主杀掉袁崇焕。温体仁此举一箭双雕，不仅进一步取得了崇祯帝的信任，而且还铲除了异己势力。崇祯三年（1630）六月，温体仁以礼部尚书兼内阁大学士，并于崇祯六年（1633）升任首辅。温体仁为了争一己私利，置国家安危于不顾，诬陷袁崇焕，为敌人的奸计推波助澜，成为误国误民的罪人，遗憾的是直到崇祯十年（1637）他才被罢免。这是崇祯帝用人方面的重大失误。

玉寿字壶

当时的阁臣如走马灯一样，皆不能久居其位，而温体仁则居高位达八年之久，实为逢迎之功。崇祯帝主张"重典绳下"，温体仁便"专务刻核，迎合圣意"，以致"上下嚣然"。温体仁等奸佞之徒窃取官位，使明朝政治走向黑暗的深渊。官吏贪污是封建官僚体制下的一个痼疾。万历至天启时期，贪污现象已十分严重，而崇祯年间则愈演愈烈，官吏的升迁全凭贿赂。而军官的贪污则是一个无底洞，政府千方百计筹集到的军饷，都被这个无底洞所吞噬。这导致军队无饷可用，战斗力无法得到提高，政府只能再次筹措，而军官则进一步中饱私囊。这样便形成了一个恶性循环，而百姓的负担就随之一天天的加重。

崇祯年间天灾频繁，崇祯皇帝不能听取正确的意见，对百姓的疾苦漠不关心，导致农民起义之火越烧越旺。崇祯年间，全国多次发生旱灾，庄稼颗粒无收。崇祯末年，在华

北、西北、山东、长江中下游地区又发生了大规模的蝗灾，仅在北方就形成一条长达上千公里、宽达数百公里的蝗灾分布带，飞蝗所经之处草叶不存。旱灾和蝗灾，对全国的农业造成了惨重的破坏，成千上万的农民流离失所，生活在死亡线上。崇祯皇帝迟迟未能采取有效的赈灾措施，相反，灾区的一些贪官污吏仍旧对农民进行穷凶极恶地盘剥。天启七年(1627)爆发的陕西农民大起义原本并没有形成多大的气候，难民们只是些只会抢粮不会打仗的乌合之众。到了崇祯二年，崇祯帝冤杀了袁崇焕，陕西、山西的勤王兵掉头折返成为流寇。这时，这些乌合之众便成为能征善战的生力军。崇祯八年(1635)，农民军已发展到几十万人，分“十三家七十二营”，形成了高迎祥、李自成和张献忠两大势力集团。

为了推卸责任，为了所谓的面子问题，崇祯皇帝一再上演自毁臂膀的蠢剧。他不肯承认与清议和是自己的主张，并不惜枉杀了兵部尚书陈新甲。

在崇祯后期，兵部尚书陈新甲清醒地看到与清议和是明朝最好的出路，并积极地和皇帝着手议和之事，可称得上是明朝末期为数不多的敢于承担重任的重臣。自松锦之战大败以后，朝廷面对两线作战的困境，崇祯皇帝对议和之事非常迫切，但面对满朝文武反对议和的强大压力，他却选择了“暗箱操作”，秘密地进行议和之事。陈新甲的议和之举很快就得到了皇太极的积极回应。此时，朝中大臣听到了风声，便纷纷上奏反对议和。崇祯皇帝矢口否认，并亲笔写手诏给陈新甲，警诫他千万不可泄漏议和之事。崇祯十五年(1642)，崇祯帝又催陈新甲尽快促成议和之事。此时，陈新甲正巧出外办事，送信的人便将皇帝的密诏留在他的书房。陈新甲的家童误以为这是普通的《塘报》(各省派员在京所抄录的一般性上谕与奏章)，便拿了出去，交给各省驻京办事处传抄。这样一来，皇帝暗中在进行议和之事便公之于众，顿时舆论哗然。在众口之下，崇祯皇帝推卸自己的责任，义正词严地斥责陈新甲。此时的陈新甲终于看透崇祯皇帝极度虚荣、善于诿过的真面目。陈新甲深知，无论议和是否成功，自己都难逃一死。横竖一个死，陈新甲决心放手一搏。他在声辩书中引述了不少皇帝手诏中的句子，声称议和之事完全出自圣意。崇祯皇帝恼羞成怒，下旨将陈新甲“杀无赦”“斩立决”。理由竟是几个月前“流寇攻陷中都凤阳，害死皇帝的亲藩之咎，兵部尚书应负全责”。

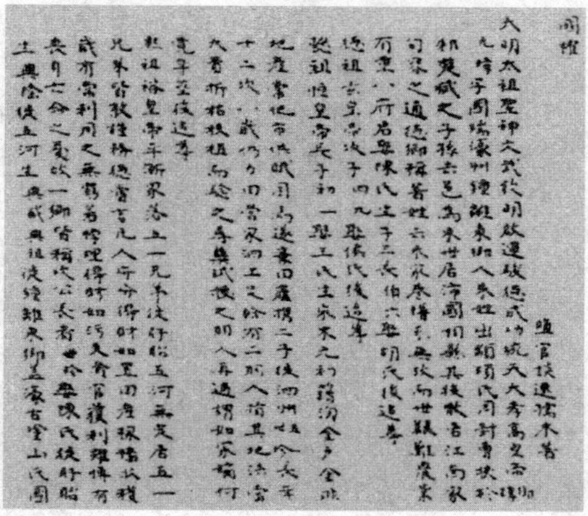

《国榷》书影

若要人不知，除非己莫为，本来两国议和对明朝是极为有利的。对于泄密事件，崇祯皇帝完全顺水推舟，将议和之事告谕群臣，成功地实现议和。这不仅可以挽救明朝的危亡，保护为自己办大事的官员，还可以在群臣面前树立起敢于承担责任的威信，进而大大

激发大臣们的热情，一举两得，何乐而不为呢？而崇祯皇帝却为了所谓的面子问题，杀了陈新甲。陈新甲之死，不仅完全堵死了明清议和之路，也在崇祯皇帝和大臣们之间挖出了一道深深的沟壑。此后，群臣们对朝政多是"相顾不发一言"，即使发言也是讲些套话，无人肯献一策，无人肯定一筹。

更加令人扼腕的是，崇祯皇帝不肯承担责任，在最后关头失去了挽救大明王朝覆亡的最后一个良机。崇祯十七年(1644)，李自成率领数十万大军围困北京，北京外城的守军已经纷纷投降。此时李自成派投降太监杜勋向崇祯皇帝提出了和谈的条件："明朝封李自成为王，赐银一百万两，并承认陕西和山西是其封国。李自成负责平定国内其他起义军，为朝廷抗击清政权，保卫辽东。"可以说，这些条件对于濒临绝境的崇祯帝是非常宽大的，任何一个成熟的政治家都不应该放弃这个最后的机会。崇祯帝此时已经没有任何同李自成讨价还价的实力，其身家性命都还在李自成的手中。李自成既没有逼崇祯退位，也没有架空皇室，一百万两银子的要求也没有超过崇祯帝的支付能力。很明显，崇祯帝如果接受这些条件，局势将会迅速地向着对明朝有利的方向发展，如能达成和解，李自成愿全力支持崇祯帝的抗清事业，这会使清入主中原之举困难重重，前景暗淡。可悲的是，值此危亡关头，崇祯帝虚荣诿过的恶劣品质也体现到了极点。他将问题推给了当时的首辅大学士魏藻德，命魏藻德"决之"。在这样决定朱明王朝兴亡的历史决策上，崇祯帝居然要一个臣下出面。魏藻德鉴于前人的种种遭遇，始终跪在地上不发一言。

崇祯皇帝无法面对自身的错误，无法承担自己的责任，被舆论牵着鼻子走，使大明王朝失去了最后的一条生路。

崇祯帝自缢煤山

崇祯皇帝统治晚期失措之处甚多。他不顾天灾频仍，催科捐税，加派三饷日甚一日，使百姓们生活在水深火热之中；为了加强边防和镇压各地农民起义，他不顾实际情况，对战事失利者非抓即杀，使朝中名将越来越少；他猜忌大臣，偏信宦官，时常令宦官镇抚、监督各要害，使边地将领手脚被缚，难有作为。

崇祯十七年(1644)正月，李自成的起义军逼近京师。而崇祯帝仍不知悔改，"遣内臣高起潜、杜勋等十人监视诸边及近畿要害"。特别值得一提的是，在京城面临危机之时，左都御史李邦华、右庶子李明睿"请南迁，及太子抚军江南"。崇祯皇帝当断不断，畏首畏尾，使局势越来越恶化。当李自成的大军来到居庸关时，大臣李建泰再次力主南迁都城，崇祯帝依然没有接受这个正确的意见。他在没有必胜的条件下，不思灵活变通之计，只知死守京城，自己束手无策，又不能放权于皇太子，亲手粉碎了一个个希望。李自成向崇祯皇帝提出议和，心性甚高的崇祯皇帝拒绝了这个建议。

崇祯十七年三月十七日，李自成率领大军攻入北京。次日，李自成派人告诉崇祯帝，如果他宣布退位尚可以保全身家性命。这对于骄傲的崇祯帝来说，简直是不可思议的。他一方面痛骂诸臣误国，一方面轻描淡写地进行自我批评。崇祯帝痴人说梦似的宣布，赦免除李自成以外的所有参与起义的人员，如果有人能将李自成生擒或杀死，则封万

铁冠图

户侯。

崇祯皇帝一筹莫展，与周皇后相对而泣。崇祯帝和周皇后将太子朱慈烺（时年十六岁）、永王朱慈炯（时年十三岁）、定王朱慈炤（时年十二岁，一说五岁）叫到面前，为他们换上粗布旧衣，让太监将他们送出皇宫逃生。打发走儿子之后，周皇后自缢身死。崇祯帝听说后，待了一会儿，连说："好！好！死得好！"他接着又命后宫妃嫔统统自裁。之后，崇祯皇帝又狠心地砍死了六岁的女儿昭仁公主，砍伤了十五岁（一说十六岁）的长平公主。长平公主聪慧可爱，一直备受父王的宠爱。崇祯皇帝在砍伤女儿时，流泪叹道："汝何生我家？"

崇祯皇帝"安顿"好妻妾子女后，独坐宫中。次日凌晨，他登上钟楼鸣钟召集百官，但无一人前来。这时，他才明白自己最后的时刻已经来临了。众叛亲离的崇祯帝率领司礼太监王承恩等数十名太监离开了皇宫。他们想乘夜突出重围，离开京城。他们行至齐化门（今朝阳门），"守城内监疑有变，以矢石相向"，之后又"走安定门，又不得启"。此时，天已经亮了，失去夜幕的掩护，崇祯帝更加无法冲出重围，只好回到皇宫。他潦草地写下遗言："朕非庸暗之主，乃诸臣误国，致失江山。朕无面目见祖宗于地下，不敢终于正寝。贼来，宁毁朕尸，勿伤百姓！"然后他便和宦官王承恩一起自缢于万岁山（俗称煤山，今景山公园）。

崇祯皇帝宠信的太监曹化淳投降了李自成，并说："（魏）忠贤若在，时事必不至此。"可见，在太监曹化淳的眼里，这个自视甚高的亡国之君还不如臭名昭著的魏忠贤。崇祯皇帝在自缢之前，在衣襟上御书："朕凉德藐躬，上干天咎，然皆诸臣误朕，朕死无面目见祖宗。"他在临死之前，还将一切罪过都推到群臣身上，其刚愎自用可想而知。事实上，他并不能算是一个荒淫的暴君。在其执政前期，他诛灭权阉，宵衣旰食，使朝政大有中兴之象，"天下翕然称是"。但到了后期，他刚愎自用，妄图在短时间内一举解决所有问题，实现明朝中兴，结果大大消耗了明朝的统治资源，急剧地掏空了明朝的生存资本，不仅加剧了原有的危机，而且衍生出新的危机，最后落得个国破身死的悲剧下场。

长平公主被父亲砍伤后，昏死过去，被抬到周皇后的父亲周奎家里。多尔衮率清军入关后，长平公主成为清廷特殊的“客人”。为了笼络人心，多尔衮下令，五月初六至初八为崇祯帝哭灵三日，上谥号“怀宗端皇帝”。与此同时，多尔衮还将崇祯皇帝和周皇后的棺木起出，重新以皇帝之礼下葬，葬在昌平明皇陵区田贵妃的陵寝内，这就是明十三陵中的思陵。

明思陵

清顺治二年（1645），长平公主向顺治帝上书：“九死臣妾，跼踏高天，愿髡缁空王，稍申罔极。”她希望出家为尼，断绝尘世间的哀伤悲痛。然而，长平公主作为前朝长公主，对清廷笼络人心有诸多好处。在长平公主上书后不久，顺治帝便下诏命她与崇祯为她选定的驸马周显完婚，并大加赏赐。几个月后，长平公主便病逝了，这一年她年仅十八岁。

永历帝流亡缅甸

隆武二年（1646）八月，隆武帝遇害。消息传来，在南明各地政权中引起极大的震动，皇室的继统问题成为急需解决的问题。

桂王朱由榔得到了大多数官绅的支持，这主要是出于伦序上的考虑。在明朝宗室中与崇祯皇帝朱由检关系较近的是他的祖父明神宗的子孙，也就是福王、瑞王、惠王和桂王。此时，神宗的子孙就只剩下桂王了。清朝大军攻克浙江、福建之后，使南明残余力量被迫向西南转移。

原广西巡抚瞿式耜等人主张拥立桂王朱由榔称帝，而握有实权的两广总督丁魁楚却犹豫不决。丁魁楚收到隆武朝大学士何吾驺的亲笔信后，得知隆武帝确实已经遇害，才下定决心拥戴桂王朱由榔。太监王坤（又名王弘祖）投入桂王朱由榔的府中，得到桂王朱由榔的宠信。隆武二年十月初十日，朱由榔在肇庆就任监国。丁魁楚为了当上首席大学士，勾结王坤，最后如愿以偿地当上了首席大学士兼兵部尚书。太监王坤成为司礼监太监，得以把持朝廷用人大权，使永历政权一开始便陷入一片混乱。

桂王朱由榔相貌堂堂，生性十分懦弱寡断。瞿式耜说他：“质地甚好，真是可以为尧、舜，而所苦自幼失学，全未读书。”实际上，朱由榔昏庸无能，毫无主见，用人不当，根本无法应对目前复杂的时势，更谈不上承担起中兴的重任。十六日，桂王朱由榔得知赣州失

守。尽管肇庆离赣州还颇有一段距离，但满朝文武以及桂王朱由榔皆惊慌失措。司礼监太监王坤、首辅丁魁楚皆力主立刻逃难，大学士瞿式耜等主张暂缓。十月二十日，桂王朱由榔即逃往广西梧州。此事令广东官绅对桂王朱由榔大失所望，直接导致了唐王朱聿𨮁在广州称帝。

唐王朱聿𨮁得以成为皇帝，与原隆武朝大学士苏观生大有关系。苏观生本想拥立桂王朱由榔，却遭到首辅丁魁楚的拒绝。十月二十九日，唐王朱聿𨮁来到广州，苏观生等人不失时机地拥立唐王朱聿𨮁。十一月初二日，苏观生联合广东布政使顾元镜、侍郎王应华等拥戴唐王为监国。初五日，唐王正式在广州称帝，年号绍武。

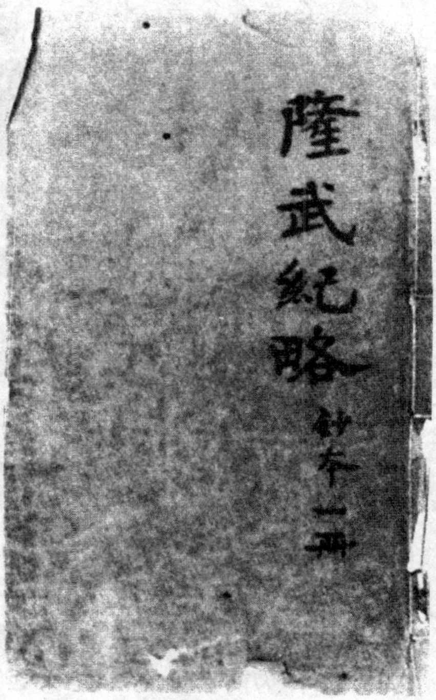

《隆武纪略》书影

唐王朱聿𨮁称帝的消息传到梧州，桂王朱由榔、丁魁楚等人大吃一惊。为了挽回民心，朱由榔于十一月十二日返回肇庆，于十八日正式即位，改明年为永历元年。这样，在广东一省之内，就有两个南明政权。历史再次重演，出现了朱明宗藩同室操戈的闹剧。

虽然朱聿𨮁所建立的小朝廷在十二月就被清军所灭，绍武的年号从未得到使用，历代学者还是将其称为绍武政权。绍武政权从未进行过抗清活动，但为了争夺帝统与永历政权势不两立。十一月二十九日，内战爆发，双方在广东三水县城西展开厮杀，极大地消耗了抗清力量。清朝大将李成栋乘南明内讧，于十一月攻占潮州（今广东潮安）、惠州，十二月十五日攻克广州。绍武帝朱聿𨮁被清军所俘，自缢而死。苏观生以身殉国，从各地逃往广州的明朝亲王、郡王共计十六人皆被清军处斩。绍武政权仅存在四十一天，便遭到覆亡。

永历政权统治集团内部极端腐朽，因袭了明末的党争，一切以个人和小集团的利益为准，将国家大局置于脑后。少数较为正派的官员想有所作为，挽救危局，他们的努力也在党争中化为乌有。十二月二十六日，朱由榔再次逃入广西，颠沛流离，处境极为险恶。

永历元年（1647）正月，永历帝逃往桂林。李成栋的大军攻克肇庆，连下高、雷、廉三州，尾追朱由榔向广西推进，兵不血刃地攻占广西重镇梧州。正当南明政权形势万分危急之时，大顺农民军的余部出现在抗清斗争最前线，挽救了危险的时局。李自成死后，其余部分为二支，分别由郝摇旗、刘体纯和李过、高一功率领，先后进入湖南，与明湖广总督何腾蛟等联合进行抗清斗争。五月，清朝大将孔有德率军进攻桂林，被瞿式耜、焦琏所败。瞿式耜将此次胜利大肆宣扬，但就实际情况而言，这次战役的规模并不大。此时，李成栋率主力部队进攻广西，清军在广东的兵力十分单薄。永乐朝廷对清军的虚实一无所

知，非降即逃，错过了大好的时机。在此危难之际，广东出现了一大批仁人志士，自行组织义军展开抗清斗争，其中最负盛名的是南明的“三忠”：陈邦彦、张家玉、陈子状。

陈邦彦、张家玉、陈子状三人领导的义军虽先后被清军镇压，但正是由于广东各地兴起的武装反清浪潮令清廷抽回进攻广西的大军。正因如此，永历朝廷在广西的统治才得以维持下去。

十一月，南明何腾蛟、瞿式耜于全州击败清将孔有德的大军，同时李成栋的军队在广西亦受挫，回到广东。大顺农民军余部李过、郝摇旗等与南明联合抗清，军威大振，在湖南连连取得胜利，几乎收复了湖南全境。永历二年（1648），江西提督金声桓、广东提督李成栋、大同总兵姜瓖，先后反清复明，南明声势大震。一时间，永历政权控制的区域扩大到了云南、贵州、广东、广西、湖南、江西、四川等省，清廷为之大震。但永历政权内部矛盾重重，各派政治势力互相攻讦，农民军也备受排挤，不能团结一致，这就给清军提供了喘息之机。何腾蛟、瞿式耜先后在湘潭、桂林的战役中被俘牺牲，清军重新占领湖南、广西，其他刚刚收复的失地也先后落入清军的手中。

肇庆府图

永历六年（1652），永历朝廷接受张献忠部将孙可望、李定国联合抗清的意见，抗清斗争再次出现高潮。不料，孙可望与李定国之间矛盾激化，破坏了大好形势。

永历十年（1656），大将李定国迎桂王至云南，次年又大败孙可望。孙可望投降清朝，永历朝中的虚实尽为清军所知，令永历政权陷入被动。永历十二年（1658），吴三桂率清军攻入云南。次年，清兵三路追逼，吴三桂攻克昆明，永历帝被迫出逃缅甸。李定国曾连连交涉，欲迎他回云南，均为缅甸国王拒绝。李定国率大军在磨盘山设下埋伏，企图一举歼灭清军，不料因内奸泄密而失败。

永历十五年（1661），吴三桂率清军进入缅甸，索回永历帝。次年四月，吴三桂将永历帝押回云南，拘禁于昆明。他害怕夜长梦多，经清廷批准将永历帝及其眷属二十五人在昆明处死。永历帝终年四十岁。葬处不明。这样，南明最后的一个政权也宣告灭亡。

国姓爷郑成功

瞿式耜

郑成功，原名森，字明俨，又字大木，福建南安石井人。父亲是明末福建总兵官郑芝龙，母亲是日本女子田川氏（中国文献称其为翁氏）。天启四年（1624），郑成功出生于日本长崎，七岁以前都随母亲居住在日本，直到崇祯三年（1630）才被父亲接回福建。

郑芝龙是明朝著名海商李旦的义子。天启五年（1625），李旦病逝，郑芝龙继承了义父的事业，在台湾建立了初具规模的郑氏地方统治政权，并拥有当时闽海上最大的武装集团。郑芝龙海上势力的日益扩张，令明朝统治者极为恐慌，多次派兵围剿，均未能成功。崇祯元年（1628），福建巡抚熊文灿对郑芝龙进行招抚，授予其“五虎游击将军”的头衔。崇祯六年（1633）七月，荷兰殖民者入侵东南沿海。十月，郑芝龙会同闽、粤水师进行反击，大败荷兰殖民者。因军功卓著，朝廷加封郑芝龙为福建总兵，后擢升福建总督。郑芝龙不仅仕途一帆风顺，还取得了东南沿海的制海权，并不断扩张自己的势力，成为雄霸东方的海上霸主。南明隆武元年（1645），郑芝龙在福州拥立了唐王，建立了隆武政权。郑芝龙得到隆武帝的恩宠，赐国姓朱，改名成功。所以，后来人们常称郑成功为“国姓爷”。

隆武二年（1646），郑芝龙不顾郑成功的反对，投降清朝。郑成功在烈屿（今小金门）誓师起兵，走上了抗清的道路。次年，郑成功已拥有几千人马，自称“招讨大将军”，进一步招兵买马，郑芝龙的旧部纷纷集结在郑成功的周围，很快便组成了一支声势浩大的军队。

永历十三年（1659）五月，郑成功亲任招讨大元帅，开始了平生最大规模的北伐斗争。七月，北伐大军在各路清军的反攻下遭到严重的损失。九月，郑成功退回厦门。此时，全国的反清斗争已进入低潮，清廷已控制了中原大部分领土。大顺军的余部龟缩在川、鄂交界的山区，李定国的残部也退缩到云南，永历帝已逃到缅甸。由此，郑成功面临着更为险峻的形势。

为了在战争中取得主动，郑成功便把目光转向台湾，考虑收复台湾，将其作为抗清基地。对此，郑成功曾明确指出，台湾“田园万顷，沃野千里。造船制品，吾民麟集”，“我欲平克台湾，以为根本之地，安顿将领家眷，然后东征西讨，无内顾之忧，并可生聚教训也”。再者，荷兰殖民者于天启四年侵占台湾，对台湾人民开始了长达三十八年殖民统治，台湾人民不堪忍受荷兰侵略者的暴行，盼望祖国收复台湾，于是郑成功下定收复台湾的决心。

永历十五年(1661)正月,顺治皇帝去世,郑成功判断清军不可能在短期内大规模的用兵,召集军事会议,决定渡海东征台湾。同年三月初一,郑成功集中了十倍于荷军的兵力,在金门举行了隆重的誓师仪式。三月二十三日,郑成功率领第一梯队自金门料罗湾出航,领航的是澎湖游击洪喧。三月二十七日,郑成功率军行至柑橘屿海面时,遭风雨所阻,被迫折回澎湖。一连几天,风雨不停,军队的粮食供应发生了困难。如果再滞留在澎湖,不仅对军心不利,更重要的是不能按预定的日期抵达迂回窄浅的鹿耳门水道。而经过郑成功的事先调查,必须利用每月初一日和十六日的大潮才能进入鹿耳门,否则就要向后推迟半个月的时间。于是,郑成功不顾有些将领的劝阻,当机立断,决定冒着暴风雨横渡海峡,于四月初一日顺利地通过了鹿耳门。

桂林府图

郑成功出其不意地从鹿耳门开进台江,荷兰殖民者惊慌失措,慌忙迎敌。当晚,郑军突破荷军的火力,只用了不到两个小时就在禾寮港成功登陆,扎下营寨,并在鹿耳门也登陆扎营,以防北线敌军进攻。台湾的汉族和高山族人民见到郑成功的军队,喜出望外,争先恐后地出来迎接。郑成功占据有利地形,修建防御工事,切断了荷军的军事要塞赤嵌楼与台湾城的联系,为从海、陆两面打败荷军做好了准备。

荷军接连失利,被迫龟缩在赤嵌楼和台湾城,不敢出战。郑军乘胜围攻赤嵌楼,并切断了荷军的水源。台湾人民也自发地组织起来,协助郑成功的军队打击荷军。四月初七日,郑成功留下一部分兵力扫清其他地方的荷军,率领主力部队亲自围攻台湾城。台湾城中的荷兰殖民者负隅顽抗,拒绝了郑成功招降的建议。

郑成功鉴于强攻一时难以取胜,改变策略,决定采取长围久困、且耕且战的方针。五月六日,赤嵌楼中的荷军终于动摇了。经过谈判,赤嵌楼司令官描南实叮签订了投降书。五月八日,郑成功的军队收复了赤嵌楼。

在取得赤嵌楼的控制权后,郑成功的军队势不可挡,很快地占领了大员市区,从大员

市区、北线尾以及大员与台湾本岛相连的下场陆路三个方向对荷军最主要的据点台湾城形成包围。

荷军多次拒绝郑成功的劝降,郑军在围困台湾城八个多月后即开始发起总攻。荷军困守孤城,岌岌可危,士气低落。荷兰总督揆一见大势已去,被迫同郑成功谈判,并签订了十八款投降条约。根据条约规定,揆一于十二月十三日(即 1662 年 2 月 1 日)率部投降。

至此,沦陷了三十八年之久的台湾重新回到祖国的怀抱,捍卫了中华民族的利益。郑成功收复台湾五个月后,因戎马倥偬,操劳成疾,不幸逝世,时年只有三十八岁。

第二章 文学艺术

心学祖师——王守仁

王守仁（1472~1528），字伯安，浙江余姚人，号阳明，曾隐居绍兴阳明洞中，世称阳明先生。王守仁28岁中进士，历任知县、刑部主事、兵部主事、吏部主事、左佥都御史、南京兵部尚书，卒于嘉靖七年（1528年），谥文成。

王守仁

王守仁在学术上发展了主观唯心主义的理学，和南宋陆九渊合称陆王学派，与程（程颢、程颐）朱（熹）学派并立，其学说比程朱理学空谈“天理性命”更简单易行，被统治者誉为“学达天人，才兼文武”的“真儒”。

王守仁认为，“心是天地万物之主”，“心即理，心外无理，心外无物”，以为“良知”即天理，“致吾心良知之天理于事事物物，则事事物物皆得其理矣”，确立了心学理论体系，提出“知行合一”，认为“知是行之始，行是知之成”，“知之，真切笃实处便是行”，“一念发动处，便即是行了”。他倡导道德意识与道德行为的统一，强调“言行一致”，“笃实躬行”。心学的最终完成是“致良知”说。

王守仁的主观唯心主义思想形象地体现在与朋友的一番对话中。一次，王守仁和他的朋友出去游玩，朋友指着山中的花树问他：“你说‘天下无心外之物’，此树在山中自开自落，与我心也有关联吗？”王守仁回答说：“你没有看到此花时，此花与你的心同归于寂，你看到花时，则花的颜色也鲜亮起来，便知此花不在你的心外。”王守仁认为心是万事万物的根本，世界上的一切都是心的产物。“此花不在你的心外”，典型地说明了他的主观唯心主义哲学观点。

在政治思想方面，王守仁以“存天理，灭人欲”原则为指导，要求“行法以振威”。他强调刑罚是“德治教化”的保障，“果有顽梗强横，不服政化者”，就一定要“即行擒拿，治以军法，毋庸纵盗，益长刁顽”。同时强调要以体现为封建礼义的“良知”治心，德刑并用，宽猛兼施，做到既“破山中贼”，又“破心中贼”。他主张明“赏罚”以提高统治效力，行德治礼教以预防“犯罪”。

王守仁因反对朝廷宦官，被贬为贵州龙场驿丞。在此任上，他捕获一个强盗头目。在审讯时，强盗头目说：“我犯的是死罪，要杀要剐，随你！我知道你是大学问家，别和我谈道德良知。我们这种人从来不信这个。”王守仁说：“好。今天我们不谈道德良知。不过，天这么热，在审案前还是把外衣脱了吧！”强盗头目说：“好！”脱去外衣后，王守仁又说：“还是热，把内衣也脱了吧！”强盗头目便又脱了内衣。王守仁更进一步说道：“干脆我们把裤头也脱了吧！”一听说要脱裤头，强盗头目赶紧说：“这可使不得！”王守仁当即诱导：“为什么‘使不得’？这是因为在你心中最后还剩有那么一点羞耻感。像你这样十恶不赦的家伙，我照样可以和你谈‘道德良知’！”强盗头目心诚口服，便将自己的罪行如实供出。

王守仁不是军事家，但其所表现出的军事才能又非一般将帅所及。正德十四年(1519年)六月，宁王朱宸濠起兵，争夺皇位，发生叛乱。宁王反叛后，朝野震惊，许多将帅都束手无策。这时，王守仁挺身而出。王守仁所率的只不过是金陵城附近州县的衙役兵勇，甚至一班刚被招安的土匪流寇，然而王守仁却用这支队伍无往不胜，四十天竟大功告成，一时被誉为“大明军神”。一介儒生，指挥千军万马若提笔研墨，令人叹为观止。

“王学左派”的兴起

嘉靖、万历年间，明代社会政治、经济各方面的变化相应地引发了思想界的变革，市民阶层要求冲破封建桎梏、争取人格独立，以王艮、颜钧、何心隐、李贽为代表的“王学左派”应运而生，成为一批封建社会的叛逆者。这一学派的门徒多来自劳动阶层，如樵夫、陶匠、农民，他们的活动接近劳动群众，反映他们的思想愿望。“王学左派”代表人物就是王艮。王艮提出“百姓日用即道”，主张从现实生活中寻求真理，从日常生活中贯彻封建伦理道德，肯定人民由于生活需要而提出的物质要求，认为饮食男女的人欲就是天性，这种观点包含有反对封建等级制度的平民思想，它崇尚人性，反对封建禁欲主义的说教。强调身为家国天下的根本，以“安身立本”作为封建伦理道德的出发点，明白地指出“正人必先正己”，“正己”就是“正身”。正身应人人平等，包括统治阶级在内，概莫能外。这样的观点，与那些封建统治者只要平民百姓“正心”，而他们却可以为所欲为的观点有着天渊之别。

在“王学左派”的后期代表人物李贽的思想里已经出现了唯物主义的因素，李贽在当时被人称为“异端”之士，他猛烈地抨击封建礼教，认为穿衣吃饭的问题即可说明，这是人

生最基本的自然要求，因而“道”不在于禁欲，而在于满足人们的需要和追求物质的快乐。

“王学左派”的代表人物王艮，字汝止，号心斋。他家境贫寒，只上过三年学，后跟随父兄在煎盐的亭子里干活。靠刻苦自学，王艮终于成为一名儒学大家，并形成了一种不重师教而重自得，不守章句、不泥传注而好信口谈解的平民学风。

王艮原来叫王银，据说王艮在拜王守仁为师时，王守仁认为他有些高傲，个性太强。为了使王银今后能谦虚谨慎，注意克制自己，就把他的名字“银”，改成了一个带有静止意思的“艮”字，从此就叫王艮。

王艮38岁那年，他从别人处了解到王守仁的思想，便去南昌找这位心学大师请教。结果，一番问对，王艮被王守仁的理论所折服，只好拜师称徒。可回头一想，王守仁的思想中也有与己不合之处，便后悔了。第二天早上，见到王守仁，便直言拜其为师有些轻率之意。王守仁一听，高兴地说：“你不轻易地相信盲从别人，太好了。”两人便展开论战，直到王艮心悦诚服。王守仁事后对门人们说：“当初我手擒叛贼朱宸濠也没有今天激动呵！王艮疑就是疑，信就是信，一丝不苟，你们都不如他啊！”

嘉靖元年（1522年），为了宣传王守仁的学说，40岁的王艮辞别了王守仁，自己设计并制造了一辆古怪的蒲轮车，由两个仆童推着，开始向京城进发，路经江苏、安徽、山东、河北四省，一路上讲学不辍，到达京城时轰动了整个京师。王守仁死后，王艮自立门户，开始独立授徒讲学。

王艮在接受王守仁学说的同时，注重“自得”之风，“往往驾师说之上，持论益高远”。在理论上，其禅宗佛学色彩更为明显，故而对封建传统思想的破坏作用也更大；反对笃信谨守封建礼教，肯定人的情欲的合理性，反映了当时市民阶级要求个性解放的思想。

反礼教和道学的斗士——李贽

李贽（1527~1602），原姓林，初名载贽，号卓吾。嘉靖三十一年（1552）中举后，改姓李，1566年为避穆宗载垕讳，取名贽。他曾为官河南共城（今河南辉县），因仰慕邵雍而筑室于苏门山百泉上，又号百泉居士。晚年居龙湖，号龙湖叟。

李贽26岁时乡试中举。嘉靖三十五年（1556），被授河南共城（今辉县）教谕职。嘉靖三十九年（1560），他在共城任满，升迁南京国子监博士。不久，父丧回家，三年服满后，进京候缺。嘉靖四十三年（1564），复任南京国子监博士；嘉靖四十五年（1566），补礼部司务；隆庆四年（1570），任南京刑部员外郎；万历五年（1577），任云南姚安知府；万历八年（1570），任满致仕，专心著述。

李贽在云南姚安县任知府时，曾在自己办公的厅堂挂了一副对联：

从故乡而来，两地疮痍同满目

当兵事之后，万家疾苦早关心

李贽一生读书治学，从不中缀。70岁时，在麻城龙湖作《读书乐》曰：

李贽

天生龙湖，以待卓吾，天生卓吾，乃在龙湖，龙湖卓吾，其乐何如？四时读书，不知其余。读书伊何？会我者多。一与心会，自笑自歌。歌吟不已，继以呼呵；恸哭呼呵，涕泗滂沱。歌匪无因，书中有人；我观其人，实获我心。哭匪无囚，空潭无人；未见其人，实劳我心。弃之莫读，束之高屋。怡性养神，辍歌送哭。何必读书，然后为乐？乍闻此言，若悯不谷。束书不观，吾何以欢？怡性养神，正在此间；世界何窄，方册何宽！千圣万贤，与公何冤！有身无家，有首无发；死者中身，朽者足骨。此独不朽，原与偕殁；倚啸丛中，其声振鹃。歌哭相从，其乐无穷！雨阴可惜，曷敢从容。

李贽在这首诗中，描绘了自己读书时的心情。对于李贽来说，读书就是生活，读书就是快乐。

李贽骨子里充满了一种追求个人自由与解放的反叛意识。李贽学说的一个最大特点是对封建理学进行批判。他认为，如果以孔子的是非为是非，“则千古以前无孔子”，那就没有是非了吗？孔子的作用很大，但也不能随意夸大孔子的作用。

李贽认为道学家崇尚的“经典”是骗人的。他批判道学家“存天理，灭人欲”的虚假说教，认为“穿衣吃饭，即是人伦物理”，伦理表现在日常生活之中，而不在日常生活之外。他斥责道学家是“阳为道学，阴为富贵，被服儒雅，行若狗彘”的衣冠禽兽，是“口谈道德而心存高官，志在巨富”的两面派、伪君子。他表示与假道学势不两立。

李贽早年的自然观有唯物主义倾向，认为天地万物皆阴阳二气所生。后来他还接受了禅宗的观点，相信“万法尽在自心”，山河大地同清静本原合而为一。因而李贽的学说服膺于“心学”，并把王守仁的“良知说”，发展为“童心说”。李贽的“童心说”影响很大，它不仅成为其批判道学的理论依据，而且作为一种文学新见解，即为文要从真心中自然流出。他提倡男女平等，反对歧视妇女，还主张婚姻自主，赞扬卓文君和司马相如相爱是“同声相应，同气相求”。

明朝统治者把李贽的学说看作是“异端之尤”“非圣无法”的洪水猛兽，加以销毁。万历三十年(1602年)，礼部给事中张问达秉承首辅沈一贯的旨意上奏神宗，说：“李贽壮岁为官，晚年削发，近又刻《藏书》《焚书》《卓吾大德》等书流行海内，惑乱人心。”神宗以“敢倡乱道，惑世诬民”的莫须有罪名在通州逮捕李贽，并焚毁他的著作。李贽在狱中说：“衰病老朽，死得甚奇，真得死所矣。如何不死？”万历二十年(1602年)三月十五日，李贽在镇抚司的狱中用剃刀自杀，结束了他76岁的生命。东厂锦衣卫写给皇帝的报告则称李贽“不食而死”。

明代四大奇书的诞生

在明代，中国的长篇小说创作进入高潮期，产生了号称中国四大奇书的《西游记》《水浒传》《三国演义》《金瓶梅》。《三国演义》是我国第一部章回体小说，也是我国最有代表性的长篇历史演义小说；《水浒传》是中国历史上第一部描写农民起义的长篇小说；《西游记》是中国文学史上一部最优秀的长篇神魔小说；《金瓶梅》是中国文学史上第一部由文人独创的长篇小说。四大奇书由冯梦龙、李渔论定，经李卓吾、金圣叹等人批点，几百年来流传不衰，家喻户晓，在我国乃至世界各国拥有众多读者。

《西游记》

《西游记》是在一定史实的基础上，经过长期的民间流传和曲艺、戏曲、话本等的创作，最后由吴承恩做总结性的再创作而后写定。全书共 100 回，41 个故事，于 1592 年由金陵书商世法堂唐氏刊刻出版。

《西游记》主要描写唐三藏受唐太宗的委托，在徒弟孙行者（悟空）、猪八戒（悟能）、沙和尚（悟净）等人的保护下，去西天取经的故事。首先写孙悟空的出世，大闹天宫，这是全书的最精彩部分；然后写魏徵斩龙，唐太宗入冥，刘全进瓜和玄奘奉诏取经的故事；再写取经正题，唐僧和他的徒弟们历经九九八十一难，历尽艰辛，受尽苦难，以坚强的毅力和坚定的信念，克服重重难关，终于化险为夷，实现取经的目的。《西游记》书中大部分人物以神怪妖魔的形象出现，通过他们的活动，展现了人间的美丑善恶。孙悟空艺高胆大，蔑视天纲，不畏艰险；唐僧分不清敌我，常常认敌为友；猪八戒害怕困难，私心很重，贪恋舒适生活。但他们与妖魔之间，有一道鲜明的界线，属于阵线分明的两个营垒。

《西游记》系统地反映了中国释道儒三教合流的思想体系，成功地将道教的天上、地狱和海洋的神仙体系与佛教的西天糅合到一起，并在同时体现“世上没有不忠不孝的神仙”的儒教思想。

《西游记》的成书在中国封建社会末期，资本主义萌芽已经开始出现，因此也反映出对封建体系的不满，第一次提出“皇帝轮流作，明年到我家”的大胆言论。同时这本书对神仙体系的描绘正是作者当时生活的明朝政治社会的缩影。

《水浒传》

《水浒传》取材于北宋末年宋江起义的故事。宋代说书伎艺兴盛，在民间流传的宋江等 36 人故事，很快就被说书人拿来作为创作话本的素材。元代杂剧盛行，有大量的水浒戏出现。宋末明初，以水浒故事为题材的话本、戏剧相继问世，最后，施耐庵把这些故事汇集起来，经过选择、加工、再创作，写成《水浒传》。《水浒传》如一幅长长的历史画卷，展示了宋代的政治文化，市井风情，社会景观。

武松画像

《水浒传》揭示了中国封建社会农民起义的发生、发展和失败过程的一些本质，其社会意义首先在于深刻揭露了封建社会的黑暗和腐朽及统治阶级的罪恶，说明造成农民起义的根本原因是"官逼民反"。《水浒传》围绕"官逼民反"这一线索展开情节，表现了一群不堪暴政欺压的"好汉"揭竿而起，聚义梁山，直至接受招安，起义失败的全过程。其最闪光的思想在于，它将封建统治者视为"盗贼草寇"的起义农民给予充分肯定，并深刻揭示了农民起义的社会根源。

《水浒传》反映农民起义发生发展的规律，是循序渐进，步步深入，而终于全面展开的。英雄们的起义行动，是由小到大，由个人反抗到集体行动，由无组织到有组织，由小山头到大山头，最后汇成一股浩浩荡荡的起义巨流。《水浒传》在记叙歌颂起义军的武装斗争时，还比较重视战争经验的总结，起义军战胜敌人，不仅凭勇敢，还靠智慧。

《水浒传》作者以其高度的艺术表现力，生动丰富的文学语言，叙述了许多引人入胜的故事，塑造了众多可爱的个性鲜明的英雄形象，成功地塑造了宋江、武松、林冲、鲁智深、李逵等人物形象。作者善于把人物放在真实的历史环境中，紧扣人物身份和经历刻画人物性格；善于把人物放在尖锐的斗争中生死存亡的关头来描写人物性格，还善于运用比较法、反衬法来凸显人物性格。《水浒传》继承与发展了中国古代小说与讲史话本的传统特色。故事极富传奇性，一波未平，一波又起，起伏跌宕，变化莫测。每一故事的高潮，都紧扣读者的心弦。

《三国演义》

《三国演义》是罗贯中吸取话剧本、戏曲中三国演义的精彩内容，参照《三国志》的历史资料，再加上其他史书，结合自己的生活体验和民间流传的三国故事，寄托自己的政治理想而写成的。

《三国演义》以东汉末年及魏、蜀、吴三国历史为题材，从东汉灵帝中平元年（184）黄巾起义写起，到西晋武帝太康元年（280）全国统一为止，前后共97年。全书反映了三国时代的政治军事斗争，反映了三国时代各类社会矛盾的渗透与转化，概括了这一时代的历史剧变，塑造了一批叱咤风云的英雄人物。在对三国历史的把握上，作者表现出明显的拥刘反曹倾向，以刘备集团作为描写的中心，对刘备集团的主要人物加以歌颂，对曹操则极力揭露鞭挞。

《三国演义》的艺术成就是多方面的。它成功地塑造了众多的人物形象。全书写了400多个人物，其中主要人物都是性格鲜明、形象生动的艺术典型。其中最为成功的有诸葛亮、曹操、关羽、刘备等人。诸葛亮是作者心目中的"贤相"的化身，他具有"鞠躬尽瘁，

死而后已”的高风亮节，具有救世济民再造太平盛世的雄心壮志，而且作者还赋予他呼风唤雨、神机妙算的奇异本领。曹操是一位奸雄，他生活的信条是“宁教我负天下人，不教天下人负我”，既有雄才大略，又残暴奸诈，是一个政治野心家、阴谋家。关羽“威猛刚毅”“义薄云天”，但他的义气是以个人恩怨为前提的，并非国家民族之大义。刘备被作者塑造成为仁民爱物、礼贤下士、知人善任的仁君形象。

《三国演义》长于描述战争。全书共写大小战争40多次，展现了一幕幕惊心动魄的战争场面。它的结构，既宏伟壮阔而又严密精巧。时间长达百年，人物多至数百，事件错综，头绪纷繁，可作者却能写得井井有条，脉络分明，各回能独立成篇，全书又是一个完整的艺术整体。《三国演义》在艺术上的最大缺点：一是人物性格固定化，缺少发展变化，这可能是受了民间传说人物定型化的影响和历史材料的局限；二是想象、夸张有时不合情理。

《三国演义》是一部“陈述百年、赅括万事”的经世作品，以英雄豪杰作为话题，对演义中众多的英雄形象，从历史学、文化学、人类学、心理学、美学等诸多方面加以发挥和阐述，进而使中华民族传统的英雄观念得以发扬光大。问世以来，影响深远，是广大人民认识三国时代乃至整个封建社会的军事、政治斗争和整个社会面貌的教科书；它曾为后世农民革命的战略策略提供了借鉴；几百年来它为民族戏曲提供了大量题材；为后世文学提供了一种反映复杂历史生活的体裁。

《金瓶梅》

《金瓶梅》成书大约在明代万历年间，作者署名兰陵笑笑生。兰陵即山东峄县，书中运用大量的山东口语，故作者当为山东人，但没有真姓名。所以，关于兰陵笑笑生的真实身份，众说纷纭。

在明朝著名的四大奇书中，只有《金瓶梅》不以史书为依托，而是借《水浒传》中西门庆与潘金莲的故事，并把故事引申开来，写的完全是市井平民的生活，通过写西门庆的家庭来反映社会的黑暗腐败，这在中国小说史上是没有先例的，是中国文学史上第一部由文人独创的长篇小说。著名史学家吴晗说，《金瓶梅》反映了政治、经济、文化、习俗等，是一部明末社会史，逼真再现了16世纪中国社会的全景图。鲁迅曾高度评价《金瓶梅》说：“作者之于世情，盖诚极洞达，凡所形容，或条畅，或曲折，或刻露而尽相，或幽伏而含讥，或一时并写两面，使之相形，变幻之情，随在显见，同时说部，无以上之。”

《金瓶梅》以西门庆发迹暴亡为中心情节，全方位描绘了上自封建最高统治机构，下至市井百姓所构成的一个现实社会世界，深刻地揭露了市侩势力和封建统治机构互相勾结、狼狈为奸的罪恶行径和丑恶嘴脸，展示了市井生活的广阔图景。西门庆原有一妻二妾，又先后谋取孟玉楼、潘金莲、李瓶儿为妾，并和婢女春梅等淫乱。作者还描写了他认蔡京为义父，和太尉等大臣串通一气，鱼肉人民，作品刻画了西门庆这个兼有官僚、恶霸、富商三种身份的封建时代市侩势力的代表人物，以他为中心，通过他的种种活动及其家庭罪恶生活，暴露了明代中叶以来封建社会的黑暗和腐朽，具有深刻的认识价值，增强了

作品批判的深刻性。在艺术上，作者比较成功地塑造了几个主要人物形象，如西门庆、潘金莲、应伯爵，都描写得惟妙惟肖。小说的结构也颇为讲究，把复杂的故事情节，组织得严整有序。对地方风土人情的描写也很生动，具有一定的民俗学价值。《金瓶梅》语言酣畅明快、活泼生动，显示了作者的艺术才能。同时，《金瓶梅》故事发生在宋徽宗年间，但作品的真正兴趣却是现实生活，所以写得多有明朝史实，从其生活的时代文化特征来考察，借宋写明无疑。

《金瓶梅》堪称中国第一部长篇社会世情小说。在封建社会，这部小说长期被禁，其被禁的根本原因并不是因为它是“淫书”，而是因为写了封建社会的专制、黑暗、腐败，在封建统治者眼中，是一部诽谤统治者的“谤书”。

《金瓶梅》中淫秽描写太多，使其美学价值受到严重损伤，如果洗刷掉《金瓶梅》淫乱的内容，它具有其他古典小说所不备的两重优点，这就是它既有近似于《红楼梦》的言情，又有近似于《史记》的谤书性质。从暴露封建社会专制黑暗这一点而言，《金瓶梅》不逊于《史记》《水浒传》《红楼梦》，尽管它的历史价值及艺术价值远不及《史记》与《红楼梦》。

“江南第一风流才子”——唐寅

唐寅（1470~1523），江苏吴县人，生于成化六年（1470年），字伯虎，又字子畏，号鲁国唐生，晚年好佛学，又号六如居士，有“江南第一风流才子”之称，绘画与沈石田、文徵明、仇英齐名，史称“明四家”。诗词曲赋予文徵明、祝允明、徐祯卿并称“江南四大才子”，为江南四大才子之首。

唐寅自幼天资聪敏，博览《四书五经》《史记》《昭明文选》等典籍，喜爱绘画，拜名画家周臣为师，又与文徵明同师沈周。16岁时参加童生试，经县试、府试、院试，高中第一名案首。弘治十一年（1498年）赴南京乡试，又中第一名解元，故也有“南京解元”之称。次年进京会试时，因牵涉科场舞弊案而被革黜下狱，成了朝廷党争的牺牲品，后来经吴宽保举出狱，他无辜受牵连入狱，妻子又改嫁，精神上备受打击。

由于仕途受挫，饱尝世态炎凉，开始“千里壮游”，足迹遍及江、浙、皖、湘、鄂、闽、赣，游历中国的名山大川，大量从事绘画创作。唐寅的绘画以山水为主，继承了李成、范宽和宋元之风，造景或雄伟险峻，或平远清悠，山石皴法以大斧劈为基，中锋行笔掺和“披麻”“乱柴”诸法，风格独特；其作品烘染墨彩，更是随象多变，明洁滋润，巧妙无穷，世称“六如居士笔灵逸，洗其勾研，焕然神明”；其工笔人物，尤其是仕女，笔法秀润缜密、潇洒飘逸，堪称登峰造极。传世作品有《骑驴归思图》《秋风纨扇图》《李瑞瑞图》《一世姻缘图》《山路松声图》等，其作品中常流露遭受打击后的忧郁之情和消极出世的思想。

唐寅潇洒飘逸，傲世不羁，常常放浪形骸，玩世不恭，说话做事常有惊人之处。某年春节，有个财主送给唐伯虎礼物，请他给写几个吉字，图个吉利。唐伯虎满口答应，来到

财主家,“刷刷刷”写下:“父死、子死、孙死”。财主怒不可遏,恼羞成怒,一把抓住唐伯虎:“我哪点对不住你,你竟用这么恶毒的话咒我全家?”唐伯虎慢悠悠地说道:“这是很好的祝福辞呵!一个家族的人如果是按这个顺序,父亲死了儿子死,儿子死了孙子死,那说明家里没有横死暴死的,每一代人都无祸无灾,个个都寿终正寝。这样的家庭能不幸福吗?”财主想想,这道理倒也对,只得把唐伯虎恭恭敬敬送走。

唐寅·仕女吹箫图

由于唐寅放荡不羁,又曾治印“江南第一风流才子”,再加上其仕女画炉火纯青,故被后人误解,有许多风流传说,如“唐伯虎三点秋香”等,其实他坎坷一生,生活穷困潦倒,郁郁不得志,贫困凄苦。“闲来写幅丹青卖,不使人间造孽钱”,过着以作画卖文聊补家用的穷苦生活。到了晚年,唐伯虎体弱多病,不能天天作画了,唯一的生活来源中断,这无疑是雪上加霜,有时不得不靠朋友的接济来维持一家生活。更不幸的是,在这样拮据的生活环境里,他的妻子先他而去。妻子的死,使唐伯虎伤心欲绝,不久,这位杰出的书画家带着绝望,走完了他那坎坷的人生之路。嘉靖二年(1523 年),唐寅去世,是年 54 岁。临终,唐伯虎留下一首绝命诗:

生在阳间有散场,死归地府又何妨。
阳间地府俱相似,只当漂流在他乡。

一代风流才子的终局,竟是这等凄惨!

兴盛的江南文人画

明代前期,明统治者极力倡导宋代院体画风,然而在江南地区,元代文人画家的影响仍然很大,宫廷以外的文人士大夫画家中间,除王履外,徐贲、杠琼、刘珏、王绂、夏昶、谢缙还有马琬等人都是远师董原、巨然、近承元四家传统的,他们的绘画从元人入手,具有典型的文人画气质,体现出士人情趣,有的成为明代中叶出现的吴门画派的前驱。

王履(1332~?),字安道,晚年自号畸叟,又号抱独老人,江苏昆山人,擅诗文书画,山

水画师承马、夏，取景高奇旷奥，笔墨出入马、夏之间，有关艺术主张的名言“吾师心，心师目，目师华山”受到后世重视，有传世之作《华山图》。

徐贲（生卒不详），字幼文，元末隐居在浙江湖州的蜀山，是“明初四手”之一，擅画山水，师法董源、巨然传统，绘画多用披麻皴，笔墨秀润葱郁，传世之作有《蜀山图》《秋井草亭图》等。

杜琼（1396～1474），字用嘉，世称东原先生，晚年自号鹿冠道人，江苏吴县人，善书画，隐居不仕，工山水画，兼师董源、巨然与王蒙，善用干笔皴擦，尤擅抒写灵秀、疏淡的文人情趣，是前承元代，后启吴派的前驱者，传世作品有《南湖草堂图》《友松图》《南村别墅图册》。

刘珏（1410～1472），字廷美，号完庵，今江苏苏州人。画山水继承元人吴镇、王蒙风格，构图严密，景致高逸，墨色浓郁，传世之作有《夏山欲雨图》《清白轩图》。对吴门画派有影响。

王绂（1362～1416），字孟端，号友石生，又号九龙山人，江苏无锡人。擅长画山水，竹石，继承元人水墨画法的传统，绘画用披麻与折带皴法，墨韵清秀明韵。传世之作有《北京八景图》《山亭文会图》《墨竹图》《湖山书屋图》。被时人称为“国朝第一手”（《泉州山人四部稿》）

夏昶（1388～1470），原姓朱，字仲昭，号自在居士，江苏昆山人。永乐十三年（1415）中进士，官至太常寺卿，曾在翰林院从王绂学画竹石，后以画竹闻名，有“夏卿一个竹，西凉十锭金”之说（《明画录》），传世之作有《湘江风雨图》卷、《奇石修篁图》。传人甚多，主要有魏天骥、屈礿等人。形成颇有影响的昆山墨竹画派。

谢缙（1360～1431）又作谢晋，字孔昭，号兰亭生，深翠道人，又号葵丘道人，中州（今河南）人。侨居吴中，画山水师法赵孟頫、王蒙。构景苍茫、厚重，皴法繁密，有“谢叠山”之称，与沈周及其父辈交游密切，传世作品很少，《谭北草堂图》是近来新发现的佳作。

达到顶峰的漆器工艺

中国漆器工艺历史悠久，源远流长。但到东汉魏晋时，由于瓷器的兴起，漆器工艺受到打击，导致漆器业的衰落。但这反而促使漆器工艺在技法上寻求新的发展，并吸收外来的先进技术，如新的调漆材料密陀绘等，从而使漆器工艺在技法上有重要的突破，漆器业重新焕发出新的光彩，又得到迅速的发展。特别是到明代，漆器工艺发展达到了顶峰，无论是品种、技术都有了长足的发展，并出现了总结漆器工艺技术的专著以及一批著名的能工巧匠。

首先是漆器的髹法上，多种髹法的结合是明代漆器的主要特点。它富于变化，绚丽多姿，超过以往任何时期。有“千文万华，纷然不可胜说”之说。

再如堆漆，唐宋间的堆漆多外露本色，灰褐无光，其表面不再髹色漆。由于色泽暗

淡，故明清时很少出现。明代时的堆漆，在花纹堆起后还要用刀雕琢，雕琢之后，花纹上或贴金、或髹色漆、或髹色油，比以前各代的本色堆漆华美得多。

双龙纹委角长方形剔彩盒（明万历）

雕漆工艺方面，明代也有很大的发展。雕漆是在木、铜等台上涂彩色大漆，多达几十道至百道，达到一定厚度后，趁其未干，雕镂花纹，呈浮雕效果，最后烘干、磨光，因漆色不同，分剔红、剔黑、剔彩、剔犀等，一般多为剔红。这种工艺据说始于唐代，但无实物，到元代后期比较发达，明代在元末的基础上又有新发展，并出现繁荣景象。其原因是明朝政府在中央和地方设立了很多官办的手工业生产和管理机构，如北京的果园厂等，专门生产各种漆器，为朝廷、官府服务。再加上民间的，如浙江嘉兴等地漆器业也有很大的发展，从而共同促进了雕漆工艺的繁荣。

又如螺钿工艺方面，在明代比较流行，其中薄螺钿有较大的发展，可以说发展到了顶峰。明代薄螺钿纤细精工，达到惊人的程度。并懂得如何区分不同颜色的闪光，裁切成不同大小和形态的嵌材，巧妙地加以运用，来取得工笔画的效果。特别是到17世纪，薄螺钿漆器可谓发展到顶峰。明代螺钿工艺繁荣还表现在当时出现一位“名闻朝野，信今传后无疑的嵌钿巨匠江千里”，他的作品曾风靡当世。

百宝嵌工艺，到明代开始成为流行品种。百宝嵌，是用多种珍贵材料在漆器上镶出华美的画面。百宝嵌远在西汉时已见其端倪，但成为流行品种则是在明代，并出现一种新的工艺方法——“周制法”。周制法是明末扬州周翥所创，故名周制法。这种方法是用金银、宝石、珍珠、珊瑚、碧玉、翡翠、水晶、玛瑙、玳瑁、青金、螺钿、沉香等为料，雕刻成山水人物、树木楼台、花卉翎毛，然后镶嵌于檀梨漆器之上，大的有屏风桌椅、窗格书架，小的有笔架茶具、砚匣书籍。五彩缤纷，难以形容，为自古以来没看过的奇玩。百宝嵌到清代时更为盛行，乾隆年间的王国琛、卢映精通此技，名声远传。

明代漆器工艺达到顶峰，还表现在明代出现了中国古代唯一现存的一本漆艺专著——《髹饰录》。该书由明后期漆艺大师黄成所著。它全面地介绍了中国丰富多彩的漆艺品种及其历史，使人们对中国古代，尤其是唐宋漆艺有所了解，以弥补文献和考古资料之不足。同时该书详细介绍了中国古代各种漆艺的装饰手法，为后人进行漆艺创作开辟了广阔的道路。

中国古代漆器工艺的不断发展，不仅为我们留下丰富的遗产，而且还传播到全世界，先是东亚、东南亚，继而是西欧及北美。世界上一切制造漆器或用其他材料模仿漆器的国家，无不或多或少受到中国的影响。但中国的能工巧匠们也善于吸收他国的长处，尊重别人的成就。例如描金之法由中国传到日本，到日本有了高度的发展，我们的先辈又通过学习、吸收、借鉴，反过来提高自己的技术。这也是中国古代漆器工艺能不断前进、不断发展的重要因素。

北曲衰落与南曲变革

北曲杂剧是一种比较成熟的剧种，在音乐方面已形成相当严格的规范，不仅讲究宫调联套，而且有较成功的弦索伴奏。它在宫廷教坊和市井勾栏中已有长期流行的历史。明嘉靖以来，由于商品经济发展加速，东南沿海城市各种行业和娱乐场所的兴起，再加上以江南通都大邑的观众为主要对象的南戏诸腔大盛，北曲杂剧已在明代前期呈衰落之势，逐渐失去了在昔日舞台上的地位。

明人绘《皇都积胜图》中的说唱表演场面

嘉靖末年，北曲杂剧已不流行。何良俊说："今教坊所唱，率多时曲。此等杂剧古词，皆不传习。三本（指《㑳梅香》《倩女离魂》《王粲登楼》）中，独《㑳梅香》头一折"点绛唇"尚有人会唱。至第二折'惊飞幽鸟'与《倩女离魂》内'人去阳台'、《王粲登楼》内'尘满征衣'，人久不闻，不知弦索中有此曲矣。"当时会唱北曲的人已不多，所以何良俊深感忧虑地说："近日多尚海盐南曲，……甚者北土亦移而耽之。更数世后，北曲亦失传矣。"（《曲论》）为了挽救北曲，何良俊曾聘请南教坊的老乐工顿仁教其家乐演习北曲，但也无济于事。

正当北曲走向衰落的时候，南曲诸声腔也由于追求时尚的异调新声而开始了自身的变革。在嘉靖以前南戏的各种声腔已经存在，最有影响的是弋阳腔、海盐腔、余姚腔和昆山腔等。

明嘉靖、隆庆年间，以魏良辅为代表的一批戏曲音乐家集南北曲演唱之经验，对昆山腔进行了全面而成功的改革，这次改革在中国戏曲声腔发展史上产生了重大影响。

魏良辅不满于当时的"南曲率平直无意致"，于是"转喉押调，度为新声。疾徐高下清浊之数，一依本宫；取字齿唇间，跌换巧掇，恒以深邈助其凄唳"（余怀《寄畅园闻歌记》载《虞初新志》）。他从清唱入手，在宫调、平仄、气韵、声口等方面苦心研磨，结果"尽洗乖声，别开堂奥。调用水磨，拍捱冷板声则平上去入之婉协，字则头腹尾音之毕匀。功深镕琢，气无烟火。启口轻圆，收音纯细"（沈宠绥《度曲须知·曲运隆衰》）。本来就"体局静好"的昆山腔，经此一番"水磨"功夫，就"较海盐腔又为清柔而婉折"了。

稍后，音乐家、剧作家梁辰鱼把改革的昆山腔推进到一种戏曲声腔。他按昆山新腔的严整格律写成《浣纱记》传奇，立即风靡剧坛。改革后的昆山腔因此剧的风行而得以推广和传播，昆山腔成了贵族、官僚、地主们追趋的新鲜玩艺儿。

中华传世藏书

【图文珍藏版】

中国通史

刘宇庚⊙主编

线装书局

第二章　社会万象

文帝既佞佛又尚刑

我佛慈悲，决不尚刑。把佛法与刑法拉扯在一起，既佞佛，又尚刑的，大概只有皇帝才能如此。佛法可以约民，刑法可以制敌，都是保卫江山的法宝。一手软，一手硬，软硬兼施，实质并不矛盾。隋文帝就是这样做的。

文帝似乎前生就与佛祖结下因缘。西魏大统七年(541)六月十三日，他出生于冯翊(今陕西大荔)般若寺。据说他生时颇有瑞象，寺中法号智山(一作智仙)的主持尼说："此儿所从来甚异，不可于俗间处之。"乃另辟密室，亲自抚养，并常常预言："我儿"来日必得天下！文帝在尼寺长到十三岁才回到父母身边，从此对智山尊礼备至。周武帝灭佛，智山就藏在杨家。圆寂后，文帝为之建金浮屠，葬之般若寺，还经常临幸冯翊，"亲祠故社"。

由于文帝生于佛寺，养自神尼，所以屡次对群臣宣称："我兴由佛法。"他给智颐和尚诏书说："往者周武毁弃佛法，朕曾发心立愿，必许护持。及受命于天，遂即兴复。"可见他早已将隋朝之兴与佛法之兴结合在一起了。因此，他在篡周前夕，即许被迫返俗的僧尼重新入寺修行，并鼓励人民自由出家。以后又诏天下大量修经、写经、译经，雕塑佛像，营建庙宇，使佛教迅速成为国教。其时高僧辈出，如创华严宗的杜顺和智俨，创天台宗的智颉，创三阶教的信行，还有三论宗的吉藏，禅宗的三祖僧璨，刻石板经的静琬，译经大师彦琮等，都生长在这个时代。文帝除禁止三阶教外，对其他教派都敬礼有加。其子炀帝虽然拜智颉为师，智颉称他为"总持"，但他只是取悦父母，凑热闹，并非真信。只有文帝才是上承梁武、下开武周的佛门大护法。

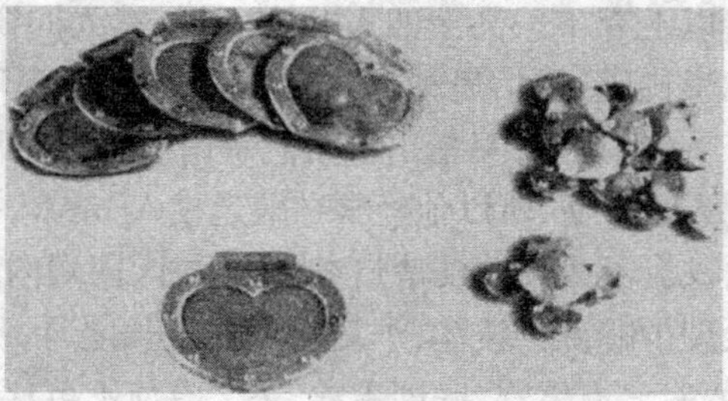

鎏金铜马饰

清人袁枚说："信佛为愚，辟佛为迂。"其实，"辟佛为迂"的只有韩愈，愈是为了捍卫孔孟之道才大发迂劲的。至于"三武一宗"(北魏太武帝、北周武帝、唐武宗、后周世宗)灭佛，却是认真捍卫政权，丝毫不带一点迂劲。"信佛为愚"的只有梁武帝，他晚年一味慈

悲，放弃刑罚，有罪用钱赎，甚至对造反谋逆者也涕泣赦之。侯景逼他饿死台城，就是“愚”的报应。武周金轮则天皇帝则不然。她虽自称是弥勒佛转世，可杀起人来从不眨眼，这正是僧怀义的《大云经》和来俊臣的“罗织经”的双重妙用。

隋文帝是武则天的前驱，但早年还没有走向如此极端。他一即位，就命高颎、杨素、裴政等，花了两年多时间，修订刑律五百条，凡十二卷，名为《大隋律》。此律上采魏晋，下及齐梁，更参以北周《刑书要制》，斟酌损益，务求平允，总的倾向是从宽而非从严。刑分五种，即笞、杖、徒、流、死。死刑废除前代“枭首”（斩后悬首于木）、“辐身”（车裂其身）等酷刑，只分斩、绞二等。流刑（放逐异地服役）不出两千里，期限不超过五年。徒刑（本地监狱服役）最多三年。杖刑（用木棍、荆条击人臀、背、腿）自六十起至一百止，共分五等。笞刑（用竹鞭、竹板击）自十起至五十止，亦分五等。另外规定除谋反大逆之罪，一概不许灭族。民有冤屈，可依次上告到朝廷。既有“十恶不赦”之条，又有“八议减等”之科。开皇六年（586），废商鞅以来的“孥戮法”（连坐法）；十六年（596），又规定死罪必须三奏而后决。这些立法皆所谓“以轻代重，化死为生”，实较以前各朝刑法宽大而进步。炀帝时的《大业律》及稍后的《唐律》，都是在此基础上进一步订正的。

然而在任何独裁专制政体下，都是制法易而守法难。在古代社会，有权破坏法律的首先是皇帝。《隋书·刑法志》先用 2/5 篇幅赞序文帝制法，后用 3/5 篇幅专论文帝违法、乱法。如此强烈对照，在历代《刑法志》上是仅见的。

《隋书·刑法志》首先说：“高祖性猜忌，素不悦学，既任智而获大位，因以文法自矜。”这就点明了他喜欢耍小聪明玩弄法律。他常派人暗中监视内外官员，稍有过失就加以重罪，如怀疑官吏贪污，便使人故意赂以金钱，受之者立斩。《刑法志》又说：“帝既喜怒不恒，不复依准科律。”这是指他自己制法，自己不依，全凭一时喜怒。有一次，某边县粮仓少粟七千石，据查是主管官所盗，立即问斩。自后规定，盗边粮一升以上皆死。又命盗一钱以上弃市。甚至四人共盗一桶，三人同窃一瓜，彼此知而不告者，皆连坐死。文帝晚年尤崇佛道，相信鬼神，严禁僧尼坏佛像，道士坏天尊像，百姓坏山川神像，犯者均处死。

《刑法志》又指出：“帝意每尚惨急。”意思是帝用刑不论时间场所，只讲重判速决。殿廷刑人最方便，所以他经常在殿廷杖人、杀人，一日之间，多至数四。后赖高颎力谏，乃令殿廷去杖。不久又欲杖楚州参军李君才，因殿内无杖，改用马鞭鞭死。某年六月，帝欲棒杀犯人，大理少卿说：“按律，季夏乃万物生长之月，不可杀人。”（按：历代均规定秋后决囚）帝怒曰：“六月必有雷霆，朕即雷霆，杀之有何不可！”遂杀之。《刑法志》还强调：“帝猜忌，二朝臣僚，用法尤峻。”这是说，文帝对朝臣用法更严。某年元日早朝，武臣衣剑不整，御史某没有弹劾，遂杀御史。谏议大夫某谏阻，又杀大夫。蕃客馆（外宾招待所）庭中有马屎，掌固（工作人员）在官毯上玩樗蒲（赌博游戏），杀其主管官。至于武库令因衙署荒芜，独孤师因受蕃客鹦鹉，罪行虽轻，但都是文帝亲自处死的。文帝还赞赏酷吏，大理寺丞杨远、刘子通等都以深文重判得幸。同书《酷吏传》所载七人，均廉洁而执法苛酷，颇与文帝相亚。

本文开头已指出，皇帝既佞佛，又尚刑，并不矛盾。同样，皇帝既制法，又违法，也不矛盾。自古法出自上而行于下，皇帝制法，百姓守法，皇帝是不受法律约束的。我们不能

因为古代出现过较为宽大的刑律，就以为那时已有“民主”和“法制”，否则我们也是“信法为愚”了。

文帝不好儒

历史上以治绩见称的皇帝很少不好学，独唐人撰《隋书》，多次在《高祖纪》《刑法志》《礼仪志》《儒林传》及有关列传中，指责文帝“素无学术”，“素不悦学”。《隋书》是不是有意责备贤者呢？答曰“否”。

什么叫作“学”？严格说，自汉武帝以后，占统治地位的学只有“儒学”。《隋书》所谓“无学术”和“不悦学”，实质是指无儒学和不好儒。儒作为一家学派，在历史上可与法家、道家等对言。但儒从来不是宗教，不应与佛教、道教并列。然而当时情况并非如此。魏晋南北朝三百多年，正是韩愈所说的“二氏行乎中土”（《昌黎集·重答张籍书》）的时期，佛、道二教交织，儒家与之抗争，也常被视作一种宗教。如北周武帝曾升高座辨释“三教”先后，“以儒教为先，道教次之，佛教为后”。但视儒为三教之一，不仅混淆了学派与宗教的界限，而且给儒学树立了两方面的敌手。文帝在宗教方面佞佛，在学派方面崇法，故不可能真正好儒。

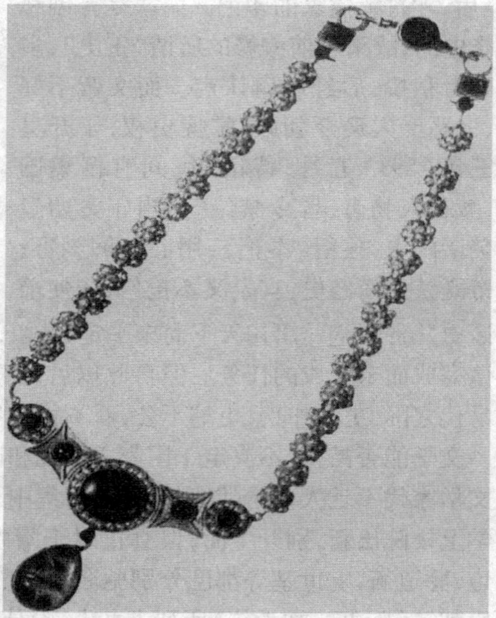
隋·嵌玛瑙蓝晶金项链

秦始皇焚书坑儒，汉高祖溺儒冠、詈儒生，二人不好儒的恶行十分昭著，当然为读书人所共晓。文帝并没有此类恶行，而且在统一初期，还对儒学、儒生有所利用。例如，他曾依靠儒生制礼、正乐，虽然庙堂礼乐不代表真正的文化，却能显示皇威，粉饰太平。当年叔孙通定朝仪，就曾使刘邦尝到当皇帝的乐趣，证明儒生并非毫无用处。此外，文帝还做了一些属于统一之君应该做到的事。如颁布新历，俾天下共奉大隋正朔；还征集天下图书藏之朝廷，统一天下文字声韵等。以上措施往往掩盖了文帝无儒学和不好儒的消极影响，即文帝在位二十四年，政绩可观，而文化成就却不相称。

中国传统文化与儒学不容分割，无儒学和不好儒，就不可能发展传统文化，尤其是经学、史学和文学。

经学是最典型的儒学，经儒是最受尊敬的儒生。但《隋书·儒林传》仅录儒生十四

人，多是前朝遗老，庸碌而不知名，堪称博学通儒者，唯刘焯、刘炫二人，时号“二刘”。二刘的里贯、履历、学养、成就以至穷乏潦倒都很相同。《儒林传序》谓“今之学者，困于贫贱”，故“儒罕通人，学多鄙俗”。连二刘也不例外。焯“啬于财，不行束脩者，未尝有所教诲”。炫趁朝廷购求天下逸书，“遂伪造书百余卷”，“录上送官，取赏而去”。二人先后都不愿事蜀王秀（文帝第四子），王怒，遣人枷送至蜀，都被配充门卫。老皇帝使儒生穷得不能免费收徒，甚至不得不伪造古书骗钱；小王爷对儒学老师竟如此无礼，这在末代乱世也是罕见的。至于隋代经学著作，据记载，仅存二刘、何妥等数部，而当时民间流传之佛经，竟比儒经多数十百倍。

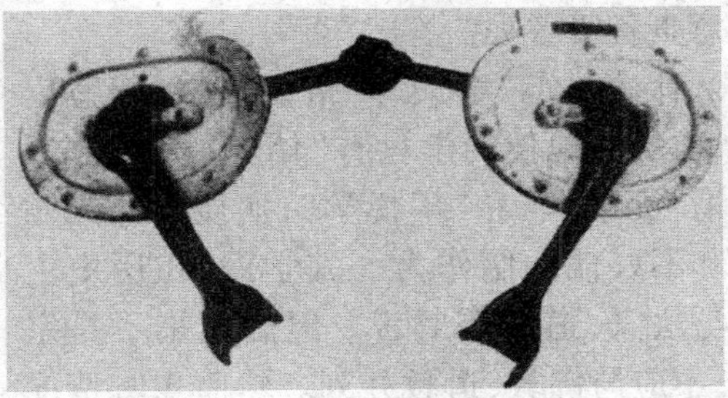
马衔

中国史学尤在经学之前，自孔子作《春秋》后，才打上儒家的印记。儒家是首创私家修史的，故隋以前编修的所谓“正史”，多是先由私撰，后经政府认定。而文帝不好儒，极恶庶人褒贬朝政，掌握史权，于开皇十三年（593）五月，特诏“民间有撰集国史，臧否人物者，皆令禁绝”。当年秦始皇尽焚诸国史，独留《秦记》，用心已够刻毒；文帝既禁民间修史，官家又不抢修，遂使前代诸史几告断绝。唐初天下尚未平定，高祖，太宗父子就诏修“五代史”，实际是补完隋朝应该完成而未完成的任务。但自此以后，前朝国史都改由新朝集体“官修”，以致每逢两朝易代之际，史实作伪，史笔不公，看不得也信不得。

文学能否昌盛，不决定于国家之治乱和国力之强弱。魏晋并非治世，南朝偏安积弱，但文学家代不乏人。隋朝统一了南北，集中了原来北齐、北周和江南的文学之士，理应在文学上推陈出新，别开生面，但真正属于隋朝的文学家几成空白。如李德林，颜之推，卢思道、薛道衡、虞世基等都已分别驰名于齐、周及陈，而李百药、虞世南，薛收等实皆焕发于唐朝。《隋书·文学传》所列十九人，除杜正藏（著《文章体式》）、王胄（有“庭草无人随意绿”名句）尚可阑入文学之林外，余人则鲜为后世所知。隋朝文坛如此寂寞，有人认为是李谔上书，攻击“属文之家，体尚轻薄”所致。但不知李谔上书之前的开皇四年（584），文帝就已“普诏天下公私文翰并宜实录”。同年九月，泗州刺史司马幼之还因“文表华艳”，被交付所司治罪。而文帝自制的家人诏谕尤其粗率无文。另有人认为是南北学风不同所致，文帝是北人，所以讲究质朴实用。但不知太子勇、炀帝广也是北人。却喜爱南朝颓靡之风。故知文帝“不喜词华”，压制文学，乃其自身原因。文帝崇法，自然不喜欢“儒以文乱法”；文帝佞佛，而佛是以无文字语言为不二法门。《文学传序》说：“高祖初统万机，每念斲雕为朴，发号施令，咸去浮华。”可知文帝认为文学的价值只在实用，讲究声律辞藻都是多余的。因此，文帝绝不可能提倡文学。历代皇帝以“文”为谥的有十来个，只有隋朝的文帝最不配。

以上只就经学、史学和文学来看文帝如何对待传统文化。文化来自教育，教育的基

地是学校，文帝既不重视文化，自然也不重视教育，因而到了晚年，甚至连学校也不要了。

《儒林传序》说："及高祖暮年，精华稍竭，不悦儒术，专尚刑名。"至仁寿元年(601)，终于"废天下之学"。当时全国本有五种学校，设在京师长安的为国子学(高级官员子弟学校)、太学(中级官员子弟学校)、四门学(一般官员及平民子弟学校)和书算学(专科学校)，设在地方的为州县学。《高祖纪》载同年六月废学诏书认为，京师学生多达千人，州县学生亦复不少，都"空度岁时"，"多而未精"，实在应该"简省"。于是只许保留国子学(一月后改称太学)，限收学生 70 人(一作 72 人)，其余京师，地方学校一律废止。当时全国人口已逾四千多万，而在校学生仅 70 人，即使在殷周奴隶社会，其辟雍、庠、序人数谅亦不止此。这种局面坚持了四年多，直到文帝死后第二年——大业元年(605)闰七月，炀帝才下诏恢复学校。

隋代的官制

在君主专制政体下，人际关系只有君——官——民三层。"君"在同一时期只许有一个，即所谓"天无二日，民无二主"，故天子又自称"一人"(见《书·吕刑》)，其权威是绝对的。"民"分为四(士、农、工、商)，都是芸芸众生，是载舟之水，必须摩顶放踵，以事"一人"。"官"是君的股肱，是与君共天下的人，应该辅君治民，代表君的利益。自秦以来，中国就只有"君主""官主"，从来没有"民主"。民既不能自己做主，只得靠介乎君、民之间的官"为民做主"。因此，君主专制时代的官对调节君民关系能起一定的作用。既要保证"君临"，就要依靠"官治"，历代官制正是当时各种制度的纽带和核心。例如礼乐律历，兵刑食货都有制度，一旦建成，就得命官执行，所以委托周制的《周礼》，原名就叫《周官》。从最初的天、地、春、夏、秋、冬六宫，演变为吏、户、礼、兵、刑、工六部，虽嫌过于简单，但无非表示天下大事经过这"六分"，就可以因事设宫，分官理事。按照"循名责实"的道理，这种"官"就叫"职官"，这种"事"就叫"官事"，这种制度就是"官制"。对照现代制度，则近似人事制度，乃至于公务员制度。

古今官制，除了古有今无(如宦官)和今有古无(如党官)，难以比较外，一般都是可以对照的。如古今的官都有编制，都有来源任免，都有工资级别，都有文、武及中央、地方之分。说明古今官制从纵的方面看，都是在继承和改革的基础上逐渐形成的，都有一定的渊源和影响；从横的方面看，又都与其他制度，如学校、选举、军事及地方区划等，有不同程度的联系，并发挥其纽带和核心作用。隋朝官制当然也不能例外。

隋中央最高官是所谓"三师"(太师、太傅、太保)和"三公"(太尉、司徒、司空)，都是正一品。但三师不主事，属坐而论道之官；三公名义上可参议国家大事，实际上也只是虚衔。故"朝之众务，总归于台阁"。台阁就是尚书省，该省犹如总理衙门，"事无不总"，只有该省首长才是真宰相。尚书省最高首长是尚书令(正二品)，品高权重，君主舍不得授人，而以副职左、右仆射(从二品)代之。其下分吏部、礼部、兵部、都官(刑部)、度支(户

部）、工部六大曹，曹设尚书（正三品）一人，与二仆射共称“八座”，是中央掌握行政实权的八大高官。再下又分吏部、主爵、司勋、考功、礼部、祠部、主客、膳部、兵部、职方、驾部、库部、都官、刑部、比部、司门、度支、户部、金部、仓部、工部、屯田、虞部，水部二十四小曹，曹设侍郎（正四品至正六品）一至二人。如果说六大曹相当今国务院的部，那么此二十四小曹就相当今部直属司。另有太常、光禄、卫尉、宗正、太仆、大理、鸿胪、司农、太府九寺，寺设卿（正三品）一人。九寺大约相当今国家直属局。尚书省的六大曹、二十四小曹及九寺，分掌国家具体行政事务。

隋中央还有内史省（即中书省），代皇帝发布诏令，首长为内史令（正三品），二人；门下省，代皇帝审查诏令，首长为纳言（即侍中，亦正三品），亦二人。此二省当时虽与尚书省已有明显分工，但由于仍属御用机构，尚未与尚书省组成正式的“三省制”。又有秘书省，首长为秘书监（正三品）；内侍省（宦官机关），首长为内侍（从四品）。此二省亦属御用机构。另有二台：一是御史台，掌监察，首长为御史大夫（从三品）；一是都水台，掌津河，首长为都水使者（从五品）。二寺：一是国子寺，管学校，首长为国子祭酒（从三品）；一是将作寺，管建筑，首长为将作大匠（从三品）。此二台、二寺所掌也与行政有关。

隋地方官编制与地方区划联系紧密。隋初实行州、郡、县三级制，除京师所在雍州置牧（从二品）、京兆郡置尹（正三品）、大兴和长安二县置令（从五品），品位较高外，一般州置刺史（正三品至正四品）、郡置太守（从三品至正六品）、县置令（从六品至正八品），品位相对较低。开皇三年（583）罢郡，改行州，县二级制。炀帝时易州名郡，仍是二级制。州或郡及县长官名称不变，仅品位较隋初有所不同。

武官编制与军事制度联系紧密。隋朝军事制度沿袭西魏、北周的府兵制。西魏府兵最高为八柱国，其中二柱国为正、副统帅。另六柱国分统十二大将军，十二大将军分统二十四开府，也就是二十四军。北周府兵另有军籍，不入地方户籍，武官无中央与地方之分。隋文帝开皇十年（590），将士兵改属州县，实行兵农合一的府兵制。当时府兵有内府，外府（亦即内军、外军）之分。外府长官为骠骑将军（正四品），因而府名“骠骑府”；副官为车骑将军（正五品），有时也设置与前者平行的“车骑府”。炀帝大业三年（607），改名“鹰扬府”，骠骑将军为鹰扬郎将，车骑将军为鹰扬副郎将。府兵番上宿卫，由内府统领。隋初仅有左右卫、左右武卫、左右武侯六内府。炀帝改革，变成左右翊卫、左右骁卫，左右武卫，左右屯卫、左右御卫、左右候卫十二卫府。各置大将军（正三品）、将军（从三品）等员。

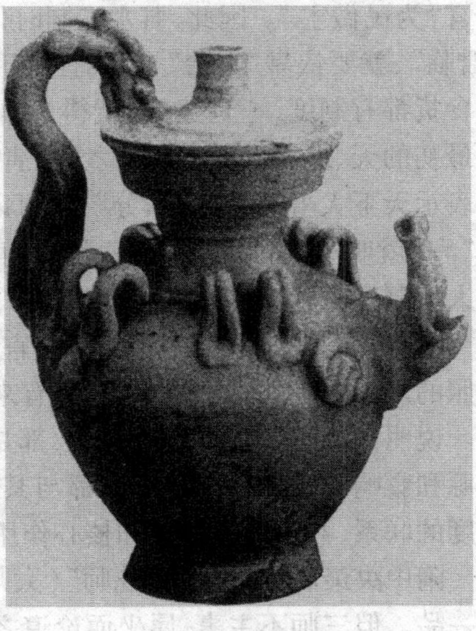

隋·白釉象首壶

以上所举是隋朝中央与地方文武职官的大致编制。此外还有太子官、行台官、散官、

散实官、散号将军等，不详述。以下补说官员来源问题。

官员来源属于选举制度。汉代选举分征辟与察举二途。皇帝直接选人叫作“征”，官府自选僚属叫作“辟”。察举具有“他荐”性质，分二类：定期由中央官府出题选拔叫作“常举”；不定期由皇帝亲自出题选拔叫作“制举”。这都属于仕进正途。非正途有买官及凭父祖功德荫官。魏晋南北朝实行九品中正制，官位可以世袭，影响更坏。隋朝改革，首废九品中正制，继变“他荐”性质的察举办“自荐”性质的科举，扩大了官员来源，其中进士科，一直沿用到清末，影响尤大。

总之，凡是较好的官制，必须具备三条：首先是官源要正。靠门荫，靠裙带，靠阿谀，甚至靠金钱，都不是正道。其次是官不在多。唐太宗时，中央文官编制不过六百余人，而曰：“吾以此待天下士足矣。”果然创造了“贞观之治”。第三是官风要正。清末官窑云：“不怕买官，只怕卖官；不怕冗官，只怕贪官。”宋代官箴曰：“尔俸尔禄，民膏民脂。下民易虐，上苍难欺。”闻之读之，不胜怃然悚然。

猫鬼之狱

《札记·祭义》说：“众生必死，死必归土，此之谓鬼。“众生”，古兼指人、物而言，所以先秦时期的“鬼”并不是人的专类，一切有生命之物，死了都可以变成鬼。殷人好鬼，楚人事鬼，所好所事的范围非常广泛，殷墟卜辞的对象绝不止于王考祖妣，《楚辞》中的“山鬼”也并不仅仅限于人。只是大约到东汉时期，学者认为人既是万物之灵，就得与芸芸众生有些区别，才硬性规定“鬼”为人的专类。如许慎《说文》说：“人所归为鬼。”郑玄《论语注》说：“人神曰鬼。”至于其他生物，死后“异化”，只能称之为“妖”、为“精”、为“魔”、为“怪”。但这种硬性规定，不合道理，可以行之于士大夫阶层，却不能行之于民间。隋时就有所谓“猫鬼”，以及由此引发的所谓“猫鬼之狱”。

猫如何变成鬼，情况不详，但“猫鬼之狱”却实有其事。此狱主犯是独孤陁。陁是文帝独孤皇后的异母弟，出事前正由郢州刺史累转延州刺史，人还住在长安。此狱时间不甚准确。《隋书·独孤陁传》系于开皇十一年(591)，《资治通鉴》据《文帝纪》颁“禁畜猫鬼”诏系于开皇十八年(598)。各书所叙案情也不免颠倒错落。经过整理，始末大致如下：

独孤陁性好左道，其妻母或者外祖母曾侍奉猫鬼，故此术得随母婢徐阿尼带至陁家。文帝早有所闻，但不相信。开皇十一年初，文帝由并州回长安不久，杨素妻郑氏和独孤后相继患病，经医者会诊，断定是“猫鬼疾”。文帝因陁是皇后的异母弟，陀妻杨氏是杨素的异母妹，陁家又侍奉猫鬼，故疑此疾是陁所为。于是暗嘱陁兄独孤穆前往晓谕，自己还亲自暗示陁最好主动坦白，但陁却坚决否认。文帝不悦，将陁降为迁州刺史。陁口出怨言，文帝始怒，命左仆射高颎、纳言苏威、大理正皇甫孝绪、大理丞杨远等彻底调查此案。后来据陁婢徐阿尼供认：她从陁母家学会畜猫鬼之术，每逢“子日”(即鼠日)之夜必祭猫鬼。

猫鬼能杀人,能使被害之家的财物暗中转移到畜猫鬼之家。阿尼还供出,前不久,陁向妻索酒,妻说"无钱可沽",陁就吩咐自己:"可令猫鬼往越国公杨素家,使我有钱足用。"自己遵嘱咒告猫鬼,几天后,猫鬼果然到了素家。最近,陁又对自己说:"可令猫鬼往皇后处,使皇后多赐物给我。"自己再咒猫鬼,猫鬼果然进入宫中。杨远不信,就在门下外省命阿尼召回猫鬼。阿尼于当夜备香粥一盆,以匙扣盆而呼曰:"猫女可来,无住宫中。"过了许久,阿尼脸色发青,似被一物牵扯,嚷道:"猫鬼已至!"文帝得知实情,大怒,立将此案交公卿讨论。奇章公牛弘说:"妖由人兴,诛其人则妖自绝。"文帝便下令将陁夫妇赐死。独孤后闻知,三日不食,为陁请命,说:"陁若蠹政害民,妾不敢言;今坐为妾身,敢请其命。"陁弟司勋侍郎独孤整也为之求哀。文帝这才免陁死罪,除名为民;其妻杨氏也出籍为尼。陁不久便死。

释迦像

在此之前,有人曾上告其母被猫鬼害死,文帝还以为是妖言惑众,怒而逐之。经过独孤陁"猫鬼之狱"后,才知确有其事,便诏诛当年被告畜猫鬼之家。后来又接连发现蛊毒、厌魅等害人妖术,就于开皇十八年(589)四月下诏:"凡畜猫鬼、蛊毒、厌魅野道之家,投于四裔。"

由于文帝诏把猫鬼与蛊毒、厌魅并列,人们常将蛊毒、厌魅与猫鬼相混。其实,它们是有区别的。

将蛊毒与猫鬼相混,见于《隋书·独孤皇后传》,云:"后异母弟陁,以猫鬼、巫蛊,诅咒于后。"于是有人将隋"猫鬼之狱"和汉"巫蛊之狱"视为一脉相承的宫廷丑闻。其实,二者在性质上首先就不相同。汉代的江充为陷害太子据,利用武帝患病,谎称病乃巫蛊为祟,因诬告太子诅咒。太子惧,起兵捕斩江充,兵败,蒙冤自缢,酿成武帝父子间一场悲剧。显然,巫蛊之狱是政治性的,被告太子据并无巫蛊之实,是冤案;猫鬼之狱是诈财而非政治性,被告独孤陁实有其事,并不冤枉。另外,二者在概念上也不相同。巫蛊本是两个概念。史称江充在太子宫中掘出许多祭祀木偶,这是巫。至于蛊,《隋书·地理志》曾据顾野王《舆地志》详加介绍,大致情况是:江南诸郡好畜蛊,而宜春(今属江西)尤甚。其法为:每逢五月五日端阳,收集百种毒虫,大者如蛇,小者如虱,合置一器,令其相食,直到食剩一种,即将此种妥为畜养,是蛇则名"蛇蛊",是虱则名"虱蛊"。用时投入饮食中,钻入腹内,食其五脏,人死则其家财物将潜移至投蛊之家。如果三年中蛊家不杀他人,则将

自中其毒。蛊家皆子孙相传,亦有随女子嫁出者。所说虽与猫鬼颇多相似,但猫并非毒虫,蛊中也无“猫蛊”。因此,在未有确证之前,还是不应将蛊毒与猫鬼相混。

将厌魅与猫鬼相混,见于张鹫《朝野佥载》,原文为:“隋大业之季,猫鬼事起,家养老猫为厌魅,颇有神灵,递相诬告,京都及郡县被诛戮者,数千余家,蜀王秀皆坐之。隋室既亡,其事亦寝。”除开厌魅、猫鬼相混不谈,其中还有不少别的错误。如:(一)时间错误。蜀王秀坐罪被废,在文帝仁寿二年(602),而不在“大业之季”。(二)性质错误。蜀王秀坐罪带有政治性,而非单纯的妖妄野道。(三)人数错误。蜀王秀坐罪牵连仅百余人,而不是“数千余家”。据秀本传,其事大致经过是:太子勇被废,秀意不平。新太子广恐日久为患,阴令杨素设计陷害。秀一向奢侈,车马被服,拟于天子。仁寿二年,文帝特征秀还京师,令大臣多人穷治其事。新太子见有机可乘,便暗造木偶,书文帝及汉王名,缚手钉心,埋于华山之下;又暗写讨文帝及汉王檄文,藏于秀的文集中,均令杨素检举奏闻。于是,秀被废为庶人,其党百余人均遭连坐。厌魅本是一种诅咒之术。从新太子广陷害蜀王秀的办法看,显然是厌魅,而不是猫鬼。

“猫鬼”之术,历史上似仅见于隋朝,因而对其具体情况了解并不很多。这也许可以作为历史学家今后研究的一个课题。

裴矩撰《西域图记》

曾是隋朝六大仆射之一的苏威,先仕周,后仕隋,隋亡迭仕宇文化及、李密、王世充。唐秦王李世民平东都,威又请谒,自称老病不能拜起。秦王使人数之曰:“公隋朝宰辅,政乱不能匡救,见李密、王世充皆拜伏舞蹈。今既老病,无劳相见也。”秦王虽然没给苏威留点面子,但说的话却句句不差。可怪的是,秦王拒不见五朝元老苏威,却同时让另一位五朝元老当上了六朝元老,此老便是以撰《西域图记》著称的裴矩。

裴矩(547~627)字宏大,河东闻喜(今属山西)人。初仕齐,任州从事,转高平王文学。齐亡仕周,补定州总管杨坚记室。杨坚拜相,进参相府记室事。隋代周,迁给事郎。伐陈之役,领元帅记室,与长史高颎共收陈图籍。矩时年已逾四十,所任皆经史文翰,未尝用智术。

唐·舞伎金杯

开皇十年(590),番禺俚(黎族)帅王仲宣起兵反隋,围广州,岭南大乱,广州道行军总管韦洸中流矢卒。文帝命矩巡抚岭南。矩疾行至南康(今江西赣州),召三千兵逾大庾岭,进击东衡州(今广东始兴一带),迭破俚兵,仲宣溃散,遂解广州围,绥靖二十余州。及还,文帝大喜,说:“韦洸将二万兵,不能早度岭,朕每患其兵少。裴矩以三千弊卒,径至南海,有臣若此,朕亦何忧!”

以功拜开府,赐爵闻喜县公,除民部侍郎,迁内史诗郎。从此,矩任事渐用智术。十三年(593),文帝恶大义公主,欲诛之而无术。长孙晟探知公主与侍从胡人私通,矩遂自请出使突厥,劝说都蓝杀公主。适突利向隋求婚,矩因替文帝传话:"杀大义主者,方许婚。"突利乃谮于都蓝,都蓝遂杀公主于帐。

矩习知边事,文帝不欲启边衅,故其智术多不用。炀帝即位,好挥霍,喜功利,大业二年(606),命矩至张掖,掌西域诸胡互市。矩揣帝意欲耀武开边,遂诱令胡商言其国俗及山川险易,撰《西域图记》三卷入朝奏之。帝大喜,每日引矩至御座,亲问西方之事。矩夸说:"胡中多诸宝物,吐谷浑易可并吞。"帝于是慨然慕秦皇汉武之功,决心通西域,因迁矩黄门侍郎,委以经略四夷之任。三年(607),复使矩至张掖,引致诸胡,啖以厚利,诱令人朝。自后诸胡往来相继,所经郡县,免费送迎,年耗隋帑以万万计。四年(608)春,矩探知西突厥处罗可汗思其母,因请帝遣使召之,处罗受诏,贡汗血马。同年七月,矩又说铁勒,使击吐谷浑,炀帝乘机遣宇文述迎斩三千级,掳获吐谷浑男女及王公四千余口。八月,帝祭恒岳,裴矩果招致西域十余国来助祭。五年(609)夏,帝亲击吐谷浑,尽得其地,因巡河西,令矩先往敦煌,说西域诸国来朝。及帝至燕支山(今甘肃永昌西),矩果说高昌王麴伯雅及伊吾吐屯设(官名)、西域二三十国使者伏谒道左,焚香奏乐,歌舞喧噪,盛况空前。帝谓矩有绥近来远之略,进位银青光禄大夫。其冬,帝返东都,矩以蛮夷朝贡日多,奏帝令都下演大戏匝月。六年(610)正月十五,矩又请盛陈百戏,勒官民纵观,戏场周围五千步,声闻数十里(后世"闹元宵"本此)。诸蕃人丰都(洛阳东市)交易,命盛设酒食,邀蛮夷醉饱,不取其值,且吹嘘说:"中国丰饶,酒食例不取值。"胡客皆惊叹。于是帝称矩至诚,对群臣说:"裴矩大识朕意,苟非奉国尽心,孰能若是!"时矩与纳言苏威、右翊卫大将军宇文述、内史诗郎虞世基、御史大夫裴蕴,俱以阿谀得掌朝政,人称之为"五贵"。

女服穿戴展示图

后来,逼西突厥处罗可汗失国入朝,以及三征高丽,也都与裴矩有关。事毕以功进位右光禄大夫,兼掌北方军事。时东突厥始毕可汗部众渐盛,矩又献策以宗女嫁其弟叱吉设,拜为南而可汗以分裂其国。叱吉不敢受,始毕闻而渐怨。矩谓突厥本可离间,只因始毕宠臣史蜀胡悉奸诈,故所施智术不效。于是诡称天子出珍物在马邑互市,胡悉贪,遂不告始毕,私率部众前来互市,矩伏兵马邑,诱而斩之。反报始毕,谓胡悉欲背汝而投我,故为汝斩之。始毕明知其诈,由是不朝。十一年(615),帝北巡,遂有雁门之围。

十二年(616)七月,矩隋炀帝幸江都。时郡县屡奏盗贼,帝皆恶闻,矩亦言之,帝怒,

遣矩回长安仍主接蕃事,因病不及行。矩虽以智术逢君之恶,然勤谨清廉,未尝与人忤。既见天下已乱,恐祸及身,待人尤宽厚。十三年(617),扬州从驾军士多逃散,帝忧之。矩建议为将士就地娶妻,将士大悦,皆感其惠。次年,宇文化及杀炀帝时,同党或欲犯矩,众人皆云:"不关裴黄门。"化及至,矩迎拜。化及推秦王浩为帝,以矩为侍中,随至河北。化及杀浩称帝,以矩为尚书右仆射。及窦建德擒杀化及,自称帝,矩仍官右仆射,为建德定朝仪制度颇备,建德待之甚厚。唐武德四年(621),建德为李世民所俘,矩与建德属下举山东之地降于唐,时年七十五岁。

矩入唐,官太子詹事,检校侍中,判黄门侍郎,终民部尚书。卒于太宗贞观元年(627),活了八十一岁。矩历事六朝,《隋书》及新、旧《唐书》皆有传,后之"长乐老"(冯道)应愧弗如。矩能受各朝重视,恩宠不衰,与他熟悉外国事务,曾撰《西域图记》有关。

《隋书·经籍志》始载裴矩撰"《隋西域图》三卷"。周书矩本传作"《西域图记》三卷"。其书今虽不存,但据本传所保存的序言,可以知其大概。(一)材料来源:序称:"臣既因抚纳,监知关市,寻讨书传,访采胡人,或有所疑,即详众口。"这与本传所说"诸商胡至者,矩诱令言其国俗、山川险易"相符。不过矩深通经史,自己查对了书传,有所疑还采访求证,所以和一般的道听途说、轻听轻信不同。(二)全书内容:序称:"依其本国服饰仪形,王及庶人,各显容止,即丹青模写,为《西域图记》,共成三卷,合四十四国。仍别造地图,穷其要害。"可知全书以"图"为主。图分二种:一是各国人物图像,一是西域地图。只有所附说明,才是所谓"记"。(三)西域范围:序称:"从西顷(山名,在今青海东、甘肃南)以去,北海(贝加尔湖)之南,纵横所亘,将二万里。"这是说,从北海南下为"纵",从西顷西去为"横",一纵一横将近二万里组成的四边形,即西域范围。过此以外,幽远者付阙,部落小者不载。(四)西域通道:序谓当时由敦煌至西海共有三道:北道始于伊吾(今哈密),中道始于高昌(今吐鲁番),南道始于鄯善(今若羌),均达于西海。因称:"故知伊吾、高昌、鄯善,并西域之门户也。总凑敦煌,是其咽喉之地。"这是一条有关中西交通和丝绸之路演变的极有价值的资料。

裴书虽已失传,但据史籍所保存的佚文,确有很高价值。中国疆土,东南止于海,没有发展余地,唯西北辽阔,大有可为。因而历代王朝,只要国力允许,或多或少都有经营西域的欲望。这也正是裴矩这位"西域通"受各朝重视的原因。

隋唐宰相制度的形成

581年,隋文帝即位之后,立即废除了北周模仿《周官》所置的六官体制,建立了以三省六部为核心的中央政府新体制。

在隋唐时期的官僚机构中,官品最高的是所谓"三师"与"三公"。三师即太师、太傅、太保,正一品,三公即太尉、司徒、司空,也都是正一品,三师与三公都是名位高而无实权的虚职,不置僚属。这是皇帝对权重的功臣的一种巧妙安排,或是皇帝选拔最有经验的

亲信充当辅佐的荣誉职称。

隋白釉官人抚剑俑

隋文帝代周以后，分割宰相的权力，确立三省长官并为宰相的体制。尚书省的令、仆射，门下省的纳言，内史省的监、令，都称为宰相。唐初，沿袭隋制。高祖武德三年(620)，改纳言为侍中，改内书省曰中书省，内史令曰中书令，以左、右仆射为尚书省长官，与侍中、中书令并宰相。唐代相府机构变易之繁，宰相名称之多，为前代所少有。唐初，三省机关为相府，其后则屡经变易，名称繁多。不过，变化虽多，仍以中书、门下、尚书三省为常制。

唐代宰相选拔制度的基本特点是任人唯贤。唐初，主要通过战功来选拔宰相。立军功之后，又表现出经国治世之才，有较高的政治威望，方可选入宰相集团。从武则天统治直到终唐之世，则以科举制特别是进士科作为选拔宰相的主要途径。宰相享有很大的权力，主要是参与军国大事及决定官吏任免甚至是皇位继承人选的人事权力。参决军国大政方针，是唐代宰相最重要的职权。皇帝的一切诏、敕、制书，均需在政事堂会议讨论研究，然后决定是否颁布，如果同意颁布，也需要宰相副署，并盖上"中书门下之印"才能生效。

唐代宰相制度实行集体负责制。唐朝的宰相不同于秦汉，多是他官兼职，或者是宰相兼领他职，所以没有独立的办公机构——相府；它是集体负责制。肃宗时，宰相办公采取轮流值班的制度，宰相们在政事堂轮流值班执事，一般公务，值班宰相代表宰相集体处理，可以代签诸宰相的名字，盖上政事堂印；凡遇军国大事，则历抵诸相府第，约集大家集体议决平章。

政事堂制度是宰相制度的一项重要内容。政事堂创设于隋朝(《唐会要·中书侍郎》)，最初并不是一个权力机关，而是宰相们议事决策，拟订重大诏令的地方。经过100年左右的漫长岁月，政事堂议事发展为一项重要的政治内容。

唐太宗第一次提高了政事堂的地位。武德年间，政事堂设在门下省，纯粹为宰相议政场所，贞观以后，中书省职权逐步提高，中书令在拟定诏旨之前，多提前于政事堂进行讨论，于是政事堂的地位日渐提高。

以上这些特点，使唐代宰相制度能够发挥重要的历史作用。宰相是中央政府的首脑，是国家最高行政管理人。大多数君主如唐太宗、唐玄宗甚至包括武则天等都能主动求教于宰相；而宰相亦能充分发挥自己的智慧和才能，保证工作高效率，在一定程度上限制了君主的独断专行。

十二卫的建立

隋文帝即位后，为了加强自己对中央军事机构的直接领导和指挥，便对西魏、北周以来的12大将军之制进行重大改革，建立十二卫。

所谓“十二卫”，即左右卫、左右武卫、左右武侯、左右领左右、左右监门、左右领军。

“十二卫”系统既有府兵，又有各种类型的禁兵，所以通称为“禁卫兵”，与西魏、北周时期府兵、禁军自成体系不同；十二卫实际担负宿卫和征战双重任务。宿卫又分为内卫和外卫。左右卫之直阁、直寝、直斋、直后及其所统三卫（亲卫、勋卫、翊卫）属内卫；左右领之中备身、备身左右，左右武侯所掌车驾护从、道路营禁等主要也是内卫。其他则为外卫。担任内卫任务的将士统称内军，担任外卫任务的别称外军。府兵中充任内卫的少，作外卫的占多数。

持盾武士俑

每卫统率一军，设置大将军一人，将军二人，下辖骠骑府、车骑府，分别设骠骑将军、车骑将军；再下面又设大都督、帅都督、都督，这样形成了统一的指挥管理系统。而十二卫大将军、将军及骠骑将军、车骑将军在编制数额上比北周时期相对增多，但品级降低了，各将军的权力也削弱了、分散了。另外，又将北周时期掌握军队实权的上柱国、柱国等职务改为荣誉称号，授予有功之人，剥夺其实际权力。这样十二卫的统率指挥完全由皇帝掌握。

十二卫的职责各有所掌，主要分工如下：左右卫是皇帝的内卫，主要负责宫廷禁御，督率仗卫；左右武卫负责外军宿卫；左右武侯，则主要负责皇帝护从，掌车驾出，先驱后殿，昼夜巡察，执捕奸非，烽侯道路，水草所置，巡狩师田，则掌其营禁；左右领左右主要负责侍卫左右，供御兵仗；左右监门负责宫廷门禁、警卫；左右领军则分别管理十二军籍帐、差料、辞讼事务。

战时，则由皇帝任命行军元帅或行军总管为最高指挥官，组成相应的机构，实施统一指挥。一旦战争结束，即行解散。

十二卫的建立加强了皇帝对军队的控制，也促进了中央集权国家的稳固。

麦积山石窟群的鼎盛期

麦积山石窟在北魏北周时全面兴建，到隋唐五代便进入鼎盛时期。581年，隋文帝杨坚建立隋王朝，统一中国。从这一年开始，隋文帝就大力提倡佛教，诏令天下，鼓励出家修行，按人口摊派出钱营造经象，民间佛经数量超过六经数十倍。在其统治的二十年内，

全国制作的佛像达十余万尊，修饰的佛像约一百五十万尊。在这股风气下，麦积山石窟也开始进入其鼎盛期。

麦积山东崖的隋代泥塑大佛

石窟艺术是由建筑、绘画和雕塑组成的综合体，麦积山石窟因石质不是十分坚硬的砂岩，因此，大多石窟内以绘塑相结合，其中壁画作为重要组成部分，有着它自身的特殊作用和魅力。隋代时在麦积山石窟绘制的壁画数量相对来讲不是很多，但是绘制都很精巧，技法也十分纯熟，尤其是在佛和菩萨以及供养人的描绘上，更多地注意到人物情韵的刻画，飞天翱翔于碧空之中，健美潇洒，宛若游龙，显得活泼自然，富有生活气息；奔马驰骋于天际流云中，气氛热烈而紧张。用线熟练，色彩绚丽，显示出高超的水平。同雕塑绘画一样上承南北朝时期的成就而同时又发展到一个更具有中华民族特色的新阶段，开启了隋唐文化新风，为唐时期佛教艺术更进一步民族化奠定了坚实的基础。

唐代在我国封建社会，是一个伟大而辉煌的时代。随着国家政权的巩固，经济的发展，文化艺术进入了一个光辉灿烂的时代，佛教绘画雕塑，也进入了一个非常繁盛的时期。无论是寺塔、道观，还是石窟祠庙，大多以精美的雕塑、绘画为装饰。这时麦积山石窟壁画虽然没有辉煌庄严的经变画，也缺乏引人入胜的佛教故事画，然而它们以小巧玲珑、自然活泼、富有情趣的民间风貌出现，从而为人们所喜爱。壁画中女供养人身躯颀长，秀丽端庄，风姿绰约，雍容华贵，一派"柔姿绰态尽幽娴之雅容"的气概。菩萨健美丰满，曲眉秀目。这种"曲眉丰颊""肌胜于骨"的优美形象，体现了唐代生活中美感的要求。在雕塑中，唐代也出现了世俗化倾向。佛与菩萨庄重含蓄，肌体丰满，落落大方。尤其是"菩萨如宫娃"，雕刻得很写实，很优美。身体起伏丰富，丝纹流畅，动势刻画入微，风格柔和。这种把神佛菩萨形象进一步民族化和世俗化的特点，反映了唐代雕塑、绘画艺术的发展和演进。

五代十国时期，地处沙西的瓜、沙二州相对稳定，佛教雕塑和绘画仍继续发展。这一时期麦积山石窟数量虽不多，但仍继承了唐代优秀的雕塑、绘画传统，并又有创新，在对人物性格的刻画上，还是取得了比较突出的成就。

由上来看，唐代麦积山石窟进入了一个新时期，但是它以隋代为序，以五代为余波，可以相对地将这一段划归一个时期。它是麦积山石窟的第二个高潮期，也是麦积山石窟的鼎盛期。当时佛教雕塑和绘画数量很多，内容十分丰富，从一个侧面反映了唐代石窟绘画艺术的高超水平。麦积山石窟中的隋唐五代壁画和雕塑在我国石窟艺术的发展进程中占有非常重要的地位，它对中原地区石窟艺术的发展也曾经起过巨大的不可磨灭的

作用，对研究那一段的社会史、宗教和艺术的发展史及中外经济、文化交流史等方面，都具有重要的价值。

科举制度的形成

大业二年(606)，隋炀帝杨广开进士科，确立科举制度。

科举制度作为封建统治阶级选拔人才的方法，萌芽于南北朝，开始于隋，而成型于唐。南北朝时期，举孝廉、举秀才等察举方式代替了按门第选官的方式。隋朝隋文帝正式取消了九品中正制，使官吏的任用不再受门第的限制。606 年，隋炀帝杨广开进士科，确立科举制度。

科举制度在唐代继续实行并得到很大发展。唐代的科举分为常科和制科。

常科包括秀才、明经、进士、明法、明书、明算等六科。秀才为最高科等，所试方略策，要求应举者熟悉经史，精通经世治国的方略。这对于缺少经史知识、醉心词华的唐初士子来说，是很难达到的，因此他们往往不敢投考秀才科。明经主要考两部儒家经典，唐初，明经是按照经的章疏试策，这使许多举子不读正经，只是把与对策有关的章疏义条抄录下来进行背诵，高宗调露二年(680)开始加试帖经，即取经书中的一行，把其中几个字蒙住，让考试者填充。这样儒家经典的背诵就成为明经录取的先决条件，这样一来，应举明经者死记硬背，不求义理的情况更为严重。进士在唐初考试时务策五道。当时衡量策文的标准是看词华。进士科主要走文学取士的道路，成为选拔政治人才的主要来源。明法科试律、令各一部。明书科试《说文》《字林》，帖试、口试并通，然后试策，要求通训诂，兼会杂体。明算科考试以《九章算术》《周髀算经》等十部算经为基础，要求明数造术，辨明术理。

科举考试图

常科的应举者主要是生徒和乡员。前者是国子监所统国子学、太学、四门学、律学、书学和算学的学生，以及在弘文馆、崇文馆学习的皇亲、亲贵子孙。后者是指不在馆学的举子，自己在州、县报名，经县、州逐级考试合格，由州府举送到尚书省参加常科考试，特别值得注意的是，武则天长安二年(702)创立武举，亦是常举，由兵部主持，主要是选拔一般武官，而不是选拔将帅之才。

制科是由皇帝临时确定科目下制举行的，名目很多。如高宗时先后有词赡文学科、

词殚文律科、文学优赡科，武则天时先后有超拔群类、绝伦科，玄宗时有文史兼优、博学通艺以及武足安边、智谋将帅、军谋越众等科，但基本上没有重复的。科目的变化，反映了随着政治经济形势的发展，统治阶级对人才的不同要求。参加制考试者可以有出身、有官职，也可以既无出身，也无官职，并且可以连续应举。制举是统治者收买人心的重要手段，它对于发现卓有才能的官吏，也发挥了很大的作用。

随着科举录取人数的不断增加，科举出身者担任高级官吏的比重不断提高，唐朝的科举制度日益重要起来。唐初每年科举录取的人数很少，40 年间才有 290 人，科举入仕者在官员中的比重很小，但从高宗时起，在高级官吏特别是宰相中的比例却在不断增加，到玄宗二十二年（734）前已经占 2/3，但以后这一情况一度发生逆转，直到宪宗（806～820）起，科举出身者才重新在宰相和其他高级官吏中占据多数，并且稳定地持续下去，从而奠定了中国封建社会后期高级官吏由科举出身者担任这种格局的基础。

科举制历经宋元明清各代，只在元代前期稍有中断。各朝统治者根据各自的政治要求改革科举制，使之日益复杂严密，在封建政治生活中发挥着举足轻重的作用。

李春主持建造赵州桥

在中国古代桥梁建筑中，拱桥是最坚固耐久的，也是各种桥梁中历史较为悠久的一类。隋代出现了著名的赵州桥，显示了梁桥建桥技术已日臻完善。

赵州桥横跨在河北省赵县校河之上，又名安济桥。此桥建于隋朝大业年间（605～617），是在李春等匠师主持下建造的。赵州桥是世界上现存最古老的单孔敞肩式石拱桥，比欧洲早了整整十个世纪，至今一千三百多年，经受了多次大地震的考验，依然挺立，被誉为“天下之雄胜”。

赵州桥为单孔敞肩式，拱券为半圆弧的一部分，净跨度是 37.37 米，矢高 7.23 米，坡势平缓，利于车马通行。在大拱的两边，对称嵌有四个小拱，可使山洪急流通行无阻，既减轻洪流对桥的压力，也减轻了桥自身的重量。四个小拱的设置可称得上是空前创举。

赵州桥的雕刻艺术

我国石拱桥有厚壁和薄壁之分，赵州桥属于前者，厚壁长于载重，适合北方使用车马运物载重较大的特点。赵州桥是由平行并列的二十八道拱圈构成，对于桥台和桥墩之间

略有的不同升降有着较大的适应能力。而且每个拱合拢后就可以单独承受重力，便于施工和维修。李春等匠师在此基础上，又在拱圈面上放置了一层横向石板做护拱石，各个圈面之间安放了铁腰，还在护拱石和拱背间加置了九根铁拉杆和六块钩石，并将桥的宽度自两端向中部递减，使两侧各道拱圈微微向内收后，将整座桥联成一体，较好地解决了并列拱圈间横向联系不紧密，易于向侧面倾散，缺乏整体性的问题。

其主拱宏大，弧度平缓，四个小拱具有对称美。桥身造型空灵，六条弧线恰到好处，给人以古朴、苍劲的艺术美感。桥上两侧有四十二块石栏板，栏板上雕有龙兽、花草等图案，刻工精丽，形态逼真，更增加了赵州桥轻盈秀美的风韵。

赵州桥开创了敞肩式拱桥形式以及四个小拱独特的设计等巨大成就，极大地推进了我国建筑技术的发展。它的手法为后代普遍继承。到明清时候，形成了一套完整的造桥制度，建桥技艺也更高超。直到现在，赵州桥的技术也为现代钢筋混凝土桥梁广泛应用。

国子监体制的形成和发展

国子监，又称“国学”“国子学”，是中国封建社会的教育管理机构和最高学府。汉代以来，政府主办的学校称为“太学”，实行汉武帝的“罢黜百家，表章六经”的文教政策。至西晋武帝咸宁四年（278），为适应门阀世族专权的需要，除太学外，政府特别设立了国子学。隋朝文帝时改为国子寺，属我国最早设立的专门从事教育管理的机构，下设国子学、太学、四门学、书学、算学等五学。隋炀帝大业三年（607）改国子寺为国子监。国子监体制最后形成。

唐宋时期，国子监作为国家教育管理机构，总辖国子学、太学、四门学、广文馆、律学、书学、算学，统称“七学”或“七馆”。元代的国子监下辖国子学、蒙古国子学和回回国子学。到了明清时期，国子监同时具有国家教育管理机构和最高学府的两重性质。明朝是国子监的鼎盛时期，分别在北京和南京设立了两大国子监。南监建于洪武十五年（1382），规模庞大，“延十里，灯火相辉。规制之备，人文之盛，自有成均，未之尝闻也”。清朝国子监完全采用明制，文化专制主义进一步加强，“设六堂为讲肄之所”，“师徒济济，皆奋自镞砺，研求实学”。但不久国子监开始衰落，形同虚设。1905 年，清政府废除国子监改设学部。至此，国子监不复存在。

国子监设立以来，历代政府对教官人数的设置及称呼都有所不同。总管监务的头目称国子祭酒或判监事；唐代设博士、助教和直讲；宋朝设直讲担任讲学工作；明代设司业、监丞、博士、助教，学正等；清朝廷用明制。各朝政府均规定，国子监祭酒、司业、博士要由“当代学行卓异之名儒”担任，如一代名儒韩愈、孔颖达、宋讷、孔尚任等都曾在国子监执教任职，并给予他们优厚的待遇。以明洪武四年（1371）为例，单官禄一项，即规定国子祭酒 270 石，司业 180 石，博士 80 石，助教 65 石等。此外还有其他封赐。待遇之高，足以说明政府对教育的重视。

在生员方面，历代政府对学生的资格、来源和名额都有不同的规定。在监读书的学生称监生、太学生或国子生。唐代"国子学生三百人，以文武三品以上子孙、若从二品以上曾孙及勋官二品县公、京官四品带三品勋封之子为之"，并规定监生入学时要举行献礼仪式，赠绢给博士及助教。监生可在监内寄宿，并可免除劳役。明朝"凡国学生员，一至九品文武官子孙弟侄，年一十二岁以上者充补，以一百名为额。民间俊秀年一十五岁以上，能通四书大义，愿入国学者，中书省闻奏入学，以五十名额"。监生的来源有两类：官生和民生。官生又分品官子弟和土司子弟及海外留学生，由皇帝指派分定，民生由各地文官保送。明朝监生的生活待遇较好，政府"广为号舍以居之，厚其衣食而养之"，并允许监生带家眷入学。清朝监生分为贡、监两大类。贡生分6种名目：岁贡、恩贡、拔贡、优贡、副贡、例贡。每种贡生的来源、名额等均有不同的规定。监生地位略低于贡，分例监、荫监（又分恩荫、难荫两种）。贡监生除上述名目外，尚有外国肄业生，主要是琉球、俄罗斯所遣之官生。

孔颖达

在教学内容方面，历代统治者都将五经或四书作为国子监的主要教材，以培养封建社会的"文武之材"，"能出入将相，安定社稷"。

除此之外，唐代监生兼修"大经"（《礼纪·春秋左氏传》）、"中经"（《诗》《周礼》《仪礼》）和"小经"（《易》《尚书》《春秋公羊传》《春秋穀梁传》）及《论语》和《孝经》。明代学习《御制大诰》《大明律令》等，最重要的是明太祖朱元璋亲写的《大诰》，主要内容是列举他所杀人的罪状，使人警戒，教人守本分，纳田租，出夫役等训词。清朝则设立性理、习字等课程。

在管理方面，各朝政府都建立了严格的规章制度。唐代明确规定了博士、助教的职责以及监生的考试和放假制度。明朝按照监生文化程度的高低，把国子监分为率性、诚心、修道、广业、崇志、正义等六堂，以率性程度最高。每季考核3次，一年内积满8分为合格，一年半后分别升堂。据《明会典》记载，监生自洪武五年宴行历事制度。即肄业后分配到政府各衙门实习。历事时间有3月、半年、1年不等，建文时定考核品级，上等选用，中下等仍历一年再考，如再考仍下等者回监读书。

奸诈、懒散者则发配充吏。清代国子监的肄业之所除按明分六堂外，六堂又分内班、外班。内班总人数为150人，外班总人数110人，不久增至总数300人，可见招生数量远不及明代的规模。监生实行坐监肄业，时间长短依其类别不同而有所差异，如恩贡6个月，岁贡8个月等。虽为坐监，实际上监生只在释奠、堂期、季考时暂时集中，平时均散居家中学习，其教学、考试制度大体继承明制。监生坐堂期间，管理制度也相当严格。明朝政府制订颁发了56条监规，严禁监生闹事，轻者记过打板子，重者发配充军或杀头。清

政府于建国初颁布了 18 条监规，禁止监生“立盟结社，把持官府，武断乡曲”，“违者听提调官治罪”。这是封建专制政治在文化教育上的具体表现所在。

国子监自建立到衰亡经历了近 2000 年的时间，培养和造就出一大批适应社会需要的文武官员和管理人才，对社会兴旺，文化繁荣，促进中外文化的广泛交流，起到了积极的、重要的作用。

第三章 历史谜团

古代“鞋”之谜

你见过用铜、用银、用陶、用泥、用纸、用石头做成的鞋吗？也许你不会相信，然而，在中国和世界的文化史中不仅确确实实有过这样的鞋，而且历经数百年、千余年后，依然完好地保留至今，从而成为人类不可多得的一份历史遗产。

铜鞋制于波斯时代，鞋帮和鞋底全部采用铜皮，以锡焊制而成。鞋呈卯形，供波斯妇女在伊斯兰教堂内穿着。如此，铜鞋与宗教礼节产生了必然的联系。但这种联系的根源又何在呢？在古代人类尚未发明胶雨鞋时，雨天穿着的鞋无奇不有，而以焊锡法将铜皮制成整鞋正是最好的防雨鞋之一。

牛鼻鞋是德国16世纪的一种胄甲靴。其鞋帮和鞋底是用十块皮料缝合，形似“百页”。如果不加说明，谁也不会认为这是鞋。可它千真万确是四百年前的武士靴。牛鼻鞋是古代日耳曼民族对牛崇拜的反映。在他们看来，牛以无穷的力量成为必胜的象征。“百页”结构也未失其实用性。行军打仗时，对高频率的脚部弯曲是适宜的。那么，武士脚是怎样穿进去的呢？谁也无法回答。

浙江衢州出土的一种南宋银鞋，系由银质鞋面二片、银质鞋底一片焊接而成。鞋头尖而翘，口沿錾忍冬纹一周，鞋面錾宝相花，鞋底錾刻线纹及双钩并刻有“罗双双”字样，估计为女主人姓名。鞋长仅14厘米，是我国几千年来唯一的银质“三寸金莲”。用银制鞋是不实用的，那么，女主人仅仅是为了显示其高贵的身份吗？

1980年在湖北省安陆市唐代吴王妃杨氏墓出土了两件石质鞋形器，呈椭圆形。考古学家认为是鞋底。其正背两面中部突起，周边刻线条，一端有圆穿孔，形制相同，大小不一，石质坚细。一只长24厘米，可能为男鞋，另一只长22厘米，可能为女鞋。除推断其为鞋底外，详细用途尚无史料辅证。

隋开皇二十年（600年）迁葬的王乾墓内有陶鞋一双出土于安徽亳县机制砖瓦窑场。陶鞋长12.7厘米，为女鞋形制。从实用角度论，陶质完全可以用来防潮，但如此脆弱的材料是经不住体重压力的，故而，它应该属于随葬品。可为什么偏要选择陶材料制鞋呢？它似乎告诉我们，墓主生前的所在区域为隋代“陶都”。

以上古鞋，无论其造型之古怪，材料之独特，技术之巧妙，还是用途之神秘，都令人百

思不解。

隋炀帝杀父之谜

隋炀帝杨广

隋炀名叫杨广，是隋文帝的第二子。按照中国封建王朝的帝王选任习惯，本应是不该他来继承皇位的，但杨广却在隋文帝死后，君临天下了。这是怎么回事呢？有人说是他杀死了自己的亲生父亲、毁掉了兄长杨勇，篡权为君的。

杨广少时聪明伶俐，相貌英武。加之他巧于辞令，故而颇受父皇母后的喜爱，在他13岁时，便被委以重任，担任并州（今山西太原）总管，被封为晋王。面对如此殊荣，杨广并不满足。从小在争权夺利的氛围中耳濡目染，塑造了他十分复杂阴忍的秉性，他深知自己是皇帝的次子，没有继承皇位的可能，他更深知继承皇位一统天下的好处，他怎么甘心居于兄长之下呢？

杨广并没有因为父皇立兄长杨勇为太子而灰心丧气。他有沙场临战的功业和威德，也有缜密、运筹的心机，更有为达目的不择手段的阴险，在皇位的巨大诱惑面前，杨广是决不会心慈手软的。杨广非常聪明，他知道若想日后登基，要先夺得太子的位置，而要坐上太子位，则需要父皇母后的信赖和亲信党羽的辅佐。杨广在自行制定了争夺皇位的策略后，便开始紧锣密鼓地行动起来了。

杨广的第一步是想尽办法博得父皇母后的欢心。隋文帝和独孤皇后一向倡导勤俭持家，不喜欢奢华，而皇后则更恨用情不专的男人，她常斥责宠爱姬妾之徒。杨广最了解这些，他开始检点自己的行为举止了。杨广先是褪去了华服，着上粗衣，接着便把筝弦弄断，制造出一副远离娱乐的假象。杨广本是一位纵情女色的纨绔子弟，在他的私宅中蓄养了无数绝色美女，但为了讨好母后，他明里与妻子同出同入，暗里把与其他女子所生的孩子全都掐死，不留一个活口。当时屋内没有一件珍宝摆设，筝上落满了尘土，堂前的孩子都是杨广正妻所生，侍奉茶水的几个下人也布衣钗裙、面目憨厚，厨房里无山珍海味，隋文帝见之大喜，连声赞扬儿子温良恭俭，独孤皇后也不住地夸奖儿子不近声色，可堪大任。杨广在父皇母后面前树立了正人君子的高大形象后，便又开始诋毁太子杨勇。说起来太子杨勇真不是杨广的对手，太子性格直率粗莽，胸无城府，丝毫不查二弟的险恶用

心。每当杨广外任回都时，都要悄悄给太子送去锦衣、美女、珍玩，而太子不仅一概收下，而且毫不遮掩，不仅每日华服出入，而且在府中纵声歌乐，与不同的女人生了十几个孩子。隋文帝及独孤皇后对他是越发地讨厌了。隋文帝与皇后常常道："太子品性顽劣，而广儿却仁孝恭俭。"

杨广在父皇母后面前的表演大获成功后，又开始在大臣官吏中行动了。有一回杨广代父视察兵营，恰逢天下暴雨，兵卒们在雨中操练，有下人举起了一把油布伞为杨广遮雨，杨广却一把推开道："士卒们都在雨中淋着，我怎能自己躲在伞下呢。"这件事在当时被众人传为佳话，不仅隋文帝闻之心喜不已，而众大臣们也都对杨广充满了钦佩与敬重。杨广的第一步目的已经达到，他在所有人面前树立了一个磊落、仁孝、贤德的形象，便开始了第二步的行动——广植党羽。杨广的处世手腕极高，对他有用的人，他或以名、或以利相诱，或以正人君子作风的假象迷惑，不多时日，一大批朝臣便汇聚在了他的周围。这些朝臣不仅在隋文帝面前为他歌功颂德，也对太子的不耻行为指手画脚。听得多了，看的多了，隋文帝的心也动了，终于下了决心，废了太子杨勇，新立了杨广为皇太子。

隋文帝

杨广的阴谋得逞了，他终于取得了皇位的继承权了，他接下来就等着父皇驾崩了。可杨广是不会等的，他见须发花白的父亲依旧硬朗，他耐不住性子了，他装假装得太辛苦了。在一次入宫途中，杨广看见前面走过一位佳人，佳人相貌俊美，娇媚无比，杨广知道这是父皇最宠爱的宣华夫人。杨广见宣华夫人进了一座偏殿，他也急步跨了进去。宣华夫人见是太子杨广，也没疑心，粲然一笑，请他入座，宣华夫人的笑一下子撩动了杨广，他毫无顾忌地朝着宣华夫人扑了过去……

当宣华夫人向隋文帝哭诉自己被太子羞辱之事时，隋文帝大怒，他万万没有想到，杨广竟是这般无耻，竟敢染指父皇的爱妃。隋文帝开始对杨广这些年来的行为产生了怀疑，他急召大臣草诏，让废太子杨勇前来议事。杨广是何等聪明之人，他之所以敢在宣华夫人面前放肆，是因为他有放肆的资本。这宫里宫外全是他杨广的人，此时纵是皇上，也奈何不了他了。

隋文帝没有机会废掉杨广了，在夜深人静时，一方手帕蒙住了他的口鼻，不多一会儿，大隋朝的开国皇帝便驾鹤西去，命赴黄泉了。

隋炀帝登基后，马上露出了他荒淫奢华、阴狠毒辣的本来面目，不但杀掉了自己所有的胞弟，而且大兴宫殿，把大隋朝糟蹋得千疮百孔，使大隋朝以一个短命王朝的面目载入了史册。

多行不义必自毙。骨肉相残、杀父篡位的隋炀帝，自己最终也落了个被人勒死的下

场，而且以一个暴君的丑恶嘴脸，令后人唾骂，遗臭万年。

高昌政变之谜

中国历史上有很多难解之谜。明末梃击、红丸、移宫三案，清初太后下嫁、顺治出家、雍正夺嫡三案，为近世之最著名者。当时史料丰富，公私史乘汗牛充栋，尚无法解释清楚。而在此之前的谜案，由于史料贫乏，就更加难以澄清了。高昌政变之谜，即是其中之一。

高昌国位于今新疆吐鲁番市。这里旧为姑师亦即车师人居地。公元前48年，西汉在此置高昌壁，设戊己校尉负责屯戍。东汉以后，一度称为高昌垒。327年，前凉在此置高昌郡。十六国动乱，河西及中原人民纷纷向高昌迁徙。439年，北凉为北魏所灭，其残余势力向西域逃窜，442年，占据高昌，仍称大凉国。460年，柔然灭大凉国，立阚伯周为高昌王，此为高昌正式建国之始。以后又经历了张氏高昌和马氏高昌两个政权。501年，麴嘉被立为高昌王，开始了比较稳定的麴氏高昌时代。

神兽镜

麴氏高昌的历史，只有中原的几部正史曾附传简略介绍，留下的疑难甚多，纪年问题为其中之一。结合新出吐鲁番文书，人们发现：(一)自麴嘉建国(501)，至麴智盛为唐所灭(640)，麴氏高昌共存在140年，而两《唐书·高昌传》均称只存在134年，其中少算六年。(二)按照麴氏高昌的惯例，一王只建一个年号，而麴伯雅为王时期，却存在延和(602~613)、义和(614~619)、重光(620~623)三个年号，其中义和年号，在新出吐鲁番文书中多被涂改为延和，如将义和五年涂改为延和十七年，义和共六年，即麴氏高昌自身也认为，确有六年历史值得争议。(三)恰恰自延和十二年(613)至义和五年(618)，共六年时间，高昌与中原的隋朝中断了联系，伯雅也下落不明。于是人们揣测，在这六年内，高昌一定发生了什么不寻常的事件；但直到1973年，考古工作者从吐鲁番阿斯塔那二〇六号墓发现高昌大族张雄及其妻麴氏墓志，才找到弄清这一事件的线索。志云："属奸臣作祸，伪祚将颠。公出乾侯，兵缠绛邑。君执羁鞠，经始艰难。功冠却燕，勋隆复郢。伪王返国，宠命偏优。"该志勒于唐灭高昌之后，故称高昌王、祚均前加"伪"字。志文则借用春秋、战国时期的几个历史典故，含蓄披露高昌曾发生过一起政变。人们结合史实进行研究，终于对这起政变的来龙去脉有了一定程度的了解。这起政变的发生，说起来虽与高昌自身外交政策出现偏差颇有关系，但隋炀帝好大喜功也须承担一定责任。

高昌是一个以汉族为主的移民小国。建国伊始，就有自己明确的外交政策。文化源

于中原，自然真心诚意想与中原王朝处好关系；地理属于西域，也愿意同周围强大少数民族政权虚与委蛇。但事情并非如此简单。因为中原王朝与这些少数民族政权关系总是时好时坏，与中原王朝交往过密，难免会引起这些少数民族政权的猜忌。所以，尽管真心诚意想与中原王朝处好关系，却又不得不竭力控制与中原王朝交往的节奏。一旦打乱这个交往节奏，就有可能带来意想不到的灾难。麴氏高昌建立后，与北魏交往最多，33 年中，大约遣使朝贡近 20 次。这是因为，当时柔然、高车势力渐衰，吠哒的主要精力用于经营中亚，高昌顾虑较少。高昌与西魏、北周交往较少，北周四十六年中只彼此遣使四次。而隋文帝二十四年中，一次交往也没有。这是因为，当时突厥势力强大，高昌已成为突厥的附庸，不敢与中原王朝过于亲密。也正由于交往节奏控制得当，高昌没有发生大的变故。隋炀帝即位后情况就不同了。

隋文帝仁寿二年（602），麴伯雅继位为高昌王，改元延和。依突厥俗，伯雅应娶大母突厥可汗女为妻。伯雅为汉人，对此悖乱人伦之事自然抵触，久不从命，突厥逼之，才不得已就范。此后，伯雅对突厥愈益反感。炀帝大业元年（605），西突厥处罗可汗治国无方，引起所属铁勒诸部暴动。铁勒大败处罗，自立契弊歌楞为莫何可汗。高昌脱离突厥的控制，成为铁勒的附庸。铁勒虽在高昌派驻大臣，但仅征收商税，对其他事务似较少过问。伯雅以为从此可以自由行动，便于大业三年（607）六月和大业五年（609）四月，连续二次向隋遣使朝贡。而此时的炀帝，好大喜功，对仅遣使者来朝尚不满意。他派裴矩去敦煌，令游说高昌、伊吾及西域诸王，“啖以厚利，导使入朝”。大业五年六月，炀帝西巡至燕支山（今甘肃永昌西），高昌王麴伯雅携子麴文泰，与伊吾吐屯设及西域二三十国使者，果然均焚香奏乐，伏谒道左以后圣驾。于是圣心大悦，亲御观风行殿，大备文物，并宴饮麴伯雅等西域诸王。这次伯雅入中原时间超过八个月，不仅随炀帝游历了东、西二京，还参加了来年正月在洛阳举行的元宵大戏，中原的灿烂文明给伯雅留下了很深的印象。

大业七年（611），西突厥内乱，处罗可汗失位，逃到高昌附近避难。麴伯雅上状，当时炀帝正准备讨伐高丽，驻跸涿郡临朔宫，闻讯大喜，急令裴矩挟处罗母向氏前往招安；又令民部尚书樊子盖检校武威太守，负责接待及护送来涿工作。十二月，伯雅携子文泰，陪处罗来到临朔宫。伯雅等先后从炀帝征高丽及游代、汾、晋等地，直到大业八年（612）九月，才折返洛阳。十一月，炀帝以戚属宇文氏为华容公主，嫁于伯雅，并令两朝元老苏威之子鸿胪少卿苏夔主婚。大概十二月底，伯雅偕妻及子返回高昌。这次伯雅入中原时间超过一年，游览的地方更多，对中原文明更生眷恋之情。

麴伯雅回国第二年，正是高昌延和十二年（613）。伯雅做的第一件事，就是下令“解辫削衽”，废除北方少数民族辫发左衽的习俗。此举炀帝甚为欣赏，特下诏褒奖，称：“袭缨解辫，削衽曳裾，变夷从夏，义光前载。”却不料遭到守旧势力的反对，麴氏宗室趁机发动政变，把伯雅赶下了台。翌年，僭位者改年号为“义和”，推测有“举义共和”的意思。伯雅携家属投奔西突厥，在那里流亡了六年。义和六年（619）冬季以前，伯雅在西突厥的支持下，杀回了高昌。张雄本为伯雅张妃之侄，与伯雅子文泰属姑表兄弟，此时自然站在伯雅、文泰父子一边。由于他率兵协助，终于完成光复大业。次年（620），伯雅改元“重光”，

推测有“重新光复”的意思。于是，此前僭位者统治过的义和六年历史，成了有争议的问题。当时的高昌官民和后世的历史学家都不承认它，遂出现前面谈到的涂改义和为延和及统计麴氏高昌存在时间有意少算六年等怪现象。

以上是这起政变的来龙去脉。但其中仍有不少问题弄不清楚。譬如政变者究竟是谁，他发动政变是否还有别的原因，他的结局如何，等等。所以说，高昌政变仍有许多未解之谜。

轮船是中国人发明的吗

现代内河航运和远洋航行的主要船只是轮船，轮船是依靠动力装置带动螺旋桨旋转而前进的。轮船航行的速度和安全性是独木舟和木板船所无法比拟的。追溯轮船发展的历史，我们就会发现，轮船的始祖在中国，中华民族曾经用自己的聪明才智谱写出航海史的新篇章。

古代·陶舟俑

车船又称作车轮舟，其前身是南朝的祖冲之制成的千里船。这种船不受风向、流向的限制，内部设有机关，可以自己运行，在新亭江试航时，有的学者根据当时机械学的发展情况分析，它可能是由人力踏动木叶轮而前进，因此我们认为千里船是车船的始祖，但从此以后，史书上再也没有出现车轮舟的记载，可见千里船虽经创制但并没有被广泛应用。

唐朝德宗时即八世纪末九世纪初，江南道节度使洪州刺史李皋运用奇思妙想，设计制造了一种新型战舰，这是史书上关于车船最早的明确记载。这种战舰两侧分别装置一个轮桨，士兵用脚踩踏，带动轮桨转动，使舰前进，其速度与挂帆船一样快。

到了宋朝，车船才得到实际应用和发展。北宋李纲根据李皋的遗制，创造战舰数10艘，上下三层，装置车轮，用脚踩踏前进。南宋时，车船已经作为水军的新型战舰而列入编制。公元1131年，鼎州（今湖南常德）知州程昌寓在围剿杨幺起义军时，命令南宋造船厂工匠高宣打造了8艘车船。这种车船用人力踏车行使，船旁设置车板，船行速度很快，

却不见轮桨，被人们叹为神奇。交战中，杨幺夺得了这8艘车船，并俘获了造船工匠高宣。高宣又在起义军中对车船进行了改造。他在两个月内为杨幺的起义军建造了大小船十多种、数百只，其中“大备山”号有32个轮子，“和州载”号有24个轮子，其上层还有三层建筑，高达10丈以上，可以载1000名士兵，左、右、前、后都装有拍竿。从此，杨幺的起义军声威大震，在和南宋战舰交锋中，这种车船以轮击水，行驶如飞，官军的船只迎上去就被击碎，起义军鼓鸣呐喊，踏车回旋，横冲乱撞，在几百只官船中如入无人之境，官军闻风丧胆。宋水军与杨幺车船对战中，每战必败。公元1135年，南宋王朝命令岳飞为镇压起义军的主力。岳飞派人到君山伐木做成巨筏，用来堵塞港汊，又找来许多烂木腐草，从上流漂浮而上，然后选择水浅的地方派善骂的人去向起义军挑战，在水浅处边行驶边骂。杨幺的起义军被激怒，驾船来追击，结果由于乱草壅积，起义军的车船轮桨被缠住不能行动。岳飞立即派兵冲击，起义军被击败。由此可见，车船在杨幺起义军的作战中发挥了巨大的威力。

三国·陶制船俑

岳飞击败杨幺后，仿照俘获的车船式样又进行了改造，在车船轮桨的外面安装了木板盖，踏轮的士兵在里面操作，外面看不见，不易被发现和进攻。同时在船的上层建筑中设置了弓弩、抛石机、撞竿、灰弹等武器装备，增强了车船的战斗力。增加船的高度和宽度，制造了长约130米、宽约14米、高约24米的大型车船。车船的轮数，有4轮、6轮、8轮、20轮、24轮、32轮等许多种。从此，车船成为南宋水军的重要装备，在抗金的长江水战中发挥了主要的作用。公元1161年11月初，40万金兵在海陵王完颜亮的亲自统帅下，进攻到长江北岸的和州（今安徽马鞍山东），宋军只有1.8万人，面临覆灭的南宋统治者已经做好了逃跑的准备，采石的守军将领王权弃军而去，接防的将领李显忠尚未到任，兵无主帅，军心涣散。到采石犒师的虞允文不避危难，力排众议，代替主帅，组织宋军抗金。他命令名为“海鳅”的车船出击，与金军的战船猛撞。“海鳅”车船敢冲敢撞，士兵踏轮改变方向，轻便灵巧，而金兵的战船底阔如箱，笨重难移，被宋军车船撞沉的达一半以上。接着虞允文又对金兵采用夹击的战术，烧毁金兵战船300多只，金兵败退扬州。虞允文估计金兵将进攻京口（今江苏镇江），继续南犯，他又率领1.6万人援助京口。虞允文命令士兵踏车船，在水流中来回巡逻，车船回转如飞，金兵发生内乱，海陵王完颜亮被

杀死,金兵南攻的计划彻底失败。

车船虽然速度快,但就当时的生产力来说,他需要许多人不断踩踏才能航行,要花费很多人力,所以只能作为军用船只。公元1179年,在江西出现了一种新的车船,当地人称为“马船”,船上装有女墙、轮桨,可以拆卸。它平时可以作为渡船使用,运送物资,战时可以改装成战船,用来作战。公元1183年,陈镗建造了90轮的车船,航行速度更快。到了南宋末年,君臣上下贪图安逸,车船还曾作为娱乐的游船。但是车船作为民间的船只,一直没有发展起来。

宋太祖灭南唐、荆南时曾用到大量水兵,宋代的水军制度到南宋发展到很高的程度,主要为防止北方的金朝。此模型是宋代巨型战舰的再现,船身两边有置桨的孔,船周围建有女墙,墙内有箭口,可以攻击敌人。

虽然车船的发明,像许多专家说的那样,给当今轮船的发展奠定了基础,体现了中国古代人民的创造才能,但它只能算作轮船的始祖,因为车船和轮船的动力来源本身就不一样,一个是依靠人力,一个是依靠蒸汽动力,更何况外国发明轮船也不是受到中国古代车船的启发而产生的。

附：隋朝大事年表

时间	事件
581 年	杨坚代周称帝，国号隋，是为隋文帝。 隋文帝立长子杨勇为太子，多有战功的杨广被封为晋王。
583 年	隋文帝以“律尚严密，故人多陷罪，每年断狱，犹至万数”，特敕命苏威、牛弘等人本着删繁就简的原则，修改《新律》，完成了历史上著名的《开皇律》。《开皇律》上承汉律的源流，下开唐律的先河，在中国历史上占有重要的地位。
585 年	隋文帝在全国各地设置义仓，农民在收获季节交纳一定数量的粮食，放在义仓，发生灾荒时便开仓放赈。
588 年	杨广统领几十万大军南下，向陈朝发动进攻。
589 年	隋军乘大雾突破长江天险。 隋军围困建康，陈后主躲入枯井之中，陈国灭亡。
590 年	隋文帝诏军入户籍，属州县，府兵与均田制合一。
597 年	隋文帝为了分化突厥，将安义公主嫁给小可汗之一的突利可汗，突利可汗遂偏向隋文帝。
598 年	隋文帝出动大军攻打高句丽。军中疾疫流行，兵士大多病死，无功而返。
600 年	隋文帝下诏，废太子杨勇为庶人，改立杨广为太子。
601 年	陆法言写成《切韵》五卷，统一了书面的声韵，为音韵学奠定了基础。
604 年	杨广即位，是为隋炀帝。 刘焯制定《皇极历》。 刘焯在世界上最早提出了“等间距二次内插法”的公式。 韦云起率军大败契丹军。
605 年	隋炀帝命宇文恺营建东都洛阳，每月役使二百多万人。 隋炀帝征发河南、淮北一百余万民夫，开凿通济渠。
606 年	启民可汗到长安求见杨广，解释自己的忠诚，希望消除误解。

时间	事件
607 年	隋炀帝被推为“圣人可汗”，隋朝在北方少数民族中的声望达到了顶峰。 隋炀帝令羽骑尉朱宽“入海求访异俗”，到达琉球，也就是今天的台湾。 隋炀帝组织人力修成《大业律》，并颁布天下。
608 年	刘焯推出岁差为七十六年差一度。 永济渠开凿。这条运河主要是利用自然河道，沟通沁水和淇水，然后北流从天津入海。其中一支向北伸展，然后会合永定河。北达涿郡（今北京）。
609 年	隋炀帝开始西巡。他成为第一位也是唯一一位亲巡西域的中原王朝帝王。 隋炀帝亲率大军击破吐谷浑部，吐谷浑“率男女十余万口来降”，西域东西四千里、南北两千里的广大土地尽为隋有。隋炀帝调罪人为戍卒，开屯田，并运粮供应，以保卫西域的安全。 隋炀帝来到位于河西走廊的张掖郡。西域二十七国君主与使臣纷纷前来朝见，表示臣服。
610 年	隋朝派虎贲郎将陈棱等率军攻琉球，隋朝的政治和军事力量随着陈棱等的军事活动达到了台湾。 隋炀帝着手进攻高句丽的准备工作，造车造船，调集军队，成百万的农民被征发用来从事运输和各种劳役。
611 年	王薄率众在长白山（今山东章丘东北）起事，自称“知世郎”，号召人们拒绝参加出征高句丽的战争，吸引了众多逃避征役的农民加入。 翟让在东郡（今河南滑县东）附近的瓦岗寨招集贫苦农民，组织了一支起义队伍，号称瓦岗军。
612 年	隋炀帝集中了一百多万大军御驾亲征高句丽。 隋朝军队猛烈攻击辽东（今辽宁辽阳），城墙塌陷，高句丽守军悬白旗乞降。但由于要等待隋炀帝的指示，遂丧失机会。 隋炀帝狼狈撤退，军队损失殆尽，第一次东征高句丽宣告失败。
613 年	隋炀帝第二次御驾亲征。 杨玄感发动叛乱，截断隋炀帝的退路。隋炀帝放弃辽东，回军迎战杨玄感，第二次东征草草收场。

时间	事件
614 年	隋炀帝进行第三次东征。 高句丽王国无力抵抗隋军,就把杨玄感的同党、投奔到高句丽的斛斯政送还给杨广,以表诚意。 高句丽国王高元拒绝入朝,隋炀帝下令准备第四次东征。
615 年	隋炀帝从洛阳出发,到汾阳宫(今山西宁武)避暑。 突厥汗国的始毕可汗(启民可汗之子)亲统骑兵十余万,将隋炀帝围困在雁门郡(今山西代县)。
616 年	农民起义军已经占领了全国三分之二的郡县,声势大振。 隋炀帝不顾大臣的劝阻,再次去江都(今江苏扬州)出游。
617 年	瓦岗军攻占隋朝大粮仓兴洛仓,开仓放粮,声势大振。 李渊在太原起兵。
618 年	隋炀帝被叛军所杀。 李渊在长安称帝,唐朝建立。

·中国通史·

唐朝

刘宇庚⊙主编

导读

唐朝(公元618年~公元907年)是中国历史上一个重要的朝代。因国君姓李,故又称李唐。唐王李渊于公元618年6月逼隋恭帝禅位,取代隋朝,国号为唐,尊称大唐。设首都于长安(今陕西西安,随后又设陪都东都洛阳和北都太原,与长安合称“三都”。

从公元618年唐朝建立到公元907年被朱温灭掉,共存在了二百八十九年。唐朝一般分为两个时期,即前期和后期。中间以安史之乱为界限,前期是昌盛期,后期则是衰亡期。建立唐朝的是唐高祖,而领兵用十年时间完成统一大业的则是唐太宗李世民。玄武门之变,李世民登位之后,经过励精图治,使唐朝在中国封建社会空前繁荣,出现了“贞观之治”,在政治、经济、文化等各方面都居于当时世界领先地位。此后的唐玄宗时期又出现了“开元盛世”,国强民富,升平之世再次出现。但也是在唐玄宗时期,发生了安史之乱,从此唐朝走向了衰亡。唐高宗以后,武则天以周代唐,史称武周,公元705年神龙革命后恢复大唐国号。唐玄宗李隆基即位后,政治清明,经济雄厚,军事强盛,四夷宾服,万邦来朝,开创了全盛的“开元盛世”。安史之乱后,国力日趋衰败。公元907年朱温篡唐,唐朝灭亡,从此中国进入了五代十国时期。唐朝共历274年(包括武周是289年),20位皇帝。唐朝声誉远及海外,与南亚、西亚和欧洲国家均有往来。唐朝以后海外多称中国人为“唐人”。唐朝文化兼容并蓄,接纳各个民族与宗教,进行交流融合,成了开放的国际文化。唐诗、科技、文化艺术极其繁盛,具有多元化的特点。

后期的唐朝政治混乱,从牛李党争到宦官专权,其间农民起义不断发生,终于爆发了黄巢起义,起义领袖之一朱温开始叛降唐朝,后又取代唐朝自立为帝,建立了五代的第一个王朝——后梁

第一章　唐朝史话

唐朝建立

隋炀帝的暴虐统治激起了人民的强烈不满。在短短的数年间，北至山西、河北，东到山东、江浙，南抵岭南，西达河西走廊，到处都有人举旗反抗。但最终获得天下的却是李渊。

李渊代隋

李渊本是隋朝的贵族，号唐国公，祖籍陇西成纪（今甘肃静宁西南），鲜卑姓是大野，字叔德。李渊的父亲李昞，北周时历官御史大夫、安州总管、柱国大将军。母亲是隋文帝独孤皇后的姐姐，因此李渊与隋炀帝是姨表兄弟。

李渊

李渊起兵

李渊之妻窦氏的父亲窦毅在北周是上柱国，母亲是北周武帝的姐姐襄阳长公主。窦氏从小就很聪明，在隋文帝杨坚取代北周时，窦氏曾恨恨地说："我恨自己不是男子，无法为舅舅家消除祸患。"吓得父亲赶紧捂她的嘴："不要胡说！这是灭门之罪！"因为这件事，窦毅认为自己的女儿不是等闲之辈，在选婿时想了一个办法：让人在门屏上画了两只孔雀，凡是两箭各射中一只孔雀眼睛的，就招为婿。前边有几十人都没有射中，只有李渊两箭都射中了。窦毅便让女儿嫁给了李渊，她也由此成为他的贤内助。

据说有一次，隋炀帝看到李渊的脸上皱纹多，便戏称李渊是"阿婆"，李渊回家后很不高兴，窦氏问清原因，马上贺喜道："这是吉兆啊，你继承的是唐国公，'唐'便是'堂'，'阿婆面'就是指'堂主'啊！"一句话说得李渊顿时高兴起来。

李渊有不少骏马，窦氏就劝他献给爱马的隋炀帝：“皇上喜欢鹰和马，您是知道的，现在应该把骏马献给皇上，不该自己留着，招人闲言诬陷。”李渊开始还舍不得他的骏马，后来真的被隋炀帝责问。窦氏不久后去世，李渊这才静下心琢磨亡妻的话，觉得很有道理，于是就经常给隋炀帝送骏马鹰犬。隋炀帝异常高兴，很快升李渊为将军。李渊流着泪对儿子们说：“我如果早点听你们母亲的话，早就做上这种官了。”在隋末民变初起时，李渊曾静观其变。但随着起义队伍越来越多，李渊逐渐感到形势恶化，起了脱离隋朝之心。

狩猎纹高足银杯

李渊有四个儿子，次子李世民时年十八岁，是个很有胆识的青年。晋阳（今山西太原）县令刘文静十分看重李世民，二人是知心朋友。刘文静跟李密有亲戚关系，李密参加起义军后，刘文静受到株连，被革了职，关在晋阳监牢里。

李世民赶到监牢里去探望，刘文静对他说：“现在皇上远在江都，李密逼近东都，到处都有人造反。这可是打天下的好时机。”

李世民回到家里，想想刘文静的话，越想越觉得有道理。正好这时太原北面的突厥可汗进攻马邑，李渊派兵抵抗，打了败仗。李渊怕隋炀帝追究他的责任，心里非常着急。李世民抓住这个机会，劝父亲起兵反隋。

李渊犹豫了一下，也觉得不起兵确实无路可走了，便把刘文静从监牢里放了出来。刘文静帮助李世民招兵买马，李渊又派人把正在河东打仗的另外两个儿子李建成和李元吉召了回来。李渊听从刘文静的计策，派人备了一份厚礼，到突厥可汗那里讲和，约他一起反隋。突厥可汗一口答应。李渊稳住了突厥，就开始策划反隋。

李渊派人散布谣言，诡称炀帝有诏，要再次攻打辽东，令发太原、西河、马邑、雁门一带的壮丁，凡年在二十岁以上五十岁以下的，以岁暮为期，集中涿郡待发。当时民众已苦于兵革，而且东征高句丽，业已多次失败，因此人心益怨，动乱更急。李渊就设计杀死当地官员，于617年5月在太原起兵反隋。而裴寂又送来上等米七万斛、布匹五万段、甲胄四十万领，李渊声势大振。

攻占长安

李渊太原起兵后，便接到了李密的信，商议结盟之事，实际上则是想让李渊尊他为盟主。李渊非常高兴，他当时正需要有人为他阻挡中原还没有被消灭的隋朝军队，好让自己集中兵力拿下长安。于是李渊给李密回信，对李密极力吹捧。结果李密上了钩，专心于对付东面的隋军。

再说李渊西进，碰到的第一个障碍便是西河郡（今山西汾阳），不想李建成和李世民

兄弟仅用了九天便得胜而归，使得李渊喜出望外。然后，李渊建立了自己基本的军事和政权机构：设置大将军府，自称大将军，长子李建成为陇西公、左领军大都督，统领左三军。李世民为敦煌公、右领军大都督，统领右三军。裴寂和刘文静为长史司马。

此后，李渊向长安进军。在招降失败后，李渊下令攻城，并很快攻下了长安。李渊随即下令禁止掳掠百姓，受到人们的夹道欢迎。但这时群雄并立，而隋炀帝还在扬州，王世充等隋朝将领也有强大的实力。于是李渊表示仍拥护隋皇朝，并没有马上称帝。待到618年隋炀帝在扬州被人杀死，李渊便在长安称帝，建立唐朝，年号为武德，史称唐高祖。

统一战争

唐朝建立时，全国还在分裂之中，农民起义军和隋朝残余将领割据各地，李渊在长安安定之后，开始了长达多年的统一战争。

击破薛氏父子

薛举是隋朝金城郡（今甘肃兰州）的富豪，617年称西秦霸王，后来称帝，占据了全部陇西，兵力有十三万人之多。

薛举见李渊称帝，便进击唐之泾州（今甘肃泾川县北泾河北岸），李世民率军予以抗击，两军相遇在高墌（今陕西长武西北）。李世民认为薛举军粮少，决定守城不战，以使其师疲惫。但薛举则利用李世民部将刘文静、殷开山不听约束和轻敌，进行突然袭击，最后将唐军击败，并俘唐大将李安远、刘弘基等。

历史小常识：岂不一日为帝乎

缢杀隋炀帝的宇文化及在快失败的时候，说了一句很有名的话：“人生固当死，岂不一日为帝乎！”于是杀了自己一手扶上位的傀儡秦王杨浩，自立为帝，国号为许。自封皇帝后没几天，就被窦建德杀了。

随即，薛举命儿子薛仁杲进逼唐宁州（今甘肃宁县），想一举攻下长安。不料薛举却在这时病死。他的儿子薛仁杲继续威胁长安，李渊命李世民为元帅再次出征，这次将薛仁杲彻底击溃，薛仁杲投降，陇西收归唐朝。

北定刘武周

北方的刘武周算得上是一个劲敌，英勇善战，是一个难得的将才。相传，在一次和突厥的交战中，刘武周被困于突厥腹地，欲退无路、欲进无粮，形势十分危急。突厥首领始毕可汗是个沙场老将，深知刘武周的厉害，不敢正面交战，只是把兵驻扎在距刘武周营地二十里处，将刘武周的人马包围起来，企图把刘武周和他的兵马困死。

刘武周深知少数民族骑兵虽勇敢快捷，但战术欠佳，只会白天作战，不善于夜间用兵，他很快便想出一条突围的计策来。第二天，刘武周下令昼夜夯筑土城，准备柴火。突厥军的哨骑看到刘武周的兵营出现城堡，大惊失色，赶忙禀报始毕可汗。始毕可汗一听，傲气十足地笑道：“刘武周是想筑城顽抗，我们就是只围不战，看他还能坚持到何时！”

可是，始毕可汗万万没有料到，就在他哈哈大笑认为刘武周将要不战自灭的当天晚上，刘武周令兵士将柴火点燃，悄悄地率军突围出来。此处是一个山沟口，沟底狭窄，两边陡峭，刘武周让一半兵士在沟中间垒石柱，让另一半兵士上到两边坡顶堆积石块。一天后，十里长沟内垒起若干个石柱，纵看象条长龙。刘武周命令一部分兵士伏于两边坡项，派一名副将守住沟南口，自己领兵在沟北口。

突厥军后来发现二堡内已空空如也，只有一堆烧完的柴火，大呼上当，马上追击。突厥骑兵进入十里长沟，因石柱挡道，无法快速行进，只好放慢马蹄，靠两边山脚走。此时，伏在两边坡顶的兵士居高临下，滚石下山，又用弓箭乱射，而长沟的两端都有刘武周的兵士把守，出不来也进不去。就这样，进入沟内的突厥骑兵被全部歼灭了。

刘武周起兵反隋后，和突厥人合作。由于开始时李渊采取了联络突厥的策略，所以刘武周也没有构成大的威胁。

619年，刘武周联合突厥南下占领了并州，唐朝的并州总管、齐王李元吉无力抵抗，弃城而逃。李渊先派裴寂出击，结果大败而归。想到并州靠近北方边塞，李渊便起了放弃的念头，但遭到李世民的反对。最后李世民领兵出征，用坚壁清野消耗对方的战术，全面击溃了刘武周的部队。刘武周逃到突厥后被杀，唐朝恢复了原来在河东地区的领地。

中原鏖战

唐朝在中原的主要对手是王世充。王世充是西域人，姓支氏，年幼时母亲改嫁汉人王氏，因此随继父姓王。隋炀帝营建江都时，派了大臣张衡去监工。这个张衡在隋炀帝登基时立有大功，在朝中权倾一时。可杨广看到张衡居功自傲，不免暗生杀机。但是大家都知道张衡是隋炀帝心腹中的心腹，有谁敢冒险去说张衡的坏话？就这样，杨广一直没能下手，只好经常把张衡远远地发出去。但是，杨广的心事让王世充看出来了，王世充就打了个小报告，说张衡监工不严，江都宫有的工程粗制滥造。杨广收到举报后大为欣赏，也不管是真是假，反正只是借口，立刻下令逮捕了张衡，贬为庶人永不录用。其他人看出张衡倒台了，于是都去检举张衡有谋反嫌疑，杨广趁势响应民意，下令杀了张衡。张衡临刑前大叫：“我为人做何等事，而望活命乎?”据说监斩官立即掩耳，不敢听他的临终遗言。就这样，王世充取而代之成了隋炀帝的宠臣。

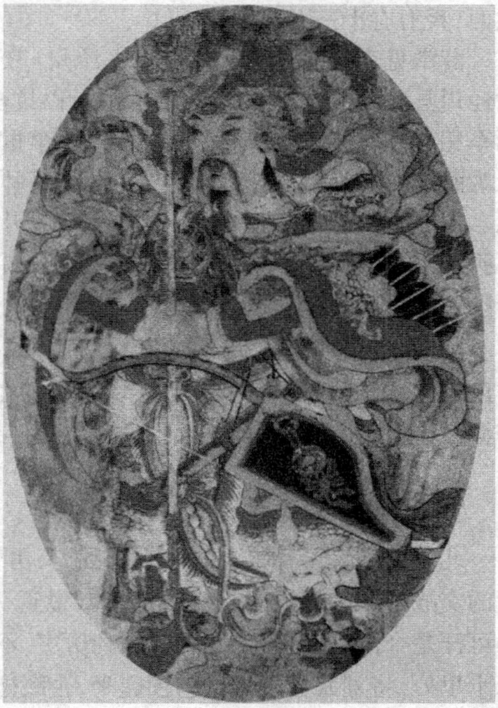

秦叔宝

隋炀帝被杀后，王世充拥立杨侗为帝，又打败了瓦岗军，可谓兵强马壮势力庞大。619年，王世充一脚踢开傀儡杨侗，自己称帝，建立郑国，定都洛阳。

620年，李渊派李世民征伐王世充，因为李世民不但善于打仗，更善于用人。他从原瓦岗军和别的割据势力的降将中，收留了一批人，像有名的秦叔宝、程咬金、尉迟敬德等。一次，李世民亲自带了五百名骑兵在阵地上巡视，被王世充发现，发动一万多步兵、骑兵围上来。王世充的大将单雄信冲到李世民身边，用长矛直刺，本以为一枪就能结果了唐军主帅，不料李世民身后的尉迟敬德飞马赶上，大喝一声，把单雄信刺下马来。尉迟敬德保护李世民突出包围，两个人又带着骑兵转过身来，在郑军阵地来回冲杀，吓得郑兵不敢阻挡。接着，后面的唐军主力冲了上来，把郑军打得一败涂地。

621年，唐军将洛阳围得水泄不通，王世充走投无路，只好派人偷偷出城，赶到河北向窦建德求救。窦建德自从王世充称帝以后，也自称皇帝，国号叫夏，攻占了许多土地。他接到王世充的求救信，一面带领三十万人马，水陆并进，援救洛阳，一面派出使者给李世民送去一封信，要李世民退回关中。

李世民把李元吉留下，继续围攻王世充，自己带三千多精兵北上，扼守虎牢关（在今河南荥阳汜水镇）。窦建德的大军到了虎牢关，被唐军拦住，久攻不下。李世民派轻骑兵抄小路，把夏军的粮道切断了。

窦建德十分气恼，认为自己的兵力远胜过唐军，命令全军出动，摆开阵势准备决一死战。夏军从早上站到中午，可唐军就是不出来交战，兵士们又疲劳，又饥饿，有的坐在地上，有的到河滩上舀水喝。李世民一见时机已到，就命令将士渡过汜水，直冲窦建德大营。李世民乘夏军不防备，自己带领一支队伍插到夏军阵后，举起了唐军的大旗。夏军将士回头一看，以为唐军已经占领大营，没有心思再战，争先恐后地逃散了。窦建德在混战中受了伤，也被唐军俘虏。王世充眼看大势已去，也只好向唐军投降。

事实上，在当时的诸雄中，窦建德很得民心。他每次陷城破阵，所得资财，除公用以外都分给将士，无一所取。他为人朴素，不吃肉，不喝酒，经常以粟饭蔬菜充饥。他曾俘虏隋宫人近千名，都遣散回家。对于俘获的近万名隋朝文武官员，也是留走听便。但他的军队无论是胆量还是纪律方面，都无法与唐军相比，故在621年的虎牢之战中被善用骑兵的李世民一举击溃。

贞观之治

唐朝一统天下后，李渊没做多久皇帝，李世民就在626年发动玄武门之变，杀死太子。李渊被迫将皇位让给了次子李世民，从而开启了唐朝第一个兴盛期——贞观之治。

玄武门之变

李世民的密谋

唐高祖李渊建立唐朝后，封其长子李建成为太子，次子李世民为秦王，李元吉为齐王。三个儿子中，李世民战功最多，威信也最高，但因为李建成是长子，从而取得了太子地位。

李世民不但有勇有谋，而且手下还聚集了一批人才。文的有房玄龄、杜如晦等，号称十八学士；武的有尉迟敬德、秦叔宝、程咬金等勇将。太子李建成也立有军功，曾攻占长安，威慑群豪。他和弟弟李元吉联合，一起在李渊面前排挤李世民。双方矛盾不断激化。

此时李渊也对李世民颇有意见，他曾对宰相裴寂说："此儿典兵既久，在外专制，为读书汉所教，非复我昔日子也。"后来限制李世民的军政权力，将其部分兵权转归齐王元吉，又罢免了他的都督山东河南河北诸军事的职务，由太子建成取代。接着又驱逐了李世民的心腹房玄龄、杜如晦，以至于626年六月初三夜李世民召二人密谋时，他们都是身穿道服潜回的。

626年五月，突厥迭犯中原，李建成乘机向高祖推荐让李元吉带兵去抵敌，高祖应允。李元吉提出要尉迟敬德、秦叔宝、程咬金三员猛将归他指挥，并调秦王府的精兵充实自己的部队。李世民感到自己已经受到皇帝怀疑，准备放手一搏。

626年农历六月初三的晚上，李世民收买了把守玄武门的统军将领，带领长孙无忌、尉迟敬德、房玄龄、杜如晦、秦琼、程咬金、侯君集、张公谨、段志玄、张士贵等人伏兵于玄武门。他准备在玄武门发动突然袭击，截杀第二天上早朝的太子李建成和齐王李元吉。

张公谨

而李建成虽然与李世民有矛盾，也采取了一些措施防范李世民，但他贵为太子，只要假以时日，就能顺理成章登上皇帝之位，再加上生性仁厚，因此没有诉诸极端行动。他的弟弟李元吉自告奋勇要除掉李世民，谋士魏徵也要李建成早日下手，但李建成却无动于衷。甚至在玄武门之变的当天，他接到密报，说李世民可能要动手，李元吉主张应该"勒宫府兵，托疾不朝，以观形势"，而他认为玄武门的守将常何是他的亲信，没有任何问题。事实上，常何早已被李世民收买，玄武门附近已是伏兵云集。李建成最终被自己的亲兄弟射杀。

骨肉相残

中国古代用东青龙、南朱雀、西白虎、北玄武(龟蛇)来表示天空中东、南、西、北四大区景象(四象)。玄武即由北方七宿(斗宿、牛宿、女宿、虚宿、危宿、室宿、壁宿)组成龟蛇相缠之象,在神话中被称为北方之神,代表北方。唐朝皇宫城墙的北面正门便都被命名为玄武门,因内廷处在皇宫北部,玄武门就举足轻重。唐代的宫廷卫军司令部就驻在玄武门,称为"北衙",有着坚固的城防和强大的兵力。

从高祖开基到玄宗朝之前的九十多年中发生了四次宫廷政变,而这四次政变都牵涉到当时的皇宫城墙的北面正门——玄武门。第一次就是李世民发动的玄武门之变。第二次政变发生在705年,忠于唐王室的将领大臣占领玄武门,把太子李显从东宫迎来,然后一同闯入皇宫,逼迫武则天退位,拥立太子李显重即帝位,复唐国号。第三次是707年太子李重俊的政变。太子不堪忍受皇后韦氏与武三思的欺凌,发动兵变。韦后挟持中宗登上玄武门门楼,调兵镇压。中宗对军士宣布李重俊谋反,于是军士倒戈,李重俊的党羽立时溃散。李重俊最后被杀。第四次则是710年李隆基即后来的唐玄宗的政变。他占领了玄武门,随之纵兵闯入皇宫,斩杀了韦后和安乐公主。纵观这四次政变,凡是占领玄武门的政变都获成功,没有占领玄武门的都以失败告终。

大明宫玄武门

玄武门之变发生前,玄武门的守将常何原来是李建成的部属,所以李建成才能在已获知世民有不正常举动、形势一触即发的情况下毫无防备地和李元吉经玄武门进宫参加

早朝。

626年农历六月初四清晨,李建成和李元吉骑着马来上早朝,被李世民的伏兵所杀。其中李建成为李世民亲自射杀。东宫和齐王府的将士也大举出动,猛攻玄武门。李世民指挥手下凭借玄武门的坚固城防抵抗,直到尉迟敬德出示李建成、李元吉的头颅后,东宫和齐王府的兵才散去。

与此同时,他派尉迟敬德全副武装进宫。这时候唐高祖正在划船,尉迟敬德手持兵器冲进宫来,说:"太子和齐王发动叛乱,秦王已经把他们杀了。秦王怕惊动陛下,特地派我来保驾。"

宰相萧瑀也趁机为李世民说话:"太子和齐王没什么功劳,两人一向妒忌秦王,施用奸计。现在秦王既然已经把他们消灭,这是好事。陛下不如把国事交给秦王。"

到了这步田地,唐高祖要反对也没用了,只好听萧瑀的话,宣布了李建成、李元吉的罪状,命令各府将士一律归秦王指挥。过了两个月,唐高祖让位给秦王,自己做了太上皇。李世民于626年八月即位,史称唐太宗。

虽然唐太宗开创了一个前所未有的盛世,但玄武门之变对唐代政治产生了一个极为不良的影响:皇位可通过兵变所得,因此宫廷之内常为皇位的继承而明争暗斗,骨肉相残,受封为太子者未必能安稳地继承皇位。唐代太子地位的不稳定促发了皇位继承权的激烈争夺战,直接造成了唐朝政局的动荡,并导致朝臣的结党和宦官的分派。这是玄宗朝以后唐朝政局纷争不断、中央政府逐步走向衰弱的重要原因。

网罗英才

在李世民手下,聚集了一批有才学、有智谋、能征善战的人才,正是他们辅佐李世民削平群雄,进而取得皇位,开创了一个崭新的时代。

犯颜直谏的魏徵

魏徵从小丧失父母,家境贫寒,但喜爱读书,不理家业,曾出家当过道士。李密曾授他以瓦岗军元帅府文学参军之职,执掌文翰。魏徵对李密也寄予很大希望,他曾向李密进十策,以期拓展宏图。可惜,李密虽觉得这些建议很不寻常,却未能采纳实施。随着瓦岗军的连连胜利,一些被胜利冲昏头脑的将领决定与王世充的大军决一死战。魏徵看到自己的军队也在征战中伤亡惨重,预感到危险,便去劝说李密不要急于迎敌,以守为攻,不过十天半月,等到敌人粮尽,可不战自退,那时再出兵追击,定能取胜。这本来是个很好的决策,却被李密认为是书生意气,不予采纳。结果邙山之战,瓦岗军几乎全军覆没,李密仅带残兵万余人逃出。李密感到败局已定,被迫归附李渊。

后来魏徵便到李建成手下,李建成推荐魏徵为太子洗马。太子洗马是东宫的属官,一般负责掌管四库图籍、缮写刊辑等事务。而实际上,魏徵的工作远远超出了这个范畴,一直被太子视为谋臣。魏徵看到秦王李世民的勋业与日俱增,影响也越来越大,很为太

子担心。此时，恰逢窦建德的部将刘黑闼拥兵南下，魏徵感到太子建立功勋的机会到了，对李建成说：“秦王功高，朝廷内外都倾心于他。现刘黑闼残兵散众，此时去攻击他，势必有如摧枯拉朽。您亲率大军讨伐，获取功名，并以此结识山东豪杰，这才能稳居东宫之位。”李建成接受了魏徵的建议。

魏徵

当时刘黑闼的士气很旺，如立即交战绝难取胜。魏徵献策说：“上次李世民击败刘黑闼，其被俘获的将领皆被处死，他们的妻子儿女也都成了阶下囚。后来虽有诏书赦其余党之罪，却无人再敢相信我们。现在释放全部被囚禁的俘虏，安抚宣赦后遣送回去，我们就可以坐视敌军之离散了。”李建成此时对魏徵可谓言听计从，果然不出魏徵所料，刘黑闼军粮草用尽，军心大乱，士卒有的逃亡，有的干脆捆缚了首领来降唐军。刘黑闼见形势不妙，率军逃跑，齐王李元吉率军追击，大败刘黑闼。唐朝由此稳固了在山东、河北的统治。

李建成得胜回来后，与李世民的矛盾更趋激化，魏徵多次建议李建成除掉李世民。玄武门之变后，有人向唐太宗告发了魏徵。唐太宗后来派人把魏徵找来，问他为什么从中挑拨离间，破坏他们兄弟的关系。魏徵理直气壮地说：“可惜那时候太子没听我的话。要不然，也不会发生这样的事了。”唐太宗问魏徵：“历史上的君王，为什么有的人明智，有的人昏庸?”魏徵说：“兼听则明，偏听则暗。治理天下的君王如果能够采纳下面的意见，那么下情就能上达，他的亲信要想蒙蔽也蒙蔽不了。”唐太宗连连点头称是，觉得魏徵说话直爽，很有胆识，便把魏徵提拔为谏议大夫。

敬贤怀鹞

其实唐太宗对魏徵的才干早有了解，通过这次面对面的交锋，决定对他委以重任。当时唐太宗虽已即位，李建成、李元吉在山东的影响还在，余党也多逃亡在那里。唐太宗遂任命魏徵为特使，专程前往山东，全权处理安抚事宜。魏徵途经磁州，遇到州县差官押送前太子的侍卫官李志安和齐王府的护军李思行进京。魏徵对他的副使说："我在受命出使之时，上面已有诏令，赦免东宫和齐王府的旧人，现在他们却反其道而行之，谁能不生疑心呢？我若视而不救，这次出使安抚就会徒劳，人们一定不再相信我们了。"于是，魏徵当即命令释放了李志安等二人，然后才写奏书递到朝廷，唐太宗看后非常高兴，由此愈发信任魏徵。

唐太宗看到他的统治巩固下来，心里十分高兴。然而魏征还时时进言说："陛下要居安思危啊！"后来，魏徵提的意见越来越多，只要是看到唐太宗有不对的地方，他就当面力争。有时候，唐太宗听得不是滋味，沉下了脸，魏徵还是照样说下去，叫唐太宗下不了台。

有一次，魏徵在上朝的时候，跟唐太宗争得面红耳赤。唐太宗憋了一肚子气回到内宫，见了长孙皇后，气冲冲地说："总有一天，我要杀掉这个乡巴佬！"长孙皇后吓了一跳，问："不知道陛下想杀哪一个？"唐太宗说："还不是那个魏徵！总是当着满朝文武的面侮辱我，叫我实在忍受不了！"长孙皇后听了，一声不吭，回到自己的内室，换了一套朝见的大礼服，向太宗参拜。唐太宗惊奇地问："你这是什么意思？"长孙皇后说："我听说英明的天子才有正直的大臣，现在魏徵这样正直，正说明陛下的英明，我怎么能不向陛下祝贺呢！"这一番话像一盆清凉的水，顿时把唐太宗满腔的怒火都浇熄了。唐太宗对魏徵也更加信任。

643年，直言敢谏的魏徵病死了。唐太宗非常难过，说："以铜作镜子，可以照见衣帽是否端正；以历史作镜子，可以参照政治的兴衰；以人作镜子，可以知道自己的成绩与过错。我经常保持着这三面镜子，现在魏徵去世了，我少了一面镜子。"

李世勣

战功赫赫的李世勣

李世勣原姓徐，因唐高祖李渊赐姓李，故名李世勣。被封为英国公，是凌烟阁二十四功臣之一。历事唐高祖、唐太宗、唐高宗三朝，深得朝廷信任和重任，被倚之为长城。一次李世勣得了重病，药方上讲治此病胡须灰可以做药引。唐太宗听说后，自剪胡须，为他和药。按照儒家礼仪，身体发肤受之父母，一般人都不会轻易损伤，何况贵为九五之尊的天子。唐太宗亲剪"龙须"为臣子做药引，被传为千古美谈。

自然李世勣的功勋也是对得起这种优待的。首先当属他杰出的军事才能。李世勣十

七岁参军，七十六岁去世，在半个多世纪的戎马生涯中，经历大小战役无数，立下赫赫战功。李世勣镇守晋阳十六年，令行禁止，四夷宾服。唐太宗曾深有感触地说："隋炀帝劳百姓，筑长城以备突厥，卒无所益。朕唯置李世勣于晋阳而边尘不惊，其为长城，岂不壮哉！"

身经百战的李世勣还是个感情细腻之人，他的姐姐身体不好，时常生病。一次姐姐生病的时候，李世勣正好在家，虽然已是年迈的老人，且身为高官，却亲自下厨给姐姐煮粥。恰好一阵强风吹来，火苗往回一燎，把李世勣的白胡子烧掉了几根。姐姐看到后心疼，埋怨他："家里这么多仆人、家妇，哪个不能熬粥，何苦自己受罪！"李世勣道："不是没人使唤，只是想到姐姐老了，我也老了，想多给姐姐熬几次粥，也不知以后还能有多少时间。"

房谋杜断

房玄龄名乔，字玄龄，齐州临淄（今山东淄博东北）人。房玄龄的父亲房彦谦是一位名士，因公务繁忙很少回家，但偶尔回家，总要对子女们说些做人的道理。他的薪俸不多，又常常拿出去周恤亲友，没给孩子们留下什么。一次，他歉疚地对房玄龄说："别人都因享受朝廷俸禄而致富，唯独我是因做官而受穷，我能留给你的，就只有这一身清白了。"此时的房玄龄只有十岁，却回答道："不图父亲积下万贯家财，父亲的言传身教，足够儿子受用终身。"

房玄龄

三十八岁这年，房玄龄投到李世民的手下，从此开始了他不平凡的仕途生涯。在与隋军作战之时，每逢打了胜仗，其他唐军将士忙着打扫战场，有的争相搜罗金银财宝，有的抢夺年轻女子，房玄龄却是到俘虏营里，将各级军官一一登记造册，挨个儿谈话。当唐军将俘虏押回京都时，他已对这些人的身世、才干了若指掌。李渊下令杀这些人时，他就将挑选出来的名册交给李世民，让他收罗这些人才。久而久之，李世民便拥有了许多可用之才，势力越来越强。

大名鼎鼎的杜如晦当时一直在秦王府做兵曹参军，不被李世民重视，不久又要将他调至陕西去做地方官。房玄龄立即前去劝说李世民将他留下。李世民听从了这一建议，重用了杜如晦。在讨论大事的时候，房玄龄善于出计谋，杜如晦善于做决断，所以史称"房谋杜断"。

房玄龄极有雅量，即使反对过他的人，只要是人才，只要他们愿意，他就容纳下来并

委以重任。李世民杀了太子李建成后，将其主要谋士魏徵关进了大牢。早在隋末群雄逐鹿之时，魏徵就表现出超人的才能，在李建成与李世民争夺皇位的斗争中，魏徵出过不少让李世民头疼的主意，李世民对他可谓恨之入骨。但正是房玄龄的苦苦劝说，才让唐太宗改了主意。后来唐太宗与魏徵见面谈了之后，就封魏徵为谏议大夫，而不是杀掉他。

在继位之初，唐太宗曾对朝中官员论功行赏，房玄龄、杜如晦排在前面，得到了重赏。封赏完了以后，唐太宗说："今天论功行赏，大家有什么意见尽管讲出来。"淮安王李神通说："臣带兵打仗，舍生忘死，而房玄龄、杜如晦等人只是端坐朝中，舞文弄墨而已，功劳却排在前面，臣心里不服。"唐太宗说："你们是有功劳，但房玄龄运筹帷幄，把握全局，你们只是具体执行而已，所以他功劳最大，当然应该排在第一。"淮安王李神通惭愧而退，其他大臣也无话可说。

贞观之治

由于唐太宗能任人唯贤，虚心纳谏，并采取了一些以农为本、休养生息的政策，同时完善科举制度等政策，国力大盛，并取得一系列对外战争的胜利，史称"贞观之治"，这是唐朝的第一个盛世。

纳谏与任贤

唐太宗的"贞观之治"，很大程度上得益于他肯于兼听纳谏。翻开唐史，可以看到很多犯颜直谏、面折廷诤的事。上自宰相御史，下至县令小吏，甚至宫廷侍女，都有人敢于上疏直谏。而只要是正确的，唐太宗都肯于接受。

虞世南

一次唐太宗派使臣征兵，封德彝建议说："年轻男子虽未满十八岁，但身强力壮的也可当兵。"唐太宗批准了他的建议，诏令也写好了。但是魏徵坚持认为不能这样做，唐太宗很是生气。魏徵说："竭泽而渔，暂时虽然有鱼吃，但是，一次把大小鱼都捞尽了，以后就无鱼可捕了。同样道理，假若毁林打猎，虽然暂时可得来不少野兽，但是将来就永远打不到野兽了。如果叫全国的年轻人都去当兵，那么租调徭役由什么人负担呢？况且兵不在多，全在统帅得当，何必拿他们凑数呢？"唐太宗一想，魏徵说得很有道理，便接受了他的意见。

除了兼听、纳谏，唐太宗还注意任用贤才，很注意从官员的实际表现中考察发掘人才。一次要任命刑部侍郎，宰相推荐了几个人，但唐太宗审查后都不满意。后来，唐太宗想到李道裕，认为这个

人不但有见识，更能坚持原则，敢于向不良倾向做斗争。过去处分罪臣张亮时，只有李道裕坚决反对朝廷的判决，认为“张亮反形未具，罪不当死。”唐太宗因此提拔李道裕为刑部侍郎。

唐太宗用人的另一个特点是“内举不避亲，外举不避仇”。在隋末征战时，唐太宗就吸收了原李密、王世充、窦建德集团的人才，吸收了瓦岗军的秦叔宝、程咬金等；在攻破刘武周时，吸收了尉迟敬德；在攻破窦建德集团时，吸收了张玄素；在消灭李建成时，吸收了魏徵。长孙无忌是唐太宗的妻子长孙皇后的哥哥，在玄武门事变中立下大功。因为历来外戚掌权会被众人攻击，因此长孙皇后和长孙无忌本人为了避嫌，再三请求只当一个虚职，不要实权。但长孙无忌确有宰相之才，因此唐太宗用人不避亲，任命他为宰相。

在这样的用人政策下，唐太宗统治期间，出现了不少尽职尽责的大臣。隋炀帝好大喜功，裴矩就尽量迎合他。正是他劝告隋炀帝在洛阳征调四方的奇技、杂戏，向少数民族和外国使节夸耀强盛。炀帝称赞裴矩很忠诚，说：“裴矩很懂得我的心思，大凡所上奏的，都是我想好的但没有说出来的。若不是一心一意为了国家，又怎能如此呢？”唐太宗刚即位的时候，准备大力惩治奸邪官吏，就派人用财物去试探他们。有个官员接受了馈赠的一匹丝绢，太宗很生气，要杀了他，裴矩就进谏说：“这个人接受贿赂，确实应该严惩，但陛下您用财物试探他们，接着施以极刑，这是没有道理的。”太宗采纳了他的意见，就此召集官员，当众赞扬他：“裴矩竟然能够当庭辩驳，不肯当面顺从。如果每件事都能这样，何愁天下不能治理好！”

纵囚归狱

唐太宗认为，赏罚是国家大事，必须严肃对待。为了明确赏罚的标准，唐太宗任命长孙无忌和房玄龄修改《武德律》，制定了《贞观律》。相比《隋律》，《贞观律》减轻了一些刑罚。长孙无忌又组织人为《唐律》作注，即后来的《唐律疏议》。这是一部完备的法典，五代以后各朝法律大都以此为范本增改而成。

纵囚归狱

除了“律”，唐初还制定了“令”与“格”。“令”就是国家的制度和政令，“格”则是文武百官的职责范围，作为考核官员的依据。最后还定出尚书各部和诸寺、监、十六卫的工作章程，称为“式”。“律、令、格、式”的内容包罗万象，从国家政治制度到社会经济生活，以及民间的婚丧嫁娶等方面，都有详细规范。

为了使国家的“律、令、格、式”能有效地贯彻执行，唐朝还设有御史台，掌管纠察弹劾事宜。唐太宗主张严惩贪污分子，凡是主管官员利用职务之

便进行贪污的，只要贪了一尺布帛，就要被杖百下，如果贪污的财物达到十五匹，则会被判处绞刑。

在对官员严厉的同时，唐太宗对一般犯罪的民众则颇有仁慈之心。632年，唐太宗亲自审理囚犯，他看到那些被判死刑的囚犯生命即将结束，产生了强烈的怜悯之情，不忍杀他们，就先把他们放回家，看望家中的父老，限定在第二年的秋天准时回来服刑。还命令当时掌管司法刑狱的所有官署，将天下现押的判处死刑的囚犯，都暂时放回家去，告诉他们要按期回到京城。时间就这样过去了，到第二年的秋间九月，去年所放的三百九十名死囚都按时回来了。在没有人催督的情况下，个个都按期到达京师朝堂，听候处决，竟没有一个逃亡隐匿的。唐太宗最后都赦免了他们。这就是历史上有名的"纵囚归狱"事件。

唐初法治的另外一个特点，就是重证据、重事实，反对逼供，并明确规定，法官审理案件时，必须根据具体情节审察罪状，反复查证。假若证据不足，还需要拷问被告时，不许单人进行，必须和所属长官一同立案审判拷讯。凡违犯上述规定者，要打六十大板。另一方面，假若被告人的犯罪事实确凿，具有可靠的人证物证，即使被告人自己拒不认罪，也可以根据罪证来判决。不仅如此，唐律还规定，除了解犯罪者的行为和后果以外，还要了解犯罪的动机是否是出于有意识，把犯罪的情况做出全面分析以后，再量刑定罪。

为了减少错案、冤案，唐太宗还允许被告人为自己的行为辩护。审案的官员如果故意加以阻挠，就被视为犯罪行为，要受到五十或一百大板的处罚。这个规定实施以后，贞观时期判死刑的很少，据史书记载，二十多年只处死了二十九个人。这也从侧面反映出当时社会井然，人民生活安定。"贞观之治"不愧是我国古代最为璀璨的时期。

均田制与府兵制

在唐太宗即位之初，隋末战乱带来的恶果还没完全消除，国家农田荒芜，民不聊生。唐太宗沿用了父亲李渊创立的政策，并逐步加以完善，在短短数年之间，就使流散的人回到故里耕作，粮价稳定，社会经济迅速恢复。

在农业方面，唐朝实行"均田制"，严格规定了占田的额度：丁男、中男受田百亩；老男、笃疾、废疾四十亩；寡妻妾三十亩；道士、和尚三十亩；尼姑二十亩；官户受田等于良丁之半，工商业者和官户相同。

这种均田制度取消了奴婢受田，地主官僚们因此不得不减少奴婢的数量，从而扩大了国家的编户，有效地限制了地方割据势力的发展。

分配土地和户籍制度具有密切关系。唐政府规定，每年一造计账，三年一造户籍。在编制计账以前，先由户主自己写一个报告书，这个报告书叫作"手实"。"手实"上要写出全家人的姓名、年龄、性别、健康状况、土地数量、土地坐落等。所谓计账，就是在"手实"上记入来年的课役，然后再根据"手实"和计账，三年造一次户籍，作为实施均田制度和征收租庸调的根据。

通过均田制度的实施，唐朝垦辟了不少荒地，从而扩大了耕地面积，有利于农业生产的恢复和发展。

筒车

唐朝的府兵制是从西魏北周以来逐步形成的，统领全国府兵的机构是十二卫和太子卫率，卫下设折冲府。

所谓十二卫，一是左右卫，领武安、武成等各五十余府。二是左、右武卫(或鹰扬卫)，领风亭等各四十九府。三是左、右侯卫(金吾卫)，领同轨、宝图各五十余府。四是左、右领军卫(戎卫)，领万年、万敌等各六十余府。五是左、右屯卫(或威卫)，领宜阳等各五十府。六是左、右骁卫(或武威卫)，领永固等各四十九府。

太子左右卫率领广济等各五府。太子左右司御率领郊城等各五府。太子左右清道率领绛邑等各三府。合十二卫和太子卫率所领折冲府的总数，共六百五十七府。折冲府是府兵的基层组织，专管有关府兵的具体事务。折冲府分布的范围非常广泛，但在全国各地分布得很不平衡。由于折冲府分布在全国各地，地方长官对折冲府也担负相当职责。主要是根据兵部卫大将军传达的敕书和兵符，会同地方长官按规定发兵。其次是练兵，查阅军备和点兵。

府兵的训练分为两种形式，平时分散练兵，冬季集中，地方刺史有检查督促之权。府兵所用马匹的补充或淘汰由刺史和折冲部尉共同处理。而府兵的检点是根据籍账上报的丁口，由县令直接负责的。全国府兵在皇帝总领之下，统领于诸卫。府兵的调发属于尚书省兵部，军权是高度集中的。

在唐朝，要成为府兵是不容易的，因为府兵要自备粮食、弓箭、衣服等。因此原则上是拣点六品以下官员子弟和地主及富裕农民。但是由于后来战争频繁和府兵超期服役，愿意当兵的人非常少，贫民也被迫点兵，因此逃役现象十分严重。到了武则天时期，府兵制度便逐渐破坏。到了唐玄宗的天宝年间，府兵制则被彻底破坏。

科举制度

唐太宗时期，科举制得到了进一步的完善，成为选拔官吏的极重要的手段。

唐代的学校，在中央设有国子、太学、四门、律学、书学、算学等六学，统由国子监领导，共招学生两千多人，最多时达八千人。其中大部分为官僚子弟，还有外国留学生。各地方州县也开设学校，此外还有大量私学。

每年冬季，各官办学校负责把毕业学生贡给尚书省，参加科举考试。在私学毕业的也可以由州县保荐参加考试。应试的方法主要有帖经、墨义、口试、策问、诗赋五种。

“帖经”就是将书本上的某行贴上几字，要求应试者将贴住的字填写出来，类似现在的填空题。“墨义”是一种简单的对经义的回答。因为“帖经”“墨义”简便易行，一般在应试时常常要问三五十条，更甚者问至一百条之多方可通过。

“策问”是主考官设题指事，由考生做文章，题目的范围一般有人事政治，称为方略策和时务策等。“诗赋”是为克服考生存在的多背诵经义和旧策，而乏真才实学的现象，在后来加试的一种方法，在一定程度上还推动了唐代诗赋的兴盛。

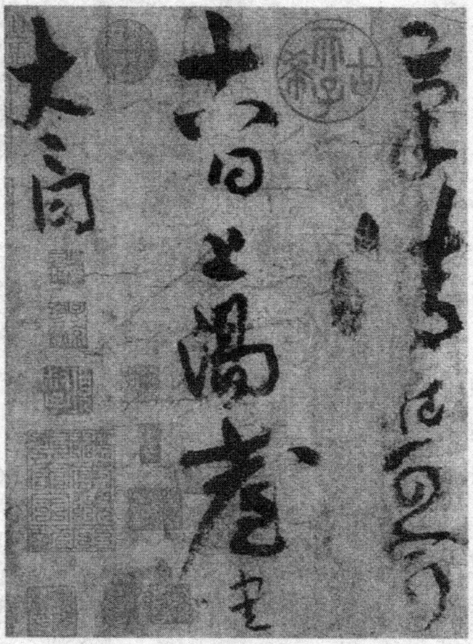

李白书法

考试的时间是每年二月，地点在首都长安，有时在洛阳。因此边远州县的应试者，必须在考试前一年秋季从住地出发。只有这样，才能保证二月以前到达考场。唐朝科举一共有十二科，但其中主要的是进士科和明经科。特别是进士科最受重视，因为进士及第后，“大者登台阁，小者任郡县，资身奉家，各得其足。”因此当时有人称进士为“白衣公卿”或“一品白衫”。

“进士及第”就是考试及格，第一、二、三名，专称为“状元”“榜眼”“探花”，属光荣中的光荣。每当唐太宗看到进士们鱼贯而入的肃穆行列时，总忍不住兴奋地说：“天下英雄都被我收罗门下了。”

在此之前，当官只限于贵族和门第世家。正因为科举制度的实施，才使政权的大门向民间开放，让没有门第作后盾的英才们得以施展自己的政治抱负。

反击突厥

唐太宗即位初期，中原战事虽然结束，但西边边境上还很不安定。特别是东突厥，当时还很强大，成为唐朝主要的威胁。东突厥贵族不断侵扰唐朝边界，闹得地方不得安宁。

唐太宗即位不满二十天，东突厥的颉利可汗就率领人马十多万，一直打到离长安只有四十里的渭水边。颉利可汗以为唐太宗刚即位，未必有能力抵抗，便派出使者进长安城，扬言突厥兵一百万，马上开到。

唐太宗可不是等闲之辈，他不理颉利可汗的威胁，从容应对，先把使者扣押起来，再

带了房玄龄等六个人，骑马到渭水边的便桥，指名要颉利可汗出来，隔河对话。

颉利可汗听说使者被扣，已经有点吃惊了，又看到唐太宗亲自上阵，后面唐军旌旗招展，军容整齐，不禁害怕起来，于是带着将领在渭水对岸，下马拜见唐太宗。

唐太宗隔着渭水对颉利可汗说："我们两家早已订立盟约，几年来也没有少给你们金帛，为什么要背信弃义，带兵进犯？"颉利可汗被责备得无话可说，表示愿意讲和。双方在便桥上订立盟约，颉利可汗退兵，唐太宗则开始加紧训练将士。

628年，北方下了一场大雪，东突厥的牲畜死了不少，发生了饥荒。颉利可汗对其他部落索要贡品，引起了强烈的反抗。颉利可汗派他的堂兄弟突利去镇压，反被打得大败。突利逃回来后，被颉利可汗责打了一通，两人因此翻脸，突利投降了唐朝。唐太宗决定抓住这个时机，派出李靖、李世勣等四名大将，率领大军十多万，分路出击东突厥。

630年，李靖率领三千精锐骑兵，从马邑（今山西朔州）出发，趁颉利可汗不备，连夜进军，逼近定襄（今内蒙古自治区托克托县，也是当时东突厥的大本营）。颉利可汗毫无防备，大惊失色。李靖又派间谍混进东突厥内部，说服颉利可汗的一个心腹将领投降。颉利可汗一看形势不妙，就弃城而逃。

李世民的坐骑

李靖攻下定襄，得胜回朝，唐太宗十分高兴，说："从前汉朝李陵带兵五千，结果不幸被匈奴俘虏；现在你以三千轻骑深入敌人后方，打败突厥，威震北方，这是自古以来少有的盛事啊！"

颉利可汗逃到阴山以北，怕唐军继续追赶，便派使者到长安求和，还说要亲自朝见。唐太宗一面派唐俭去安抚，一面又命令李靖带兵前去察看颉利可汗的动静。李靖领兵到白道（今内蒙古呼和浩特西北）和李世勣会师，两支军队一起向阴山进发。

颉利可汗求和实际上只是缓兵之计，想等草青马肥的季节来到，再逃到漠北。他看到唐俭来到，以为唐太宗中计，暗暗高兴，防备也松懈下来。没想到李靖和李世勣率领唐军很快到了阴山，命令部将苏定方率领两百名轻骑，冒着夜雾进军。到东突厥的前哨发现唐军的时候，唐军离开颉利可汗的营帐只有七里地了。颉利可汗慌忙骑上他的千里马逃走，李靖指挥唐军追杀，东突厥兵找不到主帅，乱成一团。唐军歼灭东突厥兵一万多，还俘获了大批俘虏和牲畜。颉利可汗也没跑掉，最后被他的部下抓住交给了唐军，押送长安。

自隋朝以来，突厥始终是北部的强国。李靖灭了东突厥，不仅解除了唐朝北部边境的祸患，也洗刷了唐高祖与唐太宗向突厥屈尊的耻辱。唐高祖也欣喜万分，他把太宗、贵臣十几人，还有诸王、王妃、公主等召至凌烟阁，设宴庆祝。一时兴起，唐高祖还亲自弹起

了琵琶，唐太宗则跳起了舞蹈，大臣们也接连起身举杯祝贺，一直延续到深夜。

东突厥灭亡之后，唐太宗在东突厥故地设立都督府，让东突厥贵族担任都督，由他们管理东突厥各部。

对于另外一部分内迁归附唐朝的东突厥部众，唐太宗召集群臣商议管理他们的措施。一些大臣主张把他们分到内地各州县，改变他们的生活和风俗；而另一些大臣则认为突厥"非我族类，其心必异"，迁到内地，会成后患，主张让他们回到原来的住地。唐太宗综合各方意见，最后决定将内迁突厥安置在朔方（治所在今宁夏灵武县西南），仍由原来的部落首领治理，原有的风俗习惯不变，仍以畜牧业生产为主。还有不少内迁的突厥人住进了长安城，与汉人住在一起，和睦相处，就连皇太子也常把突厥人召入宫中游玩。

树下美人图

而凡是来到长安的突厥部落首领，唐太宗即赐予官职，五品以上的突厥武官达到一百多人。对于他们，唐太宗也非常信任。铁勒部的契苾何力回家安抚部众，却被抓去见突厥薛延陀部的真珠可汗。当时唐朝朝廷上误传契苾何力投靠了薛延陀。太宗说："不是这样的，契苾何力一定不会背叛唐朝。"后来设法将其救回。而在后来的一次战斗中，契苾何力伤势严重，唐太宗亲自为他敷药。而契苾何力确实也对得起唐朝。他在真珠可汗面前，拔刀割去自己的左耳起誓说："哪有唐朝的烈士受屈于你们的，天地日月，愿知我心！"唐太宗对少数民族将领和首领的友好政策赢得了他们的尊敬。在唐太宗巩固边疆的战争中，他们起到了很大作用。

唐朝强大的武力以及一系列开明的政策，大大提高了唐朝中央政权的威望。东突厥灭亡以后，东北地区的奚、室韦等十几个部落和西域的各小国都纷纷要求内属。而已经逃走的突厥人，听说唐朝对归降的突厥人待遇优厚，便又回来归唐。630年三月，西域和北部边疆各族的君长来到长安，尊奉唐太宗

为各族共同的首领“天可汗”。唐太宗说:“我为大唐天子,还要处理可汗的事吗?”群臣和各族君长都高呼万岁。从此,唐太宗不仅是唐朝的皇帝,还是周边各民族的“天可汗”。

统一西域

平定东突厥后,唐太宗的下一个目标就是完成统一西域的大业,扫除丝绸之路的障碍。隋朝时,西域和内地经济文化的交流十分频繁。隋末农民起义后,中原连年战乱,西突厥乘机占领西域。而高昌、龟兹等国也对抗唐王朝。

唐太宗在639年下令讨伐高昌国,唐军将高昌城团团围住。这时的高昌王仗着与西突厥订有盟约,还幻想西突厥能够前来救援。但是西突厥迫于唐军的声威,就中途撤退。高昌王无计可施,只好开城投降。

平定高昌后,唐政府在高昌故地设立西、庭二州。640年,在西域建立了安西、北庭都护府,治所暂设交河城。

为了彻底完成统一西域的大业,647年唐太宗发兵攻打龟兹(今新疆库车)。阿史那社尔是其中的重要将领。阿史那社尔是东突厥人,十一岁时便以智勇闻名于本部。635年归顺唐朝后,被授左骑卫大将军,其部落被安置于灵州之北。在征讨高昌国时,阿史那社尔也参加了,因功被赐予高昌宝刀及丝织品千段,封为毕国公。648年,阿史那社尔率军首先击败西突厥的处月、处密二部,消除了进军龟兹的侧后威胁。

禄东赞

很快,阿史那社尔的大军进逼龟兹都城,用了四十天,先后攻破龟兹大城五座,小城七百余个,西域大为震动,西突厥、于阗、安国等争送驼马和军粮。至此,唐朝势力深入到西域的纵深地区,威震西域。

而唐太宗在武力征讨的同时,也大力推行和亲。最为著名的就是641年与吐蕃松赞干布的联姻。

联姻吐蕃

在突厥被唐朝打败的同时,吐蕃政权在唐朝的西南方兴起。

吐蕃兴起于青藏高原。建立吐蕃王朝的是活动在雅隆河谷的牦牛部,统一牦牛部各部落的叫弃聂弃赞普。“赞普”是雄强丈夫的意思,以后成了吐蕃君长的尊称。从弃聂弃开始,吐蕃确立了酋长世袭制度,第八世赞普布袋巩甲以后,吐蕃社会获得了较快的发展,逐渐由原始社会过渡到奴隶社会,成为威震四方的少数民族势力。

629年,年仅十三岁的松赞干布继位。松赞干布的父亲囊日论赞是一位很有作为的赞普。受父亲的影响,少年时代的松赞干布就已显现出非凡的才能。父亲被仇人毒害而死后,松赞干布一面缉查凶手,一面训练军队,很快平息各地的叛乱,统一各部,定都逻些

（今拉萨），建立了吐蕃奴隶制政权。之后，又先后降服周围的苏毗、多弥、白兰、党项、羊同等部，势力日益强盛。

步辇图

完成统一后，松赞干布开始致力于政权建设，建立了完备的以赞普为中心的高度集权的政治和军事机构。同时，他还制定法律、税制，任用贤明的大臣，采取许多措施鼓励百姓学习和运用先进生产技术，发展农牧业生产，使吐蕃的社会经济迅速呈现兴旺发达之势。为了改变吐蕃人没有自己的文字、靠刻木结绳记事的落后面貌，松赞干布花费重金，派了很多人四处求学，终于创制出本民族的文字——藏文。

看到唐朝的富庶与繁荣，年轻的松赞干布非常羡慕和向往。他在与南部的泥婆罗（今尼泊尔）通好的同时，遣使与唐王朝沟通关系，并派宰相禄东赞赴唐求婚。

据说，各国来大唐求亲的使者很多。唐太宗因此下了一道命令，要前来求亲的使者先解答五个难题。哪一国使者能够解答，就答允跟哪国和亲。第一道题目是要求把一根很细的丝线，穿过一颗有九曲孔道的明珠。禄东赞把丝线系在一只蚂蚁的腰部。蚂蚁带着丝线，爬过明珠的九曲孔道，丝线也就带过来了。第二道题目是把一百匹母马和一百匹小马驹放在一起，要求辨认出哪匹马驹是哪匹母马生的。禄东赞把母马和马驹分开关了一天，断绝了马驹的饲料和水。第二天，再把它们放在一起。饿慌了的马驹分别奔到自己的母亲那里去吃奶。它们的母子关系也就认出来了。

禄东赞入唐，是为了和唐朝建立联姻关系。唐太宗应允了。史书中记录了当时唐太宗的话，他说："蛮族都重视妻子的力量，等她生了孩子，就是我的孙子，这样吐蕃就不会向唐发起进攻了。为此，我怎么能舍不得自己的一个女儿呢？"

唐太宗确有先见之玥，唐朝和吐蕃联姻之后，在647年，唐王朝命王玄策为正使，与副使蒋师仁出使中天竺。但此时中天竺发生了政变，篡位的新王阿罗那顺派兵伏击唐使。王玄策寻机逃脱，来到了泥婆罗（今尼泊尔），檄召临近唐朝各部军府节度使及近处各大唐藩属国，以吐蕃的王中之王的名义，向泥婆罗借得七千骑兵。松赞干布闻悉后，也发兵一千二百人帮助王玄策。648年，王玄策带领这些借来的军队，一战击溃天竺数万大

军。阿罗那顺弃国投奔东天竺,求助东天竺王尸鸠摩援兵准备反攻唐军。王玄策设计全歼阿罗那顺残部,活捉了阿罗那顺。中天竺灭亡。这是中印历史上第一次战争,不过王玄策率领的不是唐朝的兵马,而是尼泊尔和吐蕃的部队。王玄策能借到数千兵马绝对和吐蕃是有关系的。这里也能看出文成公主入藏的意义。

文成公主是在 641 年入嫁吐蕃的,松赞干布前往位于黄河源头的柏海(今青海鄂陵湖或札陵湖)边上迎接远道而来的公主。文成公主带去了大量物品,有锦帛珠宝、生活用品、医疗器械、生产工具、蔬菜种子,还有经史、诗文、工艺、医药、历法等书籍,促进了吐蕃工艺的发展。

金城公主入藏图

七十年后,唐朝的又一位公主——金城公主,携带着锦缯数万匹、多种工匠以及一个龟兹乐队进入吐蕃,嫁给了弃隶缩赞赞普。吐蕃通过互市,向唐朝购买茶叶、丝绸等物品。一些吐蕃贵族子弟进入长安学习汉文化。双方派遣的使臣不绝于途。汉文化的输入对吐蕃社会起了巨大的促进作用,吐蕃的马和形制优美奇异的金银器等物品不断地传到内地,吐蕃的赭面风俗也被汉族妇女所模仿。

唐朝和吐蕃还分别在长安和逻些建碑,刻盟文及与盟人名于其上以纪其事。双方在盟文中重申"和同为一家"的舅甥亲谊,决心今后"社稷叶同如一","各守本境,互不侵

扰”,“烟尘不扬”,“乡土俱安”。还规定了唐蕃双方人员往来路线和供应办法等具体事项。在现存唐蕃会盟碑的背面,还记述了唐蕃和盟关系的始末:对唐朝文成、金城公主先后嫁到吐蕃,唐蕃间长期和战不定的形势做了回顾;对极力主张与唐和盟的赤祖德赞作了充分的肯定。此次会盟在客观上使吐蕃社会得到了暂时的安定,吐蕃的经济、文化又有了一定的发展。自706年至822年的一百多年间,吐蕃与唐朝共会盟八次,最后一次会盟被称作“甥舅和盟”。

西行之路

在唐太宗统治时期,还有一位非常伟大的佛学家和翻译家不得不提,他就是在627年从长安启程,踏上了艰辛的求佛经之旅的僧人——玄奘。

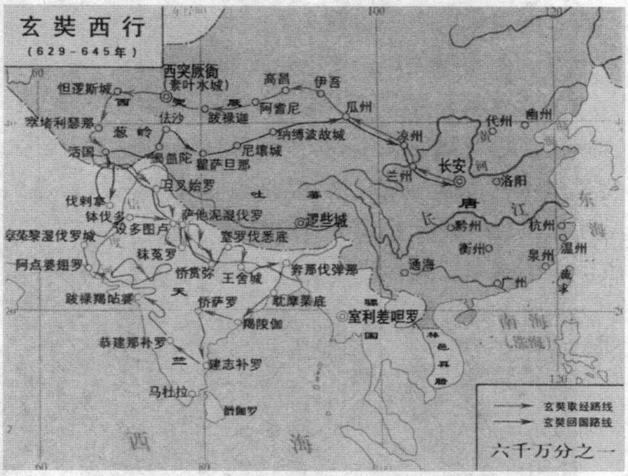

玄奘取经路线图

玄奘是长安大慈恩寺的和尚,洛州缑氏(今河南偃师缑氏镇)人,十三岁那年出家,精通佛教经典。他发现以前翻译过来的佛经错误很多,就决定到佛教的发源地天竺即今天的印度去学习。

玄奘从长安出发后到了凉州(今甘肃武威)。当时朝廷禁止唐人出境,玄奘在凉州被边境兵士发现,他逃过边防关卡,向西来到玉门关附近的瓜州(今甘肃安西)。在瓜州,玄奘打听到玉门关外有五座堡垒,每座堡垒之间相隔一百里,中间没有水草,只有堡垒旁有水源,并且由兵士把守。这时候,凉州的官员已经得到他偷越边防的报告,就发出公文通缉他。

玄奘单人匹马在关外的沙漠地带摸索前进,到了第一个堡边,因为怕被守兵发现,白天就躲在沙沟里,天黑了才走近堡垒前的水源,可还是被守军发现了。幸运的是,守堡的校尉王祥也是信佛教的,问清玄奘的来历后,不但不为难他,还帮他准备了装备,亲自把他送出十几里,指引他一条通向第四堡的小道。

第四堡的校尉是王祥的同族兄弟,他很热情地接待了玄奘,并且告诉他,第五堡的守兵十分凶暴,叫他绕过第五堡,到野马泉去取水,再往西走,就是一片长八百里的大沙漠了。

玄奘离开第四堡后迷了路,没有找到野马泉,随身带的水袋也喝光了,大沙漠里一片茫茫,上不见飞鸟。接连走了四夜五天,没有一点水喝,玄奘终于支撑不住,昏倒在沙漠上。到了第五天半夜,天边起了凉风,把玄奘吹得清醒过来。他站起来,牵着马又走了十

几里，终于发现了一片草地和一个池塘。有了水草，人和马才得以摆脱绝境，终于走出大沙漠，经过伊吾（今新疆哈密），到了高昌（在今新疆吐鲁番东）。

高昌王麹文泰也信佛，听说玄奘是大唐来的高僧，十分敬重，请他讲经，还恳切地请他在高昌留下来。玄奘坚持要到天竺去，麹文泰没法挽留，就给玄奘准备好行装，派了二十五个人，随带三十四马护送，还写信给沿路诸国的国王，请他们保护玄奘过境。

玄奘带领人马，越过雪山冰河，冲过暴风雪崩，经历了千辛万苦，到达碎叶城（今吉尔吉斯北部托克马克附近），受到西突厥可汗的接待。打那以后，一路顺利，通过西域各国进了天竺。

天竺是佛教的发源地，有很多佛教古迹。玄奘在天竺游历各地，朝拜圣迹，向高僧学经。摩揭陀国的戒日王是个笃信佛教的国王，听到玄奘的名声，在他的国都曲女城（今印度北方邦境内卡瑙季）为玄奘开了一个隆重的讲学大会，邀请天竺十八个国的国王和三千多位高僧到会，听玄奘讲学。

玄奘取经

645 年，玄奘结束了历时十九年、跋涉五万余里的伟大行程，回到长安，带回了梵文佛经六百五十七部，引起了巨大轰动。正在洛阳的唐太宗听说后，对玄奘的壮举十分赞赏，不但没追究他偷渡的罪名，还在洛阳行宫接见了他。玄奘也把他游历西域的经历向太宗做了详细的汇报。

此后，玄奘在长安的慈恩寺专心译经，二十年间译出佛经七十五部，一千三百三十五卷。这些佛经后来在印度大部分失传，中文译本就成了研究古代印度文学、历史的重要文献。此外，玄奘还将这次所经历的各地区的风土、人情、物产、信仰和历史传说等等，撰写成《大唐西域记》十二卷，流传后世。玄奘还有一个贡献，就是把老子的《道德经》译成梵文，介绍给印度。当时戒日王曾向玄奘询问唐朝的情况，玄奘告以唐朝的强盛以及唐太宗的贤明。戒日王就遣使出使唐朝，于 641 年到达长安。

晚年的迷茫

贞观后期，唐太宗开始有了一些变化，从以前的虚心纳谏变成了“渐恶直言”，从而导致了一些纷乱。

征战高句丽

高句丽一直向唐朝朝贡,但实际上却对唐朝持敌视态度。唐太宗为了援助处于高句丽和百济围困中的新罗,决定东征高句丽。

645年,唐军向辽东进军。唐太宗在路上对手下人说:“四方基本安定了,就剩下这一块地方了,趁着我还没死,良将们还有精力,一定要解决掉。”很快,唐军攻破了高句丽的盖牟城,俘虏两万多人,缴获粮食十多万石。

李孝恭

大将李世勣和李道宗进逼辽东城下,这时高句丽军数万前来救援。有人建议说:“高句丽军多,唐军少,应该坚守。”两位主帅则认为应该灭掉敌人的锐气,于是唐军处于劣势却猛烈出击,高句丽兵始料不及,被冲乱阵形,大败而归。唐太宗率大队人马随后赶来,把辽东围得水泄不通,日夜攻打。乘着刮南风的机会,唐太宗指挥士兵点燃城池西南楼,顺风放火。高句丽军大败。

攻克辽东后,唐军继续向白岩城进发,白岩城不战而降。唐军继续向安市进发,安市城虽小,却十分坚固。有将领建议要绕城而过,攻击其首都。但唐太宗却坚持要正面攻克。唐军围攻数月不克。在长孙无忌的建议下,唐太宗只得撤军。这次征伐高句丽,攻克玄菟、横山、盖牟、磨米、辽东、白岩、卑沙、麦谷、银山、后黄十城,迁徙辽、盖、岩三州户口入唐朝七万人。新城、建安、驻跸三大战,斩首四万余人。当然,唐军阵亡约两千人,而损失最大是战马,损失了七八成。

此战虽重创高句丽,但战事旷日持久,耗费巨大,最终也未能灭亡高句丽。因此,唐太宗认为自己还是战败了,痛心地说:“如果魏征还活着,肯定不会让我进行这次远征。”

奢侈的加剧

贞观后期,随着整个形势的好转,唐太宗在一片颂扬之声中也渐生骄奢之心。一年有好事者上书,说如今天下太平,请唐太宗往泰山封禅。房玄龄接到了这份奏章之后,先拟好持否定态度的诏书,再将奏章与诏书一并交上。太宗看了很不高兴,但也只得表示同意。他又打算修建洛阳宫,作为礼物送给女儿高阳公主。高阳公主此时已是房家的儿媳妇,房玄龄当然不愿意让这种奢侈之事发生在自家身上。于是房玄龄又去进谏,结果惹怒了唐太宗,被投入监狱。最后在众多大臣以及皇后的劝说下,唐太宗才将房玄龄放了出来,并暂缓了修洛阳宫的计划。

唐太宗还下诏说,太子所用之物,任何人都不得限制,结果造成太子的严重浪费现

象。他自己也开始修造宫殿，东都洛阳的飞山宫、翠微宫都修建得很是华丽。不过，唐太宗毕竟还是一个自律性很强的人，在晚年也反省自己过度奢侈的错误。他对太子李治教诲时反省了自己的一生，说道："你应该从历史中找古代的贤明帝王为学习的典范，像我这样的不足以效法。我做了许多错事，比如锦绣珠玉不绝于前，宫室台榭常有兴造，犬马鹰隼没有不去的地方，行游四方又劳民伤财，这都是大错，你不要以为这都是好事，总想学着去做。"

储位的遗祸

晚年的唐太宗最烦心的就是太子问题。李承乾是唐太宗与长孙皇后的长子，聪明机灵，八岁时就被立为太子，可惜的是右腿有残疾。因此，看着弟弟李泰一天天讨得父亲的喜爱，李承乾心里很是害怕，担心自己的储君之位不保。

于是，李承乾派人伪称是李泰府中的官属，向唐太宗呈递"亲启密奏"，指控李泰的种种罪恶。不料太宗发现其中有诈，下令捉拿告密之人，要求将事情追查到底。告密计划落空以后，李承乾又派亲信纥干承基等人暗杀李泰，结果又没有得手。于是，李承乾暗中联络政治上失意的叔父李元昌和大臣侯君集等人，歃血盟誓，阴谋发动政变，迫使太宗退位。

长孙无忌

643 年，唐太宗的第五子齐王李祐反于齐州（今山东历城），叛乱被平定后，在审问谋逆案件时，牵连到李承乾的亲信纥干承基。纥干承基供出了李承乾密谋发动政变的方案。唐太宗大为震骇，没想到自己的兄弟、儿子、女婿全部牵涉进去，气得拔刀自杀，幸亏被褚遂良几个大臣拉住。于是，李承乾被废为庶人，流放黔州（今重庆彭水），不久后便死在此地。

太子李承乾因谋反被废，最有资格被立为太子的，是长孙皇后的另外两个儿子：魏王李泰和晋王李治。这两人相比，李泰的条件更为优越。他是长孙皇后的次子，比李治年长九岁，也是唐太宗比较满意的一个。李治是长孙皇后的三子，唐太宗的九子，不论从年龄还是父子感情看，均处于劣势。可是，身为舅父的重臣长孙无忌却大力支持李治。

长孙无忌先世乃鲜卑族拓跋氏，北魏皇族支系，后改为长孙氏。长孙无忌的妹妹就是李世民的妻子。从李渊父子起兵叛隋，到建立唐朝，再到统一天下，长孙无忌一直追随李世民东征西讨。在李世民夺取皇位继承权的兵变中，长孙无忌称得上是首功之人。唐太宗几次要任命长孙无忌为宰相，但长孙皇后一再推辞，她提醒太宗要吸取汉朝吕氏、霍氏等专权的教训，长孙无忌自己也要求逊职。但鉴于他的才干，太宗仍然拜长孙无忌为

宰相，任命他为尚书右仆射。

长孙无忌希望未来的皇帝应该由一个仁孝听话的外甥充当，这样，自己会得到尊重，权势会得到保障。魏王李泰聪明绝伦，善做诗文，喜好经籍、舆地之学，文武官员多投其门下，已然形成了一股不可忽视的政治势力。但李泰恃才不恭，一般官员不放在眼里不说，关键是不去争取舅父对自己的支持。长孙无忌知道，如果李泰做皇帝，依靠重用的必定是他自己的党羽，绝不是他这个舅父。

一边是才华出众的李泰，一边是懦弱少能的李治，可唐太宗还是犯难了。李治的支持者则是以长孙无忌为首的元老重臣。唐太宗希望自己死后，贞观政治依然坚持下去，那么就只能靠长孙无忌等元老重臣的辅佐。为此，他不得不舍弃李泰。

由于李治仁弱，唐太宗即便在立了李治之后，思想仍在动摇反复，一度又向长孙无忌提出想改立三子吴王李恪。

李恪的母亲杨妃是隋炀帝杨广的女儿，史载李恪是个性情中人，且具有贤明帝王的资质，深得唐太宗的喜爱和器重，因为唐太宗认为这个儿子和自己很像。不过李恪是个聪明人，他知道自己身上不仅流淌着李唐王室的血，也存在着前朝的皇家血统，势必与皇帝的宝座失之交臂。李恪对这一点看得很深也很透彻，所以当机立断，决意清心寡欲，远离长安这个权力的中心，在偏远的江南做他天高皇帝远的吴王。

唐太宗很希望立一个自己喜欢的儿子，因此对长孙无忌说："你是不是不把李恪当作外甥呢？其实李恪英武果敢，很像我啊。将来说不定也能像对待亲舅舅一样对待你，保护你的。"但这番话并没有打动长孙无忌，反而被长孙无忌一句冷冰冰的话挡了回去："晋王仁厚，将来定是能够守住基业的好皇帝。做一件小事，举棋不定也会失败，何况是策立储君呢？"唐太宗听到这话，只好作罢。

649年，时年五十三岁的唐太宗病逝于翠微宫含风殿，将李治托孤于长孙无忌和褚遂良。太子李治即位为帝，是为唐高宗。他即位后加封长孙无忌为太尉，兼检校中书令，知尚书、门下二省事；以李世勣为尚书左仆射、开府仪同三司。

然而就在李治当皇帝的第四年，房玄龄的儿子房遗爱和妻子高阳公主试图谋反被朝廷察觉，长孙无忌借题发挥，不仅杀了房遗爱、高阳公主等人，顺带把荆王李元景和吴王李恪也一并处死。李恪不要说谋反，连谋反的心都没有，而长孙无忌杀他的理由是让那些希望李恪当皇帝的人彻底死了这份心。李恪悲愤绝望，在临刑前恨恨地诅咒道："社稷有灵，无忌且族灭！"

则天临朝

唐太宗是个精明能干的皇帝，但是他的儿子高宗李治却是个庸碌无能的人。649年，二十二岁的李治即位。李治的性格优柔寡断，朝廷大事都靠他的舅父、宰相长孙无忌拿主意。这些老臣倒也没让他失望，他们遵守贞观遗规，推行均田制，留意垦殖荒田，继续

发展科举制度，百姓生活安定，人口迅速增加。然而，这种良好的君臣关系并没有持续很久，就被一个女人的强势介入打乱了。这个女人，就是武则天。

漫漫皇后路

从才人做起

武则天名曌，十三岁时成为唐太宗的才人。在唐朝的后宫中，姬妾有十九级，皇后以下有“惠妃”、“淑妃”、“德妃”、“贤妃”“昭仪”“昭容”“昭媛”“修仪”“修容”“修媛”“充仪”“充容”“充媛”“婕妤”“美人”“才人”“宝林”“御女”“采女”。然而，在一次驯马中，武则天却受到了唐太宗的注意。有一次，唐太宗带着宫妃们去看一匹叫“狮子骢”的马，这匹马长得十分肥壮，但是性格暴躁，不好驾驭。唐太宗问众多宫妃，谁有办法驯服烈马。妃子们都不敢接口，只有十四岁的武则天站了出来，说：“陛下，我能！”

武则天

太宗非常吃惊，问她有什么办法。武则天说：“只要给我三件东西：第一件是铁鞭，第二件是铁锤，第三件是匕首。它不听话就用鞭子抽它；还不服，用铁锤敲它的头；如果再还不服管教，这样的马也没有用处，就用匕首割断它的脖子。”唐太宗听了哈哈大笑，很赞赏她的泼辣性格。不过，可能也是因为这种性格，武则天并不十分得宠。她在宫中十二年，没有为太宗生育一男半女，才人的称号也没有改变。

但是，武则天的才华并没有被唐太宗忽视，时常让她在自己的书房侍候笔墨。在皇帝的书房里，皇上与大臣们经常私下接触，讨论国家大事。侍女的工作是整理皇上特意挑选出来的往来案牍，侍候笔墨、绢砚、茶饮、休息等，耳朵里听到的不再是后宫的宫闱琐事，而是君臣之间对国家大事的决策。武则天因此也跟随唐太宗学到了许多处理政事的能力，增加了丰富的政治阅历。

李治被立为太子后，唐太宗为了锻炼他的执政能力，让他经常陪侍在自己身边，学习理政。因此，李治跟唐太宗身边的妃嫔有了较多的接触。由于李治生性比较柔弱，因而性格刚烈的武则天吸引了他的注意。武则天知道自己在唐太宗身边是不会再有出头之日了，因此对李治也格外留心。

649年，唐太宗逝世，依照皇家规定，已故皇帝的姬妾，都要出家为尼。唐太宗的所有姬妾都被送到长安感业寺，武则天也在其中。

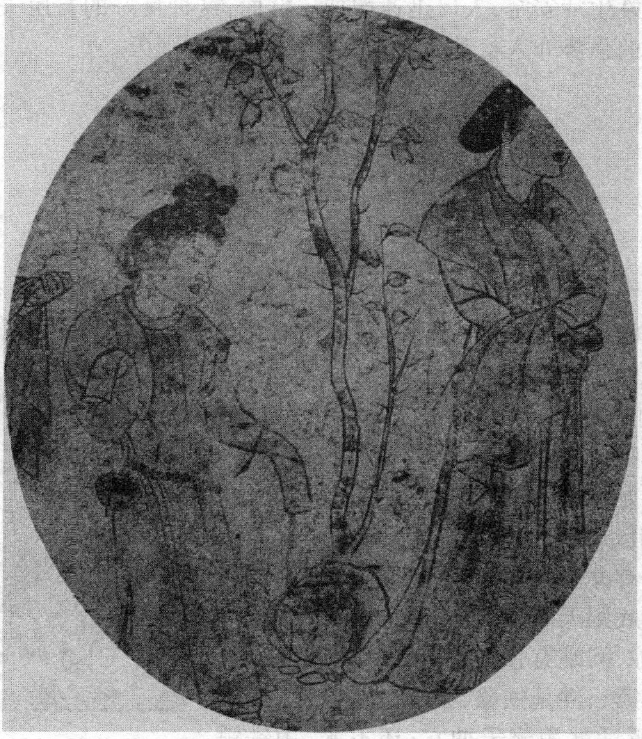

苦闷的宫女

反客为主

654年,唐高宗与妻子王皇后到感业寺进香,又看见了武则天,二人相对垂泪。这一切被王皇后收入眼底,那时,王皇后正跟李治的另一位姬妾萧淑妃争宠,于是把武则天接回皇宫,封为昭仪,想用她帮助自己打击萧淑妃。

武则天回宫后,立时赢得了唐高宗的宠爱,乃至高宗不仅疏远了萧淑妃,还想废了王皇后,立武则天做皇后。这件事遭到很多老臣的反对,特别是长孙无忌,说什么也不同意。褚遂良甚至磕头磕得流血,一气之下提出辞官回家。武则天怒火顿生,大声喊道:"怎么不把这种臣子乱棍打死!"其他人见状,赶忙替褚遂良求情,性命虽然保住了,但被贬官,去了潭州(今湖南长沙)任都督。唐高宗明白,废立皇后一事能否得到朝臣的赞许,关键在于打通长孙无忌这一关节,于是他与武则天带着重礼到长孙无忌家里拜访,不但封长孙无忌宠姬所生三子为五品朝散大夫,还赠送了十车金银珠宝与缯帛之物。长孙无忌接受了厚礼与封赏,但却顾左右而言他,对于废后之事绝口不提。高宗与武则天无计可施,只得怏怏而归。此后,武则天还让生母杨氏出面,带着重礼,到长孙无忌府上说情,均遭到拒绝。礼部尚书许敬宗也多次相劝,也遭到长孙无忌的严厉斥责。

后来,还是开国的功臣李世勣给高宗出了个主意,说皇后的废立是皇上的家务事,没

有必要和大臣们商量。同时，武则天私下拉拢了李义府和许敬宗等人，也在朝廷大臣们中间大造舆论，支持武则天。许敬宗甚至在朝堂上说：“田舍翁多收了十斛麦子，还想换个老婆，何况天子！”655年，高宗正式下诏书废王皇后、萧淑妃为庶人，立武则天为皇后。

称帝之路

铲除异己

武则天成了皇后，唐高宗李治把原来的皇太子李忠贬为梁王，立了武则天的长子，代王李弘为皇太子，以于志宁兼任太子太师，中书令崔敦礼为太子少师，许敬宗、韩瑗、来济等同为太子宾客（东宫高级属官），李义府兼太子左庶子，同时大赦天下。原太子李忠与母亲刘氏黯然离宫回归王府，当时原太子属官都害怕得罪高宗和武后，不敢相送，唯有昔日太子右庶子李安仁与李忠泣别。武则天得知此事，对李安仁忠义之举大加赞赏，请唐高宗提升其官职。这套政治权术让高宗和大臣们感动不已。至此，武则天的皇后地位终于稳固下来。

不久，武则天又生了第三位皇子，取名为显。为示庆贺，各京官和朝集使都加了勋级。李显也很快被封为周王。武则天在后宫总算是事事遂意，踌躇满志。因此，她开始把目光瞄准了朝中的元老们。

这些元老重臣，虽然在废立皇后和改立太子等一系列斗争中受到了打击，但是他们的首要人物长孙无忌等人，依然在朝中占据着重要位置。除了褚遂良被贬为潭州都督外，其他人的职位均没有变动。武则天的亲信许敬宗、李义府等人，虽然在废后一事上贡献不小，却还没有得到他们所期冀的政治权力和经济利益。

656年，韩瑗上疏唐高宗，替褚遂良喊冤。但是，此时的高宗已不是那个刚即位时唯贞观老臣之命是从的小皇帝了，无论从维护武则天的地位还是从维护他本人的尊严方面考虑，他都不会答应韩瑗的请求。韩瑗见高宗拒不采纳自己的意见，便以辞职相要挟。高宗看出他的用意，不许他辞职。韩瑗等人于是利用手中的职权，改调褚遂良为桂州（治所在今广西桂林）都督。

历史小常识：杀女谋位的传言

武则天生下的第二胎是个女孩儿，非常可爱，王皇后也很喜欢，经常去看望，等高宗快来的时候便知趣地先走。据说，武则天为了皇后之位，利用这种机会对亲生女儿下了毒手。一次皇后刚走，武则天便将女儿掐死，然后盖好被子。高宗一看爱女惨死，又听说刚才只有王皇后来过，不由大怒，就下决心要废掉她。

与此同时，许敬宗等人也在积极活动，就在褚遂良当上桂州都督后不久，许敬宗等人诬告韩瑗、来济、褚遂良等人结为朋党，图谋不轨，根据是桂州用武之地，褚遂良为桂州刺史，其实是以为他作外援伺机谋反。于是，高宗毫不迟疑地贬韩瑗为振州（治所在今海南三亚西）刺史，贬来济为台州（治所在今浙江临海）刺史，再贬褚遂良为爱州（治所在今越

南清化）刺史。褚遂良至爱州后，上表自陈，罗列了自己的功绩，还有自己受诏辅政的功劳，字里行间充满了哀求，但高宗不为所动。不久，褚遂良郁郁而终。

褚遂良

韩瑗等人被贬，朝中的元老级人物只剩长孙无忌了。自武则天当上皇后以后，长孙无忌很少抛头露面，主要承担领导编纂书籍的职责。当韩瑗、来济等被贬逐，褚遂良病死爱州之后，他就成为武则天等人的直接对手。武则天和许敬宗等人都明白，只要长孙无忌还在朝中，韩瑗等人随时都可能卷土重来。

659年，洛阳人李奉节等告太子洗马韦季方和监察御史李巢互为朋党，高宗诏令许敬宗审理。许敬宗审讯急迫，韦季方自杀未遂，许敬宗则乘机诬奏韦季方与长孙无忌构陷忠臣近戚，伺机谋反。由于在废立皇后问题上高宗和长孙无忌之间曾有过冲突，长孙无忌已失去了高宗往日的尊崇。但高宗对许敬宗耸人听闻的诬奏还是感到惊讶和疑惑的，不相信长孙无忌会谋反，命许敬宗再加审查。第二天，许敬宗上奏，诡称韦季方已承认与长孙无忌共同谋反，还编造了谋反的口实，极力敦促高宗以法收捕长孙无忌。许敬宗见高宗怕留下杀舅父的恶名，迟迟下不了决心，又列举了汉文帝杀其舅父薄昭，至今天下仍称为明主一事，以消除其疑虑，还进一步说："古人有言：'当断不断，反受其乱'，安危之机，间不容发。无忌今人之奸雄，王莽、司马懿之流也；陛下少更迁，臣恐变生肘腋，悔无及矣！"在他的一再劝说下，高宗没有召见长孙无忌，即下诏剥夺他的官爵、封邑，流放于黔州（今重庆彭水），并发兵立即遣送。不过，高宗仍念舅甥之情，念他有拥戴之功，特准许按一品标准供给饮食。长孙无忌的家族也受到株连，从弟渝州刺史长孙智仁、族弟长孙恩、儿子驸马都尉长孙冲，族子驸马都尉长孙铨、长孙祥等也陆续被或诛或贬，无一幸免。

不久之后，唐高宗又命司空李世勣、中书令许敬宗等五名宰相再次审理长孙无忌一案。许敬宗命大理正袁公瑜前往黔州，逼迫长孙无忌自杀，并籍没其家。然后上疏高宗，说长孙无忌罪状属实。于是高宗又下诏赐死韩瑗、柳奭等人。至此，贞观年间的元老重臣都下了黄泉。

修改《姓氏录》

当初，长孙无忌曾以武则天出身不够高贵为名，反对高宗把她立为皇后。武则天对此耿耿于怀，为了提高威望，她主持将《姓氏录》进行了修改，提高自己武姓的地位。

在唐太宗时期，曾经修订过《氏族志》，那是高士廉根据唐太宗的命令按照官位高低来制订的，算得上是一部国家法定的贵族族谱。原来，早在魏文帝的时候，就确立了九品中正制的选官制度。当时用人的方法，首先是推选各郡有声望的人，出任中正，由他们推荐把各地的士人按道德才能分别评为九等，朝廷按等选用。这本是一种选官制度，但后

来，各州担任中正的人，都出自豪门世族之家，他们选人也都以门第高下为标准，并不真正看中才能，从而逐渐造成了“上品无寒门，下品无世族”的局面。不过，高士廉等人受门阀制度影响很深，他收集全国各个世族的家谱，依据史书，辨别真假，考证世系，推进忠贤，贬退奸佞，分清高下，定出上下共九等，不仅没有对门阀制度加以抑制，反而连唐太宗的设想也没有达到。他因沿袭魏晋南北朝旧例，以山东崔姓为第一，皇族李姓为第二，唐太宗大怒，亲自出面干涉，将崔姓降为第三。

高士廉

659年，许敬宗等人在武则天的授意下，以《氏族志》不叙武氏家族为名，请求进行修改。高宗于是下诏，命礼部郎中孔志约等人进行修订，而不再任命世族出身的人插手，并命令改《氏族志》为《姓氏录》，把它作为门第高下的意义淡化了。该书以皇后族武氏为第一等，其余的望族都以在唐朝担任官品之高下为标准，分成九等。凡五品以上的官员，不管其出身是世族或是庶族，都写了进去，一概进入世族，贯彻了“各以品位为等第”的原则。通过《姓氏录》，高宗朝比较彻底地否定了旧的门第观念，笼络了许多庶族出身的新贵族，受到了大多数出身低微的人士的拥护。

二圣临朝

没过多久，唐高宗生了一场病，成天头昏眼花，有时候连眼睛都张不开。本就不喜欢处理国政的高宗，见武则天能干，索性把朝政大事全交给她管了。

武则天掌了权，渐渐不把高宗放在眼里。高宗想干什么，没有经过武则天同意，就干不了。唐高宗心里气恼，有一次，他跟宰相上官仪商量，打算废了武则天。上官仪下去起草废除皇后的诏书，而此时，早就有太监把这件事报告了武则天。

等上官仪拿着起草好的诏书来见高宗时，武则天也已到了。她厉声问高宗：“这是怎么回事？”唐高宗见了武则天，吓得好像矮了半截，把上官仪起草的诏书藏在袖子里，结结巴巴地说：“我本来没这个意思，都是上官仪教我干的。”武则天立刻下命令把上官仪杀了。从此以后，唐高宗上朝，武则天也坐在旁边，大小政事都得由皇后点了头才算数，朝中称之为“二圣”。

历史小常识：唐人的郡望

郡望乃是沿袭魏晋至隋唐时期所形成的名门望族的地理分布。以郡望标注姓氏的习俗在唐朝十分盛行。后人曾这样描述：“唐人好标望族，如王则太原，郑则荥阳，李则陇西、赞皇，杜则京兆，梁则安定，张则河东、清河，崔则博陵之类，虽传志之文亦然。”后来这竟成为所谓修史之“原则”，造成了历史人物籍贯的极大混乱。

不过，武则天虽然心狠手辣，但她也是有些才干的。她曾经上意见书十二条，也就是历史上的“建言十二事”，这里面包括了发展农业、减轻赋税、广开言路等，基本上是一套较完整的治国方略，被高宗颁布诏书推行。

武则天以后之所以能在朝廷施展才干，和她对于庶族出身的官员的重用有很大的关系。科举制度在隋朝隋炀帝时期创立，就是为了打破魏晋时期以来做官都讲出身的恶习以及由此引出的很多弊端。到了武则天时期，科举制度基本定型，新的官员很多出身寒微，他们需要最高层重用他们，而武则天就成了他们的总的代言人。一大批的文人学士成为武则天的鼎力助手，武则天利用他们来打击旧的贵族反对势力，巩固自己的权势与地位。

废子夺权

武则天一共有四个儿子，分别是长子李弘，次子李贤，三子李显，四子李旦。李弘为人忠厚，而且知道谦虚忍让，高宗和众大臣对他都很满意。高宗因为身体状况日渐不佳，便想把皇位传给李弘。但李弘却在二十四岁时猝死。当时的人们认为是武则天不愿意让儿子来侵夺自己的权力，遂将其毒死。

李弘死后，高宗的精神受到强烈刺激，加上原来的头疼病，觉得身体状况不允许他再操劳国家大事了，就想把皇位让给武则天。但是，由于大臣们极力反对，武则天没能如愿。于是，次子李贤被立为太子。李贤和哥哥李弘一样，也很聪明，在高宗让他处理政务过程中也显示出过人的能力，加上宰相们的辅佐，武则天又感到了权力将要离她而去了。所以，武则天指使人诬告太子贪恋女色，想早日夺取皇位，680年，李贤被废掉太子身份，贬为庶人。后来又被迫迁到巴州（今四川巴中），最终被逼迫自杀。

683年，唐高宗逝世。武则天先后把两个儿子立为皇帝——中宗李显和睿宗李旦，但都不中她的意。李旦性情淡薄，而李显则没有智谋。一次，李显让三品以上的官员们在朝堂上拔河，哪一方赢了，政令就由哪一方决定。结果有几位老大人摔在地上动弹不得，李显却哈哈大笑。还有一次，李显和皇后在元宵节出去散心，想起祖父两次放宫女出宫和释放死囚回家省亲的事情来，也发起慈悲，让数千宫女出宫游玩，最后很多人没有回来。见儿子没有唐太宗那样的号召力，闹出笑话也不知道反省，武则天很是生气。

骆宾王

没过多久，武则天把中宗废了，把睿宗软禁起来，自己以太后的名义临朝执政。这一来，又遭到一些大臣和宗室的反对，并有人起兵，发动叛乱。

684年，被武则天贬出京城的徐敬业在扬州起兵反抗，仅十多天便召集了十万兵马，著名诗人、初唐四杰之一的骆宾王专门写了《讨武曌檄》，其中有言："伪临朝武氏者，性非和顺，地实寒微。……敬业皇唐旧臣，公侯冢子。奉先帝之成业，荷本朝之厚恩。宋微子之兴悲，良有以也；袁君山之流涕，岂徒然哉！……一抔之土未干，六尺之孤何托？"据说武则天看了之后，并没有生气，而是在读到"一抔之土未干，六尺之孤何托"感叹："宰相安得失此人？"武则天调动了三十万兵马迎战，让李孝逸领兵平叛。由于徐敬业不擅长军事，不久便连遭失败。不到五十天的时间，叛乱便被平定了，武则天终于度过了这次大的政治危机。

全国恢复了安宁，没有人再敢反对武则天。一名叫傅游艺的官员，联络了关中地区九百多人联名上书，请求太后即位称帝。武则天一面推辞，一面提升了傅游艺的官职。如此一来，劝她做皇帝的人越来越多。一些僧人还写了《大云经》，书中说武则天是大佛转世，应该成为新天子，在佛教理论方面提供了依据。接着，武则天亲自导演了一场大戏，以唐睿宗为首的数万臣民上表劝进，请改国号。至此水到渠成，则天武后在"上尊天示""顺从众议"的劝进声中，登临大宝，实现了梦寐以求的夙愿。690年，武则天已是六十七岁的高龄。就是在这一年，武则天自称圣神皇帝，改国号为周，成为中国历史上唯一的女皇帝，开始其十六年的皇帝之路。

武则天的统治

一代名相狄仁杰

武则天在没有登基之前，就提出了著名的"建言十二事"，强调富国强民和提拔贤才。

在富国强民方面，她主张"劝农桑，薄赋徭"，把开垦土地的多少、农业收成的好坏和百姓生活是否安定作为考核地方官吏的重要标准，并组织人力编写了农书，以指导农业生产。在她统治期间，朝廷的粮食储备相当丰富，水利设施也得以大规模修建。

武则天在任用贤才方面，继续发展科举制度，广泛罗致人才。改革了科举中试卷管理办法，采用糊名制度，使评卷人不能了解答卷者的姓名，有利于人才的选拔，并首开殿试先河。为了广揽人才，武则天还创立了"自荐"和"试官"制度，在各阶层中广泛罗致人才，提拔了一批庶族的贤能俊杰之士。

狄仁杰

在武则天任用的大臣中，最著名的就是宰相狄仁杰。他就是先通过应试明经科（唐代科举制度中科目之一），从而步入仕途。狄仁杰（630－700 年），字怀英，唐代并州太原（今山西太原）人。唐高宗仪凤年间，狄仁杰出任大理丞，一上任，就发现有两万多件积案等候处理。他用了一年时间一一做了妥善处理，竟没有一桩案件上诉。狄仁杰推理精湛，判案手法多样，体察民情，以民为重，后来遂演绎成神探狄仁杰的故事。

当时，武卫大将军权善才不慎砍了昭陵（唐太宗坟墓）陵园中的柏树，狄仁杰判处免职之罪，唐高宗要他改判为死刑，狄仁杰不肯。唐高宗气得脸色都变了，大叫："权善才砍了陵上的柏树，不处其死罪，是朕对先帝的不孝！"众臣都纷纷给狄仁杰递眼色。狄仁杰却坚持说："臣历览古史，深知忤逆皇上是没有好下场的。但也不尽然，如果是夏桀王、商纣王时代，确实没有好下场；如果逢尧舜之君，就不会这样。今恰值如尧舜一样的皇帝在位，所以臣才不怕纣主杀忠臣比干的事发生。如果皇上不接纳卑臣的意见，百年之后，有何面目到九泉之下去见古代那些直谏的忠臣？国家大法公布于天下，何种罪行判何种罪，是分得清清楚楚的。怎么能把不够死刑的罪判成死罪呢？法律如果随意更改，天下百姓便不知什么叫犯法，什么叫合法了。因为不慎砍了昭陵的一棵树就要杀一个将军，那百姓们会怎样评价皇上呢？"这一番慷慨陈词使唐高宗无话可说，权善才终于免除死罪。

后来狄仁杰到豫州（治所在今河南汝南）任刺史，正赶上唐朝宗室越王李贞起兵反对武则天，武则天派大将张光辅加以清剿。张光辅生性残暴，加上奉旨平叛，非常嚣张跋扈，任意向地方勒索钱财。地方官员不敢违抗，唯独狄仁杰对他不加理会。张光辅大怒，当面责骂狄仁杰轻视自己。狄仁杰说："你统帅三十万大军，要杀的只是越王李贞一个。可是现在您纵放军队疯狂抢掠，杀死无数百姓，这与作乱又有什么区别？我恨不得把你亲手杀了。"张光辅无法反驳。

历史小常识：预知天气的皇子

李守礼为章怀太子李贤次子，他对天气变化反应灵敏，预报准确。玄宗以为有特异功能，他回答道："我没有什么特别的功能。只是武则天当政期间，因为父亲的缘故被关在宫中十来年，经常遭到杖刑，留下了很多伤疤。要是快要下雨或者快要天晴，都会有反应。我就是这样知道天气的。"

武则天感到狄仁杰能根据事件本身进行判断，而不是根据上司的意思办事，是一个难得的人才，就把他调到京城担任宰相。不久后，武则天想造一尊大佛像，估计要费数百万两银子，国库无钱开销，武则天便下了一道诏书，让僧侣们每人每天节约一文钱资助此事。狄仁杰当着武则天的面，提出了反对意见，说："工程是由人干的，不能靠鬼神；物产不是上天送来的，而是土地生产的，虽说是僧侣资助，那也必转嫁到百姓身上。如今边境太平，国家应少向百姓摊派，宽省民力。即使是国家出钱雇工，那么雇工一来，也必然影响农业生产。这种事情既费官钱又耗民力，一旦边境有警，可就没钱支持边防了。"武则天觉得有理，接受了狄仁杰的建议。

696 年，契丹部落大举南下，唐朝北部边境震动。一些官员担心契丹骑兵进攻，就把边境的百姓赶到城里，固守城垣，导致人心惶惶，农田荒废。这时狄仁杰临危受命，赶到

魏州(今河北大名)之后,认为契丹军队距离尚远,不能烦劳百姓弃农入城。他一方面加强军备,另一方面把征调来的四乡百姓都解散回家种田。契丹看到狄仁杰不劳苦百姓,又有防备,就引兵而去。武则天非常高兴,亲自在狄仁杰的战袍上绣了"敷政术,守清勤,升显位,励相臣"十二个金字,以示表彰。

700年,狄仁杰因病去世,武则天望着站满官员的朝堂,流着眼泪说:"朝堂上空了!"以后朝廷每有大事,大臣们无法判决时,武则天都会叹息:"老天为什么那么狠,夺去我的国老啊!"

到了702年,唐朝又创立了武举科,专门选拔军事人才,由兵部主持。考试科目有三:一是用一石弓和六钱重的镞射箭;二是用八斤重的长矛刺枪;三是举重。合乎标准者及第,任命为武官。唐朝著名的大将郭子仪就是武举出身。据说郭子仪身材魁梧,体魄健壮,相貌秀杰。年少时在河东(今山西永济)服役,因犯军纪要被处斩。在押赴刑场的途中,被当时著名诗人李白发现。李白见他相貌非凡,凛然不惧的样子,甚感可惜,认定此人将来一定会大有造化,成为国家的栋梁之材,于是便以自己的官职担保,将郭子仪救下。郭子仪后来果然不负所望,通过武举成名,并且立下赫赫战功,一度挽救了衰败的唐王朝。

控制西域

对于西域的安全问题,武则天是相当重视的。从7世纪开始,吐蕃强大起来。670年,薛仁贵军在大非川全军覆没,西域四镇被吐蕃占领。692年,王孝杰率兵大破吐蕃军,夺回了四镇,然后迁安西都护府于龟兹,屯兵镇守。

当时,唐朝廷对保卫西域四镇问题有两种看法。有大臣认为,西域四镇地处边疆,土地非常贫瘠,不适合耕种,国家得不到什么赋税,每年还要花费大量人力物力去守护,得不偿失。右史崔融主张维护西域,他说:"高宗时主管官员玩忽职守,因而未能坚守四镇,放纵了吐蕃的强大,这才造成国家的损失。现在王孝杰一战收复四镇,怎能弃而不要?如果四镇失守,吐蕃的势力就会占领西域,住在西域南部的群羌势必投降吐蕃,如果吐蕃控制了沙漠地区,将是西部边陲的重大威胁。"武则天最终接受了崔融的意见,决定保卫西域、促进中外贸易。

696年,吐蕃乘着武则天反击契丹的时机,以和亲为名,企图诱使武则天放弃安西四镇,并要求分给突厥十姓的土地。武则天于是派颇有远见的郭元振出使吐蕃,一探究竟。

郭元振回来后上疏道:"利益能够催生祸害,祸害也能产生利益。国家大患,唯有吐蕃与突厥。如今两者都已经归附,对中原来说非常有利。但如果处理不好,也会引发祸患。现在倘若我们直接拒绝吐蕃,恐怕边患会比以前更严重。所以要制定出好的对策,使他们知道讲和有希望,作乱作恶则无借口。边疆地区,国家忧虑的是十姓、四镇两地;境内,担心的是甘、凉、瓜、肃等州。国家在关陇地区屯兵戍卫,已经有三十年。现在的能力和作用已经枯竭,一旦甘、凉等地发生变故,难道还有余力去支援吗?善于治国的人,必定先安内而后攘外,不贪外以害内。这样,大局就有了保障。吐蕃人认为四镇靠近他

捣衣图

们，担心我们以此为跳板进攻他们，因此四镇就是吐蕃的软肋。而吐蕃的青海等地也容易成为我们的边患。现在可以这样回复吐蕃人：'大唐用四镇扼守西域诸藩的交通要冲，分化诸蕃的力量，使得他们不能够联合东侵大唐。如果我们撤军，诸蕃的力量必会大大增强，对大唐构成威胁。为了杜绝后患，当将吐谷浑诸部、青海故地划给我们，那么四镇可以送给你们。'"朝廷听从了郭元振的建议，化解了这场外交危机。

郭元振又对武则天说："长期以来的徭役让吐蕃人困苦不堪，他们都希望大唐和吐蕃之间能够实现和平。吐蕃的首领钦陵打算分裂四镇归为己有，因此才没有归顺的念头。假如陛下每年都向吐蕃派去和亲使团，钦陵一定会屡屡拒绝。这样，他的部下自然无不怨恨，君臣之间就会产生矛盾，吐蕃内部就会发生变故。"武则天同意了郭元振的方法，几年之后，吐蕃君臣相互猜忌，钦陵被部属诛杀。

过了一段时间，突厥、吐蕃联兵进犯凉州，武则天马上任命郭元振为凉州都督前去救援。起初，凉州境内纵横仅四百余里。吐蕃、突厥每次侵扰都进逼城下。为巩固凉州防务，郭元振在南硖口设置和戎城，在北碛口设置白亭军，控制交通要道，一举拓境一千五百里。从此以后，唐军凭险据守，敌军不敢再来进犯。郭元振又遣甘州刺史李汉通开辟田地，种植水稻；兴修水利，改进耕作技术。以往凉州的谷物每斛值数千钱，至这一年田产丰收之后，一匹细绢可换数十斛谷物，积存的军粮可供数十年之用。凉州地区牛羊遍野，郭元振治理五年，恩威并用，百姓安居乐业，外敌心生畏惧。

酷吏和酷刑

武则天选官的范围大，任命的尺度松，别人推荐和自荐她都接受。但只要发现不称职的，就立即废黜或诛杀，并且过分相信酷吏，使得在她统治的这一时期，酷刑代替了律法和诉讼。

周兴是有名的酷吏，除了武则天自己和武姓亲属外，所有的官员和牵连所及的民众，都很害怕他，只要是周兴逮捕审讯的人，很少有能活着走出狱门的。

可是有一天，同样的命运也降临到了他的头上。武则天接到告密信，说周兴跟已经处死的叛党是同谋。武则天是宁可错杀一千，也不放过一个的，立刻下密旨给另一个酷吏来俊臣，叫他负责审理这个案件。

各国供养人像

说来也巧，当太监把密旨送到来俊臣家时，来俊臣正和周兴在一起喝酒。来俊臣看完武则天的密旨，不动声色，把密旨往袖子里一放，仍旧回过头来跟周兴谈话。

来俊臣说："最近抓了一批犯人，大多不肯老实招供，您看该怎么办？"周兴捻着胡须，微微笑着说："这还不容易！我最近就想出一个新办法，拿一个大瓮放在炭火上。谁不肯招认，就把他放在大瓮里慢慢烤。还怕他不招？"

来俊臣听了连连称赞："好办法，好办法。"一面说，一面就叫公差去搬一只大瓮和一盆炭火到大厅里来，把瓮放在火盆上。

周兴正在奇怪，来俊臣站起来说："有人告发周兄谋反。你如果不老实招供，只好请你进这个瓮了。"周兴被迫磕头认罪，最后被处死。

这就是著名的"请君入瓮"成语的由来。周兴死后，来俊臣当上了酷吏的头。他所用的酷刑，只"枷"一项，就有十种使人心悸的名号："定百脉""喘不得""突地吼""着即承""失魄胆""实同反""反是实""死猪愁""求即死""求破家"。其他酷刑，如"凤凰展翅"，名称虽美，却是把人手足绑上短木，像扭绞绳索一样地扭绞双臂。"玉女登梯"，是教戴枷犯人爬上高梯，用绳子拴着脖子，向背后牵引，或窒息而死，或跌下摔死。来俊臣还写有《罗织经》一书，把他逼供的种种招数都记述在内。

不久，来俊臣的胃口越来越大，想独掌朝廷大权，嫌武则天的侄儿武三思和女儿太平公主势力大，索性告到他们身上去了。这些人当然也不是好惹的，他们先发制人，把来俊臣平时诬陷好人、滥施刑罚的老底全都揭了出来，并且把来俊臣抓起来，判他死罪。武则

天一看反对来俊臣的人不少，只好把他处死。

来俊臣被处死刑那天，人人称快。大家互相祝贺，说："从现在起，夜里可以安心睡觉了。"

礼与法的争议

武则天治下发生了一桩轰动一时的谋杀案。被杀者是御史大夫赵师韫，他在公事出差途中被人杀死于一家驿站（驿站在古代都属于官府，往来官员多住于此）。凶手徐元庆很快自首归罪。他是该驿站里的一名服务人员，同州下邽（今陕西渭南）人。赵师韫在任负责治安工作的下邽县尉时，处死了徐元庆的父亲。不久，赵师韫升任京官。徐元庆为报杀父之仇，隐姓埋名，到一家驿站做起了服务员。因为他心里清楚，这是他可以接近赵师韫的唯一方法。终于有一天，徐元庆有了机会，报了杀父之仇。

国色天香

但就是这么一个案子，却难坏了包括女皇武则天在内的朝廷上下。徐元庆到底是孝子还是凶犯，该杀还是该予以表彰，这在当时引发了激烈的争论。因为唐律的基础是礼，礼的核心是孝义。徐元庆手刃父仇，然后束身归罪，体现了孝。然而法律又明文规定"戕奉法之吏，杀无赦"。如果惩处徐元庆，就是违背了礼制，破坏了法的基础；若判他无罪，让其逍遥法外，又会直接损害国家权威。经过广泛的讨论之后，朝廷准备赦免徐元庆。

就在此事要以这样的结果落下帷幕之时，陈子昂力排众议，写下了一篇《复仇议》，他认为，徐元庆谋杀之罪案情清楚，按照唐律当然毫无争议地应该判处死刑，只有判处死刑才能体现法律的严肃性。但从另外一个角度上看，徐元庆这样做却是为父亲报仇，是对父亲的一片孝心才让他走上了犯罪的道路。因此，陈子昂建议，为"礼"与"法"的冲突，应在处死徐元庆的同时加以旌扬。最后徐元庆案也就按照陈子昂的建议给了结了，《复仇议》还被"编之于令，永为国典"。

然而这个事情并没有完，后来柳宗元为此还专门写了一篇《驳复仇议》的文章。在柳

宗元看来，如果徐元庆的父亲有罪，那么被县尉处死就是罪有应得，父亲有罪被诛而徐元庆却为此谋杀朝廷命官就是死罪。如果赵师韫草菅人命，而徐元庆无处申冤，那么执政的官员向徐元庆道歉还来不及，又怎么能去处死他呢？由于柳宗元的分析鞭辟入里，遂作为定论收录在唐朝的法律文献之中。

立储让位

通过酷吏政治，武则天巩固了自己的权势和皇位，但在皇位继承问题上，她又左右为难。武周一朝，武则天的侄子们做了宰相和将军，掌握了朝政大权，大臣有了功劳也赐给武姓，而不是李姓。她还免掉了武姓的田赋，把自己的故乡文水县改为武兴县，这一系列的举动促使他的侄子武承嗣等人公开地对李旦的皇储地位提出挑战。

693年，武则天在万象神宫里举行了祭典大礼，让侄子武承嗣为亚献，武三思为终献，而正式的皇储李旦却被冷落到一边，非常尴尬。武则天的行动无疑是对侄子们的公开鼓励。

弄胡琴图

但是，武则天的意愿遭到了宰相狄仁杰等人的激烈反对。一天，已经七十四岁的武则天对狄仁杰说："朕昨天晚上做了一个奇怪的梦，梦见一只大鹦鹉的两个翅膀折断了。爱卿看是什么征兆啊？"狄仁杰抓住这个绝佳的时机说："陛下姓武，那鹦鹉便是陛下了。两个翅膀就是陛下的两个儿子，如果陛下再次起用两位爱子，两个翅膀就会重新好起来的。"

同时，宰相吉顼也在努力。他对武则天当时的宠臣张易之和张昌宗兄弟俩说："你们俩因为受武则天的宠爱，蔑视群臣，被众大臣们嫉恨，如果要保住性命，现在只有为立储君出力，日后还能够将功赎罪。你们要利用自己的有利条件，劝说她立庐陵王李显为太子。"张氏兄弟听了吉顼的话，对武则天立李显为太子起了关键作用。

698年，武则天将李显秘密接回洛阳，当时的太子李旦聪明地请求退出，让母亲立哥哥为太子。这让武承嗣极为气恼，不久便气闷而死。

704年，武则天病倒在床上，几个月也不召见宰相，只有张氏兄弟俩侍奉左右，左右朝政大事，这使大臣们六神无主。705年，宰相张柬之经过周密部署，发动兵变，把张氏兄弟杀死，迫使病中的武则天让位，由中宗复位，重建唐朝。

几个月后，八十二岁的武则天死于上阳宫的仙居殿。临终时她异常清醒，立下了遗嘱，包括去掉帝号，称则天大圣皇后，葬在乾陵，和高宗合葬。只许为她立碑，不许立传，这就是武则天无字碑的来历。还有赦免王皇后、萧淑妃以及褚遂良等人的家属。武则天

死后，她的谥号变过几次，但儿孙们的尊敬态度没有变。唐玄宗即位后，改为“则天皇后”，到了749年，则把武则天的谥号定为“则天顺圣皇后”。

开元盛世

唐玄宗采取了一系列有效措施，使唐朝的政治、经济、文化都得到新的发展，超过了他的先祖唐太宗，开创了中国历史上强盛繁荣、流芳百世的“开元盛世”。

唐朝复位

韦氏之乱

唐中宗李显复位后不久，他的妻子韦皇后就效法当年的武则天，跟李显同时出现在金銮殿上听政。因为唐中宗昏庸懦弱，大权不久就落入了韦皇后手中。韦皇后与李显最宠爱的小女儿安乐公主一起，公开招权纳贿，把国家官爵分别标定价格，公开兜售。

人们期待的唐朝中兴局面没有出现，相反，朝政日益腐败起来。随着权力欲望的不断膨胀，韦皇后希望丈夫早日死掉，以便自己能够像武则天一样女主天下。安乐公主也要求父亲立她为皇太女，希望登上权力的最高峰。李显知道大臣们不会接受这个决定，不肯答应。于是，母女二人合谋，在710年毒死了唐中宗。

这时，武则天第四子李旦和女儿太平公主还有相当大的势力，是韦后登基的障碍。就在韦氏母女打算除掉李旦和太平公主的时候，李旦的第三子李隆基发动羽林军，抢先一步攻进皇宫，杀了韦后和安乐公主，并将韦氏党羽一并铲除。

李隆基发动政变时，李旦并不知道。等到知道时，政变已经成功。这时太平公主出面，请李旦继承皇位，是为唐睿宗，李隆基被立为太子。

历史小常识：李隆基年小志高

李隆基七岁那年，一次在朝堂举行祭祀仪式，当时的金吾将军（掌管京城守卫的将军）武懿宗大声训斥侍从护卫，李隆基马上怒目而视，喝道：“这里是我李家的朝堂，干你何事？竟敢如此训斥我家骑士护卫！”弄得武懿宗看着这个小孩儿目瞪口呆。武则天得知后，不但没有责怪李隆基，反而对这个年小志高的小孙子倍加喜欢。到了第二年，李隆基就被封为临淄郡王。

太平公主的野心

太平公主是唐高宗李治与武则天的小女儿，极受父母兄长尤其是武则天的宠爱，权倾一时。太平公主八岁时，以替已经去世的外祖母荣国夫人杨氏祈福为名，出家为女道士，太平一名，乃是她的道号。虽然号称出家，她却一直住在宫中。一直到吐蕃派使者前来求婚，点名要娶走太平公主。李治和武则天

不想让爱女嫁到远方去，又不好直接拒绝吐蕃，便修建了太平观让她入住，正式出家，借口公主已经出家来避免和亲。

十六岁时，太平公主成婚。婚礼场面非常豪华，照明的火把甚至烤焦了沿途的树木，为了让宽大的婚车通过，不得不拆除了婚礼举办地的围墙。后来薛绍受一起谋反罪的牵连，武则天下令将薛绍杖责一百，结果他饿死狱中。当时太平公主正怀着她和薛绍的第四个孩子。武则天为了安慰她，打破唐公主封邑不过三百五十户的惯例，将她的封邑增加到一千二百户。

三彩骑马女俑

武则天认为小女儿的长相、性格都像自己，常与之商议政事，但从不让太平公主将她参与政事的事情外泄。太平公主畏惧母亲，行事也比较收敛。唐中宗复位后，太平公主逐渐走到幕前，积极参与政治，很受中宗的尊重。可惜唐中宗不久便被韦后与安乐公主毒死。太平公主与上官婉儿一起草拟遗诏，立李重茂为皇太子，皇后知政事，相王李旦参谋政事，试图在韦后与皇族之间谋取平衡。但韦后党羽改李旦为太子太师，架空了李旦，打破了这一平衡。太平公主遂派其子薛崇暕参与了李隆基等诛杀韦后的行动，清除了韦氏党羽，并亲手将登基不足一月的李重茂拉下皇位，拥立李旦复位。太平公主因此番功劳而晋封万户，三子封王，为唐朝公主权势之顶峰。

在协助李隆基发动政变除掉韦后以后，太平公主与李隆基发生了权争。她要求睿宗废掉太子李隆基，并积极培植党羽。此时，朝中七位宰相有五位是经由太平公主任命的，文武百官除了姚崇宋璟等寥寥数人外，大多数都依附太平公主。睿宗则试图在李隆基和太平公主之间寻求政治平衡，以避免伤害到任何一人。

712 年，李隆基即位，但唐睿宗仍掌握着实权。次年，太平公主准备起兵夺权。不料李隆基早有周密准备，先发制人，将其党羽诛杀殆尽。太平公主不得不逃入佛寺，三日后返回。唐睿宗出面请求唐玄宗恕其死罪，但遭唐玄宗拒绝，太平公主最终被赐死家中。至此，经过一连串的宫廷政变，动荡的局面才稳定下来。

开元盛世

改革吏治

李隆基即帝位后，裁减了大批冗官，精简了庞大的官僚机构，并先后任命干练正直的官员姚崇、宋璟、张嘉贞、张九龄、韩休等人为宰相，针对当时的弊政进行了一些改革。

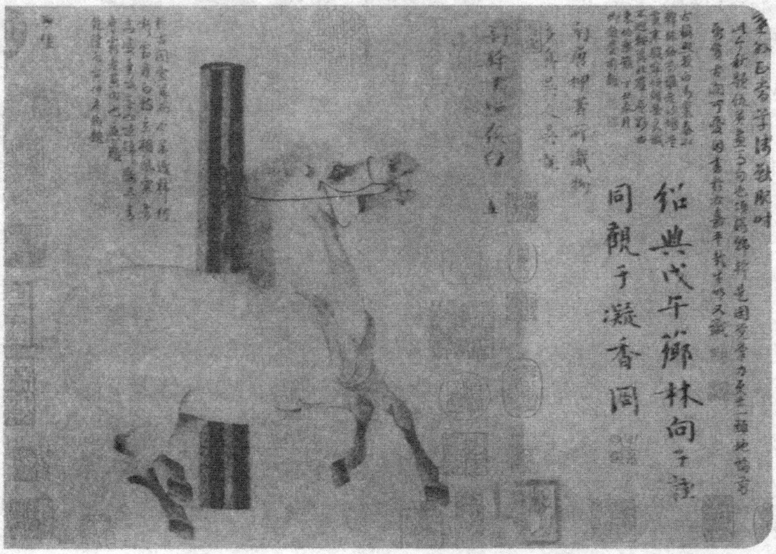

照夜白

唐玄宗还重新将谏官和史官参加宰相会议的制度予以恢复。这本是唐太宗时期的一种制度，到了武则天主政后，提拔了许敬宗和李义府等人做宰相，有的事不敢再公开，因此将这种制度也就废除了。

经过认真选择、仔细考虑，唐玄宗首先起用了姚崇为相。在此之前，唐玄宗曾召姚崇骑马打猎，然后讨论政治，问姚崇是否愿意出任宰相。姚崇的答复是除非唐玄宗接受十条改革纲领，即著名的十事要说，否则就难以从命。纲领的内容是：皇帝应以仁爱治天下，而不是靠严刑峻法的威慑力量；不进行军事冒险；行使法律应不论亲疏，同样严厉；禁止宦官参政；禁止开征苛捐杂税来取宠于皇帝；禁止任命皇亲国戚在中央政府任职；树立皇帝以前因与大臣们关系过分亲密而受损的个人权威；容许大臣们直谏而不用担心专横的惩处；停止建造佛寺道观；清除外戚过分的政治权力。唐玄宗表示同意，姚崇于是接受任命。姚崇著名的十事要说，几乎囊括了武则天末年以来的弊政，总结了历史上盛衰治乱的经验及教训，为开元施政的基本方针奠定了基础，时人称他为“救时之相”。

唐玄宗很信任姚崇，除军国大事与他共同商定，其他一般庶务也放手让他去做。有一次，姚崇曾向玄宗奏请按次序升转郎官的事情，当时，玄宗只是仰面看着殿堂，姚崇连

续奏请了好几次，玄宗还是不动，没有人任何的表示，始终没有做出回答。姚崇心中十分害怕，以为是自己说得不对，让皇帝不高兴，于是就不敢再奏，小步快走了出去。散朝后，内侍高力士向玄宗进谏说："陛下最近日理万机，宰相奏请事情，应该当面表示是否可行，为什么一点不审辨考察呢？"玄宗说："朕对他万分的信任，连国家大事都交给了他，并且让他担任重要的官职，只有大事再奏与朕，朕与他商量。刚才向朕汇报郎官升迁这样的事情，他自己就可以做主了，为什么还要再向朕奏请，来烦劳朕呢！"正好高力士有事到中书省宣旨，就把玄宗的话顺便告诉了姚崇。姚崇这才不再忧虑。

姚崇

姚崇受到了玄宗的特别礼遇，每在便殿相见，玄宗必起立相迎，事毕退朝，则临轩相送。这是其他宰相所未曾受到的宠遇，因此，他辅佐玄宗竭智尽力，任相时间虽然不长，却颇有成就。也正是在这一时期，确定了唐玄宗在位期间实行的一种新的施政形式：只用为数甚少的宰相，通常只有两三人。继姚崇之后，唐玄宗又先后任命了张说、韩休、张九龄等人为相，国力日盛。

唐玄宗还非常重视县令的选择，他说："郡县者，国之本，牧宰者，政之先。"因此在县令上任以前，唐玄宗都要亲自召见，进行严格的考核。为此，唐玄宗专门颁布了《整饬吏治诏》，规定每年十月进行考核，优胜劣汰。这一重视考察基层官员政策的实施，对改善地方政治起了一定作用。

正因为唐玄宗十分重视对官吏能力和德行的考核，所以在唐玄宗的开元天宝年间才出现了一大批历史上有名的贤臣，其中姚崇、宋璟、张九龄都是德才兼备的贤相。姚崇坚持儒家经世济民思想，为人刚直果决，坚忍不拔，敢于面对现实，勇于冲破传统观念，在治蝗和限制佛教等方面做出了艰苦的努力，政绩异常可观。宋璟十分重视对人才的选拔任用，为人正直不徇私。张九龄更是任人唯贤，帮助唐玄宗选拔了一批有用之才，他还常常直谏唐玄宗，对他的过错从不隐瞒。

姚崇治蝗

唐玄宗执政后，马上下令减免赋税，让农民努力生产。同时从豪强大族手中争夺土地，以维护遭到破坏的均田制度。唐玄宗在全国范围内开展了一个检田括户的运动，设了十道劝农使，分头到各地检查豪族、官僚隐瞒不报的土地及劳动力，将检括的土地没收，分给无地之人，对于没有户口的人则重新登记，就地入籍。

通过这些措施，唐玄宗使唐朝的经济又步入正轨，减轻了农民的负担，同时也增加了国家的财政收入，促进了国家经济的繁荣。据说，当时各州县的仓库里都堆满了粮食布

帛，长安和洛阳的米和帛都跌了价。

不仅如此，唐代的生产工具也得到了改进，发明了曲辕犁和用水力转动的筒车。曲辕犁，也称东江犁。这种犁的优点是，操作时犁身可以摆动，富有机动性，便于深耕，且轻巧柔便，利于回旋。

但那时候自然灾害也很频繁。中原一带就发生了特大蝗灾。蝗群飞过的时候，黑压压的一大片，连太阳都被遮没了，庄稼更是颗粒无收。当时，人们认为蝗灾是上天降给人们的灾难，非常恐慌。各地为了消灾求福，都烧香求神，可蝗灾还是在不断扩大。

宰相姚崇这时向玄宗上了一道奏章，认为蝗虫不过是一种害虫，没有不能治的。只要各地官民齐心协力驱蝗，蝗灾是可以扑灭的。唐玄宗立刻批准了姚崇的奏章，下令百姓一到夜里就在田头点起火堆，等飞蝗看到火光飞下来，集中扑杀。这个命令一下去，汴州（今河南开封）刺史倪若水拒不执行。他也写了一道奏章，说蝗虫是天灾，人力是没法抗拒的，要消除蝗灾，只有积德修行。这时长安朝廷里的一些官员也站出来表态，认为姚崇灭蝗的办法，过去从来也没人做过，现在这样冒冒失失推行，只怕闯出什么乱子来。

唐玄宗听到反对的人多，也动摇起来，又找姚崇来问。姚崇从容不迫地回答说："做事只要合乎道理，就不能讲老规矩。再说历史上大蝗灾的年头，都因为没有很好扑灭，造成严重灾荒。现在河南河北，积存的粮食已经不多了，如果今年因为蝗灾而没收获，将来百姓没粮吃，流离失所，国家就危险了。"有人认为天灾非人力所能制服，姚崇大声驳斥道："扑杀蝗虫解救百姓是善举，如果上天降灾祸，全由我姚崇一人承担，决不推诿给别人。"唐玄宗听姚崇说得有道理，亲自到了灾区视察，看见漫天的蝗虫肆虐，而百姓却因为害怕遭天遣而不敢捕杀。唐玄宗于是叫人捉来几只蝗虫，烤熟了，当着众人的面吃了下去，表示自己坚决治虫的决心。人们看见皇帝吃了蝗虫，马上放了心，开始用姚崇的办法灭蝗，果然有效，光汴州一个地方就扑灭了蝗虫十四万担，灾情马上缓和下来。

长剑侍卫

兵制改革

由于均田制一度遭到破坏，农民逃亡，原来的府兵制也受到很大冲击，军队的兵源越来越少。高宗和武则天时期，对于军事不太重视，到了唐玄宗做了皇帝时，士兵逃跑现象极为严重，军队战斗力也很低，无法和强悍的突厥军队抗衡。

723年，唐玄宗接受了宰相张说的主张，对府兵制进行改革。朝廷从关内招募到军士

十二万人，充当卫士，这就是“长从宿卫”，也叫作“长征健儿”。此后经过十多年的努力，唐玄宗将这种制度推广到了全国。这种制度取消了原来的府兵轮番到边境守卫的做法，解除了老百姓到边境守卫之苦。同时，这种新的制度还为军队集中训练、提高战斗力提供了坚实的保证。

除了对兵制进行改革之外，唐玄宗还采取了其他很多的整军措施，如颁布《练兵诏》，命令西北的军镇扩充军队，加强训练。同时，任命太仆卿王毛仲为内外闲厩使，负责军用马匹的供应，这使短缺的马匹及时得到了补充，提高了战斗力。另外，为彻底解决军粮问题，玄宗又命令扩充屯田范围，在西北和黄河以北地区大力发展屯田，增加粮食产量。

见唐政府厉兵秣马，长城以北的回鹘（在 788 年前为回纥，本书统称为回鹘）等族重新归附唐朝。安北都护府也恢复了。

此时，活动于幽州东北部的契丹势力强大，尤其是契丹牙官可突干有勇有谋，经常侵扰唐朝边境。唐政府派大将张守珪驻守幽州。以前，幽州长史赵含章、薛楚玉等人，对可突干的进攻都无能为力。张守珪到任后，整顿军政，激励将士，伺机主动出击契丹，频频取得胜利。契丹首领屈利与可突干对张守珪非常害怕，感到在战场上取胜无望，于是改变策略遣使诈降。但他们的计谋被张守珪识破，张守珪将计就计，派部将王悔去屈利营帐商量受降事宜。本来屈利并无降意，当王悔到其营帐后，就想杀死王悔。王悔早有警惕，时值契丹另一首领李过折与可突干争权，王悔利用他们的矛盾，劝诱李过折斩屈利和可突干。之后，李过折率契丹余部归降唐朝。

唐玄宗非常高兴，下诏在幽州立碑志，记录下张守珪的战功及朝廷的封赏。张守珪继续镇守幽州，从此以后，唐与契丹的斗争由守势变为攻势。

历史小常识：张守珪的空城计

张守珪起先在瓜州（今甘肃安西东南）抵御吐蕃。当吐蕃大军压境之时，张守珪主持的筑城工作才刚刚开始，城中人心惶惶、毫无斗志。张守珪见状，急中生智，在城上饮酒作乐，以此迷惑吐蕃军。吐蕃军见此情景，以为唐军有备，不敢贸然攻城，撤兵而去。张守珪抓住战机，纵兵追杀，大败吐蕃军。

抑制佛教

在武则天统治时期，修建了很多佛寺，许多人出家为僧。中宗、睿宗也信佛，佛教势力继续发展，全国的僧尼人数膨胀到数十万。僧尼不服役，不纳税，建寺造像又耗资无数。唐玄宗接受姚崇的建议，下令淘汰天下僧尼，强使还俗的有一万余人。并下令各地不得私自创办佛寺，禁止民间铸佛像和抄写佛经，抑制佛教的发展。

唐玄宗之所以采取限制佛教的政策，是由当时的社会状况决定的。在唐朝初年，僧人们在寺院中生产，主要项目不过是种植稻、菜、茶等，产品只供自己维持生活，没有手工业生产，与市场联系少，对社会依赖性不大。只有少数必需品，如镰刀、瓷器、食盐等要从市场购买。据日僧圆仁在《入唐求法巡礼行记》中记载，山东赤山院每至收蔓菁萝卜时，寺中上座等职事人员尽出拣叶；如库头无柴时，院内僧侣尽出担柴；余如耕作采茶等劳动

均不分贵贱，集体劳作。

但随着佛教的实力不断增强，到了唐玄宗时期，寺院已占有大批地产，宗教上层也不务生产，雇人劳作。按照当时制度，出家人可免除赋役，而皇亲国戚只要得到批准，也可度民为僧为尼，很多人就选择出家。国家的劳动力、赋税受到很大影响，因此抑制佛教是必然的。

手工业的发展

唐朝手工业分私营和官营两种。私营手工业其生产由私人掌控，产品也基本面向民众。而官营手工业则由朝廷掌控，工部是最重要的主管部门。其产品一般不对外销售，只供皇室和衙门消费。

而在贞观至开元年间，唐朝的经济得到了空前的发展，人口、土地和粮食产量都大大超过了前朝，这为手工业的繁荣提供了有力的保障。无论是技术水平、产品种类或是生产规模，都超过了前代。精美的扬州铜镜、品种繁多的丝织品、栩栩如生的唐三彩、初成体系的茶叶加工技术以及高超的金银器加工业和发达的造船业即是例证。

扬州铜镜生产始于隋代，且铸镜工艺已达到一定水平，颇受当时朝廷喜爱。《洛河记》中载：“隋炀帝喜奢侈，幸江都，王世充献铜屏，帝甚喜，擢江都通守。”进入盛唐时期，由于扬州城池扩大，人口增多，运河便利，南北经济、文化交流频繁，促进了扬州商业、手工业的发展。此时扬州生产的铜镜量大质高，纹饰摆脱了前期铜镜纹饰的拘束和谨严，出现了自由豪放和新颖的风格，纹饰的布局生动自然，镜子的式样也较丰富，除圆形、方形外，大量出现了方亚形、葵花形、菱花形，具有很高的艺术性。其纹饰、图案为研究古代纹样、神话故事、诗歌发展提供了宝贵资料。

三彩骆驼载舞俑

当时的纺织业分工非常细，主要有绢、绫、锦、罗、布、纱、绮、褐等。每种纺织品按质量好坏又划分很多等级，其中仅绢就分八等之多，而常用的布则分了九等。因为纺织技术的高超，丝织品的品种花色更多，可谓争奇斗艳，琳琅满目。

陶瓷业也发展到新阶段，除了青瓷以外，又发明了白瓷和三彩陶器。白瓷的发明是隋唐陶瓷工业的最新成就，唐代盛行一种说法，叫南青北白，南方以越窑为代表的青瓷“类玉类冰”，北方著名的邢窑白瓷则“类银类雪”。

至于大名鼎鼎的唐三彩则是在陶胎上先涂上一层有彩色的釉，然后画上黄、绿、青色花纹，经过烧制而成的鲜丽陶器，非常精美。唐三彩种类很多，有人物、动物、碗盘、水器、

酒器、文具、家具、房屋，甚至装骨灰的壶坛等等。大致上较为人喜爱的是马俑，有的扬足飞奔，有的徘徊伫立，有的引颈嘶鸣，均表现出栩栩如生的各种姿态。至于人物造型，有妇女、文官、武将、胡俑、天王，根据人物的社会地位和等级，刻画出不同的性格和特征。妇女面部丰圆，服装鲜艳；文官温文尔雅，彬彬有礼；武士刚烈勇猛，雄壮豪迈；胡俑高鼻深目，颇有异域风情；天王怒目威武，威风凛凛。这些都是中国雕塑的精品。

另一种手工业是焙制茶叶。南北朝时期饮茶之风主要在长江以南。到了唐朝，由于南北经济的交流，饮茶之俗风靡全国。茶叶不仅是国内各地异常畅销的商品，而且还有一部分远销新罗和日本。陆羽后来在总结前人成果的基础上，完成了《茶经》。这本著作详细讲述了茶的起源、形状、功用、名称、品质；谈了采茶制茶的用具，如采茶篮、蒸茶灶、焙茶棚等；论述了茶的种类和采制方法；叙述了煮茶、饮茶的器皿；讲解了烹茶的方法和各地水质的品第；谈论了饮茶的风俗；叙述了有关茶的故事、产地和药效等；还将唐代全国茶区的分布归纳为山南（荆州之南）、浙南、浙西、剑南、浙东、黔中、江西、岭南等八区，并谈各地所产茶叶的优劣。《茶经》系统地总结了当时的茶叶采制和饮用经验，全面论述了有关茶叶起源、生产、饮用等各方面的问题，传播了茶业的知识，促进了茶叶生产的发展，开中国茶道的先河，是中国古代最完备的茶书。

黑人俑

当时的金银细工的制作也取得相当成就。金银平脱器是唐朝金银器行业中的新产品，其制作方法是把金银叶片刻成花草或禽兽图案，用胶粘在器物上，然后涂满漆，再慢慢磨光，露出金或银的图案花纹来。这种工艺品，漆黑、金黄、银白各种颜色互相辉映，光耀夺目。

当时的造船业也相当发达，造船中心主要分布在江都（今江苏扬州）、洪州（今江西南昌）、嘉兴（今浙江嘉兴）、金陵（今江苏丹徒）、江陵（今湖北荆州）等地。当时所造之船的种类很多，最特别的当属宗室李皋发明的车船。船身前后设车轮以代替桡桨，水手用脚踏轮，就能使船进退。这是中国也是世界上最早的轮船。

至于海船，则更加壮观。当时从印度洋到红海，都有唐朝的船只航行。因为唐朝的造船技术领先世界采用了水密舱结构，增强抗风浪击打的安全性，天宝年间泉州所造安海船，有十五个底舱，可载货物数万石。因此在远洋航行中，过口税比其他国船舶多上数倍，足见中国船载货之多，船体之大，也博得了“海上霸王”的称号。

国际大都市的兴起

随着国力的增强，唐朝的首府长安也迅速发展起来，成了当时世界上首屈一指的国际大都市。

长安是当时唐朝最大的城市，长方形的城市分为宫城、皇城和外郭城三个部分。宫城是宫殿区，皇城是中央官署所在地，外郭城占地广阔，被划分为一百零八个坊，遍布寺院、府第和民宅。此外长安还有两个市——东市和西市，市内有两条南北和东西大街，宽度都在十五米左右，相交成“井”字形，是商业街。两市的店铺鳞次栉比，“四方珍奇，皆所积集”。长安城内的街道，呈东西和南北方向排列，相互垂直，很像一块棋盘。全城的街道两旁都有排水沟，并种植槐树、榆树，市容十分壮观。

长安是西京，唐朝的东京洛阳是仅次于长安的第二个大城市，城内设有南市、北市和西市，市内是绢行、衣行、肉行、药行、铁行、秤行、鞭辔行等各类行业的店肆。

强大的唐朝吸引了世界各国的民众来到长安。当时有不少国家将其子弟送到唐代的官学学习。当时的长安有不少黑人，称作昆仑奴。不少酒家也用胡人女子作招待，称为胡姬，与中国的男性酒保竞争。更让人称奇的是，来唐参加进士考试甚至跻身于高级官吏行列的外国人也为数不少。如著名的日本留学生阿倍仲麻吕（晁衡）为日本奈良时代的遣唐留学生之一，717 年来到唐朝，后参加科举考试，高中进士。玄宗喜其才，还赐以汉名。在开元年间主编《开元占经》的瞿昙悉达的家族经历更是神奇。其祖父原是天竺（今印度）婆罗门僧人，于隋代携全家来中国定居。他就供职于唐朝的太史监，曾担任掌管天文历法的太史令。

而不同国家的人来到长安，也带来了他们各自的文化。唐朝以容纳百川的胸怀和气度，欢迎多种多样的文化。当时的东罗马帝国和阿拉伯帝国都没有像唐朝那样对各种宗教采取兼容并包的态度。因此当时来到长安的外国人都十分崇拜唐朝发达开放的文化，千方百计地要留下来。许多在长安居住的外国人也与唐人通婚，最后连姓氏也都采用汉姓。唐时长安的国际化地位是当时世界的其他城市所没有的。

贴花壶

商业和交通

城市的发达，带动了唐朝商业的繁荣和交通的发达。当时以长安为中心设置驿路，贯通于全国各地。驿站附近有私人经营的旅店，供经商之人以及一般行人使用。

陆路方面，共有九条干线。第一条，从长安经兰州、甘州（今甘肃张掖）到沙州（今甘肃敦煌），转入西域。或从兰州经鄯州（今青海乐都）到吐蕃。第二条，从长安经兴元（今陕西南郑）到成都，由成都可达南诏。第三条，从长安经东都、汴州（今河南开封），东北达登州（今山东蓬莱）。或从东都到幽州（今北京）。第四条，从长安经夏州（今陕西横山附近）到中受降城（今包头附近）。第五条，从长安经河中府（今山西永济）、太原，经幽州、营州（今辽宁朝阳）入安东道。途中从太原、云州（今山西大同）可入回鹘道。第六条，从

长安经襄州(今湖北襄阳)、江陵、潭州(今湖南长沙)、衡州(今湖南衡阳)到广州。第七条,从长安经东都、汴州到扬州(今江苏扬州)。由扬州渡江,经润州(今江苏镇江)、常州(今江苏常州)到苏州(今江苏苏州)。第八条,从长安到襄州、随州(今湖北随县)、安州(今湖北安陆)、鄂州(今湖北武昌)、黄州(今湖北黄冈)、江州(今江西九江),最后达洪州(今江西南昌)。第九条,从长安经过襄州到荆州(今湖北江陵)、峡州(今湖北宜昌)、归州(今湖北秭归)、夔州(今重庆奉节)、万州(今重庆万州)、忠州(今重庆忠县)、涪州(今重庆涪陵),最后到达黔州(今贵州贵阳)。

水路方面,当时各主要河流都可以通航。从长安经渭河入黄河到东都,经永济渠北达幽州。洛阳东南由通济渠可达扬州及东南各州。

除了首都长安,东都洛阳也很繁盛。洛阳位于长安到幽州、登州、扬州的驿路汇合点上,又是南北运河的中心,因此江淮的粮食和布帛,大部分囤积在洛阳附近,然后再转运于长安等地。

扬州则是东南的最大都会,它既是南北交通的枢纽,又是出海的港口,经常住有波斯、大食、新罗等国的商人。

成都是西南最大的都市,盛产锦缎、纸张、茶叶,印刷业也很发达,同时又是通往南诏的要道。南诏和西南各族的留学生,很多人在这里学习。

掌控靺鞨

渤海(粟末部)与黑水部,是唐王朝东北部靺鞨中最强大的两部。靺鞨人的祖先,在商周时被称为肃慎、息慎,两汉至东晋时称挹娄,南北朝时称勿吉。勿吉分为七部:即粟末、黑水、安居骨、拂涅、号室、伯咄、白山。到隋唐时称靺鞨,而七部的名称不变,控制着今东北地区。

簪花仕女图(局部)

713年,唐玄宗册封营州(治所在今辽宁朝阳一带)的靺鞨部首领大祚荣为渤海郡

王，在其统治区设立忽汗州。从此以后，这里的靺鞨专称渤海，其统治者接受了唐王朝的封号，成为忽汗州都督。

黑水靺鞨是靺鞨族的一个分支，位于黑龙江下游，其风俗好编发，缀野猪牙，以雉尾为冠饰，居住半地穴式的房屋。唐政府在723年设立了黑水军，后改为黑水府，任命黑水部的首领倪属利稽为刺史，管理地方政务。不久后改为黑水都督府，直属幽州都督府，中央政府另派长史于黑水府"监之"。

国际的交流

在李隆基的开元盛世时期，对外贸易非常发达，唐朝和很多国家都有频繁的交流。

天竺

今天的印度、巴基斯坦和孟加拉，唐朝时统称为天竺。从唐朝初年开始，双方的贸易就往来频繁。孟加拉国、印度半岛东西两岸，经常有中国商船泊港；印度的商船也经常到广州、泉州来贸易。唐朝输往印度的商品有麝香、丝织品、瓷器及铜钱等；从印度输入的物品有宝石、珍珠、棉布、胡椒等。

宾客图

在频繁的贸易的大背景下，双方的文化交流日益密切。中国的纸传到了印度，以后又传去了造纸术，使印度结束了用贝叶写字的历史。印度也是世界文明古国之一，他们的先进文化同样也传入了中国。唐太宗时期，曾派人向印度学习用甘蔗熬糖的方法，从此中国学会了制造砂糖，后来又学会了制造冰糖。另一方面，天竺的数学、天文学也传到

唐朝，为《天衍历》提供了推算日食的计算方法。在医学方面，印度的外科、整骨科以及眼科，都对唐朝产生了一定影响。

在中国和印度的交往上，唐代的高僧起了桥梁的作用。除了玄奘，还有一位佛教大师义净贡献最大。义净于671年搭波斯船从广州出发，赴印度钻研佛学十年，先后周游三十余国，历时二十五年，带回经书四百部。归国后，在洛阳翻译佛经十二年，译出佛经多卷，写了《南海寄归内法传》和《大唐西域求法高僧传》二书。在《南海寄归内法传》中，义净介绍了印度的医学知识，提到患者常用少食的方法来治疗，这和现代的医疗原理是符合的。同时，义净在书中还提到了当时的印度僧人的卫生习惯，如散步、淋浴、疏牙、活舌、饭前洗手等，这些习惯至今依然被印度僧侣所保持。

泥婆罗

南亚的另一个友好国家泥婆罗（即今天的尼泊尔）。早在5世纪，东晋高僧法显就到过那里，他是外国人访问尼泊尔而留有真实记录的第一个人。到了唐朝，双方关系更加密切，玄奘曾参拜了释迦牟尼父母的宫殿遗址，以及释迦牟尼的诞生地，瞻仰了释迦牟尼剃发为僧和传道的遗址。最后，玄奘还朝拜释迦牟尼在娑罗树下逝世的圣地。

644年，卫尉丞李义表奉命出使印度，道经尼泊尔，受到了国王那陵提婆的热烈欢迎和殷勤款待。三年后，那陵提婆遣使到达长安，带来许多蔬菜作为礼物，其中就有我们今天常吃的菠菜。后来到了高宗时期，那陵提婆的儿子尼利那连陀罗继位，又遣使入唐，赠送了土特产品。

林邑和真腊

唐朝时，在今越南中部立国的是林邑。623年和625年，林邑王范梵志两次遣使，来唐朝通好，唐高祖都举行了盛宴欢迎林邑使者，并赠送大量锦、彩等丝织品。贞观年间，林邑一再派使者送来驯象、五色带、朝霞布及火珠等物。越南学者姜公辅曾在唐朝考中进士，并在长安担任高官显职。唐代的典章制度也在此时传播到越南，产生了巨大的影响。

从6世纪起，真腊崛起，逐渐统一了今柬埔寨地区。632年，真腊第一次派使者来到唐朝，唐太宗非常高兴，回赐了大量礼品。唐中宗以后，真腊划分成南北两部，北部称陆真腊，也叫文单。开元时期，文单的王子带领使团来到长安，唐玄宗封他为果毅都尉。自此以后，文单经常来唐朝朝贺，赠送驯象、犀牛等物，唐朝则以锦绢回赠。

新罗

新罗统一朝鲜半岛以后，新罗商人来唐朝贸易的很多，北起莱州（今山东掖县），南到楚州（今江苏淮安），都有他们的足迹。新罗商人给唐朝带来各种土特产品，有牛、马、苧麻、布匹、折扇等，也从唐朝贩回丝绸、瓷器、茶叶、书籍。由于贸易的频繁，唐政府在长安设立新罗馆，专门接待新罗商人。

不久，新罗派来大批留学生到长安学习，这些留学生不少人参加了唐朝的进士科举考试，有人进士及第后，还留在唐朝做官。回国的新罗留学生，将他们在唐朝学到的先进知识带回。675年，新罗开始采用唐朝的历法。639年至749年，新罗相继设立了医学、天文和漏刻博士，研究唐朝的医学、天文和历法。788年，新罗也采用科举制来选拔官吏。

当然，唐朝人也从彼此的交往中获得了好处。新罗音乐受到唐人的热烈欢迎，新罗的土特产丰富了唐人的生活。

大食

唐朝称阿拉伯为大食，在伊斯兰教创始人穆罕默德统一阿拉伯半岛后，东灭波斯，西陷开罗，建立了势力达到中亚、南亚和北非的阿拉伯帝国。651年，大食遣使和唐朝通好，阿拉伯商人开始到唐朝来经商，不少人都在唐朝定居落户。在众多来唐朝的阿拉伯人中，一位作家在他所著的《中国印度闻见录》中记载了他的所见所闻：

一天，一个外商去拜见驻守广州的中国官吏。会见时，外商总盯着官吏的胸部，官吏很奇怪，便问："你好像总是盯着我的胸，这是怎么回事？"那位外商回答说："透过你穿的丝绸衣服，我隐约看到你胸口上长着一个黑痣，这是什么丝绸，我感到十分惊奇。"官吏听后，失声大笑，伸出胳膊，说："请你数数吧，看我穿了几件衣服？"那商人数过，竟然穿了五件之多，黑痣正是透过这五层丝绸衣服显现出来的。外商惊得目瞪口呆，官吏说："我穿的丝绸还不算是最好的，我的上级穿得要更精美。"

这本书中还有关于茶的记载，可见阿拉伯国家当时还没有喝茶的习惯。书中记述："中国国王本人的收入主要靠盐税和泡开水喝的一种干草税。在各个城市里，这种干草叶售价都很高，中国人称这种草叶叫'茶'，这种干草叶比苜蓿的叶子还多，也略比它香，稍有苦味，用开水冲喝，治百病。"

历史小常识：都尉

都尉是战国时开始设置的武官，职位略低于将军。西汉武帝以后，都尉有三种情况：一为皇帝的近侍官员，如奉车、驸马、骑都尉等；一为职事官员，如水衡、搜粟等；一为郡国官员，如郡都尉等。东汉光武帝时废除了这一官职，只在战时或有其他任务时临时设置。汉代以后的情况各有不同，大体也有三种情况：一是无固定职事，也无定员，但可以参加皇帝春朝秋请的典礼，如奉车、驸马都尉等；一是赏给功臣的荣衔；一是实职武官。

关于当时中国的京城，书中作了生动的描述："中国的京城很大，人口众多，一条宽阔的长街把全城分为两半，大街右边的东区，住着皇帝、宰相、禁军及皇家的总管、奴婢。在这个区域，沿街开凿了小河，流水潺潺；路旁，葱茏的树木井然有序，一幢幢宅邸鳞次栉比。大街左边的西区，住着庶民和商人。这里有货栈和商店，每当清晨，人们可以看到皇室的总管、宫廷的仆役，或骑马或步行，到这里来采购。"

波斯

伊朗在唐朝被称作波斯。唐高宗在位时，大食进攻波斯，唐政府曾发兵声援，波斯仍

告失败，其王子俾路斯投奔唐朝，唐政府留他住在长安，并授以官爵。

当时，两国的贸易关系很密切，波斯港口经常有唐朝的商船停泊，同时波斯商船也常到广州。当时唐朝用丝织品、纸、大黄、黄连等换取波斯的宝石、珊瑚、香料、药品等。长安、扬州、广州、楚州、交州和泉州等地都有波斯人居住，他们开设“波斯店”，经营各种波斯的特有商品。

另一方面，波斯是丝绸之路的必经之地，而且南北两路在此会合。现在伊朗的伊斯法罕，就是唐朝丝绸路上一个重要转运站。中国的丝绸、工艺品、土特产等输入波斯以后，再向西方转运。

东罗马

643 年，东罗马帝国遣使来到唐朝，献上赤玻璃、石绿、金精等物。唐太宗回书答礼，并回赠绫、绮等丝织品。因为东罗马的皇帝、贵族、妇女都喜爱中国的丝织品，所以当地成为唐朝丝织物的重要转输地。东罗马的医术和吞刀吐火等杂技也随之传到了唐朝，人们争相观看。唐玄宗时，东罗马帝国多次派使者到长安，赠送狮子和羚羊。

舞伎八棱金杯

此外，外国的医药学此时也传入唐朝，对中国医药学的发展起了一定作用。外国的医生也可以在唐王朝行医。唐高宗时，太医秦鸣鹤就来自东罗马。那时唐高宗得了眩晕病，头晕目眩，不欲睁眼，秦鸣鹤诊后说：“风热之毒上攻头目，若用针点刺头部出血即能痊愈。”武则天在帘内怒气冲冲地说：“你这个医生该杀头！皇帝的头能放血吗?”秦鸣鹤惊慌地磕头请求饶命。高宗于是说：“医生议论治病，按道理不应该有罪。况且我头昏脑涨，几乎不能忍受，针刺头上出血未必不好。我决意让你扎针。”秦鸣鹤立即针刺“百会”和“脑户”二穴出血。高宗说：“我感觉眼睛亮多了。”听完这番话，武则天非常感激：“这是老天爷的恩赐呀！”说罢，亲自捧着精致的丝织品和珠宝赠送给秦鸣鹤医生。

日本

唐帝国经济文化的空前繁荣和发达，也吸引了近邻日本。隋朝时，日本曾先后四次派遣遣隋使，朝野上下对中国文化仰慕向往，出现学习模仿中国文化的热潮。

630 年，舒明天皇派出了第一批遣唐使，来学习唐朝文化。从 630 年至 895 年的二百多年间，奈良时代和平安时代的日本朝廷一共派遣了十六次遣唐使。这些日本遣唐使团在唐朝都受到了盛情接待。被分配到长安国子监学习各种专门知识。如阿倍仲麻吕，汉名晁衡，长期留居唐朝，写得一手好诗文，并历任光禄大夫、秘书监等职。他与著名诗人

李白、王维等人有着深厚的友情,常作诗相酬赠。

遣唐使学成回国后,引进唐朝典章律令,推动了日本社会制度的革新。他们在长安如饥似渴地考察学习,博览群书,回国后参与枢要,还仿效唐朝教育制度,开设各类学校教授汉学,培养人才。

留学生吉备真备和学问僧空海在日本人利用中国汉字的标音记意基础上,创造了日文假名字母,吉备真备用汉字楷体偏旁造成“片假名”,空海采用汉字草体造成“平假名”。

在生活习惯方面,唐人打马球、角抵、围棋等活动先后传入日本。茶叶于奈良时期传入日本,到平安时期已兴起喝茶之风。唐服传入日本,亦为日本人所喜爱。

在节令方面,端午节饮菖蒲酒,七月十五日盂兰盆会,九月九日重阳节,都由唐朝传入日本。而唐朝丰富多彩的文学,更为日本人所欣赏。唐朝著名作家的诗文集相继传入日本,其中形象鲜明、语言通俗的白居易诗,尤其受到喜爱。

唐朝花鸟屏风

在艺术方面,唐朝的音乐、绘画、雕塑、书法、工艺美术等也纷纷传入日本。日本宫廷还请唐乐师教授音乐。

在科学技术方面,唐朝先进的生产技术、天文历法、医学、数学、建筑、雕版印刷等陆续传入日本。中国式的犁和大型锄传入日本并开始普遍使用。日本仿照唐的水车,制造了手推、牛拉、脚踏等不同类型的水车。

694 年,日本兴建了第一个都城藤原京。710 年,修建了平城京,794 年又修建了平安京。这些城市的设计、布局都模仿了唐长安城,连建筑所用砖瓦的纹饰也一块儿搬来了。

在日本到唐朝学习的学问僧中,最著名的是空海。他于 804 年来到长安青龙寺,向惠果学习密宗,回国时带回了一百八十多部佛经,在日本建立了密宗。

同时,中国僧人也不断东渡日本,其中贡献最大的是鉴真和尚。鉴真,俗姓淳于,扬州人,对律宗有着很深的研究。应日本圣武天皇的邀请,鉴真东渡,经过六次努力,历尽艰险,双目失明,终于在 754 年携弟子到达日本。鉴真不仅把律宗传到了日本,还把佛寺建筑、雕塑、绘画等艺术传授到日本。日本现存的唐招提寺,就是鉴真及其弟子所建。鉴真精通医学,对本草尤为精通。虽然双目失明,但鉴真能以鼻嗅分辨各种药物,他给日本

皇太后治愈了不少疑难病症。在日本，曾有《鉴真上人秘方》一书问世，据说这就是鉴真的处方记录。当时日本药学初兴，药物真伪混杂，日本天皇下令“辨证”。鉴真鉴定药的性能，给日本古代药物学奠定了基础。据说现在日本东大寺的奇效丸，就是鉴真传到日本去的。正因为这样，所以直到江户时代（1603～1867年），日本的药袋上仍然画着鉴真的图像。应该说，鉴真对日本医药学的发展，做出了不可磨灭的贡献。

安史之乱

755年爆发，763年结束的安史之乱是唐朝由盛而衰的转折点。安，指安禄山，史，指史思明，安史之乱系指他们起兵反对唐王朝的一次叛乱。前后达八年之久的安史之乱结束了唐朝的盛世，对唐朝后期乃至以后的宋朝产生了深远的影响。而安史之乱的爆发也有着深刻的原因。

盛世下的危机

远贤臣，亲小人

唐玄宗在执政之初，曾励精图治，任用了姚崇、宋璟等一大批优秀的人才为相，遂有开元盛世。但后来唐玄宗以为大功已成，逐渐丧失了进取心，骄傲怠惰，沉溺于享乐之中。当时的宰相张九龄是一位富有远见卓识的政治家，他见玄宗凭借着国富民强、兵甲强盛的条件，开始有了贪求边功、穷兵黩武的思想苗头，就经常向玄宗敲警钟。735年，范阳节度使张守珪斩契丹叛臣有功，玄宗欲提拔他做宰相，张九龄苦苦相劝，认为不能用宰相职务奖赏功臣，玄宗总算勉强接受了。不过，玄宗对张九龄的一再规谏很不耐烦，就在这一年，他罢免了张九龄的宰相职务，任命李林甫做宰相。

张九龄

李林甫虽然毫无才学，读稿子都会念错字，但能登上宰相的高位，并在这个位置上一待就是十九年，固然是靠了他的政治手腕，也是他的阿谀奉承非常符合晚年唐玄宗的口味。李林甫将太监、宫女都加以收买，每有奏请之事，这些人都会向他透露皇上的态度，皇上的一举一动尽在其掌握之中。

因此，在唐玄宗的眼中，李林甫善解人意，从不跟他唱反调，用起来顺手。例如，736年，唐玄宗在东都洛阳住长了，想回长安。宰相裴耀卿进言说："现在农民收割还没有完，等到冬天农闲方可返回。"大臣们离开玄宗时，李林甫故意瘸着走路，掉在后面。玄宗问他哪里不舒服，他回答说："我不是有病，是有事要上奏皇上。洛阳、长安本来是皇上的东宫、西宫，皇上要到哪里去，何必要等待时机。如果说妨害农事，只要免除所经地区的租赋就行了。"玄宗大悦，立即下令驾车回长安。

李林甫每次上奏，玄宗都很满意。这是因为李林甫通过宦官和妃嫔，把玄宗的心理活动摸得一清二楚。掌了大权后，他第一个要做的，就是将谏官们的嘴巴封住。李林甫对谏官们说："你们不要多言多语。你们不是见到了仪仗马吗？它们吃的饲料相当于三品官的待遇，但只要一叫，就要被淘汰，再想不叫也没有机会了！"唐玄宗听不到有人说李林甫的坏话，自然更加信任他了。

饮中八仙局部

李林甫当了宰相之后，对才能、声望在自己之上并受皇帝器重，因而有可能对自己构成威胁的人，就千方百计进行排斥。李林甫的府上有一个月堂，每当要排挤某个大臣的时候，他就住进去闭门不出，构思计策。等到他出来，就有大臣要倒霉了。张九龄、李适之等正直之士，就是栽在他手上。

天宝初年，左相为李适之，右相为李林甫。李适之心胸宽阔，坦率正直。一次，李林甫故意告诉李适之说："华山发现金矿，如果开采，可以使国家富裕，圣上尚不知此事。"等到李适之将此事告诉了玄宗，李林甫又对玄宗说："我早就知道华山蕴藏金矿，但华山是陛下王气所在，不宜开凿，所以未曾提出。"唐玄宗于是认为李林甫处处替自己着想，对李适之则逐渐冷淡，并对李适之说："以后报告事情，最好先跟李林甫商议一下，不要轻率发言。"李适之哑口无言，对心怀叵测的李林甫产生畏惧之心，遂提出退位。

李适之罢相后，陈希烈担任左相。陈希烈性情柔顺，只知道拍马屁，容易控制，因此李林甫才推荐了他。陈希烈到任后，所有事务均由李林甫一个人决定，他唯一做的事就是点头说"是"。

一次，官员严挺之被李林甫排挤在外地当刺史。后来唐玄宗想起他，跟李林甫说："严挺之还在吗？这个人很有才能，还可以用呢。"李林甫说："陛下既然想念他，我去打听一下。"退了朝，李林甫连忙把严挺之的弟弟找来，说："你哥哥不是很想回京城见皇上吗，我倒有一个办法。"严挺之的弟弟还以为李林甫关心哥哥，十分感激，连忙请教。李林甫说："只要叫你哥哥上一道奏章，就说他得了病，请求回京城来看病。"严挺之接到他弟弟的信，真的上了一道奏章，请求回京城看病。李林甫就拿着奏章去见唐玄宗，说："真太可惜，严挺之现在得了重病，不能干大事了。"唐玄宗惋惜地叹了口气，也就算了。

玄宗避暑宫

这样的事李林甫着实做了不少，因此当时的人们就说，李林甫这个人是"嘴上像蜜甜，肚里藏着剑"。成语"口蜜腹剑"就是这样来的。由于李林甫冤杀人多，结仇怨多，坏事做绝，他整天提心吊胆，恐怕刺客暗算他。每次出入，骑从甚多，戒备森严，在距他一百多步远的地方设立警卫。在家里也是重墙复壁，墙四壁要用厚木板或石头包上一层，唯恐刺客穿墙而入。晚上睡觉也不安稳，为了防备刺客，一夜之间要换好几个地方，即使家里人也不知道他究竟睡在什么地方。但玄宗竟然被这样的人蒙蔽，以为国家繁荣无事，因此逐渐倦怠了政事。

奢华无度

唐玄宗登基之初，当时社会崇尚奢华侈靡的风气，于是就颁布诏令："皇帝乘坐的车马、穿的衣服、系的腰带以及摆设器皿，如果是有金银装饰的就要交给相关的政府部门进行销毁或者改造，以用来充当国家军需；那些带有珠玉、锦绣的装饰品或者是丝织品都要在殿前用火烧了；宫内皇后、嫔妃以下所有人，都不可以用珠玉、锦绣来装饰服装；从此以后，天下的人们不许再采纳珠玉，不可以再织锦刺绣。"除此之外，唐玄宗还撤销了长安和洛阳两地的织锦坊。

但唐玄宗在位时间长了，享乐的倾向越来越明显，朝廷日常的耗费一天比一天多。唐玄宗不仅拥有众多的嫔妃宫女，据说当时的六宫粉黛就多至四万，而且连宦官的数量都得到了巨大的增加。史称"宦官黄衣以上三千员，衣朱紫千余人"。而按照唐朝的相关

规定，官衔六品的穿黄衣，官衔在三至五品的穿朱紫，玄宗时期仅仅六品以上的宦官就已经达到了四千多，那么普通宦官就会更多了。唐玄宗对宦官又十分的宠信，所以这也为后期的唐代发生严重的宦官专权埋下了祸根。

唐玄宗的奢侈在其他的方面也体现得很明显。唐玄宗酷爱洗温泉，所以就专门建造了用于温泉洗浴的房屋，其豪华程度超出一般人想象。据唐人郑处诲所撰的《明皇杂录》记载，唐玄宗在长安城就下令修建了终年可以供其享受温泉的房屋数十间，房屋与水池四壁装饰得异常华美，用当时极为珍贵的石料装饰，池中放置了用金玉点缀的银镂漆船和白香木小船。池中用珠宝和名贵香料堆叠成瀛洲仙岛的样子。唐玄宗曾经花费大量人力物力对华清池进行扩建，务求奢华。而当时安禄山为了讨得唐玄宗的开心，还专门请范阳（治所在今北京一带）的工匠用汉白玉雕刻了栩栩如生的鱼龙凫雁还有石梁和石莲花，并送至长安。唐玄宗欣然接受，立即下令将这些石刻放在温泉池中。

如此巨大的开销，按照以往的征用标准已经无法满足。一些官员为了讨好玄宗，就想尽办法从百姓手中搜刮。按照唐律，戍边的战士可以免征六年租庸，但当时的边防将领为了夸大战功，掩饰败迹，冒领军需，往往不上报战士的死亡情况。因此，很多阵亡战士在家乡户籍上并不除名。一位大臣得知这种情况，就根据户籍认为这些人在逃避课役，开始向阵亡战士的家属征收他们的租庸，有的累计征收达三十年。

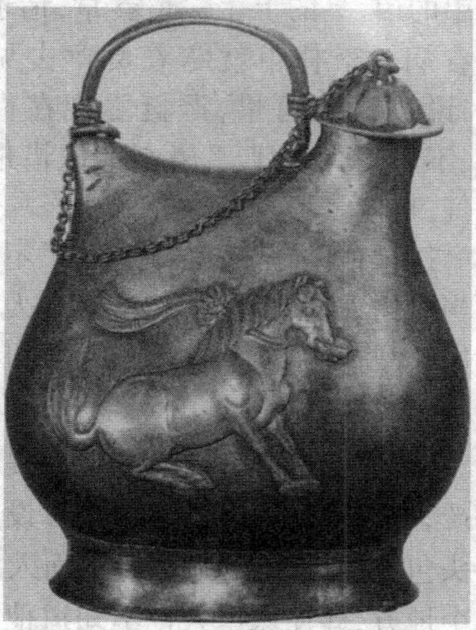
舞马衔杯纹银壶

而这位大臣从搜刮来的这些钱财中每年拿出几百万贮在内库，供唐玄宗挥霍，并说："此是常年额外物，非征税物。"自然，他也私吞了不少，连井栏都用珠宝装饰，又在花园里引水为喷泉，号为"自雨亭"。在他因卷入谋反案件被赐死以后，官府没收了他的家产，几天之内都没能点清。但当时唐玄宗竟然对他非常赏识，认为他有"富国之术"，有能使皇帝有钱花，又不浪费国库之责，因此不断委以重任，以致他身兼二十余职。可叹的是，唐玄宗就此认为国家财力丰富，用度丰裕，所以更加挥霍无度，没有约束，视金银如粪土，赏赐更加没有限额。

上梁不正下梁歪。唐玄宗好大喜功，底下官员就挖空心思投其所好。官员韦坚为了取悦唐玄宗，在装满了各地珍宝财物的转运船只会集长安时，请唐玄宗前来观看。韦坚一声令下，善于音律的崔成甫在打头的船上高歌："得宝弘农野，弘农得宝耶！潭里船车闹，扬州铜器多。三郎当殿坐，看唱《得宝歌》。"早已经准备好的一百多名美女也开始翩翩起舞，与之唱和。唐玄宗看了非常高兴，认为韦坚是治国能臣。

舞马斗鸡

唐玄宗认为天下太平，政事由李林甫打理，国家财政又相当充实，就纵情享乐。其中舞马和斗鸡是比较有特色的两项娱乐活动。

舞马的记载最早见于三国的曹魏，唐代最为兴盛。唐玄宗命人物色了许多骏马，教它们跳舞。若塞外有善于马术的人来到长安，他都会让他们拿出看家本领，教马跳舞，不曲尽其妙决不罢休。相传，唐玄宗共驯养了四百匹舞马，每匹都取了某家宠、某家驹的名字，并分为若干部。

在每年八月十五中秋节（即唐玄宗的生日）举行的盛大庆典中，舞马表演必不可少。表演时舞马全都“衣以文绣，络以金银，饰以鬃鬣，间杂珠玉”，在乐曲中跃然起舞。唐玄宗还让人用木板搭建了三层的舞台，演员骑马上去，旋转如飞，表演各种惊险奇妙的舞姿。曲终时，舞马口衔酒杯，跪拜在地，向皇帝祝寿。初唐人万万没有想到，为创建大唐帝国而征战四方的坐骑，至玄宗时已成为宫廷的玩物。

因鸡而得祸

安史之乱爆发后，叛军攻占长安，安禄山的得力爪牙田成嗣得到几匹舞马，以充军马。一次军队举行宴会，正在奏乐之际，这些马跳起舞来。养马人不知道这些马的来历，都以为马在闹鬼，拿着笤帚殴打它们。这些舞马以为是自己跳得没有合上音乐节拍，就像从前给唐明皇表演时那样跳个不停。马夫就把马匹闹鬼的事报告田成嗣，田成嗣下令用鞭子抽这些马。当时也有人知道它们是舞马，但因为田成嗣暴虐，最终也没敢说。马跳得越是合乎节奏，鞭打就越厉害，直到被打死为止。

斗鸡这一习俗也是早已有之，但唐玄宗将其发展到了登峰造极的地步。一次，唐玄宗出去游逛，看见七岁的贾昌在云龙门外道边上玩木鸡，于是把他召入皇宫，充当鸡场的驯鸡少年。当时贾昌虽小，但进入鸡群中，就像摆弄一群小孩子，健壮的、瘦弱的、勇敢的、怯懦的，喂水喂食的时间，疾病的迹象，他都了如指掌。随便逮出两只鸡，贾昌都可以像指挥人那样指挥它们。监护鸡场的太监把这情况向玄宗做了汇报。玄宗把贾昌招来在院中验证之后，当天就任命他担任五百驯鸡少年的首领。每当节日，贾昌都要穿上朝服，指挥斗鸡。

唐玄宗对贾昌极为优待。贾昌的父亲过世时，官府备办了殡葬用品和丧车，由贾昌将遗体护送回家。时人称贾昌为“神鸡童”，还为他编出了这样的话：“生儿不用识文字，斗鸡走马胜读书。贾家小儿年十三，富贵荣华代不如。能令金钜期胜负，白罗绣衫随软舆。父死长安千里外，差夫持道挽丧车。”后来玄宗还亲自做媒，为贾昌娶了妻子，新郎新

娘的服装首饰都由朝廷提供。

杨贵妃的专宠

杨贵妃

如果说痴迷于舞马斗鸡还只是败坏社会风气、耗费国家钱粮的话,那么玄宗宠爱杨贵妃就真正标志着一系列致命错误的开始。

杨玉环(719~756年)是蒲州永乐(今陕西华阴)人,出身宦门世家。曾祖父杨汪是隋朝的上柱国,唐初死于战乱。父杨玄琰是蜀州司户,去世后,杨玉环就被寄养在洛阳的三叔杨玄珪家。

杨玉环天生丽质,加上优越的教育环境,使她具备一定的文化修养,性格婉顺,精通音律,擅歌舞,还善弹琵琶。唐玄宗的女儿咸阳公主在洛阳举行婚礼时,杨玉环也应邀参加。咸阳公主之胞弟寿王李瑁对杨玉环一见钟情,遂被册立为寿王妃。婚后,两人甜美异常。

不料,唐玄宗对这个儿媳妇同样也是一见钟情,为了得到杨玉环,唐玄宗先是打着孝顺的旗号,下诏令她出家做女道士,说是要为自己的母亲荐福,并赐道号"太真",不久后便正式将其纳为自己的妃子。那年,玄宗六十一岁,杨玉环二十七岁。唐玄宗为了女色甚至不惜从自己的儿子手中强夺,这已是国家败亡之兆。皇帝奢侈加上纵欲,安史之乱的爆发并非偶然。

玄宗对杨玉环的宠爱无与伦比,杨贵妃每次乘马,都由大宦官高力士亲自执鞭;为了让贵妃尝到她喜欢的新鲜荔枝,玄宗不惜动用八百里加急来运送。据说在当时的宫中专门为杨贵妃织锦刺绣的工匠就达到七百人之多。杨贵妃受宠异常,她的家人也颇受优待。仅仅杨贵妃的姐妹三人每年的脂粉钱就多达百万。史书记载当时的杨家"甲第洞开,僭拟宫掖。车马仆御,照耀京邑,递相夸尚。每构一堂,费千万计"。据说杨家姐妹出入坐的车子,即使是牛车,也会用金玉翡翠装饰得耀眼瑰丽。唐玄宗为了讨得杨贵妃欢心,不仅给予杨氏兄弟姐妹丰厚的赏赐,还封官晋爵。鉴于杨家"姊妹弟兄皆列土,可怜光彩生门户",人们对女孩子的态度都发生了变化:"遂令天下父母心,不重生男重生女。"

杨氏乱政

杨国忠本名钊,是武则天时大奸臣张易之的外甥,据说是杨贵妃同曾祖兄。就这样的人,却因贵妃的专宠而当上宰相,权倾一时,也是唐玄宗时期朝政腐败的重要表现。

杨国忠在长安立脚之后,便凭借贵妃和杨氏诸姐妹得宠的条件,巧为钻营。在首都长安,杨国忠的势力也在迅速扩大。杨国忠是杨贵妃的族兄,玄宗和贵妃姐妹经常在一起赌博取乐,杨国忠便在旁算赌账,又快又准,玄宗大为赏识,称赞他是一个好度支郎。

骊山避暑图

君无戏言，杨国忠就这样当了管理财政的度支郎，宦途从此开始。到了748年的时候，杨国忠一人就已经身兼十五职。再过四年，到了752年，杨国忠当上宰相之后，达到了权力顶峰。这时杨国忠兼职也达到巅峰，达到四十余职，当时朝中几乎所有重要职位，包括御史大夫、判度史、铸币使、吏部尚书等职位都为杨国忠一人兼任。

杨国忠从小行为放荡不羁，喜欢喝酒赌博，因此穷困潦倒，经常向别人借钱，人们都瞧不起他。但富豪鲜于仲通在经济上经常资助他，并把他向剑南节度使章仇兼琼推荐。章仇兼琼一见杨国忠身材魁梧，仪表堂堂，又伶牙俐齿，非常满意，遂提拔了他。

因为章仇兼琼当时正担心李林甫专权，自己禄位难保，所以就想使杨国忠利用杨玉环的裙带关系进入朝廷，做一内援。在杨国忠到京城向朝廷贡奉蜀锦时，章仇兼琼让他带上价值万贯的名贵土特产。

杨国忠同李林甫一样，能准确地揣摩唐玄宗的心意，对皇帝喜欢什么和厌恶什么，了如指掌，且百般迎合。有一年，关中地区出现水灾。玄宗担心会伤害庄稼，杨国忠便叫人专拿好庄稼给玄宗看，并说："雨水虽多，却未伤害庄稼。"玄宗信以为真。而一位地方官员奏报当地出现水灾，杨国忠便叫御史审问他，从此再没有人敢汇报实情。杨国忠更用种种手法巧取豪夺，聚敛金银供玄宗挥霍。玄宗对这位善解人意的姻亲大为欣赏。但杨国忠势力的迅速发展，逐渐对李林甫产生了威胁，双方的矛盾也开始激化。

752年，发生了王铁的弟弟卷入谋反的事件，杨国忠借此狠狠打击了李林甫。当时的御史中丞有两位，一是杨国忠，一是王铁，而王铁是投靠李林甫的。王铁弟弟的亲信阴谋发动政变，不料事情泄露，兵败被杀。杨国忠将案情报告给玄宗皇帝，说王铁一定参与了这次阴谋。李林甫因王铁是自己的亲信，极力为其辩护。唐玄宗也准备赦免王铁兄弟。这时，左相陈希烈突然杀出，一口咬定王铁参与叛乱。陈希烈本是李林甫推荐为相的，凡事唯李林甫马首是瞻，但此时倒戈，投靠了杨国忠。就这样，杨国忠、陈希烈等人联手诛杀了王铁兄弟。经过此事，玄宗疏远李林甫，而杨国忠再次升官。

同一年，南诏五国不断攻击南方边境，剑南节度使奏请杨国忠亲临前线督战。李林

贵妃上马图

甫为达到离间玄宗与杨国忠的关系，也极力怂恿。杨国忠动身前，向玄宗辞别，流着泪说自己将被李林甫害死，恳求不去蜀地。玄宗安慰他说："你暂时去蜀郡逗留几天，我数着手指等你回来，回来后用你当宰相。"

此时，李林甫已患重病，巫师说只要真命天子看他一眼，病即可痊愈。玄宗打算亲去李宅探望，但左右侍从坚决反对，最后皇帝只得命李林甫的家人把他抬到庭院，玄宗登上降圣阁遥遥相望，举起红手帕向他招手致意。李林甫已不能起身，命他的家人遥遥叩头致谢。杨国忠刚到蜀郡，玄宗就派宦官把他召回。杨忠国回来之后，去拜见李林甫，在病床旁跪下。李林甫泪流满面，对杨国忠说："我已不久于人世，你一定要出任宰相，朝廷的事，全拜托你了。"杨国忠连连说不敢担此大任，说此话时紧张得满头大汗，唯恐李林甫病愈后要加害于他。但李林甫不久就死去了，杨国忠吊着的心终于放了下来。

杨国忠当上了宰相，他口才流利，擅长强词夺理，为人轻狂浮躁，裁决机要大事独断专行。杨国忠继李林甫之后专擅朝政，妒贤嫉能，用人唯亲，营私舞弊。唐朝的统治危机进一步加深。

边疆败绩

冰冻三尺，非一日之寒。唐朝的大乱之势不仅体现在朝政混乱上，边疆屡屡败绩也是其重要表现。当时唐玄宗好大喜功，边将就投其所好，屡屡挑起战争。开元初年，每年边疆军费约为二百万贯，开元末年又增加到一千万贯，到天宝末年就变成一千五百万贯了。

一方面是军费激增，另一方面是唐军将领由于节节胜利而滋生了狂妄自大的情绪，最终导致怛罗斯之败与南诏的反叛。怛罗斯之败使唐朝失去了对中亚的控制，而南诏的反叛不但消耗了唐朝的国力，还使边疆民众生灵涂炭。对于此种情形，杜甫在《兵车行》中有着生动的描述："车辚辚，马萧萧，行人弓箭各在腰。爷娘妻子走相送，尘埃不见咸阳

桥。牵衣顿足拦道哭，哭声直上云霄。道旁过者问行人，行人但云点行频。或从十五北防河，便至四十西营田。去时里正与裹头，归来头白还戍边。边亭流血成海水，武皇开边意未已。君不闻汉家山东二百州，千村万落生荆杞。纵有健妇把锄犁，禾生陇亩无东西。况复秦兵耐苦战，被驱不异犬与鸡。长者虽有问，役夫敢申恨？且如今年冬，未休关西卒。县官急索租，租税从何出。信知生男恶，反是生女好。生女犹得嫁比邻，生男埋没随百草。君不见，青海头，古来白骨无人收。新鬼烦冤旧鬼哭，天阴雨湿声啾啾。"

怛罗斯之败要从小勃律（今克什米尔的吉尔吉特）的反叛说起。715年，吐蕃以武力迫使小勃律与之联姻。于是西北二十余国皆臣服于吐蕃，不再对唐朝纳贡，四镇节度使田仁琬曾三次讨伐，但均未成功。

747年，唐玄宗任命大将高仙芝为行营节度使，率步骑一万进行长途远征。高仙芝的大军仅用百余日便到达小勃律西北部的连云堡（今阿富汗萨尔哈德）。连云堡地势险要，有万名吐蕃兵防守，但高仙芝指挥的唐军作战神勇，半天时间便攻占了该城。此后高仙芝率兵继续深入，平定了小勃律国，活捉小勃律国王及吐蕃公主。

在胜利面前，高仙芝变得狂妄起来，西域藩国石国"无番臣礼"，高仙芝领兵征讨，石国请求投降，高仙芝允诺和好。但是不久高仙芝即违背承诺，攻占石国城池，俘虏石国国王并献于阙下斩首，掳走男丁，搜取财物。

崇圣寺三塔

几乎在同一时间，阿拉伯国内发生政权变动，阿拔斯王朝（中国史称黑衣大食）取代了倭马亚王朝（中国史称白衣大食）。阿拔斯王朝收到侥幸逃脱的石国王子的求救信息后，联合阿姆河、锡尔河流域的所有属国，准备派大军进攻安西四镇。高仙芝得到情报

后，在未掌握大食军队人员装备虚实的情况下，就采取先发制人之策，深入七百余里长途奔袭，主动进攻大食。鉴于当时唐帝国在西域的影响，有许多葛罗禄及拔汗那国的军卒参加大唐军队。组成的大唐联军有三万多人，其中唐兵占三分之二。751 年，高仙芝率军到达了阿拉伯人控制下的怛罗斯（今哈萨克斯坦的江布尔城附近），双方在怛罗斯河两岸展开了决战。

由于唐军将士极其英勇善战，加上强弓硬弩的技术优势，高仙芝曾经占得上风，阿拉伯联军先后七次进攻均被唐军压制。但因为阿拉伯联军兵力太多，大约在十万之上，高仙芝也无法取得胜利。战斗持续了五天。就在两军相持不下的时候，葛罗禄部兵众突然叛变，成为战役的转折点。葛罗禄的部队从背后包围唐军步兵部队，并且断绝了他们与骑兵的联系。唐军阵脚顿时大乱。阿拉伯联军趁机出动重骑兵展开猛攻，连日征战的唐军在内外夹击下再也支撑不住，终于溃败。这时有将领李嗣业劝高仙芝弃军逃走，但另外一名将领段秀实马上加以驳斥："惮敌而奔，非勇也；免已陷众，非仁也。"唐军残余部队向安西（今新疆高昌一带）撤退，途中恰逢大唐联军中的拔汗那兵也溃逃至此，结果兵马车辆拥挤堵塞道路。李嗣业唯恐阿拉伯军队追兵将及，挥舞大棒毙杀百余名拔汗那军士，才得以通过。

怛罗斯之战是唐朝历史上具有标志性的事件。慑于唐军所表现出的惊人战斗力，阿拉伯人也没有乘胜追击，再加上国内随即出现变乱，无暇东进，只是巩固了他们在中亚的霸权。而对于唐朝来说，此役损失惨重，两万人的精锐部队几乎全军覆没。几年后唐朝爆发了安史之乱，国力大损，也只能放弃与阿拉伯争夺中亚，原本臣服于唐朝的中亚诸国转而臣服于阿拔斯王朝和吐蕃王朝，对伊斯兰教在中亚的传播起了重要作用。也正是在这时候，阿拉伯人俘获了一些会造纸术的中国士兵，中国四大发明之一的造纸术由此传入阿拉伯，并进一步流入欧洲。

如果怛罗斯之战还只是发生在遥远的西域，那么大理的叛变则直接影响到四川等地，而延续时间要较为长久。南诏是中国唐朝时代西南部的边疆政权，其统治区域包括今日云南全境及贵州、四川、西藏以及越南、缅甸的部分土地，由蒙舍诏首领皮逻阁在 738 年建立，937 年被段思平所灭，改名大理。

诏的意义，或说诏即王，而根据唐人的记载，"先时南蛮六部不相臣服，天子每有恩赏，各颁一诏，呼六诏"。因皮逻阁所在的蒙舍诏在六诏中位于南方，故称南诏。

本来，六诏势力大致相等，其中蒙越、越析二诏地最大，兵最强，蒙舍诏比上列二诏较弱。但由于其他五诏受吐蕃威胁，常弃唐归附吐蕃，而南诏始终附唐，因而得到唐的大力支持。南诏的实力得到很大发展。713 年，唐玄宗封南诏皮逻阁为台登郡王。714 年，皮逻阁遣谋臣张建成入朝。738 年，皮逻阁准备兼并五诏，就告知剑南节度使王昱，请求合六诏为一。当时唐与吐蕃争夺安戎城，战事激烈，皮逻阁攻五诏，可牵制吐蕃。王昱就向朝廷报告，得到唐玄宗允许，并派出御史严正诲等人参与军事，很快统一了六诏，成立以西洱河地区为基地的南诏国。该年，唐玄宗赐皮逻阁名为蒙归义，封其为云南王、越国公、开府仪同三司。"南诏"之名由一诏而为洱海地区之统称，继而成为统治整个云南及

其周边广阔区域的西南地方政权。

皮逻阁在唐朝的支持下军事征服五诏、统一洱海地区的过程被描绘成“火烧松明楼”的故事。据说蒙舍诏势力强大以后，皮逻阁用松枝盖成一座大楼，称松明楼。然后强令五诏首领前来松明楼祭祖。除越析诏首领以路远不曾赴会外，其余四诏首领如期前往。祭典之后，皮逻阁便邀众人登楼入宴。宴间皮逻阁装醉离席，下楼后就命人将门锁上，点燃了松明楼。四诏首领均被烧死，其部落被迫降服，而越析诏也只好表示臣服。据说，如今云南的火把节就与这次事件有关。

但唐朝与南诏的友好关系并没有持续太长时间。748年，皮逻阁谢世，其子阁罗凤继位。此时的南诏，已不是蒙舍川的那个小部落，已变成雄踞西南的强大地方政权。而这时唐朝朝政已相当混乱，走杨国忠门路而当上剑南节度使的鲜于仲通不知方略。750年，他的属官张虔陀，甚至侮辱与阁罗凤同来的妇女，还勒索贿赂，阁罗凤不应，张虔陀派人去辱骂，并向朝廷告发他图谋扩张土地。阁罗凤感慨“九重天子难承咫尺之颜，万里忠臣岂受奸邪之害”，派人远赴长安向唐玄宗控诉张虔陀的罪行。唐玄宗听信杨国忠的谗言，对此事不予理会。

阁罗凤起兵攻杀张虔陀，唐廷震动。751年，鲜于仲通率兵八万往击南诏，阁罗凤请和，说现在吐蕃大兵压境，如不许和，我归附吐蕃，云南不是唐所有了。鲜于仲通自恃兵多，进军至西洱河，被南诏击败，唐军死六万余人。白居易曾这样写道：“鲜于仲通六万卒，征蛮一战全军没。至今西洱河岸边，箭孔刀痕满枯骨。”鲜于仲通只身逃到京城，杨国忠一伙权臣为其掩盖罪行。唐玄宗一方面为鲜于仲通设宴庆功，擢升他为都城长安的最高长官京兆尹，另一方面积极备战，征集士卒，调集军队，再征云南。时人有诗云：“西洱全军败没时，捷音犹自报京师。归来设宴甘泉殿，高适分明为赋诗。”

在唐朝的压力下，阁罗凤归附吐蕃，在752年被册封为“赞普钟南国大诏”（赞普钟为小赞普），“赐为兄弟之国”。阁罗凤自立国号为大蒙。当时杨国忠当政，不知大乱就在眼前，还继续出兵攻南诏，唐军前后死亡约二十万人。更严重的是，杨国忠不是就近从四川地区征调士兵，却是从陕西、河南、河北等地征集。北方人风闻云南为蛮荒之地，瘴气袭人，历来去者无还，因此纷纷逃避兵役。杨国忠强制征兵，不从者拷送征兵所。很多人为了逃避兵役，甚至自残。唐人有诗云：“天宝宰相杨国忠，欲求恩幸立边功。边功未立人生怨，请问新丰折臂翁。”

民众对杨国忠怨恨之至，这也是安禄山日后反叛时以讨伐杨国忠为名的重要原因。

安禄山的得势

唐玄宗统治的后期，由于均田制和府兵制的破坏，不得不以募兵制代替府兵制。而这些招募来的职业军人极易受地方军阀的收买笼络，和将领形成一种特殊的盘根错节、牢不可分的关系。

本来唐王朝自建立以来，这些边防军将领都用忠厚而有名望的高官，任期短暂，从不由中央大员遥领，也从不兼任其他军区，功勋特别高的，往往调到中央担任宰相。随着唐

朝的国力日益强盛,唐玄宗有了征服四海的雄心,边防军将领十余年都不调换,任期长久,宰相则开始遥兼边防军统帅,唐朝的权力开始集中。而为了加强边境的防御,玄宗在重要的边境地区设立了多个藩镇,长官叫节度使,不仅带领军队,还兼管行政和财政,权力很大,“既有其土地,又有其人民,又有其兵甲,又有其财赋”,以至于形成尾大不掉的局面。随着玄宗的不断开边,到了742年,边防军达到四十九万人,占全国总兵数百分之八十以上,其中又主要集中在东北和西北边境,仅安禄山所掌范阳等三镇即达十五万人。而中央军则不仅数量不足,而且质量太差,平时毫无作战准备,打起仗来,不堪一击。

宠幸番将

而在这当中,李林甫等人也起到了推波助澜的作用。李林甫掌权后,不但排挤朝廷的文官,还猜忌边境的节度使。担任朔方等四镇节度使的王忠嗣,立了很多战功。他手下的将领哥舒翰、李光弼,都是骁勇善战的名将,李林甫看王忠嗣的功劳大,威望高,怕他被唐玄宗调回京城当宰相,就派人向唐玄宗诬告王忠嗣想拥戴太子谋反,害得王忠嗣险些丢了性命。王忠嗣受不了这个冤枉,一气之下就病死了。

李林甫为了切断边防军将领调到中央当宰相的渠道,提议任用少数民族将领。在他看来,少数民族将领不通文墨,甚至不识字,不可能入朝为相。他奏报唐玄宗说:“文官出任统帅,面对乱箭飞石,都害怕得不得了。不如专用番将,他们勇敢果决,习惯于战场上冲杀。又出身贫寒,势力孤单,没有党派,陛下只要诚心诚意,用恩德相待,他们都会效忠。”玄宗很赞同这种见解,开始重用少数民族将领。于是,边防重镇的各节度使开始由少数民族将领担任,如安禄山、哥舒翰、高仙芝等。

安禄山是营州(今辽宁朝阳)人,原名轧荦山。他的母亲阿史德氏是个突厥人,他的父亲可能是来自西域的胡人,不过早死,其母改嫁于突厥贵族安波注之兄安延偃。他从小随母在突厥部族生活,后来其族破落离散,他与安波注之子安思顺等人一起逃亡,并约为兄弟,从此即冒姓安氏,名禄山。史称他懂得九种民族语言,又熟悉当地地形,故得到唐廷重用。

历史小常识:节度使的来历

区设置总管,后来改为都督,总揽数州的军事。唐睿宗时始有节度使称号,因为授职时朝廷赐给双旌双节,故有此称。其时在边境每以数州或十余州为一镇,以节度使管辖这些州,管理该镇的军、民、财政和监察大权。

安禄山年轻时在平卢军里当过将官,因为不遵守军令,打了败仗,边境守将把他解送到长安,请朝廷处分。当时的宰相张九龄为了严肃军纪,把安禄山判了死刑。唐玄宗听说安禄山颇有才能,下令把他释放。

张九龄对唐玄宗说："安禄山违反军令，损兵折将，按军法不能不杀；而且据我观察，安禄山不是个善良人，不杀恐怕后患无穷。"但唐玄宗还是赦免了安禄山。后来，张九龄被撤了职。安禄山却靠他奉承拍马的手段，一步一步地升官，当上了平卢（治所在今辽宁朝阳）节度使。不出三年，又兼任范阳（治所在今北京一带）节度使。

胡人舞蹈

安禄山当了节度使以后，就尽量搜罗奇禽异兽，珍珠宝贝，经常送到宫廷讨好唐玄宗。他知道唐玄宗喜欢边境将领报战功，就采取阴谋手段，诱骗平卢附近的少数民族首领和将士参加宴会，在酒席上用药酒灌醉他们，把兵士杀了，又把他们的首领割了头，献给朝廷报功。然而就是这种败坏唐朝声誉的行为，却让唐玄宗非常高兴，还召安禄山到长安朝见。745 年，安禄山欲以边功邀宠，屡次侵犯北方的奚与契丹。本来，唐朝还把公主嫁与奚与契丹，双方关系友好和睦，最后却导致奚与契丹各杀公主叛唐。

安禄山长得特别肥胖，凸肚子，矮个子，装出一副傻乎乎的样子。唐玄宗一见到他就指着他的肚子开玩笑说："这么大的肚子，里面装的什么东西？"安禄山不假思索地回答说："没有别的，有的只是对陛下您的赤胆忠心啊！"

唐玄宗更高兴了，封安禄山为郡王，还替他在长安造了一座华丽的府第，让杨贵妃把安禄山收作干儿子，亲热得像一家人一样。安禄山每次进宫，都先拜贵妃，玄宗问是何故，安禄山回答说："胡人先拜母亲，后拜父亲。"玄宗听了很高兴。

安禄山取得了唐玄宗的信任，除了范阳（治所在今北京一带）、平卢（治所在今辽宁朝阳）两镇外，又兼了河东（治所在今山西太原西南）节度使，控制了唐朝北方边境的大部分地区。

因战乱结束的盛世

安史之乱是唐朝由盛而衰的转折点。安，指安禄山，史，指史思明，安史之乱就是他们起兵反对唐王朝的一次叛乱，前后长达八年之久，对唐朝乃至后来的宋朝产生了深刻影响。

安禄山反唐

唐朝这时看似强大繁华，实则虚弱不堪。安禄山早就有了谋反之心。玄宗宠幸杨贵妃，荒于政事，朝纲大乱。安禄山"计天下可取，逆谋日炽"。与杨国忠矛盾的激化则是他起兵的导火索。

安禄山很瞧不起杨国忠。一次杨国忠向安禄山索取巨贿，被一口拒绝，而且对杨国忠也不是特别的礼貌。杨国忠不能忍受这种轻蔑，决心打击他。唐朝的名将哥舒翰与安

禄山有隙，杨国忠便与之结成联盟，共同排斥安禄山。鉴于哥舒翰与安禄山不和，唐玄宗经常劝他们和解，让他们结拜为兄弟。一次俩人一同入朝，唐玄宗命宦官高力士宴请他们。安禄山对哥舒翰说："我的父亲是胡人，母亲是突厥人，你的父亲是突厥人，母亲是胡人，族类相同，我们为什么不亲近呢。"安禄山意在拉拢哥舒翰，但哥舒翰根本不吃这一套，说："狐狸向着自己的洞穴叫，被认为是不祥之兆，因为它忘本了。兄既然亲近我，我为什么不诚心对你呢？"安禄山认为他在讥讽自己是胡人，顿时大怒，骂哥舒翰说："你这个突厥人怎敢这样放肆！"哥舒翰正想反唇相讥，高力士急忙用眼睛向哥舒翰示意，哥舒翰才作罢，佯装喝醉，不欢而散。

杨国忠见状，开始不断地对唐玄宗说安禄山会谋反，可玄宗根本不相信。于是，杨国忠采取了逼他反的手段，派遣军队包围了安禄山在长安的住宅，逮捕他的宾客，全部处死，希望安禄山会有激烈的反应。安禄山果然震恐，随之愤怒起来，决定及早发动叛乱。唐王朝由盛转衰的转折点，马上就要来到了。

755年，安禄山经过一番周密准备，发动叛乱。这时候，正好有个官员从长安到范阳来，安禄山假造了一份唐玄宗从长安发来的诏书，召集将士宣布说："接到皇上密令，要我立即带兵进京讨伐杨国忠。"

明皇幸蜀图

十几万叛军在河北平原上进发，一路上烟尘滚滚，鼓声震地。中原一带已经有一百年左右没有发生过战争了，老百姓好几代人没有看到过打仗了，沿路的官员也是跑的跑，降的降。安禄山的叛军一直向南进攻，几乎没有遭到什么抵抗。

安禄山叛乱的消息传到长安，唐玄宗认为是有人造谣，根本不相信。直到后来警报一个个传来，他才慌了起来，立刻召集大臣商议。杨国忠得意扬扬地说："我早说安禄山

要反，还不是被我说准了吗？不过，陛下尽管放心，他的将士不会跟他一起叛乱。不出十天，一定有人把安禄山的头送来。”唐玄宗听了这番话，安心了。但事情远没有他想得那么简单。

马嵬驿之变

安禄山的头并没送到长安，叛军却长驱直入，渡过黄河。唐玄宗派遣大将封常清到洛阳招募兵马六万，但队伍未经训练，很快被训练有素的叛军击败，洛阳失陷。封常清与驻屯陕州的大将高仙芝一起退守潼关。玄宗这个时候又听信宦官的诬辞，杀死高、封两人，起用告病还家的大将哥舒翰统兵赴潼关。占领洛阳之后，安禄山自称大燕皇帝。756年，安禄山向西进击，直逼潼关。

望贤迎驾

潼关是京城长安的门户，形势险要，道路狭窄。唐玄宗派大将哥舒翰带领重兵把守。叛将崔乾祐在潼关外屯兵半年，没法打进去。潼关的守军每天晚上在烽火台烧起一把火，作为平安的信号。关里的烽火台接到信号，也一座接一座放“平安火”，一直传到长安。

叛军攻不进潼关，但是关里的唐王朝内部却闹起矛盾来。哥舒翰主张坚守潼关，等待时机；郭子仪、李光弼也从河北前线给唐玄宗上奏章，请求引兵北上，攻打安禄山的老巢范阳。但是，宰相杨国忠却反对这样做。想到重兵都掌握在哥舒翰手里，如果哥舒翰打胜了，回到长安，自己的宰相位子肯定就保不住了。于是，杨国忠天天在唐玄宗面前说潼关外的叛军已经不堪一击，哥舒翰守在潼关按兵不动，会丧失歼灭叛军的时机。唐玄宗听信杨国忠的话，接二连三派使者到潼关，逼哥舒翰带兵出潼关杀敌。

哥舒翰明知出关没有好处，但是没法违抗皇帝的圣旨，痛哭一场，只好带兵出关了。关外的叛将崔乾祐早已养精蓄锐，只等唐军出来。他派精兵埋伏在灵宝（今河南灵宝）西面的山谷里。哥舒翰的二十万大军一出关，就中了埋伏，几乎被叛军打得全军覆没，阵亡十几万人。叛军第二天乘胜打进潼关，哥舒翰也被俘虏了。

潼关一失守，关内就没险可守。从潼关到长安之间的一些地方官员和守兵，都纷纷

弃城逃走。烽火台上的“平安火”见不到了，唐玄宗这才感到形势危急，着急起来，要杨国忠想办法。杨国忠哪里想得出办法，只有劝玄宗逃到蜀地。

于是，唐玄宗、杨国忠带着杨贵妃和一批皇子皇孙，在将军陈玄礼和禁卫军的护送下，在潼关失陷后的第四天放弃长安，匆忙逃往四川。第二天就发生了历史上著名的马嵬驿兵变。

当时随行的将士又饿又累，想到这一切都是受了奸相杨国忠的累，不肯再走，发生了哗变。这个时候，有二十几个吐蕃使者拦住杨国忠的马，向杨国忠要粮。杨国忠还没来得及答话，周围的兵士已经嚷起来：“杨国忠要造反了！”一面嚷，一面射起箭来。杨国忠慌里慌张想逃，几个兵士赶上去，把他的头砍了下来。

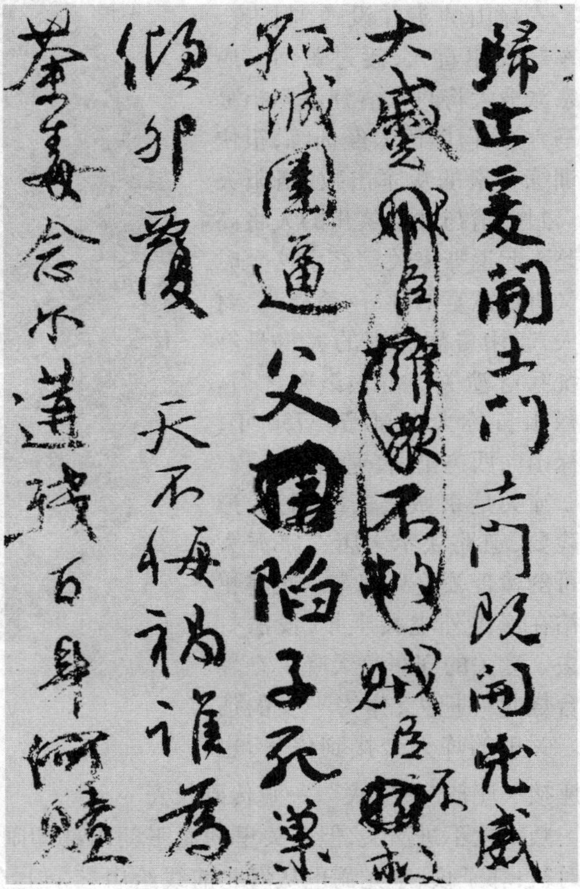

祭侄文稿（局部）

兵士们杀了杨国忠，情绪激昂，把唐玄宗住的驿馆包围了起来。唐玄宗听到外面闹哄哄的，问是怎么回事，左右太监告诉他，兵士们已把杨国忠杀了。唐玄宗大吃一惊，不得不拄着拐杖，走出驿门，慰劳兵士，要将士们回营休息。兵士们不理会唐玄宗的话，照样吵吵嚷嚷，要求将杨贵妃处死。

唐玄宗对于兵变大为愤怒，他低着头站了半晌，才说：“贵妃住在内宫，怎么知道杨国忠谋反呢？”高力士知道不杀杨贵妃，不能平息兵士的气愤，就说：“贵妃是没有罪，但是将士们杀了杨国忠，如果留着贵妃，将士哪会心安？希望陛下慎重考虑，将士心安，陛下也安全了。”

唐玄宗为了保自己的命，只好狠了狠心，叫高力士把杨贵妃带到别的地方，用带子勒死了。将士们听到杨贵妃已经被处死，才撤围回营。

经过这场兵变，唐玄宗像惊弓之鸟一样，急急忙忙逃到成都去了。太子李亨留下来主持朝政。李亨从马嵬驿一路收拾残余的队伍北上，在灵武（今宁夏灵武西南）即位，遥称唐玄宗为太上皇，这就是唐肃宗。

颜真卿的抵抗

安史之乱爆发后，唐朝各地军民纷纷抵抗，颜真卿就是其中一位。在中国历史上，颜真卿以书法著称于世，但他的气节同样辉映千古。

颜真卿少有才名，很早就考中进士，进入朝廷。不过他的仕途却坎坷不平。他曾被任命为监察御史。但玄宗对自己开创的“开元盛世”颇为洋洋自得，沉湎于酒色之中，“春宵苦短日高起，从此君王不早朝”。朝堂上，李林甫、杨国忠正在上演一场钩心斗角的权力争夺战。一个是口蜜腹剑，一个是依靠裙带关系起家，都在排除异己，极力拉拢大臣，壮大自己的队伍。颜真卿没有向任何一方屈服，而是直言进谏。他很快便被逐出了朝廷，到千里之外的平原郡(今山东陵县)去任太守。

平原郡当时属河北道，是安禄山管辖的地区。这时安禄山对新上任的太守并不太信任，于是便派亲信到平原郡前去查看。颜真卿盛情款待了这批客人，并陪同他们游览了当地名胜——东方朔祠。在游览之后，颜真卿还写了他的一幅传世名作《东方先生画赞》。安禄山于是放松了警惕。

然而就是这样一个儒雅的书生早已感觉安禄山蓄谋造反，既然那么多人说安禄山要造反，玄宗都听不进去，颜真卿只好尽自己的努力。他表面上照常吟诗题字，泛舟游玩，暗中积极进行抵抗准备。叛乱开始后，叛军长驱直入，各郡官吏惊惶失措，有的弃城而逃，有的俯首称臣，唯独颜真卿为太守的平原郡和其从兄颜杲卿为太守的常山郡(今河北正定)得以同守，没有落到叛军手里。756年，颜真卿高举义旗，联络颜杲卿起兵抵抗，附近十七郡相应，被推为盟主，合兵二十万，威胁安禄山叛军的后方，使安禄山不敢急攻潼关。颜真卿还派人向朝廷报告战况，玄宗得知情况后非常高兴，这才开始关注颜真卿，并对他的左右说：“我不知颜真卿是一个长得什么样的人，竟有如此作为。”

颜杲卿

颜杲卿曾一度取得重大胜利，便派长子颜泉明到长安献叛将李钦凑首级和何千年、高邈等俘虏，同时请求救兵。不料行至太原，当地官员王承业把颜泉明等人留在太原，又把颜杲卿的奏表换掉，重新写了一道表，把击败叛军的功劳大多揽在自己身上，另派人送到朝廷。玄宗非常高兴，就封王承业为羽林大将军，手下封官拜爵者上百人。

而对于颜杲卿的求援，王承业置之不理，企图借叛军之手杀掉颜杲卿一家，好使自己的阴谋不致暴露。而这时颜杲卿起兵才八天，各种防守的准备都没有做好，叛军已开始反击。当时叛军抓到颜杲卿的小儿子颜季明，借此逼迫颜杲卿投降，但颜杲卿不肯屈服，

还大骂安禄山，季明被杀。常山郡也因粮尽矢绝，被叛军攻陷。颜杲卿被押至洛阳，面对安禄山的威逼利诱，他不为所动，还痛骂安禄山。安禄山大怒，下令把颜杲卿等人捆在柱子上，一刀一刀地给剐了，其景象惨不忍睹。颜氏一门壮烈殉国者三十余人。直到颜真卿回朝向肃宗哭诉事情原委，杲卿父子才得到表彰。安史之乱平定后，颜真卿又派侄颜泉明去寻访杲卿父子遗骨及流散家人，仅寻得颜季明头骨而回。

永王东巡与李白获罪

就在叛军不断攻城略地的时候，唐王朝内部又陷入了内讧。肃宗与永王李璘又发生了冲突，而大诗人李白也卷入其中。

756年，因安史之乱逃离长安的太子李亨于灵武城南楼即帝位，是为唐肃宗，尊称唐玄宗为太上皇。肃宗即位没有得到玄宗的允许，玄宗的尴尬自不必说，永王李璘也颇为不服。

而在唐玄宗逃亡的过程中，发出命令，任李亨为天下兵马大元帅。而原为领山南、江西、岭南、黔中四道节度使的荆州大都督的永王李璘则负责江南军务。因此李璘在兄长李亨即位为肃宗后，仍然依照唐玄宗的诏书掌控江南军务，一时势力大增。

就在此时，唐肃宗命他入蜀觐见玄宗。如果永王李璘奉命入蜀，则自解兵权；如果永王李璘抗命不从，则相当于谋反。永王李璘拒不受命。756年12月，他以平乱为号召，在江陵（今湖北江陵）起兵，率领舟师东下，直指广陵（扬州），这便是历史上有名的“永王东巡”。

江陵长史高适觉得永王李璘有对抗唐肃宗之意，便借口有病，偷偷离开江陵，投奔了肃宗，详细介绍了江东形势。而肃宗早就疑心永王，于是就设置淮南节度使，领广陵等十二郡，任命高适为节度使。又置淮南西道节度使，领汝南等五郡，以来瑱为节度使，与江东节度使韦陟共同对付永王。

永王在东下路上与沿途官员发生了冲突。吴郡太守李希言派人质问永王李璘擅自引兵东下是何用意。永王大怒，派兵攻打李希言。李希言大败。永王又派大将攻击广陵。江淮为之震动。但由于肃宗早有准备，再加上永王对军事并不谙熟，不过几个月的时间便大败，他逃到岭南一带，被肃宗部将所杀。大诗人李白也由此获罪。

原来永王得知李白正在庐山隐居后，立即想将这位誉满天下的名士罗致旗下，以壮声威，于是派心腹三次上山，以平定安史之乱、复兴大业的名义，聘请李白参加他的幕府。李白遂下庐山入永王军为幕僚。永王兵败之后，李白也被流放夜郎（今贵州桐梓），后获大赦放还。

张巡守睢阳

在唐王朝风雨飘摇之时，一大批节义之士脱颖而出，抗击住叛军的疯狂进攻，为唐王朝的反击赢得了时间，从而使唐王朝转危为安。死守睢阳的张巡和许远就是其中的典型代表。

张巡

756年一月，叛军对黄河以南一带发动大举进攻，唐朝官员多有降者。谯郡（今安徽亳州）太守杨万石慑于叛军威势欲举郡迎降，逼迫张巡为其长史（太守副职），并以此身份迎接叛军。张巡坚决不从，率属部誓师讨伐叛军。他与起兵拒叛的另外一名官员单父尉贾贲会合，进兵至雍丘（今河南杞县）一带，时有兵力二千人。

这时，雍丘县令令狐潮投降了叛军，率军击败北上抗击叛军的襄邑（今河南淮阳）军队，并将所俘将士捆于庭院，准备日后处死。后来，令狐潮因故出城，被捆士兵乘机解开绳索，杀死看守，召贾贲、张巡入城，抵抗叛军。

令狐潮纠集大军进攻。当时张巡固守孤城，又无朝廷消息，有部将六人劝张巡出降，说：“现在双方力量相差太大，再说皇上生死不明，还不如投降吧。”张巡表面许诺，却在次日于府衙设皇帝画像，率将士朝拜，然后将六人斩首。

雍丘被围日久，城中粮食日渐缺乏。恰好有数百艘为叛军提供补给的运粮船，停靠在河边，仍未卸粮。张巡从城上发现这个情况，便在夜间把军队集中到城的南面，装出好像要出战的样子。令狐潮见势，也把军队调到城南。张巡乘机派敢死队袭击运粮船队，在夺走大量粮食之后，一把火，把剩下的粮食通通烧光。

粮食的问题得到缓解，但箭支也快消耗光了。张巡就命令士兵在晚上把事先准备好的稻草人穿上黑衣，用绳子绑好，从城上慢慢放下。叛军隐隐约约看见有成百上千个身穿黑衣的士兵，沿着绳索爬下墙来，报知令狐潮。令狐潮中计，认为是张巡派兵偷袭，于是命令向城头放箭，射杀唐军。待到天色大亮之后，叛军这才发现城墙上所挂的全是稻草人。这次张巡共得箭数十万支，解决了军中缺箭的问题。

事情还没有结束。之后一连几天晚上，城墙上都出现了稻草人。令狐潮的士兵见状，又好气，又好笑，都觉得张巡贪得无厌，又来骗他们的箭了，于是一箭不发。等到围城的叛军不再防备时，张巡挑选了五百勇士，并在夜里把他们放下城去，乘敌不备，杀向令狐潮的大营。叛军顿时大乱，自相冲撞践踏。令狐潮仓皇之中来不及组织抵抗，纵马一直逃到十几里之外。

等到后来，雍丘城中木头用尽，没法修造守城器械。于是，张巡装出弃城的样子，对令狐潮说：“我想率军弃城撤退，请你军队向后退出六十里，以便我逃逸。”令狐潮久攻不下，也就答应了。令狐潮军一退，张巡就率军把城外三十里内的叛军营房拆掉，将木材运回城中。

不久，张巡又向令狐潮传话：“如果你非要得到这城，可以送马三十匹，我得到马之后，就要走了，到时你就可以不费吹灰之力而得到雍丘。”令狐潮取城心切，就送了三十匹

马给张巡。张巡得到马后，挑选出三十位精锐士兵，将马分给他们，相约道："叛军若来，每人斩一敌将。"第二天，令狐潮来到城下，责备张巡失约。张巡答道："我想逃，但将士抗命，那有什么办法？"令狐潮知道又上当了，非常恼怒，就准备攻城。城内三十精骑这时突然杀出。叛军因为军阵未成，一时大乱，三十铁骑率兵，左挑右杀，擒获十四名叛将，斩百余首级，还缴获不少兵械牛马。令狐潮退到陈留（今河南开封），一时不敢再攻雍丘。

许远

张巡不但智谋超群，军纪也极其严明。一日张巡让郎将雷万春在城头上与令狐潮对话，叛军乘机用强弓射雷万春，雷万春脸上被射中了六处，仍旧巍然挺立不动。叛军将士认为张巡诡计多端，这一次一定又放了个什么木头人来骗他们。令狐潮就派兵去侦察，得知确实是雷万春，十分惊异，远远地对张巡说："刚才看见雷将军，才知道您的军令是多么严明了，然而这对于唐朝必亡的天道又能怎样呢？"张巡回答说："你人伦都不知，还有什么资格来谈论天道？"

757年1月，安庆绪杀其父安禄山，接掌大权，命令其大将尹子奇为汴州刺史、河南节度使，率十三万大军向睢阳（今河南商丘）城扑来，企图夺取江淮富庶之地。睢阳太守许远探知，忙向张巡告急。当时张巡率领三千士兵火速前往睢阳。两部合兵一处，总共也不过七千人，与叛军相比，大大处于劣势。因张巡战功卓著，比其官高的许远主动让出战场指挥权，专心经营粮草等后勤保障。张巡任主帅后，首先清除了内部的叛将，然后率军出城主动袭击叛军，缴获了大批车马牛羊。张巡把这些战利品都分给了将士，自己分毫不取。

张巡见对方人多势众，便采取了疲敌之计。他经常半夜在城中鸣鼓，城外叛军认为城内唐军要整队出击，大为紧张，严加戒备。结果等到天亮，也没有看到城中唐军杀出，这时他们已经疲惫之极，就解甲休息。张巡立即乘机与南霁云、雷万春等将领，各率数十名骑兵，从城中杀出，直冲敌营，叛军大乱。如同在雍丘防守时那样，张巡采取虚虚实实的办法，神出鬼没，叛军经常一夕数惊，惶惶不安，不得休息。

历史小常识：将以有为也

睢阳城破后，叛军逼张巡投降，张巡坚贞不屈，马上被绑，准备杀掉。叛军又叫南霁云投降，南霁云没有说话。张巡就喊南霁云的小名："南八，男子汉一死而已，绝不能向不义之人屈服！"南霁云笑道："我本想有所作为；您既然这样说，我哪敢不死！"于是誓不投降，不屈而死。

还有一次，一叛军将领率领千余名骑兵到城下招降。他们恃其兵多，未加防备。张

巡提前用绳子吊下几十名持大刀强弩的勇士潜在护城壕中，并和他们约好："听到鼓声就起来杀敌。"当叛军接近护城壕时，城上鼓声突然响起，伏兵突然杀出，重创叛军，那名将领来不及抵抗，便被擒获。后面的叛军对这位将领突然被唐军抓获感到非常吃惊，赶过来想要救人，但被城墙上的强弩射退。过了一阵，那些勇士又拉着绳索攀回城内。叛军这才知道发生什么事，从此再也不敢轻易靠近城墙。

叛军强攻无效，就劝张巡投降，张巡毫不理会，且反过头来劝说叛军中的将士投诚。当时叛将李怀忠在城下巡逻，张巡在城上问他："你参加安禄山的部队多长时间了？"李怀忠答："两年。"张巡又问："你祖父和父亲都是官员吧？"李怀忠答："是的。"张巡就质问他："你们家世代做官，吃着天子的俸禄，为什么要加入叛军呢？"李怀忠答道："不是这样的，我曾经殊死征战，但却为他们击败，这是天命。"张巡又问："自古以来，反叛都没有什么好下场。如果等到反叛被平定，你的家族就都被诛杀，你忍心这样做吗？"李怀忠掩面流泪而去，随即带领数十人投降张巡。

张巡取得了辉煌的战绩，但他知道这样被围困下去也不是办法，于是就想擒敌先擒王，射杀叛军主将尹子奇，但唐军方面都不认识尹子奇。张巡想出了一条计策，他命人用蒿草削作箭矢，射向叛军。被射中的叛军士兵发觉自己只是中了蒿箭，十分高兴，以为张巡他们的箭支已经用完，就去报告尹子奇。张巡因此认出了尹子奇，即命手下大将南霁云拉弓射杀尹子奇。南霁云是名神箭手，一箭正中尹子奇左眼。主将突然重伤，叛军大乱。张巡率军趁势杀出城外，大败叛军，差点生擒尹子奇。

当时黄河南北都变成了战场，朝廷的主要经济来源都依靠江淮以南供应，睢阳是江淮与关中重要的交通枢纽。可救兵隔岸观火，始终不来增援。城内粮食断绝，士兵只能捕捉鼠雀充饥。没过多久，连老鼠和鸟雀都没有了。

射蒿辨贼

南霁云曾经突破重围，向掌有重兵的贺兰进明求救。贺兰进明妒忌张巡、许远的威望和功劳超过自己，不肯派兵相救，但看中了南霁云，极力挽留他，还准备了酒食和乐队，宴请南霁云。南霁云慷慨陈词："我来的时候，睢阳城的将士已经一个多月没有粮食吃了！我即使想一个人享受，道义不能允许；即使吃了，我也难以下咽！"说完拔出自己的佩刀，砍断一个手指，鲜血淋漓，拿给贺兰进明看。在座的人大吃一惊，很多人都感动得流下了眼泪。南霁云知道贺兰进明终究没有出兵的意思，就毅然骑马离去。将出城时，他箭射城中的佛塔，直入砖面半箭之深，发誓："我回去打败叛军后，一定要消灭贺兰进明！此箭为证！"

叛军知道城内没有外援了，围攻更加紧急。大家商量撤退，张巡、许远认为睢阳是江淮的保障，如果放弃了睢阳，叛军就会乘胜进攻，江淮一带一定会失守，因此主张继续坚守。最后，城内守军只剩四百余人，又多有创伤，睢阳终于陷落，张巡和许远被俘。敌将尹子奇劝张巡投降，张巡瞋目怒骂。尹子奇大怒，敲落了张巡牙齿，张巡仍大骂不止，最后被杀。

张巡在内无粮草、外无援兵的情况下，临敌应变，屡挫强敌。从 757 年 1 月开始，到 757 年 10 月睢阳陷落，张巡用不足万人的守军，在睢阳苦守了十个月，有力地牵制了十几万人的叛军。由于张巡的坚守，阻挡了叛军南下，使得富庶的江淮地区得以保全，又为唐军组织战略反攻赢得了宝贵时间。

在睢阳城破前，唐肃宗已诏中书侍郎张镐代贺兰进明为河南节度使。张镐率兵日夜兼程，赶往睢阳救援，并发文书给周围的将领，要求共同发兵救援睢阳。谯郡太守闾丘晓距离最近，竟然不从军令，没有出兵。等张镐赶到时，睢阳已被攻陷三日。张镐一怒之下，招来闾丘晓，将其杖打至死，但这并不能解决将领不服军令问题。韩愈尖刻地指出："守一城，捍天下，以千百就尽之卒，战百万日滋之师，蔽遮江淮，阻遏其势，天下之不亡，其谁之功也！当是时，弃城而图存者，不可一二数；擅强兵坐而观者，相环也。"

叛乱平息

不过幸运的是，叛军内部也出现了问题。当时，安禄山没想到唐玄宗会如此之快地逃离长安，因此当他占领长安后，以为大功告成，不想西出追击。安禄山开始"日夜纵酒，专以声色宝贿为事"，并下令搜求唐玄宗的乐工、舞马，以兵仗护送到洛阳，并搜得梨园弟子数百人，在宴会上助兴。唐玄宗这才得以安全到达四川，太子李亨也较为顺利地到达灵武。而叛军的内讧更是使得唐朝的反攻能够较为从容地开展。

安禄山原来就患有眼疾，自起兵以来，视力渐渐减退，至此时已是双目失明，性情变得格外暴躁，对左右侍从稍不如意，非打即骂，稍有过失，便行杀戮。他自从称帝后，诸将就很少能面见他议事，都是通过严庄转达。严庄虽然是安禄山的亲信，但时常被安禄山鞭挞。宦官李猪儿常为安禄山穿衣解带，服侍左右，可同样挨打最多，怨气也大。安禄山宠幸的段氏，生下一子名叫安庆恩，安禄山常想以安庆恩取代长子安庆绪。安庆绪时常担心被废，严庄也恐怕宫中事变于己不利，于是，严庄与安庆绪、李猪儿串通一气，谋害安禄山。

王维以诗免罪

757 年 1 月的一个夜晚，三人悄悄进入安禄山的住所。侍卫见是严庄和安庆绪，就没有在意。于是严庄、安庆绪持刀站立在帐外，不让外人进入。李猪儿

手持大刀直入账内，对准躺在床上的安禄山腹部猛砍一刀。安禄山平时总把佩刀放在床头防身，事前已被李猪儿偷偷拿走，这时他挨了一刀，知大事不好，急忙去摸刀，却摸了个空。他气急败坏地大声喊叫，可根本没人能来相救。很快，安禄山咽气了，卒年五十五岁。安庆绪当即在其床下挖了一个深坑，用毡子裹着安禄山的尸体，连夜埋在坑中，诫令宫中严加保密。第二天早晨，严庄对部下宣告说，安禄山病危，诏立安庆绪为太子，军国大事皆由太子处分。随即安庆绪即帝位，尊安禄山为太上皇，然后发丧。

安庆绪即帝位后，大将史思明屯兵驻守范阳，宣布不再听从他的调遣。史思明是宁夷州突厥族人，原名窣干，是安禄山的同乡和好朋友，通晓若干种少数民族的语言。到长安奏事时，唐玄宗很赏识他，赐名思明。安禄山在洛阳称帝后，令史思明经略河北，封他为范阳节度使，占有十三郡，拥有八万余部队。安庆绪杀安禄山称帝后，对史思明收拢其溃散的残部不满。当时，唐朝对叛军剿抚并用，史思明便投降了唐朝。朝廷封他为归义王，任范阳长史、河北节度使。

在史思明投降之后，唐朝趁机从陇右、河西、安西等地陆续调集了十多万军队，又从回鹘借兵四千人，唐肃宗以其子李豫为天下兵马元帅，以郭子仪为副元帅，率军一举收复了长安。很快，郭子仪打出潼关，攻下了华阴（今陕西华阴）、弘农（今河南灵宝），安庆绪被迫逃到邺城（今河南安阳），被唐军团团围住。

史思明深知安庆绪的成败对他有极大的影响，而唐朝廷害怕史思明再度叛乱，处处防备，总想除掉他。758 年，史思明见状，再次起兵叛乱，派兵援助安庆绪。此时唐军兵力占上风，并有郭子仪以及李光弼等名将坐阵，却因肃宗派出的宦官鱼朝恩独断专行，不听从将领们的合理建议，唐军损失惨重，被迫撤军。

759 年，史思明杀了安庆绪，自己回到范阳后宣布称大燕皇帝，年号顺天，并把儿子史朝义封为怀王，再次出兵攻打洛阳城。李光弼受命守卫洛阳，可洛阳的官员听到史思明的兵势浩大，都很害怕，主张退到潼关去。李光弼说："现在双方势均力敌，我们退了，敌人更加猖獗，不如把我军转移到河阳，进可以攻，退可以守。"李光弼下令把官员和老百姓全部撤出洛阳，带兵到了河阳（今河南孟州）。等史思明进洛阳的时候，洛阳已成了一座空城。史思明要人没人，要粮没粮，又怕李光弼偷袭，只好带兵出城，在河阳南面筑好阵地，和李光弼的唐军对峙。

李光弼

李光弼是个久经沙场的老将，知道眼前的兵力不如叛军，只能智取。李光弼听说史思明从河北带来了一千多匹战马，每天放在河边沙洲吃草，就命令部下把母马集中起来，然后把小马拴

在马厩里，等叛军的战马一到沙洲，就把母马放出来，和叛军的战马混在一起。过了一阵，母马想起小马，嘶叫着奔了回来，叛军的战马也跟着到了唐军的阵地。

在接下来的几次交锋中，史思明都没能取胜。最后，史思明集中了所有兵力，派叛将周挚进攻河阳的北城，自己领了一支精兵攻打南城。李光弼也把将士集中起来，严肃地宣布军令，说："大家看我的旗帜行动：我缓慢地挥旗，你们可以各自行动；如果急速挥旗着地，就是总攻的信号。若看到这个信号，必须奋勇向前，不准临阵退却。"说到这里，他拿了一把短刀插在靴子里，说："我是朝廷的大臣，决不死在敌人手里。你们如果战死在前线，我就在这里自杀。"

将士们听了李光弼一番激励的话，都勇气百倍地杀上阵去。这一场战斗持续了一整天，叛军受到猛烈攻击，纷纷溃退，被唐军杀死、俘虏了一千多人，还有一千多兵士被挤到水里淹死，攻北城的叛将周挚也逃走了。史思明知道周挚败退，不敢再战，逃回洛阳。

李光弼连续打退史思明的进攻，双方相持了将近两年。这时唐肃宗听信宦官鱼朝恩的话，命令李光弼攻打洛阳。李光弼认为敌人兵力还很强，不该轻易攻城，可唐肃宗接二连三派了宦官逼他进攻，李光弼冒险进攻，果然打了个败仗，李光弼也被撤了主帅的职务。史思明去了一个强大对手，乘胜进攻长安，可是在途中被其子史朝义杀死。史朝义在洛阳称帝，叛军内部更加分裂，从此没有力量再向唐朝发动大举进攻。

762年，唐肃宗病死，太子李豫即位，是为代宗。唐代宗继续平叛，调集各路兵马，又从回鹘借到一部分军队，以其子李适为天下兵马元帅，仆固怀恩为副元帅，率军收复了洛阳、河阳、汴州等失地。史朝义逃往河北，河北叛将见他大势已去，纷纷向唐朝投降。763年，史朝义在唐军打击下，被迫自杀，历时八年的安史之乱至此结束，可唐朝的繁盛局面也一去不复返了。

内忧外患

安史之乱是唐朝由盛至衰的转折点。这场战争严重破坏了北方经济，致使物资匮乏，物价飞涨。更重要的是，安史之乱后，唐王朝出现了藩镇割据的局面，边防日益空虚，中央政府统治的区域迅速缩小，一些少数民族政权甚至向唐朝发起进攻。唐王朝也并未吸取以前的惨痛教训，朝政日渐腐败。

藩镇割据

安史之乱虽然被平定了，但安史余部还保持相当大的势力，唐代宗为了求得平安，将黄河以北的土地分成若干，划给他们，以示安抚。而在平叛的过程中，唐朝对掌兵的将领也多加节度使的称号。因此，安史之乱以后，藩镇长期割据的局面开始形成。

割据始成

安史之乱后,唐王朝藩镇割据的主要情况如下:

魏博镇:从田成嗣开始,占有魏(今河北大名)、博(今山东聊城)、贝(今河北清河)、相(今河南安阳)、卫(今河南卫辉)、磁(今河北磁县)、洺(今河北邯郸市东北)等州。

相卫镇:在今河南安阳一带,后被田成嗣吞并。

成德镇:从李宝臣开始,割据恒(今河北正定)、定(今河北定州)、易(今河北易县)、深(今河北深州)、冀(今河北冀州)、赵(今河北赵县)等州,镇治在恒州。

卢龙镇:从李怀仙开始,割据幽(今北京)、涿(今河北涿州)、莫(今河北雄县)、瀛(今河北河间)、平(今河北卢龙)、蓟(今天津蓟州区)等州,镇治在幽州。

淄青镇:从侯希逸开始,割据淄(今山东淄川)、青(今山东益都)等十五州,包括今山东全境。传至李师道时,被朝廷所灭,分为三镇。

莲塘纳凉图

宣武镇:从李灵曜开始,割据地时有变动,大体在汴(今河南开封)、宋(今河南商丘)、亳(今安徽亳州)等地。唐宪宗时,其内部兵乱,朝廷另派节度使,归唐掌握。

淮西镇:从李希烈开始,割据申(今河南信阳)、光(今河南潢川)、蔡(今河南汝南)等州。后来到吴元济时,被朝廷平灭。

在唐后期的藩镇中,势力最大、为患最烈的是成德、魏博、平卢和卢龙四镇,时称"河朔四镇"。节度使各自拥兵,表面上尊奉朝廷,但法令、官爵都自搞一套,赋税不入中央,甚至职位也往往父死子继,或由部下拥立,唐中央只能加以承认,不能更改。

泾原之变

780年,德宗李适继位,决心重振中央权威。781年,恰巧成德(今河北正定)节度使李宝臣与平卢(今山东东平)节度使李正己逝世,德宗拒绝任命他们的儿子为下任节度使。于是,河朔四镇联合行动,宣告脱离中央,各自称王,淮宁(今河南汝南)节度使李希烈也乘机独立。德宗动员全国兵力,先行攻击李希烈。

783年10月,当泾原(今甘肃泾原)的出征部队经过长安时,适逢天降大雨,士兵全身

湿透，狼狈不堪。而唐朝廷派出的官员带给军队的尽是粗米咸菜。泾原士兵大怒，产生了哗变。德宗这才下令赶运二十车金钱财宝，可是恩典来得太迟，叛军挟持姚令言，已攻入长安，德宗仓皇逃往奉天（今陕西乾县）。

唐德宗出走后，叛军打进宫城，进了含元殿，大掠府库。同时，长安的居民也乘势进宫，抢夺国库及皇室财物。叛军头子姚令言感到自己威信不高，便把被软禁在京城的原幽州卢龙节度使朱泚弄出来当招牌，说要协助他夺取天下。这样一来，朱泚便当上了叛军头领。

德宗离开首都两天以后，文武百官才知道皇帝已然出走，于是也陆续跟着来到了奉天。左金吾大将军浑瑊拜见皇帝，反映京城情况，德宗立即任命浑瑊讨伐逆贼。宰相卢杞很不满意浑瑊的报告，说："朱泚忠贞不贰，群臣莫及，为什么说他作乱呢？臣愿以百口之家，保他不会谋反。"唐德宗也犹豫起来，让浑瑊不要发兵，等待朱泚迎自己回宫。

不料，朱泚此时已经阴谋篡位了，召集留在长安的官员姚令言、源休、段秀实等商讨登基问题。源休手执笏板来见朱泚，俨然大臣朝见天子的模样。段秀实看了特别生气，跳起来骂道："狂贼，我恨不能把你碎尸万段，岂能和你一齐谋反。"说罢，夺过源休的笏板，把朱泚的前额打得鲜血直流，可段秀实也被闻声赶来的卫士乱刀砍死了。

不久朱泚自称大秦皇帝，年号应天，杀了唐宗室许多人。各地的割据藩镇见状，更加猖狂起来。唐德宗本想逃往凤翔的，因为奉天和长安离得太近，总感觉不安全。然而凤翔的守军也投靠了朱泚，德宗惶恐万分。当然，也有些节度使支持德宗讨叛。龙武将军李观就率卫兵千余人奔奉天勤王，稳定了奉天的局势。为了增强奉天的防卫力量，德宗派了不少使者带着敕旨到各地去，令各地节度使火速派兵护驾。

此时，朱泚已到达奉天城下，猛攻奉天。他特制一架云梯，高广数丈，上容五百人，云梯下架着巨轮，前来攻城。浑瑊急令士兵暗凿地道，通出城外，储薪蓄火，然后组织敢死队，准备和朱泚决一死战。凑巧，叛军的云梯辗着地道，轮子陷在了地里。地道里很快放出火来，一声巨响，只见浓烟冲天，云梯化成了灰烬。唐德宗大喜，忙派太子督战，分兵从三个门出发攻击叛军，叛军大败。这时候，神策军大将李晟等人率军来援。朱泚见势不对，赶快退回长安。

李晟

朱泚回到长安后并不认输，开始策反奉天的守军将领，唐德宗令戴休颜等人守奉天，自己带领朝臣逃往梁州（今陕西汉中）。唐军在浑瑊的指挥下，一步步展开了反攻，首先攻克了咸阳（今陕西咸阳）。朱泚和姚令言知道长安孤城难守，只得败走泾川，沿途部众尽散，只剩骑兵数百人。当他走到彭原（今甘肃庆阳）时，被部下刺死。

这时，唐王朝的半壁河山都已糜烂，幸而还有一些忠于中央政府的军队收复了长安，造反的元凶李希烈也被他的部下所杀，德宗又回到了长安。不久后，河朔四镇在获得中央政府准许世袭的保证下，取消了王号。藩镇势力不但没有削弱，反而还有所加强。

边患又起

内患未平，边患又起。在安史之乱中，边疆的一些少数民族看到唐朝的虚弱，便开始了反叛，并一度攻陷了长安，唐王朝也开始艰难地反击。

反击吐蕃

763 年，吐蕃乘唐平安史之乱无暇西顾之机，沿着两千余里的边境，发动全面总攻，唐军节节败退。吐蕃大军先后攻入大震关（今甘肃清水陇山东坡），接连攻陷兰州（今甘肃兰州）、廓州（今青海化隆）、鄯州（今青海西宁湟中一带）、渭州（今甘肃陇西）等地，河西走廊跟中原之间的交通，被拦腰切断。边区官员向皇帝告急，可宦官程元振却隐瞒不报，直到吐蕃军队攻入邠州（今陕西郴县），唐代宗才得知消息，仓促任命雍王李适为元帅，郭子仪为副帅，出镇咸阳（今陕西咸阳）。

雍王名位虽高，但完全不懂军事。郭子仪闲居很久，原有的部众早已离散，仓促间招募，只得骑兵数十名。等郭子仪到达咸阳时，吐蕃兵已达奉天（今陕西乾县）、武功（今陕西武功）。郭子仪恳请皇帝增兵防守，可宦官程元振从中阻挠，只有渭北兵马使吕月将率领两千余众抵抗，结果失败，吐蕃兵直捣长安。唐代宗惊慌失措，携带嫔妃与雍王出奔陕州（今河南三门峡）。长安城被大肆劫掠了一番。

历史小常识：吐蕃中的中原成分

吐蕃攻陷麟州（今陕北神木一带），驱掠民畜而去。被掳的汉人走到盐州（今陕北定边一带）时，有位叫作徐舍人的吐蕃将领，把这些俘虏召集一处，对和尚延素说："大师不要害怕，我本李世民的后人，先祖徐敬业反抗武则天失败，流落到此地。虽然现在还是心向中原，但子孙繁衍甚众，回归已经很不现实。"说完，就放了他们。

郭子仪组织各地兵马反击。当时郭子仪一路上只收集了四千人马，但他采用疑兵之计，白天多张旗帜，夜晚又燃起无数火堆，一路上弄出声势浩大的样子，让吐蕃军队起了疑心，不知道郭子仪究竟带来多少人。他还派人混进长安，暗中召集数百少年，半夜在大街敲锣打鼓，大声叫喊。吐蕃军队不知底细，还以为郭子仪的军队已经进城，就连夜撤出长安。

就这样，郭子仪仅用了十五天便将长安收复，将唐代宗迎了回来。唐代宗回来后，下诏撤销程元振的职务，削职为民。消息传出后大快人心，振奋了将士们的斗志。不过，代宗虽然嘉奖了郭子仪，心里却认为赶走吐蕃人是佛光普照的结果，只要虔诚礼佛，万事可以逢凶化吉，从此醉心佛事。

仆固怀恩在平定安史之乱中立有大功，但却为人所中伤，遭到朝廷的猜忌。他感觉

对国家功劳极高，却被如此对待，心里愤愤不平，就于764年起兵反叛。唐代宗派郭子仪前去平定。仆固怀恩很快被击败，率领残部逃走，但他并不甘心。

765年，仆固怀恩声称代宗去世，郭子仪也被宦官鱼朝恩害死，引吐蕃、回鹘等部族共三十万大军攻击唐朝。唐军抵抗不住，吐蕃、回鹘联军趋赴盩田，直取长安。一时京师震恐，宦官鱼朝恩劝代宗再一次逃出长安。由于大臣反对，才没有逃走。唐代宗被迫急召郭子仪，屯驻在长安北面。

这时吐蕃、回鹘产生了隔阂。仆固怀恩在进军路上暴病而死，吐蕃、回鹘双方为了谁当首领争吵不休，两军分营而驻。由于唐军兵力不多，郭子仪决定亲赴敌营，希望说服回鹘将领退兵。当时郭子仪颇受少数民族敬重，因此当他脱去戎装并单骑来到回鹘大营，双方言和，药葛罗立即退兵，并发誓不再侵唐。郭子仪单骑访回鹘军队的消息，传到吐蕃营里，吐蕃的将领们害怕唐军和回鹘联合起来袭击他们，连夜带着大军撤走了。唐王朝又一次转危为安。

郭子仪为唐王朝立下大功，但唐代宗还认为主要是佛的保佑。他"有寇至则令僧讲《仁王经》以禳之，寇去则厚加赏赐"，由信佛走向了佞佛。但事实上，唐王朝之所以能够抗击住吐蕃，与回鹘的支持是分不开的。

和亲回鹘

唐王朝虽然击退了吐蕃，但实在无力对付其他少数民族了。此时有势力的少数民族当属回鹘，因此和亲政策在这时又派上了用场。

唐代宗的父亲肃宗，为了表示对回鹘出兵帮其平乱的功劳，曾将女儿宁国公主送往回鹘和亲。宁国公主是唐肃宗李亨七个女儿中容貌最出众的，可惜却嫁了两任短命的丈夫。宁国公主还没从丈夫去世的悲痛中醒来，就被选定和亲，她也只能哭着安慰父亲："国家事重，死且无恨！"这番话让唐肃宗伤心不已。

赤松德赞

宁国公主到达回鹘后，可汗举行了盛大的仪式，被封为新王后，并派王子率领骑兵继续帮唐天子平叛。可仅仅三个月后，可汗便去世了。回鹘人按本国风俗，准备让宁国公

主殉葬。在此生死关头，宁国公主表现出了大唐公主的威严与镇定，她据理力争道："按大唐风俗，丈夫亡故，妻子为其服丧三年，服满，就可以改嫁，这叫终礼。现在回鹘既然万里迢迢与唐通婚，不就是仰慕大唐的风俗习惯吗？所以，我是不应该为可汗殉葬的！"回鹘人见公主言之有理，只好作罢。不过，为了照顾回鹘人的情绪，宁国公主用刀划面，自毁容貌。

妻离子散

788年，德宗李适采用宰相李泌的建议，把女儿咸安公主嫁给回鹘汗国的长寿天亲可汗。三年后，吐蕃军队攻击灵州（今宁夏灵武），回鹘出兵迎击，吐蕃遭到空前大败，长寿天亲可汗把俘虏送到长安献捷。咸安公主在回鹘生活了二十一年，为回鹘与唐朝的和平做出了极大贡献。

唐穆宗当政时，应回鹘的请求，他将自己的妹妹、唐宪宗的第十七个女儿太和公主下嫁，成了回鹘崇德可汗的王后。825年，崇德可汗去世，其弟彰信可汗即位。832年，彰信可汗去世，特勒可汗即位。太和公主先后成了彰信可汗和特勒可汗的王后。此后几年，回鹘发生大灾难，先是连年饥荒，然后便发生了内乱。太和公主也回到了中原。

当时的皇帝唐武宗李炎，以盛大的礼仪迎接公主归来，然而太和公主却换上囚服，痛哭流涕，自言辜负了朝廷的重托，没有尽到责任。唐武宗派人安慰公主，并晋封她为安定长公主。历经坎坷的太和公主终于回到了阔别近二十年的故国，然而因为在战乱中饱受屈辱和惊吓，在返回长安不久便因病去世了。

当然，唐朝真正和亲的公主远不止这几位，很多女子连名字都没有留下来。当初宁国公主下嫁回鹘可汗时，朝廷还派了一个亲王的女儿陪嫁。宁国公主自毁容貌后返回了故国，这位公主却留了下来，回鹘人称她为小宁国公主。然而她在回鹘的生活和最后的归宿，却没有明确的记载。

改革自救

安史之乱让唐王朝北方经济遭到严重破坏，户籍紊乱不堪，再加上藩镇割据以及军队不时反叛，唐政府的统治机构陷入了半瘫痪状态。

针对这种情况，唐王朝必须推行改革，以延续统治。784年，回到长安的德宗皇帝颁布了《罪己诏》，对自己的所作所为作了反省："小子惧德不嗣，罔敢怠荒，然以长于深宫之中，暗于经国之务，积习易溺，居安忘危，不知稼穑之艰难，不恤征戍之劳苦，泽靡下究，情未上通，事既拥隔，人怀疑阻。犹昧省己，遂用兴戎，征师四方，转饷千里……或一日屡交锋刃，或连年不解甲胄……怨气凝结，力役不息……转死沟壑，离去乡闾，邑里丘墟，人烟断绝。天谴于上而朕不寤，人怨于下而朕不知，驯致乱阶，变兴都邑，万品失序，九庙震惊；上累于祖宗，下负于蒸庶……罪实在予！"

陆龟蒙

但这时唐王朝已经虚弱不堪，藩镇也已成尾大不掉之势，德宗皇帝被迫承认藩镇割据的局面："李希烈、田悦、王武俊、李纳等，咸以勋旧，各守藩维，朕抚驭乖方，致其疑惧；皆由上失其道而下罹其灾，朕实不君，人则何罪！宜并所管将吏等一切待之如初。朱滔虽缘朱泚连坐，路远必不同谋，念其旧勋，务在弘贷，如能效顺，亦与惟新。朱泚反易天常，盗窃名器，暴犯陵寝，所不忍言，获罪祖宗，朕不敢赦。其胁从将吏百姓等，但官军未到京城以前，去逆效顺并散归本道、本军者，并从赦例。"

刘晏整顿经济

安史之乱破坏了唐王朝的经济。在数年的战乱中，大量青壮年战死疆场，叛军的烧杀抢掠更加重了民众的苦难。在这样的情况下，历史上经济文化最发达的黄河流域几年间就变得凋敝不堪，满目荒凉，人口锐减。受战乱破坏最严重的河北道、关内道、河南道还有淮南道，人口少了一半还多。战乱期间和战乱之后，北方的人口大量南迁，这也导致了北方经济恢复的困难。

由于生产力的破坏，物资缺乏，使得物价高涨，斗米少则千钱，多者七千钱，比开元年间上涨了百倍不止。绢价涨到四千钱以上，比开元时提高了二十多倍，许多原来富裕的人家也只能在死亡线上挣扎了。郭子仪曾在一份奏折中写道："夫以东周之地，久陷贼中，宫室焚烧，十不存一，百曹荒废，曾无尺椽。中间畿内，不满千户。井邑榛棘，豺狼所嗥……东至汴郑，达于徐方，北自覃怀，至于相土，人烟断绝，千里萧条。"

面对唐王朝混乱的经济局面，大臣刘晏首先对漕运进行了全面彻底的整顿和改革，很快就使原来已经断绝的东路漕运得以恢复，而且在效率方面较之前代也大有提高。刘晏上任后，首先组织人力疏浚河道，建造了二千艘坚固的漕船，每十船为一队，军官负责押运。他不再征发沿河壮丁服役，而是由政府雇用船夫。他沿用前人的办法，将全程分成四个运输段，使江船不入汴水，汴船不入黄河，河船不入渭水。为此又特意在扬州、汴口、河阴、渭口等处设仓贮粮，以备转运。这样比过去用江南民工长途运输的方法提高了效率，减少了损耗，降低了运费，同时也免除了南方民众一项旷日持久而又苦不堪言的劳役。当他组织运输的第一批粮食运达长安时，代宗皇帝欢喜异常，组织了军乐队到东渭桥迎接运粮船队，还派了特使飞马慰问他说："你啊，真是朕的萧何！"

历史小常识：神童刘晏

刘晏字士安，七岁便以"神童"之名享誉乡里。后被录取神童科，留在唐玄宗身边担任秘书正字。一次，唐玄宗问道："你担任朕的秘书正字，正得几字？"刘晏答道："天下字皆正，唯有朋字未有正得。"此话一语双关，不仅说出了"朋"字的字形结构特点，还对杨贵妃一家结党营私表示了不满。

766年，刘晏获得提升，以户部尚书兼领都畿、河南、淮南、江南、湖南、荆南、山南东道转运、常平、铸钱、盐铁等使职，半壁江山财任，尽属刘晏一人。在继续做好漕运工作的同时，刘晏开始对食盐专卖制度作大力改革，以增加专卖收入。通过对食盐专卖各环节所做的明智变通，政府得自食盐专卖的收入在短短的几年间翻了十倍左右，由刘晏接管时的每年六十万贯猛增至大历末年的六百万贯。

在户税和地税的管理上，刘晏也进行了整顿和改革。刘晏对地税的整顿有两点：第一是对地税的征收额有所提高。刘晏之所以提高地税，是由于唐中叶均田制被破坏后，占有少量土地的个体农民的数量减少了，而大土地私有者迅速发展起来。加重地税是为了让官僚贵族、豪强地主多负担一些国家的租税，尽快增加国家的财政收入。虽然一般百姓的地税额也随着有所增加，但和大土地私有者相比损失不大。因为贫困农民大多沦为地主的佃户，他们是不交地税的，即使有土地的农民也不会有很多的好田，绝大多数田地也是下等地。第二是规定大土地私有者的田庄每处都要交纳地税，以此防止大土地私有者逃避地税，因为他们的田庄分散在各地，有的甚至在其他州县，因此特别制定了这条规定。

由于刘晏的理财措施适应唐王朝经济残破的局面和当时社会的需要，所以使唐王朝的经济得到了恢复和发展，人民也得以养息。他当初受命为转运使时，全国才二百万户，

国家财政收入只有四百万贯。到了779年,户口增加到三百万户,财政收入达一千三百万贯,其中盐利过半,而国家并没有过多地增加农民的税收。

杨炎与两税法

779年,德宗皇帝又启用杨炎,进行改革。经过深思熟虑的筹划后,杨炎对德宗详尽说明了原来赋税制度的缺陷,并提出了自己的新政策,这就是中国财政史上著名的两税法。

两税法的重要原则是量出置入,由政府先预算开支以确定赋税总额。同时取消了租庸调及各项杂税的征收,只保留户税和地税。户税是按户等高低征钱,户等高的出钱多,户等低的出钱少。地税是按亩征收谷物。无论户税和地税,都分夏秋两季征收,夏税限六月纳毕,秋税限十一月纳毕,这就是两税法得名的原因。

两税法在施行的初期取得了可观的成绩,但弊病也很快显露无遗。从形式上看,征收两税是"以资产为宗,不以人丁为本"。可实际上,在实行两税法时并没有进行资产普查,而是根据以前各地的旧税总数,改变了税名,变成两税税额的,因此人们的负担很不合理,赋税的承担并不均衡。加之两税是以钱计税,各户都有固定的钱数,交税时要用实物折钱,因此市场上货币的流通量逐渐减少。不仅如此,在两税法实施后的数年后,各地官员就开始私自加税,人们的负担越来越重。白居易在《无名税》就生动地表现了当时民众的苦痛与愤慨:"国家定两税,本意在忧人。厥初妨其淫,明敕内外臣。税外加一物,皆以枉法论。奈何岁月久,贪吏得因循。浚我以求宠,敛索无冬春。织绢未成匹,缫丝未盈斤:里胥迫我纳,不许暂逡巡。岁暮天地闭,阴风生破村。夜深烟不尽,霰雪白纷纷。幼者形不蔽,老者体无温。悲端与寒气,并入鼻中辛。昨日输残税,因窥官库门。缯帛如山积,丝絮如云屯。号为羡馀物,随月献至尊。夺我身上暖,买尔眼前恩。进入琼林库,岁久化为尘。"

永贞革新

805年,唐德宗死了,太子李诵即位,是为唐顺宗。唐顺宗做太子二十多年,一直很关心朝政。登基之后不久,便任命韦执谊为宰相,自己的老师王叔文为翰林学士,改革内政。

王叔文是越州山阴(今浙江绍兴)人,以善于围棋得以入侍东宫,职责是陪皇太子娱乐。顺宗对自己的师傅很是尊敬,除了下围棋,也讲谈一些国家大事。有一次,顺宗与王叔文和其他一些侍读畅谈天下政事,涉及当时一些比较敏感的弊政,顺宗对他身边的人说:"我准备把这些弊政向父皇直言,以便能够改正。"众人都对此举表示称赞,唯独王叔文一言不发。等众人都退下后,顺宗单独留下王叔文,问他:"刚才为何就你不说话?是不是有什么深意?"王叔文道:"我以为,太子的职责乃在于侍膳问安,向皇上尽忠尽孝,不适宜对其他的事品头论足。皇上在位时间长了,如果怀疑太子是在收买人心,那殿下将如何为自己辩解?"顺宗闻言恍然大悟,既紧张又感激地对王叔文说:"如果没有先生的这

番点拨,我怎么能够明白其中的奥妙啊!”从此,顺宗对王叔文格外喜欢,东宫事无大小,都委托他来谋划。

刘禹锡

这一次改革就是有名的永贞革新,主要内容是:

第一,惩办大贪污犯李实,撤销其京兆尹的职务,贬为通州长史。李实是皇族,封为道王,在担任节度使时期,由于克扣军饷曾引起兵变。后来关中大旱,唐德宗准备减税。李实却讨好皇帝,虚报轻灾,迫使农民只好典桑卖地来交税,弄得不少农民破产流亡。人们对李实恨之入骨。

第二,罢宫市与五坊小儿。宫市是德宗时的一项扰民政策,宦官可随意掠夺平民的财物。五坊则是雕坊、鹘坊、鹞坊、鹰坊、狗坊。小儿是在五坊服务的差役。五坊小儿在长安内外各处张网捕雀,有时把网盖在门口或井上,不叫人们出入打水,只有给了钱,才许可打水。奉使出外的宦官还常在路上抢马,一度使得商旅断绝。因此顺宗就罢除了宫市与五坊小儿。

第三,剥夺宦官的兵权和裁抑藩镇。

第四,罢盐铁使月进钱。食盐、铁专卖是唐朝后期政府的重要收入,设盐铁使经营。后来巧立名目,出现所谓盐铁月进钱,就是在正课以外每月向皇帝送羡余钱,以供皇帝私用。

第五,释放宫女和教坊女乐九百余人。

第六,宫中禁征乳母。唐德宗时,宫中乳母往往都是从民间选出,给民众带来很大负担。这一弊政在这次革新中得到了纠正。

永贞革新是在唐顺宗支持下的政治改革,目的就是要推翻宦官专政和消灭割据势力,因此反对革新最坚决的,就是以俱文珍、刘光琦为首的宦官集团,还有韦皋等节度使。

唐顺宗虽然是个有政治远见的人,但他即位之时就得了中风,根本无法说话,政令的执行都靠王叔文来进行。王叔文为了推进改革,与王伾联手,启用了柳宗元、刘禹锡、韦执谊、韩泰、韩晔、陈谏、凌准、程异八人,希图改变混乱的朝政。虽然他们有改革之心,但一没兵权二乏强有力的政治支持,在政治上一直处于不利地位,因此除了革除宫市、五坊小儿及进奉等进展较为顺利外,其他的改革措施都受到了阻挠。永贞革新很快就遭遇了失败。

西川节度使韦皋妄图完全领有剑南三川,以扩大地盘。他因图谋未能得逞,对王叔文等人非常憎恨。以俱文珍为首的宦官集团与一些节度使勾结,发动政变,幽禁顺宗,迫使他下诏禅位:“积疢未复,其军国政事,权令皇太子纯勾当。”宦官遂拥立他的儿子李纯继位,史称唐宪宗。这一来宦官得势,王叔文、王伾随即遭到了贬逐。王叔文被贬后又被

赐死,王伾则死于贬所。柳宗元等八人都被贬为“边州司马”。历史上称这一事件为“二王八司马事件”。永贞革新历时一百余日,就以失败告终。

元和中兴

唐宪宗是唐朝中后期较有作为的皇帝,在他出生的第二年,祖父德宗即位,父亲顺宗被立为太子。李纯六七岁的时候,曾被德宗抱在膝上逗引作乐,问他:“你是谁家的孩子,怎么在我的怀里?”李纯道:“我是第三天子。”这一回答使德宗大为惊异。作为当今皇上的长孙,李纯按照祖、父、子的顺序回答为“第三天子”,既闻所未闻,又很契合实际情况,德宗皇帝不禁对怀里的皇孙增添了十分喜爱,因此在李纯十一岁时,就册封他为广陵郡王。十多年后,他又被封为皇太子,最后登上了皇位。

宪宗登基之后,体恤百姓。808 年,南方遭到百年不遇的大旱,发生了严重的饥荒。宪宗就任命官员到江淮、两浙、荆湖、襄鄂等地去赈济饥民。在官员出发之前,宪宗劝诫他们道:“我在宫中所用的东西,即使是一块小小的布帛,也必须登记在册,唯恐浪费。唯独对于赈济百姓,可以不计所费。你们可要体会朝廷的心意,千万不要只是饮酒游山玩水忘记了本分啊。”

裴度

宪宗喜欢阅读历朝实录,每读到贞观、开元故事,就仰慕不已。为了重现祖上的雄风,宪宗也决心改革。唐宪宗首先恢复了太宗时期谏官随宰相议事的制度,以便“开直言,广视听”。宪宗曾在延英殿与宰相共同商讨治理天下的方法。天已经很晚了,那时候天气十分的炎热,皇帝满脸的汗水,甚至连衣服都被汗水打湿。宰相担心皇帝身体疲倦,就请求退出去。宪宗将他们留下来对他们说:“朕要是回到宫中,跟朕在一起相处的都是一些宫女和宦官这样的人。所以,朕很喜欢与你们在一起共同探讨治理国家的方法和相关的政策措施,唯独这样,我才不知道劳累。”

与此同时,他还起月了大量优秀人才。例如杜黄裳在德宗时只是担任管理国家祭祀礼乐的太常卿,宪宗登基后,杜黄裳很快被提升为宰相。还有武元衡、裴度和裴垍等人,从政后都取得了显著的成绩。在看过白居易的百余篇诗作后,宪宗又提升白居易为翰林学士,做自己的侍从和顾问。

裴垍执政后,马上就对两税法进行了改革。两税法是以钱计税,而百姓纳税时,主要是用粮和绢。这里便出现一个以绢折钱的标准问题,假若价格标准定得合理,纳税者便不会吃亏,不然,必然会加重负担。裴垍调整了纳税物折价标准,尚书省为了适当减轻纳税者的负担,制定一个低于市场实际价格的折价标准,这个标准谓之“省估”。其次,裴垍

还调整了两税上贡、送使、留州的比例。两税钱物以前的分配比例不合理，送给节度使的部分较大，助长了他们的割据实力。裴垍将标准改为节度使只许留用其直属州上交的税物，假若不够用，再报请朝廷分收余州少数税物。这样一来，不但减轻了人民的负担，也限制了节度使的财源。

除此之外，唐宪宗精简机构，裁汰冗员，建立了收支计簿制度。规定户部、度支使、盐铁使三个机构，于每年十二月，把一年当中各项收支的具体数字报告朝廷。如果部门尚有剩余钱物或赤字，也须如实上报。这使朝廷能够掌握了解国家财政的实际情况，以便及时提出处理办法，同时也可以减少弄虚作假和营私舞弊的问题。

不受贡献

经过这一系列的改革，唐朝的经济状况有了明显改观，还出现汇兑业务的雏形“飞钱”。“飞钱”亦称“便换”，起于唐宪宗时。唐朝才开始使用铜钱，但由于国内及外贸交易的日益发达，当时与唐朝通商密切的许多国家，也流通“开元通宝”，铜钱大量外流，唐朝中央政府有限的铸币量不敷使用，铜钱短缺的形势加剧。于是中央政府规定各地方政府禁钱出境，以防铜钱流入海外。在这样的背景下，“飞钱”就应运而生。

“飞钱”有两种，一种是官营，商人在京城把铜钱交给地方设于京城的“进奏院”（相当于现在的驻京办事处），由进奏院开具发联单式的“文牒”或“公据”，一联交给商人，一联寄回地方，商人到达该地可以随时随地兑换现钱。另外一种是私营，一些大商人“邸店遍海内”，他们向不便携款远行的商人发放票据，商人可凭此“轻装趋四方，合券乃取之”。与官府主持的飞钱一度每千钱“便换”收取汇费达百文不同，私商受理的“飞钱”都不收汇费。但由于古时交通不够便利，合券付款往往在一两个月之后，商人相当于获得了利息收益。因为票券上的钱好像在飞来飞去，所以人们把此类票券叫作“飞钱”。

“飞钱”一方面便利了商业，另一方面进奏院在京城收到的款项，恰好用来抵作向中央政府交纳的赋税，可谓公私两便。后来，飞钱因携带便利又多有官方承兑，有时就被直接用作支付手段，在市场上流通转让，在一定程度上发挥着货币作用。“飞钱”不是纸币，但却是宋元纸币产生的渊源。

李愬雪夜入蔡州

在经济有所恢复的同时，唐宪宗实行铁腕政策，削平了反叛的数藩，打击了藩镇的气焰。平定淮西吴元济的叛乱就是其中的标志性事件。

淮西镇的叛乱由来已久。782 年，淮西节度使李希烈与河北藩镇朱滔、田悦等勾结，起兵反叛。淮西节度使驻蔡州汝阳（今河南汝南），地处中原，战略地位重要。朝廷屡次讨伐无果，淮西镇遂保持半独立状态。唐宪宗即位之后，发兵征讨淮西，可花了多年工夫，费了大量财力，都失败了。

814 年，淮西节度使吴少阳死去，他的儿子吴元济匿丧不报，自掌兵权。朝廷遣使吊祭，他拒而不纳，继又举兵叛乱，“发兵四出，屠舞阳，焚叶，掠鲁山、襄阳”，还骚扰洛阳一带，使长安受到震动。

在如何对待反叛的吴元济的问题上，当时大多数朝臣是主和派，都认为不能再打下去，主张赦免吴元济之罪，并任他做淮西节度使。但宰相武元衡和御史中丞裴度力主用兵。815 年，宪宗决定对淮西用兵，引起恒州王承宗和郓州李师道割据势力的恐惧。

> **历史小常识：诗人武元衡**
>
> 武元衡既是宰相，又是诗人，其诗“杨柳阴阴细雨晴，残花落尽见流莺。春风一夜吹乡梦，又逐春风到洛城”流传甚广。而“麻衣如雪一枝梅，笑掩微妆入梦来。若到越溪逢越女，红莲池里白莲开”则是他温和的为人和悲情的结局的最好写照。

李师道感到威胁，就采用表面助官军讨伐、实际上支持吴元济的两面派手法，企图巩固自己的地位。他按照幕僚的建议招募了一帮亡命之徒，潜入河阴漕院（今河南荥阳北），杀伤十余人，烧钱帛三十余万贯匹，谷三万余斛，把江、淮一带集中在这里的租赋都烧毁了。李师道还试图贿赂武元衡和裴度，但没有成功，就派人刺杀武元衡和裴度。当时，李师道已用重金收买了把守潼关要道的士卒，从而使手下的间谍能不受任何阻碍地潜入京师附近作案。

815 年六月的一天，天还没有亮，武元衡去上早朝。没离开家门多远，武元衡上朝时打的灯笼，瞬间被刺客用暗箭射灭，武元衡随即中箭，他的随从一哄而散。刺客从容地将他杀死，砍下头颅而去。随后，刺客又去刺杀裴度。裴度头部被砍伤，不过他当时戴着官帽，创口不深。裴度随从王义将刺客从后面抱住，大声呼救。刺客回身砍断了王义手臂，然后再去追杀裴度。这时裴度跌入沟中，刺客以为裴度已死，才停止追击，从容逃走。他们行凶后竟留下字条，威胁破案的官差：“毋急捕我，我先杀汝。”

在此之后，李师道又派数千人潜入洛阳，打算焚烧宫阙，杀掠市民，后因事泄未能得逞。他又派人焚烧了唐高祖李渊陵墓的寝宫，折断唐肃宗李亨陵墓门戟四十七支。

藩镇割据势力气焰嚣张。朝廷内主和派的大臣们，以“人情恐惧”为借口，纷纷要求宪宗罢兵，甚至要求宪宗罢免裴度的官职，以安抚这些割据势力。裴度面对王承宗、李师道等的暗杀威胁以及主和派要求撤兵的压力，向宪宗进言：“淮西腹心之疾，不得不除，且朝廷业已讨之，两河藩镇跋扈者，将视此为高下，不可中止。”宪宗支持裴度的意见，即提

拔裴度为宰相，让他负责削平淮西之事。

817年，讨伐淮西的战争进入第四个年头。前方战争屡屡失利，兵饷运输又出现了严重困难。朝中主和派官员又纷纷主张撤兵。裴度认为吴元济“禁人偶语于途，夜不燃烛”“有以酒食馈遗者”处以死罪等严酷政策不得人心，中央军队之所以失利在于人心不齐。8月，裴度亲赴前线协调指挥。在此情况下，一代名将李愬就脱颖而出了。

李愬雪夜入蔡州

当时李愬担任唐州（今河南唐河）等三州节度使。李愬刚到唐州之时，向官员宣布说：“我是个懦弱无能的人，朝廷派我来，是为了安顿地方秩序。至于打吴元济，不干我的事。”果然，李愬上任后一点不提打淮西的事，唐州城里有许多生病和受伤的士兵，李愬就忙着一家家上门慰问。这个消息传到吴元济耳朵里，让吴元济放松了警惕。

一次，李愬的士兵在边界巡逻，碰到一队淮西士兵，双方打了一阵，唐军把淮西士兵打跑了，活捉了其首领丁士良。丁士良是吴元济手下的一名勇将，经常带人侵犯唐州一带，很多人都吃过他的亏，非常恨他。这一回活捉了他，都请求李愬把他杀了，给死亡的将士报仇。可李愬却吩咐士兵松了他的绑，好言好语问他为什么要跟吴元济闹叛乱。丁士良本来不是淮西士兵，是被吴元济俘虏过去的，见李愬这样宽待他，就愿在其麾下效命。李愬靠丁士良的帮助，打下了淮西的据点——文城栅和兴桥栅，先后收服了李祐和李忠义两员大将。

李愬计划攻打蔡州。每得吴元济降兵，必亲自招来盘问详细情况，由此对吴元济内部的地形与兵力部署了如指掌。李祐对李愬说：“吴元济的精兵在洄曲一带驻扎，蔡州城主要是老弱病残的士兵把守，我们可以乘虚直入，直捣蔡州城。”李愬采纳了他的意见，并征得裴度的同意。

在一个风雪之夜，李愬下令李祐、李忠义两员降将率领敢死队三千人为先锋，自将三千人为主力部队，命唐州刺史李进诚率三千人后卫，踏上攻打蔡州的征程，但绝大多将士都不知道此战的目标。

在占领了张柴村后，李愬命令士兵稍事休息，并留下五百人守张柴村，以阻击吴元济可能的援兵。有人问具体目的地，李愬说：“进蔡州城捉吴元济。”手下将士大惊。这时风雪扑面，军旗被吹裂，人马冻死的随处可见。官军从未走过这条路，又因是降将李祐带路，人人以为这下子完了。然而军令如山，也只能前行。大军行至蔡州城附近，当地有鹅鸭池，李愬令士兵驱赶鹅鸭，以掩盖部队行军的声音。凌晨三四点钟，李愬军至蔡州城下，守军无一人发觉。李忠义先登上城墙，敢死队跟进。守卒还在熟睡，全被杀死，只留下打更的，叫他们照常打更。于是大开城门，让官军入城。里城也同样方法攻破，城内无

人知觉。到了天亮时，李愬已占据吴元济外宅。当时有人报告吴元济："官军来了！"吴元济尚未起床，笑道："肯定是盗贼作乱，天亮把他们全杀死。"又有人报告说："外城被占领了。"吴元济说："这必是洄曲的部队来向我要寒衣。"等到他起床后，才在院子里听到官军的口令呼喊声，应者近万人，这时吴元济才害怕起来，率左右上护城墙抵抗。官军烧其南门，老百姓争相送柴草帮助，吴元济被迫投降，李愬将其押送到长安。

淮西的平定让河朔四镇大为震惊，他们立即取消世袭，缴回行政财赋大权。四镇之一的平卢节度使李师道，更是献出了三个州给中央。但他马上又懊悔献得太多，临时变卦，唐宪宗立即下令讨伐，李师道被部下杀死。

到此时，唐朝算是恢复了表面上的统一，但节度使领有重兵的局面并未改变。所谓的"元和中兴"，并没有恢复唐朝富强繁荣的局面。

张议潮光复河西

在唐王朝遭遇统治危机之时，基层的忠心爱国人士也做出了不可磨灭的贡献。光复河西的张议潮即是其一。

所谓河西，指的是现在甘肃省黄河以西地区，又称河西走廊，这里是中原和西域之间的交通要冲，河西走廊西端的沙州（今甘肃敦煌），是从西域进入中原的咽喉，地位极其重要。贞观时期，唐王朝在这个地区建立陇右道，把管辖范围扩大到瓜州以西。河西走廊周围是诸多民族杂居之地，北面最初是突厥，后来是回鹘，南面则是吐蕃。

心向朝廷的张议潮

安史之乱后，河西陇右的军队调到内地平叛。吐蕃人趁机攻陷了凉州（今甘肃武威），河西节度使逃往沙州，在沙州设立节度使府。当时沙州附近的各州也都被吐蕃占领

着，只有沙州军民不肯投降。后来，吐蕃奴隶主尚奇心儿包围了沙州，沙州刺史周鼎向回鹘求援，可回鹘没有伸手相救。周鼎打算焚城东逃，部众不从，结果周鼎被手下阎朝杀了。阎朝坚持守城，终因粮尽，自己和沙州同陷于吐蕃。

吐蕃好不容易拿下沙州，开始残酷地对待占领区的百姓，只要是汉人被他们俘虏后，老弱全部杀光，少壮充当奴隶。不仅如此，吐蕃的奴隶主还严禁他们穿汉族服装，只许他们每年元旦穿自己的衣服祭祀祖先，祭完便收起来。每逢到了这一天，汉人无不向东方遥拜，痛哭流涕。

848 年，沙州的张议潮无法忍受吐蕃人的虐待，率领汉人起义，将吐蕃人赶出了沙州。不久又夺回瓜州（今甘肃瓜州）。在光复沙州后，张议潮立即派人到长安报告。张议潮唯恐表文送不到长安，分遣了十队使者，带着同样的表文出发，其中一队顺利到达天德军（今内蒙古包头西）。当地官员将报告送到长安，张议潮因此被任命为沙州防御使。

紧接着，张议潮又率领着河西民众扩大战果，接连收复了伊州（今新疆哈密）、河州（今甘肃临夏）、甘州（今甘肃张掖）、鄯州（今青海西宁一带）等地。851 年，张议潮派其兄张议潭携带河西十州的地图和户籍到达长安。唐中央政府在沙州恢复了河西节度使，号称“归义军”。

河西道虽然被张议潮收复，但河西走廊并不安宁，吐蕃人还在不断侵犯这片土地。858 年，吐蕃人大规模进攻，结果再一次被张议潮打退。866 年，张议潮又光复了西州（今新疆吐鲁番）。

张议潮前前后后进行了长达十九年的斗争，保持和巩固了河西走廊，并且大力发展农牧业。张议潮专门设置了渠人这一官职，几个渠人以一条渠为中心组织起来，专门监督管理渠道事务。由于水利事业的兴修，使得河西走廊的农业得到发展，从而使这一地区的经济逐渐繁荣，让沙州成了东西贸易和交通的中枢。

朱温灭唐

虽然唐朝进行了一系列的改革，但藩镇割据局面一直没有得到根除。在朝廷，宦官乱政现象日益突出，大臣也产生了激烈的朋党之争。在这其中，基层民众生活痛苦不堪。黄巢起义之后，唐王朝名存实亡，后被朱温所灭。

宦官之祸

唐代武则天时期和唐中宗、睿宗时期，内部斗争十分激烈。皇族、外戚、后妃、大臣、禁军将领各自结成政治集团，尔虞我诈，你争我夺，搞得政局一片混乱。在这种情况下，皇帝对外人很难相信，唯有对平日里伺候左右的宦官深信不疑。宦官能经常接触皇帝，了解皇帝的心思，又受到皇帝的信任，因此各个政治派系对宦官都很是重视，极力拉拢宦

官，最终酿成大祸。

宦官祸起

唐朝宦官

唐朝的宦官之祸是从唐玄宗时期开始的。唐玄宗是在激烈的皇族内部斗争中当上皇帝的，他深知大臣、将领、外戚结党营私的危害，因此对功臣宿将都怀着深深的戒备之心，开始对自己身边的宦官大力提拔，任用亲信宦官参政领军。如高力士就担任了内侍省的最高职务即知内侍省事，所有的宦官都听他指挥。朝廷中的许多重要官员，如李林甫、安禄山、杨国忠、韦坚等人，都是依靠高力士的引荐才得以被玄宗重用的，其权势可见一斑。

在玄宗时期，以监军为主要表现形式的宦官开始大规模地出现在历史舞台上。756年，负责抵御安史叛军的高仙芝和封常清，就因为与监军宦官边令诚有矛盾，被其诬告，遂被双双处斩。高仙芝和封常清都是功名显赫的大将，竟然由于宦官的一句诬陷就人头落地。两员名将的被冤杀引起了军心的动摇，也使唐廷丧失了两员具有作战经验的大将，对平定安史之乱造成了严重的不利影响。具有讽刺意味的是，当安禄山攻陷潼关向长安挺进时，边令诚是率先投降的。

唐肃宗在当太子时，权相李林甫、杨国忠都曾想方设法要把他从太子的宝座上赶下来，当时朝廷中的大多数官员也都是李林甫、杨国忠的党羽，因此肃宗对这些宰相、大臣特别猜忌。唐肃宗登上皇位之后，因强藩作乱险亡其国而疑忌将帅，开始用自己宠信的宦官李辅国统帅禁军，军权逐步落入宦官之手。

在这种情况下，宦官成为唐朝后期的重大祸害。李辅国规定宰相和各部尚书有事陈请，一定要先禀告他，然后才能上报皇帝；文武百官想要在朝见时间之外见皇帝，也必须经过他同意。他还设立了“察事厅子”，以侦察官员活动。在他最嚣张的时候，连当时的宰相李揆都要对他执子弟之礼，呼为“五父”。他甚至利用肃宗与其父亲玄宗之间的矛盾，假传圣旨把唐玄宗幽禁在大明宫内，唐玄宗忧愤至死。

唐玄宗病死之后，肃宗也得了重病。张皇后想杀李辅国，废掉太子李豫立自己的儿子。762年四月，李辅国与程元振同谋将张皇后杀死。肃宗因此被惊死，李辅国于同月拥立李豫为帝，是为代宗。李辅国以立帝有功，恃此骄横，竟然对代宗说：“陛下只需深居宫中，外事自有老奴处分。”代宗虽然心中不满，但慑于他手握兵权，只好委曲求全，尊称他

太白解表

为尚父，事无大小，都要与他商量后才能决定。过了一段时间，代宗乘李辅国不备，派人扮作盗贼刺杀了李辅国。

李辅国被杀死，但宦官作为一个整体并没有受到影响，相反变本加厉。郭子仪平定安史之乱后，皇帝为了显示对他的恩宠，率百官出门远迎。但宦官鱼朝恩的座位仍在六部尚书之上，这明显违背朝廷礼制，众臣皆敢怒而不敢言。唯有颜真卿挺身而出，斥责宦官之无耻。

宦官与兵变

宦官气焰嚣张，郭子仪倒是宽宏大量。767 年十月，郭子仪击败了再次进兵的吐蕃。就在他即将还朝时，他父亲的坟墓被盗挖，盗贼一直没有抓获，但人们普遍怀疑是素来与郭子仪不睦的宦官鱼朝恩指使的，朝野上下都担心郭子仪回朝后因盛怒而闹出事端，甚至不排除兵变的可能性。没想到郭子仪入朝，代宗把这件事告诉了他，郭子仪反而号泣奏道："臣长期主持军务，不能禁绝暴贼，军士摧毁别人坟墓的事，也是有的。这是我不忠不孝，招致上天的谴责，不是人患。"这番话一出口，朝野才算是人心安定下来。

但其他将领就不一定能够忍受。仆固怀恩的反叛就很有代表性。仆固怀恩是铁勒族人，安史之乱时，他曾随郭子仪作战，屡立战功。他率领的回鹘兵在收复长安洛阳的战斗中也有突出表现。而他为了向回鹘借兵，还把两个女儿远嫁回鹘。安史之乱中，仆固怀恩家族中有四十六人为国殉难，可谓满门忠烈。而在一次战斗中，仆固怀恩也差点丢掉性命，最后抱着马头过河，总算逃过一死。

763 年，仆固怀恩奉命送回鹘可汗回漠北，监军骆奉先误信谣言，竟诬告仆固怀恩与

回鹘勾结。仆固怀恩非常气愤，上书唐代宗：“昔同罗叛乱，臣为先帝扫清河曲，一也；臣男玢为同罗所虏，得间亡归，臣斩之以令众士，二也；臣有二女，远嫁外夷，为国和亲，荡平寇敌，三也；臣与男玚不顾死亡，为国效命，四也；河北新附，节度使皆握强兵，臣抚绥以安反侧，五也；臣说谕回鹘，使赴急难，天下既平，送之归国，六也。……子仪先已被猜，臣今又遭诋毁，弓藏鸟尽，信匪虚言。陛下信其矫诬，何殊指鹿为马！”

郭子仪

唐代宗派宰相裴遵庆慰问仆固怀恩，并让他入朝觐见。仆固怀恩终因害怕成为高仙芝第二而举众叛乱，后来暴病身亡。唐代宗一直没有在诏书中称其谋反，得知他的死讯后恻然道：“怀恩没有谋反，只不过被左右之人所误罢了。”最后还赦免了仆固怀恩属下所有有功于国家的旧将。唐代宗虽然感叹，却依旧依赖宦官。

仆固怀恩叛变并不是偶然的。皇帝派宦官们充当监军是为了防止将领的叛变，但如果没有叛变案件爆发的话，监军就没有存在的必要。所以即使将领没有反叛之心，宦官监军也要诬陷统帅叛变，或把统帅逼得叛变。皇帝也因此更加信任宦官，由此形成了恶性循环。

766 年，同华节度使周智光与监军张志斌发生冲突，周智光大怒：“仆固怀恩哪有要反的意思？都是你们这些鼠辈作福作威，他害怕入朝被你们所害。我本来是不反的，现在就反给你们看。”说完，就将张志斌斩首。

成德节度使李宝臣原是安禄山部将。史思明失败后，他拒绝史朝义之官爵，向唐朝政府投降。但在 775 年他为朝廷立下战功后，朝廷派宦官马承倩前往慰劳。马承倩临返长安前夕，李宝臣亲自到旅舍致谢，并送礼物绸缎一百匹。对于经济落后的河朔地区而言，这礼物已经很重了，但马承倩却嫌太少，把它扔到道旁，大骂而去。李宝臣惭惧难当，他的部下提醒他说：“现在全国局势不稳，朝廷正用得着我们的时候还是如此。一旦天下太平，还能活下去吗？”他就拥兵自立，自置官吏，拒不向唐朝中央政府交纳租税。

李愬平定蔡州之后，一度遏制了藩镇，大搞刺杀活动的李师道也为部将刘悟诛杀。但监军宦官刘承偕颇恃恩权，常对众污辱刘悟，又纵其属下乱法，甚至与磁州刺史张汶策划绑架刘悟。刘悟知道之后大怒，令士兵杀张汶，并将刘承偕关了起来，后由朝廷出面，下诏流放刘承偕至远州，刘悟才放出刘承偕，上表谢恩。自此，刘悟就开始效法河朔三镇割据，不再听命于朝廷，朝中失意之徒，也多往投奔。825 年 9 月，刘悟死后，其部下拥立其子刘从谏继位。

南衙与北司

宦官势力膨胀之后，因利所趋，无事不争，这便和朝臣发生冲突。这些文人自幼攻读诗书，其梦想就是入朝为官，然后一步步晋升，以施展自己的政治抱负。现在，宦官的专权大大减少了他们出人头地的机会。宦官往往是在很小的时候就被送入宫中的，很少有机会学习，他们参政之后对朝政专断，见解也与大部分朝臣不同，这也引起了大臣们的强烈不满。这些问题日积月累，矛盾便开始激化。于是官僚集团与宦官集团之间争权夺利的斗争便逐渐开始。虽然当时有很多官员是通过投靠宦官当上大臣的，但他们在心底里是看不起宦官的。一旦有机会，朝官对宦官的争权总是予以反击，双方矛盾激化，展开激烈的斗争。

唐代的政府机构三省六部及其所属各官署衙门都设在京城长安宫城之南，因此通称为“南衙”；由宦官组成的，专门负责皇宫内务的内传省设在皇宫之北，被称为“北司”。南衙北司之争，就是以宰相为首的朝臣集团与北司宦官集团争夺朝廷政治权力的斗争。唐肃宗、代宗时期，有三个飞扬跋扈的大宦官李辅国、程元振、鱼朝恩，这时期的南衙北司斗争主要就是围绕他们三个人进行的。

759 年，李辅国借口京城强盗很多，要求肃宗准许他选拔五百名羽林骑兵在城中巡逻，确保京城安全。按照唐朝的规定，京城的巡逻防卫任务一向是由金吾大将军手下的金吾士兵执行的，隶属南衙管辖；皇帝的禁军羽林军只负责皇宫的防卫，由北司指挥。这两支军队起着相互制约的作用，一旦其中一支军队被人控制发生叛乱，另一支军队可以作为镇压力量。李辅国要求把金吾兵的防务移交给羽林军，目的就是控制整个京城，南衙当然不同意，肃宗也是知道其中利害的，没有同意李辅国的要求。

南衙觉得这是一个可以打击北司的好机会，宰相李岘便以此事为由，向皇帝汇报了许多李辅国专擅朝政的罪行。肃宗感到李岘言之有理，就责令李辅国把断案审判的权力交还南衙各部。李辅国的权威大大被挫，对李岘恨之入骨，后来借口李岘拉帮结派把他贬出了京城。

唐代宗即位后，感到李辅国权力太大，对自己构成了威胁，开始设法削弱李辅国的势力。在宫中，提拔了另一名宦官程元振取代了李辅国的位置。哪里知道，走了一只狼又来了一只虎，程元振比李辅国更加骄横，凡是那些和自己意见不合的大臣，统统被程元振贬斥、流放甚至杀害。

763 年，吐蕃大举入侵，边将告急，程元振竟然不向唐代宗通报军情。等到吐蕃军队进逼长安了，唐代宗才知道消息，仓皇出逃，命令各藩镇节度使派兵前来御敌。李光弼等大将

历史小常识：被人轻视的元稹

元稹由于宦官的推荐，进入中书省。他的才学担任这个职务，还是称职的。可对于他这种走宦官的门路的做法，一些正直的大臣很是鄙夷。一次，中书省的官员们在官署吃瓜，一只苍蝇飞到瓜上，一位官员挥动扇子赶走苍蝇，并指桑骂槐地说：“从什么地方来的脏东西，居然来到我们这里？”

对程元振恨之入骨，没有一支军队积极前来保驾。有大臣趁机向代宗上书说：“如果陛下想要保存祖先的宗庙社稷，杀掉程元振，把所有的宦官都交给州郡管理，把神策禁军的指挥权交给朝廷大臣。”这封上书言辞激烈，代宗为情势所迫，只好将程元振削职为民，赶回老家。程元振不甘心，听说吐蕃退出长安、代宗起驾回宫的消息后，就穿上一身女人的衣服，偷偷潜入长安，希望再次被重用。想不到被京兆府的官吏抓获，将其流放。

代宗时，还有一名大宦官鱼朝恩也是极受恩宠，他是肃宗任命的天下观军容宣慰处置使，统一指挥在前线与史思明作战的九支节度使部队，并且专门负责指挥神策军。神策军本是节度使的军队，鱼朝恩为了巩固自己的地位，把这支军队的指挥权从节度使手中夺了过来，成为隶属北司的一支强大的禁军。鱼朝恩还自负文武全才，自告奋勇地申请出判国子监，负责全国教育。以一名宦官而充任此职本已骇人听闻，鱼朝恩更不以之为足，还寻得了一个机会，向那些进士出身的宰相们讲授《易经》。

宰相元载是靠投靠李辅国当上宰相的。李辅国死后，他又投靠了枢密使董秀，因此与鱼朝恩既有南衙北司之争，又有不同派系的斗争。大将郭子仪是平定安史之乱、击退吐蕃的功臣，鱼朝恩对他十分疑惧，多次在唐代宗面前诋毁郭子仪。于是元载和郭子仪不谋而合，一起建议唐代宗除掉鱼朝恩。唐代宗也渐渐感到鱼朝恩掌握兵权对自己不利，同意了元载的计划。

很快，一件意外的事情发生了，鱼朝恩年轻气盛的养子鱼令徽在与同事发生争执时，因没有品级受到了一些侮辱。鱼朝恩便为其申领了高级官员才有资格穿的紫色服装，代宗还未来得及做出反应，鱼朝恩的亲信侍卫就用紫色官服将鱼令徽打扮好了。内心苦涩的代宗只能顺水推舟，夸奖鱼令徽年轻英俊。但代宗心中杀机已起，后来就安排了一场不怀好意的酒宴，一无所知的鱼朝恩欣然赴约，元载收买了鱼朝恩的亲信周皓，将鱼朝恩当场缢杀。

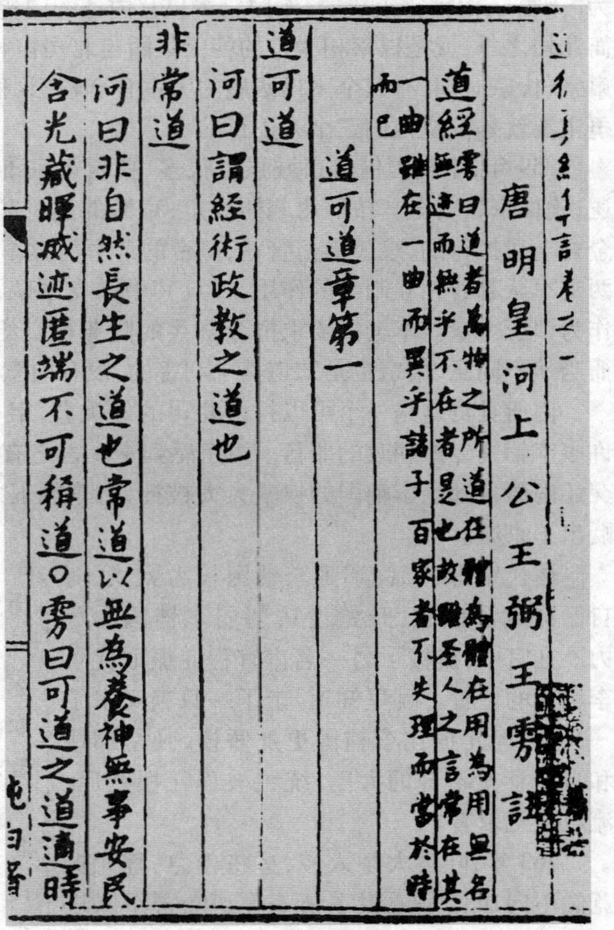
道德真經集註卷之一
唐明皇 河上公 王弼 王雱 註
道經 雱曰道者萬物之所道在體爲體在用爲用無名無迹而無乎不在者是也故聖人之言常在其
一曲雖在一曲而異乎諸子百家者不失理而當於時而已
道可道章第一
道可道
河曰謂經術政教之道也
非常道
河曰非自然長生之道也常道以無爲養神無事安民
含光藏暉滅迹匿端不可稱道○雱曰可道之道適時

《德经真经集注》书影

鱼朝恩死后，南衙与北司在经历了几个回合的斗争后，南衙稍稍占据了上风，但这种局面没有维持多久。

宦官专权

继唐代宗和德宗之后，李诵即位，是为顺宗。唐顺宗即位后，决心要禁止由宦官把持政权的局面，起用了一批主张打击宦官势力、革新政治的官僚士大夫，即“二王八司马”。这些人既不是门阀大族，又与宦官对着干，在南衙中也受到排挤。那些出身门阀大族的朝官与他们存在着世族与庶族的争执，那些投靠宦官的朝臣又秉承宦官的意旨与他们处处作对。没过多久，掌有大权的宦官俱文珍、刘光琦等人便强迫顺宗让位，太子李纯即位，是为宪宗，顺宗重用的一干人全被贬走。

唐宪宗是由宦官的支持才登上皇位的，对宦官信任有加。此时的宦官势力早已不是一两名大宦官才有权威、敢于专横，而是作为一个群体处处显示自己凌驾于南衙之上的权势。

元稹

宦官的暴行得不到有效的制止，因为昏暴的皇帝坚定地相信他，于是宦官的暴行不但公开而且合法。凡不能使宦官满足的对象，随时都会发现忽然陷入“谋反”的巨案。虽然大臣们不断向皇帝建议加以约束，但皇帝都听不进去。唐宪宗不承认宦官诬陷大臣，他说：“宦官怎么敢诬陷大臣？即令有什么谗言，当皇帝的也不会听。”还得意扬扬地宣称：“宦官不过是一个家奴，为了方便，差使他们跑腿而已。如果违法乱纪，除掉他们就跟拔掉一根毫毛一样。”唐宪宗夸口后不久，即被宦官陈弘志谋杀，昙花一现的“中兴”也随着他的暴死成了明日黄花，朝中的宦官再度专横如故。

一次，诗人元稹任监察御史，由东都洛阳返回长安，在敷水驿休息。正当他准备住下时，宦官刘士元带着一批随从闯入驿站，叫骂着要元稹让出住处。唐代的监察御史虽然只是八品官，但因为可以监督官员，弹劾违法官吏，一向是受到尊重与敬畏的。如今一个不知名的宦官居然也敢让监察御史让出住房，元稹就上前与刘士元争论。刘士元根本就不把南衙的小官放在眼里，用马鞭将元稹打得遍体鳞伤。回到长安后，刘士元又在宪宗面前指责元稹对宦官无礼，虽然有许多大臣为元稹辩护，宪宗还是将元稹贬出京城了。

812年，一向反对宦官专政的李绛出任宰相，向宪宗建议说：“京西、京北都有神策军兵抵御吐蕃入侵，但是各将领作战时总是先要禀明护军中尉，然后才能和当地节度使军队一同出兵。节度使不能指挥神策军，往往贻误战机，不如将神策军兵营的人马、粮食、刀枪器械交给当地节度使，便于指挥作战。”宪宗觉得这个建议很好，而且他也已经意识

到了宦官掌握兵权的弊端，准备实施李绛的方案。交出兵马武备，无疑是大大削弱北司的实力，宦官集团是绝对不能同意的。他们让神策军将领联名上书给皇帝，不同意隶属于地方节度使，同时在宫中活动，向宪宗施加压力，这一计划最终没得到实施。

李绛数次企图打击宦官，都没有成功，这引起宦官们的忌恨，终于将李绛罢免。南衙与北司的抗争，又以南衙的败北告终。

甘露之变

宪宗、敬宗皇帝最后都是死于宦官之手。从唐穆宗以后，唐朝的皇帝都是由宦官拥立的，皇帝的命运渐渐都掌握在宦官的手里了。穆宗的儿子李昂继位，是为唐文宗，虽然也是在宦官的拥戴下成为皇帝的，却是比较贤明的皇帝。唐文宗不喜欢音乐、歌舞和游乐，也不近女色，自己在听朝理政的闲暇，十分注意读书。他对身边的人说："若不能亲自处理政事，抓紧时间观览图书，怎么能够做人间君主呢?"所以，每当退朝处理完政事以后，他就阅读各种典籍，还经常就经书诗赋中的名物询问大臣，宰相也经常被他问住。文宗尤喜读史书，对于历史上的名君贤臣羡慕不已。他仰慕魏徵，就下诏寻访其后人，并授以官职。文宗也很喜欢把他认为有学问的大臣召到宫中讲谈经义，评论文章。像当时的翰林学士柳公权就常常被他招来，一谈就是很长时间，有时候在夜里闲聊不自觉中蜡烛都燃尽了。其勤政程度可见一斑。

论字知谏

文宗更想铲除宦官势力，做出一番功业来。他继位不久，各地推荐的举人便到京都来应试。有一个举人叫作刘蕡，在试卷里公开反对宦官掌权，认为要国家安定，应该排斥宦官，把政权交给宰相，把兵权交给将帅。

这份考卷落在几个考官手里，考官们传来传去地看，赞不绝口，觉得不但文采好，而且说理精辟，是篇难得的好文章。但是到了决定录取的时候，谁也不敢表示态度，因为录取了刘蕡，就得罪了宦官，他们的位子也保不住。

结果，跟刘蕡一起来投考的二十二人都中了，刘蕡却落了选。刘蕡是大家公认的杰出人才，这次因为说了些正直话落选，大家都觉得委屈了他。唐文宗身为皇帝，连选一个人的权力都没有，只能在宦官操纵之下过日子，自己也很气恼。

一次，唐文宗生了一场病，正好宦官头子王守澄手下有个官员叫作郑注，精通医道。王守澄把他推荐给唐文宗治病，文宗服了他的药，果然一天天好了起来。唐文宗很高兴，召见郑注，发现他口齿伶俐，像是个有才干的人，就把他提拔为御史大人。

郑注有个朋友李训，原是个很不得志的小官员，听到郑注受到朝廷重用，就带了一些

礼物来求见。郑注正好想找个帮手，就请王守澄把李训推荐给文宗。李训也因此得到文宗的信任，最后官至宰相。

李训、郑注两人取得了唐文宗的信任，文宗把自己想除掉宦官的心事告诉他们。他们跟文宗秘密商量，想法削弱王守澄的权。王守澄手下有个宦官仇士良，跟王守澄有矛盾，李训、郑注就请文宗封仇士良为左神策中尉，带领一部分禁卫军。接着，李训又解除了王守澄的兵权。王守澄失了兵权，很快就被杀了。

去了王守澄，接下来就要除掉仇士良了。李训经过一番策划，联络了禁卫军将军韩约，决定动手。835 年的一天，唐文宗上朝的时候，韩约上殿启奏，说禁卫军大厅后院的一棵石榴树上，昨天夜里降了甘露。天降甘露被认为是好兆头，李训当即带领文武百官向文宗庆贺，还请唐文宗亲自到后院观赏。

唐文宗命令宰相李训先去察看，李训装模作样到院子里去兜了一转回来说："我去看了一下，恐怕不是真的甘露，请陛下派人复查。"唐文宗又命令仇士良带领宦官去观看。仇士良叫韩约陪着一起去。韩约走到门边，神情紧张，脸色也发白了。仇士良觉得奇怪，问韩约说："韩将军，您怎么啦？"

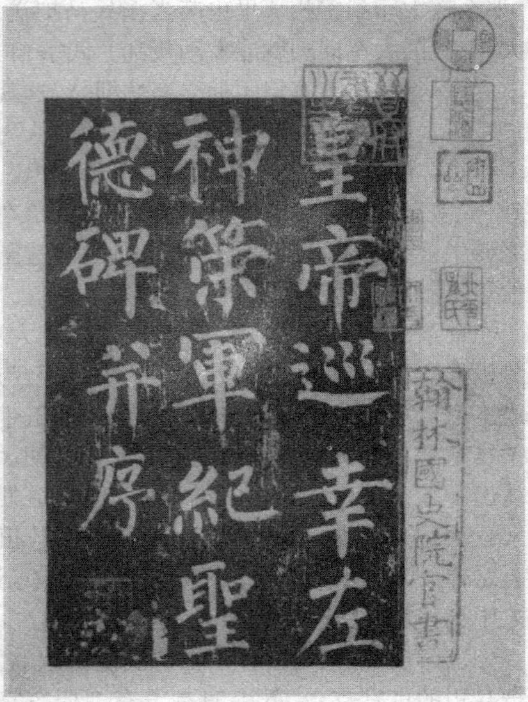

神策军碑

正说着，一阵风吹来，吹动了门边挂的布幕。仇士良发现布幕里埋伏了不少手拿明晃晃武器的士兵，大吃一惊，连忙退出，奔回唐文宗那里。李训看到仇士良逃走，立刻命令埋伏的卫士赶上去。哪知仇士良和宦官们已经把文宗抢在手里，把他拉进软轿，抬起就走。

李训赶上去，拉住文宗的轿子不放，一个宦官抢前一步，朝李训劈胸一拳，把他打倒在地。仇士良趁机扶着文宗的软轿，进内宫去了。

李训预谋失败，只好从小吏身上讨了一件便衣，化装逃走。仇士良立即派兵出宫，大规模逮捕一些参加预谋的官员，把他们全都杀了。李训东奔西逃，走投无路，在路上被杀。郑注正从凤翔带兵进京，得到消息，想退回凤翔，也被监军的宦官杀死。

这次事变被称作甘露之变，受株连被杀的有一万多人。宦官们从此把唐文宗严密监视起来，唐文宗的日子更不好过，过了五年就得病死去。仇士良立文宗的兄弟李炎即位，这就是唐武宗，依然由宦官掌控大权，南衙几乎成为北司的附属。

一片混乱

武宗时最著名的宰相李德裕，是个很有抱负的政治家，时刻想着要削弱宦官的权力。843年，权宦仇士良因年老多病请求退休，杨钦义被任命为左神策中尉。

左、右神策中尉各有自己的官印，由宦官掌握，南衙是不能干涉大印的使用的。唐武宗和李德裕认为杨钦义刚接手神策军，势力较小，便于命令，可以趁机将两枚大印收归宰相管理，从而将神策军的指挥权从北司手中夺过来。

于是，唐武宗连发三道诏书，要求护军中尉将官印送到中书门下宰相处。杨钦义就准备交出大印。右神策中尉看穿了武宗和李德裕的目的，坚决反对交出官印。按照惯例，新任护军中尉上任要以士兵出迎大印。右神策中尉扬言道："迎接大印的时候要派兵马，那么送大印到宰相那里也应当派兵马护送。"言下之意，就是唐武宗和李德裕如果收回大印，他的大军即刻就能发动叛乱。武宗和李德裕无可奈何，只好作罢。

武宗病死后，宦官集团拥立李忱即位，这就是唐宣宗。宣宗小时候不爱说话，宗族里都认为他很笨，宦官立宣宗的目的就是为了便于操纵。没想到，宣宗完全是装傻。即位以后，马上就给在甘露之变中被杀的众多大臣平反，向朝臣们透露出了他想限制宦官的信息。

焚香读疏

左神策中尉马元贽在宣宗即位时立有大功，权势极大。宰相马植想方设法讨好他，甚至与他攀成本家。马元贽遂将一条宣宗赐给他的玉带送给了马植。马植觉得荣耀无比，佩戴着上朝。宣宗认出了那条玉带，心中很不高兴。他知道处理马元贽会招来麻烦，于是就敲山震虎，将马植罢免。这样一来，朝臣都不敢过分接近宦官了。无形之中，对限制北司的权力起了一定作用。

一次，宣宗假装与翰林学士韦澳谈论诗歌，得以把身边的宦官支走，向韦澳有没有削弱宦官权力的办法。韦澳将宣宗的意思透露给了宰相令狐绹，令狐绹秘密上奏宣宗说："现在宦官的势力太大，一旦动手，势必甘露之变会重演，只有慢慢治理。一旦宦官犯了罪，就治他的罪，流放外地，永不录用。一旦北司的职位有了空缺，就不要再派宦官接任，久而久之，宦官自然减少，直到没有势力。"这个方法可以说是在当时情况下对付宦官的最好方法，只要能坚持下来，宦官问题会得以解决。可惜的是，宣宗在位时间不长就死去了，这一政策没能继续执行下去。

宣宗死后，宦官发生了派系斗争，掌握神策军兵权的左神策中尉王宗实杀死了枢密使王归长、马公儒和宣宗指定的皇位继承人，立郓王继位，这就是唐懿宗。此时的南衙，

根本连说话的权利都没有了。

懿宗以后唐王朝江河日落，各地不断发生农民起义，藩镇互相争战。懿宗在位十五年后死去，宦官刘行深、韩文约拥立了年仅十二岁的唐僖宗。所有政务都由枢密使、神策军护军中尉田令孜处理，唐僖宗甚至称他为“阿父”。田令孜搞得朝政一片混乱，终于爆发了黄巢起义。

而在镇压黄巢起义的过程中，各地藩镇的实力大大增强，已不把皇帝放在眼里，唐政府所能控制的不过十数州而已。这时的南衙北司却还在互相争斗，且愈演愈烈。

牛李党争

“去河北贼易，去此朋党实难。”这是唐文宗面对国家藩镇割据、宦官专权、朝官间的朋党之争所发出的无奈叹息。这两个朝官集团，一称李党，一称牛党。李党的重要人物有李德裕、李绅，牛党的重要人物有牛僧孺、李宗闵。李党多是世家士大夫，牛党则是多出身平民。两派官员在朝廷中互相倾轧，争吵不休，一直闹了四十余年，唐朝的这段党争被称为牛李党争。

出身之别

朝官中之所以形成对立的党派，很重要的一个原因就是出身的不同。出身指的是入仕为官的途径。在唐朝，要么是依靠祖荫、门第入仕，要么是凭借科举进士为官。

李党的重要人物李德裕身世显赫。他的祖父李栖范在唐代宗时曾为御史大夫，父亲李吉甫在宪宗时两次入相，权倾一时。而牛党中的李宗闵虽是唐高祖之子李元懿的玄孙，但由于此时唐朝开国已经很长时间，他的祖父就已经无荫可言，李宗闵只得通过科举考试得中进士的途径为官。牛僧孺更是出身寒门，苦读数年才中了进士。

出身不同，政见也不同，这就构成了朋党之争的基础。808 年，宪宗策试贤良方正科（制举考试的一种，对国家的大政方针、时事政策等发表意见，可直言极谏）。李宗闵是前科进士，牛僧孺因为不满足于一个县尉之职，两人都参加了这次考试，期望得到考官及皇帝的垂青和赏识，得以加官晋级。在应策中，他们和另一个县尉皇甫湜都直言不讳地指陈时弊，攻击了宦官以及藩镇的问题。三人的对策都得到了考策官的赞赏，评为上第等级，皇帝对此也表示了嘉许。不料半路上杀出了宰相李吉甫，他对唐宪宗说：“皇甫湜是策试复核官员王涯的外甥，王涯没有避嫌，其中必有虚假包庇。”皇上一时没了主意，只得重新评判，考官一一被贬，牛僧孺、李宗闵的升迁更是成了泡影。后来知道是李吉甫断了他们的升迁梦，自然是怀恨在心，见到李德裕后，不免把对老子的不满及怨恨加在儿子身上。

水火不容

821 年，由礼部执掌的常科考试中，西川节度使段文昌、翰林学士李绅因为一些利益、

人情关系，分别推荐士人杨深之、周汉宾。这次主持考试的是右补阙杨汝士及礼部侍郎钱徽，因而段文昌、李绅两人都写信给钱徽，要求予以关照。然而事与愿违，揭榜之日，杨深之、周汉宾名落孙山，及第的是郑覃之弟郑朗，裴度之子裴撰，李宗闵的女婿苏巢，杨汝士的弟弟杨殷士等主考官的亲朋故旧。

李绅、段文昌二人大怒，告到穆宗面前。李德裕知道李宗闵与自己已过世的父亲有过节，元稹也与李宗闵在仕途进取上有矛盾，而这次中第者中有李宗闵的女婿苏巢，他们二人便为段文昌作证。穆宗立即命中书舍人王起重新复试，结果是中第的这些人确是名不副实。穆宗大怒，不仅免去了中第者的进士资格，而且诏贬钱徽、杨汝士、李宗闵到外地任职。

这件事加深了李德裕与李宗闵之间的仇恨。此后，他们各树朋党，互相倾轧。不论哪方得势，在人事安排上，都极力排斥对方，培植私党。他们提携自己的同年、同学为官，而这些同年、同学又有各自的老乡、朋友，从而形成盘根错节的关系网，覆盖了朝中大大小小的重要机构。长安城中有“门生故吏，不牛则李”之说。

832年，牛僧孺罢相，李德裕还朝，被唐文宗委以重任。李宗闵得知后如坐针毡，长吁短叹。这时，牛党的骨干杜悰给李宗闵献了一计，他说：“李德裕虽自恃有才，但不是科举出身，只是依靠祖辈门荫，因此也常心有戚戚，如举荐他为进士科主试者，他一定心满意足，同时也就阻塞了他的入相之路。”李宗闵当即深表赞同。

果然，李德裕听到此事后，表示欣然接受。但此事并没有付诸实施，最终因牛党的另一重要成员杨虞卿的阻挠而告吹。李德裕还是官拜宰相。

历史小常识：合是阿舅

文宗即位后，一直有崇树外戚的打算，但他的生母萧氏是福建人，来京后父母早亡，家里只有一个弟弟，已失去了联系。文宗后来令当地官员寻访，一连有三个人自称是文宗的舅舅，其中有人还得到了优厚的待遇，但是最终都是假冒，真的国舅竟无从找到。据说在元和、长庆年间，两京百姓在大街巷里见面打招呼，多说：“合是阿舅？”

拜相之后，李德裕做的第一件事就是驱逐牛党人员。然而，李德裕的这次得势也是昙花一现，新得宠的李训、郑注因憎恶李德裕，再引李宗闵为宰相与之对抗，终于又将李德裕排斥出了京城。树倒猢狲散，李党成员纷纷倒台。不过李宗闵并未因此稳坐泰山，因其同党杨虞卿被郑注、李训诬陷下狱，他很快也被贬出京城。

一时间，牛、李两党被贬斥的被贬斥，被调离的被调离，直到甘露之变，郑注、李训被杀后，牛、李两党在朝中才逐渐复起，又开始了相互的倾轧。

这时期，唐朝西部边境有个吐蕃将领投降，李德裕趁机收复了一个重镇维州（今四川理县）。这本来是李德裕立了一功，但是牛僧孺却跟唐文宗说：“收复一个维州，算不了什么，跟吐蕃搞坏关系，才不上算呢。”要唐文宗下令叫李德裕把维州让还吐蕃，使李德裕气得要命。后来，有人告诉唐文宗，说退出维州城是失策，这件事完全是牛僧孺排挤李德裕的手段。唐文宗十分懊悔，对牛僧孺也疏远了。加上唐文宗受宦官的控制，一会儿用李

德裕,一会儿用牛僧孺。一派掌了权,另一派就没好日子过。两派势力就像走马灯似的转悠着,把朝政搞得十分混乱。

凄凉收场

840年,唐文宗去世,仇士良等宦官拥立颍王为帝。是为唐武宗,李德裕再次入朝为相。这一次,李德裕吸取了以前的教训,对牛党的打击变本加厉,始终不给他们一点点还手的机会。他极力排斥牛僧孺、李宗闵,把很多牛党的人都贬谪到南方。

其中比较知名的是对太子少傅白居易的排斥。白居易属进士出身,以品德才学闻名天下。武宗想以其为相,就征求李德裕的意见。白居易与李宗闵有亲戚关系,与牛僧孺亦较融洽,李德裕便以其老弱多病为由而提出反对。

在武宗时期,李德裕在驱逐牛党的同时,不断任用自己的亲信,巩固了李党的地位,也削弱了宦官的权力。但由于其专权日久,树敌亦多,一些朝官、宦官甚至皇上多有不满。

唐武宗死后,即位的唐宣宗在登基之日,就对左右说:“刚才靠近我身边的人是不是李太尉?他每次看我的时候,我都感到毛发耸立。”果然没过几天,李德裕即被罢相,然后一贬再贬。李党成员也被纷纷斥出,牛党却时来运转,一升再升。然而争了大半辈子的牛僧孺、李宗闵等,毕竟年事已高,虽得到升迁,却多数病死在途中。闹了四十年的朋党之争终于以这几位主人公的去世收场,但是混乱的唐王朝已经闹得更加不好收拾了。

唐王朝的末日

腐败的朝政

晚唐时期,外有藩镇割据,内有宦官之祸以及朋党之争,皇帝已经失去了真正的天子身份,只不过是朝中的一个任人摆布的木偶,多是一些昏庸的君主。不过这与当时的宦官专权有关,他们往往操纵着皇位的继承权,于是就会在诸多的候选人之中挑选那些不务正事、荒唐无用的人,宦官之间的争权斗争又常常会将这些无用的君主轻易地害死或废掉。

唐敬宗就是这样的一个皇帝。他继位的时候只有十六岁,就不顾一切地游戏玩乐。他平日里迷恋击球游戏,还喜欢徒手摔斗。他没时没晌地沉浸于这些要闹之中,即使是在皇宫各殿,他也是说玩就玩,全无顾忌。陪同他玩的大小太监们,球击得不好,要遭到杖罚,甚至被发配到边远地区。而和他摔斗时,太监们往往又不敢使真气力,所以屡屡有人被唐敬宗摔得头破臂断。因此,他左右的宦官们内心中对他怀有极大的愤懑。敬宗一心求乐,隔三岔五地请来乐工大肆鼓吹敲打,或者是招募来有名的力士相互摔斗,他看得兴起,就随手大把大把地赏赐金钱。

敬宗不仅自己喜欢打马球,还命令禁军将士、三宫内人都要参加。他还在宫中举行

狩猎出行图

了这方面的大型比赛，如马球、摔跤、散打、搏击、杂戏等，很多人都来参加。敬宗还命令宫人、教坊、内园等分组，骑着驴打马球，一直折腾到夜里一二更才结束。敬宗白天玩不够，就深夜带人捕狐狸，宫中称之为“打夜狐”。

他根本不关心朝政，连例行的早朝也不放在心上，常常是一个月下来连三次上朝都没有。这样，群臣们想见他一面难乎其难，在朝房中等了一天又一天，不知何时才能奏进。谏议大夫李渤向其进谏，敬宗没有办法，才很晚来到了朝堂。退朝以后，左拾遗刘栖楚对皇帝的做法更是极力地劝说，他头叩龙墀，鲜血直流。敬宗虽然表现出大受感动的样子，但就是不改正，后来大臣们更难见到敬宗皇帝。在地方任职的李德裕为了劝谏皇帝进献了《丹扆箴》六首，敬宗命令翰林学士韦处厚起草诏书表扬了李德裕，但还是始终不肯悔改。

历史小常识：暴虐的官吏

皇帝玩乐，官吏暴虐。801年，陕州大旱，庄稼歉收。农民没有饭吃，还得交租交税。他们只得去官府诉说旱情，请求减免租税。当地长官却指着庭中的树说：“你看，树上分明还长着叶子，哪有什么旱灾？”说完，令衙吏责打汇报灾情的农民。

一次，敬宗突然想去骊山游幸，大臣们都反对，但就是制止不了。拾遗张权舆在大殿叩头进谏说，骊山是一个很不吉祥的地方，但凡到过那里的君主都会遭到悲惨的命运，并列举了周幽王、秦始皇、唐玄宗等帝王的事例来讲给他听。敬宗听他的话，非但没有采用，反而更增添了前往的兴致，于是当日就去了那里，回来之后还对手下的人说大臣们的话是不可信的，丝毫不把臣下的意见当回事。

唐敬宗如此荒唐玩乐，既荒废了国事，又招来了杀身之祸。最后他被宦官刘克明和

击球军将苏佐明等人害死。但后面的皇帝并没有好到哪里，例如唐僖宗也是痴迷打球，甚至到了让人以打球来赌西川节度使的地步。他曾经得意地对身边的伶人说："朕若参加击球进士科考试，应该中个状元。"那位伶人则毫不客气地回应道："若是遇到尧舜这样的贤君做礼部侍郎主考的话，恐怕陛下会名落孙山。"他还与亲王斗鹅，一只鹅赌资高达五十万钱。有一次，京城地区发生蝗灾，地方官报告说："这些蝗虫不吃皇家庄稼，都吓得抱着荆棘自尽了。"而唐僖宗对这些谎言深信不疑。然而民众却不堪忍受，撼动了唐王朝的黄巢起义由此爆发。

黄巢起义

安史之乱后，民众的赋税负担就很沉重。在783年的泾原兵变，当时参加兵变的士兵攻入长安，就高呼"不夺尔商户僦质，不税尔间架、除陌矣"。唐朝被迫宣布"其所加垫陌钱、税间架、竹、木、茶、漆、榷铁之类，悉宜停罢"，但不久又恢复。

873年，关东地区遇到了一场严重的水灾，可唐朝政府依然催促地方上交赋税。民众忍无可忍，就揭竿而起。濮州（今山东濮州）人王仙芝领导几千人在长垣（今河南长垣）起义，以"天补均平大将军兼海内诸豪都统"的名义传檄诸道，痛斥唐政府官吏"贪沓，赋重，赏罚不平"，深得人们的拥护。875年，王仙芝打下了濮州和曹州（今山东菏泽），队伍壮大到数万人。这时，黄巢率领数千人在冤句（今山东菏泽西南）起义，响应王仙芝。

黄巢

黄巢从小读过书，又能骑马射箭，他曾经到长安去参加进士考试，但没有考中，只好以贩盐为生，与朝廷缉查私盐的官兵有过多次武装冲突。

黄巢和王仙芝两支起义队伍会合后，转战山东、河南一带，接连攻下许多州县，声势越来越大。唐王朝非常恐慌，命令各地镇压。但是各地藩镇都不愿意损伤自己的实力，互相观望。

唐王朝看硬的不行，就采用软的手法。在起义军攻下蕲州（今湖北蕲春）的时候，派宦官来见王仙芝，封他"左神策军押牙兼监察御史"的官衔。王仙芝听得有官做，迷了心窍，表示愿意接受任命。黄巢得知这个消息，气极了，带了一群将士冲到王仙芝那里，狠狠责备王仙芝，说："当初大家起过誓，要同心协力，平定天下，现在你想去当官，叫我们弟兄往哪里去？"王仙芝还想搪塞，黄巢就用木杖朝王仙芝劈头盖脸地打了过去，打得王仙

芝满脸是血。王仙芝自知理亏，只好认错，把唐朝派来的宦官赶跑了。

经过这番风波，黄巢决定跟王仙芝分两路进军。王仙芝向西，黄巢向东。不久，王仙芝率领的起义军被唐军打败，本人也被杀死。王仙芝失败后，起义军重新会合，大家推黄巢为王，称冲天大将军。

柴门送客图

起义军在黄巢的带领下，一路上势如破竹，接连打下越州（今浙江绍兴）、衢州（今浙江衢江区）；接着又劈山开路，打通了从衢州到建州（今福建建瓯）的七百里山路，一直打到广州。在广州休整以后，岭南地区发生瘟疫，黄巢带兵北上，顺利渡过长江，直达淮河。各地的藩镇将领都想保存实力，不愿为唐王朝卖命，没有人认真阻挡。

880年，黄巢带领六十万大军，浩浩荡荡开进潼关。唐王朝惊慌失措，唐僖宗带着妃子和宦官头子田令孜，逃到成都去了，来不及逃走的唐朝官员出城投降。黄巢进入长安城，即位称皇帝，国号大齐。但黄巢起义军长期都是流动作战状态，占领过的地方都没留兵防守。因此虽然几十万起义军进入了长安，四周还是唐军的势力。没有多久，唐王朝调集各路兵马包围了长安。

而这时，黄巢起义军倒沉醉在胜利之中，“还将短发戴华簪，不脱朝衣缠绣被；翻持象笏作三公，倒佩金鱼为两史。朝闻奏对入朝堂，暮见喧呼来酒市”。黄巢在从当皇帝的那一天开始，就迷失在温柔乡里。将领们在取得官位后，也沉湎于纸醉金迷的生活。让人感到不可思议的是，黄巢也派出宦官去充当监军，结果导致将领反叛。

黄巢派出大将朱温驻守同州（今陕西大荔），但是朱温却投降了唐朝。唐王朝又招来沙陀贵族、雁门节度使李克用，率领四万突厥骑兵进攻长安。起义军大败，只好撤出长安。

黄巢带领起义军撤退到河南，又遭到朱温、李克用的围攻。884年，黄巢在攻打陈州（今河南淮阳）失败之后，在唐军的紧紧追赶下，最后退到泰山狼虎谷，兵败自杀。

黄巢死后，他的二三十个姬妾被唐军抓住，唐僖宗亲自审问她们说：“你们都是勋贵

人家的女儿，世受国恩，为什么要跟随逆贼?”为首的一个女子回答道:“狂贼凶逆，国家以百万之众，失守长安，您不是也逃到巴蜀之地去了吗？您现在责备我一个女子不能抗拒贼人，那么那些逃跑的公卿将帅，您要如何处置他们?”唐僖宗一句话也说不出来，下令把这些女子全部处死。临刑前，执法人员可怜这些女子，让她们喝醉后再执刑。女孩们边哭边喝，不久都在醉卧中受死了。唯有那个为首的女子不哭也不喝酒，从容就死。

朱温篡唐

黄巢起义失败后，唐僖宗回到长安。这时候，各地藩镇在镇压黄巢起义的过程中，都扩大了自己的势力，成为大大小小的割据力量。其中最强大的是河东节度使李克用和宣武(治所在今河南开封)节度使朱温。朱温是宋州砀山(今安徽砀山)人，原名朱晃，祖父和父亲都是乡村的私塾教师。二十五岁时，朱温参加了黄巢起义军。因为作战骁勇屡立战功。黄巢起义军建立大齐政权后，朱温奉命转战河南一带，攻占了邓州(今河南邓州)，阻断了唐军由荆襄北攻起义军的道路，巩固了大齐政权东南面的防线。经过短短的五年的南征北战，年仅三十的朱温成了黄巢手下最得力的干将。

882 年，朱温与唐朝河中节度使王重荣隔河对峙，由于兵少，朱温几次战败，只得向黄巢求救，但奏报总被负责军务的孟楷拦阻扣压，再加上起义军内部混乱腐败，朱温一筹莫展。这时，有谋士进言道:“黄巢无德无能，只是趁唐朝衰乱才得以占领长安。如今看来，唐朝气数未尽。将军您在外拼死苦战，却为庸人所制约，这就是先前章邯叛秦归楚的原因。”朱温反复掂量后，就杀掉了监军，率部投降了唐军。

观世音

唐僖宗在得到朱温归降的消息后大喜过望，兴奋地说:“这真是天赐我也!”立即赐朱温高官厚禄，还赏他一个名字，叫“全忠”。唐僖宗似乎看到了复兴祖业的希望之光，但他万万没有想到，引进来的却是唐王朝的终结者。

朱温投降唐朝廷后，唐朝廷任命他为汴州(今河南开封)刺史、宣武军节度使。汴州是运河要冲，地方上颇多富商土豪。朱温便收大土豪李让为干儿子，并挑选了一批勇武有力的富家子弟，编成一支叫作“厅子都”的部队作为自己的亲兵卫队。

唐僖宗病死后，他的弟弟唐昭宗李晔想依靠朝臣来反对宦官，结果失败了。到了后来，宦官还把唐昭宗软禁起来，打算另立新皇帝。

这件事给野心勃勃的朱温一个好机会。朱温派出亲信偷偷溜进长安，跟宰相崔胤秘密策划，发兵杀了宦官头目刘季述，迎接唐昭宗复位。

唐昭宗和崔胤还想杀掉所有宦官，一些宦官就投靠另一个藩镇、凤翔节度使李茂贞，把唐昭宗劫持到了凤翔。崔胤向朱温求救，朱温带兵进攻凤翔，要李茂贞交出唐昭宗。李茂贞兵力敌不过朱温，只好投降。

朱温把唐昭宗抢了过来，带回长安。从此唐王朝政权就从宦官手里，转到了朱温手里。

朱温掌了大权后，派军进入皇宫，对宦官作彻底的屠杀，只留下黄衣（品秩最低的宦官）幼弱三十人，供宫中打扫。同时，朱温还下令各地藩镇将担任监军的宦官一律杀死。唐朝持续一百多年的宦官势力，至此被彻底铲除。但这时唐王朝也走到了尽头。朱温因诛杀宦官有功，被封梁王，从此挟天子以令天下。

904 年，李茂贞又率军逼近长安。朱温将唐昭宗挟持到了洛阳。在途中停留期间，唐昭宗秘密召各地藩镇来救他。西川节度使王建派兵会合李茂贞军，前来抢夺昭宗，途中遇到朱温军队的阻挡而退回。昭宗又向李克用传书告急，但是朱温早有准备，屯重兵在河中，李克用也无计可施。四月，昭宗到达洛阳。一些藩镇为了和朱温对抗，就联盟举义，声称要救出昭宗，朱温就在八月杀死了昭宗，另立一个十三岁的孩子做傀儡，是为唐哀帝。

宦官完了，皇帝也完了，留下的还有一批忠于唐王朝的大臣。朱温手下的谋臣对朱温说："你要干大事，这批人很难对付，他们平时自命清高，把自己称作'清流'，应该把他们扔到黄河的浊水里去。"朱温采纳了这一建议，在一个深夜，把三十多名朝臣集中起来杀掉，扔到了黄河里。

907 年，朱温废了哀帝，自立为帝，改国号为梁，建都汴（今河南开封），史称后梁。唐朝近三百年的统治宣告结束。

第二章　社会万象

开元通宝的创新

唐高祖武德四年(621)七月,下令废止隋旧币五铢钱,改行新铸的唐币开元通宝钱,给事中欧阳询奉命撰文题字。开元通宝也读作开通元宝。开元通宝每枚直径八分,重二铢四累,每十枚重一两,这对我国的衡法产生了重大的影响,使古代衡法由原来的一两等于二十四铢演变为一两等于十钱。

开元通宝制作工整,大小轻重适宜,《旧唐书·食货志》曾称赞它说"轻重大小最为折衷,远近甚便之",唐代几百年间都有铸造。

开元通宝的创制在我国货币发展史上具有划时代的意义。当时对铜钱的成色作了严格的规定,如天宝年间规定铜钱的成分为铜 83.32%,白镴 14.56%,黑锡 2.12%,这是铸钱制度的极大进步。另一方面,以通宝来为货币命名,反映了人们对货币作用的认识进一步深化,也反映了货币的地位在社会经济中不断增强,具有深远的社会意义。唐行开元通宝钱。对后世人们的货币观念及货币的流通使用产生了很大的影响。

唐蕃和亲

唐蕃和亲是在吐蕃立国之初开始的。

7 世纪初,松赞干布统一吐蕃后,就与唐建立了和好关系。但在以后的发展过程中,这种关系并不是一帆风顺的,在和好的同时伴以矛盾、冲突,常以兵戎相见。除小的边界摩擦之外,两国还多次发生大的军事冲突。

唐蕃之间尽管斗争比较激烈,但总的来看,矛盾、冲突是暂时的或局部的,和好总趋势并没有断,在 634 年至 846 年的 213 年期间双方使节往来异常频繁,据不完全统计,共有 191 次,其中唐入吐蕃 66 次,吐蕃入唐 125 次。使臣的任务各种各样,主要是双方的和亲与会盟。

唐与吐蕃的和亲是在吐蕃建国之初开始的。松赞干布渴慕唐风,以能与唐和亲为荣。

立于西藏大昭寺门前的唐蕃会盟碑

634年，松赞干布遣使入贡并请婚。唐太宗婉言拒绝，派冯德遐前往抚慰。松赞干布又遣使随冯德遐入朝，“多赍金宝，以奉表求婚”，亦未获准。

松赞干布为引起唐政府的重视，发兵直指唐松州（今四川松潘），为唐军所败。退兵后马上“遣使谢罪，因复请婚”。640年，松赞干布又遣大相禄东赞至长安，献金5000两，珍玩数百请婚。太宗许嫁宗女文成公主。641年初，文成公主在唐送亲使江夏王李道宗和吐蕃迎亲专使禄东赞伴随下，出长安去逻些完婚。

西藏大昭寺文成公主金像

据《吐蕃王朝世袭明鉴》等书记载，文成公主一行队伍非常庞大，唐太宗的陪嫁十分丰厚。有“释迦佛像，珍宝，金玉书椟，360卷经典，各种金玉饰物”，又给多种烹饪食物，各种饮料，各种花纹图案的锦缎垫被，卜筮经典300种，识别善恶的明鉴，营造与工技著作60种，治404种病的医方100种，医学论著4种，诊断法5种，医疗器械6种。又携带各种谷物和芜菁种子等入藏。松赞干布亲迎于河源，对唐行子婿之礼，还专建宫室供文成公主居住。文成公主的随行队伍中还有各种工匠，这一队伍成为传播中原先进的农业、手工业、文化科学技术的使者。

唐高宗初年，又应请送去蚕种和善于酿酒、纸墨的工匠。吐蕃还派大批贵族子弟到长安国子监学习，唐的文人也受聘到吐蕃管理文书，连唐贵族的服饰也传入吐蕃。

文成公主在吐蕃生活了近40年，一直备受礼遇并深得吐蕃人民的爱戴，680年病故。

681年，吐蕃又请求婚武则天之女太平公主，遭到拒绝。703年，吐蕃又遣使献马1000匹，黄金2000两，上表求婚。武则天应允，后因吐蕃赞普西征泥婆罗战死而作罢。

707年，吐蕃遣其大臣悉薰热入贡求婚，唐中宗允以养女（雍王守礼女）金城公主为吐蕃赞普妻。709年，吐蕃遣其大臣尚赞咄等千余人至长安迎亲。710年金城公主成行。中宗赐“锦缯别数万，杂伎诸工悉从，给龟兹乐”，并亲至始平县（今陕西咸阳西北）送行。金城公主的和亲进一步促进了唐与吐蕃的经济、文化交流，唐的大量丝织品和生产技术更广泛地传入吐蕃。应金城公主之请，731年唐还赐给吐蕃“《毛诗》《礼记》《左传》《文选》各一部”。赤德祖赞、金城公主则献方物入贡。在政治上金城公主在缓解唐与吐蕃的冲突，促成双方的会盟等方面也起了积极的促进作用。

“走马灯”的出现

隋唐时期，社会的经济、生产大大地发展，人们的生活水平也得到了很大提高。为了满足人们各方面的娱乐需要、丰富人们的业余生活，隋唐时代的发明家和能工巧匠们就制作了许多游艺性机械。走马灯就是在这时出现的。

陕西西安化觉巷清真寺大殿

“走马灯”是后人的称谓，其实它是一种特殊的灯笼。发明家依据燃气动力原理，设计了如下结构与装置：在灯笼的正中处竖一立轴，立轴上部横置一个叶轮；叶轮下面，靠近立轴根部处放置一盏灯或一支蜡烛，灯（或烛）燃着后所形成的热空气产生上腾力，就会推动叶轮回转，与立轴相连的纸剪人物和骏马也就跟着一起转动，看上去像是在奔跑。那些东西都是罩在灯笼里面的，旋转时它们的影子就会投射到外壁上，于是就产生了许多有趣的活动画面。

有关走马灯的记载约见于唐代。郑处诲《明皇杂录》上说：“皇上在东都恰巧赶上正月元宵夜，就下榻上阳宫，挂起了许多影灯。”《说郛》收《影灯记》说：“洛阳的人家元宵节时以拥有影灯多而为豪，描述那种盛景的词说是‘千影万影’。”可见当时人们是如何的喜欢走马灯，从一个侧面也说明当时人们生活的兴盛景象。

四大名山佛寺极为兴盛

佛教有四大名山，系指山西五台山、四川峨眉山、浙江普陀山和安徽九华山。这四大名山自然景观秀丽雄奇，人文景观历史悠久，是我国国家重点风景名胜区。依佛教说法，这四山分别是文殊、普贤、观世音和地藏菩萨的“道场”，因此，此四大名山佛寺极为兴盛。

五台山在山西五台县东北部，古称清凉山。“五台之名，北齐始见于史”。方圆500里，由五座山峰环抱而成。五峰高耸，峰顶平坦宽广，为垒土之台，故称五台山，相传为文殊菩萨应化道场。五台山以佛教寺院众多著称。五台之巅，各有一峰名和寺院：东台有望海峰望海寺，西台有桂月峰法雷寺，中台有翠岩峰演教寺，南台有锦绣峰普济寺，北台有叶斗峰灵隐寺。史载，北魏时在五台建有大孚寺、清凉寺和佛光寺。北齐时五台寺院增至200余座。隋文帝时，又于五个台顶各建一寺。

北宋太平兴国五年（980），敕内侍张廷训造金铜文殊像置于真容院（即今菩萨顶），重修真容、华严、寿宁、兴国、竹林、金阁、法华、秘密、灵境、大贤十寺。明末又重建了大塔院

寺的大塔和显通寺的铜殿塔等。据初步调查，全山有“青庙”（汉僧所住）97 处，“黄庙”（蒙藏喇嘛所住）25 处。现存寺庙台内有显通寺、大塔寺、菩萨顶等 39 座，台外有佛光寺、南禅寺 8 座。

五台山菩萨顶

峨眉山位于四川省中部峨眉县境内。《禹贡》里称为“蒙山之首”，峨眉之名始于西汉。包括大峨山、二峨山、三峨山和四峨山。大峨山最高，通常所说峨眉山即指大峨山。

峨眉山作为佛教圣地有悠久的历史。相传东汉时即建有佛寺。开始为道教“福地”，后来佛道并存。唐宋之际，道教衰落，峨眉山成了普贤菩萨的道场。明清时，佛教鼎盛，寺院多达 150 多座。现存的 20 多座佛寺中著名的有万年寺、报国寺、善觉寺、伏虎寺、清音寺和光相寺等。此外，尚有洪桩坪、仙峰寺、洗象池等寺院多处。

普陀山

普陀山位于浙江普陀县，西汉时称“梅岭”，宋时称“白华山”，明代始称普陀山。它是浙江省舟山群岛的一个小岛。据佛教传说，唐大中年间有一印度僧人来此，亲睹观音菩萨现身说法，授以七色宝石，故称此地为观音显圣地。佛经有观音住南印度普陀洛伽山之说，因此岛亦称普陀洛阳。唐大中十二年（858，一说五代后梁贞明二年，916 年），日本僧惠萼（一作惠锷）礼五台山得观音像，归国时舟过五台山遇风不能进，遂留像归开元寺（今称“不肯去观音院”）。自北宋以来，该山观音信仰盛行，寺院渐增，僧众云集。南宋绍兴元年（1131）将普陀的佛教各宗归于禅宗。明清三代相继兴建寺院，至清末有 3 大寺、70 余庵堂与 100 多处茅棚。3 大寺系指普济寺、法雨寺与慧济寺。庵堂有洪筏堂、锡麟堂、药师庵、澄心庵、息来庵、泾庵、文昌阁及妙峰庵、悦岑庵、鹤鸣庵、大乘庵等。

九华山位于安徽省青阳县境内，汉时称陵阳山，梁时名帻山，隋唐时称“九子山”。“此山奇秀，高出云表，峰峦异状，其数有九，故名九子山。”（《九华山录》）李白有“昔在九江上，遥望九华峰”的诗句，因此改名九华山。东晋时九华山中即建有道观和佛寺。唐永徽四年（653），新罗王族金乔觉渡海入唐，在九华山苦行 75 年。乔觉入定 3 年，人们看到他逝后肉身与佛经里的地藏菩萨相同，被附会成地藏化身，称“金地藏”。从此，九华山便成了佛教圣地中的地藏道场。历朝在九华山所建寺庙甚多，目前山中尚存寺庵 70 多所，规模最大的祇园禅寺、东岩精舍、万年寺和甘露寺合称九华四大丛林。九华山的寺庵布局灵活多变，与山势结合巧妙，以佛教殿堂和皖南民居相结合的形式也独具风格。

九华山

马球运动兴盛

马球是唐代开始流行的一种体育活动，亦称击鞠。其名和汉代的蹴鞠有关，但蹴鞠是步行踢球，击鞠则为纵马击球，和后代的马球有共同之处。此技源于波斯，唐初传入中国。唐代诸帝自太宗始多擅马球，玄宗、宣宗、僖宗尤精此道。上行下效，长安城中达官显贵、纨绔子弟乃至宫中仕女遂马球成风。后世亦久盛不衰，至清代方成绝响。马球规则《宋史》《金史》均有记载。

唐中宗时，"上好击球，由是风俗相尚"。此后王公大臣打球之事屡见不鲜。唐玄宗李隆基爱好走马打球，因皇宫的马房里所饲养的马不大合意，故寻"通于马经者"，以求良马。唐穆宗因击鞠暴得疾，不见群臣三日。唐敬宗李湛颇爱击鞠，长庆四年(824)击鞠于中和殿、飞龙院和清思殿，四月在清思殿击鞠时，有个染署工张韶结集染工百余人"匿兵车中若输材者"，进宫为变，结果失败了。此事使敬宗吃惊不小。唐昭宗李晔被朱全忠逼迫迁都洛阳时，六军都已逃散完了，只有"小黄门十数人，打球供奉、内园小儿等二百余人"跟着他去。当时宫中专门从事打马球的人员，除"打球供奉"外，就是上面提到的"球工"，这些人多选自神策军或里闾恶少年，是专陪皇帝打球的。昭宗被迫出都，犹以击球供奉相随，可见平日嗜好击球。

唐代打马球的技艺也是很高超的。表现了这一时期马球运动开展的水平。例如，唐人阎宽所做的《温汤御球赋》里："有骋趫材专工接来。未拂地而还起；乍从空而倒回。"意思是说，有的人专会很快奔驰迎接来球，球还未落地就被击起，忽然间从空中被击回去。张建封的《打球歌》里："俯身仰击复傍击，难于古人左右射。"这是说，弯下身子去，有时用球棍朝上迎击空中飞来的球，有时又要从两侧去击球，这比古人左右开弓射箭的技术还

难。《唐语林》说："宣宗弧矢击鞠皆尽其妙。……运鞠于空中连击至数百而马驰不止，迅若流电，二军老手，咸服其能。"上述描写可能有夸张之处，然从中亦可看出当时马球技艺水平是相当高的。

唐代马球活动在统治阶级的倡导下，在相当范围相当程度上得到了开展，尤其在场地设施的建设，竞赛交流，军队中的开展以及高超的技术水平等方面都是很有成就的。

摩尼教传入中国

唐代实行开放政策，中国与世界许多国家交往频繁，西来宗教通过各种途径传入中国，推动了中西文化的交流，丰富了唐代文化，也使盛唐文明远播西方。摩尼教就是其中之一。

摩尼教于3世纪时由波斯人摩尼创立。它在琐尼亚斯德教（即拜火教）的基础上，又择取基督教和诺斯替教等教义融合而成，并创立了一套独特戒律和寺院制度。该教崇奉四大尊严，奉《彻尽万法根源智经》《净命宝藏经》《赞愿经》《娑布罗乾》为主要经典；以"二宗三际论"为基本教义，"二宗"是指光明与黑暗两种对立的力量，"三际"是二宗在过去、现在和未来三个发展阶段中的力量对比变化；以三封、十诫为主要戒律，三封指口封、手封、胸封，即言禁、行禁、欲禁，十诫是不拜偶像，不妄语、不贪欲、不杀生、不奸淫、不偷盗、不欺诈、不二心、不怠惰，日日按时祈祷和实行斋戒忏悔；教团中分教师、教监、牧僧、选民（正信教徒）和听众（一般教徒）五教阶。

摩尼教创立之初在波斯广为传播，后却受到袄教（拜火教）的排斥，被视为异端，摩尼也被处死。摩尼死后，其教义迅速传至北非、南欧和亚洲一些国家，成为中世纪一个世界性的宗教。

公元6至7世纪，摩尼教经陆上丝绸之路，由西域传入中国唐朝，先到新疆，后至内地。

泉州摩尼教遗址

延载元年(694)，即武则天称帝第五年，波斯国人拂多诞携带摩尼教经典来中国朝拜，女皇武则天召见了他，因佛教界称摩尼教为伪教，即命他与僧徒辩论。拂多诞大讲摩尼教教义，武则天听后非常赏悦，便留他在朝中讲经。这即是摩尼教正式传入内地，并受到朝廷合法认可的开端。

开元七年(719)六月，吐火罗国支汗那王帝赊，上书唐玄宗，盛赞慕阇（中亚摩尼教团

中高级僧侣)智慧幽深,无所不知,能预测君国大事,传授摩尼教法,请求皇帝允许他设置法堂进行传教。开元十九年(731)六月,玄宗任命拂多诞在集贤院翻译《摩尼光佛教法仪略》。据敦煌石室所存该经的残卷考察,《摩尼光佛教法仪略》所宣扬的摩尼教教义中已融合了道教和佛教的思想资料,形成中国摩尼教的新特点。其中有一段介绍老子化摩尼的经文,把中国道教的教祖也转入摩尼教的大轮回之中。还有宣称"三教混齐,国归于我"的观点,将释迦、摩尼视为一体,老子又是转世的末摩尼,用道教、佛教解说摩尼教法,可见摩尼教在中国流传中逐步佛教化的倾向,在道教佛教的影响下,形成了主摩尼、释迦、老子三圣同一的新论。开元二十年(732),玄宗颁布敕令,说摩尼教是"妄称佛教"的"邪见",应当"严加禁断",但对摩尼教徒不能治罪。这样摩尼教一度被禁止传布。肃宗宝应元年(762),帮助唐朝廷平叛的回纥牟羽可汗在洛阳屯兵时遇摩尼师睿思等四人,即将他们带回漠北。并在元和(806~820)之后达到鼎盛。而唐朝廷也早在代宗大历初年(766)解除了对摩尼教的禁令,使得摩尼教从大历三年到元和年间,从京师长安扩展到今山西、河南、湖北、江西、江苏、浙江等广大地区,许多地区都建寺传教,摩尼教遂成为仅次于佛教的外来大宗教。

武宗(841~846)时,摩尼教遭到惨重的打击,长安及天下诸州的摩尼寺被封闭,摩尼教徒部分遭杀害,部分被勒令还俗,外国教徒则送远处收管。自此后,摩尼教在内地衰微,仅在西北和东南沿海秘密流传。

神秀开禅宗北派

禅宗相传于南北朝时期由南天竺来华传法的禅僧菩提达摩所创,是在中国佛教史上影响最大,彻底中国化了的一个佛教流派,以禅定概括全部修习。禅宗传至五祖弘忍的弟子神秀和慧能时,对达摩禅法的理解发生了根本的分歧,神秀主张渐修,慧能提倡顿悟。禅宗由此分化为北南两派。

神秀(约606~706),俗姓李,汴州尉氏(今属河南)人。年轻时遍览经史,隋末出家,后于蕲州双峰山东山寺拜禅宗五祖弘忍为师,深受器重,为上座弟子、"教授师"。后来在弘忍选择继承人时,神秀因作偈语"身是菩提树,心如明镜台,时时勤拂拭,莫使惹尘埃"而不得弘忍认可,未能成为嫡系传人。弘忍死后神秀赴江陵当阳山玉泉寺传授禅法,开禅宗北派,声誉盛隆,四海僧俗慕名而至,并深得武则天及中宗敬重,死后被赐谥"大通禅师"。

禅宗北派继承了道信、弘忍以心为宗的传统,认为"一切佛法,自心本有",反对慧能南派"将心外求",主张"拂尘看净,方便通经",即逐渐领会,逐渐贯通的"渐悟"方法,与慧能在南方创宗传布的"顿悟"流派相对立,时称"北秀""南能",北渐南顿,神秀所作《大乘五方便》(一作《北宗五方便门》)、《观心论》在门下流传,其弟子普寂、义福阐扬其宗风,曾盛极一时。后在宗派争斗中,慧能南派影响日趋扩大,神秀北派因不能适应当时佛

教徒舍繁趋简之势，在神秀死后经数传即告衰微。

辉煌壮阔的宫殿建筑群“唐三内”

隋唐王朝积全国之力，在长安城内营筑了辉煌壮阔的宫殿建筑群。714年，兴庆宫落成，至此，长安城内有了三处著名的宫殿区：太极宫、大明宫、兴庆宫，又称“三内”。

太极、大明、兴庆三处宫殿区，耗资极大，占地极广，且风格各有千秋：太极宫庄重威严，大明宫宏伟雄壮，兴庆宫富丽堂皇。“三内”是唐朝统治者生活和处理政事的地方，也是大唐帝国的统治中心。

唐代宫苑

太极宫又称西内，始建于582年，原名大兴宫，唐朝后改名为太极宫，位于长安城中轴线北端，占据宫城的大部分。中心部分根据轴线对称的原则，呈纵列布置了承天门、太极殿、两仪殿等十数座门殿建筑，根据《周礼》中的三朝制度，以宫城的正门，即承天门为大朝，逢国家大典之日，皇帝在此接受群臣朝贺，太极、两仪二殿为日朝、常朝之处，皇帝在此接见文武百官，处理朝政。在中轴线的两侧，对称布置了数座门、殿，构成太极宫威严庄重的宫殿建筑群。

大明宫，始建于贞观十七年(643)，宫址在长安城东北龙首原上。武则天执政后，大肆兴建宫殿和宫苑，沿中轴线依次布列大朝含元殿，日朝宣政殿，常朝紫宸殿，在后部及两侧建造殿、阁、楼、台30余处，在北部开凿太液池，池中建蓬莱山，池周围建周廊四百间，以此作为大明宫的宫苑区。由于大明宫适于宫廷警卫，可掌握京城全局，从663年开始，唐统治者把听政的地点，由太极宫迁移到大明宫，从此，这里成为唐代主要朝政的场所。

含元殿是大明宫的正殿，也是唐代最雄伟壮丽的宫殿组群。大诗人王维“九天阊阖开宫殿，万国衣冠拜冕旒”的诗句，生动地描述了含元殿当年的盛况。含元殿以其气势恢宏的艺术构思，严整对称的布局，富丽辉煌的色彩，体现了盛唐时期热烈奔放的气魄和雄宏的建筑风格。另外，含元殿与其后的宣政、紫宸殿三殿相重，附会“三朝”的布局形制，对以后各代的宫殿布局制度产生了深远的影响。麟德殿也是大明宫另一处重要宫殿群，是皇帝接见外宾、饮宴群臣、进行游乐和作佛事等活动的地方。

兴庆宫，是唐玄宗于714年，即开元二年在其旧宅兴庆坊修建的另一处宫殿区，又称南内。兴庆宫是以园林为主，将宫殿与园林有机结合在一起的宫苑区。兴庆宫的布局不

强求轴线对称，殿阁楼台错置其间，建筑装饰瓦件丰富多彩，从考古发掘的资料统计，莲花瓦当就多达73种，在宫南部还发现大量黄绿琉璃瓦碎片，说明兴庆宫的建筑豪华富丽远在大明宫之上。兴庆宫内引龙首渠及隆庆坊水，开掘18万余平方米的龙池，临龙池建亭廊楼阁，在龙池西南就发掘出17处建筑遗址，平面形式多样，布局自由，建筑间有曲折游廊相接。龙池周围，殿阁相映，垂柳云飘，笙歌画船，波光花影，反映出唐代统治者日益骄奢淫逸的生活，初唐时那种蓬勃进取的精神几乎消磨殆尽。唐三内，是劳动人民伟大智慧和才能的结晶，反映出唐代建筑技术的成就和水平。

发达的唐代制茶业

茶业在唐代南方的农业经济中是一个重要部门。茶业经过历代的发展，到唐代已发展成熟。

我国是茶的故乡，现今世界产茶国家的茶都是直接或间接地由我国传入，加以改进而发展起来的。我国利用和栽培茶树早在商代就已开始，到了汉代，茶叶已发展为商品，巴蜀是当时全国茶业中心，饮茶之风在四川也已盛行。魏晋南北朝时期，长江中下游茶业获得显著发展，但在北方茶叶尚属少见。唐代，南北统一，交往密切，饮茶风气也普及北方，《封氏闻见记》卷六《饮茶》记载："人自怀挟，到处煮饮，从此转相仿效，遂成风俗。自邹、齐、沧、棣，渐至京邑，城市多开店铺煎茶卖之，不问道俗，投钱取饮。"中唐以后，饮茶风气更是普遍，"上自宫省，下至邑里，茶为食物，无异米盐"，说明当时茶已成为人们日常生活的必需品。在边疆少数民族居住地，饮茶风气也进一步传开。"茶道大行"，"流于塞外，往年回纥入朝，大驱名马，市茶而归"（《封闻见记》），吐蕃地区也运入了汉族地区生产的各种名茶。

茶碾子

饮茶的风行，促成茶成为当时重要的商品，南方茶叶大批运往北方。茶叶需要量的增加，势必会促进茶业的发展。除了野生的茶树外，还大量进行人工栽培。唐代茶叶产地大大增加，遍及今四川、云南、贵州、广东、广西、福建、浙江、江苏等十五个省区（当时是50个州郡），其地理位置多为气候温湿的秦岭、淮河以南，这些地区的许多丘陵和山坡上都种植了茶树。历史记载，"江南百姓营生，多以种茶为业"（《全唐文》卷976），江淮人家也"什二三以茶为业"（《册府元龟》卷510）。除了农民自己种植的茶园外，地主和官府也经营茶园，《元和郡县志》卷25载："长城县（今浙江长兴县）、顾山县西北四十二里，贞元以后，每岁以进奉顾山紫笋茶，役工三万人，累月方毕"，由此可见当时有的茶园规模很

大。

唐代制茶业也已相当发达。当时的茶叶分为犗(粗)茶、散茶、末茶和饼茶四类。据《唐国补史》记载,唐代已出现名茶二十多种,“风俗贵茶,茶之名品益众”。

随着茶业的发展成熟,茶树栽培技术积累了许多宝贵经验,《四时纂要》里有较全面而翔实的记述,包括种植季节、茶园选择、播种方法、中耕除草、施肥灌溉和遮阴措施等。后世一些农书和茶书中有关茶树栽培技术的记载,都未超出《四时纂要》所记述的内容,可见唐代茶树栽培技术对后世的影响。

唐代茶业在中国茶业发展史上占有承前启后的地位。它不仅在南北朝的基础上有了迅速发展,而且影响及于世界。正是在唐朝茶业兴盛的基础上,世界第一部茶业专著《茶经》问世;也正是在这个时期,茶树种子和栽培技术,从中国传到了日本和朝鲜。

鉴真东渡日本

天宝十二载(753),鉴真和尚随日本遣唐使东渡日本弘法。第六次东渡成功。

鉴真和尚(688~763),扬州江阳人,俗姓淳于。14岁出家为僧。他到过东都洛阳和长安,跟随高僧受中宗礼聘,为中宗解经,并在洛阳、长安讲道。

鉴真坐像

天宝元年(742),在中国已有10年的日本高僧荣睿、普照等从洛阳至扬州,访谒鉴真,恭请鉴真东渡日本传戒弘法,从天宝二年到天宝九年(743~750),鉴真先后5次东渡或准备东渡,都因种种原因而失败。

鉴真一行由扬州出发到苏州,在苏州改乘遣唐副使大伴古麻吕船东渡。同年十二月抵达日本,受到隆重欢迎。鉴真到日后,次年(754)四月为圣武天皇等授戒。天宝十四年(755),又在东大寺坛院授具足戒。同年,日建唐禅院,使鉴真居之。圣武天皇死后,日以供御大米、盐供奉鉴真。代宗广德元年(763)五月,鉴真圆寂于招提寺。鉴真东渡,不仅对日本佛教,而且对日本的医药、建筑、雕塑诸方面发生重要影响,为中日文化交流史上重要事件。

筹算改革的成就

在中晚唐时期出现了一批实用的算术书籍,反映了这个时期筹算改革的成就。如《新唐书·艺文志》记载的《谢察微算经》3卷,汇本《一位算法》2卷,陈从运《得一算经》7卷,鲁靖《新集五曹时要术》3卷,《心机算术括》1卷,《龙受(益)算法》2卷。遗憾的是除了一部中唐时韩延编写的算书被宋代人误为《夏侯阳算经》流传下来之外,上述著作全部失传了。

算筹是我国自古使用的,采用十进位值制和一套独特算法的计算方法。算筹的加减法运算简便易行,但乘除法运算时需要分成三层进行,特别是进行多位数乘除时,演算十分复杂,不仅难以掌握,速度也比较慢。随着隋唐社会经济的发展,尤其是手工业生产和商业贸易的发展,地方下级官吏和平民百姓对于实用数学的需要明显增加,对数学计算提出了简便、迅速、准确的要求,所以筹算改革便在此时产生了。

商队图

流传至今的反映当时筹算改革的韩延算书约写于770年前后。全书分为3卷,收入82个问题,内容均与当时的实际需要有关,并载有许多算法,度量衡及田亩制度等方面的预备知识。书中有了许多乘除简捷算法的例子,其中一个方法就是把多位数乘除法化成累次的一位数乘除法。如“课租庸调”章有:一个数a与12.25相乘,化为:$12.25a=a\times7\times7\div10\div2+0.2$,又如下卷第28题:$42a=a\times6\times7$,等等。另一种算法是用加代乘,用减代除,这是在乘数或除数的最高位是1的情况下采用。如下卷第4题:有兵若干,每人发给绢1丈3尺,共需捐多少?解法是:“先置人数,添三得丈数”,设人数为a,则为$1.3a=a+0.3a$,这样,两位数的乘法就化成了一位数的乘法和加法,在一层内完成。如果乘数或除数的最高位不是1时,就先通过一定的步骤化为1。这种算法在中晚唐时期已经相当流行,称为“求一”或“得一”。所以,当时筹算改革的主要内容是把原来需要分三层进行的乘除运算化成一层进行,并形成了一整套简化的方法。

隋唐时期实用数学的普及情况还可以从敦煌算书中得到反映。清光绪二十六年(1900)间在敦煌莫高窟发现了一些抄于唐宋之间的抄本数学书,有《敦煌石室算经》一种,《算表》一种,《算经一卷(并序)》一种,现收藏于法国国立图书馆。英国伦敦不列颠博物院收藏有《算经一卷》二种,其内容与巴黎所藏相同。另有《立成算经一卷》一种。这

些数学书的内容有计算简单的四则应用和面积体积，还有筹算记数制度、度量衡制度、金石比重、大数记法、“九九”表等。若已知田地的长宽步数，则可在《算表》中相应纵、横两行交会处查得其亩数。此外，还发现了藏文的乘法表。总之，在边疆地区发现的这些数学书足以表明当时实用数学的普及状况。

陆羽著《茶经》

陆羽，字鸿渐，又一名疾，字季庇，自称桑苎翁，又号竟陵子、东冈子、东园先生，晚年更号广宵翁，复州竟陵（今湖北天门）人，生于开元二十一年（733），死于唐德宗贞元年（785~805）间。唐代，我国的饮茶的风尚遍及全国，茶叶成为主要商品之一，陆羽年青时期遍历长江中、下游和淮河流域各地，考察收集大量有关茶叶生产和其他茶事的资料，在此基础上形成有关《茶经》的最初雏形。

《茶经》书影

《茶经》系统地总结了唐代以前我国种茶、制茶和饮茶的经验以及他本人的体会，全书分上、中、下3卷，计10篇，7000余字，10篇分别为：“一之源”论述茶的起源；“二之具”记述采、制茶的用具；“三之造”是说茶叶种类和采制方法的；“四之器”介绍茶之饮、饮茶的器皿以及我国瓷窑产品的劣势；“五之煮”陈述煮茶方法和水质的品位；“六之饮”记载饮茶风俗和品茶、饮茶之法；“七之事”汇集历史上有关茶的典故，传说以及药效；“八之出”列举了当时我国名茶产地及所产茶叶的优劣；“九之略”，指出在特殊条件下某些器皿可以省略；“十之图”要求将《茶经》书于绢帛张挂之。其中有关茶的生产和特性，以及采茶所用的器物等内容都应属于农学范围，如论述茶树与土壤的关系时指出：“上者生烂石，中者生砾壤，下者生黄壤”，采茶的时间以春茶为上，“凡采茶，在二、三月、四月之间”，这些都很符合客观规律，当时茶叶的著名产地大多分布在长江流域及其以南地区，从《茶经》我们可以看出唐代南方已有很高的茶树种植生产水平。

《茶经》是世界上第一部关于茶的专著。《茶经》的出现，不仅对我国，在世界茶学发展史上也具有划时代的意义。

太医署的建立及发展

隋唐时代的卫生组织和医事管理制度，比前代有了进一步发展。两朝设立的太医

署，是全国最高的医学管理机构，其他如尚药局、药藏局等宫廷卫生组织也建立起来，对医学发展起到了一定的积极作用。

隋代的太医署设有太医令、丞及医监、医正等行政领导和管理官员，业务人员有医师、主药、药园师、医博士、助教、按摩博士和祝禁博士等。医师负责教育和训练学生以及从事医疗工作，并以医疗成绩作为考核的内容；药园师和主药主要负责药物的种植、采收、炮制、贮存；各科博士、助教则主要负责本专业的教学工作。唐代太医署沿用隋朝的制度，兼有医学教育和医疗双重任务。太医署的教学分为医学和药学两大部分，医学部分又分医、针、按摩、咒禁 4 个科系，每个科系都有专门博士和教授学生，并有助教、医师、医正辅助教学。药学部分有主药、药园师、药童及府、史等，负责教学和日常工作。太医署师生员工达 300 多人。

太医署的学生首先学习《黄帝内经素问》《神农本草经》《针灸甲乙经》《脉经》等公共基础课，然后再分科学习各自的专业课程。医学部分的 4 个科系分为 5 个专业，有学生 40 人。如“体疗”专业学习内科，学制 7 年；“角法”专业学习拔火罐及外治法，学制 3 年；针科学生 20 人，专门学习经脉腧穴理论和针灸治疗技术。

太医署考试制度非常严格，仿照国子监实行的科举制进行入学考试。入学后，每月由博士主持月考，每季由太医令、丞主持季考，年考由太常寺派监考官主持，毕业时有笔试和临床两种形式的考试。不及格的可留级继续学习，但若两年仍不能通过毕业考，则予以除名。毕业生按成绩优劣被授予医师、医正、医工、医人 4 种职称，分配到尚药局、太医署或到外地工作。

太医署还在京师设有数百亩良田的药园，作为学习药物栽培和识别药物的教学基地。药园通过考试录取的 16~20 岁的平民子弟为药园生，他们主要学习药物产地、性状、种类、栽培、采集、贮存、炮制以及配伍宜忌等知识，毕业后可分到尚药局，也可留太医署作药园师，或到外地负责为皇室调配地道药材。

隋唐两代的太医署兼有医学教育机构和医疗单位的双重责任。其医务人员除在京城开展正常的医疗活动外，还经常奉命前往他处送医送药，为解除百姓的疾苦做出了一定的贡献。

第三章 文学艺术

优美的唐诗

唐朝文学中，成就最辉煌的是诗歌，它的优美让世人折服。在李白、杜甫、白居易这些伟大诗人之外，见诸典籍的还有两千多名诗人，他们共为后人留下四万多首诗歌。壮丽河山、勇士出征、悲欢离合、人生感悟，都通过唐朝诗人的如椽巨笔，鲜活地永驻于时空之中。可以说，诗是汉文所发挥的最高艺术，唐诗则是诗中的最高峰。

唐诗的发展一般可分为初唐、盛唐、中唐和晚唐四个时期。在初唐诗人中，号称“四杰”的王勃、杨炯、卢照邻和骆宾王，成就颇大。后来的陈子昂积极提倡建安风骨，批判齐梁诗风，力求恢复文学浪漫和现实的完美结合，使唐诗进入了新的发展阶段。

盛唐一般指从 712 年到 762 年这五十余年的时间，这也是诗歌的黄金时代。伟大的浪漫主义诗人李白和伟大的现实主义诗人杜甫同时出现在诗坛，各种体裁的诗争芳斗艳，才华横溢的诗人大量涌现，相互争辉。王维、孟浩然以优美的田园山水诗闻名，高适、岑参则以豪迈的边塞诗著称。

从安史之乱到唐文宗的大和末年，这六十多年被称为中唐时期，现实主义的诗歌作品得到极大发展，最突出的代表是以白居易、元稹为首的新乐府派，还有善用形象思维、表现手法奇特而独树一帜的李贺。

到了晚唐，伴随着国势的衰微和社会动乱，诗的风格发生很大变化。杜牧虽然在艺术上有一些新的发展，但感伤的情绪还是成了诗歌的主基调。李商隐则以沉郁的风格，尽现自己在仕途上历尽的坎坷。

初唐四杰

初唐是唐诗繁荣的准备时期。唐代建国初的诗歌仍受南朝诗歌的影响，柔靡纤弱。但号称“初唐四杰”的王勃、杨炯、卢照邻、骆宾王的出现打破了这种局面，他们才气横溢，通过自己的诗作抒发对现状的愤懑不平和壮怀激烈的情怀，拓宽了诗歌题材。陈子昂、沈佺期、宋之问也有大量诗作问世。

王勃是隋末大儒王通之孙。六岁能文，十几岁的时候在沛王府负责文书起草。他极有才华，如《送杜少府之任蜀州》：“城阙辅三秦，风烟望五津。与君离别意，同是宦游人。

海内存知己，天涯若比邻。无为在歧路，儿女共沾巾。”

初唐四杰勇于创新，在诗歌的思想内容和艺术形式上打破了六朝以来“宫体诗”的束缚，但还有不足之处。例如王勃的这首诗，三、四两句“与君离别意，同是宦游人”就不合律诗对仗的要求。一些轻薄的文人就讥笑他们。然而，这淹没不了他们的成就。杜甫则有精辟的评论：“王杨卢骆当时体，轻薄为文哂未休。尔曹身与名俱灭，不废江河万古流。”

春夜宴桃李园图

然而由于王勃才高年少，也由此招来了祸端。当时斗鸡非常流行，而王公贵族们不光以此赌博，有时还要靠斗鸡来互相炫耀，甚至还因之而引发矛盾。一次沛王与英王在群鸡会战中斗争激烈，王勃就专门为沛王写了一篇《檄英王鸡》，声讨英王的斗鸡，文中有言：“两雄不堪并立，一啄何敢自妄？……牝晨而索家者有诛，不复同于彘畜；雌伏而败类者必杀，定当割以牛刀。此檄。”

从文学的角度而言，这篇文章是骈文的经典之作，对仗工整，典故使用巧妙，充分体现了年仅二十岁的王勃的高超文才和渊博知识。但此文被高宗认为挑拨诸王间的关系，触动了高宗担心皇室内斗的敏感神经。他当天就下诏废除王勃官职，将之斥出沛王府。王勃的一生从此坎坷不平，他在四川任上又被贬斥，其父亲也受连累，被贬为交趾(在今越南境内)令。他前去看望父亲，却在渡海途中落水而死。

诗人英年早逝，却留下了《滕王阁序》这一千古名篇。《滕王阁序》全称《秋日登洪府滕王阁饯别序》，又名《滕王阁诗序》。滕王阁在今江西省南昌市赣江滨，为唐高祖之子滕王李元婴任洪州都督时始建，故名滕王阁。后来阎伯屿为洪州牧，宴各方名士于阁上，王勃也参加了此次宴会，即席而作《滕王阁序》。

对于《滕王阁序》的创作年代，还有争议。根据《唐摭言》的说法，王勃写《滕王阁序》时才十四岁。阎伯屿在新落成的滕王阁大宴宾客，并请来宾为滕王阁作序。但阎公本想让女婿孟学士写这篇文章，也让他预先构思好了。阎伯屿命人拿纸笔在宾客间来回推让，大家事先都无准备，也知道阎伯屿的意思，所以都托辞不做。王勃也受邀参加此次宴

会，却不推辞谦让。阎伯屿不相信他的才华，十分恼怒，拂袖离开，但也派人窥伺王勃如何下笔。第一次禀报说“南昌故郡，洪都新府”，阎伯屿说：“这只是老生常谈罢了。”第二次禀报说“星分翼轸，地接衡庐”，阎伯屿沉吟不语。最后一次的禀报是说“落霞与孤鹜齐飞，秋水共长天一色”，阎伯屿急忙站了起来，说：“此乃天才，当流传不朽！”阎伯屿也就不再让他的女婿著文了，而在场的宾客看了一致称好，滕王阁也因此篇文章与黄鹤楼、岳阳楼成为江南三大名楼。

王勃创作《滕王阁序》极富传奇性。王勃写文章很有特色，先磨墨数升，就酣畅饮酒至醉，然后拉起被子蒙脸躺下，等到酒醒时，奋笔疾书，不改一字而文成，当时的人称王勃为“腹稿”。而经过后世的附会，王勃创作《滕王阁序》更是被蒙上了一层神话色彩。相传，在王勃写作《滕王阁序》的前一天，他还在七百里外。不过他突然遇到一须发斑白、仙风道骨、貌若神仙之老者，那位老者一语道破王勃的身份，并告诉他：“明天就是九九重阳节，滕王阁会有高会，如果前往赴宴，赋诗作文，足垂不朽。”王勃大惊，又问道：“老先生有所不知，此地离洪州七百余里，来不及了。”老者仰天大笑，便以神风送王勃七百里，一夜就到了洪州。

而作为四杰之一的杨炯也并非浪得虚名。他诗中激扬豪迈的格调，为唐初诗坛吹进一股新风，如《从军行》：“烽火照西京，心中自不平。牙璋辞凤阙，铁骑绕龙城。雪暗雕旗画，风多杂鼓声。宁为百夫长，胜作一书生。”该诗表现了唐人不甘寂寞，不想老死窗下，而宁愿做个低级军官到边疆建功立业的热切期望。

杨炯

杨炯还与王勃、卢照邻等人共同主张刚健的文风，反对宫体诗风。其诗歌也在内容和艺术风格上以突破齐梁宫体诗风为特色，在诗歌发展史上起到承前启后的作用。他在《王勃集序》中对王勃改革当时淫靡文风的创作评价很高，实乃唐初四杰有意识地改革当时文风的鲜明体现。

整体而言，杨炯虽然唱和、纪游的诗篇还未脱过去的绮艳之风，但他在《出塞》《战城南》《紫骝马》等边塞征战诗表现了期盼为国立功的战斗精神，气势轩昂，风格豪放。如《战城南》：“塞北途辽远，城南战苦辛。幡旗如鸟翼，甲胄似鱼鳞。冻水寒伤马，悲风愁煞人。寸心明白日，千里暗黄尘。”这首用乐府旧题写的五言律诗，虽以征战者的口吻讲述了远征边塞的艰苦军旅生涯，但一脱汉乐府中的《战城南》的悲伤情绪，变得格调雄浑激越，充满了对胜利的希冀。这也是唐朝开国气

象在诗人作品中的重要体现。

继四杰而起的是陈子昂,他在理论和创作实践上都表现了鲜明的创造革新精神。他在理论上对南朝以来绮丽柔靡的诗风提出批评,认为这类诗歌辞藻华丽、内容空洞,背离了《诗经》重视思想性的传统。他在著名的《修竹篇序》里,集中表达了自己对于诗歌革新的主张:"文章道弊五百年矣。汉魏风骨,晋宋莫传,然而文献有可征者。仆尝暇时观齐梁间诗,彩丽竞繁,而兴寄都绝,每以永叹。思古人常恐逶迤颓靡,风雅不作,以耿耿也。"

在具体的诗歌创作中,他的《登幽州台歌》"前不见古人,后不见来者;念天地之悠悠,独怆然而涕下"苍凉辽阔,一扫前朝孱弱之文风。韩愈曾用"国朝盛文章,子昂始高蹈"句高度评价了他在唐诗发展中的重要作用。事实上,经过陈子昂等人的努力,盛唐诗歌风气由此开启。

诗仙李白

经过初唐诗人的努力,唐朝诗歌在盛唐期间达到顶峰,出现了诗仙李白、诗圣杜甫、诗佛王维这样的伟大诗人。

到8世纪初,唐王朝出现了开元盛世,经济、文化发展到鼎盛。诗歌创作领域也出现大批优秀诗人,写下内容异常丰富的诗歌。社会生活的富足开放在诗歌领域的最直接反映,那就是李白的飘逸奔放的诗歌。

李白

李白字太白,原籍陇西成纪(今甘肃秦安),生于碎叶(今吉尔吉斯托克马克城),幼年随父迁居绵州昌明(今四川江油)。他是中国文学史上继屈原之后又一伟大的浪漫主义诗人。如《夜宿山寺》:"危楼高百尺,手可摘星辰。不敢高声语,恐惊天上人。"他经历坎坷,既是天才的诗人,又兼有游侠、隐士的气质。著名的《侠客行》:"赵客缦胡缨,吴钩霜雪明。银鞍照白马,飒沓如流星。十步杀一人,千里不留行。事了拂衣去,深藏身与名。闲过信陵饮,脱剑膝前横。将炙啖朱亥,持觞劝侯嬴。三杯吐然诺,五岳倒为轻。眼花耳热后,意气素霓生。救赵挥金槌,邯郸先震惊。千秋二壮士,煊赫大梁城。纵死侠骨香,不惭世上英。谁能书阁下,白首太玄经。"就出自他手。因其诗歌内容广泛,想象丰富,热情奔放,具有强烈的艺术魅力,因此被称为"诗仙"。

李白从二十多岁起就到各地游历。不仅到过长安、洛阳、金陵、江都这些大城市,还到过洞庭、庐山、会稽等许多名山胜地。科举考试是唐代选拔人才的主要方式,但考官往往会考虑到考生的社会声名,不通过科举而靠人推荐更得如此,所以"有四方之志"者为

了个人的出路或者仕途，常漫游各地，结交权威人士，用言语或诗文作自我的宣传。因此唐朝文人在青年时代往往有一段或长或短的漫游时期。正如李白所说："大丈夫必有四方之志，乃仗剑去国，辞亲远游。"

725 年，李白离开四川，开始了其一生的漫游。李白一出蜀地，就在江陵（今湖北江陵）遇到了著名道士司马承祯。司马承祯极受唐皇室推崇，武则天、唐睿宗、唐玄宗曾多次召其入宫讲经论道。玄宗还让玉真公主随其学道。李白对司马承祯极为景仰，特呈上自己的诗文。司马承祯也非常欣赏李白，视其为不平凡之人，赞其"有仙风道骨，可与神游八极之表"。

李白有感于此段经历，写作了《大鹏遇希有鸟赋》，其中有"俄而希有鸟见谓之曰：'伟哉鹏乎，此之乐也。'吾右翼掩乎西极，左翼蔽乎东荒。跨蹑地络，周旋天纲。以恍惚为巢，以虚无为场。我呼尔游，尔同我翔。于是乎大鹏许之，欣然相随。此二禽已登于寥廓，而斥鷃之辈，空见笑于藩篱"句。在该赋中，李白称赞司马承祯是希有鸟（古代传说中的一种神鸟），自己则以大鹏鸟自喻。李白又来到了庐山，在此写下了脍炙人口的《望庐山瀑布》："日照香炉生紫烟，遥看瀑布挂前川。飞流直下三千尺，疑是银河落九天。"

但李白第一次到长安时，这种才气并没有转换成仕途。他在湖北安陆娶了许圉师的孙女。许圉师曾经做过左丞相，许圉师的父亲许绍更是唐高祖李渊的同窗，后来被封为安陆郡公。但许圉师因为一个儿子在打猎时杀了人，为抵罪遭到贬谪。当时许家还是相当兴旺的，李白也在《上安州裴长史书》中特意提道："而许相公家见招，妻以孙女，便憩于此，至移三霜焉。"但这段婚姻也是有相当代价的。因为此段婚姻相当于入赘，而入赘在传统文化中认为是不光彩的事情，《汉书·贾谊传》就有"家贫子壮则出赘"的话。李白跟这位许氏夫人大约生活了十年，生有一儿一女。女儿名平阳，儿子小名明月奴，后改名为伯禽。李白后来带着他们移居东鲁（今山东济宁），诗文之中再也没有出现许氏身影。有人以为许氏病故，有人以为是婚变。

历史小常识：游历的经费来源

对于李白游历的经费问题，大致有以下几种说法：一种认为李白出身商人家庭，漫游过程中也兼营商业；另外一种则认为李白在出名之后，不但得到皇帝的赏赐，很多人还邀请他写文章，自有不少收入，沿途还得到了不少朋友及崇拜者如汪伦的招待。

在这期间，也就是在 730 年，李白第一次入长安。他从安陆来到长安后，通过光禄卿许辅乾也就是许圉师的好友的介绍去拜访一向爱推贤进士的右丞相张说。也有一种说法是通过老朋友元丹丘的引见。不巧的是张说正在病中，便让他的二儿子张垍接待了李白。张垍将其推荐给了玉真公主（唐玄宗的九妹，出家为尼，对道家很是热衷），让他居住在玉真公主的别馆里。这一等就是好几个月。李白曾在《玉真公主别馆苦雨》描述了自己的苦闷心情："秋坐金张馆，繁阴昼不开。空烟迷雨色，萧飒望中来。翳翳昏垫苦，沉沉忧恨催。清秋何以慰？白酒盈吾杯。吟咏思管乐，此人已成灰。独酌聊自勉，谁贵经纶才？弹剑谢公子，无鱼良可哀。"李白迟迟得不到消息，只好离开长安。

李白这次受挫其实与当时的社会环境有关。《唐语林·企羡》记载了薛元超的话：

庐山高图

"吾不才，富贵过人。平生有三恨。始不以进士擢第，不娶五姓女，不得修国史。"薛元超是唐朝秦王府十八学士之一薛收的儿子，则天朝位至宰相，他尚且如此，何况李白出身平民，且没有参加科举，他遭遇挫折则是必然之事。面对"大道如青天，我独不得出"的局面，他一度消沉，"羞逐长安社中儿，赤鸡白雉赌梨栗"。他自认为有治国之才，"淮阴市井笑韩信，汉朝公卿忌贾生。君不见昔时燕家重郭隗，拥彗折节无嫌猜。剧辛乐毅感恩分，输肝剖胆效英才"，但残酷的现实却是"弹剑作歌奏苦声，曳裾王门不称情。昭王白骨萦蔓草，谁人更扫黄金台?"在经历长安多年的磨难之后，他写出了名传千古的《行路难》："金樽清酒斗十千，玉盘珍羞直万钱。停杯投箸不能食，拔剑四顾心茫然。欲渡黄河冰塞川，将登太行雪满山。闲来垂钓碧溪上，忽复乘舟梦日边。行路难！行路难！多歧路，今安在？长风破浪会有时，直挂云帆济沧海。"

李白第一次西入长安求仕失败铩羽而归后，就于740年举家移居山东。他很快就和当地的文人雅士相识并结为朋友。其中关系甚密者有孔巢父、裴政、韩准、张叔明、陶沔等五人，号称"竹溪六逸"。他们常常徜徉于徂徕山之竹溪，纵酒酣歌，啸傲泉石，举杯邀月，过着一种逍遥自在放情山水的浪漫生活。

742年，玄宗诏令天下道门龙凤来集京师，已经四十二岁的李白在友人的推荐下接到朝廷召他入京的诏书。李白特别激动，写下了《南陵别儿童入京》："白酒新熟山中归，黄鸡啄黍秋正肥。呼童烹鸡酌白酒，儿女嬉笑牵人衣。高歌取醉欲自慰，起舞落日争光辉。游说万乘苦不早，著鞭跨马涉远道。会稽愚妇轻买臣，余亦辞家西入秦。仰天大笑出门去，我辈岂是蓬蒿人。"

李白这次到了长安之后，结识了著名诗人贺知章。贺知章的《回乡偶书》："少小离家老大回，乡音无改鬓毛衰。儿童相见不相识，笑问客从何处来"以及《咏柳》："碧玉妆成一

树高，万条垂下绿丝绦。不知细叶谁裁出，二月春风似剪刀”都是传诵一时的诗歌。这时贺知章已经八十多岁了，在朝廷上声望很高。743 年，贺知章因年老上奏玄宗请求回乡做道士，玄宗为他赋诗送行，百官也纷纷握手告别，可见贺知章在朝廷享有极高的声誉。

而这时，李白还没有得到唐玄宗的接见。据说，李白前去谒见贺知章，将其大作《蜀道难》呈上。贺知章“读未竟，称叹者数四”，认为此诗只有神仙才写得出来，因此称李白为“谪仙人”。而李白一生虽文采卓然，但在仕途上并不得意，故“谪仙”也成为李白的代称。

司马随祯

基于李白的文采，贺知章就拉他去喝酒畅叙。不过贺知章忘了带钱，就毫不犹豫地解下佩在身上的显示官品级别的金龟以充酒资，这就是著名的“金龟换酒”典故的来历。后来，贺知章在唐玄宗面前极力推荐李白，李白遂被召进宫中。李白对此十分感动，在贺知章去世以后，李白写下了《对酒忆贺监》：“四明有狂客，风流贺季真。长安一直见，呼我‘谪仙人’。昔好杯中物，今为松下尘。金龟换酒处，却忆泪沾巾。”

在李白的诗歌中，古体诗尤为突出。唐朝的诗歌有古体与近体的区别。古体诗，又称古诗或古风。这个概念专指唐代以前形成并在唐代继续流行的一种诗体，和唐代形成的近体诗相对存在。古体诗对音韵格律的要求比较宽：一首之中，句数可多可少，篇章可长可短，可押韵也可不押韵，押韵也可换韵，句与句间没有平仄对应和用词对仗的要求。虽然有的古体诗句数、字数和律诗相同，但用韵、平仄和对仗都不同于律诗的要求，所以仍是古诗。李白的成名作之一《蜀道难》就是一例：“噫吁嚱，危乎高哉！蜀道之难难于上青天。蚕丛及鱼凫，开国何茫然。尔来四万八千岁，不与秦塞通人烟。西当太白有鸟道，可以横绝峨眉巅。地崩山摧壮士死，然后天梯石栈方钩连。上有六龙回日之高标，下有冲波逆折之回川。黄鹤之飞尚不得，猿猱欲度愁攀援。青泥何盘盘，百步九折萦岩峦。扪参历井仰胁息，以手抚膺坐长叹！问君西游何时还？畏途巉岩不可攀。但见悲鸟号古木，雄飞雌从绕林间。又闻子规啼夜月，愁空山。蜀道之难难于上青天，使人听此凋朱颜！连峰去天不盈尺，枯松倒挂倚绝壁。飞湍瀑流争喧豗，冰崖转石万壑雷。其险也如此，嗟尔远道之人胡为乎来哉！剑阁峥嵘而崔嵬，一夫当关，万夫莫开。所守或匪亲，化为狼与豺。朝避猛虎，夕避长蛇，磨牙吮血，杀人如麻。锦城虽云乐，不如早还家。蜀道之难难于上青天，侧身西望长咨嗟！”李白正是通过不受格律约束的古体诗表达了自己的奇思异想和豪壮奔放的风格。

李白在得授官职后，境遇发生了很大的变化，根据他自己的叙述，那一段时间“一朝

君王垂拂拭，剖心输丹雪胸臆，忽蒙白日回景光，直上青云生羽翼，幸陪鸾辇山鸿都，身骑飞龙天马驹。王公大人借颜色，金璋紫绶来相趋”。他已不再是以前的“少年不得意，落魄无安居”，而是“承恩初入银台门，著书独在金銮殿。龙钩雕镫白玉鞍，象床绮席黄金盘。当时笑我微贱者，却来请谒为交欢”。

李白虽然得到唐玄宗的礼遇与敬重，但是他担任的“翰林待诏”或“翰林供奉”只是陪侍皇帝游戏诗文的。也就是说，李白的职责更多的是作为诗人粉饰太平、润色王业。在一段官宦生涯中，李白留下了太白脱靴等故事。

当时唐玄宗对杨玉环极为宠爱，把政事交给宰相李林甫，天天和她饮酒作乐。相传，一次玄宗陪着杨玉环，在沉香亭欣赏由洛阳新进贡来的名贵品种“姚黄”“魏紫”。本已有李龟年率领的梨园子弟伺候，但玄宗说：“还用旧词干什么？”就命人去找李白。太监们在翰林院找不到人，最后在一个酒店里找到喝得酩酊大醉的李白，七手八脚地把李白拉进轿子，抬到了宫里。

李白进了宫，醉得踉踉跄跄，无法给唐玄宗行礼。唐玄宗爱他的才，也不责怪，只叫他马上把歌词写出来。太监们忙着在他面前的几案上放好笔砚绢帛，李白席地而坐，忽然觉得脚上穿着靴子，很不舒服，便招呼身边一个年老的宦官给他脱靴子。这个老宦官是唐玄宗最宠信的宦官头子高力士，平时朝廷高官都对他点头哈腰，今天一个小小的翰林，居然命令他脱靴，简直气昏了。但是唐玄宗在旁边等着李白写歌词，高力士也不能得罪李白，只好跪下来给李白脱了靴子。

蜀道图

李白脱了靴子，正眼也不看高力士，拿起笔来龙飞凤舞地写了起来。很快，三首《清平调》就写好了。其一为：“云想衣裳花想容，春风拂槛露华浓。若非群玉山头见，会向瑶台月下逢。”其二为：“一枝红艳露凝香，云雨巫山枉断肠。借问汉宫谁得似，可怜飞燕倚新妆。”其三为：“名花倾国两相欢，长得君王带笑看。解得春风无限恨，沉香亭北倚槛杆。”唐玄宗反复吟了几遍，觉得文辞秀丽，确是好

诗,马上叫乐工谱曲演唱。

但李白好酒这一点却导致他的仕途梦破。李白生前好友范作之子范传正,曾与当时的当涂县令一起将李白墓迁至其生前期望的"宅近青山,同谢朓公之脱骨"安葬地。按照他在《唐左拾遗翰林学士李公新墓碑并序》中的说法,玄宗"甚爱其才,或虑乘醉出入省中",担心他会泄露宫廷的秘密,恐酿成祸端,就对李白心存芥蒂。因为李白屡屡进入内廷作诗,难免不会在醉后泄露宫禁中的秘密。

另外,他对社会黑暗的抨击也使他屡遭毁谤。而李白也厌倦了当时徒有其名而无所作为的身份,此时朝廷政治开始腐败,唐王朝已走上了下坡路。李白就在一首诗揭露了这一点:"大车扬飞尘,亭午暗阡陌。中贵多黄金,连云开甲宅。路逢斗鸡者,冠盖何辉赫。鼻息干虹蜺,行人皆怵惕。世无洗耳翁,谁知尧与跖。"那些在皇帝身边得势的佞幸人物,坐着华贵的大车在街上招摇,荡起漫天灰尘。一些宦官聚敛了大量财富,修起宏丽的住宅。就连只是替皇帝开心的斗鸡人,也坐在带有华盖的车子里耀武扬威。他们鼻孔朝天,喷出的气息仿佛能吹动天空的云彩,路上行人都吓得纷纷躲开。社会上再没有厌倦名利的贤人,好人与坏人的区别也没有人在意了。

唐玄宗如李白作"清平调"图

而那些人也容不下李白。"恃才傲物""交通外官,图谋不轨"等谗谤接踵而来,甚至连他《清平调》词中"借问汉宫谁得似,可怜飞燕倚新妆"也被指斥为用赵飞燕典故影射贵妃。李白也在《玉壶吟》中抱怨:"君王虽爱峨眉好,无奈宫中妒杀人。"他又在一首诗中写道:"青蝇易相点,白雪难同调。本是疏散人,屡贻褊促诮。"

面对唐玄宗周围的趋炎附势的小人,李白知道自己不过是给皇上解闷散心的,要想在政治上有所作为是不可能了,遂在744年左右辞去了官职,重新开始游览名山大川,写

诗抒情。虽然是唐玄宗赐金放还,但毕竟是李白仕途的一大挫败。一些曾纷纷与李白交好的人也转变了态度,“一朝谢病游汀海,畴昔相知几人在。前门长揖后门关,今日结交明日改”。李白对此也特别苦闷,他通过《秦水别陇首》一诗表达了自己的心情:“秦水别陇首,幽咽多悲声……挥涕且复去,恻怆何时平?”

杜甫曾这样评论李白:“冠盖满京华,斯人独憔悴!”仕途不顺也许是李白人生的挫折,但李白之所以成为李白,很重要的一点就是他的不拘一格、放荡狂傲、藐视权贵。李白曾与著有《长短经》的纵横家赵蕤交好,他也曾经试图通过纵横术求功名,但唐朝已不是苏秦、张仪所生活的战国。不过李白离开长安固然使朝廷少了一个词臣,却使唐朝的诗歌增添了一颗最为璀璨的星辰。对于中国文学来说,实为大幸。

李白在四处漫游过程中,性格豪放,喜爱游览和饮酒。他曾写下《将进酒》一诗:“君不见黄河之水天上来,奔流到海不复回。君不见高堂明镜悲白发,朝如青丝暮成雪。人生得意须尽欢,莫使金樽空对月。天生我材必有用,千金散尽还复来。烹羊宰牛且为乐,会须一饮三百杯。岑夫子,丹邱生。将进酒,杯莫停。与君歌一曲,请君为我倾耳听。钟鼓馔玉不足贵,但愿长醉不愿醒。古来圣贤皆寂寞,唯有饮者留其名。陈王昔时宴平乐,斗酒十千恣欢谑。主人何为言少钱,径须沽取对君酌。五花马,千金裘。呼儿将出换美酒,与尔同销万古愁。”《月下独酌》也与酒有着密切的关系:“花间一壶酒,独酌无相亲。举杯邀明月,对影成三人。月既不解饮,影徒随我身。暂伴月将影,行乐须及春。我歌月徘徊,我舞影零乱。醒时同交欢,醉后各分散。永结无情游,相期邈云汉。”

历史小常识:金龟婿

按照唐朝的规定,金龟是亲王或三品以上官员身份的标志和象征。李商隐有诗云:“无端嫁得金龟婿,辜负香衾事早朝。”后世遂以金龟婿代指身份高贵的丈夫,到了近现代侧重于家境富裕或较高的收入。贺知章号四明狂客,也只有狂放如知章者才能将其质酒。

对于自己爱好饮酒这一点而言,李白也不否认。他在其《赠内》一诗中写道:“三百六十日,日日醉如泥。虽为李白妇,何异太常妻。”可见李白的的确确是一个“不可一日无此君”的醉仙。但这与他的境遇有相当关系。他终生梦想施展抱负,干一番经天纬地的大事业。他曾在一首诗中表明了志向:“大鹏一日同风起,扶摇直上九万里。假令风歇时下来,犹能簸却沧溟水。时人见我恒殊调,见余大言皆冷笑。宣父犹能畏后生,丈夫未可轻年少。”在这首诗中,他以《庄子》的大鹏自居,对自己的政治才能充满自信,但实际上他未必具备政治家的才干,他的“大言”受到世人嘲笑并不奇怪。他虽以孔子“后生可畏”的话为自己辩解,但在屡受挫折的情况下,心情也颇为无奈:“弃我去者,昨日之日不可留。乱我心者,今日之日多烦忧。长风万里送秋雁,对此可以酣高楼。蓬莱文章建安骨,中间小谢又清发。俱怀逸兴壮思飞,欲上青天揽明月。抽刀断水水更流,举杯销愁愁更愁。人生在世不称意,明朝散发弄扁舟。”

李白从长安回到山东的家中时,还对前途有着很大的信心。在再次出游时,他写了

《梦游天姥吟留别》:"海客谈瀛洲,烟涛微茫信难求。越人语天姥,云霓明灭或可睹。天姥连天向天横,势拔五岳掩赤城。天台四万八千丈,对此欲倒东南倾。我欲因之梦吴越,一夜飞渡镜湖月。湖月照我影,送我至剡溪。谢公宿处今尚在,渌水荡漾清猿啼。脚着谢公屐,身登青云梯。半壁见海日,空中闻天鸡。千岩万转路不定,迷花倚石忽已暝。熊咆龙吟殷岩泉,栗深林兮惊层巅。云青青兮欲雨,水澹澹兮生烟。列缺霹雳,丘峦崩摧。洞天石扇,訇然中开。青冥浩荡不见底,日月照耀金银台。霓为衣兮风为马,云之君兮纷纷而来下。虎鼓瑟兮鸾回车,仙之人兮列如麻。忽魂悸以魄动,恍惊起而长嗟。惟觉时之枕席,失向来之烟霞。世间行乐亦如此,古来万事东流水。别君去兮何时还,且放白鹿青崖间,须行即骑访名山。安能摧眉折腰事权贵,使我不得开心颜!"

李白一直对于访道求仙有着极大的兴趣,《梦游天姥吟留别》一诗就体现得很明显。但他有一个不安定的灵魂,他有更高更远的追求。虽然离开长安已经有很长时间了,而政治上遭受挫折的愤怨仍然郁结于怀,对前途仍抱有乐观态度,所以在诗的最后发出激越的呼声。

但在多年的漂泊过程中,李白饱尝人间辛酸,看透了世态炎凉。《秋浦歌》曾语:"白发三千丈,缘愁似个长。不知明镜里,何处得秋霜。"他在《独坐敬亭山》抒发了孤独、寂寞和无奈的心情:"众鸟高飞尽,孤云独去闲。相看两不厌,只有敬亭山。"山林中的鸟儿高飞远去,天空中的白云随风飘逝,只有敬亭山与自己相对而视、互不厌弃。这是天纵英才怀才不遇后的生动写照。

不过他在漂泊生活中也留下了一段段珍贵的友谊,例如与汪伦的交往。汪伦是泾县(今安徽泾县)的一名士绅,他非常喜欢李白的诗歌,盼望能一睹诗仙的风采。他听说李白在安徽逗留的消息后,很想把他请来。但是泾县名不见经传,自己也没有什么才气,怎么才能请到大诗人李白呢?不过汪伦知道李白有两大爱好:喝酒和游历,只要有好酒,有美景,李白就会欣然前来。于是他就派人送去了一封热情洋溢的信:"先生好游乎?此地有十里桃花。先生好饮乎?此地有万家酒店。"他虽然不认识汪伦,也从未到过泾县,但他被汪伦的盛情所感动,也想欣赏泾县的美景,痛饮当地的美酒。他就来到了汪伦的家里,受到每天都是美酒佳肴的热情款待。但住了几天,李白一直没有看到十里桃花,也没有见到万家酒店。他就问汪伦:"先生信中所说的'十里桃花'和'万家酒店'怎么还没有见到呢?"汪伦一听,忍不住大笑起来,他解释道:"我说的'桃花'是指此地的桃花潭,它方圆十多里,不是'十里桃花'吗?那'万家酒店'是指店主人姓万,这不是万家酒店吗?"李白一听,恍然大悟,也不禁大笑起来。后来汪伦就陪同李白游览了桃花潭及当地的风光。

酒宴虽好终会散。汪伦在家中设宴送别之后,李白登上了停在桃花潭上的小船,船正要离岸,忽然听到一阵歌声。李白回头一看,只见汪伦正和许多村民一起在岸上踏歌为自己送行。李白由此吟出《赠汪伦》:"李白乘舟将欲行,忽闻岸上踏歌声。桃花潭水深千尺,不及汪伦送我情。"这首颂扬美好友情的诗歌,因其简单明快、内涵丰富,至今仍为人们广为传诵。

而在李白的游历过程中,他对民众遭受到的苦难也没有视而不见。对于唐玄宗的屡

挑边衅政策，他在《战城南》中给予批判：“去年战，桑干源；今年战，葱河道。洗兵条支海上波，放马天山雪中草。万里长征战，三军尽衰老。匈奴以杀戮为耕作，古来惟见白骨黄沙田。秦家筑城备胡处，汉家还有烽火燃。烽火燃不息，征战无已时。野战格斗死，败马号鸣向天悲。乌鸢啄人肠，衔飞上挂枯树枝。士卒涂草莽，将军空尔为。乃知兵者是凶器，圣人不得已而用之。”

755年，安史之乱爆发。这场战争给民众带来了深重的灾难，李白也概莫能外。他的儿子伯禽逃亡不及，被留在山东。他的一个好友武谔就扮作叛军将其带到南方。对于民众的苦难，李白这样写道：“俯视洛阳川，茫茫走胡兵。流血涂野草，豺狼尽冠缨。”但作为一介书生，再者年事渐高，基本上已是报国无门，因此他在隐居庐山之时，在《赠王判官时余归隐居庐山屏风叠》激愤地说道：“吾非济代人，且隐屏风叠。”

李白虽然屡遭挫折，但兼济天下之心未灭。他在《扶风豪士歌》中写道：“张良未逐赤松去，桥边黄石知我心。”因此，当永王三次派人聘请李白参加他的幕府时，他就答应了。但李白显然考虑得过于单纯了。安史之乱爆发后不久，唐玄宗即被迫逃蜀，而太子李亨乘机在灵武（今宁夏灵武西南）即位，是为肃宗，改年号为至德。而逃往蜀中的玄宗尚不知情，还以皇帝的名义发布诏令，分命太子李亨、永王李璘等人率兵讨贼。已是肃宗的李亨显然会猜忌李璘对自己帝位的威胁，而李白却还只想着是在为唐王朝平叛杀贼服务。例如他曾赋诗：“三川北虏乱如麻，四海南奔似永嘉。但用东山谢安石，为君谈笑静胡沙。”

出乎李白的意料，永王很快被肃宗打败，并且在逃亡过程中被杀。李白也因之被捕。当时，社会上对李白事件争议很大。有人认为李白罪大当死，有人则深信李白是无辜的。杜甫曾赋《不见》：“不见李生久，佯狂真可哀。世人皆欲杀，吾意独怜才。”经过多方营救，李白终于免于一死，被判为流放夜郎（今贵州桐梓）。杜甫“孰云网恢恢？将老身反累”倒是形象地描述了诗人心中的悲凉。

李白原计划走水路经四川到夜郎。沿途都有官员招待他，他写诗回报。唐朝官员能盛情接待一位获罪的诗人，不失为唐朝的一道美景。在到达奉节（今重庆奉节）时，朝廷大赦天下，规定：“天下现禁囚徒，死罪从流；流罪已下，一切放免。”李白也正在赦免之列。他随即兴奋地从奉节买舟东下，著名的《早发白帝城》便写于此时：“朝辞白帝彩云间，千里江陵一日还。两岸猿声啼不住，轻舟已过万重山。”

三彩鸭式杯

获赦之后，李白仍牵挂着国家的命运。他不顾年迈，竟然想去从军，未能如愿，征兵

的军官不收他。他很失望，写诗对一位官员说："剑非万人敌，文窃四海声。"面对岁月的变迁，他终于承认，手中的笔比宝剑更有分量。

760年，李白看到开赴前线的新兵与亲人告别的景象，赋《豫章行》以纪之："胡风吹代马，北拥鲁阳关。吴兵照海雪，西讨何时还。半渡上辽津，黄云惨无颜。老母与子别，呼天野草间。白马绕旌旗，悲鸣相追攀。白杨秋月苦，早落豫章山。本为休明人，斩虏素不闲。岂惜战斗死，为君扫凶顽。精感石没羽，岂云惮险艰。楼船若鲸飞，波荡落星湾。此曲不可奏，三军发成斑。"

761年，战事再度吃紧，朝廷以李光弼为河南副元帅、太尉兼侍中，率大军出镇临淮（今安徽泗县），防御叛军南下。李白这时已六十一岁高龄，仍怀着耿耿的报国之心，打算赶往临淮，加入李光弼的军队，可惜走到半路上，他病倒了，不得不中途返回。他在诗中表达了自己的无穷遗憾："愿雪会稽耻，将期报恩荣。半道谢病还，无因东南征。亚夫未见顾，剧孟阻先行。天夺壮士心，长吁别吴京。"

随着从军理想的破灭，李白的生命也走到了终点。762年，诗人与世长辞。对于李白之死，向来有多种说法。一种说法认为，李白当时得了重病，临终前赋有《临路歌》："大鹏飞兮振八裔，中天摧兮力不济。余风激兮万世，游扶桑兮挂左袂。后人得之传此，仲尼亡兮谁为出涕？"另外一种说法则认为，李白晚年常来采石矶，饮酒赏月，对江吟诗。在一个皓月当空之夜，醉时跳江捉月，沉于江中。宋人梅尧臣曾有诗曰："采石月下逢谪仙，夜披锦袍坐钓船。醉中爱月江底悬，以手弄月身翻然。不应暴落饥蛟涎，便当骑鲸上青天。"在人们的心目中，投江捉月才是一代伟大诗人的理想归宿。

古贤诗意图

千秋万载名，寂寞身后事。李白告别人世之后，他的族叔、时为当涂（今安徽当涂）县令的李阳冰，将李白葬于当涂县城南约十里处的龙山东麓。龙山与青山隔河相望，是李白酷爱的南齐诗人谢朓常游之地。但根据其孙女的说法，李白还是希望葬在青山，"宅近青山，同谢朓公之脱骨"，但由于家贫，她们无力置办。直到李白过世后五十多年，李白生

前好友范作之子范传正因念与李白有通家之情，与当涂县令诸葛纵合力将李白墓迁葬于青山西麓。范传正为新墓撰写了碑文，其中有“谢家山兮李公墓，异代诗流同此路”句。李白坎坷一生，终于在死后五十多年由好友之子遂了自己的一桩心愿。

纵观李白一生，虽然在官场上并不得意，但在诗歌方面却取得了巨大的成就。李白继承屈原以来诗歌的浪漫主义精神，加上他的天才和勤奋，创造出独特的风格。李白诗歌的第一个特点是“清水出芙蓉，天然去雕饰”。这本是李白评论他人之语，但用来形容他的诗歌倒也恰如其分。李白与王昌龄、杜甫、杜牧、李商隐等人的诗歌的一个很大的区别，就是其诗歌的构思、内容浑然天成。如《送友人》：“青山横北郭，白水绕东城。此地一为别，孤蓬万里征。浮云游子意，落日故人情。挥手自兹去，萧萧班马鸣。”青山、白水、浮云、落日，景物虽常见，却构成高朗阔远的意境。如《静夜思》：“床前明月光，疑是地上霜。举头望明月，低头思故乡。”李白用平易的语言将思乡之情娓娓道来，如清水芙蓉，不带半点修饰。寥寥数语，从“疑”到“举头”，从“举头”到“低头”，将一幅鲜明的月夜思乡图生动地呈现在我们面前。古人以思乡为题材创作了大量诗歌，但只有李白通过他那巧妙的语言将这个千人吟、万人唱的主题表现得淋漓尽致，以致流传千年而不衰。

第二个特点则是他那丰富无比的想象力。作为一个浪漫主义诗人，他将想象、夸张、比喻、拟人等手法综合运用，从而造成瑰丽动人的意境，给人以豪迈奔放、飘逸若仙的感觉，使诗歌的内容和形式达到了完美的统一。他用“燕山雪花大如席”描述北方之雪，他用“仰天大笑出门去，我辈岂是蓬蒿人”表达自己的豪气，从而使自己的诗歌具有一种排山倒海、一泻千里的气势。杜甫曾这样称赞李白的诗歌：“笔落惊风雨，诗成泣鬼神。”盛唐为李白提供了相对广阔的空间，而盛唐也因这位伟大诗人增添了光彩。

杜甫

诗圣杜甫

与李白（701~762）的豪迈浪漫不同，杜甫（712~770）则是另外一种风格。杜甫字子美，河南巩义市人，比李白小十一岁。与李白不同，杜甫在北方经历了战乱，眼看着爱子饿死，因此他的诗作具有强烈的现实意味，多涉笔社会动荡、政治黑暗、人民疾苦，诗中对于权贵人物穷凶极恶的奢侈、平民所受的剥削迫害都有深刻地反映，被誉为“诗史”。他一生写诗一千四百多首，每一首都是千锤百炼，字字一丝不苟。因杜甫忧国忧民，人格高尚，诗艺精湛，又被后世尊为“诗圣”。

与李白不同，杜甫一开始就打算走科举的道路。他生在一个“奉儒守官”并有文学传统的家庭中，是唐初著名诗人杜审言之孙。七岁开始学诗：“七龄思即壮，开口咏凤凰。

九龄书大字，有作成一囊。”到了十四五岁的时候，就以诗文闻名：“习年十四五，出游翰墨场。斯文崔魏从，以我似班扬。”虽然他“脱略小时辈，结交皆老苍”，但也是“性豪业嗜酒，嫉恶怀刚肠”，另外也颇有轻狂之气，“忆昔十五心尚孩，健如黄犊走复来。庭前八月梨枣熟，一日上树能千回”。

在二十多岁的时候，杜甫开始漫游。杜甫生在官僚家庭，当时生活上不感到什么艰难，这是他出游的物质基础。唯一遗憾的是没有东渡日本，“到今有遗恨，不得穷扶桑”。而在那个时候，唐王朝国力强盛，不断开疆拓土，年轻人都渴望建功立业，封侯万里。杜甫也是如此，曾赋《房兵曹胡马》诗：“胡马大宛名，锋棱瘦骨成。竹批双耳峻，风入四蹄轻。所向无空阔，真堪托死生。骁腾有如此，万里可横行。”这时他还没预料将来所要面对的困难。

735年，杜甫参加科举考试。杜甫对自己的诗才颇为自负，然而当年只录取了二十七名进士，杜甫落第了。杜甫受到很大打击，却并不在意。他在随后的漫游途中写道：“岱宗夫如何，齐鲁青未了。造化钟神秀，阴阳割昏晓。荡胸生层云，决眦入归鸟。会当凌绝顶，一览众山小。”自古以来，写泰山的诗很多，只有杜甫能用“齐鲁青未了”五字而囊括泰山之雄姿。“会当凌绝顶，一览众山小”气势不凡，意境辽远，将诗人的抱负和理想都含蕴其中。但杜甫万万没有想到，虽然才华出众，他还是一生与进士无缘。

杜陵诗意图

唐朝的科考采用的是考试与推荐相结合的录取制度。考卷的优劣只是一个方面，主考官同时要照顾到举荐者的人情和面子。应试举人为了增加及第的可能性，便将自己的诗文在考前托关系呈送给社会上有地位的人，以求推荐，即“行卷”。其中最为有名的一例就是白居易。

白居易祖父曾当过县令，父亲官至刺史，家族也有不少当官的。经父亲引荐，当时白居易轻而易举地就找到了名士顾况，以一首“野火烧不尽，春风吹又生”赢得顾况的高度

赞扬。有了顾况的引荐，白居易几乎是一夜成名于诗坛，为其考中进士起到了很大的作用。

杜甫就没有那么好的运气了。虽然杜甫也是书香世家，父亲和祖父都当过县令，但杜氏家风向来是“奉儒守官”，再加上其官职卑小，杜甫两次参加科举，都无人引荐。杜甫曾将自己的诗文投给多名达官贵人，但无人理睬，可谓“袖里新诗十首余，吟看句句是琼琚。如何持此将干谒，不及公卿一字书？”事实上，在唐代能够托关系、结交权贵的多是官宦子弟，最终被录取的也往往是他们。平民子弟能通过科举入仕的简直是凤毛麟角。唐朝七十四名状元中真正平民出身的只有两人。杜甫虽出身官宦家庭，但父辈只是小官，因此受挫。

然而更严重的打击还在后面，747 年，唐玄宗下诏广求才子，只要有一项特长的士子就可以到京都参加考试，但这时正是口蜜腹剑的李林甫当政之时。李林甫在朝中权势倾天，他担心那些不知天高地厚的士子给他制造麻烦，于是设置重重障碍，故意刁难，不让一位考生合格。而唐玄宗居然相信了李林甫“野无遗贤”的荒谬说法。一场全国性公开举行的招贤考试，居然选拔不出一个合格的人才，使这场考试成为一场闹剧。很多人都公开表达了自己的不满，而杜甫只是在李林甫倒台后才指责他“破胆遭前政，阴谋都秉钧。微生沾忌刻，万事益酸辛”。不管怎么说，这次让立志“致君尧舜上，再使风俗淳”的杜甫的梦想再次破灭。

历史小常识：天上掉下来的状元

854 年，颜标参加科考。因为当时颜姓很少，主考官郑熏就认为颜标就是颜真卿后人。而当时藩镇割据，郑薰为了勉励忠烈，有意取颜标为状元，宣宗照准。进士谢恩之日，郑熏关切地问：“鲁公祭事已毕否？”颜标说家境贫寒，并无家庙。郑薰这才知道他与颜真卿并无瓜葛。后来就有人嘲讽道：“主司头脑太冬烘，错认颜标作鲁公。”

祸不单行，就在这一段时间，他的父亲死在奉天县令任上，杜甫失去了经济来源，生活极为困顿。而一直考不中进士，也使很多原本看好杜甫的人丧失了对他的兴趣与信心。他们曾经盛情款待杜甫，“春酒杯浓琥珀薄，水浆碗碧玛瑙寒”，这也让杜甫见识了上层社会生活的奢华。但到了后来，杜甫面对的却是“残杯与冷炙，到处潜悲辛”的生活。当时为了生存下去，他甚至跑到长安城外去挖掘草药来换取生活费，用他自己的话来说，就是“卖药都市，寄食朋友”。

这时“放荡齐赵间，裘马颇清狂”的生活已离他很远了。虽然他曾写过“越女天下白，鉴湖五月凉”的诗句，但他已“生涯似众人”，过着与普通百姓相差无几的日子。如这时期所写的《丽人行》就饱含了嘲讽之意：“三月三日天气新，长安水边多丽人。态浓意远淑且真，肌理细腻骨肉匀。绣罗衣裳照暮春，蹙金孔雀银麒麟。头上何所有？翠微匐叶垂鬓唇。背后何所见？珠压腰衱稳称身。就中云幕椒房亲，赐名大国虢与秦。紫驼之峰出翠釜，水精之盘行素鳞。犀箸餍饫久未下，鸾刀缕切空纷纶。黄门飞鞚不动尘，御厨络绎送八珍。箫鼓哀吟感鬼神，宾从杂沓实要津。后来鞍马何逡巡，当轩下马入锦茵。杨花雪

落覆白蘋，青鸟飞去衔红巾。炙手可热势绝伦，慎莫近前丞相嗔。”但他对于社会的不平，语言犀利而不激烈，不动声色而一针见血，入木三分。后人曾对这首诗给予高度评价：“无一刺讥语，描摹处，语语刺讥；无一慨叹声，逗点处，声声慨叹。”

然而诗人在困守长安期间，为了求仕进和维持生计，也写过一些奉和应酬的诗。后来，唐玄宗倒给了他一个机会。当时唐玄宗已年过六十，做了三十多年的皇帝，觉得海内升平、社会富庶，就终日沉溺声色，颇信神仙。上有所好，下必迎之。先是有人报告在紫云里见到玄元皇帝（即老子，唐皇室将之尊为先祖），后来又说在某地出现了符瑞，于是当时又增添了一条“专习祠祭之礼以干时”的得官门路。既然天下无事，符瑞迭现，唐玄宗就亲至太清宫、太庙，合祭天地于京城南郊，谓之三大礼。杜甫献《三大礼赋》得到玄宗赏识，命宰相加以考核，但直到几年后才得到一个小官职，而此时已是安史之乱爆发前夕。

杜甫在得官之后，回到奉先（今陕西蒲城）的家中探亲。但一路上看到的却是饿殍遍野，而唐玄宗还在骊山上与杨贵妃在华清宫通宵作乐。回到家中，他才得知幼子竟然因冻饿而死。杜甫万分愧疚，他作为父亲，竟然没本事养活孩子。而当年的秋收还算不错，穷苦人家却仍然弄不到饭吃。悲痛之余杜甫想到天下民众的苦难生活，自己好歹是个官儿，既不缴纳赋税，也不从军打仗，生活尚且充满酸辛，那些平民百姓的苦难就更可想而知了。不少农民失去了世代耕种的土地，已经是倾家荡产；驻守边防的士兵背井离乡，还不是缺吃少穿。所有这些都体现在《自京赴奉先县咏怀五百字》中。该诗揭露了唐朝“朱门酒肉臭，路有冻死骨”的黑暗现实。但杜甫尚未知晓的是，在他写了这首诗的时候，安史之乱已经在范阳爆发了。唐朝民众还要遭受更大的苦难。杜甫在惨痛的现实面前成为一位忧国忧民的诗人，中国文学史也由此增彩不少，但在诗歌的背后却是诗人乃至唐朝民众付出的惨痛代价。

756年，杜甫返回长安。这时安史叛军已攻破洛阳，由于情势危急，他又回到奉先。而潼关失守之后，唐玄宗仓皇逃走，民众一片恐慌，也竞相逃亡。杜甫则带着家人向北逃亡。此时他们犹如惊弓之鸟，昼夜兼行。杜甫一度累倒在草丛中，他的家人在前行了十几里才发现他掉队了，就折回原路，才把他找回。他在《彭衙行》中写出当时的窘状。在逃难途中，杜甫的小女儿饿得禁不住要咬诗人。杜甫又害怕哭闹声被虎狼听见，在怀中紧搂着捂住她嘴巴，她挣扎得更厉害，哭叫声更尖。身边稍大些的小儿子对事物并不理解，却强作解释，非要摘苦李子当饭吃。一路上十几天多半有雷雨，在泥泞之中全家人只好相互扶搀，艰难前行。杜甫一家也没有雨具，路面极滑，衣服单薄，备感寒冷。

杜甫一家历经千辛万苦，终于到达鄜州（今陕西富州）。诗人把家人安顿在城北三十里的羌村之后，满怀杀敌报国的壮志激情，投奔在灵武即位的唐肃宗。而当时朝廷的高官，或随玄宗逃到遥远的蜀中，或潜身偏僻的乡村，首鼠两端，观望成败，有人甚至卖身求荣。而肃宗即位之初，手下还不到三十个文武官员。杜甫却在此时毅然前往，不畏艰险，跨越叛军占领的地区前去追随，可惜在途中为叛军俘获，被押解至长安。

当时由于杜甫没有做过高官，叛军并没有把诗人看在眼里。杜甫也设法隐避，因此他在长安还有一定的行动自由。不过想起远在鄜州的家人，他写了《月夜》一诗：“今夜鄜

州月，闺中只独看。遥怜小儿女，未解忆长安。香雾云鬟湿，清辉玉臂寒。何时倚虚幌，双照泪痕干。”对于杜甫来说，此时自己身陷乱军之中，而身在鄜州的妻子独看郎州之月而忆长安，可是小儿女们还未谙世事，哪能为她分忧，只能增加她的负担。

然而在忧国忧民的诗人心中，他在担心家人的同时更牵挂国家的命运。他在《春望》中表达了自己的忧国忧民之情：“国破山河在，城春草木深。感时花溅泪，恨别鸟惊心。烽火连三月，家书抵万金。白头搔更短，浑欲不胜簪。”

让杜甫和长安民众更为痛心的是，官军一再惨败。当时在长安西北的陈陶一带发生了一场战役，由于唐军将领房琯只是善于慷慨陈词而不务实际，结果一天之内四万唐军惨败，几乎全军覆灭。叛军得胜归来，在市上痛饮高歌，长安民众却异常痛苦失望。诗人目睹此景，写下了一首《悲陈陶》：“孟冬十郡良家子，血作陈陶泽中水。野旷天清无战声，四万义军同日死。群胡归来血洗箭，仍唱胡歌饮都市。都人回面向北啼，日夜更望官军至。”

后来杜甫终于逃脱叛军的囚禁，远行千里来到唐肃宗所在的凤翔（今陕西凤翔），君臣见面时，他已经是异常狼狈和窘迫，“麻鞋见天子，衣袖露两肘”。不过这足以让唐肃宗十分感动。他当时刚继皇帝位，北有安禄山作乱，南有永王李璘盘踞，然而就在这样的非常时刻，还是有对朝廷忠心的官员历经千辛万苦前来投奔。肃宗很快就授予杜甫左拾遗的官职，负责向朝廷进谏。杜甫的仕途开始出现转机。

在当时的社会环境和背景下，这本是杜甫在政坛最佳的脱颖而出的时机。事实上，这一时期也的确有不少文人都得到了破格的提拔，颜真卿也就是在抵抗叛军的过程中成就了政治人生中的辉煌，一跃成为朝廷重臣。也就是说，在当时的非常时期，原本人才的任用是不拘一格的，然而杜甫却因“房琯事件”遭到贬斥，最终只能抱憾而终。当时房琯向唐肃宗主动请缨，试图以古代车战的方式来对抗安禄山的边塞骑兵，结果在陈陶一战中被安史叛军打得七零八落，死伤四万余人。朝廷上下对他非常不满。后来又有人指责房琯的琴师董庭兰收受贿赂。肃宗大怒之下，下令贬去房琯的宰相之职。而杜甫与房琯交往很久，面对好友被贬的局面，杜甫认为“罪细，不宜免大臣”，希望帮助房琯脱罪，触怒了肃宗。好在宰相张镐为杜甫求情，才让杜甫免去了责罚。但杜甫的仕途基本上走到了尽头。759年，他被贬官到华州（今陕西华县），远离了长安。杜甫开始了拖家带口的漂泊生活，这对于他个人是一种不幸，但也成就了若干伟大诗篇。

杜甫没有直接到华州上任，而是先去了东都洛阳。诗人在路上目睹战争给民众带来的苦难。当时长安、洛阳虽然被官军收复，但是安史叛军还没消灭，战争还很激烈。朝廷四处征兵，连老翁老妇也不能幸免。

有一天，杜甫经过石壕村（今河南陕县东南），到一家穷苦人家去借宿，家中只有一对老夫妇。半夜忽然响起一阵急促的敲门声，老翁翻墙逃走，老妇走出去应对。进屋的是官府派来抓壮丁的差役，他们厉声询问家中年轻男子的去向。老妇人哭着说道：“我的三个孩子都到邺城打仗去了，前两天刚接着一个儿子来信，说两个兄弟都已经死在战场上了。活着的人暂且偷生，死去的人永远逝去。家中再也没有什么人丁了，只有个还在吃

奶的小孙子。因为有小孙子,所以儿媳妇没有离开这个家,但进进出出没有一条完好的裙子。老妇我虽然身体衰弱,请允许我跟你们回去,赶紧应付河阳需要的劳役,现在还赶得上做早饭。"说话的声音也已经消失了,但好像听到低声哭泣抽咽。然而天亮后,杜甫离开那家,送别的只有逃走回来的老翁一人。

杜甫把这件事写成诗歌,叫《石壕吏》。他在华州的时候,前后一共写过六首这样的诗,合起来叫作"三吏三别"(《石壕吏》《潼关吏》《新安吏》《新婚别》《垂老别》《无家别》)。"三吏三别"内容深刻,风格沉郁雄浑,语言精练,叙事严谨,真实反映了唐王朝从兴盛到衰落的过程。

在《无家别》中,杜甫以一个当兵归来的青年农民的口吻,写出了安史之乱给民众带来的巨大苦难。安史之乱后,兵乱所至之处,田园庐舍一片荒凉。这个败阵归来的士兵看到家乡已面目全非,乡邻们要么丧于战乱,要么逃亡,旧里已成空巷,连太阳都有点暗淡无光,一片凄惨气氛。村里只剩下一两户老年人,狐狸之类的动物在村里横行,它们反客为主,竖起毛来发怒,怪这个青年搅乱了它们的安宁。面对此种惨状,这个农民为活下去开始锄地、灌园。然而这种安静生活并不能维持多久,县吏知他回来,又召他去练兵。不过这次是当地方兵,不出本州。那位青年转身看看家里,任何可携带的东西都没有。稍觉安慰的是,虽然只身一人,在本地总比远离家乡不知所归好些吧。可是又一想,家乡已一无所有,无所留恋,远近都一样,无所谓了。母亲久病在床,却得不到儿子的孝顺,已经死去五年。母子都留下刻骨的遗恨。人生到了这种无家可别的程度,活下去还有什么意义呢?

759年,杜甫辞官,后来辗转到了四川。在这一段时间中,杜甫为李白的境遇担忧,写了《梦李白》二首。其一:"死别已吞声,生别常恻恻。江南瘴疠地,逐客无消息。故人入我梦,明我长相忆。恐非平生魂,路远不可测。魂来枫林青,魂返关塞黑。君今在罗网,何以有羽翼?落月满屋梁,犹疑照颜色。水深波浪阔,无使蛟龙得!"其二:"浮云终日行,游子久不至。三夜频梦君,情亲见君意。告归常局促,苦道来不易。江湖多风波,舟楫恐失坠。出门搔白首,若负平生志。冠盖满京华,斯人独憔悴!孰云网恢恢?将老身反累!千秋万岁名,寂寞身后事。"杜甫当时只知道李白被流放夜郎,却不知道他已遇赦放还。杜甫积思成梦,最后通过诗歌表达了对李白不幸遭遇的深切同情和关切。后人因之评论:"千古交情,惟此为至。"

从759年到770年,杜甫先在四川居住多年,后来在荆、湘一带度过了生命的最后岁月。760年春,他依靠朋友的帮助,在成都浣花溪畔建草堂,生活暂时安定下来。杜甫也由此创作了大量的优秀诗歌。他在《江畔独步寻花》中歌颂美好的山川:"黄四娘家花满蹊,千朵万朵压枝低。留连戏蝶时时舞,自在娇莺恰恰啼。""两个黄鹂鸣翠柳,一行白鹭上青天。窗含西岭千秋雪,门泊东吴万里船"诗更是脍炙人口。

不过安史之乱之后,唐朝的盛世一去不复返了。诗人不得不感叹:"即今漂泊干戈际,屡貌寻常行路人。途穷反遭俗眼白,世上未有如公贫。但看古来盛名下,终日坎壈缠其身。"杜甫的安定生活并没有维持多久,一场暴雨就让他体会到现实的惨痛。761年秋

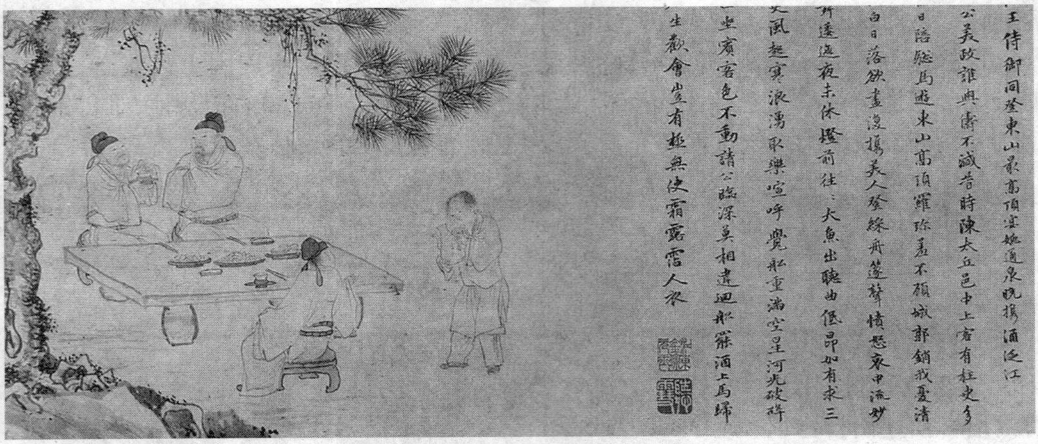

东山宴饮图

天的一天，“八月秋高风怒号，卷我屋上三重茅。茅飞度江洒江郊，高者挂罥长林梢，下者飘转沉塘坳。南村群童欺我老无力，忍能对面为盗贼。公然抱茅入竹去，唇焦口燥呼不得，归来倚仗自叹息。俄顷风定云墨色，秋天漠漠向昏黑。布衾多年冷似铁，娇儿恶卧踏里裂。床头屋漏无干处，雨脚如麻未断绝。自经丧乱少睡眠，长夜沾湿何由彻！”但杜甫并没有局限于个人的痛苦，而是在这首《茅屋为秋风所破歌》中想到了天下的百姓：“安得广厦千万间，大庇天下寒士俱欢颜，风雨不动安如山！呜呼，何时眼前突兀见此屋，吾庐独破受冻死亦足！”

此时的杜甫虽然居住蜀中，但仍牵挂着国家的大事。他在《登楼》一诗中表达了对唐王朝的忧虑：“花近高楼伤客心，万方多难此登临。锦江春色来天地，玉垒浮云变古今。北极朝廷终不改，西山寇盗莫相侵。可怜后主还祠庙，日暮聊为梁甫吟。”

唐军的胜利也使杜甫欣喜若狂，在听到唐军收复了黄河南北的大片土地之后，他写了被后人喻为杜甫生平第一快诗的《闻官军收蓟南蓟北》：“剑外忽传收蓟北，初闻涕泪满衣裳。却看妻子愁何在，漫卷诗书喜欲狂。白日放歌须纵酒，青春做伴好还乡。即从巴峡穿巫峡，便下襄阳向洛阳。”

杜甫无时不在渴望朝廷早日平定叛乱，希望人民过上安居乐业的生活，“有弟皆分散，无家问死生。露从今夜白，月是故乡明”。然而在战乱漂泊的年代，他虽然渴望为国为民出力，却无从下手，如今得到喜讯，如何不让他欣喜若狂。

然而“安得壮士挽天河，净洗甲兵长不用”的理想并没有化为现实。767 年，诗人在夔州(今重庆奉节)停留，写下了一首忧国伤时的悲歌《登高》：“风急天高猿啸哀，渚清沙白鸟飞回。无边落木萧萧下，不尽长江滚滚来。万里悲秋常作客，百年多病独登台。艰难苦恨繁霜鬓，潦倒新停浊酒杯。”此时虽然安史之乱已在四年前结束，但是地方藩镇为了争夺地盘，扩大自己的势力范围又乘机而起，社会仍然是一片混乱。这时，杜甫已经是一位漂泊受难、饱经沧桑的五十六岁的老人了。他目睹了安史之乱给唐朝带来的重重创伤，晚年的孤独和生活的艰辛以及民众的苦难，使他百感交集，因此写下了这首“杜集七

言律诗之冠”的沉郁悲壮、动人心弦的诗歌。

根据《旧唐书》的记载，770年，诗人在湖南一带漂泊，被洪水围困十天左右，一直没有饭吃。当地县令得知之后，用小船将杜甫救了回来，并以牛肉和酒招待他，难得饱餐一回的杜甫当晚就因为醉饱过度而辞世了。一代巨星就此陨落。

杜甫家道中落，又遭遇安史之乱，曾“衣不盖体，常寄食于人”，有一段时间不得不自己背柴捡拾橡栗度日。杜甫颠沛流离的一生其实也是当时唐朝基层民众苦难生活的缩影。他的诗作一方面反映出了一个才华横溢的诗人一生的遭遇，另一方面也是唐帝国由盛转衰那段历史的真实写照。

杜甫的飘零生活

但面对此景，杜甫诗风却老成稳健，用精练的语言描述出自己以及民众的遭遇。杜甫一方面讲究语言的提炼，“读书破万卷，下笔如有神”，“为人性僻耽佳句，语不惊人死不休”，另一方面又感情真挚浓郁。如《赠卫八处士》：“人生不相见，动如参与商。今夕复何夕，共此灯烛光。少壮能几时，鬓发各已苍。访旧半为鬼，惊呼热中肠。焉知二十载，重上君子堂。昔别君未婚，儿女忽成行。怡然敬父执，问我来何方。问答乃未已，驱儿罗酒浆。夜雨剪春韭，新炊间黄粱。主称会面难，一举累十觞。十觞亦不醉，感子故意长。明日隔山岳，世事两茫茫。”参、商是此出彼没、永不同时出现的两颗星星。而在一个美好的夜晚，诗人与阔别二十余年的老友聚会，两个鬓角都已花白的好友在灯光下款叙离情。相见的惊喜，儿女的热情，饮酒的畅快，最后写到即将分别的怅惘，都在杜甫笔下表现得淋漓尽致，具有很强的艺术感染力。

杜甫一生潦倒，其诗“百年歌自苦，未见有知音”。但死后开始受到重视，特别是北宋以后，王安石、苏轼、黄庭坚、陆游等人对杜甫推崇备至，杜诗的影响开始超出文艺的范围，更成为坚守民族气节的精神力量。

王维与田园诗

田园诗是诗歌中的重要类型，多以农村景物和农民、牧人、渔父等的生产活动为题材。自从东晋大诗人陶渊明开创了田园诗体之后，便主要变成了隐居的文人和退居田园的官员们所做的以田园生活为描写对象的诗歌。

田园诗在唐朝得到了很大的发展不是偶然的。唐朝开国之后的几十年间，社会经济繁荣，出现了“贞观之治”以及“开元盛世”的局面，一些文人由此拥有了饱览山川田园风

光的优越的物质生活条件。再者由于唐代取士较为重视声名，士人往往四海游学，在结交名人的同时遍览名胜山水。李白、杜甫就是典型的例子。而一部分直接求仕困难的知识分子往往由隐而仕，走所谓的“终南捷径”。他们常常临水登山抒怀寄傲，游园写景乐隐怡闲。又加之唐朝佛道盛行，文人们或隐遁山水虔诚向佛，或游历山川求仙访道，有更多机会接触自然，因而以山水田园为描写一对象的诗作也随之兴盛起来，诗人们以歌赞祖国山川壮丽抒发壮志豪情，以描写田园闲适静美表现社会和平安定。

历史小常识：终南捷径的来历

终南捷径一语出自《新唐书》，是说卢藏用科举未成，便隐居在离长安不远的终南山（位于今陕西省南部）。而当时淡泊名利的隐士常常为世人尊敬，名声就越来越响。而对朝廷而言，为了表明自己招贤纳士、统治英明，也往往会征召隐士来朝中做官。卢藏用最后确实被朝廷征召，最后当上了高官。

早在初唐，唐人对景物的描写就达到了很高的水平。如张若虚的《春江花月夜》：“春江潮水连海平，海上明月共潮生。滟滟随波千万里，何处春江无月明！江流宛转绕芳甸，月照花林皆似霰。空里流霜不觉飞，汀上白沙看不见。江天一色无纤尘，皎皎空中孤月轮。江畔何人初见月？江月何年初照人？人生代代无穷已，江月年年只相似。不知江月待何人，但见长江送流水。白云一片去悠悠，青枫浦上不胜愁。谁家今夜扁舟子？何处相思明月楼？可怜楼上月徘徊，应照离人妆镜台。玉户帘中卷不去，捣衣砧上拂还来。此时相望不相闻，愿逐月华流照君。鸿雁长飞光不度，鱼龙潜跃水成文。昨夜闲潭梦落花，可怜春半不还家。江水流春去欲尽，江潭落月复西斜。斜月沉沉藏海雾，碣石潇湘无限路。不知乘月几人归，落花摇情满江树。”后人曾给该诗“以孤篇压倒全唐”之誉。

到了盛唐，山水田园诗篇大量涌现，并形成一个影响很大的山水田园诗派。代表诗人是王维、孟浩然。

王维以诗才闻名于唐开元天宝年间，他多才多艺，工诗善画，兼通音乐，书法也有很深的造诣，有“天下文宗”之称。苏轼曾这样评论他的诗画：“味摩诘之诗，诗中有画；观摩诘之画，画中有诗。”王维在一开始仕途还比较顺利，二十一岁就考中进士，得到张九龄提拔，官至监察御史。张九龄罢相，他便过着半官半隐的生活。后来政治上遭受挫折，就居于乡间，与道友裴迪往来，“弹琴赋诗，傲啸终日”。这些在他的诗歌中就有明显的体现。

王维也曾想在政治有所作为。他在《送梓州李使君》中写道：“汉女输橦布，巴人讼芋田。文翁翻教授，不敢倚先贤。”他借用汉朝官员在蜀地实施教化的典故，勉励友人在还比较落后的梓州（今四川三台）创造业绩，超过先贤。他在《送綦毋潜落第还乡》鼓励友人：“圣代无隐者，英灵尽来归。遂令东山客，不得顾采薇。既至金门远，孰云吾道非？”

对于社会不公，他在《洛阳女儿行》中给予揭露：“洛阳女儿对门居，才可容颜十五余。良人玉勒乘骢马，侍女金盘脍鲤鱼。画阁朱楼尽相望，红桃绿柳垂檐向。罗帷送上七香车，宝扇迎归九华帐。狂夫富贵在青春，意气骄奢剧季伦。自怜碧玉亲教舞，不惜珊瑚持与人。春窗曙灭九微火，九微片片飞花琐。戏罢曾无理曲时，妆成只是薰香坐。城中相识尽繁华，日夜经过赵李家。谁怜越女颜如玉，贫贱江头自浣纱！”

王维也曾有慷慨悲歌，如《送张判官赴河西》：“单车曾出塞，报国敢邀勋。见逐张征虏，今思霍冠军。沙平连白云，蓬卷入黄云。慷慨倚长剑，高歌一进君。”《老将行》更是描写出一位老将军的豪迈：“少年十五二十时，步行夺得胡马骑。射杀山中白额虎，肯数邺下黄须儿！一身转战三千里，一剑曾当百万师。汉兵奋迅如霹雳，虏骑崩腾畏蒺藜。卫青不败由天幸，李广无功缘数奇。自从弃置便衰朽，世事蹉跎成白首。昔时飞箭无全目，今日垂杨生左肘。路旁时卖故侯瓜，门前学种先生柳。苍茫古木连穷巷，寥落寒山对虚牖。誓令疏勒出飞泉，不似颍川空使酒。贺兰山下阵如云，羽檄交驰日夕闻。节使三河募年少，诏书五道出将军。试拂铁衣如雪色，聊持宝剑动星文。愿得燕弓射大将，耻令越甲鸣吾君。莫嫌旧日云中守，犹堪一战取功勋！”

文人的隐逸生活

但整体而言，王维的诗歌还是以描写景物为主。如《终南山》：“太乙近天都，连山接海隅。白云回望合，青霭入看无。分野中峰变，阴晴众壑殊。欲投人处宿，隔水问樵夫。”如《汉江临眺》：“楚塞三湘接，荆门九派通。江流天地外，山色有无中。郡邑浮前浦，波澜动远空。襄阳好风日，留醉与山翁。”还有被誉为田园诗经典之作的《山居秋暝》：“空山新雨后，天气晚来秋。明月松间照，清泉石上流。竹喧归浣女，莲动下渔舟。随意春芳歇，王孙自可留。”

王维在张九龄被贬时就流露出归隐之意，“方将与农圃，艺植老丘园”。他对陶渊明笔下的桃花源极为向往，还特意写了《桃源行》一诗。后来他就营造了辋川别墅（今陕西蓝田一带），在那里居住了十多年。

王维在辋川居住之后，写了大量的与隐逸生活相关的诗文。如《辋川闲居赠裴秀才迪》诗：“寒山转苍翠，秋水日潺湲。倚杖柴门外，临风听暮蝉。渡头余落日，墟里上孤烟。复值接舆醉，狂歌五柳前。”

王维的田园生活也并不孤独。他周围有一大群屡屡来访的好友，这在诗文中有相当体现。如《送别》：“山中相送罢，日暮掩柴扉。春草明年绿，王孙归不归？”还有一些“君

言不得意，归卧南山陲”的意气相投之人，如《送张五归山》中的张五：“送君尽惆怅，复送何人归。几日同携手，一朝先拂衣。东山有茅屋，幸为扫荆扉。当亦谢官去，岂令心事违。”

幽篁坐啸图

此外，王维还有“诗佛”之称。王维生活的时代，佛教极为繁兴。士大夫学佛之风很盛。王维字摩诘，名和字均取自于《维摩诘经》中的维摩诘居士。他早年即信奉佛教，晚年更是奉佛长斋，这在诗歌中也有相当体现。他的一些诗歌直接描述寺院生活，如《过香积寺》：“不知香积寺，数里入云峰。古木无人径，深山何处钟？泉声咽危石，日色冷青松。薄暮空潭曲，安禅制毒龙。”还有一些诗歌清冷幽邃，充满禅意，已超出一般平淡自然的美学，富有禅宗的意味。如《终南别业》：“行到水穷处，坐看云起时。偶然值林叟，谈笑无还期。”如《酬张少府》：“晚年唯好静，万事不关心。自顾无长策，空知返旧林。松风吹解带，山月照弹琴。君问穷通理，渔歌入浦深。”还有《鹿柴》：“空山不见人，但闻人语响。返景入深林，复照青苔上。”而在这当中，以为友人所做的《鸟鸣涧》最为知名：“人闲桂花落，夜静春山空。月出惊山鸟，时鸣春涧中。”在诗人的笔下，一切都是虚幻无常，没有生的喜悦，也没有死的悲哀，但一切又都是不朽的、永恒的。

需要指出的是，由于王维家境富裕，又担任过朝廷重职，他对于耕作的辛劳、艰苦是没有体会的。他只是隐居在乡村，是一位乡村生活的旁观者，并没有“种豆南山下”，与他相交的也多是文人雅士，而没有“相见无杂言，但道桑麻长”。他眼中的乡村生活，只是一片淡泊无拘、恬然自乐，是能放纵性情、返璞归真的地方，如《渭川田家》中的“田夫荷锄立，相见语依依。即此羡闲逸，怅然吟式微”句。而同样是晚归，陶渊明则是“晨兴理荒秽，带月荷锄归。道狭草木长，夕露沾我衣”。

孟浩然则有很大不同。与王维的一帆风顺相比，孟浩然的一生则要坎坷得多。他先隐居在鹿门山（今湖北襄樊一带），还写有《夜归鹿门山歌》一诗：“山寺钟鸣昼已昏，渔梁渡头争渡喧。人随沙路向江村，余亦乘舟归鹿门。鹿门月照开烟树，忽到庞公栖隐处。岩扉松径长寂寥，唯有幽人自来去。”直到四十岁左右，才游学到京师。孟浩然非常有才

气，他的《宿建德江》："移舟泊烟渚，日暮客愁新。野旷天低树，江清月近人。"以及《春晓》："春眠不觉晓，处处闻啼鸟。夜来风雨声，花落知多少。"都是广为流传的诗作。但他一生没考中进士，也没任过正式的官职，长期漫游和隐居，以田园诗闻名于世。

孟浩然也曾经试图走仕途道路。他曾写过《望洞庭湖赠张丞相》诗："八月湖水平，涵虚混太清。气蒸云梦泽，波撼岳阳城。欲济无舟楫，端居耻圣明。坐观垂钓者，徒有羡鱼情。"意思是自己目前虽然是个隐士，可是并非本愿，出仕求官还是很向往的，不过还找不到门路而已，所以希望张丞相即张九龄能给一个机会。不过孟浩然由于种种原因却与仕途失之交臂。

当时王维非常欣赏他。相传有一次，王维私自邀请他进到内署（官员的办公处），不久唐玄宗来了，孟浩然藏了起来（按照唐朝法律，平民百姓是不能到内署去的）。唐玄宗有所察觉，王维就说出实情，皇帝高兴地说："我听说这个人却没见过，有什么害怕还要藏起来？"就下令孟浩然出来。唐玄宗询问他最近的诗作。孟浩然施礼之后，背诵《岁暮归南山》，其中有"不才明主弃"（我缺乏才能，所以圣明的君主不用我）这一句。唐玄宗听了之后，很不高兴："是你不求上进，不是我不让你当官，你怎么能怪我！"孟浩然的仕途从此被杜绝了。

孟浩然后来也不是没有做官的机会，但他一是机缘不巧，二是性情散漫。张九龄颇为赏识孟浩然的才华，在他被李林甫排挤出朝廷担任荆州大都督府长史期间，曾经邀请孟浩然到他的幕府之中任职。可惜的是，张九龄从此往后却是自身难保，麻烦不断，无法对孟浩然施以援手。

韦应物

襄州刺史兼山南采访使韩朝宗也很欣赏孟浩然的才华，在734年进京的时候，邀请他同行，准备寻找机会向朝廷推荐。当时韩朝宗又被人称之为韩荆州，素有提携贤才之美称，李白曾认为"生不用封万户侯，但愿一识韩荆州"。这虽有夸大成分，但也可见韩朝宗在文人当中的影响有多大。而韩朝宗对写了文采斐然的《与韩荆州书》的李白置之不理，却很看好孟浩然。孟浩然的一位老朋友来了，他便与老朋友喝上了。这时有人提醒他："君与韩荆公有期。"孟浩然此时正喝在兴头，却说："业已饮，遑恤他！"他就没有按时赴约。

韩朝宗听说这话之后，便很生气，不辞而别，以后再也不愿为他举荐，一次宝贵的政治机遇就淹没在美酒与友情当中。

这种率性而为、随心而动的风流气度就是到了他生命的终点也不曾改变。740年，王昌龄游襄阳，拜访孟浩然。当时正值孟浩然背患疽病，即将痊愈，医生叮嘱他不可饮酒，

不能吃鱼鲜。可是好友相聚，孟浩然就把医生的话放在脑后，设宴款待朋友，开怀畅饮，又吃了不少大鱼大肉，结果旧病复发，不幸去世，时年五十二岁。

在孟浩然坎坷而短暂的一生中，他留下了一系列描写田园生活的诗篇。其中以《过故人庄》一诗流传最广："故人具鸡黍，邀我至田家。绿树村边合，青山郭外斜。开轩面场圃，把酒话桑麻。待到重阳日，还来就菊花。"诗人通过生花妙笔描写了一幅其乐融融的田园场景：老朋友准备了丰盛的饭菜，邀请孟浩然到村中做客。村外绿树环绕，城外有青山斜立。打开轩窗，可见到堆着谷物的场院和青青的菜园。两人端着酒杯兴致勃勃地聊起庄稼的长势和收获。双方意犹未尽，约好等到重阳节那天，还要共同观赏菊花。从此诗的风格以及用第一人称的写法也可以看出，孟浩然是深入到了农民的日常生活之中，而不是像王维那样如局外人一般。

韦应物也是著名的田园诗人。他有不少著名的田园诗，如《滁州西涧》："独怜幽草涧边生，上有黄鹂树上鸣。春潮带雨晚来急，野渡无人舟自横。"首句的"幽草涧边生"为地上之物，次句"黄鹂深树鸣"为空中之景，在视听两方面给人以美感。三句先写"晚来急"，第四句则以"舟自横"相扣。一幅动静相映、野趣横生的图画跃然纸上。这首诗为韦应物赢得了极高的声誉，苏轼就说过："乐天长短三千首，却逊韦郎五字诗。"在诗人独具匠心的描述下，滁州（今安徽滁州）西郊一条名不见经传的小河被传为千古佳景，不能不说是文学史上的奇迹。

自然，韦应物也不是单纯地描写田园生活，他也关注到了民众的疾苦。如《观田家》一诗："微雨众卉新，一雷惊蛰始。田家几日闲？耕种从此起。丁壮俱在野，场圃亦就理。归来景长宴，饮犊西涧水。饥劬不自苦，膏泽且为喜。仓廪无宿储，徭役犹未已。方惭不耕者，禄食出闾里。"他对农民辛苦的劳作、沉重的赋税徭役有着深切的体会，而想到自己不下田劳动，吃着农民生产的粮食，却不能改善他们的境遇，感到十分惭愧。

他还写有揭露社会黑暗现实的《采玉行》："宫府征白丁，言采蓝豀玉。绝岭夜无家，深榛雨中宿。独妇饷粮还，哀哀舍南哭。"《夏冰歌》也是一例："出自玄泉杳杳之深井，汲在朱明赫赫之炎辰。九天含露未销铄，阊阖初开赐贵人。碎如坠琼方截璐，粉壁生寒象筵布。玉壶纨扇亦玲珑，座有丽人色俱素。咫尺炎凉变四时，出门焦灼君讵知。肥羊甘醴心闷闷，饮此莹然何所思。当念阑干凿者苦，腊月深井汗如雨。"他的《杂体五首》的第三首写道："春罗双鸳鸯，出自寒夜女。心情烟雾色，指历千万绪。长安富贵家，妖艳不可数。裁此百日功，唯将一朝舞。舞罢复新裁，岂思芳春苦。"这些诗歌揭露王侯贵族的享乐生活，反映了基层民众的疾苦，这与后来白居易等人发起的新乐府运动有着颇多相似之处。

历史小常识：李白的评价

吾爱孟夫子，风流天下闻。红颜弃轩冕，白首卧松云。醉月频中圣，迷花不事君。高山安可仰，徒此揖清芬。

——李白《赠孟浩然》

边塞诗人

唐朝之所以涌现出大量的边塞诗，一方面在于唐朝强大的边防和唐人高度自信的时代风貌；另一方面在于出于建功立业的壮志的刺激，文人普遍奔赴边疆，赴边求功。他们对边塞和军旅生活有亲身体验，从戎而不投笔，以丰富的边塞生活经验为基础，创作了气势磅礴、充满爱国激情的篇章，或描绘苍凉的边塞风光，或赞颂将士们的勇武精神，或描述将士生活的艰辛。于是产生了一大批以描写边塞生活著称的边塞诗人，这是唐诗的重要特色。

唐朝很多诗人都创作过边塞诗。李白杜甫也多有相关诗作。如杜甫对征战生活相当熟悉，“挽弓当挽强，用箭当用长。射人先射马，擒贼先擒王”，他曾以一名士兵的口吻写下了多首边疆诗，如“男儿生世间，及壮当封侯。战伐有功业，焉能守旧丘。招募赴蓟门，军动不可留。千金买马鞭，百金装刀头。闾里送我行，亲戚拥道周。斑自居上列，酒酣进庶羞。少年别有赠，含笑看吴钩”。但杜甫也明确地指出：“杀人亦有限，列国自有疆。苟能制侵陵，岂在多杀伤。”

被人称为“诗佛”的王维也有不少脍炙人口的边塞诗。如《陇西行》：“十里一走马，五里一扬鞭。都护军书至，匈奴围酒泉。关山正飞雪，烽戍断无烟。”其《使至塞上》则更是出名：“单车欲问边，属国过居延。征蓬出汉塞，归雁入胡天。大漠孤烟直，长河落日圆。萧关逢候骑，都护在燕然。”“大漠孤烟直，长河落日圆”句画面开阔，意境雄浑，生动地描述了塞外奇特壮丽的风光，被后人称之为“千古壮观”。“诗鬼”李贺也写下了豪迈不已的《雁门太守行》：“黑云压城城欲摧，甲光向日金鳞开。角声满天秋色里，塞上燕脂凝夜紫。半卷红旗临易水，霜重鼓寒声不起。报君黄金台上意，提携玉龙为君死。”

李益的《夜上受降城闻笛》则描述了守边将士的思乡之情：“回乐烽前沙似雪，受降城外月如霜。不知何处吹芦管，一夜征人尽望乡。”卢纶的《塞下曲》则有“月黑雁飞高，单于夜遁逃。欲将轻骑逐，大雪满弓刀”等豪迈诗句。“林暗草惊风，将军夜引弓。平明寻白羽，没在石棱中”虽是追慕汉朝飞将军李广的风采，但也反映出了当时唐军将士的豪迈。而李颀的《古从军行》则有哀怨的情绪：“白日登山望烽火，黄昏饮马傍交河。行人刁斗风沙暗，公主琵琶幽怨多。野营万里无城郭，雨雪纷纷连大漠。胡雁哀鸣夜夜飞，胡儿眼泪双双落。闻道玉门犹被遮，应将性命逐轻车。年年战骨埋荒外，空见蒲桃入汉家。”将士们在

五星二十八宿神形图(局部)

刮得昏天黑地的风沙中艰难行进，而汉代远嫁乌孙王的公主也是走的这条路，她弹奏的琵琶曲一定是充满幽怨。将士们在荒无人烟的地方野营过夜，弥漫天地的大雪飘起，和远处的沙漠连成迷蒙一片。南飞大雁的鸣叫声凄厉又哀伤，胡兵也耐不住这艰苦生活而落下眼泪。听说朝廷已传下不准后退的命令，只能拼着性命死战。年年都有无数人抛骨异域，唯一的成果是葡萄从西域传入中原种植，供当时的富人高官享用。诗中虽颇多哀怨情绪，基调还是高昂进取的。

而在创作边塞诗较多的诗人中，王之涣、王昌龄、高适、岑参较为知名。王之涣一生只留下了六首诗，但均有盛名，如《送别》："杨柳东风树，青青夹御河。近来攀折苦，应为别离多。""白日依山尽，黄河入海流。欲穷千里目，更上一层楼"更是千古名句。在这当中，《凉州词》则是唐朝边塞诗的经典之作："黄河远上白云间，一片孤城万仞山。羌笛何须怨杨柳，春风不度玉门关。"《凉州词》本是唐代乐府曲名。凉州，泛指河西一带。杨柳，指北朝乐府《折杨柳歌辞》。在描绘了高远辽阔而荒凉的塞上景象之后，转而抒写征人戍边的悲怨，"何须怨"实指要怨，"春风不度玉门关"，一则指塞外寒苦的生活，二则隐喻朝廷的恩泽不及于边关将士。

与王之涣一样，王昌龄的边塞诗并不多，但多为名篇，所以被列入边塞诗派。他曾创作了《从军行七首》。其四："青海长云暗雪山，孤城遥望玉门关。黄沙百战穿金甲，不破楼兰终不还。"其五："大漠风尘日色昏，红旗半卷出辕门。前军夜战洮河北，已报生擒吐谷浑。"这些诗篇都经常被后人引用。而他对战争的残酷性也有深刻的认识，"昔日长城战，成言意气高。黄尘足今古，白骨乱蓬蒿"，"从来幽并客，皆向沙场老。莫学游侠儿，矜夸紫骝好"。

《出塞》则是他的边塞诗的代表作："秦时明月汉时关，万里长征人未还。但使龙城飞将在，不教胡马度阴山。"此诗被誉为唐人七绝的压卷之作。王昌龄的边塞诗有其独特的地方。其重点不在征战生活和边塞风光，而侧重描写将士的思想感情。在他的笔下，边塞环境只是人物心理活动的背景，戍边战士的内心世界才是诗的中心。

高适的经历则颇具传奇性。他年少时并不肯读书，到处漫游，甚至做了一段时间乞丐，靠向人讨饭为生。直到五十岁的时候，他才努力读书，后来成为有唐一代的著名诗人。他多写边塞战场上的情景，同时又照顾到征夫的疾苦、少妇的情怀，别开生面，后人多将他与岑参相提并论，合称高岑。值得一提的是，他最后晋爵为渤海县侯，是唐朝诗人唯一被封侯的。他的《别董大》非常出名："千里黄云白日曛，北风吹雁雪纷纷。莫愁前路无知己，天下谁人不识君。"但时至今日，绝大多数人都不清楚董大是何许人也，而高适却是名留青史。

高适以边塞诗著称，并不是偶然的。他在二十多岁的时候，就游历过唐朝的北部边境。732年，信安王李祎征讨奚、契丹部落，他又北去幽燕，希望到信安王幕府效力，未能如愿，"岂无安边书，诸将已承恩。惆怅孙吴事，归来独闭门"。这些经历就体现在他的诗歌当中，如《营州歌》："营州少年爱原野，孤城蒙茸猎城下。虏酒千钟不醉人，胡儿十岁能骑马。"(唐营州治所在今辽宁朝阳)。他还在《蓟门行五首》中写出当时边关将士的生活

诗人间的唱和

以及内心世界："边城十一月，雨雪乱霏霏。元戎号令严，人马亦轻肥。羌胡无尽日，征战几时归。幽州多骑射，结发重横行。一朝事将军，出入有声名。纷纷猎秋草，相向角弓鸣。蓟门逢古老，独立思氛氲。一身既零丁，头鬓白纷纷。勋庸今已矣，不识霍将军。黯黯长城外，日没更烟尘。胡骑虽凭陵，汉兵不顾身。古树满空塞，黄云愁煞人。汉家能用武，开拓穷异域。戍卒厌糠核，降胡饱衣食。关亭试一望，吾欲泪沾臆。"《塞上听吹笛》也从侧面反映了戍边士兵的心理："雪净胡天牧马还，月明羌笛戍楼间。借问梅花何处落，风吹一夜满关山。"

而高适边塞诗的代表作则是《燕歌行》："汉家烟尘在东北，汉将辞家破残贼。男儿本自重横行，天子非常赐颜色。摐金伐鼓下榆关，旌旆逶迤碣石间。校尉羽书飞瀚海，单于猎火照狼山。山川萧条极边土，胡骑凭陵杂风雨。战士军前半死生，美人帐下犹歌舞！大漠穷秋塞草腓，孤城落日斗兵稀。身当恩遇恒轻敌，力尽关山未解围。铁衣远戍辛勤久，玉箸应啼别离后。少妇城南欲断肠，征人蓟北空回首。边庭飘飖那可度，绝域苍茫更何有！杀气三时作阵云，寒声一夜传刁斗。相看白刃血纷纷，死节从来岂顾勋？君不见沙场征战苦，至今犹忆李将军！"此诗本是高适唱和他人《燕歌行》所作，意在慨叹征战之苦，谴责将领骄傲轻敌、荒淫失职，造成战争失利，使战士遭受极大痛苦和牺牲，反映了士兵与将领之间苦乐不同的残酷现实，"战士军前半死生，美人帐下犹歌舞"。但该诗也写出了为国御敌之辛勤，主题仍是雄健激越，慷慨悲壮。此诗也因此被誉为高适的"第一大篇"，而且也是整个唐代边塞诗中的杰作，千古传诵。

岑参则是非常典型的边塞诗人，他进士出身，曾充安西四镇节度使高仙芝幕府书记，后又做安西北庭节度使封常清的判官，前后两次在边塞，共六年。他曾写诗抒发自己的壮志："万里奉王事，一身无所求。也知边塞苦，岂为妻子谋。"(《初过陇山途中呈宇文判官》)他曾在《逢入京使》中表达了自己第一次出塞时对故三的留恋："故园东望路漫漫，双袖龙钟泪不干。马上相逢无纸笔，凭君传语报平安。"但他很快被边疆生活所吸引，留下了一系列著名的诗篇，如《走马川行奉送出师西征》："君不见，走马川行雪海边，平沙莽莽黄入天。轮台九月风夜吼，一川碎石大如斗，随风满地石乱走。匈奴草黄马正肥，金山西见烟尘飞，汉家大将西出师。将军金甲夜不脱，夜半行军戈相拨，风头如刀面如割。马毛带雪汗气蒸，五花连钱旋作冰，幕中草檄砚水凝。虏骑闻之应胆慑，料知短兵不敢接，

车师西门伫献捷!”这首诗一开始,就生动地描绘出边塞狂风弥天、飞沙走石的恶劣环境。敌人来犯,狼烟四起;将军带兵奔赴战场迎敌。寒风似刀,马背上依然热汗蒸腾,很快又结成冰凌。在帐幕里起草讨敌的檄文,还未等写完,砚台里的墨水已冻成冰块。岑参随即在诗中抒发了自己的豪情:这样吃苦耐劳勇武向前的军队,一定会使敌人闻风丧胆,不敢交战;那我们就在车师(今新疆吐鲁番西北)的西门等待胜利凯旋的捷报吧!诗中所体现的乐观豪迈的气概,正是盛唐时代精神的鲜明体现。

历史小常识:唐诗中的汉朝

唐人习惯用“汉”代称“唐”。汉兵实指唐军,汉家天子实指唐朝皇帝。很多地名也是实指唐朝,如楼兰、玉门关。

岑参还有不少描绘西北边塞奇异景色的诗篇,如《白雪歌送武判官归京》:“北风卷地白草折,胡天八月即飞雪。忽如一夜春风来,千树万树梨花开。散入珠帘湿罗幕,狐裘不暖锦衾薄。将军角弓不得控,都护铁衣冷难着。瀚海阑干百丈冰,愁云惨淡万里凝。中军置酒饮归客,胡琴琵琶与羌笛。纷纷暮雪下辕门,风掣红旗冻不翻。轮台东门送君去,去时雪满天山路。山回路转不见君,雪上空留马行处。”“忽如一夜春风来,千树万树梨花开”遂成为描写雪景之千古名句。

白居易

岑参边塞诗的一个重要特点是对少数民族生活的描述。他在《田使君美人舞如莲花北延歌》描写了少数民族舞女的美妙舞姿:“美人舞如莲花旋,世人有眼应未见。高堂满地红氍毹,试舞一曲天下无。此曲胡人传入汉,诸客见之惊且叹。慢脸娇娥纤复秾,轻罗金缕花葱茏。回裾转袖若飞雪,左铤右铤生旋风。琵琶横笛和未匝,花门山头黄云合。忽作出塞入塞声,白草胡沙寒飒飒。翻身入破如有神,前见后见回回新。始知诸曲不可比,采莲落梅徒聒耳。世人学舞只是舞,姿态岂能得如此。”

他对少数民族的一些神话加以记载,如《热海行送崔侍御还京》:“侧闻阴山胡儿语,西头热海水如煮。海上众鸟不敢飞,中有鲤鱼长且肥。岸旁青草长不歇,空中白雪遥旋灭。蒸沙烁石燃虏云,沸浪炎波煎汉月。阴火潜烧天地炉,何事偏烘西一隅?势吞月窟侵太白,气连赤坂通单于。送君一醉天山郭,正见夕阳海边落。柏台霜威寒逼人,热海炎气为之薄。”热海即伊塞克湖,唐人又称其为“大清池”“咸海”,今属吉尔吉斯斯坦,唐时属安西节度使管辖。岑参虽未到过那里,但根据自己长期在荒远之地的体验,将少数民族的神话加以渲染,向人们描绘了一个不可思议的新奇世界:在如汤煮的热海水中,居然有长且肥的鲤鱼;热气可以蒸沙烁石,把云彩点燃,岸边的青草却是四季常青,令人惊奇不已。

难能可贵的是，岑参的诗歌反映了各族人民之间友好来往、相互学习的场景。如《酒泉太守席上醉后作》中的"琵琶长笛齐相和，羌儿胡雏齐唱歌。浑炙犁牛烹野驼，交河美酒金叵罗"句反映出了各族民众欢聚一堂的场景。《赵将军歌》中的"将军纵博场场胜，赌得单于貂鼠袍"句则反映了双方高层的友好相处。"花门将军善胡歌，叶河蕃王能汉语"（《与独孤渐道别长句兼呈严八侍御》）则为当时民族交融的力证。

白居易与新乐府运动

唐代中后期，王朝的鼎盛期已过，但诗歌创作仍未衰竭。不过此时的诗歌更多的是从不同角度反映了唐帝国走向衰落过程中的危机和民间经受的苦难。在这当中，最为有名的就是白居易以及新乐府运动。

安史之乱之后，一些关心王朝命运的士大夫力求寻求解决社会矛盾的良方妙药。他们开始运用文学来宣传政治改革主张，以批判现实为宗旨的新乐府运动便逐渐兴起。所谓"新乐府"是指用乐府诗写时事，又不受古题束缚，而是"因事立题"的诗歌形式。

李绅是新乐府运动的最早倡导者之一，而且是写新乐府诗的最早实践者。可惜的是李绅写的《新乐府》二十首今已不传，不过，他早年所写的《悯农二首》还流传至今。其一："春种一粒粟，秋收万颗子。四海无闲田，农夫犹饿死。"其二："锄禾日当午，汗滴禾下土。谁知盘中餐，粒粒皆辛苦。"

老妪能解

在李绅等人的基础上，白居易更是在理论和创作上大力提倡，提出了"文章合为时而著，歌诗合为事而作"，从内容和形式两方面对诗歌进行了一场改革运动，进一步发扬光大杜甫的现实主义精神，把唐诗创作推向了一个新的高潮。

白居易字乐天，原籍下邽（今陕西渭南），据说刚六七个月的时候就能辨认"之""无"两个字，五六岁就开始学写诗。白居易的祖父白湟、父亲白季庚都是诗人，在这种家庭背景下，白居易写诗非常刻苦，正如他自己所说："酒狂又引诗魔发，日午悲吟到日西。"白居易如此刻苦地诵读和书写，竟到了口舌生疮、手指成胝的地步，他也由此被人称为"诗魔"。

在十五六岁的时候，白居易来到长安。相传，当时长安有一个文学家顾况，很有才气，但是脾气高傲，遇到后生晚辈，常常很不客气。白居易听到顾况的名气，带了自己的诗稿，到顾况家去请教。顾况听说白居易也是个官家子弟，不好不接待。白居易拜见了顾况，送上名帖和诗卷。顾况瞅了瞅这个小伙子，又看了看名帖上有“居易”两个字，皱起眉头打趣说：“近来长安米价很贵，只怕居住很不容易呢！”但当他读到“离离原上草，一岁一枯荣；野火烧不尽，春风吹又生”时，马上换了另外一副态度，热情地对白居易说：“能够写出这样的好诗，住在长安也不难了。”

这次见面以后，顾况十分欣赏白居易的诗才，逢人就夸，白居易很快就在长安出了名。不过几年，他考取了进士。唐宪宗提拔他做翰林学士，后来又派他担任左拾遗。

在诗的形式方面，白居易强调语言要质朴通俗，还要便于入乐歌唱。而这些都要为补察时政服务：“总而言之，为君、为臣、为民、为物、为事而作，不为文而作也。”不过，在他看来，写作反映民生疾苦的讽喻诗的最重要目标还是让皇帝了解民情，“唯歌生民病，愿得天子知”。

白居易诗歌的创作以四十四岁时即815年被贬江州司马为界，可分为前后两期。前期是兼济天下时期，后期是独善其身时期。在前期，他写了大量讽喻诗，代表作是《秦中吟》十首和《新乐府》五十首，对当时黑暗的社会现实作了有力的揭露，其中比较有代表性的是《轻肥》《买花》《重赋》《卖炭翁》。

《轻肥》取自《论语·雍也》：“赤之适齐也，乘肥马，衣轻裘。”后世以“轻肥”借指达官贵人。作者首先极言内臣的生活之豪奢，“意气骄满路，鞍马光照尘。借问何为者，人称是内臣。朱绂皆大夫，紫绶或将军。夸赴军中宴，走马去如云。樽罍溢九酝，水陆罗八珍。果擘洞庭橘，脍切天池鳞。食饱心自若，酒酣气益振”，最后点出基层民众的苦难生活“是岁江南旱，衢州人食人”，深刻地揭露了当时的社会矛盾。

《买花》则生动地反映出了社会上的贫富差距。贵族们一掷千金，在牡丹花上花费了大量的金钱与精力，“灼灼百朵红，戋戋五束素。上张幄幕庇，旁织笆篱护。水洒复泥封，移来色如故”，而对于普通老百姓而言，“低头独长叹，此叹无人喻。一丛深色花，十户中人赋”。

至于为什么出现这种局面，《重赋》里面就有生动的说明：“幼者形不蔽，老者体无温。悲端与寒气，并入鼻中辛。昨日输残税，因窥官库门。缯帛如山积，丝絮似云屯。号为羡余物，随月献至尊。夺我身上暖，买尔眼前恩。进入琼林库，岁久化为尘！”虽然白居易把责任归于贪官污吏，“奈何岁月久，贪吏得因循。浚我以求宠，敛索无冬春”，“里胥迫我纳，不许暂逡巡”，但这也引起皇帝的不满。而他的《卖炭翁》更是将矛头指向了与皇帝有着密切关系的宫市政策。

在这种情况下，白居易就遭到了达官贵人的忌恨，如他在《与元九书》说的那样：“凡闻仆《贺雨诗》，众口籍籍，以为非宜矣；闻仆《哭孔戡诗》，众面脉脉，尽不悦矣；闻《秦中吟》，则权豪贵近者，相目而变色矣；闻《登乐游园》寄足下诗，则执政柄者扼腕矣；闻《宿紫阁村》诗，则握军要者切齿矣！”

815年，宰相武元衡被刺客暗杀，裴度重伤。这次暗杀由藩镇指使，但朝廷的官僚谁也不想开口。只有时任太子左善大夫的白居易站了出来，向宪宗上了奏章，要求严查凶手，以雪国家之耻，以报宰辅之仇。然而杀死宰相的真凶无人追捕，宦官和官僚们却抓住这个机会，说白居易不是谏官，不该对朝廷大事乱主张，这是对皇帝和朝制的大不敬。他们还说白居易母亲因为看花失足落井而死，而白居易还作有《赏花》及《新井》诗，这是不孝，这样的官员应从太子身边调离外任。白居易遂被逐出京城，到外地当刺史。但又有言官以白居易罪状之大不宜治理一郡百姓，白居易又被改授为江州（今江西九江）司马。

逃禅

白居易无辜受到贬谪，心情十分抑郁。有一天晚上，他在江州的湓浦口送客人，听到江上传来一阵哀怨的琵琶声，叫人一打听，原来是一个漂泊江湖的歌女弹的。白居易见了那歌女，又听她诉说她的可悲身世，十分同情；再联想到自己的不幸遭遇，引起满腔心事。回来以后，写下了著名的叙事长诗《琵琶行》。其中"我闻琵琶已叹息，又闻此语重唧唧。同是天涯沦落人，相逢何必曾相识"的诗句，被广为传诵。同时，白居易也为后人留下了一段唐朝音乐演奏的绝妙记录："千呼万唤始出来，犹抱琵琶半遮面。转轴拨弦三两声，未成曲调先有情。弦弦掩抑声声思，似诉平生不得志。低眉信手续续弹，说尽心中无限事。轻拢慢捻抹复挑，初为霓裳后六幺。大弦嘈嘈如急雨，小弦切切如私语。嘈嘈切切错杂弹，大珠小珠落玉盘。间关莺语花底滑，幽咽泉流冰下难。冰泉冷涩弦凝绝，凝绝不通声暂歇。别有幽愁暗恨生，此时无声胜有声。银瓶乍破水浆进，铁骑突出刀枪鸣。曲终收拨当心画，四弦一声如裂帛。东船西舫悄无言，唯见江心秋月白。"

贬官江州给白居易以沉重打击。在那个时候，司马表面上是刺史的助手，实际上在中唐时期这个职位是专门安置犯有大错的官员的，相当于是变相发配到某地去接受监督看管的。白居易说自己是"恬然自安"，"面上灭除忧喜色，胸中消尽是非心"，但比起前期来说，他已相当消极。不过他毕竟是一个曾经积极为民请命的诗人，虽然以"独善其身"为处世原则，但他的兼济之志并未完全消失，转而表现在力所能及的情况下为人民做好事，如他曾经在杭州疏浚前人所凿的六井，解决了当地民众的饮水问题；他在西湖上筑了

一道长堤，蓄水灌田，并写了一篇通俗易懂的《钱塘湖石记》，刻在石上，告诉人们蓄水泄水的方法，认为只要“堤防如法，蓄泄及时”，就不会受旱灾之苦了。后人为了纪念他，就把这道长堤叫作“白堤”。而他在离开苏州时，人们泣涕相送，依依不舍。就是在他隐居于洛阳龙门的时候，还出钱疏浚航道。当时洛阳附近的伊河（黄河的支流之一）冬季水浅，船民需在寒冬腊月涉水背纤拉船过险滩，十分辛苦。白居易决心“誓开险路作通津”，带头出钱，疏浚、开凿了龙门潭以南的八节滩和九峭石，航道大为改观，当地民众异常感激。

但仕途的坎坷确实对他产生了很大的影响。他的诗歌虽仍有讥讽之作，如在杭州刺史任上所写的《代卖薪女赠诸妓》：“乱蓬为鬓布为巾，晓踏寒山自负薪。一种钱塘江上女，著红骑马是何人？”卖柴妇女头发凌乱，用粗布头巾扎着，每天都到山中去背柴。同样是住在钱塘江畔的女性，为什么另一些不务生产的妓女却穿红戴绿、骑着高头大马，过着舒坦日子？但在江南任上的诗作中，白居易更多的是描绘江南美丽风光的诗作。如《暮江吟》：“一道残阳铺水中，半江瑟瑟半江红。可怜九月初三夜，露似真珠月似弓。”如《大林寺桃花》：“人间四月芳菲尽，山寺桃花始盛开。长恨春归无觅处，不知转入此中来。”还有《钱塘湖春行》：“孤山寺北贾亭西，水面初平云脚低。几处早莺争暖树，谁家新燕啄春泥。乱花渐欲迷人眼，浅草才能没马蹄。最爱湖东行不足，绿杨阴里白沙堤。”这些诗篇都广为传诵。

值得一提的是，白居易是最早写词的诗人之一，著名的《忆江南》就是一例。

白居易青年时期，曾漫游江南，旅居苏杭，后来又在江南担任官职多年，江南在他的心目中留有深刻印象。因此当他因病回到洛阳之后，也就是六十七岁时，写下了三首《忆江南》，可见江南胜景仍在他心中栩栩如生。其中最有名的一首就是“江南好，风景旧曾谙。日出江花红胜火，春来江水绿如蓝。能不忆江南？”

李贺

江南之大之美，对于一般人而言，实乃一言难尽，白居易却用十几个字表达出来。他没有从描写江南惯用的“花”“莺”着手，而是别出心裁地从“江”下笔，又通过“红胜火”和“绿如蓝”，展现了光彩夺目的江南春景。

事实上，白居易在被贬江州之初，曾将自己的诗分为四类：讽喻诗、感伤诗、闲适诗和杂律诗。前期多讽喻诗，后期多其他三类；前期比较注意作品的题材和内容，后期更多着眼于艺术。就诗歌艺术本身而言，作为新乐府运动重要代表人物的白居易，其感伤诗的成就要超过讽喻诗。代表白居易诗歌最高艺术成就的《琵琶行》和《长恨歌》都是感伤诗。但白居易的绝大多数诗歌都是语言平易浅切、文意自然流畅，颇

合新乐府运动之意。例如他在三十多岁时所做的《长恨歌》。唐玄宗与杨贵妃的爱情故事以及安史之乱是唐朝历史的大事。但白居易却把事件简到不能再简，只用一个中心事件和两三个主要人物来结构全篇，诸如颇具戏剧性的马嵬事变，作者仅用“六军不发无奈何，宛转蛾眉马前死。花钿委地无人收，翠翘金雀玉搔头。君王掩面救不得，回看血泪相和流”寥寥数笔即将之带过。而这也是《长恨歌》取得极大成功的重要原因。

白居易诗名很大，在外国例如日本也有很大影响。他去世后，唐宣宗曾写诗悼念：“缀玉连珠六十年，谁教冥路作诗仙？浮云不系名居易，造化无为字乐天。童子解吟《长恨》曲，胡儿能唱《琵琶》篇。文章已满行人耳，一度思卿一怆然。”

帝国的夕阳

820年，唐宪宗逝世，唐王朝危机进一步加深。特别是在835年，李训引诱当权宦官参观所谓“甘露”，企图将其一举消灭，但举事不密，反而导致宦官大肆屠杀朝官，史称“甘露之变”。唐诗风貌也由中唐进入晚唐，再次出现明显转变。正如李商隐的“夕阳无限好，只是近黄昏”句所展示的那样，晚唐诗坛笼罩着浓重的感伤气息。另外，冰冻三尺非一日之寒，一些中唐的诗人也敏锐地感到国家的衰落，诗风颇为沉郁。

在晚唐阶段，中央层面是宦官专权，地方层面则是藩镇割据，许多出身寒微、拙于钻营的有才之士，在考场上长期受困，甚至终生不第。少数士人即使幸而中举，也很难像中唐的韩愈、白居易等人那样，凭他们的文才进入政治机构上层。面对王朝末世的景象和自身暗淡的前途，士人心理状态发生很大变化。其中有些人开始思索国家的前途与命运，情调悲伤的怀古咏史诗大增。

横跨中晚唐的刘禹锡有诗《西塞山怀古》曰：“王濬楼船下益州，金陵王气黯然收。千寻铁锁沉江底，一片降幡出石头。人世几回伤往事，山形依旧枕寒流。今逢四海为家日，故垒萧萧芦荻秋。”在这首诗中，刘禹锡表达了对唐王朝结束藩镇割据的期望之情以及对国家统一的坚定信心。

杜牧

而杜牧则在《江南春》中写道：“千里莺啼绿映红，水村山郭酒旗风。南朝四百八十寺，多少楼台烟雨中。”这首《江南春》千百年来素负盛誉。短短的四句诗，既写出了江南春景的丰富多彩，又抒发了南朝大兴佛教而速亡的历史感慨。这对于当时统治者一心热衷佛教、广建佛寺不能不说是一个提醒。杜牧还写有《泊秦淮》一诗：“烟笼寒水月笼沙，夜泊秦淮近酒家。商女不知亡国恨，隔江犹唱《后庭花》。”《后庭花》即陈后主创作的《玉树后庭花》，向来被人看作是亡国之音。当时的唐王朝已千疮百孔，藩镇拥兵自固，边患频繁，社会危机四伏，而那班醉生梦死的统

治者不汲取历史教训,仍在花天酒地、纵情享乐。杜牧通过此诗表达了对国家命运的无比关怀和深切忧虑。

无独有偶,李商隐也提到了《玉树后庭花》,通过《隋宫》表达了对曾繁荣一时的唐帝国可能走向覆灭的担心:"地下若逢陈后主,岂宜重问后庭花?"陈后主是个荒淫误国的皇帝,与当时尚为隋朝皇子的杨广有过交往。相传杨广当皇帝后,曾在梦中与死去的陈后主相遇,并让陈后主的宠妃张丽华舞了一番《玉树后庭花》。在李商隐看来,隋炀帝死后到九泉下遇到陈后主,应该感到惭愧,因为他自己也走了陈后主的老路。

对于个人的境遇,杜牧则有《赤壁》诗:"折戟沉沙铁未销,自将磨洗认前朝。东风不与周郎便,铜雀春深锁二乔。"杜牧感叹周瑜因有东风之便取得成功,有抒发自己怀才不遇的心情之意。不过相对于李商隐而言,杜牧还是比较幸运的,他虽然不能力挽狂澜,但仕途生活还是比较顺利,个人生活也相当闲适的。他曾在扬州度过了一段放纵的生活,流连于青楼间,并有若干诗作传世,如《赠别》!"多情却是总无情,唯觉尊前笑不成。蜡烛有心还惜别,替人垂泪到天明。"

据说,当时他的上司牛僧孺怕他出事,特意派兵卒三十人换了便装暗地保护他。后来杜牧被提拔为监察御史,牛僧孺为杜牧饯行,提醒他"节俭风月情怀",要注意身体,更要注意为官形象。杜牧起初还力图表明自己清白和洁身自好,结果牛僧孺命人当场拿出一只书篓来,里面都是暗中保护他的兵卒写的密报,尽是"某夕,杜书记过某家,无恙"之类,竟有近千篇之多。但纵是如此,杜牧还是对扬州的生活充满了怀念,他在《寄扬州韩绰判官》一诗中写道:"青山隐隐水迢迢,秋尽江南草未凋。二十四桥明月夜,玉人何处教吹箫?"

李商隐

与他合称"小李杜"的李商隐就没有这样的闲情逸致。他出身并不高贵,自己在少年时期曾"佣书贩春",即为别人抄书挣钱,贴补家用。面对出身贫寒之士在社会上的困顿,他不由发出感叹:"宣室求贤访逐臣,贾生才调更无伦。可怜夜半虚前席,不问苍生问鬼神。"

李商隐和妻子关系极好,"君问归期未有期,巴山夜雨涨秋池。何当共剪西窗烛,却话巴山夜雨时"。与白居易不同,他对唐玄宗表示了讽刺:"海外徒闻更九州,他生未卜此生休。空闻虎旅传宵柝,无复鸡人报晓筹。此日六军同驻马,当时七夕笑牵牛。如何四纪为天子,不及卢家有莫愁。"但就是因为他的婚姻使他直接卷入牛李党争中,不能脱身。

坎坷的人生促使李商隐一系列《无题》(多为七言近体)的诞生。诗以"无题"命篇,乃是李商隐的创造。这类诗作其内容或因不便明言,或因难用一个恰当的题目表现,所以命为"无题",其寓意至今还没有明确的结论。不过《无题·相见时难别亦难》(相见时

难别亦难，东风无力百花残。春蚕到死丝方尽，蜡炬成灰泪始干。晓镜但愁云鬓改，夜吟应觉月光寒。蓬山此去无多路，青鸟殷勤为探看），人们一般将其视为抒写爱情的名作。

而李商隐诗集的第一篇《锦瑟》也往往被看作无题诗，其文为："锦瑟无端五十弦，一弦一柱思华年。庄生晓梦迷蝴蝶，望帝春心托杜鹃。沧海月明珠有泪，蓝田日暖玉生烟。此情可待成追忆，只是当时已惘然。"千百年来，历代诗论家颇多揣测，莫衷一是。然而这正是李商隐的诗歌吸引人的地方之一。

如果说杜牧、李商隐还是比较关心时政的话，孟郊、贾岛由于种种原因，则是另外一种风格，后人遂称他们为"郊寒岛瘦"。孟郊比贾岛大二十多岁，是贾岛的前辈诗人。但他们都是遭际不遇，官职卑微，一生穷困，一生苦吟。

孟郊

孟郊早年贫困，屡试不第。四十多岁始中进士，六十多岁时贫病而死，中年还曾丧子。他的诗歌主要是表达了中下层文士对穷愁困苦的不平情绪，但他的很多诗歌也反映了广阔的社会生活，其中有些针砭了社会上人际关系中的丑恶现象，有的则尖锐地揭露了悬殊的贫富差距。

有意思的是，孟郊专写古诗，现存诗五百多首。有的诗反映了亲情，如《游子吟》："慈母手中线，游子身上衣。临行密密缝，意恐迟迟归。谁言寸草心，报得三春晖。"如《结爱》："心心复心心，结爱务在深。一度欲离别，千回结衣襟。结妾独守志，结君早归意。始知结衣裳，不如结心肠。坐结行亦结，结尽百年月。"

孟郊对于人际关系的看法则在《赠崔纯亮》中得到较为全面的体现："食荠肠亦苦，强歌声无欢。出门即有碍，谁谓天地宽。有碍非遐方，长安大道旁。小人智虑险，平地生太行。镜破不改光，兰死不改香。始知君子心，交久道益彰。君心与我怀，离别俱回遑。譬如浸檗泉，流苦已日长。忍泣目易衰，忍忧形易伤。项籍非不壮，贾生非不良。当其失意时，涕泗各沾裳。古人劝加飧，此飧难自强。一饭九祝噎，一嗟十断肠。况是儿女怨，怨气凌彼苍。彼苍昔有知，白日下清霜。今朝始惊叹，碧落空茫茫。""出门即有碍，谁谓天地宽"确是当时不少文人的心声。

而孟郊的《寒地百姓吟》则表达了他对于社会的贫富不均的愤怒。诗中有言："无火炙地眠，半夜皆立号。冷箭何处来，棘针风骚劳。霜吹破四壁，苦痛不可逃。高堂搥钟饮，到晓闻烹炮。寒者愿为蛾，烧死彼华膏。华膏隔仙罗，虚绕千万遭。到头落地死，踏地为游遨。游遨者是谁，君子为郁陶。""寒者愿为蛾，烧死彼华膏"绝不是孟郊的一时愤懑之语，而是当时基层民众面对贫富悬殊的社会现实而发出的怨怒之词。

这种精神在孟郊的童年就有所体现。相传，一年冬天，孟郊的家乡闹灾。皇帝派钦

差大人来了解灾情，县令大摆宴席，为钦差接风。正当县令端起酒杯说“请”，身穿破绿衣裳的小孟郊走了进来，县令一见，非常不高兴，眼珠一瞪：“哪来的小叫花，去去去！”小孟郊本来对他们不顾百姓灾情大吃大喝就很气愤，于是顶了一句：“家贫人不平，离地三尺有神灵！”

钦差则对小孟郊很是轻视：“哟，小叫花，你不要卖弄文才，我倒要好好考考你，我出个上联，你若是对得出，就让在这里吃饭；若对不出，哼，就判你私闯公堂，打断你的狗腿！”“请吧。”小孟郊毫不畏惧。

钦差大人看到小孟郊穿着破破烂烂的绿衣裳，摇头晃脑地说：“小小青蛙穿绿衣。”小孟郊扫了一眼酒桌上的螃蟹，又注意到钦差穿着红衣，不慌不忙地对道：“大大螃蟹着红袍。”

历史小常识：京兆尹

京兆尹是管理京师的官职名称。秦时设内史官，掌治京师。汉景帝时分置左右内史。汉武帝时改右内史为京兆尹，掌治长安、新丰等十二县，与郡首的职责相同。唐代京兆府本为雍州，以亲王领州牧，下设长史总理州事。开元初年改雍州为京兆府，升长史为京兆尹。

钦差大人一听，气得浑身发抖，但有话在先，不好发作，三杯酒入肚，认为才思来了，又神气活现，他斜着眼看了看小孟郊，说道：“小小猫儿寻食吃。”小孟郊则看着馋狗啃骨头似的钦差，看着溜须拍马的县令，不动声色地回道：“大大老鼠偷皇粮！”钦差、县令不听则罢，一听则目瞪口呆，再也说不出话来。原来小孟郊说得很对，他们吃的正是救灾的银子。

与孟郊的批判精神不同，贾岛的诗歌题材较为狭窄，有科场不得意的失意和怨愤，有窘迫困顿生活的哀叹，有对于清寂之境和禅家境界的体验，以及与僧人、隐士的交往，大多不出个人生活范围，不离琴、棋、鹤、茶、竹、石等物，很少反映社会问题。

不过虽然诗歌题材狭窄，但在苦吟方面，贾岛还是很下功夫的。贾岛有一句很有名的诗，叫作“独行潭底影，数息树边身”。按照贾岛自己的说法，就是这样两句诗，他花了三年的时间：“二句三年得，一吟双泪流。知音如不赏，归卧故山秋。”

在唐朝的诗人中，讲究诗句的锤炼乃是经常之事，如杜甫曾“为人性僻耽佳句，语不惊人死不休”，孟郊“一生空吟诗，不觉成白头”，卢延让有“吟安一个字，拈断数茎须”之诗句。但在这当中，最为出名的还是贾岛的推敲典故。

贾岛作诗时，非常讲究铸字炼句，反复苦吟思索，为此流传下来一个生动的故事。据说，有一次他访问隐居的友人李凝，正好友人外出未归。一天，他在驴上想到一首诗，描绘李凝隐居地的幽静景色，大意是自己来访不遇，以后如果再来，就一同隐居。但贾岛觉得这首诗的三四句“鸟宿池边树，僧推月下门”的“推”字似乎应该改一改，他一直在考虑：究竟用“推”字好呢？还是改为“敲”字好？贾岛在驴背上反复思索，总是犹豫不决，不知不觉间用手做出推和敲的姿势，想把这个字定下来。这样一直走到长安城里，他还是做着手势不断苦吟。正值时任京兆尹的韩愈出行办事，由于贾岛太专心了，一头撞进韩愈的仪仗队，已经冲进了第三节，但还在苦吟，仍要继续向前闯。仪仗队的兵士便把他抓了起来，推到韩愈跟前。韩愈便盘问贾岛，为什么无缘无故冲撞官府的仪仗？贾岛这时已

回过神来，连忙说明是由于在驴背上作诗，没有注意外界的缘故，并非有意冲撞。韩愈对贾岛的问题发生了兴趣，没责备他，立马想了很久，然后说：“用‘敲’字好！”贾岛想来想去，改为“敲”字，可以反衬李凝隐居之处在万籁俱寂中更见幽静，也就是响中寓静，这比在万籁俱寂中无声无息地推门要好。于是，这两句就最后定下来，变成“鸟宿池边树，僧敲月下门”。从此，韩愈和贾岛便成了好友，常常共论诗道。“推敲”也成为中国文学史上的一段佳话。

诗僧寒山拾得

贾岛虽为著名诗人，但也曾经在佛寺庙住过很长时间，还出家当过和尚，后来在韩愈的劝说下才还俗。此例说明了有唐一代诗歌与僧人的密切关系。事实上，唐朝也出现了不少能吟诗作文的僧人。寒山拾得就是很典型的例子。唐朝诗人张继有诗《枫桥夜泊》：“月落乌啼霜满天，江枫渔火对愁眠。姑苏城外寒山寺，夜半钟声到客船。”而寒山寺的称呼就源自著名诗僧寒山的名字。

寒山是唐代首都长安人，出身于官宦人家，多次投考不第，后来出家，三十岁后隐居于浙东天台山，享年一百多岁。据说，寒山是隋皇室后裔杨瓒之子杨温，后来由于种种复杂原因遁入空门。

寒山作为中国唐代少有的几位白话诗人之一，对于诗歌创作有着自己的理论。他在一首诗中写道：“有人笑我诗，我诗合典雅。不烦郑氏笺，岂用毛公解。不恨会人稀，只为知音寡。若遣趁宫商，余病莫能罢。”

他的诗歌题材广泛，特别是关注农村生活，从农业生产、社会道德到婚姻家庭、子女教育，几乎触及了农村生活的各个角落，这些朴素清新的诗歌在绮靡软媚的初唐诗风以及高亢激昂的盛唐诗歌中都显得别具一格，具有独到的价值。

贾岛

拾得的经历也颇为传奇。国清寺丰干禅师一日外出，听到山道旁有小孩啼哭的声音，寻声一看，原来是个小孩子。问遍附近村庄人家，没有人知道这是谁家的孩子，丰干禅师就只好把这男孩带回国清寺，等待人家来认领。因他是丰干禅师捡回来的，所以大家都叫他“拾得”。

拾得长大以后，结交了不少朋友，其中就有寒山。相传，当时寒山贫困，而拾得在厨房做杂务，就常把残食盛放在竹筒里，让寒山带回充饥。两人经常诗歌唱酬，后来就流传下来《寒山拾得忍耐歌》，内容如下：

“昔日寒山问拾得曰：‘世间谤我、欺我、辱我、笑我、轻我、贱我、恶我、骗我、如何处治

乎？’

拾得云：‘只是忍他、让他、由他、避他、耐他、敬他、不要理他、再待几年你且看他。’

寒山云：‘还有甚诀可以躲得？’

拾得云：‘我曾看过弥勒菩萨偈，你且听我念偈曰：老拙穿衲袄，淡饭腹中饱。补破好遮寒，万事随缘了。有人骂老拙，老拙只说好。有人打老拙，老拙自睡倒。涕唾在面上，随他自干了。我也省力气，他也无烦恼。这样波罗蜜，便是妙中宝。若知这消息，何愁道不了。人弱心不弱，人贫道不贫。一心要修行，常在道中办。世人爱荣华，我却不待见。名利总成空，我心无足厌。堆金积如山，难买无常限。子贡他能言，周公有神算。孔明大智谋，樊哙救主难。韩信功劳大，临死只一剑。古今多少人，那个活几千。这个逞英雄，那个做好汉。看看两鬓白，年年容颜变。日月穿梭织，光阴如射箭。不久病来侵，低头暗嗟叹。自想年少时，不把修行办。得病想回头，阎王无转限。三寸气断了，拿只那个办。也不论是非，也不把家办。也不争人我，也不做好汉。骂着也不言，问着如哑汉。打着也不理，推着浑身转。也不怕人笑，也不做脸面。儿女哭啼啼，再也不得见。好个争名利，须把荒郊伴。我看世上人，都是精扯淡。劝君即回头，单把修行干。做个大丈夫，一刀截两断。跳出红火坑，做个清凉汉。悟得长生理，日月为邻伴。’”

寒山、拾得二僧不为世事缠缚，洒脱自在，清朝雍正皇帝赐封寒山为“和圣”，拾得为“合圣”，合称“和合二圣”。民间也将其奉为“和合二仙”，在民间的画像上，其典型形象总是满面春风，拍掌而笑。

女性诗人

有唐一代，诗歌极度繁荣，当时的女性虽然不能漫游全国，但也有不少诗歌传世。在这当中，较为出名的女诗人当属薛涛与鱼玄机。

薛涛（770～832）的父亲薛郧本是一京都小吏，安史之乱后居成都。她幼时即显过人天赋，八岁能诗。相传，其父曾以“咏梧桐”为题，吟了两句诗“庭除一古桐，耸干入云中”，薛涛应声即对“枝迎南北鸟，叶送往来风”。但这两句诗似乎预示了她一生的命运。据说，她父亲当时沉默了好久，既惊奇小女聪慧过人，又预感她可能人生坎坷而惆怅。而在她十几岁的时候，薛郧逝世，薛涛与母亲裴氏相依为命，迫于生计，薛涛开始在欢乐场上侍酒赋诗、弹唱娱客，被称为“诗伎”，并凭自己过人的美貌及精诗文、通音律的才情，与唐朝的诸多名人都有交往，其中包括元稹、白居易等著名诗人。

在一开始，朝廷拜中书令韦皋为剑南节度使，经略西南，以防吐蕃。韦皋是一位能诗善文的儒雅官员，他听说薛涛诗才出众，而且还是官宦之后，就破格将时为乐伎身份的薛涛召到府中侍宴。在古代，官员是士籍，普通民众是民籍，商人为商籍，乐伎则是乐籍，入了乐籍之后很难改变。

薛涛刚一到，韦皋就命她即席赋诗以试其才情，薛涛思索片刻之后，题下“谒巫山庙”一诗：“乱猿啼处访高唐，一路烟霞草木香。山色未能忘宋玉，水声尤是哭襄王。朝朝夜夜阳台下，为雨为云楚国亡。惆怅庙前多少柳，春来空斗画眉长。”此诗清丽凄婉，且有愁

女诗人薛涛

旧怅古的深意，韦皋大为称赞，众宾客也都叹服称绝。从此之后，府中每有盛宴，韦皋必定召薛涛前来侍宴赋诗，她也被人们看成是蜀中的重大交际场合上不可缺少的人物。值得一提的是，她对时事也颇为关心，《罚赴边有怀上韦令公》诗的第一首就说："闯说边城苦，而今到始知。羞将门下曲，唱与陇头儿。"

韦皋离任之后，薛涛又遇到了武元衡。武元衡对她极为照顾，还爱慕她的才华，曾向朝廷上书要提拔她为校书郎。校书郎归唐代秘书省管辖，负责整理典籍等文字工作。虽然说是个小官，但毕竟属于官吏阶层，其社会地位是乐伎不可比拟的。虽然武元衡的请求没有得到应允，但此举也让薛涛感动万分，因为武元衡当时以宰相身份任西川节度使，身为宰相却为一个曾为歌伎的女子上奏请官，在中国历史上实属罕见。不过薛涛确实在武元衡幕府内从事过校书一类的工作，因此薛涛又有"女校书""薛校书"之称。薛涛病逝后，时任剑南西川节度使的段文昌亲自撰写的碑文就是"西川女校书薛洪度墓"（薛涛字洪度）。

薛涛为世人所知的还有"薛涛笺"。当时她在闲暇之余，常把乐山特产的胭脂木浸泡捣拌成浆，再加上各种原料，制成粉红色的纸张，同时纸面上会呈现出不规则的松花纹路。她常用这种纸来誊写自己作的诗，有时也送些诗笺给友人，人们就称这种纸笺为"松花笺"或"薛涛笺"。

与享有美誉的薛涛相比，鱼玄机则充满争议。鱼玄机，原名鱼幼薇，字慧兰，玄机是她出家后的道号。她出生于长安城郊一位落魄士人之家。鱼父饱读诗书，却一生功名未成。鱼玄机在父亲的栽培下，五岁便能背诵数百首诗章，七岁开始学习作诗，十一二岁

时，她的习作就已在长安文人中传诵开来，成为人人称道的诗萱。

在她十几岁的时候，鱼玄机到城南风光秀丽的崇贞观中游览，正碰到一群新科进士争相在观壁上题诗留名。鱼玄机很是感慨，她空有雄才大志，却因自己生为女儿身，满腹才情无用武之地，无法与男子一争长短。于是，她题下一首七绝："云峰满月放春晴，历历银钩指下生。自恨罗衣掩诗句，举头空羡榜中名。"

而这首诗被贵公子李亿看到，对她大有好感。李亿这次赴京是为了出任因祖荫而荣获的左补阙官职。在温庭筠的撮合下，终纳鱼玄机为妾。但李亿的原配夫人裴氏并不赞同此事。李亿最后只好写下一纸休书，将鱼玄机扫地出门。鱼玄机被迫到道观里栖身。

在数年之后，鱼玄机知道李亿不可能再来接她入门，就与四方文士交往。结果她与侍女发生矛盾，盛怒之下误杀了侍女，最后被人发觉，官府遂将其处死，结束了她二十多岁的生命。

鱼玄机曾写下"易求无价宝，难得有情郎"的诗句，但终因感情受挫，走上了不归路。不过她的才气还是为后人所称道。其存诗五十首，后人辑有《唐女郎鱼玄机诗集》。

古文运动与传奇小说

古文运动

唐朝时兴起的古文运动，是相对骈文而言的。先秦和汉朝的散文，特点是质朴自由，以散行单句为主，不受格式拘束。自南北朝以来，文坛上盛行骈文，流于对偶、声律、典故、辞藻等形式，华而不实。隋文帝时曾下诏禁止"文表华艳"，但并没有扭转颓风。唐朝初期的文坛，骈文仍占主要地位。唐太宗为文也尚浮华，因此史学家刘知几曾在《史通》中提出"言必近真""不尚雕彩"的主张。诗人王勃曾提议改革文弊，但他自己的作品却仍用骈体。直到唐玄宗天宝年间至中唐前期，萧颖士、李华、元结、独孤及、梁肃、柳冕等人先后提出用散体作文，成为古文运动的先驱。韩愈、柳宗元进一步提出了一套完整的古文理论，并写出了相当数量的优秀古文作品，终于在文坛上形成了颇有声势的古文运动，把散文的发展推向了一个新的阶段。

韩愈字退之，河阳(今河南孟州市)人，因祖籍河北昌黎，世称韩昌黎。韩愈主张学习先秦两汉的散文语言，破骈为散，扩大文言文的表达功能，强调文以载道，文道合一，以道为主，从词汇和语法两方面来建立新型古文的标准。韩愈准备创造一种融合了古人词汇语法，同时又适合反映现实表达思想的文学语言，创造出一种自由流畅直言散行的新形式，这就是韩愈文体改革的主要内容。

韩愈本人就是一位杰出的古文学家，他的散文内容丰富，形式多样，语言鲜明简练，新颖生动，为古文运动树立了典范，而且把新型古文广泛地用于政论、书信、赠序、杂说、碑铭等各种体裁中，创造出很多优秀的作品。

柳宗元字子厚，祖籍河东（今山西永济），因与韩愈共同倡导古文运动，并称韩柳。柳宗元出身于官宦家庭，少有才名，早有大志。早年为考进士，文风辞采华丽。永贞革新失败后，柳宗元被贬永州（今湖南零陵）司马。在永州生活了十年后，调任柳州刺史。这两个地方都是边远地区，荒僻贫苦。柳宗元怀着郁愤，最后孤独地死在了柳州，年仅四十七岁。

韩愈

在被贬期间，柳宗元写了大量散文。他的文章论说性强，笔锋犀利，讽刺辛辣，富于战斗性，游记写景状物，多所寄托。柳宗元的散文也很重视文章的内容，主张文以明道，认为“道”应于国于民有利，切实可行。注重文学的社会功能，强调文须有益于世，提倡思想内容与艺术形式的完美结合，指出写作必须持认真严肃的态度，强调作家道德修养的重要性。

在柳宗元的诸多著作中，《捕蛇者说》尤为知名。当时永州的山野间生长一种奇异的蛇，黑色的身子而有着白色的花纹。据说，这种蛇碰到草木，草木都要枯死；如果咬了人，就没有办法救治。但捉到它之后，晾干蛇肉，制成药丸，就可以用来治疗手足痉挛、颈肿、毒疮等病，还能去掉腐烂的肌肉，杀死人体内的各种寄生虫。太医奉皇帝的命令来征集这种蛇，每年征收两次，招募能够捕捉蛇的人，用蛇顶替他们的租税去缴纳。于是永州的人争先恐后地干这件事。

有一家姓蒋的人家，享有捕蛇而不纳税的好处已经三代了。他的祖父、父亲都死在这件事情上，他也是好几次几乎丧命于此。柳宗元怜悯他，准备告诉主管收税的官吏，更换他的差事。那位男子则告诉他老百姓的无奈：“自从我家三代居住此乡，累计至今有六十多年了，而乡邻们的生活一天比一天窘迫。先前和我祖父同时居住此地的，现今十户剩不到一家；和我父亲同时居住的，十家剩不到两三家；和我本人同住十二年的，十家里也剩不到四五家。不是死了，就是搬走了，而我却因为捕蛇留存。凶横的差吏一来到乡里，从东头闹到西头，从南边闯到北边，吓得人们乱嚷乱叫，连鸡狗也不得安宁。而我一年里头冒生命危险只有两次，其余时间便怡然自得，哪像乡邻们天天有这种危险呢！现在即使死在这上头，比起乡邻们的死已经是很幸运的了，又怎么敢怨恨呢？”

《捕蛇者说》这篇文章通过对以捕蛇为业的蒋氏一家三代悲惨遭遇的描述，尖锐地揭露了从唐玄宗天宝后期至作者被贬官永州时约六十年间百姓的悲惨遭遇。在苛重赋税的压榨下，基层民众纷纷走上逃窜死亡的道路，孔子的“苛政猛于虎”诚非虚言。该文具有很强烈的感染力量，同时也是古文运动的重要篇章。

韩愈和柳宗元领导下的古文运动，在中国文学史上是散文发展的重要转折点。华丽

空洞的骈文，开始走上了衰亡的道路。文体开始从骈俪的桎梏中解放出来，变成了充实流畅的散文，扭转了三百年的文风。

传奇小说

无论是诗歌还是散文，唐朝的文学都空前繁荣。由于当时佛教的广泛传播，佛教僧侣在对普通人进行宣讲时，往往把经文通俗化、故事化，有的还边说边唱，增强感染力。这种讲唱形式，称作俗讲，俗讲的话本，称为变文，并逐渐发展为传奇小说，同样为唐朝的文学留下了浓墨重彩的一笔。

传奇小说从最初讲唱佛经故事，发展到包括历史故事、民间传说和当代人物传记等社会生活的内容。传奇小说其实早在魏晋南北朝时就出现了，不过那时故事中的主人公多是神鬼。唐朝如此繁华的世界，人们可以到处旅行，接触不同肤色的人，了解到广大世界的奇闻，鬼神的影响自然削弱，现实生活中的人逐渐成了主角。蒋防的《霍小玉传》，元稹的《莺莺传》等，都风靡一时，令无数唐人为之心动神摇。

另一方面，伴随着科举制度的推行，社会上出现了一种新的风俗，就是“行卷”和“温卷”。当时的应试文人为了获得主考官的赏识，往往在考前送上自己的文章，叫作“行卷”，考后再送则叫“温卷”，这两种文章经常就是考生写的小说。因为小说“文备众体，可见史才、诗笔、议论”。正是这种风气的盛行，刺激了小说的发展。

唐朝小说流传至今的不下百篇，其中的名篇有四十多种。第一类是讽喻小说，例如沈既济的《枕中记》，讲述了唐开元年间，卢生郁郁不得志，骑着青驹穿着短衣进京赶考，结果功名不就，垂头丧气。一天，旅途中经过邯郸，在客店里遇见了得神仙术的道士吕翁。卢生自叹贫困，道士吕翁便拿出一个瓷枕头让他枕上。卢生倚枕而卧，一入梦乡便娶了美丽温柔的妻子，还中了进士，升为陕州牧、京兆尹，最后荣升为户部尚书兼御史大夫、中书令，封为燕国公。他的五个孩子也高官厚禄，嫁娶高门。卢生儿孙满堂，享尽荣华富贵。八十岁时，生病久治不愈，终于死亡。断气时，卢生一惊而醒，转身坐起，左右一看，一切如故，吕翁仍坐在旁边，店主人蒸的黄粱饭还没熟呢。这也是成语“黄粱一梦”的由来。作者以几十分钟的时间来衬托几十年的光阴，诉说了人间的万般荣华富贵，不过如梦境一样，刹那便会消失。李公佐的《南柯太守传》表达的也是这种意思。

第二类是侠义小说，多描写一些身怀绝技、神出鬼没的英雄人物，以袁郊的《红线传》和裴铏的《聂隐娘》最有代表性。

第三类是爱情小说。如白行简的《李娃传》，讲述荥阳公子赴京应试，与名妓李娃相爱，结果几乎被其父鞭挞至死。后流落街头，得李娃救护督促，发愤用功，应试得中。其父回心转意，认李娃为儿媳。全篇情节波澜起伏，结构完整。后世多改编为戏曲。

第四类是历史、政治小说。如陈鸿的《东城父老传》，写贾昌幼年以斗鸡得宠，后遭安史之乱，身经沧桑，尽悟前非，遂出家为僧的故事，真实反映了唐朝天宝年间的历史情况。还有皇甫枚的《三水小牍》，记载了晚唐的异闻轶事。著名的篇章如《飞烟传》，故事悲惨动人；其他如《王知古》，从一个侧面描写了藩镇武将张直方的骄横残暴；《却要》写了女奴

的机智泼辣和贵家子弟的荒淫无耻;《鱼玄机》写了女道士鱼玄机的凶悍狂暴,人物颇具个性。文中偶尔穿插一些诗歌骈语,文辞华丽,在晚唐小说中很有特色。

第五类是神话故事,李朝威的《柳毅传》堪称经典。故事讲述书生柳毅在前往长安赴考途中,在泾阳遇到一位女子,在冰天雪地下牧羊。多次打听之下,才知道原来对方是洞庭湖的龙宫三公主,远嫁给泾水龙王十太子,但受其夫泾阳君与公婆虐待。书生柳毅感其不幸,就为其将家书带至洞庭龙宫。其叔父钱塘君将龙女营救出来,回归洞庭,钱塘君就提议柳毅与龙女成婚。柳毅因传信乃急人之难,本无私心,且不满钱塘君之蛮横,故严词拒绝而去。但龙女对柳毅已生爱慕之心,自誓不嫁他人,后来二人终成眷属。因《柳毅传》富于想象,情节曲折,结构谨严,人物性格鲜明,故李朝威也被后来的一些学者誉之为传奇小说的开山鼻祖。

唐朝的传奇小说对后世文学影响很大,为后世小说提供了广泛的题材。元朝王实甫的《西厢记》,源自元稹的《莺莺传》;明朝的《绣襦记》取材于《李娃传》;清朝洪异的《长生殿》则来自唐人的《长恨歌传》。至于"三言""二拍"及《聊斋志异》等书,受唐朝小说的影响更加明显。

绚丽多彩的艺术

兴盛的书法

宋人欧阳修曾有言:"书之盛,莫盛于唐。"事实正是如此,褚遂良、欧阳询、虞世南、怀素、颜真卿、柳公权、张旭,无一不是在中国书法史上占据显赫位置的大书法家,楷书、行书、草书都有极大的发展。之所以出现这种局面,是有多方面的原因在其中的。

唐朝结束了隋末的战乱之后,在政治、经济和军事上都达到了鼎盛时期。国力强盛,中外文化大交流、大融合,旧的框架被打破。国家的强大成为士人昂扬的精神支柱,频繁的文化交流也开阔了文人的视野,唐人的书法创作也由此注入了强大的动力,走向繁盛。

唐朝特别重视书法教育,无论是学校教育、科举考试,都和书法有密切的关系。长安专门设立了六种学馆,书学属于六种学馆之一,专门培养书法人才。而当时的皇帝本身也对书法的兴盛起到很大的推动作用,如太宗、高宗、睿宗、玄宗等皇帝都十分爱好和提倡书法,加上他们都具有相当的书法造诣,上行下效,书学之风鼎盛。特别是唐太宗,他曾以重金募天下所存王书真迹,开唐代尊崇二王(王羲之和他的儿子王献之)书风。唐太宗曾下诏京师五品以上的官员必须到弘文馆学习书法,并委任当时的大书法家虞世南、欧阳询、褚遂良等为弘文馆书学博士,教授书法。而在民间,碑刻之风十分盛行,造像刻石、墓志墓表不可胜数,这就对书法有了广阔的需求。

历史小常识:唐太宗与虞世南

据说,唐太宗最得意和知心的大臣和朋友有两个,一个是魏徵,另一位便是虞世南。在朝政之余,他常与虞世南吟诗论书,曾有言:“虞世南于我,犹一体也。”后来虞世南去世,唐太宗为此深为悲痛,对魏徵说:“虞世南一死,以后便没有人能同我谈论书法了!”

而在当时的科举考试中,进士、明经及第以后,不能立即当官,必须经过吏部的考试,考试内容包括身、言、书、判。在具体考试之前,要求应试者必须是“楷书遒美”,先考书判,书判合格后,再考察身、言。这就要求参加考试的士人必须写得一手好字,方得授官职,这也推动了书法的发展。

初唐时期最为出名的四位书法家为虞世南、欧阳询、褚遂良、薛稷,号称“初唐四大书家”。其中欧阳询是这四人中最为年长的。他生于557年,祖父是陈朝大司空。他最初仿效王羲之,后独辟蹊径,自成一家。

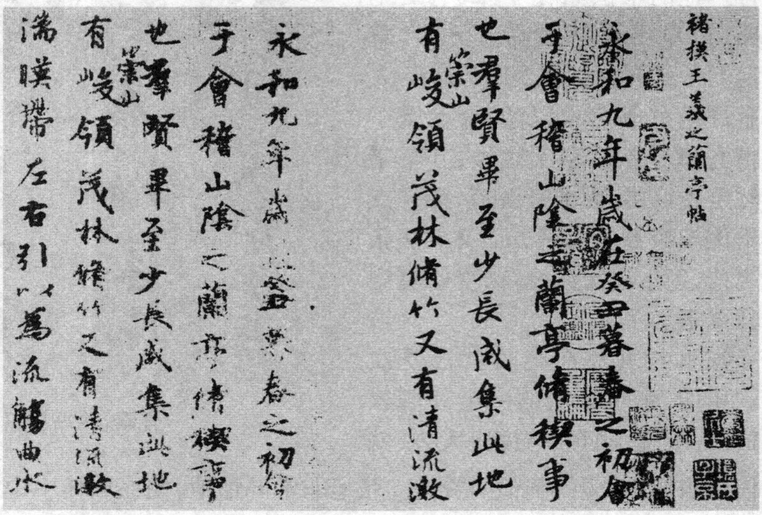

《兰亭序》的两个摹本(局部)

欧阳询的书法早在隋朝就已声名鹊起,远扬海外。但欧阳询自己却并不满足于已经取得的成就,依然读碑临帖,精益求精。据说,有一次欧阳询外出游览,偶然在路边看到晋代书法名家索靖所写的石碑。他骑在马上仔细观看了一阵才离开,但刚走几步又忍不住折回来观赏,赞叹不已,久久不愿离去,便干脆铺上毡子坐下反复揣摩,最后竟在碑旁一连待了三天,直到领悟到索靖书法用笔的精髓所在,方才离去。他的书法也更为精进,人们都争着想得到他的手迹,一旦得到就视作瑰宝,作为习字的范本。

欧阳询的形貌很丑陋,但他的书法却誉满海内外。唐高祖年间,高句丽特地派使者来长安求取欧阳询的书法。唐高祖李渊感叹道:“没想到,欧阳询的名声竟大到连远方的夷狄都知道。他们看到欧阳询的笔迹,一定以为他是位形貌魁梧的人物吧。”

与“初唐四大书家”的书法作品迥然不同的则是张旭的草书。张旭是一传奇性人物。他在诗歌方面颇有造诣,如《桃花溪》:“隐隐飞桥隔野烟,石矶西畔问渔船。桃花尽日随

流水，洞在清溪何处边?”而《山中留客》更是脍炙人口：“山光物态弄春晖，莫为轻阴便拟归。纵使晴明无雨色，入云深处亦沾衣。”

张旭又特别爱喝酒，被杜甫列入酒中八仙，并有诗云：“张旭三杯草圣传，脱帽露顶王公前，挥毫落纸如云烟。”他常喝得大醉，然后就呼叫狂走，落笔成书，甚至以头发蘸墨书写，故又有“张颠”的称号，“草圣”也由此流传开来。如今，在他曾担任县尉的常熟还有一条“醉尉街”。旧时，城内还曾有“草圣祠”，祠内的一副楹联是这样写的：“书道入神，落纸云烟，今古竞传八法；酒狂称草圣，满堂风雨，岁时宜奠三杯。”用来形容张旭真是恰如其分。

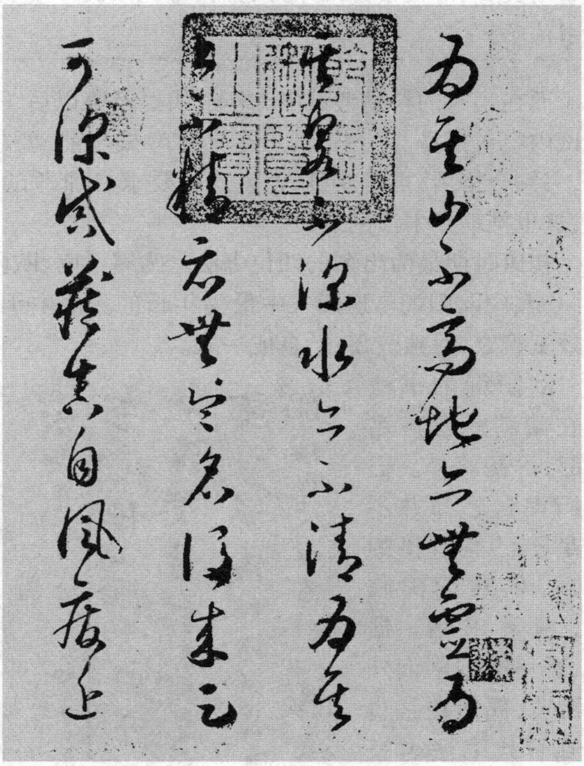
怀素《论书帖》(局部)

张旭精工楷书、草书，尤以草书著称。他的书法始化于张芝、二王一路，以草书成就最高。史称“草圣”。他一方面继承二王传统，后人曾有评论：“其名本以颠草，而至于小楷行草又不减草字之妙，其草字虽然奇怪百出，而求其源流，无一点画不该规矩者。”另一方面又效法张芝之艺，创造出潇洒磊落、变幻莫测的狂草来。

张旭的书法在当时就极受欢迎。相传，张旭以前的一个邻居家境贫困，听说张旭性情慷慨大方，就写信给张旭，希望得到他的资助。张旭非常同情他，便在回信中说，您只要说这信是张旭写的，要价可上百金。邻人将信照着他的话上街售卖，果然马上就以高价售出。而唐文宗时也曾下诏宣布张旭草书、李白诗歌、斐旻剑舞并称“三绝”。

唐人曾记载过一则张旭任常熟县尉时从一老翁处获得教益的故事。张旭到常熟任县尉才十多天，就有一个老翁为了一件小事到县衙内告状，张旭给他写了判决书，不料过了几天，这个老翁又来到县衙。张旭很不高兴，责备这个老翁道：“你怎么为一件小事屡次告状?”这个老翁的回答则非常有意思：“我不是为了再来告状，而是因为看到你判决书上的笔法奇妙，想多得一些作为墨宝珍藏起来。”后来，张旭得知这老翁家藏有不少遗墨精品时，就请求他拿来观摩。张旭看到老翁父亲的墨迹时，惊呼“天下工书者也”，然后就反复揣摩学习，书法又得以长进。

社会上的普通事物在张旭眼中往往蕴涵着书法的真谛。韩愈曾这样称赞他：“喜怒、

窘穷、忧悲、愉佚、怨恨、思慕、酣醉、无聊、不平，有动于心，必于草书焉发之。观于物，见山水崖谷、鸟兽虫鱼、草木之花实、日月列星、风雨水火、雷霆霹雳、歌舞战斗、天地事物之变，可喜可愕，一寓于书，故旭之书，变动犹鬼神，不可端倪，以此终其身而名后世。”相传，他曾经看到公主与担夫在羊肠小道上争道，各不相让，但又闪避行进得法，从而领悟到书法应进退参差有致、张弛迎让有情。而根据杜甫的说法，张旭经常前去观看公孙大娘舞剑，并因此而得草书之神。张旭的书法纵逸豪放，正是盛唐气象的鲜明体现。

颜真卿

怀素是继张旭之后的又一草书大家。他虽为僧人，但却好饮酒，每当饮酒兴起，不分墙壁、衣物、器皿，任意挥写，时人谓之“醉僧”，有“颠张醉素”之称。

怀素小时候家里很穷，年少时就出家当了和尚。他对练书法很感兴趣，但因买不起纸张，就在寺院附近的一块荒地，种植了一万多株芭蕉树。芭蕉长大后，他摘下芭蕉叶，铺在桌上，临帖挥毫。由于住处触目皆是蕉林，因此他风趣地把住所称为“绿天庵”。他又用漆盘、漆板代纸，勤学精研，盘、板都写穿了，写坏了的笔头也很多，埋在一起，名为“笔冢”。

唐中后期的大书法家有颜真卿、柳公权等。颜真卿把篆、隶、行、楷四种笔法结合起来，创造了方正敦厚、沉着雄浑的新书体，称为颜体，对后世影响极大。他的代表作有《多宝塔碑》《祭侄文稿》等。唐后期的名书法家柳公权以楷书见长，融诸家笔法，自成一体，世称柳体，代表作有《李晟碑》《玄秘塔碑》《神策军碑》等。

多样化的绘画

有唐一代，绘画也有很大发展。初唐绘画以宗教佛像和贵族人物画为主。名家有阎立德、阎立本兄弟等，现存的《太宗步辇图》和《历代帝王图》就是阎立本的杰作。

盛唐以后，人物画开始以世俗生活为内容，山水画也日益兴盛起来。最有成就的画家是吴道子，有“画圣”之称。现存的《天王送子图》，据说就是他的作品。

唐朝还有许多长于画花鸟禽兽的画家，如薛稷画鹤，曹霸、韩幹画马，韩混画牛。韩混的《五牛图》是一幅纸本设色画，是我国现存的最早用纸作画的作品，画中五只不同形态的牛，表现了牛的生活形态和习性，结构标准，造型生动，形貌真切。那时，韩幹以画马著称，韩混以画牛著称，后人因此称为“牛马二韩”。

寺院、石窟和陵墓中的壁画，是唐朝绘画艺术的一个重要方面。敦煌千佛洞的壁画数量之多，内容之丰富，极为罕见。敦煌的唐代壁画规模相当大，总面积有五万多平方

米，且内容丰富，有佛像画、佛经故事画、民族传统神话故事画、经变画等等。虽然这些壁画以佛教内容为主，但也反映了敦煌一带的社会经济生活。在石窟中保存有敦煌地区农业生产的画面：如二牛抬扛、曲辕犁播种、割麦、打场、扬场等全部农业生产过程。同时保留了捕野羊、杀野猪等打猎场面，非常生动。

在唐代的敦煌壁画中，人们对“飞天”都盛赞不已。“飞天”婀娜多姿的体态、飘逸动感的姿态都给人们留下了美好的印象。“飞天”在梵文中叫作犍达婆，又叫香音神，在佛经中称为“天人”。据说她们身体裸露，吃的是香品，声音非常悦耳。在佛行事或说法的时候，她们就在佛的周围飞翔，或护持佛赴会，或听候佛的差遣。

飞天的形象主要来源于古代希腊和古罗马神话中的天使、印度犍陀罗艺术和笈多王朝的佛教艺术。我国汉代壁画上她们最早出现的时候，肩上还长着一双翅膀。唐朝时，飞天的双翅没有了，取而代之的是用飞舞的飘带来表示飞翔。飞天的造型到唐代比往日更加成熟。她们个个体态丰腴，一副典型的唐代美女风度，身披的飘带挥舞自如，好像从天上蜿蜒而下。飞天身旁用流云落花衬托，增强了动感。绘画用笔粗壮而又活泼流畅，色彩金碧辉煌。因为飞天是自由、快乐、吉祥、幸福的象征，形象又是如此的优美动人，所以古代画家们最爱画她们。不仅把飞天画在佛像的周围，而且还画在龛楣的上端、龛顶的转角处，只要有空余的地方就画上她们。因此，这就是敦煌“无壁不飞天”的说法的来源。

镇墓俑

除了飞天，反弹琵琶也是唐代敦煌壁画中多次出现的。劲健而舒展，迅疾而和谐，反弹琵琶实际上是又奏乐又跳舞，把高超的弹奏技艺、绝妙的舞蹈本领、优雅迷人的姿态集中在舞者的肩上。反弹琵琶是大唐文化一个永恒的符号——“反手拨弦自在弹，盛唐流韵袅千年”。

作为宗教艺术说来，佛像画是敦煌壁画中的主要内容。这里有三世佛、七世佛、释迦牟尼佛、天王、阿修罗等佛。隋唐时期，由于大乘佛教思想的流行，敦煌的佛像画有了新发展，出现了佛、文殊、普贤、观世音、大势至、四大天王、地藏菩萨等单独形象。

佛经故事画也是壁画的主题，早期壁画中占主要地位的是小乘教的《文度集经》《贤愚经》和《佛说修行本起经》等，内容是佛的本生故事、因缘故事和佛传故事。唐朝时还出现了完整的佛传连环画。例如莫高窟第二十九窟，有一幅长达二十多米的连环画，从摩耶夫人夜梦神人乘象入胎有孕开始，用了六十九个不同情节的画面，一直画到释迦牟尼

出家，在菩提树下苦修为止。

敦煌壁画中的图案，多用变形的植物纹、动物纹、天象纹、几何纹，各种纹样大部分具有一定的象征意义。例如莲花在佛经中叫“法花”，象征纯洁、净化、净土；龙、凤、麒麟象征祥瑞；石榴象征多子多孙；忍冬象征坚忍不拔。唐朝时，因为中外交流频繁，受西域、印度的影响，波斯纹样也开始流行于敦煌壁画中。

敦煌雕塑

唐朝的雕塑艺术，以石雕和泥塑最为多彩。如洛阳龙门、永靖炳灵寺等石窟中，有许多唐代的石雕造像，或造型雄伟，或刻画细腻，都有很高的艺术价值。在陵墓石雕中，昭陵（唐太宗之陵墓）的石刻六骏，刻画了六匹骏马的不同姿态、性格和神情，十分生动逼真。

莫高窟的敦煌艺术是中国文化的瑰宝，而在所有洞窟中，唐朝的内容是最丰富的，手法也是最高超的。雕塑也不例外。如著名的敦煌千佛洞，唐朝时修建的洞窟就达二百多个，其中的立体泥塑佛像形态各异，栩栩如生，放射出健美的光彩。它们常常与壁画和谐地结合在一起，显示出雕塑艺人的高度智慧和才能。

由于“神”的身份不同，又分别采取不同手法来表现。主体塑像多为圆塑，侍从的菩萨多是浮雕，而附属的供养菩萨、飞天、千佛等，则采用影塑或浮雕。圆塑的内容主要是佛、菩萨、罗汉、天王等，多是丰圆而略带微笑的面容，还有健壮的体魄，具有西域民族的特点。头上的三珠冠，垂肩的发绺，胸前的璎珞，以及交脚面坐的姿势，带有一定的印度、中亚、波斯色彩。而唐朝时期的天王、力士塑像，更是表现了浑身充满力量的神态，这种力量不是虚张声势，而是一种内在力量的显露，具有极其豪放的风度。

诗化的音乐

唐朝的音乐吸收了少数民族和外国音乐的精华，形成了坐部伎和立部伎。坐部伎规模小，演奏者只有三至十二人，在堂上表演。立部伎在堂下演奏，参加的有数十人。坐部伎主要用龟兹曲，乐器以琵琶为主。立部伎多用大鼓，杂以龟兹曲。

然而，唐朝音乐非常突出的一点就是与诗歌的高度结合。白居易的《琵琶行》即是一例。岑参的《白雪歌送武判官归京》也有大量音乐的场面。李颀虽然没有他们知名，但却因音乐诗闻名。如《古意》一诗有言：“辽东小妇年十五，惯弹琵琶能歌舞。今为羌笛出塞声，使我三军泪如雨。”

如果说《古意》还是从侧面描写音乐，那么《听安万善吹觱篥歌》就对乐器的原料、曲子的来历等做了较为系统的交代，并用生动的语言描绘了美妙的音乐：“南山截竹为觱篥，此乐本自龟兹出。流传汉地曲转奇，凉州胡人为我吹。旁邻闻者多叹息，远客思乡皆泪垂。世人解听不解赏，长飙风中自来往。枯桑老柏寒飕飕，九雏鸣凤乱啾啾。龙吟虎啸一时发，万籁百泉相与秋。忽然更作渔阳掺，黄云萧条白日暗。变调如闻杨柳春，上林繁花照眼新。岁夜高堂列明烛，美酒一杯声一曲。”

历史小常识：阳关三叠

《阳关三叠》是中国有名的古曲。其蓝本就是王维的《送元二使安西》（渭城朝雨浥轻尘，客舍青青柳色新。劝君更尽一杯酒，西出阳关无故人）。后因同一个曲调要反复迭唱三次，故名《阳关三叠》。这支曲子在唐朝时已非常流行，李商隐就在诗中写道："红绽樱桃含白雪，断肠声里唱阳关。"

李颀的《听董大弹胡笳兼寄语弄房给事》则是描写唐朝著名乐师董庭兰的胡笳表演："蔡女昔造胡笳声，一弹一十有八拍。胡人落泪沾边草，汉使断肠对归客。古戍苍苍烽火寒，大荒阴沉飞雪白。先拂商弦后角羽，四郊秋叶惊槭槭。董夫子，通神明，深山窃听来妖精。言迟更速皆应手，将往复旋如有情。空山百鸟散还合，万里浮云阴且晴。嘶酸雏雁失群夜，断绝胡儿恋母声。川为静其波，鸟亦罢其鸣。乌珠部落家乡远，逻娑沙尘哀怨生。幽音变调忽飘洒，长风吹林雨堕瓦。迸泉飒飒飞木末，野鹿呦呦走堂下。长安城连东掖垣，凤凰池对青琐门。高才脱略名与利，日夕望君抱琴至。"

诗人感于乐师的演奏，创作了大量的诗歌。而当时的艺人往往也会吟唱诗人的作品。旗亭宴饮即是一例。

相传有一次，诗人三昌龄、高适、王之涣一块到一家名为旗亭的酒楼喝酒。忽然有掌管乐曲的官员率十余子弟登楼宴饮。三位诗人就加以回避，坐在角落里，围着小火炉，且看她们表演节目。一会儿又有四位美丽的梨园女子登上楼来。随即乐曲奏起，演奏的都是当时流行的曲子。王昌龄三人就约定："我们三个在诗坛上都是知名人物，可是一直未能分个高低。今天算是有个机会，我们悄悄地听这些歌女们唱歌，谁的诗被唱得最多，谁就最优秀。"

歌女首先唱道："寒雨连江夜入吴，平明送客楚山孤。洛阳亲友如相问，一片冰心在玉壶。"王昌龄就用手指在墙壁上画了一道："我的一首绝句。"接着一歌女唱道："开箧泪沾臆，见君前日书。夜台何寂寞，犹是子云居。"高适伸手画壁："我的一首绝句。"又一歌女出场："奉帚平明金殿开，强将团扇共徘徊。玉颜不及寒鸦色，犹带昭阳日影来。"王昌龄非常高兴，又伸手画壁，说道："两首绝句。"

王之涣虽然出名很久，可是歌女们竟然没有唱他的诗作，有点不甘心，就对高适和王昌龄说："刚才这几个唱曲的，都是不出名的歌女，所唱不过是下里巴人之类不入流的歌曲，那阳春白雪之类的高雅之曲，哪是她们唱得了的呢！"于是用手指着最漂亮的那位歌女说："到这个姑娘唱的时候，如果不是我的诗，我这辈子就不和你们争高下了。如果是唱我的诗的话，你们二位就拜倒于座前，尊我为师好了。"高适和王昌龄也就答应了。

过了一阵，那个最漂亮的姑娘开始唱了，她唱道："黄河远上白云间，一片孤城万仞山。羌笛何须怨杨柳，春风不度玉门关。"王之涣得意至极，揶揄王昌龄和高适说："怎么样，土包子，我说得没错吧！"三位诗人开怀大笑。

那些歌手听到笑声，不知道发生了什么事情，都站了起来："请问几位大人，在笑什么呢？"王昌龄他们就把比诗的缘由告诉她们。歌女们施礼下拜："请原谅我们俗眼不识神

仙，请赏光。”三位诗人接受了她们的邀请，欢宴一天。

这种诗歌与音乐结合的现象也与词的出现有相当的关联。唐朝著名词人张志和具有超凡的艺术天赋，“凡歌词、书画、击鼓、吹笛、无不精工”。相传，他在颜真卿的一次宴会上，曾赋《渔歌子》：“西塞山前白鹭飞，桃花流水鳜鱼肥。青箬笠，绿蓑衣，斜风细雨不须归。”“子”即是“曲子”的简称。词牌《渔歌子》即始于张志和写的《渔歌子》而得名。在场颜真卿、陆羽、徐士衡、李成矩等人共和二十五首。张志和就根据这些诗歌画了不少风景图，为一时盛事。

霓裳羽衣

舞蹈在唐朝有了很大的发展，连皇帝也参与了。620 年，秦王李世民破刘武周，军中用旧曲填唱新词，庆祝胜利，这是《秦王破阵》之曲流传于世的开始。633 年，唐太宗亲制《破阵舞图》，《秦王破阵乐》基本定型。唐高宗时的《神功破阵乐》、唐玄宗时的《小破阵乐》，皆出于《秦王破阵乐》。

在演奏时，一百多名乐工披甲持戟，并擂大鼓，声震百里，气壮山河。凡是朝廷设宴招待三品以上的官员及“蛮夷酋长”，都要在玄武门外演奏。此舞以其浓厚的战阵气息和雄壮的气势，令观者“凛然震竦”，也是大唐之风的生动体现。也正是如此，玄奘游天竺时，印度历史上著名的戒日王就对这首由“少而灵鉴，长而神武”的“秦王天子”创制的舞曲赞叹不已。

而精于音乐舞蹈的唐玄宗则创制了《霓裳羽衣舞》。唐玄宗精于音律，乐师的演奏一旦出现失误，他就能马上察觉。至于《霓裳羽衣舞》的由来，则有多种说法。

第一种说法认为，一次唐玄宗梦游月宫，遇到仙女舞蹈，歌声玄妙优美，舞姿翩翩轻扬。他醒来之后，对梦中的情景还记得清清楚楚，便很想把梦中的舞曲记录下来，只是无论如何回忆，就是谱不全这首舞曲。后来，唐玄宗来到三乡驿（驿站名），幻觉中望见了女几山（传说中的仙山），顿时把在梦中看到的舞曲全想起来了，立即记录下来，命令乐工排练《霓裳羽衣舞》。刘禹锡就有“三乡陌上望仙山，归作霓裳羽衣曲”的诗句。

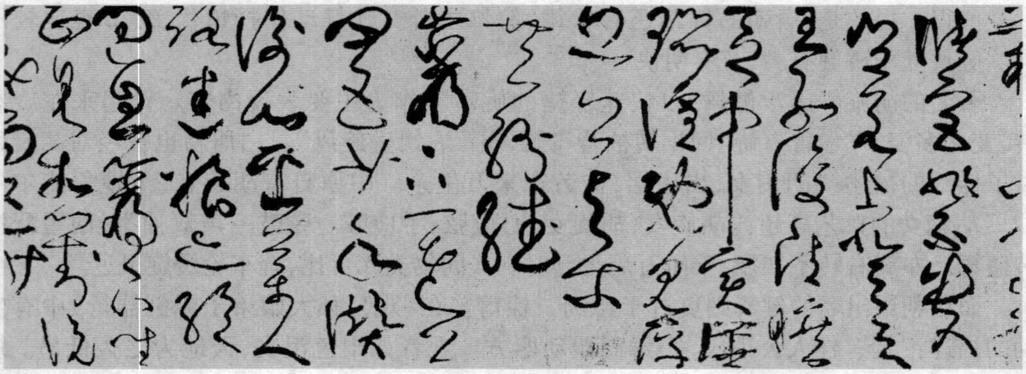

张旭与剑舞

第二种说法则出自《唐会要》的记载，754 年，唐玄宗以太常刻石方式，更改了一些西域传入的舞曲，此曲就是根据河西节度使杨敬述进献的印度《婆罗门曲》改编而成的。

第三种则综合了前两种说法，认为此舞曲前半部分（散序）是玄宗幻觉中看到了传说中的女儿山后悠然神往，回宫后根据幻想而作；后半部分（歌和破）则是吸收《婆罗门曲》的音调而成。

历史小常识：公孙大娘的来历

唐人常以排行来代称人名，公孙大娘其实就是公孙家排行第一的大女儿，并不是老年妇女。唐代爱以排行称呼人。仅从诗名就有很多例子，如王维的《送元二使安西》，杜甫的《赠卫八处士》。但排行是堂兄弟一起排行，并不一定是亲生兄弟。而古代的娘，可以泛指所有女性。许多女孩子的名中都有个“娘”字。杜甫第一次看到公孙大娘的舞剑表演时，她应该是二十多岁。

《霓裳羽衣舞》是唐歌舞的集大成之作，但安史之乱后失传。相传，该舞曲描绘的是唐玄宗向往神仙而去月宫见到仙女的故事，着力突出虚无缥缈的仙境和舞姿婆娑的仙女形象，舞者穿五色羽服，蝉纱薄饰，宛如仙女下凡。按照白居易的说法，该舞曲共分三十六段，分散序（六段）、中序（十八段）和曲破（十二段）三大部分。

唐朝诗人对此多有记载，如元稹《法曲》就有这样的诗句：“明皇度曲多新态，宛转侵淫易沉著。赤白桃李取花名，霓裳羽衣号天落。”白居易在《霓裳羽衣歌》中也有生动的描写：“千歌百舞不可数，就中最爱霓裳舞。舞时寒食春风天，玉钩栏下香案前。案前舞者颜如玉，不着人家俗衣服。虹裳霞帔步摇冠，钿璎累累佩珊珊。”

但如果按照《唐会要》的说法，该舞曲谱成后的第二年，作为唐朝由盛至衰的转折点的安史之乱就爆发了。而发动安史之乱的安禄山得宠的一个重要原因就是他善跳胡旋舞，但这并不是舞蹈的错。安史之乱的爆发有多方面的原因，至少就唐玄宗而言，还是刘禹锡说得中肯：“开元天子万事足，唯惜当时光景促。”是唐玄宗的贪图享乐而不是舞蹈导致了唐朝的衰落。

值得一提的是，唐朝的舞蹈还有软舞、健舞之分。软舞动作抒情优美，节奏比较舒缓。健舞动作矫健有力，节奏明快。

著名的胡旋舞属于健舞，以快速轻捷的旋转动作为主要表现内容。舞起来左旋右转，变化多姿，岑参曾有诗“回裾转袖若飞雪，左铤右铤生旋风”。白居易也曾经对胡旋舞做了详细的描述：“胡旋女，出康居，徒劳东来万里余。中原自有胡旋者，斗妙争能尔不如。”胡旋女的舞艺高超：“胡旋女，胡旋女，心应弦，手应鼓。弦鼓一声双袖举，回雪飘摇转蓬舞。左旋右转不知疲，千匝万周无已时。人间物类无可比，奔车轮缓旋风迟。”

而唐朝最出名的健舞则莫过于舞剑。杜甫曾在《观公孙大娘弟子舞剑器行》中有生动的描述：“昔有佳人公孙氏，一舞剑器动四方。观者如山色沮丧，天地为之久低昂。㸌如羿射九日落，矫如群帝骖龙翔。来如雷霆收震怒，罢如江海凝清光。绛唇珠袖两寂寞，晚有弟子传芬芳。临颍美人在白帝，妙舞此曲神扬扬。与余问答既有以，感时抚事增惋

伤。先帝侍女八千人，公孙剑器初第一。五十年间似反掌，风尘澒洞昏王室。梨园弟子散如烟，女乐余姿映寒日。金粟堆前木已拱，瞿唐石城草萧瑟。玳弦急管曲复终，乐极哀来月东出。老夫不知其所往，足茧荒山转愁疾。”

司空图著《二十四诗品》

司空图（837~908），唐代诗论家、诗人。字表圣，自称知非子，又号耐辱居士，河中虞乡（今山西省永济市附近）人。一生传有《司空表圣诗集》《司空表圣文集》，但奠定他在文学史上的地位的却是《二十四诗品》一书（近年有学者认为《诗品》非唐司空图所作）。《二十四诗品》（或称《诗品二十四则》），简称《诗品》，是一部论诗专著。书中把诗歌的艺术风格具体区分为雄浑、冲淡、纤秾、沉着、高古、典雅、洗练、劲健、绮丽、自然、含蓄、豪放、精神、缜密、疏野、清奇、委曲、实境、悲慨、形容、超诣、飘逸、旷达、流动 24 种，每品各以 12 句四言韵语形象地描述其风貌特征，其中，“雄浑”“洗炼”“含蓄”“形容”“流动”等品目偏重于创作理论和写作方法上的阐述，所余大都是在风格的摹写形容方面。全书以“雄浑”的兴象开端，用“流动”的气脉终结，其中心则在于“含蓄”，而他诗论的核心则是“冲淡”的意境。

含蓄，司空图解释为“不著一字，尽得风流”，即他所极力倡导的“味外之旨”“韵外之致”的艺术境界，所谓“语不涉难，若不堪忧”（“含蓄”），要求诗歌托物言志，借景抒情，传达“近而不浮，远而不尽”，“可望而不可置于眉睫之前”的弦外之音。而这种要求就必然使他形成追求冲淡逸远诗风的美学思想，与此同时，司空图提出了“思与境偕”，强调主观之情与客观之境的交融感会，即借景抒情，以形写神，进而遗貌取神，形成委婉含蓄的风貌和意蕴无尽的味外之旨，具有闲淡冲和之美。从此，这种重神韵趣味，追求清空淡远意境的倾向，标志了晚唐以后艺术风尚的转变。

《二十四诗品》影响深远，它所提出的“韵外之味”直接影响了后世严羽的“妙悟”说、王士祯的“神韵”说。此外，《二十四诗品》采取以诗论诗，以诗喻诗的独特的诗论方式形成了中国古代论诗的一种基本艺术形式。

韩愈与《原道》

韩愈（公元 768~824）字退之，河阳（今河南孟州市西）人，郡望昌黎，人称韩昌黎。韩愈三岁而孤，随长兄会播迁韶岭。会卒，由嫂郑氏鞠养。七岁读书，十三能文，刻苦自砺，日记数千百言，遂通《六经》、百家学。大历、贞元间，受独孤及、梁肃崇尚古学风影响，锐意钻仰，欲自振于一代。贞元八年擢进士第。同榜及第者多才俊之士，故称龙虎榜。韩愈任监察御史时，曾因关中旱饥，上疏请免徭役赋税，指斥朝政，被贬为阳山令。长庆四

年十二月二日韩愈卒,世称韩吏部或韩文公。他是唐代著名的文学家,古文运动的领导者,又是宋明理学的先驱者。

韩愈位于唐宋八大家之首,其著作编为《韩昌黎全集》。他在政治上反对藩镇割据,从思想上尊儒抑佛,他在《原道》和《论佛骨表》中,从三个方面对佛教进行了尖锐的打击。一是指责佛教大建寺院,不事生产,耗费大量的财富,加重百姓的负担,是使百姓"穷且盗"的根源。二是指责佛教来自夷狄,让佛教凌驾于儒学之上,有被夷狄同化的危险。三也是最重要的一点,指责佛教自外于天下国家,灭弃封建伦常,使得"子焉而不父其父,臣焉而不君其君,民焉而不事其事。"(《原道》)为此韩愈主张止塞佛道,勒令僧道还俗,烧掉佛经道书,把寺观改为民房,发扬儒家之道以取代佛道的宗教理论。他反佛的目的就是要以儒家的伦理纲常,代替佛教的所谓灭情见性的出世观点。佛教主张出家为僧应摆脱君臣、父子、夫妻的关系,否则会为情所累,而影响见性成佛。韩愈则认为只有在封建伦理关系内,才能使情"动而处其中",因情见性,因此他提出了恢复孔孟以来中断了的道统观的主张,而"道统"就是封建的纲常伦理关系。他把封建社会的秩序称为"道",认为"道"由尧舜传下至孟子而中断,儒学因此未得发展,而他的任务,就是接替道统,发扬儒学反对佛教。

元和十四年(公元 819),唐宪宗把凤翔法门寺的一块佛骨迎入长安,掀起了一场迎佛骨的崇佛热潮。当时,韩愈冒杀身之祸向皇帝上表极谏。他说历史上信佛的皇帝都活不长久或不得好死。他要求把佛骨"投诸水火,永绝根本,断天下之疑,绝后代之惑。"宪宗见表大怒,要杀韩愈,后经群臣的解救,才免一死,贬为潮州刺史。但是他的反佛斗志并没有消沉。不过他不是以唯物主义作批判佛教的武器,而是以儒家的唯心主义批判佛教的唯心主义。因而不可能从根本上打击佛教。在宇宙观方面,韩愈认为天可以对人间进行赏罚;在人性论方面,他以儒家的伦理道德为标准,把性划分为上、中、下三品,而且认为每个人的性是与生俱来的。这些都是唯心主义观点。

韩愈的学生李翱(约公元 772~842)在继承和发展其师的"性三品说"的基础上,提出了恢复人性的"复性说"。李翱认为,人的本性,都是先天的符合封建道德标准的,是善的。这个本性是做圣人的基础。为什么有人做不到圣人,不能体现本性呢?李翱认为,这是由于受到情欲的干扰,使得人性昏而不明,迷失了本性。因此,他提出了灭情欲复本性的主张。李翱仿效佛教的修行来改造儒学,教人从"弗思弗虑"中,去掉思虑,排除情欲,使心神达到一种清明"至诚"的境界,这就恢复了本性。李翱的"复性说",实质上是要恢复封建社会的秩序,恢复封建道德对人们约束,这是和佛教要摆脱封建道德的约束,破坏封建伦理关系的人性论相对立的。所以,李翱的"复性说"也是反对佛教的,这种观点也完全是唯心主义。

韩愈、李翱的唯心主义思想,经过宋代周敦颐、程颢、程颐等人的继承和发展,逐步形成了唯心主义理学,是宋明理学的先声,韩愈的客观唯心主义思想是程、朱学派思想到萌芽,李翱则是陆王学派思想的先导。成为中国封建社会时期占统治地位的官方哲学。

唯物思想家柳宗元

针对各种唯心主义思想,唐代先后产生了一些唯物主义思想家。唐初反对唯心主义的思想家有傅奕和吕才。傅奕主要批驳佛教的观点,而且上书唐高祖,建议废佛。吕才主要反对中国传统的宿命论,并揭露阴阳吉凶之说的虚妄。但两人都缺乏理论的高度,对唯心主义的批判不够有力。而柳宗元则从唯物主义的角度对佛教进行批判。

柳宗元(公元773~819),唐大臣、诗人。字子厚,唐河东解县(今山西运城西南)人,世称柳河东。父镇,安史乱时,徙家吴兴(今浙江湖州),官终侍御史。

贞元二十一年正月,顺宗即位,宗元擢为礼部员外郎,协助王叔文等力革弊政,为宦官、藩镇及守旧派朝臣所反对。八月,顺宗内禅,宪宗即位,改元永贞。翌月,贬宗元为邵州刺史,未到任,于十一月再贬永州司马。同日遭贬者尚有同政见者韩泰、韩晔、刘禹锡等七人,史称“八司马”。

柳宗元

元和十四年十一月八日(有说十月五日),宗元卒于任所,人称“柳柳州”,民为立祀。柳宗元为唐代古文大家,与韩愈齐名,世称“韩柳”。思想上反对天命论,认为“阴阳”“元气”生育万物而不能赏功罚恶。他批判鬼神怪异的邪说,反对以符瑞贞祥、天人感应论史,否定神造天地说。

柳宗元著述甚富。著作如《天说》《非国语》《断刑论》《贞符》等均具朴素唯物论倾向。

柳宗元认为宇宙是由混沌地运动着的元气构成的。昼夜交替,寒来暑往,山崩地震,都是元气运动的结果。元气像瓜果、草木一样是自然物质。他认为,天是没有意志的,不能赏功罚罪。他指出,万物的生息和灾荒是自然现象,社会的治乱则是人事,“其事各行不相预”。柳宗元的天和人“各不相预”的观点,有力地批判了韩愈等人的“天命论”的唯心主义思想。

柳宗元还进一步揭露了天命论的社会根源。他指出:“古之所以言天者,盖以愚蚩蚩者耳”,所以,他说:“力足者取乎于人,力不足者取乎神”。这是对有神论者的严厉的批判。柳宗元在对有神论的斗争中,还批判了神学的历史观和君权神授说。他认为整个社会历史是一个自然发展的过程,它有着自己固有的、不以人们主观意志为转移的客观必然趋势。这种趋势称之为“势”。他说,帝王“受命不予天,于其人”,“封建,非圣人意也,势也”。柳宗元从历史的“势”的观点,企图寻找历史发展的规律,在当时的历史条件下,是有进步意义的。主张儒佛融合。认为郡县制取代封建制是“势”所必然。文学上提倡

文以明道，主张为文当“有益于世”（《读韩愈所著（毛颖传）后题》），反对“贵辞而矜书，粉泽以为工，道密以为能”等片面追求形式美倾向。其所作大抵可分为论说、寓言、传记、游记、骚赋五类。散文创作以山水游记著名，如《永州八记》。也有揭露、讽刺时弊之作，如《捕蛇者说》《三戒》等。诗作高旷深隽。与韩愈共倡古文运动，被后世列入唐宋八大家。

唐修八史

在门阀世族走向衰落声中，隋文帝为了加强中央集权，开始禁止私人撰集国史，臧否人物。唐太宗为了利用修史巩固自己的统治，开始设立史馆，置史官编撰前代和本朝国史，并令宰相监修。从此，官修史书成为定制，历朝相沿不改。史书编撰工作上的这一转变，反映了封建统治者更加重视总结统治经验，加强思想控制。唐代以后，由于各朝沿袭修史制度，使我国保存了较为完整的史料。

唐代设史馆修史取得了很大成绩。二十四史中，唐编撰的就有八部：《晋书》《梁书》《陈书》《周书》《北齐书》和《隋书》。此外，由李延寿私人修成《南史》和《北史》。鉴于梁、陈、北齐、周、隋五史没有志，后来又编修了《五代史志》，这就是现在《隋书》中的志正史的官修，有利于利用国家拥有的大量藏书和档案，且分工撰成，成书较快，各史中保存了不少经过整理的史料；但由于统治者直接控制修史工作，限制了史家观点的自由发挥，而且一书成于众人之手，其中难免有抵牾重出现象。

刘知几撰《史通》

唐代史学上最大的成就是刘知几撰成《史通》和杜佑撰成的《通典》。

《史通》是我国第一部系统的史学理论专著。作者刘知几，字子玄，彭城人，是我国封建社会杰出的史学家。他用自己毕生的精力研究历史，在景公二年（711）写成《史通》。《史通》二十卷，四十九篇。在这部书中，刘知几对过去史书的编纂体例、史料选择、人物评价、史事叙述及语言运用等方面都提出了自己总结性、独创性的看法。他强调史学家应当秉笔直书，无所阿容，并反对记叙怪诞不经的事。《史通》中有《疑古》《惑经》二篇，对古代典籍和传统经书中有关历史的记载提出了大胆的质疑。刘知几认为史家必备的三个条件是：才、学、识。他特别强调“识”的重要性，即史家最可贵之处在于自己的独到见解。他对于迎合权势或从个人恩怨出发进行讳饰的史书，进行了严厉的批判。特别对被奉为儒家经典的《尚书》《春秋》等书进行抨击，指责它们讳恶虚美，爱憎由己，歪曲历史真相。这都是具有一定进行意义的卓越见识。《史通》是中国历史上第一部历史学理论著作，对后世。

国家学校中的科学

唐帝国建立起来之后，科学的处境可以由学校的门类看出。根据《唐六典》，唐的国子监管理的中央学校有国子学、太学、四门学、算学、书学、律学等六类学校。其中算学学校有两位博士任教，学生30人，学习10部算经，书学学生30人，律学50人，国子学300人，太学500人，四门学1300人。国子学、太学和四门学的学生学习儒家经典，间习时务策，不习算学，而算学学校也不设经学课。除此之外，在尚书省还设了一个崇玄学，收学生200人，习《道德经》《庄子》《列子》《文子》等经典，这是唐代尊崇道教政策在教育方面的反映。在科举考试中，有时候道家的东西也被搬上来，但总的说来，以孔子为代表的儒家的思想和经义仍然是攀老子李耳为祖的李唐王朝的政治意识形态。唐设有佛学学校，佛学是由那些寺院中的高僧们来讲解的，高僧们在这方面的热情并不比博士们逊色。

彩绘说唱俑

除算学学校之外，中央还设立了其他一些专门的科学学校，如太医署管理下的医学校，其中博士4人任教，医科学生40人，针科20人，再加上药、按摩、咒禁等科，学生共100人左右。教材有《黄帝内经》《神农本草经》《脉经》《明堂脉诀》《神针》等。太卜署管理的天文学校收学生45名，学习卜筮——这是天文学的社会应用部分。司天台收学生95人，学习天文、历数、漏刻。太仆寺招收学生100多名，学习兽医。

唐代的州（相当于省）设立经学和医学学校，经学和医学学生的比例约为4:1，其规模小于中央学校，但总人数却大大超过了中央。县一级学校全部是经学的预备班，没有天算医类，体现了这个时代的科学还不属于下层社会，而国家也不在社会下层施行这方面的教育。

从以上学校和学生的比例来看，唐朝虽然仍把儒学经典当作教育的中心内容，但在隋朝学校门类的基础上，建立起了规模相当大的算学、天文、医学等与自然科学相关的专门学校。在古代社会的技术、经济、文化基础上，这算得上相当重视了。需要说明的还有两点：一是各个科学性质学校的学生在毕业后通过选试所授的官职品位很低，这意味着俸不多，除非他们显露出特殊的才华，才有继续升迁的希望；二是在国家变乱时期，学校的正常学习和研究就自然被打断了。在这方面，经学学校的学习进程、甚至科举选仕活动也有被暂时取消的时候。因为在皇帝眼里，国之大事，戎马为先，巩固政权比什么事都

重要。

到了唐的中晚期，社会危机日益增多，国家学校的规模日缩，呈现门庭冷落之象，算学、天文学、医学学校受到的冲击更大。这时候，由于科举考试制度仍然存在，有些生活条件充裕的书生开始私人授学，作为学校中衰的补充。唐后，经过五代十国到宋代，私人办的书院便产生了。与此同时，算学、天文、医学的研究也较多地散落到朝廷机关外围和上中层官员及社会上知识分子的私人活动那里去了。

从整体上看，唐代的科举制把大批知识分子吸引到攻经求仕方面，整个社会文化有着浓厚的人文主义色彩，社会上潜心于自然知识的人不多，科学和技术一样，都没有什么突破。但是，唐朝在创办学校的过程中开设了规模相当大的中央和州一级与科学有关的专门学校，通过学校在知识分子阶层中普及了数学、天文、医学方面的知识，对五代至宋代科学技术的发展有着良好的影响。另外，唐朝廷集中了一大批科学方面的学者，再加上少数民间人士，留下了这一时代的主要科学记录。

占星术和天文学

由于阅历丰富和创业艰难，唐太宗不相信祥瑞异灾之说，而更注重人事和现实政治。唐后期的宰相李德裕(787~850)写过专门的文章《祥瑞论》，反对芝草是祥瑞的说法。与先秦和秦汉时代相比，异灾和反常天象已不如战国和秦汉时代那样被大臣们认真地视为一种政治问题而向帝王提出，这说明“天人感应”的思想虽然没有被彻底否定和超越，但却表明对待自然现象的一种更为科学和清醒的态度已经出现。这显示了时代的进步。

在天文学研究方面，唐代人也采取了更为认真的态度。初唐吕才(600~665)设计了新的漏壶用以计时；李淳风对落下闳、张衡等人的浑天仪以及北魏的铁制水准仪做了改进，使之成为转动自如的六合仪。另外，在高宗时李淳风还编制了麟德历，按太阳和月亮位置的真正相合时间确定朔日，月的安排不再以29天和30天相间。根据敦煌发现的初唐时的《敦煌星图》，当时的天文学家对前代的星图做了研究，这份星图(1907年被英国人斯坦因拿走)上标有1350多颗星，是当今所存的世界古星图中星数最多的一个。但从星的位置的准确度来看，制作者大概主要是抄写整理古代图本，自己没有做细致的观测。还要提到的是，初唐的大天文学家李淳风也是当时唐太宗所信任的占卜大师，他写了占星著作《乙巳占》，又撰写了一部天文学史方面的名著《晋书·天文志》。据说他“每占候吉凶，合若符契，当时术者疑其别有役使，不因学习所致，然竟不能测也”(《旧唐书·李淳风传》)。他甚至还用自己巧妙的言辞并借口卜象已成，劝阻了唐太宗根据传言想要进行的一次清洗所谓“女主武王”(暗指武则天)的活动。李的成就说明唐代的天文学是和占星术携手前进的。

如果说初唐的李淳风是一个集天文学家和占星家于一身的人物，盛唐时期的另外两个人——瞿昙悉达和张遂(一行和尚)则分别为唐代的占星术和天文学做出了最大的贡

献。

初唐时印度的天文学和数学传入了中国。中国数学方面的10进制位值记数法可能就是此时传向印度和阿拉伯世界的。许多印度和中亚的学者也曾在唐的司天台工作，最有名的是印度人瞿昙姓一家。这家有四代人连续在唐的司天台任职，其中瞿昙悉达翻译了印度的九执历，还于714~724年间写成了中国历史上最大的一部占星著作《开元占经》(共120卷)。该书全面辑录了中国古代关于宇宙理论的各家成果以及大量天体、天象、气象变化的记录及其占卜判断术文，还有包括印度九执历、初唐麟德历在内的29种历法的基本数据以及其他占候术文，是一部名副其实的占星术的经典。书中，天文知识和天人感应的思想融为一体，天上的恒星分野同地上各个地区的分野在位置和名称上相互对应，日月五星和流、彗、妖(彗星的变种或新星)、客(新星)等星以及恒星天象的正常运动和反常变化都与帝王、国家和社会生活中的吉凶祸福相关联，表明中国的占星术就是王朝命运和天下军国大事的预测学和解释学。

僧一行

从科学史的角度看，占星术是置身于茫茫宇宙的人类在国家出现之后仍然不能完全从理性的角度把握和理解社会历史发展过程的趋势和突发事件以及人生的吉凶祸福时试图预知其征兆和端倪的一种尝试。由于日月和头顶的星空对人类是可望而不可即的，所以，它们对人类来说就永远充满了诱惑和神秘。从占星术“究天人之际”的目的看来，它与真正科学的目标并非背道而驰；但由于它完全基于“天人感应”的理论基础而偏离了“天行有常”的认识轨道，这样便使它从整体方向上陷入了一个认识论的误区，也使其中所包含的科学探索进入了迷途。《开元占经》的丰富内容还表明，占星术对天区的划分、对星座的命名和其间秩序的确定一方面反映了人们在“以己度天”时将社会文化的色彩投射到星空之中，尤其反映了中国占星术由于其主要为天子皇朝服务的特殊角色而染上了浓厚的政治文化色彩。与此相应，占星术作为天子皇朝不可甩开的一根神杖，在得到皇朝特殊眷顾的同时也因为皇朝服务的狭隘的神圣目的而限制了其中科学成分的生长。但是，从社会文化生活中投射到占星术领域的灵光，却反过来也反射到了社会文化的其他领域而丰富了其多彩的内容。这一点在唐代也是十分突出的。

张遂作为唐代大天文学家曾因不愿与权贵武三思合作而入寺为僧，并在游学时又学了不少天文、算学知识，玄宗当政后，他被请入朝主持天文方面的大事。他和梁令瓒(蜀人，官居府兵曹参军)合作创制了能测量天球黄道坐标的黄道游仪，用这个仪器测量了28宿距天球北极的度数，在世界上第一次发现了恒星位置变动的现象。在725年，张、梁二

古格王国遗址

人又制成了以漏水转动的浑天铜仪,这个仪外面的两个轮子上缀上了日月,其转动的周期和日月转动与会合的实际日期基本相合,铜仪上的两个木人一个每刻一击鼓,一个每时辰一撞钟,这实际上是张衡水运浑象以来水力驱动的天文仪器的发展,也是初步完善的一种机械天文钟。张遂最重要的工作是组织了一次大规模的天文大地测量。这次测量的地域范围从北方位于中亚的铁勒到南端的交州,测量的内容是散布在唐疆南北的 12 个点的北极高度,冬至、夏至、春分、秋分时太阳在正南方时的日影长度。测量后的数据纠正了前人关于“南北地隔千里,影长差一寸”的估测说法,实际上第一次测出了地球子午线 1°的长度。在 727 年,张遂于两年前着手编修的大衍历草稿完成,这部历法以隋代刘焯的皇极历为基准,数据准确,计算精确,集中了作者的心血,它的结构体系一直到明代参考西方历法之前,还是后世历法研究者们的主要蓝本。

如果从整个科学史的角度来评价当时天文学家们的工作,就可以看出,隋代的刘焯、张胄玄(608 年制大业历)和唐代的李淳风、张遂、郭献之(726 年制五纪历)、边岗(893 年制崇玄历)等历法编制者都能进行精确的天文计算,通过他们的工作,某些天文数字的精确度一直在提高,历法和日月食预测的准确性也在提高。人们把目标过于放在数据的精确性方面了,而没有注意从整体上把所有数据和新的观测材料综合起来思考,没有去思考大地和日月星的确切关系及根本运动规律。实际上,汉代以前的中国先知们曾经留下了伟大的论天三说、关于地动的猜想、关于“大九州”的猜想等思想闪光。汉代以后中国的科学界已经越来越倾向于注意和发展那些成熟和具有明显的实际应用性的成果,却常常忽视先人们那些直觉性的天才思想闪光。这大概是文明成熟的历史代价。唐时大量传入的印度和中亚文化中的新鲜科学知识也还不足以动摇中国科学界的传统信念。

我们再把目光投向唐代的哲学家,发现他们的主要精力放在文化性的事物方面,即使是牵涉到宇宙和天的问题,他们也对天文学家的计算数据甚至新的发现不够注意。一方面,这显然是因为天文学家们的工作同天子皇朝的特殊关系使他们的发现和知识常常局限在一个很小的圈子里,圈外人不易了解新的天文发现。另一方面,外界的新的哲学和思想也不容易影响天文学。唐后期王叔文(753~806)改革集团中的刘禹锡(772~842)和柳宗元(773~819)对天的问题很关心。刘禹锡写了《天论》,柳宗元写了《天说》,他们二人的主要目标是和相信天命说的古文学家韩愈(768~824)辩论。韩愈虽然相信天命说,但他又在佛教盛行的时代坚持反佛。柳宗元和刘禹锡的思想继承了中国历史上朴素的唯物主义。柳宗元鼓吹元气说,把阴阳二气的相互作用看成万物生成和变化的原因,甚至认为宇宙的东南西北远极无方,但他不考虑日月星辰的结构问题,只把日月星辰的

排列和运行以及山崩地震等自然现象一起归结为与神和人事无关的东西，这是明显的进步。刘禹锡的认识更进了一步，他不但和辩论对手韩愈一样批判了佛家的“空”，而且批判了道家的“道”。他认为“天之所能者，生万物也；人之所能者，治万物也”，人和天的关系是“交相胜，还相用”，这是明显地反对被动服从天命。另外，刘禹锡提出了几个重要的概念——数、势、理之间的关系。他在《天论》中写道：“夫物之合并，必有数存乎其间也。数存，然后势形乎其间焉”，“以理揆之，万物一贯也”。这里的理是指事物存在的合理性，数就是规律性，兼有定性定量两层含义，势便是规律。然而，古代的学者们对理、数和势之间的关系没有过多的深究，连刘禹锡自己也没有，这样就使他闪光的思想只是和荀子、王充等先哲的思想辉映在一起，虽更具光彩，却未能彻底超越先哲。

唐王朝重视医学

唐王朝对医学的重视已由前面所述中央和州一级医学学校的数量和学生人数所表明。除了大批地培养人才，在唐朝的律令《唐律》中还规定了相应的医药法，其目的在于让医生和药师们在行医下药时更加负责任。唐朝另一件重要的工作是在657年同意医学博士苏敬（活动于唐高宗年间）的提议，派他和另外21名大官和饱学之士在两年时间内编修了一部国家药典——《唐本草》。这部药典记载了844种药物，其中新增的药物多数是从波斯、印度和南海传来的。这是一个发展。自从佛教传入中国，印度和中亚的医药学随着文化和商业的交往也传入中国。唐时留居中国的印度和波斯人中还有专门以行医为业的。唐时的医官们自然会以这些新鲜而有效的新药物来丰富中国的药典。自唐时起，人参、茯苓、当归、远志、乌头、附子、麻黄、细辛等神州上药也开始为中亚和印度人治病了。《唐本草》的编辑者不但添加了新药物的品种，还认真地纠正了《神农本草经集注》中错记的药物，由他们查出的100多年前的陶弘景错记的药物数量居然多达400余种！这使谨慎的人甚至不敢使用这位对炼丹极为热情的药物学家的药方。不过，由一群后起之秀来纠正一个独立工作的先人的错误毕竟是一件可以理解的事。《唐本草》一俟编成，便成为医药学校的主要药典，因而也成为统一全国药物名称和用药的大典，它也是今天所知道的世界上第二部由国家颁行的药典。

孙思邈鎏金铜像

在此之后，唐代的医药学家陈藏器（生卒年不详）对国家药典做了补充，他编了一部10卷本的《本草拾遗》。还有人把海外的、地方性的、食疗性的药物专门分编成一套药物集。在海外传入的药物中，包括了印度、波斯和阿拉伯地区的名贵药品乳香、没药、血竭、木香等。

民间医生所写的药书中最重要的是隋末唐初的孙思邈（581～682）的《备急千金要方》。这位长寿的医学家少年时多病，为筹汤药之资罄尽了家产，能读书时又不惜费百金向医家寻方研学，并多读百家之说和释典，兼勤于实践，终成一代名医，且被后世人称为药王。他医德高尚、医术高明，宁肯在民间清苦为医而不愿到宫中为皇室服务。他的书是50多年行医看病经验的结晶，书名取义于“人命至重，有贵千金，一方济之，德于此”。他以自己的医药知识使自己的寿命达到101岁（编修隋代历史的唐朝大臣魏徵为了确切了解前朝世事的某些细节问题，有时亲自或派人拜访药王以及像他那样经历过乱世而长寿健在的历史见证人）。在孙思邈之后，在朝为官的王焘虽然不是一个专业医师，但他由于少年时多病而苦读医药书籍，搜集了许多前代散失在民间的秘方，于752年写成了《外台秘要》一书。唐时吐蕃著名的医学家宇陀·元丹贡布（8世纪左右人，约和王焘同时）编成了《四部医典》（藏名《居悉》），这是藏医的奠基性著作，并在传入蒙古地区后对蒙医学产生了极大的影响。

造船业驰名世界

隋唐时期，中国经济发达，国力昌盛，与外界的沟通与联系也日益频繁，由于陆路交通受地理环境影响很大，迫使人们将眼光投向海上，海上交通得以发展，再加上内陆湖泊河流的众多，水上交通较为发达，都促使了水上交通工具——船舶的进步，造船业得到了迅猛发展。

海船模型

隋唐时期的造船材料，大多采用较为坚硬耐久的楠木，其次是樟木，也包括少许的木兰、杉树、柯树等。由于这些木料多产于长江流域和珠江流域，故隋唐时期造船业大都集中于江南地区。

在造船工艺技术方面，隋唐时期发明了很多新型的工艺，提高了所造船舶的质量水准，如水密分仓、沙船、船底涂漆及铁锚的发明。

“水密分仓”是利用水密舱壁把船舱分隔成很多的小单司，对船上甲板起到支承和加

强的作用，使船体具备足够的横向强度和抗扭刚性，还可增强船的抗沉性，即使一舱漏水，由于隔离仓壁的存在，其他船舱可安然无恙。

沙船发明于唐代中晚期，并成为后来几代的主要船型，它是由古代平底船发展而来，具有平底、方头、船身宽、吃水浅的特点，航行时较为平稳，并易于通过浅水地带，具有很大的实用性。

船底涂漆，则是为了减少水的阻力，增加船行速度，另外还可对船底起到适当的防腐作用，特别适用于水质微呈酸性的江南一带。

在采用先进工艺技术的基础上，隋唐时期制造出了大量高质量的船舶。据《隋书·杨素传》所载，杨素曾"造大舰，名曰五牙，上起楼五层，高百余尺。左右前后置六竿，并高五十尺，容战士八百余人"。唐开元天宝年间，刘晏在扬子县（今江苏仪征）设置10个宫府船场，造船多达2000艘，品种繁多，有平底船、座船、网船、车船、铁头船等。唐代所造的远洋海船，长20余丈，可载客600~700人，船体坚固，抵御风浪能力强，最适合于海上交通，深受从事远洋贸易的各国商人所喜爱。

隋唐造船技术的提高，又影响到各国的造船工艺，是对世界造船技术的一大贡献。

造纸业蓬勃发展

隋唐的造纸业是我国造纸史上的一个繁荣期，在这个时期，不论纸的产量、品种，还是造纸技术本身，都比前代有了长足的进步。

隋代，国家疆域扩大，使得造纸业容易从全国的广大范围里选用各种优良的造纸原料，当时比较通用的原料主要是麻类，其次是皮类，从现代各地出土的隋唐时期的纸张可以看出这点。如敦煌石室出土的11件隋唐五代时期的写经纸中，有7件是麻质，剩下4件为皮质。除麻质、皮质外，唐朝中广东韶关一带还出现了竹质的纸张。竹纸制作较为困难，因为竹茎的结构较为紧密，纤维较硬，成分较为复杂。故竹纸的出现，也说明了当时造纸技术的发展。

唐《药师佛》

既然造纸原料来自全国各地，也就使得造纸作坊遍布全国。据《新唐书·地理卷》所载，唐代的产纸地有江州、信州（在今江西）、益州（在今四川）、宣州、歙州、池州（在今安徽）等等，其中尤为益州为最，盛产麻纸。造纸技术在隋唐五代时期，得到了较为明显的

进步，主要表现在“纸药”的发明和使用上。“纸药”是指造纸过程中起悬浮剂作用的某些植物浆液，用以改善纸浆性能。早在晋代，人们就使用过某些悬浮剂，如普通淀粉浆液类的糊剂。直到隋唐时期才逐渐采用植物浆液。纸张经过初步制作后，纸面纤维间留有不少毛孔，使纸面不甚紧密、平滑、光洁，书写时容易走墨，为解决这个问题，人们想出一些办法，对初步加工后的纸张进行表面处理，来阻塞纸面纤维间的部分毛孔。具体方法有施胶，填粉、涂蜡等。“胶”是一种淀粉剂，施胶就是将它掺入纸浆中，或刷于纸张表面上。涂蜡就是在已成形的纸张表面加蜡，以保护纸张免受外界侵蚀，延长寿命，包括黄纸涂蜡、白纸涂蜡和粉纸涂蜡等。除“纸药”外，隋唐的纸张在厚度上一些参数也足可说明当时的工艺水平，如敦煌石室的写经纸一般只厚0.05~0.44毫米。

隋唐时期的纸张，品种繁多，最为著名的当属“宣纸”。宣纸产于安徽省泾县一带，制作复杂，有细密（利于润墨）、光滑（利于运笔）、绵韧（利于笔墨皴擦）、洁白（利于显色）等特性，且不易被蚀蛀，便于长期保存，号称“千年寿纸”。

雕版印刷业兴盛

唐代是我国雕版印刷的始兴时期。唐代雕版印刷具有很高艺术水平，发现于敦煌而藏于伦敦的《金刚经》，卷首有释迦牟尼说法的壁画，妙相庄严，刻镂精美，是一幅成熟的作品，是印刷史上的冠冕。

我国古代雕版印刷大约兴起于唐代早期，而唐中晚期时，雕版印刷侧在全国渐渐推广，世界上现今最早的印刷品是于1974年西安柴油机厂出土初唐印刷的陀罗尼经咒，今存唐代中晚期印刷品分别有三批、五种，大多是经咒和古代经卷，大多字迹清晰，印文流畅。7世纪唐贞观年间，雕版印刷开始出现。当时，唐太宗皇后长孙氏去世后，宫中撰写《女则》十篇，太宗看后大为赞叹，认为应该以此书垂戒后世，“令梓行之”，要求将这部《女则》雕版印行，古代雕版印刷用梓木，所以称刻板为“刻梓”或“梓行”。唐代玄奘法师自贞观十九年（645）西游印度回国到麟德元年（664）圆寂期间，散发纸印的普贤菩萨像，每年多达五驮的数量。

唐代贞观之治，科举主要以诗赋取士，诗人辈出，唐诗成为我国诗歌史上的顶峰；散文、书画也达到很高水平，雕版印刷逐渐发展起来。唐代刻书地点，今天可以考证的就有京城长安、东都洛阳、越州、扬州、江东、江西，尤其是益州成都最为发达。《女则》和玄奘印施的佛像都是京师印刷的。八世纪长安出现了书坊，长安东市有印书的李家、大刁家。咸通（860~874）年间印刷的《陀罗尼神咒经》出土于长安区西郊晚唐墓，是国内现存最古的唐印本。越州、扬州有“缮写模勒”白居易、元稹诗作的，“模勒”就是刊刻元、白二人的诗作，当时在京城内外广为传诵，儿童识字念书都读他们的诗，鸡林（今朝鲜）宰相愿以百金换一篇，雕版印刷对他们作品的普及流传起了极大的作用。扬州还有私印历书。江东私卖历书，由于所印月份不同引起诉讼。益州有印书铺，出版过许多书籍，其中多为阴阳

杂证、古梦相宅、九宫五纬之书，还有字书等。唐末的印书铺，有西川过家、成都府成都县龙池坊下家，剑南西川成都府樊赏家，除印书籍、经咒、佛像外，还印有纸牌、报纸、印纸等。

雕版印刷最初是在民间流行，至五代后唐明宗长兴三年(932)，官府开始采用雕版印刷，自此，政府刊刻书籍日渐增多，政府命国子监主持书籍刊刻工作，书版也藏于国子监，称为“监本”。

炼丹家发现火药

中国炼丹家在长期的炼丹实践中逐渐发现掌握了火药的性能，在唐代已发现火药三成分。

隋末唐初医学家、炼丹家孙思邈(581~682)，史称药王。选录入《诸家神品丹法》的《孙真人丹经》，相传是孙思邈所撰，记载有多种“伏火”之法。其中有“伏火硫黄法”，使用了硫黄和硝石。

唐宪宗元和三年(808)，炼丹家清虚子在其所著《太上圣祖金丹秘诀》(后选入《铅汞甲庚至宝集成》卷二)“伏火矾法”中也记载有将硫黄伏火之法，这类伏火之法，原意是为了使硫黄改性，避免燃烧爆炸。但同时他们认识到，上述丹方中含有硝石、硫黄和“烧令存性”(即碳化)的皂角子或马兜铃粉，三者混合具有燃烧爆炸的性能，从而发明了原始火药。炼丹家正是通过他们的长期实践，才发现硝石、硫黄和木炭等混合物的爆炸性能，因此，至迟在808年以前，含硝、硫、炭三成分的火药已经在中国诞生。

在中唐以后成书的《真元妙道要略》中，更有明确的记载：“有以硫黄、雄黄合硝石并蜜烧之，焰起烧手、面及烬屋舍者。”“硝石宜佐诸药，多则败药，生者不可合三黄等烧，立见祸事。凡硝石伏火了，赤炭火上试，成油入火不动者即伏矣。……不伏者才入炭上，即便成焰。”三黄是指硫黄、雄黄和雌黄。原始火药也由此而逐渐进入军事应用的新阶段。

第四章 历史谜团

永泰公主死因之谜

在唐高宗和武则天合葬墓乾陵东南约1.5里处，有一座特别引人注目的陪葬墓，埋葬着一位薄命公主，就是中宗李显的女儿、高宗和武则天的孙女永泰公主李仙惠。然而，年仅十七岁就夭折的永泰公主，究竟死于何因呢？

永泰公主墓前室

据两唐书、《资治通鉴》记载，永泰公主与其夫武延基（武则天之侄孙）及其兄懿德太子李重润等，由于不满得幸于武则天的男宠张易之、张昌宗兄弟的胡作非为，私下议论，触怒了武则天，所以招致杀身之祸，于大足元年（公元701年）九月壬申被逼令自杀。

可是，有人考释1960年9月出土的《永泰公主墓志铭》后，竟发现永泰公主的死因与史书所说全然不同。从墓志铭中“自蛟丧雄愕，鸾愁孤影，槐火未移，柏舟空泛”来看，是隐喻武延基被杀，永泰公主为他守寡而孤独地生活着，并未同罹其害。墓志铭还有一段有趣的文字，说：“（永泰公主）珠胎毁月，怨十里之无香，琼萼调春，忿双童之秘药……弄玉箫声，入彩云而不返。呜呼哀哉！以大足元年九月四日薨，春秋十有七。”这就清楚地告诉人们，永泰公主不是武则天直接害死的，而是由于怀孕患病致死。因此，旧史书的记载应予否定。

还有人基本上接受对墓志铭所做的考释，但仍坚持传统的观点，认为造成永泰公主等死亡的首要原因是武则天的加害，而永泰公主怀孕患病则是次要原因。其理由是：一、史书记载武则天杀李重润、永泰公主及武延基于“九月壬申”，即九月初三，这个时间仅仅比墓志铭所记永泰公主死日“九月初四”早一天，故不能说永泰公主之死与李重润、武延基的事毫无联系。二、尽管唐代律法中有孕妇犯罪可缓刑的规定，但不等于惯用刑杀的武则天对永泰公主免于处死，至多也只是缓刑而已。这恐怕才是墓志铭中“槐火未移”的

真正所指。三、永泰公主未遭杀害，却又突然死去，可能是由于其夫被杀，精神受到打击而小产病亡，或者是服毒堕胎而死，也有可能是武则天采取其他手段使她流产而丧生。

关于永泰公主的死因，说法种种，尚难判定。

陈子昂英年早逝因何故

唐初诗人陈子昂，字伯玉，是奋力开拓唐诗发展道路的杰出先驱。他的一首《登幽州台歌》："前不见古人，后不见来者。念天地之悠悠，独怆然而涕下。"蕴含着丰富的内容，千百年来广为流传。陈子昂的一生刚正不阿，追求贤明政治，所做的《感遇》诗，指斥时弊，风格清俊，赢得后世的称颂。然而，陈子昂仅活了四十二岁，便死于非命，人们不禁要问，他到底死于何因？

据陈子昂生前好友卢藏用《陈子昂别传》及《新唐书》《旧唐书》记载，陈子昂是被贪婪残暴的射洪县令段简迫害致死的。武则天圣历元年（公元698年），在朝中任右拾遗的陈子昂上表，以父老乞罢职归侍。武则天下诏允许他带官返乡，仍领右拾遗薪俸。是年秋，陈子昂回到家乡梓州射洪（今四川射洪）。次年七月，陈子昂之父元敬病故，十月，陈子昂葬其父于射洪武东山南的石佛谷中，并为之撰碑。守丧期间，他哀哭不止，气息欲绝，"杖不能起"，健康受到严重损伤。就在此时，县令段简"闻其家有财，乃附会文法"，罗织罪名，欲加害陈子昂。陈子昂惶惧，不得不使家人送交二十万缗钱，段简仍嫌太少，多次派吏用车子把病弱不堪的陈子昂拉到县衙传问审讯，进而定罪下狱。陈子昂自度难保性命，忧愤至极，含冤死在狱中。可是，陈子昂是带官归侍，且得到武则天的许可，区区县令段简岂有随意加害之理？由此看来，陈子昂之死，需要另找原因。

唐代宗大历六年（公元771年），赵儋代梓州刺史鲜于叔明撰写的《为故拾遗陈公建旌德之碑》曰："及军罢，以父年老，表乞归侍。至数月，文林（陈元敬曾任文林郎）卒。公至性纯孝，遂庐墓侧，杖而后起，柴毁灭性，天下之人莫不伤叹。年四十有二，葬于射洪独坐山。"由此碑文可知，陈子昂至性纯孝，为父守丧庐于墓侧，悲伤过度而死，他人加害的可能性并不存在。

陈子昂·府南河

然而，唐朝文人沈亚之在《上九江郑使君书》中，却将陈子昂之死同武三思挂起钩来，曰："乔（知之）死于谗陈（子昂）

死于枉,皆由武三思嫉怒于一时之情,致力谋害。一则夺其妓妾以加憾;一则疑其摈排以为累,阴令桑梓之宰拉辱之,皆死于非命。”沈氏认为,武三思怀疑陈子昂摈排,指使县令段简直接加害,以致陈子昂惨死狱中。明代文学家胡震亨也信从这种说法,在《唐音癸签》中说:“尝怪陈射洪以拾遗归里,何至为县令所杀。后读沈亚之《上郑使君书》……始悟有大力人主使在,故至此。”武三思和段简上下串通谋害陈子昂,则陈子昂只能仰而号曰:“天命不佑,吾其死矣!”

隋唐史学家岑仲勉经过考证,提出另一种观点。他在《陈子昂及其文集之事迹》一文中说:“以武后、周(兴)、来(俊臣)之淫威,子昂未之惧,何独畏夫县令段简? ……余由此推想:陈子昂家居时,如非有反抗武氏之计划,即必有诛讨武氏之文字,‘别传’所谓‘附会文法’,匣剑帷灯,饶有深意。唯如是,斯简之敢于数舆曳就支,子昂之何以惧,何以贿,均可释然。及不堪其逼,遂一死谢之。”葛晓音《关于陈子昂的死因》一文对岑先生的推想进一步做了论证,认为陈子昂撰写的《我府君有周居士文林郎陈公墓志文》或许就是招祸的直接原因,碑文中“青龙癸未,唐历云微”“大运不齐,贤圣罔象”等语,可能犯了武则天的大忌。段简正是抓住这个把柄,以碑文附会律法,以死罪相威胁,终使陈子昂在劫难逃。可是,仍有人提出不同的看法。彭庆生作《陈子昂诗注》,并编修了陈子昂年谱,在谈及陈子昂的死因时,反驳岑仲勉的观点。认为推想陈子昂有反亢武则天之计划或文字,未免凿空。若陈子昂确有其事,段简必然上奏,断无权擅自处理,而《陈子昂别传》也不得言“附会文法”。

围绕陈子昂的死因,人们提出了诸种不同的看法,究竟何种解释更接近于历史真相,仍有待进一步研究。

李世民夺嫡篡位之谜

唐太宗李世民在位的二十二年间,由于知人善任、锐意改革、轻徭薄赋、发展文化,使国内经济一片兴旺,国力强盛,政治清明,社会安定,呈现一派民殷财阜的新气象。开创了历史上有名的“贞观之治”时期。

据说,当时国家的监狱常常是空的。贞观四年,全国判刑的只有二十九人。社会秩序稳定,真的达到了“路不拾遗”“夜不闭户”的程度。行旅往来各地,都不用自带粮食,路上随时会得到供应。迭年农业丰收,一片国泰民安的景象。

贞观时期的国家版图也相当大。李世民灭掉了东突厥、西突厥,稳定了对大西北的统治,再无外族侵扰之害。他还把文成公主嫁给了吐蕃王松赞干布,巩固了西南边疆。当时与中国通使的国家有七十多个,强盛的唐朝成了亚、非各国经济、文化的交流中心。唐太宗被各少数民族首领称为“天可汗”。

可是。这样一位文治武功彪炳千秋的一代君王却是靠一场血雨腥风的“玄武门之变”登基称帝的。“玄武门之变”据说是这样的:

一天清晨，李世民同长孙无忌、尉迟敬德等九人率兵埋伏于玄武门内，把守玄武门的主将常何也已被李世民收买，只等在此地将上早朝的长兄太子李建成和四弟齐王李元吉杀死。当建成和元吉上朝走到临湖殿时，感到气氛反常，正要拨马回府，突然，李世民领着一彪人马狂奔而来，一箭将李建成射死。齐王李元吉也被尉迟敬德射中，当场死亡。然后，他们提着李建成和李元吉的头颅赶到东宫和齐王府，把李建成和李元吉两家，不论老少，全部杀死斩草除根。之后，李世民派尉迟敬德带兵冲入父王李渊的殿堂。后来，李渊下了诏书，叫东宫和齐王府的将士别再为太子和齐王争仇泄愤，并让各路兵马由李世民指挥。两个月之后，李渊下诏传位于李世民。李世民即唐太宗。

后世之人认为，唐太宗李世民杀太子而自立为帝是无君无父的行为；而杀自己的弟弟，穷凶极恶，更是惨无人道。

但是，史书上却说，这个凶杀事件不是“蓄意预谋”，而是临时应变；不是“违反父意”，而是合父王之意；不是“夺嫡篡位”，而是合情合理，该当皇上。

有此史书是这样写的：

有一年夏天，突厥率兵南下，李渊派李元吉为帅，领兵迎敌。元吉和建成商量，准备先向父王李渊要求从秦王李世民府中调出大将尉迟敬德、秦叔宝等及部分精兵随军作战，以削弱李世民的实力，然后伺机杀死李世民。但此消息被密探得知。李世民被逼无奈，只好铤而走险，才先发制人，发动政变。

还有的书上说，因为李世民屡建战功，李渊有意把太子之位传给他，所以李建成和李元吉要合谋害死李世民，保住太子之位。并举例说，武德七年，趁李渊外出避暑之机，李建成留守长安策划兵变，欲武力除掉李世民。但兵变未遂，李建成受到责罚。又如，同年七月李渊在城南校猎，让建成、元吉和李世民三人比骑射之术，他们故意将一匹劣马叫李世民骑。因李世民机灵地跳离马背，才躲过一难。再如，武德九年，建成与元吉合谋，在酒内下毒。李世民饮后吐血数升，差点丢失性命。诸如此类，所以，史书认为，李世民发动兵变是出于“自卫”。

还有，在立太子问题上，史书上说，李渊曾多次要立李世民为太子，但李世民无意当太子，不受。《资治通鉴》写道，李渊起兵晋阳，都是李世民的主意。当时李渊对李世民说，事成之后，我一定立你为太子，但李世民固辞不受。意思是，李世民从来也没有想到取李建成之位而代之。

当然，历史是胜利者写的，难免粉饰虚夸李世民，栽赃诬陷李建成和李元吉，但是，人们仍在这些史书里，找到李世民预谋夺权的蛛丝马迹。归纳起来，有如下几例：

如：武德四年，李世民曾听一位道士说他将作太平天子，应自珍惜。李世民好不得意，竟念念不忘。如他没有强烈的权力欲，何必对当皇上这样倾心呢？

再如，李世民曾自设天策府，网罗一大群谋臣死党，整天在一起研讨经义，纵横得失，直到深夜。如果没有当天子的意图，怎能下这么大的功夫？

再有，他一方面固辞太子之封，另一方面却大结死党，处心积虑地为兵变做准备，他将自己的妻子安插到皇宫里父王的身边，名义上是“孝事父王”，实际上是刺探内情，他又

收买太子李建成手下的亲信作内奸，他还私交玄武门主将常何以控制宫廷。这些不是为了夺权，又是为了什么？

另外，分析一下他的父王唐高祖李渊对他的态度，也能看出，让位于李世民并非所愿。因为李渊对立李建成为太子从来没动摇过，而对李世民却总是不放心，心存芥蒂。

如在起义之初，他令建成统左三路军，令李世民统右三路军。进封唐王后，他让建成为“世子”，而封李世民为“秦王”。称帝后，他坚决立长子李建成为太子。并且认为李世民独断专行，变坏了，不再是他原来的儿子了。

直到兵变之前，他看到几个儿子间水火不相容时，仍决定让李建成在关中接替皇位。顶多让李世民在洛阳掌管半壁江山，当个不登位的皇帝。

由此看来，李渊在“玄武门兵变”之后，亲下的诏书，大概都是顺水推舟的应变之术，他的退位也并非情愿。

李世民乞求过长生不老之方吗

唐太宗李世民二十八岁登基，在位二十三年，他励精图治，与民休养生息，使国势空前强盛。他也因此被世人称为一代圣君。

但是，在他做了十几年皇帝之后，过惯了安逸享乐的生活，渐渐地趋向了奢侈腐化。他修复了隋炀帝在洛阳建的豪华宫室。他曾经霸占了齐王元吉的杨妃，还把已故大臣武士彟的十四岁女儿选为才人，给她起了个名字叫“媚”，这就是“武媚娘”。在他做皇帝的最后几年，一反常态，既迷信兆卜，又痴迷丹药，竟在五十二岁时英年早逝。

贞观二十二年，天空中太白星多次在白昼出现。这本来是宇宙间天体运行的自然现象，而太史却占卜说，这“主女主昌盛”。李世民又听说民间流传的《秘记》上说，“唐三世以后，女主武王代有天下。”这可让李世民异常担忧，他的李家王朝怎能让“武王”取代呢？于是，他要想尽一切办法找到这个“武王”，把他扼杀在摇篮里。有个叫李君羡的左武卫将军武连县公正好倒霉。他的官衔、爵号、籍贯和职务里，一连串占了四个“武”字：“左武卫将军”里占一个，“武连县公”占一个，他又是“武安县”人，是宫城北门“玄武门”的守将，这兆卜正好应在他的身上，巧得不能再巧了。偏偏他的父母在他小时给他起了个女孩的名字，叫作“五娘”，是盼他易于养活。可是，“五”与“武”同音，正好牵连到“女主”之忌里去。李世民迷信兆卜，简直丧失了理智，不由分说，先把李君羡贬到华州（今陕西华县）任刺史，后来仍不放心，又借故将其杀死。李君羡到死也不明白自己犯了什么罪，成了李世民迷信的牺牲品。

贞观二十一年，李世民得了风疾，瘫痪在床上。经御医诊治，半年后病体稍愈，可以三天上一次朝了。如继续边治边养，说不定会逐渐康复的。可是，此时的他却迷恋上了方士炼制的金石丹药，希冀长生不老。他先是服食了国内方士的丹药，并不见效，以为他的道术浅，于是派人四处访求国外高人。贞观二十二年，大臣王玄策在对外作战中，俘获

了一名印度和尚罗迩娑婆，为迎合李世民乞求长生不老的心理，把他进献给李世民。这个印度和尚自称有二百岁高龄，专门研究长生不老之术，并信誓旦旦地说，吃了他炼的丹药，一定能长生不老，甚至可以白昼羽化登仙。这番谎言竟打动了李世民，遂给这个印度和尚安排了华居美食，天天有人侍奉。这家伙见李世民对自己深信不疑，就煞有介事地开出了一串稀奇古怪的药名来，李世民号令天下，按此方采诸药异石，不惜任何代价，一年之后，药配制好了，李世民非常高兴，毫不迟疑地将药全吃了下去，结果中毒暴亡。这时他才五十二岁，是中国历史上被"长生药"毒死的第一个皇帝，他没有做到慎终如始，竟这样荒唐可悲，糊里糊涂地过早地离开了人间。

但此事是否确凿，就不得而知了。

李世民的一段孽缘之谜

齐王妃是齐王李元吉的妻子杨珪媚，她原本是长安市内一个红得发紫的歌舞妓，容貌妩媚，性情妖娆，又通晓诗文，能歌善舞，曾令长安无数公子哥儿追逐倾倒，最终嫁给了李元吉，成了齐王妃。

唐高祖李渊有三个儿子，分别是长子李建成、次子李世民和三子李元吉，这三兄弟中最有才能的要算李世民。当初李渊任太原留守时，李世民就深观远察，立下建业之心，不但自己文武双备，而且折节下士，手下召集了一大批能人志士、武将谋臣。李渊在太原揭旗起兵，起用李世民为统兵大将，进军长安之前，李渊对他许下承诺："事若有成，一定立你为太子。"攻陷隋都长安后，李渊即位成为唐高祖，封李世民为秦王，拜尚书令。由于当时群雄四起，天下未定，必须有李世民率兵南征北讨，成就统一天下之大业；若这时立他为太子，按朝规就必须谨言守身，留在东宫韬养资望，所以形势让李渊无法当即履行他的诺言。而李世民自己也深以统一大业为重，并不十分追究名分，反而一再推让，建议立李建成为太子。

长子继位，这原本是既成定例的，既然李世民辞让再三，李渊也就顺水推舟立了长子为太子，并封三子李元吉为齐王。

随后，李世民就统帅大军南北征战，几年之中，先后平定了李密、窦建德、王世充、刘武周、刘黑闼、萧铣、薛仁杲等割据一方的枭雄。当李世民在外面备尝艰苦，浴血奋战的时候，他的兄弟建成和元吉却盘踞在京城中花天酒地，声色犬马，过着逍遥奢华的日子。也就是在这段时间里，李元吉娶了大美人杨珪媚为妻。

与李世民伟岸的外貌、宽厚稳重的性格恰好相反，齐王李元吉是个相貌粗陋、性格阴险狡诈的人。成婚前，他利用自己的家世地位，千方百计地把杨珪媚骗上手，婚后不久他对妻子司空见惯的美貌开始腻味，又开始在外面猎艳调情。生性多情的杨珪媚心里感到十分委屈，她百般逢迎，想挽回丈夫的心。李元吉这时完全撕开了过去那层温情的面纱，毫不掩饰地露出他冷酷粗鲁的本性，常对娇妻横加呵斥，或不理不睬。齐王妃伤心至极，

常独对春花秋月，悲叹自己的命运，惋惜虚度的芳华。

每当李世民趁战争的短暂空隙返回京城晋见父王时，他的兄弟太子建成和齐王元吉，基于一种补偿的心理，三天两头地巧立名目，请他一同吃喝玩乐，享受一番，算是对他的慰劳。毕竟是兄弟盛情，李世民不忍拂去兄弟的一片好意，也就常常欣然应邀前往。于是，在这一短暂时期内，兄弟之间和乐亲密，尽享天伦之乐。

一个暖阳融融的春日，三兄弟各自携带家小一同到京城近郊的山坡上嬉游赏春。春风拂面，清爽宜人，蓝天白云下，大家驰马原野，追逐论戏，每个人都感到特别舒畅。秦王李世民平日里戎马倥偬，厮杀疆场，难得有今天这种悠闲宁静，因而心情特别爽朗，他扬鞭策马向远方的山脚飞驰而去。开始尚有几骑人马追随着他，渐渐地都落后散开了，待到了山地的树林里，他回头一看，远远地只有一骑跟了上来，他感到十分高兴。等那匹马跑近一看，马上居然是齐王妃杨珪媚，他甚觉惊讶。实际上，他对这位娇柔妩媚的弟媳早就有几分留心，尤其是每次欢宴中，独有她浅笑中总微露着一丝忧郁，李世民见了不免产生些怜香惜玉的念头，他也知道一些他们夫妻不睦的情况。这个齐王妃，早已对英武绝伦的夫兄李世民产生了倾慕之情，再加上李元吉对她的冷落，使她一颗芳心暗为李世民而动。一个是千般怜爱，一个是万种柔情，两个人终于紧紧拥抱在一起，齐王妃与李世民的孽缘就在这片春天的绿树林中萌生了。从这以后，只要李世民回朝，总是想办法接近齐王妃。正好李元吉整日纵情酒色，夜不归宿，给李世民与齐王妃的偷情提供了不少机会，这种婚外之情，充满新奇与刺激，令李世民与齐王妃都沉醉不已。

唐太宗在贞观十九年（公元 645 年）亲统大军征高丽不克，十月，唐太宗驻营州，在大凌河畔举行祭典哀悼东征阵亡将士，并令地方官修塔祭祀。三座塔各据南、北、东三方，以方位分别称之为南塔、北塔、东塔，其中，南、北双塔为唐代所建。此图是辽宁朝阳北塔。

由于太子李建成贪酒好色，无所作为，唐高祖时常加以训斥，并流露出改立秦王李世民为太子的意图。于是李建成开始惶惶不安，为了保住自己的地位，他联络了三弟李元吉，阴谋策划除掉李世民。在手下谋臣的极力怂恿下，李世民迫不得已策划了“玄武门之变”，一举杀死了李建成与李元吉。一场骨肉相残的斗争，令他们的父亲唐高祖痛心疾首，他迅速面对现实，立李世民为太子。

为了防止冤仇相报，永无绝止，高祖被迫忍痛下诏，诛杀建成及元吉诸子，斩断复仇的根源，以换取朝国的安定。齐王妃此年方二十三岁，连连目睹了丈夫和自己的一子一女惨死亲人刀下，鲜血淋漓的惨状深深印进了她的记忆，她已悲痛欲绝。

按旧制，已成寡妇的齐王妃将被收入宫中，因太子李世民与她有一段不解之情，因此

决定把她赐给李世民。当齐王妃被带到李世民面前时，无论如何，她已无法接受这个昔日的情人，于是声嘶力竭地要求赐她一死，并拼命地以头撞地，仿佛已成了一个疯妇。李世民把她安置在太子府中，百般好言劝慰，并命妻子长孙太子妃也耐心地予以开导。杨珪媚激愤的情绪慢慢平复下来，最后也只好无可奈何地接受了命运的摆布，成了秦王李世民的侧妃。

齐王妃虽然接受了作李世民侧妃的事实，她心中的热情却再也难以唤回，昔日令她心驰神往的大英雄，如今就陪伴在身边，但却变成了两手沾满自己亲人鲜血的刽子手，叫她如何不寒心，她甚至有幻灭的痛切之感。齐王妃入东宫后，一直对李世民抱着极度冷淡的态度，就像一座冰雕美人冷冷地立在那里。秦王李世民此时却热度极高，齐王妃的冷淡，竟然更加刺激他的胃口。愈是得不到的东西就愈觉得珍贵，李世民千方百计地讨好她、笼络她，希望能重续昔日那段红杏出墙的情缘。齐王妃无论如何也没有了那份心情，李世民越对她百般殷勤，她就越觉得他的虚伪和贪婪，整日衣妆不理，以一副情懒无神的姿态面对着"悦己者"，这样却又更引起李世民的心痛和怜爱。

李世民做了几个月太子后，唐高祖因年事已高，将王位禅让给他，李世民即成了唐太宗。为了博取齐王妃杨珪媚的欢心，贵为大唐天子的李世民，不惜打破自己勤俭治国的原则，悉心搜罗天下的奇珍异宝，源源不断地赏赐给她，杨珪媚居然连正眼也不瞅一下。不可一世、威震天下的唐太宗，不惜屈降尊贵，低声下气地向杨珪媚陪不是，也丝毫不能得到她的反应。

有一天，杨珪媚忽然向唐太宗提了个要求，要求恢复她前夫李元吉的爵位和太子李建成的封号，对唐太宗而言，这样做无疑相当于否定自己过去的行为。但他竟一口答应下来，并立即付之于行动，这一半是为了取悦于杨珪媚，一半也是为了追念兄弟骨肉之情。从此，杨珪媚一改旧态，逐渐回复到以前的模样，对唐太宗施以柔情和娇媚，有时甚至于如自我麻醉一般地放浪形骸，整日整夜陪着唐太宗歌舞宴饮，轻歌曼舞，媚态勾人，或吟诵着南朝的艳曲，撩拨得唐太宗心摇神迷。唐太宗的结发妻子长孙皇后是一个十分质朴正直的女性，对唐太宗也多是以礼相待，夫妻之间保持着淡雅如水的互敬互尊关系。如今身边有了这个千娇百媚，动人心魄的杨珪媚，英武一世的李世民竟给她迷住了。

魏徵

贞观十年，杨珪媚为唐太宗生下一子，取名李明，唐太宗立杨珪媚为贵妃，并为他们

母子建了一座豪华的宫殿，自己一有时间就腻在那里，与杨珪媚母子一同取乐。贤淑温婉的长孙皇后见皇夫似乎淡忘了兴业大志，整日迷恋于酒色之中，便出面劝阻唐太宗稍事收敛。被杨珪媚迷惑住了的唐太宗一时哪里听得进这些，他一怒之下，甚至准备废掉长孙皇后和太子李承乾，改立杨珪媚与李明。

唐太宗把他的打算向谏议大夫魏徵提起，耿直中正的魏徵极力反对，他劝谏道："长孙皇后贤德可风，不可无过废立；况且长孙家族为大唐之兴立下了汗马功劳，怎能无故遭受打击？杨氏曾为齐王妃，人尽皆知，立为贵妃尚且不妥，岂可立为皇后！倘若陛下一意孤行，必受天下之人非议。"众大臣也都随魏徵而坚决反对，唐太宗仔细思量，毕竟不便肆意而为，于是这事便作罢了。

这时有人向唐太宗进言，说杨珪媚之所以极力取悦陛下，是因为她思念丈夫，将伺机杀害陛下，好为死去的王夫及子女报仇。唐太宗对此丝毫没有顾虑，他认为杨珪媚原本就不是忠于齐王的妻子，早在她做齐王妃时，就已将恋情转移到自己身上，岂有杀害情郎为怨夫报仇的道理！

明智的唐太宗果然没有猜错，杨珪媚最早的确如痴如狂地爱着充满英雄色彩的李世民；及至"玄武门之变"，由于丈夫和孩子的惨死，她对于自己先前与李世民私通的事，一度感到无比的悔恨和耻辱；到了李世民贵为天子，却仍百般地讨好她，于是又产生了一种又爱又恨的复杂心理；在为丈夫李元吉、太子李建成讨得一点名分作为补偿后，她索性放纵自己，借助狂欢酒醉，来麻痹自己矛盾的心。如此，她根本无心谋害唐太宗了。

唐太宗与杨珪媚的纠缠，引起了长孙皇后的极度不满。杨珪媚深知这位德高望重的皇后不可轻易得罪，于是信誓旦旦地向皇后诉说，自己压根没有当皇后的念头，并要求将自己与唐太宗所生的儿子，过继到前夫李元吉名下，以断绝李明成为太子的机缘，这样自然稳定了长孙皇后的思想，从而她对杨珪媚也就采取了宽容的态度。到了这田地，杨珪媚其实已根本无心于名分和地位了，她只要求守着唐太宗了此一生。

杀孽太重的唐太宗，为了补偿心理上欠兄弟的情债，在长孙皇后的支持下，同意了将李明过继到齐王李元吉名下，而且还另立一子为已故太子李建成的继承人，使两位兄弟有了名不符实的后代，这样既安抚了人心，又不至于引来仇杀，实为两全之策。

贞观二十三年夏，唐太宗崩逝于长安。失去了唐太宗，齐王妃杨珪媚也就失去了生活的重心，又因她在宫中名声不佳，于是被放出宫中，出家为尼，就这样结束了她与唐太宗李世民的一段充满爱恨恩怨的孽缘。

武则天究竟生于何处

武则天是中国历史上唯一的女皇帝，因此有关她的一切都受到世人的关注。据两唐书载，她的籍贯在并州文水（今山西文水）。然而，武则天的出生地究竟在哪里？对此人们颇有异词，成了一个长期争论不休的悬案。

一、四川广元说。唐朝李商隐《利州江潭作》的诗题下，有作者自注："感孕金轮所"。什么意思呢？《太平御览》卷一八四曰："顺圣皇后庙，在州西告成门外。旧碑云：其母感慨龙而生后，庙号则天金轮皇帝。"明代胡震亨《唐音癸签》卷二十三《李商隐》条引《蜀志》曰："则天父士護为利州都督，泊舟江潭，后母感龙交，娠后。"原来，李商隐依据的是一个民间关于龙潭的传说：有一天武都督的夫人杨氏去潭边玩，忽然潭中跃出一条金龙，和她交欢，杨氏因此有孕而生下武则天。从李商隐的自注来看，距离武则天之死仅一百多年，他是肯定武则天生于利州（今四川广元）的。

1955年修宝成铁路时，发掘出《利州都督府皇泽寺唐则天皇后武氏新庙记碑》一通，立于五代十国时的后蜀广政二十二年（公元959年），为孟昶所撰。碑文中提及武则天的身世，云："贞观时，父士護为都督于是□□□后焉。"所残三字似可补作"州，始生"，这样就为武则天生于利州找到了更加充分的根据。

恭陵位于河南省偃师县缑镇，是唐高宗太子李弘的陵墓。李弘与其母武则天政见不合，上元二年（公元675年）四月从幸合璧宫时暴卒，时年24岁，追谥为"孝敬皇帝"。陵冢现存封土为长方覆斗形，高50米，长163米，宽147米。

考察四川广元境内至今留存的武则天遗迹，又可使人自然联想到武则天与广元有特殊的关系。如广元有以武则天名字作地名的"则天坝"、武则天常去朝香拜佛的"千佛崖"、嘉陵江畔皇泽寺内五代时刻成的武则天圆雕石像等等。当地妇女还要在传说的武则天生日（农历正月二十三日）游河湾，以示纪念。

二、京城长安说。此说认为，李商隐的诗及注，源自一个民间传说，虽然颇为神奇，说来也娓娓动听，但若作为信史来看，就有些荒诞了。广元地区有关武则天的传说和遗迹不少，至多只能说明武则天随父到过此地，而不能说明武则天就出生在利州。持"广元说"者据己意补入《武氏新庙记碑》的三个残缺字，然后依此进行主观推论，其可靠性是令人怀疑的。

据史书记载，武则天大约生于高祖武德七年（公元624年），那时其父武士護应在工部尚书任上。也就是说，他和夫人杨氏一起住在长安今陕西西安）。武德末年先后是李

孝常、罗寿、武士護任利州都督,事在太宗贞观初年。所以,武则天不可能先于其父任职利州时生在利州,她的出生地点,最大可能性应是在长安,而不大可能在四川广元,或其他什么地方。

上述两说各执一词,孰是孰非,需要继续研究。

武则天的“无字碑”之谜

唐载初元年(689 年)9 月 9 日,都城长安大明宫里含元殿上钟磬齐鸣,百官舞拜,一位头戴冕旒身穿黄袍的女子宣布改国号为周,自称“圣神皇帝”,她就是中国古代历史上唯一的女皇帝武则天。

武则天是交州文水人。其父曾追随李渊反隋,是唐朝的新贵。武则天天生丽质,妩媚动人,14 岁被选入宫,封为“才人”,唐太宗赐其号“武媚”。后来,唐太宗去世,她到感业寺出家为尼。

公元 649 年,太子李治继位,即唐高宗。李治原就钟情武媚,继位后将她召回宫中,立为妃,大加宠爱。6 年后又立为皇后。后来,唐高宗患病,委托武则天处理朝政。于是她渐渐独揽了大权,为了保住权力,废掉了太子李弘、李贤。高宗死后,她又废掉唐中宗李显,立年幼的睿宗李旦,其目的是自己能继续控制国家大权。但是她在掌权时期确实做了一些对国家有利的事,为唐朝的繁荣昌盛做出了不可磨灭的贡献。

现存陕西乾县乾陵陵园,碑额刻八条螭首尾相交,两侧线雕龙云纹,初立时,未刻一字,表示帝王功高德大,无法用文字表述,取《论语》“民无德而称为”之意。

她不拘一格选拔人才,亲自在殿廷上主持考试,采取措施提高考试举人的地位,并开设了武举科目,发展了科举制。因而,朝廷上人才济济,文有宰相狄仁杰、姚崇、张柬之等,武有娄师德、郭元振等人。安邦治国,励精图治。她还很重视农业生产,下令编写《兆人本业纪》,推广和改进农业技术。同时还注意兴修水利,在陕、川、青等地修建了许多闸、坝、沟、渠。她规定,凡田地开垦多,百姓家有余粮的州县,给予地方官奖励和升迁,凡治理不善,百姓流移的州县,地方官要受处罚。武则天在 32 岁以皇后身份参政,直到 82 岁,一共执政 50 年,在她执政期间,国家经济稳步发展,为后来的“开元之治”奠定了基础。

然而这样一位远见卓识、精明强干、雄心无比、胆识过人的女政治家,临终之前,却嘱

人在陵前树立一块“无字碑”。可能她预料到了后人对自己的评价定然褒贬不一，所以，功过任人评说。

果然不出所料，一千多年间，人们对她的评价从未统一过。她死后，其历史功绩和个人才干受到很多人赞赏，但是那谩骂、诅咒也像排天的巨浪不断涌来，这又是为了什么呢？

按国人一贯的思维，她有以下罪状：

一是狐媚惑主。

武则天14岁入宫时已出落得一表人才，身体丰满，容貌端丽，但在太宗面前，她并不受宠，只封为“才人”，列后妃第六等，与一个侍女的身份差不多。只是到了李治身边之后她的才干与姿容才发挥了作用。她看透了李治的好色多情、体弱多病、优柔寡断、多愁善感，她以传情的眉目，婀娜的体态，征服了李治，使他神魂颠倒，一往情深。她成了“昭仪”，不久又升为“宸妃”，后来她精心策划废了王皇后，自己又当了皇后。不到一年，她就登上了权力的顶峰。

二是严酷专横。

后来，高宗疾病缠身，政事全由武则天处理，臣子们称其为“天后”。高宗死后，武则天更是独揽大权。她废了太子，正式登基，成了名副其实的女皇帝。她任用酷吏屡兴大狱、刑讯逼供，囚禁亲生儿子。宗室、朝臣被冤杀者不少。晚年更是豪奢专断，弊政很多。

三是秽乱春宫。

她不满足富丽庄严、煊赫铺张的排场，不满足锦衣玉食、乘车坐辇的生活，她还蓄面首、宠男妾。先是宠幸薛怀义，让他入侍。这个街头卖膏药的家伙后来竟被封为左威卫大将军、梁国公。而后又有御医沈南和张易之、张宗昌兄弟。张氏兄弟毫无才能，只因相貌俊美，取悦于武则天，并为张易之设立控鹤府，聚集一些青年男子供她淫乐。薛怀义入侍时，她已39岁，张氏兄弟入侍时，她年满73岁。后人非议不绝于耳。

那么，如果客观地分析一下她的一生和所处的环境地位，评价会怎样呢？

首先，武则天和同时代的女子心胸不同。别人认为帝王姬妾成群，宠者只是极少数，大多数得守活寡，而且宫门深似海，生离即是死别。而武则天进宫时，却满怀喜悦，满怀憧憬，显示了自立、自强、出人头地的思想。她在太宗面前的不受宠，是因为有两件事令太宗不满意。一件是，太宗问怎样驯服性情暴烈的骏马“狮子骢”，武则天说，只要一条铁鞭、一把铁锤、一支匕首。马若不听话，我就用铁鞭抽它；再不听话，我就用铁锤打它；还不听话，我就用匕首刺死它。太宗表面上赞扬了她，实际却心存芥蒂。因为太宗不喜欢这种强悍的性格。他要求的女人是贤德、温顺、体谅、娇柔。另一件是，太宗迷信星象算命之类。大臣李淳风精通天文，善观星象。他向太宗奏称，若干年后，有武姓者起而灭唐。太宗便要将姓武的全部杀掉，被李淳风劝阻了。因此太宗一直不放心武则天，死后把她遣送到感业寺为尼。

按说，她是亡帝的遗孀、佛门女弟子，永无出头之日了。可是，她要施展自己的魅力征服李治改变自己的命运。在李治被迷得神魂不定之时，她却冷静地看待，谨慎地驾驭，

心热面冷，欲擒故纵。至于她被指责“乱伦”，还是冤枉的。因为唐室杂有胡族的血脉，唐代胡族的婚俗允许一女嫁给父子两代。唐玄宗李隆基将儿媳杨玉环占为己有，并无人责怪杨贵妃。而当朝大臣反对武则天，并未大加挞伐她的二次进宫。

武则天升仙太子碑

其次，她成为皇后的头 10 年，高宗一向对朝政慵困无心，后来简直振作不起来，使武则天独掌国柄。一场特定的婚姻，为这位志向、心智、精力都超群的女人提供了能尽展其风姿的表演舞台。683 年，高宗去世，武则天面临重大抉择：是自己称帝还是以皇太后名义临朝称制？作为李氏父子的妻妾，她决定自己先不称帝。待到公元 690 年她感到时机成熟，才正式登基称帝。这时她兴起告密之风，诛杀文武大臣、囚禁亲生儿子、任用酷吏、极为专横。后人在评价此举时只看到了一面。其实，采取严厉的手段夺取帝位，巩固帝位，是任何一位帝王都避免不了的。尤其是她，作为绝无仅有的女皇帝，面对世俗的眼光和封建礼教，为了排除心中的忧虑和恐惧，树立自己的威信和尊严，使天下万民臣服，能不采用一些极端的手段吗？她掌权后更改年号 30 多个，并大量更改各部名称、地名、甚至自己的名字。这一切都在说明，她是在显示自己的威风，让朝野内外都知道头上有这么个有无上权威的女人在统治。

最后，关于秽乱之事，无论是薛怀义，还是张氏兄弟等等，武则天以古稀高龄还蓄养面首，不见得完全是从私欲出发，也可能是为了显示女皇的威权。既然男子为帝可以有成群的嫔妃、女人登基为什么不能有侍奉的面首呢？从她处理朝臣与面首的冲突的态度来看，她并不偏向面首。她给面首高官厚禄，甚至纵容他们胡作非为，但当危及国家大政，触犯重臣的时候，她对面首并不客气。这说明她追求的目标，是希望别人能像尊重男性皇帝那样尊重自己。但是，她始终不能挣脱传统的桎梏，始终为自己是个女人而苦恼，临终前，她仍旧承认是李氏皇帝的妻妾，帝位传给了自己的儿子。

她的无字碑，大概是纵有万语千言，也难以倾诉吧！她传奇的一生留给了后人太多的思考，至于武则天的墓碑上为何无字，后人是很难解释清楚的。

武则天掐死亲生女儿之谜

唐高宗永徽三年，武则天奉诏离开感业寺，二次进宫，被高宗封为昭仪。次年，生下儿子李弘。又一年，即永徽五年，武则天再次临盆，生下一个小女孩。这小女孩长得眉清目秀，白白胖胖十分可爱。高宗把她看成掌上明珠，每天下朝都要到太极宫里瞧她几眼。有一天，王皇后因事到太极宫找高宗不遇，偶然见到这个小女婴一人在屋，不由得抱起来逗弄了一阵。过了一会儿，武则天回来，听说此事，便心生一计，狠下心来，把自己天真可

爱的小女儿活活掐死了。不多一会儿，高宗进来，发觉爱女死了，暴跳如雷。他当然不会怀疑武则天下此毒手，再一查问，知王皇后刚刚来过，于是"谋害小公主泄私愤"的罪名便落到王皇后头上了。不久，王皇后被废，武则天登上了皇后的宝座。

作为一个母亲，如何能忍心害死自己的亲骨肉？为何又栽赃到他人头上？看看武则天二次进宫后，她的抱负及后宫的恩恩怨怨就知道其缘由了。

武则天进宫后，发现后宫里王皇后与萧淑妃在明争暗斗。王皇后嫉妒生了男孩的萧淑妃，怕"母因子贵"失去了自己的皇后地位，于是支持高宗召武则天回宫，目的是想利用武则天去夺萧淑妃的宠，自己坐收渔利。武则天是何等精明之人，很快看出了王皇后的意图，所以将计就计，极力巴结王皇后，流露出千般万般感激之情，王皇后被她的虚情假意迷惑，竟视她为知己，不断在高宗面前夸赞武则天，贬损萧淑妃。一来二去，王皇后的目的达到了：萧淑妃失宠了。

但是，武则天并不以此为满足。她千方百计笼络后宫的人，收买宫监作耳目，暗察失宠后的萧淑妃的不满言行。终于事遂人愿，萧淑妃被高宗打入冷宫，贬为庶人。

武则天下一个对手就是王皇后了。这王皇后本是高宗的结发妻子，为人持重，举止傲慢，又有外廷的重臣们拥戴，扳倒她谈何容易？于是武则天演了一出残杀爱女的"苦肉计"。高宗果然中计，开始考虑废后了。

不过要废立皇后可不是小事，得跟大臣们商量。因为此前高宗想封武则天为宸妃时，大臣们据理反对，高宗就没敢轻举妄动。他不想为这么一件小事引起朝臣的不满。武则天十分清楚，这次要废掉皇后一定要争取朝臣们赞同。为此，她绞尽脑汁、苦思冥想如何向皇后之位逼近。

首先，她想从太尉长孙无忌那里打缺口。长孙无忌不仅身任宰相兼顾命大臣，还是高宗的亲娘舅，他这一关通过，其余的大臣便不在话下了。一天，武则天陪高宗带厚礼亲自到太尉府，当场给长孙无忌的三个正在读书的儿子封官，并提出废后一事，但是长孙无忌认为这是诬陷，不该轻信。

接着武则天又暗中指使宫人把一写有高宗名字和生辰八字的小木偶，埋在王皇后卧榻下面的砖地里；然后派人到高宗那儿密报，说王皇后怨恨皇上，跟她母亲魏国夫人用"厌胜"之术诅咒皇帝早死。高宗见密告之人是王皇后的近侍，岂能生疑？待挖出木偶之后，见木偶的七窍和心口全都插着铁针，高宗气疯了，不问青红皂白，当即下令不许王皇后的母亲魏国夫人再进宫来。高宗全然没有想到这是栽赃，终于下了决心，执意要废后了。

然后，在宣布废王皇后立武则天的朝堂上，武则天坐在高宗身后的珠帘内，随时替高宗出谋划策。当坚决反对武则天为后的褚遂良说了一大通理由后，武则天竟在帘内大喝："怎么还不赶快扑杀此獠！"幸亏长孙无忌及时求情。高宗才未治褚遂良的罪。朝会不欢而散。就废王立武之事，朝臣们分成了三派：反对派、赞成派和中立派。其实，"中立派"明是中立，实质上等于赞同。反对派虽然有长孙无忌和褚遂良等顾命大臣，但还是少数。于是，高宗把坚决反对者褚遂良贬到外省作都督。紧接着，永徽六年，册封武则天为

皇后。武则天五年前在感业寺里想当皇后的梦想，终于变成了现实。

武则天对亲生女儿下得这般毒手，似乎超出常理，难以置信。分析其前因后果就会清楚：这位才智超群的女性，尝尽了十二年才人的冷落之苦，她不甘心屈居皇后淑妃之下，决心以非常手段夺得后位。她出身寒微，又曾侍奉过先帝，名声不好；而且，当时无论后宫还是外廷都没有拥戴她的人。单枪匹马的武则天要实现自己的梦想，只有拿亲生女儿的性命作赌注。她的冒险成功了，她的后位浸透了小公主的鲜血！为达目的不择手段固然是武则天的天性使然，但也是她成就大业的无奈选择。

试看古往今来，封建帝王、政治权臣为谋尊位，哪个人对自己的亲骨肉手软过？在他们心中，权力才是第一位的。武则天亲手害死亲骨肉也就不难理解了。

武则天的“特务组织”之谜

武则天从临朝称制到称帝前期，为了对付潜在政治势力，实行了十余年的酷吏政治。她在朝堂上设置铜匦，收受天下投书。敕令正谏大夫为知匦使，侍御史为理匦使，受理天下告密文书。通过这个告密制度，武则天很快物色到一批酷吏。这些人大都出身无赖，性情残忍，专以告密陷害为能事。这些人形成了武则天的特务组织。他们使用惨无人道的酷刑，建立了一整套执行恐怖政策的制度和特务机构。

武则天放手任用酷吏，被杀的和遭流放的动辄几十、几百，甚至上千人。

他们打击的首要对象是李唐宗室。因为这些人不甘心先帝的事业落在异族女性手里，极端仇视武则天，所以反抗最烈，遭到的打击也最重。垂拱四年宗室起兵失败后，高祖李渊、太宗世民的子、孙、女、婿十余人被贬、流、杀。太宗第十子贝州刺史、纪王李慎因交通越王李员，与其子孙多人被杀。永昌元年，鄱阳公李湮因秘密策划迎主中宗李显，与太宗的孙子李炜等十二人被诛杀。载初元年，又以谋反罪诛杀了唐高宗第四子许王李素节及其九子。高宗第三子泽王李上金受牵连，自缢而死，其子七人被杀。这一年的八月，又杀唐高祖第二十一子密王李元晓的长子李颖等宗室十二人。这样一来，李唐宗室除李显、李旦及千金公主极少数人尚能保全外，几乎被武则天杀戮殆尽。

因此，在天授元年武则天正式登基称帝时，李唐宗室就再也无人无力反抗了。

他们打击的另一对象是元老大臣。这些人传统观念根深蒂固，以李唐老臣自居，对武则天掌权不服，成了武则天的肉中刺，稍露形迹，立即铲除。尚书左丞冯元常平时对武则天多有不恭，酷吏周兴就罗列罪名，把他在狱中折磨死了；禁军将领黑齿常之被诬告谋反，冤死狱中；右卫将军李安铮因反对武则天改唐为周，被酷吏来俊臣杀害。在武则天临朝称制的六年多里，二十四个做过宰相的人就有十七人被罢相，遭到贬、流、杀。因而，到武则天称帝时，朝臣中的反武势力就微乎其微了。

除此之外，武则天也滥杀了许多无辜之人，引起了朝臣们人人自危，形成了新的危机。武则天为缓和政局，又杀了这些酷吏，最后终于放弃了酷吏政治。据统计，在她实行

酷吏政治的十四年间，宰相被贬杀的占百分之六十五左右，而放弃酷吏政治的最后七年，宰相无一被杀，被贬的只占百分之二十二。

人们不禁要问，为什么武则天任用酷吏，杀了那么多人，她的政权反而得以巩固呢？主要是因为，她所杀的反对派，都是那些不赞成她称后称帝的李唐宗室和位高权重的士族；而她所扶植保护的庶族势力，则支持她，使她的统治基础没有动摇。

还有一点需要说明的是，武则天任用酷吏是有限度的，绝非单纯肆虐蛮干。她任用的二十七名酷吏，除傅游艺外，其他如周兴、来俊臣、索元礼等无一授相职，只让他们执法而不给他们执政大权。在司法机构中，她又保留了狄仁杰、徐有功、李日知等一批执法公正的优秀的大臣。尽管他们被酷吏们视为眼中钉，一再受到诬陷，但武则天总会亲自出面予以保护，旋贬旋复，倚为股肱，这也是政局得以稳定的一重要因素。

至于对武则天酷吏政治的评价，我们应该从多个角度来看。

武则天之子李贤死因之谜

关于武则天之子章怀太子李贤的死因，历来众说纷纭，莫衷一是。有人说，李贤是与母后争权，被武则天杀害的。皇太子李弘被母后武则天毒死之后，唐高宗立次子雍王李贤为太子。他虽是武则天的第二个儿子，但是搅乱了武则天的女皇梦，使她卧榻难眠。在兄弟四人中，李贤天分最高，聪敏勤学，自幼即读了《尚书》《论语》《礼记》，过目不忘，深受唐高宗钟爱。立李贤为太子后，体弱多病的唐高宗打消了逊位于皇后武则天的念头，一心一意培养李贤，屡次命他监国。李贤曾组织一批名儒注释范晔的《后汉书》，尽管受到唐高宗的褒奖，但也引起母后武则天的猜疑，因为《后汉书》载有后汉大权落入皇后和外戚的史实，带有讥讽时政之嫌。李贤处理政务，颇有才干，在士人中声望很高。在仪凤年间，许多重臣都是太子李贤的人。当时的七个宰相，李敬玄、薛元超、高智周、张文瓘、来恒、戴至德、刘仁轨，只有一人（刘仁轨）与武则天关系比较密切。曾反对逊位于武则天的中书令郝处俊兼太子左庶子，同中书门下三品李义琰兼太子右庶子，原太子左庶子李大安升任丞相，朝廷中反武则天的力量占有一定的优势，武则天面临着失去权力的危机。武则天为了控制李贤，曾命北门学士撰《少阳政范》和《孝子传》给他读，还"数作书以责让贤"，但李贤并不顺从，双方矛盾终于在明崇俨死亡一事上公开化。明崇俨精通文学和医术，经常借神道评论时政，深得武则天信任。仪凤四年五月的一天夜里，明崇俨突然遇刺身亡。四天后，太子李贤监国，未能破案。武则天怀疑是李贤幕后指使人暗杀，立即派人搜罗罪状，告发太子好声色，怀逆谋。宰相薛元超、裴炎和御史大夫高智周受命审理此案，兴师动众搜查东宫，居然在马坊查获皂甲数百领。这样，李贤有口难辩，调露二年八月，太子李贤被废为庶人，幽禁起来，随后流放到距京两千余里的巴州。文明元年二月，在废中案之后第三天，武则天派人去巴州杀死了李贤。李贤一案牵连了很多人，不但他的党羽被杀，宰相、左庶子张大安等十余人被流放，唐宗亲子孙也有许多受牵连，就

连贤的孩子也未能幸免，他的三个儿子光顺、守礼、守义都被幽禁宫中，十八年不许出庭院。据说李贤在流放地做过一首《黄台瓜辞》的诗："种瓜黄台下，瓜熟子离离，一摘使瓜好，再摘令瓜稀，三摘犹为可，四摘抱蔓归。"诉说了内心对武则天难以抑制的怨愤，唯恐自己遭到兄李弘那样的命运。并暗示武后：不要光杀自己的儿子，否则你也不会有好处的。如此看来，母子争权造成了李贤之死。

有人说，李贤不是武则天亲生，难免遭到被杀的厄运。据说，永徽年间，唐高宗纳武则天入宫为昭仪，其姐以大姨身份出入后宫，因姿色艳丽令高宗神魂颠倒，被封为韩国夫人。大约永徽五年腊月，已怀孕的韩国夫人即将临产，这可难坏了高宗与韩国夫人这对偷情人。恰在此时，武则天因第三胎不足月早产，又是在数九寒天的路上，孩子夭折了。于是有人作了巧妙的安排，以姐姐韩国夫人的私生子顶替武则天夭亡的儿子。这样，高宗和韩国夫人自然同意，可以给他们的私生子一个较好的出路。孩子问世仅一个月，高宗就迫不及待地给他封王。武则天当时也认为，多一个儿子会使他在后宫的地位更加优越，何况那时王皇后和萧淑妃还在，她的地位不稳，是不会和寡妇姐姐计较的。当李贤成年后，武则天越来越不放心这个非己所生的儿子，对他被立为太子显得很勉强。当李贤知道自己出生的秘密，他自然难免被废、被杀的结局。

有人认为，李贤是"遭谗"被杀的。一是曾受武则天信任的明崇俨，经常向武则天进谗言"太子不堪承嗣"，使武则天不满李贤；二是1972年出土的《章怀太子李贤墓志铭》上用汉武帝听信江充谗言杀害太子刘据、晋惠帝听信贾后谗言废掉愍太子司马通、晋献公听信骊姬谗言杀害申生的典故，暗示李贤是遭谗言构陷而被杀的。

还有人说，李贤是死于中书令裴炎的阴谋，等等。

章怀太子李贤之死因，至今没有定论。但是，无论如何，武则天不能容忍任何阻碍她君临天下的人存在，这一点是明确的。

李唐皇室是汉族还是胡族

大唐帝国是中国古代一个空前强盛的朝代，它辉煌的昨天，令整个世界都为之感叹。然而，唐代李氏皇族的先世，究竟是汉族还是胡族，历来说法不一，莫衷一是。

刘盼遂的三篇《李唐为蕃姓考》和王桐龄的《杨隋李唐先世系统考》，经过一再论证，认定李氏出自拓跋族。其主要理由是：一、据释彦悰《唐护法沙门法琳别传》记载，李氏自言高祖李渊七世祖为西凉武昭王李，暠唐僧人法琳曾冒丧生之险，当着李世民的面加以驳斥："琳闻拓跋达阇，唐言李氏，陛下之李，斯即其苗，非柱下陇西之流也。"认为李氏是拓跋达阇的苗青，自称陇西大族李氏之后，实属假冒。显然，法琳如果没有确凿的证据，绝不敢口出狂言。二、《隋唐嘉话》说，单雄信曾呼李世民之弟李元吉为"胡儿"；《旧唐书》也说，李渊曾孙滕王李涉"状貌类胡"。可见，李氏血统中的确有胡族因素。三、按《新唐书·宗室世系表》《宋书·柳元景传》等记载，李渊祖父李虎有兄名"起头"，有弟名"乞

豆”，李起头之子名“达摩”，而李氏在北魏时的先祖叫李初古拔。由此看出，李氏当出自胡族。四、李氏皇族中多次出现乱伦之事，如太宗死后，其子高宗封太宗才人武则天为昭仪等，这与吐谷浑、鲜卑、突厥诸族的习俗相合。又李氏家族往往与胡姓通婚，如高祖的皇后为窦氏，太宗的皇后为长孙氏等，可证李氏绝非汉族。

然而，史学大师陈寅恪反对“胡族说”，他在《李唐氏族之推测后记》一文中主张，李唐先世本为汉族，或为赵郡李氏徙居柏仁（即柏人县，治所在今河北隆尧西南尧山镇）之“破落户”，或为邻邑广阿（治所在今河北隆尧东）庶姓李氏之“假冒牌”。因为不是华盛之门，所以家风渐染胡俗，名不雅驯。李氏一族至西魏时才真正显贵起来，李渊祖父李虎入关后，东西分立局面已定，遂改赵郡之姓望为陇西，继而又伪称是西凉的嫡裔。如此看来，李氏血统本未与外族混杂，若仅就男系而论，则纯粹是汉族人。

此胡人俑骆驼体大颈长，身驮重物，卷发胡人蜷坐于货包上，右手挥拳呵斥老驼，老驼张口斯叫，胡人身前的小猴轻伏在驼头，似在好言相劝，形象生动，是隋代陶俑中的极品。

唐文学者胡如雷在《李世民传》一书中，则提出另一种观点，认为民族是一个历史社会范畴，而不是一个种族生理范畴，既然李氏家族在长期的民族同化过程中已经汉化了，即使他们在唐代还保留某些胡族的习俗和遗风，也只能目之为纯粹汉人。就血统而言，子女的体貌特征可以继承自父母双方，且有隔代遗传，既然李氏素与胡姓通婚，“状貌类胡”也可来自母系方面，所以不能因此断定李氏祖先必系胡族。同时，母系胡姓窦氏、长孙氏等家族本身也早已汉化，到隋唐时更没有理由把她们看作少数民族了。至于乱伦之事，在唐朝皇族中毕竟只是少数特殊事例，在有唐近三百年中仍以遵循正常的人伦为主，何况这种事更多的是来源于剥削阶级的腐朽本性，未必完全出于民族习惯。总之，从南北朝到隋朝，正是一个胡汉各族同化的历史阶段，很多历史人物的血统是复杂的，很不单纯。即使李氏血统中的确有胡族因素，也并不影响李唐王朝以汉族统治者的身份统治国家。

鉴真和尚的失明之谜

唐代贞观时期，正处于中国封建社会的繁荣昌盛阶段，是历史上有名的“太平盛世”。当时，唐代与世界各国的政治、经济、文化的交往非常频繁，唐代高度先进的封建文化对亚洲各国甚至世界其他地区产生了重要影响，尤其对近邻日本的影响更大。

贞观十九年，日本这个奴隶制国家开始了废除氏族制度的“大化革新”。在这场巨大的社会变革中，他们吸收了唐代的均田制、租庸调制、官制、府兵制以及刑律等等，初步建立起了完备的国家机构和制度，大大地促进了日本的封建化进程。从贞观五年起，日本先后派十二批正式的遣唐使到中国来，使团中绝大多数是留学生和学问僧，他们为传播中国文化做出了重大贡献。

鉴真大师塑像

在中日佛教的交往中，“鉴真东渡”被传为佳话，谱写了中日两国关系史上令人怀念的动人篇章。鉴真，本姓淳于，扬州人。他十四岁出家，对律宗深有研究，后来在扬州大明寺担任主持。由于他精通律学、深谙戒法，在江淮民间有崇高威望。天宝元年，他应日本遣唐使高僧荣叡、普照等邀请东渡。在以后的十二年中，他几经挫折，历尽风险，曾五次渡海失败，终于在天宝十二年第六次东渡成功，到达日本九州，踏上了赴日传法的征途。翌年在奈良东大寺筑坛传戒。公元759年创建唐招提寺，传布律宗。在日本的十年中，他还将中国的建筑、雕塑、绘画和医药学等技术教给了日本人民。鉴真至今仍受到日本人民的怀念和尊崇。

鉴真作为中日友好关系史上的著名人物，他的东渡就成了两国学者共同关心的问题。其中，鉴真是否在双目失明后东渡日本等问题上，一些学者产生了分歧。

其一是鉴真失明的问题。

据日本真人元开《唐大和上东征传》记载，鉴真第五次东渡失败后，于天宝九年由广州到韶州时，由于“频经炎热，眼光暗昧，爰有胡人言能治目，请加疗治，眼遂失明。”指出，鉴真在东渡日本前即已失明。

史学家陈垣则认为，鉴真到日本后，晚年曾失明则或有之，谓鉴真未到日本前已失明，则殊不可信。据查，《宋高僧传·鉴真传》对鉴真失明一事并未记载，《唐大和上东征传》对鉴真在日本十年的传法与生活的记载中，从来没有提到过他因双目失明而感到不便的事情。故此，鉴真失明一事令人怀疑。

其二是鉴真失明的原因。

据日本史书《续日本纪》说，在天宝七年渡海失败后，由于随行的日本高僧荣叡亡故，鉴真因此而“悲泣失明”，并能以鼻辨药，“一无错失”。

日本学者田中块堂等人认为《唐大和上东征传》上所说的“眼光暗昧”，是指鉴真患有老年性白内障，后来请了阿拉伯医生施行针拨法治疗，由于术后感染，病情恶化，才称之为“眼遂失明”，但到日本时尚未完全失明。

还有，日本人木宫泰彦在《日中文化交流史》中说，鉴真是“因中暑毒，致使双目失明”。汪向荣的《鉴真》一书称“途中双目发炎、视力减退”疗治不当而失明。

对上述说法提出质疑的是陈垣的后人陈智超。他在《跋（鉴真和尚失明事质疑）及至致廖世功函》中说，《续日本纪》记载的鉴真“以鼻辨药”，似可相信，但说鉴真在双目失明的情况下，凭记忆力能校正数百万言的经论而一字不差，令人怀疑他是否是真的失明了。他还说，日本正仓院中现在保存着一张《鉴真书状》，据说是鉴真的借书条，其字迹端正整齐，书法为唐代风格，并有涂改重写之处。令人惊讶的是，涂改重写的位置竟完全与原字相合，这恐怕不是一个盲人所能做到的。这张借条如果确系鉴真的真迹，那么只能说，当时鉴真并未全盲。

看来，要解开鉴真失明之谜，还必须继续考证中日双方的有关史料。

李隆基乱伦之谜

唐玄宗李隆基素有“风流天子”之称，他在位四十四年，活了七十七岁。据说，他的妃嫔、宫女多达四万人，生下三十个儿子，三十个女儿。开元二十四年，他不顾自己五十六岁高龄，竟将二十二岁的儿媳杨玉环接进宫来，朝夕相伴，宠幸有加。

堂堂一国之君为何偏偏把目光锁定在自己的儿媳身上呢？怎么又由此演绎出一场令人慨叹的“老翁少妇之恋”，一曲令人荡气回肠的千古绝唱呢？

李隆基与杨贵妃的情事，生动曲折，流传尤广，以此为题材的野史笔记、小说丛谈、诗歌戏剧不计其数，至今不衰。“杨贵妃之死”更成为众人津津乐道的话题。对李隆基的“乱伦”之举，后人也议论纷纷。

说起李隆基的“放纵”，还得从他治国的经历入手。

李隆基在即位之初，还是一位很有作为的皇帝。他首先改革吏治，任用贤相，使国内政治清明。他十分重视农业的发展，打击豪强大族，历行均田制。促进了社会生产力的发展。他积极整顿军旅，扩大屯田区，逐步收复失地，巩固了边境的安全。他还努力推进学术文化的发展，使科学文化都兴旺发达起来。这一切造就了国泰民安的“开元盛世”。

可是，这种歌舞升平的景象使他陶醉了。因在位已久（三十年），他开始厌倦政事，不再考虑后患，渐肆奢欲了。他渐渐听不进逆耳忠言，先后罢免了正直的治国能臣，而信任妒贤嫉能的奸相李林甫。这样，朝政日趋腐败，李隆基也一味追求享乐，恣情声色不能自拔。

开元二十四年，李隆基宠爱的武惠妃去世，他十分伤心，整日郁郁寡欢。后来听说寿王妃杨玉环体态丰艳，绝世无双，便召入宫中。一见杨玉环不但娇嫩可人，而且资性聪颖、通晓音律、擅长歌舞，李隆基简直如获至宝，愁怀顿开。遂借酒寻欢，想将其攫为己有。

李隆基

然而，杨玉环毕竟是他的儿媳，是他与武惠妃之子寿王李瑁的宠妻。如果盲目地占为己有，势必会招惹非议。于是，李隆基想出了一个掩耳盗铃的方法：让杨玉环自请度为女道士，前往宫中的“太真观”为李隆基的母亲窦太后荐福，就此长住宫中。同时，又给儿子李瑁娶了个韦姓女子做了个妃子，以示慰藉。

过了几年，时过境迁，朝野对这一特殊恋情也熟视无睹了，李隆基便开始为杨玉环正名了。天宝四年，他册封其为“贵妃”，仪礼与皇后同，成了实际上的皇后（当时皇后位空缺）。自此，杨贵妃心满意足，李隆基乐不思治，两人情投意合，整天沉醉在灯红酒绿之中。

“一人得道，鸡犬升天”，杨贵妃的亲属都依仗她飞黄腾达起来。故去的被追赠，在世的被晋封。杨贵妃的远房堂兄杨钊被赐名为“国忠”，由金吾兵曲参军升至度支判官、后部侍郎、御史中丞直爬到宰相高位。由此，杨氏一门权倾天下。李林甫死后，杨国忠更是一手遮天，把朝政弄得乌烟瘴气。这期间，唐玄宗李隆基更加昏聩，杨国忠专权尤使国势衰败，海内危机四伏。“均田制”瓦解了，政府又横征暴敛，弄得百姓贫困不堪。“府兵制”被破坏了。“募兵制”所募之兵又都是些无赖子弟，军队无战斗力，中原几乎无兵可用了。为图虚名，李隆基还发动了一系列不义的战争，劳民伤财，致使国库空虚，民怨沸腾。尤其是李隆基纵容了地方节镇势力和“蕃将”权势的扩大，终于酿成大祸。

天宝十四年，平卢、范阳、河东三镇节度使胡人安禄山率众十万，公开叛乱。朝廷的军队一战即溃。不到半年，叛军就直逼长安。六月十三日，时已七十二岁的唐玄宗李隆基不得不慌忙率众出逃，奔向蜀郡。

次日，车驾到了马嵬坡，护驾的军士发生哗变，要求杀死祸国殃民的杨国忠以谢天下，否则不再护驾前行。可是杀了杨国忠后，军士仍旧鼓噪不行，又要求连杨贵妃一起除掉。想起与杨贵妃恩恩爱爱十几年朝夕相处的岁月，李隆基恳求说：“贵妃一直在深宫，宰相国忠的所作所为她何以得知？”可是高力士认为：“贵妃虽然无罪，可诛杀国忠之后，

她仍留在皇帝身边，叫军士们心里难安。”无奈，杨贵妃被一条白绫缢死。死时年仅三十多岁。

后人分析，马嵬坡事变不是一次突发事件，而是一次有预谋有组织的行动，是唐朝上层统治集团的一场权力斗争。得胜的一方是宦官首领，俨然“内相”的高力士。因其与依仗贵妃之势飞扬跋扈的外相杨国忠一直矛盾很深，水火不容。如今“安史之乱”起，为高力士铲除杨国忠提供了机会。当时护驾的禁军头领陈玄礼出面杀杨，后台就是高力士。而杨贵妃只是这场斗争的牺牲品。李隆基为了江山，为了自己的性命，只得忍痛抛弃了她。

后世对杨贵妃的评价可归纳为两种观点。正史认为是“女祸”，说“自高祖至于中宗，数十年间再罹女祸……玄宗亲平其乱，可以鉴矣，而又败以女子。”把唐朝衰落之责算在杨贵妃身上，却不责备唐玄宗的昏聩、淫逸、腐败，真是岂有此理。而后世的文学作品，则对杨贵妃抱以同情，对其与唐玄宗的爱情也给以一定程度的肯定，立论还算公允。

关于“乱伦”之说，有人认为，不能以现代人的观点看古人，唐代上层社会对闺门失礼之事并不十分看重。因为唐室杂有胡族血脉，在胡族婚俗中，一女嫁给父子两代，并不为怪，唐高宗在娶其父唐太宗小妾武则天时的诏书中，就曾明言太宗“以武氏赐朕，事同政君”。因此，对李隆基与杨贵妃的问题上，就应该考虑当时的历史背景和社会条件。当时宫廷中并未因此而引起很大风波，即是明证。“乱伦”是汉族文人特别是后世士大夫所不齿的事，指责李隆基“乱伦”，无非是想说明他的荒淫。倘若李隆基稳坐江山，与杨贵妃都寿终正寝，这种指责恐怕就少多了。

杨贵妃的生死之谜

中国兴平市马嵬坡有一座杨贵妃墓，日本山口县大津郡也有一座杨贵妃墓。中国人说，马嵬坡的墓里埋的只是一个香囊，贵妃成仙时，请土地神将胸前佩戴的香囊放在冢内；日本人说，大津郡的墓里埋着杨贵妃，而当时是贴身侍女替她而死，她被武士救出又护送至日本。

那么，贵妃杨玉环究竟魂断何处呢？

按照史书记载，唐天宝十四年，安禄山在范阳起兵，次年6月攻破潼关，长安一片惊慌，唐明皇李隆基带着“贵妃姊妹皇子妃主皇孙及宦官宫人”向西蜀逃去，行至马嵬驿，将士饥疲皆愤怒“祸由杨国忠”，追杀之，又以贵妃不宜供奉，请割恩正法……上乃命高力士引贵妃于佛堂缢杀之。《资治通鉴》《旧唐书》记载相同，《唐国史补》则说缢死于佛堂梨树下，《长恨传》（作者陈鸿）说“仓皇辗转，竟死于尺组（短带）之下。”

除正史“缢死”说之外，唐人诗句中另有一些说法，如杜甫的《哀江头》“明眸皓齿今何在，血污游魂归不得”，似乎说杨玉环为乱军所杀；李益的一句“托君休洗莲花血”似说是淹死，而另一句“太真血染马蹄尽”又似说被马践踏而死；杜牧的“喧呼马嵬血，零落羽

林枪"似说为禁军所杀;张佑的"血埋妃子艳"、温庭筠的"埋血空生碧草愁"都似说杨贵妃死得很惨烈;除此种种诗语之外,刘禹锡还根据"里中儿言",得出"贵人饮金屑""颜色真如故"的吞金而死的说法。

杨贵妃的的确确死在了马嵬驿,所不同的是"死法"不同,但为什么又有"藏匿民间""流落海外""羽化成仙"的传说呢?这大约是因为人们对她的同情。杨贵妃原来是唐明皇第十八个儿子寿王李瑁的妃子。唐明皇看中了她,先要她入宫做女道士,号为太真,然后占为己有。天宝四年(745),册封为贵妃,这时的李隆基已经63岁,而杨玉环只有27岁。另外,杨入宫之后,虽"三千宠爱在一身",却没有像周朝的褒姒、商朝的妲己那样恃宠干坏事。"安史之乱"的根源实在不在她身上,更不能算为罪魁祸首。正因为如此,元和元年(806)白居易、陈鸿"暇日相携游仙游寺,话及此事,相与感叹",于是一人写了《长恨传》,一人写了《长恨歌》,都是讴歌李、杨爱情的。特别是白居易的《长恨歌》,不仅写出了他们"在天愿作比翼鸟,在地愿为连理枝"的誓言,还写出他们"但教心似金钿坚,天上人间会相见"的信念,还请出了"临邛道士鸿都客",为哀叹"悠悠生死别经年,魂魄不曾入梦来"。多情的君王"上穷碧落下黄泉",终于在海上仙山找到了"一人字太真"。

《长恨歌》诗意图·清『七月七日长生殿,夜半无人私语时』

《长恨歌》是首叙事诗,它突破了历史事实的局限,根据当时人们的传说、民间的歌唱,使历史人物成为传说人物,让绚烂的色彩,遮掩或减轻了悲剧气氛,从而达到对"天长地久有时尽,此恨绵绵无绝期"的生死不渝的深情的歌颂。

继《长恨传》《长恨歌》之后,戏剧舞台也陆续出现了李、杨的各种艺术形象,如南宋的戏文《宦门子弟错立身》,金代的院本《梅妃》,元代的《唐明皇哭香囊》《唐明皇秋夜梧桐雨》《唐明皇游月宫》《罗光远梦断杨贵妃》《杨太真霓裳怨》《杨太真华清宫》,明代的《彩毫高》《惊鸿记》以及清代的《长生殿》,其中尤以《梧桐雨》《长生殿》最负盛名,影响最大。

《梧桐雨》作者是元代人白朴。戏中讽刺文武两班大臣当安禄山叛军进逼长安时,"空列些乌靴象简,金紫罗裹,内中没个英雄汉,扫荡尘寰",又通过"雨一阵阵打梧桐叶凋,一点点滴人心碎"表现了唐明皇对杨贵妃的思念。这里的君王是一个多情的君王,李、杨的爱情是悲剧的。

《长生殿》是清代人洪昇的作品,他一反传统的"女人是祸水"的思想,而是歌颂李、杨的感人爱情。剧中《密誓》写他们"誓盟密矢,拜祷孜孜,两下情无二,口同一辞";《埋玉》写六军不发,杀死杨国忠,又高喊:"不杀贵妃,誓不扈骂"时,唐明皇的表现是"魂飞颤,泪交加,堂堂天子贵,不及莫愁家,难道把恩和义,霎时抛下"。杨贵妃则以国家为重,说出

了“事势危急，望赐自尽，以定军心，陛下得以安稳至蜀，妾虽死犹生也”。安史之乱平息了，唐明皇又回到长安，当他“痛伤妃子仓促捐生，未成礼葬，特传旨别备珠襦玉匣，改建坟茔”时，墓开启后却是个空穴，“只有一个香囊”，原来杨贵妃已尸解成仙了。剧的终场是，在织女星、牵牛星的帮助下，杨贵妃、唐明皇“笑骑双飞凤，潇洒到天宫”。

《长生殿》不仅把李、杨的爱情故事发展到前所未有的高度，同时也把李、杨故事的背景写成真实的历史剧的规模（徐朔方《长生殿·前言》），洪昇这样写可谓是反传统，不再把丧社稷的责任压在女人身上，还大胆地写出帝王也是有真感情的，不是一味地“玩”女人。当然，洪昇敢于这样写，是因为有《长恨传》《长恨歌》为基础，而歌、传的相当大一部分内容又吸收了民间传说，因此，这个戏代表了大多数人的想法，就能为大多数人接受，并由此派生出“贵妃成仙”“贵妃流落民间”以至“贵妃漂洋过海到了日本”等等美好的传说。

上官婉儿的私生活之谜

以才女著称的上官婉儿，是武则天最得力的心腹之一。她不同于那些酷吏、诸武和男宠，仅仅一时充作武则天镇压反对派的工具；也不同于那些治国能臣、忠勇将帅，多是武则天政策的执行者。她是武则天的心腹笔杆，长期生活在武则天身边，一面精心侍奉武则天，一面在宫中执掌制命，为武则天代笔草拟敕诏，活跃于政治舞台上。朝中文武臣官无不对之另眼相看。她虽一生未嫁，但也丑闻缠身。因此，她的私生活也和她的身世一样，引起后人的注目。

上官婉儿

上官婉儿是在襁褓中因受其祖父上官仪的案子牵连而籍没入宫的。那是麟德元年的事。当时高宗对武则天的专横牵制甚为不满，与宰相上官仪密谋废后。上官仪附和高宗之意说道：“皇后恣意专权，天下极为不满，应当废掉以顺人心。”高宗即令其起草废后诏书。武则天听到密报后，慌忙赶到高宗身边，一把抢过诏书，瞪起眼睛看了一遍。恶狠狠地把脖子伸到高宗面前嚷道：“你杀了我算了！杀呀！杀呀！”高宗久处积威之下，对撒泼的武则天毫无办法。只得支支吾吾地说：“这不是我的意思，都是上官仪教我的。”只一句话就嫁祸于人，让上官仪成了替罪羊。武则天当然不肯轻易罢休，指使亲信许敬宗诬陷上官仪勾结前太子李忠图谋反，结果上官仪与其子上官庭芝被下狱处死，上官庭芝之女上官婉儿也随其母没入宫中为婢。

上官婉儿在宫中渐渐长大。她天资聪慧，又肯用功学习，对宫中事务都了如指掌。

十四岁就会作诗，众人都夸她是才女。后来，武则天见她才华出众，善解人意，就封她为婕妤，协助她拟敕制诏。上官婉儿也不计武则天杀父之仇，死心塌地地与武则天在国事上密切合作。这种不计前嫌的雅量是罕见的。

上官婉儿对武则天唯命是从，很受武则天的宠信。但也有一段时间却屡遭训斥。不是因为她办事不力，而是因为独身半生的她，理解不了武则天的情态心理。时年七十多岁的武则天因男宠薛怀义死后，整天陷入寂寞无聊的烦闷之中。她喜怒无常、脾气暴躁，动不动就责骂侍女。上宫婉儿虽然善解人意，但从来没尝过男欢女爱的滋味，对武则天的变态只能感到惘然。后来张易之、张昌宗两位美少年入宫侍寝，武则天才又精神焕发，精力充沛起来。上官婉儿才似有所悟。

上官婉儿私生活中那不光彩的一页，是武三思参与书写的。当时，武则天已死，武三思是中宗与韦后最亲密、最信赖的知己，官至司空，并和韦后勾搭成奸，成为操纵中宗的"真天子"。武三思还千方百计消灭了"五王"，在朝中权倾一时。武三思的再度猖獗得益于上官婉儿鼎力相助。当时上官婉儿由正三品女官"婕妤"，升为正二品"昭容"，她虽然已有四十多岁，但风韵犹存，看起来不过三十出头的年纪。她容貌艳丽、风度袅娜、举止大方、才华横溢，令男人们为之倾倒，中宗也垂涎欲滴。但韦后专横，中宗不敢觊觎，众大臣也惧于上官婉儿的声望可望而不可即。由于武三思和韦后的亲密关系，他可以随时出入宫廷。出于政治需要，武三思想尽办法取悦上官婉儿，挖空心思勾引上官婉儿，使上官婉儿陷入情网。面对权势显赫又对她体贴入微的男子，体验了床第之欢，欲壑难填，遂与武三思频频幽会于后宫。后来竟成为宫中公开的秘密。为了更方便地与武三思苟和，上官婉儿便要求在宫外建立私宅。把母亲沛国夫人接来同住。每天早出晚归到后宫侍奉帝后。许多女官纷纷效仿，竟开了宫廷史的一个先例。闲暇时，她则与武三思在一起厮混。

后来武三思被杀，韦后专权，毒死了中宗，引起了李隆基发动政变。当李隆基率众进入宫中杀死韦后及安乐公主后，上官婉儿心存侥幸，率领宫人秉烛出迎。她拿出一纸诏书的底稿让李隆基过目。说当初是她亲拟诏书立温王李重茂为帝，以相王李旦辅政的，不过韦后不肯。这个未实现的"功劳"没有打动李隆基，上官婉儿当场被李隆基的部下一刀杀死。这个聪明一生的才女佳人竟惨死于这场流血的事变之中，终究没有逃脱噩运，死时年仅四十七岁。

倘若她生前有先见之明，与武三思和韦后等人拉开距离，或许不会遭此下场。

梅妃真相之谜

忆昔娇妃在紫宸，铅华不御得天真。
霜绡虽似当时态，争奈娇波不顾人。

这是唐玄宗李隆基写的《题梅妃画真》诗，意思是说：我想起从前的你啊，又娇媚，又

任性，住在我金碧辉煌的宫廷；不施脂粉，不加雕琢，你是那样的纯美、天真！这洁白的绫绡上画的，虽是你当日的情态，可叹的是，你柔媚的眼波再也不肯回顾我这无情无义的罪人。情感真挚，沉痛感人。

都说唐玄宗"三千宠爱"在杨贵妃"一身"，怎么又出来一位令玄宗难以忘怀的梅妃呢？历史上真有其人其事，还是后人虚构的呢？虚虚实实又引出一连串的故事来。

唐王朝宫闱之中确实真有梅妃其人。她本姓江，名采苹，福建莆田人。她长得娇小柔媚，面容俏丽，聪慧贤淑。唐玄宗贴身大太监高力士出使闽越，发现了她，把她献给了唐玄宗。因为江采苹喜爱梅花，凡是画的、摆的、绣的、铺的，都离不开梅花，所以，唐玄宗封她为"梅妃"，把她住的地方题为"梅亭"。一度，玄宗和梅妃恩恩爱爱，形影不离。

有一次，玄宗同梅妃斗茶不赢，竟当众夸她道："她真是个'梅精'儿，吹起百玉笛儿，回肠荡气，我不能胜；跳起《惊鸿舞》满堂生辉，我不能胜；想不到这调茶品茗的小玩意儿，我也不能胜！"梅妃款款而答："皇上说哪里的话。这吹笛煮茶，能算得什么呢？调和四海，烹饪鼎鼐，才是圣上的专长！有谁能比得过皇上呢？"说得玄宗龙颜大悦。

可惜，好景不长。不久，唐玄宗被能歌善舞、美丽动人的杨玉环迷倒了。从此，梅妃和杨妃就成了对头，梅妃背地里叫杨妃为"肥妃"，杨妃背地里叫梅妃为"梅怪"。但是旧宠终究敌不过新欢，唐玄宗封杨玉环为贵妃，过着"春宵苦短日高起，从此君王不早朝"的生活。梅妃也没人理了。一天，在高力士的撮合下，玄宗又派个小太监，不掌灯不驾车，用个小小马驹儿，把梅妃悄悄地驮到翠华西阁，叙叙旧情。梅妃悲喜交集，以为时来运转。岂料，天刚亮，杨贵妃就气冲冲地找上门来，吓得玄宗不知如何是好，梅妃也被小太监偷偷送回到上阳宫。从此她再也到不了玄宗身边。

据说，有一天，玄宗想起梅妃来心有不安。于是就差人送给梅妃一斛上等合浦珍珠。梅妃不禁感慨万千，提笔写了一首《谢赐珍珠》：

桂叶双眉久不描，残装和目污红绡；
长门尽人无梳洗，何必珍珠慰寂寥。

意思是说，自从离开了您，我像桂叶一样美丽的双眉，已经久久地不再描画。残存的脂粉和着眼泪，常常污损我穿着的红绡。我像那汉宫失宠的阿娇一样，被武帝贬居长门宫，整日里没梳没洗，纵有这一斛璀璨的珍珠，又哪能安慰我的寂寥！

写罢，派人将珍珠原样封好，连同此诗，退给了玄宗。玄宗心里很不是滋味，就把引诗配了个曲谱，让人演唱，题名《一斛珠》。

"安史之乱"后，梅妃不知所终。玄宗回京后，曾悬赏百万寻访梅妃下落，没有结果。据说，后来在华清宫汤池边的梅树下，找到了梅妃的尸骨。刀痕为证，梅妃是为乱兵所杀。玄宗号啕大哭，以皇妃礼仪安葬了她。

如今，在梅妃的家乡——莆田东边的黄石镇江东村，有一座壮丽的"浦口宫"，就是为梅妃而建。宫中大殿上端坐着梅妃塑像，神龛上方的横幔上，绣着"江梅妃宝帐"五个大字。浦口宫附近，有梅妃的族人聚居。江氏家庙保存的《江氏族谱》上，对江采苹的父兄都有记载："采苹之父仲逊，字惟恭，封镇国将军，金紫光禄大夫；兄采芹，册封为国舅，忠

于皇室，死后，赐食庙祭。”莆田的“节孝祠”，把梅妃列为首位，春秋致祭。莆田的女子出嫁的花轿，称“鸾驾轿”，轿顶有金龙四条，红花四朵，据说是玄宗特赐的。莆田的妇人去世，木主牌上都写着“××孺人之神位”，据说，也是唐玄宗荫封的。明代还有一本《梅妃传》，也是记叙梅妃一生的。

按理说，这么多的传说、典籍、文物、风俗足以证明梅妃的存在吧？然而，否认梅妃是真人真事的，也大有人在。

中国著名的大文学家鲁迅先生、当代文学史家郑振铎、刘大杰先生，都否认梅妃的存在。他们认为，一切有关梅妃的记载，都出自《梅妃传》。而《梅妃传》的作者，传抄者并不确切。而且，《梅妃传》所记与史实不符的地方相当多：如高力士从未赴闽，更谈不上选美献江采苹；梅妃被贬之处“上阳东宫”，距京城长安数百里，附近并没有“翠华西阁”，怎么能深夜召幸陪伴玄宗，第二天又被小太监送走“步归东宫”呢？另外，据莆田县志所载海湖涨落推断，唐玄宗时期，江东村可能根本不存在。特别重要的一点，在权威的唐史上，没有记载梅妃的只字片语。《旧唐书》《新唐书》都是如此。连《资治通鉴》也如此。试想，唐史上的后妃，特别是关于杨贵妃的记载，巨细不遗，怎么连她的“对头”梅妃的事，一点也不提及呢？这不太奇怪了吗？其实，也不奇怪——只能说明历史上并无梅妃这个人。

真耶？假耶？后人继续猜测吧。

李白身世之谜

“诗仙”李白是我国历史上最伟大的浪漫主义诗人。他才华横溢、心胸豁达，却一生不得志。史称他相貌特异，又精通月氏语，其先世曾流寓西域，他是汉人还是胡人？他的家世又如何呢？

根据李白自述及其好友们的述说，李白是唐玄宗的族祖，出身显赫。在《赠张相镐》一诗中，李白自述道：“家本陇西人，先为汉边将功略盖天地，名飞青云上。”李白的族叔李阳冰在《草堂集序》中说：“李白，字太白，陇西成纪人，凉武昭王暠九世孙。蝉联珪组，世为显著。”从“先为汉边将”分析，李白应是“飞将军”李广的第二十五代孙，属于西汉李陵、北周李贤、隋朝李穆一系的后裔，从“凉武昭王暠九世孙”分析，属定李白是唐玄宗的族祖，既然李白是李广、李暠之后，有人推断，他应该是唐太宗李世民的曾侄孙。他的曾祖父可能是李世民的哥哥或弟弟中的一个。

那么，唐玄宗在天宝元年曾下过诏书，准许李暠的子孙登记上皇族的户口，为什么李白一家却没有去登记呢？后来，李白进入翰林院，多次见到皇帝，为什么也没有提到此事？即使到了晚年，他的处境很艰难，求人推荐的心情十分迫切，也没有向人提起过这一段家事？结论只能是李白的先人李陵及李世民的兄弟，都曾因罪遭贬谪，尤其是可能牵涉到“玄武门之变”这场“宗室恩怨”中来，因此，李白生前不敢将此事写成文字，而只在死

后让别人公诸于世。他是有难言之隐啊!

再从李白之父李客的经历和处境,也可以对李白的身世之谜进行破解。李阳冰在《草堂集序》里还写道:“中叶非罪,谪居条支,易姓与名……(其父)神龙之始,逃归于蜀。”李白好友范伦之子范传正在《唐左拾遗翰林学士李公新墓碑》中也说:“绝嗣之家,难求谱牒,……隋末多难,一房被窜于碎叶,流离散落,隐易姓名,故自国朝以来,漏于属籍。神龙初,(其父)潜还广汉,因侨为郡人。父客,以逋其邑,遂以客为名,高卧云林,不求禄仕。”李客为什么要“逃归于蜀”或“潜还广汉”呢?如果因为国破家亡,流落异域,那么早就该返还原籍了。如果是因为触犯刑律,流放边疆,那么时隔百余年,也无须“潜还”广汉。总之,促使李客“逃归”“潜还”的真正原因不知为何?

有人进一步分析,认为李客的“逃”“潜”很可能与他的“任侠”“避仇”有关。即李客或许是一位扶危济困或替人申冤雪恨的侠客,由于触犯了当权者,不得不避居穷乡僻壤,隐姓埋名,以终其一生。

如果上述推断得以成立,那么李白家世中的一些疑难问题就可以有了些眉目了。他本人对自己家世的闪烁其词和其他的亲友“为尊者讳”,“为亲者讳”,使用一些托词和曲笔,也就有了答案了。

与此相反,有人考证,李白不是他自己所说的出身,而是西域胡人。他们认为,李白先人所窜谪的碎叶、条支,在隋末时,并未隶属于中央政权的势力范围,当时也不可能成为窜谪罪人之地,因而李白不是汉人而是胡人。又分析李白之父李客的名字,认为他本不姓李,而是潜还蜀中后改的。其名为客,也是因为西域人的名字与华夏不通,所以称为“胡客”,因此以“客”为名。另外,蜀中地区在隋朝是与西域胡人贸易往来的区域,“李客”或许是“商客”,他入蜀后因为富有渐成豪族。还有,李白“眸子炯然哆如饿虎”,相貌具有胡人的特征,又精通月氏语,懂得少数民族的礼节。说李白是胡人也似有些道理。

但许多人对此予以驳斥。他们指出:

古时凡由汉民族居住区域移往外域,便称为“窜谪”,李白先世移居西域并非因罪窜谪,且从时间上看,也不一定在隋末。

其父名客,也可指外地去蜀的汉人,如果没确凿的证据说“李客”不姓李,不一定就是胡人,而且去蜀前一度改了姓,仍“有可能就是李姓胡客”的话,就不能肯定李白的先人是胡人。

李白之所以不得入宗正寺属籍,造成终身蹭蹬,很可能是其先世与李唐宗室有纠葛,直至唐玄宗时这种旧隙仍未消除,通月氏语和懂夷礼并不难,即使是汉族人,如果他的家世与西域有关联,完全可以学到。

李白虽貌似胡人,但汉族人中相貌具有胡人特征的也不少见,以此说李白是胡人,令人难以信服。

还有人提出第三种看法,认为李白先世既不是汉人也不是胡人而是汉胡两族的混血儿。他们查证古籍,认为李白不是李暠之后,而是西汉名将李广的嫡孙李陵的后代,是地道的汉之后裔。认为早在汉武帝时,李陵败降匈奴,他在中原的妻儿老小统统被杀,后娶

胡女为妻,其子孙随胡人俗,改姓拓跋氏。到了隋朝末年,李陵的后裔蒙难又被流入到西域。李白的先世就属于这一支。这样看来,李白带有胡人的血统就不奇怪了。

上述有关李白身世的说法,都因相关的文字记载隐约其词,所以难以考证。

李白因何断魂西去

唐代诗人李白,是中国诗坛上的一颗巨星,一生中写下了一千五百多首脍炙人口的诗篇,流传千古,受到后世人赞赏,在中国文学史上留下了不朽的英名。他雄才大略,飘逸不群,蔑视王侯,经历坎坷,只活了六十二年便去世了。他的身世,他的经历,他的生与死,都留下了许多谜团,引起了后世之人无穷的考证和争议。他的死因就是其中之一。

一为“病卒说”。

李白的族叔,当涂令李阳冰在《草堂集序》中说,“阳冰试弦歌于当涂,心非所好。公暇不弃我,乘扁舟而相顾,临当桂冠,公又疾亟,草稿万卷,手集未修,枕上授简,俾予为序。”肯定李白是病死的。

湖南太白楼·清

唐代李华《故翰林学士李君墓志序》说,李白之墓在姑苏东南,青山北址,六十二岁时,“赋临终歌而卒”。

唐代刘全白《唐故翰林学士李君碣记》也说,李白“天宝初诏令归山,偶游至此,以疾终,因葬于此”。明白地说明,李白是病卒的。

李白一生嗜酒成性,人称“醉仙”。特别是到了晚年,“狂饮”更是他生活中的一大特征,久而久之,酒精中毒而致病是很自然的事情。试看他诗作中洋溢着的酒味吧:

“烹羊宰牛且为乐，

会须一饮三百杯”（《将进酒》）

“大笑同一醉，

取乐平生年”（《叙赠江阳宰陆调》）

“高谈满四座，

一日倾千觞”（《赠刘都史》）

再看与他同时代的名人对他嗜酒的描述：

在诗人杜甫所作《饮中八仙歌》中，刻画了唐代著名人士贺知章等八位酒仙醉酒后栩栩如生的群像图，李白的出场是全诗的高潮：“李白斗酒诗百篇，长安市上酒家眠；天子呼来不上船，自称臣是酒中仙。”酒后的李白竟敢在皇帝面前口出狂言。李白如此视酒如命，怎能不病入膏肓？

晚唐诗人皮日休曾作《李翰林诗》云：“竟遭腐胁疾，醉魂归八极”，明确指出，李白是患“腐胁疾”而死的。据现代医学分析，李白患的是“脓胸症”，不治而亡。

二为“溺死说”。

许多人根据李白生前豪放不羁的性格和浪漫高傲的气质，认为他的结局应该是“醉入水中捉月溺死”。

五代时王定保在《唐摭言》中说：“李白著宫锦袍，游采石江中，傲然自得，旁若无人，因醉入水中捉月而死。”

元代辛文房《唐才子传》说：“白（李白）晚节好黄老，度牛渚矶。乘酒捉月，沉水中，初悦谢家青山，今墓在焉。”

元代祝诚辑《莲堂诗话》也说：“宋胡璞，闽中剑浦人，曾经采石渡题诗吊李白：当时醉弄波间月，今作寒光万里流。”

宋朝陈善《扪虱新记》记道：“坡（苏东坡）又尝赠潘谷诗云：一朝入海寻李白，空看人间画墨仙。”

可见，李白“溺死说”古已有之，流传广泛。

试想，李白一生浪迹江湖，他的诗写月的高尚皎洁，写举杯浇愁，顾影自怜，空怀一身抱负，却创痛巨深，以至贫病交加，潦倒如斯，在《笑歌行》与《悲歌行》里，自己简直表现哭哭笑笑的狂态。那么，人们说他“醉而落水捉月而死”，好像顺理成章，更能博得人们的同情。

三为“病”“溺”都有可能说。

据考证《旧唐书》和《新唐书》，它们在提到李白之死时，都一笔带过，并没有说明李白的死因。《旧唐书》只说李白是醉死于宣城的。那么是醉而病死的，还是醉而溺死的呢？人们不得而知。或许是人们不愿凭吊溺死之人而说李白是病死的，或许是古人不愿面对李白病死的结局，宁肯认可他入水捉月、仙游羽化也未可知。两种死因都难以排除。

如今看来，解开李白死因之谜并无多大意义，倒是唐代项斯《经李白墓》里面的一句话“醉死此江边”很值得后人玩味。

杜甫死因之谜

“诗圣”杜甫的诗大多揭露当时尖锐的社会矛盾和统治者的黑暗，同情人民的苦难，反映唐代由盛转衰的历程，富有现实意义，被誉为“诗史”。但是杜甫生前并不得志，穷愁潦倒，晚年更是流离漂泊，在贫病交加中死去，死时才五十九岁。他的死令人惋惜，也令人迷惑不解。

有人说他是殁于牛肉白酒，有人说他病死舟中，还有人说他溺于郴水，其说不一。

据新旧唐书记载，杜甫是啖牛肉白酒，一夕而卒的。唐郑处晦的《明皇杂录》更记得很详细：“杜甫客耒阳，游岳祠，大水遽至，涉旬不得食，县令具舟迎之，令尝馈牛炙白酒，后漂寓湘潭间，羁旅憔悴于衡州耒阳县，颇为令长所厌。甫投诗于宰，宰遂致牛炙白酒以遗甫，甫饮过多，一夕而卒。”这就是说，杜甫是吃得过多，胀饫而死的。有人认为“胀饫”之说不确，而是中毒。其说法是，杜甫阻水耒阳的时候，正值暑天，食物极易腐败，县令送来的牛肉一次吃不完，过了一天就变质有毒了。当时杜甫已年老多病，吃了腐肉，又饮了白酒，加速了毒素在血液中的循环，最终心脏衰竭而死。看得出，这种说法是有科学道理的。

唐人李观在《杜诗补遗》中，对杜甫的死因，又提出了新的看法。他说：“甫往耒阳，聂令不礼。一日，过江上州中，醉宿酒家。是夕江水暴涨，为惊湍漂没，其尸不知落于何处。洎玄宗还南内，思子美诏天下求之。聂令乃积空土于江上，曰：子美为牛肉白酒胀饫而死，葬于此矣。”这一说法无人赞同，被众人讥为无稽之谈，但也有人展开想象的翅膀：如果杜甫是这样落水而死，加上李白的入水捉月而死，屈原投江自沉而死。正好是“三贤同归一水”了，宁可将大诗人的结局想得浪漫一些。因该想法更无丝毫根据，人们不屑深究了。

大多数人则赞同杜甫死于湘江舟中的观点。根据大量的史籍与传说，细致考证，描绘了杜甫病逝的始末。

大历五年四月，湖南兵马使臧玠率兵作乱，潭州城里大火冲天。时值深夜，官军措手不及，潭州刺史崔瓘被乱军所杀，百姓仓皇逃出城外，杜甫全家乘船溯郴水而上，行至耒阳县境内的方田驿时，突然大江涨水，风狂浪急，只得在当地停船。杜甫本来就贫病交加，此地又无亲友接济，一连五六天弄不到食物充饥。后来，耒阳县令聂氏闻讯，派人送来了酒肉，并邀请他到县里做客，杜甫感激不尽，作诗答谢，诗题云：聂耒阳以仆阻水，书致酒肉，疗饥荒江，诗得代怀，兴尽本韵。至县呈聂令。可惜，水势越涨越猛，答诗送不到聂令手里，眼看又要挨饿，只得掉转船头，下衡州去了。大水退了以后，聂令派人再邀杜甫，只见茫茫江水，杳无踪迹，遂断定杜甫一家已被洪水吞噬，十分遗憾，只好拾起杜甫遗落的靴子，建一座衣冠墓纪念杜甫。其间，杜甫已回衡州，停留几日后，仍以船为家沿江而下。其时，杜甫还在船上作过一首诗《过洞庭湖》：“破浪南风正，回樯畏日斜。湖光与

天远，直欲泛仙槎。”沿江两岸没有落脚之地，杜甫又在船中住了一秋一冬。凄风苦雨使他得风痹病的幼女夭亡了。巨大的打击，使杜甫再也经受不了，竟病死于船舱里，时年五十九岁。杜甫死后，家人无力归葬，只有将其灵柩暂寄于岳阳。四十三年之后，他的孙子杜嗣业才把他的灵柩运到河南偃师，正式安葬在首阳山下。当时，杜嗣业曾请求诗人元稹为杜甫作墓志铭。元稹在《唐故检校工部员外郎杜君墓志铭》中，记载有“扁舟下荆楚间，竟以寓卒，旅殡岳阳，享年五十有九”句，证明杜甫确系病殁舟中。

应该说，这段描述，是颇为合理的解释。

对杜甫死因的探讨，至今并未取得一致见解，但随着考证的步步深入，这个谜会一步步解开。

骆宾王亡命何方

骆宾王是“初唐四杰”中最富才情的传奇人物。但是，骆宾王的生活道路却异常坎坷。

骆宾王早年丧父，家境贫寒。唐高宗龙朔元年入仕时，任道王李元庆的参军，地位低下。后来，做过校理图籍旧书的东台洋正学士，之后，被谪从军。上元三年，他又调为明堂县主薄。仪凤三年，迁侍御史。此年冬天，又被捕下狱。遇赦后，又到幽燕从军。嗣圣元年，他客居扬州，加入了柳州司马徐敬业起兵反对武则天的活动，写了《讨武曌檄》受了牵连。这里还有一个小插曲：

在这篇气势磅礴的檄文里，他写道：“入门见嫉，蛾眉不肯让人；掩袖工谗，狐媚偏能惑主。”正好道破了武则天的心思，她会心地笑了。接着是“虺虺为心，豺狼成性，近狎邪僻，残害忠良，杀姊屠兄，弑君鸩母。”“言犹在耳，忠岂忘心？一抔之土未干，六尺之躯何托！”武则天不禁变色，问：“作者是谁？”左右回答：“骆宾王。”武则天感慨地说：“这样的人才，却使他流落不遇，这是宰相的过错啊！”被骂的武则天也不得不佩服他的才情。

但是，据说徐敬业的“义军”土崩瓦解之后，骆宾王却不见了。有的说他被杀，有的说他投水自杀，还有的说他逃跑了。

说“被杀”的是《旧唐书·骆宾王传》，“敬业败伏诛。”还有《资治通鉴》“敬业大败……其将王那相斩敬业、敬猷及骆宾王首来降。”

说“自杀”的是《朝野剑载》，“后与徐敬业兴兵扬州，大败，投江水而死……”

说“逃逸”的是《骆宾王文集》序，“文明中，与嗣业于广陵共谋起义，兵事既不捷，因致逃遁。”《新唐书·骆宾王传》则说，“敬业败，宾王亡命，不知所之。”

800年后，有人在江苏通城东黄泥口发现了一座古墓，石碑上刻着：“骆宾王之墓”。雍正年间，一个叫李于涛的人说，扬州兵败之后，眷属逃窜几尽，李纲同骆宾王一起匿居于邗之白水荡，后来，宾王客死崇川。崇川就是南通。逃逸说得到了验证。

有人说他逃逸时并不是当了老百姓，而是出家当了僧人，而且还有一个有头有尾的

传说：

一个秋天的夜晚，诗人宋之问游杭州灵隐寺，忽然触景生情，诗兴大发，即兴吟诗，不过才吟两句就才思枯竭，怎么也想不出满意的下句来。

坐在禅床上的老僧问：

“少年人夜久不寐，却吟讽甚苦，为什么？”

宋之问说：“弟子在学习写诗，看今夜月色甚好，想题咏此寺，可惜，思绪不畅。”

老僧说：“你吟吟上联看。”宋之问说：“鹫岭郁岩蛲，龙宫隐寂寥。”

老僧稍一沉吟，就说：“何不说‘楼观沧海日，门听浙江潮’？”

宋之问一听，不禁愕然。因为，这两句诗不仅景观道丽，而且气象壮美。于是接口道：

桂子月中落，天香云外飘。
扪萝登塔远，刳木取泉遥。
霜落花更发，冰轻叶未凋。
待入天桥路，看余渡石桥。

纵观全诗，老僧所赠二句，真乃一篇之警策。

第二天，宋之问再去拜访，老僧却不在了。寺僧说，他就是骆宾王。

再问，寺僧说：“当日敬业惨败，与骆宾王俱逃，捕之不获，将帅恐逃失了主犯上面怪罪，就从死者中找了两个相像的人斩首上献，后虽知未死，却也怕犯了欺君之罪，也不敢再行捕送了。”

虽然是传说，但也从一个侧面说明了逃逸之说比较准确。至于他逃逸后是僧是民，则难以考据了。

笔传青史，一檄千秋著。
碑掘黄泥，五行片壤栖。

在南通城东黄泥口的骆宾王墓前的石坊上，这副楹联继续述说着墓主人的故事，纪念着这位才华横溢的诗人。

唐代皇帝为何爱好“马毬”

“马毬”对今天的人而言，是一个比较陌生的名词。而在唐朝马毬运动却在皇室极度风行。

马毬是一种骑在马毬上持杖击毬的运动，东汉末年就开始出现，隋、唐、宋时期逐渐盛行。这项运动所用的“毬”，形状大小就像拳头一样，一般是用质轻而又坚韧的木材制成，中间掏空，外面涂上红色或其他颜色，有的还加以雕饰，所以在诗文中常常把它称为“珠”“画”“彩”“七宝”等。所用的杖，形状有点像今天的冰杆儿，往往还要雕上精美的花纹，所以诗文中常常用“月杖”“画杖”等词汇来描述它。

从唐高祖、唐太宗到唐中宗、唐玄宗，唐朝前期的几位皇帝都喜欢马毬运动。安史之乱后，庞大的唐帝国已经度过了其生机勃勃的阶段，开始走向衰亡，藩镇割据，宦官专权，党争酷烈，就是这段历史的真实写照。但是打马毬的风气却没有消歇，几位皇帝对这项运动的疯狂程度甚至超过唐朝前期的几位皇帝。

唐穆宗李恒性情顽劣，心中只想着玩儿，根本不把国家大事当回事。他今天狎幸优伶，观看角抵马毬比赛；明天便外出游猎，观看竞渡表演，完全是一副游戏人生的做派。最令他神迷的还是马毬这项运动，三天两头与宦官侍卫在麟德殿打马毬。公元822年11月的一天，他在骊山巡狩归来后，不顾一天的劳累，与宦官们打起马毬，极尽兴致。突然有个宦官从马毬上掉下，好像被什么东西击中似的。唐穆宗受到惊吓，罢升殿，结果脚步却突然挪不动了。在床上躺了3天就一命呜呼了，年仅30岁。

随后即位的唐敬宗李湛，年仅16岁，把其父唐穆宗嬉玩的性情点滴不漏地继承了下来。他一会儿在新池、鱼藻宫观看竞渡，一会儿在宣和殿观看百戏，外出游猎也常常是昼出夜归。他也是马毬这项运动的狂热崇拜者，陶元皓、靳遂良、赵士则、李公定、石定宽等都因为善打马毬而受到宠爱。公元826年12月的一天，唐敬宗夜猎还宫，兴犹未尽，就挑灯与宦官刘克明、田务成、许文瑞打起马毬，玩得异常酣畅。入室更衣时，他就被刘克明等谋害，年仅18岁。

1985年出土于陕西省西安市韦洞墓，在唐朝马毬运动十分流行。

唐宣宗李忱酷爱打马毬。根据文献记载，唐宣宗只注重骑乘的马是否矫健，不看重衔勒鞍辔是否雕饰华丽。打时，他骑马跳跃，在空中击，能够连续准确地击打至数百下，而保持马奔驰不止，速度就像流星闪电，其技艺连当时的老打手都佩服不已。唐宣宗每月都约请皇室成员打几次马毬，来愉悦自己的身心。相传，有一个不知趣的公主接到请帖后，因入场迟到，搅得周围的人一片哗然。唐宣宗声色俱厉，责问公主为什么迟到，吓得公主连连叩头求饶。

唐僖宗李儇是另外一位超级马毬迷。他聪明睿智，喜欢骑马驰骋，擅长打马毬，整日不觉得疲倦。他对优伶石野猪说："我如果参加步打进士的考试，也一定会拿个头名状元。"当时打马毬，可以骑马，也可以不骑马，称为"步打"。石野猪笑着回答说："如果是尧、舜、禹做监考的礼部侍郎的话，陛下不免要名落孙山。"唐僖宗笑了笑，对石野猪的话不以为意。由于嗜玩成癖，唐僖宗常在梦里惊呼打马毬，搅得皇后、妃嫔每逢皇帝临幸之夜总是不得安眠，说皇帝迷心窍。左拾遗冒业见唐僖宗玩乐无度，闹得实在不像话，就冒

死上书劝谏，谁知竟因此触怒唐僖宗而被处死。打马毬得有好马，唐僖宗派他的宠幸到处搜寻。一次，宠幸张浪狗从云阳县买得一匹好马毬。唐僖宗得知后，就暗中前去观看。他在马前转了好几圈儿，对张浪狗啧啧称赞道："好马。"连喊几声。突然这匹未经训练的马腾越而起，右蹄正好踏在唐僖宗的左肋上。唐僖宗立刻倒下，昏迷不醒，12 天后就死掉了。他成了马毬这项运动的牺牲品。

唐昭宗李晔继唐僖宗之后即位。他读书好文，尤其重视儒术，想恢复唐朝往日的强盛，号令天下。可是在他统治时期，无论是宦官还是宰相，都必须依靠藩帅的支持来维护自己的地位。公元 903 年，朱全忠带着唐昭宗从四川回到长安。当时跟随唐昭宗回到京城的只有诸王、宦官以及打马毬的供奉内园小儿二百余人。唐昭宗难以施展抱负，只能把满腔的热情投注到马毬这项运动。陪他打的那些供奉内园小儿是他唯一的亲信。但朱全忠也不放过他们，利用自己的军事力量，将这些人尽行诛杀。不久，唐昭宗也被杀，结束了自己郁郁不得志的一生。

马毬是唐代最为流行的游戏之一，爱好这项运动的人比任何一个朝代都要多，有这么众多的马毬皇帝更是空前绝后的。当时在宫廷、都城以及大城市都修建了马毬场地。1956 年，在西安大明宫的一个石碑上刻有"金光殿及场""大唐大和辛亥岁乙未月建"的字样，表明当时在修建宫殿的同时，还修建了场。在陕西乾陵章怀太子墓中有一幅壁画，形象生动地反映了唐代打马毬的场景和细节。这些都显示了马毬这项运动的兴盛，再现了唐代开放的社会风气。

"杏花村"今在何处之谜

杏花村一直跟酒有着密切的联系，而且几乎成了美酒的代名词。

清明时节雨纷纷，路上行人欲断魂。
借问酒家何处有，牧童遥指杏花村。

这首千百年来流传于世的名诗，是晚唐诗人杜牧所做的《清明》。情景交融，意境优美，意趣朴实自然。诗以景名，景以诗传，诗中的杏花村引起了人们的无限遐想，都想亲睹杜牧描写的杏花村的真容，领略一下此情此景下作者的心路历程，可是诗中的杏花村究竟在何处呢？

经初步考察，号称与杜牧诗中有联系的杏花村，在全国各地竟有 20 多个，哪个是真？哪个是假？无人能给出肯定的答案。

清明、有雨、杏花、美酒，这几个特点为后人限定了确定它的标准。

一是山西汾阳市杏花村。

这个杏花村，坐落在山西汾阳市城北 15 公里处，俗称神井。相传自南北朝以来，这里便以产美酒著名，所产之汾酒素有"甘泉佳酿"的美誉。到了唐朝时期，村内酒店已达 72 家，诗人有"处处街头揭翠帘"之句。在众多的杏花村里，惟此处的酒，名满天下。这

里历代文人墨客的题诗碑刻甚多，杜牧的这首《清明》诗，更使这个杏花村闻名于世，自然而然列于碑群之首。似乎此杏花村无疑了。

山西汾阳杏花村

但是，经过仔细考证，有两点不符否认了它。一是，成诗年代与地点不符。杜牧写此诗时，他正落魄江南，已是他的晚年，此期间他并未到过汾阳。二是诗中情景与地点不符。汾阳在清明时节，从来不落雨，有时还要下雪。《清明》中描写的似乎是江南雨景，而不是汾阳的清明。

二是安徽贵池区杏花村。

这个杏花村，坐落在贵池县城西南，此处过去也有古井，也以井水酿酒，名为“杏花大曲”，香醇可口。杜牧曾在贵池为官，整整呆了两年。他爱喝此酒，也爱郊游。清人朗遂作《贵池区杏花村志》，将杜牧诗收入。其后，《江南通志》也将该诗收入，并申明，杜诗所指杏花村就在贵池。似乎这个杏花村更确凿可信了。

然而，经过分析研究，这里有两个不可能。一是杜牧既然在贵池做官，他写的《清明》已是上任半年后的清明，他嗜酒如命，不可能不知道杏花村在何处，怎能向牧童问路？二是他既为官，出去喝酒自有当差的下人服侍，不可能自己亲自去讨买的，如此推断，这里的杏花村也不可能是。

三是江苏丰县杏花村。

据说，在丰县城东南15里处。持这一说法的人，根据《清明》诗意，查阅了杜牧年谱，再据以了解杜牧一生中途经的地域，一一寻找杏花村。据了解，杜牧一生中自外郡迁官赴京共4次。其中有3次都经过丰县。大中二年，杜牧曾作宋州宁陵县记。丰县杏花村就在运河至宋州道上。宋代大文豪苏东坡写过一首关于丰县的诗，也与杜牧诗暗合。最早的《丰县志》上也有杜牧的《清明》诗。看来，此杏花村也极可信。遗憾的是，这个杏花村从来不产酒，而且现在考察，丰县城东15里一带并无杏花村！

四是江苏宜兴杏花村。

当地的人们说，杜牧47岁罢官后住到湖州，50岁时死于湖州。晚年落魄，他常到邻县宜兴游览解闷，住在宜兴十里碑，并造水榭，人称“牧之水榭”，杜牧在此写下不少诗。后人游时也留下许多墨迹。距这个水榭3里远的地方，有个“杏花村”，过去四周都是杏树，每到清明前后，杏花盛开，一片乡村美景，而且在唐代时，这里酿的酒也很有名。有人认为，这就是杜牧笔下的杏花村。其实，论据也并不充足。另有一种看法，跳出了“按图索骥”的圈子，认为杜牧诗中的杏花村乃泛指。诗是表情达意的，不见得写个“杏花村”就必须有真的“杏花村”在。也可能是当年看到了一个杏花村，或许当时并未写这首诗，而

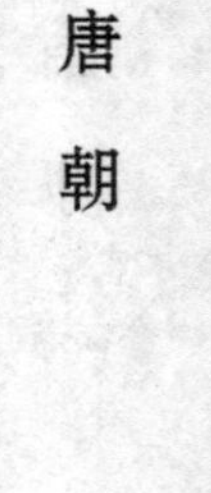

晚年追忆年轻时的境遇时，把它写出来，也未可知。

不过，总的来看，《清明》诗中的杏花村是确实存在的，只是难以分辨哪个是杜牧诗中所指的杏花村罢了。

黄巢结局之谜

黄巢是唐末农民起义的首领之一，曾率起义军转战南北，攻克唐都长安（今陕西西安），建立大齐政权，坚持斗争达十年之久。唐僖宗中和四年（公元884年），起义军最终归于失败，黄巢本人的生死结局也随之成了谜。历代探究者不乏其人，但至今难以定论，归纳起来，主要有三说。

一说黄巢兵败被杀。《旧唐书·黄巢传》曰："黄巢入泰山，徐帅时博遣将张友与尚让之众掩捕之。至狼虎谷，巢将林言斩巢及二弟邺、揆等七人首，并妻子皆送徐州。"此说认为，黄巢兵败退至山东泰山狼虎谷，被外甥林言所杀。

一说黄巢计蹙自杀未果，最后请林言帮助结束生命。《新唐书·黄巢传》记载这一史实说："时博遣将陈景瑜与尚让追战狼虎谷，巢计蹙，谓林言曰：'我欲讨国奸臣，洗涤朝廷，事成不退，亦误矣。若取我首献天子，可得富贵，毋为他人利。'巢出也，不忍。巢乃自刎，不殊，言因斩之，及兄存，弟邺、揆、钦、秉、万通、思厚，并杀其妻子，悉函首，将诣溥。而太原博野军杀言，与巢首俱上溥，献于行在，诏以首献于庙。"这种说法比较详细地描写了黄巢兵败被杀的过程，认为林言不忍下手，黄巢最后自刎未遂，才由林言受托毙其命。

一说黄巢兵败后遁逸为僧。这种说法主要以野史、笔记小说为依据，认为起义军战败后，黄巢没有死，而是虎口脱险，做了和尚，并得以善终。其理由是：一、官修或钦定的史书绝不敢直书黄巢遁逸得脱之类的事，两唐书、《资治通鉴》等史书的记载值得怀疑，借助于野史、笔记小说的零碎记载，从中可以寻找更符合事实的答案。

宋朝邵博在《河南邵氏闻见后录》卷十七中，早已指出："唐中和四年六月，时普（溥）以黄巢首上行在者，伪也。东西二都旧老相传，黄巢实不死，其为尚让所急，陷太（泰山）狼虎谷，乃自髡为僧得脱，往投河南尹张全义。"从实情看，若说林言杀黄巢于狼虎谷，献首于徐州，两地相距约五、六百华里，快马也要三天路程，而徐州至成都行在所，相距三、四千里，马不停蹄，日夜兼程，也需二十天。当时又值盛暑，"函首"恐怕早已腐臭不堪了，更何况黄巢兄弟六七人，难言其中就没有与黄巢状貌类似者。

宋朝人王明清《挥麈后录》转引陶谷《五代乱离纪》说，黄巢遁逸后祝发为僧，有诗云："三十年前草上飞，铁衣著尽著僧衣。天津桥上无人问，独倚危栏看落晖。"邵博也说，他曾多次到相传黄巢舍居过的洛阳南禅寺游览，见壁上画有黄巢服僧衣之像，"其状不逾中人，唯正蛇眼为异耳"。据时人说，寺中更有故写真绢本尤奇，黄巢题诗其上云："犹忆当年草上飞，铁衣脱尽挂禅衣。天津桥上无人识，独凭栏干看落晖。"尽管另一位来人赵与时在《宾退录》中指出：流传的所谓黄巢诗作，是取唐诗人元稹的两首《智度师》诗拼合而

成,但他对黄巢有可能遁逸并未加以否定。

宋人多种笔记认为,黄巢兵败后遁入空门,做了和尚,又依河南尹张全义,舍于洛阳南禅寺,最终迁居明州(今浙江宁波)的雪窦山,法号“雪窦禅师”。张端义的《贵耳集》还说,黄巢“临入寂时,指脚下,有‘黄巢’两字”。南宋时,雪窦山上尚有黄巢的墓,每年邑官遣人祀之。黄巢兵败遁逸后的事迹,被描绘得如此细微生动,因此黄巢未被杀害的可能性也就存在。

然而,若想确定黄巢的结局,尚有待新史料的发现和研究的深入。

神秘的敦煌藏经洞

曾是佛教圣地的敦煌莫高窟,一直笼罩着神秘和传奇的色彩,而且蕴涵着浓厚的文化底蕴。

20世纪初的敦煌莫高窟是一个冷冷清清的地方,虽然这里有信仰佛教的善男信女们开凿的佛祖像,但是每天也只有几个念经文的喇嘛在陪伴着他们的佛祖。奇怪的是,在这片昔日的佛教圣地,却经常有一个人出出进进,他不是念经的喇嘛,也不是信佛的俗弟子,而是一位道士,他的名字叫王圆箓。这个信奉道教的王圆箓看着日渐破败的佛教洞窟颇为心痛,雇人对这些洞窟进行了整修。1900年6月22日在清理第16窟时,奇迹发生了。一位被雇来的老农在清理洞内的浮沙时,感到很疲惫,就靠在洞窟的墙壁上点上烟想休息一下。点完烟后,他习惯性地把点烟的芨芨草随手插入身边的洞缝内,让他感到奇怪的是这次却与往常不同,这么长的一根草竟插不到底。他赶忙用拳头敲了几下墙壁,发出了“咚、咚、咚”的声音,这么大的回音,说明墙壁是空的,分明是窟中还有套间!这是他们在整修别的洞窟中从没见过的事。这个老农赶快把情况告诉了王道士。王道士也很诧异,料想其中必藏有宝物,不然人们不会开了这个套间后,再在外面画上壁画,伪装得像一般的石窟一样。王道士是一个贪心很重的人,他怕消息传出去后会招来更多的人抢宝,便轻描淡写地把这件事应付过去了。王道士耐着性子等到晚上。他悄悄地去打开了这道伪装的窟壁,找到了用泥封着的洞口。打开洞口,出现在他眼前的东西让他吃惊不已:这个“套间”里堆满了纸质的卷子、绢画,还有各种佛教的法器等。在王道士看来,这些都是古董,古董是可以卖大价钱的。于是,他拣了一些首尾完

莫高窟第328窟精美的彩塑和壁画

整的写经和一些绢画，送给了当地的官绅。在这些官绅的眼中，这些当然也是不可多得的古董。于是，敦煌有古物的消息不胫而走。

敦煌是中国汉唐时期中原与中亚、南亚以及西方交通的重要通道，是著名的“丝绸之路”上的一颗璀璨的明珠，是东西方文化交流的会合点。一批批的宗教信徒，一批批的宗教经典，随着商路的开通，纷纷云集在敦煌，那里曾是一个繁荣的宗教圣地。从宋代以后，随着海上丝绸之路的开通和发达，曾经十分辉煌的敦煌逐渐为人所忘却。王道士发现的这些所谓古董就是“敦煌文书”或“敦煌遗书”，其内容有佛教、道教、摩尼教、景教等宗教文献，有儒学经典，有官私文书，还有藏文、于阗文、突厥文、回鹘文、梵文、粟特文、希伯来文等现已成为“死文字”的多种文字写本，是5到11世纪敦煌辉煌的历史见证。如此丰富的文书是何时被封上的？又是因何原因而被封的？这些问题从藏经洞被发现至今，一直是一个悬而未解的问题。有人认为洞中的文书是被敦煌各寺院集中在一起的废弃物，即所谓“废弃说”；还有人认为洞中的文书是因为避免战乱而有目的地藏起来的，即所谓“避难说”。

主张“废弃说”的代表人物是斯坦因，他是第一个来掠取这批宝物的外国人。斯坦因是匈牙利人，当时在英国所属的印度政府供职。他是一位考古学家，在藏经洞未发现之前，曾三次到中亚探险。当他得知敦煌发现古董时，于1907年来到了敦煌，几经周折，终于买通了王道士，当斯坦因进入藏经洞时，眼前的一切使他惊喜不已，那密密麻麻的手抄本几乎堆得有3米高，信手抽阅几本，更令人叹为观止，因为这些古老的卷轴毫无残缺的迹象，完整如新，既不见破裂，甚至连一页也没有松脱。在沙漠边缘的断崖下，900多年来雨雪不侵，里面极为干燥，正是最好的藏书之地。这些卷堆中更有精美绝伦的绢帛，以及绘上各种佛像的华丽横幅，颜色鲜艳，就像刚刚画上去的一样。斯坦因从中挑选了许多好的写本、绢画等，拉了满满24箱写本和5箱艺术品，经过长途跋涉，于1909年运到了英国伦敦，入藏伦敦大英博物馆。他对这批写本和绢画进行研究，认为是当时敦煌各寺院中的废弃物，因为这些写本和绢画及佛教法器等，都是宗教用品，具有神圣性，是不可随意毁弃的，于是，宗教人士就把这些没多大用处的东西集中在一起，保存起来。同时，斯坦因根据所见到的写本和绢画上的所题写的时间最晚是11世纪初，因此断定这个藏经洞封闭于11世纪初。日本学者藤枝晃也主张“废弃说”，但他认为废弃的原因是随着中国印刷术的发明，印刷的佛经取代了卷轴装的佛经，图书馆的重新布置导致了原来的卷轴佛典遭到废弃，时间是在1002年以后不久。

敦煌藏经洞

主张“避难说”的代表人是法国人伯希和，他是一位汉学家，不仅精通汉语，而且还精

通中亚的几种文字，当时供职于设在越南的法国远东学院，负责为该院收集有关中国的书籍、艺术品等。他也是20世纪初中亚探险的重要参与者。1906年在中亚探险时，伯希和无意中得知敦煌莫高窟有古代写本，并且也看到了一些散出的写经。他立刻意识到这些东西的重要价值，于是改变行程，直奔莫高窟。1908年，他到莫高窟后，一面对洞窟进行探测、编号，一面与王道士进行交涉，终于获准进洞观看。当进入洞内时，他大吃一惊，虽然洞内的宝物已被斯坦因洗劫了一部分，但剩下的东西足以让这位法国的汉学家大饱眼福，他决心把全部藏品翻看一遍，再挑选自己认为最宝贵的东西。因为伯希和是一位汉学家，比较内行，所以他掠取的文物虽然数量上没有斯坦因多，但价值远远高出斯坦因所洗劫的文物。敦煌文书又一次遭到了被掠夺的命运。伯希和根据他所掠取的文书，认为这些文物是为了避免当时的战乱而被封起来的。唐代发生了“安史之乱”以后，驻扎在敦煌的军队被调入内地平定叛乱，生活在青藏高原的吐蕃乘机占领了敦煌，这一时期史书上称为吐蕃占领时期。唐宣宗时，敦煌一带的人民起义，建立归义军，摆脱了吐蕃的控制，史书上称为归义军时期。此后，敦煌又一度被沙州的回鹘占领。1036年党项攻占敦煌，虽然很快被沙州回鹘赶走，但在1068年还是被党项建立的西夏占领了。藏经洞中的藏品中没有西夏文书，而且藏品的堆放也没有一定的顺序和分类，所以伯希和认为在第一次党项攻打敦煌时，为避免兵灾，当时僧人匆忙将这些东西堆入洞中，封了起来。中国有的学者也主张“避难说”，但他们认为经卷的收藏是受到了黑韩王朝的威胁。宋绍圣年间(1094~1097)，黑韩王朝向北宋提出攻打西夏的请求，得到了北宋王朝的回应。但黑韩王朝信奉伊斯兰教，与当地所信仰的佛教格格不入，于是当地僧人得知此消息后，为了防止异教徒对佛教的毁灭，主动采取了保护措施，将经典汇集一处，藏入洞中，并在外面画上壁画，进行了精心的伪装。

藏经洞被打开之时，正是腐败的清王朝走向了它的末日的时候，从政府到地方官员根本没有投入更多的精力和财力来保护这些国宝。更为可悲的是敦煌藏经洞的发现者王道士又是一个贪图钱财，缺乏民族责任感的人，这就使藏经洞的命运更是悲上加悲。敦煌藏经洞中共出土文物5万余件，目前国内所藏藏经洞的文书仅有9000多件，大量的珍贵文物却流落在异乡。敦煌莫高窟留给后人的是一个无价的宝藏。

中国唐代的“基督教石碑”之谜

明熹宗天启五年(1625年)，从西安忽然传来一个惊人的消息：一个正在施工的民工从地下挖出了一块石碑，石碑用黑色大理石制成，高约10英尺，宽不到4英尺，厚约1英尺，重达2000公斤，碑头飞云和莲台烘托着一个十字架，包围着十字架的是一种无角之龙，就是中国古代器物上常见的装饰，名为“螭”。左右配上了盛开的百合花，碑名刻着“大秦景教流行中国碑”，碑文是用汉文和叙利亚文刻写的，叙述了景教(基督教聂斯脱利派)的教旨、仪式，以及唐太宗时从大秦传入中国，并在长安建寺和宣传教义的情况。碑

文还明确记载了此碑建成于公元781年。这个消息一传开，立刻震惊全国，最兴奋的当属那些在中国的西方传教士了，他们纷纷赶往西安，想探个究竟。

基督教传入中国时期可以追溯到唐朝。当时“亚洲中心”巴格达盛行基督教，最初传入中国的基督教是叙利亚人通过丝绸之路带来的，我们称它为景教。

明朝末年，西方传教士来到中国传教，他们开始在士大夫阶层传教，采用了各种手段，但最终没有取得好的结果，中国人似乎对他们宣传的上帝并不太感兴趣，因此他们正在寻找新的良策。这样“大秦景教流行中国碑”的出土，无疑是上帝在帮助这些传教士，当他们经考查这个碑果真属实时，真是兴奋异常，这说明基督教传教士在一千多年以前便来到了中国，中国早在一千多年以前已经有了基督教教徒，传教士们感到欢欣鼓舞，他们很快就的把碑文翻译成各种文字，向西方介绍。这样不到几年的时间，西方信奉基督教的一些国家都知道在中国发掘出一块一千年前的石碑，从此围绕着石碑掀起了一场不小的风波。

首先引起风波的是“大秦景教流行中国碑”是真实的还是伪造的？中国的学者一直未对景教碑的真实性提出怀疑，最早提出质疑的是一些英、美国家的知名人士。例如大文豪伏尔泰就曾嘲笑景教碑是耶稣会教士受传教不顺的困惑而想出的一个办法，他们伪造了景教碑并把它埋入地下，这是一种“虔敬的骗术”；到了19世纪，一些法国、美国的汉学家还延续这一说法，认为此碑是伪造的；1880年，著名的英国《泰晤士报》不仅说景教碑是伪造的，还对发现景教碑一事进行了猛烈的抨击。但早期的基督教徒对景教碑做了详细的研究，认为无论从碑文本身，还是从唐代基督教聂斯脱利派在东方传教的历史背景看，都能证明景教碑绝对不是伪造的。这场争论持续了许多年，迄今风波已经平息，景教碑确实无伪已成为一种定论。

引起第二个风波的是“大秦景教流行中国碑”何时被埋入地下？因何原因而被埋入地下？碑文本身已明确记载了碑建成于公元781年，但公元845年唐武宗下令灭佛后，此碑就莫名其妙地消失了，直到1625年才重见天日，这中间有关景教碑的情况，史书无一字记载。有的学者做出了这样的推测：景教是845年遭禁绝的，但第二年唐武宗就死了，847年唐宣宗继位后马上撤销了灭教令，允许重建寺院，在这种情况下传教士和信徒们完

全没有必要把景教碑埋入地下，因此可以推测景教碑是在唐武宗下灭教令后不久，景教徒们把它埋入地下的。景教碑出土时完好无损，也证明它不是因建筑物倒塌等自然原因而埋入土中的。

引起第三个风波的是“大秦景教流行中国碑”是如何被发现的？因为景教碑在景教信徒的心目中是一件圣物，所以在这个问题上，有近乎神话般的不同传说。一种说法认为，在明崇祯年间，西宁府邹静长为人好善乐施，受到周围人的尊敬。可是不幸的是他的小儿子得病突然死亡，邹静长在为儿子选择墓地时，选中了长安崇仁寺的南面，当挖地安葬时，竟挖出了景教碑，这说明邹静长好人得到了好报；传教士中还流传着一种更为神奇的故事：据说每到冬天，天降大雪，四周都被白雪覆盖，唯独此碑上面的地上无雪，人们议论纷纷，认为下面肯定埋有宝藏，于是进行挖掘，结果就使景教碑重见天日；比较诚实可信的还是这最后一种说法，1625 年西安近郊因建筑房屋，民工在施工时，无意之中挖掘到了景教碑。

一千多年前景教碑刚制成不久就差点遭到毁灭的命运，一千多年以后景教碑出土后同样也面临着被折磨的命运，可以说景教碑在这一千多年的历史中，始终与苦难伴随，饱经沧桑而终得安宁。景教碑刚出土不久，在西安一带的西方传教士把它当作属于他们的宝物，西安府的主教准备把碑作为礼物送给梵蒂冈，由于碑有两吨重，不便于运输，这个主教竟想把碑分成三块，分别运送，但终于未能得逞。1907 年，一个名叫何尔漠的丹麦新闻记者竟打起了景教碑的主意，他准备将景教碑偷偷运走，为此还制订了一个周密的计划，同年他在西安找到了一个贪图利益的老石匠，与老石匠签下协议，何尔漠答应出高价，而老石匠必须赶在 10 月份前制出一块仿制品，以便他到时能偷梁换柱，把景教碑运出中国。可是当他 10 月份到西安时，才发现一切计划都落空了。原来，在何尔漠到达西安之前，地方当局为防止景教碑被盗，已把景教碑从原来的金胜寺搬进了“西安碑林”。这个丹麦记者只能失望而归了。从此经过一千多年岁月洗礼的景教碑终于找到了它的安身之地。

“大秦景教流行中国碑”是世界上四大碑刻之一。它的发现使我们看到一个这样的历史事实：那就是早在一千多年前的唐代，基督教已经传入中国。而一个新的问题又摆在我们面前：基督教最早是什么时候传入中国的？是通过什么渠道传入中国的？这就需要更多的发现和更多的探索。

附：唐朝大事年表

时间	事件
618年	李渊定都长安，建立唐朝，年号为武德，史称唐高祖。 李世民将薛仁杲彻底击溃，薛仁杲投降，陇西收归唐朝。
619年	刘武周占领并州，齐王李元吉无力抵抗，弃城而逃。李渊欲放弃并州，遭到李世民的反对。 王世充废杨侗而称帝，建立郑国，定都洛阳。
620年	唐军围困洛阳，王世充派人出城，向窦建德求救。 李世民在武牢关之战中，出奇兵击败窦建德。
621年	王世充向唐军投降。
626年	李建成和李元吉骑着马来上早朝，被李世民在玄武门的伏兵所杀。其中李建成为李世民亲自射杀。 李世民即位，史称唐太宗。
627年	玄奘西行求法。
630年	李靖击败颉利可汗并将之擒获。
640年	设立安西、北庭都护府。
644年	唐朝派人出使天竺。
645年	玄奘结束历时十九年、跋涉五万余里的行程，回到长安，引起巨大轰动。 唐军征战高句丽。
648年	唐朝攻破龟兹，势力深入到西域的纵深地区，开辟了通往西域的南路交通要道。
651年	大食遣使和唐朝通好。
649年	唐太宗病逝。太子李治即位为帝，是为唐高宗。
654年	武则天被接回皇宫，封为昭仪。 高宗下诏书废王皇后、萧淑妃为庶人，立武则天为皇后。

时间	事件
671 年	义净搭波斯船从广州出发,赴印度钻研佛学。
684 年	徐敬业在扬州起兵反对武则天,骆宾王发布了《讨武曌檄》。
690 年	武则天自称圣神皇帝,改国号为周,成了中国历史上唯一的女皇帝。
713 年	唐玄宗册封大祚荣为渤海郡王。 唐玄宗封南诏皮逻阁为台登郡王。
723 年	唐玄宗接受了宰相张说的主张,对府兵制度进行改革。 唐朝设立黑水府。
735 年	唐玄宗罢免张九龄的宰相职务,任命李林甫做宰相。
738 年	皮逻阁建立南诏。
745 年	唐玄宗将杨玉环纳为妃子。
751 年	高仙芝在怛罗斯与阿拉伯人展开会战,唐军两万人的精锐部队几乎全军覆没。 鲜于仲通率兵往击南诏,大败而归。
752 年	杨国忠当上宰相,身兼四十余职。
755 年	安禄山、史思明以接到皇帝命其讨伐杨国忠密令为名,发动安史之乱。
756 年	哥舒翰战败,安禄山叛军攻占潼关。 在唐玄宗出逃途中,马嵬驿兵变爆发。杨国忠被杀。 太子李亨在灵武即位,是为唐肃宗,并遥称唐玄宗为太上皇。
757 年	安庆绪杀其父安禄山,接掌大权。
763 年	安史之乱被平定。
780 年	杨炎推行两税法。
783 年	泾原兵变,德宗逃出长安。
784 年	唐德宗颁布《罪己诏》,默认藩镇割据的局面。
808 年	牛李党争开始。
815 年	李师道派刺客在长安刺杀武元衡,重伤裴度。
817 年	李愬雪夜入蔡,平定吴元济叛乱。

时间	事件
822年	吐蕃与唐朝“甥舅和盟”。
835年	甘露之变。宦官势力不但没有清除,反而更加嚣张。
851年	张议潮派使者携带河西十州的地图和户籍到达长安。
875年	黄巢起义。
907年	唐哀帝被废,唐朝灭亡。

五代十国

·中国通史·

刘宇庚⊙主编

导读

五代十国（公元907年~公元960年）这一称谓出自《新五代史》，是对五代（公元907年~公元960年）与十国（公元891年~公元979年）的合称，也指唐朝灭亡到北宋建立之间的历史时期。五代是指公元907年唐朝灭亡后依次更替的位于中原地区的五个政权，即后梁、后唐、后晋、后汉与后周。公元960年，赵匡胤篡后周建立北宋，五代结束。而在唐末、五代及宋初，中原地区之外存在过许多割据政权，其中前蜀、后蜀、吴、南唐、吴越、闽、楚、南汉、南平（荆南）、北汉十个割据政权被《新五代史》及后世史学家合称十国。北宋建立后先后统一了尚存的荆南、武平、后蜀、南汉、南唐、吴越、北汉等政权，基本实现了全国的统一。

五代十国大体上延续唐朝后期的政治体制，但是以“使”名官者很多。其中五代的变化很多，官职废置不常，主要设有主管行政的三省六部、主管财政的三司与主管军事的枢密院，这个制度后由宋朝继承。十国虽然其中一些政权臣服于五代，但是其政治架构大致上与五代等同。由于地方节度使不受管制，时常背叛中央，所以朝廷纷纷加强禁军军力以压制地方实力派。为了抵制五代以来的武人干政现象，宋朝采取强干弱枝政策。外交方面，唐朝时胡汉融合，外族陆续入住中国四周。唐朝崩溃进入五代十国后，出现一些外族国家，如沙陀建立五代后唐、后晋与后汉等。契丹先建立契丹国，其他还有党项。这些都对宋朝的国际局势造成深远影响。

第一章　五代十国史话

后唐立国

结仇朱温

李克用本姓朱邪氏，祖先是唐朝时西北的沙陀人，因对唐王室有功，因此被唐王朝赐姓李。李克用出生时便有一只眼睛失明，从小就爱骑马射箭。他十五岁那年，庞勋领导

免胄图（局部）

桂林戍卒起义，声势浩大，纵横山东、江苏、安徽等地。唐廷十分震惊，急召沙陀骑兵驰援。李克用随父出征，军中称为"飞虎子"，后因镇压起义有功，被授为云中牙将。而在黄巢攻占长安城时，唐僖宗急忙下诏，命李克用勤王救援。李克用大破黄巢军。李克用因功被授河东节度使，地位日益显赫，河东（黄河以东，今山西一带）以晋阳（今山西太原西南）为中心的广大地区都成了李克用的大本营。

李克用当时名声很大，占据淮南的杨行密却常因为不知其相貌而苦恼，就派了几个画工扮成商人，去河东偷画李克用的像。画工到河东后没多久就暴露了身份，被李克用抓住。李克用一开始很生气，后来又对左右说："我瞎一只眼这是实情，不妨召他们来画

一画,看看他们怎么画我。”等画工到了,李克用告诉他们:“杨行密派你们来给我画像,那你们应是画得不错了。如果今天画不好,这里就是你们的丧身之地!”当时正值盛夏季节,李克用手执扇子驱热,一个画工便以他拿扇子的样子入画,挡住他的那只瞎眼。李克用大怒:“你这是在谄媚讨好我!”另外一个画工很聪明,将李克用画成了搭弓射箭的样子,而且微闭一只眼观察箭的曲直,这样他的瞎眼就不会被人看出来了。李克用看后大喜,重赏了那位画工。这段趣事经过后人的加工,变成李克用瘸一条腿,然后单腿跪下做射箭姿势,再闭一只眼拈箭拉弓。

在一次宴会上,年轻气盛、恃才自傲的李克用喝了些酒后,说了不少对朱温很不恭敬的话。朱温怀恨在心,也为了使自己在将来少一个对手,就起了杀心。宴会结束之后,李克用喝得醉醺醺的,回去倒头便睡。朱温命部将杨彦洪围住李克用的住所。尽管外面的喊杀声震天动地,李克用却一无所知。他的亲兵薛志勤等人奋起格斗,暂时挡住了朱温手下的进攻。侍从郭景铢吹灭蜡烛,扶着沉醉不醒的李克用躲到床底下,然后用冷水浇脸才把李克用唤醒。朱温见情形混乱,下令放火,盘算着就算杀不死李克用,烧也烧死了。但这时正是农历五月中旬的夜晚,天气突变,一时雷雨大作,竟然压制了火势。薛志勤趁机扶着李克用越墙而出,杀回了营寨。杨彦洪见李克用突出重围,飞马去追。此时朱温也赶到了,误将杨彦洪当作李克用,一箭射死了杨彦洪。

历史小常识:喜怒难测的朱温

一次,朱温和幕僚宾客坐在一棵大柳树下,自言自语道:“这棵树做车轴倒是很合适。”有几个宾客想讨好朱温,便站起来附和说:“做车轴很合适。”不想朱温勃然大怒,厉声道:“书生喜欢顺口捉弄人,柳木怎么能做车轴!”说完,朱温回头吩咐武士道:“还等什么!”左右几十名武士立刻如狼似虎地扑向说做车轴合适的人,把他们杀了。

李克用回到自己的根据地后,立刻集合人马,准备找朱温报仇。他的夫人刘氏劝他说:“朱温无道,自当向朝廷申诉,如果擅自举兵相攻,天下人就无法分辨是非曲直了。”李克用也冷静下来,就没有出兵,只写了一封信质问朱温。朱温却答道:“前夜之变,我事先一点都不知情,这都是杨彦洪搞的阴谋。杨彦洪今已自取灭亡,望公鉴察。”朱温把责任推在死人身上。这件公案唐朝政府没法处理,只好不了了之。不过从此以后,朱温与李克用势成水火。

李克用的三支箭

李克用不善于处理内部矛盾,内乱频生,最后还是没有完全打败朱温。临终时,李克用下令薄葬,发丧之后二十七天便可除去丧服。如果按照当地的风俗,儿子为父亲服丧要满三年,最短也不能少于三个月。李克用要求缩短丧期,就是要长子李存勖以大局为重。为了鼓励儿子,李克用还交给李存勖三支箭:“一支箭先讨伐刘仁恭。他是我一手扶植起来的,最后却背叛了我。一支箭北击契丹,当初耶律阿保机和我盟誓结为兄弟,相约

兴复唐朝社稷，后来他却背信弃义，你一定要讨伐他。最后一支箭去灭朱温。你如能完成这三项心愿，我死而无憾了。”

刘仁恭原是幽州（今北京）节度使李匡威的部下，李匡威兄弟内讧之时，刘仁恭趁机围攻幽州，但到了居庸关时，却被打败，只好逃往晋阳，投奔李克用，说自己可以拿下幽州城。李克用想都没想就答应了，派兵协助刘仁恭。刘仁恭虽然口气不小，能力却不大，也不懂军事，几次都没有攻下幽州。李克用为早日得到幽州，便亲率重兵围攻，终于得手。得到幽州后，李克用竟然将幽州给了刘仁恭管理。

刘仁恭借李克用之手如愿以偿地得到幽州，开始一步步扩大自己的势力，同时日益远离李克用。在李克用和朱温争夺魏博镇（治所在魏州，今河北大名北）时，李克用向幽州征兵，刘仁恭却借口防备契丹，不给一兵一卒。过了不久，朱温攻下了兖州（今山东兖州）、郓州（今山东东平西北）地区，李克用再次向刘仁恭借兵，刘仁恭不但不发兵相助，还用重金诱降河东将领。李克用亲自领兵讨伐刘仁恭，但过于轻敌再加上醉酒，反而被刘仁恭打败。

蛤蟆仙人图

李存勖小名亚子，幼时体貌出众，而且忠厚沉稳，十来岁时便跟随李克用出征作战。在一次战斗得胜后，李存勖随父亲进见唐昭宗，昭宗非常惊讶，夸奖道：“这孩子真是长相出奇！”然后轻抚着他的背说：“你日后必定是国家的栋梁之材，不要忘了为我大唐尽忠尽孝啊！”因为昭宗还说了一句“此子可亚其父”，意思是说会使他的父亲成为亚军，也就是超过其父，因而李存勖又名“亚子”。

李存勖继承父位后，首先对军队进行了整顿。为提高战斗力，他制定了严格的纪律，下令战斗部署已定时，必须保持严整的队形和阵式，以防发生混乱，给敌人以可乘之机。分路进军时，到达集结地的时间不得延迟，违者斩首。李存勖还利用自己的音乐才能，制作了不少军歌，让将士在作战时一起放声高唱。这些改革收到了极大的效果，军队战斗力得到很大提高。

李存勖将三支箭供奉在家庙里，每次出征前就派人取来，带着上阵，打了胜仗，又送回家庙，表示完成了任务。913年，李存勖攻破幽州，擒获刘仁恭、刘守光父子。数年后，

他又大破辽兵，将耶律阿保机赶回北方。923年，李存勖攻灭后梁，统一北方，基本上完成了李克用的遗愿。

李存勖词意图

李存勖称帝

黄巢起义之后，唐王朝的统治摇摇欲坠，每当有人挟持唐皇帝，李克用便以救驾灭贼为名，联合各方势力讨伐，这样既能趁势扩张，又能收买人心。李茂贞劫持唐昭宗、朱温迫使唐昭宗迁往洛阳，这些都给了李克用极好的讨伐借口。朱温称帝后，李克用却拒绝了手下称帝的建议，以唐王朝忠臣的身份进行讨伐，在与后梁的对抗中逐渐占了上风。

一些仍忠于唐朝的人员就投靠了李克用。如宦官张承业尽心辅佐李克用、李存勖，就是为了灭掉后梁，复兴唐朝。而李存勖在灭亡后梁后，有了称帝之意。张承业顾不得身体有病，让人抬着他去劝说李存勖："大王父子血战三十余年，都是为国报仇，复兴唐室，现在万万不能称帝。"李存勖见张承业态度如此坚决，也不好说是自己想要登基，只说是众将的意思。张承业劝说了半天，李存勖还是没有改变主意，毕竟帝位的诱惑力太大了。绝望的张承业最后对李存勖说："主将血战是为李唐王朝，现在我王自取之，误老奴矣！"之后他忧郁成疾，不久便病死了。

李存勖在923年宣称他是唐王朝帝位的合法继承人，自称皇帝，史称后唐，李存勖被后世称为后唐庄宗。坐上龙椅的李存勖兴高采烈，自夸道："吾于十指上得天下！"后唐之所以能够夺得天下，靠的是战略得当，将士用命，文武百官各司其职，但李存勖却认为天下是靠他一个人赤手空拳打下来的，统治者目中无人到了如此程度，离败亡也就不远了。

后唐灭亡与儿皇帝

李存勖死后，李嗣源当上了后唐皇帝，史称明宗。后来皇位几经传递，到了李从珂手中。936年，李从珂下令调他的姐夫河东节度使石敬瑭到郓州（今山东东平）当节度使，石敬瑭不接受命令，起兵叛变，并向塞北的辽国要求援助，应许割让幽云十六州的土地作为报酬。辽国皇帝耶律德光异常兴奋，御驾亲征，击溃后唐军队。李从珂见大势已去，带着全家登楼，放火自焚。李从珂的皇后想把宫殿全部烧毁，儿子李重美劝阻说："新皇帝来了，还要用的，烧了又要花多少民力重造，死了还要惹人怨，这是何苦呢？"皇后于是放弃了这主意。石敬瑭的岳母曹太后也在其中，有人劝她不必死，她却说："子孙弄到这样下场，我何忍独生！"

不过李从珂在自杀的同时,也拉上耶律倍陪葬。耶律倍又名李赞华,是耶律阿保机的长子,也就是耶律德光的哥哥,曾在916年被立为太子,后被封为东丹王,因为兄弟矛盾被迫流亡到后唐。在自焚前,李从珂派人赶到耶律倍的住处杀死了他。

石敬瑭击败李从珂之后,建立了后晋。他一当上皇帝,马上就在938年把幽云十六州割给辽国。幽云十六州分别是幽州(今北京)、顺州(今北京顺义)、儒州(今北京延庆)、檀州(今北京密云)、蓟州(今天津蓟州区)、涿州(今河北涿州)、瀛州(今河北河间)、莫州(今河北任丘北)、新州(今河北涿鹿)、妫州(今河北怀来)、武州(今河北宣化)、蔚州(今河北蔚县)、应州(今山西应县)、寰州(今山西朔州东)、朔州(今山西朔州)、云州(今山西大同)。辽国得到广大的农耕地区,开始从单纯的游牧经济转向游牧与农耕混合经济,实力大增。在古代,游牧民族固然拥有强大的武力,但也是非常脆弱的。一场大雪就能让草原的牲畜死亡大半。强大一时的东突厥就是因为一场大雪而元气大伤,再加上唐朝将领千里奔袭,击破东突厥的王廷,东突厥就此瓦解。而农耕地区的生产则比较稳定。拥有幽云十六州的辽国支援北汉,一次就能给粮数万石。

除了割地,石敬瑭还尊称耶律德光为"父",自称为"儿"。事实上,那一年耶律德光三十七岁,石敬瑭四十七岁。这就是中国历史上有名的儿皇帝。

吴越世家

自秦至唐的一千多年中,中国的经济文化重心一直在北方。但经过唐末藩镇割据以及连年战乱和气候环境的变迁,北方社会经济遭到了毁灭性的破坏,人口锐减。而在五代十国时期,在中国的南方,相继崛起了一批割据者,他们也进行过混战,但是战争的规模没有北方大。而且,统治者一般都比较注意经济建设,能够推行一些有利于恢复发展生产的政策,因此在五代十国时期,南方的经济远远超过了北方。

钱镠其人

在南方十国中,吴越是比较安定的地区。吴越定都杭州,盛时拥有十三州之地,疆域大致分布在浙江全省、江苏西南部、福建东北部。

吴越的建立者钱镠年少时因为家贫,靠贩私盐为生,后来投军,曾任浙西镇将董昌的部将。黄巢起义军攻至浙东一带时,钱镠用很少的兵力保住了杭州。唐王朝遂封他为都指挥使,后来又提拔为节度使。

在混乱动荡的环境里,钱镠小心自保,在位期间始终不称皇帝,并发明了"警枕"。他用一段滚圆的木头做枕头,叫作"警枕",困了就斜靠着它休息;如果睡熟了,头从枕上滑下,人就醒过来了。他卧室里还放有粉盘,夜里若想起什么事,就立刻在粉盘上记下来,免得白天遗忘。

钱镠不但严于律己,而且对部下也严格要求。一天晚上,在他住所周围值更的兵士

坐在墙角打起盹来。忽然，几颗铜弹子飞到兵士身边，兵士顿时惊醒。原来这些铜弹子是钱镠从墙里打过来的，从此那些士兵在值更的时候就不敢打盹了。还有一天夜里，钱镠穿了便服外出，回来的时候城门已经关闭了。钱镠在城外高喊开门，管门的官员不理睬他。钱镠就谎称："大王派我出去办事，现在我急着要回城。"那位官员说："晚上看人看不清楚，别说是大王派的人，就是大王过来，也不能开。"钱镠无奈，只好从南门进了城。第二天他把管北门的那位官员找来，称赞他办事认真，重重赏赐了他。

钱镠

修筑海堤

在相对和平的环境下，吴越境内的农业生产获得发展，手工业丝织、造纸，特别是陶瓷，都在唐代基础上有了进一步发展，其秘色青瓷制作精美，闻名于世。

隋代杭州只有一万多户，吴越盛时已达十余万家。其中很重要的一个因素就是钱镠解决了民众的饮水问题。他命人引西湖水入城，又开凿九十多眼井，以解决居民的供水问题。值得一提的是，在907年时，有人向钱镠献策，说如填西湖更建新城，国运可至千年。钱镠不以为然，说百姓靠湖水为生，无水即无民，再说哪有千年国运，有国百年就基本满意了。

吴越在水利工程方面的成就更为人称道。吴越重点整治了钱塘江流域和太湖流域。浙江武义的长安堰，溉田十多万亩；鄞州区东钱湖的石塘，湖水溉田五十余万亩；越州的大鉴湖，溉田十多万亩。吴越之地开始变成鱼米之乡。

钱镠被后世说得最多的，莫过于他修建海堤。杭州钱塘江沿岸潮水极猛，往往会冲坍堤岸，破坏很多农田。钱镠便下令改进修建技术，有人提出一种办法，即用巨竹编成大竹笼，内装石块，投入水中，再用许多巨木，一层层地竖在滩上，构成坚实的基础。910年，钱镠采用这个方法，征调数十万军民，筑起一道长达千里的捍海石塘，这是钱塘江海塘由土塘发展到石塘的重要转折点。据说钱镠还建浙江、龙山两闸，有效地防止了海水倒灌，彻底根治了杭州城的潮侵之患。他又命人凿平江里的大礁石，以方便船只来往。鉴于他在兴修水利方面的贡献，所以民间给他起了个"海龙王"的外号，并留下了"钱王射潮"的美丽传说。

相传，钱镠为了解决潮侵之患，着力修建海塘，但均因钱塘江潮头高，潮水冲击的力量又猛，因此钱塘江两岸的堤坝，总是日修夜坍，极易损坏。有民谣说："黄河日修一斗金，钱江日修一斗银。"手下的人告诉他："大王，这海堤还是不修吧，不会修好的。因为钱

塘江里面有个跟龙王住在一起的潮神总跟我们作对，只要海堤修得差不多，他就会兴风作浪，鼓起潮头，冲坍海堤。”钱镠于是作表申告于天，到潮神祠祭祀，并将“传语龙王并水府，钱塘借与筑钱城”诗句投入水中。结果海塘还是被潮水冲毁。

盗仙草

钱镠大怒：“潮神如果有灵的话，应该照顾当地的老百姓。我修筑堤塘，是为了老百姓，怎么能屡次毁坏我的工程？这样的潮神，我一定要用弓箭射他，以示惩罚。”他就精选了一万名弓箭手，在农历八月十八即潮神生日那一天，强弩齐发，将潮水射退，遂修成捍海石塘。

前蜀后蜀

两代而亡

前蜀是王建所建，都成都，盛时疆域约包括今四川大部、甘肃东南部、陕西南部、湖北西部。

前蜀的建立者王建打下江山并不容易。他曾经在唐僖宗逃亡过程中立有大功。当时，山中的栈道几乎被烧断，浓烟中路也看不清楚，王建奋不顾身，冲在前面开路。而在休息的时候，唐僖宗累得枕着王建的腿就睡着了。唐僖宗醒来后，见王建为保护自己一直没有休息，感动得热泪盈眶。

历史小常识：注重文臣的王建

与其他割据者不同，王建特别重视文臣，礼遇很重，如著名诗人韦庄就担任过宰相。王建的属下觉得这样有点过分，但王建却说：“你们这些人见过什么世面？当初我在禁军时，见皇上对待翰林学士的态度比一般的朋友关系还要亲密，现在我对待文臣只是当初皇上的百分之一，又怎能说过分呢！”

王建建立政权之后，下诏劝课农桑，发展

生产，命令官吏不得侵扰百姓，以使他们能安居乐业。他能听取臣下的谏议，政治相对清明。一次，有个和尚挖出一只眼珠献给王建。王建非常感动，就下令由官府供一万名僧人饭食。有大臣提出不同意见："此人无故自残，不追究他的罪过已经是宽恕了，不应该再这样重赏饭食，以免不良风俗泛滥。"王建听了醒悟过来，马上收回了成命。

王建晚年，前蜀的国力减衰。一天，王建偶然听见太子王衍和诸王斗鸡、打球喧呼的声音，不由叹道："我身经百战，才开创这个局面，他能守得住吗！"王衍虽然相貌俊伟，才思敏捷，且颇有才学，但只是喜欢吃喝玩乐，根本不是治国安邦的材料。一次，王衍见一民女貌美，也不管人家已经订婚，就强夺过来，其女之未婚夫气得恸哭而死。

后唐的李严出使前蜀时，看到王衍的荒淫无度，回去就建议攻打前蜀。925年，王衍出游秦州（今甘肃天水西北），大臣蒲禹卿上表谏劝。王衍宠信的韩昭见了大怒，骂道："等皇上归来，当使狱吏好好问你！"但没等王衍走到秦州，后唐的大军就杀过来了，只用了七十天就灭了前蜀，王衍献城投降，后来被杀。

后主丧国

925年，后唐灭掉前蜀，以孟知祥为西川节度使。孟知祥开始扩充自己的势力。等到李嗣源死的第二年，李从珂起兵争夺皇位，后唐朝廷没有精力顾及蜀地。孟知祥在成都称帝，国号蜀，史称后蜀。

孟知祥在位期间，减轻了百姓的负担，废除了一些苛捐杂税，并组织修缮水利设施，以促进农业生产。他还整顿地方吏治，派遣清廉官员上任，以收揽民心，巩固统治，但他在皇帝的宝座上只待了半年。他死后，十六岁的儿子孟昶继位。纨绔子弟王昭远善于逢迎，孟昶便加以重用，一切政务都委托王昭远办理，自己则纵情享乐。

孟蜀宫妓图

孟昶挑选民间美女充实后宫，宫人竟有数千之多。有一姓费的女子，风姿秀逸，且精工音律。后主将她选入宫中，宠爱异常。因前蜀王建有妾号为花蕊夫人，也就袭其名称，封费氏为花蕊夫人。孟昶天天沉溺

在脂粉堆里，一有闲暇，便和花蕊夫人一道，将后宫招来，亲自点选，选出姿容俊秀之人，轮流侍奉，并加以封号，其品秩比于公卿士大夫。

孟昶还下令成都“城头尽种芙蓉，秋间盛开，蔚若锦绣”。成都别号蓉城自此而始。以至后来的宋朝军队兵临城下，遥望成都城墙上仿佛兵甲旌旗林立，近看却是一片绿荫，这一度让宋兵大惑不解。事实上，就在孟昶纵情享乐的时候，赵匡胤已经开始了南征北伐。有人劝孟昶做好防备，他却认为蜀地山川险阻，不足为虑。结果宋兵一至，后蜀旋即灭亡。

南唐一朝

南唐为李昪在937年所建，共历三代，最盛时幅员三十五州，大约地跨今江西全省及安徽、江苏、福建和湖北、湖南等省的一部分。整体而言，南唐经济较为发达，使得江淮地区在五代乱世中“比年丰稔，兵食有余”，为中国南方的经济开发做出了重大贡献，文化也出现了繁荣局面。

勘书图

李昪的统治

李昪极为重视农业，在称帝之前就采纳了大臣宋齐丘“虚抬时价，以折绢及紬课调”的建议。当时绢的市价每匹五百文，绸六百文，丝绵每两十五文。宋齐丘建议将绢每匹价格定为一千七百文，绸二千四百文，绵每两四十文。如果实施这一建议，官府会受很大

损失。但李昪极为赞赏，认为是“劝农上策”，就采纳了这一政策。不到十年，江淮地区便呈现出“野无闲田，桑无隙地”的繁荣富裕景象。

李昪称帝之后，规定三年内种桑树达三千株的，赏帛五十匹；每丁垦田达到八十亩的，赏钱两万，免除五年租税。桑田和农田免租税五年。同时，他还极为注意招徕移民，宣布凡是避乱移入南唐的，一律计口给食，并分给土地，免三年田赋劳役。

在经济发展的同时，李昪的生活却很节俭，常穿着草鞋，左右服侍的只是几个老丑的宫人。李昪也不轻开边衅，因此在他统治时期，南唐的经济得到很好的发展，人们殷富充实，政府的财力也很充足。

李昪的息兵安民的政策，造就了江淮地区和平安定的社会环境，促进了南唐经济文化的繁荣与发展。安定、富强的南唐，成为饱经战乱沧桑的文人士大夫理想的栖身之所，“北土士人闻风至者无虚日”，江北士人如韩熙载等人多流落至此。宋齐丘、冯延巳等大批文人招徕至李昪门下。李昪并设太学，兴科举，广建书院、画院，在文学、美术、书法、音乐等诸方面都取得了卓越的成就。南唐的社会文化之盛，在五代十国诸政权中是绝无仅有的。

边佛子与边和尚

951 年，湖南的楚国发生兵变，南唐趁机发兵，一举灭楚。南唐君臣得此成功，李璟甚至以为“天下一家”指日可待了，命边镐镇守湖南。

边镐早先因不虐待俘虏，被人叫作“边佛子”。他进入潭州（今湖南长沙）时军纪严明，街上店铺都能照常营业。当时湖南饥荒，他就用官家仓粮救济饥民，所以潭州人都叫他“边菩萨”。可是，南唐开始对湖南采取掠夺的政策，把金帛、珍宝都搬到金陵去了，还在湖南收取沉重的赋税，大失人心。而边镐自从得了“边菩萨”这个称号后，开始沉溺佛教，潭州人大失所望，都改口叫他“边和尚”。不久，楚国旧将发动叛乱，将南唐的军队又赶出了湖南。李璟懊丧已极，不想再用兵打仗了。

窅娘舞莲图

可这时后周在郭威、柴荣的治理下已经强大起来，南唐不可避免要受到志在统一全

国的周世宗柴荣的攻击。从955年开始，后周发动了对南唐的三次攻击。956年，柴荣御驾亲征，攻占泗、濠、楚等州，南唐军队一溃千里，淮河水军全军覆没。958年，李璟在屡战屡败的形势下，放弃长江以北的土地，废除帝号，改称“国主”。

自从败于后周后，南唐每年要向中原缴纳高额贡奉。南唐原先长江南北之间的经济有互补性，如江南缺盐，而江北产盐。而失去长江以北之地后，南唐不仅失去了重要的食盐产地，还要花巨资向中原政权买盐。南唐政权不得不加重赋税，连鹅生双子、柳树结絮都要课税，以致怨声载道，国势日益衰败。

李后主亡国

南唐最后的一个国主李煜，史称李后主，是一个著名的词人，对诗词、音乐、书画十分精通，可就是不懂得处理国事。李煜也实施过一些仁政的措施，如减轻赋税，放宽刑罚。但面对日益强大的后周，南唐的小修小补是根本行不通的。

李煜工书法，善绘画，精音律，尤以词的成就最高，但“性骄侈，好声色，又喜浮图，为高谈，不恤政事”。李煜虔信佛教，有莲峰居士白莲居士等颇具佛教色彩名号。另外他还花费大量金钱用来修建佛寺，并多次延请僧人到宫中讲法。

李煜虽然以佛教徒自居，但却贪图享乐。据说小脚的流行就与他的妃子窅娘有关。缠足这一现象在五代之前已有。白居易曾有“小头鞋履窄衣裳”诗句，描写的可能就是缠足女性。杜牧“细尺裁量约四分，纤纤玉笋裹轻云”则应是刻画妇女用布带缠足的情况。但是，五代以前，缠足并不流行。窅娘算是有明确记载的缠足第一人。

窅娘据说是混血儿，双目深凹，所以得名“窅娘”（窅就是眼睛深陷的意思）。她十六岁被选入宫。窅娘用白帛裹足，把两只脚都缠得很小，善跳金莲舞。李煜就诏令筑金莲台，饰以珍宝。窅娘跳舞时身轻如燕，好像莲花凌波，回旋有凌云之态，因此很受李煜的宠爱。而窅娘也便常用白绫紧裹双足，久而久之，便把脚裹成了“新月型”。

后周兴盛

后周为郭威所建，因郭威自称是周朝虢叔的后代，故建国号为周，史称后周。盛时疆域约为今山东、河南两省，陕西、安徽、江苏的大部，河北南部、湖北北部及内蒙古、宁夏、甘肃、山西的一部分。虽然这个王朝存在的时间不长，但它使中原的政治、经济、军事都显露出一番崭新的气象，尤其是经济有了相当的发展，为后来北宋统一中原地区奠定了基础。

郭雀儿立国

郭威的童年颇为不幸。一种说法认为，他本来姓常，但由于母亲改嫁后晋顺州（今北京顺义）刺史郭简因此就改姓郭。郭简在战乱中被杀，其母不久也死去。幸亏郭威的姨

母怜惜这个可怜的孩子,将他带回山西收养。十八岁时候成为潞州(今山西长治)李继韬的部下。因他脖子上刺了一只飞雀,所以人们又叫他郭雀儿。

郭威勇武有力,豪爽负气。李继韬非常欣赏他。郭威的驻地附近有一个屠户欺行霸市,非常跋扈。郭威一次酒后,就故意找茬开骂。那个屠户知道郭威不好惹,起初忍气吞声,但最后终于忍不住了,就扯开衣服,指着肚子说:"有胆量你就照这儿捅一刀!"不想郭威真的抄起刀子就捅进了他的肚子。郭威被抓进了监狱。李继韬出于对他的关爱,又将他放了。

历史小常识:枢密使

枢密使最早由唐代宗设立,以宦官充当,掌中枢机密,传达皇帝诏旨。唐昭宗时杀尽宦官,改以士人充任。后唐时期,枢密使与中书令同掌国务,文事出中书,武事出枢密。

从那时开始,郭威方才认识到知识的重要性,明白单靠武力是解决不了问题的。他开始找书看,并在朋友的推荐下,读了不少兵书。后来李继韬被李存勖发兵灭掉,其部众悉被收编。因郭威略通文墨、书算,升为军吏。

在此期间,郭威迎娶了柴守玉,她就是后来继承郭威帝位的柴荣的姑姑。柴守玉本为李存勖选入宫中的嫔御,但入宫后还没见到李存勖,李存勖就被叛军所杀。之后明宗李嗣源将大批宫人遣散归家,柴守玉也在其中。行至黄河岸边,其父母来迎,为大风雨所阻,只好暂住于旅舍。正好郭威因公事出差,也停留此地。柴守玉见他衣服破旧,不能蔽体,但身躯魁伟高大,面容果敢刚毅,目光如炬,料想此人日后必成大事。又加上数日的接触,柴守玉对他有了更多的了解便想嫁给他。她的想法遭到家人的反对:"你曾是皇帝左右之人,归家后当嫁给大官,为什么却要嫁于此贫贱之人呢?"但柴守玉坚持自己的意见,最后双方就在旅舍之中定亲,很快就举行了婚礼。

郭威成亲之后,改掉了身上的不少毛病,并凭自己的才干以及判断力,逐渐做到了后汉的副枢密使,并成为刘知远的托孤大臣。后汉隐帝继位之后,封郭威为枢密使。但郭威屡立战功,因此遭到猜忌。隐帝遂派人诛杀郭威,不料事情泄露,郭威就在950年打出"清君侧"大旗,很快进入开封城。隐帝在逃亡途中被杀。

郭威并没有立即称帝,而是先让李太后主持大事,以安人心。他又严禁士兵掠夺骚扰京城,恢复了京城的治安秩序。郭威派人迎接刘知远的弟弟刘崇的儿子来继位,以此稳定宗室。当时的很多人都认为郭威要夺位称帝,此举不过是稳住刘崇不要起兵的缓兵之计,绝非郭威本意。但刘崇却被骗住了。郭威还对刘崇的使者说:"我出身低贱,脖子上还黥了飞雀,自古哪有雕青天子?请你家将军不要怀疑我。"

当时有官员李骧劝谏道:"我看郭威终究会有称帝的野心,决不会甘心屈居人下,甘为人臣,更不会立刘氏后代当皇帝。我们不如马上出兵,占领要地,这样郭威就有所忌惮,等公子顺利即位后,我们再罢兵也不为晚。"糊涂的刘崇却大骂李骧道:"你这腐儒,竟敢离间我父子关系。"遂命人把李骧拉出去杀掉,并派使者把此事告诉郭威,以示坦诚。

谁知没过多久,郭威等局势稳定下来之后,就让手下将领发了假情报,说契丹要南下进犯了,然后就奉太后之命领兵出城。到了澶州(今河南濮阳南),数千将士发生兵变,仓

汴梁图

促之间，无法制备黄袍，就撕裂黄旗披在郭威的身上权充黄袍加身，拥立郭威为帝。951年，后周建立。刘崇至此方才醒悟过来，深悔没有听信李骧之言。然而这时大势已去，他只能割据一方，遂称帝晋阳（今山西太原），建立北汉。

后周的改革

郭威在位三年就病死了，将皇位传给了内侄柴荣，柴荣延续了郭威的政策，使后周有了很好的发展。

在治理国家方面，郭威改变自后梁以来军人政权的专横跋扈的形象，重用有才德的文臣。文臣在后周有着很高的地位。他对大臣们说："我是军人出身，没读多少书，也不精通治国安邦的大计，你们有利国利民的好计策就赶快上书言事，千万不要只说一些粉饰太平的废话。"

郭威刚即位，就下令废除后汉窃盗一钱以上处死的苛法，规定除谋反叛逆以外，不得屠戮亲族。后周以前，各地每年依例进奉的特产名目繁多，郭威规定以后都不准再进。他对大臣们说："朕出身寒微，尝尽人间疾苦，现在有机会当了皇帝，怎么能为了自己的享乐而拖累天下百姓呢？"他不仅不让进奉宝物入宫，还让人将宫中的珠宝玉器、金银装饰的豪华床凳、金银做的饮食用具一共几十件，当众打碎在大殿之上。他对侍臣严肃地说："凡为帝王，安用此！"

历史小常识：捋须钱

吴国庐州（治所在今安徽合肥）刺史张崇大收赋税，遭到百姓的切齿痛恨。一年张崇奉命入朝，百姓都非常高兴，私下议论说："这下渠侬大概不会回来了吧！""渠侬"是吴地方言，意为第三人称"他"。不想张崇回来后听说了这件事，即向庐州百姓开征"渠侬钱"。后来，张崇又奉命入朝，这回谁也不敢再说什么"渠侬"了，只敢捋捋胡须表示长舒了一口气。谁知张崇回来后又开征了"捋须钱"！

郭威虽贵为天子，但却持薄葬观念。954 年，郭威便嘱咐养子晋王柴荣即日后的周世宗说："陵墓务必从简，别去惊动、扰害百姓，更不要用许多工匠，也用不着在陵墓前立上石人石兽，只要用瓦棺作椁就可以了，免得浪费人力。陵墓前替我立一块石碑，在上面刻上'周天子平生俭约，遗命用纸衣瓦棺，嗣天子不敢违也'就行了。安葬后，可以免除陵墓附近的三十户百姓的徭役，让他们守护陵墓，不要派宫人专门守陵。每年的寒食节不忙时，你们派几个人到陵上祭奠一下就行了，如果事情太多没有时间过去，只须遥祭即可。"

郭威还不放心，又告诫柴荣说："我从前西征时，见到唐朝皇帝的陵墓被人发掘、破坏，这都是由于陵墓里藏着太多金银财宝的缘故，而汉文帝因为一贯节俭，简单地安葬在灞陵原上，过了数百年陵墓还完好无损。你一定要记住这话。"

郭威和柴荣为了促进农业生产，屡次下令减免租税。同时期的多数称帝称王者无不横征暴敛，还放纵文臣武夫强取豪夺，为所欲为，但郭威、柴荣却不一样。有一项叫"牛租"的税，是朱温统治时开始征收的。当初朱温在淮南抢到大批耕牛，便把牛发给河南一带的农民使用，但每年须缴纳牛租。事情过了几十年，牛早死了，可牛租却每年照缴不误。直到郭威做了皇帝，才把这项租税取消。

明训忠佞

后周以前，各州府有分派民户当"散从亲事官"的制度，实际上就是责令当差的民户无偿提供政府和官员需索的物资。郭威认为这种制度使"贫乏者困于供须"；反之，豪富的人充当了，倒可以逃避赋役，并把负担转嫁到穷人身上去。因此废止了这种制度，规定从节度副使以下官吏"差定当直"（为官吏当差）的百姓人数，从七人到十五人不等，不准超过。

盐和牛皮是五代时期控制极严的两种物资。从中唐以来，盐税一直是政府收入的重要来源，官煮官卖，禁令森严。后晋以前，犯禁的还分斤两多少定罪，后晋改为不分多少，一律处死。郭威恢复分斤两多少定罪的办法，缓和了一点。牛皮在后周以前也是不准民间买卖的，都由政府收买，后唐明宗时收牛皮只给盐，不给钱，到了后晋连盐也不给，干脆没收，后汉法律，私贩牛皮一寸的，就处死刑。郭威把应缴总数减去三分之二，其余一分，按田地分派，每十顷田地捐一张牛皮，其余归百姓自用，不禁买卖，比过去有了很大的改进。

唐末以来，有一种"营田务"的制度，就是把官有土地交给佃户耕种。这些佃户的户籍不属州县，由户部另外设官管辖。郭威取消了营田务，把户籍划归州县管辖，房屋、田

地、农具、耕牛则归佃户私有。实施的当年，划归地方管辖的农民有三万多户。这些农民有了自己的土地之后，生产积极性大大提高，农业得到了很大发展。当时有人建议将一些好的无主土地卖掉而不是分给百姓，就能得到数十万贯钱来充实国库，郭威却说："让百姓得利，就像国家得利一样，朕要这些钱干什么？"

郭威还大力实行招徕流民政策。有一年，辽国的幽州地区发生饥荒，很多人逃荒来到后周的沧州地区。郭威就给他们分发口粮，又分配无主荒地给他们耕种，让他们定居下来，从事农业生产。郭威又命令沿边州县对流民要妥加安置，所以四方流民纷纷来归，前后共达数十万人。这样做既壮大了自己的实力，也削弱了对手。

958 年，柴荣下诏均定田赋，就是按照实际的田亩数字收税。自中唐以来，地方官只知道必须收满当地租税的总额。有钱有势的人隐匿土地，交通官府，广有田地而不纳租税。这部分土地的租税没有着落，官府就把它转嫁到农民身上去。农民自有的土地卖掉了，或者被河水冲坏了，有地变成无地，租税仍得照缴。因此柴荣派出大批人员到各地均田，查出了许多官僚地主隐匿的土地，禁止地方官吏和豪绅将赋税转嫁到百姓身上，极大地减轻了农民的负担。

郭威和柴荣都能毫不留情地严惩贪污的官吏，对政治风气起了良好的影响。莱州刺史叶仁鲁是郭威的老部下，因贪赃枉法被处死刑。郭威派人告诉他说："你触犯国法，我没有办法救你，只能抚恤你的母亲。"柴荣掌权时，左羽林大将军孟汉卿主管收税，因场官在正额之外多收了耗余，也被处死。有人说孟汉卿罪不至死，柴荣说："我也知道，但不能不以此告诫别人。"在重修永福殿时，柴荣亲自视察工地，见内供奉官孙延希克扣工食，虐待役夫，有的役夫还用瓦片盛饭吃，不禁大怒，当场将孙延希斩首。其他贪财的、滥杀投降将士的人也被毫不留情地处死。

建设开封城

在进行改革之际，柴荣也开始建设开封城，从而为北宋开封的繁华奠定了基础。开封城本来城郭不大，街道狭隘，由于后梁、后晋、后汉、后周四代都以此为都城，官衙商旅越来越多，便显得格外狭小，还经常诱发火灾。955 年，柴荣决定建筑外城，先立下标志，等冬天农闲时兴筑，农忙停工，秋后再继续进行。相传，柴荣命手下大将赵匡胤绕着旧城飞奔，直到马力倾尽跑出五十里。于是柴荣就以马跑的范围扩建城池，修建了气势宏伟的东京外城。

在这座新城里，政府先划定了官衙、仓库、街道的范围，其余则让人民自由建造房屋。城中许多旧街本来并不宽广，又被居民造房屋时占用了一部分，以致能通行大车的不多。改建时都拉直加宽。在拓宽街道的同时，柴荣也规定凡是街道宽度在五十步以上者，准许居民各在门前五步以内种树挖井，修盖凉棚；宽度在三十步以下至二十五步以上的街道，则是门前三步以内的地方；街道宽度二十五步以下者，根据宽窄划给居民适当空地。

这个改建的工程前后进行了三年，完工以后，面貌完全改观。一个叫周景的官员，请世宗准许人民沿汴渠种植榆柳，兴建楼阁，以壮观瞻，柴荣答应了。周景首先在渠口附

开封的河运

近，造起十二间高楼。后来各地商船来得多了，周家的楼房正对着停泊的地点，客商留宿，堆放货物，都极方便，因而获得巨大的利益。

这个开封城与隋唐的长安城是两个不同的历史时期的产物。隋唐的长安城，坊市衙署各有固定的位置，商业区域限于东西两市，坊和市都是封闭性的，住宅和商店的门都在坊、市里面，没有向大街开的。唐中叶以后，情况逐渐有了改变，比如南方扬州等城市，市容繁盛，已经看不出封闭性的特点。开封作为首都，对民居不加限制，也是中国历史上的首例。

而在这当中，最重要的就是兴修水利，恢复以开封为中心的水路交通网。开封在古代以河湖遍布而闻名。但在五代时期，由于藩镇割据，战火连绵，流经开封的大运河已不能通航，黄河水患不断。柴荣先后派宰相李谷巡视黄河堤防，调用六万民工修固河堤；调发二万民工到原武（今河南原阳）堵塞黄河决口，减少了水患。在此基础上，柴荣命人分别疏浚汴河、五丈河，修复了从黄河到长江的水道，“导河流达于淮，于是江淮舟楫始通”，使山东和江淮的粮食、货物都可由水道直达京城，使开封恢复了水路交通枢纽的地位，并成为当时全国规模最大、设施最完备、经济最繁荣的城市。

柴荣南征北战

经过一系列的改革还有治理佛教，后周的经济实力大增，从而为其开展统一全国的

战争打下了坚实的基础。刚继位时，柴荣曾立下三十年的宏志："以十年开拓天下，十年养百姓，十年致太平。"虽然五年之后他英年早逝，但他的成绩已经非常突出了。

柴荣曾经命近臣各撰一篇《安边策》，征询大家有关统一全国的方略。有大臣献"先易后难"之策，即先平定南方诸国，积蓄人力财力，然后再北伐强大的辽国，收复幽云失地，从而完成统一全国的大业。但是柴荣并没有采纳这个方略，而是制定了首先碰契丹这个硬钉子，收复幽云失地，然后再席卷南方诸国，可以称得上是"先难后易"之策。

辽人出行图

在此方针的指导下，柴荣首先对后蜀用兵。955 年，收复了秦、凤、阶、成四州之地，然后答应后蜀的求和请求，罢兵归朝。此战的目的并不是灭亡后蜀，而在于夺取战略要地，迫使后蜀不敢轻挑兵端，威胁后周的西部边境。接着从 955 年冬天开始到 958 年，后周多次进攻南唐，完全占据了淮南十四州，夺取了淮南富庶之地。这一系列战役巩固了后周的南部边境，增强了后周的经济实力，削弱了南唐。南唐被迫俯首称臣，不敢轻易向北用兵。

经过这一系列战争，后周的军事与经济实力不断壮大，柴荣就对辽国大举用兵。959 年，柴荣亲率大军自开封出发，直抵沧州，然后统步骑数万直入辽国境内。仅仅用了四十天的时间，就一举占领了契丹把守的三关：瓦桥关（今河北雄县境内）、益津关（今河北文安境内）和淤关（今河北霸州境内），还有宁州（今河北青县）、瀛州（今河北河间）和莫州（今河北任丘北）三州，总计有十七个县，是五代时和辽交战取得的最大胜利。柴荣还想继续进军，夺取幽州，但不幸身染重病，只好在派将固守各州之后退兵南下，回到开封不久，便病逝于宫中，年仅三十九岁。柴荣大志未酬，英年早逝，三十年的宏愿无法实现，确实让人惋惜。

柴荣虽然没有完成统一大业，但他所表现出来的英雄气概和制定的正确策略，却让后人赞叹不已。他暂不贪图富庶的南方地区，利用这一时期辽国因君主昏庸而导致政局混乱之机，毅然北伐，结果取得了巨大胜利。而后来的赵匡胤则采取了"先易后难"的策略，没有利用好辽国政局动荡的时机，结果宋朝屡败于辽国，中原政权也无险可守，抵不住游牧民族铁骑的突击，始终处于被动挨打的地位。

遗留后患

柴荣虽然对国家进行了很有成效的改革，但他的改革以经济为主，政治上却没有多少值得称道的地方。因为对北汉战争没有取得最终胜利，柴荣痛感百官无能，所以政事无论大小，都亲自决定，百官只奉命行事而已。当时有官员看到了问题，上书谏劝，请选能够识别人才、为人公正的人做宰相，说国家应该让这些人来治理，而皇帝只要根据群臣的功过，给以赏罚，这才是为政之本。可柴荣根本听不进去，依然我行我素。

在这种情况下，就出现了一系列充满争议的官员，周行逢就是其中一例。周行逢曾任武平节度使，负责武安、静江等地的军事。周行逢到任之后，矫正前人的弊端，关心民事，全部废除了以前肆意征收的苛捐杂税，祸害百姓的贪官污吏全部除掉，慎重选择廉洁公正的官吏担任地方官员。他的女婿唐德向他要求小吏的职位，周行逢说："你的才能胜任不了吏职，我现在私下照顾你还可以，但如果你当官没有一点政绩，我是不敢枉法来宽容你的，那么亲戚之间的情谊就断绝了。"于是送给他耕牛、农具，打发他回去了。

赵匡胤

当时的军队将领大都骄横跋扈，周行逢一律依法惩处，没有一点宽容姑息，众人既怨恨又害怕他。有位将领与他的十几个同伙密谋作乱。周行逢了解到情况之后，就设宴把所有将领都请来，在座位上逮捕了谋反的将领，当众数落他的罪行："我穿布衣，吃粗粮，充实国库，正是为了你们这些人，你们为何忘恩负义要谋反！今日的宴会，就是你的忌日。"说罢，就当场打死了他。在座的诸将吓得两腿发抖。

周行逢生性多疑残忍，常常分别派遣人去秘密刺探各州的情况，将领士兵凡有谋反和叛逃的，周行逢都能事先察觉，抓住杀掉，他的部下都很敬畏他。他派遣到邵州（今湖南邵阳）的人，没有什么事可以汇报，就只说刺史刘光委经常设宴饮酒。周行逢说："他多次聚众饮酒，是想谋反吗？"就立即把刘光委召来杀了。

他的妻子邓氏看不惯他的行为，加以规劝，指出用法太严就不会有人亲近依附。周行逢非常愤怒："你一个妇道人家知道什么！"邓氏很不高兴，就到乡下去看守田园，不再回到周行逢的府第来了。周行逢多次派人去接她，她都拒绝。有一次，邓氏带人来交税，周行逢借机去看她，说："我身为节度使，夫人为何如此自找苦吃？"邓氏说："税是朝廷的

财富。你身为节度使，不带头交税，怎么统率百姓！难道你就不记得你当乡里小官时代人交税以免受拷挞的时候了吗？”周行逢想邀她回府，邓氏严加拒绝：“你诛杀太过分，我经常担心突然发生变乱，乡间草舍容易逃避躲藏。”周行逢听了又羞又怒，但也无可奈何。

而更致命的则在军事方面，柴荣改变了中央和地方实力的对比，但是并没有解除藩镇的兵权。他加强了中央的禁军，但是没有认真考虑禁军将领可能争夺帝位的问题。柴荣死时，皇子只有七岁，根本没有控制局势的能力。于是他一手提拔起来的殿前都点检赵匡胤，就在960年演了一出黄袍加身，把皇帝的宝座抢去了。

第二章　文学艺术

五代发展皴法

皴法这种画技由唐人初创，但是在唐代画家山水画中尚未大量使用，只是到了五代，山水画家才把它广泛运用于南北山水画中，使画图更逼真，更具有表现力，很好地表现了崇山峻岭雄伟高迈之势，树木皮质粗糙遒劲之态，岩石突兀不平之貌，并进而影响了后世的山水画家。

皴法是用以表现山石、峰峦和树身表皮的各种脉络纹理的画技。表现山石、峰峦者，主要有披麻皴、雨点皴、春云皴、解索皴、牛毛皴、折带皴、括铁皴、大斧劈、小斧劈等；表现树身表皮的，则有鳞劈、绳皴、横劈等，它们俱是以各自形状命名的。皴法创立始于唐代。唐李思训创小斧劈皴，重勾勒，画家称为北字。唐王维创雨点皴，重渲染，画家称为南字。五代荆浩、关仝、董源、巨然四人又在唐代山水画皴法基础上，形成适于表现南北山水状貌的皴法。

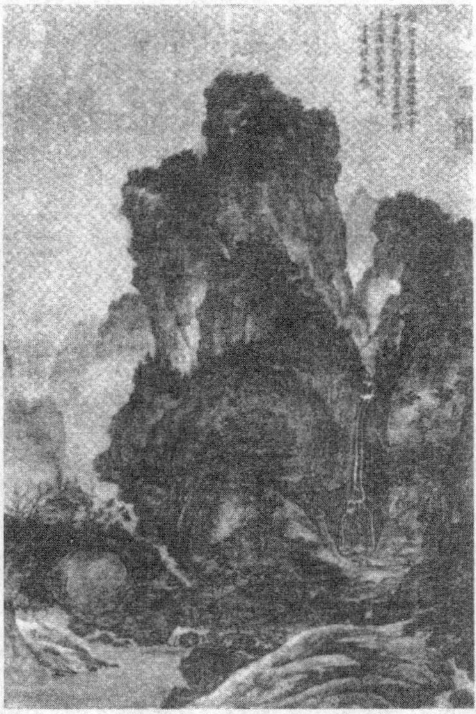

五代关仝《山溪待渡图》

主要活动于后梁的荆浩，朝夕观察太行山的壮丽景色，写松数万本，对唐人山水笔墨颇有心得，他的传世作品《匡庐图》写庐山一带景色，在画山水树石时皴染兼用，小披麻皴层次井然，用墨精润而深厚，发挥了唐人水墨画的长处。

后梁的关仝在《山溪待渡图》中，皴法使用相当细密，笔力坚挺。其皴法变化依景物而为之，如各种树木表现皴法有树种、远近、老木新枝等变化；山岩皴法也根据质量、形体状貌而施以不同轻重、粗细、浓密、走向的皴

点。

活跃于江南的董源、巨然，创造了不同于荆浩、关仝的山水画风貌。董源山水取南方丰茂秀润、云水葱茏的特质，融汇唐人青绿和水墨技法，独辟蹊径，创造水墨、色彩并用，披麻皴与苔点相结合的画法。董源的水墨矾头披麻皴对后世山水画影响尤为显著，这种画法，中锋用笔，从上而下，左右披拂，如一绺绺苎麻散披其间，十分适合表现江南山丘土原草木华滋的特点。山顶喜作成群相集的小山石（即矾头），缀以苔点。

师法董源的南唐山水画家巨然，山水笔墨清润，也善于长披麻皴，山顶画矾头，常以破笔焦墨点苔，风格比董源奇逸隽秀。

皴法经五代发展，越来越种类繁多，对后世山水画家具有很大影响。

契丹文字创成

神册五年（920），辽太祖耶律阿保机由于契丹族政治、经济、军事、文化的发展需要，在文臣耶律突吕不和耶律鲁不古的参与下，依仿汉字创造了契丹国字，即契丹大字。

契丹大字《北大王墓志》

由于受到汉字与契丹语的双重影响，契丹大字成为表意文字与拼音文字的混合体。其字形结构有点像简化的汉字，有点、横、直、撇、捺等笔画，也都是横平竖直拐直角的弯。有少数字是直接借用汉字的形、音、义，例如“皇帝”“王”等，这类字都是用来记录契丹语中的汉语借词。还有些只借用汉字的字形和字义，读音则用契丹语来读。而绝大多数契丹大字都是与汉字字形不同自行创制的新字。

契丹大字不但数量少，而且笔画简单。据《新五代史·四夷附录》，契丹大字有“文字数千”，据现有资料统计，契丹大字仅有一千余字，而10画以上的字约百余，占总字数的1/10。绝大多数都在10画以下，这都是契丹大字比汉字的进步之处。

契丹大字过于模仿汉字。汉字记录汉语，汉语的特点是单词多为单音节，每个字都是单音节并都各有字义。契丹大字是记录属于阿尔泰语系的契丹语，契丹语的单词多为双音节或多音节。契丹语是粘着语即用粘着词尾的方法来表达语法关系，契丹语有元音和谐律，有时一个汉字的语音需要用几个契丹大字组合在一起才能记录，并且单词之间没有分隔符号，极不易辨认，这样在使用中存在许多弊病。辽太祖弟耶律迭剌创制了另一种更完善更进步的契丹小字。契丹大小字区别不是字的大小，而是由于创制先后不同

而表现出来的拼音程度的不同。

契丹小字是参照汉字和契丹大字的字形而在汉字反切法的启发下创制的一种拼音文字。它的字母只是发音符号，也就是现代学者所称的“原字”。一般并无字义，只有拼成单词之后才有意义。据现有资料统计，原字共有450多个但“数少而该贯”则是其一大特点。

契丹小字即契丹语单词分别由1至7个不等的原字拼成，并按一定规律顺序堆在一起，单词之间有间隔，极易辨认。每个原字构成的契丹小字为单体字，两个以上原字构成的则为合体字，排列顺序为先左后右、二二下推。款式系自上往下写，向右向左换行。笔画都较少，没有10画以上，多在6画左右。字体最常见的是楷书，非常适合记录契丹语，故流传于辽和金朝前期，至蒙古灭西辽时，才渐绝于世，至玥代，则成为不为人们所识的古民族死文字。现在传世的契丹文字资料，大都是20世纪陆续出土和发现的金石材料，供后人研究。

契丹文字是古代契丹族人民为多民族中华大家庭贡献出的一份珍贵历史文化遗产，它开我国东北少数民族创制文字之先河，对于女真文字、蒙古文字和满洲文字的创制有极大影响，契丹文字记录的单词中有大量汉语借词，对中古汉语语言的构拟和汉语史的研究也提供了宝贵资料，契丹文字在中华民族文明史上占有重要的地位。

唐庄宗宠优伶

（后）唐庄宗李存勖在位年间（923～926），不单重新任用阉人，致使宦官干预朝政，同时，优伶也得到了他的信宠。

李存勖自幼擅长音律，并喜好演戏，经常粉墨登场，自取艺名曰“李天下”。他即位后，唐之优伶常得以陪侍左右，多受宠幸。一次，优人敬新磨听到有人自呼为“李天下”，便打其耳光，并说：“理天下者只有一人，尚谁呼耶？”庄宗闻听大悦，重赏了他。于是，别的优伶争相仿效，想尽办法讨皇上的欢喜。庄宗对优伶宠信尤胜。

诸伶人出入宫禁，侮弄缙绅，群臣或敢怒而不敢言，或交结攀附以求庇护恩泽。如伶人景进受宠特厚，租庸使孔谦附之求宠，常呼其为“八哥”。四方藩镇也争相贿赂。伶人得以干预政事，但是，朝中文武官员的意见，李存勖不但不加重视，甚至置之不理。同光二年（924）五月，庄宗非但没有将临阵逃梁的伶人周匝治罪，还任命他推荐的梁优伶陈俊、储德源分别为景州、宪州刺史。而当时随帝身经百战的亲军尚有没得到刺史官职的，闻讯后都大为愤怒，郭崇韬极力谏阻也无效。

唐许民间酿酒

天成三年（928）七月，后唐下令驰放曲禁，允许民间造曲酿酒，而于秋税上纳曲钱，每

亩出5钱,随税征纳。都城及诸州市镇每年买官曲酿酒之户,准其自造酒曲酿造酒卖。榷酒之法(指定酒为国家专卖品)开始于唐朝德宗建中初年(780),此后,唐政府多所申令,又不断下敕诏令。至李嗣源(后唐明宗)初,发生了一件震动朝野的事:东都留守孔循以犯私曲法等罪而族杀一家。本月,明宗采纳建议,干脆开放此禁,"一任百姓造曲酿酒供家"及买卖,开始准许民间酿酒。长兴二年(931)五月,又罢亩税曲钱,城中官曲减半价出卖,城居之外不得私自造曲,而乡村则听任百姓自造。到七月,三司以百姓造酒不到官场买曲为由,恢复旧法,由官府控制销售。从此,官府虽没有完全垄断酿酒,但民间酿酒的税收已比以前大大加重了。后唐以后的(后)汉、(后)周诸朝,恢复了榷酒之法,禁止民间酿酒,违法的严厉惩处。

荆浩发展新画法

中国五代后梁时期的荆浩,因为中原一带战乱频繁,政局动荡,于是就隐居太行山的洪谷,自号洪谷子。隐居生活中,荆浩耳濡目染于山川美景,师法自然从而得就一手好画。

荆浩对中国山水画的发展做出过重要贡献,将唐代出现的"水晕墨章"画法进一步推向成熟。他对唐人山水笔墨颇有心得,写有《笔法记》传世。他认为"吴道子画水有笔无墨,项容有墨无笔,吾当采二子之长,成一家之体"。从而形成以笔墨见重的山水画面貌,标志着中国山水画的一次大突破。他创造了全景式山水画的风格,其特点是在画幅的主要部位安排气势雄浑的主峰,在其他中景和近景部位则布置乔窠杂植、溪泉坡岸,并点缀村楼桥杓,间或穿插人物活动,使得一幅画境界雄阔,景物逼真和构图完整。传世作品《匡庐图》(藏台北故宫博物院),气势恢宏,层次井然。山水树石,皴染兼用,充分发挥了水墨笔法的表现力,体现了荆浩本人追求山水"气质俱盛"的艺术境界。他的这种全景式山水画,奠定了稍后曲关仝、李成、范宽等人加以完成的全景山水画的格局,推动了山水画走向空前的全盛期。历代评论家对他的艺术成就都极为推崇。

荆浩所著的《笔法记》,在中国古代画论中最早全面系统地论述了山水画的创作方法和艺术准则,提出了"六要说",即画要有"气""韵""思""景""笔""墨"。他强调对自然形象的观察、认识、体验,并经过作者提炼、整理,创造出更为真实生动的艺术形象,这一卓越见解,在绘画理论发展中具有重要意义。"六要"除了吸收和继承了中国古代画论中的气韵、用笔、立意等说之外,还特别标榜"景"和"墨",反映了山水画历经隋唐五代时益趋发达和水墨画越来越受到重视的时代风尚。

文中还指出绘画中的"有形之病"和"无形之病"。认为"有形之病"只是犯有"花木不时""屋小人大"等错误,虽然不能改变,但还是容易辨识。而无形之病是画中缺少气韵形象死板没有活气,那就更为严重和难以补救。这也同样反映了荆浩重视神形兼备的可贵主张。

韩偓作《香奁集》

唐代末年，诗人韩偓将他的很多诗作收为一集，名曰《香奁集》。

韩偓（842～923），字致尧，小名冬郎，号玉山樵人，京兆万年（今陕西西安附近）人，从小聪慧过人，10岁即可即席作诗。龙纪元年（889），考取进士，随后出任河中节度使幕府，以后，历任左拾遗、左谏议大夫、翰林学士、中书舍人，晚年政场波折，贬为外官，惨死于闽南南安县。

韩偓的《香奁集》，收集了《袅娜》《绕廊》《夜深》等诗作，多是抒写男之间缠绵之情及妇女的服饰容貌，风格纤巧绮丽。如《绕廊》《欲去》描写的是男女之间因为爱情受阻而引发的追忆、想念之情，心理活动刻画深刻，用词真挚，委婉动人。《袅娜》《咏浴》描写的则是士大夫的恋情，狎邪生活，笔致也较为酣畅。由于《香奁集》的题材内容在历史上所引发的褒贬不一，对之评价较有争执。

韩偓的诗除了《香奁集》中描写的男女之情外，还有一些借景抒情和借事抒怀的佳作，这与韩偓晚年的政场被动及唐王朝的崩溃有很大的关系。他总是在诗作中借事或借景以抒发对已去的唐三朝的缅怀之情，如《故都》《伤乱》《惜花》等等。

辽代发达的矿冶

辽代的矿冶比较发达。辽太祖的父亲担任夷离堇期间，“始置铁冶，教民鼓铸”。911年，辽太祖耶律阿保机率军南征幽、蓟，到达滦河，在还军途中，得银、铁矿，并命令冶炼。天显元年（926），辽太祖灭渤海国，得到渤海的冶铁基地铁利府，并改名为铁利州。辽太祖还曾以渤海俘户在东京道饶州建长乐市，其中1000户在当地从事冶铁生产。辽朝接收渤海的大量铁矿及冶铁技术，使辽朝的冶铁业迅速发展起来。

辽朝在各地先后建了许多冶铁处所。如在东京道尚州东平县建铁冶，集中采炼的有300户人家，而且把铁制品作为赋税上缴政府。政府还役使大量奴隶从事矿冶，柳湿河、三黜古斯、手山三处矿冶都是契丹曷术部奴隶所开采。手山（又名首山，今鞍山）是当时规模比较大的矿冶中心。

辽代的铁冶，以冶炼坚硬的镔铁著称于世。镔铁是一种质量很高的铁，其硬度几乎相当于钢，而且辽朝很有可能已经掌握了先进的灌钢技术。辽朝每年贺宋朝正旦，用镔铁刀作贵重的礼物。

除铁以外，铜和金银冶炼也是辽代重要的矿冶业。还在辽建国前，契丹人已经能用铜制作钱币了。辽中京大名城是当时具有一定规模的铜冶中心。辽人已经完全掌握了铜的冶炼工艺，当时著名的铜器制品主要有铜镜、铜洗、铜执壶、铜面具、铜佛像、鎏金铜

佛龛等。辽太祖时，曾从蔚县俘掠汉族人，在泽州采炼银冶。灭渤海国后，获渤海富州银矿，改富州为银州，继续开采和冶炼。另外，辽还在阴山、顺州、都峰、大石等地都设置金、银冶，冶炼金、银。

辽朝设有专门机构管理矿冶，东京设有户部司管理当地矿冶，在阴山金矿设置山金司，管辖当地金银矿的开采与冶炼。

后唐印卖监本《九经》

后唐明宗长兴三年(932)，宰相冯道、李愚请令判国子监事田敏校定《九经》，刻版印卖。

监本，是一种版本类型，是中国历代国子监雕版印刷的书本，始于五代后唐。九经是九部儒家经典，有《三礼》(《周礼》《仪礼》《礼记》)、《三传》(《左传》《公羊传》《谷梁传》)及《易》《书》《诗》。

后唐印卖监本"九经"，始于后唐明宗长兴三年，到后周广顺三年(953)，历时 22 年，"九经"全部刻完。刻印监本经书，后唐为始，以后历代都有监刻经书。这对于保存古籍有积极的贡献。

契丹人的服饰

辽代的契丹人具有我国古代北方少数民族游牧半游牧的特点，他们的服饰多以圆领、紧身、窄袖、长袍为其主要特点，以适应北方寒冷的气候及骑射为主的生活。他们的服饰也同样具备历来北方一些民族服装中左衽的特点，而与汉族服饰不同。

自辽太宗耶律德光入晋接触到汉族中原地区的衣冠制度后，便参照中原汉族衣冠制度制定了本朝的国服与汉服制度。本国的北面契丹官员与太后用本朝的国服，本国南面的汉族官员与皇帝用汉族服饰。辽景宗耶律贤乾亨以后，北面的三品以上高级官员也开始着汉族服饰。到了辽兴宗耶律宗真的重熙以后，南北都用汉族服饰。汉族服饰对契丹人的影响之大足可一见。

契丹人服饰多种多样，色彩鲜艳。其中国服就分为许多不同种类，有祭服、朝服、公服、常服、田猎服等，而国服中的常服与田猎服则是契丹人的民族服饰。契丹人的常服为绿花窄袍，有钱人家附披貂裘以示高贵，而貂裘又以颜色分贵贱，紫黑色为贵，青色则次之。贫民家庭则穿貂毛、羊、鼠、沙狐裘，脚上穿不同种类的皮靴。妇女着袍或团衫与裙。以上所有衣服均左衽。

从契丹人官员着汉服来看，汉族服饰对契丹人服饰的影响是极大的，但这种民族间的服饰影响不是单向的，而是双向甚至多向的。汉族人的服装亦毋庸置疑地受到契丹人

五代胡瓌《卓歇图》(部分)。描写契丹人歇息饮宴的情景,从中可见契丹人的服饰。

服饰的影响。

辽五朝辖境内的燕云地区是汉人为主的地区,其服饰受契丹人的影响是自然的。《栾城集》第16卷中就有苏辙描述燕山地区汉人服饰变化的诗句。"汉人向年被流徙,衣服渐变存语言","哀哉汉唐余,左衽今已半"。

契丹服饰通过辖境内的汉人影响并传到了宋朝境内,宋仁宗庆历、宋徽宗政和、宣和年多次禁止"胡服"。

契丹人与汉人服饰的互相影响,丰富了各民族人民的经济文化生活,加速了民族大融合的进程,这是一种历史的进步。

董源创江南山水画法

南唐时活跃在江南的董源,取南方山川丰茂秀润、葱茏浓密的特质,融汇唐人青绿和水墨技法,独辟蹊径,创造水墨、色彩并用,披麻皴和苔点相结合的画法,开创江南山水画派。董源字叔达,钟陵(今江西进贤西北)人,南唐时任北苑副使,世称董北苑。他的传世作品有《夏山图》《潇湘图》《夏景山口待渡图》《谿岸图》《寒村重汀图》《龙袖骄民图》,代表了董源江南山水的风貌。

在《夏山图》中董源一变钩斫之法,使画境达到平淡天真,不装巧趣。这图应属水墨画,但个别地方曾用轻微色彩加染。画的是一片冈峦重叠,烟树沙碛的景致,其间点缀一二人物,一眼看去画面给人开阔辽远的感觉,难得的是这幅图画结构又十分严密紧凑,画幅下部利用山坡丛树的起伏,顶部利用远山覆盖于冈峦之上的隐显,使章法本身组成既

有规律又有变化的节奏，中部一带沙碛冈峦间的空间，在视觉上造成一种辽阔的气势。树木虽短小，但因沙碛的空间感而见其高大；冈峦虽重叠，却因远山的牵引而不感到阻隔。在艺术手法上值得注意的是以平直横垠的沙堤，来带起球面叠起的冈峦，画面布局极繁密又见单纯，似平淡而见变化。

董源《夏山图》（部分）

《潇湘图》和《夏景山口待渡图》的皴染比《夏山图》显得工致，《潇湘图》水墨清润而气度深厚，《夏景山口待渡图》深茂而朴实，在对自然景象的写照上，精致真实高于《夏山图》，但艺术上的抽象简练、气势的雄伟苍郁，则当推《夏山图》为第一。

从《潇湘图》看，董源的创新发展是多方面的，山的表现除取江南幽润清深的峰峦树石外，还采用了独特的皴法。山势从卷首而起，花青运墨勾皴，渐至层峦叠嶂，愈深愈远。为了表现透视深度，山峦上的小土丘自近至远由大渐小，由疏渐密，墨点也有疏密渐淡的变化，斑斑驳驳，显出密密杂杂的远树势态，在用墨彩渲染时又在山凹得当处留出了云霭雾气，造成迷蒙淡远之感。

在《龙袖骄民图》中，董源所绘山石，是用长披麻皴，以中锋笔从上而下左右拨拂，线条的方向大致相同，而时常交叠起来，样似披梳苎麻成绺，矾头则通过空心点皴，表现得草木蒙茸，披麻皴和矾头画法都是从董源开始才大量使用的。董源在王维“清润”之境的基础上，吸取李思训设色之巧于用墨，深得妙处。

董源对后世影响显著的，是水墨矾头披麻皴这种风格的源头。他的作品深深影响了南唐山水画家巨然。他的画风迥异于北方画派，以无数点线来表现山的轮廓，并以水墨烘晕来突出它，精工生动，开启了江南山水画派。

周蜀刻《九经》

战乱年代，文化事业并未完全停顿，后蜀广政十六年、后周广顺三年（953），周蜀两国均刻印《九经》。

后蜀广政十六年五月，宰相毋昭裔出私财百万，继其主持刻石经之后，又请镂版印《九经》以颁郡县，后蜀后主从之。蜀中旧时文人辈出，中途一路断绝，自此，蜀中文学复盛。

后周刻九经渊源当直溯后唐明宗时，长兴三年（932）起，诏令国子监校定《九经》，当时的屯田员外郎田敏等充详勘官。雕版历时 20 多年，虽然朝代更迭，工程未止，至后周广顺三年（953）六月完成。此时已任周尚书左丞兼判国子监事的田敏献书周太祖，计有《五经文学》《九经字样》各 2 部，共 130 册。此次刻印之本，世称“五代监本”。虽值乱

世，但《九经》赖此而传布甚广。官府大规模刻书的历史，也由此开始。

南唐设科举

南唐历代君主喜好文学。在五代诸国中，是文化最为发达的一个，但自立国后一直未设科举，凡选拔人才，只凭上书献策，言事遇合者，随材进用。

保大十年(952)二月，在文学出身的韩熙载、冯延巳、冯延鲁等人影响下，南唐始开进士科。唐主李璟诏令翰林学士江文蔚主持其事，本年便有卢陵王克贞等3人及第。

五代南唐人首鱼身像

但因南唐执政者均不为科第出身，他们中的多数人不约而同对科举制大力毁谤，使得唐主无奈宣布从此罢废科举。

第二年(保大十一年)，南唐祠部郎中、知制诰徐弦上书奏称初设贡举，步宜遽罢，于是南唐主顺水推舟，宣布恢复科举制。

周世宗毁佛铸钱

后周世宗柴荣以寺院泛滥，不仅大量劳动力出家，减少了国家劳役和兵役的人力资源，而且逃兵和不法分子也往往剃度出家，逃避刑罚，遂于显德二年(955)五月下诏毁佛：

天下寺院，非敕赐寺额者，皆属私建，一律停废；又禁止私度尼僧，私自剃度者勒令还俗并治罪；又禁僧众自残肢体、幻惑流俗。

经此整顿，当年停废寺院30336所，存者仅2694所；在籍僧42444人，尼18756人。

九月，柴荣以县官久不铸钱，而民间又多销钱为器皿和佛像，钱币日少，敕立监采铜铸钱。民间铜器、佛像限50日内上缴官府，按斤两给还价钱；逾期不交，5斤以上者死。禁止民间私用铜铸佛像、器物。

有人以为佛像不可毁，柴荣回答说：佛以善道教化天下，只要立志是善的，就是奉佛了。佛像哪里算是佛呢？再说，我听说佛为救济人，连头目都舍得布施给人，如果朕的身体能济民，我也不惜牺牲自己啊。

西蜀画风兴盛

五代十国时期，各地军阀混战不休，文化也惨遭破坏，但在一些较少战乱的国家，文

化事业不但未被破坏，还有所发展，这就是五代十国中西蜀画风兴盛的重要原因。

西蜀位于较偏僻的西南地区，所以战乱相对中原来说较少。中原的每一次战乱都为西蜀送来一批避难的画坛名士，如安史之乱后来的赵公佑、陈皓、张腾、辛澄等人。这些画坛高手的加入，使西蜀画坛新意盎然，也使西蜀画风糅合了中原画风的特色。

西蜀的画家大都擅长宗教画，擅长山水画花鸟画的也不少，如吴道玄的《地狱变相》《金光明经变》，周昉的《水月观音》等，这些画大都画在寺院的墙壁上，和当时佛教兴盛有着紧密的联系，成都最大的寺院大圣慈寺也是当时壁画最集中的地方。除了少量帝王贵族肖像和山水花鸟画外，更多的是宗教画，据李纯《大圣慈寺书院》载："……总96院，画诸佛如来1215，菩萨10488，帝释梵王68，罗汉祖师1785……"直至南宋时，范成大将遗存的壁画记录造书，还遗留有三十多院阁壁画，可见西蜀画坛名作中宗教画占了相当大的比重。

在兴盛的西蜀画坛背后，是一大批画坛名手的辛勤努力。赵德玄入蜀，带来隋唐名画百余本，"多为秘府散逸之作"，令西蜀画手得益匪浅。当时仅出名的画手就有房从真、张玄、徐德昌等，不下二三十人，且涌现出一批父子相传的名手，如黄筌和黄居宝、黄居采，高道兴和高从遇，杜子环和杜敬安，蒲师训和蒲廷昌等。西蜀专门的画院，名手很高的社会地位也促进了画坛繁荣。在大批画家长期的切磋、互相的学习之下，西蜀绘画还有许多创新，如在大型构图方面，后蜀明德年间，赵德玄、赵忠义父子共同创作了福庆禅院的十三幅大型壁画《东流传变相》，结构舒朗，山水精细，人物逼真，名冠一时。后蜀后期，在题材方面，山水画、花鸟画有了进一步发展，传统的宗教画在表现人物精神状态上也有了进一步提高。

沧州铁狮子铸成

后周广顺三年(953)，山东匠人李云铸成著名的沧州铁狮子。

沧州铁狮子位于今河北省沧州市东南20公里的沧州故城内开元寺前。铁狮形态威武，身披障泥，背负莲花巨盆，前后飘着束带，挂有串珠等装饰，发卷曲呈波浪形，当为开元寺文殊菩萨的座驾。铁狮身长5.3米，高5.4米，宽3米，重约40吨，左肋有"山东李云造"5字，头顶及项下各有"狮子王"3字，右项及牙边皆有"大周广顺三年铸"7字。铁狮腹内和牙外还有很多字迹，有人认为是金刚文，但已难以辨认。

后周953年铸大型铸铁文物河北沧州铁狮，重10万斤

据分析，铁狮背部的化学成分为：碳4.1%、硅0.04%、锰0.03%、硫0.019%、磷0.235%。又据表面金相检测，铁狮腿部为灰口铁，头部和

莲花座驾为白口铁，其间有麻口铁。体内颈部和背部铸有加强筋用以负载重量。铁狮采用泥范明注式浇铸法整体铸成，表面遍布长方形等多种规格的外范拼接痕迹，铸造时共用外范600多块。内范布满圆头铁钉，头部和背部均垫有铁片，用以控制内外范之间的距离。外范拼接处用熟铁条连接，用以增加强度。据研究推测，铁狮子的铸造工序大体是：1.塑泥狮原型；2.在泥狮上塑制外范，阴干后取下；3.制内型，将泥狮刮去一层，其厚度等于铸件厚度；4.接拼外范；5.浇注成型；6.清理。

沧州铁狮子的铸成，标志着我国制造大型铸铁件技术的提高。在中国冶铸史上占有重要地位。

栖霞寺舍利塔建成

五代时，南北方对待佛教的政策是两个极端，北方五代统治者对佛教执行严格的限制政策，而南方如吴越王钱弘俶铸金涂塔，是推崇佛教的，于是南方成为佛教禅宗的根据地，这里的佛教艺术也获得较大发展，南京栖霞寺舍利塔的建成，足以代表南唐佛教建筑和佛教造像艺术的最高水平。

栖霞寺是南朝以来佛教中心之一，至唐代被推为国内四大丛林之一，可惜今大半佛龛古迹毁损。舍利塔在寺左侧，始建于隋文帝仁寿元年（601），后毁，现存遗构是南唐高樾及林仁肇重建。

舍利塔高18.04米，是通体用石灰岩砌成的仿木结构建筑形式。塔身造型秀丽、小巧、玲珑，为八角五层塔，每层的高度与广度都随层次逐渐减缩，现出十分稳固的姿态。精美的造像和装饰性雕刻施满塔身，集民族传统雕刻诸技法之大成于一塔，表现形式极为多样，显示出当时石雕艺术的高度成就。最有代表性的是雕在基坛束腰部的“释迦八相”，和刻在塔身上的二菩萨、二天王、二仁王。

栖霞寺舍利塔

环绕基坛周围的八幅横披式“释迦八相”，是五代遗迹中仅见的浅浮雕珍品，处处显示出传统绘画的功力；应用了前代壁画中把不同时、地的情节，表现于同一画面的处理方法，如“出游”图既描写了悉达太子的出城，刻画了太子游四门时前后所见的生、老、病、死等世苦的全部情节；也运用了“压地隐起”这种从汉代书画基础上发展而来的新方法，在浮雕中凸出主要人物，使之具立体感。题材内容、图景融传说与现实为一体，人物形象、宫殿楼阁反映了中国当时社会的真实情况。

塔身上的天王、仁王和文殊、普贤菩萨等像都为半浮雕作品，作者徐知谦、王文载、丁延规等均有题名刻于上角。此外，在基坛和塔身各层，精美雕饰密布，几乎没有空隙。各层均设龛造像，角柱饰于侏儒和立龙，檐下则雕饰供养天人，其他局部刻宝相华，海石榴、莲华、蔓草纹以及其他瑞禽祥兽，题材范围相当广泛。表现形式随题材和形象而异，随处可见压地隐起、线雕、须地平级等各种雕法，特别是波涛翻腾的浮雕海面，活泼游动的鱼虾显现其中，刻画相当出色。

栖霞寺舍利塔，整体形象富丽精巧，气派工整典雅，在雕刻史上足以代表南唐艺术的高度成熟，在建筑艺术方面是后来《营造法式》的范例。

云岩寺塔出现观音檀龛

栴檀质重而香，木理坚细，是宜于雕琢的珍贵木材。以栴檀造佛像，始于印度，在南北朝时传入我国，至唐时渐有造作，唐高祖李渊曾下诏为其父母造栴檀等身像三躯供养于寺庙中，自此檀像造作渐多，刻檀佛像随遣唐使等流传到日本，现仍有保存，但我国现存唐檀刻佛像极少。1956 年在江苏苏州虎丘云岩寺第三层塔心发现许多佛教文物中，最稀见的是五代时期的观音檀龛。

栖霞寺舍利塔降生浮雕

云岩寺塔出现的观音檀龛，从其题材内容、风格样式等考证，应当是五代时南方重佛教的吴越地区所造，也有可能是晚唐末期的旧作。它是于后周显德六年至宋建隆二年间(959~961)，建造云岩寺塔时被藏纳于塔中的，因木头不易保存，年代久远，此檀龛已有些残破。观音檀龛以一木雕成，作三连龛，两扉龛可以开合。木质虽已枯朽变形，仍可以看出雕刻技艺之精湛。观音被雕成端坐莲台的姿势，其莲座下作对称结构的莲藕和莲叶，并有双手合十的善财童子立在莲蓬之上，作仰首屈膝向观音参问状。观音表情亲切，善财童子面容虔诚而略带稚气，颇能突破常规，构意新颖精巧，可能是描写《华严经·人法界品》里所说善财童子参拜观音的事迹，实际上开了后世寺院中“善财”五十二参变相塑壁的先例。

这一观音檀龛妆彩描金，高仅 19 厘米，小巧精致。在这小块木头上镌刻生动人物及

装饰，确需精湛的雕刻技术，显示出当时木雕术的水平。这是我国木雕艺术中不可多得的精品。

刘昫监修《旧唐书》

《旧唐书》是五代后晋官修的最重要的纪传体史书，也是第一部完整的唐史著作。始称《唐书》，为与宋代欧阳修等撰《唐书》相区别，习惯叫《旧唐书》。

《旧唐书》共200卷，含纪20卷、志30卷、传150卷。始撰于天福六年（941），成书于开运二年（945），先后参与编撰工作的有张昭远、贾纬、赵熙、郑受益、李为光、吕崎等，成书时刘昫以宰相身份监修，故题为"刘昫撰"。可以说，它凝聚了许多史学家的心血。

《旧唐书》帝纪20卷，起于高祖武德元年（618），迄于哀帝天祐五年（908），其中把武则天立为本纪，可说是不可多得的远见卓识。志30卷，其中礼仪7卷，音乐4卷，历3卷，天文2卷，五行1卷，地理4卷，职官3卷，舆服1卷，经籍、食货各2卷，刑法1卷，志目与《五代史志》基本相同，但编次、识见均比后者逊色。传150卷，以多人合传为主，独具匠心，类传有外戚、宦官、良吏、酷吏、忠义、孝友、儒学、文苑、方伎、隐逸、列女等，民族与外域有突厥、回纥、吐蕃、南蛮、西南蛮、西戎、东夷、北狄诸目。

五代青釉壶

《旧唐书》集中了丰富而有价值的历史资料，具有很高的文献价值。如《五行志》列举各地不同的自然灾害，有不少反映民生困苦、工商业状况和国内外交通方面的资料，《地理志》记载了全国边防镇戍的分布和兵马人数，各地州县设置和户口等情况，《舆服志》记载了唐代帝、后、王、妃及百官按品级规定车舆、衣冠、服饰制度，用以区别贵贱，反映了封建等级制度。《食货志》集中记载了唐代田制、赋役、钱币、盐法、漕运、仓库及杂税、榷酤等经济史资料，《刑法志》记载了唐代法典律、令、格、式的制订过程及执行情况。

但是该书武宗以前史事用唐人所撰《国史》为蓝本，难免有残缺和推测雕饰的弊端。而且成书仓促，撰述不精，人有遗漏，传有重出，存着错讹。难能可贵的是，五代政局动荡，后晋史学家编撰此巨著，使中国历史上一个盛大皇朝的历史面貌得以呈现于后人，他们对中国史学的贡献应充分肯定，我们可从书中粗略看到7～10世纪初中华文明发展的轨迹。《旧唐书》至今仍有不可替代的史学价值。

赵崇祚编撰《花间集》

晚唐五代时期，前蜀王氏、后蜀孟氏割据蜀中，前后达60年之久，由于地理上的封闭，使得这一地区政治较为安定，经济比较繁荣，因而文化生活也显得更为丰富，统治集团和各阶层人士无不沉溺于歌舞伎乐之中，供歌唱的曲子词也开始盛行起来，当时蜀中文人填词十分普遍，蔚为风气。后蜀广政三年(940)赵崇祚正是顺应这种时代的需要，收集了当时的词作，编成了中国文学史上最早的词作选集——《花间集》，成为供歌伎伶人演唱的曲子词选本。

赵崇祚，字弘基，生平事迹不详，曾任卫尉少卿。《花间集》共选当时18位词作家的作品500首，大致以作家生活年代为序，将温庭筠、皇甫松等晚唐词作家列于卷首，表明了西蜀词派的创作源流。和凝是北汉宰相，以制曲著名，张泌为南唐词人，其余14人均为蜀中文人，多为朝廷的侍从之臣。其词作的内容不外歌咏族愁闺怨，合欢离恨，多局限于男女燕婉的私情，也有一些作品略微显露出“亡国”哀怨，如鹿虔扆的《临江仙》。而欧阳炯的《南乡子》歌咏了南方的风土人情，有一定的社会意义。总之，在思想内容上，《花间集》中的词作长期以来几乎不被称赏，而文字的富艳精工，却得到比较一致的肯定。代表《花间集》词作风格的词作家是温庭筠和韦庄，温词浓艳华美，韦词疏淡明秀，其余的词多蹈袭这两种词风。

温庭筠(812~866)，本名岐，字飞卿，年轻时苦学成文，才思敏捷，精通音律，擅长鼓琴吹笛，作侧艳之词，喜欢讥刺权贵，多触忌讳，又不受羁束，纵酒放浪，所以不为时俗所重，一生坎坷，终身潦倒。《花间集》将他的词列在首位，共收26首，是文人中第一个大量写词的人，是“花间派”词的先导，对词的发展产生了极大的影响，多写妇女生活，如闺阁怨情、征妇思夫等也许寄寓了自己的某种情怀，在手法上，秾丽绵密，多用比兴，以景寓情，情挚韵玩，颇值玩味。

韦庄是“花间派”中成就较高的词人，其词注重作者感情的抒发，个性较为鲜明。善于用清新流畅的白描笔调，表达比较真挚深沉的感情。有些词受民间词影响较为明显，用直截决绝的语言，或写一往情深，或写一腔愁绪。风格与温庭筠大相异趣。

晚唐五代词人李璟、李煜父子

文人词在初、盛唐时已经出现，如沈佺期作《回波乐》、唐玄宗作《好时光》等。相传李白曾作词十余首，其中《菩萨蛮》“平林漠漠烟如织”、《忆秦娥》“箫声咽”二首在艺术上已有极高成就，被推为“百代词曲之祖”。中唐时，文人填词者日益增多，如张志和曾作《渔歌子》、韦应物有《调笑令》、白居易有《忆江南》等。到了晚唐，涌现出更多的填词能手，

温庭筠就是这一时期第一个大量写词的文人，现存词70余首。他的词大都抒写妇女的离情相思，充满脂香粉气，以秾艳的色彩、华丽的辞藻构成他特有的“香而软”的风格。温词在词的发展史上曾起过不小的影响：一是艺术上力求精细，使词由朴素的民间格调向文人化发展，在艺术上有较大发展；二是他的香软秾丽的词风给后世带来不良的影响，形成了以他为“鼻祖”的花间词派。

李后主

到五代后期的南唐，由于宫廷的提倡，盛行写词，代表作家是李璟、李煜和冯延巳。

李璟（916~961），字伯玉，南唐中主，南唐开国主李昪之子。28岁继位，在位19年。他的词作仅存4首，艺术成就较高，其中《应天长》《望远行》2首，境界与花间词相近。《浣溪沙》2首，则运用伤春伤别的比兴手法，寄寓对自己身世遭遇和南唐国运衰微的悲慨，深沉动人。王安石曾盛称其“细雨梦回鸡塞远，小楼吹彻玉笙寒”二句；王国维称该词前二句“菡萏香销翠叶残，西风愁起绿波间”，大有“众芳芜秽，美人迟暮”之感。他的词蕴藉含蓄，耐人寻味，对李煜词很有影响。

李煜（937~978）为李璟第六子，建隆二年（961）继位，史称后主。38岁时，宋军长驱渡江，围攻金陵，次年城陷降宋，被封为右千牛卫上将军、违命侯，后被宋太宗赵光义毒死。李煜在政治上是庸驽无能的皇帝，却具有多方面的艺术才能，如书法、绘画、诗文等，词的成就尤高。

李煜词以宋太祖开宝八年（975）他降宋时为界，可分为前后两期。前期词虽也显示出非凡的才华和出色的技巧，但题材狭窄，主要反映宫廷生活与男女情爱，基本没有脱离花间词的窠臼。到了后期，李煜由皇帝变为囚徒。屈辱的生活、亡国的惨痛，往事的追忆，每天只能以泪洗面，这种经历使他的词的成就大大超过前期。《破阵子》“四十年来家国”反映了他身世与词风的转折。《虞美人》“春花秋月何时了”、《乌夜啼》“林花谢了春红”，“无言独上西楼”等是其后期代表作，主要抒写了自己凭栏远望、梦里重归的情景，表达了对故国与往事的追忆与悔恨，艺术上达到很高的成就。

李煜的词继承了晚唐以来温庭筠、韦庄等花间词人的传统，又受李璟、冯延巳的影响，将词的创作向前推进了一大步。其成就表现在：①扩大了词的表现领域。李煜之前的词作以艳情为主，内容贫乏，多写女性，很少寄寓个人的思想感情。而李煜词中多数作品则直抒胸臆，倾吐身世家国之感，情真语挚。②语言自然流畅而又极富表现力。他后期的词不镂金错彩，也不隐约其词，而善用白描，长于比喻，所以仍然文采动人、情思隽永。③具有较高的概括性。李煜的词，往往通过具体可感的个性形象来反映现实生活中具有一般意义的某种境界。“小楼昨夜又东风，故国不堪回首月明中”（《虞美人》），“落花流水春去也，天上人间”（《浪淘沙》）等句子深刻而生动地写出了人生的离合不定的情状，感情真切，又明白如话，很容易引起读者类似的感情联想和共鸣。④风格上有一定的

独创性。《花间集》和南唐词，一般以委婉精细见长，李煜词则表现出流丽疏宕的特点。他是晚唐五代词人中成就最高，对宋词影响最大的一位。

玉素甫著《福乐智慧》

在回鹘文化史上具有代表性的文化成果中，长篇韵文叙事长诗《福乐智慧》具有无可替代的历史地位。

《福乐智慧》是用回鹘文写成的文学作品，作者玉素甫，全名为"玉素甫·哈斯·哈吉甫"，出生于巴拉沙衮。该书于1070年写成，分85章，共13900行。书中塑造了四个人物：象征正义与法治的国王日出（空图格迪），象征幸福的大臣月圆（阿依脱里德），象征智慧的大臣之子贤明（奥克托里米升），象征谦虚的大臣之子的朋友觉醒（乌提库尔米什）。长诗通过这4个人物的对话和他们的言行，表达了主张正义、追求幸福、开发智力以及教育人们诚实谦虚这一思想。诗人采用了回鹘人常用的含蓄和喜闻乐见的比喻，常用寡妇的丧服、魔鬼的面孔比喻黑暗，以天鹅的羽毛和首次揭开面纱的新娘来形容光明。全诗词句优美、韵律严格、技巧娴熟，一直是中亚和伊朗高原许多卓有成就的诗人们学习的楷模。

五代阮郜《阆苑女仙图》

《福乐智慧》长诗包含有广泛的社会内容，其意义远远超出其文学范围，涉及社会经济、地理、政治、哲学、法律、伦理、医学、数学等各个方面，具有重要的学术价值和历史意义。

《福乐智慧》流传下来的有三种写本，最早的回鹘文本是1439至1440年在赫拉特城（今阿富汗境内）完成的。另两种是阿拉伯文抄本和1914年在苏联的纳曼干城（今费尔干）发现的完整抄本。

回鹘文的形成

回鹘文是10世纪中叶以后，由回鹘人创造、使用的文字。这种文字来源于中亚粟特文（窣特文）。活动于七河流域的突骑施部，最初采用粟特文拼写突厥语，后来两州（高昌）回鹘以流行于当地的粟特文为基础，创造出新一代文字，通称为回鹘文。

回鹘文是一种音素文字，其字母数目因时有所增加而不同，大约有18~23个字。在书写上，回鹘文字分木刻印刷体和书写体两种。书写体又分为楷书和草书，楷书用于经典著作，草书用于一般文书。从行款上看，回鹘文字最初由右往左横写，后来才改为从右往左自上而下直行竖写。

回鹘文最初只应用于高昌回鹘政权的管辖范围之内，后来随着喀喇汗五朝势力扩展使用范围逐渐扩大。在新疆的吐鲁番、哈密一带，回鹘文一直使用到14~15世纪。历史上，回鹘文对周围其他民族的文化发展也产生很大影响，如对契丹小字、蒙古文、满文等文字的形成的影响。

回鹘文在古代畏兀人采用阿拉伯文字之前得到了广泛的应用，成为该特定地区内公认的、最具权威性的文字。现在我们所能见到的10世纪前后的回鹘文献，包括了宗教文献、文学作品、医学文献和官方文件、民间契约、商业合同等社会生活的各个方面，涉及范围十分广泛。

王溥编撰《唐会要》

五代末年撰成的《唐会要》与《唐书》可称为这一时期史学成就的“双璧”。

《唐会要》共100卷，分514目。它言词简约，内容丰赡翔实，有关细事，以“杂录”为名附于各条之后。详细地记录了唐代政治体制的沿革和损益。

《唐会要》书影

这部重要的史学著作是王溥在唐人两次编撰《会要》的基础上增补、编订，编成于北宋代周的当年。宋太祖阅后甚为赞赏。

王溥生于五代后梁龙德二年（922），后汉乾祐（948~950）年间进士及第入仕。后周时为中书侍郎、平章事兼礼部尚书、监修国史，加右仆射，北宋时为司空、太子太师，封祁国公。

《唐会要》对于研究唐代史事、人物、典制及政治兴亡，文明盛衰演进，有特别重要的价值和意义，深受重视。

顾闳中作《韩熙载夜宴图》

五代南唐画家顾闳中所作《韩熙载夜宴图》，代表了五代时期人物画创作所达到的成就，是稀有珍品。

顾闳中，江南人，五代南唐画家，南唐后主时期（943～975）在南唐画院任侍诏，擅长人物画。《韩熙载夜宴图》是他受南唐后主李煜之命创作的。相传李后主想了解大臣韩熙载家宴的情形，命顾闳中夜至其私宅，暗中观察。顾闳中目识心记，以黔画为基础创作了这幅纪实的人物画作品。画中主要人物韩熙载出身北方豪族，朱温（907～912 在位）时以进士登弟，南唐时官至中书侍郎，有志不得伸，抑郁苦闷；晚年放浪不羁，纵情声色。这幅画以连环画形式表现了 5 个互相联系又相对独立的情节，展示了夜宴活动的内容，即听乐、观舞、休息、清吹、送别。

画中有十余个主要人物，在 5 个情景中又反复出现，多为见于记载的真实历史人物。整幅画虽然大量描绘歌舞场面，但却笼罩着沉郁的气氛。全卷 5 情节中，韩熙载均出现。画家从不同角度，从外貌到性格，深刻刻画出韩熙载内心深处的隐衷。其余人物在 5 个情节中互相呼应、联系，动作表情均表达了其精神状态，与环境气氛相统一，这在起首的“听乐”和第四段自己“清吹”中表现得最好。画卷用笔与设色十分精致。画家以劲健优美、柔中有刚的线条勾勒人物，服饰细入毫发，衣纹简练洒脱。色彩有通体的单纯，又有层出不穷的绮丽，艳而不俗。色与线有机结合，使画面显出明暗变化。画家凭着杰出的智慧，深入人物内心，将那种含而不露的感情独白，融化于优雅的夜宴气氛中。

《韩熙载夜宴图》在内容与形式上都达到相当高的水平，也为研究中国古代音乐史、舞蹈史、服装史，工艺史、风俗史提供了重要的形象资料。

黄筌、徐熙画花鸟

黄筌、徐熙的花鸟画不仅展现了优美的境界，而且使五代的花鸟画提高了水平并影响了后世。黄筌、徐熙有各自的生活道路和艺术追求，形成了不同的艺术风格和流派。

黄筌，字叔要，成都人，从少年到晚年身居前蜀、后蜀宫苑，饱览禁中名花奇卉、珍禽异兽，他的画迎合了宫廷贵族的爱好。他吸收诸家之长，形成自己的“翎毛骨气尚丰满”的工丽一体。宋《宣和画谱》著录黄筌作品多达 349 件，但流传至今的只有《写生珍禽》图卷这一课徒稿本和《芳溆春禽》册页。《芳溆春禽》册页尽管具有相当局促的画面空间，但由于构思巧妙，故能游刃有余，在丰满典丽的同时，空间开阔，疏密适当，富于动态美。首先，作者以两柳摇曳，俯视溪流为中心架构，春风轻拂柳枝，吹皱春水，点出早春的环境特征。其次，在这个环境里，分别将黄鹂、水鸭排位，再缀以桃花、野卉、小草。再次，发挥了细部的对比、呼应、衬托的作用，飞鸟与双鸭动静高下相应，两株柳树一直一斜，对比柳叶

桃花红绿衬托，增强图画的多层性和丰富性，在表现技法上，只用淡墨轻轻勾勒轮廓，主要侧重于依照对象本身分别设色，颜色既对比鲜明，又和谐统一，组成了华丽绚烂的色彩，衬托出春意盎然的意趣，达到高度的艺术真实。另外，黄筌工笔画十分工细，先作淡墨而后作色彩渲染，并分许多层次，基本上盖住墨迹。图中间使用"没骨法"来画黄鹂、桃花，又略用皴法画古根坡脚。《宣和画谱》评他的画："如世称杜子美诗、韩退之文，无一字无来处。"把他的画与杜甫的诗、韩愈的散文齐名对待。

黄筌作为晚唐五代杰出的宫廷画师，以其独创的艺术技法将中国花鸟画创作推向了成熟期，他的画成为宋代院体画的仪范，《宣和画谱》说其画法是宋太祖、太宗时国画院的标准，具有很高的权威性，足以想见其对后世绘画艺术的巨大影响。

"黄家富贵，徐熙野逸"，在黄筌富丽风格之外，南唐还有一派以徐熙为代表的体现文人意趣的画风。徐熙，江宁人（一作钟陵人），出身江南名族，旷达不羁，志节高迈，画中多为寒芦、野鸭、鱼蟹、草虫、园蔬、药苗、四时折枝，多是江南所常见之物。他"落墨"以取骨格，先用墨定枝叶蕊萼，然后再用色彩涂傅，"故气格前就"，"气骨能全"（刘道醇评徐熙语）。他只是略施丹粉而已，但"神气迥出，别有生动之意"（《梦溪笔谈》）。徐熙花鸟画风格，从取材到用笔，乃至总体风貌，与黄筌工丽一体区别较明显。

五代花鸟画家开创了线条所表现的笔力和墨染所产生的色感，并以二者结合为花鸟画艺术造型的最高格调。徐黄二体在技法和审美意趣上代表了五代花鸟画风格，奠定了两宋以后的写意与工笔花鸟的基调。

附:五代十国大事年表

时间	事件
907 年	朱温自立为帝,改国号为梁,建都汴(今河南开封),史称后梁。
910 年	钱镠征调数十万军民,筑起一道长达千里的捍海石塘。
923 年	李存勖宣称他是唐王朝帝位的合法继承人。自称皇帝,建立后唐。
938 年	石敬瑭将幽云十六州割给辽国。
960 年	赵匡胤黄袍加身,建立宋朝。

·中国通史·

宋朝

刘宇庚⊙主编

导读

宋朝（公元960~公元1279年）是中国历史上承五代十国、下启元朝的时代，分北宋和南宋，历十八帝三百二十年。公元960年，后周大将赵匡胤黄袍加身，建立宋朝。北宋初期为了避免唐代末朝以来藩镇割据和宦官乱政的现象，采取重文抑武的施政方针，一方面加强了中央集权，但是在军事上积弱，另一方面经济文化空前繁荣。宋真宗、宋仁宗时期步入了盛世，1127年金兵大举南侵，造成了靖康之耻，北宋灭亡。赵构在江南建立了南宋。后期抗蒙战争连年，到1276年，元朝军队攻占临安，1279年，8岁的小皇帝赵昺被大臣陆秀夫背著跳海而死，厓山海战后，宋朝彻底灭亡。宋朝是中国古代历史上经济、文化教育与科学创新高度繁荣的时代，北宋时中国GDP总量为265.5亿美元，占世界经济总量的22.7%，人均GDP为450美元，西亚人均GDP为621美元；两者都超过当时西欧人均GDP427美元，而1820年清朝时中国人均GDP为600美元，当时经过第一次工业革命的英国人均GDP为1250美元。

宋朝时，出现了宋明理学，儒家复兴，社会上弥漫尊师重道之风，科技发展亦突飞猛进，政治也较开明廉洁，终宋没有严重的宦官乱政和地方割据，兵变、民乱次数与规模在中国历史上也相对较少，人口从太平兴国五年（公元980年）的3250万增至大观四年（公元1110年）的1亿1275万。

著名史学家陈寅恪说："华夏民族之文化，历数千载之演进，造极于赵宋之世。"而西方与日本史学界中认为宋朝是中国历史上的文艺复兴与经济革命的人不在少数。

第一章　宋朝史话

黄袍加身

乱世是武人的天下，五代十国是中国历史上一个相当混乱的时期，当时武官当政，战乱频繁、生灵涂炭，百姓流离失所。处于水深火热之中的百姓，极度渴望统一，希望过上和平安定的生活。在这种历史背景下，后周世宗柴荣在位之时，锐意改革，着力于统一大业。然而柴荣英年早逝，留下七岁的儿子柴宗训即位，史称周恭帝，军事大权则掌握在殿前都点检、归德军节度使赵匡胤手中，朝廷内政外交大事则由文官宰相范质和皇太后主持。

宋太祖赵匡胤

周世宗驾崩次年，即公元960年元旦，正值后周君臣欢庆新春佳节之际，探马突然从北方送来紧急军事报告：大辽联合北汉十余万人马，准备南下入侵。敌兵压境，情况危急，小皇帝幼不知事，皇太后束手无策，惶急之下，只有与文官出身、不谙边务的范质、王溥两位宰相商定。仓促之间，二人匆忙决定派遣赵匡胤率兵前去迎击。后周军队出发后走到开封东北40里的陈桥驿时天就黑了。赵匡胤下令让将士们就地安营扎寨，埋锅造饭。吃饭时，赵匡胤一反以往战前谨慎的常态多喝了几杯酒醉卧床上，似乎已经完全将辽兵大兵压境的事置于脑后了。此时，军中有个叫苗训的人，他精通天文，他与门徒夜观天象，这时天上也出现了奇怪的景象，发现红日之下又有一日，两日共悬天上，四周黑光隐烁，经久不退。赵匡胤之弟赵光义与归德军掌书记赵普则带领一批将领吃过晚饭就秘密聚集到了赵光义的大帐中，赵普反复几次地说："小皇帝年幼无知，我们拼死拼活为他打仗，到头来还不知落个什么下场呢！

只要我们拥立赵点检做皇帝，大家就都是开国元勋，夺取江山后我们就可以永保富贵了！”此话说得一伙将领群情激昂。但是，赵光义却没表态，只是推诿着说：“我兄长自幼深明大义，万事以义字当先，他和柴荣有八拜之交，怎会忍心去夺小皇帝的宝座？”只听部将高怀德大声说道：“你下决心吧！只要决心下定，我有办法让点检穿上龙袍。”赵光义接着说：“这件事好像很难办，你如何来干这件事呢？”众人一听这话中包含着赵光义同意拥兄为帝的意思，纷纷表示支持，赵普又与高怀德在旁密谋大事。

黄袍加身

次日早，赵匡胤还未醒来，将士们就已围住赵匡胤的大帐，让赵光义进屋告知。赵匡胤惊醒后急忙出帐查看，一些将领上前说：“现在朝中无主，我们要太尉作天子。”还不等赵匡胤回答，高怀德从赵普身后转过来，几步来到赵匡胤身后，二话没说就麻利地把一件黄袍披在了赵匡胤身上，众将士一起跪下山呼万岁，并将赵匡胤拉上坐骑。那些不明真相的士兵们一看自己的长官都跪下了，也纷纷放下手中武器跪在地上，口中喊起万岁来。

赵匡胤觉得不妥要取下黄袍，但被高怀德按住，赵匡胤无奈说道：“各位兄弟，你们自己贪图一时富贵，要立我为天子，这不是害我吗？如果你们真心让我当皇帝，需答应我几个条件，否则我宁死不从。”众将高呼：“愿听指挥。”赵匡胤说道：“我本是太后、恭帝的臣下，你们不得侵犯他们。朝中大臣，本都是我的同事，你们不得凌辱。朝廷的府库，百姓的家，你们也不得强扰侵犯。遵令者有重赏，谁若违犯，格杀勿论。”听到满意的答复后，赵匡胤立即整顿兵马回转京师。

留守京师的大将石守信等人也是赵匡胤的心腹将领，他们早已在城内做好接应的准备，等赵匡胤的军队一到城外，石守信就下令大开城门迎接新皇帝。宰相范质、王溥等官员纷纷逃回各自家中，整个入城过程，果真纪律严明，不像五代时期其他朝代更换时纵城抢掠，丧失民心，赵匡胤的军队受到了人们的拥护。

赵匡胤进城后，登上明德门城楼，命令将士们各回营房，自己仍回原来公署。不一会儿，诸将拥着宰相范质等前来。见面后，赵匡胤流着眼泪说：“我违心从事，实在愧对天地，到了现在这个地步，真不知该如何是好？”范质一看赵匡胤的样子，马上想劝说他，但还来不及答话，将领罗彦环就按剑大叫：“国中无主，点检应做天子。”范质等朝臣相顾无言，迫于无奈，只好跪伏朝拜称臣。周恭帝年幼无知，皇太后一个妇人哪见过这种场面，只知哭泣。朝中百官见大势已去，只得请周恭帝禅位于赵匡胤。赵匡胤封周恭帝为王，尊符太后为周太后，

陈桥驿兵变遗址

然后请周恭帝与符太后住进西宫。

是年正月，赵匡胤大赦天下，改年号为建隆，国号称“宋”，赵匡胤即为宋太祖。

从上面叙述的“陈桥兵变”的整个过程来看，似乎赵匡胤当这个皇帝是情非得已，但是仔细看来赵匡胤在整个兵变过程中应付自如，适时适地，而且从种种迹象来看，赵匡胤的这次兵变可能是有预谋的，与五代其他几次兵变毫无区别，只是手段更为高明。

为什么这么说呢？首先“黄袍加身”的“黄袍”是早已准备好的，私藏皇袍的人在古代是要杀头的，如果不是预谋反叛，黄袍是从哪里来的呢？其二，宋太祖登基后，史书既没有记载关于辽兵入侵的任何结果，也没有记载北宋有否发兵制止辽兵入侵，辽的所谓攻袭一夜之间销声匿迹，岂不可疑？其三，宋太祖之母杜太后得知陈桥驿之夜，赵匡胤黄袍加身后，一点都不惊慌，不但不感到其欺君罔上，大逆不道，将使得全家被诛的悲惨结局，反而还称赞赵匡胤“一向有大志，现在果然如此”。

可见，赵匡胤谋权篡位之心早有，杜太后所说的“大志”，不是指当节度使而是当皇帝。所以赵匡胤真的是被部下“逼扶上马”的吗？他自己意图“黄袍加身”的动机到底有多少，这些问题随着昔人已逝，早已成为历史之谜了，后人只是妄加揣测罢了。

历史小常识：皇帝的自称与他称

在古代，皇帝有多种称呼。孤、朕、寡人，原来普通人也可以使用，后来为皇帝专称。天子则是皇帝的他称，古人认为“德侔天地者称皇帝，天佑而子之，号称天子”。臣子与皇帝交谈或相互对话时多称皇帝为“上”或“今上”“皇上”“圣上”“明上”“主上”“万岁”等。国家、县官、朝廷、车驾、乘舆也用来代称皇帝。至于宋朝，因“三皇官天下，五帝家天下。兼三、五之德，故曰官家”。

杯酒释兵权

赵匡胤是得到若干统军大将的拥护上台的。但自从他完成了由大臣到皇帝的转换以后，就开始考虑两个问题：一是如何重建中央集权的专制统治，使唐末以来长期存在的藩镇跋扈局面不再继续；二是如何使赵宋王朝长期巩固下去，不再重蹈以前的五个短命而亡的王朝的老路。

961年，赵匡胤借宴饮之名，召集拥戴他称帝的禁军高级将领石守信、王审琦等人宴饮。席间以“君臣两无猜疑，上下相安”为由，以赏赐良田美姬为诱饵，逼迫诸将交出兵权，于是石守信、王审琦等将领都请求罢免禁军军职。赵匡胤逐渐将禁军兵权控制在皇帝手中。

后人对这次事件有不少有趣的记载。据说，在一日晚朝后，赵匡胤把石守信、高怀德等禁军高级将领留下来喝酒。当大家相谈甚欢的时候，宋太祖突然屏退侍从，叹了一口气，给他们讲了一番自己的苦衷：“我若不是靠你们出力，是到不了这个地位的。但做皇帝也太艰难了，还不如做大将快乐，自当上皇帝之后，我就没有睡过一夜安稳觉。”石守信等人急忙询问原因。赵匡胤说：“这不难知道，我这个皇帝位谁不想要呢？”石守信等人连忙叩头说：“陛下怎么说这话，现在天命已定，谁还敢有异心呢？”赵匡胤说：“对你们几位

杯酒释兵权

我还信不过？只怕你们的部下将士当中有人贪图富贵，把黄袍披在你们身上。你们想不干，能行吗？”石守信等听到这里，感到大祸临头，赶忙跪下，含着眼泪说：“我们都是粗人，没想到这一点，请陛下指点一条出路。”赵匡胤便托出了自己的计划：“人生苦短，要得到富贵的人，不过是想多聚金钱，多多娱乐，使子孙后代免于贫乏而已。你们不如放弃兵权，多买良田美宅，为子孙立下一份大产业。同时买些歌伎舞女，日夜饮酒相欢，以终天年。我再同你们结为亲家，君臣之间上下相安，这样不是很好吗？”第二天，这些大将纷纷上表声称年老体衰，要求辞去兵权。就这样，赵匡胤不费一兵一卒，就收回了兵权。史称赵匡胤此举为“杯酒释兵权”。

杯酒释兵权此事是否存在还有争议，但赵匡胤再次用几乎不流血的手段解决了兵权问题则是无可置疑的，只是事情远没有一场酒宴就能解除统军大将的兵权那么简单。赵匡胤能够顺利地解除武将的军权，一方面是有其社会原因，另一方面是赵匡胤进行了一系列的制度设计，从根本上削弱了统军大将的权力。

社会方面，一是人心思定。藩镇割据以及五代时期，战乱频繁，民众生活、社会经济遭到严重破坏，就连赵匡胤的出生地夹马营就可能是一粮草基地，社会动荡不安可见一斑。建立强有力的统一王朝成为人心所向，而赵匡胤继承了后周的安定局面，又不暴虐滥杀，具有深厚的社会基础。二是历史上的经验教训让诸将的野心有所消退。安史之乱以来，武将夺权虽时有发生，但多数都不得善终或者是祸及子孙，包括那位发出“天子宁有种耶？兵强马壮者为之尔”豪言壮语的安重荣最后也没当成皇帝，还丢了性命。前人的教训再加上宋朝官员优厚的待遇，使武将篡权的野心消退。

制度设计方面，在赵普的建议下，赵匡胤采取了三项主要措施来剥夺地方军事将领的权力：第一，削夺其权。首先将节度使这一实职变成荣誉职位，同时由中央派遣文官出任地方官，三年一换，平时向朝廷奏事，直接对中央负责。宋太祖的做法后来一直为其后辈沿用。第二，控制其经济命脉。宋初于各路设置转运使，将一路所属州县财赋，除留少量充作日常经费外，其余的都要上交中央政府，不得占用，这样地方的财权就收归中央了。第三，收其精兵。965 年，宋太祖下令各州长官把所辖军队中骁勇的士兵，都选送到

京城补入禁军。又选强壮的士卒定为“兵样”送到各路,招募符合“兵样”标准的人加以训练,然后送到京城当禁军。这样禁军便集中了全国精兵,而地方军队则只剩下一些老弱病残的士兵,再也没有力量同中央抗衡了。

赵匡胤在黄袍加身以及杯酒释兵权之后,于976年的一天晚上突然死去。第二天,他的弟弟赵光义继承了皇位,即历史上的宋太宗。有人怀疑是赵光义害死了赵匡胤。据说,当时皇后本来是让宦官王继恩去通知赵匡胤的儿子赵德芳的,但王继恩却去通知了赵光义,赵光义就抢先进入宫中。皇后见到之后,非常吃惊,但也无可奈何,只好对赵光义说:“我们母子的性命,都在官家的手上。”过了几年,赵匡胤的二儿子德昭自杀身亡,四儿子德芳则在二十三岁的时候暴病身亡。而赵匡胤的三弟也被下狱,后被流放,两年后死于外地。

赵光义

文官势力的顶峰

对于文官来说,皇帝的权力也是加强了。一个明显的标志就是宰相诸大臣在朝廷不再是坐着而是站着与皇帝言事。这里面还有一个故事:据说,某一天,赵匡胤在朝堂议事,对仍坐在那里议事的宰相范质说:“我眼睛有点花,你们把文稿拿过来让我看看吧。”范质就起身把文稿拿给他看。赵匡胤又说:“你再拿近一点。”范质就又凑近了一点。等皇帝看完了,范质才发现自己的凳子已被撤走。原来在范质站起来的时候,赵匡胤已让人把椅子搬走了。从此以后,大臣都站着和皇帝议事。在易君臣共坐为君坐臣立这一君臣之礼的重大改变中,与“杯酒释兵权”一样,赵匡胤都做得相当巧妙。从此,君臣促膝而谈式的共坐议政,变为君主高坐于御座之上,臣僚站立其下,君臣之间高下分明。

但整体而言,宋朝政权稳固后,为了避免重蹈唐末五代的覆辙,实行重文轻武及重官轻吏政策,一方面用良田美宅换回武臣的兵权;另一方面在保留官员子弟可担任低级官职的恩荫制度的同时,继承隋唐的科举制度,开榜取士。利用文臣治理天下,文官势力达到了顶峰。

科举大兴

宋朝推行“兴文教,抑武事”政策,科举的地位更加凸显。与唐朝相比,宋朝科举的一重大特点就是录取人数的增加。唐朝每次录取进士不过二三十人,甚至只有几人或十几

皇后骂殿

人,杜甫就终身未考中进士。而宋代每次录取则多达两三百人甚至五六百人,这就极大地拓宽了中下层知识分子进入仕途的道路。

中举后的优厚俸禄,也极大地吸引着宋朝的读书人。宋真宗为鼓励天下的年轻人通过读书获得功名,还专门写了一首诗:“富者不用买良田,书中自有千钟粟。安房不用架高梁,书中自有黄金屋。娶妻莫恨无良媒,书中自有颜如玉。出门莫恨无随人,书中车马多如簇。男儿欲遂平生志,六经勤向窗前读。”相传,宋真宗还有一句名言:“万般皆下品,唯有读书高。”当年韩琦要杀狄青的部下焦用,狄青极力为部下求情,说焦用是个好男儿。韩琦讥讽道:“进士及第的才是好男儿,焦用一介武夫,哪有这个资格?”最后硬是当着狄青的面杀掉了焦用。

历史小常识:父子状元

在官宦子弟不能得状元这条不成文的规定形成以前,宋朝出现了父子状元。梁灏在985年考上状元,而他的儿子梁固则于1008年考中状元,这就成为历史上有名的父子状元。

一举成名天下知

宋朝的状元基本为贫寒之士。其实,单就考试成绩而言,并非历次科场都是出身贫寒的举子独占鳌头,只是因为宋朝政府采取了特别举措限制官宦子弟,才使平民子弟更容易崭露头角。

宋朝先是禁止宗室参与科举考试(宋神宗以后方允许远房赵姓宗室参加科举考试),同时又规定凡是官宦子弟考中科举后都要经过复试方能录取。后来这方面的限制愈来愈严,一定品级以上的官宦子弟不仅要单独进行考试,以便考察其学业之优劣,而且即便

考中进士后也还要另行组织测试，以防舞弊行为。后来朝廷逐渐形成一条不成文的规矩，所有参加科举考试的官宦子弟均无资格得到状元头衔，即便考试成绩最好，也要降低名次，然后依次递补其他举子为状元。但还是出了一次意外，在宋徽宗时的一次考试中，徽宗之子嘉王赵楷考第一，登仕郎王昴考了第二，宋徽宗在钦点状元时，决定不让宗室魁天下，也不让官宦子弟中状元，于是钦定第三名为状元，但意外的是第三名颜天选也是官宦子弟。皇帝金口玉言，百官自是不敢提出异议，结果就点错了状元。

淡泊名利的林逋

在科举制度日趋完善的宋朝，进士地位非常之高。两宋时期，科举发榜之日，“状元一出，都人争看如麻”，整座京城都为之轰动。由于宋代的进士都是由皇帝钦点的，所以进士特别荣耀，披红戴花，巡游街市，万人仰慕，以致造成交通堵塞。当时人就说，就算是独领千军，北扫辽国，西灭叛夏，一统天下，也没有进士游街光耀。不过正是因为重文轻武，再大的战功也顶不上一个进士，所以举国上下都全心沉浸于诗书，以武为耻、以不武为荣。这在强敌环伺的环境下，已注定了宋朝灭亡的命运。宋朝因为重文轻武而坐稳江山，又因为同样的原因而葬送了江山。

在官职授予方面，在唐代，即使考中进士也要通过吏部的考试才有资格担任官职，而到了宋代，只要是进士五甲以上就可直接授予官职，而且担任地方官三年后即可到京城就职，升迁速度之快也是其他途径进入官场的人所无法相比的。另外由于皇帝亲自主持殿试，选拔进士，考取进士的就有了“天子门生”的美称。在宋朝政府的高级官员中，科举出身者占了压倒优势。就以北宋时期的正、副宰相为例，科举出身的人就占到了百分之九十以上，南宋比例更高，正所谓“满朝朱紫贵，尽是读书人”。可以说，宋代士人在经过十年寒窗的艰苦努力之后，一旦科举登第，就会得到超值回报，真是“十年勤苦无人问，一日成名天下知”。戏文中的陈世美就是从一介贫寒书生当上状元的，但他没有把持住，最后抛妻弃子，当上了驸马。但这也与宋朝的择婿习俗有关。

榜下捉婿

在宋朝，考中科举的士人成了豪富之家选择佳婿的抢手货，于是“榜下捉婿”就成为宋朝的一大风景。宋代在由皇帝担任主考官的殿试结束后，就要举行唱名仪式，对于金榜题名者会赐予官服、笏板，表示已经脱离平民，步入仕途，正所谓“前日秀才，今日官人”。唱名结束后，便是“期集”，也就是新及第举人的宴会活动。不过，唱名和期集不在一处。从唱名地点到期集地点这段路程就成了择婿的地点，富豪人家竞相在此观望这些新及第的士人，从中挑选自己满意的人选。有的进士往往能被八九家同时看上。

为了笼络住自己中意的对象，有权势、家财丰厚者还会以仕途前景或大量钱财来吸

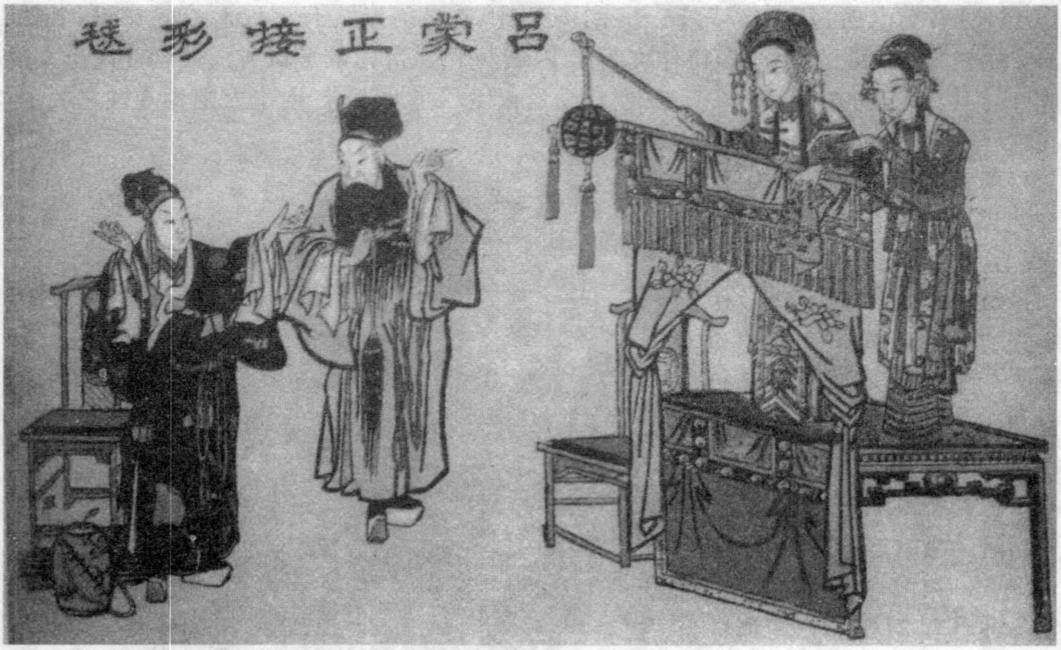

吕蒙正接彩球

引士人。宋仁宗时,颇得仁宗宠爱的张贵妃的伯父张尧佐看中了刚及第的冯京,就派人把冯京请到家中,一见面就对冯京说:“我们家一个女儿嫁给了皇上,还有一个女儿正待出嫁,想许配给你,怎么样?”张尧佐还谎称这是皇上的意思。不一会儿,宫中就有人持酒肴来,甚至拿出大量嫁妆给冯京看。然而冯京却不愿依附权贵,毅然回绝了这门亲事。这件事传开后,冯京被世人誉为志操高洁、不惧权贵的君子。不过后来冯京还是被名臣富弼招为女婿。而徽宗年间的权贵朱勔在洪皓等待第三轮考试——殿试时就要把自己的妹妹嫁给他,但洪皓不屑于他的为人,就谢绝了他。登第后,朱勔再次向洪皓请婚,而且送给他大量的钱财,并许以高官,不过洪皓依旧是拒绝了这门婚事。据说当时的王安石也被老宰相吕夷简看中,派人请他到家里吃晚饭,但王安石已和他人定下了亲,所以没有攀上吕府这门亲事。冯京、王安石都是历史上有名的操守高洁之人,而凡俗之人如陈世美之流就禁不住诱惑了。

当时还流行一种所谓的给男方的“系捉钱”。传统的婚姻观念发生了重要的变化。从魏晋至唐中期,由于门阀制度盛行,婚姻对象的选择是有着严格的门第限制,讲究门当户对。唐中后期门阀开始衰落,经历五代,到宋代,由于经济、文化的发展,门第观念已经淡薄,婚姻主要有两条标准:个人才能及钱财。为钓到进士婿,有的富商甚至会拿出千余贯的“系捉钱”,不少进士就当了富商的女婿。这种风俗非常盛行,以至于引起了一些官员的强烈批评,认为这些人现在就贪图钱财,以后踏上仕途肯定也是贪赃枉法之辈。

南人与北人

宋朝的科举政策无疑给大批地位寒微的青年人步入仕途提供了绝好的机会,对于江

南士子来说意义尤为亘大。其一，自唐中期以来，在黄河流域干戈不息之时，正是江南歌舞升平之日，江南士人多以写诗作文为能事，北宋侧重辞赋的考试方式最合江南士人的脾味。其二，宋朝兴起于黄河流域，朝廷勋贵权臣尽是北人，江南士人则为降国之人，不可能享受祖上的恩荫，开科取士，无疑给南人开创了一条难得的参政之路。但这也引起科举考试乃至朝廷官职任命的南人北人之争。以地域分野是中国古代政坛上一个很有意思的现象，特别是以南人北人的争论最为激烈，矛盾也最为突出。而南人北人之争也在有宋一朝达到了第一个高峰。

秋窗读易图

宋初开科取士以后，朝廷在录选过程中带有明显的偏见，极力倾向北人。第四任皇帝仁宗当政后，北人集团虽不如前三朝那样公开歧视南人，但却在科考录取办法上做文章。针对南方士人往往在科举考试中占据优势地位的情况，有人提出了每一路一律按十人取一人的政策。对此，南人欧阳修极力反驳："如果不问各路人才多少，一律按十人取一人，就会使人才多的地方有遗贤，人才少的地方会滥选。人才选拔应该不问东南西北，哪里人才多，哪里就多选。"宋仁宗由此开始实行"无南北之异"的政策。在此政策之下，江南士人在科场上开始大出风头，致使北方士大夫多有"沉抑之叹"。

南人的宰相之路也不平坦。赵匡胤、赵光义两朝近四十年从无南人当上宰相，不用南人当宰相似乎成了没有异议的规矩，南人只好望位兴叹。王钦若通过科举步入仕途，办事干练，所以颇得真宗的器重，但在宋真宗想任命王钦若为相的时候，就有大臣王旦声称不让南人担任宰相是"公议"。后来等王旦死了之后，真宗毅然起用王钦若为相。王钦若不由感叹："要不是王旦王公，我十年前就当上了宰相。"

江南临川才子晏殊的经历也颇有代表性。晏殊自幼笃学，七岁能文，有神童之称。他十四岁的时候，就能在朝堂上与多名进士同场竞技。皇帝非常高兴，就准备赐同进士出身。时任宰相的寇准立即表示反对，说晏殊是一个南方人，不应该对他这样优待。幸好宋真宗对晏殊厚爱有加，对寇准的说法不以为然："张九龄难道不是江南人吗？既然唐朝可用一个岭南人为相，宋朝给一个江南人同进士出身，怎么不可以呢？"寇准无言以对。

官员的幸福生活

宋朝的官员待遇非常优厚。除正俸外，还有服装、禄粟、茶酒厨料、薪炭、盐、随从衣

粮、马匹刍粟、职钱、公使钱及恩赏等。而除了俸禄之外，宋朝官员还有“职田”，依官阶高低可免费获得数十亩或数百亩不等。即使官员退休，朝廷也往往给他们一个管理道教宫观的名义官职，使他们可以借此领取俸禄，或者授予馆阁的职衔，以修书撰史的名义领取俸禄。而为鼓励官员按时退休，自神宗以后还准许官员带职致仕，并对退休官员给予种种礼遇和优待。

不仅如此，相传，宋太祖曾立下秘密誓约，规定子孙后代“不得杀士大夫及上书言事人，誓不诛大臣、言官”，“子孙有渝此誓者，天必殛之”。事实上，宋朝大臣被处死确实少之又少，岳飞算是为数不多的死在宋朝皇帝手中的大臣中最为知名的一个。即使在北宋后期有因党争而三次大规模贬斥士大夫的运动，一般也不开杀戒。因此，苏轼曾说：“历观秦汉以及五代，谏争而死盖数百人，而自建隆以来，未尝罪一言者，纵有薄责，旋即超升。”

但问题也出在这里。固然宋朝大臣拥有了前所未有的宽松环境，但却缺乏对其的有效制约。一方面消磨了官员的进取心。既然干得不好也不会有什么问题，照样有优厚的俸禄，很多官员就不求振作有为，但求勉强维持，得过且过，缺乏行政效率。王安石曾痛心疾首地指出：“夫如此，故朝廷明知其贤能足以任事，苟非其资序则不以任事而辄进之，虽进之，士犹不服也。明知其无能而不肖，苟非有罪，为在事者所劾，不敢以其不胜任而辄退之，虽退之，士犹不服也。”

历史小常识：谏官的变质

宋朝对文人的宽容政策与谏官制度相结合之后，一些官员却为了攻击而攻击，甚至认为因大肆攻击他人而被贬斥是一种荣耀，这也就是宋朝“以言被黜，便是忠臣”的一种畸形的为官之道。当初范镇因为无端攻击青苗法，同时对王安石进行人身攻击，被贬外放。出了朝廷，苏轼却跑去对范镇贺喜：“公虽退，而名益重矣。”范镇非常痛心：“使天下受到危害而我却享受这种好名声，我怎么能高兴得起来？你把我当成什么人啦？”

即使官员犯了大错，也极少被追究责任，而往往是被安排去主持“州县之事，使之临士民之上”，成为地方的一把手，甚至又重新调回中央。而在宋仁宗年间，高邮知军晁仲约与过路的叛军达成协议，命令富人拿出钱帛，备好酒菜，并以鼓乐相迎，以求高邮的平安。大多数朝廷官员建议处死晁仲约，但在范仲淹的坚持下，晁仲约免于一死。因此，当时一个大臣在给皇帝的上书就指出朝廷“赏重于罚，威不逮恩”。宋朝廷对误国败事者有罪不罚，罚不当罪，罪废复用，这对官员固然是好事，但国家要为此付出沉重代价。

谏官制度

宋朝是中国古代台谏政治最发达的一代，也是谏官最为活跃的时代。与唐朝的谏官属丞相管理不同，宋朝的谏官直接受皇帝的领导。侍御史是从六品，殿中侍御史和左、右司谏是正七品，左、右正言和监察御史是从七品。他们官品虽低，但可以弹劾高官、批评皇帝。谏官们甚至可以“风闻言事”，不必对言论的真实性负责。但在弹劾高官时，按例必须将奏疏的副本递送被弹劾的那个人。

历代皇帝设立谏官的初衷，更多的是牵制百官的权力，同时改进朝政。宋朝则有所不同，宋朝一个很重要的政策是让执政大臣"异论相搅"，谏官就是其中的重要手段，这也是宋朝文官集团党争异常激烈的重要原因。

有宋一代，基本上没有汉唐的宦官专权、藩镇割据之害，更无外戚之患。这应该说是谏官制度发挥了一定作用，但臣僚之间党同伐异，特别在对外关系上，和战两派一直在激烈争论，一直到宋朝的灭亡，这极大地消耗了宋代本已不足的统治力量。

消夏图

濮议之争

司马光在一篇文章中，把谏官的地位看得非常之高，"夫以天下之政，四海之众，得失利病"，就依靠谏官了，所以谏官"其为任亦重矣"。但是谏官的水平却不足以承担其重任，就包括颇有盛名的司马光，也竟然认为把谏官的名字刻在石头上，就能监督谏官忠于职守，而这样的想法竟然还得到了其他谏官的赞赏，并付诸实施。当时谏官的水平可窥见一斑。虽然宋朝谏官并没有太高的水平，但也在宋朝的历史上留下了重重的一笔，爆发于1063年的濮议之争就是其中一例。

当时英宗不是仁宗的亲生儿子，如何确定英宗生父濮王的名分就成为朝野关注的问题。但让人想不到的是，这个问题引发了一场持续十八个月的论战，这就是北宋历史上有名的濮议之争。

以司马光为代表的大臣认为，濮王是仁宗的哥哥，英宗应称其为皇伯，而以欧阳修、韩琦为首的宰执们则认为，英宗应称其为皇考（考在文言文中就是父亲的意思）。司马光认为欧阳修等人是"巧饰辞说，误惑圣听"，是"挟奸佞之心"以"误惑陛下"，如果其他大臣附和欧阳修的意见，也都是小人。贾黯临死前特地留下遗书，请求赵英宗一定要称濮王为伯父；蔡伉进见赵英宗时，跪下来痛哭流涕，陈述国家

历史小常识：宋朝的皇位继承

宋朝共十八个皇帝，除去了宋末的两个朝臣仓促拥立的小皇帝外，十六个皇帝中六个都不是亲生儿子继承皇位的，再加上赵光义的兄终弟及，这都是宋朝的皇位继承斗争激烈的表现。就包括仁宗，他一生下来就被刘皇后抱走，等到他知道谁是自己的亲生母亲时，他的母亲已死去多年。后来被民间演绎成"狸猫换太子"的传说。

兴亡就在此一称呼。范纯仁(范仲淹的儿子)、吕诲等更是联名上了一道奏折,指责欧阳修、韩琦是禽兽不如,并请求把欧阳修、韩琦二人处死以谢天下。范纯仁等人为了扩大影响,又找人把这道奏折抄布天下。欧阳修也毫不示弱,为濮议这个问题专门写了洋洋四篇文章,以回应对方的攻击。

而当时宋朝边界兵祸连连,宋军连吃败仗,国家财政负担沉重,仅向辽、西夏缴纳岁币一项每年就达七十万两(辽三十万两,1042 年后又增加二十万两。西夏二十五万两),国家税源日益枯竭。这些亟待解决的问题,司马光等人却没有给予太多的关注。

宋英宗

这些国家大事朝臣们都漠不关心,却为了皇上对他生父的称呼而争得天翻地覆,引发长达一年多的争论,差点儿把当时素有贤名的宰相韩琦、副宰相欧阳修弄下台,仿佛天下兴衰,就在英宗对他的生父的称呼。这本是皇帝家的私事,对国对民并无实质性的影响,却被以司马光为首的大多数朝臣看作是关系王朝存亡的大事,比当时被西夏连连击败、丧师失地、被迫每年纳贡还要紧急。在这场争论中,分别以欧阳修和司马光为代表的两派人马却引经据典,显得庄严肃穆,还个个自认是为国为民的英雄,即使丢官罢职也在所不惜,而且朝廷大多数官员都参与了这次争辩,就此埋下了党争的隐患。濮议之争,是日后残酷激烈的新旧党争的一次预演,而这次表现异常积极的吕诲、范纯仁、司马光竟然在士人中间得到了相当的声望,这也使他们在王安石变法中更加放心大胆地攻击,结果又是获得了声望。然而这也是宋朝必定要亡国的征兆:朝廷官员,做实事的少,更多的是在一些无关轻重的事情上大动干戈。偶尔有人出来做实事,也被他们百般诋毁。宋朝就这样亡了国。

与士大夫治天下

中国的文人,自孔孟以来,无不怀抱"祖述尧舜,宪章文武"的崇高理想,期望"得君行道"。但明君难求,总是可望而不可即、可求而不可得,士大夫往往最后都抱怨终生。纵然满腹经纶、胸怀大志,但是如果没有适当的历史机遇,得到皇权的宠信,也只有兴怀才不遇的浩叹。但在宋朝偃武修文的情况下,北宋的士大夫终于有了机会。在科举制度的制度化、标准化之下,文学崇拜和文人膜拜弥漫于官场、士林和社会。进士科以文章品评人才取士,所以最受尊崇。在这种文学崇拜的文风、士风、官风之下,士人完成了从士蜕变为文士的性格的形变,初步形成了一个文士阶层。而宋朝对士大夫和文人的宽容在历

史上也是不多见的。皇帝对不同意见，或者听之任之，或者只是贬到外地当官。最后到了 1071 年，文彦博向宋神宗指出，皇帝是“与士大夫治天下”。

在这样的历史环境下，饱读经书的士大夫们表现出了极高的参与政治的热情。两宋的士大夫就顺理成章地在政治、军事、文学艺术、思想哲学等领域占据了主导地位：在政治领域，士人与国君共治天下，还共同掌握军权；在文艺领域，以抒情自娱见长的诗词书画大兴于两宋，特别是词一枝独秀，出了一大批杰出的艺术家；在思想哲学领域，士人排斥佛老、回归经典的经世儒学，并开创专讲心性的理学，涌现出了一大批哲学家、思想家。

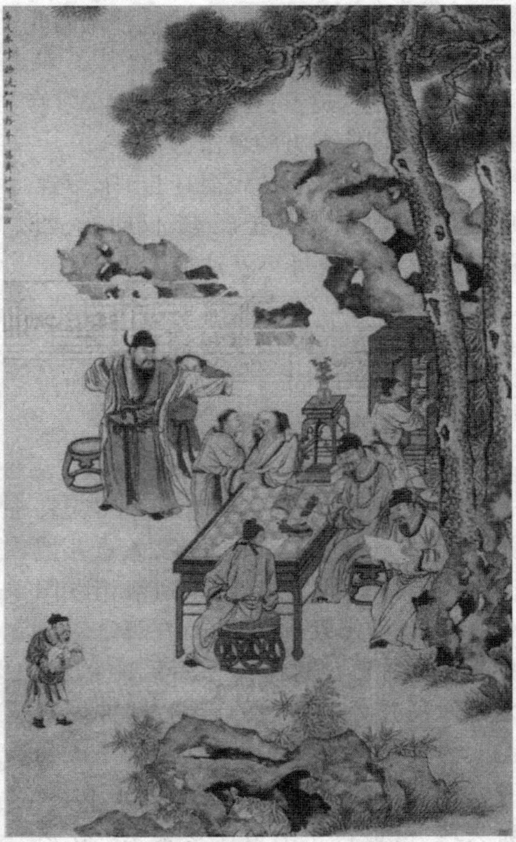
文人的聚会

这种士大夫与皇帝共治天下的局面固然使宋朝的文化艺术得到了长足的发展，但没有从根本上扭转五代以来社会道德沦丧的局面，相反，士大夫成为社会腐朽风气的重要载体，更无法改变宋代积弱挨打的窘态与困境。仁宗和神宗时期，虽然也是君臣共治，有范仲淹、王安石等在中国历史上颇有盛名的人物主政，却没有能够开创儒者所称颂的盛世。与之形成鲜明对比的是，在宋之前曾经有过两次君臣共治的佳话，一次是汉初的文帝、景帝时期，一次是唐太宗时期，虽然前者行的黄老之道，后者行的王霸之道，都不是儒道，但却取得了中国历史上高度颂扬的文景之治和贞观之治的盛世。这是有深刻原因的。

有宋一代，士大夫作为一个社会群体，在社会地位优越而约束很少的情况下，得了“高自矜许，讽嗤他人”“惊世骇俗，以动视听”等毛病。其中最致命的毛病则是大多数士大夫对世事人情无知无能，不足以治国，用《诗经》断案的陆参就是一个典型的例子。陆参是宋真宗时期人，是进士出身，曾经当过县令。一次，两个人为了争夺田产找他打官司，陆参在诉状的后面写道：“你们难道不知道虞、芮两国的事情吗？”（《诗经》中典故，相传虞、芮两国有人曾因争地兴讼，到周国求西伯姬昌评断，但在周国看到大家以谦让为风，就不再为此事争执。）诉讼双方把这个判决拿给主管的官吏看，都不知道是什么意思，就又去找陆参。陆参在诉状的后面写道：“可悲啊！县里都没有一个人懂《诗经》吗？”时人都引以为笑谈，但当时一位朝廷重臣还认为他有古人之风，将他推荐到朝廷，担任清要之职。

另外,宋朝的绝大多数士大夫在日常生活方面也不能充当表率。宋朝的士大夫往往与自己提倡的礼教相悖,不能承担教化民众的政治责任。二程(程颢、程颐)是宋朝非常有名的理学家,提出了著名的女性"饿死事极小,失节事极大"的观点。但有一次,程家两兄弟在外面吃饭,酒桌上照例坐了几个妓女陪着吃客玩乐,弟弟程颐一见,立即告辞,以示庄重。哥哥程颢却谈笑自若,酒照喝,照样与妓女玩乐,嘴里却振振有词,说"座中有妓,心中无妓",这还曾被人传为一时美谈。但有后人提出疑问:"如果和妓女在床上发生关系,是不是也可以说身上有妓而心中无妓呢?"程颢满口仁义道德,却忘了《论语·颜渊》中的话"非礼勿视,非礼勿听,非礼勿言,非礼勿动"。司马光也是要求女子自八岁"不出中门","女子出门必拥蔽其面","道路男子由右,女子由左",还要求妇女送迎客人不能出大门,即使见自己的亲兄弟也不能越过大门的门槛。但司马光在洛阳撰写《资治通鉴》的时候,就经常做东,带着乐妓到富弼那里游乐,"公以地主,携妓乐就富公宅……诸老须眉皓齿,衣冠甚伟,每宴集,都人随观之。"这些所谓的朝廷重臣胡子眉毛都白了,还在纵情声色,而当时的人们包括此事的记录者还津津乐道。

歌乐图(局部)

自然,在宋朝灭亡的时候,虽然不少士大夫选择了逃避,但也有不少士大夫在关键时刻以死报国,文天祥就组织勤王兵力抵抗元军,在历史上留下了深深的印记,让我们击节赞叹。可这些无力保家卫国最后只好怒目捐躯的文臣们,在为国捐躯之时是否想到"早知今日,何必当初?"气节可贵,但早已国破家亡,生灵涂炭,于事无补。

之所以出现这种局面,与赵匡胤、赵光义认定了士大夫不会亡人之国有莫大的关系。在他们看来,武将一旦造起反来,就会江山易主,所以不得不层层设限,严密防范,但是士大夫没有兵权,永远造不了反,正是所谓的"秀才造反,十年不成"。所以他们放心重用文人,压抑武人,深信纵然文臣或私德有亏,才学平庸,但绝不会对皇位构成直接致命的威

胁。从短期来看，他们是对的；但是从长远来看，却是大错特错，从而为赵氏王朝带来悲剧性的后果。安史之乱警示人们武装力量失控是危险的，而宋代的历史则提醒人们士大夫同样可以成为亡国的重要因素。

北宋统一

宋朝成立之后，面临着完成统一全国，特别是收复幽云十六州的重大挑战。与后周"先北后南"的战略不同，宋朝"先南后北"，统一了中国南方，但在与辽国的交锋中却遭遇败绩，最后与之签订了澶渊之盟。为了挽回在宋辽战争中失去的面子，粉饰太平，宋真宗又进行了耗资巨大的泰山封禅活动。

南唐后主李煜投降

赵匡胤稳固了内部后，即着手统一全国。因为担心北方辽国势大，赵匡胤和赵普没有采取周世宗的先北后南、先辽国后其他的计划，而是制定了先南后北的计划，以至于错过了利用辽国内乱收复幽云十六州的机会。赵匡胤花了近十年时间，先后出兵消灭了南平（即荆南）、后蜀、南汉。这样，南方的割据政权只留下南唐和吴越两国。

南唐是"十国"中最大的一个割据政权，加上土地肥沃，水利发达，战乱不像中原那样频繁，所以经济比较繁荣。南唐最后一个君主李煜，史称李后主，是一个著名的词人，对诗词、音乐、书画十分精通，可就是不懂得如何处理国事。

历史小常识：李后主

李煜工书法，善绘画，精音律，尤以词的成就最高，但"性骄侈，好声色，又喜浮图，为高谈，不恤政事"。后来他从一个尽情享乐的国君变成一个亡国的俘虏，词作的内容由宫廷生活和男女情爱转到亡国之痛上，创作出《虞美人》《浪淘沙》《乌夜啼》等优秀作品。据说因为词中有"故国不堪回首月明中"句，赵匡胤怀疑李后主还想复辟南唐，就在酒中下毒，将其毒死。

北宋建国后，李煜每年向北宋进贡大量金银财宝，企图借此维持自己的地位。后来看到宋朝接连消灭了周围几个小国，才害怕起来，表示愿意取消南唐国号，自己改称"江南国主"。但正如赵匡胤所言："天下一家，卧榻之侧，岂可许他人酣睡。"974年，赵匡胤派大将曹彬、潘美带领十万大军，分水陆两路攻打南唐。由于被辽阔的江面挡住了进军的道路，宋军开始赶造浮桥。这个消息传到南唐的国都金陵（今江苏南京），李后主问大臣如何应对。有大臣说："自古以来，没听说搭浮桥过江的，一定办不成！"李后主听了哈哈大笑，说："我早说他们是小孩子闹着玩罢了。"三天后，宋军搭好浮桥，一举跨过了长江。李后主连忙调动大军来救，南唐军火烧宋军，哪知正好起风，反烧了自己，南唐全军覆没。十万宋军很快打到了金陵城边，李后主被迫投降。978年，吴越的钱俶也归附了宋朝，至此，南方的割据政权全被消

灭。

赵匡胤在统一了中国南方后，马上出兵攻打北汉都城太原。北汉请辽国出兵援助，宋军吃了败仗。赵光义继承皇位之后，开始筹划进攻北汉。979 年，宋太宗亲率大军出征北汉，先击退了辽国的援军，对太原进行长期围困，最终迫使北汉统治者纳城投降。

酷爱读书的宋太宗

太原城虽然攻下了，但当地军民顽强的抵抗让赵光义愤怒，太原屡出帝王的历史令他感到恐惧，太原距都城开封十日可至的地理位置更令他担忧。他既不能将如此重镇托于外人之手，更不能置之不理。于是赵光义强令太原城的居民搬迁，接着就开始放火烧城，城内一片混乱，百姓夺门而逃，互相踩踏，伤亡惨重，而老弱病残由于行动迟缓，被烧死的更多。第二年，宋朝又引汾水、晋水灌城。火烧水淹后，这座千年古城化为一片废墟。为了破坏太原这一带所谓的“龙脉”“王气”，赵光义在新修的太原城中将街道都改成丁字形，认为这样就可以钉住龙脉，又将城外山头削平，表示割去了“龙首”。赵光义认为，如此一来，他赵家的江山似乎就可以千秋万代了，赵光义的短视和狭隘让宋朝丧失了一座战略地位非常重要的边防重镇。且不说辽人时时寇边，后来金人大举南下，也是攻下城防异常薄弱的太原后，原来分为两路的兵力合攻开封，北宋遂遭灭亡。赵光义的暴行和短视遭到了后人辛辣的讽刺：“官街十字改丁字，钉破并州渠亦亡！”（并州是太原的古称）不幸的是，赵光义为了巩固自己的统治不惜牺牲一切的作风为宋朝的大多数皇帝所继承，宋朝遂走向了不可挽救的灭亡，中原无数民众的生命也消逝在少数民族南下的铁蹄之中。

幽州碰壁

赵光义灭了北汉之后，不顾士兵的疲惫以及大臣的反对，想乘胜攻打辽国，收复幽云失地。起初宋军攻势凌厉，北方有几个州的辽国守将纷纷投降，但幽州城久攻不下，人心浮动。有一天将领曹翰看到宋军士兵在泥土里挖出了两只螃蟹，就像算命先生似的预测开了。他说：“螃蟹是水里的生物，现在却到了陆地上，就和我们一样到了不该来的地方。螃蟹又长了好几条腿，是预示敌人的救援马上就要到了。而且蟹和卸同音，看来我们是要卸甲归田了。”曹翰的怯战和避战心理，动摇了军心。

但赵光义丝毫没有察觉士兵的疲惫，幻想能快速解决幽州，对辽国的援兵并没有做充分准备。在攻城十多天之后，宋兵在高梁河畔（今北京西直门外）与耶律沙的援军展开激战，一直打到日落西山，辽军落了下风，被迫后撤。此时赶来增援的辽军将领下令每名

辽兵都手持两支火炬。在朦胧的夜色里，宋军只见一片火炬的海洋席卷而来，辨不出有多少辽兵，顿时军心惶恐，斗志全无。这时辽军顺势出击，天亮之后宋军被彻底击溃。赵光义大腿也中了两箭，箭深入骨，并与大部队失散。他没法骑马，只好换上便服，坐着农家的驴车狂奔逃命。而耶律休哥虽然也多处负伤，但仍坐在马车上指挥追击。宋军的兵器、辎重，乃至赵光义的仪仗和随从的妃嫔、宫女，都成了辽军的战利品。

此战之后，宋朝的战略便转为防御。辽军不断袭击宋朝边境。980年底，辽景宗御驾亲征，亲至南京（今北京），祭旗祀天，攻击北宋，耶律休哥在瓦桥关（今河北雄县）击败宋军。听闻瓦桥关之败，宋太宗又惊又怒，下诏北巡，辽景宗引兵北还。赵光义也有过趁辽军退师的机会再进攻幽州的意思，朝廷文臣多谏劝，认为应广积储、缓用兵。太宗心知幽州难克，便下诏返军。

宋太宗

982年，辽景宗去世，即位的辽圣宗耶律隆绪才十二岁，便由太后萧绰（也就是历史上有名的辽国的萧太后）摄国事，因需稳定国内政局，辽停止向宋的进攻。而内政方面，赵匡胤的儿子赵德昭、赵德芳均已过世，被贬逐至房陵的弟弟赵廷美也忧郁而卒，赵光义的统治更加巩固，就差赫赫武功来洗刷昔日高梁河之耻了。这时有边将向宋太宗上奏章，认为辽国政局变动，正好趁这个机会收复幽云十六州。986年，赵光义派曹彬、田重进、潘美率领三路大军北伐。这一年，宋太宗的年号是雍熙，史称“雍熙北伐”。三路大军分路进攻，旗开得胜。潘美和杨业为西路军，出了雁门关，很快就收复了四个州。但是曹彬率领的主力因为孤军深入，被辽军杀得大败，宋太宗赶快命令各路宋军撤退。

西路宋军将领杨业审时度势，认为辽军势头正劲，不能硬拼，再者皇帝已下令撤退，也应该暂避其锋芒。然而同率西路军的潘美和监军王侁却欲争功，斥责他为胆小怕死。潘美是主将，而王侁也具有直接上书皇帝的特权，是皇帝安插在部队的耳目，潘美对他也不敢不敬三分。而杨业的身份也有些特殊，杨原为辽国盟邦北汉刘氏政权的大将，曾经受到北汉皇帝的宠信，后来才归降宋朝。虽然归降以来也战功赫赫，可他毕竟不是赵光义的嫡系，受到蔑视和排挤。在这样的背景之下，杨业明知出兵必败但却不敢违抗命令，只好带领手下人马出击辽军。临走的时候，他流着眼泪对潘美说：“这个仗肯定要失败。我本来想看准时机，再痛击敌人，报答国家，现在大家责备我避敌，我不得不先死。”接着，他指着前面的陈家峪（今山西朔县南）对潘美说：“希望你们在这个谷口两侧，埋伏好弓箭

杨业雁门关大战辽军

手，等到我退到这里时，你们再两面夹击，也许有转败为胜的希望。否则的话，我所率的部队难免全军覆没。”潘美觉得杨业说得很有道理，就立即指挥诸将在谷口设伏。

皇帝出行仪仗（局部）

杨业出兵之后，果然遭到辽军伏击，杨业抵挡不住，只好一边打一边后退，把辽军引向陈家峪。到了陈家峪，却没看到接应的部队。原来杨业走后，潘美、王侁等了一天，听不到杨业的任何消息，王侁认为一定是辽兵退了，怕杨业抢了头功，催促潘美把伏兵撤去，离开了陈家峪。而等到他们听到杨业兵败的消息之后，便从另外一条小道逃跑了。

杨业兵败被俘，绝食三天三夜而死。杨业是辽国的死敌之一。杨业青少年时代就以勇武闻名，屡立战功，当时有“杨无敌”之称。980 年，辽国曾经派十万大军攻击雁门关，当时杨业只有数千兵马守关，但是他派遣少数士兵固守关城，自己率军绕到辽军背后发

起进攻。他刀斩萧多罗，生擒辽将领李重海，使辽军闻之丧胆，“望见业旌旗即引去”，人称“杨无敌”。萧绰虽然对杨业视死如归的气概非常赞叹，但是为了鼓舞士气，进一步扩大胜利，她仍然下令将杨业的头颅割下，装入匣中，传送边关各地。辽军士气大振，而宋朝守军则大受打击，未曾对敌便已经失了信心，在辽军的猛攻之下，无法守住已经夺得的土地，使得辽国顺利地收回了原先被北宋攻占的城池。在宣扬辽国国威的目的达到之后，萧绰下令为杨业修建祠堂，四时祭祀不绝。

赵光义对杨业的战死感到非常痛惜，追赠他为太尉、大同军节度使，并将潘美、王侁撤职查办。杨业的儿子杨延昭也守卫边疆二十余年，辽军非常害怕他，称他为杨六郎。后来杨延昭病逝军中，终年五十七岁。宋真宗赞扬他们父子：“延昭的父亲杨业为前朝名将，延昭捍卫边疆，有他父亲的风采。”杨延昭之子杨文广也一生卒伍，从狄青南征有功，堪称一门忠烈。虽然正史上对杨业的妻子佘太君没有记载，但是佘太君也被民间看成是精通兵书、忠心爱国的巾帼英雄。后来人们为了怀念杨家将的爱国情怀，编演了评书、小说和戏曲剧目，其中有杨家将、杨门女将以及穆桂英挂帅等故事。

杨业碰死李陵碑

在宋朝方面，赵光义伐辽失败的原因，正是由于宋朝君王对武将极其猜忌，同时对战败的大将又过于宽容，使得大将们不求有功，但求无过，畏首畏尾。如此将师，在关键时刻自然不可能集中全力去拼杀。另外，宋军以前得胜太过容易，忽然与辽国的强大骑兵相遇，很容易丧失取胜的信心。这两次伐辽战争失败后，宋朝举国上下患了一种“恐辽病”，这也是后面澶渊之盟的心理基础。

澶渊之盟

1004年，辽国大举进攻北宋。在寇准的力促下，宋真宗亲征，双方皇帝相遇于澶州城下。宋军击退了辽军的进攻，但宋真宗不愿再战，双方签订了澶渊之盟，开中原王朝向少数民族政权交纳岁币之先例。

皇帝亲征

1004年9月，辽国萧太后和圣宗耶律隆绪率领二十万大军南下。辽军采取避实就虚的策略，绕过宋军坚守的州县，直趋黄河边的澶州（今河南濮阳），大有直逼北宋都城开封之势。宋军告急的文书一日之内五至，京师大震。唯独刚刚走马上任的宰相寇准一方面

派遣部队抵抗,另一方面平静如常,将告急的文书都扣下来,不让宋真宗知道。宋真宗听到风声后质问寇准,寇准便将一堆急报全部拿出来。宋真宗一见这么多急报,立即慌了手脚,忙问该怎么办。寇准不紧不慢地说:“陛下是想尽快解决此事呢,还是想慢慢来?”宋真宗说当然是想尽快解决。寇准趁势说:“陛下要击退辽兵,五天时间即可。”宋真宗问有何办法,寇准提出要宋真宗率军亲征。宋真宗迫于无奈,只得同意在第二天的朝会上讨论亲征与否。

朝中大臣在如何对付辽国进攻的问题上,产生了主张迁都逃跑与坚决抵抗两种对立意见。两个副宰相王钦若和陈尧叟都劝宋真宗逃跑。王钦若是江南人,主张迁都金陵(今江苏南京);陈尧叟是蜀人,主张宋真宗逃到成都去。寇准一听迁都的建议,就当着他们两个人的面声色俱厉地说:“这是谁出的好主意?出这种主意的,应该先斩他们的头!皇上亲自带兵出征,可以鼓舞士气,一定能打退辽兵。如果南逃,人心动摇,敌人就会乘虚而入,国家就保不住了。”寇准的意见得到了宰相毕士安和武将高琼等人的支持。在迫不得已的情况下,宋真宗勉强同意亲征。

高琼

1004年底,宋真宗御驾亲征。然而很多大臣对此战都没有信心,甚至原来表示支持寇准的宰相毕士安也借口有病在身,不肯随驾北征。宋真宗没走多远,跟随宋真宗亲征的一些大臣听说辽国萧太后不顾年过半百,戎装上阵,亲自擂鼓助威,辽军士气极旺,又开始害怕,趁机提出应该迁都金陵。宋真宗优柔寡断,本来就勉强出征,现在更是犹豫,想打退堂鼓,于是召寇准商议。寇准坚决反对,说:“现在大敌压境,四方危急,陛下只可进尺,不可退寸。进则士气倍增,退则土崩瓦解。到时辽军必然趁势来攻,恐怕到不了金陵,陛下就成了辽军的俘虏。”大将高琼也支持寇准的意见。宋真宗不得已,加上有其父赵光义因士气受挫而大败的前车之鉴,只好不再提撤退之事,继续北行。

宋真宗抵达澶州,这时候,辽军已经三面围住了澶州。澶州城横跨黄河两岸,南北城以浮桥连接。宋真宗遥遥望见黄河北岸烟尘滚滚,战事激烈异常,心中胆怯,不敢过河。寇准认为澶州北城将士正在浴血奋战,皇帝亲临,会极大地鼓舞士气,于是力请宋真宗渡河,说:“陛下不过河,则人心摇动,敌人气焰会更加嚣张,这不是取胜的法子。现在四方将士正在陆续赶来,我们还怕什么辽国,逗留不进?”寇准说得很有道理,宋真宗却很不情愿,只是公然拒绝宰相的提议无异于表明自己怕死,只好默不作声。

寇准看见皇帝这副样子,就跑出去找武将高琼,说:“太尉深受国家厚恩,今日打算有所报答吗?”高琼慷慨激昂地答道:“我身为军人,愿意以死殉国。”于是寇准与高琼一起去

见宋真宗。寇准开门见山:说:“陛下如果认为我刚才必须要渡河的话不足凭信,可以问问高琼。”宋真宗还来不及回答,高琼便说:“寇相公的话不无道理。陛下千万不要考虑迁都江南,随军将士的家人都在京师,他们不会抛弃家中老小随陛下只身逃往江南的。”接着,高琼便上前请宋真宗立即动身渡河。宋真宗无言以对,高琼当机立断,命令士兵把宋真宗的车驾开往北城。到了黄河渡河口浮桥处,宋真宗又让停下来。高琼用铁锤击打宋真宗御车的轿夫后背,迫使宋真宗渡过了黄河。

宋真宗渡过黄河之后,到了澶州北城。尽管车驾中的宋真宗本人心惊胆寒,但当宋朝皇帝的黄龙旗在澶州北城城楼上一出现,北宋将士们士气高涨,欢声雷动,声音传出几十里,气势百倍。而在宋真宗到达澶州之前,辽国主将萧挞览带领骑兵观察地形,宋将李继隆属下的兵士张环突发床子弩,将萧挞览射死。辽军慑于宋军强大的城防武器,本来就士气大挫,听到宋军的欢呼声后更是心惊胆战。这时候,各路宋军也已经集中到澶州,多达几十万人。但宋真宗在澶州北城象征性地巡视后,仍坚持回到南城行宫。宰相寇准留在北城,负责指挥作战。宋真宗回到南城后,尽管有黄河天险,但还是不放心,数次派人前往北城探视寇准的举动。而寇准为了使真宗放心,就和一个官员在北城城楼上泰然自若地喝酒下棋。寇准如此表现,显然是胸有成竹,宋真宗总算放了心,不再恐慌。

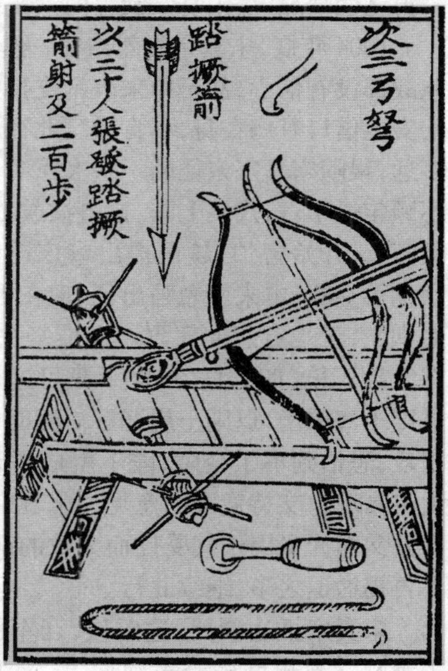

次三弓弩

首开岁币

萧太后觉得这次很难占到什么便宜,就有心讲和了。此时局势明显对宋军有利,寇准坚决反对议和,主张乘势出兵,收复失地。但由于宋真宗一心议和,致使宋臣中的妥协派气焰极为嚣张。这些人联合起来,攻击寇准,甚至说他拥兵自重,图谋不轨。寇准在这些人的毁谤下,被迫放弃了主战的主张。

辽国坚持要索回被后周夺取的瓦桥关(今河北雄县)以南的“关南地区”,包括莫州(今河北任丘)、瀛州(今河北河间)。宋真宗不肯接受,表示关南地区不可以割让,但宋国愿每年给辽国金帛。谈判在两军对峙中进行。萧太后见局势不利,就答应了宋真宗的条件,剩下的问题就是每年给辽国银绢的数量。曹利用就此请示宋真宗,宋真宗说:“迫不得已的话,一百万也可。”意思是说,只要不割地,能讲和,辽国就是索取百万钱财,也可以答应。寇准非常痛心,只是当着真宗面不便再争。曹利用离开行营,寇准紧紧跟在后面,一出门便一把抓住曹利用的手说:“数目不能超过三十万,否则回来的时候,我要你的脑袋!”

曹利用回来之后,宋真宗询问结果,曹利用伸出三个指头。宋真宗误以为给了辽国

三百万,大吃一惊,说:"太多了!"但想了一想,又认为谈判既已成功,也就算了,就说:"三百万就三百万吧。"曹利用告诉宋真宗只给辽绢二十万匹、银十万两,合计才三十万。宋真宗不禁大喜过望,重赏了曹利用,甚至写诗与群臣唱和,以示庆祝。

由于澶州也称澶渊郡,所以这次辽宋盟约称为"澶渊之盟"。澶渊之盟规定:

一、辽宋为兄弟之国,辽圣宗年幼,称宋真宗为兄。

二、划定国界,双方撤兵。此后凡有越界盗贼逃犯,彼此不得停匿。两朝沿边城池,一切如常,不得修筑城防。

三、宋方每年向辽提供"助军旅之费"银十万两,绢二十万匹,至雄州交割。

四、双方于边境设置榷场,开展互市贸易。

宋朝的商业贩运

澶渊之盟之后,寇准越来越受到皇帝的信赖,王钦若非常嫉妒,便想方设法诋毁寇准,离间宋真宗和寇准的关系。一天退朝时,寇准先走,王钦若在一旁看到宋真宗目送寇准时流露出敬重的感情,便说:"陛下如此敬重寇准,是否认为他对社稷有功呢?"宋真宗点头。王钦若马上挑拨说:"陛下以为寇准是忠臣吗? 他不过是以陛下您的生命作为赌注,成就他的私名啊。"见宋真宗神情有变,王钦若进一步挑动说:"陛下听说过赌博吗? 赌棍在钱快输光的时候,会把所有的钱都一下子押上,孤注一掷。陛下在澶渊的所为,不就是寇准的孤注吗? 当时实在太危险了,万一失败,陛下岂不是很危险?"王钦若的这番话让宋真宗对寇准的感情一下子发生了变化,再加上寇准独断专行,又得罪了朝廷上的不少人。丁谓本是出于寇准门下,虽然逐渐做到参政,但对寇准总是毕恭毕敬。在一次宴会上,菜汤沾湿了寇准的胡须,丁谓站起来,慢慢地为寇准拂拭,寇准笑道:"副宰相是国家的重臣,难道还为上级拂胡须吗?"这就是溜须的来历。丁谓面红耳赤,从此以后,他就特别仇视寇准。寇准最后被贬官外地,死于海南。

澶渊之盟,使辽兵得以从险境中安然脱身,关南之地虽得而复失,但每年三十万岁币再加上日后增加的二十万钱帛也促进了辽国的发展。从中华民族的发展史看,"澶渊之盟"的订立,结束了宋辽之间连续数十年的战争,使此后的宋辽边境长期处于相对和平稳定的状态,这不仅使双方边境大片地区得以发展生产,而且双方还通过榷场进行经济交流和商业活动,带动北方少数民族的经济与社会发展。

应该说,澶渊之盟有深刻的经济因素的影响。有宋一代,人们追求实际,讲求功利,

义利并重，甚至利重于义的思想逐渐盛行，有压过传统思想的倾向。同时，商人地位的提高使众多官僚开始经营商业，人们更加看重利。宋朝开始出现了大商人与大地主大官僚相结合的局面。因此，此时以经济代价换取两国的和平必定能够为大多数君臣所赞同，以利为重的宋朝社会风气也使得这种解决方式易于为民众所接受。实际上，宋朝后来经由榷场所获得两国贸易的利润远远超过了他们为和平所付出的钱物。

虽然这些钱物对于宋朝来说并不是太大的负担，但这一方面消磨了统治集团的斗志，使他们不思进取，而北部防线的兵士也极少训练，再加上恐胡心理，结果等到金兵打来，宋军一触即溃，金军很容易就包围了开封，遂有靖康之耻；另一方面也打击了军民的士气，这是导致宋朝对外战争屡遭败绩的重要原因。另外，北方少数民族实力的增长对宋朝来说却使边患加重，实力不断增强的少数民族开始南下，最后灭掉了宋朝，最终入主中原。

宋真宗泰山封禅

澶渊之盟是一城下之盟，每年都要交纳岁币，不仅造成了沉重的财政负担，同时也给国家带来了洗不清的屈辱。宋真宗也觉得脸上无光，就让王钦若想办法为自己洗刷掉城下之盟的耻辱，而王钦若的建议就是泰山封禅。他向真宗提议："我们用武力是很难打败辽国。不过辽国之人敬畏天地，不如大搞符瑞，泰山封禅，辽国必不敢轻看我朝。"在王钦若看来，进行泰山封禅，一方面是向世人显示是天命所归，另一方面北方少数民族敬畏天地，封禅可以让他们不敢轻视宋朝。真宗听罢欣然同意。但按照惯例，赴泰山封禅是要有天瑞（上天降下的祥瑞）出现才能进行的，现在没有任何天瑞，怎么进行封禅呢？不过宋朝君臣早就看透了。王钦若当时就说："不一定非得有天瑞，前代所谓的天瑞都是人们自己弄出来的。只要皇帝表示相信并且加以崇拜，好让天下人知道，这就与天瑞没有什么差别。"真宗后来又问著名学者杜镐："古人说黄河出《河图》、洛水出《洛书》，究竟是怎么一回事？"杜镐就直截了当地回答："这是古代的圣人拿鬼神来当作治理百姓的手段而已。"真宗心里有底之后，就开始假造天瑞。

历史小常识：宋朝的全民经商

有宋一朝，随着商业利润的增加，不同职业的人都加入经商行业，有皇室，有官吏，有禁军士兵，还有和尚道士，而传统的商人也走出城市，纷纷下乡收购物资、贩卖百货。但官吏和军人滥用职权，利用公务之便倒卖官物，挪用公款，强买强卖，假公济私，破坏了正常的市场秩序。

1008 年农历正月，真宗诏告天下，煞有介事地说："以前梦见天神下降，让设立道场迎接天书。果然，天上降下二丈多长的黄帛，就在左承天门南面的屋角上挂着。我派人去看，帛长约二丈，像封着书卷，用青丝绳缠着，隐约看出里面有字，这就是天神所言的天书下降了。"真宗因此改元大中祥符，群臣都加官晋爵，以谢天恩。此风一开，各地官员都开始上报所谓的天瑞，而丁谓为讨皇帝欢心，近乎走火入魔，凡见到鸟都说是仙鹤，所以时

瑞鹤图

人称丁谓为“鹤相”。一天，寇准到山上游玩，遇到一群乌鸦飞过，笑谈说：“要是丁谓在场，肯定要说黑仙鹤飞于仙山了。”

既然有了天瑞，真宗就决定十月赴泰山封禅。但封禅劳民伤财，所以很多大臣反对封禅。这时候丁谓又跳出来，特意将历年收支数据编成《景德会计录》，与封禅大典的经费预算一起上报，说得头头是道，认为经费充裕，完全支付得起封禅，封禅一事就此定下。

丁谓是宋朝难得的人才，但他的大部分才能都用在讨好皇帝上了。1015 年真宗命丁谓负责修复失火宫室。京城里本来就拥挤，修缮大型宫殿既需要大量泥沙土石，又需要其他各种建筑材料，运输极成问题。丁谓想了个统筹处理的办法，先在皇宫前面大道上挖土，以解决取土问题，而大道上挖土则形成沟壑，引入汴河水后就成可通船只的河道，各种建材通过木排竹筏进入宫内。宫室造好后，又将废弃砖瓦和垃圾填入沟壑内夯实，再建成通道，“一举三役济”，节约了大量的人力、物力和财力，时人赞叹不已。

而在前往泰山的路上，真宗命令所有人都要吃素。封禅结束之后，真宗对宰相王旦等人说：“你们这些天一直陪着我吃素，很辛苦，从今天开始就可以吃肉了。”这时一名官员跳出来说：“皇上您不知道，微臣和王旦等人都私下偷着吃肉，只有您一个人一路都在吃素。”真宗问王旦：“他说的是真的吗？”王旦等人赶快谢罪：“他说的是真的。”真宗哭笑不得。

此外，宋真宗还下令在京城建起一座玉清昭应宫，作为敬奉“天书”的地方。这座宫殿花了七年的时间才建成。这场“天书”闹剧耗费了大量的人力、物力和财力，直到宋真宗死去，“天书”作为随葬品埋入坟墓方才收场。

内外交困

澶渊之盟后，宋辽之间实现了几十年的和平，享乐的思潮开始在宋朝君臣中间流行。但宋朝开国以来，由于不抑兼并，大官僚大地主阶级竞相兼并土地，造成“势官富姓，占田无限”的严重局面，很多农民倾家荡产、流离失所。另外，外部的军事威胁一直没有解除，军费开支始终是宋朝的沉重负担，再加上朝廷的庞大开支，宋朝财政始终处于紧张状态。而在宋朝实施重文轻武、防范武将政策的同时，少数民族的实力不断增强，宋朝看似繁荣的表象背后实则是危机重重。

财政赤字

与唐代相比，北宋时期的国家财政收入大大增加，但花在军队和官吏上面的钱还有皇家开支更多，岁币也是沉重的负担，宋朝财政由此出现了严重的亏空。根据《文献通考》的记载，1065 年宋朝就超支一千五百多万贯。

首先是军费庞大。这还要从赵匡胤的养兵政策说起。他在实施以文制武、裁抑武将政策的同时，创设了养兵制度。赵匡胤认为，遇到灾荒年景，将饥民招募为兵，可以避免饥民作乱；正常年份，即便有军队作乱，百姓也不会参加。但这也形成了恶性循环：因为军队所资皆取之农，如此则农民负担沉重，一有灾荒，贫民衣食无寄，政府不能救济，又只好将之纳入军中。这种军队战斗力极差，战斗力越差就越需要数量，数量越多则战斗力越差，出现了难以根治的怪圈。就这样，宋朝的军队就由开国之初的三十多万人变成了后来的八十万禁军。宋神宗时期有人估计，当时朝廷财政收入的大约六分之五都花在军队上面。虽然有所夸张，但也说明军费所占比例之高。

花在官员上面的开销也不可忽视。赵匡胤时期设计的官、职、差遣分离的制度，与科举、恩荫、荐举等选官制度结合起来以后，演变出为数众多的冗官。当时有官有职而没有差遣的人都要领取俸禄，这些可有可无的冗官占到了官员总数的百分之七八十以上，每年需要支出的俸禄，大约在一千二百万贯钱，这也是一笔沉重的负担。但这么多的官员不但没有提高效率，反而互相推诿，以致国事糜烂。赵光义统治期间，开封仓库堆积的雨衣和帐篷有数万段破损，却无人负责。对于朝廷的财政危机，大臣们却束手无策。

战事多败

虽然宋朝军队人数日益增多，但战斗力却不容乐观。宋朝一方面限制武将的权力，另一方面实行重文轻武政策。比如规定军队三年换防京城的“更戍法”，时人曾这样描述它的消极作用：“地形山川未及知，军员仕伍未及识，吏民士俗未及谙，已复去矣。”结果兵

不知将，将不知兵，战斗力极为低下。另外，赵光义还搞出一套“平戎万全阵”，让前线将士照此布置。宋真宗、宋仁宗也经常沿用赵光义制定的“将从中驭”的办法，自定阵图，交由将帅临阵按图指挥战斗，根本无法应付机动灵活的辽军及西夏军队，因而屡战屡败。

而在重文轻武的政策之下，为将者多为粗鄙之人，为兵者多为游手好闲之辈或无以为生的贫民，而官府也有意将他们召入军中，以免扰乱地方或图谋不轨。这与汉朝往往征召出身清白的青年从军形成了鲜明的对比。当时就有人尖锐地指出，军中兵将都缺乏文化及礼仪修养，战则无策，居则无行，根本无法胜任保家卫国的重担。但宋朝皇帝为了防止武将夺权，武将越是粗鄙越是受宠。另外，士兵的素质也不容乐观，除了军中多为流氓无赖外，还让罪犯去充军，严重影响了宋朝军队的战斗力。中国古代一个最基本的传统就是身体发肤受之父母，要保持身体完整，因此将头发或胡子剪掉就是一种惩罚。正因为宋朝军队存在大量因犯罪而被刺配入军的例子，因此当时社会上就有人骂基层士兵为“贼配军”。

历史小常识：宋军的刺配

唐朝末年以来，群雄并起，控制兵源成为将领维持割据局面的基础。为防止士兵逃走，唐末幽州卢龙军节度使刘仁恭开始在士兵脸上刺字。宋代承袭此弊，刺民为兵，很多人为了解决生计问题被迫投身兵伍。后来大量的罪犯也被刺配充入军中。刺配成为一种耻辱的标志，就是立有大功的岳飞，在公文中仍不免说“行伍贱隶，辱知朝廷”。

因此，当宋朝庞大且战斗力不高的军队与以文制武的国家政策相结合时，吃败仗就成了家常便饭。宋朝不但在与辽国的交战中屡吃败仗，而且在与西夏的交战中也是损失惨重，最后还是以岁币了事。连金国的亡国之君金哀宗也不把宋军放在眼里，他说：“至于宋人，何足道哉。朕得甲士三千，纵横江淮间，有余力焉。”

受无逸图

好水川惨败

宋朝重文轻武，但文官集团无法解决边患问题，一再丧师辱国。这在好水川之战的惨败上体现得非常明显。好水川（今宁夏回族自治区一峡谷名）因流经该处的河水甘洌，有好水之称，故有好水川之名，但就是在这里，宋朝万余将士埋骨他乡。

1041 年，鉴于李元昊攻势转剧，宋仁宗准备对西夏展开反攻，下诏让驻扎在边境的部队“应机乘便”，根据具体情况，择时向西夏进攻，范仲淹却消极应对。当初范仲淹在宋夏边境驻扎期间，就一味采取防守策略，准备消耗西夏国力。西夏却集中优势兵力，重点突破，宋朝多地失守，一时边境大急。但范仲淹仍坚决反对和西夏开战，宋仁宗的诏书下达之后，他仍然坚持“严戒边城，使持久可守”。但韩琦以为，西夏就是全国动员，人数也不过数万，

宋兵如全力出击,肯定能打败西夏。韩琦为此痛心疾首:"现在朝廷边境有二十万大军,却忐忑不安地守着界壕,不敢与敌人打仗,实在让人痛心!"针对范仲淹的怯懦表现,韩琦毫不客气地指出:"大凡用兵,先要将胜负置之度外,然后可进。"范仲淹的朋友也责怪范仲淹:"还没有打仗就想着要失败,没有信心,又怎么能打胜仗呢?"

这时西夏又发兵攻击,韩琦决定迎头痛击,以任福为统帅,命令他带兵绕到西夏兵身后设伏,等到西夏兵退回时进行前后夹击,围歼其主力。但因任福一路过关斩将,不免轻敌,过于深入,被西夏兵在好水川一带合围了起来。好水川一战相当惨烈,宋军无一弃械投降,主将任福身中数箭,仍然挺身与敌决斗,手下请他先走,任福喝道:"我作为统军大将,打了败仗,就要以死报国!"最后力战身亡。

宋军溃败,韩琦被迫狼狈逃回,阵亡将士的家属数千人,拦住马头,哀号招魂,大哭说:"你们随着将军出征,今天将军回来,你们何在?愿你们的孤魂,也随着将军返家!"哭声震动天地,韩琦又惧又惭。范仲淹却在此时讽刺韩琦:"此情此景,再难置胜负于度外!"

范仲淹对军事虽是门外汉,打仗不行,但搞宣传可是相当有本事。他到边境不到一个月,就有人宣传,西夏已警告他们国人:"小范老子胸中有数万甲兵,不似大范老子可欺。"(小范老子指范仲淹,大范老子指范雍,下面的一韩指韩琦)但马上就是好水川惨败。不过没过多久,就又有人宣称,边疆民众到处歌唱:"军中有一韩,西贼闻之心胆寒。军中有一范,西贼闻之惊破胆。"但这种对内宣传并不能解决实际问题,定川寨之战,宋军再次大败,最后还是以向西夏支付岁币了事。

狄青的悲惨命运

宋朝并不是缺乏军事人才,而是军事人才往往被压制,狄青就是典型的一例。狄青世代为农,自幼练得一身好武艺。当时宋军正和西夏交战,经常打败仗,士兵普遍产生了畏惧西夏军队的情绪,士气低落。而狄青每次作战都披散头发,戴着铜面具,手持利刃冲入敌阵,往往所向披靡,从而大大鼓舞了士气。据说狄青长相俊美,因担心临敌不够震慑才带面目狰狞的铜面具以威慑敌人。在对西夏战争的四年中,狄青经历大小二十多战,先后中了八箭。因作战英勇,西夏人十分畏惧这个戴着铜面具的宋朝武将,称他为"狄天使"。在他的带领下,他的部下也变得勇猛如虎。

历史小常识:书生长相的武曲星

后世传说包公是天上的文曲星下凡,狄青则是专门来解除宋朝边患的武曲星。可是文曲星包公长了一张威武的黑脸,武曲星狄青却长了一张清秀的白脸。据说,当时凡是天上的星宿下凡都要先到南斗星君那里报到,然后取一个脸谱下凡。而当时包拯急着下凡救助世人,匆忙之中将武曲星的脸谱拿走了。等到真正的武曲星狄青下凡时,只好拿着文曲星的脸谱下凡,因此他就长着一副儒生相。

1052年,西南少数民族首领侬智高起兵反宋。侬智高为了摆脱交趾(该国位于今越南北部)的控制,多次向宋朝恳求内附,宋仁宗担心因此得罪交趾,多次拒绝了侬智高的请求。侬智高一怒之下,就向宋朝发动了战争,先后攻陷宋朝数州之地,并围困广州两月

之久。而宋朝朝廷派遣的增援部队屡战屡败，宋仁宗害怕了，一反往日文人为正、武人为副、宦官监军的带兵惯例，任命狄青为宣征南院使，总领平南的一切事宜。狄青也向皇帝申明心志："我自小当兵，要报效国家，唯有上阵杀敌，愿亲率大军，前往平叛，誓将贼首捕获，押至殿门之下。"

狄青率军到达昆仑关（位于今广西南宁市东北方约六十千米处）附近时，已是1053年的农历正月，而正月十五上元节是宋人最隆重的节日之一。狄青按兵不动，令大军休整，欢庆节日十天。侬智高得到情报后，放松了警惕，不料狄青就在侬智高防守松懈之时，一昼夜急行军，率领精锐部队越过昆仑关，摆好阵形，凭着地形优势击溃侬智高的部队。

而在誓师前，宋军有畏战情绪。狄青为了鼓舞士气，暗地里准备好一枚两面图案都是正面的铜钱，并用这枚铜钱当众占卜，说若得正面，出征必胜。结果连掷数次，尽得钱的正面，军士以为必有神助而信心大增。后来等宋军凯旋，狄青才告诉手下的将领真相，狄青的谋略可窥见一斑。

狄青顺利讨平侬智高之后，仁宗拜狄青为枢密使，朝野舆论大哗。在朝廷的大臣看来，这违背了赵匡胤立国以来防制武人的国策。仁宗这一任命导致文官集团对狄青的大肆攻击，为狄青的人生悲剧埋下了伏笔。

狄青

有一年，开封发大水，狄青搬家到大相国寺殿上避水，并穿件浅黄色的袄子坐在殿上指挥士卒，便有人传言他黄衣登殿，想当皇帝。有大臣还说："水者阴也，兵亦阴也，武将亦阴也。"言外之意是任用狄青所以招致了开封的水灾，这些谣传除了当时盛行谶纬巫术的原因外，主要还是基于对武将的猜忌。宋朝诸多文官在反对狄青的活动中空前团结，摆出不罢狄青就罢我的阵势，宋朝抑文轻武的国策成为文人团结起来共斗狄青的旗帜。

狄青曾经抗争过。当时韩琦指使其家妓白牡丹称他为"斑儿"，嘲笑他脸上作为武人标志的刺字，他并不在意。宋仁宗专门下诏让他将脸上的刺字印记用药除去，狄青却这样回答仁宗："陛下以功擢臣，不问门第，臣所以有今日，是因为有这印记，臣愿意留着印记，用以激励军心，所以不敢奉诏。"而当时宋朝还需要他，因此仁宗仍然器重狄青，但等边疆局势缓和下来，仁宗就在1056年罢掉了狄青的枢密使职务，出外知陈州。事实上，纵观宋代历史，枢密使一旦"能得士众心"，也就是得到将士的拥护，就会被罢免。宋朝的开国功臣曹彬就因此被罢。狄青立有大功，又在士兵中有很高威望，被罢免只是时间早晚的问题。

狄青出发前，对旁人说："我此行必死无疑，陈州有一种梨，叫青沙烂，今去此州，狄青必死无疑。"狄青似乎预感到了自己将命丧此地。去陈州之后，皇帝仍不放心他，每半个月都要遣使探问，狄青整日生活在惶恐之中。到了第二年，狄青承受不了因朝廷疑忌而带来的巨大心理压力，暴病死于陈州，年仅四十九岁，一代名将就此凋落。

哀莫大于心死

宋朝成立伊始，曾经打算收复幽云十六州。但宋军先是初败于高梁河，连赵光义腿上也中了两箭，数年后讨辽大军又惨败于拒马河，赵光义和一班文臣武将得了"恐辽病"，从此不敢再言北伐。而宰相赵普也连上三道奏疏，恳请赵光义"永罢兵革，无为而治"。反观汉高祖的平城之围、唐太宗的渭桥之险，二人不但没有得"恐匈病"或"恐突病"，反而使他们斗志更加昂扬，最终将匈奴和突厥击败。宋人不但甘愿处于挨打的地位，还越来越将这种挨打的局面视为不可逆转的常态。宋真宗听到辽军大举进攻的消息后，就想着南迁，后来在寇准的极力鼓动下，才勉强亲征，但却在有利的形势下主动求和，纵使年出百万银帛也在所不惜，签订了"澶渊之盟"。后来辽国单是口头的威胁又让北宋每年增加了二十万岁币。

宋神宗时期，辽国要求重新划定宋辽边界，宋朝不能接受，谈判陷入困境。宋神宗下诏向群臣咨询"待遇之要，御备之方"。退休的老宰相韩琦上书说："朝廷不应该野心勃勃，加强军事建设，让辽国心生疑虑，有七件事让辽国不满：一、高丽早已脱离中国，成为辽国的藩属，我们却利用商人，跟他恢复旧有关系，辽国当然认为对其不利。二、王韶用武力从西夏夺取吐蕃部落的河湟地区，辽国当然认为下个目标一定是它。三、我们在北方边境线上遍植榆树柳树，又大挖水塘，目的显然在阻挡辽国骑兵奔驰。四、我们又在国内实行保甲制度，寓兵于农，教人民战斗技能，让辽国担心宋朝的军事力量。五、黄河以北各州县，积极修筑城池，掘深护城河渠，让辽国担心攻城不方便。六、我们又设立兵工厂，制造新式武器，更新武装部队的装备，让别人担心我们的军事力量。七、我们又在黄河以北重要的各州，安置三十七个将领，加强驻屯的国防军训练，让辽国担心我们要进攻他们。以上七项，都是刺激辽国的措施，使他们反感。我们只有一个方法才可以使辽国相信我们的和平诚意，跟我们继续友好相处。那就是，立即把这些措施全部废除，跟高丽王国断绝通商；把河湟地区交还西夏控制；铲除沿边限制敌人骑兵深入的榆树柳树；解散保甲，停止民众军事训练；黄河以北州县城池，任其颓塌，护城河渠也任其淤塞，停止修筑；撤销兵工厂，停止制

韩琦

造武器，停止更新装备；撤销黄河以北设立的三十七个将领，停止军队训练。只有辽国真的不再怀疑我们，我大宋才有可能迁延岁月。”这就是历史上有名的“韩琦七项奏折”。宋神宗看了之后，大失所望，他在和朝臣的谈话中指出：“仁宗时有何防备？李元昊不是照样造反吗？辽国不也是照样索求土地吗？”

韩琦之所以有这种糊涂的想法，也不完全是他自己的原因。宋朝的大多数君臣都不把边防看得太重，以对宋朝的执政理念产生重大影响的赵光义为例，986 年第二次伐辽大败后不久，赵光义就对近臣吐露自己的心里话，说外忧不足为惧，关键是要防范内部的叛乱。更可笑的是，宋朝的君臣不能够在战场上战胜敌人，还企图只用金钱来击败敌人。赵匡胤认为辽国精兵不过十万人，准备用二十四绢购买一个辽兵的人头，合计一下，总共也花不了二百万匹绢。而夏竦到了宋夏边境，总是吃败仗，就发榜文：“有得元昊头者，赏钱五百万贯，爵西平王。”李元昊则命人潜入宋朝的城池，故意丢下了不少布帛，路人多有拾得，展开一看，上面写道：“有得夏竦头者，赏钱两贯文！”

贝州兵变

如果说辽国、西夏军事实力强大，对之软弱或恐惧还有情有可原之处的话，那么对于内乱的久久不能平定，则可以说明宋朝的积弱已经非常严重。贝州兵变就充分体现了这一点。1047 年 11 月，贝州王则起兵，自立为王，一开始朝廷官员无人敢去平息叛乱。而王则原来只不过是一逃荒的农民，先是给地主放羊，后来才加入宋军。他起兵时只有几百人，也没什么谋略，占领贝州城之后，既没有乘胜进攻，也没有躲入山区据险自守，而是采取阖城死守这种保守战略，还建国封官改元，“榜所居门曰中京，居室厩库，皆立名号。城以一楼为一州，书州名，补其徒为知州，每面置一总管。”那时朝中那些为濮议问题大动干戈的大臣，都没有了主意。仁宗感叹说：“你们没有一个能为国家做实事的，还天天上殿干什么？”

文彦博

宋廷实在没有办法，只好派副宰相文彦博为正、明镐为副，率领十万大军前往镇压。贝州军民前来投诚，却被急于邀功的宋朝官军杀死。后来城内有人决定响应官军号召投诚，约好了做内应，晚上拉官军上城。先上去的官军登上了城墙，为了独占其功，不让后来者上来，就砍断了绳索，却因寡不敌众，被王则的军队赶下城去，功亏一篑。

而在中央层面上，枢密使夏竦与明镐有矛盾，因为担心明镐打胜仗，就百般阻挠。不管明镐向朝廷奏请什么，夏竦都从中破坏。直到副宰相文彦博上书皇帝，要求独立的指挥权，情况才得以扭转，最后终于攻破了贝州城。

在王则被押至开封之后，其余党四人在皇宫内发动了“庆历卫士之变”。一天晚上，在皇宫中政殿当值的皇宫卫士颜秀、郭逵、王胜、孙利等四人突然发难，杀伤了数名卫士、宫人

后冲入延和殿纵火。但是由于力量对比过于悬殊，局势迅速被赶来的禁军控制。御史宋禧因此还向朝廷进言："这都是平安无事久了，疏于防范造成的。听说四川的罗江狗警觉如神，建议在后宫多养此狗，以防备紧急情况。"宋禧也由此多了两个外号，"宋罗江"和"罗江御史"。笑话归笑话，这件事情反映出即使作为精锐之精锐的宋朝皇宫禁卫的实力也是非常弱的，要不那四个人也不敢在皇宫发动变乱，也不会有那么大的声势。

闲适的宫人

强敌环伺

游牧民族很早就拥有强大的游牧骑兵，他们从小就开始骑马射箭，弓马娴熟。当时宋人就不得不承认："胡骑上下山阪，出入溪涧，中国之马不如也；隘险倾侧，且驰且射，中国之技不如也；风雨疲劳饥渴不困，中国之人不如也。"而后来的蒙古骑兵更是"来如天坠，去如雷逝"。与此同时，由于传统的产马地区要么生态退化，要么掌握在少数民族手中，北宋军马严重缺乏，只能通过贸易手段获得少量的马匹。在骑兵方面，宋朝根本无法与少数民族相比。

不仅如此，先是契丹人和女真人，后是蒙古人的那一代骑兵与先前的游牧民族不同，他们把草原作战传统与定居民族军队的作战手段结合起来，在作战方式上取得了具有决定性的进步，特别是使用了攻坚战的技术。而随着少数民族铸造技术的提高以及与中原经济文化交流的增多，游牧骑兵与中原士兵的装备差距也已经很小，甚至要略胜一筹。随着实力的增强，此时游牧骑兵发动战争的目的也发生了变化，不再是当秋季和冬季因粮草缺乏而南下中原抢劫物资，而是变成力图征服中原。

而气候的变化也迫使少数民族向中原地区开拓土地。10世纪是气候温暖期，草原牧草茂盛，北方游牧民族的牲畜及人口数量大量增长，这也是辽国实力增强的重要基础，但

辽国也因此满足于与宋相对和平的共处局面。不过到了12世纪，气候变冷，太湖湖面一度全部结冰，甚至可以通行马车。东北亚寒冷地区的民族纷纷南下中原，而这时蒙古高原屡屡发生冻灾，旱灾也十分频繁。在拔都西征欧洲的前后几年，蒙古草原因干旱而野草自燃，河水干涸，史称“牛马十死八九，民不聊生”。而自铁木真称成吉思汗至元军灭宋这几十年间，北方草原地区被迫南下的贫民数量高达近九十万户。蒙古部落先是为了争夺草场等资源争斗不已，后来就把矛头对外，特别是对准占据中原的金国以及占据江南的南宋，而此时这些政权虽然经济和文化相对发达，但统治集团软弱昏庸，安于享乐，最后亡于蒙古之手。

但遗憾的是，由于各种因素的制约，宋朝君臣对此一无所知。畏敌如虎的保守派如司马光，只将边患视为“肌肤之忧”。他们没有深刻认识到北方或西方的游牧民族正在发生根本性的变化，具体地说，就是辽国、西夏以及后来的金朝及蒙古，已经不是古代的夷狄了：他们不但强弓铁骑更加强大了，而且早已怀着入主中原的壮志。事后的历史证明，日显疲态的中原封建政权是很难应对处于上升时期的少数民族封建政权的。正是对少数民族政权的轻视，使宋朝的民众付出了国破家亡的代价。

庆历新政

北宋初年一些强化专制主义中央集权的政策和措施，逐渐转化成为它的对立面，“冗官”“冗兵”和“冗费”与日俱增，使宋朝陷于积贫积弱的局势中。1038年就有大臣上书皇帝，以为国用不足在于“三冗三费”，其中包括全国有定官而无限员，各级官员比前增加五倍；几十万禁军坐耗衣食；京师多设徒卒，增添官府衣粮；大臣遭罢黜国家仍支付俸禄。对于日益增多的开支，北宋政府主要是依靠加重按地亩征取的农业税来解决这些问题，但当时的官僚豪绅都享有免税免役的特权，赋税的负担主要落在中小地主以及自耕农民的身上，而中小地主的赋税负担总是通过加重地租或放高利贷而转嫁给佃农，这就促使宋朝社会矛盾日益尖锐。对于这种局面，士大夫感到必须采取措施，摆脱困境。

吕蒙正

庆历新改

宋朝的改革是先从吏治开始的。宋代统治者给官员以优裕的待遇，本意是希望以此形成官员奉法守正的风气，但官员的厚禄最终造成朝廷财政的极度困难。同时当时官员只要挨够年资，不出大的过错，到时便可升迁。大多数官员们就因循守旧，不求有功，但求无过，仅凭资历升官，致使官场死气沉沉。而很

多官员到了年龄也不退休，导致官员队伍老化、僵化，阻碍了官员队伍的正常更新。他们的后代又可以荫袭父辈，获得官职，更加剧了宋代的冗官弊端。随着时间的推移，这种情况越来越严重。庆历新政就是针对这些问题的一次重要尝试。范仲淹采取各种措施考核官员，罢免不称职官员，却因士大夫阶层的反对，很快宣告失败。

吏治改革

1038~1041年间，为了抵御西夏的军事侵犯，宋朝调集大军，军费开支陡然大增。当西夏犯边时，辽国又乘机迫使宋廷增加每年交纳的数额。1043年，宋军惨败之后，又被迫向西夏交纳岁币。宋朝的社会矛盾更加激化，宰相吕夷简对此束手无策。宋仁宗在改革呼声的推动下，准备改革，在这年3月罢去压制改革派的宰相吕夷简，任命欧阳修、余靖、蔡襄等人为谏官，7月任命范仲淹为参知政事，任命富弼、韩琦等为枢密副使。宋仁宗在召对中，对范仲淹、富弼等特别礼遇，并多次催促他们立即拿出一个使天下太平的方案来。范仲淹、富弼等人综合多年来的改革意见，并加以补充发挥，于该年九月将《答手诏条陈十事》奏折呈给宋仁宗，作为改革的基本方案。其主要内容是：

一、对官吏定期考核，以其政绩好坏决定其升降。

二、严格限制大臣子弟靠父亲的关系得官。规定除长子外，其余子孙须年满十五岁、弟侄年满二十岁才得恩荫，而恩荫出身必须经过一定的考试，才得补官。

三、改革科举制度，减少科举考试的录取名额，以解决官多为患的问题。

四、慎重选择任用地方长官。

五、明确地方官员职田之数，均衡官员的职田收入。

历史小常识：欧阳修逸事

欧阳修小时候家里特别贫苦，无力购买纸笔，寡居的老母亲亲自教他学问，没有纸笔，就用芦荻为笔，以沙地为纸，教他认字。后来他与宋祁一起修《新唐书》，按照惯例，修史时一般只写上官职最高的主编者，欧阳修是主编，应该只写欧阳修的名字，但欧阳修认为宋祁撰写了所有的列传，付出了很大的努力，坚持让宋祁也列名于上。二十四史中只有《新唐书》署了主编以外的编者的名字，时人都感叹欧阳修的君子之风。

六、重视农桑，兴修水利。

七、整治军备，在京城附近地区招募强壮男丁，充作京畿卫士，辅助正规军，每年用三个季度的时间务农、一个季度的时间教练战斗，寓兵于农。

八、派遣使臣，巡察那些应当施行的各种惠政是否施行。

九、严肃对待和慎重发布朝廷号令，维护中央权威。

十、合并郡县，减轻农民的徭役负担。

这次改革的重点在于吏治。1043年底，范仲淹选派了一批精明干练的按察使到各路监察官吏善恶。他坐镇中央，每当得到按察使的报告，就翻开各路官员的花名册把不称职者的名字勾掉。一位官员见他毫不留情地罢免了一个又一个官员，从旁劝止说："您一笔勾掉很容易，但是这一笔之下可要使他一家人哭呀！"范仲淹听了，用笔点着不称职官员的名字愤慨地说："一家人哭总比一路人哭要好吧！"在范仲淹的严格考核下，一大批尸

位素餐的寄生虫被除名，一批具有真才实学的官员被提拔到重要岗位，官府办事效能提高了，财政、漕运等有所改善。但由于新政触犯了贵族官僚的利益，因而遭到他们的阻挠及反对。1045年，辽、西夏对宋的威胁相继解除，宋朝的外部威胁暂时化解，仁宗先后罢去范仲淹、欧阳修、富弼和认同新政的宰相杜衍，让他们去担任地方官，短暂的庆历新政遂告失败。

失败之原因

庆历新政失败有着多方面的原因。一是改革触动了统治阶层的利益。仁宗改革的初衷是为了解决财政危机和军事危机，是要富国强兵，但必须在维护宋朝统治的前提下进行。庆历改革的各项措施包括"明黜陟""抑侥幸""精贡举"等，中心思想就是要裁汰官员、削减薪俸，而当时北宋的官僚已经是暮气沉沉的腐朽政治集团，真要实行上述改革，大部分官员都得丢官，这个大手术当然无法实现。而改革者为解决官多为患的问题，减少科举考试的录取名额，触动了读书人的利益。因此，改革的反对者绝不只是少数保守派，而是整个士大夫阶层——北宋统治的阶级基础。因此庆历新政就难以深入进行下去。

二是朋党问题触动了宋朝禁止大臣结党的忌讳。很多人指责范仲淹等人拉帮结派，是"朋党"。仁宗便召范仲淹询问："从来都是小人结为朋党，难道君子也结党吗？"范仲淹答道："臣在边疆时，看见勇于作战的人自结为党，朝廷也是这样，邪正各有其党。一心向善的人结为朋党，对国家有什么坏处呢？"就在此时，欧阳修也进呈《朋党论》，表达了对范仲淹的支持。然而自赵匡胤立国以来，宋王朝的最高统治者就下大力气防范臣僚结党，以巩固自己的统治，仁宗因此对范仲淹极为不满。

三是改革者自身准备不足。宋朝存在的问题很多人都看到了，但关键问题是不知道怎么改。范仲淹没有在基层工作过，对民间情况了解很少，在执政以前并没有行动指南，以至于皇帝三月份召他入京，直到九月份他才在别人的催促下拿出《答手诏条陈十事》，提出十条措施，但不足以解决问题。比如，范仲淹建议在京郊招募强壮男丁充作京畿卫士，用来辅助正规军。这相当于变相扩军，而宋朝本来就实行养兵政策，军队早已人满为患。

四是改革者自身存在缺陷。改革者身为官僚体制的一分子，没有洁身自好，给他人以口实。比如，范仲淹主张限制官员荫补，但他的儿子范纯仁在没中进士以前，就是因为范仲淹身居高位而当上太常寺太祝的。而对范仲淹等人构成最后一击的也恰是范仲淹阵营中的官员的不检点。当时京师各衙门都在春秋时节搞迎神赛会，将库存杂物和废纸等卖掉，以其所得作为本衙门职员的聚餐费，这是一种官场陋习。由范仲淹举荐得以担任进奏院提举的苏舜钦也习以为常，就主办进奏院的聚饮，自己又拿出十两银子，还邀请一些别的部门的由范仲淹举荐的青年官员前来，并招来妓女劝酒助兴。这些人饮酒作乐，喝得酩酊大醉，集贤校理王益柔更是当场赋《傲歌》一首，其中有"九月秋爽天气清，祠罢群仙饮自娱。……醉卧北极遣帝扶，周公孔子驱为奴！"这些人赶快把他送回家，企图掩盖消息，但还是为他人所知。监察御史刘元瑜立即上奏弹劾苏舜钦坐监自盗，用公款

召妓吃喝；王益柔作《傲歌》犯上谤圣，大逆不道；其他几位，或与妓女同座滥饮，或孝服未除不该饮酒作乐，要求严厉惩处。平心而论，如果不考虑王益柔的《傲歌》，这些事情在当时的官场上是经常发生的。但一是这些行为毕竟是违背了朝廷法度，二是坐实了外部对范仲淹结党的猜疑。仁宗知道这件事之后，立即命令连夜捕人，命令开封府严加审讯。苏舜钦以自盗公钱的罪名被除名，永不叙用；其余的人均受降官处分，被放逐到外地任职。在范仲淹提拔的人中只有曾公亮因为名声很好，没有受到太大的冲击。新政一派遂遭受沉重打击。

神宗皇帝励精图治

宋神宗是宋朝较有作为的君主。他在做太子的时候，常常废寝忘食地读书或者研讨学问，皇帝不得不派内侍去提醒他休息。当上皇帝之后，他不修建宫室，不四处游玩，也不贪女色，面对宋朝积贫积弱的局面，他力图力挽狂澜，进行改革。

当时困扰宋朝君臣的大致有以下问题：大宋作为泱泱大国，却为什么要如此卑躬屈膝地面对辽国与西夏人？西夏又小又穷，怎么也让大宋颜面扫地？怎么对付西夏与辽国？如何解决日益严重的财政危机？大宋积贫积弱的状况如何扭转？神宗皇帝想有所作为，就广泛征求大臣们的意见，希望能够找到解决这些问题的办法。但大臣们都束手无策。那些大臣也许精通诗文，但对如何实现国富兵强毫无办法。比如，他向富弼征询有关边防的事宜，这位当年曾经支持过范仲淹实行庆历新政的老宰相告诫他说："陛下如果能够二十年内不言兵，亦不重赏边功，则国家幸甚，天下幸甚。"这些都不是神宗皇帝所想要的。于是既有为人称道的治国理论又有丰富的地方行政经验的王安石就开始正式登上变法的舞台。1068 年 4 月，宋神宗赵顼不顾各方反对，召正在江宁养病的翰林学士王安石入京，希望他为实现富国强兵出谋划策。

王安石

王安石其人

在庆历新政失败二十多年后，王安石又开始了新的一轮变法。与庆历新政的变法者相比，他实在是一个理想的改革者。王安石早年以才气闻名于世，其《上仁宗皇帝言事书》更是引起朝野轰动。后来又在基层工作了二十多年，拥有良好的政绩，并进行了一系列卓有成效的改革试验。

王安石自小记忆力很好，过目不忘，但读书异常刻苦，即使睡觉吃饭也手里离不开书，还经常感叹："少壮不努力，老大徒伤悲！"后来他到常州担任太守，除了处理政务之外，就是读书及思考问题，脸上很少露出笑容。有一天，府衙中举办宴会，当艺人表演滑稽戏的时候，王安石忽然笑了起来。下属官员就重重赏赐了艺人，称赞说："你的才艺能使太守露出笑容，难得啊，应该得到赏赐。"有人怀疑王安石并不是因为这个笑的，便在事后找了个机会问王安石："您那天在宴会上为什么发笑？"王安石回答道："那天在宴会上，我突然悟出了《周易》中'咸'、'常'两卦的道理。自己高兴认为有所收获，所以才不自觉地笑了出来。"就这样，王安石不但有了很高的文学造诣，而且对于社会治理方面也积累了丰富的知识。他在后来变法中的理财思想就受《周礼》很大的影响。

杂技戏孩图

王安石二十二岁到京城参加科举考试。本来按照考官的评定，王安石第一名，王珪第二名，韩绛第三名，杨寘第四名。杨寘是晏殊女婿杨察的弟弟，而晏殊时为枢密使。在录取过程中，杨察通过晏殊探听消息，得知杨寘不是第一。这时杨寘正跟一帮狐朋狗友喝酒，就拍桌子骂道："不知哪头驴夺了我的状元！"随后，事情有了变化，仁宗因为对王安石文章中的一句话不满意，就把他的状元拿下了，第二名王珪、第三名韩绛有官在身，按照宋朝的规定不能成为状元，于是就轮到了第四名杨寘。

但王安石对功名倒看得很淡，一生从来没有提过自己曾中过状元。而当时全社会都把科举看得很重，因此人们都称赞他"气量高大"。他对非常欣赏他的曾巩说："状元不状元的无所谓，历朝历代也有很多状元，但真正能成就一番事业的又有几人？"王安石的话在日后竟然得到验证。后来状元杨寘早死，无所作为，而王珪、韩绛和王安石都是宋朝历史上颇有名气的宰相。

王安石在扬州任职期间，利用工作闲暇时间研究治国的道理。他在三十八岁时写出长达万余言的《上仁宗皇帝言事书》，全面阐述了他的改革主张，引起朝野轰动。宋神宗在第一次与王安石的谈话中，就指出："我了解你很久了，世俗之人都不了解你，认为你只是知道学术，但不可以处理实际事务。"王安石干脆地则回答："学术就是用来处理实际事务的，如果不能用来处理实际事务，那还有什么用呢？"

王安石不但在学术研究中以解决现实问题为导向，而且在基层处理了多年的实际事务。王安石在淮南判官的三年任期结束后，得到很高评价。按照宋朝的规定，凡是进士，

担任地方官三年后，即可以来到皇帝身边，成为为皇帝撰写诏令的翰林、知制诰等，很多高官都是通过这条途径快速升迁，甚至当上宰相的。但王安石实在看不下去那些朝廷大员们饱食终日、无所事事的样子，无意在京做官。在别人到处跑官的时候，他却主动要求外放到下面去做地方官。从二十二岁中第到四十六岁开始在中央推行变法，他基本上都是在地方官的任上。而他在每一个地方，都有很好的政绩。

王安石第一次独当一面就是在鄞县（今浙江宁波）担任县令。鄞县当时很穷，也很小，正在遭遇严重的旱灾。王安石到任之后，不是像其他官员一样立即去搞好与上级的关系，而是不顾劳累，马上下乡了解情况，开仓发放救灾粮款。在实地调查中，王安石发现老百姓因连年受灾再加上地主的盘剥，连买种子的钱都没有。那些放高利贷的地主就等着老百姓过来借钱，一般是年利率百分之一百五到百分之二百，也有高达百分之三百的，农民往往为之倾家荡产。为了不让老百姓再受盘剥，王安石在鄞县推出“贷谷与民，立息以偿”的政策，也就是把县府的存粮以低息贷给老百姓，等秋天粮食下来了老百姓再还钱。

中途退出的富弼

在鄞县工作期间，王安石逐渐形成了自己的改革理念。他在1047年给上司上书，集中谈了他对理财之道的见解。他首先指出，现在之所以这么穷，不单单是开支无度的原因，更是不会生财的后果。他还对以前的一些所谓理财之道提出了尖锐的批评，认为当时的国家财政部门，光把眼睛盯在老百姓身上，从老百姓身上揩油。在王安石看来，搜刮老百姓是不可能真正富裕的，基于此，他不仅反对政府垄断，也反对巨商大贾和豪强地主的垄断，而恰恰是这一点导致在日后变法过程中遭到早已卷入商业的部分官僚的极力反对。

王安石变法

1069年2月，神宗任命王安石为参知政事，开始变法，变法触犯了大地主、大官僚的利益，皇亲国戚和保守派士大夫结合起来，共同反对变法。因此，王安石在1074年第一次罢相。次年复拜相。王安石于1076年，第二次辞去宰相职务，从此闲居江宁府。

在短短的几年间，以王安石为首的变法派一边摸索中前行，一边与变法派展开了激烈的斗争。变法伊始，朝廷里能够辅助王安石进行变法的人才严重缺乏。当时有人形容朝廷的五个主要执政者王、曾、富、唐、赵是生、老、病、死、苦：王安石是生龙活虎；曾公亮年过七十，遇事模棱两可，轻易不发表意见；富弼因循守旧，见行新法便装病求退；唐介反对变法，但4月死去；参知政事赵抃难以阻挠变法，暗地叫苦。神宗和王安石不能依靠

曾、富、唐、赵这些人变法。1069 年 2 月，神宗特地下令设立制置三司条例司，陈升之与王安石同领其事，实际上由王安石主持制置三司条例司的工作。王安石还任用吕惠卿、曾布、章惇等新人作为变法的助手，先后颁布了青苗法、保甲法、免役法等诸多法规，涉及社会的方方面面。因神宗皇帝的要求以及鉴于庆历新政改革吏治所遇到的巨大阻力，这次变法侧重于富国强兵。

利息收得对吗?

曾公亮

青苗法因民众向政府贷款时以正在生长的庄稼为抵押，也就是承诺粮食收获后偿还贷款而有此名。青苗法规定凡州县各等民户，在每年夏秋两收前，可到当地官府借贷现钱或粮谷，以补助耕作。当年借款随春秋两税归还，每期取息二分。青苗法最早由仁宗时陕西转运使李参在陕西实施，当时称之为“青苗钱”。王安石又在鄞县实验，效果良好。但为了谨慎起见，青苗法先在河北、京东、淮南三路施行，准备等到工作有了经验后，再“推之诸路”。

青苗法的另外一个目的是解决农民的生活生产困难，抑制兼并，同时增加国家收入。但是宋朝的地主官僚就是依靠向农民放高利贷获利，同时利用农民的生活困难兼并土地。现在政府用低利率放出贷款，不但使他们不能获利，而且阻塞了他们的兼并之路。因此青苗法激起了士大夫的强烈反对，他们利用青苗法实施中出现的一些问题，大肆攻击。

例如，有人认为利息过高。王安石指出，这二分利主要用于补充“官吏之俸，辇运之费，水旱之逋，鼠雀之耗”。虽然国家可能在这上面获利，但国家只有这样做才有粮食救济百姓。实际上，青苗法规定的利率在当时是很低的。青苗法总利息不能超过三分利，“假令一户请钱一千，纳钱不得过千三百”。到了后来，随着经验的积累，青苗利息就减为一分，而按照《宋刑统》规定，民间的月利息最高就可以达到六分。另外，《宋刑统》又规定“不得回利为本”，“而因利为本者，杖六十”。之所以对超过十分的高利贷以及利滚利现象制定了严厉的惩处措施，就是因为这些现象非常流行。

青苗法为农民提供了便利，但原来的高利贷者就不愿意了。范镇就指责青苗法采用类似于低价竞争的手段，剥夺了豪强大户人家放高利贷的好处，是一种可耻行为。苏辙则认为，王安石是“志欲破富民以惠贫民”，是“夺富民之利”，这是绝对不可以的。

不可否认的是，青苗法的执行过程中确实出现了一系列问题，但那不是法本身的问题，而是执行的问题，是行政制度的问题，是可以进一步进行修改和完善的问题。任何法令都存在执行问题，而当时以司马光为首的士大夫不想着怎么去改进青苗法，而是一味地反对。

但司马光的反对并不是没有效果的，宋神宗曾经产生过动摇。王安石因此不客气地指出：“任何变法，甚至任何事物，总有出现问题的时候。当时尧让大臣共同选择一个人治水，尚且在开始遭遇失败，但经过不断的努力，最后才取得成功。因此，现在进行变法，难道能没有失误之处？作为改革的主持者，应该统筹全局，纵观利害关系，在改革过程中不断改进，这样才能达到预期效果。如果听到一点意见就罢手，就什么事情都做不成。天下事如煮汤，刚加一把火，又加一勺水，汤何时才能喝？”

保丁可靠吗？

当时的宋朝并不太平，治安状况非常恶劣，特别在农村地区，抢劫现象非常猖獗。王安石为了解决这一问题，推行保甲法，规定各地农村住户，每十家（后改为五家）组成一保，五保为一大保，十大保为一都保。凡家有两个成年男性以上的，出一人为保丁。农闲时集合保丁，进行军训，夜间轮差巡查，维持治安。边境地区的保丁还承担战时出征任务，自备弓箭，为正规军做辅助性工作。

整体而言，保甲法利国利民，给民众带来了不少好处。但守旧派却指责让贫苦农民练习武艺是有意使之为盗，大肆制造保甲多为盗贼的舆论，害怕农民武装起来之后会谋反作乱，而且一有灾荒则必生内乱，为国之患。另外这些民兵多是乌合之众，不能发挥多大作用，神宗本人对此也心有疑虑。王安石则信赖并依靠农民，认为由忠厚老实的农民经过训练之后所组成的民兵足以承担起保家卫国的重任，其战斗力也可能会超过由无赖游民组成的禁军。保守派提出的另一个理由是保甲法扰民。农民晚上需要轮班巡逻，农闲时白天还要训练，但在盗贼频发的古代，民众的第一需要是安定，是保证生命财产安全。老百姓虽然多了点事情，但是“当未如频遇盗窃之苦”。

保甲法实行一段时间之后，社会上开始流传谣言，说民众担心训练保甲是准备派他们到边境去打仗，于是就有人砍掉自己的小指头以逃避训练。宋神宗也非常担心。但后来官府找到了那个所谓的斩指者，原来是“因斫木误斩指”，好多人还出面证明了这一点。

王安石对此发表了看法：“从古到今，没有谁可以不宣传不造势就能让上下都听从命令。如果做事情只是任人随意造谣，谁肯听从命令？任由老百姓想干什么就干什么，不加以引导劝说指挥，那又何必设置君主与官吏呢？所以只好用法律来管理民众。开始肯定会有怨言，不过为天下做事，这点压力应该是可以承当和接受的。”然后他话锋一转：“对于保甲法，上面的执政大臣以及下面以前残害民众的人，是不愿意看到它的实行的，但如果要招来农民问话的话，都特别认同。”

然而，司马光拜相之后，就废掉了保甲法。但在北宋灭亡的时候，正规军大多未战先逃，士大夫也是争相逃命，倒是基层民众自发组织的乡民在奋勇抗击金军入侵。这不禁让后人设想：如果不废除保甲法，一直训练民众的话，是不是中原民众可以免除金朝铁蹄的荼毒呢？至少赵构也不会被追得那么狼狈，以至于跑到海上避难吧！

免役法的废除

免役法是针对差役法的改革。差役也叫力役、徭役、公役，在宋朝，农民有保管或运输公物之役，有督收赋税之役，有追捕盗贼之役，有传递命令之役，再加上有钱有势的缙

绅人家要么拥有不服役的特权，要么设法逃避，沉重的负担全部落在农民身上。这些人平时都有终日忙碌的生产劳动，服役太多往往生计无着，这对于农业生产十分不利。但更可怕的是破产的风险，税钱收不上来需要照例赔偿；如果把保管的公物弄丢了或有所损失，是要照单赔偿的；有的人负责运输财物进京交差，路上被盗减损，也要自己负担，即使货物平安运达京城，也往往因为官吏故意挑三拣四地找麻烦而迟迟交不了差。最重最普遍的就是衙前役，任务是看管衙门公物，由乡户轮流看管，如有损失，照价赔偿。当时“浙民以给衙前役，多破产”。还有一对父子因为家里有两个男丁，就需要服衙前役，父亲就告诉儿子：“我应该求死，以免你陷入饥寒交迫的境地。”父亲遂自缢而死。

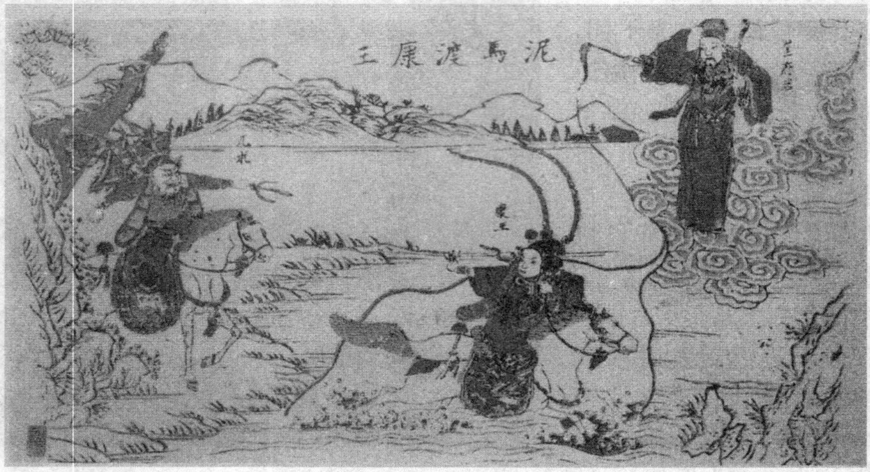

泥马渡康王

在王安石推行免役法之前，已有一些地方官员根据实际需要主动停止了差役法，特别是在南方，变差役为雇役已是很普遍的现象。王安石的办法则是改“派役”为“雇役”，即民众将其应服之役折合成“免役钱”交给官府，由官府雇人服役。所有人一律出钱，原来不服役的官户、寺观出一半，叫“助役钱”。年景不好时，贫困人家可以少交免役钱或不交。此后在实践中，免役法又经过数度修订，不断完善，贫民已经不需要出免役钱了。

免役法刚一推行就受到了基层老百姓的欢迎，“被差者得散去。开封一府罢衙前八百三十人，畿县乡役数千，遂颁其法于天下”。民众虽然出了一点钱，但不需要再服差役，不再担惊受怕，可以专心务农，所以都很高兴。同时，政府财政收入也有很大增加，社会上的闲散人员也多了一条谋生之道。另外，由于没有差役的负担，农村的剩余劳动力可以方便地进入城市谋生，城市经济得以活跃起来。

但是老百姓欢迎，不等于士大夫也欢迎。当时宰相富弼退休在家，当地的太守李师中要求他得同其他富户一样交纳助役钱。李师中也因此被人指责为挟公以报私怨。苏轼更是极力反对免役法，在他看来，自古以来农民出力做差役是应该的，就好比“食之必用五谷，衣之必用丝麻，济川之必用舟楫，行地之必用牛马”。但差役法这种带有人身强制性质的制度是不能适应宋朝的社会发展，特别是商品经济发展的。虽然后来司马光大力反对取消差

役法，但在王安石变法以后，“赋役合一”渐渐成形，差役法逐渐成为历史名词。

飞鸟尽，良弓藏

1076年，王安石辞去相位。从表面上看，王安石之所以辞去相位，是因为宋神宗产生了动摇，变法派内部分裂，再加上王安石与其他恋眷官位的士大夫不同，想让位于年轻人。但深层的原因是神宗觉得改革的目标已经基本达到，若让王安石继续改革下去，可能会挑战他的皇权。虽然宋神宗继续改革，但王安石辞职已成必然之事。

进城谋生的木匠

当时宋神宗之所以要力排众议，起用王安石进行变法，主要就是想缓解财政危机以及西夏带来的军事压力。而王安石变法以来，政府财政收入大为增加，王韶对吐蕃部落取得了前所未有的胜绩，并使西夏陷入了被动。辽国甚至也开始担心宋国会进攻他们，这也就是说，统治危机已经得到了初步化解，虽然宋神宗仍准备继续推行改革，但客观而言，王安石已经开始具备对皇权提出挑战的能力。政治上，王安石变法取得了相当成效，他不但在基层民众中间积累了声望，而且一大批熟悉实际事务的人才也为他所用，后来变法派内部出现了纷争，但对王安石仍是尊敬有加。军事上，王韶掠地千里、章惇平南苗、郭逵击交趾，这些宋朝开国以来从未有过的武功都与王安石的指挥与协调有很大关系。王韶是王安石一手提拔起来的文人将领，在王安石第一次辞相之后，王韶心中就非常不安，再加上有人说朝廷有意废除熙河路，别人再讲什么话他都不信。虽然宋神宗特意写了手谕，但还不得不请王安石写信给王韶进行安慰，由此可见王韶与王安石的紧密关系，而这是有宋一朝的皇帝所要竭力避免的现象。在个人道德方面，王安石生活俭朴，洁身自好，就是那些拼命诋毁他的人也挑不出什么毛病，只有苏洵在《辨奸论》中认为王安石之所以与一般的士大夫不同，那是隐藏着绝大的奸恶狡诈。在此情形之下，虽然王安石没有这个野心，但很多人却以小人之心度君子之腹，这不能不让皇帝感到狐疑。

1073年的一天，王安石乘马入宣德门，宦官张茂则不让他进去，还让他们用鞭子抽打王安石的坐骑并还对王安石喝道：“难道你想成为王莽吗？”而在这以前，宰相进宣德门，

都是进到门里才下马的。宋神宗虽派人去查看王安石坐骑的伤势，但却一直不愿追究张茂则。这次下马事件虽然不一定是宋神宗的安排，但与他的纵容脱不了关系。于是君臣之间开始产生裂痕，王安石不可能不清楚这一点，他开始提交辞呈。改革在守旧派的反对声中遭受重大挫折。

轸念流民

虽千万人，吾往矣

新法一开始，守旧官僚就大肆攻击新法。司马光更是给新法戴上"侵官、生事、征利、拒谏"的帽子。王安石则在《答司马谏议书》中给予反驳："你用来指教我的，是认为我推行新法侵夺了官吏们的职权，制造了事端，争夺了百姓的财利，拒绝接受不同的意见，因而招致天下人的怨恨和诽谤。我却认为从皇帝那里接受命令，议订法令制度，又在朝廷上修正决定，把它交给负有专责的官吏去执行，这不能算是侵夺官权；实行古代贤明君主的政策，用它来兴办对天下有利的事业、消除种种弊病，这不能算是制造事端；为天下治理整顿财政，这不能算是与百姓争夺财利；抨击不正确的言论，驳斥巧辩的坏人，这不能算是拒绝接受他人的规劝。至于社会上对我的那么多怨恨和诽谤，那是我本来早就料到它会这样的。"

由于变法触动了皇亲国戚的利益，因此遭到他们的强烈反对。按照旧制，宋朝宗室子弟均居住在京城，不许参加科举考试，但仍授予虽有职无权、有名无实却俸禄优厚的官爵；不准出补外官，只能留在京师，养尊处优，自是衣食无忧。神宗和王安石却变革宗室子弟的任官制度，不再给予五服以外的宗室子弟这种特殊待遇，但允许宗室通过科举致仕，量才授官，这使不少宗室子弟失去了得到官职的机会。他们拦住王安石的马，对他说："我们和皇帝都是同一祖先，相公不要为难我们。"王安石严词拒绝了他们的要求："就是祖宗，过了几代也要搬出祠堂，何况是你们！"人群才不得不散去。另外，根据新法，朝廷没收了向皇后父亲的部分财产，曹太后的弟弟也受到了违犯市易法的指控，他们自然十分仇视王安石。以两宫太后及皇后、亲王为首的宗室外戚抓住一切机会诋毁新法。一次，神宗同弟弟岐王、嘉王一起玩游戏，神宗以玉带为赌注，嘉王却说："我若胜了，不求玉带，只求废除青苗、免役法。"曹太后更是坚持"祖宗法度不宜轻改"的守旧派。在变法争论最为紧张激烈之时，两宫皇太后就常常在神宗面前哭泣，曹太后更是对神宗说："王安石是在变乱天下呀！"岐王也在旁劝说神宗应该遵从太后的懿旨，说新法是不会带来什么好处的。

而在钦宗时，为了掩盖因宋徽宗的无能与昏庸而导致金兵入侵的事实，把“国事失图”由蔡京上溯至王安石，对王安石的否定在南宋达到了高峰，赵构为开脱父兄宋徽宗宋钦宗的历史罪责，诏命重修《神宗实录》以否定王安石变法，并将王安石作为北宋亡国元凶，这成为封建时代的主流看法。

与谁治天下

一个国家的基本政治制度究竟该设计来治官，还是治民，这是一个古往今来统治者都必须面对并加以解决的问题，而作为势必要触动各方利益的改革，更不会回避这个问题。在王安石变法中就选择了治官。这一来，自然引起手下官员的反对。针对官员对于变法的抱怨，宋神宗告诉文彦博：“虽然变法让士大夫感到很不方便，但对于民众来说是好事。”文彦博反问：“陛下，你是用士大夫统治国家，还是用百姓统治国家？”神宗明白指出变法的目的就是针对士大夫阶层而不是针对下层百姓，文彦博则也直言不讳地告诫神宗，皇帝只能与士大夫合作，而不能与百姓合作。

历史小常识：天变不足畏

宋朝自然灾害较多。当时有人就用所谓“天生异象”的奇谈怪论来攻击新法。例如文彦博就用陕西华山崩裂来攻击新法。王安石就提出“天变不足畏”的思想，继续坚定地推行新法。事实上，在王安石变法前，宋朝就有很多自然灾害。“天变”只是守旧派用来攻击变法的借口而已。

特别是新法的很多政策需要官员的身体力行，这让过着安逸生活的士大夫很不满意，这在兴修农田水利的问题上体现得最为明显。苏轼当时就说：“臣不知朝廷本无一事，何苦而行此哉？”文彦博也持类似观点。但苏轼他们却忘了一点，虽然兴修水利这种有百利而无一害之举自然要官员四处考察地形甚至得带头劳动，但他们是朝廷官员，拿着朝廷的俸禄，就得为朝廷服务、为百姓办事。

在守旧派看来，王安石不但侵犯他们的利益，还要扰乱他们的安逸生活，这就是王安石变法遭到百般阻挠的关键原因。遗憾的是，科举制的发展以及宋朝政治制度的安排特别是谏官制度，使士大夫队伍在这个时代的政治和社会制度中具有相当大的分量，再加上宋朝驾驭大臣的“异论相搅”政策，王安石没有力量把反对新法的旧党逐出政府，更不要说全部清除。他得不到商鞅所得到的坚强支持，王安石只能把部分守旧派贬出中央，贬到地方上担任地方政府的一把手，而中央的守旧派大多过得逍遥自在。于是王安石变法呈现出一种世界历史上很少见的奇异场面，即由一批反对新法的人负责执行新法，他们用种种方法加以破坏，故意迫使农民痛恨新法。事实上，青苗法执行过程中的所谓增加农民负担的现象也大多是反对变法的官员所为。

祖宗不足法

自然，大多数反对新法者没有像文彦博为了维护自身利益说得那么赤裸，毕竟儒家的代表人物孟子说过：“民为贵，社稷次之，君为轻。”而一代明君唐太宗也有名言：“舟所以比人君，水所以比黎庶，水能载舟，亦能覆舟。”于是争论的重点就转移到祖宗法度是否可变这一问题上来。他们就指责王安石认为“祖宗不足法”，而王安石虽然没有提出这个

说法，却也没有否认。而后来对王安石的指责也多为说王安石变乱祖宗法度，最终导致北宋亡国。

苏轼与佛印

司马光认为越变越退步、越变越亡国，主张谨守“祖宗之成法”，以“世世相承，无有穷期”。自然，这不是简单的观念上的保守，而是对自身利益的贪执与自私。当时的保守派之所以强调祖宗之法不可变，最重要的就是因为原有的优待士大夫的政策对于他们最为有利。王安石则巧妙地用保守派所极为推崇的仁宗为例来反驳：“仁宗在位四十年，多次修改法律。如果法是不变的话，子孙应该世世代代遵守，那为何总是改呢？”其实，祖先法度只是保守派手中的一个工具。当祖宗之法对他们不利的时候，他们就会马上找借口尽改祖宗成法。例如在宋神宗去世之后，司马光等守旧派为了维护自己的利益，就抛出“以母改子”的言论，尽废前朝的法制，再也不提祖宗之法不可变的旧调了。

王安石并不局限于此，他认为，如果说“法制具在”，国家财政不应该不足，“中国宜强”，但是“今皆不然”，因此要健全法制，积极改变现状。在这一思想的指导下，王安石进行了很多尝试，但就是这些，还是遭到了守旧派的极力反对。当时王安石提议汴河两岸种稻，苏轼不是农业专家，但却马上给皇帝上书：“汴水独流，自生民以来，不以种稻。”他的依据就是当地的民歌中并没有提到这里能长稻谷，他进而指责那些实实在在地尝试兴修水利、发展农业生产的人“妄庸轻剽，浮浪奸人”。但经过努力，后来汴河两岸确实长出了稻谷。

开源与节流

保守派把王安石的诸项新法称作“聚敛害民之术”，把王安石的理财思想视作“剥民兴利”，这也是自南宋至晚清绝大多数史学家和思想家评议王安石新法的基本观点之一。这其中就涉及在国家财政方面如何开源与节流的问题。

当时宋朝面临的最大问题之一就是贫。贫的表现是宋朝的经济较汉唐发达得多，收

入的绝对值并不低，但开支太大，入不敷出，国库年年赤字，再加上岁岁输钱帛于辽夏，又让脆弱的财政雪上加霜。对于这个问题，可以说人人都能看到，并无异议，但如何解决问题就见仁见智、纷纭不一了。王安石的办法就是理财。他认为财用不足的主要原因是“理财未得其道”，而理财的主要途径是开源而非节流。他批评仁宗，“其于理财，大抵无法”，所以“虽俭约而民不富，虽忧勤而国不强”。

司马光并不认同王安石的观点。1068年底，司马光与王安石爆发了一次激烈的争论。王安石认为：“国家财政之所以亏空，是因为没有善于理财的人。”司马光反对：“你所谓善于理财者，不过是巧立名目，在百姓头上增加捐税而已。”王安石说：“不是这样的，善于理财者，可以不增加赋税却使国库充盈。”司马光不以为然：“天下哪里有这个道理？天地所生的钱财万物，不在民，就在官。设法从老百姓那里巧取豪夺，比增加赋税还坏。”

当时政府向农民甚至是城市的工商业者提供贷款来解决他们所遇到的资金困难，同时大兴农田水利以增加耕地面积，改善农业生产条件，这些都能促进经济的发展，国家也可以在不加重民众赋税负担的情况下增加财政收入。但以司马光为代表的旧官僚对经济一窍不通，不肯接受王安石的理财之道。司马光对王安石“只要善于经营，可以不增加赋税而使国家富裕”的观点根本弄不明白，他认为天下的财富都是固定的，不在民间，就在朝廷，所谓理财就是聚敛，就是搜刮民间。他完全没有认识到，人的劳动是能创造财富的，破除垄断、增加流通也是能促进财富增长的。这就是他与王安石的区别之处，也是他极力抵制王安石的重要原因。

自然，事情还不只是理论上的争论那么简单。以司马光为首的旧官僚并不是为民众着想，而是为了自己的小集团利益着想。他们担心的是，政府肯定要限制官僚及大地主的利益，与官僚及大地主争利。实际上也是如此，因为农民已经很穷了，没有什么可以剥夺了。为了缩小贫富差距及限制兼并，政府肯定会向富豪和官僚征税，例如免役法就规定原来具有免役特权的官僚交纳免役钱，而方田均税法也意在让地主藏匿不报的耕地纳税。同时农民之所以相当贫困，很重要的原因就是豪强地主的高利贷盘剥，而青苗法又剥夺了他们的高利贷收入，还让农民不至于破产，增大了豪强地主兼并土地的难度。守旧派强烈反对王安石的理财就是必然之事了。

如何看待王安石变法

虽然守旧派对王安石变法百般诋毁，但变法确实取得了实实在在的成就。变法期间，大量荒田被开垦，全国兴修水利一万多处，新增可灌溉土地达三千多万亩，农民得到了好处，国家增加了收入，“中外府库，无不充衍”。财力的充足使得社会各项事业的开展有了可靠的经济基础，也使中下层人民的生活水平有了一定的提高，军事实力也得到很大增强，获得了一系列胜利。王韶开边千里以及章惇平定南苗就是其中两例。当时辽国甚至还开始担心宋朝会进攻他们。另外，如果守旧派官僚关于王安石变法扰民害民的描述都是真的话，那应该有不少农民起义，但在变法期间并没有农民起义，这说明王安石变法对于基层民众并没有太大妨害。相反，通过保甲法的实施，农村的社会治安还有很大好转。而从政策的延续性上看，虽然司马光上台之后尽废新法，但王安石开创的不少政

策后来又继续施行，免役法、保甲法等法规甚至在元明清继续实行。

但为什么王安石变法会有这么多争议呢？这是因为在宋朝复杂的社会环境下，王安石变法涉及很多深层次的问题。第一是任何一场改革都不会让所有人满意。当时宋朝上下都认为不改革不行，但对于如何改革却一直没有很好的办法。而王安石的才气已为朝廷上下所承认，再加上他在十几年地方官任上的良好政绩，众人对王安石都寄托了很高的希望。就包括司马光也说："王安石享有天下大名三十多年，才华横溢，学识渊博，淡泊名利，志向高远。不管认识不认识的人，都有一个共同的看法：王安石不当大任则罢，但凡身担大任，则太平盛世指日可待，天下苍生都会承受他的恩泽。"但改革是需要付出代价的。王安石变法触动了官僚集团的利益，就招来司马光的极力反对。虽然王安石变法本质上有利于宋朝的长治久安以及士大夫的利益，但由于当时的官僚集团已经相当腐朽和短视，只是一味维护自己的当前利益，所以激烈地反对变法。结果北宋被金军灭掉，官僚地主的根本利益和长远利益最终还是受到摧残。

第二是任何改革都存在不少"毛病"和"缺失"，有的可能还比较严重，这是事物发展的正常规律。世上没有十全十美的人，也没有十全十美的事。尤其是改革，一般都是走前人没有走过的路，要求当事人做事不出一点问题、不走一些弯路是根本办不到的。而王安石在变法中，勇于革新，勇于实践，一心扑在改革上，以至于没有精力去关注放在眼前的是什么菜。而守旧派总是一味地挑变法事业的毛病，可是他们又拿不出什么好的办法来解决国家面临的困境，只是守成抱旧，维持现状，直至北宋灭亡。

其实在王安石变法前，就有人根本不赞同王安石出仕。王安石有一个很好的朋友叫王令，终生不仕，还力劝王安石也退隐山林。他认为任何改革都已不可能挽救宋朝的命运了，认为王安石纵然有心济世，也是无力回天。以王安石之才能，对时局的看法不可能不比王令更清醒，但王安石与王令在性格上却大有不同：王令选择逃避，王安石则是选择迎难而上。他的《游褒禅山记》中就写得很清楚："力量足以达到目的而未能达到，在别人看来是可以讥笑的，在自己来说也是有所悔恨的；尽了自己的主观努力而未能达到，便可以无所悔恨。"因此，能不能为天下人做点事情，"系吾得志与否耳"。如果有机会而不去做，则"吾耻之也"，而如果想去做而没有机会，"吾不恤也，尽吾性而已"。但遗憾的是阻碍改革的司马光却享有盛名，一心变法的王安石却屡遭误解。

至于北宋灭亡，则是宋朝各种积弊爆发的总结果。王安石变法在当时的环境下，也只能是化解宋朝的财政危机而已，不能从根本上挽救宋朝。实际上，新法在经历了几年的反复之后，基本还在实行。宋朝不是亡于新法，而是亡于没有全面改革。

徽宗临朝

虽然王安石已经罢相，但由于新法仍在继续，改革派与守旧派的利益冲突仍很尖锐。再加上由于当时改革派倾向于中央集权，加强皇帝的权力，而守旧派代表相对独立的大

官僚利益，所以两派之间的斗争与皇权和后权的矛盾结合在一起，加剧了北宋末期的党争。

苏轼惹火烧身

应该说，乌台诗案并不属于严格意义上的党争。苏轼之所以被别人指责，实在是有自己方面的原因。苏轼少有文气，很早就名满天下，但在官场上屡屡不得意。一是因为苏轼的政论文章有较浓的纵横家习气，有时故作惊人之论而不合义理。因此他的政论文章要么老生常谈，要么毫无价值，解决不了任何问题。与之形成鲜明对比的是，王安石的《上仁宗皇帝言事书》则鞭辟入里，又有切实可行的构想，在当时的朝廷上引起巨大轰动乃至后人的高度评价，为王安石日后的主政变法奠定了基础。二是作为一名政府官员，苏轼的一些行为并非无懈可击。他在杭州任上，虽年已四十，却纳十三岁的歌伎朝云为妾。虽说宋朝对士大夫极为宽厚，但也不会鼓励这些行为。据说，就是朝廷派人到湖州去抓捕他的时候，他也没有在处理政事，而是在为他的一位好友整理遗作。但上面这几点在宋朝的官场虽然不至于升官，但也不至于招罪，关键是苏轼又爱评论时政，极力否定新法。不过王安石宽厚待人，所以苏轼过得仍然逍遥自在。但王安石能容了他，不等于别人能容了他。所以，等王安石辞相之后，苏轼就因出言不慎，栽了个大跟头。

闲适的苏轼

1079 年 4 月，苏轼调任湖州，按照惯例他向宋神宗上表致谢。谢表中有“知其生不逢时，难以追陪新进；查其老不生事，或可牧养小民”句，意思是“自己知道生不逢时，不能为新近晋升的人工作；皇二看我已经老了，也做不出什么事情来了，或者可以让我去当地方官去牧养百姓”。京城早就有一批人看不惯苏轼，于是纷纷上表奏劾苏轼“讥切时政”。其中以御史李定说得最为严厉，在他看来，苏轼眼高手低，没有可行的施政方针，对他人计划又只注意到缺点及不完善的地方，一直在诽谤朝政，皇帝却没有管，这次一定要严惩。他们搜集了很多苏轼攻击新法的诗文，要给苏轼定罪。因“乌台”是御史台的别称，故称之为“乌台诗案”。

历史小常识：乌台的来历

据《汉书·朱博传》记载，御史府（台）中有许多柏树，常有数千只乌鸦栖息在树上，晨去暮来，号为“朝夕乌”。再加上御史的主要工作就是批评百官及皇帝，一般不讨人喜欢，因此，后人将御史台称为“乌台”，暗指御史都是乌鸦嘴。

苏轼在狱中承认自己确实写过诗讽刺新法。苏轼下狱后，长子苏迈每天去监狱给他送饭。由于父子不能见面，便暗中约好，平时只送蔬菜和肉食，如果有坏消息，就改送鱼。一天苏迈有事，不能去给父亲送饭，便托朋友代劳，但忘记告诉朋友这个约定，偏巧这个朋友就给苏轼送去了一条鱼。苏轼大惊，以为自己难逃一死，便写了两首绝命诗给弟弟苏辙。苏辙看到哥哥绝命诗，痛哭流涕，立刻上书给皇帝，希望能以自己的官爵赎哥哥的罪。而宋神宗主要是想借此警告那些反对变法的官员，颇有杀鸡给猴看的意味，并无要置苏轼于死地的意思，再加上朝廷中有多人为苏轼求情，赋闲在家的王安石也劝神宗放过苏轼。神宗遂下令对苏轼从轻发落，贬其为黄州团练副使。

司马光尽废新法

如果说在乌台诗案中，朝廷对于苏轼的处理还算是依照法律的话，那么司马光尽废新法则带有很浓厚的党争气氛。

1085 年春，宋神宗赵顼病死，其子赵煦（宋哲宗）即位，年仅十岁，其母宣仁太后以太皇太后的身份执政。宣仁太后是宫廷中反对变法的后台，掌权后就授予司马光、文彦博等保守派很高的职位，各种反变法的力量聚集在一起。1086 年 5 月，司马光返回京城，开始废除新法。到 1087 年 9 月病死前，司马光以一年半时间，将十七年变法新政包括于民于国两相便利的免役法全部废除，史称“元祐更化”。司马光病死之后，清除王安石变法影响、恢复祖宗旧制的工作仍在继续，直到 1093 年，前后历时九年。至此，支持变法的政治派别，被时人称为元丰党人，后人又称新党；反对变法一派，则被称为元祐党人，后人又称旧党。

司马光

当司马光准备撤销大部分旧党也很赞同的免役法时，苏轼劝他不要匆忙行事，司马光大怒。苏轼就说：“从前常听你称赞某某犯颜直谏，某某据理力争。今天你刚当宰相，就不准别人开口。”另一位大臣范纯仁也认为免役法已获得一致拥护，只不过少数官僚人家不便，万不可改。司马光立刻翻脸。范纯仁说：“你如此声色俱厉，不过堵人的嘴，使人不敢开口罢了。凡事应虚心地听听大家意见，不必一定谋从己出。”但这一切不足以动摇司马光走回头路的决心。

与此同时，司马光还不遗余力地打击变法派。旧党刘挚、王岩叟、朱光庭等人甚至竭力搜寻新党章惇、蔡确的传闻轶事，任意加以穿凿附会，对其进行诋毁。其中蔡确因其《车盖亭诗》被认为讥讽当朝太后是武则天，被贬到新州。吕大防和刘挚曾以蔡确母亲年老，主张改迁他处，高太后却说：“山可移，此州不可移。”在蔡确被贬新州时，旧党将司马

光、范纯仁和韩维誉为“三贤”，而将蔡确、章惇和韩缜斥为“三奸”。他们将王安石和蔡确亲党名单张榜公布，以示警告，同时对已被斥逐的新党人员章惇、韩缜、李清臣和张商英等人再加以贬斥，是为车盖亭诗案。

这时头脑较为清醒的人们曾经劝告司马光，如果将来有人教以“父子义”（即儿子要继承父亲事业的道理），唆使哲宗反对今天的“以母改子”，后果将不堪设想。司马光却说：“如果老天还保佑宋朝的话，肯定不会有这种事！”但司马光万万没有想到哲宗早已拿好了主意，只不过在等待机会爆发。蔡确被贬时，范纯仁对吕大防说：“岭南之路长满荆棘七八十年矣，今日重开，日后我们难免有此下场。”不幸的是，新党的报复比他们预想的还要猛烈。

隐忍的哲宗

哲宗非常聪明，八九岁时便能背诵《论语》，颇得父亲神宗的喜爱。1084 年，神宗在宫中宴请群臣，时年九岁的哲宗随同。哲宗虽然是第一次经历这样的场面，但却表现得极为得体，得到宋神宗的夸赞。哲宗即位后，辽国派使者来参加神宗的吊唁活动。宰相蔡确因两国服饰不同，怕年幼的哲宗害怕，便反复给哲宗讲辽人的着装以及各种礼仪。哲宗先是沉默不语，等蔡确讲完，忽然严肃地问道：“辽国使者是人吗？”蔡确一愣：“当然是人，不过是夷狄。”哲宗道：“既然是人，那怕什么？”蔡确无言以对，惶恐退下。

宋哲宗

高太后在哲宗即位时，一再表示她垂帘听政是出于无奈，但她却丝毫不放松手中的权力。在其垂帘时期，军国大事都由她与几位大臣处理，年少的哲宗对朝政几乎没有发言权。而司马光及其后继者，也完全无视小皇帝，凡事都取决于高太后。朝堂上，哲宗的御座与高太后座位相对，大臣们向来是向太后奏事，背朝哲宗，也不转身向哲宗禀报，以致哲宗亲政后在谈及垂帘时说，他只能看朝中官员的臀部和背部，斥责以司马光为首的守旧派大臣完全不顾君臣之义。

高太后和旧党所做的一切，对于哲宗来说，负面影响非常大。少年老成的哲宗面对不将自己放在眼中的高太后和旧党，也用他自己的方式表示反抗。每次大臣向哲宗和高太后奏报时，哲宗都沉默不语。有次，高太后问哲宗为何不表达自己的看法，哲宗回道：“娘娘已处分，还要我说什么？”弦外之音就是自己无非是一个摆设而已。哲宗常使用一个旧桌子，高太后令人换掉，但哲宗又派人搬了回来。高太后问其原因，哲宗

答:“这是爹爹用过的。”高太后心中大惊,知道他将来必会对自己的措施不满,并重新采取宋神宗的政策。范纯仁还因蔡确被贬一事请哲宗向高太后求情,但哲宗依旧以沉默相抗议。范纯仁这时候才知道,哲宗已经和他们这些旧党没有任何回旋的余地了。大臣刘挚曾上疏,让高太后教导哲宗如何分辨君子和小人。高太后说:“我常与孙子说这些,但他并不以为然。”高太后由此愈加担心,当然更不敢放下权力,但越是这样,哲宗心中的不满就越来越大。

朝廷的大多数人都感觉到了这种气氛。随着高太后的衰老和哲宗的成长,连高太后都感到山雨欲来、新党复起的政治气氛。1093 年 8 月,高太后垂危时,告诫范纯仁和吕大防等人,要他们提前准备,尽早退出朝廷,以保全身家性命。

1093 年 9 月,高太后去世,哲宗亲政,开始重新提拔被贬斥的章惇、吕惠卿等新党人员。1094 年 2 月,新提拔的李清臣就在殿试发策时极力肯定神宗的新法,而苏辙列举了汉昭帝罢去武帝晚年苛政等例子,表示哲宗应该像汉昭帝一样改变宋神宗的做法。哲宗对苏辙将神宗比作汉武帝(汉武帝当时过于好大喜功,耗尽朝廷历年积累下的财富;晚年又多猜疑,最后连太子也逼死了)勃然大怒,就把苏辙贬官外地。4 月,有谏官猛烈抨击司马光、文彦博误国,甚至把高太后比为吕后与武则天。翰林学士曾布建议恢复神宗事业,改元顺应天意,于是宋哲宗在该月改年号为绍圣,绍,为连续、继承意。这是新党重新上台的正式标志。绍述也成为绍圣年间使用频率最高的政治术语,其原意就是继承前人的做法,而对哲宗而言,就是继承其父神宗变法的意志与事业。

苏辙

事实上,随着新法实施的效果日益显现,相当部分的官僚地主也看出了王安石虽然对他们的利益有所触动,但从根本上还是有利于他们的统治的,部分旧党的立场有所松动,但他们多是空谈之人,新党对他们并不感兴趣。再加上宋哲宗因为大部分旧党在高太后垂帘听政时期不顾君臣之义,对他这个小皇帝置若罔闻,也不肯原谅他们。在新党方面,虽然章惇等人曾在乌台诗案中营救过苏轼,但经历了元祐时期旧党的打击后,他们对旧党异常痛恨。同时他们也吸取了王安石变法期间对拒不执行新法的官员过于宽厚的教训,于是在哲宗的支持下,开始罢黜那些反对新法的官员。1094 年,旧党的主要人物吕大防、刘挚、苏轼等人被贬到岭南。1095 年,哲宗下令吕大防等数十人永不叙用。章惇对旧党还采取了一个极严厉的措施,即搜集臣僚章疏,把宋神宗去世以后所有批评新党和新法的奏议都予以分类,再根据这些奏议依次定罪,此活动直到哲宗去世时仍在进行。

元祐党人碑

如果说哲宗还是力图有所作为，为了推行改革和巩固皇权而对旧党进行打击的话，那宋徽宗时期的元祐党人碑则相当过分。不过主持修建元祐党人碑的蔡京却是司马光提拔上来的。司马光当初决定废除新法，下令恢复差役法，限期官员五日完成。绝大多数官员都认为时间太紧，唯独蔡京在短短的五天里完成任务，而且无一违例，因此他得到了司马光的重用。

1100年，宋哲宗去世。向太后垂帘听政，再次起用元祐党人，废除变法新政。几个月后，向太后患病归政，宋徽宗正式执掌大权。1102年宋徽宗用蔡京为相，又基本上照搬了熙宁新政的做法。9月，宋徽宗令中书省进呈元祐中反对新法及在元符中有对新法过激言行的大臣姓名。蔡京共确定了文彦博、吕公著、司马光、范纯仁等一百二十人，分别定其罪状，称作奸党，并由徽宗书写姓名，刻于石上，立于端礼门外，称之"元祐党人碑"。蔡京还将这份名单发给各州县，要求各地也刻名于碑，以儆效尤，并规定不许党人子孙留在京师，不许参加科考，而且碑上列名的人一律"永不录用"。后来，更增"元祐党人"为三百零九人，其中章惇（曾反对立徽宗为帝，认为赵佶人品不好）、曾布等原为新党。元祐党人在这里变成了宋徽宗和蔡京的政治工具。

宋徽宗一朝还继承司马光当政时焚毁王安石《三经新义》底版的做法。1103年，宋徽宗下诏，毁苏洵、苏轼、苏辙、黄庭坚、秦观等人的文集。蔡京等人还要烧毁司马光所著的《资治通鉴》，因前面有神宗御制的序文，这才作罢。

1106年，朝廷下令毁掉元祐党人碑，恢复了被贬的官员身份，并命令不要再为此事纠缠。过了一段时间，朝廷又在一次大赦天下中，彻底废除了党人之禁。

"小人"章惇

古人常用两分法把人分为两类：一种是君子，一种是小人。这种分法本是侧重社会地位，后来发展为侧重政治和道德，遂成为政治斗争中的一项重要武器。宋朝的绝大多数士大夫更是如此，平时自命君子，一旦掀起争论，就把对方视为小人。这是宋朝党争的一大特色。

支持王安石的变法者多被旧党视为小人，章惇更是如此，最多的指责就是他对司马光一党展开了猛烈的报复。应该说章惇与王安石不同，章惇对守旧派的态度要严厉得多。章惇和苏轼曾是好朋友，据说，有一次两人一起旅行，遇到一条深涧，深涧下边湍流翻滚，只有一条横木为桥。章惇胆子大，要苏轼走过去，到那边的悬崖上题词。苏轼两腿发软，不敢过，章惇却无动于衷地走过去，从容在石壁上题词："章惇苏轼来游。"然后又走了回来。苏轼拍着章惇的肩膀说："章惇必能杀人！"章惇问其原因，苏轼说："连身家性命都不顾的人，还怕杀人吗？"

但他之所以对旧党实施强力打击，主要是吸取王安石变法中法令无法得到贯彻的教

训。至于司马光所受到的冲击，则主要与他割地于西夏以及对宋哲宗不行君臣之义有关。难能可贵的是，章惇“不肯以官爵私所亲”。他四个儿子都考上了进士，但只有一个儿子在中央任职，其他三个都在地方上工作，没有一个因为父亲当上宰相而做上大官的。

章惇

而另一个足以证明章惇的人品与官品的事情就是他当时极力反对立赵佶（也就是后来的宋徽宗）为帝。哲宗死后，神宗的妻子向太后和朝臣商议立谁做新皇帝，向太后认为赵佶“有福寿，且仁孝，不同诸王”，提议由他继位，其实赵佶荒淫无耻，当时就已恶名在外，民间都说“朝欢暮乐，依稀似剑阁孟蜀王；爱色贪杯，仿佛如金陵李后主”。但满朝大臣都不提意见，谏官也不吭声，只有章惇当众直指赵佶“轻佻，不可以君天下”。谁都知道这样做会有什么后果，但章惇不愿跟其他大臣一样明哲保身。

宋徽宗一朝，北宋走向了耻辱的灭亡。后人感叹，假如当时不立徽宗，金国纵然强大，宋朝也不会那么容易灭亡。可惜宋朝像章惇一样的“小人”太少，所谓的“君子”太多。

北宋灭亡

虽然北宋经济出现了繁荣的局面，但皇帝的享乐之风也更加兴盛。宋徽宗上台之后，不理国事，导致奸臣当道。后因修建供自己享乐的艮岳而造成东南地区的方腊起义。而金国在联宋灭辽中看到宋朝虚弱的本质，就攻下开封城，北宋灭亡。

皇帝轻佻

章惇之所以当着朝臣说赵佶“轻佻”，一方面固然是他为官正直，另一方面是赵佶的荒淫无耻早已臭名远扬。赵佶在做亲王的时候，就迷恋声色犬马，他以亲王之尊，经常和一群狐朋狗友一块，游幸于青楼歌馆，寻花问柳。凡是京城中有名的妓女，几乎都与他有染，有时他还将喜欢的妓女乔装打扮后带入王府肆意玩乐。

但赵佶也颇有心计，赵佶并不是向皇后的亲生儿子。他曲意奉承，施展出浑身解数，讨取向太后的欢心，甚至不惜降尊纡贵，着意笼络向太后身边的侍从，让他们在太后面前

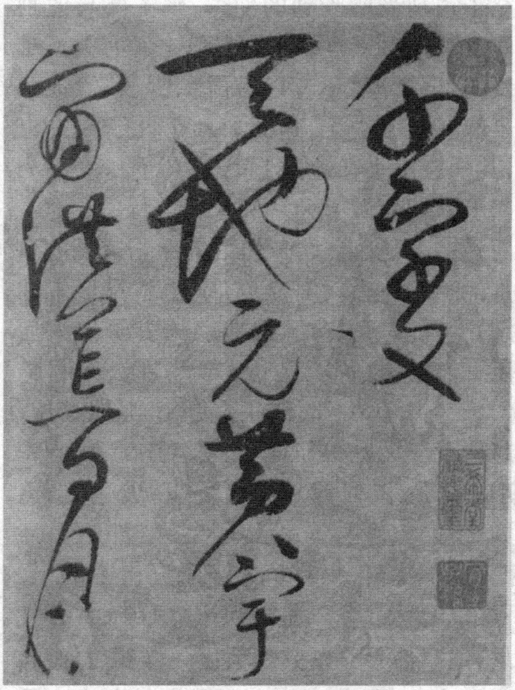

宋徽宗书法

为自己说话。久而久之，宫廷中上上下下都一致称赞赵佶仁义孝悌，又风流蕴藉，不同凡响，向太后也受到了蛊惑，对赵佶刮目相看，认为他贤于其他诸王，对他特别钟爱，最终使他当上了皇帝。

当上皇帝之后，赵佶变本加厉，更加荒淫无道。尽管后宫佳丽如云，但徽宗仍微服出宫，寻找刺激。王黼更是引诱徽宗微服出游，夜宿娼门。因为怕人知道，他们君臣曾翻墙出宫。宫墙高耸，徽宗一时下不来，让王黼做垫脚石，笑着说："王安石，背耸过来。"王黼接口："神宗皇帝，脚伸下来。"神宗在位勤政，王安石大力变法，宋朝呈中兴之相，却成为徽宗君臣的笑料，真是一种莫大的讽刺。当时李师师名冠汴京，徽宗经常以体察民情为由到她家过夜，据说当时皇宫和李师师家还有地道相连。民间后来就开始流传一种传说，说徽宗的父亲宋神宗曾去看过宋宫里收藏的李后主画像，看后颇为心仪，后来徽宗的母亲便生下了赵佶。这徽宗是李煜转世，是来灭亡宋朝的。

不但如此，宋徽宗还重用身边的侍从，不管是书童，还是宦官，或是唱曲的、赶车的，只要能将他服侍好，便不管人品如何，能力怎样，纷纷出将入相，权重一时，宦官权力开始膨胀。比如宦官童贯竟然官至枢密使，总掌全国兵权，而且还在与辽、金等国的外交和战事中，充当外交使节，这是以前的王朝从来没有过的事情。更让人感叹的是，金人攻陷开封之后，掳去徽宗的乘舆、嫔妃，他都未曾动心，当金人索要他馆藏的书画时，才"听之喟然"。由此可见，徽宗最看重的身外之物不是国家而是书画。

享乐皇帝

神宗皇帝和王安石没有想到他们日后会成为宋徽宗的笑料，更没有想到他们的改革成果竟然与北宋的亡国联系在一起。宋徽宗上台伊始，宰相蔡京就报告说，如今国库尚有宋神宗积累下来的五千多万贯积蓄，用度充裕，完全可以使朝廷威仪更加气派一些。他援引《易经》，发展出了一个丰、亨、豫、大理论，认为在太平时节，君王要有天子的气派，要敢花钱，敢于纵情享乐，不必拘泥于世俗之礼。他还援引《周礼》，说自古以来，只要是

君王，其花费都是不必计算、不受限制的。如果皇帝过分节俭，苦了自己，就有失皇家气度，对于君王来说，这样做是可耻的。

甚至连范仲淹的“先天下之忧而忧，后天下之乐而乐”的名言也成为宋徽宗纵情享乐的借口。有一次，一位大臣对宋徽宗说：“所谓人主，就应该以四海为家，以太平岁月娱乐自己。人的一生没有多少时间，难道还要把自己弄得很辛苦？”宋徽宗对此非常赞同，还对其他大臣说：“先皇为天下欢乐，也为天下忧愁。如今四海太平，我才有机会放松一下，游玩游玩啊。”

玉皇大帝

皇帝如此，他手下的大臣也就更加纵情享受，不顾百姓死活。据说，当时一个人在京城买了一个小妾，这位女子说自己原来是为蔡京做包子的厨师。有一天，那人让她做包子，她却说不会做。那人就责备她：“既然是负责做包子的厨师，那又为什么不会做包子呢？”她回答道：“我是专门切葱丝的。”事实上，蔡京府上最多有数百名厨师，蔡京生活的奢华可想而知。而这时基层民众生活却极为困苦，在花团锦簇的京城开封十多里外，到处都是民不聊生的悲惨景象。

道君皇帝与艮岳

有宋一代，朝廷对道教的尊崇达到了一个新的高潮，徽宗更是如此。温州道士林灵素入朝，对徽宗胡诌：“天有九霄，最高是神霄。神霄玉清王者是上帝长子，号长生大帝君。陛下就是长生大帝君下凡。”徽宗非常高兴，在其出生地福宁殿东建玉清神霄宫，铸神霄九鼎，又在皇宫附近建上清宝箓宫。林灵素在宫中聚道士讲道，徽宗在旁设账听讲。道士们上徽宗称号为教主道君皇帝，徽宗欣然接受。徽宗又根据蔡京的建议，汇集古今道教事件，编纂道史，还设立道学，道士只要通过考试就可以做道官。全国各地到处修建道观，每一道观均由政府拨很多田地，每年都获得不少田租。

徽宗当上皇帝后，久久不能得子。道士刘混康告诉他，京城东北角风水极佳，正处在八卦的艮位之上，倘若将地势增高，皇家子嗣立即便会兴旺，徽宗下令照办。不久，宫中竟然连连诞育皇子。然后又有道士撺掇皇帝，说这里若建一个神仙洞府，则国运必将亨通昌盛。前面的说法已得到了证实，这使徽宗深信，若在此地建成艮岳，国家的兴旺发达

必是指日可待。

徽宗征用民间劳役数十万修建艮岳，1117 年兴工，1122 年初步建成，耗资无可计数，甚至里面的一木一石就价值千贯甚至万贯。艮岳山上修建了无数的亭台楼阁，放置了无数的奇花异石，并养有大量的珍禽异兽。艮岳北部为景龙江，引江水流注假山之间，水声潺潺。为了产生更好的云雾缭绕的效果，徽宗还命人在油绢袋中注满水，放置于山峦峭壁之上，以形成高山云雾的效果，当时的人们称之为“贡云”。

然而用大量金钱粉饰的太平马上烟消雾散。1126 年金兵攻打开封，宋钦宗下令“毁艮岳为炮石”，于是百姓一拥而入，拆毁屋宇、砍伐树木充当薪柴与兵器，把鹿苑中的梅花鹿全部杀死以充军粮，而艮岳之中收藏的碑帖书籍则被随意丢弃。刚刚建成的艮岳就此毁于一旦，这标志着徽宗皇帝浪漫生活开始终结。徽宗更没有想到，艮岳的修建不但没有使国家兴旺发达，反而成为北宋灭亡的重要诱因，他自己也凄惨地客死在去国千里的苦寒之地。

花石纲与方腊起义

宋徽宗为在艮岳中布置各种奇花异石供其玩赏，特派朱勔等在苏州特设一个应奉局，到江东各地专门搜集花石竹木和珍异物品，送到开封，每十船组成一纲，称花石纲。如果哪个百姓家里有一块较别致的石头或一株少见的花木，应奉局就闯进去用黄纸一贴，就算是赵宋皇家的了。启运时如果花木高大，就拆墙倒屋，趁机将财物抢掠一空，之后扬长而去。

徽宗本人对此事极为痴迷。安徽灵璧县产一巨石，用大船运往开封，拆毁了城门才进入城中，上千人都搬不动。入城之后，徽宗还御笔赐名“卿云万态奇峰”，并悬金带于其上。后来在太湖又采得一石，该巨石需百人合抱。送到京城后，宋徽宗大喜，赏赐搬运船夫每人金碗一只，朱勔的四个奴仆被封官，朱勔本人也晋升为“威远军节度使”，那块大石头则被封为“盘固侯”。

花石纲掠夺持续多年，成为一场巨大的灾难。单是在江河湖海的惊涛骇浪中，人船皆没者就很难统计。江苏某地有一株唐朝古树，人们决定将它进献宋徽宗。但此树树冠巨大，无法通过一般的桥梁，于是造大船海运，结果一日风大，树枝与风帆纠结在一起，“舟与人皆没”，一船人全部葬身鱼腹。还有一块石头，单是运输费用就达三十万贯钱，大约相当于当时一万户普通人家一年的收入，而且在各级官员的邀功请赏心理的作用下，贡品也变得几乎无所不包：“大率灵璧、太湖、慈溪、武康诸石，二浙奇竹异花、海错，福建荔枝、橄榄、龙眼，南海椰实，登、莱文石，湖湘文竹，四川佳果木，皆越海渡江，毁桥梁，穿城郭而至。”贡品数量之大以及受到影响的地区之广，在中国历史上相当罕见。宋徽宗却欣然接受这些从百姓身上搜刮来的民脂民膏，对民众因此受到的苦难视而不见。

花石纲使运河两岸的大批农民倾家荡产、妻离子散，再加上连年灾荒，百姓饿殍满地。方腊就揭竿而起，反对宋朝的腐朽统治。青溪多产竹木漆茶，是应奉局重点索取之地。而这些沉重的负担最后都转嫁到普通农民身上，尤其是靠出卖劳动力度日的赤贫者

应奉花石图

身上。方腊本来在青溪县地主家里当佣工，更对这种剥削压迫之苦有着切身的体会，他对横征暴敛的应奉局怀有刻骨仇恨，就准备发动民众反抗官府。

1120年10月，方腊假托“得天符牒”，以帮源峒为据点，聚集贫苦农民，号召起义。他激动地向赶来的农民说：“如今我们百姓整年劳苦耕织，得到一点粟帛。但赋税繁重，官吏侵渔，我们单靠农桑不够过日子，就只好依靠漆楮竹木，可这又被他们抢走，一点不留。官老爷们声色犬马，不顾百姓死活，每年还要给西、北两敌百万银绢，这也是我们百姓的血汗啊！我们整年勤劳，老婆孩子还是受冻挨饿，吃不到一顿饱饭。官老爷们却随意挥霍掉，稍不如意就要鞭打百姓，甚至随便处死百姓。大家说，我们该怎么办？”听众激愤地说：“听你的号令！”方腊趁势发出起义的号召：“东南的百姓过得太苦了，花石纲的骚扰更是让人无法忍受。如果大家能揭竿而起，四方必然闻风响应。我们攻下江南之后，减免徭役和赋税，有十年时间就能统一全国！”这就是历史著名的漆园誓师。方腊起义遂爆发，很快就占领了杭州城。当时起义军对政府官员痛恨入骨，官员凡是被擒，皆被杀死。

宋徽宗命童贯征讨，宋朝军队虽不能对外取胜，但仍有力量对内。而当时童贯察觉到民变的原因，于是以宋徽宗的名义下罪己诏，撤销花石纲和主持花石纲的机构应奉局。这使江南民众对朝廷没有以前那么痛恨。童贯利用这个机会，集中各路大军进攻，方腊不得不退回青溪，据守在山谷深处的帮源峒。官军不知道道路，没法进攻，这时起义军里出了奸细，给官军引路。方腊没有防备，兵败被俘，押解到东京后被杀。

方腊起义失败以后，宰相王黼却告诉徽宗：“民变是下面的官员实行茶法盐法太过苛刻激起的，跟陛下的花石纲无关。童贯太老实，受奸邪小人的蒙蔽，把罪过全推到陛下身上。”宋徽宗果然大怒，立即恢复花石纲和应奉局。

联金伐辽

徽宗在把国内搞得民怨沸腾之时，却又好大喜功，多次攻打西夏，更想完成祖宗未竟之业，收复幽云十六州，以建立不朽功勋。这时候一位名叫马植的辽国中层官员出现了，他基于对当时局势的判断，向宋朝政府提出了联合金国灭亡辽国的远交近攻政策。可惜，远交近攻政策只有在强大的军事力量作后盾下，才能发挥功能。腐败无能的北宋政府不但没有收回失地，反而亡于金人之手，中原人民再次生灵涂炭。

1111年，宋朝按照惯例派遣使节前往祝贺辽国第九任皇帝耶律延禧的生日，童贯任副大使。在他返回的路上，马植在一天晚上悄悄地进入童贯房间晋见。马植曾担任过辽国的中级官员，原籍幽州（今北京），对辽国的情况比较熟悉。他希望故乡重回中原王朝的统治，向童贯介绍形势，并提出收回幽云十六州的计划："辽国东北边陲有一个女真部落，骁勇善战，对辽国的暴政切齿痛恨，有随时叛变的可能，一旦叛变，辽国绝没有力量控制，肯定会灭亡。我们应抓住这千载难逢的良机，跟女真缔结军事同盟，南北夹攻，幽云十六州唾手可得。"

挑鸠图

这让童贯大为兴奋，就把马植秘密带回，介绍晋见徽宗。徽宗跟他谈话之后，决定采纳他的意见。朝廷内外不少大臣反对，但童贯、王黼、蔡攸等大臣竭力支持。于是徽宗立即着手实施，在几次使者往返之后，双方于是在1120年就共同出兵攻辽基本达成一致，约定灭辽后，幽云之地归宋，宋把过去每年给辽的岁币如数转给金国，这就是历史上有名的宋金"海上之盟"。

过了不久，徽宗得知辽国已经获悉宋金盟约之事，非常后悔，担心遭到辽的报复，便下令扣留金朝使者，迟迟不履行协议出兵攻辽，这为后来金国进功宋朝留下了把柄。在此期间，金军以摧枯拉朽之势接连攻下辽国的中京、西京，辽末帝天祚帝也逃入山中，辽国的败亡已成定局。在这种形势下，徽宗才匆忙命令童贯带领十五万大军以巡边为名向幽州进发，打算坐收渔翁之利。但这批人马一到幽州便遭到辽将耶律大石的袭击，大败而归。1122年徽宗又布置了一次进攻，还是以惨败告终。

北宋朝廷的腐败和军事上的弱点给金人以可乘之机。1123年春，金太祖对徽宗派来的使者态度强硬傲慢，并责问马植，当初宋金两国联合攻辽，为什么在幽州城下看不到宋军的一人一骑。谈到土地问题时，金太祖背弃前约，坚持只将当初议定的后晋石敬瑭割给辽国的幽州地区归宋，不同意将营州、平州、滦州还给宋朝，他辩称此三地是后唐刘仁恭献给辽国的，并非后晋割让。金人态度强硬，宋方毫无办法。几经交涉，金国最终才答应将石敬瑭割给辽国的幽州及其附近六州之地归还宋朝，条件是宋朝另添每年一百万贯的"代税钱"。金人认为他们放弃了幽云地区，每年损失不少租税，要求宋朝加以补偿，其实这就是一种变相的赔款。

1123年4月，徽宗派童贯、蔡攸代表朝廷前去接收燕京地区，但金兵撤退时，将燕京一带的人口、金帛一并掠走，留下几座空城送给了宋朝。虽然如此，童贯、蔡攸等人还是上了一道阿谀奉承的奏章，声称燕京地区的百姓箪食壶浆夹道欢迎王师，焚香以颂圣德。

徽宗十分得意，自以为建立了不世之功，宣布大赦天下，命人立碑纪念这一功业，并对参与此次战争的一帮宠臣加官晋爵。朝廷上下都沉浸于胜利的喜悦之中，殊不知末日即将降临。这时，宋朝的富裕及无能刺激了金国的野心，金国开始虎视眈眈地注视着下一个猎物——宋国。

其实当时马植已经意识到了隐伏的危机。1120 年，马植见到女真的首领完颜阿骨打。当时金军已经占领了半个辽国，并开始攻击辽国的上京。马植到达时，完颜阿骨打告诉他："你可以先看一下我们的力量，再谈条件。"说罢就下令攻城。这个闻名四方的号称铜墙铁壁的契丹首都，一天即被攻陷。马植大为震惊，他知道女真是强悍的，但料想不到竟强悍到如此程度。马植警告当权官员："和平顶多维持两三年，中原必须早做准备。"但以徽宗为首的宋朝高层人物，还试图虎口夺食。

宋朝君臣除了扣压金国的使臣以外，又屡屡犯致命的错误。1123 年 5 月，南京（今河北卢龙）留守长官张觉向宋国归降。马植再度提出警告说："现在我们不要招降纳叛，绝不可以不遵守盟约。"徽宗立即把马植贬官，但金国很快就击败了张觉，张觉逃入宋国，请求庇护。在金国的严厉压力下，徽宗虎头蛇尾，只好杀掉张觉，把人头送还，这个轻率的举动使辽国的降兵人心全部瓦解。后来他们中间一些人又投降了金国。由于他们比较熟悉宋朝的情况，为金国攻打宋国提供了很大的便利。恰好金军向宋军官员索取二十万石军粮，遭到拒绝："马植算什么东西，他承诺的怎么能算数？"1125 年，金兵在俘虏了辽天祚帝后，就开始以宋朝违背盟约为借口攻打宋朝。

开封陷落

与宋朝发达的经济形成鲜明对比的是，在金兵的打击下，宋军的国防显得如此孱弱。金兵两次深入千里，围攻开封，北宋军民奋力抵抗，但由于宋朝积弊已深，最高统治者又在迎战与妥协中间动摇，开封遂被金兵所破。宋徽宗、宋钦宗以及宗室还有大量京师人口被掠至北方，是为靖康之耻。

第一次围城

1125 年，金兵分两路南下，一路攻击太原，一路攻击幽州，两路大军约定在开封会师。金太宗还派出使者到汴梁，胁迫北宋割地称臣。这时，东路金兵已攻下幽州，直奔开封而来。1126 年 1 月，金军东路部队抵达黄河，而在这之前，曾有两万宋朝禁军开赴黄河。欢送他们出征的开封民众惊奇地发现，这些禁军很多连马都不会骑，需要有人扶着才能上马，甚至还有从马上掉下来的。这些士兵到了前线之后，远远望见金军旗帜，就一哄而散。

听到金兵南下的消息之后，正在艮岳游山玩水的徽宗吓昏过去，醒后就写下了传位东宫的诏书，宣布退位。不久，他就带着两万亲兵逃出汴梁，到亳州（今安徽亳县）避难去了。当卫士们在一片痛哭声中请求徽宗不要继续南下时，童贯竟然命令亲兵放箭，当即射倒数百人。太子赵桓即位，是为宋钦宗。宋钦宗召集紧急会议，大臣大多主张迁都，只

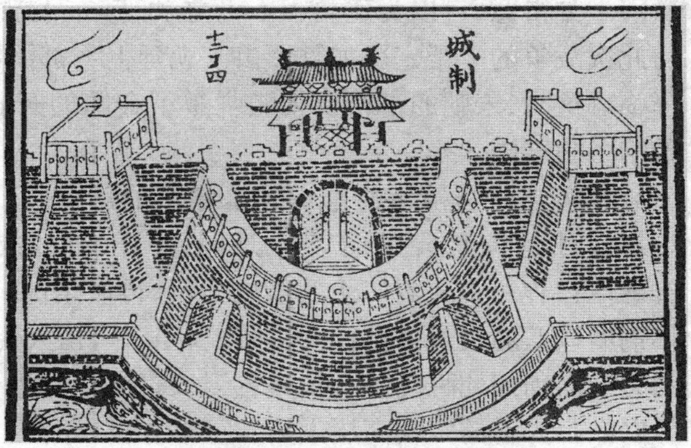

宋代瓮城

有李纲主张坚守待援,这时金军已逼近开封城。宋钦宗只好把主张抵抗的李纲提升为兵部侍郎,并且下诏亲自讨伐金兵。其实,宋钦宗也是畏敌如虎,看着宋军在前线接连打败仗,开封吃紧,宰相白时中、李邦彦两人又主张逃跑,也准备逃跑。李纲好不容易才稳住了宋钦宗,开始积极准备防守,在京城四面都布置了强大的兵力,配备好各种防守武器,还派出一支精兵到城外保护粮仓,防止敌人偷袭。

这时金军产生了动摇,唯恐宋朝有所准备而想退师。而原本降宋后来却因宋杀张觉而最终投降金国的郭药师清楚宋朝的腐朽本质,说宋朝非常富裕,而且未必做好了准备。即使宋朝有所准备,也可以耀兵于宋朝。金军将领听从他的建议,继续南下。1126 年金军到达汴京外围后,由郭药师引导,占领了城西北的牟驼岗,也就是宋朝官府养马的地方。宋军对如此重要的地点不加以保护,也不把马匹及草料运入城中,结果二万匹战马以及堆积如山的草料落入金人手中。

宋钦宗

金军多次进攻均告失败,眼看东京城防坚固,一下子攻不下来,就派人来讲和。宋钦宗早就想求和,立刻迫不及待地派出使者到金营谈判。金军提出了十分苛刻的议和条件:北宋赔给金朝黄金五百万两,银币五千万两,马一万匹,绸缎一百万匹;钦宗尊金国皇帝为伯父,并派亲王到金营做人质;除把太行山以东七州交还金国外,割让太原、中山、河间三镇土地。宋钦宗一心求和,准备全部接受。李纲听到朝廷准备接受这些丧权辱国的条件,力主跟金人拖延谈判时间,只等四方援兵一到,就可以反攻。宋钦宗却很不耐烦,说:“你只管带兵守城,和谈的事不要管。”他开始下令在开封全城强搜金银,并运送给金军。

这时候,各地救援的宋军二十多万人马陆续到了城外,而围城的金兵只有六万。金兵一看形势不妙,赶快把人马后撤,缩在堡垒里。援军大将种师道、姚平仲都支持李纲的抗战主张,但种师道主张长期相持,等敌人粮草接济不上被迫退兵的时候,再找机会反击,而姚平仲心急,主张派一支人马乘夜偷袭金营,活捉宗望,至少也要打击金兵的气势。

正好宋钦宗希望侥幸取胜，就准备夜袭金军大营。

但可笑的是，既然是偷袭，军机决不可泄，但宋钦宗竟用道士选择良辰吉日作为夜袭日期，并且大张声势，传旨在开宝寺立起大旗，上书“御前报捷”四个大字，还在封丘门正楼上设立御座，以便宋钦宗亲临受俘，弄得满城风雨、人人皆知。姚平仲也自恃有宋钦宗的信任，欲独占其功，竟然与宋钦宗商定由他率军直奔金军中军大帐所在地牟驼岗，并由宋钦宗下旨，其他部队无旨意不得擅自出兵，使之不能与其争夺首功。而金军早就做好了充分准备，姚平仲偷袭没成功，反而中了金军伏击，损失了一千多人马。姚平仲突围后，竟然狂奔千里，在四川隐姓埋名几十年。

此时，投降派大臣幸灾乐祸，造谣说援军已经全军覆没，还趁机攻击李纲。宋钦宗惊慌失措，马上派使者到金营赔礼道歉，并把李纲、种师道撤职。这个消息一传出来，开封军民都气愤万分。太学生陈东听说李纲被撤职，马上集合了几百名太学生，涌到皇宫的宣德门外，上书请愿，要求朝廷恢复李纲、种师道的职位，惩办李邦彦、白时中等奸贼。开封军民听说太学生请愿，都不约而同地来到宣德门前，一下子就聚集了几万人。这时候，李邦彦正好退朝出来，请愿的太学生就纷纷用砖头、瓦块砸他，吓得李邦彦抱头鼠窜，赶快又逃进宫去。宋钦宗无奈，只好派人召李纲进宫，并当众宣布恢复李纲、种师道的职务。

李纲复职后，重新整顿队伍，下令凡是能够英勇杀敌的一律重赏，宋军士气极为高涨。金军看到这种情况，迫于宋朝军民的士气，不等宋朝交足赔款，就匆忙撤退了。种师道马上向宋钦宗建议，在金兵渡黄河退却的时候发动攻击，消灭金兵。但是宋钦宗见到李纲和种师道得到了太学生的拥护，害怕他们获得军功后会拥兵自重，就严令不可追击，甚至下令沿途驻军均不得追击，如果任何人胆敢中途邀击金军，即以叛逆论罪。

历史小常识：宋朝的太学生

唐代的太学只招收五品以上官员子弟，而宋代太学下移至招收八品以下官员及平民的优秀子弟，规模日益扩大，至北宋末达三千多人，成为一支不可忽视的力量。北宋末年，太学生陈东领士人及市民伏阙上书，伸张正义，迫使皇帝收回成命，重新起用李纲，成为著名的政治事件。

围攻开封的金兵退走之后，宋徽宗回到汴梁，以为从此可以过太平日子了，又开始花天酒地起来。李纲一再提醒宋钦宗要加强军备，防止金军再次进攻，宋钦宗根本就听不进去。

这时西路的宗翰正加紧攻打太原。尽管宋朝使臣进城传达了割让太原的诏书，但太原军民与中山、河间两镇一样，拒绝了这份屈辱的圣旨，与金兵展开血战。而钦宗迫于各方面的压力，也开始组织兵力救援太原，但钦宗只拨给李纲一万二千人，他向朝廷请求拨军饷银、绢、钱各一百万，朝廷只给了二十万。李纲到了河阳，招兵买马，修整武器，钦宗却命令他解散招来的新兵，立刻前去太原。但救援太原的部队直接受钦宗指挥，根本不听李纲的调度。三路人马没有统一指挥，结果屡吃败仗，没有解去太原之围。投降派趁机攻击李纲，宋钦宗把李纲撤职，贬谪到南方。

这时候，太原城已经被宗翰的西路军围困了八个月。而太原经历了赵光义的焚烧之后，早已不是周长四十二里共开二十四道城门的坚固城防，只是一座没有包砖的周长十一里只有四座城门的土城。城里早已断了粮，待到牛马吃完、皮革烧光、野草糠皮吃尽，太原城终于被金兵攻破，太原三十余名当地官吏壮烈殉国。太原守将王禀依然率领饥饿疲惫的士卒坚持巷战，后背负供奉在太原祠庙的赵光义御容出城，金兵全力追赶，身中数十枪的王禀最后投汾河自尽。太原城破之后，金兵大肆屠杀，在饥饿中幸存的太原百姓几乎被屠杀一空。

开封城陷

这时宋钦宗企图通过一些秘密活动来进攻金国。钦宗首先写了一封密函给金国大将耶律余（耶律余原是辽国大将，被辽国末代皇帝所逼，于1121年降金），请他发动兵变。钦宗又写一封密函给西辽国君耶律大石，对过去叛盟的事表示歉意，要求恢复百年来的传统友谊，夹击金国。

降龙罗汉

让人难以理解的是，钦宗竟把如此重要的信件，交给金国派到开封催缴欠款的使节萧仲恭，试图用重贿请他转交给耶律余。萧仲恭回国后立刻就把密函呈给金国皇帝，而派往西辽的使节也在边界被金国部队捉住，金国又获得了攻打宋朝的借口。

1126年8月，金国对宋国作第二次攻击。这时金朝已经攻下了太原，仍分兵东西两路南下。这时候在黄河南岸防守的宋军还有十二万步兵和一万骑兵。金军的西路军到了黄河北岸，不敢强渡，到了夜里，宗翰虚张声势，派兵士打了一夜战鼓。南岸的宋军听到对岸鼓声，以为金兵要渡河进攻，纷纷丢了营寨逃命，十三万宋军一下子逃得无影无踪。第二天早上，宋军大将发现，其手下已全部逃跑，军营中只剩下他一人，金兵没动一刀一枪，顺利过了黄河。金军东路军也攻下大名（今河北大名），渡河南下。两路金兵不断向开封逼近。宋钦宗只好派给事中王云陪同康王赵构前往议和，行到磁州（今河北磁县），王云被愤怒的百姓所杀。州官宗泽则跟赵构说："金朝要殿下去议和，这是骗人的把戏。他们已经兵临城下，求和又有什么用呢？"赵构害怕被金朝扣留，就在相州（今河南安阳）留了下来。

赵构

此时金人胃口更加膨胀，提出讲和也可，除三镇外，必须增割两河之地。钦宗再派耿南仲、聂昌分头再去交易，聂昌走到降州，为民所杀，耿南仲也为民变所迫逃到相州。百姓搅碎了宋廷议和的清梦。钦宗乃立主战的何栗为相，再次下诏勤王。

金军这一次稳扎稳打，用两个月的时间，除了几个城镇外，占领了所有的华北之地。在无后顾之忧的情况下，1125 年 11 月，两路大军在开封城下会师，宣布钦宗叛盟毁约罪状，要求割让已在他们手中的整个黄河以北地区。

当时城防形势相当严峻，有人建议用火箭、蒺炮、金汁炮御敌，但此前钦宗拒绝李纲加强开封城防的建议，军备松弛，再加上生产作为火药重要原料的硫、硝的山西省已被金人占据，武库里根本没有这些火器。另外汴梁城的设计本来着重防御功能，所以修得弯弯曲曲。宋徽宗为求美观，肆意改直，结果防御功能大大下降。更要命的是，由于当时的官员相互推卸责任，政务荒废，城外大批军用物资特别是几百门石炮，既没有及时运回城里，又没有及时销毁，反成为金人攻城利器。

金兵日日架炮攻城，炮石在城墙脚下堆积一丈多高。金兵为了补充石炮供给不足，把城外的石磨、墓地的石碑等都砸碎当作炮石。金兵还在城外建起高高的瞭望台，可以清楚地看到城内宋军的调动。正好当年开封天气异常寒冷，金兵早已习惯这种天气，而宋军则被冻得拿不起弓箭。护城河结了厚厚的冰，金兵可以纵马跃至城下，展开攻势，宋军士气不振。殿前都指挥使王宗濋为鼓舞士气，对宋军出城杀敌者许以金碗、官诰。此令既出，兵士争先效力，一天下来，竟斩敌三千。可等兵士领赏之时，宋钦宗却不愿兑现，这严重影响了士气。

这时一个道士郭京声言他会神术“六甲法”，即挑选男子七千七百七十九人，经过咒语训练后就可刀枪不入，这样就可以消灭金军，生擒两路元帅。钦宗和一些高级官员深信不疑，于是就将他的计划付诸实施。郭京要求城上守军撤退，不准偷看，说偷看会使法术失灵。郭京命他的神兵出击，结果大败而归。如果不是宋军及时把城门关闭，金军就可能乘势冲入。郭京说：“这必须让我亲自作法。”于是他率领残余的神兵，缒城而下，向南逃走。就在此时，金军发动猛烈攻击，攀城而上，城上没有守军，无数军民死命防守的开封就此陷落。

靖康耻

在金兵攻下开封外城后的第二天，开封就有三十万民众领取器甲，准备在巷战中和金兵决一死战。金军将帅害怕开封军民的抵抗，只是占领外城四壁，宣布议和退兵。当时蒋宣、李福等禁军士兵不顾一切冲进皇宫，力保钦宗突围，钦宗竟下令将其格杀。钦宗又派何栗和齐王赵栩到金营求和。何栗恐惧之极，吞吞吐吐不敢答应，钦宗再三命令，他

还在拖延时间。吏部侍郎李若水见状，怒斥何栗道："国家危难至此，都是因为你们这样的小人误事，如今社稷倾危，你们万死也难辞其咎！"何栗不得已领命，却浑身发抖，不能跨坐上去，最后还是别人把他扶上马，而在由皇城向北出朱雀门这段短短的距离中，他的马鞭竟掉到地上三次。

金军将领要求徽宗到金营谈判，徽宗不愿前去。钦宗不得已，以太上皇受惊过度、痼疾缠身为由，由自己代为前往。钦宗到金营之后，金军统帅却不与他相见，只是派人索要降表，钦宗急忙令人写降表献上。钦宗呈上降表后，金人设立香案，令宋朝君臣北面而拜，以尽臣礼，宣读降表，并下令各路勤王兵停止向开封进发。

皇帝车驾

钦宗刚回到朝廷，金人就来索要金一千万锭，银二千万锭，帛一千万匹，可谓漫天要价。然而钦宗已被金人吓破了胆，一意屈辱退让。宋廷起初不愿交出内府的金银，就向百姓抢夺，略有反抗者，就被抓到监狱。金人又索要少女一千五百人，钦宗不敢怠慢，甚至让自己的妃嫔抵数，京城里的少女不甘受辱，纷纷自杀。但金人的要求仍没有得到满足，扬言要纵兵入城抢劫，并要求钦宗再次到金营商谈。钦宗再赴金营，被金人扣留。金人扣留钦宗后，声言金银布帛一日不齐，便一日不放还钦宗。宋廷闻讯，加紧搜刮金银，开封府派官吏直接闯入居民家中搜括，横行无忌，如捕叛逆。百姓五家为保，互相监督，如有隐匿，即可告发。然而，金人仍不罢休，改掠他物以抵金银。凡祭天礼器、天子法驾、各种图书典籍以至百戏所用服装道具，均在搜求之列。诸科医生、教坊乐工、各种工匠也被劫掠。宋廷疯狂掠夺妇女，只要稍有姿色，即被开封府捕捉，以供金人玩乐。当时吏部尚书王时雍掠夺妇女最为卖力，号称"金人外公"。

不过灭宋是金人的既定方针，所以尽管宋朝君臣对金人如此俯首帖耳，但金人还是决意废黜钦宗。1127年2月6日，钦宗被废为庶人，北宋灭亡。金人册封一向主和的张邦昌为帝，国号"大楚"，建立了傀儡政权。7日，徽宗等人被迫前往金营，金人同时大肆搜寻宋朝宗室。宋朝变节官僚范琼等人翻脸不认旧主，逼迫徽宗乘坐牛车出宫。开封府徐秉哲也命令坊巷五家为保，不得藏匿皇室成员。此人将宗室三千多人衣袖连在一起，

送至金营。金人不见太子，再命人在城中搜查。原来钦宗临出城时，暗中命令孙傅辅太子监国，孙傅便将太子和皇后藏到民间，但还是被范琼找到。孙傅说：“我为太子傅，当与太子共生死。”遂共赴金营。车子在城里走着，后面尾随的一些仍然忠于宋朝的官吏痛哭不已。当遇到相送的百姓时，太子扯着嗓子大呼：“救我！”众人一时哭声震天。当金人逼迫徽、钦二帝脱去龙袍时，随行的侍郎李若水抱着钦宗大哭，不让他脱去龙袍，还斥责金人为狗辈。金人恼羞成怒，用刀割裂他的咽喉，割掉他的舌头，李若水至死方才绝声。当时就有金人不由感叹：“辽国之亡，死义者十数人，南朝唯李侍郎一人而已。”

金军在掳掠了大量金银财宝后，开始分两路撤退，被驱掳的百姓男女不下十万人。史称靖康之耻。

徽宗、钦宗出发时，被迫头戴毡笠，身穿青布衣，骑黑骡子，一路上不但受尽旅途风霜之苦，还备受金军的侮辱。将要过黄河时，大臣张叔夜受不了侮辱，悲愤难抑，仰天大呼后自杀。1128 年，徽、钦二帝抵达上京，金人命他们身穿孝服拜祭阿骨打庙，是为献俘仪，以此羞辱北宋君臣。

在封建时代，没有不亡之国。但拥有当时世界上先进的军事科技、庞大的军队及无数优秀人才却死得如此窝囊的，恐怕只有宋朝一家。大多数的改朝换代都给人民带来了深重的灾难，不过对于宋朝这样一个以儒道伦常立国的王朝来说，竟然以这样一种前所未有的丧尽伦常的方式走向死亡之路：皇帝为求苟安，奴颜婢膝，苟且偷生，甚至把一万多名宫廷、宗室和京城女性作为抵押品，明码标价地抵押给了金军。她们在金军的营寨中就屡遭强暴和蹂躏。金兵北撤时，这些女性作为战利品随同北迁，在途中历经磨难，大批死亡。到达金国都城上京以后，她们又被遣送到洗衣院，供金国君臣肆意玩乐，或赏赐给金军将领，甚至流落民间，被卖为奴娼。作为她们父兄丈夫的男子，竟然不仅让她们来承担国破家亡的精神痛苦，而且还要让她们承担被糟蹋的身体痛苦、受人歧视的心理压力。钦宗的妻子朱皇后就因不甘受辱而自杀，妻女受辱，而徽宗、钦宗却苟且偷生，徽宗甚至照样吟诗作赋，怀念过去的腐朽生活。有这样的国君，国家怎么不亡！

赵构称帝

赵构是宋徽宗的第九个儿子，母亲韦后也只是宋徽宗的一名妃子。若按照皇位传于嫡长子的传统，怎么也轮不到赵构继位。可是世事多变，金人的入侵使他继承皇位有了可能，并且最终变成了现实。当时宋朝皇室几乎被全部掠到北方，而赵构却幸运地逃过一劫，因此他成为皇位唯一的合法继承人。

1126 年，金兵第一次攻至开封城下时，宋廷向金求和，金人要求以亲王、宰相为人质，方可退兵。钦宗命康王赵构前往金营，赵构在金营被软禁期间，姚平仲劫营。金军将领认为庶出的康王赵构似乎不足为恃，便提出要更换嫡出的肃王赵枢来。钦宗只好命肃王赵枢代替赵构，赴金营为人质。在钦宗答应割地、赔款等要求后，金人暂时撤军，肃王却

没有被放还，而是被掳北去，身死异国。金兵第二次南下时，赵构又被派出与金兵议和，后经宗泽劝阻，停留在相州（今河南安阳），逃过了一劫。

1126年底，钦宗见乞和无望，慌忙派人持密诏前往相州，任赵构为兵马大元帅，宗泽、汪伯彦为副元帅，命他们尽起河北（即黄河以北）兵马勤王。赵构传檄各地勤王军赴大名府（今河北省邯郸一带）集合，得到积极响应。宗泽赶到之后就催促赵构，“京师受困日久，入援之策不可缓”，要求尽快确定出师日期。但赵构无意出师救援，他打着勤王旗号集合军队，只是为了扩大自己的势力，以便伺机夺取帝位，因此对宗泽的建议置若罔闻。当时他还从容地对亲信说：“夜来梦皇帝脱御袍赐吾，吾解旧衣而服所赐，此何祥也？”在宋朝需要赵构将生死置之度外时，赵构竟做起皇帝梦来，不顾开封军民的死活。

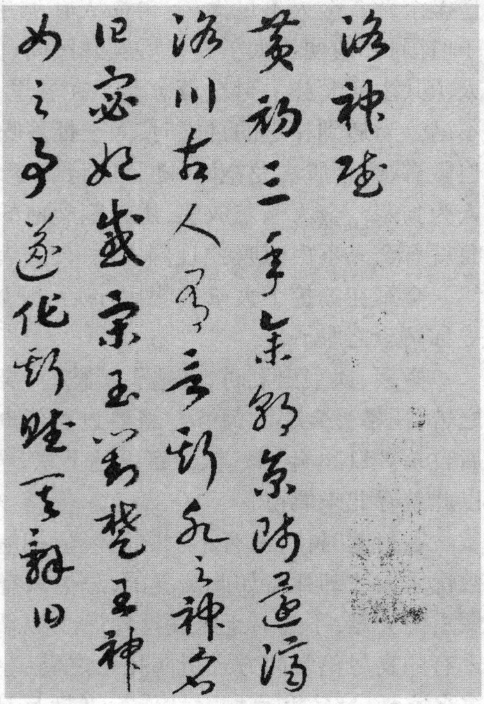

赵构手书《洛神赋》局部

不久开封失陷的消息传来，赵构仍不积极救援，以至于1127年宗室尽被掳去，其中还包括赵构的妻子与母亲。而在此时，他的亲信把“靖康”解读为“十二月立康之兆”：钦宗年号靖康，他当上皇帝十二个月后任命弟弟康王为河北兵马大元帅，且康王的大元帅府正好于靖康元年12月设立。赵构也就于1127年5月在应天府（今河南商丘）宣布登基，国号建炎，是为南宋高宗。

起义云涌

北宋灭亡之后，民众纷纷自发组织武装力量抵抗金兵，但南宋统治者没有有效地利用这些义军，再加上统治者以及军队高层安于享乐、腐化不堪，正规军战斗力低下，结果赵构被金兵追至海上，狼狈逃命数月。禁军士兵又因宦官的恣意妄为发动了兵变，而原为义军的钟相也和杨幺一道，以“等贵贱、均贫富”为口号，发动了持续数年的农民大起义。

义军风起云涌

靖康之变后，黄河以北的中原大地沦入金人的铁蹄之下。中原民众生灵涂炭，遭受

了巨大的苦难。金朝统治者虽然逐渐吸收中原文化，却仍然残留着掠夺杀伐的奴隶制习俗，高官贵族乃至普通士兵都可以肆无忌惮地强取汉人财产，甚至掳掠青壮男女为奴。因为宋军无法完成保家卫国的任务，中原百姓于是就自动集合起来，“怀土顾恋，以死坚守”。黄河以北的民众“忠义民兵等倡义结集，动以万计，邀击其后，功绩茂著”。

在这其中，最出名的就是王彦的“八字军”。王彦所部将士面刺“赤心报国，誓杀金贼”八字，以示决心，故称“八字军”。这些义军的抗金活动，牵制着金兵的南下，也使金朝在北方的统治不能稳定下来，因而帮助南宋朝廷保住了江南的半壁河山。但赵构并没有信心抗战，反而担心义军的力量壮大，会动摇自己的统治。因此，南宋朝廷对金采取屈辱投降的政策，对义军采取压制及不信任政策。但就是在这种十分困难的环境下，中原人民仍坚持了多年的抗金斗争，直到1142年宋金和约签订之后，金朝腾出手来专门镇压义军，义军的活动才沉寂下去。

金海陵王完颜亮1161年南侵，引发了北方人民抗会斗争的又一次高潮。辛弃疾就是其中的杰出代表。辛弃疾生于北宋灭亡之后的金人统治地区，他从小就受到爱国思想的教育，立志恢复失地，报效国家。当时北方爆发了以耿京为首的农民起义。二十二岁的辛弃疾也组织了两千余人的抗金队伍，在济南南部山区起义，不久投归耿京领导的义军。后来辛弃疾奉命渡江与南宋接洽联合抗金事宜，叛徒张安国却趁机杀死耿京投降金营。辛弃疾归来途中闻此消息，立即带领身边仅有的五十余人，飞骑闯入金营，活捉张安国，并收拢义军残部万余人投归南宋。

宗泽

过河！过河！过河！

南宋建立后，虽然金兵撤出了开封，但仍严重威胁着南宋朝廷，再加上民众遭受金兵之祸后一致要求抗金，使立足不稳的赵构不得不起用抗战派代表人物李纲为宰相。那时，各地军民纷纷组织义军抗敌，多的几万人，少的也有数千人。李纲认为应该支持这些武装力量，收复失地，并且推荐宗泽留守开封。

宗泽是一名爱国忧民之士。1119年，他因反对宋金海上之盟，自请去职不得，曾被软禁于镇江。金兵第二次攻打开封的时候，宗泽要求康王召集各路将领，救援开封。哪知道赵构早就抱着拥兵自重、乘机自立的想法，对宗泽的建议置之不理。宗泽没办法，只好孤军解救开封之围。有一次，他率领的宋军遭到金军优势兵力的包围。宗泽对将士说：“今天进也是死，退也是死，我们死也要对得起国家。”将士们受到他的激励，以一当百，英勇作战，杀退了金军。但由于兵少势单，最终没有解除开封之围。

宗泽接受任命时,虽然金兵已经撤出开封,但城墙全部被破坏了,百姓和兵士混杂居住,再加上靠近黄河,金兵经常在北岸活动,开封城里人心惶惶,社会秩序混乱。宗泽一到开封,就下令逮捕勾结金兵、为虎作伥者,就地正法,以清除金兵的内应。同时严禁盗窃,严惩奸商,采取限价政策,并发动民众疏通汴河、五丈河,使各地货物源源不断地运到开封。由于宗泽理财有方,开封很快重现了商旅云集、货物充盈、物价平稳、人心安定的繁荣景象。

同时宗泽积极联络义军,并以国家大义来团结义军共同抗金。有个义军首领王善,聚集了数万人马,想袭击开封。宗泽得知这个消息之后,立即单骑去见王善。他流着眼泪对王善说:"现在正是国家危急的时候,如果有像您这样的几个英雄,齐心协力抗战,金人还敢侵犯我们吗?"王善被他说得流下了感动的眼泪,说:"愿听指挥。"至于其他的义军,宗泽也派人去联络,说服他们团结一致,共同抗金。宗泽的努力收到很大成效。从1127年冬到1128年春,金军挟新胜之势,又对开封发动了凌厉的攻势,却在宗泽的抗击下,遭受严重挫败。

就在宗泽准备北上恢复失地之时,宋高宗和黄潜善、汪伯彦却嫌南京(今河南商丘)不安全,准备继续南逃。李纲因反对南逃,只当了七十五天宰相,就被宋高宗撤了职。他苦心经营的抗金措施,一概被废除。宗泽一再上奏章,要求高宗回到开封,主持抗金。从1127年7月至1128年5月,在不到一年的时间里,宗泽接连上了二十四道《乞回銮疏》,这就是历史上著名的"乞回銮二十四疏"。但是奏章到了黄潜善等人手里,他们竟取笑宗泽是个狂人,把他的奏章扣了下来。过了不久,宋高宗就从南京逃到扬州去了。

宗泽单骑赴州

其实从赵构即位起,他就没有打算回到开封,恢复中原。一是他自身没有这个能力,也担心在此过程中有将领积累声望,对他的皇权不利。二是北伐如果成功,或者取得部分成功,二帝一旦返回中原,他就得下台,而且很可能会追究他拥兵自重、拒不救援开封的罪过。因此在他立足不稳的情况下,劝他还都开封、迎还二帝的建议触了他最大的忌讳,根本不可能得到他的应允。

自然,赵构的态度也不是没有松动。1128年5月,赵构突然下诏要回开封恭谒宗庙。据说这时有人自称是从金营里逃回的信王赵榛也就是赵构的十八弟,在河北五马山组织义军,上书请求支援。虽然赵榛承认赵构的帝位,但赵构担心要是赵榛入主开封,振臂一呼,应者云集,他这个偏安的皇位就坐不住了。于是他一方面一改往日的懦弱,信誓旦旦要回开封,另一方面拒不给赵榛支援。此时,金军对五马山发动了猛烈攻击,在孤立无援

的情况下，五马山很快被金兵攻破，赵榛不知所踪。赵构也就不再提回开封了。

宗泽在屡劝赵构还都不果的情况下，准备出兵渡过黄河收复失地。可赵构不但一再拒绝宗泽的建议，而且越来越猜忌宗泽。宗泽为宋王朝忠心耿耿，却得不到赵构的理解和支持，反而"信而见疑，忠而见谤"，眼看自己殚精竭虑筹划的北伐计划成为泡影，忧愤成疾，病情日益恶化。众将去探望他，他朗声说道："我因山河沦陷、二帝蒙尘，积愤至此。你们若今后仍能奋力杀敌，我死也无憾了。"大家齐声说："敢不尽力！"众将走后，宗泽又反复吟诵杜甫名句："出师未捷身先死，长使英雄泪满襟。"第二天风雨大作，宗泽大呼："过河！过河！过河！"遂告别人世。

狼狈逃命

宗泽去世之后，宋朝派杜充做开封留守。杜充是个昏庸残暴的人，他一到开封，就把宗泽的一切防守措施都废除了，原来团结在宗泽旗下的义军也陆续散去，有些甚至为金兵所用，没多久，中原地区又全都落在金军手里。金兵又开始了新一轮的攻击。

赵构畏敌如虎，不顾主战派大臣和将领们的反对，于 1127 年 10 月将朝廷迁至扬州，以避金兵兵锋。父兄以及妻母被掳的奇耻大辱都无法激起他对金人的仇恨。他在金人面前卑躬屈膝，一味地投降求和。赵构企图偏安一隅，但金兵却不肯放过他，金人要趁赵构立足未稳，将其一举消灭。

1129 年 2 月，金军奔袭扬州，前锋距离扬州城仅有数十里。赵构正在后宫白天宣淫，一听到战报，慌忙带领几个随从逃跑。这次惊吓也给赵构留下了严重的后遗症，他从此失去了生育能力。赵构逃到杭州之后，立即派人到金营议和。听到金人攻破扬州之后就撤退的消息之后，高宗才稍微安心，升杭州为临安府，以临安府治为行官。

但金兵在秋季又发动了一次攻击。金兀术（也称金国四太子）率领大军过江，直攻临安。赵构逃往明州（今浙江宁波），金军再攻陷明州。赵构逃亡海上，金军入海追击三百里。但是金军将领不敢过于孤军深入，而且夏天将至，金人不习南方的酷热，就于 1130 年 3 月撤军北还。在撤军过程中，金军一把火烧了临安，在苏州纵兵焚掠，南宋民众再次遭受深重的苦难。

1130 年 4 月，高宗在海上获悉金兵北撤，才回到陆上。在这四个多月的颠沛流离的海上流亡生活中，赵构吃尽了苦头。一次，赵构实在饥饿难耐，便命令停船靠岸，找到一所寺院索食。僧人没有准备，只好以五张大饼进献，赵构一口气连吃了三张半，根本顾不上臣僚与卫士的肚子。但是这些苦难并未磨砺出赵构坚忍的意志，也没有激发起他的斗志。他在第一次入质金军前，曾慷慨英武："国家有急，死亦何避！"当副使张邦昌揣度此去凶多吉少，害怕得眼泪鼻涕直流时，赵构还责备道："此大丈夫本分，相公不必如此！"但赵构的勇气在于阅历的贫乏，并非是本性刚强。长于深宫的赵构在金军大营中第一次真正地体会到了敌人的猖狂气势，他从内心中产生一种强烈的恐惧。当姚平仲夜劫金营落败，金人以此呵斥恫吓赵构，大有杀掉他而泄恨的意思时，赵构已经开始对金兵畏敌如虎了。他不顾父兄及妻母被掳、国土沦陷的国仇家恨和中原浴血奋战的军民，宁可忍受道

路风霜，只为保全自己的身家性命。在逃跑途中，高宗还时时不忘向金人乞和，他一再派出使者前往金营，在国书中竟然自称“康王”，说自己未得金朝允许就登基称帝，实为大错，现在甘愿放弃帝位，向金朝称臣。但高宗的哀求根本阻挡不了金兵继续南下，倒是南宋广大军民的奋起抵抗，使金兵屡遭挫败，再加上江南气候潮湿、河道密布，不利于金朝骑兵作战，金军主帅才决定撤兵。

金兵在北撤途中，遭到南宋军民的不断攻击。撤至镇江时，宋将韩世忠率水师截断了金兵的归路，将其逼入建康东北数十里处的黄天荡，宋军以八千人的兵力包围了十万金兵。双方相持四十多天，金兵屡次突围均告失败，最后用火攻打开缺口，得以撤退。

在金兵退去之后，赵构开始考虑定都何处。有人建议应把建康（今江苏南京）或镇江暂作行都，以便与江北的抗金斗争互为声援，赵构却没有这个胆量。而临安交通方便，江河湖泊交错，金人的骑兵无法驰骋，即使抵抗不住金兵，赵构也可以很快坐船出钱塘江口逃到海上。临安又地处鱼米之乡，物产丰富，基本可以满足南宋朝廷的需要，而且自唐、五代以来，经过了长期的开发建设，已经一跃成为繁华秀丽的“东南第一州”，它对于刚刚饱经流离之苦、热切渴望安逸生活的赵构来说，无疑具有巨大的吸引力。1138 年，高宗正式定都临安，南宋朝廷终于获得了喘息之机，初步在东南站稳了脚跟。

赵构射兔

苗刘兵变

1129 年 2 月赵构从扬州狼狈逃出，最后抵达杭州城。他听说金兵已撤，就在杭州安顿下来。赵构长舒了一口气，又开始过上花天酒地的日子，但基层的军民就不答应了，以致酿成兵变。

1129 年 3 月的一日清晨，正是春暖花开时节，赵构暂驻的杭州街头突然戒严，一队队士兵把守着各处城门，城楼下突然挂出御营都统王渊的首级。接着赵构宣布退位，年仅三岁的皇太子即位称帝，由太后垂帘听政。而在宫中，八千禁军四处捕杀宦官，“凡无须者尽杀之”。血泊深处，也有不少普通的仆役和低级官员，因为没有胡须而被误杀。虽然

他们连声辩解，但杀红了眼的士兵根本顾不了那么多，只要是看着可疑的，便一并杀掉，是为苗刘兵变。

这场兵变是有深刻原因的。赵构一味逃避，任用奸臣，导致南宋一败再败，生灵涂炭。局势稍一稳定，他就又开始纵情享乐，宦官也开始作威作福。这勾起了民众因北宋末年宋徽宗因重用宦官导致朝政不可收拾的痛苦回忆。苗刘兵变之中，当时就有大臣直言："近闻将相大臣剿戮内侍，诚可以快天下之心，纾臣民愤怒之气！"

历史小常识：为什么宦官没得势

宦官在北宋虽然有受到皇帝信用的一面，以致他们广泛参与政事并卷入政争，但从来没有达到汉唐明三朝祸乱朝政的地步。这主要是因为宋朝士大夫与皇帝共治天下，从而阻碍了宦官的势力膨胀。另外，宋徽宗信任宦官却最终导致亡国，而一度废掉赵构的苗刘兵变也是以宦官乱政为借口，这使宋朝皇帝不得不引以为戒。

在从扬州逃出之前，赵构把军政大权全部交付给黄潜善和汪伯彦，一心玩乐，结果遭到惨败。而各地城乡居民看到皇帝和高级文武官员们拼命南逃，也都扶老携幼，追随在他们之后逃难。很多人家连钱财都顾不得带上，也有很多人家父母兄弟妻子分离失散、互不相见，以致道路哭泣呼喊之声不绝。而一些溃败军兵，乘势到处逞凶，公然抢劫，民众房屋也多被放火焚烧。因此，不论是逃走的或没有逃走的百姓，没有一家不是关门闭户的。民众遭受了深重的苦难，他们咬牙切齿，要杀黄、汪二人以泄积愤。有好几个姓黄的朝官，因被误认为黄潜善，而为逃难群众所杀。

而在御营司做都统的王渊依附宦官康履而被提升。这次他负责调度渡江船只，但他却利用职权，抢先调用了百来只船只，早在一个月以前就把他和大部分宦官的私财和眷属运往临安。等到金军兵马逼近扬州，南宋兵马百姓都拥挤在大江北岸争渡的时候，反而仅有极少的船只可用。当金军追至时，还有十多万民众没有来得及过江，除被金军掳去以外，都丧命江中。而在金军烧杀抢掠之后，扬州城也化为一片焦土，"士民皆死，存者才数千人而已"。

历此难后，高宗虽然下罪己诏，放还士大夫被贬斥者，但唯独不赦免李纲。这是因为当时黄潜善上章说开释李纲可能会得罪金朝，于是赵构"罪纲以谢金"。这时，中丞张澄上书，论黄潜善、汪伯彦"大罪二十"。赵构被迫将黄、汪二人外放，但康履、蓝珪等宦官因为在此次高宗逃亡途中尽心侍奉，算是"有功"之人，气焰更加嚣张。到了杭州之后，他们作威作福，大讲排场，浩浩荡荡地观赏钱塘潮，引得众怒沸腾。王渊本对扬州溃逃负有重大责任，却通过依附宦官升任高官，这也使民众极为愤怒。禁军军官苗傅和刘正彦对赵构的赏罚不明极为不满，再加上其部下多为中原人士，对赵构的苟且偷安政策大为愤怒，于是就开始谋划政变。

1129 年 3 月的一天，王渊在退朝的路上，被埋伏着的兵变士兵斩杀。苗傅、刘正彦把王渊的首级悬于长矛之上，引兵直朝赵构所在的行宫而来。守门的中军统制吴湛本来就是苗傅手下，他一边开大门，一边派人向内殿的皇上报告："苗傅不负国，只为天下除害。"

赵构渡河

赵构面对这突如其来的变故，吓得六神无主。新任宰相的朱胜非只得带着其他朝臣拥着高宗，登上行宫的城楼。兵变将领仍旧依礼大呼“皇上驾到”，兵变士兵见到皇帝的伞盖，也齐声高呼万岁，拜见赵构。

赵构询问兵变将士：“爱卿们因何而来？”苗、刘厉声回答：“陛下信任宦官，军士有功不赏。黄潜善、汪伯彦二贼误国，却没有受到什么处分。王渊组织撤退不力，因与康履是好友，竟得高职。王渊已斩，望皇上下旨杀康履、曾择等宦官以谢三军！”而赵构想把他们流放海岛了事，但遭到苗傅的断然拒绝：“如今天下纷乱，百姓罹难都是因为宦官们专权而致，若不斩康、曾二人，决不还营归寨。”他们身后的数千官兵都群情激愤，怒视城楼之上的南宋君臣。朝臣也赞同斩杀康、曾二人，以谢天下。赵构无奈，只得答应。

苗傅仍然愤愤不平，指责赵构：“你不该当皇帝，如果钦宗回来的话，那应该怎么办呢？”苗、刘进而提出要赵构退位，立其年仅三岁的幼子为皇太子，请隆祐太后（孟氏）垂帘听政，并与金人议和，归还二帝。高宗不愿。隆祐太后也劝说二人：“现在大敌当前，我是一个妇女，抱着三岁的小孩决定朝政，如何号令天下？金国听到的话，也会更加看不起我们。”但苗、刘二人对赵构早已丧失信任，在听完隆祐太后的话之后，恸哭不已，并声称如果太后不答应他们的要求的话，他们就要自杀于太后面前。赵构被迫退位。赵构三岁独子赵旉（兵变失败后数月之间便受惊吓而亡，疑为谋杀）被拥立为帝，改元明受。

这时韩世忠、张俊等人调集兵力，开始攻击苗、刘二人，苗、刘失利。而二人在撤退的时候，还专门向赵构索要了丹书铁券。但殊不知赵构对他们是恨之入骨，诚如苗傅谋士王钧甫所言：“二将忠有余而学不足。”苗、刘两人最后被韩世忠擒获，斩首于建康。苗刘兵变至此结束。

平心而论，苗傅和刘正彦虽然有勇无谋，但对宋朝可谓忠心耿耿，最终却落得如此下场。他们之所以发动兵变、废掉赵构，是因为赵构荒淫无道、任用奸臣，不但不力图恢复中原失地，还让江淮民众屡遭灾难。但不幸的是，在兵变失败之后，赵构更是猜忌武将，南宋军民恢复中原的梦想终成泡影。后来矢志恢复中原的岳飞之所以被赵构加害，与这

次苗刘兵变给他带来的心理阴影就有着很大的关联。

钱眼将军

张俊是南宋前期的重要将领，但比他的战功更出名的则是他的贪财敛财。他原本行伍出身，却在十几年时间里跻身于大富豪的行列。据说，他一个人拥有的田地，每年光是田租就能收进三十多万石，相当于当时南宋最富饶的绍兴府全年税收的一半，有人甚至还认为至少不低于一百万石。一次，他在家设宴款待赵构，集水陆奇珍、飞禽走兽于一席，菜肴达二百多种。而他为了防止家中的财宝被窃贼偷走，便把家里的白银统统做成一千两一个的大球，取名为“没奈何”，意思是不管什么样的窃贼都拿这大家伙无可奈何。

而张俊之所以在短短的十几年内聚敛那么多的财富，一是克扣部队的粮饷，二是利用职务之便进行各种经营活动。张俊从很早的时候开始，就特意从部队里专门挑选了一批年轻力壮、身材高大的士兵，从手臂以下一直文身到脚，号称“花腿军”，无偿地为自己家从事各种劳役，包括耕种土地和大兴土木。当时极有名气的太平楼酒家就是张俊的产业，这座酒楼以经营高档酒菜和富丽豪华的气派闻名。有一首打油诗讲的就是这件事：“张家楼里没来由，使他花腿抬石头。二圣犹自救不得，行在盖起太平楼。”所以军中又称“张太尉铁脸”，意思是他没有廉耻观念，脸皮好像铁打的一样，就是这样一个贪鄙的人，却很得赵构宠幸。赵构何尝不知张俊很坏，取其无远志，所以重用他、厚待他。看来苗刘兵变并没有让赵构真正吸取教训，而在这种思想主导之下，南宋朝政也更加腐败。

“钱眼将军”张俊

钟相、杨幺起义

南宋王朝一面对金朝屈辱求和，致使金兵不断掠夺江南，一面加紧剥削民众，加重税捐，使老百姓遭到双重灾难。再加上宋朝溃散的军队军纪松弛，四处抢劫，甚至有些正规军队也是祸害一方。岳家军单是做到“冻死不拆屋，饿死不掳掠”（宁可冻死也不拆老百姓的屋子烧火取暖，宁可饿死也不抢老百姓的粮食充饥）就赢得民众拥护，可见当时宋朝军纪之差。

1130 年，金兵攻占了潭州（今湖南长沙），大肆抢掠。接着，一个被金兵打败的宋军将领孔彦舟带着一批败兵残卒在那里趁火打劫。当地百姓忍无可忍，在钟相的带领下举行了起义。

钟相是鼎州武陵（今湖南常德）人，在金兵南下的时候，他组织过抗金民兵，还派长子钟昂率三百余人前往南京（今河南商丘），也就是赵构称帝的地方“入卫王室”，但没得到

朝廷的支持，就回到家乡组织农民自卫。当时他采用宗教的形式在农民中宣传，自称“天大圣”，能够解救人民疾苦。钟相说：“现在朝廷的法把人分成贵贱贫富，这不是好法。我行的法，就是要不分贫富贵贱，人人平等。”钟相宣布起义之后，附近各县的农民纷纷参加起义军，钟相就建立政权，自称楚王。起义军攻占城池，焚烧官府，打击豪强大户，不到一个月就占领了洞庭湖周围十几个州县。钟相得到了越来越多的民众的支持，一些士大夫也前去投奔。

南宋朝廷十分恐慌，任命孔彦舟担任捉杀使，镇压起义军。孔彦舟知道正面打不过钟相，就先派一批奸细假扮成贫民，混进钟相起义军队伍。1130年3月，孔彦舟发起进攻，与埋伏在内部的奸细里应外合，起义军措手不及，钟相和他的大儿子被捕，惨遭杀害。

钟相被害后，起义军推杨幺当首领，继续和官军作战。杨幺原来名叫杨太，因为他年纪轻，当地民众亲密地称他叫杨幺（幺就是小的意思）。起义军在杨幺的带领下，在洞庭湖沿岸建立营寨，又在湖里和各个港汊上集中了大批船只，平时生产，战时打仗，屡屡击败朝廷军队，队伍越来越壮大，后来发展到二十万人，占领的地区也越来越广。在起义军占领的地方，宣布免除百姓的一切劳役和赋税。

而朝廷官员程昌寓被杨幺水寨义军击败后，焦躁不安，正好木匠高宣献车船（以脚踏机轮为动力的大型战船）图样，就不惜工本制造了大批车船，每船可装载水军一千人，由人踏车就可以使船进退。程昌寓没有考虑到江水涨落不定的情况，急着炫耀车船威力，督军攻打义军水寨。结果水寨滩头水浅，车船开进港汊，搁在浅滩里动弹不得。起义军趁势发起攻击，程昌寓乘小船逃脱，车船被义军缴获，高宣也当了俘虏。自此，各寨义军利用当地丰富的木材资源，改制创新十余种车船，以轻便小船配合，出没于洞庭湖区，屡败宋军，取得水战优势。

车船图

有一天，洞庭湖边的江上，忽然出现了三只大车船，船上既不见旗帜枪械，也不见一个士兵。宋将崔增、吴全见了，以为起义军在上游被官军打败，这几条船是顺流漂下来的，就开船追赶。不料到了湖面宽广的地方，几只大船里突然发出一阵擂鼓声，船舱里钻出来的起义士兵开动车船，横冲直撞，把官军的几百只小船全部撞沉。而留在沙滩上的官军步兵也遭到起义军攻杀，一万官军全军覆没。农民军又向宋军其他部队喊话：“崔增、吴全是天下有名的水军，但他们一万来人，只消我三只车船，就全部灭掉了，你们还不够我们杀的。”宋军士气大挫。农民军发动大举进攻，宋军狼狈逃走。

刘豫伪齐政权（金人在中原扶植的傀儡政权）听到起义军节节胜利的消息，就派人带

着金帛文书，到杨幺大寨游说，要起义军联合进攻宋朝，提出“联军灭宋，分地而王”，被起义军拒绝。伪齐又派了三十五个人带了官诰、金带、锦袍来诱降，起义军不再饶恕，把三十五名伪齐使者全部杀死。

和杨幺的民族大义相反，一贯对金屈服的南宋，把农民军看作是比金、齐更为危险的敌人。有人向高宗上书说：“方今之大患有三：曰金虏，曰伪齐，曰杨幺。然金虏、伪齐，皆在他境，而杨幺正在腹内，不可不深虑之，若久不平灭，必滋蔓难图。”侍御史张致远也在1135年2月上奏说：“金朝侵侮，不过是小病，如果善用药石，就很容易去掉。庶民作乱，是心腹大患，如果一直不管，实在难好。”对待金朝，宋朝官员中存在着抗战派与投降派的对立，但在镇压农民起义时，他们又高度一致起来。宋金战事略有缓和，高宗便派张浚亲临督战，又下令把精锐的岳飞所率部队从淮西前线调往洞庭湖。二十万朝廷大军开始镇压杨幺起义。

由于这时起义军将领有人动摇叛变，杨幺大寨被官军攻破，杨幺被俘后遭到杀害。夏诚仍在水寨坚持斗争。鉴于义军的车船优势，岳飞就采纳降将杨钦的计策，遣人开闸泄放湖水，放巨筏堵塞港汊，并于湖面散放青草，以破农民军车船优势。后以杨钦为向导，进同夏诚水寨。夏诚率水军出战，因水浅船行不便，车船机轮又被草缠住，遂被官军击败。至此，前后相继六年的钟相、杨幺起义失败。

钟相、杨幺起义在中国历史上第一次提出了“等贵贱、均贫富”的口号，沉重打击了南宋的腐朽统治。钟相、杨幺本是勤王兵马，最后却走到了南宋的对立面，反映出南宋朝政的腐败与昏庸。而钟相、杨幺农民军以区区数州之地，竟制造出先进的战船，占据水战优势，南宋军队竟然不敢正面交锋。这说明宋朝的体制已经部分阻碍了科学技术的发展，逐渐不能适应时代发展的需要。

完颜亮侵宋

自隋朝以来，江南地区得到很大发展，到宋朝时已成繁华之地，这也引起了少数民族的觊觎。据说，柳永描写江南繁华的《望海潮》不但在中原广为传播，而且也为少数民族所熟知，而金朝皇帝完颜亮读到《望海潮》时，就“欣然有慕于三秋桂子、十里荷花，遂起投鞭渡江之志”。事实上，有宋一朝，北方少数民族政权的领导者在政治上和文化上的成熟已经达到了相当的程度，他们熟悉中原的制度，并渴望成为中原的统治者。唐太宗天可汗的地位是想有所作为的少数民族领袖所追求的。宋朝的软弱也给他们提供了机会，刺激了他们的雄心。金主完颜亮即是一例。

今日北风甚劲

完颜亮1149年登上皇位之后，加速吸收汉族文化，同时也开始了侵宋的准备。1154年，金朝从上京迁都到燕京。1158年，他又命令在汴京（今河南开封）兴建宫室，准备将

都城再次南迁，以便进攻南宋。许多大臣反对，认为宋人无罪，师出无名，连太后也极力劝阻。完颜亮却一意孤行，甚至处死了太后，禁绝异议，积极准备南侵。

1158 年，出使金国的使者孙道夫回国后即报告金国有南侵之意，赵构以为金没有什么借口，不会南侵。宰相还怀疑孙道夫借此引荐主战派张浚出山，便把他贬到外地。1159 年末，金国禁止百姓谈论即将起兵南侵的消息传到南宋，有些官员要朝廷早做准备，反而被赵构斥责是造谣生事。

但越来越多的迹象表明金朝要很快攻击南宋。1160 年金朝使臣施宜生想透露点消息给南宋朝廷，但是旁边一直有金朝的随从官员，不好明说，就向接待他的张焘暗示：“今天北风可刮得厉害啊！”（今日北风甚劲！）施宜生怕张焘还不明白，拿起几案上的笔说：“笔来，笔来！”（“笔”和“毕”同音，“毕来”，就是都来的意思）赵构这才开始准备。施宜生回到金国之后，因此事为副使所控告，受酷刑而死。

火箭烧金船

1161 年秋，完颜亮以向宋朝索要淮河之地未果为由，起兵六十万，号称百万，分四路攻宋：一路从海上直取临安，主力由完颜亮带领，从宿、亳，攻淮泗；一路出唐、邓，取荆襄；一路出秦、凤，侵四川。金兵在千里战线上，发动对南宋的全面进攻。完颜亮狂妄地宣称，多则百日，少则一个月，定能灭掉南宋。

金军为防止赵构流亡海上，还出动六万水军从海路进攻临安，企图将赵构一举擒得。在大敌当前的紧急关头，宋将李宝自请率领一支战船一百二十艘、弓弩手三千人的舰队北上，长途奔袭金人舰队。

宋代的喷火器

完颜亮这次南征加重了金朝统治区域民众的负担，再加上金朝女真贵族对中国北部地区一贯实行残酷统治，各族人民纷纷起来反抗。1161 年 8 月，义军起兵收复了海州（今江苏连云港西南），完颜亮被迫分兵数万围攻海州。李宝援救了被金军围困在海州的抗金义兵，并与山东义军取得了联系。10 月下旬，李宝的舰队驶抵石臼山（今山东日照附近），几百名金朝汉族水兵前来投诚，他们告诉李宝，金舰队正停泊于距离石臼山只有三十里左右的唐岛（又名陈家岛，在今山东灵山卫附近），而且金兵由于不惯水战，多在船舱中匍匐而睡。根据这一情报，李宝决定采取先发制人、火攻破敌的战法。于是李宝率领舰队迅速出击，而充当金军水手的多是被迫征来的汉族人民。当他们远远望见李宝舰队时，一直不告诉金兵。所以当李宝的部队逼近金舰时，金军还在船舱睡觉。李宝紧紧抓住战机，命令舰队全面出击，刹那间“鼓声震荡，海波腾跃”。李宝的部队用火箭射金舰的船帆，由于金船帆是用油布做成，见火即燃，霎时间

金舰队烟焰冲天。再加上金军遭到突袭，惊慌失措，仓促应战，舰只挤成一堆，几百艘战舰一下子陷入火海之中。少数没起火的金船，宋军就跳上船去进行肉搏战。受尽压迫的金舰队汉族水兵，纷纷倒戈起义，大概有三千人之多。这时金军水军主将尚未启程，得知战败，急忙逃跑，金朝六万人的舰队烟消云散。

李宝之所以能够全歼相当于自己数倍兵力的金人庞大舰队，粉碎金从海上侵袭宋都城临安的战略计划，关键在于这是一场正义的战争。李宝所部士气高昂，斗志顽强；女真族占领区的人民为摆脱金的残酷统治，对宋军给予了积极配合和支持，初则提供情报，后则临阵倒戈，严重地削弱了金军实力，壮大了宋军力量。其次，李宝根据所得情报，正确地采取了出其不意、隐蔽接敌、火攻破敌的战法，这也是赢得这次海上奔袭战胜利的重要原因。这次海上胜利，同陆上的采石矶之战的胜利一起，使南宋转危为安。而唐岛之战也开创了火药火器大规模用于海战的先河。

虞允文力挽狂澜

完颜亮率领的金军主力很快就抵达长江北岸。刘锜领兵迎战，命副帅王权先行。王权畏敌如虎，出发前和妻妾哭泣告别，还以犒军为名，将家中金帛装船运走。王权听说金军逼近，连夜逃走，宋军不战而溃。刘锜患病已重，只好退兵镇江。赵构闻讯，准备再次入海避敌。后经大臣竭力劝阻，高宗暂留临安，观望形势，但又暗地命令建造船只，备足粮食和淡水，做好逃难海上的准备。在此危急关头，虞允文在采石矶击败了完颜亮的渡江部队，使金军内部矛盾激化，完颜亮被部将所杀。

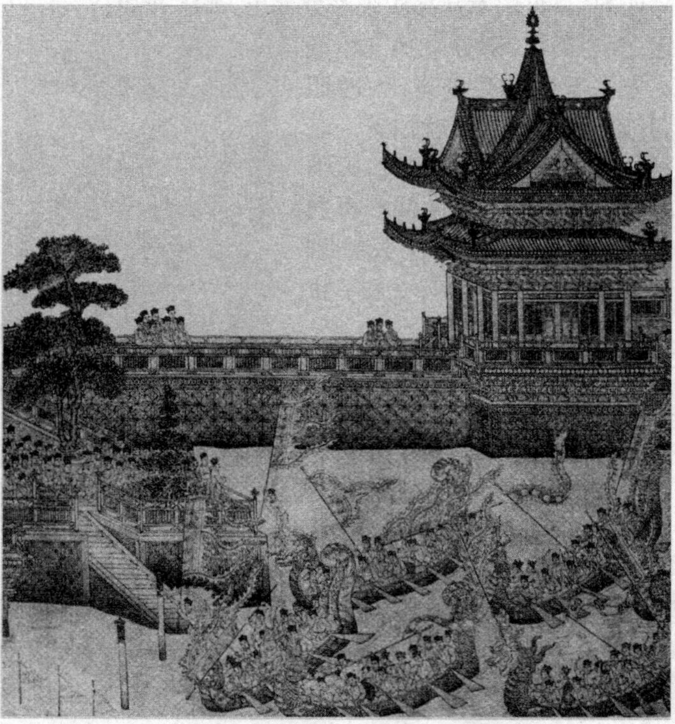
龙舟竞渡

当时虞允文只是以中书舍人参谋军事的身份，到采石矶犒军，看到军无主帅，军心涣散，便召集将士，重新部署，抗击金兵。当时有人劝他："你是奉命犒师，又不是派你督战，何必自讨苦吃呢？"他慷慨回答："假如金兵一旦渡江，国家就危险了，作为臣子，我怎能逃避呢？今天的

事情，只能进不能退，如果不能抵挡就以死殉国。”士兵们被虞允文的爱国热情感动，先后聚起一万多人，奔赴采石矶防御。

虞允文与将官商议，决定采用水、陆配合，以水战为主的战法。步兵与骑兵埋伏于江岸高地之后，水军分五队，各以海鳅船（一种用车轮激水，行动快速的小型战船）和大型战船组成，一队泊大江中流，为主力；两队分东西两翼，成犄角之势；剩下两队隐蔽于港湾中，以袭击敌船和援助前阵。

而此时完颜亮的堂弟完颜雍趁中原空虚而在东京（今辽宁辽阳）称帝。南征将士也有从前线逃回去拥立完颜雍的，再加上水军被宋军击败，金军军心动摇。完颜亮决定先取南宋，再北上与世宗抗衡。这时金军制造的大船还没有到达前线，有金将进谏：“臣观宋舟甚大，行驶如飞，我舟既小，行驶反缓，水战非我所长，恐不可速济。”完颜亮斥道：“以前我跟四太子追赵构至海上几百里，当时有大船吗？”他执意进军。他先使部分水军佯攻以试探宋军虚实，虞允文识破金兵动机，未予反击。于是完颜亮在岸边挥动红旗，五千金军乘坐三百余艘小船，顺风顺水，向东岸（长江在芜湖—南京一段，自南而北，折向东流，金军在北岸，故在西北方向，宋军在南岸，故在东南方向）冲来。等到金兵靠近东岸，突闻鼓号四起，只见宋军从岸头隐蔽处冲出，严阵迎战金兵。这气势，金军自从出兵以来尚属初遇，大为震惊，部分金兵开始登陆。宋军看到金兵登岸，一时胆怯，开始后退，虞允文就拍着一名将领的后背说：“你的胆量，天下闻名，此时立在阵后做甚？再向后退，就和小孩子没什么差别了。”在虞允文的刺激下，宋军拼死力战。

宋朝走舸

这时江面风力渐弱，虞允文命令以海鳅船猛冲金船，并用装有火药、硫磺、石灰的霹雳炮猛击。霹雳炮“盖以纸为之，而实以石灰硫磺，炮自空而下坠水中，硫磺遇水而火自水跳出，其声如雷，纸裂而石灰散为烟雾，迷其人马之目，咫尺不相见，遂压虏舟，人马皆溺。”在海鳅船上划船的民工也毫无惧色，冒着射来的箭矢踏车前进，南宋军将见民工都这样勇敢，深为感动。而金兵所用的舟船底宽平，风力一弱，就在江中飘摇不定，无法前进。结果船只或沉入江，或半浮水面。水军将渡江之敌歼灭了一大半，打退了金兵的进攻。

完颜亮不甘失败，重新集结船只，准备再次进攻。这时天色已晚，正好有一队败退的宋军路经采石，虞允文立即让他们自山后至江边往返击鼓，充作疑兵。当时采石附近百姓，也来助战观战，连绵数十里，助威声不绝。完颜亮听到对岸鼓声震天，人声如潮，以为

宋援军到达，慌忙下令退兵。

次日，在虞允文的指挥下，宋军主动出击，在另一渡口处焚毁敌船，射退敌骑。完颜亮被迫移驻瓜州渡，准备再次渡江。完颜亮无视金军的怯战情绪，将没有战死而退回的金兵全部杀掉，并对近侍说："三日渡江不得，将随军大臣尽行处斩。"这就激起了兵变，结果完颜亮被乱箭射死于帐中，金军主力退去。消息传来，老将刘锜激动得热泪盈眶，抓住虞允文的手说："朝廷养兵三十年，今日大功乃出儒生！"

金兵退去，南宋又一次面临着是抗战还是求和的问题。抗战派主张乘胜北上作战，恢复中原。有官员上书说，完颜亮被杀，金朝内乱，是不可失之机会。也有人建议密传檄文，号召中原义士，各取州县，等有机会可乘，就一举恢复故地，但赵构拒不采纳。

金朝在退兵后遣使来告世宗即位。金使到临安，要求宋朝行臣礼。一些大臣认为："金朝南侵，已弃绝原来的盟约，接待金使，当用平等的敌国礼，不再称臣。"赵构则希望要回河南的皇室陵寝地，仍然甘愿作金朝的藩臣，而不以为耻。投降派官员附和高宗，说土地是实利，称臣是虚名，主张继续称臣。

宋金议和

赵构实行屈辱退让政策，激起了南宋军民的不满。赵构之后的宋孝宗力主恢复中原，利用金国完颜亮被杀之后政局不稳的机会，发动了北伐，但由于军队战斗力低下，特别是指挥混乱，遭到惨败。等到蒙古兴起之后，韩侂胄也发动一次北伐，但由于朝政腐化不堪，不但惨败而归，而且作为宋金议和的条件之一，韩侂胄也被杀掉。

张浚北伐

采石矶之战后，南宋方面宋孝宗继承皇位，金国金世宗夺得皇位。宋孝宗要乘采石矶之役的胜利扩大战果，金世宗则要恢复采石矶之役以前的疆界，这样宋金间的一场大战也就不可避免了。张浚北伐就是基于这样一个背景发生的。

张浚北伐与宋孝宗的支持是分不开的。虽然南宋的君王大多昏庸不堪，但宋孝宗（赵昚）还算是较为英明的一位。宋孝宗原是赵匡胤儿子赵德芳的六世孙。高宗赵构在扬州逃跑时因为受到了惊吓，失去了生育能力，唯一的儿子也死去。而赵光义一系的后人，在靖康之变后基本被金国一网打尽，全都押往北方，剩下的只是些远支，血缘上并不比太祖一脉的近支宗室更近。再加上民间一直流传一种传闻，认为是赵光义杀了赵匡胤而得到了皇位。据说一些出使金国的使臣回来后说，金太宗长得酷似赵匡胤，于是人们纷纷说：太祖要回来夺皇位了。基于各种考虑，高宗赵构说："太祖大公无私，将皇位传给弟弟而不传给自己的儿子，现在朕就将皇位传给太祖的后人。"据说，在太祖的后人中，宗室们挑中了一胖一瘦两个小孩，将他们送到赵构面前。赵构中意胖小孩，这时两个孩子在宫中站着，突然来了一只猫，瘦的孩子没动，胖孩子却伸脚去踢猫。这一脚踢走了猫，

也踢没了赵构的好感，于是瘦的孩子便被留了下来，他就是赵眘。

赵眘自小在宫中接受了良好的教育，后来晋封为郡王。这位天资聪明的皇储非常厌恶秦桧，而秦桧也顾忌赵眘能力太强，双方关系很僵。赵眘的生父病故时，秦桧上奏要求赵眘守制三年，当时因为赵眘的皇太子身份并未确定，所以这个要求也并不过分。秦桧是想借机免去赵眘的皇储身份，但没有成功，守孝期满后，赵眘回宫，后被确立为太子。

1161 年，金军再次南侵，高宗赵构又准备下海逃命。这时皇太子赵眘上书，要求自己率兵迎敌。不久金兵退走，赵构决定禅位给赵眘，自己退居太上皇，颐养天年。赵眘即位后，首先做的就是给岳飞平反，并将秦桧时期制造的冤假错案全部予以昭雪，力图收复失地。

1163 年，宋孝宗任命张浚为枢密使，都督江淮军马，负责抗金前线的军事指挥。此前，金人向南宋索取海、泗、唐、邓、商五州之地及岁币，被张浚拒绝。金朝于是屯兵虹县、灵璧，摆出一副马上就要进攻南宋的架势，局势骤然紧张起来。张浚主张先发制人，立即进行北伐。

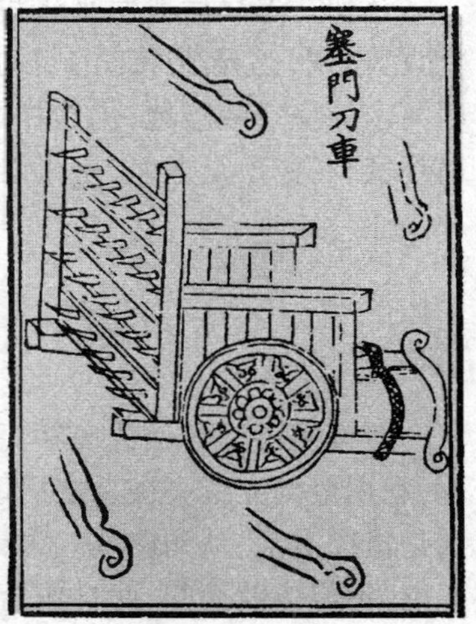

宋代塞门刀车

北伐初期，宋军接连取得胜利，李显忠攻克灵璧、宿州，邵宏渊攻克虹县，北方民众纷纷响应，归附者络绎不绝。然而就在宋军节节胜利的时候，军队内部的问题开始暴露。首先是将领不和，导致宋军无法协调行动、统一指挥。邵宏渊为人心胸狭隘，争强好胜，孝宗任其为招讨副使，位在李显忠之下，对此他耿耿于怀。而张浚对这一问题又处理不当，听任邵宏渊不受李显忠节制，导致问题恶化。其次，面对胜利，主帅李显忠产生了轻敌心理。攻克宿州后，他既不谋进取，也不做防守，终日与部下饮酒作乐。当有人报告说有金军万余人向宿州逼近时，他竟不以为然地说："区区万人，何足挂齿！"此外，李显忠在犒赏军士时有失公平，士兵三人才分得一千钱，每人平均只得三百余钱，无法调动士兵们的作战积极性，邵宏渊又趁机暗中起哄鼓噪，士卒怨怒，宋军一度高昂的士气大为削弱。

就在宋军主将失和、军心浮动的时候，金人已经从前期仓促应战的慌乱中调整过来，准备反击了。孝宗和张浚对北伐面临的潜在危险也已有所觉察，以时值盛夏、人马疲乏、不宜连续作战为由，急令宋军撤退。然而，诏书尚未到达军中，金军已抵宿州城下。当时正值酷暑时节，李显忠通知邵宏渊出兵，夹击金军，邵宏渊却按兵不动，李显忠只得独自率军出战。战斗间隙，邵宏渊装模作样地出城巡视，对士兵们说："天气如此炎热，就是手不离扇尚不凉快，更何况要在烈日暴晒下穿着厚重的铠甲作战？"言外之意是宋军几乎没有获胜的机会。宋军的二号统帅人物都表现出如此悲观的情绪，使得宋军人无斗志，军心涣散。

当晚，中军统制官周宏、邵宏渊之子邵世雄等将领各带所部逃跑，宋军顿时大乱，金

人趁机大举攻城。李显忠率领部下奋力抵抗，而邵宏渊当此紧急关头，仍不肯与李显忠合力守城，极力主张弃城撤退。李显忠知道邵宏渊对自己心存嫉恨，不会援手，仅凭自己所部孤军守城已不可能，只得放弃宿州，连夜南撤。但步兵怎么能跑过金军的骑兵，宋军刚刚退到符离，就被追击的金兵赶上。在金兵的围攻下，宋军再无抵抗之力，士兵们丢盔弃甲，惊慌逃窜，连同随军民夫在内的十多万人马伤亡殆尽。李显忠、邵宏渊二将在乱军中逃脱，侥幸保住了性命。至此，历时仅二十天的北伐以宋军溃败告终，这也是孝宗在位期间唯一一次北伐。虽然失败，但这毕竟是南宋历史上第一次主动出击，说明宋金的实力对比正在发生变化，与以前南宋穷于应付金人的进攻有了很大不同。不过也说明了在防范武将的政策下，南宋军队充斥着无能之辈，即使偶尔出现了狄青、岳飞等优秀人才，也很快被扼杀。南宋也只能靠着江南的水网苟且偷生。

宋孝宗墨迹

南宋在北伐失败后，主和的声音再次抬头。金国又乘机继续进攻，宋军抵抗不住。赵昚最后答应了金国稍做退让的议和条件，将宋朝收复的唐、邓、海、泗四州还给金国，改宋对金称臣为叔侄之国，将岁贡改为岁币，并将秦、商二州的土地割让给了金国。

绍熙政变

韩侂胄基于日益崛起的蒙古对金国构成了致命威胁，为了化解统治阶级的内部矛盾以及收复失地，就发动了北伐。但由于军队的腐败以及将领的叛变，北伐失利，求和派就杀掉韩侂胄，将其首级送到金国，以此议和。而这一切与先前的绍熙政变有着莫大的关系。

韩侂胄的得势，开始于统治阶级内部的一场危机。光宗也就是赵惇1171年被立为太子，但东宫历来都是权力斗争的中心，言行稍有疏忽，都有可能招来杀身之祸，更不要说保住储君的地位。赵惇深知这一点，因此在入主东宫后，勤奋好学，一举一动都严守礼法，对孝宗更是恪尽孝道。赵惇就这样小心翼翼地做了十几年孝子，等自己过了四十岁，父亲却依然身体康健，而且也没有将皇位传给他的意思，心中很是烦恼。一天，赵惇终于耐不住性子，便向孝宗试探道："我的胡须已经开始白了，有人送来染胡须的药，我却没敢用。"孝宗何等聪明，立刻听出了儿子的弦外之音，回答道："有白胡须好，正好向天下显示你的老成，要染须药有什么用！"太子碰了个软钉子，更加摸不清父亲的意思，只得求助于

太皇太后吴氏(高宗的皇后)。太皇太后便开始向孝宗暗示,早点传位给太子,但得到的回答却是太子还须多加历练。

1189年,四十三岁的赵惇终于登基为帝。他觉得自己终于没有必要事事都看着孝宗的脸色行事,父子二人就此产生隔阂。宋孝宗认为赵惇对他不够孝敬,由于孝宗仍有强大的影响,再加上其他人的不断挑拨,宋光宗也由此产生一种挥之不去的恐惧感,最终导致宋光宗无端猜疑和极度偏执的症状。孝宗逝世时,宋光宗连丧事也不肯主持,只得由太皇太后吴氏代其主丧。此时的宋光宗,精神病的症状已十分明显,他根本不相信孝宗已死,以为这是一个篡夺自己皇位的圈套,每天只是呆在深宫中喝酒。由于时刻担心遭人暗算,佩剑和弓箭从不离身。就在这位皇帝终日提防已经死去的父亲暗算自己的时候,皇位已经被儿子悄悄取代了。

宋宁宗

太皇太后和朝廷大臣考虑另立新君,嘉王赵扩就这样被选中,没来得及被册封为太子,就于1194年被大臣拥立,仓促即位,是为宁宗。当太皇太后吴氏命赵扩穿上黄袍时,赵扩居然吓得绕着殿柱逃避,口中大声喊叫:"儿臣做不得,做不得!"太皇太后命令韩侂胄把黄袍取来,给嘉王穿上。韩侂胄拿来黄袍,嘉王一看就跑,两人绕着殿中的柱子跑来跑去。最后太皇太后喝止住嘉王,加上韩侂胄在旁劝说,嘉王才穿上黄袍,并在韩侂胄的扶持下登上御座,这场政变也被称之为绍熙政变。韩侂胄还在第二天陪同宁宗拜谒光宗,并设法从光宗处取得传国玉玺,由此立得大功。后来韩侂胄拜平章军国事,三省相印都放在他家中,被其亲信、当时的宰相陈自强尊为"师王",完全掌握了朝廷大权。

历史小常识:扫阁与政变

南宋杭州有一风俗,亲王一旦登基成了新皇帝,市民就可以去该亲王的旧府第随意拿东西,皇家认为这样可以图个吉利,是为"扫阁",但该亲王也可以事先把贵重物品转移走,以减少损失。所以到了扫阁那一天,基本上是一些桌椅板凳之类的粗笨之物,让百姓们乱抢一阵,热闹一番。但这次却不一样,宋孝宗以前说过要让赵柄继承皇位,没想到后来即位的却是嘉王赵扩。赵扩事先一点准备也没有,杭州人顿时将偌大的一座嘉王府上下里外拿得一干二净。

绍熙政变是第一次由文官发动,以不孝的罪名把在任的皇帝赶下台的政变。这次政变体现出了宋代礼教蕴含的巨大道德力量。这种力量之强,甚至对于至高无上的皇帝,也有衡量的尺度和约束的标准,这与南宋的道学繁荣有着密切的联系。南宋人所讲的道

学是指继承孔孟道统而以洛学为主干的思想体系。而所谓洛学即二程(程颢、程颐)之学,在朱熹这里得到了发扬光大,也成为绍熙政变的重要理论基础。朱熹后来也被安排到宁宗身边担任侍讲。可惜宁宗对朱熹宣讲的那一套“存天理、灭人欲”的议论毫无兴趣,经常是敬而远之,在一个多月后更是以朱熹年老的借口辞掉了他。同时,皇权对于士大夫实力的过于强大也心存不满,韩侂胄就成为打击道学的急先锋。

庆元党禁

在孝宗年间,就有大臣声称:“近世士大夫所谓道学者,欺世盗名,不宜信用。”朱熹曾经上书孝宗,认为政治的清明有待于治道的“大根本”,即君主能够“正心诚意”、使“人主之心术”归于正才能解决。孝宗认为朱熹在诋毁他“君心不能以自正”,要治朱熹的罪。幸好有大臣劝阻不要和一个狂妄书生生气,朱熹才逃过一劫。宁宗一朝,也有不少大臣上书批评道学。一位大臣就认为道学是“依正以行邪,假义以干利”,“如饮狂药,如中毒饵”,“口道先王语,而行如市人所不为”。又说:“孝宗锐意恢复,首务核实,凡虚伪之徒言行相违者,未尝不深知其奸。臣愿陛下以孝宗为法,考核真伪,以辨邪正。”

历史小常识:二程

二程是程颢、程颐的合称。二人是亲兄弟,程颢为兄,世称明道先生;程颐为弟,世称伊川先生。他们是道学(后来改称理学)的最早建立者。北宋的另外几位著名理学家与他们两个有着密切的关系:写有《爱莲说》的周敦颐是二程的老师;提出“为天地立心,为生民立命,为往圣继绝学,为万世开太平”的张载是二程的表叔;邵雍则和二程一起居住在洛阳,是一起讲学讨论的同仁。

韩侂胄不属于士大夫阶层,他掌握大权后,就开始正式打击道学的势力,朱熹等提倡道学的五十九人被打入“伪学逆党籍”,朝廷更在1198年5月正式下诏禁“伪学”。一时理学被斥为“伪学”,朱熹被斥为“伪师”,学生被斥为“伪徒”。宁宗下诏命凡荐举为官,一律不取“伪学”之士,是为庆元党禁。

这要先从沈继祖弹劾朱熹说起。1196年,监察御史沈继祖先是上书弹劾朱熹“不孝其亲”“不敬于君”“不忠于国”“玩侮朝廷”“哭吊汝愚”“为害风教”等六大罪,特别指责朱熹霸占已故友人的家财、引诱两个尼姑做自己的小妾,进而主张斩熹之首,以绝“伪学”(这是沈继祖对道学的称呼),史称“庆元党案”。

不知道是不是违心,朱熹写了《谢表》,向皇帝认罪承认“私故人之财而纳其尼女,规学宫之地而改作僧坊”。他还说出了一句“深省昨非,细寻今是”,彻底否定自己的过去。朱熹的认罪让道学一派极为被动。有大臣进而上书,要求将道学家的语录之类,全部销毁;朝廷录用进士,凡是有讲到程朱义理的试卷,一律不取。朱熹的门生、朋友都惶惶不可终日,特立独行者隐居于山间林下,见风使舵者改换门庭,从此不再进入朱熹家门,与他划清界限。

韩侂胄的权势在道学势力的全面溃退中水涨船高,但他的权势并不是那么巩固。太

皇太后和皇后都去世了，宁宗新的皇后杨氏则跟他有仇，因为当初他反对立杨氏为皇后。他迫切需要用现在还算巩固的权力做一番大事，“立盖世功名以自固”。但对于一个执政者来说，要想有所作为，无非是文治武功两方面。文治方面无非是内政的改革，内政的改革有庆历新政、王安石变法的教训，韩侂胄既没有那个才能，也没有那个胆略，自然不会考虑。武功方面则自然是响应民众恢复中原的意愿，出兵北伐。

朱熹

而此时北方的金朝已经不如昔日强大。金朝国内农民起义和少数民族起义时有发生，特别是北方蒙古高原上的蒙古部落从金建国时就在边境骚扰，金廷束手无策，只得在北方边境修筑壕沟堡垒，走上了汉族王朝的老路。而在韩侂胄开始北伐的那一年，铁木真在斡难河源头被尊为成吉思汗，金国灭亡的序幕已经揭开。对于南宋朝廷来说，金朝实力衰落的最直接迹象就是金国的使者不再像过去那样视南宋皇帝如无物、公然咆哮朝堂。1202 年，金章宗还对使宋大臣交代，要给宋朝使者讲明“两国和好久矣，不宜争细故，伤大体”。

韩侂胄为了进一步了解金国的情况，就于 1203 年冬派亲信邓友龙出使金朝。一天晚上，有人潜往邓友龙住处，分析金朝形势，罗列金为蒙古所困、国内饥馑连年的困境，认为南宋北伐必然能势如破竹。历史再次重演。这时，安丰守臣厉仲方也上书称淮北义民都愿归附，周围大臣也力主伐金。再加上 1203 年，金国竟然公开宣称，金国已经以土德取代了宋朝的火德。而按照传统的政治观念，每个正统的王朝，都相应地以五行中的一种物质来表示。对于南宋来说，这无疑是一种极大的挑衅，摆在南宋面前的只有两条路：一是保持偏安局面，默认金国已取代南宋成为中国的正统三朝；二是向金国开战，并收复中原。韩侂胄选择了第二条路，那就是北伐。

未闻函首可安边

1205 年的一天傍晚，镇江知府任上的辛弃疾登上镇江城北北同山上的北固亭。辛弃疾壮志未酬，独对满天夕阳，发出了流传千古的感慨：“千古江山，英雄无觅，孙仲谋处……元嘉草草，封狼居胥，赢得仓皇北顾。四十三年，望中犹记，烽火扬州路……凭谁问：廉颇老矣，尚能饭否？”

辛弃疾南归后，正值南宋统治集团中妥协投降势力嚣张得势之时，他凭着对南北政治、军事形势的深刻了解，与投降派进行了针锋相对的斗争。他曾先后呈给宋孝宗《美芹十论》和宰相虞允文《九议》。这两篇政论全面分析了当时的敌我形势和进取方略，并提出了一系列具体的强国措施，显示了辛弃疾经邦济世的非凡才能。他还能用以民为本的

思想看待北伐事业，他说："恢复之事，为祖宗，为社稷，为生民而已，此亦明主所与天下智勇之士所共也，顾岂吾君吾相之私哉！"他还能用战略家的眼光，根据敌我双方的实际情况，提出抗敌救国的三原则："一曰无欲速，二曰宜审先后，三曰能任败。"但由于种种因素特别是南宋政府的猜忌，辛弃疾一直郁郁不得志。

1204 年，浙东安抚使任上的辛弃疾入朝，上报历年探查得来的金朝情况，以为金人必乱必亡，"愿付之元老大臣，务为仓促可以应变之计"。但他认为当务之急在于厉兵秣马，等待时机。但韩侂胄急于北伐，并没有重用辛弃疾。在《永遇乐》的词中，辛弃疾除了抒发虽然年老但仍想建功立业的感想外，更是担心朝中没有称职的人才，而这很可能会导致北伐的惨败。而事实的发展正如辛弃疾料想的那样，这次北伐如张浚北伐一样，再次遭受惨败，韩侂胄更是付出了生命的代价。

但韩侂胄确实为北伐做了相当的准备。其中的一件重要举措就是崇岳飞、贬秦桧。封建朝廷加给死者的谥号和封号，是官方对其所做的评价，有时也是推行何种政策的一种标志。1204 年，宁宗追封岳飞为鄂王，给予政治上的极高地位，以鼓励抗战派将士的士气。1206 年，宁宗、韩侂胄削去秦桧的爵号，并将其谥号改为缪丑。贬秦的制词说："一日纵敌，遂贻数世之忧。百年为墟，谁任诸人之责？"当时传诵一时，大快人心。韩侂胄对秦桧的贬抑，实际上也是对投降、妥协势力的一次沉重打击，为北上抗战做了舆论准备。

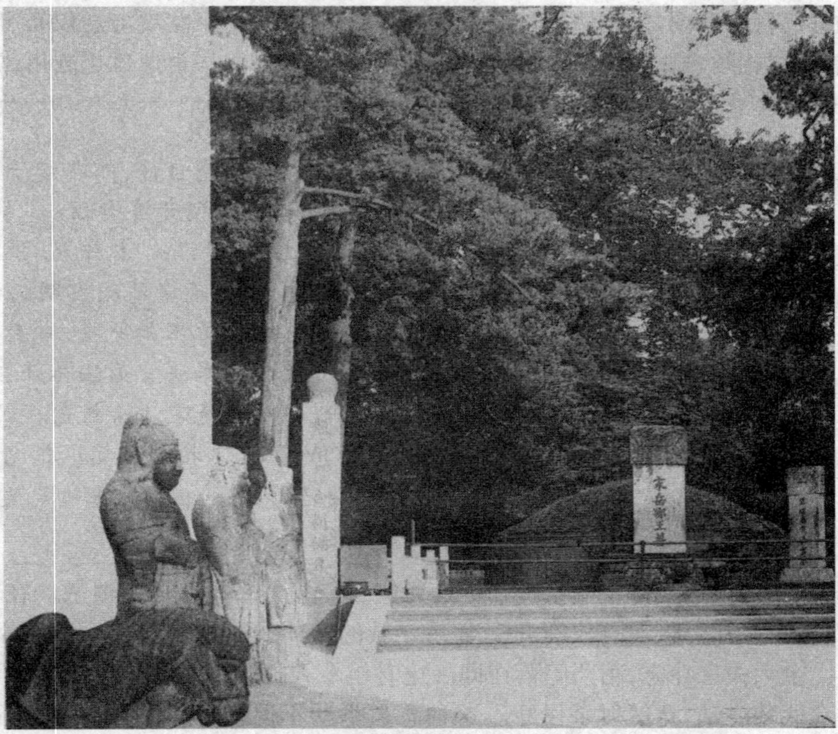

杭州岳飞墓

除此之外，宋廷还采取了一系列措施来准备北伐。宁宗在1205年改年号为“开禧”就是标志性事件。开禧出自赵匡胤开宝、真宗天禧年号，透露出宋廷恢复中原之志。1206年2月，为凝聚统治阶级的力量，韩侂胄废除了对“伪学”的禁令，朱熹等名列伪学逆党籍之人也被追复旧职，以争取他们一致对外，但其中一些人并不愿合作。

北伐战车虽然已经开动，但是朝中的反对之声时有耳闻，韩侂胄不能不有所犹豫。武学生华岳的言论就很有代表性。在华岳看来，“将帅庸愚，军民怨怼，马政不讲，骑士不熟，豪杰不出，英雄不收，馈粮不丰，形便不固，山砦不修，堡垒不设”，他进而断言宋军会“师出无功，不战自败”。

当时金朝是衰落了，但南宋更是糜烂，整个官僚阶层沉迷于西湖歌舞暖风里。而当时的将领也多靠谄媚权臣爬上高位，在任只知克扣军饷、役使士卒，打起仗来自然是怯于战而勇于逃。而真正的将才，则沉沦下僚，如日后力挽狂澜的毕再遇、李好义只不过是低级军官，而诛杀叛将吴曦的杨巨源也只是一个看管仓库的小官。但问题在于，当时北伐的诏书讲得很清楚：“天道好还，中国有必伸之理；人心孝顺，匹夫无不报之仇……兵出有名，师直为壮。言乎远，言乎近，孰无忠义之心？为人子，为人臣，当念祖宗之愤！”难道国破家亡的深仇大恨就此了结？南宋糜烂的官风如何才能有所改观？这些反对韩侂胄北伐的人无法给出答案。

遵循韩侂胄的意图，宋朝边境的将领开始了一系列的试探性攻击。1206年4月，宋军在东线、中线相续告捷。在东线，镇江都统制陈孝庆和部将毕再遇攻克泗州，陈孝庆攻克虹县；在中线，江州都统制许进攻克新息县，光州民间武装孙成收复了一些州县。捷报传到临安，韩侂胄大受鼓舞，于是请求宁宗下诏伐金。

在决策者的乐观情绪中，开禧北伐正式开始。1206年5月，宋朝发布了北伐的诏书，但韩侂胄实在是高兴得太早，他对宋军将领的无能没有充分的预料，更没有想到宋军中的叛徒以及内讧会导致北伐的失利。

历史小常识：带汁诸葛亮

宋将郭倪以诸葛亮自许，并在扇子上题有“三顾频烦天下计，两朝开济老臣心”的诗句。北伐前。他对后勤官说：“木牛流马靠你支持。”（木牛流马，相传是诸葛亮发明的运输工具）结果兵败如山倒，他不知所措，对着幕僚流泪。正好好开玩笑的军法官彭法传师在场，他后来就对人说：“这就是带汁诸葛亮。”（带汁即流泪的意思）人们无不拍掌而笑。郭倪知道后非常愤怒，要治彭的罪，但因他很快就被朝廷罢免，只好作罢。

就在诏书下达的前一天，江州都统制王大节攻蔡州（今河南汝南）失败，军队溃散。西线兴元都统制秦世辅更是无能，行军途中，军队居然溃散。在攻打宿州的战斗中，宋军以几万人攻打仅有几千金兵守城的宿州，攻势激烈，民众武装奋勇当先，登城肉搏。金兵失去斗志，宿州陷落在即。这时候令人扼腕的一幕发生了。城下的正规军嫉妒民众武装之功，竟然射杀民兵。这种恶劣举动不但瓦解了民兵的斗志，而且使本来准备投降的金兵兔死狐悲，议论纷纷：“他们一家人还自相残杀，我们投降还能有活路吗？”于是金兵重整斗志，做困兽斗，趁着宋军内讧造成的一时混乱重新巩固了城防。当

时主将昏庸无能，对军粮防范不严，竟然被金兵烧掉了粮草。当时正值淫雨连绵，宋军疲惫不堪，而其中一个将领根本不懂兵法，竟然将部队驻扎在低洼之处，营地被大水所淹，金兵趁机以骑兵冲击，击溃了该部宋军。其他部队也无法支撑，又听说金军援军将至，只得撤退，被金军骑兵追上，又被打散，宋军残军退入蕲县，被金兵包围。金人又抛出了诱饵，要求交出猛将田俊迈来换取其他宋军的安全。而几个宋军将领竟然真的把田俊迈交给了金人。金人虽放走了这些宋军将领，却歼灭了宋军的绝大部分部队。田俊迈落在金人手中，被作为俘虏献捷章宗，其悲惨命运可想而知。

四相簪花

宋军的全面溃退实在是大出韩侂胄的意料，他"为之须鬓皆白，困闷不知所出"。这时韩侂胄虽然对宋军战斗力大失所望，对北伐几乎失去了信心，但金人的报复已经不可避免，也只好硬撑下去。这个时候他才意识到了自己手下人才的缺乏。乏人可用的他不得不放下身段，起用一些跟他政见不同的人物，以解燃眉之急。同时韩侂胄惩办了王大节、李汝翼、皇甫斌等大批败军之将，斩掉了将田俊迈交给金人的郭倬，然后罢免他们的后台苏师旦，没收其家产犒军，破格提拔了作战勇猛的毕再遇。平心而论，韩侂胄在宋军溃败后尚属清醒，赏罚大致得体，防御措施、人选也大致得当。然而不幸的是，韩侂胄诸多补救措施还没来得及生效，金军的反攻已经开始。

1206 年 9 月底，金军开始大规模反攻。金朝置北方蒙古政权的威胁于不顾，几近倾国南下，战争形势由宋军北伐变为金军南侵。而 1207 年 1 月，韩侂胄的重要政治盟友吴曦叛变，使得京湖、两淮宋军孤立无援，韩侂胄几乎精神崩溃。虽然军中勇士杨巨源和李好义于几十天后斩杀了吴曦，但已造成严重损失。而接任吴曦的安丙不仅不许乘胜北伐，还在宋军内部自相残杀。安丙与孙忠锐不和，命杨巨源伏兵杀孙忠锐。安丙又诬指杨巨源谋乱，把他下狱害死，假说是自尽，报给朝廷。抗金将士无不愤慨，由下级军官和民众武装发展起来的大好形势，又被安丙等人断送了。

这时的金朝，正如辛弃疾所判断的，处在“必乱必亡”的前夕，只是由于宋朝出了叛徒和内部的不和，部署失宜，才使金兵得以侵入淮南。但金朝实际上已不再有继续作战的能力，只是对宋朝威胁、讹诈。在此情况下，金朝加强了对南宋主和派的诱降活动。1206年底，金军就秘密派人去见宋军东线主帅丘崈，示意讲和。丘崈密送金使北归。从此，丘崈多次遣使与金军谈和，暂行停战。

丰乐楼图

西线吴曦叛变，东线丘崈主和，韩侂胄陷于孤立。1207年1月，韩侂胄罢免丘崈，改命张岩督视江淮兵马，并捐出家财二十万，补助军需，又派遣使臣方信孺到开封同金朝谈判。宋使方信孺到金，金朝先把他下狱，虚声恫吓。9月初，方信孺带回金国的复信，说若称臣，以江淮之间取中划界。若称子，以长江为界，还要斩元谋奸臣（指韩侂胄等），函首以献，增加岁币，出犒师银，方可议和。韩侂胄大怒，决意再度整兵出战。宁宗下诏，招募新兵，以兵部侍郎等官职聘请辛弃疾出山。重病缠身的辛弃疾躺在病床上，听了宁宗发来的任命诏书后，唯有仰天悲叹，上奏请辞。韩侂胄还以为辛弃疾嫌弃官职太小，又慌忙进封他为朝议大夫、枢密都承旨，命令辛弃疾立刻到临安奏事，可诏书还没到达，六十八岁的辛弃疾就大呼“杀贼”数声，忧愤而死。

但南宋朝廷像辛弃疾这样的忠义之士少之又少。投降派痛恨韩侂胄打破了他们苟延残喘、醉生梦死的生活。道学的支持者则痛恨他主持了庆元党禁，虽然他为了团结人心而撤销对他们的禁令，但他们还是不愿意放过韩侂胄。于是在两派势力的合谋下，主和派礼部侍郎史弥远与杨皇后等人勾结，杀掉了韩侂胄，将其首级送到金朝。

1208年5月，权倾一时的宋前太师韩侂胄的首级从临安送抵金中都。金章宗亲御应天门，接受金军将领的献首。随着韩侂胄首级悬于闹市，金正式宣布罢兵。1208年9月，宋金嘉定和议签订。其主要内容如下：其一，依靖康故例，世为伯侄之国；其二，增岁币为银三十万两，绢三十万匹；其三，疆界与绍兴时相同（金放弃新占领的大散关、濠州等地），南宋另给金军犒军银（赔款）三百万两。

宋朝历次岁币示意图			
年份	事件	关系	年岁币数量
1004	澶渊之盟	宋兄辽弟	三十万
1042	重熙增币	宋兄辽弟	五十万
1044	庆历和议	宋君夏臣	二十二万五千(另有茶叶三万斤)
1141	绍兴和议	宋臣金君	五十万
1164	隆兴和议	宋侄金叔	四十万
1208	嘉定和议	宋侄金伯	六十万(另一次支付犒军费三百万)

当时临安的太学生为韩侂胄写诗鸣不平:“自古和戎有大权,未闻函首可安边。生灵肝脑空涂地,祖父冤仇共戴天。晁错已诛终叛汉,於期未遣尚存燕。庙堂自谓万全策,却恐防边未必然。”在这首诗中,韩侂胄被比作因为力主削藩而被汉景帝牺牲掉的晁错和被燕太子丹牺牲掉的樊於期。其实作为敌方的金人,对挑起宋金战端的韩侂胄颇多同情。金人后来将其首级收葬,并谥为忠谬侯。1209 年,金人还特意把宋使带到韩侂胄的墓前,向他解释,韩侂胄是“忠于谋国,谬于谋身”。

而随着韩侂胄首级的北上,象征着由当年李纲、岳飞等抗金将士铸造并抵挡了女真铁骑的堤坝已经千疮百孔。南宋军民士气大挫,无力有效抵抗外来的进攻,投降现象也日趋增多,南宋朝廷遂亡于蒙古军队之手。

宋蒙开战

孱弱的南宋朝廷没有能力打败金国,但却又想复仇,加上蒙古军队的强大压力,被迫给蒙古军队借道,最后还与蒙古结盟,一起攻破了蔡州。但蒙古军队早已把矛头对准了南宋,乘南宋收复中原故土时,发动了对南宋的攻击。南宋军民奋力抵抗,蒙古大汗蒙哥丧命于钓鱼城下。但由于南宋朝廷的政治腐败以及蒙古军事力量的强大,蒙军攻下重镇襄阳,并击溃宋军主力,逼近临安。

联蒙伐金

当韩侂胄的头颅被送到金朝时,金朝已非常衰弱,并遭到蒙古军队的不断攻击。在蒙古军队的攻击之下,金朝将首都迁到了开封,固守潼关。蒙古军队难以突破,就想绕至金军后面进行攻击,而这就需要经过宋朝的土地。蒙古政权就多次向宋朝派出使者,提出两国结盟,要求借道。宋朝既没有同意,也没有反对,双方仍不断地进行谈判。

1231 年,成吉思汗的小儿子拖雷率领三万骑兵,准备假道南宋攻击金朝,但请求假道的使者刚到陕西就被南宋守将杀死。拖雷大怒,就强行过境。宋军与拖雷发生冲突,因为宋军毫无战斗力,损失惨重。仅陕南一带阵亡的宋军士兵和被屠城的百姓就达数十

万，宋朝官员束手无策。在蒙古军队的胁迫下，南宋朝廷同意提供蒙军粮草，并派人担任向导，引蒙古军通过宋境，进入河南。金人闻警，急调大军堵截，但在次年的钧州（今河南禹县）三峰山一战中，三十万金军大败，主力尽丧，蒙古军很快就开始围困汴梁。金哀宗向南逃亡，到达蔡州（今河南汝南）一带。而拖雷仅以三万骑兵就如入无人之境，并击败了三十万金军，蒙古军队的战力极大地震动了南宋朝野。

蒙古军队于1233年9月围困蔡州之后，筑起长垒，对金哀宗所在的蔡州实行重重围困。金军企图突围，但没有成功。因蒙古最初曾备受金人压迫，与金国有不共戴天之仇，急于灭金，于是再次派出使者，要求南宋出兵援助，攻打邻近宋境的蔡州。南宋也想借蒙古之力灭掉金国，恢复失地，就与其签订了合约。双方约定，灭金以后淮河以南的土地归南宋所有；南宋则为蒙古军供应粮秣；南宋与蒙古仍以淮河为界。但河南地区的归属却没有做出明确规定，这成为宋蒙今后爆发战争的重要原因。

1233年10月，宋将孟珙率军二万，运粮三十万石，赴蔡州供应蒙古军。11月，孟珙至蔡州城下与蒙军会合，宋军受到蒙古军队的欢迎，双方约定由宋军攻南、蒙军攻北，互不侵犯。金哀宗感到穷途末路，绝望至极。有金臣献计，建议重新结好南宋，向南宋乞粮求和，即使不能避免腹背受敌，也可以离间宋蒙之间的关系。南宋朝廷见金灭国在即，再联系到宋金两国的历史积怨以及先前金朝欲占领川蜀的图谋，就拒绝了金的乞和与求粮。

历史小常识：黑鞑事略

《黑鞑事略》由南宋彭大雅、徐霆所著。黑鞑靼是宋人对蒙古人的称呼。彭、徐两人分别在1232年和1235年随奉使到蒙古。徐霆将自己的见闻记录与彭大雅书稿互相参照，以彭稿为定本，把自己的见解作为注释写在有关事项之下。《黑鞑事略》介绍了蒙古政权的地理气候、语言文字、风俗习惯、贸易贾贩、军队武器、作战方法、行军阵势以及所征服各国的名称，是宋人了解蒙古的主要资料。

宋朝选择与蒙古结盟是有深刻原因的。此时的金朝已经到了山穷水尽的地步。从金蒙的力量对比和整个战局来看，在蒙古军的不断打击下，在三峰山之战以前，金国已失去了黄河以北的土地。三峰山之战后，金军的主力悉数被蒙古消灭，金朝的灭亡已成不可逆转之势。南宋与金联盟并不能改变大局，只能得罪蒙古，使宋蒙提前开战。再加上当时南宋军民一直视中原为故土，而矢志收复中原。早在金宣宗时期，金人因宋朝停止了岁贡，就不顾北方蒙古的侵略和西夏的趁火打劫贸然侵宋，金哀宗即位后也没有表达出同宋联盟的诚意，在背地里甚至还在打南宋川蜀的主意。幸好当时孟珙击败金军，并乘胜攻克唐、邓等州，粉碎了哀宗入蜀的计划。

1234年，金朝在宋蒙联军的进攻下灭亡。孟珙率军队载着金哀宗的骸骨和诸多战利品回到临安。南宋上下欣喜若狂，朝中更是举行了一系列的庆祝活动，宋理宗还特意告祭祖先。然而宋蒙战争也在这一年爆发了。

金朝灭亡之后，蒙军主力撤回。由于宋蒙联手灭金时对河南的归属没有做出明确的规定，在蒙古军北撤后河南成了无人占领区。宋军就派人收复了三京（西京洛阳、东京开封、南京商丘）。但这时蒙古大军已经准备大举南下，在宋军进军河南的同时，蒙古召开

了诸王大会，为蒙古重新制定战略目标。在大会上，蒙古大汗窝阔台对木华黎的孙子塔思说：“先皇帝肇开大业，垂四十年。今中原、西夏、高丽、回鹘诸国皆已臣附，唯东南一隅，尚阻声教。朕欲躬行天讨，卿等以为何如?”塔思回答：“臣家累世受恩，图报万一，正在今日。臣虽驽钝，愿仗天威，扫清淮、浙，何劳大驾亲临!”窝阔台大喜，当即下令塔思随王子阔出南征，这时远在大漠的窝阔台还不知道南宋军队北上的消息。

宋理宗

由于中原地区遭受严重的战乱破坏，无法固守，宋军很快就被打败。中路蒙古军队随即占领襄阳，兵临长江。西路蒙古军队也攻下了成都。幸好此时蒙古的主力部队用于西征，没有全力对宋。宋军与蒙古军展开了惨烈的拉锯战，宋军最终收复襄樊诸郡和成都等地，暂时解除了蒙古大军对南宋的威胁。而1241年窝阔台病死，蒙古军队对南宋的大规模进攻告一段落。

上帝之鞭折于此处

1251年，拖雷的儿子蒙哥登上蒙古大汗之位。1253年，忽必烈率十万大军长途奔袭并灭掉大理国，南宋陷入蒙古的战略包围之中。1257年，蒙古大军大举进攻南宋。中路军由蒙古大汗蒙哥亲自率领，南下四川，直扑重庆；南路军从云南出发，经广西，直扑长沙；北路军由忽必烈率领，直扑鄂州（今湖北武汉）。三路军计划在鄂州会师，然后顺江东进，直取临安，企图一举灭亡南宋。

由大汗蒙哥率领的中路军一举攻克了成都，此后宋军节节败退，四川大部失守。蒙军顺嘉陵江南下，但在合州（今重庆）钓鱼城遇到了守将王坚的顽强抵抗。钓鱼城位于三江（嘉陵江、渠江、涪江）合流处，因山为垒，屯兵聚粮，形成坚固的山城防御体系。双方在合州展开了激烈的攻防战，相持了几个月，蒙古军多次攻上城墙，但由于山路崎岖，后续部队难以快速跟上，被宋军击退。

这时蒙古军队可以顺江而下，而没有必要攻占钓鱼城。但蒙哥所经沿途各山城寨堡，多因南宋守将投降而轻易得手，尚未碰上一场真正的硬仗，就决定继续攻打钓鱼城。蒙古军队从1259年2月打到6月，虽然南宋的援兵均被击退，但钓鱼城仍补给充足。一日，南宋守军将一条三十余斤的鲜鱼及蒸面饼百余张抛给城外蒙军，并投书蒙军，称即使再打十年，蒙军也无法攻下钓鱼城。

相形之下，蒙军的境况就很糟糕。蒙古人本来畏暑恶湿，加以水土不服，又值酷暑季节，导致军中疟疠、霍乱等疾病流行，不少将士因此丧命，中路军士气低落。心情焦急的蒙哥亲自率兵攻城，被飞石击中。1259年7月，蒙军自钓鱼城撤退，行至金剑山温汤峡

(今重庆北温泉)一带，蒙哥逝世。因那时蒙古大汗由蒙古贵族集体推选，不少将领要回到漠北参与新的大汗选举，中路军就退出四川。当时的蒙古军队被西方人称之为“上帝之鞭”，在此遭受重挫。

东路的忽必烈并未撤军，而是继续进军，包围武汉。从云南经广西北上的南路军也包围了长沙，并与忽必烈军会合，这时丞相贾似道前来议和。而忽必烈因急于北归抢夺汗位，就答应了贾似道的求和，东路军及南路军引军北还。宋朝的灭亡被延后了二十年。但在蒙古军后撤之后，贾似道却攻击了殿后的一支几百人的蒙古军队，并夸大战功，上报朝廷，因此还得到皇帝的嘉赏。

而蒙哥的战死也使蒙古的第三次西征就此结束。1253 年，蒙哥派遣其弟旭烈兀发动了第三次西征，先后攻占今伊朗、伊拉克及叙利亚等大片土地。正当准备向埃及进军时，旭烈兀获悉蒙哥死讯，就留下少量军队继续征战，自率大军东还。结果蒙军因寡不敌众而被埃及军队打败，蒙军始终未能打进非洲。蒙古的大规模扩张行动从此走向低潮。

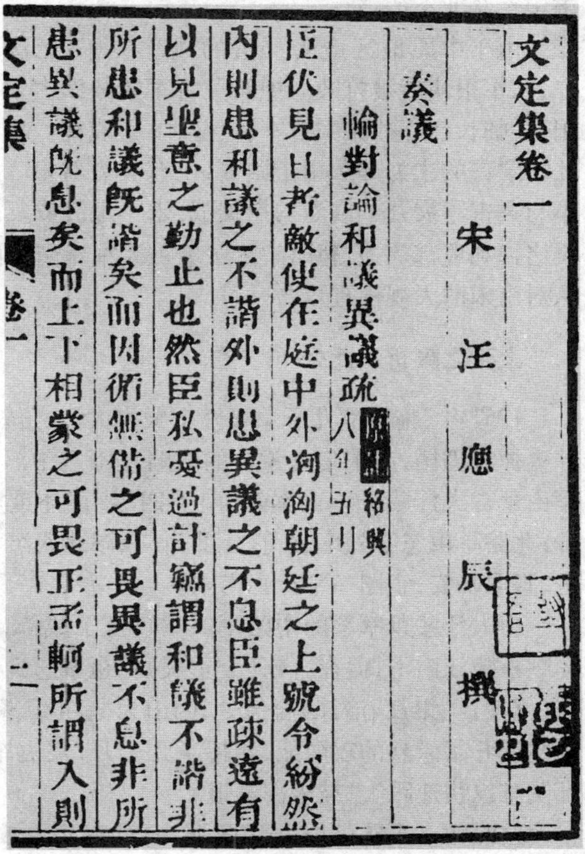
文定集卷一
宋 汪應辰 撰
奏議
輪對論和議異議疏 紹興八年五月
臣伏見日者敵使在庭中外洶洶朝廷之上號令紛然
內則患和議之不諧外則患異議之不息臣雖疎遠有
以見聖意之勤止也然臣私憂過計竊謂和議不諧非
所患和議既諧矣而因循無備之可畏異議不息非所
患異議既息矣而上下相蒙之可畏正恐輙所謂入則
文定集 卷一

和议问题的奏议

屡拘使者

忽必烈 1260 年称汗以后，首要大事就是对付来自漠北和西域(狭义的西域是指玉门关、阳关以西，葱岭以东，即今巴尔喀什湖东、南及新疆广大地区。而广义的西域则是指凡是通过狭义西域所能到达的地区，包括亚洲中西部、印度半岛等地区)的一些蒙古贵族，巩固自己的统治，因此他暂时无力向南宋用兵。忽必烈就派郝经前往南宋议和。

当时蒙古内部的一些北方汉族将领企图通过对南宋的战争扩大势力，因此就千方百计阻挠郝经与南宋议和。在郝经出使途中，他们私下派出部队不断侵扰南宋，导致南宋对郝经的出使目的很是怀疑。而蒙古两次侵宋最终都以撤退告终，其大汗蒙哥也丧命于钓鱼城下，南宋的民族情绪极为高涨，郝经出使南宋之路坎坷不平。

郝经一行本来打算自涟州经楚州(今江苏淮安)入宋。行至济南时，主管山东淮南行

省的李璮告诉郝经，他先期派往南宋通报的两个人已为宋楚州官员所杀，若继续前行，恐怕会遭遇不测。于是郝经改道五河（今安徽五河县），抵达宿州，遣副使移文于南宋，要求对方接待并安排入境日期。但在此期间，李璮却突袭淮安，后被击退。正好贾似道也想掩盖与忽必烈口头议和之事，就将郝经扣押在军营里。后来理宗皇帝得知此事，经过讨论，宋朝君臣认为此乃蒙古重操故伎，以议和为幌子，掩护其军事行动，就"下诏告谕，誓不与北和"。蒙古屡次派使者诘问郝经下落，甚至以武力相威胁，南宋均置之不理，以图在心理上打击蒙古的气焰，以示抗蒙决心。郝经在江南做囚徒，一做就是十六年，一直到1275年伯颜大军渡过长江，宋朝到了亡国的边缘，才把郝经送还。但就在这时，宋朝又屡屡攻杀对方使者，致使元朝坚定了早日灭宋的信念。

当时，元军攻至江苏一带，因不适应当地湿热的气候，就对南宋朝廷采取软硬兼施的政策，在重兵威胁临安的同时，还派遣廉希宪、严忠范作为皇帝特使，来和南宋朝廷进行谈判。廉希宪到了建康（今江苏南京）后，请求元军将领伯颜派兵保卫他的人身安全。伯颜对他提出的要求不以为然，对他说："你是代表大元的外交人员，用不着士兵保护，带着士兵反而会引起南宋的怀疑，招来不必要的麻烦。"廉希宪却坚决要求派兵护送，伯颜只得派出了五百名士兵为他送行。廉希宪一行到了独松关的时候，宋朝守将张濡就杀死严忠范，把廉希宪抓了起来，押送到了临安，伯颜对此事件不能置之不理，就向宋朝写信，谴责其无理行为。南宋朝廷接到信件后，也不敢怠慢，立即派出使臣，向对方说明事件的起因，并向元朝赔罪，解释说是边境上守卫将领造成的误会，朝廷对此毫不知情。伯颜为了进一步处理这一事件，派遣议事官张羽，跟随着宋朝的使者返回南宋都城临安。结果他们到了平江的时候，又被当地的守卫将士杀死了。地方守军攻杀议和使者事件的频频发生，说明南宋朝廷开始丧失对地方的控制能力。

历史小常识：郝经与苏武

在郝经被扣押的漫长时光中。郝经每月都向南宋朝廷写一封信。当忽必烈看到郝经写给南宋皇帝的满满一麻袋书信时，感动得落下了眼泪。当时汉朝的苏武出使匈奴，被所谓不懂礼仪之人扣留了十九年。而郝经则是代表少数民族建立的政权，出使标榜讲究礼仪的南宋，同样被扣留多年。

襄阳、樊城陷落

忽必烈在局势稳定下来之后，开始发动对南宋的大举进攻，这次进攻以襄阳及樊城（两城隔汉水相望）为主攻点。1267年，忽必烈下令阿术率军攻打襄阳，襄阳军民进行了顽强的抵抗，长达六年的关及南宋政权命运的襄阳保卫战就此打响。

襄阳以及外围的樊城城坚池深，城中储备可支数年，蒙古军队便决定采用围困战术。蒙古军首先在鹿门堡和白河口（都在今湖北襄樊东北）筑城，切断了宋军南北之援；又筑台汉水中，与夹江堡相应，完成了对襄阳的围困圈，并切断了襄阳与外界的联系。蒙古军队知道自己水战不如宋军，于1270年造战舰五千艘，练水兵七万，日夜操练。

南宋朝廷先后派张世杰、夏贵、范文虎率军援救襄阳，均被拦截的蒙古军打败。1270年

农历正月，南宋朝廷派李庭芝督师援救襄、樊，但宋将范文虎担心李庭芝夺去头功，便致书宰相贾似道，表示不愿听其节制。贾似道竟然让范文虎牵制李庭芝，李庭芝多次要求进兵，范文虎却日恣淫乐，拒不发兵。范文虎遭到弹劾后，才于9月率师援助，结果为蒙古将领阿术、刘整等大败于灌子滩（今湖北襄樊南），范文虎不顾儿子还在襄阳奋战，率先乘舟逃脱。

1271年，忽必烈又从四川增兵，襄阳樊城两城所受压力越来越大。1272年春，元军（1271年元朝建立）对樊城发动总攻，而这时两城已被围五年，粮食已基本耗尽。李庭芝就招募三千民兵，以张贵、张顺为首，充当敢死队，携带城内急需物资，成功突破元兵的包围，冲进了襄阳，这是五年内第一支进入襄阳的援兵，极大地鼓舞了全城军民的士气，然而收军时却不见张顺。数天后，张顺的尸体才从河中浮起，他身中六箭，手中仍然紧握兵器，见者无不动容。

张贵带领民兵入援襄阳成功后，又派能泅水的战士二人，联络范文虎，约定自郢州（今湖北钟祥）发兵夹击。但范文虎失约，又因为叛徒出卖，元兵来袭。张贵误认元兵为郢州兵，仓速应战，身被数十创，战败被俘。阿术劝张贵投降，张贵不屈而被杀。元军派四名南宋降卒抬着张贵尸体晓示襄阳城中，迫使吕文焕投降。吕文焕杀掉降卒，把张贵与张顺合葬，立庙祭祀。

这时襄阳已被围五年有余，粮食吃尽，民力殆尽，已经到了最危急的关头。吕文焕每次巡视城楼，都南望恸哭。但临安城内的权贵们却天天歌舞升平，正应了前人所谓的“战士军前半死生，美人帐下犹歌舞”。士大夫也是置国家危亡于不顾，个个正襟危坐，大谈“修身养性”，退朝之后都是纵情享乐。宋理宗之后的宋度宗更是一心玩乐，将朝政全部交给贾似道，不称其名，而称其为师臣，朝臣都称贾似道为周公。贾似道在西湖葛岭有不少豪华堂室，朝中官员都把文书抱到葛岭，交给他的门客处理。有人因此讽刺说：“朝中无宰相，湖上有平章。”在襄阳被围之时，他还与小妾以斗蟋蟀为乐，并写了中国历史上第一本关于蟋蟀的专著《蟋蟀经》。当时他的一个门客就以开玩笑的方式劝谏他：“这恐怕也是军国大事吧。”时人称他为“蟋蟀宰相”。

宋度宗

1273年，襄阳被围第六年，元军开始切断襄阳和樊城之间的交通。当时樊城与襄阳隔汉水相望，宋军植木江中，联以铁索，架造浮梁，互为声援，共同坚守。元军派军断木沉索、焚毁浮桥，断绝了樊城与襄阳的联系，并放火烧毁了襄阳江岸宋军的战船。随后，元军用回回人亦思马因所造的巨炮攻樊城。该炮又称“回回炮”或“襄阳炮”，实为巨型发石机，威力巨大，可一次发射一百五十斤的石块，“机发，声震天地，所击无不摧陷，入地七

尺。"樊城西南角被回回炮攻破，守将牛富率军巷战，终因寡不敌众，投火殉职，樊城陷落，元军开始集中兵力进攻襄阳。

松磴精庐图

襄阳早已陷于内无力自守、外无兵入援的困境。城中宋军多次突围不得，李庭芝督师援襄亦告失败。樊城破后，对襄阳宋军军心打击很大。接着元军又使用回回炮攻击襄阳。元军根据对地势的细心观察，在襄阳城东南角安置回回炮，结果一炮就轰塌了襄阳谯楼（古代城门上用以高望的楼），对守军造成了极大的心理压力，"声如雷霆，震城中。城中汹汹，诸将多逾城降者"。这时元军将领派人入城招降。元将阿里海崖更是亲自到襄阳城南门下，宣读元世祖的招降诏书，并将投降诏书射上城楼，许以高官厚禄，并声称不会屠杀城中居民。吕文焕见大势已去，终于举城投降，与吕文焕同守襄阳的荆湖都统范天顺自缢殉难。襄阳坚守数年之后失陷。襄阳降后，宋沿江诸城随风而降，为元军进攻宋之腹地敞开了大门。

襄阳被元军攻下之后，南宋的半壁河山已命垂一线。对蒙古来说，这是宋蒙开战以来空前的胜利，它表明了蒙军水上作战与攻坚作战能力大大提高，南宋以前赖以固守的坚固城防、纵横水道对元军已构成不了任何障碍。

但可悲的是，襄阳、樊城失陷，朝野震动。大臣上书，请斩怯弱逃跑的范文虎，但因范文虎是贾似道的女婿，只降了范文虎的官职。还有大臣上书痛责贾似道用人不当，贾似道大为恼怒，将上书的大臣全部贬逐出朝。而吕文焕因南宋朝廷救援襄阳不力而对南宋生出了逆反心理，投降之后主动充当元军前锋，要求攻打驻扎在郢州的范文虎所部，后来还利用他在南宋军队的人脉关系劝降沿途的南宋守将，加速了南宋的灭亡。这实在是南宋的一大悲剧。

逼近临安

襄阳、樊城失陷之后，元军势如破竹，逼近临安。1275 年，贾似道被迫亲率十三万大军迎战元军，他委任孙虎臣率领先头部队，夏贵统领中军，他自己则带领后卫军队到江上驻扎，指挥各路军队。

元军步兵与骑兵夹岸而进。元军先对宋军展开一番炮击，宋军辎重营帐顿时被毁不

少。接着，阿术指挥小型战船数千艘，“乘风直进，呼声动天地”，直冲孙虎臣军。孙虎臣手下先锋将姜才勇敢，率军与元军接战。但孙虎臣看到无法战胜元军，感到非常恐惧，连忙逃到随军带来的小妾的船上躲避起来。宋军将士见状，大呼：“步军统帅跑了！”军队遂溃散，不可收拾。

夏贵的水军为坚船大舰，面对元军的数千蚂蚱小船，其实占有很大的优势。但他看到孙虎臣不战自逃，也自乘一只小舟，狂逃不已。他败至鲁港，正好掠过贾似道的指挥舰，大呼道：“敌众我寡，势不支矣！”贾似道惊愕失措，不仅没有下令组织部队迎击元军和阻遏溃军，反而令人鸣金收兵。元军大军杀至，宋军一哄而散，贾似道随即也弃军逃跑。

贾似道逃出一百多里，招夏贵上船议事。没说几句话，孙虎臣也登船，进门就拊胸大哭“我军无一人用命抵敌”，而完全不讲他自己未战先逃之事。贾似道此时不敢追究二人败绩，只得向二人问计。夏贵扔下一句话：“诸军皆胆战心寒，不能再战。您可到扬州招溃兵，迎圣驾于海上，我本人会死守淮西。”说罢就扬长而去。此时宋军溃兵“散江而下”，贾似道忙派人登岸，扬旗召唤，竟无一人响应，不少人还冲船上高声叫骂。至此，南宋十三万精军，除被杀和淹死水中以外，全部解体。

贾似道兵败之后立马成为众矢之的，朝野上下人人高喊要处死贾似道。谢太后认为贾似道勤劳三朝，不能因为一朝之罪，而失了对待大臣的礼数，仅将贾似道贬为高州团练副使，抄没了他的家产。贾似道在南去途中，被山阳县尉郑虎臣所杀。

写生蛱蝶图

但悲哀的是，蟋蟀丞相贾似道被杀掉了，接着上台的又是一个逃跑宰相陈宜中。他抵抗元军不力，逃跑却是不逊色于别人。1275 年 7 月，朝野内外纷纷要求他亲往前线督战，他却逃到了远离前线的南部沿海地区，要求朝廷在这一地区给他安排职务。1276 年农历正月，伯颜要求宰相到元军大营会谈，陈宜中不敢前往，便再一次抛弃了太后和年幼的皇帝，于当天夜里逃离了临安。后来他又在撤退途中借口到占城（国名，在今越南南

部）去搬救兵，结果一去不返。据说在元军攻占城时，他又远逃到泰国，最后老死在那里，再也没有回来。

南宋灭亡

在元军的猛烈攻势之下，南宋小皇帝于 1276 年出降。一些大臣先后拥立端宗、末帝继位，继续抵抗元军，出现了宁死不屈的文天祥、负帝投海的陆秀夫等具有崇高气节的悲剧性英雄人物。

留取丹心照汗青

在元军的攻势之下，南宋朝廷土崩瓦解，陈宜中只不过是一个比较典型的例子。有些官员甚至故意令御史弹劾自己，御史的奏章尚未呈上，他们已经出城潜逃。太皇太后无计可施，下诏斥责这些大臣说："我朝三百余年，待士大夫以礼。现在我和新皇帝遭难，你们大小官员都不曾说一句救国的话。朝中的官员离职逃走，外边的守臣丢印弃城。御史官不能给我弹劾，两三个宰相也不能统率，却在里外合谋，陆续在半夜逃跑。你们平日读圣贤书，平时是怎么自我标榜的？却在这时做这种事。活着有什么面目见人，死后又如何见先帝？"在 1276 年农历正月短暂的休战后，仅有六名官员出现在朝堂上。官员的逃跑瓦解了军心、民心，使宋王朝根本无法组织起有效的抵抗，南宋皇室也因之陷入了孤立无援的境地。

文天祥

这时元军气势极盛，已不同意南宋的议和要求。1275 年 12 月，宋朝使者柳岳前往元军大营求和，柳岳哀求元军班师，保证每年进奉修好。伯颜说："你们宋朝拘我郝经、杀我使者，我们大元因此才兴师问罪。以前吴越的钱氏、南唐的李氏都是交出国土而投降的，这都是你们宋朝的祖制。你们宋朝怎么不遵守呢？你们宋朝从小孩子手中得到了天下，也在小孩子手中失去天下，这就是天意，你不要多说了！"

南宋朝廷迫于无奈，被迫于 1276 年农历正月呈上传国玉玺及降表。1276 年农历二月初五，宋恭帝率百官于临安降元。3 月，皇帝及后宫数千人被元军押解北上。忽必烈为了瓦解南宋残余势力的斗志，对谢太后和恭帝都很优待。恭帝被封为瀛国公，后被送到西藏学习佛法，曾将《百法明门论》《因明入正理论》这两部中原佛教著作翻译为藏文，1323 年逝世，享年五十三岁。谢太后有病，元军允许她留在临安养病，8 月，谢太后来到元朝的都城大都，忽必烈封她为寿春郡夫人。七年后病故，享年七十三岁。

但文天祥这位状元宰相却在历史上留下了重重的一笔。文天祥被元军扣留后，寻机逃走，继续抗争，后来转战于广东海丰五坡岭一带。一天，文天祥与部将邹沨、刘子俊、杜浒等人正在吃饭，突然遭到元军突袭，仓促之间不及应战，便被俘虏。刘子俊自称是文天祥，与文天祥争着承认。元兵判断出真伪后，将刘子俊放在锅里煮死，文天祥则被押到潮阳见张弘范。张弘范百般利诱，文天祥始终刚强不屈。

张弘范又将文天祥押至崖门海。在过零丁洋时，勒令文天祥写信劝张世杰投降元军。文天祥正气凛然地说：“我不能保卫宋朝，本身就够耻辱了，难道还能让别人背弃宋朝！”张弘范不死心，再三逼迫。文天祥奋笔挥就《过零丁洋》：

辛苦遭逢起一经，干戈寥落四周星。
山河破碎风飘絮，身世浮沉雨打萍。
惶恐滩头说惶恐，伶仃洋里叹伶仃。
人生自古谁无死？留取丹心照汗青！

后来文天祥被押到元大都后，时人称誉能成天下宰相之大器者“北有耶律楚材，南有文天祥”，元统治者对文天祥是“既壮其节，又惜其才”，更希望能够利用文天祥的声望收复民心，稳定天下。因此，在文天祥被俘后的几年里，元朝将文天祥安排在官府的招待所中，用尽一切办法对文天祥进行劝降。

元朝先是派前宋朝宰相留梦炎劝降，结果却被文天祥骂走。元朝后来又派俘虏来的恭帝去劝降，十来岁的年幼孩子不谙世事，文天祥先是“北面拜号”，以臣见君之礼拜之，又说“圣驾请回”，明确表示自己决心殉国，无意降元。

当元朝副宰相阿合马强行要文天祥下跪时，他说：“南朝宰相见北朝宰相，为什么要跪呢？”宰相孛罗提审文天祥的时候，文天祥昂然屹立，对孛罗行一个拱手礼，孛罗命令手下逼迫文天祥下跪，文天祥坐在地上竭力挣扎，就是不跪。文天祥说：“南揖北跪，我是宋人，当然要依宋礼作揖，怎么能行你们胡人的跪礼？”孛罗问他：“明知拥立赵昰、赵昺二王也保不住赵家社稷，你又何必拼死抵抗呢？”文天祥掷地有声：“假如父母得了亘病，虽然明知治不好，但绝没有不去医治的道理。为了大宋，我尽力而为，局势不可挽救，那是天命。我文天祥到了今天，一心求死，你就不要多废话了！”

历史小常识：文天祥祠

在今天北京东城区府学胡同路北，还有一座为纪念他而建的文天祥祠，据说这是文天祥最后被元朝关押的地方。前院东墙上嵌有诗碑，锈刻着文天祥当年在这里写作的《正气歌》。后院则有一株向南方倾斜近四十五度角的古老枣树，也就是象征“不指南方不肯休”的不屈精神的“指南树”，相传为文天祥所植。

最后，忽必烈亲自劝降文天祥，但文天祥对忽必烈仍然是长揖不跪。忽必烈也不强迫，只是劝说道：“如果你能用效忠宋朝的忠心对我，我可以让你在中书省做宰相。”文天祥回答说：“我是大宋的宰相。国家灭亡了，我只求速死，不会苟且偷生。”元世祖又问：“那你希望怎么样？”文天祥回答：“但求一死！”元世祖无奈之下，只得下令处死文天祥。文天祥从容赴义，南向再拜，从容引颈就刑，时年四十七岁。死后在他的衣带中发现一首

诗:“孔曰成仁,孟曰取义,唯其义尽,所以仁至。读圣贤书,所学何事?而今而后,庶几无愧。”(孔子孟子提倡成仁取义。只有尽到节义,才能实现仁。平时读圣贤书,学到了什么?从今往后,问心无愧。)

宋朝的终点——厓山之战

恭帝出降之后,南宋大臣先是1276年5月在福州拥立赵昰为帝,是为端宗。1278年3月,在元军的追击下,端宗入海躲避,不幸遭遇沉船,落入海中,虽被救起,但就此得病,好几天都讲不出话来。后因元军追兵再度逼近,他又不得不入海转移,但经此颠簸,又惊病交加,于4月病死,年十一岁。陆秀夫、张世杰遂于同月拥立赵昺为帝,是为末帝。1278年6月,太傅张世杰、丞相陆秀夫等文武官员拥年仅八岁的宋末帝赵昺及其母后杨太后,率领二十余万宋军和勤王义军驻扎新会(今广州新会)厓门。各地闻讯纷纷组织民军前来勤王,还运来不少军粮和各类物资,准备与元军在此决一死战。

张世杰

1279年农历正月,张弘范率军由闽入粤,准备消灭最后的残余宋军。在打败文天祥后,直扑新会厓山;元军副帅李恒也率兵船百余艘从广州驶到崖门海面,水陆夹攻崖门宋军。宋太傅张世杰为死守计,焚烧厓山的陆地据点,结大舟千艘,贯以大索作一字阵,奉宋帝昺据中间的巨舰,指挥作战。张世杰此举有两大失误,一是放弃了陆地基地,单是淡水就严重缺乏,在十几天的防御战中,将士们只能饮海水解渴,而饮过海水的士兵呕吐不止,战斗力严重削弱。二是把千余战船贯以大索,结成水寨,虽然集中了力量,但却丧失了机动性,相当于把宋军暴露在敌人面前,任人攻打。兵败之后,正是由于宋帝昺位于中间的大舟,才难以突围。

元将张弘范先是控制了厓山之南的入海口,又从北面和南面两个侧翼切断了宋军的所有退路。当时有千艘载满渔民义兵的小船来援宋军,也被元水师击溃,数千渔民落海,大部分壮烈牺牲。张弘范又切断了宋军的粮草运输以及取水路线,不断向宋军炮轰袭击。元军还以装满油脂干草的小船火攻宋军连环船,但宋军早有防备,船面涂上泥浆,并用长木顶住攻过来的火船。张弘范见久攻不下,便改变手法,派张世杰的外甥去劝降张世杰三次,但都被严词拒绝,两军对峙多天。

1279年农历二月初六,元军再次发起猛烈进攻,宋军奋力抵抗,一直战至中午。张弘范乘宋军午饭防守松懈之机,趁着潮涨率元军发起总攻。宋军前后受敌,在黄昏时终被元军攻破阵线。张世杰见水师阵脚大乱,战船为大索连贯,进退不得,便下令砍断绳索,率十余战舰护卫杨太后突围。张世杰杀到外围,见赵昺的御船过于庞大,被外围的船只

陆秀夫

阻隔在中间，无法突围，便派小舟前去接应。但当时海面生了大雾，对面不辨人影，陆秀夫唯恐小船为元军假冒，又担心如突围不成反被元军截获，拒绝来人将赵昺接走。张世杰无奈，只得率战舰护卫杨太后杀出崖门。

陆秀夫见大势已去，且无法突围，就对赵昺说："事已至此，陛下当为国捐躯。大宋已经受尽屈辱，陛下不能再被敌人侮辱！"于是赵昺就身穿龙袍，胸挂玉玺，由陆秀夫背着，跳海自尽，时年九岁，大臣及宫人也多随之投海自尽。后来元军清理战场，海上浮尸十万余具，场面惨不忍睹，元军一兵卒从一具身着黄衣的幼童身上取得"诏书之宝"的印玺，经确认是赵昺所带玉玺。张弘范再派人寻找赵昺尸体时，已下落不明。据说赵昺的尸体后来漂到深圳赤湾，被人收葬，当地现在仍有宋少帝陵。而香港民众也在据说是端宗赵昰及末帝赵昺逃难期间曾停留的地方修建宋王台，以示纪念。杨太后闻宋军大败、宋帝投海，亦赴海而死。张世杰收拾残部，心情黯然，令船队再次出海，不料突遇飓风，船舰皆翻，张世杰为国捐躯。

厓山之战结束了，"汉氏存亡顷刻中"，宋朝就以这样的惨痛结局收场，中原汉族政权第一次完全沦于游牧民族之手。南宋是相对幸运的，她在当时世界上最强大的军事力量的攻击下，支撑了几十年。当时元朝的政策还比较温和，没有对民众进行大规模屠杀，皇室得到优待，靖康之耻没有重演，而且由于元朝统治者宽松的文化政策，中原的文化得以较好地保留。

但越是这样，越是让人感到悲凉。如果说北宋的败亡还有种种偶然因素可言的话，那么南宋的败亡则是彻底的失败。对于中原民族特别是士人来说，这无疑是极其沉重的打击，他们无法从深深的自责中超拔出来，"惜哉无祖逖，谁肯著先鞭"（祖逖是东晋初有志于恢复中原而致力北伐的著名人物），便是他们悲凉心声的表达。比照南宋的歌舞升平、苟且求和的偏安岁月，这种悲凉才更显得惨痛。

第二章　文学艺术

理学开山祖师——周敦颐

周敦颐，字茂叔，号濂溪，世称濂溪先生，公认他为宋代理学的开山祖师。他的主要哲学著作有《太极图说》一卷，《通书》四十篇。其思想以《易传》和《中庸》为核心，又接受道教和佛教的影响而构成自己的体系。《太极图说》主要谈天道，《通书》主要谈人事。

周敦颐

《太极图说》里，他系统地论述了宇宙的本源、万物的演化以及人性善恶等问题。认为宇宙的本源是太极，太极的动和静产生出阴阳，阴阳二气交互作用生成水金火木土五种物质元素（即五行或五气），他明确地指出："自无极而为太极，太极动而生阳，动极而静，静而成阴，静极复动"，产生出天地万物和人。阴阳五行是万物生成的必然环节，"无极之真，二五之精（二，阴阳；五，五行），妙合而凝。乾道成男，坤道成女。二气交感，化生万物。万物生生，而变化无穷焉"。天地万物均可经由五行、阴阳的环节，归本于太极。"五行——阴阳也，阴阳——太极也，太极本无极也"。周敦颐的"太极——无极"说规划出一个先于天地万物的宇宙本原，在认识上冲破了传统的"天地父子生成图式"，为后世学者开辟了一个新型的思维天地。

周敦颐在《通书》中对《中庸》的"诚"做了进一步的发挥，把"诚"解释为人的至善的本性，是仁、义、礼、智、信这些所谓"主常"的根本。为了达到"诚"的最高境界，他提出了

"主静"的修养方法,"主静"就是"无欲"。

理学的奠基者——二程

程颢(公元1032年~1085年)字伯淳,程颐,字正叔,他们两人是亲兄弟,都是周敦颐的学生。由于哲学思想的一致,人们称他们为"二程"。周敦颐兴理学之始,但程颢、程颐对理学发展却起了突出作用,是理学的奠基人。二程哲学体系的核心是"理"或"天理"。他们的"理"或"天理"是对周敦颐"太极"说的继承和发展。这个"理"不以人们的意志为转移,不受时间、空间的限制,是天下万物都要遵循的普遍原则,是永恒存在的。理不仅是自然界的,也是社会的最高原则。理是先于气(事物)而存在的,人知物"都自这里出",理是第一性的,气是从属于理的。每一物都由理产生,每一物也就体现了完全的理,理能产生万物,又能统辖万物。程颢说:"天者理也",认为天就是最高的实体。这个"理"凌驾于万物之上,先于万物而存在,永远不生不灭,不增不减。他又说:"父子君臣,天下之定理"。他所讲的永恒的理,就是君臣、父子的封建等级关系,封建伦理道德这是唯一的理。所以程颐就说:"天下只有一个理"。二程主张"明天理",对劳动人民来说,就是不能违反封建伦理道德。

程颐

在天人关系上,二程坚持"天人相与"的观点,建立了一种更为精致的"天人合一"说。在认识论方面,二程鼓吹"唯心论"的"先验论"。他们认为,一切知识"皆出于天",真正的知识、才能并不是在实践中获得的,而是人头脑里固有的。人们只要修身养性,求之于内心,就可以悟出"天理",认识一切。

二程的学说中,也承认万物变化无穷。程颐说过,"有生便有死,有始便有终"。但是他们特别强调变中有不变的东西,认为不变才是根本的。这个不变的东西就是道,也就是理。万物的变化,都要受道或理的支配。

二程兄弟的思想虽基本一致,但仍表现出不同倾向。程颢重视人的主观精神的作用,提出"心即理",表现出心学的思想倾向,启发了陆王心学;程颐则表现出理学的思想倾向,他提出"理一分殊"说,这些思想都被朱熹继承和发展,成为朱子学的思想材料。二

程思想的不同倾向,导致了后来"洛学"的分化,也为南宋"理学"和"心学"两个独立学派的形成提供了思想因素。

二程所宣扬的理学思想,是同他们的政治保守态度和复古的历史观相联系的。他们都反对王安石变法,王安石提出"新学",作为实行变法的理论根据,二程对王安石的新学全盘否定。理学家们根据封建的等级制度、法律、伦理道德等,指责王安石变法是"用贱凌贵,以邪妨正",完全颠倒了是非。王安石为了推行新政,不得不摆脱保守势力,起用一批新人。二程等一班理学家就退居洛阳,洛阳成为理学的根据地。二程的理学被称为洛学学派。

理学集大成者——朱熹

到了南宋时期,封建小朝廷偏安于江南,民族矛盾和农民起义更趋激烈。理学思想在二程学说的基础上又有了发展,代表人物就是朱熹。

朱熹(公元 1130 年~1200 年)早年主张抗金,中年以后转持消极防守。早年除研习儒家经典外,于佛教、禅学、道经、文学、兵法等无所不学。曾受业于胡宪、刘子翠、李侗,得程颢、程颐之传,兼采周敦颐、张载等人学说,集北宋以来各派理学之大成,逐步建立起完整而系统的理学体系,其学派被称为"闽学"或考据学派、程朱学派。他的著作很多,有《四书集注》《周易本义》《太极图说解》等。他的弟子还把他在讲学时发表的言论,编成《朱子语类》。

朱熹

朱熹哲学体系中的基本范畴是"理"。在宇宙观上,他认为"理"是万物生成的本源,也是人类社会的最高准则。"理一分殊",万物有万理,万物均源于天理。一理摄万理,万理归为一理。有"理"而后有"气","理""气"不可分,但"理"为本而"气"为末,理为先而气为后。

在认识论上,他主张"格物致知",认为知识是先天固有的。但由于"利欲所昏",使"知"有不至。应该用吾心的天理与外物的天理相印证,以推致我先天所固有的知识。

在人性论上,他认为"性"是一切生物所据有的天理。他把人性分为天命之性和气质之性,天命之性是"专指理言",是至善至美的,"理""气"相杂的"气质之性"则有善有恶。他把传统的纲常学说加以理论化、通俗化,把"三纲五常"当作社会的最高道德标准,人们须"去人欲,存天理""正心诚意""居敬""穷理"以"求仁"。

朱熹是有神论者。他说:"帝是理是主"。上帝就是理,就是万物的主宰者。理是统

治一切的。他又说："未有君臣，已先有君臣之理；未有父子，已有父子之理。"不论谁是君，谁是臣；谁是父，谁是子，君臣父子虽然有生有死，但君臣父子的理，也就是忠君孝父的伦理道德是永恒不变的。

朱熹还提出复古的历史观点。他同永康学派陈亮从通信中开展了辩论。朱熹认为夏、商、周三代的帝王是按"天理"行事的，因此出现盛世；汉朝和唐朝的皇帝是照"人欲"行事的，因此出现乱世。他主张要恢复三代之治，走历史的回头路。这就暴露出朱熹在政治上倾向保守的一面。

从南宋后期起，朱熹所提出的程朱理学被统治者尊为正统，长期居于统治地位。

除了建立一套哲学理论外，朱熹和他的弟子们，在学术文化上做了大量工作，涉及政治、宗教、教育、文学、艺术和科学技术等各个领域。朱熹为了"致知"，他博览各种图书，接触到许多知识部门，包括自然科学知识。他说地球是由物质的气凝聚而成的；地球是圆形体的；月亮本身没有光，月光是日光的反射。朱熹一生创办书院，收罗门徒，从事教育工作，他的博览精神、治学态度和治学方法，对当时和后世学者，产生了较深的影响。

朱熹亲手制订了《白鹿洞书院学规》，规定学习的程序和方法是："博学之，审问之，慎思之，明辨之，笃行之"。他提出了：学、问、思、辨、行这五个字，是他办学的一套比较完整的经验。他是提倡"循序渐进"的学习原则的，这是符合认识发展规律的。他还提倡"熟读精思"的学习方法，认为"大抵读书，先须熟读，使其言皆若出之于我之口；继之精思，使其意皆若出之于我之心，然后可以有得耳"。读书是否有所得，要看能不能把书本知识加以消化，变为自己的东西。朱熹也强调学是为了用。他说："大抵读书须要看那道理是何作用，只读过便休，何必读书。"这些都是作为教育家朱熹的经验之谈。由于有广博的知识和独到的眼光，朱熹在整理文献、考证文字、注释古书等方面，取得了一定的成就，为发展中国古代文化做出了贡献。

王安石的新学

王安石（公元 1021 年～1086 年）不仅是著名的文学家、政治家，还是个著名的思想家。他的学说当时被称为"新学"，与理学家的理论是格格不入的。他的新学自成一个学派，被理学家们视为离经叛道的东西。

王安石生平有三句名言：

天变不足畏，
祖宗不足法，
人言不足恤。

这三句话，最集中地反映出他的世界观是倾向唯物主义的；在政治上是反对抱残守缺、墨守成规，而主张变革现状、除旧迎新的。

王安石认为"尚变者天道也"，作为自然界的天是经常在变的。日蚀、月蚀、飓风、水

圣母殿

灾、山崩、地震、雷电等，都是难以避免的自然现象。自然界的这些变化，同国家的盛衰没有直接联系。王安石说，“天变不足畏”，人们不应当害怕这些自然灾害，正因为有这么多的自然灾害，就要“修人事”，以人力去战胜自然，决不能束手无策。这是人定胜天的思想。

他又认为天地万物是由金、木、水、火、土五种元素构成的。“行”就是运动、变化的意思。他说五行是“往来于天地之间而不穷者也。”五行的变化是无穷的。

王安石还认为人类社会是不断前进的，总是新的代替旧的。因此他提出了“新故相除”的思想，也就是新陈代谢的意思。在这一思想引导下，他坚持主张要实行变法，就是“变风俗，立法度”，旧制度不能作为当今立法的依据。所以他说“祖宗不足法”。

王安石感到，古今时代不同，当代的知识要比前代更加丰富，要不断取得新的知识。王安石看不起当时那些死守孔孟教条的“儒者”，认为当时“所谓儒者，大抵皆庸人”。对于他们那一套气势汹汹反对变法的论调，用不着去顾虑。所以他又说，“人言不足恤”。王安石明确表示：“祖宗之法，未必尽善”，“可革则革，不足循守。”王安石的新学，就是他在宋神宗时代实行变法的思想基础。

古文运动的兴起

宋初骈体文占统治地位，柳开、王禹偁以继承韩愈、柳宗元的古文传统为己任，穆修、苏舜钦等相继而起。宋仁宗时，欧阳修登上文坛，倡导流丽畅达，骈、散结合的散文新风，主张“其道易知而可法，其言甚明而可行”，成为北宋古文运动的领袖。欧阳修从理论上提出“道胜者文不雅而自至，”并根据实践经验有所取舍：就道而言，趋向平实，就文而言，趋向平易。他反对“舍近求远，务高言而鲜事实”的文章，也反对“弃百事而不关于心”的态度，主张为现实、为时事而创作，使古文从高谈道统的理论文变为实用的散文。而且，他还以自己丰富的诗文创作来实践自己的理论，写出许多为时为事的作品。散文有《与高司谏书》《五代史伶官传序》《泷冈

鱼沼飞梁

阡表》、《醉翁亭记》等名篇，诗歌有《食糟民》《答杨子敬两长句》《明妃曲》等卓然不群之作。宋嘉祐二年（公元1057年），欧阳修始任知贡举，于是，便借助行政职权严格禁止考试用华而不实的骈文，而提倡平实朴素的文风，并通过此来选拔诗文革新的后起之秀。苏洵、苏轼、苏辙父子，梅尧臣、王安石、曾巩等人，都是在他的直接或间接的培养和鼓励下成长起来的。在欧阳修的热情努力下，北宋诗文革新运动终于取得了重大胜利。

彩绘砖雕·推磨

在欧阳修的弟子中，为诗文革新运动立下大功的是苏轼。他不但勤于创作，提拔青年上也不遗余力。苏轼诗文创作的特点是重视"文"。他论道论文，远异于柳开、石介诸人，亦不同于欧阳修、王安石等。他讲道，不局限于孔孟儒家之道，而是指天地间每一事物背后的"内在物理"。他讲文，是"求物之妙"，"了然于心"和"了然于口与手"的辞达之文。一扫浮艳、用典和艰涩，使诗文革新运动步入新阶段，将西昆体扫入历史的垃圾堆。而出自他名下的黄庭坚、秦观、张来、晁无咎和陈师道、李廌等，后来也都成为文坛著名人物。如果说欧阳修奠定了北宋诗文革新运动胜利的基础，那么，苏轼则是最后完成它的人。

文坛泰斗——欧阳修

向先人韩愈学习

欧阳修是我国著名的文学家，庐陵（今江西永丰）人。他4岁的时候，父亲病死，母亲带着他到随州（今湖北随县）依靠他叔父生活。欧阳修的母亲一心想让儿子读书，可是家里穷，买不起纸笔。她看到屋前的池塘边长着荻草，就用草秆儿在泥地上划着字，教欧阳修认字。幼小的欧阳修在母亲的教育下，很早就爱上了书本。

欧阳修10岁时候，经常到附近藏书多的人家去借书读，有时候还把借来的书抄录下来。一次，他在一家姓李的人家借书，从那家的一只废纸篓里发现一本旧书，他翻了一下，知道是唐代文学家韩愈的文集，就向主人要了来，带回家里细细阅读。

宋朝初年的时候，社会上流行的文风讲求华丽，内容空洞。欧阳修读了韩愈的散文，觉得它文笔流畅，说理透彻，跟流行的文章完全不一样，他就认真琢磨，学习韩愈的文风。

长大以后，他到东京参加进士考试，连考三场，都得到第一名。

欧阳修

《醉翁亭记》

欧阳修二十多岁的时候，他在文学上的声誉已经很大了。他官职不高，但是十分关心朝政，正直敢谏。当范仲淹得罪吕夷简，被贬谪到南方去的时候，许多大臣都同情范仲淹，只有谏官高若讷认为范仲淹应该被贬。欧阳修十分气愤，写信责备高若讷不知道人间有羞耻事。为了这件事，他被降职到外地，过了四年，才回到京城。

这一回，欧阳修为了支持范仲淹新政，又出来说话，使朝廷一些权贵大为恼火。他们捕风捉影，罗织欧阳修一些罪名，朝廷又把欧阳修贬谪到滁州(今安徽滁县)。滁州四面环山，风景优美。欧阳修到滁州后，除了处理政事之外，常常游览山水。当地有个和尚在滁州琅琊山上造了一座亭子供游人休息。欧阳修登山游览的时候，常在这座亭上喝酒。他自称“醉翁”，给亭子起个名字叫醉翁亭。他写的散文《醉翁亭记》，成为人们传诵的杰作。

唐宋八大家

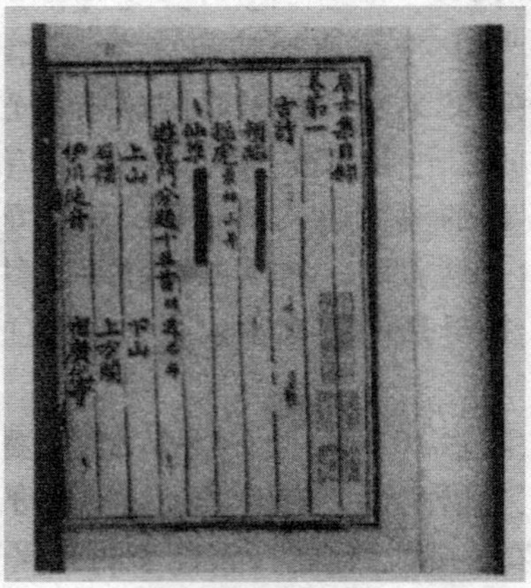

《欧阳文忠公集》

欧阳修当了十多年地方官，宋仁宗想起他的文才，才把他调回京城，担任翰林学士。欧阳修担任翰林学士以后，积极提倡改革文风。有一年，京城举行进士考试，朝廷派他担任主考官。他认为这正是他选拔人才、改革文风的好机会，在阅卷的时候，发现华而不实的文章，一概不录取。考试结束以后，有一批人落了选，对欧阳修十分不满。一天，欧阳修骑马出门，半路上被一群落选的人拦住，吵吵嚷嚷地辱骂他。后来，巡逻的兵士过来，才把这批人赶跑。

经过这场风波，欧阳修虽然受到了一些压力，但是考场的文风就发生了变化，大家都学着写内容充实和朴素的文章了。

欧阳修不但大力改革文风，还十分注意发现和提拔人才。许多文采并不那么出名的人才，经过他的赏识和提拔推荐，一个个都成了名家。最出名的是曾巩、王安石、苏洵和他的儿子苏轼、苏辙。在文学史上，人们把欧阳修等六个人和唐代的韩愈、柳宗元合起

来，称为“唐宋八大家”。

欧阳修赋诗戏“才子”

欧阳修写农村自然景色的小诗《田家》，多少年来，被世人称颂为精品传诵下来：

绿桑高下映平川，
赛罢田神笑语喧。
林外鸣鸠春雨歇，
屋头初日杏花繁。

这首小诗，诗人用细致的工笔画，描绘出江南地区的一派浓丽的春光。动静结合，从动中表现静。人们笑语喧哗，自然界花开鸟叫，这一派热闹风光，更加深了农村自然景色中恬静的诗意。欧阳修的诗写得如此好，被世人称道，很快就成了著名诗人。但某公自以为才高八斗，听说欧阳修擅诗，心里颇不服气，于是就去找欧阳修，欲一比高低。

一天，这人吃完早饭，离家去见欧阳修。他行至半路，见一大枯树，口出两句：“门前一枯树，两股大桠杈。”吟出这两句，想了半天，硬是想不出后两句来。恰巧，欧阳修从此公身后经过，见此状，随即替他续了两句：“春至苔为叶，冬来是雪花。”此人听了不禁大喜，便说道：“你也会作诗，正好咱俩一同去和欧阳修一比高低。”这样，他俩一同往前赶路。

来到河堤上，一群鸭子正在下水。那人又口出两句：“一群好鸭婆，一同跳下河。”说出这两句，停了半晌。欧阳修用大诗人骆宾王的名句为他续了下句：“白毛浮绿水，红掌拨清波。”那人听了后，虽有些尴尬，但仍不自量力说：“好啊，这就成了一首好诗了。”欧阳修听了不语。后来，二人一同渡河，那人似诗兴不减：“两人司登舟，去访欧阳修。”欧阳修不动声色，一语双关：“修已知道你，你还不知修（羞）。”

司马光编写《资治通鉴》

从小就喜欢读史书

司马光，字君实，陕州夏县（今山西夏县）人。他从小聪颖过人，勤奋好学，酷爱史书。5岁时就能熟练背诵《论语》《孟子》等古文篇章，7岁时，听人讲解《左传》，就能理解它的基本思想，并且还能生动地讲给家里人听。除此之外，年少时，他就读了《史记》《汉书》等史书，对于这些书籍，稍能了解文章大意，就手不释卷，甚至忘记饥渴寒暑。他热爱读书，用他自己的话说是“自幼至老，嗜之不厌”。仁宗宝元初年，也就是司马光刚满20岁那一年，他考中进士甲科，授奉礼郎。司马光的这些早年的经历对他以后治史产生了重要的影响。

司马光在长期阅读史书的过程中，他对于中国古代的史书有颇深切的感受。他认为

中国古代的史书虽然很多,可是由于没有一部书系统地记载从古到今的历史,所以造成了中国古代历史的纲目不清,给研究历史的人带来了一定的困难和不便。所以,他决定要集采众家史书的长处,着手编写一部以年为经,以国为纬,有鲜明时间和空间特色的史书,方便后人读史,也使中国古代的历史记载不再由于朝代的更迭而被分割得支离破碎。

编写新的史书

而当时的皇帝宋英宗为了维护帝王的统治,也很想请那些学识渊博的大学士编写一部有关历代君臣事迹的书,供后世帝王借鉴和仿效。司马光把自己的一些设想和英宗的想法糅合到一起,就承担了这项工作,开始着手编写新的史书。

司马光采用《左传》编年记史的方法,从战国开始写到崇二世时期,起草完成了《周纪》5卷,《秦纪》3卷,总共是8卷的编年史,合称为《通志》。

到公元1066年,就把他作为样书呈送给英宗皇帝。结果,这部《通志》受到了英宗的肯定和支持。英宗鼓励司马光继续编写,并且还下令设置书局(在汴京城的崇文院),让司马光带领着一批历史学家如范祖禹、刘恕、刘颁等进行编写。这批历史学家根据各自的爱好和特长,进行了不同的分工,与司马光密切配合,正式开始编撰从古至今的一部通史。

《资治通鉴》书影

宋英宗去世后,继位的宋神宗也十分重视这部史书的编写工作,他建议把书名定为《资治通鉴》,还亲自为书作序,命司马光每日进读。“资治”就是帮助皇帝治理好国家,“鉴”是镜子的意思。“资治通鉴”就是这部书能够使皇帝借助历史这面镜子来分清是非功过和利害得失,以求作为统治阶级巩固封建政权的借鉴。

司马光在编写过程中,态度特别认真,史料记载说他在每次编写一个内容之前,都要先广泛收集史料,包括正史,杂史等,然后本着实事求是的态度,考证史料的真伪,继而拟定总提纲和分目提纲,根据时间先后顺序排比史料,删繁就简,咬文嚼字进行编写。

因为司马光是总纂官,所以他还要呕心沥血地修改稿子,手下的历史学家所写的每部书稿他都要亲自过目,据说当时经他修改过的书稿堆满了两间屋子,里面没有一个草字,写的都是楷书。

司马光为编写《资治通鉴》付出了自己毕生的心血和精力。他从公元1065年开始,到公元1084年成书,前后共用了19年时间。他19年如一日,废寝忘食、夜以继日地工作。

为了不使自己因过度劳累睡过了头,耽误写书的时间,他曾经专门请人制造了一个圆木枕。睡觉时,只要圆木枕轻轻一动,头就会落枕,把自己从睡梦中惊醒,这样他就可

以早点起来继续写书，司马光的那个圆木枕就被人们称为“警枕”。司马光的这种勤奋治学、一丝不苟的精神广为人们称道。

司马光所编写的《资治通鉴》一书中记述了从公元前403年至公元959年总共1362年的历史，共294卷。完整地介绍了各个朝代重大的历史事件的前因后果，各种政治、经济制度和文化成就，还记录了一些重要历史人物的事迹和思想。司马光编写《资治通鉴》的目的主要是为封建统治阶级服务的，可是客观上，《资治通鉴》一书也继承和完善了我国史书中的编年体记史的体例，对中国历史文化的传播做出了重大贡献。

宋徽宗大展宏图

鹰击长空

不少史籍都记载了赵佶做皇帝之前作为皇帝贵族成员的一些琐事。我们从中发现，比起其他皇室成员的饱食终日、无所用心来，赵佶显得胸有城府。他很少参与其他那些胸无大志的亲王们组织的宴游活动，成天深居独处，不是练字作画就是习兵舞剑。对朝中大臣，他也总是彬彬有礼，随时保持着一个谦虚的姿态，这使得朝廷上下对他怀有一致好感。有一天，负责观察天象的官员郭天信来到他的居室，悄悄告诉他说：“王星将入宫室（星座），端王将君临天下。”这是毫无根据的推测，但这种话多说几句也无妨。说对了算是拍准了马屁，说不定有朝一日仅凭这几句话就平步青云，说错了也不会被人知道，因为亲王如果把这话传出去，招来杀身之祸的只能是他自己。所以郭天信这类官员经常玩弄这种投机钻营的把戏，然而说者无心，听者有意，赵佶竟然因此高兴得几天几夜没有睡好觉。他挥笔绘成了一幅气势非凡的《鹰击长空图》：一只临空翱翔的巨鹰，背负青天，俯瞰着江山万里。

宋徽宗

赵佶梦想成真

万万没有想到赵佶居然几天之后便梦想成真——他病了一年的哥哥宋哲宗赵煦去

世了。哲宗无子,该从弟弟中选出一人继承皇位。尽管哲宗的弟弟很多,但赵佶依然充满信心。凭他平日与朝中大臣的良好关系,以及当时掌有国家大权的向太后对他的厚爱,他相信皇冠最终会落在他的头上。终于如愿以偿,但远不是赵佶所想象的那样顺利,要不是向太后的力争,他的愿望终将化为泡影:哲宗刚一驾崩,向太后便召来群臣商议皇位继承人,她哭着对群臣说:“国家不幸,皇帝无嗣,亟应择贤继立,慰安中外。”大臣章惇回答道:“依照律令,应立简王。”向太后反对道:“说起来诸王都是神宗的庶子,谈不上该立谁不该立谁。”章惇又说:“即使如此,也该立庶子的长子申王。”太后又反对道:“本来是

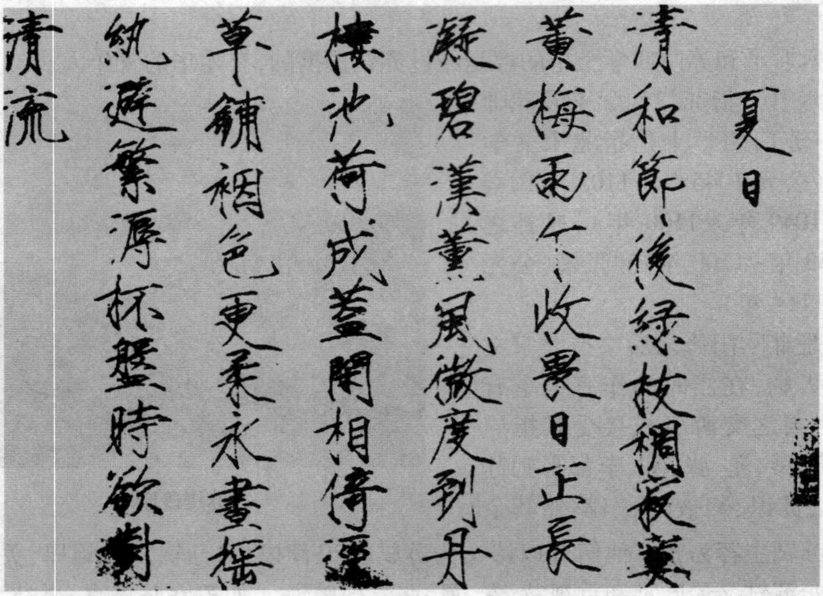

赵佶·夏日诗帖

该立申王,但他有眼病,不便作君王。所以依次下来,也就只好立端王了。”大臣章惇一听反驳说:“端王自来有些轻佻,怎能做天下君主呢?”太后说:“这就不对了,先帝在世时就曾经说过,端王有福寿,而且仁孝,与诸王都有所不同。”其他大臣见向太后如此固执己见,都明白了向太后的心思,于是纷纷附和起来。一个叫曾布的大臣吼道:“章惇从未和我们商量过,如今怎能在这里擅作主张呢?依我看还是太后出一道圣谕也就行了。”蔡卞、许将也齐声应道:“合依圣旨。”章惇一见自己势处孤立,知道争执下去也没有用,只好缄口不言。这时,赵太后趁机宣读圣谕,将皇位的继承权交给了赵佶。不过这一切对于后来已经当了皇帝的赵信来说都并不重要了。他在以后的一生中最记忆犹新的只有元符三年(公元1100年)正月初八那个难忘的日子,哲宗去世的消息是那天早晨从宫中传出来的。当时,寒风卷着漫天黄沙,呼叫着冲向京城的千家万户,也从紫禁城中那些辉煌巍峨的飞檐斗拱间匆匆掠过。他当时正在离紫禁城不远的端王府内,听到这一消息,他预感到将要发生一场改变他今后命运的大事,于是再也按捺不住了。他时而侧耳倾听,

时而翘首张望，焦急地在殿廊下踱来踱去，还一次次望空合掌，默默地祈祷……

就在这时，一阵急促的马蹄声乘风而来，两个小黄门冲进王府，还没有收紧缰绳就叫了起来："太后圣谕，端王即刻进宫！"赵佶未等到话音落地，便翻身上马，带领一群护从跃出府门来到了皇宫，他刚进皇宫就被带到了宋哲宗灵前，他在灵前做的第一件事并不是举行告别哲宗的仪式，而是举行皇帝登基典礼。

苏门六君子

苏门六君子和苏门四学士指的都是经过苏轼提携的，有才华的青年人。

苏门六君子指苏门四学士及陈师道、李荐。苏门四学士是指北宋文学家黄庭坚（公元1045年~1105年）、秦观（公元1049年~1100年）、晁补之（公元1053年~1100年）和张耒（公元1054年~1114年）。

苏堤晚晴

苏轼是继欧阳修之后主持北宋文坛的领袖人物，在当时的作家中享有盛誉，一时与之交游者或接受其指导者甚多，黄、秦、晁、张、陈、李都得到苏轼的培养、赏识、奖掖，除李荐外其余五人皆受苏轼主荐为官。他们皆以诗文为苏轼赏识荐拔，与苏轼友谊笃厚，关系在师友之间，其中，苏轼又最欣赏和重视黄、秦、晁、张。他曾说："如黄庭坚鲁直、晁补之无咎、秦观太虚、张耒文潜之流，皆世未知，而轼独先知之。""苏门六君子"只是表明他们都得到过苏轼的垂青和指导，接受过他的文学影响，但不是说他们与苏轼可以统称为一个文学流派。实际上六君子风格各异，受苏轼影响的程度有差别，文学风格也不尽相同。如黄庭坚的诗自创江西诗派，与苏轼并称苏黄。秦观的主要成就在词，但他的词都不走苏轼的路子，而专以纤丽婉约见长，为婉约派代表作家。张耒以诗见长，平易浅近。晁补之诗词稍逊，而擅古文。陈师道（公元1053年~1102年）亦为江西诗派代表作家。李荐（公元1059年~1109年）元丰中以文谒苏轼于黄州，其文条畅曲折，辩而中理，为苏轼称赏，后举进士不第，绝意仕途。南宋人曾辑黄、张、晁、秦、陈、李之文为《苏门六君子文萃》。

白衣卿相柳永

北宋前期，最负盛名的词人是柳永。柳永（公元987年~1053年），原名"三变"，字耆

卿，崇安人（今属福建）。

柳永少年时到汴京应试，由于擅长词曲，熟悉了许多歌妓，并替她们填词作曲，表现了一种浪子作风。当时有人在仁宗面前举荐他，深受理学熏陶的仁宗批了四个字："且去填词"。柳永受到这种轻蔑和打击后，变得玩世不恭，自称"奉旨填词柳三变"，在汴京、苏州、杭州等地过着流浪生活，并自称"白衣卿相"以对抗科举的功名。

大悲阁的力士石雕

柳永是北宋第一个专力写词的作家。由于他能够吸收民间文学的新鲜血液，学习民间语言，所以他的词大都通俗易懂，音律和婉，大得声称于世。他第一个大量写作慢词，对宋词由小令而慢词的发展，对词的表现领域的扩展，均有开拓之功。当时与秦观、周邦彦并称，谓之"秦柳""周柳"。他的恋情词、羁旅行役词，真情毕现，极具个性，是其代表。其艺术特点是：音律谐婉，词意妥帖，写景抒情，都能委曲尽致，他的《乐章集》传词近二百首。《乐章集》中大部分词是写妓女生活和羁旅行投的，表现出柳永对歌妓的同情和自身怀才不遇的情感及离情别绪，其中《雨霖铃·寒蝉凄切》流传尤广。由于他的词大量吸收口语入词，所以深受当时一般市民爱好，流传极广，相传当时"凡有井水饮处，即能歌柳词"。

豪放派领袖——苏轼

苏轼（公元1037年~1101年）在词的发展史上是开一派先河的大家，他的作品冲破了词坛上的狭隘局限，为词开辟了较为广阔的天地，在北宋词坛上树起了一座丰碑。

苏轼作词不拘一格，挥洒自如。他一方面将写诗的豪迈气势和遒劲笔力贯注词中，一方面尝试用散文的句法写词，在词中发议论，偶尔兼采史传、口语，给人们以清雄之感。他的词结构变化多端，写景、抒情和议论融为一体，有巨大的艺术表现力。

苏轼首先在词的题材上开疆拓土，扩大了词反映社会生活的范围，提高了词的意境，使词成为一种独立发展的新诗体。广至大千世界，深至个人内心，举凡记游、怀古、说理、感旧、田园风光、贬居生涯，苏轼都一一纳入词中，使原先局促黯淡的词境豁然开朗，为宋人开辟了一块可在其上与唐人诗歌方面的成就争雄况胜的天地。[念奴娇]《赤壁怀古》和[水调歌头]《丙辰中秋……兼怀子由》这两首词集中体现了苏词的思想艺术成就。这

两首词笔涉天地古今，境界开阔高远，既抒写了个人的失意惆怅，又表现出旷达超脱的情怀，一改词流连于“花间”“樽前”的旧传统，展示了雄浑豪放的格调和社会人生的广阔领域，苏轼由此被视为豪放派的领袖。

秦观及词集《淮海词》

秦观（公元1049年~1100年）是苏门四学士之一，词、诗、文皆工，而以词著称，是婉约派的代表作家，其词集名为《淮海词》。

秦观

秦观词的内容，局限于描写男女恋情和抒发个人愁怨，以“情韵兼胜”著称，感伤色彩较为浓重。柳永的词在这方面对他颇有影响，秦观词的艺术成就很高。他比较注重晚唐五代以来词体形成的婉约本色，善于通过凄迷的景色、婉转的语调表达感伤的情绪。秦观在这方面继承了柳永的某些表现手法，但又避免了柳永的俚俗和发露无余，而以淡雅含蓄取胜。秦观在北宋以后几百年都被视为词坛第一流的正宗婉约派作家，他的词风对后来的许多著名词家如周邦彦、李清照直到清代的纳兰容若等都有显著的影响。

贺铸及词集《东山词》

贺铸（公元1052年~1125年），字方回，北宋卫州（今河南汲县）人。他才兼文武，愤世嫉俗，不事权贵。一生仕途蹭蹬，沉郁下僚。晚年退居苏州，自号庆湖遗老。今传有《东山词》，存词近300首。

贺铸为北宋著名词人。他的词以抒发个人闲愁为特色，但坎坷身世，落寞情怀，却又富于人生况味。他善用比兴之法，构成新的意象、新的格局和境界，而不落寻常俗套。他善化前人的成句，来加强词的抒情气氛，但华赡有余而真性不足。他精通音律，声歌弦管，自成新调。他喜用密集的韵脚，错综的韵声，造成跌宕回环的节奏和抑扬顿挫的音律。他寄兴无端，风格多变，柔情缠绵于笔端，豪气腾涌于腕底，至有“幽索如屈、宋，悲壮如苏、李”之誉。

江西诗派的开创者——黄庭坚

江西诗派是北宋以来古文运动的重要成果之一，它的开创者是黄庭坚。黄庭坚（公元 1045 年~1105 年），字鲁直，分宁（江西修水）人，自号山谷道人，又自号涪翁。

黄庭坚的诗歌创作是在面对着长江大河一般的唐诗和欧阳修、苏轼的宋诗的挑战下开始的。他想新创一条自己的道路，他说："文章最忌随人后"，又说："自成一家始逼真"。要想实现创新的雄心，他走的是与众不同之径。他的社会接触面比杜甫、韩愈小得多，比欧阳修、苏轼也小得多，长期的书斋生活使他无法在反映现实、评论时事、抒写真怀上与前辈诗人争一地之长，只好到书本知识和写作技巧上寻找超人之处。他虽然也说过学诗"要先以识为主"，但他所指的"识"不过是要"潜心"体味古人诗作而已。黄庭坚之所以能自成宗派，并成为当时人和后人学习的典范，与他的作诗主张和作诗方法分不开，其中最突出的有下述几点：

黄庭坚

一、夺胎换骨法。黄庭坚说："诗意无穷，而人才有限，以有限之才，追无穷之意，虽渊明、少陵不得工也。不易其意而造其语，谓之换骨法；窥之其意而形容之，谓之夺胎法。"简言之，夺胎法即点窜古人诗句，借用前人诗意，改为自己的作品；换骨法即意同语异，用前人的诗意，而以自己的语言出之。王安石有诗云："祗向贫家促机杼，几家能有一钩丝"，黄庭坚改换五字为："莫作秋虫促机杼，贫家能有几钩丝"，这就是换骨法。

二、字字有来处。黄庭坚说："自作语最难。老杜作诗，退之作文，无一字无来处。盖后人读书少，故谓韩杜自做此语耳。古之能为文章者，真能陶冶万物，虽取古人之陈言入于翰墨，如灵丹一粒，点铁成金也。"字字有来处，就是要求搬弄典故，使用古语。他的《戏呈孔毅父》诗说："管城子无食肉相，孔方兄有绝交书"，在短短的两句诗中连用四个典故。

三、拗律。杜甫的七律，已有拗体。韩愈也曾借拗句以推陈出新，胜过旁人。拗律是交换平仄，使诗的音调反常；拗句是句法的组织改变，使文气反常。但杜甫、韩愈都是偶一为之。到了黄庭坚，这两种方法便被大量地用于诗歌创作之中，成为他的特格。后来又有单拗（将句中平仄二字交换）、双拗（两句中平仄二字对换）、吴体（每对句中的第五字以平声谐转）等名目，在诗坛广泛传播。

四、去陈反俗，好奇尚硬。去陈反俗是黄庭坚作诗的最高信条；好奇尚硬是他作诗的法与格。他说："宁律不谐，而不使句弱；用字不工，不使语俗。"别人常用的字眼和鄙俗的调子，他一概洗除净尽，专搜求拗律、拗句、险韵、怪典。

黄庭坚有诗歌创作的大量作品，又有一套相对完整的理论和具体的作诗技巧指南，因而，在他周围逐渐形成一个诗歌团体，后人称之为"江西诗派"。

江西诗派因黄庭坚是江西人而得名，而诗派中的其他诗人也并不都是江西人。后来，北宋末、南宋初的吕本中撰写了《江西诗杜宗派图》中提出了"江西诗派"的称呼，并把黄庭坚作为诗派的创始人，又列举了陈师道等二十四人为这一派的成员。然而，别人把他也归入了江西诗派之中。其实，在吕本中所列举的诗人中，其理论主张和创作实践并不完全一致，有的诗人还不承认自己是江西诗派。徐俯对于吕本中列他于宗派中很不满，说："我乃居行间耳。"韩驹是江西诗派中除黄、陈以外的大诗人，他也不甘于在江西诗派，《后村诗话》说："子苍蜀人，学山苏氏，与豫章不相通。吕公强之入派，子苍殊不乐。"虽然如此，但作为一个诗歌流派，江西诗派又确实有着黄庭坚影响之下的共同特征。江西诗派对北宋后期诗歌创作有很大的影响。

郑樵著《通志》

郑樵（公元 1104 年～1162 年），兴化军莆田（今属福建）人。徽宗宣和元年（公元 1119），其父亡故后，他隐居山野，潜心研究史学，历经四十余年，著成继司马迁《史记》之后的一部大型纪传体通史——《通志》。

《通志》记事上起三皇，下迄于隋。辟本纪十八卷，年谱四卷，略五十二卷，世家三卷，列传一百一十五卷，载记八卷。仿司马迁之作，于《史记》五体外，本《晋书》为载记，又改表为谱，改书为略。本纪、世家、列传、载记系综合诸史旧文，损益而成，唯年普略出于新创。二十略尤为精心编撰之作，集中反映郑樵史学思想学术观点，其中礼、职官、选举、刑法、食货五略，系节录《通典》；氏族、六书、七音、天文、地理、都邑、谥、器服、乐、艺文、校雠、图谱、金石、灾祥、昆虫草木十五略，则为多年搜讨，独出心裁之作。如氏族略记载了各个氏族的由来；校雠略阐明了整理图书、辨章学术的方法；图谱略指出了图表与书籍的相互作用；金石略扩大了史料研究的范围；六书略、七音略开启了文字音韵之学的新途径。

《二十略》的成就，除将史学的研究范围从典章制度的分析扩展到对于社会、文化及自然史方面外，作者还宣扬其无神论思想。他批判董仲舒的阴阳五行之学，他还强调修史的真实反映性，把任意歪曲历史事实的修史主张斥为"妄学"，反映出他的求实精神。郑樵《通志》的成就，今有人将他与司马光并称为两宋史学上的"双子星座"，而《通志》则与《通鉴》《文献通考》合称为"三通"。

郭忠恕著《汗简》

郭忠恕(公元?~977年),字恕先,河南洛阳人。小时候聪明伶俐,七岁应童子科及第,后周时被召为宗正丞兼国子书学博士。郭忠恕善画山水,尤工界画,他的界画以准确、精细著称。传世作品为《雪霁江行图》。郭忠恕多才多艺,擅长篆、隶书,精通文字学。

郭忠恕对中国文字学的最大贡献,就是编成其专著《汗简》。北宋初年,郭忠恕着重于“六国文字”的搜集和整理,著成了第一部整理“六国文字”的专著——《汗简》。“六国文字”实际是战国时期秦以外东方各国使用的书写文字,这种文字主要书写于经传古籍的抄本。《汗简》此书名取典于古人所谓“杀青”,即用火烤竹,把水分蒸发掉,便于书写和保存,表明作者搜集原文字主要来源于古代简册。

《汗简》所搜集的古文来源于《古文尚书》《古周易》等七十一种古籍和石刻材料,所取字数不等,有的近五百,有的只一个。该书体例完全遵照《说文》,按五百四十部排列文字,正文为摹写的古文形体,各种异体尽量列出,释文用楷写今体,不做隶古定,每个字都注明出处,详尽有致,便于查录。

该书在当时受到极大重视,但宋以后,许多学者就因所收字形无从核实,所收字体又较怪异,既与出土的青铜铭文不合,又有大批不能从《说文》中找到根据,以及不少改变《说文》所从部首,而另从郭氏自定部首等对《汗简》提出了怀疑、非议。《汗简》因此不被文字学界看重。

随着大量战国文字材料的出土面世,该书的价值日渐揭晓,现已成为识读战国文字的重要参考材料。

《三经新义》颁天下

熙宁八年(公元1075年)六月,宋朝廷颁行《三经新义》,作为学校的教材。熙宁元年(公元1068年),王安石以翰林学士侍讲《尚书》,宋神宗曾要求王安石重新训释六艺。熙宁五年,宋神宗又对王安石谈及当时经术人人乖戾,督其将所著颁行于天下。

王安石改革科举,整顿学制后,公元1073年设置经义局,王安石提举经义局,吕惠卿兼修撰,王雱兼同修撰。从新进士中选拔余中、朱服、邵刚、叶唐懿、叶杖、练亨甫等,充国子监修撰经义所检讨。王安石复相后,重又主持此事。公元1075年六月,撰成《诗义》《书义》《周礼义》五十五卷进呈赵顼,颁于学官。

《诗义》《书义》《周官义》(即《三经义》)的训释主要是根据王安石的经说立论的,其中《周官义》是王安石亲自执笔。王安石治经,不拘于章句名物,认为“圣人之术,在于安危治乱”。《三经新义》以王安石的思想为基准,所以公认《三经新义》是王安石的著作,

包含着变法思想的内容、新义打破"先儒传注",依托儒家经典宣传变法革新的思想,一时号称"新学"。

《三经新义》颁行以后,太学和各州县学都以此为主要教材,科举用它作为应试的标准。在此后50多年间,几乎支配了整个教育文化部门。

北宋山水画大师——郭熙

郭熙(公元1023年~1085年),河南温(今河南省温县)人,主要活动于北宋仁宗、神宗时。神宗熙宁初进入翰林图画院为艺学。他作画以构景巧妙著称,到晚年又发展出自己的特色,既能作李成派擅长的平远寒林,也善于作丘壑雄深、云烟变灭的巨制,尤其长于通过景物表现气氛。他曾画《秋景烟岚》《春雨晴霁》《冬阴雪密》等图,都是着重表现季节和朝暮、阴晴、雨雪变化之景。他深究画理,"凡画山水,须远近浅深、风雨明晦,"四时朝暮有所不同。在取景方法上提出高远、深远、平远的"三远法"。有了对自然界的长期观察,故所作山水画,春山艳冶如笑,夏山苍翠如滴,秋山明净如妆,冬山惨淡如睡。

窠石平远图轴

郭熙传世作品较多,署款并有纪年的有《早春图轴》《关山春雪图轴》(约公元1072年)和《窠石平远图轴》(公元1078年)三幅,又有《树色平远图卷》《山村图轴》《幽谷图轴》等,没有款识,一般也认为是他的作品。《早春》是公认的郭熙代表作,在绢上用水墨作画。他利用淡墨的微妙变化,尽量减少景物在远近和晦明上的色差,来表现含蓄的景物,把由于春天空气中水蒸气增多,影物笼罩在淡淡的阳光下显得模糊不定的气氛烘托出来,很好地本现了他在《林泉高致》中所说"春山淡治而如笑"的境界。在李成真迹不传的今天,这幅画堪称是代表李郭画派最高水平的巨制。

一代宗师——李成

山水景物先是在人物画中用作配景的,大约在唐代逐渐形成独立的画种。北宋时,山水画在题材、风格、技法上均有重大发展,李成、董源、范宽三人被称为宋初三大家。后

世称这三家为“百代标程”。

三家中，李成被北宋人公认为宋朝最重要的山水画家。李成（公元919年~967年），字咸熙，原籍长安（今陕西省西安市），为唐朝宗室之后，在北宋只生活了八年，主要创作活动在五代末，但北宋人都公认他是本朝最重要的山水画家。

李成的山水画学习荆浩、关同，继承了荆浩、关同的北方山水画派的特点，并发展成新的风格。他擅长画平远寒林，能够真实生动地表现开旷和深远，有很高的写实技巧。他的画山水风格淡雅，笔墨秀润，画石如飞动的云头，画林木多用尖笔（毫锋颖脱），景物富于变化，尤长于用淡墨表示多层次的、烟笼雾约的平远之景。后人说李成“惜墨如金”就是指他作画淡雅含蓄，少用浓墨重笔而言。

李成·读碑窠石图轴

李成的作品传世极少，北宋后期大鉴赏家米芾就说他平生只见到两件李成真迹，而伪者却见过三百本。流传至今传为李成的作品中已经没有真迹，但其中有些确是能在一定程度上反映李成风格的北宋画，把它们和郭熙、王诜等李成派大师之作比观，还可大体推测出李成画的面貌。这些画有《读碑窠石图轴》《乔松平远图轴》、《茂林远岫图卷》和《晴峦萧寺图轴》等。

北宋前中期李成画派的重要画家有许道宁、李宗成、翟院深三人。三人中，只有许道宁尚有一卷《渔父图》传世。许道宁是长安（今西安市）人。《图画见闻志》说他“老年唯以笔墨简快为已任，故峰峦峭拔，林木劲硬，别成一家体”。这卷《渔父图》画江上群峰耸出，水口犬牙交错，林木萧疏瘦硬，笔墨简快狠辣，表现出北方山水苍凉雄壮的气氛，正符合前文所说他老年时峭拔劲硬、别成一家体的特点，和李成秀润淡远的风格迥异。从这幅画中还可看到他善画平远和野水的情况。

“不古不今”的画家——王诜

王诜（公元1036年~1093年），太原人，他虽是贵族，却精于诗画。他画山水学李成一派而又有所创新，既工于设色，也擅长水墨。

传世王诜真迹仅三幅，其中二幅均名《烟江叠嶂图卷》，一为设色，一为水墨，另一幅

为《渔村小雪图卷》。《渔村小雪图卷》全学李郭派山水，用水分很大的淡墨画江村雪山，烘染出轻寒湿润的气氛。此图用笔在含蓄、圆润中兼有流利，画树用尖笔，爽利明快，笔墨虽没有郭熙浑厚老健，却在姿媚轻倩中寓有文雅的气质，这大约和他高度的文化素养有关。画中苇叶枝梢用少量泥金是他的创新。水墨本《烟江叠嶂图》是一矮卷，此图虽是正规李、郭派画法，却已出现若不经意的文人游戏笔墨的迹象。通过这三幅画，可以看出王诜画风早年、晚年的变化和力作与逸笔草草的差别。

西园雅集图

北派山水画大师——范宽

范宽（公元？~约1026年）为宋另一著名山水画家，他的时代较李成略迟。他的山水画艺术是在李成的影响下发展起来的，曾师法荆、关，但最后得助于终南山、太华山的真实的大自然。

他画山水的特点是着重表现山的雄健坚实的实体感，视之如近在眉睫，举手可扪。《溪山行旅图》被公认为是范宽真迹。画中主景为一正面大山，前方为坡陀和临水巨石，仍是上下留天地，中间大山堂堂的传统构图，但布置较满，山头显得雄强逼人。从此图中可以看到，范宽画山以短促而劲健繁密的皴笔布满全幅，后人称之为“雨点皴”。画中山形的大分合和外轮廓都用粗笔重墨勾勒，以顿挫轻重表其转折之势，又在勾勒轮廓的内侧加皴笔时沿边留出少许空白，近似于高光面，以表现山形的凸凹。皴笔的方向和浓淡也和表现山石节理及体积感的要求完全一致。

虽然范宽早年学李成，但他成家后的面貌却和李成画派一无似处，其气息且截然相反。韩拙说李成画“烟岚轻动，如对面千里，秀气可掬”，范宽画“如面前真列，峰峦浑厚，气壮雄逸，笔力老健”，并把二家画迹比作“一文一武”。把一个清淡含蓄、一个浓重坚实

的差异说得十分清楚。如果把两派的代表作郭熙《早春图》和范宽《溪山行旅图》并悬比观，我们所得到的也正是这种印象。在北宋中后期，其画派没有李成画派兴盛，流传下来的作品也较少。

“米家山水”画派父子——米芾、米友仁

北宋后期山水画以米氏父子成就最大。米芾（公元1051年~1107年），字元章，他既是画家，又是宋代四大书法家之一。米芾性情旷达，耿介不阿，有洁癖，酷爱怪石，才高艺广，能诗善书。米芾特别推崇五代董源的画风，主张“平淡天真”，反对“俗艳”。晚年居江南，有感于长江两岸“云气涨漫，岗岭出没，林树隐现”的烟雨之景，创造出泼墨点染的绘画风格。他将书法中的点画用笔融于绘画，并以大笔触的水墨表现自然山川的烟云风雨变化，后人称之为“米点山水”米芾的画作，他自己在所著《画史》中有所叙述：“枯木松石，时出新意……又明山水古今相师少出尘格，因信笔为之，多以烟云掩映。”可见他所画的题材，还是十分广泛的，邓椿记他的两件作品说：“其一纸上横松梢，淡墨画成，针芒十分，攒错如铁。古今画松，未见此制。题其前云：与大观学士步月湖上，各分韵赋诗，带独赋无声之诗。盖与大观诸人，夜游颍昌西湖上也。其一乃梅松兰菊，相因于一纸之上，交柯叶而不相乱，明为繁则近简，以为简则不疏，太高太奇，实旷代之奇作也。”

米芾的书法也成就极高。书法得王献之之笔意，尤工行草，其行草，俊逸豪迈，沉着飞翥，与蔡襄、苏轼、黄庭坚合称“宋四家”。

米芾性情怪异，世称“米颠”，他天资极高，在书画之外，还能诗文，精鉴别。喜蓄金石古器，尤嗜奇石。其传世书迹有《苕溪诗》《蜀素帖》等，画迹有《春山瑞松图》等，著有《书史》《画史》《宝章待访录》等。

米芾的儿子友仁（公元1074年~1153年），字元晖，亦善书画，世号小米，他传世的绘画作品不多，现在故宫博物院所藏米友仁的真迹仅有三件。一件为《潇湘奇观图卷》，一件为《云山墨戏图卷》，一件为《云山得意图卷》（在台湾）。上海博物馆还藏有《潇湘白云图》一件，其他见于著录中的作品很多。

米芾

米友仁的画，继承了他父亲的风格，山水画尤为精绝，“点滴烟云，草草而成，而不失其天真，自题为墨戏”。他特别注意写生，在自然的山水中寻找灵感。所绘之画题材多为表现湿润多雨、烟雾弥漫的江南山水，给人以朦胧缥缈之感，其友翟耆年有诗云：“善画无根树，能描濛瀡云”，宋人邓椿

说他“天机超逸，不事绳墨，其所作山水，点滴云烟，草草而成，而不失天真，其风肖乃翁”（《画继》）。他的画作也是来自生活实践，他自题《潇湘奇观图》说“余生平熟悉潇湘奇观，每天登临佳处，辄复写其真趣。”他的画也是墨戏之作，他在《云山墨戏图卷》的款书中，自负地说：“余墨戏气韵不凡，他日未易量也”。他在《云山得意图卷》的自识中，也有这么一句话：“实余儿戏得意作也”，可见他的画，比他父亲的墨戏之作更加有所发展，索性以“儿戏”自得了。

米公祠

“米家山水”画派，一方面丰富了苏轼等人所形成的文人画派的风格，一方面对于南宋院体水墨山水画也起了一定的作用，从许多南宋人在《潇湘白云图卷》中所书写的赞词，可以看出米家的声望。另一方面，开启了元明写意画的道路。

书画家苏轼

苏轼是继欧阳修后北宋文坛的杰出领导者，在书画上也有独到贡献。他喜好画枯木、怪石、墨竹等，时出新意，形神俱妙。他的《枯木竹石图》一卷，画蟠曲枯树一株，顽石一块，石后露出二三小竹和细草，深具意趣，可谓“诗中有画、画中有诗”。他画竹，常常一杆从地直至顶。图中枯木虬屈无端倪，怪石皴硬。自谓“枯肠得酒盘角出，肝肺槎枒生竹石”。枯木题材绘画也正是他心灵的写照。该图运思青拔、风格卓绝，是画中珍品。

三苏祠

在书法上，他以行书和楷书名著于世。最著名的墨迹代表是《黄州寒食诗》，为行书诗稿。诗的内容充满着消沉、悲苦、凄京、绝望的情绪。其书随意命笔，随着诗情的起伏而变化，参差错落，时大时小，忽长忽短，感情随着笔尖自然流出，达到了艺术形式和内容的完美统一，令人感叹不已。

黄筌画派

和山水画一样，花鸟画在五代时也大为盛行，并影响到宋代一个较长时期。

入宋以后，黄筌（约公元903年~965年）画派成为北宋院体花鸟画的主流，延续近百年。到神宗时，崔白遂取代黄派后学，成为画院中主流。在宋末徽宗院画中，则是富现重色和野逸水墨二体兼容并蓄。整个宋代花鸟画坛基本上是在徐、黄二体及受其影响者互相竞争、互为消长的情况下不断发展前进的。

黄筌之子居寀曾先后在孟蜀和北宋宫廷任侍诏。史载他擅长画花竹翎毛，兼工山水人物。入宋后，他除为宫廷作画外，还被委派“搜访名画、诠定品目”。凭借这种地位，黄派花鸟画遂成为北宋翰林图画院品评画家优劣、决定画家能否进入图院的标准。北宋内府所藏黄居寀作品，据《宣和画谱》所载，有三百三十二幅之多，其中只有一件《山鹧棘雀图》流传至今。此图绢本设色，画水边一双山鹧和棘上群雀，配景是大小数石和棘枝、小竹、小草，衬托出雅洁的环境。画中鹧、雀作谛听、顾盼、飞鸣、栖止种种动作，把瞬间的动态表现得很真实生动。此图布景匀称，意境平和安详，笔法工稳，仍符合应制之作的体制。

崔白花鸟画

崔白是北宋花鸟画家中又一代表人物。宋神宗熙宁初年，受皇帝赏识进入图画院，以他新创的花鸟画取代了院中流行近百年的黄筌画派。

他的画的特点是以当时流行的较豪放苍劲的水墨山水的画法来画花鸟画的配景，注重笔趣，追求简单、野逸、荒寒、冷峭的意境。

其传世之作有《竹鸥图轴》《双喜图轴》和《寒雀图卷》三幅。《竹鸥图轴》画逆风涉水的白鸥，岸边坡石间画大小三竹，把白鸥弓身曲颈冲寒冒风前行的姿态和竹子茎叶逆风弯曲翻转飘动之势表现得很逼真。《双喜图轴》画两双灰鹊，一立枝头，一逆风翔空，向坡下回顾惊疑的老兔叫噪，树叶、小竹、野草也作随风披拂之势。树干有“嘉祐辛丑崔白笔”隶书款，作于公元1061年。两图各高近二米，笔法简练豪放。它们的共同特点是构图简洁，都着重表现动态和风势，都以水墨淡色画坡石竹树，用笔有顿挫和浓淡变化，夹杂着飞白和渲染，仅鸟雀用工笔。《寒雀图卷》因帧幅小，故用笔较细，但枯树皴笔老健，鸟雀活泼自然，仍是生动、野逸一派。把这三图和黄居寀《山鹧棘雀图》相比，一动一静，一豪入一工致，两者的差异极明显。

画院花鸟画派

北宋末，花鸟画又出现画院花鸟画这一流派，其原因是宋徽宗喜爱花鸟画，也鼓励画院画家作工笔画。故当时出现一些名家，贵族有赵令穰、赵士雷等，官员有梁师闵等。一般说来，画院画家趋向精工；贵族、官吏受当时初起的文人画的影响，倾向于平淡自然。

这时期画院中画家大多替徽宗代笔。流传至今有赵佶署款的画有工拙二种，工细的一类就是画院画家代作。其中花鸟画有《芙蓉锦鸡图轴》《腊梅山禽图轴》《五色鹦鹉图卷》《祥龙石图卷》等。这几幅实是现存北宋花鸟画中最工细之作，形象准确，傅色艳而不俗，略近黄筌一派的体制，但又加上清劲工致的勾勒，可以说是综合北宋徐、黄以来各家之长，达到一个新的水平。

秋收

传世赵佶画中微拙的有《柳鸦图卷》《四禽图册》《池塘秋晚图卷》《竹禽图卷》《枇杷山鸟图》等是他的亲笔。其中《柳鸦图》《池塘秋晚图》《枇杷山鸟图》三图构图甚精，应是画院中人代为创稿。微拙的笔调可能是有意追求，以别于“众工”之作。赵佶不仅是画家，在书法上也有较高的造诣。清王文治《论书绝句》论述：“不徒素练画秋鹰，笔态冲融似永兴，善鉴工书俱第一，宜和天下太多能。”赵佶书法学薛曜、褚遂良，创造出独树一帜的“瘦金体”，瘦挺爽利，侧锋如兰竹，与他所画工笔重彩相映成趣。所谓瘦金书，是美其书为金，取富贵义，亦以挺劲自诩，与李煜诩其书为“金错刀”同一义。宋徽宗的书法不免柔媚轻滑，这也许是时代和他本人的艺术修养所致，但他首创的瘦金体的独特的艺术个性，为后人竞相仿效。

宫廷藏画史专著——《宣和画谱》

北宋宣和二年(公元1120年)，在宋徽宗赵佶授意和主持下，一批精于画史和鉴赏的儒生们集体编撰了一部反映宫廷所藏绘画作品的著录著作——《宣和画谱》。

《宣和画谱》共二十卷，收录了魏晋至北宋画家231人，作品6396幅，并按画科分为十门。每门画科前都有短小精悍的叙论，叙述该画科的渊流、发展及代表人物等，然后按时代先后顺序排列画家小传及其作品。

《宣和画谱》虽然是属于著录性质的画史专著，但从每个画科的叙述及画家传记评论来看，更具有绘画史论的性质。因此，此书不但是宋代宫廷藏画的记录，而且还是一部传记体的绘画通史，对于研究北宋及其以前的绘画发展和作品流传，具有重要的史料价值。

李公麟白描

李公麟（公元1049年~1106年），北宋最重要的人物画家，字伯时，舒城人，修养高深而又多才多艺。李公麟能书会画，精于考订古文字古器物，是有很高水平的学者，但他最大的成就在绘画方面。

李公麟绘画，与其他文人画家仅能画山水、花卉有所不同，道释、人物、鞍马、宫室、山水、花鸟等无所不能，绘画题材颇为广泛。其作画大胆地摒弃色彩，专用白描，形成独立的、具有高度概括性和表现力的艺术形式。

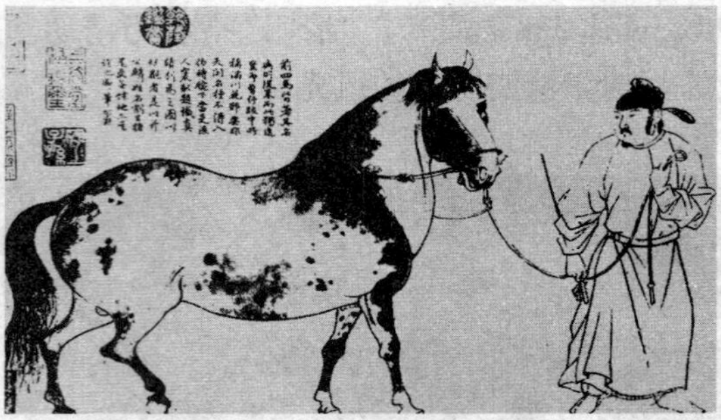

宋·李公麟·五马图（局部）

流传至今的李公麟真迹只有两件，即《摹韦偃牧放图》和《五马图》。《五马图》是纸本水墨画；用线描表现宋哲宗元初天驷监中的五匹名马，依次为凤头骢、锦膊骢、好头赤、照夜白、满川花，各有牵马的马官。画无李氏款印，但前四马后各有黄庭坚用小楷题的马名、产地、年岁、尺寸，卷末又写总跋，题为李公麟作。图中所画五位马官，除面目、巾靴略加烘染外，都用单线白描。图中五马或立或行，腹、背、臀、胸都用单线白描，仅口、鼻、目、蹄略有墨染。其中前四马自鬃后至后足肘都是一笔画成，行笔劲细，略有轻重变化，极准确简练地把圆劲而有弹性的马的臀背部分表现出来。五马中有四马略染出毛色斑纹，唯有照夜白一匹，纯靠线的轻重和前后搭接避让关系表现形象和体积感。马尾用淡墨画虬曲的细线，丝丝不乱，可以说是最大限度地利用了白描画法的表现力，显示出李氏高度的绘画技巧和艺术修养。

宋·李公麟·五马图（局部）

中国古画中不乏画马名作，但若就用笔简洁文秀而不失神骏之态而言，当以《五马图》为最。《宣和画谱》说李公麟作画“以立意为先，布置缘饰为次，其成染精致，俗工或可学焉，至率略简易处，则终不近也”。此图就是很好的例证。《五马图》是最能代表李公麟成熟期独特面貌的杰作。

李公麟创造出崭新的白描手法，成为可与重彩和水墨淋漓的画法相抗衡的传统绘画样式之一，为丰富中国画的表现技法做出了重大贡献。南宋贾师古、元代赵孟頫、明代丁云鹏等名家画人画马，无不祖述李公麟。

张择端及名作《清明上河图》

《清明上河图》的作者是北宋著名画家张择端。张择端，字正道，东武（今山东诸城）人。幼好读书，早年游学汴京（今河南开封），后习绘画，徽宗赵佶在位时供职翰林图画院，专工界画宫室，尤擅舟车、市、肆、桥梁、街衢、城郭，自成一家。有《清明上河图》《西湖争标图》等作品名于世。《清明上河图》是著名风俗画作品，绢本，长卷，淡设色，卷宽 24.8 厘米，长达 528.7 厘米。"清明"指农历清明节前后，一般认为该图是描写北宋京城汴梁及汴河两岸清明时节的风光。

闸口盘车图

作品采用了传统的手卷形状，从鸟瞰的角度，以不断推移视点的办法来摄取景物，段落节奏分明，结构严密紧凑。至于笔墨技巧，无论人物、车船、木房屋，都线条遒劲老辣，兼工带写，设色清淡典雅，不同于一般的界画。

全画结构共分三段：首段写市郊风景，寂静的原野，略显寒意，渐而有村落田畴，嫩柳初放，有上坟回城的轿、马和人群，点出了清明时节特定的时间和风俗。中段描写汴河，汴河是当时中国的南北交通干线孔道，同时也是北宋王朝的漕运枢纽，画面上巨大的漕船，或往来于河上，或停泊于码头。横跨汴河有一座规模宽敞的拱桥，其桥无柱，以巨木虚架而成，结构精巧，形制优美，宛如飞虹。桥的两端连着街市，人们往来熙熙攘攘，车水马龙，与桥下繁忙的水运相呼应，是全国的第一个热闹所在。后段描写市区街景，以高大的城楼为中心，街道纵横交错，各种店铺鳞次栉比，有茶坊、酒肆、脚店、寺观、公廨等。有沉檀楝香、罗锦匹帛、香火纸马，有医药门诊、大车修理、看相算命、修面整容，还有许多沿街叫卖的小商小贩。街上行人摩肩接踵，络绎不绝，男女老幼，士农工商，无所不备。

全卷所绘人物五百余位，牲畜五十多只，各种车船二十余辆艘，房屋众多，道具无数，场面巨大，段落分明，结构严密，有条不紊。技法娴熟，用笔细致，线条遒劲，凝重老辣，反映了高度精纯的绘画功力和出色的艺术成就。同时，因为画中所绘为当时社会实景，为后世了解、研究宋朝城市社会生活提供了重要的历史资料。

沈括著《梦溪笔谈》

沈括（公元1031年~1095年），字存中，北宋钱塘（今浙江杭州）人。他博学善文，于天文、方志、律历、音乐、医药、卜算，无所不通，是中国历史上一位伟大的科学家，一生著述颇丰，其中以记平日与宾客言之者言的《梦溪笔谈》最为著名。

现存《梦溪笔谈》二十六卷（分十七目），《补笔谈》三卷，《续笔谈》十一篇。《补笔谈》和《续笔谈》较为后出，最早著录《补笔谈》的是《文渊阁书目》，而不著录《续笔谈》；最早著录《续笔谈》的是《遂初堂书目》，而不著录《补笔谈》。明马元调按《梦溪笔谈》的分类，将《补笔谈》归为十一目，分三卷，连同《梦溪笔谈》《续笔谈》全书刊行，成为现存较完善的《梦溪笔谈》的祖本。

沈括

《梦溪笔谈》记述了沈括多年来观察实践所积累的研究成果，其中包括文学、艺术、历史、政治、科学、技术诸方面的内容，而最可宝贵的是他的学术领域内广泛的见解和见闻，很多有创造性的见解，至今仍为世人所称道。据不完全统计，《梦溪笔谈》中属于科学技术的条文约255条，约占全书的2/5强，分属数学、物理、化学、天文、地学、生理医学、工程技术诸科，所涉学科广泛。美国李约瑟说沈括是“中国整部科学史中最卓越的人物”，《梦溪笔谈》是“中国科学史上的里程碑”。

沈括在太行山崖间，看到石壁上密嵌着螺蚌壳和鸟卵式的石子，考虑到这里是太古时代的海滨，这种现象是由海滨的介壳和淤泥堆积而成。他指出河流的侵蚀和沉积作用，推断出太行山地区的海陆变迁。沈括的这一推断较欧洲的达文西提出化石是生物遗迹的看法早四百年，他在地质学、古生物学方面的贡献无疑是伟大的。在延州，河岸崩圮，地下数十尺处，有类似竹笋林的化石，即推测“旷古以前，地卑气湿而宜竹”，这在植物地理学和古生物学方面都是重要的创见。在数学方面，他发展了《九章算术》，创造了新

的高等级数——隙积术，解决了累层堆积的甕、缸、瓦盆类物件的总和的求法。天文方面，发展了张衡的学说，明确指出月亮本身不发光，其光缘于日光。医药方面，沈括精于医术，对药用植物很有研究，《梦溪笔谈》有一卷为《药议》，订正了许多生药的性状和名称，对以后的药学家颇有启发。沈括在书中首次指出了地磁场存在磁偏角；最早记载了一种简便的人工磁化法，即“以磁石磨针锋”造指南针；详细论述了指南针的四种装置方法；首创了分层堰法测量地形；最早提出“石油”这个科学的命名，沿用至今；提出了完全按节气来定一年的日历安排的方案等。

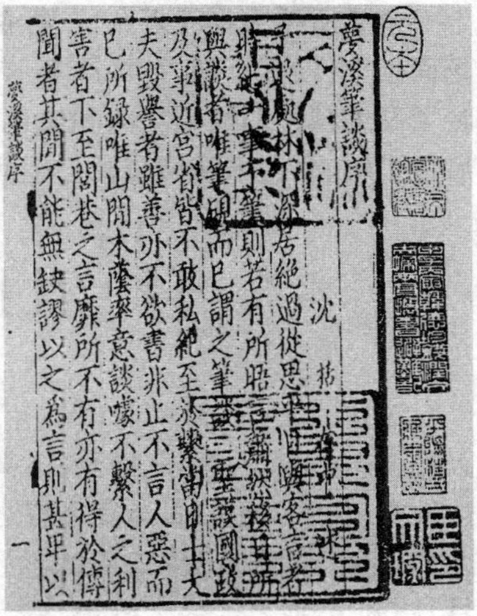
夢溪筆談序
沈括

《梦溪笔谈》书影

《梦溪笔谈》还注意记录当时劳动人民和科学家的杰出发明，充分体现沈括具有一个伟大科学家的坦荡心胸以及实事求是的严谨学风。布衣（平民）毕昇发明了活字印刷术，沈括对其创造过程以及设备的使用，做了详细有条理的记述，成为有关这一发明的唯一资料。《梦溪笔谈》记录孙思恭经认真观察和思考，提出彩虹是大气中的折射现象的见解，使这一重要创见得以保存。另外，沈括也重视客观地记述自然现象和生产技术情况，如对陨石和陆龙盖的描写；摘录“匠师”喻皓的《木经》，记录河北锻钢工人所掌握的“团钢”和“灌钢”的制作技巧，从这类记载中不难看出那个时期人民对自然的认识以及生产技术所达到的水平。

沈括作为一个政治活动家，在《梦溪笔谈》中当然要记述人民斗争与民族斗争的情况，由于他又是一个科学家，世俗偏见较少，记载较为客观。对于王小波、李顺所领导的农民起义，他有这样的叙述，“录用材能，存抚良善，号令严明，所至一无所犯。”又如咸平间（公元998年~1003年）契丹犯边，由于张皓出使，将契丹之谋告之守将，大败契丹，而真宗仍与契丹签订了澶渊之盟。正史及多数史籍皆不载张皓事，只有《梦溪笔谈》尊重事实，它的记载揭露了统治者为维护其皇位而向外族屈辱求和的用心。

沈括兴趣广泛，学识精博，对出土文物亦留心搜集，而且把这些文物当作研究历史的资料。沈括爱好音乐、美术、文学，亦有较高的造诣。

心学学派与陆九渊

陆九渊（1139~1193），抚州（江西抚州）人，字子静，号象山。

陆九渊与朱熹齐名，两人私交也较深，但学术见解多有不同。他融合孟子“万物皆备于我及良知”“良道”说以及佛教禅宗“心生”“心灭”等论点，提出“心即理”观点，曾言“宇宙便是吾心，吾心即是宇宙”；“心”是天地万物的本源，唯一的实在。陆九渊建立起所

谓“心学”体系。提倡内省反求，认为天下万物之理不外吾心，只要用“易简工夫”“发明本心”就可以明了万物之理，用不着外求。

在认识论上，陆九渊反对从客观事物中寻求知识，认识真理，他说：“此心此理，固有之。”认识宇宙本来面目，只要认识本心。提出“存心去欲”的理论，并且宣扬纲常伦理。

陆九渊曾与朱熹鹅湖论学，做学术论争。陆九渊的心学与程朱之学的主要区别是，程朱把理看作某种相对独立的存在，“不为尧存，不为桀亡”；陆九渊则认为“心即理也”，天理就在人的内心之中。朱熹主道问学，九渊主尊德性；朱熹好注经，九渊则学苟知道，六经皆我注脚，故两宋的理学有朱、陆两派。

陆九渊在世不注重著书立说，身后只留下《语录》及《文集》，其子汇编为《象山先生全集》。其学术思想，后为王守仁所继承发展，成为陆王学派。

永康学派大师——陈亮

南宋时期，在科学技术进步的基础上，哲学思想领域出现了带有唯物主义因素的新兴学派——浙东地区的永康学派和永嘉学派，这两个学派在思想政治、文化、经济、军事方面，都起了推陈出新的作用。

其中永康学派的特点就是他们讲求“务实”，反对“空谈”。他们是根据事功的实际效果，来检验思想、主张方针、政策的正确或错误。这种事功之学的理论基础，就是道不离物的朴素唯物论。它的代表人物是陈亮。

陈亮

陈亮（1143～1194），字同甫，号龙川，婺州永康（浙江永康）人。他出身于一个趋于没落的普通地主家庭。少年时，他爱读唐代大诗人李白的作品。李白的“凛凛气节”，深深地感动了他。他又喜读屈原的作品。在人民群众抗金热潮的推动下，他在十八九岁时就学习《孙子兵法》，并探究历代兵家用兵的得失。《酌古论》是他最早的著作，共有二十一篇，对历史上的著名人物和历代战争进行了分析，提出自己的议论，从中吸取对抗金斗争可以取法或引为鉴戒的东西。陈亮在政治上坚持抗金、同情人民；在思想上反对专讲“正心诚意”的理学；在文学上，迸发出爱国主义的光彩。他是一位很有成就的词人。他同爱国词人辛弃疾在信州鹅湖相会，谈论国家大事，互相赠送词篇，抒发爱国的抱负。

陈亮在哲学思想上，提出“道在物中”的理论。就是说，任何道理或法则，都不能离开

具体的事物。因此他主张要“因事作则”,即从客观存在的事物当中,去探索事物的规律或法则。陈亮不满当时理学家们空谈“道德性命”,空谈什么“义理”,而主张从当时社会现实状况出发,讲求“实事实功”。他深深感到南宋王朝需要有一批图抗金之“事”、谋中兴之“功”的英雄人物,才能挽狂澜于既倒。

绍熙二年(1191),陈亮作为一位进步的思想家,遭到了政治陷害,被捕入狱。第二年出狱后,身心受到极大的创伤,但是他对国家的命运,仍然寄予极大的希望。绍熙四年(1193),他考中了进士第一名(状元)。像他这样有书本知识和实际知识的人,竟没有受到朝廷的信任和重视,只给他建康军判官厅公事这么一个职务很低的小官。陈亮还来不及上任,就一病不起。绍熙五年(1194)他与世长辞,年仅52岁。

永嘉学派的代表人物——叶适

与永康学派齐名的是永嘉学派。永嘉学派的著名人物,有薛季宣、陈傅良和叶适,而叶适则是这一学派的代表人物。

叶适(1150~1223),宋温州永嘉(今浙江温州)人,字正则,世称水心先生,公元1178年中进士第二名。孝宗时,奏言大仇未复,不可因循守旧,自为虚弱。历知蕲州、权吏部侍郎、知建康府兼沿江制置使、宝文阁待制兼江淮制置使。韩侂胄开禧北伐,因坚主抗金,为韩侂胄器重。公元1206年,在制置使任内,数次派兵袭击江北金军,立有战功。次年,又在江淮一带屯田练兵、修筑坞堡,作积极防御准备。北伐失败,韩侂胄被诛,叶适被夺职奉祠十三年。直到开禧二年(公元1206年),金兵直闯淮南,江南为之震动,才让叶适出任建康府知府,兼沿江制置使,负责江防。他在江淮地区组织民兵,加强防御措施,较好地完成了任务,但不久又被求和派赶下了台。

叶适是永嘉学派的代表人物和集大成者。在学术思想方面,他提倡功利,反对空谈性命,认为构成自然界的主要形态是“五行”“八卦”为标志的各种物质,而“仁”“义”必须表现于功利。叶适对待一切事物,采取明辨是非的审慎态度。他认为“当代之学,有是有非”,凡是空谈性命,脱离实际的学说,他都加以否定。他说:“道”或“理”都是依存于物的,不能脱离具体的物而空谈什么永恒不变的理。“道”或“理”是否正确,要通过全面考察事物之后,才能做出判断。在“天下争言性命之学”的时候,叶适挺身而出,和陈亮一起同倡事功之学。对朱熹学说有所批评。后世推为永嘉学派之巨擘,著有《水心文集》及《习学记言序目》等。

永康和永嘉学派的异军突起,是南宋时代东南地区农业和商品经济发展的产物。当时浙东和浙西两路,是南宋的经济中心。这两路十五州的人口,几乎占南宋总人口的一半。陈亮和叶适的学术思想,不仅影响浙东和浙西,而且影响到江西、湖南一带。他们的哲学思想和事功学说,在中国思想史上放射出夺目的光芒。

北宋女词人——李清照

在中国几千年的文学史上，女性文学家寥若晨星，而能够在中国文学史上占有相当重要地位的更是凤毛麟角。李清照正是这样一位千年罕见的女文学家。

李清照(1084~1155)，济南历城(今山东济南)人，自号易安居士，为北宋散文家兼学者李格非女，夫赵明诚，金石考据学家。

李清照幼有才藻，善属文，工诗词。其父被列入元祐党籍，她呈诗赵廷之以救。公元1101年结婚后，与赵明诚共同致力于彝器、石刻和书画之收藏研究，收集了大量的金石文物和图书。夫妻诗词唱和，生活优裕。

李清照

金人南侵中原，李清照与赵明诚避乱南方。未久，明诚病逝，辗转流离中，文物丧失殆尽。李清照只身漂泊，生活凄苦。晚年整理完成赵明诚所著《金石录》，上呈朝廷。经年去世，终年71岁。

南渡，是李清照个人生活的、也是其文学创作的重大转折。这之前，其词的内容多写闺情，风趣活泼；之后，多写思乡离愁，格调沉郁。但其词风，却一贯以委婉蕴藉为特色，是继五代李煜、北宋柳永之后的佼佼者，达到了婉约词的顶巅。这之后，经历国破家亡的遭遇，情绪激昂，词作流露出对中原故土的怀念，渗透了强烈的爱国情感。部分诗词感慨激昂，表现了她对现实的关心，对统治者的揭露和爱国热忱。其文辞语言清丽，善白描。论词强调音律和典雅，反对以诗为词。亦能散文、骈文和诗，通书画。有《李易安集》，后人辑有《漱玉集》。

辛弃疾及词集《稼轩词》

南宋最杰出的爱国词人辛弃疾(1140~1207)，他不仅是南宋著名的爱国之士，而且是开创一代词风的杰出文学家。现存的《稼轩词》共有620余首，是两宋作品最多的词家。

辛弃疾，济南历城(今山东济南)人，原字坦夫，后字幼安，号稼轩居士。辛弃疾生时已在金人统治之下，投效忠义军领袖耿京，并劝其归宋，张安国杀耿京降金，则又入金营

擒张安国南返宋朝，时年仅 23 岁，实属民族英雄。一生主张抗金，以恢复为志，功业自许，多次上书，分析抗金形势，提出抗金主张，奏请练民兵以守两淮，后历任数处安抚使。

辛弃疾是南宋第一大词人，他所遗留下来的词有 623 首之多。他继苏轼之后，把词的豪放风格加以发扬光大，使它蔚然成为一大流派，成为词坛的主流。他在《永遇乐·京口北固亭怀古》里写道："想当年，金戈铁马，气吞万里如虎"，慷慨激昂，气魄雄伟。《破阵子》中的"醉里挑灯看剑，梦回吹角连营。八百里分麾下炙，五十弦翻塞外声，沙场秋点兵。……了却君王天下事，赢得生前身后名，可怜白发生。"不仅抒写了抗金部队壮盛的军容、横戈跃马的战斗生活和恢复祖国河山的胜利愿望，同时也发泄了壮志难酬的悲愤心情。由于其词继承并发扬了苏轼豪放派的风格，纵横驰骋，悲壮激烈，与苏轼并称"苏辛"。

辛词抒发了词人满腔爱国激情及南渡以来的无限感慨与义愤，多方面反映了错综复杂、激烈动荡的社会现实，表现了非凡的英雄气概和创造力，在中国文学史上特别是词史上占有很重要的地位。著有《稼轩长短句》，今人辑有《辛稼轩诗文钞存》。

白石道人——姜夔

姜夔（1155~1229），字尧章，号白石道人，南宋后期著名词人、诗人。

姜夔作《跋王献之保母帖》（局部）

他早年孤寒，成年后出游扬州等地，往来于长江中下游及江淮之间，过着四海飘零的生活。他一生未做官，多才多艺，擅长诗词及书法，精通音律，尤以写词著名。姜夔词的艺术特点首先表现在其意境的清幽冷峻，通过这种意境寄托他落寞的心情，这对后世许多功名失意、流落江湖的文人极富吸引力。姜词还以讲究音律和辞藻、语言典雅凝练著称。他还善于在语言上用虚词和单行散句，声律上间用拗句拗调，富于转折和变化，虽刻意求工而不流于轻靡浮艳，适当纠正了婉约派词平熟软媚的作风，给人以简洁淳雅之感。姜夔的词继承了婉约派词人的成就，同时部分融合了辛弃疾词的轻健笔调，又适当地吸收了江西派诗人的手法，在词坛上自成一派，对后来词家的影响很大。

爱国诗人——陆游

陆游(1125~1210),越州山阴(今浙江绍兴)人,字务观,号放翁。南宋著名爱国诗人、词人。

在北宋南迁前两年,他出生在行驶于淮河中的一条船里。他还不懂得世事,淮河就成了宋、金的分界线,中原沦陷了。

陆游在南宋定都临安时即被父母携带返回了家乡。他的少年时代,正是南宋朝廷内抗战与投降两派激烈斗争之时。这期间,乃父友人都是些爱国志士,每当来家聚谈,总以祖国山河的残破,朝廷的腐朽,激昂陈词,疾首痛心。这给陆游以深刻影响,在他小小的心灵里,播下了忠于祖国、忠于民族的种子。既长,陆游就以收复故国河山为己任。

陆游

陆游 29 岁那年,参加省试,考取第一名,同时参加省试的有奸相秦桧的孙子,名列陆游之后,这使秦桧大为不满。第二年,陆游又参加殿试,却被秦桧削了名,并永远剥夺他仕进的资格,加给他的罪名是"喜论恢复",即主张收复失地,也就是"爱国罪"。秦桧死,始任福州宁德簿,迁大理寺司直兼宗正簿。孝宗赵昚即位时,任枢密院编修官,赐进士出身。曾任镇江(今属江苏)、隆兴(今江西南昌)、夔州(今四川奉节)通判。

和大将张浚商讨整顿武备,进取中原,被诬告免职。公元 1173 年入四川宣抚王炎幕府,曾向王炎提出抗金大计。又在蜀州、嘉州、荣州(今四川崇庆、乐山、荣县)任职,改任置制史范成大参议官。未几,朝廷召回为礼部郎中兼实录院检讨官。

陆游从入川到出川,生活几近十年,这是他一生中至关重要的历史时期。他的诗风,在这时为之一变,气概沉雄、轩昂。他自己编的诗集,取名《剑南诗稿》,就是为了纪念这段川陕生活。

陆游出川后,时仕时闲,65 岁时再次回到了山阴县鉴湖边上的三山村,度其晚年。

陆游工诗词、散文,亦长于史学。南渡后,与尤袤、杨万里、范成大并称南宋诗坛四大家。其诗多沉郁顿挫,雄浑豪放,内容以恢复中原,统一中国,反对投降为主题,兼有反映人民疾苦,批判时政之作,字字句句闪耀着爱国真情和对多灾多难国家的一片丹心,实为一代人民心声之反映。其诗今存有九千多首,著有《剑南诗稿》《渭南文集》《南唐书》、《老学庵笔记》等。

诚斋体创始人——杨万里

宋代诗歌出现许多流派，诚斋体是其中一种。诚斋体创始人杨万里（公元1127年~1206年），字廷秀，号诚斋，吉州吉水（今江西省吉水县）人。

杨万里在思想上受理学濡染较深，“（张）浚勉以正心诚意之学，万里服其终身，乃名读书之室曰‘诚斋’”。他的创作道路主要经历过尊奉江西——学习晚唐——辞谢诸人而师法自然三个过程，他的诗论也多围绕这三方面而发。他虽先以江西诗派入，而最终形成自己独特诗风，但他始终膺服江西诗派讲究法度、注重悟人的理论，他更强调灵活运用前人的创作经验，要“深得其意味”（《诚斋诗话》），但他最有意义的主张是跳出前人窠臼，师法自然。他自称在50岁以后“忽若有寤，于是辞谢唐人及王、陈、江西诸子，皆不敢学”（《荆溪集序》），主张“只是征行自有诗。”（《下横山滩头》）“不听陈言只听天。”（《读张文潜诗》）这种师法自然的主张使他更富有创新精神，更提倡以才气为诗。杨万里的诗有独到的艺术成就，被后人称为“诚斋体”。“活”，又是后人对“诚斋体”的公认评价之一。

严羽著《沧浪诗话》

南宋严羽所著的诗歌理论著作《沧浪诗话》，约成书于南宋理宗绍定、淳祐年间。它以系统性、理论性较强而在宋代最负盛名，对后世也产生了很大的影响。

严羽，字丹丘，一字义卿，自号沧浪逍客，邵武（今属福建）人，南宋诗论家、诗人，其生卒年不详。他一生未出仕，大都隐居于家乡，但仍关心时事，爱国思想在诗中时有流露，对朝政弊端也颇多不满之词。

《沧浪诗话》共有《诗辨》《诗体》《诗法》《诗评》和《考证》五门。作者对此书颇为自信、自负，称之为“自家实证实悟”之作，是“断千百年公案，诚惊世绝俗之谈，至当归一之论”（书后附《答出继叔吴景仙书》）。严羽论诗的基本方法是借禅理以喻诗、说诗。他在全书总纲《诗辨》一门中，鲜明地提出了论诗宗旨，大要在一“识”字。因为“诗有别材，非关书也；诗有别趣，非关理也”，故“学诗者以识为主”。所谓“识”，即当时人常用的“禅”“悟”。由有识而获妙悟，因妙悟而通于禅道。具体地说，便是以汉魏盛唐为第一义的效法对象，加以深刻透彻的领悟，方能达到“不涉理路，不落言筌”“羚羊挂角，无迹可求”“言有尽而意无穷”的最高艺术境界。《诗体》主要论述诗歌风格体制演进变化的历史；《诗法》着重阐明做法和技巧方面的要求；《诗评》举例评析汉魏以来的诗歌，态度比较全面公允；《考证》是对某些诗篇的作者、分段、异文等的考辨。

《沧浪诗话》对诗歌的形象思维特征和艺术性方面的探讨，对中国古代诗歌的发展做

出了一定的贡献，但也存在着脱离生活和唯心色彩手法的弊病。

杨万里论易

南宋初年，著名诗人、学者杨万里以满腔的爱国热情忧国忧民，提出了较为系统的“兴国在人”的社会政治观点。继承古代唯物主义思想传统，用“元气”说改造了周敦颐的《太极图易记》，并与程朱理学相对垒。他的学术著作有《诚斋易传》《庸言》《天问天对解》等。

杨万里继承和发扬了前人“气”的宇宙观，在他的《天问天对解》中，对屈原的《天问》和柳宗元的《天对》中关于宇宙起源和天体演化等根本问题作了通俗的解释，阐明了他的朴素唯物主义宇宙观。他认为，宇宙天地是混沌的“元气”自然形成的，没有神秘的造物主主宰，宇宙万物的变化、构成，都是它自身对立面之间相互作用的结果。他还充分肯定柳宗元的宇宙无限思想，认为天体无边无际，没有所谓偏僻角落。他用物质性的“元气”解说人和生命，引发出无神论观点，并反对天人合一和天人感应的神学思想。他继承发扬了柳宗元《天对》的思想传统，与朱熹对《天对》的非难和对《天问》的解释相对立。

南宋初的《雪溪行旅图》，描绘了隆冬季节一队牛车跋涉的情景。

杨万里在宇宙观上的最大贡献，是他唯物主义地改造了周敦颐的《太极图易说》的客观唯心主义的宇宙生成论。他针对周敦颐的“无极”为“虚无”，根据“元气”学说进行了自己的阐述，具体入微地表达了阴阳二气在构成宇宙万物中的神妙作用，去掉了周敦颐的“虚无”含义。他在“道”和“气”的关系问题上，也和程颐的思想相对，对所谓只有精神性的“道”或“理”才是永恒存在的观点进行了抨击，他指出，只有物质才是不灭的，并认为，有了天地然后才有自然万物和人类社会，有了人类才出现君臣上下，并产生维护君臣上下的礼义道德，而不是先有“理”。杨万里吸取《易经》中观物取象的观念来阐述自然的种种变化现象，同时又打破《易经》占卜问卦的神秘色彩，赋予以观物取象的唯物内容。

杨万里吸取了《易经》的变化发展观点，认为《易经》一书所谈的变易之道是讲述阴阳二气的变化发展规律，他指出阴阳二气是对立统一的，它们的矛盾导致永不休止的运动，这反映了宇宙变化发展的规律，由此他提出“无非和不立，物非和不生”的命题，可见他已

自发地猜测到客观自然界的事物具有对立统一的辩证关系。

在认识论上，杨万里肯定人的认识来源于客观世界，是客观世界的反映，因此他强调后天学习的重要性，也强调思维的重要性，只有通过学习、观察和思维，客观世界才能被认识。

杨万里的思想也有局限性，他的无神论思想不够彻底，未能完全否定鬼神的存在，他信奉儒学，对伦理纲常、中庸之道均推崇。但总的看来，他敢于大胆创立一家之言，提出许多当时人们认识水平所不能达到的符合客观事实的诊断，在理学泛滥的年代里是十分可贵的。

马端临著《文献通考》

宋末元初的一位进步史学家马端临（约1254～1323），又编了一部三百四十八卷的《文献通考》，记载从上古起到南宋宁宗时代为止，有关历代典章制度的变化。

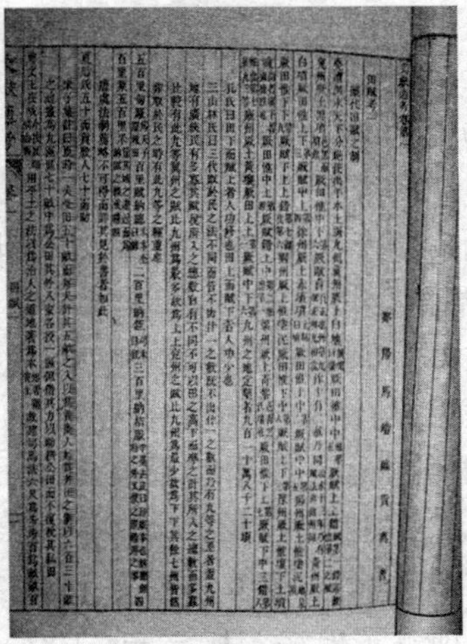

《文献通考》书影

马端临认为社会是不断前进的，制度也是随时代而变革的。宋朝灭亡以后，他对南宋小朝廷的腐朽，极为愤慨。马端临强调“古今异宜”，应当按照时代的需要，变革各种制度。因此，他认为古代的封建、井田等制度施行是有一定的条件，到了宋代再谈恢复封建、井田，是书生之论。但他又把封建、井田的施行归之于三代有“公天下之心”，这又看出他思想的局限。他也认为历史发展有阶段性的区别。对王安石的变法他基本上是赞同的，但对某些措施也有批评。马端临生活在宋末元初的历史大变动时期，他通过文献的综罗，来思考历史的兴衰。《文献通考》也是两宋三部通史巨著（另两部是司马光《资治通鉴》、郑樵《通志》）之一，与《通志》、杜佑的《通典》一起合称为“三通”。

袁枢编《通鉴纪事本末》

宋代的史学家还编纂了以历史事件为中心的纪事本末体通史著作。曾经担任南宋国史院编修官的袁枢（1131～1205），编了一部《通鉴纪事本末》，共四十二卷。

袁枢颇爱史学，精研《资治通鉴》，但苦于《通鉴》卷帙浩瀚，难以检寻史事起讫，于是以《通鉴》为蓝本，另加编排，以事分类，区别事目，将重要事实分类编纂，本年撰成《通鉴

记事本末》一书。书中以一事为一篇，自立标题，详其本末。起于《三家分晋》，终于《周世宗征淮南》，共四十二卷，二百三十九篇，取舍裁剪，颇为精当。《通鉴纪事本末》是我国第一部纪事本末体的通史著作。

以前史书只有编年、纪传两体，互有短长。袁枢创立纪事本末体，因事命篇，别创一体，不循常格，是对历史编纂法的一个重要突破。

南宋花鸟画派

南宋花鸟画方面，却基本延续着北宋末宣和时期的工细写实的作风，虽生动艳丽有加，画风却未出现重大的转变。传世的南宋院体花鸟画数量颇多，但其中大幅的卷轴画较少。多是圆形、方形或少量异形的小幅，主要用为团扇、室内装修家具上贴赂和灯片子等。这些小幅构图生动简洁，主题突出，描绘精密，是南宋花鸟画中富有特色的部分。从画法上看，虽都是设色画，仍可区分为以傅粉晕色为主，辅以淡色勾描，不露墨笔踪迹的近于没骨花的画法和显示墨笔勾勒之美的画法两类。

南宋著名的花鸟画家有林椿、吴炳等。吴炳是昆陵（今江苏省常州市）人，在他的传世作品《竹雀图》中，棘竹劲秀，雀鸟闲逸，画的是宫廷流行的安详闲适的情调。画面景物聚于下侧，构图已受到南宋院体山水新风的影响。

疏荷沙鸟图

南宋画院名家多兼工各体，一些不以花鸟名世的画家，所作花鸟往往也颇可观。著名山水画家马远的花鸟画有《白蔷薇图》和《倚云仙杏图》传世。近于“没骨花”的画法，风格纤丽秀美。他的儿子马麟有《层叠冰绡图》和《橘绿图》传世。《层叠冰绡图》是一幅画梅花的立轴，其疏枝冷艳的风度成为传世南宋花鸟画中的名作。

此外，在传世宋人团扇或方幅中，有大量花鸟画，其作者已不可考。虽都是设色之作。其勾勒笔法，各具其妙，丝毫不亚于前述名家之作，反映了南宋时期花鸟画长盛不衰、名手如林的情况。

南宋还有一种以画近景山水中的禽鸟为题材的作品，性质介于山水画与花鸟画之间。较有代表性的作品有《寒鸦图》《松涧山禽图》。

最早的官修兵书——《武经总要》

《武经总要》是我国现存的最早一部官修兵书，它是宋仁宗时仿照以往官修正史的组织形式，专门设局，由翰林学士丁度和曾公亮总领一班通晓军事的文人于公元 1040 年编写而成的。这部书卷帙浩大，体例完备，内容丰富，非以前任何一部兵书所能比拟，可谓我国历史上第一部军事百科全书；《武经总要》全书共四十卷，分前后两集，前集二十卷，其中制度十五卷，边防五卷，论述了军队建设和用兵作战的基本理论、制度和常识，内容有选将料兵，教育训练，部队编成，行军宿营，古今阵法，通信侦察，军事地形，步骑应用，城邑攻防，水战火攻，武器装备等，并配有大量插图，以及军事地理方面的内容，比如边防各路州的方位四至，地理沿革、山川河流、道口关隘、军事要点等。后集二十卷中，后五卷为阴阳占候等内容，另有故事十五卷，依照兵法，分类介绍历代战例，比较用兵得失，总结经验教训。其中以第十三卷器图内容最为丰富，包括射远器——弓弩，各种长短兵器，各种防护装备盔甲、盾牌等，以及各种战车。其中值得注意的有：炮楼（四轮高架炮车）、行炮车（四轮炮车和二轮炮车）、折叠桥以及游艇、蒙冲、楼船、走舸、斗舰、海鹘等舰艇；火禽、杏雀、火兽、火船等火攻器具与设备。此外，还有旋风炮、旋风五炮（炮楼、行炮车都是抛石机，所谓旋风炮是指可以向任一方向发射的抛石机），以及行炉、猛火油柜等。在弓弩方面尤其值得称道，如三弓斗子弩射二百步；双弓床弩，用五、七人至十人张弩，一人瞄准，一人槌发，射一百二十步；又有手射弩，二十人张，射二百五十步。

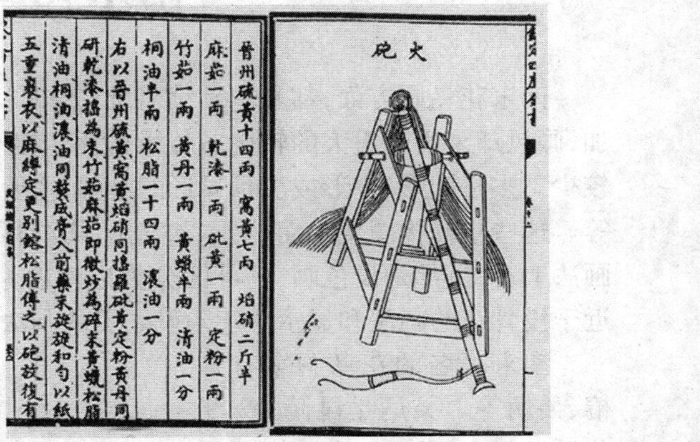
晋州硫黄十四两　窩黄七两　焰硝二斤半
麻茹一两　乾漆一两　砒黄一两　定粉一两
竹茹一两　黄丹一两　黄蠟半两　清油一分
桐油半两　松脂一十四两　濃油一分
右以晋州硫黄窩黄焰硝同擣羅砒黄定粉黄丹同
研乾漆擣為末竹茹麻茹即微炒為碎末黄蠟松脂
清油桐油濃油同熬成膏入前藥末旋旋和匀以紙
五重裹衣以麻縛定更別鎔松脂傅之以砲放復有

《武经总要》书影

《武经总要》由于所记载的内容还包括宋以前列朝列代，还涵盖与宋前后存在的契丹、党项、西南少数民族的战争情况，所以它既是研究宋代军事史的重要资料，对以前的各代军事史以及契丹等少数民族的历史研究也有一定的史料价值。该书有明正德刊本，但仅存前集，四库全书本有前、后集。《武经总要》一书所开创的兵书编纂体例，对后世影响很大，如明代范景文所撰著的兵书称为《正续武经总要》，赵本学、俞大猷所撰兵书称为《续武经总要》，唐顺之、茅元仪仿效《武经总要》分别著写《武编》《武备志》。

中华传世藏书

【图文珍藏版】

中国通史

刘宇庚⊙主编

线装书局

东汉灭亡

东汉中叶以后，外戚与宦官交替把持朝政，社会矛盾激化，地主豪强称雄，政治日趋黑暗、腐朽，最终导致黄巾起义爆发。此后，地主豪强割据，东汉王朝名存实亡。

黄巾起义

灵帝昏庸无耻，阉宦流毒于天下，官府横征暴敛，百姓受到层层压榨，国库空虚，民不聊生，民愤民怨极大，社会矛盾严重激化，全国各地不断爆发起义。从建宁元年（168）到中平元年（184）之间，有文字记载的农民起义就有十几起。这些大大小小的起义，预示着东汉王朝的命运已不可避免地走向尽头。而中平元年（184）开始的黄巾军农民大起义，则为东汉王朝敲响了灭亡的丧钟。

张角

黄巾军的发起人是钜鹿人张角，他信奉黄帝、老子，并擅长法术和咒语，广收门徒，自称“太平道”。他用念过咒语的符水为人治病，竟然治愈了不少病人。人们十分崇拜他，将他奉若神明。张角走遍各地，不过十多年的时间，青州、徐州、幽州、冀州、荆州、扬州、兖州和豫州等八州信徒竟达数十万人。各地方官府皆以为张角“教民向善，因而为百姓所拥戴”。只有太尉杨赐察觉到不妥，上书灵帝，建议捉拿张角等人，但灵帝却不以为然，将奏章弃于一旁。

光和六年（183），张角设置三十六个方，“方，犹如将军。大方统率一万余人，小方统率六七千人，各立首领”。他公开宣称：“苍天已死，黄天当立；岁在甲子，天下大吉。”并指派门徒用白土在京城各官署及各地方官府的大门上都写上“甲子”二字。张角和大宦官张让等人共同信奉道教老子，而张让等人也觉察到朝廷的统治不复稳固，为求得退路，他们和张角之间的关系往来密切。张角和众人密谋，由大方马元义等先集结荆州、扬州的信徒数万人，在邺城会合先行起事。计划制定后，马元义多次前往京城，秘密接洽中常侍封谞、徐奉等人，以他们为皇宫内应，约定在次年三月五日，于京城内外同时发动起义。

中平元年（184），黄巾军起义正式爆发，这是东汉历史上规模最为宏大的一场农民起义。灵帝惊慌失措，赶紧让大臣们想办法剿灭，但黄巾军起义就如大火燎原一般，很快烧遍了全国。

黄巾军起义越演越烈，朝廷的军队难以降服。此时，郎中张钧上书灵帝说：张角之所以兴兵作乱，而百姓部众数十万，都是因为以张让为首的“十常侍”为害朝廷和天下，百姓生活无以为系，只得铤而走险，谋议造反。如今，应该斩杀“十常侍”，并将他们的头颅悬挂在城门外，向天下百姓谢罪，再公告天下。百姓们消除了满腹怨恨，也就不会再起义了。灵帝读了奏章，并不表态，反而将张钧的奏书拿给张让、赵忠看。张让即刻表现得痛心疾首，大呼冤枉，还表示愿意把自己的全部财产拿出来供给朝廷剿灭叛匪。灵帝被他的一片真诚所打动，自此对张钧的奏章不理不问。

张让等人合谋买通了廷尉、侍御史，并反咬一口，诬陷张钧与黄巾军勾结，灵帝偏听偏信，遂将张钧打入牢狱，不久以叛逆罪将其处死。豫州刺史王允在镇压黄巾军时，从缴获物品中发现一些宦官及张让的门客与黄巾军往来的信件，就上奏给灵帝。灵帝恼火之极，怒斥张让道：“你们总说党人不轨，如今国家陷于危难，你们却和黄巾军暗中串通，你们是不是该杀？”张让赶紧谢罪，并把事情都推到已经死去的中常侍王甫、侯览身上。在张让的巧言安抚下，灵帝没有继续追究他。但张让对王允怀恨在心，先后两次在灵帝面前大进谗言，中伤王允，并将王允抓入牢狱。幸而有大将军何进、太尉袁隗等联名上书，请求灵帝宽恕，这才救得王允一条性命。

中郎将卢植率领官军在巨鹿（今属河北）地区讨伐黄巾军，连续打了几个大胜仗，斩杀和俘虏黄巾军一万余人。张角不敌，只能退守广宗县城。卢植带军队将广宗城团团围住，并修筑长墙，挖掘壕沟，制造攻城用的云梯，准备下一步进攻广宗城。就在这时，灵帝派小黄门左丰到卢植军中视察。左丰乃是张让的心腹宦官，于是，有人建议卢植备上一份大礼送给左丰，这样左丰回京城复命时，就会在张让面前“言好事”。然而，卢植生性耿直，不喜阿谀奉承，还说：“竖阉成名，天下岂不可悲！”左丰听说后，暗怀怨恨，等回到京城后，就故意在灵帝面前造谣说：“广宗贼易破，而卢植修建坚固的堡垒，不愿尽力克敌，下令让部队休息，坐等天时诛灭张角等贼人。”灵帝大怒，当即要下诏治卢植的罪。司空张温婉言相劝，希望灵帝给卢植一段时间用以克敌。可是，张让却在一旁不依不饶，极力怂恿严惩卢植。昏庸的灵帝遂下诏说：“卢植按兵不动，未能建功！速派槛车押回京师，减死一等。”卢植被关在囚车中押解回洛阳，灵帝判处他比死罪轻一等的刑罚，而后派董卓接替卢植的职位，继续围剿张角的黄巾军。

中平二年（185），灵帝以讨伐张角有功，将中常侍张让等十二人封立为列侯。而此时，东汉王朝已经岌岌可危、朝不保夕，灵帝却毫不自知，依旧沉迷在荒淫奢华之中。

何进之乱

中平六年（189）四月十一日，三十四岁的汉灵帝刘宏驾崩于皇宫嘉德殿。由于他生前没有确立皇太子，因此引发了东汉末年最为激烈的皇权争夺之战。灵帝的妃嫔曾经为他生下了好几名皇子，却接连夭折，只余下何皇后所生的刘辩及王美人所生的刘协。

灵帝在世时，文武百官曾多次请求灵帝册立皇太子，虽然灵帝心中倾向于刘协，但总是犹豫不决。灵帝曾亲手组建了一个以“西园八校尉”为主的亲卫部队，并任命小黄门蹇硕为上军校尉，统领这支部队。蹇硕嫉恨何进掌握兵权，因而力劝灵帝立刘协，但灵帝一再拖延，没有正式下诏。直到灵帝重病卧床不起，自知将不久于人世，才单独召见蹇硕，叮嘱他拥立刘协为皇帝。蹇硕临危受命，但他也深知这件事操作起来困难重重，遂打定主意，先下手将何进除掉，再立刘协为皇帝。

何进谋杀十常侍

灵帝病逝之后，蹇硕指示左右，先秘不发丧，随即假传圣旨让大将军何进入宫面圣，并在宫殿四周密布伏兵。何进接旨后立刻赶往皇宫，刚到宫门口，便与蹇硕手下的司马潘隐相遇。两人素来交好，潘隐用眼神和手势示意何进不要入宫，何进不解，就跟着潘隐退出宫门外，潘隐急忙告诉他说：“蹇硕埋伏了人马，打算诛杀您，再迎立刘协为皇帝，您快想对策吧！”何进闻言大惊，迅速返回自己所辖军营，并分派兵马控制住各封国驻京官邸。随后，何进匆匆赶到何皇后宫中，告知蹇硕欲图谋反。何皇后与何进商议后，觉得事不宜迟，于是马上召集群臣，宣布灵帝驾崩，于同月立十四岁的皇长子刘辩为皇帝，史称汉少帝，改元“光熹”。何皇后被尊为皇太后，临朝听政，封何进为大将军，与太傅袁隗共同辅佐朝政，负责军国事务。

蹇硕见大势已去，十分懊恼，这时何进让黄门令将蹇硕引入后宫，当场将蹇硕杀死，而饶恕了其他人，同时将蹇硕统领的亲卫部队收归自己帐下。蹇硕死后，何进下一个要对付的目标就是骠骑将军董重。董重是董太后的侄子，与何进素来不合。董太后曾和董重商议，劝说灵帝立刘协为皇太子。如今何家掌握大权，董太后和董重心有不甘。为绝后患，何进指使三公及自己的弟弟车骑将军何苗联手上奏，弹劾董太后，并指说董太后为封国王后，应该住在封国，不可滞留京城皇宫。何太后立即准奏，威逼董太后立即出宫，同时，何进亲率兵马包围了董重府邸，董重被迫自杀，董太后也不知何故，突然暴病身亡。处理完这些隐患之后，何太后才下诏为灵帝发丧，葬于文陵（今河南孟津），并将九岁的渤海王刘协改封为陈留王。

何进接管了蹇硕统领的亲卫部队，灵帝所宠信的宦官张让、赵忠等人，惶惶不可终日，他们深知何进要诛灭宦官的决心，便拿出大笔金银财宝送到何太后的母亲舞阳君及何苗府上，求他们为自己说情。果然，在母亲和兄弟的劝说下，何太后犹豫不决，不准何进轻举妄动。

何进很着急，又不能公然违抗何太后。袁绍看出了他的心思，便建议他召各地方的军队入京，迫使何太后同意清除宦官。主簿陈琳反对说，那样做只会“授人权柄，不但无功，反而会招来祸患。将军只要当机立断，便可成功”。典军校尉曹操也赞同陈琳的建议，并说：“如果召外兵入京，反而会令宦官有所警惕，后果堪虞。”但何进一意孤行，曹操见劝说无用，只得失望地离去。于是何进即刻拟写了密诏，派人连夜送往各地驻军营地，召集他们带军入京诛杀宦官。

豪强纷起

董卓专权

董卓是陇西临洮人，出生于汉顺帝永建七年(132)。自幼习武，曾经游历羌地，结交了一批羌人朋友，被称作“健侠”。桓帝延熹四年(161)，朝廷在汉阳、陇西、安定、北地、上郡、西河等六郡挑选羽林军兵士，董卓在段炯的推荐下，来到京城洛阳担任羽林郎。后来在平定汉阳羌人暴动事件中，熟悉羌地情况，又了解羌人生活习性的董卓获得重用，一路升迁，但因为党锢之灾的牵累，董卓被迫卸职还乡。直到黄巾军起义爆发，他才再次被朝廷启用，任命为中郎将，并在镇压农民军起义过程中大获全胜，被封为郃乡侯，食邑一千户。几经沉浮，此时的董卓已经羽翼丰满，坐拥数万大军，正逢东汉末年，社会局势混乱，皇权不稳，野心勃勃的董卓意识到只要自己拥兵自重，就可能获得更大的好处。

恰在此时，坐镇河东的董卓收到了何进的密诏，喜出望外，认为“此乃天赐良机”，于是立即派兵赶往京城洛阳。听说董卓带兵进京，侍御史郑泰对何进说：“董卓是豺狼之辈，他入京城，一定会有大祸。”卢植也劝何进赶紧传令让董卓退回去。可何进还是不听劝告，反而再次劝说何太后下诏诛杀宦官，但何太后与何苗还是迟迟不能下决心，何苗还劝说何进与宦官讲和，不要轻举妄动。何进也有些犹豫，赶紧派种邵带着新诏书阻止董卓入京，在极力劝阻下，董卓驻兵在河南夕阳亭，静待事情变化。

此时，只有袁绍仍然坚持诛灭宦官，他假传何进命令，传书各地方州郡，将宦官家属统统拘捕入狱，归案定罪。这样一来，何进不得不采取进一步行动。他入宫面见何太后，请她批准诛杀中常侍以下的宦官。何太后仍然不肯，何进只得退出。而宦官张让、段珪、毕岚等中常侍听说何进入宫，心里有些害怕和怀疑，于是特意派人偷听，才惊悉是何进要除掉自己这些人。张让等不愿被动等死，干脆派了十几个人埋伏在嘉德殿外，等何进一出殿门，就一拥而上，将他训斥了一通，随即命尚方监渠穆将何进刺死。之后张让又伪造圣旨任命前太尉樊陵为司隶校尉，原少府许相为河南尹。尚书省的官员对此产生了怀疑，遂提出要见何进。张让干脆叫人将何进的头颅扔到众人面前，并宣布说：“何进谋反，已伏诛矣。”

何进的部下吴医等人听说何进被杀，遂率兵将皇宫包围，袁绍听说后，也派从弟虎贲中郎将袁术率兵去攻打宫殿，并放火烧了南宫九龙门及东西宫。随后，袁绍带军冲入宫

中,并下令只要是宦官一律斩杀,因为来不及辨明身份,只要见到没长胡须的男子就杀死,以致误杀了不少没有胡须但并非宦官的男子,转眼之间,竟然屠杀了二千多条生命。张让、段珪等人吓得魂飞魄散,慌忙来找何太后,没敢说何进已经被杀死,只是告诉何太后说大将军的下属发动了叛乱,谋反焚宫。何太后一听,也不知如何是好,和少帝及陈留王一起,任凭张让、段珪等人挟持,从皇宫的北门逃出,一直跑到了小平津(今河南孟津东北)。尚书卢植、河南中掾闵贡得知后紧追不放,卢植一马当先,先砍倒了几个宦官,并厉声对张让、段珪等人呵斥道:“今不速死,吾当杀汝。”张让、段珪自知难逃一死,转身先跪拜少帝,之后投身于黄河之中,自杀身亡。

焚金阙董卓行凶

袁绍早已派人催促驻守在夕阳亭的董卓速速赶到京城洛阳,远望京城,董卓隐约看到了宫中的火焰,心知大事已然发生。正在他带队行军之时,竟在北芒山遇到了少帝一行人。董卓赶紧上前拜见少帝,少帝惊魂未定,又看到一个骠勇健硕的将军,心情更加紧张,一时间竟结结巴巴说不出话来。而陈留王刘协却镇定自若。厉声呵斥董卓:“你既是前来勤王救驾,见了陛下为何不下跪?”董卓暗感意外,不禁对这位九岁的王爷高看一眼,接着刘协又简单扼要地说明了宫廷事变的经过,由此赢得了董卓的好感。

董卓带军队护送汉少帝一行人回到京城,他运用强有力的手腕,很快就平息了京城内的骚动,全盘掌控了局势。随即,董卓指使人弹劾司空刘弘,由自己取而代之。又过了几日,中平六年(189)九月,董卓废黜了生性懦弱的少帝刘辩,贬封其为弘农王,改立刘辩之弟刘协为帝,并改元“永汉”,是为汉献帝。同时,他将何太后迁到永安宫居住,不久派人将其毒死。

董卓自封为郿侯,不久升为相国,将朝中大权紧紧握于手中,他还赶跑了反对他废立皇帝的袁绍,在朝堂之上,董卓不可一世,唯我独尊。经过这一场宫廷大变革,猖狂了很久的以张让、赵忠为首的宦官集团终告全体覆灭,东汉王朝终于摆脱了持续了近百年的宦官专权的混乱现状,年幼的刘协就是在这样的大背景下被推上了东汉末代皇帝的宝座,而实际上执掌政权的却是以董卓为代表的地方豪强势力。从此,天下四分五裂,东汉王朝气数已尽,后面的数十年不过是在苟延残喘。中国历史从此渐渐踏进一个四方枭雄并起的三国时代,而汉献帝刘协不过是一个不能左右自己命运的傀儡皇帝。

董卓掌权后,横征暴敛,大开杀戒,引起了天下人的不满,各路豪杰纷纷讨伐董卓。

而年幼的汉献帝也不甘受董卓的摆布，但他所能依赖的只有以王允为首的文官集团，于是，东郡太守桥房假传三公密令，传书给各地州郡，征集各地强兵，铲除奸臣董卓，解国家于危难之中。当时被赶到渤海担任太守的袁绍首先起兵呼应，很快就集结起十四路人马。因为起兵的地方多在关东一带，因此史书上称其为“关东军”。袁绍成为众望所归的关东军盟主，分几路大军向京城洛阳围去。

眼见大军压境，董卓自知不是对手，决定离开洛阳，迁都长安。文武大臣都不同意，但迫于董卓的淫威，也只能跟随同行。初平元年（190）正月，董卓将已被废为弘农王的少帝刘辩毒死。二月，董卓逼汉献帝答应从洛阳迁都长安，数百万百姓也随之背井离乡，颠沛流离，一路上冻死、饿死的百姓不计其数。在离开洛阳之前，董卓还下令对洛阳进行了一次空前的大洗劫：将富家财产没收归为己有；并放火焚烧皇宫、殿宇、官府、房屋，使洛阳二百里内房屋荡尽、鸡犬不留；最令人发指的是，贪得无厌的董卓竟然指使部将吕布摧毁汉室帝王陵墓和王公贵族的坟墓，盗取墓冢中陪葬的金银珠宝。

初平三年（192），司徒王允、吕布、士孙瑞三人共谋除掉董卓。四月，吕布将董卓杀死，天下臣民无不拍手称庆。汉献帝下诏命王允“录尚书事”，任命吕布为奋威将军，封温侯，由他们两位共同主持朝政。

献帝流离失所

铲除董卓之后，王允实行株连政策，当时百姓传言说“当悉诛凉州人，卓故将校遂转相恐动，皆拥兵自守”。李傕、郭汜等人原是董卓手下的部将，现在上书献帝，请求赦免，但遭到王允的拒绝。李傕、郭汜不知如何是好，于是索性把心一横，干脆拥兵十万将长安城围住，献帝命吕布带军亲自守卫，两军对峙长达八天，而未决胜负。

谁知，吕布的部下突然发生兵变，偷偷将长安城门打开，李傕、郭汜立刻带军队攻入城内，长安城顿时陷于一片厮杀声中。吕布猝不及防，虽奋力抵抗，无奈叛军人多势众，难以招架。吕布冲到王允面前，请他和自己一起逃走。王允却长叹一声说：“承蒙社稷威名，辅佐幼主，安定国家，是我的愿望，即便不能，我也甘愿一死。请你转告关东诸公，多为国家安危尽力，那我将死而无憾！”吕布只好带着几百残兵败将，杀出一条血路，离开长安城，投奔袁术去了。

> **历史小常识：尚书台**
>
> 尚书台又称尚书省，东汉时期设置在宫禁内的官署名称，是国家的中枢机关。设有尚书令、尚书仆射、尚书侍郎、尚书令史等官职，而尚书令直接对皇帝负责，总领全国政务。

吕布一走，李傕等人更是势如破竹，直扑皇宫而来，将宫门围得水泄不通。王允将献帝扶上宣平门楼，望着下面数以万计、杀气腾腾的叛军，献帝却没有表现出一丝惊恐和胆怯。他镇定地大声喝问李傕：“你们带兵来袭，意欲何为？”

李傕抬头，看到是献帝在发问，也不敢造次，当即跪拜在地，叩头请求献帝宽恕，他回答说：“董卓被吕布所杀，臣等前来，是为董卓报仇，并非造反，随后，我们会自行前往廷尉

处请罪。”献帝说：“吕布已经逃走，你们为何不去追赶，却包围宫门？”李傕回答说：“司徒王允与吕布是同谋，我们想找他问个明白。”只见王允自己走出宫门，来到李傕面前，毫不畏惧地问道：“我王允在此，你们想问什么？”李傕指着他问董卓究竟犯了什么罪过，以致被杀。王允怒目圆睁，大声回答说：“董卓死有余辜，百姓们无不欢欣雀跃、拍手称快，难道你们不知道吗？”李傕又问：“就算是董卓罪大恶极，那我们又有什么罪过，你却不肯赦免我们？”王允厉声喝道：“你们和他一起坑害民众，如今又拥兵进入京城，不正是欺君之罪吗？”李傕被顶得说不出话来，恼怒之极，他手下的将士蜂拥而上，将王允抓住当场砍杀。随后，李傕等人大开杀戒，将献帝身边的文武大臣斩杀无数。据史书上记载，这一场浩劫“吏民死者万余人，狼藉满道”。

献帝对此也无可奈何，并且落入李傕、郭汜的手中，成为他们二人所控制的傀儡。汉献帝被迫册封李傕为扬武将军，郭汜为扬烈将军。初平三年（192）九月，献帝在李傕、郭汜的暗示下，下诏将二人再次封侯，李傕晋升车骑将军，郭汜为后将军，朝政完全由他们两人共同决断。两年之后，即公元 194 年，献帝行加冠礼，改年号为兴平，但对他而言，仍然没有掌控朝权的可能。

玉夔凤纹樽

实际上，根据史书的记载，献帝并非昏庸无能的人，他颇有智慧，且极为关切民间疾苦。据《后汉书》所说，兴平元年（194），献帝还留居长安时，就办过一件令百姓交口称赞的事情。那时的长安，历经多年动乱之后，又遇上一连几个月的大干旱，农田颗粒无收，一斛谷竟然能卖到五十万钱的高价，穷人吃不起粮食，为求生存，长安城里甚至出现了人吃人的现象。献帝听说后，十分痛心，立即令侍御史侯汶打开国家粮库救济灾民，用米、豆混合为饥民熬粥，可一段时间后，饿死的人还是很多。献帝渐渐产生了怀疑，认为所用的米、豆和上报的数额不相符合。于是献帝决定亲手试一试，他按照侯汶所上报的数量，派人取出米、豆各五升，放在自己面前，然后亲自监督熬粥，最后只得到两盆粥，这显然是不够城中的灾民们分食的。这也足以说明粮食发放中确实存有严重的克扣现象。献帝大怒，当即命人责打侯汶五十大棍，并召集京官们责问为何粮食发放下去，却还是有那么多的百姓活活饿死？打那以后，赈济灾民的粮食才得以如实发放，百姓们也才确实受到国家的救助，减少了死亡数量。那一年，献帝不过年满十四岁，但却已经显露出他对国计民生的关心，也显示出他颇具治理天下的才能。

兴平二年（195）三月，李傕和郭汜互相猜忌，以至于兵戎相见，刚刚安定下来的长安城再次变成拼杀的战场。李傕和郭汜都想把献帝挟持在自己手中，以便“挟天子以令诸侯”。李傕抢先一步，派他哥哥的儿子李暹带领数千人马将宫门围住，逼迫献帝出宫跟他们走。太尉杨彪出来喝问李暹说：“自古以来，从没有皇帝徙居于臣子家中的，你们怎么

能如此草率，做出这样大逆不道的事情？”李暹却反问道：“我们是担心郭汜入宫叛逆，才来保护陛下，迎接圣驾到安全的地方暂避凶险。你竟然胆敢阻挡，难道你是郭汜的同谋吗？”杨彪一听，再不敢多说话，只好回禀献帝。献帝也不知如何是好，只得听从李暹的安排，带着皇后等人坐上了李暹安排的大车，一起来到了李暹大营。

听闻长安发生兵变，镇东将军张济赶紧带领兵马来到长安城，前往拜见献帝，并奏请献帝亲自调和李傕与郭汜之间的矛盾，还说自己愿意一路护送献帝到弘农去。献帝当然也希望李傕和郭汜讲和，不要再互相攻打，在献帝苦口婆心的劝说下，李傕和郭汜答应彼此既往不咎，和平共处。郭汜当即释放了自己拘捕的大臣们。于是，张济履行自己的承诺护送献帝启程前往弘农。谁知就在路上，郭汜突然又改变了主意，劝说献帝转去高陵。之后，献帝一行终于抵达华阴，驻守当地的宁辑将军段煨亲自出营迎接，并细心打理献帝及皇后等人的饮食、服装。后来，张济也心生邪念，竟然联合郭汜、李傕两人，一同追赶献帝等人。负责护卫献帝的杨奉、董承寡不敌众，丢盔卸甲，所带奇珍异宝也都在仓皇之中丢弃在路上，献帝和皇后两人分乘两辆车子，在董承的拼死保护下，才终于逃脱。他们逃入曹阳境内，一路继续东进，好不容易才摆脱追兵。

汉献帝

不久，献帝和众人渡过了黄河，步行数里，终于来到了大阳。因为找不到合适的代步工具，他们只能用一辆牛车载着献帝和皇后，其他人就跟在后面步行。他们吃尽了苦头，终于赶到安邑，河内太守张杨、河东太守王邑都前来接驾。献帝感激他们的忠心，下诏将张杨拜为安国将军，封王邑为列侯，而当地的其他文臣、武将也不甘于后，纷纷要求献帝给他们升官加爵，献帝也都一一答应。这样一来，就连官员的印章都不能发放齐全，负责此事的后勤官员实在没办法，只好用锥子在普通的石块上刻字以充当。献帝住在破烂不堪的房子里，和大臣们商议国事，室外人来人往，士兵们也在一旁列席参观，时不时还取笑一番，献帝也可以称得上是东汉朝最狼狈的皇帝了。杨奉等人却主张在安邑建都，而太尉杨彪等人主张献帝东还，仍然以洛阳为京城，双方争执不休，公说公有理，婆说婆有理，谁也说服不了对方，献帝也拿不定主意，只好暂时留在安邑。

在此期间，李傕与郭汜没完没了地打仗、和好。趁着这混战局势，建安元年（196）七月，献帝终于在杨奉的保护下重返已经残破不堪的洛阳京城。而洛阳皇宫早被董卓的一把战火烧成了废墟，新的宫殿还没来得及修建，四处瓦砾成堆，荆榛满目。因此献帝只得暂时住在中常侍赵忠留下的府邸中，作为行宫。不久杨安殿修缮一新，献帝暂时入住那

里。百官没有住所，无处安身，只能栖身于破壁断垣中。因为京城中粮食奇缺，几乎人人都吃不上饭，有的大臣一连数日粒米未进，竟然还有官员被活活饿死。献帝派人向各地州郡求救，征集粮草，但“十无一应”。无奈之下，自尚书郎以下的官员只好都亲自去京城外的田地里采集野谷子充饥。

曹操挟天子令诸侯

献帝回到京城洛阳，一切百废待兴，加上董卓余党所构成的强大威胁，令献帝坐立不安。为了彻底消灭董卓旧部，汉献帝“饮鸩止渴”，招来兵强马壮的曹操为己所用，以对抗其余军事势力。而在这一时期，曹操早已占据兖州，不断发展壮大，成为一支不容小觑的军事势力。

曹操的父亲曹嵩，是当年受宠的中常侍曹腾的养子。曹操从小狡猾，善谋略与权术，得到了太尉桥玄的另眼相看。桥玄曾经对曹操说：“天下即将发生大变动，掌握时代命运而平息这场大乱的人，莫非就是你。”桥玄还劝说曹操要提升自己的名气，应该结交当时的著名人物许子，也就是许训的侄子许劭。许劭和他的堂兄许靖都有很高的声望，他们喜欢评点名士，并常常根据这些人的所作所为而更新评点。曹操听从桥玄的劝告，特意前去拜访许劭，询问他对自己有何评价。许劭对曹操的为人早有听闻，心内不悦，因而闭口不答。曹操恼火之极，竟然出言威胁，许劭这才被迫说了几句：“天下太平时你可做能臣，天下大乱时你会是一名大有所为的奸雄。”曹操听了以后，反而不再恼怒，呵呵大笑着离开了。

如今，曹操接到了献帝的诏书。他感觉这是上天赐给自己的一个大好机会，惊喜之余，他立刻做了周密的安排，并亲率部队赶到京城，入宫朝见献帝。在清除了献帝身边的武将后，保卫京城和献帝的重要责任都由曹操所负责，献帝还特意赐给曹操节钺。节钺在古代是非常重要的物品，代表着极深的含义。“节”即符节，是“古代君王派遣将相委以重任时，用作凭证的一种信物”，获得它的人，就意味着皇帝准允他自行做主，斩杀违反军规者。而“钺”是古代一种和斧子相似的兵器，它通常是君王所专用，是权力的象征。献帝想借此表示自己对曹操的信任与敬重。而这样的安排，也使得军政大权完全被曹操一人所把持，曹操的权欲不断膨胀，为其后曹氏家族称帝埋下了伏笔。

献帝虽然坐在龙椅上，但在他身边指点江山并做出一系列治国决议的却是曹操。他不仅借献帝的名义，处死了侍中台崇、尚书冯硕等人，同时，还封卫将军董承、辅国将军伏完等十三人为列侯。曹操处心积虑，想先稳固自己在朝野中说一不二的位置，进而做到“奉天子以令不臣”。在董昭的提议下，曹操决定把献帝从洛阳迁到自己的地盘许（今河南许昌东），虽然这招致了驻守在梁县的杨奉的阻挠，但曹操还是顺利地将献帝转移到了许。献帝虽不情愿再次转换都城，无奈自己没有决策的权力，只好默默听从。因为仓促搬来，许都尚无宫殿，因此献帝只好暂住在曹操军营中。等到宫殿、宗庙全都建造好之后，建安元年（196）六月，献帝才正式进入许城内。九月，曹操被献帝任为大将军，封武平侯，权限在三公之上。按照朝廷的旧规矩，曹操也几次上书表示谦让。其《上书让增封》

说："无非常之功，而受非常之福，是用忧结。比章归闻，天慈无已，未即听许。臣虽不敏，犹知让不过三。所以仍布腹心，至于四五，上欲陛下爵不失实，下为臣身免于苟取。"

曹操所信任的荀彧晋升为侍中，代理尚书令。每当曹操外出征伐时，就将朝政大权交予荀彧来管理。而献帝依然不过是曹操手中的一个傀儡皇帝。因为献帝迁都许后，关中地区纷纷归附，曹操由此控制了黄河以南的大部分地区。不久，袁绍提出许都气候不宜久居，建议曹操请献帝迁都鄄城，却遭到曹操的拒绝。而且在曹操升任大将军后，以献帝名义任命袁绍为太尉，封邺侯。可太尉官职虽高，还是要受大将军所限。于是，袁绍上表献帝推辞，不愿意担任太尉。

绿釉三层陶望楼

献帝有些为难，但曹操却上书说自己愿意辞去大将军一职，改由袁绍担任。其实这是因为曹操看到袁绍此时的实力远强于自己，为了保持暂时的安定，曹操才决定对袁绍做些让步。建安二年（197）三月，曹操以献帝的名义，正式下诏："派将作大匠孔融持节到冀州策命袁绍为大将军，并赐给弓矢节钺、虎贲百人，兼督冀、青、幽、并四州。"诏令一下，袁绍这才心理平衡，不再对曹操指手画脚。

建安元年（196）十一月，在曹操辞让大将军一职之后，又借献帝之口改封自己为司空，并代理车骑将军。车骑将军在将军中略次于大将军和骠骑将军。虽然曹操让出了大将军之位，但袁绍远在许都之外，在献帝身边统控全局的仍然还是曹操。袁绍得到了大将军的职位，却并未能发挥其效。

曹操终于如愿以偿，开始了"挟天子以令诸侯"的时代。但是对于献帝刘协而言，当一名傀儡的滋味并不好受，他并不甘心受制于曹操或其他任何人。当朝一些正直之臣也纷纷提出质疑。太尉杨彪不满曹操兵权，愤然辞职而去。献帝企图先削弱曹操的兵权，而后将他一举铲除。建安四年（199），献帝下诏"以董承为车骑将军"，并用自己的鲜血写成了一封秘密诏书，将其藏在衣带之中，赐给董承，让他与刘氏宗亲刘备商议如何诛杀曹操，这就是历史上有名的"衣带诏"。这也是汉献帝刘协试图收回皇权所做的一次努力，但非常不幸的是，这次计划还没有开始实施就遭到了惨败。建安五年（200），密谋泄露，被曹操得知，而这时刘备已经借故离开了许都，也幸亏如此，他才幸免于难。

曹操听说献帝竟然要诛杀自己，怒不可遏，当即派兵将董承等人抓入监牢中。他自己提着宝剑，冲进了皇宫，献帝正和伏皇后闲谈，突见怒气冲冲的曹操，不由得大惊失色。

曹操勒死董贵人

曹操直言道："董承心怀不轨，竟敢谋反，请陛下即刻下诏治他的罪。"献帝疑惑地问道："董承是朝廷重臣，又是皇亲，他怎么会造反呢？"曹操却回答说："董承想要暗害我，而这么做势必会影响到陛下的安危，那不是谋反又是什么呢？"

献帝又问是否有什么确实的凭证，曹操一听更加生气，怒目圆睁地大声说道："证据确凿，不容置疑，难道陛下想袒护董承，也想把我杀了吗？"献帝不免有些慌乱，他担心的是给董承的密诏被曹操发现，这下也不敢再多问，只得说："若董承确实犯下大罪，当然应该依法处置。"接着曹操马上要求献帝把董承的女儿董贵人交出来，要将其一并连坐处置。献帝一听，难过不已，哭着说："董贵人已经怀有身孕，不如等她把孩子生下来之后再治罪。"曹操却置若罔闻，坚持要把董贵人抓走，还恶狠狠地说："就算她把孩子生下来，也要一并处死，以免留有后患。"

献帝惊骇得说不出话来，只得任由曹操命令士兵将身怀六甲的董贵人拖出皇宫去，而他只是不停地落泪哭泣。曹操随即命令士兵将董贵人活活勒死，并将几位主谋董承、王服、种辑等处斩，夷灭三族。曹操借此杀害了一大批忠于献帝的臣子，并加强了对献帝的控制，朝廷上下安排的都是他的亲信，就连献帝"左右侍卫莫非曹氏之人者"，京官也大多被调为曹操的官员，左右侍卫全是曹操之人。曹操深知献帝的重要性，因而对献帝本人倒不敢轻举妄动，但献帝的生活却变得愈加悲哀。

建安五年（200），曹操和袁绍的军队在官渡进行了一场历史上有名的大决战，在此战役中，曹操以少胜多，击败袁绍，获取了北方地区的大片土地，奠定了统一北方的基础。此后，曹操继续挥师前进，相继占领北方各地方州、郡。建安十二年（207）时，曹操已经降服乌桓，统一了整个北方地区。第二年六月，曹操又罢去三公，改设丞相、御史大夫，并自立为丞相。同年七月，曹操亲率军队南征，与孙权、刘备的联军在赤壁大战，结果大败而返。此时，天下已初步形成三国鼎立之势。建安十八年（213），"曹操自立为魏公，加九锡。"

当初，曹操残忍地杀害了董承和董贵人，伏皇后对此一直不满，曾经写了一封书信秘密地送给哥哥伏完，她在信中诉说了曹操的残暴和自己的担心及恐惧，历数曹操罪恶，并请求伏完找机会将曹操这个大奸贼除掉。可是曾当过辅国将军的伏完对朝政毫无兴趣，也不想和曹操发生冲突。因此他将妹妹的书信放在一边，并没有采取任何行动。伏皇后

“摆亮子”曹操发兵(局部)

虽内心焦急,但却毫无办法。伏完去世后,建安十九年(214),伏家的一个仆人为了受到封赏,竟将伏皇后给伏完的这封书信偷了出来,交给了曹操。曹操读罢,雷霆大怒,立刻冲进皇宫,逼迫献帝下诏废去伏皇后。献帝又惊又忧,他和伏皇后的感情一向很好,实在不忍心将她废掉。献帝还在犹豫之时,曹操已经擅自命令尚书令华歆起草废后的诏书,献帝被逼无奈,只得亲手盖上了皇帝的印玺。曹操立即派人送给伏皇后,伏皇后听闻后,正收拾细软准备搬出居住的后宫,却忽然听到殿门外面人声嘈杂,竟是华歆奉曹操的指令,带着士兵来抓捕她。伏皇后心知不妙,也不敢出去,赶紧躲到了宫殿墙壁的夹层中,结果还是被华歆搜到,华歆一把揪住伏皇后的头发,一直将她拖到大殿外面,此刻献帝和御史大夫郗虑却只能坐在殿外,愁眉不展,唉声叹气。伏皇后光着双脚,披头散发,对献帝哭泣说:“陛下,我真的难以活命吗?”献帝泪流满面,叹息着回答说:“我也不知道自己还能活多久!”伏皇后又问郗虑说:“郗公!天下竟然有这样的事情吗?”不待伏皇后和献帝最后告别,华歆就将伏皇后拉走,关进了监狱,最终幽闭而亡。就连伏皇后所生的两名皇子也被曹操下令毒死,伏氏家族受株连被处死的有一百多人。献帝竟然不敢稍做劝阻,眼睁睁地看着自己的亲生骨肉变成冰冷的尸体。当皇帝当到如此地步,献帝也算是古往今来第一位窝囊皇帝了。在杀了伏皇后不久,曹操就暗示献帝再立新皇后,而人选只有两个,那就是曹操早就送入宫中被封为贵人的大女儿和二女儿。建安二十年(215)正月,献帝将曹操的二女儿曹节册立为皇后。

然而,曹操“挟天子以令诸侯”的如意算盘并没有达到他预期的效果,各地方诸侯强烈抵制,大骂曹操“托名汉相,实为汉贼”。曹操也曾想过将汉献帝抛弃,自立为帝,却又担心自己“匡扶汉室”的大招牌就此毁于一旦,因而遗臭万年。同时,在他的强权压迫下,献帝也时有反抗。当初“议郎赵彦常为献帝陈说时事,曹操恶而杀之”。随后,当曹操上殿朝见献帝时,献帝终于忍耐不住,对曹操说:“君能相辅,则厚;不尔,幸垂恩相舍。”这无异是在说我的忍耐也是有限度的,你要是不想辅佐我,就把我抛弃了吧。这番话让曹操大吃一惊,一时间竟然不知道如何应答。从此之后,曹操就很少再去朝见献帝。

曹丕称帝

曹操挟持汉献帝，征战一生，并实行“唯才是举”和屯田的政治、经济政策，辛辛苦苦地打下了半壁江山，和刘备、孙权等人三足鼎立。虽然他心中想过无数次要取献帝而代之，却始终缺乏一点勇气。曹操在不甘心和犹豫之间又做了多年汉臣，直到建安二十五年(220)正月，曹操病死，他的儿子曹丕袭爵为魏王。

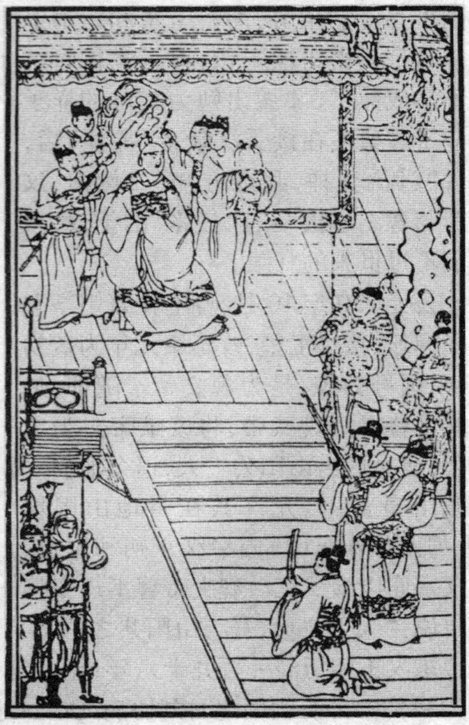

曹丕篡汉

闻听曹操的死讯，献帝满心欢喜，他以为多年的忍耐终于到了尽头，自己可以堂堂正正地坐在殿堂之上，亲自执掌政权了。于是，献帝即刻下令，将建安二十五年(220)改为延康元年。

可是，献帝的希望再一次化成了泡影，曹丕和父亲曹操不同，他早就想尝尝当皇帝的滋味，如今终于轮到自己当家做主，当然就要尽快实现这个心愿。曹丕指派人假造各种祥瑞，并大传谣言说汉代的气数已尽，将由魏曹来代替。魏相国华歆、太尉贾诩、御史大夫王朗、禁卫军左中郎将李伏等大臣，未经通传，就带领全副武装的士兵，闯入献帝的寝宫，胁迫他自动让位，并言之“汉室国运已终，气数当尽，望陛下效法尧、舜，以江山社稷，禅让魏王”。献帝闻言大惊，眼泪不由自主地流下来，他想不到自己隐忍了多年，等来的却是这样的结果。他慌忙逃往后宫，曹皇后听到嘈杂声，出来查看，献帝哭述说：“皇后，你的哥哥想要自立为帝，将我谋害呢！”曹皇后大怒。她将献帝护在身后，直眉冷对追赶而来的华歆等人，大声呵斥道：“你们竟然为了荣华富贵，想要谋害皇帝。我父亲功高盖世，也未敢自立为帝，仍然甘为汉臣，兄长为何做此乱逆之事？他继位不久，即思篡汉，天必不保尔等长久！”毕竟曹皇后是曹丕的亲妹妹，华歆等人一时也不敢有所举动，只得灰溜溜地带着士兵们退出宫去。

几天后，曹丕即将抵达许都，华歆等人上奏请献帝上朝，献帝被逼无奈只好上朝面见群臣。接着，华歆马上将已经拟好的退位诏书递给献帝，逼他亲自昭告天下。献帝不敢不答应，只得派御史大夫张音将诏书送给正在曲蠡的曹丕，曹丕心中大喜，但故意推辞不受。华歆等人连忙上书曹丕，劝说其应天下臣民之请，登基称帝。同时加紧胁迫献帝将皇帝玉玺交出来。献帝哭着说：“玉玺一向由皇后保管，不在我身边。”华歆带人向曹皇后

索要玉玺，曹皇后拒不肯交，曹丕听说后，派曹洪、曹休领兵逼迫曹皇后，曹皇后见兄长对自己毫无怜惜之情，绝望之极，甩手将皇帝玉玺扔到宫殿外。之后，华歆又逼着献帝下达了第二道诏书，连同玉玺一起送给了曹丕，曹丕仍然摆出一副不答应的架势，而将玉玺和诏书退回。献帝只得再次下诏，曹丕觉得时机差不多成熟了，才做出勉为其难的样子答应了。曹丕在接受汉献帝“禅让”后，曾说“舜禹受禅，我今方知”。然而，汉献帝与曹丕这出“三让三辞”的把戏，根本瞒不过世人的慧眼。

魏文帝曹丕

公元 220 年 10 月，曹丕在繁阳亭登上受禅坛，接受玉玺，改延康元年为黄初元年，国号为魏，是为魏文帝。随即，追尊其父曹操为魏武帝，将废献帝封为山阳公，曹皇后为山阳公夫人，逼令他们立即搬出皇宫，但允许其在封地山阳城（今河南焦作东南）内奉汉正朔和服色，建汉宗庙以奉汉祀。魏文帝曹丕还安抚刘协说：“天下之珍，吾与山阳共之。”

东汉王朝历经一百九十六年，至此终于在献帝朝宣告灭亡。十四年后，即魏青龙二年（234）三月间，亡国之君刘协病死在封地，终年五十四岁，以汉天子礼仪葬于禅陵（今河南修武北），谥号孝献皇帝。据《谥法》所说：“聪明睿智曰献。”这说明汉献帝在天下人眼中，确实不是一位糊涂无能的皇帝，可惜“献生不辰，身播国屯”。献帝在东汉末年黑暗混乱的社会中连年流离迁徙，不能自主掌权，而被迫受不同的军事力量操纵。他的聪明才智难以施展，更难有能力挽救被外戚和宦官搅腾得乌烟瘴气、遍体鳞伤的东汉王朝，只能眼睁睁地随着东汉一步步走向必然的灭亡结局。

第二章　文学艺术

天文历算

秦汉时期天文学得到了长足的发展，初步形成了我国的天文学体系。其中尤为突出的是独具特色的历法体系的形成。天文历法的进步促进了数学的发展，中国古典数学体系形成，出现了一批著名的数学家和数学著作。而数学的发展也为天文历法提供了有力的工具。

《太初历》

汉初沿用秦以来的“颛顼历”，至武帝时才有历法变革，其标志性成果是我国第一部记载完整的历法——《太初历》。《颛顼历》以每年十月为岁首，更多的是出于政治考虑，使得农事的开始与历法的岁首相差一季，很不适合农业生产的需要；且使用年代长久，误差累积渐大，以至于朔日、晦日出现新月，而满月不出现在望日，历法与天象不合。针对此种问题，改革历法势在必行。元封年间（前118~前104），司马迁等上书建议改历。武帝予以同意，并诏公孙卿、司马迁等人议改历法。但是随后改历建议遭人质疑，于是武帝又下令重新招募邓平等20多人，再议新历，颁行天下，定名为《太初历》，并将元封七年（前104）改元为太初元年。《太初历》以天文实测为基础，开创古代历法“观天制历”、以天验历的良好传统。其采用夏正，即以正月为岁首，与一年农事起始时间相符，也与人们以春夏秋冬四季为一年的习惯相符合。它规定以无中气之月（即月中无节气）为闰月，比年终置闰更合理，使月份与节气相对固定。《太初历》开创记录日食、月食周期的先河，也极大推进了对日月食规律的研究。可以说，一部《太初历》，就是当时天文学年鉴和天文年历，中、西方历法的不同特色，也从此形成。

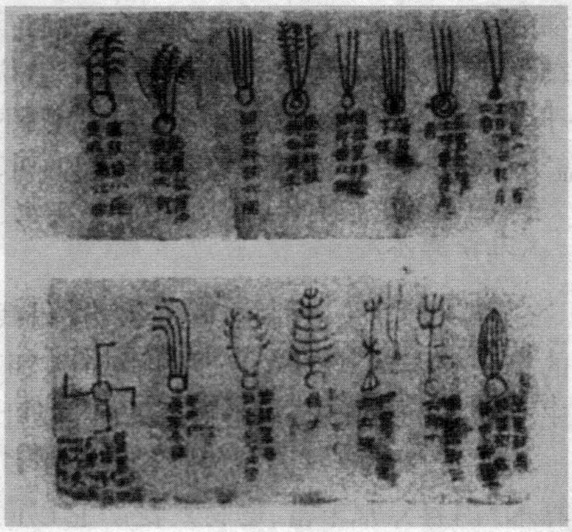

彗星图

三家论天

古人探索宇宙的结构，起源很早，至汉代形成了“三家论天”的局面。成书最迟不晚于武帝时的《周髀算经》一书，是我国古代著名的天文历算之书。全书以对话形式展开，问答相间，总结先秦时代及秦汉时期我国在天文学和数学方面取得的成就。是书在天文方面系统阐述了宇宙结构理论的“盖天说”，即天空像个斗笠，大地如同翻扣的盆；在数学方面，该书记载了用标杆测日影以求日高的方法，勾股定理由此得以发现。“浑天说”是在使用仪器测量天体位置的基础上产生出来的一种宇宙结构学说。张衡的《浑仪注》对此表达最为清晰：天在外，地在内，“天之包地，犹壳之裹黄”；天地因“气”而立，载水而浮，天表内则充满水。作为探索宇宙的理论，“浑天说”有其巨大成功之处。但“浑天说”与“盖天说”都是有限宇宙的模型，而另一种理论“宣夜说”，则是将宇宙无限思想发展成一种宇宙结构学说的代表。“宣夜说”使用推理的方法，认为各种天体其实都浮生于虚空之中，“气”是日月五星运动的动力，并没有什么东西系着它们。从宇宙结构来说，“宣夜说”是比较科学的学说，但由于它对诸多问题没有解释，故影响不大。“盖天说”与“浑天说”，实际上成为中国古典天文学关于宇宙结构的基本看法。

《周髀算经》书影

《九章算术》

《九章算术》博大精深，美誉四方，是我国古代最重要的数学经典。它是先秦数学成就的集大成之作。《张家山汉墓竹简》(247 号墓)中的《算术书》，与《九章算术》前 7 章的主要内容十分接近，两者联系密切，似可看作《九章算术》的母本。《九章算术》不是一时一人之作，而是经历了漫长的时间，由多人删改、修补，最终成书于东汉和帝时期。《九章算术》内容异常丰富，题材广泛。它以问题集的形式出现，分为 9 章，共 246 题。每题分为问、答、术 3 个部分。“问”是问题，“答”是答案，“术”是解题算法。在我国先秦典籍中，虽也记录了不少数学知识，却没有《九章算术》那样的系统论述。该书编排体例由易到难、由浅入深，从而形成了中国传统数学的理论体系。书中关于分数概念及其计算，负数概念及其运算，联立一次方程的解法等，都是极为先进的。后世数学家，大都以此书为入门书，故有“算经之首”的美称。唐宋时期《九章算术》为国家明令规定的教科书，此书还传入周边国家和地区，影响深远。

汉代医学

先秦是中医学的理论奠基时期，对医学理论进行了系统总结。秦汉时期的医学，则是在此基础上的临床实践经验总结和再发展。

《神农本草经》

从神农氏尝百草的传说时代到东汉时期，先民们积累起丰富的医药学知识。对之进行系统总结的著作，便是我国现存最早的药物学典籍——《神农本草经》。这部书不是一时一人的作品，而是从战国到秦汉时期药物学的总汇，最终成书约是在东汉时期。现存《神农本草经》共记载药物365种，其中植物药252种，动物药67种，矿物药46种。因为中医是以植物药为主的，所以就以“本草”为本书的代称，中医药物学因此也被称之为“本草学”。书中叙述各种药物的名称、性味、功效、生长环境、采集时间以及部分药物的质量标准、真伪鉴定等，主治病症包括内、外、妇、儿、五官等各种疾病。全书纵论药物学的药理，横录各种药物，二者交互相成，构成了一个完整而谨严的药物学体系，也奠定了古代中国药物学体系。用现代医学成就来检验《本草》的记载，其内容大多是正确可信的。

张仲景与《伤寒杂病论》

张仲景，名机，南郡涅阳（今河南南阳）人，东汉后期著名的医学家。张仲景“勤求古训，博采众方”，刻苦钻研古医药典籍，深入研究医学理论，广泛吸收民间经验；并结合自己“精究方术”的特点，加以实践体会，成就了这部划时代的临床医学巨著——《伤寒杂病论》。后人将全书改编为《伤寒论》与《金匮要略论》（简称《金匮要略》）两部分，各自独立成书。《伤寒论》主要论述伤寒等急性传染病的诊治，《金匮要略》主要论述内、外、妇科等杂病诊治。《伤寒杂病论》在古代医学史上具有极高的价值与地位。它最终确定了中医辨证施治的原则，奠定了中医诊治学体系的基础。从宋代起，该书就被列为官办医学的教科书，它对日本、朝鲜及东南亚国家医学的发展也做出了贡献。

《足臂十一脉灸经》

华佗

华佗（约141～108），又名事，字元化，沛国谯县（今安徽亳州）人，东汉末年著名的医学家。他精通内、外、妇、儿等各科，擅长针灸，尤精于外科。对一些诸如腹内肿瘤等针药无法治疗的病症，他就施

以外科手术。手术前，他令病人用酒调服自己发明的“麻沸散”，对病人进行麻醉，切开患病部分将其取出，然后缝合敷上药膏，使之愈合。除此之外，他对养生之术也很有研究。他认为人必须经常活动、锻炼，才能血脉流通，强身健体。因此，他总结前人“导引”之术，创制“五禽之戏”，模仿动物姿态以锻炼身体。他的弟子吴普坚持行之，“年九十余，耳目聪明，齿牙完坚”。华佗由于不肯做曹操的专用侍医而被杀害。他的著作未能传世，题名“华佗撰”的《中藏经》是后人托名所作。

造纸术的发明

纸术是中国古代科学技术的四大发明之一，是中国对于世界文明的伟大贡献。纸张作为文化的载体，在中华文明传承和中外文化交流的过程中发挥了重大作用。

“纸”，原本是书写载体的泛称，后来才专指用植物纤维制造的书写材料。在纸张发明之前，商周时代主要以甲骨、铜器记事，春秋战国之际，竹简、缣帛逐渐取而代之。汉代，经济繁荣，文化昌盛，国力雄厚，笨重的简牍和昂贵的缣帛已不能满足人们的文化需求，寻求新的书写材料已成为时势所趋。考古发掘陆续发现西汉时期的纸张，都证明纸张的发明是在西汉。1986 年，甘肃天水汉墓出土的纸质地图残块，是目前所知最早的纸张实物，可以证明西汉早期已经发明了用于绘写的纸。至西汉末年，造纸术已经相当成熟。新疆民丰东汉墓曾出土揉成卷的纸，说明当时造纸术已经传到西域地区。纸的发明虽然在西汉，但在整个西汉时期，书写纸的用量还是很少；东汉宦官蔡伦改进造纸术，则极大地推动了纸张质量的提高和应用范围的大规模的拓展。

造纸流程图

蔡伦改进造纸术

和帝元兴元年（105），蔡伦在前人造纸术的基础上，改进造纸术。蔡伦改进造纸术的意义并不亚于纸张的发明。蔡伦（？～121），字敬仲，桂阳（今湖南耒阳）人，和帝时曾担任主管宫廷御用器物的上方令。他总结西汉以来用麻类纤维造纸的经验。利用宫廷作坊的财力物力进行试验，改进造纸术。蔡伦以树皮、麻头、破布、旧渔网等为造纸原料，经过挫、捣、抄、烘等一系列的工艺加工，制造出植物纤维纸张。蔡伦向和帝进献纸张，受到和帝赞赏，“自是莫不从用焉”，天下流行“蔡侯纸”。东汉末年，有个叫“左伯”的造纸名匠，又进一步推动造纸术的发展，“左伯之纸，妍

妙辉光”，正可见古人对“左伯纸”的推崇。造纸术的发明是古代中国最伟大的发明之一，也是全人类文明做出的卓越贡献，也极大地推动了文化的保存与传承。这种书写纸张的改进、推广之后，其他书写载体逐渐被取代而销声匿迹。

伟大的发明——造纸术

在公元前2世纪的西汉，中国已发明了造纸术，且多为麻纸。西汉时期选择以麻为原料造纸，是因为人们早已掌握了麻的脱胶、柔化、漂白等工艺技术，使生硬的麻皮变为纤维，可用于纺织；麻纺织前期的重要工艺“沤麻”可作为造纸技术的借鉴；斧和碓可作为切断长纤维的刀具和打烂纸浆的工具。这些相关的工艺和工具都为汉代造纸的发明提供了物质条件。

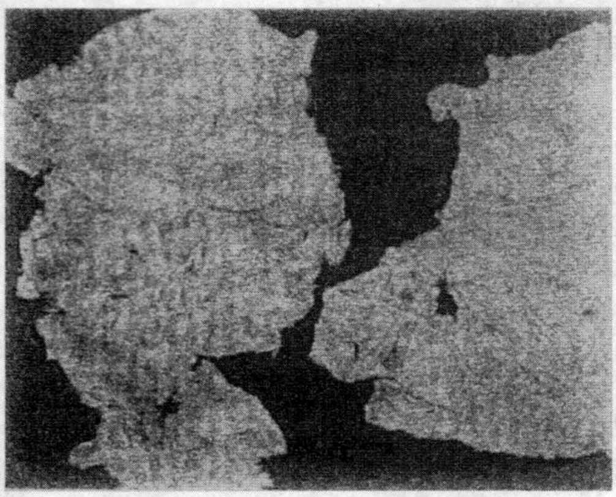

西汉麻纸

通过对西汉纸的研究和对现存的传统造纸工艺考察，汉代造纸工艺的流程主要为：

（一）浸沤。使麻皮变软，易于除去外皮和杂质，同时使麻皮得以初步脱胶。

（二）切碎。使麻纤维变短，便于舂捣和形成纸浆。

（三）灰水浸泡，也称浆灰。麻料在碱的作用下易于脱胶和分散纤维，还有漂白的作用。

（四）舂捣。碓打的麻料纤维形成帚化现象，增强纸的牢度。

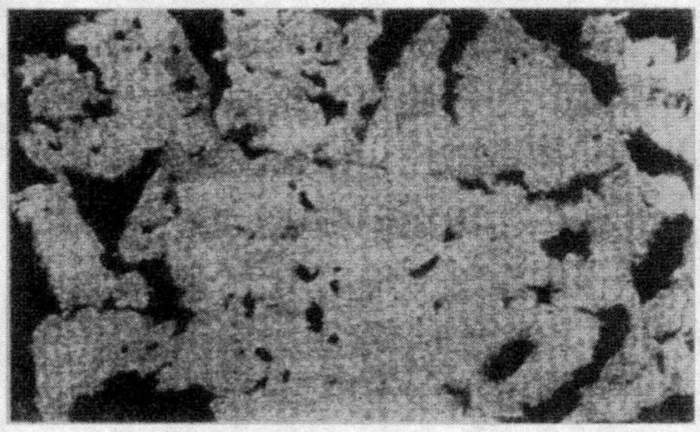

肩水金关纸

（五）洗涤。洗漂掉灰浆和杂质，增加纸的洁白度。

（六）打槽。纸浆放入加水的纸槽，以打槽木棒将纸浆打匀，使纸浆纤维均匀地漂浮在纸槽中。

（七）抄纸。用抄纸模框在纸槽中将纸浆抄起，使纸浆均匀地滞留在抄纸模框上。

（八）晒纸。将留有湿纸模的模框放在通风的地方晾晒。

（九）揭纸。将晒干的纸从抄纸模框上撕下。至此，一张麻纸就制成了。

正史的创建

二十四史的头两部是《史记》和《汉书》。《史记》开创了纪传体正史的基本体例,《汉书》则对这种体例进一步规范化。二者在中国史学发展史上具有极其重要的地位。

司马迁与《史记》

司马迁(公元前145或135~约前90),字子长,左冯翊夏阳(今陕西韩城)人。他出身于史官世家,具有良好的家学渊源。他年轻时曾游历各地,体察各地风土人情,为以后的撰述打下坚实基础。武帝封禅泰山,其父不能从行,抑郁而终。临终前,父亲以国史相嘱。司马迁决心完成先人未竟之业,这成就了他的终生志向。后来,他有机会遍览皇家藏书,为撰述作了文献准备。当司马迁一心一意撰写《史记》时,因为名将李陵辩护而遭受腐刑。受此奇耻大辱,司马迁痛不欲生;但他从历史中汲取力量,忍辱负重,终于完成《史记》这一史学名著。《史记》,原名《太史公书》,全书共130卷,是上起传说中的黄帝,下至西汉武帝时代的纪传体通史,且犹详于秦汉时期的历史记述。作为史学著作,其内容完整,结构周密,在历史上几乎是空前的。《史记》以记载人物的《本纪》《世家》《列传》为主,以《表》《书》为辅,综合编年、纪事诸史书文体之长,对先秦史学作创造性继承。剪裁多精挑细选,叙事严谨活泼。文笔灵动,文字如行云流水,晓畅淋漓,一气呵成;秉笔直书,记事不隐不讳,彰善瘅恶,以成信史。故而鲁迅先生誉之为"史家之绝唱,无韵之《离骚》。"

司马迁

班固受诏撰《汉书》

班固(32~92),字孟坚,扶风安陵(今陕西咸阳东)人。他从小接受良好家学熏陶,勤奋向学,博览群书,学无常师。他的父亲班彪对前人所写的《史记》续篇很不满意,于是博采遗事异文,写成后传65篇,尚未完成便去世。班固有志完成父业,就在这个基础上继

续写作。后来有人上书明帝，告发他“私改作国史”而被捕下狱。他的弟弟西域都护班超怕他遭遇危险，赶往洛阳去替他上书辩白，同时当地官吏也把他的书稿送到京师。明帝欣赏他的才华，任命他为兰台令史，后又任命他为校书郎，典校皇家藏书。永平七年(64)，明帝命他完成西汉一代国史。班固撰写《汉书》的事业由此正式被皇帝认可。他积20余年的时间，至章帝时大致完成全书。《汉书》叙事，详于武帝太初以后的史事，绍承《史记》；对《史记》所记武帝太初以前的历史，也有所补充、调整。是书记载西汉一朝12世230年的历史，分纪、表、志、传四部分。纪、表，叙述历史大事和历史进程；志，记述典章制度；传，写各种历史人物，兼有少数民族历史。《汉书》纪事翔实，结构严谨，上下洽通，详而有体，是我国历史上第一部纪传体断代史。由于班固自觉的皇朝意识和鲜明的正统思想，使《汉书》成为历代纪传体皇朝史的楷模，古代“正史”格局也由此而确定。

清版《史记》书影

《汉纪》——最早的编年体断代史

《史记》《汉书》，是秦汉史学的最高成就，曾被誉之为“史学双璧”。除此之外，尚有其他史学著作，最著名的莫过于荀悦的《汉纪》。荀悦(148～209)，字仲豫，东汉末年颍川颍阳(今河南许昌)人。史载，献帝喜好典籍，以为《汉书》文字太繁多，难以阅读，所以，命荀悦依照《春秋左氏传》的体例，将80余万字的纪传体《汉书》改编成18万余言的编年体史书《汉纪》。此书文字虽省略不少，但“辞约事详，论辩多美”；虽系抄书而成，但对《汉书》还是有所订正增补。通过是书的编撰，荀悦提出自己的史学思想，即史学编撰应该达到五个目标：一是“达道义”，二是“彰法式”，三是“通古今”，四是“著功勋”，五是“表贤能”。荀悦也通过“史论”评点往事，议论时政，陈述见解，以为治国龟鉴。《汉纪》一书，体例虽效仿《左传》，但比《左传》更加严整；在按年月排比史事时，《汉纪》成功地将典章制度和重要人物的历史传记容纳其中。北宋司马光撰写《资治通鉴》，明言“仿效荀悦简要之文”，可见《汉纪》在我国编年体史书中所起的继往开来的作用。

汉赋诗歌

铺陈夸张为特色的大赋，成熟并兴盛于汉代，为统治者钟爱。主要来自民间的乐府诗，则往往能较为真切地反映社会生活，也是在两汉兴起的一种重要的诗歌体裁。

汉赋

赋是介于散文和韵文之间的文体，出现于战国后期，成熟并兴盛于汉代。西汉初年，模仿楚辞的骚体赋流行于文坛，代表作有贾谊《吊屈原赋》等。枚乘的《七发》，虽不以“赋”名篇，却开创汉代大赋创作的先河。武帝对赋的喜爱及提倡，推动创作者的不断涌现；国家的兴盛及统一，也为赋的创作提供了丰富的素材，赋自此空前兴盛。当时最著名的赋家是司马相如，代表作是《子虚赋》《上林赋》。赋篇“润色鸿业”，极力歌颂朝廷强盛和天子尊严，盛赞大一统国家的气势与声威，末尾归于“讽谏”。在形式上，结构宏伟，韵文、散文相间，辞采靡丽堂皇，场景雄伟壮观，震撼人心。继司马相如之后，著名的赋家、赋作，有扬雄的《蜀都赋》，班固的《两都赋》及张衡的《西京赋》《东京赋》。人赋过于追求形式，过于铺张扬厉，以至于“虚而无征”；表达方式上，多是采用主客答问和层层排比，以至于呆板少变，几近僵化；文辞堆砌，又多用奇词僻句，给人味同嚼蜡之感。至于“讽谏”，更多地被后人讥为“劝百讽一”，形同虚设。当大赋盛行时，抒情小赋也依然行世。东汉中期以后，抒情小赋逐渐成为创作的主流，代表作有班彪的《北征赋》，张衡的《归田赋》、赵壹的《刺世疾邪赋》及蔡邕的《述行赋》等。这些小赋，突破大赋的颂扬传统和呆滞体式，多采用骚体，或抒情言志，或借物寓言，风格清新明快，往往有较多的批判现实的内容。

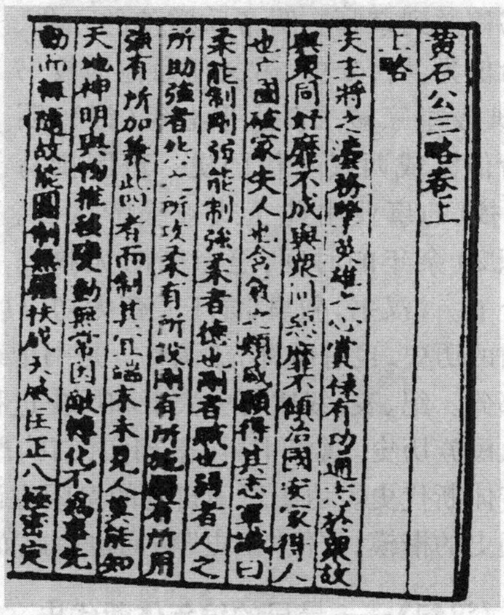
黄石公三略卷上
上略
夫主將之法務攬英雄之心賞祿有功通志於衆故
與衆同好靡不成與衆同惡靡不傾治國安家得人
也亡國破家失人也含氣之類咸願得其志軍讖曰
柔能制剛弱能制強柔者德也剛者賊也弱者人之
所助強者怨之所攻柔有所設剛有所施弱有所用
強有所加兼此四者而制其宜端末未見人莫能知
天地神明與物推移變動無常因敵轉化不爲事先
動而輒隨故能圖制無疆扶成天威匡正八極密定

《黄石公三略》书影

乐府民歌

乐府诗，是两汉兴起的一种重要的诗歌体裁，也是中国古代文学园地里的一枝奇葩。乐府最初可能设立于秦朝，本是政府的音乐机构。汉武帝时，出于制作礼乐的需要，改革并扩大乐府机构，令其谱制新声、教习歌舞，以备祭祀之需；又派人大规模地采集各地“观采风谣”，并为之配乐。这些制作和搜集配乐歌唱的曲辞，当时称为“歌诗”，后被称为乐府诗或乐府民歌。乐府诗主要来自民间，往往能较为真切地反映社会生活，表达民众感情。乐府诗内容丰富，或表现百姓生活困难、无法生存，或反映战争和徭役给人民带来的灾难，或揭露讽刺统治者的荒淫与腐败，或表现爱情、婚姻与家庭。它的形式自由灵活，突破《诗经》以四言为主的格局，创造了以五言为基干，包括四言，七言、杂言的新的诗歌体裁，以包涵更多的内容，更为自由地抒情叙事。它的语言质朴自然，生动活泼，不饰雕琢，富于生活气息；叙事真切，情景逼真，闻其声，可想见其状。汉代乐府诗歌中的长篇叙

事诗《孔雀东南飞》与北朝民歌《木兰辞》声誉最为显赫，被世人称之为“乐府双璧”。

古诗十九首

《古诗十九首》

五言诗在汉代以后成为中国诗歌的最主要的体裁之一。文人五言诗在西汉已经开始出现，到东汉初年以后，文人五言诗已经趋于成熟，并且出现创作腾涌的局面。代表汉代文人五言诗最高艺术成就的是《古诗十九首》。它并非一时一人之作，大部分诗篇是东汉中前期的作品。主要内容，或是哀叹人生短促，应当及时行乐，如“人生非金石，岂能长寿考”，“荡涤放情志，何为自结束”；或是抒发相思情，伤别之苦，若“盈盈一水间，脉脉不得语”；或是感慨个人遭际，向往功名利禄，像“何不策高足，先据要路津？无为守贫贱，轗轲长苦辛”。它既不同于一般民俗歌谣，也不同于“诗骚传统”影响下的文篇，而是以抒写文人士子的世俗情怀、表现生命意识为主的创作。感情真挚而质朴，语言自然而文雅，故而刘勰誉为“五言之冠冕”，后人更评价为“情真、景真、事真、意真，澄至清，发至情”。

歌舞升平

歌舞这两种古老的艺术形式，在汉代出现精彩纷呈的局面。宫廷中的歌舞相对庄重优雅，民间流行的则平易亲切。又有雅俗共赏的舞蹈和音乐，在上下层都受到喜爱。

相和歌与鼓吹乐

汉代乐府歌辞中的俗乐，以相和歌与鼓吹乐最为主要，它们的兴盛，正是先秦时代金石之乐衰落的结果。相和歌源于北方民间，本为“徒歌”，即清唱的歌曲，没有人伴奏或他人应和。“徒歌”配上管弦伴奏，由歌者拿着一种叫“节”的乐器打节拍，就成为加工完美更加动听的相和歌。其命名，乃是取“丝竹更相和”之意。用来伴奏的乐器，除歌者所执“节”外，常用的还有笙、笛、筑、筝、琴、瑟、琵琶等。相和歌使用这些丝竹乐器伴奏，声音清越悦耳，动听异常。当时又有相和大曲，多是将采风而来的相和歌进行谱曲、配乐，形成包括歌、舞和器乐的大型歌舞曲。因为相和歌源自民间，故也包含边远地区少数民族的传作，如流传于世的朝鲜族作品《箜篌引》等。相和歌之外，民间歌曲的另一种发展途径是鼓吹乐，即以打击乐器与鼓吹乐器为主，有时也配有歌唱的乐种。实际上，早在先秦时期，鼓吹乐在少数民族中大概就已经颇具规模，至汉代又有很大发展。鼓吹乐的打击

西汉·拂袖女舞俑

乐器以鼓最为主要，另外还有鞞（小鼓）；吹奏乐器包括萧（今排箫）、笛、笳、角等。2000多年来，鼓吹乐不仅为宫廷仪式音乐所采用，而且在全国各地民间音乐中也逐渐占据重要地位。现存各种鼓吹，吹打、管乐、锣鼓等，可以说是由它繁衍发展而来的。

琴艺发达

琴的历史悠久。今人为了区别其他以琴指称的乐器，称“琴”为七弦琴或古琴；但在古代，只有单音词“琴”。两汉时代琴艺的发达，与当时博学儒雅之士的推崇密切相关。他们视“琴”为灵圣之物，鼓琴可以陶冶情操、净化心灵，也可以移风易俗。东汉前期的学者桓谭曾说：“八音广博，琴德最优，古者圣贤玩琴以养心。”汉代琴曲常有故事情节，以标题展现内容和情感，并伴有歌唱。琴艺的深入发展，使得两汉时产生了一批著名的琴家，如司马相如、桓谭、蔡邕父女等。司马相如善写赋，也长于鼓琴。其琴声悠扬，精妙传神，打动卓文君，才有“当垆卖酒”的佳话。蔡邕博学多才，经史、辞赋、书法、琴艺，无所不精。他著名的琴由创作有《游春》，《渌水》《幽居》《坐愁》和《秋思》，即闻名于世的“蔡氏五弄”，直至唐朝还盛行不衰，李白、李贺等诗人还为此写诗作文，可见其影响之大。他的女儿文姬也精通音律。《后汉书·列女传》称她“博学有才辩，有妙于音律”。相传蔡邕曾在夜里弹琴，弦断，文姬说：是第二弦断了。蔡邕以为她是偶然猜中，故意又弄断一弦。她说：是第四弦断了。准确无误，由此可见她琴艺造诣之深。

俗乐舞与雅乐舞

两汉的舞蹈艺术，既有纤巧精致的楚舞风格神韵，又吸收先秦舞蹈遗产中的古朴意味，也将周边相邻民族、国家和内地的角抵百戏、幻术、杂技和舞蹈汇集而熔融为一体。笼统而言，汉代的舞蹈可分为俗乐舞和雅乐舞。俗乐舞主要流行于民间，它通过乐府采风又有登上大雅之堂的可能。俗舞流传至宫廷，被称为杂舞或散乐，它经常作为百戏的组成部分而出现。汉代的百戏，实际是在综合舞蹈、杂技、幻术、滑稽表演、音乐演奏、演唱等多种民间技艺形式基础上而日渐兴盛的。两汉时期，俗乐舞虽然兴盛，但文献记载极为有限；与俗乐舞相关的汉画像砖、画像石的陆续出土，既可与文献记载相印证，也可弥补文献资料的不足。画像砖石所表现的俗舞有：以衣袖为特征的“长袖舞”，以执舞具或乐器为特征的“盘鼓舞”，头戴面具、身穿假形的“鱼龙漫延舞”等。百官显贵宴饮时除

西汉 · 彩绘陶乐舞杂技俑

了自娱舞蹈外，还有偏重逗乐表演的舞蹈。雅乐舞通常是祭祀宗庙、祖先和举行大典时所表演的舞蹈，多为刻板僵化的祭礼仪式，缺乏生机活力；唯高祖所撰的《大风歌》，曾被专门用来祭祀高祖，与众不同。俗乐舞的掺入，也曾使部分雅乐舞一时呈现新面貌。

美术世界

汉人追求厚葬的风俗，给后代留下了无数珍贵的艺术遗产。汉墓中出土的壁画、俑人、铜镜中，不乏艺术性很强的作品。汉代砖石艺术更是辉煌，题材广泛，画面精美。

绘画艺术

汉代绘画，除去所见帛画作品外，更多的是墓葬所见的壁画。西汉时期的墓室壁画，典型的主题是升仙驱邪。常见的绘画形象，主要是羽化成仙、仙人神异、奇禽怪兽等。东汉时，由于庄园经济的发展和奢靡厚葬风气的盛行，中上层社会都热衷于建造豪华墓室，用壁画为逝者祈求冥福，夸耀其生前的社会地位和拥有的财富。于是，作为西汉壁画基调的驱邪升仙图像日渐减少，而表现死者生前官位和威仪的画面，占据了墓室壁画的主要位置。端坐帐中或车中的墓主，为成群的属吏和盛大的车马出行仪式所簇拥；而家居宴饮、舞乐、杂技等豪华场面，都成为东汉墓室壁画最流行的题材。尘世的威仪和享乐压倒了企望死后升仙的幻想，那些与升仙联系紧密的神兽羽人，常常被另一类表现“祥瑞”的禽兽或植物图像所取代。当人们把目光从升仙的幻景移向描绘现实社会中的车马骑从或宴饮舞乐，乃至宅院庄园的时候，自然导致创作墓室壁画的画师们更加重视写实手法，从而将汉代绘画艺术推上新高峰。

陶俑形象

汉代的人像雕塑作品，存世绝少，更多的是随葬陶俑。西汉早期的陶俑作品，以陕西

咸阳杨家湾和江苏徐州狮子山出土的陶俑为代表。它们的性质近于秦始皇兵马俑，是军阵送葬的模拟物，其形体大小则无法与秦俑相比。霸陵附近出土的彩绘女侍俑，或袖手直立，或静默端坐，仪态端庄，线条流畅优美。随着历史的发展，反映家居享乐的侍从乐舞俑及反映农牧耕作的庄园情趣俑像，逐渐取代威严壮观的送葬军阵俑和端庄娴静的宫廷侍女俑，成为主流。

八人乐舞扣饰

相应的，俑的艺术造型，形象活泼，生活气息更为浓厚。四川地区出土的从东汉到三国时期的陶俑，常见的题材是骏马拖驾的马车及成群的男女侍仆，而反映庖厨执炊及短衣赤足劳动者的形象，也不在少数。俑群中最生动写实的作品，是舞乐百戏的表演者，如昂首鼓琴的乐师，如长袖善舞的舞伎，如幽默滑稽的说唱者等。其形象鲜明生动，使人能够轻易感受明快欢欣的气氛。

画像砖石

盛行于两汉、至东汉达到艺术上的黄金时代的画像石、画像砖，是汉代遗留下来的重要的美术作品。由于存世数量浩大、雕刻技法多变和表现内容丰富，因而被誉为“图谱式的汉代百科全书”。画像石和画像砖，多作为墓葬和祭祀性汤所的装饰，与汉代世家显贵崇尚奢华厚葬的风气密切相关。画像石以石为地，用刀代笔，先绘图案，然后刻出。画像砖的制作，多是先制模后捺印组合在一起，东汉则盛行一砖一模构图。画像石、画像砖的内容，或围绕墓主人生平、财富、社会地位及为其服务的生产活动而展开，如表现死者生前显赫地位场面的车马出行、燕居宴饮等场面，如表现经济活动的纺织、冶铁、酿酒等活动；或因显现汉代一般民众的精神信仰世界而展开，如表现神仙和鬼神敬仰的东王公、西王母、伏羲，女娲等虚幻人物。而且汉代画像砖有浓厚的地方特色。画像砖风格，山东的多质朴厚重，河南的雄健壮实，四川的精巧活泼，陕西的简练朴素，可谓风格迥异，各领风骚。

铜镜之光

汉代工艺美术作品中，铜镜首屈一指。虽为日常生活用具，但因其形制和文饰的精美多变而有较高的审美情趣。西汉时期，当许多青铜器具被漆器和陶器取代之际，铜镜艺术却获得了长足的发展。西汉前期，具有战国铜镜遗风的“蟠螭纹镜”仍然流行于世。自武帝起，“草叶纹镜”和“星云纹镜”逐渐流行普遍。西汉后期，以“日光镜”和“昭明镜”

为典型，纹饰简洁而规整。王莽时期，纹饰题材有所创新和突破，各类禽鸟、瑞兽等形象各异的图案相继出现。东汉时期，铜镜制作达到了更高水平，而长江流域出现了浮雕式的“神兽镜”和“画像镜”。这种镜的纹饰繁缛细腻，题材多为灵兽、仙人、车马出行等，而历史人物也出现其间。历史人物题材的纹饰中，伍子胥画像镜最为常见。这类铜镜的制作，采用了近似浮雕的技法，改变过去以单线勾勒画像轮廓的手法，使主要纹饰突出隆起，形成高低起伏，呼之欲出的高浮雕效果，可谓开后代镜饰图案高圆浮雕的先河。汉代铜镜艺术达到了一个最为鼎盛繁荣的时期，形制、纹饰更为丰富多彩，铸造方法更新，更为精巧。

最早的养鱼著作《养鱼经》

东汉初年（1 世纪中叶），我国最早的养鱼著作《养鱼经》出现。《世说新语·任诞篇》注文所引《襄刚记》中有汉光武帝时“侍中习郁在岘山南，按照《范蠡养鱼记》建造鱼池”的记载。所以，此书相传为春秋时越国范蠡所著。范蠡晚年居陶，称朱公，后人常称他为陶朱公，故此书又名《陶朱公养鱼经》《陶朱公养鱼法》《陶朱公养鱼方》等。

《养鱼经》在梁代尚存，后佚。现存 4000 余字的传世本主要引自《齐民要术·卷六》，以问对形式记载了鱼池构造、雌雄鱼交配比例、适宜放养的时间以及密养、轮捕、留种增殖等养鲤方法。陕西汉中东汉墓出土的陂池模型（池底塑有六尾鲤鱼及其他水生生物）显示的养鱼方法，与本书所述方法一致，表明本书在东汉时已用于指导养鱼生产。

《养鱼经》里记载的养鱼法，与后世方法多有类似，是中国养鱼史上值得重视的珍贵文献。

古代数学的经典著作《九章算术》

《九章算术》是我国古代数学的经典著作，它上承先秦数学发展的源流，又经过汉代许多学者的删改增补，是先秦数学成就集大成的总结，它的出现，标志着中国古代数学体系的形成。

在长期生产实践活动中，我国古代劳动人民发现并总结了许多数学经验，并记录下来，这些成就散见于各种文献中，内容十分丰富，出土的汉简中，包含数学知识的简牍很多，从中已可看出先秦及汉代的数学发展水平，尤其是 1983 年 12 月至 1984 年 1 月出土于湖北江陵张家山西汉古墓的《算数术》，墓主人下葬时间初步断定为吕后二年（前 186）或稍晚，因而该成书绝不晚于西汉初年，它反映了先秦数学的某些成就是确定无疑的。它的内容包括两类，一是计算方法，一为应用问题。《汉书·艺文志》记载的《许商算术》《杜忠算术》都已失传，而《算数术》却不见记载。与《九章算术》比较，可以比较清楚地看

出，它的成就被《九章算术》所继承和发展，其内容虽多有相同或相似，但《九章算术》论述得更为清晰、系统，其发展脉络十分清楚。因而认为《九章算术》是先秦秦汉时期数学成就的总结应该是不成问题的。

《九章算术》不是成于一时一人之手，而是经历了漫长的过程，由多人逐步删改、修补而在东汉初年(50)最后形成定本的。

东汉铜马

《九章算术》内容异常丰富，题材很广泛。它共九章，分为246题202术，主要内容依次为"方田"，用于田亩面积的计算，"粟米"是谷物粮食的按比例折算，"衰分"是比例分配问题，"少广"用于已知面积。体积而反求一边长和经长等，"商功"用于土石工程，体积计算，"均输"是赋税合理摊派问题，"盈不足"乃双设法问题，"方程"是一次方程组问题，"勾股"为利用勾股定理求解的各种问题，其中的大部分内容与当时的社会生活密切相关。

《九章算术》在很多方面有突出的成就，反映了这一时期我国数学的发展水平。其成就最突出地表现在分数运算，比例问题和"盈不足"算法方面。作为世界上最早系统叙述分数运算的著作，它在"方田"章中论述了约分、通分、比较不同分母分数的大小以及分数的四则运算。通分时它运用的是辗转相减法。在"粟米""衰分""均输"各章中涉及了许多比例问题，这在世界上也是最早的。比如今有术，也就是四项比例算法，可用公式表述为：所求数=(所有数×所求率)÷所有率，即所求数∶所求率=所有数∶所有率，它的应用非常广泛，其他如衰分术、反衰术等都是由此推演、发展而来的各种算法。可见其重要性。"盈不足"术是我国古代解算难题方法，也是一项创造，如"人出八盈三，人出七则不足四，问人数物价各几何"，它需要两次假设才能得出答案，有人认为欧洲中世纪所称"双设法"就是这一方法经由阿拉伯传去的。

其次，在几何学方面也有杰出的成就，这时的几何学主要用于面积、体积计算。

其三，在代数方面的主要成就主要是一次方程组解法，负数概念的引入及其加减法法则，开平方，开立方，一般二次方程解法等。《九章算术》方程共18问，有的相当于二元一次方程组，有的相当于三元一次方程组，甚至有多达五个未知数的，而其中第13题涉及6个未知数，却只能列5个一次方程组，可以说是世界上最早的一次不定方程组。再有，开平方术，开立方术不但可解二项二次方程，二项三次方程，而且也可以解一般的二次数值方程和三次数值方程。它是我国古代解高次数值方程的基础，与线性方程组的解法一起，构成我国古代代数学的主要内容，《九章算术》对此阐述得十分详尽，足以标示这时期的代数学发展水平和所取得的成就，在我国数学史上占有重要的地位。

数学是研究现实世界中数量和空间关系的科学，《九章算术》中将数量关系和空间形

式结合起来，成为其一大特色。

《九章算术》在我国和世界数学史上具有十分重要的地位。欧洲在16世纪才有人研究三元一次方程组，而线性方程组的理论及解法乃是18世纪末叶才出现的，这种比较足以见其先进性。

在我国先秦的典籍中，记录了不少数学知识，却没有《九章算术》那样的系统论叙，尤其是其由易到难，由浅入深，从简单到复杂的编排体例，从而形成了中国传统数学的理论体系。因而后世的数学家，大都从此开始学习和研究，唐宋时是国家明令规定的教科书，北宋时由政府刊刻，又是世界上最早的印刷本数学书。隋唐时就已传入朝鲜、日本，现已被译成日、俄、德、法等多种文字。作为中国古代数学的系统总结，《九章算术》对中国传统数学的发展产生了极其深远的影响，在世界数学史上具有十分重要的地位。

王充著《论衡》

东汉永平二年(59)，王充开始做《论衡》，30年后完成。《论衡》存目85篇，实存84篇，佚失《招致》1篇，是对汉代及汉代以前一切学说、思潮加以衡量，评论是非，铨定轻重，批判虚妄之说的唯物主义无神论的重要著作。

王充(27～约97)，字仲任，会稽上虞(今浙江上虞)人。少年时游洛阳太学，师从著名学者班彪，博闻强记，通百家之言。官至县功曹、郡王官功曹、州从事转治中等。因为政治主张与上司不合而受贬黜。罢官还家，专心著述。晚年，汉章帝下诏公车征召，王充不就。和帝永元中，病逝于家中。

王充雕像

王充在《论衡》中，吸取了道家黄老后学的天道"自然无为"思想，在继承前人"元气"说的基础上，提出了元气自然论。他认为天与地都是客观存在的物质实体，而"元气"是构成天地实体和自然界万物的最初物质元素。"元气"之产生天地万物，都是"自然""自生"的，并没神的主宰。他驳斥了"天人感应"说，认为"人不能以行感天，天亦不随行而应人"。

王充在论及神形问题时，汲取了当时医学科学的成就，坚持唯物主义的观点，认为人的"精气"(精神)是人的形体中产生血脉的部分，形体死亡，血脉即枯竭，精气也随之消灭。"人之所以生，精气也……能为精气者，血脉也"，而"精神本以血气为主，血气常附形

体”，所以“人之所以聪明智慧者，以含五常之气也”，这“五常之气”则存在于人的五脏形体中。王充提出“精神依附形体”的命题，否定了经学神学鼓吹的“灵魂不灭”的观点，确立了形神一元论。在此基础上，王充批驳了神不灭和有鬼论，提出了无神论。他认为人死形体便腐朽，根本不可能成鬼，所谓鬼神迷信，只是“人思念存想之所致也”，是人们在疾病时十分畏惧而造成的主观幻觉。因此王充反对鬼神，巫术、占卜等迷信活动，反对祭祀，提倡薄葬。

王充在《论衡》中，还总结了注重“效验”的唯物主义认识论。他批驳了所谓圣人“神而先知”“生而知之”的先验观点，认为人的知识是通过人的感官与外界接触后才获得的，提出不学不知、学而后知的观点。王充把感觉经验作为认识的首要途径，同时又强调人的认识不能停留在耳闻目见阶段，还需“开心意”进行理性思维，他说单凭感觉经验，易受“虚相”迷惑，只有“开心意”思考，才能辨明是非、虚实。进而王充提出了“效验”的范畴，作为检验认识可靠性的标准。他认为认识事物的目的在于致用，认识正确与否，要看他与事实是否相符，而不是凭“空言虚语”。以“效验”为武器，王充还指出了孔孟著作中不少自相矛盾之处，反对把儒家经典当作教条而盲目信奉。

王充在历史观上却是矛盾的。他一方面承继了荀子和韩非等人的历史进化观，认为历史是前进的，“周不如汉”“汉固在百代之上”，社会是进步的；另一方面他又说“古今不异”“百代同道”，认为万物都是“气”的不同形态，因“气”是“古今不异”“万世若一”的，所以社会又是不变的。观点显然自相矛盾。同时，王充还把国家的安危和个人的贵贱寿夭归结为自然命运的支配，混淆了社会规律与自然规律的区别，进而陷入了自然宿命论的谬误。

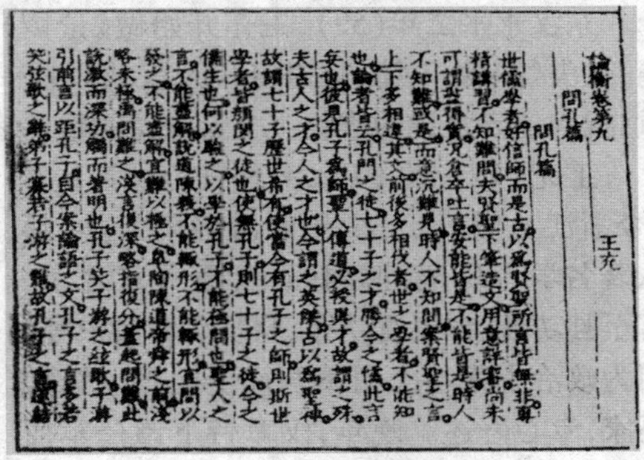
論衡卷第九
問孔篇　王充
世儒學者好信師而是古以為賢聖所言皆無非專
精講習不知難問夫賢聖下筆造文用意詳審尚未
可謂盡得實況倉卒吐言安能皆是不能皆是時人
不知難或是而意沉難見時人不知問案賢聖之言
上下多相違其文前後多相伐者世之學者不能知
也論者皆云孔門之徒七十子之才勝今之儒此言
妄也彼見孔子為師聖人傳道必授異才故謂之殊
夫古人之才今人之才也今謂之英傑古以為聖神
故謂七十子歷世希有使當今有孔子之師則斯世
學者皆顏閔之徒也使無孔子則七十子之徒今之
儒生也何以驗之以學於孔子不能極問也聖人之
言不能盡解說道陳義不能輒形不能輒形宜問以
發之不能盡解宜難以極之皋陶陳道帝舜之前淺
略未極禹問難之淺言復深略指復分蓋起問難此
說激而深切觸而著明也孔子笑子游之弦歌子游
引前言以距孔子自今案論語之文孔子之言多若
笑弦歌之辭弟子寡若子游之難故孔子之言遂結

《论衡》书影

王充的《论衡》，在反对“天人感应”的神学目的论中，继承了我国古代唯物主义的传统，把我国古代唯物主义的发展推到了一个新的高度。他的元气自然论，对当时占主导地位的经学神学以沉重打击，在当时的意识形态斗争中有极大的现实意义。

因为王充反谶纬神学的思想一直受封建儒家正统思想排斥，被视为“异端”，《论衡》也长期被视作“异书”而被埋没，直到东汉末年才逐渐流传开来。

最早的药物学专著《神农本草经》

《神农本草经》是现存最早的药物学专著，为我国早期临床用药经验的第一次系统总结，历代被誉为中药学经典著作。

在我国古代，大部分药物是植物药，所以“本草”成了它们的代名词，这部书也以“本草经”命名。汉代托古之风盛行，人们尊古薄今，为了提高该书的地位，增强人们的信任感，它借用神农遍尝百草，发现药物这妇孺皆知的传说，将神农冠于书名之首，定名为《神农本草经》。俨然《内经》冠以黄帝一样，都是出于托名古代圣贤的意图。

《神农本草经》的作者及成书时代尚无实证加以确定，但它成书于东汉，并非出自一时一人之手，而是秦汉时期众多医学家总结、搜集、整理当时药物学经验成果的专著，此已经是医学史界比较公认的结论。

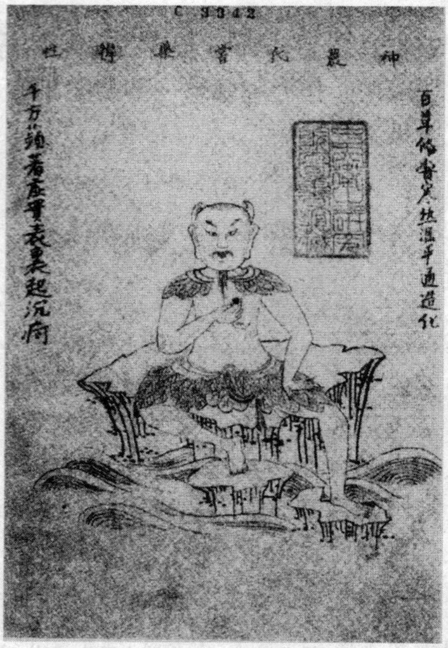

《古代医家画像》稿本

全书分3（或4）卷，共收载药物365种，其中植物药252种，动物药67种，矿物药46种。书中叙述了各种药物的名称、性味、有毒无毒、功效主治、别名、生长环境、采集时节以及部分药物的质量标准、炮炙、真伪鉴别等，所载主治症包括了内、外、妇、儿、五官等各科疾病170多种，并根据养命、养性、治病三类功效将药物分为上，中、下三品。上品120种为君，无毒，主养命，多服久服不伤人，如人参、阿胶；中品12种为臣，无毒或有毒，主养性，具补养及治疗疾病之功效，如鹿茸、红花；下品125种为佐使，多有毒，不可久服，多为除寒热、破积聚的药物，主治病，如附子、大黄。书中有200多种药物至今仍常用，其中有158种被收入1977年版的《中华人民共和国药典》。

《神农本草经》有序例（或序录）自成1卷，是全书的总论，归纳了13条药学理论，首次提出了“君臣佐使”的方剂理论，一直被后世方剂学所沿用，但在使用过程中，含义已渐渐演变，关于药物的配伍情况，书中概括为“单行”“相须”“相使”“相畏”“相恶”“相反”“相杀”七种，称为七情，指出了药物的配伍前提条件，认为有的药物合用，可以相互加强作用或抑制药物的毒性，因而宜配合使用，有的药物合用会使原有的药理作用减弱，或产生猛烈的副作用，这样的药应尽量避免同时使用。书中还指出了剂型对药物疗效的影响，丸、散、汤、膏适用于不同的药物或病症，违背了这些，就会影响药物的疗效。

由于历史和时代的局限，《神农本草经》也存在一些缺陷，为了附会一年365日，书中收载的药物仅365种，而当时人们认识和使用的药物已远远不止这些。这365种药物被分为上、中、下三品，以应天、地、人三界，既不能反映药性，又不便于临床使用，这些明显地受到了天人合一思想的影响，而且在神仙不死观念的主导下，收入了服石、炼丹、修仙等内容，并把一些剧毒的矿物药如雄黄、水银等列为上品之首，认为长期服用有延年益寿

的功效。这显然是荒谬的。此外,《神农本草经》很少涉及药物的具体产地,采收时间,炮制方法,品种鉴定等内容,这一缺陷直到《本草经集注》才得以克服。

尽管如此,《神农本草经》的历史地位却是不可低估的,它将东汉以前零散的药学知识进行了系统总结,其中包含了许多具有科学价值的内容,被历代医家所珍视。而且其作为药物学著作的编撰体例也被长期沿用,作为我国第一部药物学专著,影响是极为深远的。

许慎编著《说文解字》

在汉武帝以后,经过古、今文经学家的百年之久的长期纷争,思想和学术取得了长足的进步,对语言文字的学术思想进行总结的条件基本成熟,具有划时代意义的字典《说文解字》应运而生了。这是中国第一部由个人独立编纂完成的字书,是一部集大成的杰作。

《说文解字》成书于东汉和帝永元十二年(100),全书正文14卷,后序1卷共15卷,收字9353个,另有重文1163个,此书完全改变了周秦时代训诂词典的方法,开创了系统全面解释字的形、音、义的新体例,构成了严整的字典编纂格局,所释字以小篆为主体分析字形结构,根据不同偏旁,分列为514部,始一终亥,部与部的排列顺序以部首的笔画和形体结构近似为准则。

《说文解字》书影

《说文解字》在总结了前人文字研究的所有成果以后,在语言文字观念上有了重大突破。首先,它认为文字是随着时代的进步而不断发展的,文字先是由象形的"文"发展到合体的"字",字体也不断增多,而且他认识到我国汉字发展史上的三次关键性转折,一是战国时期诸侯割据使文字形体产生很大差异,二是秦统一以后,小篆作为统一文字的推行,而隶文的产生是中国文字的一次根本性转变,在这些转变中,国家政权的强制力起到了决定性作用。其次,认为文字是文字使用者用于观察、认识社会的工具,是超越时空的、记录和传播信息的媒体。对文字功用的本质认识得相当深刻,许慎是中国历史上第一位从理论上阐释文字的社会功用的人。最后,在文字构成理论上,继承并改造了"六书"理论,对其确切界定并给出具有代表性的例证。还用于分析具体的字,这样用"六书"理论大规模分析古文字,许慎乃是首创。在这些先进的文字学观念指导下,许慎编纂了我国第一部系统分析字形、解说字义、辩证声读的字典——《说文解字》,开创了我国文字学和字典学的独立研究阶段。

许慎科学而有条理地分析、阐述了汉字的产生和发展,文字的功用,汉字的构造等,

在实践和理论上都达到了前所未有的高度。书中所收的字覆盖面相当广泛，包括了经书（特别是古文经）中的常见字，包括篆文，古文，籀文，或体，俗体，既有先秦的字，也有汉代新产生的字，为后代考查汉字发展的历史提供了极宝贵的材料，近代识别甲骨文、金文，多依赖于这部工具书。

《说文解字》释义，采用因形说义和选取书传中的古训等多种方式，虽为字书，实际上也是一部极其重要的训诂书，后代字书都援引它的训释，编排体例也被许多字典所继承，因而，它在中国字典学史上的开创之功是不可磨灭的。

科学家张衡发明“浑天仪”和“候风地动仪”

发明制造漏水转浑天仪

东汉时期，中国出现了一位多才多艺的科学家张衡，他在天文学和地学方面的理论和实践活动，使他享有盛誉，他发明闻名于世的候风地动仪，是世界地震测报史上的重要里程碑，而根据他的浑天说理论发明和制造的漏水转浑天仪，又使他成为我国水运仪家传统的始祖。

张衡（78～139），字平子，南阳西鄂（今河南南阳石桥镇）人，是我国东汉时期著名天文学家，政治家，文学家和画家，浑天说的代表人物。汉和帝永元十二年（100），他任南阳太守鲍德的主簿，创作的《东京赋》和《西京赋》，广为流传。后又用了3年时间钻研哲学、数学、天文，永初五年，出任郎中和尚书侍郎，元初二年（115）起，曾两度担任太史令，前后历14年。其在天文学史上的成就尤为引人注目。

浑天说是张衡宇宙结构理论，《张衡浑仪注》是这方面的理论著作。他认为天好像一个鸡蛋壳，地好像是蛋黄，天大地小，天地各乘气而立，载水而浮。为了演示这一理论学说，张衡以西汉耿寿昌的发明为基础，于117年，发明并制造了漏水转浑天仪。这台仪器用精铜铸造而成，是一个直径4尺多（约1.5米）的球，代表天球，可绕天轴转动，上刻二十八宿，中外星官以及黄道、赤道、南极、北极、二十四节气、恒显圈、恒隐圈等。为了使浑象自行运转，他利用齿轮系统将浑象与漏壶联系起来，用漏壶滴出的水作为动力启动齿轮，带动浑象绕轴转动。通过选择适当的齿轮个数和齿数，使浑象一昼夜和地球自转速度完全相等，以演示星空的周日视运动，如恒星的出没和中天等。通过对它的监测，人们可以知道日月星辰和节气的变化。它还有一个附属机构叫作“瑞蓂萁荚”，是一种机械日历。它有传动装置和浑象相连，从每月初一开始，每天生一叶片，月半后，每天落一叶片，用于显示阴历的日期和月亮的圆缺变化。

漏水转浑天仪用的是两级漏壶，是现今所知最早的关于两级漏壶的记载。它的受水壶也是两个，壶盖上各有一个金仙人，左手抱壶，右手指刻，一个指示白天的时间，一个指示夜间的时间。

张衡的天文学成就的取得，与他精确细致的天象观测有直接的关系，他所统计的在中原地区能观测到的星数约2500颗，且基本掌握了月食的原理，对太阳和月亮的角直径的测算相当准确。

浑天仪

这些成就的取得，无论在天文学史上还是在思想发展史上都有相当重要的意义，他极力反对谶纬神学与历法的附会并被列为太学考试的内容，在迷信之说面前表现了大无畏精神。

天象观测是中国古代天文学取得辉煌成就的重要领域，张衡发明的漏水转浑天仪成就是观测仪器发明制造的杰出代表，其功能、设计制作的复杂和精确程度均是世界上罕见的，是世界上见诸记载的第一架水力发动的天文仪器，对后代影响极为深远。

发明候风地动仪测地震方位

顺帝阳嘉元年（132），东汉著名科学家张衡发明制造了候风地动仪。这是世界上第一架可测地震方位的仪器，它是利用倒立惯性震摆的原理制成的，其基本构造符合物理学原理，能探测到地震波的首先主冲方向，是现代地震仪的先驱，也是当时世界上遥遥领先的发明。在国外，过了1000多年，直到公元13世纪，在波斯马拉哈天文台才有类似仪器出现。到18世纪，欧洲才出现利用水银溢流来记录地震的仪器。

据《后汉书·张衡传》所记载，该仪器系青铜铸造，整体造型宛若汉代的酒樽。仪体圆形鼓腹，直径八尺（汉建初尺，1尺＝0.2368米），下附圈足，上面有可以启闭的圆盖，通高约一丈一尺五寸。在仪器体外按八方附设八条垂龙，龙口各衔一铜丸，地上并设八只向上张口铜蟾蜍，与龙头一一对应。龙头下部仪器表面雕刻四灵图案，八龙方位下书刻卦文。圈足的上部刻有山阜之形。

地动仪内部结构精巧。仪器内底部中央，立有一根“都柱”，即倒立惯性震摆（相当于现代地震仪的重锤），围绕都柱设有八组与仪体相连接的杠杆机械即“八道”，“八道”与仪器外面设置的八条垂龙龙头上颌接合，代表着东、西、南、北、东南、东北、西北、西南八个方位。遇有地震，震波传来，“都柱”偏侧触动龙头的杠杆，使该方位的龙嘴张升，铜球落入蟾蜍口中，发出声响，用以报警。即谓“一龙发机，而匕首不动。寻其方向，乃知震之所在”。

张衡设计的地动仪，是他唯物主义自然学说的体现。仪体似酒樽（卵形），直径和浑象一样大，象征浑天说的天；立有都柱的平底，表示大地，笼罩在天内；仪体表面雕刻的四灵图案象征二十八宿，所刻卦文为乾、坤、艮、震、巽、离、坤、兑，表示八方之气；八龙在上象征阳，蟾蜍居下象征阴，构成阴阳上下的动静的辩证关系；都柱象征天柱，居于顶天立地的地位。

候风地动仪的灵敏度很高，最低可测地震烈度为 3 度左右（据 12 度地震烈度表）的地震。据记载，候风地动仪制成以后安置在洛阳。公地 138 年，距洛阳约 700 公里的陇西发生了一次 6 级以上的地震，当时洛阳没有震感，而候风地动仪做出了反应。此次陇西地震的实测成功，开创了人类使用科学仪器观测地震的历史。

约在 4 世纪初，候风地动仪在动乱中失落。近百年来，由于地震学的发展，张衡的这项发明引起了地震学界的重视和研究，日本和英国的科学家都曾先后进行过研究。中国的王振铎经过对历史资料的整理和研究，并总结了一些地震学家的研究成果，于 1959 年将张衡的候风地动仪重新复原，陈列在中国历史博物馆内。

造型精美的汉代灯具

两汉时期，我国的灯具制造工艺有了新发展，对战国和秦的灯具既有继承，又有创新。

灯具是由烛台脱胎而来，但并未完全取代烛。我国至迟在战国时期就已经开始使用灯具照明，各地战国墓中出土了不少形状各异的灯具。秦代灯具可见一些文献记载，已出现宫灯、多枝灯等精致独特的灯具。

朱雀灯

汉代灯具在前代基础上有了很大发展。从形式上看，除原有的座灯外，又出现了吊灯；从质地看，在陶灯、青铜灯之外新出现铁灯、玉灯和石灯，其中以青铜灯具最为多姿多彩，出土实物表明，灯的数量显著增多，这说明它的使用已经相当普及了。这一时期灯具造型丰富多彩，有塑造人物形象的“宫女”灯、“当垆”灯、“羽人”灯、“男奴”灯等；有创造动物形象的牛形灯、羊尊灯、朱雀灯、凤鸟灯、雁足灯、鹤龟灯、麒麟灯、鱼灯、龟灯、蟾蜍灯等；有模拟器物形态的豆形灯、盒形灯、卮灯、耳杯形灯、辘轳灯、三足灯等；此外，还有多枝灯、行灯等。汉代的灯具造型取材广泛，制作精良，无论是人物、动物还是器物形态都栩栩如生，达到绝妙的境界。

两汉的灯具制造取得了前所未有的成就，在制造上体现了科学性和艺术性的高度统

一。如满城西汉中山靖王刘胜夫妇墓出土的鎏余长信宫灯，形态为宫女跽坐持灯，通体鎏金，通高48厘米，由灯盖、烟道、炉具、灯座、灯盘和灯罩6部分分铸而成，各部分都可拆卸，整体设计合理，在采光、省油、避风、除垢等方面都是科学的，造型生动美观，达到极高的艺术水平。汉代流行多枝华灯灯具，一般为一个灯座上支撑着高低错落的几个或十几个灯盏，有的青铜多枝灯可以置上卸下，使用十分方便。多枝灯大大增加照明亮度，不仅更加适用，而且是精美的工艺品。《西京杂记》中就记载了皇后赵飞燕接受女弟合德昭仪馈赠贺礼"七枝灯"。较之前代，汉代还出现了吊灯灯具，可用于悬挂，使用起来相当方便。

总之，两汉时期的制灯工艺在前代基础上取得很大进步，已日臻纯熟，达到很高水平。

张仲景著《伤寒论》

张仲景（2~3世纪），即张机，汉代医学家，南阳郡涅阳（今河南南阳）人，年少时跟随同郡张伯祖学医，曾任长沙太守。东汉末年，瘟疾流行，张氏宗族的200多人在不到10年时间就死去2/3，其中大部分死于伤寒发热。张仲景悲愤之余，发愤读书，刻苦钻研《内经》《阴阳大论》等古典医药书籍，总结东汉以前众多医家和自身的临床经验，于东汉末年撰成了《伤寒杂病论》这部划时代的临床医学巨著。《伤寒论》即是《伤寒杂病论》的组成部分之一。

《伤寒论》共10卷，是一部以论述伤寒热病为主的奠基性中医临床经典著作。张仲景在《伤寒论》中，对其发病的因素、临床症状、治疗过程及愈后等问题，进行了综合分析，创造性地提出了六经辨证的学说，即按热性病发病初、中、末期不同的临床表现和不同治疗的反应与结果，分为辨太阳病、辨阳明病、辨少阳病、辨太阴病、辨少阴病、辨厥阴病脉证并治，以及"平脉法""辨脉法""伤寒例"、辨痉湿暍、辨霍乱病、辨阴阳易差后劳复脉证并治。

张仲景

在诊断上，张仲景"勤求古训，博采众云"，采用"望、闻、问，切'四诊'"和"阴、阳、表、里、虚、实、寒、热'八纲'"对伤寒各种证型、各阶段的辨脉、审证大法和用药规律用条文的形式做了比较全面的说明和分析。这种辩证思路、方法和治疗法则，就是人们常说的"辨证论治"，成为后世治疗过程中必须遵循的诊治原则，体现了中医学所具有

的独特而完整的医疗体系。

全书以六经辨证为纲，方剂辨证为法。按汗，吐、下、和、温、清、补、消“八法”，结合《内经》有关正治、反治、异病同治、同病异治的各种治疗法则，包括了397法、113方。其中方剂有柴胡汤、桂枝汤、理中丸、麻黄汤等，并说明了各方剂药物的组成、用法及主治病证。这些方剂经过验证，效果显著，为中医方剂治疗提供了变化、发展的基础。

《伤寒论》虽主要论述伤寒症治，但贯穿书中的“辨证论治”思想及六经大法，对于各科临床诊治均有指导意义。

原书《伤寒杂病论》撰成后，因战乱散佚，后经晋代王叔和整理，北宋治平二年(1065)再经校正书局校订，编纂成当时《伤寒论》的通行本。

自宋以来，注释和研究《伤寒论》的著作不胜枚举(600种左右)。而外国对张仲景的研究也很深入，论著颇多。张仲景的方剂被推为“经方”，称之为“众方之祖”。张仲景也被尊为“医圣”。

华佗创五禽戏

五禽戏，也叫五禽气功、五禽操、百步汗戏，是东汉华佗在运动实践中创编的成套导行健身术。因模仿虎、鹿、熊、猿、鸟5种禽兽的神态和动作而得名。

五禽戏——虎

华佗(约141~208)又名敷，字元化，沛国谯(今安徽亳县)人，是汉末著名医学家、养生家，外科技术尤为精湛，首次把全麻醉剂(酒服麻沸散)应用于外科手术，大大推进了外科手术的发展。他还根据人体的生理和某些医理，在继承前人导引理论和实践的基础上，阐明了运动对于健康的重要性和导引在养生方面的作用，创编五禽戏。

五禽戏——鸟

中国人很早就有人知道仿效鸟兽动作能舒筋活络，健身治病。长沙马王堆出土的西汉墓葬帛画中的“导引图”上就有一些模仿动物形态和姿势的动作。我国最早的医书《内经》和先秦《庄子》中，也有关于“熊经鸟伸”的记载。可见模仿动物动作操练以强身治病由来久远。而东汉华佗将前人的理论和实践加以总结，创编了这套保健医疗体操，并提出了预防疾病为主的理论。在中国运动史、气功史上有极重要的意义。

在汉代，尤其是汉武帝时期，作为帝王的汉武帝竭

力追求长生不老，一时方术大盛，华佗走的却是与一般方士不同的道路，他认识到运动对人体健康具有重要的作用，体育锻炼才是延年益寿的科学方法。史籍所载，华佗的弟子吴普坚持操练五禽戏，九十多岁时仍耳目聪明，牙齿完好无损，而且身体有病时，可以依赖操练五禽戏而治愈。

华佗所创五禽戏的具体动作早已失传，六朝陶弘景《养生延命录》中所辑《五禽戏诀》可能与原来的动作差距不大。

五禽戏五种类型动作的作用各不相同，一般说，虎势能使身体强健，加强肌腱、骨骼、腰髋关节功能；鹿势能引申筋脉，益腰肾，增进行走能力；猿势能使脑筋灵活，记忆增强，发展灵敏性，开阔心胸；熊势能增强脾胃功能，增强力量；鹤势能加强肺呼吸功能，提高平衡能力。练五禽戏不仅要求形似，而且要求神似，要做到心静体松，动静相兼，刚柔并济，以意引气，气贯全身，以气养神，精足气通，气足生精。五禽戏以中医理论为基础，以人的生理特征为依据，运用五行、脏象、气血、经络等学说来解释它的作用。练五禽戏时要求守住意，运好气，集中精力，尽快入静，呼吸缓慢柔和、深长均匀、轻松自然，运动时劲蓄不露，做到“气行则血行”，每次练习应力求出汗，以促进新陈代谢，活血化瘀，去邪扶正；全过程要贯穿单腿负重、步分虚实、躬身前进，还要注意神态模仿逼真，如模仿虎的威猛、鹿的回首、猿的灵敏、熊的浑厚、鹤的翘立等。

五禽戏——猿

五禽戏的出现，很大程度上推动了后世导引养生术的发展，同时对后来一些象形拳的创编提供了一些有益的启示，因而对我国的运动史、气功史产生了极深远的影响。

五禽戏——鹿

五禽戏——熊

第三章　历史谜团

刘邦斩蛇之谜

刘邦是中国历史上第二个统一王朝的统治者，他建立了一个中国历史上最长且最光辉灿烂的朝代——汉朝。

刘邦，公元前256年出生于江苏沛郡的平民之家。他曾任秦朝泗水亭长，公元前209年响应秦末陈胜吴广农民起义，在沛县起兵。三年后，攻克秦都咸阳；四年后，打败项羽，取得楚汉战争的胜利，建立了西汉王朝。

刘邦出身布衣，没有任何靠山，他从未钻研过治国平天下之策，游荡到四十多岁还未成家立业，却幸运夺得天下。后世广泛流传刘邦是赤帝之子下凡，他斩白蛇，举义旗，身经百战，平定天下，成为名垂千古的开国大帝。我们不禁要问：刘邦真的斩杀过白蛇吗？他真是龙之化身，受命于天吗？

汉高祖刘邦

我们得从刘邦的为人谈起，刘邦排行老三，喜欢结交各种朋友，厌恶耕田劳作。他的父亲看不上他的浪荡行为，认定他将来不会有任何出息。全家人也都瞧不起他。刘邦虽然生活上放荡不羁，却胸怀大志。有一次，他押送伕役去咸阳时，看到秦始皇出行那威风凛凛的帝王排场令他感叹道："唉，大丈夫能像这样子，才不枉来世上一遭！"

提起刘邦的婚事，更是巧中添奇。刘邦的老丈人吕公是单文县人，他与沛县县令私人交情甚厚。他曾到沛县避祸，后来他请客表示答谢，来了许多豪杰捧场。萧何任宴会

主办，萧何宣布贺礼不满一千钱的坐在堂下，分清贵贱。刘邦虽分文未带，却宣称贺仪万钱。吕公亲自出迎，看他高鼻长颈的异相，知他日后必定发达富贵。宴后，提出愿意把女儿吕雉许配给他。刘邦四十三岁仍未娶上妻子，如今竟有人主动把女儿嫁给他，这是做梦都想不到的美事儿，他赶紧迎娶回家。吕雉就是历史上的吕后。当时已经二十八岁了，吕公家境好，女儿长得又不错，为什么嫁人这么晚呢？大约姻缘自有天注定。吕雉心性高，看不上寻常之人，高不成，低不就，耽搁成了大姑娘。看来，吕雉二十八岁等待的人，正是刘邦；四十三岁的刘邦单身这些年，也正是等待吕雉。他们的婚姻有着天作之合的神秘色彩。

始皇末年，刘邦受命押送刑徒到骊山修皇陵，刑徒们知道不累死也得活埋，就纷纷逃亡。刘邦对此睁一只眼，闭一只眼，默许他们溜走。快到骊山时，人都快跑没了。来到丰邑西边的大泽里时，刘邦借酒壮胆，把剩下的刑徒都放了。刑徒们得生了，刘邦却要亡命天涯避祸了。有十几人刑徒深受感动，愿意追随刘邦左右。刘邦带着他们连夜逃离大泽里。

黑夜里奔逃，必须探路。刘邦命一人前方开道，不一会，那人惊恐万状地跑回来，报告刘邦说：“一条大白蛇挡在路上，前行不得，赶快绕路而行吧！刘邦酒壮英雄胆，拔剑而起，怒喝道：“我们是顶天立地的壮士，岂能怕蛇？我倒要看看谁敢阻我去路？”刘邦冲到前面开路，走不多久，果然一条巨蛇盘踞在道上，把小路堵得满满的，雾气弥漫，飘过一团团腥气，令人作呕。刘邦挥剑将白蛇斩为二段，腥热的污血喷了他一身，没走出几里路，刘邦酒性大作，睡倒在路旁。

后面的人走到斩蛇的地方时，看见一个老妇人在号啕大哭。众人问她缘故，老妇人悲哀地说：“我儿子是白帝之子，他不该下凡间闲游呀！他睡中化蛇，哪知挡了赤帝之子的去路，被人家杀啦！”听了老妇人的话，众人只当是胡言乱语。可奇怪的是，大家再回头看时，老妇人消失了，连斩杀的白蛇也不见了，众人惶恐之中始信有其事，刘邦酒醒得知此事，也隐约相信了。

我们知道，秦始皇多次巡行天下，他的目的是检查地方政绩，震慑天下黎民的；也有寻仙访道，找那长生不老药的目的；还有一个目的，剿杀推翻秦朝江山的掘墓人。他常听人说东南有龙气，就多次寻找，却发现不了。而当初刘邦带领刑徒们躲进砀山避难时，四处隐蔽，极难发现，而他的妻子吕雉轻易就找到了。刘邦问她原因，她说刘邦藏身之所的上方常有五彩云气缭绕，对应云气的位置，就是刘邦的躲藏之地，真是神乎其神了。

关于刘邦的传说虽然神奇感人，但显然经不起科学的推敲。说刘邦是赤帝之子非常荒唐，不仅现代人，连古人也未必相信，那么史书为什么还要加以记载，以讹传讹呢？

后人认为这是一种政治需要。刘邦乃一介平民，无权无势，又没有财力做后盾，他若起事，必须有一种强大的号召力，动员起广大民众的支持。当初斩杀白蛇也许是有的，作为开国之主，他有这种勇气。但是说白蛇是白帝之子，显然是人为编造的。编造这种神话的目的，就是神化刘邦，拢住人心，死心塌地地跟他打江山。试想，赤帝之子乃真命天子，到人间当皇帝还不是理所当然吗？刘邦的谋士、亲属极力传播这个神话，使更多迷信

君权神授的人们相信这种事，纷纷投奔刘邦，使起义队伍不断壮大，最后夺取天下。

刘邦平定天下，建立政权，曾召集众臣，探讨得失，他总结得天下的关键是三个人用得好：即运筹帷幄之中、决胜千里之外的谋士张良；识人善用，主持政事、保障供应的萧何；带百万兵，攻城掠池的大将韩信。由于刘邦的认识非常明确，他心里自然明白，所谓赤帝之子之说，纯是糊弄人的，是权宜之计，真正夺取江山，还要靠人去打去拼。

等到刘邦做了皇帝，谁还敢说他当初编造神话？统治阶级凭此当法宝，正可以加强和巩固统治，让老百姓打心眼里服从和拥护汉朝的统治。后世的统治阶级更要利用这种说法维护自己的统治，怎会给老百姓分辨真假的权利？若真有人敢于直言，就一定会遭到迫害。

也许刘邦斩了一条小蛇，被吹嘘成巨蛇，或许压根没有什么蛇挡路，刘邦指使手下编造出来这个大谎言迷惑别人，历史真相到底如何，谁也说不清楚了。

项羽自刎何处

项羽是秦末农民起义军领袖，灭秦之后自立为西楚霸王。后为刘邦击败，被围于垓下（今安徽灵璧东南）。四面楚歌声中，项羽与宠姬虞姬诀别，突围南走。据《史记·项羽本纪》记载，项羽自垓下突围后，行至阴陵迷路，为汉军追上，再退至东城，只有二十八骑相随。项羽遂以二十八骑大战汉军数千追兵，击败之。在乌江边，乌江亭长备下小船，劝项羽渡江为王。项羽觉得八千江东子弟无一生还，即使自己逃生，也无颜见江东父老，于是自刎于乌江岸边。虽然项羽兵败自杀身亡，但自古以来人们却称其为乱世英雄，一代枭雄。

项羽

项羽自刎于乌江岸边，这本来没有什么异议。问题是司马迁在《项羽本纪》的论赞中，又有“（汉高祖）五年卒亡其国，身死东城”之语。于是产生了疑问：是不是司马迁为了刻意完善英雄人物，将采撷到的民间传说与东城真实的血战情节缝缀弥合了？

因此有人提出，项羽真正的殉难地不在乌江，而在距乌江约三百里的东城（今安徽定远东南）。此说的佐证是，在定远县境内，保存着十多处与项羽有关的遗址、遗迹；如相传为霸王迷路处的“霸王寨”、刘邦追及项羽处的“刘公桥”，还有“嗟虞墩”等，总之，可以寻找出项羽在此与汉军周旋的完整路线。

治史谨严的司马迁，会轻易将民间传闻采人史籍？这不免令人起疑。于是有人究诸

史籍，提出了如下看法："自刎乌江"与"身死东城"实为一说。秦汉时期，乌江以亭制隶

在江苏省徐州市城南，始建于公元前206年，据传西楚霸王项羽定都城后，在此筑高台，作为指挥士兵操练观赏士卒赛马场所。

属于东城县。据《舆地广记》载："乌江本秦东城县之乌江亭，项羽欲渡乌江即此。"《太平寰宇记》称："乌江具本秦乌江亭，汉东城县地。项羽败于垓下，东走至乌江，亭长舟待羽处也。"又："晋太康六年始于东城县界置乌江县。"由于乌江亭曾属东城县，后来乌江县又置于东城县界，后世许多著名诗人，在他们的诗文中都以"东城"旧称代名乌江。可以断定，《史记》所说的"自刎乌江"，是对项羽死地的具体记述；"身死东城"，是对项羽死地的泛指，是"身死东城乌江"的简称。另外，"自刎乌江"不仅见载于史籍，且有史迹为证。今乌江的驻马河，原名驻马塘，因项羽驻马于此而得名。今西楚霸王灵祠，原为乌江亭长在项羽自刎之地埋葬项羽血衣和残骸后所立之亭，名曰"项亭"，时以祀之。唐时扩建为祠，规模宏伟，李白的从叔李阳冰为之篆额"西楚霸王灵祠"，长存至今。历代名人在此多有诗咏，他们对项羽的评价各有所见，但对项羽自刎乌江的史实，都是一致认可的。

项羽自刎于乌江岸边的悲剧，是民间传闻，还是历史真实？至今仍无定论。

韩信死因之谜

韩信是秦汉之际的著名军事家，被汉王刘邦拜为大将，为刘邦夺取天下立下了汗马功劳，被誉为汉初"三杰"之一。

据说，韩信年轻时，穷困潦倒，曾受过洗衣的"漂母"供饭之恩，也受过地痞的"胯下之

辱”，后来在刘邦的军中当过小官，很不得志。只有刘邦身边的重臣萧何识才，认为韩信是个不可多得的帅才，说服了刘邦，设坛拜将。此后，韩信果然不负重托，统率大军，定三秦、掳魏王、破代兵、擒赵王，直到大破项羽。刘邦在纵论天下得失时曾说：“运筹帷幄之中，决胜千里之外，我不如张良；镇守国家，安抚百姓，供给军需，不绝粮道，我不如萧何；带领百万之军，战无不胜，攻无不克，我不如韩信。这三个人都是当代的人杰。我能够用他们，这就是我能够取得天下的原因。”

韩信铜像

可是，韩信在功成名就后，却不能寿终正寝，有人说他是罪有应得；有人说是刘邦不容人，他是含冤而死。各执一词，难分高下。

说他罪有应得的，提出如下佐证：

其一，他自恃有功，请封假王。

高祖四年，平定了齐地后，韩信派人对汉高祖刘邦说：“齐人伪诈多变，遇临楚地，是一个易于反复的国度，不设一王位来镇守，大局难以稳定，希望你委派我当个假王。”此时刘邦正被项羽围困在荥阳，日夜盼望韩信前来增援，见了韩信使者带来的信，不禁震怒异常，骂道：“我困在这里，早晚盼他来辅佐我，他竟然想自立为王！”身边的张良和陈平见势不妙，悄悄地对刘邦说：“现在我们正处境不利，无法禁止韩信称王？不如趁势做个人情，让他为我们守一方之地。不然，就会发生内乱了。”刘邦一听，顿然醒悟，连忙改口，装腔作势大骂道：“大丈夫平定了诸侯，要做就做个真王，为什么还要当假王？岂有此理！真是岂有此理！”一副愤愤不平的样子。接着，他派张良赴齐，立韩信为齐王。之后，召韩信等率兵与项羽会战于垓下，大破项羽。刘邦封韩信为王，实属不得已，因而，楚汉之争一结束，他就夺了韩信的兵权，并徙封其为楚王。从此埋下了对韩信的戒心。

其二，他招降纳叛，割据一方。

项羽死后，楚将钟离昧投奔了韩信。因他二人是故交，钟离昧得以偷生。刘邦知道此事后，命韩信交出钟离昧。可是韩信很重义气，不想出卖朋友，就不肯交人。刘邦无法可施。此时，韩信初到楚地，出入都有重兵保护，仪仗威严，这更加引起了刘邦的疑心。恰在此时，有人又告韩信谋反，刘邦就下了决心，一定要除掉韩信。于是，他采用了陈平的计策，令诸侯们都到楚国之西的陈地相会，以便趁机擒拿韩信。这时，韩信已猜出了刘邦的意图，但思忖再三，想到自己本无谋反之心，何必怕见刘邦？于是，杀了钟离昧，带其首级去见刘邦。不料，刘邦还是逮捕了他，并把他押至洛阳。之后，他把韩信降封为淮阴

侯，让他寓居于长安整天无所事事。韩信怏怏不乐，常常称病不上朝。

其三，他挑动和支持陈豨叛乱。

据说，韩信曾和握有重兵的边将陈豨约定里应外合，准备叛乱。又说，他曾与家臣谋划，当刘邦率军出征陈豨之时，诈作诏书，放了囚徒，再突然袭击宫中的吕后和太子。结果，这个阴谋被他的舍人的弟弟告发了。后来，吕后设计骗韩信入宫，将他斩杀于长乐宫室。上述三大罪状，足以说明韩信是个只计较个人得失、闹分裂、谋叛乱的阴谋家，他是罪该万死的。何况，刘邦为了实行中央集权，剪除异姓王侯，也是势在必行。

说他是含冤而死，且是千古奇冤的，也讲出一番道理：

其一，韩信从来就没有反叛之意。

当年，楚汉相争的紧要关头，韩信握有重兵之时，项羽常以“三分天下”为约，韩信没有反；被封齐王后，齐人蒯通曾劝韩信割据一方，借给他看相之名，以“贵不可言”相诱，以“时不再来”相激，韩信也没有反，怎么能在天下平定，兵权被夺之后，凭着一伙家丁和囚徒造反呢？

其二，汉王刘邦久有杀韩信之心。

当韩信下魏破代之后，刘邦突然接管了他的精兵；韩信破赵后，刘邦又夺了他的印符，更换了他的将领，接管了他的军队；破了项羽之后，刘邦又解除了他的兵权，并把他从齐王迁为楚王。一系列的事实说明，韩信始终是刘邦的一块心病。不除掉韩信，刘邦就寝食难安。

吕后

其三，告韩信谋反，并无确凿证据。

关于勾结陈豨之事，纯属子虚乌有。因陈豨是刘邦宠臣，韩信又与他素无交往，何谈二人密谋？举报韩信的，是韩信的舍人之弟，更不可信。据说，那个舍人曾得罪过韩信，韩信将他囚禁起来欲以诛杀，所以舍人的弟弟才去吕后那里告韩信谋反。试想，韩信谋反这样的重大机密，能泄露给一个罪徒的亲属吗？

其四，剪灭异己，是刘邦预定的国策。

经查，为汉朝立下汗马功劳而被刘邦册封的七个王，没有一个有好的结局。梁王彭越、越王张敖、楚王韩信都以“谋反”之名枉杀。楚信王、淮南王黥布、燕王卢绾，被逼反叛，而被消灭。只有势力最小、封国偏远的长沙王吴芮，因谨小慎微而得以残存。看来，杀掉一切能征善战，功高震主之辈，以安定刘家天下，是刘邦预定的国策。

韩信曾说过：

狡兔死，良狗烹；
飞鸟尽，良弓藏；
敌国破，谋臣亡。

这番话，道出了许多开国功臣的凄苦结局。

至于韩信真正的死因，也许会成为人类历史长河中永远无法开启的篇章。

赵飞燕受宠之谜

赵飞燕，汉成帝刘骜的第二任皇后，她妖冶冷艳，舞技绝妙，受成帝专宠近十年，贵倾后宫。是何缘故使得她“集三千宠爱于一身”呢？

赵飞燕因为家穷，很小就到阳阿公主家做歌舞伎。赵飞燕天资聪明过人，练就了迷人的歌喉和高超的舞技。

汉成帝有一次微服出行，来到阳阿公主家。公主召歌伎为成帝助兴。赵飞燕勾人魂魄的眼神、清丽动人的歌喉、婀娜曼妙的舞姿，一下子倾倒了成帝，汉成帝将她带回宫。

赵飞燕的秀丽姿容、轻盈身材和出众舞技，都使她在后宫嫔妃中如鹤立鸡群。她表演的一种舞步，手如拈花颤动，身形似风轻移，令成帝十分着迷。成帝为她举行的舞技表演设在汉宫太液池中瀛洲高榭上。成帝以玉环击节拍，乐人吹笙伴奏，赵飞燕跳起《归风送远曲》，一阵风起，赵飞燕险些跌入池中，多亏有人抓住她的云英水裙，才有惊无险。汉成帝又命宫女手托水晶盘，令飞燕盘上歌舞助兴，赵飞燕的绝妙舞技，前无古人后无来者，给汉成帝带来全新的视觉享受，成帝为她更加迷恋。

赵飞燕不仅漂亮，心思也非常缜密，为紧紧抓住成帝的心，她又把容貌更胜她一筹的妹妹赵合德推荐给成帝，赵合德的美貌令成帝惊羡不已，合德的柔情更令成帝神魂颠倒，成帝一刻见不到赵氏姐妹，便心神不安。姐妹俩的话，成帝更是言听计从。姐妹设计陷害许皇后，成帝就废掉许后，册立赵飞燕为后，赵合德为昭仪。赵氏姐妹掌握后宫生杀大权，不可一世。

赵氏姐妹虽得专宠，但从未怀孕，她们害怕别的嫔妃怀孕生子，威胁后位，就疯狂地摧残宫人。“生子者辄杀，堕胎无数”。当时，民间就流传着“燕飞来，啄皇孙”的童谣。宫女曹宫生一男孩，竟被逼死，皇子也被扔出宫外。许美人生一子，赵合德哭闹不已，逼迫成帝赐死母子。色迷心窍的汉成帝，年已不惑，膝下尤虚。为讨好赵氏姐妹，竟两次杀子，置江山社稷于不顾，成为“爱美人不爱江山”的古代版本。

赵氏姐妹何以不孕呢？原来她们为使肤色白皙娇嫩，把一种药丸塞入肚脐，这种药丸确实功效显著，用后肤如凝脂，肌香甜蜜，青春不老。撩人的香气更令汉成帝不能自持，不施云雨绝不罢手。姐妹俩把成帝死死迷住，成帝精力耗尽，就服补药满足淫乐。为取悦成帝，方士们争献丹药。汉成帝起初服食一粒丹药，即可精神亢奋临幸美人，好似恢复了青春活力。汉成帝长期服用，不断增加剂量，结果身体越来越虚弱。

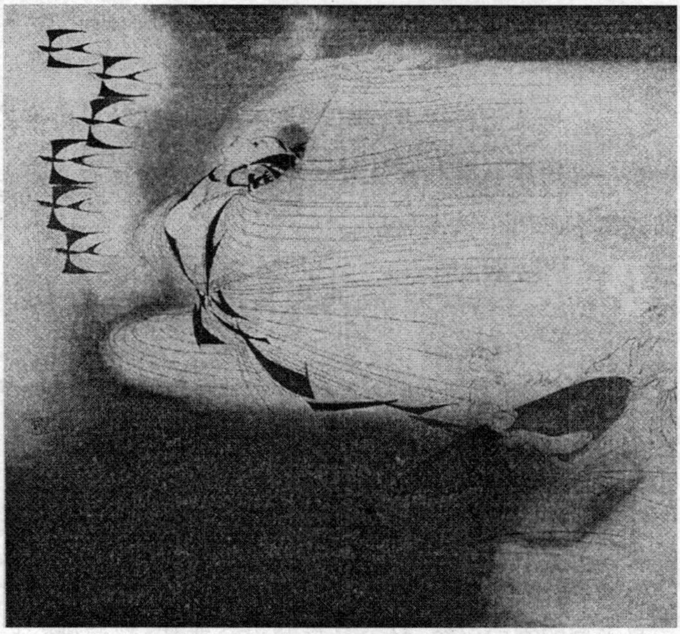

最后，成帝死于赵合德床上，朝野震动，群臣声讨赵氏祸水。赵合德自知难逃罪责，自杀而亡。

赵飞燕因为帮助汉成帝的侄儿刘欣即位，新帝感恩，仍旧尊她为皇太后。六年后，哀帝逝世，大司马王莽以赵飞燕杀害皇子之罪，迫其自尽。风光一时，权倾一时的赵飞燕就这样香消玉殒了。

赵飞燕从一个小小的歌舞伎，爬到皇后的宝座上，与她善于抓住机会，不择手段迎合成帝的色心，有太多的关系。为讨好成帝，她献出妹妹合德；为引诱成帝淫心，她使用香肌药丸；为鼓励成帝纵欲，她积极搜罗春药；她自己苦练歌舞技能，千方百计迷住成帝；又用心机陷害许皇后，终于得以母仪天下、三千专宠集一身。最后，落得个横死的下场。

赵飞燕

田横的五百壮士结局之谜

田横，秦末狄城（今山东高青东南）人，齐国贵族。他文武双全，义气豪爽，深受百姓拥戴。秦末陈胜、吴广起义后，田横与堂兄田儋共同起兵，重建齐国。楚汉战争中，齐王田广中了汉军计谋，被韩信剿灭。田横自立为王，结果兵败，投奔大梁王彭越。彭越归附刘邦后，田横率部属五百余人，避祸海岛。

田氏宗族强大，威信又高，田横虽亡命天涯，仍有五百壮士誓死追随。汉王刘邦虽平定天下，想起田横雄踞东海自成一统，不免心惊肉跳。田横若是招兵买马，卷土重来，再平叛可就困难了，刘邦思前想后，就决定用封王的手段，调其离开原地，再慢慢制服不迟。

刘邦派使者招降。田横深知汉王用心，就推辞说：当时愤怒，把汉使郦生烹煮，后悔不及。现今郦生弟弟郦商为汉室重将，自己不敢与之同朝称臣。请汉王允许他做个普通百姓，能平静度过余生。刘邦怎能放过田横？第二次派遣使臣告知田横，已经告诫郦氏兄弟族人不得伤害田氏；田横入朝，大可封王，小亦诸侯；如再拒绝，汉室则举兵诛灭！田横无奈，携部属两人随使者来到洛阳。

行至距洛阳三十里处，田横心乱如麻。想当初，自家也是做过一地之王的，威震一方。如今以俘虏的身份去投降称臣，苟且偷生，怎么对得起田氏列祖列宗，又怎样面对那无比尊敬崇拜自己的齐国旧部？让他们也羞耻窝囊地活着？田横下定决心：宁死不取其辱！田横从容地对部属说："我与汉王都曾面南称王，现在要我面北称臣降服于他，是对我的污辱。我不会给齐国丢脸，更不会让壮士们蒙羞。汉王召我的目的，是监视我，怕我谋反，我根本无意谋反。这里距洛阳仅三十里地，我即刻自杀，让他看到我真的死掉了，总可以放心了。"说完自刎。

刘邦看到田横的首级，一块石头落了地，心里很高兴，表面却流着眼泪，故作惋惜悲伤状，称赞田横是英雄豪杰，按王侯的礼节安葬田横。两个门客在田横墓旁挖洞，坦然赴死。

刘邦听说田横门客也殉死，心中一阵慌乱。他觉得那留在岛上的五百人，是不安定因素，对田横死心塌地，岂不要以死复仇？赶快把他们骗来除掉！那么这五百人来没来呢？结局又是怎样呢？有下面几种说法：

一说"跳海"自杀。刘邦派使臣来到海岛，说田横已死，不必苦苦等候。离开海岛领汉室封赏，该过安逸舒适的生活啦！五百壮士听说心中的领袖已死，顿感万念俱灰，集体投水自杀。他们誓死效忠田横，死后魂魄也要追随田横左右，真是感天动地！

二说田横墓前集体自杀。刘邦派使者诳骗壮士们：田横已在汉朝为官，请壮士们共享富贵！等大家走到半路，得知田横死讯，肝胆欲裂。他们拜祭田横墓地，集体自杀。壮士们情深义重，让苍天为之泣下。

三说壮士远走天涯。有史书记载，田横之弟隐居在离田横岛不远的小鬲山，并未随兄自杀。此处三面绝壁，是世外桃源，正可幽居避祸。既然田横弟弟能生存下来，那么，五百人中必定还会有人生存下来，没有集体自杀。再有，据史料记载，美洲大陆还有"田人墓"遗址。"田人墓"埋葬的可能是田横门人。也许他们驾船渡过太平洋，飘落美洲，安家落户了。那时的航海技术，是否能行驶得那么远，还有待考证。

田横的五百壮士，是忠义殉主，还是避世生活，亦或天涯远行？始终是个谜。

"金缕玉衣"之谜

希望长生不老、灵魂不灭是古代皇帝梦寐以求的事，寻找长生不老药、喝甘露、炼丹丸等等，一切的目的都是为了长生，这种求生的强烈欲望也寄托在死后的裹尸衣上，这就出现了汉代特有的玉衣。

玉衣是汉代皇帝、诸侯王和高等贵族死后特有的一种殓服，史书史称"玉匣""玉柙"，但它的形状究竟是什么样的，从汉代以后就无人知晓了。1968 年考古工作者在河北满城县的一座小山丘上，发现了西汉中山靖王和他的妻子窦绾的墓。在刘胜和窦绾棺内的尸体位置上，分散着许多小玉片。经过考古工作者的精心修整和研究，终于复原出两

套完整的玉衣。使我们第一次看到了史书中记载的玉衣的真面目,从而解开了这个千古之谜。

这两套玉衣的外观和人体的形状一样,分为头部、上衣、裤筒、手套和鞋五大部分,各部分都由许多长方形、三角形、梯形、圆形等玉片组成,玉片上有许多小的钻孔,玉片之间用纤细的金丝加以编缀,所以又称为"金缕玉衣"。刘胜穿的玉衣形体肥大,上部的脸盖上刻画出眼、鼻和嘴的形状,腹部和臀部突鼓,裤筒制成腿部的样子颇似人体。窦绾的玉衣比较短小,没有做出腹部和臀部的形状,可能是出于对女性形体造型的避讳。刘胜玉衣全长1.88米,由2498片玉片组成,用于编缀的金丝约重1100克。完整的玉衣是西汉武帝时才出现的,那么再早的玉衣是什么样子的呢?据一些学者的研究,汉代的玉衣是由先秦时期的"缀玉面饰"演变而来的。所谓"缀玉面饰",就是将做成眉、眼、鼻、口形状

金缕玉衣·汉

的玉石片,按一定形状排列,缀附在织物上,再覆盖在死者面部。这种缀玉面饰就是汉代玉衣的雏形。最早的缀玉面饰出现在河南三门峡市西周晚期的虢国墓地中。战国时期,缀玉面饰成为一种颇为流行的丧葬礼俗。汉武帝以前为诸侯王墓中尚未发现完整的金缕玉衣,但出土有金缕三面罩、玉帽、玉手套和玉鞋,这是缀玉面饰向玉衣的过渡形式。目前发现的汉代玉衣有20多套,除金缕玉衣外,还有银缕玉衣、铜缕玉衣和丝缕玉衣,编缀玉衣材料的不同,代表着身份的不同。据汉代文献记载,汉代皇帝死后使用金缕玉衣,诸侯王、公主等使用银缕玉衣,大贵人、长公主使用铜缕玉衣。但中山王刘胜是汉景帝刘启的儿子,汉武帝刘彻之兄,按规定他只能以诸侯王的身份着银缕玉衣,为什么却越级穿金缕玉衣呢?有专家认为,玉衣等级的严格规定,是在东汉时期才形成的,因为在东汉时期的诸侯墓中就再没出土过金缕玉衣。还有专家认为,死后能穿金缕玉衣的诸侯王都深受皇帝的器重,他们能着金缕玉衣下葬,也是皇帝对他们的一种恩赐。身为诸侯王的刘胜都能穿如此华贵的金缕玉衣,那贵为天子的皇帝玉衣是什么样子的呢?史书记载,汉武帝的玉衣玉片上雕刻着蛟龙、鸾凤、龟麟等纹饰,被称为"蛟龙玉匣",在玉衣片上雕刻花纹,想必除了加强装饰效果,有华贵之感外,还要体现皇帝的高贵身份。因为没有考古发现的实物作为证据,汉代皇帝的玉衣对我们来说还是一个未解之谜。

东汉时期,除皇帝外,任何人使用金缕玉衣都是大逆不道的,地方豪强违法使用玉衣也被视为僭越行为,要受到严厉的惩罚。汉桓帝时,冀州官吏赵忠在埋葬他的父亲时,私自使用仿造的玉衣,被人上告后,以僭越的罪名,将其父的墓掘开,陈尸于棺外。赵忠一家也被监禁起来。

为什么汉代人喜欢用玉衣做殓服呢？这与当时人的迷信思想有关，在汉代，人们深信玉能使尸体不朽，玉塞九窍，可以使人气长存。所谓九窍就是指两眼、两鼻孔、两耳孔、嘴、生殖器和肛门。出土的玉衣经常搭配有用玉做成的眼盖、鼻塞、耳塞、口含、罩生殖器的小盒和肛门塞。其中最讲究的是要用玉蝉作口含，因为古人认为蝉只饮露水而不吃东西，是一种清高狷洁的昆虫。人死后，其灵魂离开尸体，正如蝉从壳中蜕变出来时一样，所以古人以蝉为含的寓意可能在此。还有的学者认为，汉人用玉蝉作口含，是受这种昆虫循环生活的启发，从蝉蜕转生而领悟再生，因此就给死者含玉蝉寓暂死之意，希望死者能够复活和再生。

如此精美的玉衣，在2000多年前的西汉时代是如何制作出来的？确实让我们现代人琢磨不透。玉衣的制作是一个非常复杂的过程，所用的玉料要经过开料、锯片、磨光及钻孔等，每一玉片的大小和形状都必须经过精心的设计和细致的加工。据测定，玉片上有些锯缝仅0.3毫米，钻孔直径仅1毫米，工艺繁难与精密程度之高令人惊讶。整个玉衣制作过程所花费的人力和物力是相当惊人的，据推算，汉代制作一件玉衣，约需一名玉工费十余年的功夫。

汉代皇帝用玉衣作为殓服，可谓费尽心机。但结果适得其反，由于金缕玉衣价格昂贵，往往招来更多的盗墓贼，以致汉代帝陵都被盗掘一空。盗掘者取出金缕玉衣加以焚烧，尸骨也一并化为灰烬。有鉴于此，公元222年，魏文帝曹丕下令禁止使用玉衣，从此玉衣便在历史上销声匿迹了。有幸躲过被盗命运的那些诸侯墓葬，尸骨早已化为一抔泥土，却为我们留下了这精美绝伦的玉衣，让我们面对玉衣，去赞叹2000多年以前能工巧匠们的高超技艺。

刘秀与阴丽华的姻缘之谜

光武帝刘秀恢宏大度，开明谦和，以文治武功夺得天下后，勤于国事，廉明治政，减轻租税，发展生产，开创了中兴盛世局面。传说刘秀生活俭朴，只设皇后一人，贵人几名和有限的美人、宫女、采女。刘秀对皇后阴丽华更是一往情深，无比恩爱。这是为什么呢？

刘秀虽为皇族但祖辈逐渐衰落，到了刘秀父亲刘钦一辈，仅为济阳县令。刘秀九岁时，父亲死去，刘秀度过了他困窘的青少年时代。刘秀家住南阳蔡阳，与新野相邻，常听人赞美新野首富阴家小姐丽华，聪明贤惠，娇羞艳丽，多才多艺。刘秀怦然心动，他虽家贫无助，但生得身躯英武，眉清目秀，鼻高嘴方，自有一股英雄气概，岂能久居人下？刘秀暗下决心："大丈夫立业必扬名天下，娶妻要娶阴丽华，方不负此生！"

公元22年，天下动荡，南阳饥荒。刘秀与哥哥刘缜起兵，得到豪强地主的支持，很快发展为七八千人，号"春陵军"。阴丽华的哥哥阴识也率众投奔了刘秀，不久，春陵军加入绿林军，刘秀任太常偏将军。王莽派军四十二万围剿绿林军，刘秀据守的昆阳只有八九千人。刘秀率轻骑十几人星夜突围，调来援军。刘秀率三千精兵，突袭敌军中坚，杀死敌

将王寻。城内义军乘胜出击，内外夹攻，莽军大败。义军以少胜多取得昆阳大捷，刘秀在此役中智勇双全，建立奇功，威名远扬。

刘秀功名显扬，自认不会辱没了阴丽华小姐，就派人去阴家提亲。阴家早就对英雄豪杰刘秀敬佩无比，早欲攀附，哪有不同意结亲之理？当年6月，意气风发的刘秀娶走了十九岁的阴丽华。走进洞房，刘秀看到阴丽华秀丽端庄、高贵典雅的姿容，不禁惊叹不已。梦寐以求的美人一旦来到身边，真的好似梦境重现。阴丽华望见自己的丈夫英姿勃发，气概不凡，也是非常欣喜。夫妻两人恩爱情长，形影不离。但三个月后，刘秀要去洛阳任司隶校尉，不得不与娇妻分离。阴丽华被送回新野娘家。

刘秀在征程上闻听哥哥刘缜被更始皇帝刘玄杀害，他强忍悲痛，骗过刘玄，被刘玄封为大司马，前往黄河以北，招抚地方部队。刘秀一路废除苛政，释放犯人，义军队伍不断扩大。可是，北方刘姓宗室突然拥立新帝，建立邯郸政权，还追杀刘秀。刘秀得知拥护新政权的武装集团是西汉真定恭王刘扬，就派人劝说刘扬归顺。刘扬同意归顺，但要求刘秀娶她的外甥女郭圣通，一旦刘秀成大事，娘舅也好沾光。

郭圣通是真定藁人。其父郭昌出身望族，官至郡功曹，其母是真定恭王之女，乃豪门富族，郭圣通知书达礼，容貌姣好，人品出众。刘秀虽然深知郭氏有权有势，如能联姻，对成就大事有极大帮助。但是又觉愧对阴丽华，阴氏聪慧贤德，是激励自己建功立业的动力，与自己情投意合，怎能让这么优秀的女人寒心呢？刘秀前思后想，踌躇不决。然而，举起义旗只有前进，没有退路。如若错失眼前机会，失去郭氏支持，恐怕要亡命天涯。那时候，结发之妻也要跟着遭罪，就更别提让阴丽华享受什么荣华富贵了。刘秀想到此处，决定应允婚事，迎娶郭圣通。

刘秀与郭圣通的政治婚姻很快就发挥了巨大的威力，使刘秀如虎添翼，为夺取天下奠定了基础。公元25年，刘秀在洛阳称帝，改元建武。第二年，刘秀修缮洛阳宫殿，迎接阴丽华的到来。分别三年始得重逢，两人都不胜感慨。刘秀想，阴丽华高贵庄严，她是自己奋进的动力源泉呀，她应该享有母仪天下的荣耀。但是，郭圣通一家却为自己开创帝业立下重大功勋，郭圣通还为自己生下了皇子，母以子贵；郭氏如不封后，自己失去了郭氏宗亲的支持，对于巩固帝业将造成重大损失。刘秀又为难了。倒是阴丽华坚决请求立郭氏为后，令刘秀十分欣慰，他也因此对阴丽华更加爱恋。此后，出征就带着她，他们的儿子刘阳就生在行军途中。

皇子刘阳聪慧善断，十岁时通读《春秋》。十二岁时，正逢刘秀核查郡县户口田亩。刘秀看到陈留郡的案牍后附一简，上书“颍川弘农可问，南阳河南不可问”。刘秀不解其意。倒是刘阳一语点破：“颍川，弘农虽有富豪，但没有后台，只管放心核查；但河南郡是京都，颇多权臣，南阳郡是帝乡，多是皇亲国戚，谁敢核查？”刘秀对刘阳的机智聪敏非常满意。刘阳十五岁那年，原武爆发农民起义，官军久攻不下，刘秀万分焦急。刘阳对父亲说：“守城之军，肯定有反悔欲逃者，如能松弛围城，留一通道，遇有单身出逃的，用一亭长即可捉拿住。”刘秀采纳了刘阳“围城留之阙”的计策，果然有小股义军出逃，涣散了军心，原武城被攻破。刘阳的足智多谋让刘秀更加喜爱。刘秀决定废掉郭皇后之子原太子刘

强，改立阴丽华之子刘阳为太子。

公元41年，天下平安，四海安宁。河北豪族势力对皇权已构不成威胁了。刘秀颁诏，废掉郭皇后，改立阴丽华为后。刘阳也就顺理成章被改立为太子。

阴丽华为后，遂了刘秀之愿。在刘秀心里，阴丽华是一盏指路明灯，而郭圣通只是他登天的台阶，是可利用的政治工具。郭氏在刘秀安定天下之后被废，也就不奇怪了。

汉桓帝“卖官鬻爵”之谜

汉桓帝共在位二十一年，前十三年他只是个傀儡皇帝，朝政大权由外戚梁冀总揽。桓帝二十八岁亲政后，诛灭梁冀，宦官专权，朝政更加混乱。汉桓帝又四处搜罗美人，在后宫蓄美上万，满足其奢靡荒淫的放纵生活。他还异想天开地“卖官鬻爵”，公开破坏东汉吏治法规，败坏社会风气，引发社会矛盾激化，加速东汉王朝的崩溃。那么，汉桓帝为什么要“卖官鬻爵”呢？

大将军梁冀是当朝太后梁太后的哥哥，他专横跋扈，无所不为，朝廷内部“贿赂公行，政出私门”，造成政治上的极端黑暗。梁冀策立桓帝后，权力达到极点。桓帝对他极尽尊崇，委以大权，规定他“入朝不趋，剑履上殿，谒赞不名，礼仪比萧何”；又增封其食邑为四县，比邓禹；赏赐金钱、奴婢、车马、甲第，比霍光。其弟梁不疑被封颍阳侯、梁蒙被封西平侯，其子梁胤为襄邑侯，其妻孙寿为襄城君，并加赐赤绂，比长公主。梁冀更加专横暴虐，百官升迁，要先到他家谢恩，后到尚书台办理手续，地方贡品，上等地献给梁冀，次等的才给桓帝。梁冀的跋扈张狂让汉桓帝极其痛恨。延熹二年，梁太后薨死，桓帝依靠宦官单超等五人，一举诛灭梁氏势力。

这次政变，消灭了梁冀外戚势力，却又重开宦官专权的时代，朝政更加混乱。宦官单超、左倌、徐璜、具瑗、唐衡五人，因诛灭梁氏有功，被同日封侯，也称“五侯”。单超还被任命为车骑将军，位同三公，朝政大权由宦官们牢牢把持。宦官们一朝得势，横行霸道，穷奢极欲，倒行逆施，只把东汉政府搅得乌烟瘴气。宦官们安插爪牙，把持从中央到地方的政务；抢夺民女，强逼为妾；霸占民田，大兴土木；收养义子，接袭封绶；滥施淫威，铺张排场；取用金银，装扮犬马……各地官吏上行下效，贪婪暴虐，鱼肉百姓，使得民不聊生。东汉社会矛盾不断激化，人民群众奋起反抗。

公元159年，烧当、烧何、勒姐等部的羌族人民再也忍受不了贪官污吏的疯狂压榨，掀起了声势浩大的少数民族大起义。起义军很快扩展到了三辅及并、凉二州，东汉政府派护羌校尉段颎进行血腥镇压，起义的熊熊烈火却越烧越旺。后来，东汉朝廷改派中郎将皇甫规，采用镇压与安抚相结合的办法，惩办了一大批贪官污吏，才逐渐平息了羌族人民大起义。公元162年，荆州南部地区的人民也举行了英勇的起义。起义军攻打长沙、零陵、桂阳、苍梧、南海、交阯等地，联合当地戍卒，杀富济贫惩贪诛污。人民群众纷纷投奔义军队伍，给东汉王朝以有力的打击。东汉政府耗费了大量的财力、物力来镇压人民

的反抗,但人民并没有屈服。当时就流传着一首民谣:“发如韭,割复生;头如鸡,割复鸣。吏不必可畏,小民从来不可轻。”

汉桓帝却无视内外交困,国库空虚的现状,恣意畜养上万宫女,供其淫乐,维持他腐朽、糜烂的奢侈生活。桓帝为首的统治阶级,穷奢极欲,致使国库枯竭。汉桓帝借口镇压羌族人民起义,从公元161年开始,“卖官鬻爵”聚敛钱财,供其挥霍。汉桓帝下令以不同价格售卖关内侯、虎贲郎、羽林郎、缇骑营士和五大夫等官职。不问才能品德,只要有钱就能买官。这些官吏一上任,就开始疯狂搜刮百姓,他们残暴凶恶地盘剥压榨老百姓,把他们买官的花销成倍地夺回来。东汉各级官吏一时间横征暴敛,贪赃枉法,腐烂奢靡,穷凶极恶。汉桓帝靠“卖官”的确大捞了一把,他为自己的“机智灵活”而得意万分。殊不知他的昏庸荒唐使东汉王朝更加腐败,吏治更加黑暗,各种矛盾更加尖锐。东汉王朝摇摇欲坠,走向了崩溃边缘。

班昭有没有续过《汉书》

班昭,名姬,字惠班,扶风安陵人。班昭生于仕宦之家,又聪明勤奋,对儒家经典和各种史籍均耳熟能详,并积累了大量的历史、天文及地理方面的知识。作为东汉时期著名的史学家,她在史学方面的贡献和成就,是举世公认的。但是,围绕着她是否续过《汉书》,后人却颇有争议。

《汉书》是我国古代继《史记》之后的第二部完整、系统、全面的断代史。西汉司马迁写的《史记》只记述到汉武帝太初年间为止,而此后的一百多年间西汉帝国的从盛至衰的历史,却没有持续写。班昭之父班彪有志于此,历时多年,根据广泛的前史遗事和大量的档案资料,写成了《史记后传》,即《汉书》的前身。但壮志未酬,便死去了。班昭之兄班固继承父业,又费时二十余载,终于著成了《汉书》的大部分,使初稿初具规模,但是,也因窦宪事获罪,不幸死于狱中,成为终生之憾。

那么,《汉书》是怎样定稿,最终得以成书的呢?

后人的说法有二。

一是班昭整理并最后撰成《汉书》。

比较流行的说法是,班固死后,和帝命班昭到“东观藏书阁”,继续完成《汉书》的编撰工作。她在这里参阅了大量的古代典籍和当代的历史记录,将《汉书》的初稿逐篇进行整理、校对和审核,并续写了其中的《八表》和《天文志》两篇。据说,后来马续又协助班昭撰述了《天文志》。

二是否论班昭续写《汉书》。

有人据《后汉书》和《史记·天官书》等史籍考证,认为《八表》和《天文志》并非由班昭、马续续补。他们认为,《汉书·天文志》是沿用了《史记·天文志》的内容,工程不大,且只增补了武帝以后的一些天象变化,班固殚精竭虑二十年,根本用不着由其他人来续

写。况且,《后汉书》本传上,找不到马续述《天文志》的内容,故推断班昭、马续并未续写《汉书》。

有人据《宋书·百官志》和《后汉书·班固传》考证认为,《汉书》是一部完整的作品,是班固一手完成的。指出,《八表》中的《古今人表》和《百官公卿表》两表,前人已指明为班固原著。《后汉书·班固传》也说:“固自永平中始受诏,潜精积思二十余年,至建初中乃成。”肯定了整部《汉书》均由班固一人完成。另外,在班固本人完成《汉书》后的总结中,曾自述为春秋考纪、表、志、传凡百篇……。即该书百篇之著,皆班固所作。

还有人把《汉书》中的《八表》和《天文志》两篇风格与班昭的《女戒》相比较,认为文笔大相径庭。前者与《汉书》中其他各篇的文体、语法如出一炉,而且历代注家对《汉书·八表》《天文志》为班固原著皆无异议。可以说,班昭等续《汉书》一说不成立。

另外,有人又从时间上推算,班固是在《汉书》初稿写成后十年死于狱中的,即使书中部分表、志未及完成,那么此后十年间,班固完全可能从容补作,不必由后人补续。

上述两种说法虽争论不休,但对班昭确实为撰写、修改、润色《汉书》方面下的苦功,都无异议。据说,《汉书》完稿后,人们多不能完全理解,于是,班昭成了唯一通晓《汉书》的权威。当时的达官贵人都拜她为师,听她阐释,尊称其为“大家”,班昭无愧于我国古代历史上著名女史家的称号。

“谶纬”造就千古一帝之谜

在中国的封建统治时期,若想达到登基称帝的仅有两种途径,一是靠世袭先皇承继帝业,像清朝的乾隆皇帝便是从父亲雍正皇帝手中接过的皇权,另一种则是推翻旧王朝,另立新朝称君,像明太祖朱元璋便是以武力使元朝覆灭开创了明朝,而隋文帝杨坚则是依计谋颠覆了北周,建立了隋朝政权。但在中国历史上,却有一位皇帝独辟蹊径,硬是靠着谶纬登上了皇位,创制了新朝。

谶纬本是庸俗经学和封建迷信的产物,谶纬是用诡秘的隐语、暗示及预言作为神灵的启示,向人间昭示吉凶祸福及治乱兴衰的。谶纬的本质是讲阴阳灾异和天命符瑞,但后来逐渐地发展成阴阳术数与儒家经典相互掺揉,形成了一种社会思潮。在《史记》中就曾有过“秦谶”的记载,是说秦穆公梦见了天神,天神预言将天下大乱,秦穆公称霸。到了汉代,谶纬越加兴盛起来。大凡议论时政,推出新的政治举措,它借灾异、谶语,地震、日食、冰雹都成了神灵向人间传递的种种旨意。在西汉末年,由于社会矛盾的进一步加深,谶纬更是成了社会各阶层人民争相利用的工具与手段。当有一日出现了日食的天象后,哀帝的反对者便借此大做文章,鼓噪说日食是神灵发怒,是刘氏王朝失去了天佑、气数已尽的表现。哀帝面对臣民的攻讦,赶快“顺天意”,改制改元。这当然无济于事了,当下一次天象异常时人们便愈加指责刘氏王朝逆了天道,索性直言让刘氏王朝禅让,把江山送给符合谶纬警示的人。

王莽

谶纬既然被尊为神的喻示，当然就有了无比的力量，就在谶纬极为盛行的时期，居然造就了一位新朝皇帝，这位皇帝就是王莽。王莽原是个清贫儒生，因其伯父是西汉大将军，其姑母是皇后，有这般靠山做倚恃，王莽很快便在朝廷青云直上，并逐步把持了朝政，被任命为大司马。王莽颇有学识，心机深厚，而且抱负远大，大司马的重职并不能满足他的胃口。在人们对谶纬顶礼膜拜的情况下，王莽灵机一动，想出了计策。他暗中指示益州蛮夷进京贡献白雉，而后又指使群臣上书，盛陈王莽功德，并把白雉说成是感化蛮夷的祥瑞，把王莽比做当年贤德的周公。请太后“宜赐号安汉公，益户、畴爵邑，上应古制，下准行事，以顺天心。”太后见此，自然会采取“顺应天心”的办法，依准了大臣的奏书。有些献媚之徒见王莽喜欢祥瑞，于是便开始向朝廷猛报各地发现祥瑞，今天是东边的鸡一天下两个鸡蛋，明天是西边的东瓜超过了百斤等，而王莽也找到了让“神灵”替他代言的办法，明里、暗里怂恿鼓励，仅5年之中，朝廷接到的祥瑞奏章便盈700余件。当西汉平帝驾崩后，王莽怕年纪大的人承继帝位不好控制，便以占卜由神灵选择新帝的名义，暗做手脚，令两岁的子婴登基称帝，王莽任摄皇帝，成了实际意义上的执掌政权的人。

尽管王莽操持着国家大权，但西汉江山仍然是姓刘而不姓王，王莽哪能甘心，于是王莽又玩了一出精彩的符瑞闹剧。有一天，一位名叫哀章的人，手捧一个匕面写着“天帝行玺金柜图”的小柜子来到商帝庙前，把把柜子交给了守庙官，守庙官不敢耽搁，急忙呈上了朝堂。朝堂之上，打开金柜后，内有符契图文和策文，其意思是说天神让子婴禅位，让予王莽。王莽不但顾不上扭捏一番，还当堂宣布“赤帝及没高皇帝神谕，传我帝位，我敬仰神命，不敢不受，今日此刻我即御王冠、登帝位、行天命，定国号为‘新’！”就这样，汉高祖刘邦浴血拼杀来的大汉王朝，竟被一纸符契、一张策书给覆灭了，而王莽却脚踩符瑞的阶梯，堂而皇之地登基称帝了。人们常说“天上不会掉馅饼”，而王莽却设计了一场“天上掉江山”的闹剧。其实，符瑞的真伪不仅值得怀疑，而符瑞是否有功力，现代人更是看得明白。但在那个迷信的封建社会，人们对谶纬如神旨般敬仰，凡是神的意志，很少有人去怀疑、也不敢怀疑，这便为王莽篡朝夺权创造了有利的条件。而这其中的秘密也许只有王莽及那个制作金柜的哀章才心知肚明了。

王莽既然是靠谶纬起家骗得江山的，自然也会用同样的方法来巩固江山。王莽登基后，对凡是持不同政见的大臣，均假借符契之手一一除掉，就连他的儿子王宇也被他诛杀。而那些看出点眉目的不轨之徒也混水摸鱼，纷纷编造符命，为自已求官封爵。一时

间，全国上下符命满天。每每两人街头偶遇时，第一句话都要说："今天你收到神灵的符命之书了吗？"

我们如果说王莽的皇权是谶纬造就的，不免有些以偏概全，但如果说王莽是利用谶纬为工具篡夺了大汉王朝是一点也不为过的。只不过历史的发展是不容什么"天神"来阻碍的，王莽并没有在皇位上坐多久，便又被刘氏之后刘秀赶下了朝堂，赶到了阴曹地府。而谶纬之说到南北朝时期亦被禁止，隋炀帝更是把谶纬之书焚之一炬。

附一：西汉大事年表

时间	事件
前202年	刘邦打败项于垓下，建立汉朝（西汉）。
前195年	高祖死，子惠帝即位。
前191年	除秦挟书律。
前188年	惠帝死，吕后临朝称制。
前180年	吕后死，文帝立。
前156年	减收田租之半，三十而税一。
前154年	吴、楚七国反，遭周亚夫平乱。
前140年	举贤良方正，直言极谏之士；接受董仲舒的建议，独尊儒术。
前138年	张骞出使西域。
前136年	设置五经博士。
前130年	唐蒙出使夜郎，置犍为郡。
前127年	卫青出擊匈奴，取得河南地区，设朔方郡。
前121年	霍去病大败匈奴，控制河西地区，打开了通西域的道路。
前119年	设盐铁官，算缗线；卫青、霍去病出击匈奴，匈奴远征至漠北；张骞第二次出使西域。
前118年	铸五铢钱，汉币制至此始定。
前105年	张骞访问波斯高原的安息王国，受到隆重欢迎，并派遣了回访使节。
前102年	为汗血宝马征服了中亚的大宛国。
前87年	武帝死，昭帝即位。
前60年	设西域都護。
前36年	副校尉陈汤追杀北匈奴一千多里，在康居国（里海附近）杀死郅支单于，北匈奴就此灭亡。

时间	事件
前8年	王莽为大司马。
前6年	刘歆要求把《左氏春秋》等列入官学被拒，今古文经学之争开始。
前2年	博士弟子景卢从大月氏使者伊存口授佛经，佛教开始传入中国。
前1年	哀帝死，太皇太后王氏召王莽执政。
5年	王莽毒死平帝，代行皇帝职务。
6年	王莽立孺子婴为太子，自称假皇帝。
8年	王莽自称皇帝，国号新，西汉结束。

附二：东汉大事年表

时间	事件
25 年	刘秀称帝于鄗，改元建武，定都洛阳，国号汉，史称东汉。刘秀即为汉光武帝。
29 年	光武帝册封孔子之后孔安为殷绍嘉公，并派大司空祭祀孔子。
30 年	光武帝下诏恢复汉景帝时实行的“田租三十税一”制度。光武帝宣布调整郡、县及封国，并大量裁减官员。
31 年	南阳太守杜诗发明了“水排”，从而大大促进了冶铁手工业的发展。
39 年	光武帝下诏“度田”，即“州郡检核垦田顷亩及户口年纪”。
42 年	光武帝下诏废除州牧制度，置刺史。
48 年	匈奴日逐王比被南边八部拥立为单于，并归附东汉，称南匈奴。马援奉命远征武陵、五溪蛮夷。
50 年	光武帝刘秀授南匈奴单于玺绶，并正式设置使匈奴中郎将。
56 年	光武帝泰山封禅。
57 年	倭奴国到洛阳朝贡，汉赐其印绶。二月，光武帝刘秀病逝，葬于原陵，庙号世祖，谥号“光武”。
60 年	为表彰为东汉建国立下汗马功劳的大臣们，汉明帝命人“画二十八将于云台”。
68 年	汉明帝下令在京都洛阳建造白马寺。
69 年	王景率士卒治理黄河，其后几百年间，黄河顺畅无大患。
73 年	明帝派窦固、耿忠等人分兵四路，进攻北匈奴。
88 年	章帝死，皇太子肇嗣位，是为汉和帝。
89 年	窦宪大破北匈奴于稽落山。
91 年	窦宪大破北单于，北单于遁逃，其国遂亡。和帝任命班超为西域都护，由其负责西域各国的管理。

时间	事件
92 年	汉和帝与宦官郑众等人合力剪除窦氏，郑众因功被封为鄛乡侯，参与政事，是为宦官用权之始。
97 年	班超派遣甘英出使大秦，甘英的使者团一直前行到西海（即波斯湾）才返回西域。
105 年	蔡伦改进造纸术。
107 年	邓太后与群臣商议，决定放弃对西域诸国的统治权，撤销西域都护。
121 年	高句丽国侵扰东汉边境，国王宫亲率兵马包围了东汉的玄菟郡。
122 年	高句丽国国王亲自到玄菟郡投降。
123 年	安帝下诏任命班勇为西域长史，率兵西出塞外，驻扎在柳中。
125 年	安帝在南巡途中，病死于叶城。北乡侯刘懿嗣位，史称少帝。中常侍孙程等拥立刘保登上帝位，是为汉顺帝。
132 年	张衡发明并制造出了地动仪。
144 年	顺帝死，皇太子炳嗣位，是为汉冲帝，皇太后梁氏临朝称制。
145 年	冲帝死，梁太后和梁冀立汉章帝玄孙缵嗣位，是为汉质帝。
146 年	梁冀鸩杀质帝。蠡吾侯刘志嗣位，是为汉桓帝，皇太后梁氏仍临朝。
159 年	桓帝剿灭梁氏，宦官势力再起。
166 年	第一次党锢之祸。
168 年	窦太后迎汉章帝玄孙刘宏嗣位，是为汉灵帝，窦太后临朝称制。第二次党锢之祸。
183 年	张让怂恿灵帝公开出卖官爵，灵帝在西园开设出卖官爵的“西邸”机构。
184 年	黄巾起义爆发。
186 年	张让怂恿灵帝下诏铸制新货币——四出文钱。

时间	事件
189 年	灵帝死，皇子辩嗣位，是为汉少帝。董卓废少帝，立陈留王刘协，是为汉献帝。
190 年	关东州郡推袁绍为盟主，讨董卓，董卓胁献帝迁都长安。
192 年	司徒王允设计杀董卓。
196 年	曹操迎献帝于许。
199 年	献帝下密诏诛杀曹操。
200 年	曹操破袁绍于官渡。
207 年	曹操已经降服乌桓，统一了整个北方地区。
213 年	曹操自立为魏公。
220 年	十月，曹丕称帝，废汉献帝为山阳公，改国号为魏，建都洛阳，曹丕即为魏文帝。东汉至此灭亡。

·中国通史·

三国

刘宇庚⊙主编

导读

三国(狭义公元220年~公元280年,广义公元184年、公元190年或公元208年~公元280年)是中国历史上的一段时期,有曹魏、蜀汉、孙吴等三个国家。汉末三国战争不断,使得人口下降,经济受损,三国皆重视经济发展。由于战争需求,各种技术都有较大发展。

三国时期开始的时间学者各有不同见解,一般分成狭义及广义。狭义是指公元220年曹丕逼东汉汉献帝禅让,建国曹魏,使东汉灭亡开始。广义一般认为有公元184年东汉黄巾之乱开始。这源自汉灵帝为解决黄巾之乱而成立州牧制度,该制度导致地方割据,天下分裂。其他观点还有:公元190年董卓挟汉献帝离开洛阳开始,这时东汉朝廷已经崩溃;公元208年赤壁之战后开始,这时三国鼎立形成雏形。历史学家多注重三国鼎立的形成与过程,自公元184年东汉已开始失去政权实体,群雄割据,形成三国雏形直到魏代汉为止,所以往往将这段公元184年到公元220年的时间纳入三国时期加以讨论。

赤壁之战中曹操被孙刘联军击败,形成三国鼎立的雏形。公元220年,曹丕篡汉称帝,国号“魏”,史称曹魏,三国历史正式开始。次年刘备在成都重建汉朝,史称蜀汉。公元222年刘备在夷陵之战失败,孙权获得荆州大部。公元223年汉昭烈帝刘备驾崩,诸葛亮辅佐刘备之子后主刘禅与孙权重新联盟、恢复国内生产。公元229年孙权称帝,国号“吴”,史称东吴,至此三国正式鼎立。此后的数十年内,蜀汉诸葛亮、姜维多次率军北伐曹魏,但始终未能改变三足鼎立的格局。后期曹魏的实权渐渐被司马氏掌控。公元263年,曹魏的司马昭发动魏灭蜀之战,蜀汉亡。两年后司马昭病死,其子司马炎废魏元帝自立,国号“晋”,史称西晋。15年以后,公元280年,西晋灭东吴,统一中国。至此三国时期结束,进入晋朝。

第一章 三国史话

群雄纷争

黄巾起义给了腐朽的东汉王朝沉重的一击，其力量被严重削弱，为军阀割据战争的出现创造了条件，割据的军阀也开启了三国乱世的大门。东汉政权即将解体，数不清的割据势力蜂拥而起，这些割据军阀们使出浑身解数，都想趁乱世成就一番事业。

黄巾起义

太平道和五斗米道

每当统治腐朽、社会动荡不安并已经到了民不聊生的地步时，宗教往往成为民众的主要精神支柱。宗教首先成为统治阶级麻痹人民的毒品，不过作为工具的宗教既然可以为统治阶级控制人民所用，也就有人会利用它来聚集无路可走的民众，我国历史上几次大规模农民起义基本都借助这个工具。这场黄巾大起义就是以宗教的形式发动的。

张天师

此时佛教已经传入了中国，但还没有广泛流传，而土生土长的道教却非常地兴盛。当时道教分为三派：三辅的骆曜教人们“缅匿法”（一种隐身术），东方的张角创立了太平道，汉中的张修则传播五斗米道。我们在这里着重关注一下张角的太平道和张鲁的五斗米道，骆曜的缅匿法影响不大，不做过多介绍。

五斗米道又称正一道、天师道，是道教最早的一个派别。东汉顺帝时，由张道陵在四川鹄鸣山（今四川成都大邑北）创立。凡入道者须出五斗米，故得此名，因又称为“米巫”“米贼”“米道”。因张道陵自称张天师，所以五斗米道又称天师道。

在光和年间(178~184),张修在巴蜀、汉中一带传播五斗米道。张修死后,将教主之位传给儿子张衡,张衡死后,传子张鲁。东汉末年,张鲁占据了汉中,建立了持续近三十年的政教合一的政权,后来投降了曹操。西晋后,五斗米道逐渐开始分化,一部分在官僚中传播,另一部分仍秘密活动于农民中。

太平道也是道教早期教派之一。东汉顺帝年间,有一个名字叫宫崇的人,到皇宫献《太平清领书》即《太平经》,未被顺帝采纳。之后这部经书开始在民间流传。

《太平经》是对《道德经》思想的继承和发展,内容十分丰富。太平道的创建者是东汉灵帝熹平、光和年间的河北巨鹿人张角,他曾读过《太平经》,自称大贤良师,侍奉黄老道,利用《太平经》传播道教,教练弟子,以跪拜思过、符水咒语为人治病。

张角有两个弟弟,一名张宝,一名张梁。张角手下另有八名弟子,在组建太平教的过程中,这些人发挥了重大作用。

黄巾起义

张角通过符水给病人治病来传道。他目睹广大民众在东汉王朝暴政统治下的悲惨境况,义愤填膺,决心通过武装起义的途径改变这一局面。大凡起事者都是有非常的能力并能将自己的意图付诸实施的人。张角虽然只是一个道士,可他就是有人际交往广泛这个优势。太平道在群众中宣传反对剥削、敛财,主张平等互爱,深得穷苦大众的拥护。十余年间,势力遍布青、徐、幽、冀、荆、扬、兖、豫八州,徒众达数十万人,主要是穷苦农民,也有城镇手工业者、个别官吏,甚至宦官。

张角将教徒划分为三十六方(教区组织),大方万余人,小方六七千人,每方设渠帅负责。张角选定于甲子年甲子日,即中平元年(184)三月五日举行大起义,提出“苍天已死,黄天当立,岁在甲子,天下大吉”的响亮口号。可是就在起义即将发动的关键时刻,太平道内部却出了叛徒,济南人唐周向朝廷上书告密,使得起义计划全部泄露。张角为了扭转被动不利局面,当机立断,派人飞告各方提前起义。于是天下三十六方“内外俱起,八州并发”,众达数十万人。起义军以黄巾缠头为标志,称为“黄巾军”。历史上著名的“黄巾起义”正式爆发了。张角自称“天公将军”,弟张宝称“地公将军”,张梁称“人公将军”。旬日之间,天下响应,京师

张角行医

震动。灵帝慌忙调集各地精兵，进剿黄巾军。各地豪强地主也纷纷起兵，配合官军镇压起义，其中著名的有袁绍、袁术、公孙瓒、曹操、孙坚、刘备等。

起义开始后，群众纷纷响应，或入伍为信徒，或送粮送衣，义军发展很快。黄巾军的主力分散在巨鹿、颍川、南阳等地，他们各自为战，攻城夺邑，焚烧官府，取得了很大胜利。与此同时，各地还出现了许多独立的农民武装。但黄巾军各自为战，缺乏战斗经验，以致东汉王朝能集中兵力各个击破。颍川、陈国、汝南、东郡和南阳的黄巾军相继失败。冀州黄巾军在张角病死后，由张梁统率固守广宗。当年十月，皇甫嵩率官军偷袭黄巾军营，张梁阵亡。三万多黄巾军惨遭杀害，五万多人投河自尽而死，张角被剖棺戮尸。张宝也随即于下曲阳兵败阵亡，十余万黄巾军被杀害。之后，黄巾余部和各地的农民武装仍然坚持斗争，青州黄巾一度发展到拥众百万。后来因作战失利，被迫接受曹操的收编。太平道从此也就传授不明。

黄巾大起义虽然没有推翻腐朽的东汉王朝，但却从根本上摧毁了东汉王朝的统治，破坏了世族大地主建立的封建统治秩序，使东汉王朝的统治分崩离析，名存实亡了。

讨伐董卓

董卓立汉献帝

经过黄巾军起义的冲击，东汉王朝已经摇摇欲坠，到汉灵帝一死，外戚和宦官两个集团闹了一场大火并。中平六年(189)，十四岁的皇子刘辩即位，这就是汉少帝。按照惯例，由何太后临朝，外戚大将军何进掌权。宦官蹇硕想谋杀何进，没有成功。何进掌权以后，把蹇硕抓起来杀了。中军校尉袁绍劝何进趁机把宦官势力彻底除掉。

何进与太后商量，何太后不答应。袁绍又劝何进秘密召集各地的兵马进京，迫使太后同意除宦官。主簿陈琳听了，阻拦何进说："将军手里有的是兵马，要消灭几个宦官，还不是像炉火上烧几根毛发那样容易？如果召外兵进京城，这好比拿刀把子交给别人，不闹出乱子来才怪呢。"何进不听。他派人给并州(今山西大部，内蒙古、河北的一部分)牧(州的长官)董卓送了一封信，叫他迅速带兵进洛阳。

不料宦官首先动手，杀死何进，裹挟少帝与刘协夜出洛阳城北门外。袁绍得知何进被杀，立刻派他弟弟袁术攻打皇宫。袁术干脆一把火烧了皇宫的大门。大批的兵士冲进宫里，不分青红皂白，见了宦官就杀。格杀两千余人，一些没长胡须的人也被当作宦官杀掉。经过这场火并，外戚和宦官两败俱伤。何进招来的董卓却带兵进了洛阳。

董卓本来是凉州(约当今甘肃、宁夏和青海、内蒙古一部)的豪强，在凉州结交了一批羌族豪强，称霸一方。他靠镇压起义军，升到并州牧的职位。他本就有侵占中原的野心，怎会放过这次机会。于是他临近洛阳后并不急于进城，而是驻守在城外按兵不动，只等外戚宦官残杀过后他才大摇大摆地坐收渔翁之利，带了三千人马赶来，正好拦下劫持了少帝的宦官丁原等人，斩杀宦官救下少帝。

三君图　扇面

这时朝中都纷纷称道董卓有功。但事与愿违，事实证明赶走了狼却引进了虎，董卓进了洛阳后不久，就使用手段将洛阳的兵权握在了自己的手里。

当初刘协随刘辩被宦官张让和段圭绑架，遇到董卓时，少帝刘辩在骄横的董卓面前面如土色，九岁的陈留王刘协却对董卓厉声呵斥："既然你前来勤王救驾，见了皇帝为何不跪？"董卓和少帝谈话，少帝语无伦次，再和刘协谈话，刘办则将事情经过完整交代。董卓认为刘协贤能，且为董太后所养，又自以为与董太后同族，为了摆脱何太后的牵制，遂有废立之意。

于是董卓威胁袁绍等大臣支持他废少帝改立陈留王，被袁绍拒绝。袁绍为避免被加害奔往冀州（今河北中、南部，山东西北部和河南北部）去了。其弟袁术听到消息，也逃出洛阳，出奔南阳（今属河南）。

袁绍兄弟走了以后，董卓就召集文武百官，宣布废立的决定。中平六年（189）废除了少帝，改立年仅九岁的陈留王刘协为帝，是为汉献帝。董卓杀太后及少帝，自己当了相国。登基登得热热闹闹，然而，还未等汉献帝刘协从兴奋中冷静下来，一切就改观了。董卓控制了朝廷，也控制了他这个新皇帝。他不过是个空头的天子，无权、无势、无力，不要说重整祖业，就连起码的尊严也不能保障。汉献帝从即位到最后被迫退位，都不是自己的意愿，从董卓手里专权的工具到沦为曹操手中的一枚棋子，名副其实的一世傀儡。

曹操起兵陈留

曹操（155~220）又名吉利，字孟德，小字阿瞒，沛国谯（今安徽亳县）人，出身于一个显赫的官宦家庭。曹操的祖父曹腾，是东汉末年宦官集团中的一员。父亲曹嵩，是曹腾的养子。曹嵩的出身，当时就搞不清楚，所以陈寿称他"莫能审其生出本末"，但也有人认为他是夏侯氏之子。曾先后任司隶校尉、大司农、太尉等官。

曹操是曹嵩的长子，他"少机警，有权数"，自幼博览群书，善诗文，通古学，也有过人的武艺。曹操"任侠放荡，不治行业"，未被时人所重，但素以知人名世的太尉桥玄一见曹

操就大为惊奇，说：“天下将乱，非命世之才不能济也，能安之者，其在君乎？”随之，桥玄又让曹操去拜访汉末主持“月旦评”的名士许子将，许子将评价曹操说：“子治世之能臣，乱世之奸雄。”由此，曹操渐知名于世。

灵帝熹平三年（174），二十岁的曹操被举为孝廉，入洛阳为郎。不久，被任命为洛阳北部尉。洛阳为东汉都城，是皇亲贵戚聚居之地，很难治理。曹操一到职，就申明禁令、严肃法纪，造五色大棒十余根，悬于衙门左右，“有犯禁者，皆棒杀之”。汉灵帝宠幸的宦官蹇硕的叔父违禁夜行，曹操毫不留情，立即处死。于是，“京师敛迹，无敢犯者”。

曹操

灵帝中平元年（184），黄巾起义爆发，曹操被拜为骑都尉，受命与卢植等人合军进攻颍川黄巾军，结果大破黄巾，斩首数万级。随之迁为济南相。济南相任内，曹操治事如初。济南国（今山东济南）有县十余个，各县长吏多依附贵势，贪赃枉法，无所顾忌。曹操之前历任国相皆置之不问。曹操到职，大力整饬，一下奏免长吏八名，济南震动，贪官污吏纷纷逃窜，“政教大行，一郡清平”。当时正是东汉政治极度黑暗之时，曹操不肯迎合权贵，遂托病回归乡里，春夏读书，秋冬弋猎，暂时隐居了。

中平五年（188），汉灵帝为巩固统治，设置西园八校尉，曹操因其家世被任命为八校尉中的典军校尉。董卓担任相国之后，为了笼络自己的士兵，经常纵容他们抢劫奸淫，残杀无辜百姓，使得人心惶惶，朝不保夕。有一次，洛阳附近的阳城（今河南登封东南）举行庙会，百姓齐集在那里赶集。董卓派兵到那里，竟把集上的男子都杀死，还把掳掠到的妇女和财物，用百姓的牛车装载着，耀武扬威地回到洛阳。一路上高呼万岁，诳说打胜仗归来。

他的倒行逆施，造成洛阳城一片混乱。当时朝中大臣都畏惧董卓的横霸，没有人敢说话，一些有见识的官员纷纷离开洛阳，其中就包括曹操。董卓进洛阳时，为了笼络人心，曾用高官厚禄收买一些官员。他听说曹操有点名气，就把曹操提升为骁骑校尉。但是曹操看董卓倒行逆施，不愿在董卓手下办事，他冒险逃出洛阳，到陈留（今河南陈留）。

曹操逃到陈留后，“散家财，合义兵”，组织起一支五千人的军队，准备讨伐董卓。而朝中另有一些官员则密谋除掉董卓。这派的代表人物就是当时的大臣司徒王允。

关东军兵陈酸枣

董卓贪婪暴虐，擅行废立，引起关东诸郡牧守的强烈不满。献帝初平元年（190）正月，关东诸侯以讨伐董卓为名聚集起来，他们推举袁绍为盟主。曹操以奋武将军的身份，

皮影"摆亮子"曹操发兵

参加讨董军。二月，董卓胁迫献帝迁都长安（今陕西西安西北），自己留居洛阳抵御关东军。董卓之凉州军骁勇善战，关东军十余万人驻酸枣（今河南延津北）一带，但是这些聚集起来的乌合之众面对骁勇的凉州军都不想动用自己的力量，而是希望通过这场战争削弱对手，壮大自己的实力。于是整日饮酒，驻军却都按兵不动，无人向洛阳推进。曹操认为董卓"焚烧宫室，劫迁天子，海内震动"，应趁机与之决战。曹操建议诸军各据要地，再分兵西入武关（今陕西丹凤东南），围困董卓，关东诸将不肯从。

关东诸军名为讨董卓，实际各自心怀鬼胎，意在伺机发展自己的势力。

历史小常识：司徒姓氏由来

司马、司徒、司空是汉代的高级官职，人称"三公"。自秦代到唐代设此职，司徒王允是连官职称呼及人名一起叫，司徒王允的"王"是姓，允是名，司徒是官职。后来，他们的后人以先辈的官职来定姓，就有"司徒"这个姓。

曹操看出他们只想保存实力，不想打董卓，单独带着五千人马，向成皋（今河南荥阳汜水镇）进兵。董卓听到曹操向成皋进兵，早已派大军在汴水（在今河南荥阳西南）边布好阵势。

曹操的人马刚刚到了汴水，就遇到董卓部将徐荣的拦击。徐荣兵多，曹操兵少，两下里一交战，曹操的人马很快败下阵来。曹操骑着马往后撤走，肩上中了一箭，他赶紧拍马逃奔，又是一支箭，射伤了曹操骑的马。那马一受惊，把曹操掀了下来。后面徐荣的追兵呐喊声越来越近。正在危急的时候，幸亏曹洪赶上，他跳下马来，扶起曹操。曹操骑上曹洪的马，才脱了险。

曹操损兵折将，回到酸枣，再看看他的同盟军，不但按兵不动，将领们还每天喝酒作乐，根本没想讨伐董卓。他满心气愤，跑到袁绍他们摆酒宴的地方，指责他们说："你们以起义兵为名，却在这里犹豫观望，让天下百姓失望，我真替你们羞愧。"过了不久，酸枣的几十万兵马把粮食全消耗完，就各自散去。

曹操经过这一次讨伐战斗，觉得跟这些人一起，根本成不了大事，就单独到扬州（今

安徽淮水和江苏长江以南）一带招募人马，准备重整旗鼓。

吕布

父子反目为"美人"

初平三年（192），司徒王允与吕布在长安定计杀掉董卓。

董卓专断朝政后，俨然是东汉皇帝，车驾、着装都与皇帝的差不多，尚书以下的官员都要到他的太师府去请示汇报。性情残暴的他，视朝廷命官为奴仆，部下将领言语稍有差错，就可能被当场处死，弄得人人自危。于是，时任司徒的王允便与司隶校尉黄琬、仆射士孙瑞、尚书杨瓒等密谋除掉董卓，并想到了精于骑射、力气超人的中郎将吕布。

董卓知道自己树敌太多，害怕遭到暗算。因此，无论去哪里，都让吕布做随从侍卫，相当于贴身警卫。董卓起先对吕布很信任，认其为义子。但这"父子"二人有一个共同的弱点：皆是好色之徒。

民间普遍流传王允巧施美人计，说王允有个歌女貂蝉，有倾国倾城之貌，能歌善舞，体态轻盈。某日夜间，貂蝉在后花园拜月时，忽然轻风吹来，一块浮云将那皎洁的明月遮住，恰巧为王允瞧见，于是王允称貂蝉有"闭月"之容，计上心头。王允把自己的连环计告诉貂蝉，希望她能相助，貂蝉也深明大义，决意舍生取义。王允便用貂蝉施离间计，挑拨吕布与董卓的关系。后来吕布果真因为恨董卓霸占貂蝉而与王允联合，一起诛杀了董卓。但这毕竟是传说，正史中并未记载。

王允一向厚待吕布，就是看准了吕布是诛杀董卓的最佳人选。当时机成熟以后，王允即向吕布提出了让其做内应除董卓的建议。吕布开始时也很犹豫，认为董卓毕竟是自己的义父，父子之情，难以下手。王允与仆射士孙瑞反复地劝他说董卓对上不尊天子、对下不守仁义，天理不容。最后终于劝动吕布做内应。

尽管他们的密谋十分小心谨慎，但还是走漏了风声，旋即有人在一块布上写了个"吕"字，背在背上行于街市，边走还边喊："布啊！"其实是在暗示吕布将对董卓不利。董卓的亲信向董卓禀报了此事，但却并未引起他的警觉与重视。

汉献帝初平三年（192）四月，汉献帝患病痊愈后大会朝中百官。董卓也驾车前去，可在登车时马却无缘无故地惊了，把他摔在泥地上，因为朝服弄脏了，便回去换衣服。他的小妻觉得马惊不吉利，劝董卓不要上朝，可董卓执意上朝，但由于心中有所顾忌，便命吕布等前后护卫。当走到宫门前时，马再次惊而不行，董卓觉察到有异常，便想返回。吕布却在一旁劝他进宫，于是董卓又上路，并一步步进入事先布置好的埋伏圈。刚入宫门，骑

都尉李肃便先一戟刺向董卓，但董卓身穿铁甲未能刺入，只是胳膊受伤并跌落车下。董卓惊慌之中还回头大呼道："吕布安在！"可吕布却大声答道："有诏书讨贼臣！"持矛将董卓刺死，令士兵砍下首级。不可一世的董卓就这样成了他义子的刀下鬼。之后，吕布被王允封为奋威将军、温侯、假节，礼仪待遇与三公相等。

连环计

董卓被杀之后，汉献帝所能依赖的只有以王允为首的文官集团，"时百姓讹言当悉诛凉州人，卓故将校遂转相恐动，皆拥兵自守"，王允又不执行分化瓦解政策，一味株连，如曹操的好友蔡邕等一些迫于董卓淫威而迎合的大臣也都被处决。李傕等董卓部将请求赦免，也遭到王允的拒绝。

李傕因得不到赦免，在贾诩的建议下同郭汜、张济等人结盟，率军西进，攻打长安。王允听说后，派董卓旧部将领胡轸、徐荣在新丰迎击李傕。徐荣战死，胡轸率部投降。五月，李傕到达长安时已有十余万人围攻长安，八日后城陷，与吕布展开巷战，吕布败走，王允等人遇害。李傕等人占领长安，挟持汉献帝并迫其封李傕为扬武将军。劫持了献帝后，李傕、郭汜二人又为争权夺位而进行新的火并。此时张济联合郭汜将李傕赶出了长安。

不久，杨奉联合杨定将郭汜赶出长安后，李杨两人又再度狼狈为奸，攻打长安。汉献帝重回洛阳，于是董承等人带着献帝一行由孟津渡过黄河，河内太守张杨等，为粮草都没有了的献帝送来粮食。

李傕、郭汜最终没有追到汉献帝，于是一把火烧掉了长安城，关中地区在其后两三年间都没有人迹，真是祸国殃民的两个败类。双方经过了将近五年的混战，相继败亡。先

是建安二年(197)郭汜被自己的部将伍习杀死;建安三年(198)四月,曹操征讨李傕,灭其三族。李傕的首级被送往许都,高悬示众。后面不再详述。

清末年画　凤仪亭

说完了关西军阀,再来看看为了征讨董卓而组成的关东军阀同盟,上面就提到了关东军阀都是以讨董卓为名,实则是为了壮大自己的势力。实际上同盟并没有集中兵力攻击董卓,在董卓西迁长安后,这个同盟随即解体,在关西军阀李傕、郭汜互相残杀的时候,关东军阀之间展开了一场更大规模的割据混战。一时间,关东的几大主要势力,袁绍和公孙瓒在北方对峙,袁术和刘表在南方对峙。而兖州的刘岱投向了袁绍,徐州的陶谦倾向于袁术。

曹操实力发展壮大

曹操两征徐州

黄巾军的主力虽在中平元年(184)十一月就被镇压下去了,但各地的黄巾军余众还在坚持战斗。东部沿海一带大部属青州,小部属兖、徐二州,汉末是阶级矛盾异常尖锐的地区之一,著名的青州黄巾军即主要活动于这一地区。初平三年(192),青州黄巾军大获发展,连破兖州郡县,阵斩兖州刺史刘岱。济北相鲍信等迎曹操任兖州牧。曹操和鲍信合军进攻黄巾军。鲍信战死。曹操"设奇伏,昼夜会战",终于将黄巾击败。获降卒三十余万,人口百余万。曹操收其精锐,组成军队,号"青州兵"。

初平元年(190)曹操的父亲曹嵩避难于琅邪,当时刺史陶谦的部将张闿等人觊觎曹嵩的财宝,于是袭击并杀害了他。曹操把这笔账算到了陶谦的身上。献帝初平四年

曹操兴兵报父仇

(193)秋，曹操以为父报仇为名，进兵徐州(今山东郯城)，向东南扩展势力。当时的徐州牧陶谦退守郯县。曹操率军攻打陶谦，夺取徐州地盘，连克十余城。最后大败陶谦于彭城，杀男女数十万，鸡犬不留，就连归属陶谦的关中流民都不放过。不久曹操军粮将尽，撤围回军。

兴平元年(194)，曹操再征徐州，占领琅邪、东海诸县，陶谦逃到了丹阳，不久病死。曹操征徐州期间，所过大肆杀戮，一路上“鸡犬亦尽，墟邑无复行人”。

曾参加讨董卓之战的陈留太守张邈和曹操部将陈宫对曹操不满，遂叛操，迎吕布为兖州牧。当时只有鄄城(今山东鄄城北)和东郡的范(今河南范县东南)、东阿(今山东阳谷东北)两县尚在曹操掌握之中，分别由司马荀彧和寿张令程昱、东郡太守夏侯惇等坚守，形势异常危急。曹操从徐州赶回，听说吕布屯于濮阳，遂进军围攻濮阳。二军相持百余日，蝗灾大起，双方停战，曹操还军鄄城。

挟天子令诸侯

兴平二年(195)夏，曹操整军再战吕布，于巨野(今山东巨野南)大破吕布军，吕布逃往徐州投靠刘备。

曹操从陈留起兵到将吕布、张邈赶出兖州，经过六年的经营，终于有了自己的一块根据地。曹操起兵之初，仅有数千人，出任东郡太守前后，他陆续延揽一些拥有宗族、部曲等家兵的豪强地主归附自己，后击溃青州黄巾军，又收其精锐组成“青州兵”。这样，曹操又有了一支颇具战斗力的军队。根据地和军队，是曹操得以成事的基本条件。

再说汉献帝和文武百官摆脱了李傕、郭汜的追击，几经辗转回到早已荒废多年的洛阳。多年的战火，再加上旱灾，造成了令人极度恐怖的大饥荒。曾经商贾如云的洛阳城，如今满眼都是断壁残垣，仅有的几百户人家，只能到处剥树皮、挖草根为食。汉献帝的臣僚们自尚书以下都要自己出去采集食物，许多人在觅食的过程中，饿死在荒郊野外，情景

十分悲惨。

早在初平三年(192),曹操的谋士毛玠就向曹操提出了“奉天子以令不臣,修耕植,蓄军资”的战略性建议,曹操深以为是。汉献帝自思百废待兴,把年号改为建安元年(196)。听说曹操兵强马壮,于是宣诏曹操入朝,希望曹操能够在这样危难的时刻担当起保国安民的重任。曹操欣然领兵入朝,为了达到“挟天子以令不臣”的战略目的,曹操先是不断向献帝进献食品和器物,博得刘协和朝中大臣们的好感。建安元年(196)八月,曹操亲至洛阳朝见献帝,在迎接刘协后不久,曹操就借口粮食匮乏,连哄带骗把刘协及一班朝中大臣转移到许昌,至此,汉献帝正式迁都于许昌,从此,曹操取得了挟天子以令诸侯的优势,这是曹操政治上的一大成功。刘协还以为曹操是真的要帮助他“恢复汉室”,哪里知道自己再次沦为傀儡。

京剧中的曹操形象

汉魏之间,社会生产力遭受严重破坏,出现大饥荒。这一时期,粮食供应成为各军事集团最大的问题,因军粮不足而无故自破者不可胜数。

建安元年(196),曹操采纳部下建议,利用攻破黄巾军所缴获的物资,在许昌募民屯田,当年即大见成效,得谷百万斛。于是曹操命令在各州郡设置田官,兴办屯田。屯田有效地解决了曹操集团的粮食问题,成为曹操征战四方,统一北方的重要条件。

在兴置屯田的同时,曹操采取各种措施,扶植自耕农经济。针对当时人口流失、田地荒芜的情况,曹操先后采取招怀流民、迁徙人口、劝课农桑、兴修水利、检括户籍等办法,充实编户,恢复农业生产。此外,曹操还陆续颁布法令,恢复正常租调制度,防止豪强兼并小农。建安五年(200),曹操颁布新的征收制度,到建安九年(204),又进一步明确为“其收田租亩四升,户出绢二匹,绵二斤而已,他不得擅兴发”。曹操前后实行的这一系列措施,使濒于崩溃的自耕农经济不断得到了恢复和发展,这成为曹操集团的雄厚经济基础。通过以上两项措施,曹操统治区的农业生产迅速恢复,这是曹操在经济上的一大成功。

迎献帝迁都于许昌和恢复农业生产是曹操得以成功的两个重要条件。

刘备辗转四方

织席贩履的皇孙

刘备(161~223),字玄德,涿郡涿县(今属河北)人。据说是西汉景帝之子中山靖王刘胜的后代。刘胜之子刘贞,西汉元狩六年(前117)被封为涿州市陆城亭侯,因为不及时向皇帝缴纳贡金,失去侯爵,于是世代成为涿州市人。刘备的祖父刘雄和父亲刘弘,都曾在州郡做官。

刘备

刘备少年丧父,家境贫寒,与母亲贩鞋织席为生,艰苦的生活使他从小得到许多锻炼。少年老成的刘备,处境虽然艰难,对前途却充满了憧憬和希望,他坚信终有一日能够摆脱贫困,干一番大事业。十五岁那年,刘备经母亲张罗,又得到同宗刘元起的资助,与公孙瓒等人一起,拜九江太守、当时著名的儒学大师卢植为师。刘备平日喜好的是狗马、音乐和衣着一类的东西,对读书其实没有太大的兴趣。这期间,他的一大收获是与比他年长的公孙瓒成了好朋友,建立了深厚的感情。刘备平时不大讲话,喜怒哀乐不形于色,但很善于接近他人。由于他喜欢交结天下豪侠,所以在他周围聚集了包括关羽、张飞在内的一批有作为的青年人。

黄巾起义时,中山国大商人张世平、苏双等正在涿郡一带从事贩马活动,他们对农民起义十分害怕,见刘备很有组织能力,就捐助了许多钱财,让他纠合起一支队伍,跟随校尉邹靖镇压黄巾军。不久,刘备因为镇压有功,被任命为中山国安喜县(今河北定县东南)尉。一天,郡督邮因公到县,刘备满怀希望求见,却遭到拒绝。盛怒之下,刘备强行进入督邮的住处,这时刘、关、张已经结拜,于是张飞出马,将督邮绑起来狠狠地打了一顿,为刘备出气,但刘备也因此丢了官。从此刘备带领着自己的薄弱之师开始了新的历程。刘备加入大将军何进的队伍,继续参与镇压黄巾军。下邳一役,刘备表现突出,被任命为下密县(今山东昌邑东)丞,不久又做过高唐(今山东禹城西南)县尉、县令。

初平元年(190),黄巾军攻下高唐县,刘备投奔已经做了东汉中郎将的公孙瓒。当时天下大乱,形成军阀混战的局面。公孙瓒以刘备为别部司马,让他和青州刺史田楷一道,抵抗冀州刺史袁绍的进攻,屡立战功,先后被提升为平原(今山东平原南)县令、平原国相。其时,战事频仍,天下饥馑。刘备矢志功名,乐善好施,他经常与那些地位比他低的

《三国志通俗演义》插图　桃园三结义

士人同席而坐，同桌而食，交结了一批能够推心置腹的朋友。平原国有位叫刘平的人，素来瞧不起刘备，见刘备地位比他还高，心中甚是不平，于是收买了一名刺客前去刺杀刘备。刘备浑然不觉，对来客照样热情倍至，刺客不但没有下手，反而将实情全部告诉了刘备。

得来全不费工夫的徐州牧

公孙瓒被袁绍打败后，刘备与田楷向东转移，屯驻齐（今山东淄博临淄北）。初平四年（193），曹操大举进攻徐州，徐州牧陶谦派人向田楷告急，刘备与田楷迅速前往相救。刘备所部共一千余人，还有一些乌桓骑兵，途中，又收容了几千饥民。到徐州后，陶谦表奏刘备为豫州刺史，让他驻守小沛（今江苏沛县），以防曹操。刘备在此广交文武豪杰，礼贤下士，赢得当地人士的好感。碰巧陶谦因曹操的进攻，急火攻心一病不起，他于临终前对心腹糜竺说："非刘备不能安定此州。"陶谦死后，糜竺依嘱率州人迎请刘备，此时为兴平元年（194）冬。徐州"殷富，户口百万"，做徐州牧对于一心想要"立功立事"的刘备来说，无疑是求之不得的事。但此举并非可以无所顾忌，近在寿春的袁术就让他十分头疼，于是刘备推托说，袁术"四世三公，海内所归"，你们应当去请他。北海相孔融劝刘备说："冢中枯骨，何足介意？今日之事，百姓与能，天与不取，悔不可追。"刘备这才做了徐州牧。

历史小常识:辕门射戟

建安元年(196)七月,袁术遣大将纪灵攻打刘备,刘备向吕布求救。吕布怕刘备战败自己处于袁术的包围之下,于是出兵救援,纪灵听说后大军停止前进。吕布驻兵在沛(今江苏沛县)之外后宴请纪灵,并声称自己生性喜解斗而不喜斗。为显示神勇,用气势压住对手,吕布在营门中立一双戟,声称如果自己能射中戟的小支,那么请纪灵领兵离去;如不中,可留下决战。结果吕布一箭中小支,于是纪灵果真领兵离去。这就是吕布"辕门射戟"解刘备之围的故事。

袁术听说刘备做了徐州牧,于建安元年(196)六月,率兵来攻。刘备留张飞守下邳(今江苏睢宁西北),率领关羽、赵云到盱眙(今江苏盱眙东北)、淮阴(今江苏淮阴西南)一带迎战,相持一个多月,互有胜负。袁术见与刘备争夺没有什么进展,于是怂恿另一支势力吕布乘虚向刘备后方下邳进攻。下邳守将曹豹本来就与张飞不和,此时与吕布联合,击败了张飞,吕布于是掳走了刘备的将士家口。刘备急忙回军下邳,结果溃败。刘备重新聚合散兵后,攻取广陵(今江苏扬州西北平山堂),但又被袁术打败,不得已退守海西县(今江苏东海县南),打败了那里的杨奉、韩暹。当时兵疲粮乏,吏士自相啖食,不得已刘备主动向吕布求和。

白门曹操斩吕布

结果吕布归还其妻儿,还让他做了豫州刺史,吕布自己做了徐州牧。建安元年十月,刘备暗中投靠了曹操,曹操对他非常器重,推荐刘备做了豫州牧。为了让刘备去攻打吕布,曹操一面让他在小沛收集散卒,一面资助他粮食和兵力。刘备驻守在小沛,暗中招兵买马,不久发展到万余人。建安三年(198)春,吕布派人外出买马,刘备的部下不明情况,贸然抄掠了他们的钱财。吕布一气之下,亲自出兵攻打刘备。

建安三年(198)九月,面对吕布的进攻,曹操先派夏侯惇救援,战败。于是曹操亲自东征徐州,率军前往梁国(今河南商丘南),与刘备会合,进攻久与他为敌的吕布。在曹军攻势之下,吕布军上下离心,屡战屡败,十二月,曹军包围下邳,吕布将侯成、宋宪等生擒吕布、陈宫归降曹操。曹操将吕布、陈宫处死,收降吕布大将臧霸、孙观、张辽等人,初步控制了徐州。

关于要不要杀吕布,当时曹操有所犹豫,于是征求刘备的意见,刘备却说:"您难道想遭到丁原和董卓的下场吗?"曹操觉得有理,便命人杀了吕布。

青梅煮酒论英雄

刘备到许（今河南许昌）后，曹操一直对他非常器重，曹操的谋臣程昱对曹操说："据我看，刘备才能出众，又很得人心，终究不会屈居人下，应该趁早除掉他。"但另一谋士郭嘉则认为此时刘备已经略闻于世，而且在他落魄时除掉他会影响曹操的名声。曹操考虑再三说："现在正是收揽英雄的时候，如果因为杀掉他一人而失天下士人之心，是我们不该干的。"于是打败吕布后，刘备与曹操回到许，被提升为左将军。

此时的曹操对刘备更加客气，出则同车，坐则同席。但刘备也深知曹操为人疑忌，自己在他的手下时刻都有危险。所以从来不露锋芒以自保，而且他对曹操挟天子以令诸侯、专擅朝政的做法十分不满，所以暗中与汉献帝及东汉拥护献帝的旧臣联系。不久，汉献帝亲手授给外戚车骑将军董承一道密诏，要他筹划诛杀曹操，刘备也参与了密谋。

曹操煮酒论英雄

建安四年（199）春，当他们还没有发难的时候，曹操在小亭中设酒席：盘置青梅，一樽煮酒。席间，曹操同刘备评论当时英雄人物，从容地说："今论天下英雄，看来只有您和我。袁绍之徒，不足挂齿。"刘备正在吃饭，一听此话，还以为自己恢复汉室的密谋被曹操发现，顿时吓得连正在夹菜的筷子都失手掉落。当时外面正在打雷，刘备为掩饰自己的失态，对曹操说："怪不得古人说'迅雷风烈必变'，此刻一震，便致于此。"这就是著名的"青梅煮酒论英雄"。

为了争取主动，刘备索性暗中加快速度，与董承等人谋划，准备除掉曹操。正在这时，淮南的袁术因力单势弱准备逃往青州归依袁绍，曹操担忧二袁联兵以后难以对付，正巧此时袁术得到传国玉玺自己领先称王，曹操就以袁术称王为名派了刘备等人率军对其进行截击。曹操的谋士程昱、郭嘉告诫曹操："刘备此人不能将他放走！"曹操也意识到不妥，想改变主意，但已追不上。刘备还没到徐州，袁术就病死了。于是刘备趁机再次占领下邳，杀死徐州刺史车胄，自己还驻小沛，让关羽留守下邳。这时，附近的一些郡县脱离曹操，归附刘备，刘备兵力迅速发展到数万人。他又派人到冀州（今河北临漳西南邺镇东），与袁绍结盟。

曹操得知刘备占据徐州，为了免于将来同袁绍作战时前后受敌，决定先消灭立足未稳的刘备。建安五年（200），曹操亲自东征。当时袁绍正准备兴兵南下，攻击曹操，所以

清代杨柳青年画　马跃檀溪

诸将劝阻曹操说，与您争天下的是袁绍，他现在兴兵南下，您反而去东征，如果他趁机从后进攻，我们将措手不及。曹操说，刘备为人杰，今日不除，必为后患，袁绍虽有大志，但处事迟缓，不会马上南下的。于是分兵把守官渡，亲率精兵征讨刘备。刘备原以为曹操大敌当前，无暇东顾，所以并无应敌准备。没料到曹操精兵突然而至，这使刘备大惊失色，他来不及做正面抵抗，便弃众投奔了袁绍。曹操收编了刘备的部众，截获了他的家属，还活捉了刘备的大将关羽。

袁绍听说刘备要来，十分高兴，不但派长子袁谭远道接应，而且亲自出城迎接。不久，袁绍率大军南下，与曹军在官渡对峙。袁绍派刘备和刚刚从曹操那里投奔过来的汝南黄巾军刘辟袭击曹操的后方许，结果为曹军所败。但值得刘备庆幸的是，关羽又回到了他身边。接着，刘备率领本部人马与汝南黄巾军首领龚都等合兵，发展到数千人。曹操在官渡之战中打败袁绍后，接着进攻刘备。刘备投奔荆州的刘表。

刘表，字景升，山阳高平（今山东邹城西南）人。灵帝时为北军中侯，献帝初平元年（190）迁荆州刺史，得到蒯越、蔡瑁等当地名士、大族的支持，平定长江中游的反抗力量，徙治襄阳。当时群雄并起，割据南阳的袁术使孙坚进袭刘表，被其击败，孙坚中矢而死，袁术袭夺刘表地盘的企图未能实现。初平三年，授刘表为镇南将军、荆州牧，封成武侯。刘表因实力雄厚，据地数千里，带甲十余万，在全国兼并战争中保地自守。刘备至襄阳（今湖北襄樊），荆州牧刘表待他以上宾之礼，交给他一支部队，让他屯驻新野。

孙氏父子江东蓄势

孙坚战死襄阳

熹平三年（174），孙坚（155~191）以吴郡司马的身份募召精勇千余人，协助当时扬州刺史和丹阳太守的州郡兵，共同镇压了会稽的许生起义。黄巾大起义爆发后，中郎将朱儁上表封孙坚为佐军司马。当时孙坚在做下邳丞，他就在跟随他的乡里少年基础上，又招募商

旅及淮、泗一带的精兵，总共一千多人，组织成他的基本队伍，跟随朱儁进攻黄巾军。

孙坚

中平四年(187)，东汉政府为了镇压南方的农民起义，任孙坚为长沙太守，长沙、零陵、桂阳三郡的农民军都被他平定。关东州郡讨董卓时，孙坚也起兵响应，并进军中原，成为袁术的部下。在州郡兵中，孙坚的军队是一支少有的劲旅。征讨董卓，表现最为积极，数次击败董卓的部队，并且斩了董卓的大将华雄。当时孙坚收集散卒，进屯梁县之西的阳人，董卓派遣大将胡轸、吕布、华雄等攻打孙坚。吕布与胡轸不和，而胡轸是主帅，吕布故意捣乱，使军中自相惊恐，士卒散乱，孙坚率军追击，胡轸和吕布、华雄等败走，孙坚麾兵斩了华雄。董卓迁都长安，孙坚进兵洛阳，修复被董卓破坏的皇陵后返回鲁阳。

初平二年(191)，袁术派孙坚征讨荆州，攻打刘表。刘表派黄祖在樊城、邓州市之间迎战。孙坚击败黄祖，乘胜追击，渡过汉水，包围襄阳。刘表闭门不战，派黄祖乘夜出城调集兵士。黄祖带兵归来，孙坚复与之大战。初平三年(192)，黄祖败走，逃到岘山之中，孙坚追击，黄祖部将从竹林间发射暗箭，孙坚中箭身死，年仅三十七岁。

孙策回取江南

孙坚的长子、孙权的哥哥孙策，在孙坚进军中原时，与家人徙居舒县(今安徽庐江西南)。孙策在江淮间结交知名人士，与舒县大族周瑜相友善。孙坚死后，孙策往见袁术，袁术把孙坚余兵归还给他。孙策因为不是袁术的心腹，故不被重用。

兴平元年，刘繇受命为扬州刺史，因右将军袁术占据州治寿春，遂渡江治曲阿，出兵击败孙策舅父丹阳太守吴景及孙策从兄丹阳都尉孙贲，二人退至历阳。刘繇命部将樊能等屯横江、张英屯当利，以防袁术军。袁术派吴景、惠衢率军攻张英等未克，这时割据群雄正倾其全力在中原混战，江南地区是一个没有大割据势力的空虚地带。兴平二年(195)，孙策遂趁机要求助吴景平定江东。袁术许之，向朝廷请封孙策为折冲校尉。事实证明，这个正确的战略选择，对以后孙氏势力的发展壮大起了关键性的作用。孙策率步

兵千余人、骑兵数十人，由寿春南下，沿途招兵买马，进抵历阳时，部队已增至五六千人。孙策好友周瑜在其从父丹阳太守周尚支持下，率军及携带大批粮秣来历阳迎接孙策，实力大增。孙策英勇善战，又知人善任，治军严明，深得民众拥护，遂率军进攻横江、当利，首战克捷，乘胜渡长江南下，军锋所向，无往不胜。

东汉献帝兴平二年(195)，孙策夺取扬州刺史刘繇根据地曲阿，双方发生激战。孙策首先集中兵力，攻取扬州刺史刘繇囤积粮秣和军械的牛渚山，攻克彭城国相薛礼驻守的秣陵城，击败驻守秣陵城南的下邳国相笮融。随即挥师进击刘繇部将驻守的梅陵、湖熟、江乘，先后攻克并歼灭了刘繇布防在曲阿外围的守军，迫使刘繇率兵出城决战。

历史小常识：太史慈墓

太史慈的基地在今天江苏镇江市东北滨江的北顾山中峰西南隅，墓丘直径约三米，高约一米。墓前原有碑，题为“孝子建昌都尉太史慈墓”，后来改题为“汉吴将子义太史公之墓”。1967 年墓遭破坏，今残存有封土堆、墓门石、台阶石等。

开始两军对峙。一次，刘繇部将太史慈只带一名骑兵出城侦察，在神亭跟孙策骤然遭遇。孙策也只带随从骑兵十三人，其中有原孙坚的部将韩当、宋谦、黄盖。太史慈毫不畏惧，拍马冲锋，正跟孙策相对，孙策一枪刺中太史慈的战马，太史慈顺势揪住孙策，二人一起滚落下马，孙策夺得太史慈后肩的手戟，太史慈也夺得孙策的头盔，继续激烈搏斗。正当二人生死拼搏之时，双方救援的部队同时赶到，于是，孙策和太史慈各自撤回营地。此战，二人英勇搏斗的精神为世人称道，人称神亭酣战。神亭之战后刘繇退守不战，孙策趁势猛攻，刘繇大败，逃往丹徒。孙策占领曲阿(今江苏丹阳)。

孙氏父子在江东的名声并不好，所以孙策初过江时，“百姓闻孙郎至，皆失魂魄，长吏委城郭，窜伏山草”。孙策为笼络民心，下令整顿军纪，严禁士兵抢掠，至“鸡犬菜茹，一无所犯”。他又规定：“乐从军者，一身行，复除门户；不乐者，勿强也。”这样，孙策的势力便壮大起来，军队迅速发展到两万多人，声震江东。

建安元年(196)，孙策南下攻会稽(今浙江绍兴)，太守王朗兵败投降。建安四年(199)，袁术病死，其部下投奔庐江太守刘勋于皖城(今安徽潜山)。孙策袭皖，逐刘勋，袁术的部属三万多人皆归孙策。孙策又兵临豫章(今江西南昌)，太守华歆不战而降。孙策分豫章为庐陵郡(今江西吉水东北)。在此前后，孙策又削平了丹阳(今安徽宣城)、吴郡(今江苏吴县)的割据势力。这样，孙策就占据了扬州的会稽、吴、丹阳、庐江、豫章、庐陵六郡，大体上统一了江东。

三国鼎立

经过了几十年的军阀征战和兼并，终于，决定时局的赤壁之战确立了三个均衡势力对峙的局面，正是这场战争，成为一个分水岭：赤壁之战前，群雄割据；赤壁之战后，魏蜀

吴三足鼎立基本形成。最终确立了三分魏蜀吴的局部统一格局，相对稳定的时期终于姗姗来临。

曹操统一北方

招降张绣，诛杀董承

张绣出身于将门世家，是张济的侄子，武艺很高，称得上是当时一流的高手。在张济战死后接管了他的部分军队，并与刘表联盟，屯于宛城。建安二年（197），曹操南征，部队到达淯水，张绣率众投降。这第一次宛城之战，张绣没有打就投降了曹操。虽然双方的实力对比没有记录在史料上，但显然张绣一方是处于劣势的。因为张济战死后其部卒有许多归降了刘表，只有一部分被张绣接管统领。所以，张绣的实力并不足以与已经实现“挟天子以令诸侯”的曹操相抗衡。张绣投降后，不可一世的曹操纳了张绣的婶婶，即张济的遗孀。张绣觉得侮辱了自己，十分愤怒。曹操得知此事后，怕张绣会背叛他，于是预备先杀了张绣。曹操花重金收买张绣手下猛将胡车儿，让他施行刺杀，结果被张绣发觉，张绣大怒起兵反叛了曹操。

曹操兴兵击张绣

这次反叛，让曹操损失很大。曹操长子曹昂和侄子曹安民被杀，还损失了一名大将典韦，曹操也险些丧命。张绣引兵追击，被曹操击退，于是张绣退守穰城，再次与刘表联盟。

建安三年（198），曹操再次征讨张绣，围攻张绣于穰城，这是第二次宛城之战，但没有打下宛城，曹操的军队于建安三年（198）春正月返回许都。休整了一个月左右，曹操又开始攻打张绣。这次两军在穰城交锋。曹操谋臣荀攸发现张绣与刘表的联合势大难图，所以劝曹操不可攻打张绣，但曹操没有听从，结果这趟曹操没有拿下穰城，也就没有到达宛城，所以不算严格意义上的宛城之战。这次战斗，曹军的撤退也值得一提，首先讲讲撤退的原因。第一是刘表的援军截断了曹军后路；第二是袁绍的叛卒说袁绍将袭取许昌，所以曹操返回，应该说这两个都是曹操撤军的原因。这就导致曹操必须急速回撤。张绣进行了追击，贾诩劝阻，可张绣不听，果然遭到曹操算计，失败了。后来，贾诩再劝追击，张

绣不解但仍然听从，果然大胜。

建安四年（199），张绣却投降了，原来他听从谋士贾诩之计，认为投降曹操才是出路。曹操大喜，张绣到达后，曹操牵着张绣的手，一起参加宴会，让自己的一个儿子娶了张绣的女儿，并封张绣为扬武将军。难道曹操会不顾及张绣的杀子杀将之仇吗？显然这是军事上的需要，因为张绣的归降解除了曹操的后顾之忧。这年十二月，曹操率军屯于官渡（今河南中牟北），准备迎击袁绍。

处死董贵妃

建安五年（200），张绣参加了官渡之战，力战有功，升为破羌将军。但他也深知自己在曹营中岌岌可危的地位，就想拉拢曹操的世子曹丕，曾多次请曹丕聚会，结果曹丕竟然发怒说，你杀了我哥哥，怎么还好意思厚着脸皮见人呢！张绣“心不自安，乃自杀”。建安二十四年（219）他的儿子张泉则因牵扯到魏讽谋反案中被杀。

上面提到过刘备在许昌时曾经与董承等人密谋杀曹操恢复汉室，这里做一下详细的介绍。经过几年的颠沛流离，汉献帝刘协似乎也明白了一个道理：作为皇帝，就算是有名无实，但却是国家最高权力的象征，既然有那么多人在打自己的主意，那自己也要好好地利用这个有利条件，完成作为一个皇帝所要完成的职责。因此，刘协看中了曹操，立即授给曹操节钺、录尚书事、司隶校尉，迁都许昌后，又任命他为大将军，准备借助曹操的力量实现自己的愿望。在这期间，刘协少年睿智的名声，也逐渐为时人所公认。建安元年（196），孙策写给劝谏袁术的书信中就提到刘协“明智聪敏，有夙成之德”，虽说是溢美之词，但也证明刘协的确是很聪颖的。不过老奸巨猾的曹操可没想过如何帮助刘协光复汉室，只是想利用他来达到自己的政治目的。

随着曹操地盘的不断扩大、权力的不断稳定，曹操开始逐渐铲除异己，集权于一身。对此，刘协是有所察觉的，也是不甘心的，他采取了一系列相应的反抗行动。刘协曾气愤地对曹操说：“你若要辅助我，就要宽厚一些，否则，你就开恩把我抛开罢。”说得曹操大惊失色，匆匆告辞，从此不再朝见献帝。建安四年（199）刘协任命自己的岳父董承为车骑将军，借以牵制曹操；刘协又秘密写下衣带诏赐给董承，要董承联络忠于汉室的大臣、诸侯，共同铲除曹操。刘协的这一次冒险，反映出他还是很有头脑和见地的。只是刘协的种种努力都因为计划泄露而告失

败。建安五年(200),曹操处死了参与计划的董承等人,并夷其三族。刘协的贵人董氏也因为受到其父董承的牵连而被害。当时董贵人怀有身孕,刘协虽然极力保护,但最终未能幸免。刘协的失败,宣告了自己恢复皇权愿望的彻底破灭。曹操也借此加强了对刘协的控制。

官渡之战

从建安元年(196)起,曹操利用他“挟天子以令不臣”的政治优势,东征西讨,开始了他翦灭群雄、统一北方的战争。其时,在曹操的北边,是占有冀、并、幽、青四州的袁绍;南边,是占据扬州的袁术;东南,是占据徐州的吕布;正南,是占据荆州的刘表;西边,是关中马腾、韩遂诸将。此外,董卓部将张济之侄张绣投降刘表后,屯驻于宛城(今河南南阳),对许都形成威胁。

袁绍

袁绍是当时北方最强大的一股势力,也是曹操统一北方最强大的敌人。袁氏一门,自曾祖袁安以下,“四世居三公位”,“门生故吏遍于天下”,势力本就很大,后袁绍又取得冀、并、幽、青四州之地,实力大增,有军队数十万人。袁绍的兵力在当时远远胜过曹操,自然不甘屈居于曹操之下,他决心同曹操一决雌雄。建安四年(199)六月,袁绍南下进攻许昌,官渡之战的序幕由此拉开。袁绍以其长子谭、次子熙、外甥高幹分守青、幽、并三州,后方稳固,兵精粮足,根本不把曹操放在眼里。他挑选精兵十万、战马万匹,志在一举消灭曹操。建安五年(200)正月,袁绍派陈琳书写檄文并发布,檄文中把曹操骂得体无完肤,文中说曹操“豺狼野心,潜包祸谋,乃欲挠折栋梁,孤弱汉室,除灭中正,专为枭雄”,连曹操听了,都出了一身冷汗,宿疾头疼病竟减轻了许多。二月,袁绍命大将颜良等人进兵白马(今河南滑县北),自率大军进屯黎阳(今河南浚县东),向曹操发动进攻。

曹操也预先作布置,命在青州有潜在影响的臧霸等人攻入青州,占领齐(今山东临淄)、北海(今山东寿光东南)等地,巩固右翼;又命大将于禁屯军黄河南岸,监视袁军。只不过做一下对比就会发现,曹操的实力比袁绍弱得多。

曹操所占的黄河以南地区,地盘既小,又是战乱之地,残破不堪,还没有完全恢复,物资比不上袁绍那样丰富。曹操的兵力也远不及袁绍,其总兵力大概不过几万人,投入前线的兵力据《三国志·魏书·武帝纪》说“兵不满万,伤者十二三”。刘宋裴松之认为此数不准确,曹操之兵力不会如此之少,但远逊于袁绍却是毫无疑问的。袁绍大军来攻,许都震动。但有时决定战争胜负的不是客观条件,而是人,这场战争中的两个人一对比就

知道为什么袁绍会失败了。曹操安慰众将说:“吾知绍之为人,志大而智小,色厉而胆薄,忌克而少威,兵多而分画不明,将骄而众令不一,土地虽广,粮食虽丰,适足以为我奉也。”曹操对袁绍有很深的认识,他敢于在袁绍将要大军压境之时抽身去进攻刘备,正是基于这种认识之上。

建安五年(200)二月,袁军颜良等人围攻白马,拉开了大战的序幕。在这之前刘备被曹操打败,关羽也被曹操捉去。曹操十分佩服关羽的为人,任命他做了偏将军,又封他为汉寿亭侯。四月,曹操亲自率兵北上解白马之围,他采纳谋士荀攸之计,先进军延津(今河南延津北,在白马以西),做出要渡河袭击袁军的态势,吸引袁军分兵西向,然后突然转向兼程去救白马。曹军突然杀到,袁军措手不及,颜良被曹军杀死,袁军大败,白马之围遂解。曹操救出白马军民,沿黄河西撤。袁绍闻知,立即渡河追赶曹操。曹操见追兵渐近,命军士解鞍放马,并置辎重于道。袁军追兵至此,争抢辎重,阵形混乱。曹操率领仅有的骑兵突然杀出,大破追兵,阵斩袁绍另一大将文丑。颜良、文丑为河北名将,二战分别被杀,袁军大震。曹操初战得胜,主动撤军,继续扼守官渡。

官渡之战

八月,袁绍大军连营而进,东西数十里,依沙堆为屯,进逼官渡。曹操分兵坚守营垒,伺机而动。袁军向曹营发动猛攻,先是作高橹、起土山,由上向营中射箭,接着又挖地道,欲从地下袭击曹营,皆被曹操以相应办法击破。两军一攻一守,相持近两个月。久战之下,曹操处境极为困难。

十月,袁绍从河北运来粮草万余车,派大将淳于琼等带万余人看守,屯于离袁绍大营四十里的乌巢。恰好这时袁绍谋士许攸来投曹操,献计让曹操偷袭乌巢。曹操大喜,亲率精锐步骑,乘夜从小路偷袭乌巢。曹操军至乌巢,命四面放火,袁军大乱,淳于琼拒营死守。袁绍闻知,急忙派兵救援,曹操左右见“贼骑稍近,请分兵拒之。操怒曰:‘贼在背后,乃白!’士卒皆殊死战,遂大破之,斩琼等,尽燔其粮草。”当袁绍听说曹操袭击乌巢时,

认为这正是攻破曹操大营的好机会，因此派去的援兵很少，而以重兵围攻曹操大营。但曹营未破，乌巢败讯已经传来，袁军溃散，大将张郃等人投降曹操。于是曹军大获全胜，袁绍仓皇带八百骑退回河北，曹军先后歼灭和坑杀袁军七万余人，尽获袁军辎重，官渡之战就这样以曹胜袁败而结束。曹操清点袁绍书信，得到自己部下写给袁绍的信，尽烧之，说："当绍之强，孤犹不能自保，而况众人乎？"

从客观条件上说，曹操本处于劣势，但由于他能正确分析客观条件，善于听取别人的正确意见，所以能扬长避短，采用正确的战略战术，使战争向有利于自己的方向转化，终于赢得了胜利。官渡一战，曹操击溃了最大敌人袁绍，由他统一北方已是大势所趋。

建安七年（202），袁绍病死，袁绍的两个儿子袁谭、袁尚不和，发生火并。袁谭不敌袁尚，向曹操乞降。

建安九年（204）二月，曹操趁袁尚出兵攻打袁谭之机，进军围攻邺城。袁尚率军回救，依滏水（今滏阳河）为营，曹操进军将其营寨包围。袁尚害怕，请求投降，曹操不许。袁尚乘夜逃跑，袁军溃散。袁尚逃奔中山（今河北定县）。曹操命人拿缴获的袁尚的印绶节钺招降邺城守军，城中斗志崩溃，邺城遂被曹操攻破。第二年正月，曹操又以负约为名，攻灭袁谭，冀州平定。

袁尚兵败后，逃奔幽州刺史袁熙。不久，袁尚、袁熙又逃奔三郡乌桓。

曹操征乌桓

建安十二年（207），曹操为了肃清袁氏残余势力，也为了彻底解决三郡乌桓入塞为害问题，决定远征乌桓。汉末，辽西、辽东、右北平三郡乌桓结合，是为三郡乌桓，其首领为辽西部的蹋顿。三郡乌桓与袁氏关系一直很好，并屡次侵扰边境，掳掠人口财物。这年五月，曹操亲率大军到达无终（今河北蓟州区），正值雨季，道路积水，"浅不通车马，深不载舟船"。曹操从无终人田畴之议，改从一条久已断绝，但"尚有微径可寻"的路线进军。在田畴的引导下，曹操大军登终无山（今河北玉田北），出卢龙塞（今河北喜峰口），"堑山堙谷五百余里"，直指乌桓老巢柳城（今辽宁朝阳南）。曹军进至离柳城不足二百里时，乌桓才发现，于是蹋顿与袁尚、袁熙等人率数万骑兵迎击。

八月，两军相遇，时曹军辎重在后，"被甲者少"，而乌桓军军势甚盛。曹操登高瞭望，见敌军虽多，但阵势不整，遂命大将张辽为前锋，趁敌阵稍动之机，向敌军发动猛攻。乌桓军大乱，曹军阵斩蹋顿，大获全胜，胡、汉降者二十余万，袁尚等人逃奔割据平州的公孙康。这时，有人劝曹操乘势进击公孙康，曹操说："吾方使康斩送尚、熙首，不烦兵也。"遂率军还师。不久，公孙康果然斩杀袁尚、袁熙，并将其首级献于曹操。诸将不明所以，曹操说："彼素畏尚等，吾急之则并力，缓之则自相图，其势然也。"于是，曹操攻破三郡乌桓，也彻底肃清了袁氏势力。

孙权立足江东

孙策遇刺

建安五年(200)四月,孙策出去打猎。他骑的是上等精骏宝马,驰驱追逐一只鹿,跟从的人都没有赶上他。正当他快如疾风地奔驰时,突然从草丛中跃出三个人,弯弓搭箭,向他射来。孙策仓促间不及躲避,面颊中箭。这时,后面的扈从骑兵已经赶到,将三个人杀死。

小霸王孙策

原来,孙策曾杀死吴郡太守许贡。《江表传》记载,许贡上表给汉帝,说孙策骁勇,应该召回京师,控制使用,免生后患。此表被孙策的密探获得,孙策便责备许贡,并下令将他绞死。许贡死后,其门客潜藏在民间,寻机为他报仇,这次终于得手。

孙策中箭,创痛甚剧,医生告诉他,说这伤可治,但应好好养护,一百天不能有剧烈活动。孙策拿过镜子自照面目,对左右说:“脸成了这个样子,还能建功立业吗?”奋力起身使出如虎威力,大吼一声推翻茶几,伤口都裂开了。他自知将不久于人世,便请来张昭等人,托以后事。他告诫大臣们:现在北方战乱,我们可以守住吴越三江之地,观北方战局,坐收渔翁之利。接着,又叫来孙权,给他佩上印绶,说:“举江东之众,决机于两阵之间,与天下争衡,卿不如我。举贤任能,各尽其心,以保江东,我不如卿。”孙策对孙权的嘱托也非常切合实际,在两军对战乃至夺取天下这一方面,孙策要比孙权强,而孙权则在任用贤能、保持国家稳定这一方面见长,两人是一猛一稳,所以孙权应该以保江东为主。当天夜里,孙策去世,时年二十六岁。而孙权当时只有十九岁。

孙坚、孙策虽然都过早地死去,但他们却拉起了一支有很强战斗力的队伍,也占据了一块相当大的地盘。这就为孙权在江南建国,奠定了良好的基础。

屯田和讨山越

为了开发江南经济,孙权的第一个战略措施,就是仿照曹魏推行屯田制度。东吴的

孙权领众踞江东

屯田制度始创于建安七、八年，一直推行到吴亡，历时七十多年。和曹魏一样，东吴的屯田制也分军屯和民屯两类。屯田的地区，在今江苏境内有溧阳、吴郡等地，在今浙江境内有海昌、上虞等地，在今安徽境内有新都、皖城等地，在今江西境内有柴桑，在今湖北境内有夷陵、江陵、金城、白沙口、金女、大文、桃班、武昌、下灵山、厌里口、安乐浦、阳新、浔阳等地。这些屯田基地，有些是在与曹魏军事对立的邻近地带，有些是在孙吴的腹地，分布很广泛。从皖城的屯田基地有屯兵数千家，毗陵屯田上的劳动者有男女各数万口，可见东吴屯田的规模是很可观的。为了配合屯田生产，东吴很重视水利灌溉，如《水经注》中称巴"水出雩娄县之下灵山，即大别山也……吴时，旧立屯于水侧，引巴水以溉野"；阳新县富"水之左右，公私裂溉，咸成沃壤，旧吴屯所在也"。

第二件事情，征讨山越。东汉末年，在今江苏、安徽、浙江、江西、福建等省的山岭地区，散居着许多"椎髻鸟语"的山越人。随着州郡和豪强武装崛起的浪潮，山越在他们大族的领导下，也建立起许多拒绝向官府服役纳税的割据王国。这些山越武装人数少的数以千计，人数多的达数万人，其力量不容忽视。东吴政权建立后，为了与魏、蜀抗衡，需要广开兵源、税源，因此就对各地的山越展开了长期的征讨。

孙吴政权对被征服的山越人，采取了"强者为兵，羸者补户"的政策。东吴的士兵都要在军屯上进行生产，"春唯知农，秋唯收稻，江渚有事，责其死效。"所以，东吴从征讨山越中得精兵十余万，同时也就是为国家增加了十多万精壮的劳动力。所谓"羸者补户"，就是把被征服的山越的老弱、女丁编为国家的自耕农和民屯上的生产者。

山越人民离开深山以后，他们受东吴统治者的剥削和压迫可能比受大族的剥削和压迫要重一些，但他们居处的自然条件改善了，而且和汉族进一步融合，也使他们的生产技能和文化水平得到进一步提高。这对江南的开发有着重大的意义。

孙权讨黄祖

孙权曾随孙策转战江东，常在一起进行谋划。孙策死后，孙权在张昭、周瑜等的辅佐

下继位。他一方面"招延俊秀，聘求名士"，另一方面"镇抚山越，讨不从命"，使动荡的局面很快稳定下来。

这时，北方的曹操已渐次消灭袁绍集团，席卷了冀、幽、并、青四州，成为最大的割据势力。襄阳的刘表也占领了包括今湖南、湖北的荆州地区，"地方数千里，带甲十余万"，成为仅次于曹操的第二大割据势力。但刘表无能，举措失宜，所以地位不稳。诸葛亮为刘备制定的战略方针，第一步即取代刘表；曹操在略平三郡乌桓以后，也把刘表作为首先要兼并的对象。在这种形势下，吴将甘宁向孙权建议："荆州地形险要，山陵起伏，水陆通达，绝对是我们向西图发展的方向所在，我已经观察刘表，此人没有远虑，儿子又不成器，不是能够继承基业的人。至尊您应当及早规划，不要让曹操得了先机。而欲夺荆州，则应该先取黄祖。"因此，建安八年(203)，孙权开始讨伐黄祖，大破黄祖水军，但没有攻破城池，而此时山寇复动，于是退走。

孙权跨江破黄祖

建安十一年(206)，黄祖遣将领邓龙领兵数千人入柴桑，被吴将周瑜讨击，结果邓龙被虏。建安十二年(207)，孙权又西征黄祖，虏其人民而还。建安十三年(208)春，孙权复征黄祖，黄祖先遣陈就引舟兵拒吴军，却为都尉吕蒙所破，凌统、董袭等用尽精锐攻之，遂屠其城。黄祖挺身逃亡，骑士冯则追枭其首。但未等孙权对刘表用兵，曹操已率大军袭襄阳。建安十三年(208)八月，曹操率领十多万大军南征，直指襄阳。就在此时，刘表突然病死，其次子刘琮继任荆州牧。大臣劝刘琮投降曹操，刘琮说："现在我和你们占据全楚之地，守着我家先辈的家业，坐观天下，为什么不行呢?"有个叫傅巽的大臣对他说："您自认为比得上刘备吗?"刘琮回答："我不如他。"傅巽分析说："假如刘备有足够的能力抵御曹操，那么刘备就不会甘居于您之下，希望您能当机立断。"刘琮慑于曹操的军威，于这年九月，派使者向曹操投降。荆州被曹操占领，荆州水军数以千计的蒙冲、斗舰，悉归曹操所有，至此曹军水战实力大增。

赤壁之战

三请诸葛孔明

刘备起兵的前十几年间由于兵少，又缺少高人谋士，所以实力十分弱小，总是辗转四方依附于人。直到诸葛亮辅佐了刘备，为他谋划发展大计，才为其统治开辟了一个新局面。

皮影　三顾茅庐

诸葛亮（181～234）字孔明，琅邪阳都（今山东沂南）人。父亲诸葛珪做过东汉的太山郡丞。诸葛亮父母早亡，投靠了叔父豫章太守诸葛玄。后来诸葛玄为避乱世，带着诸葛亮投奔了荆州牧刘表。叔父去世后，诸葛亮隐居在襄阳西北二十里的隆中，一个院落，几间草屋，一面种地，一面读书，过着清贫的生活。诸葛亮读书与当时大多数人不一样，不是拘泥于章句，而是观其大略。通过潜心钻研，他不但熟知天文地理，而且精通战术兵法。他志向远大，以天下为己任，常常自比为春秋时候的大政治家管仲和战国时候的大将乐毅，很想干一番大事业。他十分注意观察和分析当时的社会，积累了丰富的治国用兵的知识。熟悉他的人都认为他是个了不起的人才，就像卧龙一样随时准备腾飞而起。

建安十一年（206）前后，刘备正依附于刘表，屯驻新野。当时投在他手下的谋士徐庶，与诸葛亮是好友，他说诸葛亮人称“卧龙”，向刘备极力推荐诸葛亮。

刘备见到诸葛亮后，屏退众人，推心置腹地对诸葛亮说：“现在汉室倾危，奸臣擅政，致使皇上颠沛。我自不量力，试图伸张大义，但苦于智谋短浅，至今仍然没有多大

建树。不过我的志向没变，您看我该怎么办，才能取得成功?”诸葛亮早就听说刘备思贤若渴，善于用人，此刻见刘备坦诚求教，就毫不保留地把他对时局的看法和个人的设想和盘托了出来。他说：“自董卓以来，豪杰并起，跨州连郡者不可胜数。曹操比于袁绍，则名微而众寡，然操遂能克绍，以弱为强者，非惟天时，抑亦人谋也。今操已拥百万之众，挟天子而令诸侯，此诚不可与争锋。孙权据有江东，已历三世，国险而民附，贤能为之用，此可以为援而不可图也。荆州北据汉、沔，利尽南海，东连吴会，西通巴、蜀，此用武之国，而其主不能守，此殆天所以资将军，将军岂有意乎？益州险塞，沃野千里，天府之土，高祖因之以成帝业。刘璋暗弱，张鲁在北，民殷国富而不知存恤，智能之士思得明君。将军既帝室之胄，信义著于四海，总揽英雄，思贤如渴，若跨有荆、益，保其岩阻，西和诸戎，南抚夷越，外结好孙权，内修政理；天下有变，则命一上将将荆州之军以向宛、洛，将军身率益州之众出于秦川，百姓孰敢不箪食壶浆以迎将军者乎？诚如是，则霸业可成，汉室可兴矣。”

徐庶

这就是著名的《隆中对》。刘备听了诸葛亮这一番精辟透彻的分析，思想豁然开朗。他觉得诸葛亮人才难得，于是恳切地请诸葛亮出山，帮助他完成兴复汉室的大业。诸葛亮见刘备虚怀若谷，抱负宏大，当下就痛快地答应了刘备的请求。不久，刘备以隆重的礼节把诸葛亮接到了自己的驻地。经过一段时间的接触了解，刘备对诸葛亮更加佩服，他们之间的关系日益密切。刘备的知己关羽和张飞，见诸葛亮寸功未立，就受到刘备如此的青睐和倚重，不免流露出一些不快，刘备向他们解释说：“吾之有孔明，犹鱼之有水也。希望你们不要再说什么。”关、张二人见刘备对诸葛亮如此敬重，就停止了对他不服气的议论。经过几年经营，到刘备屯驻樊城时，他们已经拥有了一支万余人的军队。在刘备的周围，聚集了关羽、张飞、赵云等武将，诸葛亮、孙乾、糜竺等谋士。由于刘备善于用人，荆州一带许多士人都归心于他。

刘备南撤

曹操至江陵后，立即采取安顿州吏民的措施。贾诩劝说曹操先利用荆州的资源，休养军民，稳定新占地，可是曹操并没有理会他的建议。曹军的作战部署大体是：以赵俨为章陵（今湖北枣阳东南）太守兼都监护军，同时统一指挥于禁、张郃、朱灵、李典、张辽、冯楷等七军在汉水、淮水之间行动。荆州方面，曹操以曹仁和夏侯渊驻守江陵，以曹洪驻守襄阳，另以一部水陆军由襄阳沿汉水南向夏口。曹操亲率一部连同新附荆州之众顺江而下，攻打东吴。

曹操南征时，刘备正屯驻樊城，对曹操南征和刘琮不战而降等事一无所知，刘琮也不

敢将乞降的事告诉他，所以，直到曹操大军抵达宛城（今河南南阳），刘备才听到消息。刘备兵微将寡，腹背受敌，形势非常严峻。经过商议，决定向南撤退，约好在江陵（今湖北江陵）会合。江陵是重要的军事基地，可以西接益州牧刘璋，东联江东的孙权，而且那里囤积了不少军需物资，有利于同曹操周旋。刘备派关羽率领水军乘船走水路，自己率余众经襄阳南撤。

经过襄阳时，诸葛亮建议刘备攻杀刘琮，以便占据荆州。刘备说："刘表临死前，将刘琮托付给我，现在为了保全自己，背信弃义，我实在不忍这么干。不然，我死后有什么脸

年画　徐庶走马荐诸葛

见刘表？"于是刘备主动邀请刘琮一起南撤，刘琮没有接受。但刘琮左右的人和其他一些荆州人都归附了刘备。到达当阳（今湖北当阳东北）时，跟随刘备的百姓多达十余万。由于带着数千车物资，队伍行动缓慢，有时一天只能前进十多里路。有人提醒刘备说："宜速行保江陵，今虽拥大众，被甲者少，若曹操兵至，何以拒之？"刘备回答："成大事者以人为本，今人归我，我怎么能忍心抛弃他们？"依然照旧缓慢行进。刘备后来在当阳境内的长坂被曹操追上，结果兵众四散，几千车物资也被曹操截获。刘备带领诸葛亮、张飞、赵云等数十骑逃脱，斜趋汉津，恰好与关羽的水军相会。前来迎接的刘表长子刘琦也带着一万多人随后赶到。合兵以后，刘备所部共两万多人，一同前往夏口（今湖北汉口）。

唇亡齿寒

曹操南征，刘表病死，这个消息刚刚传到江东的时候，孙权就感觉到形势不妙，连忙派鲁肃前往荆州观察动静。鲁肃找到刘备、诸葛亮，已是长坂之败以后，当时刘备正准备投奔苍梧（今广西梧州一带）太守吴巨。鲁肃劝刘备说，与其远投岭南，不如近联孙权。

建议他们向东撤退。诸葛亮见情况紧急,也劝刘备向孙权求救,于是刘备一面率领队伍向东撤退,一面派诸葛亮去见孙权。当时孙权拥军柴桑(今江西九江西南),观望曹刘成败。夺得荆州的曹操从江陵顺江东下,图谋一举消灭孙权,席卷江东。出发前,他写信恫吓孙权说:“今治水军八十万众,方与将军会猎于吴。”诸葛亮跟着鲁肃来到柴桑时,孙权已接到曹操威胁的书信,顾虑孙刘联军不能与曹操相匹敌。为了促成孙刘联盟,诸葛亮用计激孙权说:“曹操现在攻破荆州,威震四海,将军如果能以吴越之众与他抗衡,就应早日与他绝交;如果抵挡不住,为什么不按兵束甲,向他称臣呢?”孙权听后大怒说:“我拥有全吴之地,十万之众,岂能受制于人。”

但孙权部下却分成了以鲁肃为代表的主战派和张昭为首的主和派,他们展开了激烈争辩。诸葛亮为了坚定孙权取胜的信心,解除后顾之忧,仔细地分析了当时的形势:“豫州(指刘备)军虽败于长坂,今战士还者及关羽水军精甲万人,刘琦合江夏战士亦不下万人。曹操之众远来疲敝,且北方之人,不习水战;又荆州之民归附曹操,为兵势所逼,并非心服。今将军如能命猛将统兵数万,与豫州协规同力,破曹操必矣。荆、吴之势强,鼎足之形成矣。”孙权听了大喜,鲁肃又用激将法进言,劝孙权立即把周瑜从鄱阳(今江西波阳东北)召回。周瑜支持诸葛亮和鲁肃的意见,先后分析曹军的弱点,指出:第一,曹军疲惫不堪;第二,“又今盛寒,马无藁草”;第三,加之马超、韩遂尚在关西,为曹操的后患。既而进一步分析了曹军的实际力量,指出来自中原的曹军不过十五六万,而且所得刘表新降的七八万人,人心并不向曹。孙权终于决定与刘备共同抗曹,并立即派周瑜、程普、鲁肃等统领三万水军,跟随诸葛亮与刘备会合,迎击曹操。这样,历史上决定三国分立的赤壁大战便爆发了。

空城计

赤壁之战

建安十三年(208)十月,周瑜率领的军队在樊口与刘备会合。然后逆水而上,行至赤壁,与曹军相遇。曹军新编及新附荆州水军,战斗力较弱,又遭瘟疫流行(据说当时江南血吸虫病泛滥),以致初战不利。曹操不得不把军队“引次江北”,把战船靠到北岸乌林一侧。周瑜则把战船停靠南岸赤壁一侧,彼此对峙。

北兵不习惯船上生活,曹操下令用铁索将战船连锁在一起,以减轻风浪颠簸。周瑜部将黄盖建议采用火攻战术以败曹军:“今寇众我寡,难与持久。然观操军船舰首尾相

接，可烧而走也。”周瑜采纳了黄盖的建议，当即决定让黄盖用诈降接近曹操战船。黄盖准备了十艘蒙冲斗舰，满载薪草膏油，外用帷幕伪装，上插与曹操约定的旗号。

时值隆冬，多刮北风，但按气象规律，几天严寒日过后，亦常见有少暖之日，风向亦或变为东风、南风。据说，十一月十二日甲子日这一天，晴空风暖，傍晚南风起，及至午夜风急，黄盖以准备的船舰出发，顺风驶向曹船。到了江的中心，黄盖手举火把，使众兵齐声大叫：“降焉！”曹军官兵毫无戒备，“皆延颈观望，指言盖降”。离曹军二里许，黄盖遂令点燃柴草，同时发火，火烈风猛，船往如箭，烧尽北船，延及岸上各营。顷之，“烟炎张天，人马烧溺死者甚众”。

在南岸的孙军主力船队乘机擂鼓前进；同时刘备也自蜀山向乌林进发。盟军横渡长江，大败曹军。曹操见败局已无法挽救，当即自焚余船，引军退走。周瑜、刘备军队水陆并进，曹操沿华容小道（今湖北潜江西南）向江陵方向退却，加以瘟疫、饥饿，曹军损失大半。幸得张辽等接应，才得以脱险。至江陵城下，曹操恐后方不稳，自还北方，留曹仁、徐晃守江陵，满宠驻当阳。

赤壁战前曹操的优势是非常大的：第一，曹操“挟天子以令诸侯”，诸侯自然在道义上难以争锋；第二，曹操以新胜之军南下，其气自盛；第三，曹操兵力数倍于孙、刘两家。既然曹操具有如此的优势，孙刘联军的战绩更显辉煌。此战，孙刘联军扬水战之长，巧施火攻，可以算是中国历史上以少胜多的著名战例。赤壁战后，曹操退回北方，再未有机会如此大规模南下荆州。曹操集团也失去了在短时间内统一全国的可能性。

清末年画　倒反西凉

周瑜等与曹仁隔江对峙，遣甘宁袭取夷陵（今湖北宜昌），曹仁率部进围甘宁，周瑜率军救援，大破曹仁军。刘备回师夏口，欲溯汉江迂回曹仁后方。次年，曹仁被迫撤退。孙权继续与刘备联盟，以抗拒曹操。刘备乘势取得荆州大部，包括武陵（今湖南常德）、长沙、桂阳（今湖南郴县）、零陵（今湖南境）等四郡，稍后又夺得刘璋的益州。孙权据有江东，形成了魏、蜀、吴三国鼎立的割据局面。

曹操攻破马超、韩遂

赤壁大败后，曹操采取一些措施，稳定内部。建安十五年（210）春，曹操下《求贤令》，说：“今天下尚未定，此特求贤之急时也……二三子其佐我明扬仄陋，唯才是举，吾得而用之。”曹操提出不拘品行、唯才是举的用人方针，目的是尽量把人才搜罗到自己身边。

建安十六年(211),曹操开始对关中用兵。马超和韩遂是东汉末年盘踞在关中的割据势力。他们的官职是朝廷正式任命的,属朝廷命官,要征伐他们就必须出师有名。三月,曹操以讨伐汉中(今陕西汉中东)张鲁为名进兵关中。要征伐张鲁,钟繇的军队就必须经过马超和韩遂的防地,关中马超、韩遂、杨秋等发动了反叛。曹操立即派大将曹仁进攻关中,马超等人屯据潼关。

马超和韩遂虽然力量较弱,但曹操要想打败他们也并不容易。七月,曹操率大军亲征关中。在战争开始阶段,双方互有胜负,在战争转入相持阶段后,曹操不仅在局部战斗中获得了胜利,还故意坚守营寨不出。马超和韩遂因为是联军作战,希望速战速决,曹操的拖延对马超和韩遂的联合军事行动不利,战争的主动权已经到了曹操的手上。九月,曹操大破关中诸军,马超、韩遂逃至凉州,杨秋逃至安定(治临泾,今甘肃镇原南)。

清末年画　草船借箭

这时马超、韩遂提出割地求和,并答应派“质子”到曹操处,曹操听贾诩计谋“伪许之”“离之而已”。曹操采纳了这个建议,表面上假装同意休战,暗地里却使计谋离间二人。曹操与韩遂有旧,于是相约会见,在阵前叙说旧事,抚掌欢笑,并不谈及军事。事后,马超等人问韩遂曹操所言何事,韩遂说没什么重要的,于是马超等人起疑。曹操又写信给韩遂,信中多有修改的痕迹,于是马超等人更加起疑。曹操成功分化了敌人,马超和韩遂两个人相互猜忌,在这种情况下曹操很轻易就打败了马超和韩遂的联军,取得胜利。十月,曹操进军安定,韩遂、杨秋投降,马超投奔汉中的张鲁,关中地区基本平定。

建安十八年(213)五月,献帝封曹操为魏公,加九锡,割冀州的河东、魏郡等十郡以为魏国封地。曹操封魏公后,所任丞相和冀州牧如故,权势愈来愈大。七月,曹操建魏国社稷宗庙,又在魏国内设置尚书、侍中。

三分天下

生子当如孙仲谋

当初北方各个军阀混战的同时,江南的孙家正在蓄势待发,经过了孙坚、孙策的努力,它正在逐渐发展成为江东的一支势力,并统一江东,最终把吴国推向最高峰,和蜀、魏呈鼎足之势的就是孙权。

在赤壁之战中,日后魏、蜀、吴三国的主要人物都做了充分的表演。当时孙权才二十

六岁,但已显露出他足以与曹操、刘备并称无愧的政治家才干。当他听了东吴内部主战派和主降派七嘴八舌的辩论以后,“拔刀斫前奏案曰:‘诸将吏敢复有言当迎操者,与此案同!’”这是何等的气魄!在赤壁之战中,主要是由于孙权有抗曹的巨大决心,在各方面又处置得宜,因而才取得了以孙刘五万联军大破二十多万曹军的奇迹。

吴主孙权

马超和韩遂平定了以后,曹操给孙权写了书信一封,希望孙权讨伐刘备,并许诺如孙权应允,江东之地将永远归属孙权。但是孙权没有接受曹操的“建议”,而且做好了和曹操决战的准备,他做了两件事情:第一件事情就是把治所从京(今江苏镇江)移到了建业(今江苏南京);第二件事情就是在濡须口(今安徽巢湖东南)建立军港,准备抵抗曹操。建安十八年(213),曹操起兵号称四十万,亲自南征孙权。次年正月,曹军进至濡须口,攻破孙权设在江北的营寨,生擒其将公孙阳。孙权亲率军七万,前至濡须口抵御曹军。二军相持月余,各无所获。曹操远远地见对面将士严明整肃,不仅脱口叹道:“生子当如孙仲谋,刘景升儿子若豚犬耳!”自觉难以取胜,遂撤军北还。

建安二十年(215),魏将张辽等以攻为守、先发制人,在合肥击退十倍于己之孙权大军。是年,孙权趁曹操西征张鲁,亲统十万大军包围合肥(今安徽合肥)。曹操仅留部将张辽、李典、乐进等率七千人守合肥。张辽按照曹操关于乘敌部署未定,实施反击,挫其锐气,以安众心,尔后据城固守的预留指令,留乐进守城,自与李典选募八百名勇士,连夜杀牛犒军。拂晓,张辽披铠甲执长戟,率先冲锋陷阵,杀数十人,斩将两员,直冲至孙权麾下。孙权大惊,不敢与张辽交锋,退至一土山上,见张辽兵少,遂令部众围击张辽。

张辽率数十人奋力突出重围,余部呼救,张辽又冲入敌阵,救出其余部下,往来冲杀,所向披靡,孙权军无敢抵挡。激战直至中午,孙权军锐气被挫,守军士气大振。孙权围合肥十余日不克,遂撤围退兵,至逍遥津(今安徽合肥东)北,张辽乘机率步骑发动袭击。孙权部将甘宁、吕蒙奋力抵挡,部将凌统率卫队拼死厮杀,掩护孙权逃至逍遥津。时值河桥半拆,丈余无板,孙权急策所骑骏马腾越而过。将军贺齐率三千人在逍遥津南接应,孙权才侥幸得免。战后,曹操升张辽为征东将军。此战中,张辽智勇兼备,以步卒八百破吴军十万,如此神勇,世所罕见。

历史小常识：草船借箭

提到草船借箭，人们就会想起《三国演义》中，周瑜忌妒陷害诸葛亮和诸葛亮邀鲁肃饮酒借箭的情景。《三国演义》是小说，正史上“草船借箭”的不是诸葛亮，而是孙权，并且这件事发生在赤壁之战以后五年。建安十八年(213)正月，曹操与孙权对垒濡须(今安徽巢县西巢湖入长江的一段水道)。初次交战，曹军大败，于是坚守不出。一天，孙权借水面有薄雾，坐船亲自去刺探曹操的军情，孙权的轻舟行进五六里，并且鼓乐齐鸣。但曹操生性多疑，见孙军整肃威武，恐怕有诈，不敢出战，于是命令士兵射箭攻击，孙权的船被射歪差点沉了，他便让船掉个头让箭继续射，这样一来船平衡了，孙权就把船开走了。曹操这才明白自己上当了。喟然叹曰：“生子当如孙仲谋，刘景升儿子若豚犬耳！”此外，史书记载周瑜的心胸非常宽广，根本不可能会忌妒诸葛亮。

建安二十一年(216)，曹操攻占汉中、进封魏王后，于冬天再度大举南下，来报去年之仇。孙权闻讯，知曹操亲执金鼓以令进退，亦不敢大意，即任吕蒙为督、蒋钦为副，负责节度前线诸军，自己也亲自引兵随后接应。吕蒙来到先前所立之濡须口，下令全军严加戒备，修整城墙器具，并在垣楼上设置一万余张强弩，以待曹操。次年正月，曹操与诸将会师于居巢(今安徽桐城南)，马步三军号称四十万，于濡须水岸临江饮马；吕蒙乃趁曹军立寨未稳之际，建议孙权命甘宁发动夜袭；曹操前军失利，知吕蒙督阵乃有备而来，不敢安进，遂令大军暂退，到安全处下寨。二月，曹操进军屯至江西之郝溪，孙权自濡须口引兵出击，与战不利，被曹军逼攻而退。孙权鉴于曹操势大，与之正面冲突吃亏的终究是自己，于是遣都尉徐详向曹操请降，曹操此时也正因刘备大军进屯益州东北、似乎有意争夺汉中而头痛不已，今见孙权有意媾和，自然是再好不过，于是马上派出使者回报对方，并重申与孙家的姻亲关系以示旧好，然后在三月时留下夏侯惇、曹仁、张辽诸将屯守居巢，便急忙引军赶往汉中去了。

刘备得益州

清末年画　甘露寺

经过赤壁之战，孙权的统治得到巩固，刘备也趁机向江南发展势力。他表奏刘琦为荆州刺史，又南征武陵、长沙、桂阳、零陵，这四郡的太守先后投降，刘备因此占据了荆州的江南部分。不久，刘琦病死，刘备做了荆州牧，领兵屯驻油口，改油口为公安(今湖北公安)。刘备以诸葛亮为军师中郎将，使督零陵、桂阳、长沙三郡，征收赋税，供军政费

用。为了加强孙刘联盟，共同抵御曹操，孙权嫁妹给刘备，在鲁肃的建议下，孙权又同意刘备的请求，将南郡借给他，即所谓“借荆州”。后来，曹操正在写字时，听说孙权借荆州给刘备，连笔都落到地上了。至此，刘备在荆州立足已稳。为了实现诸葛亮《隆中对》中提出的目标，刘备集团开始谋划，准备夺取西面的益州。

益州包括今天的四川全部和云南、贵州的大部分地区，地方广大，土地肥沃，素以“天府之国”著称，但在刘焉、刘璋父子的统治下，这里成为一个社会矛盾尖锐的地方。建安十三年(208)，曹操打下荆州，刘璋曾归附曹操。赤壁之战后，刘璋断绝了同曹操的关系。孙权曾遣使和刘备商议，试图共同攻取益州，刘备因为另有打算，拒绝了孙权的建议。

原来，刘璋在赤壁之战前后派部下张松、法正先后拜见过刘备，刘备借机询问了许多益州的情况。张松、法正见刘备善于用人，于是把益州的地理形势和府库钱粮、人马兵器等情况，都告诉了刘备，使刘备“尽知益州虚实”。张松、法正回益州后，都劝刘璋与刘备结好，后来二人又密谋寻找机会迎接刘备入蜀。谋臣庞统也提醒刘备：今天如果不取益州，终有一天它将为别人所得。

清末年画　东吴招亲

建安十六年(211)，益州牧刘璋听说曹操准备派大将钟繇率军进攻汉中的张鲁，十分恐惧。张松趁机巧妙地向刘璋提出了迎刘备入蜀的建议。刘璋为了抵抗曹操，派法正厚礼往荆州迎接刘备。当时就有人说刘璋此举是引狼入室。果然，法正到荆州就劝刘备趁机占据益州，刘备心里也正有此意。他以接受邀请为名，率领步卒数万人，与庞统、黄忠等进入益州，留下诸葛亮、关羽、张飞等守荆州。刘备抵涪县(今四川绵阳东北)，刘璋率步骑出城热烈欢迎。刘璋让刘备做了大司马，兼领司隶校尉，将杨怀、高沛统领的白水军交给刘备，让他去攻打张鲁。刘备率领约三万人，带着大量的武器装备，向北前进，去攻打张鲁。当前进到葭萌(今四川广元西南)的时候，刘备根本不再考虑什么讨伐张鲁的问题，而是停下来拥军自保，“厚树恩德，以收众心”，为夺取益州做准备。

建安十七年(212)十月，曹操进攻孙权，孙权请刘备回救。刘备以孙权和他势同唇齿为借口，派使者请刘璋给予一万兵力及武器粮草，以便他援救孙权。刘璋对刘备不讨张鲁，却去援救孙权相当不满，只勉强答应给兵四千人，武器粮草等也都只给刘备要求的一半。刘备借机激怒将士说：“我为刘璋征讨强敌，将士辛勤劳顿，无暇安宁，刘璋虽然资财积累丰富，对我们却如此吝啬，这怎么能让大家为他拼死作战呢?”使军中上下都对刘璋产生了不满情绪。在成都的张松以为刘备真的要离开益州，赶紧给他写信说：“今大事垂手可立，怎么就放弃而走呢?”不料此事被他的哥哥广汉太守张肃所告发。刘璋当即捕杀了张松，然后

下令各守关将领不得放刘备通过。刘备闻讯大怒，果断诱杀了刘璋的白水军督杨怀、高沛，收编了白水军，接着与黄忠、卓膺率兵进驻涪城，准备继续南下进攻刘璋。

刘璋慌忙派人迎击，连败，退守绵竹（今四川绵竹东南）。刘璋又派李严总督绵竹诸军，准备反击，不料李严倒戈投降。至建安十九年(214)，刘备分兵攻占附近诸县，最后将刘璋的儿子刘循包围在雒城（今四川广汉西北），但围攻雒城的战事非常不顺利，一年多也没能攻克，于是刘备下令留守荆州的诸葛亮火速领兵西上。

诸葛亮留下关羽驻守荆州，自己立刻与张飞、赵云统兵入蜀。一路上，诸葛亮、张飞、赵云攻下巴东、江州、江阳（今四川泸州）、德阳（今四川遂宁东南）等地。建安十九年(214)五月，刘备攻下雒城，乘胜追击，在成都与诸葛亮的军队会师，将刘璋围困在成都。当时，成都城内有三万精兵和可供一年支出的粮食布匹，不少人还想固守，这时马超前来投奔刘备。刘璋无心再抵抗，便说："我家父子在益州二十余年，对老百姓无恩无德，已经让他们四处奔波，攻战三年了，我怎么能忍心再让他们为我受苦呢！"于是在这年六月出降。刘备终于取得了益州。

占据益州后，刘备自称益州牧，以诸葛亮为军师将军，依靠法正、关羽、张飞、赵云、马超等文臣武将，收拢了董和、黄权、李严等一部分刘璋旧部，初步具备了封建统治的规模。从此，刘备外出征战，诸葛亮镇守成都，足食足兵，配合十分默契。

历史小常识：三英战吕布

各路诸侯推袁绍为盟主，带领兵马杀向洛阳，讨伐董卓。当时刘备也在盟军当中。董卓派吕布领十五万兵马驻守洛阳城外的虎牢关。袁绍派八路大军前去攻打，虎牢关下吕布连斩数将。这时张飞冲了上去，连战五十回合，关羽见张飞胜不了吕布，便冲上前去助战，又厮杀了三十回合，刘备也加入，三人把吕布围在当中轮流厮杀。吕布虽勇猛也渐渐支持不住，只得冲出三人包围，逃回虎牢关。

进位汉中王

曹操征孙权无功而返，而这个时候，刘备又从刘璋手中夺得了益州，而汉中是益州门户，"若无汉中，则无蜀矣"，刘备必然要攻取汉中。而益州附近的割据势力张鲁军事力量薄弱，曹操如果不进攻张鲁，张鲁势必会被刘备吞并。刘备势力的扩张，对曹操是一个威胁，所以在建安二十年(215)三月，曹操抢先一步率十万大军亲征汉中张鲁。

张鲁字公祺，沛国丰（江苏丰县）人。张衡死后，张鲁继为五斗米道首领。其母好养生，"兼挟鬼道"，与益州牧刘焉家有往来。他通过母亲跟刘焉家的关系，得到信任。东汉初平二年(191)，刘焉任命他为督义司马，与别部司马张修带兵同击汉中太守苏固。刘焉死后，刘璋即位，张鲁不顺从他的调遣，刘璋杀害张鲁家族。张鲁于是割据汉中，以"五斗米道"教化人民，建立起政教合一的政权。张鲁在汉中袭张修教法，自称"师君"。来学道者，初称"鬼卒"，后号"祭酒"，各领部众。领众多者为"治头大祭酒"。不置长吏，以祭酒管理地方政务。继承其祖的教法，教民诚信不欺诈，令病人自首其过；对犯法者宽宥三

次，如果再犯，然后才加惩处；若为小过，则当修道路百步以赎罪。又依照《月令》，春夏两季万物生长之时禁止屠杀，又禁酗酒。他还创立义舍，置义米肉于内，免费供行路人量腹取食，并宣称，取得过多，将得罪鬼神而患病。

东汉末年，群雄蜂起，社会动乱，不少人逃往相对安定的汉中地区，如关西民从子午谷逃奔汉中的就有数万家。张鲁还得到巴夷少数民族首领杜濩、朴胡、袁约等人的支持。他采取宽惠的政策统治汉中，“民夷便乐之”。“流移寄在其地者，不敢不奉”。五斗米道凭借政权的力量扩大了影响。建安二十年（215）七月，曹操大军进至阳平关（今陕西勉县西北）。张鲁听说阳平关失守，逃往巴中。曹操进军南郑，尽得张鲁府库珍宝。十一月，张鲁出降曹操，汉中遂为曹操所有。

赵云大战长坂坡

同年，刘备正准备向北进攻，扩大自己的统辖范围，孙权以刘备已经取得益州为理由，派人要求他归还荆州。荆州为刘备集团财政收入的主要来源地之一，是赤壁之战后刘备取得的一份胜利果实，严格说来并不存在借与还的问题，所以他自然不会轻易让给孙权，于是推辞说：“等我夺取了凉州，荆州自然归还给你。”孙权大怒，认为刘备对荆州借而不还，太不讲信用，不加说明，就派吕蒙夺了长沙、零陵、桂阳三郡之地。刘备闻讯，急忙领兵五万来争，孙刘间的冲突眼看就要升级。正值此时，曹操打败张鲁，平定汉中，进而直接威胁巴、蜀。刘备权衡利害，不得已与孙权讲和，约定孙权统辖江夏、长沙、桂阳，刘备占有南郡、武陵、零陵三郡，然后迅速回防益州。这样，刘备虽然丢掉了一些地盘，却避免了与孙权的一场火并，得以腾出力量与曹操在汉中周旋。荆州受挫后，夺取汉中，并把它作为对付曹操的军事据点，已成为刘备集团的一个战略目标。汉中周围群山环绕，中间是汉水盆地，土厚民丰，是一个十分重要的战略要地。刘备如能占有汉中，进可以伺机出军中原，袭击曹操，退可以拥有雍州（今陕西西安西北）、凉州（今甘肃张家川）。

汉中本属益州，曹操从张鲁手中夺下汉中后，蜀中上下一日数十惊，刘备想用斩首示众的办法制止慌乱，都无济于事。当时曹操的谋臣刘晔劝曹操一鼓作气，灭掉蜀汉。曹操考虑到自己后方不稳，控制汉中又需要大量的人力物力，所以没有采纳他的建议。实际上，后来曹操控制汉中都没有足够的力量。建安二十一年（216），曹操以夏侯渊、张郃守汉中。刘备采纳谋臣法正的建议，让诸葛亮驻守成都，负责供应军需，自己率兵进攻汉中。建安二十四年（219），刘备在汉中西南的定军山（今陕西勉县南）与夏侯渊对阵，令老将黄忠出击，阵斩夏侯渊，大获全胜。曹操迅速率军从长安赶来，企图夺回失地，刘备自

信地说："曹操即使赶来也没用，我肯定夺下汉中了。"刘备占据险要，任凭曹操多次挑战，

长坂坡

始终不出兵交锋。日子一长，曹军开小差的日益增多，到这年夏天，曹操仍然一筹莫展，不得已撤军回了长安。刘备终于实现了占领汉中的目标。这年秋天，刘备自立为汉中王，提拔魏延为督汉中镇远将军，领汉中太守，留守汉中，自己迁至成都。

建安二十四年（219）七月，曹操刚刚从汉中撤出，刘备大将关羽就从荆州向他的东南防线襄、樊一带发动了进攻。曹操闻知，立刻派大将于禁率兵往救樊城。八月，关羽趁洪水泛滥之机，大破于禁所统七军，乘势进军，将樊城围住。当时樊城曹军只有数千人，城被水淹，水面离城楼仅有数尺，曹仁率军死守。曹操又派徐晃领兵去救樊城。十月，曹操从关中赶到洛阳，亲自指挥救援樊城。

孙、刘三争荆州

赤壁之战以后，曹操主要致力于关陇后方的巩固，孙刘两家则围绕着荆州问题，展开了长期的争夺。荆州人口众多，物产丰富，吴、蜀都不愿放弃这个能搜刮大量兵源和物资的重要基地。荆州居长江上游，北上可以进攻曹魏的襄、樊，威胁许昌，东下可顺流达孙吴的腹地。蜀若失去荆州，就被封闭在三峡以西的四川，在东面无法与吴、魏争衡。吴若不占领荆州，就时刻受到长江上游的威胁，无法确保江东。所以从战略上说，荆州是吴、蜀必争之地，而荆州对吴比对蜀还重要一些。

历史小常识:孙郎射虎

《三国志·吴志》孙权本传载:二十三年十月,孙权在一次出行中,亲乘马射虎于亭。虎中箭之后反扑,惊了马,马为虎所伤,孙权掷双戟射中老虎,而后手下的卫兵张世用戈刺死了老虎,可见孙权的勇敢。

起初孙刘两家为了联合抗曹,孙权同意把荆州借给刘备。当刘备跨有荆、益以后,势力急剧壮大,对孙权造成严重威胁,孙刘矛盾趋于激化。建安二十年(215),孙权向刘备讨还荆州未果,即派吕蒙带兵攻取长沙、零陵、桂阳三郡。后孙刘双方妥协,以湘水为界,平分荆州。这是争夺荆州的第一个回合。

清末年画　水淹七军

建安二十四年(219),刘备自立为汉中王后,按诸葛亮的战略,打算从两路进攻曹操。正巧西面的汉中打了胜仗,于是乘这个势头,从东面的荆州攻打中原。刘备命镇守荆州的大将关羽进攻襄、樊城。襄、樊城魏守将曹仁向曹操求救。曹操派了于禁、庞德两员大将增援。曹仁让援军屯兵樊城北面平地上,该处地形低,恰逢雨季,襄江水急,一晚襄江暴涨,大水骤至,平地水深丈余,很多魏军都被水冲走淹死。等到天亮,"关公及众将皆摇旗鼓噪,乘大船而来",于禁被围投降。庞德抵抗被俘,拒降被杀。曹操得知关羽水淹七军,并擒于禁、斩庞德,担心关羽势大难以收拾,于是采纳司马懿、蒋济之谏,联络孙权背袭荆州,并许诺事成之后,割江南之地来册封孙权。关羽和孙权关系不好,曾扬言说:"如使樊城拔,吾不能灭汝(孙权)邪?"可见如关羽获胜,蜀对吴造成的压力当更大。收到曹操书信,孙权大喜过望,马上回了曹操一封信,表示愿意出兵"以讨关羽自效",同时还把偷袭荆州的计划和盘托出,并请曹操配合及保密。起初孙权想趁机攻取曹魏的徐州,但遭到吕蒙的反对,他向孙权说,"至尊今日得徐州,操后旬必来争,虽以七八万人守之,犹当怀忧。不如取羽,全据长江,形势益张"。吕蒙的主张显然更符合东吴的利益。于是孙权改变主意,采取与曹魏联合,达成夹击关羽的密谋。

曹操采纳了司空军祭酒董昭的建议,把孙权的书信射入樊城以增强守城将士的信心和士气,另外再让曹仁和徐晃分别把消息透露给关羽。关羽得知孙权打算和曹操联手的传闻,虽然犹豫起来,可却因好胜心驱使,以为樊城指日可拔,迟迟不肯回师。等到关羽屯营为徐晃所破,后方又传来江陵、公安二城俱失的急报,才慌忙撤了樊城之围,匆匆率

军往南而还。不过此时曹操虽未派兵追击，然而南郡已为吕蒙偷袭所得，关羽明白现今情势逆转，但又想到之前吕蒙初到陆口曾多次遣使结好，于是在回军途中先派人到江陵责问吕蒙背盟，希望吕蒙能念在同盟情谊而令事情能有所转圜，另一方面也是希望因此而探知城中情况。而这也正好中了吕蒙的离间之计，吕蒙对关羽派出的使者尽都厚礼款待，还让他们在城中自由游走，以致随征将士家属皆来探问信息。使者回到关羽营中，军士们都来私下询问家中状况，知城里一切安好，甚至待遇比关羽主政时还来得优渥，如此辗转言闻，官员将士们都丧失斗志，只想与家人团聚，人马便因此逐渐脱走散去。

此时孙权大军来到了江陵，关羽见大势已去，率孤军往西败走麦城（今湖北当阳东南），路上被孙权军擒杀，荆州全部丢失。这是争夺荆州的第二个回合。

清末年画　回荆州

刘备为了替关羽报仇，夺回荆州，在他称帝后倾全力向吴进攻。蜀和吴有所不同：蜀处群山环绕之中，易于自守，外敌很难进攻，所以他大举攻吴，不必顾忌魏的袭击；吴与魏仅一江之隔，极易受到魏的攻击，他如对付蜀，就更得提防魏。因此，孙权不得不向曹丕称臣、进贡，并接受曹丕赐给他的吴王封号，以避免“二处受敌”的困境。曹丕受孙权的迷惑，对吴、蜀之争采取中立。在这种情况下，吴以全力对蜀，终于在夷陵大破刘备的军队。这是争夺荆州的第三个回合。经过以上三个回合的斗争，最后确立了吴在荆州的统治。

魏蜀吴三国建立

建安二十五年（220）十月，曹丕代汉称帝，建立魏国，史称曹魏，都洛阳。曹丕追尊曹操为太祖武皇帝。

为了继承汉统，第二年，诸葛亮等人也请刘备称帝，刘备还想推脱，诸葛亮劝道：“今曹氏篡汉，天下无主，大王刘氏苗族，绍世而起，今即帝位，乃其宜也。士大夫随大王久勤苦者，亦欲望尺寸之功耳。”认为刘备称帝既合理又必要，刘备于是在221年4月正式称帝，国号汉，也叫蜀或蜀汉，都成都，定年号为“章武”。任命诸葛亮为丞相，许靖为司徒。同年5月，立刘禅为太子。222年孙权称王，229年称帝，国号吴，史称孙吴或东吴，都建业（即建康，今江苏南京）。

至此，三国鼎立的局面正式形成。

为什么曹丕、刘备先后于220年、221年称帝，而孙权则在222年称王，229年才称帝？上面孙刘三争荆州一段中，结果是孙权胜刘备败，其实孙权晚称帝与同刘备争夺荆州是有一些联系的。以下是对其中一些缘由的分析。

在魏、蜀、吴三国中，就其政治凭借来说，吴不如蜀、蜀不如魏。曹操和曹丕“挟天子而令诸侯”，一切以汉献帝为招牌，名正言顺，当曹丕具备称帝的条件以后，仅导演了一场禅让的闹剧，就率先当了皇帝。刘备是“帝室之胄”，虽然比较疏远，但也有兴灭继绝的称帝资格，所以当曹丕废汉献帝以后，刘备就马上宣布是汉室的合法继承人，登上了皇帝的宝座。这种政治凭借在当时是重要的，但东吴却没有。在三国中，孙权称帝最晚，这当然是由于吴、蜀长期争夺荆州，孙权不得不对魏采取韬晦的策略，但也与他缺乏这种政治凭借有关系。直至夷陵之战以后，孙权与蜀恢复了联盟关系，解除了西顾之忧，又经过几年的酝酿，孙权才在黄龙元年(229)正式称帝。

天下归晋

尽管三国鼎立基本形成，军阀割据混战局面已经结束，但三方实力均衡，它们之间的战争始终没有停止过，“三家归晋”的统一之势也在一次次的战争中逐渐形成。三分鼎立的局面形成之后，割据混战的局面基本结束，三国进入了相对稳定时期。魏蜀吴三国在各自领国内都有所开拓、发展。北方遭到战争严重破坏的经济逐渐得到恢复，曹魏国力日趋增强；蜀国经济在几任相国的主持下出现过好的状况；吴国也在自己较为优势的方面进行了积极的开拓。

动荡中发展的三国

刘备兵败猇亭

章武元年(221)七月，刘备决定进攻孙权。赵云和其他一些文武大臣谏阻说，蜀国的当务之急是早图关中，控制黄河、渭水上游，讨伐曹魏，而不是讨伐孙权。吴蜀一旦交战，祸福难料。但刘备拒绝接受这些意见，下决心夺回荆州，为关羽报仇。关羽是刘备的生死患难之交。关羽早年跟随刘备，寝则同床，恩若兄弟，在大庭广众之下，常常整日侍立护卫，不辞艰险。后来，他们又共同经历了四处奔波、寄人篱下的岁月。

建安五年(200)，刘备被曹操打败，关羽也被曹操捉去。曹操欲招降关羽，他却说：“吾受刘将军厚恩，誓以共死，不可背之。”不久，关羽果然寻机逃回刘备身边。刘备、诸葛亮先后入蜀以后，关羽依然留守荆州，为保证刘备夺取益州做出了很大贡献。关羽突然被孙权杀死，刘备从感情上始终难以接受，所以他不可能不为关羽报仇。这一点连曹魏的刘晔都料到了，他说：“关羽与刘备，义为君臣，恩犹父子。关羽死了，刘备不为他兴军报仇，怎么着也是说不过去的。”另外，从当时刘备集团的利益看，刘备也确有攻击孙权、夺回荆州的必要。

诸葛亮隆中对策为刘备制定的蓝图中，把占据荆州作为刘备能否完成帝业的重要条

清末年画　挂印封金

件之一，现在失去荆州，北面失去作为屏障的汉、沔地区，直接受到来自曹操入侵的威胁，东南失去大量物质财富的来源，刘备仅靠蜀中益州，处境是非常艰难的。而且，就当时吴蜀两国形势看，刘备凭借地理优势，如果指挥得当，也不是没有打败东吴军队、夺回荆州的可能。所以，尽管有许多大臣谏阻，刘备还是没有改变东征的决心。

遗憾的是，刘备指挥失当，导致了这次东征失败。

临出发前，张飞被部将刺杀。孙权听说刘备东伐，赶紧派使者向刘备请和，孙吴南郡（今湖北江陵东北）太守诸葛瑾（诸葛亮的哥哥）也写信给刘备，劝他不要以兵戎相见，刘备都未予理睬。蜀军由三峡顺流而下，攻破孙吴的巫县（今四川巫山）、秭归（今湖北秭归）守军。为了便于固守荆州，孙权一方面遣使向魏称臣，避免两面受敌；一方面迁都武昌（今湖北鄂城），任命年轻大将陆逊为大都督、假节、安西将军，督将军朱然、潘璋、韩当、徐盛、孙桓等五万大军，进驻夷道、夷陵，加强西线防务。

章武二年（222）二月，刘备率军从秭归分两路出发攻吴。黄权请战说："吴人悍战，我们顺流东下，进易退难，我请求当先锋同敌人交兵，陛下宜为后镇。"刘备未予采纳，而是自统主力军，在江南岸沿山势东进，最后在猇亭（今湖北宜都西北）一带扎营。

与此同时，刘备还派侍中马良到五溪蛮地区安慰动员，结果，五溪蛮积极出兵响应。蜀军自巫峡至夷陵界，树栅连营七百余里，立几十营，凭借高处，据守险要，气势锐盛。陆逊见此情形，只得不与蜀军交战，等待时机。由于蜀军在山地布阵，兵力难以展开，而且劳师费时。双方在猇亭对峙将近半年，蜀军弱点逐渐暴露出来。蜀军没机会与吴军决战，粮草物资一天天减少，士气逐渐低落。刘备急于求成，改变战略，命水军也全部登陆，进入山林。陆逊见有机可乘，立即下令全线出击，让士兵每人带一把茅草，包围蜀军，一边放火，一边进攻，结果连破蜀军四十余营。蜀军损失惨重，丢掉了四万多人，舟船、器械、水步军资也损失殆尽。刘备连夜向西突围，抄小道逃往白帝城（今重庆奉节县东），这次战争即是猇亭之战，也称夷陵之战。

猇亭战败，刘备愧恨交加，他曾惭愧地说："我竟败在陆逊手下，难道是天意吗！"加上军旅劳顿，积劳成疾，刘备竟一病不起，留在白帝城。孙权由于害怕曹魏趁机袭击后方，没有攻入蜀境，而是遣使请和；刘备一败涂地，无力再战，只得同意议和。刘备惨败的消息传到成都，诸葛亮大为震惊，叹息说："如果法孝直（法正）不死，一定会劝阻主上东征；即使东征，也不会导致这样的局面。"

章武三年（223）四月，刘备病情恶化，死于白帝城永安宫，终年六十三岁。临终前，他派人把诸葛亮请到白帝城，托付后事。他恳切地对诸葛亮说："君才十倍于曹丕，必能安国，终定大事。若嗣子刘禅可辅佐，则辅佐之；如其不行，君可取而代之。"诸葛亮哭着说："我一定竭尽全力，效忠贞之节，死而后已！"于是刘备对刘禅说："我死之后，你要把丞相看作父亲一样，和他共同治理蜀汉。"这就是白帝城托孤。刘备又留下遗书，叮嘱刘禅不可懈怠。凡事不能以为是小恶就随便做，也不能以为是小善而不去做。这年五月，刘备的梓宫运回成都，葬在惠陵，谥号昭烈皇帝。

白帝城先主托孤

吴蜀重修盟好

刘备建立蜀国以后，占据的地盘大体是今四川及云南、贵州的部分地区。四川虽然十分富庶，有"天府之国"的美称，但与曹魏占据的黄河流域相比，却要狭小得多。

刘备兵败猇亭不久即因病而死，蜀国元气大伤，而蜀地的人才也十分凋敝，加之后主刘禅才智平庸，时称蜀国"主幼国危"，政权有倾覆的危险。为了应对这种局面，诸葛亮在受刘备托孤辅佐后主之后，着重考虑的是如何使弱小的蜀国迅速恢复元气，以对抗强大的魏国，维持三国之间的均势，进而"恢复汉室"。为此，他认真地实行"外结好孙权""内修政理""西和诸戎、南抚夷越"，进而北伐以成霸业的治国方针。首先第一步就是与吴国恢复结盟关系。猇亭之战后，蜀、吴联盟一度破裂。当时孙吴乘胜之威，封锁长江；又任命南中叛乱夷帅雍闿为永昌太守，同时任命原益州统治者刘璋之子刘阐为益州刺史，以招降纳叛。这种局面的出现，对蜀国十分不利。面对如何完成二弱（吴、蜀）以抗一强（魏）之势，内绝南中叛乱之外援，此时出现了契机。

黄初四年（223）八月，曹丕见蜀国在猇亭之战中战败，加之刘备新亡，蜀后主刚接帝

位不久，民心未定。在大将司马懿的建议下，曹丕“五路下西川”，分兵五路伐蜀。但实际上魏国只派出一路大兵，其他四路都是借用别人的力量。

蜀主刘备

诸葛亮面对五路大军入川，采取了多方面的应对战略，也分别派出了五路人马：第一路是由曹真率领的魏军一部，便命令大将赵云领兵固守易守难攻的阳平关；第二路率领魏军的将军是以前蜀国的武将孟达，诸葛亮深知他其实并非真心归顺魏国，正巧他的生死之交还在蜀国当官，便冒充他的字迹修书一封，要孟达行军至半途，推说有病而班师；第三路是羌兵，就由东汉著名大将马援的后代马超领军抵挡，羌人素来很敬重马超，还称他为神威天将军，一看到是他自然领兵撤退；第四路是南蛮兵，首领孟获疑心病很重，便令大将魏延领一支人马，用疑兵之计把南蛮兵吓退回去；最后一路吴国比较棘手，由于两国之前为了荆州而反目。但诸葛亮了解蜀吴猇亭大战时，曹丕曾趁吴国后方空虚，领三路大军偷袭吴国，吴帝孙权应该不会再轻信魏国的协议，一定会先按兵不动，看其余四路军马是否会成功，一旦四路都败则吴国不会起兵。为了保险起见，他还特令关兴及张苞两员小将各领三万精兵驻扎在险要地区，以便救应各方。

诸葛亮于223年10月派尚书邓芝出使东吴，说明吴蜀两国唇齿相依的利害关系，希望能与之重修盟好，一同抵抗曹魏。邓芝见孙权，深入剖析联蜀抗魏之利。正是在这种情况下，孙权审时度势接受了诸葛亮的建议，抓住时机和蜀汉重修旧好，与魏国彻底断绝了关系，合作七年的魏吴关系结束。自此之后，吴蜀双方书信、使者往来不断。自后双方聘问不绝，重归于好。这一举措，为蜀国争取到了良好的外部环境。

对于孙权按兵不动的做法曹丕十分愤怒，于是黄初五年（224）九月，曹丕亲征孙权，至广陵，看到吴的军营整齐肃穆，禁不住望江兴叹：东吴有人才啊，不是那么容易轻取的。很快就退兵了。黄初六年（225）十月，曹丕又亲征孙权至广陵，结果天寒水冻，无法渡江，于是又只好退兵。

诸葛亮治蜀

诸葛亮成功联吴抗曹后，开始内修政理，发展经济，这也是蜀国在元气大伤之后重新崛起的关键。

为此，他采取了两方面措施。在政治上，诸葛亮针对益州自东汉以来对民不施恩德、

刑罚界限不清的弊病，严格实行法治。实行恩威并重的措施，主要是打击益州地主。为了使益州地主心服，他强调对待益州地主和外来地主要执法公允。例如马谡、李严、廖立原来皆为诸葛亮所敬重，后马谡违背军令而被斩，李严、廖立皆以罪过免官。蜀人杨洪、何祇资历虽浅，因有政绩，皆被提拔重用。当时蜀人张裔称赞诸葛亮说：赏罚不遗忘疏远的人，惩罚也不漏下身旁的亲信，爵不可以无功取，刑不可以贵势免。因此，在他执政期间，蜀国政治在三国中是最好的。这说明诸葛亮通过法治，的确收到了使政治比较清明，社会风气逐渐好转的效果。

诸葛亮

在经济上，诸葛亮充分利用了益州原有的有利条件，花了五年左右时间，全力发展农业生产，与民休息，同时大力发展水利事业。诸葛亮还派出一千二百个壮丁对都江堰进行护理，保障了成都平原的农业灌溉。当时的农业产量很高，绵竹、广汉一带的水田，能亩产三斛以上。手工业方面，以盐、铁、织锦业最为发达。益州的许多地方都产井盐，成都甚至各个农户家中就有产井盐的井，临邛的盐井工人已发明用天然气熬盐，即所谓火井煮盐。蜀设有司金中郎将和司盐校尉，分别负责“典造农战之器”和煮盐。织锦业尤为繁荣，成都是蜀锦的主要产地。所产蜀锦驰名全国，远销吴、魏，是军费的一大来源。直到蜀亡，国库尚有锦、绮、彩、绢各二十万匹，织锦业之盛可见一斑。

七擒孟获

雍闿是汉朝什邡侯雍齿的后代，蜀国的建宁太守。刘备死后他心生叛意，于章武三年（223）夏，在南中发动叛乱，杀死太守正昂，随孟获一同造反，并且在士燮的引诱下，归附东吴并将太守张裔送给东吴，当时东吴与蜀还未和好，东吴遂以雍闿为永昌太守，派孟获煽动诸夷叛乱以响应其行动，参与叛乱的还有朱褒、王高定二人。最终叛乱被诸葛亮平定，建兴三年（225）雍闿被高定部将所杀。

南中对于蜀汉来说是命运攸关的，没有稳定的南中，就很难稳定蜀汉政权，更谈不上什么北伐中原统一中国了，所以蜀汉对南中是志在必得的。

因为在这场叛乱中南方豪强孟获也有参与，因此诸葛亮于建兴三年（225）对南中发动平定战争。三月，诸葛亮亲自率领蜀军，由成都开始南征。参军马谡为诸葛亮送行数十里路，并提出“攻心为上，攻城为下，心战为上，兵战为下”的大方针，诸葛亮亦接纳此

言,他率军从水路由安上到越巂进入南中,又派马忠进攻牂牁郡,李恢由平夷攻向建宁郡。

李恢军行至昆明,被敌军围攻。当时李恢兵少于敌人一倍,又未得到诸葛亮军消息,便对南人说:官军粮草将尽,想谋划退还,不过我们就算现在能回军,亦不能回到北方,所以想回来与你们等人一起谋反,所以用诚心相告。南人相信他,围困开始松懈。就在此时,蜀军突然出击,大破敌军。李恢率军南至盘江,东接牂牁郡。而马忠军则顺利在且兰打败朱褒,与李恢军会合。

另一方面,诸葛亮军在南行途中,雍闿已被高定部下所杀,大军到达后数战皆胜,斩杀高定。与其他两军声势相连,准备迎战收纳雍闿的部众孟获。诸葛亮听到孟获为当地人所信服,便想生擒他。五月,大军渡过泸水,与孟获军战,成功俘虏孟获,诸葛亮带他到营阵观赏,问他觉得蜀军如何,孟获回答他:"我之前不知你军虚实,所以才战败。现今蒙赐观看营阵,原来只是如此,必定可以胜利了。"

诸葛亮的心意在北方,又知道南人叛乱问题严重,便用马谡的方针,要孟获心服口服。于是他将孟获放走再战。这样经过七次擒纵,诸葛亮仍继续放走孟获。孟获及其部众终于对蜀心服口服不再离去,孟获说:"公(诸葛亮),真是天上的神威,南人不再反叛了。"大军便移到滇池,蜀军成功平定南中,至十二月回到成都。

庖厨画像砖

孙吴开发江南

孙权开发岭南经济。东汉末年,交州刺史朱符被当地人民所杀,州郡扰乱。交趾太守士燮趁机向朝廷上表,以将其弟设置为多个郡的太守。士燮为政宽厚,长于《春秋》之学,北方避难的士人多往依之。士家成为雄踞岭南的一大势力。建安十五年(210),孙权以步骘为交州刺史,领武射吏千人,便道入岭南。苍梧太守吴巨不服,被步骘诱杀。步骘威声大震,合兵二万南下,在高要峡口击溃了苍梧人衡毅、钱博的阻击部队。士燮兄弟相率服从,吴始占有岭南地区。建安二十二年(217),步骘在番禺建筑城郭,并迁州治于此。

吴在岭南建立统治后,该地所产的明珠、大贝、犀角、象牙、玳瑁、翡翠、战马等珍品,源源不绝地运到东吴朝廷,这说明吴对岭南的统治是有效的。孙权称吴王后,贬经学大师虞翻于交州,虞翻"虽处罪放,而讲学不倦,门徒常数百人",这是继士燮之后又一次在岭南大规模地传播儒学文化。《水经注》卷三六《温水注》称:"(交州)火耨耕艺,法与华同。名白田,种白谷,七月火作,十月登熟;名赤田,种赤谷,十二月作,四月登熟。所谓两

熟之稻也。米不外散，恒为丰国。桑蚕年八熟茧，《三都赋》所谓八蚕之绵者矣。”由此可知，左思《吴都赋》所谓“国税再熟之稻，乡贡八蚕之绵”，指的是吴交州地区。由此可见岭南经济的发展。东汉时在岭南置交州，下辖7郡、56县；吴分交州置广州，两州共辖15郡、92县。州郡县的增多，也反映了岭南的人口增加和经济发展。

长江流域的经济发展具有重大意义。孙权正是在这个有重大意义的事件上做出了自己的贡献，他把江南经济向前推进了一大步，为以后长江流域经济赶上黄河流域的水平奠定了坚实的基础。

三国吴的青瓷马圈

孙权继续重视屯田，黄武五年(226)“陆逊以所在少谷，表令诸将增广农亩。权报曰：‘甚善。今孤父子亲自受田，车中八牛以为四耦，虽未及古人，亦欲与众均等其劳也’”。这可证明东吴的屯田也和曹魏一样，是普遍用牛耕田的。汉代江南已用牛耕，但到南朝始普及。由于东吴推行的屯田很广泛，重视水利灌溉，普遍利用牛力，所以尽管它剥削很重，但对江南经济的开发还是起了巨大的促进作用。

发展交通和手工业生产。在吴国的经济中，水上交通和若干手工业部门的发展是引人注目的。赤乌三年(240)，孙权使左台御史郗俭，凿都城建业西南，自秦淮抵宫苑之内的仓城，以运输粮食，名运渎。赤乌四年(241)，孙权又诏凿东渠，通北堑，以泄玄武湖水，南接秦淮，逶迤十五里，名曰青溪。赤乌中，孙权又令凿潮沟，引江潮抵青溪，接秦淮水，西通运渎，北连玄武湖。运渎、青溪、潮沟是沟通建业一带的水运线路。赤乌八年(245)，孙权“遣校尉陈勋将屯田及作士三万人凿勾容中道，自小其(今江苏句容东南)至云阳(今丹阳西南)西城，通会市，作邸阁”。这段水道名破冈渎。破冈渎东南连接云阳至吴、会的水道，西北与运渎接通，这样吴越运船就可直达吴京都仓域。孙权还令“岑昏凿丹徒至云阳”的水道。《南齐书·州郡志》所谓“丹徒水道，入通吴、会”，就是指孙权时凿通的这条水道。这条水道也就是以后江南运河的前身。

为了水运和作战的需要，孙权很重视造船业的发展。当时最大的造船基地在建安郡侯官(今福建福州)，吴在此设典船都尉，许多罪犯被罚到这里造船。武昌的官府造船业也很兴盛，它造的一艘名为“大船”的战舰，能“容兵士三千人”；另一艘名“长安”的战舰，“船楼装高”，也是一个庞然大物。孙权曾派万人船队北至辽东，南到台湾、海南岛，为航海事业的发展做出贡献。吴亡时，西晋从吴接收的舟船达五千余艘。这都说明吴国有极强的造船能力。

纺织业和冶铸业的发展也较显著。江南盛产麻布、葛布，华歆北还时，孙权赠以越布、香葛，曹丕也曾遣使向吴求细葛，可见江南所产布、葛的质量居全国上选。江南的丝纺织原来很落后，吴时始见起色。诸暨、永安生产的丝因质量优异，被列为贡品，称“御丝”。孙权在后宫设织织厂，起初生产者不满百人，孙皓时已发展到上千人，这些多来自罪犯的女徒专为统治者生产高级丝织品。吴国最大的冶铸基地设在建业和武昌。建业的石城门外有冶城，以后一直成为东晋南朝的冶铸中心。孙权曾在黄武四年(225)“采武昌山铜铁，作千口剑，万口刀，各长三尺九寸，刀头方，皆是南钢越炭作之”，可见武昌有巨大的冶铸作坊。《宋书·百官志》上称：“江南诸郡县有铁者，或置冶令，或置丞，多是吴所置。”这说明吴的冶铁十分普遍，为以后南朝冶铁业的发展奠定了基础。

孙权还致力于海外交通。吴多江湖，东南又沿海，为适应水战和江海交通贸易，造船业较发达。建安郡侯官是造船中心。选自闽、粤的航海水手经常驾海船北航辽东，南通南海。黄武五年(226)，大秦商人从海道经交趾来到建业(建康，今江苏南京)，谒见孙权，谈及大秦风土民俗。为了加强同南海诸国的联系，黄武五年，孙权遣使朱应、康泰到扶南(今柬埔寨)，他们的访问范围在东南亚和南亚地区。据说他们经历和传闻的国家有一百几十个，在扶南遇到中天竺的使臣陈宋，“具问天竺土俗”。回国后，朱应写下了《扶南异物志》一卷，康泰著《吴时外国传》，记述他们出使扶南等国的见闻。

历史小常识：诸葛恪收服山越

三国时，分布在今苏、皖江南及浙、赣、闽山区的土著居民，史称“山越”。其地周旋数千里，山谷万重，山出铜铁，自铸甲兵；其民俗好武习战，崇尚气力；开山赴险，抵突丛林，极为敏捷。长期以来不服统治，吴国意欲强征其部众为兵，山越起兵反抗。嘉禾三至六年(234~237)，诸葛恪任抚越将军、丹阳太守，到丹阳收服山越。诸葛恪用武力围困与招抚并用的方针，命令各部将已归顺的山民，设屯聚居。随后派兵据守险要峪口，修筑围困工事，不与山越交兵，又抢收成熟的稻谷。山越人新谷无收，旧谷食尽，因饥馑而被迫出山归降。诸葛恪下令，对归顺的山民，不得随意拘捕。有一县令因违令捆绑山民，被诸葛恪斩首，因而大批山民纷纷归降。至六年十月，先后收服达十万余人。诸葛恪将其中丁壮四万余编入军队，其余迁居平原从事生产，成为政府直接控制的编户平民。

诸葛亮六出祁山

诸葛亮恢复与吴联盟、平定南中后，就准备北伐曹魏。这是由于蜀国是当时在三国中最弱的国家，只有以攻为守，才能图存。

第一次北伐在蜀汉建兴六年(228)春，他令赵云等作疑兵，摆出由斜谷(今陕西眉县南)攻郿城(今陕西眉县北)的态势，以吸引魏军；自己则率主力向祁山(今甘肃西和祁山堡)方向进攻，陇右的天水、南安、安定等郡相继叛魏降蜀，又收服了姜维，一时关中大震。此后，在军事要地街亭的防守中，诸葛亮没有使用宿将赵云以及魏延，而是使用了虽然智

谋过人，与诸葛亮多次英雄所见略同，但缺少临阵经验的马谡。派马谡带领五万多人马做先锋，到军事重镇街亭去抵御魏军。魏国的大将军曹真派张郃为先锋，带领五万人来应敌。结果，马谡只知死搬兵书教条，违背了诸葛亮的节度，不听从部下王平的正确建议，把军队安排在街亭沿线的山坡上，结果被魏国大将张郃包围在山上，断了水道，蜀军不战自乱，失了街亭。赵云等出兵也不利，诸葛亮只得退回汉中。不久，天水、南安、安定三郡又叛汉附魏。街亭，古地名，又叫街泉亭、街城，在今甘肃省庄浪东南。

孔明挥泪斩马谡

战后，诸葛亮为了申明法度，挥泪斩马谡，并且自贬三级，行丞相事。此战的后果严重，不但使蜀国损失了智谋之士，更重要的是，魏国在原本防守空虚的西线部署了很多的兵力，使蜀汉从此失去了奇袭魏地的机会，使诸葛亮伐魏再也没有建树。

第二次北伐是同年冬，诸葛亮乘陆逊在石亭打败曹休之机，出散关，包围陈仓（今陕西宝鸡西南），攻打二十多天未破，魏的援军赶到，他不得已又退回汉中，魏将王双来追，被斩。

第三次北伐是建兴七年（229），诸葛亮进攻武都（今甘肃成县）、阴平（今甘肃文县西北），打败魏援军，占了这两郡，留兵据守，自己率部回师。次年，魏军进攻汉中，诸葛亮加强防守，又增调援军，再加上连续大雨，子午谷、斜谷等道路不通，魏军撤退。

第四次北伐是建兴九年（231）二月，诸葛亮率大军攻祁山，开始以木牛流马运送军粮。当时曹真病重，魏军统帅司马懿迎击，诸葛亮割麦于上邦（今甘肃天水），准备决战。司马懿追亮至卤城（今天水与甘谷之间），他知蜀军远来，军粮不多，凭险坚守，拒不出战。当时有"畏蜀如畏虎"之讥。五月，司马懿与诸葛亮交兵，魏延等将斩获敌甲首三千级，玄铠五千领，角弩三千一百张。诸葛亮想用退兵的办法引诱敌人，但司马懿追赶很谨慎，蜀军一停，他就扎营拒守。六月，李严因运粮不济假传刘禅要求退兵的圣旨，加上蜀军粮草将尽，诸葛亮只得班师，魏将张郃追亮退兵至木门，中箭身亡。

第五次北伐是建兴十二年（234）春，诸葛亮率十万大军出斜谷口，到达眉县，在渭水南岸五丈原扎营。此次战役开始后，司马懿屯军于渭水之北。得知诸葛亮出斜谷，他判断蜀军将夺取渭南，于是在渭水南岸背水设防，阻断了蜀军东下之路。司马懿对众将说："亮若出武功，依山而东，诚为可忧。若西上五丈原，诸将无事矣。"不久诸葛亮大军果然进占了五丈原，魏军将士都很高兴。司马懿原先对诸葛亮的战略意图认识不足，错误地认为诸葛亮兵出斜谷后，就应该去占领武功（治今陕西武功西），然后向东迫近长安，而进

驻五丈原就不能构成对魏国的威胁。但扬武将军郭淮则认为诸葛亮此举有更为远大的战略企图，其目的在于占领五丈原以西的陈仓、祁山、天水等地，推进其作战基地。为此，郭淮判断诸葛亮必争北原。于是，在征得司马懿同意后，率军预先抢占了北原。当诸葛亮派重兵渡河去抢占积石原时，由于郭淮事先做了严密的防备，蜀军只好退回渭南。司马懿在分兵令郭淮抢占积石原的同时，率大军扎营于马冢山，隔武功水（今陕西岐山南的石头河）与五丈原的蜀军对垒，筑营阻拦，却不与蜀军作战，他料知蜀军远来，粮草运输困难，想把蜀军拖垮。诸葛亮也有准备，在渭水分兵屯田，做长期战争的打算。诸葛亮在这次出兵前曾与孙权约定同时攻魏，五月吴军十万攻魏，不胜，撤回江东，所以蜀军只得与魏军单方面周旋。八月间诸葛亮积劳成疾，病情日益严重，不久就与世长辞。死后，姜维等遵照他的遗嘱，秘不发丧，整军退入斜谷。诸葛亮出师北伐共为五次，真正出兵祁山只有两次，还有一次是魏军进攻汉中，不是诸葛亮出击。后世概而言之，说成是“六出祁山”。祁山为山名，位于今甘肃省西和县西北。

张郃中飞矢

诸葛亮“六出祁山”与“北定中原”关系中的成败教训明示，兴利除弊以得到人民群众的拥护和支持，在国家强大的基础上抓住机遇，不失时机，合理用人；发展生产力，提高国家综合实力。否则，将终难如愿。

历史小常识：夷洲与大陆的联系

三国时期，台湾称夷洲。据地质学家判断，台湾是大约距今1万多年前开始与大陆分开的。据考古学家的判断，台湾出土的原始社会的石器、陶器，与大陆东南沿海的同期出土文物属同种文化。所以无论从地理上，还是从历史上，台湾与大陆都是相隔而又相连。

台湾西汉时属会稽郡，称夷洲。黄龙二年(230)，孙权派遣将军卫温、诸葛直乘大船前往夷洲。据考证，这个船队从章安（今浙江临海东南）启程，在今台南市和嘉义一带登陆。他们发现夷洲土地肥沃，农耕兼渔猎。后来又将台湾土著居民数千人迁往大陆。这是大陆和台湾交通的最早记载。

卫温浮海至夷洲

孙权得知魏文帝曹丕去世后，于黄初七年(226)八月出兵攻魏。命吴左将军诸葛瑾部兵分两路进攻襄阳（今湖北襄樊），他亲自率军进攻江夏郡（今湖北

云梦西南)。孙权一路为魏军所败,遂撤兵而走。而诸葛瑾则被司马懿击败,吴将张霸被杀,斩首千余级。

黄初八年(227),吴国鄱阳(今江西波阳)太守周鲂用诈降诱敌之计致书魏国扬州牧曹休,表示愿意叛吴归魏,请求曹休派兵接应。曹休中计,率军十万向皖(今安徽潜山),与另外两路魏军同时深入吴地。孙权率军进驻皖口(今安徽怀宁皖水入江处),派陆逊等率兵三万,迎击曹休于石亭(今安徽舒城)。陆逊等三路吴军同时向曹休军冲杀、追击,斩俘魏军一万余人。这就是石亭大战。这样,孙权在次年(229)称帝。

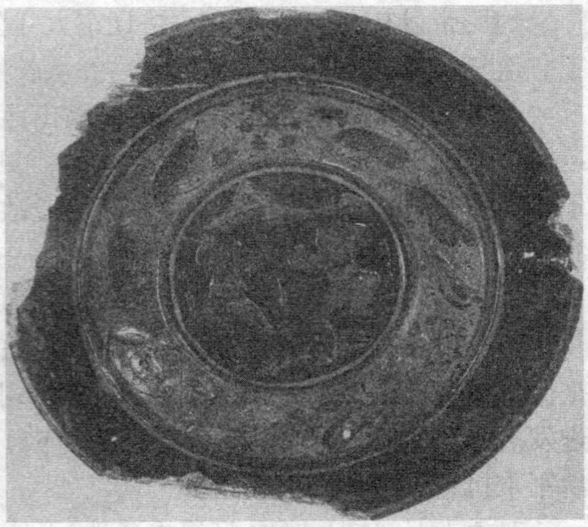
彩绘童子对棍图漆盘

黄龙二年(230)春天,魏国征东将军满宠筑合肥新城(在今合肥市西北)。孙权曾多次进攻包围合肥,但是都无功而返。魏在合肥筑造新城,加强淮南的守备,东吴要想在淮南与魏争夺就更困难了,并且魏国在西边襄、樊又一直屯聚重兵防守,而突破不了这条线,吴国的北面疆域就无从扩大,能做的,也就是利用东吴的水军优势,再建造一些大船,进一步向南边海外发展。

三国时代,民间传说夷洲、亶洲就是徐福的童男童女繁衍居住的地方,所以,孙权决定派兵收取夷洲和宜洲,顺便收取靠近交州的琼崖,这样,吴的领土就延伸到海中。

吴黄龙二年(230)正月,吴大帝孙权派将军卫温、诸葛直率万余人的船队赴夷洲(今台湾岛),卫温率船队从章安(今浙江临海东南)启程,在夷洲的南部登陆,征服了岛上的部落之后与之和平相处。当时夷洲生活的土著居民高山族还处在氏族公社阶段,过着原始社会生活,他们分成许多部落,男子担负上山狩猎、下海捕鱼、保卫部落、守护财产的职责;妇女、儿童主要是在部落的管辖范围内采集树种、野果、植物根茎,为全体部落成员准备饭食、烤肉,大家平分食物。

部落首领是酋长,氏族内部完全平等,大家住的都是石房。在房子周围围上一圈木栅栏。酋长房中唯一特别的就是摆着许多人头骨,因为按当地风俗,室内陈列的人头骨越多,表示杀死的敌人越多,本领也越大。在氏族部落中,没有法律,只按习惯来处理问题。有事大家召开部落会议共同商议。卫温等人开始在夷洲住了下来,帮助高山族人耕种,并教给他们农业生产技术和铸造技术,但是由于水土不服,许多吴军士兵生了病。由于当地的医疗水平比较落后,吴军所携带的药物也使用完了,病死的人越来越多,一万士兵只剩下十之一二,卫温和诸葛直商量后做出决定,俘虏当地一两千人,返回大陆。

卫温、诸葛直回来以后,孙权认为二人是无功而返,很生气。卫温、诸葛直皆以"违诏无功"入狱被杀。

司马懿智取公孙渊

魏明帝景初元年(237)七月,辽东太守公孙渊反。他联合鲜卑侵扰北方,并自立为燕王。次年(238)正月,魏明帝把司马懿从长安召回洛阳,派他率军四万讨伐公孙渊。

公孙渊派大兵赶到辽隧(今辽宁鞍山西),构筑了长壕坚守,与远道至辽东(今辽宁大凌河以东地区)而来的司马懿军相对峙。见敌人拒不迎战,司马懿手下将领们沉不住气了,请求司马懿发起攻击。司马懿却说:“敌人坚壁不出,是想把我军长期阻滞在这里,使我军焦躁疲惫。现在我们要是进攻,正好中了敌人的计谋。我发现敌人的主力在这里,那么他们的大营襄平一定空虚。我们要直取襄平,出其不意地打败他们。”

司马懿将计划定好之后,在外面插出许多旗帜,假装进攻敌人阵地南部。等公孙渊把全部精锐部队都调到南部准备迎战时,司马懿乘机从敌人阵地北部偷渡辽河,向襄平进发。当魏军到达首山(今辽宁辽阳西南)时,公孙渊派卑衍等阻击,结果被打得大败。魏军乘机包围襄平。

时值七月,连日大雨,辽河水猛涨,平地水深数尺。很多将领请求移营别处,司马懿传下军令:“敢言移营者斩!”并真的斩杀了不从军令之人,全军这才安定。这时,叛军趁发大水的机会出城打柴放牧,诸将想袭击他们,司马懿也坚决不同意。司马懿平反孟达反叛时,曾日夜不息地前进,只用了十五天的时间就攻克坚城,杀掉了孟达。而这次同样是长途奔袭,却不慌不忙,诸将都迷惑不解。司马懿说:“平孟达时敌人兵少而粮食够吃一年,我们的部队人数是孟达的四倍,粮食却不够吃一个月,只有速战速决才能在那种情况下取胜。再说,用四倍于敌的优势兵力使我们有极大优势。那时我们之所以不惜牺牲,就是为了同敌人的粮食优势进行竞争啊!而现在的形势正好相反,敌众我寡,敌饥我饱,进攻的条件不具备,急着进攻又有什么用呢?所以我不担心敌人进攻,只担心敌人逃跑。现在敌人的粮食将尽,而我军尚未合围。如果我们掠夺他们的牛马、柴草,就是故意驱使敌人逃跑。用兵打仗应该善于根据情况的变化采取灵活的策略。敌人依仗人多势众和大雨连绵,所以虽然饥困难耐,仍然不肯束手就擒,我们应该装出无能为力的样子稳住他们。如果因为贪图小利而把敌人惊走,那可不是好的计谋。”

司马懿破公孙渊　公孙渊败死襄平

司马懿的一席话不仅使陈珪感到佩服,也使诸将安下心来。

这样,双方在雨中相持三十多天。不久,雨过天晴。司马懿马上令魏军日夜攻城。

强弓劲弩，箭如雨下，公孙渊的守城部队伤亡惨重。而且城中粮食已尽。公孙渊求降不成，率残部弃城突围。司马懿发兵追击，在梁水(今辽宁太子河上游)斩杀公孙渊父子，平定了辽东地区。

用兵之道，有“急”有“缓”，司马懿可算是深谙此道。当时，公孙渊在兵力上多于魏军，但粮食缺乏；魏军粮草充足，但攻城准备不充分。加上天降大雨，天气也不利于攻城。司马懿分析，在这种情况下，如果急于进攻，就会迫使敌人凭借优势兵力做困兽之斗或突围逃跑。相反，拖延一段时间，公孙渊缺粮的问题将日益严重，必然引起军心涣散。那时再攻城，可一举而下。于是，他定下缓兵之计，果然大获全胜。

日本卑弥呼女王遣使来魏

2世纪末左右，日本民间出现一位叫卑弥呼的女子。此时日本最大的国家邪马台国大乱，三十多个部落属国互相残杀，争斗不止，无人能统一全国。卑弥呼虽然年龄不大，却极其聪慧，常年从事鬼神之道，倭国人都相信她能呼风唤雨，很快，卑弥呼就拥有了宗教权威，各部落首领协商决定推举她为女王。凭借原始宗教的号召力，卑弥呼顺理成章地成了女王。此时的邪马台，正是日本大和国家的雏形。

当上女王后，她住在深宫绝少露面，也很少接见官员。国事都由其弟弟处理，负责传达女王命令，卑弥呼一直保持着极其神秘的色彩。但南邻狗奴国男王听说邪马台国君是个女子，就欲吞并邪马台。卑弥呼从一些到过中国的商人、渔民口中，了解到中国的强大和繁盛。为了避免亡国，她打算结交中国魏朝来巩固邪马台国的政权。三国魏明帝魏景初二年(238)，邪马台倭国女王卑弥呼遣难升米和朱市牛利横渡大海来到洛阳。使者带着牲口、精米、丝织品和金银，表示愿意臣服于魏国，希望魏国能和邪马台女王永世交好。魏明帝欣然答应，授予卑弥呼女王“亲魏倭王”的称号和金印，并赏赐使者大量丝绸布匹、宝器珍玩，令其带回倭国献给女王。日本与中国的经济文化交流逐渐频繁。从此，到正始九年(248)的十年间，两国使者往返就有六次之多。

且说日本列岛的人从没见过来自中国的宝物，觉得卑弥呼竟然能和中国拉上关系，还赢得如此罕见之宝，实属难能可贵。狗奴国的男王听说此事也大为吃惊，出于对中国的敬畏，立刻打消了攻占邪马台的念头。一年后，魏朝派使臣带着魏帝的信函、金印、礼品前往邪马台国，会见卑弥呼女王。卑弥呼回信给魏帝以示感激。当时，日本还没有正式文字，女王贺信都是由专人用汉语记录。之后，卑弥呼女王又多次遣使向魏国进贡，两国关系十分密切。这是历史记载日本和中国最早的交好事迹。

历史小常识：士族

又称“世族”，其家世门第最高者又称“高门”。东汉以后地主阶级内部形成的在政治、经济各方面都享有特权的大姓豪族。士族以外的则称庶族，又称寒门。士、庶之间不能联姻，不可平起平坐。庶族即使任高官，其社会地位也不能与士族相比。

卑弥呼以其鬼神之道和卓越的政治才能，统治邪马台国七十余年，在九十多岁高龄

时去世。她死后，国人十分悲哀。由于女王终身未嫁没有后代，王位由她的宗室女壹于继承。壹于也略懂鬼道，邪马台国人希望她继承卑弥呼的神气。壹于继续结交中国朝廷，以鬼道治国。她死后，一位男主成了国君。中国史书上未见此男主结交后来的晋朝，也没说他会不会鬼道，但卑弥呼女王太平之世一去难返了。

毌丘俭东征高句丽

公孙渊镇守辽东时，高句丽在外交上采取远交近攻的政策，与公孙氏为敌并且分别与吴、魏建立了关系。太和七年(233)，东吴曾派使者出使辽东公孙渊，后来公孙渊反目，杀死使者。使者团中有几个人逃亡到高句丽，假称奉孙权之命而来。从此高句丽与东吴关系非常密切，东吴还赐予高句丽东川王"单于"的称号。但曹魏当时为了避免高句丽与东吴结盟对自己不利，便频频派人出使高句丽，恩威并施，欲使其与东吴断交。后高句丽迫于魏国压力只得与吴绝交，斩吴使并送首级于幽州。公孙氏败亡后，辽东诸郡都并入魏国。当时魏正忙于与吴、蜀的战争，内部司马氏与曹氏又在内斗，无暇顾及。于是高句丽东川王趁机开始频频侵扰，高句丽大臣沛者得来绝食死谏，劝国王不要招惹魏国，以免招来亡国之运，东川王却根本听不进去。攻打辽东几个小城，虽获胜了，但也是招祸的缘由。

高句丽武士

面对高句丽的袭扰，魏国当然不会坐视不理。正始七年(246)，内部事情稍缓，就派毌丘俭东征，报高句丽侵扰之仇。毌丘俭带领魏军步骑万人东出玄菟郡，向高句丽进发。高句丽的东川王亲率士兵两万到沸流水迎战。两军对阵，以死相搏，魏军以方阵迎敌。东川王被打得大败，魏军斩首数千级。

东川王只得狼狈逃回丸都城，率少数残军在坚固的丸都城据守。毌丘俭围城后，采用避实就虚的方法，利用山城西北面山体陡峭，上面的守兵不多的形势，从正面佯攻，却在西北偷袭的战法，让士兵带着兵器长绳，偷偷地顺着山崖爬上去，先杀死上面的守兵，"束马悬车"，攻破了丸都山城。据《三国志》所载，魏兵"屠丸都"，采取了烧光杀光的策略，唯独对当初劝说国王不要侵犯魏国的沛者得来一家网开一面，"俭令诸军不坏其墓，不伐其树，得其妻子，皆放遣之"。

不久，毌丘俭再征高句丽，东川王奔买沟(今朝鲜咸北会宁)。毌丘俭派玄菟太守王颀紧追东川王，过沃沮千有余里，至肃慎氏南界，刻石记功而还。东川王在逃亡中抑郁死去。毌丘俭东征，是中原王朝对东北地区有史以来最远的一次征讨，魏国势力远至今俄

罗斯滨海地区,原属高句丽统辖的朝鲜半岛岭东秽貊地区,也归入了乐浪、带方二郡。魏军两次征讨,每次均俘获高句丽人口数千,将他们迁入内地。高句丽几遭灭顶之灾,侥幸苟延残喘了下来。以后四十余年,高句丽不敢再向辽东入寇,并频频向魏、晋纳表称臣,双方长期保持和平状态。

蒋琬、费祎治蜀

蜀建兴十二年(234),相国诸葛亮病故五丈原,蜀国还没有决定由谁来继任诸葛亮的位置,就发生了其部下杨仪与魏延争权内斗的事件。

武侯遗计斩魏延

魏延曾经跟随刘备攻取益州、汉中,屡立战功,被刘备提拔为镇远将军、领汉中太守。诸葛亮北伐时,曾令魏延自领一军,大破魏国将军费曜、雍州刺史郭淮于阳溪。这证明魏延确实是很善于用兵的。诸葛亮最后一次北伐时,仍以魏延为先锋,在诸葛亮大营前十里驻扎。魏延既勇猛,又善于抚养士卒,但是他性情高傲,其他同僚都对他忍让,只有丞相长史杨仪不吃他这一套,魏延因此对杨仪十分恼火,后来竟持刀威胁杨仪,逼得杨仪"泣涕横集"。杨仪也是一个颇有才干的人,善于筹算粮饷,既敏捷,又准确,但却秉性狭傲,不能容人。诸葛亮对他们两个人都颇为器重。

杨仪、魏延不和这件事情,几乎是尽人皆知。诸葛亮也预料自己死后二人矛盾必定激化,他认为自己死后将没有人能够节制魏延,于是暗地里特地同杨仪、费祎、姜维等商定身后退军之事,"令延断后,姜维次之,若延或不从命,军便自发。"诸葛亮死后,杨仪等准备按照诸葛亮的安排,诸营相次退军。魏延听说后大为恼怒,不想就此退兵,趁杨仪等尚未动身时,自己率军径先南归,所过烧绝阁道。同时魏延、杨仪都上表指控对方叛逆。魏延行至南谷口,返身与杨仪等军交战。王平在前抵御魏延,怒叱魏延说:"丞相刚死,身体尚且未寒,你却做出这样天理不容之事!"魏延的士兵知道错在魏延,不肯为他卖命,都四散而去了。魏延独自携子数人向汉中逃亡,被马岱追上斩首。结果杨仪竟"夷延三族"。

从上面的事情可以看出,魏延虽很能打仗,但骄傲过分;杨仪虽然很有才干,但狷狭太甚,二人都没有当辅政大臣的条件。于是这份大任落在了蒋琬、费祎的身上。蒋琬,字公琰,零陵郡湘乡(今属湖南)人。诸葛亮辅政之后,启用蒋琬,诸葛亮数次北伐,蒋琬在

后方备足粮草物资，使大军无后顾之忧。因此诸葛亮常说他忠义有雅量，可以托付大业。诸葛亮曾秘密给后主刘禅上表说如果自己去世，应当由蒋琬来接替他的职务。后来诸葛亮病逝五丈原，新丧主帅，远近危竦，蒋琬出类拔萃，处群僚之右，“既无戚容，又无喜色，神守举止，有如平日，由是众望渐服”。延熙二年(239)，蒋琬进位为大司马。他在位期间待人宽厚、公私分明、不以个人好恶断人，忠厚宽容，也受到了人们的称道。蒋琬以姜维为凉州刺史，谋袭取凉州。又因涪(今四川绵阳市)水陆四通，若东北有急，从涪可以奔往接应。蒋琬自汉中还驻涪，但蒋琬素有疾病缠身，至延熙九年(246)，病势转剧去世。

蒋琬

与蒋琬同时主持蜀国政事的是费祎。费祎，字文伟。刘备称帝后，费祎作为太子舍人、迁庶子。后主刘禅即位后，费祎又担任黄门侍郎。诸葛亮很早就认为他是个可造之才，一次南征回来，群僚到数十里外迎接，年龄职位大多在费祎之上，而诸葛亮特意命他与自己同车而归，因此众人对祎无不另眼相看。

一次诸葛亮以费祎为昭信校尉，出使吴国。孙权一向喜欢戏谑使臣，吴国大臣诸葛恪等又博学善辩，在交谈中处处刁难费祎，费祎却辞顺理正，最终也没有屈服。孙权对他颇为器重，说：“君天下淑德，必当股肱汉朝，恐不能数来也”。因为费祎奉使称旨，所以多次到吴国。建兴八年(230)，费祎由参军转为中护军，后又为司马。当时正是魏延与杨仪相憎，费祎常对诸葛亮建议应分别对待二人，使得魏延、杨仪各尽其用，这也是费祎居中调解的功劳。蒋琬向来体弱多病，于是令祎代为尚书令，延熙六年(243)，晋升其为大将军。

三国蜀延熙七年(244)春，曹爽发兵十万伐蜀，与征西将军夏侯玄自骆口(今陕西周至西南)进攻蜀汉中。当时汉中蜀军不足，诸将都十分恐慌，想守城不出战。负责汉中军务的蜀前监军、镇北大将军王平力排众议，命护军刘敏率部进占兴势(今陕西洋县北)，多设旗帜，虚张声势，自率一部兵力为后援。闰三月，费祎以大将军的身份从成都督军来援助。魏军被阻于兴势，后方军粮供应不上，牛马骡驴大量死亡，蜀涪县及费祎援军亦相继到达。曹爽被迫率大军退还。费祎率军进据三岭(今

历史小常识：军师

官名。《通典·职官》中认为是监军之职，掌监察军务，也参谋军政。始见于东汉，隗嚣曾聘平陵人方望为军师，袁绍也曾请卢损为军师。魏曹操以荀彧为军师，“军国选举之刑狱法制皆使决焉”。蜀以诸葛亮为军师将军。晋避司马师讳改为军司，也用以量节军务所宜，内中尤以太尉军司最为重要。南朝宋齐以后，此官废。

陕西终南山的沈岭、衙岭、分水岭)截击,魏军苦战,始得退回,失散、伤亡甚重。

费祎与蒋琬在蜀国主政的时间大致相仿,从蒋琬到费祎,虽经常不在成都,但军国大事、庆赏刑罚,都需经过他们同意,然后才能颁布施行,权限是很大的。费祎"宽济而博爱",能得众心,是其优点,但疏于防范,也是欠缺。延熙十六年(253)末,费祎与臣僚下属举行大会,饮宴之间,魏国降将郭循趁费祎欢饮沉醉,以刀刺杀费祎。治蜀的又一能臣就这样死于非命。费祎向来谦虚朴素,家不积财,儿子皆布衣素食,出入不从车骑,和平常人没有什么不同。费祎较之蒋琬还要略逊一筹,虽然在他们主事期间蜀国还算平稳,但他们过世后,蜀国就没有什么维持社稷的良材了。

雄才大略的曹操

三国青瓷羊

东汉末年以来的军阀混战,给黄河中下游地区的社会生产造成了极大破坏。有人描述当时的情景,人口锐减,百姓大量死亡,到处可见累累的白骨;有名的大宅无人居住,百里之内人烟绝迹的情况,也是数不胜数。曹操在他的《蒿里行》就说过:"白骨露于野,千里无鸡鸣。生民百遗一,念之断人肠。"描绘出了战乱之中的一片凄凉景象。

面对这种情况,首先采取措施的是曹魏统治者,曹操曾经采取了一系列恢复生产、发展经济的方法。为了解决土地问题,使农业生产能够正常进行,曹操主要采取了两方面的措施。

一就是"屯田"。其形式有民屯、军屯之分。民屯始于建安元年(196)曹操挟持汉献帝到许昌之后的许下屯田。后来曹操又下令"州郡例置田官",把民屯更为广泛地推广到其他地区。这样一来,在洛阳、黄河中下游南北水利条件较好、土地肥沃或有战略意义的地区,一时间大多设置了这种民屯组织。民屯采用了军事组织的方式进行管理,将招募的流民(被称为"屯田客"或"典农部民")按照五十人编为一屯,每屯设置司马。司马之上逐级为屯田都尉、典农中郎将(或典农校尉),中央设大司农总领,自成一系统,不隶属于郡县。政府对屯田民收取百分之五十到百分之六十的田租。

军屯是士兵和他们的家属(即所谓"士家")作为土地上的生产者,战时为兵,闲时为农。政府收取的租税大致与民屯相同。军屯正式建立在建安二十三年(218)左右,黄初年间(220~226)大规模推行。大多设在有军队驻扎和"士家"聚集的地区,特别在与吴蜀对抗的地区,因有重兵和战略需要,规模更大。如淮河南北的军屯,后来发展到十余万

人。军屯的基本单位是营（六十人），之上有度支部尉、度支中郎将或度支校尉等官职。

如果把原来的屯田客和士家用军事编制组织起来，那么他们所受的剥削更重，这是他们所不乐意的。加之“士家”的社会地位极低，饱受统治者的压迫和歧视，所以屯田客、士兵逃亡或武装反抗的事件多有发生，劳动的积极性也不高。但屯田制的实施，使那些处于战争环境下的地区的社会生产能基本进行下去，有一定的积极作用。

二是在屯田以外的地区大力招入流民，安定生产。东汉末大约从桓、灵二帝开始，流民问题就已经很严重，有时达到数十万。军阀混战以后，由于人口大量死亡和大量流亡迁徙，使政府控制的人口更少，往往十户中只有一户尚在，大量土地废置、荒芜。对于这种状况，曹魏以户口、垦田增减、盗贼多少为据对地方官进行考核。因此地方官大都注意招抚流民，劝课农桑，如关中由政府出面买牛。金城太守苏则给流民分粮食，很多人都来归附，半个多月就招徕了数千家流民。为了使自耕农能安心生产，不再逃亡，曹魏在建安九年（204）还颁布了较轻的田租户调令。除此之外，还规定地方官不得再乱收苛捐杂税，不准豪强向贫苦百姓转嫁负担。特别在户调上，曹操废弃了西汉以来的人口税均摊这种有利于豪强的方式，而是在户均绢二匹、绵二斤的基础上采取了按民户财产多寡定出户等，然后再按户等高低，富则多收、穷则少征的方法收取租税，这对广大自耕农是有利的。

曹操一边下令颁布田租调令，一边下令禁止豪强兼并土地，否认其有免役免税特权，曹操本人带头向国家缴税；重用能“抑强扶弱”，打击横行不法的官员，有利于调动自耕农的生产积极性。

通过以上一系列措施，到曹操后期，北方的农业生产已基本得到恢复，甚至有所发展。史称是时“关中丰实”，扬州更是公家私家都有所积蓄，京兆地区都变得十分丰沃了，连编户都已经皆有车牛，沛郡遇上丰收的好年头，一顷地能增收一倍。原来被董卓烧毁的洛阳已成为“天下四方会利之所聚”的繁荣都市了。这与汉末的凄凉情形，形成了强烈的对比。

统一的趋势

姜维屡次北伐

姜维，字伯约，天水冀（今甘肃甘谷东）人，少孤，与母居，好郑氏学。原为州、郡吏。建兴六年（228），诸葛亮出军向祁山，姜维等降于诸葛亮。当时姜维二十七岁，被封为当阳亭侯。诸葛亮对姜维极为器重，并准备把他培养成栋梁大材。

建兴十二年（234），诸葛亮卒，姜维统诸军，被封为平襄侯。延熙元年（238），姜维随大将军蒋琬驻扎汉中。延熙六年（243），姜维升任镇西大将军，兼任凉州刺史。他曾恩威并施，多次平定周边各族的反叛。

姜维继承诸葛亮的军事政策，一直主张对外用兵。延熙十二年（249）秋，姜维督军进

攻雍州，驻军在洮城。魏将郭淮与刺史陈泰统兵抵御。而此时南安太守邓艾进围曲城，切断交通及水源，使曲城蜀军困窘不堪。姜维领兵救援，到了牛头山(甘肃岷东南，洮河南岸)，被陈泰大军阻拦。郭淮则率军进逼洮水，企图切断姜维退路。姜维不得已迅速撤回。邓艾已经抢占洮城。姜维遂撤军退走。在这场战争中，魏军料敌准确，处处占得先机，使蜀军一无所获。

姜维

蒋琬死后，姜维屡求对外发兵，持重的费祎常加以节制，每次给他的兵不过万人。费祎死前，姜维未能发动大规模北伐曹魏的战争。费祎死后，姜维行动有较大的自由，常出动数万之众北击。不久出陇西，破魏将徐质，乘胜拔河关、狄道、临洮三县。

延熙十八年(255)七月，姜维乘魏大将军司马师病亡，出兵数万人攻魏，取狄道。魏征西将军陈泰命雍州刺史王经率所部进驻狄道，待他率主力自陈仓(今陕西宝鸡东)到达后，再钳击蜀军。王经不等陈泰军到达就擅自进攻蜀军，结果伤亡惨重，残部万人还保狄道。姜维乘胜围狄道城。司马昭命邓艾出任安西将军，与陈泰并力抗击蜀军，并遣太尉司马孚为后援。陈泰与邓艾军会合后，避开蜀军，出其不意地绕过高城岭(今甘肃渭源西北)，进至狄道东南山上，燃火击鼓与城内联络，守军见援军到了，士气大振。姜维督军沿山进攻，被魏军击退。

延熙十八年(255)九月，姜维伐魏受挫，退守钟提(今甘肃临洮南)。邓艾判断姜维还会伺机进犯，加紧备战。姜维先出兵祁山(今甘肃东南部山地)，闻邓艾有备，改从董亭(今甘肃武山南)攻南安(今甘肃陇西东南)。邓艾军抢占武城山(今甘肃武山西南)据险拒守。姜维见地利已失，强攻难克，于是趁夜渡渭水东进，沿山进取上邦。两军战于段谷(今甘肃天水西南)。结果蜀军交战不利，死伤甚众。姜维败归，自请贬为后将军。

姜维的这几次伐魏战争都是无功而返，劳民伤财，这对蜀汉经济是很大的损害，也是蜀灭亡的原因之一。

吴魏交恶

魏蜀之间战事不断，吴国也在边界不时与魏国交锋。吴建兴元年(252)十月，诸葛恪于东兴征集人力，重建以前未完成的大堤，连结左右两山并在其间筑城两座，各留千人防备魏军，自己则率兵返回建业。魏认为吴军入其疆土，耻于受侮，十二月，魏王曹芳分兵三路攻吴。吴将丁奉自率三千人疾速突进，下山后改乘舟楫，顺风直下，仅两日即至东兴，占据徐塘(即濡须坞，在今安徽含山西南)。时天降大雪，胡遵等人正在聚会饮酒，毫

无戒备。首先赶到的丁奉见魏军前部兵少，便令众军脱去衣甲，丢弃长枪大戟，只戴头盔和短刀盾牌，率部轻装突袭魏军前部营垒，吕据等部也相继赶到。魏兵远远看见，指点大笑，不加防备。谁料吴兵登上堤岸，擂鼓呐喊，奋勇向前，魏军惊恐溃逃，争渡浮桥，因超载桥断，落水及自相践踏而死者达数万人，魏军前部督韩综、乐安太守桓嘉先后溺死。毋丘俭、王昶等以东兴兵败，皆烧营退走。吴军终获大胜，缴获大批军需物资。吴主进封诸葛恪为阳都侯，加封荆、扬州牧，督中外诸军事，并赐金一百斤，马二百匹，缯布各万匹。

东兴之战获胜后，诸葛恪便有了轻敌之心，越来越独断专行。

吴建兴二年(253)，诸葛恪又要出兵伐魏。大臣们认为国力不支，军士疲惫，一致劝阻。诸葛恪不听，同年三月，诸葛恪不顾众人反对，征发二十万人伐魏。吴地百姓骚动，诸葛恪开始失去民心。诸葛恪于五月回军包围新城。魏牙门将张特率三千人拒守新城，苦战月余，士卒病亡战死者过半，但吴兵仍不能攻克。诸葛恪督师强攻，城池将陷。张特行缓兵之计，向吴军伪降，乘夜修补城防工事，继续死守。吴军士卒疲劳，加上天热和饮水等原因，士卒们患腹泻、脚气病的已经达半数以上，死的伤的随处可见。各营军官所报病人数目越来越多。诸葛恪认为军官们说假话，扬言要把他们杀掉，于是谁也不敢再去汇报。诸葛恪为了掩饰过失，更加独断专权。魏国知吴军疲病，于是命司马孚、毌丘俭趁势率军急进，合击吴军。诸葛恪被迫撤退后率军在江渚住了一个月，后又想到浔阳去屯垦，直等朝廷屡次召他回去，他才领兵返回。从此，百姓对诸葛恪大为失望，怨恨的情绪产生。

丁奉雪中奋短兵

同年八月，诸葛恪回到建业检点名录，把自己出征后远曹奏准任命的各级官员，一律罢免，重新选任。此后，诸葛恪统治愈加严苛，动不动就对人横加责备，觐见他的人，个个屏息敛气。他还改换宿卫人员，用他亲近的人来担任，并命令部队整装待发，想进攻青州、徐州。

当时孙峻想与诸葛恪争权，便利用诸葛恪为万民所怨、众口所嫌的机会，说他想制造叛乱。同年十月，孙峻和吴主孙亮定下计策，置酒请诸葛恪赴宴。孙峻在宴席上趁机杀死诸葛恪。

诸葛恪的儿子诸葛建，为步兵校尉，听说诸葛恪被杀，车载其母而逃。孙峻派人于白都追杀了他另一个儿子诸葛竦。诸葛建欲北投魏国，行数千里后，被追兵所获。诸葛恪被夷灭三族。

东吴的王位之争

孙权的长子、次子皆早亡，于是立三子孙和为太子，然而孙权宠爱孙和的弟弟孙霸，并且封孙霸为鲁王，制造了兄弟不和的气氛。两人同为王夫人所生，享受一样的政治待遇，犹同宫室、礼秩未分。后来孙权干脆命他们各立门户，由此大臣也形成了两派。比较正派的大臣如陆逊等维护太子；公主鲁班（孙权宠姬步夫人长女，嫁给大臣全琮）、全琮家族想依靠鲁王捞取政治上的好处，所以拥鲁王而诋毁太子，形成两个权力中心。陆逊、太子太傅吾粲、顾谭等都上书请求孙权削弱孙霸的权力，但孙权一意孤行，最后吾粲被孙霸及其党羽反咬一口，惨遭诬陷，死于狱中；顾谭及其弟顾承被流放到交州去了；陆逊被活活气死。陆逊死后，其子陆抗领其兵扛着棺材回朝，面见孙权，详细解释了孙权对陆逊犯下的二十条罪状，孙权才有所悔悟。就此，孙权觉得孙霸一党所言之情不实。而潘夫人与全公主沆瀣一气，一同谮毁太子孙和。

孙琳废孙亮

于是孙权就问计于侍中孙峻，孙峻是孙亮的亲家小舅子，是孙亮阵营的。全公主与孙峻一起诋毁太子，于是年已昏耄的孙权于赤乌十三年（250），废太子和为庶人，流徙丹阳故鄣。反对孙权废太子的陈正、陈象遭到族诛，朱据、屈晃各被杖一百，同时，孙权又赐鲁王死，鲁王的党羽杨竺、全寄、吴安、孙奇等也被诛杀。孙权立第七子年仅十岁的孙亮为太子，孙亮（243~260），字子明，又称废帝。少年聪明，即位时由诸葛恪、滕胤、吕岱等人辅政。孙权还学汉武帝立幼先杀母的做法，让宫人将孙亮的生母潘夫人缢杀。至此王位之争才告一段落，孙亮虽聪明，但毕竟年幼，这也是吴国后来出现内乱的缘由。

曹魏大权旁落

曹丕本人文采出众，落笔成章，也执行了一些利国利民政策。比如在他刚继承曹操爵位的时候，下令说："关卡渡口是用来通商旅的，池塘林苑是用来抵御灾荒的。在这些地方设立禁令，课以重税不符合便民的原则。因此要解除池苑的禁令，减轻关卡渡口的税率，全部恢复为什一税率。"另外，针对汉末的历史教训，曹丕还警惕防范后宫和外戚专权。

黄初七年（226），曹丕病逝，太子曹叡即位，司马懿、曹真、陈群、曹休四人为顾命大

臣。曹叡脾气禀性与曹丕差不多,也做了一些好事。比如曹叡常说:“刑狱攸关天下性命。”每次朝廷断大狱,曹叡经常亲临旁听。曹叡在对蜀汉作战中委政于司马懿,时刻关注,并多有杰作。诸葛亮最后一次驻屯渭南与司马懿相持,司马懿以持久战取得了最后的胜利,诸葛亮死在阵中。司马懿因为对蜀战争的胜利逐渐掌握了军队实权,同时获得了巨大的声望。

车马出行画像砖

但是曹叡滥用民力,大兴土木,追求享受。他在洛阳大修宫殿,建造了昭阳、太极等巍峨壮观的宫室。曹叡为了满足自己的私欲,误农时,重徭役。杨阜、高堂隆等大臣纷纷多次向曹叡进谏。曹叡对付劝谏者有自己的办法,就是耐心听完,优待进谏的人,但就是不改正。就在曹叡造土山,种香草的时候,已经是三朝老臣的司马懿长年领兵在外,成了帝国的军事支柱。整个曹魏时期虽然没有出现宦官和外戚干政的情况,却出现了大臣专权的危险。

曹叡没有儿子,收养了曹芳做儿子,并由他继位。明帝去世,齐王曹芳年仅八岁,曹叡遗命司马懿为太尉,与宗室大臣曹爽共同辅政。齐王即位,司马懿任侍中、持节、都督中外诸军、录尚书事,和曹爽各统精兵三千人,共执朝政。司马懿与曹爽的派系之争也就此展开。不过无论是在军事、智谋还是实力上,曹爽都不是司马懿的对手,对比一下就能看得清清楚楚。

正始二年(241)四月,孙权分兵四路攻魏,司马懿自请出兵往讨。朝臣认为,敌兵远来攻坚,当待其自破.司马懿则认为边界受敌而坐以待毙,不坚定抗敌,这对社稷是极为不利的。六月,司马懿统军增援,他知道南方暑热低湿,不宜持久在此,先派轻骑挑战,朱然不敢迎战。司马懿于是检选精锐,摆出攻城的架势,吴军连夜撤退,在三州口(荆、豫、扬三州之接合处),为魏军追及,吴军被歼万余人。而进攻六安、祖中的吴军亦无功而还。七月,增司马懿食郾、临颍,前后共四县,食邑万户,子弟十一人皆为列侯。

此前,吴国派诸葛恪屯驻宛城,镇守边界的将领深以为苦。司马懿要率兵攻打诸葛恪。司马懿在正始四年(243)九月,率军出征。军队到达舒城,诸葛恪焚烧积聚,弃城而走。

再看看曹爽进行的几场战役。正始六年(245)秋八月,曹爽废置中垒、中坚营,把两营兵众统交他的弟弟曹羲率领,司马懿援引先帝旧例制止,曹爽不听。正始七年(246)春正月,吴兵入侵祖中,曹爽不听司马懿建议留万余家百姓以避吴兵,吴兵击破祖中,所失

百姓,数以万计。

正始八年(247),曹爽用心腹何晏、邓扬、丁谧之谋,把太后迁到永宁宫,一时曹爽兄弟专擅朝政,排挤司马氏的势力。司马懿不能禁止,从此与曹爽矛盾渐深。五月,司马懿伪装生病,不问政事。随即,曹爽等人加紧了篡权的步伐。正始九年(248)三月,黄门张当私自把内廷才人石英等十一人送给曹爽,曹爽、何晏乘机与张当勾结,谋危社稷。

司马懿装病

曹爽及其同党也担心司马懿是装病。同年冬,河南尹李胜要到荆州任刺史,行前曹爽派他去查探司马懿。司马懿假装病重,让两个侍婢扶持自己,要拿衣服,拿不稳。掉在地上,还指着嘴说渴。侍婢献上粥来,他用口去接,汤流满襟。李胜说:“众情谓明公旧风发动,何意尊体乃尔!”司马懿故意上气不接下气地说:“年老枕疾,死在旦夕。君当屈并州,并州近胡,善为之备。恐不复相见,以子师、昭兄弟为托。”李胜说自己是去荆州而非并州。司马懿故意错乱其辞:“君方到并州。”李胜又说:“当忝荆州。”司马懿说:“年老意荒,不解君言。今还为本州,盛德壮烈,好建功勋!”李胜回来对曹爽说:“司马公尸居余气,形神已离,不足虑矣。”过几天,他又说:“太傅不可复济,令人怆然。”曹爽等从此便不再防备司马懿。司马懿表面装病,实际上也在暗中布置,准备消灭曹爽势力。

嘉平元年(249)春正月,魏帝曹芳离开洛阳去祭扫魏明帝的坟墓高平陵,曹爽兄弟皆随行。司马懿乘机上奏永宁太后,请废曹爽兄弟。司马懿一举收集旧部,关闭各城门发动政变。然后上疏罗列曹爽种种乱法不臣罪状,假皇太后令,免曹爽兄弟全部官职。曹爽手中无兵,归罪请死。曹爽兄弟及党羽全被处决,并夷三族。司马懿夺取了朝廷大权,史称“高平陵之变”。

司马懿非人臣也

王夫之说:“魏之亡,自曹丕遗诏,命司马懿辅政始。”

司马懿世家豪族出身,为司马防次子,史书称他年少时就聪明而且很有雄才大略,博学洽闻,伏膺儒教。东汉末年,天下大乱,司马懿生在乱世中,“常慨然有忧天下心”。建

安六年(201),曹操任司空,听到他的名声后,派人召他到府中任职。司马懿不想在曹操手下,借口自己有风痹病,身体不能起居。曹操不信,派人夜间去刺探消息,司马懿躺在那里,一动不动,像真染上风痹一般。后没有办法推辞,被曹操辟为文学掾。曹操称魏王后,司马懿为太子中庶子,佐助曹丕,与陈群等同列"四友",是曹丕智囊团的主要人物。

但是曹操早年曾做过一个"三马食槽"的梦,所以曹操在世的时候就对司马懿极不放心,还把自己的疑虑对曹丕说了:"司马懿非人臣也,必预汝家事。"司马懿不是久居人下的人,他迟早会擅权干政。但是曹丕却极力保举司马懿,而且还把曹操的怀疑告诉了司马懿。因此司马懿在曹操手下任职,小心谨慎,勤勤恳恳,"至于刍牧之间,悉皆临履"。建安二十四年(219),孙权向曹操上表称臣、怂恿曹操自立为帝。曹操没有接受这个建议,司马懿在这个关键问题上早就表示支持曹操,因此曹操才对他由猜忌逐渐转为信任。他临终的时候,还命司马懿和曹洪、陈群、贾诩四人为顾命大臣,对司马懿加以重用。

魏明帝曹叡在位期间,太和元年(227)六月,明帝命司马懿驻扎宛城,加督荆、豫二州诸军事。司马懿并没有受到曹叡的重视,曹叡对他并不十分信任。曹真、曹休、夏侯楙这些近亲,陈群、华歆、王朗这些重臣,权势地位都很高,与司马懿不相上下,并且都对他深怀戒心。这样,司马懿主动提出来愿为骠骑大将军,自愿乞守西凉等处,到陕西、甘肃一带去练兵。但此时诸葛亮使用离间之计,使曹叡怀疑司马懿有造反的意图,结果他被削去官职,贬回老家。

历史小常识:数学家刘徽

刘徽是三国时的魏国人,他提出用切割未计算圆周率的方法。经他计算得出的圆周率的近似值为3.1416。刘徽不仅最早提出了正确计算圆周率的方法,而且还是中国数学史上第一个用"极限"的人,为中国古代数学做出了贡献。

正在这时,诸葛亮初出祁山,接连取胜,魏国大都督曹真的大军受困。曹叡不得不下诏让司马懿官复原职,加为平西都督,到长安聚会。这时,早先降魏的蜀将孟达,被诸葛亮收买,在新城准备叛魏,径取洛阳,并约诸葛亮直取许昌。司马懿截获孟达和诸葛亮之间的信件,当机立断,首先率兵包围新城,出其不意,措手不及地消灭了孟达。曹叡夸奖司马懿有孙膑、吴起一样的军事谋略,并赐给他金钺斧一对,说:"后遇机密重事,不必奏闻,便宜行事。"

司马懿

面对诸葛亮的连年北伐,曹叡选择司马懿总摄陇西诸路军马,这下司马懿是真正大权在握了。在与诸葛亮的长期较量中,司马懿取得了赫赫军功,显示出非凡才智,同时,司马懿的野心也逐渐地膨胀起来。曹叡死后,司马懿与曹爽共同辅政,曹爽是曹真的儿子,他为了夺权,表面上推举司马懿为太傅,私下却行架空

之实。司马懿于是称病，不预朝政，消除了曹爽集团的戒心，终于在“高平陵之变”中一举消灭了曹爽集团。

高平陵事变后，司马懿独掌朝政。大权在握，司马氏代曹魏的步伐已经初露端倪。曹芳封司马懿为丞相，将他的封地增加到十二个县，邑二万户，并且授予他奏事不名的特权。该年十二月，朝廷给司马懿加九锡之礼，授予他朝会不拜的特权。司马懿觉得时机尚不成熟，坚持推让了九锡。司马懿在临死前后受封为相国、安平郡公，但是他依然认为时机不到，没有接受，而是致力于整个家族的权势建设。司马懿的孙子和侄子都受封为列侯，家族封侯者十九人。嘉平三年(251)六月，司马懿去世，年七十二岁。

司马懿在阻击诸葛亮北伐的过程中，渐渐扩大了自己的实力，也为自己赢得了声望，曹氏政权正在一步步地被取代。

蜀亡

鼎立中的三个国家，蜀最为弱小，蒋琬、费祎二人虽无赫赫之功，但能够安稳地保住基业。蜀汉的柱石大臣除了诸葛亮、蒋琬、费祎以外，还有董允，以上四人号为“四相”，也称“四英”。诸葛亮时，把宫中府中视同一体，诸葛亮死后，宫、府之事由蒋、费、董三人共同管理，他们合作得很好，三人都是诸葛亮精心挑选与培植的辅政大臣。

魏国大将邓艾

董允在后主刘禅时，升迁黄门侍郎。诸葛亮北伐期间，董允主持宫省之事，很能匡救补缺，后主对他也很忌惮。董允对刘禅宠信的宦官黄皓数次责备，黄皓很畏惧董允，终董允之世，黄皓的职位不过黄门丞。延熙九年(246)，董允与蒋琬相继病故，大将军姜维虽位列陈袛之上，但常率众在外，很少亲理朝政。黄皓操纵国事，主持朝政的董厥、诸葛瞻皆不能矫正，于是蜀政益坏。景耀四年(261)，后主以董厥为辅国大将军，诸葛瞻为卫将军。这时孙权派薛翊去蜀国，薛翊回到吴国后，孙权问蜀国政权得失，薛翊回答说：“做君主的不知道自己的过失，做臣下的容身以求免罪。入其朝听不到公正明理的言语，经其野人民都是面有菜色。我听说闻燕雀处堂，子母相乐，自以为安也，突决栋焚，而燕雀怡然，不知祸之将及，应该就是蜀国现在的状况了。”

蜀国政权的败坏，是由于后主愚蠢昏庸，宦官黄皓窃权，投机嗜利的士人依附黄皓。黄皓和右大将军阎宇勾结，阴谋加害姜维，以使阎宇掌握军权。姜维得知后，对后主说了这件事情，后主刘禅则袒护黄皓，说他只不过是一介小臣，何必挂在心上，还让黄皓去向姜维致歉。姜维意识到自己失言，害怕被害，请求出守沓中种麦，远离成都以避祸。

这时蜀吴二国政治都很腐朽，内部矛盾重重。魏国在司马氏统治下，虽然屡起内争，

但国力强盛，人才不减于昔。魏元帝曹奂景元三年（262）冬，司马昭欲大举伐蜀，先告谕众人说：“自定寿春以来，息役六年，治兵缮甲，以拟二虏。今吴地广大而下湿，攻之用功差难，不如先定巴蜀，计蜀战士九万，居守成都及备他境不下四万，然则余众不过五万。今绊姜维于沓中，使不得东顾。直指骆谷，出其空虚之地，以袭汉中，以刘禅之暗，而边城外破，士女内震，其亡可知也。”次年，令钟会都督关中。

景耀六年（263），姜维上表于后主刘禅，指出了钟会治兵关中，是图谋攻蜀，建议派兵驻守阳平关和阴平桥头，以事防备。刘禅却听信黄皓的巫鬼之说，认为魏国不会进兵，将姜维的建议搁置，使大臣们根本就不知道这回事，结果朝廷也没有对魏军加以防范。同年夏，司马昭大举伐蜀。

蜀国得知魏大举进攻的消息后，才急忙派廖化率军增援姜维，派张冀等率兵前往阳平关，但为时已晚。关口被攻打下来，钟会大军长驱而进，得到大量库藏积谷。

这时在沓中的姜维，受到邓艾所部诸军的进逼，又闻钟会已入汉中，引兵且战且走，但诸葛绪已屯驻桥头。姜维乃从孔函谷（今甘肃文县西北）入北道，绕到诸葛绪后，诸葛绪怕后路被断，退三十里，姜维得过桥头。诸葛绪迟一日来不及截姜维。这样姜维遂还至阴平，合集士众，欲向关城，未到，闻关城陷，乃退往白水，遇廖化、张翼、董厥等，合兵守剑阁，以拒钟会。

冬十月，邓艾进军至阴平，简选精锐，欲与诸葛绪自江油（今四川江油东）趋成都。诸葛绪不同意，而自引军向白水，与钟会会合。此时钟会要专制军权，向朝廷密告诸葛绪畏懦不进，并用囚车将诸葛绪押回洛阳治罪，其军悉并属会。

历史小常识：邓艾

邓艾（197～264），三国魏国大将。义阳棘阳（今河南新野东北）人。字士载，初为司马懿掾属，曾建议于两淮屯田积谷，广开漕渠。后出任南安、城阳太守，加讨寇将军，西拒姜维。景元二年（261）迁征西将军，四年（263）与钟会分兵灭蜀，以功进为太尉。因行事专断，被钟会诬以谋反囚禁。后被杀害。

姜维此时守在剑阁，列营守险，钟会久攻不下，粮运艰难，军中粮草断缺，欲退军。邓艾则认为，蜀军正受沉重打击，应该乘胜追击，并提出分兵由阴平小道南进，绕开剑阁，经江油，出其不意进攻剑阁南边的涪县。他认为：此时剑阁守军分兵出援则我主力可克剑阁南进，如剑阁守军不动，则涪县可为我所得。于是邓艾自阴平行无人之地七百余里，凿山通道，造桥作阁，备历艰险，加以粮运将尽，濒于危殆。邓艾以毡裹身，推转而下，将士皆攀木缘崖，鱼贯而进。当邓艾部队到达江油时，蜀守将马邈投降。于是邓艾得以继续挺进。

诸葛瞻督诸军前来抗击邓艾，但他却不听谋士“速行据险，无令敌军得至平地”的建议，结果前锋很快被邓艾击破。后他退守绵竹，邓艾以琅邪王诱其投降，诸葛瞻怒斩艾使，列阵以待艾。最终被邓艾击溃，诸葛瞻被杀。诸葛瞻的儿子诸葛尚叹曰：“父子荷国重恩，不早斩黄皓，使败国殄民，用生何为！”策马冒阵而死。

蜀汉没料到魏兵如此迅速，未作城守调度，听说邓艾军已经进入平川，百姓惊扰，奔

走山野，不可禁止。后主刘禅接受谯周的建议，遣侍中张绍等奉玺绶以降于邓艾。后主的儿子北地王刘堪拒降自杀。

张绍投降，邓艾大喜，报书褒纳。后主派遣人命令姜维投降钟会，又遣尚书郎李虎将民簿送于邓艾，一共有“户二十八万，口九十四万，甲士十万二千，吏四万人”。邓艾至成都城北，后主率太子诸王及群臣六十余人，反绑着双手，诣军门投降。邓艾给他松了绑并焚烧了棺木，表示接受。

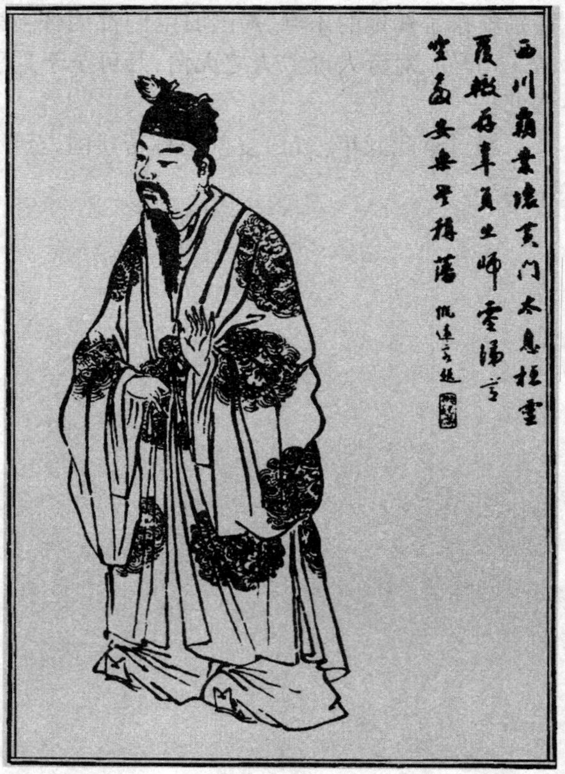

后主刘禅

姜维并不知道后主投降，引军东入巴郡。钟会进军到涪，遣胡烈等追击姜维。姜维至郪(今四川三台南)，得后主令降之命令，乃命兵士放下武器投降钟会。钟会厚待姜维等人，皆还其印绶节盖。

姜维知道钟会手握重兵，内有异志，于是想借机使他谋叛，然后乘机恢复蜀汉。于是故意与钟会交好。钟会向来嫉妒邓艾，于是与监军卫瓘合谋密告邓艾要谋反。魏成熙元年(264)，司马昭令以槛车征邓艾。邓艾战败被囚禁，钟会独统大众，决意谋反，欲使姜维率领五万人出斜谷为前驱，他自将大众随其后。结果事泄，魏将士愤怒，杀死了钟会，姜维也一起被杀。邓艾被本营将士救出，但卫瓘想起当初自己与钟会一起陷害邓艾，害怕邓艾官复原职会祸及自己，于是斩邓艾父子于绵竹西。

历史小常识：乐不思蜀

263 年，蜀后主刘禅投降后被送到洛阳，封为安乐公。一天，司马昭设宴招待刘禅和蜀国旧臣，席间有蜀乐助兴。蜀旧臣想起国破家亡，个个流泪伤怀，而刘禅却嬉笑自若。司马昭便问刘禅：“你思念蜀吗?”刘禅答道：“这地方很快乐，不思念蜀。”旧臣郤正悄悄对他说：“陛下您应该哭着回答：‘先人坟墓，远在蜀地，我没有一天不想念啊!’”。一会儿司马昭又发问，于是刘禅欲哭无泪地按郤正教的说了一遍。司马昭说：“咦，这话怎么像是郤正说的?”刘禅惊奇道：“你说得一点不错呀！正是郤正教我说的。”司马昭及左右大臣全笑开了。司马昭见刘禅如此老实，从此就再也不怀疑他。

魏咸熙元年(264)，刘禅举家迁往洛阳，被曹魏封为安乐公。司马昭与刘禅宴会间，

特别安排了蜀地的乐舞，蜀国旧臣们都因怀乡悲国而伤心落泪，而刘禅却依旧是嬉笑自若。司马昭对旁人说："人之无情，乃可至于是乎！虽使诸葛亮在，不能辅之久全，而况姜维邪！"

蜀自章武元年(221)夏刘备称帝建国，至景耀六年(263)冬，刘禅向邓艾投降，共历四十二年。

第二章　文学艺术

文学家曹操

曹操不仅是三国时期著名的军事家、政治家,同时也是一位极具才华的文学家。他的作品主要成就在于诗歌和散文。

曹操现存诗歌共二十多首,全部是乐府诗。他用诗歌来表达对现实的看法和态度,抒写他的政治思想和抱负。他的诗被誉为"汉未实录,真史诗也"。著名的有《薤露行》和《嵩里行》。《薤露行》所记叙的就是公元前189年"董卓之乱"这一史实。诗中揭露了这场暴乱给国家和人民造成的严重灾难。《嵩里行》揭露以袁绍为盟主的各路地方豪强以讨董卓为名,实则相互争权夺利。作者对此表示出极端的愤慨,对劳动人民流离失所,饥寒交迫的生活表示同情。

宝莲灯

最能体现曹操诗歌悲凉慷慨特色的,是那些抒写抱负、表现雄心壮志的诗篇,其代表作是《短歌行·对酒当歌》和《步出夏门行·神龟虽寿》。《短歌行》从一开始就以悲凉的情调,表达了对人生易老、生命有限这个不可克服的自然现象的无限感慨。"对酒当歌、人生几何,譬如朝露、去日苦多……"曹操在诗中因国家统一事业未能完成,感叹人生短暂,希望有更多的贤士来帮助他完成统一大业。在《步出夏门行》诗中,表现出了诗人不信天命、重视人力的朴素唯物主义思想。此年曹操已是53岁了,但"老骥伏枥,志在千

里；烈士暮年，壮心不已"，反映了诗人老当益壮的英雄襟怀，是千古传诵的名句。

汉末魏初的文章特色是"清峻""通脱"。"清峻"，是文章简洁严明的意思；"通脱"，是指写文章不受传统思想和形式体制的约束，下笔无所顾忌。曹操的散文最具有这样的特色。他的文章都是直抒胸臆，直言事理，没有虚伪的感情；语言质朴简明，没有浮华的辞藻。篇幅大都在几十字到百余字之间，皆言简意赅，意味深远。如《军谯令》一文，是建安七年（公元202年），曹操引军经过家乡谯郡时为抚恤将士亲属而写：

"吾起义兵，为天下除暴乱，田土（谯郡）人民，死丧殆尽，国中终日行，不见所识，使吾凄怆伤怀。其举义兵已来，将士绝无后者，求其亲戚以后之。授土田，官给耕牛，置学师以教之。为存者立庙，使祀其先人。魂而有灵，吾百年之后何恨哉！"

全文仅80余字，却真切地表达了作者对残酷的战争使人民遭受严重灾难的感伤，以及对将士和家属的悼念与关怀。

曹操在文学上，从内容到形式，都对旧的一套作了改革，而且取得了很大的成功。正因为如此，鲁迅先生称曹操为"改革文章的祖师"。

石刻礼佛图

曹操在文学史上的杰出成就和贡献，还在于他召集文士，开创"建安文学"，对当时文学发展起了很大的推动作用。

曹操对文化学术很关心。公元202年，他下令兴建学校，一县满500户的，就置校官，给文学之士以很高的政治地位。在当时文学界占较高地位的"建安七子"，除孔融外，陈琳、王粲、徐干、阮瑀、应场和齐桢，政治上都是曹操的僚属。

开文学批评之风的曹丕

曹丕在文学上的成就，总的说来，要低于曹操和曹植，但他在文学史上也有不可低估的地位。

曹丕的诗以描写男女爱情和离愁别恨见长。他善于运用清新晓畅、形象鲜明的语言，描摹游子思乡和少妇思君的场面，写得悱恻缠绵，令人惆惜，如《钓竿》诗，《燕歌行》诗等。

《燕歌行》是我们所见到的最早而完整的音节优美的七言诗，为我国诗歌形式的发展开辟了一条新的途径。

曹丕对各种诗歌形式都作过大胆尝试，除七言诗《燕歌行》外，还有六言诗《令诗》和

《黎阳作·奉辞讨罪遐征》,五言诗更为曹丕大量运用,占他全部现存诗歌的一半以上。杂体诗《大墙上蒿行》,长360余字,大大突破了汉乐府古题的篇幅,句法参差多变,在形式上有首创意义,对后来的长篇歌行有很大影响。

曹丕的《典论·论文》是中国最早的一部文学批评专著之一,在我国文学批评史上占有重要的地位。它主要探讨了文学的价值和作用,文学的体裁和特征、作家的气质才性与作品风格的关系,以及文学批评的态度等四个问题。他认识到文学的独立地位和文学作品的功能和价值,这在我国文学史上有划时代的意义。由于他的首创,文体论成为魏晋六朝文学批评的一个重要方向。后来,陆机的《文赋》、刘勰的《文心雕龙》等对文体的论述,则都是曹丕这一理论的继承和发展,其影响是很大的。曹丕在文中尖锐地批评了历史上"文人相轻","各以所长,相轻所短"等不良风气。他指出正确的批评态度应当是"审己度人。"曹丕开创了批评作家作品的良好风气,对于文学及文学批评理论的发展也有积极的意义。

"三曹之冠"曹植

曹植,字子建,曹丕之弟,是建安时期最负盛名的作家,为三曹之冠,《诗品》称为"建安之杰"。曹植留下的诗歌有七十余首,五言居多,奠定了五言古诗的基础。

曹植的文学创作以公元220年曹丕称帝为界限,明显分为前后两个时期。曹植"生乎乱,长乎军",早年随曹操南征北战,培植了强烈的功名事业心,所以前期诗歌主要表现他的壮志,如《白马篇》《名都篇》就是代表作,抒发了建功立业的雄心壮志,雄健刚劲,意气风发,乐观豪迈的激情。曹植曾与曹丕争太子位,政治斗争失败后备受迫害和压抑。后期诗歌以抒发个人的主观愤懑感情为主,而在客观上深刻地暴露了统治阶级内部的残酷斗争,具有深刻的思想意义。如《赠白马王彪》《呼嗟篇》《野王黄雀行》。曹植诗中也有反映人民生活疾苦的篇章,如《泰山梁甫行》就描绘了一幅边海人民贫困生活的画面。

钟繇

在曹氏父子中,文学成就最大的要数曹植,他是建安时代最杰出、最有代表性,对后世影响最大的一位作家。曹植现存的作品,

不仅数量多，而且形式繁富，除诗、赋、章、表、书、论等外，还有颂、碑、赞、铭、咏和哀辞等各种文体。

曹植诗歌在艺术创作上有突出的成就。他学习汉乐府民歌，创作五言诗，对中国古代五言诗体的发展做出了积极的贡献。他尤善于运用比兴手法，借助于其他事物来进行譬喻和象征巧妙地加以表达。如《野田黄雀行》。

在修辞手法上，曹植也超脱乐府古辞中句与句之间的“顶真”手法，发展为章与章之间的“顶真”，如《赠白马王彪》一诗，全诗共七章，除第一章外，其余六章的后一章首句必和前一章末句相呼应。后一章用前一章的结尾来起头。这样，不仅使全诗的音节更加合拍，匀称，增加读者的兴趣，而且由于各个章节之间的上递下接，陈陈相因，使这首长达七章的诗篇在结构上联成一个整体，在思想感情上一层深一层，而读者的感情也随之起伏，深深地被诗歌所吸引。诗品有评：“骨气奇高，词采华茂。”

建安七子

建安年间文学创作极盛，孔融、陈琳、王粲、徐幹、阮瑀、应玚、刘桢等七位文学家被合称为“建安七子”。

“七子”的作品以诗、赋、散文三种文体为多。其内容前期多反映社会动乱的现实，后期多反映他们对曹氏政权的拥护和建功立业的抱负，除个别作品之外，“七子”的创作是积极健康的，留下许多千古诗作。

“七子”之中，王粲文学成就最高，陈琳次之。

王粲《七哀诗》第一首，写于公元192年作者从关中向荆州逃难的途中，真实地反映了汉末动乱的痛苦生活。诗中斥责制造祸乱的军阀为“豺虎”。用“出门无所见，白骨蔽平原”，概括战争给人民带来的惨相。尤其是对饥妇弃子的特写，使人触目惊心，也表现了作者对人民的深切同情。

陈琳的《饮马长城窟行》，借秦代筑长城这一历史题材，隐喻当时繁重徭役的现实。诗中“长城何连连，连连三千里”，正是永无尽期徭役的象征。全诗用民歌的对话形式，把作者所要揭露的事实和表达的思想，生动地展现在读者面前。“边城多健少，内舍多寡妇”，徭役拆散了多少个甜蜜的家庭，使夫妻两地生离，而且繁重的苦役，还意味着判了死刑。“君独不见长城下，死人骸骨相撑拄！”因此役夫忍痛写信劝妻子改嫁。妻子回书宁愿以死相守，“明知边地苦，贱妾何能久自全”，表现了对丈夫爱情的坚贞。这首诗艺术地概括了徭役带给无数家庭的悲剧，强烈地控诉了封建徭役的罪恶。

建安七子与三曹一起，构成了建安作家的主力军，将建安文学推上了高峰。

三国时期玄学的兴盛

自西汉武帝实行独尊儒术以后，儒学成为地主阶级的正统思想和主要思想统治工具。可是从西汉末年以后，儒学一方面愈来愈神学化，谶纬迷信盛行，另一方面又趋于烦琐，变成章句之学，这使它无力解决现实的社会问题。东汉末年以后，地主阶级面对日益尖锐的社会斗争，不得不另寻新的精神武器，玄学于是应运而生。因为玄学的主要经典是《周易》《老子》和《庄子》，这三部书被称为三玄，玄学即因此而得名。所谓玄，即虚无玄远，高深莫测之意。玄学宣扬的形式是清谈，清谈的内容是谈玄论道，表面上看是探讨抽象命题，实际并非纯属空谈，而是与现实政治密切联系并为其服务的。玄学是一个真正的本体论哲学，在汉代基本上只有宇宙论，社会哲学和数术、神学，玄学本体论的出现是中国哲学史上的一件大事。相比之下，宇宙论之前的道家本体论则幼稚得多，是一种半直观、半艺术的哲学，而玄学尽管在发生期受到道家的很大影响，但在发展中演化出了独特的概念体系和范式。到了“化”成为主导观念的时候，玄学已不再是一种清淡了，而成为一种真正的哲学。玄学的“化”和“自性”与魏晋崇尚自然，个体的精神是一致的。玄学与道家的本体论、孔子的大同世界相比，是更倾向于个体化，更倾向于现实的哲学。它的出世色彩其实是反社会、反文明的末世感。正始时代的何晏、王弼是玄学的创立者。他们将老、庄、易并列为三玄，并依傍儒学立宗。他们最引人注目的是用无代替道，并在体用不二，本末不二的前提下论述了无。他们的重点在无，但注意在有中把握无，在生活哲学上他们的无为论和性情论、自然论都是在当时社会政治压迫下的一个变态。他们论述了当时的热门话题：言象意的关系，并用它来解释周易，要求放弃言、象来达到意，因而这实质上提出了魏晋玄学的意（神韵的形而上学范畴），在有无关系上，他们只是提出问题，其体系还有老子、汉代的特征，未能把有无放到象意的层面上。魏晋之际开创正始玄风的代表人物是何晏和王弼。

魏士大夫图

何晏，字平叔，南阳宛县（今河南南阳市）人。汉大将军何进之孙，娶曹操之女为妻，结附曹爽，为吏部尚书，控制选举。公元249年死于高平陵事变。他推崇“无”，认为天地万物以无为本，君主无为而治，不反对名教，但认为名教应本于自然。著有《道德论》二卷，《论语集解》十卷，《无名论》《无为论》等。

王弼，字辅嗣，魏山阳（今河南焦作）人，著名文学家王粲的族孙。本年遭痢疾而亡，年仅二十四岁。他的论著十分丰富，有《周易注》《周易略解》《老子注》《老子指略》，他进

山水玄趣图

一步发展“贵无论”，认为无是宇宙万物的本体，有是其末，但除去有也不能体现无。

王弼的贵无论与社会现实问题密切相关，如在解决名教与自然关系时，王弼认为，名教与万物一样，不是本而是末，而自然才是本。由此反对用名教强制本性。王弼的思想主张，为玄学奠定了理论基础。

他们的根本思想是“贵无”，认为“天地万物皆以无为本”。而无又是神秘莫测的东西，所以他们又说：“道者，无之称也，无不通也，无不由也。况之日道，寂然天体，不可为象”，看不到也摸不着。他们还认为在贵无这一根本问题上儒道是一致的，王弼曾说过：“圣人（孔子）体无，无又不可以训，故言必及有。老庄未免于有，恒训其所不足”。这就巧妙地调和了重名教的儒家与重自然的道家，进而他们又提出名教出于自然，认为尊卑名分都是自然的必然结果，制定名教的圣人就是体自然而用，即他们所说的“天地以自然为运，圣人以自然为用”。既然圣人也任自然，那么君主也应当无为，所以他们要求君主要垂拱而治，这又反映了门阀大族垄断政权的要求。可见玄学是门阀大族的思想体系，它既能为大族的特权及其对农民的残酷剥削压迫寻找理论根据，又能为大族的奢侈腐朽生活进行辩护，并给大族在现实斗争中的空虚不安以精神寄托，所以清谈玄学能在大族中形成风气。

诸葛亮二上《出师表》

建兴五年（227）三月，诸葛亮率军北驻汉中（今陕西汉中东），准备北伐中原，完成兴

复汉室的大业。临出师前，他上《出师表》给蜀帝刘禅，开宗明义地指出："先帝创业未半而中道崩殂。今天下三分，益州疲弊，此诚危急存亡之秋也。"他希望后主能"亲贤臣，远小人"，严明法治，并表明自己的心迹："受命以来，夙夜忧叹，恐托付不效，以伤先帝之明。"认为"今南方已定，兵甲已足，当奖率三军，北定中原。"并以"臣不胜受恩感激，今当远离，临表涕零，不知所言"结束。《出师表》是古代著名的散文作品，其文风质朴清新，平易近人，情辞恳切，肝胆照人。次年正月，诸葛亮兵发祁山，由于前锋马谡违背了指挥，败于街亭（今甘肃庄浪），诸葛亮只好退兵。

同年十一月，诸葛亮听说魏将曹休攻吴失败，魏兵东下，关中空虚，便决定再次出兵击魏，但许多大臣怀有异议，为此诸葛亮第二次上表，请求后主刘禅允许北伐，这就是《后出师表》，其中"汉、贼不两立，王业不偏安"，"鞠躬尽瘁，死而后已"成为千古传颂的名句。

诸葛亮的军事思想

三国时著名的军事家诸葛亮，为蜀汉的建立及与曹魏、孙吴三分天下立下了汗马功劳。他一生征战南北，以善于用兵名闻天下。他撰有《兵法》五卷，总结其军事思想，可惜今天这些著作已遗失。现存两部题名为诸葛亮撰的兵书《将苑》和《便宜十六策》，在论将、治军、用兵方面都有独到之处，在一定程度上反映了诸葛亮的军事思想，至今仍有很好的借鉴作用。

古隆中

诸葛亮在《将苑》一书中主要论述对将帅的要求和将帅的作用。他指出，将帅必须始终掌握好兵权，指挥军队才能得心应手，否则就会像鱼儿离开了江湖，无所作为。因此，他主张慎重用将，选派将领时应该依据各人能力大小加以应用，不能不加区别胡乱遣将。在《将苑·将才》中，他列举了九种类型的将才，即仁将、义将、礼将、智将、信将、步将、骑将、猛将、大将。这九种将各有特点，要根据个性特征加以任用，以最大限度发挥各自的聪明才智。

诸葛亮还十分重视将帅的品德修养和能力养成，认为一个合格的将帅应该"贫贱不能移，富贵不能淫，威武不能屈"；善于用兵，把握敌我形势，运筹帷幄；还应刚柔相济，即具备"将志""将善""将刚"三个条件。另外，对将帅的模范作用，诸葛亮也极重视，他告诫将帅要以身作则，切忌贪得无厌、妒贤嫉能、犹豫不决等八种弊病和骄吝习气，避免谋不能料是非、政不能正刑法等八种不良现象，努力做一个善将，而不要成为庸将。

诸葛亮在历史上以善于治军而闻名。在《便宜十六策·治军第九》中，他将治军同国

家安危联系起来，充分表现了他对治军的重视。他认为治军要重训练，以“教令为先”。训练包括军事技能和思想教育两方面，通过对士兵目，耳、心、手、足五个方面的专门训练（即《便宜十六策》中所说的“五法”），让他们掌握作战的基本知识和本领，使他们在军事技能和思想上得到基本训练，建立一支训练有素的队伍。为了达到这一目标，诸葛亮不仅在理论上，也在实践中强调以法治军，严明赏罚，从严治军，“赏赐不避怨仇，诛罚不避亲戚”，为后世树立了从严治军的榜样。

有了良好的将才和训练有素的军队，诸葛亮也注重谨慎用兵。他在《便宜十六策》中论述了用兵的一般原则，说“用兵之道，先定其谋”，主张在用兵之前做好谋划，并严守机密，知己知彼，有备而战，严格选将用兵。在实战中要求速战速决，进攻要快，在具体的作战方法上，诸葛亮在《将苑 · 战道》中，针对不同地形提出五种作战方法，此外，他还非常注意对作战对象的研究，提供不同的作战对象应有不同的应付方法和作战方式。这种研究战争的方法颇为可取。

诸葛亮在选将、治军、用兵等方面的军事经验，至今仍值得借鉴。《将苑》和《便宜十六策》所反映的诸葛亮军事思想，代表了三国时期军事思想的发展水平，在继承前人思想的同时有不少发展和创新，是中国古代军事思想宝库中不可缺少的组成部分。

佛像雕造的盛行

随着印度佛教的逐渐传播，其塑造佛像的艺术技法也传入中国，并且与渊源久远的中国古代雕塑艺术相互融通，形成了中国佛像的仪范，到魏晋南北朝时期，佛教甚为流行，中国大规模地塑造佛像的活动开始了。

东汉末年，佛教教义开始同中国传统的伦理和宗教观念相结合，从而得以广泛传播，佛教徒在广陵（今江苏扬州）构筑佛寺、造铜佛。四川彭山崖墓出土的陶“掘钱树”座上塑造的佛像，被塑在传统神仙的位置，姿态、衣纹的处理也和神仙相同，这是东汉期的佛像制造风格，表明这时的佛像塑造是与传统的神仙概念相混合的，而其服饰披通肩大衣，又可看出犍陀罗艺术的影响，居中下垂的衣纹，拱手端坐的姿态，却是中国神仙的式样，塑造技法仍属汉代，外来艺术形式和中国本土固有形式的融合十分明显。三国以后，北方的洛阳，南方的建业（南京），都是佛教重镇，可惜洛阳当时十多座佛寺的作品没能保存下来而无从考察佛像的情形。赤乌十年（247），康居沙门康僧会到达建业，设像传教，吴主孙权为其建寺，吴地有系统的佛像塑造开始出现。在今湖北武昌莲溪寺彭庐墓出土的立菩萨鎏金铜带饰，制作于吴永安六年（263），它刻镌简略，风格上承乐汉佛像仪范，在这个不过数厘米高的铜片上，浮雕铣刻一立佛，头上戴冠，有顶光，上身赤裸，披一帔巾，由颈

吴国鎏金铜带饰
浮雕——立佛。

缠到手臂而向两边飘开，下着裙，赤脚站于莲台上，莲台又向左右各伸出莲花一朵，其形式的祖形来自印度，其裙部的衣纹虽因幅面太小而处理较为简单，却正是当时东吴大画家曹不兴“曹衣出水”仪范的具体体现。而在长江中下游吴辖地发现的数例倒贴塑和堆塑坐佛的谷仓罐，则创作于吴末晋初，最初贴塑在仓罐腹四周，后又有堆塑罐的顶部的，位置更趋显赫。江苏南京赵土岗吴凤凰二年(273)陶仓罐，江宁上坊吴天册元年(275)的青瓷罐堆塑的坐佛像与彭山崖墓的“摇钱树”佛像一脉相承。

到三国时期，我国佛像塑造的规模已经很大了，而且天竺之法和中国本土固有技法融会贯通，创造出亲切蔼然，为人们所欣赏的中国佛教仪范，在佛像汉化的过程中，逐渐确立了自己特有的雕塑方式，使这一艺术从此走向成熟。

第三章 历史谜团

貂蝉身世之谜

貂蝉是中国古代四大美人之一，她周旋于董卓、吕布、曹操、关羽之间，令无数英雄为之倾倒。传说中，貂蝉姿色超群，胆识过人。可是，历史上关于她的记载却是扑朔迷离，令人疑云重重。

第一种说法认为貂蝉是王允的歌妓。东汉末年，军阀混战，群雄割据，奸臣当道。汉少帝刘辨被奸雄董卓废掉，陈留王刘协被立为汉献帝。董卓专断朝政，飞扬跋扈，满朝上下对他恨之入骨却无力除掉他。司徒王允欲铲除董卓，几次用计均不成功。王允欲施美人计，在董卓的干儿子吕布身上打开缺口。王允费尽心机，选定自己府中的歌妓貂蝉。貂蝉自幼被卖进王府，习练歌舞，俏丽迷人，机智乖巧。王允将貂蝉收为义女，对她无微不至地关怀照顾，令貂蝉感激不尽，总想报答王司徒。一天晚上，王允故意眉头紧皱，唉声叹气。貂蝉追问原因，王允把董卓涂炭生灵的恶行一一列举，又把欲使美人计利用吕布刺杀董卓的计策透露出来，叹息着没有恰当人选。貂蝉正想报答王允厚待之恩，就自告

貂蝉

奋勇担此重任，为王大人分忧。

王允按计把吕布请到家中喝酒，又是奉承又是送礼，把吕布捧得晕晕乎乎。等到貂蝉翩翩来到身边敬酒，吕布被美人深深吸引。貂蝉的眼波四顾流盼，吕布不禁神魂颠倒。王允看到吕布果然被美色所迷，就说愿将义女貂蝉许配于他，吕布不禁一阵狂喜。若不是王允说好择吉日送亲上门，吕布当天就要带走貂蝉。过了两天，王允又把董卓请到家中喝酒，貂蝉轻歌曼舞，妩媚多情，令董卓垂涎欲滴，王允就把貂蝉送给太师董卓。貂蝉再看到吕布时，就泪眼婆娑地诉说思恋之苦，激起吕布对董卓的愤恨。貂蝉把吕布约到凤仪亭，故意让董卓看见吕布搂抱自己，令董卓憎恨不已，掷出方天画戟刺向吕布，自此，董卓、吕布这对义父子反目成仇。初平三年(192)四月，王允设计把董卓诱出老巢郿坞回到长安，吕布一戟刺穿奸贼董卓的喉咙，结束了董卓恶贯满盈的一生。事成之后，以美人计立下汗马功劳的貂蝉在花园里为王允祈祷拜月，恰巧一丝薄云笼住月华，王允笑道："貂蝉的美色让月失色啊！"因此，后人传说貂蝉有"闭月"之貌。

第二种说法认为貂蝉是董卓婢女，《三国志·吕布传》记述道："卓以布为骑都尉，甚爱信之，誓为父子……然卓性刚而褊，忿不思难，尝小失意，拔手戟掷布。布拳捷避之，为卓顾谢，卓意亦解。由是阴怨卓。卓常使布守中门，布与卓侍婢私通，恐事发觉，心不自安。"吕布原是刺史丁原的骑都尉，他受董卓诱惑杀死丁原后投靠董卓，深受董卓赏识，结拜父子。董卓是军阀出身，气量狭小，反复无常，曾因为一点儿小事不合意，就掷戟向吕布。幸亏吕布身手轻捷躲过此难，但吕布心里暗怀愤怒。后来，董卓派吕布守宫府小门，吕布却趁机与董卓侍婢偷情，吕布害怕隐情暴露被劫杀，心里常常忐忑不安。由于与董卓侍婢有私情，吕布无时不处于紧张之中，王允乘机劝他杀掉喜怒无常的董卓，吕布下定决心刺杀了董卓。那位让吕布不顾一切与之私通的侍婢是谁呢？她就是令人意乱神迷的貂蝉！

第三种说法则认为貂蝉是吕布部将秦宜禄之妻，据《三国志·关羽传》注引《蜀记》记述："曹公与刘备围布于下邳，云长启公：'布使秦宜禄行求救，乞娶其妻。公许之，临破，又屡启于公，公疑其有异色，先遣迎看，因自留之。云长心自不安。"围攻吕布时，关羽就与曹操说好，攻破下邳城，他要娶秦宜禄的妻子为妻。因关羽屡次催问，曹操怀疑秦妻容貌绝色，就派人将秦妻接到自己营帐相看，果然如花似玉，柔媚迷人，曹操就把美人据为己有。关羽自然心中愤愤不平，忌恨曹操。让关羽昼思夜想的秦宜禄之妻是谁呢？是大美人貂蝉。元代杂剧《关公月下斩貂蝉》的故事中写道：曹操想收买关羽，就令貂蝉用美色迷惑他。貂蝉使出万种风情挑逗关羽，关羽毫不动心，愤而杀掉貂蝉，表明不受诱惑，不受收买之心。关羽心中原是渴慕貂蝉的，由于曹操染指，还由于貂蝉甘做诱饵勾引自己，令心性高傲的关羽十分气愤，进而厌恶貂蝉，以至痛下杀手，杀了貂蝉。

第四种说法认为貂蝉是吕布之妻，吕布十分爱恋娇妻，东征西杀也要把她带在身边。后来曹操、刘备讨伐吕布，将下邳城紧紧包围。吕布幕僚陈宫建议吕布去城外屯扎，截断曹操粮道，高顺守城，里外呼应击退曹兵。吕布认为此计不错，然而，吕布的妻子却坚决反对，害怕陈宫、高顺不齐心守城，害怕自己有危险，不许吕布出城。娇妻的眼泪让吕布

心乱如麻，他只好死守城中，每天守着娇妻饮酒度日。谁会让吕布如此消沉，束手待毙呢？是美女貂蝉！下邳城破后，吕布向曹军投降，在白门楼被斩首。《斩貂》故事接续道：吕布娇妻貂蝉被张飞抓获，送给了关羽。关羽对貂蝉的美色惊叹不已，但想到古今豪杰往往因迷恋美色而不思进取，或者因争抢美色而血溅宫城，美色成了祸水。关羽痛下决心，令貂蝉自刎，断绝红颜祸乱。

貂蝉的下场是可悲的。如果她是王允歌妓，为剪除董卓而舍身甘当连环计中的美人，假使董卓死后，她能不为乱兵所杀掳，幸运地回到王允府中，所有的人都会提防她笑里藏刀的柔媚手段，谁敢娶她，谁敢信任她？王允死后，谁还能收留她？她只能隐姓埋名，苦度余生。如果她是董卓侍婢，被董卓发现私情，能留下全尸就算不错了。如果她是秦宜禄之妻，被曹操霸占后引诱关羽，死在关羽手上。如果她是吕布之妻，被张飞送给关羽，最后还是被关羽逼死。纵观历史，貂蝉的命运正应了红颜薄命之说。

关羽成神之谜

关羽是三国时蜀汉的大将，字云长，河东解县人。比起同时代的曹操、诸葛亮和孙权来，他的声望、地位和业绩都差得多了。但是，为何关羽死后，“官运”越来越亨通？对他的崇拜越来越升级？在全国各地为他建的庙宇不仅在数量上可与孔庙齐观，就是在规模上也敢和孔夫子比肩。到了清代他更被封为“忠义神武灵佑仁勇威显护国保民精诚绥靖翊赞宣德关圣大帝”，连孔圣人也得甘拜下风。

人们不禁要问，本是一介武夫的关羽，论德，不能“德配天地”；论能，只会打打杀杀；论绩，只限蜀汉小国；论才，是被杀了头的败将。他是怎样变成神的？他又怎能被神化到了如此程度？

一是封建专制主义的需要。

历代封建统治者都强调愚忠思想，很需要为臣子们树立一个忠君奉主，守节尽忠的学习榜样，而关羽不受利诱，不怕威逼，节烈刚毅，始终奉一的品质，正好符合这一要求。南北朝时期，由于当时战争频繁，杀伐剧烈，各个小朝廷都得鼓励将军们建功立业，于是关羽就被推崇起来，并出现了他在当阳“献山建寺”的显圣之事。结果，为他修了庙，开始确立了被奉祀的地位。此后，为他建庙筑殿蔚成风气。当阳成了他由人变神的策源地。

二是强化封建威慑力量的需要。

封建统治者为了对付来自各方的反抗势力，

关羽骑马图

在武力镇压的同时，还要搞强大的精神威慑。关羽显灵之后，有了“伏魔”“降怪”的外衣，正好可以用来唬人。而且随着关帝庙的增加，到处都可以让关老爷显灵，关羽这个“武圣人”就当然地成了统治阶级的无形助手。如宋哲宗时，大臣张商英在元丰四年写的《重建关将军庙记》就说：“有大力神与其眷属怙恃凭据，屡屡为害，弄得四方皆不安宁。关羽禁不住见义勇为，他披挂整齐，鼓髯而出道：‘我乃关羽，生于汉末……’这位关老爷一到家门，大力神闻之肝胆俱裂，吓得抱头鼠窜，很快平息了这一祸害，从此海内回绝，遂居其一。以是神亦庙食千里，内外祠供之……”可见关羽的威力无处不在，无时不有，无事不用。

三是补充完善封建文化的需要。

作为封建文化核心的“仁、义、礼、智、信”，过去是文臣儒士的说教，是文圣人孔子的一套，如果把“武圣人”关羽拉来加盟，势必增加封建文化的说服力量。基于此，历代帝王不断地宣扬关羽。宋徽宗先追封其为“忠直公”，又改封“宗宁真君”，再加封为“昭武安王”和“义勇武安王”；宋高宗重新封其为“壮缪义勇王”；孝宗再改封其为“英济王”。元文宗加封为“显灵义勇武安显灵英灵王”。万历封其为“三界伏魔大帝神威远镇天尊关圣帝君”。从此，自宋末年至清代，先后有十五个皇帝为关羽加官晋衔，使其封号由侯而公，公而王，王而帝，帝而圣，圣而天，真是步步青云。而且，关帝庙里，南宋的陆秀夫、张世杰当了他的左右丞相，岳飞为其兵马大元帅，唐初的尉迟恭也进庙成了神，关羽的手下周仓与关平则站在他两旁，一起风光起来。

四是顺应了封建帮会基层的某些需要。

关羽之所以在神化之后，能广泛深入人心，也和劳苦大众想借助他来达到某种目的有关。如跑江湖的人喜爱他的“勇武”“忠义”，秘密结社；宗教组织用其来凝聚人心；太平天国还喊出了“扫灭世间妖百万，英雄胜比汉关张”的口号以鼓舞士气。更得人心的是，民间的关帝庙会上，他还能“遇旱求雨”。据传，每年的农历四月初八，是关老爷的生日，五月十三是他耍大刀的日子，到了这时，各地都要举行各种规模，各种形式的纪念活动。如适逢久旱不雨，人们就把关羽的塑像搬到太阳下面晒，风神雨婆就会慌忙来降雨，据说这招儿很灵，屡试不爽。

另外，对关羽的宣传也达到了登峰造极的程度，不论从形式上，规模上，技巧上，水平上，都堪称一流。研究他的学者数不胜数，评论他的文章连篇累牍，……这一切似可以说出现了“关公文化”，更起到对他神化的推波助澜、以假乱真的巨大作用。

关羽就这样一步步走上神坛，被历代统治者无限抬高，又被广大民众们认可，在封建社会无数造神运动中，他是个很成功的范例。

关羽后代之谜

关羽，三国时期著名军事将领。他为人忠义磊落、侠肝义胆，英烈绝伦，威震华夏。

然而，却心性高傲，大意轻敌失掉荆州，败走麦城，与儿子一同遇难。后世人感念关羽浩气凛然，忠烈悲壮，传说他死后成神，造福于民。各地纷纷建造关帝庙，纪念这个英雄人物。人们不禁要问：关羽的后人在哪里？

公元200年，曹操大军进逼徐州，讨伐刘备。刘备兵败逃向青州，张飞败走芒砀，关羽为保护皇兄刘备的甘、糜二位夫人，暂时投降曹操。曹操素闻关羽侠义，十分爱惜，每日珍馐美酒地拉拢他，还把吕布的赤兔宝马也送给了关羽，并用高官厚禄来挽留他，关羽心中念念不忘义兄刘备的深情厚谊，但对曹操的礼遇之恩又难以报答。公元200年，曹操北伐袁绍，关羽冲入敌阵，斩杀袁绍大将颜良，解除白马之围，关羽报答了曹操的情义。打听到刘备的消息后，就把曹操历次封赏给他的金银绸缎都封存库中，将曹操授予的汉寿亭侯印绶挂在大堂上，护佑着二位皇嫂匆匆离开。曹操听说后，感叹道："关羽忠心不二，光明磊落，真是世上少有的义士啊！"

公元219年，刘备自立汉中王后，分封关羽为前将军，派他北上攻打襄阳、樊城。关羽利用水攻，淹没了曹操的七队人马，收降于禁，斩杀庞德，威名赫赫。曹操的荆州刺史胡修和南乡太守傅芳也都投降了关羽，许都以南地区纷纷响应。曹操慑于关羽的军事威力，准备把首都迁到黄河以北。曹操的军司马司马懿献计，劝说孙权，偷袭关羽后路。东吴派吕蒙、陆逊谋攻荆州。关羽由于轻敌及手下糜芳、傅士仁叛变，失掉荆州，败走麦城。关羽、关平乘夜突围，落入吕蒙的埋伏圈，关氏父子宁死不降，被吕蒙杀害。

关羽墓

东吴杀害了关羽，十分害怕蜀汉的报复，就把关羽的头颅送给曹操，嫁祸于魏。曹操看到关羽怒目圆睁的头颅，仿佛关羽活转过来，吓得魂飞魄散，头风病不断加重。曹操历来敬爱关羽，就以诸侯的大礼安葬了关羽，刘备得知关羽遇难，锥心刺骨般地痛苦，他恨透了孙权，誓为关羽报仇。公元221年，刘备亲统益州大军，讨伐孙权。东吴将领陆逊诱敌深入，刘备的七百里连营被烧毁，蜀军惨败。

蜀国元气大伤，刘备气恨交加，不久病死。

关羽之死，直接影响了三国战局的变幻，刘备因他而伤心过度，病死白帝城；曹操则是被他惊吓过度，加重病情，不久身亡；张飞因关羽被害，急于报仇，暴躁狂怒，东征的前一天，被部下杀害。关羽因其忠义赤胆，而被人们世世怀念，代代敬仰，人们不由得更加

关心关羽的后人了。

《三国志·关羽传》记载，关羽共有两个儿子，长子关平在失掉荆州后被杀害。即“权遣将逆击羽，斩羽及子平于临沮”。关平大概没有后代，关羽被追谥为“壮缪侯”，由另一个儿子关兴袭爵。关兴深受诸葛亮器重，年轻轻就担任侍中、中监军。然而，关兴短命，几年后亡故。关兴的儿子关统承袭爵位，官至虎贲中郎将，还娶了刘禅的女儿，可惜，关统寿禄不长，早逝。关家爵位由关兴的庶子关彝续袭。公元 263 年，“庞德子庞会随钟、邓伐蜀，蜀破，尽灭关氏家”。庞会公报私仇，杀掉了关彝全家，关羽就没有后代了。

然而，后世却流传着关羽后代关索的故事。传说，关云长杀死豪强恶霸亡命天涯，云长之妻怀胎三月，此子即关索。关索幼时习武，二十多岁与父相认。《三国演义》就讲过关羽第三子关索随诸葛亮出征，英勇杀敌的故事，四川广元乡间还有关索之妻鲍三娘之墓。碑记上叙述了关索与鲍三娘成亲，携妻征战，共扶汉室的事迹。看来，关羽应有一支血脉留存于世。但《三国志》这样的正史并未记载，仅有民间传说，难道是虚构的？

史学家们推测：关羽应该有后人。当初吕蒙攻占江陵时，并未对城中军士家属妄开杀戒，而是优抚厚待，关羽家眷也保全了下来。蜀国灭亡时，庞会屠杀关彝一族时，也许有幸存的关氏后裔，隐姓埋名生存下来。关羽的故乡解州常平村，当有关羽的近族远支，虽不是严格意义上的关羽之后，但总算关氏之后。至于关索的出现，不仅是人们期待关羽精魂不死，后继有人的美好愿望，也可能是关羽后人的化名代称。

关羽是否有后代，众说纷纭。我们期待这个谜团早日解开。

华佗剖腹刳骨之谜

华佗是我国古代杰出的医学专家。在两千年前就通晓内、外、妇、儿诸科，诊病准确，对症下药；他精通药理，擅用针灸，手到病除。华佗发明了麻沸散，熟练施行外科手术；懂得心理疗法，创编健身操“五禽戏”，治愈许多疑难杂症……华佗的医学成就领先世界先进水平，是中华医学史上的骄傲。世人深深地怀念着神医华佗，代代相传着华佗治病救人的神奇故事：

从前，甘陵相的夫人怀孕六月有余，突然腹痛难忍，赶紧请来华佗。华佗通过把脉已知胎儿死亡，他让使女摸摸胎儿在夫人身体哪一侧。告诉大家左为男胎，右为女胎。使女报告胎在左侧，孕妇服过华佗方剂，果然打下胎儿，确实是男形。夫人很快就病愈了。

督邮徐毅得病，华佗去看望他。徐毅说：“昨天刘医曹为我针灸胃管后，就一直剧烈咳嗽，躺卧也都难受。”华佗叹息道：“他没有针刺到胃管，却误中你的肝脏。你会一天比一天吃得少，五天之后就要告别人世了。”五天之后，徐毅果然去世。

广陵太守陈登得病，胸中烦闷，面色涨红，吃不下东西。华佗把过脉说道：“你胃里有许多虫子，缠结成团，这是生吃腥物造成的。”陈登连服华佗两升汤药，果然吐出三升多虫子，红头虫子还在吐出的生鱼肉里蠕动。陈登胸中再不难受。华佗告诉他，这个病以后

还会复发,遇到良医可以救治。后来,陈登果然发病,但华佗不在当地,陈登病死。

李将军妻子脊背疼痛,华佗为她诊脉后说:“夫人怀孕受伤,胎儿尚在母腹。”李将军说:“他的确孕期受伤,但胎儿已堕。”华佗坚持胎儿仍在母腹,李将军不置可否,将华佗送出府门。过了一百多天,李夫人病情严重,李家急忙再请华佗。华佗对李家人说:“按脉象看,夫人腹中的确有胎。我推测夫人怀双胞胎,前些时候受伤堕下一胎,出血过多,另一个胎儿没有娩出。做母亲的不知道,旁人也不知底细,没有接产另一个胎儿。胎死腹中致使母体的血脉无法恢复正常,必定脊背疼痛难忍。我给夫人针灸后,再服下汤药,死胎必定产出。”用过针和药,李夫人果然腹痛加剧,好像马上要临产,但胎儿却生不下来。华佗分析道:“胎儿死的时间太长已经枯干,只能人工拿取了。”请来接生婆取出胎儿,果然已死,手脚俱全,一尺多长,又黑又干。李夫人捡回了一条命。

华佗

华佗不仅治疗内科、妇科有高超医术,他还发明了世界上最早的麻醉药,给病人解除痛苦。《三国志》描述道:“若病结积在内,针药所不能及,当须刳割者,便饮其麻沸散,须臾便如醉死无所知,因破取。病若在肠中,便断肠湔洗,缝腹膏摩,四五日差,不痛,人亦不自寤,一月之间即平复矣。”有一天,华佗家来了一个病人,脸色惨白,头上滚着豆大的汗珠,身体弯得像张弓。华佗用手轻按病人腹部,判断是肠痈(阑尾炎),已经穿孔,只有开腹手术才能挽救病人生命。华佗先给病人服下麻沸散,病人很快失去知觉。华佗洗净病人右腹表皮,破腹割除腐烂、穿孔的阑尾,缝合伤口,敷上特制愈合药膏。一个月后,病人果然康复,行走自如。

华佗善于分析病因,对症下药。府吏倪寻、李延一起发病,都是头痛发烧,浑身难受。华佗给倪寻开泻药,却给李延开发汗药。旁人询问同病不同药的原因,华佗解释说:“他们的确病症相同,但病因不同:倪寻是伤食致病,李延是风寒感冒致病,自然需服用不同的药物。”两人服药后,第二天病就都好了。

曹操有顽固的头风病,发作起来头张欲裂,痛苦异常。曹操请华佗为他治病。华佗一针下来,曹操的脑袋就不疼了。华佗告诉曹操此病难以根除,但发病时用针灸完全可以止痛。曹操想把华佗留在身边作自己的私人医生,华佗从来就不贪图高官厚禄,他只想给广大民众解除病痛,不愿只为一人服务,因此,借口妻子患病,请假回家。曹操几次派人催请,华佗都借口妻子病重,不能返回许都。曹操派人访得实情,将华佗押进监狱。荀彧听说曹操欲处死华佗,就劝说道:“华佗医术高明,有用得着他的时候,免他一死吧。”曹操恼怒地喊道:“怕什么?天下会治病的人许许多多,还怕找不到好大夫?”华佗知道必

死无疑，就把毕生心血《青囊经》医书交给狱卒，告诉他里面都是救命良方，要好好收藏。狱卒怕受牵连，不敢接受。华佗含恨将书烧掉，医学奇书《青囊经》自此失传。曹操杀掉华佗后，他的头风病不断发作，曹操忌恨华佗不为他根除顽疾，觉得华佗该杀。等到曹冲患病无人能治时，曹操后悔叹道："我若不杀华佗，冲儿哪能等死啊！"

一代名医惨遭杀害，对中华医学，乃至世界医学都是巨大损失。由于《青囊经》的失传，华佗的神奇医术受到某些人的怀疑，然而，华佗在大多数中国人的心目中永远是医术精湛的神医！

刘备墓在何处之谜

历代帝王的墓陵一直是盗墓者竞相挖掘的对象，当然盗墓者在探险过程中经常会遇到许多离奇惊险的事。这里就有一个关于盗墓者的神奇传说：在唐代有一盗墓贼，在一个伸手不见五指的漆黑夜晚，来到刘备的墓地，打洞进入墓室内，眼前的情景使他们目瞪口呆：只见墓室内灯火辉煌，刘备正在与关羽下棋，张飞站在一旁观战，10 名武士侍立一侧。死于 5、6 百年以前的这三位英雄竟然还在这地下过着神仙般的生活。盗墓贼吓得魂不附体，纷纷下跪求饶，刘备挥手示意武士赐给这些盗墓贼玉带和琼浆。盗墓贼喝了琼浆，系上玉带，连滚带爬地出了墓洞，他们身子刚出墓口，回头一看，洞口自然封好，再看自己身上的玉带竟然变成了一条大毒蛇死死地缠住了腰，喝到嘴里的琼浆也变成了胶粘住了嘴，张也张不开。这个故事一传十，十传百，从此就再也没有人敢向刘备墓动手了。这个传说说明刘备墓肯定埋有奇珍异宝，而且有严密的防盗措施。而刘备墓到底在何处呢？到现在还是一个未解之谜。

刘备墓

我们先来看看史书的记载：刘备攻打吴国失败后，退到了白帝城。于公元 223 年 4 月病逝。5 月，诸葛亮扶灵柩回成都。8 月下葬。人们根据史料的记载，认为刘备的墓葬就在成都武侯祠。因为上述的史料来源于陈寿的《三国志》，陈寿是蜀汉的观阁令史（从事文献档案管理工作），他必定知道刘备的葬处。刘备死后，尸体由奉节运回成都，后与吴夫人合葬于惠陵（今武侯祠内）。在今天的武侯祠内确实还有刘备墓，墓上种满了小小的翠柏，墓地周围也被青石条围护了 1 米多高，显得尊贵，有皇家气派。武侯祠博物馆的人在一次植树时，意外地在刘备墓的封土边缘挖掘的树坑中发现了许多蜀汉时期的砖，这

些砖位于刘备墓的封土边缘约 30 厘米的深处。砖的颜色与泥土近似但质地很坚硬，砖的一侧长边上镂刻着花纹，与成都平原常见的东汉砖非常近似，是当时专为修建墓室烧制的。这些也都从侧面证明了《三国志》等历史文献中关于惠陵与刘备墓在成都的记载的可靠性。

一种说法认为刘备墓在四川彭山的莲花村。持这种观点的人首先驳斥了《三国志》等历史文献关于刘备尸体运回成都的记载。刘备死于农历的四月，对于四川来说，这是烈日炎炎、气温极高的夏天。当时的交通很不方便，从白帝城（今奉节）到成都全是逆行而上的水路和崎岖的山路，仅单行也得需要 30 多天时间。如果花这么长的时间把刘备的尸体运到成都，按当时的尸体保护技术，要使尸体不腐烂是完全不可能的。因为在中国古代，根本没有很好的尸体保鲜技术。在公元前 210 年，秦始皇在出巡途中病死，在由山东向关中运送的过程中，仅仅经过十几天，尸体便开始腐烂。为了掩盖尸体散发的臭气，丞相李斯派人买来大量的死鱼放在车上，用腥气和臭气相混，来达到欺骗随行人的目的。中国古代有一种用石灰、泥炭包裹尸体的方法，其作用是吸收尸体内的水分，再用涂料把尸体密封。而科学证明用这种土办法根本不能保证尸体不腐烂。在古埃及，人们在制作木乃伊的时候，会在死者的腹部开一个小口，取出胃、肝、肠等内脏，防止细菌繁殖，以达到尸不腐朽的目的。而在中国古代根本不可能采取这种办法。中国古人认为，皮肤头发都取自于父母，在三国时期，连削发也被视为是刑罚，更何况是作为一代帝王的刘备，人们不可能取出他的内脏。因此专家们一致认为，死在夏天的刘备，他的尸体最多也不能 30 天不腐烂，也就是说诸葛亮根本不可能拉着臭气熏天的刘备尸体，经过长途跋涉，把刘备安葬在成都。

刘备

基于上述分析，有的专家认为地处牧马山、彭山脚下的莲花村才是刘备的葬身之地，而成都的武侯祠只是刘备的“衣冠冢”。牧马山、彭山依山傍水，是古人墓葬的最佳选择之地，这里有 5000 多座汉代崖墓。尽管如此，这些墓葬的地理位置也不能与莲花村的皇坟相比。牧马乡的莲花村自古就有皇坟的传说，这里的皇坟有 100 多亩，附近的农民说，他们村里有 80%的人家都姓刘，且一代传一代，都说皇坟里躺着的是刘备。皇坟被周围 9 座小山丘环抱着，这 9 座小山丘被当地人称为莲花的 9 片花瓣，而皇坟正处在中心，被称

刘备雕像

为“莲心”，站在皇坟顶端，9 座间距不远的小山丘尽收眼底。古代风水先生还把这一带叫作“九龙回头望”。如此好的风水宝地除莲花村以外，在我国还有北京的十三陵，这种“九龙回头望”只有封建时期的帝王才能享用。而且牧马山又是刘备的养马场，刘备手下的文武百官中有四名心腹都是彭山人。现在的皇坟上，长满了各类杂草和茶树，被村民挖出来的墓砖四处散落，随处可见。墓顶侧，有几个六、七米的盗洞，这些可能都是盗墓贼“光顾”后的痕迹。沿着洞口往下观察，全是一层三合土一层黄泥土夯筑起来的，靠近皇坟的地方还曾发现一块数十吨重的灌县石。这座皇坟总面积达 100 多亩，全是由石灰、黄泥和这种灌县石等混合物夯筑而成，由于墓建筑中混合着石灰，所以在皇坟的半山腰以上，无蚂蚁蚊虫之类的东西。刘备虽然自称为中山靖王之后，皇室后裔，但他出身贫寒，父亲早亡，靠卖鞋为生。尽管如此，刘备还是不能摆脱两汉时期厚葬之风的影响。按制度规定，天子即位一年，就以天下贡赋的三分之一用于修筑帝王的陵墓。刘备在位 3 年，尽管与魏、吴两国战争不断，但仍有足够的时间去修建坟墓。但在当时的条件下，哪来那么多本地没有的黄泥？那么巨大的石头又是怎样从数百里之外的地方运到莲花村的？至今仍然是一个谜。

因为没有很好的尸体保护技术，刘备的尸体不能运到成都安葬，而彭山牧马乡莲花村离成都骑马也就半天的时间，难道刘备的尸体运到莲花村就不会腐烂吗？这个无法解答的疑问又使人们想到了传说中刘备埋葬奉节的说法。刘备是一个乱世之君，为了防止盗墓，刘备出殡时是四路同时进行，目的是迷惑那些企图盗墓的人。

刘备到底身葬何处，至今无人知晓，人们只有通过考古发掘才能逐步证实。

“木牛”“流马”之谜

三国时期的诸葛亮被后人视为“神人”。他上知天文，下知地理，无所不知，无所不能，神机妙算，智慧超人。他未出茅庐便预知“三分天下”，辅佐刘备建立了蜀汉政权；他巧“借”东风，火烧赤壁，大败曹军；他摆下“八阵图”，用一堆乱石吓退了东吴的追兵……。更为神奇的是，他在“六出祁山”北伐曹魏时，由于路途坎坷，大军粮草供应困难，车辆人马都难解燃眉之急，于是诸葛亮指挥众军士用木料制成各种零件，组装成“木牛”、“流马”。上千匹的木牛流马像活牛活马一样，跋涉在崇山峻岭，急流险滩之间，顺利完成

10万大军的粮草运送难题，简直是军中奇迹。

《三国演义》中还由此引发了一段有趣的故事。

据说魏军统帅司马懿得知诸葛亮造出木牛流马之事后，便派人偷袭蜀军中的运粮队伍，并抢得几匹木牛流马。司马懿派人将这些木制的牛马拆卸开来，描图画形加以仿造，不到半月，竟也造出了2000余匹，一经使用，也与蜀军所造效果一样，奔走进退如活的一般，于是，魏军也用它们去陕西搬运粮草，自以为得计。岂不知，这恰恰中了诸葛亮之计。原来，表面上看，魏军造的木牛流马与蜀军所造几无二致，但在这些牛马的口舌之内却有诀窍机关。当诸葛亮发现魏军开始用他们仿造的木牛流马搬运粮草时，不由得心中一阵暗喜，便派大将王平带领1000名军兵，假扮魏人，袭击魏军的运粮队伍，驱散魏军押送粮草的兵士，将魏军的木牛流马赶回营。当魏军为夺粮草追过来时，王平则命蜀兵扭转这些木牛流马的舌头，然后统统弃置于路上，假装不敌，且战且走。魏军重新夺回了木牛流马，可是怎么驱赶，这些家伙竟纹丝不动。他们万万没有想到，蜀军在其中做了手脚。正当魏军无可奈何之际，四周杀声四起，魏延、姜维带了两路蜀军杀来，与此同时，王平又杀了个回马枪，三路夹击，魏军大败，魏军不但丢了大批粮草，还为蜀军造了2000多匹“牛”“马”。

此马由头、躯干、四肢、尾等几部分铆钳而成，钳痕明显，马翘唇张鼻，作嘶鸣喷气状，右前蹄扬起，颇具动感，驭者为长髯老者，神态平和，与马一静一动形成鲜明对比，颇具情调。

据说，诸葛亮发明的木牛流马，有详细的说明书：“木牛者方腹曲头，一脚四足，头入领中，舌著于腹。载多而行少，宜可大用，不可小使；特行者数十里，辟行者二十里也。每牛载十人所食一月之粮，人不大劳，牛不饮食。”“流马”的尺寸之数，“肋长三尺五寸，广三寸，厚二寸二分，左右同”。并对木牛流马各部分零件的具体尺寸，都有详细记载。从史书上所载的有关资料来看，木牛流马应该确有其物，但从三国至今，并没任何实物或图形流传下来，后来无法复制，也就更无法了解其中奥妙的机窍了。

后世的研究者认为，木牛流马就是现在四川地区的四轮车与独轮车。

他们认为，所谓的“木牛”，就是四轮车，所谓的木马，就是独轮车。虽然它们尺寸与古代的木牛流马不相同，但工作原理差不多：木牛的载重量比较大，行进缓慢，比较适宜在平缓的道路上运行；流马则是专门用于山地运输的工具。并推测，当年诸葛亮北伐曹魏，所需从遥远的川西平原运到秦陇地区，沿途既有平原也有山地，尤其是出川的“蜀道”，艰险崎岖，沿江的许多栈道是在峭壁上开凿的，又窄又险，有的只有一米多宽，也只能容纳“流马”这种独轮车通过。

也有人认为,木牛流马都是独轮车。这两种独轮车都很独特,其车形似牛似马,具有独特的运输功能。木牛有前辕,行进时人或畜在前面拉,人在后面推。而流马则和木牛大致相似只是没有前辕,行进时不用拉,仅靠人推。值得一提的是,三国时期,蜀汉偏处西南一隅,马匹有限,多被用于骑兵作战。运粮运草主要靠人力,这样,以人工为主的木牛流马便应运而生,发挥了很大的作用。

木牛车·汉

但是,有人对此颇有微词,认为四轮车与独轮车的机械原理十分简单,无须大书特书,诸葛亮的本领也不至于如此平庸。有人还认为,水牛、流马是新款的自动机械。《南齐书·祖冲之传》说:"以诸葛亮有木牛流马,巧造一器,不因风水,施机自运,不劳人力"。这里指祖冲之在木牛流马基础上,造出更胜一筹的自动机械。以此推论,诸葛亮发明的木牛流马绝不是独轮车之类,而是祖冲之感兴趣的,运用齿轮原理制作的自动机械。

"木牛流马"一直困扰着现代的人们。究竟何种说法是最符合木牛流马的原貌,仍难评说。

孔融被杀之谜

孔融,东汉末年文学家,"建安七子"之一。孔融是孔子的第二十世孙,他天资聪慧,才华横溢,声望极高。然而,孔融这个颇有建树的才子却被自诩爱惜人才、求贤若渴的曹操杀掉了。

孔融年幼即有谦让明礼的美名。孔融四岁,和哥哥们一起吃梨。孔融挑一个最小的梨给自己,把大的都留给哥哥们。家人询问原因,孔融答道:"我岁数最小,应该吃最小的梨,把大的给哥哥们,符合礼数。"家里人暗暗惊讶这个小孩儿见识不一般。

孔融让梨

孔融十岁时,随父亲到京师洛阳。河南尹李膺门禁森严,不随便接见外人。孔融独自来到李府前,说自己的家庭与李家世代通好,求见李膺。李膺看到这个小孩彬彬有礼、落落大方,就和蔼地问道:"孩子,你的长辈是哪位?"孔融从容地回答:"我的祖先是孔子,您的祖先是老子(老子姓李),两位先人有师友之谊,咱们孔李两家岂不是世交好友吗?"李膺连连夸赞。

恰巧，陈炜陈大人来李府做客，听了刚才之事，就不屑地说道："小时出众，长大了不一定成器。"孔融反唇相讥道："想来您小时候，必定出众！"众人大笑，认为孔融必成大器。

孔融果然不负众望，在儒学、文学上都有相当成就，备受世人尊重、推崇。曹操挟持汉献帝迁都许昌后，专门把孔融从北海请到朝廷，担任掌管宫殿建筑及宗庙祭祀的高官，后又任少府，应该说曹操对孔融礼遇有加。但是，孔融后来却被曹操杀害，这是何故呢？

有人认为是政治原因。孔融对曹操的主张屡持反对意见，被曹操所忌恨，遭到诛杀。公元200年，曹操欲与袁绍大战，孔融坚决反对。结果，曹操赢得官渡大战全胜。曹操远征乌桓时，孔融认为此乃草芥小患，不值得兴师北伐。曹操越发讨厌孔融对其政策的指手画脚。曹操准备发兵讨伐刘表时，孔融又持反对意见："天下初定，应稍微安定一段时间，再行征伐之事。"曹操认为孔融故意与己作对，就欲除掉他。

曹操

曹操为节约粮食，曾颁布一条禁酒令。孔融极爱饮酒，就给曹操写了一封亲笔信，专讲饮酒益处，还嘲讽曹操道："天上有颗'酒旗'星，地下有个'酒泉'郡，人有海量称'酒德'，帝尧千锺称圣人。您如果非要禁酒，就把婚姻也禁止算了。"曹操忌惮孔融的才子大名，强忍愤怒，没有立即动手杀他。然而，孔融针对曹操的"挟天子以令诸侯"之为，上奏曹操《宜准古王畿之制》，主张"尊崇天子，扩大君权，削弱诸侯权势"，简直是要曹操还政于汉献帝！曹操对孔融这个政敌，再也忍无可忍，寻其罪状，将其杀害。

有人认为是性格原因，导致孔融被杀。孔融是名门之后，誉满清流，性格迂腐、疏狂，出言无忌，目空一切。孔融鄙视权贵，与当权人物多次闹翻。早年时候，孔融奉谒拜贺外戚何进荣升大将军，因何进未及时接见，孔融夺回拜谒摔在地上，惹得何进大怒。若不是有人劝阻，孔融早已丧命。后来，孔融又与袁绍结怨，袁绍对他恨之入骨。孔融这人软硬不吃，不受笼络，不愿攀附。对于当朝权贵曹操也敢讥讽，曹操岂能容他？

当初，曹操打败袁绍，攻下邺城，把袁绍的儿媳甄氏嫁给了曹丕。孔融就给曹操写了

亲笔信，说："从前，武王伐纣，将纣王爱妾妲己赐给弟弟周公。此次，曹公效仿武王，将甄氏赐给世子，颇有胸襟，可喜可贺！"曹操以为此乃美谈，回到许昌就追问孔融典出何处？孔融却慢悠悠地回答："啊，是我想出来的。我分析武王英明仁厚必不忍心杀死美人，把妲己赐给兄弟，正可满足怜香惜玉之心和顾念同胞亲情之意，岂不是两全其美吗?"曹操这才明白孔融在嘲笑他们父子，心中暗暗怀恨。可孔融过后就把此事忘掉了。

孔融有个朋友，叫祢衡。此人读书很多，狂傲无比。孔融向曹操推荐祢衡，说他德才兼备，像一只羽毛美丽而又勇敢的鱼鹰。可是，祢衡初见曹操便轻狂无礼，把文武百官称作奴才。曹操忍住怒火，让祢衡做账下鼓吏。祢衡却击鼓骂曹，令孔融十分尴尬。后来，曹操假借黄祖之手杀掉了祢衡。但对孔融也很生气，怀疑举荐祢衡的用意是侮辱自己，对孔融的怨恨更深了一层。

曹操是什么样的人呢？张璠的《汉纪》中说他"外虽宽容，而内不能平"。曹操历来狡诈多疑，胸积怨毒，心不容人。曹操虽然爱才，但不爱不亲附自己之才，对于恃才傲世的孔融，他无法容忍。后来，孔融又口无遮拦地发表意见，反对曹操的禁酒令及征乌桓、平刘表之举，曹操决心让他闭嘴。御史大夫郗虑列出孔融几大罪状。恰巧，东吴孙权使者也来许昌。孔融自恃曹操顾及影响不敢将他治罪，就当着吴使的面儿讽刺讥笑曹操，令曹操恼羞成怒，孔融被斩，其妻及两个幼子也惨遭斩首。孔融之才引来了杀身之祸。

孔融因何被诛，曹操最清楚。后世之人说不清楚他到底死于政治原因，还是性格原因。这个谜留待日后破译吧。

诸葛亮的"八阵图"之谜

据说"八阵图"是诸葛亮发明的古代军队行军、宿营、布阵、作战的方法，玄妙莫测，威力无穷。

诸葛亮巧布八阵图，在《三国演义》里有一段极为精彩的描述。

公元221年，刘备为给关羽报仇，亲自领精兵70余万，发动讨吴战争。东起夷陵，西至建平，连营700里。因失策，被东吴大都督陆逊一把火烧得精光，全军覆灭。刘备仅带百余人逃回白帝城。正在陆逊带兵追击时，却碰到了诸葛亮设的"八阵图"。书中写道：

却说陆逊大获全功，引得胜之兵，往西追袭。前离夔关不远，陆逊在马上看见前面临山傍江，一阵杀气，冲天而起；遂勒马顾众将曰："前面必有埋伏，三军不可轻进。"即倒退十余里，于地势空阔处，排成阵势，以御敌军；即差哨马前去探视，回报并无军屯在此。陆逊不信，下马登高望之，杀气复起。陆逊再令人仔细探视，哨马回报，前面并无一人一骑。陆逊见日将西沉，杀气越加，心中犹豫，令心腹人再往探看。回报江边只有乱石八、九十堆，并无人马。陆逊大疑，令寻土人问之。须臾，有数人到。逊问曰："何人将乱石作堆？如何乱石堆中有杀气四起?"土人曰："此处地名鱼腹浦，诸葛亮入川之时，驱兵到此，取石排成阵势于沙滩之上。自此常常有气如云，从内而起。"

陆逊听罢,上马引数十骑杀向石阵,立马于山坡之上,但见四面八方,皆有门有户,陆逊笑曰:"此乃惑人之术耳,有何益焉!"遂引数骑下山坡来,直入石阵观看。部将曰:"日暮矣,请都督早回。"陆逊方欲出阵,忽然狂风大作,一霎时,飞沙走石,遮天盖地。但见怪石嵯峨,槎丫似剑;横沙立土,重叠如山;江声浪涌,有如剑鼓之声。陆逊大惊曰:"吾中诸葛帝之计也!"急欲回时,无路可出,正惊疑间,忽见一老人,立于马前,笑曰:"将军欲出此阵乎?"陆逊曰:"愿长者引出。"老人策杖徐徐而行,径出石阵,并无所碍,送至山坡之上。陆逊问曰:"长者何人?"老人答曰:"老夫乃诸葛亮孔明之岳父黄承彦也。昔小婿入川之时,于此布下石阵,名'八阵图'。反复八门,接遁甲休、生、伤、杜、景、死、惊、开。每日每时,变化无端,可比十万精兵。临去之时,曾吩咐老夫道:后有吴大将迷于阵中,莫要引他出来。老夫适于山岩之上,见将军从死门而入,故特自生门别出也。"陆逊曰:"公曾学此阵法否?"黄承彦曰:"变化无穷,不能学也。"陆逊慌忙下马拜谢而回。

八阵图遗址

陆逊回寨,叹曰:"孔明真卧龙也!吾不能及!"

于是下令班师……

那么,"八阵图"的遗址在哪儿?

据史料记载,"八阵图"的遗址竟有六处:

《晋纪》中记载,八阵图在陕西勉县定军山,可是并无迹可寻。

《益州记》载,在四川的双流区中和场。

《宜宾县志》载,遗址在四川宜宾市流杯池公园内。

还有的说在四川新都区"八阵乡",在四川奉节金马河畔以及奉节的梅溪河口。

其中,在梅溪河口的,叫"水八阵",声名远播,是三峡的重要旅游景点。

据说北魏的郦道元《水经注·江水一》中说,"石碛平旷,望兼川陆,有亮所造八阵图,东跨古垒,皆垒细石为之,自垒南去,聚石成八行,行相距二丈。"唐代诗人刘禹锡的《八阵图录》和宋代文学家苏轼《东坡志林》都描述过夔川的水八阵。但据考古学家与史学家考

证，这里非实战遗址，而是演习八阵阵法的地方。真正的八阵图落脚何处，并无人知晓。

“八阵图”既然如此玄妙，到底是不是诸葛亮发明的呢？

有人认为是黄帝发明的“五斗之法”延伸而来，原来是按井字字形布局的“五阵法”。后来战国的军事家孙膑把它改造成“八阵法”。

还有人认为，八阵图是风后所作。《风后八阵图记》说，黄帝战蚩尤时，打得很艰苦，于是请风后助战。风后造的八阵图非常厉害，它能像猛虎一样张翼而进，又能像蛇一样向敌而蟠，像龙一样腾飞，像鸟一样翱翔，不明其奥妙的，“必是隔坚阵深垒，若星驰天旋，雷动山破”而大败。

据说，西汉时，窦宪征匈奴时，用过八阵，在燕然山勒石纪功而返。项羽用过它，黥布也用过它，而诸葛亮死后，八阵图就失传了。直到唐代，安禄山叛乱前夕，有个隐士欲献八阵图给唐玄宗，但唐玄宗却拒绝了献图者。从那以后，这图就再也不露面了。

神秘的“八阵图”，最终成了难解之谜！

曹操的七十二座陵寝之谜

中国历代帝王都把陵寝作为社稷江山的象征。他们大多从登基之日起，就下令修建自己的陵墓。这些陵墓工程浩大，费时多年，动用上万甚至几十万民夫，耗费了大量金银，陪葬了数不尽的财宝。

而曹操对自己的身后事，却提出“薄葬”。他是中国历史上第一位提出“薄葬”的帝王。

218年，曹操颁布了一道《终令》，明确提出死后不要厚葬，要将自己埋葬在瘠薄的土地上，依照地面耗有的高度作为圹基，陵上不堆土，不植树。一年后，他为自己准备了送终的四季衣服，并留下遗嘱说：我如果死了，请按当时季节所穿衣服入殓，金玉珠宝铜器等物，一概不要随葬。

曹操墓

当时，曹操虽未称帝但权力与地位不亚于帝王，为什么他不但提倡“薄葬”，而且身体力行呢？推想原因有二：

其一，他一生主张节俭。

据说，家人妻子因身穿绫罗，被他按家规下诏“自裁”。宫廷中的帷帐屏风，破旧之后缝补一下再用，不可换新的。有个时期，天下闹灾荒，资财匮乏，曹操带头不穿皮革制的衣服。冬天，朝廷的官员们都不敢戴皮帽子。

其二，为了防止盗墓。

据说，曹操早年曾干过盗墓的勾当。他亲眼目睹了许多坟墓被盗后尸骨纵横，什物狼藉的场面，他不愿重蹈覆辙，所以一再要求“薄葬”。

在力主和实践“薄葬”的同时，他还采取了“疑冢”的措施。布置疑冢，一方面为了防止盗墓，另一方面，也和他生性多疑有关。生前，他因多疑，错杀了许多人，死后，他的多疑也不例外。传说，在安葬他的那一天，邺城所有城门全部打开，72 具棺木从东南西北四个方向，同时从城门抬出。从此，曹操之墓的千古之谜随之悬设。

这 72 座疑冢，哪座是真的呢？

千百年来，盗墓者不计其数，但谁也没发掘出真正的曹操墓。

漳河累累漳水头，如山七十二高丘。

正平只有坟三尺，千古安眠鹦鹉洲。

据此，曹操的墓应在古邺城西门豹祠以西的漳河沿岸。南宋诗人范成大 1170 年曾在此下马，拜谒曹操陵。但并不知拜的是否是真陵。

传说，军阀混战年代，东印度公司的一个古董商人雇民工挖了十几座疑冢。除了土陶、瓦罐一类的东西外，一无所获。

1988 年《人民日报》发表一篇文章《“曹操七十二疑冢”之谜揭开》说，“闻名中外的河北省磁县古墓群最近被国务院列为第三批全国重点文物保护单位。过去在民间传说中被认为是‘曹操七十二疑冢’的这片古墓，现已查明实际上是北朝的大型古墓群，确切数字也不是 72，而是 134。”至此，疑冢之说似乎不攻自破了。

但是，关于曹操尸骨到底埋于何处，仍然是个谜。

铜雀宫观委灰尘，魏之园陵漳水滨。

即令西湟犹堪思，况复当年歌无人。

由此推断，曹操墓是在漳河河底，并有两个传说为佐证。一个是清人沈松的《金健笔录》中说，有一捕鱼之人在干旱的漳河床内捕鱼，发现地下的石门，进入石屋见到了曹操尸体及陪葬女。说得有鼻子有眼的，但经不起推敲。另一个蒲松龄的《聊斋志异》说，许昌城外一山洞，内藏曹操棺椁。这也属虚构，难以令人相信。况且，地点也不符。

《彰德府志》载，魏武帝曹操陵在铜雀台正南 5 公里的灵芝村。据考查，这也属假设。还有一种说法是，曹操陵在其故里谯县的“曹家孤堆”，理由有三：

其一，《魏书·文帝纪》载：“甲(220)，军治于谯，大飨六军及谯父老百姓于邑东。”《亳州志》载：“父帝幸谯，大飨父老，立坛于故宅前树碑曰大飨之碑。”曹操于该年正月二日入葬，如果是葬于邺城的话，那魏文帝曹丕为何不去邺城而返故里？说明他此行目的是为了纪念其父曹操。

其二，《魏书》还说：“丙申，亲祠谯陵。”谯陵谅是曹氏孤堆，位于城东 20 公里处。这里曾有曹操建的精舍，还是曹丕出生之地。曹丕祠谯陵，一是不忘出生地，二是祭先王曹操之陵。

其三，亳州有庞大的曹操亲族墓群，其中有曹操的祖父、父亲、长女等人之墓。推断，

曹操之墓也当在此。

这种说法也遭到了质疑，认为曹丕祠谯陵可能是祭祖，不一定是祭曹操。祖先坟在此，不一定曹操墓也在此。

面对“曹墓不知何处去”的感叹，人们对曹操的奸诈多疑可能有了更深的认识。

但是，从另一角度看，曹操一生节俭，带头“薄葬”，是有积极意义的。在那战乱频繁、社会动荡的时代，身居高位的他，用隐秘的办法处理后事，也是迫不得已。这样做，既保护了自己，也使盗墓者无从下手，这也算是他的明智之举吧。

一千多年了，曹操的真正陵寝还无踪迹，也许永远是个谜中之谜。

附：三国大事年表

时间	事　件
184 年	2 月黄巾起义。10 月张角病死。
189 年	9 月董卓废少帝刘辩为弘农王，立陈留王刘协为帝，是为献帝。
190 年	1 月各路诸侯起兵反董卓。2 月董卓焚洛阳，迁都长安，洛阳古都残破。公孙度自立为辽东侯。
192 年	4 月王允、吕布杀董卓。5 月李傕、郭汜围长安，杀王允，败吕布。曹操收编“青州兵”。孙坚攻击刘表，战死。
196 年	7 月献帝在杨奉等人护送下，回洛阳。吕布占徐州，刘备投曹操。曹操始兴屯田，将献帝劫持到许。
200 年	官渡之战开始。孙策遇刺身亡，孙权继位。
207 年	8 月曹操大破乌桓，消灭袁氏残余势力。刘备三顾茅庐请出诸葛亮。曹操从南匈奴赎回蔡文姬。
220 年	7 月曹操南征刘表。8 月刘表病死。9 月刘琮投降曹操。11 月赤壁之战，曹操被孙刘联军打败。
216 年	曹操称魏王。
219 年	7 月刘备进位汉中王。关羽水淹七军。10 月关羽失荆州，被孙权杀害。
220 年	1 月曹操病亡。魏立九品中正制。曹丕称帝，国号魏(220~265)，建都洛阳。东汉亡。
221 年	刘备在成都称帝，国号汉，世称蜀(221~263)，以诸葛亮为丞相。
222 年	孙权称吴王。吴蜀猇亭之战，蜀国大败。
223 年	刘备死于白帝城，后主刘禅继位。曹丕五路伐蜀。雍闿叛乱。
225 年	诸葛亮南征，七擒孟获，平定蜀国南方。
226 年	魏文帝曹丕卒，曹叡继位。封司马懿为骠骑大将军。
227 年	诸葛亮上书北伐。
228 年	诸葛亮北伐，姜维降蜀。马谡失街亭。周鲂诈降诱曹魏攻吴，陆逊大败曹休。

时间	事　件
229年	孙权称帝,国号吴(222~280),迁都建业(今江苏南京)。
230年	吴派卫温、诸葛直航海到夷洲。
231年	诸葛亮第四次北伐。6月诸葛亮班师撤退,张郃追击,中埋伏而亡。
234年	诸葛亮最后一次北伐,曹魏司马懿坚守不出战,诸葛亮病逝五丈原,蜀军退兵。
235年	马钧作司南车(指南车)。
237年	辽东的公孙渊自立为燕王。司马懿破辽东公孙渊,杀公孙渊。东吴诸葛恪平定山越。
238年	魏曹叡病危,以曹爽为大将军。
239年	曹叡病亡,曹芳继位。曹爽、司马懿共同执掌大权。
240年	蜀将张嶷平定蛮族之乱。
241年	魏国邓艾在淮河兴修水利。吴皇太子孙登病逝。吴攻打魏国的荆州,司马懿带兵去救。
242年	孙权派军攻打海南岛。
244年	曹爽派兵攻打蜀汉不利,伤亡惨重。
245年	吴皇子孙和、孙霸争权。陆逊愤懑而死。
246年	魏毌丘俭两度攻破高句丽,使得高句丽在很长一段时间内不敢再进犯边境。
247年	蜀姜维出陇右攻魏,接应附蜀的羌、胡部落。
248年	司马懿被封为丞相。
249年	司马懿杀曹爽一伙。
250年	孙权废太子孙和为庶人,赐鲁王孙霸死,立孙亮为太子。
251年	司马懿亡。
252年	孙权亡,孙亮继位。
253年	诸葛恪进攻魏国,无功而返。吴孙峻诛杀诸葛恪。
254年	司马师废曹芳。另立曹髦为帝。蜀国姜维攻陷魏河关、临洮。魏将徐质击退姜维。
255年	魏毌丘俭、文钦起兵伐司马师,毌丘俭失败被杀、文钦降东吴。司马师病逝,司马昭任大将军。
256年	吴孙峻死,其堂弟孙琳任侍中,都督中外诸军事。
258年	吴帝孙亮欲杀孙琳,事泄,孙琳废之,另立孙休为帝。孙休设计在宫殿杀死孙琳。
259年	吴孙休下诏减轻赋税,振兴农桑。
260年	贾充、成济杀死曹髦。曹奂继位。
262年	姜维攻魏,被邓艾击败,退屯沓中。

时间	事　件
263 年	魏命邓艾、钟会等率军大举攻蜀。11 月，邓艾至成都，后主刘禅投降，蜀汉亡。刘徽约于本年注《九章算术》，创割圆术，计算圆周率等。
264 年	钟会和姜维密谋失败被杀。司马昭称晋王。东吴孙休亡，孙皓继位。
265 年	晋武帝泰始元年十二月，晋王司马炎逼曹奂禅位，自称皇帝，国号晋，为晋武帝。史称西晋（265～316）。同年裴秀组织编制《禹贡地域图》。

·中国通史·

晋朝

刘宇庚⊙主编

导读

晋朝(公元265~公元420年),是中国历史上的朝代之一,分为西晋与东晋两个时期。它上承三国,下启南北朝,属于六朝之一。

公元266年司马炎登基,国号晋,定都洛阳,史称西晋,公元280年灭东吴,完成统一,后经历“八王之乱”。晋愍帝迁都长安,公元316年灭西晋,建立了十六个国家,史称“五胡乱华”。公元317年,晋室南渡,司马睿在建邺建立东晋,东晋曾多次北伐。公元383年东晋与前秦淝水之战后得到暂时巩固。两晋时期少数民族迁至中原,加强了民族融合,北人南迁,开发了江南地区。两晋总历时一百五十六年。公元420年,刘裕建立宋,东晋灭亡。

晋朝虽为汉末以来中国文化中衰时期,但在哲学、文学、艺术、史学、科技等方面也有新的发展。两晋的文化走向多元发展,是一个文化开创、冲突又融合的时代,由于儒教独尊的地位被打破,哲学、文学、艺术、史学及科技纷纷出现革新,有些成为独立的学问。当代思想有由本土发展的玄学、道教及由印度东传的佛教,士大夫纷纷盛行清谈。由于边疆民族带来草原文化,东晋则拥有中原文化及江南文化,双方逐渐展开文化交流或民族融合。汉代以前,政治主权完全在华夏族,汉代以后,政治主权不全在华夏族,边疆民族带来的草原游牧文化也融于中原文化。时天下大乱,士族文人多不以道义为重,儒学中衰。旷达之士,目击衰乱,不甘隐避,则托为放逸,遂开清谈之风。晋室之兴,世乱未已,向秀之徒,益尚玄风。玄学与印度东传之佛教交汇,中国文化逐渐转变为儒释道融合之状况。

第一章　晋朝史话

西晋统一

随着曹魏的壮大，南北抗衡的基础逐渐消失，北方统一南方的条件已经成熟。而在这期间，三国之间战事也时有发生，胜负均有，对经济的破坏很大。统治阶级内部的权力斗争异常尖锐。

蜀景耀六年(263)，魏国司马昭派邓艾、诸葛绪、钟会率十八万大军分三路攻蜀，很快就进逼成都。后主刘禅出降，蜀亡。

司马昭灭蜀后，没来得及做皇帝就病死了。咸熙二年(265)，司马昭的儿子司马炎逼魏元帝曹奂“禅让”帝位，自己称帝(晋武帝)，国号晋，都洛阳，史称西晋。

太康元年(280)三月，吴主孙皓向晋投降，吴亡。自190年关东军讨董卓，经过90年的分裂混战，至此，中国又重新统一了。

西晋建立

司马氏代魏

司马家族真正露出篡位谋天下的野心是在司马师废曹芳的事件上。司马懿病死后，其长子司马师继续掌权。司马家族的专权和司马师对曹芳的紧逼不仅使曹芳极为不满，也遭到了部分大臣的反抗。正元元年(254)，中书令李丰与皇后的父亲、光禄大夫张缉等图谋以太常夏侯玄为大将军，替代司马师，再逐步清除司马家族的势力。结果事情败露，凡是牵涉其中的人都被诛杀。半年后，司马师决定检验自身的力量，要废去曹芳，另立新帝。逼太后下令：“告于宗庙，曹芳重新归藩为齐王，以避皇位。”司马师马上拿着皇太后令，召集公卿大臣会议。群臣大惊失色，又不敢作声。于是司马师废曹芳后立曹髦为帝。司马师废曹芳的盛大演习获得了巨大的成功，也向天下暴露了司马家族的篡逆之心。忠于曹魏王朝的力量发动了多次反对司马懿父子的反叛，但规模较大的“淮南三叛”都被司马氏镇压下去。司马家族通过三次扬州战役，血洗反对派，止住了内争。曹魏的内乱起得急，也消得快，并没有对司马家族造成沉重打击。

魏帝曹髦实在忍受不了司马氏的专横，“见威权日去，不胜其愤”。景元元年(260)，他集合了宫内的禁卫军和侍从太监，吵吵嚷嚷地从宫里杀了出来，自己还拿了一把宝剑，站在车上指挥。司马昭的心腹贾充带了一队士兵赶来拦截，双方立时打了起来。贾充手下的士兵一见皇帝自己动手，毕竟有点胆怯，准备逃跑。贾充手下有个叫成济的，对贾充说：“您看怎么办？”贾充厉声说：“司马公平时养着你们是干什么的！还用问吗？”贾充这一说，成济胆大了，拿起长矛就往曹髦身上刺去。曹髦来不及反应，就被成济刺穿了胸膛，跌下车来死了。他手下的士兵一看对方连皇帝都敢杀，顿时一哄而散。

司马昭听说他手下人真的杀了皇帝，也有点着慌，连忙赶到朝堂上，召集大臣们商量。老臣陈泰主张斩了贾充，但司马昭不愿意。后来，司马昭用太后的名义下了一道诏书，给曹髦加上许多罪状，宣布废为平民，想把曹髦被杀的事轻轻掩盖过去。但是朝中大臣还是议论纷纷，司马昭没办法，就把罪责一股脑儿推给了成济，下令把这个倒霉的家伙满门抄斩。除掉了曹髦，司马昭从曹操的后代中找了一个15岁的曹奂接替皇位，即魏元帝。

王羲之玩鹅图

司马氏父子执政，改变了前两代大兴土木、滥用民力和府库积蓄的弊政，继续大力推行富国强兵的战略。可以说，曹魏的国力持续增长，旗帜却逐渐更换颜色。

灭蜀后一年，即咸熙元年(264)，司马昭进封晋王，并加九锡。咸熙二年(265)，司马昭建天子旌旗，其世子改称太子。司马昭有两个儿子，司马炎和司马攸。司马炎是司马昭的长子，字安世，据说生来异相，双耳过肩，双手过膝。父亲司马昭并不喜欢这个相貌奇特的长子，而偏心为人忠厚仁慈、喜欢古籍文章、具儒者风范的小儿子司马攸。司马昭虽然把司马攸过继给了哥哥司马师，但依然很想把他立为世子，作为自己的继承人。每次和司马攸在一起的时候，司马昭总是拍拍自己的座位，对他说：“这就是桃符(司马攸的小名)以后的座位。”司马炎看到父亲宠爱司马攸，冷落自己，很不甘心。况且自己又是长子，按照历来的规制，王位是要由他继承的，弟弟没有这个权利。所以，司马炎便和弟弟争夺世子的位置。他在朝中培养自己的心腹，收买司马昭的亲信，慢慢积聚力量。司马昭的手下对立司马攸都反对，连司马攸的岳父贾充都支持司马炎。由于司马炎得到群臣力谏，于是有政治头脑的司马昭没有意气用事，打消了废长立幼的念头，在这一年十月正式立司马炎为世子。

泰始元年(265)五月，魏帝曹奂下令，允许司马昭享有天子的仪仗。是年八月司马昭病死，享年55岁，追谥为文王，司马炎继位为晋王。司马炎于十二月重演了曹丕代汉的

“禅让”故事，废掉魏帝曹奂，自称皇帝，国号晋，年号泰始。历史上称西晋，都城仍在洛阳。司马炎是为晋武帝。

魏自建安十八年（213）建国，至咸熙二年（265）名实俱亡，历时五十二年。若自曹丕代汉元年算起，则历时四十五年（220~265）。

竹林七贤

当时司马氏与曹氏争权，曹魏末期政治十分黑暗，面对这种状况，很多文人义士恪守礼仪道德，不愿同流合污，因此当时出现了一些独特的隐士，其中以竹林七贤最为有名。所谓竹林七贤是指西晋初期的七位名士：阮籍、嵇康、山涛、刘伶、阮咸、向秀、王戎。他们的活动区域在当时的山阳县，今河南辉县西北一带。他们七人常聚在当时的山阳（今河南修武）竹林之下，肆意酣畅，故世称竹林七贤。

七人是当时玄学的代表人物，虽然他们的思想倾向略有不同。嵇康、阮籍、刘伶、阮咸始终主张老庄之学，山涛、王戎则好老庄而杂以儒术，向秀则主张名教与自然合一。他们在生活上不拘礼法、清静无为，聚众在竹林喝酒、纵歌。作品揭露和讽刺司马朝廷的虚伪，但大都“弃经典而尚老庄，蔑礼法而崇放达”。

嵇康、阮籍、刘伶在政治上对司马氏集团均持不合作态度，其中以嵇康最为激烈，并因此被杀。嵇康，字叔夜，出身儒学世家，其人才学显著。他表面上旷达洒脱，实际上性格刚烈正直。因为他是曹氏的姻亲，自然对专擅朝权的司马氏极为不满。同时由于性直，他在朝中得罪了司马氏同党，终因吕安等小人进谗而被司马昭杀害，他的名曲《广陵散》也因此失传。嵇康的《与山巨源绝交书》，以老庄崇尚自然的论点，说明自己的本性不堪出仕，公开表明了自己不与司马氏合作的政治态度，文章颇负盛名。向秀在嵇康被害后被迫出仕。阮咸入晋曾为散骑侍郎，但不为司马炎所重。

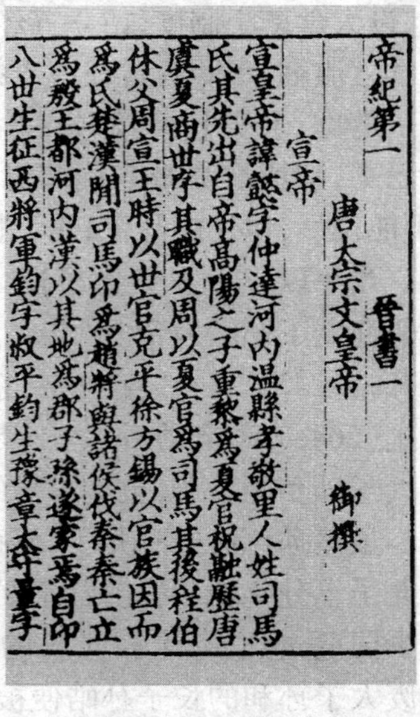
帝紀第一　晉書一
唐太宗文皇帝　御撰
宣帝
宣皇帝諱懿字仲達河内溫縣孝敬里人姓司馬氏其先出自帝高陽之子重黎爲夏官祝融歷唐虞夏商世序其職及周以夏官爲司馬其後程伯休父周宣王時以世官克平徐方錫以官族因而爲氏楚漢閒司馬卬爲趙將與諸侯伐秦秦亡立爲殷王都河内漢以其地爲郡子孫遂家焉自卬八世生征西將軍鈞字叔平鈞生豫章太守量字

《晋书·帝纪·第一》书影

阮籍与嵇康齐名，曹魏时任尚书郎。但他与当时的曹爽一伙政见不和，因此辞官归家，后司马氏掌权将他重新征用，可司马氏在高平陵政变中杀害了很多政见不同的名士，这使阮籍无意再为司马氏效力，因此每天醉酒，“口不臧否人物”。因为不想将女儿嫁给司马炎，于是大醉六十天而拒绝司马昭提亲。阮籍的《咏怀》诗八十二首，多以比兴、寄托、象征等手法，隐晦曲折地揭露最高统治集团的罪恶，讽刺虚伪的礼法之士，表现了诗人在政治恐怖下的苦闷情绪。后人辑有《阮步兵集》。

刘伶是西晋沛县人，他在政治上强调无为而治，但被西晋以“无能”罢免。他生平嗜酒，整日饮酒放诞，作有《酒德颂》。

山涛、王戎等则是先后投靠司马氏，历任高官，成为司马氏政权的心腹。山涛起先“隐身自晦”，但四十岁后出仕，投靠司马师，历任尚书吏部郎、侍中、司徒等，成为司马氏政权的高官。王戎好清谈，但为人十分的贪婪吝啬，他一直在西晋做高官，置备家产，广收田园。每日拿着牙筹（数钱用具）在家中数钱。时人都引为笑谈。

由于政治态度的不同，竹林七贤最后各散西东。

吴末帝孙皓

诸葛恪死后，孙峻于建兴二年（253）出任丞相。后孙峻在战争期间病逝，由其从弟孙琳接掌权力。太平二年（257），孙亮亲政，但施政常被孙琳掣肘。孙亮认为孙琳造成了很大的祸害，于是推行多项措施以准备罢免他。永安元年（258），孙琳派光禄勋孟宗将废少帝孙亮之事告于孙权宗庙。孙琳发现孙亮想杀死自己，于是废孙亮为会稽王，改立孙休为帝。和孙亮一起策划政变的大臣都被孙琳杀死。永安三年（260），孙亮的封地会稽传出谣言，说孙亮将返回建业复辟，而孙亮的侍从亦声称孙亮在祭祀时口出恶言。于是孙亮被贬为侯官，在前往封地途中死去。据《三国志》记载，孙亮可能是自杀，也可能是被孙休派人毒死的。

孙亮死时只有十七岁。孙休登基，封孙琳为丞相，孙琳权倾朝野，孙休遂除孙琳。孙休在位期间，颁布良制，嘉惠百姓，促进东吴的繁荣。孙休好文，上位后于永安元年创建国学，设太学博士制度，诏立五经博士，为南京太学之滥觞，韦昭为首任博士祭酒。他曾想统一南方，永安七年（264），趁蜀中无主，西征巴蜀，却屡次战败。同年七月，孙休病重，不能说话，但还能写字，用手指着幼子以为立。当年以三十岁英年早逝。孙休死后大臣们迎立了孙皓为帝。

司马炎

孙皓（242～284），字符宗，东吴的第四代君主（264～280年在位）。他是孙权废去的皇太子孙和的长子，也是东吴的最后一位皇帝。虽然孙休已经有儿子，但孙休去世时这个儿子十分年幼。群臣鉴于蜀汉之亡，认为主少国危，想立一个较年长的君主，所以作为废太子孙和的长子孙皓便被拥立继位。孙皓即位后，追谥父亲为文皇帝，并为他举行祭祀。据《三国志》记载，孙皓初立时，下令抚恤人民，又开仓赈贫、减省宫女和放生宫内多余的珍禽异兽，一时被誉为明主。

历史小常识：以茶代酒

吴王孙皓每次大宴群臣，座客至少得饮酒七升。有位叫韦曜的酒量不过二升，孙皓对他特别优待，担心他不胜酒力出洋相，便暗中赐给他茶来代替酒。但孙皓是一个暴君，性嗜酒，又残暴好杀。当他对韦曜颇为欣赏时，可以酒席之间暗中作弊，使之得过“酒关”。韦曜为人却耿直磊落，在酒宴上可以“偷梁换柱”，但一旦事关国事，又实事求是。当他在奉命记录关于孙皓之父南阳王孙和的事迹时，因秉笔直书了一些见不得人的事，触怒了孙皓，竟被杀头。但是“以茶代酒”一事直到今天仍被人们广为应用，并称得上是一件大方之举、文雅之事，这无论是孙皓还是韦曜，都是始料未及的。

但很快他便变得粗暴骄盈、暴虐治国，又好酒色，从而民心丧尽。在孙皓统治时期，吴国政治极端腐败，不仅征收各种名目的苛捐杂税，而且还滥用民力，广营宫室。蜀亡后，吴国失去了长江上游的屏障，便把都城从建业迁到武昌（今湖北鄂城），长江下游人民溯江供应，疲惫不堪，引起普遍不满和反对，孙皓只好又迁都回建业。沉重的赋调徭役使人民过着“老幼饥寒，家户菜色”的贫困生活。士兵打仗、种田、交税、服役，却“衣不全短褐，食不赡朝夕”，处境更悲惨。

孙皓信用小人，用剥面、挖眼、锯头、斩首等酷刑来屠杀大臣，弄得上下离心，人人自危。在社会矛盾尖锐的情况下，人民纷纷起来反抗。海盐、庐陵、豫章等地都有农民起义发生。

在这种情况下，东吴的统治已经是摇摇欲坠了。而这时的晋武帝司马炎则相当有作为。他禁止奢华、提倡节俭，连自己的车驾上拴牛的青丝都换成了青麻，还曾经亲自耕种以鼓励农桑。政治上他也很宽大，封赏汉献帝刘协以及后主刘禅的后代，对魏的废帝曹奂尤其优厚，允许他继续使用天子的仪仗，上表时也不用称臣。他的这些举动其实也是为了诱降孙皓。

彩绘贵族生活图漆盘

泰始五年（269），司马炎任命羊祜出镇襄阳，统领荆州的人马，并派其他人分别出镇扬州等地。羊祜到襄阳后，发现军粮不足。这时候东吴在距离襄阳七百里的一个小城中驻有人马，经常骚扰边境。羊祜先用诡计骗其撤兵，解除了威胁，然后立刻组织军士屯田，开荒八百顷。他刚到襄阳时，军粮不足一百天，几年后就囤积了足够支持十年的用度。同时，他对东吴采取怀柔政策，出兵打仗从来不搞诡计（并非不会），尽管人们劝他兵不厌诈。俘获的东吴军民有想回去的一概送还。羊祜出兵东吴，时如果在其境内收割了军粮，事后一定会按照价值送绢补

偿;打猎时也禁止晋兵过境,如果发现自己的猎物中有之前被东吴射杀的一律派人送还。后来连东吴的人都尊称其为“羊公”,他去世时甚至为他痛哭。东吴在泰始年间任命了陆逊之子、镇军大将军陆抗为荆州附近的统帅。

羊陆两人互相尊敬,经常派使者往来。陆抗有时送羊祜好酒,羊祜向来畅饮。陆抗对羊祜也相当信赖佩服,他有病时,羊祜曾派人送来药,手下人劝他谨慎,陆抗一饮而尽:“羊祜不是这种小人!”同时,陆抗告诫手下:“他们一心为德,我国如果再政令严酷,那么不用他们动手我们自己就失败了。我们大方向上要安民报国,小事上不要太苛刻。”羊祜、陆抗虽然私下互相敬佩,公事上却毫不相让。

晋武帝散遣宫人

泰始八年(272)八月,两人终于交手,这就是东吴平定步阐叛乱之战。此年八月,东吴朝廷征调镇守西陵的步阐入朝。步阐是步骘的儿子。步家在西陵镇守两代,一下子得到朝廷的调令,以为是朝廷认为他不称职的惩罚,立刻举兵反叛。他派人把侄子送到洛阳为人质,晋朝也对其加官晋爵。十月,陆抗出兵平叛,晋朝也命令荆州刺史杨肇增援西陵,车骑将军羊祜进攻江陵,另从巴东地区派水军攻击建平牵制东吴。陆抗将西陵围个水泄不通后,自己驻扎在要道上阻挡杨肇的援兵。陆抗严令自己的部下立刻修筑工事,大家问为什么不一鼓作气攻克西陵。陆抗对这一战的艰苦有清楚的认识:“这里城池坚固粮草充足,没那么容易攻克!不预先做准备,北方的援兵来了后里应外合,怎么办?”但诸将不同意他的意见,只好进攻,果然没讨到便宜。羊祜的五万大军逼近江陵,陆抗也不以为然:“江陵是坚城,不是那么容易攻克的。而西陵的叛乱如果不能平定,整个西部将无法安宁!”他立刻亲赴前线。江陵北方有陆抗专门修建的堤坝,蓄水来阻挡北方强大的步兵。羊祜本来想利用这里的水路运粮,却派人制造谣言说要破坏陆亢建的堤坝来通过步兵。陆抗听说后,立刻命令破坏湜坝。而羊祜只好另外从陆地运粮。十一月,陆抗到了西陵后,吴军中发生叛变。

陆抗认为自己的部署已被敌方得知,立刻派精兵加强原来薄弱地方的守备。第二天,晋兵果然蜂拥而至。陆亢一声令下,吴军迎头痛击。杨肇损兵折将后,不得已在一个月后撤兵。陆抗派了少量的人马虚张声势去追击,却把杨肇吓了个半死,晋兵一败涂地。十二月,西陵孤掌难鸣被攻克,攻击江陵的羊祜也被迫撤走。陆抗为此被孙皓加为都护,而羊祜却从车骑将军变成了平南将军,杨肇被撤职。孙皓听到捷报,得意忘形,从此再也不重视朝政。泰始十年(274),陆抗病逝后,羊祜再也没有什么顾忌,开始了灭吴的筹划。咸宁二年(276),他再度升任镇南大将军后,立刻上表陈述灭吴的主张,司马炎对此相当赞同,但大家大多认为陇西一带才是重点,加上羊祜因为不巴结朝廷权贵而被贾充等人

所忌恨，只有张华、杜预等少数人赞同，这件事因此被搁置。咸宁四年（278），羊祜病情加重后回洛阳，司马炎对他相当尊重，长谈之后终于下定了灭吴的决心。因为晋朝大臣的阻挠，司马炎总是不能下决心灭吴，羊祜最终遗憾地去世了，没能看到统一江东。去世前，羊祜给司马炎写了一个详细的进攻吴国的军事方案，并举荐杜预代替他驻守边镇。十一月，司马炎在他的推荐下任命了杜预为镇南大将军，荆州地区的新统帅。同时，羊祜病故，享年五十八岁。

羊祜没有看错人，据《晋书》记载，杜预本人没有什么武艺，连骑马都不会，射箭的技术就更谈不上了。但每有军事活动，朝廷都要召他参谋规划，因为他知彼知己，善于同敌人斗智。在灭吴战争中，吴人最恨杜预，主要是因为他善于用兵，常常给敌人以致命打击。杜预有大脖子病，东吴人就给狗脖子上戴个水瓢，看见长包的树，写上“杜预颈”，然后砍掉，借以发泄对杜预的仇恨。杜预到任后，挑选精锐突袭东吴的西陵守将张政，把他打了个措手不及。张政对此羞愧难当，不敢老实上报。杜预将此事转而上报东吴，孙皓果然把张政撤了职。张政是东吴的名将，这次虽然因为不小心而兵败，仍然不失为难缠的对手，这下却被东吴自己解决了。咸宁五年（279），七年前就开始打造舰船的益州刺史王濬以及杜预等纷纷上表，催司马炎下决心动手。司马炎收到杜预的表章时正和中书令张华下围棋。张华当时便离席而起：“陛下神武，国富兵强；孙皓失政，东吴衰败。这样的机会不能放弃，希望您下定决心！”司马炎这时已经完全被说服，并责骂了仍然劝阻他出兵南伐的贾充。当年十一月，晋朝集中二十万大军，分兵多路以摧枯拉朽之势开始了灭吴之战。此后在晋平吴的途中虽然还有些反对意见，但司马炎基本上已经坚定，战役的进展也很顺利，最终没有什么妨碍。

陆抗

太康元年（280）初，杜预从荆州向江陵，王浑从扬州向建业，王濬从益州率领水军沿长江直插东吴腹心，势如破竹。王濬也是个有能耐的将军，他在益州督造了大批战船，船上还造了城墙城楼，人站在上面，可以四面瞭望。

为了不让东吴发觉，造船是秘密进行的。但是许多削下的碎木片掉在江里，顺水漂流到东吴的地界。东吴太守吾彦发现后，敏锐地感觉到事情不妙，连忙向吴主孙皓报告说：“这些木片一定是晋军造船时劈下来的。晋军在上游造船，看来是要进攻东吴，我们要早做防守的准备。”

可是孙皓对这一正确的分析并没在意，只是满不在乎地说：“怕什么！我不去打他，他们还敢来侵犯我！”

吾彦没有办法，只得在江面险要的地方打上大木桩，钉上大铁链，把大江拦腰截住，又把一丈多高的铁锥安在水面下，好像无数的暗礁，使晋国水军没法通过。此时，王濬得到了杜预的大力援助——大批木筏运到。王濬命士兵在每个木筏上放上草人，披上盔甲，手拿刀枪。让几个水性好的兵士带领这一队木筏随流而下。这些木筏碰到铁锥，铁锥的尖头便扎在木筏子底下，被木筏扫掉了。然后烧断铁链，乘风破浪直下江南。按照朝廷的命令，王濬攻克建平（三峡附近）后归杜预指挥，到建业后归王浑指挥。杜预看到这个命令却认为：王濬如果攻破了建平，他的功劳在我之上，我怎么能指挥他；如果攻不破建平，他根本就到不了我这里。因此攻克江陵后他写信给王濬，要他长驱直入直取建业，实际上是放权。王濬得到这样的鼓励，立刻顺江而下直奔建业。半路上王浑提醒他，王濬笑笑，答道："风大船快，我也停不住啊！"而此时东吴剩下的少量武装一触即溃。晋兵南下时，孙皓就命令丞相张悌率兵三万渡江迎战。双方的实力差别过于悬殊，张悌战死。王濬势不可当，其兵甲塞满长江。孙皓先后派出了两支部队抵抗，第一支万人望风而降，这时候孙皓手下的人还说晋兵乘的都是小船，我们的大船撞也能把他们撞翻。六神无主的孙皓当即派两万人部队给了此人，结果在组建的当天夜里这两万人就全都当了逃兵。三月，走投无路的孙皓在部下的劝说下投降，东吴灭亡。五月被送往洛阳后，司马炎封他为归命侯，四年后死于洛阳。随着东吴的灭亡，三国的历史也彻底地降下了帷幕。

孙皓遣报

吴自孙权于黄初元年（222）建国，至孙皓于天纪四年（280）投降西晋，历五十八年。自 190 年关东军讨董卓，经过九十年的分裂混战，至此，中国又重新统一了。

太康之治

短暂兴盛

自从 280 年灭掉吴国后，司马炎就把年号改为"太康"，十年间再没有发生大的战争，

社会得到了一个喘息的机会。

司马炎刚刚坐上皇帝宝座之后，并没有开始过高高在上的奢靡生活，而是审时度势地巩固自己的帝位。他知道父亲司马昭和祖父司马懿对曹氏所进行的残酷杀戮使人们对他也存有戒心，南边的东吴也还没有消灭。为了统一天下，司马炎采取了以仁义治国的方针：赏赐安乐公刘禅的一个子弟做驸马都尉，安抚人心；下诏书准许陈留王曹奂继续用皇帝的仪仗出入，向他上书时也可以不用称臣。

为了发展经济、增强国家实力，司马炎专门颁布诏书，将无为而治作为治国方针。当年，他又向地方的郡国颁布了五个诏书：一是正身；二是勤百姓；三是抚孤寡；四是敦本息末，即鼓励农业这个国家之本，压制商业这种末业；五是去人事，也就是精简机构，裁撤冗员。

这种诏书虽然有些作秀的味道，但其中的很多措施确实是当时应该做的。曹操原来实行的利国利民政策，到了魏国末期已经被众多剥削民众的苛政所取代，司马炎这时的诏书即使不能全部施行，也给遭受繁重剥削的百姓带来了一丝希望。

为了恢复和发展经济，晋武帝实行占田制。

焚裘示俭

晋武帝早在致力于统一全国之时，便力革曹魏积弊，下诏郡国守相“务劝农功”“务尽地利”，大力发展农业生产，收到了初步效果。灭吴之后，改元“太康”，以示天下从此太平康乐之意。为了实现这一目标，他采取了三条重大措施：一是对原吴国地区仍示以宽厚，尽快安定社会秩序；二是对军队进行整编和复员；三是颁布和推行占田制。

占田制并不是政府将土地授给农民，只是承认其占有土地的限额，将其占有合法化。它解除了屯田制下军事管制的强迫劳动；鼓励人民去占田开荒；对士族地主占田在法律上给予了一定限制。

此时医学上也有一定的发展。西晋的王叔和在医学方面重视诊脉。他曾任太医令，精于医学。他收集整理张仲景的《伤寒杂病论》一书，析为《伤寒论》和《金匮要略》两部。他又收辑前代诊脉文献，结合自己的体会，编成《脉经》十卷。西晋的皇甫谧撰写了《针灸甲乙经》一书，是我国现存最早的、内容最为完整的针灸学著作。

据载，280 年两晋有户二百四十六万，282 年即激增至三百七十七万，两三年间，增加了一百三十多万户，这与西晋初期实行占田制，恢复发展经济，使得大量流民垦占荒土，

重新向国家呈报户口有密切关系。《晋书·食货志》说:“是时天下无事,赋税平均,人咸安其业而乐其事。”这些叙述显有溢美之处,但多少反映出占田制实行后,太康年间的繁荣情况。

分封诸王埋隐患

西晋统一全国后为了使江山更稳固,采取了分封诸王的政策。

当初曹爽当政时,曹冏曾上《六代论》,从历史上论述分封的必要。并指出,如不分封宗室诸王,政权可能转入他人之手。六年后,司马氏果然夺取了曹魏政权。西晋统治阶级也认为没有分封是曹魏灭亡的主要原因。晋武帝觉得要想让江山更加稳固,由同姓诸王屏护才更加保险,于是在建国初期的265年就分封了二十七个同姓王,并不断扩大他们的权力,开始仅允许诸王自选国中长吏,收取封国的租税。继而又以户数多少把诸王分为三等,并开始置军。大国二万户,置上中下三军,五千人;次国万户,置上下二军,三千人;小国五千户,置一军,一千五百人。以后又逐步使诸王都督各州军事、假节,得斩违军令者。这样,诸王不仅掌握了封国中的军政大权,而且控制了相当多的军队。

西晋分封宗室的目的是为了藩卫皇室,但后来随着统治阶级内部矛盾的发展,诸王大都卷入了争夺中央统治权力的斗争,反而削弱了中央皇权的统治。晋武帝在分封同姓王的同时,又大封异姓士族为公、侯、伯、子、男等爵位,他们也有封地。公侯邑亦分三等。其辖下民户数:大国一万户、次国五千户、小国五千户以下。晋武帝完成了分封宗室诸王的政治计划,自以为得计,认为司马氏的统治由此稳固,其实反而种下了祸根。

皇甫谧

277年,将军杨珧等人又建议说:“古时候分封诸侯,是为了藩屏护卫王室,现在诸位王公都在京都,这就失去了保卫的意义。异姓诸将领居住在国家边境地区时,应当让皇室的亲戚参与其中。”司马炎觉得有道理,于是下诏书,将扶风王司马亮改封汝南王,出任镇南大将军,都督豫州诸军事;琅邪王司马伦改封为赵王,督邺城守事;渤海王司马辅改封为太原王,监并州诸军事;东莞王司马伷当时任镇东大将军,假节,都督徐州诸军事,遂改封为琅邪王;汝阴王司马骏因当时任镇西大将军,使持节,都督雍凉等州诸军事,遂徙封为扶风王。诸王封国在其都督区内,使他们得以长期留任。

如赵王司马伦坐镇邺城达十四年之久。诸王中不担任官职的,都把他们遣返回各自的封国。

异姓大臣中有立过大功的,也都被晋武帝封为郡公或郡侯。贾充被封为重郡公,王沈被追封为博陵郡公,羊祜被封为南城郡侯。

羊祜见到诏书后,坚持推辞不接受。羊祜每当被授予官职和爵位时,经常避让,他的至诚之心一贯有名,所以他被特别许可不接受分封他的官爵。羊祜一直掌管关键重要的部门,凡是他参与谋划商议的事情,都把草稿烧掉。由羊祜荐举而做了官的人,自己都不知道是谁推荐的。羊祜常说:"在公众的朝廷里授予官职,但是却让别人向你个人谢恩,这样的事情是我所不敢做的。"

诸侯们分封到地方后,慢慢积聚自己的力量,为后来的"八王之乱"埋下了伏笔。

西晋的屯垦、屯营

司马炎驾羊车游幸后宫

一统全国后又大封诸侯,晋武帝司马炎觉得天下已经太平了,可以坐享江山,于是司马炎开始贪图醇酒和美女。其实早在泰始九年(273),他就下诏选中级以上文武官员的女儿入宫,第二年又下令挑选下级官员及普通氏族家的女儿入宫。他选美女期间,天下人一律不许结婚,要等他挑选后才可婚嫁。他派太监乘车马到全国各地去挑选美女,然后带回宫中,高门大族的女儿们怕被选中,都故意弄得蓬头垢面,穿着又破又脏的衣服,被选中者离开父母时无不号啕大哭。他宫中的姬妾多到一万余人,以致使他每天发愁,不知道到谁那里睡觉才好。于是就乘坐羊车,任凭羊停在何处,他就宿在何处。有些聪明的女子为了得到皇帝的宠幸,便想出一个办法,将竹叶子插在门口,地上洒了许多盐汁。羊生性喜欢吃竹叶,又喜欢吃咸的东西,因此就停下来不走。这些美女于是就得到了宠幸的机会。

不久,宫里的美女都知道了这个办法,纷纷仿效,以至于每一个门前都插上了竹叶,地上都洒了盐。羊也变得刁猾起来,开始随意走随意停,不再被竹盐所诱惑。美女们没有办法,只好再次听天由命了。

大臣们见司马炎变得昏庸荒淫,便找机会劝谏。一次,司马炎和众人去洛阳郊外祭祀,回来后,司马炎得意地问司隶校尉(当时京城地区的监察官)刘毅:"你说我能与汉朝的哪个皇帝相比?"司马炎觉得刘毅肯定会回答高祖刘邦、武帝刘彻以及光武帝刘秀之类

有名的皇帝，没想到刘毅却说他只能和桓帝、灵帝相比。司马炎很不高兴，因为这两个皇帝统治时期是东汉政局最混乱的时候。司马炎不甘心地问："我怎么会和他们一样呢？"刘毅直言不讳地说："当年桓帝卖官，让人把钱都归入了国库；陛下您现在也卖官，所得的钱却都进了自己的腰包。要这么来说的话，您恐怕还不如桓、灵二帝呢！"司马炎无法狡辩，只好讪讪地替自己找个台阶说："爱卿所言极是。不过在桓帝时没有你这样的直言之臣，但我身边却有，这说明我还是比他们好一些啊！"

晋武帝羊车游宴

不仅卖官，司马炎每天仅三餐饭就要一万钱，还嫌没有可吃的菜，无法下筷子。而一万钱，在当时足够一千人一个月的伙食。司马炎一次在女婿王济家吃饭时，有一道乳猪非常好吃，司马炎就问王济是怎么做的。王济偷偷告诉他，乳猪是用人的乳汁喂养大的，做的时候又用人的乳汁烹制，所以很好吃。司马炎听了不高兴，觉得女婿超过了自己，结果宴席没结束就借故走了。王恺是晋武帝司马炎的母亲文明太后的弟弟，官拜右将军，颇得武帝的宠爱和器重，于是大权在握，欺压百姓，聚敛财富。他与当时的散骑常侍石崇、景献皇后从父的弟弟羊琇三人共称"三大富豪"。他们为证明谁才是最多财富的拥有者，竟然用谁更为奢侈来一比高下。王恺自认为财富无人匹敌，用当时特别贵重的麦糖清洗锅子，而石崇对此不以为然，竟用更为珍贵的石蜡当作柴火使用。王恺不甘示弱，用紫纱步障四十里，石崇则用织锦步障五十里。石崇用一种叫椒的涂料涂饰房屋，王恺就用红色的石脂盖过他。晋武帝不仅对此不加管制，为了使王恺获胜，还曾多次资助助威。有一次，他赠给王恺一株二尺多高的珊瑚树，王恺便十分得意地拿出来向石崇炫耀，谁知石崇竟拿出铁如意，几下就将珊瑚树击成碎片，王恺见状勃然大怒，以为石崇是出于忌妒所致。谁料石崇却轻松地说道："这没有什么大惊小怪痛恨不已的，我现在赔给你。"于是便命令他家的仆从取出自家珍藏的珊瑚树，二尺多高的

历史小常识：魏晋单名

魏晋时期承袭汉代旧俗，流行单名，以三国西晋这段历史著名人物为例：刘备、曹操、孙权、关羽、张飞、诸葛亮、司马懿、嵇康、阮籍等，都是单名。

异常之多，三四尺高的竟然也有六七株之多，王恺目瞪口呆，惊羡万分。后来，两人斗得离了谱，石崇开始造假来骗王恺：他的牛车跑得快如飞鸟，原来他故意把车辕弄歪，让牛卡得疼痛难忍，就跑得快了。造假的目的只是为了占点上风，可见当时这些富豪的生活何等奢侈、无聊。后来王恺知道了石崇的把戏，便如法炮制，牛车竟跑得比石崇的还快。石崇知道后，便将泄密的人杀死了。

这些世家大族也极其的残忍，例如在请客人吃饭喝酒时，石崇经常让美女劝酒，如果客人喝不完酒，他就杀掉这个美女。有次王导和王敦兄弟俩去他那吃饭喝酒，而人们都知道石崇的这个“规矩”，本不善饮酒的王导为不祸及女侍，每次都把酒尽量喝尽。但王敦却不吃这一套，总不喝完，使石崇连杀三人，王导埋怨王敦不通人情，王敦却说石崇杀自己人，不必着急。

“太康繁荣”就在这种腐败中走向末路。

面对西晋社会又渐入腐朽，当时的士人对黑暗的政治越来越失望，玄学成为名士的主要思想寄托。

玄学盛行于魏晋时期的士人中，“玄”是幽远之意。《老子》曰：“玄之又玄，众妙之门。”王弼注：“玄者，冥也。默然无有也。”“无”是玄学的核心。这就是所谓的“贵无”思想。当时玄学所谈，主要是《老子》《庄子》和《易》，所谓“三玄”。

金谷园图

魏晋以来，士人对处于统治地位的儒家经学观点已厌倦，要求用“新”的观点来解释自然、社会或历史现象。由于社会处于战乱状态，自东汉末至司马氏，专权已成政治风气，一般士人上进无路，由于党派之争且有生命之虞，因此士人的思想消极，倾向于“玄虚淡泊，与道逍遥”。这些就促成了魏晋玄学的产生。

清谈玄学之风，始于曹魏正始时期（240～249）。初期代表人物是何晏和王弼。稍晚的代表人物即前面提到的“竹林七贤”阮籍、嵇康等人。阮籍、嵇康由于反对司马氏专权，经常遭受迫害。于是在思想和生活方面，采取了崇尚自然、反对名教、放荡不羁、使酒任性的态度。在政治上崇尚无为，主张国君要无为而治，甚至主张“无君”“无臣”。阮籍说：“无君而庶物定，无臣而万事理。”

白痴太子司马衷

立子嗣问题向来是历代帝王费心头痛的事，晋武帝也不例外。司马炎在泰始三年

(267),立了司马衷为皇太子,但司马衷是个痴呆,因此司马炎心里一直有些犹豫和担心。

司马炎的胞弟司马攸,被封为齐王,为人清和平允,亲贤好施,声名良好。司马炎在内心深处,一直把这位端凝美姿容的弟弟当作最强的竞争对手。司马昭临死时,曾向司马炎、司马攸兄弟讲解汉朝淮南王、魏朝陈思王(曹植)与当兄长的皇帝之间不相容的故事,劝诫二人友爱相扶。母亲王太后在临死前,也流着泪对司马炎说:“桃符性急,而你这位哥哥也不慈爱,如果我死了,恐怕你们兄弟必不相容。希望你能友爱自己的弟弟,勿忘我言。”

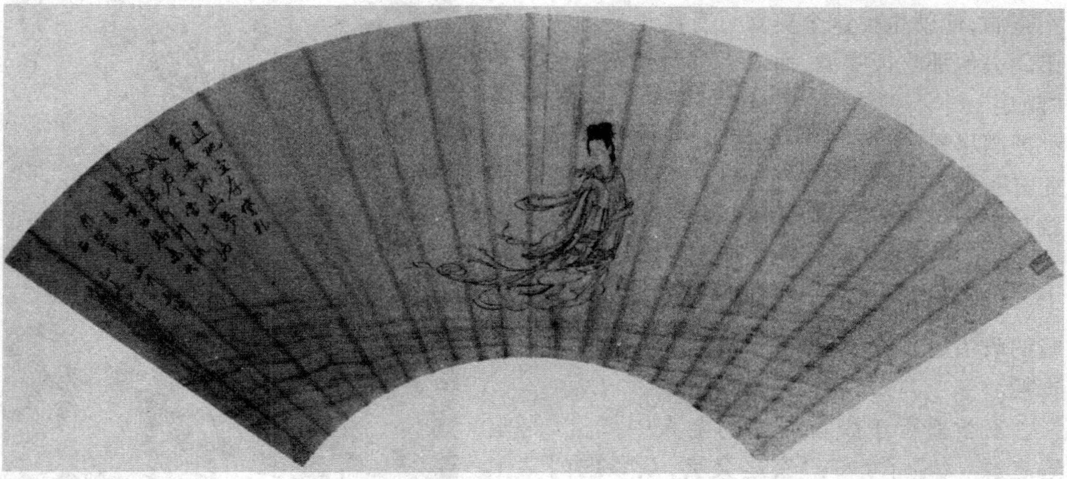

洛神图

司马攸获封齐王后,“总统军士,抚宁内外”,有匡济大功。“而时有水旱,百姓则加赈贷,十减其二,国内赖之”,对晋朝以及他自己封地内的官吏、人民恩养有加。“降身虚己,待物以信”,并不时劝谏晋武帝务农重本,去奢即俭。

晚年的司马炎知道司马攸是众望所归,于是不再让他留在京城,把齐王和他的儿子们都放了外任。司马攸于是上书,乞求自己为死去的生母王太后守陵,但司马炎不答应。眼见催促赴封国上任的诏书一道比一道急,司马攸又气又急,一下子病倒了。

为了查明弟弟是否装病推脱离京,晋武帝不停派宫中御医到齐王府邸诊视。御医们终日在宫中行走,揣知武帝心思,都知道司马炎心中在防备齐王,回宫后都报称齐王身体很好,没有大碍。而真实情况是,司马攸的病势一天重过一天,但催其上道的诏书却日益严厉,没有丝毫回旋的余地。

齐王司马攸生性刚强,虽然已经病得几乎不能走路,仍旧挣扎着换上一身新朝服,梳洗停当,入宫面辞武帝。兄弟两人各怀心事道别。辞出数日,半路颠簸辛苦的齐王终于支持不住,吐血而亡,年仅三十六岁。晋武帝得知皇弟死讯,才明白司马攸不是装病,恸哭不已。下诏处死了数位为齐王诊病的御医,也借此掩饰自己的过失。

英明的弟弟死了,司马炎不再担心他会篡夺自己的皇位,但对于痴呆的太子司马衷,却始终犹豫不决。恰巧有一天晚上,宫中着了火,司马炎到城楼上观看火情,这时,司马

衷年仅五岁的儿子却过来拽爷爷的衣服，说夜里危险，不能让光亮照到皇帝身上。司马炎听了又感动，又惊讶，如此小的孩子竟有这样的智力。司马炎从此坚定了让傻儿子做太子的决心，希望孙子以后能有大的成就。

历史小常识：魏晋后宫制度

秦始皇建立了皇帝制度，由此皇帝的正妻称皇后。妾分为几个等级，各个等级有不同的称号。汉朝时妃妾有十四个等级，到了魏晋时期因循西汉的制度，形成了三夫人、九嫔、二十七世妇的嫔妃系统。三夫人位比三公；九嫔位比九卿。皇族在选择妃子时首先看的是门第，即要门当户对，其次还看容貌，端庄美丽之外，还要品性贤良。

这时的司马炎，虽然还没有像后来那样荒废国政，但也有诸多缺陷，例如用人不当。他不听人劝告，任用胡烈、牵弘两人到西部打击羌胡入侵，结果二人应对无方、剿抚不力，不久后全部战死，陇西一带也混乱起来，司马炎追悔莫及。从此晋朝尽管大力镇压连年动武，也仅仅能保住勉强的和平。边疆不宁是常见的事，这件事本身不是太大的问题，但却对后来的事情有间接的影响。其一就是统一全国，陆抗病逝后羊祜就建议灭吴，而此时贪图安逸的贾充等人极力反对，他们反对伐吴的理由之一，就是他们认为应先集中力量平定陇西，因此让东吴多延续了几年。其二就是间接影响了司马炎选太子妃。边疆出现叛乱，朝廷当然要选派有能力的大臣去处理，很多大臣都推荐贾充。贾充是个善于玩弄权术的小人，到了战场上就没有了他的“用武之地”，很多正直的人都看不起他。而此时推荐他的目的实际上是想要把他堂而皇之地逐出京城。

贾后淫荡

贾充一时之间无法推辞，便找手下人商量对策。手下人就给他出谋划策，说您只有与皇帝结亲这一个办法，即想办法把女儿嫁给太子，这样才能名正言顺地留在朝中。贾充的长女已经嫁与司马炎弟弟齐王司马攸为王妃，次女名叫贾南风。太子司马衷已经十三岁，到了婚娶的年龄，这时司马炎即将定下卫瓘的女儿为太子妃。这位卫小姐大家闺秀、有礼有教，与此相反，贾充的女儿贾南风则是貌丑、性妒，而且司马炎知道这些。虽然司马炎认为贾南风“丑而短黑”，不宜做太子妃。但善于此道的贾

充却有办法，他先行贿司马炎的皇后杨芷，再让自己的党羽在司马炎面前整天吹嘘自己女儿的才德。司马炎的皇后杨芷因为得到贾充的妻子郭槐许多礼物，便提出要娶贾充又黑又丑的女儿——十五岁的贾南风。此后便在司马炎面前说贾南风如何贤良。这样，司马炎终于在泰始八年(272)二月将贾南风迎为太子妃。司马炎虽然不是无能的君主，却先立了个白痴的太子，又给太子找了个黑心的妃子。

太熙元年(290)四月，晋武帝命汝南王司马亮和杨骏一同辅政，之后就死于洛阳宫中的含章殿，当时的皇后杨芷为了使其父杨骏单独辅政，伪造遗诏，封杨骏为太尉，兼太子太傅，统率军队，并总领尚书，执掌朝政。

内忧外患

西晋门阀世族集团在建国初期就暴露出奢侈残暴和腐朽性。惠帝继位后，统治集团内部的矛盾愈演愈烈，终于爆发了“八王之乱”。

八王之乱历时十六年，不仅社会生产和人民生活被严重破坏，也使西晋的国力损失殆尽，无力控制地方和内迁各族，阶级矛盾和民族矛盾也全面爆发。因此，在各地流民起义的同时，各族上层分子也抓住时机，起兵反晋，其中刘渊起兵最早。

建兴四年(316)十月，匈奴攻破长安，愍帝出降，内忧外患的西晋终于灭亡。

八王之乱

白痴皇帝的闹剧

晋武帝死后，太子司马衷继位。司马衷是有名的白痴，他的皇后贾南风则是历史上有名的荒淫残忍的皇后。此时的司马衷已经是三十多岁的人了，但因为痴呆，无法处理政事，而且不时还要闹出一些笑话来。

有一次，司马衷带了一群太监在御花园里玩。那是初夏季节，池塘边的草丛间，响起一片蛤蟆的叫声。司马衷呆头呆脑地问身边的太监说：“这些小东西是为官家叫，还是为私人叫呢？”太监们面面相觑，不知这问话到底是什么意思。有个比较机灵的太监一本正经地说：“在官地里的为官家，在私地里的为私家。”司马衷似懂非懂地点了点头。

有一次各地闹饥荒，地方的官员把灾情上报朝廷，说灾区的百姓饿死很多。司马衷问大臣说：“好端端的人怎么会饿死？”大臣回奏说：“闹灾荒，没粮食吃。”司马衷忽然灵机一动，说：“没粮食吃可以吃肉粥嘛！”大臣们听了，个个目瞪口呆。

而贾南风在做太子妃时就十分残忍，一个宫女怀有司马衷的孩子，被贾南风得知，她就亲手将那个宫女杀死。司马炎对此十分愤慨，一度想将她废掉，但因贾充在朝中的地位牢固，权势显赫，因此才没能实现。司马衷对这个妻子既害怕，又喜欢，凡事都顺从贾

洗烫家禽图

南风的意思。

司马炎对儿子的痴呆一直心存不安，总想试试儿子到底傻到什么程度。一次，他送给太子一卷文书，里面提出了几件公事，要太子处理。太子虽然痴呆，贾南风却十分聪明。见到这卷文书，马上就明白了皇帝的意思，连忙把宫里的老师请来，替太子做答案。

老师写了一份答卷，引经据典，头头是道。贾妃看了挺满意，可想到皇上是知道太子平常不大懂事的，现在写出这样一份卷子，反倒会叫他怀疑。于是就命太监照着那份答卷另外起草了一份粗浅的答案，让太子依样画葫芦抄写一遍，送给司马炎。司马炎一看，卷子虽然写得不高明，但总算有问有答，可见太子的脑子还是清楚的，因此便打消了废黜太子的念头。

贾南风弄权

前面介绍了，武帝司马炎临死前，曾遗命汝南王司马亮和杨骏一同辅政，但杨芷皇后为了让自己的父亲大权独揽，擅自修改了遗诏。

太子司马衷即皇帝位，改元永熙，尊杨皇后为皇太后，立贾妃为皇后。

贾南风一向有着强烈的权力欲望，虽然丈夫是皇帝，自己贵为皇后，但朝中大权皆为太后杨氏及杨骏把持，自己只是以小辈仰人鼻息，心中十分愤恨。贾南风想干预外政，于是请汝南王司马亮入朝干政。

元康元年(291)四月，司马亮让楚王司马玮入朝，骗司马衷说杨骏要谋反。司马衷哪里辨得清什么真假，命楚王司马玮屯兵司马门，派马繇率禁兵四百人去逮捕杨骏。

杨骏得知内变，急忙召众宫商量，但却没有决断，一时不知如何是好。不久被乱兵刺死，家中老幼无一幸免。杨太后的母亲裴氏依罪该斩，杨氏“截发稽颡”，上表儿媳贾后，自称臣妾，哀求饶了母亲的性命。贾后当然不许，当着杨太后的面，杀掉了杨骏的妻子，又把杨太后幽禁，派人断绝饮食，活活将其饿死。

除掉杨骏后，朝臣推举汝南王司马亮和元老卫瓘共同辅政，贾南风没能达到完全掌权的目的。于是她联合楚王司马玮用“诬以谋反”的手段除掉司马亮。“八王之乱”的序幕由此拉开。

贾后又以司马玮胡乱杀人为由，一道诏书颁下，斩了司马玮。从此贾南风专权朝政，开始肆无忌惮地妄为。

从290~300年，贾南风十年间大权独揽，将朝廷完全置于自己的控制之下，大肆委用亲信、党羽，派他们担任重要官职。贾南风的族兄贾模和从舅郭彰，分掌朝政。

当时的皇太子司马遹不是贾南风所生。这个司马遹就是在皇宫失火时紧紧拉住司马炎的衣服，不让火光照到他身上的孩子。司马炎十分宠爱他，对大臣夸赞司马遹说：“此儿当兴吾家。”

贾南风对此十分忌妒。元康九年(299)，贾南风将妹妹贾午生下的男婴弄入宫中，说是自己所生。接着到处散布太子的恶行，为废去太子做准备。永康元年(300)一月，贾南风以司马衷生病为由，召太子入朝，然后灌醉太子，让他抄了一份自己早已拟好的“谋反”诏令。第二天朝会上遍示众人，表示“(司马)遹书如此，今赐死”。

羊后

大臣张华和裴𬱟力保太子无辜。贾南风害怕事缓有变，上表请废太子为庶人，又自拟皇帝诏书“许之”，太子被送往洛阳之外的许昌宫囚禁。贾南风旋即派孙虑等害死了太子司马遹。

朝廷大臣议论纷纷。掌握禁军的赵王司马伦抓住了把柄，派禁军校尉、齐王司马冏带兵进宫逮捕贾南风。

专门玩弄阴谋的贾南风，这一下也中了别人的计。见齐王司马冏带兵进宫，大吃一惊，说：“你们想干什么？”司马冏说：“奉皇上的诏书，特来逮捕你。”贾南风大叫大闹，指望司马衷来救她，但赵王司马伦手起刀落，把她抓起来杀了。

贾南风死后，羊献容被立为皇后。

八王之乱爆发

所谓“八王”，一般指汝南王亮、楚王玮、赵王伦、齐王冏、河间王颙、成都王颖、长沙王

乂和东海王越。虽然卷入动乱的司马氏不止这八位，但他们在其中作用明显，影响巨大，所以统称八王。

司马衷的兄弟淮南王司马允，在平定贾后之乱后被封为骠骑将军，并兼任中护军。司马允"性沉毅，宿卫将士皆敬服之"。他知道赵王司马伦有篡逆之志，便称病不上朝，密养死士，暗中准备趁机诛除赵王。司马伦很忌惮这位年轻的亲王，便加封司马允为太尉，外示尊崇，实际上是剥夺他的兵权。司马允于是上表称自己有病，不能接受太尉的官号。司马伦忍耐不住，派御史持诏，要收司马允的中护军印信，并弹劾其大逆不道。

司马允接诏一看，上面根本不是皇帝司马衷的笔迹。大怒之下，厉声对左右宣言："赵王欲破我家！"于是率七百多勇士起兵，从王府杀奔而出，沿路大叫："赵王造反，我将攻之，佐淮南王者左袒。"一路上归附的人非常多。

司马允本想先入皇宫，把司马衷掌握起来，来个"挟天子以令诸侯"。但司马伦的手下王舆派人关紧左掖门，一时攻不进去。不得已，司马允率精兵围攻司马伦的相府。

当时在宫中值勤的陈准想帮司马允，便对已经吓得瑟瑟发抖的司马衷说："应遣人举白虎幡，出宫解斗。"司马衷于是连连点头。

历史小常识：九锡

曹操曾经被汉献帝加九锡，孙权也曾经降魏受九锡，这里的司马伦也得到了九锡的赏赐，那么九锡到底是什么呢？锡，在古代通"赐"字。九锡是九种礼器，分别是：车马、衣服、乐、朱户、纳陛、虎贲、斧钺、弓矢、秬鬯。九锡是天子赐给诸侯、大臣有殊勋者的九种特赐用物，是最高礼遇的表示。

白虎幡是麾军进战之旗，驺虞幡才是解斗之旗。陈准本想派人持白虎幡授其弟陈徽，助战司马允。哪知陈准派出执举白虎幡的伏胤，在出门前被司马伦的儿子汝阴王司马虔叫住，说："富贵当与卿共之！"伏胤是墙头草，便携带没有写字的空白诏书出宫，诈称"有诏助淮南王"，没有把白虎幡递送到陈徽手中。

石崇爱妾绿珠

司马允见皇帝的诏使前来，认为一定是派自己讨伐司马伦的圣旨到了，马上让伏胤

进来，自己从兵车跳下，跪地接诏。伏胤是禁军军校出身，身手敏捷，抽刀就把司马允的脑袋砍了下来。淮南王司马允左右虽有千人之众，但都束手无策，眼睁睁看着主人被杀。伏胤口宣诏令，表明他是受帝命斩杀司马允。司马允死时，年仅29岁。

为了继续抬高赵王司马伦的威望，加紧篡逆步伐，司马伦的亲信孙秀在朝议上提出，为司马伦加九锡。“朝廷”本来就掌握在司马伦手中，朝议不过是走个形式，当然得到同意。司马伦得了“九锡”，他的儿子们也握有了各路禁军大权。

司马伦及他的几个儿子都是庸愚无识之徒，真正的幕后策划，其实是孙秀。永康二年（301）正月，孙秀与司马伦再也等待不了了，派司马衷的堂叔、义阳王司马威去逼司马衷“禅位”。司马衷虽然愚憨，也知道身上的玺绶是非常重要的东西，抱着不肯放。司马威伸手去夺，几乎把司马衷的手指掰断。

嗷嗷大哭的皇上被司马伦送到了金墉城，被尊为“太上皇”，司马伦即位，改元建始。司马伦一即位，马上把他的同党，不论文官武将，或是侍从、兵士，都封了大大小小的官职。那时候，官员戴的官帽上都用貂的尾巴做装饰，司马伦封的官实在太多太滥了，官库里收藏的貂尾不够用，只好找些狗尾巴来凑数。所以，民间就编了歌谣来讽刺他们，叫作“貂不足，狗尾续”。

司马伦虽然当了皇帝，但真正的皇帝却是孙秀，所有的诏令都是由孙秀定夺的。孙秀向来与石崇有隙，就向石崇索要他的宠妾绿珠，绿珠美艳且善吹笛，石崇为解绿珠思乡之情，建了一座极其奢华的“金谷园”。石崇不给，孙秀大军一围，石崇见大势已去，对绿珠说：“我因你获罪，奈何？”绿珠流泪道：“妾当效死君前，不令贼人得逞！”遂坠楼而亡。孙秀大怒，将石崇和潘岳等人斩首。不久后，许昌坐拥强兵的齐王司马冏、邺城的成都王司马颖传檄讨贼。关中的河间王司马颙本来想帮助赵王司马伦，看到齐王与成都王兵强马壮，改了主意，与二人一起讨伐司马伦，很快就汇集了三十多万大军。

孙秀、司马伦听说三王起兵，十分恐惧，派亲信将领张泓、士猗、许超和孙会等人率京中禁军迎战。齐王司马冏在颍阴被张泓打败；孙会、士猗等人在黄桥大败成都王司马颖，杀死数万成都王的兵马。消息传回宫内，孙秀、司马伦大喜，大赏黄桥之功。这样一来，出征的将领地位相同了，谁也不听谁的指挥和调动，自大起来。司马颖在黄桥大败后，趁孙会等人松懈之机突然进攻，大败对方，乘胜长驱渡过黄河。

孙秀和司马伦感到事情不妙，连夜商量对策，手中握有禁兵的王舆却率七百多兵士从南掖门入宫，攻杀了孙秀、许超、士猗等人，然后强迫司马伦发诏：“吾为孙秀所误，以怒三王；今已诛秀，其迎太上皇复位，吾归老于农亩。”

于是，数千甲士又在深更半夜赶到金墉城，将睡梦中的司马衷叫醒，迎回了宫中。事定之后，三王入城，发诏杀掉赵王司马伦和他的四个儿子，捕杀了孙秀等人的亲党。

手夺皇帝玺绶的义阳王司马威听到司马伦被赐死的消息后，慌忙逃归洛阳。诸王商议后，觉得司马威罪不大，想饶他不死。这时，一直呆呆坐在上面的司马衷忽然发话：“阿皮（司马威小名）掰我手指，夺我玺绶，不可不杀。”司马衷的这句话，是他当皇帝以来唯一

自己做出的“决定”,诸王当然没有异议,派人杀了司马威。

司马冏奏请立司马衷的侄子、年方8岁的司马覃为皇太子,自己出任太子太傅。司马冏大权在手后,也骄奢擅权,耽于宴乐起来。太安元年(302),河间王司马颙在李含的怂恿下起兵。双方连战三日,齐王的部队大败,司马冏被自己的长史赵渊执送入宫。司马衷看着他,面露恻然的神情,估计是想到司马冏曾拥立自己复位,很想饶他一命。但不等皇上发话,司马冏就被牵了出去,立时斩于阊阖门下,传首六军示众。

太安二年(303)八月,李含被长沙王司马乂所杀,河间王司马颙于是起兵讨伐司马乂。双方在洛阳大战,死伤数万。长沙王手中有司马衷这张王牌,关键战斗皆在军中显耀皇帝旗鼓,一直占据着上风。

成都王司马颖这时投向了司马颙,率兵赶来。关键时刻,本来与长沙王一伙的东海王司马越,害怕城外二王的兵马越聚越多,就半夜冲入司马乂的房中,把俊伟英勇的长沙王捆绑起来,并以皇帝名义下诏免其官职,将其杀死,召成都王司马颖等入城辅政。

长沙王被擒

永安元年(304),胜利的颙、颖联盟瓜分果实,司马颖成为皇太弟,司马颙为太傅。但他们都不在洛阳。司马颖耀武扬威地进入京师后,上表请立自己为皇太弟,这一来引起了司马越的不满。东海王司马越镇守洛阳,不愿意受远在邺城的成都王司马颖的指挥,于是奉惠帝之命伐邺城,双方又打了起来。

两军在荡阴(今河南汤阴)相遇,司马颖的大将石超,大败司马越。混乱之中,司马衷倒在草中,脸上中刀,身中三箭,狼狈不堪。只有侍中嵇绍赶来相救,将司马衷扶上了车。这时兵士把嵇绍从车上拉下,用刀乱砍,司马衷高声叫道:“忠臣也,勿杀!”兵士们回答说:“奉太弟令,唯不犯陛下一人。”嵇绍就这样死于乱刀之下,“血溅帝衣”。

不久,司马颖派卢志找到了坐在草中号啕大哭的司马衷,把他带到邺城。人们见到司马衷身上的衣服溅满鲜血,便让司马衷换下血衣拿去清洗。司马衷说:“这是嵇侍中的血,不要洗!”

东海王司马越吃了败仗,让弟弟东瀛公司马腾联合北方的少数民族,合兵南下进攻邺城。司马颖的军队连连战败,卢志便劝司马颖带着司马衷返回洛阳。

当时,司马颖还有甲士一万五千多人,逃跑时做护卫绰绰有余。可司马颖的母亲程太妃眷恋邺城,迟迟不愿起身,司马颖也是没有决断。大军见主帅无谋,一哄而散,司马颖和卢志只好带着数十骑,拥着司马衷乘小牛车南奔洛阳,一路上狼狈不堪。

火烤长沙王

东海王司马越拥着大军追击,很快就入驻洛阳,控制了司马衷,被委任为太傅、录尚书事。司马颖逃出洛阳不久便被范阳王司马虓的属下一网打尽。河间王司马颙削去司马颖的皇太弟的称号,立司马炽为皇太弟。永兴三年(306),司马颙被杀。八王之乱自此结束。

司马衷作为一个傀儡,被诸王玩弄于掌间,天天以泪洗面,经常随乱军颠沛流离,风餐露宿。八王之乱结束后,司马衷回到了洛阳宫里。但他的非人生活却没有结束,大权掌握在东海王司马越之手。

永兴三年(306)十月,司马越觉得这个傀儡皇帝已经没有用处了,暗中命令宫人下毒,毒死了司马衷。晋惠帝死后,司马越不敢自己登基,便立了司马炽为帝,改元永嘉。八王之乱就此宣告结束。

291~306年,十六年的时间内八王之乱杀来杀去。尤其是301~306年,短短六年时间,发生数次大战:301年三王伐赵王司马伦、303年二王伐长沙王司马乂、304年东海王司马越伐邺城、304年东瀛公司马腾伐邺城、305~306年东海王司马越伐关中。随着西晋政权的兵力的削弱,北方的胡人逐渐占了上风,最终导致十六国的出现。西晋诸王之间的这场大恶斗使数十万人丧失了生命,许多城市被洗劫和焚毁。在洛阳,13岁以上的男子全部被迫服役,城内米价贵到一石万钱,不少人因饥饿而死,并掀起了大规模的流亡浪潮。

少数民族进入中原

巴氐李氏大成国

八王之乱期间,由于战祸不断,加之灾荒连年,疾疫流行,赋敛如故,广大人民饥寒交

迫无以为生，只好背井离乡四处逃亡，从而形成了大规模的流民浪潮。当时全国流徙人口的总数近三十万户，一百余万口，涉及秦、雍、并、冀、梁、益、豫、荆、兖、宁等十余州。流民的生活非常悲惨，他们流移四散，很多人都因饥饿而死，白骨横野。西晋对流民不仅没给予妥善安置，反而采用强迫流民返回故地的极端手段，结果直接引发了流民大起义。

庖厨画像砖

元康四年(294)，匈奴族郝散等领导的羌、胡族起兵反晋。当时正值关中饥馑，疾疫流行。这年秋，秦、雍二州氐、羌人民纷纷起兵响应，推齐万年为领主。齐万年称帝，拥兵七万，威慑关中。西晋派安西将军夏侯骏、建威将军周处征讨，受梁王肜节制。周处进兵攻击屯兵梁山(今陕西干县西北)的齐万年。梁王肜与周处有宿怨，于是公报私仇断了他的归路。周处被齐万年大军包围，战败阵亡。元康九年(299)正月，孟观败起义军于中亭(今陕西武功西)，齐万年被俘杀。齐万年自起兵到失败共四年(296~299)。从此，遍及各地的流民大起义此起彼伏。江统有鉴于齐万年的起兵，写了《徙戎论》。

元康八年(298)，关中闹饥荒，略阳(今甘肃天水东北)、天水等六郡的各族民众十余万人流入巴蜀地区乞食。流民队伍中有一个巴氐豪酋、氐族人李特及他的兄弟李庠、李流等。一路上，李特兄弟接济挨饿、生病的流民。流民感激、敬重李氏兄弟。巴氐本是川蜀一带的一个部族，曾投奔张鲁，曹操攻下汉中时，将这一部族迁入关中略阳，号为“巴氐”。

流民进入蜀地后，贿赂了朝廷派来调查情况的官员，于是得以留在蜀地。蜀地百姓生活较为安定，流民就分散在各地，靠给富户人家打长工过活，以后流民分散到蜀中各地，朝廷已无法禁止。当时李特进入蜀地，看到了这里的地形后，曾说:“刘禅有如此之地而面缚于人，岂非庸才邪?”

当时的益州刺史赵廞本是贾后的姻亲，势力很大，李特到了益州之初得到赵氏的重用。到了永康元年，贾后失势被杀后，赵廞便起兵击败了朝廷任命的新的益州刺史，自称益州牧、大将军，割据益州。但赵廞虽独据了益州，却不是能成大事之人。李特的三弟李庠在赵廞手下，他骁勇善战，很有威望，赵廞对他心怀忌恨。加之有人煽风点火，说“非我族类，其心必异”，又说“此乃倒戈授人也，宜早图之。”赵廞便找借口杀了李庠。当时李特、李流兄弟都拥兵在外，赵廞又将李庠的尸首交给李特，派人去对他们说:“李庠虽然已服罪被杀，但你们兄弟与此罪无关。”让他们仍然做他们的督军。赵廞杀李庠，又把尸首交还，还留给李特兵权，这简直是让他起兵。李特十分怨恨赵廞，正好赵廞内部发生变

乱，便乘机偷袭赵廞的军队，击溃其部下的各部人马，攻入成都，赵廞被手下人所杀。

李特向洛阳方面说明了赵廞的罪状。朝廷任命罗尚为益州刺史，进入益州。罗尚不听从左右所提的早日除掉李氏的建议。

周处长桥搏蛟

于是双方表面上相安无事，但事实上矛盾一触即发。罗尚要把流民赶回关中去。流民们听到官府要逼他们离开蜀地，可家乡正在闹饥荒，回去也是死路一条，于是纷纷向李特诉苦，李特向罗尚请求放宽遣送流民的限期。流民感戴李特，纷纷投奔于他。李特在绵竹设了大营收容流民。不到一个月，流民聚集了近两万人。其弟李流也设营收容流民几千人。

李特收容流民后，派属下阎式再次请求罗尚缓期遣送流民。阎式来到罗尚的刺史府，看到那里正在调动人马，修筑营寨。他对罗尚说明了来意，罗尚对阎式说自己已准许流民缓期返回故地，并让他回去通知流民。阎式因为有所怀疑，于是告诫他不要因为小人的谗言而与百姓为敌，小看了老百姓。因为百姓看起来软弱，但若逼得他们无路可走，对您是没有好处的。罗尚假惺惺地称自己所说的都属实情，让他回去通告流民。

阎式回到绵竹，转述了罗尚说的话，但他同时告诫李特罗尚的话不可靠，得要防备他偷袭才好。李特立刻把流民组织起来准备抵抗晋兵的进攻。晚上，罗尚果然派步兵、骑兵三万人，偷袭绵竹大营。晋军进入营地，见李特大营里没有异样。晋将自以为得计，一声号令，叫兵士猛攻李特大营。三万晋军刚进了营地，只听得四面八方响起了锣鼓声。大营里预先埋伏好的流民，手拿长矛大刀勇猛无比。晋军被杀得丢盔弃甲，四散逃窜。晋将被流民们杀了。李特知道晋朝统治者不会罢休，于是六郡流民首领推李特为镇北大将军，李流为镇东将军。他们整顿兵马攻下了附近的广汉，赶走了那里的太守。李特进广汉后，宣布约法三章，打开了官府的粮仓，救济当地的贫苦百姓。流民组成的军队在李特领导下，纪律严明。蜀地百姓平时受尽晋朝官府的压迫，在李特的统治下生活倒是安定起来。民间编了一个歌谣说："李特尚可，罗尚杀我。"

罗尚节节败退，只好据江与李特对峙。太安二年(303)，李特渡江攻下蜀郡，罗尚退守太城，向李特求和，李特以为蜀中已定，并不作防备。因当时军中粮少，李特便将六郡流民分散到村落就食。李流劝李特说："我们刚攻下此处，人心未稳，现应聚兵一处，以防

不测，而不可分散部队。”李特之子李雄也支持李流，但李特却错误估计形势，说：“如今大事已定，我们安定民众，岂可胡乱猜忌呢？”

罗尚表面上向李特求和，暗地里勾结当地豪强势力，不久得到荆州等地派来的援兵，乘着李特的军队分散在各地时围攻李特。李特的军队大败，李特也在乱军中被杀，其子李雄继续率领流民战斗。不久，李雄军大败罗尚援军，军队重新振奋起来。李流在当年去世，众人推李雄为主。李雄的军队攻下成都，将罗尚赶出益州。永安元年（304），李雄自称成都王，改元建兴，废除晋朝法律，重新约法七章。当时的晋朝内部正因为“八王之乱”而根本无暇四顾，蜀中得到了暂时的安定。

晋惠帝光熙元年（306），李雄自称皇帝，国号大成。后来到李雄侄儿李寿在位时，改国号为汉，所以又称“成汉”。李雄成为十六国中第一个称皇帝的人。秦、雍六郡流民起义，是西晋末年流民起义中规模最大的一次，成汉也成为后来的十六国之一。

杨香扼虎救父

匈奴刘渊称汉王

在中原战乱频仍的同时，匈奴此时却又兴起了。

东汉时期，蒙古大草原发生了一次前所未有的大旱灾，持续时间非常长，“赤地数千里，草木尽枯”。匈奴人“死耗大半”，加上内部战争和与汉朝的冲突不断，导致强盛雄武的匈奴汗国陷入了分裂，散裂为南、北匈奴。

北匈奴一直向西迁移，最后立足于东欧，被罗马帝国畏称为“上帝之鞭”。而南匈奴则大部分依附东汉，迁至西河美稷（今内蒙古准格尔旗西北）。216年，曹操发现迁居塞内的匈奴人日益繁盛，便把南匈奴分为左、右、南、北、中五部。

由于汉高祖刘邦曾嫁宗室公主入匈奴，所以匈奴中各贵族就冒姓刘氏，他们在匈奴诸种中地位最尊贵，因此五部匈奴部帅都是刘姓的匈奴贵族。这些匈奴人移居塞内时间长，汉化日深。他们当中的贵族子弟不仅博览群书，还精于骑射，可以说是能文能武的高门士族。

在曹操设置的五部中，刘豹是其中一部的首领。在东汉末年，於扶罗单于死后，其弟呼厨泉单于继任，以於扶罗单于的儿子刘豹为左贤王。这位左贤王，就是日后大名鼎鼎的刘渊的父亲。

刘渊自幼便居于汉地，深受汉文化熏陶。7岁丧母，年幼的他“擗踊号叫，哀感旁邻”。如此“孝道”，也显示出刘渊的道德礼仪近乎完全汉化。青年时代，刘渊就显现出很大的志向，他发奋习武，广读书籍，可以说是文武全才，而且相貌不凡。许多相士见到刘渊后，都大惊，说：“此人相貌非常，吾所未见也。”曹魏咸熙年间(264~265)，刘渊作为“任子”(少数民族贵族子弟在京城做“人质”)在洛阳居住，当时司马昭很器重他，常邀请刘渊入府做客。晋武帝建立西晋后，王浑、李憙等人都曾向司马炎推荐刘渊，但很多大臣都认为重用刘渊，以后必为祸害，尽管司马炎也认为他是难得的人才，但还是没有起用他。

受到几次失意的打击，刘渊有些心灰意冷。一次为友人饯行时说道：“王浑、李憙两位是我的老乡，多次在皇上面前举荐我，却招致谗毁之言。其实我本来就没有当大官的打算，二公好心却成坏事，唯有您深明我心！自今以后，我恐怕要老死于洛阳城内，与君永诀了！”说完，刘渊悲歌慷慨，纵酒长啸，一座之人皆深为感动。刚巧，刘渊的一番言语都为晋武帝的弟弟齐王司马攸听到，这位睿智聪明的王爷回朝后就建议司马炎除掉刘渊以免祸患。幸亏王浑为他说尽好话，刘渊才逃过一劫。

西晋的内乱使统治者自顾不暇，无力再控制内迁各族，这为刘渊的兴起提供了大好时机。外戚杨骏辅政，为了拉拢人心，树立私恩，加封刘渊为建威将军、五部大都督，并封为汉光乡侯。

八王之乱期间，刘渊曾在成都王司马颖手下，同时他趁机在五部纠结人马，以观时变。刘渊的堂叔祖刘宣秘密召集五部的上层贵族，与五部贵族上层秘密盟誓，推举刘渊为大单于。刘渊身在邺城，听说自己已被五部暗中遥尊为大单于，欣喜过望。但他仍不动声色，假称五部族人有丧事，向成都王司马颖请假，说自己要回部落参加葬礼。司马颖没有答应，不过这可不是这位王爷有先见之明，而是当时各王之间争斗激烈，司马颖太想把刘渊留下来当帮手，所以才不放他回去。刘渊见不能成行，又不敢贸然私下逃归，便让属下呼延攸回去，让刘宣等人召集五部并诱引宜阳诸部胡人，齐集兵马，打着声援司马颖的旗号，准备伺机兴兵。

永安元年(304)，荡阴一战，司马颖得胜，把惠帝掌握在了自己手中，高兴之余，加封一直在身边出谋划策的刘渊为冠威将军。但没多久，王濬率十多万人反叛，直扑而来。刘渊趁机说自己要回五部带匈奴之兵助司马颖，司马颖同意。刘渊于是得以回到左国城，并在左国城即汉王位，国号汉。刘宣等人立刻尊他为大单于。短短二十天，刘渊就召集了五万余众，集中于离石(今山西离石)。不久，司马颖迎战王濬失利，挟惠帝南奔

洛阳。

刘渊不想失约，命令刘景、刘延年等，率步骑两万，准备进攻鲜卑。刘宣等人再三进谏，说："晋朝发生内乱，自相残杀。这正是我们恢复地位的好时机啊！怎么能带兵帮他们打仗呢！要抓住机会自立才是！"刘渊却说："要灭掉晋朝，还不是像掰断一根朽木一样容易？但是晋朝的百姓未必会向着我们。我看汉朝立国的年代最长，在百姓中影响大。我们的上代又是汉朝皇室的兄弟。现在汉朝亡了，我们用继承汉朝的名义，也许可以得民心。只有得到民心，才能得到天下。"大家听了，觉得刘渊的话确实有道理，便同意了。于是刘渊宣布自己是汉王，很快就攻下了上党、太原、河东、平原等几个郡，势力越来越大。势力比较小的各族反晋力量也都来归附刘渊。

历史小常识：随陆无武，绛灌无文

"随陆无武，绛灌无文"出自《晋书·刘元海载记》。刘元海说的这两句话的意思是指文武不能双全，能力有所欠缺。刘元海对汉初两大谋士随何、陆贾因为缺乏武功，生逢乱世跟随高祖而没能荣膺侯封；两大名将周勃、灌婴在文帝时居于相位却在文治方面毫无建树，表示了鄙视和遗憾。刘元海就是兼资文武、功业显赫的刘渊。《晋书》为避唐高祖李渊的名讳，所以称刘渊为刘元海。从刘渊对四人的批评中可以看出他自视甚高，认为自己文武双全。

石勒起兵

永嘉元年（307），刚刚掌握了大权的司马越也意识到刘渊势力壮大的威胁，于是任命刘琨为并州刺史。刘渊获知这一消息，以前将军刘景为使持节、征讨大都督、大将军，在板桥一带拦击刘琨。刘渊起事以来终于首逢对手，刘琨击败了刘景，进驻并州治晋阳（今山西太原），安抚军民。

此时邺城也发生了战争，在河北一带的成都王司马颖原先的部下汲桑以为成都王报仇的名义，自称大将军，进攻司马腾驻守的邺城。汲桑本不足惧，但他的先锋大将，乃是十六国时期赫赫有名的人物，这个人就是后来的后赵皇帝石勒。

石勒（274~333），字世龙，羯族，他是十六国时期后赵国的建立者。石勒的先祖是匈奴支系羌渠的后代。羯人乃是匈奴别部羌渠的后裔。相比于匈奴，羯人的地位要低得多，羯人的基本社会单位还是以部落存在的。

石勒自小在外闯荡，不但精通骑射，而且胆略超群，这使他的能力超过了其父。石勒的祖父耶奕于、父亲乞翼加（又名周曷朱）都是部落里的小帅，父亲乞翼加虽然武艺出众，但不太会管理部下，而且脾气暴躁，动不动就打骂部下，不得部下之心，将士关系非常紧张。父亲见石勒越来越能干，常常让他代为小帅之职，石勒凭借自己的胆识和能力，很快便赢得了大家的尊重，部落也管理得井井有条。当地的汉人郭敬、宁驱认为此人非同常人，经常给予资助，石勒感激之下，便为他们耕种。

晋惠帝末年，并州饥荒大乱。石勒部落所在的地方饿死了许多人，石勒和族人不得已出外逃生，可却被抓做奴隶卖给了山东茌平（今山东茌平）人师欢。师欢见石勒壮健雄

西晋青釉堆塑楼阙人物坛

武，又善骑射，深感他与众不同，便打听了石勒的来历，然后填写了一张放免书，除去了石勒的奴隶身份，让他成为一名有人身自由的田佃客。石勒本是名门之后，又曾经率兵作战，如今沦落到一个遭人欺侮的下等人，甚至被卖为奴隶，心中十分不平。为了改变自己的命运，石勒联合另一个朋友牧马人汲桑，先后召集了十八个人组成一支小骑兵队，号称“十八骑”，正式开始了他的军戎生涯。十八骑中包括了汉族和匈奴、乌桓等少数民族的人。

永兴二年(305)，成都王司马颖的旧将公师藩聚众数万在赵(今晋冀豫部分)、魏(今冀鲁豫部分)起兵反晋，石勒便率领着自己的“十八骑”和汲桑一起参加了公师藩的军队。

这时的石勒还没有正式的名字，只有一个小名，汲桑觉得他领兵打仗，应该有个正式的名字，于是就给他取了“石勒”这个名字，因为他的祖先曾经是中亚的石国人。汲桑以石勒为扫虏将军、忠明亭侯，以前锋都督率军进攻邺城。不久，公师藩兵败被杀。永嘉元年三月，石勒和汲桑再度起义。石勒打仗之勇猛，在十六国时期可是一顶一的。他一战大败晋新蔡王司马腾的将领冯嵩，攻占邺城(今河北临漳西南)，长驱直入城中，其部下李丰将惶恐出逃的司马腾杀死于城外。汲桑的军队在城内杀死士族、民众万余人，又放一把火烧了邺城宫室，大火竟然十日不灭。可怜邺城这座曹操曾一度建都的名城，就这样被焚掠一空。

后来在东武阳一战中，司马越的晋军大破汲桑军。汲桑与石勒收拾残兵败将，逃回到了山东。石勒觉得当前汉王刘渊声势正盛，意欲投奔，劝说汲桑同去以图发展，但汲桑不肯，在经过赤桥一带时遭到冀州刺史丁绍袭击，又打得大败，汲桑与石勒在乱军中失散，汲桑在逃到平原时被晋军所杀。

历史小常识：羯族

羯族源于小月氏，是中国古代的游牧民族。从相貌上说，羯族的特征是深目、高鼻、多须；羯族的葬俗是用火葬；宗教信仰祆教。东汉时期已开始内迁，汉晋时期的羯人虽还保持有一定的游牧经济，但农业所占的比重越来越大。东晋十六国时期，羯族人石勒建立了后赵政权。在石勒的努力下，农业生产出现了繁荣的局面，国仓丰盈。后赵提倡并弘扬西域文化，这使得西域文化的各个层面都能较快地在中原流播。

石勒投靠刘渊

此时的刘渊已经建国三年，在北方有了自己稳固的根据地，各地的起义军都去投靠他。石勒从山东往山西投靠刘渊，那时刘渊刚迁到山西的新都城黎亭(今山西壶关)，石勒率领残兵中途逃至自己的老家上党郡，当时据于此地的也是胡人张背督、冯莫

突。石勒便投靠了这支胡人的部队，他很快看出这支部队难成大器，就向张背督等人指出刘渊乃是可以与晋军抗衡的最强的势力，说服这支部队投往汉营。

牛耕图

在石勒和被说服的几千兵马经过乐平（今山西昔阳）时，听说这里有一支二千人的乌桓部军队，首领是张伏利度。以前刘渊多次想收服他，都未能成功。石勒想，如果自己能把这件事办好，就更能得到刘渊的赏识和器重。于是，石勒令其他人率领部下先走，自己单身来到了张伏利度的营帐，表示愿做他手下的一员，终身为他效力。张伏利度很高兴地收下了他，任他为部将。

此后，石勒凭借自己的勇气和谋略，不但使张伏利度和他结拜为兄弟，其他的将领对石勒也极为佩服。石勒见时机已经成熟，便在一次开会时将张伏利度绑了起来。他说自己想率领众将士去投奔刘渊，以图更大的发展，如果张伏利度也能去，还奉他为主帅。张伏利度见石勒并没有加害自己的意思，便答应了。

汉王刘渊见石勒说服张伏利度来投奔他，高兴异常，任命石勒为督山东征讨诸军事，赐号辅汉将军，封平晋王，张伏利度也封为乌桓王，由石勒统一率领投奔的全部人马。

光熙元年（306），山东刘伯根率万人反晋，东莱郡（今山东掖县）大族王弥也参加其中。后刘伯根战死，王弥继统其众数万，转战于今河北、山东、安徽、河南等地。永嘉二年（308）五月，兵临洛阳（今河南洛阳东北），使晋廷“京邑大震，宫城门昼闭”。后被晋司徒王衍击败，王弥率余部投奔刘渊。

永嘉二年（308），刘渊称汉帝。刘渊得到石勒相助，同时部队又得到了休整，积极准备进攻洛阳，消灭腐朽的西晋。

短命的西晋王朝

晋军主力尽失

在益州称帝的李雄巩固了政权，并且废除了晋朝遗留下来的一些不合理制度。当时李雄不仅有李氏一族的支持，也招揽了不少人才。成国建立初期的局面相当不错，与此产生鲜明对比的便是这个时候还在“窝里斗”的西晋皇室。

上面已经说过在李雄称帝的那一年，也就是晋惠帝光熙元年(306)，东海王司马越，立司马衷之弟司马炽为帝，这就是晋怀帝，年号为永嘉。司马炽是武帝司马炎最小的一个儿子。武帝临死的前一年，将他封为豫章王。八王之乱期间，他洁身自好，不问世事，闭门读书，专心于史籍，因而颇有声望。司马炽在即位之初，遵照旧制，在太极殿东堂听政。每次朝会，司马炽都要和群臣讨论各种国家大事、考证经史典籍，这让十余年没能和皇帝谈论朝政的大臣们十分欣喜，许多大臣都说：“今天又看到武帝的时代了！”

而此时的西晋内部又出现动乱。司马炽当皇帝前，与中庶子缪播的关系很好，即位后，任缪播为中书监，任他的弟弟缪胤为太仆卿，把他们当作心腹。其舅父散骑常侍王延和尚书何绥、太史令高堂冲，也一起参与朝廷的机密事务。

这样一来，引起了司马越的不满，朝中权力争夺的矛盾一下子尖锐起来。永嘉三年(309)，司马越诬陷缪播等人图谋叛乱，从司马炽身边逮捕了他们，并全部杀死。司马炽无能为力，只能叹息流泪而已。

匈奴族汉国见西晋朝廷内乱不断，于是发兵攻伐。晋怀帝永嘉三年(309)，刘渊采纳大臣们的建议，迁都平阳(今山西临汾附近)，大赦境内，改元河瑞。汉军当时的攻势渐渐形成灭晋之势。

晋左积弩将军朱诞痛恨司马越的倒行逆施，失望之下叛降刘渊，劝刘渊出兵攻打晋都洛阳。刘渊当即以朱诞为前锋都督，为汉军开路，以平晋大将军刘景为大都督，向洛阳方向进发。在连战连胜之后，这年八月，刘渊正式发动进攻洛阳的总攻势。但欲速则不达，汉军进攻洛阳的第一次战争以晋军大胜结束。这年冬天，刘渊以举国之兵力再次向洛阳发动突然袭击。晋军在河南被汉军击败，但汉军显然未从几个月前的第一次惨败中完全恢复过来，晋护军贾胤等率勇士千余人夜攻刘聪军，两军战于大夏门，刘聪军溃散。洛阳的百姓虽然恨透了腐朽的西晋王朝，但也不愿受匈奴贵族的统治。所以刘渊两次进攻，都遭到洛阳军民的猛烈抵抗，不得不退兵。

但石勒在这一年中却相继攻占了魏郡、邺城和赵郡等地，兵马发展到了十多万，势力空前壮大起来。

洛阳大战的第二年，刘渊病死，将他的灭晋大业留给了他的后人。

汉晋在洛阳附近的两次大战，均以晋军的胜利告终，这使得晋朝的紧张局势得到暂时的缓解。但晋朝颓势已成定局，无力应对汉国下一次全面凶猛的进攻了。刘渊死后，

贵族出行仪仗图

汉军继续对晋都洛阳用兵，石勒的骑兵在华北平原上所向披靡，渡过黄河攻下襄阳城以及江、汉一带的堡垒三十余个。石勒便想以此为根据地与天下抗衡，参军张宾立刻向他指出当前形势：战线已经拉得过长，且江汉一带并不适合石勒的精骑发展，不如北撤。于是石勒北还，途中又先后攻下晋江夏、新蔡、许昌等城，可谓是威震中原。此时在洛阳以东一线出现了一片巨大的沦陷区，洛阳几乎陷于孤立无援的地位。

司马越请求迎战汉石勒，想拥大兵立功，以此提升自己的权势。但司马越率四万精兵出讨后，飞檄各州郡征兵，竟然没有一支地方的军队赶来支持，这让司马越又急又气。就在这时，曾经受到司马越排挤的司马荀发出檄文，历数了司马越的罪状，声讨司马越。晋怀帝司马炽自是求之不得，秘赐手诏命他讨伐司马越。

司马越有所风闻，截获了司马荀所派的使臣和司马炽的诏书。于是司马越与司马荀开战。半个月后，司马越忧愤成疾，病死在项城（今河南沈丘）军中。部将王衍等只得率兵带着司马越的灵柩返回东海（今山东郯城），回到他的封国安葬。

历史小常识：九品

古代官职的品级。曹操统治初就已经有九品中正制的萌芽。魏晋始立九品官阶；自北魏起，每品分正、从，四品以下每品正、从又各分上、下阶，凡三十等；唐宋武职三品以下分上下，文职同北魏。隋及元、明、清仅分正、从，十八等。如清代知府为从四品，知县为正七品。

石勒得知司马越暴死的消息后，率劲骑在苦县宁平城（今河南郸城东北）围攻这数十万西晋军民。石勒派兵士一把火烧掉了司马越的棺柩，并说：“此人乱天下，吾为天下报之，故烧其骨以告天地。”石勒军队逮捕了太尉王衍、吏部尚书刘望等多位晋朝高官、皇族王爷，后都被石勒杀死。李恽原本是司马越留在洛阳监视晋怀帝的，由于司马越的失势，

他以奔丧为名，带着大批王公官吏逃出洛阳。石勒在消灭了王衍军以后，又击溃李恽军，杀死了随军的晋宗室四十八个王和官吏们。至此西晋的主力军被彻底地消灭了。

石勒成立智囊团君子营

在攻打常山时，石勒得到了谋士张宾，从此石勒的事业如虎添翼。赵郡人张宾，是个相当有才华的低级士人，他自叹难逢明主。石勒大军到河北，他立即来到石勒军中。当时来投奔石勒的士人越来越多，石勒认识到自己欲成大事，必须依靠这些在晋朝不得志的士人的帮助，永嘉三年(309)石勒让张宾将军中有文化的汉族士人集中起来，组成一个智囊团，专门研究军事作战，他以张宾为谋主，加上不少低级士族，别立一营，号为“君子营”，为石勒出谋划策。石勒在对汉人的利用这点上要远远胜过刘渊。

六抬肩舆

永嘉六年(312)的时候，汉国已经占据了黄河下游的大片土地，石勒用张宾之计，除掉了与自己有隙的晋朝降将王弥，从而执掌幽、并二州军事，而他的实际控制范围则早已向南直达长江以北地区。下一步准备攻打江南的政治经济中心——建业(今江苏南京)。由于晋朝的统治中心还未完全转移到南方，石勒对江南形成的攻势被认为是一举攻灭江南晋朝势力的好机会，然而与历史上的多次南北战争出现的情况一样。北方的士兵遇到了水土不服的问题，加上这年的雨季提前来临，进入二月以后连续大雨不止，暴雨冲垮了道路，将石勒的简易军营冲得不成样子。同时，瘟疫也开始在军中蔓延，一半的士兵病死。士气受到了很大打击，石勒的部将们也是各怀心志，军心浮动。

晋军听说这些消息，将军队集中在寿春一带，准备进攻石勒军。石勒赶忙召集众将士商议对策，张宾直率地说：“我们去年就不应该在这里安营扎寨，既然现在大雨不停，那我们就不能在这里待下去了。北方的邺城一带西连平阳，而且又有山河的天然屏障，那是个好地方，我们应该北上去夺取，如果能成功的话，控制了河北地区，那天下就是属于您的了。晋军之所以要防守进兵，就是害怕我们南下进军，如果我们现在突然撤退走了，他们高兴还来不及呢，根本不会追击我们。现在我们必须先把辎重物资运走，兵马则趁机运动，做出进军的样子来迷惑敌人，等我们的辎重都运完了再掉头北上，那就会平安撤

退，开创新的霸业。”石勒听了满心欢喜，擢升张宾为右长史，号为“右侯”。依计而行，果然顺利北上到达了邺城。石勒从此以后更把张宾视为自己的左膀右臂，凡事多多少少都要与张宾交换意见。

第二年，石勒终于攻下了邺城，并让石虎镇守邺城。石勒又征询张宾下一步该如何走。张宾说：“如今天下已经大乱，我们不能这样没有根据地到处游击，常言道，得地者昌，失地者亡。现在看来，附近的襄国和邯郸地势很险要，我们可以选其一作为我们建都的地点，有了坚固的根据地，再派兵将四处征讨，不用多长时间，霸业便可以建立起来。”

青釉骑兽瓷器

石勒边听边频频点头，于是决定进军襄国。石勒占领襄国后，开始练兵屯粮，以襄国为中心，形成了自己的根据地，势力也逐渐强大起来。

刘聪杀兄夺位

永嘉二年（308）攻洛阳时，刘渊认为汉军已对晋军形成了绝对优势，灭晋当在弹指之间，当时竟迫不及待地在蒲子称帝，改元永凤，大赦境内，封长子刘和为大将军，四子刘聪为车骑大将军，族子刘曜为龙骧大将军，其他宗室尽皆封王。异姓按勋谋区别，也封为郡县公侯。永嘉四年（310），刘渊带着没有攻下洛阳的遗憾在平阳去世。而刘渊无法想到的是，在汉国的内部，一场残酷的帝位之争正在酝酿之中。

刘渊去世后，太子刘和继承了皇位，而兵权却掌握在刘渊的第四子楚王刘聪手中。

刘聪字玄明，是刘渊的第四个儿子。传说刘聪的母亲张氏怀孕的时候，曾梦见一轮红日钻进怀里，醒来后她对刘渊说起这件事，刘渊告诉张氏这是吉祥的预兆，不要对外面说出去。张氏足足怀了十五个月的身孕，才将刘聪生下来。刘聪出生的那天夜里，家里出现一道白光，待生下来，家人发现刘聪的左耳有一抹二尺余长的白毛。

刘聪从小就聪悟好学，博士朱纪见了他以后觉得十分惊奇。14岁的时候，刘聪就已经研究通了经史，综合百家之言能得出自己独到的结论，并且尤其喜欢诵读兵法。在书法方面，刘聪的草书与隶书写得最好；在文章方面，他曾写过百余篇述怀诗、五十余篇赋颂，都是字字珠玑，文采斐然。15岁时，刘聪开始学习击刺的武术，善于射箭，能够拉开三百斤的弓，可以说是冠绝一时。

刘聪身上既有父氏匈奴骁武的遗传，也有母氏汉族诗文积淀的灵性，确是人中龙虎。

20 岁时，刘聪在洛阳游学，交结名士无数，当时的大臣乐广、张华都对他大加叹赏。在京城见过大世面后，刘聪回到故地，官至右部都尉，善于抚接匈奴五部士众，族人归心。其父刘渊在成都王司马颖手下效力的时候，刘聪唯恐父亲有三长两短，自告奋勇在司马颖手下任积弩将军，常常冲锋陷阵，为父亲刘渊争功。

西晋灭亡

汉赵国一直局促于并州（今山西）一隅，后来定都平阳（今山西临汾）。刘渊当了皇帝不久就卧病不起，临终时，将兵权交给了安昌王刘盛。刘盛年幼时不喜欢读书，只读《孝经》和《论语》两本书，他说："读这两本书能够照着去做，就足够了，哪里还用多读而不去做呢？"刘渊因为他忠诚，所以才将重要的职务交给了他。

但刘和性格多疑，平时对属下也没有什么恩德，因此汉赵朝中的实际权力还控制在能征善战的刘聪手中。呼延攸是刘和的舅舅，刘渊临终任命了一批大臣，唯独没有他，这让呼延攸感到既羞愧又愤恨。他对刘和说："先帝不考虑轻重的情势，使三王在皇城里统领强兵，大司马刘聪拥兵十万在近郊驻扎，陛下不过是在他人那里寄寓的皇帝罢了。应当尽早考虑对付这种情势。"刘和一向对舅舅深信不疑，马上宣召安昌王刘盛，让他出兵剿灭刘聪。刘盛说："先帝的棺椁还没有安葬，四王刘聪也没有变节，您就要自相残杀，天下会怎么说陛下？请您不要听信挑拨离间的小人的谗言，疑忌自己的兄弟。兄弟尚且都不能相信，那别人谁还值得相信呢？"呼延攸大怒，命令左右随从把刘盛杀了，密谋攻打刘聪。

岂知刘聪早有准备，永嘉四年（310），没等呼延攸的军队集结完毕，他就率先下手，收服了呼延攸手下的兵将。在光极殿西室，刘聪亲手杀死了哥哥刘和，并将呼延攸斩首，将首级悬挂在交通要道上。大臣们于是请刘聪登上皇位，刘聪表示北海王刘乂是刘和的同胞弟弟，皇位应该由刘乂继承，但刘乂坚持请刘聪即位。刘聪谦让了一阵后，也就同意了，宣布继承汉赵帝位，并说："北海王以及诸公是因为祸乱困扰还多，看重我年纪大几岁罢了。这是国家的事业，我怎么敢推辞！等北海王长大，我将把大业交还于他。"于是尊

奉刘乂的母亲单氏为皇太后，自己的母亲张氏为帝太后。以北海王刘乂为皇太弟，兼大单于、大司徒。立自己的妻子呼延氏为皇后，封儿子刘粲为河内王、刘易为河间王、刘翼为彭城王、刘悝为高平王。

晋愍帝求降

在石勒大败司马越的同时，汉刘聪命刘曜进攻洛阳。

永嘉五年(311)六月，汉赵刘聪大军兵临洛阳城下。几路大军会兵一处，围攻洛阳。攻破洛阳城门，晋怀帝在出城逃往长安的路上被汉军追获。刘曜一把火把洛阳烧成白地。

刘聪俘虏了晋怀帝后，吴王司马晏的儿子秦王司马邺时年12岁，逃至密州，在长安继承西晋皇位。建兴四年(316)八月，刘聪派大将刘曜率军围攻长安。双方军队僵持了四个月，长安城内粮尽，无法据守。司马邺赤露肩背，口含玉璧，乘坐羊车，出城求降。西晋至此宣告灭亡。西晋自晋武帝司马炎泰始元年(265)十二月建立到晋愍帝建兴四年(316)十月灭亡，经历了四个皇帝，一共五十二年。

刘聪再一次面对西晋降帝，百般羞辱于他。不久杀死了司马邺。

司马邺死后，谥号愍帝。至此，黄河以北的中原地区名义上尽归汉赵国所有。西晋曾完成了统一，前期也有过短暂的繁荣，有过创新改革，但在成功面前，西晋统治者没能进一步进取，而是开始懈怠、腐化，在处理统治阶级内部矛盾、阶级矛盾、民族矛盾方面留下了一系列隐患，终于导致了它的速亡。这个历史教训，是极为深刻的。

在西晋混乱亡国的过程中，凉州张轨于建兴二年(314)二月被西晋的朝廷任命为太尉、凉州牧，封西平郡公。于是张轨立了国，史称前凉。张轨是安定郡乌氏(今甘肃省平凉西北)人。

晋惠帝时，他在京做官。赵王司马伦夺权后，张轨要求回凉州。301年1月，朝廷任命他为凉州刺史。张轨到任后，大力任用当地有才干的人物作为帮手，如宋配、阴充、泛瑗、阴澹等，妥善安排境内的鲜卑部落，并迅速平定了桀骜难驯的人，威镇西方，稳定了凉州的局面。永兴二年(305)，俘获鲜卑十多万人口，安置在河西走廊。永嘉之乱时，怀帝被困洛阳，地方各大员无人登门，只有张轨派人送来贡品，连年不断。

洛阳、长安陷落后，张轨专门设了武兴、晋兴二郡，安置关中流民。张轨还下令铸造五铢钱，钱币于是在河西流行起来。晋愍帝占据长安后，张轨派了三千人前去保卫。之后张轨就据此凉州一地。

东晋建立

西晋灭亡以后，司马氏在江南重建政权，史称东晋(317~420)。北方则进入“五胡十六国”大乱时期，从刘渊建国到北魏统一北方(304~439)的一百三十多年间，各少数民族上层和汉族官僚地主纷纷建立政权，历史上叫作十六国时期。“十六国”因北魏崔鸿的

《十六国春秋》而得名,十六国时期的历史,以秦晋淝水之战(383)为界,可划分为前后两个时期。

秦晋淝水之战前,北方先后出现的政权主要有成汉(氐)、前赵(匈奴)、后赵(羯)、冉魏(汉)、前燕(鲜卑)、前秦(氐)。淝水之战后,北方再次分裂。原来在前秦统治之下的各少数民族上层分子,趁机起来建立各自的分裂割据势力,后燕、西燕、南燕(鲜卑);北燕(汉)、后秦(羌)、夏(匈奴);后凉(氐)、南凉(鲜卑)、北凉(卢水胡)、西秦(鲜卑)、西凉(汉)。

暴虐的刘聪

匈奴刘渊建汉,自称汉王,永嘉二年(308)称帝,318 年刘曜改国号为赵,史称前赵。羯族石勒,于 319 年称赵王,后改称皇帝,史称后赵。

陈元达冒死进谏

前面已经介绍了,刘聪杀兄即位。刘聪坐上了汉的皇帝宝座,又尽占了黄河以北的中原地区,他的性情也更加骄横,向来不喜欢大臣的忠言直谏。313 年,刘聪把贵嫔刘娥立为皇后,为她建造仪殿。廷尉陈元达恳切地劝谏,说:"您的父亲刘渊身穿粗布,居住的地方也没有双层的坐垫,皇后妃嫔也不穿绫罗绸缎,拉车的马匹不喂粟谷,这是爱惜百姓的缘故。陛下即位以来,已经建造了四十多处宫殿,加上一再兴兵作战,军粮运输不停,饥馑、疾病流行,造成人们死的死、逃的逃,但您还想大兴土木,这难道是做百姓的父母的想法吗?现在晋朝的残余还在西边占据着关中地区,陛下不为这一切担忧,却又在宫廷中建造殿堂,这难道是目前所急需的吗?"

这番话无疑是捅了马蜂窝,刘聪勃然大怒,骂道:"朕身为天子,建造一个殿堂,为什么要问你这样的鼠辈呢?你竟敢胡说八道扰乱大家的情绪,不杀掉你这个鼠辈,朕的殿堂就建不成!"于是向左右随从发出命令:"拖出去杀了!连他的妻子儿女一起在东市悬首示众,让这群老鼠进到一个墓穴里去!"

当时刘聪是在后宫逍遥园的李中堂内,陈元达事先早就料到刘聪的反应,因此在腰间绑了一把大锁。听到刘聪要把他拉出去,陈元达马上跑到园中,用锁把自己锁在堂下的树上,大声呼喊起来:"我所说的,是为社稷大业考虑,而陛下却要杀掉我。我能够与龙逄、比干同游,这就满足了!"随从们上前拉他,却怎么也拉不动。

这时,站在一旁的朱纪、范隆、刘易等人一起叩头,叩得出血,说:"陈元达为先帝所赏识器重,他也一直尽忠竭虑,知无不言。今天他所说的话虽然有些狂妄直率,但希望陛下能够宽容他。因为直言劝谏而杀列卿,这让后世怎么说?"

刘聪听大臣们这样说,一时不便再喊"拖出去砍了",便阴沉着脸,不置可否。

刘皇后听说后,暗中命令随从们停止对陈元达的刑罚,马上写了一道奏疏给刘聪,说:"现在宫室已经齐备,用不着再营建新的,四海还没有统一,应当珍惜百姓的财力。陈

元达的直言是社稷的福气，陛下应该加以赏赐。现在反而要杀他，天下要怎么来评说陛下呢？直言进谏的忠臣固然不顾自己的性命，而拒绝进谏的君主也是不考虑自身的性命。陛下为了给我营建宫殿而杀劝谏的大臣，这样，使忠良之臣缄口不言是因为我，远近都产生怨恨愤怒是因为我，公私两方面的困窘弊害也是因为我，使国家社稷面临危险还是因为我，天下的大罪都集中到我的身上，我怎么能承担得起呢？我观察发现，自古以来造成国破家亡的，没有不从妇人开始。我心里常常为之痛心，想不到今天自己也会这样，使得后世的人看我，就像我看古人一样！我实在没有脸面再伺候您，希望您允许我就死在这个殿堂里，来弥补陛下的过错！”

皇后刘娥是十六国时期十分出色的女子，《晋书》中有她的列传。

刘聪看完皇后的奏疏，脸色都变了，过了许久，才慢慢地说：“朕近年以来，因为中了点风，喜怒超过限度，不能自己控制。陈元达是忠臣，朕却没有看出来。各位能够磕破头让我了解他，确实是深明辅佐之臣的职责。我的惭愧藏在心中，怎么敢忘掉呢？”说完，叫陈元达上来，把刘皇后的奏疏给他看，说：“在外有像您这样的人辅佐，在内有像皇后这样的人辅佐，我还有什么可忧虑的呢？”又赏赐给在场劝谏的人不同数量的稻谷与布帛，把逍遥园改称为纳贤园。刘聪对陈元达说：“你本该怕朕，现在反倒是朕怕你了！”一出直谏纳谏的好戏就此收场。

刘聪执政时期，重新制定了汉国的百官制度，除中央机构沿袭刘渊建国初的旧制外，创立了一套胡、汉分治的地方行政体制，置左、右司隶，各领民户二十余万，每万户置一内史，共设内史四十三人，用以统治汉人。又设大单于，大单于之下设左右辅，各领六夷十万落，每万落置一都尉。刘聪以子刘粲为丞相、领大将军，封晋王，以中山王刘曜为大司马。刘聪所建立的这套行政机构，形式上是曹操对匈奴五部分治法的继承和大范围的应用，但实际上有很大的不同。刘聪的百官建制仍然保存了大单于的职能，大单于的地位仅次于皇帝，担任大单于的大都是皇位的继承者。在刘氏统治机构中虽然也吸收了一部分汉人，但大权基本上掌握在匈奴贵族手中。

刘聪日益残暴骄奢

刘聪虽攻克洛阳、长安，灭了西晋，但他实际所能控制的地方，东不逾太行、南不越嵩、洛，西不过陇坂，北不出汾、晋。在中原地区曹嶷据青、齐，石勒据河北，鲜卑拓跋部据代北，皆各据一方。

但刘聪显然没意识到这一点，自从灭掉西晋后，他渐渐骄奢起来，虽有陈元达冒死进谏，但并不能改变他的作为。每次用餐时必须准备珍馐美味，而且一定要有新鲜的鱼。左都水使者刘摅有一次送鱼蟹来迟了，被枭首在东市。宫殿也装饰得穷奢极丽，由于给两位妃子的宫殿没有修好，他又杀死了监工大臣；到汾河去观鱼，他又彻夜不归。刘聪喜好出外游猎，早晨出去夜里才回来，回来后点起几千支蜡烛，用来延续白昼的欢乐。

刘聪骄奢淫虐，朝廷内外也没有一点纲纪。刘聪的母亲因为刘聪刑罚太过严厉，三天不吃饭以示警告。刘聪的次子、大将军刘敷屡次哭着劝谏，刘聪大怒说：“你想要我死

吗？朝朝夕夕生来哭人！”刘敷于是积忧病死了。

刘娥皇后去世后，靳准的两个女儿都是沉鱼落雁的美色，分别叫靳月光、靳月华。靳准早就有意凭借两个女儿谋取高官，美人计已经筹措多时。见时机成熟，靳准便将两个女儿献给了刘聪。第二天，刘聪便封二女为贵嫔，后又将靳月光册封为皇后。

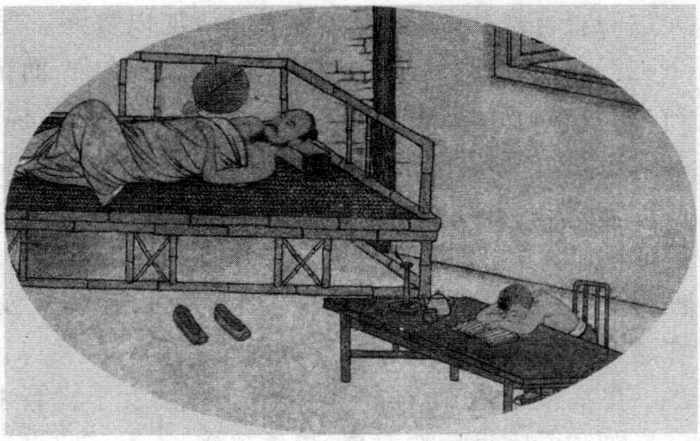
吴猛恣蚊饱血

虽然备受宠爱，但后宫佳丽众多，靳月光也不能天天见到刘聪。时间一长，靳月光便耐不住寂寞了，于是找了几个美少年入宫打发时间。不料这件事被陈元达探听得一清二楚，他将靳月光的秘事收集了许多证据，写在奏折里交给了刘聪。刘聪怒火中烧，痛骂了一番靳月光，将陈元达的奏折掷在靳月光脸上。靳月光看完奏折，不敢分辩，哀乞刘聪的饶恕。刘聪大怒之下拂袖而去，靳月光当晚便服毒自尽了。

刘聪本来是一时气愤，听说靳月光自尽，赶忙跑去。见到靳月光的脸色凄惨无比，刘聪便抱着尸体大哭了一场，从此将靳月光的死归咎于陈元达，无论他再有什么规谏，刘聪都置若罔闻。

从此以后，刘聪命儿子刘粲为丞相，一切国事都让刘粲决定，自己则不出来管理朝政。太监王沈的养女，容颜美丽，刘聪想立她为左皇后。尚书令王鉴、中书监崔懿之、中书令曹恂进谏，刘聪非常生气，对刘粲说：“王鉴口出狂言，侮谩尊上，不再有君臣上下的礼节，应该快快定他的罪！”刘粲于是收捕王鉴等人，没有审讯就将他们送往刑场斩首。

皇太子谋杀皇太弟

当初刘聪杀兄即位后不久就因为自己是超越次序而当的皇帝，于是封北海王刘乂为皇太弟。之前的皇后呼延氏一直将北海王视作眼中钉，不断地劝说刘聪除掉皇太弟，刘聪心里也暗暗下了决心。刘乂的舅父感到事情不妙，哭着进言刘乂，希望他自己请求撤销皇太弟的封号，以免杀身之祸，刘乂却认为自己皇太弟的名号是天经地义，大祸临头还如此不自知，这位皇太弟的命运也就可想而知了。

刘聪把国家大事都交给了儿子刘粲，很明显有传位于他的意思。恰值一次天落红雨，使他所居的延明殿周围一片殷红，形同上天降血。古人迷信，刘乂心中不由得惧恶顿生，忙把东宫属官卢志、崔玮、许遐等几个汉族儒官请进宫来，商议对策。卢志等人劝说刘乂派刺客杀死刘粲。大将军刘骥连年征战在外，城内没有可以抵战的悍将，只要发兵鼓行冲向云龙门，宿卫将士肯定倒戈奉迎，那么举事必能成功。卢志等人远虑深谋，把情势分析得头头是道，但皇太弟刘乂政治经验极其缺乏，没有勇气行此大事。没几天，刘乂

手下的东宫舍人荀裕上告卢志等人劝刘乂谋反的事情，刘聪大怒，把刘乂软禁起来。

刘粲早就对这位挡在自己前面的小皇叔恨得牙根痒痒，至此更是杀心顿起。几天后，刘乂正在府中呆坐，忽然丞相刘粲手下的将军王平闯入，一脸焦急和凝重，通告他说：“奉皇上诏旨，京城内有人想叛乱，请诸王宗室裹甲执兵，以备非常！”刘乂不敢怠慢，连忙命令东宫府臣卫士全身披挂，各执兵器，在府内集结，等待命令，准备为皇上效死。

刘粲则奔赴皇宫禀报刘聪说，皇太弟刘乂手下着甲衣准备作乱。刘聪大吃一惊，令刘粲马上率军包围东宫。刘粲拘捕了听命于东宫的氐、羌酋长十多人，严刑拷问，把他们的头颅都枷錮于高木格之上，烧红铁器炙灼双目，酋长们便诬陷自己和皇太弟共同谋反。

于是刘聪下令，诛杀东宫所有官员，平素与皇太弟亲近、交厚的人也一律格杀勿论，废黜皇太弟，改封为北部王。不久，刘粲就让靳准谋杀了皇太弟。刘聪听说皇太弟的死讯后，悲恸痛哭说：“我们兄弟仅剩二人却不能兼容，怎么才能使天下人知晓我内心的情感呢？”

由于皇太弟刘乂有大单于的头衔，平时在京中的氐族和羌族贵族均是他所掌属。因此皇太弟死后，氐族、羌族反叛的很多，刘聪让靳准代行车骑大将军职务，征讨平定了叛乱，并将刘粲立为皇太子。

东晋的统治

与匈奴族刘渊建立汉的同时，司马氏也于318年在江南建立起了东晋政权。

司马睿建康登基

318年是一个多事之秋。匈奴的汉政权正在发生内乱，而一直在江南的原西晋皇族司马睿却终于等到了晋愍帝司马邺被害的消息，于是，在以王导为首的江南士族支持下顺理成章地在建康登基称帝，史称“东晋”。海内大乱之时，唯独宗室琅邪王司马睿的江东一带稍稍平静，他在镇东司马王导的劝告下，召辟贤才，总揽俊杰，总算使晋朝有了一块最为安全的喘息地。当长安陷落的消息传到江南后，镇守建康（今江苏南京）的司马邺的堂叔、琅邪王司马睿，318年宣布继位，年号建武。

司马睿

司马睿在西晋皇族中，地位和名望并不高。晋怀帝的时候被派到江南，司马睿带去了一批北方的士族官员，其中最有名望的是王导，司马睿对王导可谓言听计从。司马睿刚到建康的时候，常常因为喝酒耽误事情，

王导对此进行劝说，司马睿就命令人斟上酒，接过酒杯后把酒倒掉，从此便戒了酒。

江南的一些大士族地主嫌司马睿地位低，不怎么看得起他，也不来拜见他。为了这个，司马睿心里很不踏实，要王导想个办法。王导有个堂兄王敦，当时在扬州做刺史，很有势力。王导把王敦请到建康，两人一商量，想出一个主意来。每年的三月初三是当地的禊节，百姓和官员都要到江边去“求福消灾”。

这一天，王导让司马睿坐上华丽的轿子到江边去，前面有仪仗队鸣锣开道，王导、王敦和从北方来的大官、名士，一个个骑着高头大马跟在后面，排成了一支十分威武的队伍。在江边看热闹的人很多，大家看到这种从来没见到过的大排场，都轰动了。江南有名的士族地主顾荣听到这个消息，赶忙来看。结果看到王导、王敦这些有声望的人对司马睿非常尊敬，大吃一惊，怕自己怠慢了司马睿，赶紧出来排在路旁，拜见司马睿。打那以后，江南大族纷纷拥护司马睿，司马睿在建康就站稳了脚跟。

永嘉南渡后，北方的士族地主纷纷逃到江南来避难，王导劝说司马睿把他们中间有名望的人都吸收到王府来。司马睿听从王导的意见，不但拉拢了江南的士族，又吸收了北方的人才，巩固了地位，心里十分感激王导。

“王与马，共天下”

司马睿登基那天，王导和文武官员都进宫来朝见。司马睿一见到王导，从御座站了起来，把王导拉住，要他一起坐在御座上接受百官朝拜，这个意外的举动让王导大为吃惊，忙不迭推辞。后来王导每次上朝，司马睿都要起立相迎。

司马睿刚开始统治江东时，认为自己能够得到这个皇位，全靠王导、王敦兄弟的力量，所以对他们特别尊重，并重用他们。让王敦总领征讨军事，王导担任尚书，负责机要政务，王氏兄弟的门生子弟也各自占据显要的职位。

王导

王导在内执政，而王导的堂兄王敦则在外掌兵，王氏家族逐渐掌握大权。当时民间流传着一句话，叫作“王与马，共天下”。意思就是王氏同皇族司马氏共同掌握东晋的大权。

不久，司马睿在稳定了皇位后，开始不满“王马共天下”的局面。掌握了军权的王敦自恃有功，而且宗族势力强盛，越来越骄恣跋扈，也开始不把司马睿放在眼里。司马睿看出了王敦的骄横，因畏惧而憎恶，于是提拔刘隗、刁协等人作为自己的心腹，逐渐抑制和削弱王氏的职权，王导也逐渐被疏远。中书郎孔愉说王导是个忠贤的人，有辅佐王室的功勋，应当加以任用，结果被司马睿贬黜，并暗中进行军事部署，试图最终全面排除王导势力。

刘隗性格刚烈、不徇私情，当时的名士多被他弹劾，但司马睿总是加以宽容，因此大家都把怨恨集中到刘隗身上。南中郎将王含是王敦的哥哥，因为家族势强而地位显赫，骄傲放纵，一次请求安排参佐以及郡守县令等官职就达二十人左右，而且大多不称职。刘隗于是弹劾王含，事情虽然被压了下来，但王氏家族从此对他深怀忌恨。

王导见司马睿疏远了自己，却没有不满，依然听任自然，安守本分，性情非常淡泊，对于职位的升降也能妥善处理。但王敦却心怀不满，给司马睿上疏，为自己和王导鸣冤叫屈，言辞之间颇多怨恨。因为重要的奏表都是王导先看的，因此王敦这些叫委屈的折子都被王导扣下，加封后退还给了王敦。王敦不甘心，不断指使心腹向司马睿进言，盛赞王敦和王导。司马睿对此很是反感，一天晚上召见谯王司马承，说："以王敦近年来的功劳，现在的职位已经够大了，但他的索求却没有止境，现在怎么办呢？"谯王说："陛下不早点处置他，以致到今天的地步，王敦必定会成为国家的祸患。"

刘隗于是为司马睿出主意，派自己的心腹去镇守各地。适逢王敦上表，要让宣城内史沈充代替甘卓任湘州刺史。司马睿对谯王司马承说："看，王敦叛逆的行为已经昭著，照这样的情势下去，不会很久，朕就要遭受惠帝那样的命运了。湘州占据着长江上游的地势，控制着荆州、交州、广州的交会处，一旦被王敦的人控制，后果不堪设想。"

谯王说："那就请陛下让我去吧，这样既不用王敦的人，也没用刘槐的人，王敦也说不出什么。只是湘州经历了一番大的寇乱之后，人口稀少，物产凋敝，如果我去治理，得等到三年之后，才有能力参加战事。如果不到三年，即使粉身碎骨，也不能有太大的帮助。"司马睿非常高兴，下诏说："自从晋王室建立基业以来，任命方镇大员，都是宗亲和贤良并用，现任命谯王为湘州刺史。"长沙人邓骞听说此事，叹息说："湘州的祸乱，恐怕由此而生了！"

于是谯王走马上任，行至武昌，王敦设宴招待他，说："大王平素是德才兼备的读书人，恐怕不是将帅之才。"谯王笑着说："即使是一把钝刀，也是可以割一下的！"王敦不以为然，对属下说："谯王不知畏惧，还要学人家说些豪言壮语，可见他不通军事，不会有什么作为。"于是听任谯王到任。

当时湘州土地荒芜，官府和人民均财用短缺，谯王带头节俭，尽心安绥和抚恤民众，很有能干的名声。湘州在谯王的治理下，慢慢发展起来，后来成为东晋稳固的后方。

经营江南

早在洛阳陷落时，荀藩奉立秦王司马邺在长安继位，他们传檄四方，要求各地方镇出兵勤王。司马睿在这时被委任为镇东大将军、兼督扬江湘广交五州诸军事的职务。司马睿对于西晋朝廷的重视不以为意，他的主要精力集中在经营江南方面，根本无心北顾。

由洛阳外流的官僚士族以及中原地区的广大汉族人，为了逃避胡人的杀戮，除一部分以坞堡自守，一部分北迁辽东、西亡凉州外，绝大部分人纷纷南下。

人口的南迁，往往是以一个大宗族为中心的集体迁徙，这些北方来的士庶侨民具有强大的势力。为了争取他们的支持，司马睿接受了王导的建议，大量吸收这些人参与政

东晋宴饮画像砖

权。他先后委任了很多人担任内外主要官职，使北方侨人士族在江南政权中明显地居于优势地位。同时，司马睿还在长江南北设置了许多侨置州郡县，安置流亡人口。

对于北来侨民，为了照顾他们日后还乡的情绪，司马睿没把他们编入土著民户的永久性户籍——黄籍之中，而是专门为他们设置了一种临时户籍——白籍。白籍侨户受到优待，长期享受减免租税赋役的待遇。通过这些措施，司马睿很快取得了北方侨人士族的支持，并使他们成为自己政权的支柱。但是，司马睿的这种做法也带来了一定的恶果，造成江南地区郡县制度和户籍制度的混乱，并为大族侵吞人口提供了便利条件。

晋愍帝司马邺不断授予司马睿重要的官职，任命他为左丞相、大都督，负责都督陕东诸军事，希望司马睿能率军北上，对抗刘聪、石勒的进攻，达到缓解刘曜对长安的围困，并进而收复洛阳的目的。但是，司马睿以“方平定江东，未暇北伐”为由，拒不执行愍帝要他进攻洛阳的诏令。

在南迁的人流中，既有门阀大族，又有心怀复国大志之士，还有当时有许多僧人、道士等，其中较为著名的是研究医理、方剂的炼丹术士葛洪。他于东晋成帝咸和元年(326)南下广州。葛洪先后撰《金匮药方》一百卷，另有《肘后救卒方》三卷，为我国医学事业做出了贡献，也为当时疾疫流行的百姓提供了许多治病良方。他撰写了许多有关儒、道以及医药方面的著作。其中的《抱朴子》一书，内篇二十卷，谈“神仙方药，鬼怪变化，养生延年，禳邪却祸之事”，为道家思想。外篇五十卷，是政论性著作，为儒家思想。葛洪反对祈祷派道教，攻击张角等；把道教与儒家思想结合起来。他又撰《本草经集注》，分为七卷，著录药物七百三十种，首创以玉石、草木、虫、辣、果、菜、米食分类，对本草学的发展有一定的影响。

而南迁众人中怀复国大志的当为祖逖，他多次上书给司马睿，坚决要求出师北伐。祖逖的要求使司马睿左右为难，因为在江南建立起一个偏安的小朝廷，是司马睿和王导的共同理想，根本无意于北伐。但是，司马睿又不能直接拒绝祖逖的要求，这样做会激怒

一部分有着光复中原志向的人。最后，司马睿只得对祖逖采取敷衍的态度，一方面大造声势，鼓励祖逖北伐，任命他为奋威将军、豫州刺史；另一方面则既不供给武器铠甲，也不调拨士兵，只给了祖逖一千人的粮廪和三千匹布，由祖逖自己去招募军队。

祖逖北伐

在石勒称赵王建立后赵政权时，南方的祖逖开始为北伐积极准备。

祖逖（266~321）是范阳遒县（今河北涞水北）大族，曾与其好友刘琨同任司州主簿，他们“闻鸡起舞”，相互砥砺，成为一时美谈。永嘉五年（311），刘曜率汉军攻陷洛阳时，祖逖率亲邻几百家避难南下，甘苦与共，被推为流徙的首领行主。至泗口（今江苏清江北），当时还是镇东大将军的司马睿任命他为徐州刺史，不久升任为军咨祭酒，移居京口（今江苏镇江）。祖逖对司马睿等人苟且偏安非常不满，主动上书要求北伐。司马睿虽任祖逖为奋威将军、豫州刺史，但令其自行招募士兵、自造兵器。

永嘉七年（313），在极端困难的条件下，祖逖率领跟随自己南下的流人队伍百余家，毅然从京口渡江北上。船到中流，祖逖眼望面前滚滚东去的江水，感慨万千。想到山河破碎和百姓涂炭的情景，想到困难的处境和壮志难酬的愤懑，敲着船楫朗声发誓：“祖逖不能清中原而复济者，有如大江！”意思是说，若不能平定中原，收复失地，就决不重回江东！表达了他收复北方失地的坚强决心。

闻鸡起舞

祖逖渡过长江后，暂驻淮阴，起炉冶铁，铸造兵器，同时又招募到二千多士兵，并在淮阴自造了大量兵器。祖逖的北伐得到中原人民的响应和支持，南迁的人们都是迫于战乱才离乡背井的，无不希望早日重返故土，因此祖逖的军队所到之处，人人欢迎支持，迅速收复了许多失地。

祖逖领导的北伐军相继收复了黄河以南的大片土地，他曾大败石虎的进攻，进入河南，收复了很多地方，使“石勒不敢窥兵河南”。石勒慑于北伐军的威力，转而采取守势，下令幽州官府修祖氏坟墓、成皋县修祖逖母亲坟墓，并写信给祖逖，请求互通使节、互市贸易。祖逖听说后慑于形势，没有回信，但派人专程道谢，并和石勒约定和好，听任双方互市，收利十倍，于是官方和私人都富足起来，兵马也日益强壮，为中原地区争取到了难得的和平生活。

祖逖的目标是收复中原。就在祖逖准备继续进军河北，完成统一大业之时，晋元帝

祖逖中流击楫

司马睿听说祖逖在河南深得民心，屡建战功，担心祖逖力量过大难以控制，将来不利于自己的统治，便于321年7月任命戴渊为都督兖、豫、雍、冀、并司六州军事、征西将军，出镇合肥，一以制约王敦，同时也节制祖逖。

祖逖认为，戴渊是南方吴人，虽然有名望，但并无远见卓识。自己目前已剪除荆棘，收复河南，而戴渊不费气力即来统御，心中颇为不乐。这时，传来王敦跋扈，朝廷内部矛盾日益尖锐的消息，眼看内乱将起，北伐还有什么希望！祖逖心力交瘁，忧愤成疾。

不久，祖逖听说好友刘琨在幽州被鲜卑人杀死，而司马睿跟王敦正在明争暗斗，便在忧愤中死于军中，终年56岁。

祖逖、刘琨死后，东晋内部连续发生内乱，朝廷忙于平乱，无暇北顾，石勒趁机占领了河南，晋军被迫退到淮南，祖逖北伐的成果化为乌有。

最后的匈奴王

318年匈奴汉国靳准政变，平阳城内刘氏男女老幼全部被杀。坐镇长安的刘曜遂自立为帝，并派兵族灭了靳氏，次年改国号为赵，都长安，史称前赵。东晋成帝咸和三年(328)，刘曜兵败被杀。咸和四年(329)，石勒派兵攻入长安，前赵灭亡。匈奴汉、前赵政权共三世，立国凡二十六年。

刘曜改汉为赵

司马睿虽然在西晋灭亡的时候号称要出兵北伐，却迟迟不见实际一点的举措，唯有驻守在豫州一带的祖逖与石勒的军队有小规模的军事冲突，但也是负多胜少。想在沦陷区维持抗汉势力的刘琨与段匹磾结为亲家，准备利用段氏鲜卑的力量继续施行他“以夷制夷”的策略，但这一次他却受到段氏鲜卑内部的排挤和猜忌，最终自己也被段匹磾杀害。

而此时北方的汉政权也发生了一系列变动，先是靳准叛乱，紧接着是汉政权的分裂。

却说刘聪沉溺在后庭成千上万的粉黛中，由于纵欲过度，他渐渐感到体力不支，躺在光极殿寝室里，每天都听见鬼哭的声音。光初元年(318)七月，喜酒好色的刘聪病重暴死。

刘聪死后，其子刘粲继位。刘粲耽于酒色，每日游宴后庭，军国大事都交给靳准处理。靳准早就有谋逆之心，此时大权在手，又备受刘粲的信任，于是开始扫除朝中的障碍。靳准对刘粲说："听说诸位大臣想行伊尹、霍光故事，废掉皇上，奉大司马刘骥（刘聪另一个儿子）为帝。陛下如果不先发制人，为臣恐怕祸起须臾！"

刘粲起先不信，但禁不住靳准的女儿——自己的宠妃日日夜夜在耳边煽动，便下令诛杀上洛王刘景、济南王刘骥、齐王刘劢、昌国公刘凯、吴王刘逞等人。一天之内，把兄弟辈的刘氏亲王杀了个干干净净。为了安心享乐，刘粲封靳准为大将军、录尚书事，决断一切军国大事。靳准矫诏，任命堂弟靳明为车骑将军，靳康为卫将军，把皇宫禁卫部队完全控制在自己手里。

光初元年（318）九月，靳准亲率精兵，全副武装冲入光极殿，把正在后宫玩乐的刘粲杀死。

刘曜当时是相国，镇守长安。听说靳准叛乱，亲自率领军队由长安出发，赶赴平阳，行至赤壁（今山西河津西北的赤石川），遇到了从平阳出逃的太保呼延晏与太傅朱纪。他们劝刘曜称尊号。刘曜遂即帝位，宣布国号为"赵"，史称前赵。这样，由刘曜建立的赵国便取代了同是匈奴刘氏所建的汉国。

刘曜是汉赵国开国之主刘渊的族侄，因为父母早亡，自幼便被刘渊收养。刘曜从小聪慧过人，8岁时，一次跟随刘渊上山打猎，忽遇暴雨，刘曜与同行者避于树下。这时，一个炸雷震树，所有人都扑倒在树下，唯独刘曜神色自若。刘渊十分惊异，说："此吾家千里驹也。"

刘曜身长九尺三寸，垂手过膝，白眉，目有赤光，须髯不过百余根，但皆长五尺。不仅仪态不凡，而且性格"拓落高亮，与众不群"。读书志于博览，不求精思章句。射箭的本领最大，能洞穿一寸厚的铁板，被称为"神射手"。

梁纬妻

元熙元年（304），刘渊汉国初建，刘曜已崭露头角，为汉国建威将军，率兵相继攻克泫氏（今山西高平）、屯留（今山西长子）、中都（今山西太原），为汉国在并州的发展奠定了基础。光初元年（318），当时汉赵的大将石勒驻守在河北，刘曜于是封石勒为大将军，同石勒成犄角之势，进攻平阳。

不久,靳准被堂弟靳明所杀,靳明送传国玺给刘曜,准备投降。当时石勒的实力已经十分强大,想与汉赵分庭抗礼。听说靳明要投降刘曜后大怒,派主力急攻平阳,靳明向刘曜求救,刘曜收归了靳明的部众不久,平阳被石勒攻占,刘曜立脚不稳,不敢马上同石勒翻脸,授石勒为太宰、领大将军、加殊礼,以河内二十四郡封石勒,想以此先稳住石勒,以便腾出手来对付关、陇地区的敌对势力。

最后的匈奴王

当时,关中、陇右一带有很多氐、羌等少数族人未予归附,常同西晋残余势力联合进攻刘曜,给刘曜政权造成严重威胁。刘曜建赵称帝后,对关陇和并州的晋朝残余势力和氐、羌、巴、羯等少数民族进行了大规模的征服战争,把被征服的各少数民族部落数十万人迁徙至赵都长安。

刘曜自己称帝,表示他是北方汉、胡各族的正统统治者,他的儿子刘胤是大单于,统治胡人。刘曜在赵国积极推行儒学,在长安设立太学和小学,聘请著名学者传授儒家文化,当时学生多达一千五百多人。

320年,刘曜部下长水校尉尹车,联结巴氐酋长徐库彭反叛,刘曜先杀尹车,又囚徐库彭等五千人,将其全部斩首。这一举动引起了巴、氐族人的强烈义愤,共推巴、氐归善王句渠知为领袖,举行起义。一时间,羌、氐、巴、羯三万余人,尽皆响应。刘曜打算亲征,光禄大夫游子远以为兴师动众、劳民伤财,不如智取,于是刘曜命游子远出征。游子远知道这些人之所以反叛,其实是被严政苛律所逼,于是下令赦免那些叛逆人员的家属,放他们回原籍,准许他们按照原来的方式自谋生业,不予干涉。结果才到雍城(今陕西凤翔),那些听到大赦消息的人就纷纷投降,降者竟达十余万,然后进军安定,氐人、羌人也闻风归顺。只有句氏宗党五千余家据城固守,后也被游子远发兵讨平。

归赵侯印

接着,刘曜开始大举用兵凉州张氏政权。张轨死后,由张茂继立。刘曜出兵凉州时,张茂正为凉州刺史。刘曜大军长驱进入西河,戎卒二十多万人,临河列营,百余里中,钟鼓之声,沸河动地,“自古军旅之盛,未有斯比”,凉州为之震怖,张茂遂以牛羊、金银、女妓、珍宝、珠玉及凉州特产贡献刘曜向其称藩,刘曜署张茂为西域大都护、凉王等职,旋即班师。

刘曜在短时期内征服了关、陇,但兼并易而固守难。在刘曜统治关、陇期间,虽然也起用了一些有学识的汉人做官,也在长安开办学校,遣经学之士以教之,但他始终没有一

套成型的治国安民的政治措施。刘曜初入关中时，对部下的规谏还听得进去，等到平定了巴、氐叛乱不久，就开始对大臣们的进谏听不进去了。

刘曜非常宠爱从洛阳抢来的晋惠帝的皇后羊氏，羊氏虽然已经三十多岁了，但毕竟是大家闺秀，又曾母仪天下，风韵非一般女人可比。刘曜把她纳为自己的妃子后不久，便册封她为皇后。

刘曜有一次曾经问羊氏说："我比起司马家的孩子，怎么样？"羊氏回答："陛下是开基的圣主，他是亡国的昏君，怎么能相提并论！他贵为帝王时，只有一个夫人、一个孩子和他自己三个人，竟然都不能庇护。我在那时实在是不想活了，以为这世界上的男人都是这样。自从做了您的妻子，才知道天下自有大丈夫。"刘曜从此更加宠爱她，日夜将她带在身边，羊氏因此有机会常常干预国事，在为刘曜生下了三个儿子后死去。

不久，长安附近的终南山山体滑坡，有人进献山崩时发现的一方白玉，上面有"皇亡，皇亡，败赵昌"等字。当时群臣皆贺，认为是赵王石勒的败亡之征。刘曜听后非常的高兴。

当初，靳准遍杀匈奴刘氏宗亲时，刘曜在京城的世子刘胤趁乱逃出，躲在同属匈奴种的黑匿郁鞠部。本以为这位世子早已在靳准之乱中遭到屠害，谁料四年过后，一直流离于匈奴黑匿郁鞠部的刘胤忽然返回，"风骨俊茂，爽朗卓然；身长八尺三寸，发与身齐，多力善射，骁捷如风云"。父子相见，抱头痛哭。

此时，刘曜与羊皇后所生的儿子刘熙为皇太子。刘胤归来后，经过苦难磨炼，处世谦逊，文武兼备，又是匈奴刘氏"先帝"御封的世子，刘曜就想废掉刘熙，重新立刘胤为储君。

鎏金佛

刘曜在朝堂之上提出要改立太子，大臣们议论纷纷。刘胤听见父亲的话进身泣诉说，自己会尽心辅佐弟弟。面对刘胤如此明白的表示，大臣又对改立太子有异议，加之羊皇后尸骨未寒，刘曜最终下不了易储的决心，只得封刘胤为永安王，同时命皇太子刘熙在宫中对刘胤行家人之礼（正式场合，刘胤虽年长，仍要向弟弟皇太子刘熙下拜；在宫内，刘熙应向刘胤行拜见兄长之礼）。

后赵灭前赵

318 年的 10 月，刘曜继位建立前赵后，封羯人石勒为大司空、大将军。

刘曜知道石勒骁勇善战，不是自己所能控制的，因此不信任他。后来，刘曜将石勒的左长史王修杀死，气得石勒暴跳如雷，趁机对下属说："我为了刘氏江山出生入死，屡立战

功，没想到他们恩将仇报，反而要拿我开刀，原来我还盼望着能封王，现在看来只能由我自己封自己了。”太兴二年（319），石勒在襄国（今河北邢台）称赵王，史称后赵。前赵和后赵之间的大战在所难免。

石勒自称赵王后的第四年，张宾病故。石勒悲痛欲绝，以后每当他与身边的谋臣意见不合时，他总是想到张宾当初的好处，慨叹道：“右侯离我而去，让我和这些人在一起谋划大事，岂不太残忍了吗？”

尽管失去了自己一生中最得力的助手，石勒还是花了几年的工夫，先后消灭了幽州的段匹磾、青州的曹嶷，又乘着东晋的豫州刺史祖逖病故的机会，攻下了淮北的豫州、兖州、徐州之地，与东晋划淮而治。这样一来，石勒终于得到了机会转过头来对付他真正的对手刘曜了。

325年，石勒命侄子石虎领兵攻打前赵的石梁和并州。刘曜亲率大军于金谷屯营，士卒无故大惊，大军连夜奔溃四散，刘曜只得退归长安。太和元年（328），石勒派石虎领兵突袭前赵。石虎围攻黄河东边的蒲坂城（今山西永济），直接威胁到了前赵的都城长安。

彩绘季札挂剑图漆盘

刘曜领兵十万御驾亲征，同时派刘胤守卫长安都城。后赵的中山公石虎面对刘曜亲率的十万大军，心中畏惧，率军引退。刘曜在高侯（今山西闻喜）追上了石虎，大败石虎军，大将石瞻被杀。一时间形势对刘曜非常有利，但此时刘曜却向后赵的洛阳包围过去，他想拿下洛阳之后，再北上消灭后赵。这样他没有挟必胜之威进攻后赵都城襄国，耽误了上天赐予他的大好机会。

石勒本是又气又急，听说这个消息后却欣喜异常，知道刘曜没有什么大的军事谋略。328年后赵诸军齐于成皋（今河南荥阳），共步卒六万，骑兵两万七千人。刘曜因胜而骄，并没有积极备战。不久，后赵前锋杀至洛水，包围了刘曜。两军交锋，石勒大获全胜，刘曜在退兵时马陷石渠，摔在冰上，身上被创十余处，被生俘。

在刘聪时，刘曜与石勒曾多次协同作战，可谓是患难与共。刘曜支起肘，向石勒问候：“石王！曾忆重门之盟否？”（即回忆两人在河内合作，进攻晋军的旧事）石勒据然高座，良久，下令医生为刘曜医伤，刘曜伤势日有起色，石勒让刘曜给长安城内的皇太子刘熙写信，劝他们尽快投降。虽已被俘，刘曜仍旧有匈奴人的血性，他只写了几个字给太子刘熙：“与诸大臣匡维社稷，勿以吾易意也！”石勒看了这封信，便派人杀了刘曜。

第二年春天，长安落入后赵手中。不久，石虎领兵和前赵军队决战，将皇太子活捉，连同刘胤等文武官员全部被杀害。匈奴刘氏经此劫难，损失惨重，宗族势力大大削弱。

匈奴族建立的汉、前赵，自刘渊于晋惠帝永兴元年（304）称汉王起，至318年前赵（318～329）建立及灭亡共三世，立国凡26年。

事实上两个赵国都想先在本国范围内建立一个新的秩序，双方都采取了重视教育制度的措施。刘曜开办太学，并选拔好的学生和教师进入这样的国立最高学府，同时接受大臣们的建议，吸取汉国衰败分裂的教训，停止了大修宫室的工程，将资金用于军资和民用。应该说，相比于他的前任皇帝刘聪，刘曜还是做了一点努力来改变国内疲敝的现状的，但最终他还是败在了石勒的手中。至此，晋成帝咸和五年（330），石勒暂时统一了中国的北部，与东晋以淮水为界，形成了南北对峙的形势，达到事业顶峰的石勒在襄国称帝，这个出身于地位卑贱的羯族，年轻时做过奴隶的传奇式人物，终于登上了万乘之尊，傲视天下。他的故事令人惊叹，他的经历则令人向往。石勒是十六国期间非常有魄力的帝王。后赵在十六国中是一个版图辽阔、实力强盛的国家。

鲜卑族慕容氏的兴起

前燕（337～370）是鲜卑慕容氏建立的政权。慕容氏在西晋时就是东北塞外的强大部族。337年，慕容皝自称燕王，迁都龙城（今辽宁朝阳）。慕容皝之子慕容儁继位后，灭了冉魏，先后迁都蓟（今北京西南）和邺，352年称帝，成为据有黄、淮河之间广大区域、在北方与前秦对峙的强大政权。370年，被前秦灭亡。

鲜卑辽东三部

下面再来了解一下与北方刘氏匈奴和羯族石勒同时的其他少数民族的情况。

汉灵帝年间，东汉朝廷发动了最大的一次也是唯一的一次“北伐鲜卑”的战争，汉军联合南匈奴分三路进攻鲜卑的三部，结果被檀石槐的三部军队打得大败，东汉当时又开始了内乱，从此对檀石槐只能是消极防御，此时的鲜卑在北方达到了全盛。可惜，檀石槐死后，各部落纷纷叛乱，鲜卑各部又重新处于分裂状态，而且各部之间也常常是战乱不休。

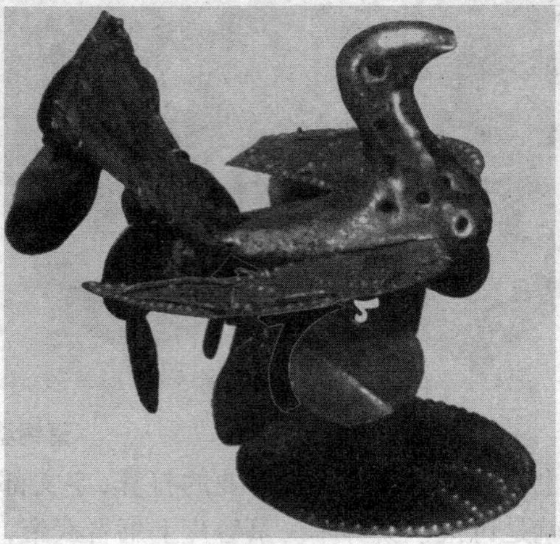

凤鸟形金步摇冠饰

辽东是鲜卑人崛起的地方，也是历来鲜卑势力最为强盛的地区。到了三国时期，辽东已经形成了以三大家族为中心的三部，他们按地理位置自东向西分别是：宇文鲜卑、慕容鲜卑和段氏鲜卑。辽东鲜卑的形势是三国相争，情形与当时魏、蜀、吴三足鼎立之势很相似，慕容鲜卑位于辽东鲜卑的中部。曹魏初年，慕容家族的首领莫护跋

率领其部内迁到辽西一带，莫护跋助司马懿讨伐公孙渊有功，被封为率义王，后在辽西的昌黎大棘城北（今辽宁义县西北）建国。当地人常戴一种叫作步摇冠的帽子，莫护跋束起自己的头发，也戴起了这种帽子，他部落里的人看到莫护跋，就都叫他步摇，由于口音不纯正，这个称呼传来传去，就被传成了慕容，莫护跋就真的把慕容作为自己的姓氏。

莫护跋的孙子慕容涉归的时候，因为征讨立了功，被晋武帝封为鲜卑大单于，慕容部又迁到了辽东郡的北部，这才开始受到汉文化的影响。慕容涉归死后，他的弟弟慕容耐乘机夺取了本该属于涉归之子慕容廆的单于之位，并且派人谋杀慕容廆。慕容廆亡命到辽东的汉人家中，不久，慕容耐被手下人所杀，慕容廆被重新迎接回来成为慕容部的首领。

历史小常识：鲜卑

鲜卑为中国古代东胡部落联盟的一部分。秦汉时期，游牧于西喇木伦河附近，依附于匈奴。后北匈奴西遁，鲜卑部落占领了蒙古沙漠以北的匈奴故地。东汉后期，檀石槐建立了强大的部落联盟，兴盛一时。曹魏初年轲比能建立部落联盟，但亦在轲比能死后即解散。魏晋之际，东部鲜卑分成慕容部、段部、宇文部等，慕容部在十六国时期建立了前燕、后燕等诸国。拓跋鲜卑起源于大鲜卑山（今大兴安岭），势力强盛起来。太初元年（386）建北魏，而漠北则由鲜卑别支柔然称霸。439 年北魏统一北方。而后它们陆续内迁，主要分布于今天的辽东、河北、内蒙古、甘肃、陕西及青海等地。

慕容廆年少时就是个很引人注目的人物，曾经被人誉为“命世之器，匡难济世”之才。

青铜鎏金带饰

他也的确有成就一番大事业的打算，宇文部和慕容部结怨已久，所以慕容廆做的第一件事就是讨伐宇文鲜卑。慕容廆上书晋武帝，请求支持，晋武帝不希望出现边乱，没有准许他的请求。慕容廆大怒，领兵闯入辽西汉人聚居地抢掠，晋武帝集中了全幽州的兵力讨伐慕容廆，慕容廆难以抵挡，大败而归。之后慕容廆又进军东北面的夫余国，慕容廆收编了夫余国的力量，大大增强了自身的实力。

大棘城一战成名

慕容部处于宇文和段氏两大部族之间，面对这两部的实力都比自己要强大的对手，精明的慕容廆一面向晋武帝请降，取得晋朝授予的官职，一面暂时用金钱来对付两部的连年进攻，慕容廆还娶了段氏鲜卑单于的女儿为妻，通过和亲来缓解双方关系。

292~302 年的十年间，移居大棘城的慕容廆极少用兵，在那里教部落里的人种田，订立起与汉人相似的法令法规，致力于将自己的部落从游牧变换成农耕，同时重用汉人，制定相应的对外政策。积蓄力量，静静地等待着机会的来临。

鲜卑兵士俑

慕容廆终于等到了他企盼已久的机会。在慕容廆寂静无声的十年间，宇文鲜卑却在一直不停地对外征伐。晋惠帝太安元年（302），宇文鲜卑的首领宇文莫圭统一了塞外的东胡各部，自称单于，成为塞外最强大的一支力量。而此时南边的慕容部成为他下一个目标。宇文莫圭派其弟宇文屈云进攻慕容部边境各城，意欲一举消灭慕容部。但慕容廆这十年可不是在悠闲地贪图享乐，他此时早已经是知己知彼，于是亲率大军迎战宇文屈云的别部首领素延，首战便击败了对手。素延这个人虚骄狂傲，原本看不起慕容廆，一看首战失利，马上气急败坏大发雷霆，于是他很快集结了十万人的军队进攻慕容部，一夜之间把大棘城围了个水泄不通。

看到外面人山人海的围兵，大棘城中慕容廆镇定自若地面对手下人的惊恐情绪，对他们说："素延的兵虽然多，但却毫无章法可言，已经在我的算计之中了。诸位只管拼力一战，没什么好愁的！"这样一来振奋了士气，慕容部军队趁着敌人不备之时，立即出城迎敌。素延的军队虽多，却乱作一团，溃败得一塌糊涂，被慕容部的军队一直追出了上百里，俘获和斩首的士兵数以万计。宇文屈云的军队也不得不退回塞外，远远地避开慕容廆的风头。慕容廆一战成名，附近的一些名士纷纷投往他的麾下。慕容廆为这些士人按照各自的来源地专门设立郡县收容他们。慕容廆对待士人的方法是因才而用，有见识谋

角抵　高句丽

略的做谋主，文章写得好的做枢要工作，而在儒学上有所造诣的人就授予他们祭酒的职务。因此慕容部迅速繁荣起来。

晋元帝在江南称帝，东晋主动派人拜慕容廆为龙骧将军、大单于，慕容廆没有接受。将军鲁昌劝他与东晋通使，从而可以以东晋皇帝的命令讨伐各部，既可名正言顺地消灭异己，又可获取天下人心。慕容廆觉得有道理，于是派遣使者通过海路前往建康，尊奉东晋为正统。东晋的平州（即今辽宁一带）刺史崔毖镇守辽东，看到慕容廆的势力日益强大，加之慕容廆在其管辖范围之内却不听使唤，于是决定消灭慕容部。晋元帝太兴二年（319），他暗中联合了高句丽、段氏鲜卑和宇文鲜卑，共讨慕容廆。面对三国军队的攻势，慕容廆任凭三国的军队围攻，闭门固守国都大棘城。三国的军队攻打得疲乏了，也未见一点攻进城内的起色，这时慕容廆乘机派人带着牛肉美酒出城，假装是崔毖命令属下犒劳宇文部的军队。这样其余二国怀疑宇文部与崔毖是同谋，深恐对己不利，当即就领着自己的部队退走了。

宇文部首领宇文悉独官恼羞成怒，独自带领本部数十万士兵攻打大棘城，连营三十多里，大棘城形势相当严峻。此时慕容廆将自己的长子慕容翰在徒河的军队召回，准备合兵一处，共商破敌良策，没想到其子慕容翰却偏偏按兵不动，同时派人向慕容廆说："悉独官举国来犯，敌众我寡，只可用计，不可力胜。现在城中的守军用于防守已经足够了，我请求把手下这支军队留在外面充作奇兵，等候时机进攻敌军，然后内外夹攻，宇文部必败。如若合兵一处，则悉独官可以毫无顾忌地专心攻城，那样我们就无计可施了。更何况未战先怯，士气也会大受影响。"慕容翰的建议得到了慕容廆部下们的支持，慕容廆就

听任慕容翰留在徒河。

悉独官得到这一消息，就先分派数千骑兵突袭慕容翰。慕容翰得知，使计派人冒充段氏鲜卑的使臣，诱使宇文部骑兵闯进了慕容翰事先设下的埋伏之中。结果悉独官的几千骑兵全部被慕容翰的伏兵消灭。慕容翰乘胜追击，同时把战况告知守在大棘城中的慕容廆，慕容廆的世子慕容皝以精锐部队突然出城直取悉独官的营寨，悉独官仓皇应战，两军才一交锋，慕容翰的骑兵已经杀到，火烧了宇文部大营，宇文部的军队惶恐不知所为，整个战场陷入一片火海之中。悉独官独自一人逃回国内。宇文部经过此战元气大伤，再也没有恢复过来。

慕容廆身后之乱

慕容廆花了四十九年的时间苦心经营，把慕容部从一个弱小的部族发展成为辽东最强大的势力。在打垮宇文部后的几年中，慕容鲜卑战无不胜。东北崛起的国家高句丽两次想要进犯辽东，被慕容廆的儿子慕容翰和慕容仁击退，高句丽从此对慕容鲜卑不敢再犯。慕容廆乘段氏鲜卑兄弟争位之机派世子慕容皝带兵攻打，大获全胜。这时关东的石勒已经对慕容廆有所耳闻。石勒当时正在对抗前赵刘曜，但对于慕容鲜卑的力量又不得不防，于是对慕容廆遣使通和，慕容廆自称已尊奉东晋为皇族正统，把石勒的使者扣押下来送往建业。石勒大怒，马上派人联络与慕容鲜卑有世仇的宇文鲜卑。这时宇文悉独官已死，在位的是他的儿子宇文乞得归，石勒就加封乞得归官爵，命他去攻打慕容廆。宇文乞得归也真听话，不掂量一下自己的实力，就带兵攻打慕容部，结果一战即溃，慕容部的军队追着乞得归的残兵败将，攻进了宇文鲜卑的国都，将城中的百姓全部迁回本部。

晋成帝咸和八年(333)，慕容廆病逝。世子慕容皝继位。慕容翰虽为长子，且战功显赫，颇得人心，只因是庶出而没有被立为世子。慕容翰意识到慕容皝继位后自己的处境危险，就带着自己的儿子投奔段氏鲜卑去了。段氏鲜卑的首领段辽欣喜不已，对慕容翰委以重任。

历史小常识:大单于

大单于原是匈奴君主的尊号。十六国时期由于不少政权实行胡汉分治，因而在官制上也存在两个体系。胡族系统仍然尊称为大单于，属于少数民族官员的一种虚衔。一般大单于是由君主自兼或者由太子(世子)兼领，实际等于副王。如匈奴刘渊建立的汉国就以皇太子为大单于。

慕容翰出逃不久，慕容鲜卑就发生了不可避免的一场内乱。慕容翰同母的两个弟弟慕容仁、慕容昭一直很受慕容廆的喜爱，慕容皝忌恨已久。当时正在守备东部边境的慕容仁回来奔丧，暗自与弟弟慕容昭商量说：“我们从前与慕容皝的矛盾不小，现在他即位以后执法严厉，无罪的时候尚且担惊受怕，何况有罪呢？”两人定计里应外合，慕容仁举兵，慕容昭为内应，共同废掉慕容皝。

慕容皝得到消息，当即赐死慕容昭，派弟弟慕容幼、慕容稚等人讨伐慕容仁。结果慕容幼、慕容稚兄弟都被慕容仁擒获，辽东一带慕容皝的守将或降或走，慕容仁占据了整个辽东郡，与西面的慕容皝抗衡。慕容部一分为二，以段氏鲜卑为首的其他鲜卑部族纷纷

支持援助慕容仁,辽东一带的几大势力暂时重归均衡态势,而这时南面的后赵却出了几件大事。

羯族的后赵政权

后赵(319~351)是石勒建立的。319年,石勒在襄国称赵王,灭前赵后改称皇帝,迁都邺城(今河北临漳西南),史称后赵。后赵全盛时的统治区域南过淮河,北及燕代,西起河西,东到大海,是与东晋对峙的大国。石勒死后,其养子石虎从石勒子石弘手中夺得帝位。由于其荒淫暴虐,穷兵黩武,各种社会矛盾日益尖锐。石虎死后,诸子争立,互相残杀。

后赵皇帝石勒

石勒统一北方后,天下形势:后赵居北,其疆域相当于曹魏;东晋在东南,领土与东吴相仿;西南是李氏的成国,取得了汉中和宁州。还有一些周边小国,主要有并州北部拓跋氏的代国,凉州的张氏政权,以及辽东一带慕容氏、段氏等鲜卑部族。

石勒为人宽宏大量,在他建立后赵政权之后,将老家武乡的乡亲们请到了襄国,但小时候的一个伙伴李阳没有来,原来他在年轻时曾和石勒为争夺沤麻用的池塘而多次打架,现在怎么也不敢去见做了赵王的石勒。石勒又派人专程去请他,等李阳到了石勒的宫殿,石勒高兴地拉住他的手说:"以前你打过我,我也打过你,咱们抵消了,现在仍然是好朋友。"石勒任命李阳做他的参军都尉,李阳感动不已,从此成了石勒手下的一员战将。

后赵太和三年(330),在大臣们的劝说之下,石勒自称大赵天王,儿子们全部封王,众大臣也依次加官晋爵。九月,石勒正式称帝,改元建平,立妻子刘氏为皇后,世子石弘为太子,任中山公石虎为太尉、尚书令,并进升爵位为王。

石勒命儒生读史

石勒称王后,删定律令,减百姓一半田租,严禁兵士欺侮"衣冠华族"士人,并在襄国都城内立小学十余所,崇文敬教,并铸造赵国自己的丰货钱。

石勒不是好大喜功、奢侈浪费的君主，他对自己的地位和功绩也有自知之明。建平三年（332），石勒设国宴款待高句丽使臣，酒到半酣，石勒问徐光："你看我能和前代哪个皇帝相提并论呢？"徐光说："陛下您应该高过汉高祖刘邦，比您高的仅仅是轩辕黄帝。"石勒笑道："人应该有自知之明，我没有那么大的功绩，假如我能遇到刘邦，我会向他俯首称臣的。如果遇到汉光武帝刘秀这样的人，我倒可以跟他一争天下。大丈夫做事要光明磊落，怎么能像曹操和司马懿那样，欺负孤儿寡母篡夺人家的天下呢？"大家听了，对石勒莫不心悦诚服。

石勒同样重视教育，尽管石勒自己不识字，但是却十分重视读书人，他在身边的汉族士人的帮助下对汉文化有一个比较完整的了解和认识。命令部下凡捉到读书人，不许杀死，一定要让他自己处理。石勒十分提倡儒家的经学，他在国内建立了一所太学，十余所小学，要他部下将领的子弟进学校读书，还建立了保举和考试的制度，并亲自去到太学、小学考试学生，按经学程度的高低给予赏赐，还用经学进行考试，作为评定九品的标准。凡是各地保举上来的人经过评定合格，就选用他们做官。

石勒时期龟兹僧人佛图澄为石勒、石虎所敬重，尊为"大和尚"，他们利用佛图澄传播佛教，以加强对广大劳动人民的思想统治。佛图澄前后有门徒将近万人，所到州郡，兴立佛寺共有八百九十三所。

石勒严禁部下提到"胡"字、"羯"字，但是为了安抚汉族士人，有时候也没有执行禁令。一次，汉族官员樊坦被任用做官，进宫朝见的时候，穿了一身破破烂烂的衣服。石勒吃惊地问他："你怎么穷到这地步？"樊坦忘了禁令，回答说："刚刚碰到一批羯贼，把我的家当都抢走，连一件像样的衣服都没留下。"石勒笑着说："羯贼这样乱抢东西，太不应该！我来替他们赔偿吧！"樊坦这才意识到自己犯了禁令，吓得浑身发抖，连忙向石勒请罪。石勒则笑着说："我这个禁令，是对付一般百姓的。你们这些老书生，我不怪你们。"说着，真的赔给樊坦一些衣服钱财，还赏给他一辆车、一匹马。

还有一次，有位饮酒大醉的羯人骑马闯入王宫，石勒大怒，立即怒问卫队小队长汉人冯翥："君王威行天下，王宫之内，为何有人敢驰入？作为守卫值班的军官，你为什么不能阻止来人！"惶惧之间，冯翥忘了忌讳，回答说："刚才那个醉胡乘马驰入，速度很快，我向他喊叫了半天，那个羯胡也听不懂我说什么。"自己话音刚落，冯翥忽然意识到自己刚才犯了"国讳"，叩头出血，以求宽恕。谁料石勒只是笑了笑，说："胡人确实难和他们讲话沟通。"

因为他不识字，便常找一些读书人把书讲给他听，一边听，一边还发表自己的见解。一次，他让人给他读《汉书》，听到有人劝汉高祖封旧六国贵族后代的历史，就说："唉！刘邦采取这样错误做法，还怎么能够得天下呢？"讲书的人马上给他解释，后来由于张良的劝阻，汉高祖并没有这样做。石勒点头说："这才对啦。"

暴君石虎

石勒的后赵国看似是当时最强大的国家，但其内部潜藏的危机却是最为严重的，究

其问题所在，还是石勒实行的民族压迫政策。但石勒毕竟是一代英雄，对付汉人的两手政策，总算是得到了汉族士人的拥护。隐患尽管存在，北方毕竟进入了战乱后一个短暂的休养生息的时期，后赵初期的景象一派兴盛，但继他之后的统治者却做不到这一点。在石勒在位期间，大将石虎就以残忍嗜杀而令人胆寒。

石虎，字季龙，后赵国主石勒的侄子，自小由石勒之父抚养，比石勒小十几岁。石虎少年时代，赶上晋末的大动乱，四处颠沛流离。后来，西晋的刘琨为了笼络石勒，派人找到石勒的母亲和石虎，一并送回给正在葛陂准备进攻建邺的石勒。石勒当时很感激，但拒绝了刘琨要他归降晋朝的要求。

石虎被刘琨送入石勒营中时，刚满17岁，石虎这个人生性暴虐，天天手持着弹弓、骑匹快马在军营里游荡，逮谁弹谁，上下怨怒，石勒大怒，向母亲禀告，要处罚这个四处给自己惹事的小魔头。母亲为石虎求情，说："快牛为犊子时，多能破车，还是忍耐一下，石虎长大些就会变好的。"

似乎老太太的话很灵验，一年后，石虎"稍折节"，待人接物懂事了不少。他"身长七尺五寸，矫捷便弓马，勇冠当时，将佐亲戚莫不敬惮"。其实，石虎凶神恶煞的性情没什么大变，只是对于石勒来讲，这个侄子变得"有用"了，一下成了手下的得力大将。由于作战勇敢，石勒任命石虎为征虏将军。

石虎后与将军郭荣之妹结婚，但不久就杀掉了结发之妻，续娶清河大姓崔氏的姑娘后又将其杀害。不仅杀妻，凡是军中诸将有勇略气力的以及和自己不对眼的人，石虎总是找碴杀掉对方，酷虐霸道。石勒对他屡次斥责、说服，均于事无补，石虎仍旧我行我素。

铜虎子

石虎虽然杀人虐众，却为石勒冲锋陷阵，功劳甚多。而且，他在指挥方面也很有才干，"御众严而不烦，莫敢犯者，指授攻讨，所向无前"。为此，石勒愈加对其宠任，委以专征大权。

石勒做了几年皇帝，开始考虑起接班人的问题。石勒的太子是他的二子石弘。这个石弘与其父大不相似，好文不好武。石勒很担心，说："当今天下并不太平，不能偏文轻武。"于是专门安排当时的名士传授太子兵法和剑术，然而还是改不了石弘的本性。石勒常对中书令徐光慨叹说："大雅（石弘的字）暗弱，一点儿也不像将门之子。"

徐光安慰他说："汉高祖马上取天下，而孝文帝沉静少言，却能守成天下。圣人的后代，应该是不好残杀的，这是天道啊。"石勒听了才高兴起来。

石勒称帝的后期，后赵右仆射程遐（太子的舅舅）向石勒进言说中山王石虎不仅勇悍，而且有权谋武略，性格凶暴残忍，长期握有兵权，恐怕将来会对太子石弘不利。

石勒则认为中山王与他是骨肉至亲，现在天下还没有安定，太子石弘需要石虎的辅佐。石勒反而怀疑程遐是想专帝舅的权力。

石勒不听，程遐退下后，将此事告诉徐光。一次，徐光看到石勒不高兴，便问他为什么事发愁。石勒说东吴、西蜀没有平定，恐怕后人不待他当作承受天命的君王看待。徐光借机劝说石勒这是不忧虑心腹之患，却反倒忧虑四肢之患。指出中山王功高盖主，而且性情不仁，他才是最大祸患。石勒听后开始命令太子参与国事，而且凡事可以自己做主，只有征伐断斩方面的大事才呈报石勒。石勒虽作了些小的调整，石虎的权力因此受到了一些限制，但却没有实质性的改变。

彩绘陶灯　十六国

太子的权力大些了，中山王石虎的门庭日益冷清。这一来，石虎怏怏不乐。建平四年(333)，石勒去邺城巡视刚刚落成的沣水宫，中途回来时得了重感冒。不久石勒派使者到东晋，表示愿意和晋朝重新修好，但司马衍不领情，下诏焚烧了使者带来的礼物。石勒一气之下病情加重。石虎乘机封锁消息，假传诏书不让石勒的儿子们来看望，大臣们也禁止入内。到七月，石勒口授了一份遗嘱："在我死后三天就可以下葬，在这几天不准禁止民间的嫁娶、祭祀、饮酒、食肉，各地的守将和官吏不准来奔丧。送葬时不许太浪费，只准用普通的车辆。坟墓中也不许陪葬珍珠、金银和宝物。我死之后，儿子们要吸取东晋司马氏兄弟内斗导致国破家亡的教训，互相谦让，和睦共处。"石虎点头答应，几天之后，后赵的建立者，戎马一生的石勒病逝，享年60岁。

石勒死后，石虎劫持太子石弘，收捕了程遐、徐光，文武官员纷纷逃散。石弘大为恐惧，要让位给石虎。石虎却不接受，下令将程遐、徐光等人斩首。石弘流泪对其生母程氏说："恐怕先帝子孙很快要被杀个精光！"石弘即位后，石虎自任为丞相、魏王、大单于，划分了十三个郡作为自己的封国，并总领朝廷大小政事。这样石虎就成了实际上的准皇帝，石弘虽身为皇帝，却已无威严可言。

石勒的妻子刘太后与彭城王石堪商议对策，石堪于是轻骑奔袭兖州，引兵对付石虎。石虎得知后，抓住了石堪，杀死了他。刘太后的图谋泄露，石虎将她废黜并杀死。刘太后很有胆略，石勒生前也经常和她共同决断军事，她辅佐石勒建立功业，有很大的功劳。不久，忠于石勒的宗室河东王石生在关中起兵，石朗在洛阳起兵，都声言要平灭石虎。石虎

不敢怠慢，自率步骑七万直趋洛阳，一战便擒了石朗。不久，石生也被部下斩首，献于石虎。

石虎虽残暴蛮勇，却不失经国大略。他先是击降了西北的氐、羌部落，又平定了关中地区，广立威权，这样石虎下令废石弘为海阳王。石弘为人慈爱文弱，出宫之日，群臣、宫人莫不痛哭流涕。没过几天，石虎派人将其杀死于崇训宫。石弘死后，石虎改元建武，建武元年(335)，石虎把国都从襄国迁到邺城，下令把洛阳先前象征西晋王朝威权的铜驼、翁仲、九龙等巨大青铜礼器仪物全都迁移到邺城，以壮声威。石虎又下令在邺城南投石于河，兴建“飞桥”，“功费数千亿万，桥竟不成”。赵国境内，“众役繁兴，军旅不息，加之久旱谷贵，金一斤值米二斗，百姓嗷然无生赖矣”。至此，石勒中晚期的与民休息政策被破坏得荡然无存。

建武三年(337)，石虎王式称帝，立其子石邃为皇太子。

统一北方

石勒死后，社会矛盾日益尖锐。石虎统治残暴，而且穷兵黩武，350 年汉人冉闵夺取政权，自立为帝，改国号为魏，史称冉魏(350~352)。

337 年，鲜卑族慕容皝自称燕王，史称前燕。352 年慕容儁灭冉魏后称帝。370 年，前燕被前秦灭亡。

351 年，氐族苻健称天王，国号秦，史称前秦。

各国势力兴亡交替

慕容皝建前燕

前面说了鲜卑族慕容家族内乱。慕容鲜卑部兄弟相争，慕容仁得到了周边其他鲜卑部落的支持，与慕容皝各据一方，这就给辽东大族段氏可乘之机。段辽与慕容仁结成同盟，要灭掉慕容皝。在柳城之战中慕容部大败，差点儿全军覆灭。慕容部危在旦夕，这时，随段辽大将段兰一起出征的慕容翰眼见慕容部将覆灭，于心不忍，力劝段兰不要冒进，应先撤退，段兰听从了他的建议退兵。

重新休整之后，慕容皝第二年出兵征讨慕容仁，一举攻下襄平。又过了两年，即晋成帝咸康二年(336)的春天，慕容皝趁海水结冰之际，踏冰行军，突袭慕容仁驻地平郭城外七里处，慕容仁手下将士此时心怀异志、仓促上阵迎战。大将慕容军率本部投降慕容皝，慕容皝军士气大振，进军大破慕容仁，慕容仁逃走，却被叛变的部下献给慕容皝，慕容皝先斩慕容仁手下叛将，再赐慕容仁一死，慕容家的兄弟之争终以慕容仁的失败告终，慕容皝统一慕容部。

而此时段兰开始后悔当初没有乘胜消灭慕容部，以致后患无穷。于是再次领军数万进攻慕容皝的柳城，宇文部的宇文逸豆归也在同时进犯慕容皝的安晋。慕容皝此时已无后顾之忧，亲率大军前往迎敌，两部的军队望风而逃。此战过后，段辽已经不能与慕容皝相抗衡，屡次进犯皆被打退，段氏逐渐由攻势转入守势。晋成帝咸康三年（337），慕容皝建立前燕，称燕王，以封弈为国相，慕容儁为太子。

鲜卑轻骑兵俑

段氏的屡次进攻使慕容皝决定在称王后的第一件大事就是要消灭段氏，而此时，段氏与后赵石虎接兵，于是，前燕与后赵之间就合作一起来对付段辽。

石虎后赵建武三年（337），此时从东北的辽东传来消息，慕容皝在兼并了慕容仁的势力之后，再次统一了慕容部，慕容皝自称燕王。慕容皝派使臣向后赵称藩，约定共灭段氏鲜卑。石虎早有意向吞并辽东，马上就答应在第二年出兵。

晋成帝咸康四年（338），后赵石虎为了扩充本国军事力量，在国内新召集勇士三万人。可段辽却在此时派大将段屈云攻打后赵幽州，于是石虎以水路舟兵十万，陆路步骑兵七万，分两路讨伐段辽。石虎派姚弋仲等人为冠威将军，统步骑十万为先锋，从陆路伐段辽。慕容皝则亲自领兵攻掠段氏的令支以北（今河北东北部）诸城，其作战路线十分诡异，这使段辽的军队始终难以与之正面交锋，段辽决定追击慕容皝，慕容翰却劝他争取与慕容皝联合对付后赵；他怪慕容翰当初贻误了战机，这次不听，亲自带着本部兵马追击慕容皝，可此时慕容皝的伏兵在那里等候已久，结果段辽又吃了大败仗而南逃。

而在南线后赵大军长驱直入蓟城，段辽所属各郡守将望风而降。段辽困守令支城，但此时令支城中已不可久驻，于是段辽只得与身边所剩的唯一一员大将慕容翰挥泪告别。段辽与慕容翰分手后，为躲避石虎的追赶北逃密云山，慕容翰往东北塞外投宇文部。而石虎的前部轻骑兵由将军郭太、麻秋率领，在密云山一带擒获段辽的母亲和妻子，段辽投降，石虎接受。石虎进入令支城，按照功劳大肆封赏，将段氏的遗民分别迁往司、雍、兖、豫四州。

后赵国和前燕国的合作这时却出现了裂痕。讨伐段辽取胜后，石虎怪燕国的慕容皝说话不算数，独自为战，不和后赵会师一处共同讨段辽，便以此为理由进兵慕容鲜卑。大和尚佛图澄及太史令赵揽等人固谏，请石虎不要连续用兵，石虎不听。

石虎出兵攻燕的行动让燕人惊恐不安。慕容皝在本族大将和汉人谋士的支持下决心坚守城池，严阵以待。声势浩大的后赵军队向前燕的国都棘城杀来，士兵总数多达数

十万，附近的前燕郡县向后赵投降的城堡达到三十六座。后赵大军从东西南北四个方向向棘城发起猛攻，城内的前燕士兵军心浮动。慕容皝的部下玄菟太守刘佩请求自带一支敢死队出城迎击后赵军，用胜利来稳定军心。这支敢死队在后赵军阵中冲杀一阵之后"斩获而还"，前燕守军深受鼓舞，士气重新振作。两军在棘城内外相持半月以上，城头的前燕军由鲜卑大将慕舆根指挥，每日从早到晚全力抵抗攻城的后赵士兵。慕容皝左右一些意志不甚坚定的人劝说慕容皝降赵，慕容皝十分干脆地斥责道："孤方取天下，何乃降人乎！"

战争的时间一拖长，远师劳顿的后赵大军坚持不下来。石虎见无法攻克棘城，无奈之下下令全军撤退。石虎自率数十万大军撤退时，被慕容皝的儿子慕容恪在城门拖树枝扬尘的两千骑兵吓得肝胆俱裂，弃甲而逃，跑回襄国。各路后赵兵马被杀三万多，唯独石虎养孙石闵一军边打边撤，有条不紊，无一人损失。以后几年燕赵之间战争不断。

石虎虽出兵受挫于慕容鲜卑，败给了慕容皝，但这并不妨碍他一统天下的野心和征伐的兴趣。他又想攻伐昌黎，运谷三十万斛于海岛，准备食储。又运三百万斛谷于高句丽，派兵将大集海滨屯聚。同时，他还下令在青州造船千艘，以备海战之用。不仅北讨，石虎也派军队南征。石闵在荆扬地区一路大胜，杀东晋兵一万多人；胡亭一役，后赵军掠七万户晋民凯旋。

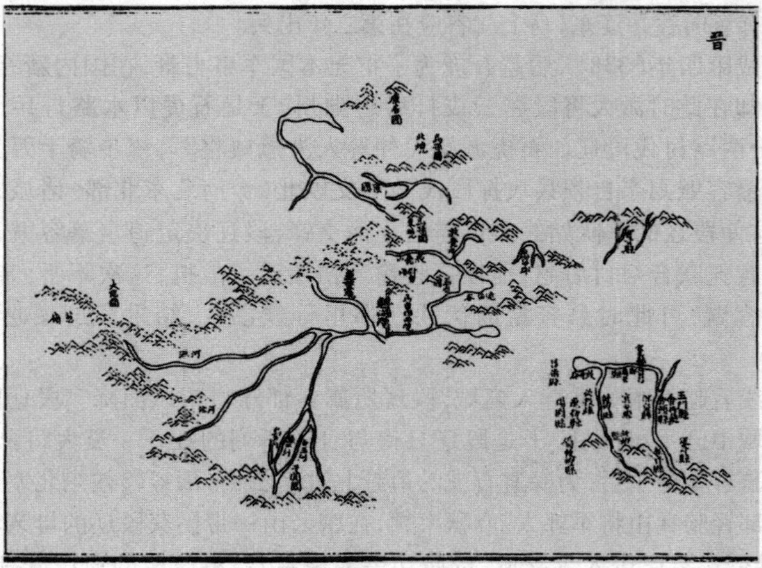

晋西域图

后赵统治的地区在西晋末年战乱和前后赵之争中破坏最为严重，兵事频兴之时，后赵境内的天灾不断。先是冀州八郡闹蝗灾，饿死数万人。又逢大旱，一年内赵境粮食减产，又有几万人冻饿而死。当时人口已是极为稀少，急需休养。水旱蝗灾如此严重，但石虎想的却是如何早日统一天下，对百姓是一轮又一轮的横征暴敛，强征入伍，加上连续几年的自然灾害，后赵百姓可谓是苦不堪言，饥民遍野。百姓穷窘绝望，卖妻卖子以充军

调，后赵境内，道路两旁上吊自杀的人比比皆是。石勒时期创下的良好局面已不复存在。

王敦武昌叛乱

东晋即将发生一场内乱，大将军王敦听说祖逖已死，认为天下已无人可敌，于永昌元年(322)正月，在武昌举兵发动了叛乱。他给司马睿上疏，罗列了刘隗的种种罪状，表明自己起兵不是造反，而是“清君侧”，维护司马氏的统治。司马睿勃然大怒，下诏讨伐王敦，并悬赏说，谁能杀掉王敦，封为五千户侯。

王敦起兵之时，派使者告诉梁州刺史甘卓，约他共同顺长江向下游进发，甘卓同意了。可等到王敦登船，甘卓却不来了，还派参军孙双到武昌劝阻王敦不要谋反。王敦愤恨不已，又派遣参军向谯王司马承游说，请谯王出任军司。结果谯王只是唉声叹气，说自己统领的地方土地荒芜，人民稀少，势力孤单，后援断绝，不能打仗。

温峤

王敦见状，只得派先锋独自进攻长沙，自己则向石头城进兵。长沙的城墙、护城河不完善，物资储备也不充足，人心惊恐。有人劝说谯王向南投靠陶侃，或者退守零陵、桂林。谯王不肯，环城困守，发誓要以身殉职。不过王敦看得没有错，谯王的确缺乏军事才能。不久后，其城池就被王敦的部将魏义攻破，谯王也被俘获，不久就被杀死了。

王敦到达石头城后，守将周札投降，王敦不战而胜。司马睿于是令刁协、刘隗、戴渊率领兵众进攻石头城，结果大败。太子司马绍听说以后，打算自己率领将士与敌人决战，他坐上军车正要出发，却被温峤死死抓住马勒头，说：“殿下是国家君位的继承人，怎么能逞一己之快，轻弃天下而不顾！”司马绍执意要出征，温峤抽出剑斩断了马的鞍带，把司马绍硬生生拽了下来。

王敦聚集军队闯入了皇宫，放纵士卒劫掠财物，皇宫、朝廷里的人奔逃离散。司马睿拉着刁协、刘隗的手，命令二人出逃，以避灾祸。刁协出行至江乘，被人所杀，把首级送给王敦。刘隗则投奔了后赵，在任太子太傅时死去。王敦在建康城中又杀了戴渊等一批反对他的大臣，然后才退回荆州。

司马睿见兵败已成定局，只得宣布实行大赦，任命王敦为丞相、都督中外各军、录尚书事、江州牧，赐封武昌郡公。

王敦得志以后，越发暴虐傲慢，四方贡献的物品大多送入他的府第，将相及地方的文武大员，全都出自他的门下。王敦任用沈充、钱凤为谋主，只对他们二人言听计从。

司马睿见无法动摇王氏的势力，自己虽然名为天子，号令却不出宫门，渐渐忧愤成

疾，卧床不起。想到大臣中只有司徒荀组对自己比较忠顺，就任命他为太尉，兼领太子太保，打算让他参与朝政，钳制王导。不料荀组受任不久就病死，司马睿更加忧伤，病势加重。永昌元年（322）闰十一月己丑日晚，司马睿病死于建康宫中的内殿，时年47岁，遗诏由太子司马绍继位，也就是晋明帝。

晋明帝初，王敦一族更是掌握了东晋军事大权，但晋明帝算是拥有大智慧的明君。明帝太宁二年（324），王敦病重，明帝列举王敦罪状，亲自率军讨伐王敦，王敦命其兄王含为元帅，率兵五万再次攻打建康，但晋明帝这次取得了战争的胜利。王敦一怒而死，王含则兵败被杀，王敦之乱平息。这时候东晋王朝内患已除，皇帝英明，本是有大作为的时候，然而仅仅过了一年，27岁的晋明帝司马绍就忽得暴疾而亡。

晋明帝才刚5岁的儿子司马衍继位为东晋第三任皇帝。这个年仅5岁的孩子，由母亲庾太后抱着听政，庾太后的兄长庾亮当宰相，全权负责国家大事。

明帝在临终时，曾下遗诏，命王导与庾亮一同辅政，但真正的权力此时却都集中在庾亮一人手里。庾亮，字符规，“美姿容，善谈论，性好庄、老”，是魏晋风度中的一个楷模人物，《世说新语》中常常提及此人。但在政治上，庾亮却是个刚愎自用、心胸狭窄的人。

不卖的卢

王导主持朝政时，宽和驭下，深得众心。到了庾亮掌权时，苛刻任法，颇失人心。同时，庾亮对拥军在外的陶侃、祖约、苏峻等大将深加猜忌，整日盘算如何提防这三个人。

陶侃时为荆州刺史，拥有荆、湘、雍、梁四州之众。祖约任豫州刺史，统管其兄祖逖北伐后占领的大片地盘。这两个人见明帝遗诏中的大臣名单里没有自己，都怀疑是庾亮从中作祟，删除了他们两人的名字。此外，历阳内史苏峻，在平讨沈充、钱凤过程中居功甚大，手中又拥强兵数万，也存骄盈之心。

为了防备这三个外臣，庾亮派和自己关系不错的老友温峤任江州刺史，镇守武昌，任王舒为会稽内史，以为声援。同时，又派人大修石头城，以防万一。

咸和元年（326），庾亮执政才半年多，就借口南顿王司马宗谋反，派禁兵去上门逮捕。司马宗老王爷性格固执，拒战反抗，不久兵败被杀。其兄西阳王司马羕也被降封为县王，已被封为虚官大宗正的前右卫将军虞胤也被贬为桂阳太守外任。庾亮此举不是出自公心，大失天下之望，都认为他是剪除宗室，巩固自己的威权。

司马宗、司马兼兄弟一直与苏峻关系很好。事发后，司马宗手下有个亲信跑到苏峻处匿藏，庾亮派人去抓捕，苏峻隐匿不交，惹得庾亮恶从心起。

六岁的晋成帝司马衍对外面发生了什么一无所知。有一天学习功课完毕，忽然想起了什么，便问庾亮，“从前常常在殿中看见的那位白头发老爷子去哪里了？”司马兼、司马宗两个王爷，对成帝来讲是曾叔祖辈，宗室元老，都在朝会大殿上专门设有座位。

庾亮于是告诉外甥：“那个人谋反，已经被杀掉了。”

小皇帝一听，立刻哭了起来，因为平日里司马宗对他很好，常常抱着他在宫内游玩，司马衍边哭边说：“舅舅你说别人做贼，便杀了；如果别人说舅舅你做贼，又该怎么样呢？”庾亮一听这话吓了一跳，脸色都变了，不知如何回答这位6岁皇帝的问话。庾太后在旁边也听见了，很是生气，用牙尺敲打司马衍的脑袋，怒斥他说：“小孩子怎么说这种话？”显然是看见哥哥被儿子说得一脸惊惶，心中不忍又不安。

苏峻叛变

庾亮跟镇守历阳（今安徽和县）的大将苏峻不和，下令征调苏峻当大司农，想以此剥夺苏峻的军权。苏峻遂起兵叛变，东晋再一次陷入内乱。

咸和三年（328）二月，苏峻率兵到达蒋陵的覆丹山。陶侃对庾亮说：“苏峻知道石头城有重兵戍守，不敢直接前来，必定从小丹杨南道徒步前来，应当埋伏兵众截击，可以一战擒获。”可庾亮不听。苏峻果然从小丹杨前来，因迷路，夜间赶行，军队各部混乱。庾亮听说后才感后悔，但为时已晚，此时苏峻的军队已然逼近都城，京城内的官员大多遣走家人向东避难，只有左卫将军刘超把妻子儿女迁居宫内。

> **历史小常识：贵州的交通工具**
>
> 两晋南北朝时期，上层人物出行的交通工具主要是牛车和步舆。东汉末上层人士逐渐使用牛车，因为其颠簸、舒适，可以随意坐卧。步舆也是在汉代时出现魏晋后普及，是用人力抬举的类似车样的坐具。又称为肩舆、平肩舆，八人抬的就叫作八扛舆。

朝廷下诏让卞壶率军出击，结果大败，死伤数以千计。苏峻乘风势纵火，烧毁了朝廷的官署。卞壶在战斗中背部受伤，伤口尚未愈合，又支撑着身体率领左右侍卫苦战至死。他的两个儿子卞眕、卞盱也跟随在父亲身后，先后战死。他们的母亲抚摸着尸体痛哭说：“父亲是忠臣，儿子是孝子，还有什么遗憾呢？”

苏峻的军队很快进入台城，王导赶忙让侍中褚翜去保护皇帝。褚翜立即进入内室，抱着司马衍登上太极前殿。王导和陆晔、荀崧也赶了过来，共同护卫。当时百官逃奔离散，宫殿上悄然无声。苏峻的兵众进来后，只看见王导这几个大臣抱着司马衍坐在宝座上。苏峻叱令褚翜退开，褚翜正立不动，呵斥他说：“苏峻来觐见皇上，军人岂能侵犯逼近！”这句话竟然叫苏峻的士兵不敢上殿，转而冲进后宫，宫女及太后的左右侍人都被掠夺。

当时官府拥有布匹二十万匹，金银五千斤，钱亿万，绢数万匹，其他物品价值与此相

当，苏峻尽数耗费光，掌管皇帝饮食的官员只有用大火烧剩下的数石粮米，熬粥给司马衍吃。不久，苏峻矫称诏令大赦天下，唯有庾亮兄弟不在赦免之列。而王导因为素有德行和名望，还让他保持原职，位居自己之上。

温峤听说建康失守，号啕痛哭。此时庾亮逃到了寻阳，宣布太后诏令，任温峤为骠骑将军。温峤素来看重庾亮，庾亮虽然战败奔逃，温峤还是分出了部分兵力交给庾亮，二人准备起兵讨伐苏峻。

温峤派遣督护王愆期到荆州，邀请陶侃和自己同赴国难。

陶侃到达寻阳后，大家都说陶侃准备诛杀庾亮向天下人谢罪，庾亮甚为恐惧，便采用温峤的计谋，去见陶侃叩拜谢罪，援引过错，自我责备，风度举止很不错。陶侃也便放开心胸了。

还鲊遗书

苏峻听说陶侃等人起兵，逼迫司马衍迁居石头城。各路军队刚到石头城，就想和苏峻决战。陶侃说："叛贼气势正盛，难以与之争锋。应当待以时日，用智谋战败他。"此后，多次交战无所建树，监军部将李根请求修筑白石垒，陶侃便下令连夜筑垒，一个晚上便竣工了。双方就这样相持不下，苏峻多次出击，虽然获胜，但架不住时间一长，粮食开始短缺。在一次突击中，苏峻意外坠落马下，立时被斩首，剐割肢体，骨骸也被焚烧。三军将士都高呼万岁，苏峻余部遂大败。

东晋内部前后乱了八年，此时才勉强安定下来。东晋不考虑收复失地，却把心思都

用在“窝里斗”上。这就为北方觊觎已久的势力提供了可乘之机。

三朝元老王导

咸和六年(331)冬祭太庙时,司马衍下诏,把祭祀剩下的胙肉送给王导,并且令他不用下拜谢恩。王导非常惶恐,以有病为由,推辞不敢承受。

当初,因为司马衍即位时年纪幼小,王导又是三朝元老,因此每次见到王导,司马衍都下拜。给王导下手诏,第一句话也是“惶恐而言”。庾亮给郗鉴写信数说王导不尊君臣之理,但郗鉴把庾亮的言语告知了王导。王导身边的人都劝王导秘密地加以防备。王导却说:“我和庾亮休戚与共,像这种庸俗的传说,不应当由智慧之人的口中传播。如果庾亮来到都城任职,我就头戴方巾,归隐还乡,有什么可惧怕的!”王导于是给陶侃写信,说:“庾公是皇上的大舅,你可要好好辅佐他呀!”

畜牧画像砖

庾亮想收复中原失地,上表奏请任命桓宣为都督沔北前锋诸军事、司州刺史,镇守襄阳。朝廷准了庾亮的要求,并任用建威将军陶称为南中郎将,进入沔中。

庾亮上疏说:“蜀地的汉国很弱,而北方胡虏仍然强大,我想率十万大军移徙镇守石头城,派遣各军罗列分布在长江、沔水一带,作为北伐的准备。”司马衍把疏章下交朝廷评论,王导请求允准,郗鉴、蔡谟却表示反对,说:“物资财用不足,不能大举行动。”

朝廷的大臣大多与蔡谟观点相同,于是司马衍下诏,不让庾亮转移镇守地。庾亮非常失望,一年后就死了。

历史小常识:东晋女子流行戴假发

现在有很多人喜欢戴假发,其实在东晋时就曾经流行过假发,并且成为流行时尚。假发在当时被称为“假头”。生在贫寒家庭的女子因为买不起“假头”,于是常常向别人借戴,往往自称“无头”,而向别人“借头”。

庾亮死后,他的弟弟豫州刺史庾怿被升了职,因为讨厌王氏族人,便想暗中除掉他们。庾怿给江州刺史王允之送去酒,说是犒赏他。王允之是个非常聪明的人,觉得庾怿不会无缘无故对自己好起来,便把这些酒拿去喂狗,狗饮酒后果然死亡。王允之于是将此事秘密奏报给司马衍。

司马衍说:“我大舅庾亮曾经导致国内大乱,小舅庾怿难道也想这样吗!”叫来庾怿教

训了一番。庾怿于是饮毒药自杀。

慕容皝统一辽东

前面提到了慕容皝打败段辽后，慕容翰转而投奔了鲜卑宇文部，当时鲜卑首领是宇文逸豆归。然而宇文逸豆归却是个嫉贤妒能之人，不但处处提防慕容翰，还有除掉他的意图。慕容翰只得装疯卖傻，并且让宇文逸豆归信以为真。而此时的慕容皝也感到需要慕容翰归国辅佐他，于是派人到宇文部去探听慕容翰的消息，向慕容翰表示了希望他回国的意图，正巧这时的慕容翰也想归国了。于是慕容翰等到宇文逸豆归放松了警惕后，便带着儿子回到了慕容部。

高句丽瓦当

本就立于不败之地的慕容皝得到慕容翰相助，更加是如虎添翼。慕容翰与慕容皝制定了战略方向：也就是要先征服其后方高句丽、宇文部等势力，然后再找机会以图中原。为了使自己的战略得以实施，慕容皝派使者向东晋朝廷称臣并要求封自己为大将军、燕王。他还上书晋成帝，在信中以忠臣自居，并指斥朝中掌握重权而不把皇帝放在眼中的大臣。朝臣们大都认为自汉朝以后便没有封异姓王的事情，而大将军则从来都是在朝中任职，没有派在“边城”的道理。庾亮死后，当时的东晋掌权者是庾亮的弟弟庾冰和庾翼。慕容皝直接给晋成帝讲了历代外戚专权的危害，指明庾氏兄弟专权，是国家的祸患，并说自己是说别人所不敢说，为皇帝着想。因此晋成帝对慕容皝的看法与朝臣们就不同了，永嘉之乱以后东晋皇帝的权威全失，慕容皝的一番进言倒是让他心中颇为痛快，而且以当时慕容部的实力，采取这种友好的态度最为合适，于是成帝以慕容皝对他“忠心耿耿”为名，给予慕容皝封赏。庾冰也因为慕容皝的信感到惊惧，于是也同意。这样慕容皝在自称燕王后，终于得到了东晋皇帝的一个名正言顺的封号。

晋成帝咸康八年(342)，慕容皝开始准备讨伐高句丽和宇文部。在慕容翰的建议下，慕容皝决定先攻高句丽再取宇文部。从辽东进攻高句丽有南北两条路，北边的一条平坦宽阔，而南边的一条则险峻狭窄，慕容翰带领主力部队从高句丽意想不到的南路进军，果然碰上的防守部队只是高句丽的老弱残兵，很快就溃散。高句丽国王高钊单骑逃走，把自己的母亲和妻子都丢到了燕兵的手中，前燕军队直接占领了高句丽国都，慕容皝一时找不到高钊，于是虏其

> **历史小常识：氐族**
>
> 氐族是中国古代的民族。殷周至南北朝时期分布在陕西、甘肃等地，从事畜牧和农业。魏晋时期建立了成汉、仇池、前秦、后凉等政权，大量接受汉族文化和生产技术。

父棺椁后回师，高钊果然于半年后派他的弟弟来向慕容皝称臣进贡，换回其父的遗骨，而他母亲则依旧以人质的身份被扣留在前燕。

高句丽投降后，慕容皝就开始着手对付宇文部了。宇文部自宇文逸豆归掌权后日益衰微，而慕容翰曾经在宇文部寄居良久，对那里的山川地形都十分了解。于是晋康帝（晋成帝之弟）建元二年（344），慕容皝以慕容翰为先锋大将，三路大军一齐向宇文部进发。宇文逸豆归一面向远在南方的石虎求救，一面派猛将涉奕于带领精兵迎战。慕容翰趁单独决斗的机会与慕容霸诱杀对方主将涉奕于。宇文部的众士兵一见主帅被杀，不战自溃。前燕兵乘胜追击，攻克宇文部都城，宇文逸豆归还没等到后赵的援兵，就败逃漠北，老死他乡。宇文部至此消散。

慕容皝终于完成了统一辽东的大业，但前燕在最后一场战争中的损失也不小。慕容翰在战争中被宇文氏的箭射伤，回到国内后一直居于家中养病不出。这时有人诬告慕容翰准备谋反，慕容皝由于始终猜忌慕容翰，就不管是真是假，以此为名，赐死了慕容翰。可怜雄才大略、有勇有谋的慕容翰一生漂泊，最后还是含恨死在自己的兄弟手下。

晋归义氐王金印

桓温灭成汉

342 年，司马衍一直感到身体不适，到了夏天，病情突然加重。因为自己的儿子尚小，司马衍宣布立琅邪王司马岳为皇位继承人，让自己的儿子司马丕为琅邪王，司马奕为东海王。三天后，司马衍病死于建康宫中西堂，时年 22 岁。同月甲午日，司马岳登基称帝，是为晋康帝。

当时的形势是北方的后赵与西南的成汉结盟，赵汉之间保持着友好使节的往来；东北的前燕和西北的前凉在表面上仍然奉东南的东晋为正统。东晋当时所忌惮的是后赵与成汉结盟，于是想要先灭掉其中一方，“两害相权取其轻”，成汉除有险峻的地形作为依靠外，比后赵要弱许多，东晋便把成汉作为讨伐的首选目标。

蜀中屯守的李雄，以宽厚著称，刑法简约，成汉在他的统治下正稳步地发展，成为一块福地，很多人都慕名来投奔。

但这种境况已经不能持久了，玉衡二十四年（334），李雄卒，他死后，其子嗣开始对王位进行争夺。李雄所立太子李班不是自己的亲生儿子，而是李雄的哥哥李荡之子，李班虽是一个仁孝之人，但却很迂钝。李雄死后，他虽继承了王位，却一心只在殡宫中服丧，整日为李雄哭泣，将朝中政事都交给他的叔父建宁王李寿处理。

李雄的亲儿子车骑将军李越本就对父亲不立亲子不满,奔丧回成都后,看到李班这个情景,就和他的弟弟安东将军李期暗中策划杀死了李班,奉李期为皇帝,改元玉恒,这也就是成幽公。

李期即位后,荒淫无度,滥杀无辜。李期的哥哥李霸、李保无病而死,宫中传说是李期毒杀,这引起了大臣们的恐惧和不安,成国的局势开始急转直下。成幽公玉恒四年(338),李期正准备对付李寿,李寿却假造了成都来信,说李期要加害他,将士们都十分愤怒,于是李寿便以将军李弈为先锋,率军从驻守的涪城前去攻打成都,很快就打败了失民心又未曾设防的李期。李期上吊自杀而死。李寿消灭了李期后,即皇帝位,改国号为汉,改元汉兴。因为这个汉国就是从前的成国,为了和西汉、东汉、蜀汉等其他诸汉区别开来,历史上把李寿的这个汉国称为"成汉"。

而此时的成汉已成亡国之势。李寿大肆修建皇宫,又从各郡迁徙大量老百姓入成都,充实国都的人口,而且严刑滥杀。蜀中民不聊生、怨声载道。太子李势于成汉汉兴六年(343)即位后,残忍昏庸有胜其父。大将李弈对李势不满,从晋寿起兵谋反,攻打成都,由于李势的倒行逆施,严刑重罚,以至于蜀中有不少老百姓都跟随李弈,李势亲自登城防御,才将李弈消灭。

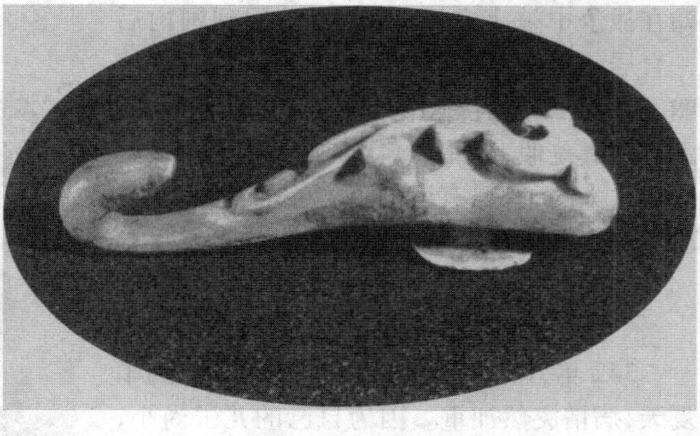

玉浮雕凤纹带钩　东晋

那么由谁来担任将领进攻成汉呢?这时东晋另外一个重臣桓温出场了。桓温,字符子,谯国龙亢(今安徽怀远西北)人,出身世族,自幼豪爽好赌且能杀,是东晋的名将、权臣。后来娶南康长公主为妻,成了晋明帝的大女婿。

当时桓温与在朝中掌权的主战派庾翼有交往,庾氏兄弟一直主张讨灭成汉、后赵。此时东晋皇帝也已经传到了第五任,康帝之子穆帝司马聃。穆帝即位的时候只有两岁,由当时的褚太后临朝听政,中书监何充控制了朝中的大权。何充却对桓温很是赏识,让他接替庾翼担任荆州刺史、安西将军。

此时桓温认为灭掉成汉的时机已经成熟,就在晋穆帝永和二年(346)上表东晋朝廷准备伐汉。桓温以袁乔率领二千士兵为先锋,出兵西征。成汉一见东晋来兵,也赶紧大举发兵应战,但与桓温交手的李福、李权等人的军队非败即降。大将昝坚手下的士兵不战自溃。守在成都城

历史小常识:卤簿

古代帝王起驾时扈从中仪仗队的名称。仪式随着出行目的的不同而有所差别。汉朝以后亦用于后妃、太子、王公大臣。

中的袁乔也很快溃败。桓温乘势攻到成都城下，放火烧城门，成汉的士兵无心再战，纷纷出降。李势只好开东门逃出成都城，然后向桓温递上降表，到桓温军中投降。桓温灭汉的战争前后算起来也不到半年，成汉灭亡的这一年是晋穆帝永和三年（347）。东晋至此重新控制了益、梁、宁三州，同时握有吴、蜀两地。

石虎诸子骨肉相残

桓温灭掉成汉时，后赵石虎正和前凉交战，自顾不暇，无力南顾。前凉假凉王张骏此时已经去世。

张骏（307~346），前凉政权的君主，在位二十二年。建兴十二年（324）张骏继位，愍帝任命张骏为凉州牧、领护羌校尉西平公。前赵刘曜又使人拜骏凉州牧、凉王。张骏极力扩大版图，先后击败龟兹、鄯善等国，称霸西域，军力强盛。又发展经济，减轻刑罚，人称“积贤君”。张骏长期据守凉州，对于先后占据其东邻关中地区的前赵、后赵两个政权始终没有归附也没有敌对，而后赵始终把东晋当作自己的主要对手，所以前凉国内的政局是当时几个割据政权中最为稳定的一个。晋穆帝永和元年（345），张骏自称假凉王，对外仍然奉东晋为正统。按照晋时的官职制度在国内设立类似的官吏，前凉实际上已经成为西北一个独立的王国。

张骏在称王的第二年就死了，所以石虎趁着张骏去世的时机打算消灭前凉，年仅16岁的张重华此时任前凉假凉王，石虎以为这个张重华很好对付，可是没有想到，张重华在大敌当前时却显示出了另一番帝王的风度，大敌临阵之时起用谢艾，授予其五千兵士作为先锋，大破石虎。石虎损兵折将不少，却没有占得一点便宜，及至他的宫廷之中内乱不断，无奈之下只得退兵。

李势女

石虎一向非常宠爱太子石邃，但石邃当上太子后日益骄淫残忍。河间公石宣、乐安公石韬也都得到石虎的宠爱，石邃恨之如仇敌。石虎渐渐变得喜怒无常，对石邃谴责斥骂、鞭打杖击，甚至一月之中多次发生这种事。石邃于是称病不理政事，并与手下李颜等人密谋要到冀州杀死河间公石宣。石虎得知消息，把石邃幽禁在东宫。过了一段时间，石虎心头的气渐渐消了，下诏赦石邃，在太武东堂召见他。石邃上来朝见，非但不

谢罪，而且只点了个头便转身回去了，石虎的呵斥他也置之不理。石虎勃然大怒，下旨杀死石邃，改立石宣为天王皇太子。

但石虎没有就此接受教训，下令石宣、石韬皆有“生杀拜除”的权力。后赵司徒申钟进谏，说太子石宣与石韬两人分政，肯定会因争权生成嫌隙，势必造成乱国害亲的后果，但石虎听不进去。348 年，石虎某日心情不好，因小事迁怒太子石宣忤旨，高声骂道：“我后悔不立石韬为太子！”。左右太监不大工夫就把话传了出去。石宣闻之惭怒，石韬闻之喜悦。石韬自恃石虎宠爱，故意与石宣作对，秋季，石宣与他的亲信杨杯、牟成、赵生密谋，趁石韬在东明观夜宴后宿于佛精舍之机，派人杀死了石韬。

石虎怀疑石宣杀了石韬，把石宣扣留起来。审问赵生，他供出了整个事情的经过和缘由，石虎听后更加悲痛愤怒，便把石宣囚禁在贮藏坐具的仓库中，用铁环穿透他的下巴颏并上了锁，又拿来杀害石韬的刀箭，让他舔上面的血，石宣的哀鸣号叫声震动宫殿。

佛图澄对石虎说：“石宣、石韬都是陛下的儿子，今天如果为了石韬被杀而再杀了石宣，这便是祸上加祸了。”石虎没有听从劝说。他命令石韬所宠爱的宦官郝稚、刘霸把石宣伤害到和石韬一样。然后又在柴堆四周点火，浓烟烈焰冲天而起，烧死了石宣。之后石虎也因此得了大病。

石宣死后，石虎听张豺的建议立年仅 10 岁的儿子石世为太子，以其母刘昭仪为皇后。石虎说：“我要用三斛纯净的灰，洗刷我内脏的秽恶，否则为什么我专生凶恶无赖的儿子，年龄一过二十就要杀害他的父亲！如今石世年方 10 岁，等到他 20 岁时，我已经老了！”不久，石虎病情恶化，任命彭城王石尊为大将军，燕王石斌为丞相，执掌国事，任命张豺为镇卫大将军，一同辅佐朝政。

刘皇后和张豺一起假传诏令，杀了石斌。石遵不久从幽州来到邺城，刘皇后传诏，让他在朝堂接受任命，给他配备了三万宫中的亲兵，没见石虎便让他回去，石遵流着眼泪走了。两天后石虎去世，石世即位，尊奉刘氏为皇太后。刘氏当朝行使皇帝的权力，任命张豺为丞相。张豺辞让不肯接受，请求任命彭城王石遵、义阳王石鉴为左右丞相，以此来安抚他们，刘氏听从了。

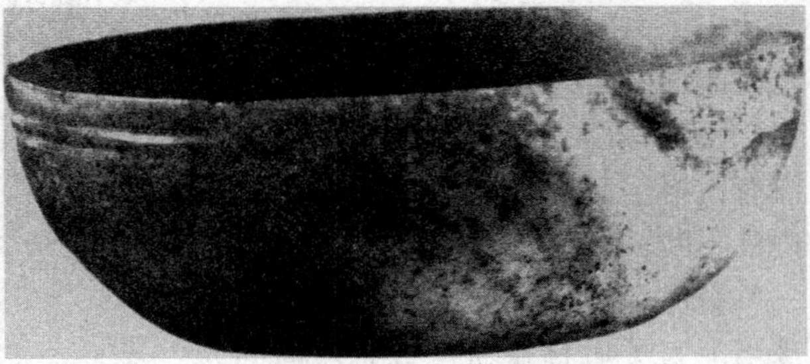

玉盏　北燕

彭城王石遵在返回的途中听到了父亲病故的丧讯，返回国都杀了张豺。石遵即皇帝位，废黜刘氏为太妃。过了不久，便把他们全都杀了。

冉闵下《杀胡令》

石闵（？~352），原姓冉，字永曾，小名棘奴。父亲冉瞻本是乞活军（一种兵民混合的

组织,以家为单位)首领陈午帐下的一个少年兵。石勒破陈午后,俘虏了年仅12岁的冉瞻。石勒命石虎认冉瞻为义子。冉瞻战死后,石虎于是把冉闵当作自己的孙子一样养育,随他姓石。

石闵"幼而果锐,及长,身长八尺,善谋策,勇力绝人",一直是石虎帐下得力的勇将,被封为游击将军。在石虎进攻燕国的慕容鲜卑时,二十多万军队全线崩溃,唯独石闵一军大胜,由此功名大显。虽然为石虎收为养子,但身为汉人的冉瞻心中对石虎还是存有芥蒂,石闵也不例外。

后赵石遵称帝后,石闵出兵平息沛王石冲叛乱立下大功。石遵怕石闵在朝中势大,想诛杀石闵,但从小看着石闵长大的太后郑氏不忍心,对石遵加以劝阻。

石闵闻讯,与李农等人率军把石遵赶到琨华殿后乱刀杀死,同时被杀的,还有太后郑氏等人。石闵尊石鉴为皇帝,不久石闵发动政变杀死了石鉴。

石闵深知羯人、胡人不会为自己所用,便颁下了一道《杀胡令》:"汉人斩一胡人首级送凤阳门者,文官进位三等,武职悉拜东门,士兵升牙门将。"后赵自石勒在襄国称赵王(319)至冉闵夺取政权(350),历时三十一年。石闵于是在350年年初即皇帝位,国号大魏,史称冉魏。石闵自己恢复冉姓,立其子冉智为皇太子,以李农为太宰,封为齐王。

冉闵称帝后不久,据守在襄国的后赵新兴王石祗称帝。六夷胡人由于冉闵杀胡之事,纷纷承认石祗的政权,接受他的封号,与冉魏为敌。石祗特别器重能征善战的羌人姚弋仲。而姚弋仲有他自己的打算,他想回到羌人的发源地关中地区,以图进一步的发展。但姚弋仲碰上了同以关中为发源地的氐人领袖蒲洪,蒲洪由于对后赵的待遇不满意,早就派使节向东晋请降,东晋朝廷准备北伐,蒲洪被任命为持节和征北大将军。这时蒲洪改姓苻氏,自称三秦王。姚弋仲和苻洪都想乘着关东大乱空虚的良机,先一步进入关中,创立基业,为了抢占关中双方在关东打了起来。结果苻洪击退了姚弋仲,确立了主动权,开始为前秦的兴起做准备。可战场上得胜的苻洪不久却被后赵降将麻秋毒死,苻洪临死前告诫其子苻健说,关东的局势混乱,他没有能力在乱局中立稳根基,应该迅速进入关中发展才是长久之计。苻健遵从父亲的遗命,向东晋告丧,同时率部众向关中进发。

九色鹿本生故事

外敌来势汹汹,冉闵却把矛头对准了身边的人。他首先对李农下手,杀了李农及其三个儿子。如此一来,李农手下的"乞活军"大为愤慨,这些一直分散各地的"乞活军",

虽是汉人也不再为冉闵卖命了，从而使冉魏失去了重要的支持力量。但英勇善战的冉闵却还是在战争中一路获胜。350 年 8 月，石祗进攻邺城，双方战于邯郸，石琨大败。刘国等人又与后赵将军张贺度等人联军，在昌城集结准备再次大举攻邺。后赵大将张贺度虽是沙场老将，但仍不敌冉闵，大败而归。此时的冉闵，正处于他人生的巅峰，开始沉浸在纵横天下的快感当中。不久石祗向慕容燕国以及羌族的姚弋仲处乞军求援。姚弋仲即派其子姚襄率二万八千士兵来救，慕容儁也派将军悦绾率三万兵来赴。

冉闵率全军出战，结果一败涂地，率领十余骑逃回了邺城。而冉闵的儿子冉胤被先前配给他指挥的一千胡人杀死。但不久冉闵即恢复元气，大败刘显，使其投降倒戈，杀掉了赵王石祗。可不久驻军襄国的刘显觉得冉闵威胁已远，宣布称王，进攻冉闵辖下的常山。冉闵率八千精骑驰救常山，一仗就打败了刘显，并把石勒经营数年的襄国宫室付之一炬，迁其民于邺城。冉闵虽屡战屡胜，但他自从称帝后就是专注于平乱和征伐，军队疲乏，缺少粮食，只能率军四处游击，掠夺粮食。

永兴三年(352)五月，燕王慕容儁派慕容恪、慕容霸等人深入中原，进击冉闵以及其他后赵的残存势力。冉闵一称帝，慕容部就意识到南下进攻后赵的时机已经成熟。当时慕容皝已死，继承王位的是慕容儁。不久，慕容儁把都城迁到蓟城，中原士大夫们纷纷前往归顺，慕容儁就这样轻易地使自己处于中原争霸中的有利位置。冉闵的大将军董闰和车骑将军张温久经战阵，劝谏冉闵要避其锋芒，但冉闵并不在意，十分轻敌。而慕容部却正好相反，十分小心地应对冉闵。

> **历史小常识："五胡"内迁后的分布**
>
> 魏晋南北朝时期，周边少数民族大量内迁。其中匈奴进入今山西汾水流域。东部的乌桓、鲜卑，从东北的辽河流域，一直发展到河西走廊。甘、青、滇、黔边境的氐族、羌族人，也进入关中。西晋时期，中原地区的西北诸郡，住满了少数民族。

双方刚刚开始交战时，冉闵屡战屡胜。但鲜卑军中却有慕容恪这样的智勇双全的人物。他利用"连环马"，诱冉闵步军于平地决战。慕容恪的"连环马"，人马即使死掉了，仍旧是用锁连在一处的，这样就形成重重障碍，阻挡了冉闵及其兵众的突围。三面受敌之下，冉魏寡不敌众，激战半日，魏军悉数英勇战死。冉闵虽被围数重，最后仍向东跑出了二十多里。本来冉闵可以马上脱险了，但这时他所乘的朱龙宝马忽然倒地死了，冉闵被重重摔在地上，鲜卑骑兵于是一拥而上，生擒了他。慕容儁把冉闵送于龙城处斩。冉闵的皇后董氏及太子冉智均被生俘，送往蓟城。数位冉魏高官自杀殉国。冉魏立国三年，即宣告灭亡。

前秦统一北方

前秦兴起

西晋灭亡后，黄河以北的广大地区上，游牧民族成了主角，相继建国称王称帝。前面

提到氐族贵族三秦王苻洪死后，他的儿子苻健带领余部前往关中，第二年，即351年占据关中，以长安为首都，称天王、大单于，改元皇始，翌年称帝，建国号大秦，即前秦。他的儿子苻生继位后，嗜酒残暴，肆行杀戮，是中国历史上有名的暴君。357年6月，苻生被苻健的侄子、东海王苻坚废为越王，后被杀。在十六国这个分裂割据的时代北方先后建立了十六个割据政权，进行了长达一百三十多年的混战，出现了七十多位君主。但是，真正有所作为、并统一了整个北方的是前秦皇帝苻坚。

桓温北伐

桓温灭成汉以后，手握兵权，在东晋朝中声望日高，而此时晋穆帝年幼，主持朝政的是太后褚蒜子。因为有权臣王敦叛变的先例，桓温也就成了东晋皇室心中的一个隐患。后赵国内纷争时，桓温几次上书要求北伐，晋穆帝却在这时任用殷浩，与谢尚一同主持北伐，希望借此来削弱桓温的势力。

富且昌宜侯王夫延命长织成履　东晋

殷浩名声不小可却不懂打仗，而且不积极准备北伐，一上来就开始壮大自己的势力，首先对付驻守在历阳的姚襄。姚襄是姚弋仲的儿子，此时已经投降了东晋。姚弋仲死后，姚襄在与占据关中建立前秦的苻健的战斗中失利，军队损失了大半。由于姚襄与谢尚的关系很好，他本人又博学善谈，在江东士大夫面前很受欢迎。殷浩囚禁了姚襄派往东晋作为人质的几个弟弟，而且一再指使刺客刺杀姚襄。谁知这些刺客倒很敬重姚襄，反而都把实情向姚襄和盘托出。殷浩一心要除掉姚襄，但在与姚襄的对阵中却总是失败。

殷浩与姚襄不和，但开始北伐前秦时却还任用他作为先锋，结果姚襄倒戈，东晋损失惨重，被羌族人打得大败，死伤了一万多人马，连粮草武器也丢光了。东晋朝廷没有办法，于永和十年正月，将中军将军、扬州刺史殷浩废为庶人，朝中大权再次尽落桓温之手。东晋重新启用桓温北伐。但事隔几年，北伐的最佳良机已经失去，桓温所面临的北方局势已经很难打破。收降了原后赵关东大部分地区的慕容儁和征服了关中各个军阀割据势力的苻健先后在晋穆帝永和八年(352)称帝。

晋穆帝永和十年(354)二月，桓温领征西大将军统率晋军四万，从江陵出发，分兵三路，进攻前秦(都长安)。三月，桓温先头部队攻克上洛(今陕西商州)和青泥(今陕西蓝田南)，俘秦荆州刺史郭敬，司马勋攻掠前秦之西边部分地区。前凉秦州刺史王擢也举兵响应，进攻陈仓(今陕西宝鸡东)。东晋大军压境，前秦国主苻健派兵五万在峣关抵抗，苻健派太子苻苌、丞相苻雄、淮南王苻生、平昌王苻菁、北平王苻硕率军五万屯于蛲柳(今陕西蓝田南)抗击东晋军。四月，桓温率军在蓝田(今属陕西)与秦军交战。苻生骁勇善战，单骑突阵十数次，杀伤东晋将士甚众。桓温督众力战，击败秦兵；将军桓冲在白鹿原(今陕西蓝田西灞河、浐水之间)又败苻雄军。桓温军边战边进，进抵长安城东灞上(今陕西

西安东北），苻健只好带残兵逃回长安坚守。桓温胜利进军，长安附近的郡县官员纷纷向晋军投降。桓温发出告示，要百姓安居乐业。百姓欢天喜地，都牵了牛，备了酒，到军营去慰劳。

战争进行到这个时候，顺阳太守薛珍力劝桓温进军长安，桓温不从，贻误战机。前秦适时组织反攻，斩东晋士卒万余人。桓温驻兵灞上，想等关中麦子熟了的时候，派兵士抢收麦子，补充军粮。可苻健料到桓温的打算，就把没有成熟的麦子全部割光，叫桓温颗粒无收。

远道而来的桓温断了军粮，被迫撤军，随军迁徙关中三千余户百姓。苻苌等紧随追击，桓温屡败，及至潼关时，逃亡及战死以万计。九月，桓温还至襄阳。虽没有消灭前秦，但总算是打了胜仗，桓温官升征讨大都督。

桓温退回东晋之后，很快便恢复了元气。此时，羌豪姚襄降而复叛，北返中原，取得了许昌至洛阳之间一大块地盘。同时，前秦和前燕正受内乱困扰，桓温觉得这正是进军河洛一带的大好机会。

于是东晋朝廷让桓温当征讨大都督，去讨伐姚襄，桓温把姚襄打得大败，随即进驻洛阳，这是东晋立国之后，晋军第一次也是唯一一次回到故都。但是一心偏安的东晋君臣不敢也不愿返回故地。此时前秦正受苻生苛政的磨难，前燕慕容氏内部不稳，这次进军洛阳是最好的也是最后的一次机会。可惜的是，无论是皇帝还是士族，都赞成偏安江南。于是大好机会就这样白白放弃了。

兰亭修禊图（局部）

桓温主持的第三次北伐，目标是前燕政权。桓温率五万步骑从镇地姑孰出发，兵分东西两路，进入黄河。前燕大将慕容垂率领八万大军前来抵御，再次为桓温击败。但是袁真一直打不开石门一带的水道，桓温行进到枋头一带得不到军粮接济，只得烧毁船只，向南撤退，途中被前燕的精骑追击，大败。这次的失败主要是桓温对将领的能力估计不足，如果当时用郗超的计策的话，就不会发生军粮不济的情况，但结果确实也很难预料。

苻坚力挽狂澜

苻健在关中减轻赋税，发展生产，优待士族，尊崇儒学，各方面都有了一些起色。苻健死后，子苻生即位。苻生（335～357），小时丧失了一只眼睛，性情非常暴烈。一次，因祖父苻洪开他的玩笑说了他的瞎眼，苻生拔出佩刀就刺自己的瞎眼。但苻生长大后却是

击刺骑射各种武艺都冠绝一时。太子苻苌死后，苻健认为谶文中有“三羊五眼”的字样，就立了苻生为太子。

皇始五年(355)，苻健去世，谥号为景明皇帝，庙号为高祖。苻生即位，宣布改年号为寿光。丞相雷弱儿性格刚烈耿直，因为赵韶、董荣败坏朝政，便经常在朝廷公开议论他们。赵韶、董荣便向苻生进谗言，诬陷雷弱儿。苻生于是杀掉了雷弱儿及其九个儿子、二十七个孙子。各羌族部落因此对前秦产生了离心。

苻生继位两年来，不但没有丝毫改进，残暴的行为反而是变本加厉。喝酒不分昼夜，有时一连数月不临朝处理政事。进上的奏章不审阅，常常搁置不理，有时在醉酒后处理政事。周围的人因此就常干奸诈之事，赏罚失去标准。由于少了一只眼睛，他非常忌讳说“残、缺、偏、只、少、无、不全”一类的词，因误说了这些字眼儿而被杀死的人，不计其数。

他曾经问周围的人说：“自从我统治天下以来，你们在外边听到些什么？”有人说：“圣明君主主宰天下，赏赐得当，刑罚严明，天下人只有歌颂太平盛世了。”苻生愤怒地说：“你向我献媚！”于是就把他拉出去杀了。第二天他又问这个问题，有人对他说：“陛下的刑罚稍微过分了一点。”苻生又愤怒地说：“你诽谤我！”这人也被杀了。有功的臣子和亲戚几乎被诛杀殆尽，群臣们能保全一天，如同度过十年。

前秦的东海王苻坚，一直被时人称誉，大家忍受不了苻生的残暴，都劝苻坚取而代之。苻坚(338~385)是前秦开国君主苻洪的孙子，苻雄的儿子，苻健的侄子。苻坚的父亲苻雄因辅佐长兄创业有功，被封为东海王。苻雄死后，苻坚袭爵。苻坚生下来，后背就有红色纹理，隐约看上去是“草付臣又土王咸阳”八字。苻坚从小聪颖不凡，目有紫光，苻洪非常喜欢这个孙子，称他为“坚头”。

当时有个善于相面的人，在路上看到苻坚长相奇特，就上前拉住他的手说：“这里是皇帝巡行的街道，你们在此玩耍，不怕司隶校尉把你们捆起来吗？”苻坚回答说：“司隶校尉只捆有罪的人，不捆玩耍的孩子。”相面人对随行的人说：“这孩子有霸王之相。”

寿光三年(357)六月的一天，太史令康权对苻生进言说：“昨天晚上同时出现了三个月亮，彗星进入太微星座，又连着井宿。自从五月上旬以来，天空阴云密布，又不下雨，一直到今天。将要出现臣下图谋主上的灾祸了。”苻生十分愤怒，认为这是妖言，把他摔死了。

苻坚在几年之内南征北战，得到了不少英豪的支持和帮助，力量进一步壮大起来。苻坚身边亲信的尚书吕婆楼向苻坚推荐自己的门客王猛。而正是这个王猛，帮助苻坚成就了他的大业。

王猛

本来由于苻坚在朝中威望颇高且手握兵权，苻生一直没有敢动苻坚兄弟。但苻生一天夜里对服侍他的婢女说：“苻坚、苻法兄弟也不可信赖，明天我就把他们除掉。”婢女连夜把这一消息告诉了苻坚以及他的哥哥清河王苻法。苻法和苻坚看到箭在弦上，当晚便率兵闯入王宫，抓住苻生，废黜苻生为越王，不久又把他杀了，定谥号为厉王。

苻坚于是就去掉了皇帝的称号，称为大秦天王，在太极殿即位。

苻坚提拔王猛

苻坚即位时，前秦一片混乱。关中本来就是各民族杂居的地区，民族仇杀此起彼伏。前秦在战乱中建国，法律制度都不健全。苻生又实施残暴统治，当时水旱灾害时常发生，致使千里秦川豪强横行。

苻坚继位后，果断处斩了帮助苻生作恶的佞臣董荣、赵韶等二十余人，提拔重用了一批精明廉洁的汉族士人参与朝政，其中最有影响的就是寒门出身的王猛。

王猛少年时家贫如洗，为了糊口，靠贩卖畚箕为生。王猛为人严谨、博学多才。吕婆楼推荐了王猛后，二人一见如故，苻坚大有当年刘备遇到诸葛亮之感，即位后立即拜王猛为中书侍郎。

当时，京师的西北门户始平县豪强横行，苻坚于是派王猛为始平县令前往治理。王猛执法严明，雷厉风行，下车伊始就把一个作恶多端的奸吏当众打死，致使奸吏的狐朋狗党联名上告，并勾结执法官将王猛逮捕，押送到长安狱中。苻坚却认定王猛是治理乱世的干才，当即赦免王猛，对他更加信任。一介寒士汉人王猛，接连得到苻坚的重用和提拔，让一些前秦的元老显贵妒火中烧。姑臧侯樊世，是随苻健入定关中的氐族豪帅。他居功自傲、当众侮辱王猛，并发誓要把王猛的头砍下来挂在城门上。

王猛扪虱

苻坚得知后，决定杀一儆百。于是苻坚故意说，要把公主嫁给已经与樊世的女儿订婚的杨璧，偏偏樊世不知好歹，抵触苻坚。苻坚大怒，斩樊世于马厩。

之后王猛又逮捕胡作非为的苻坚妻弟，斩首示众，陈尸街头。随后又和御史中丞邓羌通力合作，全面查处扰民乱政的权贵，接连诛杀了二十多个不法的贵戚豪强。于是，京城内外百官震肃，豪强贵戚无不老实守法，社会风气大为好转，出现了路不拾遗、夜不闭户的良好秩序，老百姓拍手相庆。苻坚看在眼里，喜在心头。他深有感触地说：“现在我才知道天下有法制的好处。”

随着吏治的整顿，恣意妄为、贪污受贿等腐败现象日趋消除，社会风气和社会治安大

为好转。苻坚开始设立学校办教育，提高民众的文化素质，培养治国人才。他自幼学习汉族文化，仰慕儒家经典，为扭转氐族迷信武力、轻视文化知识的落后观念，积极恢复了太学和地方各级学校，广修学宫，招聘满腹经纶的学者执教，并强制公卿以下的子孙入学读书。苻坚每月到太学一次，考问诸生经义，品评优劣，勉励他们刻苦学习。

苻坚还亲自挑选品学兼优的学生，让他们到各级权力机构任职。同时规定：俸禄百石以上的官吏，必须"学通一经，才成一艺"。如果不通一经一艺，则一律罢官为民。由于苻坚的大力倡导，并同官吏的选任结合，前秦很快就出现了劝业竞学、养廉知耻的风气。不仅培养了官僚后备队伍，提高了统治阶层的文化素质，同时也促进了民族间的文化交流。

农业经济的恢复。苻坚即位后，前秦的经济形势也极其困难。由于战乱不息，天灾连年，国库空竭，民生凋敝。为了迅速扭转百废待兴的萧条局面，苻坚决定偃甲息兵，大力发展生产。

永兴二年(358)，前秦广大地区遭到大旱，苻坚下令减少自己的膳食，撤销歌乐，后宫皇妃以下的宫女改换布衣，不再穿绫罗绸缎。文武百官也相应地减少俸禄，以示与民共休戚。同时还指令开发山上的矿产林木，解除限制河流湖泊渔业的禁令，使国家和老百姓共同分享。停止一切军事行动，使人民获得休养生息。由于苻坚的措施得力，虽然遭遇大旱，却没有引起大的饥荒灾难。

历史小常识：王猛扪虱

东晋桓温第一次北伐关中，驻军灞上。王猛披着粗布衣服拜访他，此时的桓温英名震动天下，王猛在他面前却一面侃侃而谈当世之事，一面旁若无人在衣襟里摸虱子。这就是典故"王猛扪虱论天下"。桓温觉得他与众不同，便问道："我北伐战功显赫，可为何三秦豪杰无人归附呢？"王猛说："您现在与长安近在咫尺而不渡灞水，百姓知道您并无收复中原之心，所以不至。"桓温沉默不语，一会儿说："长江以南没有人能和你相比！"

南归之时，桓温请王猛与之同归，被王猛婉绝。王猛自知他一介布衣在东晋根本无从参政。没过多久他等来了机会，苻坚接受吕婆楼(十六国之后凉的君主吕光的父亲)的推荐，把王猛招入宫中，两人一谈，应了三国先主刘备的那句话，如鱼得水，"一见便若平生，语及废兴大事，异符同契，若玄德之遇孔明也"。

为了解决关中地区少雨易旱的问题，苻坚下令官府征调了豪富童仆三万人，开发泾水上游，凿山起堤，疏通沟渠，灌溉梯田和盐碱地，使荒芜了多年的田地又重新长出了五谷，老百姓深受其利。苻坚还亲自耕作，他的夫人苟氏也到近郊养蚕，以劝勉农民积极从事农业生产和丝织。苻坚又多次派遣使臣到各地巡视，抚恤孤寡老人。朝廷屡次发诏劝课农桑，推广先进的生产技术，奖励努力种田的农民。后来，前秦再次遭遇大旱灾，苻坚考虑到农民歉收，就下令减免部分租税，节约官府开支，适当降低官俸，并规定不是当务之急就不要征派徭役了。

由于苻坚把发展农业作为基本国策，使得前秦的经济恢复得很快，几年后便出现了安定清平、家给人足的新气象。史载，从长安到各州郡，都修了通道驿亭，游人和商贩沿途取给十分方便。

前秦通过以上改革，基本上完成了封建化的过程，社会经济也有了进步，出现了“人思劝励，号称多士，盗贼止息，请托路绝，田畴修辟，帑藏充盈，典章法物，靡不悉备”的局面，从而为前秦统一北方奠定了政治和物质基础。

前燕亡国

当时的形势是：后赵大将张平仍然拥兵并州六郡；而此时前燕的南部疆界从黄河推进至淮河以北地区。在西面，僻处凉州的前凉国自张重华在东晋永和九年(353)病逝后，国内发生了王位之争，结果国力基本消耗殆尽，此时也是苟延残喘。所以当时较有实力的三部就是前燕、前秦和东晋。

前秦与其他两国比起来，疆域最小，实力也并不强大。但励精图治的苻坚在王猛的辅佐下，正一步步地壮大起来，而与此相对的是，前燕此时却再次发生了内部的危机。

前燕皇帝慕容暐登基时年纪还很小，大权落在了慕容恪手里，这就引起了太师慕舆根的不满。因此慕舆根企图变乱，结果却未成功，后被打入天牢秘密处死。安定了民心之后，慕容恪开始向外图谋发展。

慕容恪

当时东晋打败姚襄后占据了洛阳，慕容恪认为洛阳战略位置非常重要，一旦东晋加强防御对自己没有好处，于是和慕容垂率领数万精兵突袭洛阳。慕容恪亲自擂鼓，前燕军队声势大振，士兵都拼命地往前冲杀，终于攻进城里，双方展开了激烈的巷战。东晋守军后继无援死伤殆尽，前燕在付出巨大的伤亡代价后终于攻下了洛阳。慕容恪以洛阳为基地，继续痛打东晋，不久又进攻兖州和宛城(今河南南阳)，东晋守军都不战而降。在一连串胜利的鼓舞下，慕容恪又派兵进攻襄阳。可当燕军刚杀到襄阳城下时，慕容恪病危，燕军只好匆忙回国。

慕容恪死后，不久四世托孤的老臣阳骛也死了，四个顾命大臣只留下一个贪心的慕容评。慕容恪临终时向君主慕容暐推荐慕容垂。慕容垂有勇有谋，慕容皝在位时曾经有过立慕容垂为世子的打算，当初慕容儁在位时就对这个皇弟十分忌恨，曾经和皇后可足浑氏连手陷害慕容垂，对慕容垂的妻子用刑，迫使她承认自己丈夫的“叛逆之行”，结果没有达到目的，慕容垂的妻子却被折磨致死。但慕容垂始终没有谋叛或是投奔别国。然而慕容暐却和他的父亲一样，惧怕慕容垂。而慕容评与可足浑氏也预谋除掉

慕容垂。慕容垂恐被慕容评谋害,无奈之下于前燕建熙十年(369)十一月,携子出逃投奔前秦。

逼走了慕容垂后,前燕又向前秦索要之前割给前秦的虎牢以西之地(东晋桓温曾趁慕容儁死而攻打前燕,当时前燕向前秦求救并割了虎牢以西之地给前秦为条件以向前秦求救,前秦出兵两万往援),慕容暐即帝位后,苻坚早就有了灭燕之心,于是以此为借口开始进攻前燕。

苻坚掌握了战机,在前燕朝政败坏,内部矛盾加剧,且又连年与东晋作战、军队战斗力大为下降之时发动进攻。前秦建元五年(369)十一月,前秦辅国将军王猛统将军梁成、邓羌等率步骑三万,并且命前燕降将慕容垂为向导进攻前燕。王猛大破慕容臧于荥阳,洛阳守将慕容筑,因援军不至,在王猛政治争取下于次年正月以城降。此战是前秦统一战争中的一个转折点。此后前秦就开始转入了对前燕的攻势。前秦军占领洛阳、荥阳两战略要点后,王猛留邓羌屯金墉(今河南洛阳东北,晋洛阳故城西北隅),自率军返长安,以示此次攻燕,仅在于夺取慕容暐前允割让之地。四月,苻坚令王猛统杨安、张蚝、邓羌等十将,率步骑六万进攻前燕,苻坚亲送王猛到霸东,同时继续集结兵力,准备亲自率领以为后继,攻克了整个河东之地。

宣文君授经图

慕容暐为挽救危机,派遣其太傅慕容评率众四十余万以救二城。王猛在作战指导上,采取政治攻心与武力打击相结合,以及地道攻城、迂回夜袭等战法。前燕军大败,全军溃散,慕容评单骑逃回邺城,于是王猛进兵围攻邺城。苻坚令王猛围而不攻,阵前休整,候主力到达后合力攻城。同时令李威辅佐太子留守长安;令阳平公苻融屯洛阳,对东警戒,确保后方;自率精兵十万驰赴邺城。燕军大将慕容桓被迫放弃内黄(今河南内黄西北),北逃至龙城(今辽宁朝阳),燕军全线崩溃。初七,前燕散骑侍郎余蔚(一说徐蔚)等夜开北门,迎接前秦军,邺城随即陷落。

慕容暐等逃向龙城,被前秦军追俘;各州郡牧守先后降,自此前燕遂亡。

桓温的野心

在北方前秦灭了前燕，而南方的东晋统治集团此时也是矛盾丛生。桓温长期掌握东晋的军事大权，随着权力的不断增大，桓温的野心也在一步步地膨胀。在北伐之前，桓温已经迫使晋廷给他加殊礼，位在诸侯王之上。有一次，他抚枕而叹："既不能流芳百世，不足复遗臭万载耶？"于是就有了这句"不能流芳百世，就遗臭万年"的话。从前桓温是以忠勇之士刘琨、温峤为榜样的，到这时也发生了变化，把王敦当成了榜样。有一次他路过王敦墓，向着墓冢称慕不已，说："可人、可人！"可见此时的桓温已经动了夺权的念头。

枋头败归后，桓温威望大减，有个心腹官员知道他的野心，向他献计，说用废立的办法可以重新树立威权，提高自己的威信，就先得学西汉霍光的办法，把现在的皇帝废了，自己另立一个皇帝。

那时候，晋穆帝已经死去。在位的皇帝是晋废帝司马奕。太和六年（371）十一月，桓温带兵到建康，寻找借口逼褚太后下诏废黜司马奕，派散骑侍郎刘亨进宫收缴了国玺，逼司马奕离宫。把司马奕废了之后，另立司马昱当皇帝，这就是晋简文帝。简文帝以往只是好清谈，没有什么实际的治国能力，桓温当了宰相，大权在握，带兵驻在姑孰（今安徽当涂）。司马昱形同傀儡。

东山携妓图

后来不久，晋简文帝病重时，在大臣的支持下，遗诏由太子司马曜继承皇位。这就是晋孝武帝。当时小皇帝司马曜只有10岁。

原来满心期待着简文帝临终前会把皇位禅让给自己的桓温大失所望，便以进京祭奠简文帝为由，于宁康元年（373）二月率军来到建康城外，准备杀大臣以立威，桓温到达建康那天，随身带的将士，都是全副盔甲，手里拿着明晃晃的武器。朝廷官员到路边去迎接时，看到这个情景，吓得变了脸色。

桓温请两个最有名望的士族大臣王坦之、谢安到他官邸去会见，王、谢两人早已听说桓温事前在客厅的背后埋伏一批武士，想杀掉他们。王坦之非常害怕，问谢安怎么办。

谢安神情坦然地说："晋祚存亡，在此一行。"王坦之硬着头皮与谢安一起出城来到桓温营帐，紧张得汗流浃背，把衣衫都沾湿了。

谢安却十分镇静地对桓温说："我听说有道的诸侯设守在四方，明公何必在幕后埋伏士卒呢？"

桓温听了，只得尴尬地说："我也是不能不防备点儿。"说着，就命令左右把后面埋伏好的士兵撤去。由于谢安的机智和镇定，桓温始终没敢对二人下手，不久就退回了姑孰。迫在眉睫的危机，被谢安从容化解了。桓温看到建康的士族中反对他的势力还不小，不敢轻易动手。同年三月，桓温得了重病，这位"不能流芳百世，也要遗臭万年"的一代枭雄，抱憾而死。

谢安东山再起

谢安(320~385)，字安石，陈郡阳夏(今河南太康)人。曾祖谢缵，曹魏时任过长安典农中郎将；祖父谢衡，是西晋有名的儒学家，"博物多闻"，"以儒素显"，任过博士祭酒、太子少傅、散骑常侍一类的文官。父亲谢裒(一作褒)，永嘉之乱时随兄携家南渡，在东晋政府中担任过侍中、吏部尚书等要职。

谢安出身于这样的名门世家，从小受家庭的影响，在德行、学问、风度等方面都有良好的修养。4岁时，谯郡的名士桓彝见到他大为赞赏，说："此儿风神秀彻，后当不减王东海(即王承，东晋初年名士)。"当时的宰相王导也很器重谢安，青少年时代的谢安就已在上层社会中享有较高的声誉。

临戴进谢安东山图

然而谢安并不想凭借出身、名望去猎取高官厚禄。东晋朝廷先是征召他入司徒府，接着又任命他为佐著作郎，都被谢安以有病为借口推辞了。后来，拒绝应召的谢安干脆隐居到会稽的东山，与王羲之、许询、支道林等名士名僧频繁交游，出则渔弋山水，入则吟咏属文，挟妓乐优游山林，就是不愿当官。

当时担任扬州刺史的庾冰仰慕谢安的名声，几次三番地命郡县官吏催逼，谢安不得已，勉强赴召。仅隔一个多月，他又辞职回到了会稽。后来，朝廷又曾多次征召，谢安仍然予以回绝。这曾激起了不少大臣的不满，接连上疏指责谢安，朝廷因此做出了对谢安禁锢终身的决定，经皇帝下诏才赦免。然而谢安却不屑一顾，泰然处之。

谢安虽然屡屡不愿出山，但当时的士大夫却都对他寄予很大的期望，以敢时常有人说：“谢安石不肯出，将如苍生何？”他的妻子刘氏，眼看谢氏家族中的谢尚、谢奕、谢万等人一个个都位高权重，只有谢安隐退不出，曾对谢安说：“夫君难道不应当像他们一样吗？”谢安掩鼻答道：“只怕难免吧。”谢安能说出这句话，说明他当时对时政并不是一点都不关心，只是，出于对谢家家族整体的考虑，隐忍东山而已。

升平三年(359)发生的谢万被废黜事件，升平四年(360)，谢尚辞世，此时谢家在政治舞台上，再没有可以支撑谢家家族的力量，同年，谢安为家族考虑，被迫步入仕途。因谢安一直隐居东山，故历史上有“东山再起”之说。该成语现今已是广为应用，但多半指失败之人蓄势再起，倒与本意有些出入了。

桓温死后，谢安被任命为尚书仆射兼吏部尚书，与尚书令王彪之一起执掌朝政。数月后，中书令王坦之出任徐州刺史，谢安又兼总中书省，实际上总揽了东晋的朝政。谢安为了缓和矛盾、稳定政局，实行了着眼于长远，以和谐安定为重的执政方针。他重用桓温的弟弟桓冲，让他担任都督徐、豫、兖、青、扬五州诸军事和徐州刺史，负责镇守京口，后来又转为都督七州诸军事，兼任荆州刺史。桓冲也认为自己的德望不及谢安，主动提出镇守外地，心甘情愿地以镇守四方为己任。桓冲和谢安的关系缓和，实际上使得东晋朝中最大的隐患暂时消除，两家的其他成员虽然也有些看法的，却不能改变大势。两人同心协力辅佐晋孝武帝，东晋王朝出现了难得的团结气氛。

谢安登东山

当时，前秦在苻坚的治理下日益强盛，东晋军队在与前秦的交战中屡遭败绩。谢安派自己的弟弟谢石、侄子谢玄率军征讨，接连取得胜利。又命谢玄训练出战斗力很强的北府兵，为抗击前秦做好了准备。

凉州风雨飘摇

随着经济实力的恢复，苻坚接连征服了前燕、前凉，瓦解了代国，使前秦获得空前的强盛。

建元十一年（375），王猛得了重病，苻坚亲自为他到南、北郊以及宗庙、社稷坛祈求神灵，亲自到王猛的宅第察看他的病情，见王猛已无好转的可能，便向他询问后事。

王猛临终前告诫苻坚说，晋朝虽然偏居长江以南，但他们是正宗相沿，上下安定和睦，臣死了以后，愿不要把晋朝作为图谋的对象。鲜卑、西羌才是最主要的敌人，应该逐渐消灭他们，以使江山安定。说完这些，王猛就死了。

苻坚亲自参与装殓王猛，三次前往痛哭，并对太子苻宏说："上天不想让我统一天下吗？为什么这么快就夺走了我的王猛呢？"但苻坚对王猛的临终遗言却并没有放在心上，前燕灭亡后，投降前秦的鲜卑贵族都被苻坚封了高官。

建元九年（373）桓温病死，苻坚下令发兵进攻东晋益州，占领了三十年前成汉的故地。

王猛去世后，凉州欲脱离前秦的管制。前凉实力虽小，在张重华的治理下国力还很平稳，又拥有名将谢艾，所以欲图之并不太容易。但好景不长，张重华的母亲马氏和张重华的表哥张祚勾搭成奸，丑事败露后，24 岁的张重华羞愤难当，竟被活活气死。张祚趁机篡夺了王位。张祚害怕前凉重臣或宗室发动政变推翻他的统治，尤其对谢艾更是又恨又怕，就设下圈套将谢艾给杀害了。谢艾被杀引起了人们的公愤。不久，驻守枹罕的前凉宗室张瓘率领大军进攻姑臧。姑臧城里的军民没人肯为张祚出力，等张瓘兵临城下时，大臣宋混发动政变，把张祚困在宫里，结果宫里侍卫也要捉拿他。张祚走投无路，躲进了御厨房，被御厨们杀死。

历史小常识：河西壁画

酒泉丁家闸墓群的五号墓前室壁画中描绘了天上、人间、地下三个境界，广布于自墓的四壁直至顶部的多层的长卷式的构图中。发掘时间是 1977 年，这是首次发现的十六国时期的大型墓室壁画。

张瓘、宋混等拥立张重华的儿子、只有 7 岁的张玄靓为凉王。张瓘自封大司马，宋混自封仆射。不久二人闹翻，张瓘征召外兵来姑臧捉拿宋混。宋混则抢先一步带两千凉州兵进攻张瓘的官邸。张瓘被迫自杀，大权被宋混把持。宋混死后，权力传给其弟宋澄。不久张瓘的弟弟张邕发动政变，杀死宋澄，和他叔叔张天锡一起重新把持大权。张天锡不想与侄子共同执政，他发动政变进攻张邕，迫他自杀后，自封冠军大将军，单独把持朝政。不久就处死了傀儡小皇帝张玄靓，自立为大都督兼凉州牧。

凉州经过这几场动乱后，统治早已经是风雨飘摇。张天锡见前秦王猛死，他竟然不自量力地认为吞并中原的时机到了，暗地里训练将士，准备进攻前秦。苻坚听说后，就派遣两名使者前去责问张天锡。他杀了前秦使臣，公然与前秦对抗，苻坚便以此为借口开始征讨前凉。

376年8月，前秦十三万军队进攻前凉的汉人政权。凉州本来地方就小，而此时张天锡一意孤行内部屡屡出现分裂，手下或叛或降，前秦军轻而易举就打败了凉州军，活捉了五千名凉州重甲步兵。苻坚派遣使者把这些俘虏都放了回去，凉州看到前秦的强大，前凉军哗变，张天锡被俘，前凉灭亡。前凉在张骏称凉王的三十一年后，被前秦消灭，成为十六国中第五个灭亡的政权。

苻坚统一北方

前秦灭了前凉，接收了前凉在西域的领土，北方就只有河套鲜卑拓跋部建立的代国了。鲜卑拓跋部自拓跋猗卢死后，部族四散。经过一段动乱，东晋咸和四年(329)，拓跋猗卢的侄孙拓跋翳槐被各部拥立为代王。拓跋翳槐为了稳定内外形势，决定与刚刚统一北方的后赵结好，便把弟弟什翼犍派往后赵做人质。什翼犍在襄国(今河北邢台西南)做人质整整十年，这个鲜卑人有机会更多地了解和接受汉族文化。

东晋咸康四年(338)，拓跋翳槐死后，群臣欲将拓跋什翼犍的弟弟拓跋孤推戴为代王，拓跋孤拒绝了。他亲自前往襄国，向石虎表示愿意代替什翼犍为人质，让什翼犍回去。石虎被拓跋孤的义气深深打动，让他们兄弟一同回到故国。东晋咸帝咸康五年(339)，什翼犍受其兄长代王拓跋翳槐遗命，即位于繁畤(今山西繁畤)，改元建国，当时他19岁。什翼犍即位后按照在后赵时了解的中原制度，着手设置文武百官，分掌政务。他任用燕凤、许谦等汉人，制定了法律，一改以往部落中杂乱无章的状况，做到号令明白，政事清简，得到了附近百姓的欢迎，纷纷前来归附，部众一下子达到了数十万人。

拓跋什翼犍即位后做的另一件大事就是向前燕慕容皝请求联姻，娶慕容皝的妹妹为皇后，密切了与前燕的关系。通过这一联姻，什翼犍的王位在燕国的庇护下得以巩固。然后迁都云中盛乐宫(今内蒙古和林格尔西北)，在故城南面修筑了新的盛乐城，一度衰落的代国重又呈现出欣欣向荣的气象。建国四年(341)，汉国大将刘武侵犯代国西境，被什翼犍击退。此后什翼犍先后与汉国、后赵及燕国并立，确立了代国在战乱之中屹立不倒的地位。

骑马吹角俑　北魏

与什翼犍同时的就是拓跋部西面的近邻——铁弗部的首领刘虎。

所谓“铁弗”，即父亲是匈奴人，母亲是鲜卑人的混血形成的民族。刘虎

在刘聪的年代便以宗室身份被委任为安北将军、丁零中郎将，居于新平（今山西定襄一带）。什翼犍建国四年（341），刘虎不愿坐视拓跋部的强大，亲率本部人马袭扰代国边境，遭到什翼犍大军重创，此后拓跋部和铁弗部争斗不止。不久刘虎去世，什翼犍把女儿嫁给继位的刘虎之子刘务桓，实现了与铁弗部的和解。

建国十九年（356），铁弗部首领刘务桓病死，其弟阏头继立，暗中谋划反叛，被什翼犍发觉。什翼犍当即采取了两项对策：他一面把手下的悉勿祈兄弟十二人全部遣返回去。悉勿祈是阏头的侄子，什翼犍遣返他们是要利用他们搅乱阏头的内部，引起自相猜疑，很快引起了刘阏头势力的分化。另一方面，什翼犍亲率军西巡，迫使阏头畏惧而投降。阏头见什翼犍大兵压境，只得请降。什翼犍于是兵不血刃，干净漂亮地瓦解了反叛势力。两年后，建国二十一年（358），阏头部属又发生内乱，这次部众全都归附了当初什翼犍遣返的悉勿祈。悉勿祈死后，其弟刘卫辰继立，什翼犍又把女儿嫁给刘卫辰，借此笼络和控制了刘卫辰。

但刘卫辰并没有真的被拉拢，他于建国二十八年（365）反叛，什翼犍于是亲征，刘卫辰遭什翼犍痛击而逃遁。什翼犍痛恨刘卫辰的反复无常，在两年之后主动出击，讨伐刘卫辰。这个时节虽已入冬，但黄河尚未全部结冰。什翼犍命令部下用芦苇搓成粗绳，拦截浮在水面的流冰，很快就使河面的冰合拢，不过冰一下子还不坚固。什翼犍又吩咐把苇草散洒在冰上，冰与草相连结，犹如浮桥，军队顺利地渡过黄河。刘卫辰没有料到代国军队突然到来，仓皇西逃，什翼犍收降刘卫辰部落大部，凯旋而归。

建国三十四年（371）春，其族人长孙斤谋反，在宴席上刺杀什翼犍。什翼犍之子，代国世子拓跋寔以身护驾，与长孙斤搏斗，被刺伤胸部，不治身亡。两月后拓跋寔遗腹子出生，便是后来的道武帝拓跋珪。拓跋寔后被其子拓跋珪追谥为献明皇帝。

夫妻对坐石刻画

而此时走投无路的刘卫辰逃往前秦，苻坚正是求之不得，他遣送刘卫辰回到朔方（即河套一带），给他兵马守卫。名义上是让铁弗部复国，实际上却将前秦势力推进至河套，一举两得。建国三十八年（375）的十月，降秦的刘卫辰向苻坚求援。建国三十九年（376），苻坚

派出步骑兵二十万，对拓跋鲜卑发动了大举进攻。此时什翼犍身患重病，无法亲率军队抵抗，拓跋鲜卑连战连败，只好率领着主力部属躲进阴山之北。继而转回漠南，什翼犍被他的庶长子拓跋寔君杀死，时年57岁。代国也宣告灭亡。

这时什翼犍的孙子拓跋珪只有6岁，被母亲藏到部将刘库仁帐篷里躲过了大屠杀，因而得以幸免。刘库仁知道自己实力弱小，就向秦军投降，并请前秦帮助消灭反叛势力。苻坚出兵消灭代国反叛势力后将代国分为两部分，以黄河为界，河西归刘卫辰，河东归刘库仁。刘库仁在军营里秘密抚养拓跋珪，等着他长大后复仇。

而此时，原本令苻坚头疼的两个部落也收服了，这样苻坚用六年时间，统一了北方。

前秦灭亡

383年，苻坚在淝水之战中大败，前秦政权随之分崩离析，北方重新陷入分裂混战的状态之中。384年，前燕贵族慕容垂首先建立后燕，羌族姚苌自称秦王。次年苻坚为姚苌所杀。苻坚本想一统全国，却不想南进的失败反而招致了前秦的灭亡。

淝水之战

苻坚一意孤行

苻坚虽然失去了最得力的助手王猛，但他在南征北战中依旧无坚不摧。灭亡前燕之后，前秦军乘胜进军，历灭前凉、代国等割据势力，这时前秦帝国已经掌握了北至大漠，东至高句丽，西至凉州、南至淮河——南中一线。进而把消灭东晋作为自己的下一步计划。

苻坚宠妾张夫人

苻坚在王猛生前对他是言听计从，但是他却没有听王猛临死前留下的忠告。在统一北方之后，前秦的国力大增，长安成为国际化的大都市，朝廷里也尽是些羌、氐、鲜卑等各族官员。前秦各族官员、百姓在苻坚的个人魅力统领下，形成了一个极具包容力的大熔炉。这一切也助长了苻坚消灭南朝，一统天下的野心。建元十八年(382)，苻坚大会群臣，议大举攻晋。但是当时北方刚刚安定，百废待兴，民众皆不愿再战。

历史小常识:谱牒

谱牒是古代记述氏族世系的书籍。口述谱牒是文字产生前最为古老的一种谱牒,在少数民族中运用较为广泛,继口述谱牒后出现的是甲骨谱牒。魏晋南北朝时期崇尚门第,谱牒成为评定乡品、选官、区别士庶、选择婚姻的依据。这是谱牒在古代社会最受重视的时期,还成为一门专门的学问——谱牒学。

在前秦统治集团内部,对于是和是战也分歧甚大。苻坚问计于弟弟阳平公苻融。苻融力谏伐晋的危险,并且说,凡是说晋不可伐的人都是忠臣。太子苻宏、幼子苻诜、爱妾张夫人,都谏苻坚不可伐晋。苻坚一时举棋不定。这时慕容垂、姚苌私下劝苻坚伐晋,请他"圣心独断"。苻坚大喜,认为可以和他们共定天下。不久东晋将军朱绰焚践沔北屯田,掠前秦六百余户而还。这次事变大大激怒了苻坚,使他不顾一切地决意出兵。

朱序母

苻坚决定攻打东晋后,派他的儿子苻丕和慕容垂、姚苌等带了十几万大军,分兵几路进攻东晋的襄阳,四月,前秦的军队抵达沔水以北,东晋守将梁州刺史朱序靠着汉水天险,认为前秦的军队没有舟船,很难顺利地渡江而来,未做防备。不料石越却带领五千骑兵在隆冬季节星夜蹚水过河。十几万军队一齐向襄阳内城杀过来,朱序惶恐惊骇,固守中城。襄阳城危在旦夕。朱序的母亲韩氏听说前秦的军队将要到达,亲自登上城墙察看是否坚固。行至西北角,认为这里不够坚固,就率领女仆及城里的成年女子一百多人,在城墙里边又斜着修筑了一道城墙。襄阳人称这段城墙为"夫人城"。

东晋守将朱序固守襄阳,秦兵十余万攻城不下。苻坚大怒,限苻丕明春攻下襄阳,否则自杀,不许生还。苻丕听从姚苌的意见,把汉水、沔水一带的百姓迁徙到许昌、洛阳,阻塞晋军转运的通道,断绝援军。

襄阳的守将朱序宁死不降,坚壁清野,与前秦打持久战。此时桓冲拥有兵众七万人,由于害怕前秦的强大,不敢救援襄阳。苻丕督兵力攻,被朱序屡次击败,只好后退。朱序以为秦兵已退,不再设防,部将李伯护贪重赏,投降苻丕做内应。379 年,苻丕攻破襄阳,

朱序被俘。前秦花了将近一年的时间,才把襄阳攻了下来。苻坚认为朱序能够为晋国坚守襄阳,是个有气节的忠臣,把他收在秦国做了官,却为自己留下后患。

前秦建元十八年(382),苻坚下决心再次大举进攻东晋,召集大臣商最策略。面对群臣的反对,苻坚说:“长江天险有什么了不起,我们的军队那么多,大家把手里的马鞭子投到长江里,也可以把长江的水堵塞,他们还能拿什么来做屏障?”苻坚在慕容垂、姚苌等人支持下准备出兵攻晋。同时分给慕容垂及姚苌大兵,慕容垂的两个侄儿偷偷跟慕容垂说:“皇上骄傲得过分了。看来,这次倒是我们恢复燕国的好机会呢!”

兵败淝水

东晋太元八年(383)八月,苻坚大举出兵,平民每十丁出一兵,富家20岁以下的从军子弟,都给羽林郎官号,富家子弟来从军的有三万余骑。下令兵分三路前进,苻坚令苻融率慕容垂等带领步骑二十五万为前锋,令姚苌督率蜀兵顺流而下,苻坚自己带领步兵六十万、骑兵二十七万。

再说东晋王朝,经过晋武帝司马曜和执政的谢安等的励精图治,政治较为稳定,经济上出现了“谷帛殷阜”的繁荣景象,谢安之侄谢玄在京口招募北方流民及其后裔组建的“北府兵”皆为“劲勇”,刘牢之等将领以“骁勇”著称。所有这些,为东晋抵御前秦奠定了基础。

谢玄大败前秦军

前秦出兵的消息传到建康,司马曜和京城的文武官员都着了慌,大家都盼望宰相谢安拿主意。当时东晋由谢安、谢石主持政务。东晋与前秦相比虽然国力弱小,但是当时桓温之乱已平,东晋政局暂时安定下来。孝武帝也不甘束手待毙,决意效法孙权与北军决一死战。为对抗北军,孝武帝以谢安为统帅,派遣都督谢石、徐州刺史谢玄、豫州刺史桓伊、辅国谢琰等以水陆军七万,前往救援江北重镇寿春。

谢安把自己的侄儿谢玄推荐出来镇守广陵(今江苏扬州),掌管江北的各路人马。谢玄也是个军事人才,他到了广陵以后,就招兵买马,扩大武装。当时有一批从北方逃难到东晋来的人,纷纷应征,他们中间有个彭城人叫刘牢之,从小练得一身武艺,打仗特别勇

猛。谢玄派他担任参军，叫他带领一支精锐的人马。这支人马经过谢玄和刘牢之的严格训练，成为百战百胜的军队。由于这支军队经常驻扎在京口（今江苏镇江），京口又叫"北府"，所以把它叫作"北府兵"。

谢玄手下的北府兵虽然勇猛，但是前秦的兵力比东晋多十倍，谢玄心里到底有点紧张。出发之前，谢玄特地到谢安家去告别，请示一下这个仗怎么打法。哪里知道谢安听了像没事一样，轻描淡写地回答说："我已经有安排了。"谢玄回到家里，心里仍不大踏实。隔了一天，又请他的朋友张玄去看谢安，托他向谢安探问一下。

谢安一见到张玄，也不跟他谈什么军事，马上邀请他到他山里的一座别墅去。到了那里，还有许多名士先到了。张玄要想问，也没有机会。

谢安请张玄陪他一起下围棋，还跟张玄开玩笑，说要拿这座别墅做赌注，比一个输赢。张玄是个好棋手，平常跟谢安下棋，他总是赢的。但是，这一天，张玄根本没心思下棋，勉强应付，当然输了。下完了棋，谢安又请大伙儿一起赏玩山景，整整游玩了一天，到天黑才回家。

这天晚上，他把谢石、谢玄等将领，都召集到自己家里，把每个人的任务一件件、一桩桩交代得清清楚楚。大家看到谢安这样镇定自若也增强了信心。荆州桓冲见谢安兵力少，又派一些没经验的年轻人去指挥，认为此次肯定是要失败了，因而很是担心。

东山报捷图轴

很快寿阳失守，水军部队只得在离洛涧（今安徽淮南东）二十里处驻扎下来。苻坚得知秦军攻下了寿阳（今安徽寿县），苻融就在寿春，于是撇下大部队，只带少数亲兵兼程赶到寿春督战。据记载苻坚一日与苻融同上寿春城头瞭望，见晋军军容整齐，士气高昂，不由得心中大惊。面对晋军的严阵以待，苻坚也不敢贸然出击，于是就派遣曾是晋臣的降将朱序渡河去劝降。朱序到达淝水东岸之后，不但没有劝说谢石投降，反而尽以秦军虚实相告，并且劝谢石说，趁秦兵没有到齐，迅速打破它的前锋，大军就会溃散。谢石等从朱序的计谋，派遣谢玄、谢琰以精兵数万，在淝水岸边列阵。

谢玄遣刘牢之率精兵五千攻洛涧，秦兵大溃败，抢渡淮水，士卒淹死一万五千人。谢

石又派遣使者告诉苻融说,希望秦军略退以腾出战场,苻融将计就计,想趁晋军半渡而击之。不料前秦后军见前军退却,以为前军已败,结果阵脚大乱,争相后退。苻融起初还来回驱驰,不想其马突然失蹄,落马跌死,于是全军遂溃散,朱序在秦军阵后大呼:"秦兵败了!"秦兵大奔溃散,苻坚制止不住,又被渡河的晋军射伤,奔逃路上听到风声鹤唳,以为追兵来了,昼夜不敢停息,死亡大半。苻坚收拾溃兵,到洛阳时只有十几万人。

当晋军在淝水之战中大败前秦的捷报送到时,谢安正在与客人下棋。他看完捷报,便放在座位旁,不动声色地继续下棋。客人憋不住问他,谢安淡淡地说:"没什么,孩子们已经打败敌人了。"直到下完了棋,客人告辞以后,谢安才抑制不住心头的喜悦,舞跃入室,把木屐底上的屐齿都碰断了。

淝水之战进一步确定了早已存在的南北对峙的局面。东晋的胜利,使南方避免了一场大的混乱和破坏,经济文化得以继续发展;前秦的失败,使一个主要靠政治、军事强力维持的北方统一政权迅速瓦解,在统一政权掩盖下的各种矛盾又充分展开。

淝水之战木雕

北方再度分裂

淝水之败后,前秦元气大伤,被前秦征服的各民族鲜卑、羌等部族酋豪等纷纷趁机谋取再次独立,建立割据政权。384 年,前燕贵族慕容垂首先建立后燕,羌族姚苌随即自称秦王。苻坚虽然采取了一些政治措施,军事上也大肆镇压,但是终因兵力不足而失败。第二年长安又发生饥荒,使得前秦的局势更加雪上加霜。不久慕容冲在长安造反,直接危及了苻坚的安全。东晋太元十年(385),苻坚与战不利,只好撤出长安,流转于关中一带,最终在五将山被姚苌遣将军吴忠包围。吴忠擒获苻坚,囚禁于新平。姚苌因向苻坚求玉玺不可得,终于将苻坚缢死于新平佛寺中,年仅 48 岁。慕容家族先是慕容垂逃回前燕故地,慕容宗族的子弟跃马披甲,遍地狼烟;羌族的姚苌等人也重新崛起;丁零、乌桓相续起叛。从这之后的半个多世纪(384~439)里,各族上层分子先后在北方建立了十三个政权,北方再度陷入分裂和混乱之中。

关东地区先后出现的国家有六个:鲜卑慕容垂建立的后燕(384~407),都中山(今河北定县);鲜卑慕容冲建西燕(384~394),都长子(今山西长治);鲜卑拓跋珪重建代国,后称魏(北魏,386~534),都盛乐(今内蒙古和林格尔);鲜卑慕容德建南燕(398~410),都

广固(今山东益都);汉人冯跋建立北燕(409~436),都龙城;还有丁零翟氏据滑台(今河南滑县)建立的翟魏(388~392)。关中地区则有羌族姚苌建立的后秦(384~417),都长安;匈奴铁弗部赫连勃勃建立的夏(407~431),都统万(今陕西横山)。河西走廊民族复杂,先后出现了五个国家,即鲜卑乞伏国仁建立的西秦(385~431),都苑川(今甘肃榆中);氐人吕光建立的后凉(386~403),都姑臧(今甘肃武威);卢水胡沮渠蒙逊建立的北凉(397~439),都张掖;鲜卑秃发乌孤建立的南凉(397~414),都廉川堡(今青海乐都)等。

慕容垂志在复燕

在淝水之战中,前秦的军队只有慕容垂率领三万兵马全身而退,他率部护送苻坚回到前秦国都,途中很多人劝慕容垂乘机杀苻坚复国,慕容垂念及当初苻坚的收留之恩予以拒绝,把苻坚安全护送回国都。但慕容垂当时就想要回到前燕旧部复国,于是向苻坚请战以平定边境起事小国为名率军出征,前秦的大臣都劝苻坚说国家现在需要有大将把守以防发生变乱,而且放走慕容垂他一定不会再回来,但苻坚却认为慕容垂在淝水战后没有叛他而去,这次也不会,于是应允慕容垂请求,让他率兵出战。

慕容垂逃出樊笼,如鱼得水。而权翼则秘密派兵在慕容垂经过的桥下埋伏,慕容垂起了疑心,改道从凉马台扎草筏渡河而去。十二月,慕容垂至安阳,派参军田山拿信去见镇守邺城的长乐公苻丕(苻坚之子)。苻丕虽怀疑其欲叛秦,但仍然前去迎接。慕容垂将兵败之事详细告诉了苻丕,苻丕走后,慕容垂与前燕旧臣暗中联系,准备重建燕国。当时洛阳附近的丁零人翟斌起兵叛秦,苻坚便派慕容垂前去平叛。同时派苻飞龙同行,以应对慕容垂的异动。

慕容垂想入邺城参拜宗庙,亭吏阻拦,慕容垂怒杀亭吏。石越对苻丕说:慕容垂杀吏焚亭,反形已露,终为祸患。趁他现在将老兵疲,可袭而取之矣。可苻丕却优柔寡断,说:“淝水之战后众叛亲离,慕容垂护送君王,这样的功劳是不能忘记的。”没有听从石越的建议。

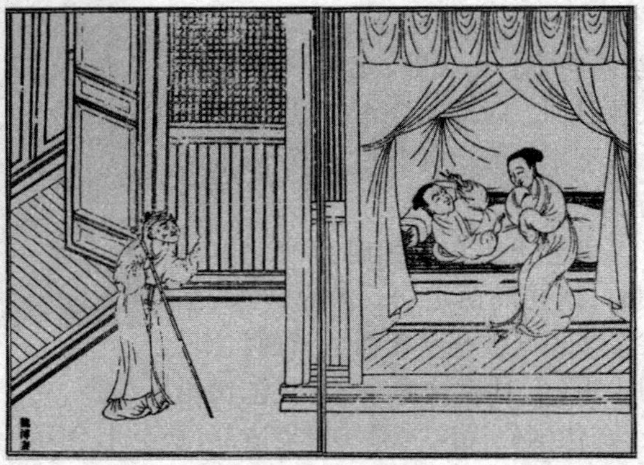
魏溥妻

慕容垂留慕容农、慕容楷、慕容绍在邺城,行至安阳汤池,以兵少为由,于河内募兵,几天时间便达至八千人。

平原公苻晖遣使责备慕容垂,让其赶紧进兵,慕容垂便对苻飞龙说:“现在敌寇已经距离不远,我们应当昼止夜行,以攻其不意。”苻飞龙觉得有理,便同意了。一天夜里,慕

容垂派慕容宝率兵在前，慕容隆率兵跟随自己，并把氐兵分散编入队伍，与慕容宝击鼓为号，一起动手。半夜，鼓声响，慕容垂部前后合击，全歼苻飞龙部氐兵。

当初慕容麟曾告发慕容垂投秦，慕容垂一怒之下杀了他的母亲，但没忍心杀慕容麟。而此次杀苻飞龙，慕容麟屡献计谋，启发慕容垂，慕容垂非常高兴，于是对待他又像对待所有儿子一样了。

此时翟斌又来归附慕容垂。慕容垂决定北取邺都，据之而制天下，遂回师向东。

慕容垂军至荥阳，称燕王，封官拜爵后，亲率二十余万军队，从石门（今河南荥阳石门）渡黄河，长驱攻前秦邺城。苻丕退守中城，燕军久攻邺城不下，右司马封衡建议引漳水灌城。到了七月邺城久攻不下，翟斌恃功骄纵，索求无厌，渐有叛心。慕容宝请求将其杀掉，慕容垂认为不是时候没有同意。翟斌还想当尚书令，慕容垂没有答应。翟斌大怒，暗中与苻丕联络，派丁零兵决堤放水，解除邺城被淹的危险。事泄，慕容垂杀翟斌兄弟，余者皆免。

前秦邺城守军长期被围，粮草渐尽。慕容垂只留出苻丕西走之路。苻丕急忙向东晋谢玄求援。谢玄派刘牢之、滕恬之等救援邺城，并从水陆运米二千斛接济苻丕。四月，刘牢之于邺城击败慕容垂，慕容垂退至新城，不久又从新城北退。刘牢之没有把这个消息告诉苻丕，单独率兵追击，苻丕闻后也发兵继后。慕容垂认为：秦、晋相恃为强，一胜则俱豪，一失则俱溃，非同心也。今两军相继，势既未合，宜急击之。刘牢之急行军二百里，在五桥泽（今河北广宗北）抢夺后燕战备物资时，被慕容垂打得大败，死数千人，刘牢之旋被召回。时邺城守军粮尽，无力坚持。苻丕率众西出寻找粮食，双方继续对峙。

说法图　西秦

鲜卑乞伏氏在汉魏时自漠北南出大阴山，迁往陇西定居。鲜卑酋长、国仁父乞伏司繁被苻坚任命为镇西将军，镇勇士川（今甘肃榆中东北）。乞伏司繁死，乞伏国仁代镇。国仁招集诸部，众至十余万。385年，国仁自称大将军、大单于、领秦河二州牧，筑勇士城为都，史称西秦。

姚苌自称大秦王

慕容垂包围邺城的同时，时任北地长史的慕容泓招募了几千名鲜卑人，自称大将军，推举慕容垂为丞相，驻屯华阴（今陕西华阴）。前秦灭前燕后苻坚任慕容泓为北地（今陕

西渭水之北）长吏，镇守今陇东一带。苻坚淝水战败后，给前燕宗室恢复燕国创造了条件。华阴离长安只有百十里路，苻坚对慕容泓的起兵非常气愤和恐惧，急忙派将军张永率领步骑五千讨伐，结果被慕容泓打败。苻坚就任命巨鹿公苻睿为卫将军，又派左将军窦冲和龙骧将军姚苌为副将一道出征。

姚苌（330~394），字景茂，南安赤亭（今甘肃陇西西）人，羌族，十六国时代后秦（384~417）的建立者。姚苌为姚弋仲之子。据说姚弋仲一共有四十二子，姚苌为其第二十四子。姚苌成年后曾追随其兄姚襄转战中原多年，参与机要，初步显露了一些军事才能。

东晋永和十二年（356）八月，姚襄在伊水（今河南洛阳南）被东晋征西大将军桓温击败，不得不退回关中。在关中时姚襄又与前秦发生冲突，双方交战多次。升平元年（357）五月，姚襄被前秦名将邓羌以诱兵之计击杀于三原（今陕西三原），姚苌被迫投降于前秦。苻坚即位后，看中了姚苌的军事才能，封其为扬武将军。此后数年之中，姚苌多次以副将身份随同王猛出征，屡有战功。

再回过头来介绍苻睿、姚苌进兵攻打慕容泓。部队刚一开路又接到急报说平阳太守慕容冲也造反了，招募两万军队进攻前秦的蒲坂。苻坚只得把窦冲调去讨伐慕容冲，还带走了苻睿两万人。慕容泓听说苻睿、姚苌来讨伐他，就带着部下准备投奔关东的慕容垂。苻睿一见敌人要逃，下令乘胜追击。姚苌劝阻说："鲜卑人都有想回故土的打算，所以都纷起造反，最好把他们都放走算了。要知道即使倒提着老鼠的尾巴，老鼠也会咬到人手的，他们发现自己处于绝境，必然会做困兽之斗，万一失败了，秦王那里不好看。"

后秦胶纸

苻睿不听，姚苌知其必败无疑，就带着自己的手下尾随在后面。慕容泓在半路设下埋伏，冒失的苻睿战死在华泽。慕容泓逃走。姚苌收殓了苻睿的尸体就赶紧向苻坚请罪。苻坚听说爱子被杀，大怒，欲将姚苌治罪，姚苌逃往渭北陇西。当地羌族豪强与之一起造反，此时关中和陇西豪族率领五万余人来归，并推姚苌为主。姚苌于是与苻坚决裂，自称大秦王，也建立秦国，史称后秦。

姚苌建立后秦后，其部下曾劝说其东取长安，立足关中。但是当时后燕主力也在关中，后秦若东进势必与其发生冲突。姚苌充分考虑了当时的形势，决定暂时避开后燕的主力，转而向西发展和巩固自己的势力。

苻坚困兽之斗

苻睿被杀，姚苌又造反，慕容泓打消了投靠慕容垂的念头，又杀回长安。被窦冲打败的慕容冲也率领八千骑兵前来投奔慕容泓，慕容泓的部队很快就达到了十几万。于是慕容泓在华阴称济北王，建立燕国，史称西燕。他遥奉五叔慕容垂为丞相、都督陕东诸军事、大司马、冀州牧，仍号吴王。

苻坚困守长安，看见前燕贵族背信弃义，把慕容暐叫到面前大骂慕容家族忘恩负义。虽然如此，苻坚仍不忍诛杀慕容暐等人。长安城外，慕容冲率军歼灭秦军数万，占据阿房城，步步逼近(慕容泓称帝不久便被大臣高盖等所杀，众人拥慕容冲为主)。慕容冲是慕容泓的小弟，曾随哥哥慕容玮等一同迁往长安。慕容冲 12 岁时前燕国亡，与 14 岁的姐姐清河公主一道为苻坚纳入后宫，苻坚见清河公主生得天生丽质，便纳为妃子；随后又将慕容冲接入后宫，作为娈童伺侍苻坚。一时，姐弟二人宠冠一时。后来经丞相王猛劝谏，苻坚才将慕容冲迁出皇宫。而此时，慕容冲就在城外攻打苻坚，苻坚派人给慕容冲送去一件锦袍，想打动对方念忆从前之情。慕容冲却说："孤家现在以天下为任，怎能看这一袍小惠？如果你束手来降，我们慕容家对待你也不会比你从前待我们家差。"苻坚气得大呼后悔不听从王猛、苻融的劝告，使鲜卑族人猖狂如此。

慕容暐在长安城内秘密召集鲜卑数千人准备伏杀苻坚，消息泄露，苻坚诛杀慕容暐父子及其宗族，城中鲜卑人不论少长男女全被杀光。

麦积山石窟胁侍菩萨

慕容冲在长安城外围城日久，城中乏粮，以至于出现了人吃人的惨剧。苻坚倾最后家底设宴款待群臣，打仗的将军也分不到几片肉吃，塞进嘴里不敢咽下，回到家"吐肉以饴妻子"。建元二十一年(385)，慕容冲在阿房城内称帝，改元更始。五月，慕容冲集中全部人马向长安发起猛烈进攻，苻坚全身甲胄，亲自督战，飞矢满身，血流遍体。最后，城守陷落，苻坚奔逃，慕容冲占据了长安，纵兵大掠，死者不可胜计。

姚苌称帝不久，陇西之地就全部被其平定，后秦兵锋于是转回了东方。建元二十一年(385)五月，苻坚逃到五将山，姚苌派兵包围并俘获苻坚，将他送到了新平。姚苌派人向苻坚索要传国玉玺，并让苻坚把帝位禅让给他。苻坚大骂姚苌是忘恩负义的叛贼，说他怎么配拥有玉玺这样的圣物。姚苌羞愤，派人把苻坚缢死在新平佛寺。其子苻诜、两女苻锦、苻宝以及夫人张氏等人皆自杀。

东晋太元十一年(386)四月,姚苌趁西燕军撤退的机会,一举攻占了长安。同月,姚苌在长安称帝。姚苌在长安称帝的行为使他一下成为关中各个势力的众矢之的。当年七月,前秦王苻丕迁徙到了渭北地区,任命苻登为大将军,意图夺回长安。不久东晋扬威将军冯该杀死了苻丕。氐族人推苻坚族孙苻登为主,从枹罕起兵,与姚苌等人展开激烈争战。苻登为人善战,特别愤恨杀掉苻坚的羌人。此后数年,苻登和姚苌在关中和陇西地区展开了拉锯战。苻登太元初年(386)称帝,立苻坚神主于军中,每次战斗前都预先向苻坚神主致礼。手下将士都在铠甲上刻"死休"二字,示以必死之心。苻登求战心切,率铁骑万余在姚苌大营环驰,"四面大哭,哀声动人"。姚苌就下令三军回哭。

太元十六年(391)三月,苻登进围长安,连战连捷,但麻痹之下,遭姚苌夜袭。苻登只好退守郿城(今陕西眉县东),此仗使苻登元气大伤,难以再对后秦构成威胁。不久,苻登委任的右丞相窦冲叛乱,自称秦王。苻登率兵进攻,窦冲向姚苌求援,苻登又损失一路兵马。后秦虽然暂时摆脱了危险,但是姚苌因带病出征致使病情加重,终于不治。当年十二月,姚苌死于长安,其子姚兴袭位。苻登闻讯大喜,率全部氐军向关中挺进。后秦新君姚兴率军迎战,大败苻登,苻登单骑奔亡雍州。留守胡空堡的苻登儿子苻崇与苻登的弟弟苻雍,听说苻登战败,竟然出逃,致使余众进散。苻登还至胡空堡,无所投靠,只得逃往平凉,姚兴追击,苻登拼死一搏的决战于山南。两军接战,苻登大败被杀,时年52岁。

至此,前秦自苻健于穆帝永和七年(351)称帝,至晋孝武帝太元十九年(394)苻登被杀,共五世,四十四年。

东晋的反攻

其实,383年11月淝水之战结束后,东晋在东线和西线都开始了反攻。东线:谢玄得胜后进驻寿阳,384年1月,他就派刘牢之向北攻克了谯城。西线:桓冲2月死,但在去世

东晋双体舫船

前,他也趁前秦兵败,派部将郭宝出兵新城,很快,新城、魏兴、上庸三郡纷纷投降。4月,谢安派竟陵太守赵统进攻襄阳,一举收回了这个汉水上游的重镇,从379年就失去的襄

阳城,终于又回到了东晋手中。5月,谢安又命令梁州刺史杨亮领兵五万,进军巴蜀。各地捷报频传,西线虽然桓冲去世,但是没耽搁东晋反攻大计。于是,淝水战后的大规模北伐,也跟着拉开了序幕。

不过,在这里南方北伐碰到了粮运问题。东晋时期,南方骡马等牲畜非常少,连司马曜、谢安他们出行都是乘坐牛车,没事从不骑马。南方跟北方打仗,主要的运粮手段,就是走水路,最厉害的兵种,也是水军。由于这个客观因素,历来的北伐战争,碰到的最大难题,都是怎么保持粮道的畅通。这也是为什么南方人北伐,绝大多数都选在夏秋时起兵的原因。当年桓温北伐不能完胜,一方面是他不愿意过多折损实力,另一方面就是粮运出了问题。

历史小常识:东晋南朝人取名特点

东晋南朝人在取名的时候往往喜欢在名字里用上“之”或“道”字。这是由于当时道教十分盛行所造成的。“之”字是天师道的标识,当时人们崇信天师道,就纷纷以“之”字命名。例如众所周知的王羲之、顾恺之、檀道济等等。

384年的8月,谢安上奏司马曜,起兵北伐,收复中原。这时,水道已经畅通,出兵的时机终于来临了。下游在出兵之前,豫州刺史桓石虔的母亲突然去世了。桓石虔给母亲守孝,下游的北伐大任,就落到谢玄的肩上来了。

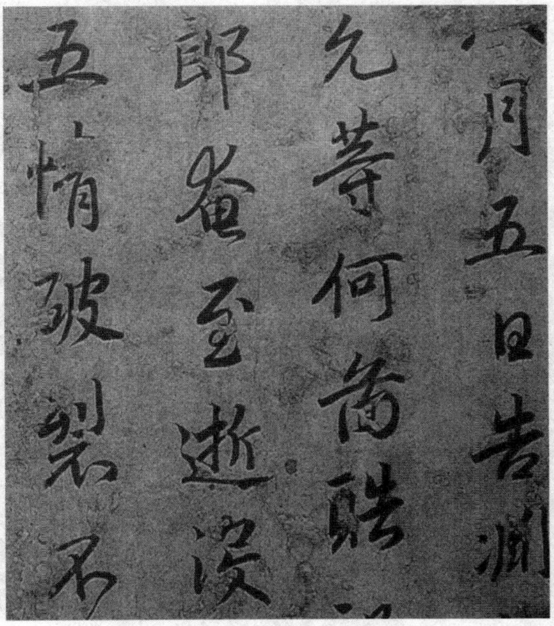

谢安《中郎帖》

384年谢玄从广陵带北府兵北上,兵到下邳,准备夺回淮北的彭城。前秦的徐州刺史不战而逃,谢玄立刻渡过淮河,占领彭城。九月,谢玄派刘牢之进攻前秦兖州刺史张崇,张崇也是闻风丧胆,当即弃城而逃。于是,谢玄收复了兖州。这时的谢玄和北府兵已经

是名震天下，北府兵所到之处，黄河南岸所有的坞堡，全都跑来投诚。这样，东晋与前秦“划淮河为界”的日子，也一去不复返了。

兖州已经收复，当时已经是十月，天气要是一冷，运粮的水路就成问题了。于是经过一番筹划，谢玄采用了督护闻人奭的计谋，拦住吕梁的河水，建立七个坝汇集支流河水。这样，即便天冷水势不足的时候，也一样能行船运输。解决了后顾之忧，谢玄毫不耽搁，立即起兵，向青州进军。十月，谢玄派遣淮陵太守高素进攻前秦青州刺史苻朗。苻朗是苻坚的侄子，谢玄的大军刚到琅邪郡，他就弃城出降，谢玄一举收复了青州。

谢玄乘胜渡过黄河，进兵冀州。他先派刘牢之、郭满分别守住要冲，自己则带领着颜雄、刘袭继续向河北进军。苻丕派桑据镇守黎阳，谢玄命刘袭趁夜突袭，一举拿下了这座城。

到这时，兖州、青州、司州、豫州就都已经收复了，于是朝廷下令，让谢玄都督徐、兖、青、司、冀、幽、并这七州的军事。

谢安东西并举进兵中原的策略，把淝水之战前东晋下游以淮河为界、上游以汉水甚至长江为界的疆域，一下子提到了以黄河为界。桓石民收复了洛阳，谢玄甚至渡过黄河，打到了冀州。那么整个黄河以南地区，都重新归入了东晋的版图。紧跟着，西线再度告捷，十二月，收复梁州。385 年 4 月，蜀郡太守任权攻克成都，又收复了益州。

东晋持盾武士俑

这一次北伐，东晋把握住了时机，进军一直都十分顺利。在东晋历史上的几次北伐中，这一回是成果最丰硕的了。经过了这次北伐的东晋，也达到了自建国以来，从没有过的最大版图。

北方的混战

苻坚在淝水一战大败后，北方狼烟四起，从前依附前秦的部族蜂拥叛乱，大家打得不亦乐乎。慕容垂趁苻坚败兵之际收复了前燕的失地，恢复了燕国（史称后燕）。慕容垂立国后，灭掉同是慕容氏的西燕。此时北魏兴起，拓跋珪不属于后燕，于是北魏与后燕之间也兴起了一场大战。

慕容垂灭西燕

苻坚被姚苌杀害后，苻丕即皇帝位，退出邺城，燕军乘机进入邺城，后燕攻邺城之战结束。慕容垂让慕容和镇守邺城，同慕容农率众讨伐余岩。余岩战败投降，被慕容农所杀。随即率步骑三万反击高句丽，收复辽东和玄菟二郡。慕容垂以慕容农为使持节、都督幽、平二州、北狄诸军事、幽州牧，镇守龙城。十二月，慕容垂定都中山。

太元十一年(386)正月,慕容垂自立为帝,改元建兴,史称后燕。六月,慕容垂派慕容楷等攻秦苻定、苻亮等部。慕容楷先写信给众人,陈述利害,苻定等遂降。八月,慕容垂留太子慕容宝守中山,自率范阳王慕容德等向南略地。

西燕的慕容冲占领了长安后,鲜卑官兵迫切要求东归故里,而慕容冲贪恋长安的荣华富贵,不愿东归。这样西燕君臣之间发生了严重分歧。东晋太元十一年(386)二月,左将军韩延在官兵们一致要求下,带兵杀死了慕容冲,拥立将军段随为燕主,改元昌平。段随继位后不到30天,就被慕容氏宗室慕容恒和慕容永所杀。之后西燕内部又经过多次的宫廷政变权力之争,386年慕容永杀死了西燕君主慕容忠,自称大将军、大单于,雍、秦、梁、凉四州牧,河东王。他执法较为宽平,使西燕内部的矛盾有所缓和。慕容永是前燕开国君主慕容廆的孙子,同慕容垂是堂兄弟。得知慕容垂已在中山称帝,故于六月向慕容垂称臣。当时,前秦尚未灭亡,前秦国君苻丕仍率军据守平阳,十月,慕容永占据长子(今山西长子),反叛后燕,当上了皇帝,改元中兴。

后燕和西燕皆为鲜卑慕容部所建,两国皆以复兴前燕相标榜。但后燕主慕容垂认为,西燕主慕容永仅是前燕宗室的疏属,而自己则是前燕主慕容廆的裔孙,决心于有生之年除掉他。慕容垂发兵进攻西燕,连破西燕军,并包围台壁。慕容永带领五万精锐与慕容垂交战。慕容垂运用策略,把慕容永引进埋伏圈,很快就将西燕军队打败,慕容永逃回长子。394年,慕容垂包围长子。八月,慕容永向东晋求救未成,后又向北魏求援,北魏国君拓跋珪早就想趁机南下,于是派大将拓跋虔、庚岳率领五万骑兵救援西燕。可是,北魏军队还没赶到长子,慕容永的堂兄大逸豆归就已打开城门,迎接后燕军队入城,慕容永被俘杀,西燕灭亡。

西燕自384年慕容泓开国到慕容永被杀共历七帝十一年。十一年间,西燕四迁国都,七易国主。西燕最盛时的疆域有今陕西西安地区、山西南部与河北西南部,共八郡,七万六千八百户。

历史小常识:东晋时的服装

从许多东晋南朝时期的绘画以及人物雕塑作品中我们可以看到,那时的人们都喜欢穿着宽大的衣服,特别是袖子都是又长又宽。这是由于受到玄学、清谈之风的影响,当时的士人喜服寒食散,为了方便散去药力,于是都喜欢穿宽袖广衫。从中也可以看出当时社会的奢侈风气。

塞外强国北魏

在代国灭亡的前五年,什翼犍的大臣长孙斤谋反,在朝会时拔刀直奔御座,想刺杀什翼犍。当时身为嫡子的拓跋寔徒手与其格斗,结果被长孙斤刺中肋部,伤重而死。代国灭亡时,拓跋寔的儿子拓跋珪年纪尚幼,被生母贺氏带着逃走,归依刘库仁部。后来,苻坚兵败淝水,北方的各部族乘乱纷起,刘库仁的儿子刘显要杀拓跋珪,多亏贺氏足智多谋,带着儿子逃回娘家,依附拓跋珪的舅舅贺讷。不久,贺讷的弟弟贺染干见这个外甥越来越得众心,想方设法要杀掉拓跋珪,但皆未得逞。

淝水之战后东晋太元八年(383)十月,刘库仁被部将慕容文所杀。刘库仁子刘显准

备一举端掉整个鲜卑族贵族集团，计划泄露，拓跋珪逃脱。刘显之举迫使鲜卑贵族再度联合起来。其年八月，拓跋珪与出逃的代国旧臣长孙犍、元他等迁徙到贺兰山（今甘肃银川附近）一带，并在这里暂时安顿下来。

拓跋珪是什翼犍嫡的长孙，得到众人拥护，于东晋太元十一年（386）正月在牛川即代王位，改元建国。当时，汉人崔玄伯、邓渊、王德等人帮助魏国制定国家制度、天文历法，同年改国号为魏，史称北魏，拓跋珪改称魏王，复以长孙嵩为南部大人，以叔孙普洛为北部大人。

当时拓跋珪有个叔父名窟咄。拓跋窟咄起初被前秦军抓到长安，出逃后投奔了慕容永，慕容永以其为新兴太守。其年八月，刘显遣弟刘亢与窟咄联合，向魏国南部进攻。当时魏国新立，人心不稳，敌人大兵压境下多有叛乱。拓跋珪不得已率部退回阴山，以地利固守，同时向慕容垂求援。慕容垂令其子慕容麟率步骑前来相助。当年十月，魏国与后燕联军在高柳（今山西大同阳高西北）大破拓跋窟咄。拓跋窟咄投奔刘卫辰，卫辰杀之，拓跋珪于是悉收其众。当年十二月，慕容垂遣使封拓跋珪为上谷王，被拒。次年，北魏与后燕再一次联合击灭了刘显势力。

北魏自此基本光复了原代国的领地。其后数年，拓跋珪历破库莫奚、高车、贺兰、纥突邻、纥奚诸等部。随着北魏的扩张，其与北方另一股强大势力，自己的盟友和潜在敌人——后燕的矛盾也在逐渐加剧。

胡人顶杆杂技俑

拓跋珪灭后燕主力

前一节提到西燕慕容永在都城被围之际，一面向晋朝求援，一面向当时还是后燕附庸国的北魏乞求救助。拓跋珪知道唇亡齿寒的道理，派兵去救援西燕。可还没等北魏的军队赶到西燕的国都，慕容永的西燕就已经灭亡了。

早些时候，拓跋珪曾派弟弟向后燕进贡，慕容氏的年轻贵族们知道北魏多良马，就扣下其弟当人质。拓跋珪做事也很刚狠，坚决不向后燕献马，致使两国的关系陷入断绝的地步。

既然已经撕破了脸皮，自己又发兵来救西燕，索性一不做二不休，拓跋珪便不时派兵袭扰燕国边境。这样一来，慕容垂于建兴十年（395）五月向北魏用兵，派太子慕容宝和慕

容农、慕容麟带上八万名士兵向北魏国都平城(今山西大同)挺进。连战连胜,锐不可当。

当时很多人劝说慕容垂不可冒进攻打北魏,但慕容垂并没有听进这一番良言,仍派慕容宝率兵灭魏,想让这位太子兵胜立威,日后更加顺理成章地承继帝位。

拓跋珪把部落国人全部迁移,西渡黄河千余里,以避燕军兵锋。燕军一路皆胜,几乎没遇到什么抵挡,只差渡河一举攻灭魏国了。

395年初冬,拓跋珪治兵于黄河南岸迎战。慕容宝整军准备渡河决战,两军在黄河两岸相持十多天,忽然暴风大起,数十艘军船漂往南岸。魏国俘获燕军甲士三百多,但全部释放,让他们归回燕军阵垒。慕容宝出发时,慕容垂已经得了重病。拓跋珪让放回去的人说慕容垂已经死了,慕容宝应该早点回去争位。慕容宝听到后,非常忧恐,兵士也心中骇动。

魏、燕两军继续相持几十天,赵王慕容麟手下将领慕容嵩认定老皇帝已死,想杀了慕容宝,奉戴慕容麟为皇帝,结果事情败露,慕容嵩等被杀,慕容宝、慕容麟兄弟两人暗中也互相猜疑。这一来军心涣散,慕容宝便于半夜时分烧掉战船撤离战场,连夜逃回。

当时黄河尚未结冰,慕容宝认为魏军没有船不能追击,就没设掩护的军队,大军缓慢撤退。哪知寒流忽至,一夜暴风,黄河便结了冰。拓跋珪亲自引兵从冰上过河,不带辎重,只选精兵两万骑急追燕军。

燕军行至一个叫参合陂的地方,慕容宝认为已经离魏军很远了,索性命令军队原地休息,自己跳下马鞍,躺在草地上睡起觉来。燕军一觉醒来,起营将要东还,突然见山上静静站立着大批魏军,顿时僵住了。拓跋珪纵兵自上而下冲杀,燕兵被淹死的、被人马践踏而死的就有万余人。太子慕容宝、赵王慕容麟等人单骑逃出。拓跋珪大获全胜,把俘虏的近五万燕兵全部活埋。

建兴十一年(396)三月,慕容垂以古稀之年,亲自带领后燕大军秘密离开中山,越过青岭,经过天门,开山辟路,出其不意地穿过云中,攻陷平城,俘虏了北魏三万多人。

这下轮到魏王拓跋珪肝胆俱裂了,只想马上逃跑,但一时之间又想不出来往哪个地方逃窜才好。就在此时,北魏峰回路转。慕容垂在离开中山时,身体就已欠佳,攻陷平城后马上带着战利品撤离。燕军经过参合陂,慕容垂见到去年被北魏杀害的几万后燕兵尸骨堆积如山,伤感之情油然而生。那些被活埋掉的燕军的亲人,顿时放声大哭,声震山谷。慕容垂听到哭声,悲伤、气恼、懊丧、愤愤齐涌心头,口吐鲜血,病情加重。在距平城三十里的地方旧病复发。走到上谷之沮阳时,已经奄奄一息,十分吃力地口授了几句临终遗言:“现在国家多难,丧礼从简。为了防止强敌伺机捣乱,到京师以后再发布讣告。”说完,就与世长辞了。时年71岁,谥号成武皇帝,庙号世祖。

历史小常识:魏晋流行幅巾

幅巾是平民戴的头巾,方便实用。魏晋时期由于名士都崇尚玄学。任性放达的风尚使很多人开始不戴冠帽而戴头巾。这一点在很多当时的绘画以及石刻中都可以看出。

拓跋珪听说慕容垂死了,想马上引军追击,但又怕慕容垂假死,慑于这位老英雄的威

名，拓跋珪退至阴山等候消息。慕容宝见父亲驾崩，慌忙退军，回国继位。

拓跋珪见慕容垂真死了，再无惧怕，为取得中原，乘机于皇始元年(396)八月，亲率四十万大军伐燕。慕容宝把皇宫里的珍宝全部拿出来，招募兵士抵御。拓跋珪率军东进，直指后燕国都中山，首先攻取常山(今河北正定南)。拓跋珪自率大军攻中山不克，于是他认为中山城固，急攻伤士，久围则费粮，遂率军南向。

397年拓跋珪扎营于巨鹿，晚间，慕容宝派勇士万余人袭击魏营。燕军夜到魏营，凭借风势放起大火，烧得魏帝来不及穿衣戴帽，光着脚就击鼓迎战。天亮后，魏国将士以骑兵攻击慕容宝的军队，燕军大败，万余人被斩首，十二万燕军将士逃入山中，忽遇大风，冻饿而死。慕容宝败下阵来，派西河公库辱官骥率兵三千帮助慕容详守中山。

北魏鎏金铜佛

此时后燕不断发生内乱，慕容详在中山城自立为皇帝。七月，慕容麟率众潜袭中山，杀慕容详自立。慕容麟率两万骑兵进驻新市(今河北新乐西南)，遭拓跋珪攻击。慕容麟战败，率数十骑逃奔邺城。拓跋珪乘势攻入中山，燕降魏的公卿尚书将士两万人。拓跋珪攻克中山后，派骑兵三万增援拓跋仪进攻邺城。永康三年(398)正月，后燕范阳王慕容德从邺城率户四万，南徙滑台(今河南滑县东)。拓跋仪率军进入邺城，随即追慕容德至黄河而归。北魏伐后燕之战结束。同年，慕容宝被自己的舅舅兰汗诱杀于龙城。至此，后燕已不是北魏的对手了。不久，后燕分裂为辽东的北燕和山东的南燕，慕容氏至此一蹶不振。

399年，魏军大破高车三十多个部落，俘获七万军人，得马匹十多万，牛羊一百四十多万头。在以后的八九年中，北魏四处兴兵，征伐不已，成为北方强国。

鸠摩罗什译佛经

龟兹僧人鸠摩罗什于后秦时到长安传教，译佛经七十四部，三百八十四卷。他的著名弟子有道生、僧肇等。

鸠摩罗什的神思俊才，传遍整个西域，每年举行讲经说法，西域诸王都云集闻法，并长跪在鸠摩罗什的法座旁边，让鸠摩罗什踏着登上法座。鸠摩罗什的名声不仅远播西域，也东传至我国。

苻坚建元十三年，太史上奏：在外国边野，出现一颗闪亮的明星，未来应当有一位大德

花链饰带　鄯善

智人来到我国。前秦苻坚久仰鸠摩罗什大名，在心中早已有迎请的想法。于是苻坚说：我听说西域有位鸠摩罗什，襄阳有释道安。那位外国的大德智人，一定是鸠摩罗什吧！

苻坚所说的释道安是佛图澄的弟子，他博学多识，对佛教经典很有研究，起初在北方传教。后赵末年，中原大乱，他到东晋的襄阳传教，以后又移居长安。他在襄阳时，为佛教僧徒制定了"戒律"三条；在襄阳和长安时，又致力于佛教经典的整理工作，这两项事对于当时和后代的佛教都发生了重大的影响。

龟兹国王与大臣像

鄯善国前部王和龟兹王弟，曾一同前来朝礼苻坚，说西域有丰富的珍珠宝贝，应派兵讨伐。在前秦苻坚建元十七年(381)二月，西域的车师前部王和鄯善王曾来到长安朝见苻坚，请求发兵征讨不服前秦的西域诸国，依照汉朝制度在西域设置都护。是年九月，苻坚任命手下的爱将氐族人吕光为都督西域征讨诸军事。次年正月，吕光与姜飞、彭晃、杜进、唐盛等将领以鄯善王和车师前部王为向导，率步兵七万和精锐骑兵五千，从长安出发。

临行之前，苻坚在建章宫举行饯别宴，对吕光说：帝王顺应天道而治国，爱民如子，哪有贪取国土而征伐的道理呢？只因为怀念远方的大德智人罢了！我听说西域有一位鸠摩罗什大师，他深解佛法，擅长阴阳之理，是后学的宗师，我非常想念他。贤哲的人，是国家的大宝，如果你战胜龟兹国，要赶快护送他返国。

吕光家族是西汉皇后吕雉的族人。吕光青年时期修养得深沉、持重，喜怒不形于色。王猛感到吕光是个人才，能成大器，便把他推荐给苻坚，后逐步被提拔为鹰扬将军。吕光不负王猛和苻坚的厚望，他追随苻坚南征北战，在战争中大显身手，赢得了前秦大臣的交口称赞。吕光的西征大军阵容强大，仅将军一级的高级官员就有姜飞、彭晃、杜进、康盛等。另外，陇西、冯翊、武威、弘农等郡有名望的人物如董方、郭抱、贾虔、杨颖等也作为助

手参加了西征军。前秦建元十九年(383)一月,淝水之战前,吕光告别苻坚,离开长安,前往征伐西域。

前秦军队穿越了三百余里沙漠,进兵至焉耆,焉耆等西域小国闻风而降。吕光的军队刚出发,鸠摩罗什告诉龟兹王白纯:龟兹国运衰微了,将有强敌从东方攻来,你应该恭敬迎接,不要派兵反抗。但是龟兹王不听劝告,负隅顽抗,结果被打得一败涂地,龟兹王白纯也招来杀身之祸。西域诸国畏惧吕光的威名,纷纷归降前秦。

大将吕光相继讨平了西域三十六国,重新统一了中原北部地区。

兄弟相残亡后凉

在淝水之战进行的同时,吕光也在西域地区鏖战。经过一年多的征战,吕光统一了西域全境。吕光锐气风发,平复龟兹国后,便另立白纯之弟白震为龟兹国王。太安元年(385)三月,吕光用两万匹骆驼驮着一千多种珍奇的西域货物,带着一万多匹西域骏马撤离了西域。吕光掳获鸠摩罗什,看他年纪尚小,不知他智慧的高深,就把他当凡夫俗子来戏弄。几番的恶意欺负,鸠摩罗什都胸怀忍辱,丝毫没有怒色。最后,吕光感到惭愧,才停止轻慢的行为。

吕光率军返国,中途在山下扎营休息。鸠摩罗什说:不可以在此地停留,否则全军将士必定狼狈不堪,应该把军队迁往高原上。吕光不理鸠摩罗什的建议,晚上大雨滂沱,山洪暴发,将士死亡有数千人。此时,吕光方才暗自感受到鸠摩罗什的神异。

慧远

鸠摩罗什又对吕光说:这地方不宜久留,推算时运和定数,你应赶快率兵返国,中途一定可发现福地,适合居住。吕光听从鸠摩罗什的建议,迅速率军离开。当大军到达凉州(今甘肃武威)时,苻坚已在淝水之战中惨败,中国北方又回到四分五裂的状态之中。

凉州地处边陲,消息十分闭塞。386 年 9 月苻坚已被姚苌杀害的消息才传到凉州,吕光令所有凉州人都为苻坚披麻戴孝。一个月后,吕光自称凉州牧、酒泉公,并自立为帝,国号凉(史称后凉),建元为太安。

太安三年(387)七月,吕光在临洮一举击败原前凉国主张天锡的儿子张大豫。十二月,攻克张掖城。接着,吕光率领两万骑兵攻取了酒泉。随后,率军前往凉兴(今甘肃安西)截击王穆,王穆单骑逃走被杀。至此,凉州全部、河西大部地区均为吕光所有。

395 年 7 月,吕光率十万大军进攻西秦,西秦国主乞伏乾归投降了吕光,并把儿子敕

勃作为人质留在西平。麟嘉八年(396)六月,吕光升号为天王,建国号为大凉,改年号龙飞,史称后凉。后凉这时达到全盛时期,统治疆域同前凉略同。

龙飞二年(397)正月,吕光攻打临洮、武始、河关,西秦大为震惊。但大将吕延不听劝阻,麻痹轻敌,乞伏乾归伏击败吕延,将其斩首。吕光埋怨沮渠罗仇、沮渠曲粥护卫不力,将二人斩首。四月,沮渠罗仇的侄子沮渠蒙逊起兵反凉,沮渠蒙逊的堂兄沮渠男成,也起兵响应。八月,吕光的散骑常侍、太常郭麐联合尚书仆射王详,推举田胡王乞基为君主,起兵反凉。吕光派吕纂去讨伐郭麐,郭麐大败。此时,凉州人张捷、宋生等聚众起兵反凉,郭麐又与他们共推后将军杨轨为盟主,联合击凉,与吕光决战。六月,杨轨兵败,转而投降了王乞基。郭麐听说杨轨败逃,于是投降西秦,后凉将军吕弘,放弃张掖,率军东走,段业进入张掖城后欲追击吕弘,沮渠蒙逊劝阻他说:“归师勿遏,穷寇勿追,此兵家之忌呀。”段业不听,结果大败而回。

承康二年(399)十二月,年老多病的吕光因为屡次失败而恼怒,病情加重,临终前告诫吕纂、吕弘好好辅佐吕绍,不要听信任何谗言。吕光死时63岁。

吕光死后,吕绍即位,诸子并没有记住他的遗言,开始互相攻杀夺权。吕绍被吕纂逼迫自杀,吕纂又被吕弘杀死,最后吕隆被立为天王,改元神鼎。吕隆是吕光弟弟吕宝的儿子。为了建立自己的威名,但凡豪望、名流,乃至宗亲大臣不顺己者,吕隆全部杀掉,结果使得后凉朝廷内外人人自危,生产也受到严重破坏,人民生活更是无法维持,姑臧城内出现了人吃人的悲惨景象。此时后秦国主姚兴派大将姚硕德率兵向后凉进击,当时投降后秦的乞伏乾归也率兵跟随出征。401年7月,姚硕德从金城渡过黄河,直趋广武(今甘肃永登)。

秦军顺利地进至姑臧。吕隆派辅国大将军吕超、龙骧将军吕邈率军迎敌。后凉战败,吕邈被杀,一万多人被后秦军斩杀,吕隆据城固守。后凉巴西公吕伦见后秦军队无法阻挡,率东苑二万五千兵众向后秦投降。九月,吕隆派使者出城向姚硕德投降。姚兴命其为凉州刺史,继续镇守姑臧。不久,吕隆又与南凉的秃发傉檀和北凉的沮渠蒙逊互相攻杀。后怕被他们消灭,于后秦高祖姚兴弘始五年(403)八月迁往长安,被姚兴拜为散骑常侍、建康公,后凉灭亡。

后凉自386年吕光称王至吕隆投降后秦共历四主十八年。弘始十八年(416)一月,吕隆因参与姚愔的叛乱,被姚泓杀死。

姚兴得鸠摩罗什,此时,他已58岁了,姚兴以国师之礼待鸠摩罗什,大兴佛教。次年请他到西明阁和逍遥园翻译佛经。鸠摩罗什译有《中论》《百论》《十二门论》《般若经》《法华经》等。有关翻译的总数,依《出三藏记集》卷二载,共有三十五部,二百九十七卷。

东汉明帝时,佛法传来中国,历经魏晋诸朝,汉译的经典渐渐增多,但是翻译的作品多不流畅,与原梵本有所差距。鸠摩罗什羁留凉国十七年,对于中土民情非常熟悉,在语言文字上能运用自如,又加上他原本就博学多闻,兼具文学素养,因此,在翻译经典上,自然生动而契合妙义,在传译的里程上,缔造了一番空前的盛况。

东晋衰落

淝水之战后，北方重新分裂，东晋的外部威胁解除了。然而东晋统治阶级没有利用这个有利时机改革内政，收复中原，而是加紧争权夺利和对人民的压迫与剥削，使社会矛盾进一步激化。王恭于 398 年、399 年两度起兵，荆州刺史殷仲堪、雍州刺史杨佺期、广州刺史桓玄等举兵响应。结果王恭被部将刘牢之所杀，殷仲堪、杨佺期为桓玄所并，叛乱遂告结束。

尽管历次叛乱都失败了，但长江中下游和淮南地区则分别被桓玄、刘牢之和高雅之所控制，东晋朝廷直接统辖的地区只有会稽（今浙江绍兴）、临海、永嘉（今浙江温州）、东阳（今浙江金华）、新安（今浙江淳安）、吴（今江苏苏州）、吴兴、义兴（今湖北宜兴南）等东南八郡之地，遂将一切负担都加在这八郡百姓身上。加上“三吴”（吴郡、会稽和吴兴）、浙东一带土地肥美，南北士族纷纷在此建立田庄，致使农民处境十分困苦。当时经济上，“区区吴越，经纬天下十分之九”；军事上，“调兵不出三吴”，更使阶级矛盾尖锐化。

东晋内乱

司马曜重用司马道子辅政。司马道子最宠信的就是中书令王国宝，王国宝的父亲是王坦之，岳父是谢安。但王国宝“少无士操”，为人谄险，谢安“每抑而不用”。王国宝是恨透了谢安，后来司马道子娶了他的堂妹为妻，于是王国宝撺掇着司马道子弄权，诋毁谢安。趁着司马曜因为谢家权势太盛，心里害怕的时候，说谢安的坏话。

谢安

晋孝武帝太元十年（385），谢安去世，时年 66 岁。谢安一死，东晋朝中的权力就更集中于会稽王司马道子手中。由于当时孝武帝与司马道子的生母皇太妃李氏还在世，司马道子“恃宠乘酒，时失礼敬”。“帝（孝武帝）益不能平，然以太妃之故，加崇礼秩”。孝武帝觉得司马道子权势过大对自己存有威胁，于是下诏任外戚王恭为南兖州刺史，坐镇北府；任世族殷仲堪为荆州刺史以制约司马道子的权力。孝武帝后来封自己的二儿子司马德文为琅邪王，而改封司马道子为会稽王。王国宝闻知孝武帝疏忌司马道子，就开始疏远司马道子。司马道子大怒，两人翻脸。

司马道子非常好酒。一次宾客满坐，司马道子喝醉了。当时，桓温的儿子桓玄也在座中，频频举杯，司马道子忽然在大庭广众之下高言：“桓温晚年想造反，是不是这样啊？”桓玄闻言，忙跪伏殿中，满脸流汗不敢抬头。桓玄心里怨恨司马道子，种下了日后谋反篡晋的根苗。

隆安元年(397),孝武帝司马曜死,白痴皇帝司马德宗即位。司马德宗时年13岁,是为安帝,第二年改为隆安。这位皇帝还不如西晋惠帝,不仅“口不能言”,“至于寒暑饥饱也不能辨”。幸亏安帝同母弟琅邪王司马德文恭谨聪敏,司马德宗登基之后,十岁的司马德文一直陪侍太子。

司马道子独揽军政大权,王国宝又马上重新谄附司马道子,司马道子被他的语言迷惑,再次倚为心腹。王恭入朝拜孝武帝坟陵之余,劝司马道子不要亲近小人。司马道子起先还对王恭客气,但王恭“每言及时政,辄厉声色”,司马道子渐生相图之意。王恭一走,司马道子把东宫卫兵全划拨王国宝指挥。王导之孙右仆射王珣也被朝廷拜为尚书令。王国宝、王绪兄弟掌权后,“纳贿穷奢,不知极纪”,又不断劝司马道子裁撤王恭和荆州刺史殷仲堪的兵权,致使内外扰动。

王恭闻信,派人联络殷仲堪,准备讨伐王国宝等人,桓玄也撺掇殷仲堪起兵。殷仲堪也是陈郡世家大族出身,入朝为官后,孝武帝很信任他。殷仲堪虽有美誉,却并非将帅之才。

建康方面,司马道子听说王恭、殷仲堪有异动,马上宣布内外戒严。王绪劝王国宝假借司马道子之命,杀掉王珣、车胤,再乘机裹胁安帝和司马道子,发兵讨伐王恭和殷仲堪。但王国宝没有胆量去做。本来就怯懦的司马道子为了平息二藩起兵,“乃委罪(王)国宝”,派人把王国宝、王绪逮捕入狱;又称诏赐死王国宝于狱,杀王绪于闹市之中。

历史小常识:东晋与拜占庭

347年,桓温灭成汉后,通过张氏的前凉政权,正式与拜占庭建交。早在西汉时期,中国就同古罗马有往来。他们称中国为赛里斯国,意思是“丝国”。3世纪初,三国曹魏增辟了与古罗马帝国交往的新北道,到达东罗马帝国的新都拜占庭。345~361年间,拜占庭使者来到长江流域晋王朝统治地区。363年,晋哀帝司马丕也向拜占庭派出使者,并通过河西汉族政权,使双方在丝绸贸易上达成协议,保证了通往拜占庭的丝绸之路的畅通。东晋与拜占庭的正式的国家间交往,不仅使丝绸的供求交易更加便利,而且输送交流的其他文明,影响了各自历史的进程。

王恭罢兵,退还京口。殷仲堪虽声附王恭,一直犹豫未敢真正发兵,趁势率兵还镇。事情暂告一段落。

豫州刺史庾楷对朝廷割其属下四郡由王愉掌管不满,派儿子庾鸿撺掇王恭说司马尚之兄弟有篡夺帝位之心,比王国宝还要危险,不如先下手为强,除掉他们。王恭也怀疑司马尚之兄弟对安帝不利,便听从庾楷之议。于隆安二年(398),通使殷仲堪、桓玄,联合再次起兵。庾楷答应王恭共同起兵。司马道子将朝政托付给17岁的儿子司马元显。晋廷遣谯王司马尚之将兵讨庾楷。虽然二次起兵声势很大,但王恭、殷仲堪、桓玄之间并不团结。殷仲堪手下的南郡相杨佺期为先锋,率水军五千先行,桓玄领兵继之,殷仲堪自带两万军,殿后而行。

安帝隆安二年(398)八月,杨佺期、桓玄兵船刚至湓口,王愉一箭也未发,仓皇逃往临川。庾楷一战即溃,单骑奔归桓玄。桓玄有智谋勇力,在白石大获全胜,与杨佺期连兵直

逼横江。司马尚之、司马恢之兄弟大败。晋军各路皆退，只得回兵固守石头城。

王恭两次起兵依仗的是其手下南彭城内史刘牢之。刘牢之在淝水之战中率五千“北府兵”一举击溃苻坚手下名将梁成两万之众，临阵斩杀梁成及数名前秦大将，奠定了东晋在淝水大战最终大胜的坚厚基础。淝水之战后，刘牢之又率兵北伐，进屯鄄城，“河南城堡承风归顺者甚众”。但后来王桥泽一役，为慕容垂所击败，刘牢之勉强得脱，从此后，刘牢之因为不救廪丘被围的友军而被免官。

王恭重新任用刘牢之，但只以爪牙武将对待他，“(刘)牢之负其才能，深怀耻恨”。司马元显知此事后，派人劝说刘牢之弃王恭，答应以王恭的职位转授予刘牢之。不久王恭派刘牢之出征，刘牢之随即向朝廷投降，同时，又派其子刘敬宣和女婿高雅之率劲兵倒戈。王恭没有准备，登时军溃，只得独骑向曲阿方向奔逃。中途被抓，押送都城建康。王恭未及入城，便被司马道子下令在建康东北郊的倪塘斩首。司马道子封刘牢之为都督兖、青、冀、幽、并、徐、扬州晋陵诸军事，完全取代王恭的职位。

司马道子又以朝廷名义，提拔桓玄为江州刺史；以杨佺期代郗恢为雍州刺史；以桓修为荆州刺史，同时罢黜殷仲堪为广州刺史。如此离间，殷、桓、杨三人心中各怀疑虑，皆起相图之心。桓玄自恃才能地位，对寒人出身的武将杨佺期总有不屑之意，而杨佺期为人骄悍，暗劝殷仲堪杀掉桓玄。殷仲堪暗忌杨佺期兄弟勇健，怕杀了桓玄没人牵制杨氏兄弟，所以一直没下手。最终，三个人“各还所镇”，不再进兵，这样东晋又化解了一次重大政治危机。

石头城图

渐趋融合的南北文化

在南方的东晋，田园诗产生并有发展，代表人物就是陶渊明。他是陶侃的曾孙，陶侃曾官至大司马，他的父辈也做过太守、县令，但到了他，家境已衰。他年少时抱有大济苍生之志，29岁时才担任一些小官，无法实现他的远大抱负，官场上派系之争以及一派阿谀奉承的风气，使陶渊明对黑暗的政治气象很失望，他无法忍受内心的压抑，不愿与这些人同流合污，思想感情倾注于田园生活上。义熙元年(405)，任彭泽(今江西湖口东南)令，因不肯“为五斗米折腰”迎接郡里来的督邮，自动解职回家。受老庄思想和隐逸之风的影响，他对恬静、闲适的田园生活更加怀念。41岁时便结束了仕隐不定的生活，全身心地回到田园，从此过着

田园生活，直到病死。

陶渊明故事图（局部）

他下到农田参加劳动，闲时读书写诗。陶渊明的田园诗代表作有《归去来辞》《归田园居》等。诗歌表达了他不随俗浮沉，不追逐名利的心境。他晚年所写的《桃花源记》表现了他不满意剥削无度、战无宁日的社会，描述了一个幻想中的世界，一个人人自食其力，无剥削，无压迫，平等、安乐、幸福的社会。在这个社会中，“相命肆农耕，日入从所憩”，“春蚕收长丝，秋熟靡（无）王税”，“怡然有余乐，于何劳智慧？”陶渊明的诗歌和人品，对后世产生了深远的影响。

东晋书法上的集大成者是王羲之与王献之父子。羲之曾从师多人，后博采众长，一变汉、魏以来质朴的书风，成为新体，后人称之为“书圣”。其书法真迹已无存，唐人双钩廓填的行书《姨母》《丧乱》等帖，犹可传真。其子王献之兼精诸体，尤工行、草和隶书，与其父齐名，被称为“小圣”。绘画方面，东晋顾恺之善画人物，注意点睛传神，他的名作有《女史箴图》，经唐人临摹，为传世珍品。

史学上有东晋袁宏撰的《后汉纪》三十卷。东晋常璩撰的《华阳国志》，记录了从远古到东晋穆帝永和三年（347）期间巴、蜀地区的史事，是研究四川及西南少数民族史地的重要资料。

而在北方，则呈现胡汉文化冲突、交融的景象。从东汉初年到西晋初年，匈奴逐步汉化。刘渊汉化程度很深，建立的政权也称“汉”。后赵羯族人石勒，汉化程度也很深，利用汉人的治理方略，重用汉人张宾为谋主。他设立太学和郡国学，用儒家经学培养包括羯族将领子弟在内的人才。前秦国的苻坚更是汉文化的极力推崇者，他重用汉族寒门士人王猛，按照汉法改革政治，发展经济、文化。

民族的同化总是双向进行的，胡人汉化的同时，就是汉人胡化。汉人在生产、生活中潜移默化地吸收了胡人的习俗。这种变化，从东汉末年已经开始，《后汉书·五行志》写道："灵帝好胡服、胡帐、胡床、胡坐、胡饭、胡箜篌、胡笛、胡舞，京都贵戚皆竞为之。"由于皇帝的倡导，京都的达官贵人都竞相仿效，兴起了汉人胡化之风。这种风气到五胡十六国时期达到高潮。十六国时期，随着骑马民族的南下，把畜牧及与其有关的生产技术带到了中原地区。胡语、胡歌、胡乐、胡舞、胡戏给中原文化增添了新的活力和色彩。北方汉人子弟以学习胡语为时髦之举，久而久之，北方汉语中充斥了"胡虏"之音。

在与外国的交流中，天竺国曾经送给凉州刺史张轨乐器一部，其中有笛子、琵琶、箜篌、五弦琴、铜鼓、皮鼓等，还带来了天竺调等乐曲。吕光远征西域，又获得筚篥、腰鼓、答腊鼓以及龟兹乐曲。

宗教。西晋后，许多文人死离逃散，玄学受到打击。南北各族统治者设法巩固他们的统治，各族劳动人民亦想使自己的希望有所寄托，于是佛教在南方和北方获得迅速的发展。许多西域的僧人东来传教，也有中国人外出求法的。后赵石勒、石虎尊龟兹僧人佛图澄为"大和尚"。佛图澄前后有门徒将近万人，兴立佛寺共有八百九十三所。佛图澄的弟子释道安博学多识，对佛教经典很有研究。他起初在北方传教。后赵末年，中原大乱，他到东晋的襄阳传教，以后又移居长安。道安的弟子慧远为东晋著名僧人，后世净土宗人尊之为初祖。龟兹僧人鸠摩罗什于后秦时到长安传教，译佛经七十四部，三百八十四卷。他的著名弟子有道生、僧肇等。

自中国西支求法的有东晋僧人法显。法显从长安西行，自海上归来，携回很多梵本佛经。归国后撰《佛国记》，记录他的旅行见闻。

第二章　文学艺术

西晋辞赋的发展

辞赋产生于汉代，经过汉末以来的发展，到晋时成为一个极盛时期。

从晋武帝泰始元年（265年）到晋恭帝元熙二年（420年）刘裕代晋，共155年，这是魏晋南北朝辞赋最发达的时期。这时有作品存留至今的辞赋作家有119人，今存辞赋作品（包括残缺）521篇，占魏晋南北朝辞赋总数的将近一半。这时辞赋的发展又可分为西晋和东晋两段。西晋时期，大赋的数量有所增加，如左思《三都赋》、成公绥《啸赋》、木华《海赋》、郭璞《江赋》，都属于这一类。这些赋，虽各有一定可取之处，但未能脱出汉大赋的规模。西晋的辞赋形式过于华丽，善于堆砌辞藻、典故，作品数量庞大。这时有成就的赋仍然是咏物抒情之作，而且词采华美，骈偶已成为主要倾向。如同骈文在这时正式形成一样，骈赋也在这时正式形成。陆机、潘岳、左思是西晋著名诗人，也是著名辞赋作家。

陆机赋今存29篇，其中较著名的是《叹逝赋》《豪士赋》与《文赋》。

潘岳赋今存29篇（包括《哀永逝文》与《吊孟尝君文》等赋体文），其赋以长于抒情见称，《秋兴赋》《西征赋》《闲居赋》是其颇负盛名的代表作。

左思赋今存者不多，完整的仅《三都赋》《白发赋》。

左思少年时曾学书法鼓琴不成，后发奋读书。虽出身庶门，其貌不扬，木讷口吃，但其文章华丽，文采飞扬，于西晋太康前后，撰成《三都赋》。

《三都赋》在文学史上被称为千古绝唱。是由蜀都赋、吴都赋、魏都赋等三篇独立而又相联结的赋组成。记述三国时期，成都、建业、邺三名都的山水物产、风俗人情，因左思写作态度严谨精审，所记风俗博物，都以方志、地图等资料做参考，故能详实地反映当时的社会生活状况。书成后，一方面文辞富丽、语言华实，另一方面书中内容涉及许多时人关注之焦点，如平吴、统一大江南北等，于是引起人们极大的兴趣，张华称其可与班固《两都赋》、张衡《两京赋》相媲美。皇甫谧为之作序，张载等作注，卫权作略解。当时洛阳富室传抄《三都赋》，致使城内纸价飞涨，“洛阳纸贵”成为千古佳话。

骈文的发展

骈文作为一种特殊文体，在我国先秦时期就已经产生。骈偶作为一种修辞手法，几乎是与我国文学同时出现的，但在西汉以前，还未达到作家自觉地刻意经营的阶段。汉代辞赋盛行，辞赋讲求“丽靡”。所谓“丽靡”，指“侈丽宏衍之词”，也就是语言富艳华美。因而骈偶作为一种增加语言对称美的修辞手法，被辞赋家逐渐着意追求，着意雕琢。于是骈偶就在辞赋中被普遍使用，并率先出现骈赋，这股骈偶之风也逐渐影响到一般文章。东汉文章中的骈偶句也逐渐增多，“自扬马张蔡，崇盛丽辞，如宋画吴冶，刻形镂法，丽句与深采并流，偶意共逸韵俱发”（《文心雕龙·丽辞》）。

至魏晋时期，人们进一步认识到文学的重要特点就是词采华丽，骈偶也就更被文人大量地自觉地运用，从而使骈文与散文分道扬镳，各自发展，骈文于是正式形成。不过，魏晋骈文，对偶声律都不甚严格，比较严格的骈文，始自任昉、庾信以后。

晋代的骈文渐趋凝练，散句逐渐少见，对偶追求工整，语言力求典雅，用典日趋繁富，标志着骈文的成熟。这时骈文的代表作家首推陆机、潘岳。

陆机的骈文代表作是《吊魏武帝文》《豪士赋序》等。他的骈文对偶工整，形式严密，在当时极有影响。

李密也是西晋时一位重要的骈文作家，其代表作为《陈情事表》。

李密，字令伯，原为蜀国的官吏，早年父死母嫁，独与祖母相依为命。他不仅对祖母尽心服侍，以孝闻名；更以知识渊博，文采出众而著称。司马氏一贯以名教为其政治统治的点缀，司马炎本人也深知倡导名教对巩固统治，笼络人心之意义重大，父丧，他曾深衣素服，以示衷敬。于是征召孝、才、名诸方面闻名如李密这样的人物，可以博得宽容纳贤的美名。于是267年，司马炎下诏征李密来洛阳任太子洗马。

明·张鹏·渊明醉归图轴

李密上《陈情表》以尽孝为理由，拒绝征召。

在此表中，李密述说了祖母刘氏年迈体弱，“日薄西山，气息奄奄”，“人命危浅，朝不

虑夕”的状况，而家中只有自己与祖母相依为命，因而暂时不能应诏。文章中作者将自己的处境和祖孙间深厚真挚的情感写得哀婉凄恻，催人泪下。而文章的语言精妙传神，极具感染力，许多语句流传后世变成成语，如“茕茕孑立”“形影相吊”等等。晋武帝读罢此文，极为感动，下令让郡县供李密祖母奉膳。直到刘氏去世，李密服丧满，他才应征为太子洗马，尚书郎，后出为地方官。由于李密自恃才高，常期望内调升迁，因为难以如愿而心怀怨恨，终被免官。《陈情表》在文学史上具有重要意义。司马炎围绕《陈情表》大做文章，以定时局、安人心，其政治意义也是十分重大的。

志怪小说盛行

西晋志怪小说盛行，这与当时神仙方士之说盛行、佛道二教广泛流传有密切关系。这时期志怪小说流传至今的便有30多种，内容庞杂，大致可分为三类。一是炫耀地理博物琐闻，二是夸饰正史之外的历史传闻，三是讲说神仙鬼怪故事。地理博物类小说除《博物志》外，还有《神异记》《十洲记》等。张华编成的这部广征地理博物琐闻的志怪小说，《博物志》，分类记载异境奇物、古代琐闻杂事和神仙方术等，既有山川地理知识，又有历史人物传说，奇异花草虫鱼、飞禽走兽的描述，还有怪诞不经的神仙方技故事，大都取材古籍，保存了不少古代神话资料，如书中记载八月有人浮槎至天河见织女的奇闻，成为牛郎织女神话的原始资料。据《隋书·经籍志》杂家类著录，《博物志》共十卷。流传至今内容混杂，文辞疏略，注释极少，可能是原书失传后由后人搜辑而成。

虽然这样，《博物志》在文学史上的地位是不可抹杀的。

文学上的“太康中兴”

西晋文学最为繁荣的时期是太康(280年~289年)、元康(291年~299年)年间。钟嵘称：“太康中，三张、二陆、两潘、一左，勃尔复兴，踵武前王，风流未沫，亦文章之中兴也。”(《诗品序》)太康间最活跃的诗人正是张载、张协、张亢和陆机、陆云、潘岳、潘尼与左思。宋人严羽《沧浪诗话·诗体》根据这时作家作品的风格，称之为“太康体”。太康诗风，大致如刘勰所说，“采缛于正始，力柔于建安”(《文心雕龙·明诗》)，“体情之制日疏，逐文之篇愈盛”(《文心雕龙·情采》)，即诗歌创作多追求形式华美，而内容则比建安、正始时期较为贫弱，显得骨气不足，而形式过于华丽和严整，有本末倒置之感。出现这种情况是由于社会暂时呈繁荣安定景象，许多文人为之欢欣鼓舞，禁不住攀龙附凤，歌功颂德，这就使他们的诗歌内容受到局限。也正是由于社会暂时稳定，文人们才有时间和精力来深入研究文学创作问题。如陆机作《文赋》专论为文之道，对形式技巧问题加以探讨；左思花了十年时间制作《三都赋》，考证名物不遗余力。同时，从曹丕的时代起，文

学已开始逐渐从经学的附庸地位中独立出来，进入自觉发展的轨道。建安文人如曹植就已相当重视词采的华茂，讲究形式技巧，太康诗人沿着这一轨迹加以发展，也是文学发展的趋势使然。太康诗人追求形式华美，从积极的角度说，可以说是文学更加自觉地一种表现，其缺点是未能正确地处理好文学形式与内容的关系，这种倾向一直延续到南北朝之末，其教训是值得总结的。尽管如此，这一时期的诗歌创作还是有成就的。就作家而言，陆机、潘岳、张协及左思的成就较高。尤其左思，其“三都赋”名噪当时，为后人传颂。

竹林七贤

竹林七贤为魏末晋初七位贤士的合称，他们是嵇康、阮籍、山涛、向秀、刘伶、王戎以及阮籍的侄儿阮咸。他们共倡老庄之学，同尚虚无清谈，常聚于一起，开怀畅饮，高谈阔论，悠游于竹林，故称“竹林七贤”。

竹林七贤生活于魏末晋初，时曹氏与司马氏之争尖锐，甚至发生高平陵事变，皇权旁落于司马氏之手，遂有司马氏大肆杀戮正始名士。

竹林之游，自与躲避政治风险相关，然亦属高朗而不降志之表现。清高傲世，阳狂远人，流风余韵，传为佳话。七贤著忘言之契，优游酣畅于一时。但由于他们在志趣、人品、行为等方面相距甚远，其后则各有结局，而受不同之臧贬。

山涛

竹林七贤在思想上对后来清谈的影响，亦以嵇康、阮籍为主，虽然向秀已著《庄子注》，然而《庄子注》的流传和发生影响是在西晋惠帝时，即经过郭象述而广之以后。

嵇康、阮籍认为宇宙万物是由元气构成的。他们认为名教和自然是对立的；崇尚自然，反对名教。他们两人崇尚自然，就是主张不溺于名利，不为琐碎礼法所束缚，顺应自然，逍遥自在。他们认为名教是违反人性的，礼教是破坏人们之间和谐关系的，因此他们“非汤武”（商周的开国君主，即成汤和周武王）、“薄周孔”（周公、孔子），以“六经”为糟粕。他们认为当权的门阀贵族口头上维护“名教”，实际上都是一些无耻之徒。阮籍把称道礼法的人比做裤中的虱子，遇火烤便难逃一死。这些君子在世上正如虱处裤中。嵇康、阮籍反对封建礼教，反对名教，实际上是对当权的司马氏不满，采取不合作态度。他们借老庄的放达和老庄的社会

政治学说以抨击当权的虚伪的名教政治。实际上，他们也不是要否定封建礼教，而是主张“尊卑有分，上下有等”的。他们虽齐名，且主张相同，但在处理与外界社会的关系时方式不同。

嵇康博学多才，但一直隐居不仕，主张“越名教而自然”，并批评儒家六经。司马氏专权后，山涛荐其为官。嵇康拒绝，并愤然写下《与山涛绝交书》，公开反对司马氏。

后来嵇康得罪于司马氏集团的心腹谋士钟会，又因好友吕安之事受到牵连，被钟会以“负才乱群惑众”的罪名，把嵇康和吕安一同处以死刑。临刑的这一天，洛阳东门外的马市人山人海。其中有与嵇康永别的兄弟族人，还有几千名来为嵇康请命的太学生。嵇康神色自如，低头看了看自己的影子，又抬头望了望来送别的人们，随后便向他哥哥要了一张琴来。回想起聂政除奸的义举，他后悔自己没能像聂政那样除掉弄权的奸臣，今天被奸臣所害。只见他拨动琴弦，弹了最后一曲《广陵散》。那激昂、悲壮的琴音，感动得围观的人们泣不成声。嵇康收住琴，仰天长叹道：

“我死了倒没什么可惜。《广陵散》，只恨你要从此失传了！”

嵇康

嵇康死时，年仅 40 岁。后人评断，嵇康的思想，为七贤之中最为深刻、最有代表性的一家，嵇康的人品也是七贤之中最高一人。阮籍在思想上与嵇康齐名，著述颇丰。生在乱世，如履薄冰，阮籍蔑视礼法，旷达不羁，也曾作文讥讽钻营利禄之人。

阮籍的代表作是《达庄论》和《大人先生传》，这两篇著作都是以自设主客问答的形式发挥其思想的。阮籍借这两篇著作以发挥其胸怀本趣，亦为他反对礼法提出理论根据。在这两篇著作中，阮籍均以方外之士自居，而予世俗礼法以严厉的批评。但他又没有勇气脱离官场，一生曾官从事中郎、散骑常侍，后又改任为东平相、步兵校尉等等。在理想与现实的矛盾中，阮籍遂以酩酊大醉来应对人生，司马昭曾为司马炎求阮籍之女，阮籍故意大醉六十日来拒婚。

七贤之中刘伶与阮咸纵欲玩世，放浪形骸。刘伶一味沉醉于酒中，甚至裸体纵酒，有客来家竟不穿衣服，伤风败俗，荒诞至极。阮咸比刘伶更有甚，他一生沉湎于酒，曾以大盆盛酒，甚至与群猪共饮，但他们在思想上是不够深刻的。

山涛、王戎、向秀虽口尚虚无，但不反对礼法，他们热衷名利，苟全禄位。山涛官至尚书右仆射，居选职十余年，选用官吏，皆做评论，283 年卒，享年 79 岁。王戎生性吝啬，贪

财好利。家有好李，恐买者得其良种，竟钻核而后卖。向秀也在胆怯、恐惧中做了很多年的官，曾官至散骑常侍。

司马彪著《续汉书》

司马彪（约240年~306年），字绍统，河内温县（今河南温县西）人，司马懿弟司马敏后代。幼年时勤学好问，孜孜不倦。但由于他好色薄行，遭到他父亲的贬斥，不准他当继承人，所以就专心致志地博览群书，研究学问。曾任骑都尉，秘书郎，秘书丞。著有《庄子注》《九州春秋》等。司马彪认为："汉氏中兴，讫于建安，忠臣义士亦以昭著，而时无良史，记述繁杂……安、顺以下，亡缺者多。"于是他"讨论众书，缀其所闻。起于世祖，终于孝献，编年二百，录世十二，通综上下，旁贯庶事，为纪、志、传凡八十篇，号曰《续汉书》"。（《晋书·司马彪传》）这是一部完整的东汉史著作，共八十卷，记载了从世祖光武帝刘秀到孝献帝刘协二百年的东汉史事，包括纪、志、传、后纪、传散亡，仅存八志：律历志三篇，礼仪志三篇，祭祀志三篇，天文志三篇，五行志六篇，国志五篇，百官志五篇，舆服制二篇，凡三十篇。从内容上看，百官、舆服二志是《史》《汉》所没有的。然舆服志的撰写，东汉末年董巴、蔡邕已有创议，百官志则取资于皇家"故簿"。至于郡国志，谢承《后汉书》已立为志目，实由《汉书·地理志》而来，尽管如此，《续汉书》八志还是被誉为"王教之要，国典之源，粲然略备，可得而知矣。"（刘昭《后汉书注补志序》）可见，《续汉书》在继承前人成就的基础上起着无与伦比的巨大作用。

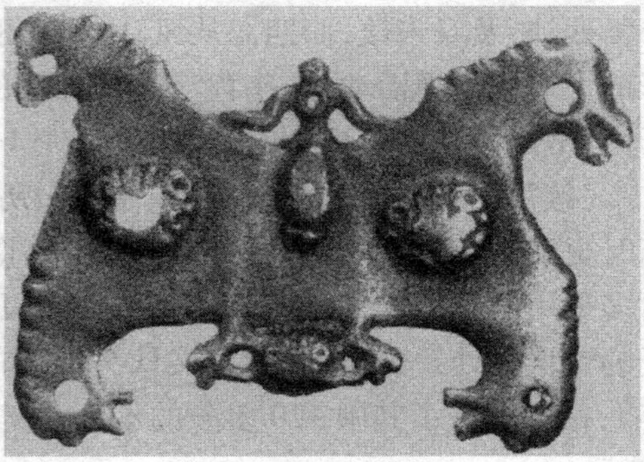
四兽纹金饰件

《续汉书》八志在撰述思想上有三个特点。第一是注重考察典章制度的变化。如其《郡国志》序称："《汉书·地理志》记天下郡县本末及山川奇异，风俗所由，至矣，今但录中兴以来郡县改异，及《春秋》、'三史'会同征伐地名，以为《郡国志》。"一是注意到东汉以来的变化，二是注意到读史的需要。其《百官志》序称："班固著《百官公卿表》，记汉承秦置官本末，讫于王莽，差有条贯；然皆孝武奢广之事，又职分未悉，世祖节约之制，宜为常宪，故依其官簿，粗注职分，以为《百官制》。"这是指出了《百官公卿表》重在记"置官本末"，而《百官制》重在记百官"职分"，即职务禄位与责任范围。说明"表"与"志"的不同，而后者更详于官制的变化。其《舆服志》因是首创，故不独仅记东汉，而是通记"上古以来"车服制度的演变，"以观古今损益之义"。这确实独具特色，为史节体例又增一笔。

第二是强调了以"君威""臣仪""上下有序"为核心的"顺礼"等级秩序。司马彪认为："夫威仪，所以与君臣、序六亲也。若君亡君之威，臣亡臣之仪，上替下陵，此谓大乱。

大乱作，则群生受其殃，可不慎哉！故记施行威仪，以为《礼仪志》。"《礼仪志》序这里特别强调君臣之礼，与当时社会现实有关，书中的这个思想，在很大程度上是从东汉末年的历史中总结出来的。他还认为："故礼尊尊贵贵，不得相逾，所以为礼也。非其人不得服其服，所以顺礼也。顺则上下有序，德薄者退，德盛者缛。"(《舆服志》序)这显然是适应正在形成的门阀制度的需要，故"顺礼"是带有鲜明的时代特点的。

麦积山石窟

第三是推崇"务从节约"的政治作风。司马彪批评汉武帝在官制上"多所改作，然而奢广，民用匮乏"；推崇东汉光武帝的"中兴"，说他"务从节约，并官省职，费减亿计，所以补复残缺，及身未改，而四海从风，中国安乐者也。"(《百官志》序)他还批评秦始皇、汉武帝的大规模封禅活动，是违背"天道质诚"的，认为："帝王所以能大显于后者，实在其德加于民，不闻其在封矣。"(《祭祀志》后论)

《续汉书》八志在撰述思想上是把对历史的考察和现实的需要结合起来了，这反映出当时史家的一个共同的思想趋向。此外，谯周认为司马迁的《史记》在记载周秦以上史事时多采用的是俗语，而没有专据正典，所以他作《古史考》二十五篇，凭据旧典，纠正司马迁的错误之处。到司马彪时，又认为谯周的《古史考》也并不完美，所以他对照《汲冢纪年》，稽查考证了其中120多条的不当，并刊行于世。该书后来已遗散。

陈寿著《三国志》

《三国志》是唯一保存至今同时又是兼记魏、蜀、吴三国史事的优秀著作，这是中国史学上的一大幸事。

陈寿，字承祚，蜀汉巴西安汉(今四川南充)人，为经学大师谯周的学生。勤奋博学，为人质直，有良史之才。晋平蜀后，陈寿经张华推荐，官至佐著作郎。280年(太康元年)开始编写《三国志》，以王沈的《魏书》、韦昭的《吴书》、鱼豢的《魏略》等书为参考，并自己搜集蜀汉故事，经五年笔耕，于285年撰成史学不朽之作《三国志》。《三国志》由魏、蜀、吴三志六十五卷组成，(其中《魏志》三十卷、《蜀志》十五卷、《吴志》二十卷)为纪传体通史，但只有纪传，没有表态。书以取材精良、文笔简约、言辞质直而受好评。

《三国志》书成时"时人称其善叙事，有良史之才"；司空张华"深善之，谓寿曰：'当以晋书相付耳。'"(《晋书·陈寿传》中讲：陈寿撰《三国志》与司马彪撰《续汉书》大致同时，但他比司马彪早卒约十年。)他们是西晋最有成就的两位史家。

《三国志》记事，起于东汉灵帝光和末年(184)黄巾起义，迄于西晋灭吴(280)，不仅

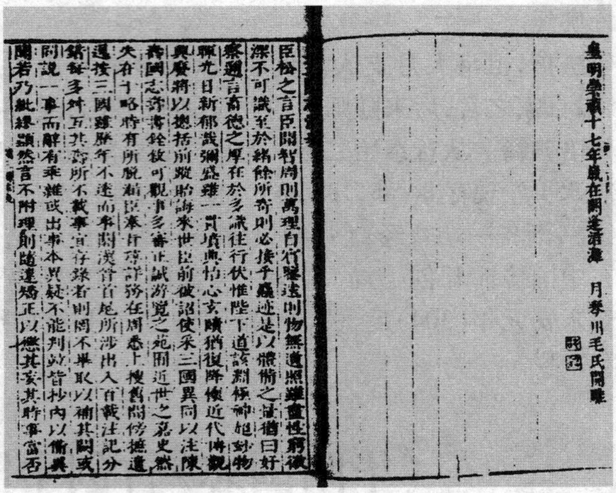

《三国志》明毛晋汲古阁刻本

仅限于三国时期(220~280)的史事,故与《后汉书》在内容上颇有交叉。从《三国志》看陈寿的史才,首先是他对三国时期的历史有一个认识上的全局考虑和编撰上的恰当处置。三国鼎立局面的形成,三国之间和战的展开,以及蜀灭于魏、魏之为晋所取代和吴灭于晋的斗争结局,都是在纷乱复杂中从容不迫地叙述出来。

在编撰的体例上,陈寿以魏主为帝纪,总揽三国全局史事;以蜀、吴二主史事传名而纪实,既与全书协调,又显示出鼎立三分的格局。这种体例上的统一和区别,也反映在著者对三国创立者的称谓上:对曹操,在《魏书》中称太祖(曹操迎献帝至许昌后称公、魏公、魏王),在《蜀书》《吴书》中称曹公;对刘备,在《蜀书》中称先主,在《魏书》《吴书》中均称名;对孙权,在全书中一概称名。

汲冢竹书出土

晋咸宁五年(279)十月,汲郡人不准盗掘魏襄王冢,盗得古竹简书十车。不准盗得的一大堆竹简书中,有魏国史书“纪年”十三篇,记叙夏朝以来至魏安褒王二千年事,其中所叙之事与经传所记载的有很大出入,是一笔很值得研究的宝贵历史财富。有《穆天子传》等五篇,记叙周穆王游行四海之事,另外还有其他一些书总共有几十篇,整个竹简书加起来大概有十余万字,竹简上的字都是蝌蚪文,是用漆书写在竹简上的,每片竹简写有四十六个字。因年代久远,加上盗墓者破坏,墓中挖掘出来的竹简多数简札散乱,残缺不齐。竹简出土以后,晋武帝司马炎下令将它收藏起来,由学者荀勖、和峤、杜预等人略加整理,依据竹简提供的材料整理出十五部,八十七卷。在荀勖、和峤之后,卫恒、束晳相继完成最后的整理工作,并把它译成今文。总共花了十年时间,终整理出了《穆天子传》《竹书纪年》《汲冢琐语》三部书,为史学研究提供了新的资料。

竺法护入白马寺译经

晋秦始二年(266),著名僧人翻译家竺法护在长安(今陕西西安)清门内白马寺中开

始翻译佛经。

竺法护，祖籍大月支人。世居敦煌（今属甘肃），也称“敦煌菩萨”。他博览儒家典籍，涉猎百家之言，后来随师傅游学于西域各国，通晓西域36种文字，回中国时，携带回大量梵语典籍。从晋泰始二年开始译经，共译出佛经154部，309卷（实为322卷，一说为175部，354卷现存84部，188卷）。他译的佛经对后世影响较大的有《光赞般若经》《正法华经》《渐备一切智经》《弥勒成佛经》《普曜经》等，他所译经论多属大乘经典，为大乘保教在中国传播开创了局面。其中《弥勒成佛经》是佛教弥勒信仰的“弥勒三部经”之一。晋永安元年（304）后，关中战乱频仍，竺法护携门徒避乱车下。后在渑池（今属河南）卒，年78岁。

《华阳国志》首创中国地方志

《华阳国志》又名《华阳国记》，常璩撰于东晋穆帝永和四年（348）至永和十年（354）之间，它记述巴蜀地区历史、地理、人物的著作，是中国第一部地方志。

东晋常璩撰《华阳国志》书影

常璩，字道将，生卒年不详，蜀郡江原（今四川崇庆东南）人，成汉李势时官任散骑常侍，掌管著作。桓温灭李氏后，任参军，随至建康。常璩著《华阳国志》，一是为桑梓情浓，二是为政治说教。他说史书“历代转久，郡县分建，地名改易，于以居然辨物知方，犹未详备”，又“李氏据蜀，兵连战结，三州倾坠，生民歼尽”，“桑梓之域，旷为长野”，担心乡梓历史被湮没。而且撰书可“防狂狡，杜奸萌，以崇《春秋》贬绝之道也，而显贤能，著治乱，亦以为奖劝也”。

《华阳国志》记述起于远古，迄于东晋穆帝永和三年（347），凡12卷。1~4卷为《巴志》《汉中志》《蜀志》《南中志》，记梁、益、宁三州的历史概况，以地理建置，自然状况为中心，详述各州的山川、交通、风土、物产、民俗、族姓、吏治、文化以及同秦汉、三国、两晋历代皇朝的关系。每卷有总叙，下有33郡分叙。5~9卷是《公孙述刘二牧志》，记公孙述、刘焉、刘璋事；《刘先主志》《刘后主志》记刘备、刘禅事；《大同志》记三州西晋的史事，起于魏之破蜀，迄于晋愍帝建兴元年（313）三州大部被李雄占据；《李特雄期寿势志》记李氏起事至灭亡。这五卷是三州自东汉末至东晋初的编年史。10~11卷是《先贤士女总赞》（上、中、下）和《后贤志》，前者记蜀郡、巴郡、广汉、犍为、汉中、梓潼士女300余人；后者记两晋三州人物10人。卷12为《序志并士女目录》，收入401人，其中1/3不见于卷10和卷11；《序志》阐明撰述旨趣、所据文献及各卷目录提要。

《华阳国志》在编撰上自成体系，它把三州的历史面貌、政治变迁、不同时期的人物传记，由远而近、由广而微编纂成一书，集中记述了东晋初年以前梁、益、宁三州的历史，是本时期地方史的杰作。它体例上受《史记》《汉书》影响最大，资料则一是参考皇朝正史，二是参阅地方史志，三是本人考察搜集的素材。

《华阳国志》1~4卷对西南30多个少数民族或部落的名称及分布的记述，特别是一些部族的历史、传说、风俗及与汉族皇朝关系的记载，为研究民族的起源、迁徙历史等提供了非常有价值的线索和根据。

《华阳国志》编纂内容详尽审慎，体例疏密有致，它的史学成就使其在历1600多年后仍独放异彩，成为今人了解古代西南地区文明发展的重要史料，隋唐以后的史家修史，更以它为重要参据史书。

东晋与拜占庭建交

347年，东晋王朝占领巴蜀以后，通过张氏前凉政权，正式与拜占庭建交。

早在西汉时期，中国就同古罗马帝国有往来。他们称中国为赛里斯国，意思是“丝国”。

随着丝绸之路的开辟与日趋繁盛，中国与罗马的贸易关系越来越密切。3世纪初，三国曹魏增辟了与罗马交往的新北道，由玉门关转向西北，通过横坑（今库鲁克山），经五船以东转西进入车师前部（哈拉和卓），然后，转入天山北麓，穿越乌孙、康居、奄蔡，便可渡黑海或越高加索山脉和罗马帝国相通，最后到达帝国的新都拜占庭。

拜占庭网纹玻璃杯

拜占庭是罗马皇帝君士坦丁（306~337）执政期间建成的新都，拜占庭人通常以拂秣（首都）自称。313年，前凉张轨执政时，经西胡转手，得到拂菻制作的拜占庭金胡瓶两件，式样奇特，高与人齐。这是拂菻的名字首次在中国露面。晋穆帝（345~361）时，拜占庭使者来到长江流域晋王朝统治地区。363年，晋哀帝司马丕也向拜占庭派出使者，并通过河西汉族政权，使双方在丝绸贸易上达成协议，保证了通往拜占庭的丝绸之路的畅通。

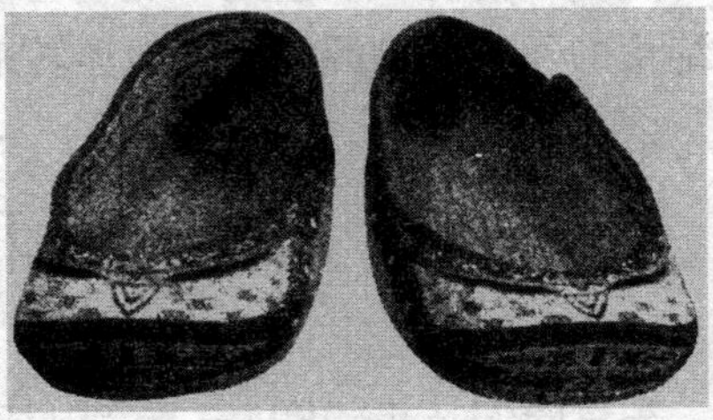

新疆吐鲁番出土晋代织成履

东晋与拜占庭的正式的国家间交往，不仅使丝绸的供求交易更加便利，而且输送交流了其他的文明，影响各自历史的进程。

但是，370年凉州张氏和吐谷浑被迫服从前秦，通往河西的路被阻塞，东晋与拜占庭

的来往暂时受到隔绝。

5 世纪,拜占庭设法通过和波斯敌对的哌哒,与中国北魏政权重新取得了联系,并建立了定期贸易关系。450 年来,自地中海东岸安提阿克的颁盾使者沿里海、锡尔河和于阗一道,顺利地到达北魏,向太武帝跖跋焘进献了狮子,受到热烈地欢迎。在这一次罗马商队的成功鼓舞下,456 年普岚国(普岚[From]是波斯人对拜占庭人的称呼,经中亚突厥语系民族的传译,把[F]音变成[p]音,成了Purum,汉译成普岚)和哌哒一起遣使到平城会见文成帝,465 年普岚国义献宝剑,467 年普岚和粟特、于阗等国一起遣使臣与北魏通好,使中西的交往逐步频繁起来。

十六国时期采桑与坞壁壁画

在陆路沟通的同时,南方的海路也为北魏和拜占庭之间经济文化的交流提供了途径。为摆脱萨珊波斯的困扰,取得与也门的希尔雅尔人和印度人的通好,最后经海路通向黄河中游的蚕丝生产基地,获得中国的丝货,拜占庭皇帝查士丁一世(518~527)付出了极大的努力。他费尽心机恢复地中海沿岸的帝国旧疆,通过基督教会获得阿克苏姆的支持,以求左右也门信奉犹太教的希米雅尔人。531 年,拜占庭特派使者在阿克苏姆的陪同下,要求希米雅尔人疏通对印度的贸易,转运中国丝绸。不料波斯出来横加阻挠,导致了阿克苏姆和希米雅尔人剑拔弩张的战争,而阿克苏姆也因此于 575 年被希米雅尔埃米尔祖亚兹逐出也门。拜占庭通过也门希米雅尔人通往中国的海路最终没有打通,不得不另谋出路。

当时从北周、北齐政权年年获取无数昂贵丝绸并在对西方的贸易中大发横财的西突厥人,遭到波斯人对中国丝绢的抵制,正急于寻求销路。拜占庭马上与西突厥人取得联络,从他们手中购求中国的丝绸。

终于拜占庭在 6 世纪中晚期得了养蚕缫丝技术,使西突厥使者大感惊讶,但中国精美绝伦的丝绸还是源源不断地辗转来到罗马。

法显赴北印度取经求佛法

东晋隆安三年(399)三月,法显和尚因深感"经律舛缺",从长安出发,赴北印度取经求佛法。

法显(约 337~约 422),俗姓龚,山西平阳(今山西临汾西南)人。399 年,他偕僧人慧景、道整等从长安出发西行求法,经河西走廊、敦煌以西的广阔沙漠,到达焉夷(今新疆焉

耆附近)，穿过今塔克拉玛干大沙漠抵于阗(今新疆和田)，南越葱岭，取道今印度河流域，经今巴基斯坦入阿富汗，再返巴基斯坦境内，东入恒河流域，到达天竺(印度)境，再横穿尼泊尔南部，至东天竺，在摩揭提国(即摩揭陀)首都巴达弗邑(今巴特那)留住3年，学习梵书佛律。再由海路单身回国，与其同行者或死或留天竺。他从东天竺当时著名的海港多摩梨帝(今加尔各答西南之德姆卢克)起程，乘商船到师子国(今斯里兰卡)，停留2年，又得经本。复乘船东归，途经耶婆提(今苏门答腊岛或爪哇岛)，换船北航。在青州长广郡牢山(今山东青岛崂山)登陆，改走陆路，于义熙九年(413)到达建康(今南京)。

法显历经15年，取回了中土旧日所无的大小乘三藏中的基本梵本要籍10余部，回国后在南京道场寺与佛驮跋陀罗合译《摩诃僧祇律》《大般泥洹经》等经律论6部、24卷，其译文朴素而传真。法显为佛法流通贡献了巨大力量，其勇猛精进、为法忘身的精神为后人取法。

法显雕像

义熙十二年(416)，法显撰成《佛国记》(又名《法显传》《佛游天竺记》《历游天竺记传》)，详述了西行求法经历，为中国古代以亲身经历介绍中亚、印度、南洋30余国的地理、交通、宗教、文化、物产、风俗、社会、经济等情况的第一部旅行记，对于后来赴印度求法的人起了很大的指导作用，并且是古代最早记录中国和印度间陆、海交通的著作。

法显开创了中国僧人到天竺留学的先例。他的《佛国记》为研究南亚次大陆各国古代史地提供了不可多得的重要资料，在航海史上也占有重要地位。

中国佛学学派的兴起

两晋时期，中国本土的学者以老庄玄学比附从印度传入中国的般若学，对大乘佛教般若空宗的旨义产生不同理解，形成与玄学三派相对应的几个中国化的般若学学派，历史上称为"六家七宗"，它标志着中国佛学学派的兴起。从此，佛学取代玄学，成为中国思想文化的主流，在隋唐时期达到鼎盛。

佛教在东汉时期传入中国时翻译的经典以般若类为主，重点介绍大乘般若空宗的理论。大乘般若学的主旨是从客体的缘起性空和主体智慧能观照性空两方面阐述大乘"空观"理论。这种理论与魏晋玄学本体论接近，又因为当时的学者大都谙熟老庄玄学，他们

很自然地以玄学概念比附佛学，形成佛、玄汇合的思潮。佛、玄融合经历了三个阶段：佛学初入汉土之际，玄学为显学与思想主流，佛学依附于玄学发展；到西晋兴起般若思潮，翻译家一方面以玄解佛，另一方面已不满足于名词概念之争，不再拘泥于文字，力图从思想实质把握佛学，他们从不同角度理解般若学，形成"六家七宗"，中国佛学学派在这一期兴起；两晋以后佛学取代玄学在思想领域占据主导地位，玄学依附于佛学。

中国佛学学派的兴起，与玄学内部三派之争有密切关系。"六家七宗"的出现，是玄学三派理论争辩的进一步展开。魏晋玄学重点讨论"有无""本末""体用"等本体论问题，这些争论在现实中表为名教与自然的关系问题。这场本体论上的争辩使玄学分化为"贵无""崇有"和"独化"三派。"贵无"派以何晏、王弼为代表，主张"无"为万物之本，"有"为末，提出"以无为本"的本体论原则，崇尚自然，认为自然可以统御名教；"崇有"派以裴頠为代表，认为"有"不从"无"产生，而是万有"自生"，万有的整体是道，万有化生的规律是理，道与理都只能体现在"有"中，重视礼法名教的作用；"独化"派以郭象为代表，主张万物独化，不从"无"中产生，也不受造物主支配，独自生成变化，提出名教即自然的理论。

魏晋玄学的本体论与印度佛教般若学的性空说在理论上有相通之处，一个探讨本体，一个研究自性，两者可以会通。玄学家带着玄学的理论背景理解般若学，发源于印度的般若空宗经玄学家的不同解释，遂分化为不同学派，形成"六家七宗"的局面。"六家"指本无、心无、即色、识含、幻化、缘会六个学派，"七宗"是在"六家"的基础上，加上由"本无"派发展出来的"本无异"派。"本无"宗以道安为代表，主张各种现象与事物本性是无，实际上用玄学"贵无"派以无为本体的观点解释般若空观，偏重从客体方面论证性空；"本无异"宗认为"有"从"无"中产生，仍带有生成论色彩，与魏晋玄学本体论有异，不久消失；"心无"宗最著名的代表人物是支愍度，这一派侧重从主体的空观论证万物不真，为假相，但不否认物的存在，与玄学"崇有"论的思路接近；"即色"宗以支道林为代表，认为物质现象由于缘起而存在，没有自性，只从缘起的角度论证性空，不辨"有无""本末"问题，与玄学"独化"说的思路一脉相承。"识含""幻化""缘会"三宗与"即色"宗观点大同小异，所以"六家七宗"按其哲学思想可以归纳为"本无""心无""即色"三家，分别与玄学的"贵无""崇有""独化"三派相应。"本无""心无""即色"三家分别从客体、主体和缘起的角度理解般若空宗，在理论上都不够圆融，它们的思想是般若学与玄学汇合的产物，是中国化的佛学。

第四章 历史谜团

中国历史上第一个“白痴”皇帝之谜

中国古代封建帝王的皇位继承机制，一向采取立嫡传不立庶出、立长子不立幼子、立子不立女的。只要是正宫皇后生的第一个儿女，不管是无知顽童、羸弱病人，还是先天愚痴，都会被立为太子，会承继皇权。中国的历史上，的确出现过一位先天愚痴的皇帝，他就是晋惠帝司马衷。

司马衷是晋武帝司马炎的第二个儿子。由于其兄早年夭折，他便成了晋武帝实际上的长子。司马衷天生愚钝，呆傻而不明事理，但这仍未阻碍他9岁时被立为太子。有几件事可以说清司马衷的白痴情景。有一天，司马衷在皇宫的御花园游玩，见池塘中青蛙正呱呱叫，他扯住一位侍从的衣襟问：“青蛙是在为官家叫，还是为私家叫？”侍从早已熟知如何糊弄这位傻太子，便应道：“青蛙在官家地里时便为官家叫，在百姓的自家地里时，便是为私家叫。”司马衷听后，认为侍从言之有理，还赏了银子给侍从。还有一次，晋武帝正在朝堂之上与大臣商议如何救助饥荒的灾民。司马衷走了进来，听了一会儿，“嗤儿”地笑了：“父皇，怎么会有人饿死呢？发大水淹了庄稼，没有馒头吃，就吃肉好了，这些人怎么会饿死呢？真是一帮傻百姓。”司马衷的这番话令堂上一片哑然，司马炎也只能挥挥手，叫人把他这个傻太子带走。

太子司马衷，不仅让晋武帝司马炎有些不悦，也令一班忠心大臣担心国家的未来。有一回尚书令卫瓘侍奉皇上喝酒，酒过三巡后，卫瓘假借醉酒，倒在皇帝脚边，说有话要奏。司马炎问他何事，卫瓘张了张嘴，不敢说，皇上几经催问，卫瓘才指了指皇上的座位说：“这个座位真是可惜。”司马炎当然明白他的话中之意，以一句“你醉了”拦住了话头。

晋武帝司马炎当然知道，如果有朝一日把江山交给司马衷会是什么结果，但他的杨皇后却为了自己生的儿子司马衷能继承皇位，多次以“立嫡以长不以贤”的古训回答他，司马炎也不想在后人面前落个离经叛道的名声。于是，他给儿子找了好几位声名显赫、满腹经纶的学士为太子太傅，他只想着名师出高徒，却不想朽木怎可雕镂呢？当司马衷年纪渐长后，司马炎为儿子选了太子妃，可他又怕司马衷不懂闺帏之趣，便让自己的才人去侍奉儿子。不久，才人有孕，为司马炎生下了孙子司马遹。但司马衷整日除了玩泥巴，仍是不堪教诲，几年来，学识没有一点长进，就连自己的儿子也不认识。有一回司马衷在

跟父皇吃饭时，3 岁的司马遹走了进来，司马衷问："这是哪里来的小孩子？"司马炎只能苦笑道："记住！这是你儿子！"

司马衷虽然呆傻，可他的儿子却异常聪慧，有一次宫中失火，司马炎登楼观看，突觉有一只小手在拉他的衣襟，低头一看，是自己的孙子司马遹。司马炎很惊讶地问："你为什么拉我衣服？"年仅 5 岁的司马遹机警地回道："夜间发生突然事故，皇爷爷贵体，应该有所防范才是，进屋吧。别让火光照见人君。"司马炎先惊后喜，惊的是司马遹小小年纪，竟有如此见识，喜的是儿子虽然呆钝，但孙子聪明伶俐，江山社稷后人不乏。也许，正是儿子的聪慧，才让父亲下了决心把皇位传给自己，但是司马衷是意会不到这些的。

司马炎死后的当天，32 岁的太子司马衷登上了皇位，为晋惠帝。司马衷并不知道坐皇位上有什么特别的，他一如既往地吃喝玩乐，把治理国家的大权放任他人。从司马衷登基起，天下就陷入了无序的动荡和灾难之中，大臣们纷纷投靠握有实权的皇亲国戚，党争与内讧此起彼伏。先是杨皇后的杨姓氏族擅权枉法，后又被贾皇后一系的势力诛杀，就连太子司马遹也没能逃过此劫，成了权力交替的牺牲品，被贾皇后派人毒杀致死。偌大的朝堂，没有了事非曲直，没有了黑白泾渭，这场皇室宗亲的权力大战一直打了 16 年，造成了几十万人的死亡，上百万人流离失所，大片荒芜的土地似乎也预示着西晋王朝的末日将至。

当了 16 年糊涂皇帝的司马衷，当然不会知道这场浩劫是他带来的。在一个寒冷的冬天，他嘴衔着吃了一半的大饼，突然暴亡。终年 48 岁。

蔡文姬是《胡笳十八拍》的作者吗

蔡文姬，名琰，东汉文学家蔡邕之女，博学多才，妙于音律，然而身世悲惨，经历坎坷。

东汉末年，董卓挟持汉献帝，天下大乱。匈奴趁机入侵，蔡文姬也被掳去。当时匈奴的左贤王冒顿听说蔡文姬是文名远播的蔡邕之女，立即表示愿意保护她，纳她为妃。走投无路之下，蔡文姬只好跟左贤王到了匈奴，生活了十二年，为左贤王生下二子。在这十二年中，她时常登高远望遥想中原，她还按匈奴民歌的节拍写了《胡笳诗》寄托思乡之情，这就是著名的《胡笳十八拍》。这些年中，中原也发生了很大变化，曹操统一了北方，人民也安定下来，初步出现了一派兴旺的景象。曹操十分推崇蔡邕的学问，对蔡邕的《续汉书》未能完稿深感遗憾，听说蔡文姬流落到匈奴，十分同情，于是派人用重金将她赎回。文姬归汉后，继承父亲的遗业，参与了《续汉书》的编撰。她的《胡笳十八拍》也在中原传唱开来：

为天有眼兮何不见我独漂流？
为神有灵兮何事处我天南海北头？
我不负天兮天何死我殊匹？
我不负神兮神何殛我越荒州？

这痛苦的诘问，这难遏的悲愤，这字字血声声泪发自内心深处的呼喊，震撼人心，流传千古。

然而，对《胡笳十八拍》是否为蔡文姬所作，却有两种不同的说法。持肯定意见的有王安石、韩愈、黄庭坚、罗贯中等文学大家，还有现代历史学家郭沫若先生。郭沫若不但著文专论《胡笳十八拍》，而且作话剧《蔡文姬》赞叹“文姬归汉”。他认为这是自屈原的《离骚》以来最有文采的长篇抒情诗，没有亲身经历是写不出这样的文字的。他还说，如果有这么一位诗人代她拟出了，那他断然是一位大作家。就是大诗人李白也拟不出，因为李白没有她那样的气魄和经历。持否定意见的有苏轼、王世贞、胡应麟等文人学者，现代学者刘大杰等人更是从几个方面考证，认为《胡笳十八拍》不是蔡文姬所作。

文姬归汉

归纳起来，持否定意见者从四个方面进行质疑：

一是诗中所述与历史事实不符。

如“城头烽火不曾灭，疆场征战何时歇？杀气朝朝冲塞门，胡风夜夜吹边月”一句，与历史事实不符。认为当时南匈奴已经内附，根本没有汉兵与匈奴连年累月的战事了。

二是诗中所写与地理环境不合。

如“夜闻陇水兮声呜咽，朝见长城兮路杳漫”及“塞上黄蒿兮枝枯叶干”等句中的长城、陇水、塞上都与蔡文姬被掳去的河东平阳相去甚远，她能这样乱用地名吗？

三是该诗未见于有关典籍。

经查，该诗未见于《后汉书》《文选》和《玉台新咏》，也不见于晋《乐志》和宋《乐志》、甚至《蔡琰别传》也没有征引它的诗句。因此断定，唐以前没有此诗，此诗是唐人伪造的。

四是该诗的风格、体裁值得怀疑。

从语言结构方面看，该诗中“杀气朝朝冲塞门，胡风夜夜吹边月”两句，炼字精巧、对仗工整，平仄谐调，东汉诗中从来未见。

从修辞炼句方面看，诗中“旧阑干”是唐时才有的词汇，而“夜闻陇水兮声呜咽”则是

蔡文姬

袭用了北朝民歌。

从用韵方面看,《胡笳十八拍》中先韵与寒韵不通押,和曹植的《名都篇》等的通押也不一样,是唐人的用韵方法。

肯定者则据理力争,认为上述质疑完全可以驳倒,他们认为:

文姬在匈奴时正是“胡、狄雄张”,边境不靖之时,诗中所述完全符合历史事实。

文姬入匈奴后未必长住河东平阳,且匈奴活动范围遍及陕、甘、晋,说不到地理环境不合。况且诗歌可以夸张和想象,所谓陇水,可以解释为陇山之水。诗中写长城、陇水是很自然的。

该诗不见于著录、论证和征引是因为它不符合“温柔敦厚”的诗教,所以只能民间文字形式流传下来。另外,蔡琰的《蔡文姬集》亡逸了,才造成了无据可查。不是“文人”著录、论述和征引的作品,不见得不可靠。还有,南宋以前为什么无人怀疑过它?现以六朝文字为例,六朝文献大多散失,六朝文字的存在不也没人怀疑吗?

关于风格与体裁方面的问题,更不该对《胡笳十八拍》进行非议。诗中的两句精练工整的对仗,可能是蔡文姬的独创,也可能是后人的润色,但全诗一千二百多字,仅有些两联与全诗迥异,怎么就能否认此诗不是东汉风格呢?至于“泪阑干”在东汉的《周易参同契》和《吴越春秋》中早已有之,绝非唐代始有。另外,用韵方面,否定者举之例句只是偶合,而且唐人作近体诗才守官韵,作古体诗则不一定遵守。

凡此种种,不一而足。孰是孰非,难以定论。

司马炎驾羊车临幸后宫之谜

晋武帝司马炎，是司马昭之子。咸熙二年（265），自立为帝，国号晋史称西晋，他灭掉东吴后，重新统一了全国。但他在位期间，实行占田制，大力加强门阀制度，大封宗室，允许诸王自选长吏和按等置军，为其后的“八王之乱”埋下了祸根。他还贪财好色，荒淫腐化。

泰始九年，他下了一道诏书，命公卿以下大臣凡家有婚龄少女者，都得入宫听选，在此之前不得出嫁。次年，又把选女的范围扩大到京城内外的富商和军中将吏，尤其荒唐的是，在选美期间，他竟下令禁绝天下婚姻。选美这天，他两眼盯着几十个浓妆艳抹的大家闺秀，贪婪的眼光在这些女子身上溜来溜去，一口气选中十几个人。其中有个镇军将军胡备的女儿胡芳，风姿绰约，仪态中有股英武之气，令他欣喜万分，第二天便册封其为贵嫔，一切服饰仅次于皇后。自此朝夕相处，格外宠爱。

皇后杨氏见武帝只把心思花在胡芳身上，妒火中烧，抑郁成疾，竟卧床不起。临死前要求武帝把她的表妹杨芷选入宫中代替她。武帝本是个好色之人，当即答允，杨芷入宫后，以其青春妙龄，如花似玉的容貌，一下子打动了武帝的淫心，当即将她册封为皇后，并将杨芷的父亲杨骏升为车骑将军，把杨芷的叔叔杨珧、杨济都封了高官。杨氏一门成了权势重大的皇亲国戚。他则整日与年轻的新皇后饮酒作乐。

晋武帝司马炎

灭掉东吴后，他封归降的吴主孙皓为归命侯，对原来东吴的大臣也一一录用。对灭吴有功人员，更大加封赏。这时的他，更加忘乎所以，过起了花天酒地的生活。

于是他又下了一道诏书，令五千吴女入宫，供其淫乐。这些原本来自孙皓宫中的少女，个个出生在江南水乡，明眸皓齿，雪肤花貌，说话悄声细语，举止婀娜多姿。武帝喜不自胜，整天在宫中游逸，把朝政大事早已抛到九霄云外去了。这时，宫中美女已达万人以上。若挨

个临幸，就是一天一人，也得好几十年呢。因此，一班专会阿谀奉承的贴身佞臣，为武帝出了怪诞的点子，让他乘坐一辆羊拉的华丽宫车，在宫中随便闲逛。羊停在哪里，武帝便在哪里下车，那儿的宫女便有幸成为皇上的纵欲对象。宫女们为了争宠，则绞尽脑汁设法让羊车停在自己这里。有那出身农家的乖巧宫女，知道羊爱吃带咸味的竹叶，就专门折了一些又嫩又细的竹枝，洒上盐水，插在居室门前，果然招引得羊车停了下来，该女得到宠幸。别的宫女无论怎样乔装打扮，怎样摆手呼羊，羊车就是不停。遂悄悄打探羊停而不走的秘密，终于发现了其中的奥妙，于是纷纷如法炮制。个个门前竹枝摇曳，盐味扑鼻，结果，羊车在这儿刚刚停过，又在那里住脚，直急得武帝一会儿在这有人投怀，一会儿在那有人送抱，天天如腾云驾雾一般，应接不暇。

皇帝荒淫无度，群臣也起而效尤，各种腐化奢侈的怪事便层出不穷了。武帝的舅舅后将军王恺与散骑常侍石崇二人竞斗起富来。先是这家用糖水刷锅，那家用蜡烛当柴；这家用赤石脂涂屋，那家则做五十里长的锦缎步障。后来二人斗红了眼睛，王恺竟把一株价值连城的珊瑚树拿了出来比富，可是石崇不屑一顾，顺手拿起把铁如意来，一挥手把珊瑚树打得粉碎。然后一摆手，竟从内室抬出许多珊瑚树来，其中比王恺那棵价钱还高的就有六七株之多，一下子把王恺惊得目瞪口呆。当时像石、王二人这样挥霍的大臣不在少数。晋武帝作为西晋的开国之君，竟如此作为，真是令世人贻笑大方。

司马炎终因沉溺酒色，55岁便一命呜呼了。

晋朝大事年表

时间	事件
272 年	晋武帝派杨肇、羊祜等率军援助战略要地西陵;陆抗大败杨肇,杀步阐。
277 年	西晋制定分封诸侯国的王国置军制度。大国置上中下三军,5000 人;次国置上下二军,3000 人;小国置一军,1500 人。
278 年	西晋羊祜死,杜预接任其职位驻扎襄阳。
279 年	西晋攻打东吴。
280 年	西晋攻打东吴,吴帝孙皓投降,吴亡。
281 年	晋武帝选吴宫人 5000 入宫,后宫将近万人。
290 年	晋惠帝立,立贾南风为皇后,外戚杨骏辅政。以刘渊为匈奴五部大都督。
291 年	贾后杀杨骏,又杀汝南王司马亮及楚王司马玮;八王之乱开始。
294 年	氐族人齐万年于关中起兵。
298 年	关中连年饥荒,巴氐豪酋李特率流民入蜀。
299 年	江统著《徙戎论》,提出将氐、羌等族徙离关中。
300 年	赵王司马伦杀贾后。
301 年	张轨为凉州刺史;赵王司马伦废惠帝自立,齐王司马冏等起兵杀司马伦,惠帝复位,司马冏专政;流民以李特为首,起兵于绵竹。
303 年	李特入成都,旋为益州刺史罗尚所杀。李特之子李雄再攻下成都。
304 年	李雄自称成都王,建成汉。匈奴刘渊在左国城即汉王位,国号汉。十六国开始。惠帝西迁长安。
306 年	惠帝中毒死,其弟司马炽继位,是为晋怀帝。八王之乱结束。并州饥荒,诸将率吏民就食冀州,号为乞活。
310 年	刘渊死,太子刘和继位。刘聪杀刘和自立。
311 年	汉刘曜攻下洛阳,挟怀帝至平阳。
313 年	刘聪杀怀帝,秦王司马邺在长安即位,是为晋愍帝。
315 年	西晋封拓跋猗卢为代王。

时间	事　件
316 年	刘曜进兵关中，愍帝降，被送至平阳，西晋亡。
317 年	琅邪王司马睿建立东晋。祖逖北伐。
318 年	司马睿称帝，是为晋元帝；刘曜平定靳准之乱，自立为皇帝。刘曜徙都长安，改国号赵，史称前赵。
319 年	石勒自称赵王，定都襄国，史称后赵。
322 年	王敦起兵攻入建康后，还屯武昌，遥制朝政。晋元帝死，明帝即位，王导辅政。
324 年	明帝下令讨伐王敦，王敦病死，兵众溃散。
327 年	苏峻、祖约之乱爆发。
329 年	后赵杀前赵太子刘熙，前赵亡。
330 年	后赵石勒称帝。
335 年	后赵迁都于邺。
337 年	鲜卑慕容皝建燕国，称燕王，史称前燕。
338 年	鲜卑拓跋什翼犍继代王位，建代，定法律。
345 年	庾翼死，东晋任命桓温为荆州刺史。
347 年	桓温灭成汉。
349 年	后赵石虎称帝。谪戍凉州的东宫卫士十余万人于雍城起义。
350 年	冉闵灭后赵，建立魏，史称冉魏。
351 年	苻健在长安称天王、大单于，国号大秦，史称前秦。
352 年	前燕慕容儁灭冉魏，遂在蓟称帝。
354 年	桓温北伐前秦，逼近长安，因缺粮退兵。
356 年	桓温第二次北伐，入洛阳，留兵戍守而还。
357 年	前秦苻坚即位，汉人王猛辅政。前燕迁都于邺。
361 年	桓温派兵破燕军，取许昌。
369 年	桓温北伐前燕，至枋头粮尽撤退，结果大败。
370 年	前秦灭前燕。
373 年	继位不成，桓温亡。
376 年	前秦灭前凉、代。
377 年	晋建北府兵。

时间	事　件
383 年	晋秦淝水之战,前秦大败,内部分崩。晋增收口税米,每口五石。
384 年	鲜卑慕容垂在荥阳称燕王,后燕始此。慕容泓称济北王,西燕始此。羌族姚苌在渭北起兵,称万年秦王,史称后秦。
385 年	西燕慕容冲称帝,入长安。乞伏国仁自称大单于,筑勇士城为都,史称西秦。后燕慕容垂定都中山。
386 年	鲜卑拓跋珪称代王,都盛乐,改称魏,北魏始此。后秦姚苌入长安,称帝;吕光称凉州牧、酒泉公,都姑臧后,凉始此。
394 年	后燕慕容垂攻破长子,杀幕容永,西燕亡。前秦苻登为后秦姚兴所杀,前秦亡。
395 年	北魏在参合陂大败后燕。
397 年	鲜卑秃发乌孤称西平王,筑廉川堡为都,南凉始此。
398 年	慕容德自立为燕王,史称南燕。
398 年	拓跋珪迁都平城,称帝,是为魏道武帝拓跋珪。
399 年	晋征发浙东诸郡免奴为客者为兵,引起反对,孙恩起义爆发;名僧法显从长安出发,西行往天竺求经。
401 年	沮渠蒙逊杀段业,自称凉州牧,史称北凉;后秦姚兴迎鸠摩罗什至长安。
402 年	孙恩攻临海,败死。其妹夫卢循继续统领其众。
403 年	桓玄废晋安帝,自称帝,国号楚;后凉降于后秦。
404 年	刘裕自京口起兵讨桓玄,桓玄挟安帝归还江陵,不久败死。
405 年	刘毅破江陵,迎晋安帝归还建康。
407 年	赫连勃勃称大夏天王。
409 年	后燕亡。冯跋建立北燕;刘裕北伐南燕,包围广固。
410 年	刘裕破广固,南燕亡;卢循、徐道覆北进,攻长沙、豫章等郡,进逼建康,为刘裕所败。
411 年	卢循败死,孙恩、卢循起义结束。
412 年	法显航海回国,次年至建康,著有《佛国记》。
413 年	刘裕主持"义熙土断"。
417 年	刘裕北伐入长安,后秦亡。
420 年	刘裕建宋,东晋灭亡。

·中国通史·

南北朝

刘宇庚⊙主编

导读

南北朝(公元420年~公元589年)是中国历史上的一段大分裂时期,由公元420年刘裕篡东晋建立南朝宋开始,至公元589年隋灭南朝陈为止。该时期上承东晋、五胡十六国,下接隋朝,南北两势虽然各有朝代更迭,但长期维持对峙,所以称为南北朝。

南朝包含宋、齐、梁、陈四朝;北朝则包含北魏、东魏、西魏、北齐和北周五朝。南北朝初期仍是世族政治,社会阶层分为世族、齐民编户、依附人及奴隶,对外交流也很兴旺,东到日本和朝鲜半岛,西到西域、中亚、西亚(埃兰沙赫尔),南到东南亚与印度。此时也出现民族大融合的趋势,比如北魏孝文帝改革,民族融合也进一步加速少数民族封建化的步伐。在隋朝统一天下后,合并关东与江南人而形成新汉族,开创出具开放性和包容性的隋唐时期。

第一章 南北朝史话

南北对峙

东晋司马氏政权日渐衰落，终于在420年被权臣刘裕建立的刘宋政权取而代之。北方鲜卑拓跋部日渐强盛，首领拓跋珪及拓跋焘通过连年的征战，终于在439年再次统一了北方。此时的南北势力比较均衡，哪一方都没有足够的实力统一全国，形成了南北对峙之势。

刘宋建立

刘裕入主建康

刘裕因为一直忙于战事，便任命刘道怜监留府事，刘穆之兼右仆射。朝廷的事情，无论大小，都由刘穆之决定。他又任命刘钟领石头戍事，屯扎在冶亭。

刘裕灭后秦，算是立了大功，留十二岁的儿子刘义真镇守长安，自己赶忙回建康去夺东晋的帝位。

刘裕写密信给东晋宗室司马休之府中的韩延之，招请他背叛司马休之，为自己效力。韩延之回信拒绝了刘裕，言辞平和坚定地数说了为臣之道。刘裕看后对他十分钦佩，说："做别人的属下，应当这样啊！"不久，韩延之因为刘裕的父亲名叫刘翘，字显宗，就把自己的字改成显宗，并给儿子取名叫韩翘，表示绝不做刘氏的臣下。

宋武帝刘裕

很快两军对阵，鲁轨、司马文思统领着司马休之的军队四万人，依傍着陡峭的江岸排

下战阵。刘裕的军队士卒，没有人能攀登上去。刘裕披挂起铠甲，打算亲自攀登。谢晦上前抱住刘裕，刘裕怒不可遏拔着佩剑指着谢晦说：“我杀了你！”谢晦说：“天下可以没有我谢晦，但是却不可以没有您！”刘裕叫建武将军胡藩登岸，胡藩有些疑虑。刘裕命令身边的侍从去把他抓来，打算杀了他。胡藩看着来人说：“我正打算去进攻贼兵，没时间前去受教！”于是，用刀尖在江岸上掘出小洞，仅能容下脚趾，他便踩着飞身跃上江岸，后边跟着他向上爬的人渐渐多了。登上江岸之后，便直奔上前，拼力死战。司马休之的军队无法抵挡，渐渐向后撤退。刘裕军队因此趁机猛攻，司马休之的部队完全溃败，刘裕于是攻克江陵。

刘裕大权在握，但还是想当真正的皇帝，于是害死了司马德宗。之后伪造遗诏，立司马德文为帝。

不久后，刘裕命令傅亮草拟好禅位诏书，入宫逼司马德文誊抄。司马德文强作欢颜地对左右说：“桓玄篡位，晋朝那时已经失国，多亏刘公出兵讨平，恢复晋朝，才得以再延续了近二十年。今日禅位，我心甘情愿，没有什么怨恨。”说完，提笔抄誊诏书，交给了傅亮。然后携同后妃等眷属凄伤出宫，被刘裕降封为零陵王，迁居秣陵（今江苏江宁），由冠军将军刘遵考带兵监管。

元熙二年（420）九月，刘裕命令张伟携毒酒一瓶，去杀司马德文。张伟不忍谋害故主，但又怕回去后难以交代，就自己喝下毒酒自杀了。刘裕又派褚淡之假意去探望褚皇后，命令自己的亲兵暗暗跟在后面。褚皇后听到兄长来了，出外相见。亲兵趁机越墙进入司马德文室内，将毒酒放在他面前，逼他快饮。司马德文摇头拒绝说：“佛教说人凡自杀，转世不能再投人胎。”兵士便将他挟上床去，用被子蒙住他脸面，用力扼死，然后跳墙而去。司马德文被杀后，谥号为恭帝，葬于冲平陵（今江苏江宁蒋山西南）。刘裕率领文武百官亲临朝堂，哭泣哀悼了三天。

东晋王朝在南方统治了104年，到这时候灭亡了。

刘裕即位做了皇帝，改国号为宋。登基典礼结束后，刘裕乘着皇帝的车驾从石头城进入建康宫。东晋旧臣徐广悲痛不已，在祭坛放声大哭。侍中谢晦忙将他拉到一边，说：“徐公如此，未免有点过分了吧？”徐广说：“您是宋朝佐命的大臣，我是晋室的遗老，悲欢之情，当然是各不相同。”

刘裕于是宣布大赦天下，凡是行为不道德，受过舆论抨击的人，一律清除罪名，使之改过自新。刘裕为人十分节俭，寡欲严整，做了皇帝之后也没什么改变，常穿着连齿木屐，在神虎门外散步。由于刘裕本人出自寒门，知道民间的疾苦，因此采取了许多措施，相对减轻了人民的负担，并对世家大族的横暴侵占进行了严厉打击，抑制了豪强势力。

刘穆之辅国

刘裕任命徐羡之为司空，掌管国事。任命王弘为卫将军，谢晦为领军将军兼散骑常侍，入宫值班，总管宫廷安全保卫事务。

刘裕还是东晋的宋公时，谢瞻为宋国的中书侍郎，他的弟弟谢晦为右卫将军。当时谢晦的权势和地位已经很高了，只要谢晦在家，宾客们就会从四面八方涌来，车马盈门，一直堵塞巷口。谢瞻看到如此情形，不胜惊骇，认为谢晦权倾朝野，将来必招祸患。于是，谢瞻多次请求刘裕贬降谢晦的官阶，并用篱笆把自己家和弟弟家的门庭隔开，说："我不忍心见到这种场面。"谢晦有时把朝廷中的机密告诉谢瞻，谢瞻就故意传给亲戚朋友，作为谈资，目的在于使谢晦闭口。刘裕即位后，谢晦因有辅助开国的功劳，官位更高。谢瞻也为此更加忧惧。不久谢瞻出任豫章太守，患病不治。临终前，他留了一封遗嘱给谢晦，说："我幸能保全一身，再无恨事。你要自思勉励，为国为家。"

徐羡之平民起家，没什么学问，但有很大的志向和气度，一旦居于高位，掌理国家大权，朝野上下，都推崇佩服他，认为他有宰相的声望。徐羡之平时沉默寡言，喜怒不形于色，对于弈棋非常精通，但每次观看别人对局，他却一言不发，好像什么都不懂似的，当时的人因此加倍推崇他。

宋武帝刘裕初宁陵麒麟

刘裕的得力助手刘穆之，在内总管朝廷政务，在外供应军旅给养，遇事当机立断，快如流水，因此一切事情，没有堆积迟滞的。各方宾客从四面八方集中到这里，各种请求、诉讼千头万绪，内内外外，咨询禀报，堆满台阶屋子。刘穆之竟然能够眼睛看辞作讼书，手写答复信件，耳朵同时听属下的汇报，嘴里也应酬自如，而且同时进行的这四种工作互相之间又不会混淆错乱，全都能处置得当。

刘穆之喜欢宾客来往，说笑谈天，而且从早到晚，毫无倦意。偶尔有闲暇时间，他便亲自抄书，参阅古籍，校订错误。刘穆之的性格奢放豪迈，吃饭一定要宽大的饭桌，一大早便经常准备十个人左右的饭食，而且总有客人，从来没有一个人单独进餐的。

历史小常识：裴松之

裴松之（372～451），南朝宋史学家。字世期，河东闻喜（今属山西）人。曾任中书侍郎、永嘉太守等职。奉文帝命为陈寿《三国志》作注。博采群书二百种，注文多出原书三倍，随处补缺、纠谬、录异、论辩，开创了史注新例。另著有《晋记》《宋元嘉起居注》等。

谢晦曾对刘裕说起皇帝之位不能交给没有才能的人。皇太子刘义符常和一些奸佞小人厮混，刘裕于是让他考量一下另一个皇子刘义真，谢晦和他交往一下认为他德行低于才能，不是人主。不久，刘裕便把刘义真派出了京城。

登基刚刚三年，刘裕就得了重病，他把太子刘义符召到床前，告诫他说："檀道济有才干，精于谋略，却无野心，不像他的哥哥檀道韶，有一种难以驾驭的气质。徐羡之、傅亮，不会有其他企图。谢晦多次随我南北征战，善于随机应变，将来如果有问题，一定是他。"

几天后，刘裕在西殿去世，谥号武帝。皇太子刘义符即皇帝位，年仅十七岁。

北魏统一北方

在前秦淝水之战败绩后，北方再度陷入分裂。除了前面已经介绍过的姚苌建后秦、慕容泓建西燕和慕容垂建后燕外，还有一系列新的割据势力：南燕、北燕、大夏、西秦、南凉、后凉、西凉、北凉等，长期混战，互相征伐不已。北魏终于 439 年完成了统一北方的大业。

汉化的胁侍菩萨

拓跋珪连年征战

在平定河北之地后，东晋安帝隆安二年(398)夏七月，拓跋珪正式称帝，定都平城(今山西大同)，建元天兴，并正式以魏为国号，史称北魏，并开始以北魏年号纪年。当年十一月，拓跋珪仿中原王朝，按周礼诏尚书吏部郎中邓渊典官制，立爵品，定律吕，协音乐；仪曹郎中董谧撰郊庙、社稷、朝觐、飨宴之仪；三公郎中王德定律令，申科禁；太史令晁崇造浑仪，考天象；吏部尚书崔玄伯总而裁之，由此北魏初步汉化的政治和官僚体系开始逐渐成形。

登国六年(391)，一直与北魏有世仇的刘卫辰派儿子直力鞮攻击贺兰部，贺讷遂向拓跋珪乞降。毕竟是骨肉相连的血亲，拓跋珪于是率部反击直力鞮的军队。接着，他率军征伐黜弗部。又在戈壁上冒险行军，连追三天，在南床山大破柔然部落，斩杀不可胜计。(《魏书》中记载，柔然是东胡苗裔，原姓郁久闾，后来太武帝拓跋焘讨厌柔然人数次侵掠反叛，改其号为"蠕蠕"。)

刘卫辰父子瞧不起年轻的拓跋珪，面对北魏大军不仅不避其锋芒，反而再三侵掠，趁拓跋珪伐柔然之际，派兵攻击魏国南部。拓跋珪大败直力鞮于铁岐山，获牛羊二十多万头，擒斩直力鞮。刘卫辰只得逃走，路上被手下所杀，将其首级送至魏国。

拓跋珪是个记仇的人，他把俘获的刘卫辰家族的五千多人不分老少，全部杀死，投入黄河之中，一时间，黄河水全部变成红色。刘卫辰全族尽灭，只有刘卫辰的第三子刘勃勃

逃脱，他就是后来建立大夏国的赫连勃勃。

拓跋珪在攻灭刘卫辰部的战争中，共获良马三十多万匹，牛羊四百多万头，奠定了国家繁盛的物质基础，周围的各部落也纷纷降服。

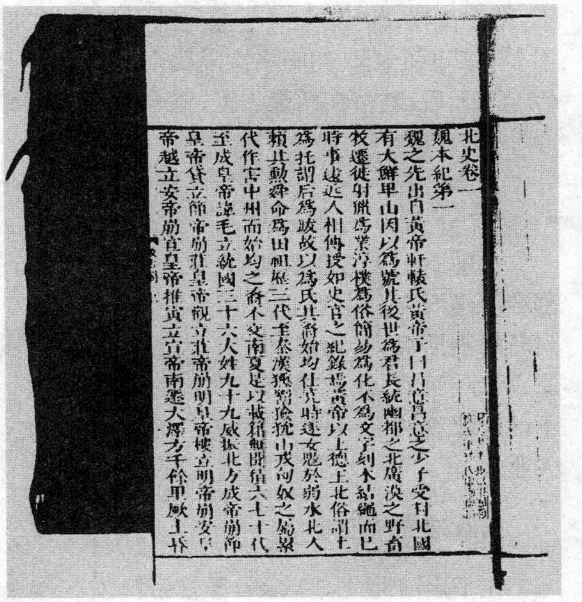
北史卷一
魏本紀第一
魏之先出自黄帝軒轅氏黄帝子曰昌意昌意之少子受封北國
有大鮮卑山因以爲號其後世爲君長統幽都之北廣漠之野畜
牧遷徙射獵爲業淳樸爲俗簡易爲化不爲文字刻木結繩而已
時事遠近人相傳授如史官之紀錄焉黄帝以土德王北俗謂土
爲托謂后爲跋故以爲氏其裔始均仕堯時逐女魃於弱水北人
賴其勳舜命爲田祖歷三代至秦漢獯鬻獫狁山戎匈奴之屬累
代作害中州而始均之裔不交南夏是以載籍無聞焉積六十七代
至成皇帝諱毛立統國三十六大姓九十九威振北方成帝崩節
皇帝貸立節帝崩莊皇帝觀立莊帝崩明皇帝樓立明帝崩安皇
帝越立安帝崩宣皇帝推寅立宣帝南遷大澤方千餘里厥土

《北史》书影

随着拓跋珪四处征讨的节节胜利，大部慕容鲜卑、中原汉人等各族人均被北魏迁至塞上，“给以耕牛，计口授田”，为拓跋鲜卑军队提供兵源以及军粮。

天兴二年二月，拓跋珪召集诸封国军队，再度击败高车部落(主要游牧于今俄罗斯贝加尔湖南岸地区)，掠得大量人口、牲畜。拓跋珪为北魏皇室和贵族修建了庞大的狩猎场所——鹿苑。史载鹿苑南因(临)台阴(今河南濮阳顿丘城南)，北据长城(指今山西段长城)，东包白登(今大同东北马铺山)，属之西山(即西面一直延续到西山。西山的地望不详，据推断可能就是指贺兰山)，绵延广袤达到数百公里。

渐渐地，拓跋鲜卑从氏族形态转变为地域形态，日益仿效中原汉族政权形式，奴隶制形式慢慢转化，军事贵族也渐渐成为汉地郡县制的统治类型。恰恰是拓跋鲜卑制度的“汉化”和兼收并蓄的灵活化，田租户调日益成为北魏的主要统治形式，原来的鲜卑军事贵族也都逐渐成为类似中原汉族的“大地主”，由此，奠定了日后赫赫大魏的强大的经济、政治基础。

与北魏的安定相比，其周围的诸侯国反倒乱作一锅粥，弑主叛国，拥兵自立之事日复一日地上演，更加剧了这些地方政权的衰败和瓦解。他们与其说是亡于北魏军队的铁蹄之下，倒不如说是亡于自己的道德沦丧更为确切。在后燕名存实亡之后，北魏在中原的主要对手就只剩下后秦了。后秦国主姚兴为了在弱势中占据主动，不断骚扰和侵略北魏，但是最后总是被北魏击退。姚兴没有能够削弱北魏，自己反而被拖得精疲力尽。北魏天兴五年(402)，拓跋珪亲率大军，以围城打援之法，分割包围秦军，最后在柴壁(今山西临汾西南)彻底击败后秦军，解除了统一的最后障碍。在击败姚兴之后，北方虽然暂时仍然处于分裂状态，但北魏已经在中原地区取得了绝对的优势。拓跋珪作为一个鲜卑的统治者，注重吸取刘渊汉国及前朝胡汉共治的经验，一面以鲜卑骁勇的武力为后盾，一面又注意采用汉族士人治理国家，双管齐下，取得了良好的效果。这是北魏获得成功的根本原因。尽管拓跋珪在战争中有时显得残暴不仁，但是他仍不失为一个杰出的军事统帅和政治家。

拓跋珪晚年,常服食一种叫“寒食散”的补药,其中的矿物质提成物对人体有害,因此使得这位不到四十岁的皇帝屡屡病发,或数日不食,或数夜不睡,整晚地自言自语,精神忧闷不安。

历史小常识:五石散

五石散出自汉代,是由五种矿物质配制而成的,人服用之后全身发热,必须要寒食、寒衣、寒饮、寒卧,所以又称“寒食散”,三国曹魏时期开始流行起来。长期服用会对身体造成伤害,内心烦躁,当药力发作时常常要外出散步以求散去药力,魏晋时期的何晏、裴秀等人都服用过五石散。

白天上朝时,拓跋珪喜怒无常,追思朝臣的旧恶前怨,大加杀害。见到大臣脸色有异,或呼吸不调,或言辞失措,就大叫而起,亲自殴打致死,然后将尸体一字排开摆放在殿前。这一来,使得朝野上人心骚动,各怀忧惧。

拓跋珪与妃子贺兰氏生的儿子清河王拓跋绍,自小就很凶狠,喜欢打劫行人,剥光人家的衣服取乐,又常常杀猪剁狗,荒悖无常。拓跋珪为了教育这个儿子,曾经把他头朝下吊在井里,垂死之时才放出来,但仍然无济于事。

409 年的某一天,性情无常的拓跋珪公然大骂贺兰妃,把她关在宫里,扬言要杀掉她。贺兰妃赶快派人向儿子拓跋绍求救。当时拓跋绍才十六岁,于是在夜里与宦官宫人密谋,跳过宫墙冲入天安殿。周围侍者见到黑影惊呼“有贼”,拓跋珪四处摸索了半天,找不到弓箭,就在这时,冲进来的拓跋绍把他一刀杀死,时年三十九岁。

拓跋珪死后,长子拓跋嗣(409~423)即位,史称明元帝。他以长孙嵩、安同、崔宏等八大臣共听朝政,又使燕凤、封懿等共议政事。北魏在征服中原过程中,开始注意吸收汉族地主进入政权。上谷张兖、清河崔玄伯等著名汉族豪强成了拓跋嗣的得力谋士。

崔玄伯的儿子崔浩,更是受宠一时。拓跋嗣即位之初,到处网罗“豪门强族”和“先贤世胄”,给他们高官要职。山东、河北的著名士族豪强也都归附了北魏。他们帮助出谋划策,制定政治、礼仪、法律制度,使北魏逐渐巩固和强盛起来。时关中为夏赫连勃勃所统治,黄河以南为东晋,后为南朝宋所统治,辽西为北燕所统治,凉州为北凉、西秦所统治。漠北为蠕蠕所统治,经常侵扰北魏边境。422 年,北魏大举渡黄河进攻碻磝城(今山东茌平西南)、滑台(今河南滑县东南)、洛阳(今河南洛阳)、虎牢(今河南荥阳)等几个重要军事据点。到第二年,四郡全部攻下,北魏称虎牢等四城为河南四镇。于是司州及兖、豫二州大部郡县皆属北魏。

423 年,拓跋嗣死,拓跋焘(408~452)即位,就是他先后消灭大夏、北燕、北凉,增强了北魏国力,统一了北方。

拓跋焘出生时,“体貌瑰异”,当时的道武帝拓跋珪见到这个大胖孙子,“奇而悦之”,说:“成吾业者,必此子也!”

拓跋焘登基后，国家大事都由元老崔浩掌控。崔浩精通儒家经典，对于朝廷制度和各级机构的功能，尤其熟悉。因此，凡是朝廷礼仪典章、军国诏令，全由他负责。崔浩不信佛教，说："为什么要崇拜这个胡人的神？"崔浩的言语惹恼了不少鲜卑贵族，左右亲信大臣常常攻击崔浩。但他崇信道教，与嵩山道士寇谦之交往很深，命他重新清理整顿道教。后来，又遇见了神人李谱文，据说是老子的玄孙，授以《图真经》六十余卷，命他辅佐北方太平真君。同时崔浩上疏皇帝赞扬寇谦之。拓跋焘于是表示崇奉天师，宣扬道法，遍告天下周知。在平城东南建立天师道场，设坛，坛高五层。

太武帝两攻统万城

拓跋焘是北魏一位杰出的君主。他即位后，采取了多项措施，如整顿税制，分配土地给穷人，安置流民，引用大批汉人参政，旨在加强北魏的封建化进程，加强与中原地主的结合，稳定社会，发展经济。这些又使北魏国势日盛，为其统一北方奠定了坚实基础。

当北魏建国和发展时，正处于十六国的后半期。南方的东晋已为刘裕的刘宋王朝所取代，北方则还有西秦、夏、北燕、北凉等割据政权的并立与纷争，北魏的北边还有柔然经常南下侵扰。拓跋焘君临中原，即把平定北方提上议程。425 年 9 月，拓跋焘闻夏主赫连勃勃已死，子赫连昌嗣位，内部不稳，遂决定先攻夏国。

大夏石马

夏国立于关中，建立者赫连勃勃，属匈奴族铁弗部，其父刘卫辰就是拓跋部的死敌。赫连勃勃先依后秦姚兴，407 年自称大夏天王，取长安，占有关中，称帝，都统万(今陕西横山西)。赫连勃勃是一个极端残暴的人，他把人民看作草芥，任意虐杀。他搜罗一些汉族士人来助虐，因之战斗常获胜利，成为强国。413 年，赫连勃勃发民众十余万户筑统万城作为国都。城基厚三十步，高六丈余。筑城的土都经过蒸熟，筑成后用铁锥刺土，刺进一寸，便杀筑者，残忍刻暴，民不堪命。城中宫墙厚三丈余，也用蒸熟土筑成，坚硬可以磨刀斧。宫中楼台高大，殿阁弘伟，装饰土木，极其侈丽。当初刘裕灭后秦，留儿子刘义真镇守长安，关中的得失对刘裕是无足轻重的。

赫连勃勃和他的军师王买德看中了这一点，418 年，率大军进攻长安。可这时刘裕留下的将帅互相残杀，沈田子杀王镇恶，王修杀沈田子，刘义真杀王修。这些将帅杀完以

后，刘义真纵将士大抢掠，载着夺得的财物妇女，逃向潼关。车子太多了，一天只走十里路。赫连勃勃军追击，刘义真军全部覆没，刘义真逃归江南。赫连勃勃杀死刘义真军无数，积人头成大堆，称为骷髅台。

赫连勃勃取得长安，自称皇帝。因赫连勃勃任意屠杀臣民，搞得“夷夏嚣然，人无生赖”，国力衰弱。北魏先伐夏国，应该说是正确的选择。拓跋焘进攻夏国的部署，是分兵两路：一路攻长安，一路趋统万。不久拓跋焘的大军抵达黄河的君子津，正遇天气酷寒，黄河冰封。拓跋焘亲自统率轻骑兵两万人，踏冰渡过黄河，袭击夏国都城统万。夏王赫连昌正在与文武群臣欢歌宴饮，北魏大军的突然出现，使夏国上下不胜惊恐。但在战斗中，拓跋焘身中流矢，战马重伤倒地，差点为夏兵俘虏。拓跋焘换马再战，亲手刺杀骑兵十余人，又杀夏国大将一名。赫连昌大败而回，急向城中撤退。拓跋焘认为统万城攻打不下，于是裹胁当地居民一万余户，班师回国。

427 年 5 月，拓跋焘又领大军自君子津渡河攻统万城，赫连昌战败，奔上邽（今甘肃天水），北魏军遂攻克统万城。此时北边的柔然（即蠕蠕）不断南下侵扰，拓跋焘只好暂停攻灭夏国的战争，转而北击柔然。神䴥二年（429），拓跋焘决定大规模反击柔然。这年四月，他亲自率军北伐。魏军深入大漠，大败柔然，又破归服于柔然的另一游牧部族高车（又称敕勒），获牲畜人口数以百万计。此后柔然的残余势力虽仍不时犯边，但为害程度减轻。

毗愣竭梨王本生　北凉

在基本上解决了北方边患之后，拓跋焘又回头收拾夏国残余力量。这时夏国联络南方的刘宋，计划共同对魏进攻，并进而瓜分魏土。神䴥三年（430），拓跋焘一方面分军抗击打破南方刘宋的北上进军，同时恢复对夏国的进攻，不久即收复长安，略取平凉，占有关中。神䴥四年（431），夏主赫连定灭西秦，掠其民十余万，随即欲北击北凉，于半渡黄河时，被吐谷浑王遣军捉拿，下一年（北魏延和元年）被送至魏京师平城，拓跋焘杀之，夏亡。接着拓跋焘掉转兵锋，东指北燕。

北燕系汉人冯跋所建，在今东北辽宁一带。冯跋原籍长乐信都（今河北冀州市），父

亲是西燕的将军。西燕亡，冯跋东徙和龙（今辽宁朝阳），在后燕做官。冯跋与高云杀死了暴虐无道的后燕主慕容熙，并推高云为主。不久高云被臣下刺杀，冯跋遂自立，称燕天王，建都和龙，史称北燕。冯跋废除苛政，社会经济渐有发展。冯跋死后，弟冯弘夺位，杀冯跋诸子百余人，国势日衰。

锻铁制轮　高句丽

延和元年（432）六月，魏帝拓跋焘亲征北燕，同时遣使与刘宋通和，以防其北上。后因久攻北燕都和龙未下，拓跋焘引军西还。延和三年（434），北魏再攻和龙。次年正月，北燕遣使求救于刘宋王朝，刘宋赐冯弘燕王封号，但无力援救。燕主冯弘孤立无援，遣使到高句丽，想谋求躲避之地。太延二年（436）五月，冯弘弃和龙奔高句丽（居二年后被杀），北燕亡。这时北方的割据政权就剩下北凉了。

北凉占据河西（今甘肃一带），是卢水胡（或作匈奴族）酋长沮渠蒙逊所建。沮渠蒙逊祖上是卢水（今甘肃黑河）部落西帅，其父当初归属前秦苻坚，死后，沮渠蒙逊统一了他的部曲，雄踞一方。前秦苻坚死后不久，沮渠蒙逊起兵反后凉吕光，拥立京兆人段业为主。399 年段业入据张掖，自称凉王。401 年沮渠蒙逊因段业杀沮渠男成起兵，攻破张掖，杀死段业，自称凉州牧，改元永安，建都于张掖（今甘肃张掖西北），建国北凉。421 年沮渠蒙逊出兵灭掉西凉，尽有酒泉（今甘肃酒泉）、敦煌（今甘肃敦煌西）等地，西域三十余国向他称臣，强盛一时。433 年 4 月，沮渠蒙逊死，子沮渠牧犍即位。

历史小常识：三长制

北魏基层组织制度。北魏初，各地豪强隐匿户口，逃避徭役。孝文帝采纳汉族李冲的建议，行三长制，代替宗主督护制。五家立邻长，五邻立里长，五里立党长。职责为查户口、督农耕、收租调、征徭役和兵役。三长可免一至三人的官役。

439 年，北魏兵临其境，围攻姑臧，沮渠牧犍出降，北凉亡。北凉沮渠氏联合境内汉族大姓势力，以郡县方式管理人民，征发赋役，又大兴佛教，译经造像，还不时与刘宋互通使节，使河西与江南的文化交流得以继续保持。

至此，北魏王朝统一了北方，结束了历时一百多年的十六国分裂局面，从而与南方的刘宋政权并立，形成南北朝对峙的格局，而太延五年即 439 年魏灭北凉这一年，被认为是南北朝的开始年代。

北魏的汉化

去“胡气”推进汉化

随着进军中原，拓跋鲜卑越来越多地接触到了中原封建文化，拓跋族进入中原，迁汉人到平城，造成更大范围的民族间错居杂处，原有部落组织已不能适应这种新局面，一部分汉人地主入仕北魏后，力图按封建方式改造拓跋族政权。这些因素，使北魏开始了封建化的进程。

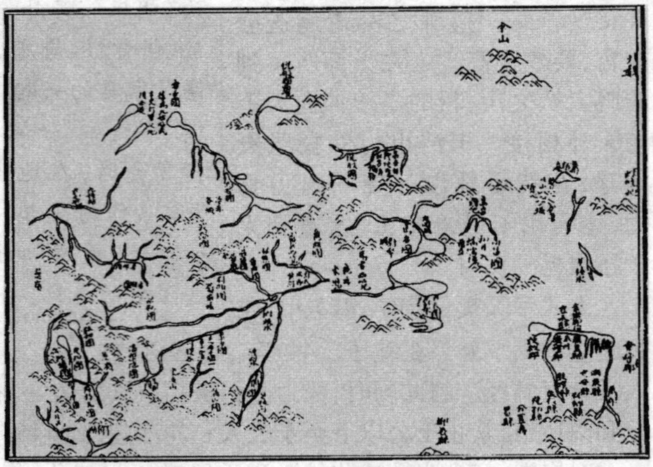

北魏西域图

北魏封建化的正式开始是在天兴元年(398)。拓跋珪在这一年攻下后燕都城，正式称“皇帝”，表明北魏此时已开始以中原之主自视。为了适应新形势，北魏采取了几项重大措施。在政治方面的有：(一)把都城从盛乐迁往平城；(二)参照汉制立官职、制礼仪、定律令、考天象；(三)令朝野人士皆束发加帽；(四)命令州县大量收集儒家经典，置五经博士，设太学。北魏企图通过这些措施，去掉“胡气”，建立中原“正朔”的新形象。

经济方面的措施则是开始定居农业化。大致在破燕以后，拓跋珪开始解散部落组织并按地域定居。为了便于管理，拓跋珪设立了“八部帅”，其职责是“劝课农耕，量校收入”。与此同时，为了加强农业生产，加强平城经济力量，拓跋珪在灭燕以后，还将“山东六州”的四十余万吏民、百工伎巧迁往平城，接着又下诏“给内徙新民耕牛，计口授田”。在京畿地区(今内蒙古凉城、山西大同及代县之间的三角地带)建立了北魏历史上的第一个大型农业区。明元帝拓跋嗣即位后，在遵循拓跋珪既定政策的基础上，又采取了弛禁罢苑、改牧为农、检括人口、计口授田政策。因此，北魏的农业经济初具规模。

太武帝拓跋焘时，在北方士族崔浩、道士寇谦之的支持下加快了封建化、汉化的进程。

政治方面大量任用汉人，相对提高汉人地位。太武帝以崔浩为司徒，掌选举。431年，崔浩将北方大族名士如范阳卢玄、博陵崔绰、渤海高允、广平游雅等数百人全部“差次叙用”，创造了北魏一次任用汉人最多的纪录。北魏政权中鲜卑贵族势力有所削弱，汉族地主势力有所增长。

经济方面与民休息，不断减轻农民负担。太武帝下诏"蠲除烦苛，更定科制，务从轻约，除故革新，以正一统"。大败柔然后，又下诏减少徭役，与民休息，要求收税时"不得纵富督贫，避强侵弱"。这些诏书总的精神是适当减轻农民负担，尽可能做到公平合理，以保护封建农业的发展。这对于一个刚征服中原的游牧民族来说，是有其特殊意义的。

文化方面太武帝下诏以道教为国教，寇谦之为天师，并接受寇谦之代表老君授给他的"太平真君皇帝"称号，登坛接受道教符箓。从此以后，北魏每位皇帝即位时都要接受符箓。寇谦之奏请建造静轮宫，要建得高到人在上面听不到鸡鸣犬吠之声，目的是想伸向天上与天神相接。崔浩也力劝拓跋焘兴建，花费了数以万计的财力物力，建了几年仍未完工，这遭到太子拓跋晃的反对。

历史小常识：胡床

胡人发明的高足座椅。中原汉人一向习惯席地而坐，竹林七贤双脚前伸的坐法被称为"箕踞"，是失礼的举动。胡人发明的座椅，被汉人称为"胡床"，另外一些别称：绳床、交椅、交床、逍遥座、折背样、倚床。胡床自北而南广为流行，促使高足家具的兴起，终于改变了汉人席地而坐的习惯。"筵席"一词与席地而坐的习俗紧密相连，举行宴会时，在地上铺上大的"筵"，再铺上小的"席"，作为坐垫，中间有矮足的称为几、案的桌子。但"筵席"的说法一直沿用下来，不过已经失去了它的本意。

太武帝又提倡儒学，425年，北魏建立了太学并祭祀孔子。449年，更下诏"宣文教"，要求王公以下百官，其子弟都要到太学学习儒经。与此同时，极力削弱被拓跋族奉为"戎神"的佛教，并逐渐升级，由勒令部分和尚还俗，禁止王公以下至于庶人私养沙门，到446年的全国范围灭佛。

对崔浩、寇谦之用这些较激进手段进行封建化，鲜卑贵族十分不满，并一直与崔、寇作对。崔浩虽受到北魏三代皇帝的信任，但他和鲜卑统治者之间发生了矛盾。450年鲜卑贵族终于利用"国史案"，给崔浩加以"尽述国事，备而不典"和受贿的罪名。

当初拓跋焘派崔浩编写魏史，并叮嘱他们写国史一定要根据实录。拓跋焘编国史只是留给皇室后代看，但是崔浩手下有两个文人，劝崔浩把国史刻在石碑上，以提高崔浩的声望。崔浩自以为功大官高，就真的把国史刻在石碑上，还把石碑竖在郊外祭天坛前的大路两旁。国史里记载的倒是史实，但是北魏的上代文化还十分落后，有些事情是不体面的，过路的人看了石碑，就纷纷议论起来。北魏的鲜卑贵族趁机向拓跋焘告发，说崔浩一批人写国史，是成心揭朝廷的丑事。拓跋焘本来已经嫌崔浩太自作主张，一听这件事，十分愤怒，于是便派人把崔浩抓来审问，崔浩吓得什么也答不上来。拓跋焘大怒，将崔浩杀死（时寇谦之已死），满门抄斩，同时受到株连而死的汉人贵族达两千多人，改革以失败告终。

崔浩、寇谦之汉化改革失败的根本原因，是当时民族矛盾还没有达到基本消解的程度，而反对派力量过于强大，参与改革的力量比较弱小，改革成败系于皇帝一念之间。改革派的策略过于激进等，也是导致这次汉化改革失败的直接原因。尽管如此，他们的活动仍代表了当时历史发展的方向。

而此时的北魏在文化上也与世界有一定的联系。北朝经陆路与经济文化繁荣的萨珊朝波斯相联系,波斯人东来经商,陕西、河南、山西、河北、青海、内蒙古、新疆以及广东等地,都曾发现不少萨珊钱币。渊源于印度以至犍陀罗的开凿石窟、绘制壁画、雕塑佛像等佛教艺术,自西而东传入,在新疆、甘肃、山西、河南等地逐渐与中国传统艺术相融合,成为中国古代艺术的瑰宝。佛教从中国向东传入高句丽、百济,由高句丽传入新罗,又经由百济传入日本。在朝鲜、日本流行千余年的佛教,许多方面都有中国的烙印。

“国家之宝”古弼

443 年,拓跋焘前往漠南,命令军队舍弃辎重,率轻骑分四路袭击柔然。

拓跋焘来到鹿浑谷,正好与柔然国的敕连可汗相遇,但拓跋焘没有听太子拓跋晃的建议追击柔然,结果错失了良机。

拓跋焘非常后悔。从此以后,每遇军队或国家大事,都要和拓跋晃商量。拓跋焘又亲征柔然,打得柔然节节远遁,基本上再不敢主动侵扰魏境。同时,拓跋焘继续巩固道武帝时代设置的北部镇戍,修筑长城,绵延三千多里,设置六镇,迁柔然、高车降附人民于其中,形成了一整套严备的边戎制度,派出吏员,积极戍守。

萨珊波斯贵族供养人

大臣古弼为人忠厚谨慎,善良正直,他进宫晋见拓跋焘,打算奏请把上谷占地面积太大的皇家苑囿减去一半面积,赐给平民百姓时,拓跋焘正和刘树下围棋,心思根本没在古弼身上。古弼坐着等了许久,始终没得到说话的机会,他忽然跳起来,揪住刘树的头发,把刘树拉下床,后又揪着他的耳朵,打他的后背,说:“朝廷没有治理好,实在是你的罪过!”拓跋焘大惊失色,放下棋子说:“不听你奏请事情,是我的过错,刘树有什么罪过?放了他!”古弼说:“我身为臣属,竟无礼到这种程度,罪过实在太大。”说完出宫来到公车官署,脱掉帽子、光着脚请求处罚,拓跋焘召他入宫。对他说:“我听说过建造社坛的工事,是要一跛一拐地去干活;完工后,要衣冠端正地去祭祀,神灵就降福于他。可是你有什么罪过呢!戴上帽子穿上鞋做你该做的事去吧。”

一天,拓跋焘去河西狩猎,古弼留守平城。拓跋焘下诏让古弼将肥壮的马送给打猎骑兵,但古弼提供的却全是瘦弱的马。拓跋焘勃然大怒,说:“笔头奴胆敢不听我的诏令。

我回去先斩了这个奴才!”(古弼的头长得很尖,拓跋焘经常把他的脑袋比作笔尖。)古弼却说自己身为人臣为国家着想才是头等大事,把肥壮的马供军队所用,瘦弱的马供打猎所用,这是为国家作长远打算,虽然被处死了也没有什么关系。拓跋焘听说后,感叹道:“我有这样的臣子,是国家之宝呀!”于是赏赐给古弼一套礼服、两匹马和十头鹿。

又一天,拓跋焘再次去山北打猎,捕获了几千头麋鹿,下诏给尚书,让尚书派出五百辆车来运送麋鹿。拿着诏书的信使走后,拓跋焘对左右的将士说:“笔头公一定不会给我这么多车,你们不要等了,还是用马来运送吧。”说完就回宫了。

拓跋焘刚走了一百多里,就收到古弼的奏表,说:“今年秋天谷穗下垂而且颜色金黄,桑麻大豆遍布在田野里,野猪野鹿偷吃,飞鸟大雁啄食,加之风吹雨打,这样损耗早晚就会相差三倍。乞请允许推迟延缓运送麋鹿,以便把谷子尽快收割运送完毕。”拓跋焘说:“果然如我所说的那样,笔头公可称得上是国家栋梁之臣啦!”

元嘉之治

刘宋时在位时间较长的是文帝刘义隆(424~453),史书称刘义隆“幼而宽仁”,比较了解下情。文帝统治时期,继承刘裕的治国政策,在经济上奖励耕织,兴修水利.减免赋税,赈济灾荒;政治上坚持宋武的集权政策,铲除专权大臣的势力。整饬吏治,抑制豪强,加强对地方官的考课督察,并放宽刑罚,招求贤才。在思想文化方面,大力兴复学舍,发展教育,传授儒学,从而使刘宋前期出现了政治清明、社会安定的兴旺局面。刘宋国内“兵车勿用,民不外劳,役宽务简,氓庶繁息,至余粮栖亩,户不夜扃”,政治经济文化均得到较大的发展,特别是文帝元嘉后期,南方出现了东晋以来少有的兴旺。史称宋武帝、宋文帝统治时期,“内外晏清,四海谧如”,号为“元嘉之治”。

谢灵运(谢康乐)

铲除权臣

南朝宋刘裕死后,皇太子刘义符继位。刘义符不问政事,一味游玩享乐。群臣多次劝谏,他一概不听,甚至在宫中开设酒店,自充酒保,以为游戏。刘裕的另一个儿子刘义真聪睿敏捷,喜爱文学,但是性情轻浮,常与谢灵运、颜延之和慧琳道人一起游玩。刘义真曾经说:“有朝一日我当上皇帝,就任命谢灵运、颜延之为宰相,慧琳道人为西豫州都督。”谢灵运是谢玄的孙子,性情傲慢偏激,不遵守法令及世俗的约束。当时朝廷只把他放在文学侍从之臣的位置上,却不认为他有从事实际工作的才干。谢灵运认为自己的才能足以参与朝廷机要,因而常常愤愤不平。

徐羡之等对刘义真与谢灵运的交游十分厌恶，认为谢灵运、颜延之挑拨是非，离间亲王与朝廷的关系，诽谤朝廷要臣，贬谢灵运为永嘉太守，颜延之为始安太守。此时，徐羡之等已经在密谋策划废黜刘义符，但废黜刘义符后，身为次子的刘义真依照顺序，应当继位。于是，徐羡之等便利用刘义真与刘义符之间早已存在的宿怨，先上疏弹劾刘义真的种种罪行，将刘义真贬为平民。

警喻贪顽

徐羡之等因檀道济是刘裕时代的大将，威望震慑朝廷内外，而且掌握强大的军队，于是便征召檀道济和王弘入朝，把废立皇帝的计划告诉了他们。刘义符常在傍晚率左右游逛，夜里就睡在龙舟上。檀道济选定日子，引兵开路，徐羡之等随后入宫抓住刘义符，送回到他的故居太子宫。徐羡之宣称奉皇太后张氏之命，列举了刘义符的过失罪恶，废其为营阳王，由宜都王刘义隆继承皇帝之位。不久徐羡之等派人刺杀了刘义符，又派人杀死了流放在新安的刘义真。

就这样，年仅十八岁的刘义隆宣布继承皇位。刘义隆继位后下诏让谢晦镇守重镇荆州。刘义隆深知谢晦等人手握大权，位高权重，他们虽然把自己推举为皇帝，但也可能会威胁到自己，加之杀害亲族之仇，所以决定铲除徐羡之、谢晦、傅亮等人。

刘义隆打算诛杀徐羡之和傅亮后，发兵讨伐谢晦，于是宣称要征伐北魏。傅亮预感到事情没这么简单，写信给谢晦说："目前，朝廷就要动员讨伐黄河以北，事情并不到此为止。"但谢晦并没放在心上。正巧，谢晦的两个女儿将分别嫁给彭城王刘义康、新野侯刘义宾，所以谢晦派他的妻子曹氏和长子谢世休送女儿抵达建康。

刘义隆认为王弘、檀道济并没有参与弑杀刘义真、刘义符的阴谋，而且王弘的弟弟王昙首又是自己的心腹，所以在开始行动之前，刘义隆秘密派人告诉王弘，并且召见檀道济，打算派檀道济去讨伐谢晦。檀道济抵达建康后，刘义隆下诏，公布徐羡之、傅亮、谢晦杀害营阳王刘义符、庐陵王刘义真的罪状，命令逮捕诛杀，并且说："谢晦据守长江上游，可能不会立即伏法，朕将亲自统率朝廷的大军前往讨伐，罪犯只限谢晦一人，其他胁从者一律不加追究。"这一招有瓦解人心的大作用，而且一箭双雕，不仅能使谢晦军中人心动荡，出现反叛，还能彰显皇帝的宽厚仁慈。

这天，刘义隆下诏召见徐羡之、傅亮。徐羡之走到建康城西明门外，谢世休飞报傅亮说："殿内举动异常！"傅亮马上借口嫂嫂生病，暂时回家，派人通知徐羡之。徐羡之逃出

建康城，在一个烧陶器的窑里自缢身死。傅亮乘车逃出城不久就被抓住后斩杀，谢世休也没能逃脱。

刘义隆将要讨伐谢晦，向檀道济询问策略。檀道济是刘裕在京口起义讨伐桓玄时的老臣，战场搏杀二十多年，深受刘裕器重。所以刘裕驾崩前，诏以徐羡之、傅亮、谢晦和檀道济为顾命大臣，辅弼幼主。徐、傅、谢三人都是文臣，只有檀道济是武将，刘裕知道檀道济会武不会文，且对刘家忠心不二，所以才放心地将檀道济交给刘义符。

在刘裕死后，之前稍有缓和的南北局势再次紧张起来，北魏屡次南下，形势对南方很不利，但有檀道济在，魏人还是奈何不得。在开国武臣大多过世之际，檀道济屹立江东。

此时，谢晦已得知徐羡之、傅亮等被杀，后悔没早做准备。于是，谢晦先为徐羡之、傅亮举行了祭礼，又为儿子发布死讯，然后亲自走出虎帐统率军队。

谢晦当年随刘裕南征北讨，经验丰富，所以发号施令，指挥调动，莫不切实妥当，几天之间，人们从四面八方投奔谢晦，很快就聚集了精兵三万人。于是谢晦上表，盛赞徐羡之、傅亮等都是忠贞之臣，却遭受横暴的冤杀。又述说当初杀刘义符、刘义真而迎立刘义隆都是为了国家着想，没什么地方辜负皇室，都是因为王弘一伙猜忌和离间造成的灾祸。现在，要发动大军，以清除陛下身边的邪恶之徒。

当初，谢晦、徐羡之、傅亮为了保全自己，就用谢晦把守长江上游，把檀道济安置在广陵，使他们各自拥有强兵。这样足以挟制朝廷，而徐羡之、傅亮在朝中居高官、掌实权，可以维持长久的安定。没想到今日弄巧成拙。谢晦听说檀道济率兵来攻打自己时，大为惶恐。双方一交锋，谢晦的军队一触即溃，全军大败。谢晦出逃不久被光顺之俘虏，用囚车送到京师建康。刘义隆下令斩谢晦、谢遁以及他们兄弟的儿子。

刘义隆

力主北伐的宋主

一次，刘义隆在武帐冈为衡阳王刘义季饯行。临出皇宫时，刘义隆告诉儿子们暂时不要吃东西，等到达送别刘义季的地方再设宴进餐。可直到太阳西斜，刘义季还没有来到，大家都饿得脸色很难看。刘义隆这才对大家说："你们从小生活在富裕安适的环境中，看不到老百姓生活的艰难。今天就是想让你们知道，世间还有饥饿困苦，让你们以后知道使用东西要节俭罢了。"

429 年，王弘多病，况且又早下决心远离权势，因此每件事都推给刘义康处理。刘义隆于是写信给弟弟刘义恭，告诫他要把卫青、西门豹、董安等古人作为借鉴，修正自己的德行。倘若有一天朝中发生不测，皇子还小，刘义康必然要负起周公的责任，而刘义恭也

不可不尽到恭敬辅弼的道义。到那时，国家的安危存亡，就取决于他们二人。因此要养成简朴的习惯，不可以奢靡。还应该多多接见府中的官员，亲近他们以多了解民间的具体情况。这封言辞诚恳亲切的信，立时在朝中传扬开来，朝臣们纷纷赞扬皇帝的明智圣德。

刘义隆自从即位以来，就有收复黄河以南失地的雄心。他见朝内人心稳定后，便下诏挑选披甲精兵五万人，分配给右将军到彦之，并责令到彦之统率王仲德、竺灵秀带水军进入黄河。同时，刘义隆又派骁骑将军段宏率领精锐骑兵八千人，直指虎牢，刘德武率军一万人随后进发，长沙王刘义欣统兵三万人，监征讨诸军事。

在军事行动开始以前，刘义隆先派田奇出使北魏，正告北魏国主拓跋焘说："黄河以南的土地本来就是宋国的领土，中途却被你们侵占。现在，我们收复旧土恢复旧日疆界，与黄河以北的国家毫无关系。"

拓跋焘暴怒如雷，喝道："我生下来头发还没干的时候，就已经听说黄河以南是我国的土地。这块土地怎么是你们能妄想得到的呢？你们如果一定要出兵攻取，现在我们会暂且撤军相避，等到冬天天寒地冻，黄河结上坚冰，我们自然会重新夺回来。"

历史小常识：侨置郡县

东晋、南朝时在北方移民聚居之地，用其原籍名设立的郡县。如东晋初在京口（今江苏镇江）侨置徐州，在江乘（今江苏句容北）侨立琅邪郡与临沂市。目的是为保持北方士族的封建特权，以缓和南北士族间的矛盾，巩固政权。实行土断后，侨州、郡、县渐少，至隋统一，完全废除。

刘宋军队一路上旗开得胜，但很快严冬来临，北魏军队开始反击，他们大举渡过黄河，进攻刘宋，在黄河以南占领了大片土地。刘宋军队节节败退，唯有檀道济率领大军抵抗得有些成效。

在短短二十多天里，檀道济跟魏军打了三十多仗，宋军节节胜利。见到其他的宋军都在败退，檀道济开始骄傲起来，防备也有点松懈了。魏军瞅个机会，用两支轻骑兵向檀道济的宋军前后两翼发起突然袭击，把宋军的辎重粮草放了把火烧了。

檀道济的将士虽然英勇善战，但是断了军粮，就没法维持下去，准备退兵。这时北魏派出大军追赶檀道济，想把宋军围困起来。宋军将士看到大批魏军围上来，都有点害怕，有的兵士偷偷逃跑了。檀道济却不慌不忙地命令将士就地扎营休息。当天晚上，宋军军营里灯火通明，檀道济亲自带领一批管粮的兵士在一个营寨里查点粮食。一些兵士手里拿着竹筹唱着计数，另一些兵士用斗子在量米。有人偷偷地向营里望了一下，只见一只只米袋里面都是雪白的大米。这个消息马上被魏兵的探子听到了，赶快去告诉魏将。说檀道济营里军粮还绰绰有余，要想跟檀道济决战，准是又打败仗。

其实，魏军中了檀道济的计。檀道济在营里量的并不是白米，而是一斗斗的沙土，只是在沙土上覆盖着少量白米罢了。到了天色发白，檀道济命令将士戴盔披甲，自己穿着便服，乘着一辆马车，大模大样地沿着大路向南转移。魏将看到宋军从容不迫地撤退，吃不准他们在哪儿埋伏了多少人马，不敢追赶。由于檀道济的功劳大，威望高，让刘义隆感

到了不安。恰巧这年刘义隆生了一场大病，刘义康就跟心腹商量说："如果皇上有什么三长两短，留了檀道济总是一个祸根。"他们就用刘义隆的名义下了一道诏书，诬陷檀道济谋反。

檀道济唱筹量沙

檀道济在被捕的时候，气得瞪圆了眼，愤怒的目光像要喷射出火焰来。他恨恨地把头巾拉下，摔在地上，说："你们这是自毁长城！"檀道济还是被杀了。消息传到北魏，魏朝的将士都高兴得互相庆贺，说："檀道济一死，南方就没有叫人害怕的人啦！"可惜，就是这样一位绝世名将，他却没有战死沙场、马革裹尸，而是死在了自己人的手里。檀道济死的这一年是宋元嘉十三年(436)，檀道济冤死之后，鲜卑人便不再视南朝若豺虎，经常南犯，南朝的实力在与北朝长期混战中受到了极大的削弱，再无力北伐，只能勉强自保。

刘义隆排解内患

刘义隆长年患病，稍微操劳，旧病就会复发，多次病危。

每次刘义隆患病，刘义康都尽心侍奉，药物非经自己亲口尝过，绝不让刘义隆服用，有时一连几夜都不睡觉。朝廷内外的大小事务，刘义康都一个人决定施行，而且处理得无不精密妥善。刘义隆因此把很多大事都委派给他。刘义康只要有奏请，立即就被批准，因而刘义康的势力倾动远近，朝野上下的人士，都集中在他周围。每天早晨，刘义康府第前面常有车数百辆，刘义康对来访客人亲自接待，从不懈怠。各地进贡的物品，都把上品呈献给刘义康，而把次等的呈献刘义隆。

刘湛与仆射殷景仁结怨很深，因此打算倚靠刘义康的势力，排挤殷景仁。刘湛刚刚进朝廷做官时，刘义隆对他还十分优待。可等到后来，刘湛煽动和唆使刘义康恣意妄为，这使刘义隆对他心怀不满，但对他礼遇却并没有改变。前面说过刘义隆病重，命刘义康起草托孤诏书。刘义康回到府中，痛哭流涕地告诉刘湛和殷景仁，刘湛说："治理国家不胜艰难，哪是年幼君主所能胜任的？"撺掇刘义康谋反。于是有了刘义康矫诏召檀道济入朝，将其与子十一人，还有薛彤、高进之等大将并戮于建康的事。刘义隆病愈后，知道这些情况，把刘义康降职。但刘义隆依旧赐赏刘义康财物，而且信件不断，朝中大事都告诉

刘义康。

刘义隆召见檀道济曾举荐的沈庆之逮捕刘湛，那天晚上沈庆之全副武装，束紧裤管进门晋见。刘义隆问："你为什么这般装束？"沈庆之说："夜半召见，定有急事，不能宽服大袖。"刘义隆于是派沈庆之逮捕了刘湛，当即斩首。

刘义康失势后，与他关系密切的徐湛之因为也参与此事而被捕，罪当处死。徐湛之的母亲是会稽公主，在刘义隆的兄弟姊妹中，她是敬皇后所生，年龄又最大，一向备受礼遇。因为徐湛之，会稽公主入宫晋见皇上，大声哭号，指责刘义隆不念亲情，于是刘义隆赦免了徐湛之的死罪。而徐湛之却并没有放弃谋反的念头，他与一直为刘义康抱不平的散骑员外郎孔熙先等人一起撺掇谋杀刘义隆。

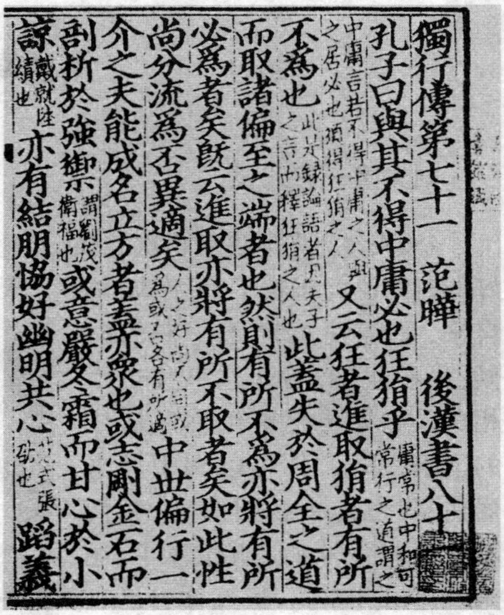
獨行傳第七十一　范曄　後漢書八十一
孔子曰與其不得中庸必也狂狷乎 庸常也中和可常行之道謂之中庸言若不得中庸之人與之居必也須得狂狷之人 又云狂者進取狷者有所不爲也 此只録論語者孔夫子之言而釋狂狷之人也 此蓋失於周全之道而取諸偏至之端者也然則有所不爲亦將有所必爲者矣既云進取亦將有所不取者矣如此性尚分流爲否異適矣 人之好尚不同或爲或否各有所適 中世偏行一介之夫能成名立方者蓋亦衆也或志剛金石而剖析於強禦 謂劉茂衛福也 或意嚴冬霜而甘心於小諒 謂戴就陸續也 亦有結朋協好幽明共心 范式張劭也 蹈義

《后汉书》之《独行传》书影

孔熙先非常富有，他常常和范晔在一块儿赌博，故意输钱给范晔。范晔既爱他的钱财，又喜欢他的才华，二人慢慢亲近起来，孔熙先时常鼓动范晔谋反。当时范晔和吏部尚书沈演之都为刘义隆所信任。每次范晔先到朝廷时，一定要等待沈演之一同入宫。可沈演之却曾被刘义隆先行单独召见，范晔因为这事对宋文帝怀有怨气，于是和孔熙先一起谋划。

谢综和他的父亲谢述都受到刘义康的厚待，谢综的弟弟谢约又娶了刘义康的女儿，便和孔熙先约定一同谋反。

刘义隆到武帐冈赴宴这天，范晔等人图谋叛乱。作为刘义隆侍卫的内应许曜，将佩刀微微拔出，向范晔使眼色。可范晔突然害怕起来，不敢抬头。不一会儿宴席结束，徐湛之害怕事情不能成功，就将孔熙先等人的阴谋全都报告了皇帝。于是刘义隆命令有关部门严密搜捕追查，这天夜里，范晔被召唤入宫后就被软禁。孔熙先见风使舵，将一切罪责都推到了范晔身上。于是范晔被杀。

历史小常识：《后汉书》

《后汉书》是刘宋时范晔（233～297）所著。它是范晔在前人所修的几家《后汉书》的基础上撰写的一部纪传体断代史。所记为东汉二百年间的重要史事和人物等。原书为九十卷，只有纪、传，无表、志。萧梁时，刘昭把西晋司马彪《续汉书》中的八志收入，并为其作注，分成三卷。到北宋时，合刊为一书，成为今本，共一百二十卷，为研究东汉史的重要资料。

才华横溢的范晔就是《后汉书》的作者，他一生无论仕途还是生活都比较坎坷，《后汉书》记事上起汉光武帝刘秀建武元年（25），下迄汉献帝建安二十五年（220），囊括东汉一代一百九十六年的历史。范晔特别重视史论，他采用论赞的形式明文评论史

事，把史论作为重心，成为《后汉书》的一个特点。《后汉书》无论是文章构架还是文采都有很高的水平。

朝廷没收范晔家产，见那些音乐器具、服饰珍玩，都非常珍奇华丽，歌妓妻妾们有用不完的珠宝翡翠，唯独范晔母亲居住的房子简陋不堪，只有一个堆着木柴的厨房，他的侄子竟然没有冬天盖的棉被，叔父的冬装也只有一件单薄的布衣。

元嘉草草，仓皇北顾

刘义隆一怒北伐

450年，刘义隆决意再次北伐，北魏国主拓跋焘听说后，又一次去信说："我们两国和好的时间已经很长了，可你却贪得无厌，引诱我边境的老百姓。现在听说你打算自己亲自来，请随便行动吧。来的时候，我不迎接，离开这里我也不相送。如果你已厌倦你所居住的国土，那么，你可以到平城来居住，我也前去扬州居住，我们不妨易地而居。你五十岁了，还未曾迈出过家门，虽然你自己有力量前来，也不过像三岁的孩子，同我们生长在马背上的鲜卑人相比，你该是个什么模样呢？我们没有多余的东西可以送给你，暂且送给你十二匹猎马和毛毡、药物，等等。你从很远的地方来此，马力不足，可以乘我送给你的马；水土不服，可以吃我送去的药。"

重装甲马骑兵作战图

这封侮辱信让刘义隆大为光火，开始全国大规模动员，上起王公、王妃、公主及朝廷官员，下到富有的民众，每人都捐献出金银、玉帛及其他物品来援助，而且进行了大规模的征兵，就是僧侣、尼姑的积蓄有满二十万钱的，都要借出四分之一来供军队急用，战事结束即归还。

元嘉二十七年（450）七月，宋文帝派两路大军北伐。西路军主帅是当时名将柳元景，经湖北北部熊耳山打到了弘农、潼关，进展顺利；东路军由宁朔将军王玄谟率领，也渡过了黄河，围攻滑台（今河南滑县）。王玄谟的军队士气旺盛，武器精良，但是王玄谟刚愎自用，贪婪好战，他军纪败坏，又虐待部下，还乘百姓资助战争之际中饱私囊，所以大失人心。

450年，拓跋焘在诛杀崔浩等数千人后，率军南征渡过黄河，号称百万士兵。滑台一

役，王玄谟被拓跋焘打得一败涂地，赶快撤退逃走。北魏军队追击他们，杀死一万多人，魏军以每日一二百里的速度推进，连战连捷，南朝将士百姓死伤无数。王玄谟部下逃跑战死，到最后几乎没剩一人，丧失的军用物资及武器堆积如山。萧斌之正要派沈庆之前去援助王玄谟，这时王玄谟已经逃回来了，萧斌之大怒，差点斩了王玄谟，无奈之下，萧斌之只得率军撤退。

刘义隆任命柳元景为弘农太守，到陕城与庞法起等会师。庞法起等来了援军，一举攻进潼关，北魏的守将娄须弃城逃走。

青釉龙柄鸡头壶　南朝

由于东路主力受挫，西路也只好撤军。北魏永昌王拓跋仁进攻悬瓠、项城，刘义隆害怕他们会攻到寿阳，就命令前进中的刘康祖班师回朝。结果拓跋仁率领八万骑兵追击刘康祖，而刘康祖只有八千将士。副将胡盛之打算依靠山势的险要，让军队从小路到达寿阳，刘康祖却宣布迎敌。刘宋军将士都拼死同北魏军队搏斗，北魏损失很大，后来刘康祖阵亡，其余士众见主帅死了，随即崩溃，全军覆没。

拓跋焘率六十万大军南下，一直打到长江北岸之瓜步（今江苏六合东南），魏军很快攻打到长江边上，大拆民房，砍伐芦苇，声言要造船渡江，攻下建康。宋朝大惊，急调各地军民在沿江六百里布防。刘义隆下诏悬赏购买北魏国主及其王公的首级，许诺若有成功者加封爵位，赏赐金银绸缎。同时派人把用野葛酿成的毒酒放在空无人烟的荒村，想毒死北魏将士，但却没能伤到他们。北魏见无隙可乘，加之天寒地冻，粮草不济，拓跋焘没有再发动进攻，而是下令开凿瓜步山，修筑盘山路，在山上搭好毛毡帐篷房。拓跋焘不喝黄河以南的水，用骆驼驮着黄河以北的水跟随在自己身边。同时，他派人送给刘义隆骆驼、名马等礼物，要求和解，并请求与刘宋皇室联姻。

刘义隆也派遣田奇带着奇珍异果送给拓跋焘。拓跋焘得到黄柑，拿过来就吃，身边的侍从中有人趴在他耳边低语，怀疑食物里有毒药。拓跋焘没有回答，而是抬起手指着天，把他的孙子叫过来给田奇看，说："我从很远的地方来到这里，不是想要成就功业，传播自己的名声，其实是想维持过去的友好，安定百姓，永远结成婚姻，永远相互援助。宋国皇帝如果能够把他的女儿嫁给我这个孙子，我也把自己的女儿许配给武陵王为妻，那样，从今以后不会再让一匹马南下骚扰。"拓跋焘下令焚毁攻城器具，于次年正月撤退。北魏退军时烧杀抢掠，"徐、豫、青、冀、二兖（南兖州、北兖州）六州杀略不可胜算，所过州郡，赤地无余"。

拓跋焘遭戏弄

451年春，魏军回军途中攻到盱眙城，刘宋大臣臧质守城。拓跋焘在城外大大咧咧地

向臧质喊话，要尝尝南国美酒，臧质于是在罐子里撒了泡尿，送给拓跋焘。

拓跋焘大怒，下令修筑长围墙，一个晚上就修好接在了一起。又搬来东山上的泥土石头填平壕沟，在君山上造起了一座浮桥，从而彻底切断了盱眙的水陆通道。拓跋焘给臧质写了封信，说："我现在派出去的攻城军队，都不是我们本国本族人：城东北是丁零人和匈奴人，城南的是氐人和羌人。假设让丁零人死了，正可以减少常山、赵郡的贼寇；匈奴人死了，正好减少了并州的贼寇；氐人、羌人死了，当然也就减少了关中的贼寇。你如果真的杀掉了他们，对我们没有什么不利的地方。"

青瓷仰覆莲花尊　北朝

臧质回信说："看了你的信，我完全明白了你的奸诈之心。你自己依仗着四条腿，多次进犯我国边境。王玄谟被你击败在东边，申坦军又在西边被你攻散，你知道这是为什么吗？你难道没有听说一首童谣里所说的吗？只因卯年还没有来到，所以，我们用两路军队引导着你们走上饮长江水的道路罢了。冥期已经注定，这不是任何人改变得了的。我奉命前来消灭你们，原预定要到达白登，可是，军队还没有走出多远，就遇到你们自己前来送死了，我怎么能让你再活着回去，到桑干河享受荣华富贵呢？如果你幸运的话，当被乱军所杀；如果你不走运，被我们活捉后，就会用锁链锁住你的脖子，让一头小毛驴驮着你，把你一直押送到我们的都城建康。我本来就不打算全尸，如果天地没有显灵，我被你打败，即使被剁成肉酱，碾成粉末，宰割车裂，也都不足以向我们朝廷表示我的歉疚。你的智慧见识以及军队的力量，哪里超得过苻坚呢？如今，已经下起春雨，我们的各路大军就要集合起来，你只管一心一意去攻城吧，千万不要立刻逃走！如果你们粮食不够吃，可以告诉我们，我们一定会打开粮仓馈赠给你们。你派人送来的刀剑我已收到，你的意思是不是想让我挥刀斩了你呢？"

拓跋焘看完臧质的信，气得浑身发抖，命令手下人制造了一个大铁床，把刀尖锥尖朝上放在铁床上，说："攻破城池，抓住臧质，我一定让他坐在这张铁床上。"臧质又给北魏大军写了封信，说："你们告诉胡虏中各位士人百姓：拓跋焘在给我写的信上，这样对待他们。他们本来是汉人，为什么要去自取灭亡呢？他们怎么不知道转祸为福呢？"同时，臧质又将朝廷的悬赏写在信上告诉他们说："砍下拓跋焘的人头的，封为万户侯，赏赐棉布、丝绸各一万匹。"

双方的战争于是爆发，北魏军围攻了三十天，仍未攻下。这时，又赶上北魏军中瘟疫流行，有人报告说，宋朝水军从东海进入淮河了，刘宋朝廷又下令彭城守军切断北魏军队回归的道路。拓跋焘于是下令焚毁攻城器具，而后撤退。

狮形烛台　南朝

田奇回到建康，刘义隆召集太子刘劭及各位大臣前来商议，大家一致认为应该答应北魏的联姻，只有江湛反对，说："戎狄没有亲情，答应他不会有什么好处。"

刘劭非常生气，对江湛说："如今三位亲王都处于危险境地，拒绝他们，他们就会逮捕三位王，我们怎么可以这样坚持反对？"大家商议完毕后一同走出来，刘劭指使持剑人和左右侍从推撞江湛，江湛几乎被撞昏倒地。

刘劭对刘义隆说："北上讨伐，我们失败招来了奇耻大辱，导致我们几个州郡沦陷残破，只有杀了江湛、徐湛之，才能够向天下老百姓谢罪。"刘义隆说："北上征伐本来是我一个人的意思，江湛、徐湛之只是不表示异议而已。"从此，太子刘劭同江湛、徐湛之结下了怨仇。

北魏所提出的皇家联姻的建议，最终也没能实现。拓跋焘在瓜步山上召集全体官员，按照功劳大小，分别封爵升官，进行奖赏，然后沿长江北岸燃起烽火，劫掠了驻地的居民，焚烧了老百姓的房屋后，向北而去。

刘宋由此受到很大打击，国力削弱，防线也渐次由河北而到淮北，最后退守淮南。从此，南北对峙局面开始向北强南弱转化。

融合统一

虽然此时的南北整体上还是比较稳定的对峙状态，但是南北双方的政权却都在不断地发生变乱，南方的政权更替，北方的政权分裂。伴随着各部势力的此消彼长，渐渐形成统一之势。而南方和北方的汉族和少数民族在文化、生活、经济等各个方面渐渐融和，使社会文化出现了空前的自由和包容的状况，为隋唐的高度繁荣奠定了基础。此时中外的交流还主要是借助于宗教的传播。

南北政权更迭

太监宗爱弑二帝

拓跋焘攻南时，太子拓跋晃主持国家事务，精察干练。拓跋晃十分相信左右近侍，自己私下里经营庄园农田，收取利润。高允劝告他说："天地因为不存私心，所以能覆盖、承载万物；帝王因为没有私心，所以能够宽容养育百姓。如今殿下您是一国的储君，是国家

上上下下作为典范的人，却自己私下经营个人的田地，养鸡养狗，甚至派人去集市上摆摊贩卖，与市井小民争夺小利，以至于诽谤您的话到处流传，没法让人去追回或掩盖。国家是殿下您个人的国家，您富裕得拥有四海，要什么会没有？何必要与贩夫、贩妇们去争夺这尺寸大小的微利呢！"但拓跋晃并没有接受高允的劝谏。

拓跋焘有个宠信的太监，名叫宗爱，在拓跋焘南征时干了许多违法的事。太子拓跋晃及其手下一批官员，看不惯太监宗爱的作为，双方结怨很深。宗爱害怕拓跋焘回来后被太子告发，于是"恶人先告状"，捏造了太子官属的罪名，诬陷太子及其手下人意图谋反。拓跋焘相信了他，大怒，下令清洗太子府，处斩了道盛等人，太子属下的多名官员也被连坐处死，拓跋晃遭到拓跋焘的严厉申斥，因忧虑过度，生病去世，时年二十四岁。慢慢地，拓跋焘知道太子拓跋晃并没有犯法，因此感到非常后悔。

452年，拓跋焘一直在追念、哀悼拓跋晃。当初陷害太子的宗爱害怕自己被杀，索性刺杀了拓跋焘，英雄一世的拓跋焘怎么也不会想到，自己最后竟然死在这样一个小人手中。

兰延、和匹、薛提等人，没有宣布拓跋焘的死讯。和匹认为拓跋焘的嫡亲皇孙拓跋濬年纪尚小，所以打算立年龄稍大的君王。于是，征召秦王拓跋翰入宫，把他安置在一个秘密房间里。但薛提却认为拓跋濬是嫡亲皇孙，不应该废黜，反复讨论很久也没有决定下来。

宗爱得到消息，于是就把拓跋焘第六子拓跋余秘密迎来，假传赫连皇后的命令，召见兰延等人。兰延等人认为宗爱的地位一向很低，所以根本没有怀疑，全都随宗爱进宫了。在这之前，宗爱就已经派三十个宦官手持武器在宫中埋伏起来，兰延等人入宫，就被这些伏兵一个个抓起来杀了，拓跋翰也没能幸免。于是拓跋余登基，继承了北魏皇位。

拓跋余即位之后，改元承平(或作永平)，称南安王。即位后对群臣下属倒是厚待有加，但拓跋余放纵自己，每天只知道彻夜畅饮，夜夜笙歌，耽于声色游猎，很快即令国库空虚，以至于上下离心，百姓愤恨。另外，拓跋余为感谢宗爱的扶立，封这个太监为大司马、大将军、太师。宗爱自拓跋余登位后逐渐手掌大权，朝野内外都非常忌惮他，而此时拓跋余则怀疑宗爱另有所图，密谋削夺宗爱的权力。宗爱于是在452年10月先杀死了拓跋余。他在位仅仅八个月。拓跋余死后，宗爱被羽林郎刘尼等人杀死。拓跋濬即位，是为文成帝(440~465)，拓跋濬是太武帝嫡孙，他在位时北魏国力开始下降，死于465年，时年二十六岁。这里有必要提一下他的皇后，即后来的冯太后。

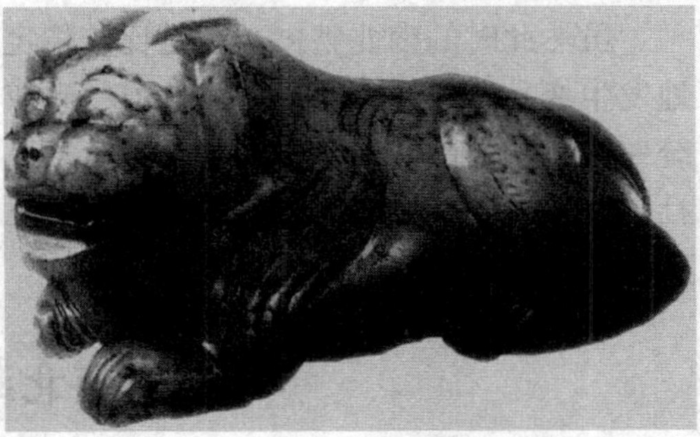

玉辟邪镇　南北朝

冯氏的祖父冯弘、伯父冯跋是北燕国王，其父冯朗在北燕灭亡后降魏，官至秦、雍二州刺史，姑母是北魏太武帝拓跋焘的左昭仪。后来其父因罪被杀，她随姑母入宫。

452 年，文成帝即位后，封十四岁的冯氏为贵人，十八岁立为皇后。同年，立两岁的儿子拓跋弘为皇太子。按照“立子杀母”的规矩，拓跋弘的生母李贵人被赐死。冯皇后抚养拓跋弘，待太子如同亲生。

文成帝死后，献文帝拓跋弘即位时，年仅十二岁，尊冯皇后为皇太后，由丞相乙浑总揽朝政。乙浑图谋篡位，冯太后用计把他逮捕杀死。从此，朝政由冯太后一人裁决。

随着献文帝慢慢长大，母子间的矛盾越来越深。471 年，十八岁的献文帝被迫禅位于五岁的儿子拓跋宏（即孝文帝），自己做了太上皇。但他仍统兵南征北伐，这本身就使冯太后感到威胁，而且他还杀了太后的男宠李奕，于是冯太后于 476 年将年仅二十三岁的献文帝毒死。

萧道成堂皇称帝

453 年，刘劭与弟弟刘骏争夺王位，结果都遭到刘义隆的贬斥。刘劭一气之下，入宫杀了刘义隆，宣布自己为皇帝。不久刘骏起兵，杀了刘劭，继承皇位。

刘义隆在位期间，提倡文化，整顿吏治，重视农业生产，使江南有了一段相对安定的时期，史称“元嘉之治”。但晚年的一场北伐让江南的恢复丧失殆尽，刘义隆死后刘宋政治日坏，阶级矛盾越来越尖锐。小规模农民起义不断发生。与此同时，统治阶级为了争权夺利，相互残杀。自孝武帝刘骏起，凡新皇帝继位，都对掌握州镇兵权的兄弟叔侄们心怀猜忌而大开杀戒。这种大规模的自相残杀，极大地削弱了刘宋的统治力量。这时，一个叫萧道成的禁军将领登上了政治舞台，他后来建立了齐朝。

萧道成，字绍伯，父亲曾是刘宋的汉中太守。萧道成原籍兰陵（今山东枣庄），兰陵萧氏是晋末渡江的北方士族之一，但萧道成是该族远支，后来累积军功才升上了高官。萧道成从十六岁起，便跟随父亲在战火中磨炼，二十三岁，到雍州刺史萧思话手下当左军中兵参军，长期寄人篱下，一直不得志。

466 年，刘宋国内发生多起叛乱，他乘机发展实力。朝廷内的许多大臣、将佐都畏缩不前，只有刚升任右将军的萧道成奉命率部平叛。东讨晋陵（今江苏常州）时，他勇敢进击，一天之内连续攻占叛军的十二个营垒，声威大震。这时，徐州刺史薛安都投降了北魏，萧道成又奔赴东线作战，力挫薛安都之悍将——不少人畏之如虎的薛索儿，解除了青、冀二州的威胁。

历史小常识：《水经注》

成书于三国时候的《水经》记述了全国 137 条大小河流及源流和流经的地方。北魏郦道元（466～527）依据新的观察和考证，博览众书，为其作注，即《水经注》。《水经注》以全国水道系统为主，描述了 1252 条河流的源流脉络、古今变迁。它早已不是单纯的注释，而是一次工程巨大的再创作。郦道元在书中对山川景物的描述文笔绚烂，它是研究古代地理的重要著作。

从此以后，萧道成在刘宋的地位迅速上升，奉命统一筹划北方军事，成为独当一面的战将。从这时开始，萧道成有意迎接宾客，收养豪杰。第二年，刘宋明帝刘彧

调萧道成入朝，擢升其为散骑常侍、太子左将军，后又迁任右将军，掌管禁卫军，与尚书袁粲共掌朝廷机密大事。

后废帝刘昱即位不久，叔叔刘休范欲夺位称帝，自寿阳发兵数万，顺江而下，直扑建康，来势极为凶猛，朝野上下一片恐慌，将军们都面面相觑，手足无措。这时，又是萧道成挺身而出，详细分析当前局势，部署了作战计划。刘昱和大臣们本来吓得无所适从，此时便唯萧道成之言是从。

萧道成布置停当后，亲率部队赴前线戍守，与刘休范进行直接交锋。萧道成让属下黄回、张敬儿诈降刘休范。刘休范没有丝毫怀疑，将二人安置在身边，还单独请他俩喝酒。乘酒酣不备，张、黄二人夺过刘休范的防身短刀，将其杀死。但这时叛军的另两路兵马丁文豪、杜黑蠡所部却一举越过秦淮河，直杀进皇宫。好在这时刘休范的死讯传开，萧道成终于平定了叛乱。不久，萧道成升任中领军将军，独掌朝政。

萧道成权倾朝野后，将朝中有势力的对手一一铲除，离登基称帝仅仅一步之遥了。萧道成揽一切大权于手中，有皇帝之实。

刘昱即位时年仅十二岁，自小就喜欢猴一样地爬竿玩耍，而且喜怒无常，他是一个天生的手工匠人和音乐家。刘昱继位后，常常是夜里从承明门出，夕去晨返，晨出暮归，随从们都执长矛大棒，路上凡遇见男女行人及犬马牛驴立时杀死，致使人民惊扰，道无行人。小皇帝每每施行击脑、椎阴、剖心的刑罚以为乐趣，每日都杀死数十犯人。如果跟随他的从人中在施刑时面有不忍之色，刘昱就让那人立正站直，亲自用长矛刺穿杀掉。刘昱还在耀灵殿上养着几十头驴，自己所乘的御马就在床边喂养。出门时，如果遇见婚丧嫁娶，刘昱就下马与那些拉车担货的少年相坐一处，高歌饮酒为乐，别人也不知道这位衣装普通的小子就是天子。

一次，一个叫孙超的亲信口中有蒜味，为了证明他吃过大蒜，刘昱让左右抓住孙超，用刀剖腹，探看他肚子里到底有没有大蒜头。不久，听说大臣孙勃家里金银财宝非常多，刘昱就亲率人马去劫掠，而且挺刀冲锋在前，"身先士卒"，第一个冲入。孙勃当时正居丧在家，眼看皇帝带兵前来，知道家族不免横死，就扑上前揪住小皇帝的耳朵，骂道："你比桀、纣还要坏，日后难逃屠戮！"左右杀掉孙勃后，刘昱恨这位大臣敢揪自己的耳朵，亲自脔割尸体解恨。

金瑞兽　北魏

由于太后多次教训申斥，小皇帝很是厌烦，让太医煮毒酒，准备鸩杀太后。左右从人

劝他说："如果太后死了，您就得以孝子身份参加那些复杂的丧礼仪式，就没时间出去玩了。"刘昱听见这话，方才打消毒死母亲的念头。

一天，刘昱闯进领军府，看见萧道成挺着个大肚子正在睡午觉，刘昱立时来了兴趣，引满弓箭要射。左右急忙劝解说："大肚子固然是个好靶，可是一箭射死，以后就再也没有了，不如改用草箭，射了还可再射。"刘昱于是改用草箭，一箭正中萧道成肚脐，哈哈大笑。

萧道成甚是气愤，密与几位大臣商议借机废掉刘昱。禁卫军首领越骑校尉王敬则也与小皇帝身边的亲信暗中联系，伺机行事。

不久，刘昱乘坐露天无篷车，跟左右侍从前往蛮冈，比赌跳高。然后前往青园尼姑庵。夜晚，刘昱来到新安寺偷狗，煮吃狗肉后醉醺醺地回仁寿殿睡觉。弄臣杨玉夫一向得到刘昱的宠信，而今天，刘昱忽然对杨玉夫大为痛恨，一看见他就咬牙切齿，说："明天就杀了你这小子，挖出肝肺！"刘昱命杨玉夫观察织女渡河，说："看见织女渡河时，马上叫醒我；看不见，就杀了你。"

当时刘昱出宫进宫没有一定时间，宫中各门夜间都不敢关闭，负责宫廷保卫的官员，惧怕跟皇帝见面，都不敢出门。禁卫军士卒更是躲得远远的，内外一片混乱，互不相关，没有人管理。当天夜晚，杨玉夫等到刘昱呼呼大睡时，与杨万年合伙，取下刘昱的防身佩刀，砍下了刘昱的人头。然后假传圣旨，命宫女演奏音乐。陈奉伯把刘昱的人头藏在袍袖里面，跟往常一样，神色自若，宣称奉皇帝派遣出宫，出宫后把人头交给了王敬则。

王敬则飞马奔向领军府，敲门大喊，萧道成恐怕是刘昱的诡计，不敢开门。王敬则把人头从墙上扔进去，萧道成令人洗净血迹辨识，果然不错，这才全副武装，骑马而出。萧道成进入仁寿殿，殿中官员惊慌恐怖。但紧接着听到刘昱已死的消息，都高呼万岁。

死去的刘昱被宣布为废帝，萧道成以皇太后的名义，迎立明帝第三子刘准为帝，时年仅八岁。

479年，萧道成逼刘准退位，要刘准到殿堂举行禅位仪式。刘准害怕，就躲到佛盖下面不去。萧道成的死党王敬则带兵抬着板舆进殿，左寻右找才找到他，硬把刘准抬走。萧道成降封他为汝阴王，迁居丹阳，派兵监管。不久，监视刘准的兵士忽然听见门外马蹄声杂乱，以为发生了变乱，就一刀将刘准砍死，事后谎报说刘准是病死的。

479年，萧道成就这样宣布继承皇位，建立了齐朝，史称萧齐或南齐，萧道成即是齐高帝。刘宋王朝自此灭亡。

女政治家文明太后

471年，献文帝死，拓跋宏即位，冯太后以太皇太后身份再次临朝听政。杀了一批政敌，重用一批有改革思想的人，进行一系列改革：颁行班禄制，整顿吏治，统一度量衡，推行"三长制"，实行均田制。改变了鲜卑族的落后局面，为孝文帝迁都洛阳以后的繁荣打下基础。

拓跋宏受过很好的汉族教育，他认为要使国家强大，就一定要吸收中原的文化，改革

一些落后的风俗。

齐高帝萧道成

拓跋宏继位不久便亲临虎圈，颁布诏书说：“虎狼凶猛残暴，捕捉它们的时候，往往要伤害许多人，既没有什么好处，浪费又实在太多。从现在起，不要再捕捉它们进贡。”

不过，由于拓跋宏年幼，因此一直由冯太后掌权。485年，北魏颁布均田法，规定：男子十五岁以上，国家授给露田（不栽树木的田）四十亩，女子二十亩。此外，还授男子桑田二十亩，需对每家课种桑五十株，枣树五株，榆树三棵。不适合种桑树的地方，男子授麻田四十亩，女子五亩。均田法还规定，桑田可留给农民作“世业”，死后可以不归还国家，其余土地，身死时要还给国家。因此，这些举措限制了农民的自由迁徙，保障了北魏的租调来源。均田制制定得严密，充分照顾到田地的肥瘦、远近、宽窄等诸多因素，同时，又辅以“三长制”，强化了地方组织，搜括荫户，最终使北魏均田制的实施顺利而到位，“课有常准，赋而恒分”，不仅对当时中国北方的农业恢复起到了重要作用，而且从根本上改变了鲜卑国家的经济结构，使得农业逐渐占据了绝对重要的地位，加速了鲜卑王朝脱离奴隶制的过程。

490年9月，冯太后病逝，终年四十九岁，谥为文明太皇太后，葬于永固陵。这以后拓跋宏才做了真正的皇帝。

冯太后的生活也比较俭朴，不好华饰，是北魏一位杰出的女政治家。

“使黄金与泥土同价”

齐朝在萧道成统治时期，局势平静，社会经济有所发展。萧道成奋斗半生，既切身体会到创业艰难，也深刻明了误国祸患，所以和其他许多开国之君一样，勤勉于朝政，谨慎治国，取得了较好成果。

萧道成在剪除刘宋残余势力的同时，大力改革，下令免除老百姓的旧租宿债，减轻市税；下令诸王不得各自营立邑邸，封略山湖，以保护自耕农的利益，希望达到“公不专利、氓不失业”的理想境界。

南齐朝廷规定：禁止招募部曲，安抚流民返乡务农。在这个基础上，政府派员检定户籍、整顿户口，以分辨门第清浊界限，防止偷漏税赋，保证财政收入。这也是南齐的一项重大举措。萧道成办事历来雷厉风行，为此设立了专门的机构，实行严格、全面的检籍，凡有违抗，便罚充远戍。但在实践中，由于官吏贪赃枉法，实际效果有限。

萧道成身为天子，倒是能够一直以身作则。他倡导节俭，自己也衣着简朴，不饰文绣、不求精细。后宫的器物栏杆等，以铜为装饰的，一概以铁取代。

这一系列的举措，确实起到了节省政府开支、提高行政效率、改良民风的作用。此外，萧道成还提倡儒学，注重学校教育和文化发展。一次视察衣库，萧道成看见里面有一个玉导，说："留着此物，正是滋长一切弊病的根源！"当即命令将玉导打碎，还检查库中存放着什么奇巧的物品，一概依照这一事例处理。他经常说："假如我能够有十年时间治理天下，我就能让黄金的价值与泥土相等。"

这固然是大话，但萧道成治国的成效却是不可否认的。可惜的是，萧道成在位仅仅四年便因病死去，萧齐的前途也跟着他进了坟墓。

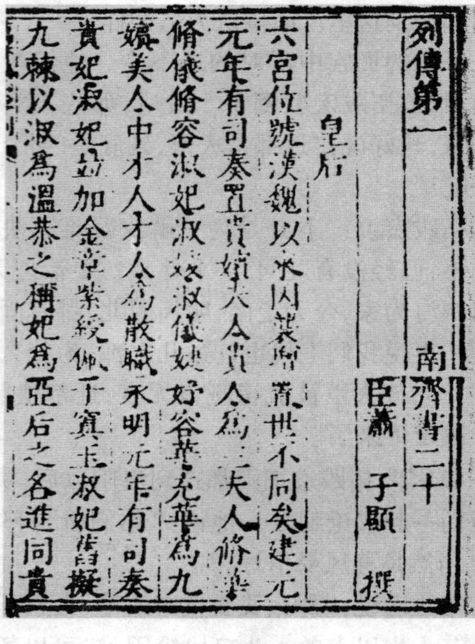
列傳第一　南齊書二十
皇后　臣蕭　子顯　撰
六宮位號漢魏以來因襲增置世不同矣建元
元年有司奏置貴嬪夫人貴人為三夫人脩華
脩儀脩容淑妃淑媛淑儀婕妤容華充華為九
嬪美人中才人才人為散職永明元年有司奏
貴妃淑妃並加金章紫綬佩于寘玉淑妃舊擬
九棘以淑為溫恭之稱妃為亞后之名進同貴

《南齐书》书影

迁都洛阳与鲜卑汉化

洛阳是两晋南北朝时期的政治和军事重镇。洛阳在东汉时已经成为首都及中原最大的商业中心。东汉末年，洛阳遭到了严重的破坏。220 年曹丕称帝后，从河北等地迁居民数万以充实洛阳，并在汉宫的基础上重新建筑洛阳宫城和外城。随着北方地区的逐步统一，洛阳的经济也得到了恢复和发展。洛阳城中的丝织业、制盐业、冶铁业比较发达，商业已逐渐兴盛。全城有三个主要市场：金市、马市和羊市。西晋统一后，以洛阳为国都，人口有了显著增加，并成为全国贸易中心，全国各地的珍贵商品在洛阳市场上都有出售，从绢布、粮食、药材、器皿到生产工具，应有尽有。西晋八王之乱，使洛阳腹地经济受到很大破坏。310 年，匈奴刘曜攻破洛阳，纵兵劫掠，洛阳再次毁于战火。永嘉之乱后，十六国一百余年间，洛阳几成废墟。

拓跋宏是一个政治上有作为的人，他认为要巩固魏朝的统治，一定要吸收中原的文化，改革一些落后的风俗。为了这个，他决心把国都从平城（今山西大同东北）迁到洛阳。他怕大臣们反对迁都的主张，先提出要大规模进攻南齐。

有一次上朝，他把这个打算提了出来，大臣纷纷反对，最激烈的是任城王拓跋澄。拓跋宏发火说："国家是我的国家，你想阻挠我用兵吗？"拓跋澄反驳说："国家虽然是陛下的，但我是国家的大臣，明知用兵危险，哪能不讲？"拓跋宏想了一下，就宣布退朝，回到宫里，再单独召见拓跋澄，跟他说："老实告诉你，刚才我向你发火，是为了吓唬大家。我真正的意思是觉得平城是个用武的地方，不适宜改革政治。现在我要移风易俗，非得迁都不行。这回我出兵伐齐，实际上是想借这个机会，带领文武官员迁都中原，你看怎么样？"

拓跋澄恍然大悟，马上同意了拓跋宏的主张。

493 年，拓跋宏亲自率领步兵骑兵 30 多万南下，从平城出发，到了洛阳。正好碰到秋

雨连绵，足足下了一个月，到处道路泥泞，行军发生困难。但是拓跋宏仍旧戴盔披甲骑马出城，下令继续进军。

大臣们本来不想出兵伐齐，趁着这场大雨，又出来阻拦。拓跋宏严肃地说："这次我们兴师动众，如果半途而废，岂不是给后代人笑话。如果不能南进，就把国都迁到这里。诸位认为怎么样？"

宁懋石室武士图（局部）　北魏

平城的贵族中反对的还不少。他们搬出一条条理由，都被拓跋宏驳倒了。最后，那些人实在讲不出道理来，只好说："迁都是大事，到底是凶是吉，还是卜个卦吧。"

拓跋宏说："卜卦是为了解决疑难不决的事。迁都的事，已经没有疑问，还卜什么？要治理天下的，应该以四海为家，今天走南，明天闯北，哪有固定不变的道理？再说我们上代也迁过几次都，为什么我就不能迁呢？"贵族大臣被驳得哑口无言，迁都洛阳的事，就这样决定下来了。

494 年，拓跋宏把国都迁到洛阳以后，决定进一步改革旧的风俗习惯。有一次，他跟大臣们一起议论朝政。他说："你们看是移风易俗好，还是因循守旧好？"咸阳王拓跋禧说："当然是移风易俗好。"

拓跋宏说："那么我要宣布改革，大家可不能违背。"接着就宣布几条法令：一、改说汉语。三十岁以上的人改口比较困难，可以暂缓，三十岁以下、现在朝廷做官的，一律要改说汉语，违反这一条就降职或者撤职；二、规定官民改穿汉人的服装；三、鼓励鲜卑人跟汉族的士族通婚；四、改用汉人的姓。北魏皇室本来姓拓跋，从那时候开始改姓为元。拓跋宏改名为元宏，就是用了汉人的姓。

这种大刀阔斧的改革，使北魏政治、经济有了较大的发展，也进一步促进了鲜卑族和汉族的融合。

有魄力的孝文帝

北魏太子元恂不喜欢学习，长得身肥体胖，受不了河南夏天的炎热，经常思念回到北方去。元宏赐予元恂汉人的衣服和帽子，他却常常私下里穿着胡服。高道悦多次恳切地劝谏元恂改装，元恂非常厌恶他。

不久，元恂与心腹密谋策划，叫来马匹骑上直奔平城，亲手把高道悦杀死在宫殿之中。中领军元俨严守门禁，以防止事态扩大，到了夜间才平定下来。次日天刚亮，陆琇急忙骑马去向元宏汇报，元宏一听大吃一惊，但没有声张其事。

元宏不动声色地召见元恂，数说了他的罪过，并且亲自与咸阳王元禧轮番把元恂打了一百多棒，然后命人把他扶着拽出去，囚禁在城西，一个多月之后，元恂方才可以起床。

北魏礼佛图

一年后，孝文帝巡视代地，中尉李彪上奏说，太子又与左右谋逆。已经对元恂大感寒心的元宏不问真伪，派兄弟元禧携诏书毒酒，于河阳监所赐死元恂，时年十五岁，“以粗棺常服”，随便找个地方将元恂埋掉了。

497年夏天，元宏见改革顺利进行，于是发兵二十万，直向南朝杀来。

元宏的南伐没取得多大成功，在宛城还被南朝南阳太守房伯玉埋伏的虎纹衣士兵差点暗杀掉，受惊匪浅。不久，南朝齐明帝崩，笃信儒教的孝文帝下诏称：“礼不伐丧。”引兵而还。回军途中，元宏因为四处征伐太过劳累，忽患重疾，便赴邺城养病。

498年，孝文帝回到洛阳，不顾自己病躯未愈，一进城就召任城王元澄，问他说：“朕离京以来，风俗有改变吗？”元澄谨答：“圣化日新。”

元宏说：“朕入城，见车上妇人犹戴帽，穿小袄，依旧北鲜卑的装束，如此又怎谓‘日新’？”元澄回答道：“穿鲜卑旧服的人少，不穿的多。”元宏不以为然，语重心长地说：“如果放任自流，满城妇人肯定都会穿回鲜卑旧服！”

四月间，元宏感觉自己身体有所恢复，又御驾亲征，想完成他统一中原的梦想。行至梁城，病势加重，只能北还。

499年，元宏病危，将国事托付给兄弟元勰后，便去世了。死后谥号孝文帝。

孝文帝对他的几个弟弟非常爱护，彼此始终没有产生隔阂。一次，他曾对元禧等人说：“我死之后，子孙们如果不肖，你们看情况而办，可以辅佐则辅佐，不可辅佐则取而代之，千万不要让江山为他人所有。”

元宏常常说：“一国之主患在不能用心公平，以诚待人。如果能做到这两点的话，即使是胡、越之人也可以使他们成为兄弟。”他用法严厉，对于大臣们，只要有罪绝不姑且宽容。但是，如果别人有小过失，又常能宽大而不计较。

有一次，他在饭中发现了虫子，又有一次手下人进羹时不小心烫了他的手，他都笑而宽恕，没有治罪。衣服穿旧了，浆洗一下仍旧穿用，坐骑的鞍勒唯用铁木而已。

南朝：萧鸾夺权

齐高帝萧道成死后。483年，其子萧赜继位，是为齐武帝。齐武帝萧赜从小随父亲在军中长大，亲眼看到了刘宋的亡国，知天下来之不易，所以在位的时候能兢兢业业。高、

武二帝在位期间，是萧齐王朝的全盛时期。在这期间，社会比较安定，政治也比较清明，经济也有所恢复和发展。齐武帝在位十一年，号称“太平天子”。齐武帝死后，他的子侄便不断发生争夺皇位的斗争，这也是使南齐仅仅存在二十四年的原因之一。

齐武帝永明十一年(493)七月，齐武帝病重。在他即位之初，就把长子萧长懋立为太子，作为自己的继承人。

太子忠厚仁孝，处事练达，很受朝野爱戴，从未出过差错。然而，这年正月，太子萧长懋却病死了。太子去世后，齐武帝立太子的长子萧昭业为皇太孙，萧昭业待人接物也颇知礼节。齐武帝很喜欢这个长孙，有意以他为皇位继承人，但齐武帝对皇长孙能否担起国家大计心中也没有底。齐武帝的次子萧子良历任会稽太守、丹阳尹、扬州刺史、司徒等职，善于延揽人才，他麾下的沈约、王融、萧衍、范云等，皆是当时著名的才学之士。为了避免出乱子，齐武帝还是决定立皇长孙萧昭业为皇位继承人，让竟陵王萧子良辅佐他。

齐武帝病情加重，他命令竟陵王萧子良带甲仗入延昌殿侍奉医药，以防不测。萧子良以萧衍、范云、王融等为帐内军主，协助他处理事务。

萧衍的父亲萧顺之，是南齐高帝萧道成的族弟，曾经做过侍中、卫尉等高官。萧衍从小就很聪明，喜欢读书，是个博学多才的少年，尤其在文学方面很有天赋。年轻时的萧衍与沈约、谢朓等七人号称“竟陵八友”，其中的沈约后来写了《宋书》《齐纪》等书，谢朓则是这时期有名的诗人。

在两晋南北朝时期，门第观念非常重，不是名家大族的人，想做官比登天还难。萧衍因为他的家族背景，刚做官时就是在卫将军王俭手下。王俭见萧衍很有才华，言谈举止也很出众，就提拔他做了户曹属官。因为萧衍办事果断机敏，和同事以及上司关系融洽，不久又被提升为随王的参军。当年，萧衍的父亲萧顺之受猜忌郁郁而终，萧衍对此心怀怨恨。父亲死后，萧衍便不复出入官场，守丧三年，后虽为竟陵王萧子良征用，升任太子庶子和给事黄门侍郎，但心中却另有算盘。他要报复，萧衍韬光养晦，时刻等待着报复的机会。

齐武帝进入弥留状态。当时，皇太孙萧昭业不在齐武帝身边。王融想假传圣旨立萧子良为帝，登基诏书都已经写好了。萧衍明确地表明了自己对王融擅行废立的反对态度，可他的朋友范云对王融篡改诏书一事持支持态度。

皇太孙萧昭业听说齐武帝病危，匆匆赶来。王融声言皇上有旨：无论何人，不得擅入宫门一步。不久，齐武帝又从昏厥中苏醒过来。见皇太孙不在身边，知道情况有变，急命近侍速召皇太孙率甲士入宫，并把朝廷大事委托给尚书左仆射西昌侯萧鸾。嘱咐完这一切，武帝才死去，时年五十四岁。

萧鸾听到这个消息，驾车驰至宫门。王融前来阻挡，萧鸾推开众人，拥皇太孙闯入宫内。接着，萧鸾召集群臣上朝，将萧昭业扶出皇宫，群臣在萧鸾的指挥下三呼万岁，萧昭业登上了皇帝宝座。萧昭业即位十余天，就下令诛杀了王融。对于王融的如意算盘和悲惨结局，萧衍原来就已经推算出来了，他的好友范云由此对他异常敬佩。

西昌侯萧鸾是齐高帝萧道成的侄子，他幼年丧父，由萧道成抚养长大。由于他生活

刻烛赋诗　南北朝

朴素，办事干练，齐武帝很看重他。萧子良性情仁厚，笃信佛教，喜爱文学，不愿为国事操劳，就向齐武帝推荐萧鸾。可见，萧子良并无心夺取帝位，王融乃是自作多情。竟陵王萧子良受王融牵连，遭萧昭业疑忌。萧子良身为宰辅之臣，倍受猜忌，根本不敢有所作为。齐武帝死后不久，他也很快忧惧而死，死时年仅三十五岁。

文惠太子萧长懋生前对萧昭业管束比较严格。萧昭业费用不足，便私下向富户筹借，人们慑于他的淫威，谁也不敢不借。文惠太子生病后，他亲奉医药，哀声戚戚，愁容满面。但一回到私宅，他便照样寻欢作乐。文惠太子死，齐武帝亲往东宫吊唁。萧昭业跪拜迎接，放声痛哭，几度昏厥。齐武帝见状，分外怜爱，搂着他，劝他节哀。齐武帝走后，他依然寻欢作乐。

历史小常识:《宋书》

《宋书》是纪传体正史。南朝梁沈约撰。全书一百卷，有纪、传、志，无表。纪传部分成书草率，叙事多忌讳，所载多为诏令章奏等，颇为冗长；但宋志三十卷，上追三代秦汉，予魏晋最详，可补《三国志》无意之缺。此书在长期流传中，有所残缺，后人取《南史》等书补足卷数。

到此为止我们了解了这个萧昭业，也就知道他即位以后，会是什么样子了。他经常与左右侍从微服出游，玩些荒唐的游戏。齐武帝在位时，皇室用度也很节省，国库积蓄的钱达五亿万之多，金银布帛也不可胜计。萧昭业即位后，只一年多的时间就把国库积蓄糟蹋得一干二净。

萧昭业宠幸中书舍人綦毋珍之等人。綦毋珍之所提的建议，没有不被采纳的。他公

开卖官鬻爵，甚至不通过皇帝，擅自将宫内财物据为己有。由于他权势熏天，所以一些官吏私下互相告诫：“宁拒至尊（皇帝）敕，不可违舍人命！”萧昭业又以宦官徐龙驹为后阁舍人，让他日夜陪伴自己。有封，徐龙驹代萧昭业批阅奏章，左右侍从恭恭敬敬地侍候着，简直和皇帝没有什么两样。由于萧昭业不理政事，所以朝廷大事皆决断于辅政大臣西昌侯萧鸾。萧鸾见萧昭业荒淫无道，屡次诤谏，但萧昭业并不听从。

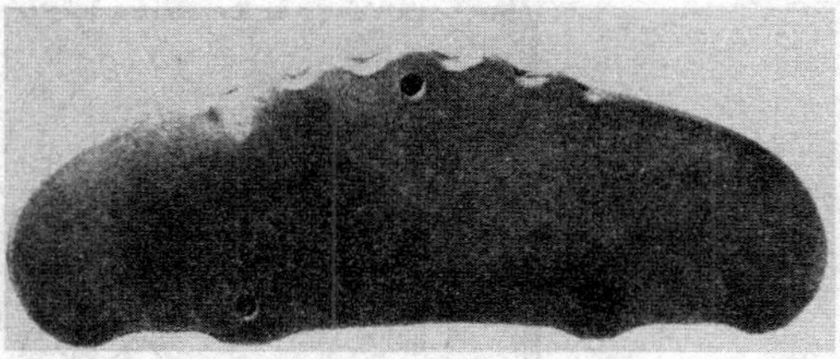

玉云形珩　南朝

不久，萧鸾搜寻徐龙驹、周奉叔、綦毋珍之等人的罪状，诛杀了他们。萧昭业见自己的亲信陆续被杀，便怀疑萧鸾有异志想除掉他，但计谋未定，政变就发生了。

萧鸾倍受疑忌，愤懑之余，便生废立之心。行此非常之事，他首先想到的便是萧衍。萧衍对皇室有仇怨的心事早已被萧鸾看破。萧衍开始假意表示反对，他说：“废立皇帝是大事，不能轻率从事，现在废立难免会遭到众王爷的反对。”

萧鸾则说：“现在的众王爷没什么才能，只有随王萧子隆文武兼备，而且占据荆州。如果把他召回来，就万事大吉了，但怎么才能让他回来呢？”

萧衍认为随王徒有虚名，并无真才干，他的属下也没有什么出色的人，只是依赖武陵太守卞白龙，但这个人贪图金钱，只要许诺高官厚禄，就可以把他召回来。没有了左膀右臂，随王到时候也会跟着回来。萧鸾对萧衍的分析很赞同，两人一拍即合，于是决定了废皇帝。

从此，他们经常策划于密室，商量废立大计。隆昌元年（494）七月二十日，萧鸾发动政变。他先派萧谌进宫，诛杀萧昭业亲信直阁将军曹道刚、中书舍人朱隆之等人。接着，自己率兵自尚书省进入云龙门，王晏、徐孝嗣、萧坦之等紧随其后入宫。

政变发生时，萧昭业听见外面的嘈杂声，他知道情况有变，急忙命令关闭内殿的所有门窗。可直到此时，他还不知道萧谌参与了政变，还派人传萧谌前来救驾。萧谌率兵闯入寿昌殿（皇帝寝殿），将萧昭业挟持出寿昌殿后，便把他杀了。萧昭业死时，年仅二十二岁。他的亲信弄臣，也被诛杀干净。二十一日，萧鸾以太后的名义追废萧昭业为郁林王，迎立文惠太子次子新安王萧昭文为帝。萧鸾以皇帝名义，封自己为骠骑大将军、开府仪同三司、录尚书事、都督、扬州刺史，晋爵宣城郡公。十月，又晋爵宣城王。从此，萧鸾独揽朝廷大权。萧昭文名为皇帝，实为傀儡，行动上没有丝毫自由，甚至饮食起居等生活小事，也要先报告萧鸾，得到准许后才能行动。

十月辛亥（初十）这一天，萧鸾以皇太后的名义，废萧昭文为海陵王。次日，萧鸾即皇帝位，改元建武，他就是齐明帝。这一年十一月，齐明帝诈称萧昭文生病，几次派御医前往探视，伺机谋害了他。

萧鸾称帝之后，没有忘记萧衍的谋划之功，把他提拔为中书侍郎，萧衍的地位开始显赫起来。

不久，北魏的孝文帝率领三十万军队亲自征讨南齐，沿淮河向东攻打钟离。齐明帝萧鸾先派左卫将军崔慧景、宁朔将军裴叔业领兵迎战。听到北魏军队分兵攻打义阳后，又派遣萧衍和平北将军王广之领兵救援。

王广之领兵进到离义阳百里之外时，听说北魏军队人强马壮，于是畏缩不前。萧衍则请求充当先锋，和北魏军队交战。王广之于是派部分军队归萧衍指挥，进兵义阳。

萧衍带领军队连夜抄小路赶到了距离北魏军只有几里地的贤首山，然后命令士兵将旗帜插满了山上山下。等到天一亮，义阳城中的齐军看到后，以为重兵已经赶到给他们解围来了，于是士气大增，马上集合军队出城攻击北魏军，同时顺风放火。这边的萧衍也趁机夹攻北魏军，萧衍亲自上阵，摇旗擂鼓助威，齐军士气高昂，个个奋勇杀敌。北魏军在齐军前后夹击下，溃不成军，只好退却。齐军最终取得了这场战役的胜利。萧衍也因战功而升任太子中庶子。

萧衍

497 年秋天，北魏军再次南下，接连攻下了新野和南阳，前锋直逼雍州（今湖北襄樊）。齐明帝萧鸾赶忙派萧衍、左军司马张稷、度支尚书崔慧景领兵增援雍州。

498 年，萧衍和崔慧景领兵与北魏军作战，在雍州西北的邓城被北魏的几万铁骑兵包围。萧衍知道城中粮草和枪械缺乏，就对崔慧景说："我们远道征战，本来就很疲惫，需要休整，现在又遇到强敌围困。如果军中知道粮草缺乏的实情，肯定会发生兵变。为防万一，我们还是趁敌人立足未稳，鼓舞士气杀出重围为上策。"

崔慧景却说："北方军队都喜欢游动作战，不会在夜里攻城的，不久自然退兵。"没想到，北魏非但没有退兵，反而开始增兵。崔慧景一看不妙，没有和萧衍商议，私自带着自己的部队逃走了。其他各部见统帅溜了，也纷纷逃散。萧衍无法控制局面，只好边战边退。北魏军在后边追赶射箭，齐兵死伤惨重。

最后，萧衍退到了樊城才得以站稳脚跟。这次战败后，齐明帝没有责怪萧衍，而是让他主持雍州的防务，任雍州刺史。从此萧衍就有了一块固定的根据地，这为他势力的发展奠定了基础，成为日后争夺齐政权的资本。

南朝换代，北魏分裂

荒唐的萧宝卷

萧鸾于 494 年即位后，便压制宗室力量，设立典签监视诸王，并且在任期间屠杀宗

室，萧道成与萧赜的子孙都被萧鸾诛灭。萧鸾在任内长期深居简出，要求节俭，停止各地向中央的进献，并且停止不少工程。萧鸾晚年病重，相当尊重道教与厌胜之术，将所有的服装都改为红色，而且萧鸾还特地下诏向官府征求银鱼以为药剂，外界才知道萧鸾患病。498 年萧鸾病故，葬于兴安陵。

498 年，萧宝卷（483～501）即南齐皇位，时年十六岁，他就是中国历史上鼎鼎大名的东昏侯，著名的荒唐皇帝，与前面的萧昭业相比有过之而无不及。在他的统治下，南齐加速了走向灭亡的进程。

萧宝卷的父亲萧鸾死时，遗命徐孝嗣为尚书令，沈文季为左仆射，江祐为右仆射，刘暄为卫尉，陈显达为太尉主持军政，始安王萧遥光与上述大臣同参内外大政。

萧宝卷登基后的第一件事是为父亲办丧事。但他每每看见巨大的棺椁摆放在太极殿里，就很不高兴，因为那黑森森的棺材影响了他玩乐的心情，于是下令让速速拉去陵墓里埋掉。但古代礼法森然，停柩有固定的天数，徐孝嗣争执了好久，才使萧鸾的棺材又多摆放了一个月。其间，每当臣下祭拜或属国使臣临吊时，萧宝卷作为“孝子”，应该在旁“临哭”，但每次他都推称“喉痛”，只是在一旁站立，装装样子。

太中大夫羊阐是个秃头，一次哭拜时官帽落地，露出了光头.萧宝卷顿时哈哈大笑起来，对左右说：“秃羊啼叫了！”大臣们心中惊疑不已，从未见过这样的“孝子”和皇帝，而且是在如此庄重肃穆的场合。

萧宝卷在东宫当太子时就十分顽劣，讨厌读书写字，最喜爱的事情就是半夜里和几个小太监一起挖洞抓耗子。

萧鸾临死时虽然安排了贤明的大臣辅政，但同时又提醒萧宝卷，要他“做事不可在人后”，即对属下王公大臣要果于诛杀，不能先被别人算计废杀掉。萧宝卷对于父亲临终的这番话倒是身体力行，凡是劝谏他不要过度玩乐的人，一律诛杀。

双耳玉杯　南朝

萧宝卷性格内向，加上有些口吃，因此平时很少说话，只喜欢出宫闲逛，可是却不允许任何人看到他。每次出宫都先行戒严，为了预防有人从门缝偷看，凡他经过的街道，两旁房舍都要空出来。萧宝卷每个月都要这样出游二十多次，而且忽南忽北，忽东忽西，时常夜游。一次一个孕妇来不及躲避，被萧宝卷看见了，下令剖腹，母子齐死。

在辅政大臣中，徐孝嗣待人处事圆滑周到，不露棱角，因此虽然官高名显，却始终平安。许准看到萧宝卷残暴，劝说徐孝嗣另立新帝。徐孝嗣长久迟疑难决，以为欲行此事一定不能动用干戈，必须是等待皇帝出游的机会，关闭城门，召集群臣百官在一起商议，把萧宝卷废掉。

徐孝嗣虽然有此想法，但是终究不能决策而行。萧宝卷身边的那帮宠信之徒也对徐孝嗣渐渐厌憎。沈文季以年纪大且有病在身为由，不参与朝政，沈昭略对他说："叔父你年纪才六十岁，身为仆射而不管事，你想以此而免祸自保，岂能办得到呢？"沈文季笑着不吭声。

不久，萧宝卷把徐孝嗣、沈文季、沈昭略三人召入宫去，赐给他们毒酒。沈昭略愤怒不已，骂徐孝嗣说："废掉昏君，另立明主。这是从古到今的宪章大法，全因你这做宰相的无能，以致我们才有今日。"接着把酒瓯砸到徐孝嗣脸上，并且说："我让你死了也做一个破了面的鬼！"徐孝嗣喝了毒酒，一气喝了一斗多才死去。徐孝嗣的儿子徐演娶了武康公主为妻，另一个儿子徐况娶了山阴公主为妻，但是都受父亲牵连而被杀。沈昭略的弟弟沈昭光听说抓捕的人来了，家中人劝他逃走，但是他不忍心丢下自己的母亲，就进入屋中，拉着母亲的手悲声哭泣，抓捕者进来把他杀了。沈昭略哥哥的儿子沈昙亮逃走了，已经得以幸免，但是听说沈昭光死了，叹息地说："家门遭受如此屠灭，我还活着干什么呢？"于是扼断自己的喉咙而死。

萧宝卷最宠幸的妃子姓俞，乐户出身。萧宝卷听说宋文帝有个潘妃，得以在位三十年，于是就改称俞姓女子为潘贵妃。萧宝卷平素称呼潘妃的父亲俞宝庆为阿丈，呼宠臣茹法珍为阿兄，这些人常在小皇帝左右捉刀应敕，时人谓之"刀敕"。

潘贵妃

萧宝卷常戎服骑马前往诸刀敕家中游宴，婚丧嫁娶无不参加。一次前往俞宝庆家里，小皇帝自己跑到井边打水，给厨子做饭打杂，嬉笑互骂，没有一点儿帝王架子，与奴同乐。后宫之中，天下珍奇相聚，骇人眼目。

一次宫内失火，烧毁了华林至秘阁的殿宇三千多间。萧宝卷趁机大造新殿。其中专门为潘妃建造的就有神仙、仙华、玉寿三座宫殿，都是金碧辉煌。其中玉寿殿中的飞仙帐，四面织锦彩绣，窗间尽画神仙飞舞飘荡，殿内的一切书字、灵兽、神禽、风云、华炬等都是用纯金纯银打制。小皇帝还命人把宫内外的玉饰和佛寺中的宝物全部凿剥下来，重新剖剔一新，装饰潘妃的宫殿。

萧宝卷还喜欢园林景致，在大暑天种树，朝种夕死，死而复种，最后没有一棵树活下来。为了保持园林常绿，他令人在城里城外大肆搜刮，见树就取，破门毁院，从居民家里把树木倒腾出来。不少几人合抱的大树，费尽人工移掘至宫内，没看上几眼就落叶荡尽。宫中的阶庭之内，全是细草铺地，绿色茵茵，这些都是刮取的草皮覆盖其上，太阳晒一天就枯死，每天每日需要不停更换，以保持常绿常新。

后来，萧宝卷还下令把园林山石都涂上彩色，远远望去五彩斑斓，很像是童话世界。又建紫阁等台阁，墙壁上绘满春宫图画，以供淫乐观赏之用。

由于潘妃之父是小商贩出身，潘妃自小就喜爱市场买卖的热闹景致。萧宝卷专门为她在皇宫后花园设立店肆，模仿城内集市的样子，放置所有日用百货杂物，与宫人太监一起假装商贩立于店内高声吆喝。潘妃充任市令（市场管理员），萧宝卷自己做市吏录事（管理员助手），时不时还“扭送”几个“打架争吵”的“商贩”到潘妃前听候处罚。萧宝卷自己有过错，潘妃也怒目圆睁大声叫打，萧宝卷很惧内，只得暗中吩咐从人，不能在潘妃发怒时用大荆棍对他施刑。

在集市内游走时，潘妃坐小轿，萧宝卷戎服乘马跟随伺候。潘妃喜欢在小酒肆内当老板娘酿酒，萧宝卷就立于肉案后，当屠夫切肉，玩得有模有样，不亦乐乎。

南齐各地纷纷造反

始安王萧遥光见辅政大臣接连被杀，心中惊惧。这时，萧宝卷又下诏召他返回建康议事，更让他相信小皇帝要杀自己，于是索性起兵造反。

萧遥光率兵连夜攻占建康东城，由于出其不意，开始时很顺利，但由于本性怯懦，没有乘胜攻入禁宫，丧失了最好的机会。天一放亮，台军（首都禁卫军）全部集结起来，本来兵锋占优势的萧遥光一日之内兵溃退走，最后跑到床下躲避，被兵士搜出砍了头。从起事到被杀，全部加上才不过四日。

南朝仪仗画像砖

萧遥光是萧鸾的侄子，少年时便和萧宝卷吃住在一起，感情很深，萧宝卷常昵称萧遥光为“安兄”。萧遥光被杀后，萧宝卷登上旧时和萧遥光一起玩耍的旧宫土山，遥望萧遥光被杀的东府，怆然呼唤“安兄”，黯然泪下。萧宝卷此种“正常人”的举止，史书上仅此一件。

平灭萧遥光后，萧宝卷觉得宰杀大臣太容易了，在不到一个月内，又杀掉本来参与镇压萧遥光叛乱的功臣刘暄、萧坦之和曹虎等大臣。杀刘暄时，萧宝卷有些犹豫：“刘暄是我的亲舅，怎么会谋反呢？”一个侍卫说：“明帝乃武帝同堂（指萧宝卷之父齐明帝与齐武帝是堂兄弟），恩遇如此，犹灭武帝之后，舅舅又怎么可信呢？”于是萧宝卷族灭刘暄。

此时，六位顾命大臣中只剩下太尉陈显达一人了。陈显达谦厚有智谋，自以为寒人出身而位居大官，每次升迁都有愧惧之色。他常常嘱诫自己的儿子：“我本意不及此，汝等勿以富贵凌人！”萧宝卷即位后，陈显达在外督军进攻北魏，杀伤无数，惊得魏孝文帝亲自率十余万大军增援，虽然最后陈显达被击退，但累得大名鼎鼎的孝文帝回去后不久就病死了。

祖冲之

陈显达在听闻徐孝嗣等人的死讯后，感到祸之将至。499 年 11 月，陈显达于寻阳起兵数万，在采石与朝廷军相遇交战，大胜，建康上下震恐。由于身经百战，陈显达太过轻敌，即刻北上袭城，一时间禁宫四门紧闭。陈显达只带数百步兵，在西州前与台军大战，七十多岁的老人挥矛如飞，矛杆杀断后拿着矛尖还杀掉十多人。不久，增援的官军来到，陈显达不支败走，被杀于乌榜村，随后被满门抄斩。

诛杀陈显达后，萧宝卷更加骄恣放荡，觉得自己帝位稳固，是上天的旨意。一月之中，他出外游玩的时间竟有二十几日之多。萧宝卷自小爱玩，身体十分强壮，他爱玩一种叫“担幢”的游戏，即做白虎幢高七丈五尺，左臂右臂来回担玩。后来觉得不过瘾，又把几十斤重的白虎幢移到牙上担玩，拆掉了好几颗牙齿，仍旧担玩不已。

由于萧宝卷数次诛杀大臣，豫州刺史裴叔业很惊惶，以寿阳城投降了北魏。萧宝卷闻讯，派护军将军崔慧景前去讨伐。崔慧景也是三朝老臣，出城后大喜过望，说：“此脖项终能免于被这群小辈所砍！”

萧宝卷的三弟江夏王萧宝玄当时坐镇京口，听说崔慧景带兵北行，就发密信劝他造反。崔慧景见信大喜，立即掉头返回，攻下东府、石头、白下、新亭诸城，包围建康。萧宝玄是萧宝卷的亲弟弟，娶了徐孝嗣的女儿为王妃。徐孝嗣被杀后，女儿也被株连。萧宝卷把自己用过的两个姬侍送给萧宝玄做妻子，萧宝玄因此又恨又羞，起了取而代之的想法。

众军包围都城后，都劝崔慧景发火箭烧掉北掖楼，城崩后就可直入城里。崔慧景觉得胜利在望，入城后立了新帝又要重新造楼太浪费，不用此计。他本人又好佛理，有南朝人清谈的习惯。大战前夜，竟住在法轮寺与宾客高谈玄言，诸将怨恨失望。

萧衍的哥哥萧懿当时屯兵小岘，闻讯后即刻带兵驰援，从采石渡江，凌晨时分进战，率兵大破崔慧景军。崔慧景单骑逃至蟹浦，被渔人杀死。

历史小常识:祖冲之和圆周率

继刘徽之后,又出现一位著名的数学家,他的名字后被用来命名月球上的一座环形山,这就是祖冲之(429~500)。祖冲之以其认真、钻研的精神,在吸收前人研究的成果的基础上,不迷信,不盲从、查其究竟,继续推算圆周率。计算出圆周率的近似值在3.1415926~3.1415927之间,成为世界上第一个把圆周率精确到小数点以后第七位数字的杰出数学家。这是当时最为精确的圆周率数值,直到一千多年后,德国数学家奥托才求得。祖冲之的贡献纪录在他的专著《缀术》之中。该书不但是唐朝的教科书,而且在古代朝鲜、日本也曾是教科书。

萧宝玄也被擒获,萧宝卷把这个三弟招入后堂,用步障把他围起来,令数十太监敲鼓鸣叫绕行鼓噪,告诉他说:“前几天你和崔慧景包围我时,我就是这种感觉。”隔了几天,萧宝卷越想越气,派人杀掉了萧宝玄。

萧衍灭南齐

萧懿平灭崔慧景之乱后,获封尚书令,又掌卫尉(禁军司令)。茹法珍等人忌惮萧懿的威仪,撺掇萧宝卷杀掉他。有人得知消息后,在江边准备小船,劝说萧懿逃往弟弟萧衍处,萧懿不信,说:“自古皆有死,哪有尚书令叛逃的?”

达摩一苇过江

果不其然,萧宝卷派卫士于宫中赐毒药给萧懿。萧懿愚忠,在喝下毒酒之前,还说:“我弟弟萧衍现在在襄阳,以后必反,我深为朝廷忧之。”

萧衍听说兄长被杀,起兵直发都城。由于萧宝卷不停地诛戮功臣武将,人人自危,纷纷投降。萧衍挟持南康王萧宝融为天子(明帝第八子,时年十四岁),连破竟陵、江陵,在湘中诸军相会,直压汉口,并攻克都城门户郢州。

郢州失陷后,萧宝卷一点也不慌张,依旧驰马游玩,他对茹法珍说:“一定等敌军来到白门前(建康城西门),我才要和他决一死战!”

待到萧衍兵临城下,萧宝卷才招集兵马固守城池。由于投降萧衍的太多,萧宝卷于是把监狱内的囚犯放出来,发给兵器充当守城军士,其中那些不可赦免的死囚,就近在朱雀门前被砍头,一天之内,百余人被杀。

501年,萧宝卷派征虏将军王珍国等迎敌,让宦官王宝孙持自己的白虎幡督战。萧衍将士死战,王珍国等人大败,淹死于秦淮河的南齐兵士不计其数,致使萧衍的兵士踩着浮尸就可以冲过河去。

萧衍长驱直入，围攻建康六门。萧宝卷派人烧毁城内营署，驱逼士民，逃入宫城内紧闭四门守城。当时宫城内仍旧有甲士7万多人，萧宝卷又喜欢打仗，外面攻城时还不断与卫士、宫人在华光殿前演习战斗格杀。他自己身着戎服，以金银为铠胄，遍插羽毛、宝石装饰，跟平常一样不慌不忙。听见城外攻城鼓声阵阵，他就穿着大红袍登景阳楼往城外眺望观赏，几乎被飞弩射中。

达摩面壁图

萧宝卷之所以心中有底，是因为先前的陈显达、崔慧景等人的围城攻伐都以失败告终，他觉得自己是天命之子，萧衍肯定也不会例外，必败无疑。萧衍围城前，他不以为意，连粮草都没准备。

平日，萧宝卷总是喜欢赏赐左右钱财，而且动不动就以亿万计。但这时，萧宝卷不知怎么突然吝啬起来，不肯出钱物赏赐守城的军士。茹法珍情急，叩头请求他出金银赏赐属下，萧宝卷回答说："贼来只是要我一个人的命吗？干吗只找我要东西？"

历史小常识：达摩

达摩，全称菩提达摩，南天竺人，婆罗门种姓，自称佛传禅宗第二十八祖。南朝梁武帝时航海到广州。梁武帝信佛，达摩至南朝都城建康会梁武帝，面谈不和，遂一苇渡江，北上北魏都城洛阳，后出禹门游化终身。达摩在中国始传禅宗，经二祖慧可，三祖僧、四祖道信、五祖弘忍、六祖慧能等大力弘扬，成为中国佛教最大宗门，后人便尊达摩为中国禅宗初祖，尊少林寺为中国禅宗祖庭。史上还流传下来不少关于达摩的故事：一苇渡江、面壁九年，断臂立雪，只履西归等。

萧宝卷的后殿有数百张大木板，士兵们想拿去加固城防，但萧宝卷硬是不准，说这些木头要留着做殿门用，还催促御府赶制300人的精仗，准备萧衍败退后庆功时给仪仗队用，并大施金银宝物雕饰仪仗铠甲。城内人闻讯后，莫不愤恨，都想逃亡投降。

退败守城的王珍国等人听说这个消息，害怕自己被杀，就密谋串通宫内的宦官和侍卫一起，先下手为强。

几天后，萧宝卷刚刚在含德殿吹笙唱歌完毕，躺下还未入睡，一行人就叫喊着冲入殿中。萧宝卷感觉不妙，翻身跳起，从北门跑出想逃往后宫，这才发现大门已闭，手中也没

有武器。这时叛兵纷纷上前，萧宝卷很快挨了一刀，躺在地上后还口中大喊："奴才要造反吗？"

兵士们大刀在手，二话没说，挥刀就把这位皇帝的脑袋剁下了。众人用浸过油的黄绢包起他的首级，派人送给萧衍投降（浸过油的黄绢透明，以便萧衍辨认）。

萧衍于是进城，斩了潘妃、茹法珍等人，又以宣德太后令，废萧宝卷为东昏侯，立萧宝融为皇帝。

梁武帝舍身事佛

萧衍在攻占首都建康后，立萧宝融为帝，是为和帝。自己则升任大司马，掌管中外军国大事，还享有带剑上殿的特权，不用向皇帝行叩拜大礼。

萧衍虽然大权在握，也想废和帝自己做皇帝，但并没有急于求成，而是静待时机。好友沈约知道他的心事，便委婉地向他提起此事。第一次时，萧衍虽心中高兴，但还是装糊涂推辞过去了。第二次沈约提起时，萧衍犹豫片刻，后来也就答应了。

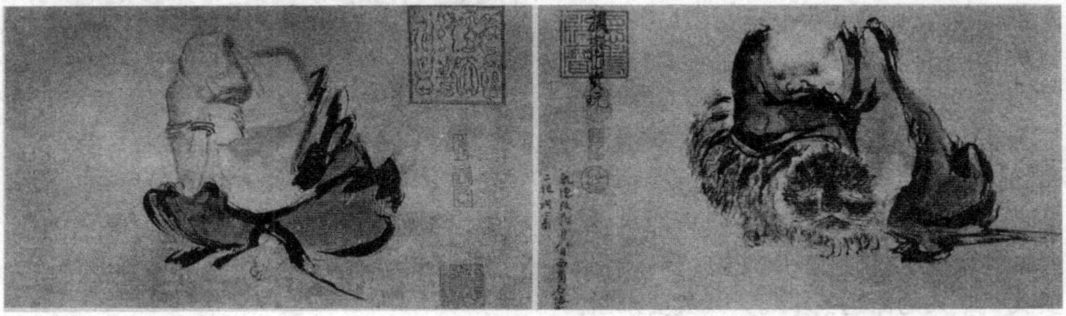

二祖调心图

沈约于是告知了范云，两人都同意拥立萧衍做皇帝，萧衍知道后很是高兴。在他们谋划的过程中，萧衍竟然贪恋起原来宫中的两个美女来，把头等大事忘到了脑后。范云知道后很着急，又找到萧衍，说明利害，这才使萧衍下决心灭掉齐，免得夜长梦多。

范云和沈约一面逼萧宝融禅位，一面在民间大造舆论，说萧衍奉天命应当做皇帝。等萧宝融的禅让诏书送到后，萧衍假装谦让。于是，范云带领上百名大臣，再次上书称臣，请求萧衍早日登基称帝。太史令也陈述天文符谶，证明他称帝合乎天意，萧衍这才装着勉强接受众人的请求，在 502 年，正式在都城的南郊祭告天地，登坛接受百官跪拜朝贺。自己称帝，建立梁朝取代了南齐。

萧衍废掉萧宝融，然后，派人给萧宝融送去金子，逼其吞金自尽，继而对外谎称是病死的，追认为和帝，并按照皇帝的规格举行了丧礼。

萧衍虽然杀了萧宝融，但对前朝宗室还不算太残忍，毕竟自己与他们同属一宗，不过是宗属稍疏罢了。萧道成一系的支属萧子恪兄弟十余人，均被授以清闲之官，得以安度生活。

萧衍做了皇帝后，很勤于政务，而且不分冬夏春秋，总是五更天起床，批改公文奏章，在冬天把手都冻裂了。为了广泛地纳谏，听取众人的意见，萧衍下令在门前设立两个盒

子(当时叫函),一个是谤木函,一个是肺石函。如果功臣和有才之人,没有因功受到赏赐和提拔,或者良才没有得到使用,都可以往肺石函里投书信;如果是一般的百姓,想要给国家提什么批评或建议,可以往谤木函里投书。

当时梁朝的法律十分严酷,并且株连犯罪,不管老幼一概不免,一人逃亡,全家以身抵押服劳役。百姓既然被逼迫得走投无路,各种作奸犯科的窃盗反乱案件就更严重了。一次萧衍去郊祀,有一个秣陵老头借此机会拦住御驾讲道:"陛下执法,对庶民太严酷,对权贵则太宽松,这不是长久之道。如果能打一个颠倒,则天下大幸呀!"

萧衍于是考虑对百姓执法加以放宽,下诏说:"自今开始,流放之家以及罪该以身抵押服劳役者,如果有老人或小孩,可以把他们除外。"

萧衍的节俭也是出了名的,史书上说他"一冠三年,一被二年",不讲究吃穿,衣服可以是洗过好几次的,吃饭也是蔬菜和豆类,而且每天只吃一顿饭,太忙的时候,就喝点粥充饥。

萧衍很重视对官吏的选拔任用,要求地方的长官一定要清廉,并且经常亲自召见他们,训导他们遵守为国为民之道,清正廉明。为了推行自己的思想,萧衍还下诏书到全国,如果有小的县令政绩突出,可以升迁到大县里做县令。大县令有政绩,就提拔到郡做太守。政令执行起来后,吏治状况得到显著改善。

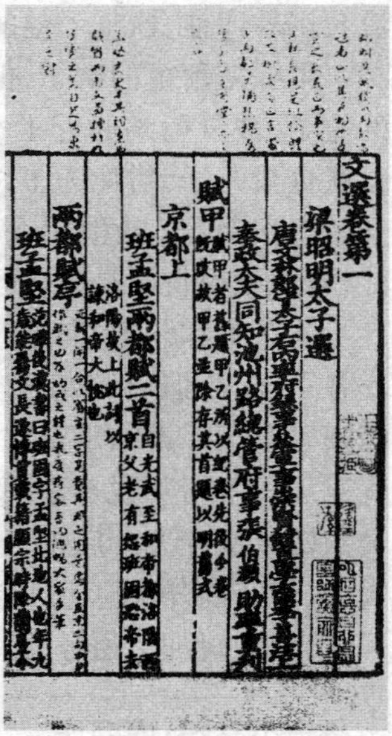
文選卷第一
梁昭明太子選
賦甲
京都上
班孟堅兩都賦二首
兩都賦序

《文选》书影

不过,萧衍的猜疑心很重,总害怕开国功臣们要夺他的皇位。对于范云和沈约,萧衍也没加重用。范云是在梁建国后就病逝了,而沈约非但没能主持朝政,还经常受萧衍的斥责,后来也病死了。

北魏发生内乱以后,南方的梁朝曾经几次起兵北伐。但是梁武帝指挥无能,不但不能恢复土地,反而死伤了无数军民。北魏分裂后,也没有能力再进攻南方,梁朝才有一个比较长的安定时期。

梁武帝看到宋、齐两个朝代都因为皇族之间互相残杀而发生内乱,他就对自己的亲属格外宽容。

萧衍对功臣吝啬,但对自己的亲戚却是格外照顾,甚至不惜徇私护短。萧衍的六弟临川王萧宏窝藏杀人凶手,萧衍不但不加惩罚,反而加封官职,妄加纵容。萧宏于是更加肆无忌惮地胡作非为,谋划着篡夺萧衍的皇位,结果在派人刺杀萧衍时事情败露。萧宏因为极度恐惧,得病而死。萧衍在没有子嗣的时候,抚养了萧宏之子萧正德。萧正德从小就很粗野阴险,萧衍即位后,他一心想成为东宫太子。

不久萧衍的长子萧统出生,萧正德于是被交还父母,并被赏赐西丰侯的爵位。但萧正德心中愤恨不平,一直藏有谋反之心。这一年,萧正德由黄门侍郎升为轻车将军,不久他逃奔北魏,自称是被废弃的太子,前来避祸。

萧统（昭明太子）

北魏尚书萧宝寅上表朝廷说："伯父是皇帝，父亲是扬州刺史，而他却丢下亲人，远远地投到别的国家来，岂有此理！不如杀了他。"萧正德于是又从北魏逃了回来。萧衍流着泪教诲他，恢复了他的爵位。

萧综是萧衍的次子，但他的母亲吴淑媛原来是东昏侯的妃子，被萧衍纳为妃七个月后，生下了萧综。但萧衍很喜欢这个儿子，封他为王，还做了将军。不久吴淑媛失宠，开始怨恨萧衍，就把七个月生萧综的事告诉了儿子。从此，萧综觉得自己是东昏侯的儿子，和萧衍逐渐疏远。

不久梁和北魏在边境发生冲突，萧衍让萧综领兵，督率各军作战，但萧综却投奔了北魏。北魏很高兴，授予萧综高官厚禄。萧综于是改名为萧缵，并表示要为东昏侯服丧三年。萧衍听说后非常生气，撤销了给他的封号，还把吴淑媛废成庶人。后来，萧衍听说萧综有要回来的意思，就让吴淑媛给他送去小时候的衣服，但萧综却不愿意回来。不久吴淑媛病逝，萧衍又起了恻隐之心，下诏恢复萧综的封号，给吴淑媛加了谥号为"敬"。

历史小常识：灌钢法

大约在东汉末出现"灌钢"法的初始形式。南朝齐、梁时的陶弘景首先记载了灌钢法。南北朝的綦毋怀文对这一炼钢工艺进行了重大改进和完善。綦毋怀文，姓綦毋，名怀文，是中国南北朝时期著名冶金家。他曾用这种方法制成十分锋利的"宿铁刀"。据史书记载，綦毋怀文的炼钢方法是："烧生铁精。以重柔铤，数宿则成钢"。就是说，选用品位比较高的铁矿石，冶炼出优质生铁，然后，把液态生铁浇注在熟铁上，经过几度熔炼，使铁渗碳成为钢。由于是让生铁和熟铁"宿"在一起，所以炼出的钢被称为"宿铁"。灌钢法是中国古代炼钢技术上一个了不起的成就。

这两次打击对于萧衍来说是很大的，开始看破红尘，信仰佛教。527年，萧衍来到同泰寺，做了三天的住持和尚。自从信佛之后，萧衍不近女色，不吃荤，不仅自己这样做，还要求全国效仿，并要求以后祭祀宗庙不准再用猪、牛、羊，而要用蔬菜代替。理由是：皇帝吃素，神灵自然也吃素。

这个命令下达后，大臣们议论纷纷，都表示反对。最后，萧衍只得允许用面捏成牛羊的形状祭祀。

萧衍醉心佛事，在他统治的末年，建康"佛寺五百余所，穷极宏丽。僧尼十余万，资产丰富。所在郡县，不可胜言。"他还曾经屡次"舍身"，自进寺院为"寺奴"，而且一次比一次的时间要长。梁武帝决定舍身同泰寺为奴，他的朝臣"三表不许"，"于是内外百官共敛珍宝而赎之"。皇帝"舍身"，大臣们得公私齐凑钱财为他"赎身"，三次"赎"皇帝，共花费三亿多万的钱。佛教的盛行，让大批男丁为了逃避兵役、徭役而出家为僧，使梁朝国力每

况愈下。

恨石崇不见我

北魏孝文帝迁都洛阳以后，经济有了进步，同时也隐伏着危机。皇帝和鲜卑贵族们的生活日益腐化。孝文帝曾经两次调动大军攻打南齐，由于南齐军民的抵抗，无功而返。499年，南齐派兵攻打北魏。魏孝文帝带病抵抗，打退了齐兵。不久，孝文帝也病死了。魏孝文帝死后，魏宣武帝元恪继位，北魏又开始衰落。元恪一反孝文帝严格的做法，实行“宽以慑下”的政策，使政治日趋腐败，北魏统治者又走上了历史上大多数没落王朝的老路。武帝元恪的皇后胡氏生活奢侈、败坏朝纲。元恪死后，孝明帝元诩继位，因其年幼，胡太后临朝称制。

生活腐化。如高阳王元雍有僮仆六千人、妓女五百人，一食之费数万钱，外出时仪仗卫队几乎堵塞道路，回家后通宵达旦地歌舞饮宴。尚书令李崇也是腰缠万贯，却对人说：“高阳王一顿饭可抵我千日饭钱。”

吏治腐败，贿赂公行。吏部公开卖官，各有定价。大郡太守值两千匹绢，次郡一千匹，下郡五百匹。故被讥为“市曹”。

刺绣佛像供养人　北魏

由于北魏以前几代国力强盛，统治阶级搜刮了不少财富。有一次，胡太后偶然到库房去看，发现那里积累的绫罗绸缎多得用不完。就想出一个主意，下命令叫贵族大臣都到库房里来，把绫罗赏赐给他们。她规定各人凭自己的力气，拿得动多少就拿多少。这批贵族大臣是些贪得无厌的家伙，吵吵嚷嚷地都想多拿一些。可是，他们平时养尊处优，哪里拿得动许多绢匹。尚书令李崇、章武王元融两个人各背了一叠绢，累得汗流浃背，刚迈开两步，就连人带绢跌倒在地上。李崇伤了腰，元融别了腿胫，都躺在地上叫疼。

胡太后看了，派人把他们两人背上的绢匹全夺了下来。两个大臣偷鸡不着蚀把米，一个揉着腰眼，一个拐着腿，一步一拐空手出了宫门。宫里宫外的人看见了，都笑得前俯后仰。有胡太后带头，下面的贵族豪门，也互相比阔气。

西晋时代不是有大富豪石崇，北魏的河间王元琛，也要学石崇。他特地邀请贵族、大臣到他家宴会，宴席上用的食器，有水晶杯、玛瑙碗，都精巧华丽得出奇。元琛还请大家参观他的堆满金银绸缎的仓库。后来大家到他家的马厩一看，发现喂马的食槽也是用银子打的。

元琛一面领着大家看，一面对章武王元融说："大家都说晋朝的石崇富。我不恨自己见不到石崇，只可惜石崇没有见到我。"元融从元琛家里回来，觉得自己比不上元琛家富，懊恼得三天没有起床。

此时土地兼并严重，胡汉贵族地主和寺院僧侣地主竞相占夺耕地。北魏除太武帝拓跋焘一度毁佛外，其他诸帝都崇奉佛教，故各地寺院林立，僧尼众多。在迁都后的二十年中，全国有寺院三万所，仅洛阳就有一千三百六十七所，僧尼二百多万。

到了魏孝明帝即位，因为年纪太小，由他母亲胡太后临朝。胡太后是个专横奢侈的人。她相信佛教，认为佛法能减轻她的罪过。她在皇宫旁边造起一座气势宏伟的永宁寺。寺里供奉的佛像有用金子塑的，也有用白玉雕的，高的一座有一丈八尺。寺的旁边又建造了一座九十丈高的九层宝塔。每到夜深人静的时候，风吹动塔上的铃，发出的声音，十里以外都听得到。寺里有一千间僧房，都用珠玉锦绣装饰，叫人看了眼花缭乱。据说从佛教传到中国以后，像这样华丽的寺院，还从来没有过。

北魏的统治者，还动用大量人力物力，开凿石窟，建造佛像。在建都洛阳之前，他们花了三十多年时间，在云冈（在今山西大同武周山）开凿大批石窟，有大小佛像十万尊以上。从宣武帝到胡太后，又在洛阳伊阙的龙门山开凿石窟，建造佛龛。前前后后开凿了二十四年，花了八十多万人工。这些石窟和佛像表现了我国古代人民高度的雕塑艺术水平，但它也大大加重了当时劳动人民的负担。

北朝侯深平乱

那时候，北魏在北方边境设立了六个镇，派了将士防守。523年，沃野镇（今内蒙古五原北）的匈奴人破六韩拔陵（破六韩是姓）首先带领兵士杀死镇将，发动起义，其他五个镇的兵士也纷纷响应。反对北魏的起义势力越来越大。由于北魏勾结北方的柔然族人共同镇压，六镇兵士的起义失败了。

这时期的起义遍布北方各地，名号繁多，主要有四个部分：北方边镇起义、河北起义、山东起义和关陇起义。这些起义前后延续九年（523~532）之久，遍及北方大部分地区，参加起义的有匈奴、鲜卑、敕勒、丁零、氐、羌和汉族等百万人。起义沉重打击了北魏的腐朽统治，使北魏统治集团内部矛盾加剧；起义削弱了胡汉门阀世族的腐朽势力，有力地冲击了北方门阀制度，使统治阶级内部结构发生了变化；起义进一步促进了民族大融合。

历史小常识:六镇起义

北魏末年北方六镇戍卒和各族人民大起义。六镇设于北魏初年,后增为武川、怀朔、沃野、柔玄、怀荒、抚冥、御夷、高平、薄骨律等九镇,均以贵族为镇将。魏都城南迁洛阳后,六镇逐渐失去重要性。宣武帝以后,“边任益轻,唯底滞凡才,出为镇将”。他们大都贪残无比,霸占土地,克扣兵饷,对镇兵和各族百姓进行残酷的奴役和剥削,加上灾荒连年,阶级矛盾十分尖锐。正光四年(523),怀荒(今河北张北)镇兵杀镇将起义。不久沃野镇(今内蒙古五原北)破六韩拔陵率士兵杀镇将起义,各族人民及镇兵纷起响应。高平镇兵亦在胡琛率领下起义。起义军连连克捷,六镇尽为所占。北魏政府勾结柔然贵族进行镇压,义军经英勇奋战,终告失败。这次起义揭开了北魏末年各族人民大起义的序幕。

北魏政府为了防止六镇兵民的反抗,把起义失败的六镇兵士二十多万人都押送到冀州、定州、瀛州(今河北河间)。这些兵士哪里肯受魏朝的奴役,在冀州,又燃烧起起义的火焰。鲜卑族的葛荣率领起义军,进攻瀛州。北魏政府派章武王元融为大司马,广阳王元深(与元琛是两个人)为大都督,发动大军镇压,那些只知吃喝玩乐的贵族哪里会打仗。葛荣起义军到了博野镇(今河北中部),就派出一支轻骑兵偷袭元融的大营。元融没有防备,被起义军杀了。元深听到元融被杀,退到定州,也被葛荣的骑兵俘虏了。

葛荣把各路起义兵士都合在一起,号称百万,准备向洛阳进军,声势浩大。这时候,秀容(今山西朔县西北)有个部落酋长尔朱荣,手下有八千强悍的骑兵,专门和农民军作对。北魏孝明帝就利用尔朱荣的兵力来对付葛荣。

葛荣认为尔朱荣人马少,容易对付。他把兵士在几十里的阵地上散开,准备围捕尔朱荣。想不到尔朱荣把兵埋伏在山谷里,发动精兵突击,把葛荣的兵士冲散,再前后夹击。起义军遭到失败,葛荣本人也被杀害了。

葛荣起义失败后,北魏内部也发生大乱。尔朱荣和胡太后、孝明帝在内乱中互相残杀。最后北魏的实权,落在两员大将高欢和宇文泰手里。534年,北魏的孝武帝逃到长安投靠宇文泰。丞相高欢想篡夺政权,关西大都督宇文泰维护朝政,双方进行激烈交战。豳州刺史孙定儿投靠高欢势力,拥兵数万,与宇文泰集团抗争。宇文泰为消灭孙定儿军,派将刘亮带兵攻打。孙定儿以为宇文泰军离自己尚远,未做认真防备。刘亮只带二十名骑兵,急速向孙定儿驻地挺进。为了迅速消灭孙定儿几万部队,刘亮用计谋,先在离城不远的一处高地树起一面大旗,然后带着人马突然闯入城中,并在酒宴上挥刀杀了孙定儿。接着,刘亮手指城外那面大旗吩咐官兵:“快出去招呼大军进城!”孙定儿军兵士看到城外大旗,以为旗下真的有大军聚集,于是全部投降。

高欢于北魏孝武帝永熙三年(534)十月,决定立北魏孝文帝曾孙、清河文宣王元亶之子元善见为皇帝,即位于邺城东北,改元天平,即孝静帝(534~550),东魏正式建立,元善见年仅十一岁。由于年幼,由权臣高欢辅政。

535年,宇文泰立元宝炬为帝(文帝),都长安,史称西魏(535~557)。北魏从此分裂,

洛阳铜牛车

北方形成了东西对峙局面。

侯景之乱

晚年的萧衍信任大将侯景。侯景原来是被鲜卑族同化的羯族人，和高欢关系很好，在怀朔六镇起义失败后，侯景投奔了高欢，高欢很欣赏他，对他委以重任。

高欢死后，侯景和高欢的儿子高澄不和，于是投降了西魏，但西魏对他有戒心，于是侯景又想请求萧衍接受他。

萧衍恰巧在这时做了一个梦，梦见北朝的刺史、太守都来向他投降，萧衍认为这是个好兆头。不久，侯景派人来，说他跟东魏、西魏都有冤仇，决心向南梁投降，还表示愿意把他控制的函谷关以东十三个州都献给南梁。

萧衍接见了侯景派来的使者后，马上召集大臣商议。大臣们大多认为南梁和北朝多年相安无事，现在接纳了北朝叛将，只怕引起纠纷。但是萧衍一心恢复中原，再想起他做过的那个梦，认为这是佛祖来帮助他了，于是他不听大臣的劝阻，把侯景封为大将军、河南王，派侄儿萧渊明带兵五万去接应侯景。

萧渊明带兵北上，受到东魏的进攻，几乎全军覆没，萧渊明也被俘虏了。东魏又进攻侯景，侯景大败。

东魏派使者到南梁，主张双方重新讲和。侯景害怕起来，派一个人冒充东魏使者送信到建康，提出用萧渊明交换侯景。萧衍不知道这是侯景的试探，写了一封信交给使者，说只要把萧渊明放还，就立即把侯景交给东魏。

侯景走投无路，他找到萧衍养子萧正德，诱骗他说，只要他肯做内应，推翻萧衍之后，就拥戴他做皇帝。萧正德权迷心窍，秘密派了几十艘大船，帮助侯景的叛军渡过长江，把梁武帝居住的内城——台城包围起来。由于救援的兵马都隔岸观火，因此台城很快失守，萧衍成了侯景的俘虏。

侯景带着五百甲士去见萧衍。萧衍见侯景来，不慌不忙地问道："你是哪里的人，竟敢作乱，你的妻子、儿女还在北方吗？"侯景竟不知道怎么回答，旁边的部下替他说："臣景

梁吴平忠侯萧景墓辟邪

的妻子和儿女都被高氏杀了,现在只有一人归顺陛下。"萧衍又问道:"你过江时有多少兵马?"侯景这回自己回答道:"千人。"萧衍问:"攻城时多少?""十万。""现在呢?"侯景想了想,说:"率土之内,莫非己有。"萧衍点点头,说:"你有忠心于朝廷,应该管束好部下,不要骚扰百姓。"侯景听了,只是点了点头。

见过萧衍后,侯景对身边的亲信王僧贵说:"我多年征战疆场,从没有胆怯过。这次见萧衍竟然有点害怕他,莫非真是天子威严不容侵犯吗?"

但是,侯景毕竟是打进都城的,他的军队掌握了都城的管理大权,卫兵进出皇宫也很随便,还佩带武器。萧衍见了很奇怪,问左右侍从,侍从说是侯丞相的卫兵。萧衍生气地喝道:"什么丞相!不就是侯景吗?"侯景不久就杀了同伙萧正德,派人监视萧衍,限制他的供应。萧衍毕竟年迈,很快就病倒了,最后连饿带病死去,终年八十五岁。

萧衍死后,侯景先拥立萧纲为帝(简文帝),旋即废萧纲而立萧栋为帝,不久又废萧栋自立,改国号汉,大杀萧衍子孙,萧梁统治至此已实际解体。552年,王僧辩、陈霸先攻下建康,侯景企图逃跑,被部下砍死于船中,侯景之乱结束。

侯景乱梁,是南方的又一次空前大浩劫,也是南朝历史的一个转折点。乱后,南朝在长江下游以北土地,尽为东魏、北齐所占,汉中及长江中游以北土地,尽归西魏所有。残暴的侯景军在江东地区烧杀抢掠,社会经济遭到大破坏,"千里绝烟,人迹罕见,白骨成聚,如丘陇焉",门阀势力也在这次内乱中受到沉重打击。侯景入建康前,曾求婚于侨姓士族王、谢而受挫,心怀怨怒。及陷建康,对"富室亲家,子女妻妾,悉入军营"。在战乱中

死亡的门阀士族，更是不知其数。北齐颜之推说，两晋之际南下的百家士族在建康者，经过侯景之乱已“覆灭略尽”。从此，南朝力量更加衰落了，南弱北强的局面正式形成。

北齐与北周

北齐代东魏

东魏建立后，大权牢牢掌握在高欢手中。高欢善于玩弄权术，势力益大，权倾朝野，令孝静帝天天都提心吊胆，对高欢颇为畏惧。高欢执政至547年死，期间土地兼并情况严重，社会矛盾与民族矛盾尖锐，屡败于劲敌西魏宇文泰。而高欢死后，其子高澄承继父职，权势更大。

高澄是高欢的长子，自幼聪明过人，深得高欢喜爱。531年高欢攻下邺城后，将他立为世子。高欢死后，高澄被孝静帝元善见任命为使持节、大丞相都督中外诸军事、录尚书事、大行台，承袭其父渤海王位。

高润墓举哀图

不久，高澄因为专横跋扈被兰京杀死，“内外震骇”。高洋当时年仅二十一岁，却神色不变，指挥若定，亲自围捕兰京等人，“自脔斩群贼而漆其头”。

高洋（529～559）即是北齐显祖，汉人，东魏大宰相高欢的次子。高洋肤色黝黑，脸大，面部的肌肉往两边耷拉，一身牛皮癣，踝骨畸形。与哥哥高澄相比，高洋完全是个丑陋的少年，但父亲高欢对这个丑儿子很看重。

一次，高欢为了试探儿子们的智力，在每人面前扔了一团乱丝线，观察当时还都是少年的儿子们的反应。大家见到线团，都手忙脚乱想把丝理顺，唯独高洋“抽刀斩之”，口里还恶狠狠地说：“乱者须斩！”

因为父亲是东魏高官，高洋也出任京畿大都督，掌管外朝大政，但是他假装愚钝憨直，连自己的妻子被哥哥齐王高澄多次调戏也假装不知道。无论国事家事，高洋都睁一

只眼闭一只眼，只求相安无事。

高澄死后，高洋被封为大丞相，都督全国军队，还承袭了他哥哥的爵位齐王。自此以后，高洋一下子像变了个人似的，不但办事井井有条，一清二楚，还推行新法，把晋阳城管理得市井繁荣，井然有序。

北齐出行图

对于高澄之死，东魏孝静帝元善见十分高兴，起初天真地认为："此乃天意，威权当重归于我。"但接踵而来的事实随即粉碎了他的幻想。高洋去晋阳宫入殿面辞，"从甲士八千人，登阶者二百馀人，皆攘袂扣刃，若对严敌。"高洋自己不说话，让随从人传话，告诉孝静帝说自己要去晋阳，虚拜两下，扭头便走。孝静帝大惊失色，望着高洋背影，沉痛地说："此人似乎更不相容，吾不知死在何日！"

高澄死后没多久，高洋就在高德政、徐之才、宋景业等人的撺掇下自晋阳向邺城出发，准备篡位。当时，不仅高欢的挚友司马子如、高隆之等人不大愿意高洋急着篡位，连高洋的母亲娄氏也说："汝父如龙，汝兄如虎，犹以天位不可妄据，终身北面事人，你以为自己是谁，敢行尧舜之事！"

这样一来，高洋犹豫了，半路返回晋阳，闷闷不乐。徐之才善察人意，进言说："正为不及父兄，才应早升尊位以定人心！"恰巧，高洋自铸铜像成功（北朝人喜以铸像占卜吉凶），便欣然上马，率军马直奔邺城，登上了皇帝之位。

至此东魏灭亡，齐国建立，史称北齐，时为550年5月，改元天保。高洋最终还是没有放过元善见，551年，下毒毒死了元善见。元善见死时年仅二十八岁。高洋追尊其父高欢为神武皇帝，其兄高澄为文襄皇帝，尊其母娄氏为皇太后。

酒鬼皇帝高洋

建国初期，高洋励精图治。高句丽、柔然、库莫奚、南朝萧绎都相继遣使朝贡。"终践大位，留心政务，理刑处繁，终日不倦。以法政下，公道为先。"

552年春，高洋亲自率军，讨伐在代郡一带屡次侵境的库莫奚，"大破之，获杂畜十余万"。随后，高洋北巡冀、定、幽、安四州，北讨契丹，"亲逾山岭，为士卒先，指麾奋击，大破之，虏获十万余口、杂畜数十万头"。此次征伐，高洋以皇帝之尊，露头袒膊，昼夜不息，骑

行一千多里，“唯食肉饮水，壮气弥厉”。至此，“远近山胡莫不慑服”。两年后，高洋发一百八十万役夫筑长城，自幽州北夏口至恒州九百余里。从此，高洋“既征伐四克，威震戎夏”。

当了皇帝的高洋开始嗜酒，渐渐变得昏乱妄为，脾气暴躁。有时喝到酣畅时，他自己就起身擂鼓，然后跳舞，直跳得筋疲力尽；有时他脱光了衣服，乱叫乱闹；有时他披头散发，穿上胡服，到街上挥刀舞剑；有时随意乱走，到大臣家去乱闹一通，搅得人人胆战心惊。三伏天，高洋会赤身裸体躺在地上晒太阳；三九天，他则在风雪中光着身子跑来跑去。不但自己发狂，他还让随从们仿效他，弄得随从们苦不堪言。

北齐主高洋纵酒妄杀

高洋酒醉后不但发疯，还人性泯灭，兽性大发。一次，他企图强奸父亲的小妾尔朱氏。尔朱氏不从，哀求他不要乱了伦常。高洋假意应允，却趁尔朱氏不备将其残忍杀死。

高洋有个宠妃姓薛，被封为薛嫔。薛嫔的姐姐也十分美貌，高洋便将她也弄进宫来，薛氏姐妹于是恳请皇帝封他们的父亲为司徳公。高洋知道薛氏姐妹的父亲是个卖唱之人，地位卑贱，不配当官。后来不知怎么又探知薛嫔与以前的丈夫高岳藕断丝连，不禁大怒。便令人当着高岳的面，将薛嫔的姐姐活活锯成八块，接着砍掉薛嫔的头，将她的尸体乱刀剁碎，继而把两姐妹的血渗进酒里，让大臣共饮。高洋还叫乐师剔去薛嫔大腿的筋肉，用白森森的腿骨做成乐器。在每次杀人后的酒宴上，让乐师用薛嫔腿骨做成的乐器弹奏“佳人难再得”的曲子，以示对薛嫔的“怀念”。

随着酒瘾大增，高洋几乎每日沉醉。别人大醉时昏睡，高洋一醉就杀人。杀人还不是好杀，或肢解，或焚烧，或投河，以把人虐死为至乐。就这样日复一日地酗酒、杀人，到了三十岁时，高洋已经不能吃饭了，每天只靠几碗酒度日，终于死在昏醉之中。

北周代西魏

西魏立国后宇文泰在大统七年（541）九月，颁行了由苏绰起草的六条诏书，“先治心，敦教化，尽地利，擢贤良，恤狱讼，均赋役”。十一月，又颁布了十二条新制，和之前颁布的二十四条新制合在一起，共三十六条。六条诏书和这些新制的内容十分广泛，包括政治、经济、思想、文化各个方面，并据此而采取了一系列措施。

大统十二年（546）九月，高欢亲率大军十余万人，围攻西魏据守的玉壁（今山西稷山西南），想拔除西魏安在汾水下游的这个钉子。西魏并州刺史韦孝宽镇守玉壁，顽强抵抗，高欢先后采用断水道、火攻、挖地道等战术，围城五十余日，士卒死亡七万多人，未能攻下玉壁，最后高欢染疾，只得解围而去。玉壁之战，高欢倾力而出，攻一孤城五十余天

不下，智力皆困，以至愤恚成疾，第二年正月，发病而死。自此，西魏扭转了过去的劣势，和东魏势均力敌了。

在侯景覆灭的同年，萧绎在江陵称帝，同时，其弟萧纪也在成都称帝。次年萧纪发兵攻江陵，兵败被杀。西魏乘机攻陷成都，占有益州。

西魏恭帝三年(556)，宇文泰死，诸子幼小，遗命宇文护掌管国家大政，宇文护是宇文泰之侄。他在与东魏的交战中屡建战功，又与于谨南征梁朝江陵。他想乘宇文泰的权势和影响尚存时早日夺取政权，所以在557年迫使西魏恭帝(拓跋廓)禅位于周。不久，就杀了元廓。

同年，宇文护立宇文泰的儿子宇文觉，称周天王，建立北周，宇文护为大司马，封晋国公。宇文觉也是少年坚毅刚决，不满宇文护的专权。他又与大臣商量捕杀宇文护，结果尚未发动就泄了密，宇文觉被废黜(后被毒死)，这时是559年。

周武帝宇文邕

宇文护又拥立宇文泰另一个儿子宇文毓，是为周明帝。宇文护认为宇文毓温文儒雅，立他为帝好控制，岂料宇文毓却并不如宇文护所想象的那般懦弱无能，他在处理事务中逐渐显露出自己的聪明才智和才干，他周围逐渐集聚起一批老臣元勋。他致力于发展经济，在百姓中也威望日高。为了试探一下，宇文护假惺惺地搞了一次"归政于帝"的举动，把除了军权以外的所有权力都交还给皇帝。谁知牢文毓毫不客气地照单全收，并把自己的名号正式改为皇帝(在此以前，北周的最高统治者不称皇帝而叫天王)。所有这些，都引起宇文护的疑惧和不安。于是，560年他指使一个御厨在明帝的食物里下了毒药，毒死了明帝。

尔后，又立宇文泰四子宇文邕为帝，是为周武帝，实际大权仍由他掌握。宇文邕性格沉稳，不爱多说话，但如果有事问他，他总能说到点子上，所以明帝曾感慨道："夫人不言，言必有中。"宇文泰很喜欢他，常对人说："成吾志者，此儿也。"

武成二年(560)四月，北周明帝被宇文护毒死，宇文邕即位，是为北周武帝。

北周武帝即位时，北周政局十分不稳，关键原因就在于宇文护垄断了北周实权，宇文护性宽和，但是不识大体，委任非人而久专权柄，又素无戎略，两次伐齐都大败而归，诸子贪残，僚属恣纵，蠹政害民。宇文邕与其弟卫王宇文直策划，于建德元年(572)杀死宇

文护。

宇文护被杀后，北周的大权才真正开始掌握在北周武帝手中。周武帝除去了心头之患，开始了一系列的改革措施。他在父亲宇文泰所建立的基础上，终于使原来弱于北齐的北周，转弱为强。

天下归隋

陈霸先自封陈王

侯景乱后，梁武帝子孙为争夺皇位，纷纷自立。在中央，武将陈霸先控制梁元帝以为正统。555年，元帝死，陈霸先立敬帝萧方智，557年，他废敬帝而自立（陈武帝），国号陈，梁亡，共立国五十五年。

陈霸先，字兴国。永嘉之乱时，其先辈南渡，迁居吴兴长城（今浙江长兴），家世寒微。

陈霸先

梁朝宗室新喻侯萧映当吴兴太守时，对陈霸先非常器重，因为这位小吏出身僚佐，黑道白道路路通，而且讲义气，重许诺，在吴兴地面一呼百应。陈霸先在岭南镇压当地民乱有功，很快就升为西江都护、高要太守。梁朝新州刺史卢子雄讨贼不利，被朝廷斩首，他的儿子与部下造反，进寇广州。陈霸先“率精兵三千，卷甲兼行以救之，屡战屡捷”，大破贼众。梁武帝萧衍得知后，授陈霸先为直阁将军，封新安子，并派画师到岭南画了陈霸先像送至建康亲自临观。至此，陈霸先名闻朝廷。

后来侯景作乱，广州刺史元景仲与侯景暗通。陈霸先马上提拔朝廷委派的宗室萧勃为广州刺史，带兵攻打元景仲，逼得这位前广州刺史自杀。于是，陈霸先便以始兴（今广东韶关）为根据地，准备北讨侯景。始兴的土豪侯安都认为陈霸先是个英雄，日后必成大器，主动帮他招兵买马。两人一起统兵，与王僧辩会师，大败侯景，收复了建康，并被梁元帝萧绎封为长城县侯，成为攻败侯景军的重要功臣之一。

不久梁元帝被西魏军俘杀，陈霸先就与王僧辩共迎梁元帝的第九子、时任江州刺史的萧方智为帝，是为梁敬帝。梁敬帝只有十三岁，一切军国大事皆由陈霸先和王僧辩说了算。这时，北齐把在寒山俘虏的梁武帝的侄子萧渊明送回。王僧辩聪明一世，糊涂一时，想让萧渊明当傀儡，任由自己摆布，于是拥立萧渊明继皇帝位，把原先和陈霸先共立的小皇帝萧方智封为“皇太子”。

陈霸先认为王僧辩废萧方智是名不正、言不顺，多次劝阻，皆被王僧辩拒绝，陈霸先

自此和王僧辩反目成仇。陈霸先以拒抵北齐为名，突袭王僧辩。王僧辩听说城外有兵来攻，慌忙四处寻找兵甲。因为来不及抵御，王僧辩父子不得不下楼投降。陈霸先于是派兵把王僧辩父子押下去，用绳子双双勒死。此时的陈霸先想重新迎立萧方智为帝，但自己立足未稳，只得向北齐"称藩"，并以萧渊明为"司徒"，做做样子给北齐看。555年，王僧辩的残余势力杜龛、王僧智等人起兵，并引北齐军入寇。面对强敌，陈霸先披甲跨马，亲自带兵从建康西明门出击，大败北齐军，缴获无数战利品。556年，北齐又遣萧轨、东方老以及任约等人率十万大军攻梁，但全被陈霸先打败。

557年，陈霸先见北齐已经无法对自己构成威胁了，便自封为陈王。三天后，这位陈王就让梁敬帝"禅位"于己，改国号为陈，梁朝至此灭亡。

陈文帝陈蒨永宁陵全景

但陈霸先只做了三年皇帝，便重病不治而死。陈霸先死后，他的侄子陈蒨即位，年号天嘉。陈霸先一直对其颇为器重，称其为"吾家英秀"。陈蒨在梁本历任吴兴太守、会稽太守，协助陈霸先消灭王僧辩部属。陈霸先称帝后，封为临川王。曾召总揽军政，后奉命驻军皖口。陈蒨面对政局动荡、国库空虚、民生凋敝的局面，他在位时期，励精图治，整顿吏治，注重农桑，兴修水利，平定各地割据势力，使政局渐趋平稳；他还反对奢靡，厉行节约，使江南经济得到了一定的恢复。这时陈朝政治清明，百姓富裕，国势比较强盛，是南朝历代皇帝中难得一见的有为之君。566年病逝，谥号为文帝，庙号世祖。

陈后主《玉树后庭花》

陈文帝之后陈废帝陈伯宗即位，后来是陈顼即位，即陈宣帝（530~582），568年即位，在位十四年，年号太建。他在梁元帝时，累官直阁将军、中书侍郎。废帝时，进位太傅，领司徒，总军政。光大二年（568），假传太后之命废陈伯宗自立为帝，曾从北齐手中夺回淮南旧地。太建十年（578），与北周争徐、兖二州，败于吕梁（今江苏徐州东），淮南尽失，陈朝国土大缩，一蹶不振。

陈宣帝病重弥留之时，陈叔宝、陈叔陵以及另外一个兄弟陈叔坚一同入宫侍疾。宣帝小敛之时，陈叔陵用切药刀，猛然砍向跪地痛哭的储君陈叔宝的脖子，由于刀钝没有砍深。陈叔坚制住了陈叔陵，但被他逃脱。陈叔陵回到府中召集人马反叛。陈叔坚借太子的名义召右卫将军萧摩诃入宫受敕。萧摩诃当时虽然手下仅有数百兵马，却是百战名将，接到命令后直奔东府杀来。双方刚一交战，陈叔陵就落败，被萧摩诃的手下当场杀死。

陈叔宝脖子上的伤一好，便开始奏乐饮酒，天天玩乐不休。继位两年后，便在光照殿前建造起三座弘丽高大的楼阁。分别命名为临春阁、结绮阁、望仙阁，给宠妃张丽华居住

游玩。

张丽华出身兵家，生下儿子陈深（后被立为太子）。陈叔宝继位后，马上拜这位宠姬为贵妃。由于出身贫贱，张贵妃聪慧的秉性发挥到极致，“才辩强记，善候人主颜色”。当时陈叔宝倦于政事，百官奏书皆由太监进呈御阅，陈后主每每把张贵妃抱置膝上“共决之”，而且条理分明，批奏有度，“无所遗脱”。陈叔宝见张贵妃如此聪颖伶俐，“益加宠异”，“所言无不听”。

陈叔宝的文学修养极高，填词作曲不在话下，他的代表作《玉树后庭花》更是诗句脱俗。自负的陈叔宝，每天便在一群文人骚客和美女们的陪伴下，作诗饮宴，游乐无度。

陈朝在武帝及文帝、宣帝时期，政治情况较梁末有所改善，受破坏的江南经济也逐渐得到了恢复。但陈在对北方的战争中，却是先胜后败，陈宣帝太建五年（573），陈将吴明彻乘北齐大乱之机北伐，攻占了吕梁（今江苏徐州东南）和寿阳，一度占有淮、泗之地。北周灭北齐后，吴明彻再次北伐，在进攻彭城的战斗中失败被俘，陈军主力覆灭，淮南得而复失，陈的国力愈弱。连年的战乱让自耕农的贫困状况日益严重，繁重的徭役、兵役以及官吏的层层盘剥，更使普通百姓的生活困苦不堪。

华林纵逸

此外，北方的北周日益强大起来，北朝地区的人民基本上完全汉化，士兵自西魏起就在均田制基础上创造性地发明了“府兵制”，军人的自豪感、荣誉感以及他们身份的日益提高，使其战斗力随之越来越强。

北方再度统一

除掉宇文护、大力打击佛教之后，周武帝又做了第三件大事，就是灭北齐，统一北方。长期以来，北周和北齐之间主要是战争关系，双方互有胜负，力量大体均衡。但是自从北周武帝亲政后，情况发生了很大变化：一是经过灭佛，国家经济实力增长；二是吸收广大汉族农民充当府兵，扩大了府兵队伍，军事优势形成；三是北与突厥和亲，南和陈朝通好，外交策略上获得成功。

北齐在高洋死后国势日衰。560年，权臣高演废齐主高殷自立。高演在位时北齐国力得到恢复。之后继位的高湛（高演之弟，齐武成帝）悭吝无为，高湛死后继位的是后主高纬，他昏庸无道，在位12年，北齐政治腐败，已成风雨飘摇之势。北周武帝看清了北齐混乱的局势，决定出兵伐齐。建德四年（575）七月，周武帝出兵攻打北齐。前期进军顺利，但后来周武帝却得了急病，所以只得退兵。

第二年（576）十月，北周再次出兵伐齐。此次伐齐，周武帝集中了十几万兵力，改变

了前次进军路线，亲自率部直攻晋州。十月下旬，周军主力进抵平阳城下，北齐晋州刺史崔景嵩等投降。平阳为晋阳门户，在军事上具有重大意义。周武帝接受了上次伐齐失败的教训，派上开府仪同大将军安定梁士彦为晋州刺史，留精兵一万镇守平阳城。

北齐后主高纬在周军进攻平阳的时候，正带领妃子冯淑妃在天池（今山西宁武西南管涔山上）打猎，晋州告急的文书，从早晨到中午飞马传送了三次，右丞相高阿那肱居然不去报告高纬，直到晚上，信使来说："平阳已陷。"高阿那肱才上奏高纬战事情况，冯淑妃却要求高纬"更杀一围"，高纬竟然置战局而不顾，又和冯淑妃尽兴打起猎来。

十一月初，北齐后主率齐军主力十万要夺回平阳，开始将平阳城包围，昼夜不停地攻打。城中情况危急，城堞皆尽，城墙完好处不过数仞而已。齐周双方短兵相接，或交马出入。周外援不至，守城将士有些惊慌，梁士彦慷慨自若，对将士们说："死在今日，吾为尔先。"于是周军奋勇争先，无不一以当百。齐军稍退，梁士彦立即命令城中军民乃至妇女，昼夜修城，三日就把城墙修好了。齐军挖地道攻城，城坍陷了一处，将士乘虚而入，可就在这紧急关头，高纬突然命令将士暂停攻城。原来传说晋州城西石上，有圣人遗迹，高纬要和冯淑妃同去观看，冯淑妃涂脂抹粉，耽误了很长时间才姗姗而来，这期间，周军早已抢时间用木板把缺口挡住了。高纬又恐城中射出的弩矢伤了冯淑妃，特抽出攻城的木料，筑造远桥。这样一来，齐军失去了攻城的有利时机。

十二月，周武帝从长安赶赴平阳，周军其他各路也聚集平阳，约有八万兵力，周军临城而阵，东西长达二十余里。起先，齐军怕周军猝然而至，曾想出一个办法，在城南穿堑，从乔山至于汾水，北齐后主高纬见周军到来，便下令齐兵在堑北布阵。周武帝命齐王宇文宪前去探看虚实，宇文宪回来后很有信心地对周武帝说："请破之而后食。"周武帝听了十分高兴说："如汝言，吾无忧矣！"周武帝乘着马，巡视周军，一边走，一边高声说出各军主帅姓名以示慰勉，将士喜于被知，精神更加振奋。

> **历史小常识：魏碑**
>
> 魏碑是南北朝时期北朝的碑刻书法作品的统称，魏碑书法有雄强、朴拙、自然天成的艺术特点，是后世书法的一种楷模。魏碑主要分佛教的造像题记和民间的墓志铭两大类。现存的魏碑书体都是楷书，因此有时也把这些楷书碑刻作品称为"魏楷"。魏碑原本也称北碑，在北朝相继的各个王朝中以北魏的立国时间最长，后来就用"魏碑"来指称包括东魏、西魏、北齐和北周在内的整个北朝。

两军交战，实力不相上下，后来齐军略略后退，冯淑妃就惊慌失措地大声喊道："齐军败啦！齐军败啦！"齐录尚书城阳王穆提婆急忙对高纬说："赶快走，赶快走呀！"高纬带着冯淑妃慌忙向高梁桥逃去。齐师君主一逃，顿时军心大乱，连战皆溃，死者万余人。"军资甲仗，数百里间，委弃山积。"

平阳之战，北齐主力实际已被打垮。高纬逃回晋阳，想逃往北朔州（今山西朔州），进而投奔突厥。他一出晋阳城，百官纷纷逃离，连穆提婆见大势已去，也转而投奔周武帝去了。高纬在邺城，将皇帝位子让给了八岁的儿子高恒，自己当起太上皇。577 年 1 月，周武帝率军攻破邺城，高纬于先一日逃往济州，又从济州逃往青州，准备投奔陈朝，为北周

追兵所俘，送往长安，第二年被杀。

周武帝灭齐，统一北方，在历史上具有十分重大的意义。它结束了自东西魏分裂以来近半个世纪的分裂割据局面，使人民免受战争苦难，得以重建家园，恢复生产，从而促进了整个北方政治、经济、文化方面的广泛交流和发展，为隋统一中国奠定了坚实的基础。可以说，没有北周北齐的统一，就没有后来南北朝的统一。

历史小常识：北方城市群

南北朝时期，全国战乱频仍，北方地区尤甚，这使得大批城市被破坏。因而这个时期北方建筑的一个特点就是，每一个朝代建立的都城都会形成一个建筑群落，也就形成了一个城市群。

周武帝一生戎马倥偬，能和将士同甘共苦，身先士卒。他勤于政事，生活简朴，平时常穿布衣，盖布被，后宫不过十余人。前宇文护掌权时所建宫室，全部毁撤，雕琢之物，赐给贫民。《资治通鉴》中不止一处谈到他“性节俭”。

周武帝不愧为南北朝时期的一代英主，可惜正当他打算“平突厥，定江南”，实现统一全国理想的时候，却于出征前夕病逝。

杨坚建隋

北周宣帝宇文赟（559～580），宇文邕长子，他是个暴虐荒淫的皇帝。宇文赟即位前，父亲武帝对他管教极为严格，犯错就会严厉惩罚。578年武帝去世后，宇文赟即位，即位后他沉湎酒色，又大肆装饰宫殿，且滥施刑罚，经常派亲信监视大臣言行，北周国势日渐衰落。宇文赟帝座刚刚坐稳，马上就诛杀了他的叔父、功高德茂的齐王宇文宪。伐北齐时，宇文宪率军打得北齐后主高纬一路狂奔，又俘虏北齐最能打仗的宗室安德王高延宗、任成王高谐以及广宁王高孝珩等，可以说是北周王朝平灭北齐的头等功臣。后来宇文宪觉得自己威名太重，就有意时常称病不出，很想颐养天年，使自己能善终于家。可宇文赟刚一即位就缢死齐王，顿时大失天下所望。

隋文帝

宣帝即位一年就禅位于长子宇文衍（后改名阐），他本人则在禅位次年去世，时年仅二十二岁。杨坚以宣帝后父的地位假称受遗诏辅政。静帝宇文阐继位时年仅八岁。杨坚自任大丞相、都督内外诸军事。至此，北周的国家最高权力，实际落入杨坚手中。杨坚祖上为弘农杨氏，是著名的世家大族，后居武川镇，累世有功于北魏王朝。其父杨忠在西魏时，屡有战功，赐姓普六茹氏。北周代魏，进位柱国大将军，封随国公。杨坚在灭齐时，立有大功。杨坚的妻子是鲜卑大贵族、柱国大将军独孤信之女，杨坚长女为宣帝皇后。所以杨坚在

宣帝时，已官高权大，“位望益隆”。

杨坚辅政，引起了宇文氏贵族和皇亲国戚的疑忌。大象二年（580）六月，相州（今河北临漳西南）总管尉迟迥（宇文泰之外甥）首先举兵反叛，不久就聚集了十余万人。郧州（今湖北安陆）总管司马消难、益州（今四川成都）总管王谦等相继响应，可是杨坚也得到不少人的支持，他一面废除宣帝时的“刑政苛酷，群心崩骇”的事项，改行惠政，减轻赋税，解放奴婢，开放鱼池山泽之禁，任民樵采捕捞，深得人民拥护；一面出兵，对反叛势力进行坚决打击。八月，尉迟迥兵败自杀，司马消难因兵败而投降南方的陈朝，王谦于十月兵败被杀。至此，一场全国性叛乱被平定下来。

次年，杨坚即废静帝宇文阐自立，是为隋文帝，国号隋（原封随国公，称帝时，以随从走，鉴于周、齐奔走不宁，因去走为隋），改元开皇，仍都长安，称大兴城。北周灭亡。

从此，中国的北方结束北朝的历史，进入隋朝统治时期。

隋文帝统一全国

开皇三年（583），隋出兵反击突厥获胜，消除了北面威胁，又经数年治理，国力日强。陈朝传至后主陈叔宝，政治日益腐败，库空民穷，戒备懈怠。

开皇七年（587），杨坚采纳大臣灭陈之计，多方误敌、疲敌，加紧赶造战船，迷惑、麻痹陈军，并下诏揭露陈后主罪行，争取陈国民心。陈叔宝听说后，没有派兵防御，而是自以为“王气在此，自有天佑”。朝中众佞臣都附和陈叔宝说有长江之险，不必担忧。开皇八年（588）十月，隋朝以晋王杨广、秦王杨俊、清河王杨素为行军元帅，率五十万大军南下伐陈。杨广指挥，直攻陈都建康。在敌人大军压境的紧急情况下，南朝陈后主仍沉湎于酒色，自恃长江天险，忙于准备欢庆春节，甚至令驻守江州（今江西九江）、京口（今江苏镇江）的两个儿子率舰返回建康，致使江防更加薄弱。隋军在长江上游首先发起进攻，屯于公安的陈荆州刺史陈慧纪一看形势不利，忙率战船千艘、将卒三万余人东撤，欲援建康，结果被隋军阻于汉口。

陈后主

开皇九年（588）正月初一，位于长江下游的隋军乘陈军欢度春节之机，分路秘密渡江，韩擒虎率军袭占采石（今安徽马鞍山市西南），杨广率军进屯六合南之桃叶山。这时，陈后主才感到事态严重，急忙下旨调兵抵御，但为时已晚。隋行军总管宇文述率军三万攻占石头城，对建康已形成包围之势，配合主力进攻建康的其他两翼隋军亦进展顺利。王世积军在蕲口大败陈军，燕容军已进入太湖，牵制住吴州陈军。“陈人大

骇,降者相继”。

这时建康附近陈军尚有十万余人,但陈叔宝“唯日夜啼泣”,先前的自信、霸气荡然无存。后主陈叔宝不懂军事,又不听臣下合理建议,将军队全部集中部署于城内外。此前,陈朝大将萧摩诃数次请兵,要趁隋军立足未稳出击,但都被陈叔宝拒绝,结果建康城被围成铁桶一般。

仁政惠民的廉吏令狐熙

孔范想要立功,夸下海口请兵出战。陈叔宝竟然同意,二十日,下令诸军出击。“诸军南北二十里,首尾进退不相知。”隋朝大将贺若弼观察军情后,仰天大笑,以甲士八千人为阵,等待陈军来攻。陈军方面人数众多,可只有大将鲁广达一人率部下两三千人进战隋兵,吓得贺若弼“纵烟以自隐”。但孔范由一帮亲兵围着龟缩观望。萧摩诃因为陈叔宝不用自己先前的策略,故而一直率部下“观战”。刚得小胜的陈朝兵士斩杀隋兵后,纷纷拿着人头回奔建康城内,向皇帝“领赏”。趁陈兵骄惰,贺若弼指挥隋军径直朝孔范一军杀来。两军还未交手,孔范纵马便逃,一时之间,“陈诸军望见,骑卒溃乱,不可复止,死者五千人”,连大将萧摩诃也被活捉。

任忠跑回城中,告诉陈叔宝打了败仗,陈叔宝顿时慌了手脚,急忙拖出两大箱黄金给任忠,让他出外募人出战。任忠带着这两大箱黄金,一出城就投降了隋将韩擒虎,并掉转头带领隋军直入朱雀门。

陈叔宝这才真正意识到情况危急,赶忙召集百官来商议对策,结果没有一个人来,自己身边只剩下尚书仆射袁宪一人陪侍。陈叔宝长叹道:“我平日待卿甚薄,今日深感惭愧。非唯朕无德,也是江东衣冠道尽!”

隋兵很快从四面八方冲入皇宫,陈叔宝跟着一帮宫人就往景阳殿跑,但因为体力不支,只好躲入一口枯井内。陈叔宝的皇后沈氏“居处如常”,张贵妃所生的太子陈深虽然只有十五岁,也安坐在宫内,舍人孔伯鱼站在一旁侍立。隋军推门闯入,这位少年安坐不动,神色安详,还向兵士道辛苦说:“戎旅在途,众位辛苦。”隋军见陈朝太子如此风度,都立于原地不敢妄动,一齐向他行军礼。

隋军到处找不到陈后主,捉住几个太监一问,才知道他逃到后殿投井了。隋军兵士来到后殿,果然看到一口枯井,隐约还能看到井里有人,就威吓着叫喊说:“我们要扔石头了。”井里的陈后主吓得尖叫起来。兵士把绳索丢到

历史小常识:文聘

南北朝对峙时期,南北双方在军事冲突外,也有和平的外交往来。这种互派使节的活动被称为“交聘”。据统计,北朝派过使臣73次,南朝则派过94次。其目的是为了边界的安宁。交聘的使节人选通常是由世家大族来担任。使节由本国国都出发,前往他国国都进行访问与交涉,而且要互送“国书”和礼物。南北的“交聘”对南北经济的交流和发展起到了积极的作用。

井里，把陈后主和两个宠妃拉了上来。

隋文帝杨坚统一全国，对陈朝亡国君臣，皆饶以不死，令后主下诏招降，吴州等地拒降被攻灭，余皆归附。陈朝灭亡，隋朝得三十州、一百郡、四百县。至此，自东晋以来二百七十余年的分裂局面归于一统。

张丽华

中外文化的交融流通

在这一时期，朝鲜半岛分为三个国家。北边是高句丽，西边是百济，东边是新罗。

这三个国家同中国的南北政权都保持经常性的来往。南朝的宋、梁政府应百济的请求，曾把一些佛教经义、毛诗博士并工匠、画师等赠给百济。由于互相往来密切，中国的五经、三史、《三国志》《晋阳秋》等书籍以及医药、历法等相继传入朝鲜。朝鲜的语言吸收了不少汉语词汇，很多人能用汉文写作。与此同时，朝鲜人创造的乐曲和新罗的一些乐器也传进中国。

南北朝时期，日本也多次派使者来中国。通过互相往来，中国的文化传到了日本。4世纪时，不少中国纺织工、养蚕和缫丝能手、裁缝师、陶工以及厨师等移居日本，带去了先进技术。中国的《论语》《千字文》也由百济人王仁带入日本，日本开始采用中国汉字。百济人又把中国的五经传到日本，于是儒家思想对日本产生了很大的影响。梁武帝时，司马达把印度的佛教带到日本，从此日本文化又受到佛教影响。

中国同东南亚各国的关系一直很密切。这些国家向往中国文明，不断派遣使者到中国来。据记载，这时期，扶南遣使来中国就有三十多次。扶南是中国史籍所载1~7世纪印度支那半岛南部的古国名，又作夫南、跋南，约在1世纪初建国。其领土包括今柬埔寨以及越南南部、泰国东南部一带，鼎盛时达老挝南部、泰国西部乃至马来半岛南端。自三国孙吴黄武四年(225)至南朝陈祯明二年(588)，扶南不断遣使来华。3世纪中期，朱应、康泰奉吴大帝孙权之命出使该国，回国后着有《扶南传》《扶南异物志》。梁天监三年(504)，梁武帝曾授其国王阇耶跋摩以安南将军、扶南王之号。扶南和中国的经济、文化联系颇为频繁，“扶南大舶”远近闻名。“扶南乐”早在三国时即传入中国，隋代和唐初被列为九部乐之一。南北朝时期，扶南僧人来华在扶南馆等处译经，番禺(今广东广州)的佛寺中曾供有扶南国所造石像。6世纪下半期，其北部属国真腊崛起，扶南的都城南徙，与中国来往渐稀。这时，越南与中国的联系进一步加强。越南的交趾是中国和西方、南海诸国商使往来常经之路。林邑与南朝也有密切联系。经过长期往来，中国的制酒、养

蚕术传到老挝。中国的灌溉用水车、建筑、造纸、纺织等技术传到越南,并开始推广。越南的琉璃制造技术,这时也传入中国,使中国的琉璃制造技术在原有的基础上有新的提高。

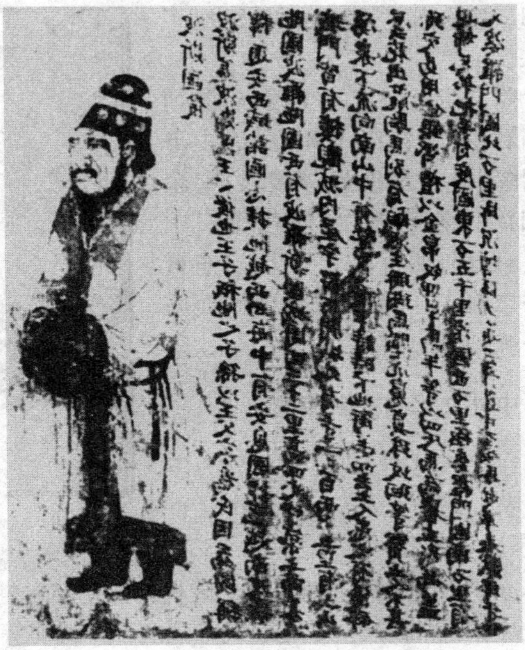

《职贡图》波斯国使

与大秦等国的交流。在三国两晋南北朝时期,大秦(罗马帝国)除了通过“丝路”与中国北方保持联系外,还通过海路与南中国交往。吴黄龙五年(226),大秦商人秦伦来到建业,受到了孙权的接见。西晋初,大秦又派使者来中国。

同一时期,波斯(伊朗)、康居、大宛、大月氏等国的商人、使者也不断到中国来。北魏太安元年(455),波斯萨珊王朝遣使来华。此后直到西魏,信使往来不断。通过友好往来,大秦等国的石棉布、水银、琉璃、药材和汗血马等输入到中国。中国的丝绸、铜器等输出到大秦、波斯等国。6世纪末,中国的养蚕术通过波斯也传入大秦。

与印度等地的交往。三国以后,由于海上交通的开辟,中国同南亚各国的联系加强了。佛教在中国传播以后,僧侣们的往来经常不断。他们多是学问僧,对中国同印度等国的文化交流做出了贡献,其中贡献较大的是自中国西去求法的东晋僧人法显。法显本姓龚,平阳武阳(今山西襄垣)人,隆安三年(399),法显从后秦京城长安出发西行,历经艰险,越葱岭,经过今阿富汗到达了印度。他西去求法前后共十四年,历访三十余国,携回很多梵本佛经。他游历了印度各地,到达释迦牟尼诞生地迦维罗卫城(今尼泊尔境内),自海上回国途中又到过狮子国(今斯里兰卡)和耶婆提国(今印度尼西亚的苏门答腊)。法显归国后在建康翻译了带回的大量佛经。又撰《佛国记》(《法显传》),记录他的旅行见闻,包括古代中亚、印度、南海诸国的地理、历史、风土人情,是研究5世纪初期亚洲佛教的重要史料,也是研究中外交通史和南亚各国古代历史、地理的重要资料。他对促进中国同印度、尼泊尔等国的相互了解和文化交流做出了重大的贡献。

第二章　文学艺术

刘义庆主持编纂《世说新语》

刘义庆，宋宗室，袭临川王，曾任丹阳府尹及荆、江、南兖等州刺史，喜欢搜集典故旧闻，并记述下来，《世说新语》为轶事小说，是刘义庆召集鲍照、何长瑜等文士根据东林《语林》《郭子》等笔记小说增衍而成的。

《世说新语》分语言、政事、文学等36篇，全面地记载了上起汉末，下迄东晋这一时期士大夫的言行，揭示了这些人物的内心世界。

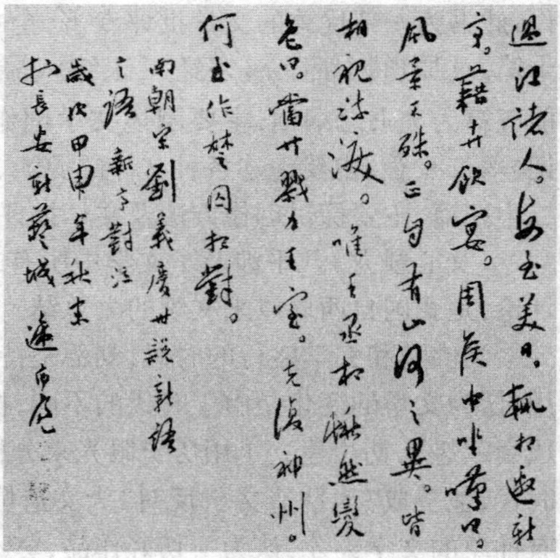

《世说新语》

魏（曹魏）晋以来，士大夫崇尚老（子）、庄（子），饮酒吃药（五石散），生活上不修边幅；平时品评人物，玩弄抽象的名词（“淡玄”），十分讲究语言的艺术，提倡用很少的话表达丰富的意思，往往说得意在言外，“言有尽而意无穷”。这便是当时人所说的“清谈”。西晋时，清谈的领袖王戎向阮瞻问孔子和老庄的异同，阮瞻只答了三个字：“将无同。”王戎却非常佩服，马上给阮瞻做官。“将”“无”二字是助词，没有什么意义。对于王戎所提的问题，阮瞻实际上只答了个“同”字，可是在王戎看来，却答得言简而意赅，是清谈的上品。《世说新语》就是这一时期“清谈”的记录，它的文笔也就以简洁著称，其艺术性较高，常通过细节描写展示人物的性格与内心，用对比手法，突出人物的性格，又善于将记言记事结合。语言精炼含蓄，发人深省。《世说新语》为记叙轶闻趣事的笔记小说的先驱，对后世影响深远。

刘勰著《文心雕龙》

刘勰,字彦和,东莞莒(今山东莒县)人,生活在南朝宋、齐、梁三朝,具体生卒年已不可确考。刘勰早年时,因家境贫寒,投依著名的佛僧僧佑,在定林寺整理、编排佛经。十多年的寺庙生活,刘勰不但研读了大量佛经,而且还博览儒书,因此,佛教和儒家的思想对他都有较深的影响。到了梁武帝时,他曾做步兵校尉兼东宫舍人的小官,深受昭明太子萧统的喜爱。晚年,刘勰出家做了和尚,改名慧地,不久死去。《文心雕龙》是他留下来的主要著作。

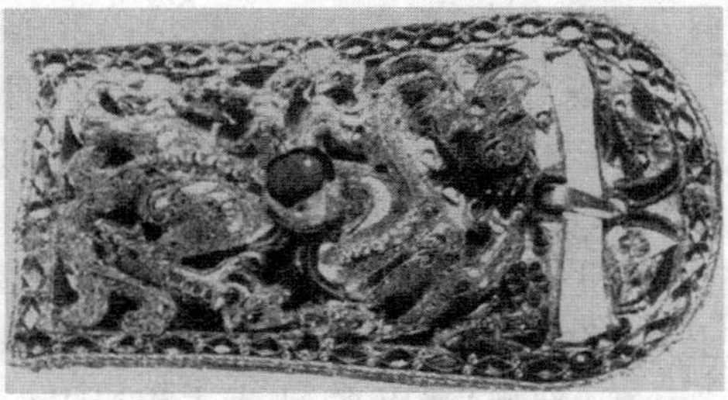
西晋·龙纹金带扣

刘勰是一个学者,精通儒家的经典和佛学,在文学方面有很卓越的见解,超过了前人,他同时代的人也没有一个能比得上他的。501 年,他开始撰写《文心雕龙》,后于梁代成书,成书时不过三十三四岁。

《文心雕龙》是一部总结性的文学评论著作,此书为一部优秀的文学批评专著,全书共五十篇。《原道》《征圣》《宗经》《正纬》《骚辩》等前五篇为全书总纲领,主要阐述文学创作应该宣扬圣道、裨益风化原则。《明诗》至《书记》等二十篇,主要论述各种文体的源流、演变及其作品的特征、优劣。《神思》《体性》等二十四篇,主要探讨创作方法及文学批评标准。最后附有《序志》总结全书。

《文心雕龙》几乎涉及了文学中所有的问题,其主要内容有总论、文体论、创作论和批评论,是我国自西周以来文学的大总结。

当佛学和玄学盛行的时候,刘勰坚持了唯物主义的倾向。他强调文学的社会政治作用,认为文学的变化是由于时代的不同,指出建安文学的“雅好慷慨”,是由于“世积乱离,风衰欲怨”,初步建立了用历史眼光来分析、评价文学的观念。在文学上形式主义风靡的时代,他赞成“为情造文”,反对“为文造情”,主张内容决定形式,而不是相反。他不承认有抽象的文学天才,认为一切好作品,莫不是对事物做了仔细地观察,在表现方法上下了苦功的缘故。

《文心雕龙》针对当时片面追求华丽辞藻,不管内容的形式主义文风,提出了自己对文章形式和内容相互关系的正确认识。它认为,文章的好坏,最重要的还是它的内容。它说“夫铅黛(化妆用品)所以饰容,而盼倩分于淑姿;文采所以饰言,而辩丽本乎性情”。翻译成白话就是,铅粉、黛(黑)色(女子描眉用的)能够装饰美容,是因为她原来就长得美丽;文采所以能修饰文章,是因为文章的内容、情感本来很美。所以他认为,只追求辞藻而缺乏内容、情调的文章,是乏味的文章,人们是不会愿意看的。但是同时,刘勰也并不忽视辞藻和形式对文章的重要作用。他说:“虎豹无文(纹饰)则鞹同犬羊,犀兕有皮而

色资丹漆”，老虎豹子要是没有花纹美丽的皮毛，就和狗羊一样了，犀牛因为有厚厚的皮才会现出独特的外表。所以他又说：“质待文也。”肯定了内容还要有好的形式和辞藻才能够表现出来。这是很正确的意见。

刘勰在《文心雕龙》里提出了自己对于文学评论的看法。他反对以“贵古贱今”的标准去批评文艺作品，也反对以“文人相轻”“会己则嗟讽，异我则沮弃”的单凭主观之见和个人爱好的态度评价文章；而是主张：评论者必须“无私于轻重，不偏于憎爱，然后能平理若衡，照辞如镜也。”为此，他提出了正确观察和批评文章的六个方面，即“六观”。这就是：“一观品位（看作品的思想、主题）；二观置辞（看作品的修辞技巧和用词是否得当）；三观通变（看作品的内容、形式是否推陈出新、独具一格）；四观奇正（看作品的布局是否合乎规格、有无出奇制胜的地方）；五观事义（看作品的取材用典是否确切）；六观宫商（看作品的声律是否和谐优美）。”六个方面，既包括了作品的内容、思想立意，又注意了形式和艺术风格。这在当时来说，确是提出了一个比较全面的文艺评论准则，为后世提供了文学批评标准。

西晋·镇南将军金印

此外，刘勰还提出：“凡持千曲而后晓声，观千剑而后识器”，认为文艺批评者必须具有广博的学识，深厚的修养，才能够鉴别作品的好坏。这些看法也都是很有见地的。

《文心雕龙》以前，已有一些人做过文学评论方面的文章，如曹丕的《典论·论文》、陆机的《文赋》，挚虞的《文章流别论》等，但是都不完整，只有《文心雕龙》才第一次比较系统、深入地讨论了文学的各个方面，全面地总结了西周以来的文学，确实是一部文学评论的巨著。

刘勰之后，在封建社会，文论的著作很多，但没有一个作家像刘勰那样严肃而系统地探索过那么多的问题。在我国古代文学理论和批评的著作中，《文心雕龙》不愧为一部体大思精的巨著。

《文心雕龙》对后世的文学创作和文学批评产生了很大影响。唐时的文人，以刘勰的文学主张为武器，一扫六朝时颓废萎靡的文风，使文坛出现了一个空前繁荣昌盛的局面。直到今天，《文心雕龙》和《文选》都还是我们研究先秦至六朝时期文学发展的重要参考资料。

萧统编集《文选》

《文选》的编纂者萧统（501 年~531 年），字德施，小字维摩，是南朝梁武帝萧衍的长

子，天监元年(502年)立为太子，31岁病死，谥号“昭明”。

萧统从小就聪明、好学。史书说他五岁遍读儒家经典，“读书数行并下，过目皆忆”。这虽是过誉之词，但也可以看出他从小就博览群书，酷爱学习。他不但自己能诗善赋，而且在太子东宫里，延集了一批“才学之士”，经常与他们“讨论坟籍”，“商榷古今”，研究“文章著述”等事。他又收集了梁朝以前的书籍达三万卷之多，放入东宫，这样，就在南朝形成了一个围绕着他的“名才并集”的文学中心。萧统依靠这些优越条件，编纂了《文选》。

关于《文选》的编辑目的和原则，萧统在《文选》序中说得很明白。他说，历代的作家甚多，作品浩如烟海，我们很难尽读，只有去粗取精，加以选择，阅读其中优秀的篇章，才能够收到事半功倍的效果。这正是他编纂《文选》的目的和出发点。

西晋·宣成公金印

萧统选择诗文的标准极为严格。他认为，经书是神圣的著作，深奥玄妙，不可以随便删选；诸子的书，以立论为主，是哲学著作，因此，也略而不选；史书以纪事为主，不同于文学作品，也不选入，但是，史书中的赞论和序述部分，却都颇有文学辞藻，可以例外选入。最后他说，入“选”的文章必须要“事出于沉思，义归乎翰藻”。也就是说，只有那些内容经过反复推敲，而又文辞流畅华美，文情并茂的文学作品才是《文选》编辑的对象。《文选》起自周代，迄于梁朝，用30卷的篇幅，囊括了这一长时期各种文体的代表作品。

虽然由于种种局限，《文选》过于强调了辞藻华美，而使一些好的诗文未能入选，但是，它还是比较注重文章内容。如当时盛行的内容空虚、义近淫靡的“艳体诗”一类“作品”，《文选》都一概不取。

《文选》成书后，唐朝时出现了李善作注和吕延济、刘良、张铣、吕向、李周着翰人作注两种本子。今天我们见到的《文选》本，分60卷，可能就是李善的本子。

《文选》对后世文学的影响很大。大诗人杜甫就教他的儿子要“熟读文选理”；唐代时更有“《文选》烂(读熟)，秀才半”的谚语。至于后人的文学选本，受《文选》启发极为常见。

徐陵选编的《玉台新咏》

《玉台新咏》是我国古代一部特殊的诗歌总集。

《玉台新咏》，陈徐陵在梁朝末年撰。梁皇太子萧纲提倡作艳诗(宫体诗)，令徐陵搜

集汉魏以来涉及妇女的诗篇，成《玉台新咏》10卷。《玉台新咏》流传很广，这是因为专咏妇女，也是编诗集的一种新格局。许多诗篇赖《玉台新咏》得以保存，成为大观，从这里可以了解封建社会妇女的生活状况和士人对妇女的各种态度。著名的叙事诗《孔雀东南飞》就是收在《玉台新咏》里的一首上好之作。

范晔著《后汉书》

范晔（398年~445年），字蔚宗，南朝宋顺阳（今河南淅川）人。出身世族地主家庭。祖父范宁，东晋豫章太守，父范泰，宋侍中。范晔在宋官至左卫将军、太子詹事，专掌禁旅，参与机要。后有人告发他与孔熙先谋立彭城王义康为帝，被处死刑，时年48岁。

范晔约在元嘉九年（432年）被贬为宣城太守时开始修史。他的主要兰本是东汉官修的《东观汉记》，也参考了其他各家，“删众家后汉书为一家之作”。他对自己的书自视甚高，特别是“论赞”和“序”，认为“皆有精意深旨……至于《循吏》以下及《六夷》诸绪论，笔势纵放，实天下之奇作”，“赞是吾文之杰思”。《后汉书》共120卷，其中“本纪”10卷，“列传”80卷，有些传刻画人物很成功。如藏洪意气慷慨，激励人心；大官僚胡广贫位重惧祸。文字简洁，叙事明白，无愧于“四史”之一。范晔还独创于一些新的类传，如“党锢”“文苑”“独行”“方术”“逸民”“列女”等。通过这些典型的人物，宣扬儒家的封建纲常伦理。《后汉书》问世后，众家所修后汉史书都告废弃，这也证明他的这部史书的确是修得成功的。范晔本要继续编写十志但未完成，梁刘昭为了弥补范书无志的缺憾，把晋司马彪《续汉书》的志抽出，加以注解，分三十卷以补范书。

左思的代表作《三都赋》和《咏史》

太康三年（282），左思所作《三都赋》蜚声文坛，豪家富室竞相购纸传抄，致使洛阳城内纸价飞涨，时人有“洛阳纸贵”之叹。

《三都赋》是由《蜀都赋》《吴都赋》《魏都赋》三篇独立而又相联结的赋组成，洋洋万言，体制宏大，文采富丽，记述三国鼎立时期各都城的山水物产、风土人情。此赋的写作方法及风格虽与班固的《两都赋》及张衡的《二京赋》相似，但它的思想主题则不是传统的“劝百讽一”，而是征信求实的文学主张的体现。因此《三都赋》在后期大赋中占有重要地位。

左思是西晋文学家。字太冲，临淄（今山东淄博）人，生卒年不详。《三都赋》《咏史》为其代表作。他貌丑口讷，不好交游，但文思飞扬，辞藻壮美，名重一时。泰始八年（272）前后，因其妹左棻被选入宫，他随全家迁居洛阳，曾任秘书郎。元康末年，他为之讲《汉书》的贾谧获罪被诛，于是退居宜春里，专事典籍，辞疾不仕。太安二年（303），为避河间

晋纸书墓主生活图

王颙部将张方纵暴而由洛阳移居冀州,几年后病逝。

他的诗歌代表作《咏史》诗 8 首,借古抒怀,连类引喻,在史实发微中唱出自己的抱负。左思早年颇有雄心,自视亦高,欲"左眄澄江湘,右盼定羌胡"(第 1 首),但他出身寒微,在门阀制度的压抑下总是郁郁不得志,心中充满不平与愤懑。在《咏史》第 2 首中,他揭示了"世胄蹑高位,英俊沉下僚"的不合理现象。第 7 首则借咏古代贤士的坎坷遭遇,痛陈"何世无奇才,遗之在草泽",尖锐地抨击了压制、扼杀人才的黑暗现实,也表述了自己怀才不遇的苦闷。《咏史》还以高度的自信、高昂的激情,声称:"贵者虽自贵,视之若埃尘;贱者虽自贱,重之若千钧。"

这样的诗句,掷地有声,令人激奋,于当时有重大意义。

《咏史》诗语言朴实,感情饱满。虽然抒发了内心的苦闷与忧郁,但并不消沉颓丧。诗中回荡着壮志难酬、雄心不死的悲凉,充盈着慷慨壮烈的阳刚之气,在"文体大坏"的西晋文坛上超然而起,代表西晋诗歌的最高成就,并对后来的陶渊明、范云、王勃等产生过影响。

陶渊明作《归去来兮辞》

晋孝武帝太元十八年(393)至晋安帝义熙元年(405),即从他的 29 岁至 41 岁,是陶渊明的学仕时期。在 13 年时仕时隐的生活中,陶渊明创作了不少的宦旅诗和散文,反映出他对仕途的厌倦和对田园生活的向往,而《归去来兮辞》则是陶渊明最后与官场诀别的辞赋作品。陶渊明作《归去来兮辞》后,辞去彭泽令,从此走上归田的生活道路。

陶渊明 29 岁时因"亲老家贫",起为江州祭酒,不久,因"不堪吏职",自行解职回家,闲居家中五六年。晋安帝隆安四年(400),陶渊明到荆州任刺史桓玄属吏,翌年,因母丧辞职归家。桓玄兵败,刘裕入建康任镇军将军,陶渊明离家东下,在其幕下任镇军参军。义熙元年(405),陶渊明转任建威将军江州刺史刘敬宣的参军,八月,出任彭泽令,任官 80 多天,十一月,辞官归家,结束了 13 年时仕时隐的生活。

在陶渊明的学仕时期,创作的主要有宦旅诗及一些辞赋、散文,如《庚子岁五月中从都还阻风干规林二首》《辛丑岁七年赴假还江陵夜行涂口》《癸卯岁始春怀古田舍二首》,就是著名的宦旅诗,抒发其宦海奔波中对家园的思念;《闲情赋》《归去来兮辞》则是著名的辞赋作品,《闲情赋》以男女之情寄托自己执着的追求;《晋故征西大将军长史孟府君

传》则是散文佳作。

《归去来兮辞》首段描述了辞官归田的原因及想象归途及到家的情景。“归去来兮，田园将芜胡不归！既自以心为形役，奚惆怅而独悲？”又“云无心以出岫，鸟倦飞而知还”，道出了作者对追求利禄和沽名钓誉的厌恶以及对田园生活的魂牵梦萦。“舟遥遥以轻扬，风飘飘而吹衣，问征夫以前路，恨晨光之熹微。乃瞻衡宇，载欣载奔”，轻松愉快的心情跃然纸上。接着，作者描绘了怡然自得的归田生活。“悦亲戚之情话，乐琴书以消忧”，“善万物之得时，戚吾生之行休”，亲情浸濡之下，疲惫的身心也得到休息。最后，作者抒发了归田后畅快的心情。“富贵非吾愿，帝乡不可期”“聊乘化以归尽，乐夫天命复奚疑”，希望安贫乐道地过自然的生活，直至生命的终结。陶渊明的《归去来兮辞》以生动自然的笔触，描绘出想象中的田园生活的美好，表现了自己不屈服于权贵，不与庸俗之流为伍，“不为五斗米折腰”的耿介品格，行文情真意切，亲近自然，具有极深的艺术感染力，历来受人推崇。欧阳修曾说：“晋无文章，惟陶渊明《归去来兮辞》一篇而已！”可见其地位之高、影响之大。

《归去来兮·临清流而赋诗》

陶渊明在《归去来兮辞》中描绘的“不为五斗米折腰”，辞官归田，陶醉于田园生活的断然抉择，更影响了以后许多文人的生活取向，不少人在政治抱负得不到舒展的时候，都转而投入自然的怀抱，寄情山水，自得其乐。

谢灵运推动山水诗发展

宋元嘉十年(433)，谢灵运在广州被杀，终年49岁。

谢灵运(385~433)，小字客儿，陈郡阳夏(今河南太康)人，东晋名将谢玄之孙，晋时袭封康乐公，世称谢康乐。谢灵运仕刘宋时为永嘉太守，历任秘书监、侍中、临川内史。他自小好学，博通经史，且胸怀大志。武帝刘裕在位时，灵运与皇子刘义真交往甚密，深得义真赏识，义真扬言，若自己得志，必以谢灵运为相。所以义真被杀、文帝义隆即位后，谢灵运自然得不到重用。但他自恃门第高贵，才气过人，对自己未能参与朝政一直愤愤不平，经常称病不上朝，有时出门游山玩水，十几天不归。文帝爱惜他的才能，不想深究，索性赐灵运长假，让他回家。其后担任临川内史时，因事得罪执政彭城王刘义康，以谋反罪发配广州，不久被下令就地正法。

谢灵运诗大都描写山水名胜，善于刻画自然景物，为山水诗派的创始人。能赋，《山

居赋》较有名。与鲍照、颜延之并称为“元嘉三大家”。明人辑有《谢康乐集》。

山水诗的兴盛与玄言诗有因果关系。魏晋以来，士大夫清谈玄学、隐居山水，诗歌中山水描写随之增加，并表现出清逸超俗的意趣，如嵇康的《赠秀才入军》、左思的《招隐》等诗。晋政权南渡以后，士族名士修建园林别墅、游赏江南风景，有更多的机会接近自然山水。如玄言诗人许询、孙绰都好游山水，王羲之有兰亭之游。这时流行的玄言诗，以玄学的意趣来观照山水，又借山水来寄寓玄理，诗中往往出现若干写山水的佳句。一些纪游、登览诗逐渐接近山水诗。刘宋初期，谢灵运大量创作山水诗，并丰富了描写山水的技巧，使山水描写由附庸玄言诗到蔚为大观，演变成山水诗，开拓了中国诗歌史上一个新的题材领域。

北魏山水画像两幅。“魏晋以降，画山水或水不容泛，或人大于山。”（张彦远语）。

谢灵运的山水诗鲜丽清新。鲍照说：“谢五言如初发芙蓉，自然可爱。”这一特点主要表现在对山水形象捕捉的准确。“春晚绿野秀”（《入彭蠡湖口》），“青翠杳深沉”（《晚出西射堂》），同样是绿色，却是两幅完全不同的画面，前者是暮春，后者为深秋，意象的选择是非常妥帖的。代表作《登池上楼》描述诗人病愈后突然见到窗外景物：“池塘生春草，园柳变鸣禽。”这一联如脱口而出，清新可爱。由于写作的对象是过去的文学作品中少有的，因此，没有多少可资借鉴的技巧，要成功地把奇山异水反映在诗篇里，作家必须自铸新辞，精心刻镂。谢灵运的山水诗之所以超越前人，成一代宗师，关键之处还在于他在山水诗领域的刻意追求，为了准确地捕捉形象，诗人确乎是“经营惨淡，钩深索隐”（沈德潜《古诗源》），调动了多方面的艺术技巧。如他的名句“白云抱幽石，绿筱媚清涟”（《过始宁墅》），利用色彩的深浅、明暗对比显示了自然景物的层次感、丰富性。“鸟鸣识夜栖，木落知风发”（《石门岩上宿》），以有声衬无声，由动而见静，传神地写出了山中夜景的特点。

谢灵运诗中时时可见佳句，但结构成神完气足的整篇山水诗却是他始终都没能达到的。由于致力于追新求奇，一些诗作也流于艰涩险怪。同时，谢灵运的诗作中仍残留着玄言诗的痕迹。谢灵运的山水诗多采用这种结构，即先叙述游历之事，再写寓目所见的景物，最后借山水证悟玄理。因为玄理部分不能和描摹的景物相融合，也容易形成有句无篇的特点。

总体而言，谢灵运的山水诗已经矫正了理过其辞、淡乎寡味的玄言诗风，确立了山水诗在诗坛的优势地位。

北朝民族的代表作《木兰诗》

木兰诗是北朝长篇叙事民歌，收集在乐府诗集“梁鼓角横吹曲”里，是北歌中最杰出

的作品。

木兰诗记述了木兰女扮男装,代父从军的故事。木兰为了保全老父,毅然代他担负起出征的艰巨任务,表现了自我牺牲的精神。她身经百战,历时十年。胜利地完成使命,表现了坚强和勇敢。而凯旋归来,不受官爵,只愿意恢复普通劳动妇女的生活,又表现了纯朴高洁的胸襟。木兰诗不仅反映出北方游牧民族普遍的尚武风气,更主要的是表现了北方人民憎恶长期割据战乱,渴望过和平、安定生活的意愿。木兰这一出色的艺术形象,有力地说明了女子和男人同样有能力做出英雄豪杰的事业,同时也说明了女子有权利受到和男人同样地看待,这是人民愿望的反映,对于那个时代的重男轻女的成见是一个重大的冲击。

木兰诗是民间叙事诗,富有色彩,风格也比较刚健古朴,表现了民歌的艺术特点。连续运用复叠和排比的句调,造成姿致和音乐性;用拟问作答来刻画心理活动,细致入微;对偶句子简练工整,包含了丰富的含义;而语言的精练,更增强叙事气氛。木兰诗代表了北朝乐府民歌杰出的成就。

木兰诗的艺术特色和思想内容对后世产生很大的影响。杜甫在草堂诗中就有意模仿了木兰诗中描述全家欢迎木兰时的表现手法。直到现在,木兰仍然是舞台银幕上塑造的女英雄形象。

佛画之祖曹子兴

三国时期,绘画取得了一定成就,出现了一批著名画家和许多著名作品。

三国时最著名的画家当推曹不兴,不兴或名弗兴,吴吴兴人,以善画,名冠一时,长于人物及衣着。曾在长达五十尺的大幅绢上画人物,因心灵手快,须臾即成。所绘人物,头面手足,胸臆肩背,不失尺度,衣纹皱褶,尤别开新样。《三国志·赵达传》(卷六三)注引《吴录》言:孙权使不兴“画屏风,误落笔点素,因就以作蝇。既进御,权以为生蝇,举手弹之。”足见曹不兴写生之妙,已达到以假乱真的程度。曹不兴特擅长画龙。唐人朱景玄《唐朝名画录》记载曹子兴之佛画,后人称其为画史上的“佛画之祖”。

书圣王羲之父子

王羲之(303 年~361 年),字逸少,祖籍琅琊(今山东临沂),会稽(今浙江绍兴)人。他是晋司徒王导从子,曾任右军将军会稽内史,故后人称他为“王右军”。王羲之一生喜好游山玩水和结交朋友。相传王羲之 7 岁学书,12 岁开始通读前人笔论。他的主要贡献也集中表现在书法的成就上,与其子献之并称“二王”。他先拜卫夫人为师学习书法,后博采众长,书精诸体,尤其擅长楷书和行草书,风格妍美流畅,一改汉魏以来质朴书风,把

书法推向全新的境界，创出流便逸美的新体，人称其字"矫若飞龙，飘若惊鸿"，集前人之大成，开一代新风，为中国书坛之冠，故后人誉其为"书圣"。

"书圣"少时沉默寡言，不拘一格，也没什么特异的天才。早期的书法，与其朋辈相较，不但无杰出之处，且还略逊一筹。但是，他那刻苦学书，坚韧不拔的精神，却是朋辈们无人可以企及的。

相传王羲之学书十分刻苦。他学习、吃饭、走路，无时无刻不在揣摩字体的间架、结构以及笔法，边想就用手在身上边划，久而久之，衣服都被划破了。

王羲之学书往往全神贯注，以致达到忘情的程度。一次，他正在埋头练字，饭也顾不上吃。家人把饭给他送到书房，他不假思索地用馍馍蘸着墨就吃了起来，还说好香好香。当家人发现时，他已弄得满嘴墨黑，自己还不知道呢。

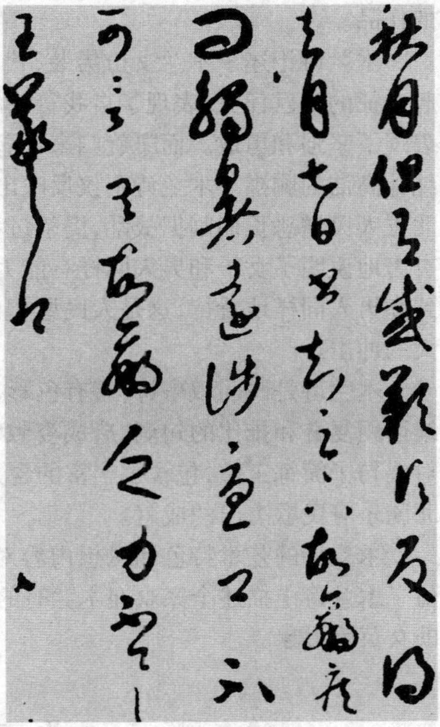

王羲之·七月都下帖

王羲之经常临池书写，就池洗砚，时间一长，池水尽黑，故称"墨池"。现浙江的永嘉西谷山、绍兴兰亭，江西的临川新城山、庐山归宗寺等地，都有被称作王羲之"墨池"的名胜。这"墨池"传说的可靠性姑且不论，右军学书曾经下过一番苦功夫，那是确真无疑的。

王羲之以锲而不舍的精神，积数十年之功，终于"暮年方妙"，达到了超逸绝伦的书法艺术高峰。

右军书成，朝野视为墨宝。

右军墨迹很多，最著名的当推《兰亭序》。兰亭，是会稽山阴的一处古老名胜，那里有崇山峻岭，茂林修竹，兰亭左右有弯弯的曲水，自古游人颇多。东晋永和九年(353 年)三月初三，正值"禊节"。这天，王羲之邀集谢安(即后来淝水之战东晋一方的决策者)等四十一人，到兰亭过禊节，饮酒赋诗。彼此相约，以觞盛酒，置于潺潺的曲水之上，任其顺势漂流，各人分列曲水之旁，依石而坐，觞流至谁面前，谁就当即赋诗一首，若做不出，则罚酒三觞。那天，曲水流觞，"一觞一饮"，共得佳作四十余篇，编为一集，王羲之为之作序并书，故称《兰亭序》，又叫《兰亭集序》，或《临河序》《禊序》《禊帖》。该序共 28 行，384 字，这序，王羲之本是信手写来，字体潇洒流畅，气象万千，成为中国行书的绝代佳作，对后者影响极大，被称为"天下第一行书"。王羲之的其他作品还有《丧乱帖》《快雪时晴帖》等，草书有《初目帖》等。王羲之在书法史上启前承后，是位意义重大的书法家。

王羲之少子王献之，自幼聪颖，受父传法，亦工于书法，并兼备各体，尤其擅长行、草，其草继父书风，又常一气呵成、一泻千里，风格豪迈奔放。因其在书法艺术中的杰出成

就，后人将他与父亲并称为“二王”。王献之存世墨迹有《鸭头丸帖》等。

后世，唐太宗李世民珍爱右军书法，从王氏后人手中访得《兰亭序》墨迹，视若神品，当即令书法名手赵模、冯承素等人勾摹数本，分赐亲贵近臣。他生前对《兰亭序》玩之不倦，曾多次题跋，死后又将其随葬。后昭陵被盗，《兰亭序》真迹也就从此失传。

王羲之·兰亭序

王羲之的行书代表作被李世民毁掉了，但在初唐由于李世民的大力提倡、推崇，遂形成争相临仿王书之风。这样，原只是江南书体正宗的王羲之真书，遂一跃而成为全国书体的正宗，并影响中国书坛一千余年。

清朝康熙至乾隆年间，先后发现晋人王羲之、王献之（羲之子）及王恂的三纸墨迹。王羲之的为《快雪时晴帖》，王献之的为《中秋贴》，王恂的为《伯远贴》。这三纸墨迹被视为稀世之珍，独辟阁室，藏于内府，所藏之室，亦被命名为“三希堂”（今北京故宫西路养心殿）。

浙江省绍兴市的兰亭，现已成为浏览名胜。那里的游人络绎不绝，在兰亭之侧的曲水之滨，鹅池碑前，墨池之畔，人们在讲说着这位“书圣”的故事，纪念着他对民族艺术的杰出贡献。

书法家智永和智果

智永，南朝陈僧人，书法家，名法极，俗姓王氏。据唐李绰《尚书故实》记载：智永，会稽（今浙江绍兴）人，他是王羲之（右军）的七世孙，是王羲之的后代，与兄孝宾俱舍家入佛，俗号永禅师。《述书赋》记载住绍兴永欣寺，今查《湖州府志》卷二十五，住吴兴永福寺。

智永临摹名迹，十分勤奋，曾登楼三十年不下楼，写有真草《千字文》八百本，浙东诸寺各施一本。求书者纷至沓来，户限为穿，不得已而以铁皮裹之，人呼为“铁门限”。他将写坏的毛笔置满了五大箩，后人将它埋葬起来，号称为“退笔冢”。

智永的书法历来极为贵重，流传迄今的有真草《千字文》。

明代《妮古录》卷一亦说：“智永写千字文八百本，但有律吕调阳的即其真文。”其诗中又说，智永的高徒是虞世南，故有“颉颃独数永兴公”之句，世称虞永兴即虞世南。诗中还认为明代吴宽（溢文定）所藏的智永真草千字文远远比“智永真草书‘归田赋’要好得

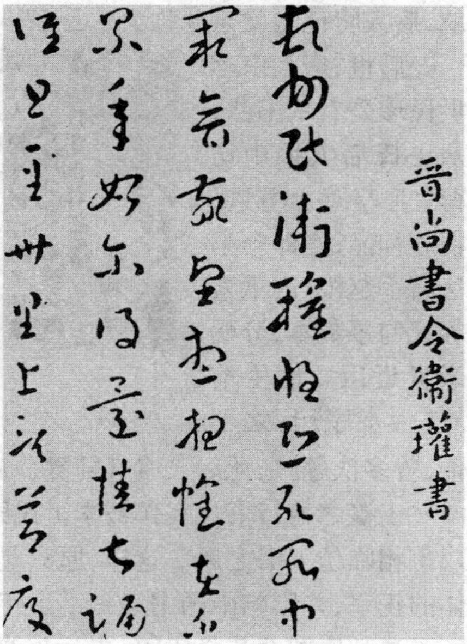

卫瑾·顿册帖

多。”因为《书史》二集一辑说：“智永真草书‘归田赋’藏襄阳魏泰处，世人收智永书未有此真也。”

历代书法评论家对智永禅师的书法评价不一，兹录数条：

唐李嗣真《书后品》说：“精熟过人，惜无奇态。”

唐张怀瑾书断说：“草最优”，“章草入妙”，“隶书入能”。

宋苏轼曰：“骨气深稳，体兼众妙，精能之至，返造疏淡。”

米芾说：“智永临《集千文》秀润圆劲，八面具备。”

董其昌云：“每用笔必曲折，其笔婉转回向，沉着收束。”（见《画禅室随笔》）

何绍基云：“智师《千字文》，笔笔从空中落，从空中住，虽屋漏痕犹不足喻之。”（见《东洲草堂金石跋》）

也有人说：“智永真草千字文真迹，气韵飞动，优入神品，为天下书法第一。”（见《四友斋书论》）

中国文字的发展规律是：“由简到繁，由繁到简。”从甲骨文、蝌蚪文发展到大篆，是由简到繁；由大篆到小篆、到隶书、到楷书、行书，是由繁到简。智永对中国书法史上所做的重大贡献，就是从古代有隶书笔意的方笔逐步使用了楷书的圆笔，弘扬了“永”字八法，把唐代楷书的基本笔画肯定了下来，使当时民间酝酿已久的书法改革迈进了一大步。

永字八法，是阐述正楷点画用笔的一种方法，其来源旧有张旭说（见《墨池编》）及智永说（见《书苑菁华》）。客观地说，永字八法，应该是智永创始于前，张旭弘扬于后。因为张旭自己说：“自智永禅师过江，楷法随渡。永禅师乃羲、献之孙，得其家法，以授虞世南，虞传陆柬之，陆传其子彦远。彦远，仆之堂舅以授余。”（见《张旭书艺》）《翰林禁经》谓：“智永发其旨趣。”由此可见，智永的书法艺术对楷书“永”字八法的奠定，在中国书法发展史的大交响曲中，奏出了不可磨灭的序曲。

智果，会稽（今浙江绍兴）人，书法家，工书，颇爱文学。《中国人名大辞典》谓：“炀帝为晋王时，召令写书。智果不从，遂被囚于江都。及为太子，出巡扬越，智果乃上《太子东巡颂》，得释，召居慧日道场。”

隋炀帝尝谓：“智永得右军肉，智果得右军骨。”

窦泉认为智永、智果都是僧书，天赋不高，书有软媚之态，强有所求，志业大而事成。有时拘凝，滞滔不通，有时利凡夫百姓，周流惊惧，不知所至，擅名成为僧中之领袖，可为当代的准绳。

黄山谷认为智果是僧笔，有僧气，大概僧是智果的短处。

明丰坊《书诀》指出：智果的《中楷心成颂》，是论楷书结体的最好文章。它是古代论楷书结体的先声。这是说：写字高低长短，一般说是右边高，左边短，右边长，就要上面齐，左边长，右边短，就要下面齐，不然就成单肩。字的形势，笔画有多有少，右边多就要使左边伸张。右上角一点，要和左上角实的地方相对，使其相称。字的左右，或多或少，须彼此相让，开合得体，轻重平衡。作字笔画有顺逆，有向背，有仰，复，有聚散，有承接，笔画要“无垂不缩，无往不留”，且要变换垂缩，有时左缩右伸，有时下垂而上缩，右往而左收，要有新意，要使起与收能统一起来。字画多太密的地方，要力求其疏朗，如字画太疏的地方，便要写得紧凑些，要求补空填点，减繁以生波。字若有偏侧欹斜，也应审其势而巧为安排，字偏的把它写正，正的把它写偏，有时以侧映斜、以斜附曲，因为重心不失，精神活跃，反觉其妙。单精一字，意谓合而为一亦好，分而为异亦好，其精神就是要写好一个单一的字。这一个单一的字写好了，其他各部分也就都写好，则整个字也写好。要写好单一的字，就需要个人的修养，多看碑帖，勤学苦练才能成功。总之写字应该有统一的全局、整体的观点，要承前启后，顾盼朝辑，前后联系，情致相生，才臻妙境。

智果传世章书，有《淳化阁帖》中诸家古法帖卷五，有《僧智果书评五则》，其中内容则是梁武帝评书，从汉末至梁有 34 人，智果书录了 28 人，有王僧虔、王子敬、羊欣、阮研、王仪同、殷均、徐淮南、陶隐居、吴施、柳产、曹喜、王右军、蔡邕、程旷平、萧思、李镇、桓玄、范怀约、孔琳、李岩、薄绍、崔子玉、师宜官、梁鹄、张伯英、卫恒、索靖、钟繇等人之书。

智果墨迹及其用笔和结体的理论，无疑对后代学书的理论做出了一定的影响。他的书法“利凡夫百姓”，正是继承智永实行“新书体”的变革的继承人，也是古代论楷书结体的第一人。

云冈石窟

魏太延五年(439)，北魏灭北凉，将凉州僧众 3000 多人迁至平城，同时还强行驱使吏民工匠 3 万户迁居平城，北魏佛教盛行。魏太平真君七年(446)，太武帝跖跋焘下令灭佛，但魏兴安元年(452)，文成帝跖跋濬即位，恢复佛法。453 年，文成帝召凉州高僧昙曜于平城。460 年，昙曜在平城(今山西大同)西面的武州塞即云冈开凿石窟。

云冈石窟位于山西大同市西约 30 里的武州山北崖，大同原是北魏都城平城，云冈石窟开凿于 460 年前后。据《魏书·释老志》记载，北魏文成帝和平年间，沙门统(主管僧寺的人)昙曜经向皇帝上书并得到许可，在京城(今大同)西郊武州塞，开凿石窟五所，各镌造一座大佛像，用以纪念北魏开国的 5 个皇帝。从这时起直到唐代，陆续有所凿建。统计起来，估计共有大小洞窟 40 多个，雕刻有约 10 万个佛、菩萨、飞天和供奉人的石像。其他飞鸟异兽、楼台宝塔、树木花草等浮雕图案就更多了。石佛大的高至数丈，小的只有几寸，疏密不等地排列在洞窟内，宛如一个佛国世界。洞窟所雕的内容，有佛的本像，也有

传说中佛的生平。画面有的是想象中的天上幻境，有的则是摹映凡世人间。第六窟刻的就是佛的故事，如“佛的降生”，“佛的成长”等。佛教艺术和佛教一样，传入中国以后，其外来的痕迹，历历可寻。云冈石窟的中心，也是它的精华所在，是在第五窟。第五窟规制宏大，气势雄伟，是有代表性的杰作。它的洞口筑有四层的高大楼阁，进入洞门，迎面有一尊约55尺高的巨型石佛，它的脚就有14尺长，手的中指7尺长。这座就地凿成的大石雕像，不仅形象高大，而且显出唯我独尊的样子。其他佛像则分列左右，一个比一个小。另外还有很多手执乐器在飞舞的飞天，身材矮小的供奉人散立在四旁。置身群雕像之中，给人一种感觉，好像大佛象征皇帝，居于至高无上的地位，而周围的各佛则象征服从于皇帝的大小群臣。那些飞天和供奉人，则是替统治阶级服役的民众和奴隶。整个洞窟，实际上构成了一幅封建统治的图像。而这一点正是北魏统治者通过建造石窟，把自己的统治地位加以神化的本意。

云冈石窟第五、六窟外景

继昙曜之后40年左右，云冈又不断有石窟完成，其风格也较前有变化，石窟平面一般呈方形，石窟分为前后二室。北魏迁都平城后，云冈石窟的开凿活动渐趋衰落，石窟多为中小型，但艺术上显得较为成熟。

现存云冈石窟有大窟45个，小窟若干，造像5.1万多尊。与敦煌石窟、龙门石窟并称古代三大窟，是一个著名的石窟艺术胜境。

龙门石窟

494年，北魏孝文帝迁都洛阳以后，就在这个新的统治中心，依照云冈的雕造，开凿新的石窟，即龙门石窟，龙门石窟位于洛阳市南25里的伊阙，这里山河秀丽、风景宜人。龙门山、香山双峰对峙，中间伊水北流，犹如开然门阙，古称“伊阙”。又因伊水在两山下像条矫健的游龙，所以又称龙门，石窟主要分布在西岸的峭壁上，长达1公里。

龙门石窟现存佛洞1352个，造像近10万尊。佛龛7855，数量之多，超过了云冈，其中北魏所凿的佛洞石龛约占1/3。

龙门石窟中的代表作有古阳洞、宾阳洞等。古阳洞开凿于迁都前后，是开凿最早、规模宏大、内容丰富的一个洞窟，也是北魏王室、贵族发愿造像最集中的洞窟。洞高11.1米，宽6.9米，深14.5米。洞内小龛琳琅满目，两壁井然有序地雕琢成三列佛龛，这些小

龛都十分精美华丽。龛额装饰细致灵巧，图案花纹丰富多彩，在龙门石窟中堪称集北魏雕刻、绘画、书法、建筑、图案艺术之大成。

宾阳中洞高 8.4 米，进深和宽各 11 米，正面是以释迦牟尼像为中心的五尊雕像。释迦牟尼两足交结坐着，身穿褒衣博带式袈裟，通高 8.4 米。双目垂视，大耳长鼻，相貌庄严。左右侍立二弟子、二菩萨。二菩萨含睇若笑，温雅敦厚。南北二壁各有一佛二菩萨，面相清瘦略长，着褒衣博带袈裟，立于覆莲座上。窟顶做穹隆形，雕有莲花宝盖，周围是八个伎乐天和二个供养天人，洞口两面原有大型浮雕《皇帝礼佛图》《太后礼佛图》，表现孝文帝与文昭太后及君臣妃嫔们典雅华丽的礼佛场面。

龙门石窟造像

龙门石窟艺术风格和云冈的很相似，有明显的西方佛教艺术的痕迹和北魏的特征。所刻佛像，唇厚、鼻高、目长、颊丰、肩宽、胸部平直，用的都是平刀法，衣服褶纹见棱见角。立型造像，身躯挺直，显得庄严稳重，刚劲有力。宾阳洞中窟的顶部莲花藻井的周围，有一组“飞天”浮雕，手执乐器，翩然飞升，衣带飘扬，姿态非常优美动人。此洞壁上原有两组浮雕，即著名的“帝后礼佛图”，刻画的可能是魏孝文帝和皇后礼拜佛祖的场面。可恨的是，这一无价的艺术瑰宝，在 1934 年被帝国主义分子勾结奸商盗挖走了。如今剩下的两个凹坑，已成为帝国主义侵略罪行的历史见证。龙门最大的石雕在奉先寺。这是武则天时期开凿的，也是唐代石雕艺术的重要代表作。奉天寺的雕作，不但吸收了北魏的艺术精华，而且能与汉族固有艺术传统更好地融为一体，创造出唐代佛教艺术的新意境。奉先寺中间的一尊坐佛，高有 51 尺多，气势十分雄伟。从造像上看，既宁静庄严，又很慈祥自然，这与北魏佛像一般都很威严，在形象上已有明显的变化。大佛两旁侍立有迦叶、阿难（都是佛弟子）、菩萨、天王、力士的大型群立像，它们的站立姿态，也更趋向自然，有的微倾稍斜，有的呈 S 形，显得比较舒展。雕刻时是用圆刀法，衣纹像微风吹拂的波纹，真实感更强了，说明了唐代艺术水平的提高。

龙门石窟

龙门石窟还保存了历代造像题记和碑刻 3600 余件，是我国传统的书法艺术珍品。流传已久的“龙门二十品”（十九品在古阳洞中），字形端正大方，气势刚健质朴，结体、用笔在隶、楷之间，是隶书向楷书过渡中一种比较成熟的独特字体，是魏碑体的代表作，是北魏书法艺术的精华。

云冈石窟和龙门石窟，是南北朝和隋唐时佛教兴盛的产物。石窟的开凿，都曾消耗大量人力、物力，龙门古阳洞和宾阳洞中窟，费工80万以上，历时23年。所以它是劳动人民血汗和智慧的结晶。这两个石窟本身就是我国的艺术宝库，已被国务院列为全国重点文物保护单位。

书法成为一种独立艺术

汉魏时期，通行的隶书在发展到波磔挑法高度程式化的顶峰时，开始走向衰落。楷书作为一种新体在汉魏书家的逐步探索，特别是钟繇所创楷法的影响下，正走上取代隶书的行程；由隶书的简易发起来的章草日益兴盛时，今草在楷体的兴起发展激励下，已露出取代章书的端倪；行书则在楷书、草书两种势力的夹攻下也在积累孕育。它们都为中国书法艺术在晋代大放异彩准备了内在的条件。

东汉和帝（89~105）时，蔡伦发明了造纸术，用树皮、破布、废网等造纸，纸质坚韧，造价便宜，使纸普遍使用，为书法练习和传播提供了便利条件。东晋王羲之书写《兰亭序》时，用的是"蚕茧纸、鼠须笔"，可知纸在晋代更有所发展，而书写用笔也越发讲究，在兔毫笔、羊青毛笔之外，还有遒媚劲健的鼠须笔、鸡距笔。紧洁光丽的纸，饱满柔健的笔，再加色如点漆的墨，质地精良的砚，也是促进书法发展的有利条件，在书法工具上提供了保证。

汉魏晋之际，玄、道、佛思想广泛流行，为书法艺术的创作提供了多样化的文化背景。魏晋玄学兴起，崇尚清谈，文风放达，直接影响了当时士大夫们的思想情趣。

表现在书法便开始大胆追求超逸潇洒的艺术风格，这对行书的自由挥洒，丰神潇洒，草风的遒润多波，信手万变，痛快淋漓，一气呵成，准备了心理基础，这个时期战乱频繁、人民颠沛流离的社会背景，为佛学的传入和流行提供了适宜的土壤。也因此引起了开窟造像、凿石刻经、建寺立碑之风的盛行，这在客观上给书法的普及和发展起了催化促进作用。

平复帖

魏晋时期，书法理论也很盛行，品藻风气在书法领域一浪紧接一浪，不断由表及里，探及书法本体的核心。这也是促进书法艺术繁荣发展的原因。

这时层出不穷的书法家作为书法艺术的主体，在代代传承，代代创新的艺术积累中，最终使中国的书法在晋代成为一种独立艺术。

晋代，楷书经王羲之的改进最终独立成新书体，又经王献之的创新，结束了楷书体的衍变过程，使楷书发展成熟；王羲之书天下第一行书——《兰亭序》后，使行书成为士大夫

阶层最流行的书体;献之又将其父的草书由"破体"而成"一笔书",使今草由此定型;行草介在行书和草书之间,也得到深入的发展。

晋代书法作为一种独立的艺术,可与唐诗、宋词、元曲、明清小说相提并论,是中国古代文明史上光辉灿烂的一页。此时的书法名品很多,成为后世学书者的楷模,著名的书家有近二百人,可谓书法艺术的顶峰,对后世产生了深远影响。

青瓷工艺成熟

从商周原始青瓷过渡到成熟瓷器经历了漫长的阶段,但至迟至西晋初年,我国青瓷工艺已经相当成熟了。

青瓷是指施青色高温釉的瓷器,也是中国制瓷业中烧造时间最早的一个品种。青瓷出现于夏商,因制作工艺粗陋,故称原始青瓷。经西周至春秋战国时,原始青瓷取得了长足的进步,不少器物烧结度较高,胎釉结合牢固,釉层厚薄均匀,釉色青中泛黄。有人将这种青瓷称为早期青瓷。到了东汉,上虞窑创烧出成熟青瓷,推动了古代青瓷生产的发展。小仙坛、凤凰山的考古发掘为成熟青瓷起源于浙江上虞提供了实物证明。

三国两晋时,烧造青瓷的已有越窑、瓯窑、婺州窑、宜兴窑等,青瓷生产进入繁荣期,烧造工艺也全面成熟。主要表现在以下四个方面:

青瓷盆

1.器物种类大为增多。常见的产品有碗、钵、罂、罐、虎子、洗、狮形器、灯、槅、杯、砚、尊等20余种,而每一个品种又可分为许多形制。

2.瓷器的装饰更为丰富。孙吴时期,瓷器的装饰艺术就出现了崭新的面貌。常见的纹饰有压印的网格带纹、云气纹,戳印的联珠纹,帖印的四神、佛像、铺首、瑞兽,人物等,雕塑的人物、飞鸟、龟、狗、猪、熊、羊、螃蟹、亭台楼阁、回廊院落,刻画的双鱼纹,范印的鸡首、虎首等,同时,三国西晋时期常常将瓷器的整体或局部做成动物形状,如:狮形器、羊形器、兽形樽、蛙形水丞,虎子的虎形提梁,灯的熊形灯柱等。如此繁缛的装饰纹样,使三国西晋时的青瓷显得富丽而充满朝气。

3.瓷器的成型工艺明显改进。碗、钵、洗、罐、罂等器型规正,器壁厚薄均匀,大部分器物都经过修坯,一般在器表上看不到拉坯的痕迹。

4.烧成技术显著提高。三国西晋时,生烧或过烧的器物比例已较小,说明窑工已能较好地控制窑温。西晋的龙窑长达15米以上,并在窑壁上设置柴孔,实行分段烧成,以免后段坯件生烧。其次,此期青瓷的釉色比较稳定,以青绿色为主,其他釉色较少,这表明

当时已能很好地掌握烧成气氛，使坯件在还原焰中烧成，所以才能呈现出一种青莹如碧的幽雅色调。

青瓷以其素雅、清丽、明净的釉色和多姿多彩的装饰纹样及传神生动的器物造型受到国内外人民的普遍喜爱。以越窑为主的青瓷，历经三国西晋，不断趋于成熟，成为制瓷技术辐射性传播的源泉，并对唐宋青瓷的空前繁荣产生了深远的影响。

楷书发展成熟

魏晋南北朝时期，楷书逐渐衍变成熟，成为一种独立的书体，直接启隋唐正楷。

早在汉代，楷书已见雏形，西汉时某些隶书和楷书很难区分，《宣和书谱》说："西汉之末，隶字石刻间杂为正书。"到东汉隶书的波挑的体势不断加工，正式发展成为一代书体。但因隶书程式化带来的书写不便，楷化在书体上逐步成为一种强烈的趋势。东汉建初年间，王次仲"始以隶字作楷法"，熹平元年朱书解殃瓶题字，熹平二年瓦罐题字，都可见隶楷的递变轨迹。

三国吴凤凰元年（272），立于湖南耒阳杜公祠的《吴九真太守谷朗碑》（简称《谷朗碑》），字体结构虽仍有隶书痕迹，但笔法已初步具备了楷书的特点，也可以说是最早的楷书碑刻。

魏初钟繇（151～230）工书，兼善各体，尤精楷书。历代评论他的楷书纯朴古雅，刚柔备至，"无晋唐插花美女之态"，"秦汉以来，一人而已"。近人认为钟繇创秦汉以来所未有的楷法，可谓楷体之祖，对汉字的定型有很大贡献。《宣示表》是钟繇楷书的代表作，字形扁方，笔法厚重古朴，结字茂密，若飞鸿戏海、舞鹤游天，《宣和书谱》称"备尽法度，为正书之祖"。唐人孙过庭《书谱》将他与东汉书家张芝并称。阮元在《南北书派论》中认为，南、北书体两派都以钟繇为师，可见他在中国书法由隶变楷过程中的重要地位。

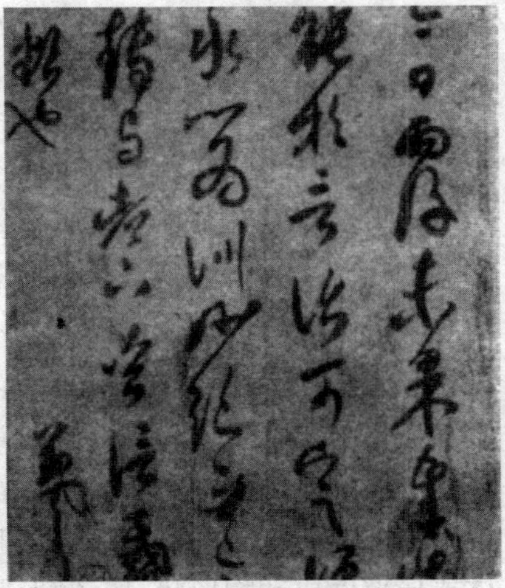
东晋王羲之草书《雨后帖》

晋代书法在钟繇的楷体影响下，所存碑刻书体都明显体现出楷书从隶体中分离的趋向。传世的《广武将军碑》书以方格为栏，字方正有稚气，带有楷书体势；《好太王碑》字行间坚刻界格，字体端庄纯厚，处于隶楷之间；《爨宝子碑》朴厚古茂，书法正楷，"可以考见变体源流"。这三处碑刻最能反映由隶变楷的轨迹。

东晋王羲之（303～361），被书家誉为"书圣"，他年少时跟从卫夫人学书，卫夫人最善钟繇笔法，后来羲之又精研其叔父王导珍藏的钟繇楷书杰作《宣示表》，使楷书形成新的

体势，完成了由篆到楷的转变。《乐毅论》是羲之的楷书代表作，它的用笔结体与钟繇的《宣示表》差别很大，钟繇"楷法去古未远"，还有浓厚的隶味，王氏则已完全从隶体中脱略出来，楷味十足。《乐毅论》曾是他的第七子王献之学书的范本，但献之的楷书"穷微入圣，筋骨紧密"，不仅完全摆脱了汉魏波磔的隶法，而且在钟繇、羲之的基础上更有创新，改横势书体成纵势书体，最终完成了今楷书体的衍变。《洛神赋十三行》就是这种新体的杰出体现。

二王之后，又经南北朝学书人的巩固加强，楷书终于发展成熟，并在隋唐取代隶书成为正式的书体，一直沿用到现代。

行书、今草形成

魏晋时期，随着楷书由隶体的逐步衍变和最终成熟，行书、今草也在此基础上渐渐形成。

行书介于楷书和草书之间，笔势简易流行，灵活多变，既不像篆草书那样草率难认，也不像楷书那样工整而费时费力。因此，早在西汉行书已经产生，但它是对时通行书体隶书笔迹和写法的简省，还不是现代意义上的行书。

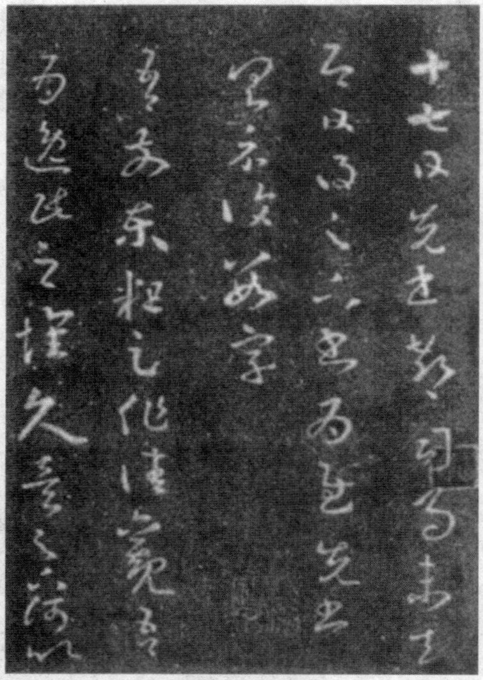

王羲之《十七帖》

"魏初，有钟（繇）、胡（昭）二家行书法，俱学之刘德升，而钟氏小异，然亦各有奇巧，今盛行于世。"（卫恒《四体书势》）行书真正成为一种书体与楷书的产生、发展有密切关系。钟繇（151～230）是魏初中国书法由隶转楷的过程中，上承秦汉篆隶下开魏晋楷法的宗师。他学习东汉刘德升的行书法，但有"小异"，说明他已在自己所创楷法的基础上对行书的发展有所推进。《书史令要》说他的行书如同正书，八分一样为世推崇，与他齐名的胡昭，也继承东汉行书并将它逐渐推广于当世，世称"胡肥钟瘦"。

今草是草书的一种，由汉隶草写而成的章书演变而来。传说东汉张芝创了今草，使字前后相连，时人称为"草圣"，对魏晋书法学影响很大。魏晋是章草和今草的交替时期，虽然还有许多章草大家，如吴时皇象、晋时索靖、卫觊等，但到西晋时已逐渐起了变化，开始向今草转化。特别是随着隶书的衰颓、楷书的兴起，章草向今草的转化成为一种必然的趋

势，并在当时的简牍、纸书中逐步崭露头角，如西晋初泰始五年（269）十二月简中，背面“主簿梁鸾”的“鸾”字已有浓厚的今草意味，而新疆楼兰所出的晋人残纸中，有很多已属于今草的范畴。

经魏晋的发展，行书、今草到东晋王氏父子手中发展成熟，成为流行的书体。

王羲之（303～361）书法先专门后博取，然后“备精诸体，自成一家法”。他在钟繇楷法的基础上，更使楷书的用笔法构完全从隶体中脱略出来，使楷书最终独立成一种新书体，取代隶书成为后代的通行书体。他又在自己楷书新体的基础上把行书和今草推向书法艺术的高峰。

东晋永和九年（353），王羲之在会稽山阴兰亭雅集盛会上，乘兴写了《兰亭序》，成为天下第一行书，为后来历世的楷模，后充分发挥了行书灵活多变的特点，使行书纵逸放旷，“得其自然，而兼具众美”。《快雪时晴帖》也是王羲之行书的代表作，是《三希堂法帖》之一。在王羲之所创俊逸、雄健、流美的书风影响下，行书从此成为中国书法艺术中重要的书体之一，并一直流行至今。他的草书《上虞帖》又名《得书帖》，笔势灵动，遒润多姿，飘如游云，矫若惊龙，信手万变，历来被书家奉为今草的范本。从此使今草“大行于世，章草几将绝矣”。王羲之的行书、草书对后代影响至远。

王羲之的第七子王献之，直接继承王羲之书法体势，但“后改变制度，别创其法”，自成一格。他在变换羲之楷体风格，使今楷书体的衍变过程最终完成的基础上，使行草别创新意。他的今草笔丝上下相连，贯通一气，如火筋画灰，连属无端末，体现了一笔书草书精神，使今草进一步定型，自此今草脱尽了章草的波磔，在楷书转折顿挫的笔势下，自然流动，连绵不绝，达到越来越高的艺术水平。

顾恺之的绘画

义熙元年（405），著名画家顾恺之去世。

顾恺之·女史箴图卷

顾恺之(344~405)是东晋绘画的卓越代表人物,也是我国历史上著名的大画家、早期的绘画理论家。他出身士族高门,字长康,小名虎头,少年时便当上了大将军恒温的参军,后任散骑常侍。顾恺之多才多艺,名声很大,当时有“画绝、才绝、痴绝”的“三绝”称号。在绘画上,他总结了汉魏以来民间的和士大夫的绘画经验,把传统绘画向前推进了一大步。

顾恺之善画肖像,亦工山水,他认为绘画妙在传神,要以形写神,有“传神写照,尽在阿睹中”的妙语。青年时代,他为江宁瓦官寺作维摩诘壁画,当众为画像点睛,三日间便为寺院募得百万钱,此事轰动一时。他为裴楷画像,在颊上添上三毫,就使画像神采奕奕;画谢鲲则以岩壑为背景,因为谢鲲好游山玩水,故借此以表现其志趣风度。唐代书画评论家张怀瓘的《画断》说:“像人之美,张(僧繇)得其肉,陆(探微)得其骨,顾(恺之)得其神,以顾为最。”一语奠定顾在绘画史上的地位。顾恺之本人在其画论里也说,画“手挥五弦”固然不易,但画“目送飞鸿”更难。此语正体现了他对神形兼具的追求,这一点对后来的中国画创作和绘画美学思想的发展,有很大的影响。

顾恺之的绘画题材涉及道释、人物、山水、禽鸟,无所不包,有文献记载的不下六、七十件,但真迹均已失传。从流传至今的被认为是顾恺之原作摹本的《女史箴图》《洛神赋图》《列女仁智图》中可以看出顾恺之艺术的风格和神韵。

《女史箴图》(唐摹本)是依据西晋张华的文学作品《女史箴》而画,从“班婕有辞,割欢同辇”起至“女史司箴,敢告庶姬”止,共分九段。内容是教育宫中妇女如何为人的一些封建道德规范,但图卷中出现的是一系列动人的妇女形象,有冯婕妤奋起驱熊的矫健,有班婕婉言辞辇的端庄,有宫女日常梳妆的妩媚。画中的人物“笔彩生动,髭发秀润”,衣带迎风飘举,仪容典雅自然;其创造绘画形象的主要特征是注重用线造型,线条以连绵不断、悠缓舒展的形式体现出节奏感,用线的力度不大,如“春蚕吐丝”一样。顾恺之已将战国以来的“高古游丝描”发展到了完美无缺的境地。

顾恺之

《列女仁智图》(宋摹本)同样表现了传统题材,全卷原分15段,现存“楚武邓曼”“卫灵公妻”“孙叔敖母”等8段,画后题赞。画卷布局方式与形象特征与《女史箴图》相近。虽沿用自汉以来的传统题材,但在情节的表现上则注意到以人物的动态来处理相互之间的关系。

《洛神赋图》(宋摹本)是依据诗人曹植的文学创作而画成的,反映了顾恺之创作题材的扩大。绘画以故事的发展为线索,分段将人物及情节置于自然山川的环境中展开描绘。画中的洛神含情脉脉,若往若还,表达出一种可望而不可即的惆怅情意,体现了顾恺之概括为“悟对通神”的艺术主张。

后人对顾恺之的画法和风格论述颇多。唐人张彦远在《历代名画记》中说："顾恺之之迹，紧劲连绵，循环超忽，调格逸易，风趋电疾"，元人汤垕在《画鉴》中形容顾恺之用笔"如春云浮空，流水行地"，"傅染人物容貌，以浓色微加点缀，不求藻饰"。他在画法上师承卫协精细一体，开创后世"密体"一派，表现了魏晋之际绘画艺术的时代特征。顾恺之的绘画理论和创作实践代表了魏晋南北朝绘画艺术的最高成就。

中国画论兴起

魏晋南北朝时期，绘画艺术高度发展并呈现出全面繁荣的景象，与此同时总结和探索绘画艺术的理论——画论兴起并得以迅速发展，高度发达的画论成了魏晋南北朝时期艺术进入自觉时代的标志。

据画史文献记载，这一时期绘画创作活动十分兴盛，画家人数很多，并有一大批影响很大的画家活动于艺术舞台，最著名的如顾恺之、陆探微、张僧繇等，许多帝王也潜心创作，如南朝宋明帝、南梁文帝等，这些创作实践无疑是画论兴起的一大重要因素。

魏晋玄学的流行，佛、道二教的迅速繁盛，促使人们的思维方式发生变化，并进而深入地探索艺术本体，佛寺壁画和塑像带来的域外艺术的某些气息，也引发了人们对艺术创作技巧的深入思考。

东晋顾恺之是位杰出的人物画画家，在创作上他擅长传写人物的神情和气质风度，其流传下来的画论著作有《魏晋名臣画赞》《论画》《画云台山记》三篇，核心思想就是以形写神。他认为描绘人物，不仅要求形象真实，而且要能传达人物的性格神态和内心活动。强调通过对人物的关键部位如眼睛等的描绘取神，写神，人物神情特征才能令人妙赏。顾恺之特别重视主体与客体之间的悟对交融，认为"悟对通神"才能"迁想妙得"。只有透彻地了解熟悉了客体的性情心理，才能把握瞬间精神和心理的微妙变化。顾恺之强调的是人物形神论。而刘宋时的宗炳和王微则着重讨论山水画中的形神问题。

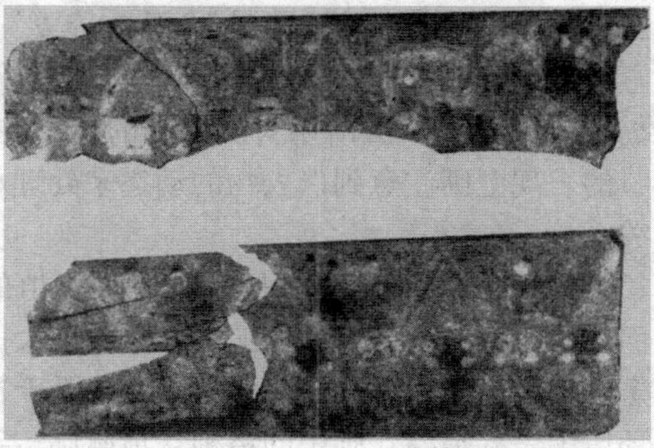

北魏彩绘孝子故事图漆棺残片

宗炳（375～443），字少文，河南南阳人，一生未仕，善书画，好游名山大川。《画山水序》是他流传下来的画论著作，他认为山水和圣人都体现"道"，怀道的圣人能适应万物的变化，通过物象来阐明抽象的道，有质有灵的山水是物象的一种，所以也体现道，大自然能给人以畅神的美感享受，山水画表现的自然美给人的审美感受正在于畅神。在中国美术史上，他还第一次明确提出了山水画的观察方式和透视原理，这一创造性的摹写方法对处理山水画的空间关系具有划时代的意义。王微《叙

画》除强调山水有形有灵以外，更重视其“怡悦性情”的作用。

南齐谢赫对前人的理论成就加以总结和综合，系统提出了绘画的品评原则六法论：将气韵生动排在六法之首，显然是由神似原则发展而来，气韵即为神韵，气韵生动主旨在于生动地表现对象的气质品格和精神内蕴。

通过这些画论可以明显地看出，魏晋南北朝时期，以神写形和重视气韵的理论已成为中国画的主导精神，在后代的理论及创作中被长期继承，很显然，其理论源头可追溯至老庄。可以肯定是在魏晋流行的玄学思潮影响下形成的，而“悟对通神”，“迁想妙得”的思想与佛、道二教思想不无相通之处。南朝陈姚最《续画品录》中所提出的“心师造化”的思想与佛教理论并无二致，毫无疑问，画论的兴起和成熟是魏晋南北朝时期多种因素的合力造就的。

魏晋南北朝画论的兴起，标志着中国绘画理论走向成熟，中国画的主导精神从此形成，谢赫开启了中国品评体美术史之先河，所有这些，都直接影响着后世中国画的理论和创作。

魏碑书法风格劲健

北魏时，佛教盛行，一时庙宇、造像、摩崖、碑林、墓志、刻经等处处林立。在客观上促进了北魏碑刻艺术的迅速发展。北魏碑刻中多用一种楷书，这种楷体直接继承了汉魏末年钟繇、卫瓘等的笔法，结字紧密厚重、端庄劲健。但在具体碑刻中又隶楷错变，无体不备，风格多样，成为南北朝时书法艺术的杰出代表。这种碑刻称为魏碑，书体称为“魏碑体”。

北魏初期，碑体方劲古拙，略带隶书笔意，如《太武帝东巡碑》《大代华岳庙碑》《中岳嵩高灵庙碑》等。著名书法家卢湛、崔悦在当时影响最大。孝文帝迁都后，石窟造像的题记与写经书法都是结体紧密，多取斜势，风格雄强，造像书法因刀刻的原因，笔画方截整齐，写经则轻重转折圆润，更体现了用笔原貌。龙门二十品造像题记中，以《始平公造像记》《孙秋生造像记》《杨大眼造像记》《魏灵藏造像记》四品最能代表魏碑体风格。

始平公造像记

《始平公》，孟广达文，朱义章书，“极意疏荡，骨格成，体势定，得其势，雄力厚……”（康有为《广艺舟双辑》）。《孙秋生》，孟广达文，肖显庆书，书体方峻宕逸，圭角棱厉。《杨大眼》介于前两者之间，章法较疏朗。《魏灵藏》，书法酷似《杨大眼》。这四品，都“具龙

成虎震之规”。

太和(477~499)年间,继承造像书体形成雄伟浑厚的书风,著名的碑刻有《光州灵山寺舍利塔下铭》《晖福寺碑》等。太和后书法风格更加丰富多彩,出现了郑道昭(?~516)等碑刻大家,许多丰碑巨碣纷纷兴起,如《高庆碑》《霍扬碑》《刘根造像记》《曹望憘造像记》等。宣武帝永平四年(511),郑道昭为纪念父亲郑羲刻上、下二碑,称《郑文公碑》。碑体为四种,雄健宽博,笔法圆转凝重,以篆籀笔力、隶书体势、行草跌宕风姿、楷书端庄之象集于一身,历来被评为北碑正宗,在郑道昭碑刻中流传最广,集中展示了魏碑劲健雄宏的风格。

清末民初,康有为把魏碑的美归纳为十项:魄力雄强、气象浑穆、笔法跳越、点画端厚、意态奇逸、精神飞动、兴趣酣足、骨法洞达、结构天成、组肉丰美,对它推崇备至。魏碑体在东魏得到继承,影响直至隋唐。

南北朝陵墓雕刻艺术复兴

南北朝时期雕刻艺术盛行,其中一个重要方面是陵墓雕刻艺术复兴。

偏安江南的宋、齐、梁、陈四代帝王,着力恢复汉代陵寝制度,帝王陵墓以石兽、石碑、神道石柱(又称华表)列置于神道两侧,构成特定的纪念性氛围。

宋、齐石刻限于帝陵,地面雕刻仅存石兽,碑与华表都因年代久远而荡然无存。宋武帝刘裕初宁陵今存一对石麒麟,坐落在南京麒麟门外,虽有不同程度的残损,但仍保留了基本特征:头顶生角、昂首张嘴,胸颈斜突向前,身躯平正,鼻短而朵颐方正,腿膊生双翼,气概高昂豪迈。这是初创期石兽雕刻的形态特点。

在今南京市存留的南朝石刻

齐代石兽雕刻发生了很大变化,兽身向高大发展,雕刻也更加精巧,石兽颈长腰细,胸部鼓圆前突,身躯扭动起伏有腾躟之势。齐武帝景安陵石麒麟,鹅颈裂嘴作吼啸之状,体躯起跃有奔行之势,双翼线刻流畅,鬣须纷披,翼端有长翎,更加强石兽的轻灵感。

梁朝陵墓石刻最盛,封陵刻石范围广及王侯。陵墓制度排列严格对称。大到总体对称布局,小到石兽体态动势呼应,即使神道柱额文字也相对而为正书顺读和反书逆读。石兽的雕刻更突出宏伟豪迈的气势。如武帝陵石麒麟,昂首天边,雄踞一世;肖宏墓石辟邪,雄视阔步,浑身充满力量,风格从装饰趋向写实,增加了真实感。肖正立墓前一对石辟邪,注意到两只石兽间的联系和情感交融,雄性英俊,吐舌扬长而来;雌性略做蹲态,似有所等待,并着意刻画它丰满、温柔的母性特点,艺术风格在统一中有变化。梁代陵墓石刻尚存有碑刻和神道石柱,反映了当时吸收国外文化因

素,融汇佛教与汉代文化传统所形成的艺术风格。

南朝陵墓雕刻整体气势可与汉代石刻相比,既吸收外来营养又有创新,样式风格之中既有印度、希腊、波斯艺术因素,又仍具汉代石刻遗风,品类更加丰富。

北朝陵墓地面石刻不如南朝风行,今存实物仅有十六国夏的石马,作伫立状,前肢直立,后肢微曲,类似西汉霍去病墓前石马而造型更显骏逸。北朝墓葬石刻还有石棺床、石雕柱础等。北魏敬宗孝庄帝跖跋子攸的静陵中有"石翁仲"一具,高 3.14 米,头戴笼冠,褒衣博带,两手拱于胸前,持长剑,姿态神情肃穆庄严,全身比例适度,是魏晋南北朝时期唯一留存至今的陵墓石刻人物造像,上承东汉石人造像,下启唐陵石人造像以至宋陵石雕,具有里程碑的重要意义。

西魏文帝永康陵有翼虎形石兽,造型质朴矫健;北固有石刻蹲狮,造型趋于写实,这一形式的石狮为唐宋陵墓继承发展,直至明清,用以作坟墓以至宫室、石桥雕饰,影响十分深远。

对比南北朝陵墓石刻,可以看到它们的不同特色在于南朝重视墓前石刻以壮观瞻,承接汉文化传统,北朝则将佛教观念更多地反映到墓饰和随葬品中。南方地下潮湿,故多砖墓,画像砖是主要墓饰;北朝则重视石棺雕饰。从艺术风格来看,南朝秀丽、玲珑、活泼,北朝庄重、厚实、质朴。它们的共同特点是上继汉代、下启唐宋,受佛教影响很大。

新疆石窟形成龟兹风格

新疆石窟是除敦煌、云冈、龙门三大石窟之外的中国古代文明的又一珍品。

佛教在一世纪末传入中国后,很快在西域(今新疆境内)盛行,而当时的西域大国龟兹国(即今新疆库车及其周围地区)则是当时西域的佛教中心。到五、六世纪,龟兹佛教达到鼎盛时期,这一时期大量开凿的佛教石窟集中体现了龟兹这一地区的风格特色,这些地域特色又主要表现在洞窟形制、壁画题材和艺术风格等方面。

在佛教石窟中,根据不同的功能区分有佛堂、讲堂、说戒堂、禅房、骨灰堂、僧房等洞窟,龟兹风格的石窟形制主要以构造独特的佛堂为代表。佛堂,是佛教寺院中礼拜和供奉佛的主要场所,龟兹一带的佛堂以方柱式为主。这种佛堂自前向后有三进,即前室、主室和甬道(行道),其中主室是佛堂的正殿。正殿的四壁和窟顶均画满壁画,而以位置显要的正壁布置最为突出。正壁正中有泥塑佛像,这是佛堂的主尊像,在各塑像中形体最大,是僧徒礼拜的主要对象。一般说来,在佛教石窟中主尊像的姿势和被安置的方式有四种:龛柱式、像柱式、浅龛像柱式和立像代柱式。而龛柱式佛堂则是龟兹系佛堂的主要形式。这种形式是在正壁中开一个龛,主尊像置于龛中。像大多数是结痂趺坐姿,也就是盘腿而坐。少数是倚坐姿,即垂足坐。龛外通堂画出或塑出按菱形格排列的山峦,山峦间还有菩萨和天人。正壁的这种以塑像和壁画相结合的构图,主要显示出释迦牟尼在群山间的帝释窟中说法,诸菩萨和天人正在礼拜和供奉的场面。主室顶部是纵向的拱券

形。最高处的纵向中脊，通常画出日神、月神、风神和金翅鸟等，以表示天空。拱券左右两侧是菱形格壁画。画面被分割成许多菱形小格，每个小格内是一幅画，题材是佛前世救度众生的故事，或是与信徒有关的因缘故事。主室正壁的左右下方是绕佛像礼拜的通道口，向后扩展成空间高大的后室，里面多设置床台，床台上有塑制的卧佛像，表示佛已去世，进入佛教所称的涅槃境界。

新疆克孜尔第一四窟菱格本生故事画局部

龟兹佛教鼎盛时期占优势的是小乘佛教，"唯礼释迦"，所以龟兹风格洞窟中的壁画，多以表现释迦牟尼的佛传、因缘、本生之类的故事为主。在龟兹石窟中，佛本生故事壁画绝大部分画在固定的位置，幅面形状和大小相同，各幅之间在内容上没有什么联系。佛传故事（或称本行）类壁画则不然，它的幅面大小有显著区别，其中一些位置也比较游移。所有这些壁画从内容上总括起来大体有这样几类：①佛传故事：描绘佛从生到死的、各幅依次连续的成套画。②游化说传：描绘佛成道后至涅槃期间在各地对不同的人讲说佛法、传播佛教的事迹。③因缘故事：描绘佛涅或殷佛的故事、有关的"因果报应"的故事。④涅槃故事：描绘佛涅槃后的有关事迹及其环境的画。总之，龟兹石窟中的壁画题材绝大多数是释迦牟尼的事迹。

在艺术风格方面，龟兹石窟中的壁画也有自己鲜明的特点。首先是壁画布局规范对称。其次是在突出画面人物的前提下画有大量的图案，纹饰和装饰画，使壁画具有丰富多彩的表现力，又填补了墙壁、洞顶的空白，装饰了环境。再次，龟兹石窟中的壁画能够根据画面内容，较为合理地使用调和色和对比色。调和色多用于人物活动的描绘，显示出庄严、沉稳的效果，而对比色则多用于环境的渲染，突出宗教气氛。

新疆石窟中的龟兹风格出现在 4 至 6 世纪之间，早于以后依次出现的汉代风格和回鹘风格。它表现了龟兹这个当时的西域大国对外来文化相当大的改造力和融和力。

佛寺壁画艺术达到高峰

佛教东传内地，在统治者的提倡下佛事大兴。东晋 100 多年间，建寺院达 1700 多所，入梁以后，寺院更增至 2800 多所，南朝佛教进入全盛时期。北朝自北魏政权建立后，佛教虽一度遭到太武帝跖跋焘"灭法"打击，但文成帝即位后，佛教重新兴起，建寺开窟，雕

造佛像，图绘壁画，盛极一时。北魏迁都洛阳后，全国佛寺达30000余所，与佛教空前的流行相应，佛学艺术特别是佛寺石窟壁画艺术，随着日益发展的北朝佛窟和愈趋精湛的南朝寺观，提高更大，并渐渐达到高潮。

北朝开凿了大量的佛窟，其中甘肃敦煌、麦积山、炳灵寺、新疆若羌拜城、库车等石窟寺院绘画，代表了这一时期佛教绘画的最辉煌成就。和平初（460~465）初，云冈石窟开凿。至孝文帝迁都洛阳为止的35年中，其他主要石窟也陆续建成，石窟群的壁画中有构图复杂、优美精致的装饰纹样，有神态各异，手持排箫、箜篌琵琶等古乐器凌空飘舞的飞天，有风格古朴，形制各样的仿木构佛塔、屋宇等建筑物……雕刻艺术很高。北魏孝文帝迁都洛阳后，宣武帝元恪景明元年（500）开始营建龙门石窟。古阳洞历时80年完成，是龙门石窟中开凿最早、规模也最大的一个洞，佛像琳琅满壁。北朝书法"龙门二十品"素负盛名，此洞即占了十九品。此外还有开凿于北魏经北齐至唐初方完成的药方洞，刻满了北齐及唐代的名医或民间验方。

敦煌二八五窟南壁上层五百强盗成佛（之一）

此一时期最著名最具代表性的敦煌莫高窟北朝石窟，它上起北凉，下至北周，前后历200年，现存36窟。窟内壁画基本保存完好，所画题材主要为佛说法图、佛传故事、佛本生故事、各类因缘故事及供养人像。北周绘作的428窟萨那太子本生，采用连环画式的构图，将整个故事情节按顺序分上、中、下三层排列，画面巧妙地利用山野树木将故事情节隔开，人物与自然景致有机地结合在一起，全部的故事情节在一种平缓的逻辑序列中展示出来，这类表现手法是莫高窟壁画所独有的形式。无论是造像绘画和雕塑等，都是在中国土地上发育成长的，具有中国的民族风格。初期虽曾受有印度的影响，但同一题材、同一内容，其表现方法已有很大不同。印度的佛教壁画在阿旃陀石窟中，表现不少娱乐场面，饮酒宴谈，神通游戏，菩萨人物装饰华艳，婉娈多姿，色彩鲜明，即使降魔这样的题材，也带有表演气息，并无畏怖之感。但在敦煌北魏壁画中，常常阴森可怖，画出的苦行僧故事，如舍身饲虎、强盗挖目等，均表现得很直观，营造出一种恐怖气氛。西魏大统

四年(538)开造彩绘的285窟,属元魏后期壁画中汉地艺术风格最有代表性的石窟之一。窟顶作覆斗形,顶部四帔画佛教飞天力士和传统题材的伏羲女娲、风神雨师等上天诸神,间以莲花华盖,窟内四壁画有说法图以及得眼林、沙弥守戒等度化因缘故事。画面以白粉涂底,线条勾勒,赋色单纯明快,人物形象文雅清秀,造型和技法已完全脱略西域样式,呈现典型的中原风格。

莫高窟北朝壁画全面真实地记录了佛教传入中国以及与中国传统文化融合的历史行程。这一发展过程在炳灵寺、麦积山等北朝石窟壁画遗迹中表现得也比较充分。这一时代的画人工匠在遵循佛教图本绘饰壁面的同时,不断加入个人的理解和想象,时代生活与审美情趣渗透其中,使得外来的佛教艺术逐渐地走向中国化,最终汇人中原文化的母体之中,成为传统文化的延续和补充。

道教流派出现

魏晋南北朝是中国道教的成熟和定型期,作为其特征,这一时期道教的主要流派形成,而且出现了大量的理论著作,从而使中国道教走上了独立发展的轨道。

道教的三大主要流派形成于这一时期,并各自建立了独具特色的理论体系。

东汉末年活跃于汉中地区的五斗米道势力很大,曹操收编张鲁以后,为对其加以限制,将汉中数万户居民迁到长安及三辅,使其势力一度因分散而回落,但也得到了一次向全国传播的机会。两晋时期受到世族的崇奉,身价倍增,由于其组织松散,引起了许多复杂的社会问题,并导致了陈瑞天师道起义、流民起义等,对社会震动很大,直接冲击了东晋政权。在这种背景下,北魏寇谦之开展了"清整道教"的宗教改革活动,他在北魏道武帝和重臣崔浩的支持下,从神瑞二年(415)开始,借助政权的力量整顿了道教组织,历经二十多年,形成了"北天师教"或"新天师教",北方道教组织进一步完善。寇谦之的道教理论著作80余卷,包括《老君音诵戒经》等,崇奉太上老君,摒弃了可被农民起义所利用的教义和制度,主张臣忠子孝、夫信妇贞、兄敬弟顺、安贫乐贱等伦理纲常,而且引入一些佛教理论。宣扬轮回,模仿佛教的某些仪式,其维护伦理名教的态度十分鲜明。泰始元年(465),南朝宗著名道士陆修静受到明帝礼遇,为其在建康北郊天印山筑崇壶馆,他着手对南朝天师道加以改造,搜集、整理经籍达1128卷,并撰写《三洞经书目录》,这是我国最早的道教经书总目,其理论要点是主张斋戒,为此制定的斋戒科仪达百余卷,经其整顿的天师道称"南天师道"。

在天师道改革的同时,杨羲、许谧等人创立了上清派。葛洪的玄孙葛巢甫创立了灵宝派,上清派奉元始天王为最高神,强调个人修炼,特别是存神服气,辅以诵经修功德,贬斥房中术,对天师道特重的符箓斋醮很轻视,有上清经50卷,是其早期经典。灵宝派的经典是葛巢甫在《抱朴子·内篇》的基础上创造的,为了自神其说,融入了一些神话传说,刘宋时著名道士陆修静整理编定,又增加了斋醮科仪100卷,他们把上清派的元始天王称为元始天尊,

天师道的太上老君降到第三位，中间加入太上大道君，被后代道教推尊为"三清"，除存神诵经、修功德外，特别重视斋醮科仪和集体修道、轻外丹和房中术。

除天师、上清、灵宝三派外，陕西有楼观派，演变成元代的全真教，强调道教为中国宗教的正统地位，魏晋和南北朝时期楼观派的著名道士有王浮、严达、王延等。

这一时期，道教理论成熟，东晋葛洪《抱朴子》构造了比较完整的理论体系，上清派《黄庭经》代表了内炼术在当时的最高水平，奠定了内丹派的发展方向，陆修静《三洞经目录》记道了1090卷，可见其著作繁荣之大貌，道教主要流派的出现和理论著作的繁荣使道教发展进入成熟期，推动了整个民族理论思维和文化水平的进步。

少林寺兴建

少林寺位于河南登封市城西北少室山北麓五乳峰下，印度僧人达摩在此首创禅宗，从此成为中国佛教禅宗祖庭少林寺始建于北魏太和十九年（495）。当时，天竺僧人佛陀到达中国，擅长禅法，得到北魏孝文帝礼遇，并且在太和十九年为他敕造寺庙于少皇山中，供给衣食。因寺处于少皇山茂密丛林中，所以名为少林寺。孝昌三年（527），禅宗初祖菩提达摩一苇渡江，来到少林寺中传授佛法，传说他曾于寺内面壁9年，后传法给慧可。此后少林禅法师承不绝，传播海内外。达摩长期打坐修炼，为活动筋骨，创造了后世广为流传的少林棒法。北周建德三年（574），武帝禁佛，寺宇被毁坏，大象年间重建，改名为陟岵寺。隋代又恢复旧名，日渐发展为北方一大禅寺。唐初少林寺13棍僧救唐王，立下战功，为少林寺博得"天下第一名刹"的名号。

少林寺图

寺内主要建筑有山门、达摩亭、白衣殿、地藏殿、千佛殿等。山门门额书"少林寺"三字。达摩亭又称立雪亭，相传为二祖慧可立雪之处。白衣殿有少林寺棒谱及13棍僧救

唐王壁画。千佛殿内有500罗汉朝毗卢壁画,画面约300余米,是明代作品,寺内保存有唐代以来碑刻300余米,其中珍贵的有《唐太宗赐少林教碑》,以及苏东坡、米芾、赵孟頫、董其昌等人撰写的碑碣。少林寺西有塔林,始建于唐贞元七年(791),有塔220余座,型制各异,高低不同,另外还有初祖庵、二祖庵,以及附近的唐法如塔、同光塔、五代法华塔、元代缘公塔等。

陶弘景创建茅山道宗教教理

南北朝时期,各种宗教都得到了突飞猛进的发展,道教流派也逐渐形成并定型,各派代表人物无一不致力宗教教理的建构。陶弘景就是在这一背景下,创建了道教茅山道宗教的教理。

陶弘景(456~536),字通明,自号华阳隐君,丹阳秣陵(江苏南京)人,是南北朝时期著名的道教理论家和医学家,酷好读书,学问广博,永明十年(492)上表辞官后,隐居句曲山(茅山)习道传道。10岁时,他得到葛洪《神仙传》,昼夜研读,开始对道教产生了浓厚的兴趣,齐武帝永明二年(484)从陆修静的弟子孙游岳学道教符图经法。隐居茅山时得到杨羲、许谧、许翙的手迹,成为上清系的重要传人。因他长期在茅山炼丹传道,并对上清经系的传授有系统的记述,茅山成了全国的上清系中心,从此,上清系也被称为茅山系。

陶弘景在道教理论方面的建树主要表现在对"道"的解释上,他认为"道"是天地万物生成的根本,它超越元气,又先于元气而存在,是神秘的精神本体,这种宗教唯心主义的世界观,成了陶弘景道教的理论基础。在这一理论基础上,陶弘景总结了早期道教的成就,编制了神仙谱系、宗教在本质上乃是对超自然神灵的信仰,神仙谱系反映了其宗教神灵观念。由于道教是民间长期流传的产物,魏晋以后,派系纷争,无法形成统一的神仙谱系,从而导致神灵观念的紊乱,有鉴于此,陶弘景写成了《真灵位业图》,把能够搜集到的道教传说中的诸神以及地上的圣王、帝君、名人、道士统统排入七个等级,每一级有一位主仙,左右两位配仙,最高级皇位为元始天尊,左为得上道君,右为元皇道君,道教史上的著名人物如魏华存,杨羲、许谧、许翙、张陵、葛洪、陆修静等,儒家尊奉的圣贤黄帝、尧、禹、孔丘、颜回,以及秦始皇、汉高祖、李广、何晏等,都名列其中,共4、5百位。他认为天上也是等级森严的圣殿,以人的理想的秩序观念为出发点,建构了天上的秩序,为当时门阀等级制度的存在提供了理论依据,对道教理论走向成熟产生了极大的影响。

陶弘景十分重视修真养生的问题,主张形神双修,养神与炼形并重,认为人贵在形、神兼备,只有通过主观努力,炼形、养神才可以延长寿命,获得长生,而七情六欲是伤神损形的物质,如果不加以节制以保持心灵清静,就会对人的健康造成损害,要做到这些,就必须饭食有节,起居有度,实施行气、导引。

由于其对儒、佛二教也颇有心得,因而在陶弘景的道教理论中,不时融儒援佛,力求

促使三教合同，并提出三教均善论，认为儒、道、释三教都是天下的最好的宗教，应使他们发挥各自的长处，三教的社会功用各有不同，但只有将其完美地融合起来，才能成为形、神、道德兼具的真正悟道的真人。

裤褶流行

魏晋南北朝时期的服饰与当时的政治与社会风尚有密切的关系。在当时玄学清谈之风的影响下，形成了文人的魏晋风度，这种风度在服饰上的反映就是文人多穿大袖宽衫，服装式样较为简朴；受这种风气的影响，魏晋时期的贵族妇女也崇尚褒衣博带，广袖翩翩。但是，北朝由于受胡服的影响，一般妇女喜穿窄袖紧身的衫襦，服装式样是“上俭下丰”。两种风气互相影响和交融，形成了裤褶流行之风。

裤褶是胡服的一种，汉代就开始传入中原。到东汉末年，裤子已由紧窄的长裤变成两只裤管做得十分肥大的“大口裤”，在上流社会流行。到南北朝时，和大口裤配套穿在一起的上衣，俗称“褶”，两者一起就叫“裤褶”。

南朝仪仗画像砖上画有裤褶

裤褶最初为军旅之服，不论官兵，都可穿着。《晋书·舆服志》中载：“裤褶之制，未详所起，近世凡车驾亲戎，中外戒严服之。”魏晋南北朝之后，裤褶服开始广泛流传于南、北方汉族官宦庶民中，连妇女也喜穿此服。如《太平御览》卷695引《西河记》：“西河无蚕桑，妇女以外国异色锦为裤褶。”

在一般裤褶的基础上，官员们的朝服将裤口放大，将褶的袖口加宽，朝当时流行的广袖宽衫靠拢。北朝为了方便，还将右衽改为左衽。由于裤管过于宽松博大，给骑马行走带来不便，因此人们又以锦缎丝带截为三尺一段，在裤管的膝盖处紧紧系缚，以免松散，叫作“缚袴”。凡穿裤褶的人，一般都喜欢在腰间束皮带，有钱的便镂金银镶珠玉为装饰。

穿裤褶服时，一般要穿裲裆。裲裆也被叫作“两当”，类似于今的马甲、坎肩、背心的一种服式。这种服饰由前后两片组成，肩上两旁用带连结，长至臀以下，腰用大带或革带扎紧，《释名·释衣服》载：“裲裆，其一当胸，其一当背也。”裲裆一般有单、夹、绵之别。不同阶层的人所穿裲裆的质地材料不同，士大夫多用罗绢及织锦等，庶民用布葛制作。而武士的裲裆多用皮革或铁片做成，称“裲裆铠”或“两当甲”。北朝时期的士庶男子还流行在裤褶外加套衣风帽。上穿短衣，下着宽裤，头戴风帽，外加套衣，套衣就是披风，整体效果颇为潇洒大方，对防寒、抵挡风沙也有一定作用。

总体说来，裤褶的特点是宽松、方便，又有一定的束缚，不至于显得松垮和拖沓，穿上使人体显得修长、飘逸、颇有着“杂裾垂髾”之风，而且男女通用，故得以广泛流行，也在一

定程度上反映了当时的审美趋向。

马钧的发明创造

马钧，扶风（今陕西兴平市）人，三国时代著名的机械革新家，发明家。他出身贫苦，很注意观察生活实际，尤其是对于生产工具，再加上他的勤奋研究，努力发明，在机械方面做出了极大贡献。

在纺织机上，马钧注意改革，他把六十蹑、五十蹑减为十二蹑，使织绫机提高了五倍的效率，促进了丝织业的生产。经过这么一改，织绫机很快就推广开了，马钧也从此出了名。

后来，马钧在曹魏政权做给事中（官名），住在洛阳。在他的住处附近有一片坡地，可以用来做菜园子，就是引水灌溉不方便。马钧在前人创造的用来吸水洒路的翻车（即水车）的基础上，设法加以改进，制成了既轻巧又便于操作，连小孩子都能使用的翻车，叫龙骨水车。这种水车，利用了齿轮和链唧筒的原理。车身是用木板作槽，当中用小木条和木板做成链子，连成一圈，套在木槽里，而在板槽的另一头连着一个有两个曲板的轮轴。这样，只要把板槽的另一头放进水里，人在上面不断地踏动曲板，水就能从板槽间连续地推刮上来。这种水车比原来的水车功率提高了很多倍，所以很快便流传到民间，促进了农业生产的发展。

翻车

马钧得到魏明帝的同意，便造起指南车来。但是，史书上只提到过黄帝曾靠指南车辨别方向打败蚩尤，并没有传下实物，就连图样也没有。马钧只能靠自己的想象重新设计制造。由于他平时肯钻研，又掌握了机械运动的原理，不久便制成了。马钧用他的劳动创造，赢得了满朝官员的称赞和敬佩。

可惜，马钧制造的指南车也没有能留传下来。但马钧是创造指南车的先导者，这是可以肯定的。《三国志·魏书》的《方技传》和《明帝纪》《宋史·舆服志》均有明确记载。我们现在所看到的古代指南车模型，则是仿宋朝燕肃、吴德仁所造的。据《宋史·舆服志》记载，这种指南车主要是利用齿轮原理。车的结构是一辆独辕的两轮车，在车厢中央有一个平放的大齿轮，连接有一些小齿轮，上面竖立一个木人。当车子走动时，先把小木人的手指向南方（或指别的方向均可），如果车子向左转，右边车轮带动小齿轮，再牵动大

齿轮，便使大齿轮向相反方向转动。所以不论车子往哪方转，木人指向都不会改变，因而能起到指示方向的作用。

马钧还曾利用水力推动齿轮使物体转动的原理，制造了一种叫“百戏”的玩具。它能让小木头人在木盘上做各种动作，包括唱歌、跳舞、击鼓、吹箫、跳丸、掷剑、缘（攀缘）垣、倒立等，这种构造精巧的玩具，很能看出马钧的匠心。

马钧对武器的革新也很关心。

马钧的发明创造是多方面的。他制造的织绫机、龙骨水车、指南车等，都给后继者开辟了道路，提供了经验。他在龙骨水车、指南车中所运用的机械原理，外国要迟上一千七八百年才开始应用，这是很值得称道的。马钧的刻苦钻研，大胆革新，勇于实践的精神，值得我们学习和继承。

裴秀的科技成就

裴秀，字秀彦，河东闻喜（即今山西今县）人，出身于官僚世家，曾担任过司空等职，掌管土地、制图等工作。在制作地图方面做出了很大贡献。

他的最大成就是制成“制图六体”，即制图所应遵循的方法和规律，共有六条。它们是：一，“分率”，即比例尺；二，“准望”，即方位；三，“道里”，即距离；四，“高下”；五，“方邪”；六，“迂直”。其中后三条说明各地间由于地势起伏、倾斜缓急、山川走向而产生的问题。裴秀认为以上六条是相互关联、相互制约的。如果地图上没有比例尺的标记，则不能确定距离的远近。如果只有比例尺的标记，而无方位，则某地的方向虽然从某一方向看是对的，但从其他方向看就不对了。如果只有方位的确定，而无道路的实际路线和距离的表示，那么在有山水相隔的地方就不知该怎样通行了。如果只有路线和距离的标记，而无地面高低起伏和路线曲直的形状，则道路的远近必定与其距离不符，方向也弄不清。所以六条准则必然综合运用，相互印证，才能确定一个地方的位置、距离和地势情况。因此可以说，现代地图学所需要的主要因素，除经纬线和投影以外，裴秀都已谈及了。我国绘制地图的方法基本上都依据裴秀所规定的“六体”。

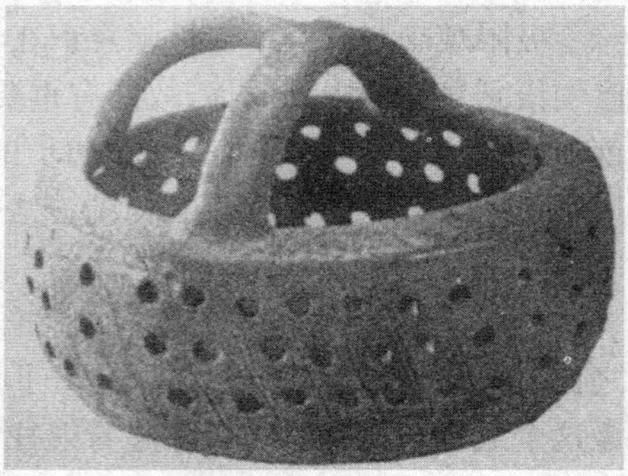

青瓷提梁薰

其次，裴秀编绘了《禹贡地域图》十八篇，重新勘察，绘制了当时地图。

另外，裴秀又将原有粗重的用八十疋缣制作的《天下大图》，加以改造，以“一分为十里、一寸为百里”的比例进行缩制，使之成为容易省览的小而明确的《方丈图》。这种缩小了的《方丈图》就是现在所说的小比例尺（1:1,800,000）地图。到刘宋时，文学家谢庄

(421 年~466 年)制造出一个方丈大的木质地形模特,后来北宋沈括、南宋黄裳与朱熹,都用木材、面糊、木屑、胶泥及蜡等制造地形模型。这些都是裴秀方丈图的继续演进,说明裴秀对后代地图学的发展具有深远影响。他是我国古代一位杰出的地理学家。

刘徽的数学成就

刘徽,魏国数学家,263 年,他注解《九章算术》,这是一部数学经典著作。书中系统介绍了先秦至汉的数学成就,内容丰富,刘徽认为这本书过于简略,为其做了注解,写成了九卷的“九章算术注”。

《隋书·经籍志三》(卷三十四)有《九章算术注》十卷、《九章重差图》一卷,均注明系刘徽撰。后《九章重差图》失传,唐人将《九章算术注》内有关数学用于测量的《重差》一卷取出,独成一书,因其中第一个问题系测量海岛,故改名为《海岛算经》。《海岛算经》总结了汉代测算夏至日太阳离地面的高度的算法,曾在唐代被定为官立算学的重要教材。刘徽这两个著作是我国数学史上宝贵的文献,即使在世界数学史上也有一定的地位。

极限观念与割圆术。极限意识在春秋战国时已出现,实际加以应用的是刘徽。刘徽已领悟到数列极限的要谛,故能有重要创获。刘徽的杰出贡献首推他在《九章算术注》中创立的割圆术,其所用方法包含初步的极限概念和直线曲线转化的思想。他求得 π(圆周率)近似值为 3.14,又用几何的方法把它化为 157/50。后人即将 3.1414 或 157/50 叫作“徽率”。

关于体积计算的刘徽定理。他推得:圆台(锥)的体积与其外切正方台(锥)的体积之比,也是 π:4。很显然,如果知道了正方台(锥)的体积,即可求得圆台(锥)的体积。刘徽这个成果,看似简单,实际起着继往开来的重要作用,故有的现代数学家称之为“刘徽定理”。在古代没有微积分的时候,这条定理起着微积分的作用,在现代数学中仍有其价值。

十进小数的应用,刘徽在对奇零小数的处理上所创立的十进小数记法,在世界数学史上也是一项重要的成就,外国的同样方法,到 14 世纪才出现,比刘徽晚了千余年。

改进了线性方程组的解法,刘徽对“直除法”加以改进,在解二元一次方程组时,用了“互乘对减”的方法,一次消去一项,如同后来的加减消元法。刘徽虽然只用过一次“互乘对减法”,但他知此法带有普遍性,可以推广到任何元数的线性方程组。刘徽还使用配分比例法解线性方程组,也是个创造性的成果。

总结和发展了重差术。刘徽对“重差术”进行了深入而具体的研究,他解释重差的含义说:“凡望极高,测绝深,而兼知其远者,必用重差,勾股则必以重差为率,故曰:重差也”。刘徽的《海岛算经》共有九个应用题,都有解法和答案。其解法都可以变成平面三角公式,起着与三角同等的作用,可说是我国古代特有的三角法。

另外，刘徽在书中还运用了“齐同术”“今有术”“图验汉”“棋验法”等多种计算方法，又利用平面图形的分割和重新组合，成功地证明了勾股定理、勾股弦以及它们的和、差的互相推求问题与开平方的方法步骤等。

刘徽是个批判家，对《九章》派和后人对它的崇拜冷嘲热讽。他反对《九章》范式，注意概念的逻辑性，并在实际中定义概念并运用证明法，证明了初等几何（平面和立体）中的一些定理，并注重模型，因而他实际上走上了证明和公理的道路。他在世界上最早引进十进制小数，并给各位以命名，发展了分数算术，提出了“齐同术”，证明了《九章》的最大公约数求法。他意识到联立方程组的方程数必须与未知数一样多，并改善了解法，完善了组合变换术。《九章算术注》如今已成为世界科学名著，被译成多种文字出版。

刘徽处在三国时代的魏国，正是战国文明异化期开始的时间和地点，他在数学上代表了异化倾向，使人难以相信的是异化期的各种不同的倾向和成果都集中于他一个人身上。

杜预改良水磨

西汉时期，作为粮食加工机械的水磨已经得到运用，但都是一轮一磨，水能利用率不高，工效也不大。西晋杜预对其进行了改进。

杜预，字元凯，京兆杜陵人（今陕西西安东南）人，娶司马懿之女为妻，起初曾拜尚书郎，晋泰始年间（265 年~274 年）历任河南尹、秦州刺史等职，后于度支尚书任上，精心设计建成孟津桥，解决了黄河孟津渡口水流湍急、舟楫不便的交通难题。278 年，司、冀等先有水灾后有虫害，杜预上疏提出具体的赈灾方略。他提出的五十多条措施，均被朝廷采纳，效果不错。

全国统一以后，杜预以为天下虽安而不可忘危，又还镇襄阳，在荆州兴修水利，灌溉田地万余顷，百姓深受其利；又开杨口、通夏水达巴陵千里水道，以便交通漕运。

杜预曾用齿轮互相推动的原理，制成连磨，将原动轮改成一具大型卧式水轮，大水轮的长轴上安装三个齿轮，各联动三台石磨，共九台水磨，称水转连磨。水转连磨的制成，大大提高了水能的利用。根据同样的原理，杜预还创制了“连机碓”，即用一个水轮带动几个或十几个碓，成倍提高了这种碓击式加工机械的效力。水转连磨（包括连机碓）创制后，迅速得到了推广使用，和此前已有的单磨一起，给当时人们的生活带来很大的便利，推动了生产力的大力发展。

王叔和撰《脉经》

西晋太医王叔和曾编辑张仲景的《金匮要略》《伤寒论》等书，并集中了秦汉以来医

家切脉的经验，于266年至282年间写成一部《脉经》，它是我国现存最早的一部系统论述脉学的专著。

脉学是中医诊断学的重要组成部分。《内经》中记载的诊脉方法，主要是"三部九侯"遍身诊法和"人迎寸口"法。《难经》论脉诊较《内经》有所发展，推崇诊脉"独取寸口"，并把寸口脉划分为寸脉和尺脉二部，以分别诊察阳分、浅表病症和阴分、内里病症。由于独取寸口的诊脉方法简便易行，因而逐渐代替了《内经》的脉法而为临床医家所采用。《难经》之后，有不少医家对脉学深有研究，并撰有一些专门著述，可惜均已失传。西晋时期的名医王叔和，摘录《内经》《难经》《脉法》及扁鹊、华佗、张仲景等人关于脉学的著述，结合自己的临证诊脉经验，编撰了《脉经》一书。

引线切脉图

王叔和，名熙，高平人，约生活于三世纪前半期，曾任三国魏太医令。他除撰《脉经》一书外，还对当时已经散乱的张仲景《伤寒杂病论》进行了搜集和整理，使之完整地保存流传下来，为医学的发展做出了重要贡献。他所撰《脉经》共十卷，九十八篇。

《脉经》对各种脉象的诊断意义做了大量的论述，除指出迟则为寒、濇则少血、缓则为虚、洪则为热等等单一脉象的主病之外，还对多种兼脉的主病做了说明，如"脉来细而微者，血气俱虚；沉细滑疾者，热；迟紧为寒"等等。

《脉经》首次把脉象归纳为浮、芤、洪、滑、数、促、弦、紧、沉、伏、革、实、微、涩、细、软、弱、虚、散、缓、迟、结、代、动等二十四种，对每种脉象的形象，指下感觉等作了具体的描述，并指出了一些相似脉象的区别，分八组进行了排列比较，初步肯定了左手寸部脉主心与小肠、关部脉主肝与胆，右手寸部脉主脉与大肠、关部脉主脾与胃，两手尺部主肾与膀胱等寸关尺三部的定位诊断。更可贵的是《脉经》并非单纯根据脉象机械地诊断疾病，而是将脉象同其他临床表现及具体病种结合起来，灵活地用于疾病的诊断，指导疾病的治疗，因而同一种脉象，在不同的具体情况下则具有不同的诊断意义，医生必须脉症合参才能认识疾病的本质。这对正确评估脉诊在中医诊断学中的地位而防止对脉诊的神秘化具有重要意义。

王叔和以"脉经"命名其书，是因为脉学是书中的主要内容，而严格说来，《脉经》并不是一部脉学专著，因为该书卷六论五脏六腑病症；卷七论汗、吐、下、刺、灸、水、火等法

可用与不可用之症；卷八论内科杂病；卷九论妇科病和小儿杂症，虽然有时十分强调脉象的诊断意义，但也多有只谈诊治、不及脉象之处。即使从诊断学角度而言，书中也不仅论述脉诊一法，而是涉及了望诊、闻诊、问诊多方面的内容。如卷五载有“扁鹊华伦察声色要诀”一篇，着重论述了面、目、耳、唇、甲、齿、脐、发等部位的色泽或形态变化的诊断意义，反映了丰富的望诊知识。闻诊方面，则提到“病人尸臭者不可治”；问诊则涉及汗、大便、疼痛、视力、既往病史等内容，其中提到“病人头目久痛，卒视无所见者，死。”临床上有不少颅内占位性病变的患者，大多先有头痛症状，随着颅内压力的逐渐增高，导致视神经乳头水肿而突然视力丧失，此类危重病症在古代一般没有妙法可施，所以书中断为死症是符合实际的。《脉经》一书从望、闻、问、切多个方面，反映了魏晋时期诊断技术的进步，对后世诊断学的发展起到了重要的奠基作用，为后世中医脉学的发展做出贡献。

裴秀主编完成《禹贡地域图》

约在秦始四年至七年(268 年~271 年)，裴秀主编完成《禹贡地域图》十八篇，它是中国目前有文献可考的最早历史地图集。

裴秀，字秀彦，河东闻喜人(今山西闻喜人)，出身官宦世家。祖父裴茂，父亲裴潜先后为汉、魏尚书令。裴秀从小好学，八岁能作文，时人称“后进领袖有裴秀”。年长从政，官至司空，看到当时官藏汉代的舆地、括地杂图，制作粗率，又感到古代山川地点经时世变迁，变化很大。于是经过一番研究，完成由他主编的《禹贡地域图》十八篇，他曾用简缩技术，按“一分为一里，一寸为百里”的比例尺，把一幅用绢八十匹绘成的西晋地域图绘成《地形方丈图》，此图今已失传。

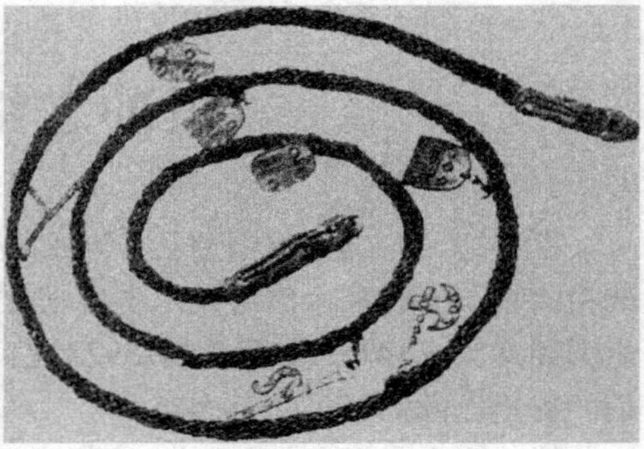
晋 · 金龙

他在序言中提出了绘制地图的六项原则，即著名的“制图六体”，为中国传统地图(平面测量绘制的地图)奠定了理论基础，裴秀因此被称为中国传统地图学的奠基人。“制图六体”是：一曰分率(分例尺)，用于测定地区的大小；二曰准望(方向)，用于确定各地物的方位；三曰道里(距离)，用于确定道路的里程；四曰高下(高取下，取下为水平直线距离)；五曰方邪(方取斜，取斜为直线距离)；六曰迂直(迂取直，取直为直线距离)。这六项原则归纳起来也就是现代地图学所论述的比例尺、方向和距离 3 要素，说明绘制地图必须制定比例尺，测出地物之间的方向，并求得各地物间的水平直线距离。裴秀还指出这“六体”的作用和相互关系，他认为，六体必须综合运用，互相参考，否则就不能正确绘制出反映实际地貌的地图来。这样改进后的制图方法更为科学，更为准确，在中国乃至

世界地图史上占有重要地位。

博物学的兴起

西晋博物学的兴起与西晋统一,士人博学有直接关系。左思"三都赋"、张华《博物志》都是闻见甚广,取材宏富。不过"三都赋"限于文体,《博物志》多载怪异,总不及郭璞《尔雅注》的广博而切实。《尔雅》十九篇,是儒生多年积累而成的一部字典,自训诂以至鱼鸟兽畜,几乎包括当时所有的知识。郭璞作注,简括确切,不知道的就说"未详",避免注家强不知以为知的陋习。后儒虽多所补正,终不能超出郭注的范围。郭璞又注《穆天子传》《山海经》及《楚辞》(《楚辞注》亡佚)。在《山海经注》中发凡说"凡言怪者,皆谓貌状倔奇不常也"。晋元帝留妖人任谷在宫中,郭璞上书请驱逐任谷,说"臣闻为国以礼正,不闻以奇邪,所听唯人,故神降之吉"。郭璞学术属于古文经学派,但也兼今文谶纬之学。《晋书·郭璞传》把他描写成一个术士,是夸大了他的谶纬之学的一面。郭璞死于322年,年49。他在304年刘渊起兵时,向江南避乱,年约30余岁。郭璞《尔雅·序》说,少年时学《尔雅》,钻研二九(十八)年,工作注文。据此以推,注《尔雅》当在西晋时期。

祖冲之编纂《大明历》

祖冲之,字文远,范阳遒县(今河北涞水北)人,祖先侨居江南。祖冲之博学多思,曾造指南车、千里船、水碓磨及木牛流马,十分精妙。在数学方面,他在刘徽的基础上,推求出圆周率为3.1415926至3.1415927之间,提出圆周率的约率为22/7,密率为355/113,密值的提出比欧洲早了一千多年。

祖冲之在何承天的《元嘉历》颁行后不久,就发现它不够精密。于是在462年,他编了一部《大明历》,本年成书。祖冲之接受北凉赵歐的影响,修改了闰法,提出了391年144闰月的新闰周。首次运用东晋虞喜发现的"岁差"原理,测定冬至日在斗十五度,并统计得岁差约四十五年差一度,更进一步测定出岁实(回归)的日数为365.24281481,朔策的日数为29.530591,均非常精确。

《大明历》的科学性明显优于《元嘉历》,但上奏皇帝后,孝武帝曾命令群臣讨论,其中戴法兴极力反对,并提出责难,祖冲之据理力争,一一驳斥,并写成著名的《驳义》一书。但《大明历》在宋、齐两朝没有施行。到梁天监九年(510年)才正式使用,至隋开皇九年(589年)废,前后共用80年。

陶弘景突出的医学成就

陶弘景不仅在文学、经学等方面成就巨大，而且在医学方面更为突出。

中国医学大致可以分成医学和药学(或药物学)。药学部分，即所谓“本草”，主要研讨药物和处方。陶弘景，一生遍历名山，寻访仙药，经常出没于山谷溪涧之间，读书万余卷，对阴阳五行、天文地理、医药都有深入研究。著作很多，如《帝代年历》《古今州郡记》《效验方》《集药诀》《养性延命录》《肘后百一方》等。

陶弘景

陶弘景对《神农本草经》中的药物作了仔细的校订和整理，并结合自己的经验，对这些药物新的用途和不同的记载，做了一一的鉴别和补充。同时，他又根据魏晋以来新发现的365种药物，写成《名医别录》一书，也作为《本草经集注》的一部分。这样，《本草经集注》共有7卷，所收药物由原来365种增加到730种，增加了一倍。

《本草经集注》的主要特点是：首先改进了药物的一般分类。从《神农本草经》中三品分类，改为按药物自然来源和属性来分类，共分七大类，即玉石、草木、虫兽、果、菜、米食、有名无用。最后一类是一些当时未经实际验证的药物。这种分类方法具有一定的科学性，是药物分类的一个进步，对后世影响很大。其次对于药物的性味、产地、采集、形态、鉴别诸方面的论述，有显著提高。《神农本草经》中说药有五味：酸、咸、甘、苦、辛。这是勉强与阴阳五行理论相联系。陶弘景把药性分为8种，即寒、微寒、大寒、平、温、微温、大温、大热。他提出了“甘苦之味可略，有毒无毒易知，唯冷热须明”的说法，表明他对药物的寒热特别重视，而对所谓甘苦等“五味”认为关系不大，这种认识很有进步意义。第三总结了诸病通用的药物。在书中提出了一个“诸病通用药”列记表，分别列举了八十多种疾病的通用药物。不仅给临床医生处方用药提供了方便，而且也首创了按药物主治作用进行分类的方法。后世比较大型的本草著作，都把这种办法沿用下来。

郦道元著《水经注》

《水经注》是我国古代一部地理名著。

我国地理学的发展，历史悠久。战国秦汉以来，由于生产的发展，政治上的趋向统一，交通的发达和各地经济联系的加强，地理知识大大扩展，于是产生了像《尚书·禹贡》及《汉书·地理志》这样一些重要的地理著作。它们或以名川大山作为自然区划来描述祖国的地理概貌，或以疆域政区为纲来叙述祖国各地的地理情况，形成各种体制和风格。

大约在三国的时候，我国又出现了一部以全国水道为纲的地理著作——《水经》。关于《水经》的作者，旧说是汉朝桑钦，但据清朝学者的考证，认为这部书不是西汉桑钦作的，大概是三国时候的人写的。

《水经》这部书共记述了河道 137 条，并简明地叙述了河道经过的郡县都会的名称，但《水经》内容过于简单，随着社会经济的发展，需要一部新的地理学著作，能比较全面、系统地反映历史上河道的变迁、地名的更换、城市的兴亡等，让当时和后代都能清楚了解，便于应用，于是一些人开始为《水经》做注。从晋朝以来，为《水经》作注的有两家：一是晋朝郭璞注三卷，已失传；一是北魏郦道元的《水经注》四十卷，一直流传到现在。

郦道元(？~572)，字善长，范阳涿鹿(今河北涿州市)人，是我国南北朝时期的著名地理学家。他少年时代，曾随父亲郦范宦游山东，经常和朋友们一道访求名胜古迹，初步培养了“访读搜集”的兴趣。以后他历任河南、冀州鲁阳郡等地的地方官吏。由于职务关系，他的足迹遍于今山东、河北、山西、河南、陕西、内蒙古、江苏、安徽、湖北等地。这就为他亲自了解祖国各地情况，特别是北部中国的情况，提供了方便，为他写《水经注》奠定了基础。

青釉褐彩壶

郦道元十分热爱祖国的山川河流、一草一木，也十分关心我们中华民族的先辈在这块土地上的一切建树。他读过许多古代的地理书籍，如《山海经》《禹贡》《周礼·职方》《汉书·地理志》以及描述名都的辞赋，记载河道的《水经》等。

《水经注》以全国水道为纲，把我国辽阔疆域内的山川河流一一加以介绍；同时还描绘了各地的风土人情、历史古迹；记述了各地的地形矿藏、农田水利设施；考订了城镇的兴废沿革、河道的变迁、名称的改易等。对古书记载有歧义的地方，也加上自己的按语结论。他涉猎的书籍非常广泛，仅注中所引的就有四百多种。他还摘录了不少魏时期的碑刻，这些古籍碑刻大都已经失传，幸赖《水经注》才得以保存下来一部分。此外，他还亲自跋山涉水，追溯源流，寻访古迹，因此在这部书里有许多生动具体、绘形绘色的描写和一

些十分难得的第一手资料。例如：他游渭水兹泉时，访问过姜太公的居室和垂钓的地方；在鲍邱水条下记了刘靖开渠引水工程；在易水条下记了燕下都的地址；在谷水条中记了东汉太学的旧址等等。凡是他亲自涉猎过的地方，都记得格外详细生动。

《水经注》不仅是一部严密的科学著作，而且在文学上也很有地位，它以生动细腻的笔墨，形象地描绘了祖国的壮丽山川，对以后苏东坡、柳宗元、李白等人的游记诗文都产生了影响。

《水经注》的重大成就，使后代许多学者对它进行专门的研究，甚至形成了专门的学问——“郦学”。

贾思勰著《齐民要术》

《齐民要术》是我国现存最重要的一部古代农业科学著作，在世界农学史、生物学史上也占有重要地位。

《齐民要术》的作者贾思勰，是山东盖都人。他在北魏永熙二年（533 年）到东魏武定二年（544 年）间，写成了著名的农业科学著作《齐民要术》。

贾思勰

《齐民要术》，由序、杂说、正文三大部分组成，共九十二篇，分成十卷。正文约七万字，注释约四万多字，共十一万多字。它主要记载了自西周以来，特别是作者所生活的时代，我国黄河中下游一带的农业生产经验。其中包括谷物、蔬菜、瓜果、林木的栽培（一至五卷）；家畜、家禽、鱼类的饲养（第六卷）；酿酒（第七卷）；制酱、制醋、腌腊（第八卷）；主食品制造、副食烹调（第九卷）；以及黄河流域以外的北方、南方各地，还有国外各处，传入中原的各种作物品种介绍（第十卷）等。它不但集中了古代旱地作物生产经验之大成，而且从中反映了农村生活状况和社会经济情况。贾思勰给这部书起名为《齐民要术》，用现在的话来说，就是谋求提高人民生活水平的重要方法，是有很深的含意的。

《齐民要术》针对北方干旱少雨的特点，强调精耕细作，防旱保墒。贾思勰认为耕地一定要耕得早，耕得深；耕得早一遍抵上二遍，耕得深使庄稼能吸收较多的养料和水分。耕后必须把地耙平，把土耱细，这样才能保墒防旱。在作物生长过程中，还必须中耕除草。这一整套耕——耙——耱的保墒防旱措施，使北方干旱地区的耕作技术基本定型了，这对北方农业种植很有指导意义。

《齐民要术》十分注意选种。强调要“选好穗纯色者”。留种田要耕得细，多加肥料；收割后要分开窖埋，防止混杂。收取瓜种方面，指出要从最早成熟的“本母子”瓜中留种。

留种时，不是取全部瓜子，而是截取瓜中间一段的瓜子。因其贮藏的养料多，这种方法至今我国北方还在采用，书中还记述了水选、溲种（即拌种）、晒种等种子处理方法，并最早记录了我国水稻催芽技术。

《齐民要术》首次总结了二十多种轮种的方法，它把豆科作物作为绿肥，纳入轮作，以提高地力，又提出在麻里套种芜青等。从休闲（长期抛荒以恢复地力）到轮作，是农业发展史上的一个飞跃，它能提高土地的利用率。欧洲在六世纪，农业还处于“三田制”，绿肥轮作制最早是十八世纪三十年代在英国实行，可见，我们祖先发明轮作在世界上处于领先地位。

《齐民要术》完整系统地记载了我国果树的品种，这是历史上第一次果树品种的总汇，同时也是第一次为我国果树分类。书中以树繁殖培育提出了三种方法，即培育实生苗、扦插和嫁接。培育实生苗强调无论桃、梨要“合肉”埋入加粪的土中，第二年春天出苗后再移栽。这样可以利用冬季自然低温来增加种子的出芽力。扦插可使果树提前结实，如李树本来五年才结果，用扦插只需三年，嫁接比扦插更快，而且果实好，嫁接梨最好用棠树（即杜树）做砧木，这样结的梨大而肉细密。这为果树种植提供了宝贵的经验。

《齐民要术》总结了历代家畜饲养的经验，也吸收了北方各游牧民族的畜牧经验。在书中介绍了饲养牲畜的各项方法。贾思勰认为首先要重视选种。如母鸡要形体小、毛色浅、脚细短、生蛋多、守窝的；羊要选腊月、正月生的羊羔留种。在饲养管理上，役使年马，要根据其能力；喂料、饮水、天冷、天热、都要适合其本性。马饥饿时要先喂“恶刍”，吃饭后再喂“善刍”，以引诱其吃饱吃足，书中还论述了相马术、阉割术、兽医药方等知识经验。

在农产品加工方面，当时人们已经熟练地掌握了微生物发酵技术，书中记述了酿酒、造醋、作酱、制豆豉等方法。书中记载的酒有四十多种，醋有三十多种。

总之，《齐民要术》是我国古代第一部系统论述农业科学的专门著作，它不仅对当代起过作用，而且对后代的农业生产也留下巨大的影响。1020 年，北宋政府曾刻印了《齐民要术》发给各地的“劝农使”，一般群众知道后也争相传抄。历史农学家编写的农书，始元朝的《农桑辑要》、王祯的《农书》、明朝徐光启的《农政全书》和清朝的《授时通考》等，无不注意吸取《齐民要术》的精华。直到今天，《齐民要术》仍是我们研究农业科学史的宝贵材料，占有很高的地位。

葛洪撰《抱朴子·内篇》

东晋（318）时，葛洪撰成《抱朴子·内篇》，这是道教宗教哲学和原始化学炼丹术的重要著作。它在道教史和炼丹史上都有重大影响。

葛洪（284~364），字稚川，自号抱朴子，丹阳句容（今江苏省句容县）人，是东晋著名的道教理论家、炼丹家和医药学家。他学识丰富，著作很多，但大多散佚。其中影响最大的当推《抱朴子》，含内篇 20 卷，外篇 50 卷。而《抱朴子·内篇》则是反映他的道教神学

的主要代表作。

葛洪在书中提出了以“玄”“道”“一”为宇宙本体的理论，为长生不死的神仙道教制造理论根据。他认为“玄”是超自然的存在，是宇宙万物的总根源，它不可感知，不可捉摸，神通广大，且无所不在、无所不能，它是孕育元气、铸造天地星宿乃至万物生成的根据和原动力。因此葛洪强调宇宙万物一刻也不能离开“玄”，而且必须“得之于内”，通过内心的冥思苦想去探索。

《抱朴子·内篇》关于硫化汞和汞的化学性质的叙述

葛洪又将“玄”称作“道”“一”，并进一步把“一”神化，提出“守一存真，乃得通神”的宗教神学思想。他把“守一存真”看作是通向神仙之境的根本途径，并且因此可使天、地与人，人与道，主观与客观统一起来，在精神上突破有限个体的束缚，与无限的宇宙合一。而为了达到这一目标，则必须通过宗教禁欲主义的修养。

与其他宗教幻想灵魂入天堂不同，葛洪的道教理论还强调炼形的重要性，为的是使“神”（或“精灵”）不离开其身，从而达到长生不死，肉身成仙。他还提出“有因无而生焉，形须神而立焉”的形神观，把“形”说成要依赖“神”才能确立而不朽，强调精神是第一性的，形体是第二性的。

葛洪还特别强调遵守封建伦理纲常对道教的修炼的重要性，认为“欲求仙者，要当以忠孝和顺仁信为本。若道德不修而但务方术，皆不得长生也。”

与一切有神论者和宗教徒在论证“神”的存在时一样，葛洪也把自己虚构的神仙之美等一切不实之物，都归之于人们有限认识之外的无限世界。他用聋子听不到雷声、瞎子看不见日月星辰之光做比喻，来证明人们虽然看不见神仙和听不到神仙的声音，而神仙世界是存在的。但实际上神仙只是道教徒头脑中虚构的神秘物，客观实际证实这些是不存在的。

东晋时道教从民间宗教向为门阀世族服务的官方宗教转型，葛洪的《抱朴子·内篇》对此起了很大的促进作用，是这一转折阶段的一块里程碑。早期的道教常以符箓、巫祝等宗教仪式为人治病，并以此吸引信徒。后来便有人认为用这种方法可求取长生，葛洪对此做了否定。他赞富贵神仙，斥民间道教，甚至认为王者应以严刑峻法来制止这类巫术活动。他在强调内修的同时，提出了外养兼顾、“籍外物以自坚固”的见解。他从黄金耐腐蚀、高熔点的化学稳定性出发，推论金丹具有使人不朽的滋补作用，并为信徒们列出以下修道方法：①积善立功，②草木药饵，③屈伸导引，④宝精行气，⑤金丹大药。

《抱朴子·内篇》还总结了魏晋时期炼丹术的成果，收录了大量丹方、经方，其中最重要的是“金液”丹，且是很难破译释读的丹方之一，其主要的原理是使金的溶解度有所增加，然后再被有机物还原为胶态金，这与国外炼金术的“金液”类似。

中国古代炼丹家葛洪

"金丹"卷中所涉及的药物有铜青、丹砂、水银、雄黄、矾石、戎盐、牡蛎、赤石脂、滑石、胡粉、赤盐、曾青、慈石、雌黄、石流黄、太乙余粮、黄金、铜、珊瑚、云母、铅丹、丹阳铜、淳苦酒等20多种，明显比《周易参同契》里所提到的要多。

"仙药"卷中提到用硝石、玄胴肠（猪大肠）和松脂炼雄黄，并且在实验中观察到若超过一定温度，便起火爆炸，这是原始火药的萌芽。故"仙药"卷的记载也是前火药史的史料。

葛洪还实验过铁与铜盐的置换反应，如"黄白"卷有"以曾青涂铁，铁赤色如铜"（曾青是硫酸铜矿石）。

葛洪在炼丹实验中已经探索到近似反应可逆性的物质循环的思想。如"金丹"卷中有"丹砂烧之成水银，积变又还成丹砂"（丹砂即硫化汞）。又"黄白"卷中有"铅性白也，而赤之以为丹；丹性赤也，而白之而为铅"。说的是铅经过化学变化成铅白，即胡粉，也即白色的碱式碳酸铅；铅白加热，变化成铅丹，即红色的四氧化三铅，四氧化三铅又可经化学变化成铅白。

葛洪是汉魏以来道教理论的集大成者，他的《抱朴子·内篇》为神仙道教构造了一个比较完整的理论框架，它是向社会不同阶层公开布道的神仙道教典籍，并为道教在南北朝成熟准备了条件。

中国陶器流行于世界

3世纪中后期以来，随着晋代移民不断迁居到朝鲜半岛的大同江流域，中国的制陶技术开始传入朝鲜，并在长时期左右着朝鲜陶业的发展。

平壤附近高句丽国都故址土城里及其邻近地方，发现数以千计的砖椁和木椁古坟，与同时期朝鲜本土流行的石坟和土坟文化面貌不同。特别是古坟中的许多砖瓦纹饰，明显具有汉魏六朝风格。墓中发现的文字砖共有十多种，具其中年代可考的研究，这些陶砖起自182年至404年，即东汉光和五年至东晋元兴三年，而且有年代的多数标的是东晋年号。南北朝时期，朝鲜半岛的百济和新罗建筑陵墓、寺院和宝塔等所用的瓦当，以及日用缶瓮等陶器等，无论烧制技术和波纹装，都与中国境内同期的陶制品一般无二。中国陶工和制陶技术在朝鲜的传导和影响，从中可见一斑。

东晋青釉褐斑羊头壶。西晋盛行的带状印纹已消失，被划于肩部的双弦线代替。

463年，中国的制陶技术辗转到达日本，这一年

日本雄略天皇派吉备弟君从百济移植陶部，在国内制造出灰质硬陶，而原来由本国土师部制作的红褐色瓦器完全退出了日常生活，仅用在祭祀丧葬等仪式中。

在东南亚各地，中国的陶器从汉代开始便已传入。东晋南朝时期，越南北部陶器有瓮、壶、鼎、甑、灶、碗、杯、盘、匙、烛台、香炉等种类，色泽有赤、灰、白、黄数种，并有釉陶，与中国中原陶器完全一样，而且他们还把学习汉人制陶技术后制作的各种粗精陶器，传播到马来半岛、苏门答腊岛、爪哇岛等地，使中国的陶业流布到东南亚各地。

三世纪以后，中国陶器和制陶技术也曾流行到非洲东部地区，东苏丹境内的麦洛埃，制作部分非埃及式样的陶器中，有许多受到汉晋陶器式样的影响。随后这种式样的陶罐又随麦洛埃陶器继续南传，流布到东非和中非地区，成为赞比亚的邓布韦和津巴布韦等地的一种陶器样品。

中国陶器以其质地优良、制造技术精湛、品种繁多、造型独特美观等特殊的魅力，传往海外，在东亚、东南亚、非洲等地的制陶业上开辟新的天地，对当地的陶业发展起了不可估计的促进作用。

炳灵寺石窟的开建

东晋十六国时，割据甘肃西南一带的鲜卑西秦（385～431）政权，于西秦建弘元年（420）开建了炳灵寺石窟，成为当时与麦积山石窟齐名的佛教圣地，续至唐代，明以后逐渐湮没。

炳灵寺石窟位于甘肃省永靖县西南35公里的小积石山中。原称唐述窟，唐称灵岩寺，宋改称炳灵寺，是藏语音译，取十万弥勒佛洲之意。从西秦开建以来，到明代为止历有续建、修复活动。现存窟龛共196个，主要集中在下寺沟西侧南北长350米、高30米的壁面上，其余的零星分布在附近的上寺、洞沟、佛爷台等地，方圆约7公里。

禅定图局部，菩萨、飞天、供养人。炳灵寺石窟时期作品。

建弘元年（420）建造的第169窟第6号龛，侧面有墨书题记："建弘元年岁在玄枵三月廿四日造"，是迄今所发现的中国石窟建筑的最早纪年题记。它为东晋十六国晚期的石窟断代提供了重要标尺。此窟是西秦时代的代表窟，位于窟群的北端，距地面约45米，是个进深19米、高14米、深27米的自然洞穴。第6号龛是一个高1.7米、深0.76米、宽1.5米的摩崖小龛，塑有无量寿佛和观世音、大势至二菩萨。佛体端庄健硕、刚毅，佛背光上有伎乐飞天。其他龛的年代较第6龛的或稍有早晚，还间有北魏至隋代的作品。最早的龛像都是单身佛像，风格古朴，代表了中国石窟造像最早水平。它们的布局因地制宜，没有统一的格局。窟内的壁画，是现存最早有确切年代的壁画，是仅存的西秦壁画。属于西秦时期的还有

第1龛，称摩崖大龛，在窟群南端，曾经明代妆銮、重塑。北魏延昌(512~515)年间前后，炳灵寺石窟群中段又有大规模开窟活动。

北周洞窟的遗存数量较少，洞窟形制和北魏的较相近，造像风格却趋于写实。隋代的部分壁画保存较好，展现了由魏晋南北朝向唐转变的特点。唐代窟龛的数量占总数的2/3以上，保存有134处，多是露天的摩崖小龛，在造像组合和雕塑风格上都具有明显的时代特色。宋代以后，建设不足，破坏有余，一些洞窟中的若干密宗题材壁画只在元代得以重绘

范缜著《神灭论》

齐永明七年(489)，范缜著《神灭论》，提出形灭神灭的观点，引起全国轰动。

范缜

范缜(450~515)，字子真，南阳舞阳(今河南泌阳县西北)人。自小家贫而孤，他刻苦学习，精通经术，尤其精研三礼，曾任县主簿、太守，后来累官至尚书殿中郎。他性格刚直，素来不信鬼神，反对迷信，在任宜都太守时，下令禁止当地人民祭祀神庙。在南齐武帝永明七年(489)和丞相肖子良论证“因果报应”问题后，开始著述《神灭论》。这本书继承了我国古代唯物主义思想家反对鬼神迷信的优良传统，坚持唯物主义和无神论观点。

范缜在《神灭论》中，首先以朴素唯物主义的形神一元论作为自己“神灭”论的出发点，提出“形神相即”的思想理论，他说明了形和神的关系是统一而不可分的，人的精神不能离开人的形体而单独存在。形体是基础，精神的“生”和“灭”取决于形体的生存和死亡，所以他说“形存则神存，形谢则神灭”。

为了论证“形神相即”，形体与精神名称不同而实际是一体的观念，范缜继而提出“形质神用”的观点。“质”是物质实体，“用”指作用，他说形是神赖以产生的实体，是第一性的，神只是形体派生出来的作用，是第二性的，二者不可分割。范缜深刻地阐明了人的形体与精神关系的特点，把形神看作是一个统一体的两个方面。

范缜扬弃了桓潭、王充用薪火关系比喻形神关系的不够确切的说法，提出以刀的“刃”和“利”的关系比喻形与神的关系。他说没有刀刃的存在就没有锋利可用，人的形体死亡，精神作用也就不复存在。围绕“形神相即”这一主旨，范缜进一步阐述“形质神用”的观点，批驳了“神不灭”论者的“形神相异”的谬误。

范缜从形神一元论出发，进一步指出精神现象只是人体的感觉器官和思维器官的作

用。人们看东西、听声音要靠眼睛和耳朵这两种器官，要进行判断是非则要靠主管思维的器官"心"。人的精神作用可分为"知"和"虑"两个阶段，感性上的"痛痒之知"的认识作用较浮浅，理性上的"是非之虑"则比较深刻。人们通过眼、耳、手等感官接触，再以"心"思考和判断，就可以明辨是非，人的认识都是来源于感官对外物的反映的。这就驳斥了佛教宣扬的"神不灭"论以及佛教"般若"空宗所说的人的内心有神秘先验的认识能力的唯心主义观点。这也正是范缜形神观高于前人之处，这说明范缜的"形神相即"的唯物主义形神一元论思想已经达到了古代朴素唯物主义所能达到的最高水平。

范缜在解释社会现象时，不可避免地带有古代唯物主义的局限性。他误认为"心"是思维的器官，认为"圣人"和一般人有不同的智慧和道德，是因为他们的体质构成不相同，他对传统儒家经典中提到的鬼神不敢公开怀疑，在反对"神不灭"论时，又承认神道设教的社会作用。这些反映了范缜思想中的矛盾性和局限性。

范缜的《神灭论》是继王充的《论衡》以后，我国又一部具有重大历史意义的唯物主义哲学论著。范缜继承了我国古代唯物主义思想家反对鬼神迷信的优良传统，尤其是继承了荀子、桓潭、王充以及当时反佛斗争的先驱者何承天等人的朴素唯物主义和无神论思想，以《神灭论》针对佛教展开批判，从而把反佛斗争推向一个高潮。范缜一生对佛教神学迷信作了坚决而勇敢的斗争，是我国历史上杰出的战斗无神论者和唯物主义者。

祖冲之推算圆周率

齐永元二年(500)，祖冲之卒。

祖冲之(409~500)，中国历史上一位伟大的科学家，在数学、天文历法、机械制造等方面都有突出的成就。他生活于南朝宋、齐间，祖籍范阳郡遒县(今河北涞源县)，由于战乱，先世由河北迁往江南。祖冲之在青年时代进入专门研究学术的华林学省，从事学术活动。曾先后在刘宋朝和南齐朝担任过南徐州(今镇江市)从事史、公府参军、娄县(今昆山市东北)令、谒者仆射、长水校尉等官职。

祖冲之是一位博学多才的科学家。在天文历法方面，他创制了《大明历》，最早把岁差引进历法，并采用 391 年加 144 个闰月的精密的新闰周，这些都是中国古代历法的重大进步。在机械制造方面，他曾设计制造过水碓磨、铜制机件转动的指南车、一天能行百里的"千里船"，以及一些陆上运输工具。他还设计制造过计时器——漏壶和巧妙的欹器。不过，祖冲之对后世影响最大的科

祖冲之儿子祖暅之在开立圆术中设计的立体模型

学成就则是关于圆周率的推算。

在圆周率的计算上，我国很早就采用周三径一的方法，但得出的数字不准确。西汉末年的刘歆、东汉的张衡、三国孙吴的王蕃，都曾算出圆周率的数据，比周三径一较细致一些，但还不够。曹魏末年的刘徽不仅注过《九章算术》，而且他的割圆术计算圆周率奠定了可靠的科学基础。刘徽用圆内接正多边形的各边之和，来逐渐接近圆周的长度。他从圆内接正六边形开始，计算内接正十二边形、正二十四边形等一直计算到圆内接正一百九十二边形。假定圆半径为一尺，得圆内接正一百九十二边形的面积是在$314^{64}/_{625}$方寸和$314^{169}/_{625}$方寸之间。他由此确定圆周率值为3.14，后世称为“徽率”。刘徽认为还可以用这个办法继续推算，直到与圆周合体，便确切无疑了。

刘徽的方法无疑启发了祖冲之。在前人的基础上，他进一步算出更精确的圆周率数据。《隋书·律历志》记载了这一计算成果：“祖冲之更开密法，以圆径一亿为一丈，圆周盈数三丈一尺四分五厘九毫二秒七忽，朒数三丈一尺四寸一分五厘九毫二秒六忽，正数在盈朒二限之间。密率圆径一百一十三，圆周三百五十五；约率圆径七，周二十二。”由此可见，祖冲之得出的圆周率，其盈数为3.1415927，不足数为3.1415926，亦即π的数字，小于盈数而大于朒数。同时，祖冲之还确定了π的两个分数值，其约率为：π=22/7，密率为π=355/113，祖冲之计算圆周率准确到小数点后第六位，这是当时世界上最先进的成就。直到15世纪，阿拉伯数学家卡西和16世纪法国数学家F.韦达才得到更精确的结果。祖冲之所确定的两个分数形式的π值，也是直到16世纪才被德国人V.奥托和荷兰人A.安托尼斯重新发现。就分子分母不超过百位数的分数而言，密率355/113是圆周率值的最佳近似分数，因而是当时的最高成就。为了纪念他的贡献，人们把密率称为“祖率”。

祖冲之在数学方面的成就还体现为他与儿子祖暅共同探究的关于球体积的计算方法以及《缀术》一书的著述，后者在唐代被列为重要教科书，学生需研习四年，可惜此书已失传。

第三章 历史谜团

齐武帝为何酷爱射雉之谜

南朝齐武帝萧颐为齐高帝萧道成之子，曾帮助齐高帝夺取帝位。他历任州郡之官，积累了一些治国经验，所以即位后能够继续齐高帝所推行的一些改革措施，孜孜于国家政事。然而令人不解的是，齐武帝在闲暇之余喜欢射雉，甚至达到了狂热的地步。

齐武帝萧颐景安陵麒麟

当时射雉的方法是这样的，先辟地为场，然后在草地上立起一个萧森茂繁的遮蔽物，称为翳。这种遮蔽物，上面覆盖着树枝，周围用树叶伪装，轻便容易移动。从外面看，其景致与草木没有什么区别，从里面往外观看，可以一览无余。射雉时，用驯养的媒雉来招引野雉，射雉的人躲在翳里观察，等野雉一出现就可以射取。

齐武帝常在庄稼生长季节率人去射雉，所以不时毁坏庄稼，招致老百姓的责骂，再加上晨出晚归，荒废朝政，所以引起大臣们的激烈反对。萧子良多次上书劝谏，出于同宗的缘故，齐武帝虽然没能完全采纳他的意见，但也没有怪罪，反而加以重赏。但是左卫殿中将军邯郸超的遭遇就完全不同了。488 年，他上书谏射雉。齐武帝表面接受他的意见，不久就借故将他杀掉了。齐武帝对射雉之爱好达到了妨碍政事的地步。

齐武帝不仅对射雉乐而忘倦，而且对那些妙解射雉的人加以提拔。垣必憘伯年轻时负气豪侠，但由于妙解射雉，深受齐武帝重用，被任命为真阁将军。

由于齐武帝射雉频繁，许多大臣不堪劳苦。萧景先年迈体弱，因为廉察左右，不得不随行。肥腴异众的袁彖也不得不拖着肥胖的身躯跟从齐武帝射雉郊野。看着齐武帝那洋洋得意的样子，这些大臣都有苦说不出。

也许觉得自己射雉活动靡费过度，齐武帝临崩之前下诏：“举凡各种靡费，都应当停止。”魂断之前，有这样的觉悟也是颇为难得。不过，关于为什么喜欢射雉，齐武帝有一番高论，说野雉虽然蕞尔小物，却也耿直可爱。我们不知道小小的野雉，其耿直之处究竟在哪里。齐武帝爱好射雉的缘由真是令人迷惑不解。

梁武帝为何信奉佛教

南朝时佛教非常兴盛。唐代诗人杜牧有一句诗“南朝四百八十寺，多少楼台烟雨中”，生动形象地说明了这一点。其实，佛教在南朝兴盛不是偶然的，其中很大原因与梁武帝萧衍这个狂热的佛教信徒有关。

梁武帝修陵石天禄

梁武帝早年信奉道教，并不信奉佛教。南齐竟陵王萧子良开西邸，招揽文学之士，自幼研习五经的梁武帝也被召入，并与沈约等八位文士合称“八友”。可能由于与名僧以及信奉佛教的文士交流深受熏染，梁武帝转而信奉佛教。称帝后，他于 504 年正式宣布舍道归佛。他亲自率领僧俗 2 万人在重云殿重云阁，亲自撰写了《舍道事佛文》，发誓信奉佛教，并要求王公贵族乃至平民百姓都信奉佛教，来共同成佛。他凭借自己的权力几乎钦定佛教为国教。

梁武帝亲自下诏修建大爱敬、智度、新林、法王、仙窟、光宅、开善和同泰等雄伟壮丽的寺院，分别供养数大批的和尚或尼姑，并赠送土地给寺院，如强买江南世族王骞在钟山的田产 80 余顷，施赠给大爱敬寺。他还下令大量铸造金、银、铜、石佛像，如同泰寺的十方金尊像、十方银像，光宅寺的丈八弥陀铜像，爱敬寺的丈八檀木像、铜像，立像高 10 丈、坐像高 5 丈的剡溪石像，都消耗了大量的人力和物力。

梁武帝喜欢做斋做法会，如水陆大斋、盂兰盆斋和四部（僧、尼、善男子、善女子）无遮大会、无碍法善会，动辄数万人参加，并且亲自讲经说法。他经常光顾同泰寺，讲《金字三慧经》《摩诃般若波罗蜜》经义。在法会上，他常常行忏悔，如因为太子萧纲多病，作《涅槃忏》，此外还常行《大般若忏》《金刚般若忏》。由于梁武帝的积极提倡，这期间立寺成风、造像成风、做斋会成风，佛寺佛像遍地成林。他统治时期，佛寺多达 500 所，梁朝几乎变成了佛的国度。

最富戏剧性的是，梁武帝多次舍身同泰寺。所谓舍身，一是舍资财，即把自己的所有身资服用，统统舍给寺庙；一是含舍自身，即自愿加入寺庙为僧众服役。他先后于 527

年、529年、547年三次舍身。舍身时间，第一次是4天，最后一次多至37天。群臣花了数亿钱才赎回梁武帝这个“皇帝菩萨”。

梁武帝十分重视戒律。他在即位后的第18天就亲自来到无碍殿受戒，法名冠达，同时宣布赦免罪人。他任命法超为僧正，即管理一个地区乃至全国佛教的“主教”；亲自撰写《出要律议》40卷，分发境内，通令照行。他亲自撰写《断酒肉文》，多方面地阐述了断禁肉食的重要性和必要性，俨然以世间大护法、大住持自居。为了严格戒律，他还打算担任白衣僧正，后因僧人劝阻而止。梁武帝以大菩萨的慈悲心肠劝导和严令僧徒遵守，从而改变了汉代以来僧徒食三净肉的习性，对后世佛教产生了深远的影响。

梁武帝在宣传佛教有神论的同时，竭力反对无神论。南齐时，竟陵王萧子良广招宾客，范缜也在其中。范缜是晋安北将军范汪的六世孙，因为父亲早死，所以家境比较贫寒。萧子良笃信佛教，认为人的精神不死，迷信因果报应之说。范缜著《神灭论》，批判灵魂不死之说，指出形神相即，形亡则神灭。萧子良集中许多僧徒，进行反驳，但不能胜过范缜。梁武帝即位后，不能容忍范缜这个异端说三道四，他通过当时的大僧正法云，发动名流硕学、王公朝贵60余人和范缜辩论，企图将范缜的神灭论压下去，但也没有成功。

梁武帝十分重视翻译佛经。即位不久，他就命令来华的扶南沙门蔓陀罗、僧伽提婆共同翻译佛经，有时他还亲临法座，笔受其文。著名的佛经翻译家也从扶南应梁武帝的邀请而东来。他翻译出的经论很多，主要是有关大乘瑜伽宗的，其中《摄大乘论》的译本对中国佛教思想的发展有很大的影响。

梁武帝还诏敕名僧撰写注疏，如命宝亮撰写《涅槃经》疏，命建元、僧朗撰写《涅槃经》注，又命僧旻等编《众经要抄》88卷，命智藏纂集众经义理为《义林》80卷，命宝唱抄撮《经律异相》55卷，纂集佛教传来后僧俗叙述佛理的著作《续法门论》70卷，还三次敕编有关佛经目录，其中第三次由僧旻撰的《出三藏记集》是中国较为古老而且较为完备的佛经目录。

梁武帝以他对佛教不遗余力甚至近乎疯狂的提倡和崇信，使佛教在南朝达到鼎盛时期。在如画的江南和瑰丽的城镇，寺庙空前繁多，10余万僧民在香烟缭绕的殿宇内，匍匐在佛像前，诵经忏悔。

梁武帝崇信佛教与他本人有很大关系。他是齐王室的同族，精通儒、道和文字，知识之广博和兴趣之广泛，为他接受佛教提供了条件。在早年打仗时，梁武帝就总结道：“用兵之道，攻心为上，攻城次之；心战为上，兵战次之。”在取得帝位后，他就凭借佛教来征服人心，大造自己的声威，梁武帝本人贪婪而又伪善，他曾经煞有介事的表示自己不贪图拥有天下。他特别以鱼肉、禁断房事来标榜自己的清心寡欲，但是他的素食是变一瓜为数十种，一种菜变成了几十种口味，十分精致。他残暴冷酷，又巧手用佛教戒律来掩盖凶残。每当杀人时，他总是涕泣不已，以显示自己怜悯众生的慈爱之心。取得帝位后，他陶醉兴奋，滋长贪欲，增加幻想，既然能由所谓布衣身份而变成一国之主，也会有可能由凡人变成佛国菩萨。为了达到这个目的，他才对佛教如痴如醉，信奉不已。

遗憾的是，在后来的侯景之乱中，梁武帝智穷力竭，被困饿而死。

陶渊明的田园生活之谜

陶渊明(365~427),又名潜,字元亮,自号五柳先生,私谥靖节,浔阳柴桑(今江西九江西南)人。陶渊明是中国最伟大的文学家之一,田园诗派的创始人,“隐逸诗人之宗”。他从小“好读书,不求甚解”;他有济苍生、复故土的豪情壮志,却又因不肯为“乡里小儿”折腰而“归去来”,过起了隐居田园的生活;他生性疏懒、嗜酒成癖,但又常常无钱买酒,于是便有了“我醉欲眠”“渊明漉酒”“白衣送酒”等佳话;他的诗文在当时并没有什么名气,但在唐宋之后,却受到文人墨客的极力推崇,成为中国文学史上的一座高峰。

陶渊明

陶渊明出生于没落的官宦家庭。曾祖父陶侃,官至大司马,封长沙郡公,是当时很有权势的政治人物。祖父陶茂,做过武昌太守,父亲也做过安城太守,母亲是东晋名士孟嘉之女,外祖父孟嘉对陶渊明的影响很大。

陶渊明八岁丧父,家道更为衰落,与母亲和五岁的妹妹相依为命。虽然生活很贫苦,但因家教优良,他从小就在母亲的指导下读了许多书。包括《老子》《庄子》、“六经”,以及文、史、神话、小说等等。在《五柳先生传》中,陶渊明曾把自己描绘为“闲静少言,不慕名利。好读书,不求甚解,每有会意,便欣然忘食”。他从读书中获得了极大的乐趣,但是他读书并不是非字斟句酌,而是“不求甚解”,以期与古人心灵冥合。

青年时代的陶渊明也曾有过远大的志向,他曾回忆道:

忆我少壮时,无乐自欣豫,
猛志逸四海,骞翮思远翥。
少时壮且厉,抚剑独行游,
谁言行游近,张掖至幽州。

在《拟古》诗其二中,诗人又特别赞扬田畴:“闻有田子泰,节义为士雄。”田畴的主要功绩是协助曹操平定乌丸,陶渊明对他深怀敬佩之情。

陶渊明早年没有做官,二十九岁时,因为家道贫困的缘故,他出仕做祭酒,由于不能忍受官场的腐败和黑暗,没过几天便辞职不干了。州里又召他做主薄,他也是“辞不就”,在柴桑过起了自给自足的隐居生活。七年之后,陶渊明又出任桓玄镇军的参军。母亲去世后,他辞官奔丧,守制两年。

有一次,他对亲戚朋友说:“我想过恬淡的生活,现在我出去做官,为隐居积攒一些衣食之资,不知可以吗?”当权者听说后,马上派他去做彭泽县令。县里拨给他几亩公田,他

全部用来种植酿酒用的秫谷，说：“能让我每天有酒喝就够了！”妻子不同意他这么做，于是他便拿出一半的土地种植稻米，另一半仍种植秫谷。

陶渊明当上彭泽县令没多长时间，有一天，浔阳郡郡守派一个督邮到县里视察，县吏告诉他：“你应该穿好衣服，束好衣带前去拜见。”陶渊明听到，叹了口气说：“我岂能为了五斗米，就向那些乡里小儿卑躬屈膝？”当天便辞了彭泽县令这个职务，回归故乡。

陶渊明只当了八十五天的彭泽县令，从此就没有再做官，开始了长达二十多年的隐居生活。

陶渊明四次辞官，最终选择归隐，这一方面是他爱好自然的天性所驱使，一方面则是因为当时的社会环境让他不得不做出这样的选择。

陶渊明从小就喜爱自然，向往美好的田园生活。他有“少无适俗韵，性本爱丘山”“弱龄寄事外，委怀在琴书”“静念园林好，人间良可辞”等诗句，可见，陶渊明在正式辞官归隐之前，心中始终有一个声音在强烈的呼唤他“归去来”。当他由于公事奔波忙碌时，这个声音在呼唤；当他沉思冥想之际，这个声音也在呼唤。最后，他终于实现了归隐田园的夙愿。

崇尚自然，是陶渊明归隐的主要原因，而客观原因则在于，他对当时动乱污浊的社会很不满。他所处的社会到底是个什么样子呢？诗人在《感士不遇赋》的序言中说：

陶渊明隐居图

“自真风告逝，大伪斯兴，闾阎懈廉退之节，市朝驱易进之心。怀正志道之士，或潜玉于当年；洁己清操之人，或没世以徒勤。故夷、皓有‘安归’之叹，三闾发‘已矣’之哀。悲夫！寓开百年，且瞬息已尽，立行之难，而一城莫赏。此古人所以染翰慷，屡伸而不能已者也。”

诗人在这里指出当时社会风气的腐朽，朝堂之上“雷同共誉毁，咄咄俗中愚”，正直的人是没有出路的。而且长期的政治动乱，迫害无辜，魏晋以来“名士少有全者”，真是“密网载而鱼骇，宏罗制而鸟惊”，当权者是靠不住的，“觉悟当念还，鸟尽良弓废”。要保持高洁的品性，延命于乱世，便只有隐居这一条路了。

陶渊明心中有自己的理想社会，这个理想社会就是他在《桃花源记》中所描绘的世外桃源。

按照文章所描绘的，桃花源是一个与世隔绝、不受外界干扰的地方。桃花源是一片桃花林，“中无杂树，芳草鲜美，落英缤纷”，环境十分优美，引人入胜。“林尽水源，便得一

山，山有小口”，从小山口进入，“复行数十步，豁然开朗”，那里土地平坦广阔，房屋排列整齐，田地肥沃，池塘清澈，桑竹茂盛。田间道路纵横交错，井然有序；村舍中鸡鸣犬吠不绝于耳；男男女女正在田间辛勤地劳作，老人小孩在一边怡然自乐。整个桃花源呈现出一派繁荣祥和、生机盎然的景象。

在生活上，桃花源也是自给自足。他们日出而作，日落而息，互相勉励，努力耕种。桑竹繁茂，都可以蔽日遮阴了，五谷能够及时种植，不违农时。到了收获的季节，他们也能够“春蚕收长丝，秋熟靡王税”。所有的收获都归自己所有，而不必交那些繁重的苛捐杂税。此外，这里没有兵丁、官吏，不见商业、学校，完全是一个没有剥削、没有压迫，“绝仁弃义”“绝圣弃智”的“小国寡民”式的社会。在这个社会里，人人平等、共同劳作、酷爱自由、崇尚人性；没有勾心斗角，也没有尔虞我诈，这就是陶渊明心目中的理想社会！

但是，这样一个淳朴、安乐的乌托邦式的理想社会在当时是根本实现不了的。诗人知道在一个充满着阴谋、屠杀、战争的社会中，他的“世外桃源”只是一种奢望，于是便隐居起来，希望在他隐居的狭小的生活内，能找到心灵的安宁。

黑暗的社会现实与崇尚自然的本性，使陶渊明最终选择了归隐之路。在辞官归田时，诗人作《归去来兮辞》，表明自己要从官场之中退出的决心和志向。

文章的前二句：“归去来兮，田园将芜胡不归！”这无疑是诗人给自己的当头棒喝：归去啊！田园快要荒芜了，为什么还不归去？表现了人生之大彻大悟。在陶渊明的潜意识中，田园是人类生命的根，是自由生活的象征。田园快要荒芜了，意味着根的失落，自由的失落。归去来兮，是田园的召唤，也是诗人本性的召唤。这个召唤的声音是那样的强烈，那样的震撼人心，使得诗人归心似箭，迫不及待地乘上小船、迎着轻风，日夜兼程地往家里赶，恼恨晨光熹微，不见归路。

熬过了漫漫长夜，终于看到了自家简陋的房子，诗人高兴得竟然跑着回家。僮仆前来相迎，年幼的儿女也在门口等候。庭院中的小路已渐荒芜，只有自己所种的松菊依然傲立于荒园之中，使诗人感到欣慰。抱着最小的孩子走进屋里，看见瓶里已经倒满了酒，这分明是妻子的一片柔情。诗人取酒自斟自饮，看着家中的一切，心里感到踏实、安宁。

归隐之后的陶渊明每天都做些什么呢？从他归隐之后所做的诗文中，我们可以知道，此时的诗人忙于耕种、郊游、饮酒，过着自给自足、悠然自得的生活。

归隐之初，诗人“开荒南野际，守拙归田园”（《归园田居·其一》）。然后诗人又利用“方宅十余亩”，盖起了“草屋八九间”，还在房后种植柳树、榆树，房前栽桃树、李树。诗人这只长久被关在笼中的鸟儿，终于随心随性，复归自然了。

从此之后，诗人便开始了耕种生活，在《归园田居·其三》中，诗人写道：

种豆南山下，草盛豆苗稀。
晨兴理荒秽，带月荷锄归。
道狭草木长，夕露沾我衣。
衣沾不足惜，但使愿不违。

诗人在南山下种豆，但因杂草旺盛，豆苗稀少，他便一早起来就去铲除荒草，到了晚

归去来辞——问征夫以前路图

上才荷锄归来。艰苦的农耕生活并没有使诗人灰心丧气，诗人反而因这种生活没违背归隐的初衷而心情坦然。

为了更好地进行农耕，诗人还和村中的农民交往、聊天、请教经验。《归园田居·其二》写道："时复墟曲中，披草共来往，相见无杂言，但道桑麻长。我麻日已长，我土日已广，常恐霜霰至，零落如草莽。"除了与邻居们讨论农耕，诗人还愿意"邻曲时时来，抗言谈在昔。奇文共欣赏，疑义相与析"。这种"农务知自归，闲暇辄相思；相思则披衣，言笑无厌时"（《移居·其二》）的生活，让诗人深深地陶醉其中了！

饮酒是陶渊明最大嗜好。他不仅一天都离不开酒，而且他的诗文中，几乎篇篇都有酒，他甚至还专门写了二十首《饮酒》诗。如"漉我新熟酒，只鸡招近局"（《归园田居·其五》），"过门更相呼，有酒斟酌之"（《移居·其二》），"欲言无予和，挥杯劝孤影"《杂诗十二首·其二》）等等。

陶渊明嗜酒成癖，世人皆知。江州刺史王弘久慕其名，千方百计地想要结识，却总也请不到他。有一次陶渊明去庐山游玩，王弘知道后，便请陶渊明的老朋友庞通之在半道里备下酒宴邀请他。陶渊明当时正患脚病，王弘便让他的下属和两个儿子用肩舆抬着他。他们正在路上走时，遇见了庞通之，陶渊明欣然下舆，和老朋友推杯换盏。一会儿王弘来了，陶渊明很欢迎他，两个相处得很好，后来成了好友。

还有一个叫颜延之的人，在浔阳时，与陶渊明有很深的交情。后来，颜延之做了始安郡，他每次过浔阳时，都要到陶渊明家中去喝酒，而且每次都喝得酩酊大醉，常常耽误公事。有一次，颜延之在临走的时候，给陶渊明留下两万钱，陶渊明把这些钱全都拿到酒馆里去，以便可以随时取酒。

有一年重阳佳节，陶渊明已九天九夜滴酒未沾了，于是就到屋外的菊花丛中呆坐着，摘菊盈把，品其芬芳，以此来消解无酒可饮的痛苦。陶渊明偶一抬头，遥望远处，看见一个穿着白色衣服的小吏走过来，原来是江州刺史王弘派人来给他送酒，不禁心花怒放，欢喜异常。陶渊明取过酒来，一口气把酒喝完，大醉而归。

陶渊明性格宽厚，只要家里有酒，拜访他的人无论贵贱，他都会拿出酒与客人开怀畅饮。如果他先喝醉了，他就会告诉客人："我醉了，想睡觉了，你可以离开了！"由此可见陶渊明的率直和自然。有时，在酒酿熟时，陶渊明会解下头上的葛布漉酒，即给酒过滤。过滤过毕后，他就重新把葛布戴回头上去，后来人们就用"渊明漉酒""漉酒葛巾"来形容嗜酒之深或超脱率真的气度。此外，陶渊明虽然对音律一窍不通，但却有一张无弦琴，每当喝到兴头上时，便做出抚琴的样子，而且还边"抚"边歌，以表达自己的心迹，他说："但识琴中趣，何劳弦上声！"后人遂以"无弦琴""陶琴"表示意趣高雅。

如果这种有酒有朋友、衣食无忧的生活一直持续下去，那陶渊明可以说是"快乐似神仙"了。但是好景不长，由于战乱频繁，加之自然灾害严重，农业歉收，陶渊明的生活极为贫困。在他四十四岁那年，居所失火，诗人的生活更是每况愈下，连生计都发生了问题，但他毫不后悔自己的选择。据说，他晚年因饥饿而致病，江州刺史檀道济馈以梁肉，劝他出仕，而他却挥而去之，即使饿死也不妥协。他曾应释慧远之约，赴庐山白莲社，又"忽攒眉而去"。他应刺史檀韶之邀，在靠近马队的公廨中讲礼、校书。他对殷景仁的任命并不欣赏，写下了"语默自殊势，亦知当乘分"这样颇有不满的话。凡此种种，都体现了他不肯苟合、坚守田园的真性情。正如他在《自祭文》中所说："宠非己荣，涅岂吾缁？兀穷庐，酣饮赋诗。识运知命，畴能罔眷，余今斯化，可以无恨。"

元嘉四年（427 年），陶渊明在贫病交加中死去，享年六十三岁。

花木兰其人真相之谜

汉乐府中记载有花木兰替父从军的故事，她"巾帼不让须眉"的英雄事迹在民间广为流传。故事是这样的：

北魏后期，北方边境的柔然族、东北边境的库莫溪、契丹等少数民族逐渐强大起来，他们经常派兵骚扰中原，抢劫财物，掳走人民。北魏朝廷为了对付他们，常常大量征兵，送到边境去驻防。

花木兰生在一个普通的农家。她上有年迈的双亲，下有幼弟和妹妹。她没上过学，跟着父亲学会了读书写字。平日在家织布、煮饭、洗衣、喂猪，里里外外都是一把好手。闲暇时，她便练习骑马射箭，练就一身好武艺。全家五口人过着安宁和睦的日子。

有一天，家里忽然听到花木兰低低的叹息声。老父亲问她："你有什么心事呢？"花木兰说："我没有什么心事。只是昨晚看到朝廷征兵的军帖上有您的名字。您年纪已过半百，小弟年幼又不能替您从军，我怎能不焦急呢？"

父亲呵呵一笑说："保家卫国是我们百姓的责任，我虽然年纪大了些，但是也应该上前线去杀敌保国呀！"

花木兰望着父亲花白的头发说："到边疆去当兵，风餐露宿，爬冰卧雪，还要与强敌拼杀，您这把年纪怎么能吃得消？只有女儿替您去了。"

父亲感叹地说："自古以来，哪有女孩子去当兵的？你的孝心我领了，还是我去从军吧。"

其实，花木兰昨晚一夜未眠，早就想好了办法，决定女扮男装，替父从军。父亲母亲见女儿成竹在胸，又有超群的武功和勇气，这个办法还算是个上策，于是就答应了她。

按朝廷的规定，从军兵士必须自备武装和坐骑。花木兰用平日织布积攒下来的钱买了一匹骏马，配了马鞍、脚蹬等用具，又买了几件合手的兵刃，然后，换上一身男人装束，拜别家人，踏上了征程。

大军火速朝北方边境开去。花木兰和兵士们白天冒着风沙跋涉，夜晚和衣宿在河边。夜深人静，她只听见滔滔的流水声和塞外敌军战马的嘶鸣声，再也听不到父母呼唤她的声音了。但是花木兰并不伤悲，像个男子汉一样，满腔豪情，恨不能一下子飞到前线去杀敌立功。

艰苦的行军，残酷的征战，花木兰都不在话下。唯一使她担心的是，朝夕生活在男人世界的军旅之中，处处得加倍小心，万万不能暴露出女孩子的身份！白天行军打仗，她从不掉队，夜晚露营，她和战友们挤在一起。幸好那时男女都蓄着长发，谁也没发现她的秘密。

古代·木兰从军图

一晃十二年过去了。花木兰冲锋陷阵，英勇杀敌，屡立战功，凯旋归来。皇帝召见这些勇敢的将士们，论功行赏。有的升了官，有的得到了财物。因花木兰功劳最大，皇帝决定把她留在朝廷为官，当尚书。可是，花木兰只希望得到一匹能够远行的骆驼，带她赶快回到昼思夜想的家乡。

皇帝不好勉强她，只好指派她的战友们护送她回乡。

花木兰即将凯旋归家的消息传到了她的家乡。她的父母非常欣喜，急忙互相搀扶着，直到城外去迎接。她的妹妹立即梳妆打扮，烧水备茶；她的弟弟赶忙杀猪宰羊，准备慰劳远道归来的姐姐。

古代·木兰从军图·版画

到了家，花木兰的同伴们被招待在前厅休息。

花木兰却悄悄回到后屋自己的房里，脱下战袍，换上女装，梳好头发，两鬓贴上专门

装饰女人的花黄,然后袅袅婷婷地走出来向护送她回家的战友们道谢。

同伴们见花木兰一身女儿装出现在眼前,都万分惊讶,没想到十几年来和他们朝夕相处,驰骋疆场的战友竟是一个女子,一位巾帼英雄!

花木兰从军的英雄事迹,在当时就传开了。人们编成歌谣歌颂她,赞美她。这些歌谣辗转流传,最后成了一首优美感人的长篇叙事诗《木兰诗》。从此以后,妇女从军越来越多。她们有的学习花木兰女扮男装,有的组织成百上千的女军跟男子并肩作战,为国立功,在历史上写下光荣的篇章。

那么,历史上到底有没有花木兰其人呢?众说纷纭。

有人根据历代文人赞颂花木兰的诗词推断,花木兰实有其人。

有的考证说黄冈市有木兰山、木兰乡,认为花木兰是黄州人。

有的经过考证,认为木兰姓魏。有的以为姓朱,大多数人认为姓花,不一而足。

也有的人认为,上述种种说法,是出于对这位巾帼英雄形象的热爱,将"木兰"二字入诗或用作地名,都不足以证明确有其人在。但是,当时北方人民不论男女老幼都崇尚武功,骑马射箭蔚然成风则是不容置疑的。《木兰诗》可能传唱的是一个相类似的事实,经过历代传唱,不断丰富、润色,成为有声有色、情节生动的故事,花木兰应该是人们从现实生活中塑造的典型化的英雄形象。

这样看来,花木兰其人真相之谜,无须赘言了吧。

王羲之为何对鹅情有独钟

书法是我国独有的一门艺术。魏晋南北朝时期,是我国书法发展史上承上启下、繁花似锦的时期。正是这一时期造就了中国书法史上最伟大的书法家——王羲之。他上承汉魏间雄奇伟丽的书法传统,博采各家之长,熔为一炉,独创一家。篆、隶、草、行、楷各种书体,都有很高的造诣。在六朝以后,王羲之为历代书法家所师法,在我国书史上,荣获"书圣"之称。而这位"书圣"在生活中非常喜欢鹅,在对家鹅的观察中,悟出了独特的用笔方法,还流传下为后人称颂的"书成换白鹅"的故事。

在王羲之的楷书作品中,以《黄庭经》最具代表性,关于这幅作品的创造还留下一段有趣的故事:相传在山阴地方有一位道士,很喜欢王羲之的书法,也很想求王羲之写一本《黄庭经》。他早已把帛纸准备好,但当时的王羲之已名声在外,这位道士担心王羲之不肯答应。后来,经多方打听,道士了解到王羲之平素非常喜欢鹅,就特地养了一群十分逗人喜爱的大肥鹅,以便见机行动。有一天,王羲之坐船路过山阴一带,道士闻讯后,把他那一群鹅赶往王羲之经过的地方。王羲之看到河里游着一群白鹅,羽毛白净,形态优美,心里非常喜欢。他停下船看了又看,一直舍不得离开。一旁的道士看在眼里,喜在心里,认为机会来到了,询问王羲之是否想把这些鹅带走。王羲之让道士开个价钱。道士故作姿态地说:这么好的鹅哪能舍得卖掉。不过先生您要是真喜欢,就给我写一本经来换。

王羲之一听这话，马上答应，当即兴致勃勃地用了半天时间写好一卷《黄庭经》交给道士。道士如获至宝，立即把那一群鹅装在笼子里，让王羲之随船带走。这就是人们后来传颂的“书成换白鹅”的故事。

王羲之喜欢鹅简直到了如痴如醉的程度，他特别留意有关鹅的消息。有一次他打听到有一家养的鹅非常善于鸣叫，便兴致勃勃地前去观看。不料这家主人听说王羲之要光临他们家，为了能得到王羲之的书法，特意杀了这只特殊的鹅，做成美味佳肴款待王羲之。王羲之空欢喜一场，弄得哭笑不得。

王羲之为什么特别喜欢鹅呢？清代著名书法家包世臣的一首诗，或许能给我们一点启示。这首诗这样写道：“全身精力到毫端，定台先将两足安。悟入鹅群行水势，方知五指力起难。”诗中概括了王羲之的书法要领，说的是王羲之研究鹅行水的姿势，悟出了用笔的方法，那就是学书法时要“志意专精”，写字的时候，精神要非常集中，姿势也要端正，这样，五指运用自如，非常得力。他的执笔方法，后人领会是要求食指抬高，形成钩子样，大拇指放置在食指、中指之间，使食指如鹅头那样昂扬微曲。无名指内钩，抵着笔管的下端，小指禁贴无名指。笔管须直立，手指要实而手掌要虚。运笔时，要像鹅的两掌齐力拨水的样子，这样才能运用自如，使全身精力都贯注到笔尖上。所以王羲之喜欢鹅，是和他研究执笔、运笔有密切关系的。还有人认为，鹅行走起来，昂首挺胸，一副大将军的模样，它的雄健气韵，很像汉字的韵味，王羲之喜欢鹅，就是想从鹅的形象中悟出汉字的内在结构，从中得到启发而发展自己的书法艺术。

还有人认为，上面两种说法是后人的牵强附会。王羲之喜欢鹅就像我们普通人喜欢某一种宠物一样，只是一种爱好而已，根本没有那么多的内涵。

谁是“少林武术”的鼻祖

名扬天下的河南嵩山少林寺，不仅是著名的旅游胜地，据说也是令世人倾倒的中国武术的发源地。在参观少林寺时，一个人的名字是不可忽视的，那就是达摩。少林寺的许多遗迹、遗物都和他有关，如“达摩亭”“达摩庵”“达摩洞”等等，少林寺中到处都留下达摩的足迹，达摩与少林结下了不解之缘。在历史上，达摩不仅是佛教禅宗的创始人，也是少林武术的创始人，据说达摩在说法时，看到僧徒很疲倦，便教授他们少林拳法以消除疲劳，很见成效，从此少林寺的僧徒除每天不可少的念经功课外，习武也成为他们必修的课程，这样一批批的少林僧徒便练就一身好功夫，少林武术也就名扬天下，达摩也被尊称为“中国武术家之祖”。达摩是历史上充满神秘色彩的人物，达摩究竟和中国武术有无联系，这些都成为历史上的一个谜团。

达摩的生平充满传奇色彩，据佛教典籍记载，达摩是5世纪至6世纪的时期的僧人，达摩又名菩提达摩，一种说法认为他是印度人，一种说法认为他是波斯人。相传达摩自幼聪明过人，对佛道有天生的悟性，舍身弘法，成了佛教的28代传人。他接受师父的旨

白釉·达摩塑像

意前来中国传教,在大船上颠簸了三年才到达了中国的南大门广州,然后北上南北朝时期南朝梁国的首都所在地南京,拜访以崇信佛教而著称的梁武帝,两人谈论佛法,话不投机,达摩认为梁武帝根本不明白他的传教真谛,便离开南京,继续北上。当梁武帝后来知道达摩是神僧圣祖时,后悔没有把他留住,便派人去追达摩,达摩已经乘着一条芦苇渡江离去.少林寺中有明代刻的“达摩一苇渡江”石碑像。达摩到达中国北方后,曾巡游北朝北魏的首都洛阳,参观过许多寺院,最后在嵩山定居下来,并在少林寺面壁 9 年,苦修佛法,创立禅宗,传授武术。少林寺中的“达摩洞”,据说就是达摩面壁 9 年的所在地,现在还有“面壁石”的痕迹。传说达摩活了 150 多岁,就在少林寺圆寂了,葬在了熊耳山,在尸骨埋藏地起了一座塔,名为定林寺。更为传奇的是,在达摩死后 3 年,一个名叫宋云的和尚从印度回来,到处说他曾在葱岭一带见到过达摩。当时的达摩手里提着一只鞋子,翩翩独行,宋云急忙询问他要到何处去,达摩回答说:“西天去。”人们对宋云的说法将信将疑,决定打开达摩的坟墓一见分晓。但当坟墓掘开后,所有在场的人都惊愕得说不出话来,因为墓里就剩一具空棺材和一只鞋子。

达摩的国籍、达摩的生卒年代、达摩来华的时间,迄今都是一团难以解开的谜团。达摩是中国佛教禅宗的开山祖,人们对他的过分崇拜,使达摩的身世之谜永远在史实与传说中分辨不清。而达摩是否中国武术的创始人,更是谜中之谜。

在早期有关达摩传记的古籍中并没有达摩与少林武术的记载,少林寺的许多唐代碑刻里既无少林寺僧徒经常练武的记载,更无达摩传授武术或撰写与武术有关理论的内容。明代万历年间(1614),一本关于少林棍法的书中,也只是把佛教中善于创作歌舞的乐神紧那罗搬出来,作为少林武术的祖师。也就是说,在达摩死后的一千多年中,没有任何材料证明达摩传授武术或编写有关武术的理论。而明代中后期之后,一部名为《易筋经》的武术书的流传使情况发生了很大的变化,在这本书的跋中,详细地记录了本书的发现经过:达摩在少林寺面壁 9 年,死后葬在熊耳山,后又提着一只鞋子回西天去了。他面壁的地方开始损坏,僧徒们进行重修,结果发掘到一个石箱子,经过一番周折打开后,发现里面藏有两本书,用天竺文写的,其中一本就是《易筋经》,这本书被留在了少林寺,僧徒们各按自己的理解去练,只学得皮毛。后经西竺僧的翻译,这本书辗转流传到了南宋名将牛皋的手里,这本书也就由牛皋传了下来。从这些记载来看,明代人不仅相信达摩会武术,而且写出了武术著作。明末清初,少林寺的武术开始盛行,一些既懂武术又懂文化的人把中国武术分成两家:一家“主静”为内家,奉邋遢道人张三丰为祖师;一家“主动”为外家,即少林派,奉达摩为祖师。从此,达摩就戴上了中国武术祖师的桂冠。

近年有的学者对这一传统的说法提出疑问,认为中国早在商周时期就有了武术,《易筋经》是一部伪书,是明代人托达摩的名而编写的,书中的跋也是伪造的,就连达摩在少

林寺面壁9年的传说也是值得怀疑的。少林寺以武术闻名始于明代中期,少林派武术也是在吸收其他优秀拳种的基础上形成的,达摩既不是少林武术的创始人,也没有留下有关武术的著作,达摩不但与少林武术无关,而且和少林寺也没有密切的关系。

传奇的达摩,神秘的少林武术,它是一个未解之谜,这个谜底的解开,有助于我们了解中国的佛教,了解中国的武术,去探索中国文明的奥秘。

古代女子为何以“头”为美

魏晋南北朝时期,女性梳在头顶上的高大发髻总称高髻。当时高髻有许多形,如灵蛇髻、白绾髻、白花髻、芙蓉髻、涵烟髻、缬子髻、堕马髻、飞天髻、回心髻、凌云髻、叉手髻等。目前各种服饰论著对某些高髻的认定尚不统一,下面介绍三种高髻。

四女俑均梳鬟发垂髻,面颊圆润,分别穿蓝、白、花上衣,上加半臂及帔巾,两边女俑,身稍侧,面向内,似在交谈细语,中间女俑,一似在凝神聆听,一似在颔首会意。作者通过写实的艺术手法,把女子们文静典雅的性格特点惟妙惟肖地表现出来。

一种是灵蛇髻,相传三国时魏文帝皇后甄氏所创,因其形如蛇绕扭转而名,形式多变。关于甄氏创梳灵蛇髻,还流传着一段相当有趣的故事。根据《采兰杂志》记载,甄氏入宫为皇后,宫廷前有一绿蛇,口中常吐赤珠,从不伤害别人,如果人要伤害它,它就隐没不出现了。甄后每天早晨梳妆,绿蛇就在甄后的后面盘结成一个发髻的样子。甄后觉得奇怪,就仿效着将自己的发髻梳成那种样子,没想到竟然巧夺天工。所以每天甄后都仿照绿蛇盘结的样子梳成自己的发髻,所梳发髻因绿蛇而变化不定,号称灵蛇髻。宫人都

争相效仿，因为甄后的发髻每天都不一样，所以没有几人能效仿成功。蛇形与髻形确有相似之处，悟出此点，则发髻自然不再拘泥于一定的样式，而可随心所欲地发挥。灵蛇的传说既有其荒诞性，也应该是从现实中产生出来的。有的论著认为东晋顾恺之的《洛神赋图》中洛神宓妃所梳双髻就是灵蛇髻。该图中宓妃椭圆形脸庞与圆回的发髻配合，更显得玲珑娇美。也有的论著将此髻定名为双环高髻。

一种是飞天髻，据说是受佛教影响而产生的一种发髻，始于南朝宋代建康城中司徒府东府城的女性，以后为更多的人喜爱。飞天髻的梳法是先将头发集于头顶，然后分成几股，每股弯成一个圆环。有论著认为，河南邓州市南朝墓出土的《贵妇出游图》画像砖中的二贵妇梳的就是这种发髻。图中贵妇身材修长，着宽大裙服，上竖的发髻奇特怪异形象飘逸婀娜。

东晋太元年间（376 年），在女性中流行以“缓鬓倾髻”为特点的发式。最初是公主一类身份女性把这种发式视为盛装，接着普通人家女性也学习梳此式发髻。这种发髻是因为以往发髻式样太高，无法坚立，于是梳理使之披垂于额前，仅露出眉目，两鬓垂下的头发也往往掩住双耳。但这种发式需要头发很多，无法经常梳理，于是又在木框及笼架上预先用假发装成，形成一种时尚性的发式。当时一些贫家女性，因自己无力置办假发，就向他人借用，叫作自己“无头”，向人“借头”，所以史家认为这种发髻不吉祥，视其为“妖服”。

唐朝妇女的发髻形式很多。当时的《髻鬟品》中列举了不少发髻名称，如唐高祖宫中流行半翻髻、反绾髻、乐游髻，唐玄宗宫中流行双环望仙髻、回鹘髻、愁来髻，唐德宗贞元年间宫中有归顺髻、闹扫妆髻，长安城中有盘桓髻、惊鹄髻、抛家髻及倭堕髻等。这里列举了不少发髻名称，但没有说明其形制。其中有些名称本身具有形象性。所谓半翻髻，就是发髻很高，顶部又向下半翻。所谓惊鹄髻，就是髻式有如鸟振双翼。所谓反绾髻，就是从髻的两侧各引出一绺头发向脑后反绾。所谓双环望仙髻，就是一种绕出双环的髻式。所谓倭堕髻，就是将头发自两鬓梳向脑后，掠至头顶挽成一髻或二髻，再向额前俯偃下垂髻式。这是盛唐时期颇为流行的一种髻式，中唐后期至晚唐则偏于一侧，形成堕马髻。中晚唐还流行一种重叠繁复的髻式，可能就是所谓的闹扫妆髻。

爱美之心人皆有之。自古以来女性为了美丽动人，而千方百计地修饰着自己。她们在创造着美的同时，也推动了人类文明的发展。

附：南北朝大事年表

时间	事　件
422 年	刘裕死，少帝刘义符即位。十一月，北魏帝拓跋嗣攻南宋。
423 年	北魏拓跋焘即位，是为太武帝。尊崇道士寇谦之。
424 年	南宋政变，废杀皇帝刘义符，改立刘义隆，是为宋文帝。
425 年	夏赫连勃勃死，子赫连昌即位。
426 年	谢晦反抗东晋朝廷失败，被杀。
427 年	田园诗人陶渊明卒。
439 年	北魏统一北方。十六国结束。
442 年	北魏太武帝听信寇谦之的话，到道坛受符箓。
445 年	《后汉书》作者范晔因为谋反之罪被杀。
446 年	太武帝拓跋焘采纳崔浩建议，禁佛教，毁经像、塔寺，坑杀僧人。
451 年	太武帝大破柔然，收入户畜产百余万，柔然从此衰落。
453 年	刘宋太子刘劭杀宋文帝自立。刘骏立为孝武帝，杀刘劭。
450 年	北魏太武帝率大军南进瓜步，扬言渡江，建康大震。
460 年	北魏开凿云冈石窟。
462 年	祖冲之奏上《大明历》。他首次把圆周率准确数值推算到小数点后 7 位数。
465 年	北魏献文帝即位，十二岁，丞相乙浑专权。
466 年	冯太后临朝称制，立郡学，置博士、助教、生员。
471 年	北魏拓跋宏即位，是为孝文帝。
476 年	北魏冯太后称太皇太后，再次临朝称制。
479 年	萧道成称帝，是为齐高帝，国号齐。
483 年	齐高帝死，太子赜即位，是为齐武帝萧赜。
484 年	北魏开始施行“班禄”制。
485 年	北魏颁行均田制。
494 年	北魏孝文帝，迁都洛阳。禁士民胡服。

时间	事　件
495 年	北魏始凿龙门石窟。
495 年	北魏禁止在朝廷讲鲜卑语；禁止还葬北方。在洛阳立国子、太学、四门、小学。
496 年	北魏定族姓，改拓跋氏为元氏，其余鲜卑诸姓均改为汉姓。
500 年	雍州刺史萧衍在襄阳起兵。
501 年	齐南康王宝融在江陵即位，是为和帝。萧衍入建康。
502 年	萧衍称帝，是为梁武帝，国号梁，齐亡。刘勰《文心雕龙》约成于本年。
507 年	梁朝范缜著《神灭论》。
515 年	北魏孝明帝立，胡太后临朝称制。
523 年	北魏沃野镇民起义。六镇起义开始。
527 年	北魏著有《水经注》的郦道元卒。
528 年	北魏尔朱氏之乱。
534 年	高欢立元善见为帝，是为东魏孝静帝，北魏分裂。东魏迁都于邺。
535 年	宇文泰毒杀孝武帝，立元宝炬为帝，是为西魏文帝，都长安。西魏丞相宇文泰定新制二十四条。苏绰制定公文格式及计账、户籍之法。
541 年	宇文泰颁布六条诏书。
543 年	东魏綦毋怀文发明灌钢技术，制成“宿铁刀”，锋利无比。
547 年	东魏杨衒之作《洛阳伽蓝记》。东魏高欢死，子澄嗣。孝静帝被澄幽禁。
548 年	南朝发生侯景之乱。
549 年	侯景陷台城，梁武帝萧衍死，侯景立萧纲为帝，是为简文帝。
550 年	高洋废东魏孝静帝自立，是为齐文宣帝，国号齐，都邺，史称北齐。北齐始立九等之户。西魏宇文泰创立府兵制。
551 年	南朝侯景废简文帝，立萧栋，又废栋自立，国号汉。
552 年	南朝王僧辩、陈霸先克建康，侯景东逃。萧绎在江陵即位，是为梁元帝。
553 年	西魏攻占益州。
554 年	西魏陷江陵。
556 年	西魏仿《周礼》建六官。宇文泰死，世子觉嗣，侄护统理军国事，岁末宇文护迫魏恭帝禅位，西魏亡。
557 年	宇文觉建立北周。陈霸先代梁称帝，是为陈高祖，国号陈。
560 年	宇文护废明帝，立宇文邕为帝，是为周武帝。
574 年	周武帝禁佛、道两教，毁经、像，命沙门、道士还俗。

时间	事　　件
577 年	周武帝率兵入邺,北齐亡。
579 年	周宣帝传位于太子阐,是为静帝。
581 年	杨坚迫静帝禅位,代周建隋。
589 年	隋灭陈,全国归于统一。

·中国通史·

隋朝

刘宇庚⊙主编

导读

隋朝(公元581年~公元618年)是上承南北朝、下启唐朝的一个重要的朝代,史学家常把隋朝和唐朝合称隋唐,公元581年北周静帝禅让给杨坚,北周覆亡,杨坚定国号为“隋”。公元619年隋恭帝杨侑禅让李渊,隋朝灭亡为止,国祚38年。

为了巩固隋朝发展,在政治、经济、文化及外交等领域进行了大刀阔斧的改革。政治上,隋朝确立了影响后世深远的三省六部制,以巩固中央集权制度;正式制定出完整的科举制度,以选拔优秀人才,弱化世族垄断仕官的能力。另外还建立政事堂议事制度、监察制度、考绩制度,这些都强化了政府机制,深刻影响到唐朝与后世的政治制度。在军事上,继续推行和改革府兵制度;经济上,一方面实行均田制和租庸调制减轻农民生产压力,另一方面采取“大索貌阅”和“输籍定样”等清差户口措施,以增加财政收入。这些政策成就了隋初的开皇之治。外交方面,隋朝的盛世也使得当时周边国家和境内的少数民族如高昌、倭国、高句丽、新罗、百济与内属的东突厥等国都受隋朝文化与典章制度的影响,外交交流以日本的遣隋使最为著名。

隋朝根据南北朝的经验而改革政制,兴建隋唐大运河以及驰道使到很多城市从此出生,同时还建立京师大兴城和东都洛阳。这些政策几乎被唐朝和宋朝全盘承袭,唐朝在某程度上更是隋朝的伸展。隋朝深刻影响往后唐朝、宋朝等以后中国的朝代。

第一章　隋朝史话

隋文帝励精图治建隋朝

隋文帝杨坚(541~604 年)本是北周的丞相。他乘北周宣帝贪图享乐及其子静帝年幼继位之机,于 581 年夺取了北周的政权,创建了隋朝。他在位期间,励精图治,最终统一了全国。

杨坚建国

显赫的出身

隋文帝(541—604 年)名叫杨坚,弘农华阴(今陕西华阴)人。其父杨忠是西魏和北周的军事贵族,北周武帝时官至柱国大将军,封为随国公,杨坚后来也承袭了父爵,在北周有很大的权势。

隋文帝

西魏王朝曾有八大柱国,分别是宇文泰(李世民外曾祖父)、元欣、李虎(李渊祖父)、李弼(李密曾祖父)、赵贵、于谨、独孤信(杨坚岳父,李渊外祖父)、侯莫、陈崇。他们创造了西魏、北周、隋、唐四个朝代辉煌的历史。唐朝史书曰:“今之称门阀者,咸推八柱国家。当时荣盛,莫与为比。”

西魏时期,杨坚的父亲杨忠和独孤信一起投靠了权臣宇文泰,屡建功勋。杨坚出生后,杨忠决定把孩子送到毗邻的般若寺寄养,一来祈求平安吉祥,因为当时战事频繁,杨忠说不定哪天就得开赴前线,孩子好有个寄托。二来将头胎儿女献于佛前,是报答神

明的保佑，祈福于未来，这也是当时的风俗。

传说杨坚出生的时候，窗外笼罩在紫金暮霭之中，仿佛神迹，一家人都兴奋不已。杨坚在佛寺里度过燃灯诵佛的童年。因父亲的荫庇，杨坚十三岁归家，十四岁便步入仕途，京师长安的地方长官京兆尹薛善任用他为功曹。十五岁时，杨坚又因父亲的功勋被授予散骑常侍、车骑大将军、仪同三司的官衔，封成纪县公，入宫为官。不久又升为大兴郡公。十六岁时，杨坚升为骠骑大将军、开府仪同三司。

历史小常识：柱国

柱国，又称上柱国，中国古代官名。战国楚置，立覆军杀将有战功者为上柱国。西魏简称柱国，共任命八人，称“八柱国”，是西魏的最高官职，其中六人分掌全国府兵。北周徐授渐多，成为没有具体职务的勋官。

据《隋书》记载，周明帝见杨坚面相不凡，顿生猜疑，曾派誉满京城的相面先生赵昭审视杨坚，赵昭诡言回禀周明帝：“不过作柱国耳。”之后，赵昭私下跑到杨坚官邸，对杨坚说：“公当为天下君，必大诛杀而后定。善记鄙言。”

周武帝登基后，杨坚升为左小宫伯，不久后为随州（今湖北随州）刺史，进位大将军。相传他在随州做刺史期间，有一神秘僧人，法名僧空，前来探访，见到杨坚，惊道：“公非人臣之相，异日必大贵，当执掌符命。”杨坚笑而不答。其实早在杨坚在京做仪同三司时，关中的地方官吏、豪绅就都以杨坚有私志，纷纷劝其伺机废周。如果说此前杨坚只有废周的意向而无实际行动，那么自他在随州为政期间，便开始暗中派人潜交豪友，招募人才，为废周做准备了。当地新贵名流以杨坚“人心所向”“众望所归”，竞相表示愿鼎力以事。杨坚任刺史还不满三个月，当地的士庶之心就尽为其所收买，足见其笼络人心的手法高超。后来，杨坚被征还京城。他在几年后，娶了独孤信的七女儿独孤伽罗为妻。独孤信也是北周的权贵，这次婚姻不但使杨坚得到了一个贤内助，也使得他离皇帝之位越来越近了。

处心积虑的夺权

568年，杨忠去世，杨坚袭爵，成为随国公。杨忠去世前，北周的大权实际掌握在权臣宇文护的手中。宇文护是开国皇帝宇文泰的侄子，宇文泰去世时太子年幼，遗命让宇文护辅佐少主，没想到宇文护却把少主干掉，另立傀儡，自己独揽大权。周武帝虽然是宇文护扶植的，却不甘于做傀儡，不断暗中积蓄力量，准备夺回权力。

宇文护看中杨坚的才能，要拉拢他。但杨坚抱定了“两姑之间难为妇”的观念，在皇帝与权臣间严守中立。杨坚的拒绝引起了宇文护的仇视，多次想暗杀杨坚，幸亏有人替他说情，才免于一死。

572年，周武帝发动宫廷政变，暗杀了宇文护，并将其党羽一网打尽。周武帝虽然夺回了政权，但由于本身的心腹并不多，不得不大力拉拢那些原来的中立派，这就给了杨坚很好的发展机会。适逢周武帝为自己的太子选妃，杨坚便将自己的长女杨丽华送入宫

中，成了太子妃。如此一来，杨坚成了未来的国丈，地位大大提高。

杨坚虽然深得周武帝宇文邕的器重，但他早有夺位之心，只是羽翼未丰，不得不低头，暗中培植自己的势力。一些精明的大臣觉察出杨坚图谋不轨，齐王宇文宪奏告周武帝说："杨坚的相貌非同寻常，臣每次见到他，总感到浑身不自在。此人恐不是久居人下者，请尽早把他除掉！"周武帝说："我只让他做到大将军，不会有事的。"内史王轨也提醒："皇太子不像是个好君主，而杨坚貌有反相，恐怕日后为患，应及早除掉为妙。"雄才大略的周武帝听了很不高兴："要是真的天命所在，那能有什么办法？"他不愿铲除功臣、亲家杨坚。另外当时他把主要精力放在完成统一上，对此事并没有特别在意。

北周武帝

575 年，周武帝出动十几万大军，讨伐北齐。起初进军较为顺利，攻取了不少州县，但后来遭到顽强抵抗。周武帝很是焦虑，得了急病，大军不得不西撤。次年，周武帝再次御驾亲征，大获全胜，于 577 年灭掉北齐。578 年，周武帝又率军分五路攻打突厥，未成行而病死。

周武帝驾崩之后，皇太子宇文赟即位，这就是周宣帝，立了杨坚的女儿杨丽华为皇后。父以女贵，杨坚马上被拜为上柱国、大司马，第二年转为大后丞、右司武。遇到宣帝外出的时候，便由杨坚处理日常政务。

年轻的宣帝与他父亲不同，完全是个酒色之徒。做皇帝不过两年，周宣帝就禅位于七岁的皇太子宇文阐，也就是静帝，自己称"天元皇帝"，做太上皇去了。不过周宣帝并没有放弃吃喝玩乐的权力，北周王朝在他的统治下迅速走向衰败。

正觊觎着皇位的杨坚心中暗喜。身为相国，大权在握，早就想把皇帝拉下龙椅了，看到周宣帝昏庸的表现，便对心腹之人说："皇帝没什么德政，看相貌也不会长寿。法令繁多而严苛，整天沉湎于声色中，我看他的统治维持不了多久。宇文宗室诸王各就封国，既不能有效地控制地方，朝廷内也失去了亲信。像这种局面，一旦天下有事，局势将不可收拾。"

周宣帝虽然是个昏君，但对杨坚图谋不轨也略有觉察。他有四个宠妃，一并立为皇后。四个皇后争宠，互相诋毁。周宣帝对杨丽华皇后最为不满，动辄骂道："朕要诛灭你家族！"然后，周宣帝召杨坚进宫，吩咐身边的卫士："若他表情有异，就立即把他杀掉！"杨

坚入宫后神情自若，周宣帝于是怀疑起自己的判断力来了：是不是自己搞错了，杨坚果真有二心吗？因为拿不定主意，放过了杨坚。杨坚表面上不露声色，但心中对周宣帝的猜忌甚感不安，权衡再三，决定暂时离开朝廷，到地方上避避风头，让心腹郑译留下监视皇帝。

580年，周宣帝突然心血来潮，要南征，郑译乘机推荐杨坚为扬州总管。周宣帝一直对郑译很信任，哪里知道他早就投靠了杨坚，于是便同意了。但是，还没有等到出征，周宣帝就一病不起。在郑译的参与下，杨坚做了一个假诏书，以周宣帝遗诏的名义宣布：杨坚总管朝政，辅佐周静帝宇文阐。

很快周宣帝就死了，杨坚等人并没有立即公布消息，而是趁机用假诏书夺取了军政大权，以及京城部队的指挥权。一切准备就绪后，这才发布了皇帝去世的消息，辅佐小皇帝即位。杨坚做了辅政大臣之后，就向能够威胁他的地位的宗室各王展开了攻势。

隋朝气象浮雕

周宣帝的弟弟宇文赞在朝廷中和杨坚的地位不相上下，每天都与周静帝同帐而坐。杨坚派人对他说："圣上年幼，担当不了大事。皇帝位置肯定是大王你的。现在先帝新丧，朝廷事多，你不必这样劳累，只管先回家等着就行了。"宇文赞没什么谋略，也就相信了，回家等着杨坚来迎接他登基。

宇文家族还有五位有势力的亲王，都在地方统兵，如果他们联合起兵，还是很难对付的。所以，在他们得知宣帝病逝的消息之前，杨坚便用假诏书将他们召回长安，然后收缴了他们的兵权和印信。五位亲王见自己无法与杨坚抗衡，便秘密联系在外的另一个亲王起兵，但不久便被杨坚打败。被剥夺了兵权的亲王决定孤注一掷，设下了鸿门宴，准备在酒宴上诛杀杨坚。

杨坚对于五王的警惕不足，觉得已经收缴了他们的兵符，解除了他们的兵权，谅他们也没什么作为了，见宇文招有请，就带着杨弘、元胄等几个随从前往。到了王府，随从都被挡在门外，杨弘和元胄硬闯了进去。元胄进去一看就知道苗头不对，对杨坚道："相府有事，丞相不宜久留！"宇文招马上斥责元胄，喝令他退下。元胄两眼圆睁，不但不退，反而提刀上前保护杨坚。宇文招不敢动强，只得赐给元胄一杯酒，说："我哪有什么恶意，你

何必如此紧张?"说完,装作呕吐,想要离开座位,却被元胄强行扶回座位上。宇文招几次想离开,都被元胄阻止。宇文招说口渴,元胄便让人送来水让他在座位上喝。宇文招被置于元胄的威胁下,他手下的人也不敢轻举妄动。这时,一位大臣来到,杨坚出门迎接,元胄赶忙在他耳边说:"苗头不对,赶快离开这里!"杨坚估计风险不大,说:"他没有兵马,能干什么?"元胄说:"兵马本来就是他们的,只要他们先下手干掉丞相,一切都完了。"但杨坚没有走,依然镇静地回到席上坐下。此时,元胄听到后堂有披挂盔甲的声音,急了,上前对杨坚说:"相府的事那么多,丞相怎么这样,老坐着不走?"说完,拉着杨坚就走。宇文招快步追出来,元胄堵在门口,等杨坚出了府邸大门,他才紧走几步赶上。

杨坚回到了相府后,马上就以谋反罪杀掉了这五个亲王。宇文皇室的势力被消除后,杨坚的皇帝之路平坦了许多。

解除了中央的威胁后,杨坚开始对付地方武装。河南、四川、湖北等地的将领纷纷起兵。经过打与拉两手策略的交替使用,杨坚在半年后,平定了地方的异己力量,彻底控制了北周的政权,做皇帝仅仅是一个形式问题了。

搜山图

581年,杨坚让人替周静帝写好禅让诏书。诏书由朝廷大臣捧着送到他的王府。杨坚假意推辞,朝廷百官再三恳求,杨坚固辞。于是周静帝不得不再次颁诏,杨坚才登上了心仪已久的皇帝宝座。杨坚继承的是父亲的爵位随国公,后来又晋封为随王,但因其忌讳"随"字的本意,而去繁体字"随"中的走之,取"隋"字为其国名。又一个强盛的王朝出现在中国历史上。

开皇之治

隋文帝取得政权后,一面躬行俭朴,一面采取了许多有利于巩固政权的措施。这些措施使人口迅速增加,府库日渐充实,社会呈现了一片繁荣景象。因为隋文帝的年号是"开皇",所以历史上把隋文帝统治的这二十年称为"开皇之治"。

官制的改革

官制方面，隋文帝下令废除北周的六官制度，建立对后世影响深远的三省六部制。三省即尚书省（管理全国政务）、内史省（起草诏令）、门下省（审查政令及封驳），三省的长官都是宰相。在尚书省以下，分设吏（掌人事）、礼（掌学校、科举、祭祀）、兵（掌国防）、都官（掌司法）、度支（掌财政）、工（掌营造屯田等）部，每部设尚书一人，侍郎二人。

两年后，改都官为刑部，度支为户部，六部尚书分管全国各种政务。从此以后，历唐、宋、元、明、清各朝，基本上沿袭了这种三省六部制。此外，还有御史台（监察各级官员）、都水台（掌水利）及大理（全国最高审判机关）、太常（掌礼乐）、将作等十一寺卿，以及左右卫（掌禁卫）、十二府（管府兵）。

> **历史小常识：因牢骚丧命的元胄**
>
> 元胄是北魏的皇室后裔，本来应该叫作拓跋胄，因魏孝文帝下令拓跋氏改姓为“元”氏，因此皇室成员从此便全姓元。隋炀帝即位后，慈州刺史上官政犯了事被贬到岭南，元胄一次喝醉了就发牢骚：“上官政其实是个壮士，现在贬到岭南，能无大事吗？”意思是指隋炀帝处事不公。结果第二天就有人将元胄的牢骚话上奏给了炀帝，元胄就因一句牢骚话送了命。

在地方官制方面，最初沿用的是州郡县三级制，后来取消郡，实行州、县两级制。同时并兼了不少州县，裁汰了一些冗官，从而节省了政府开支，提高了行政效率。

隋文帝还下令，九品以上的地方官员都要由吏部任命，改变了过去州郡长官因就地征辟而多是本地豪强地主的弊病。隋文帝特意规定州县佐吏不准任用本乡人士，而且三年必须更换，不得连任，这样就使当地的豪强地主难以把持本地政务了。这些措施既改善了吏治，又加强了中央集权。

兵制的改变

在兵制方面，北周使用的是府兵制。当时，宇文泰为了巩固政权，利用鲜卑族的血缘关系维系复杂的部族力量，用恢复鲜卑姓氏和赐鲜卑姓氏的方式拉拢各族将士。具体办法是：凡是六柱国将军、十二大将军、二十四开府将军都要恢复鲜卑旧姓，汉人则赐以鲜卑姓。至于普通士兵，也得跟随其主帅改为鲜卑姓氏。

隋文帝掌权后，首先废弃了自己的鲜卑姓氏——普六茹氏。接着，全国其他将领也跟着恢复自己原来的姓氏。这样做的好处，是争取了广大汉人将士的支持，又加强了中央政府对军队的控制，削弱了军队统领方面的分散倾向。

590年，隋文帝颁布了关于军人编入户籍的诏令，这是府兵制度的重大改革。西魏、北周的府兵，一般是家属随营，列于兵户，不属州县。军队南征北战时，家属也跟军队一起行动。隋朝把兵户编入民籍，改属州县管辖，府兵可按均田令保有自己的土地或领受一份田地，增加了人们参军入伍的积极性。

新的律法

隋朝一开始使用的律法，是隋文帝命人修订的《开皇律》。607 年，隋炀帝又制定了《大业律》。

青釉武士俑

《开皇律》包括名例、卫禁、职制、户婚、厩库、擅兴、盗贼、斗讼、诈伪、杂、捕亡、断狱十二篇。刑罚分五种：一为死刑，有斩和绞；二为流刑，分为一千里、一千五百里、两千里共三等；三为徒刑，分一年、一年半、二年、二年半、三年共五等；四为杖刑，从六十到一百共五等；五为笞刑，从十到五十共五等。隋朝又把北齐的重罪十条改为“十恶”之条，一曰谋反，二曰谋大逆，三曰谋叛，四曰恶逆，五曰不道，六曰大不敬，七曰不孝，八曰不睦，九曰不义，十曰内乱。犯“十恶”之条和故意杀人者，即使遇大赦之机，仍不赦免。虽然隋律名目众多，但比较北魏律，刑罚多少有所减轻，取消了一些残酷的刑罚。

在诉讼程序方面，隋朝规定，如有人因冤枉上告，假若县官不理，允许越级向州官上诉，直到朝廷。全国各地的死罪犯人，不准在本地处决，必须送大理寺复审，然后再送尚书省奏请皇帝裁定。

齐州的小官王伽奉命押解以李参为首七十余名犯人进京。犯人们披枷带锁，异常辛苦。看到犯人和负责押解的差役们都疲惫不堪，王伽心中不忍，命令解去犯人身上的枷锁，并对他们说：“你们触犯了国法，皮肉受苦也算罪有应得。只是带累了押送你们的人，无辜陪着你们受苦，你们不觉得惭愧吗？现在你们不必再受枷锁之苦了，差役们也不必陪你们遭罪。你们自行赴京，但一定要在规定的日期到达京都。否则，我只有替你们一死。”一席话说得人们无地自容。到了约定的日期，犯人们果然如期到达，没有一个人逃走。

隋文帝听说后，十分惊奇，召见王伽，赞扬了他的做法。不但如此，隋文帝还召见了这些犯人和他们的妻子儿女，赐宴款待并赦免了他们的罪行，然后晓谕天下道：“官吏们要以王伽为榜样，用德行感化庶民。庶民应像李参那样，改恶从善。这样，天下就会太平，不用刑律的日子很快就会到来。”

科举制度的创立

在隋文帝变革的一系列措施中，对后世影响最大的要算建立科举制度了。隋朝以前，政府选用官员用的是九品中正制度，在一定程度上规定了门第出身，名门望族的子弟

可以被选为上品做高官，庶族寒门出身的人只能被选为下品小官，以致出现了“上品无寒门，下品无世族”的现象。

隋文帝废除了九品中正制，开始用分科考试的方法来选拔官员。他曾令各州以“志行修谨、清平干济”两个标准举荐人才，参加考试，合格的可以做官。秀才、明经二科也开始出现。他希望通过这些措施缓和江南汉人的不满情绪，给中下层读书人提供入仕之途。隋炀帝即位后，进士科又被创立，国家用考试的方法以才取人，考取的就可以到中央或地方政府中做官。

经济的全面复苏

除了政治上的改革，隋文帝也非常重视农业发展，下令缩短农民服兵役和徭役的年龄，鼓励人们从事农业生产，并多次下令减税，组织农民大规模兴修水利。

隋朝经济的发展和均田制的有效推行有着密切的关系。当时的均田制度规定，农民所受土地，分为露田和永业田两种，露田要归还，永业田不用还。丁男可受露田八十亩，妇女四十亩，奴婢成年后也可得到露田，如果家中有牛，一头牛受六十亩露田。每个男丁受永业田二十亩，用来种植桑麻。

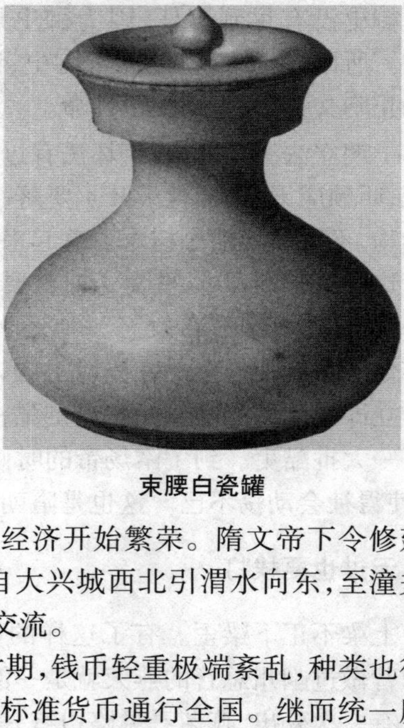
束腰白瓷罐

农业发展的具体表现是粮食储备大增。585年，隋文帝下令在全国各地设置义仓，作为救灾之用。农民在收获季节交纳一些粮食，放在义仓，由本地社司管理，发生灾荒时便开仓放赈。

随着农业的发展，隋朝的人口也逐年增长，城市经济开始繁荣。隋文帝下令修建西京大兴城和东京洛阳城，还命宇文恺率众开漕渠。自大兴城西北引渭水向东，至潼关入黄河，这就是广通渠，极大地促进了全国各地物资的交流。

与此同时，隋文帝还统一了货币。早在南北朝时期，钱币轻重极端紊乱，种类也很繁杂。隋文帝废除了各种旧钱，新铸一种五铢钱，作为标准货币通行全国。继而统一度量衡，规定以古尺一尺二寸为一尺，以古斗三升为一升，以古秤三斤为一斤。隋朝对商业的管理非常严格，规定三千户以上的城市，都要设立市署，专门管理地方商业，控制商品的流通和市场价格。

晚年的无奈

猜疑毁法制

随着国力的日渐昌盛，隋文帝也走进了暮年，渐渐变得喜怒无常，猜疑心重。

他为了禁止官员贪赃受贿，就派人去向官员行贿试探，如果有人敢收下，就立即处死。当时有个刑部侍郎想升官想入了迷，听说穿红裤子可以帮助升官，就在上朝时穿了红裤子去，不想隋文帝一看非常生气，认为大臣穿红裤子是为了辟邪，而这个邪就是指他这个皇帝了，于是命令卫士将这个侍郎推出去斩首。大理寺的官员站出来阻止，说这种罪根据法律够不上死罪。隋文帝却说："你可惜他，难道就不知道可惜你自己的命吗？"还有一次，一个武官的衣服和佩剑不太整齐，隋文帝就说这是对皇帝不敬。可隋文帝不治武官的罪，而是说御史没有尽到责任，因为御史是专门监督官员的。所以，隋文帝就处死了御史，谏议大夫站出来劝止隋文帝，竟也搭上了性命。

屈突通

早期立法有功劳，晚年坏法有过错，这就是隋文帝的前后对照。那时，行刑一般要在秋天，叫顺应天意，即秋天叶子要落，气氛肃杀。而春天万物复苏，要生长了，这时严禁猎杀动物，不许破坏幼小树木。总起来说，就是春夏行赏，秋冬处罚。隋文帝在晚年时却破坏了这种历来的习惯，在夏天时就要杀人，有大臣反对，他便狡辩说："夏天时老天爷有雷电暴雨，这也是天意在发怒。"他还大量使用法外酷刑，即杖刑，在宫廷里就经常放着棒子。他曾下令凡偷盗一文钱以上的，都要在闹市中处以死刑。曾有三人偷了一个瓜，被抓后立即被处以死刑。如此严刑酷法，形成了官吏以残暴为能干的风气。这样，隋朝出现了一大批酷吏。到了隋炀帝的时候，不仅是残忍，而且还骄奢淫逸、大规模劳民扰民伤民，使得社会动荡不已。这也是隋朝短命的重要原因。

无过也要挨打

上梁不正下梁歪。有了这样的皇帝，因此也出来了一大批让人感到莫名其妙的酷吏。曾做过幽州总管的燕荣就是一例。

有一次外出，燕荣看见路边有一丛荆棘，觉得可以用作鞭打人的刑具，就专门拉来一个人做试验。那人苦苦哀求说自己没有过失不应受到鞭打，燕荣却说："现在打了你，以后若有罪就免了。"结果把那人狠狠地鞭打了一通。过了不久，那个白白挨打的人偶然犯了一点小错，燕荣又要打他。那人说："大人，您以前说过有罪就不再打啊！"燕荣却另有一番道理："没有过失尚且要挨打，何况真的有了过失呢？"说完，还是把那人狠狠打了一顿。

后来，朝廷准备将观州长史元弘嗣调任幽州长史。元弘嗣对燕荣很了解，他怕到任后受到燕荣的凌辱，坚决推辞。隋文帝知道元弘嗣的想法后便特意下诏保护元弘嗣："元弘嗣到幽州之后，若要受十下以上的杖刑，都必须上奏。"没想燕荣得到这个圣旨后十分

愤恨，说：“元弘嗣这个小子，竟敢耍弄我！”于是燕荣就想方设法刁难元弘嗣，派他去监督收粮进仓的事，然后就命人严查入仓的粮食，只要有一点糠壳或不饱满的谷粒，便要杖打元弘嗣。而每次都是杖打不到十下，这样就没有必要上奏皇帝，但有时一天之内要打他好几次。这样过了整整一年，后来燕荣干脆把元弘嗣关在监狱中，并断绝了他的食粮。元弘嗣与燕荣结下了深深的怨仇。元弘嗣在狱中饥饿难耐，抽出自己衣服上的丝絮，和水咽下以充饥。元弘嗣的妻子被逼跑到京城，在皇宫门前鸣冤叫屈。隋文帝知道后派官员去幽州进行调查。官员查后上奏说燕荣确实残暴，且贪赃枉法，劣迹不少。隋文帝便把燕荣召到京师，把他问罪处死了。

无常疏忠臣

在隋文帝杨坚宠信的大臣中，高颎称得上是第一位。高颎字玄昭，又名敏，是独孤信的家客，而独孤信的女儿就是杨坚的妻子。杨坚之所以看重高颎，不仅仅因为他与自己的私人关系密切，更重要的是看重了他的才华与胆识。高颎从小便聪明能干，能文能武，十七岁开始做官，参与了平定北齐的战争，立过战功。杨坚自从看重了他，就将自己想要夺取北周政权的心愿如实相告。高颎没有丝毫犹豫，欣然接受了杨坚的招纳。他对杨坚说：“我愿意听从你的指使，即便你的事业不能成功，我高颎全家被杀，也没有半句怨言。”

杨坚登上皇位后，高颎当上了宰相，大小政事，隋文帝杨坚都要先同他商量。在统一全国的战争中，高颎出谋划策，功勋卓著。

后来，高颎的儿子娶了太子杨勇的女儿，而晚年的隋文帝和皇后独孤氏却越来越不喜欢太子，加上晋王杨广的挑拨离间，渐渐萌发了废太子的念头。

一次，隋文帝试探高颎说：“有神灵告诉晋王妃，说晋王一定会统有天下，你怎么看？”高颎跪倒在地，回答说：“谁长谁幼，是有次序的，这怎么能够废呢？”皇后独孤氏一向是主张废太子的，听了高颎的话，就想暗地里找机会对付他。

不久，隋文帝要挑选几个东宫的卫士做自己的卫士，高颎认为不应这么做，说：“若尽把强壮的卫士挑选走了，恐怕东宫的保卫力量太差。”隋文帝听了很不高兴，说：“我时常东奔西跑的，才需要有强悍的卫士。太子整

贤臣远离

日待在东宫，身边何必要有那么多壮士。以后东宫的保卫由皇宫卫队兼管着就可以了！”

没过几天，高颎的夫人死了，皇后对皇帝说：“高颎年岁大了，又死掉了夫人，皇上你应该帮他再娶一位。”皇帝将皇后的话转告高颎，高颎婉言谢绝，说自己年老，退朝以后也只是坐在书斋里读读佛经，不想再讨老婆了。本来事情说过也就算了，可是不久后，高颎的一个小妾生了个男孩。消息传到宫内，皇帝很是高兴，但皇后却非常生气。隋文帝不解，皇后说：“您还信任高颎吗？您要为他娶妻，他却心存小妾，当面欺骗你。现在他的欺诈已经败露，怎么还能够信任他呢！”从此，隋文帝就对高颎疏远了。

598年，隋文帝想出兵辽东，高颎坚决反对，但隋文帝坚持要打，并派高颎出战。结果军中疾疫流行，兵士大多病死，无功而返。皇后又借机中伤高颎，说高颎是阳奉阴违，消极抗命。隋文帝自此对高颎更加愤愤不平，找了个借口将他免官，只带个齐公的虚衔回家闲居。

事情并没有就此了结，投井下石的事总是应运而生的。有官员报告：“高颎的儿子对高颎说，司马懿假托有病不上朝，结果取得了天下。你现在得到这样遭遇，怎么知道不是一件好事呢？”隋文帝乃将高颎除名为民。

废嫡引祸端

隋文帝杨坚晚年猜忌大臣，蔑视法制，唯独认为他的家庭是异常安定的。杨坚的皇后独孤氏醋意很重，他们有五个儿子，都是皇后所生，因此杨坚曾骄傲地说：“从前的帝王，姬妾太多，儿子们不同母亲，所以往往分党相争。不像我的五个儿子，一母同胞，亲如手足。”可是，世界上有两种东西能摧毁人性和人伦，那就是权力和金钱。

杨广是隋文帝的次子，从小就聪慧过人，深得父母欢心。581年，隋文帝立长子杨勇为太子，将杨广封为晋王。杨广在南下灭陈和抵御北方突厥的战斗中立有大功，见父亲立了哥哥做继承人，开始对杨勇心怀妒恨，私下里与杨素勾结，想夺取杨勇太子的地位。

杨勇是一个大大咧咧的花花公子，疏阔豪爽，不拘小节。独孤皇后最讨厌男人三妻四妾，杨勇偏偏有许多姬妾；杨坚最讨厌大臣花天酒地，杨勇偏偏喜欢音乐歌舞，常常通宵饮宴。杨广就从这些细微之处下手，离间父母与杨勇的关系。杨广只有妻子萧妃一人，家里的乐器上都布满灰尘，有的连弦都断了。杨坚夫妇每次到儿子的府里去，杨勇总是礼数淡薄，而杨广夫妇一定是双双站到门口亲自迎接。杨广出镇江都（今江苏扬州），每次入朝辞行时，都痛哭流涕，依依不舍。杨坚夫妇见儿子如此孝心，也流下眼泪，不忍他远离膝下。再加上杨广有很好的文学素养，对任何人都很诚恳，谦虚有礼，因此朝中一片颂扬之声。

后来，杨广见杨坚渐渐疏远了杨勇，便在独孤皇后面前谮言，说杨勇要加害自己，还在父亲生病的时候诅咒，希望父亲早点死。独孤皇后不断对杨坚诉说杨广的好处，这让杨坚最终在600年下诏，废太子杨勇为庶人，改立杨广为太子。

隋炀帝奢华误国留骂名

隋炀帝杨广在位十三年，期间“统一江山”“修通运河”“西巡张掖”“三游江都”“三驾辽东”，既有盖世之功，也有亡国之举。

一统河山　盖世之功

战功卓著的皇子

杨广在隋文帝的几个儿子中，算得上是个人物，且战功卓著。588 年，年仅十九岁的杨广被拜为隋朝行军元帅，统领数十万大军南下，向陈朝发动进攻。隋军在杨广的指挥下，纪律严明、英勇善战，一举突破长江天堑。所到之处，所向披靡，对百姓“秋毫无犯”，对于陈朝库府资财“一无所取”，赢得了南朝的民心，最终在 589 年完成了中国的统一大业。

隋炀帝

陈朝的国君陈叔宝即后世人所说的陈后主，是个只知道喝酒享乐的人，他最喜欢的便是喝酒、赋诗、唱曲子，过着花天酒地、醉生梦死的日子。他生长于深宫之中，不知民间之疾苦，不懂创业之艰难。他即位临政以后，面对北方强大的隋国，不图进取。他还下令建造大皇寺，在内部造七级浮屠，工程还没竣工，就被大火烧毁了。陈后主这样奢侈靡费，使得国库空虚，银根吃紧。他便大肆向民间搜刮，造成了赋税繁重、民不堪命的败亡局面。

陈叔宝极其喜爱诗文，在他周围聚集了一大批的文人骚客，朝廷命官往往不理政务，每天都和陈叔宝在一起饮酒作诗听曲。陈叔宝还特意筛选了十几个容貌美丽又通晓诗词歌赋的宫女，将她们封为“女学士”。如果是姿色不佳但有才华的就命为“女校书”。每次宴会的时候，妃嫔与这些女学士、狎客都与陈后主欢饮达旦，附庸风雅，大多是靡靡

之音的艳词，还要从这里选出一些写得特别艳丽的，谱上曲子，令宫女们演唱。其中就有《玉树后庭花》《临春乐》等。陈后主曾做的《玉树后庭花》如下：“丽宇芳林对高阁，新装艳质本倾城。映户凝娇乍不进，出帷含态笑相迎。妖姬脸似花含露，玉树流光照后庭。花开花落不长久，落红满地归寂中！”

而这时老百姓一年干到头，辛辛苦苦得来的劳动果实，大多被官府掠夺去了，经常有人饿死、冻死在路上。有位官员对陈后主的所作所为实在看不过去，就劝谏道：“陛下！老百姓穷得日子都过不下去了，已经到了怨声载道、天怒人怨的地步，请陛下整肃朝政，不然我们国家就很危险了。”而陈后主最恨有人说老百姓怎么穷、国家大事怎么重要这样的话，就勃然大怒：“你这是在胡说八道，诽谤朝政！如果你愿意改正，我才能饶了你。”那位大臣回答道：“我的话是从心里发出的。”陈后主就把那位大臣残忍地杀害了。从此，更没人敢劝谏了。

亡国之音

而隋文帝随时都在策划把南方的陈朝灭掉。当听到陈后主沉湎于酒色，感到时机已成熟，他向大将高颎询问攻取陈朝的方略。高颎建议：“江北气候寒冷，收割季节比较晚；江南气候温暖，收割季节比较早。趁他们忙于收割时，我们稍稍调集人马，扬言要发动大举攻击。他们势必要全国动员，严加防守，这样一来就会耽误了农时。等他们人马集合起来了，我们就让军队解散，回家收割庄稼。这样反复几次后，他们就会习以为常。然后我们再真的聚集人马，他们就不会再当真了。这时我们突然进攻，出其不意地挥师渡江，胜利十拿九稳。”

隋文帝觉得很对，就按高颎的计策去做，果然蒙蔽住了陈后主。588 年，当隋朝的军队开始进攻时，陈后主收到警报连拆都不拆，照样喝酒玩乐，还说：“建康自古是帝王之都，朕受天命当皇帝，怕什么？江南是块福地，多次化险为夷。过去北齐打过来三次，北周打过来两次，都没占到什么便宜。这次隋国的兵马打来，也不过是虚张声势，有什么可怕的呢？”

589 年正月初一的清晨，大雾满天，江面上雾气茫茫，什么也看不见。陈朝君臣还在酣睡，两支隋军分别由大将贺若弼、韩擒虎率领，悄悄渡过了长江，然后会合在一起，包围了建康城。

到了这个时候，陈后主才慌了手脚。城内外虽然有十几万人马，但陈后主和他的宠臣江总、孔范等人都不会指挥打仗，急得抱头痛哭。当隋军攻打建康城时，陈朝军队乱成一团，兵找不到将，将找不到兵，有的被抓，有的投降。陈后主手足无措，就和张丽华、孔贵妃坐进一个大篮子里躲在华林园景阳楼畔的枯井中。隋军打进宫里，听说陈后主投了

井，忙找来绳子铁钩放到井下去钩。没想到，吊上来的还有他的两个宠妃。隋朝士兵看到这个情景，都气愤地说："像这样荒唐的君主，怎么能不亡国呢！"这口井本来叫景阳井，自此以后人们就管它叫胭脂井了，借此嘲笑陈后主的荒淫无道。陈朝的一些遗老认为这是陈朝的耻辱，又把这口井叫作"辱井"。一代昏君成了俘虏，后来病死在洛阳。昔日的陈国皇族也被押解北上。

隋军抓住了陈叔宝和他的宠姬张丽华之后，有人告诉大将高颎要把张丽华留下来。高颎不予理会，斩了张丽华，并说："周武王灭殷，杀了妲己。现在平定陈国，不宜留张丽华。"但陈国之所以灭亡，根子还在于陈叔宝，而不在于张丽华。君主亡国大致有四类情形：第一类是荒淫无耻，不理政事，导致亡国；第二类是荒于畋猎，乐不思返，导致亡国；第三类是贪杯好饮，极尽享乐，导致亡国；第四类是大修殿宇，劳苦人民，导致亡国。而陈后主四条都占全了，怎么会不亡于强大的隋朝之手呢？

开拓疆土

杨广于604年继位，就在605年，隋将韦云起率军大败契丹军，俘虏其男女四万余人，杨广大喜过望，就采取了一系列开疆拓土的举措。

在这些举措中，最引人瞩目的是隋炀帝的巡行。这要先从突厥说起。隋朝时，突厥完全占有了原来匈奴汗国的故地，东方跟新崛起的契丹部落接壤，西方到葱岭、中亚。北齐、北周时，中原都没有力量跟突厥抗衡，只好进献珠宝财货。隋王朝建立后，仍不能马上摆脱它的威胁。不过突厥汗国内部并不太平，大小可汗时有内斗发生。隋文帝就对突厥采取和亲政策，但他的目的不是和解，而是分化。他把安义公主嫁给小可汗之一的突利可汗，突利可汗遂偏向隋朝。599年，当大可汗都蓝可汗准备攻击大同城（今内蒙古乌拉特前旗东北）时，突利可汗马上向隋朝报信告警。都蓝大可汗大为震怒，跟另一小可汗达头可汗，联合攻击突利可汗，突利可汗部众溃散，投奔隋朝。隋文帝改突利可汗为启民可汗，那时安义公主已经去世，隋文帝再把义成公主嫁给他，又在朔方地区（今河套地区）筑大利城（今内蒙古和林格尔），安置启民可汗陆续来归的部众，并派军队驻屯黄河北岸，防御都蓝大可汗和达头小可汗的攻击。

但让隋炀帝放心不下的是，汉王杨谅造反的时候曾派人联络突厥启民可汗，企图借助突厥骑兵的力量争夺帝位。不过还没等启民可汗回话，杨谅就失败了。事情败露后，隋炀帝怀疑启民可汗的忠心，就不允许突厥部落在长城以南休养生息了，命令他们全都回到塞外，而且不能在长城附近游牧。启民可汗不得不在606年年初亲自跑来求见，解释自己的忠诚，希望消除误解。

为了炫耀大隋的繁华，隋炀帝把大量北齐、北周、南齐、南梁、南陈等国的末代君主们留下的乐工、舞者和杂耍人员都重新召集起来。启民可汗一行人来到隋朝的朝堂后，隋炀帝先派人引导他们参观陈列的各种文物珍宝，这些已让启民可汗惊讶不已。而艺人的表演更让启民可汗等人感觉置身天堂之中。启民可汗请求隋炀帝允许突厥民族穿汉服说汉语，归化为中原臣民。隋炀帝非常高兴，但没有答应启民可汗部的突厥人加入隋朝

韩擒虎

的请求。

607年，隋炀帝来到榆林，宴请启民可汗及其部属。这是他的第一次大规模远巡。他将盛大的排场看成是震慑突厥等北方少数民族的武器，带来了一支由三万六千人组成的仪仗队伍，“辂辇车舆，皇后卤簿，百官仪服，务为华盛”，后面还有十多万甲胄鲜明的军队护驾。他还让人造了一个带轱辘的可拆卸的活动宫殿，起名叫观风行殿。据说同时容纳几百人，“推移倏忽，有若神功”。而在榆林郡城的草地上，宇文恺率领来自中原的能工巧匠，仿照突厥可汗的牙帐形式，设立了一个能容纳数千人的大帐，在这里招待少数民族首领。这些都让边境的少数民族震惊不已。

而早在这之前，启民可汗就征发突厥各部的劳力在西起榆林，东达于蓟（涿郡治地）的三千里道路上翻修了御道，宽百步，恭迎隋炀帝驾临。启民可汗还亲自用佩刀在隋炀帝帐前除草。而依附突厥的奚、室韦等数十个部落的酋长也紧跟其后，除草整路。启民可汗和义成公主敬献马三千匹，隋炀帝赐帛一万二千段。史载“诸胡骇悦，争献牛羊驼马数千万头”。北方各少数民族共推隋炀帝为“圣人可汗”。这标志着隋朝在北方少数民族中的声望达到了巅峰。

609年，隋炀帝又开始西巡。他成为第一位也是唯一一位亲巡西域的中原王朝帝王。其目的有二：一是解除吐谷浑的威胁。吐谷浑活动范围在今青海北部及新疆东南一带，隋唐时建有强大政权，并多次进攻张掖。而自南北朝至隋二百年间，吐谷浑实际上垄断着丝路贸易。隋炀帝想夺取丝绸之路贸易控制权，发展经济贸易。二是意在隋朝繁荣的国力下，采用威力震慑与军事征服相结合的手段，解除草原民族对抗中原王朝的军事联盟。而裴矩也呈上了《西域图记》三卷，使隋炀帝对西域的历史地理、交通、经济和民族风情有了一定了解。

当时，隋炀帝亲率十万大军前往甘肃陇西，西上青海，击破吐谷浑部，吐谷浑“男女十余万口来降”，隋炀帝遂在西域设立了河源（今青海湖南境）、西海（今青海湖西岸）、鄯善（今新疆罗布泊西南）、且末（今新疆且末）四郡，共辖八县，调罪人为戍卒，开屯田，并运粮供应，以保卫西域的安全。东西四千里、南北两千里的广大土地尽为隋有。

隋炀帝继续北上，横穿祁连山后，到达河西走廊的张掖郡。西域二十七国君主或使臣纷纷前来朝见，表示臣服。隋炀帝又令武威、张掖士女大众盛饰丽服观看，前来参加盛会的人群和乘骑，绵延数十里，以此夸耀中原的强盛。

自然隋炀帝也不是一路风光。巡行队伍在途上遇到暴风雪，一行人顶着暴风雪艰苦跋涉。很多官兵被冻死，随行官员也大都失散，骡马损失殆尽。隋炀帝也狼狈不堪，在路上吃尽苦头。虽然此次出巡最为艰险，但收获却是最大的一次。隋朝的版图、隋朝的强盛此时到达顶峰。

历史小常识：虎贲

虎贲是官名。《周礼·夏官》记载：“有虎贲氏，掌王出入仪卫之事。”虎贲，意为如猛虎之奔走，喻其勇猛。汉武帝时置期门郎，后更名为虎贲郎，没有固定人数，最多时有千人之多。历代沿袭这个官职，唐朝时废除。

除了向西北开拓疆土外，隋朝大军还向东南进行了一系列开疆拓土的战争。607 年，隋炀帝令羽骑尉朱宽“入海求访异俗”，到达琉球，也就是今天的台湾。不久，隋炀帝又派朱宽到琉球去招降，琉球不从。610 年，隋朝派虎贲郎将陈棱等率军攻琉球，隋朝的政治和军事力量随着陈棱等的军事活动达到了台湾。其实在此之前，大陆商人已常到琉球贸易。从此以后，大陆人移居台湾的日益增多。

隋炀帝在完成这一系列的军事活动后，就开始通商西域。但隋炀帝主要是用金钱来引诱西域的商人来朝贸易，还命令西域商人所经过的地方，郡县要殷勤招待，在西域商人走的时候，还要给予很多的赏赐。这是借贸易之名炫耀自己的文治武功。本来应是双方互利的贸易，在隋炀帝手中，却变成了使国家耗费巨额钱财，百姓也因此而负担剧增。

白虎关

而这一切在 610 年招待西域商人的活动中达到了顶点。从正月十五夜间开始，隋炀帝命令在洛阳端门外大街上设置盛大的百戏场，为西域各国使者和商人演奏百戏，在几十里外，都能听到乐声，灯光通明如同白昼，直演奏到正月底结束。西域人到洛阳东市做交易，隋炀帝命令本市商人盛饰市容，树木都缠上帛绢做装饰，连地摊上的卖菜人也得用龙须席铺地。西域人经过酒食店门前时，店主都得邀请他们入座吃饱喝足，不收分文，还说隋朝富饶，酒食不要花钱。不过，胡商的反应却非常具有讽刺意味，他们说：“你们这里也有穷人，连衣服都穿不起，还不如把这些裹在树上的丝绸拿去给他们做衣服呢！”

奢华误国

如果说开拓疆土曾经是杨广的雄心壮志,那么贪婪和奢侈也曾经是他的梦想。为了取得皇位,他将这些欲望深深地埋藏在了心底,显得异常朴素,没露一丝痕迹。直到做了皇帝,多年来隐藏在内心深处的贪婪和欲望,一下子暴露了出来。

剪彩为花

建东都

隋炀帝即位后,不顾国力和民力的限制,同时开展营建东都洛阳和开通大运河两项重大的工程。东都洛阳的设计师,就是隋朝最杰出的建筑师之一的宇文恺。宇文恺规划设计的东都,分宫城、皇城和外郭城,气势宏伟,宫殿富丽堂皇,穷极壮丽,其规模之大和动员人力、物力、财力之巨,都是空前的。隋炀帝命人建造了方圆二百里的西苑。并且还在苑内修建了一个人工湖,周匝十余里。在这个苑中还建造了传说中海上的三座仙山:“方丈”“蓬莱”“瀛洲”。

为了洛阳城的早日落成,隋炀帝每月役使二百多万人参加营建工程。负责营建洛阳的宇文恺,为了迎合隋炀帝的好大喜功,使东都规模力求宏大。东都建成后,是城中套城:内有宫城、中有皇城、外有郭城,壮丽无比。为了赶时间修筑城墙、殿宇,工匠死伤了十分之四五。运送工匠们衣不遮体的尸体的车辆在道路上绵延不断。为了大殿中的一根巨木,隋炀帝下令征召了两千人把它从江西运到东都。在此服役的百姓,往往有人累得倒在地上,再也没有起来。

下江都

为了游玩和加强对全国的统治,隋炀帝征调了一百多万民工,历时五年,修建了一条东北起自涿郡(今河北涿州),东南到苏杭,全长两千多里的大运河。河的两旁开辟大道,道旁种上榆树和柳树,岸边每隔两个驿站设置一座供杨广休息的行宫,一共建了四十多座。

除去隋炀帝修建的巨型龙舟外,随行的王公贵族、百官妃嫔、僧尼道士,分乘几千艘大小船只,与隋炀帝一同巡游。其中专门装载各种物品的船只,就有二百条之多。保驾的御林军也倾巢出动,分乘千余艘大船。偌大的龙舟不用桨篙,完全用纤夫拉,一次就要

动用纤夫八万人。隋炀帝出游一次，加上护卫的军队，大概有一万余艘船，首尾相衔可以绵延二百多里。骑兵还夹岸护卫，万马奔腾，旌旗遍野。

为了这数十万人的饭食，船队所过州县方圆五百里地以内的百姓，都要贡献上最精美的食品。贡奉来的山珍海味堆积如山，只要吃不完，就在上路的时候一概扔掉。而与此同时，很多百姓家中断炊，腹中空空，活活地被饿死。

贺若弼

一征高句丽

民众的怨气在积累，而此时隋炀帝穷兵黩武，一连三次发动了讨伐高句丽的战争。他调集大批军队远征高句丽，而战事却三战皆不胜，死亡近百万人。百姓苦于隋炀帝的暴政，农民起义的烽火烧遍了全国。

高句丽，也简称高丽，是西汉到隋唐时期东北地区出现的一个有重要影响的边疆政权。在668年，高句丽被唐王朝联合朝鲜半岛东南部的新罗所灭，在历史上持续了七百多年之久。其与918年在朝鲜半岛出现的另外一个名为“高丽”的政权没有继承关系。周秦时期，高句丽的先人一直生活在东北地区。公元前37年，夫余人朱蒙在玄菟郡高句丽县辖区内建立政权。高句丽鼎盛时期其势力范围包括吉林东南部、辽河以东和朝鲜半岛北部。其趁北朝末年以及隋朝初年中原战乱不断，北方突厥频频入塞侵扰之机，多次派兵侵入辽东地区，掠夺土地、人口。隋文帝就曾因此曾发兵讨伐，但没有成功，后高句丽上表谢罪，文帝方才罢休。

自汉至唐，中国历代王朝，包括分裂时期的各王朝都认为高句丽是边疆民族政权。如唐太宗视高句丽地区为中国的传统疆域，实现对高句丽的统一是完成“九瀛大定”的最后一项使命，这也是隋唐两朝不惜倾全国之力统一高句丽的重要原因之一。

607年，隋炀帝北巡之时在突厥启民可汗帐内发现高句丽秘密派遣的使节，“启民不敢隐，与之见帝”。黄门侍郎裴矩就此说：“高丽本箕子所封之地，汉、晋皆为郡县；今乃不臣，别为异域。先帝欲征之久矣，但杨谅不肖，师出无功。当陛下之时，安可不取，使冠带之境，遂为蛮貊之乡乎！今其使者亲见启民举国从化，可因其恐惧，胁使入朝。”可是，高句丽的国王高元一直没有来，隋炀帝就起了讨伐高句丽之心。

610年，隋炀帝着手进攻高句丽的准备工作，造车造船，调集军队，征发物资，成百万的农民被征发来，从事运输和各种劳役。他征调大批工匠在山东东莱（今山东莱州）海口大规模造船为自己的出征做准备。工匠们被迫在水里长时间的工作，腰部以下都生了蛆，死亡人数占总人数的十分之三四。他还大量征发江淮以南劳力和船只运送粮食，据说船只前后相连，长度达到了一千多里。有几十万民工和兵士负责运送粮食，其中好多

人因为过度劳累而死在路上。民众痛苦不堪。

这时隋朝遭遇水灾，三十余郡成为水乡泽国。但征粮却毫不放松，交不上的农民纷纷逃亡，政府指称他们是“盗贼”，不但派兵征剿，还逮捕他们的家属处刑。于是，官逼民反，灾民纷纷武装起来，杀死官吏，抢夺富民的粮食。

杨广一面派人镇压民众起义，一面毫不放松进攻高句丽。612 年，集中了一百多万大军的杨广御驾亲征。辽东（今辽宁辽阳）是高句丽王国西境第一大城，在隋朝大军的猛烈攻击下，城墙塌陷，高句丽守军悬白旗乞降。将领们既不敢接受，也不敢继续攻击，急忙停止攻击，向杨广报告。等到指示回来，守军已把缺口填住，恢复了抵抗。一连三次，都被耽误，加之渡过鸭绿江深入高句丽国境的另一支军队失败，杨广只好狼狈撤退，军队损失殆尽。这次出征不但极大地消耗了隋朝的国力，还给民众带来了深重的灾难，统治阶层的一些人也开始反对隋炀帝。

红拂图轴

祸起萧墙

613 年，隋炀帝第二次御驾亲征。此时，杨素的儿子杨玄感正在黎阳（今河南浚县）督运军粮。他突然叛变，截断了隋炀帝的退路。隋炀帝只得回军迎战，第二次东征便这样草草收场。

杨素立有大功，却被猜忌至死。杨玄感一直心有怨恨。他看到东征局势混乱，就想利用这个时机推翻隋炀帝。杨玄感用督运粮草的名义，征发了年轻力壮的民夫八千多人，要他们运粮到辽东前线。这些年轻人恨透了劳役，听说叫他们远离家乡去干苦差事，更加气愤。一天，杨玄感把民夫集合在一起，说：“当今皇上不顾百姓的死活，让成千上万的父老兄弟死在辽东，这种情况不能再忍受下去。我也是被逼来干这件事的。现在我决心跟大伙一起，推翻暴君。你们看怎么样？”大伙儿一听有人带头反对朝廷，怎么不愿意，顿时响起一片欢呼声。

杨玄感把这几千农民编成队伍，发给武器，准备进攻隋军。他发现身边缺少一个谋士，不禁想起了正在长安的好朋友李密。

李密的上代是北周贵族。少年时，李密被派在隋炀帝的宫廷里当侍卫。他生性灵活，在值班的时候左顾右盼，被隋炀帝发现了，认为这孩子不大老实，就免了他的差使。李密并不懊丧，回家以后发奋读书。有一回，李密骑了一头牛，出门看朋友。在路上，他

把《汉书》挂在牛角上，抓紧时间读书。正好宰相杨素坐着马车在后面赶上来，看到前面有个少年在牛背上读书，暗暗奇怪，便招呼他谈了一阵，觉得这个少年人很有抱负。回家以后，杨素跟他儿子杨玄感说："我看李密这孩子的学识、才能比你们几个兄弟强得多。将来你们有什么紧要的事，可以找他商量。"杨玄感从此就跟李密交上了朋友。

杨玄感把李密接来，向他请教要如何推翻隋炀帝。李密说："要打败官军，有三种办法。第一，昏君正在辽东，我们带兵北上，截断他的退路。他前有高句丽，后无退路，不出十天，军粮接济不上，我们不用打也能取胜，这是上策。第二是向西夺取长安，抄他的老巢。官军如果想退军，我们就拿关中地区做根据地，凭险坚守，这是中策。第三是就近攻东都洛阳。不过这可是一条下策。因为朝廷在东都还留着一部分守兵，不一定能很快攻得下来。"

杨玄感急于求成，听完这三条计策，觉得前两条都太费时间，说："我看你说的下策倒是个好计策。现在朝廷官员家属，都在东都。我们攻下东都，把家属都俘虏起来。官军军心动摇，保管能取胜。"

杨玄感立刻出兵攻打东都洛阳，一路上有许多农民踊跃参加起义军，队伍扩大到数万人，接连打了几个胜仗。隋炀帝连夜退兵，派大将宇文述等带领大军分路去攻杨玄感。杨玄感抵挡不住，想往西退到长安去。宇文述带兵跟踪追击，最后把杨玄感的人马围住。杨玄感无路可走，最终败亡。

长孙顺德

雁门破胆

614 年，国内的起义已经呈汪洋之势，但隋炀帝仍打算第三次东征。高句丽王国一连三年受到攻击，无力抵抗。他们就把 613 年投奔高句丽的斛斯政即杨玄感的一个同党送还给杨广，以表诚意。隋炀帝觉得争到了一点面子，撤军来到洛阳，用酷刑把斛斯政处死后，再次征召高元入朝。没想到高元仍然不来，隋炀帝火冒三丈，下令准备第四次东征。

但不料突厥先发动了进攻。615 年，隋炀帝从洛阳出发，到汾阳宫（今山西宁武）避暑。

这时候启民可汗已死，其子始毕可汗继承了汗位。这时突厥部落又强盛起来，与隋朝逐渐产生了矛盾。始毕可汗亲统骑兵十余万，向杨广发动突袭。隋炀帝退到雁门郡（今山西代县），被突厥团团围住。雁门守军仅一万多人，粮草也仅够维持二十天，流矢都射到了隋炀帝面前，形势十分危急。他魂飞魄散，整天抱着幼子杨杲哭泣。大将樊子盖建议说："现在别无他法，只有一面征兵，一面请陛下宣布不再东征。立下重赏，亲自鼓励将士奋死卫城，才有希望支持到救兵到达。"隋炀帝于是登城巡视，向守城将士说："各位

努力杀贼，只要能够脱险，凡随驾官兵，一律重赏。”并保证以后不再对高句丽用兵。隋军士气大增，奋勇抵抗，虽死伤惨重，仍力保城池不失。同时，炀帝下诏征发各地隋军火速来援。

这时大臣萧瑀建议说：“以突厥习惯，可汗出兵，皇后必定知道，请派密使去见义成公主求救，不失为一策。”隋炀帝立即派人前往，义成公主于是向始毕可汗告警说：“北方发生情况！”始毕可汗才解围而去。

突厥久攻不下，又侦知隋朝的援军已到达忻口（今山两忻县北），又得义成公主北边有急的谎报，乃于九月撤围北逃。隋军追至马邑（今山西朔州），俘突厥老弱二千人后撤还。

隋炀帝回到洛阳，心神稍定，发现又处于绝对安全之境时，生怕自己的懦夫表现被人耻笑，决定一手遮天下耳目。他拒绝封赏守雁门郡的兵将，樊子盖一再请求皇上不可失信，隋炀帝大怒，樊子盖就不敢再说话。隋炀帝又向群臣宣布萧瑀的罪状：“一小撮突厥丑类，窜到雁门城下，萧瑀就怕得不成样子，实在可羞。”接着，他下令加强第四次东征的准备工作。国无信不立，隋炀帝屡屡食言，自然会众叛亲离。

杨广丧命

自从杨广即位以来，横征暴敛就没有过一刻停止。三次征高句丽的战争，又进行了全国规模的大征调，使永济渠沿岸的村落几乎找不到男丁。劳力缺乏，田园荒芜，再加上洪水，粮价飞涨。忍受不了兵役、徭役和饥饿的人们纷纷揭竿而起，最终推翻了隋朝，隋炀帝也死于非命。

瓦岗军

隋末首先起义的是山东邹平人王薄，传说王薄是个铁匠，很会打造枪头。他在611年率众在长白山（今山东章丘东北）起事，自称“知世郎”，表示自己先知先觉，号召人们拒绝参加出征高句丽的战争，反对官府，因而吸引了众多逃避征役的农民加入。

王薄的起事虽然不久就被官军镇压下去，但从此各地农民起义相继出现，星星之火，迅速演成了燎原之势。在隋末众多的起义军中，影响最大的要算瓦岗军。

瓦岗军首领翟让，本是东郡的一个小吏，因得罪了上司，被打进监牢，还被判了死罪。有个狱吏同情他，跟他说：“我看你是条好汉，怎么能在牢里等死呢？”一天夜里，狱吏偷偷把翟让放了。翟让逃到东郡（今河南滑县东）附近的瓦岗寨，召集了一些贫苦农民，组织了一支起义队伍。

杨玄感兵败被杀后，李密也遭逮捕，不过在送往京师的途中，他设法逃脱了。此时的李密想找个起义军的首领做靠山，但是有的起义军首领看他是个文弱书生，不大重视他。李密没办法，只好改姓换名，东躲西藏，几次差点儿被官府抓去。最后，他听说东郡瓦岗寨有一支起义军，兵力很强，带头的叫作翟让，为人厚道，又喜欢结交英雄，就决定上东郡

去投奔瓦岗军。

李密投奔翟让以后，帮助翟让整顿人马。那时候，附近各地还有一些小股的农民队伍。李密到各处去联络，说服他们联合起来，听从翟让指挥。翟让十分高兴，跟李密渐渐亲近起来。翟让虽然有了很多人马，但他并没想到自己能推翻隋炀帝。李密对翟让说："从前刘邦、项羽，本来也是普通老百姓，后来终于推翻秦朝。现在皇上昏庸暴虐，百姓怨声载道，官军大部分又远在辽东。您手下兵强马壮，要拿下东都和长安，打倒暴君，还不是轻而易举的事！"

程咬金

翟让听了很高兴，两人商量了一番，决定先攻打荥阳。荥阳太守向隋炀帝告急。隋炀帝派大将张须陀带大军镇压。李密请翟让摆开阵势，正面迎击敌人；他自己带了一千人马在荥阳大海寺北面的密林里设下埋伏。翟让假装不敌败退，张须陀紧紧追赶，中了李密布置的埋伏，全军覆没。

经过这一场战斗，李密在瓦岗军里提高了威信，不但号令严明，而且生活朴素，凡缴获来的钱财，都分给起义将士。

617年春天，李密提议攻打东都附近的兴洛仓（在今河南巩义市）。兴洛仓也叫洛口仓，是隋王朝建造的最大的一个粮仓。翟让、李密两人带七千名精兵攻破了兴洛仓，立刻开仓放粮。接着，瓦岗军又打败了东都派来的隋军救兵，声势大振。

众叛亲离

616年，农民起义军已经占领了全国三分之二的郡县。隋炀帝把农民军看成是盗贼，因此不把他们放在眼内，仍然要到江都（今江苏扬州）出游，一些大臣谏言爱惜民力，他把这些大臣一律斩首。临出发前，还作了一首告别洛阳宫女的诗，其中有"我爱江都好，征辽亦偶然"句。到了江都后，各地官员朝见，杨广不问他们的政绩，只问他们奉献多少礼物钱粮，多的升官，少的贬黜。于是地方官员对老百姓更加暴虐。农民起义的烽火此刻越燃越烈，杨广也预感末日临头，一直胆战心惊，晚上也难以安睡，睡梦中常惊呼有贼。一次他还对镜说道："如此好头，谁来取之？"他变本加厉地享乐。江都美女就有三万，天天摆宴，酒不离口，宾主全醉。

618年，起义队伍逼近江都。李渊也在617年于太原起兵，攻占了长安。隋炀帝不敢回去，而随从禁卫却多为关中人，不愿久驻扬州，打算自行回本土。统领骁果的武贲郎将司马德戡等人得知此状，便集兵数万，推右屯卫将军宇文化及为首，于一日傍晚时分杀入宫中。

胡金蝉大战杨令

杨广听到兵变的消息，仓皇改换服装，逃入西阁，叛兵搜至西阁，只见炀帝和萧皇后正坐在一起哭泣，杨广还责问叛将道："我犯了什么罪，你们要如此对待我？"叛将们说："你穷兵黩武，游玩不息，穷奢极侈，使军士枉死战场，百姓失去生计，天下大乱，你还没有罪吗？"杨广狡辩道："我确实对不起百姓，但你们也跟着我享尽了荣华富贵，今天的事是何人为首？"叛将说："天下人对你这个昏君都恨之入骨，岂止是一个人带的头？"这时，有人喊道："对这种昏君用不着多废话，赶快结果了他。"萧皇后哀求说："皇上实在不贤，但看在以往对你们的恩情上，叫他退位，降为三公，留他一条命吧。"叛将们不允，杨广叫喊道："你们别动手，让我喝毒酒自尽吧。"叛军声称毒酒不如刀锋省事。杨广哭着说："不管怎么说，我也是一位天子，就让我留个全尸吧。"说完解下了自己的衣带，让这些哗变的禁军把自己勒死了，同时被处死的还有他的两个儿子和一个孙子。隋炀帝死后，萧皇后和宫人用床板做了口小棺材，将其装殓，草草埋葬。杨广死时五十岁，当了十五年皇帝，谥号炀帝。李渊便于同年称帝建立了唐朝，改年号为武德，定都长安，史称唐高祖。

陈后主陈叔宝死后，隋炀帝授其谥号曰炀，根据古人的说法，好内怠政、好内远礼、去礼远众、逆天虐民曰"炀"。谁料十来年后，隋炀帝死后自己也被谥为"炀"，这真是中国历史上的一个戏剧性事件。为此，后人有诗曰："地下若逢陈后主，岂宜重问后庭花。"

中國醫史

《封神演义》成书

《封神演义》是明代长篇小说，成书年代不可确考，一般认为在明穆宗隆庆至明神宗万历之间，作者有许仲琳、陆西星两说，亦难以确断。

“周革商命”的传说，自汉代起即有记载。宋元时民间艺人已演说此事。今存元刊《武王伐纣平话》就是其“话本”。《封神演义》据此而博采传闻，加以虚构，“实不过假商周之争，自写幻想”（见鲁迅《中国小说史略》），把周革商命的故事演绎成100回的长篇神魔小说。

《封神演义》以纣王进香，题诗渎神，于是女娲命三妖惑纣助周为楔子，尽数商周之战的曲折过程，其间神怪迭出，各有匡助。最后以纣王自焚，武王克商，姜子牙祭坛分封，周武王分封列国结束。作品一方面假借历史事件，托古讽今，曲折地反映了社会现实；另一方面通过神魔斗法的描写，宣扬了宿命论和“三教合一”的思想。

《封神演义》发挥了神话传说善于想象夸张的特长，赋予各类人物以奇特的形貌，给人以深刻的印象，如哪吒的三头六臂，雷震子的胁下肉翅，土行孙的土遁、水遁之法。同时赋予人物一定的性格。而情节的安排，也曲折动人。如“哪吒闹海”一节，哪吒的天真顽皮和勇敢狠斗，在一波三折、高潮迭起的情节中表现得生动传神。

《封神演义》由于偏于叙事失于人物内心描写，使其人物性格不够鲜明；而铺叙故事，也有雷同之感；情节发展也不够严谨，所以艺术魅力远不如《西游记》。但明清以来，《封神演义》在民间仍有广泛的流传。

琵琶乐兴盛

在明代的器乐独奏艺术中，琵琶由于广泛用于俗曲、说喝和戏曲的伴奏，所以获得了越来越大的社会影响。

自唐宋到明代，琵琶的形制在逐渐变化，主要是品位的增多，明代《三才图会》器用三卷中的琵琶图录，已经有四相十三品，与近代琵琶相近，这种变革主要是由于扩大音域的需要。明代琵琶不但形制较前代有了变化，而且抱持的姿势也渐渐趋向竖立，这种竖立为左手的灵活性提供了更为优越的条件，右手废拨改指弹已经普遍，同时技艺也有了大发展。

明代著名的琵琶艺人有李近楼、张雄、钟山、查鼐和汤应曾等人，他们大体活动在明中叶到明末间。李近楼（？～1588），名良节，自幼目盲，遂专心琵琶，非常勤奋，他夜卧仍练习按谱不辍，以致把被子抓出洞穴。李近楼既擅长武曲，也精于文曲，能够在琵琶上表达各种境界，时人称之为“琵琶绝”，是当时“都城八绝”之一。张雄，以琵琶“出人一头地”，擅长演奏元代以来名曲《拿鹅》。钟山善于清弹（独奏）琵琶和三弦，其技艺使慕名来访而又心存疑虑的查鼐折服，遂收为弟子，师徒两人均以琵琶著称。

汤应曾以善弹琵琶被人称为汤琵琶，曾随西王将军幕府到达西北张掖、酒泉、嘉峪关一带，随军为将士演奏，有部将名颜骨打者，每临敌则命令汤应曾演奏“壮士声”，以为鼓舞。汤应曾年老时穷困潦倒，晚年悲苦凄绝以致沦丧。在《汤琵琶传》中记述道，他掌握的琵琶古调有百十余曲，包括《胡笳十八拍》《塞上》《洞庭秋思》和《楚汉》等，其中《楚汉》是他最为得意的曲目。通常认为，《楚汉》生动地描写了刘邦项羽之争，从题材上说的确如此，但从艺术反映生活的观点看来，无宁说《楚汉》客观上反映的是明代边塞军事征战的场面。由此我们可以看出，明代琵琶艺术反映生活已达到了比较高的水平。

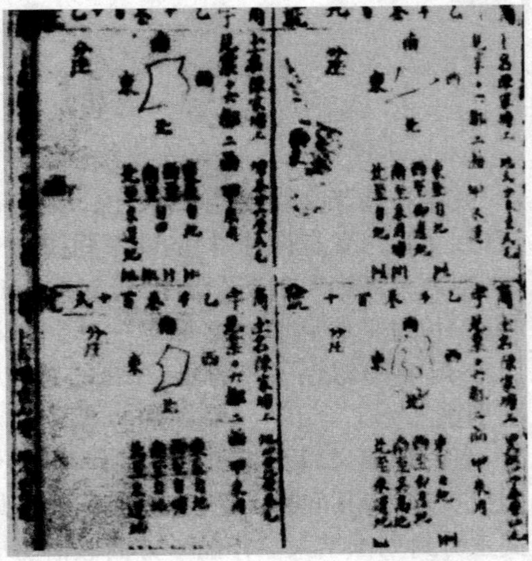

明万历九年(1581)清丈的鱼鳞图册

汤应曾及其同代人的琵琶技艺，代表了明代琵琶艺术的高度成就。清代早期琵琶谱可资印证。

传奇广泛流行

传奇就是以唱南曲为主的南戏系统中各腔演出的各种剧种的总称。明代初期，由于朱元璋父子专制统治而受到一定的限制，到明代中叶，特别是嘉靖、万历年间，社会经济有了很大的繁荣，各种工商业如纺织、制瓷等明显发展，人们的娱乐需求迅速膨胀，南戏在这种形势下迅速发展起来。出现了盛极一时的海盐、余姚、弋阳、昆山四大声腔，随着南戏的兴盛，传奇得以广泛流传。

传奇的流行首先表现在它的理论成就上，明代后期，何良俊、王世员、徐复祚和凌濛初在前人创作和实践的基础上，对传奇作了理论上的探索，在《闲情偶寄》一书的《词曲部》和《演习部》中，对剧本结构、语言、音乐与表演等方面作了很系统的论述。

明代传奇辉煌的实践成就是理论成就的基础，有一大批剧本问世，约有 2600 多种，其中每一剧本又可分为几种声腔来演唱，其成就按时间基本上可分为两个阶段：明代前期和明代后期。明代前期主要指明洪武到嘉靖年间，即 1368～1521 年。这个时期的作品有李日华的《南西厢记》，王济的《连环记》、苏复之的《金印记》，但由于这些作者多为朝廷大官或名门艺学，因此创作的作品就不免带有很浓厚的封建统治阶级的局限性，宣扬的是忠孝节义和功名利禄。如《伍伦全备忠孝记》通过兄弟俩伍伦全和伍伦备的忠孝故事，极力宣扬封建纲常伦理。明代后期则是指从嘉靖到崇祯年间，即 1522～1644 年。这一时期，由于南戏被普遍重视，出现了一大批具有很大影响的作家和作品，汤显祖及他所创作的《牡丹亭》便是一个典型的例子。和明代前期相比，这一时期的作品在内容上有了很大的变化，对社会现实反映较多。首先是对社会黑暗和统治阶级暴虐贪婪的揭露，如《鸣凤记》《磨忠记》通过对现实生活的描述，鞭挞了专横跋扈的权贵与宦官。其次就是对个性解放的大胆提倡，激烈抨击封建礼教，如上面提到的汤显祖的《牡丹亭》，就是通过青年男女的爱情故事，谴责封建礼教对青年的戕害，宣扬青年妇女为自由幸福的顽强斗争。

明代传奇的创作成就除大量剧本的问世外，还表现在舞台艺术的高度发展方面。在音乐方面，四种不同声腔的戏曲各具特色。如昆山腔在发挥南曲流丽悠远、凄婉细腻的基础上，又汲取了北曲激昂慷慨的格调，成为南北曲之大成者。在表演艺术上，昆山腔将南曲的七个角色发展到十二个角色，使演员能专心致力于某个角色的探索和揣摩。在舞台美术上，服装、化妆和脸谱的应用对于人物的塑造和气氛的渲染无疑起到了积极的推动作用。

传奇在明代的繁荣和发展，对于后世的戏曲产生了很深远的影响。

竟陵派产生

明代中后期，前、后“七子”拟古之风甚烈，“文必秦汉，诗必盛唐”。“唐宋”“公安”两派曾先后给予抵制和抨击。继公安派而起的是竟陵派，它以竟陵人钟惺、谭元春为首，因而又称竟陵体或谭体。

竟陵派在反对拟古的同时，也反对公安派作品的俚俗、浮浅，倡导用一种“幽深孤峭”风格的作品对当世文坛加以匡救，因此，钟惺和谭元春共同编写了《古诗归》及《唐诗归》。钟惺在《诗归序》中认为，只有表现了“幽情单绪”“孤行静寄”的作品，才是“真有性灵之言”。他注重作诗触景生情，应局限于幽独的感遇、刹那的灵机，淡远的意象和深隽的韵致，以此为“孤怀”“孤诣”。钟惺有《隐秀轩集》，其中除了那些幽深孤峭甚至冷僻晦涩的作品外，也有一些反映社会现实的诗篇。如《江行排体》中写出了“官钱曾未漏渔蛮”的重赋。而小品《夏梅说》，则借赏梅咏梅人之口，冷嘲热讽人情世态的炎凉，立意新奇，传为名篇。

谭元春的山水五言诗多有佳品，如《游九峰山》等，迥然孤秀，带有明显的幽冷峭拔风范。但受钟惺影响，两人文学创作主张基本一致。他提倡诗文抒写性灵，反对拟古，主张写诗触景生情，随感而发。在他看来，“性灵”就是古人诗词中的精神，而“古人精神”就是“幽情单绪”和“孤行静寄”，因此，他的诗句文风艰涩，往往雕饰字句而忘及篇章，后人评为“字哑句谜，几无完篇”。

竟陵派和公安派一样，在明后期反拟古文风中有重要的进步作用，对晚明及以后小品文大量产生有一定促进之功。然而他们的作品刻意追求孤僻，题材狭窄，语言艰涩，反过来又束缚其创作的发展。

唢呐扬琴传入

喷呐可能来自阿拉伯国家，据明代徐渭（1521～1593）《南间叙录》记载："至于喇叭、唢呐之流，并其器皆金、元遗物矣。"唢呐可能经西域传入中原，在明代已广泛应用。

有关唢呐的形制，我们从相关的古书籍记载中得出：在《事物绀珠》卷十六中，载有锁哪（即唢呐），并叙述其形制："木管、芦头、铜底形绰。"同卷同时还记载有喇叭，在《三才图会》器用三卷中，也有关于唢呐和喇叭的附图记载。所谓喇叭即指长尖，与唢呐同一体系，它们的形制与今日通行者均相近，《三才图会》叙述喇叭说："其制以铜为之，一窍直吹，身细，它口殊敞似铜角。不知始于何时，今军中及司晨昏者多用之。"在叙述唢呐时说："其制如喇叭，七孔，首尾以铜为之，管则用木。不知起于何代，当是军中之乐也，今民间多用之。"可见，明代中叶唢呐已经在军中和民间普遍应用。

扬琴是击弦乐器，大约是在明代晚期或清初经海路从广东一带传入中国，同时又有洋琴、打琴、蝴蝶琴等多种名称。从形制和演奏方式上看，扬琴的源头是欧洲的德西马琴（Dulcimer），那是一种十分古老的乐器，曾在西亚、欧洲中部和东部一带流行。

扬琴从南方传入我国后，逐渐向东南沿海和内地传播，经清代至今，成为广泛用于说演、戏曲、器乐合奏（如广东音乐、江南丝竹）的重要乐器，且从清末民初起，有向独奏乐器发展的趋向。

《神童诗》《千家诗》通行

《神童诗》《千家诗》是中国古代专为学童编写或选编的，在小学、书馆、私塾、村学等蒙学中进行启蒙教育的课本。

中国古代的蒙学课本是从字书发轫的。早在周代就有了供学童识字、习字用的书。此后历代几乎都有编写。尤其唐宋以后，蒙学教育进一步发展，印刷术发明后，蒙学课本更加丰富。其内容有以识字教育为主的综合性识字课本；以封建道德教育为主的蒙学论理课本；以社会、自然常识教育为主的知识性课本；以提高阅读能力为主要目的的故事课本；以陶冶儿童性情的诗歌读本等。《神童诗》《千家诗》属于最后一类。

古代蒙学教育十分重视用咏歌古诗"以养其性情"。唐宋以后，诗歌成了蒙学教育学中固定的教学内容。较早为学童编写的诗歌集是唐胡曾的《咏史诗》。宋以后，尤其是明代，《神童诗》《千家诗》和《唐诗三百首》成为蒙学的流行课本。

《神童诗》的思想性和艺术性均属低劣，第一首就宣扬"万般皆下品，唯有读书高"。由于封建统治阶级的提倡，曾长期在蒙学中传诵。

《千家诗》有多种体裁和版本，南宋刘克庄编选的诗集《分门纂类唐宋时贤千家诗选》为最早的版本。克庄号称"后村居士"，故《千家诗》又称《后村千家诗》，共22卷。后来作为蒙学诗歌读本的《千家诗》就是在此基础上选录编订的。署名为王相选注的《新镌五言千家诗》和署名为谢枋得选、王相注的《重订千家诗》流传比较广泛。后来这两种《千家诗》被合而为一,成为五七律绝的《千家诗》,流传不衰。《千家诗》共选诗200余首,包括不少脍炙人口的名篇,如李白的《静夜思》、苏轼的《饮湖上初晴后雨》等等。大部分语言流畅,词句浅近,易读易记,从而使《千家诗》成为蒙学中主要的诗歌教材。后来,清代孙珠又择唐诗中脍炙人口之作,编成《唐诗三百首》,署名蘅塘居士印行。该书出版后"风行海内,几至家置一编",不仅在蒙学,也成为社会上十分流行的诗歌集。

公安派文学的代表——三袁

明代自弘治年间以来,文坛基本上被以李梦阳为首的前七子和以李攀龙为首的后七子所把持,他们高举"文必秦汉,诗必盛唐"的大旗,极力提倡复古运动。但由于指导思想过于偏激,以至文坛剽窃成风,泥古不化。为此,湖广公安(今属湖北)的三位袁氏兄弟群起而攻之。

公安派的文学主张主要表现在:首先,反对模拟古人,主张变通。认为文学应随时代而发展变化,"世道改变,文亦因之;今之不必摹古者,亦势也"。时代变了,文学包括语言形式等必定也要随之发生变化。所以,"古何必高?今何必卑?"主张创作应冲破一切束缚。其次,提出"独抒性灵,不拘格套"。其"性灵"是指作家的个性表现和真情表露。认为"出自性灵者为真诗",好文章必须要写出真性情。最后,提倡并赞颂来自民间"任性而发"的"真声",即戏曲,小说和民歌,主张从民间文章中汲取营养。在这三个指导思想下,他们创作出一批优秀的文学作品。

明代宋懋晋《写杜甫诗意图册》之一

袁宗道(1560~1600),字伯修,号石浦,他认为文章的关键之处在于辞达,要学习古文,也应学其辞达之精髓。"学其意",不必泥其字句,反对仅仅学习古文的形式,这就在一定程度上指出了前后七子的复古弊病之所在。要做到辞达,首先就要有"理"存于文章之中,古人的好文章,都是因为"理充于腹而文随之"才显出其优势,只要我们在写文章时有理存在,就可写出好文章。"从字生理,从理生文"。其次要有真情实感。比如心中如无喜事而欲笑,如无衰事而欲哭,最终只能强装模拟而已,以此为指导,他写出的文章纯朴自然,寓于新意,如游记散文《上方山一》《小西天一》等,简牍散文《寄三弟之二》《答友人》等,论说文《读论语》《读大学》等,无不用情真挚,感人至深。

袁宏道(1568~1610),字中郎,又字无学,号石公。他虽排行第二,但在“公安派”中实为领袖,上面提到的“公安派”的文章纲领基本上是由他发展而来的,特别是“性灵说”的捉出,他认为“性灵”来自“童心”或“无心”。文章若要有“韵”,就必须要来自“性灵”。“性灵”是一种下意识的直觉,是排除了“理”的感情活动。他的文学成就主要表现在他的散文和诗歌上,清新明畅,自成一家。如游记《满井游记》,传记文《醉叟传》,随笔《斗蛛》等篇,语言浅显,毫无做作之感。

袁中道(1575~1630),字小修,一作少修,他较两位兄长更晚去世。晚年看作模仿“公安派”的文人做文章,只注性灵而忽视了格调,因此又提出“性灵格调兼重”的思想,以纠偏扶正,这是他与两位兄长的不同之处。他的文学创作以散文为主,如尺牍文《答潘景升》《与曾太史长石》等,游记文有《游鸣风山记》《玉泉涧游记》等等。

公安派在文学理论上有许多可取之处,但逃避现实生活,使得他们的文章缺乏深层次的社会内容,多为描写自然景物及生活琐事,创作题材较为狭窄,在创作实践上未能赶上他们的创作理论。

徽派篆刻艺术的形成

明代中叶前后,文人画家亲手参与篆刻,使篆刻艺术得到了新的发展,出现一些篆刻流派,如以何震为代表的“徽派”形成了。

笑谈间气吐霓虹　何震

何震(?~1604前后),字主臣,号雪渔,安徽婺源(今属江西)人。他住在南京时,与文徵明的长子文彭情同师友。文彭是著名的篆刻家,是篆刻流派中“吴门派”的代表,据说就是他开创了文人以石制印的风气。何震与文彭一起精研六书,学习其刻印方法。他又从大收藏家项元汴处临刻了数千方古印,技艺突飞猛进。何震刻印的篆法、章法变化很大,他能制铜印、玉印、小篆、缪篆,刀笔之外标韵无穷。他的仿汉满白文印,刀痕显露,天然浑朴;用单刀刻边款,雄健欹斜,别有奇趣。

梁衮、吴忠、程原、程朴父子是此派的传人。程氏父子曾摹刻何震的篆刻原石1000余方,于天启六年(1626)印成《忍草堂印选》一书。

董其昌开创松江画派

明正德、嘉靖的一百年中,以吴门画派为主流,水墨山水画所占比例最大,浅绛次之,重彩绝少,而写意花鸟画有一定分量,人物亦不多见,总的是师承元四家,开始远离生活,讲求笔墨趣味，偶有创获，也只能是表现在大写意和临摹领域方面。

当历史进入明代后期万历年间，绘画又有新的变化，由董其昌扮演主要角色，将中国绘画发展脉络分成王维、李思训父子为代表的南北宗，比附为佛家的南北宗，推崇南宗为“文人画”，有书卷气，是所谓“顿悟”的成果，非功力积累而能致；北宗为“行家画”，承认有深厚的根底，下过苦练功夫，但乏天趣，是所谓“渐修”的后果。

董其昌（1555～1636），字玄宰，号思白，华亭（今上海松江）人，官至南京礼部尚书，他精于鉴赏，富书画收藏，是明代后期的书画大家。董其昌的历史地位与沈周、文徵明相等，但在画论上独出心裁，一些画家在其理论指导下，左右上下风从，盛极一时。董氏深明画理，是士大夫中之佼佼者。董氏山水画水墨、浅绛、重彩兼而有之，以水墨为多。自运讲求“生”“拙”合作处自具风采，从这一点说，他是“发展”了的吴门派，即是所谓文人画的继续。

针对当时画坛出现的弊端，董其昌强调作画的“士气”：要以书入画，“下笔须有凹凸之形”；又强调山水画布局中的“势”，只三四分合而运大轴的章法，简化了宋元以来撷取自然的树石造型，他力主“画欲暗不欲明”的含蓄性与生动性，声称要集古人之大成而自出机杼，以王蒙《青卞隐居图》为母本的《青卞图》《江干三树图》和据关仝同名画创作的《关山雪霁图》是其传世的水墨画代表作，其中《江干三树图》用泼墨法作平远景，近处老树3株，大墨点作叶，对岸雾山淡墨一抹，笔法拙中带秀，气势赫然。画上自题：“王洽泼墨，李成惜墨，两家合之，乃成画诀。”这种以题画诗文阐述画理的方式，是董其昌作画的鲜明特征。设色没骨画《昼锦堂图》卷和小青绿《秋兴八景图》册一般认为是他设色画的代表，或细秀工整，温润醇厚，或淡雅俊丽，沉着痛快。

董其昌最初学画，追随同乡、文人画家顾正谊（1573～1620，字仲方，号亭林）和莫是龙（？～1587，字云卿），作元人法，又与陈继儒（1558～1639，字仲醇，号眉公）为莫逆之交，他们爱好相近，艺术兴趣相投，画史习惯按他们的籍贯称之为“松江画派”。他们的艺术主张与创作实践，被后人奉为绘画的正统传派，受到清代统治阶级的喜爱与推崇，影响深远。

董其昌艺术主张的实践者有程嘉燧、李流芳、杨父骢、张学曾、卞文瑜、邵弥、王时敏、王鉴等，他们与董其昌一起被称为“画中九友”。其中的王时敏和王鉴还是清初继承与光大“南北宗”说的得力主将。

徐霞客著《徐霞客游记》

徐霞客（1586～1641）名弘祖，字振之，别号霞客，江苏江阴人。自幼博览古今史籍、舆地及山海图经。22岁起，他决定外出旅行，历时30余载，北至燕、晋，南及云、贵、两广。沿途历尽艰险，将观察所得以日记形式记载下来。

《徐霞客游记》写有天台山、雁荡山、黄山、庐山等名山游记17篇和《浙游日记》《江右游日记》《楚游日记》《粤西游日记》《黔游日记》《滇游日记》等著作，除佚散者外，遗有

徐霞客

60余万字游记资料。这些日记，后经季会明等人整理成书，成了举世闻名的《徐霞客游记》。《徐霞客游记》世传有10卷、12卷、20卷等多种版本，主要按日记记述作者1613~1639年旅行观察所得，对沿途的地理、水文、地质、动植物均有详细的记载，生动、准确、详细地记录着祖国丰富的自然资源和地理景观，开辟了地理学上系统观察自然、描述自然的新方向。其中，有关我国西南地区石灰岩地貌特征及其形成原因的探讨，早于欧洲人两个世纪，尤其具有重大的科学价值。另外，游记的文笔清丽新奇，记述精详真实，既是一部科学巨著，又是一部名副其实的文学游记，在地理学和文学上卓有成就。

《徐霞客游记》为我国历史自然地理和历史人文地理的研究都提供了弥足珍贵的资料，开创了我国地理学上实地考察自然，系统描述自然的先河，被世人称为“千古奇书”“古今一大奇著”。英国著名科技史专家李约瑟在《中国科学技术史》中，称徐霞客的“游记读来并不像是17世纪的学者所写的东西，倒像是一部20世纪的野外勘察记录”。

蓬莱水城建成

洪武九年(1376)，备倭城——蓬莱水城建成。

明代沿海各省经常受到海上倭寇骚扰，特别是自明中叶后，这种情形加剧，甚至侵入内地，烧杀抢掠。所以自明初以来，就在沿海要冲设置防御据点，这些海防建筑体系分为卫、所、堡、寨等，山东蓬莱水城就是其中的典型，可以从中看出明代海防据点的形制和特点。

蓬莱水城又称备倭城，北面临海，南接府城，背山控海，地势险要，是明代典型的海防要塞。明洪武九年(1376)，登州升格为府，并修筑水城，立水军帅府于此，经历代多次修建，成为停泊战舰、驻扎水师军队、出海巡哨的军事要塞。

蓬莱水城由两大部分组成，一是以小海为中心，包括水门、防波堤、平浪台及灯楼等海港建筑；二是以水城为主体，包括炮台、敌台及水闸等军事防御设施。水城依地势环绕小海而筑，呈不规则长方形，周长约2200米，城墙为土筑，后以砖石包砌。城墙的高度依地势相差较大，西、北地处山崖，城墙较低矮；东南是平地，城墙比较高峻，平均约7米，墙原在8—10米间，墙顶做女儿墙雉堞。整个城墙设2个门，北为水门，又称关门口，与大海相通，东西有高大门垛与城墙相接，底宽9.4米，深入水下达11米多，全部用砖石筑，坚固异常；南是通向州城的城门，上建城楼。在北西东3面城墙均建有敌台，伸出城外5.5米，高与城齐。炮台有2座，分别设于水门的东北、西北方向，东炮台高过城墙2.5米，西炮台建在山崖上，两座炮台与水门呈犄角之势，控制出进海路，构成严密防御体系。小海为水城内的主体部分，居城正中，呈南北狭长形状，面积达70000平方米，是停泊船舰、操练水师的场所。小海的北面转折向东，形成一个东西长100米、南北宽50米的不直接与海联连的迂回缓冲地段，最后北折入海。正对水门设立缓冲地段南岸的平浪台，与东城墙相接，全部以块石包砌成，台上是水师驻地。自水门外沿东城墙向北延伸，构成防波堤，全由块石堆积而成，形成一道屏障。小海北端的迂回缓冲地段，平浪台、防波堤的规划布局有很高的科学性。海浪经过防波堤努力会有所减弱，再经过平浪台的回旋转折，风浪减缓，水门外自然是海浪汹涌，但小海内却风平浪静，小海深度在退潮时亦能保持3米以上，船舰无须候潮，可任意出入。

蓬莱水城

蓬莱水城在港址的选择、港湾的规划布局、军事防御设施配置及许多建筑工程技术上，无不表现明代工匠的高超技艺和设计规划的科学性。无论作为军事战略要地，还是一般的海港来说，在我国海港建设史上都具重要的地位。

火药理论提出

明初成书的《火龙经》一书记载了早期的火药理论。其后的《武备志》《天工开物》也有关于火药理论的记载。

火药是以硝石、硫黄和木炭按比例配成的。明代以前提纯硝石的基本方法是重结晶法，而到了明末则出现了更为有效的提纯方法。茅元仪的《武备志》(1621)提的火药爆炸理论颇具代表性，他认为火药以硝石、硫黄为主、草木灰(炭)为辅，硝和硫的性情分别是极阴和极阳，当这两种物质被放于没有间隙的空间中时就会爆炸，硝的性能主直，因而希望爆炸的力量呈纵向的话，则硝与硫的比例为9:1，硫黄的性能主横，所以希望爆炸的力量显横向，硝出在再结晶过程中加入草木灰水；《天工开物》，介绍了以几个萝卜和它同时煮熟的提炼方法，焦勖《火攻挈要》提出除加萝卜及草木灰水外，还加鸡蛋清、皂角及水胶。这些都是非常科学的提纯硝石的方法。明

明神火飞鸦。翅长64厘米，长56厘米。以扎制风筝的形式，结合火箭推动的原理发明的燃烧弹。用竹篾扎成乌鸦形状，内装火药，由4支火箭推动，可飞行300多米，多用于火战。

代提纯硫黄技术又有了新的发展，出现了以油炼硫的方法。《武备志》、李盘《金汤借箸十三筹》（万历末年）、《火攻挈要》等书有所记载。提炼硝、硫并制得木炭后，下一步是将三者碾成所需大小的颗粒并按比例配制成火药。因用途不同，比例及粒度也有不同。中国古代火药的配制理论与中国药物学理论是一致的，它要求火药的配制符合“君臣佐使学说”。

据《火龙经》的记载，硝、硫黄、炭在火药中作用各不相同，因而，根据火药的不同用途，其配合比例也不一样，射击用火药、硝石较多，爆炸用火药、硫黄比例应大一些。在明代学者看来，硝、硫、铁、炭及其他助剂在火药中分别起到君、臣、佐、使的作用。宋应星《天工异物》中所提出与硫的比例当为7:3。这一朴素的火药爆炸理论，对古代生产实践起了指导作用。

明代火药种类繁多而且针对不同的用途，选择各种适宜的配比，如有专用的火铳药，用于火药炮和地雷的炮火药、爆火药，用作照明信号用的药方以及用于娱乐的烟火药等。明《墨娥小录》中列举了“金盏银台”“金丝柳”“赛明月”等22种烟火的配方，足见其火药配合比的认识已相当深刻。

明代的火药，特别是明代中期以后的火药，除少数燃烧型和用作信号的火药配方外，硝的含量基本上达到了75%左右，硫的含量则由宋代的30%下降到10%左右，炭也保持在12~15%之间。这种配比已接近近代黑火药的标准配比。这在《武备志》中有所记载。

火药在唐朝就已发明，但直到明朝，才提出了火药理论，并在古代生产实践中确实起了指导作用，这是一大进步。而在西方，近代合理的火药理论只是到了19世纪才趋于完善。

万虎尝试火箭飞行

14世纪末，万虎作火箭载人飞行的最初尝试。

明代以前的火箭，作为轻火器，基本上都用弓弩发射。到了明初，发明了以火药为动力的火箭。直接利用火药燃烧向后喷射气体的反作用力进行发射，明代发明的火箭种类繁多，有单级和多级火箭，单级火箭有飞刀箭、飞枪箭等单发和一窝蜂、百虎齐奔箭等多发箭。

多级火箭是中国古代的重大发明，有两个或两个以上的推送药筒。如“火龙出水”，它是用毛竹制成的龙形多级火箭，龙腹内装火箭数支，龙头、龙尾各装两火箭筒，头尾四箭同时点燃推动火龙前进，待标。飞空砂筒则是一种能飞出去又能飞回来的火箭。

在火箭种类繁多、广泛运用的基础上，万虎设想用火箭载人飞行，他在一把座椅的背后装上47个当时最大的火箭，并把自己捆在椅子前边，两手各拿着一个大风筝，然后令仆人同时把这些火箭点燃，以借助火箭向前推动的力量加上风筝的上升力量飞向天空。这次试验没有成功，但万虎被公认为世界上最早试图利用火箭来飞行的人。万虎尝试火箭飞行，为后人研制飞行器提供了重要的参考资料。

扩建孔庙

孔子是春秋末年思想家、政治家、教育家，儒家思想的创始者。由于孔子和儒家学说为历代统治者所推崇，孔子被誉为“集古圣先贤之大成”的“至圣文宣王”，因此，在全国各地修建的名人祠庙中，孔庙的地位最特殊，修建得也最宏阔壮丽。自汉代“罢黜百家，独尊儒术”起，孔庙被列为国家修筑的祭祀建筑，特别是自唐宋以后，尤其在明代，各名都大邑，及至府县都普遍建孔庙，又称文庙，并常与府学合建在一起，形成左庙右学之制，成为府州县城市规划建设不可或缺的组成部分。

位于山东省曲阜市旧城中心的孔庙，占地约10公顷，呈窄长的地形，前后总共有8进院落，由前导和主体两部分构成。前导部分纵深空间由横间分隔成大小，开合不同的3个庭院，层层门坊沿中轴线布列，周围栽种苍翠古柏，营造出祭祀建筑特有的宁静幽深，崇敬肃穆的空间环境，并以颂扬孔子圣德勋绩的内容命名，各门坊文字与建筑相配合，强化了人们景仰追思先哲的心境，体现了我国古代祭祀建筑特有的处理方法，进而烘托出祠庙建筑的纪念性、教化性。如庙门称棂星门，而棂星则是古代传说中的天上文曲星，暗喻进入此门者即能成为国家栋梁之材。第二道门称圣时门，因孟子有言“圣之时者也”称颂孔子而取其意的。其余如太和元气、道冠古今、德侔天地、仰高、弘道等无不充满了对孔子颂扬之意。

孔庙的主体部分，自大中门起，仿宫禁形制，周围建有崇垣，四隅建角楼，过同文门为奎文阁，其阁共2层、3重檐，是孔庙的藏书楼。奎文阁后面13座历代帝王往曲阜拜谒孔庙时留下的石碑，碑旁排列于道路两则，其形制相似，均为方形平面，重檐黄瓦歇山顶。庙主体庭院，在大成门内颇为广阔，四周建有廊庑，沿中轴线顺次建有杏坛、大成殿、寝殿。

太和元气坊

大成殿是孔庙最重要的建筑，是整个孔庙建筑群的核心，是供奉祭祀孔子的正殿。殿内中间立有孔子塑像，两侧是颜回、曾参、孔伋、孟轲四配以及十二哲像，殿面阔9间，长45.78米，进深5间，宽24.89米，总高达24.8米，黄琉璃瓦重檐歇山顶，大殿外共有檐柱28根，均是石柱，两山及后檐柱18根，八角形浅雕蟠龙祥云，前檐柱10根，浑雕双龙对翔图案，下部刻山石，形象生动，雕琢精细美丽。大殿建在2层石台基上，前有作为祭祀舞乐宽阔露台，殿外檐施和玺彩画，殿内天花板及藻井均雕龙错金。整个大殿异常巍峨庄严、金碧辉煌。

各地文庙建筑亦均以曲阜孔庙为蓝本，主要包括棂星门、泮池、大成门、大成殿及做仪礼和舞乐的露台，成为文庙建筑的标准模式。

经历代统治者不断重修扩建，曲阜孔庙由最初三间旧宅扩充为占地约10公顷的“缭垣环护、重门层阙，回廊复殿，飞檐重栌”的宏大庙宇。其建造历史跨度长达 2000 多年，这在中国乃至世界建筑史上都是极为罕见的。孔庙建筑本身体现了中国古代建筑的艺术魅力，建造孔庙则体现了历朝历代统治者均以孔子为尊，儒学为本的思想统治。

北京天坛建成

天坛是明清帝王祭祀天地和祈祷丰年的建筑。北京天坛亦体现古制，祭天的坛为圆形，称圜丘；祭地的坛为方形，称方泽。表明“天圆地方”的观念在天地坛形制得以表现。

北京的天坛，位于正阳门外东侧，沿北京城中轴线与先农坛（原称山川坛）东西对峙，整个建筑群由内外两重围墙环绕，占地 280 公顷，4 倍于紫禁城的规模。外墙南北 1650 米，东西 1725 米，内墙南北 1243 米，东西 1046 米，正门面西，内外墙的南面为方角，北面为圆角，寓意“天圆地方”之说。

北京天坛建于明成祖永乐十八年（1420），原称天地坛，整个天坛建筑群按使用功能不同分 4 组。祭天的圜丘及附属建筑；祈年殿及附属建筑；皇帝祭祀前斋宿处斋宫；饲养祭祀牲畜的牺牲所和乐舞人员居住的神乐署。圜丘和祈年殿为主体，南北相对，以一条长 400 余米，宽 30 米，高出地面 4 米的砖砌甬道丹陛桥连接。中轴线偏东。

圜丘是一个用汉白玉砌成的 3 层圆形石台，坛面上无其他建筑，以合露祭天地。周围用两重矮一壝墙环绕，内墙圆形，外墙正方形，两重围墙四面正中建有白石棂星门，周围置 3 座高大望灯杆，12 座铁燎炉相陪。坛面中心铺圆石一块，外用石块围成 9 环。石块数均为 9 的倍数。坛的北面为皇穹宇，供“昊天上帝”牌位，祭天时才移至圜丘。皇穹宇平面圆形，单檐兰琉璃攒尖顶，建于白须弥座石基上。皇穹宇前两侧各有配殿，外用围墙环绕，直径约 63 米，均用磨砖，始有回音之功效。

祈年殿是座圆形平面大殿，位天坛中轴线北部，高 38 米，上覆三重兰色琉璃瓦屋面，鎏金宝顶，檐柱门窗朱红油饰，檐中斗拱额枋绘绚丽彩色，立于 3 层圆形白石台基上，大殿内外用 3 层木柱支起，内部 4 根柱，均装饰华丽辉煌。祈年殿后的皇乾殿功能同皇穹宇一样。

斋宫外有两重围墙，每重围墙外都有护城河相绕，主殿东向为砖券无梁殿结构。

天坛在总体规划布局及单个建筑的艺术造型上，体现了古代匠师卓越空间组织才能和完善的艺术构思，既体现了崇高、神圣和“天人合一”思想，表明“受命于天”主题，又建筑平面主为圆形，附会“天圆地方”的宇宙观。

明代出版印刷事业极盛

明代的刻书事业，在宋、元两代发展的基础之上，得到了蓬勃发展，远远超越了以往历代，成为我国出版事业和印刷技术发展史上的极盛时期。

明代由于各级官府重视，官刻本盛行。与此同时，刊刻精良的私家刻本也盛行一时，坊刻本广泛分布，印刷装帧技术日益完善，这些导致了集编、刻、售三位一体书业专行的出现。

《云笈七签》四库丛刊本

明代官刻书以内府刻本、监本和藩刻本为代表。内府刻本指宫廷刻书，由司礼监宦官主持，附设经厂，其刻书多为制诏律令及经史文集。嘉靖年间经厂的工匠有1200人之多，刊字匠315人，刷印匠134人，裱褙匠393人，摺配匠189人，裁历匠80人，黑墨匠77人等。司礼监刊书目达139种，但经厂本不大为读书人及藏书家所重视。监本即国子监刻本。明代南京、北京皆设国子监，故分南监本和北监本。南京国子监除接收两湖书院藏书版外，还接收了元集庆路儒藏的各种书版，所以其重印图籍最著名。北京国子监刻书数量质量较南京差，所刊刻《十三经注疏》为北监最重要之刻书。总计南监刻书约达271种，北监刻书有41种。藩刻本为明王朝分封的各个亲王府所刊刻之书。藩刻奉刻书量多，校刊精当，成为明代官刻的特色。嘉靖年间晋藩所刻诸总集，万历年间吉藩所刻诸子，崇祯年间益藩所刻诸茶书被称为藩刻三大杰作。

除了官刻书，明代私家刻书风气甚盛。许多刻书家极富藏书，对保存和传播古代古籍贡献突出。明初私刻书本不多，但到了中期，私刻异常风行。而明代后期，私刻愈加繁荣，其中最著名的藏书家和刻书家集一身的当推常熟毛氏。毛晋自明万历至清顺治四十多年间共刻书600余部之多，其所刻如《十三经注疏》《十七史》《文选李注》《六十种曲》《津逮秘书》等均为宏伟巨制.另如《三唐人文集》《四话人集》《五唐人集》《元人十集》《宋名家词》等均为雕刻精良的宋版翻雕。毛氏刻书版心下方都印有汲古阁或绿君亭的标记，现在许多图书馆都藏有汲古阁刻本。明代的私家刻书多集中在江、浙两省。

由于明王朝取消了书籍税，同时对手工业者采取宽松政策，使得许多老字号的书坊得到了发展。书坊所刻图书品种多，数量大，以人们日常所需的各种医书、科技书、经史书以及文学作品和通俗读物为主要内容，但质量不及官刻和私刻。

明代福建建阳的崇化、麻沙两镇书坊林立。崇化镇每月以一、六日为集，那天则书商云集，甚为繁华。南京地区的刻书在全国也占有重要地位，共有书坊近60家，其中以唐姓几家最为著名。虽然明代的雕版印刷技术发展到了顶峰阶段，然而不论在官府还是在私人藏书家中，抄书仍被视为藏书的重要手段。明成祖永乐年编成的《永乐大典》，就有手抄副本一套。抄写本对收集、保留古代文献，使之流行公布于世起了重要作用。由于许多手抄本一直未付刊印，其价值弥足珍贵，历来为后人所珍视。

明代印刷和装帧技术日益完善。首先是铜活字印刷得到普遍的应用。无锡华氏、安氏两家的铜活字印书最有名。明代的木活字也较元代更为流行，可考的约100余种。版画、套版、锆版和拱花技术也达到了很高水平。明代中晚期我国版画鼎盛，形成了不同风格的各种流派。如粗放的建宁派，疏朗生动的金陵派和精致婉丽的徽州派版画，都极负盛名。同时套印术发展迅猛，出现了三色本，四色本甚至五色本，饾版和拱花技术也相继问世，使我国雕版印刷技术达到了登峰造极的地步。明代中期书籍的装订产生了线装，并且所刻字体极力摹仿宋体，字体横轻竖重，方方正正，行格疏朗，成为一时风尚。

明刻本《张小山小令》

随着出版及印刷技术的鼎盛，出现了集编、刻、售三位于一体书业专行。福建建阳的很多书坊最具代表性。这些书业专行刊行大量的医书和小说，而且有些书附有插图，图文并茂，深受读者欢迎，行销海内外。

中国瓷业中心——景德镇

中国制瓷工艺发展到明代，进入到以彩瓷为主的灿烂的黄金时期，尤以景德镇名闻天下，成为中国瓷业的中心。瓷窑从元代的300余座猛增至3000余座，洪武二年（1369）建立的御器厂，号称“天下窑器之所聚”（《二酉委谭》）。所谓“有明一代，至精至美之瓷，莫不出于景德镇”。景德镇“工匠来四方，器成天下走”。景德镇瓷器风格之多、质量之高、产量之大、技艺之精、影响之大，均属全国之最。宋应星《天工开物》卷七“陶埏·白瓷”条说：全国瓷器“合并数郡，不敌江西饶郡产，……中华四裔，驰名猎取者，皆饶郡浮梁景德镇之产也”。虽然河北彭城（今邯郸）、浙江龙泉、福建德化、江苏宜兴都有不同特点的大量生产，但总不如景德镇之全面发展。特别是彩瓷、青花瓷及色釉瓷烧造成就更为显著。

明代景德镇瓷器御制厂

景德镇制瓷技术的主要成就是：创造了“脱胎”瓷器，永乐时期（1403～1424）的薄胎瓷器便达到了“半脱胎”的程度，成化之后，制胎技术更趋成熟，器壁几薄如纸，酷似“脱胎”；发明了吹釉法，其具体操作是：用竹筒一节，一端蒙纱后浸入釉中粘釉，之后再将釉浆吹到坯面上，先在里面吹釉，干燥后将外面坯体削薄，再在外面吹釉，使施釉更为均匀，而不会损坏坯体。薄胎和脱胎瓷器常用此法。釉下青花术普遍发展起来，成为全国瓷器生产的主流；釉上彩达到比较成熟的阶段，开创了釉下青花和釉上多彩相结合的新工艺。高温单色釉和低温单色釉技术有了较大的提高，其优秀品种如永乐宣德时期的铜红釉、宣德时期的钴蓝釉、正德时期的孔雀铜绿和弘冶铁黄釉，就充分显示了明代景德镇窑工的高超技艺。筑窑技术也有了重大发展，成功地构筑了倒焰式馒头窑，并创造了阶级式龙窑。

景德镇的瓷器品种有青花瓷、点彩、釉上彩、斗彩、五彩等。按照年代的不同，则又可分为洪武窑、永乐窑、宣德窑、正统窑、景泰窑、天顺窑、成化窑、弘治窑、正德窑、嘉靖窑、隆庆窑、万历窑、天启窑、崇祯窑等。洪武窑出的青花一般色泽偏于暗黑，在图案装饰方面多留白地，菊花纹使用较多。如上海博物馆藏有洪武釉里红缠枝菊纹大碗，形制硕大，满绘釉里红菊花纹，是典型的洪武之作。永乐窑造型优美俊秀，体胎厚薄适度，仪态万方。器型有受外来影响者，如无档尊、执壶、花浇、折沿盆等，有的还有阿拉伯文字。所造甜白釉半脱瓷器是景德镇单色釉瓷器发展过程中的一大进步，不仅釉汁细腻洁白，且胎骨极薄，似乎只见釉层不见胎，能映见手指螺纹，还可看到上面刻画的云龙花卉和暗款。永乐时期的青花瓷器以其胎、釉精细，青色浓艳、造型多样和纹饰优美而负盛名，被称为青花瓷生产和黄金时代。宣德窑器物造型多种，独出心裁，制作精工，细腻坚实，不易破裂损伤，器型敦厚，大小器物都很精美，在选料、制样、画面、题款上都极为讲究。宣德红釉被誉为宝石红釉，釉水莹厚如脂，色艳宝光四射。天顺窑造型稳重秀美，回纹、书法亦颇遒劲可喜。成化窑烧制成功斗彩，既比青花富丽，又较五彩柔和，形式之美过于宣德窑。其青花瓷在图案装饰上趋向于轻松、愉快之感。点染描绘，淡雅沉静，各臻其妙。正德窑的突出成就是创制了“素三彩”新品种，其特征是不用红色，在素瓷胎上直接施釉。孔雀釉瓷的烧制是正德窑的又一成就。嘉窑大量烧造大龙缸、座墩、大罐、葫芦瓶和大盘等，并创制了大型花瓶，其釉彩和花样都很丰富。隆庆窑之青花和五彩可媲美成化窑，而青花则不如嘉靖窑，其精品有青花闭龙纹提梁壶、五彩荷莲水鱼缸和五彩凤纹六方罐等。万历窑器型多样，数不胜数。精致之品有九龙盘、五龙四凤盘和蓝地白色花果盘等。崇祯窑仅有民窑，其装饰富有民间色彩和乡土气息。青花瓷器上的禽兽、虫鱼的写意笔法有八大山人风格，突破了历来官窑图案的规范化束缚。

北京建成观象台

现存于北京东城建国门西南角的古观象台建于明代正统年间(1436~1449)，但其台址和仪器与金、元两代司天机构的兴废有关。

正大四年(1127)，金兵攻陷汴京(今河南开封)，将北宋天文仪器运到金国都城——中都，在那里建立观察天象的机构。元灭金，中都受到战火破坏，便在中都的东北郊新建大都。

至元十六年(1279)春，元世祖下令在大都城内东南角，即现存的北京古观象台附近，建造太史院和司天台，由元代天文学家郭守敬等设计，尼泊尔著名匠师阿尔哥参与铸造仪器。元朝灭亡后，天文仪器都被运往新都南京，金台和元台荒废。

明永乐四年(1406)，明成祖朱棣决定迁都北京，天文仪器则仍留在南京，故钦天监人员只能在北京城东南城墙上仅凭肉眼观候天象。正统二年(1437)，钦天监派人去南京，用木料仿制宋代浑仪和元代简仪等天文仪器，运回北京校验后浇铸成铜仪。正统七年(1443)，修建钦天监、观星台，并安装仪器。台址就在今北京的古观象台。后来正统十一年(1447)，又建造晷影堂。从此，北京古观象台和台下西侧有了以紫微殿为主的建筑群，基本上具备今天所看到的规模和布局。

明清观象台

明代在观象台上陈设有天文仪器浑仪、浑象和简仪，在台下陈设有天文仪器圭表和漏壶。

明朝开始使用地雷和水雷

明朝初年(15世纪初)，中国已开始使用地雷。地雷是设置在地下或地面的爆炸性火器，早期的地雷构造比较简单，多为石壳，内装火药，插入引信后密封于地下，加以伪装，当敌接近，引信发火，引爆地雷，后多次改进。万历八年(1580)，戚继光曾制“钢轮发火”装置地雷：在一木匣内装钢轮和燧石，用绳卷于钢轮轴上引出，拉动绊绳，匣中的坠石下落，带动钢轮转动，与火石急剧摩擦发火，引爆地雷，从而大大提高地雷发火时机的准确性和可靠性，由于弹体的多样性，点火方式也多样化。地雷10多种，用铁、石、陶或瓷制成，发火装置有触发、绊发、拉发等，布设方式也多样化，有单发地雷也有“子母雷”。

水雷是布设在水中的爆炸武器，内设起炸装置和炸药，同地雷原理一样。明代水雷主要有4种，即水底龙王炮、混江龙、水底雷、即济雷，类似现在的漂雷和沉雷。最早的水雷当属“水底雷”，它是世界上最早的人工操纵机械击发的锚雷，实际上是一种拉发锚雷，将铁壳雷放入密封大木箱内，沉入水中，下用铁锚定位，上用绳索连发火装置拉到岸上，敌船接近，岸上伏兵拉火引爆。水底龙王炮是世界上最早的一种以香作引信的定时爆炸漂雷。用香作引信，点燃香头，香烬火发，进而爆炸。混江龙也是用绳索拉动发火装置等。

种痘的发明及在民间的传播

明朝中叶以后，不仅中国传统医学获得了巨大进展，而且在预防医学方面也成绩斐然，这方面的最突出代表就是种痘的发明及在民间的传播。

自从公元2世纪天花传入中国以后，这种波及面广、为害严重、流行史甚长的烈性传染病危及了无数人的生命，晋代医家葛洪的《肘后备急方》对其做了最早的描述。对此疾病的预防和治疗我国古代医家曾进行了不懈探索，并取得了一些成果。而种痘的发明正是这不懈努力的结果。

种痘起源于何时，现在尚无法确定，1884年刊行的《种痘新书》说它是由唐开元年间江南赵氏创制的;1713 年朱莼嘏《痘疹定论》说它出现于宋神宗时,发明人为峨眉山神医,该人曾为丞相王旦的儿子接种人痘预防天花。然而 1727 年俞茂鲲《痘科金镜赋集解》说种痘出现于明隆庆年间(1567~1572),该文献表明当时宁国府已有很多人接受这一预防天花的方法,从此这种方法开始在民间广为传播。因而,断定我国的人痘接种术发明于 16 世纪中叶以前应当毫无疑议。

人痘接种术发明以后,由于诸多原因,未能及时推广,一切都在民间医家之间自发进行,后来才逐渐被儿科医生所掌握。1681 年,康熙皇帝认识到这是一种行之有效的预防天花的方法,诏令江西种痘医生朱莼嘏为皇亲国戚和宫廷官员的子孙种痘,取得了良好的效果。清政府借此机会迅速向全国推广,使得无数的人因此受惠。1742 年颁布的《医家金鉴》详细记载了人痘接种术。

至于当时种痘方法,据 1695 年成书的《张氏医通》记载主要有痘衣法和鼻衣法(包括浆苗法、旱苗法、水苗法),在传播过程中其技术不断改进。清末奕梁《种痘心得》介绍的痘种选育方法与现代疫苗的科学原理完全相同。当时种痘技术相当完善,而且成功率很高,据张琰《种痘新书》记载,在种痘的六七千人中,失败者仅二三十人,成功率高达 97%。因此,其技术在全国城乡得以迅速推广并传播到国外,1688 年俄国就派人来中国学习种痘技术,在传播到土耳其后,由英国驻土耳其公使夫人蒙塔古带回英国推广,从此,在欧、亚、美各大洲广泛传播。而 1796 年,英国人琴纳创造的牛痘预防天花的技术则是直接受中国人痘技术的启发而获得成功的。

人痘接种术不仅是牛痘发明前我国人民预防天花的创造性成就,而且是人工免疫法的先驱,它使世界上无数生灵免遭天花这种烈性传染病的威胁,为世界防疫医学做出了重要贡献。

苏州园林大规模兴建

明代私家花园的建造,比以前各代有长足的发展,尤其明中叶以后,私家园林大规模兴建,形成我国私家园林的全盛时期。苏州兴建园林多达 270 余处,为宇内之冠。

苏州地处江南,山明水秀,气候宜人,自然景色优美,自古为富饶繁华之地。这是苏州园林兴起的自然条件。苏州园林的兴建可上溯到春秋时期,吴王阖闾、夫差就曾建长乐宫、姑苏台、海灵馆、馆娃阁等,这些是富丽的宫苑。其后历代达官贵人,文人墨客也都在此建园,如西晋的顾辟疆园,东晋的虎丘别业,五代吴越国的广陵王金谷园,北宋的五亩园、沧浪亭、乐圃、绿水园,南宋的万卷堂,元代的狮子林等,都非常闻名。这是苏州园林的历史沿革。

而进入明代,苏州成为中国著名的丝织业中心,并出现了资本主义萌芽,建园造院之风日盛。凡官吏富商以至一般士民,无不造园,出现了大规模兴建园林的风气和热潮。现存苏州园林中保存较为完整的有 70 余处,其中明代创建的有拙政园、惠荫园、环秀山庄和留园。

苏州园林不论面积大小，皆具特色，而且都体现了江南园林所具有的叠石理水、花木种类繁多、布局有法、风格淡雅的特点，每座园林几乎都包括了当时造园手段的精华。其格局大都以山、水、泉、石为骨骼，以花、木、草、树为烘托，以亭、台、楼、榭为连缀，自然要素和人工创造融于一体，并形成各自不同的独特风格。

苏州的私家园林著名的有拙政园、留园、艺圃、狮子林和沧浪亭等。其中拙政园、留园、狮子林和沧浪亭号称苏州四大名园。

艺圃位于苏州市区内，明代始建，明末改称艺圃，迄今仍保持明代风格。全园面积不大，布局以水面为中心，池周布置建筑、山石、花木。南部以山景为主，池北以水榭为主，除环绕水池的主体风景外，还分出若干小的风景区，增加景观层次变化，西南隅自月洞门入，自成一区，幽静素雅，整座园林自然开朗，颇具山林之趣。

拙政园位于苏州市娄门内东北侧，明正德八年（1513）前后，由王献臣创建，其取晋潘岳《闲居赋》之“拙者之为政”为园名。现园基本为清末规模，经修复扩建，面积约62亩，分为东区、中区、西区，亦即原“归田园居”“拙政园”“补园”三部分。1961年被定为国家重点文物保护单位。

苏州沧浪亭门前临水建筑

留园位于苏州市间门外，原属明嘉靖时太仆寺卿徐时泰的东园，清嘉庆时刘恕改建，并改名寒碧山庄，俗称刘园，占地约30亩。太平天国时苏州诸园多毁于战火，唯此园独存，清光绪初年易主，改名留园。现园经过修整，大致分为中区、东区、北区、西区四区。1961年被定为国家重点文物保护单位。

狮子林为元末至正年间所建；沧浪亭为五代吴越国王公贵族别墅，北宋苏舜钦改为沧浪亭。此外，还有怡园、网狮园、畅园、壶园等。

作为中国古典园林中最具代表性的一批杰作，苏州园林在中国古典园林建筑史上占有重要地位。

新型农业经营体制出现

明朝中后期，由于农业开始商业化，经营品种呈向多样化，农业经营方式也随之发生变化，地主不再满足于出租土地，而是雇佣农民为自己经营，并定期发给劳动报酬。

明朝中后期地主雇佣农民进行经营的事例在史料中有详细的记载，如潘允端的《玉华堂日记》就对他自己所经营的一二千亩土地做了较详细的说明。他雇用了大量农民，在他的土地上种植稻、麦、棉花等农作物和各种经济作物，而给予被雇佣农民的报酬则是“工本”和“工银”等货币工资。

在地主雇佣农民进行农业生产的情况下，他们也开始考虑到如何在有限的土地上进行合理经营,以获取较大的经济效益等问题。为了解决这些问题,他们往往对自己所拥有的土地做出很精密的生产安排,据《沈氏农书》所载,邬行素死后,家中还有 5 口人,10 亩田,1 方水池,数间房屋,为充分利用这些家产,沈氏为他们做出的规划是:种果 2 亩,包括桃、李、桔、枣等等;种桑 3 亩,桑下面又可种菜、豆、芋等;种豆 3 亩,豆子收获之后则种麦和麻;还剩下 2 亩则用来种竹。1 方水池用于养鱼,池中淤泥又可用于给土地施肥。这一规划将时间长获利慢和时间短获利快的作物进行合理搭配,用有限的土地资源来获取最大的经济效益。

随着明朝末年商品性农业的发展,又有一种更新的农业经营方式出现了,那就是先向地主租佃土地,再雇佣农民进行生产的"佃富农经济",如"寮主"和"山主"的出现就是其中一个很典型的例子。"山主"是山地的所有者,相当于前面的地主,"寮主"则是一些外来的富裕人口,他们从山主手中租佃山地,再雇佣生活毫无着落的"箐民"为他们进行生产经营,从经营所得和付给山主的租金及付给箐民的报酬的差额中获取经济效益,这也可以看作是农业资本主义的萌芽。

新型农业经营体制的出现,改变了以往单一的租佃经营体制,是生产力向前发展的一个表现。

李时珍编著《本草纲目》

医药学著作的大量编撰是明代医药学空前发展的显著标志之一。万历六年(1578),杰出医药学家李时珍编成集本草学之大成的《本草纲目》,代表了这一时期中药学的最高成就,极大地丰富了中国乃至世界的医药学宝库。

李时珍(1518~1593),字东壁,号濒湖,晚号濒湖山人,湖北蕲州(今湖北蕲春)人,出生于医学世家,其父李言闻曾撰《四珍发明》等书,担任过太医院吏目。在家庭环境的熏陶下,李时珍自幼喜爱医药。但其父却希望他能科举出仕,14 岁(1513)那年,他考中秀才,17 岁后连续三次乡试未中,并因此积劳成疾,20 岁从武昌乡试回家,重病一个多月。这成了他人生道路上的一大转机。从此,他积十年之久,足不出户,潜心研读经、史、子、集、传、声韵、农圃、医卜、星相、乐府等著作,于学无不涉猎,尤其喜读医学著作,这些都为他从事医药研究和著书立说打下了坚实的理论基础。

除了从典籍中学习以外,李时珍还特别注重实践经验的总结和积累,《频湖医案》一书正是他总结医疗实践的产物。而且他博采众长,不断向民间人士请教,搜集了大量简单有效的单方、验方,编成《濒湖集简方》。

从他 34 岁那年开始,李时珍即着手编纂《本草纲目》,经过长达 27 年的艰苦努力。在宋代唐慎微《经史证类备急本草》基础上,参阅了 800 多种文献资料,经过三次大的修改,于万历六年(1578)他 60 岁时完成了这部具有划时代意义的药物学巨著,成为我国药学史上的一个重要里程碑。

《本草纲目》共 52 卷,卷一、二概述了本草历史和药性理论;卷三、四以药原为张目罗列了各种草药的主治病，比前代以病名为纲的做法前进了一大步；其余48卷，按水、火、土、金石、草、谷、菜、果、木、服器、虫、鳞、介、禽、兽、人等将1892种药物分为16部，各列若干类展开论述，例如草部又分为山草、芳草、隰草、毒草、蔓草、水草、石草、苔、杂草、有名未用等60类，每种药标正名为纲，纲下列目，纲目清晰，并对各种药进行释名、集解、辨疑、解说其修治（炮炙）、气味，主治、发明及附方，内容极为丰富，包含了动、植、矿物等各方面的内容，可谓关于自然知识的博物学著作。

该书附药物图1109幅，方剂11096首，其中8000多首是李时珍自己收集和拟定的。在对16世纪以前我国药物学成就做了全面总结以后，增收了宋以后出现的374种药物，如三七、番红花、曼陀罗花、土茯苓等都被后世广泛使用，通过对一些药物基原、性能的研究辨析，在实际考察和对文献进行考据的基础上，纠正了以前本草学著作的一些错误，尤其是批驳了服食水银、雄黄成仙的说法，比较先进的方法对药物进行分类，以取代延续1400多年的三品分类体系，以纲目为构架将各种药物分类编排，成为一部独创体例的药物学著作，从而全面系统地展示了药学体系和内容。《本草纲目》还包含了各种药物的药性药效、药物栽培、炮炙制剂及其在各种病症治疗方面的应用等多方面的内容。

湖北蕲州元妙观，是李时珍著书处。

除了药学以外，李时珍对医学也有重要贡献，其中尤值一提的是其人体解剖学成就。《本草纲目》是我国医学史上首次独创性地提出脑为全身主宰这一说法的著作，从而冲破了心是人体中心的传统说法。保存于《本草纲目》中的单方、验方是李时珍挖掘民间医药宝藏的结果，许多为后代医家所习用，其中抗衰老药物就有近400种，健身长寿的方剂有550首之多，包括膏、丹、丸、散、酒、粥、服食。外用擦洗等剂型和用法，记载了有关长寿、轻身、却病、容颜等案例数十则。在社会日益老年化的今天，挖掘这一医药宝藏将具有重要的现实意义。

作为一部包含了丰富自然科学知识的博物学名著，其内容涉及植物学、动物学、矿物学、地质学、化学、物理学以及天文学、气象学和物候学等许多科学领域。在植物学方面，李时珍《本草纲目》通过对1094种植物的根、茎、叶、花果的特点及其性味、外形、皮核以及生长习性、生长过程、生长环境与人类生活的关系等各种因素进行分析、归纳、比较，得出了比较符合科学的结论。而书中对444种动物药按虫、鳞、禽、兽、人等6部进行的分类，基本和现代动物学的分类系统完全一致，同时也蕴含了生动进化论的思想，其对动物为适应生活环境而改变生存方式的研究以及动物遗传与相关变异现象的描述，都具有重要的科学价值。《本草纲目》共记载矿物药265种，以钠、钾、钙等19种单体元素及其化合物为准则分类编排，并详细介绍了每种物质的来源、鉴别和化学性质，记载了蒸馏、蒸发、升华、重结晶、风化。沉淀、干燥、烧灼、倾泻等各种制药化学方面的反应方法。而以五倍子制备没食子酸的最早记录即保存于《本草纲目》中。

长达十年的潜心研究为李时珍的著述在史学、哲学、文字学、训诂学等方面奠定了深厚的基础，长期的医疗实践以及其跋山涉水，躬身民间虚心学习的严谨态度，无疑是《本草纲目》取得独创性、科学性成就的至关重要的原因。他实地考察了湖广、河北、河南、江西、安徽、江苏等省，深入林区、矿井、菜畦，向农夫、渔民、猎人、车夫等虚心求教。加之他对此前医药学成就的批判性总结，使《本草纲目》不仅集本草学之大成，而且最终成为一部中国古代科学的巨著，成就涉及药物、医学和几乎所有的自然科学领域。

金陵版《本草纲目》药物图谱

古代民间匠师的职业用书《鲁班经》

《鲁班经》成书于明代，具体年代不详，流行至清代。全名为《新镌京版工师雕斫正式鲁班经匠家经》。系将中国南方民间流传的有关房屋、家具及生活用具木工口诀传抄合订成书，内容多摘抄各类有关书籍和收集中国民间建筑经验而成。编撰者不详。因鲁班被后世尊为建筑工匠和木匠祖师，故托以鲁班之名。是中国古代民间房屋营建和家具制造之木工工艺人成。

明紫檀喷面式方桌

《鲁班经》有文3卷，另有附录。着重编入营建业务所必备的知识、资料，包括择吉、符咒等风水迷信内容。其卷一起自鲁班仙师漂流，止于凉亭水阁式，内容为民间房屋营建的大木工技术口诀；卷二起自仓敖式，止于围棋盘式，内容包括建筑、畜栏13条，家具34条，日用器物16条；卷三含起造房屋吉凶图式72例，内容多为阴阳五行迷信之说，附录内容比较庞杂，但大多与房屋营建的迷信活动有关。

《鲁班经》是古代民间匠师的职业用书，所载内容对研究宋代以后中国民间匠师业务职责范围、施工仪式程序及某些行帮规矩、明代建筑用具等，都具有较高史料价值。书中有关家具的内容主要是叙述家具的下料和家具制作的构件尺寸，因此是研究明式家具不可多得的重要文献。

《鲁班经》的传世版本主要有明万历年间刻本和崇祯年间刻本。前本插图线条流畅，姿态生动，画面完美，但为残本，现藏于国家文物局。后本是现存各版本中最完整的一部，插图亦甚精美，但人物衣纹缺乏变化，艺术性逊于前本。

杨继洲撰《针灸大成》

万历二十九年(1601),明代杨继洲撰成集针灸学大成之名著——《针灸大成》。

明代以来,政府对针灸十分重视,针灸学有了较大的发展。首先,鉴于宋代王唯一所造针灸铜人因年久失修,难以辨认,明宗英特命人进行复制,以供太医院考核医生时使用。其次,当时的针灸学家也有铸造针灸铜人的,如16世纪著名的针灸学家高武鉴。他认为男、女、儿童因生理差别会导致针灸穴的差异,因此精心设计铸造了男、女、儿童针灸铜人模型各一座,以便临证取穴。可惜未能流传下来。再者,一些针灸学家对针刺理论和手法进行了深入的讨论和研究,产生了“灵龟八法”和“子午流注”两种学说,即按时辰不同而选用人体不同部位的经穴进行治疗。这些学说与现代生物针学有惊人的相似之处,具有一定的科学价值。此外,出现了许多根据前人针灸论述汇编的针灸著作,如《针灸聚英》。其中影响最大、学术价值最高者首推杨继洲的《针灸大成》。杨继洲(1522~1620),名济时,三衢(今浙江衢江区)人。出身医生世家,曾任太医院医官,行医40多年,特别擅长针灸。他曾总结家传验方,融会多家针灸著作,结合个人经验撰成《卫生针灸玄机秘要》3卷。在此基础上,进一步博采群书,遂编撰成《针灸大成》一书。

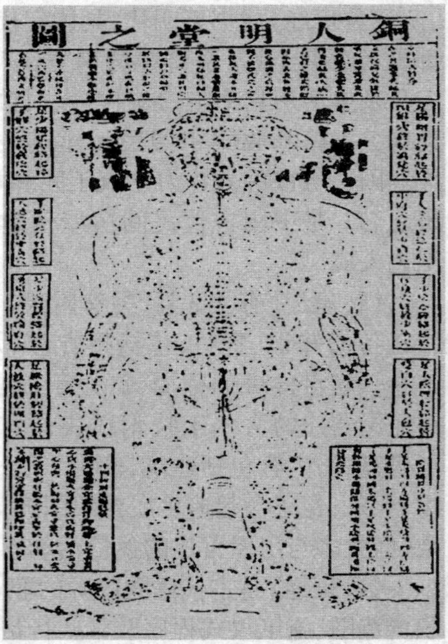

明代铜人明堂图

《针灸大成》共10卷,内容丰富,是一部集针灸大成之作。该书广泛收集了前人与针灸有关的论述,考证了经络、穴位、针灸手法与适应论,发展了一针两穴以上的透穴针法,并创造爪切、持针、口温、进针、指循、爪摄、退针、搓针、捻针、留针、摇针、拔针等12种杨氏针刺手法。除“口温”外,其他11种手法至今仍在使用。书中介绍了烧山火、透天凉、苍龙摆尾、赤凤摇头、龙虎交战、龙虎升降、子午补泻等多种针刺手法,主张应用针灸与药物对疾病进行综合治疗,并附有治疗病例的记录;同时,该书又论述了针灸疗法的可行性及优越性,认为“惟精于针,可以随身带用,以备缓急”,“劫病之功,莫捷于针灸”等。此外,书中还附有多幅供太医院考绘之用的铜人明堂图,图文并茂,便于学习和直观记忆。

《针灸大成》问世后,通行的版本共有50多种,成为学习针灸学的重要参考文献。书中所辑录的古代针灸资料,有的原书已失传,部分内容在本书中得以保留,因此该书在针灸学发展史上起到了承前启后的作用。《针灸大成》在国外也有很大的影响,英、法、德、日等国均有本国文字的全译本或节译本。近年来，法国针灸学会为提高法文译本的质量，正在重译《针灸大成》一书。

宋应星著成《天工开物》

宋应星（1587～约1661），字长庚，江西奉新人。万历四十三年（1615）中举。先后出任江西分宜县教谕、福建汀州推官、安徽亳州（今亳县）知州。清兵入关后，辞官归里，专心著述。任官期间，留心观察学习劳动群众的生产技术，注意搜集和积累科技资料，并亲自参与各种生产实践和调查研究。鄙视功名利禄，《天工开物序》有“此书于功名进取毫不相关也”之语。厌恶空谈性理，究心实学。主要著作有《天工开物》《卮言十种》《画音归正》《杂色文》《原耗》《春秋戎狄解》《美利笺》《现象》《乐律》等10多种。除《天工开物》外，均已失传。近年陆续发现其4篇佚著的明刻本：《野议》《论气》《谈天》和《思怜诗》。

《天工开物》插图

《天工开物》是宋应星任江西分宜县教谕时著成。崇祯十年（1637），宋应星的朋友涂伯聚为之刊行，是为初刻本；明末由杨素卿再为刊印。

《天工开物》分上、中、下编。全书依“贵五谷而贱金玉”的原则，分为18个类目，每类1卷，分别为：乃粒（谷类）、乃服（衣类）、彰施（染色）、粹精（粮食加工）、作咸（制盐）、甘嗜（制糖）、陶埏（制陶）、冶铸（铸造）、舟车、锤锻、燔石（烧炼矿石）、膏液（制油）、杀青（造纸）、五金（金属冶炼）、佳兵（兵器）、丹青（朱墨）、曲药（酿造）、珠玉。几乎涵盖了古代中国工农业生产各个部门的生产技术。书中附有作者自绘的插图120多幅，画面生动、线条清晰、比例适当、有立体感，真实而直观地反映了古代各种器物的形状、结构及其原理，以及各种工艺的生产工序或生产过程。全书上编记载谷物豆麻的栽培和加工方法、蚕丝棉苎的纺织和染色技术，以及制盐、制糖的工艺等。中编记载砖瓦、陶瓷的制作，车船的建造，金属的铸锻，煤炭、石灰、硫黄、白矾的开采或烧制，以及榨油、造纸的方法等。下编记载金属矿物的开采和冶炼，兵器的制造，颜料、酒曲的生产，以及珠玉的采集和加工等。

《天工开物》广泛地总结和记录了中国古代劳动人民在农业和手工业生产技术等方面的丰富的生产实践经验，真实地反映了中国的某些工艺技术水平处于当时世界上先进或领先的地位。如陶瓷制造从选料、制坯、入窑烧制等一系列生产设备、方法和程序，制造竹纸和皮纸的设备和方法，丝绸纺织和提花技术，矿藏开采过程中的井下巷道支护、通风、矿井充填及选洗技术，用铜和锌两种金属炼制黄铜，等等。该书在科学技术上多有创见，如“种性随水土而分”，说明物种可以发生变异，为品种改良提供了理论根据，比欧洲早了120多年。该书记述和总结的一些方法、技术或经验，直到今天还在使用或具有重要的参考价值，如用砒霜拌麦种防治虫害，施用骨灰、石灰改良土壤，用压榨法和水代法提制油脂，用晒盐法代替煎盐法制取海盐，用石灰中和蔗法的酸性和除去杂质等措施，以及在金属铸造过程中金属热处理技术等。

《天工开物》是了解中国古代科技成就的重要文献资料，是国际公认的世界科学名著。

徐光启著《农政全书》

崇祯十二年(1639)，徐光启所著《农政全书》刊行。明末杰出的科学家、农学家徐光启从天启五年(1625)开始撰著《农政全书》，到逝世时完成初稿。后经门人陈子龙修订整理，于崇祯十二年(1639)刊行。该书与后魏贾思勰的《齐民要术》、元官修的《农桑辑要》、王祯的《农书》以及清代官修的《授时通考》一起并称为我国的“五大农书”。但其篇幅最长，比《齐民要术》多7倍，比王祯的《农书》也多6倍。

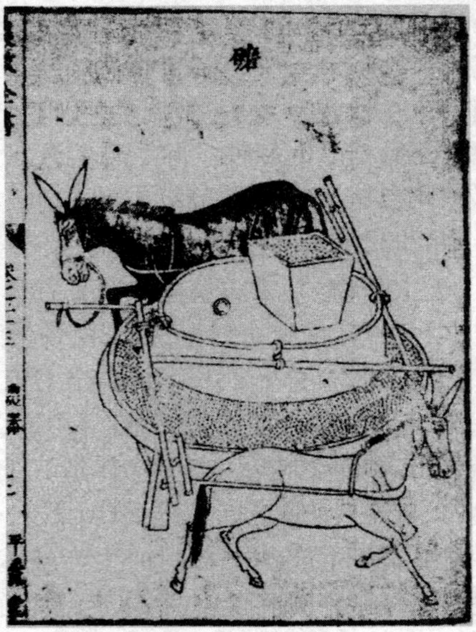

《农政全书》插图

徐光启(1562—1633)，字子先，号玄扈，南直隶松江府上海县(今上海市)人，万历三十二年(1604)进士，官至礼部尚书兼东阁大学士、文渊阁大学士。他一生著译颇多，如翻译著作《几何原本》《泰西水法》等，成为介绍西方近代科学的先驱。同时，他还从事了天文、历法、闵行区数学、军事等方面的研究工作。但他一生用力最勤、影响深远的要数农业与水利方面的研究，除《农政全书》外，还著有《甘薯疏》《吉贝疏》《芜菁疏》《北耕录》等书，而以《农政全书》最为著名。

《农政全书》分12目，共60卷，70多万字，包括农本、田制、农事、水利、农器、树艺、蚕桑、蚕桑广类、种植、牧养、制造和荒政等，对当时农业生产的经验进行了系统全面的总结，为后世农学的发展做出了重大贡献。全书条理分明，层次清晰，其结构体系可以说是对我国几千年传统农业所做的最好概括。

《农政全书》体现了徐光启先进的学术思想，包含他对科学认识和研究方法的独到见解。首先，徐光启重视农政措施和农业技术两方面的研究，这是其他综合性农书中所没有的。其“农政”部分包括屯垦、水利、备荒三项，篇幅几乎占全书的一半。这是他企图针对明末朝政腐败、生产凋敝、农民无法生存的严重情况所提出的补救措施。他认为屯垦、水利、备荒这三项是保证农业生产和劳动者生活安定必备的条件。徐光启认为：“垦荒足食，万世永利。”而要使各地特别是西北地区荒废的田地恢复生产，水利是必要的生产条件，故此书中讨论水利问题便用了 9 卷的篇幅。所谓荒政是治标，水利是治本，二者均是徐光启农学思想的组成部分。书中“荒政”类多达 18 卷，综述和分析了历代备荒政策和救灾措施等，并全部附录《救荒本草》和《野菜谱》二书。其次，徐光启重视人的作用，反对条件决定论。他既有风土论，又不唯风土论。认为品种的引种其中亦有不宜者，则是寒暖相违，天气所绝，无关于地，为引种及推广新作物种类和品种扫清了思想障碍，对促进明代农业发展做出贡献。第三，徐光启在书中克服了前代农书对作物栽培技术叙述得不完整的缺点，吸收了谷、蓏、果、蔬、杂等分类法，对各种农作物的栽培技术进行了详细、较为完整的描述。书中还首次全面总结了棉花和番薯的栽培经验。此外，书中还引入数理统计方法来研究蝗虫发生规律，在研究方法上进行了一次大胆的创新。

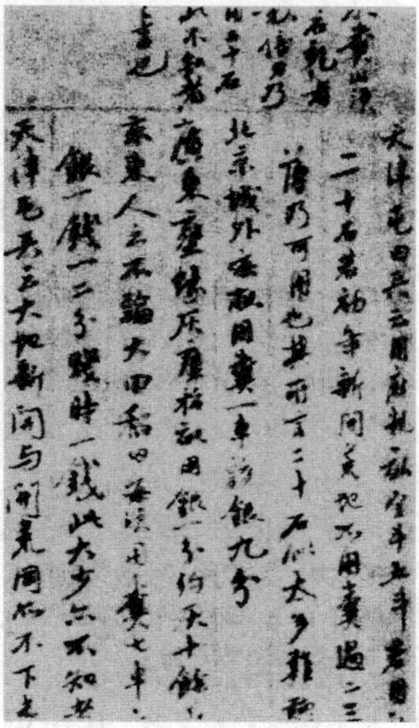

《农政全书》手稿

徐光启在撰写《农政全书》时，除搜集了大量前人的文献资料外，还记下了他本人在农学上许多宝贵的心得。如讲梧桐，说“江东江南之地”如何如何；讲椒子，便说“晋中人多以炷灯也”等，论述比其他农书更为贴切、深刻。他把理论与亲身实践结合起来，掌握了农作物特性及栽培的第一手材料。对前人的文献不是盲目抄录，而是经过精心的剪裁，去其糟粕，取其精华。书中仅农作物类，便有近 80 种写有“玄扈先生曰”的注文或评语，阐述自己独到的见解及经验。这在古代农书中也是别具特色的。

第三章　社会万象

朱元璋颁发科举诏令

洪武三年(1370)五月,因国家急需人才,朱元璋颁发科举诏令,于八月设科取士。

明代科举考试分文武二科。二科考试时间都有明确规定:子、午、卯、酉年为乡试;辰、戌、丑、未年为会试;乡试在八月,会试在二月,皆九日为第1场,复3日为第2场,又3日为第3场。乡试中试者称举人,京师会试中中试者有资格参加殿试。三年一大考,殿试有皇帝亲自把关,殿试及格而被录取的通称进士。进士分一、二、三甲,一甲3人,第一名称状元,第二名称榜眼,第三名称探花,赐进士及第;二甲若干名,赐进士出身;三甲若干人,赐同进士出身。凡考中进士,即可授官。

文科考试内容主要局限于四书五经。初场试经义二道,四书义一道。《易》主程《传》、朱子《本义》,《书》主蔡氏《传》,《诗》主朱子《集传》,《春秋》主春秋三传。二场试论一道,判五道,诏、诰、表、内科一道。三场试经史时务策五道。三场考试答题通用推行的八股文(每篇文章必须包括破题、承题、起讲、入手、起股、中股、后股、束股八部分),虚内容而重形式,因而明代科举制又称八股文取士。

武科试士的内容与文科有所不同。武举初试马上箭,二场试步下箭,三场试策一道。6年一大武举考试,考中者称武状元等。武科以技勇为重,所考内容也因时局的变化和要求略有变化。

明代科举取士录取名额根据社会需要而定。明初所需文官数额大,录取时也较多,明中期,逐渐放宽乡试名额而缩小会试名额,同时会试录取进士名额时,注意地域间的南、北分布平衡。洪熙元年(1425),定取士名额,南人16名,北人14名,武科不定。

明代科举制,在明初期扩大官僚机构、稳定统治政权中起到了积极作用。但作为一种文化专制制度,它把知识分子的思想束缚在孔孟之道和程朱理学之中。读书人为猎取功名,埋头四书五经,写空洞的八股文,成为名副其实的书呆子。这就禁锢了人们的思想,严重阻碍了文化科学的发展。

最高学府国子监太学成立

明洪武十五年(1382)三月,太祖朱元璋改国子学为国子监,将其作为全国最高学府。同年五月,新建太学落成。

北京国子监

元至正二十五年(1365),朱元璋在旧集庆路儒学设置国子学,诏令品官子弟及民间俊秀入学读书,设博士、助教、学正、学录、典乐、典书、典膳等官。吴元年(1367)国子学增加祭酒、司业、典簿等职。洪武八年(1375)又在中都凤阳设国子学。洪武十三年(1380)国子学迁址于鸡鸣山下。洪武十五年改国子学为国子监后,增设最高督学祭酒1人,司业1人,监承、典簿各1人,博士3人,学正、学录各3人,掌馔1人。洪武二十四年(1390)再次更定国子监的品秩、品数,使国子监的管理体制更加完善。

国子监建立后,学校制定有明确的规章制度:祭酒、监承掌管国子监诸生训导政令,监承参领监务,凡教官怠于教诲、学生违反监规、课业不精的,都要纠举惩治。博士负责授课,助教、学正、学录负责辅寻学生经义文字。典籍管理书籍,掌馔负责饮膳。国子监诸生分六堂授课,3年为期,考试及格给出身,不及格者仍在监肄业。洪武年间,国子监诸生除按时参加科举外,还可直接由吏部任职。洪武二十六年罢中都国子监,承乐元年(1403)在北京置国子监,员额增减无常。

洪武十五年五月十一日,新建太学成立,亦称文庙。太学正堂中为公署,左为训导之所,右为课试之处;前为太学门,再前为集贤门。六堂后为诸生肄业居处;六堂之东为助教、学正等的居所。太学的旁边有号房，是诸生住宿处，有妻子的学生居住在外面，每月给米赡养。

国子监的设立与完善，对明朝的学校教育及文化发展起到了重要作用。

明中叶出现资本主义萌芽

随着明朝商品经济的活跃，社会分工得到发展，并由于推行一条鞭法带来的封建人身关系的松弛，从而市场上出现了自由劳动力买卖，雇佣关系得到发展，这些都为资本主义的萌芽创造了条件。

明朝中叶，即十五世纪后，资本主义萌芽首先出现在江南地区的手工业中。工场手工业是手工业中资本主义萌芽的主要形式。杭州丝织业发达，许多机户开始雇用纺织能手，付以一定的工资，丝织业中雇佣关系就此出现。

常熟翁氏旧藏明人画《南都繁会景物图卷》

在明朝后期的苏州，机户甚至发展到3万家以上，受雇织匠的数量相当可观。机户一般出机，而机工出人力，完全脱离了生产资料，成为一无所有的劳动者。他们在一定程度上摆脱了政府的控制，是可以随意出卖劳动力的自由人。他们与依靠占用生产资料进行剥削的机户之间纯粹是一种资本主义性质的货币关系。

在矿冶业方面，随着民营矿业的发展，出现了不少规模较大的冶铁手工工场。在这些工场中，也出现了资本主义萌芽。如在徽州，有资本的富户租赁矿山，寻找矿穴，招集百姓，付以工资，促使他们炼铁以赚取利润。而在广东，冶铁业规模更大，从开矿、烧炭、冶炼到运输，形成了完整的生产线。这些工场中的劳动者都是雇佣而来的，与雇主之间具有资本主义雇佣劳动的性质。

明代后期，出现了一些拥有巨资、雇工很多的大型油坊，从中产生了资本主义生产方式的萌芽。这方面最突出的当推浙江嘉兴府崇德县石门镇的榨油业。万历年间，该镇共有油坊20家，雇有工人800余人，干一天活，可挣二铢的工资。很明显，这些油坊中的工人都是雇佣而来，丧失了土地，成为纯粹依靠出卖劳动力为生的无产者。他们与坊主没有任何的人身依附关系，油坊主人完全可以脱离劳动，依靠剥削雇工的剩余价值为生。类似这样的在其他地区榨油作坊亦有，如苏州吴县的新郭及横塘一带，就有不少人开设榨油作坊谋利。

农业中的资本主义萌芽主要表现为富裕农民或富裕佃农雇工经营商品性生产，地主雇工经营商品性生产和商人租地经营农业三种形式。主要地区是在苏、杭、嘉、湖等商品作物种植比较发达的地区。雇工们多数来自因地主兼并土地、官府征赋派役或在竞争中破产的农民。雇主雇工多者数十人,少者三、四人。雇工按受雇时间长短分为长工、短工和忙工,受雇期间必须日夜为雇主照看田地。总之,明中叶不论是在手工业中还是在农业中都出现了资本主义的生产关系。

明代中叶中国出现的资本主义萌芽尽管局限于少数地区和行业,在整个社会经济中只不过是晨星数点,地位微不足道,发展也很缓慢,但它标志着古老的封建社会已经走向没落。

拳法门类大量出现

明代中期,民间武术普遍发展,出现了蔚为壮观的庞杂景象,一方面拳、棍、刀、枪等诸技门派林立,逻奇斗艳,竞相争雄;另一方面民间拳械谱及歌诀等也不断出现。明代拳法的发展是多方面的,尤其拳种的大量出现,拳谱、拳诀的发展,以及有关训练方式及要求的论述等均是这一时期的突出成就。

明代出现了众多的拳术门类。戚继光《纪效新书》卷一四《拳经捷要篇》列举了16家:宋太祖三十二势长拳、六步拳、猴拳、化拳、温家七十二行拳、三十六合锁、二十四弃探马、八闪翻、十二短、吕红八下、绵张短打、巴子拳、山东李半天之腿,鹰爪王之拿、千跌张之跌、张伯敬之打。戚家世居山东,其所述拳家当以北方拳种为主;明代学者郑若曾所著《江南经略》所列拳派则与戚氏所述不同,其列11家为:赵家拳(赵太祖神拳三十六势、芜湖下西川二十四势、抹陵关下韩童掌拳六路)、南拳(似风、似蔽、似进、似退、凡四路)、北拳(供看拳凡四路)、西家拳(六路)、温家钩挂拳(十二路)、孙家披挂拳(四路)、张飞神拳(四路)、霸王拳(七路)、猴拳(三十六路)、童子拜观音神拳(五十三斋)、九滚十八跌打挝拿以及眠张短打破法、九内红八下等破法、三十六拿法、三十六解法、七十二跌法、七十二解法(卷八《兵器总论》)。郑若曾所列拳家多以南方拳种为主,当时大江南北的拳种绝非上述20多种。如出自少林寺的"少林拳法"和流传于江南的"内家拳法"就未包括在内。

明代拳法的显著发展还表现在"拳谱"和"拳势歌"的出现,唐顺之《武编》前集卷五记载的温家拳势名称,并叙述了招法使用的原则及具体用法,其后还附有练腿功之法,这是我国迄今为止所见到的最早的一个拳谱。"拳势歌"是反映拳势方法变化的文句,多带韵律,可以说唱,便于记诵。故以歌称。明赵光裕《新镌武经标题正议注释》附《阵法马步时法》一卷中记有"邵陵(少林)拳势歌"两首,是这一时期具有代表性的作品之一。明代各家拳法基本上处在专擅一技的发展阶段,针对这种现象,当时一些武术家提出了"兼而习之"的观点。戚继光说:"若以各家拳法兼而习之,正如常山蛇阵法,击首则尾应,击尾则首应,击其身而首尾呼应,此谓上下周全,无有不胜。"正是在这种认识的基础上,戚继光采取民间16家拳法之普者,汇成了32势拳法。

有关拳法训练方式,内容以及采用器物辅助的训练的记述也多见于史籍,被认为是明代少林寺僧玄机和尚所传的少林拳法,也是首先讲究步法、手法、肘法、腿法、身法的而达到"周身俱活",便可"随其所用"(《拳经·拳法备变》)。采用器物辅助训练也是当时拳法中的重要内容。

少林武术盛况空前

明代少林武术活动盛况空前,明人诗文中颇多咏述少林僧习武事,如焦宏祚《少林寺诗》云:"借闲古殿仍谈武,鸟立空阶似答诗。处处楼台皆随喜,何缘觅得且多枝。"此时少林武僧还经常以其精湛的武技,为游人表演。

少林僧习武内容主要有两类:一类是单练,如剑者、鞭者、戟者等;另一类则是对搏技能。即所谓掌搏、手搏、拳搏、搏击等。习武内容较前期大为丰富,这一发展显然与当时民间武术的蓬勃发展有直接的关联。

少林拳是少林武术中主要内容之一,此时有较大的发展,不仅有"拳势歌"问世,而且较拳、表演拳法的现象也多见。少林武僧反对"花拳",因此在拳法习练方面以手搏为主,其形式、非假势合,而是少林寺传统的徒搏技能。少林僧除习练拳势和手搏外,亦习一些特技,如"黑夜钉身""乌鸦瓦飞"法等。

当时少林寺僧虽习拳,但不以拳闻,而以棍名。少林寺拳法在明代末尚处于不断完善中。而少林棍有势、有路、有谱,任当时已形成完备的棍术体系。同时还有"邵陵(少林)棍法歌"二首问世,其歌为七言句,采用形象的语句说明了少林棍势的攻防变化。它是为寺僧掌握要领,分辨正误,防止偏差所编的,反映了少林寺僧对棍术的重视和对棍法研究的深化。

在当时民间武术蓬勃发展的形势下,少林寺与社会上的武术交流也频繁起来,出寺寻艺和入寺交流学艺的现象不断,如少林寺僧刘德长、洪记、广按等人都是嫌技未益精,而遍游天下,以后技艺大进。少林棍法也曾得抗倭名将俞大猷的指点。

宣德之后,入少林寺习武者日众,不仅使少林寺武术广播四方,而且使少林武术本身的内容也日趋丰富和发展了,值得一提的是,御倭战争期间,具有爱国主义思想的少林寺僧也纷纷奔赴抗倭战场。

私家藏书楼天一阁建成

天一阁创建于明嘉靖四十年(1561),约建成于嘉靖四十五年(1566),位于今浙江省宁波市西月湖边,是中国现存最早的私家藏书楼。阁主人范钦(1504~1585),字尧卿,号东明,明浙江鄞县(今宁波市)人。嘉靖十一年进士,历官至兵部右侍郎。生平好学,性喜读书,为收集图书,曾遍访藏书名家和各地坊肆,遇未见善本,即借阅抄录,日久收藏甚丰，乃建阁存置藏书。

天一阁取意于“天一生水，地六成之”之说，主建筑有尊经阁、天一阁等，占地2000多平方米。天一阁为一座两层楼房，上层不分间，通为一厅，以书橱相间，下层则分为6间。图书全部贮于上层，其书橱下各置一块英石，以收潮气，橱内并置有芸草以防虫蛀，楼上前后有窗以利通风，其建筑形态及规制对日后修建藏书楼有积极影响。清乾隆时为了建阁贮藏《四库全书》，曾派人到宁波察看天一阁的建筑式样，后来便参考其规制建造了考藏《四库全书》的文渊阁等七阁。天一阁还为《四库全书》的编修献书638种并受到嘉奖。

天一阁原有藏书7万余卷。由于范钦一生笃爱藏书，其收集图书并不专注于明以前旧本，也十分重视收集当代资料，因比，天一阁所藏以明代各省地方志，洪武、永乐以下各省登科录及各省乡试、会试、武举录为一大特色，尤为珍贵。地方志中，有些是属于边远地区如云南、海南岛等地，皆为难得的资料，对研究中国边远地区历史及文化都有重要价值。此外，还保存了许多明代学者的著述、诗文集，以及明代所刻明以前古籍。因此，天一阁对保存中国古籍也起到了积极作用。

天一阁有一套严密的图书保管制度，范钦的子孙也能严格遵守，故阁中藏书一直保存完好。这在私家藏书史上是绝无仅有的。但天一阁藏书在明末清初之际曾有一些散失，此后屡遭人为的掠夺。道光二十年（1840）鸦片战争爆发，英军攻占宁波后闯入天一阁，劫去《大明一统志》和地方志数十种。咸丰十一年（1861）太平军进驻宁波后，当地盗贼乘乱入阁，盗窃藏书甚多。1924年上海一些不法书商雇佣盗贼潜入阁中，盗出藏书约千余种，损失巨大。至此阁中藏书只剩1.3万余卷。

西方地图法传入中国

万历二十九年（1601），意大利传教士利玛窦第二次来到北京，向皇帝呈献礼物，其中有《万国图志》一册，引起万历皇帝的极大兴趣，从而使西方地图法传入中国。

利玛窦在中国居留共28年，所编绘的地图有《山海舆地全图》《世界图记》《山海舆地图》《舆地山海全图》《舆地全图》《万国图志》《坤舆万国全图》《两仪玄览图》等多种。

自从利玛窦的各种世界地图编绘问世以后，引起朝野人士的重视。利玛窦带来了一系列有关地图和地学的西方近代科学方法，包括采用有等积投影和方位等距地投影的地图投影方法，它第一次打破了中国人“天圆地方”的传统旧观念，使中国学者认识到中国只是地球的一小部分。另外，在利玛窦的地图上已经以北极圈、昼长圈（即北回归线）、昼短图（即南回归线）、南极圈等为界，划分为热、温、寒五带；再有就是图上的海陆分布，已大体反映了其基本轮廓；世界地图上附有的日、月蚀图，看北极法（即测定地理纬度法）、太阳每日赤纬表、中气图以及地球的概念等等，对于当时的中国知识界来说，都是十分新鲜、闻所未闻的事物，大大开拓了人们的眼界，从而使中国一二千年流传下来的地图学受到了强烈的冲击，并随之开始改革。

当然，中国当时的地图学知识也给了利玛窦很大帮助，在他当初带到中国来的世界地图上中国的轮廓是极含混不清的,不可能有中国详细的行政区划和山川形势。后来利玛窦在中国编绘世界地图时,由于参考了许多的中国地图,从而使世界地图的内容得以充实和改进。徐光启等人跟从利玛窦学习并积极介绍近代西方先进科学知识,客观上对中国的思想启蒙起到了推动作用。并促进了中国近代科学包括地理学和地图学的发展。

华人入南洋开始

16世纪在海禁与反海禁斗争中形成的南洋移民潮,使每年都有成千上万的福建、广东移民进入南洋各地。菲律宾的吕宋、印度尼西亚的巨港(旧港)、万丹、苏鲁马益、杜板、暹罗,马来西亚的马六甲、北大年、吉兰丹,上缅甸的江头城(杰沙)、下缅甸的勃固,加里曼丹西部和美洛居(马鲁古群岛),都有成批华人聚居地,出现了近代东南亚的华侨社会。

马来半岛的马六甲是16世纪东南亚最繁荣的国际市场,当地有许多泰米尔人、马来人,也有华人。西爪哇万丹王国的首都万丹,聚集着来自亚洲各地的商人。华人居住在城外西郊用土墙围集的居住区,欧洲人称作唐人街。17世纪初万丹华人约有三四千人,等候每年一月到来的中国帆船,大量收购胡椒和香料。华人开设的店铺出售各色生丝、绸缎、瓷器、漆箱、色纸、金裱的书籍、眼镜、刀、扇、唐伞、硫黄。1619年荷兰人占领雅加达后,将它改建巴达维亚城,数以千计的华人从万丹迁往该地。原籍福建同安的苏鸣岗当上了第一任头领,称甲必丹。华人在此开办蔗糖厂,提高了爪哇白糖的品质和产量。华人又用曲和酵母酿造美酒,使酿酒业大有进展。

马六甲的衰落以及西班牙殖民势力自1565年后在宿务、吕宋的扩张,刺激了中国帆船和商人转向吕宋。成批移居马尼拉的华人被限制居住在城东的“涧内”,那里有巨大的丝绸市场。马尼拉的华人居住区迅速扩大,1571年时华人仅有150人,至1590年时至少已有7000人,到1602年便增加到了30000人。中国帆船包揽了菲律宾各地的生活需求品,中国船给菲律宾运去的有丝绸、米谷、面粉、水果、金属、陶瓷、硫黄、水银、香料,甚至牛、马等力畜。马尼拉依赖华人移民而成为一个热闹城市,西班牙人把涧内称为“巴连”市场。

1590年西班牙派往菲律宾的首任天主教大主教沙拉萨,在他写给国王的报告中说:住在“巴连”内的华人有裁缝、修鞋匠、面包师、蜡烛匠、糖果商、药剂师、画师、银匠,住在“巴连”外的有渔民、果农、织工、砖瓦匠、泥水匠、木工、铁匠。“巴连”每天都供应猪肉、鸡、鸭、鱼、蛋、牛肉、蔬菜和中国食品。中国工匠制造的产品不但工巧胜过西班牙,而且价格低廉。当地居民对深入各岛的华人零售商,尤其因为买卖公平、供应对口、服务周到而热忱欢迎。中国的园艺、手工技术成为开发菲律宾不可或缺的宝贵财富。1593年华人龚容在马尼拉开办了第一家印刷厂,印刷了菲律宾第一部书《基督教教义》,并刻过《无极天主正教真传实录》的中文书籍。袭容又使用过活字印刷机,是将中华印刷文化引入菲律宾的第一人。

1593年福建人陈振龙私自将薯蔓运回福州,从此被广泛种植。华人还将烟草等作物引入家乡,推动了农业生产的发展。

崇祯年间复社的建立

明末,东林党声名大振,被各种保守势力视为大敌。天启三年(1623)后,魏忠贤擅权乱政,东林党人遭到残酷镇压。但江南地区又有一批有强烈政治责任感的中小地主知识分子,接过东林旗帜,运用结社的形式,继续与贵族大地主的腐朽政治做斗争。影响最大的是崇祯年间的复社。

复社的主要领导人是张溥、张采。天启四年(1624),正当魏忠贤飞扬跋扈时,张溥慨然在苏州创立应社。江浙各地的名士纷纷响应入社。应社名义上以读书为社事,实则旨在提倡名节,改变社会风气。天启六年(1626),"苏州民再变",市民颜佩伟,杨念如、马杰、沈扬、周文元5人为反抗魏党暴政而献身。次年,魏忠贤死,张溥作《五人墓碑记》热情讴歌5烈士,表达了鲜明的政治立场。崇祯元年(1628)春,张溥、张采在北京召集同志成立燕台社,这标志着二张已由以文会友、探索学问步入政治领域。第二年,正当明王朝危机空前的时刻,张溥以天下为己任,在江苏吴江尹山召开复社成立大会,将南北各地文社合为一社。并提出以忠君爱民(致君泽民)为宗旨,"……期与四方名士共兴复古学,将使异日者务为有用,因名曰复社。"(陆世仪《复社纪略》卷一)。复社的宗旨继承了东林党的政治主张。张溥说:"吾嗣东林。"所以,复社被视为"小东林"。

复社为东南一大社,并以江南为中心。张溥还立社规,制社词,定课程,互相分工,以共同振兴学术,培养人才,拯救明室为先务。在组织方面,各地均设有社长,专门负责内政和外交。又通过编辑文集详细登录社友姓名,以示门墙之峻;分注郡邑,以见声气之广(《复社纪略》卷一)。复社"党羽半天下",全国18个省、市有姓名可考的社员达3025人;文章数千篇。"从来社集未有若是之众","社艺亦未有如是之盛"。张溥被称为"在野政党之魁杰"。

复社是中小地主阶层知识分子的政治联盟。虽然思想上有些幼稚,也未能扭转中国封建政治的历史进程,但它毕竟是社会的进步,是对历史的继承和发展。

通往美洲的丝绸之路

1571年,西班牙人开始营建马尼拉城,西班牙人从中国商人那旦获得大批生丝和绸缎、瓷器、安息香、麝香、肉食、水果、金属制品和各种货物,于是西班牙人在马尼拉就地打造的大帆船满载这些中国货驶向墨西哥西岸的阿卡普尔科。漳州月港——马尼拉——阿卡普尔科的贸易航线从此诞生。

这条万里之遥的创纪录的航线,被称为马尼拉帆船(manila Galleon)贸易线,它每年装载的货物中,数量最多、价值最高、货色最吸引人的是生丝和丝织品。马尼拉帆船从

1571年开始，到1815年终止，除了少数年份装货有变，绝大部分年代中都以装载丝货为主，因此被阿卡普尔科所属的新西班牙人称为中国船。精致的罗纱、广东绉纱、号称“春天”的广东绣花绸、天鹅绒、线缎、优质花缎、丝毛混纺物、嵌有金银花的浮花锦缎、丝单被、手帕、台布、揩嘴布、袜子、斗篷、裙子，以及天鹅绒女上衣、长袍、晨服，供教堂育婴堂用的法衣，名目繁多，品质粗细都有。马尼拉帆船贸易吸引了成千上万的中国人到马尼拉经商、定居，就地制作各种销往太平洋彼岸的商货。

安迪尔河下游沙漠深处的提莫古城，曾是丝绸之路上的一个重镇。图为该城残存的城墙和佛塔遗迹。

马尼拉帆船贸易也使终点港阿卡普尔科从一个仅有250户人家的荒僻小镇，扩展到三四千人的城镇。西班牙在美洲的两大总督辖区，新西班牙和秘鲁总督区，都将视线集中到了每年定期开到阿卡普尔科的大帆船身上。秘鲁总督区由于被禁止派船参与马尼拉帆船贸易，也定期到阿卡普尔科收购中国货。17世纪上半叶，每艘马尼拉帆船运到美洲的丝货总在三四百箱左右，在1636年有的船甚至装载了1000箱、1200箱丝绸。这些丝绸运到了墨西哥城，也成为秘鲁首府利马大商店里的压台货。有些中国货更通过墨西哥东岸的维拉克鲁斯远销西班牙的塞维尔，将漳州发运的货物通过墨西哥运到了卡斯提尔。

第四章　历史谜团

朱元璋的“大脚皇后”之谜

明太祖朱元璋和他的结发妻子马皇后共度了三十年的夫妻生活，无论在戎马倥偬的艰难岁月里，还是在治理国家的宫廷生活中，两人始终互相尊重、彼此支持。这在中国历代帝王中极为罕见。尤为难能可贵的是，当时女子都以小脚为美，而马皇后却是大脚。朱元璋不仅不嫌弃她，甚至为了一则灯谜的谜底“好双大脚”，认为是讽刺马皇后，竟然大开杀戒，人们不禁要问：作为一国之君，朱元璋为什么对这个大脚妻子一往情深？

这还得从朱元璋的身世说起。

朱元璋是濠州钟离人，出身贫寒，从小就替人放牛。一年，濠州大旱，他的父母、长兄和弟弟相继病饿而死。他和二哥虽侥幸活命，却连父母都安葬不起。十七岁那年，他出家当了和尚，到处托钵乞食。有一则“翡翠玛瑙汤”的传说，说朱元璋在流浪时饿倒在一所破庙里，两个乞丐将拾来的烂菜根叶胡乱地煮成一锅汤，喂给他吃。朱元璋喝了一碗又一碗，觉得味美无比。登基后，他吃腻了山珍海味，突然想起了当年的“翡翠玛瑙汤”，于是命人依法煮来，结果，又酸又臭，难以下咽，方知时过境迁矣。他让百官一人一碗来品尝。众人欲咽难下，欲吐不敢。他说：“今天众卿身居高位，享尽荣华，可别忘了我们举义旗之初，可别忘了黎民百姓啊。”

朱元璋二十五岁那年投奔义军郭子兴军中充当步卒，后来调到郭府当差。郭子兴见他豁达大度、才能出众，十分器重，引为心腹，并把义女马秀英嫁给了他。马秀英知书达理、聪明果敢、性格倔强。当时的女人从小就得裹脚，偏偏马秀英执意不肯，结果，她就成了有名的“马大脚”。

宋代时，中国的大多数女子纷纷用人为的方法改变自己脚的形状，使之长不过三寸，称为“三寸金莲”。那时候，缠裹金莲成为时尚，女人们以小脚穿小鞋为美，尖尖小脚儿成了一个美女必备的条件之一。男子对女人的小脚也情有独钟，因此，不缠足的大脚女人被人视为丑女，甚至没有人愿娶其为妻。

朱元璋怎样看马秀英的大脚呢？传说朱元璋打天下时，这双大脚帮了马秀英的不少忙，行军打仗，洗衣运粮，她同男人一样能干。明朝建立后，她被封为皇后，看到那些宫内的妃嫔宫女们慢移三寸金莲袅袅婷婷的样子，她感到有些自惭形秽，决定开始裹脚。正巧，此时边境不断传来失利的消息，朱元璋愁眉不展，见马皇后解开裹脚布欣赏已经小了些的双脚，惊呼道："哎呀，我的娘娘，再不能裹啦！再裹下去，朕的江山就完了！这脚大有什么不好？手大掌乾坤，脚大江山稳。"哈，他是把裹脚当成丢失城池的原因了！传说不足为信，但起码能够看出来朱元璋并不厌恶马皇后的大脚。

当初，朱元璋与马秀英成婚后，对她就十分敬重，是因为马秀英的忠诚和贤惠。据说，朱元璋曾遭郭子兴猜忌被禁闭并断绝饮食之时，马秀英偷着将滚热的烙饼揣在怀里给朱元璋送去，把胸脯都烫红了。行军作战时，她宁可自己挨饿，也拿出准备好的干粮让朱元璋吃饱。她还统领将士的妻妾们搞好后勤工作，随军慰劳军卒。特别在一次战斗中，马秀英竟扮成村姑，不顾死活地将受伤的朱元璋背出重围，救了丈夫一条命。她的大脚派上了用场。

郭子兴

朱元璋称帝后专宠马皇后，是出于对她的尊重。他们原本是在患难中结合，又在富贵中相互支持，情深意笃。马皇后在十五年的宫廷生活中，始终严于律己，并设法使朱元璋少犯大错，对巩固明朝的统治起了很大作用。朱元璋为使朱氏王朝能够长治久安，对前朝的政治制度进行了改革。在后宫管理方面，他坚决反对后妃干预朝政，把戒谕后妃之词高悬宫中，严令一一照办。马皇后以身作则，身体力行。朱元璋为了表示对她的感激，曾主动提出寻访她的族人以加官赐爵，均被马皇后谢绝了。在她的影响下，洪武年间，朝廷从不滥封公爵，位列三公者都是开国功臣。朱元璋对擅权枉法，图谋不轨的臣子非常痛恨，常施以酷刑，乃至诛杀，甚至祸灭九族，难免会殃及无辜。马皇后见无人敢冒死劝谏，遂想方设法委婉进谏，使朱元璋得以接受。在她的努力下，挽救了不少人的性命。吴兴富豪沈秀、太子的老师宋濂都因她从中斡旋，免遭杀身之祸。一次，有人密告和州参军郭景祥的儿子欲杀其父，朱元璋不问真假，即下令诛杀其子。亏得马皇后劝他先调查再处理，从而避免了一场冤狱。

洪武十五年，马皇后病危之时。群臣请求祷祀，并请求请良医诊治，马皇后却一概谢绝了。她还说了一番深明大义的话："死生都是命中注定，祷祀没有什么用；医生只能治病，不能治命。倘若请来医生却未治好我的病，医者必然获罪，甚至送命。"死前，她对朱元璋说："愿陛下求贤纳谏，慎终如殆，子孙皆贤，臣民得所。"马皇后死后，朱元璋痛哭不止，从此再未立皇后。

朱元璋一生不贪图享乐，不贪恋美色，兢兢业业创业、守业，不能不说其中有"大脚马皇后”的一份功劳。

朱元璋“锦衣卫”之谜

明太祖朱元璋戎马征战十几年,终于建立了大明政权。但是,他总不放心那些帮助他建功立业的开国功臣,于是他设立一个叫作“锦衣卫”的特务机构,专门监视、侦察大臣的活动。大臣在外面或者家里有什么动静,锦衣卫都会打听得一清二楚。谁被发现有什么嫌疑,就会被打进牢狱,甚至杀头。朱元璋在位的三十多年间,特务多如牛毛,遍布街坊路途,严密监视着朝野内外、文武官员活动。人们防不胜防,整天都提心吊胆地过日子。

朱元璋

吏部尚书吴琳告老还乡,朱元璋派特务到其家乡暗访。见一老人似农民模样,上前问道:“这里有个吴尚书吗?”老人答道:“吴琳便是。”朱元璋听了报告,才算放了心。

太子的老师宋濂,为人小心谨慎,但是朱元璋对他也不放心,暗中处处监视。一天,宋濂在家里宴请友人。第二天上朝朱元璋就盘问他请了哪些人?备了哪些菜?宋濂照实回答。朱元璋点头表示满意。原来,头一天锦衣卫的人早已监视宋濂的活动了。后来,朱元璋称赞他说:“宋濂侍候我十九年,从没说过一句谎言,也没说过别人一句坏话,真是个贤人啊!”可是,胡惟庸案发生后,宋濂的孙子宋慎被人揭发是胡党,朱元璋遂派锦衣卫把已经告老还乡的宋濂从金华老家抓到京城,要把他处死。幸亏马皇后说情,才下令赦免其死罪,改罚充军到四川茂州,七十多岁的宋濂禁不起折腾,再加上路上劳累,走到半路就病死了。

过了十年,又有人靠发功臣太师李善长,说他当年和胡惟庸关系密切,却明知其谋反而不检举揭发,采取观望态度,犯了大逆不道的罪。结果,七十七岁的李善长及其全家七十多口全部处死,连朱元璋亲自赐给他的两道免死铁券也没有帮上忙。接着,朱元璋又一次追查胡党,处死了文武官员及其亲属一万五千多人。

过了三年,锦衣卫又告发凉国公蓝玉谋反,说他和曹震等计划在朱元璋外出打猎的时候乘机劫驾。朱元璋得此信息,即命锦衣卫发兵逮捕。蓝玉是开国功臣常遇春的妻弟，是洪武后期的主要将领。他手下有骁将十几人，威望都很高。蓝玉作战非常勇敢，立下赫赫战功。但他自恃功高、骄横腐化、霸占良田、贩盐走私、私蓄奴婢、勒索百姓，朱元璋对他早已不满，此番趁机将蓝玉一帮统统缉拿殿前，朱元璋亲自审讯，然后交由刑部酷打成案。蓝玉被砍头，其三族全被抄斩。凡与蓝玉有接触的朝臣，列侯通籍，坐党夷灭。此案先后诛杀一万五千多人，把军中功高位显的元勋宿将几乎一网打尽。

朱元璋不仅用锦衣卫控制人们的言行，还大兴文字狱控制人们的思想。因其出身贫苦，又当过和尚，所以很忌讳人们提他的出身经历，怕人们指桑骂槐地讥讽他，他特别注意臣僚们的言辞奉章，刻意寻找有否挖苦自己的地方。杭州府学教授徐一夔的《贺表》中有一句“光天之下，天生圣人，为世作则”的话，本来是在歌颂朱元璋，但朱元璋认为“光”是“秃”意，是在说他是个秃子，讽刺他当过和尚；又认为“则”音近“贼”，是骂他做过贼，当即下令将他处死。此类冤狱，不胜枚举。

这样一来，朝野文人开口怕锦衣卫，提笔怕文字狱，出现了人人自危的恐怖局面。朱元璋却是高枕无忧了。

解缙被杀之谜

解缙，字大绅，吉水人。他是明朝初年的大才子，从小才思敏捷，聪颖好学，被誉为“神童”。他由于主持编纂《永乐大典》，而名垂青史。但最终他却因直言不讳，而命丧黄泉。

解缙于洪武二十一年考中进士，任庶吉士，很得明太祖朱元璋的赏识。建文帝朱允炆时，他被任命为翰林院待诏。明成祖朱棣登基后，他又被提拔为翰林学士，入值文渊阁，主持编纂了传世巨著《永乐大典》，深得朱棣的信任。

但是，解缙自恃才高，养成了自负的性格，说话办事无所顾忌，不但得罪了一些大臣，甚至得罪了皇帝、皇子。

朱棣即位后，本应尽快确立太子，但他却陷于两难之中。立长子高炽吧，他又偏爱屡立战功的次子高煦；立高煦吧，又怕违背“立嫡长”的祖制。大臣们也为此分成了两派。朱棣征询解缙的意见时，解缙本主张立高炽为太子，但却不谈高炽，倒谈起了高炽的儿子，朱棣极为钟爱的“好圣孙”朱瞻基，此番话一下子打动了朱棣，因而内心倾向了高炽。不久，朱棣宣布立朱高炽为太子，同时封朱高煦为汉王，封国云南。封朱高燧为赵王，封国彰德。

朱高煦没当上太子，怨气冲天，他一面竭力讨好朱棣，一面进谗太子，迫害拥立太子的大臣。这样，解缙就首当其冲，成为高煦第一个要拔掉的眼中钉。

永乐五年，解缙见朱棣宠爱高煦日甚，而高煦又常越礼不轨，便向朱棣进谏，指出高煦有意与太子争位，劝朱棣对高煦要加以约束。不料，事与愿违，朱棣不但未采纳他的建议，反而认为他故意离间骨肉，因而疏远了他。高煦见有机可乘，就胡说解缙不守朝规，泄露宫中机密。朱棣信以为真，将解缙贬到广西，后又改为交。即使这样，仍不解高煦对解缙的仇恨。四年之后，解缙入京，适逢朱棣北征不在，仅仅见了太子高炽便回到了交。高煦抓住这件事大做文章，在朱棣面前说解缙竟敢趁皇上不在京时私见太子，失去了人臣之礼。朱棣不问青红皂白，命人将解缙逮捕入狱，由锦衣卫处置。

朱高煦唆使狱官，逼解缙承认他与太子朱高炽有密谋，想借解缙来陷害太子。但解缙识破了他的恶毒伎俩，虽然受尽酷刑，却坚不承认。没有口供，谁也奈何解缙不得，解缙在狱中一待就是五年。

到了永乐十三年，有一天，朱棣在狱中拘押的囚犯名单上见到了解缙的名字，就问："哦，解缙还在吗？"锦衣卫头子明白了朱棣的意思，回去便用酒将解缙灌醉，赤身露体埋在雪地里，活活冻死了。

解缙已死，朱棣下令籍没他的家产，把他的妻子儿女都发配到了北方。

眼看解缙被贬被杀，太子朱高炽却无能为力，只有暗自伤心。后来高煦因种种不轨之举也被朱棣冷落。

可叹解缙做梦也未想到自己因为说实话，落得如此凄惨的下场。

郑和为何要"七下西洋"

明成祖永乐三年(1405)，明朝三保太监郑和率领船队，从长江口浩浩荡荡入海，经历了亚洲、非洲30多个国家和地区，最远到达非洲的东海岸，历时28年。这就是历史上有名的"三保太监下西洋"。

永乐国家长期坐镇北方，稳居北京，为什么一反历代帝王常例，突然把目光转向无边的海洋？而在第六次下西洋后，却不再让郑和出使了呢？

有的说，这是为了宣扬明朝的国威，招引各国前来朝贡，同时也进行大量的贸易活动。从而促进中国同"西洋"各国的经济和文化交流。

也有的说，此中暗含着一段秘而不宣的隐情。这就是"靖难之变"后，明成祖朱棣为寻找下落不明的建文帝而策划的行动之一，和西洋的交流只是个幌子而已。"靖难之变"的史实是这样的。

明太祖朱元璋生有26个儿子，一生钟爱长子朱标和四子朱棣。但在封建社会中，皇权一直以正统世袭，所以当朱标死后，明太祖还是将皇位传给了朱标的儿子朱允炆。1398年，明太祖去世，朱允炆即位，改年号为"建文"。此时弱君在朝，强藩在外，各地藩王又都是皇帝的叔辈，拥有军政大权。建文帝对此深感不安，于是采纳齐泰、黄子澄等人"削藩"的建议，以此来巩固皇权。

最初，燕王朱棣不敢轻举妄动，装疯装病。后来，见建文帝相继废削周王、齐王、代王、岷王，感到自己也可能被废，于是"构为祸乱，危迫联躬"，起兵谋反，号称"靖难"，直逼南京。

这场内战前后相持了四年。建文帝迂腐、怯弱，无论在政治上、军事上都敌不过他的叔父朱棣，派去征伐的兵将都大败而归。建文四年，朱棣攻占南京，建文帝下落不明。朱棣登上皇位，迁都北京，称“明成祖”，改年号为“永乐”。

叔父夺了侄儿的皇权，是有“夺嫡”和“篡位”之名的。正儿八经的皇帝在世并且出逃，对朱棣的帝位是一个极大的威胁。他一方面为了安定人心，发布建文帝已死的诏书，再就是根据传闻中的蛛丝马迹去苦苦寻觅，于是引出许多明察暗访的故事来。

郑和雕像

一说是“阖宫自焚”。

《太宗实录》说，当朱棣率众抵达重川门时，诸王及文武大臣都来朝见，建文帝本想出迎，回望四周，人众皆散，仅内侍数人而已，叹息说：“我有什么脸面见他？”于是就关上宫门，举火自焚了。永乐年间的《实录》和清代修编的《明史》都重复了这一说法。

但是，《明史·恭闵帝本纪》中却说：“都城陷宫中火起，帝不知所终，燕王遣中史出帝后尸于火中，越八日壬申葬之。”这使人产生了疑问：既然“不知所终”，怎样辨认出那个烧焦的尸体是不是建文帝？当时正是烈日酷暑，如能辨认尸体是谁，为何要停尸 8 日？如果辨认不了，停尸时日再多又有何用？

因此，建文帝未死的传说就传播开来。有的说，他从地道或御沟之中逃跑了；有的说他削发扮成和尚，藏到某个寺院中去了；还有的说，他化装南逃，漂洋海外了。

为了寻找建文帝，明成祖费尽心思。

他曾派亲信胡濙拿着御制诏书，以寻访仙人张三丰的名义，遍行天下州郡乡邑，暗地察访长达 21 年之久，他派太监郑和六下西洋，达 28 年之久，用心可谓良苦。

后人经查阅《国榷》《罪惟录》《明通鉴》《明史纪事本末》《建文朝野汇编》等书，都能找到建文出亡的踪迹。由松陵入滇南、西游重庆、转入祥符，侨居西粤，又入荆楚之乡，踪迹来去，数千余里，真是“滇桂巴蜀黔，处处藏建文”。

奇怪的是，还有些人假冒建文帝，更是真真假假，扑朔迷离。

明代王鳌的《震泽纪闻》就记了一段离奇故事：

正统年间，一位御史外出巡察，有一老僧当道而立，左右呵斥，他却昂然不动，御史亲自问讯，他才宣称自己是“建文帝”。

从成祖到英宗，历时三十几年，已经换了三个皇帝，而建文帝还健在？真是骇人听闻。

御史不敢自专，禀报朝廷，并把他送到北京，他吟诗道：

流落江南四十秋，归来白发已盈头。

乾坤有恨家何在？江汉无情水自流。

长乐宫中云气散，朝元阁上雨声愁。

新蒲细柳年年绿，野老吞声哭未休。

英宗召大臣来，谁也不敢说他是真是假。后来英宗叫曾经侍候过建文帝的老太监吴亮来辨认，吴亮一露脸，老僧就说：

“你不是吴亮吗？”

“我哪里是什么吴亮！”

老僧从容地笑了，他说：“那一年我在便殿里吃仔鹅，把一块鹅肉掉在地上，当时你手提茶壶，趴在地上，用嘴把鹅肉叼起来，你难道忘了吗？你怎么敢说你不是吴亮？”

话音未落，吴亮扑通一声跪在老和尚膝前泣不成声。

奇怪的是，当天晚上，吴亮回到家里，不声不响地上吊了。是自缢，还是他缢？谁也说不清楚。

郑和船

据说，这老僧在宫内安然度过最后的日月，死后葬在北京西山，号称“天下大师”。有人说，曾在颐和园后面的红山上，找到了“前明天下大师之墓”，还有在云南武定狮山佛寺塑造的“明天下大师像”的照片，照片图注说：“天下大师者，明建文帝也。”仿佛真有其事。直到1991年，中央电视台播放一段新闻，说：“对史学界长期争论不休的明建文帝的下落问题，上海史字工作者徐作生经过一年考证后认为，当年建文帝出亡后，曾藏于江苏吴县鼋山普济寺内，不久，转移到穹窿山皇驾庵直到1423年病殁于此，葬皇驾掩庵后的小山坡上。”从而，500多年悬而未决的课题终于有了准确的答案。这也解开了另一谜团：为什么在三保太监郑和第六次下西洋后明成祖从此就再也没有让他出使？正是因为他知道建文帝已死才放下心来，不必再访察了。

而郑和第七次下西洋，是在明成祖死后，宣德五年(1430)进行的。

郑和七次下西洋，终于谜底揭晓。

明世宗的“玉龟仙芝”之谜

明世宗朱厚熜一生昏庸无道，纵欲无度，不但笃信道教，痴迷追求不老之方，还醉心于瑞祥感应，甚至弄了一出“玉龟仙芝”的闹剧来，贻笑大方。

嘉靖三十七年，因平倭无功受到指责的胡宗宪，为了讨好朱厚熜，将一只在舟山捕获的白鹿献上。朱厚熜却以为是瑞祥之物，如获至宝，在玄极宝殿、太庙举行了隆重的告庙礼，并亲临两处，告谢天神和祖宗，百官也都纷纷称贺。一时闹得满城风雨。

明世宗

胡宗宪见圣心大悦，就又设法弄来两只白龟和五棵大灵芝献进宫来。朱厚熜一高兴，就提拔了胡宗宪的官职，并赐给他若干银币和金鹤衣一袭。“千年王八万年龟”，龟是长寿的象征，灵芝据说是长生不老之药，朱厚熜以为这龟与芝都是老天恩赐给他的吉祥之物，肯定保佑他长生不老，国运亨通，于是将这两样东西命名为“玉龟仙芝”。献“瑞祥”能如此讨好皇上，自然编造瑞祥的马屁精就纷纷冒了出来。

这年八月，朱厚熜突然在几案上和被子里发现了一粒金丹和一只桃子。问是谁放的？谁也不知道，那么，当然是从天上掉下来的啦！朱厚熜赶忙跑到太极殿去拜谢天帝，又跑到太庙去禀告祖先，让他们知道他得天独厚，将长生不死了。可巧，不久，宫里养的白兔生了俩崽，白鹿生了俩仔。朱厚熜把这几件事联系起来，以为天眷非常，大喜将至，下诏修了迎恩醮。官员们纷纷上表称贺，宫里熙熙攘攘，朝廷上下一时忙得一塌糊涂。

自此以后，督抚大吏争上符瑞，礼官动辄表贺。举朝重臣明知这些愚蠢的举动都是讨取朱厚熜欢心的把戏，可是谁也不敢说半个“不”字，只是暗中讪笑。

偏偏有个不怕死的户部主事海瑞，斗胆上了一疏，给朱厚熜泼了一记凉水。这篇疏文，洋洋洒洒数百言，据理而谈，直斥君非，疏文中说道：

“天下人不满意陛下已经很久了。古代君王有过，靠臣子来匡正。今天陛下修斋建醮，群臣便相率来进香，陛下说得了仙桃、天药，群臣纷纷上表祝贺。陛下做的事是错的，群臣顺从陛下当然也是错的。群臣没有一个人肯来向陛下说真话，都是些谄谀之人。其实他们都犯了欺君之罪。"

"陛下的错误太多了,最大的错误就是斋醮炼药以求长生。陛下受长生之术于陶仲文,称他为'师'。可是,陶仲文后来不也死了吗?他自己都长生不了,陛下又怎么能单独求到长生?至于仙桃天药,尤其怪妄。桃必采而后得,药必制而后成,现在无缘无故地就得到了,是它们有脚自己跑来的,还是天有手付给的?这都是陛下左右的奸人,伪造荒诞,用以欺骗陛下,而陛下却信以为真,实在是大错特错了。"

疏文中还指责朱厚熜种种无道之举,并说:"今愚民传说,'嘉者,家也;靖者,尽也','嘉靖'的意思就是民穷财尽,什么也不剩。"

朱厚熜看了海瑞的疏文,气急败坏地把疏文朝地上一扔,对左右说:"快把这个海瑞抓起来,别让他跑了!"太监黄锦在一旁回答:"这个海主事根本没想跑,听说他连棺材都准备好了,还把后事做了安排。并把老仆人打发回家,免得仆人受到牵连。"

朱厚熜听完略有所思,又取疏奏看了一遍,怒气稍平后,说:"海瑞说人不能长生,也可能是正确的。但我长时间生病,不能视事,吃点仙药有什么不可以?"又说:"这也怪我平常不爱惜身体,若能出御上殿,何至被他如此毁谤呢?"内阁首辅徐阶答道:"海瑞虽然言过了,但心是好的,请陛下宽恕他吧。"朱厚熜这时也不愿多杀谏臣,命人将海瑞捕之入狱。

嘉靖四十四年冬,朱厚熜病重之时,闭着眼睛说:"细想想,海瑞的话是不错的。可惜他讲得太晚了。"临死前,他在遗诏中有一句"现监者即释复原职",海瑞才被放了出来。后来因为官清廉,为民造福,官升至都御史,是明朝有名的"清官"。

"玉龟仙芝"没有使朱厚熜长生不老,反而因长期服用剧毒丹药而加速了死亡。

唐寅科场受累之谜

唐寅,字伯虎,又字子畏,晚年学佛,自号六居士。他能诗善画,以文名与文徵明、祝允明、徐祯卿并称为"吴中四才子";以画才跻身于"吴门四杰",与沈周、文徵明、仇英齐名。唐寅为人风流倜傥,放荡不羁。每逢才艺双绝之女子,则朝思暮想,穷追不舍,民间就流传有"唐伯虎点秋香"的故事。他也曾热衷功名,但自中"解元"之后就因科场受累而仕途永绝,从此更为放浪形骸,沉溺于美酒女色。他晚年以卖画为生,穷愁潦倒,开始属意禅佛,最终在穷困中凄然离世。

唐寅于成化六年(公元1470年)二月在吴县(今江苏苏州)皋桥号趋里出生。祖籍山西晋城,祖上经商,唐寅的父亲也是一名商人。虽然家里比较富裕,但在等级森严的封建社会中,商人排在"士、农、工、商"四民之末,属于下等公民,没有社会地位,所以唐寅的父亲一心希望儿子能科场成名、出人头地。为了儿子日后的前程,唐寅的父亲专门请来家庭教师,在自己家里给唐寅传道授业。然而唐寅性情乖张,并不热衷功名。

唐寅自幼聪明顽皮,和邻居家的小伙伴张灵最要好。张灵也是个顽童,二人曾在下雨下雪的时候化装成乞丐,有时还吟诗骗酒喝。与唐寅同岁的文徵明也是他自幼的好友，文徵明曾写过一首名为《简子畏》的诗来描述唐寅的秉性疏旷、放荡不羁："落魄迂疏不事家，郎君性气属豪华。高楼大叫秋觞月，深幄微酣夜拥花。"父亲去世后，唐寅更加无拘无束，每天饮酒取乐，既不料理生意，也不肯用功读书。

然而乐极生悲，在唐寅二十四五岁时，两年之内，母亲、妻子和年幼的儿子相继去世，出嫁在外的妹妹又意外死亡，唐家一下子门庭冷落，家道也衰败下来。这一连串的打击，使唐寅不知所措，更是每天借酒浇愁，嬉游无度。

唐寅

好友祝允明不忍心看他这样自暴自弃，于是苦劝他用功读书，求个功名。唐寅对自己的聪明才智十分自信，认为"关门读书一本书，就能轻而易举拿个解元"，从此以后，不再与狐朋狗友饮酒作乐，而是关起门来，苦读诗书。

功夫不负有心人，弘治十一年（公元 1498 年），唐寅二十九岁时参加应天乡试，高中第一名举人，摘得"解元"的桂冠。后世称唐寅为"唐解元"也是由此而来。

如果唐寅沿着这条路顺顺当当走下去，自然前途无量，然而往往世事难料。

唐寅参加乡试时，主考官梁储看到他的试卷，赞叹不已，回京后又向学士程敏政推荐。程敏政读了也很佩服，于是将唐寅收为门下弟子。第二年，唐寅参加会试，自以为稳得进士前几名。没想到，却卷进了一场科场官司。

原来他和同年举人、江阴考生徐经坐同一条船赴京赶考，来到京城后又住在一起。二人在考前预做文章，正好押中状试题目（也有一说，是徐经贿赂主考官程敏政的书僮，偷得考题）。

从考场出来以后，二人不免沾沾自喜，唐寅在酒桌上向同辈夸口说："我今年定做状元了。"众人早听说程敏政有见不得人的勾当，又忌妒唐寅的才华，就风传主考官程敏政不公正。这事被言官听到后，就上奏给朝廷，弹劾会试主考之一程敏政卖题。皇帝立即下令取消程敏政的阅卷资格。为了避免嫌疑，另一名主考官李东阳也没敢录取他俩。

然而，事情并未了结，言官华昶仍抓住此事不放。于是程敏政、唐寅和徐经都被逮捕，开庭受审。在堂上，唐寅饱受拷打，“身贯三木，卒吏如虎，举头抢地，涕泗横集”。

尽管当时没有找到唐寅与程敏政勾结的真凭实据，但因为二人以前有过来往，不能排除嫌疑，就将他和徐经永远取消考试资格，一起发往浙江当吏卒，而言官华昶的弹劾没有确实依据，有言过不实之处，外调南京。这个各打五十大板的判决是如此离奇，使得唐寅因此而终生郁郁不得志。

唐寅遭到这样的飞来横祸，无可奈何，只能假装潇洒地说道：“士可杀不可辱。”他断然拒绝去浙江当吏卒，回了吴县老家，从些无意功名。此时，他的第二个妻子看见他断送了功名，荣华富贵化为泡影，便经常对丈夫口出怨言，最后二人不欢而散。

这次科场横祸不仅使他做官求名的梦想破灭，而且还使他感到在人格上受到莫大侮辱，在精神上受到极度摧残。反过来，也更加深了他对封建社会矛盾和黑暗的认识，以及对虚伪腐朽的封建礼法的强烈不满。

唐寅遭此变故后，虽然心里极度悲愤，但也只能像众多的失意文人一样将不满压在心底，力图用一种极端放纵、洒脱不拘的生活来寻求解脱。他混迹于妓院中，带着自己刻的“江南第一风流才子”的印章眠花宿柳，以这种特有的方式来亵渎封建等级制度。

闲暇时，他也寄情山水，游历祖国的名川大山。在领略了山川美景之后，唐寅的心情舒畅多了，千里壮游虽然没能使他走上司马迁那样发奋著史的道路，但踏遍名山大川，使他胸中有了千山万壑，再加上他的才气，使得他的诗文绘画大有长进，具有了超出吴派其他诗人和画家的雄浑气象。其诗作如《庐山》：“匡庐山高高几重？山雨山烟浓复浓。移家来往屏风叠，骑驴看来香炉峰。江上乌帽谁渡水？岩际白衣人采松。古勿磨崖留岁月，读之漫灭为修容。”全诗不仅气势浑成，而且有一种沧桑之感。画作如《洞庭黄茅渚图》，虽然山石用乱柴皴和折带皴画就，但在精巧细致之外又透出坚挺高陡。其后，唐寅在恩师周臣的指点下，画艺不断精进，以致后来青出于蓝，胜过老师周臣。

回到家乡后，唐寅开始以卖画为生。业余时间，他就研习天文历法以及算命卜卦之类的玄学，以求修身养性。三十六岁的时候，唐寅一心想过隐居生活，于是在苏州金阊门外桃花坞筑了一座“桃花庵”，过起了“酒醒只在花前坐，酒醉还来月下眠”的生活。由于受禅学的影响，尝尽诸般人生滋味的唐寅开始有了“人生如梦”的感叹，认为一切都是假的，只有及时行乐才是真的。于是，他取佛教《金刚经》上四句话“一切有为法。如梦幻泡影，如露亦如电，应作如是观”，自号“六如居士”，又自刻了一方印章“逃禅仙吏”，给这所房子取名“桃花庵”。

唐寅在自己的小天地中过着无拘无束的生活，其毫不掩饰地率真性格更显露无遗。他的诗画作品敢于冲破封建时代的题材禁区，譬如有关男女私情的题材，在宋代是不能登大雅之堂的，而唐寅的诗作中不仅有男欢女爱的描写，还有对三寸金莲的赞赏，更有哭妓、悼妓的悲歌。唐寅的绘画中也有不少以妓女为模特的仕女图。在这些画作中，唐寅灌注了自己的真情实感，因此其笔下弱不禁风、楚楚动人的江南女子都别具风情。正是这么多的艳情诗和美女图，使得唐寅身后留下了一串串关于其风流韵事的传说。

“三笑姻缘”是其中最为著名的一个。这个故事最早见于项元汴的《真窗杂录》。

弘治十二年（公元 1499 年）己未二月，唐伯虎因科场案被放逐后，一日，在苏州金阊门的一艘画舫上邂逅了一位美貌女子，心生爱意。于是就换上便装，买了一条小船尾随其后，一直跟到吴兴。经过多方打听，才知道这名女子是一户官宦人家的婢女。

唐伯虎为了能接近该女，打扮成一个穷书生模样，每天经过府门，请求当一名抄写杂役。主人就将他留下，给自己的两个儿子伴读。两个公子在唐伯虎的帮助下，文章大有长进，他们的父亲很高兴。

不久，唐伯虎以回家成亲为借口，请求辞职。两位公子舍不得让他走，于是让他在自己家中选择中意的婢女完婚。唐伯虎选中一人，名叫秋香，正是在金阊门看到的那个。

结婚当晚，秋香认出伯虎正是昔日金阊门所见之人，大为吃惊。唐伯虎说出实情，秋香十分感动，说出自己朝唐伯虎笑的原因。原来，那天唐伯虎被一群求画的年轻人围着，挥翰如流，同时边画边呼，旁若无人，秋香就知道他不是一般人。唐伯虎觉得秋香能"于风生中谈名士"，也不是一般女子。从此，二人更加恩爱。

又过了一些日子，有贵客前来拜访主人让唐伯虎接待。客人在宴席上盯着唐伯虎看，认出他正是唐寅。唐伯虎只得和盘托出，客人把这件事告诉主人，主人大惊，忙把唐伯虎请入上席。

第二天，又给秋香备了妆奁，将二人送回吴中老家。

这故事并没有切实的史实根据，是后人从唐朝的笔记小说和宋明杂剧中敷衍出来，移植到唐寅身上的，但"皮之不存，毛将焉附"，没有唐伯虎的风流浪漫，也就不会有这些美丽的传奇故事了。

唐寅在桃花庵里饮酒作画，虽然自在快活，但功名之心又在平淡的生活表面下蠢蠢欲动。正德九年（公元1514年），唐寅四十五岁时，答应了宁王朱宸濠的邀请，去南昌做了宁王的幕僚。但到了宁府后才发现，去做幕僚的人都是龌龊不堪之徒，只会溜须拍马、

溪山渔隐图·明·唐寅

阿谀奉承，而宁王又残暴无道，而且居心不良，早有弑君篡位的意图。唐寅对此行十分后

悔，又不想卷入这场是非，于是他就借酒装疯，丑态百出。宁王不堪忍受，认为鼎鼎大名的唐伯虎不过是浪得虚名，几个月以后就把他撵回去了。

南昌之行使唐寅进一步认识了权贵的奸诈和虚伪，从此彻底打消了求取功名的念头。此后，他更加放浪形骸，饮酒作乐之时，常常口出狂言。

另一方面，晚年的唐寅又逃禅学佛，在放纵的生活之外，寻找精神寄托。他早年的诗歌“不计工拙，兴寄烂漫”，自有一番天真之趣，而此时他的诗歌却学习刘禹锡、白居易“多凄怨之词”，并不时地流露出人生如梦的慨叹。如《漫兴诗》：“人生七十古来有，处世谁能得长久。光阴真是过隙驹，绿鬓看看成白首，积金到斗俱是闲，几人买断鬼门关，白日升在无此理，自古有生还有死，眼前富贵一枰棋，身后功名半张纸。古称彭祖寿最多，八百年后还如何。请君听我歌且舞，穷通寿夭皆由他。”这分明是一副看破红尘的样子。

晚年的唐寅，诗文更加颓放，但也更为玄妙。由于归心佛教，他往往从色空观和人生如梦中寻求寄托。如他在《传白太傅自咏》中所说：“维摩卧病余须发，李白长流弃室家。案上酒杯真故旧，手中经卷漫生涯。高情自信能忘我，隐者何妨独洁身。无所不知方是富，有衣典酒未为贫。”看来，唐寅把自己与李白、王维相提并论，自比为隐者，生活态度还算开朗。

然而，这些话也不过是他的自我安慰之词，否则，他也不用继续流连秦楼楚馆，用一时的感官享乐来麻醉自己了。

唐寅作为一名职业画家，以卖画为生，“四海资身笔一枝”的生活，是十分艰难的。唐寅的画很早就已出名，不论山水、人物、花鸟都受当时的人们的喜爱。然而在那个“湖上水田人不要，谁来买我画中山”的时代，盖世的才子却极为穷困潦倒。

唐寅写过许多诗反映这种状况，如：“书画诗文总不工，偶然生计寓其中，肯嫌斗粟囊钱少，也济先生一日穷。”“生涯画笔兼诗笔，踪迹花边与柳边。”唐寅虽然有不事权贵的铮铮傲骨，“不炼金丹不坐禅，不为商贾不耕田。闲来写得青山卖，不使人间造业钱”，然而他的画却不得不以这类人为主要买者，可见做一个文人雅士，在那个时代是多么不易和令人悲哀。

这种不易和悲哀在他的画中多有表现，《骑驴思归图》就是画了一个穿着破烂长袍的穷苦读书人，在瑟瑟的秋风中骑着一头累得精疲力尽的瘦驴，踽踽独行，再看看周围林木枯黄的萧索景象，以及远处峰峦叠嶂的溪山，不免让人感到一股钻心的寒意。

明熹宗为何喜好木匠活

明代有这样一位天子，如果他不做皇帝，肯定会是一个很好的木匠，那就是明熹宗朱由校。

明熹宗朱由校在历代帝王中是很有特色的一位皇帝，他心灵手巧，对制造木器有极浓厚的兴趣，凡刀锯斧凿、丹青髹漆之类的木匠活，他都要亲自操作，他手造的漆器、床、梳匣等，均装饰五彩，精巧绝伦，出人意料。史书上记载：明代天启年间，匠人所造的床，极其笨重，十几个人才能移动，用料多，样式也普通。熹宗便自己琢磨，设计图样，亲自锯木钉板，一年多工夫便造出一张床来，床板可以折叠，携带移动都很方便，床架上还雕镂有各种花纹，美观大方，为当时的工匠所叹服。明熹宗还善用木材做小玩具，他做的小木人，男女老少，俱有神态，五官四肢，无不备具，动作亦很惟妙惟肖。熹宗还派人拿到市面上去出售，市人都以重价购买，熹宗更加高兴，往往干到半夜也不休息，常令身边太监做他的助手。熹宗的漆工活也很在行，从配料到上漆，他都自己动手，并喜欢创造新花样，让身旁太监们欣赏评论。熹宗还喜欢在木制器物上发挥自己的雕镂技艺，在他制作的十座护灯小屏上，雕刻着《寒雀争梅图》，形象逼真。《明宫杂咏》上有诗吟道："御帛十灯屏，司农不患贫。沈香刻寒雀，论价十万缗。"熹宗雕琢玉石，也颇精工，他常用玉石雕刻各种印章，赐给身边的大臣、宫监。

熹宗喜欢看傀儡戏，当时的梨园弟子用轻木雕镂成海外四夷、蛮山仙圣及将军士卒等形象。熹宗情绪高时，也施展自己的手艺，他做的木像男女不一，约高二尺，有双臂但无腿足，均涂上五色油漆，彩画如生，每个小木人下面的平底处安一拘卯，用长三尺的竹板支撑着。另外还有一个用大木头凿钉成的长宽各一丈的方木池，里面添水七分满，水内放有活鱼、萍藻之类的海货，使之浮于水面。再用凳子支起小方木池，周围用纱转成屏幕，竹板在围屏下，游移转动，这样就形成了水傀儡的戏台。在屏幕的后面，有一艺人随剧情将小木人用竹片托浮水上，游斗玩耍，鼓声喧天。当时宫中常演的剧目有《东方朔偷桃》《三保太监下西洋》《八仙过海》《孙行者大闹天宫》等，均装束新奇，扮演巧妙，活灵活现。熹宗做得是如醉如痴，看得也是如醉如痴。

明熹宗朱由校

每到冬季，西苑冰池封冻，冰坚且滑。熹宗便命一群太监随他一起玩冰戏。他亲自为自己设计了一个小拖床，床面小巧玲珑，仅容一人，涂上红漆，上有一顶篷，周围用红绸缎为栏，前后都设有挂绳的小钩。熹宗坐在拖床上，让太监们拉引绳子，一部分人在岸上用绳牵引，一部分人在床前引导，一部分人在床后推行。两面用力，拖床行进速度极快，瞬息之间就可往返数里了。

除木工活外，熹宗还醉心于建筑，他曾在庭院中作小宫殿，仿乾清宫形式，高不过三、四尺，曲折微妙，巧夺天工。他还曾做沉香假山一座，池台林馆，雕琢细致，堪称当时一绝。熹宗喜欢蹴球，常与太监在长乐宫打球，熹宗觉着玩起来不过瘾，就亲手设计，建造了五所蹴园堂。熹宗酷爱木工器作和建筑，还表现在对朝廷建筑工程的关心上。天启五年（1625）到天启七年（1627）间，明朝对太和殿、中和殿和保和殿进行了规模巨大的重造工程，从起柱、上梁到插剑悬牌，整个工程中熹宗都亲临现场。熹宗心灵手巧，亲手制作的娱乐工具颇为精巧。他用大缸盛满水，水面盖上圆桶，在缸下钻孔，通于桶底形成水喷，再旋转许多小木球于喷水处，启闭灌输，水打木球，木球盘旋，久而不息。熹宗与妃嫔在一起观赏喝彩赞美。

熹宗好盖房屋，喜弄机巧，常常是房屋造成后，高兴得手舞足蹈，反复欣赏，等高兴劲过后，又立即毁掉，重新造新样制作，从不感到厌倦，兴致高时，往往脱掉外衣操作，把治国平天下的事，早就抛到脑后，无暇过问，魏忠贤当然不会错过这个良机，他常趁熹宗引绳削墨，兴趣最浓时，拿上公文请熹宗批示，熹宗觉着影响了自己的兴致，便随口道："我已经知道了，你尽心照章办理就是了。"熹宗潜心于制作木器房屋，便把公务一概交给了魏忠贤，魏忠贤借机排斥异己，专权误国，而熹宗却耳无所闻，目无所见，使大明王朝在他这双巧手上摇摇欲坠。

契丹族消失之谜

拥有219年辽王朝历史的契丹民族突然在明史记载中消失，一直是令历史学家感到困惑的中国历史之谜。DNA帮助人们解决了这个困惑：云南省保山地区约有十余万现在分属十来个民族的阿、莽、蒋姓"本人"一直自称是契丹后裔，要求澄清他们的来历。事实上，此前关于达尔斡族的族源问题学术界一直存在着争论，有说源于契丹大贺氏者，有说自古就独立发展于其他民族者，莫衷一是。

利用DNA技术研究民族源流问题是新兴起的尖端科学。在云南保山的5个小村庄，研究小组人员取到了"本人"和其他民族的血样；在四川乐山取到了契丹女尸的腕骨，从内蒙古赤峰取到有墓志为证的契丹人头骨、牙齿；从内蒙古莫力达瓦旗和其他旗、县取达尔斡、鄂温克、蒙古和汉族等人群的血样。在古标本的牙髓和骨髓中经硅法提取的线粒体DNA可变区比较，显示得出了结论：契丹与达尔斡族有最近的遗传关系，为契丹人后裔。阿、莽、蒋氏"本人"与达尔斡族有相似的父系起源，也是契丹后裔。

十分重要也是最大的难题是要证明实验所获得并进行分析的是古代契丹的DNA的确是古DNA，而不是污染物。因为古生物遗存中的有机物经长期降解已保存无几。实验只能在有限的DNA中复制扩增并排除污染。虽然这次分子考古的实验由中国医学科学院和中国社会科学院分成两组人马来做，每一步都进行了阴阳性对比，可还是没能严格按照国际上权威的分子考古——尼安德特人的分子考古法来执行实验。当然，我们也不能过于简单地来看民族源流问题，由于契丹族一千多年来一直保持着"外婚制"，所以纯粹意义上的契丹人已经不存在。经过民族间不断的迁徙、融合，现在的契丹后裔都是不会说契丹话也不会写契丹字的后裔。

也就是说，如果结果准确的话，契丹族只是有了分子意义上的后裔。

2000年5月，国际分子生物学和进化学领域重要刊物《分子进化》（Molecular Biologyand Evolu）上刊登了中国科学院遗传研究所的成果：我国2000多年前的古代人群中包含与现代人群血缘关系完全相异的群体，其遗传结构与现代西亚地区的人群更为接近。结果在网上遭到了许多批判。

表面上看，这不是一项直接体现经济效益的基础科学研究，但对于人类对自身的认识和人类进化的预测有重要的作用。人类的起源、迁徙、分散、隔离、混血、融合、朝着多样化方向进化，最后如何等等很多方面对我们都还是不解之谜。

其实，困惑本身就是一种结果，新历史的新尴尬也是人类思维的尴尬，在陈旧的历史被不断刷新后，我们的选择才刚刚开始。

明代“天启大爆炸”之谜

明朝天启年间，5月6日那天上午10点钟左右，在北京城西南一带突然发生了一场惊天动地的大爆炸，方圆23里内，顿时夷为平地。这场大爆炸之惨烈、诡秘，世所罕见，至今众说不一。

据当时的专家学者收集的目击者见闻说，爆炸当时本来天空晴朗，忽然，轰雷炸响，隆隆滚过，震撼天地。只见从东北渐至京城西南角，涌起一片遮天盖地的黑云，不大一会儿，又大震一声，天崩地裂。顿时，天空漆黑一团，伸手不见五指。东至顺成门大街，北至刑部街，长三四里，周围13里，万余间房屋建筑变成一片瓦砾，二万余居民非死即伤，断臂者、折足者、破头者无数，尸骸遍地，秽气熏天，满眼狼藉，惨不忍睹，连野马鸡犬都难逃一死。王恭厂一带，地裂13丈，火光腾空……。震声再由南自河西务，东自通州，北自密云、昌平到处震耳欲聋，毁坏严重。老百姓有侥幸活命的，也鬼哭狼嚎，披头散发，惊恐万状。举国上下，陷入一场空前的大灾难之中。不久，只见南天上一股气冲入苍穹，天上的气团有的像乱丝，有的像灵芝，五颜六色，奇形怪状，许久才渐渐散去。

出事当时，明熹宗皇帝朱由校正在乾清宫用早膳，突然，他发现大殿震荡起来，不知发生了什么祸事，吓得不顾一切就逃。跃出门外，他急忙拼命向交泰殿狼狈奔去，内侍们惊得不知所措，只有一个贴身内侍赶忙跟着他跑。不料，刚到建极殿旁，天上忽然飞下鸳瓦，正巧砸在这个内侍的脑袋上，当即脑浆迸裂，倒地而亡。熹宗皇帝也顾不得他了，一口气跑到交泰殿，正好殿内墙角有一张大桌子，他连忙钻进去，才喘了口气，躲过此劫。

这场大爆炸的消息，迅速传遍了全国，从王公贵族到黎民百姓都震骇之极，人心惶惶。当时，国家政治腐败，宦官专权，忠奸不分。因此，很多大臣认为这场大爆炸是上天对皇帝的警告，所以，纷纷上书，要求熹宗帝匡正时弊，重振朝纲。皇帝一看群情激愤，事情既诡秘也非常恐怖，吃不好，睡不着，不得不下一道“罪己诏”，表示要“痛加省修”，并告诫中外大小臣工，“务要竭虑洗心办事，痛加反省”，希望借此能使大明江山长治久安，“万事消弭”。他还下旨从国库拨出黄金一万两以救济灾民。

这场大爆炸，最使人难解的是有四大诡异之处：

其一，事先征兆特异。据《东林始末》记载，5月2日夜里，前门楼角出现“鬼火”，发青色光,有好几百团,飘忽不定。不一会儿,合并成一车轮大的一团。《天变杂记》记载,后宰门有一火神庙,6日早晨,忽从庙内传出音乐,一会儿声粗,一会儿声细。守门的内侍刚要进去查看,忽然有个大火球一样的东西腾空而起,片刻,东城发出震天爆炸声。这鬼火和火球与大爆炸是什么关系呢?

其二,人群失踪,极为怪异。据记载,有一位新任总兵拜客,走到元宏款大街,只听一声巨响,他和他的7个跟班,连人带马无影无踪了。还有,西会馆的塾师和学生共36人,一声巨响之后,都没了踪迹。据说,承恩街上有一抬八人大轿正走着,巨响后,大轿被打坏放在街上,而轿中女客和8个轿夫不知去向。更奇怪的是,菜市口有个姓周的人,正同6个人说话,巨声响后,头颅突然飞去,躯体倒地,而近旁的6个人却安然无恙。

其三,石狮卷空,碎尸落地。爆炸之时,许多大树被连根拔起,飘落于远处。石驸马大街有一尊1000斤重的大石狮子,几百人推移不动,居然被一卷而起,落在10里外的顺成门外,猪马牛羊、鸡鸭鹅狗更是纷纷被卷人云霄,又从天空落下。

据说,长安街一带,纷纷从天上落下人头人脸来,德胜门一带,落下的人的四肢更多。一场碎尸雨,一直下了两个多小时。木头、石头、人头、人臂以及缺胳臂断腿的人,无头无脸的人,还有各种家禽的尸体,从天而降,绝对骇人听闻。

其四,裸体奇闻。据记载,这次遇难者,不论男女,不论死活,也不管是在家在路上,很多人衣服鞋帽尽被刮去,全为裸体。《天变邸抄》记述:"所伤男女俱赤身,寸丝不挂,不知何故?有一长班,棕帽衣裤鞋袜一霎俱无。"朱彝尊的《日下旧闻》记这么一件事,在元宏街有一乘女轿经过,只听一声震响,轿顶被掀去,女客全身衣服都被刮走,赤身裸体坐在轿中,竟没伤着皮肉。他们的衣服到哪里去了呢?据《国榷》记载:"震后,有人告,衣服俱飘至西山,挂于树梢,昌平区校场衣服成堆,人家器皿、衣服、首饰、银钱俱有。产部张凤奎使长班往验,果然。"真是咄咄怪事。

公元1358年,徐寿辉改年号为天启,铸"天启通宝"铜钱。

那么,天启大爆炸的罪魁祸首到底是谁?1986年,在天启灾变360周年,北京地质学会等20多家团体,发起了一次研讨会。专门用现代科学知识和手段,对这次灾变进行一次广泛深入的探讨,种种说法莫衷一是。有地震说,火药爆炸说,飓风说,陨星说,大气静电酿祸说,地球内部热核高能强爆动力说,陨星反物质与地球物质相逢相灭说等等,但都无法解释这场爆炸中出现的低温无火,荡尽衣物的罕见现象。这个千古之谜不知何时能解。

李自成出家之谜

明末政治腐败,民不聊生,农民起义风起云涌。农民起义军领袖李自成凭着超人的胆略和勇猛在众多的农民起义军中脱颖而出，提出了"均田免赋"等口号，深得广大人民欢迎。他于公元1644年3月攻入北京，推翻明王朝，崇祯皇帝自尽。后来明将吴三桂引清兵入关，李自成失败退出北京，转战南北，最终被清军消灭，李自成则生死不明，引起了多种猜测。有的说他是兵败被杀，有的说他出家为僧。其中后一种说法为许多人赞同。

清何璘的《书李自成传后》说得比较肯定。"余以澧志不备，周咨遗事。有孙教授为余言：'李自成实窜澧州。'因帝询故老，闻自成由公安奔澧，其下多叛亡。至清化驿，随十余骑，走牯牛坝，在今安福县境，复弃骑去，独窜石门之夹山寺为僧。"何璘还说，李自成削发为僧后，取法号"奉天玉"，人称"奉天玉大和尚"。此号缘于李自成曾于崇祯十六年自称"奉天倡义大元帅"，后又称"新顺王"，故"奉天玉"隐喻"奉天王"。据说，何璘在实地考察时，曾遇到过一位服侍奉天玉和尚、口音似陕西人的老和尚，他曾出示奉天玉和尚的遗像，看去很像史书中所记李自成的模样。言之凿凿，不由人不信。

民国初年的学者章太炎也曾论证李自成出家为僧说。据说，他还亲自到夹山巡访，搜寻到李自成作《梅花百韵》诗五首，其中有这样的诗句：

"金鞍玉镫马如龙。"

"徐听三公话政猷。"

"子门徒已数千指中兴。"

"况值戎马昨落雨旧天。"

全然不似出家人的心境与口气，倒很像是戎马出身的帝王的心声。

据说，清张琼伯在赴云南上任的途中，游访石门夹山寺，与寺中方丈交谈，甚为投机。几年后再访夹山寺，该方丈已死，后来得知，那方丈就是李自成。

李自成

1981年，人们在石门夹山寺发现了奉玉大和堂墓。据考查，瓷坛中的遗骨，与李自成的身材相近。该墓中的陪葬物也与李自成的身材相近。该墓中的陪葬物也与李自成家乡陕西米脂县的习俗相同。人们还在夹山得到了三块石碑：奉天玉弟子野拂所立"奉天玉"断碑、康熙十四年杨彝子写的《重修夹山灵泉禅院功德碑记》和道光三十年通州知州王大猷撰《重修夹山灵泉泉寺碑志》，都显示了奉天玉即是李自成。据考察，"野拂"就是李过，即李自成的亲侄，野拂曾精心侍奉天玉和尚。

此后，人们又在夹山、澧水一带搜集到"永昌通宝"铜币、刻有"永昌元年"字样的竹扇骨和铜熏炉，"永昌"是李自成在西安建立大顺政权时的年号，这可以作为李自成在当地生活过的佐证，尤为引起人们兴趣的是，当地发现的一个铜马铃与陕西米脂出土的铜马铃极为相似，二者形制相同，字体一样，花纹近似，只是这个铸的是隶书阳文"西安王"，那个铸的是隶书阳文“自成王”。那么,李自成为何要削发禅隐呢?仅是为了保住性命吗?有些学者经过考证,以为这是李自成的“缓兵之计”,其真正的目的是为了保存实力,为实现与其他武装力量共同抗清,东山再起的宏图。当时,李自成的联合对象有三个:张献忠、何腾蛟和南明政权。他逐一分析联合的可行性:与张献忠有“旧恶”,难以相容;南明政权偏安南京,始终与他为敌,不能合作;惟何腾蛟拥唐王朱聿键据西南半壁江山,可以联合。但与何腾蛟谈判时,对方提出义军要全归何指挥。李自成自忖:自己业已称帝,怎能受唐王宰臣指使?自己又逼死了崇祯皇帝,唐王能原谅自己吗?所以,他想了一个变通的办法,自己隐居石门夹山,让其妻高氏与侄儿李过出面,率余部与何腾蛟联合,共图抗清大业。而在削发前他则制造了一个自己被杀的假象。这个假象形成了如下事实:何腾蛟奏报称,自己的部下已将李自成斩杀于九宫山下,只是“丢了首级”;清军靖远大将军阿济洛奏报称,李自成兵尽力竭,“自缢而死”,而“尸体腐烂,无法辨认”。看来,“缓兵之计”一说还是有道理的。

对上述一些说法也有人持不同看法,提出了质疑。

其一,“奉天玉画像”,据《明史》载,李自成“状貌狰狞”,崇祯十四年左目中箭,被称作“瞎贼”,而画像则双目完好无损;

其二,《梅花诗》残版,无据可证是李自成所作。且僧人中作诗高手随处可见,而由诗的口气臆断是出自李自成之手,未免过于武断;

其三,奉天玉其人,可能是顺治年间从四川到石门夹山云游的僧人,也可能是明朝遗臣;

其四,侍奉奉天玉者,是原明朝官员,而非李过。

另外,关于李自成兵败被杀的传闻也颇多。仅“出家为僧”一说就有如此之多的说法和争议,看来,李自成兵败后的结局还是有必要继续研究与探讨。

陈圆圆魂归何处之谜

陈圆圆本是苏州名妓。她与明末清初的几位风云人物如崇祯皇帝、李自成、吴三桂等皆有关系。她曲折离奇的一生与明清之交的动荡历史紧密地交织在一起,耐人寻味。虽传说她晚年自沉昆明莲花池,但至今在昆明未见其墓。究竟魂归何处?还是谜团。

陈圆圆本名陈沅,苏州人,原姓邢。因幼年丧母,被送到姨母处抚养。她的姨父本是货郎,经常请歌人来家日夜欢歌,最终导致财尽破产。她的姨母是领养幼女转妓院的老手,破产以后,不顾亲戚之情,将陈圆圆卖到青楼为妓。

陈圆圆曾随姨父学唱,八岁时即能登台演出。十几岁便红遍江南,“色艺擅一时”,艺名远播。

江南四公子之一的冒辟疆曾想为她赎身,永结秦晋之好,但崇祯皇帝的国舅田弘遇却先他一步来到了江南。因崇祯皇帝的宠妃田妃看到战乱四起,皇帝心头不乐,便有心让父亲到江南为他选一个绝色女子。田弘遇选中了陈圆圆、杨宛、顾秦等人献给崇祯帝。

陈圆圆

但崇祯忧劳国事，无心淫乐，陈圆圆又被送回田家。在田府，生活优裕，锦衣玉食，既有天生的好嗓子又工于音律的陈圆圆研磨歌舞，技艺大进，声名响彻京城。就在这时候，一个不速之客闯进了她的生活，他就是吴三桂。

吴三桂时任宁远总兵，手握10万精兵，在明末军事将领中属于第一号实力派人物。崇祯皇帝对他心存忌惮。松山一役他退兵自保，崇祯有心杀他却担心军中无人，不能下手。吴三桂有一次回京时，田国丈请他来府里一聚，他想结交这个实力派以图自保。田国丈叫来陈圆圆为吴三桂殷勤劝酒。吴三桂一见之下，惊为天人，又惊叹她的才艺，于是开口向田弘遇索要陈圆圆。田弘遇无奈之下，将陈圆圆送给了吴三桂。

吴三桂喜得陈圆圆，本想带她同去山海关，但由于父亲吴襄极力劝阻，只好将陈圆圆留在父亲府中。

不料，不久之后，李自成农民起义军一路所向披靡，迅速攻占北京。崇祯帝本想调吴三桂来京保驾，不想农民军迅速占领北京，崇祯在煤山吊死，明朝灭亡。

农民军进京后，大将刘宗敏因早闻陈圆圆芳名，便到吴襄府上拷问吴襄，掠走了陈圆圆。李自成本来已派牛金星带着自己的书信去招降吴三桂，而吴三桂眼见明朝已亡，李自成又在北京建立了大顺政权，他便暗生归闯之意，可就在他举棋不定的时候，传来了父亲被打、圆圆遭抢的噩耗，于是决定与李自成势不量力。为了打败李自成，吴三桂不惜投降清兵。清军虎视眈眈，因吴三桂之降，不费一兵一卒，占领山海关，随即大举侵入中原，建立了清王朝。

吴三桂一家38口遭李自成农民军屠戮，父亲吴襄头颅也被砍下，但陈圆圆却奇迹般地幸得不死，最后终于回到吴三桂的身边。

吴三桂接受清世祖封赏，受命带兵杀向云南，他后来镇守云南，成为一方藩镇。为了邀功请赏，他追击永历帝至缅甸境内，并将永历帝父子二人双双勒死，消除清政权的一大隐患。

吴三桂官越做越大，在云南权重兵广，拥兵自重。清王朝为了拉拢他，将他原配妻子封为福晋，又把和硕公主嫁给他为妻。吴三桂在云南为陈圆圆造金殿，又派人寻找陈圆圆的亲人给予殊遇和厚禄，陈圆圆得宠多年，极富极贵。

吴三桂淫心难足，野心膨胀。在陈圆圆之外，又有“四面观音”“八面观音”等美女与陈圆圆争宠。陈圆圆年长色衰，看破红尘，立意吃斋念佛，不与他人争宠。吴三桂要封她为正妃，被她婉言拒绝。

康熙十二年，玄烨下令撤云南藩镇，调吴三桂去镇守关东。吴三桂抗旨不遵，竖起“反清复明”大旗，与官军对峙。陈圆圆已看出吴三桂不得人心，就多次劝阻他，但吴三桂不为所动，在失望之余，陈圆圆经他允准，随玉林禅师做了尼姑，法名寂静。

吴三桂势单力孤，负隅顽抗。于康熙十七年三月称帝，建国号周，改元昭武，颁制新历。但吴三桂的朝秦暮楚实在不得人心，在清军强大武力攻势下，吴三桂很快忧急病死。清军很快攻下昆明。

吴桂起兵之初，陈圆圆已料他必败。昆明被清军攻陷，陈圆圆搬入昆明城外的三圣庵。几年以后，清将蔡毓带兵去三圣庵抄查古玩，见到陈圆圆，引动色欲。陈圆圆一生遭际多多，不愿再次受辱，更何况看透了人世无常，便投莲花池自尽了。

由于陈圆圆经历奇特，她的结局也引起不少人关注，传说颇多。有人说她死于苏州，也有人说她死于上海，更有传说说她葬于陕西，或葬于四川的。但由于没有可靠史料记载，皆成臆测。死于昆明之说似较为可信，但有一说，陈圆圆参与了吴三桂的反叛阴谋，兵败后与吴三桂一同被杀。

陈圆圆究竟魂归何处？现在无论是苏州、上海还是昆明，都没有发现陈圆圆的墓地，史料中也缺少记载，所以对于陈圆圆结局，一般认为还是个谜。

史可法下落之谜

史可法，字宪之，号道邻。崇祯进士，在朝中，他遭到把持朝政的奸党马士英、阮大铖等排挤，以督师之名，被遣往扬州。顺治二年，清军攻围扬州，他困守孤城，英勇抗击，立誓“城存为存，城亡与亡”。四月二十五日，清兵人攻破扬州，屠城十日，无数百姓及守城将士惨遭杀害，而督师史可法的结局却其说不一。

有的说他是被俘不屈而死，有的说他缒城出去，不知所终，有说他战死的，有说他投水而亡。其中以前二者的说法流传较广。

一、殉难于扬州之役

一些官修史书和野史稗乘的记载，都说史可法是被俘不屈而死的。《清实录》说，“攻克扬州城，获其阁部史可法，斩于军前。”《明史》则说，“城破时，史可法自刎未果，被部将拥至小东门而执，可法大呼曰：‘我史督师也！’遂杀之。”野史里，《雪交亭正气录》《史外》等也都有相似的记载。还有史可法的嗣子史德威，曾与史可法一起在扬州守城，又一起被俘，他所著《维扬殉节纪略》说得更为详尽，书中写道：“扬州城陷时，史可法自刎未遂被执，清军统帅多铎对其相待如宾，口称先生，并诱之以‘为我收拾江南，当不惜重任也’，史可法大声怒斥：‘我为天朝重臣，岂肯苟且偷生，作万世罪人哉！我头可断，身不可屈……城亡与亡，我意已决，即劈尸万段，甘之如饴’，遂遭杀害。”还有一些当事人和目击者的记述也是如此，如原史可法的幕下杨遇蕃及清军将领安珠护皆亲眼看见史可法被杀支解的情形，《自靖录》和《池北偶谈》和《青磷屑》等也都记载史可法被俘不屈而死的。特别值得一提的是,在史可法在扬州屠城前写下的五封遗书,和给其母、其妻的遗笔中,都抱定了“一死以报国家”的决心。他后来不屈而死的实际行动对此做了证明。

史可法

二、缒城出走,不知所终

计六奇在《明季南略》里记载了史可法缒城出走的情况:“阴历四月二十五,即城破当日,大清兵诈称黄蜚兵到,史可法乃准蜚兵一千从西山入城。及进,而反戈击杀。史可法立于城上见之,即拔剑自刎,左右持救,乃同总兵刘肇基缒城潜去。”《石匮书后集》则说,史可法“过钞关”“走安庆”。《江都志》则说城破时,史可法骑白骡出南门。《圣安本记》认为,城破时,史可法“不知所在”。

这个“缒城出走”说,经考证,根据不足,且与事实不符。那么,此说怎么出现的呢?

(一)疑其为伪。城破之时,两军白刃相见,当史可法被执时,人们一时不知真假。事后,经向史德威、杨蕃等人查询才证实史可法殉难。

(二)尸骨无着。《乙酉扬州城守纪略》载,史可法是“尸裂而死”。当时扬州被清兵血洗,尸积如山,血流成河,加之天气炎热,尸骨腐败、臭气熏天,无法一一辨认。直到次年清明,史德威才将史可法的衣冠袍笏等遗葬于梅花岭旁。

(三)希冀其幸免于难。人们痛恨清军,怀念史可法的坚贞不屈,有不愿言其死的情绪。“大江南北,遂谓忠烈未死”,后来,盐城、庐州等地百姓都托史可法之名,树旗抗清。

“战死说”见于《石匮书后集》,“史可法自杀未遂后,与部将逸于离城数里的宝城寺,清兵跟踪而来,急决战,不胜,一时尽败殁。”

“沉江说”则说,城破时,史可法出城,渡河时因马蹶溺死。还有的说是,出东山遇清兵,赴水死。《桃花扇》则把史可法写成投江而死。

但后二说更无据可考,虽也流传下来,终非真相。

郑成功为何英年早逝

收复台湾的民族英雄郑成功一直备受世人敬仰,不过,他死时年仅三十八岁,令人深为惋惜。关于他的死因,后人记载极为简单,又有可疑之处,因而导致了种种猜测,且各执一词。

一、病死说

李光地的《榕村语录续集》、林时对的《荷锸丛谈》、夏琳的《闽海纪要》说郑成功的死是由于伤寒。还有人说他得的结核病，恶性疟疾、流感等等。外国学者乔治·菲力蒲在《国姓爷的一生》中，竟说他得了“疯狂病”。但这些说法都缺乏直接确凿的证据，令人难以相信。

郑成功

二、心力交瘁说

台湾学者李腾岳在《郑成功死因考》一文中，分析了当时的社会环境和郑成功心理、精神上的压力，认为当时发生的几件令人痛心的国事、家事使郑成功受到巨大的精神刺激。一是，郑成功之子郑经与其乳母通奸生子，使性格刚强、崇尚礼教的郑成功震怒不已，下令处死郑经，而郑经在恐惧之下竟欲与清军妥协，断送大业；二是台湾孤岛粮食发生恐慌，清廷实行海禁，封锁海路，造成危机；三是永历皇帝蒙难，郑成功的忠君思想失去依托，精神极度空虚；四是郑氏祖坟被清廷掘毁，其父和弟辈十余人被处死于北京，他悲痛欲绝。凡此种种，令郑成功心力交瘁，极度虚弱，而偶感风寒仅是个“导火索”，使他终于不堪一击，猝然逝去。

三、毒死说

有人根据郑成功临终前的异常表现，联想到当时郑氏集团内部激烈斗争的背景，推测他是被人投毒致死。即被谋杀而死。林时对说他“骤发颠狂”，“咬尽手指死”。李光地说“马信荐一医生以为中暑，投以凉剂，是晚而殂。”这些记载无疑使人感到，他临终前的行为异常，绝非一般病死之象。特别是夏琳在《闽海纪闻》中记述，郑成功临终前，都督洪秉诚调药以进，被郑成功投之于地，然后他竟“顿足抚胸，大呼而卒”，说明当时郑成功已察觉到有人谋害他，可惜为时已晚。

奇怪的是，郑成功死后仅仅两天，他的亲信马信也突然无病而死。马信是清降将，郑成功临终前，他曾荐一医师投药一贴，结果郑成功当晚即殁。这使人推测，马信是参与了谋害郑成功的活动，他的神秘死亡是有人杀之灭口。

再从郑氏集团内部的矛盾，也可以推测岛内一直有人企图谋害他，郑成功性情暴烈，用法严峻，被他处以极刑的有其部下，有其长辈亲族。他身边的一些郑姓高官对郑成功极为不满，心怀鬼胎，如郑泰即是。郑泰长期掌握郑氏集团的财政大权，曾极力反对郑成功收复台湾，一直和郑成功貌合神离。在郑成功收复台湾之初，郑氏集团财政极为困难之时，他却把三十多万两白银暗中存在日本以备他用。郑成功去世后，他伙同郑袭、郑鸣骏等人伪造遗命诛讨郑经，并把傀儡式野心家郑袭抬出来继承郑成功之位。后来阴谋失败，郑泰入狱而死，郑鸣骏等则率众投清，并卷走大量钱财。由此推断，郑成功之死，很可能是郑泰等人谋杀所致。

据夏琳等人的记载，郑成功患病初期，病情并不严重，常常出屋登台观望，或坐下看书，有时还饮些酒。但郑成功不肯服药。估计他们是在酒中下了毒，几天后毒性发作，他们又在那帖凉剂里再次下毒，终于得逞。

那么，这样一件很易于侦破的谋杀案，为何当时没弄个水落石出呢？按当时局势来分析就可知晓。郑经在其父死后，立即投入对付郑泰的叛乱活动，关乎自家生死存亡，岂能有暇分身破案？郑泰事败，郑经发现了他存入日本的三十万两巨款，便千方百计追回；郑经本人因奸情险些被其父处死，可能暗中庆幸其父之死，而不急于为郑成功弄清死因真相。这就是郑成功死因在当时未能认真追究的背景和原因。

客观地说，郑成功死去之时正是多事之秋形势严峻复杂。他的死，因特殊的历史背景，而让人不得不从多方面揣测。

附:明朝大事年表

时间	事件
1368 年	朱元璋建立明朝,定都南京,年号洪武,是为明太祖。
1373 年	朱元璋命刘惟谦等人编订《大明律》。
1376 年	“空印案”发生。
1380 年	左丞相胡惟庸以谋反罪被诛,牵连甚广。朱元璋废除中书省及宰相,分设吏、户、礼、兵、刑、工六部,分管朝政。
1382 年	朱元璋改仪鸾司为锦衣卫。
1385 年	“郭桓案”爆发。
1386 年	朝廷规定工匠“轮班”制,各地工匠轮流到京城服役,每三年为一班。
1393 年	凉国公蓝玉被告以谋反罪,被诛。
1398 年	明太祖朱元璋去世。皇太孙朱允炆即位,是为惠帝。
1399 年	燕王朱棣举兵,发动“靖难之役”。
1402 年	燕王朱棣即帝位,是为成祖。
1405 年	成祖派郑和率领船队出海。
1407 年	郑和第二次出使西洋。 阐化王、护教王、赞善王奉朝廷之命,修建了从四川雅州(今四川雅安)到乌斯藏的驿道。
1408 年	《永乐大典》完成。
1409 年	郑和开始第三次出使西洋。
1410 年	朱棣率五十万大军亲征漠北。
1413 年	郑和第四次出使西洋。 明廷封萨迦派尚师昆泽思巴为大乘法王,领天下释教。
1414 年	成祖率军攻打瓦剌部。
1417 年	郑和第五次出使西洋。
1421 年	正式迁都北京。郑和第六次出使西洋。

时间	事件
1422 年	朱棣第三次亲征漠北。
1423 年	鞑靼阿鲁台率军袭扰明朝边境,朱棣第四次亲征。
1424 年	鞑靼阿鲁台出兵扰袭大同等地,朱棣第五次亲征。 成祖在北征途中驾崩,皇太子朱高炽即位,是为仁宗。
1425 年	朱瞻基登上帝位,是为宣宗。
1431 年	郑和第七次出使西洋。
1434 年	宣宗封宗喀巴弟子释迦也先为大慈法王。
1435 年	宣宗朱瞻基病逝,皇太子朱祁镇即位,是为英宗。
1445 年	叶宗留率矿工起义。
1449 年	七月,也先率瓦剌兵侵扰大同,王振挟英宗亲征。八月,英宗在土木堡被瓦剌所俘,史称“土木堡之变”。
1450 年	英宗获释回到北京,幽居南宫。
1452 年	代宗将太子朱见深废为沂王,立自己的儿子朱见济为太子。
1457 年	徐有贞、石亨、曹吉祥等人发动政变.拥戴英宗复位。
1464 年	朱见深即位,是为宪宗。
1465 年	荆襄流民在刘通、石龙的领导下起义。
1468 年	西北地区的少数民族在满四的带领下起兵反明,响应人数号称十万。
1479 年	宪宗命汪直巡边。
1487 年	太子朱祐樘即位,是为孝宗。
1488 年	孝宗采纳大臣的建议,重新开设大小经筵。
1492 年	孝宗正式下诏,改革盐法。
1507 年	武宗下令在紫禁城西北筑建“豹房”。
1510 年	杨一清、张永平定了安化王的叛乱。
1517 年	武宗朱厚照在宣府建造了“镇国府”。
1519 年	宁王朱宸濠在南昌正式举兵反叛。
1521 年	朱厚熜以藩王身份即皇帝位,是为明世宗。 大礼议之争开始。
1524 年	因大礼议之争,廷杖大臣一百多人,有十多人丧命。
1550 年	俺答汗大举入侵,史称“庚戌之变”。

时间	事件
1561 年	倭寇大举侵犯台州，戚继光率兵抗倭。 李时珍着手编写《本草纲目》。
1571 年	穆宗下诏封俺答汗为顺义王。
1573 年	张居正实行“考成法”，以考核各级官吏的政绩优劣。
1577 年	张居正提出清丈全国土地。
1581 年	张居正在全国范围内推行一条鞭法。
1583 年	努尔哈赤以其父“遗甲十三副”，率兵攻打尼堪外兰的驻地图伦城。
1592 年	哱拜纠合儿子哱承恩、义子哱云及土文秀等人，唆使军锋刘东旸发动叛乱。丰臣秀吉正式发布出征朝鲜的命令。 明朝派副总兵祖承训、游击史儒率五千人支援朝鲜。
1593 年	巡抚王继光奉命进剿杨应龙的叛军。
1616 年	努尔哈赤在赫图阿拉称汗，定国号为后金，建元天命。
1618 年	努尔哈赤以“七大恨”告天誓师，发军讨明。
1620 年	神宗去世，太子朱常洛即位，是为光宗。
1622 年	努尔哈赤建立八和硕贝勒共理国政的体制。
1627 年	宁锦大捷。
1628 年	崇祯帝命袁崇焕督师蓟辽，兼督登、莱、天津军务，对抗后金军。
1629 年	袁崇焕斩杀毛文龙。
1636 年	李自成被推为闯王。
1637 年	科技巨著《天工开物》刊行于世。
1644 年	张献忠在成都正式建国，国号大西，年号大顺，称大西王，以成都为西京，建立了大西政权。 李自成在西安正式建国，国号大顺，年号永昌，改西安为西京。 崇祯帝自缢于万岁山，明朝灭亡。

·中国通史·

清朝

刘宇庚⊙主编

导读

清朝(公元1636年~公元1912年)是中国历史上第二个由少数民族建立的统一政权,也是中国最后一个封建帝制国家,对中国历史产生了深远影响。

1616年,建州女真部首领努尔哈赤建立后金。1636年,皇太极改国号为清。公元1644年明末农民将领李自成攻占北京,明朝灭亡。清军趁势入关,政治上推行剃发易服,军事上打击农民军和南明诸政权,逐步统一中国。然后历经康雍乾三朝,发展到顶峰,这一时期统一多民族国家得到巩固,基本上奠定了中国版图,同时君主专制发展到顶峰。但是中后期白于政治僵化、文化专制、闭关锁国、思想停滞逐步落后于世界。1840年爆发了中英鸡片战争,中国从此进入近代,多遭列强入侵,主权严重丧失。第二次鸦片战争之后开始了近代化的探索,地主阶级进行了洋务运动。甲午战争之后民族危机进一步加深,以康梁为首的维新派开始进行戊戌变法,但是变法失败。1900年夏天八国联军为了镇压义和团运动维护在华利益侵略中国,中国彻底沦为半殖民地半封建社会。1911年,辛亥革命爆发,清朝统治瓦解,1912年2月12日,清帝被迫退位,从此结束了中国两千多年来的封建帝制。

第一章 清朝史话

后金崛起

明末，休养生息在山海关外的女真族，诞生了一位中国历史上著名的少数民族首领——努尔哈赤。在他的领导下，女真族完成了统一。在他的两个儿子皇太极和多尔衮的经营下，清朝完成了入主中原的伟业，中国历史上最后一个封建王朝拉开波澜壮阔的序幕。

努尔哈赤统一女真

李成梁帐下一员

努尔哈赤

万历二年（1574），盘踞于辽东的女真首领之一、建州右卫都指挥史王杲（又名阿古，满语名阿突罕）率军大举扰犯沈阳、辽阳，明辽东总兵李成梁督军进剿，攻破了王杲屯寨，斩首一千余级，王杲败走。此时，一个被俘虏的女真族少年，亲眼看见了王杲的溃败，当即跪在李成梁的马前，痛哭流涕，用汉语请赐一死。李成梁见他聪明伶俐，不仅赦免了他，而且把他留在帐下做了书童，专门服侍自己。这个少年，就是后来开创女真又一新时代的努尔哈赤。

努尔哈赤成为李成梁麾下一员之后，接触汉人的机会更多了，对汉文化有了进一步的了解；经常参战的实践，又使他的军事才能得以提高和发挥，他对自己谋略的自信心也越来越增强了。其实，身为帖木儿之后的努尔哈赤八岁就开始练习骑射，跟随李成梁时十六七岁，已是弓马娴熟。而每逢征战，他总是勇猛冲杀。李成梁对他非常赏识，让他做了自己的随从和侍卫，情如父子。李成梁带他去北京朝觐，繁华的街市、辉煌的宫殿使他眼界大开，这一切都孕育了他创立功业的勃勃雄心。然而，努尔哈赤对李成梁的恭顺和效忠，仅仅限于感激，只是当时慑于李成梁，不敢轻举妄动。私下里他早已另有打算，只待有朝一日时机成熟就采取行动。在李成梁帐下生活了三年左右，努尔哈赤借回家完婚之机离开了李成梁，回到了阔别已久的故乡。

起兵白山黑水，统一女真

王杲的死不仅让女真内部之间的争夺更加激烈，还直接导致了努尔哈赤父亲和祖父死于战争。王杲死后，他的儿子阿台发誓要为父报仇，阿台的妻子是努尔哈赤伯父礼敦的女儿，与努尔哈赤家族有很深的渊源。当时，建州女真有两个坚固城寨，除了王杲和阿台所在的古埒城外，还有一个是沙济城，城主是阿亥。阿台凭借古埒城易守难攻的地理优势，依山筑城，设置堑壕，并屡犯明边，纵兵抢掠。这激怒了明朝总兵李成梁，他决意发兵攻取古埒城，欲将阿台一部置于死地而后快。

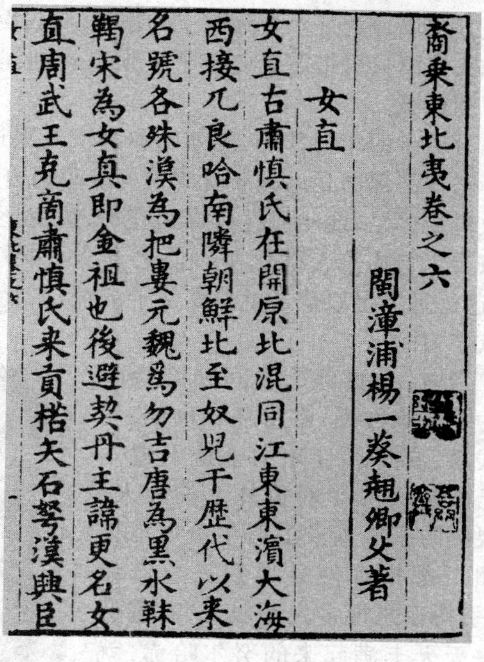
裔乘東北夷卷之六
閩漳浦楊一葵翹卿父著
女直
女直古肅慎氏在開原北混同江東東濱大海西接兀良哈南隣朝鮮北至奴兒干歷代以來名號各殊漢為把婁元魏為勿吉唐為黑水靺鞨宋為女真即金祖也後避契丹主諱更名女直周武王克商肅慎氏来貢楛矢石砮漢與臣

《裔乘·女真》书影

这时候，图伦城的城主尼堪外兰成为明朝攻伐阿台的重要棋子。尼堪外兰兵马不多，却野心勃勃，总想吞并周围部族称霸一方，但他知道以自己的实力是不可能做到的，于是极力讨好明朝边吏，并挑拨阿台、阿亥与明朝的关系。他向李成梁许诺，愿意为明朝征服古埒和沙济两城做向导。

李成梁兵分两路，一路直逼沙济城，一路在他的亲自率领下直指古埒城。努尔哈赤祖父觉昌安和儿子塔克世虽然长久以来和明朝有着良好的关系，但是听说古埒城被围，觉昌安和儿子塔克世还是一同前去救援阿台。当他们来到古埒城时，明军已经开始攻城，形势十分危急。看到这种情形，觉昌安让塔克世在城外等着，自己则先行进城打探。塔克世等待良久，却不见父亲的消息，焦急难耐也进入城内。古埒城虽然壁垒坚固，却抵挡不住明军凶猛的攻势，觉昌安父子全都被困在了城里。

不过，古埒城也不是那么容易被攻破，久攻不下令李成梁大为恼火。这时，尼堪外兰又使出了一条毒计，他放话给城中官兵说，杀死阿台归降的人可以成为新的古埒城城主。在这场骗局之中，阿台的手下里自然有人听信了谎言，杀死阿台，献城投降。岂料进城之后，李成梁的军队大肆杀戮足有两千多人，而觉昌安父子也在混乱中被杀。

这个消息令努尔哈赤悲痛欲绝。他来到辽东都司质问李成梁，他的祖父和父亲一向忠顺于朝廷，为什么要被杀死。面对愤怒的努尔哈赤，李成梁一再解释他父、祖的死是“误杀”，并派人找出觉昌安和塔克世的遗体交给努尔哈赤带回安葬，接着朝廷又赐他敕书三十道、战马三十匹，承袭其父建州左卫指挥使之职。努尔哈赤表面上接受了明廷的安抚，因为他深知自己尚且没有抵抗明廷的能力，暂时做个恭顺的指挥使。但这些都是权宜之计，杀祖杀父的不共戴天之仇岂能忘记，复仇的种子已经深深扎根在努尔哈赤的心里。

既然暂时没有实力去找明廷的人报仇，努尔哈赤决定先从出卖同族的尼堪外兰入手。他带着父祖遗留下来的十三副遗甲和不足百人的部众，开始攻打尼堪外兰居住的图伦城。尼堪外兰是个外强中干的家伙，听说努尔哈赤率兵打来，他没有率众防御抵挡，反而抱头鼠窜只身带着老婆孩子狼狈出逃到浑河部的嘉班。努尔哈赤未费一兵一卒就攻下了图伦城。

万历十四年(1586)，努尔哈赤再次发兵进攻。尼堪外兰依旧闻风出逃，这次他没有选择去浑河部而是逃到了抚顺关寻求明朝边吏的保护。但在明廷看来，尼堪外兰不过是一枚棋子而已，他非但没有得到庇护，边吏还暗中将消息通知了努尔哈赤。最后尼堪外兰被努尔哈赤的人砍死在边台之下。尼堪外兰的死，了却了努尔哈赤的一桩心愿。但是，这远远不足以偿还觉昌安父子的血债，而除掉尼堪外兰对于努尔哈赤来说也不过是小试牛刀而已。

当时，女真部族之间和部族内部为了争雄称霸，常常互相攻伐，互相残杀，要想在辽东的土地上建立自己的势力除了对付外部的敌人，还要提防宗族戚友。努尔哈赤承袭建州卫都指挥使并得到三十道敕书，引得建州很多人不服气，看着羽翼一天天丰满起来的努尔哈赤，就连同宗一些爱新觉罗氏的人也想除掉他。但冷静而智慧的努尔哈赤都能妥善处理。

女真骑马武士雕刻

此后的两年努尔哈赤步步为营，逐渐打败了很多部族，并且于万历十五年(1587)在呼兰哈达山下建费阿拉城称王。为了显示自己的尊严，他制定出一套初具规模的礼仪。随着努尔哈赤的壮大，费阿拉城遂成为建州女真政治、经济和军事的中心，也是努尔哈赤统一女真过程中的基地。万历十六年(1588)，除长白山诸部以外，努尔哈赤已经基本上统一了建州女真各部。又过了三年，他终于攻取了长白山讷殷、珠舍里和鸭绿江三部，以十三副遗甲起兵的努尔哈赤将整个建州女真统一在了他的麾下。

强大起来的建州女真对于栖息地更靠北的海西女真来说，是一个日渐强大的威胁。海西女真居住在开原以东和松花江中游一带，主要有叶赫、哈达、辉发和乌拉四部(又叫扈伦四部)。其中叶赫和啥达两部势力较强,他们与经济发达的汉族城市开原邻近,并且地理条件非常优越,控制着贡道。努尔哈赤在统一建州女真的斗争中节节胜利,被他们视为心腹大患。于是在万历二十一年(1593)六月,叶赫部率先向努尔哈赤发难,他们纠合海西其他三部对建州进行试探性的进攻,结果以失败告终。但叶赫部却并不善罢甘休,同年九月,叶赫部的贝勒布斋、纳林布禄再次纠合海西女真的哈达、乌拉、辉发三部和长白山珠舍里、讷殷二部以及蒙古的科尔沁、锡伯、卦勒察三部,气势汹汹地兵分三路向建州进攻。

努尔哈赤听说以后,立刻对手下兵员进行了部署,第二天一大早,努尔哈赤先率诸将祭拜了天神、鼓舞了士气,然后带着大队人马踏上征途。这时探子来报,从一个投诚的叶赫人口中得知,九部联军总共有三万人之众。努尔哈赤听后,见众将面面相觑,无一不露出惊惧之色,于是他鼓励众人说:“九部联军号称三万,但不过是些乌合之众罢了,我们虽然不如他们人多,但上下一条心,又立险扼要,设精兵埋伏,做了充足的准备,足能以一当十。擒贼先擒王,只要先杀死他们的头目,下属的军队自然会不战自败。”听了努尔哈赤的这番话,将士们顿时信心倍增。努尔哈赤下令让兵士们去掉手上和脖子上的护套,轻装上阵。努尔哈赤分析了敌人的形势后,首先率众登上古勒山,因为此山易守难攻,努尔哈赤的军队居高临下,在地理上夺了先声。九部联军的大众齐集山下开始发动进攻,努尔哈赤身先

历史小常识:女真文字

女真文字是我国五十七种古文字之一,是唯一诞生在黑龙江省哈尔滨地区的一种文学,1119 年造成,1135 年颁布。金皇统五年(1145)成为金统治区的官方文字,使用区域在淮河以北的广大地区。女真文字沿用至清初,因满文字创制而停止使用。

古勒山大战图

士卒率军从山上冲了下来,他一路砍杀,连斩叶赫部九名士卒,这极大地鼓舞了战士们的士气,一个个奋勇杀敌。布斋见自己的九部联军竟然众不敌寡,气急败坏,亲自骑着马向古勒山上冲来,不料战马被山上的木墩撞倒,布斋被掀倒在地,努尔哈赤手下的一个士兵趁机一个箭步冲上来,一刀结束了他的性命。九部联军见此情形,顿时军心大乱,都开始

向山下仓皇逃窜。努尔哈赤率兵乘胜追击，直至哈达境内。叶赫为首的九部联军遭遇彻底的失败。古勒山之役是努尔哈赤征战过程中的重要一役，也是女真各部统一战争史上的转折点。这一仗努尔哈赤不仅俘获了乌拉首领布占泰和大批兵士，斩敌四千余人，缴获马匹三千、近千副盔甲，更重要的是改变了建州女真与海西女真的力量对比。此前，努尔哈赤是个既被海西女真轻视又为他们嫉妒的"常胡之子"，而这以后则"军威大震，远迩慑服"。这一年，努尔哈赤三十五岁，古勒山大捷（史称"癸巳之战"）奠定了他一生事业的基础。

而另一方面，海西女真四部则受到了重创。其中，哈达部几年前本来已经出现内讧，内部消耗很大，癸巳年参加九部联军失败后，更是一蹶不振。而海西女真中原本势力就最为弱小的辉发部，本来指望能够借九部之力有所获得，谁知反受其累，在癸巳战败后的第三年，又受到努尔哈赤一击，元气大伤，从此难以复苏。作为九部联军中挑头的叶赫部和乌拉部，本是海西女真中实力最为雄厚的，但也就此各自走上了下坡路。其中，叶赫部首领布斋在战争中阵亡，纳林布禄忧郁成疾。乌拉部的首领布占泰在癸巳之战中虽然保全了性命却被俘到建州做了努尔哈赤的阶下囚，直到万历二十四年（1596）才被送回乌拉部。在这种情况下，海西四部是无力与建州努尔哈赤抗衡了。为了保持政局的稳定，以利力量的积蓄，万历二十五年（1597）春，海西四部与努尔哈赤结成婚盟。"叶赫、哈达、乌拉、辉发同遣使告上曰：'吾等不道，兵败名辱。自今以后，愿复缔前好，重以婚媾。'"努尔哈赤亦表赞同。

《钦定满洲源流考》书影

除了战争之外，联姻也是一重要的政治手段。这次会盟，共达成三项婚约。一是叶赫部首领布扬古（纳林布禄之侄）提出，愿将自己十四岁的妹妹许配给努尔哈赤。第二，叶赫部的金台什（纳林布禄之弟）还将自己的女儿许配给了努尔哈赤的次子代善。最后一项是努尔哈赤主动提出的，即将自己的侄女儿也就是舒尔哈齐之女额石泰许配给乌拉部的首领布占泰。虽然三项婚盟看起来美妙，但表面的和平暗藏不住汹涌的暗流，努尔哈赤仍然向海西四部发出警告:“汝等应此盟言则已,不然,吾待三年,果不相好,必统兵伐之。”

会盟之后,代善与额石泰的婚约很快付诸现实,唯独努尔哈赤本人的婚事却遥遥无期,日后构成了著名的“叶赫老女”问题。其实,除去这次会盟的婚约以外,努尔哈赤一生之中娶妻十四人,大都集中在他事业发展的两个高峰阶段。第一个阶段,约从万历十一年(1583)努尔哈赤起兵到万历十六年(1588)基本统一建州女真各部;第二阶段,约从万历二十五年(1597)海西女真四部与努尔哈赤联姻结盟到万历四十四年(1616)后金的建立。这也可以看出努尔哈赤婚姻中浓厚的政治色彩,联姻这一重要的政治手段在其统一女真的大业之中起到了举足轻重的作用。

在万历十一年(1583)到万历十六年(1588)统一建州女真各部的过程中,努尔哈赤共纳妾六人,其中有五人都是和不同的部落间政治联姻的结果。其中,庶妃钮祜禄氏、兆佳氏、伊尔根觉罗氏,是努尔哈赤吞并了建州女真的栋鄂部、苏克素护河部以后所纳之妾。同时,为了扩大自己的势力,除了处理建州女真内部的关系,努尔哈赤还必须平衡外部力量。

历史小常识:东珠

清朝将产于东北地区的珍珠称为东珠,也叫北珠。清朝统治者把东珠看作珍宝,用以镶嵌在表示权力和尊荣的冠服饰物上。东珠晶莹透彻、圆润巨大,更显王者尊贵,因此王公贵族纷纷缀饰以示尊贵。

明末的女真各部中,除建州外,就属海西哈达部和叶赫部的力量最为强大。哈达部的首领万汗,是女真各部中明朝的一个主要支持者,也是明廷重要的扶植对象。万历十年(1582),万汗死后,留有长子扈尔干、季子孟格布禄及外妇所生之子康古陆。群龙无首的哈达部在五年之后不可避免地发生了内讧,康古陆联合孟格布禄,向扈尔干之子歹商发起了进攻。叶赫部处于哈达部之北,其首领纳林布禄因父亲杨吉砮、伯父清佳砮在万历三年(1575)被明朝总兵李成梁杀害,自己又被迫接受哈达部的约束,也卷入了这场内讧,试图给自己增加政治筹码。纳林布禄以自己的姑母为孟格布禄之母为由,与孟格布禄结成联盟一同进攻歹商,目的是想通过战争将自己的势力范围向南推进,又报李成梁杀父之仇。纳林布禄的意图被明廷察觉。为阻止纳林布禄南进,巩固哈达部歹商在女真各部中的地位,明廷出面让歹商与建州努尔哈赤联姻。这桩婚姻正是努尔哈赤求之不得的,因为在努尔哈赤庞大的统一计划中无论是毗邻的哈达部还是地处北关的叶赫部都将是他未来的蚕食对象。与哈达结成秦晋之好,无疑对于他日后的扩张是极为有利的。因此,这件婚事受到双方的支持,很快得以实施。万历十六年(1588)四月的一天,歹商的妹妹阿敏格格来到建州,成为努尔哈赤的妃子即哈达那拉氏。而不久之后,努尔哈赤与叶赫部又达成了另一项婚约。

在努尔哈赤起兵之初,就曾经去过叶赫部。叶赫部首领杨吉砮(即纳林布禄之父)非常欣赏努尔哈赤,认为他是非常之人,就说自己的小女儿长大了可以许配给他。努尔哈赤当时势力还较弱,如果能够与叶赫部联姻,对于扩大自己的声名和威望都有极大的好处,就回答说“既然愿意结为姻盟,可以将您的大女儿许配给我,何必非要等到小女儿长大呢?”杨吉砮说:“我并不是珍惜大女儿,而是因为小女儿仪容端庄,举止不凡,和你才相配。”以当时的情况来看，一方面杨吉砮的小女儿确实年龄尚幼小，另外一方面两个部落结盟的时机也不成熟。于是这桩婚事便拖至万历十六年(1588)才完成。这一年春天，明廷因纳林布禄介入哈达部内讧，发兵攻打叶赫部。纳林布禄抵抗不过，开城投降，与哈达部同时受敕，向明廷纳贡。

虽然纳林布禄已经归顺明廷，但是与归顺有年的哈达部相比，在明廷的地位显然要低一等。正是这种不平等的待遇以及纳林布禄向南扩张的欲望，使他不可能安于现状。与附近友好的邻部联合，以图东山再起对他来说是个非常好的选择。这一形势，促成了叶赫那拉氏与努尔哈赤的婚姻。哈达部动乱平息后不久，在万历十六年(1588)的九月，纳林布禄亲自将自己的妹妹孟古姐姐送到建州与努尔哈赤完婚。当时孟古姐姐年仅十四岁。四年之后，她生了儿子皇太极，万历三十一年(1603)九月，年仅二十九岁的孟古姐姐就离开了人世，崇德元年(1636)上尊谥为“孝慈武皇后”，康熙年间改谥为“孝慈高皇后”。叶赫、建州两部的这次联姻，对巩固双方的力量都有一定的作用。而与这两个不同部族间的联姻，也反映了努尔哈赤政治势力的变化。

三部长归顺图

在上述与海西四部的会盟之后，叶赫部布扬古虽然没有履行婚约将自己的妹妹送到建州，但是此后努尔哈赤又纳妃六人，分别是万历二十九年(1601)所娶的大妃阿巴亥，三十年(1602)所娶的庶妃觉罗氏，三十八年(1610)所娶的叶赫那拉氏和西林觉罗氏，以及分别在万历四十年(1612)和四十三年(1615)娶了两位蒙古亲王之女。这其中，又以与乌拉部和蒙古部联姻的政治色彩最为浓厚。

自从万历二十四年(1596)，努尔哈赤将布占泰放归本部后，通过不断联姻的手段，使乌拉部一直倒向建州一方。不过，联姻带来的和平只是暂时的，到了万历二十九年(1601)，努尔哈赤在将自己的三女儿嫁给哈达部的吴尔古代后，就迅速灭掉了哈达部。乌拉部的布占泰看到哈达尽管早已与建州结盟，努尔哈赤还是哈达部的女婿，但最终依然被吞并，努尔哈赤的野心他自然心知肚明，但他宁肯俯首称臣，也决不甘心拱手交出部族的土地。在自己的实力与努尔哈赤根本无法抗衡的情况下，唯一的办法就是进一步加强婚姻联盟来稳固自己的位置。于是在哈达部被灭后仅三个月，布占泰便将自己兄长满泰之女阿巴亥许配给了努尔哈赤，她后来成为努尔哈赤的大妃乌拉那拉氏。此前，布占泰与努尔哈赤的弟弟舒尔哈齐早已两度联姻：一次是万历二十四年(1596)把自己的妹妹嫁给了舒尔哈齐，另一次是万历二十六年(1598)他自己迎娶了舒尔哈齐的女儿，但他与努尔哈赤本人尚未结过姻亲。而在万历二十五年(1597)的五部结盟会上，叶赫部所许诺的姻亲最终爽约令努尔哈赤自己并未从邻部得到实惠。所以对于布占泰来说，将阿巴亥嫁与努尔哈赤为妻，就成了最为可行的靠拢建州部的办法。

而除了在女真内部联姻外，随着努尔哈赤统一事业的发展，他的联姻范围也由女真各部扩大到邻近的蒙古部族中。但与女真各部的联姻有相当大区别的是，努尔哈赤与蒙古的联姻是在一种和平与平等的条件下进行的，既不是在战争的背景下，也不带征服对方的直接动机。这种平等的态度，是由努尔哈赤对蒙古各部采取的有别于对女真各部的政策所决定的。作为北方同样以长于骑射、雄健强悍著称的民族，蒙古族与女真有很多相似之处，但是，当时蒙古族人多势大，而女真族则相对要单薄许多。尽管万历二十一年(1593)时，科尔沁蒙古的明安贝勒也曾参加九部联军，并且被努尔哈赤击败，但是当时女真各部的统一尚未完成，努尔哈赤根本没有条件把蒙古各部视为自己的吞并对象。所以，努尔哈赤要做的是保持与蒙古各部的友好关系，而不是树立更多的敌人，如此对于促进他统一女真是极为有利的。蒙古族骁勇善战，努尔哈赤就曾有过“得一蒙古人胜得十朝鲜人”之说。同时，经过多年的动荡，漠南蒙古各部之间，已经发生了分化。自癸巳之战后，科尔沁、喀尔喀等蒙古部落开始向辽东靠拢，向努尔哈赤“进驼马，遣使往来不绝”。而努尔哈赤方面，为了集中力量对付主要敌手，采取远交近攻的策略着实是上上策。“远交”即是与乌拉部、科尔沁蒙古、喀尔喀蒙古及朝鲜等部交好；“近攻”则是要首先清除他当时的主要敌手叶赫、哈达等部。这样，在女真、蒙古双方都发生变动的情况下，科尔沁、喀尔喀与建州之间，维持了近二十年的友好关系。到了万历四十年(1612)，女真各部之间的关系较之以前又有了新的变化：在灭掉哈达、辉发二部的情况下，努尔哈赤与叶赫部之间的矛盾变得突出；而身为建州之婿的乌拉部首领布占泰，却长期动摇在建州、叶赫两部之间，这也令努尔哈赤十分恼怒，他认为有必要通过进一步强化与西部蒙古部落的关系来加强对于这个不稳定因素的控制。于是在万历四十年(1612)正月，努尔哈赤以科尔沁蒙古贝勒明安之女“颇有丰姿”为名，派遣使者去提亲迎娶。这次联姻，进一步加强了科尔沁蒙古与建州之间的关系。在联姻一年之后，努尔哈赤便灭掉了乌拉部。至此，女真各部中，努尔哈赤的劲敌仅剩叶赫一部了。面对这样的情况，巩固与蒙古各部的关系对于努尔哈赤来说无疑是更为突出的问题。于是，在与明安联姻后两三年间，建州与科尔沁、喀尔喀蒙古之间又迅速达成几项婚姻，不仅包括努尔哈赤本人，还有他的四个儿子也都纳娶了蒙古贵族女子。万历四十三年(1615)努尔哈赤娶了科尔沁郡王孔果儿之女博尔济吉特氏，他的儿子褚英、皇太极、莽古尔泰、德格类则分别娶了蒙古贝勒之女。贯穿清王朝始终的满蒙联姻，就是从此奠定的基础。

历史小常识：人殉

用人殉葬和作为祭品的制度，在我国古代社会中延续了很长时间，甚至清朝前期仍保留有这种制度。努尔哈赤死时，用他最宠爱的妃子殉葬，这种野蛮的制度和习尚，直到康熙年间才被禁止。

至于一度欲嫁努尔哈赤，却最终落空的"叶赫老女"就更富有传奇色彩。由于叶赫、建州两部长期处于对峙的紧张状态中，该女被其父兄一直留在叶赫不准与努尔哈赤完婚。到了万历三十一年(1603)，"老女"之姑、已经贵为努尔哈赤大福晋的叶赫那拉氏孟古姐姐病危，临终之时欲见己母，却遭到叶赫部的拒绝。努尔哈赤在指责这种不通人情的做法时，曾质问布扬古为何迟迟不肯践约将"老女"送至建州完婚。这次事件使得两部之间的关系更趋恶化。在这种情况下，"老女"的去向就更成问题。七八年后，为了争取一直动摇于建州、叶赫间的乌拉部，叶赫部竟然又提出要将"老女"许配给乌拉部首领布占泰，但布占泰出于对努尔哈赤的畏惧没敢同意。

眼看对于乌拉部的拉拢没有效果，叶赫部一方面向明廷求援，一方面又将"老女"许给喀尔喀蒙古贝哈达尔汉贝勒之子莽古尔代。叶赫、蒙古、明三方立场各不相同，在"老女"问题上态度也各异。明廷当时的态度是，"姑留此女，毋使太祖及介赛绝望，冀相羁縻"。而叶赫部既要投靠明廷，也就不急着把"老女"送往喀尔喀与莽古尔代。于是这一拖又是几年，直到万历四十三年(1615)的五月，布扬古才将妹妹送至喀尔喀。此时，屡屡被当作政治交易筹码的"老女"已经三十三岁，更为不幸的是，她出嫁一年后便病故了。

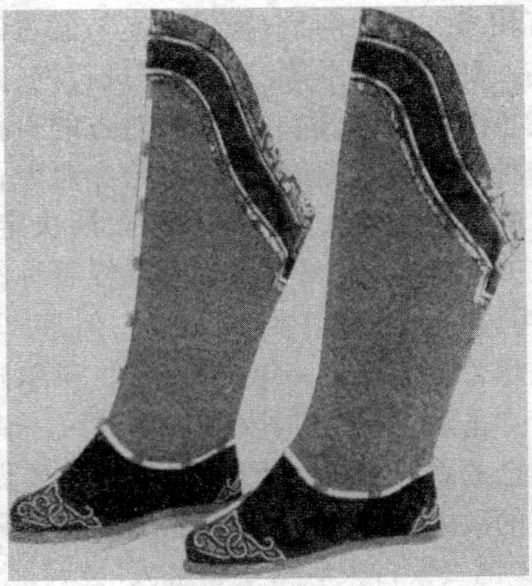

明黄漳绒串珠靴

叶赫部反复无常的态度，特别是后来明廷的介入，极大地激化了与努尔哈赤的矛盾。因此，这也就成为努尔哈赤向明廷宣战的理由——"七大恨"之一"恨"。

通过征战与联姻，努尔哈赤逐渐铲除了异己势力，女真的统一已经指日可待。当年小小的一支建州女真部族，很快就做到了称雄于白山黑水之间，努尔哈赤所辖的地域得到极大的扩展，人口也成倍地增加，一个新兴起的国家已经初具雏形。在这一前所未有的女真统一大业面前，努尔哈赤和他的属下都认为，有必要在国家和汗的称谓上进一步提升他的尊严和权威。据《满文老档》记载，当时的八旗贝勒大臣为此特举行了联席会议，认为国家多亏了有汗的英明睿智，才得以安享康泰，否则不知要遭受多少苦难。于是他们一致提出要为汗敬上尊号。努尔哈赤自然是很高兴地接受了臣下的建议，于万历四十四年(1616)的正月初一隆重举行了上尊号仪式。四大贝勒代善、阿敏、莽古尔泰、皇太极及八旗的贝勒大臣肃立在金銮殿的四隅。努尔哈赤升座后，八旗的八位大臣从队列中走出向汗跪呈表章。额尔德尼接过表章并且宣读，歌颂汗的英明睿智与德行高尚，于是为汗上尊号为"天任命的抚育诸国的英明汗"，《清实录》记为"抚育列国英明皇帝"。努尔哈赤降座，焚香告天，率诸贝勒大臣行三叩首礼，然后才入座，诸贝勒率各旗行庆贺礼。国号称"金"(史称"后金")，年号为"天命"，以本年为天命元年，后金政权正式诞生了。

万历四十七年(1619),在努尔哈赤建国后的第三年,努尔哈赤终于灭掉叶赫部,完成了女真的统一。

创建八旗制度

女真是一个以射猎为业的北方少数民族,努尔哈赤统一女真以前他们都是以氏族或村寨为单位在狩猎季节集体狩猎,由有名望的人当首领,这种以血缘和地缘为单位的组织形式,称为牛录制,他们的总领就被称为牛录额真(牛录意为大箭;额真,又称厄真,意为主)。这种牛录制度就是后来我们所熟知的八旗制的前身。

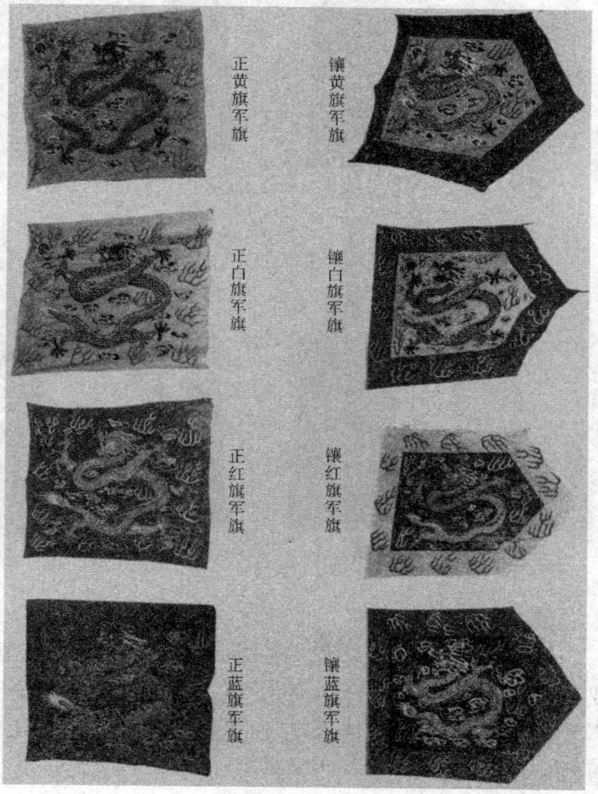

八旗制度

在统一女真各部的战争中,努尔哈赤取得节节胜利。随着势力的扩大和人口的增多,需要一种更加行之有效的管理形式,于是努尔哈赤在牛录制的基础上于万历二十九年(1601)建立黄、白、红、蓝四旗,称为正黄、正白、正红、正蓝,旗皆纯色。到了万历四十三年(1615),努尔哈赤为了适应女真社会发展的需要,又在原来四旗的基础之上,增编镶黄、镶白、镶红、镶蓝四旗(镶,俗写亦作厢)。旗帜除四正色旗外,黄、白、蓝均镶以红,红镶以白。把后金管辖下的所有人都编在各旗之内,并且规定:每三百人为一牛录,设牛录额真一人;五牛录为一甲喇,设甲喇额真一人;五甲喇为一固山,设固山额真一人。根据史料当时收编的牛录总共有三百零八个,再加上蒙古牛录七十六个,汉军牛录十六个,共有牛录四百个。这便形成了后来满洲八旗。到了清太宗时,又建立了蒙古八旗和汉军八旗,旗制与满洲八旗相同。八旗均由皇帝、诸王、贝勒控制,控制严密,等级森严,在崇德元年(1636),就规定了亲王、郡王、贝勒、贝子、镇国公、辅国公、镇国将军、辅国将军、奉国将军九等爵位。同时旗人都要按照军旗的颜色规定户籍。这种制度一直延续到清朝统治结束都没有改变。

八旗初建之时,是兵民合一的,凡满洲成员皆隶于满洲八旗之下,可以说是全民皆兵。“旗”是一个具有军事、行政和生产等多方面职能的组织。入关以前,八旗的兵丁们都是日常从事生产劳动,战时则随军征战,军械粮草都需要自备。入关以后,原先这种平时为民，战时为兵的情况被八旗常备兵制和兵饷制度所取代，八旗兵从此成了职业兵。到了定鼎北京之后，绝大部分八旗兵丁都屯驻在北京附近，而戍卫京师的八旗则按其方位驻守，称驻京八旗，俗称京旗，实际上就是过去的禁军。同时，还有一部分旗兵被派驻到全国各地驻防在重要城市和军事要地，称为驻防八旗。

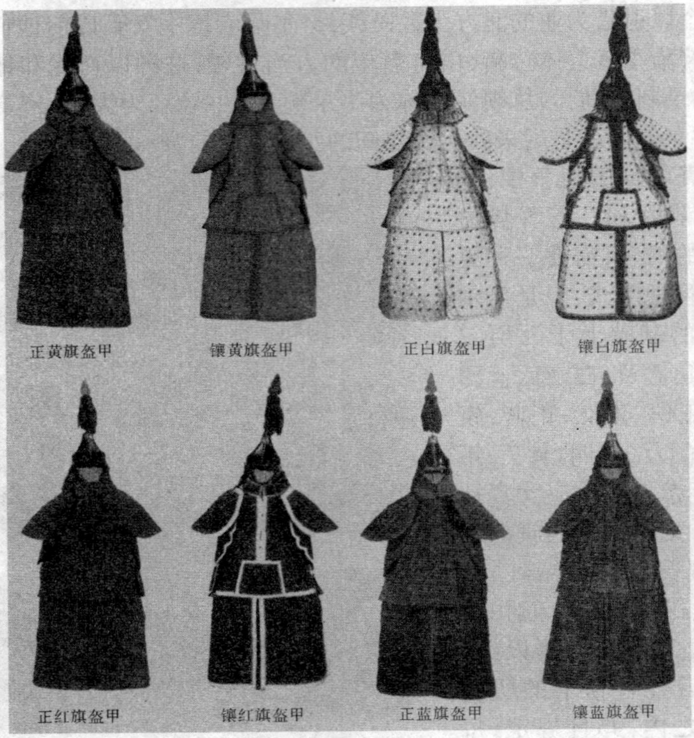

盔甲

从八旗制度建立伊始，就有自己严格的规定，它在内部兴办宗室觉罗学、官学等，授业八旗子弟。同时对于八旗宗室王公及官兵的婚丧也都有严格的规定，比如满汉之间是不允许通婚的，这个禁令直到光绪二十七年（1901）才取消。而实际上民间满汉早已通婚。

到了清入关成为中国真正的统治者之后，东北的满族人口大量涌入北京及其附近地区。而为了安置这些八旗官兵和闲散人口，清政府进行了大规模的圈地运动，将土地授予八旗的官兵们，他们因此获得的土地，称为旗地。这些八旗兵丁所获得的份地，大多数情况下依靠他们本人和家属从事耕种，但后来往往迫于生计将土地典押出去。于是随着清政权的确立和稳固，八旗兵丁的生计反倒是日渐拮据。清王朝虽采取了种种措施，但直至清末，八旗的生计问题非但没有解决，反而更加严重，有些人陷于贫困的境地。

从八旗正式建立到1911年辛亥革命清王朝被推翻，八旗制度总共存在了二百九十六年。它是清王朝统治全国的重要军事支柱，曾经为发展和巩固中国多民族统一的国家、为保卫边疆防止外来侵略等都做出了重要贡献，对满族社会的发展，更起到不可磨灭的作用。但是,随着历史的前进,八旗制度中落后的一面也日益明显,并且严重束缚了满族社会的发展,而他们在征战中的作用也愈来愈小。可以说,八旗制度的兴衰与清王朝的命运是紧紧联系在一起的,经历了由盛而衰,由衰而亡的整个历史过程。

萨尔浒大败明军

后金的建立让明朝感到十分不安,他们眼睁睁地看着努尔哈赤在东北壮大成为自己的威胁,在万历四十七年(1619)即后金天命四年,决定发兵攻剿后金都城赫图阿拉。明朝命杨镐为统帅,率军十二万,号称四十万大军,兵分四路向赫图阿拉发起进攻。而当时努尔哈赤的兵力总共约六万余人,从数量上来说处于绝对的劣势。但历史上以少胜多的例子不胜枚举,努尔哈赤是一位杰出的军事家,长期的征战也使他面对敌人时充满自信,对他来说不管明军兵分几路,他只集中优势兵力出击一路,然后各个击破明军。明军西路的总兵是杜松,他骄傲轻敌,并不把努尔哈赤放在眼里。这一年的三月初一,西路军孤军急进,行至萨尔浒(今辽宁抚顺境内)。努尔哈赤亲率八旗军直扑明军在萨尔浒的大营。女真族是在马背上成长起来的善于骑射的民族,只见后金的精锐骑兵猛冲入明军之中,顿时将方阵打乱,驱散步兵,左右厮杀开来。战场上尸横遍野,血流成河,而主将杜松矢尽力竭,落马而死,西路军马在这场战斗中全军覆没。

满洲实录·攻破刘綎营图

初二日,明北路军总兵马林率军赶到,见杜松兵败,布成"品"字阵与努尔哈赤对阵。努尔哈赤以不变应万变,六万骑兵并没有随之分作三路迎战,而是集中八旗全力,将其各个击破。到了初三日,探子向努尔哈赤报道:南路的总兵李如柏军已经迫近,而东路总兵刘綎则会同朝鲜兵攻来,两路军队对后金形成合围。刘綎是将门之后,威名极盛,也是四路兵马中人数最众、兵力最强的,所以努尔哈赤只派了一小支军队往南防御李如柏军,主力部队则东出在山谷设伏,全力迎击刘綎的大军。初四日,后金军让投降的汉人装扮成杜松的部属,通报与刘綎说他们的军队已经接近赫图阿拉,约刘綎合攻。为了争夺头功的刘綎,果然很轻易就上当受骗,命令军队火速前进。当刘綎军队经过阿布达里岗(今新宾与恒仁交界山岗）地带时，这里重峦叠嶂，道路狭隘崎岖难行，马不能成列，兵不能成伍。刘綎于是命令兵马排成单列急行，这正中努尔哈赤的下怀，设伏的八旗军很容易就将明军分割成若干段，在首、尾、中部都将其截断，使得明军身陷重围。刘綎毕竟是一员猛将，眼见情景如此，更是身先士卒奋勇杀敌。即使被一枚流矢击中，左臂受伤，依然无惧无畏继续战斗，接着右臂又受伤，依旧鏖战不已。双方一直从巳时战至酉时，明军的内外已经完全被后金断绝。后来，刘綎的头部被砍了一刀，截去了半个颊，仍然左右冲突，手刃十人方才战死。尽管刘綎的军队最终被努尔哈赤击败，但奋战八个小时，他本人被砍掉半个脸，还拼命杀敌，倒也死得颇为英勇悲壮。实力最为雄厚的西路军队在阿布达里岗覆没后，南路的李如柏军听闻其他三路皆败，剩下自己的一路军马自然无心恋战，于是急忙撤军，却依旧遭到后金军队的拦截，最后率领败军侥幸逃命。

此次战役，以努尔哈赤的大胜告终。明军损失惨重，仅文武将吏阵亡的就有三百一十余员，军丁死于这次战役的更是达到了四万五千余人，马、骡死亡二万八千余匹。努尔哈赤的成功在于巧妙地利用明军合围赫图阿拉的时间差，集中绝对优势兵力，将四路大军各个击破。他以静制动，以少胜多，集中兵力，逐个击破的战略战术成为中国军事史上的著名战例。而这一场战役更为重大的意义则在于，它成了后金与明朝兴衰史上的转折点，从此，明朝由进攻转为防御，后金则由防御转为进攻。

迁都沈阳

取得萨尔浒大捷后，努尔哈赤便正式同明朝展开了争夺辽东统治权的斗争。明天启元年即后金天命六年(1621)三月十二日，后金进攻沈阳，并很快兵临沈阳城下。当时明朝守城的总兵贺世贤是行伍出身，此人只是日夜饮酒，是个有勇无谋的家伙，面对贺世贤，努尔哈赤并没有用强兵攻城，而是派骑兵挑战。贺世贤果然贪功出战，结果中了数十箭，坠马而死。总兵一死，明军立刻群龙无首，八旗军于是乘胜攻城，城里内应，吊桥绳断，拥门而入。沈阳城里被杀的明军和百姓，据说有七八万人之多。攻陷沈阳后，努尔哈赤又亲率八旗大军，趁胜向辽阳进发。当时的八旗军气势旺盛，“旌旗蔽日，弥山亘野”。到了十九日，努尔哈赤的军队已经包围了辽阳。镇守辽阳城的明朝将领是辽东经略袁应泰，他派五员总兵出城五里结阵，与后金军对垒。努尔哈赤身先士卒匹马独进，派四旗兵进击，明军发炮接战。后金军也不甘示弱军火炮齐发，在努尔哈赤的带领下骑兵冲杀对方的阵营，明军顿时阵乱，开始溃散。努尔哈赤督兵乘胜追击。与袁应泰的交锋初次告捷。第二十日，努尔哈赤夜袭辽阳城，督军分别从东门和小西门两面攻城，袁应泰在东门亲自统兵应战。努尔哈赤命属下拼死强攻，明军便发火器还击。但后金骑兵攻势不减，呼喊着冲向前，明守军依旧布好阵型，排列作三层，施放火器进行抵御。双方在强攻和抵御中僵持不下。但是善于打硬仗的八旗兵从始至终都攻势不减，且愈加凌厉，而明军方面总兵梁仲善、朱万良都战死，开始还坚守的部众开始动摇进而大溃，袁应泰也退入城内。

东门之战获胜后，努尔哈赤又指挥军队集中兵力攻打小西门。明军居高临下，从城上放火箭、扔火罐，万矢齐下，奋力抵御。后金的军队则冒着炮火一次次搭建云梯、列楯车，试图夺桥破门。这场战斗一直从天黑打到天明仍不见分晓。二十一日，努尔哈赤亲督左右翼兵，向辽阳城发起总攻。夜幕降临，激战一天的明军已经显出疲态，这时小西门的内应在城楼上放火，辽阳城内顿时慌乱，军队崩溃四散。经略袁应泰本来是文士出身，以治水闻名，此刻却偏偏担当武将的职责，这本就不是他的长处，但他却也绝非贪生怕死之辈，此时知道辽阳城已经沦陷，于是自缢身亡。辽阳城被后金攻陷。

努尔哈赤朝服像

至此，短短九天之内，努尔哈赤以极为出色的军事指挥才能迅速占领沈阳和辽阳，占得对明的先机。而金州、复州、海州、盖州也都传檄而下。不久之后，努尔哈赤就将都城由赫图阿拉迁到了辽阳。

沈辽之役是清朝与明朝兴亡史上的转折点。辽阳是明朝辽东首府，沈阳也是辽东的重镇，这两个城市陷入后金之手，标志着明朝在辽东统治的结束和后金在关外汉人地区管制的确立。

同萨尔浒战役一样，努尔哈赤虽然在兵力上并不占优势，但是能够巧妙运用集团兵力，攻坚作战。他这种围城打援，里应外合战术使得沈辽之役也成为中国军事史上的著名战例。但沈辽之役的影响与意义，又快不仅仅在于军事范围。努尔哈赤迁都辽阳之后，又过了三年将都城迁到了沈阳，从此完全确立了其在关外的统治，为后来清军进关、入主中原、统一中国奠定了基础。

迁都对于每个政权来说都是一件关系重大的事情，它是政治权力的一种标志，同时关系到政权的稳定。建立后金以前，努尔哈赤在统一女真各部的过程中，随着战争的推进和自己势力的扩展，曾经几建都城、宫室，这实际上成为努尔哈赤创建后金政权进程的标志。第一座都城名费阿拉，建于呼兰哈达山下，时间是在起兵不久的万历十五年(1587)。据《皇清开国方略》载："丁亥春正月，筑城呼兰哈达南冈，尼堪外兰即伏诛。太祖乃于呼兰哈达之南，嘉哈河硕里口两界中平冈筑城三层，建宫室。"费阿拉城分内、外两城，虽然名叫"城"，但当时的女真各部实际上还处于奴隶社会末期，技术远落后于汉族地区，物资也比较匮乏，所以修筑的城墙不过是一些石块夹土木夯成的。当时一个去过建州的朝鲜人曾对该城做过一番描述，说这座城没有雉堞、射台、隔台和壕子，外城门是用木板做的，还没有锁钥。门关了以后，用木横张，像是朝鲜将军木之制。城上面设有敌楼，上面盖的是草。内城门和外城一样，但没有门楼。……内城的修筑和外城一样但有

熊廷弼

雉堞与隔台。从东门到南门再到西门，城上设堠望板屋而没有盖，有楼梯上下。从这些描述来看，城的形制是非常简陋的。但这座都城虽然原始，在努尔哈赤统一女真各部的过程中，却起过举足轻重的作用。努尔哈赤首次在这里宣布"定国政"，始称"女真国淑勒（即汉语聪睿之意）贝勒"。其内容主要有三方面：一是禁止作乱，即禁止奴隶对家主造反，以维护现存秩序；二是禁止欺诈，即要求奴隶忠于家主；三是严禁盗窃，保护家主的私有财产。这次定国政，使得女真各部第一次有了可以依据的法治条文，从而强化了努尔哈赤对女真各部的统治秩序，确保并推进了他统一建州大政方针的贯彻。可以说，这座费阿拉城的建立，是女真民族从氏族部落时期跨入文明社会一个分界性标志。

在建立赫图阿拉城后，努尔哈赤用了二十年左右的时间来完成统一建州女真各部的大业，并且还吞并了海西女真的哈达部，大大扩展了自己的势力。到了万历三十一年（1603），努尔哈赤将都城迁至赫图阿拉。赫图阿拉距费阿拉其实不过一二十里的距离，原本是努尔哈赤始祖猛哥帖木儿所建之城。努尔哈赤将都城迁到赫图阿拉后，对原城进行了改建。首先是增加了一圈长十里的圆角方形外城。城墙的筑法，与费阿拉城相同，仍然没有敌楼等形制，用石块夹土木夯成，依然是比较简陋的。相比在费阿拉城，努尔哈赤在赫图阿拉所做的最重大的决策，是万历四十四年（1616）建后金国并登汗位。

后金建立以后，努尔哈赤的事业继续处于蒸蒸日上的状态，疆域也不断向南扩充。随着战争形势的变化，此后都城又几经迁移。先是于天命三年（1618），努尔哈赤正式以对明朝有"七大恨"为由，挥师南下伐明，并且很快攻占了抚顺诸城；到了天命五年（1620），都城迁到了抚顺附近的萨尔浒。这次都城的迁徙努尔哈赤有其临时的考虑，很明显萨尔浒不适合长期做都城，而努尔哈赤也并没有在萨尔浒长期安居的打算。迁徙完全是为了战争的需要，因此里面都城的设置就十分简单，但是这城的优点是可以因地制宜，建成不规则的土石夹筑城墙。到了根本改变明金关系的萨尔浒之战，后金彻底转守为攻。那么，女真就需要继续迁都来进一步巩固和扩大后金在这一地区的势力。迁都第二年，努尔哈赤又连续攻克了辽阳和沈阳，将辽河以东的广大地区全部纳入后金统辖之下。

以如此快的速度攻城略地，也使得迁都的情况更加频繁，因为形势的变化使得都城必须从根本上适应后金在土地和人口上的膨胀。辽阳和沈阳的取得使努尔哈赤强烈意识到，萨尔浒作为临时都城已不适应，必须要把都城南徙到曾经是汉人的土地上。他提出“辽阳乃天赐我者，可迁居于此耶？抑仍还本国耶？”令群臣讨论。但是，诸位贝勒等却并没有意识到后金正处于一个重要的发展阶段，以他们的习惯而言，仍然是攻占某个城池之后进行抢掠，这以后就应携人畜币帛返回故里。努尔哈赤以他的远见卓识，尖锐地驳斥了反对者的意见：“如果我们撤走了，明军必然收复辽阳然后严加防御。而从城里逃出去分散在山谷里的老百姓我们也都会失去。把我们已经征伐来的疆土又还回去，将来必定还要重新征讨。而且这个地方乃是明朝、朝鲜和蒙古三国之中的要地，可以说是天予之地。”由于努尔哈赤的高瞻远瞩以及他无可动摇的权威地位，后金国决定将都城迁至辽阳，并于当年在太子河畔兴建辽阳新城，称为东京。

新建的东京，已经远非赫图阿拉、萨尔浒等前几个都城可比。其城市的布局和建筑都充分说明当时后金向汉族文明的学习以及向汉文化过渡的某些特点。首先，城墙已由原来的石块、夯土夹椽木的土城变成了青砖夹夯土的砖城，城上建有固定的敌楼，城外还开凿了护城河，引太子河水。其次，皇宫由朴素简单的青砖瓦房改成了琉璃瓦顶八角殿。寝宫也已脱离了当年政寝不分的格局，建在八角殿西，那里正是全城最高之处。这种喜爱绿色以及喜住高台的特点，都反映了后金人留恋并试图保持当年居住费阿拉、赫图阿拉城时生活方式的心理特点。最后一点就是东京城内的人口结构发生了极大的变化，原来的都城之中，仅仅是达官贵人和八旗兵丁居住的，而在辽阳城，手工业工匠的种类已经大为增多，同时在城南又新迁入不少商人。辽阳新城迅速出现了不少酒店、店铺，显得相当繁华。

历史小常识：满族的住房

满族传统居室为口袋房，一般为3间，中间开门，两侧为里屋卧室。卧室内西南北三面皆有炕相连，南炕为一家之长者居住，晚辈多居北炕。满族以西为上，西炕多摆置祭器。窗户多为南、西向，多无院墙及东西厢房，仅以木栅或秫秸围之。影壁为满族传统住宅的一部分，正面壁心平面，画以吉祥纹饰，亦有雕刻如意彩绘者。反面壁心多设有佛龛，为供奉土地爷之用，一般置于庭院大门里三米左右处。

天祐门

这以后又过了三年，努尔哈赤再次决定迁都。这次是从东京迁至沈阳。如此频繁的迁徙，自然有人是不能理解的，而且辽阳修建得既舒适又繁华。但努尔哈赤一如既往地又一次以他的远见卓识说服了大家。他说服大家，沈阳是一个交通上四通八达的地方。西征大明从辽河渡过，道路好走又近；若要去蒙古，二三天的日程就可以到了。南征朝鲜，从清河可以去。沈阳城外还有浑河与苏克素护河连同，从苏克素护河上流水伐木，顺流而下，木材多得用都用不完；如果想要出游打猎，山很近鸟兽又多；况且还可以同时收获河中利益。并且宣称他的决定已经做出了，要迁都谁敢不从呢？迁都沈阳后，又揭开了后金国历史上新的一页。

宁远受挫，努尔哈赤病死

对于明政府来说，辽沈的失陷让他们认识到形势的严重性，努尔哈赤就像一只伺机而动的猛虎，随时都可能南下对北京构成最直接的威胁。这种情况下，明朝派出积极主张抗击后金的大学士孙承宗和兵部主事袁崇焕到关外考察军务。

针对当时的形势，袁崇焕提出固守山海关必须先守宁远的建议，要求重新修建宁远城。宁远（今辽宁兴城）地处辽西走廊的中段，依山傍海、地势险要，是由沈阳通往山海关的咽喉要塞。按照袁崇焕的设计，新建的宁远城城墙应该高三丈二、底宽三丈，顶宽两丈四，由此而成为关外防御后金的军事重镇。同时，孙承宗又修缮了锦州、松山、杏山、右屯及大小凌河等地的城池，遣兵分守。如此，一条以宁远和锦州为中心的防线迅速建成，辽西的局势重新稳定下来。

孙承宗

就在袁崇焕和孙承宗在山海关外修建防御体系的同时，努尔哈赤正忙于迁都。当探知孙承宗在辽西严阵以待后，他一直没有贸然进攻。但不久，明朝内部党争再起，把持朝政的魏忠贤一直对满腹韬略、守边有方又秉性忠直的孙承宗心怀嫉恨，很快就将其排挤。继任孙承宗的是魏忠贤的同党高第，这是个贪生怕死的家伙，对逐渐壮大的后金十分害怕，而且没有半点军事才能，一心想要求和，认为关外必不可守，躲在山海关内苟且偷生才是可行之计。因此，他不顾袁崇焕等人的强烈反对，把锦州等地的防务全部撤出，将各城的兵力强行调入山海关。孙承宗苦心经营的“宁锦防线”被明朝自己人轻易地就破坏了。袁崇焕虽然无力阻止高第，但是他深知宁远、锦州防御的重要性，坚决不肯撤离，说：“我在宁远做官，就要在这里死守，决不撤退！”

明军更换主帅、宁远锦州全线撤防的消息让努尔哈赤喜出望外，完成迁都后，他一直都在等待征伐明朝的时机，此时，绝对是一个再好不过的机会。于是后金立刻出兵向辽西进发。天命十一年（明天启六年，1626）正月十四日，努尔哈赤亲率十余万八旗大军向辽西杀来，一路上，他们长驱直入，不费吹灰之力就占据了锦州、松山等大小城池，唯独剩下宁远。于是努尔哈赤派人给袁崇焕送去招降信，用高官厚禄引诱他献城投降。此时，宁远已然成为一座孤城，想以一击之力抵御努尔哈赤是十分困难的。但袁崇焕断然拒绝了后金的招降，全力准备迎战，誓与宁远共存亡。

当时，深陷孤城的袁崇焕，兵马还不到三万。他将城外的所有兵力都调入城内，将武器和兵力集中起来。又把城外的百姓动员进城，将城郊一定范围内的房屋粮食全部烧毁，这样，后金的军队在宁远城外一无所获，不会得到任何补给。袁崇焕知道这将会是一场恶战，于是写下血书表示要誓死守住宁远。他安排将士们分别据守，老百姓也带着自备的武器登城防守。

袁崇焕

袁崇焕誓死不降，努尔哈赤亲自指挥攻打宁远城。战车、骑兵、步兵铺天盖地地向宁远城压来。面对后金的大军，袁崇焕镇定自若，他指挥城上的大炮待后金士兵冲至城下时才一齐开炮，随着一声声巨响，大举压上的后金士兵成片倒在血泊之中，专门对付明军火器的楯车也被炸得粉碎。见此情形，努尔哈赤又命令士兵躲在加了厚板遮蔽的战车下靠近城墙，试图凿洞进城。宁远的城墙在袁崇焕的指挥加固之下本来就修筑得特别厚实坚固，而当时又天寒地冻，使得后金凿城的进度很慢。袁崇焕命令将全城贡献的被褥一卷卷扔下城墙，已经冻透的后金兵不管其中是否有诈，只是你抢我夺。正在这时，明军投下的火把点燃了裹在被褥中的火药，霎时间城下成为火海一片，不少凿城的后金士兵都被烧死。

后金军队整整攻了三天三夜，死伤无数，但宁远城依然固若金汤。更为糟糕的是，努尔哈赤也在战斗中受了伤，最后不得不率军撤回沈阳。

宁远战败给努尔哈赤造成了巨大的心理打击。从起兵以来到建立后金，数十年来，自己可谓是所向披靡，眼见形势一片大好，怎么会在攻打一座孤城的情况下输给一个后生小辈，岂非天数耶！同时，多年以来在辽沈地区长期实行残杀和玉迫异族的政策，开始导致后金社会的不景气。这次征战的失败进一步使民心涣散、兵将谈衰色变。蒙古、朝鲜也随之调整了亲附后金的政策，重新与明朝交好。这一切都使努尔哈赤忧郁不安，在受伤的情况下病情更为加重。不久就含恨去世。

皇太极改号立大清

努尔哈赤死后，谁来继承汗位？努尔哈赤的几个儿子都各有打算。当时，众多的兄弟当中有代善、阿敏、莽古尔泰三位贝勒，还有阿济格、多尔衮、多铎三兄弟，都有机会被立为汗。不过，多尔衮兄弟年纪尚幼，二贝勒阿敏是皇太极的堂兄，其父舒尔哈齐获罪被圈禁至死，阿敏自己也犯下大过，其实是没有资格也没有条件争夺汗位继承权的；三贝勒莽古尔泰是皇太极的五兄，虽然勇猛，但生性鲁莽，军力较弱，其生母富察氏曾因过获罪，莽古尔泰竟手刃生母，声名极其恶劣；最有条件的就是大贝勒代善和四贝勒皇太极，代善性格宽柔、深得众心，且军功多、权势大；皇太极则具有雄才大略且战功显赫。努尔哈赤去世前没有指定继承人，而是宣布《汗谕》：实行八和硕贝勒共议推举新汗和废黜大汗的制度。对于《汗谕》的存在，史学界已成定论。所以在当时历史条件下，按照《汗谕》实行的是八和硕贝勒共议推举新汗和废黜大汗制度。

如前所述，阿敏和莽古尔泰事实上已经退出了竞争，而最具竞争力的大贝勒代善则“性格宽柔”，从今天来看，史料中处处极力展现他的宽容和隐忍，却没有提到过他有当大汗的野心。努尔哈赤死了之后，萨哈廉和代善的儿子岳托找到代善跟他说：“四大贝勒，才德冠世，深得先帝之心，众皆悦服，当速继大位。”代善表态：“是吾心也。”所以说，皇太极登基虽然是各方面势力的一个平衡，但皇太极在诸兄弟中表现出的卓越才能也可以说是实至名归。

皇太极即汗位的第二天，为了控制政局和稳定人心，亲自带着代善等大小贝勒十四人向天地发誓说：“皇太极谨告于皇天后土，今我诸兄弟子侄，以家国人民之重推我为君。敬绍皇考之业，钦承皇考之心。我若不敬愆，遂削夺皇考所予户口，或贬或诛，天地鉴谴，夺其寿算。”这誓词的中心内容是要敬兄长、爱子侄、行正道，不随意、不轻易处罚兄弟子侄。实际上是对以八和硕贝勒为首的诸贝勒权益的保护，以及对于君权的限制。因为当时后金国君并非绝对的个人专制，建立在八旗制度基础上的后金政权是以八旗诸贝勒的集体权威为核心的。这点与明王朝及历史上的各姓封建王朝是有明显区别的。接着，代善、阿敏、莽古尔泰三个大贝勒和阿巴泰、德格类、济尔哈朗、阿济格、多尔衮、多铎、杜度、岳托、硕托、萨哈廉和豪格等诸贝勒也都对天发了誓，中心内容是“忠心事上”。尽管强调臣下尽忠国君的内容与汉族封建王朝对臣下要求相符契，但是，对于臣子的规范还要靠上天来保证，则明显透露出国君尚不具备至高无上的权力与地位。皇太极接着又向三大贝勒行三拜大礼，声称以后对他们不以臣礼相待而是以兄礼事之，四人同时面南而坐受朝，共听国政。

事实上，这只是皇太极登基之初为了安抚强势刻意采取的低姿态。随着满洲势力的发展和自己地位的巩固，现实需要的是政权的高度集中，于是皇太极开始逐步削减资历权势能与他相抗衡的三大贝勒的权势。首先，创建旗务大臣制度，在八旗之中各设总管旗务的大臣一人，称总管旗务八大臣（又称八固山额真）。总管旗务大臣有权总理本旗的一切事务，并与诸贝勒一起参与议政国事，史书记载，旗务大臣“出猎行师，议定启奏，各领本旗兵行，凡国中大小事，皆听稽查。”此外，每旗还设立了佐管旗务大臣两人（八旗总共十六人），“佐理国政，审断狱讼”。若有出兵驻防的需要时，每旗再增设调遣大臣两人（八旗共十六人），“以时调遣，仍审理词讼”。这些官职的设置意在分散各旗旗主诸王贝勒的权力，削弱他们在本旗中所享有的操纵一切的特权，从而使皇权更加集中。其次，废除了四大贝勒按月分值的制度。努尔哈赤在世的时候，在天命六年（1621）二月，曾经命代善、阿敏、莽古尔泰和皇太极四个大贝勒按月轮流分值，国中一切机务，均由值月贝勒掌理。皇太极即位以后，最初仍照常实行这种制度。到了天聪三年（1629），皇太极以“向因值月之故，一切机务辄烦诸兄经理”为由正式宣布废除这个制度。这个理由表面上是宣称四大贝勒值月处理机务“负担太重”，于是一切军国政务改由“嗣后可令弟侄辈代之”，实际上分担政务的弟侄辈们当然遇事不敢做主，必然均由皇太极一人处理和裁决。从此就彻底解除了三大贝勒掌理国中机务的权力，大权都集中到皇太极一人之手。

之后，皇太极为了巩固自己的汗权，又想方设法对付对自己构成潜在威胁的三大贝勒。他首先拿二贝勒阿敏开刀。阿敏曾经说过“此生有何可恋，不如一死”，还对皇太极说“我与诸贝勒议立尔为主，尔即位后使我出居外藩可也”。这说明阿敏不但认为自身没有前途，而且预感到危若朝露。皇太极听到阿敏的这些言论后十分不满。而另一件事更加激化了皇太极与阿敏之间的关系。还在天聪元年（1627）的时候，阿敏受命率军攻打朝鲜。阿敏统军直下平壤，朝鲜国王被迫退避到了江华岛。这时，后金内部对于是否继续攻打朝鲜发生了分歧：阿敏主张攻占王京（今韩国首尔），贝勒岳托等则主张同朝鲜国王定盟回师。而皇太极对于阿敏的态度则心怀不满，认为他有野心，想借机留居朝鲜。到了天聪三年（1629），皇太极亲自率军攻打北京城。因为北京城坚池深，防守严密，袁崇焕拼死抵抗，皇太极占不到半点便宜，只得退兵，派阿敏驻守永平等四城。阿敏等驻守四座孤城，受到明军四面攻击。于是不久之后阿敏就率师退回了沈阳。皇太极以此为借口对阿敏进行总清算：他宣布阿敏共十六大罪状，将其幽禁起来，并且把家产和属人全都没收。阿敏被幽禁后忧愤而死，终年五十四岁。其实，以上种种虽然激化了阿敏同皇太极的矛盾，但说到根本还是汗位的争夺问题。在这场斗争中，皇太极除掉一个心腹之患，汗权更加巩固。

皇太极古服像

除掉阿敏之后，皇太极便将打击目标集中到莽古尔泰身上。莽古尔泰是皇太极的五兄，也是正蓝旗的旗主贝勒。天聪五年(1631)，后金与明朝在大凌河展开了大战。驻守大凌河城的是著名将领祖大寿，他曾经和袁崇焕一起在宁远抗击努尔哈赤，为保护风雨飘摇中的明王朝立下了汗马功劳。皇太极此次派莽古尔泰率正蓝旗军从南面攻城，遭到祖大寿炮火的猛轰，死伤惨重。莽古尔泰请求调整兵力，皇太极不允。这令莽古尔泰非常不满，大怒道："为什么偏偏与我为难，难道想借机杀掉我吗！"边说边用所佩刀柄示意。他的胞弟德格类用拳打他，并将他推出帐外。皇太极也大怒："古人云：'操刀必割，执斧必伐。'你用佩刀，是什么意思?"这次冲突让皇太极与莽古尔泰兄弟二人的矛盾迅速激化。第二年，莽古尔泰就突然得了重病死去了，年四十六岁。接着，皇太极借正蓝旗额真等给莽古尔泰上坟为由，命令众人唾其面，先羞辱额真，接着罢免了他；还采取同样的措施对待莽古尔泰的福晋(夫人)，命令诸福晋前去先训斥，并辱骂她。莽古尔泰的胞弟德格类贝勒更是未能幸免，也连带受罚，后来得了重病不能说话而死。不久，皇太极将莽古尔泰的妹妹莽古济、儿子额必伦处死。而根据朝鲜史料记载，除了这些人以外，皇太极还将莽古尔泰的三个儿子也都杀死，正蓝旗官兵千余人也连带被杀。

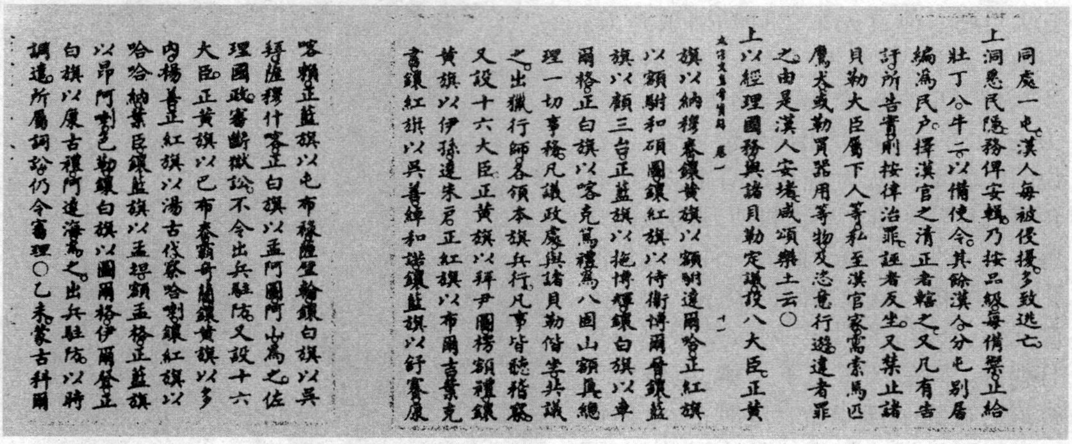
同處一屯。漢人每被侵擾，多致逃亡。
上洞悉民隱，務俾安輯。乃按品級每備禦止給
壯丁八名、牛二頭，以備使令。其餘漢人分屯別居，
編為民戶。擇漢官之清正者轄之。又凡有告
訐，所告實則按律治罪，誣者反坐。又禁止諸
貝勒大臣屬下人等私至漢官家需索馬匹、
鷹犬，或勒買器用等物，及恣意行游逸者罪
之。由是漢人安堵，咸頌樂土云。○
上以經理國務與諸貝勒定議，設八大臣。正黃
旗以納穆泰，鑲黃旗以額駙達爾哈，正紅旗
以額駙和碩圖，鑲紅旗以侍衛博爾晉，鑲藍
旗以顧三台，正藍旗以拖博輝，鑲白旗以車
爾格，正白旗以喀克篤禮，為八固山額真，總
理一切事務。凡議政處與諸貝勒偕坐共議
之。出獵行師，各領本旗兵行。凡事皆聽稽察。
又設十六大臣。正黃旗以拜尹圖、楞額禮，鑲
黃旗以伊孫、達朱戶，正紅旗以布爾吉、葉克
書，鑲紅旗以吳善、綽和諾，鑲藍旗以舒賽、康
喀頼，正藍旗以屯布祿、薩璧翰，鑲白旗以吳
拜、薩穆什喀，正白旗以孟阿圖、阿山為之。佐
理國政，審斷獄訟，不令出兵駐防。又設十六
大臣。正黃旗以巴布泰、霸奇蘭，鑲黃旗以多
內、楊善，正紅旗以湯古岱、察哈喇，鑲紅旗以
哈哈納、葉臣，鑲藍旗以孟坦、額孟格，正藍旗
以昂阿喇、巴勒，鑲白旗以圖爾格、伊爾登，正
白旗以康古禮、阿達海為之。出兵駐防，以時
調遣，所屬詞訟仍令審理。○乙未，蒙古科爾

《清太宗文皇帝实录·设八大臣上谕》

这以后，就剩下了柔懦的代善，但也没逃过皇太极的排挤。天聪五年(1631)，李伯龙奏请改变"朝见不论旗号，唯以年龄为序"的旧例，纠正"朝贺时每有逾越班次，不辨官职大小随意排列者"的现象，"请酌定仪制"时，诸贝勒说："莽古尔泰不当与上并坐。"皇太极因势利导，将李伯龙的奏议及诸贝勒的提议，一并交付了代善，命他与诸贝勒"共议"。在政治舞台上有过教训的代善，马上领会了皇太极的意图，诸贝勒共议时首先表态说："我等奉上居大位，又与上并列而坐，甚非此心所安！自今以后，上南面居中坐，我与莽古尔泰侍坐于侧，外国蒙古诸贝勒坐于我等之下，方为允协。"在代善的带头下，参与共议的贝勒们也都众口一词地表示同意，于是当下做出决议上报皇太极。这决议正符合皇太极的心意，于是立即照准。天聪六年(1632)正月初一日，在接受众臣朝贺时，按新规定的礼仪，皇太极"始南面独坐"，这标志着清政权结束了皇太极与三大贝勒共理国政的局面，又代表着皇太极集大权于一身，中央集权制度的建立。而代善与莽古尔泰在两旁"侍坐"。几经打击的代善，被迫处于唯命是从的状态。

至此,三大贝勒之名,实际上已经不复存在了。经过上述残酷的骨肉相煎,皇太极终于稳定了宝座。

虽然皇太极在争夺皇位的问题上政治手段凶悍,但是在内政方面他倒也励精图治并且大力改革。在他登基后不到十年的时间里,女真族社会迅速实现了飞跃发展,很快实现封建化,后金政权也由弱变强,国力雄厚起来。山海关外的大部分土地在连年征战中早已逐步为后金占有,所以明朝赖以牵制后金的就是蒙古诸部及朝鲜李王朝了,但他们也先后为后金所征服。朝鲜李朝方面向皇太极纳贡称臣,而蒙古诸部则更甘为前驱,成了皇太极攻打明朝最得力的帮手,明朝以“西虏制东夷”的政策全面破产了。

皇太极在天聪三年(1629)十一月发表的告谕中,对夺取全国政权的意图已经说得非常明白。《清皇太极实录》记载其内容为:“若谓我国褊小,不宜称帝,古之辽、金、元,俱自小国,而成帝业,亦曾禁其称帝耶!且尔朱太祖,昔曾为僧,赖天佑之,俾成帝业。岂有一姓受命,永久不移之理乎!天运循环,无往不复。有天子而废为匹夫者,亦有匹夫起而为天子者。此皆天意,非人之所能为也!上天既已佑我,尔明国乃使我去帝号,天其鉴之矣!”

朝鲜人

天聪九年(1635),多尔衮率军远征蒙古察哈尔部时,得到蒙古的大宝“传国玉玺”。关于这块玉玺,有这样一个传说:据说这颗玺印自汉传至元,元顺帝北逃时,曾将玉玺带在身边。但他死后玉玺就失落。两百年后,一个牧羊人放牧,见一只羊三天不吃草却不停地用蹄刨地。牧羊人十分好奇,就挖开此地,发现了玉玺。后来玉玺落到了蒙古林丹汗手中。林丹汗死后,由其子额哲收藏。多尔衮解决察哈尔归服问题后,苏泰太后及子额哲归顺后金,然后将“传国玉玺”献给了天聪汗皇太极。

得到玉玺的皇太极与后金统治集团欣喜若狂,“喜而不寐”,认为这是天命所归。皇太极在筑坛拜天接受玉玺时,传谕左右曰:“此玉玺乃历代帝王所用之宝,天以畀朕,信非偶然也!”于是在八天之后,也就是九月十四日,都元帅孔有德祝贺表章便抵达沈阳,请皇太极“登九五之尊,而享天下之福”。总兵官耿仲明也上表盛称:“天赐玉玺,可见天心之默佑矣。唯愿正大统,以慰臣民之望。”一时间,请皇太极称帝的呼声此起彼伏。十月初一,昂邦章京石廷柱率汉官生员等进贺表:“获镇国传世之宝,祯祥已见,历数将归。”

面对众人的拥戴,皇太极故作谦逊地说:“诸臣所言诚是,朕亦知上天眷佑,示以瑞兆,但虑朕才德凉薄,恐不能抚民图治,上答天心。自后当益加敬业,以祇承上天之宠命耳。”这虽然是谦逊之词但其称帝的心意已经昭然若揭了。在接见朝鲜使臣时,皇太极

“出所得蒙古察哈尔汗玉玺示之”，也是向友邦传送准备称帝的信息。

十月十三日，皇太极下谕：“我国原有满洲、哈达、乌拉、叶赫、辉发等名，向者无知之人往往称为诸申。夫诸申之号乃席北超墨尔根之裔，实与我国无涉。我国建号满洲，统绪绵远，相传奕世。自今以后，一切人等，止称我国满洲原名，不得仍前妄称。”皇太极本着儒家“正名”的思想，改族名女真为满洲。

十二月二十一日，皇太极率诸贝勒大臣诣努尔哈赤陵，大造登基称帝的舆论。他首先宣扬自己继承汗位以来的武功，“自受命以来，征讨诸国，所在克捷，遐迩大小之邦罔不臣服”，然后又宣称“得受命之征”，“历代帝王相传玉玺，久不知其所在，今已为我国得之，共称符瑞，谓得受命之征”。

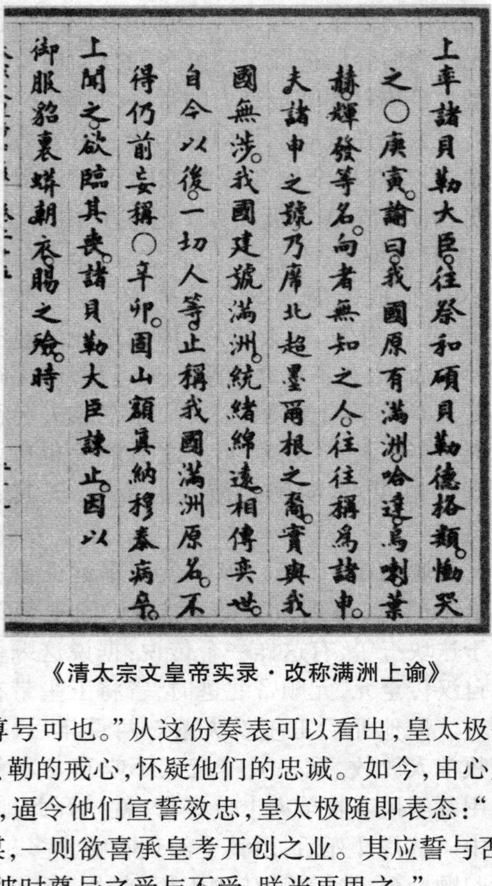
上率諸貝勒大臣往祭和碩貝勒德格類慟哭之○庚寅。諭曰我國原有滿洲哈達烏喇葉赫輝發等名。向者無知之人。往往稱爲諸申。夫諸申之號乃席北超墨爾根之裔。實與我國無涉。我國建號滿洲。統緒綿遠相傳奕世。自今以後。一切人等止稱我國滿洲原名。不得仍前妄稱○辛卯。固山額真納穆泰病。上聞之欲臨其喪。諸貝勒大臣諫止。因以御服貂裘蟒朝衣賜之殮。時

《清太宗文皇帝实录·改称满洲上谕》

十二月二十八日，诸贝勒再次请皇太极尊号，皇太极仍坚辞不肯。管礼部贝勒萨哈廉又让希福、刚林、罗硕、祁充格等上奏：“臣等屡次陈请，未蒙皇上俯鉴下忱，夙夜悚惶，罔知所措。伏思皇上不受尊号，其咎实在诸贝勒。诸贝勒不能自修其身，殚忠信以事上，展布嘉猷，为久大之图，徒劝皇上早正大号，是以皇上不肯轻受耳。如诸贝勒皆克殚忠荩，彼莽古尔泰、德格类辈，又何以犯上而作乱耶？今诸贝勒宜誓图改行，竭忠辅国，以开太平之基，皇上始受尊号可也。”从这份奏表可以看出，皇太极一再地辞让诸贝勒恭上尊号之请，是出于对诸贝勒的戒心，怀疑他们的忠诚。如今，由心腹萨哈廉派人明确向诸贝勒指出皇太极的隐忧，逼令他们宣誓效忠，皇太极随即表态：“贝勒萨哈廉开陈及此，实获我心。一则为朕深谋，一则欲喜承皇考开创之业。其应誓与否，尔身任礼部，当自主之。诸贝勒果誓图改行，彼时尊号之受与不受，朕当再思之。”

第二天，由贝勒萨哈廉出面，召集诸贝勒传达皇太极的意思：“吾等各宜誓图改行，以慰上意。”瓦解了三大贝勒以外，已经无人再敢对皇太极有不满，众贝勒满口答应立刻各自写下誓词，上报给皇太极。皇太极阅后强调：“不必书从前并无悖逆事等语，但书自今以后，存心忠信，勉图职业，遇有大政大议，勿谋于闲散官员及微贱小人并其妻妾等，即以此言为誓。”众贝勒于是立即遵照皇太极的意思更改了誓词内容，并焚香对天盟誓：“自今以后，若有二心于上……天地谴责，夺其寿算。若能竭力尽忠，当荷皇上洪慈，天地庇佑，寿命延长。”

四月十一日，皇太极祭告天地，“受宽温仁圣皇帝尊号，建国号曰大清，改元为崇德元年”。之后，又拟定皇帝仪仗，共用二百七十人；定宫殿名，中宫为清宁宫，东宫为关雎宫，

西宫为麟趾宫，次东宫为衍庆宫，次西宫为永福宫；正殿为崇政殿，大门为大清门，大殿为笃恭殿。同时还大赏满洲、蒙古、汉人各级官员。

经过十年经营，皇太极“克兴祖父基业，征服朝鲜，统一蒙古，更获玉玺，远拓边疆”，以建州女真为核心，联合女真各部，建立起满洲这一统一的民族共同体；在此基础上又以满洲贵族为核心，联合汉族、蒙古及其他少数民族上层，建立了一个新的少数民族政权——大清。皇太极并未满足于割据东北，而是意在与明朝争夺天下，统治全中国。

皇太极改国号的做法，具有远大的战略意义。首先，女真族曾经在历史上建立的金朝，对汉族的掠夺和压迫是极其残酷的，废去“金”的国号和“女真”族号，就避免了刺激汉族人的历史回忆，对于减少民族抵触情绪大有帮助。其次，按汉族的传统说法，朱元璋建立的大明王朝，其中的“朱”“明”两字，均含有“火”之意，按传统五行相克的说法，“火”正克的是“金”，这在明金争雄之际，显然是对金不利；而如果将“金”改为“清”，因汉字的“清”及“满洲”诸字都带有“水”字旁，如此，包含了“水”可以灭“火”之意。在封建社会中，这种迷信的观念是不可疏忽的大问题，皇太极可能也了解这一点。同时，也进一步说明了皇太极有争夺明朝天下的充分信心和远大抱负。要想进兵中原、统一华夏，就必须化解历史积怨，所以更改族名和国名也是必然的。当然，这种说法主要是为了让统治者了解，却是不便公开言明的事情。这一年就是崇德元年，明的崇祯九年(1636)。

重用汉人

恰当处理满汉关系，是皇太极政治上最大着眼点。皇太极登基数年之间，改变了努尔哈赤晚年很多不当政策，如强令迁民、分田占房、清查粮食、轻薄文士、屠杀汉儒等等，这些有力措施使得满洲军政事业有了新的发展。

满洲是少数民族，当时总人口不过数十万人；而汉人在全国则以万万计，仅仅是辽东就以百万计。因此，恰当处理满汉关系，是皇太极最重视的大事。努尔哈赤进入辽河平原以后，对汉人一直是仇视的态度，因此大量迁民，按丁编庄，清查粮食，强占田地，满汉合居，杀戮诸生，这些措施都不断激起辽东汉民的反抗，使得努尔哈赤总是自感处于汉人包围之中。皇太极继位之后，对努尔哈赤的这些失误之策，适时做出调整。他提出“治国之要，莫先安民”，宣布“满汉之人，均属一体”，强调满洲、蒙古、汉人之间的关系“譬诸五味，调剂贵得其宜，若满洲庇护满洲，蒙古庇护蒙古，汉官庇护汉人，是犹咸苦酸辛之不得其和”。于是下令规定：汉人壮丁，分屯别居——这一举措缓解过去汉人受满人奴役的悲苦；汉族降人，编为民户——这是为了改变过去掳获汉民，变做满人奴仆的悲剧；制定条例，限制特权——重新修订的《离主条例》对满洲贵族的特权做了某些限制；对于逃人，放宽惩治——这一举措非但没有使逃人增加，反而因为百姓支持新政策而使逃逸的事情逐渐消失了。

满洲占有辽东地区后，要进一步巩固和发展，没有汉官与汉儒的合作与支持是不可能的。先前，汉族官员和清朝大臣有很大的差别，“分隶满洲大臣，所有马匹尔等不得乘，为满洲官乘之；所有牲畜尔等不得用，满洲官强与价而买之；凡官员病故，其妻子皆给贝勒家为奴；既为满官所属，虽有腴田不获耕种，终岁勤劬米谷仍不足食，每至鬻仆典衣以自给。”由是许多汉官“身在曹营心在汉”——虽“身在后金”，却“潜通明朝”。皇太极谕告这一措施使得汉官“皆拨出满洲大臣之家，另编为一旗，从此尔等得乘所有之马，得用所畜之牲，妻子得免为奴，择腴地而耕之，米谷得以自给。”对于归降的汉族官员，则格外加以“恩养”：不仅盛宴款待他们，分给他们良田土地，又分配马匹，进行赏赐，酌予委任。皇太极笼络汉族大臣，范文程就是最好的例子。范文程在太祖时，未受重用。努尔哈赤在位时，仅给了他一个无关紧要的“章京”的小官名，不过是当当差而已。而皇太极登基后，却把他安置在自己的身边，直接参与军政大计，进行决策。每逢议事，皇太极总问：“范章京（即范文程）知道吗？”他不直呼名字，而称“范章京”，以示尊敬。每当臣下的奏议有不妥之处时，皇太极便说：“何不与范章京商议？”奏事的大臣如果回答“范章京已表示同意”的话，皇太极就不再询问，指示依奏办理。有时，范文程病了，皇太极便指示，一些事情须等他病好以后再裁决。不仅如此，除了奏章以外，范文程还为皇太极起草敕书，也都能够做到合乎皇太极的想法。刚开始的时候，事必躬亲的皇太极还过目审阅，后来只要是范文程起草的文书，他不看就批准了，说：“我相信你不会出差错的。”《清史稿·范文程传》称其“左右赞襄，佐命勋最高”。崇德元年（1636），范文程任内秘院大学士，是为汉人任相之始。此外，皇太极还招抚了“三顺王”——孔有德、耿仲明和尚可喜。

历史小常识：贡院

北京的贡院是科举考场，为三进院落，大门五楹对开，称为第一龙门，上面高悬着三块牌匾，东首那块牌匾上写着“明经取士”，中间则高悬一块“开天文运”，西则是块“为国求贤”。贡院最后一次会试并宣告这种会试科举制度将在这次会试后终止，是在宣统元年（1909）。民国时期贡院改为官用，后随着时间的推移逐渐变为民用。

皇太极松锦大捷，以和促战

从崇祯十二年（1639）二月，到崇祯十五年（1642）四月，皇太极发动对锦州、松山一线的进攻，明、清双方各投入十多万大军，战争经历了三年，此役是明清双方的最后关键一役。最后以蓟辽总督洪承畴被俘，明朝十三万大军被歼告终。明军的残部退保宁远，松山、锦州、杏山、塔山四个重镇为清所占，宁远成为孤城一座，明朝的关宁劲旅不复存在，辽东防守体系正式崩塌。明王朝的衰亡，也已指日可待，“中朝之运，亦已衰矣”。

松锦大战之后，皇太极的声威如日中天。面对一片颂扬声，皇太极却显得极为冷静。就在诸王将帅“争请直取燕京”，素被倚重的智囊及汉官们也倡言“今天意归于皇上，大统攸属，锦州、松山、杏山、塔山，一时俱为我有，明国人心摇动，燕京震骇。惟当因天时，顺人事，大兵前行，炮火继后，直抵燕京而攻破之……倘迁延时日，窃虑天时不可长待，机会不可坐失”的时候，皇太极对于众人过分乐观的建议，进行了分析和反驳：“尔等建议，直取燕京，朕意以为不可。取燕京如伐大树，须先从两旁斫削，则大树自仆。朕今不取关外四城，岂能既克山海？今明国精兵已尽，我兵四周纵略，彼国势日衰，我兵力日强，从此燕京可得矣。”

他认为明朝虽然气数将尽，但是这个两百年的王朝毕竟树大根深，只有先削弱其枝干才能动摇其根基，所以要从实际出发，对明朝采取战和交相为用的策略，一边派重兵出塞骚扰，一边与明朝议和使臣谈判，提出和谈条件如下：

第一，自兹以后，宿怨尽释，彼此不必复言矣。

第二，若尔国使来，予令面见；予国使往，尔亦令面见；两国有吉凶大事，则当遣使，交相庆吊。

第三，贵国馈兼金万两、白金百万。我国馈人参千斤、貂皮千张。

第四，若我国满洲、蒙古、汉人及朝鲜人等有逃叛至贵国者，当遣还我国。贵国人有逃叛至我国者亦遣还贵国。

第五，以宁远双树堡中间土岭为贵国界，以塔山为我国界，以连山为适中之地，两国俱于此互市；两国人有乘船捕鱼海中往来者，尔国自宁远双树堡中间土岭沿海至黄城岛以西为界，我国于黄城岛以东为界，若两国有越境妄行者亦俱察出处死。

第六，倘愿和好，则我两人或亲誓天地，或各遣大臣代誓。

"皇帝之宝"及宝文

皇太极所提出的六项条件，内容并不算苛刻。因为从当时的情况来看，只要清兵出击，攻下宁远和山海关，绝非难事，辽西全为清有是已成定局的事情。明朝如同意和议内容对他们来说好处是可以保住宁远，据有山海关。以宁远为界，对清而言，则非上策，对明而言，土地损失则比预料的要少。至于互赠钱物一项，虽然皇太极提出索银百万，但实际上并没有增加明朝的额外负担。因为在处理明廷与蒙古的关系上，仅在崇祯初，就对察哈尔蒙古部新增加的赏银就有八万两，加上旧赏马加银七十万两，共计约八十万两。再加上宣大、山西、辽东沿边蒙古的赏银，则远远超过了百万两。皇太极提出和议内容之时，察哈尔部已经归附于清，索要一百万两白银，并不超出明朝的旧日赏蒙古白银总额，而清政权方面也正是以此筹算的。总的来说，议和内容中所说的明朝损失的土地和钱财，其实早已损失了。而清所获得的土地，只不过是通过和议要得到明朝承认罢了，而所要的钱物比起之前蒙古各部所获之总额尚少。所以对明朝来说，看起来并没有太大损失，皇太极也满以为肯定能获得明朝的首肯，所以，他还表示，不争尊卑。其言外之意就是只要签订和议,清政权可以向明朝称臣。

从天聪元年(1627)到崇德元年(1636),皇太极一直采取主动求和的态度和以战促和的战略。与明朝达成和议的条件,没有因为军事上屡屡得手而加码,相反,在一定程度上还做了让步。皇太极为什么要这么做呢?

直隶长城险要关口形势图卷之冷口

原因有二:一是后金的实力虽然已经很强,但是与明朝抗衡尚需时日。尤其在初期,后金深陷困境,“汉人、蒙古、朝鲜四境逼处”。发展的前提是生存,首先要自保,则莫过于同明朝达成和议。其二,后金割据势力扩大之后,虽然向东征服了朝鲜,向北统一黑龙江、乌苏里江流域,向西笼络了蒙古,并且屡屡重创明辽西的守军。但明朝皇帝天下共主的地位并没有从根本上动摇,“国势屹然未倾”。所以,皇太极力排众议、采取了以战促和的方略,希望尽量争取时间,调整、改革后金社会诸关系,巩固割据东北的局面。

皇太极登基十多年来,通过各种渠道,极力想与明朝皇帝言和。但是明朝皇帝却一直置之不理。这使皇太极感到,明朝大臣们可能从中作梗,使后金的和议要求不能达于“圣听”,而崇祯帝本人大概也是“轻视民命,乐于构兵”的。崇德初年,皇太极称帝后,下决心再次向辽西及关内进兵,掠夺更多的人口、财物、牲畜,壮大自己的实力。同时,进一步征服朝鲜,解除后顾之忧,以便将来与明朝争夺天下。

定鼎北京

崇祯十七年(1644)三月,李自成率领义军攻克北京,建立大顺政权。驻守山海关的明总兵吴三桂引清兵入关,清廷利用这一时机,与大顺军在山海关附近决战。李自成战败退出北京。五月一日,清军进入北京城,同年九月,顺治帝从盛京迁都至北京,告天祭地、颁诏全国,开始了清王朝以北京为都城的长达二百多年的统治。

顺治即位

> **历史小常识：清朝爵位**
>
> 分为和硕亲王、世子（亲王嫡子）、多罗郡王、长子（郡王嫡子）、多罗贝勒、固山贝子、镇国公、辅国公、不入八分镇国公、不入八分辅国公、一至三等镇国将军、一至三等辅国将军、一至三等奉国将军、奉恩将军共十四级，辅国公之前八等称入八分公，与之后的不入八分镇国公、不入八分辅国公等爵位不同。

皇太极死后，谁来继承皇位成为一个最为紧迫的问题。按照太祖努尔哈赤规定的皇位继承《汗谕》，皇位继承人应该由满洲八旗贵族共同商议决定。此时亲王、郡王共有七人：礼亲王代善、郑亲王济尔哈朗、睿亲王多尔衮、肃亲王豪格、武英郡王阿济格、豫郡王多铎和颖郡王阿达礼。

新的皇位之争主要集中在正黄、镶黄、镶红、镶蓝四旗支持的皇太极长子豪格和正白、镶白旗及多数诸王贝勒支持的皇太极十四弟多尔衮之间悄悄展开。

肃亲王豪格是皇太极的长子，当时三十五岁，正值壮年，有文韬武略，也有赫赫战功。崇德元年（1636）皇太极即皇帝位后豪格又被封为和硕肃亲王兼摄户部事。支持豪格的是两黄旗贝勒大臣。因为皇太极生前亲掌正黄、镶黄和正蓝三旗，他们拥戴豪格继位也是顺理成章的事情。同时镶蓝旗的旗主和硕郑亲王济尔哈朗也表示支持豪格。

睿亲王多尔衮是努尔哈赤第十四子、皇太极之弟，时年三十二岁，是正白旗的旗主贝勒。多尔衮颇有心计，并且足智多谋、聪明过人。在皇太极的征伐过程中，多尔衮曾多次统军出征，“倡谋出奇，攻城必克，野战必胜”，屡屡立下大功。多尔衮之弟多铎为镶白旗的旗主贝勒，也被封为和硕豫亲王。

正、镶两黄旗将领盟誓，宁可死作一处，坚决要立皇子；而正、镶两白旗大臣誓死不立豪格，他们跪劝多尔衮立即即位：“汝不即立，莫非畏两黄旗大臣乎？”“两黄旗大臣愿立皇子即位者，不过数人尔！我等亲戚咸愿王即大位也！”串联、游说、盟誓、劝进，频繁的争夺活动，导致了双方彻底对立，两个集团对于皇位的争夺已经趋于白热化。

八月十四日，皇太极死后的第五天，诸王大会在崇政殿举行，双方终于公开摊牌。这天一早，两黄旗大臣盟誓大清门前，命令本旗的禁军张弓戴甲，环立于宫殿周围。会议开始之前，大臣索尼就提出：“先帝有皇子在，必立其一。”会议开始后年高辈尊的代善首先发言说，“豪格是先帝的长子，应当继承大统。”加上济尔哈朗的默许，豪格见此形势料定皇位必是囊中物，于是故作姿态起身辞谢说：“福小德薄，非所堪当。”说完就离开了崇政殿。

豪格一走，阿济格、多铎乘机劝多尔衮即位。面对锐气方刚又有众人拥戴的多尔衮，代善的态度变得暧昧起来，他模棱两可地说，“睿王若允，我国之福；否则当立皇子。”两黄旗大臣见此，佩剑上前说：“吾等属食于帝，衣于帝，养育之恩与天同大，若不立帝之子，则宁死从帝于地下而已！”多尔衮眼见两黄旗大臣颇有些破釜沉舟的气势，迟迟未能决议。多铎随即自荐即位，遭多尔衮否决。于是多铎又提出以长为尊立代善，一心求得明哲保身的代善当然不愿陷入争位漩涡，连忙推托说："吾以帝兄，当时朝政，尚不预知，何可参于此议乎！"说完就退场离开了，阿济格也跟着离开。两黄旗大臣怒目相对，多铎则默默无语，会议眼看陷于僵局。

多铎

关键时刻，实权人物郑亲王济尔哈朗突然提出一个折中方案：即让庄妃之子九阿哥福临继位。福临既是皇子，又不是豪格，无论多尔衮还是豪格双方都无法对其否决。多尔衮权衡利弊，他深知即使自己强行登基，也只有两白旗支持，两黄旗不服，双方势必要火并，其后果可能是两败俱伤，对刚刚建立稳固统治的满洲政权来说是极为不利的；而推出六岁的福临即位，由他本人和郑亲王济尔哈朗"左右辅政，共管八旗事务"，自己则依旧可以掌握实权。同时，作为皇子的福临也不会让两黄旗大臣有反对的理由，自己可以徐图后利。所以，多尔衮首先同意了此项提案。索尼等人反对多尔衮所打的幌子就是拥立皇子，福临即位两黄旗天子亲兵的地位保持不变，因此他们也不再坚持立豪格。这个颇具戏剧性的提议让剑拔弩张的气氛顿时缓和下来。豪格也不能提出反对意见。

通过这件事情，已经证明皇太极死后大权操在多尔衮之手，但豪格等人也颇有实力，所以多尔衮自立的条件还不成熟。其阻力主要来自两黄旗原皇太极手下的亲信大臣。在这种情况下，多尔衮不得已最后议定由年仅六岁的福临即帝位，但显然他虽然暂时放弃了皇位却绝不会放弃实权的操纵。

接着，八旗王公大臣共同立誓。礼亲王代善、郑亲王济尔哈朗、睿亲王多尔衮、肃亲王豪格、武英郡王阿济格、豫郡王多铎、颖郡王阿达礼等十九位王公昭告天地："先帝升遐，国不可无主。公议先帝子（福临），缵承大位。嗣后有不遵先帝定制，藐视皇上幼冲，明知欺君怀奸之人，互徇情面，不行举发，及修旧怨，倾害无辜，兄弟谗构，私结党羽者，天地谴之，令短折而死。"八旗大臣阿山等也立下誓词要竭诚事君。作为辅政大臣的多尔衮、济尔哈朗二王特意立下誓词说："如不秉公辅政，妄自尊大，漠视兄弟，不从众议，每事行私，则天地谴之，令短折而死。"

此前，在争夺皇位的过程中，颖郡王阿达礼和固山贝子硕托都曾表示过支持多尔衮。阿达礼曾对多尔衮说："王（指多尔衮）正大位，我当从王。"硕托也曾派人对多尔衮说："内大臣图尔格及御前侍卫等皆从我谋矣，王可自立。"然后二人和贝勒罗洛宏一起到礼亲王代善家拉拢代善，代善因为脚病不能下床，二人于是到床边对代善耳语说众人已定议立睿王并询问代善的心意如何。事后，多尔衮和代善当众揭发了这件事，并让阿达礼和硕托当面对质，最后，二人以“扰乱国政”之罪被处死，成了多尔衮笼络人心、安定政局的牺牲品。罗洛宏因不知情免罪。阿达礼是代善的孙子，硕托是代善的次子，代善此举也是大义灭亲。一场充满阴谋、流血、牺牲的皇权之争暂时缓和下来了。

福临即位后，郑亲王济尔哈朗与睿亲王多尔衮摄政，以第二年为顺治元年。

大清顺治元年，即明崇祯帝十七年(1644)，是明亡清兴的关键一年。这一年，北京被李自成攻破，崇祯帝自尽，清政权得到了入主中原的最好时机，多尔衮于是奏请南征，率领八旗劲旅攻打山海关。其时，山海关的守将是已准备投降起义军的明朝辽东总兵吴三桂。

吴三桂冲冠一怒

当吴三桂领兵赴京朝见新主李自成时，行到永平沙河驿时，恰好遇到从京城逃出来的家人，吴三桂问：“家里出什么事了？”家人禀报说府上已经被闯王抄了。吴三桂说：“没关系，我到京城后就会归还。”又问：“我父亲还好吗？”家人回答他父亲吴襄也已经被抓起来了。吴三桂仍然不担心，说他返回京城家产自然归还，父亲自然会被释放。又问：“夫人(指陈圆圆)还好吗？”家人告之夫人已经被闯王(一说为刘宗敏)带走。谁知，一听说陈圆圆被李自成抢走，血气方刚的吴三桂勃然大怒，厉声叫道：“堂堂大丈夫连一个女子都保不住，还有什么面目见人？”随后，立即命大军掉头回到山海关，以明朝大臣的身份，向昔日的宿敌多尔衮递去了请兵书，希望清军能够“合兵以抵都门，灭流寇于宫廷，示大义于中国”。这个故事流传的很广，说吴三桂为了一个苏州名妓陈圆圆，将大汉江山出卖给了清政权。后来清朝诗人吴伟业在《圆圆曲》中写下了“冲冠一怒为红颜”的诗句。

陈圆圆

陈圆圆，常州武进(今属江苏常州)人，本姓邢，名沅，字畹芬，母亲早亡，跟随养母姓氏姓陈。圆圆自幼能歌善舞，长大后色艺冠时，和柳如是、董小宛、李香君等人并称为“秦淮八艳”。崇祯时外戚周奎为了给皇帝寻求美女，于是派田妃的哥哥田畹下江南选美。田畹来到江南就听闻八艳的声名，但此时柳如是和钱谦益、董小宛和冒辟疆等都已经结成了眷侣,田畹于是寻得陈圆圆,将她与杨宛、顾秦等名妓一同带回京城献给崇祯皇帝。但当时内忧外患,战乱频仍,李自成的农民起义军威震朝廷,崇祯帝惶惶不可终日,哪里还有心思贪恋女色。于是陈圆圆又回到田府,被田畹占为私有。当时,吴三桂正在北京短暂停留,遍识名公巨卿和文人雅士。不久,吴三桂出任辽东总兵,镇守山海关。田畹设筵为吴三桂饯行,宴席上陈圆圆率歌队进厅堂表演。吴三桂一见这位绝色佳人立即神驰心荡,高兴地搂着陈圆圆陪酒。田畹则趁机上前问吴三桂:"贼寇来了该怎么办呢?"吴三桂说:"如果能够将圆圆赠予,我一定会首先保护君家无恙。"田畹自然赶紧成人之美来交好吴三桂,于是陈圆圆又到了吴府被纳为妾。吴三桂在其督理御营的父亲劝说下,将陈圆圆留在京城府中,以防同行招惹是非让皇帝知道。

钱谦益

吴三桂的部队是早已腐化不堪的明朝廷里最后一支有战斗力的铁骑部队。但不久李自成就攻入北京城。留在北京城内的陈圆圆被"大顺军"像胜利果实一样地掳走。据史料记载,当年闯王李自成率兵攻陷北京后,迅速派遣手下干将刘宗敏在京城四处开展追赃活动,重点追讨明朝宫廷及各级官府的库银和明朝遗臣们手中的金银财宝。为了能尽快取得追赃的效果,刘宗敏四处抓捕、严刑拷打,那些还留在城内的明朝遗臣们吃尽了苦头。但随之陷入恐怖气氛的不只是这些官宦遗臣,还有普通的市民百姓。京城的富庶和繁华让农民起义军的局限性完全暴露出来,最终发展到后来似乎已经失控了的状态。在追讨榨完了明朝遗臣权贵的钱财之后,大顺军开始任意捕捉富户、商家和平民百姓,许多店铺和居民户经常在光天化日之下遭到上门抢劫。据《流寇志》记载,在刘宗敏的鼓动和纵容下,"大顺军"的公开抢掠很快升级,而且开始出现淫掠民女之类的恶行。刘宗敏本人抢先占据了皇亲田弘遇的豪华府第,并将府第中几十名美貌女子尽数掠去,整天地沉醉在花天酒地之中。当刘宗敏得知吴三桂的爱妾陈圆圆还在京城时,根本不顾闯王李自成劝降吴三桂的旨意,居然做了一件色胆包天的事:他到吴府把陈圆圆掠来,意欲强占。也有一种说法是,李自成本人贪恋陈圆圆的美色,亲自下令刘宗敏去抢夺陈圆圆。但不论是刘宗敏还是李自成,掠抢陈圆圆这件事却成为最广为流传的事件,它不仅为以后文人墨客提供了最富戏剧性的素材,还有可能确实是吴三桂做出"选择史"的一个决定因素。

当还在山海关的吴三桂听到这一消息时,迅速打消了投降李自成的念头,而是站到了清政权一边,引领清军火速入关,与清兵一道进入北京攻破李自成,也救回了陈圆圆。李自成战败后,将吴三桂之父及家中三十八口全部杀死,然后弃京出走。吴三桂抱着杀父夺妻之仇,昼夜追杀农民军到山西。

吴三桂

顺治帝定鼎北京后,吴氏晋爵平西王,陈圆圆也跟从吴三桂到了云南。吴三桂欲将陈圆圆立为正妃,陈圆圆托故推辞,吴三桂别娶。不想所娶正妃十分凶悍且嫉妒心极重,对吴的爱姬多加陷害冤杀,陈圆圆遂独居别院。陈圆圆失宠后对吴三桂渐渐离心,吴三桂曾阴谋杀她,陈圆圆得悉后,遂乞削发为尼,从此在五华山华国寺长斋绣佛,改名寂静,字玉庵。后来吴三桂在云南宣布独立,康熙帝出兵云南,1681 年冬昆明城破。吴三桂死后,陈圆圆亦自沉于寺外莲花池,死后葬于池侧。直至清末,寺中还藏有陈圆圆小影二帧,池畔留有石刻诗。但小说家姚雪垠在《论(圆圆曲)》一文中则认定陈圆圆在李自成打进北京时已经不在北京城,早就到了宁远,不久就病死了。

"恸哭六军俱缟素,冲冠一怒为红颜",吴三桂也许仅仅为了保护自己的爱妾就毅然决然地引领清兵火速进入北京,他的立场不仅加速了明王朝的灭亡,也攻破了李自成的"大顺"政权,使闯王李自成的命运发生了不可挽回的转变,同时随着清兵快速入关,大大推进了清朝定都北京和大清王朝的建立与崛起。

多尔衮摄政

吴三桂降清后,多尔衮得以长驱直入,不久攻占了北京。进入朝阳门时,明朝太监们用明朝皇帝的仪仗、车驾在皇城外迎接,请多尔衮乘辇。多尔衮推辞说:"我效法周公辅佐幼主,不该乘辇。"众人说:"周公曾经背靠屏风代理朝政,今日王爷也应该乘辇。"多尔衮说:"我是为了平定天下而来,不能违背大家的意愿。"于是,排列仪仗,乘辇进了武英殿。坐上皇帝宝座,接受朝贺。

八月,福临与皇太后博尔济吉特氏(孝庄太后)在文武百官的簇拥之下,离开盛京迁往北京。进入北京城后第一项重要的活动就是举行福临的登基大典。登基礼是封建王朝最重要的嘉礼之一,因为皇极殿在战争中已经被焚毁,所以只好因地制宜,将大典改在残存的皇极门(今太和门)举行。多尔衮授意礼部择定十月初一为皇帝举行登基大典的日子。行过祭天礼后,福临回宫登上设在皇极门的宝座,接受百官的朝贺。清王朝在中国近二百七十年之久的统治就此拉开了帷幕。

福临虽然做了皇帝,但年龄太过幼小,自然是个傀儡皇帝,实权掌握在摄政王多尔衮的手中。他的母亲孝庄太后聪明绝顶,自念孤儿寡妇,终究未安定,不得不心中有所谋划。多尔衮揭发阿达礼、硕托诸人劝自己自立为君并将他们正法这件事,令孝庄太后十分感激,于是传出懿旨,让摄政王多尔衮便宜行事,不必避嫌。从此,多尔衮可以随意出入禁中,甚至有时就住宿在大内,外事则统由摄政王主持。

孝庄太后

虽然当时出于形势考虑多尔衮支持福临登上了皇位,但是对于自己没能当上皇帝始终耿耿于怀。所以,他虽然控制了大清军政大权,毕竟还有缺憾。只是当年与豪格对峙时,退而求其次在诸王大会上倡立福临,如今难以出尔反尔,推翻前议。因此,在激烈动荡的戎马生涯之余,他的精神世界便陷入一种自相矛盾、懊悔愁苦与自怨自责的痛苦之中。史载,他经常发怔忡之症,有一次说:“若以我为君,以今上居储位,我何以有此病症!”而随着他功业的累进,权力的欲望也更加炽烈。经过几年的谋划,多尔衮施尽权术,拉拢亲信,排除异己,虽然不在皇位,皇权却悉尽掌握在他的手中。

多尔衮先是要除掉自己的死对头豪格,诬陷他言辞悖妄,审讯后将其幽禁在宗人府最后幽禁致死,而豪格的福晋也被日夜留住在多尔衮府中。他还私役内府公匠,大修府第,广征美女,甚至向朝鲜搜求公主,得到后又抛弃。

接着要铲除的就是与其同居摄政王之位的济尔哈朗。济尔哈朗从青年时代起就追随努尔哈赤南征北讨,因军功受封为和硕贝勒,是努尔哈赤时期共柄国政的八大和硕贝勒之一,也是皇太极时代四大亲王之一,可谓功勋卓著。鉴于多尔衮的势力,济尔哈朗一开始就很知趣地退避三舍,拱手将权力让出。济尔哈朗召集内三院(国史院、秘书院、弘文院)、六部、都察院、理藩院主官,指示他们:以后凡是各衙门处理的事务,有应该报告辅政王的,或者要做记录的,全先报告睿亲王。档案要写名字时,也先写睿亲王名字。多尔衮不愿济尔哈朗参与朝政,济尔哈朗谨慎谦让,所以才会做出此举。但是,因为此前依附过豪格的种种夙怨,多尔衮还是不能容忍济尔哈朗和自己共享摄政地位,于顺治四年(1647)罢免了济尔哈朗的职位,第二年又降其为郡王,被排除在决策层之外。

多尔衮以高超的手腕,以自己的两白旗为中坚,笼络了以代善为首的正红旗,安抚了镶红旗,分化了两黄旗,打击了两蓝旗,将大权集于一身。多尔衮命史官按帝王之制为他撰写起居注,并营建规模超逾帝王的府第。大军调度、罚赏黜涉,一出己意。关内关外,只知有睿王爷一人。

而在对待顺治帝福临的问题上多尔衮则不顾诸臣多次提出给皇帝延师典学的建议，有意让福临荒于教育，意在将其变成一个无知无学的傻皇帝，自己好独揽大权。导致福临十四岁亲政时，仍然不识汉字，诸臣奏章也茫然不解。孝庄太后为了保护儿子，在多尔衮的步步进逼下，只得以柔克刚，不断隐忍退让、委曲求全。她不断给多尔衮戴高帽、加封号，以使多尔衮不至于废帝自立。顺治元年(1644)十月，多尔衮被加封为叔父摄政王，并建碑记功。不久又加封皇父摄政王，取消了御前跪拜。此后，以“皇父”身份摄政的多尔衮更加毫无忌惮，凡是宫中什物和府库财帛，可以随意挪移。遇元旦或庆贺大礼，多尔衮与皇帝一起，接受文武百官跪拜，最大限度地满足了多尔衮对于皇位的渴望。

多尔衮

有一次，多尔衮生病了，贝子锡翰等人到多尔衮家中探视病情。多尔衮发牢骚说：“我刚刚遭到不能再大的忧愁(指元妃病逝)，身体又不舒服。皇上虽然是万民之主，但现在这个情况也应该按着家庭的礼节，到我这来一次。如果说皇上年幼无知，你们可都是皇上身边亲近的大臣啊！”又说：“你们不要因为我这番话，就去请皇上到我家中来。”结果不久，福临就来亲自看望多尔衮了。于是多尔衮责备锡翰等人说：“你们故意违抗我的命令，擅自请皇上来看我。皇上来了，难道就可以免掉你们的罪过吗？”于是命人把锡翰等抓起来审讯，最后锡翰被降为镇国公；又因为一等精奇尼哈番鳌拜眼看着锡翰等犯罪却不立即逮捕审问，也被降为一等阿思哈尼哈番，其他有关人员也分别受到降级和革职的处分。

关于多尔衮与孝庄太后的关系，有可能在少年时期就有结缘，他们间是否有私情以及多尔衮选择福临即位的猜测引发了无数版本的传闻。而“太后下嫁”也成为清初四大疑案之一，一直是近百年来清史研究中的一个悬案。

顺治七年(1650)十二月，多尔衮前往喀喇城围猎时忽然得了一种咯血症，不久就病逝了，死时仅仅三十九岁。福临辍朝震悼，多尔衮被追尊为“诚敬义皇帝”，照帝制丧葬。一方面，福临表面上厚葬多尔衮，另一方面却在暗中执行了三件事：一是把多尔衮王府内的印信和档案都收回宫内；二是收回皇权，凡是重大事情一律报皇帝亲自处理；三是囚禁多尔衮的亲哥哥武英亲王阿济格。而一场更大规模的宫廷斗争和鲜血淋漓的残杀也以多尔衮之死拉开了帷幕。

顺治八年(1651)正月十二日，福临亲政。多尔衮原来的一帮亲信看到形势渐渐起了变化，有些就投到济尔哈朗的门下。此时，原来多尔衮与多铎分别统辖的正白旗与镶白旗已成无头大雁，阿济格又成了阶下囚，济尔哈朗等人认为时机已成熟，在这一年的二月上书福临，指控多尔衮“显有悖逆之心。臣等从前俱畏威吞声，不敢出言，是以此等情形未曾入告。今谨冒死奏闻，伏愿皇上速加乾断”。至此，对多尔衮早有不满的顺治帝开始对他的清算。

巡行纪程诗画册·喀拉和屯

在济尔哈朗等人的奏折中，为多尔衮拟了下述主要罪名：

第一，福临即位时，诸王立下誓言，由多尔衮与济尔哈朗联合摄政。但多尔衮“背誓肆行，妄自尊大”，不仅剥夺了济尔哈朗摄政的权力，还立自己的同母兄弟多铎为“辅政叔王”。

第二，多尔衮虽为人臣，但所用的仪仗、音乐、侍从，与皇帝无二致，其王府也形同皇宫，并私用皇帝御用的八补黄袍、大东珠数粒及黑貂褂等殉葬。

第三，散布皇太极称帝是违背太祖本意而系夺位的流言。

第四，逼死肃亲王豪格，迎纳豪格之妃。

追黜多尔衮是福临亲政后处理的第一件大事，此举结束了自皇太极逝世以来、长达数年之久的皇室内斗，将皇权归还于皇帝，使得清政权得以在入关之初、百废待兴的关键时期实现了政治稳定，对以后的发展产生了深远影响。顺治之所以在多尔衮死后对其进行清算，与他对多尔衮的敌视态度直接相关。多尔衮与孝庄太后的暧昧关系，随着福临年龄的增长，使他对多尔衮的怨恨与日俱增。多尔衮杀了他的长兄豪格并霸占了其福晋，也在他心中结下隐恨。当然，最为重要的还是多尔衮骄横跋扈，独揽朝政，根本不把这个少年皇帝放在眼里。这种不满与怨恨，在多尔衮生前他是不敢发作的，多尔衮死后，在济尔哈朗的协助下终于得以发泄，并且一举铲除了多尔衮的羽翼。因此，福临借大臣上奏之机，不顾一个月前曾亲自为多尔衮追封过“义皇帝”的尊称，断然下令将多尔衮“削爵、撤庙享、罢谥号、黜宗室、籍财产入宫”。瞬息之间，清王朝发生了令人瞠目结舌的巨大变化。在清朝开国过程中战功彪炳的功臣多尔衮，专权多年呼风唤雨的皇父摄政王，死后不到两个月就摇身一变成了千古罪人。据载：多尔衮的尸体被“挖出来，用棍子打，又用鞭子抽，最后砍掉脑袋，暴尸示众”。而孝庄太后也未加阻止。

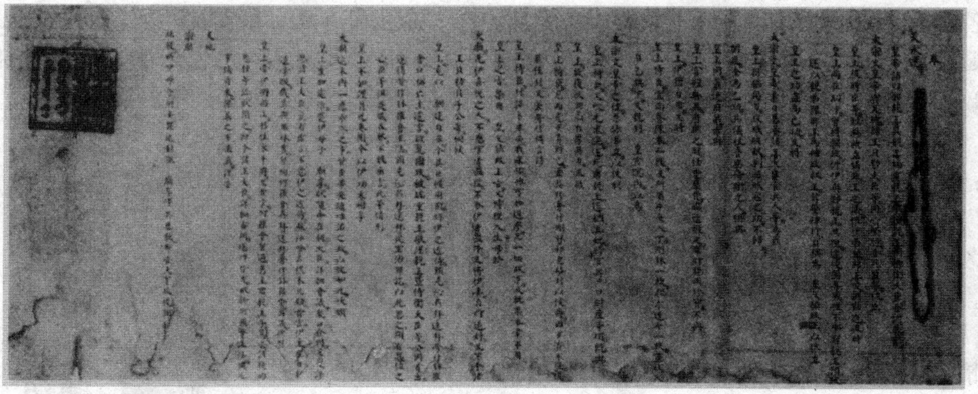

《多尔衮母妻撤出庙享诏》

直到乾隆当上皇帝以后，才给多尔衮平反："定鼎之初，王实统众入关，肃清京辇，檄定中原，前劳未可尽泯"，充分指出了清朝在定鼎北京的过程中多尔衮所起的巨大作用；但指出他"摄政有年，威福自尊"，对于多尔衮有"异志"的说法，乾隆帝说："朕念王果萌异志，兵权在握，何事不可为？乃不于彼时因利乘便，直至身后始以殓服僭用龙衮，证为觊觎，有是理乎！"即为多尔衮辩护说他如果确实觊觎皇位以其权势来说没有做不到的事情，但却始终还是拥护福临的。于是，乾隆帝下令给多尔衮平反：复还睿亲王封号，配享太庙；按亲王陵寝规制，修其茔墓；继子多尔博仍还为睿亲王后等。

不可否认的是，多尔衮是满族历史上杰出的政治家军事家，也是中国历史上一位杰出的人物。在清军入关之前，尤其皇太极死后的非常时期，他能够顾全大局，辅佐幼主福临，挥军入关，为清朝夺得全国的统治做出了重要的历史贡献。在入关后，他位高权重，精明能干，善于用人，也取得了重大成就。但同时也犯了不少历史性的错误，如搞圈地、投充、逃人法等等。多尔衮是一个充满戏剧性的人物，生前的煊赫、死时的殊荣、死后被定罪、数十年后又得平反，这一切都是与当时社会矛盾紧密相连的。正因为多尔衮是一个举足轻重的人物，所以在统治阶级内部矛盾中，他总处于漩涡中心。

留头不留发，留发不留头

吴三桂投降清军后带领清军进入山海关，和李自成的大军在山海关附近展开了激战。李自成兵力十万，吴三桂五万，本来吴三桂是处于绝对的劣势，但是由于清军的加入，战役以李自成的失败告终。进入北京城仅仅一个多月的大顺军选择了撤离，撤离前李自成匆忙在北京登基。而后清政权进入北京。李自成推翻了风雨飘摇中的大明王朝，但到头来，成为这个国家新主人的，是来自白山黑水之间的清王朝。

为了稳定政权，清朝对汉人极为笼络。其实早在入北京之前，他们就宣称自己是为中原百姓和士绅"复君父仇""必不害汝"。所以，在占领北京城后第二天，清政府就贴出了安民告示："天下者非一人之天下，有德者居之；军民非一人之军民，有德者主之。我今居此，为尔朝雪君父之仇，破釜沉舟，逆贼不灭，誓不返辙。"同时宣布对明朝的官吏降服者各以升级任用，明朱姓诸王，仍然保留其爵位；明臣殉难者，予赠谥世荫，立庙祭祀；而被贬黜的官吏，只要没有贪赃枉法的劣迹都可以征辟录用；同时大赦天下。这些措施为新政权笼络了不少人心，不过，最得民心的，还是他们宣布减免地亩钱粮的政策。

同时，多尔衮还命兵部传檄天下：剃发降顺者，地方官各升一级；各衙门官员等照旧录用。进入北京后不久，清廷还命官民等为明崇祯帝服丧，下令官民服丧三日。所有明诸帝陵，皆设官守护。为了减轻人们的反清情绪，清廷规定礼俗衣冠暂用明制，汉人剃发与否，听从其便。诸如此类的政策，对于一个刚刚在中原建立自己政权的少数民族而言，对收取汉族的人心起了很好的作用。于是各州县纷纷归顺，清廷没怎么费劲就顺利夺取得大半个中国的江山了。

剃头挑子

不过，这一切才过两年就发生了变化。清廷自感明朝已无回天之力，政策开始发生急遽的变化，开始强制推行一些民族压迫政策。其中主要的有“剃发、衣冠、圈地、投充、逃人”五种政策。

所谓“剃头”即是指剃发，汉人都要剃发束辫，从满人习俗。衣冠就是更换明朝衣冠，从满人服饰。圈地是指“圈田”，把畿辅五百里内汉人的田地圈占给八旗将士。清初大规模的圈田共有三次，共圈占田地约十六万余顷。名义上是圈占明朝皇室、勋戚的庄田，其实这些田地在农民战争时已经分配归农民所有。此外，还有许多自耕农的田地亦被圈占。另外，“投充法”，是在京城三百里内外的各州县村庄的汉人都被充为奴仆，特别是各色工匠，更被投充。“逃人法”，是指清贵族的奴仆有逃走的，要被鞭打一百，然后归还原主，“邻右九家、甲长、乡约各鞭一百，流徙边远”。隐匿逃人者，也要被治罪。此外，在后来的统一战争中还多次发生屠城的事情。

而在强迫所有汉族男人剃掉鬓角上的头发，脑后梳一长辫服从满人习俗的政策上，清廷的态度最为蛮横，导致了“留发不留头，留头不留发”的说法。各级的地方官令剃头匠们挑着剃头挑子在街上行走，见蓄发者就将其头发剃去。遇到稍有抵挡的，官府就将其杀死，然后把他的头悬在竿子上示众。甚至孔子后裔以执行孔庙典礼不便，提出蓄发、用先人衣冠的请求也被毫无余地地拒绝，只因其是圣人后裔而得以免死，但被革职永不叙用。剃发，结束了中国几千年束发戴冠的发型。

在江南诸省，这些政策激起了已被平定地区的强烈反抗。江阴、嘉定等地民众纷纷举起义旗，但是很快就被镇压并且遭到了屠城，死者达数十万人之多。为了蓄发遭遇如此巨大的流血牺牲，绝无仅有。

其实，剃发的政策早在努尔哈赤时期就已经开始施行。当年，八旗军攻陷沈阳、辽阳之后，占据辽东，进兵辽西，所向披靡，十分顺利。但是，努尔哈赤实行了两项有失民心的政策：一是命令这些地区的汉人剃发，二是强令汉人迁移。这一举措引起镇江(今辽宁丹东境内)等地汉民的反抗，辽东汉民成千上万地遭到屠杀。迁移政策是建州兵每攻破一部，即毁坏当地城池而迁其民。对迁来的部民，编丁入旗，均作安置。努尔哈赤占领广宁后，强迫辽西的汉民背井离乡，扶老携幼，哭声震野，迁往辽东。然后在辽海地区实行“按丁授田”，就是把汉民农田以所谓“无主之田”的名义没收分给八旗官兵。这种做法，虽对于移居到辽东地区的广大八旗官兵来说有利，但是原来居住在辽东的众多汉民自耕农却被无情地剥夺了生活的依靠。汉民东迁以后，无亲无友，无房无粮，于是命大户同大家合，小户同小家合，“房合住，粮合吃，田合耕”。但事实上这些迁居的汉民，大量都是耕无田，住无房，寒无衣，食无粮，生活十分悲惨。同时清政府命令清查粮食，申报存粮，按口定量，不许私卖。辽东汉民地区为自给自足的自然经济，房、田、粮是他们最基本的生存手段。努尔哈赤在这三项关系汉民生计的重大问题上，举措轻率，严重失误，造成社会动荡。但是后来多尔衮率清军入关后，却沿袭了努尔哈赤的这一政策，在京师占房、京畿圈地，而在关内强行剃发易服之策更是造成了一场民族大悲剧。

满洲女子服饰

因为汉族自古以来就非常重视衣冠服饰。《孝经》有言：“身体发肤，受之父母，不敢毁伤，孝之始也。”所以汉人成年之后就不可剃发，男女都是把头发绾成发髻盘在头顶。而满族的发型则是把前颅头发剃光，后脑头发编成一条长辫垂下。在服饰上两个民族也有很大的不同，汉服以交领、右衽、无扣等为主要特色，满装的主要特点是立领、对襟、盘扣等。为了表示对被征服的汉人的统治，清朝一律强令汉人改变发式、更换服装，投降的明朝将士也必须剃发易服，作为臣服的标志。最初“剃发令”因引起汉人的不满和反抗，1644 年清政权入关后曾经短暂地废除过。但 1645 年清兵进军江南后，汉臣孙之獬因为受到其他汉大臣的排挤而心怀不满，为泄私愤向摄政王多尔衮提出重新颁发“剃发令”。多尔衮于是再次下令规定清军所到之处，无论官民，限十日内尽行剃头，削发垂辫，不从者斩。为了保护世代相承的文物衣冠，汉人进行了此起彼伏的斗争，导致统治者更为残暴的镇压。例如在1645年发生的嘉定三屠事件即与“剃发易服”有关。针对当时各地汉人的抗争此起彼伏的情况，当时的陈名夏曾说过：“免剃头复衣冠，天下即可太平”。然而不久他就因为说了这句话而被满门抄斩。“剃发易服”是清初主要的社会矛盾之一，斗争一直持续了几十年，最终以统治者的胜利告终。

江阴城无一人降清

江阴位于江苏境内长江南岸，明朝时属于南直隶的常州府，“其地北滨大江，东连常熟，西界武进，南界无锡”。顺治二年(1645)五月，清军挥师南下，南明弘光小朝廷土崩瓦解，江南各地几乎望风披靡。而江阴县城却“倡义御敌”，在闰六月初到八月下旬的八十一天时间内，以一城之力抗击清军先后二十四万人的围攻。虽然最后因寡不敌众城池陷落，死难者达到十七万二千多人，但是他们顽强的抵抗也让清军付出了死伤七万五千余人的惨重代价。

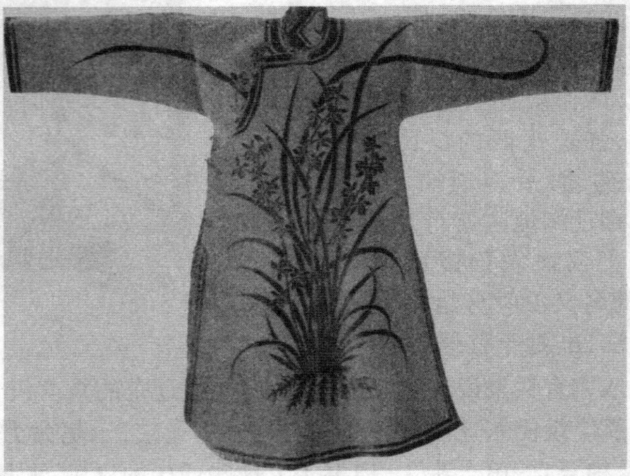

绀青漳绒整枝兰花女夹袄

江阴城破后，清知县方亨继任，循例颁布剃发令。阴历六月二十八日，市民请愿留发留衣冠。方亨破口大骂。百姓大怒，怒骂方亨：“你身为进士出身，头戴纱帽，身穿圆领，来做鞑靼知县，不知道羞耻吗?”方亨听后羞愧不已，暂停所议。此后，方亨又召集诸生百余人及乡绅、百姓会于文庙。众人问“现在江阴已归顺于清，应该没有什么事了吧?”方亨回答说：“只剩下剃发了。”众人又问：“非得剃吗?”方亨说：“这是大清律法，不可违背。”说罢就回衙了。诸生许用等人聚集不肯离去，在明伦堂共同立誓：“头可断，发决不可剃!”恰在此时常州府发来严令剃发的文书，其中有“留头不留发，留发不留头”之语。方亨叫书吏把府文写成布告张贴到城里，书吏写到这句话时，把笔扔到地上义愤填膺地说：“就死也罢!”这消息很快在城里传开，立刻激起了百姓的不满。方亨见士民不从，秘密报告常州府请上司派兵“多杀树威”。这封密信却被义民搜获，在初二擒住方亨，杀死了清差，推陈明遇为首，以“大明中兴”为旗号，正式扯起了反清复明的旗号。

江阴百姓起义的消息传开后，常州知府宗灏派兵丁三百人赶来镇压，却被江阴义兵歼灭于秦望山下。在陈明遇的带领下，江阴义兵又多次打退小股清军的进攻。

闰六月二十一日，清贝勒博洛命刘良佐率领重兵包围了江阴城。三天以后，刘良佐又作招降书一纸，从东城外射进城内。江阴军民公议后，回书拒绝。见劝降无效，刘良佐便四处捕杀城外义兵，企图断绝城内外的联络和援助。到了七月初一，清军开始攻城。

城中严密防御，清兵箭如雨注，城上的人一手拿锅盖遮挡保护，一手接箭，每天竟能得到箭三四十万。但是江阴的形势依然日益严峻。陈明遇虽忠肝义胆，却深感自己缺乏军事组织才能，于是想起了智勇双全的前典史阎应元，于是专门派人连夜出城赶到阎应元的住所请他出山。阎应元说："你们如果能够听从我，我就同意出山。否则，不为你们主持。"众人回道："怎么敢不唯命是听？"于是在九日，阎应元带领江阴城祝塘少年六百人，执械入城。入城后，他立刻把全城的户口分丁壮老幼详加勘察，挑选年轻力壮的男子组成了民兵，城墙上每个城垛十名分布，按时换班。并安排武举人王公略守卫东门，汪把总守卫南门，陈明遇则守卫西门，阎应元自任守北门。他和陈明遇二人还兼负昼夜巡查四门的责任。对城中的过往行人，都要严加盘诘，坚决肃清内奸。在阎应元的领导下，江阴城内很快就做到人尽其才，物尽其用，各方面的工作做得井井有条。

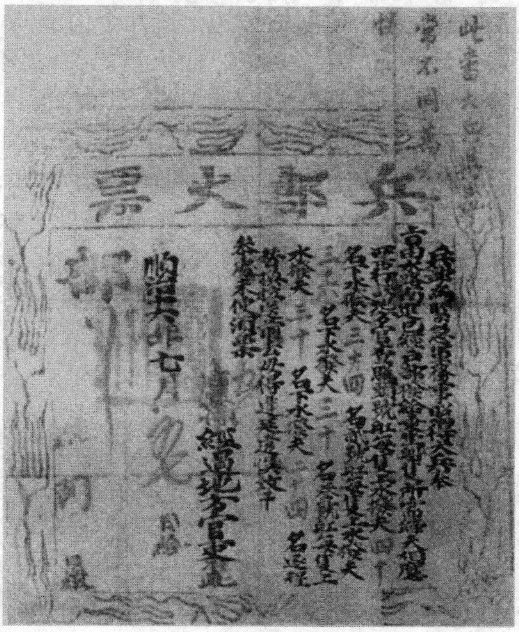

兵部火票

十一日，清军开始攻打阎应元镇守的北门，城上矢石齐下犹如雨注，使得清军不敢接近。主帅刘良佐大怒，命令上将九员先驾云梯强行登城，城上守兵以长枪刺之，上将五死四伤，有的身中三箭，有的被劈去头颅，有的堕下摔成残废，有的被火箭烧死。刘良佐更为恼火，传令十营内挑选猛将几员，步军三万，扎云梯十张，来日分十处上城，如有退者立斩。次日，清军依旧主攻北门，城外放炮呐喊，三万军造浮桥十条，一齐渡过外城河，分十处登云梯上城。阎应元指挥城上用砖石掷下，用长枪拒敌；一时间乱石纷飞，炮火连绵，双方死伤不计其数。一个满族大将自认为勇猛，穿着三层铠甲，腰间悬挂两把大刀，背上又背两柄刀，手执双刀，亲登云梯，跨上城垛后，执刀乱砍。城上的守军用棺木抵挡他，用枪刺其身，居然无法穿透铠甲。这时有人喊道："刺他的脸。"于是众人纷纷刺其面，一个姓汤的孩子，手持铁钩镰，用力钩断这员大将的喉管，竹匠姚迩割下其头颅，满将的身体则堕落城下。这时许多士兵前来抢尸，城上梆鼓齐鸣，砖石小箭立刻如雨急坠，清军又是伤亡千余人。

刘良佐索要满将的头颅，阎应元却不答允。刘良佐于是愿意用银赎买，命人将银当面装入银鞘吊入城内。又命军士于城下哀号："还我将军的头！"阎应元让人以蒲包裹着一黄狗头扔出城外，满将的头则被悬在城上。刘良佐亲自带人在城下苦苦哀求，阎应元方才命人把头扔下。清军把满将的头捡了回去后，与身缝合，挂孝三日。

不过，阎应元虽然击退了北城的攻击，但他知道不日清兵必有更大规模的攻击。于是积极铸造守城工具，命人造小弩千张、小箭数万枝，分派给守城军士。又用火药敷在箭头上射人，见血立死。所造之弩长尺余，箭长五寸，百步之外，都可以命中目标。又制造火罐、木铳等等。火罐遇人就会烧起来，木铳类似于银鞘，长三尺五寸、广二三寸，木制，中间藏有火药，敌人到来时，扔下去，机关暴发木壳崩裂，铁菱角飞出，触人即死。阎应元还亲自制造挝弩，用一块铁，边上造几个钩子，后面拴着棉绳，抛出勾住敌人，拉近以后将其斩杀。又模仿旧制，制造火球、火箭之类，无不精巧绝妙。所以清军虽然人数众多，但却每每望城兴叹。即使是满洲兵将也闻之胆落，每次攻城下来都要为幸免不死而大肆庆祝。

清军攻城不利，于是又起了劝降之念。刘良佐亲作《劝民歌》，希望江阴投降，阎应元不从。于是清军在城下搭建牛皮帐篷，做好了长期作战的准备。

十五日，清兵攻东北城，刘良佐命西南放炮，东北掘城，全都是用山爬攻城，城内以火球、火箭抵抗。清军不敌想要撤退，刘良佐严令禁止。阎应元继续命城内投下砖石，清兵不及闪避，数百人死于城下。这令刘良佐也颇为惶恐。于是搭设三层牛皮帐，守而不攻。帐内有九梁八柱，矢石投在上面，都被反弹起来，不能进入。阎应元下令用人粪，掺上桐油，煎滚浇下，牛皮烫穿，浇在清兵身上，肉烂而死。没被烧着的清兵也都惊慌失措地四散而却，城内用挝弩射向逃散的清兵，钩中者，即入城中斩首。清军手足无措，纷纷逃散。敌营以为守城者杀下，命令发射木铳以御，反伤自己的兵马步卒无数。

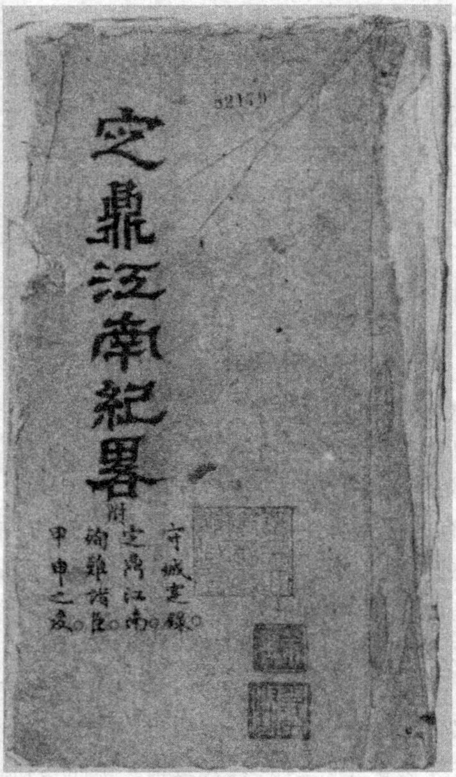

《定鼎江南纪略》书影

面对此等情形，刘良佐只得无奈地命令移营至邓墓。

在坚守的同时，江阴也不断向四方请求援助。黄蜚、吴之葵领兵至太湖，与清贝勒博洛大军相遇，二人兵败被俘后投降清朝。海寇顾三麻子对阎应元十分仰慕，于是率舟师来援，结果苦战三日后失败，扬帆远去。此外，义阳王来援，败于砂山；秀才金矿会集精勇四百余人来援，被刘良佐以铁骑三千截在周庄左右，也都全军俱没。援兵屡败，孤立无援的江阴逐渐沦为孤城。即便如此，刘良佐仍然心有余悸，不敢再攻城，只用火炮攻击北城，彻夜不息，在炮火的轰击下，城墙塌陷数丈。阎应元命石匠砌墙，石匠害怕不敢去，阎应元言辞恳切，动之以情，石匠深受感动，于是冒死登城修葺城垛，使之牢固如初。

十四日，阎应元利用清兵劝降之机，派出百余名壮士，以奉送“降礼”为名，暗携火器进入清兵的营帐，炸死两千余人。

十七日夜，阎应元又挑选勇士千人出南门劫营，或执板斧，或执短刀，或用扁担，突入敌营，伤千余人。等到援军赶到的时候，劫营的士兵已经返回城中。此役之后，刘良佐再次后撤，扎营在十方庵。

十八日，刘良佐令十方庵的僧侣向城跪泣，陈说利害，劝江阴军民早降。结果城中百姓皆愿以死报国，要他速去。当晚，僧人又来劝降，再次被众人遣走。

十九日，刘良佐策马来到城下，劝阎应元道：“弘光已北，江南皆下。若足下转祸为福，爵位岂在良佐下，何自苦如此？”阎应元从容应答：“江阴士民，三百年来食毛践土，深戴国恩，不忍望风降附。应元是为典史，深知大义所在，绝不服事鞑靼。将军位为侯伯，掌握重兵，进不能恢复中原，退不能保障江左，有何面目见我江东忠义士民乎？”刘良佐听后惭愧不已，又以清廷召谕相示，劝说江阴的士民接受招安。阎应元怒道：“有降将军，无降典史。”一声梆响，火箭齐发，刘良佐连跨三四马逸去，叹息道：“江阴人没救了！”

这时，亲王多铎闻知江阴久攻不下，极为震怒，他先派孔有德“率所部兵协攻”，接着又派贝勒博洛和贝勒尼堪带领满洲兵携红衣大炮前往攻城。贝勒博洛平定松江后，立即率领所部二十万大军来攻打江阴城。博洛登山而望，巡视江阴城防后对手下讲：“江阴城为舟形，南首北尾，如果攻其南北，必然无法攻破。只有攻其中间，则必然攻破。”于是他命人绑缚降将黄蜚、吴之葵到城下，命令他们做书劝降，黄蜚道：“我在城中没有相识，写了劝降书又有何用？”吴之葵涕泪交横，仰头劝阎应元投降，言辞甚为恳切悲楚，但是二人都被阎应元斥骂：“大臣被缚，当速就死，何必喋喋不休！”吴之葵再拜泣下，黄蜚则默默无语说不出话来。

博洛见阎应元始终不为所动，于是发起总攻，分兵先抄断各镇的救兵，然后以竹笼盛火炮，鼓吹前迎，炮手披红挂彩，博洛限令三日破城。

二十日至二十七日，清兵轮番攻城不息，阎应元指挥防御，浴血奋战，终保江阴城池不失。八月初，江阴民兵昼夜守御，甚感疲惫。于是开始有人出城投降。清兵在城外四处烧杀抢掠，使得民不聊生，为江阴百姓不齿，而那些剃发投降的人，被城上看见后必然痛骂，即使父子相见，兄弟相逢也如仇敌一般。阎应元眼见城防日益吃紧，于是遍取民间乱发，投城下诱敌。清兵惊喜，报告刘良佐。良佐说：“还不能相信，去观察一下守城的人剃发了吗？”清兵察探后，才知道是诈降。博洛久攻不下，心中焦急，于是重新劝降，称只要拔去大明中兴的旗号，四门悬挂大清旗号四面，只斩首事者数人，其余一概不论，即使不剃发，也会撤兵。阎应元看出这只是博洛的缓兵之计，回他说：“只斩我一人？我没有罪，凭什么杀我！”议不决而止。博洛又称，只要在城墙四面竖起大清旗，也会立刻退兵。阎应元知道必然有诈，仍不应。前吴军门督军王海防至江上，宰牛杀羊与诸将起誓，称江阴归顺后绝对不许杀掠。他自恃在江阴素有恩信，请缨来劝降，但到了城下招抚，却没有人应和他。此后，多尔衮晓谕招安，博洛命人用箭射入城中，声称明朝已经灭亡何必苦苦抵抗？阎应元命人在书后补上：“愿受炮打，宁死不降！”射还给清兵。

清廷多次劝降，城内已经开始有人犹豫，但因阎应元镇守在北门誓死固守，众意遂

侯峒曾石刻像拓片

绝。随着围困时间的加长，江阴城内伤亡更加惨重，战斗力也日益减弱，城中石灰断缺，不能乘夜修城。粮食供应也成了问题，粮米越来越少，只能靠征集民间的米以备缺乏。阎应元下令两日领一次米，不得预先领取。中秋前后，百姓携壶提觞登上城楼，举杯痛饮，诸生许用模仿楚歌，作《五更转曲》，让善歌的人登高传唱，以笙笛箫鼓相和。当夜，皓月当空，剑戟无声，黄弩、师鼓、胡琴在西城之敌楼上，众人歌声悲壮，响彻云霄。清兵争着靠前倾听。或怒骂，或悲叹，甚至还有流泪的。歌中唱道："宜兴人，一把枪。无锡人，团团一股香。靖江人，连忙跪在沙滩上。常州人，献了女儿又献娘。江阴人，打仗八十余日，宁死不投降。"刘良佐则针锋相对，命人作劝降词，让士卒相倚而歌，自己与幕僚在帐中饮酒，不一会儿，城上炮、箭齐发，遂散去。

二十一日，博洛令数百人，把二百余座大炮全部搬到花家坝，专打东北城。炮弹入城，穿透洞门十三重，落地深数尺。当天，正赶上大雨，雨势甚急，外用牛皮帐护炮装药，城头危如累卵。城上因敌炮猛烈，守城士兵看见燃火，就躲到围墙后面。炮声过后，再登上城楼。清兵看到这种情况，故意放空炮，并让炮中只放狼烟，烟漫障天，近在咫尺也无法辨别。守城的士兵只听见炮声霹雳，认为清兵还在以炮攻城不会很快进入，却不想清兵早已潜渡城河，从烟雾中蜂拥突上，众人来不及防御而崩溃。江阴终于被攻陷。

当清兵上城时，一队队民兵对城列阵。清兵怕有埋伏，僵持了半日居然不敢进攻。到黄昏时，城中鼎沸，民兵阵脚散乱，清兵才敢下城。城被攻破时，阎应元端坐于东城敌楼之上，手执一笔，在城门上提下了以下字句："八十日带发效忠，表太祖十七朝人物，十万人同心死义，留大明三百里江山。"写完，就带着千人上马与入城清兵肉搏，杀死清兵无数，欲从西门突围却不得。他环顾从者道："为我谢百姓，吾报国事毕矣！"于是自拔短刀，向胸口刺去，投在前湖之中。义民陆正先想把他从水中扯起，却赶上刘良佐遣兵来擒，刘良佐自称与阎应元有旧，要生擒他，于是清兵把他捞起绑住，没有杀他。刘良佐踞坐在明佛殿内，见阎应元被绑来后，一跃而起，两手拍着阎应元的背而恸哭。阎应元说道："有什么好哭的，事已至此，只有一死。速杀我！"博洛在县署要急索阎应元至堂上。阎应元挺立不屈，背向博洛，骂不绝口。一个小卒用枪刺他的小腿让其下跪，阎应元血流如注，不支倒地，博洛命人把他关到了栖霞庵。当夜，寺中僧人不停听到"速杀我"的声音，到天明时，阎应元终于被害。

黄淳耀石刻像拓片

阎应元死后，家丁还有十几个人，都因为拒不投降而被杀，陆正先也一同殉难。江阴县衙内，男女大小共四十三人举火自焚，典史陈明遇自己持刀与清兵血战，身负重创，握刀僵立，死时，身子倚在墙边，屹立不倒。训导冯厚敦自缢于明伦堂，其妻与姐投井而死。中书戚勋、诸生许用举家自焚而死。诸生许王家，被清军拘押时，清兵劝他："你一介书生，还没有享受到利禄，干吗要殉难？"许王家回答说："君臣之义，难道是根据是否做官来说的吗？你不必再劝降我了。"书生笪某，被清军抓获之后，刑前叹曰："我一介小人，今日得之士大夫之烈，为忠义而死，死之犹生也。"临刑时依然神色不变。

八月二十二日，清军攻占江阴之后开始屠城，百姓或力战到底，或坦然就义，都以先死为幸，妇女则多贞烈，投河而死。当时就连七岁的孩童也都毅然就义，无一人顺从。清军屠城两日后"出榜安民"，城内百姓仅剩"大小五十三人"而已。

后有言"有明之季，士林无羞恶之心。居高官、享重名者，以蒙面乞降为得意；而封疆大帅，无不反戈内向。独阎、陈二典史乃于一城见义。向使守京口如是，则江南不至拱手献人矣"，这话是颇为中肯的，沧海横流方显英雄本色，在江南各地纷纷献城投诚之际，阎应元一个卑微的典史却能够凭借江阴百姓的支持，面对强敌，临危不惧，坚持了近三个月，击杀清兵数万人，重挫了当时南下所向披靡的清军的锐气，推动了各地的抗清斗争。在城破以后，江阴百姓仍能够拼死巷战，"竟无一人降者"。以阎应元为代表的江阴士民抗击清政权的英雄事迹、凛凛气节和誓死不屈的精神一直为后人称道。

史可法扬州抗清

明朝末年一个风雪交加的冬天，出督京师学政的左光斗，带着几个随从冒雪出外巡行。路经一座古寺的时候，进去暂避风雪。却在寺内的廊柱下，看到一个衣衫单薄的年轻人，居然在严寒之中伏在书桌上睡着了，桌上放着一篇刚刚做好的文章。左光斗悄悄拿起文章阅读，不禁赞叹不已，对这个年轻人十分怜爱，于是解下自己所穿的皮衣，轻轻盖在年轻人的身上。打听之后，左光斗从寺里僧人那里得知，这个青年名叫史可法。

史可法

这次偶然的机缘为左光斗和史可法结下了师徒之缘。左光斗欣赏史可法的才学，认为他定非等闲之辈，于是收他做了自己的学生。有一次，左光斗十分高兴地对夫人说：“我的几个儿子都很平凡，将来继承我的志向的，只有这位学生！”

不久之后，左光斗遭到大奸臣魏忠贤的诬陷，被关在暗无天日的锦衣狱内。史可法焦急万分，又听说老师在狱中遭受酷刑，将不久于人世，于是带着银两，泪流满面与狱吏商量，终于感动了狱吏，让史可法扮成扫垃圾的人进入狱中。

史可法看见老师由于受了火刑而面孔焦烂，膝下筋骨也脱露出来，不由自主抱着左光斗痛哭起来。左光斗苏醒过来，听出是史可法的声音，强忍剧痛、用手指拨开眼皮，目光如炬，生气地说：“傻孩子，你知道这是什么地方吗？你这简直是自投罗网，奸人正想把我们的人一网打尽。你被他们发现，往后，谁还去扭转这些糜烂的国事！你再不离开，我现在就亲手打死你！”说着就把套在手上的铁环投向史可法。

后来，史可法含泪对人说：“吾师肺肝，皆铁石所铸成。”而左光斗的铁石般的意志和精神日后对于史可法产生了不可估量的影响。

史可法（1602~1645），字宪之，号道邻，河南祥符（今开封）人。自幼好学，为左光斗赏识后，应考顺天府试，中第一名秀才。崇祯元年（1628）四月，中进士后出任西安府推官。他秉公执法、公正廉洁，尤其是在赈灾时能够公平地将赈灾专款分发给受灾的延安百姓，因此在朝廷中赢得了极好的声誉。崇祯五年（1632），史可法被调入朝中任户部主事。因为深受恩师左光斗的影响，他一直都是为官清正、办事干练，声名大著，官至东阁大学士兼兵部尚书。不过，史可法是典型的文人出身，军事才能却是相对缺乏的。

李自成推翻明朝统治后，南明弘光政权在南京成立。这是一个由逃到南方的皇族、福王朱由崧做皇帝，在南京建立的政权，历史上把它叫作南明，把朱由崧称为弘光帝。弘光帝朱由崧不过是个迷恋酒色、极端荒唐的人。凤阳总督马士英和一批魏忠贤的余党利用弘光帝昏庸，操纵了南明政权。弘光帝和马士英根本没想抵抗清兵，反倒是在安逸的江南过起荒淫作乐的生活来。

南明政权的兵部尚书史可法，本来不赞成让朱由崧做皇帝，为了避免引起内部冲突，才勉强同意。弘光帝即位以后，史可法主动要求到前方去统率军队。那时，长江北岸有四支明军，叫作四镇。四镇的将领都骄横跋扈，他们彼此之间你争我夺，根本不想如何保卫巩固南明小朝廷，放纵兵士残杀百姓。史可法在南方将士中威信高，他到了扬州，那些将领不得不听他的号令。史可法亲自去找那些将领，劝他们不要自相残杀；接着，又把他们分配在扬州周围驻守，自己坐镇扬州指挥。大家就称呼他史督师。首次商讨国策时，史可法提出了明朝臣民不能以"江南片席地，俨然自足"，而是应该"亟召天下名流，以收人心"。历史上南宋的教训使他认识到"必须能战，而后能守"，认为"从来守江南者必战于江北"。史可法于是明确地告诉弘光帝，只有守住江北，才能保住江南。这说明，当时史可法主要期望的仅仅是保住南京，却不是收复北方，像南宋那样划江而治，偏安一隅。对于史可法不积极进取的态度，刘宗周和陈子龙等人都非常不满意。可惜刘宗周和陈子龙这些真正的人才不久后就在党争中被迫辞去了官职。

根据《明史》的记载，史可法身材矮小、"面黑，目烁烁有光"。多尔衮进入北京后不久，搞清楚了南明的形势后知道史可法是唯一一个可虑的人，就派副将唐起龙招抚江南，致书给史可法招降。这封著名的书信由投降清政权的复社成员李雯起草。

从一个封建士大夫的角度而言，史可法在给李雯的回信中对清政权入关赶走李自成表示了感谢："忽传我大将军吴三桂借兵贵国，破走逆贼。殿下入都，为我先帝后发丧成礼，扫清宫殿，抚辑群黎。且免剃发之令，亦不忘本朝。此举动也，震古烁今。凡为大明臣子，无不长跪地而顶礼加额，岂但如明谕所云感恩图报已哉？"这里明确表示对于吴三桂引清兵入关的行为他是持肯定态度的。史可法也期望能用"同仇之谊"来感动清廷，幻想联合清兵一起消灭李自成，然后划江而治。从这段文字来看史可法是一个缺乏战略远见的人，他不敢轻易决策，只因为他认为他担负着保卫一个王朝的责任，存亡之秋，他承担不了轻率决策的后果。

黄道周

但是，在回答多尔衮让他背叛明朝投降清廷的问题时，史可法的态度非常的坚决："可法北望陵庙，无涕可挥，身陷大戮，罪应万死。所以不即从先帝者，实为社稷之故也。传曰：'竭股肱之力，继之以忠贞。'"这一成为流传于后世的千古名篇充分说明史可法对明朝的忠肝义胆。

但是，史可法在南明政权中也并没有能够尽自己的才能，南明小朝廷内部的朋党之争令他力不从心，不久被排挤出南京到扬州督师。但作为一个文臣，他根本没有足够的威望来指挥四镇那些骄兵悍将，因此也无法做出抗清的有效布置。他在回答多尔衮的时候，已经对自己拒绝投降的立场有深刻的理解——因为这将是一种生死的选择。

史可法做了督师后，以身作则，跟兵士同甘共苦，因此很受将士们的爱戴。这年大年夜，史可法把将士都打发去休息，独自留在官府里批阅公文。到了深夜，他感到精神疲劳，就把值班的厨子叫来要做点酒菜。谁知道厨子回报说："遵照您的命令，今天厨房里的肉都分给将士去过节，下酒的菜一点都没有了。"史可法说："那就拿点盐和酱下酒吧。"

厨子送上了酒，史可法就靠着几案喝起酒来。史可法本来有很大酒量，但是来到扬州督师后，就把酒戒掉了。这天是为了提提精神，才破例喝酒的。一拿起酒杯，他想到国难临头，又想到朝廷里面只知道勾心斗角，不禁愁肠百转，于是边喝酒边掉热泪，不知不觉多喝了几盅，就带着几分醉意伏在几案上睡着了。第二天清早，扬州的文武官员依照惯例到督师衙门议事，却发现大门还紧关着。大家不禁奇怪，因为督师平常都是起得极早的。后来，有个兵士出来，告诉大家说："督师昨晚喝了酒，还没醒来。"扬州知府任民育说："督师平日操劳过度，昨夜睡得这么好，真是难得的事。大家还是不要去惊动他，让他再好好休息一会儿吧。"他又把打更的人找来，要他重复打四更的鼓（打四更鼓，表示天还没亮）。史可法一觉醒来，酒醒天明，天色已经大亮，但侧耳一听却发现打更人还在打四更，禁不住大发雷霆把兵士叫了进来说："是谁在那里乱打更鼓，违反我的军令。"兵士把任民育吩咐的话说了，史可法才没话说，赶快接见官员，处理公事。但史可法下决心不再喝酒了。

没多久，清军在多铎带领下大举南下。史可法指挥四镇将领抵抗，打了一些胜仗。可是南明政权内部却起了内讧。驻守武昌的明军将领左良玉为了跟马士英争权，起兵进攻南京。马士英害怕得要命，急忙将江北四镇军队撤回，对付左良玉，还用弘光帝名义要史可法带兵回南京保护他。

侯方域

顺治二年（1645）四月十七日，清政府豫亲王多铎的大军逼近扬州，史可法刚刚从南京渡江回到江北，清军进至距离扬州二十里处下营，次日兵临城下。史可法发出紧急檄文，要各镇将领集中到扬州守卫。但是过了几天，竟没有一个将领发兵来救援。史可法这时才明白只有依靠扬州军民，孤军奋战了。

实际上，史可法节制的为数不少的将领，就在这几天里不战而降了。四月十九日，高杰部提督李本深率领总兵杨承祖等向多铎投降，广昌伯刘良佐也率部投降。

而孤军奋战的扬州城里，此时的兵力是相当薄弱的。大军兵临城下，后果不难预料。

这时候的史可法内心矛盾纠结，他给妻子的遗嘱中写道："法死矣。前与夫人有定约，当于泉下相候也。"在他死前四天写给妻子的另一封信中，他又说："法早晚必死，不知夫人肯随我去否？如此世界，生亦无益，不如早早决断也。"

信中流露出他对现实世界的深深厌恶。他对时局其实已经看得十分清楚，他知道以目前的形势，他所效忠的南明朝廷必然要走向灭亡。但无论如何，即使史可法明白大势不可逆转，但他也绝没有预备投降，由此他成为中国历史上最著名的爱国英雄之一。

由于扬州城墙高峻，清军的攻城大炮还没有运到，多铎并没有下令立即进攻，他先后五次派人招降史可法，都遭到了严词拒绝。史可法当众将多铎的信投入护城河中。他由一介文臣迅速转变成艰难时期的英雄人物，"从来降将无伸膝之日，逃兵无回颈之时"。史可法将与扬州共存亡。

但史可法已经无法保住扬州，扬州城的情势可谓十万火急。虽然史可法死志已决，但城中却有不少人害怕。总兵李栖凤和监军高歧凤就带着本部人马，出城向清军投降了。对于部下的变节，史可法说："此吾死所也，公等何为，如欲富贵，请各自便。"竟然以倘若阻止他们出城投降恐生内变为理由，听之任之，并没有加以阻拦。这样，城里本就不强的守卫力量就更薄弱了。

史可法把全城的官兵召集起来，勉励他们要齐心协力共同抗御清兵，并且分派了守城的任务。他分析一下形势，认为西门是最重要的防线，就亲自带兵防守西门。将士们见史可法坚定沉着，都很感动，表示一定要和督师一起，誓死抵抗。

清军方面，多铎则命令清兵没日没夜地轮番攻城。扬州虽然力量单薄，但军民奋勇作战，把清兵的进攻一次次打回去。不过清兵毕竟人多势众，死了一批，又来了一批，形势越来越危急了。

多铎下了狠心，开始用大炮攻城。他探听到西门防守最严，又是史可法亲自防守，就下令炮手专向西北角轰击。炮弹一颗颗在西门口落下来，城墙渐渐塌下，终于被轰开了缺口。

四月二十四日夜间，清军用红衣大炮轰塌城墙，"城上鼎沸，势遂不支"。二十五日，史可法正在指挥军民堵缺口时，大批清军已经蜂拥着冲进城来。史可法眼看城已经没法再守，拔出佩刀想到自杀。随从的将领们抢上前去抱住史可法，把他手里的刀夺了下来。史可法依旧不肯离去，部将们连拉带劝地把他保护出小东门。

历史小常识：桃花扇

清初作家孔尚任历经十余年、三易其稿写出的一部传奇剧本。男女主人公是侯方域和李香君，通过二人的爱情故事来反映明末南明灭亡的历史。所谓"借离合之情，写兴亡之感，实事实人，有凭有据。"剧本从深度和广度反映现实，有很高的艺术表现力。

在小东门遇到一批清兵过来，看见史可法穿的明朝官员的装束，就吆喝着问他是谁。史可法怕累及他人就高声说道："我就是史督师！"

于是在一场大雨之中，在血流成河之中，扬州城陷落。史可法从容就义，年仅四十四岁。扬州知府任民育等文武官员也都殉难而死。扬州失守后几天，清军攻破南京。南明政权的官员投降的投降，逃跑的逃跑，弘光政权被消灭了。

史可法的养子史德威被清兵抓住，正要杀他时，史德威大喊说："我是史可法的儿子！"多铎于是命先前投降的明将许定国审问史德威。

然后清兵发现了史可法生前写给多铎的信，信中说："败军之将，不可言勇；负国之臣，不可言忠。身死封疆，实有余恨。得以骸骨归葬钟山之侧，求太祖高皇帝鉴此心，于愿足矣。弘光元年四月十九日，大明罪臣史可法书。"

曾对扬州城进行屠城的多铎，看了这封信后却非常感慨，便下令放了史德威让他去给史可法收尸。多铎还让人在已经破落不堪的扬州城内建祠，以纪念这位忠贞不屈的忠臣，并优恤其家眷。

扬州是江南顽强抵抗清军的第一座城，也是清军入关以来首次遇到的军民一体的坚强抵抗。对于扬州军民的顽强抵抗，清廷充满了愤恨，同时也为了在以后的征服中杀一儆百，所以南下的统帅多铎下令对扬州屠城，烧杀抢掠持续十天。历史上把这件惨案称作"扬州十日"。

"褒慰忠魂"拓片

除了极少数破城前逃出和个别清军入城后隐蔽较深幸免于难的人以外，扬州城内的军民几乎全部惨遭屠杀，"城中积尸如乱麻"。史可法的幕僚王秀楚依据亲身经历写了一本《扬州十日记》，对清军自四月二十五日至五月初一日在扬州的暴行做了比较详细的记载，如二十七日，"杀声遍至，刀环响处，怆呼乱起，齐声乞命者或数十人或百余人；遇一卒至，南人不论多寡，皆垂首匍伏，引颈受刃，无一敢逃者。至于纷纷子女，百口交啼，哀鸣动地，更无论矣。日晌午，杀掠愈甚，积尸愈多，耳所难闻，目不忍睹。"直到五月初二日才安官置吏，"查焚尸簿载其数，前后约计八十万余"。

清军的这场大屠杀使得曾经繁华美丽的扬州城顿时变成了人间地狱。扬州城中那些因美丽而闻名的女子，有的愿意把她们的身体献给清兵而换取生命。有的则在满城的哀号惨叫中精心梳妆打扮，然后倚门而笑，希望能用自己的美色博得一线生机。一个清兵士卒说："我辈征高丽，掳妇女数万人，无一失节者。何堂堂中国，无耻至此？"清军不忘在扬州城内挑选出年龄在十四到三十岁之间的妇女，然后将她们带走。很多年后，直到康熙年间，还有人在宁古塔（黑龙江）或蒙古附近看见过这些年纪已大、饱受欺辱的妇女，她们操着扬州口音，却身穿着兽皮，永远无法返回家乡。

大屠杀之后，史德威进城寻找史可法的遗体。由于当时天气较热，尸体已经腐烂，无法辨认。史德威只好把史可法生前穿过的袍子和用过的笏板，埋葬在扬州城外的梅花岭上建成一座衣冠冢，保存至今。尽管史可法的才能受到后世的很多质疑，但其坚贞不渝的气节，立即在南明士绅中被视为抗清复明的英雄备受敬仰。后来他也受到了乾隆皇帝的大力推崇，被认为是仅次于文天祥的民族英雄。乾隆四十一年(1776)正月，对史可法追谥“忠正”。因此牌坊上题额为“史忠正公墓”。

顺治五年(1648)正月下旬，宣城人朱国材冒充史可法号召反清复明，巢县生员祖谦培、无为州生员沈士简等十余人听说后都“头巾蓝衫”前往，共图义举，后来很快被清政府镇压。

“伪史阁部案”起初，清廷立即派人逮捕了史可法的家眷，包括史可法的母亲、妻子以及弟妹等人。但一个投降清朝的镇将佩服史可法的忠义，出面为其开脱说：“过去在攻打扬州的时候，我是前锋，史公其实死在我手上。贼人不过是假托史公之名，如果反而因此怀疑史公的母妻，反倒给冒名顶替之人有口实了。”史可法的家眷这才被释放回家。

尽管最后史可法的家眷没有受到大的牵连，但是“伪史阁部案”说明史可法在南明绅民中享有相当高的声望，事隔三年，竟然还有如此号召力。

李自成败退，大顺结束

李自成，万历三十四年(1606)八月出生在陕西米脂县殿市镇李继迁村，当地人也叫作李家站，村里的人代代口口相传，是西夏王朝奠基者李继迁的后人。

崇祯三年(1630)，李自成率众投奔了农民军首领不沾泥，接着又投奔高迎祥，号八队闯将。崇祯六年(1633)，农民军首领王自用病卒后，李自成将其遗部二万余人收编到自己的麾下。后来与张献忠等合兵，在河南林县(今林州)击败明总兵邓玘，杀其部将杨遇春，之后转战山西、陕西各地。高迎祥被俘杀后，李自成被共推为闯王。

崇祯十六年(1643)春，李自成在襄阳称“新顺王”，之后，杀死了与其合军的农民领袖罗汝才，以及叛将袁时中。五月张献忠克武昌建立“大西”政权。十月，李自成攻破潼关后杀死督师孙传庭，占领陕西全省。第二年的正月，李自成在西安称帝，以李继迁为太祖，建国号“大顺”。

后来，历史的发展就如本章开篇所讲，大顺军顺利进入北京推翻了明朝的统治，但吴三桂投降了清军以后，两军联手在山海关击溃了李自成，主将刘宗敏受伤，急令撤退。李自成不得已逃到京城，当时，仅剩下三万余人。离开北京城的前一天，李自成匆匆忙忙地登基称帝，杀死了吴三桂家大小三十多口，然后逃往西安，由山西、河南两路撤退。临行前，还火烧紫禁城和北京的部分建筑，七月渡黄河败归西安。

不久，又弃西安，经蓝田、商州，走武关。由于南明弘光帝朝廷的建立和大顺军的节节败退，很多投降大顺的原明朝将领复投南明或清朝，李自成于是疑心日盛，终于妄杀李岩等人，致使人心离散。顺治元年(1644)十二月，清军出击潼关，大顺军列阵迎战。最初，因主力及大炮尚未到达，清军坚守不战。等到顺治二年(1645)，清军的红衣大炮终于攻破潼关，已经实力不济的李自成采取避战的方式流窜，经襄阳入湖北，试图与武昌的明朝总兵左良玉联合抗清，但左良玉东进南京去南明朝廷“清君侧”征讨马士英，病死途中。李自成本来打算夺取东南作为抗清基地，但是清军却对大顺军紧逼不放，派出重兵节节阻击，在清廷看来，李自成比南明小朝廷显然是更加有威胁的对手。南明政权的明军也顺势攻击大顺军，导致李自成在湖北武昌、阳新，江西九江接连失利，东下的去路也被切断。四月，李自成军进入武昌，但被清军一击即溃，之后节节败退，几十万的大顺军在转战之中逐渐溃散。

李自成行宫

而李自成的去向也成为一个难解之谜。一种说法是兵败南下至湖北通山九宫山，走投无路的他被当地地主武装杀死；另一种说法是兵败南下后到湖南石门夹山寺，遁入空门。

此后，李自成的余部分为二支，分别由郝摇旗、刘体纯和李过、高一功率领，先后进入湖南，与明湖广总督何腾蛟、湖北巡抚堵胤锡拥立的南明永历政权联合抗清。

1648 年，大顺军余部同何腾蛟、瞿式耜的部队一起，在湖南连连取得胜利，几乎收复了湖南全境。这时，广东、四川等地的抗清斗争再起。一时间，永历政权控制的区域扩大到了云南、贵州、广东、广西、湖南、江西、四川七省，出现了南明时期第一次抗清斗争的高潮。在抗清名将何腾蛟、瞿式耜、堵胤锡、郑成功等的支持下，尤其是大顺、大西农民军与之联合抗清，永历政权得以生存下来，支撑台湾及中南、西南数省半壁江山，声势颇大。

但是，永历政权内部矛盾重重，本来就是几股势力临时聚集在一起，根本谈不到什么凝聚力。各派政治势力互相攻讦，大顺军也备受排挤打击，不能团结对敌，这就给了清军以喘息之机。何腾蛟、瞿式耜先后在湘潭、桂林的战役中被俘牺牲，清军重新占领湖南、广西等地。而大顺军内李过病亡后，他的儿子李来亨同其他农民军将领率部脱离了南明政府，转移到巴东荆襄地区组成夔东十三家军，独立抗清，一直坚持到 1664 年，体现了极强的战斗力。夔东十三家军被攻破以后，李来亨不愿投降清军，全家自焚而死。而南明小朝廷最后一个政权永历也已经覆灭多年了，大顺军余部的灭亡代表着大陆反清军势力的消失。

大西政权烟消云散

张献忠，字秉忠，号敬轩，明万历三十四年(1606)出生于陕西定边郝滩乡刘渠村(古称柳树涧堡)。崇祯三年(1630)，张献忠在家乡聚集了十八寨农民组织了一支队伍响应王嘉胤等起义。这一队伍最开始属于王自用，后来自成一军，张献忠足智多谋、果敢勇猛，统帅之部很快成为当时以王自用为盟主的三十六营中最强劲的一个。从此，张献忠随着义军，转战于陕西、山西、河南、安徽、湖北、四川等地，屡立战功。手下的兵马也由几千人发展到几万人，成为最强大的一支部队。在与官军的作战中起着举足轻重的作用。

崇祯六年(1633)冬，义军大部分渡过黄河南下，张献忠所部是以高迎祥为盟主的十三家之一。

高迎祥死后，李自成等大部转战于潼关以西地区，张献忠所部于是成为潼关以东地区官军主要攻击的目标。张献忠所部转战于鄂、豫、皖时，多次打败官军。后来张献忠的部队被左良玉宫军击败，他本人也受了伤，在官军的强大攻势下，为了保存实力，张献忠在谷城、罗汝才在郧阳，分别接受了兵部尚书熊文灿的"招抚"。但与其他归顺朝廷的义军不同，张献忠虽然受"招抚"，但他拒绝接受改编和调遣，不接受官衔，保持了自己的独立性。

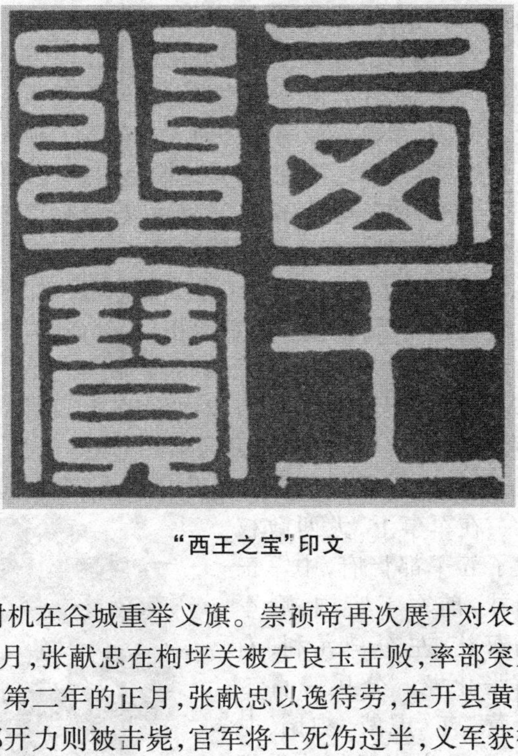
"西王之宝"印文

崇祯十二年(1639)五月，张献忠抓住时机在谷城重举义旗。崇祯帝再次展开对农民军的大规模围剿。崇祯十三年(1640)闰正月，张献忠在枸坪关被左良玉击败，率部突入四川。义军入川，打破了明廷的围剿计划。第二年的正月，张献忠以逸待劳，在开县黄陵城将左良玉部击败，左良玉逃走，刘士杰、郭开力则被击毙，官军将士死伤过半，义军获得全胜。于是挥师出川，攻克军事重镇襄阳和樊城。

崇祯十六年(1643)正月，张献忠率部乘夜攻下郸州。三月，又连下郸水、黄州、麻城。在麻城，张献忠招募得数万人。五月，义军西取汉阳，渡过长江，迅速攻占了武昌府城。武昌为楚王朱华奎的王府所在地，张献忠"尽取宫中金银各百万，辇载数百车不尽"。发银六百余万两，赈济武昌、汉阳、六安等地饥民。在这里，张献忠建立了大西农民政权，自称"大西王"。设六部和五军都督府，及委派地方官吏。"改武昌曰天授府，江夏曰上江县"，而且还开科取士，招揽人才，共录取进士三十名，廪膳生四十八名，都授以州县的官职，与李自成形成了并立的两大农民军势力。八月，张献忠率部南下湖南，以二十万重兵攻占岳州。随后进攻长沙，明总兵尹先民、何一德投降。

在攻打江西的过程中，大西军受到官军的步步紧逼，为了将来的发展，张献忠决定进军四川。崇祯十七年(1644)正月，张献忠率部向四川进发，接连攻克夔州，“至万县，水涨，留屯三月”。接着，攻克梁山、忠州和涪州，击败总兵曹英，破佛图关，明朝四川总兵秦良玉率兵来战，亦被义军击败。攻克泸州后，义军于六月二十日占领川北重镇重庆。从汉中逃来的瑞王朱常浩、巡抚陈士奇、兵备副使陈纁、知府王行俭等一批明朝宗室和官僚，都被义军俘获并处死。七月初四，张献忠命刘廷举守重庆。他亲自率义军，分三路向四川首府成都挺进。沿路州县“望风瓦解，烽火数百里不绝，成都大震”。四川巡抚龙文光由顺庆驰援成都，又调总兵刘镇藩及附近士兵守城。一时“成都援兵四集”，张献忠于是让属下兵员乔装成援兵，混入城中，龙文光哪里能够辨识。八月初七，义军从四面同时攻城，在内应的帮助下，只三日就破城。

八月初九，农民军攻克成都。成都王朱至澍、太平王朱至渌自杀，四川巡抚龙文光、巡按御史刘之渤、按察副使张继孟等明朝派驻四川的主要官员因拒不投降均被农民军处死。此前，李自成派属下马珂入川攻陷了顺庆。九月，又命将马珂据守绵州，张献忠于是派遣艾能奇攻打，不克，于是他亲自去指挥，马珂败走汉中。十月，李定国攻克保宁；孙可望下龙安，使王运行守之，又率兵攻茂州，克之。接着，艾能奇又攻克雅州。至此，四川大部地区被张献忠的农民军所控制。

十一月十六日，张献忠在成都称帝，建国号“大西”，改元“大顺”，以成都为西京。大西政权建立后，设置了左右丞相、六部尚书等文武官员。命“汪兆麟为左丞相，严锡命为右丞相”。以王国麟、江鼎镇、龚完敬等为尚书。开科取士选拔了三十人为进士，任命为郡县各官。大西政权宣布，对西南各族百姓“蠲免边境三年租赋”。张献忠的号令森严，不许“擅自招兵”，“擅受民词”，“擅取本土妇女为妻”，违者正法。张献忠封四个养子为王，孙可望为平东王，刘文秀为抚南王，李定国为安西王，艾能奇为定北王。

大顺通宝“西王赏功”钱

在军事上，大西政权设了五军都督府，中军王尚礼，前军王定国，后军冯双礼，左军马元利，右军张化龙。分兵一百二十营，有“虎威、豹韬、龙韬、鹰扬为宿卫”，均设都督领之。城外设大营十，小营十二，中置老营，名为御营，张献忠居于此。又命孙可望为平东将军，监十九营；李定国为安西将军，监十六营；刘文秀为抚南将军，监十五营；艾能奇为定北将军，监二十营。经济措施上大西政权铸造了大顺通宝，做工精巧，被许多人当作装饰品；出版了新的历书《通天历》；邀请传教士利类思、安文思为“天学国师”等。张献忠还任命原雅州知州王国臣为茶马御史，与少数民族贸易，重视招抚少数民族。这些措施说明张献忠已经准备以四川为长久的根据地。

不久，四川各地的明朝将领曾英、李占春、于大海、王祥、杨展、曹勋等，纷纷聚集兵马，袭击大西农民军，屠杀了很多大西政权的地方官员，给张献忠的政权造成很大威胁，后被张献忠镇压下去，没能形成气候。

张献忠数次进攻李自成占据的汉中，结果被李自成的大顺军击败，没有成功。

清顺治二年，(1645)夏，南明福王弘光政权灭亡。十一月，清朝用剿抚兼施的策略一面以何洛会为定西大将军进剿四川，一面派人诱降张献忠，劝说他归顺清朝。招降的诏书说："张献忠前此扰乱，皆明朝之事"，表示谅解，"张献忠如审识天时，率众来归，自当优加擢叙，世世子孙，永享富贵"。并威胁说"倘迟延观望，不早迎降，大军既至，悔之无及"。然而，张献忠不仅没有接受招抚反而坚定了抗清的决心。这时，何洛会率领的清军被陕西的义军所牵制，所以一直没有入川。

此前，除了与明朝在四川的残余军队对抗外，张献忠的大西政权和农民军还要同四川的地主武装做斗争。明朝灭亡以后，南明政权又任命原大学士王应熊为兵部尚书总督川湖云贵军务，并赐尚方宝剑便宜行事，驻扎遵义，主持对张献忠作战。副将曹英、参政刘鳞长及部将于大海、李占春、张天相等，都受樊一蘅节制，有兵十余万。他们不断地向农民军发动攻击，妄图恢复失地。张献忠当时驻扎金山铺，欲肃清新附不坚者，其部下刘进忠建议："生灵不可妄杀也。"张献忠不予采纳，反调刘进忠回金山铺会剿，刘进忠疑之，遂向北投奔了清军。

江西布政使司图

大顺三年(1646)初，清朝改派肃亲王豪格为靖远大将军，和吴三桂等统率满汉大军全力向大西农民军扑来。当时，明参将杨展领兵复夺川南州县，率师北指，与张献忠的部队激战于彭山的江口，张献忠大败，退回成都。杨展于是从南面逼向成都。王应熊又派曾英为总兵，王祥为参将，联师进攻，阻挡农民军的东下。他们对大西农民军进行疯狂的袭击，严重地威胁着大西农民政权。对此，张献忠针锋相对，给予坚决的回击。五月，豪格率清军攻占汉中。七月，为了北上陕西抗击清军，张献忠决定放弃成都。并"尽杀其妻妾，一子尚幼，亦扑杀之"。他对孙可望说："我亦一英雄，不可留幼子为人所擒，汝终为世子矣。明朝三百年正统，未必遽绝，亦天意也。我死，尔急归明，毋为不义。"这表明了张献忠联明抗清的决心。接着,他分兵四部,命令四位将军各率兵十余万向陕西进发。九月间,张献忠率部离开成都,北上迎击清军。十一月,张献忠大军扎营于西充凤凰山。

原大西军将领刘进忠叛变后,先在合州(今四川合川)同明军曾英勾结,后又出保宁(今四川阆中),投降了南下的清军统帅豪格。清军以刘进忠为向导,带领清军进入川北。十一月二十六日,豪格派护军统领鳌拜等将领分率八旗护军轻装疾进,对义军发起突袭。二十七日晨,张献忠率领的义军与清军相遇。张献忠临危不惧,镇定地指挥义军马步兵分两面抗击清军。这时,清军统帅豪格率大军相继赶到,遣参领格布库等向义军右翼进攻,都统准塔攻击农民军左翼。战斗打得非常激烈,虽然清军将领格布库等被义军击毙,但张献忠的部队也遭到了惨重的损失。

后来在战争中,张献忠亲自临河察看敌情,被刘进忠看到,刘进忠对清将指点说:“此八大王也。”于是清将急发暗箭射之,张献忠不幸中箭身亡,时年仅四十二岁。

张献忠死后,他的部众用锦褥裹着他的尸体埋于僻处,然后逃走了。清军挖出张献忠的尸体后枭其首于成都。另据清靖远大将军和硕肃亲王豪格等奏报:“臣帅师于十一月二十六日至南部,侦得逆贼张献忠,列营西充县境,随令护军统领鳌拜、巴图鲁等,分领八旗护军先发。臣统大军星夜兼程继进,于次日黎明抵西充。献忠尽率马步贼兵拒师,鳌拜等奋击大破之,斩献于阵。”清廷“破一百三十余营,平四川”,宣布四川平定。

张献忠死后,大西军自 1647 年进占云南、贵州二省,以孙可望为首,加以经营、整顿后成了后来南明军的后方基地。1652 年,走投无路的南明永历小朝廷接受孙可望、李定国联合抗清的建议,在贵州安隆所投靠了大西农民军,大西军成了南明军。孙可望等整编了南明残存的武装部队,经整编后的南明军具有很强的战斗力,足以与清军抗衡。

从 1645 年到 1651 年间,南明军在与清军作战中败多胜少,大批南明的军队先后降清。先后丢失了江苏、安徽、浙江、江西、福建、两广、两湖等领地,地盘尽失。但是孙可望为主的大西军加入南明政权后则改变了整个局势。李定国率军八万东出广西,下桂林,又攻入湖南、广东,“两蹶名王,天下震动”。同时,刘文秀亦出击四川,克复川南。东南沿海的张煌言等的抗清军队也发动攻势,并接受了永历

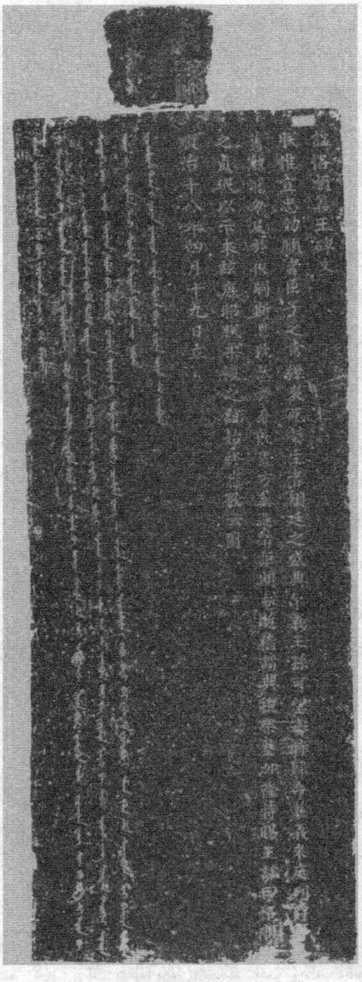

孙可望墓碑拓片

封号。

就在抗清斗争再次掀起高潮的时候，大西军内部却出现了内讧。孙可望虽然善战，却残暴善妒，与李定国不和。李定国在抗击清军的过程中屡建战功，孙可望恐李定国威重难制，想夺去他的兵权。顺治十四年（1657），孙可望从贵州引兵入云南，攻李定国，因部将倒戈归李定国，孙可望大败，后率部属六百余人降清。顺治十七年（1660）十一月病死（一说狩猎时为清军射杀）。而他归降清廷之后，云贵虚实也尽为清军所知。1658 年，吴三桂率清军攻入云南。第二年攻下昆明，南明永历帝出逃缅甸。李定国率全军设伏于磨盘山，企图一举歼灭敌人追兵，结果因内奸泄密失败。1661 年，吴三桂率军进入缅甸索回永历帝，1662 年 4 月在昆明将其处死。李定国在勐腊得知永历帝死讯后，7 月也忧愤而死，大西军风消云散。

康乾盛世

康熙二十年（1681）平定三藩之乱之后，政权趋于稳固，长期的战乱得以结束，生产逐渐恢复。清朝经过康、雍、乾三朝的励精图治，出现了一个繁荣昌盛、国泰民安的历史画卷，一直到嘉庆元年（1796）的川、陕、楚白莲教起义爆发，持续时间长达一百一十五年。这段时期被称为“康乾盛世”，在政治、经济、文化诸多方面将中国传统社会推向了一个新的高峰。

康熙大帝登基

少年天子

1661 年，年仅二十三岁的顺治皇帝驾崩，继承大统的，是他的三子玄烨。

玄烨登基之时，年仅八岁，和他六岁登基的父亲一样，小小年纪就背负起了一个国家的责任。据说，顺治把玄烨选为继承人是接受汤若望的意见，因其出过天花最有可能不夭折。从此，小小年纪的玄烨开始在祖母孝庄皇太后的荫庇之下逐渐成长为中国历史上最为显赫的帝王之一。

孝庄太后与康熙皇帝的祖孙关系在历代封建帝王家庭中可以说是最为亲密而又最为独特的一种。孝庄历经三朝，此时已为太皇太后，在统治阶级内部可谓德高望重，很多贵族大臣都盼望她垂帘听政，但这一建议遭到孝庄的严词拒绝。尽管没有垂帘听政，但孝庄主持朝廷内外事务。那时重要的人事变动和许多重要政策的推行，都出于孝庄的旨意。因为双亲很早离世，玄烨于父母膝下，未得一日承欢，所以来自祖母孝庄太后的爱，在康熙幼年成长中起了极为重要的作用，祖母也成为他生活中最可依赖的亲人。而作为祖母，孝庄太后与其他人相同的是对于孙儿的关心与爱护，不同的是她作为一位政治家具有远见卓识的深谋远虑和对康熙成功的少年教育。

由于祖母的言传身教，玄烨自幼便对读书学习产生了浓厚的兴趣，并养成严谨治学的态度。玄烨七岁的时候，在祖母指导下，开始学习儒家典籍，诵读经书，所以这位满族皇帝从小培养了极为深厚的汉文化功底。康熙帝本人也曾多次谈道：自少时失去双亲，在祖母身边三十余年，祖母的抚育培养与谆谆教诲，才使他有后来的成绩。而他本人对祖母也极为孝敬，主要体现在“期尽孝养，朝夕侍奉”的行动中，并贯穿其一生。虽日理万机，但每日给祖母请安，始终是他生活中的必修课。他常常“亲旨慈宁问起居”，“晨昏敬睹慈颜豫”。每当外出，他也时刻惦念着祖母。即使在南巡途中捕得鲜鱼或在围猎时获取野珍，他也会以最快速度，第一时间恭进祖母。

在康熙的青少年时期，还有一位对他影响重大的人就是传教士南怀仁。

孝庄太后便服像

在南怀仁之前，德国传教士汤若望在清廷已经受到顺治皇帝的极大宠信，以其天文历法方面的学识和技能受到清廷的保护，受命继续修正历法。但是康熙即位之初，因为历法之争，汤若望被参劾下狱。也正是这件事激起了康熙对于西方自然科学的极大兴趣。

康熙十年（1671），南怀仁利用西式绞架滑车成功地运载了重万余斤的大石柱过卢沟桥。次年，又奉旨疏浚万泉河道，引水灌田。三年后又奏请刊行他自己主编的《新制灵台仪象志》。在平定吴三桂的过程中，南怀仁曾经监造山地作战的轻型火炮。此前，汤若望就已经为明、清两朝皇帝造过大炮。于是，南怀仁督造了四百五十门大炮，并培训了二百多名炮手。直到康熙十九年（1680），制成三百二十门神武炮，康熙还亲率王公大臣到卢沟桥观看试炮。

从康熙十年（1671）开始，南怀仁就担任康熙的启蒙老师，在清朝宫廷任职长达二十七年之久，深得康熙赏识。他为康熙讲解天文、数学、地理、乐理和哲学等西洋科学知识，还用满汉文译了不少欧洲的数学和天文学著作，如满文本《欧几里得几何学》等。西方自然科学极大地吸引了康熙帝，学完了几何学、静力学和天文学中最有趣最易理解的东西，又学习了西方哲学和乐理知识。南怀仁还编写了《坤舆外纪》等资料向康熙来进一步讲解了西方地理学和地理知识。

康熙二十六年（1687），南怀仁坠马受伤，次年卒于北京。康熙为他举行了隆重的葬礼。对于南怀仁的离世，康熙帝极为惋惜，“南怀仁治理历法效力有年。前用兵时，制造兵器多有裨益。今闻病逝，深轸朕怀……”他对南怀仁的宠信，源于对西方科学的喜爱。

可以说,康熙帝对于西方科学技术的崇尚与亲力亲为,在他以前和以后的皇帝中都未见过,这对康熙朝的政治、经济、军事和文化政策都产生了一定的影响。

少年康熙

由于康熙继位时年龄幼小,按照古时候的规矩,“皇帝年幼,由顾命大臣辅政”。顺治帝临终时指定四人为辅政大臣:索尼、鳌拜、遏必隆和苏克萨哈。其中,以鳌拜最为专权。

鳌拜前半生军功赫赫,号称“满洲第一勇士”,1644 年清军入关时,鳌拜率军平定燕京,征湖广,驰骋疆场,冲锋陷阵,为清王朝统一全国立下汗马功劳。后来又出征四川,斩张献忠于南充,因此以首功被顺治皇帝升为二等公,授议政大臣,擢领侍卫内大臣,累加少傅兼太子太傅,教习武进士,从此得以参议清廷大政。

也许是鉴于自己登基之时的前车之鉴,为了避免再出现一个多尔衮,顺治帝临终前让鳌拜等异姓大臣辅政。四个大臣中,索尼当时已经是年老多病,遏必隆则生性庸懦,苏克萨哈因曾是摄政王多尔衮旧属,为其他辅政大臣所恶,因此,鳌拜得到了擅权专政的机会。

索尼死后,鳌拜更是列于诸大臣之首。他结党营私,日益骄横,竟发展到不顾康熙的意旨,先后杀死户部尚书苏纳海、直隶总督朱昌祚、巡抚王登临与辅政大臣苏克萨哈等政敌,引起朝野的恐慌。康熙虽然年纪轻轻,但把这一切看在眼里,早就想要除掉这块心病。

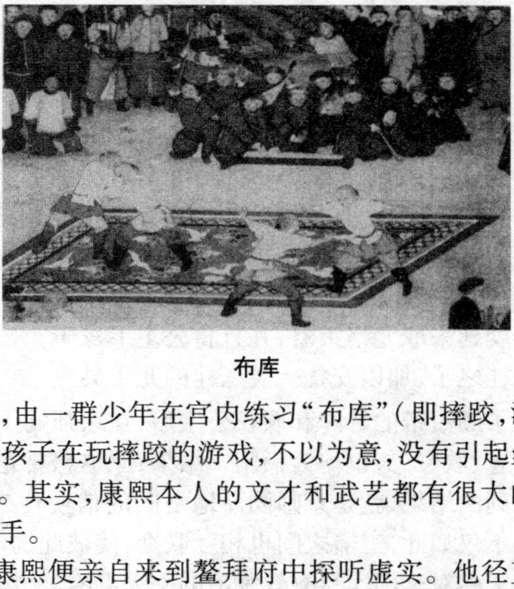

布库

但迫于鳌拜大权独揽,并不断派人观察宫中的动静,不让康熙羽翼丰满,康熙一直找不到机会。康熙后来设计,由一群少年在宫内练习“布库”(即摔跤,满族的一种角力游戏)。鳌拜看见康熙和一些孩子在玩摔跤的游戏,不以为意,没有引起丝毫警惕,反而认为康熙胸无大志,只知玩耍。其实,康熙本人的文才和武艺都有很大的长进,而这些陪他摔跤的孩子也个个都是好手。

一次鳌拜称病,好久不来朝拜皇帝,康熙便亲自来到鳌拜府中探听虚实。他径直来到鳌拜的卧室,发现鳌拜在席子下藏有利刀,知道鳌拜心怀叵测。但他沉住气,不但不加责怪,反而说:“满洲勇士,身不离刀,乃是本色。”鳌拜听了依然没有丝毫在意,反而觉得康熙是个小糊涂虫,更加肆无忌惮为所欲为了。

康熙认为时机已经成熟,就将鳌拜召进宫来。鳌拜做梦也没想到这是康熙皇帝的一条计策,他大摇大摆地来见皇帝,康熙便命那些孩子玩摔跤游戏给鳌拜看。玩着玩着,突然他们一个个跌打翻滚地到了鳌拜身前,这个抱腿,那个揪手,一个抓住头,一个揽住腰,将毫无防备的鳌拜掀翻在地,将他制住。康熙立刻宣告:鳌拜谋反,令监禁听审。

接着,康熙宣布了鳌拜的三十条罪状,廷议当斩,康熙念鳌拜历事三朝,效力有年,不忍加诛，仅命革职，籍没拘禁，其党羽或死或革。不久鳌拜死于禁所。康熙剪除了权臣鳌拜和他的党羽后也开始了自己的亲政生涯。

平藩收台定边疆

平定三藩

吴三桂、尚可喜、耿仲明原来都是明朝将领，清兵入关前先后降清。他们可以算是清朝的开国功臣，曾为清朝入关及统一全国发挥了举足轻重的作用。顺治初清兵南下，先后进占广东、四川、贵州和云南，东南、西南既定，清廷封吴三桂为平西王，留镇云南；封尚可喜为平南王，留镇广东；封耿仲明为靖南王，其子耿继茂（耿精忠父）袭封，留镇福建。但是，随着势力和权力的增大，三个藩王的个人野心也越发膨胀。到了康熙帝继位时，割据一方的三藩已成了朝廷的祸患，他们尾大不掉，与中央相抗衡，其中又以吴三桂的实力最强。国家全部钱粮大半耗于三藩。他们还在自己的独立王国里设立税卡、私行铸钱、圈占土地、掠卖人口。吴三桂还自行选派官员，称为“西选”。最初，对待三藩朝廷采取笼络策略，并且将公主下嫁于吴三桂之子，加以安抚。吴三桂的儿子吴应熊娶了顺治帝的妹妹和硕长公主后，在京师赐予他府第。尚家的尚之隆、尚之孝，耿家的耿昭忠、耿聚忠，也均为额驸。结果，原本想要笼络三藩的计策却导致了一个清廷原先没有料到的结果，就是京师同藩地之间的信使往来以及朝廷中的机要信息，很快就传到三藩。不仅如此，三藩之间也相互联姻，使彼此的利害联结在一起。于是，三藩问题日渐成为清王朝对全国实行有效统治的一大毒瘤。

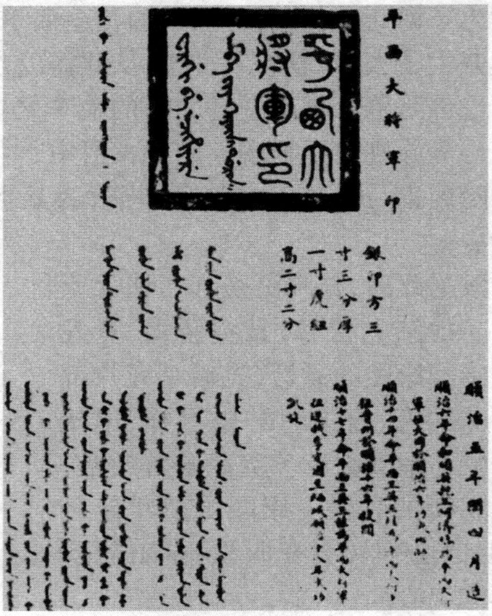

“平西大将军印”印文

如何解决三藩这个头疼的问题，康熙经过深思熟虑和缜密安排，逐渐有了周详的计划。首先，康熙帝对三藩的势力逐步削弱、限制。康熙二年（1663），收缴了吴三桂的大将军印；从康熙四年（1665）开始，将吴三桂部下的兵丁及兵饷分别予以裁减；对三藩及其属下人仗势欺压百姓、为害地方的事件也予以警告和惩处；解除藩王管理地方民事的职权，而且不准藩王属下人员担任总督、巡抚等地方大吏；同时，康熙委派自己的心腹之臣到藩王所在地区担任总督、巡抚，以事牵制。三藩每一个都实力雄厚又利害相关，所以在解决三藩问题时，康熙很注意策略。他采取了坚决的态度，运用灵活的手段。康熙帝毅然地抓住时机，先发制人。当三藩起兵反叛时，康熙帝毫不动摇，派大兵前去平叛。集中打击吴三桂，对另外两个藩王则有打有拉。政治、军事交相为用，终将三藩之乱平定。

康熙十二年(1673)三月，尚可喜因家庭内部矛盾，上疏请求回辽东养老；原来，尚可喜要废除其长子尚之信的爵位继承权，而要立另一个儿子尚之孝。于是，尚可喜上书康熙帝请求回辽东故乡养老，留下尚之信在广东留守，想乘回乡之机，借康熙帝表明传爵位给尚之孝的意愿。朝廷大臣们商议后觉得尚之信率重兵留守广东，骄横跋扈，难以制服，于是，请求康熙帝下令尚可喜全家回辽东。七月，康熙下令靖南王耿精忠率军队进京听候调用。同时，命吴三桂调往山海关外驻扎。耿、吴二人听到广东藩王的消息后，就同时上奏章请求调换自己的驻地，以试探朝廷的动向。康熙意识到这正是一个极好的机会，于是力排众议，决意撤藩。他对众大臣说："三桂等蓄谋久，不早除之，将养痈成患。今日撤亦反，不撤亦反，不若先发。"

尚之信

撤藩令一下，吴三桂立即撕下了伪面具。当时，侍郎折尔肯等人奉命办理撤藩，在云南催促甚急。吴三桂于是召集众将官开会，说："现在动身的日子迫近了。朝廷的严令是不可能逃避的。只是咱们先朝的皇上永历皇帝的坟墓在这里，总得去告个别。"众将官都给吴三桂叩头，并请他下命令。于是，吴三桂选定日期去拜谒南明永历皇帝的陵墓。谒陵之前，吴三桂又召集众将官，让诸位提前预备好明朝的朝服。到了谒陵那天，众将官都穿上了明朝汉族的官服，齐集陵前。吴三桂头戴方巾、身穿白袍，祭酒之后，跪在地上叩头痛哭，不起身。官兵们也都跟着恸哭起来，哭声如雷。其实这不过是吴三桂又上演的一出闹剧，当初永历皇帝就是被他抓获给勒死的。恢复旧衣冠只是他煽动人心的一个噱头。

当到了动身离开云南的时候，吴三桂又称自己生病起不了床。巡抚朱国治催他尽快启程。吴三桂硬是躺在床上不答应。他用言语激众将："我老头子同你们诸位给朝廷立过大功，顺治帝封我为藩王，命令存于朝廷。现在，一个地方的小小巡抚就这样欺侮我。一旦我进了京城，被送进监狱，咱们还有活吗?!"众将果被激怒，抓住朱国治就杀了。吴三桂于是传令各地，起兵造反，自称天下都招讨兵马大元帅，改明年(康熙十三年，1674)为周王元年。吴三桂的军队很快由云南出贵州，略湖南，攻四川，数月之间，数省沦陷。有吴三桂带头，福建的耿精忠、广东的尚之信也都相继起兵响应。与此同时，一些同三藩有密切关系的汉族将领如广西孙延龄、陕西王辅臣也纷纷反叛，使得形势十分险恶，叛报频传，举朝震动。有些心存畏惧的大臣，主张清君侧，处罚当初提议赞成撤藩的大臣以讨好吴三桂。但康熙帝在铲除三藩的态度上却是坚决的。他下诏削夺吴三桂的官爵，公布其罪状。不久又将留居京师的吴三桂之子吴应熊、孙吴世霖等逮捕处死，这斩断了与吴三桂讲和的退步，也坚定了朝中一干人等平息吴三桂叛乱的决心和信心。

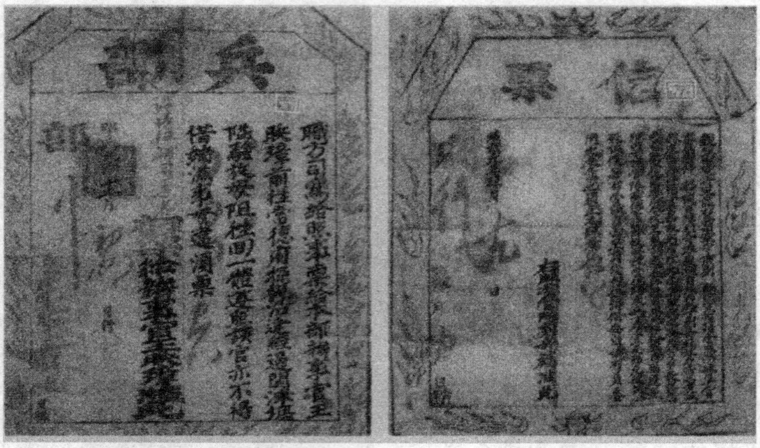

吴三桂颁发的信票与兵部票

吴三桂和耿精忠都是久经沙场的老将，手中又握有重兵，年纪轻轻的康熙帝当时并不被看好。尤其是八旗兵入关二三十年，其战斗力已经大不比从前，朝中一班大臣也是整日诚惶诚恐。然而康熙帝在知己知彼的基础上，早已胸有成竹。所谓擒贼先擒王，吴三桂是首先集中打击的对象。吴三桂在三藩中首先起兵，且势力最大。所以，康熙帝将军队的主力部署在中线即湖南前线，而将次要兵力部署在左翼的浙江、福建一线，右翼的陕西、四川一线。对三藩也采取区别对待的政策以分化瓦解他们内部的关系：下诏停撤耿、尚二藩，以孤立吴三桂。接着又宣布对散处各地的吴三桂旧部，凡不参加叛乱者，一律宽宥不究。对杀死经略莫洛的陕西提督王辅臣，也极力争取。同时大胆起用汉将汉兵，超越满汉之防，张勇、赵良栋、王进宝等一干人获得了提拔和重用。他对各战场的指挥，常常先命前方将领、督抚提出意见，再命议政王大臣或九卿会议具奏。对一些重大战役的指挥，都要求前线主帅绘制敌我双方军事形势图进呈，经过反复研究再决定作战方略。

经过康熙帝的一番运筹帷幄，三藩之乱最终被镇压。他们失败最主要的原因就是挑起的这场战争并没有获得人民的支持。吴三桂是最不适宜的“反清复明”的领导者，当年他领清兵入关现在又要“反清复明”，完全是出于自己的私欲。所以很快就陷入了孤立。而另一方面，康熙即位后在民政上兢兢业业，与民生息，也在这场战争中给自己加了分，毕竟老百姓的心愿只有一个，就是过上好日子。

战争结束后，三藩的财产全部被没收充作军饷。藩王属下的军队也都撤回京城，在各省、各府的军事要地派八旗兵驻防，再也不把兵权爵位及土地永远封给大臣世代相传了。于是，分封藩镇的弊端得到彻底解决。通过平定三藩之乱，地方权力重新统一于皇帝手中，中央集权的制度逐渐健全，没有疏漏。康熙帝平定三藩之后，巩固了中央政府的权力，将任免官吏的权力收归中央；将军队编制统一，完全归中央指挥；将三藩的财产没收，改善了国家财政，这些举措对于加强国家统一，促进经济、文化发展都起了很大作用。

康熙统一台湾

顺治十八年（1661），明将郑成功将荷兰殖民者驱逐出了台湾岛，郑氏家族遂占据了台湾。清朝方面将其父郑芝龙砍头，把沿海的边防往内地迁移，禁止渔船、商船出海，对台湾方面采取孤立姿态。自此以后，沿海五省的商人、百姓流离失所，万里海疆一片荒凉。

康熙元年（1662）五月，郑成功去世，他的儿子郑经继承了在台湾的统治。康熙四年（1665），降将施琅、周全斌进攻台湾，无功而回。康熙八年（1669）正月，由大臣明珠负责到台湾招抚郑经。郑经拆阅了明珠给他的信，却不肯看清朝康熙皇帝的诏书。到台湾的使臣说："殿下如果肯于停战让百姓安居，朝廷可以像对待朝鲜那样对待台湾，不派兵来台湾，不施行剃发易服。"郑经却说明珠的信上并没有提到这些，于是双方就这一问题反复纠缠。虽然这次谈判没有达成一致，但从此之后，双方频频互通使者，倒也相安无事。直到康熙十三年（1674）三月，郑经趁三藩之乱出兵攻取了泉州、漳州、潮州三地。康熙十四年（1675）六月，又派将军刘国轩等包围漳州。康熙十七年（1678）七月，刘国轩攻占了平和、漳平，进而攻占海澄，清兵死亡三万多，马匹死亡万余匹。刘国轩的声势大振，乘胜攻下漳平、长泰、同安，打下了南安、惠安、安溪、永春、德化等地。当时，清朝的康亲王杰书正驻扎在福州，带领赖塔的军队由安溪走小路到同安，解了泉州的围。刘国轩退回海澄，但仍然时时袭击漳州，双方相持了一年多。

三藩局势稳定后，康熙帝就决定统一台湾，划一版图。他力排众议，做出收服台湾的决策。一方面，康熙起用了原来郑成功的旧将施琅为福建水师提督，造舰练兵，着实准备；另一方面派遣官员，进行招抚。康熙十九年（1680）三月，清朝提督万正色督率战船由海上到达福建，会合总督姚启圣攻打海澄。姚启圣在漳州设立修来馆，用官位和金钱引诱从台湾来的人，刘国轩不得已放弃海澄，进入厦门。后来厦门也守不住，刘国轩于是保护郑经返回台湾。清朝将军赖塔给郑经写了一封信，大意是：台湾本来不在清朝的地图上，你们父子披荆斩棘，而且还怀恋故土，本朝怎能吝惜海外弹丸之地，不听从田横那样的壮士在其间逍遥呢！如果你能停战安民，从此不再登陆，不剃发，不换衣冠，称臣进贡

历史小常识：清初迁界

清军进入福建后十多年，施尽征剿、绥抚手段，也对付不了以金、厦为根据地的郑成功抗清铁军。于是一方面实行海禁，一方面将同安县（属泉州府）排头、海澄沿海的人民迁入内地，以此来截断郑军的粮物供应。顺治十八年（1661）郑成功收复台湾，清廷发布了迁海令，勒令福建、浙江、广东、江南四省沿海居民分别内迁三十到五十里，并尽烧沿海民居、船只，不准片板下海。沿海人民流离失所，饿殍遍野。后禁令渐宽，直到康熙二十年（1681）才完全撤销。

就可以了；不称臣不进贡也行。将台湾比成箕子的朝鲜、徐福的日本，与世无害，与人无争，而沿海一带百姓永不遭劫难，只靠先生的主意了。郑经给赖塔回信说，可以按他所提的条件办，但是想要保留海澄作为进行贸易的地方。姚启圣坚决反对，和议于是终止了。

康熙二十年（1681）正月，郑经死，其子郑克塽袭位。这时，姚启圣同李光地联名给康熙皇帝上奏章，说郑氏主人年幼，内政混乱，正是绝好的机会攻打台湾。于是，朝廷命令施琅率战舰三百艘，水军两万，从福建出征。康熙二十二年（1683）七月，施琅的水军兵临澎湖，郑氏失去屏障，兵民解体，风声鹤唳，已无力再战。冯锡范已经派使者来谈判投降了，施琅于是率军到台湾受降。

强渡拉萨河

从郑成功到郑克塽，郑氏家族奉行南明永历年号三十七年，至此，明朝的年号彻底没有了。除了军事上、地理上的劣势之外，更重要的是形势发生了彻底的转变。从顺治到康熙亲政后励精图治，中国已不是当年清兵入关时的形势了。康熙推行一系列改革政策，恢复了社会生产，缓和了阶级矛盾和民族矛盾，大多数汉族人（地主和农民）对清朝已持认同态度，这时，再以反清复明的口号为旗帜使百姓的生活重新陷入战乱，显然已失去了最初清军入关时的作用。因此，在新的历史形势面前，郑克塽别无选择，在兵败之后归降可以说是唯一的道路。

台湾统一之后，如何进行管理成为问题。有人主张“迁其人，弃其地”，将岛上兵民迁到陆地，而将岛上土地给西洋红毛之人。施琅认为不可弃地、迁民，上奏书说：“台湾北连吴会，南接粤峤，延袤数千里，山川峻峭，港道纡回，乃江、浙、闽、粤四省之左护。隔澎湖一大洋，水道三更——弃留之际，利害攸关。臣思弃之必酿成大祸，留之诚永固边疆。”康熙帝采纳了施琅的建议，命在台湾设府，隶属福建省，台湾纳入中国的统一版图。

巩固边疆

除了平定三藩和统一台湾，在建立多民族统一国家的过程中，康熙帝还有一项重要的功绩就是先后对西北、西南边地用兵，铲除了分裂势力，巩固了边疆，加强了内地与边疆经济、文化的交流，对社会进步有重要的推动作用。

对边疆的用兵，主要是平定西北地区的噶尔丹叛乱。康熙于二十九年（1690）、三十五年(1696)、三十六年(1697)三次亲率大军出征西北,在各族人民的支持下,取得了乌兰布通、昭莫多等战役的重大胜利。同时,还揭露并挫败了沙皇俄国支持噶尔丹分裂势力,侵略中国的阴谋。从而加强了对西北蒙古诸部的管辖,对该地区政治、经济、文化的进步起到了很大的促进作用。

同时,康熙帝对蒙古的政策,也取得了完全的成功。他说:“昔秦兴土石之工,修筑长城。我朝施恩于喀尔喀,使之防备朔方,较长城更为坚固。”蒙古本来在后金时期就与其政权通过联姻结下了非常紧密的关系。清入主中原后更是和蒙古保持着良好而密切的联系,蒙古由明代的民族边患,变为清代的民族长城。康熙帝奠定了清代二百余年的良好的边疆民族关系。

六世达赖喇嘛格桑嘉措

在成功地解决了西北的问题以后,康熙帝又通过军事、政治交互为用的手段,成功地解决了西藏问题。康熙五十七年(1718)二月和五十九年(1720)二月,清廷两次派兵进藏,终于消灭了分裂西藏的割据势力,平息了宗教纠纷。使达赖六世在拉萨举行了隆重的坐床典礼,受到藏族人民的欢迎,保护了西藏地区人民的利益,结束了长达二十三年的六世真假达赖之争,加强了中央对西藏的有效管辖。同时,对沙俄企图插手西藏的阴谋活动也予以粉碎。

对西北及西南的用兵,康熙取得了辉煌胜利,并采取了一些善后措施,为雍正、乾隆两朝进一步加强对西北地区和西藏地区的治理打下了坚固的基础,为清朝统一多民族国家的进一步巩固和发展,开辟了道路。

明末清初,沙俄军队入侵中国北部,侵占了尼布楚(涅尔琴斯克)、雅克萨(阿尔巴津)等黑龙江广大地域。他们抢掠当地索伦、赫哲、费牙喀、奇勒尔等部民的财物和妇女,无恶不作。对黑龙江边境的连年侵扰,使得康熙帝大为忧患,于是派彭春等人以打猎为名,渡江侦察情势。康熙二十五年(1686)七月,经过一系列精心准备后康熙命令彭春统率水军、陆军齐头并进,攻陷了雅克萨城。俄军守城头目中弹而亡,士兵伤亡惨重,军队中闹传染病,俄军想要停战。康熙闻讯后也表示同意,并通过荷兰公使杜都致书俄国,表示愿意谈判边界。俄国皇帝立即复信,说以前中国数次写信来,因国内没有人会汉文,所以长时间没有回复。现在明白了边境上的人进行挑衅的错误,请先解除雅克萨城的包围,立刻就派使臣到边境上划界。于是,康熙帝命令彭春撤兵。

北征督运图

康熙二十七年(1688)三月,派内大臣索额图、马喇等为公使,去色楞格斯克与俄国使臣谈判边界条约。条约内容共有六条:一,自黑龙江支流格尔必齐河,沿外兴安岭以至海滨,凡是外兴安岭以南的各条河流,注入黑龙江的属于中国;二,西部以额尔古纳河为界,河南属中国,河北属俄围;三,毁掉雅克萨城,雅克萨的居民及物资,听凭迁往俄国境内;四,两国猎人等不许擅自越过国界,违犯者送交有关衙门惩处;五,两国不得容留彼此的逃亡人员;六,旅行者持有官方许可证书的可以进行贸易,不予禁止。

这一年的十二月,中俄两国派人在格尔必齐河东及额尔古纳河南立碑作为界标,上面写有满文、汉文、蒙古文、拉丁文、俄文五种文字,并进行了雕刻。边境问题解决之后,中俄两国的关系得到了改善,清政府成功运用了外交与武力互用的策略,扼制了沙俄侵略的凶焰,捍卫了领土主权的完整,在不丧权辱国的前提下与沙俄进行了谈判,并达成了协议,签订了《尼布楚条约》。尽管这个协议中清朝做了必要的让步,但《尼布楚条约》是一个平等条约。它的签订,对于巩固东北边疆起到了一定作用。

平定准噶尔

准噶尔部是中国厄鲁特蒙古族的一支。明末清初,准噶尔部贵族兼并了厄鲁特蒙古各部,并且逐步控制了天山南北,在西起巴尔喀什湖,北越阿尔泰山,东到吐鲁番,西南至吹河、塔拉斯河的中国西部边疆建立了准噶尔贵族的封建统治。1670 年,准噶尔的巴图尔珲台吉的儿子僧格被杀后,他的异母弟弟噶尔丹夺得了统治权。1688 年,噶尔丹突然率兵越过杭爱山,大举进攻土谢图汗,迫使喀尔喀蒙古诸部南迁。1690 年,噶尔丹又向漠南的喀尔喀蒙古进攻,俘掠人口,抢劫牲畜。噶尔丹成为边疆最大的不稳定因素,康熙帝决计亲征。他调遣两路大军,分别出古北口和喜峰口。双方大战于乌兰布通(今内蒙古克什克腾旗境内)。清军大败噶尔丹军,噶尔丹乘夜向北溃逃。

噶尔丹战败以后,滞留在科布多地区,集合残部,休养生息,以期东山再起,这期间他不断派兵骚扰边地安宁。为了安定边疆,1696 年,康熙帝再度征讨噶尔丹,十万大军兵分三路大举出击。西路军在昭莫多(今蒙古国乌兰巴托以南的宗莫德)大败噶尔丹军。一年之后,康熙帝发动第三次远征,由费扬古、马恩哈分别统率两路大军由宁夏出发,进剿噶尔丹残部。同年,康熙帝亲赴宁夏,指挥这次军事行动。正当清军进发时,只剩下五六百人的噶尔丹却因为众叛亲离,遂饮药自尽(也有说法是被人杀害)。

噶尔丹虽然死了，但准噶尔部却并未因此衰落。他的侄子策妄阿拉布坦继续任准噶尔部台吉后，准噶尔部又逐渐强大起来，并且与清朝再次发生矛盾冲突。1716年，策妄阿拉布坦派兵西藏，占领了拉萨。1718年，清朝由青海路出兵入藏，但全军覆没无功而返。两年后清朝再次出兵才将准噶尔军赶出拉萨。

后来准噶尔政权出现了内讧，为乾隆解决准噶尔问题提供了机会。达瓦齐和阿睦尔撒纳在准噶尔内乱中兴起，却又自相为战，乾隆帝认为彻底解决准噶尔的时机已经到来了。1755年春，乾隆帝派遣五万人分西北两路向伊犁进军，不到一百天就到达伊犁。达瓦齐率兵六千人扼守在伊犁西南的格登山（今新疆昭苏境内），清军派出二十五人的精锐部队夜袭达瓦齐大营，达瓦齐军惊溃，不战自降。战败的达瓦齐仅仅带着少数人仓皇南逃。清军进入伊犁。班第将达瓦齐等献俘京师，盘踞伊犁七八十年的准噶尔政权结束。朝廷在伊犁留下三百名士兵，大军后撤。这是乾隆第一次用兵新疆。

但此后，阿睦尔撒纳趁机自任准噶尔部的领袖，继续分裂活动。1757年初，乾隆帝开始新的军事行动，分两路推进。准噶尔军在清军的追剿下，全线溃败。阿睦尔撒纳投奔俄罗斯。后俄国告知清政府，阿睦尔撒纳患痘症已死，将其尸体交还。1759年清军抵达喀什噶尔，平定了支持阿睦尔撒纳的大和卓木波罗尼都和小和卓木霍集占兄弟的叛乱。这年秋天，天山南路完全平定，清朝完全控制今日的新疆地区。

平定大小和卓木

和卓木是波斯语的译音，过去新疆伊斯兰教封建上层人物自称“和卓木”。大小和卓木指天山南路维吾尔族封建主玛罕默特的两个儿子波罗尼都（也有称布那敦）和霍集占。他们是中国当时两位著名的伊斯兰教领袖。大和卓木是指波罗尼都（？—1759），新疆喀什噶尔人，伊斯兰教白山派和卓木玛罕默特的长子。小和卓木指霍集占（？—1759），是玛罕默特的幼子。

从薄行诗意图

康熙十九年（1680），卫拉特蒙古准噶尔部统治新疆回部后，对其首领实行人质制。经过康、雍、乾三朝，尤其是康熙和乾隆两帝对于边疆的苦心经营，到了1755年，乾隆终于平定了新疆准噶尔的分裂势力。乾隆二十年（1755）五月，清军攻克伊犁，释放作为人质禁锢于伊犁的大、小和卓木。波罗尼都率领他的弟弟霍集占等三十多人投奔清朝军队。清廷令他们返回南疆，招抚旧部，统领维吾尔民众。于是大和卓木返叶尔羌（今莎车)统领回部,小和卓木则留在伊犁掌管伊斯兰教务。

1756年,小和卓木霍集占从伊犁逃回,参与卫拉特蒙古辉特部首领阿睦尔撒纳发动的叛乱,兵败后逃往叶尔羌投奔波罗尼都。

第二年,清廷派出副都统阿敏道前往招抚大小和卓木,谁知二人不但没有接受招抚还杀死了阿敏道,自立为巴图尔汗,波罗尼都受到鼓动。他们号召各城起兵反清,集数十万人众发动了叛乱,并且很快控制了天山南路的大部分地方。

乾隆戎装大阅图

乾隆二十三年(1758)二月,清廷命雅尔哈善为靖逆将军,率满、汉兵万余自吐鲁番进发,进入南疆(天山南路)平叛。起初,清军出师不利。但由于大小和卓木残酷地压迫维吾尔族人民。"兵饷、徭役繁兴,供给稍迟,家立破;及出亡(兵败逃亡),又尽其赀以行,民脂殆竭"。新疆人民不堪其苦,纷纷逃亡。

五月,清兵围叛军据点库车。大、小和卓木率万余鸟枪兵自叶尔羌经阿克苏赴援,受到清军的阻击,伤亡四千余人,于是二人率领残部入库车固守。雅尔哈善没能乘胜进击,却坐守军营终日博弈,疏于戒备,致使大、小和卓木乘夜率四百骑逃遁,因为贻误战机,雅尔哈善获罪被处死。清军攻克库车后,小和卓木逃到阿克苏,守城维吾尔族人闭门不纳,他们只好逃到乌什,却同样为乌什维族人所拒,最后只能退保叶尔羌。大和卓木则据守喀什噶尔,兄弟二人各守一城,相为倚角。

十月,定边将军兆惠率领步骑四千到了叶尔羌,三战三胜,但因为兵力不足不能取城,于是在城东隔河结"黑水营"自固待援。叛军万余人包围了黑水营,用炮轰、水淹、偷袭等方式频繁攻击。清军坚守了三个月,伤亡惨重。

乾隆二十四年(1759)正月,定边右副将军富德率兵三千从乌鲁木齐驰援,行至呼尔满(今莎车东北)与叛军骑兵五千人相遇,双方激战了四五昼夜,清军获胜,渡过了叶尔羌河,与参赞舒赫德、都统阿里衮部会师。兆惠闻援军至,督兵突围。清军会师振旅,还阿克苏。

六月,兆惠和富德各率兵一万五千分别攻喀什噶尔和叶尔羌。两路兵马会师在叶尔羌城东黑水河畔击败叛军,乘胜分军,又攻取了喀什噶尔和叶尔羌。大小和卓木见大势已去,大肆掠夺城中财物,然后率部弃城南逃。他们越过葱岭,逃往帕米尔。清军追至伊西洱库尔淖尔后,将叛军围在山岭上,一面施放火器,一面大呼招降。叛军"降者蔽山而下，声如奔雷，小和卓木手刃之不能止也”。此役叛军的降卒达一万两千余人。

1757年夏天，大小和卓木带着妻孥旧仆三四百人逃奔巴达克山（今阿富汗东部）。清军派人与巴达克当地部族交涉，八月，大、小和卓木被巴达克山部首领素勒坦沙执杀，把尸首送交清朝。

在南疆人民的支持下，清军终于粉碎这次叛乱，重新统一了新疆地区。自此，清廷加强了对天山南北的统治。

对西藏的管辖

乾隆对西藏的管辖，主要改革措施是：取消原有藏王，制定西藏章程，设立金奔巴瓶掣签制。藏王颇罗鼐逝世后，其子珠尔墨特那木札勒袭封为郡王。他不善处事，同达赖喇嘛的关系日益恶化，却又对驻藏大臣傅清傲慢无礼。乾隆派左都御史拉布敦协同傅清驻藏。傅清、拉布敦觉察到珠尔墨特那木札勒的反迹，想先发制人，但却苦于手中无兵，于是只能定计智杀，以宣称谕旨为名，将珠尔墨特那木札勒诱入衙府后趁其不备，当其跪听传诏时，傅清挥刀将他杀死。然而，其属下卓呢罗卜藏札什跳楼逃走，以此为由纠集党类，围攻衙署，放枪纵火。拉布敦被砍死，傅清受伤后自尽，文武官员多人遇难。这件事情发生后，乾隆派四川总督、提督率兵入藏。而此时珠尔墨特那木札勒的妹夫班第达已经将卓呢罗卜藏札什拿获，事态得到平息。接着，乾隆派策楞率兵入拉萨。策楞、班第达会同审讯，将卓呢罗卜藏札什等处死。平定珠尔墨特那木札勒叛乱之后，班第达想做藏王。鉴于以往的历史教训，乾隆提出在西藏实行“多立头人，分杀其势”的原则，废除了藏王制，设立噶厦四人，由清廷任命，共理政务。从而加强了清廷驻藏大臣的权力。

六世班禅僧装像

六世班禅为了给乾隆庆贺七十大寿，专程赶赴承德避暑山庄，住在乾隆为他修建的“须弥福寿之庙”内，到了北京后住在西黄寺，因病在北京圆寂。清廷派官兵护送其全部珠宝财产到日喀则札什伦布寺。六世班禅的遗产，都被他的兄长仲巴据为己有，弟弟沙玛尔巴却分文未得。沙玛尔巴一气之下，投奔廓尔喀（今尼泊尔）。廓尔喀得知札什伦布寺珍藏大量金银珍宝，妄图占有，于是起了攻占日喀则、掠夺财宝的野心。乾隆五十三年（1788），廓尔喀苏尔巴尔达布，以“食盐掺土”为借口，侵占了后藏的聂拉木、济咙、宗喀三处。乾隆派四川总都鄂辉、提督成德率五千名川兵入藏增援；又派理藩院的侍郎巴忠前往办理。巴忠等私自同廓尔喀议和，令其退出已占聂拉木等三处，每年给三百个元宝作为补偿。鄂辉未遇抵抗就收复了聂拉木、济咙、宗喀三地。但是，巴忠擅自议和，达赖喇嘛不知，没有照付廓尔喀银两，引起廓尔喀再次入侵。

乾隆五十六年(1791)，廓尔喀再次侵入后藏聂拉木等地。驻藏大臣保泰将班禅移到前藏。廓尔喀军侵入札什伦布寺，对寺庙大肆抢掠，洗劫一空。乾隆得报后，命福康安率军入藏。第二年的三月，福康安率军从西宁出发，四十天内就急行军进入了藏地连战得胜，由日喀则一路南下，进入廓尔喀境。之后又渡过铁索桥，六战皆捷，深入七百里。廓尔喀请降，福康安因大雪将封山，允其降，撤兵归。清军取得反击廓尔喀入侵的胜利。

雍和宫的金奔巴瓶

鉴于历史经验，乾隆帝命福康安制定了西藏章程，规定：驻藏大臣督办藏内事务，与达赖喇嘛、班禅额尔德尼平等，自噶布伦下官员及管事喇嘛等，事无大小，均须禀明驻藏大臣；达赖喇嘛、班禅额尔德尼等圆寂后，在驻藏大臣亲监下，灵童转世用金奔巴瓶掣签决定；西藏对邻国贸易必须进行登记；西藏货币一律用白银铸造，正面铸“乾隆宝藏”四个字；建立三千人的驻藏军队，分驻前藏、后藏；达赖喇嘛、班禅额尔德尼收支需经驻藏大臣审核；驻藏大臣每年春、秋两次巡视前、后藏，检阅军队；处理外务以驻藏大臣为主，同达赖喇嘛协商处理，等等。《钦定西藏章程》是西藏历史上的重要文献，标志着清朝对西藏进行全面有效的管辖。在《钦定西藏章程》中，规定了金奔巴瓶制度，这个制度的内容是：凡达赖喇嘛、班禅额尔德尼圆寂后，转世灵童若干人，将其名字各写在象牙签上，装入金瓶中，焚香诵经七日，由驻藏大臣会同大喇嘛等，在公众前抽签决定。金奔巴瓶储于拉萨大昭寺内。又设一瓶，放在北京雍和宫内，凡大活佛章嘉呼图克图、哲布尊丹巴呼图克图等灵童转世，由理藩院尚书监督，有关官员、僧侣等亲临，抽签掣定。这项制度使达赖喇嘛、班禅额尔德尼等转世时，避免了某些贵族、僧侣操纵擅定而引起的政治与宗教事端。金奔巴瓶制杜绝世俗贵族和特权僧侣控制“灵童”转世的裁定，使达赖喇嘛、班禅额尔德尼及蒙古各地大活佛转世的合法身份，在驻藏大臣或理藩院尚书的监督下得到清廷的允准。

土尔扈特部回归

土尔扈特部是厄鲁特蒙古四部之一，元臣翁罕后裔。原本游牧于塔尔巴哈台附近的雅尔地区。

早在明朝末年(1628)，他们为了寻找新的生存环境，部族中的大部分人就离开新疆塔尔巴哈台的故土，越过哈萨克草原，渡过乌拉尔河，来到了当时尚未被沙皇俄国占领的伏尔加河下游、里海之滨。在这片人迹罕至的草原上，土尔扈特人开拓家园，劳动生息，建立起游牧民族的封建政权。伏尔加河中下游草原曾是强大的钦察汗国的心脏地带。钦察汗国瓦解后，这一地带属于阿斯特拉罕汗国，后来被俄国征服。但是由于长期战乱，这里的原住民已经流散四处，而俄国一时也没有足够的人力来开发。1618年，罗曼诺夫王朝统治把力量集中在对付西方强邻波兰上，所以，土尔扈特部来到伏尔加草原时，这里几乎是无人之境。

土尔扈特白鹰

17世纪30年代，其部首领鄂尔勒克因与准噶尔部首领巴图尔浑台吉不合，于是率领其所部及部分杜尔伯特部、和硕特部牧民西迁至额济勒河（伏尔加河）下游，自成独立游牧部落，但仍不断与厄鲁特各部联系，并多次遣使向清朝政府进表贡。自迁至伏尔加河下游后，土尔扈特人已经无法忍受沙皇俄国的侵略与奴役。这种奴役首先来自政治，土尔扈特的体制是汗王决定一切，在汗王的下头有个叫扎尔固的机构。俄国政府要改组扎尔固，并把它的权力上升到和汗王一样，这对汗王渥巴锡的权力是一个严重的威胁。

其次，在经济上沙俄政府让大量的哥萨克移民向东扩展，不断缩小土尔扈特赖以繁衍生息的游牧地，他们的畜牧业也受到极大的限制。

而在文化方面，土尔扈特人全民信仰藏传佛教，沙俄政府却强迫他们改信东正教，这种妄图在精神上对土尔扈特人实施统治是他们绝对不能接受的。

沙俄政府对土尔扈特人强制实行人质制度，目的就是控制土尔扈特人，一切听沙皇指挥。

18世纪，沙俄帝国竭力控制出海口。随着其侵略势力不断扩大，战争越来越多，与土耳其的作战就持续了很长时间。他们征用土尔扈特的青壮年作为俄国的军队与土耳其开战，在漫长的战争中土尔扈特的人员伤亡非常大。战争持续了二十一年，这对土尔扈特的生存和发展是个可怕的威胁。还有一个很重要的原因，就是土尔扈特强盛时期，他们的汗国与沙俄地位是平等的，但等到沙俄强大以后就要求他们俯首称臣。在这种情况下，土尔扈特人如何决定自己的命运，面临着一个严峻的考验和选择。

17世纪60年代，俄国著名农民领袖拉辛领导顿河农民起义后，伏尔加河两岸土尔扈特人纷起响应。17世纪末，土尔扈特著名首领阿玉奇汗率领部众积极支持巴什基尔人的起义。18世纪初，土尔扈特人民仍不断掀起武装起义，反抗沙俄在伏尔加河流域的统治。到了18世纪60年代，沙俄帝国的巨大压力，使他们再也无法生活下去。土尔扈特人又决心返回故土。

1767年，渥巴锡召开了一次秘密会议，做出了东归故土的决定。

土尔扈特人毕竟在伏尔加河流域生活了将近一个半世纪，那里的草原、牧场都留下了他们的足迹，洒下了他们的汗水。要放弃这块朝夕相对的土地，老百姓也不是一下子能够接受的。

乾隆三十五年（1770）秋，在伏尔加河下游草原的一个秘密地点，土尔扈特汗王渥巴锡第二次主持召开了绝密会议。会上，他们庄严宣誓要想尽一切办法离开沙俄的统治，返回祖国去。

土尔扈特人

第二年初，渥巴锡召集全体战士做了一次总动员，他提出土尔扈特人如果不进行反抗脱离沙皇俄国，就将沦为被奴役的种族，这让土尔扈特人终于下定了离开的决心。

尽管渥巴锡等人力图对俄国人保密，但消息还是泄露了。形势的急剧变化，迫使渥巴锡不得不提前行动。他们本来计划携同左岸的一万余户同胞一道返回故土。但当年竟是暖冬，河水迟迟不结冰，左岸的人无法过河。渥巴锡只好临时决定右岸的三万余户立即行动。

第二天凌晨，伏尔加河右岸的三万三千多户的土尔扈特人顶着凛冽的寒风，离开了他们寄居将近一个半世纪的异乡，开始了漫长的回归之路。渥巴锡亲自率领一万名土尔扈特战士断后。他带头点燃了自己的木制宫殿；刹那间，无数村落也燃起了熊熊烈火。这种破釜沉舟的悲壮之举，表现了土尔扈特人将一去不返，同沙俄彻底决裂的决心。

消息很快传到了圣彼得堡。女皇叶卡特林娜二世认为，让土尔扈特部从她的鼻尖下走出国境，对沙皇罗曼诺夫家族来说是巨大的耻辱，于是当即决定派出大批哥萨克骑兵，去追赶东去的土尔扈特人。同时采取措施，把留在伏尔加河左岸的一万余户土尔扈特人严格监控起来。

东归途中的土尔扈特人很快穿过了伏尔加河和乌拉尔河之间的草原。走在外侧的一支土尔扈特队伍，被哥萨克骑兵追上了。由于土尔扈特人是赶着牲畜前进的，来不及把散布在广阔原野上的队伍集中起来抵抗，九千名战士和乡亲在和哥萨克骑兵的战斗中壮烈牺牲了。但巨大的牺牲并没有能够阻挡他们前进的脚步，而严寒和瘟疫的袭击是土尔扈特人要面对的另一个敌人。战斗伤亡、疾病困扰、饥饿袭击，使得人口大量减少。对于能否返回祖国，不少人产生了动摇。

面对困境，渥巴锡及时鼓舞士气，说：我们宁死也不能回头！

土尔扈特人东归，清政府却没有得到一点消息。双方无法取得沟通，这使得孤军奋战的土尔扈特部无法得到清政府的任何援助。但英勇的土尔扈特人，在与困难做斗争的过程中一次次抖擞精神，坚定地向着目标前进。

直到乾隆三十六年(1771)三月,定边左副将军车布登札布向朝廷奏报说俄方派人来通报土尔扈特举部东返,清政府才得知这一消息。

万法归一殿

土尔扈特人归来的消息在清朝廷中引起了争论,是把他们挡回去,还是迎接他们的回归,朝臣们的意见并不一致。

最后,乾隆皇帝顶住沙皇的强硬态度和内部纷争,接受了土尔扈特部。

根据清宫档案《满文录副奏折》的记载,离开伏尔加草原的十七万土尔扈特人,经过一路的恶战,加上疾病和饥饿的困扰,“其至伊犁者,仅以半计”。也就是说,约有八九万人牺牲在归途中。

在五月的一个阳光明媚的早晨,土尔扈特人终于到达了祖国西陲边境伊犁河畔。

当时任伊犁将军的伊勒图,派锡伯营总管伊昌阿等官员在伊犁河畔迎接刚刚抵达的渥巴锡、舍楞等人。之后,渥巴锡随伊昌阿到伊犁会见了参赞大臣舒赫德,舒赫德向渥巴锡转达了乾隆的旨意,让渥巴锡等人在秋高气爽时节前往避暑山庄面见乾隆皇帝,并转交了乾隆皇帝颁给渥巴锡、策伯克多尔济、舍楞的敕书。

敕书用满文和一种古老的蒙古文字托忒文写成,敕书内容充分表达了乾隆对土尔扈特人的赞扬与欢迎。不久,渥巴锡等十三人及其随从四十四人,在清朝官员的陪同下,从察哈尔旗来到避暑山庄。乾隆帝下令在普陀宗乘之庙竖起两块巨大的石碑,用满、汉、蒙、藏四种文字铭刻他亲自撰写的《土尔扈特全部归顺记》和《优恤土尔扈特部众记》,用来纪念这一重大历史事件。并专门指派官员勘查水草丰美之地妥善安置归来的土尔扈特部众,将巴音布鲁克、乌苏、科布多等地划给土尔扈特人做牧场,让他们能够安居乐业。

最后确定的游牧地为“渥巴锡所领之地”,也称旧土尔扈特,分东西南北四路,设四个盟,各任命了盟长,舍楞所领之地,称新土尔扈特,舍楞为盟长;还有和硕特恭格部,下设四个旗,恭格为盟长。

土尔扈特部的回归成为乾隆帝在位期间重要的政治事件。

土尔扈特的事迹成为经久不衰、广为传唱的史诗。

雍正帝加强中央集权

雍正帝强化专制统治

康熙朝时期，朝臣因为立储风波，动辄窥测皇帝内心深处的喜怒好恶，分门别户，互相倾轧，结成朋党，把朝政弄得乌烟瘴气。雍正初继位之时，最感棘手的就是诸兄弟与宗室大臣中的结党营私活动。他向朝臣正面阐述了自己对这个问题的看法："朋党最为恶习。明季各立门户，互相陷害，此风至今未息。唯我皇考允执厥中，至仁在宥，各与保全，不曾戮及一人。尔诸大臣内，不无立党营私者，即宗室中，亦或有之。尔等若以向蒙皇考宽大，幸免罪愆，仍蹈前辙，致干国法，昏昧极矣。……此朋党之习，尔诸大臣有则痛改前非，无则永以为戒。尔等当思皇考数十年宽厚之恩，亦当共体朕委曲保全至意，若仍怙恶不悛，朕虽欲勉强仰体皇考圣衷，力为宽宥，岂可得乎？"雍正说这番话的用意，就是要告诉全体大臣，自己对由来已久的朋党深恶痛绝，绝不会像康熙那样姑息、纵容！

为了消除朝臣的疑虑，避免社会舆论对己不利，雍正以攻为守，再次向朝中大臣们阐述自己的看法。他以大臣中结党的例证，说明朝中朋党之盛："朕即位后，于初御门听政日，即面谕诸王文武大臣，谆谆以朋党为戒。今年以来，此风犹未尽除。"同时，他又颁发了一篇御制短文《朋党论》，文中谈古论今、旁征博引，列数朋党的害处，反宋代欧阳修《朋党论》之道："修之所谓道，亦小人之道耳。……朕以为君子无朋，唯小人而有之。……设修在今日为此论，朕必饬之，以正其惑。"这表明雍正对朋党极其厌恶的态度。在此后一年多的时间里，雍正不断下达上谕，斥责允禩及其同党。

八月，诸王大臣上奏章说，承蒙雍正颁发《朋党论》，其中教训深刻，大臣们愿意共表决心，坚决照办。雍正于是把众大臣召进宫中。问道："诸王大臣的奏章，不知真的代表了你们众人的意见，还仅仅是两三个人的意思？如今既然你们说全部同意，我心里十分欣慰。但是，可贵处在于能够实际行动，不要说说空话就罢了！"第二天，雍正再次召集众大臣进宫，告诉他们：皇室的人恶习未改，彼此之间当作仇人一样，这都是由于谗言恶语在传播的结果，致使皇室骨肉之间产生了罅隙。同时，他还列举了允礽、允禔、允禩、允禟、允禵等人的过错，说他们不懂君臣大义，还说到从前众大臣保举允禩为太子是很不对的。之后，又把诸王及皇室成员召进宫来，指出了他们结党的恶习，要求他们每个人都要反躬自问，有则改之无则加勉。同时，还劝说他们作为皇室的成员，务必要和衷共济、齐心协力，要互相鞭策、勉励，给子孙后代做出表率。

从前，工部郎中岳周拖欠钱粮，允禩曾经暗中帮助了他几千两银子，使他能如数地交纳钱粮。雍正知道这件事情后认为他是笼络人心便利用这件事，告诉总理大臣等人："允禩存心狡诈，结党营私，我屡次教训他。希望他改过自新。可是，朝臣们却被他蒙蔽，反而替他抱屈说是我太苛刻了。从大家的表情上我能看得出来。一年以来，大官小吏受他拖累的不在少数，可是却甘心受罪，并无悔意。如此，则他的小团体是没有解散的一天了。他们既怙恶不悛，而大臣们又被他蒙蔽，所以我特意告诫你们。如果众臣洗心革面，痛改前非，那小团体自然会解散，他自然会势单力薄。”不久。雍正又向九卿大臣及工部、上驷院两个衙门的官员们传达：“廉亲王允禩存心扰乱国政，暗中使用银两收买人心。你们工部、上驷院两个衙门众官吏要小心谨慎，不要也中了他的奸计，被他愚弄。所以我再次告诫你们，一定要秉公办事、效力，不要被他引诱，否则我可要从重治罪！”

允禩小像

雍正三年（1725）三月，通令八旗严禁家人结党，否则，交由步军统领惩处。五城官员凡是大臣的家人，如有婚嫁办筵席宴请亲友等事，必须报告家主，然后才能举行。如果有私自结党、结拜兄弟，彼此宴请，借机钻营托情的，立即严加惩治。

雍正的宠臣田文镜当河南巡抚时，曾上奏章参劾部下黄振国、邵言纶、汪诚、关畹等人。直隶总督李绂路过河南时，当面斥责田文镜存心整读书人。这惹恼了田文镜，于是他给雍正上密折，说李绂与黄振国是同榜进士，他们要结党，给那些被自己弹劾的官吏们翻案，并且要报复他。不久，李绂果然在雍正面前替黄振国等人辩白说情，并且接连上奏章替黄振国等人申冤。雍正对田文镜的密折自然有先入为主之见，所以要处分李绂。这时，谢济世又公开弹劾田文镜，列出了他的十大罪状，弹劾理由是他贪污。虽然田文镜执政严苛，但为官却较为清廉，所以说他贪污，雍正是不相信的。同时，谢济世在奏章中还提到黄振国等人是被田文镜冤枉了。雍正看过谢济世的奏章十分不满，他说：“田文镜是有名的能干的大臣，我正在倚重他，你怎么能够听信谣言诬蔑他！”然后不由分说就把奏章扔给谢济世了。谢济世跪在地上不肯站起来。雍正十分生气，立刻命令九卿科道诸臣齐集刑部，审讯谢济世是如何与李绂勾结在一起的，谢济世说：“田文镜的劣行，朝廷内外人人皆知。我谢济世熟读孔孟之书，粗通大义，不忍心眼看奸臣欺骗皇上，所以才冒死给皇上奏章。如果一定要追查我的后台，那就是孔子和孟子！”尚书励杜讷说：“对谢济世应该用刑拷问。”御史陈学海也在场，没想到他忽然站起身走到院子里，脸朝北大声说道：“同谢济世勾结的人是我！”这突然的一幕让参加审讯的大臣们错愕不已，要将此事报告皇上，请求皇上批准连御史陈学海一同审讯。但还没等上报，雍正忽然派人来传达指示，不要审讯谢济世了，将他革职，发配到阿尔泰的部队中当差效力。

此前，李绂担任广西巡抚一职时，一直以清正廉洁著称，很受雍正的器重，因此免不了遭到一些大臣的嫉妒。这时，李绂在直隶当总督，蔡珽在奉天。谢济世弹劾田文镜，雍正认为是李绂与蔡珽指使的，于是将他们逮捕治罪。朝臣们商议以后，决定将这二人立即砍头，他们的妻子，罚进辛者库（浣衣局）做苦工，财产也遭到没收。但雍正下令从宽处理，于是将立即斩首改为暂时监禁定期砍头。有两次处决犯人时，将李、蔡二人绑了起来和死囚一起押到了刑场，但是把他俩的双手扭到后背，大刀搁在脖子上，问他们："此时知道田文镜好吗？"李绂回答说："臣愚昧，至死也不知道田文镜有什么好地方！"结果仍然将他们二人押回监狱。

李绂、蔡珽二人获罪时，朝臣们认为他俩冤枉，但是因为当时田文镜是雍正的心腹和宠臣，没人敢站出来替他俩说话主持公道。他俩受制于田文镜，几乎丢了性命。

雍正还指示，科举出身的官员一定要去掉朋党恶习，为朝廷尽忠效力，秉公办事。只要君臣上下能够一心一德，天下就一定会一天比一天好起来，社会风气就会一天比一天淳朴。因为自己不是科举出身的官员，田文镜每次向雍正递奏书时都会尖锐地痛斥科举出身的官员，说这些人不可信用。但雍正一直重视他的这些话，所以才下达这个命令。

历史小常识：改土归流

为了解决日久相沿的土司割据的积弊，清朝雍正年间在西南一些少数民族地区废除土司制，实行流官制的政治改革，派遣有一定任期的流官进行管理。

结党营私，排斥异己，这是历代官场的通病。在当皇帝之前，雍正本人为了争夺皇位继承权也曾拉帮结伙、大搞阴谋活动，可以说费尽了心机。诸如年羹尧、隆科多都曾经是他的心腹。不仅雍正如此，他的几个哥哥、弟弟也无不如此，甚至有的比他还有过之而无不及。允禩在培养个人势力方面就大大超过了雍正。

经过争夺皇位的斗争，雍正继位后深深明白，朝廷内外的各派小集团成了提高君权的障碍。为了巩固统治，他就需要毫不手软地打击这些小集团。首先，他先大造舆论，亲手写了《朋党论》，从理论上让人们明白派别活动对国家的危害，指出大臣应与君主同心同德，惟君主之命是从，绝对不能拉帮结伙，谋求私利。应该说，雍正这篇《朋党论》写得很深刻，很有说服力，是向政治小集团开刀的信号。

同时，雍正还先后铲除了皇室及臣僚中的几个盘根错节、力大势雄的集团。诸如允禩、年羹尧、隆科多这些足以危及雍正宝座的人，都先后被诛除殆尽。而朝臣中拉帮结伙之人，虽然不足以危及雍正的皇帝宝座，但毕竟不利于雍正独断专行，因此，也随时随地被处置，甚至有的人并没有搞朋党也被当作搞朋党而受刑。

这样一来，群臣人人自危，为了个人的身家性命，无不对雍正俯首帖耳，唯唯诺诺了。雍正铲除政治小集团的结果，大大加强了君主独裁专制，巩固了中央集权。

设立军机处

雍正即位之初，虽然已经将国家的最高权力掌握在手中，但当时只要是军政大事，都必须经过集体讨论，皇帝只是最后宣布执行，并不能随心所欲地自行其是。雍正设置军机处，正是将受到制约的皇权重新推向权力金字塔的顶端。雍正七年(1729)，准噶尔蒙古部落的策旺阿拉布坦发生全面叛乱，雍正对其进行征讨。为了使这场战争能够取得全面的胜利，他采取了许多措施，军机处就是以此为契机设立的政府中枢机构，从此开始全面而直接地管理国家各种事务。

允裸训经图

这一年的六月，雍正发布上谕："两路军机，朕筹算者久矣。其军需一应事宜，交与怡亲王允祥、大学士张廷玉、蒋廷锡密为办理。"军机处全称为"办理军机事处"，当时诸王公大臣并不能了解它的性质，只是从雍正的上谕明白，即交与三人密为办理。由此看来，性格极为谨慎的雍正在筹建或办理某些重大事件前，多采取秘而不宣的策略，只有自己在心中暗自筹划以后才交给个别亲信大臣来办理。

虽然军机处的设立基于平定准噶尔的叛乱，但对雍正来说是本着长远的需要，所以军机处的设立从一开始就不是临时性的，稳固皇权比西北用兵一事更为重要。因为当时雍正虽然已经将自己的诸位兄弟也是他的政敌通过各种手段打倒，但散布于朝廷上下的他们的势力却仍如百足之虫，死而不僵——他们与传统的官僚机构仍有着千丝万缕的内在联系。雍正本人对此当然也非常清楚，但他不可能把整个官僚机构彻底推倒重来，所以只能在决策层面另起炉灶，重新创建一个可以囊括一切机要权柄又能服从他指挥的由亲信人员组成的新机构。军机处正是这样一个机构。

其实军机处算不上是一级行政机构，因为它无定员，全由皇帝根据实际需要随时增减。最初只有怡亲王允祥、大学士张廷玉、蒋廷锡。以后又有增加，最多时也不超过十一人。其次，被选入军机处的官员，都属兼职，并不设专职。雍正从阁臣、六部尚书、侍郎等官员中，选取"熟谙政体者，兼摄其事"的人称他们为"军机大臣"。根据这些人原来在朝中的品级和地位，排定先后次序，以品级高、资历深者为"首席""首揆""揆席"。如果军机处大臣中有的失去原职务，或任职于京外，那么他在军机处的兼职就会被取消。军机处的属员，则由"各部曹、内阁侍读、中书舍人等充任，名曰军机章京"，俗称"小军机"。军机大臣们之间互不统属，全部直接对皇帝负责。

军机大臣地位崇高，却没有六部等官员的实权。他们的职责是"掌书谕旨，综军国之要，以赞上治机务，常日直禁庭以待召见。"即使皇帝巡幸外地，也是如此。这些身处权力核心的军机大臣们工作也是比较辛苦的，按规定每天寅时就要入值，办完公务后由内奏事太监“传旨令散”。每天皇帝的传召没有定时,有时候召见大臣一次,有时候会数次召见,如有紧急要务,雍正偶尔也提前接见他们。特别是张廷玉,雍正召见的次数就更多。因为张廷玉是专门负责为雍正撰写谕旨的。军机处创建之后,他自然成了大忙人。特别是在大西北两路用兵时,张廷玉更是“自朝至暮,间有一二鼓者”,到了深夜仍不能休息。从张廷玉的繁忙情况来看,其他军机大臣之忙碌也就可见一斑了。如此繁忙的公务也得到了一向驭下极严的雍正皇帝的许多格外恩典。例如雍正不时将些应时绫罗绸缎、应时果脯、各方土贡、鹿肉山珍等赐给张廷玉、鄂尔泰等亲近大员,又命每日入值的军机大臣、军机章京随御膳房吃饭;而满汉章京下班后还被允许去“方略馆”聚餐。如果雍正住在圆明园,那么就让这些人在圆明园外值庐用膳,以示恩典。

允祥诗意画像

军机大臣被皇帝召见的程序通常是先“赐坐”,将“未奉御批”的各处奏折进呈,等候皇帝钦批,“承旨”毕,即退出。凡皇帝的“明旨”,均由军机大臣拟写再下发到内阁;凡不宜公开的“密谕”,都经由军机大臣“封交”各部,视事之缓急再传送到各地。此时,军机大臣不过是起个上传下达的作用,他们的职责概括起来就是“承旨”,当面替皇帝起草文件,或记录皇帝的指令,然后向有关部门传达,更像是皇帝的侍从秘书。军机章京则有满人也有汉人,他们负责缮写谕旨、记载档案、查核奏议。满人抄写满文,汉人抄写汉字,也是文墨秘书的性质。所以军机大臣和军机章京虽然身处权力的核心,却没有任何决策权,他们一切听命于皇帝,不能做出任何决定,唯一要做的就是完成皇帝交办的差事。

军机处不属一般的衙署,军机大臣的工作具有高度机密性,并且要时刻同皇帝直接联系,所以他们都留在离皇帝最近的地方,以便随时能够快速地应召入宫。因此,军机处便设在隆宗门内靠近内廷的地方,既要与外廷隔绝,杜绝人来人往泄密,又要离皇帝居处甚近,以方便皇帝随时召见。“军机为枢密重地,非有特许,不许擅入。”如敢私入,或私自会见军机处官员,随时纠劾论处。军机大臣办公的地点,也随着皇帝的行止而定。如果皇帝住在圆明园，军机处就设在园内左如意门内；如果在西苑，军机处设在西苑门内。而一旦皇帝出京远行巡视，军机大臣都会随同前往，在沿途的行宫门内设“直房”。不管在何处“入直”，都属皇帝的禁区，离皇帝甚近。由此可以想见，雍正几乎把军机处看成了自己的一件随身物件，走到哪里带到哪里。也就是说，军机处值班大臣和章京随时跟随皇上行动。所以，没有固定衙署，具有机动性是军机处的一大特点，也只有在京城才有较稳定的办公地点。皇帝召见军机大臣议事，都要求迅速、准确，不得迟误，故责专人秘密行事，发挥高效。因此保持了此事的机密性，以至于实行了二年有余后各省对此仍然一无所知。

军机处的这种特点，使其在创建初期，既没有正式的衙门也没有印信。直到三年之后，也就是在雍正十年（1732）春，才命大学士等议定军机处印信。议定后，经雍正批准，该印交由礼部铸造成形。印信由内奏处保管，印匙则由领班军机大臣随身携带。此外，还打制了镌有“军机处”三字的金牌，由值日章京佩带。每当需要军机处的印信时，就由值日章京凭金牌到内奏处领取，再凭金牌向领班军机大臣索取印匙，并在数人的监督下，才能打开印匣取出印信。印信用完后，金牌要交给值日章京，印匙要重新归还领班军机大臣，印信则要重新归还内奏处。这些规章制度虽然如此烦琐，但这套十分严密的管理模式能够避免出现差错，可见为了达到保密的目的，雍正皇帝煞费了苦心。

鄂尔泰

设立军机处以后，除了保密以外还起到了意想不到的效果。以前奏折呈递时总要经过各个部门的周转，最后才能够送达皇上。其中因扯皮、推诿、拖沓的种种陋习使得办事效率极为低下，保密性也差。但军机处设立以后，以几人的核心力量摆脱了官僚机构的臃肿，雍正的口令可以畅通无阻地到达每一个职能机构，从而把国家大权牢牢地控制在皇帝的手里。

正因为军机处这种和皇帝之间如此亲密的关系，使其渐渐变得地位显赫，手握重权。雍正帝设立军机处是清朝历史上一个十分重要的政治事件，它使得整个政府的决策方式发生了根本的改革。

第一，军机处是皇帝的集权工具。

第二，军机处有高度的机密性。体现为对其印信管理极严。印信贮存初定由军机处自贮，但是为了加强管理防止私用印信，于是改贮他处。印信分程序管理，相互制约，互相监督，无论职位多高、权力多重的大臣，都无法私自动用印信。

第三，雍正对军机处管理非常严密，对军机大臣的要求也极为严格，要求他们时刻同自己保持联系，并留在离皇帝最近的地方，以便随时应召入宫应付突发事件。皇帝走到哪里，军机处就设在哪里。每次议事，雍正只会分批独自会见一名军机大臣，这使得他可以没有拘束和隐瞒地谈自己对朝政和大臣们的一些看法，以便察言观色，去伪存真地选用人才。

"为君难"玺及玺文

但无论从何处来说，军机处在当时都发挥了特殊作用，尤其是在集权方面，在削弱乃至排挤内阁与议政王大臣会议参与国家政务的决策权后，这些大权都收归于军机处；而军机处则牢牢地控制在雍正之手，如"人之使臂，臂之使指"，这就使得一切军政事务都受控于雍正，军机处官员真正成了他的办事人员，唯雍正之命是从。如雍正所说："生杀之权，操之自朕"。君主独裁的政治体制被推向了顶峰。比较明清两代的内阁与军机处，可以明显发现明朝的内阁权属于阁臣，对君权尚有很强的约束力；而清代军机处虽为政府权力的"总汇"，但其权属君主，对君权没有任何约束力，反倒是军机大臣们处于层层制约与皇帝的严格监视之下，每个人都得小心谨慎，殚精竭虑为皇帝办事。

雍正开创的军机处被以后的清朝皇帝继续沿用，可见其早已突破军机即处理军务的界限，而堂而皇之地成为一个政治集权的工具。

削弱擅权宠臣

雍正在位期间，他与年羹尧之间既亲密又复杂的关系一直为后人所关注，直到现在，对于雍正诛杀年羹尧的原因依然没有定论。不过，年羹尧的显赫与悲剧都是雍正朝一个重要的政治事件。

年羹尧，字亮工，号双峰，原籍安徽怀远，后改隶汉军镶黄旗。年羹尧出身官宦之家，父年遐龄官至工部侍郎、湖北巡抚，其兄年希尧也曾经担任工部侍郎。世人皆知年羹尧是一员骁勇善战的武将，其实他自幼读书，颇有才识，并且在康熙三十九年(1700)考中了进士，不久授职翰林院检讨。翰林院号称"玉堂清望之地"，庶吉士和院中各官一向由汉族士子中的佼佼者充任，年羹尧能够跻身其中，也算是非同凡响了。康熙四十八年(1709)，年羹尧迁为内阁学士，不久被调去四川担任巡抚。根据《永宪录》的说法，当时成为封疆大吏的年羹尧还不到三十岁。对于康熙的格外赏识和破格提拔，年羹尧感激涕零，在奏折中表示自己"以一介庸愚，三世受恩"，一定会"竭力图报"。他也确实是这样做的。到任之后，就很快熟悉了四川的情况，并且提出了诸多兴利除弊的措施。而他自己也带头做出表率，拒收节礼，“甘心淡泊，以绝徇庇”。康熙对于这个踏实肯干的年轻官员寄予了厚望，希望他能“始终固守，做一好官”。

平安春信图轴

康熙五十七年(1718)，授年羹尧为四川总督，兼管巡抚事，统领军政和民事。康熙六十年(1721)，又升为川陕总督，成为守卫西陲、手握重兵的要员。同年，青海郭罗克地方发生了叛乱，年羹尧利用当地土司之间的矛盾，迅速平定了叛乱，他的能力深得康熙皇帝的赏识，所以第二年年羹尧又受命和管理抚远大将军印务的延信共同执掌军务。

等到雍正继位，年羹尧更成为新主的左膀右臂。其实，早在雍正当亲王的时候，年羹尧就是雍王的心腹之人，两人关系非比寻常，他们不仅是一般的君臣、主奴关系，而且还是亲戚。年羹尧的妻子是宗室辅国公苏燕之女，他的妹妹则早在康熙四十七年(1708)就被选为雍亲王的侧福晋，雍正元年(1723)又被封为贵妃，年家遂成为皇亲。雍正刚继位时，担心诸王发动政变，就叫年羹尧身穿盔甲时常紧跟在自己身边，在雍正顺利继位的过程中，握有重兵的年羹尧起了不小的作用。

而他受到进一步的信任与擢拔，主要是在于青海战事中充分表现的忠心与才干。策旺阿拉布坦入侵青海的问题，在康熙六十年(1721)时本来已得到初步的解决。但是到了雍正元年(1723)，青海地方又意图脱离清政府的统辖。对任何一个刚刚登上皇位的皇帝来说，遇到边疆叛乱这样的事情都是个棘手的问题。此时的动乱若真闹大，雍正就有违背康熙遗愿之嫌，必然会招致诸弟与宗室中敌对势力的攻击，削弱他尚未巩固的皇权。这时雍正最可依靠的人就是年羹尧，于是下令“年羹尧即往西宁办理军务，其调集弁兵之任，甚属紧要，须给大将军印信，以专执掌。著将延信护理之抚远大将军印，即从彼处送至西宁，交与总督年羹尧”。

在此期间，雍正不断派人前往军中送赏年羹尧各种赐品。从皇帝御用的四团龙貂皮褂、貂帽、蟒袍、东珠，到荷包、钟表、鼻烟壶、鹿尾、奶饼等宫中珍玩佳馔，应有尽有。对于

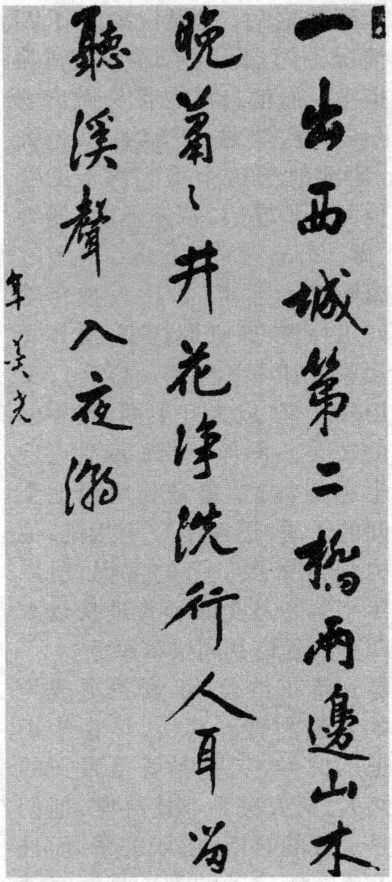
年羹尧诗迹

雍正的如此厚爱和超乎寻常的赏赐，年羹尧最开始既受宠若惊，又有些惶恐不安。他上疏说：“团龙补服，非臣下之所敢用……貂帽蟒袍，又皆圣躬所御。自古章服之荣，无以加兹。”雍正却宽慰他：“只管用，当年圣祖皇帝有例的”；“实尚未酬尔之‘心劳功忠’四字也。我君臣分中，不必言此些小。朕不为出色的皇帝，不能酬赏尔之待朕。尔不为超群大臣，不能答应朕之知遇。……在念做千古榜样人物也”；“有你这样的封疆大臣，自然蒙上苍如此之佑，但朕福薄，不能得尔之十来人也”。这些话让人感到困惑，似乎雍正有讨好年羹尧之嫌。这种过于亲近的君臣关系本身就不正常。

而年羹尧也不负雍正所托，战役仅仅持续了十五天就迅速将罗卜藏丹津的叛乱平定。“年大将军”成了朝野上下响当当的一个名号。喜出望外的雍正晋升年羹尧为一等公，年羹尧不仅威震西北而且还能参与云南的政务，成为雍正在外省主要的心腹大臣。

但是，这种美好的时光仅仅持续了两年，年羹尧就迅速走上了受贬黜直至被处死的道路。雍正二年（1724）年底时，年羹尧还位极人臣，享受着无以复加的荣宠。但到了第二年的四月，便被解除大将军职务；六月，受吏部参劾；十二月，被处以死刑。他从赫赫功臣一跌而为千古罪人，这样急剧的变化，使朝野为之瞠目和震动。

从时间上来看，雍正与年羹尧关系的恶化是非常突然的。雍正二年（1724）秋天，因顺利平定青海叛乱，年羹尧被批准于九月进京谒见。从雍正的上谕来看，当时希望见到年羹尧的心情是十分急切的。他写道：“朕亦甚想见你，亦有些朝事和你商量。大功告成，西边平静，君臣庆会，亦人间大乐事”；又说，“览奏朕实欣悦之至，一路平安到来，君臣庆会，何快如之。十一月欢喜相见。”一般说来，在这种情况下，年羹尧进京后定会得到进一步擢拔。但事实却出乎意料，抵京后，年羹尧非但没有受到皇帝的赏识，反而落了满身的不是，以致返回陕西后他不得不赶紧请罪：“伏念臣禀质薄劣，赋性疏庸，奔走御座之前三十余日，毫无裨于高深，只自增其愆谬。返己扪心，惶汗交集。”

雍正接到年羹尧请罪奏折后，指出：“凡人修身行事，是即是矣，好即好矣。若好上再求好，是上更觅是，不免过犹不及。”很明显，功勋卓著又是雍正左膀右臂的年羹尧，犯了君臣之间最大的忌讳，就是功高盖主。所以，雍正通过这次觐见正是要警告年羹尧务必

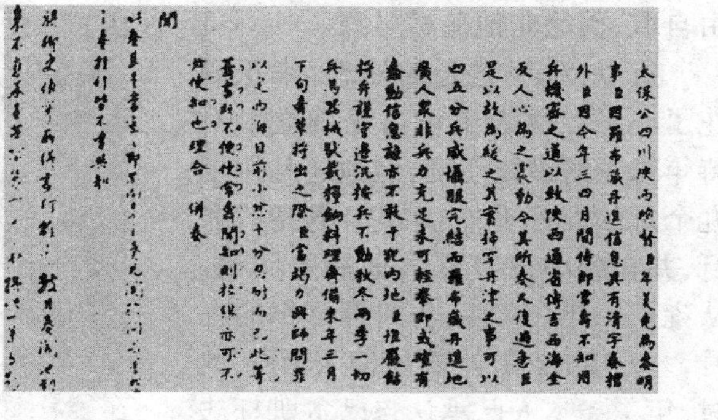

年羹尧办理西海军务奏折

安分守己，不要存非分之想，以免自寻绝路。

雍正被激怒，主要是年羹尧在任抚远大将军期间，权揽得太多。他倚仗自己的权势，平时起居行动竟仿效皇帝：出门用黄土垫道，官员净街，关闭街巷铺面；行辕公馆彩画四爪龙，鼓乐手穿缎蟒袍；而蒙古各部王公与他会面时，也都要施下跪礼，甚至连驸马阿宣、总督李维均、巡抚范时捷也不例外。同时，年羹尧在暗中悄悄地扩大自己的军事与经济实力也让雍正有所不安。他身为川陕总督、抚远大将军，本来就已经手握重兵，但仍要私贮锁子甲、铅子等军需禁品；在经济上，他更是千方百计聚敛财富：敲诈勒索地方官员，私营国家垄断的盐茶，侵吞官税、工俸、脚银，冒销军需等等。通过这些手段，年羹尧只用了短短三年时间搜刮到的钱财就高达数百万两。煊赫的战功和皇帝的荣宠使得年羹尧逐渐得意忘形，据说他觐见至京，“行绝驰道，王大臣郊迎不为礼”。

接着，年羹尧又犯了一个低级错误，为雍正处置他提供了口实。当时天象出现了所谓“日月合璧，五星联珠”的祥瑞之兆，各地大臣纷纷上疏祝贺，年羹尧自然也进了一折，但他却将赞美皇帝的“朝乾夕惕”误写成“夕惕朝乾”。这非但不是赞扬，简直是在讥讽。雍正阅后大怒：“平日非粗心办事之人，直不欲以‘朝乾夕惕’四字归之于朕耳？……夫君子事朕必诚必敬，陈奏本章，纵系他人代笔，而年羹尧岂有不经目之理？观此则年羹尧自恃己功，显露其不敬之意。”虽然年羹尧一再进折请罪，但雍正并不念旧情，解除了他的抚远大将军职务，将其调至浙江任杭州将军。

这一撤一调，对年羹尧不啻为釜底抽薪。年羹尧在西北经营有年，不仅拥有一定的军事实力，而且也拥有相当的经济实力。但失去了以西北为依托的军权和财权，年羹尧即使再有才能，也成了无源之水，无本之木。雍正在年羹尧受命后所进的谢恩折上，写明了他的想法：“朕闻得早有谣言云‘帝出三江口，嘉湖作战场’之语。朕今用你此任，况你亦奏过浙省观象之论。朕想你若自称帝号，乃天定数也，朕亦难挽。若你自身不肯为，由你统朕，此数千里，你断不容三江口令人称帝也。此二语不知你曾闻得否？”这番话将雍正的心迹表达得再明显不过，他担心年羹尧有反叛企图，又确信年羹尧至杭后将无能为力而发。

以年羹尧此前受到的待遇和他本人不可一世的骄横，遭人嫉恨是十分正常的事情。但此前年羹尧的地位和雍正的恩宠使得那些对他不满和嫉妒的人并不敢有所作为。但是当雍正的态度发生转变之后，朝臣们立刻抓住机会，纷纷上疏弹劾年羹尧的种种违法行为。在这种情况下，雍正只要顺水推舟，就可以把年羹尧革职法办。古往今来，帝王杀戮功臣的事情屡见不鲜。但他所处的与允禩等人斗争的环境，以及他极好虚荣的个性，都不允许舆论上把他视为暴君。因此，雍正皇帝先发制人，反复说明年羹尧之获罪是咎由自取，而绝非他鸟尽弓藏。

所以，对年羹尧的处理，雍正颇花了心思。尽管雍正已经确立了对待年羹尧的最终态度，但他还是用了九个月的时间调查揭露年羹尧的罪行，并在朝中反复深入地制造舆论。从雍正二年(1724)底到第二年的九月，才尽革年羹尧的所有职衔。此时，年羹尧本人已承认自己贪赃枉法的罪行，从他党羽的家中也搜出了他窝藏的大量赃物。年羹尧被逮至京师后，议政大臣等为其罗织大罪九十二条，并上疏请将年羹尧正法，诛其父兄子孙。雍正批准了这一奏疏，决定叫年羹尧自杀，将他的儿子年富砍头，年家其余十五岁以上的男子发配到边远气候恶劣的地方充军。因为年羹尧的妻子是皇族，叫她回娘家生活。其他与年羹尧同族的文官武将，也都一律撤职。至于年羹尧不满十五岁的儿孙，等长到十五岁时也要陆续充军，永远不赦免回来。如有人收养、隐藏年羹尧的子孙，以叛逆的同党治罪。年羹尧的父亲太傅一等公年遐龄，当时已经八十多岁，最初也是要被诛杀，由于大学士朱轼极力向雍正说情，说儿子犯罪而杀死老子，这是不合法的，年遐龄才得以免死，而年羹尧的哥哥工部侍郎年希尧被撤职。其他与年羹尧有瓜葛的也不同程度受到惩处。比如有一个叫钱名世的，是江南武进人，康熙四十二年(1703)进士，年羹尧权重之时，他曾经借名为年羹尧赋赠过几首谄媚诗文，把年羹尧比作周代的大将召伯、汉代名将卫青和霍去病。年羹尧平定青海后，他又鼓吹为年立碑，并在一首诗中写道："钟鼎名勒山河誓，番藏宜刊第二碑。"意思是允禵进兵西藏时，康熙皇帝曾为他立了一碑记载他的功绩，现在年羹尧平叛成功也该再立一碑。年羹尧被诛杀后，雍正认为钱名世简直就是文人无耻钻营的表现，根本不配做儒门中人，但杀了他又于理不通。于是想出了一种"以文辞为刑法"的手段——即亲书"名教罪人"四字并制成匾额，悬挂在钱名世大门的上方，以警诫其他文人的谄媚行为。此后，雍正又命令所有进士出身的文官每人作一首诗讽刺钱名世的奴颜媚骨，并由钱名世出钱将这些诗文刊印出来分发各地，以此警戒其他文人。

胤禛朗吟阁行乐图

除了年羹尧以外，雍正在位期间还铲除了另一个位高权重之人，就是他的舅舅，也是一位宠臣，隆科多。

隆科多和年羹尧本来是雍正的左膀右臂，都在雍正继位的过程中起了十分关键的作用。隆科多十分有才干，深受康熙的信任与重用。1722 年冬，康熙在畅春园病重之时，隆科多奉命于御榻前侍疾。康熙驾崩之时，身为步军统领的隆科多是除皇子以外唯一在康熙身边的大臣。寝宫之外，康熙皇帝几乎是在与外界隔绝的情况下突然死去，而又未宣布继承人，所以他成为雍正能够当上皇位的关键人物。隆科多作为步军统领手握三千兵马，提督京城九门，正是他运用手中的权力保证了国葬期间京城的稳定，使当时任何一个对新君不满的人，都无法轻易采取行动。这就大大促进了皇权的稳固。因此，雍正继位以后，就令隆科多承袭了父亲佟国维一等公的爵位。不久，又加封太保衔，晋升为吏部尚书兼步军统领。雍正还公开称其为“舅舅隆科多”。后来，论功行赏时，又封他为一等阿达哈番世职。雍正感叹说：“此人真圣祖皇考之忠臣，朕之功臣，国家良臣，真正当代第一超群拔类之稀有大臣也。”为了紧紧拉住这个地位与作用都极其微妙的人，雍正采取的手段就是不断为其加官晋爵，以示优宠。但结果却是，在将其推向位极人臣的高位之后，又亲手将这个大功臣铲除。

其实，隆科多的倒掉和年羹尧的原因基本上是一样的，一来二人位高权重，居功自傲、结党营私，对于雍正的皇权已经产生了不利的影响；二来是雍正的猜疑，对自己能不能完全笼络住这二人没有把握。所以在处罚年羹尧之时，很快找了借口，一箭双雕。

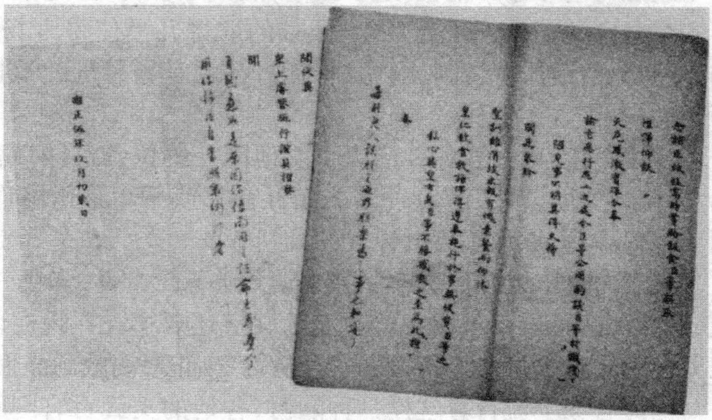

雍正帝朱批奏折

当初年羹尧获罪交刑部处分时，身为吏部尚书的隆科多却没有提出将年羹尧的公爵革去。雍正认为他这是袒护年羹尧，对他深恶痛绝。可是，当时的大臣们没有一个敢攻击隆科多的。这时，田文镜的一个幕僚，猜测到了雍正有处分隆科多的心思，就替田文镜起草，参了隆科多一本，要求弹劾隆科多。这道奏折正中雍正的心意，果然将隆科多处分了。而田文镜从此以后不断得到雍正的重用，他在雍正心目中的地位是当时任何大臣也比不上的。

后来，隆科多又在雍正下令将允禩等人的名字从宗人府保存的皇族家谱上删除的同时，嘱咐辅国公阿布兰私自抄写了一份雍正的家谱私藏在自己的家中，以备将来对照。雍正知道后大怒，将阿布兰的公爵革去并禁闭在家中。隆科多则被调回京城治罪。雍正认为，隆科多在康熙年间就与允禩之党阿灵阿、揆叙有交往，此时又私藏玉牒，显然是有叛逆之心。于是在雍正五年(1727)十月，他授意诸王大臣上疏弹劾隆科多，并且罗列了大罪四十一款，称“应拟斩立决，妻子入辛者库，财产入官”。但可能是顾虑到舆论，所以雍正又声明：“隆科多所犯四十一款重罪，实不容诛。但皇考升遐之日，召朕之诸兄弟及隆科多入见，面降谕旨，以大统付朕。是大臣之内承旨者，惟隆科多一人。今因罪诛戮，虽于国法允当，而朕心则有所不忍。隆科多忍负皇考及朕高厚之恩，肆行不法，朕既误信任于初，又不曾严行禁约于继，今唯有朕身引过而已。”为了掩饰自己的心狠手辣，雍正下令将隆科多免于正法，而在畅春园附近修建一座监所，将其终身监禁。隆科多入监后，就像一年前被监禁的允禩、允禟一样，很快就死掉了。也有说法认为，隆科多如果是帮助雍正阴谋篡位的大臣，雍正惩处他可能是为了灭口。

雍正继位以后，不仅逐步将自己从前的政敌铲除，而且还把旧日的心腹、今日握有大权而对自己统治构成威胁的人一个个从身边清除。在这方面，雍正可称得上心狠手辣。雍正打击异己势力，巩固了自己的地位，强化了君权，为顺利推行政令打下了坚实的基础。与此同时，雍正也株连无辜，暴露了他残酷的一面。

整顿吏治

“康乾盛世”是和贞观之治齐名的中国历史上的鼎盛时期。打造康乾盛世的三朝皇帝中，康熙、乾隆都是多受褒扬，独雍正皇帝毁誉参半。虽然手腕毒辣，但作为历史上以勤勉闻名的皇帝，雍正在位期间做了很多实事。

康熙可谓雄才大略，平定了三藩，统一了台湾，稳定了边陲，为大一统的清王朝打下了一个坚实的基础。但到晚年，国家的歌舞升平使得官场上渐渐滋长了虚诈、迎合、粉饰、浮夸的腐败风气。因此，惩治腐败，整顿官场风气的重担，也就落到了康熙的继承者雍正的肩上。

雍正一生，以务实精神治天下。他刚一继位，就针对腐败衰颓之风进行了坚决的惩治与清肃。他直截了当地告诉文武百官：“朕平生最憎虚诈二字”，且“最恶虚名”，这表明了他对虚伪、欺诈等腐败风气的批判态度。

雍正每天都要批阅大量的奏折，少则一二十件，多则三四十件，为此常常工作到深夜，有时他的批语甚至比奏折本身的文字还要多。在现在留存下来的清宫档案中，有数以万计的雍正批过的奏折，从中可以看到雍正对腐败的痛恨和他务实的作风。

当时官场上流行着这样一种陋习，各地的文武百官刚刚到任时，几乎都是极力地述说当地的吏治民生如何糟糕，等过了几个月，就一定奏报说通过自己雷厉风行地整顿，情况已经如何的好转，以此显示自己的才干和政绩。这类奏报，雍正毫不客气地指出：“只可信一半。”

有一次，负责四川陕西军政要务的川陕总督岳钟琪将几个省区旱灾严重的情况如实上报，雍正夸奖他说：凡地方事情，都如此据实奏报，不加丝毫隐饰才合朕意。朕希望所有内外大臣，办事只讲一个“真”字。

除了浮夸之外，官吏们还通过摊派克扣来压榨百姓。雍正三年（1725），岳钟琪又将两省乱摊乱派的名目进行综合，竟然共有三十多项，他把这一情况如实上报朝廷，并且指出不但四川、陕西有乱摊乱派的现象，其他各省都一样。这一举动不仅得到了雍正的夸赞，还选派了一大批官员调往四川和陕西，让岳钟琪坚决果断地替换掉各府州县的不法贪官。

雍正支持臣下的实干，对于那些只会做表面功夫的人深恶痛绝。所以云南布政使葛森频繁上奏时雍正就批评他说：路途这样远，派专人送来这些没有用的奏折，不知你用心何在？如果想用密折奏报，来讨好皇上、挟制上司、恐吓下属，那实在是要小聪明了。雍正告诉朝臣们：有事，一个月上报几次都无妨；没事，哪怕几年没有折子也不会怪罪。他反复强调："只务实行，不在章奏。"所以他多次告诫群臣说：说一丈不如行一尺。他所关注的是文武大员是否实实在在地干事，而绝不在于奏报是否多，说得是否动听。因此，他对官员进京面见皇帝也一直控制得很严。雍正早就发现，有些地方官，只看皇帝脸色办事，事务大小都要请示皇帝。对这种现象，他一针见血地指出，这些官员实际上是推卸责任，为自己留条后路。比如雍正后期连续六年在西北用兵，讨伐叛乱的准噶尔部首领，当时的军事统帅岳钟琪曾就何时进军如何用兵等问题请示他，雍正严厉批评说：朕在数千里之外，怎知道当地具体情况，这都是你大将军因时因地酌情办理之事，朕怎么可能神机妙算，给你下命令呢？

清朝官员

在强调务实的同时，雍正在对待贪官庸人的问题上毫不手软，而对有才干的人也是十分爱惜和支持。河南大员田文镜铲除贪官，果断坚决，由此得到雍正赏识，成为他的宠臣。他执法苛刻严酷，牵累一些无大过错之人而遭到参劾，雍正还是十分信任他。赞扬他"为国忠诚。"并好言安慰田文镜说："小人流言何妨也，不必气量窄小"。另一个例子就是浙江总督李卫，此人办事严猛，不徇私情，得罪了不少大官。于是有人向雍正告李卫的状。雍正却说，李卫性情粗犷，这是大家都知道的，但他却是"刚正之人"。朕赏识李卫，就是因为他操守廉洁，实心任事。

所以，雍正对于朝中的大小官员是要求极为严格的。他在位不过短短的十三年，由于他治理国家比较严厉，整顿官僚队伍也很严厉，所以在身前身后都留下不少骂名。但是他能广开言路，对于他不懂的地方事务，鼓励官员们各抒己见，畅所欲言。他曾经多次颁发谕旨，要求身边的大臣，看见他的过错要直接指出，"使朕有则改之，无则加勉。"雍正即位的第一年，就命令朝中文武大臣每人写一份奏折，专门给皇帝挑错，并交代说挑的错哪怕是不太合适，朕也不会怪罪，但若是瞻前顾后用一些空话来搪塞，却是万万不可的。雍正曾经派一个叫周英的人到西藏去统领军队，后来发现周英这个人能力不行，办事浮躁，雍正就坦率地对身边大臣说：派周英到西藏，属于用人不当，这是我用人上的错误。雍正的难能可贵之处，不仅在于他相信自己可能犯错误，尤其在于一旦发现有错，他能够公开承认并立即加以改正。他这种做事风格脚踏实地，对自己不很了解难以决断的事情，往往坦率地承认，不轻易下结论。一次，雍正收到一件如何料理台湾事务的奏折，他看后认为："其中多有可取之处"。但他并没有立即下令推行，而是十分慎重地批示：朕不知地方情形，不敢轻易颁旨。雍正把这件奏折转给福建总督满保，让他与提督、总兵等经办台湾事务的官员共同商讨，选择其中可行的去办。

在治理国家方面，雍正确实是一个具有实干精神的君主。正是他这种求真务实的精神，才在一定程度上革除了康熙后期遗留下的虚诈不实的官场弊端，为乾隆初期的发展奠定了良好的基础。

农业改革，摊丁入亩

减免赋税

满族早期是奴隶社会，把抓来或买来的汉人和朝鲜人做奴隶。其中辽阳一带的女真族还能从事农业生产，但松花江流域和黑龙江中下游地区的女真族就是以狩猎为生。到了努尔哈赤时期，社会生产力获得了一些进步和发展。这一方面是因为随着掳掠而来的汉人和朝鲜人的增加，他们带来了比较先进的生产技术；另一方面，满族人通过与明朝的贸易获得了犁、铲、耕牛、种子等生产资料。于是原来生产比较先进的建州女真从万历二十七年(1599)开始开采金银矿、炼铁，逐步向封建过渡。万历四十二年(1614)八旗制度创立以后，封建徭役在女真萌芽：规定每一牛录出丁十人，牛四头，耕作收获上缴后金政府。到了天启元年(1621)满族进入辽沈地区后，实行"计丁授田"，将明朝丢弃的大片田地分给汉人和满人耕种，然后向政府交税。这对汉族封建地主经济而言是一种倒退，使农民沦为半自由的农奴。但对满族奴隶社会而言，却是封建生产关系的萌芽。明天启五年(1625)，努尔哈赤实行庄田制，以十三丁七牛，田一百垧为一庄，其中八十垧自食，二十垧收获归庄主，则又倒退到农奴制上。

皇太极即位后，曾经五次入侵关内，大量掠夺人口和牲畜，加强了生产力，对生产关系也进行了调整。他缩小庄的规模，原来的一庄十三丁改为八丁，其余五丁编为民户。此外，将余地归公，分给民户耕种，不再建庄田。同时实行满汉分屯别居的政策，以缓和民族矛盾，这为汉民恢复先进的封建生产方式有了条件。皇太极颁布《离主条例》，即如果奴隶主违规(随意杀人，奸污管辖的妇女，隐藏战利品等)，允许奴隶出户，转为农奴。在对生产关系进行调整的同时，皇太极十分注意发展农业生产，他要求屯地的官员懂种植之法，特别注意克服滥役民夫延误农时的问题。

经过十余年的努力，女真社会的生产力迅速提高，农业、手工业生产都有很大进步。棉布、粮食，过去缺少，现在已经自给。但是清军入关以后，朝廷在顺治元年(1644)宣布免除辽饷、剿饷、练饷三饷加派，却并未切实执行，这使得农民负担非但没有减轻，徭役反而加重了。圈地、剃发、逃人法、投充法和屠城五大弊政的实施和"迁海令"的颁布，火上浇油，激化了民族矛盾，迫使农民流离失所。因此顺治初年的时候，根本谈不上什么经济的发展和恢复，收不上田赋，经济相当残破。到了顺治八年（1651）的时候，国库存银仅有二十万两，十年（1653），财政状况进一步恶化，多数行省交纳的钱粮都达不到规定数额，一年少四百余万石。

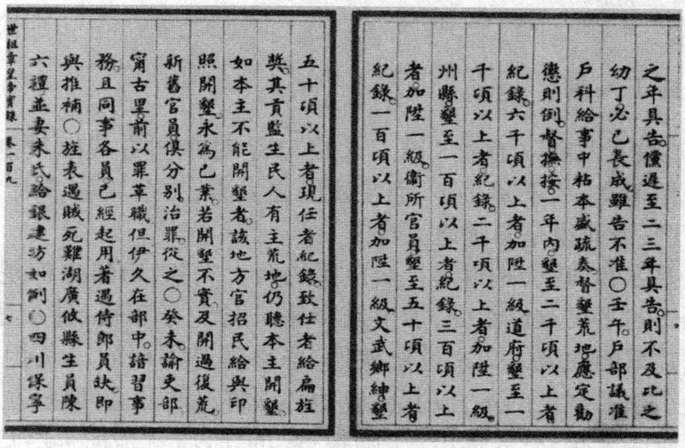
之年具告償逋至二三年具告則不及比之
幼丁必已長成雖告不准○壬午戶部議准
戶科給事中粘本盛疏奏督墾荒地應定勸
懲則例督撫按一年內墾至二千頃以上者
紀錄六千頃以上者加陞一級道府墾至一
千頃以上者紀錄二千頃以上者加陞一級
州縣墾至一百頃以上者紀錄三百頃以上
者加陞一級衛所官員墾至五十頃以上者
紀錄一百頃以上者加陞一級文武鄉紳墾
五十頃以上者現任者紀錄致仕者給扁旌
奬其貢監生民人有主荒地仍聽本主開墾
如本主不能開墾者該地方官招民給與印
照開墾永為己業若開墾不實及開過復荒
新舊官員俱分別治罪從之○癸未諭吏部
甯古墨前以罪革職但伊久在部中諳習事
務且同事各員已經起用著遇侍郎員缺即
與推補○旌表遇賊死難湖廣攸縣生員陳
六禮並妻朱氏給銀建坊如例○四川保寧
世祖章皇帝實錄 卷一百九

《清世祖章皇帝实录·督垦荒地劝惩则例》

面对凋敝不振的经济，顺治亲政后采取了一系列措施恢复生产：第一，轻徭薄赋。由于逃亡人多，土地荒芜，顺治通过减少税额以减轻人民的负担。譬如顺治八年（1651），免山西荒地十五万顷额粮，十七年（1660）免湖广荆门、沔阳等县，衡州等卫十六年份额赋。八年、十四年（1657）、十七年又一再下诏免除三饷。第二，鼓励垦荒。顺治帝一再下令，允许流亡者开垦无主荒田，开垦的土地给以印信执照，永远成为开垦者的产业。地主、乡绅招民垦荒予以奖励。农民垦荒则可以免赋三至六年。在政府的号召和鼓励下，垦荒取得了很大成绩，顺治十八年（1661）全国土田比顺治八年（1651）增加了二百三十五万多顷。在当时军费浩繁的情况下，顺治九年（1653）的财政收支还有盈余。此外，顺治还花费了十年功夫，编纂成《赋役全书》。因为由于战乱，清入关以后明代户口、土地册籍早已荡然无存，这使得清初征赋毫无根据。《赋役全书》的编成，为田赋整顿提供了依据。

到了康、乾时期，又采取了一系列重大有效的振兴经济的措施，使得农业、手工业和商业等方面的封建经济取得巨大成绩，出现了盛世局面。这个时期，康熙、雍正、乾隆三帝解决了一系列阻碍农业发展的大问题。首先就是如何解决人口增长而土地不足的问题。康熙帝下令把明代藩王土地卖给农民或无偿分给原来的佃户。从他开始，又采取奖励政策和延长起课年限的措施，从而使得耕地面积逐步扩大。顺治十八年（1661）时耕地面积五百四十余万顷，到了康熙二十四年（1685），已经增至六百八十余万顷。到乾隆三十一年（1766），又扩大到七百多万顷。第二是解决黄河频繁决口的问题。黄河下游经常决口，水患严重，而

历史小常识：更名地

清初，政府将明代宗室藩王所遗田产改归原耕种佃农所有的土地称为更名地。明代藩封之产散布于直隶、山东、山西、河南、湖北、湖南、陕西、甘肃等省的总数达到二十万顷。从顺治元年（1644）开始，几次下诏将这些土地收归国家所有。康熙七年（1668），朝廷为了加速垦荒、增加赋税收入，下诏将废藩田房变价，照民地征粮。次年，将土地无偿给予原种之人，令其耕种，照常征粮。这些改入民户的田地，称为更名地。

且严重影响了漕运。康熙在位期间派靳辅治河，取得了成效。到了雍正和乾隆，二人又下大力气治理海塘，使江浙地区免受海潮的袭击。第三，就是解决赋役问题。在意识到明朝的一条鞭法的役赋制度不公平后，康熙于五十一年(1712)实行“滋生人丁永不加赋”的政策，雍正朝进一步实行“摊丁入亩”，役赋比较公平合理，减轻了无地和少地的农民负担。

摊丁入亩

“摊丁入亩”(也称“摊丁入粮”)是对中国古代赋役制度的一次重大改革。雍正认为：“摊丁之议，不是小事，而是富国之大事，关系甚重。”因为赋税在历朝历代都是一个重大问题，因而说是富国之大事。

差徭和田赋，是封建社会臣民的两大义务，历年来都是分别征收。由于徭役很重，致使无田的平民难以承受，加上历年来绅衿免于丁役，造成了差徭不均的局面。这迫使平民百姓只能隐匿人口来逃避差役，恶果就是不仅农民负担沉重，而且政府的征徭也没有保障。差徭制度的不合理，已成为必须解决的社会问题，改革役法也是势在必行。

康熙末年，有人提出“丁随粮行”的建议，就是把丁银归入田粮中一起征收，完全按田地的面积来收取，而不再按人口来缴纳。但终康熙之世，改变役法与维持旧法的争论一直没有定论。雍正即位后，面对这个棘手却又必须解决的问题也表现得极为慎重。

最早上疏触及这个问题的是山东巡抚黄炳。他提出丁银分征造成地方上隐匿人口、贫民逃亡的严重现象，因此主张丁银摊入地亩征收，有地则纳丁银，无地不纳丁银，贫富均平才是善政。但是，雍正并没有接受他的提议，反而指责他说：“摊丁之议，关系甚重。”于是又把问题交给朝臣们讨论，依然是反对与支持的声音互不相让。反对派的意见主要是：丁归田粮以后，必然造成对人口的管束放松，使得对游民的管理更难了；而且丁归田粮实行久了，人民就会以为只有粮赋没有丁银了，为以后官僚们再加税提供了借口，最终使老百姓受苦。

五彩耕织图纹棒槌瓶

一个月后，直隶巡抚李维钧又以有利于贫民为理由，奏请摊丁入粮。李维钧比黄炳的聪明之处在于他深知有钱人家肯定不乐意，会出来阻挠。而政府机构户部又只知按常规办事，公文律行不知到猴年马月，也不会同意。因此，他奏请雍正朝纲独断，批准他在辖区实行。

雍正把李维钧的奏章交给户部及九卿詹事科道一起讨论，并明确要求要谋划最好的办法来达到最佳的效果。雍正定下的指导原则就是，新的役法既要对国家收入没有影响，又能对贫民有益，两头都要讨好。雍正最后批准了李维钧丁银按地亩等级摊入的改革设想，并对李维钧的详细规划深感满意，鼓励他大胆地去改革。之后，山东、云南、浙江、河南等省也步改革之后尘，丁归田粮得以在全国全面展开。浙江在全面实施摊丁入粮的时候，因为对田多的富人的利益损害较大，而贫民又期望能早日实行，两种势力曾经斗争异常激烈。

摊丁入粮实行以后，由于纳粮人完成丁银的能力大大高于无地的农民，所以政府征收丁银也有了保障。由此，国库也就有了保障。而由于不再按照人头来收税，农民也不再像以往那样为了逃税而隐匿人口，四处逃亡了，社会处于平稳状态，这为生产力的发展创造了良好的环境。

兴修农田水利

清朝前期的一百多年里，耕地面积增加了百分之四十以上，人口迅速地增长到三亿六千万。清政府提倡各省因地制宜，采用多种种植方法，使粮食产量提高，农民能够安居乐业。康熙在位六十年间，清政府奖励垦荒屯田，重视兴修水利，多次减免租税，经济逐步得到恢复和发展。雍正继承父业，继续在这方面做出了不少成就，社会经济水平得到大幅度提高。其中高产作物甘薯的种植，由福建、浙江等省推广到了长江流域和黄河流域。经济作物桑、茶、棉花、甘蔗、烟草，种植面积也较以前扩大，并且在商品交换方面得到发展。康熙帝曾将双季稻的栽培推广到江北部分地区。乾隆时期，清政府提倡改革耕作方法，大力推广多熟种植。比如广东部分地区收获早稻以后，又插晚稻；收获晚稻以后，再种油菜或甘薯，达到了一年三熟。而江西土薄，早稻收获以后不能续种晚稻，就种荞麦，一年两熟。由于南方多熟种植的推广，每年增产的粮食达到六十多亿公斤。经济作物也得到了大力推广。乾隆年间，原来不种棉花的河北一些地区，栽培棉花的占十之

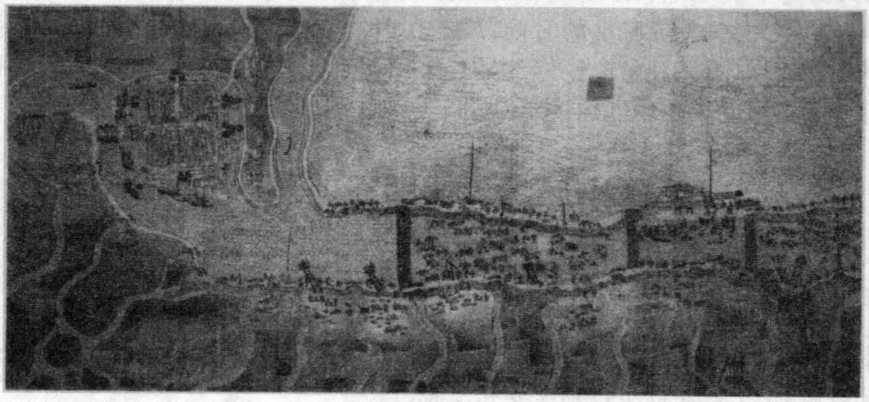

治淮图

八九。清朝前期，甘蔗种植遍及东南沿海各省。广东一些地方种植的甘蔗，往往上千顷连成一片，远远望去像芦苇一样。美洲植物玉米、番薯、马铃薯也得到了大力推广，农产品数量和种类的增加使人口激增。

但是，当时生活在黄河中下游地区的人民却时常受到黄河决溃泛滥的影响。1706年，康熙下令治理黄河。康熙亲政后，曾经将三藩及河务、漕运三件大事，书写在宫中柱子上。他决心治理黄河后，任用治河名臣靳辅和陈潢。靳辅的治河方略是：统审全局，河

运并治，浚河筑堤，束水攻沙，多开引河，量入为出。他重点治理黄河、淮河、运河交汇的清口。陈潢是靳辅治河的监理。他们督率民工，日夜辛勤，治河大成。但是，靳辅受到诸臣合讦交攻，发生了意见分歧。当时靳辅与直隶巡抚于成龙在治河方略上争论的焦点主要在于：一个是治河水退后出现的田地，是实行屯田还是由豪绅垦占？二是为了使河水通畅顺流入海，是开浚海口还是修筑大堤？康熙不妄加论断，于是命双方在乾清门进行御前辩论。辩论没有结果，康熙又命乡里临河的在京官员，书写己见，上报朝廷，最后采纳了于成龙的方案，将靳辅罢官，陈潢被削职、逮京后病死。但是后来实践验证靳辅的治河方略才是正确的。这也得益于康熙的才略和决断。他亲自南巡阅河后，肯定了靳辅治河功绩，复还他的原来品级。悉心治河数十年后，康熙命河道总督张鹏翮将治河谕旨编纂成书，雕刻颁行，永久遵守。康熙说："前代治河之书，无不翻阅，泛论虽易，实行则难。河水没有定性，治河不可一法。今日治河之言，欲令后人遵行，断不可行。"可以说康熙的科学态度对于当时水利的兴衰具有很大的决定作用。

另一件关系国计民生的水利工程就是江南海塘的修建。乾隆皇帝下江南的故事一直为后人津津乐道。事实上，乾隆南巡不光是享乐，还有一个重要的原因就是查看河工和江南海塘的工程。乾隆在《南巡记》中曾说："南巡之事，莫大于河工。"因此，每次南巡他都要亲自巡视河工。六次南巡，他五次视察黄河水利工程，四次视察浙江海塘工程。其中，尤以钱塘江海塘工程建树最大。钱塘江连接东海，江水顺流而下，海潮逆流而上，相互冲击，其势汹涌澎湃。这一地区与杭嘉湖平原和江苏的苏松常地区相连，一旦海塘不固，泛滥之祸将波及整个江南。乾隆之前，康熙、雍正两朝已经开始大规模地修筑海塘。雍正十三年（1735），猝遇大风暴，海塘溃决殆尽。乾隆即位后，开始着手重修海塘。经过数十年的努力，到乾隆晚期的时候，终于在浙江境内建成自金山到杭县长达二百四十八里的鱼鳞石塘，钱塘江南岸也修建了自宝山至金山长达二百四十二里的块石篓塘，海塘的修建是富庶的吴越地区的重要保证。此举受到后世的高度评价。

资本主义的萌芽

手工业的发展

明末清初，因长期战乱，手工业生产也遭到严重破坏。大约经过五六十年的光景，到康熙中期以后，手工业才逐步得到恢复和发展。

丝织业在清代手工业中占有重要地位。当时江宁、苏州、杭州、佛山、广州等地的丝织业都很发达，尤其是民间丝织业发展非常快。例如在江宁，乾、嘉时期织机数达到三万余张，而且比过去有许多改进，"织缎之机，名目百余"，所产丝织品畅销全国。即使在偏远的贵州，丝织业也得到很大发展。到了道光朝，贵州遵义绸"竟与吴绫、蜀锦争价于中州"，招致了秦、晋、闽、粤各省客商竞来购买贩运。

棉织业在江南一些地区也日益发达，这主要得益于棉纺织工具的显著改进。例如，上海的纺纱脚车，可"一手三纱，以足运轮（名脚车），人劳而工敏"。织布机也有一些改进和革新。当时的棉布生产，无论数量或质量都比以前有很大提高。上海的“梭布，衣被天下，良贾多以此起家”。苏州的“益美字号”，因大家誉其“布美，用者竞市”，“一年消布，约以百万匹”，结果“十年富甲诸商，而布更遍行天下”，“二百年间，滇南漠北，无地不以益美为美也”。苏布“名称四方”，可见信誉之广。无锡也盛产棉布，乾隆时，“坐贾收之，捆载而贸于淮、扬、高、宝等处，一岁所交易，不下数十百万”，有“布码头”之称。

彩织极乐世界图轴

制瓷业里，江西景德镇仍然是全国最大的中心。到乾、嘉时期，仅民窑“二三百区，终岁烟火相望，工匠人夫不下数十余万”，更不用提官窑。除景德镇外，其他各地的制瓷业也都发展起来。据统计，乾隆时全国著名陶瓷品产地共有四十余处，遍布各地。如直隶武清、山东临清、江苏宜兴、福建德化、广东潮州等地的窑场，都有很大的规模，所产瓷器色彩鲜艳，精美异常。

制糖业在台湾、福建、广东、四川等地都很发达。康熙至乾嘉之际，台湾的和蔗制糖极盛，每年生产的蔗糖有“六十余万篓”，“篓一百七八十斤”，内销至京津及江浙各省，外运南及吕宋，东至日本等国。广东的蔗糖也贩运四方。此外，浙江、江西、江苏等省的甘蔗种植和制糖行业，也日益发展起来。

矿冶业在清代也有进一步的发展。云南的铜矿，贵州的铅矿，广东、山西、河南、山东的铁矿，开采规模都比较大。比如云南的铜矿，至乾、嘉极盛时，全省开办的铜厂达到三百多处。其中有官督商办的大厂，也有私营的小厂。“从前大厂（砂丁）率七八万人，小厂亦万余人，合计通省厂丁，无虑数百十万，皆各省穷民来厂谋食”。乾隆五年（1740）至嘉庆十六年（1811）间，云南铜矿的最高年产量达到一千四百六十七万余斤。而乾隆时贵州的铅矿年产黑铅也达到一千四百多万斤。

新城市兴起

城市是商品市场的中心。从这个角度看，城市的发展变化在一定程度上反映工商业的发展情况。清代城市的发展有两个方面，一是旧城市获得发展，二是新城市的兴起。

旧有城市由于历史、地理条件的变化，有的得到比较迅速的发展。比如上海，在清代以前，其商业地位远不及苏州。但是进入清代，特别是解除海禁以后，上海商业发展的速度大大超过苏州。当时上海是南北沿海贸易的枢纽，聚集于上海的船只，经常有三千五六百艘。豆、米、南货等等，都以上海为枢纽。由于款项进出之浩大，金融调度之频繁，上海钱庄在18世纪初开始出现，到18世纪末，已经多达百家以上。再比如南京，自明朝迁都北京以后，工商业也随之衰落，原来著名的坊市如织锦坊、颜料坊、毡匠坊等，到明代末年“皆空名，无复有居肆与贸易”。但是进入清代以后，随着社会经济的繁荣，南京工商各业逐步恢复并获得发展。到了18世纪中叶，单是丝织一项，就有织缎和与其相关行业如丝行、纸房、机店、梭店、蔻店、范子行、挑花行、拽花行等兴起。天津，在明代迁都北京以后，由于漕运，逐渐成为北方的一个重要城市。但是，作为漕运要道，一直到清代初年，它的地位，还赶不上接近通州的河西务。但到了18世纪末，天津已成为一个拥有七十万人口的城市。“河面挤满了各种船只”，沿河两岸伸展一眼望不尽的市镇、工场和堆栈。百余年间，有了显著的发展。汉口，在清代是淮盐的销售中心，它位居川、湘粮食运销江浙的要冲，同时又是木材、花布、药材的集散地。时人形容汉口是“帆樯满江，商贾毕集”，“人烟数十里，贾户数千家”，商业贸易非常繁荣。清朝对外贸易唯一口岸的广州，在18世纪初，城内有居民九十万，郊区有居民三十万。

历史小常识：百草水

清代城市扬州市民生活发达，沐浴尤其闻名，《扬州画舫录》谈到扬州的浴室与民风民俗时，还有一段记述：“男子迎亲前一夕入浴，动费数十金，除夕浴谓之‘洗邋遢’，端午谓之‘百草水’。”春节前夕，无论贫富之家，定要洗澡过年，浴室为此延长至深夜。端午节是热天，澡堂往往将一些中草药煎好后放入池内，待客前来沐浴。这“百草水”洗后，预示你一年健康、长寿，诸事如意的良好祝愿。

新兴城市和市镇的兴起，又可以分为内地和边区两个方面。

在内地，不少小的聚落发展成为大的市镇。江苏吴江的盛泽，明初时居民仅仅五六十家，是个再普通不过的小村落。清初。也还只是一个“日中为市”的小市集。但是到了乾隆年间，由于丝织业的发展，吴江所产吴绫都聚集到盛泽，于是“富商大贾数千里，辇万金来买者，摩肩连袂”，繁华程度丝毫不亚于城市。在运河线上，一些闸口也成了繁荣的集市。19世纪初期，张秋闸“夹河为城，西半城乃商贾所聚，土产毡货为天下甲”。安山闸“临河多楼”，是一个“粮食码头”。靳家口闸“夹岸皆有市，各长二三里”。袁家口闸，“居民三千户，通商贾百货”。从张秋闸到袁家口闸，不过八十五里，其间连续出现这样大的城镇集市，这是不见于以前的记载的。

边远地区城市的兴起，在加强民族贸易方面发挥了很大的作用。比如新疆的莎车，常有内地客商贩货其地。有些城市，不但发展了商业，而且还发展了工业。如归化城，在18世纪初期，不但“商贾农工趋赴贸易”，而且还在那里造做油、酒、烟等。

城市的发展，标志着商品的繁荣。通都大邑之间的商品流通，前面提到的上海、天津、汉口、广州等地的情况，已经足以说明。值得注意的是，清代商品经济的活跃还表现在一些偏僻地区。比如贵州遵义出产的土布，“西走蜀之重庆、泸、叙，南走威宁、平远，极于金川。”它所出产的茧绸，远销秦、晋、闽、粤和中州地区。陕西终南山区所产木材，“远及晋、豫”，而所产纸张，“驼负秦、陇”。景德镇的瓷器，是“器成天下走”。就连地位远不如景德镇的广东石湾所产的陶器，也行销天下。虽说“佛山之冶遍天下”，但地位远不如佛山的山东章丘，所产的铁器都可以“散行奉天、直隶、山西、河南、江南数省”。当然，石湾与章丘虽然不及景德镇和佛山，但从全国范围来说，仍然是比较知名的手工业城镇。至于那些更不知名的地方，它们的产品拥有相应的销售市场，也是完全可以肯定的。

嘉道中落

大清帝国在空前的繁荣盛世下潜伏着巨大的危机——奢侈、骄怠、贪污、腐败等等,在盛世的表面之下迅速滋生,日益腐蚀破坏着国家和社会的肌体。当朝廷上下对乾隆的文治武功洋洋自得、沉湎于自我感觉良好的“天朝大国”时,清王朝却从盛世的顶峰迅速滑落,很快从“康乾盛世”跌到“嘉道中落”。

乾隆六次巡游

乾隆皇帝在位之时,最有名的一件事就是六下江南。在乾隆之前,康熙帝就曾经六次南巡,对祖父推崇备至的乾隆把自己的六次南巡说成是效法康熙而为之,并作为生平一大事,他在回顾自己的政绩时说,“予临御五十年,凡举两大事,一曰西师,一曰南巡。”在乾隆自己看来,南巡是和西征准噶尔、大小和卓木同等重要的功绩。

乾隆十四年(1749),江南的地方官为了迎合乾隆,上奏请求皇帝南巡浙江,这正合乾隆的心思,于是在当年的十月初五,乾隆宣布两年后举行南巡。

历史小常识:《南巡盛典》

一百二十卷,清高晋等纂,记载了乾隆帝十六年(1751)、二十二年(1757)、二十七年(1762)、三十年(1765)历次南巡的情况,包括恩纶、天章、蠲除、河防、海塘、祀典、褒赏、籲俊、阅武、程途、名胜和奏请等十二部分,是一部享誉中外的典礼文献。其中河防、阅武、名胜三部分各附图版。尤其是书中的“名胜”部分,从河北卢沟桥起到浙江绍兴兰亭,附有著名画家上官周绘制的插图一百六十幅,可谓洋洋大观。关山、寺镇披图细览,一一可指。刻画婉丽繁复而不失明净挺拔,是清代殿版画中的上乘之作。该书不仅具有较高的艺术价值,且对研究清代江南政治、经济、文化也具有较高的史料价值。

当年,康熙南巡主要是为了视察水利,乾隆也说,“南巡之事,莫大于河工”。在南巡中,乾隆曾多次视察黄河治理工程及浙江的海塘工程。当时,解决黄河水患的关键工程在江苏的清口和洪泽湖的高家堰,所以乾隆每次南巡,都要到这两个地方来看一看。

第一次南巡,乾隆来到洪泽湖视察水利工程,他了解到高家堰与蒋家坝之间的黄河大堤只有三座大坝,每年到了夏秋两季,洪泽湖的水位一上涨,由于排泄不畅,很容易发生水灾。在河道总督高斌的建议下,又增修了两座大坝,乾隆接受了这个意见。这样,高家堰就共有五座水坝,分别被命名为“仁”“义”“智”“礼”“信”。每当洪泽湖水位上涨时,根据水势情况,五座大坝就可以及时调节水量和流速,对于保证大堤和下游的安全起到了非常重要的作用。第三次南巡时,乾隆又制定了清口水志,规定:上坝的水位上涨一尺,下坝的闸门可以开到十丈。这一规定确保了在相当长的一个时期内,下游的各州县避免了水患灾害。徐州附近的黄河大堤也是乾隆巡察的重点之一。他多次巡查这里,并下令先后修筑了防洪石堤大坝累计七十多里。

除了黄河河工,乾隆关心的另一项水利工程就是江浙地区的海塘。浙江的海宁州和仁和县,是江海的交汇处,每天都要发生两次大的潮汐。如果海堤被冲垮,江浙很多地区就会被淹没成汪洋一片。从汉朝开始一直到清代,江浙地区沿海人民就不断修建海塘保护自己的生产生活。

到了乾隆二十五年(1760),浙江又一次水情告急,而在海塘施工中又出现了石塘、柴塘之争,如同当年靳辅和于成龙对于治理黄河意见不一样,石塘与柴塘意见不统一。

乾隆第三次南巡到达海宁的第二天,就亲临现场,并且亲自试验打桩。他看到如果修建石塘,必须从旧塘坝向内迁移数十丈才能打桩,这样原来海塘以内的许多田地和庄稼势必会被毁掉。看到这种情况,乾隆说修建海塘本来想保护民众,现在反而先害了他们。于是乾隆决定先修筑柴塘,并要求每年用竹篓装上石头加固。

弘历哨鹿图轴

到了第五次南巡时,乾隆再次亲临现场,发现柴塘虽然不必内迁,但却是不太稳固,堤坝的泥土被湍急的水流不断冲走,装石头的竹篓都露了出来。于是决定在可以修建石塘的地方,都改建鱼鳞石塘。

乾隆四十九年(1784),最后一次南巡。视察之后下令继续修筑范公塘石坝。海塘工程建成,有力地保护了江南水乡的繁华昌盛。海塘工程确实是乾隆一项不可磨灭的功绩。

除了视察水利外,乾隆南巡的另一个重要目的是笼络人心。凡是他经过的地方,都被不同程度地减免了赋税。对于接驾及办差的官员也大加赏赐,加官晋爵;一些原来受过处分的官员还得以官复原职。特别是那些前来接驾的老臣,他问寒问暖,赏赐人参、貂皮等物品,还赏赐其子孙功名。另外,还多次在各地的孔庙行礼,对前来拜见的文人士子,亲自命题考试。他出的不少考题,摆脱了科举考试的八股陋习而注重实际应用。如浙江省大修海塘,他就以《海塘得失策》为题。对于取得一等成绩的考生,立即授予官职,这样就选拔了许多实用的人才。由于江南一带人才荟萃,读书应试的人很多,乾隆下令给江苏、安徽、浙江三省官办学府增加科举的名额。《四库全书》告成后,他又让人抄录了三份,藏于扬州的文汇阁、镇江的文宗阁、杭州的文澜阁,并命令地方官吏允许学子们拿出来抄录传看。这些举措对江浙一带的文化事业起到了推动作用。应该说,在笼络南方的士人方面,乾隆达到了自己的目的。

阅兵也是乾隆南巡中重要的活动之一。满族历来重骑射,崇尚勇武,从康熙到乾隆也都是文武双全之人。所以乾隆历次南巡都会在杭州、南京等地举行盛大的阅兵式。他的本意是通过阅兵来训练士兵，扭转当时已经腐败的风气，并显示天朝的力量。但没想到，阅兵反而闹了许多笑话。乾隆最后一次南巡阅兵是在杭州，随行的嘉庆皇帝后来回忆那次阅兵时的情形说：射箭箭虚发，骑马人坠地。一时传为笑谈。

弘历行乐图卷

乾隆南巡当然还有一个重要目的就是饱览山川美景。所以他六次南巡每次都带画师随行，将喜爱的江南景色摹绘成图，并且在圆明园和承德避暑山庄仿建。南京的瞻园、海宁的安澜园、杭州的小有天园和苏州的狮子林，都在圆明园中一一重现。杭州的雷锋夕照、三潭印月、平湖秋月等西湖十景，更是实景仿制。

乾隆特别喜爱苏州狮子林，除了圆明园以外在避暑山庄也仿建了一座。搬进避暑山庄的，还有镇江的金山寺、嘉兴的烟雨楼和仿宁波天一阁而建的文津阁等多处江南名胜。

从乾隆游玩的这些地方可以看出他南巡的铺张与奢华。当年康熙南巡之时还是比较简朴的，他第一次南巡时途中经过丹阳、常州、无锡，一路都没有停留，昼夜行船三百六十余里。住宿也是以地方官员官邸为主，只在扬州、杭州等地，建造了少量行宫。而到了乾隆之时，从北京到杭州的沿途建造了大小三十个行宫。他南巡的御舟被称为安福舻、翔凤艇，共有五艘，制作工艺都极尽精美。整个南巡船队共约有一千多只船。一路上吃的、用的，就连喝的水，都由沿途各地事先做好准备，可以说给当地财政带来极大负担。尽管乾隆本人三令五申严禁铺张，但地方官员为取得他的欢心，无不绞尽脑汁想方设法投其所好。这六次南巡，排场一次比一次大，耗费一次比一次多，甚至造成国库的枯竭，给百姓带来深重的灾难。

其实，六次南巡的奢靡也曾遭到不少官员的反对和劝阻，但却多被乾隆严厉地斥责，甚至罢官。在这种高压下，大臣们谁也不敢再说话，眼睁睁看着国库枯竭，国家走向衰败。

到了乾隆晚年，他才认识到南巡带来的负面影响。在《清史稿》的《吴熊光传》中有段记载，乾隆说：我当皇帝六十年，自认为自己没犯什么大错。唯有六次南巡，劳民伤财，把好事办成了坏事。

乾隆南巡耗资巨大，以后的清朝皇帝再也没人仿效过。因为后来的清朝国库已经承担不起了。六次南巡，留给人们的是一个"康乾盛世"的海市蜃楼，此后，大清王朝开始一步步地走向衰落。

修建万园之园——圆明园

清朝统治者入主中原以后，起初并不习惯北京的炎夏气候，就曾计划择地兴建避暑宫城。但当时南方战事尚未结束，财力不足，因此只是停留在拟定阶段。直至康熙中叶，完成全国的统一之后，财力也逐渐充裕。康熙帝遂开始着手择地建园。海淀镇北丹陵一带，建筑用地广阔，又处玉泉山和瓮山诸泉下游，水源丰富的西郊山区风景也十分宜人，是造园借景的好地方。明代时候，武清侯李伟就在这一带修建了清华园，著名画家、书法家米万钟也建造了勺园。1690年，康熙帝在李伟清华园的旧址之上修建了畅春园，后来还将畅春园西南的一块土地赐给当时的雍亲王建园，定名为"圆明"，他还写了匾额悬挂在圆明园大殿门上。"圆明"二字寓意深远，按照雍正《圆明园记》中的解释，圆而入神，君子之时中也；明而普照，达人之睿智也。取格守圆通中庸、聪明睿智之意。

冰嬉图

雍正继位后，在圆明园大举修建，形成了二十八景。乾隆做皇太子时，居住在圆明园中的长春仙馆，作为习文读书的地方。乾隆当了皇帝以后，六下江南游遍了江南的风景名胜，将自己喜欢的在圆明园内一一重建。比如海宁的安澜园、南京的瞻园、苏州的狮子林、宁波的天一阁，以及杭州西湖的许多名胜。于是圆明园中又增加了重要景点十二处，与雍正时的二十八景合为共四十景。圆明园若从康熙四十八年(1709)开始营建算起，至乾隆九年(1744)基本形成为止，前后大约经历了三十五年之久。此后，清朝的各代皇帝仍在园内不断有所修葺和增建，使这座巨大的皇家园林成为一座艺术宝库，集中了我国南北造园艺术和中西合璧建筑的精华，不啻为一本活的造园艺术的百科全书，堪称万园之园。

这样一座园林的建成，为清朝后来的各代皇帝提供了一个听政优游之所。他们每年都有大半年时间居住在这里而非紫禁城内。其后紧挨着圆明园又修了长春园和万春园，三园成倒“品”字形鼎立，总面积达到了三百公顷，其间水系互相连通，所以在谈到圆明园时，一般也包括这两个较小的园林在内。

圆明园除了风景宜人以外，雍正至咸丰的一百二十余年间，作为几代皇帝常住和办工的地方，园中的收藏和陈列也十分丰富，宝物不计其数。几乎每一座殿堂都有许多珍贵的文物和精美的器具，这些珍品从帝后们生活的必需品，如衣物、家具到极其贵重的艺术品和装饰品，以及许多古代珍贵的文物，价值无法估计。

谐奇趣南面

今天的圆明园已经只留下残垣断壁，但从后来劫掠圆明园的英法联军的部分官兵所写的回忆录中，对其当时的壮丽景象可见一斑。

法国一个炮兵队长在《纪事》中说，圆明园中堆积如山的财宝和国内所有各种珍奇物品，一间一间的屋子里充斥着价值连城的物品，或系国产，或来自欧洲。一间一间的大厅，置有价值连城的瓶缸，还有储藏绸缎绣货的房子。一个英国军官描写他看到的珍宝，有最精美的碧玉项圈，上面镶着红宝石，天蓝色的宝石雕镂得很精致。一个英军秘书记录他看到园中的陈设：栏杆上面，每隔二三十码的地方，都放着美丽的景泰蓝花瓶，插着珊瑚、玛瑙、碧玉和其他宝石所仿制的花朵、玉器、书籍、毡毯图画、景泰蓝物品等等，你能想到的一切东西，这里都应有尽有。殿内两隅陈列着宽博而灿烂的碗盏，这些乃是应少校普罗宾的要求，以作联军呈给维多利亚女皇的贡品。周围的桌子和茶几上，摆着最精美的景泰蓝，瓷器和珐琅质的瓶子和杯盏，镀金的和纯金的钟，有几个是法国制造的，还有很大的镜子，镶在贵重的框子里面。一个英军的随军牧师写道：一箱箱的皮货、瓷器和绣花的衣鞋，皮货就是银鼠、黑貂、灰鼠、细骆驼绒、一种特别美丽的灰色皮子，上面带有很细微的卷曲的毛，珍珠皮、黑狐，还有别的皮，我们似乎从来都未曾见过。一箱箱黄色御用瓷器，这些杯子上镌着五爪龙纹，手工极其精细。奇特的灰色古代碎纹瓷器，绿玉和白玉制的龙纹。两个高高的瓷缸，涂着很浓厚的彩色，描绘着几幅连续追赶虎鹿的猎景。除了一些陈设用品外，圆明园中还珍藏着许多稀有的历史文物，如唐宋元明清历代名家书画以及孤本图书、金佛像等等。

雍正在《圆明园记》中曾经写到，当时已经是“百务俱举”，皇帝应该“宁神受福”了。圆明园就是兴建于这个清王朝的鼎盛时期，经过几代皇帝的经营，变成了帝王穷奢极欲的场所。

乾隆皇帝与马戛尔尼

1649年，也就是中国历史上顺治六年的时候，英国资产阶级革命取得了重要成果，把英王查理一世砍了头，英国逐渐走上了资本主义的道路。到乾隆时期，英国已经完成了工业革命，一个庞大的“日不落帝国”建立起来。当时的英国是一个经济强国，军事上也极为强大，其海军战舰的总吨位已超过了法国、俄罗斯、西班牙三个海上大国的总和。英国的战艘上都装有几十门甚至上百门大炮。从好望角到印度洋再到太平洋，英国建立了一条极为通畅的贸易通道。

万国来朝图

同时，西方其他围家的产业革命也开展得如火如荼：1768年，阿克莱特发明自动织布机，第二年瓦特发明了蒸汽机；1774年，也就是乾隆三十九年，美国独立战争开始；乾隆五十四年（1789），华盛顿成为美利坚合众国第一任总统，一个新兴的资本主义国家开始崛起。同年，法国大革命爆发，路易十四被送上断头台，法国发表了人权宣言，一个法兰西的资产阶级国家开始兴起。在科学和教育方面，西方也发生了革命性的转变。乾隆时，莫斯科大学建立，美国在波士顿建立了科学院，哥伦比亚大学成立，德国诞生了第一位女医学博士。

而在东方，清王朝统治下的天朝大国，虽然正在经历“康乾盛世”，但却依然是一个表面强大、科技落后的农业国。乾隆六十年（1795），各省来报，八十岁以上参加北京会试科举考试的生员有一百一十六人，经过三场考试，坚持下来的耄耋老人一共有九十二人。大清朝不但让这么老的人考八股文章，乾隆还说，这些人都要赏给他们不同的官衔。当时军队的装备也十分落后。马戛尔尼在他的日记中说，兵士的装备是弓和箭、戟、矛、刀、剑还有几枝火枪。他们所戴的头盔，从远处看像金属那样闪闪发光，然而人们怀疑它们是用涂了漆的皮革，甚至是用纸板制成的。留着长辫子，穿着五颜六色的制服、软靴和短裙的兵士们，看上去像女性。

英吉利人

英帝国派人来朝贺乾隆的八十大寿，主要是想打开中国的市场。当时中国的瓷器、茶叶、丝绸随海上丝绸之路大量出口到英国，而英国却没有什么产品进入中国市场。为了进入这个巨大的东方市场，英国政府以祝贺乾隆寿辰为由，派遣了一个庞大的代表团来中国，目的是想利用此机会，举办一个非正式的科技、工业品展览，并和清朝建立正式的外交关系，拓展英国的对华贸易。

1792年，一个七百余人的庞大使团，从朴次茅斯港起锚，乘坐着五艘大型舰船，绕道好望角，经过十个月的航行在第二年的夏天到达了中国。英国政府对此次出使非常重视，带领使团的马戛尔尼勋爵是位著名的外交官，其余使团成员还包括了外交官、天文学家、物理学家、工程师、医师、画家、乐师、技师、军官和翻译等等。使团所携带的礼品也是当时中国不会生产。也从来没见过的科技产品：有天体运行仪、地球仪、望远镜、气压计、蒸汽机、棉纺机、织布机、座钟、机织布料、带有减震装置的马车、用特种钢制作的刀剑，还有卡宾枪、步枪、连发手枪、加农炮等先进武器。当他们登陆之后，这些礼品在运往北京过程中，共动用了三千民夫和几十辆四轮马车。

但英使团觐见中国皇帝并不那么顺利。经过多番交涉，马戛尔尼被允许在承德避暑山庄觐见乾隆。在到达中国之前，马戛尔尼曾令人将所带礼品开成长长的礼品单，并按中国的礼仪将自己身份译成“钦差大臣”。然而，乾隆见此勃然大怒。在他看来，中国是天朝帝国，一统天下，中国以外的地方都是蛮夷小国，都是中国的属国。英王与天朝皇帝是主仆关系，马戛尔尼代表英王来称臣纳贡，怎么能有资格称为“钦差”，最多也就是个“贡使”，礼品也只能称“贡品”。

更大的冲突在于马戛尔尼拜见乾隆的礼仪。中国自古强调礼仪，君臣之礼更是来不得半点含糊。英国使臣见中国皇帝必须和天朝大臣一样，行三跪九叩之礼。但马戛尔尼对此实在难以接受，双方几经协商，都各不相让。后来乾隆的爱臣和珅等人想出一条计策，打算在乾隆御座后的墙壁上挂一张英王的画像，用来诱导马戛尔尼跪拜。如此一来，马戛尔尼以为是在跪拜他自己的国王，但在中国人看来，他是在朝拜乾隆皇帝。但后来才知道英国人除了对上帝，对任何人没有双膝跪地的习惯，包括自己的国王。朝臣们顿时一个个束手无策。最后解围的还是乾隆本人，他对朝臣们说，蛮夷小邦，不懂礼仪，三跪九叩之礼就免了吧。

接着，英方表明了自己的来意，提出想在中国设立使馆，开展贸易之事。英国人的建议总共有七条：一、英国派人驻京城，照管本国的商务；二、英商船到宁波、舟山以及两广、天津等地停泊贸易；三、仿效俄国的成例，在京城设商馆，储藏货物，进行买卖；四、在舟山附近一个小岛上居住英国商人，储藏货物；五、在广东省城附近拨出一块地方给英国商人居住，包括寄住在澳门的人，准许他们自由出入；六、英国商人在广州、澳门之间，由内河运输货物请求免收税款或减轻税额；七、准许英国人传教。但这七条都被乾隆一一驳回。因为

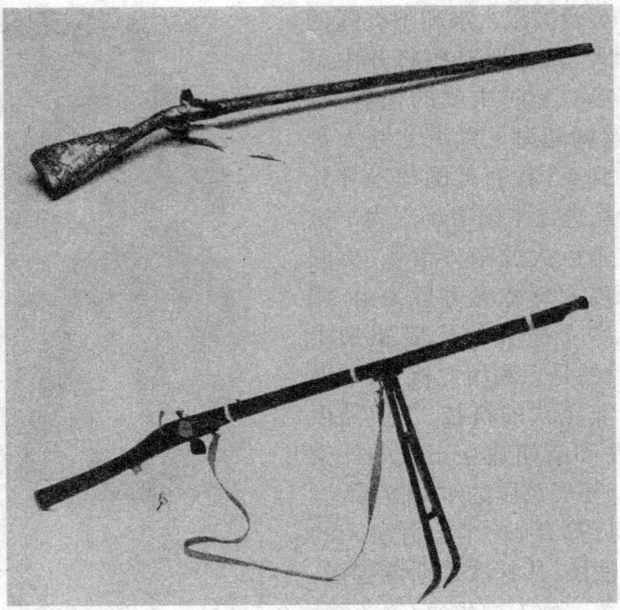

马戛尔尼进献的火枪与自来火枪

“蛮夷”只有无条件接受天朝圣旨的权利，主子与奴才之间怎么能有平等协商的可能，双方之间没有建使馆的必要。至于做生意，大英帝国的那些“科技”，在天朝看来都是奇技淫巧，大清并不需要，“天朝物产丰阜，无所不有，远不借外夷货物以通有无”。其实不只是英国使团碰了一鼻子灰，在马戛尔尼来华前后一百多年间，欧洲各国曾派出十多个阵容庞大的，要求交往、贸易的代表团来到中国，但都以同样的理由被“天朝”拒之门外。对于“天朝”的皇帝和官员来说，英使来华，虽然是进贡，但特使不行三跪九叩之礼，已有桀骜不驯之意，不治其罪，已是格外开恩，英使还提什么开设使馆展开贸易的要求，岂非痴心妄想。

马戛尔尼还算幸运，乾隆帝弘历同意赐见。随团的天文学家架起天文望远镜，请乾隆观看地球以外人们肉眼看不到的天象，并给他讲解天外有天，宇宙无比宏大的道理。乾隆看了一眼轻蔑地说，此乃小儿玩具也。接着使团要给乾隆表演热气球升空，乾隆说，这就免了吧。上天乃是仙佛神灵的居住之所，凡人岂能随便打扰，若上天震怒，降罪下来，岂不是万劫不复。

使团同时还带来了当时世界上威力最大的榴弹炮和精度极高的加农炮，马戛尔尼要派人表演大炮发射，乾隆诏曰：天朝早有大炮，此等小技勿用献显。大清官员就这样错过了观看这些先进武器的表演机会，更不会意识到英国人的“坚船利炮”的价值。而几十年后英法联军正是用这种大炮摧毁了大清国的海防，轰开了北京城。当洗劫圆明园时，英国人发现几十年前送来的礼品大炮和炮弹还原封不动地装在箱子里。英国人只好自己又重新搬回他们那个“蛮夷小国”，作为文物存放在大英博物馆里。

使团有人拿出火柴，轻轻一擦，就亮出了火苗。这玩艺儿在大臣们眼里简直就是在

变魔术。因为他们还在用火刀火石打火。其实制造火柴的火药就是中国人发明的。只不过当时中国大多用它来制造鞭炮、礼花罢了,就像中国首先发明的指南针,当时主要是用来看风水。15 世纪有知识的欧洲人就知道地球是圆的,葡萄牙人麦哲伦验证了这一科学理论。后来英国人在海上航行中,探明了地球上海洋陆地的实际面貌,并把它绘制在一个球形的地球仪上。在英国给中国皇帝的礼品中,就有这么一个地球仪。但是还沉浸在天圆地方梦境中的大清君臣,发现在这个圆球上我堂堂中华竟然只有这么小的一块地盘,而且根本不在天地的中央、地球的中心的时候,认为这群洋鬼子简直就是疯了,胆敢对天朝如此污蔑。其时,世界上早已经是强国林立,而愚昧的大清皇帝和他的大臣们却成天陶醉在"万国之主"的美梦中。

马戛尔尼一无所获,被迫离开中国。乾隆让英使带去一封给英王敕谕:"奉天承运皇帝敕谕英吉利国王知悉,咨尔国王远在重洋,倾心向化,特遣使恭赍表章,航海来廷,叩祝万寿,并备进方物,用将忱悃。朕披阅表文,词意肫恳,具见国王恭顺之诚,深为嘉许。"这段不知天高地厚的国书开场白,作为历史的见证被保留了下来,证明当时中国君臣的自大和无知。

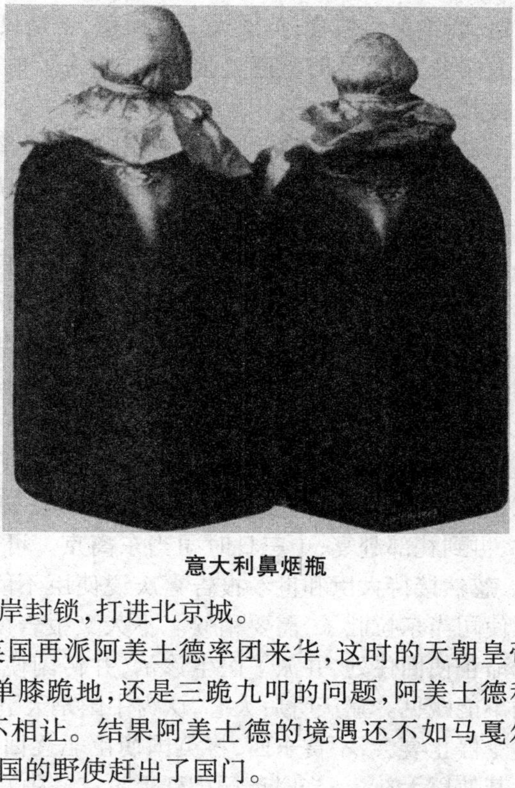

意大利鼻烟瓶

英国使团由运河南下杭州,然后改行陆路至广州离境,于次年九月回到英国。马戛尔尼虽然没有完成打开中国市场的任务,但是却对中国进行了一次实际考察,他清楚地看到,所谓的"乾隆盛世",只不过是一个腐朽的王朝,落后的大国。他断定,只要派出几艘炮舰就能将中国的海岸封锁,打进北京城。

又过了二十三年,时间到了 1816 年,英国再派阿美士德率团来华,这时的天朝皇帝是乾隆的儿子嘉庆。阿美士德同样遇到是单膝跪地,还是三跪九叩的问题,阿美士德和天朝的大臣们,都自视尊贵,各执己见,互不相让。结果阿美士德的境遇还不如马戛尔尼,嘉庆皇帝龙颜大怒,一纸诏书,将蛮夷小国的野使赶出了国门。

这次马戛尔尼来访不仅在使团的规模与礼品的丰厚程度上表明了英王的重视程度。而且在英皇乔治三世的授权书里,有给马戛尔尼自主做出让步决定的权力,甚至还有必要时同意禁止东印度公司把鸦片输往中国的英王允诺,以通过符合中国的鸦片禁令来与中国交好,最终达到中国开放内地市场的目的。但因为马戛尔尼拒绝对乾隆皇帝行跪拜礼等系列原因,清廷遂限期令其离开。英国所提的建立中英两国外交与商业联系的建议也没有经过讨论就被拒绝了。

“睁眼瞎子”闭国门

嘉庆十三年(1808),英、法两国不和。法国皇帝拿破仑颁布了《大陆条例》,禁止欧洲各国与英国通商。而葡萄牙没有听从拿破仑的条例,法国便出兵葡萄牙。因为担心法国抢夺澳门,在这一年的七月,英国派海军将军度路利率十三艘战舰进驻香山(广东中山)鸡头洋,不久,又派三艘战舰进入黄埔,还派三只木船进入省河,以此防范法国。同时,以保护中、英、葡三国贸易为理由,声明愿意帮助中国征剿海盗,英军要求登陆上岸,分兵把守澳门炮台。清政府担心英国占领澳门,命令吴熊光严词拒绝英国的要求,并且封锁了水路,断绝英兵粮食,英国人没能得逞,于是只好起锚回印度了。但嘉庆帝依然认为吴熊光太懦弱,没有及时驱逐英国战舰,撤去了他的职务,调任到南河工地上去效力。不久,又将其充军伊犁。

嘉庆十九年(1814)十二月,英国护商兵船违反规定闯进了虎门海域,不久驶出。英国兵舰自从嘉庆十三年(1808)十月驶出澳门后,常常无视规定派兵船出入虎门。总督蒋攸铦于是给嘉庆上奏折谈论防止类似问题的办法:一是要严禁百姓私自给洋人办事;二是洋行不准采用欧式建筑;三是店铺的字号不许用洋文书写;四要清查商人欠账;五是内地百姓不许私自到洋人住处去。嘉庆批准,予以实施。

嘉庆二十一年(1816)七月,英国使臣司当东等觐见嘉庆。因为此前关于到浙江贸易的愿望没有实现,加之近年来广东关税的种种约束,英国此次派司当东来中国再次向嘉庆请求。但司当东却不遵成例在广东海岸停船,而是将船一直驶到天津海口上岸,感谢嘉庆赏赐的酒宴时也不行三叩九拜之礼。到京后,嘉庆命他在本月初七日觐见;初八日在正大光明殿颁赏赐宴,另在同乐园赏饭;初九赐其在万寿山游览;十一日在太和门领赏,再到礼部赴宴;十三日时司当东离京。可是,在觐见嘉庆那天,当皇帝已传旨升殿召见,忽然接待大臣和世泰报告嘉庆说使臣不能快步走。等到达宫门时,和世泰又报告说正使司当东拉肚子,需要稍候。不久又报告说正使病倒不能觐见嘉庆了。当时,嘉庆下令命正使回住处,并派了医生诊治,并传副使觐见。和世泰又报告说两名副使也得了急病不能觐见。嘉庆听后大怒,认为中国是天下的共主,外国使臣怎能如此傲慢无礼,于是下令停止宴会,不赏东西,将英国使臣驱逐回国。同时,嘉庆还写了一封信给英国王,责备其使臣无礼。(当时英国朝廷上没有懂中文的人,在接到这封信时,根本就没读过。将这封信放在外交部七十多年。直到光绪十六年(1890),薛福成出使英国,英国人才把这封信拿出来,请他翻译。)可后来嘉庆又通令中外及蒙古王公等,说明英国使臣觐见的衣服没到达,穿便衣不能觐见嘉庆,而和世泰等没有将情况报告清楚以改变召见日期。没想到无能的大臣竟如此误事,嘉庆实在没脸面对臣下了等等。不久,嘉庆帝就将理藩院尚书和世泰、工部尚书苏楞额、总管内务府大臣广惠、礼部尚书穆克登额免职了。

英国使臣这次前来本来是抱着扩大贸易的目的,只是想和中国的外交人员就外贸事务谈判。而清朝却认为英国是海外朝贡国之一,使臣来是为了进贡。从此以后,中英外交日益退步,潜伏下了无形的祸患。其实,在顺治、康熙当政时,德国人汤若望、比利时人南怀仁担任钦天监，都被准许在一旁站着而不行跪拜礼。雍正年间，教皇派使者到京城，雍正皇帝准许他们行西方礼，并且同他们握手。乾隆五十八年(1793)，英国使臣马戛尔尼来中国，负责接待的大臣同他商议礼节，他提出以觐见英国国王的礼节觐见乾隆。接待大臣向乾隆报告，乾隆最后也批准了行西方礼。而到了嘉庆年间，英国使节却因跪拜的争论连皇帝面都没见着。所以，后来的《天津条约》中载明，遇有妨碍国体的礼节，断然不可行，指的就是跪拜礼。

清朝本来具有走向世界的条件，而且在嘉庆时代，国力尚足以和西方强国抗衡。可是封闭的意识和妄自尊大的心态，让中国一再地失去走向世界的机会。

富可敌国的和珅

乾隆在外交上犯了错误的同时，在内政方面也犯了一个极大的错误，就是豢养了一个大贪官和珅。和珅正是乾隆后期官场腐败的典型表现。

和珅生于乾隆十五年(1750)，原名善保，字致斋，钮祜禄氏，满洲正红旗二甲喇人，原来住在西直门内的驴肉胡同。《清史稿》记载和珅"少贫无籍"，说他家里穷，社会地位又卑微。这种说法与史实是不相符的。

和珅的先祖居住在英额峪，离清太祖努尔哈赤居住的赫图阿拉不远。努尔哈赤起兵以后，和珅的九世祖噶哈察鸾及其子达古山巴颜等弟兄子侄，都投归了努尔哈赤，此后不少人在其麾下担任文官武将。和珅的五世祖即高祖父尼雅哈纳是行伍出身，在皇太极时从征，"过北京，征山东，梯攻河间府，首先登城，克之，赐巴图鲁号，授三等轻车都尉"。轻车都尉是公、侯、伯、子、男这五等封爵之下的世职，相当于官阶正三品。尼雅哈纳的孙子阿哈硕色袭祖世职后，又兼任佐领，并于从征准噶尔时阵亡，被追赠一等云骑尉(官阶正五品)。尼雅哈纳的曾孙常保，也就是和珅的父亲，袭曾祖父三等轻车都尉和堂叔阿哈硕色的一等云骑尉世职，并在八旗军内任职，后来当上了副都统。副都统为官阶正二品，算得上是军界的高级将领了，每年俸银一百五十五两、米一百五十五石，还有养廉银五百两。至乾隆朝时，兼任福建都统。从高祖父尼雅哈纳起到父亲常保，皆是世职，且官位品阶不低，其父更是二品大员副都统，和珅算是出身官宦世家。

和珅

常保中正平和，为官清廉，常年征战戍边在外，很少待在京城，可以说为国而少顾家，因此家里并没有什么产业。乾隆二十五年(1760)，常保病逝于福建，和珅的家境遂陷于窘迫之中。

和珅十多岁后，进入皇宫西华门内的咸安宫官学读书，“少小闻诗达礼”。由于与继母的关系不好，少年时期他的经济条件确实比较差。但十八岁时，他与官阶正二品的内务府总管大臣英廉的孙女结婚，二十岁时，又承袭了高祖父尼雅哈纳的三等轻车都尉世职，处境明显好转。三等轻车都尉的岁俸为白银一百六十两，还有八十石米，比地方上的巡抚、布政使的俸银还多一点。所以，和珅可以安享中等以上的生活水平。

这一世职给和珅带来政治上的更大好处则是为他提供了一条接近皇帝的捷径。乾隆三十七年(1772)，二十二岁的和珅当上了官阶正五品的三等侍卫，并随即充任粘杆处侍卫。粘杆处，即尚虞备用处。清朝的制度，“选八旗大员子弟之獧捷者为执事人”，负责皇帝巡狩之时扶舆、擎盖、罟雀之事。粘杆处的三等侍卫因为经常随行侍奉皇帝的出巡，就有了回奏皇帝的机会，这为和珅的飞黄腾达创造了十分有利的条件。乾隆四十年(1775)的一天，和珅随驾出宫。“上偶于舆中阅边报，有奏要犯脱逃者，上微怒，诵《论语》‘虎兕出于柙’之语”，扈从校尉不能理解是什么意思，和珅却立即对答说：“爷谓典守者不得辞其责耳。”乾隆听后十分高兴，问和珅：“读过《论语》?”和珅回答读过。乾隆“又问家世、年岁，奏对皆称旨”。乾隆仔细端详这个年轻人，见他“仪度俊雅，声音清亮”，“矫捷异常”，十分赞赏，从此“恩礼日隆”。和珅凭借自己的聪明才智和善于临机应变，博得了皇上的欢心，并且很快青云直上。当年的闰十月，和珅迁乾清门侍卫，十一月又升为御前侍卫，授正蓝旗满洲都统。此后，他不断升迁，兼任多职，封一等忠襄公，任首席大学士、领班军机大臣，兼管吏部、户部、刑部、理藩院、户部三库，还兼任翰林院掌院学士、《四库全书》总裁官、领侍卫内大臣、步军统领等要职。乾隆对他的宠信可谓到了无以复加的地步，其官阶之高，管事之广，兼职之多，权势之大，清朝罕有，并且和乾隆结下了亲家，其子丰绅殷德被指定为皇上最宠爱的十公主之额驸，宠臣加皇亲，和珅到达了权力的巅峰。

乾隆

为什么和珅会受到乾隆帝如此特殊的宠信并委以大权，成为主持朝政的宰相？和珅确实精明能干，敏捷异常，善于临机应变，也有相当高的文化水平，记忆力好，精通满文汉文，会蒙文和藏文，有处理政务的一定能力，但离真正的善理国政的名相和指挥三军克敌制胜的名帅，还相距甚远。所以他得宠绝非因为其才学。而在治政方面，无论是破除旧的陈规积弊，建立新的重要制度，还是除大奸，荐大贤，他都没有什么建树。武略方面，他的水平就更加不济了。比如当年和珅与阿桂奉旨统军征剿甘肃苏四十三起义，其时阿桂正在督办河工，和珅于是先到军前。为了在阿桂到来之前扑灭起义，建立殊功，和珅迅速出兵，分兵四路进击义军，但以失败告终，勇将总兵图钦保也阵亡。和珅不仅没有奏报自己指挥不当以致失利的过错，还隐瞒了图钦保捐躯之事。并且颠倒是非，说勇将海兰察、额森特的先战取胜是导致清军受挫的原因。阿桂到达军营后，问和珅失利的原因，和珅为自己推脱说“将帅傲慢”，不听凋度。阿桂于是“令将帅于次日晨集辕前”。“每呼一将入，辄命和坐其侧”，阿桂“有所调拨，及命屯戍处，其人辄应如响，如是者数，和坐上甚恚愤”。阿桂又问和珅“诸将初不见其慢，尚方剑不知诛谁之头耶”。和珅“战栗无人色”。随即阿桂命和珅离开军营，返回京师。

既在文治方面无甚建树，也无武功，资历又浅，不是科举出身，威望自然不高，且在大学士、军机大臣中，相当长时间仅只名列第三位、第四位，同僚阿桂、嵇璜、王杰、福康安等，皆系多年军国重臣，说到军功、政绩、资历、门第、威望、才干和人品，哪一个都比和珅强得多。尤其是阿桂，可谓当朝文武双全的重臣，军功政绩是当时众所公认的超出任何大臣的名帅名相。他从乾隆四十一年（1776）起任军机大臣，四十二年（1777）任大学士，在四十六年（1781）至嘉庆二年（1797）去世之前，连任十六年首席大学士和领班军机大臣。可是，在乾隆四十六年以后，乾隆在宠幸和大权的委任上，对这四位大学士没有一位比得上和珅。

董诰

嵇璜

究其原因，和珅虽不会治国统军，但却特别擅长于揣摩上意，迎合君旨。他谙于玩弄权术，还会为皇上聚敛银钱，供皇上支付各种不便公开动支国库的费用，故能博取乾隆的欢心。比如乾隆四十六年（1781），下诏要取消武将的“名粮”，改为给予养廉银，增补绿营兵，每年要增加军费白银三百万两。当询问阿桂的意见时，阿桂奏称，费银太多，不应增补。但乾隆不听其言，下谕说，现在国家“财赋充足”，“户部库银尚存七千余万两”，支付这新增的三百万两，绰绰有余。而和珅深知乾隆让大臣们商议此事，其实心中必欲实行此法，故极力赞成。乾隆遂下谕批准大学士九卿等的复议，每年增支军费银三百万两。

正因为和珅擅长逢迎，摸透了乾隆晚年志得意满、好大喜功、爱听谀言、文过饰非、自诩明君的心理，懂得如何按其旨意办事，又善于敛财以供皇帝享用，所以才能够受到特别的宠信,成为乾隆帝的心腹。

俗话说大树底下好乘凉,有了乾隆的庇护,和珅得以身兼多职、位极人臣,基本上掌握了用人、理财、施刑、"抚夷"等方面的大权,更加肆无忌惮地揽权索贿,乱政祸国。

和珅聚敛财富的主要方式是利用自己手中任用官员的权力索取贿银。内而九卿,外而督抚司道,无不向和珅纳银献宝,从而形成了"和相专权,补者皆以赀进","政以贿成",祸国殃民的严重局面。他甚至不顾国计民生,利用河工工程来满足自己的私欲。史称:"乾隆中,自和相秉政后,河防日见疏懈。其任河帅者,皆出其私门,先以巨万纳其帑库,然后许之任视事,故皆利水患充斥,借以侵蚀国帑","至竭天下府库之力,尚不足充其用,……而庆午、辛未高家堰、李家楼诸决口,其患尤倍于昔,良可嗟叹"。

和珅聚敛财富之多,在历代也当首屈一指。和珅家产的具体数目是难以知晓了,但从他被嘉庆帝亲政后勒令自尽和抄没家产入官,可以知道大概情形。嘉庆四年(1799)正月初三日,乾隆帝逝世后,初八日嘉庆帝下谕宣布,革和珅职,下狱问罪,抄没家产。正月十一日,嘉庆下谕,定了和珅二十条大罪,其中讲到和珅的财产有:夹墙私库有金三万二千余两,地窖内埋藏银三百余万两。此外,档案记载的和珅取租之地有一千二百六十余顷、取租之房一千余间,以及不计其数的珠宝玉器等等,其数量之巨大前所未有。和珅确实是中国古代最大的贪官。

万马齐喑究可哀

清朝皇帝为了压制反清思想的传播,严密地控制思想文化领域。其中一个重要手段就是开展文字狱,使得知识分子人人自危,不敢议论朝政,不敢研究经世致用的学问,而是埋头于考据于故纸堆,思想和文化的发展都与现实严重脱离,形成了"万马齐喑"的局面。

从康熙朝到乾隆,文字狱持续不断,且愈演愈烈。康熙在位六十一年间文字狱不超过十起,雍正在位仅十三年就有近二十起,到了乾隆朝,文字狱达到了一百三十起以上。涉及对象不仅有汉族地主知识分子,还有政府官员和普通百姓,因文字狱而被杀、充军和流放的人不计其数。

明史案

明熹宗天启朝的内阁首辅朱国桢,当年因为受到魏忠贤的排挤,告病回到老家浙江乌程后,编了一本《皇明史概》并刊行。未刊的稿本有《列朝诸臣传》。明亡以后,浙江湖州有个叫庄廷鑨的富户,他是个盲人,但受到"左丘失明,厥有《国语》"的鼓舞,也想作一部传世史作。但他自己并不通晓史事,于是出钱从朱国桢的后人那里买了朱国桢的史稿,并招徕江南一带有志于纂修明史的才子,在朱稿的基础上补写了崇祯朝和南明史事。在叙及南明史事时,仍然尊奉明朝年号而不承认清朝的正统,在涉及建州女真方面也直呼努尔哈赤其名,写明将李成梁杀死努尔哈赤的父祖,斥骂降清的尚可喜、耿仲明为"尚贼""耿贼",写清军入关时则用了"夷寇"的字眼等等,这些都是清廷极为忌讳的。这部

《明史辑略》刊刻后，起初并没招来什么是非。但几年后，几个无耻小人，想敲诈庄家，才惹出事来。当时主事者庄廷钺已死去多年，庄父仗着家中有钱买通了官府，将敲诈者一一顶回。不想一个叫吴之荣的小官将此事告到了北京。当时掌握权柄的鳌拜对此极为感兴趣，颁旨要严查。于是与庄氏《明史辑略》有关联的人大祸临头。

康熙帝读书像

康熙二年（1663）五月二十六日，在山水秀丽的杭州城，清廷将明史案一干"人犯"七十余人（为《明史辑略》写序的、校对的，甚至包括卖书的、买书的、刻字印刷的以及当地官吏），在弼教坊同时处死，有的凌迟、有的杖毙、有的绞死，惨不忍睹。"主犯"庄廷钺照大逆律剖棺戮尸，另有数百人受牵连发配充军。

明史案开了以"逆书"索赂的恶劣先河。像吴之荣这样的小人找到了捷径，专门挑别人书文中的纰漏，牵强附会，指为"逆书"，漫天敲诈。如孙奇逢所编的《甲申大难录》被人控告是纪念亡明，孙奇逢因此被押进京入狱，经人营救方才出狱。后来竟发展到有歹徒们索性自制逆书，想敲诈谁就把谁的名字列上。比如最为胆大黑心的沈天甫、夏麟奇、吕中，他们刻印了一本诗集，假托为陈济生所编，书中作者为大江南北名士巨室七百余名。康熙六年（1667），沈天甫到内阁中书吴元莱家索银两千两被拒，遂将此书检举报官，经刑部审理后大白真相，沈天甫四人被斩于西市。

《南山集》案

康熙五十二年（1713），翰林院编修戴名世因《南山集》案被处斩，其同族中年十六岁以上者均被斩杀。受戴名世牵连的方孝标一家也被抄斩，方氏族人中除了已经出嫁的女儿外，一律充军黑龙江。其他相关人员也被发配到宁古塔（今黑龙江宁安）。一桩轰动朝野历时两年的惨案至此结束。

戴名世，安徽桐城人，在古文经学方面造诣很高，以振兴古文（即散文）改造时文（即八股文）为己任，总结出古文创作从形式到内容一整套理论，为桐城派的形成做出了重要贡献。除了古文经学，他对历史也有浓厚志趣，尤其留心明代的史事。因为从青少年起，戴名世就受到博学名士和故明遗老的影响和熏陶，因此对乱党误国、孤忠效死、流离播迁、异族入主中原诸事了如指掌。不过，戴名世始终只是从一个史学家的角度，对明朝的兴衰进行比较合乎历史的分析，虽然其中不免夹杂着对故国的眷恋之情。

他在未中进士和担任编修以前，曾经到处搜集佚文，网罗明朝末年的逸闻轶事，以备将来撰写明史之用。他的同乡方孝标，曾经写了一本叫《滇黔纪闻》的书。书中不但记述了在云南贵州所见山水风景，而且还根据听到的传说，记述了南明桂王朱由榔在西南抗清的事迹。书中是用永历的年号来记载年月的，戴名世也把它搜集来做撰写明史的参考资料。

康熙二十五年(1686)，戴名世进入京师国子监。因为他是当时的名士，很多官僚贵族都想与他交朋友，以抬高自己的身价。但戴名世根本看不起这些不懂装懂、附庸风雅的人，久而久之，他成了当权士大夫的眼中钉，想方设法要惩治他。

戴名世有一个叫尤云鹗的学生，他读了老师早年的古文佩服异常，于是为戴名世募捐，将其平日所写的上百篇文章进行筛捡，挑出其中的五分之一编辑了《南山集偶钞》。桐城派的名家戴名世、方苞、朱书、尤云鹗都在书前作序。《南山集》刊行问世之后，很快就风行江南各省，文人士子以能得此书一睹而后快，影响大过于同类其他私家著作。

康熙四十八年(1709)，五十七岁的戴名世考中进士第一，殿试一甲二名，被授翰林院编修之职。他做官之前，没有人说《南山集》有什么问题。但等他做了官，问题就来了。康熙五十年(1711)，都察院左都御史赵申乔上奏章参劾戴名世，奏章中说："查翰林院编修戴名世，妄窃文名，恃才放荡，中举前为诸生时，就私刻文集，其中多有是非颠倒狂悖不经的言论。如今他身沐皇恩，入于朝臣之列，尚不追悔前非，焚削书版，实在罪该万死，希望万岁下旨严加议处，借以警诫此等狂妄不谨之徒。"所谓私刻文集，指的就是戴名世十年前刊印的《南山集》。

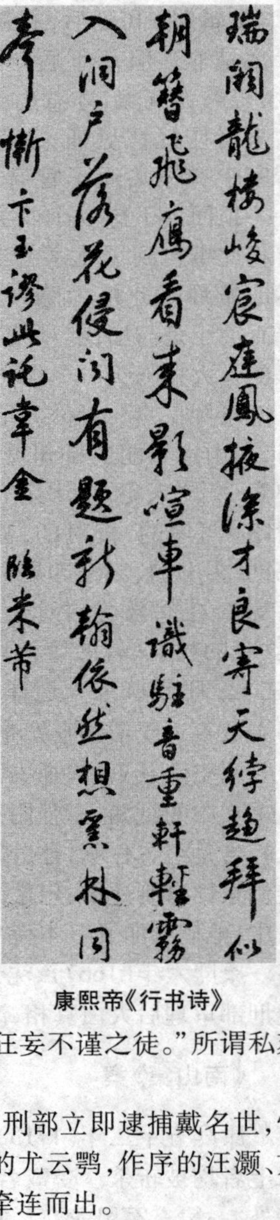
康熙帝《行书诗》

康熙帝接到赵申乔的奏章后龙颜不悦，命刑部严察审明。刑部立即逮捕戴名世，怕他不肯招供，给他上了夹棍。不仅戴名世被抓，为他出资刻书的尤云鹗，作序的汪灏、方苞、方正玉、朱书、王源，以及书中提到的方学士方孝标，全都被牵连而出。

此时，方孝标早已去世。刑部于是把他的儿子方登峄捉来审问。方登峄经受不住拷打，招供说自己自幼就过继给别人，生父方孝标的《滇黔纪闻》，他原先不知道，后听得戴名世被参劾与此书有关，就赶快写信回家，叫家里把书版烧掉，免得受牵连。刑部接着又拷问为《南山集》作序的方苞、方正玉和出钱刻书的尤云鹗。在严刑拷打面前，方苞招供说："我不应该为戴名世的《南山集》作序，罪该万死。"方正玉招供说："《南山集》的附篇《孑遗录》，是我花银子刻的，序文写有我的名字，我愿听候处分。"尤云鹗说："我老师戴名世的《南山集》，是我花银子刻的，序是老师所作，具上了我的名字。”刑部取得了这些口供以后，立即会同各有关衙门，共同商议量罪定刑的标准。

可是这件案子并未因此完结，而是不断扩大，牵连进去的人越来越多。在赵申乔参劾戴名世的同时，发生了江南科场案，江苏巡抚张伯行疏奏考官受贿，参加考试的数百人抬财神直入学宫，以示抗议。接着，张伯行又参劾江西总督噶礼的贪污行为。总督噶礼是康熙乳母的儿子，且是皇太子的党羽，不可一世。张伯行有此等胆量，皆是因为康熙曾称赞他是“天下第一清官”。但噶礼岂能吞得下这股晦气，他搜罗张伯行七条罪状反咬一口，其中罪状之一就是张伯行与《南山集》有关，他与方苞是好友，有包庇纵容之过，是戴名世、方苞的同党。在此之前，皇太子允礽曾将《南山集》中有关“悖逆”之语摘出进呈康熙帝。这就使《南山集》案与当时的朋党之争交织在一起，变得更加复杂。

皇太子允礽在康熙四十七年(1708)时曾经被废，第二年又复立，他行事乖戾，植党暗争，其他皇子对皇位又都虎视眈眈，使康熙帝晚年对于立储之事陷入极大的苦恼。而《南山集》案被人为地加进这种种因素，不得不使康熙帝冷静地考虑如何了结此案了。

康熙五十二年(1713)二月初七，刑部上奏，戴名世等私刻《南山集》，照大清律例应凌迟处死。康熙帝看到奏疏后觉得牵连的人实在太多，若大兴文字狱，横加杀戮，恐怕会招来太大的舆论压力。而且再过一个多月，就是他的六十寿辰，更不愿在自己大寿之前大动干戈。康熙帝终于排除了太子党捏造的罪名，对半个世纪前南明诸政权有比较客观的认识，然后采取谨慎态度，最后判决：戴名世从宽免凌迟，即刻处斩；方登峄从宽免死，连同妻子充发黑龙江；汪灏、方苞处绞刑。尤云鹗、方正玉俱免死，发配宁古塔。此案内其他原拟处死的一律免死，改判入旗为奴。方苞后来经李光地的营救最终获康熙的亲自赦免，康熙也对涉及人员“开恩”减轻处分，可是受株连获罪的人仍有几百人之多，是一次规模很大，影响很广的文字狱。

吕留良画像

清朝统治中国二百六十多年，康熙、雍正、乾隆三朝占了整整一半，文字狱的猖獗肆虐、绵延不绝。只要在诗文、著作、奏章、言论中发现影射攻击、诽谤之语，立即逮捕入狱。像戴名世这样的才士以及无辜的百姓惨遭杀身、灭门之祸，即使人已死去，也要被“剖棺戮尸”，以示惩罚。文字获对文化的摧残和破坏，影响了中国社会的进步和发展。

曾静、吕留良案

清世宗雍正继位之后，“文字狱”更甚，可谓到了谈字色变的程度。江西考官查嗣庭，有一年出的试题是“维民所止”。随即有人密告雍正，说查嗣庭试题有影射陛下断头之意。雍正不解，经人解释，“维”字是去了头的“雍”字，“止”字是去了头的“正”字。“雍正”变成了“维止”，岂不意味陛下断头之意吗？雍正皇帝听得如此解释禁不住勃然大怒，立即下旨把查嗣庭拿解进京，下狱问罪。但查嗣庭却糊里糊涂，不知自己身犯何罪。等到明白了原因以后，他摇头苦笑道：“我出的试题乃是《诗经·商颂·玄鸟》里的话‘邦畿千里，维民所止。’儒学经典《大学》引用过，意思是‘国都附近的千里土地，实是百姓安居乐业的场所。’我这是歌颂皇上的圣德，怎么反倒说我是反逆之意？”雍正皇帝差人找来《诗经》和《大学》后，见果真如查嗣庭所言。但为了顾全自己的颜面仍以“犯上”之罪追查查嗣庭一家，查嗣庭本人含冤死于狱中，并被戮尸枭首示众，其长子坐死，家属充军。

“文字狱”造成文人生活在恐惧之中，无人敢吟诗作对，而政治局面变的万马齐喑。“避席畏闻文字狱，著书都为稻粱谋”。雍正朝最出名的冤案当数吕留良事件。吕留良在明朝灭亡后，曾参加反清复明，却没有成功。此后在家收学生教书，有人推荐他博学鸿词，被他坚决拒绝了。官员游说或威胁他都未就范，吕留良心灰意冷出家为僧，躲在寺院里著书，其内容对清王朝统治者有强烈的不满。当时的书作并没有向外流传，吕留良不久也离开了人世。

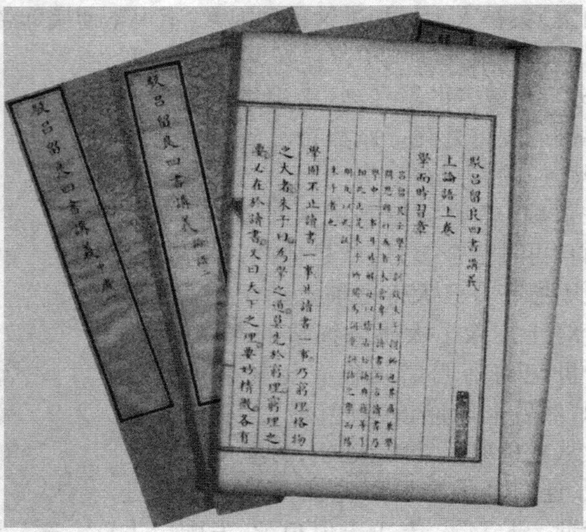

《驳吕留良四书讲义》书影

后来，湖南文士曾静在一个偶然的机会见到吕留良的文章，十分敬佩他的学问，于是派遣学生张熙从湖南寻到吕留良的老家浙江，打听他遗留下的文稿。张熙此次浙江之行不但打听到吕留良文稿的下落，还找到吕留良的两个学生，与他们大有相见恨晚之感。曾静于是约两人见面，四人议论当今朝廷的统治时一拍即合，秘密商议如何能推翻清王朝。他们想到了手握军事大权的汉族大臣岳钟琪。

岳钟琪讨伐边境叛乱立了大功，受到雍正帝的重用，担任陕甘总督一职，掌握着不小的兵权。曾静四人商议，如果能够劝动岳钟琪反清，成功就大有希望。于是曾静派张熙去找岳钟琪。岳钟琪接到曾静的信之后大吃一惊，但表面上镇定自若地问张熙：“你是哪里来的，你可知此信直斥当今圣上犯有谋父、逼母、弑兄、屠弟、贪财、好杀、酗酒、淫色、怀疑诛忠、好谀任佞‘十大’罪状的严重后果吗？”

张熙面不改色说，“我此次前来，早就已经把生死置之度外，又怎么会担心后果！将军与清人是世仇，您难道不想报仇吗？”岳钟琪问：“此话怎讲？”

张熙说：“将军姓岳，是南宋岳王爷的后代子孙。而清朝的先人是金人，岳王爷当年被秦桧与金人相互勾结冤死风波亭，这难道不是世仇吗？将军此时手握重兵，乃是替岳王爷报仇的最佳时机！”

岳钟琪听后，当然不会就此葬送自己的前途。于是命令手下把张熙打进监牢，交给当地官吏审问。张熙虽然受尽种种酷刑但依然守口如瓶。岳钟琪看如此不是办法，于是第二天又秘密接见张熙，假意说道：“昨日之事只是权当试探，如此大逆不道之事不慎重考虑，如何叫本将军相信真伪呢？”

张熙起先并不相信，但岳钟琪郑重其事地起重咒，又经过多次商谈，岳钟琪逐渐取得张熙的信任。张熙方才说出是老师曾静的意思，希望能得岳将军的相助早日恢复大明江山。岳钟琪听了以后一面派亲信赶到湖南缉拿曾静，一面立刻拟好一份奏章把曾静、张熙图谋造反之事连夜快马加鞭呈报给雍正。

雍正看了岳钟琪的奏章自然怒不可遏，下旨将曾静、张熙押解进京严刑拷问。这时张熙方知上了岳钟琪的当，但悔之晚矣。此案还牵涉了吕留良家与吕留良的两个学生。吕留良既死，雍正下旨把他刨坟劈棺。吕家后代和他的学生要么被杀，要么被流放。还有不少文士也因吕留良文稿的瓜葛被罚到边远地区充军。

“清风不识字”案

“清风不识字”案是雍正朝又一著名的文字狱。

一种说法是：这是翰林院庶吉士徐骏（字冠卿）的诗。翰林院庶吉士徐骏，是康熙朝刑部尚书徐乾学的儿子，也是顾炎武的甥孙。雍正八年（1730），徐骏在奏章里，把“陛下”的“陛”字错写为“狴”，雍正见后，马上把徐骏革职。后来又在徐骏的诗集里找出“清风不识字，何事乱翻书”“明月有情还顾我，清风无意不留人”的诗句，雍正认为这是存心诽谤清廷，照大不敬律将徐骏斩立决。

第二种说法是《清稗类钞》所记载，雍正微服出游，在一家书店旦翻阅书籍，当时“微风拂拂，吹书页上下不已”，有个书生见状顺口吟诵了一句：“清风不识字，何必来翻书。”雍正立刻诏杀之。

也有记载称这是车鼎丰的诗句。鼎丰与弟鼎贲小饮，干杯后把酒杯翻转，见杯底有“成化年造”字样，于是吟道“大明天下今重见”，鼎贲接口说：“且把壶儿搁一边”。这两句话传到雍正耳朵里，他认为“壶”“胡”同音，“壶儿”就是指“胡儿”，车氏兄弟因此问斩。据史载，车氏兄弟实际上是因曾静、吕留良案而牵连被杀的。

流传最广的说法是，这两句诗出自徐述夔《一柱楼编年诗》。据说徐述夔幼负才名，自认为是状元的料，后来却科举不利，满腹牢骚。他所建一柱楼挂有一幅紫牡丹图，题诗曰：“夺朱非正色，异种也称王。”夏天晒书时，风吹书页，愤然道：“清风不识字，何必乱翻书！”又见酒杯底儿上有万历年号，便说：“复杯又见明天子，且把壶儿搁半边。”他满腹牢骚，晚上听到老鼠啮咬衣服，恨得直骂：“毁我衣冠皆鼠辈，捣尔巢穴在明朝。”徐述夔死后，这些言行被举报，乾隆大怒，下令将已死的徐及其子徐怀祖剖棺戮尸，孙子和校编诗集的人都被处斩，江苏藩司等一批官员被革职。又查出沈德潜曾替徐述夔作传，称赞其品行文章，并且"夺朱非正色"两句正是沈诗《咏黑牡丹》中的句子，于是已经死掉的沈德潜也跟着倒了大霉。

徐乾学　　沈德潜

但《东华录》记载，乾隆四十三年（1778）十月的上谕给徐述夔定"大逆不道之罪"时所引用的是另外两句："明朝期振翮，一举去清都。"上谕认为，这明显是借"朝夕"的"朝"来指代"朝代"的"朝"，而且不说"到清都"，偏偏要用"去清都"的字眼，反清复明之心表露无遗。在诗文里说说"明月""清风"就招来如此大祸，当时牵强附会、望文生义、捕风捉影造出的文字狱，如脱缰野马不可控制。所以在雍正十一年（1733），想学习康熙重开博学鸿词科诏征举士人，却应者寥寥，只得作罢。人才凋零，文治废弛，一至于此，文字狱的消极影响于此可见。

"古稀罪"案

"古稀罪"案是乾隆朝的一起著名文字狱。

乾隆四十六年（1781），大理寺卿尹嘉铨早已离休回到老家河北博野。这一年的四月，乾隆帝西巡五台山，返回京城时驻跸保定。尹嘉铨忽然一心要参加接驾盛典。但是并没有圣旨要传召他入觐。尹嘉铨灵机一动，想到自己的父亲，道学家尹会一，便草拟了两份奏折：一是请谥，二是从祀。要是皇帝恩准，不但他能博个孝子名声，还能乘机出风头，于是派儿子将请谥奏折送去，自己待在家中。乾隆帝看到他为父请谥的奏折，当即恼怒，遂提起朱笔批示说："与谥乃国家定典，岂可妄求？此奏本当交部治罪，念汝为父私情，姑免之。若再不安分家居，汝罪不可逭矣！"谁知尹嘉铨接着又送上一本奏折，请求皇上恩准他父亲从祀文庙。乾隆帝禁不住火冒三丈，"竟大肆狂吠，不可恕矣！"于是承办官员绞尽脑汁罗织罪名给尹嘉铨扣上大不敬、假道学、伪君子等罪名处斩。其中的罪名影响最大的是所谓的"古稀罪"：尹嘉铨自称"古稀老人"，但乾隆帝说：我称古稀老人早已布告天下，他怎么也敢自称古稀老人？杀！

乾隆四十八年(1783),李一《糊涂词》有语"天糊涂,地糊涂,帝王帅相,无非糊涂",被河南登封人乔廷英告发。结果在彻查李一的过程中,发现举报人乔廷英的诗稿也有"千秋臣子心,一朝日月天"的诗句,"日""月"二字合起来正是个"明",这不是谋反又是什么?于是出现检举人和被检举人皆凌迟处死的一幕,两家子孙均坐斩,妻媳为奴。

乾隆五十三年(1788),发生了贺世盛笃国策案。湖南耒阳的老秀才贺世盛,多次参加科举都没及第。他平时常常替别人代写词状,又把道听途说的传闻和故事之类,拉杂地拼凑出一部《笃国策》,准备写成以后上京城投献,以求得一官半职。结果,他想求官的这本书因为有批评捐官制度的意见,被定位"妄议朝政",被判斩立决。

与此同时,其他涉及"华夷""明""清"字句而获文字狱的俯拾皆是。

江西德兴的祝庭诤,为了教儿孙读书自编了一本《续三字经》,被人告发。官府查抄时发现书中对"于帝王兴废,尤且大加诽谤",如写元朝有"发披左,衣冠更,难华夏,遍地僧"的词句,"衣冠更"就是指改变穿着,"难华夏"是华夏遭难,"遍地僧"是说全部被剃光头。虽然说的是元朝的事情,但被认为影射当朝"明系隐寓诋清"。于是判祝庭诤开棺戮尸,十六岁以上子孙辈斩立决。

乾隆洗象图

江苏兴化人李骥所著的《虬蜂集》中有"杞人忧转切,翘首待重明";"日有明兮,自东方兮,照八荒兮,我思孔长兮,夜未央兮"之句,被认为故意影射,定为叛逆大罪。

其他触犯庙讳、御名以及提到皇帝应该换行抬写而没有换行抬写,因此获罪的,不可胜数。乾隆时的文字狱,有不少案件,甚至是因为向统治者歌功颂德、献书献策,却因为马屁拍得不得法而犯了忌讳，最终招来杀身之祸。此种例子，不一而足。

直到乾隆末期，文字狱才较为放宽。这主要是清廷统治日益腐败，各地的起义开始多起来，镇压起义逐渐成为政治统治的大事，文字上的吹毛求疵、无中生有，清廷不得不稍稍收敛其淫威，对文字犯罪，也不得不从宽处理了。虽然如此，嘉庆年间的文字狱依然是笼罩在文坛的一块阴影，知识分子余悸尚存，所以龚自珍有“避席畏闻文字狱，著书都为稻粱谋”，以及“万马齐喑究可哀”的叹息。

民间结社与起义

天地会

天地会是清代民间秘密结社之一，以拜天为父拜地为母得名。因为是秘密组织，所以他们有暗语作为接头暗号，以及识别成员身份的手段，例如：“地震高冈，一脉溪水千古秀；门朝大海，三合河水万年流。”就是天地会的一条暗语。天地会也称为洪门，俗称洪帮。天地会创立的具体时间已无从考证，其起源主要有三种说法：一是在天地会内秘籍自称系福建少林寺僧于康熙甲寅年（1674）或雍正甲寅年（1734）创立；一说是民国以后，洪门成员称其会创自郑成功；还有一种说法是根据档案以及清代官书记载，为福建漳浦僧提喜（即洪二和尚）于乾隆二十六年（1761）或三十二年（1767）所创立的。

初创时原系下层劳动者互助性秘密团体，后因屡遭清廷镇压，反清色彩日浓。其成员，最初多是农民或由破产农民转化而成的小手工业者、小商贩、水陆交通沿线的运输工人及其他没有固定职业的江湖流浪者。虽然以后成分日益复杂，但仍然是以下层穷苦人民为主。天地会的口号是“反清复明，顺天行道，劫富济贫”。这些口号都反映了当时平民的民族观念和反对阶级压迫的要求。因为其成员所处的社会经济地位都十分低下，使他们更需要互济互助。因此，忠心义气是天地会内最高的道德规范和达到组织上团结、经济上互助的重要保障。天地会最初主要在福建、粤东及台湾一带传播，后来发展至广东全省及江西、广西、贵州、云南及湖南等省。鸦片战争之后，传至四川、湖北、安徽及浙江等省。清前期除了天地会本名外，此外还有添弟、小刀、双刀、父母、三点、三合等十余种名目。鸦片战争后，又出现了哥老会等大量分支，使得各地山堂林立成为天地会的一大特点。尽管清廷一直严刑峻法来维护自己的统治，但民间反对清朝统治的运动从没有停止过。

天地会曾多次举行武装反抗斗争。乾隆年间以“顺天行道”“剃除贪官”及“争天夺国”为口号。嘉庆以后，又提出“兴明绝清”及“反清复明”的口号。为了对付清廷的镇压及便于吸收会众，天地会不断创立新的名称，成为拥有数十种名目的秘密结社系统，因而也没有固定的教义与崇拜对象，但有严格的会规，后发展为三十六誓，要求会众忠于誓言，严守秘密。

天地会曾多次发动武装斗争，重要的有乾隆五十一年（1786）台湾林爽文起义，六十年（1795）台湾陈周全起义，嘉善起义；咸丰元年（1851）至五年（1855）的广西大成国、升平天国起义；三年（1853）上海小刀会起义、厦门小刀会起义。在太平天国时期，天地会的活动也极为活跃，其首领洪大全（焦亮）、罗大纲等都曾率领会众参加太平军，在两广地区天地会建立的大成国、升平天国、延陵国等政权，也配合了太平天国的斗争。

白莲教

清嘉庆初年的农民起义最早参加者多为白莲教教徒。

白莲教始爆发于川、楚、陕边境地区，后来波及川、楚、陕、豫、甘等省，历时九载，是清代前期规模最大的一次农民战争。

镇压白莲教起义布防图

川、楚、陕三省边境地区是一片原始森林地带，历来都是那些被迫离开土地的破产流民的聚集之所。乾隆三十七、三十八年（1772、1773）之间，川、楚两省饥民来此觅食的人数达到了数十万。加上来自邻近的河南、安徽、江西等省的流民，总数不下百万。但是该地土壤瘠薄，气候恶劣，流民除搭棚佃耕土地外，还受雇于木厢厂、铁厂、纸厂以获取微薄的工钱，方能生存。他们不仅要受地主、厂主的盘剥，还要受差役、讼棍的勒索，生活极为凄凉。绝望中的流民便成了白莲教传播的对象。

白莲教是明清时期主要的秘密宗教，崇奉“无生老母”与“弥勒佛”，以“真空家乡、无生老母”为八字真诀，使人们在精神上得到一定寄托，对于处在水深火热之中力图摆脱现世的流民来说，具有很大的吸引力，因而跟从者日众。

乾隆后期，各种社会矛盾激化。官僚、地主、富商大肆兼并土地。人口激增但耕地不足的矛盾非常突出，导致粮价猛涨，饥民数量大增。再加上封建统治阶级生活奢侈，贪官污吏横行，人们的不满和反抗情绪日益增加，白莲教的宣传也随之增加了反抗现实的内容。乾隆三十九年（1774），教首樊明德在河南向教徒提出已到“末劫年”，将要“换乾坤，换世界”。稍后，刘松、刘之协、宋之清等在湖北、四川、安徽等地传教时，又提出“弥勒转世，当辅牛八”（牛八即朱字拆写，暗指明朝后裔），宣称“黄天将死，苍天将生”，入白莲教就可以免除一切水火刀兵灾厄。入教的百姓在“教中所获资财，悉以均分”，习教之人“穿衣吃饭，不分尔我”，“有患相救，有难相死，不持一钱可周行天下”等。这种宣传极大地满足了当时处于水深火热之中百姓的求生愿望，符合他们平均、平等和互济互助的要求。因此，到了乾隆末年，白莲教已发展成一支强大的势力，并酝酿举行武装起义。

乾隆六十年（1795），湖北各地白莲教首，秘商在“辰年辰月辰日”（嘉庆元年（1796）

三月初十）共同起事，让教徒制备刀把火药。白莲教的迅速发展和其反清动向，此时已经引起了清政府的严重不安，于是下令开始大规模搜捕白莲教徒。大批教首、教徒被捕遇害，地方官则以查拿邪教为名，敲诈勒索，当时“不论习教不习教，但论给钱不给钱”，“不遂所欲，即诬以邪教治罪”。这种情况下白莲教各地的教首也以“官逼民反”为口号，迅速号召教徒奋起反抗。嘉庆元年（1796）正月初七，湖北宜都、枝江一带的首领张正谟、聂杰人等，因官府缉拿紧急，被迫提前举义。于是长阳、来凤、当阳、竹山等县教徒也相继揭竿而起。到了三月初十，襄阳地区的教徒，在王聪儿、姚之富等率领下，按原定日期起义。他们虽然同为白莲教，但是各路起义军互不相属，又各自为战，所据山寨或县城多被清军各个击破。其中只有襄阳的这支起义军采取流动作战的策略，因而力量得以迅速壮大，成为湖北起义军的主力。在湖北白莲教起义影响下，四川各地的白莲教徒也纷纷响应。九月，达州教首徐天德，东乡（今四川宣汉）教首王三槐、冷天禄等皆各率众起义。

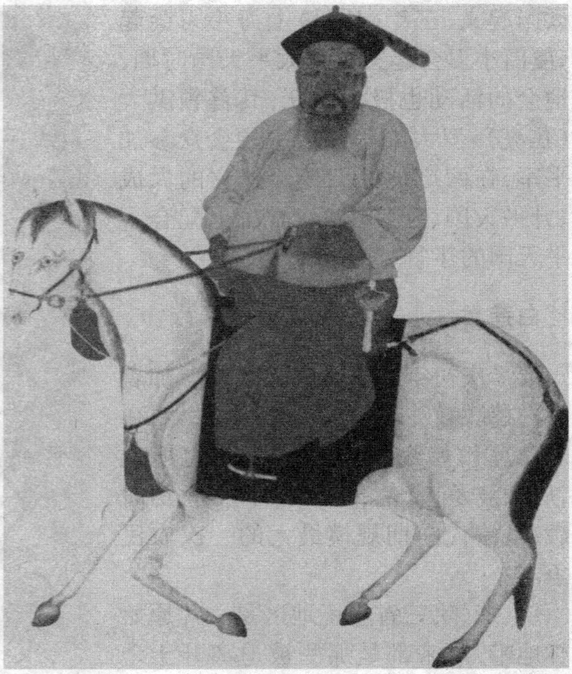
德楞泰

第二年初，襄阳起义军又开始了大规模的流动作战，转战于湖北、四川、河南、陕西，后分三股进入四川。清军只能尾随其后疲于奔命。七月，四川起义军被清军围困，襄阳起义军赶到解围，在东乡与四川起义军会师。会合后，各路起义军按青、黄、蓝、白分号，设立掌柜、元帅、先锋、总兵等职。然而，小生产者同有的分散性与保守性决定了起义军并不会真正连为一体，依然是各自为战，分散行动。

到了嘉庆三年（1798）三月，襄阳起义军在湖北郧西被清军包围，为首的王聪儿、姚之富跳崖牺牲，余部仍继续斗争。同时，四川的起义军也受到重大损失。尽管如此，起义军因为得到各地人民的支持，所到之处，“有屋舍以栖止，有衣食、火药以接济，有骡马刍草以夺骑更换”，且有各地教徒“为之向导负运”，因而起义军仍然能够多次重创清军。

直到嘉庆五年（1800）四月的江油马蹄冈战役以后，起义才开始真正转入低潮。义军的人数由最初的十几万减少到了几万人，许多重要将领都相继牺牲。清政府的“坚壁清野”与“寨堡团练”之策，已逐渐推广并发挥作用。他们通过筑寨堡、并村落，令百姓移居其中，将民间粮秣给养充实其内，又训练丁壮，进行防守，从而切断了起义军同人民间的联系。因为得不到粮草与兵源的补充，义军的力量日渐枯竭。到了嘉庆六年（1801）下半年，其活动范围基本上只限于川、楚、陕边境地区了，义军的残部转战在丛山老林之中，人数已经仅仅剩下两万四千，而围剿的清军，则十倍于此。在极端艰苦的条件下，义军仍然坚持战斗，至九年（1804）九月才终告失败。

在历时九年多的战斗中，白莲教起义军占据或攻破的州县达二百零四个，抗击了清政府从十六个省征调来的大批军队，歼灭了大量清军，击毙副将以下将士四百余名，提镇等一、二品大员二十余名，清政府耗费军费二亿两，相当于四年的财政收入。这次起义使清王朝元气大伤，此后清王朝的统治更加衰落。

嘉庆

苗民起义

清代中叶以后，在贵州、湖南地区爆发了一系列苗民起义。

从雍正十三年（1735）到乾隆元年（1736），贵州古州（今榕江）率先掀起了苗民起义的序幕。九股河地区苗族农民因为不堪清朝官吏和土司的剥削压迫，在当地苗民包利等人领导下，为反抗征粮、派夫发动起义。此前，雍正四年（1726）到九年（1731）之间，清廷以剿抚兼施的方式收复了贵州苗族四万户，辟地二三千里，这些地区本来“无君上，不相统属”，设官建制照理说是一种社会进步，但是官军入驻之后，开始在原来苗民的土地上修城、建署、筑碉、开驿等，大量无偿役使苗民，外加繁重的赋税和各种摊派，这使苗民的生活负担十分沉重。不堪忍受残酷剥削和压迫的苗民开始以武装起义的形式反抗清廷的盘剥。

雍正十三年（1735）二月，包利以“苗王出世”为号召，在古州的八妹、高表、寨蒿等苗寨商讨起事，二十六日围攻了古州城北的王岭汛地，古州总兵研勋率兵前往镇压，苗众溃散而去。但不久包利就收集余众，北移到了清江、台拱（今贵州台江）地区，又组织了二万多人，当地的官吏告急，于是远在贵阳的贵州巡抚元展成、提督哈元生令古州、清江（今剑河）各派数百兵丁前往弹压。但星星之火迅速扩大到黔东和东南各地，丹江（今雷山）、八寨（今丹寨）、黄平、凯里等地的苗民也纷纷响应，起义军的人数迅速增加，并连续攻克凯里、重安江（今属黄平）、岩门司、黄平、余庆县以及台拱、清江营汛，逼近镇远、思州（今岑巩）等府。雍正帝得知事态的严重之后，立刻下令由果亲王允礼、大学士鄂尔泰、张廷玉等十余人组成了办理苗疆事务大臣会议，筹划用兵事宜；在六月的时候急调云南、四川、湖南、湖北、广东、广西六省清军会剿。官军由扬威将军哈元生带领，统领着贵州、云南、四川清军万余人，由清水江上游进攻；又任命湖南、湖北、广东、广西清军万余人，由清水江下游进兵。七月，又任命刑部尚书张照为抚定苗疆大臣，并调河北、河南、浙江等省官兵作后援。起义军凭借有利的地理条件继续打击清军。起义的苗民见清军云集，于是弃城回寨，接着又乘各地营汛兵力空虚，攻围营汛，阻截运道。于是，台拱、清江、丹江、八寨清军诸营同时告急。乾隆皇帝即位后，为了扭转不利的战局，一方面增调援兵，下令将张昭、元展成、董芳等以玩忽职守、贻误军机罪革职拿问，另一方面任命张广泗为七省经略兼贵州巡抚，重新部署进剿。张广泗到任后，认为此前清军进剿失败的原因在于分兵为战、守二部，这导致作战的兵力缺乏。他改变策略，采取剿抚兼施、以抚待剿的方式，决定分化瓦解然后各个击破。他先是招抚"熟苗"，然后集中兵力对付"生苗"，又回过头来惩治"熟苗"。张广泗兵分三路，分别向九股河上、下游和清水江下游各苗寨同时发起进攻。尽管苗民义军顽强抵抗，但终因力量悬殊，无法阻挡清军的围攻。六月至九月，张广泗又回军清江、台拱、凯里、清平、黄平、施秉等地，开始大肆搜剿苗寨，数万苗民被杀害，一场轰轰烈烈的苗民起义就这样被镇压了。

乾隆在皇位上坐了六十年后，贵州和湖南再次爆发了苗民起义。这一次，是在白莲教反清宣传的影响下，苗民们为了反抗官府、地主、高利贷者的剥削与压迫而再次以武力反抗清统治者。起义苗民提出了"逐客民（指满、汉地主、官吏）、收复地"的口号，以"穷苦人跟我走，大户官吏我不饶"为号召召集了黔、湘地区的大量苗、汉、土家族人民，势力很快发展到了黔东北、湘西及川东三省接壤的广大地区。

为了镇压苗民起义，乾隆派遣了云贵总督福康安、四川总督和琳、湖广总督福宁率领七省兵力十余万人分路镇压。起义军利用灵活的战术与清军不断周旋，顽强抵抗实力比自己强很多的官军。义军的领导人吴半生在凤凰厅大鸟巢河一带，阻击了福康安达半年之久。到了八月，聚集在平陇的起义军推吴八月为苗王，石柳邓、石三保为将军。清政府依旧决定采用剿抚并用的措施。之后由于奸细的出卖，吴半生被俘。十二月，吴八月也因叛徒出卖而被俘。嘉庆皇帝登基以后，石三保也被叛徒诱至坳溪而被俘。义军领袖的相继遇害，使得起义军陷入群龙无首的境遇，所以清政府委任额勒登保为统帅代替先后病死军中的福康安与和琳，调集重兵围攻起义军，苗民义军顽强抵抗，石柳邓最终战死于贵鱼坡，起义失败。

天理教

清嘉庆十八年（1813）九月十五日（依例，应为闰八月十五日，因星象异常而有意改动）申时（下午三至五时），在宫内入教太监引领下，近二百名手持利刃的天理教徒从西华门、东华门分两路攻入北京紫禁城。

闯入者白巾裹首，鼓噪而进，逢人便杀，势不可挡。原本安安静静、神神秘秘的清宫大内，一时如火烧蜂房，乱作一团。

那支攻入紫禁城的队伍，就是林清统领的"天理教"（或称八卦教）教众。天理教起义也成为一次使清廷为之震动的农民起义。起义刚一发生，嘉庆就惊呼它"酿成汉、唐、宋、明未有之事"。起义失败后，嘉庆依然心有余悸，直至临终前还再三告诫他的群臣，要

“永不忘十八年之变”。

说起这次“闰中秋风暴”，让整个清廷惶恐的起义，至少在两年之前即已开始筹划。嘉庆十六年辛未(1811)秋，彗星出西北方，钦天监奏：星象主兵，不利朝廷，应予防备。嘉庆皇帝问：星象应于何时？钦天监经细细查核，答曰：应在十八年癸酉闰八月中。并奏：若将十八年的“八月”之“闰”改为十九年的“二月”之“闰”，则“闰八月”仍为正常的九月，便可消弭星变。嘉庆帝允奏，又诏百官诫惧修省，以杜天怒人怨。

林清

辛未(1811)秋，林清与李文成在滑县相会，共商非常之举。壬申(1812)春，应林清之邀，李文成又两次赴京，与林清会商举事方略。他们商定：癸酉(1813)年九月十五日，即原闰八月十五日为举事日；届时，南北两支天理教人马合攻紫禁城，一举推翻清王朝。

这种筹划是前无古人的，省去了通常农民起义的诸多过程以及与官军短兵相接的不利因素，大胆而简单，直入本题。其领导者是林清和李文成。

林清是京畿大兴人。嘉庆初年，由于清朝日益腐朽，社会阶级矛盾尖锐化，加以五省白莲教大起义的鼓舞，他决心利用民间秘密宗教作为发动群众，进行反清斗争的组织形式，将散在京畿的青阳、红阳、白阳三教统一起来，到嘉庆十八年(1813)初步完成了统一京畿“三阳”教的任务。此前，林清在嘉庆十六年(1811)还深入河南，会见了震卦教主李文成和离卦教主冯克善。

李文成是河南滑县人，世代以泥水匠、木工为业，饱受了官府的欺凌和压迫，嘉庆十年(1806)前后，他加入了南阳人梁健忠领导的震卦教，逐渐成为滑、浚一带震卦教的实际首领。冯克善也是河南滑县人。林清到了滑县之后，和李文成、冯克善结为“刎颈交”，初步完成了“八卦归一”的任务。他又“推算天书弥勒佛有青洋(阳)、红洋(阳)、白洋(阳)三教，此时白洋(阳)教应兴”，于是三人达成协议：起义成功后，由林清、冯克善辅佐李文成管理天下。这样，推翻清朝统治的共同愿望，迅速促成了林、李、冯三股势力即京畿地区的白阳教、八卦教中的坎卦教和直鲁豫交界地区以震、离二卦为核心的八卦教的联合，这一新组织就是天理教。

嘉庆十八年(1813)九月十五日，天理教众兵分两队，东队从董屯出发，约由东华门闯宫。西队从黄村出发，至菜市口集合，约由西华门闯宫。西路按照计划进展得极为顺利，全部闯进了西华门。他们先进入尚衣监，将监中太监、宫女不分青红皂白，一律杀掉。东路则因入东华门时与送煤者争道，露出兵器，被官兵发觉；官兵急掩大门，仅十几人闯入

英和

了宫中。这十几人入宫后拿着兵器夺路向西杀去。

但是等到两路人马会合时，紫禁城中早已警声四起，清宫轮值侍卫各就各位，宫门都被紧紧关闭起来，可以说此时天理教众人既不得要领左冲右突难以进击皇宫的核心机构，又难以逃出宫墙了。

这时嘉庆皇帝正在热河，留守紫禁城的皇子旻宁（即后来的道光帝）持刀背枪来到养心殿前，下令各城门立即戒严，又叫总管太监常永贵去传话，调集各营步军及火器营官兵，携带枪支，速到内宫救援。旻宁在这次事件中沉着冷静的反应不仅平息了天理教，而且为他以后登上皇位赢得了政治资本。

九月十九日，嘉庆帝回宫，随即下《罪己诏》。太监宣读，诸王大臣集乾清门跪听之。其诏曰：

朕绍承大统，不敢暇逸，不敢为虐民之事，自川楚教匪平后，方期与吾民共享承平之福，乃昨九月十五日，大内突有非常之事，汉唐宋明之所未有，朕实恧焉。然变起一朝，祸积有素，当今大患，唯在因循怠玩。虽经再三告诫，舌敝笔秃，终不足以动诸臣之听。朕惟返躬修省耳。诸臣愿为忠良，即尽心力匡朕之咎，正民之志，切勿依前尸位，益增朕失。

诏书中的“因循怠玩”四字可以说是天理教能够顺利闯入紫禁城的原因所在。此次事件也可以看作是清朝整个朝廷朝政懈怠的一个缩影。

其实此前已经有人向河南巡抚高杞、卫辉知府郎锦麒报告，但二人置若罔闻。步军统领吉伦，负责禁御之外的京师护卫。营员屡次申报叛乱，他都以“非吾所辖”为借口，不加追究。乘着秋高气爽，吉伦邀客携酒游西山香界寺，吟咏忘归。直到九月十五日事发当日，他仍然游兴未足，对部下说“某将迎驾白涧”，又率一干扈从飞马出都。左营参将说：“都中情形，大有叵测，尚书请留。”吉伦厉声喝道：“近日太平如此，何有叵测？尔乃作疯语乎！”挥舆驱骑竟去。吉伦的疏于职守可以说直接造成京中部队群龙无首。还有顺天府，在九月十四日时曾经接到卢沟桥巡检司的报告，说有天理教众，暗携兵器入京，定于次日闯宫举事。该府尹闻报后摇头不信，声称荒唐，说：“朗朗乾坤，皓皓日月，京师金城汤池之固，谁人敢为蚍蜉撼树之举？”但第二天却果然发生了禁宫惊变。

可惜，嘉庆皇帝虽然看到了“因循怠玩”的政治病症，却已经无力扭转乾坤了。

鸦片输入

鸦片是一种舶来品，初入国门之时，并没有像现在这样令人谈之色变，人们只知道这种名叫"阿芙蓉"的东西可以做镇痛之用，其花朵也美丽异常：绿色的枝干上托着白的、黄的、粉的、橙的、紫的、红的娇艳欲滴的花朵，几片宽大的绿叶无不衬托出它的艳丽与大方。花朵中硕胖的果实被划开一道口子时，流出白色乳汁，乳汁经过曝晒后，便变成黑色胶状物，这种胶状物就是提取鸦片的最初原料。后来，人们发现这种可以治病的东西竟可以让人产生"神魂飘散，天地混沌"的感觉，不论闷气郁胸的时候，还是愁怀难开的时候，人们只要往矮榻上一躺，烟枪一捧，与一盏明灯对卧吹吸，一切便不同了。开始时觉得精神焕发，头脑清醒，目光明利；继而胸膈顿开，兴致倍加；再久些呢，高枕而卧，什么念头也没有了，只觉得梦境迷离，神魂驰宕。即便是广州民间，也对其有着如许赞许："当人烦恼郁结的时候，用鸦片烟来调理，最能使人心气和畅……"让人产生美丽幻觉的鸦片，正是最可怕的毒品，一旦成瘾，具有很强的依赖性，很难戒掉，天长日久，骨瘦如柴，精神萎靡，如同废人。但它带走的不是一两个吸食者的健康，而将是整个大清王朝。

吸食鸦片的官员

17 世纪末，康熙皇帝恩准外国人在广州经商，但附加了八项严苛的限制条件，其中一项是必须经户部批准的"公行"才能从事对外贸易，"公行"成为官方特许的商行，它也逐渐成了新的滋生腐败的门户。广东的地方官员和具有官家背景的人通过贿赂取得特许资格，户部官员则获得贿赂。到了 18 世纪，在中外贸易里，英国人逐渐取代了葡萄牙人、荷兰人，成为中国对外贸易的主角。贸易的范围十分广泛：中国用茶叶、糖、蚕丝、瓷器、纸张、珍珠母、樟脑、肉桂、铜、明矾、金银、丝制品、漆器、植物油、竹器、大黄等换回欧洲产的棉花、羊毛制品、铁、铅、锌、钻石、辣椒、钟表、珊瑚、琥珀、鱼翅、鱼等等，此外，还包括鸦片。

贸易发展的同时，西方的文化、宗教、道德观念等意识形态也渗入中国。大清朝廷担心中国的传统文化受到冲击后对自己的统治造成威胁。民间对于西方传教士带来的宗教和文化也产生抵触，所以必须加以限制，并且禁止以货易货的实施，因此中方市场变得十分有限。由于英国人对中国茶叶有巨大的需求，所以商人们必须用现银购买茶叶，从而导致巨额逆差，但中国的内地市场严禁外商涉足，所以极为有限的贸易额不足以弥补这个逆差。对内地市场如饥似渴的英国商人很快发现，只有两种商品官员们从不禁止进口：棉花和鸦片。但棉花的利润是极其微薄的，因为棉花主要来自埃及和印度，埃及到中国的运输成本高昂无利可图；即使是印度运到中国的棉花也获利菲薄；而产于印度的鸦片却可以让他们获得暴利。中国虽然已经盛产罂粟，但鸦片质量远不如印度鸦片，最主要的是一旦打开这个市场后发现国产鸦片远不能满足需求。

“躺在一张卧榻上，枕边点燃一盏常明不熄的灯火，将专门熬制过的烟膏用铁钎儿挑了放在灯上烧，烧成油状、膜状的烟泡（等于又一次精炼提取），然后放在烟锅里，手持烟枪，就着灯火悠悠地吸，悠悠地吐，神魂飘散，天地混沌……”。此中情景，不用说，就知道是在吸食鸦片了。罪恶的笼子很少是有意去打开的。利益面前，商人与贪官的面孔永远是狰狞的。城市的茶馆驿舍里，到处是吞云吐雾的瘾君子，街市闾巷，满目是妻离子散的悲惨情境，“十室之邑，必有烟馆”，有的地方竟有半数人在吸食鸦片，每年用于抽大烟的银子，多到无法计算。就连在国家军队里，也时不时看到那些抱着烟枪的瘾君子吞云吐雾，八十万清军中，吸食成瘾者居然达到了二十万之众，沿海军队官兵更甚，已达“十分之六七”。

天朝正面临着一场空前的灾难。

鸦片贸易

唐朝贞元（唐德宗李适的年号）年间，阿拉伯商人将罂粟输入中国。到了明朝万历十七年（1589），列入关税表中，记载鸦片十斤，价值银条两个。从明朝末年开始，民间逐渐有吸鸦片的了。雍正当政时期就曾颁布禁令禁止贩卖鸦片，否则处以一百军棍、三个月戴枷囚禁、流放新疆直至处死，可见当时对于鸦片的害处已经有所认识。但对于吸食鸦片者免罚，也没有限制鸦片进口的任何规定。禁令颁布的当年，合法进口的鸦片就有二百余箱。乾隆朝《海关则例》将鸦片列入药材一类中，规定每一百斤收税三两银子。当时，输入的鸦片为数还不多，商人主要以葡萄牙人为主。到了乾隆末期，英国东印度公司垄断对中国的贸易，而印度孟加拉地区又是鸦片的产地。于是，输入鸦片的数量与日俱增了。到1767年增加到了一千箱，1790年已经高达四千箱。不可思议的措施只能以朝廷的昏庸来解释。其中一个非常明显的原因就是，进口鸦片所支付的执照税让朝廷极为珍惜。这个税一直到1796年还在征收。嘉庆初年，皇帝屡次发布命令，对鸦片严格禁止。输入的鸦片全部销毁，吸鸦片的判绞刑。可是，沿海各地衙门贪图暴利和贿赂，任凭鸦片自由输入。等到道光十六年（1836），鸦片的输入额增加了五倍。

当年马戛尔尼来拜贺乾隆帝以后，通过这次接触，马戛尔尼得出结论：“清王朝已经腐败衰弱，不堪一击。”并称其为“破烂不堪的头等战舰”，他提议英王注意清王朝的垮台，以便得到“比任何其他国家得到更多的好处”。1816年，英王又派阿美士德使团来华，以

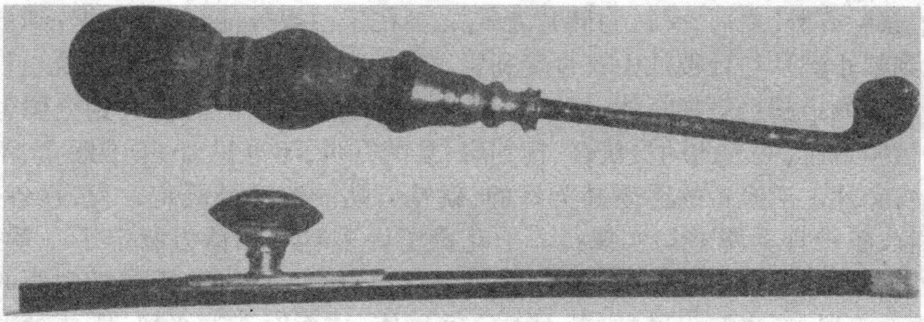

鸦片烟枪

继续马戛尔尼未完成的使命。结果在跪拜礼问题上又僵持住了,这回清廷干脆连对话也不考虑,直接把他们遣送出境。天朝既然大门紧闭,拒绝贸易往来,也拒绝先进的科学技术。英国商人只好另谋出路,他们比政府要聪明得多,只是花了些小钱,便买通了大清国那些腐败不堪的地方官吏,把鸦片大量销往中国。用这种英国国内禁止销售的毒品来换取中国的茶叶、丝绸和瓷器。

直到鸦片在中国的土地上大行其道后,国库银两剧减。于是 1799 年,嘉庆皇帝颁布了禁鸦片令,禁止进口、销售鸦片和种植罂粟。这使原来就依靠种植和加工罂粟发财的清国皇室及官僚的利益受到很大冲击。他们阳奉阴违,一方面隐秘地继续罂粟的种植与加工;另一方面借着禁止进口而加入走私,走私连税也不必交。于是 1800 年,西南各省的自产鸦片就超过进口。到 19 世纪 30 年代,浙江、福建、广东等沿海省份的官僚与皇室都掩护罂粟种植与加工,使其产量大大增加。鸦片被禁止后又使鸦片价格剧增,走私则使皇帝的禁烟令成为一张废纸,朝廷原来收取的税银全部落入官员和买办的腰包。他们与以英国为主的鸦片商互相勾结大肆走私鸦片。

英国商人对中国走私鸦片得到了英政府的鼓励。在英国本国之内,买卖鸦片属于犯法行为,而英国政府和商人为了赚取利润却向中国大量倾销本国禁止的鸦片。1773 年,英国政府给予东印度公司鸦片专卖权。二十年后,东印度公司又获得制造鸦片的特权。东印度公司利用这些特权强迫印度农民种植罂粟,低价收购,制成鸦片后再由专卖局在市场上高价拍卖给鸦片贩子,让他们走私到中国。据不完全统计,在 19 世纪最初的二十年中,英国每年从印度向中国平均输入鸦片四千余箱(每箱五十至六十公斤)。30 年代迅速增加到三万五千五百箱,占到当时英国输入中国货物总值的二分之一以上。作为当时一本万利的买卖,鸦片让英国鸦片贩子和东印度公司从中获得惊人的暴利。英国最大的鸦片贩子渣甸在给他的朋友的信中承认,一箱鸦片的毛利就高达一千银圆。从 1800 年到 1840 年的四十年里,英国运进中国的鸦片不下四十二万箱,从中国至少掠走白银三亿元以上。白银的大量外流使得清朝的财政陷入了捉襟见肘的境地,许多文武官吏甚至也吸食鸦片上瘾,鸦片从方方面面给清朝统治带来了威胁。

道光十八年(1838)十一月,湖广总督林则徐被任命为钦差大臣,前往广东查办海口禁烟事件。同时,还兼管广东水军。

道光对禁止鸦片也有个认识过程。起初,他把烟毒之害与民风人心相联系,认为鸦片烟"大为风俗人心之害";后来,他把禁止鸦片同整肃吏治联系起来,禁烟的目的是为了整饬官风，察除奸弊；之后，又认为鸦片走私之害在于白银外流，国库拮据；到最后，他深刻地认识到禁止鸦片与社稷江山有直接利害，鸦片已经使得国贫民弱，危及皇权。所以，道光帝所采取的措施也更加具体，把查禁鸦片的区域由东南沿海扩大到全国各地，从中原延伸到边疆地区，并为此动员从督、抚到府、县的官员，不准进口、不准贩卖、不准种植，也不准吸食鸦片。道光帝的愿望是美好的，就是一切能够遵循既定章程，在各个方面再制定新章程，各级官员能够切实执行。他花费了许多时间和精力制定了一系列禁烟章程：既有外禁进口，又有内禁种植；既有全国性的，又有地方性的；既包括中原的，又涉及边疆的；既有汉民的，也有土民的；既面对宗室贵族，也面对普通平民；既要惩办贩运，也要惩治吸食；既有惩办失察官员的，又有查办吸食官员的等，内容很是全面。道光认为：章程不谓不多，条规不谓不细，奏报不谓不勤，法令不谓不严，鸦片烟之浊流，自然可以遏制，起码不至于一无成效。但结果并没有像道光帝期望的那样，流毒愈厉害问题愈严重。鸦片已经严重影响了大清帝国，一些负有责任感的官员也主张严厉禁烟。

同年，鸿胪寺卿黄爵滋给皇帝上奏折指出："盖自鸦片烟土流入中国，粤省奸商，勾通巡洋兵弁，运银出洋，运烟入口。查道光三年以前，每岁漏银数百万两；三年至十一年，岁漏银一千七八百万两；自十一年至十四年，岁漏银两千余万两；自十四年至今，渐漏至三千万两之多。应请限期一年戒绝；过期犯禁者，俱罪以死论。"这是自雍正以来百余年间最为严厉的禁烟主张。道光于是令各省督、抚大员议商具奏，赞成禁烟的有林则徐等八人，反对者则有琦善等二十人。在讨论禁烟问题的奏报中，林则徐痛陈烟不禁绝，则国日贫，而民日弱，"数十年后，中原几无可以御敌之兵，且无可以充饷之银"。道光又命各地总督、巡抚分别拟出章程，上报皇帝。黄爵滋的主张得到了支持，而林则徐谈得尤其中肯。道光深受感动，坚定了禁烟的决心，并且委派林则徐迅速赶往广东，贯彻禁止鸦片贸易的措施。

道光

道光十九年(1839)正月末，林则徐到达广东，就命英国商人三天内交出藏匿的鸦片，但英国人置之不理。到了二月初，林则徐停止同英国贸易，并且把充当英商买办的汉人沙文监禁起来。英国领事义律不得已，交出了趸船上储存的鸦片一千多箱。这显然只是英国走私给中国的很少一部分，于是林则徐命令各国商人退去，断绝供给英国人粮食，而且派兵包围了商馆。大英帝国的黑心商人们这才将鸦片全部交出。林则徐立即报告道光，请求将鸦片送往京城，道光命在虎口立即销毁。虎门销烟是道光严禁鸦片的一个成果，是中国禁烟运动的一个胜利。英国人自然带着极大的愤怒，各国商船相继开往澳门。林则徐于是同各国约定，凡是进口的船只，必须具结保证不得夹带鸦片，违犯者船只货物没收，人员杀头。

十多个和中国通商的国家，全都同意了。却唯独义律不愿意，还请林则徐派人到澳门会谈。林则徐自然没答应，下令将英国人驱逐出澳门，并断绝供给吃喝。义律于是以要饭吃为由，率领兵船进入尖沙咀，开炮示威。但这些伎俩根本吓不倒林则徐。义律又偷偷去澳门请求葡萄牙人出面说和，只想让林则徐删掉“将人立即杀头”一条，其他条件全部答应。林则徐仍然严词拒绝。于是，九、十月间，六艘英舰袭击虎门海口，参将赖恩将其全部击退。英国人没有占到任何优势。但是有了第一次正面交火以后，林则徐就向皇帝请示，对英人战与和预为准备，并请皇帝命令福建、浙江、江苏各省总督、巡抚严防各处海口，停止对英国贸易。

当时，鸦片的危害和英国人的坚船利炮让朝中官员全主张排外。大理寺卿曾望颜甚至请求皇帝下令闭关禁海，停止同各国的贸易。这个建议遭到了林则徐的反对，说各国会因此而联合起来对付中国。道光表示赞同，于是，下令停止对英贸易。

虎门销烟

广州是外国烟贩子的贩毒中心。1838 年，广州地方政府处决一个中国的鸦片贩子，英国烟商竟然出来阻挠，激起了广州人民的义愤。1839 年初，一万多名群众到外国人居住的旅馆前示威，声讨外国烟贩干涉中国内政的罪行。林则徐受命为钦差大臣来到广州，已经来临的 1839 年是禁烟史上最重要的一年，也是林则徐被历史所铭记的最辉煌的岁月。

虎门威远炮台

前面已经提到了虎门销烟，这里做一下详细记叙。林则徐经过两个月的旅程到达广州，成千上万的人挤满了珠江两岸，人们争先恐后想要目睹钦差大臣的风采。整个广州。林则徐第二天在辕门外贴出的两张告示：《收呈示稿》阐明了钦差大臣来到广州的目的是查办海口事件；《关防示稿》则是钦差大臣的第一个宣言，也是他采取禁烟行动的先声。这个告示是林则徐作为钦差大臣向广州官员、百姓以及外国人的首次公开亮相，它不仅再次以清廉告白天下，而且是为了驾驭极其复杂的局面。林则徐的日记记载，他当天住在越华书院。

告示张贴的第二天，三月十九日，林则徐下令禁止外国人离开广州；三天以后包围商馆；一天后下令查拿英国鸦片贩子颠地。

而英国驻华商务监督义律的到来，使得矛盾转移到了他的身上。在他到达当天，林则徐下令停泊在珠江上的一切外国船只封舱，当天晚上封锁商馆，并且撤走了一切差役和中国雇员。但是义律面对林则徐的命令出尔反尔，交替使用讹诈、欺骗、撒谎的卑鄙手法。尽管他狡猾多端，但面对林则徐的铁面无私，三月二十八日，义律还乖乖向林则徐呈送了《义律遵谕呈单缴烟二万零二百八十三箱禀》。短短十八天，这一系列的行动充分说明了林则徐的雷厉风行。

邓廷桢

接着，林则徐与邓廷桢等人商议后就鸦片的收缴地点、验收、押运、存储、看管、守卫等各个环节做了详尽而周密的指令和安排。只用了三十四天，共收缴烟土 19187 箱又 2119 袋，总重量 1188127 公斤。

收缴的这段日子，林则徐一刻不怠地监督这一庞杂的过程。日夜操劳，一丝不苟，无一纰漏。虎门销烟前，林则徐了解到，以前用火焚烧鸦片使得鸦片油渗入土中，一些人会把这些土挖去熬炼成烟膏继续害人。所以他派人在虎门海滩挖出长宽各十五丈的两个大池，灌入海水，把鸦片投入池内，泡透后放石灰，再打开涵闸让鸦片末泄入茫茫大海，这个方法使得鸦片彻底销毁。经过二十三天，收缴的鸦片才销毁，这就是著名的“虎门销烟”。销烟的正义行动，得到了广大人民的支持，虎门海滩每天都有上万人观看，人们无不拍手称快。就连一向对天朝的禁烟抱怀疑态度的外国鸦片商也感到了天朝禁烟的决心。

“……此行的目的主要是亲眼看看销烟，因许多人断言，中国人是不会销毁一斤鸦片的。另有人说，即使是真销烟，大部分鸦片一定会被偷走。

“……工作场地四面有木栅，好像一个马来营地。每边门站有哨兵，没有证件任何人不准进入，出来时每人都受检查，工作人员大约有五百人。文武官员不少于六十或八十。官员在高置的座位上，日夜轮流值班，别的一部分官员监督从箱子里倒卸鸦片，特别小心察看每箱、每包现在是否和货船提取时所记录的相符。

“……我们反复检查过销烟的每一个过程。他们在整个工作进行时的细心和忠实程度，远出于我们的臆想，一个穷人只因为企图拿走身边的一些鸦片，一经发觉，立即严惩……这令我们不得不相信了。”

展开禁烟运动、严拿烟贩的同时，林则徐已经做好了战争准备，加紧整顿海防，注意修筑工事，在虎门、横当山各海口添设炮位，设置木桩、铁索，并请皇帝批准将高廉道台衙门迁往澳门，调归水军管辖，以便控制。他在给外国烟商的通知中说："若鸦片一日未绝，本大臣一日不回。"充分表明了自己的立场和决心。

然而，此时清廷的腐朽与没落已经不是一个林则徐可以改变的了。这次禁烟很快成为英国人发动鸦片战争的借口。

第一次鸦片战争

道光二十年(1840)二月，英国海军统领伯麦率军舰十五艘、汽船四艘、运输船二十五艘从印度出发，五月抵达澳门附近。林则徐派火船乘风势潮水发起攻击，焚毁英国两只舢板小船。英舰相持了一个多月，因广东的设防无隙可乘，于是改变方向分兵骚扰其他各省。他们分派五艘军舰到厦门，厦门道台刘曜春出兵迎击，英军未能讨得便宜。接着，骚扰浙江的英舰攻打定海成功，在六月占领了定海。七月，五艘英舰去天津投书讲和，提出了六项条件：第一，偿还货物价钱；第二，开放广州、厦门、福州、定海、上海为商港；第三，两国交往用平等的礼节；第四，赔偿英军的军费；第五，不得因为英国船夹带鸦片连累住在中国的英商；第六，将经手的中国商人的外加好处费全部取消。直隶总督琦善把这件事报告了道光帝。道光帝没想到禁烟引来了英国人的战舰，惶惶不安中任命琦善为钦差大臣去广东查办，免去了林则徐的官职，将其留在广东听候处理，并命令沿海各省不准开炮。

关天培

这一年的十月，琦善到达了广州，做法与林则徐完全相反，他撤销了各个要塞的守军，以讨好敌人，希望能够尽快达成和议。当时广州的水师提督是关天培，他侦察到敌人日夜赶造小船及攻城的用具，还召集走私鸦片船只，进行备战，于是立即报告琦善请求增加兵力，但琦善置之不理。十二月(1841 年 1 月)，英军的伯麦突然攻占了沙角及大角炮台，副将陈连升在战斗中阵亡。关天培及总兵李廷钰、游击马辰等人仍分别守卫在镇远、威远各炮台，但可供调遣的兵士仅各数百名。关天培等再次请求琦善增兵，广州城里的文武官员也极力请求增兵与英国人决一死战，但琦善依然没有同意，他唯一所做的就是给义律写信，极力要求和谈。和谈的内容除了赔偿烟价之外，还同意开放广州、割让香港，遣返浙江被俘人员，以赎回定海。琦善将签订的草约呈交道光帝，对于如此大让步的条约道光无法同意。

英国人的战舰让琦善感到十分害怕,他用美女、美味不断招待英国使者。此时义律也察觉到清政府的无能,于是在这个月连攻横当、虎门各炮台,全部占领,提督关天培战死。道光帝一怒之下将琦善逮捕押送京城,派祁贡代替他,奕山为大将军。道光二十一年(1841)闰三月,英舰攻占四方炮台,进逼广州。在此之前,奕山等人刚到广州时,曾先发制人乘夜袭击敌舰,谋求一次小胜。但第二天早晨,英军就接连攻占了广州城西北的天字炮台、泥城港及城北山顶的四方炮台。奕山躲进巡抚衙门不敢出来,派广州知府余保纯前去议和。双方于是商定了休战条约:第一,将军同意在烟价之外先赔偿英国军费六百万元,限五日内交清;第二,将军及外省的兵士退到城外六十里;第三,香港割让未定,以后再谈判;第四,英军退出虎门。和约签订后,奕山等人打算用布政使库银及海关库银以及运输的库银共四百万,此外广州商行再拿出二百万作为赔款。和约的签订让广东百姓格外愤怒,三元里一万人高举"平英团"的大旗,同英国人进行斗争。义律被重重包围,不能逃脱,直到知府余保纯前去解围,义律才得以离去。六百万的赔款交清后,英军撤离了广州,同时催促奕山等人离开。奕山退驻金山,并向道光谎称英国人势穷求和,请求照旧通商。道光帝虽然对奕山在广州的所作所为有所耳闻但却没有追究。倒是将林则徐判罪,充军伊犁。当初刚同英国交恶之时,道光给林则徐的训令中有"不怕你冒失,只是提醒你不要畏缩"的话,现在反以林则徐危害了同英国的关系为由,将他充军万里之外,好向英国人谢罪。

九月,因为英舰攻占厦门,分兵攻占了定海、镇海、宁波各城,皇帝任命大学士奕经为扬威将军,赶往浙江办理军务。在此之前,英舰退出虎门以后,因为道光二十年(1840)签订的六项条约及后来提出的割让香港的款项没得到中国政府最后的肯定答复,英国想趁机北上,达成此前的愿望。伯麦于是从印度继续调战舰来广东,准备六月北上。但飓风让他的旗舰和舰队都受了损伤。两广总督祁贡于是向皇帝夸大其词,报告说得到神仙保佑,洋船撞碎,淹死了洋兵无数,浮尸蔽海。朝廷得报后,用最名贵的香祭祀海神,还同意广东保举提升了数百名守城的官员。可是,英国派遣的大使璞鼎查和海军少将巴尔克却突然到达,命令卧乌古、巴尔克等带领军舰九艘、汽船四艘、运输船二十三艘于七月攻占了厦门,总督颜伯焘退到同安。攻占厦门后,英军并没有留兵驻守,而是全队驶往浙江。而颜伯焘却向朝廷谎报说收复了厦门。八月,英军攻占定海,总兵王锡朋、郑国鸿、葛云飞全部在与英军的战斗中壮烈牺牲。不久,英军攻占镇海,统兵大臣裕谦自杀,接着英国舰队直溯甬江抵达宁波城下。驻守宁波城的提督余步云弃城逃往上虞,宁波失守。慈溪、余姚的居民全部逃难了。形势到了这般田地,道光帝才任命奕经为扬威将军,进军浙江,以图收复失地。

道光二十二年(1842)八月,英舰接连攻占乍浦、宝山、上海、镇江,逼近南京。道光接二连三得到各地的败报,已无心再战,只想要快点谋求谈判。于是任命皇室成员、尚书耆英为全权大臣,负责去南京与英国人谈判。英舰撤回定海。道光谕耆英曰:"两载以来,沿海生民,突遭蹂躏,朕心实有所不忍,与其兵连祸结,何如息事安民!"分明是在酝酿"丧权辱国"的丧曲,却还在唱着"息事安民"的高调。最开始,道光谕示耆英,英国如果"于通商而外,别无所求",可以割让香港等地,但不得羁留。到了七月初五,道光对耆英的谕示已经变成可以“妥为筹办，不必他有顾虑也”。

英舰行驶到南京下关的江面，陈兵南京城下。七月初七，钦差大臣耆英到达江宁（今南京）。十五日，耆英同璞鼎查在英舰康华丽号上会见。十九日，二人又在静海寺第二次会谈。二十四日，钦差大臣耆英、伊里布受道光皇帝之命，与英国全权代表璞鼎查签订了中国近代史上第一个丧权辱国的不平等条约《南京条约》，共十三款，主要内容包括：一、中国开放广州、福州、厦门、宁波、上海五处为通商口岸，允许英商寄居贸易，英国可以派驻领事等官；二、割让香港；三、向英国赔款2100万元，其中烟价600万元，商欠300万元，兵费1200万元；四、协定海关税则，英商“应纳进口、出口货税、饷费，均宜秉公议定则例”。此外，还要取消行商制度、保护汉奸。八月初二（9月6日），道光帝批准了《南京条约》，鸦片战争结束。

陈化成

鸦片战争和《南京条约》的签订标志着西方侵略者正式用武力打开了中国的大门，中国社会逐步沦为半殖民地。《南京条约》的签订令英国政府和英国商人激动不已，在大清这个富庶王国的大门前，他们不知徘徊了多少回，多少次想进去贸易，都被倨傲的主人委婉拒绝了，如今终于如愿以偿，可以在这块神奇的土地上倾销自己的商品了。而道光也成为中国两千年帝制史上第一个同西方殖民者签订丧权辱国条约的皇帝，背弃了其先祖“以弧矢威天下”的祖训。道光疑虑犹豫、反复无常，这突出地表现在：他在禁烟时，严禁与弛禁犹豫摇摆；他在战争时，主战与主和反复无常；他在用人时，任贤与任奸功罪倒衡。所以，道光就在这场历史悲剧中，扮演了悲剧的主角，《南京条约》因鸦片而生，但其中却没有任何关于鸦片的条款。从大清帝国官方的角度说，这种祸国殃民的东西当然是越远离天朝越好，但实际上鸦片的买卖依然如故，中国政府解除了鸦片的禁令，以洋药的名义收取关税。因此，官民抽鸦片烟的弊风，等于被国家的法律默许。

第一次鸦片战争前，鸦片的吸食主要在东南沿海城市。鸦片战争以后，随着新的通商口岸城市的开放，鸦片已经开始逐渐蔓延到大清腹地。

但是，英国人虽然用战船与大炮打开了中国的大门，事情却并没有往他们期望的方向发展。他们盼望着英格兰的棉织物能够像大清百姓热爱鸦片那样渗透到中国的各个角落。但中国的老百姓显然更钟爱于自家的土布甚于舶来的棉织物。至于其他例如刀叉之类的洋玩意儿，更是不值一屑。与此相反的是中国的丝绸和茶叶在英国赢得了很好的销路，有记载甚至说，“英国人已经轻度地染上了茶叶中咖啡因瘾”。丝绸这种滑腻光滑的面料也受到英国上层的追捧，这种情况导致的直接后果是英国在对华贸易中依然存在逆差，白银流入中国市场。

有数据显示：1857年，不列颠为丝绸和茶叶支付给清政府1500万英镑，尽管鸦片泛滥，清政府为此仅支付了700万英镑，为印度生产的棉织物支付了150万英镑，购买其他英国产品支付了200万英镑，如此，英国的对华贸易逆差达到了450万英镑。而且，清政府规定在对外贸易中只接受白银。

这样的结果对于英国政府来说是绝对不能够接受的，他们想方设法地打开中国的大门不就是想倾销自己商品，同时找到更好的原料产地。但由于中国自给自足的小农经济体制，使英国商品一时之间没打进中国市场。英国认为这是中国开放的市场太少的原因，因此希望有更多的中国市场开放。一场新的侵略战争也在所难免。

而在第一次鸦片战争中，道光先后任命的几位钦差大臣中，林则徐与琦善都受到了惩处。琦善作为钦差大臣代替林则徐与英军进行谈判，他主张“罢战言和”。琦善在英方的武力威胁下极力妥协。英方强迫他签订《穿鼻草约》，要求割让香港岛、赔款600万元。由于涉及割地，琦善未敢签字，于是英军强行占领香港。道光皇帝得知琦善懦弱畏敌，以为他擅自在谈判中割让香港，于是将琦善撤职查办，锁拿进京。琦善在鸦片战争中被道光“革职锁拿，查抄家产”，发配军台。后又获得赦免，1854年，病死于扬州。

清政府通过丧权辱国的条约为自己求得苟延残喘的机会。而最落寞之人却是抗英有功的林则徐。被道光皇帝革职后，林则徐被从重发往伊犁，效力赎罪。到了新疆，林则徐不顾年高体衰，遍行从伊犁到新疆的各地，实地勘察了南疆八个城，加深了对西北边防重要性的认识。

道光二十五年（1845），朝廷重新起用林则徐，调任陕甘总督、陕西巡抚、云贵总督。道光三十年（1850）再次任命他为钦差大臣，督理广西军务。但在赴任途中，于十月十九日暴卒于潮州普宁市，享年六十六岁。

内外交困

不成格局的皇帝

道光帝旻宁即位时，已是一个中年人。嘉庆二十五年（1820），嘉庆皇帝病死，三十八岁的旻宁继位，第二年改年号为“道光”。当时出入宫廷的大学士、军机大臣，如曹振镛、托津、戴均元、卢荫溥、文孚等，也都是从乾隆年间即开始做官了，经历了嘉庆一朝，都已经六十多岁，召对办事，都很稳重，所以宫廷内部一直都十分平静。但官场也日趋腐败，包括这些高级官吏在内天长日久都因循怠惰，只想如何千方百计迎合皇帝的意图办事以保住自己的利禄名位，对政事全都是一副敷衍搪塞的态度。

《瞑庐杂识》中曾有这样一段记载："曹文正公（即军机大臣曹振镛）晚年恩遇益隆，身名俱泰。"有门生问他是怎样达到这样显要地位的，曹说："无他，但多磕头，少说话耳。"可见当时朝中都是一帮唯唯诺诺、尸位素餐的老朽之辈，清帝国的衰落是必然的。

另据陈康祺《郎潜纪闻》载：当时殿廷考试，专尚楷法，不问策论之优劣，甚至有抄袭前一科鼎甲策，仍列鼎甲者，此风不知开自何时。后陈康祺询之于曾任过礼部侍郎的童华。童华说："宣宗初登基，以每日披览奏本外，中外题本，蝇头细书，高可数尺，虽努日夜之力，未能遍阅，若竟不置目，恐启欺蒙尝试之弊。尝问之曹文正公振镛，公曰：'皇上几暇，但抽阅数本，见有点画谬误者，用朱笔抹出。发出后，臣下传观，知上览所及，细微不遗，自不敢怠慢从事矣。'上可其言，从之。"以后遂不论奏折或试卷，均苛求楷法，"遂至一画之长短，一点之肥瘦，无不寻瑕索垢，评第妍媸"。连童华都认为这样做的结果，会使"末学滥进，豪杰灰心"。此事，固然是因为曹振镛出了一个歪点子，使事态向不好的方面发展，但是道光帝本人恐怕也难辞其咎。

金彩花卉双耳瓶

即位之初，道光帝也曾想励精图治一番。他利用文字疏漏，动手收拾了一些前朝勋旧权臣，调整军机大臣班子。军机大臣托津和戴均元二人是嘉庆遗诏的撰拟者，又是公启鐍匣者。在二人所拟的遗诏中，有乾隆帝生于避暑山庄之语。此说与《清高宗实录》所载乾隆帝生于雍和宫不同，却与民间野史乾隆为雍正与宫女所生的逸闻相合。事发之后，道光龙颜大怒，令军机大臣明白回奏。起草遗诏的军机大臣奏明这是根据嘉庆《御制诗文初集》的诗注撰写的。诗注称，乾隆帝于辛卯岁诞生于"山庄都福之庭"。道光帝断然否定这种解释说，原注的意思是"系泛言山庄为都福之庭，并无诞降山庄之句"，是大臣误会诗意。至此，廷臣自然不敢再辩解。于是，道光帝抓住机会调整了军机处，原来的军机大臣托津、戴均元两人均受到处分，罢军机大臣、降四级留任。另两位军机大臣卢荫溥和文孚虽然留任，亦受到"降五级，六年无过，方可开缺"的处分。

经过这件事情之后，首先是经常出入宫廷、从事文字事务的大臣们见皇帝如此注意文字都为之震惊。曹振镛是一个"历事三朝，凡为学政者三、典乡会试者各四"，"殿廷御试，必预校阅，严于疵累忌讳"的人，此时他提出"抽阅数本，见有点画谬误者，用朱笔抹出"的办法，自然很容易被道光接受，这是旻宁即位之后，处理的第一件大事。

道光是清代最为节俭、清素的皇帝，他本人对奢侈嗤之以鼻，且大力整饬。道光元年（1821）十一月初八，他颁发了一篇自己做的《声色货利论》，文中首先申明了摒除声色的论点，指出皇子皇孙们六岁入学，对于修身立志的道理无不诵读讲肄，但"知之非艰而行之艰也”，为人君者尤应自防。因为“常人惑之，害及一身，人君惑之，害及天下”。并告诫其子孙，造次无忘。

情殷鉴古图

关于货利，道光认为对于奢靡的生活必须加以节制。同时认为，为人上者，要“知稼穑之艰难，力崇节俭，返本还淳”。宫室苑囿，现有的已经尽美尽备，足供游憩，不必再为经营。每年应该修理的尚且不能及时，哪还有什么空暇增加新的？为了身践力行，道光帝还主动举出臣下谄谀的说法，加以驳斥。如土贡，臣下可以“寻常之物，非珠玉可比，价廉值贱”为由，大量进献。针对这种说法，他指出：“独不思一丝一粟，从何而出哉！且由千里而来，以至达于九重，其费不知凡几矣。故省一分，天下阴受一分之福，于吏治民生不无小补哉。”有谄媚取巧之人建议兴建宫室园囿，“则必曰，内廷之兴造，不同往昔，今则自内发帑募夫，并非劳民力伤民财而成之也”。对这种说法道光帝更严厉地表示：“此乃我大清万世之罪人，即应立正典刑，暴白天下！”并指出：“试思府库之藏，来自何所耶？变其名色，分其出纳，又将谁欺乎！呜呼！仍是吾民脂膏也。”旻宁不但要求本朝如此，而且告诫后世子孙应该永崇节俭。还说朝臣如果“不能犯颜强谏，唯知自顾身家，苟且旁观，尸禄保位”，也是“万世不忠之臣矣”。这比起他那个穷奢极欲的祖父乾隆皇帝却是值得称赞的地方。不过，这也从另外一个角度反映出当时的大清帝国已经是迅速走上下坡路，财力不支了。

在这个被称为“嘉道中衰”的历史时期，人口繁殖日盛，但耕地并未增加，生产力也未能相应提高，百姓生活日益窘迫，国家日趋贫困，再加军需、灾荒、河工的花费，整个社会濒于崩溃的边缘。

为了实践屏除声色、以礼自防的主张，道光帝曾大量缩减在内廷承担演戏奏乐的机构——南府（后改为升平署）的人员，从嘉庆末年的六百五十多人，缩减到只剩下三百七十余名。另据《燕下乡脞录》载：“宣宗中年，尤崇节俭。尝有御用黑狐端罩，衬缎稍阔，令内侍将出，四周添皮。内府呈册需银千两，乃谕勿添。明日，军机大臣入侍，谕及兹事，自是京官衣裘不出风者十有余年。”

但作为宫廷经济的后盾，整个社会的农业生产却日趋紧缩。据《清实录》载，乾隆六年（1741）时候的人均土地占有量约为6.2亩。到乾隆三十一年（1766），人口数变成了2亿809万5796人，田地为741万4495顷（每顷百亩），人均土地占有量减少到了3.56亩。至道光元年（1821），人口增至3亿5554万258人，田地数字无统计。但从嘉庆十七年（1812）到道光二年（1822），有四个省的田地数下降了百分之七多。即使与《石渠余记》所载嘉庆十七年（1812）田地数持平的话，道光二年（1822），每人平均土地也只剩下2.23亩了。在当时农业生产技术极为落后的情况下，这就意味着人均农业生产量的降低。

《清实录》中还记载了各省仓库贮存米、谷数量，乾隆六年（1741），每人平均为二斗二升一合，到了道光元年（1821），虽然所存米谷绝对数字稍有增加，但人均数量减少到九升九合了。这些仓米当然和每个百姓的生活没有直接关系，但说明国家的粮食储备也在相对降低，这种状况也反映到宫廷生活中来。

喜溢秋庭图

宫廷经济的主要来源之一是一些税关，每年将正税交户部库，其余盈余银有一部分称额外盈余银需交内务府广储司库，各盐政的扣裁养廉银、归公养廉银、各项盈余银、节省养廉银、余存办公银、各项利银、人参皮张变价银等均交广储司库或圆明园。但从宫内奏销档案记载来看，这些税关和盐政往往长期拖欠，影响了宫廷收入造成经济困难。

不过，道光虽然号召节俭，但是对于全国和宫廷经济的整体情况并没有全面透彻的了解，也就缺乏全盘的长远筹划和有力的措施，所做的努力终归无济于事。

道光皇帝在位，中国正面临最严重的内外危机，他所面临的是历史难题。虽然道光本人“恭俭之德，宽仁之量”，却是“国步之濒，肇端于此”。如道光二年（1822）五月，仓场侍郎莫晋因盘查仓场事与户部意见不合，回奏又“负气辩论”，顶撞冒犯。道光帝在其奏折上写道：“尔大臣等阅此，必谓朕勃然矣。不然。朕自幼承受鞠育之恩，择师诲导，涵养有年。虽不敢自信恢弘，亦不至粗厉褊狭。事愈大，心愈小；情愈急，气愈和。此朕自励之常规也。”

道光的抓小放大，使他不能够抓住事物的要害。他自诩说：“自御极至今，凡批览章奏，引对臣工，旰食宵衣，三十年如一日，不敢自暇自逸。”野史说他穿带补丁的裤子，于是大臣们仿效，也“缀一圆绸膝间”。然而一个补丁五两银子相当于普通百姓一年生活开销不说，反而造成了官场里在面子上花功夫弄虚作假的一团和气，而不能以一种大历史、大格局的时代观观望和选择。

半殖民地的深渊

道光二十年（1840），英国侵略者对中国发动了鸦片战争。鸦片战争以后，中国开始由独立的封建国家逐步变成半殖民地半封建的国家，中华民族开始了一百多年屈辱、苦难、探索、斗争的历程。

衰落从嘉庆中叶就已经开始。但清政府始终以“天朝上国”自居，虚骄自大，闭目塞听。而同一时期的欧美列强已有长足发展，并把地域辽阔、人口众多的中国，作为他们扩大海外市场的目标。双方在历史进程中的这个时间差给了西方入侵中国的绝好机会。鸦片的泛滥，影响了民众的身心健康，使吏治败坏，导致中国白银外流，政府财政收入短缺。1842 年签订的《南京条约》，是清政府第一份不平等条约，严重损害了中国的主权。条约规定中国割让香港，赔偿二千一百万银圆；广州，厦门，福州，宁波，上海五个口岸城市对外通商，此外英国还享有协议关税。而清政府长期以天朝自居，官员们闭目塞听，对于国际关系毫不熟悉，在随后的《南京条约》两个补充文件谈判中遭受了进一步的利益损失：《五口通商章程》和《虎门条约》的签订，使英国得到了领事裁判权，片面最优惠国待遇和开设租界等特权。

一旦中华帝国闭关自守的古老大门被洋人的坚船利炮打开后，就再也没有复合的机会。见到英国从这个东方国家得到了巨大的好处，其他资本主义国家也乘势而起。美国总统泰勒派全权大使乘军舰到广州，已成惊弓之鸟的清政府急忙跟他签订《望厦条约》。

法国军舰开到广州海面示威，宣称要北上攻击舟山群岛，道光帝又慌忙和法国签订了《黄埔条约》。就连那些对中国人来说完全陌生的葡萄牙、西班牙、比利时、普鲁士（德国）、奥匈帝国、意大利、荷兰、丹麦、瑞典等等也想要分一杯羹，“一些中国曾经听说过，或从没有听说过的弹丸小国，在过去就是前来进贡也不够资格的，现在排队而来。”（柏杨的《中国人史纲》下卷）。他们一一和中国签订了条约，而且均享有和《南京条约》中英国人一样享有的特权。道光二十九年（1849），葡萄牙驱逐中国在澳门的官吏，停付租金，公然强占了澳门。中华帝国顿时陷入半殖民地状态。中国煌煌五千年的文明史，至此开始将忍受无尽的屈辱。

太平天国起义

太平天国运动是中国近代的一次大规模农民起义，其疆域最广阔之时曾占有中国半壁江山。其开始的标志是道光三十年（1851）金田起义，结束的标志是同治三年（1864）天京陷落，历时十四年之久。

鸦片战争后，清政府将大笔军费和巨额赔款全部转嫁到了劳动人民身上。同时，五口通商后外国的工业产品迅速涌进中国，质高价廉的工业产品使得中国传统的家庭副业和手工业产品失去了相当大的市场。东南沿海地区的农民和手工业者纷纷破产，失去生计。同时，地主加紧了对农民的盘剥，使得土地兼并更为严重。人祸之外天灾也十分严重，水灾、旱灾、蝗灾，连年不断，广大农民家破人亡，陷入绝境。农民反抗斗争多达一百一十次。特别是两广地区，由于受到鸦片战争的直接冲击，社会动荡更为激烈。

就在这个时候，洪秀全将基督教的平等观和中国人对于“天下太平”“人人平等”的平均观念的向往结合起来，从农民的要求和利益出发，先后撰写了《原道救世歌》《原道醒世训》和《原道觉世训》，创立拜上帝会，他宣传“皇上帝”是唯一的“真神”；人们都是上帝的“赤子”，在上帝面前人人平等，而清朝的皇帝实乃“阎罗妖”，世间“相凌相夺相斗相杀”，都是“阎罗妖”的罪过。同时，冯云山在紫荆山区的广大贫苦农民和烧炭工人中，开展拜上帝会的组织工作。到了1849年，参加拜上帝会的人众已达万余人。1850年前后，拜上帝会与地主团练的冲突日趋尖锐，太平天国农民起义就是在这样的形势下酝酿和发动的。

咸丰元年（1851）一月，洪秀全在广西桂平市金田村发动了农民起义，宣布建号“太平天国”。三月份，太平军从桂平转战到了武宣东乡，洪秀全正式称“天王”；然后一路势如破竹，九月攻占了永安州。在永安，太平天国进行了休整补充和制度建设，永安改制初步奠定了这支农民政权的制度雏形。太平天国运动让朝野震动，也成了咸丰登位之后碰到的最大难题。咸丰二年（1852），太平军打破清军围剿，从永安突围北上桂林，很快就攻克全州，进入湖南。但是在全州战役中，太平天国损失了重要的将领冯云山。

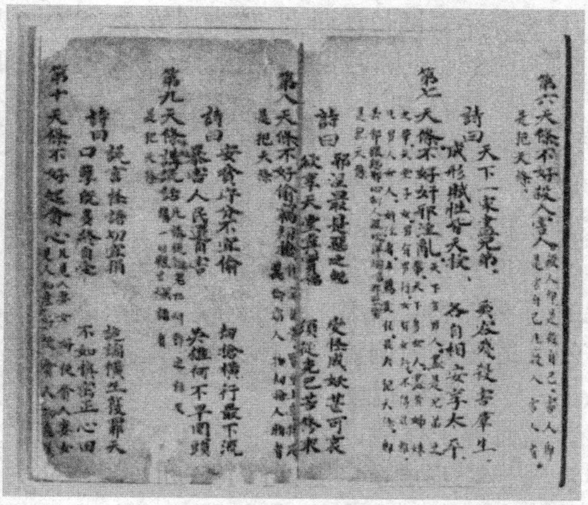

太平军《天条书》抄本

清军方面也损失了长瑞、长寿、董光甲、邵鹤龄四总兵。咸丰帝没想到义军的势头如此猛烈，急调两广总督徐广缙带兵赴桂，协助赛尚阿，围堵太平军，分兵合力，阻其北上。结果，太平军经道州、郴州，进军长沙。赛尚阿尾追太平军，同时川、赣也投入兵力增援，陕、豫兵入鄂防堵。又严命参将以下官员，贻误军机者，“一面奏闻，一面军前正法”。

太平军围攻长沙不下，转取岳州（今岳阳）、汉阳、汉口。而此时赛尚阿以“视师无功，贻误封疆”罪，遭到清政府革职查办，籍没家产。在转战湖南途中，太平军发布了《奉天讨胡檄布四方谕》等重要文告，以“扫除妖孽，廓清中华”为口号，号召了广大群众的参与。湘江上的纤夫、船工；码头上的挑夫、搬运工；城镇中的铁匠、商贩、木匠；以及郴州、桂阳山区的煤矿工人，各种来自底层的人民群众迅速壮大了太平军的队伍。1853年初，太平军攻克武汉三镇，这一重要的胜利不仅使起义军队伍的人数增加到了五十万，而且大大提高了太平天国的声威。于是紧接着，太平军水陆兼程，沿江东下，连克九江、安庆、芜湖等重镇。

咸丰三年(1853)正月初八,咸丰帝下罪己诏,承认自己“不能察吏安民”、也“抚育无方”,表示要“引咎自责”“恐惧修省”,请求苍天“宥予之辜”。同时,他提出了几条对策:一是要坚壁清野。“因思嘉庆年间,川、楚教匪,蔓延数载,嗣行坚壁清野之法……旋就荡平。”二是办理团练。他还借鉴嘉庆年间“令民团练保卫”,就是当时广西、湖南“多有团勇保护乡里,贼不敢逼”。这种地方武装,由绅耆筹措经费,也由绅耆董事其事。三是调兵遣将,“复钦派大臣,三路会剿。”四是分化瓦解,被裹胁来归者,赦其罪;立功者,予重赏。咸丰命各直、省大吏,将其谕旨,“刊刻誊黄,宣示中外”。

1853年3月19日,太平军攻克了南京,改名天京,定为都城。不久,就进行了北伐和西征。5月,林凤祥、李开芳率军北上,目标直指北京城。北伐军出江苏,过安徽,进河南,渡黄河,入山西,直捣直隶,逼近天津。但是由于孤军远征,缺乏补给,终于失败。就在同时,太平军为了控制长江中游,确保天京的安全,又派兵西征。1853年5月,赖汉英、胡以晃、曾天养率军溯长江西上,攻占了安徽、江西、湖南、湖北的广大地区。在这种局势下,清政府虽然对地方汉族武装不信任,但不得不倚重于湘军钳制和剿灭太平天国。

怀庆解围战

湘军又称湘勇,是以湘乡练勇为基础而成的一支地方军队。由于它适于作战的组织形式,灵活实效的行兵布阵,征集方便渠道畅通的饷源保证,尤其是经过切实训练而善于作战的将领与士卒,形成了一支具有生气和较强战斗力的强大武装。湘军的建立意义重大,它使清朝军制发生了转折性的变化。不同于国家正规军八旗和绿营的世兵制度,湘军是兵由招募,将由选任,饷由自筹,兵随将转,兵归将有。因而将领对军队有极大的指挥调度权,军队将领自成体系,于是一个新的兵制即“募兵制”出现了。募兵制的出现,使拥有兵权的总督、巡抚的权力得到了扩大。由于当时的八旗兵和绿营部队军纪涣散战斗力极低,湘军对于清廷来说有举足轻重的作用,承担着对抗太平军的主要任务。结果也正是在它的打击下,太平军的发展遭到遏制而终于覆灭。它为清朝立下了所谓“中兴”之功,完全达到了它组建的目的。

湘军的组建,最初由于咸丰鉴于岳州之陷与蓑衣渡之胜,命各省绅士办理团练。后命令因母亲病故而丁忧的侍郎曾国藩在湖南原籍帮助官府办理本省团练事务。曾国藩当时在湖南早已建立了团练局,诸生罗泽南、王鑫办团练很有名声。巡抚张亮基下令各招募一营,以助作战防守,号称湘勇,请曾国藩主持其事。曾国藩以母亲病故服丧期间,又称自己书生出身不懂军事推辞不出。但是武昌被太平军攻破以后,在湖南引起了极大的震动,曾国藩这才到长沙。与张亮基共同负责守御之事,并上疏陈述组办团练困难之处在于筹资方面。他说:“湖南军队空虚,以练兵为当务之急。自从太平天国起义以来两年多，朝廷所消耗的军饷不算不多，调集之大兵不算不众，却往往见贼就逃窜溃败，未听说有奋战者。现在军中所使用的兵器却是大炮鸟枪，只是远距离轰击，却没听有短兵交锋的。原因何在？在于兵未训练，而缺乏胆量，缺乏本领之故。今要变更办法。在省城设立一大团，选拔乡民健壮朴实者，招募来省城。这样，招收一人，收一人之益；训练一月，有一月之效。”

彭玉麟

曾国藩于是用一年的时间整治军队，用招募之法代替原有的军队编制，全部废除过去的官兵体系。专门选拔读书人率领山野农夫，各自组成兵营。他亲自考察各种规章制度及古往今来的方法，发现唯独戚继光的著作称得上切合时用，于是在此基础之上加以变通实行。湘军以三百六十人为一营，中营由罗泽南统率，左营王鑫统率，右营邹寿章统率。塔齐布统率兵勇组成二营，周凤山、储玫躬各统率二营，曾国葆统率一营。这是其陆师编制的开始。曾国藩训练湘军时，说只有万众一心、万人一气，才可以与敌交战。湘军的训练不仅仅局限于军事，还教导他们尊敬长上而知礼节，遵守法令爱护人民。这样一支训练有素法纪严明的军队其战斗力日益增强，以灭太平军为己任。之后湘军长驱东下，扫荡武昌太平军，摧毁江州防线，收复了安徽全省。

1853年冬，太平天国制定并颁布的《天朝田亩制度》，提出了“凡天下田，天下人同耕”的原则。试图建立一个“有田同耕，有饭同食，有衣同穿，有钱同使，无处不均匀，无人不饱暖”的理想社会。《天朝田亩制度》是在小农经济基础上维持绝对的平均主义，虽然不可能付诸实施，但表达了广大农民要求得到土地的强烈愿望。除此以外，太平天国还实行男女平等；改革考试制度；对外关系上坚持独立自主。《天朝田亩制度》是太平天国解决生产资料与产品分配的革命纲领，体现了农民阶级要求废除旧有封建土地所有制的强烈愿望，可以说是几千年来农民反封建斗争的思想结晶。1856年上半年，太平军又在天京外围展开了激烈的破围战，先后击破了江北大营和江南大营，在军事上达到了全盛。

接着在1859年，《资政新篇》出台。这是一部洪仁玕在太平天国后期提出的中国第一套具有发展资本主义意愿的政治纲领，但由于客观上周边环境的恶劣与主观上农民阶级的漠视而没有起到预期的作用。

在经济制度方面，太平天国施行建立在人无私财的原则基础上的圣库供给制度。这

李鸿章克复苏州战图

个制度在金田起义时就已经产生。当太平军创兴之时，圣库制度对保障部队供给、吸引贫苦农民参加革命和保证军事纪律等方面，都有十分积极的作用。太平天国无论军中或城乡都编立军伍。地方政权设军帅，下辖师帅、旅帅、卒长，最基层的组织单位的领导是“两司马”。从“军”到“两司马”都设有圣库，然后设“总圣库”。圣库制度的好处不仅表现在它吸引了贫苦农民群众踊跃参加起义，鼓舞了他们的斗志。而且战士们的家属在天京，因为有圣库解决生活问题，使战士们没有了后顾之忧，专心于征战。而且，所得一切缴获交归圣库，保证了太平军良好的纪律，使军民关系融洽。在天京和镇江等城市被清军长期包围的时期，圣库供给制起到了军民同甘共苦，民心稳固不懈的巨大作用。在太平天国定都天京起，在它的中央机构中设立“总圣库”“总圣粮”，俱各正副，又正副官四员，“职同检点”。其下分设备典官任其事。

圣库的物资来源主要有五个方面：一是起义初期上帝会众交给圣库的银粮衣物；二是打败清军或攻克城镇缴获的战利品；三是各处城乡人民的捐献和对富户派大捐、打先锋所得的财物；四是“科派”、田赋与工商税的收入；五是百工衙的生产品等。天京城中设立的百工衙与诸匠营，是圣库物资的重要来源之一。不过，圣库制度把城市人民的经济生活也纳入圣库的供给范围，一度要求以“人无私财”的原则施之于民间的做法则走向了极端。

1856年，太平天国发生内乱，最重要的两员大将杨秀清、韦昌辉被杀，石达开既无实权又心存疑虑，于1857年6月，率领十万精兵远走西南。这成为太平天国由盛入衰的转折点，太平军被迫由战略进攻转向防御。清军抓住这个机会乘机反扑，攻占了长江中下游许多地方，重建江南、江北大营，围困天京。洪秀全为重振国威，提拔陈玉成、李秀成等青年将领并委以重任。1858年8月，陈玉成、李秀成会集各路将领，在安徽枞阳召开军事会议。各路大军协同作战，一举攻破了浦口，歼敌万余，再次击溃江北大营。11月，在安徽三河镇全歼湘军精锐六千余人，迫使清军从安庆撤围，稳定了天京上游的局势。

第二次鸦片战争后，外国侵略者同清政府互相勾结，共同镇压太平天国。太平天国坚决地同侵略者进行了英勇斗争，先后重创“常胜军”“常安军”“常捷军”，并将常胜军洋枪队的头子华尔打死。但天国的局势仍是急转直下，军事重镇安庆失陷之后，太平军在江苏、浙江的根据地也相继失守，只剩下天京及其周围小块地区。长久以来洪秀全的挥霍无度使得天京已经变得内无粮草，外无援兵，形势日益危急。李秀成提出“让城别走”，另辟根据地的主张，遭到洪秀全的拒绝。1864 年 6 月 1 日，洪秀全病逝。7 月 19 日，湘军挖掘地道，用火药轰塌了城墙。经过一番惨烈的巷战之后，天京陷落了。大部分太平军将士都在这次战役中壮烈牺牲，少数人突围。洪秀全的儿子幼天王洪天贵福，和洪仁玕在江西被俘后英勇就义。李秀成在天京突围时被俘，被曾国藩杀死。太平军余部转战大江南北，一直奋战到 1868 年。

太平天国起义燃及十四省之广，历时达十四年之久，其时间之长、地区之广、规模之大、影响之深，为中国历代农民战争之最。清朝统治受到根本动摇，咸丰皇帝为此筋疲力尽。太平天国的失败说明其存在本质上的缺陷。

第二次鸦片战争

就在咸丰穷于应付太平天国的同时，清政府又遭遇到西方列强的侵略。

咸丰四年(1854)，英、美、法国在上海扩大租界，并把持了中国的海关，向清政府提出修改《南京条约》等要求，企图继续扩大在华权益，但是被清廷严词拒绝。咸丰六年(1856)，英国借口“亚罗号”事件，进犯广州。亚罗号是香港华人苏亚成所有，向香港英国政府登记为英籍。九月的一天，悬挂英国国旗的亚罗号停泊在广州黄埔，巡河水师千总发现该船的执照已过期十一天，于是扣留了十二名船上的中国水手，并将英国国旗撕毁。英国领事巴夏礼就此事向两广总督叶名琛抗议，要求放还水手并道歉，同时还要求移办该巡河水师千总。叶名琛觉得船只和水手都是中国的，因此放还了中国水手，但是拒绝向英国道歉，于是巴夏礼派人向叶名琛发出通牒，声称如在一定时间内不如约办事，则要攻城。叶名琛对此置之不理。于是，英军的船只驶入珠江口，每隔十分钟炮轰一次总督衙门，但并未形成规模，不久退出，叶名琛向朝廷佯称大胜。广东人民见英军退去，纵火焚烧了洋人的商馆和洋行，广东十三行也被连带化为乌有。英法以此为借口，发动了第二次鸦片战争。

广东十三行同文街上一店铺

咸丰七年(1857)，英法联军抵达广东，攻打广州城，要求叶名琛十天内出面谈判。十一月，联军又发出最后通牒，限叶名琛两天内出降，谁知叶毫无反应，他既不组织抵抗，也拒绝议和，更不逃跑。两天后，英法联军攻打广州，广州城轻而易举落入敌手，叶名琛在副都统双喜的衙署内被英法联军擒获。时人薛福成在日记中沉痛地说："英人初志在得，入城见大吏，借以通隔阂、驭商民，乃粤民一激再激，叶相复一误再误，使拱手而有粤城……益知中国易与，遂纠法、俄、美三国兵船北上，驶入大沽，阻我海运，立约而还……粤民激于前此大府议和之愤，万众一辞，牢不可破，必阻其入城一事以为快，屡请屡拒，纷纭者二十年，而大沽之失，天津之约，皆成于此，由今观之，甚无谓也。"

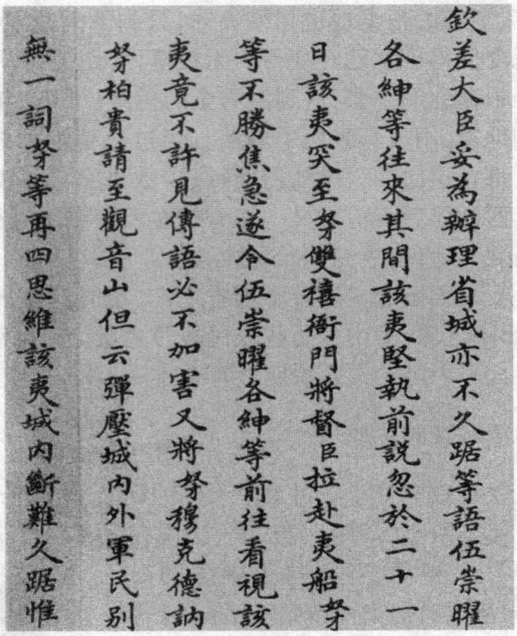
欽差大臣妥為辦理省城亦不久踞等語伍崇曜
各紳等往來其間該夷堅執前說忽於二十一
日該夷突至奴才雙禧衙門將督臣拉赴夷船奴才
等不勝焦急遂令伍崇曜各紳等前往看視該
夷竟不許見傳語必不加害又將奴才穆克德訥
奴才柏貴請至觀音山但云彈壓城內外軍民別
無一詞奴才等再四思維該夷城內斷難久踞惟

《英法军突入粤城掳去总督等事折》

叶名琛被俘后解往停泊在香港的军舰"无畏号"，被当时的人讥讽为"六不总督"："不战、不和、不守、不死、不降、不走。相臣度量，疆臣抱负，古之所无，今亦罕有"。叶名琛称"欲面见其王以理论"，还自己准备了粮食，耻食敌粟。《香港纪事报》记载："偶然有人上舰，都向叶脱帽致意，他也欠身脱帽还礼。"

叶名琛被俘后被英国人送往印度加尔各答，囚禁在威廉炮台，后迁往托里贡的住宅，日诵吕祖经不辍，自书"海上苏武"。第二年，叶名琛死于囚所，据说是绝食而亡。英国人把他的尸体交回中国后，他的一些文件至今被封藏于英国国家档案馆。

咸丰八年(1858)三月，英法联军及英、法、俄、美四国公使，抵达天津大沽口外，要求"修约"。咸丰令直隶总督谭廷襄"以夷制夷"：对俄要表示和好，对美设法羁縻，对法进行诱劝，对英严词责问。谭廷襄奉旨行事，结果却没有达到预期的效果。四月，英法舰队在俄、美支持下，攻陷了大沽炮台，直逼天津，清军八千余人不堪一击。咸丰不得已派大学士桂良、吏部尚书花沙纳为钦差大臣，赴天津谈判。此前，咸丰曾想起当年同英国签订《南京条约》的耆英，但由于英法发现耆英在之前的谈判中，没有将英方要求如实上报清廷，因此拒绝同耆英谈判。五月，钦差大臣桂良、花沙纳分别与俄、美、英、法等国代表签订了中英、中法、中俄、中美《天津条约》。条约样本呈奏给咸丰以后，咸丰虽然愤怒，却不得不批准。为了平息自己心中的怒气和民愤，令渎职的耆英自尽，算是找了一只替罪羊。随后清政府又在上海签订了中英、中法通商章程。

咸丰九年(1859)五月，英、法借口换约，军舰又到了大沽口。英法舰队进攻大沽炮台，提督史荣椿下令开炮还击，重创了英、法的舰队，击沉四艘、击伤六艘，死伤四百余人，重伤英舰队司令贺布。英法联军在美舰掩护下狼狈退走。咸丰见大沽获胜，尽毁《天津条约》。这一举动引起英、法两国新的侵略。

咸丰十年(1860)春,英军一万八千余人、法军七千余人,陆续开赴中国。然后占领舟山,进攻烟台。到了六月,英法联军又再次向大沽发动进攻。守卫大沽的僧恪林沁,疏忽了北塘的防守。僧格林沁上奏要在大沽同英法联军决战,咸丰谕旨:“天下根本,不在海口,而在京师。”七月,英法联军由北塘登陆,进攻新河与军粮城,僧格林沁率领四千骑兵抗击,几乎全部阵亡。英法联军攻陷塘沽,又陷大沽,进占天津。咸丰派大学士桂良、直隶总督恒福为钦差大臣赶赴天津谈判。英、法的条件是要求天津开埠,同时清政府向两国各赔款八百万两白银等。桂良拟接受条款奏报,咸丰命令先退兵、后定约。英法联军于是以谈判不成为由继续向通州(今北京通州区)进军。八月,咸丰又派怡亲王载垣、兵部尚书穆荫为钦差大臣到通州议和。载垣接受英、法要求,但英、法又提出向皇帝亲递国书,此举被载垣拒绝。载垣、穆荫拘囚英使巴夏礼等解京。英法联军继续进攻,与清军大战于通州张家湾。结果僧格林沁战败,退到通州八里桥。英法联军共六千余人继续进兵八里桥,僧格林沁、胜保兵再败。这时,两国联军已经直逼北京城了。在西郊圆明园的咸丰皇帝知道败局已定,虽然有的王公大臣还劝他奉移大内,御驾亲征,挽回失败的结局,可是他哪里有胆量亲征,赶紧委派弟弟奕䜣为钦差大臣,便宜行事,办理和局。初八,咸丰以“秋狩木兰”为名,从圆明园启程奔往热河。

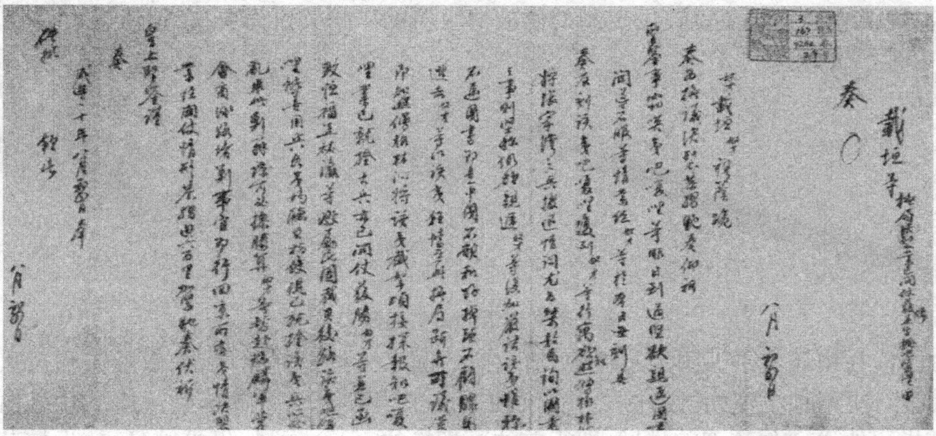

《生擒巴夏礼事折》

咸丰十年(1860)八月初八的早晨,咸丰帝命郑亲王端华、尚书肃顺、军机大臣穆荫、匡源和杜翰等人护驾,带着皇后钮祜禄氏、懿贵妃和五岁的儿子载淳,开始向热河仓皇逃窜。同时,命令僧格林沁和瑞麟移师海淀;又让恭亲王奕䜣留守京城与英、法“督办和局”,咸丰给奕䜣的头衔是“钦差便宜行事全权大臣”。此时清朝面临着整个情势在小胜大败、易战难和之间恶性循环式地交替进行着。如此局面的形成和咸丰本人性格上的缺点,以及整个统治集团在战和问题上摇摆不定的态度有很大关系:咸丰一方面畏惧洋人,另一方面又痛恨洋人。而肃顺又拿不出一定的办法,因为他亦不知道该和该战。而和战态度的转变,又往往为战报所左右,打一个胜战,马上斗志昂扬;吃一个败仗,便又亟亟求和。

英法联军进至北京德胜门外。八月十五日,走到密云区罗山行宫的咸丰皇帝发出上谕,下令大学士桂良和协办大学士、户部尚书周祖培严守紫禁城。紫禁城内由豫亲王奕道和吏部尚书全庆管理,他们紧急调遣军机章京曾协均等六人速赴行在听用。八月二十二日,僧格林沁撤往海淀,英、法联军占领齐化门,又绕过安定门和德胜门直扑海淀,清军不战而溃。于是联军很快就攻占了圆明园。恭亲王奕䜣、大学士瑞麟和新任步军统领文祥等人想回城,但城门已关,只好驻在城外万寿寺。这时,奕䜣觉得"事机如此,万不能再议抚局",只好将此前囚禁的巴夏礼放还,希望能够次日议和。但巴夏礼等人既出,英军便更加地毫无顾忌了,开始对圆明园疯狂的掠夺。九月初三,英法联军将洗劫一空的圆明园烧毁,大火冲天,数日不熄。"万园之园"化为灰烬。这之前,八月二十六日时英法联军曾经提出不毁灭北京城的唯一条件就是速开安定门,交给联军驻守,否则,定于八月二十九日攻城。八月二十九日中午,巴夏礼带领着英军首先冲入城中占领了安定门,还把他们的大炮安设在城门之上,安定门附近的民房全部被烧毁。接着,法军也开进了城,住在国子监一带。

英使额尔金于九月三日又向奕䜣发出最后通牒,内容是给英国的三十万两抚恤银,必须在本月九日前交付;十日要签订续增条约;同时交换《天津条约》的批准书。并要求清政府必须在九月七日上午十时以前用书面答复,否则,北京城内的皇宫——紫禁城会被全部烧毁。通牒中还以英国控制的供应清政府的广州关税为要挟,迫使奕䜣就范。

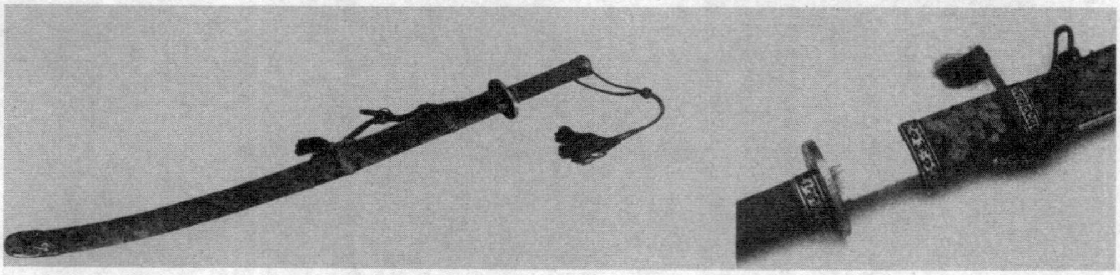

道光帝赏奕䜣之白虹刀和刀款

此外,在镇压太平天国的过程中,清政府的国库已经消耗殆尽,八旗月饷和援兵口粮筹办无术,更增加了清朝的后顾之忧,议和变成了当务之急。咸丰皇帝连下几道谕旨给奕䜣,指示他说:"俟该夷酋进城,即行前往画押换约,保全大局,毋再耽延,致生枝节。此时天气尚未严寒,该夷如能早退,朕即可回銮,以定人心。"让他速办和局,城中自豫亲王以下的各位留京大臣,均合词恭请奕䜣入城速定和局。在这种压力之下奕䜣完全接受了英国提出的条件,包括侵占九龙司在内。

九月十一日,奕䜣率领着大学士贾祯、周祖培,尚书赵光、陈孚恩,侍郎潘曾莹、朱晋等人,在护卫和善扑营兵丁各十几名的保护下入城,与英使额尔金换约。到了中午,额尔金、巴夏礼等人乘坐着八抬大轿,鼓乐前导,自安定门入城,双方于是签订了中英《北京条约》。第二天,仍用同样的方式与法国公使葛罗签订了中法《北京条约》。

伍敦元

中国这块大蛋糕当然不止英、法两国觊觎。俄国在这个过程中也趁火打劫，与中国签订了《瑷珲条约》《天津条约》与《北京条约》，强割了中国东北和西北大片领土。这一过程和当年康熙帝签订《尼布楚条约》和《恰克图条约》已经完全不同，当时就中俄东段边界已明确划定，沙俄侵略势力已退出了黑龙江以北的地区。19世纪中期的鸦片战争之后，沙俄侵略势力也趁机卷土重来，蚕食中国北部边疆。他们首先以派“探险队”的方式，强占了黑龙江以北的重要据点，之后几年时间就把黑龙江以北包括库页岛在内的广大地区几乎全部占领。咸丰六年(1856)，沙俄悍然宣布在中国领土上设置以庙街为中心的“滨海省”。接着又以欺骗等手段进行接连不断的外交活动，要求黑龙江将军衙门乃至清政府承认这一事实，妄图将侵占中国领土的事实合法化，但均遭拒绝。第二次鸦片战争爆发以后，沙俄以调停人的面目出现，以伪善欺骗的手段诱使清政府向英法低头退让，自己则趁机逼迫清政府先后签订了上述三个条约，轻而易举地从中国攫取了一百多万平方公里的土地，将本来是中国内河的黑龙江与乌苏里江变成了中俄两国的界河，康熙皇帝在位时候就对中国领土虎视眈眈的沙俄终于实现了他们的梦想。由于清政府的昏庸，清朝官员缺乏地理学概念和科学知识，竟把俄方提出的关于西部边界的走向写进了《中俄北京条约》之中，为不久后俄国大规模地侵占四十多万平方公里的中国西部领土制造了“根据”。条约签订之后，中国骤然失去数千里的土地，而且俄国人在通商、海上、陆上均获得了远在其他侵略国家之上的利益。

英、法代表同奕䜣签订条约后，于十一、十二两日陆续退兵。三十日，恭亲王奕䜣奏称洋人全部退至天津，请咸丰回銮。十月初一，咸丰就《恭亲王奕䜣等合词吁请回銮折》事谕：“谕军机大臣等，本日据恭亲王奕䜣等合词吁请回銮一折，此次洋人称兵犯顺，恭亲王等与之议抚。虽已换约，此系万不得已，允其所请。然退兵后，而各国洋员，尚有驻京者。且亲递国书一节，既未与该使言明，难保不因朕回銮再来饶舌。诸事既未妥协，设使朕率尔回銮，洋人又来挟制，必将去而复返。频数往来，于事体殊多不协。且恐京师人心震动，更有甚于八月初八日之举。该王大臣等奏请回銮，因系为镇定人心起见，然反复筹思，只顾目前之虚名，而贻无穷之后患。且木兰巡幸，系循祖宗旧典。其地距京师尚不甚远，与在京无异，足资控制。朕意本年暂缓回銮，俟洋务大定后，再将回銮一切事宜办理。”在外敌入京、义军蜂起、社稷多难、江山危急之时，咸丰皇帝这个胆小如鼠的一国之君居然以“木兰巡幸”为名逃之夭夭，可以说第二次鸦片战争的全面失利，咸丰是直接的责任者。咸丰在出兵的方面一直不坚决，没有守住塘沽海口；他态度的犹豫使天津谈判没能就地解决，纵容肃顺、载垣、穆荫一伙将英使巴夏礼等诱擒到京，使事态进一步扩大。在应该挺身而出全力守卫京师的时候逃之夭夭，即便在洋人已退至天津的情况下仍不肯回銮。他既缺乏才识又没有胆略，和他的父亲道光皇帝联手将中国送给列强瓜分。

热河避祸的咸丰

北京的秋天是一年之中最好的季节。但是1860年的9月，北京的天气却并不怎么好，多半都是阴云惨淡。比天气更糟的是咸丰皇帝的心情。这一年他继位刚好十年，虚岁也恰好三十，本应是个大喜日子。但非但没有什么值得庆贺的事情，反倒是令他沮丧懊恼：

8日，英法联军由天津向北京进发。

10日，京城开始流传一种说法，说洋人已到通州，几天后就会攻城。

18日，僧格林沁所部两万人在张家湾与英法联军先头部队大战，结果大败。

21日，僧格林沁在通州八里桥再败。

……

眼看着英法联军就要兵临北京城下，咸丰皇帝一边焦急等待战报一边为自己谋划后路，就在他惶惶不可终日的时候，一封密奏从战事前沿传来，僧格林沁奏请皇帝"战既不胜，唯有早避……巡幸木兰"。

"木兰"（在今河北围场县境），指的是热河行宫西北的打猎场所。在满语中是"哨鹿"的意思。此地原为蒙古王公所有，后来献给康熙皇帝。之后，康熙在承德以北武烈河修建了避暑山庄，每年秋天都会到木兰围场巡视习武，行围狩猎，称为木兰秋狝。这是清代帝王继承满族传统演练骑射的一种方式。从康熙四十二年（1703）开始到乾隆五十五年（1790），三代皇帝用了将近九十年的时间建成了避暑山庄。以后，清代帝王每年夏季都到承德避暑山庄避暑并处理朝政，召见蒙古王公，以显示满蒙亲睦。直到秋狝之后再返回北京。

僧格林沁作为前线的统帅不停地吃败仗，眼见已经不能阻止洋人的军队，一旦北京城陷入敌手，皇帝也有可能成为俘虏，兹事体大，不能不报，于是委婉地向咸丰表达了自己对战局的判断，并希望皇帝"巡幸木兰"到承德避难。咸丰皇帝十分清楚自己的处境，但作为一国之君亲自说出来实在是有点难以启齿。于是想了一个法子，给诸位大臣颁布了一道朱谕说：

朕为近畿百姓免受荼毒，不得已勉救抚局，乃该夷屡肆要挟，势不决战不能。况我满汉臣仆，世受国恩，断无不敌忾同仇，共伸积忿。朕今亲统六师，直抵通州，以伸灭讨而张挞伐。著内廷王、御前大臣、军机大臣、内务府大臣迅速定议。

其实这不过是咸丰故意想出来的小伎俩，他明明想逃离京城避难，却硬要说"亲统六师，直抵通州，以伸天讨而张挞伐"，他的打算是，朝臣们只要揣摩到皇帝的意思就不会同意皇帝"御驾亲征"的，识趣的大臣们肯定会联名奏劝皇帝到避暑山庄避难。到时候自己故作姿态推脱一番，勉为其难地表示同意，逃跑行为也就变得顺理成章起来。

参加讨论的大臣自然明白皇帝的这点小把戏，也明白他迫切想逃跑的心情。但这些朝臣们却并不想买皇帝的账，反而由内阁大学士贾桢领衔上奏咸丰皇帝否决了巡幸木兰的提议：皇上想亲统六师，御驾亲征，可见安抚天下的一片圣心，但是通州并非当年的澶州，如今的朝廷也没有像寇准那样具有才略的宰相，所以皇上御驾亲征，实非万全之策，"断不可轻于一试"。大臣们虽然如咸丰所料不同意他御驾亲征，但是也同时否决了"巡幸木兰”，说北京城墙高大坚固，外有护城河，内有精兵，如果这样固若金汤的城池都不足以抵御入侵者的话，那么皆是平川大野的热河就更难抵御。而且，皇帝离京北巡必定会导致人心涣散，“土木之变”可是前车之鉴啊。

但是铁了心要逃出北京城的咸丰皇帝居然直接让手下拟了一道请求移驾的奏折。接着，惠亲王、惇亲王、恭亲王、郑亲王等人奉旨会议，讨论的主要问题是，清军是否有足够的兵力来保证京师的安全。当向负责防卫北京的大臣问及“有何准备”时，得到的答案是：“无。”又问：“京城兵力，足以登城守御否？”众大臣多无言以对，只有嗟叹而已。前线屡战屡败，就连僧格林沁的蒙古铁骑也不能奈何夷兵一毫，谁又敢说有把握守卫京师的话？

咸丰皇帝朝服像

在派兵招架的同时，咸丰皇帝马上派出怡亲王出城谈判，这个消息让所有人感到了一线生机。然而，另一道命令却限大兴、宛平两县迅速准备大车五百辆。

京城骚乱了。

皇帝如此仓促地征集车辆，在以前是从来没有过的事情，莫非皇帝想逃离京城？事态到底有多严重，这天下还能太平吗？京城的百姓于是也开始收拾细软，探听消息，做好了与皇帝一起逃难的准备，到处人心惶惶。为了安民心、激民气，各位大吏、谏台言官等纷纷上奏咸丰，请求他能留守北京，有些官员甚至请求皇帝从城外的圆明园，搬到城内的皇宫。一些老派的亲王更是力劝皇帝留守北京，“抱上足哭留”。惇亲王奕宗闻讯，急忙从西陵赶来，苦苦相劝，痛哭流涕，其状甚是凄凉。咸丰皇帝问他说：“不走避热河，如夷人进京，你当如何？”惇亲王断然答道：“如有不测，奴才死于慕陵。”说到痛心之处，竟欲自戕而死。

面对如此大的舆论压力，成丰皇帝只得下发谕旨：

近日军务紧要，需用马车，纷纷征调，不免啧有烦言。朕闻外间浮议，竟有谓朕将巡幸木兰举行秋猕者，以致人心疑惑，互相播扬。朕为天下人民主，当此时势艰难，岂暇乘时观省。且果有此举，亦必明降谕旨，豫行宣示，段未有銮仪所泣，不令天下闻知者。尔中外臣民，当可共谅。所有备用车马，著钦派王、大臣等传谕各处，即行分别发还，勿得尽行扣留守候，以息浮议而定人心。

这份谕旨把咸丰皇帝的出逃洗刷得干干净净，但明眼人一看就明白这是皇帝在欲盖弥彰：既然说征集马车是因为前线紧张，却又不把马车发还。车马全部解散了，北京的民情随着车马的发还而渐渐稳定下来，然而棘手的问题却依然悬在身边，一个也没有解决。反对巡幸木兰的声音仍旧强烈，大臣们除了担心皇帝在外，害怕京城会出现权力真空，从而有人趁机觊觎皇位外，还要保卫江山社稷、祖宗陵寝。弃天下者必然为天下所弃，关键时刻，天子戍边，是义不容辞的责任，也是安定民心，激励士气的法宝，对此，侍郎毕道远就曾明确指出："从古国君守社稷，断无远出之理。"咸丰皇帝也有自己的想法和顾虑：若不是外夷已经打到通州，离开京城也是不得已的事情。留得青山在，不怕没柴烧。安史之乱的时候，唐玄宗不也逃了吗？最后还不是收复国土重拾河山。

9月21日，僧格林沁在通州以南的八里桥再次战败的消息传到咸丰耳中，他再也坐不住了。当晚，圆明园内始终灯火不熄，咸丰帝召集重臣商议对策，当他重提避居热河时，再也没有人敢出面反对了。恭亲王奕䜣被命留守北京，全权处理英法事务。

9月22日，咸丰皇帝带着一队人马匆匆离开了圆明园，离开了北京。包括咸丰自己在内，恐怕没有人会想到这次离开竟是永诀，从此，他有限的生命，只能在热河度过。咸丰皇帝二十岁即位，是清军入关以后的第七位皇帝。他登基时中国政局已经急剧衰败，内忧外患，举步维艰。波澜壮阔的太平天国运动以锐不可当之势占据了半个中国，清王朝损兵折将疲于奔命了十一年仍未见成效。英法列强又不失时机地发动了第二次鸦片战争，俄日等侵略者乘机入侵，中国再次受辱，疆土日蹙，国力不振。咸丰帝非但没能起到一点点扭转局势的作用，这个生性懦弱、贪婪酒色的纨绔皇帝只是使中国的局势更加一日不如一日。有书记载："洪、杨之乱日炽，清兵屡屡败北，兵革遍天下，咸丰置不顾，而寄情声色以自娱，暇辄携妃嫔游行园中。"他在圆明园中暗藏春色，谓之"四春"，即牡丹春、海棠春、杏花春、陀罗春。而且他还吸上了鸦片，并称这种鸦片烟叫"益寿如意膏"，不仅舒服如意，而且健康益寿。咸丰"北狩"热河后更加不思进取，以吸食鸦片来刺激麻醉自己。这使得原本就体质素弱的他，在娱情声色、纵欲自戕的情况下身体也跟着这个国家迅速衰败，很快在而立之年病死。而他治内无方，拒外无策，就连人生的最后一件事——自己的后事都没有安排彻底，导致中国进入近半个世纪的"女主临朝"——慈禧时代。

日落西山的老佛爷时代

辛酉政变

咸丰死后，六岁的儿子载淳继位。载淳的即位是清代帝王中最顺理成章，最没有争议的一个，咸丰只有两个儿子，载淳是他的长子，次子三岁就夭折了，所以载淳是皇位的唯一合法继承人。载垣、端华、肃顺等八大臣又受命为赞襄政务王大臣，他们立即通告全国各地规定今后凡大臣给皇帝的奏报，必须同时抄送赞襄政务王大臣，使顾命大臣的权力在全国范围内得到普遍承认。八大臣还决定，自明年起以"祺祥"作为新皇帝的年号，户部和工部又根据八大臣的指示发出了铸祺祥铜钱的通知。不久，钦天监也赶印和颁发了祺祥历书。

当时的朝廷中，能够对肃顺等八大臣形成钳制作用的就只有恭亲王奕䜣了。为了巩固权力，八大臣想尽一切办法排挤奕䜣。他们虽然不得不让奕䜣参加办理咸丰皇帝的丧事，但又借口北京外交事务至关重要，以小皇帝载淳的名义下令不让奕䜣到热河来，想要将奕䜣及其党羽远远排斥在中枢权力机构之外，对其进行严密的防范。

避暑山庄图

不过，肃顺等没有想到，首先敢于出来与他们争夺权力的并非奕䜣，而是小皇帝载淳的生母——懿贵妃叶赫那拉氏。咸丰皇帝死后的第二天，根据传统，皇后钮祜禄氏被尊为母后皇太后，载淳的生母懿贵妃被尊为圣母皇太后。在热河，钮祜禄氏住在避暑山庄的烟波致爽殿东暖阁，叶赫那拉氏住在西暖阁，所以二人被分别称为“东太后”和“西太后”。接着，两宫皇太后与肃顺等赞襄政务八大臣之间便展开了一场尖锐的夺权斗争。起因是咸丰皇帝临死时，大概鉴于康熙即位之初以四大臣辅政所造成的鳌拜专权的严重恶果，所以为了保险起见虽然托孤肃顺等人，但同时赐“同道堂”印给载淳，赐“御赏”印给皇后钮祜禄氏，命用两印代替朱笔，凡赞襄政务王大臣处理政务时所拟定的上谕，必须加盖这两枚印章才能生效。这样，就可以防止赞襄政务王大臣专权擅政为所欲为。

当时，载淳只有六岁，当然没有处理政事的能力，“同道堂”印很自然便落到了他的母亲西太后手里。但西太后仅凭“同道堂”一方印还不能达到完全钳制赞襄政务王大臣的作用，只有将“御赏”印也集中到自己手里才算有完全的保障。于是，西太后开始拉拢和串通东太后。当西太后得知由肃顺等人为赞襄政务王大臣的消息以后，立即到东太后那里，把肃顺等人比成康熙朝的鳌拜，说他们专横跋扈，利用小皇帝年幼，必然会把持朝政，两位皇太后和小皇帝孤儿寡母此后只有任人宰割的份儿，终于煽动东太后和她一起去控制肃顺等赞襄政务王大臣。开始，八大臣并不同意皇太后阅看奏折，对大臣们拟定的谕旨稿件，皇太后只能盖章，并没有参政议政的权力，也改变不了实际内容，实际上是把皇

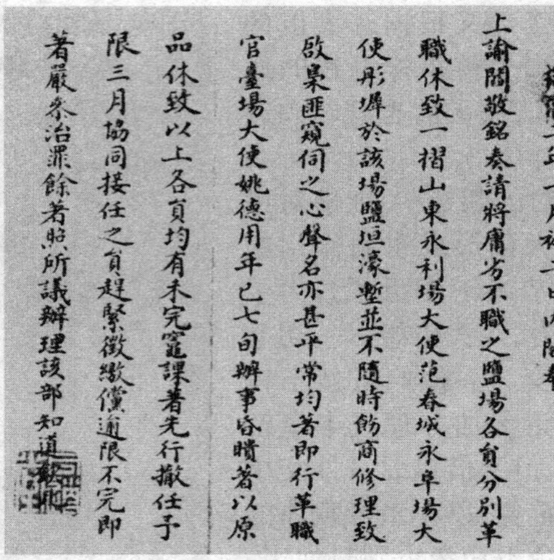
一年十月初二日内閣奉
上諭閻敬銘奏請將庸劣不職之鹽場各員分別革
職休致一摺山東永利場大使范春城永阜場大
使彤墀於該場鹽垣濠壍並不隨時飭商修理致
啟梟匪窺伺之心聲名亦甚平常均著即行革職
官臺場大使姚德用年已七旬辦事昏憒著以原
品休致以上各員均有未完竈課著先行撤任予
限三月協同接任之員趕緊徵繳償逋限不完即
著嚴參治罪餘著照所議辦理該部知道欽此

钤有"御赏""同道堂"玺文的《上谕》

太后置于位尊而无权的地位，这遭到两宫皇太后，尤其是西太后的强烈反对。经过一番争论，赞襄政务王大臣做了必要的让步，最后同意皇太后阅看官员们上奏的折件；赞襄政务王大臣拟好的谕旨，先经皇太后阅后，在谕旨的开头加盖"御赏"印，结尾加盖"同道堂"印后才交给军机处发出；任命各省总督、巡抚等重要官员的事宜，由赞襄政务王大臣拟名呈进，但必须由皇太后做最后的裁决。这样，两宫皇太后就争得了与赞襄政务王大臣共同管理朝政和任命官员的大权。在咸丰皇帝死后十几天，就出现了这种所谓的"垂帘辅政，盖兼有之"的局面，这不能不说是聪明过人的西太后利用咸丰所赐的两颗印章和一己之力在与八个辅政大臣夺权的斗争中取得的初步胜利。

但只要八大臣还在，西太后就没有安全感，也不能实现她独揽大权的目的，她并不以与肃顺等人共掌政权为满足，所以继续拉拢忠厚老实但有些懦弱的东太后，让她首先相信了那些顾命大臣都心怀叵测，图谋不轨。二人在行宫内"俯巨缸而语，计议甚密"。两宫皇太后认为，凭自己孤儿寡母定然没法除掉肃顺，只有与恭亲王奕䜣联手才有出路，于是紧急召见奕䜣到热河。肃顺等人自然多方设法防范恭亲王奕䜣到热河与两宫太后会面。关于西太后如何避开肃顺等人的防范而与恭亲王取得联系，有种种不同传说。有人说西太后的懿旨是由一个厨役借买菜的机会带出行宫，再秘密送到北京；也有人说西太后用苦肉计，先将心腹太监安德海毒打一顿，以送北京内务府为名，由安德海将懿旨带到北京，由宝望转交恭亲王。

恭亲王奕䜣之所以与西太后合作，是因为被咸丰排斥在顾命大臣之外，这使在北京以恭亲王为首的一大批官僚贵族极为不满。所以，在准备推翻肃顺一派，争夺实权这一点上，恭亲王奕䜣与西太后不谋而合。在接到西太后的密旨之后，奕䜣以奔丧为名，八月初一急忙赶到了热河，走进行宫就直奔咸丰的灵堂，假戏真演，号啕大哭。为了麻痹八大臣等人，他还装出特别恭顺的样子，躲过了肃顺等人的监视，同两宫皇太后密商了发动政变的计划。在这次密谈中，"两宫涕泣而道三奸（指载垣、端华和肃顺）之侵，因密商诛三奸之策"。但热河行宫并不适宜发动政变诛除肃顺，因为其一，八大臣在热河受咸丰皇帝的顾命，其合法地控制着最高权力，在热河有一定的影响；其二，肃顺兼领侍卫内大臣之职，控制着热河行宫的武装力量。所以，只有借銮驾回京之机，以迅雷不及掩耳之势，突然发动政变，才能搞掉载垣、端华和肃顺等人，把政权夺到手。当时，西太后还十分担心在北京的外国侵略者会出面干涉，奕䜣向她保证说："外国无异议，如有难，唯奴才是问。"

在两宫皇太后与奕䜣达成一致之后，肃顺等人开始警觉起来。他们加强了对奕䜣的监视，迫使奕䜣无法与皇太后直接接触，有事只好通过七弟醇郡王奕譞及其福晋（西太后之妹)往来传递消息。奕䜣仅仅在热河住了几天,就在八月十七日化装离开热河,一路上马不停蹄地赶回北京,为发动政变着手做各项准备工作。

热河方面,西太后对八大臣采取了"外示优礼"的手段,等待机会,以求一逞。就在奕䜣离开热河的当天,兵部侍郎胜保和山东巡抚谭廷襄联衔向皇太后请安的黄绫奏折正好送到了热河行宫。这是一次违反清朝祖制的破例举动,其用意是企图以此来抬高皇太后的政治地位,实际上是为皇太后掌权向辅政大臣发出的信号。结果遭到了八大臣的坚决反对。他们在所拟的上谕中指出,"向来臣工无具折请皇太后安之例",并斥责胜保、谭廷襄有违体制,在穿孝期间呈递黄折"亦属不合",二人应交刑部议处;同时通令各级官员,今后不准向皇太后请安。

慈禧太后油画像

奕䜣返回北京后,立即在满汉大臣之间串联,制造舆论反对八大臣赞襄政务,要求由皇太后垂帘听政。大学士周祖培、贾祯等人为了替皇太后垂帘听政寻找根据,早在奕䜣赴热河时,就指使文人李慈铭,查找历朝历代皇太后临朝执政的事例编成材料备用。紧接着,御史董元醇更改咸丰遗命,剥夺八大臣权力的奏折送到了热河。于是,在热河行宫,围绕着董元醇的奏折,赞襄政务王大臣与皇太后之间,展开了一场激烈的斗争。第二天,皇太后将董元醇的奏折发下,下令让赞襄政务王大臣召集群臣议论奏折中关于皇太后垂帘听政的事情,还让他们提出辅政亲王的名单,听候皇太后裁决。但辅政八大臣拒绝召开这样的会议,他们不仅没有遵照太后的旨意办事,还起草了一道痛驳董元醇奏折的上谕。这道上谕送交皇太后盖印时,西太后却拒绝盖印。对于西太后拒发上谕的行为,八大臣毫不示弱,将折交军机处以"不得已"发出。

离开热河之前,两宫皇太后与辅政大臣之间的明争暗斗并没有停止。西太后以小皇帝载淳的名义,下令对八人一一加官晋爵,表示对他们的重用。八大臣接到新的任命后,为了表功及按照惯例的逊让,假意说自己差务繁多,希望皇太后开恩,减去一些兼差。西太后马上装出勉强的样子,不仅收回成命,而且乘机解除了他们包括步军统领、管理火器、健锐营等兼差。这为西太后下一步发动政变,创造了极为有利的条件。九月二十三日,咸丰皇帝的灵柩起运回京。第二天,行过朝奠礼之后,载淳和两宫皇太后以快班轿夫兼程向北京进发。而咸丰的灵柩则由肃顺护送,行进速度非常缓慢。西太后到北京后,利用争取的大量时间,为发动政变做了最后的部署。

第二天一早，两宫皇太后和奕䜣在养心殿召集群臣，立即发表了早在热河就暗中拟好的上谕，宣布了载垣、端华和肃顺等八大臣“专擅”“欺蒙”的罪名，并解除其职务。载垣、端华以赞襄政务大臣的身份相抗议，但西太后早已事先布置好侍卫，立即动手将他们擒拿。于是，载垣、端华二人被幽禁宗人府。而护送咸丰灵柩的肃顺当晚也在密云被抓。

同治帝游艺怡情图

这次由西太后导演的宫廷政变，史称“北京政变”，又因政变发生在辛酉年，故又称“辛酉政变”。通过这次政变西太后解除了八大顾命大臣的权力，改年号为“同治”，以第二年为同治元年，西太后掌握了实权，成为清王朝实际上的最高统治者。

帝后之争

同治登基时是一个少不更事的顽童，亲政以后，作为一个青年皇帝，确实是辜负了朝野上下对他的殷切期望，其荒淫程度比他父亲咸丰还要厉害。他年纪轻轻已经有许多后妃，却还常常偷偷溜出皇宫，到京师的南城娼妓区去寻花问柳。在年仅十九岁的时候就患天花而亡。同治死后，慈禧压制众论，一人做主，执意让只有四岁的载湉入宫即位为帝。载湉也就是光绪，他是醇亲王奕𫍽的儿子，也就是同治的堂弟，其母叶赫那拉氏是西太后慈禧的妹妹。从这些关系讲，他既是慈禧的侄子，又是慈禧的外甥。之所以能够当上皇帝，一方面是因为慈禧亲生之子同治帝没有子嗣继承皇位；更重要的还是慈禧权欲熏心，想要再找个儿皇帝，给自己创造垂帘听政的机会。

光绪七年(1881)，东太后慈安皇太后突然崩于大内钟粹宫，享年四十五岁。慈安皇太后暴死，慈禧得以独自垂帘听政，把权力集中在自己一个人手中，并且迟迟不让光绪亲政。

直到光绪十七岁时，皇帝亲政之事已经不能再拖。这时，醇亲王奕𫍽想出请皇太后“训政”的主意。醇亲王奕𫍽、礼亲王世铎合奏，“恳请皇太后训政数年”。《清史稿·奕𫍽传》记载：“皇帝甫逾志学，诸王大臣，吁恳训政。乞体念时艰，俯允所请。俟及二旬，亲理庶务。至列圣宫廷规制，远迈前代。将来大婚后，一切典礼，咸赖训教。臣愚以为，诸事当先请懿旨，再于皇帝前奏闻。俾皇帝专心大政，承圣母之欢颜，免宫闱之剧务。此则非如臣生深宫者不敢知，亦不敢言也。"这些奏折可以说正合慈禧太后的心意。六月十五日，她在懿旨中故作姿态说："归政后当永照现在规制；凡宫内一切事宜，先请懿旨，再于皇帝前奏闻，俾皇帝专心大政等语。念自皇帝冲龄嗣统，抚育教诲深衷，十余年如一日，即亲政后亦必随时调护。"朝臣们自然都明白了慈禧太后用意何在，于是以醇亲王奕譞为首的王公大臣再次纷纷上折吁请太后"训政数年"。慈禧太后于是发布懿旨："既据该王大臣等再三沥恳，何敢固持一己守经之义，致违天下众论之公。勉允所请，于皇帝亲政后，再行训政数年。"这样，慈禧以"训政"的手段既归政于皇帝，又使实权仍然掌握在自己的手中，可谓一举两得。

慈安太后便服像

光绪皇帝亲政、皇太后训政的局面又维持了两年，到光绪十四年(1888)时，皇帝已经十八岁，此时，论理慈禧太后必须把政权交给皇帝了，她在懿旨中只好说："前因皇帝甫经亲政，勉允臣工之请，训政数年。两年以来，皇帝几余典学，益臻精进，于军国大小事务，均能随时剖决，措置合宜，深宫甚为欣慰。明年正月大婚礼成，应即亲裁大政，以慰天下臣民之望。"这道懿旨决定第二年正月为皇帝举行大婚典礼，二月皇太后退朝不再训政。

皇帝大婚，挑选皇后极为重要。皇后如果是慈禧的心腹，那么就可以帮助她牵制光绪帝。为此，慈禧太后不顾光绪皇帝本人的意志，硬是把自己亲弟弟桂祥二十一岁的女儿指配给光绪皇帝做皇后。她在懿旨中说："皇帝寅绍丕基，春秋日富，允宜择贤作配，佐理宫闱，以协坤仪，而辅君德。兹选得副都统桂祥之女叶赫那拉氏，端庄贤淑，着立为皇后。"如此一来，皇帝是慈禧太后的亲外甥，皇后又是慈禧太后的亲侄女，都与叶赫那拉氏有密切的关系，而帝、后未来生有皇子又是皇位的当然继承者，通过家族联姻慈禧太后把权力牢牢把握在自己手中。

光绪亲政以后，朝廷内部逐渐形成两股政治势力、两个政治集团，即"帝党"与"后党”。光绪十年(1884)中法战争期间,慈禧同奕譞合作,将以恭亲王奕䜣为首的五位军机大臣(奕䜣、宝鋆、李鸿藻、景廉、翁同龢)全部罢黜,取而代之的是礼亲王世铎和孙毓汶、额勒和布等人,这些人才能极其平庸,所以慈禧在朝臣委任的问题上从来都是以权力斗争为考虑,而不是从治国的才能出发。这一年为甲申年,史称为“甲申易枢”。此后“帝党”与“后党”在朝中逐渐形成。他们在诸如甲午战争、维新变法等重大朝政上都进行过激烈的争夺。“帝党”以光绪皇帝为首,主要成员为大学士、军机大臣翁同龢、李鸿藻等;“后党”则以慈禧皇太后为首,主要成员有大学士、兵部尚书兼步军统领荣禄,军机大臣孙毓汶等。“帝党”与“后党”在重大政策上意见相左,针锋相对。后党诨号叫“老母班”,帝党诨名叫“孩儿班”。

光绪帝朝服像

光绪二十年(1894),中日甲午战争爆发,使得这一矛盾进一步尖锐化。帝党主张对日宣战,这在当时也确实代表了一些爱国将士的要求,争取到了广大舆论界的支持。但主战派的帝党并没有实权,他们只能利用皇帝的上谕和士大夫的请议督促李鸿章出战。后党的核心人物李鸿章则主张“避战自保”,力主其他列强出面调停。慈禧太后对日本的武力十分畏惧,又怕一旦战败会动摇自己的统治。这一年,恰逢她的六十大寿,一心想把这个“万寿庆典”办得隆重盛大,所以只求能够尽快议和不要耽误自己庆寿。所以,慈禧支持李鸿章的主张,让他奔走俄、英公使之间,向欧美各国乞求出面调停。当时,国难当前,一些主战派官员纷纷上奏折请求停办寿辰点景,将钱款用于军费。那本就想一心求和的慈禧太后看到这些奏折以后更加怒不可遏,气冲冲地对御前大臣说:“今日令吾不欢者,我亦将令彼终身不欢。”遂决心对帝党报复。甲午战争惨败,光绪皇帝按照翁同龢的主张严办李鸿章,拔去其“三眼花翎,褫去黄马褂”,翰林院也有三十五人联名上奏要弹劾战败误国的李鸿章,并要求对李鸿章及其党羽严惩,光绪皇帝还发出上谕严责其罪。可是李鸿章是慈禧太后的红人,有了这个靠山,可以说再风吹雨打也高枕无忧。帝党还想以徐建寅代替海军提督丁汝昌，从而剥夺后党的兵权，也遭到李鸿章的拒绝未能实现。与此同时，后党又起用了在中法战争中被罢官的恭亲王奕䜣，让他主持总理衙门事务，办理投降外交，并令奕劻帮办军务。所以，从表面上看来，帝党当时虽然一时取得了舆论的支持，但实际上丝毫不能影响到后党的势力。慈禧与光绪之间的“帝后”之争确实朝野皆知，而他们之间复杂的恩怨矛盾关系正是光绪之死的焦点所在。

李鸿章

甲午中日战争

甲午战争的历史对于任何一个中国人来说，都算不上什么光荣的记忆。一头大象被蚂蚁绊倒，还惹来了一群蛇虫虎豹垂涎分食。

光绪二十年(1894)，慈禧六十大寿。慈禧作为皇太后，一个六旬老人，办一次规模盛大并隆重的庆典，本来也在情理之中。但是当时正值国力衰微、内忧外患之时，慈禧不仅不收敛私欲，同仇敌忾，奋起抗敌，反而一意孤行，不顾国难当头逞一己之贪欲，置国家与民族的利益于不顾。慈禧的六十大寿成为清政府压倒一切的头等大事。早在光绪十八年(1892)，慈禧即授意颁下上谕提前近两年的时间为自己的六十大寿做准备，并设立专门的机构“庆典处”，专司办理庆典事宜，并责成各重要行政部门全力协助。

光绪帝虽然已经亲政，但他却没有操控全局的实权，在中日战争一触即发的关键时刻，光绪帝不得不率领朝臣大张旗鼓地为慈禧六旬寿诞做着精心的准备。

就在清廷为慈禧的寿辰准备之时，清军与日本军队的海陆作战却屡遭败绩。慈禧六旬庆典的日子是十月十日，但在光绪二十年(1894)六月二十三日(公历7月25日)，日本不宣而战，在牙山口外丰岛附近袭击并击沉清朝运兵的商船“高升号”，船上八百余人全部遇难。七月一日(公历8月1日)中日正式宣战，中日甲午战争爆发。

日本海军在鸭绿江口的大东沟海面挑起了黄海大战，北洋海军顽强抵抗，统帅丁汝昌负伤，“致远号”等四艘战舰被击沉，几百名北洋海军官兵壮烈殉国。九月二十六日(公历10月24日)，日军渡过了鸭绿江，大举侵入辽南，随后向大连、旅顺进犯。前方战事吃紧，军费开支屡屡告急，户部只得通过海关总税务司赫德向英国银行借贷白银一千万两，年息七厘半，十年以后还本，十年中利息银四百二十万两。

十月初十，慈禧的六旬庆典进入高潮。盛大的规模令亲身参与庆典的翁同龢瞠目结舌，在日记中他写道：“济济焉，盛典哉！”就在同一天，日军攻占了辽南重镇大连。国土沦丧、重镇失守、民众惨遭屠戮的危殆时刻，慈禧却在宫中升殿受贺，大宴群臣，并接连赏戏三天。

当一个王朝把最高统治者的寿诞看得比民族的兴亡还重要的时候，这个王朝就离衰亡的日子不远了。据后来史料披露，日本政府之所以选择光绪二十年(1894)发动这场侵略战争,原因之一就是:"日知今年慈圣庆典,华必忍让。倘见我将大举,或易结束,否则非有所得,不能去也。"

甲午一战,李鸿章苦心经营二十年的北洋海军全军覆没,这是他一生的耻辱,而签订《马关条约》更是让他背上了"卖国"的历史罪名。由于海军军费被挪用修建颐和园,从光绪十五年(1889)以来,海军就没有再增添过新的战舰,购置新炮,连弹药也多是过期、不合格、不配套的产品。所以在与日交战中,北洋海军炮弹发射速度慢、炮位少,炮弹击中敌舰要害部位后竟穿而不炸。北洋海军被日军围堵在威海卫之际,清政府不发一名援军,眼见舰队被日军围歼,舰队外籍顾问又伙同候选道牛昶炳等人威逼北洋水师提督丁汝昌签字投降。眼见大势已去,丁汝昌不禁悲从中来,服毒自尽。所以,从甲午战争的失败中,可以看出整个清政府的腐朽。作为北洋海军的指挥者,李鸿章负有直接的和无法推卸的责任。从外交上看,他想以夷制夷,一味寻求其他列强的帮助,但对时局的错误判断,对竞争对手的情况不甚了解使得他浪费了时间和精力,也耽误了战备和时机。再者,在一个近代化的世界中,当时中国的人才准备是极为不足的。而李鸿章对于自己亲手创建的这样一支战略打击力量的认识也是完全错误的。从日本的角度来讲,它是一个岛国,把大海看成是通往中国大陆的桥梁,把争夺制海权作为掌握对中国作战的主动权。而中国则长久以来把海洋看成防御的屏障,把海军消极地看成是运输船队、运兵船的护航力量和陆地防守的一种辅助。

日军在取得威海卫战役胜利后,北洋海军就全军覆没了。毫无还手之力的清政府已经失去了与日本人讨价还价的最后筹码,只好派李鸿章前往日本议和。

经办外交多年,李鸿章早尝够了"卖国贼"的滋味,所以,他一定要得到清政府的全权授权,才肯出使日本。为了寻求支持,李鸿章多次奔走于各国使馆,希望能得到列强的支持,但求助行动都无果而终。

光绪二十一年(1895)二月二十三日(公历3月19日)李鸿章一行抵达日本马关。3月21日,李鸿章与伊藤博文首次谈判。中日两国唇枪舌剑,谈判僵持不下。恰在此时,李鸿章遭到日本人刺杀负伤,伊藤博文知道后气急败坏,认为这一事件的发生比战场上一两个师团的溃败还要严重。于是在1895年3月30日,中日代表在停战条约上签字。

光绪二十一年(1895)三月二十三日(公历4月17日),李鸿章与日本代表伊藤博文签订了中日《马关条约》。这个丧权辱国的条约规定:清政府承认朝鲜"独立自主";割让辽东半岛、台湾、澎湖列岛及附属岛屿给日本;赔偿日本军费白银二亿两;增开重庆、沙市、苏州、杭州为通商口岸;开辟内河新航线;允许日本在中国的通商口岸开设工厂,产品运销中国内地免收内地税。《马关条约》割地赔款,主权沦丧,向中国大规模输出资本,掀起瓜分狂潮,标志着列强侵华进入了一个新阶段,大大加深了中国的半殖民地化。

义和团起义

由于西方国家的不断入侵,使得中华大地从清帝国的高层的官员到底层的农民,对洋人有着普遍的痛恨情绪。大学士倭仁为了避免在可能和洋人接触的总理衙门上班,故意从马上摔下来而请长假,当朝廷免除了他的职务后,就"豁然痊愈"了。大学士徐桐也是一个极端厌恶洋人的高官,他的家在京城里的东交民巷,这里原是明清两代"五部六府"所在地，乾隆、嘉庆时期曾经有"迎宾馆"供外国使臣临时居住。到了鸦片战争以后，在这一地区先后设立了英、俄、德、法等使馆，成了洋人的聚居区，于是徐桐宁可每天从后门出去绕远路上朝，也不愿意从洋人的使馆门前经过。后来他干脆把院门用砖头堵上，并在门上贴了一副对联："望洋兴叹，以鬼为邻。"

义和团团旗

除了这些庸聩高官仇洋之外，底层人民也对洋人十分仇恨。甲午战争后，中国陷入了被帝国主义列强瓜分的境地，各帝国主义加强对中国的政治与经济侵略，遭到中国人民的反抗，爆发了规模浩大的义和团运动。

义和团兴起的直接原因是教案。当时西方列强已经获得在中国传教的权利，通过数十年的发展，基督教在中国的传播已具有了一定规模。但是部分传教士或教民依仗列强的支持，横行霸道，拆民房、修教堂、霸占中国平民的财产，甚而干涉中国的司法行政，招致人们的普遍抵触。加之在教案的处理过程中一些官员"不论曲直，一味庇教而抑民"，更引起百姓的不满。既然无法指望政府对自己的人民加以保护，就只能自发采取行动对抗教会。所以各地此起彼伏的反洋教斗争成为义和团运动的前奏。

先是早在光绪二十三年(1897)山东境内就发生了巨野教案，此后山东的民教矛盾有增无减，百姓对德国侵略者厌恶之极。山东冠县梨园屯村民与教堂因历史上的土地纠纷引起冲突。威县梅花拳师赵三多应村民阎书勤等的邀请，前往援助。后来赵三多将梅花拳改名为义和拳。光绪二十四年(1898)，山东巡抚张汝梅上奏朝廷，认为义和拳本属乡团，建议"改拳勇为民团"。并明确说义和拳就是"义和团"，首次提出了"义和团"的概念。接着，赵三多等人在冠县蒋家庄竖起"扶清灭洋"的旗帜，拉开了义和团起义的序幕，但遭到清军的镇压而失败。不过，星星之火迅速燎原。第二年，山东平原县又爆发义和团运动，当地义和团首领李长水请求茌平、高唐等地的义和团首领朱红灯支援，朱红灯在杠子李庄整齐队伍正式竖起了"天下义和拳兴清灭洋"旗帜。后来清廷加派袁世敦等人前来镇压，在森罗殿战斗中击败了义和团，并且活捉了义和团首领朱红灯、心诚和尚等人。当时的山东巡抚是毓贤，他对民众反洋教斗争比较同情，仇视外国侵略者，所以对义和团采取了剿抚兼施，以抚为主的措施，还向朝廷上奏将民教矛盾的责任归结于教会一方。毓贤的态度引起列强的强烈不满，在列强交涉下，毓贤被革职。光绪二十五年(1899)，袁世凯署理山东巡抚。

袁世凯接任山东巡抚后，对义和团始终持敌对态度，在其任山东巡抚后严格限制义和团的活动，并从光绪二十六年(1900)开始血腥镇压复起的义和团。在北京，实际掌握政局的慈禧太后在列强的压力下多次发布严禁义和团的上谕并组织军队进行围剿，但由于多种原因，又一时难以扑灭。列强遂于5月28日提出派出"使馆卫队"进入北京。一开始这一提议遭到了清政府的否决，但后来也被迫同意，不过规定“每馆以二三十人为率”，结果列强先后派出四百多人进京，大大超出了清政府的限制。接着，列强又派遣西摩尔带领的二千人前往北京，这对清政府形成了严重威胁。穷于应付的清政府一面继续发布镇压义和团的命令以消除列强派兵的理由，另一方面又不得不调集军队进入北京以防不测。董福祥所率领的武卫后军（甘军）即在6月9日被调入北京驻守，6月11日，日本书记官杉山彬前去迎接入京的西摩尔联军，在永定门外被甘军所杀。事后，大臣荣禄亲赴日本使馆道歉。袁世凯跟洋人的关系不错，他在天津小站训练新式军队时，军中全是洋人教官。他把义和团发源地山东境内的“拳匪”赶尽杀绝。导致参加义和团的民众逃往直隶、天津，而袁世凯治下的山东落得了个干净。

当上百万饥苦的农民都涌到京城附近时，慈禧正在谋划废除光绪，而立自己的侄女婿载漪的儿子为皇帝。这其中的原因就是西方各国包括日本，都一致支持光绪，对这个有民主思想的年轻皇帝有好感，而对她这个握有实权的皇太后有些厌恶。他们与康有为为首的“乱党”沟通，想办法要“还政于帝”。洋人们对新皇储更是嗤之以鼻。皇储立了几天，居然没有一个外国公使按惯例到府上去祝贺。慈禧对支持光绪变法的洋人原本就愤恨不已，这件事情更使得她渐生“杀夷之心”。义和团似乎给了慈禧一个借刀杀人的绝好机会，数百万因饥饿而蠢蠢欲动的流民变成了慈禧的希望。她希望他们能真的“灭洋”保大清，也就保住了她个人的权力。于是在她的授意下，北京九大城门打开，十几万等候多日的义和团团民一拥而入。

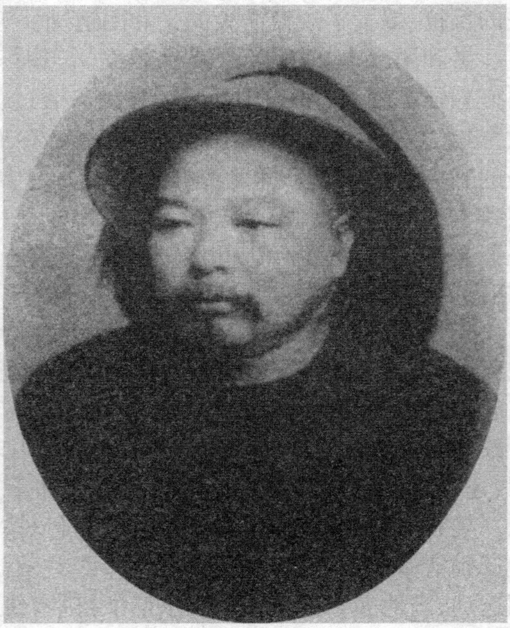
袁昶旧照

最初，义和团与北京的洋人虽然关系紧张，但并未发生大规模流血事件。6月12日“今晨探报，东华门外教堂起火，不少教民被牵而北去。是为义和团入京第一次肇祸也。”有论者认为这起事件与克林德擅自拘捕路过使馆区的义和团员有关，北京的局势迅速恶化。在使馆卫队入京后，以德国公使克林德为首的部分外国人一味使用武力解决问题。6月14日，克林德带领水手一排行于内城之上，发现有义和团在练习，竟然毫不迟疑地下令开枪，当场打死二十余人。此后，使馆卫队开展了“猎取拳民行动”，多次主动攻击义和团员，这激怒了京城中的义和团员，他们开始到处焚烧教堂和攻杀教民，并殃及今前门大街外的大栅栏地区，原本繁华的大栅栏商业街被烧毁。接着，西单又着起了大火，京城陷入混乱中。主和派官员袁昶指责克林德说：“门吏等方与步军统领议弹压京城内外，遵旨严拿首要，以靖地方而弭邻衅。不意德克使闇于事机，擅自拿办拳匪，以致激变。”他怨怪洋人捕杀拳民，不顾清政府的政策，以至激怒义和团，使事态严重，如今局面已难以收拾。而克林德本人则在6月20日去总理衙门交涉时与虎神营章京恩海相遇，由于他开枪寻衅，结果被后者射杀，酿成著名的“克林德事件”。

克林德作为德国驻中国的公使，却违反国际上外交使臣的定例，多次屠杀中国拳民、干涉中国内治，他的行为触怒了中国人民才被击毙。事后，以德国为首的各国侵略军都以此为借口威胁清政府，慈禧太后这次却决定对危及她个人权利的列强宣战。此时的义和团正在攻打西什库教堂，于是慈禧太后命令清军帮助义和团围攻教堂。

之后清朝的正规军参与到攻打只有四百洋兵把守的东交民巷和四十一条枪的西什库教堂的战斗中，但却整整六十五天没有攻打下来。清廷与义和团联手围攻使馆却久攻未下，这成为一桩争论不休的悬案。当时清军和义和团对于据守使馆区和西什库教堂的外国军队有压倒性优势，关于围攻失败的原因，后来有很多说法，有人说是因为当时教堂中的教士们会使用巫术，以至于用火烧毁不了教堂，一万多义和团民外加清军也攻打不进去。但这毕竟是流传，不具有科学性，事实上除清军调人的炮弹“混入大批的废品”，妨碍进攻；以及使馆区内有少数法、意两国水兵的机关枪的火力很强之外，失败的原因可以归咎于慈禧太后的左右摇摆和高官们的暧昧态度所致，慈禧为自己留有余地所以不肯全力进攻使馆。清军多次停止进攻使馆，甚至还向使馆送去米、面、满车的蔬菜和西瓜。结果对使馆的围攻一直持续到北京被联军攻陷。

在进攻使馆“数十日不下”时，端郡王载漪急火攻心，于是以“上谕”的名义命令武卫中军一位叫张怀芝的分统（旅长）用开花炮助攻。这是一种刚从德国进口的最新式大炮，威力巨大。张怀芝是当年英国将军戈登在中国主办的新式军校“天津武备学堂”的毕业生，他始终觉得此刻的灭洋行动朝廷的态度有点奇怪，就一直不肯下令开炮，后来来到荣禄家讨要一道发炮的命令。荣禄支支吾吾，就是不肯。最后含糊地来了一句：“炮声一响，里边（皇宫）是听得见的。”张怀芝立即明白，告辞而出。他飞快登上城墙，说“炮位不准”，命令重新测定方位，这次，大炮在精确地瞄准了使馆区内一块无人的空地之后众炮齐发，猛烈炮火轰了整整一夜，却未伤及洋人一人。

与此同时，八国联军从天津大沽登岸，一路击溃十数倍于它的清军和义和团，攻入了北京。如同咸丰皇帝一样，慈禧毫不犹豫地做出了逃跑的决定，带着光绪帝仓皇离开北京。八国联军在北京和保定等地大抢数日，到处烧杀抢掠。逃到西安的慈禧这时又命李鸿章出面，解决局面。联军拟出处死当初极力主张灭洋的朝廷大员的名单，并要求赔偿银两四点五亿两。赔款多少对于慈禧来说都不重要，重要的是洋人并没有提出“还政于光绪”的条件，这令她大喜过望，很痛快地答应了对方的条件，并且说了那句“量中华之物力，结与国之欢心”的话。

于是，李鸿章又再一次作为清政府的全权大臣，赴京与英、法、德、俄等十一个国家签订了丧权辱国的条约，因为这一年是农历辛丑年而得名《辛丑各国和约》，简称《辛丑条约》。《辛丑条约》不仅赔款数额巨大，而且包括一系列丧权辱国的条约，譬如划定使馆区不准中国人居住；拆毁大沽口炮台；外国可以在北京至山海关之间驻扎军队；清政府保证镇压排外行为；改总理衙门为外务部，位于六部之上等等。所以，它的签订，标志着清政府完全成为帝国主义列强在中国的代理人。

至此中国完全沦为半殖民地半封建国家。

帝国主义瓜分中国的狂潮

圆明园的毁灭

圆明园周围连绵十公里，由圆明园、万春园、长春园三园组成，其中圆明园最大，所以统称为圆明园（亦称圆明三园）。此外，还有许多属园，分布在圆明园的东、西、南三面，包括香山的静宜园、玉泉山的静明园、清漪园（后来的颐和园就是在此基础上建造起来的）等，合计面积高达五千多亩。

每年的盛夏，清朝皇帝都会到这里来避暑、听政，处理军政事务，因此也称“夏宫”。

圆明园不仅汇集复制了江南若干名园胜景，还创造性地移植了西方的园林建筑，可以说集当时古今中外造园艺术的大成。园中不仅有宏伟的宫殿，秀丽优美的亭台楼榭；还有象征热闹街市的“买卖街”和农村景色的“山庄”，还仿照古代诗人、画家的诗情画意建造了蓬莱瑶台、武陵春色等等。除了作为造园艺术的典范以外，圆明园内还收藏汇集了无数珍宝，包括历代书画、金银珠宝、宋元瓷器等等。

圆明园西洋楼花园正面图

但是，就是这样一座人类文化的宝库，竟然受到两次洗劫，无数瑰丽宝藏被侵略者抢夺和破坏。如前文所述，圆明园第一次被洗劫是在第二次鸦片战争时期。法国人首先闯入圆明园，每个人都满载而归。在法国军营里，堆积着珍奇的钟表、五光十色的绫罗绸缎，以及珍贵的艺术品，价值达三千万法郎。英国侵略军虽然来晚了一步，但园中的财宝仍然让他们各个收获不菲。而对于那些搬不走的大瓷器和珐琅瓶，野蛮的入侵者都将它们砸得粉碎。这场浩劫，正如法国大作家雨果所描绘和抨击的那样：有一天，两个强盗闯进了夏宫，一个进行抢劫，另一个放火焚烧。他们高高兴兴地回到了欧洲，这两个强盗，一个叫法兰西，一个叫英吉利。他们共同“分享”了圆明园这座东方宝库，还认为自己取得了一场伟大的胜利。英法侵略军把圆明园抢劫一空之后，为了销赃灭迹、掩盖罪行，英国全权大臣额尔金在英国首相帕麦斯顿的支持下，下令烧毁圆明园。大火一直焚烧了三个昼夜。使这座世界名园化为一片焦土。圆明园及附近的清漪园、静明园、静宜园、畅春园及海淀镇均被烧成一片废墟，安佑宫中，近三百名太监、宫女、工匠葬身火海。由于圆明园园子面积太大，景点分散，而且水域辽阔，使得一些偏僻之处和水中景点得以幸免于难。据同治十二年(1873)冬查勘，园内尚存有建筑十三处。如圆明园的蓬岛瑶台、藏舟坞、绮春园的大宫门、正觉寺等等。

后来，法国海军上尉巴吕回忆当时的情景说：“第一批进入圆明园的人以为是到了一座博物馆，而不是什么居住场所。因为摆在架子上的那些东方玉器、金器、银器，还有漆器，不论是材料还是造型都是那么珍稀罕见，那简直就像欧洲的博物馆。”参与者之一阿尔芒·吕西赞叹：“我为我看到的东西而震惊，瞠目、惊呆！现在《一千零一夜》对我来说完全是实实在在的东西。”

当时，联军中的法国将领蒙托邦最初曾经假装下令不准士兵们随意动园中的物品。但圆明园中那些精美昂贵的宝物是这些侵略者们闻所未闻见所未见过的，侵略者们怎么能抵挡得住眼前的诱惑……法国军医卡斯塔诺承认：“对圆明园的抢劫是不可避免的。”法国统帅的翻译官埃里松伯爵断言，一切阻止抢掠的尝试都是不可能的，是枉费心机、注定要失败的。“将军能做什么？他手下的军官们又能做什么？毫无办法。……无论是法军还是英军的统帅所能做的只有把眼睛闭上，视而不见……蒙托邦即便拼尽全力，也无法阻止自己的部下进入圆明园的大门。正如拿破仑一样，凭他近乎神一般的威望，也没能在滑铁卢溃败时阻止住他的部队后退。”这段为将帅辩护的话恰恰暴露了他们纵容抢劫的嘴脸。于是抢劫成为一场公开与合理的疯狂行为。法国人肆意地、自由地在圆明园中劫掠一切可以带走的东西，而英国人则有组织有安排、有条不紊地将宝物成批地运走，更像是有组织的政府行为。埃里松伯爵说，“法国人堂而皇之地抢，而且都是单个行动。英国人比较有条理，他们能很快就明白应该怎么抢，而且干得很专业。他们都是整班行动，有些人还拿着口袋，都有士官指挥。”英国人甚至成立了一个委员会，专门负责收集从圆明园掠夺来的物品，士兵必须把从圆明园抢劫而来的“战利品”交给委员会，由委员会编制清单，组织公开出售。

历史小常识：海兰泡惨案

1900年7月，沙俄悍然出动十多万侵略军以“护路”为名。从五路大举侵入我国东北地区。沙俄当局下令通知海兰泡的中国居民，中俄两国要打仗，要把他们送过江去。7月15日下午，俄军突然封锁黑龙江，不准中国居民过江。7月16日，沙俄军队强行将数千名中国居民关进警察署，洗劫了中国居民的住宅和商店。第二天，第一批中国居民约有三千人被押往海兰泡北六英里的黑龙江边射杀或溺死。从7月16日至21日，俄军在海兰泡共进行四次大屠杀，夺去六七千中国人的生命，史称“海兰泡惨案”。

对于英法联军来说，能在战争中发这么一笔横财简直让他们无法表达心中的兴奋之情：“军营变成了化装舞会，炮兵们回来时，个个身上都裹着皇后的丝袍，胸前挂满了清朝大官的朝珠……”但他们仅仅是对天降横财感到高兴，却并非真正地在乎那些价值连城的宝物们的价值，所以“气恼时，就把那些带不走的东西砸碎、撕烂，或者弄脏……至于银子，多得几乎不屑一顾，因为那东西分量太重……但内格尼罗中尉居然有办法用军舰带回五百件之多的中国瓷器。”而随军的神职人员在圆明园被焚毁前居然大言不惭地说：“都拿走吧，再过半小时，所有的东西都将被烧掉。这是拯救，而不是抢劫。”

这批从圆明园失落的国宝后来以各种方式流落在世界各地。据美国历史学家统计，仅仅是1861年到1866年的六年间，伦敦就进行了大约十五次圆明园物品的拍卖。而时至今日散落在世界上四十七个国家二百多个博物馆中的中国古代文物，至少有一百万件，大量的圆明园文物分散在欧洲的各大博物馆中，尤其是大英博物馆和法国国家图书馆收藏数目巨大。还有很多散布在世界各地的收藏者手中。

但圆明园的悲剧远未结束。光绪二十六年（1900）八国联军入侵北京，再次火烧圆明园，使这里残存的十三处皇家宫殿建筑也彻底遭掠夺焚劫。

在中国人的集体记忆中，圆明园被视为自己历史遗产的一部分，它承载着极为丰富的文化信息。圆明园被烧毁，伤害了中华民族的情感，它给中国人带来了集体的创伤，成为中华民族永不能忘的屈辱的一页。

清政府卖国条约一览

从1840年鸦片战争开始，此后六十年间，清政府一共签订了一千一百多个不平等的耻辱条约。其中影响深远的有四十多条。

签订国家	条约名称	签订大臣	时间
中英	南京条约	耆英	1842
中英	南京条约补充条款	耆英	1843
中英	虎门条约	耆英	1843
中美	望厦条约	耆英	1844
中法	黄埔条约	耆英	1844
中俄	瑷珲条约	奕山	1858
中俄	天津条约	桂良	1858
中美	天津条约	桂良	1858
中英	天津条约	桂良	1858
中法	天津条约	桂良	1858
中英	天津条约补充	桂良	1858
中英	北京条约	奕䜣	1860
中法	北京条约	奕䜣	1860
中俄	北京条约	奕䜣	1860
中俄	勘分西北界约记	明谊	1864
中美	增续条约	蒲安臣	1868

签订国家	条约名称	签订大臣	时间
中日	修好条约	李鸿章	1871
中日	北京条约	奕䜣	1871
中英	烟台条约	李鸿章	1876
中俄	里瓦几亚条约	崇厚	1879
中俄	伊犁条约	曾纪泽	1881
中法	会议简明条款	李鸿章	1884
中日	天津条约	李鸿章	1885
中法	新约	李鸿章	1885
中葡	北京条约	奕劻	1887
中英	藏印条约	升泰	1890
中美	华工条约	杨儒	1894
中日	马关条约	李鸿章	1895
中日	辽南条约	李鸿章	1895
中俄	密约	李鸿章	1896
中德	胶澳租借条约	李鸿章	1898
中英	展拓香港界址条约	李鸿章	1898
中国与八国联军	辛丑条约	李鸿章	1901
中英	续定藏印条约	唐绍仪	1906
中日	满洲善后协约	奕劻	1905

这些条约对中国的主权造成了严重损害，逐渐使中国沦为了半封建半殖民地社会。巨额的赔款也给整个国家和人民带上了沉重的经济枷锁。

其中，损失最大、掠夺最残酷的主要条约具体内容包括：

1.中英《南京条约》

强占香港。中国赔偿英国军费等共2100万元，分4年付清。

五口通商。《南京条约》规定，开放广州、福州、厦门、宁波、上海为通商口岸。英国在五口有权驻领事等官员，商人可以自由通商，不受只准清政府指定的“行商”进行贸易的限制。

控制关税。

领事裁判权。《五口通商章程》规定，凡是英国人与中国人发生“交涉词讼”，或在中国领土上犯罪，其如何定罪，“由英国议定章程、法律，发给管事官（即领事官）照办”，中国官员无权依据中国法律进行判处。

片面最惠国待遇。最惠国待遇应该是缔约国双方的对等权利。但在中英不平等条约里，却只规定了缔约中外国能够片面享受最惠国待遇。《虎门条约》规定：中国将来如“有新恩施及各国，亦应准英人一体均沾”。

2.中美《望厦条约》

美国人可以到广州、福州、厦门、宁波、上海五个港口贸易或居住，并且准许美国兵舰进入中国海港。

美国货进出口，中国海关收税必须和美国领事商议。

美国人在华犯法，“中国官员不得过问”。

容许美国人在五口“自行建楼，并设立医院、礼拜堂及殡葬之处”。

3.中英法美《天津条约》

外国公使常驻北京。

开牛庄（后改营口）、登州（后改烟台）、台南、淡水、潮州（后改汕头）、琼州、汉口、九江、江宁（南京）、镇江为通商口岸。

中国海关雇用外人。

外国人可在中国传教、游历、通商。

外国人往内地游历通商；外国商船可在长江各口来往。

历史小常识：大清国旗

晚清时期因与各国往来无国旗，便将作战时的三角黄龙旗定为国旗。光绪七年（1881），清政府确认水师旗为长方形，宽四尺，高三尺，黄底、蓝龙、红球，光绪十五年（1889）定此旗为国旗。

中国给英国赔款银400万两，法国200万两。

4.中英法《北京条约》

开天津为商埠。

准许华工出国；割让九龙司地方给英国。

发还天主教资产。

对英、法赔款增加到800万两。

5.中俄《瑷珲条约》

中、俄两国以黑龙江及额尔古纳河为界，以北属俄国，以南属中国。

黑龙江下游以南、乌苏里江以东直至鄂霍次克海沿岸之地，由原属中国所有改为中、俄两国共管。

俄国船只在黑龙江及乌苏里江上拥有通航权。

6.中俄《伊犁条约》

中国要“偿还”俄国占领伊犁的“费用”五百多万两。

中国要将霍尔果斯河以西地区和斋桑淖尔以东地区“割”给俄国。

沙俄在嘉峪关、吐鲁番增设领事，俄商在天山南北、蒙古免税贸易。

伊犁居民可自愿迁入俄国。

7.《中法新约》

中国放弃对越南之宗主国地位，承认越南为法国“保护国”。

中国在中越边界附近择二地为对法“通市”的商埠。

法国在中国西南各省拥有兴建铁路的特权。

8.中日《马关条约》

中国完全放弃对朝鲜的宗主权。

中国割让辽东半岛、台湾、澎湖列岛给日本。

中国开放江南的苏州、杭州，以至长江中上游的重庆、沙市，对日通商，日本并享有通至此等口岸的内河航行权。

中国允许日本在各通商口岸有设厂权，并享最惠国待遇。

中国赔偿日本军费白银 2 亿两。

9.中德《胶澳租界条约》

租借山东半岛南部的胶州湾及其铁路权给德国。

10.中俄《旅大租地条约》

旅顺“租借”给俄国作为军港，大连“租借”给俄国作为商港，均以 25 年为期，但“可以延长”。

在“租借期”内，中国军队不得驻在旅大地区。

俄国再取得由旅大至哈尔滨之铁路修筑权（包括后来之所谓“南满铁路”），以及铁路沿线之利益独占权。

11.《展拓香港界址专条》

租借“新界”予英国，共 99 年。

12.《辛丑条约》

惩办端郡王载漪等排外大臣。

两年内禁止军火输华。

中国向 11 国“赔款”4.5 亿两（分 39 年偿付，连本息共近 10 亿两）。

作为偿付赔款的抵押，中国海关所收之关税、盐税，均为外国控制。

各国自管北京使馆区。

大沽口至北京之间的全部炮台，全部拆毁。

清廷改“总理各国事务衙门”为“外务部”，班列六部之前。

13.《满洲善后协约》

日、俄分别于中国东北撤军后，清廷开东北三省之 16 处城镇作为商埠对外开放（盛京省之凤凰城、辽阳、新民屯、铁岭、通江子、法库门，吉林省之长春、吉林、哈尔滨、宁古塔、珲春、三姓，黑龙江省之齐齐哈尔、海拉尔、瑷珲、满洲里）。

时局图

日本取得东北南部之安奉铁路之管理经营权。

在东北的奉天（今潘阳）、营口、安东（今丹东）等城市，划定日本“租界”等等。

14、中法《黄埔条约》

法国取得与英国《南京条约》、美国《望厦条约》相同之利益。

15.中英《烟台条约》

英国人得到进入中国西南边境“游历、探路”的权力。

他们如果由中国内陆经西藏前往印度，清政府需通知驻藏大臣协助通行。

16.中英《烟台条约续增专条》

鸦片入口，每箱（百斤）向海关一并缴纳税厘110两（正税30两、厘金80两）后，由华商持凭单运往内地销售，中途不再征收任何捐税。

17.中俄《勘分西北界约记》

划定中俄西段边界，自沙宾达巴哈山口至浩罕为止的边界。

加上《中俄北京条约》，沙俄共侵占中国44万多平方公里的领土。

18.中英《广州和约》

7日之内缴广州“赎城费”600万元，赔偿英商馆损失30万元，清军退驻广州城外60英里，赎金交清后，英军退出虎门。

19.中俄《满洲里界约》

中俄两国重定由塔尔巴干达呼第58界点起，至阿巴该图第63界点，并沿额尔古纳河，至该河与黑龙江会流处止的国界。

中国丧失数百平方公里土地，同时右岸应属中国的许多洲渚，划归俄国。

《满洲里界约》成为清王朝签订的最后一个丧权的边界条约。

20.中英《藏印条约》

承认英国对哲孟雄（锡金）保护权。又据此条于1893年签订《藏印续约》。

开放亚东为通商口岸。

五年之内藏印贸易不收税，为英国侵入西藏打开通道。

晚清的变革

洋务运动

经过两次鸦片战争后，清政府的统治阶级在对待如何解决一系列内忧外患的问题上分为了两派，分别是“洋务派”与“顽固派”。其中，以奕䜣为首的洋务派主张利用西方先进的生产技术富国强兵，通过发展近代工商业来维护清朝的封建统治。19世纪60年代至90年代，洋务派在全国各地掀起了“师夷长技以自强”的改良运动，被称为“洋务运动”。这场运动发轫于1861年初，当时留守北京负责议和的钦差大臣恭亲王奕䜣，领衔上奏了《统筹全局折》，经过王公大臣会商同意和咸丰批准，正式设立总理各国事务衙门，也标志着洋务运动在中华大地上的正式登场。直到1894年9月，洋务派苦心经营十余载的新式陆军和北洋舰队在中日甲午战争中一败涂地，清政府被迫于次年4月签订了丧权辱国的《马关条约》为止，开展三十余年的洋务运动从此而宣告破产。

所谓洋务，指的是牵连到外国的一切事情。林则徐、魏源等人提出“师夷长技以制夷”的口号，向西方学习以自强。但是当时这样的远见卓识受到了顽固守旧派占主导地位的清廷的敌视态度。直到鸦片战争后，随着太平天国、捻军、外国侵略势力的纷至沓来，穷于应付的清政府第一次感到了生存危机。面对这种局面，以总理衙门大臣奕䜣、两江总督曾国藩、闽浙总督左宗棠、直隶总督李鸿章等为代表的洋务派提出，应当抛弃陈腐的"祖宗之法"，转而引进西洋先进技术，以"中学为体，西学为用"，以抵御外侮，维护清廷的统治地位。所以当洋务派的活动没有威胁到自己的利益时，慈禧太后对曾国藩、李鸿章等人的活动至少是采取了默许的态度。于是一场影响了近代中国命运的洋务运动在举国上下"办洋务"的热潮中开始了，史称"同光新政"。

江南机器制造局制造的后膛钢炮

当时洋务派的主要代表在中央是以奕䜣、文祥为代表的满族官员，在地方是以曾国藩、李鸿章、左宗棠、张之洞为代表的汉族官员。开始，洋务运动的目标是巩固国防，创办"自强新政"以"求强"，所以主要开办近代军事工业、创建新式军队、购买国外新式武器。同治元年(1862)，清廷下令都司以下军官一律开始学习西洋武操，各省防军开始更换新式武器。同年，曾国藩在安庆设军械所，李鸿章在上海设制炮所，中国的近代军事工业的建设由此拉开序幕：1864 年李鸿章在苏州设立西洋炮局，1866 年左宗棠在福建设立福州船政，1887 年丁葆祯在成都设立四川机器局……短短几年时间，中国就基本建成了近代军事工业体系，火枪、大炮、弹药、蒸汽战舰都已能够在国内制造，这是近代中国历史的一次大飞跃，从此中国大地上有了自己的近代工业。

为了满足洋务运动对于巨额资金的需求，洋务派在兴建军事工业的同时，"百方罗掘"但是仍然"不足用"。于是，洋务派开始将工业范围扩大到兴办民用工业以达到"兴商务、竣饷源、图自强"的目的。1872 年，李鸿章在上海开办轮船招商局尝试"求富"之路。此后十多年间，煤矿、铁厂、缫丝厂、电厂、自来水厂、织布厂、电报、铁路相继建设，这些民用工业的创办打破了西方资本在中国的垄断，为国家回收了大量的白银，同时也为中国近代民族工业的发展打下了坚实的基础。

但是，在洋务运动进行的过程中，那些地方大员们都是各自为政、互不隶属的，彼此之间甚至存在着竞争而互相掣肘。而且洋务派经营的这些近代企业，是以不改变封建生产关系为前提的，具有很强的对外依赖性、封建性和一定程度的垄断性，在工业技术、资本乃至管理上都受到西方国家的左右和牵制。

洋务运动在甲午海战之后失败，这种命运是不可避免的。第一，在不触动腐朽的封建制度的前提下，洋务派试图利用西方资本主义的某些长处来维护封建专制统治，这种手段和基础的矛盾注定了洋务运动是不可能成功的。同时，顽固派的势力依然强大，加之"防汉"的根深蒂固，往往横加阻挠和破坏，从而加大了洋务运动开展的阻力。第二，洋务派本身的阶级局限性，决定了他们既是近代工业的创办者和经营者，也是其摧残者和破坏者，其封建衙门和官僚式的体制，必定导致洋务企业的失败。第三，洋务运动的目的之一是抵御外侮,但在外交活动中,洋务派又坚持"外须和戎",以妥协投降、息事宁人为最基本的处理方式,他们所创办的近代企业有抵御外侮和"稍分洋人之利"作用,但却不能改变中国半殖民地半封建的社会地位。甲午战争,洋务派标榜的"求强""求富"的目标未能实现,洋务运动基本失败。

洋务运动从第二次鸦片战争结束后开始,历经三十余年,在洋务派的努力下,这三十年使得中国社会和中国人发生了巨大的变化,为后来中华民国时期中国的经济发展奠定了基础。而且洋务派资助了一些留学生到西方国家学习先进技术和理论,为我国培养了人才。但随着甲午战争的硝烟散去,清廷面对来自朝野内外的责问,不得不找出一个替罪羊。于是洋务派和洋务运动被当了甲午战败的罪魁祸首,刚刚打开的国门又再次关上。

中国第一批留学生

洋务运动期间,在曾国藩、李鸿章、容闳等洋务派的主持下,清政府曾经先后派出四批共一百二十名幼童赴美国留学,中国铁路工程的开拓者詹天佑就是其中一员。这原本是清政府设立的一个长达十五年的留学计划,但是进行到第十年的时候,因为遭一些人的强烈反对,不得不将"留美幼童"提前召回。后来他们当中有的在中法海战、中日海战中为国捐躯;有的成为中国铁路、电报、矿山事业的开创者;有的则成为清朝大臣;后来中华民国的第一任国务总理唐绍仪也出自他们中间。

曾国藩

派遣幼童到美国留学是"中华创始之举,古今未有之事",这两句话,是曾国藩和李鸿章在给朝廷的奏折里说的。在奏折当中,曾国藩和李鸿章对外国的科学技术有很深刻的认识,他们认为西洋军事实力的背后,有地理、数学、天文、制造等多种知识;他们重视引入外国的先进技术,把学有所成的"游学"者请到学校,教授各门科学;他们把陆军和海军的建设看作"身心性命"。而中国要仿效西方的成功之道,最紧迫的,是应当选拔聪颖子弟到海外留学,努力钻研,以实现皇上逐步自强的夙愿。奏折批准后,曾国藩和李鸿章让翰林陈兰彬担任留学事务局正委员,计划的积极倡议者容闳为副委员。

最终中国第一批"留美幼童"在 1872 年 8 月 11 日奔赴美国。前后四批共一百二十名"留美幼童",他们乘坐轮船跨越三万二千里,横渡太平洋到达美国。大洋彼岸的这个新大陆的方方面面都让幼童睁大了双眼。最让他们感兴趣的莫过于"火车"。"火车时代"无疑是对 19 世纪 70 年代美国的最好概括,中国孩子们乘着火车到达了他们的终点站，康涅狄格河畔的 springfield，中国人给了这座城市一个清新的名字叫“春田”。

赴美的“留美幼童”之中，最后有多少曾经考入美国大学又曾进入哪些大学，至今仍有空白和疑点。但目前所知至少有五十名幼童后来进入大学，其中二十二人就读于容闳的母校耶鲁大学。他们是：詹天佑、欧阳庚、容揆、黄开甲、梁敦彦、张康仁、钟文耀、蔡绍基、唐国安、谭耀勋、李恩富、容星桥、曾溥、陈佩瑚、刘家照、陈巨溶、陆永泉、祁祖彝、卢祖华、徐振鹏、钟俊成、钱文魁。十年以后，清政府强行召回这些孩子时，容揆和谭耀勋抗拒“召回”，在大部分人回国后依然留在美国完成了耶鲁大学学业。李恩富、陆永泉则是被召回后，后来又重新回到美国读完了耶鲁。在另外一所著名大学麻省理工学院，就读的“留美幼童”有：邝咏钟、方伯梁、邝贤俦、薛有福、邝景扬、邓士聪、杨兆楠等人。李鸿章原计划把留学幼童送入军事学院和海军学院，但一部分人从美国的高中毕业后准备到大学读书时，美国政府却没有接受中国政府的请求。同时，在美国西海岸出现了“排华”浪潮，这给中美关系蒙上阴影。

后来，开放的容闳与保守的陈兰彬及其继任者吴子登之间产生矛盾，导致留学计划夭折。当时，容闳和陈兰彬、吴子登为留学生的洋化问题发生争执，光绪帝在一份奏折上批示要求对留洋事务局严加整顿。在这种形势下，李鸿章感觉到出洋留学事务局大势已去。在 1881 年 2 月份他在给陈兰彬的电报中说，“如真无功效，弗如及早撤局省费”。而主持留学事务的另一主要人物容闳，深感留学事务局的生存受到威胁，他立刻向密友、当地教堂牧师推切尔求助。推切尔首先联络美国若干所著名大学的校长，联名致信清廷的总理衙门。但是，总理衙门却正好借题发挥，称李鸿章有“不撤而撤之意”，向皇帝呈递了“奏请将出洋学生一律调回”的奏折。所以仅半年后，清政府就再次下令强迫大部分留学生返回中国。

1901 年 11 月，李鸿章弥留之际，力保袁世凯继任。袁世凯接过李鸿章的衣钵后，也就顺理成章地起用李鸿章生前栽培的这一批留洋人才。一时间，“留美幼童”聚集天津。1901 年底直到 1904 年，唐绍仪出任天津海关道。他参与了从八国联军手中接收被占的天津，处理涉外事务以及督察税务、清理金融等工作。还创办了电报学堂，招收十五岁左右的孩子来学习。

张百熙

唐绍仪的继任者是梁敦彦。袁世凯担任直隶总督后，曾就读于美国斯蒂芬工学院的梁如浩担任北宁铁路总办和牛庄海关道，后来又接替梁敦彦任天津海关道。他的继任者是“留美幼童”蔡绍基。维新时期，蔡绍基参加了天津中西学堂的创办。1903 年 4 月，天津中西学堂改为北洋大学，蔡绍基先为帮办，后为总办。他是“留美幼童”

中出现的第一位大学校长。另外，曾担任“镇远”舰枪炮大副的曹嘉祥，被袁世凯任命为天津巡警道，成为中国新式警察的创办人之一，“新政”时期闻名全国的“北洋警政”是与他的努力分不开。

袁世凯权倾一时，就任直隶总督不久，他就被清廷任命为督办铁路大臣、督办商务大臣和督办电政大臣，所以铁路、电信等要害部门都在他的管辖之下。一批学习铁路、电报的“留美幼童”得以学以致用，成为当时袁世凯麾下的骨干力量。其中最为著名的就是詹天佑。

詹天佑

中国铁路之父——詹天佑

詹天佑是中国首位铁路工程师，负责修建了“京张铁路”等工程，被称为“中国铁路之父”。咸丰十一年(1861)，詹天佑出生在一个普通茶商家庭。同治十一年(1872)，年仅十二岁的詹天佑到香港投考幼童出洋预备班，很快就被录取了。父亲在一张写明“倘有疾病生死，各安天命”的出洋证明书上画了押。

光绪四年(1878)，在老师诺索卜夫人和容闳的支持下，詹天佑考取了耶鲁大学，进入土木工程系学习，就读铁路工程一科。三年后获得学士学位。回国后，詹天佑满腔热忱地准备把所学本领贡献给祖国的铁路事业。但是，洋务派官员们十分迷信外国的技术，在修筑铁路时一味依靠洋人，并不重用詹天佑。1888 年，几经辗转的詹天佑终于进入中国铁路公司担任工程师，开始发挥自己的专业特长，这也成为他献身中国铁路事业的开始。

刚上任不久，詹天佑就面临一次重大的考验。当时正在修建从天津到山海关的津榆铁路，修到滦河时要造一座横跨滦河的铁路桥。因为滦河河床泥沙很深，又遇到水涨流急。开始由号称世界第一流的英国工程师担任设计，没能成功；后来请日本工程师，再次失败；最后让德国工程师出马，也以失败告终。詹天佑提出由中国人自己来设计，负责工程的英国人在走投无路的情况下只得同意詹天佑来试一试。詹天佑分析总结了三个外国工程师设计方案的失败原因，然后又同工人一起实地调查，测量。经过反复分析比较后，詹天佑确定了桥墩的位置，并且大胆决定采用新方法——“压气沉箱法”来进行桥墩的施工，滦河大桥果然成功建成。这件事震惊了世界：一个中国工程师居然解决了三个外国工程师无法完成的大难题。

初战告捷之后，詹天佑赢得了一直迷信洋人的清政府的信任，但也遇到了更严峻的挑战。

1905 年，清政府决定兴建京张铁路，连接北京丰台，经八达岭、居庸关、沙城、宣化到河北张家口，全长约二百公里。此路“中隔高山峻岭，石工最多，又有七千余尺桥梁，路险工艰为他处所未有”，特别是“居庸关、八达岭，层峦叠嶂，石峭弯多，遍考各省已修之路，以此为最难，即泰西诸书，亦视此等工程至为艰巨”。“由南口至八达岭，高低相距一百八十丈，每四十尺即须垫高一尺。”可以说，工程的难度相当大。这条铁路的修建，英国和俄国都想插手其中，由于中国人民的强烈反对，他们的企图没能得逞。英俄使臣以威胁的口吻说：“如果京张铁路由中国工程师自己建造，那么与英俄两国无关。”他们原本以为，中国根本没有自己修建铁路的能力。

詹天佑毫不犹豫地接下了这个艰巨的任务，成为京张铁路的负责人。此前中国还没有一条铁路是自主修建的，京张铁路意义重大，却也困难重重。詹天佑坚持不用一个外国工程师，并表示：“中国人要用自己的工程师和自己的钱来建筑铁路。”1905 年 8 月，京张铁路正式开工，紧张的勘探、选线工作也随之开始。詹天佑亲自带着学生和工人，背着标杆、经纬仪，日夜奔波在崎岖的山岭上。他身为总工程师，却和工人们同甘共苦，一起挖石、挑水，常常是一身污泥一脸汗。火车要穿越八达岭，为了克服陡坡行车的困难，詹天佑创造性地运用“折返线”原理，在山多坡陡的青龙桥地段设计了一段人字形线路，从而减少了隧道的开挖，降低了坡度。

铁路测量仪器

作为总工程师，詹天佑对全线工程曾提出“花钱少，质量好，完工快”三项要求。京张铁路经过工人们的几载奋斗，终于在 1909 年 9 月全线通车，比原先计划的六年时间提前了两年，而在工程费用方面也只用了外国人估价的五分之一左右。

辛亥革命爆发后，清政府被推翻。詹天佑为了振兴铁路事业，和同行一起成立了中华工程学会，并被推为会长。詹天佑从业三十多年，当时我国的每一条铁路几乎和他都有不同程度的关系。为中国铁路事业奉献了自己全部精力和智慧的詹天佑终于因积劳成疾，在 1919 年病逝，尚不足六十岁。

詹天佑是我国近代科学与工程技术史上的先驱，也是我国近代史上杰出的爱国知识分子，为中国的铁路事业做出了巨大的贡献。此外，詹天佑十分注重铁路人才的培养，制定了工程师升转章程，对工程人员的考核和要求做出明文规定，并且定明工程师薪酬与考核成绩挂钩，所以在京张铁路修建期间培养了不少中国的工程人员。他在西方列强面前不畏强暴，威武不屈，提出“各出所学、各尽所知，使国家不受外侮，以自立于地球之上”

的口号，代表了炎黄子孙百折不挠、永不屈服的高尚民族气节，永为后世楷模。

新式民族产业的发展

19世纪资本主义列强兴起，开始用武力掠夺别国财富，抢占殖民地。清后期，中国也被卷入了这个历史潮流之中。列强凭借不平等条约，获得种种政治经济特权，用赔款、设厂、开矿、筑铁路、办航运和进行不平等贸易等手段，大肆掠夺，导致中国民穷财尽，沦为半殖民地。同时，中国的经济领域也开始出现了划时代意义的深刻变化。

江南机器制造局卷铜厂旧照

从19世纪60年代洋务运动开始，曾国藩、李鸿章等人相继创办了江南制造总局、金陵制造局等军工企业，开启了中国新式民族产业发展的历程。新式产业在创办初期是由官营体制占据统治地位，30多年后又出现了民营化趋势。洋务派所创办的军工企业在性质上都是官办，所以在管理上依旧沿袭了封建衙门的制度，机构臃肿、因循推诿、营私舞弊、贪污中饱等腐败现象如同清末官场。到了70年代，洋务派接着创办了轮船招商局、上海机器织布局等民用企业，采取“官督商办”的形式，像唐廷枢、郑观应这样拥有较多资金又有近代商务知识的商人开始介入，通过官商结合以促进企业的发展。

同治十一年（1872），李鸿章奏呈清廷批准“设局招商”，试办中国现代轮运业。以求实现“自强求富、振兴工商、堵塞漏卮、挽回利权”，招商局因此而得名，因此而诞生，成为洋务运动转型后创办的第一家工商企业，也是中国近代创立的第一家民族工商企业，引起了极大的社会反响，当时人评论说，“中国制造船炮，彼人毫无猜忌；惟招商局之设，则群怀隐忧。此实中外大局一关键”，“创立此局，谋深虑远，实为经国宏谋，固为收江海之利与洋商争衡，转贫为富、转弱为强之机尽在此举”。其时德国驻华公使巴兰德甚至说：“中国办理海疆十余年，惟招商局深中肯綮。若办成有效，洋人之气不待战而慑矣。”招商局创办之初，迅速购置轮船，组建起了中国第一支近代商船队，以上海为中心相继开辟了中国商轮第一条近海商业航线、第一条长江商业航线，在外强横行的中国水域第一次出现了挂着双鱼龙旗的中国商轮，之后开航了日本、东南亚、英国、美国等航线。特别是远洋航线的开辟极大地鼓舞了国人的精神，“西人所取于中国者，亦可取之于西人”。沿江、沿海主要港口，招商局都设立分局并且建有自用码头，彻底改变了当时中国江海航运业的面貌，民族利权也得到一定程度的挽回。从招商局历年账目的统计来看，从1873年开业到1884年十余年间，累计核收轮船运费白银一千七百多万两，加上跌价竞争使外商收入大大减少，中国少溢白银当在数千万两之巨。对比当时清政府每年不过八千万两的收入，可以知道招商局在当时社会经济中举足轻重的作用。据当时学者和主事人估计，招商局成立近十年间，将中国航运利权收回了五分之三，到1881年“长江生意，华商已占十分之六，南北洋亦各居其半”。

但是统观官督商办的企业，在管理体制中仍然有很大的弊病，绝大多数依旧沿袭了封建衙门的一套办法，企业的督办也不是由股东选举产生而是由官府任命的，导致官商矛盾日益严重，民间投资新式产业的积极性被大大地挫伤。

徐寿

甲午海战惨败之后，清政府的投降政策刺激了列强瓜分中国的野心，掀起了瓜分中国的狂潮。列强们纷纷争做中国的债主，抢夺修筑铁路、开采矿山和建立工厂的权利，中国社会的自然经济在这个过程中遭到进一步的破坏，在客观上促进了中国城乡商品经济的发展，为中国民族工业的发展提供了条件。而在中国内部，甲午战败标志着洋务运动的破产，清政府的腐败无能也暴露无遗。为了扩大财源，支付巨额赔款，解决财政危机，清政府不得不放宽对民间办厂的限制。于是中国出现了一个兴办工业的热潮。而《马关条约》签订以后，外国资本商人设厂制造权在社会上引起了极大的反响，“设厂自救”的呼声越来越强烈，民间投资创办工矿交通企业的活动在此环境下出现了一个高潮。

民族工商业之所以获得迅速发展，还与清末经济法规的制定颁行密切相关。到了20世纪初，垂死挣扎的清政府试图通过“新政”来挽救自己的统治，相继颁布了《商律》等保障商人权益的综合性法规，针对商会、社团的《商会简明章程》，以及其他有关奖励工商实业的章程。清末一系列经济法规的颁布，一方面表明清政府从传统的重农抑商转为保护、奖励工商，经济政策发生了重大改变；另一方面工商业从业者的实业活动也确实获得了相应的法律保障和权利，社会地位也有所提高，工商业者的投资热情受到了很大的鼓励，信心更为增强。当时的报纸也指出：“我国比年鉴于世界大势，渐知实业为富强之本，朝野上下，汲汲以此为务，于是政府立农工商专部，编纂商律，立奖励实业宠以爵衔之制，而人民亦群起而应之……不可谓非一时之盛也。”

光绪三十年（1904），收回利权运动兴起。之前软弱无能的清政府与美国合办公司签订了出卖粤汉铁路的合同，湖北、湖南、广东三省人民要求清政府废除合同，接着在山东、河北、江苏、浙江、山西、奉天、四川、安徽都掀起了收回利权运动。收回利权运动的广泛开展，是推动20世纪初中国民族资本主义迅速发展的另一个重要因素。同治三十年(1904)，清政府公布了《重订铁路章程》，这个章程鼓励民间参与建设铁路，并且规定地方官对于华商集股创办铁路公司活动要"均应一体保护"，同时要保持公司的独立性"不得干预公司办事之权"，凡"查明路工实有成效者"，由商部"专折请旨给予奖励"。在章程的鼓舞下，在1904~1907年短短的几年之内各省就先后成立了十八个铁路公司。许多省份的商人根据这一章程，提出集股自建铁路的要求，绝大部分在起初都受到所在督抚和商部的支持，各省京官也无不主动联络，内外呼应。从保存下来的记载可以看出，各省工商业者筹建铁路的要求大多是通过督抚奏请由朝廷批准的，而各省的商办铁路公司，也是经商部大力协助上奏朝廷谕允成立的。至于粤汉、广澳、津镇、京汉等铁路修筑权的赎回，同样是官商共同努力所取得的成果。当时有评论说："乙巳，张之洞、岑春煊已首从鄂湘粤三省民意，以美金六百七十万元赎回粤汉铁路，归三省自办。我国收回权利之举，以此为嚆矢。"

历史小常识：清代的邮政

鸦片战争后，英国首先在香港设置邮政。咸丰十一年(1861)，英法在上海开展邮政。光绪四年(1878)，天津海关税务司开辟邮路并发行邮票。光绪二十二年(1896)，总理衙门成立大清邮政总局。邮政总局开办后，在各处邮局门口设立绿色邮筒。宣统三年(1911)，邮政局划归邮传部管理。

这些对于民营工商企业的发展都起到了极大的促进作用。不过，无论洋务运动还是新政，当权者的目的只有一个，就是维护封建专制王朝的统治，所以在政府的权力一直没有放松过。譬如张之洞的原则是，"国家所宜与商民公之者利，所不能听商民专之者权"，"招商"的目的是"助官"。而当时的商人势力代表向他提出的却是"官商相维而商为尤重"，"官"只是"助招商"，双方的观点显然是对立的。此外，在具体的实施过程中，清政府依然还是表现出严重的抑商的一面。例如，江苏幕府山一位本地的商绅勘探到了煤矿，禀明地方政府后开始集资试办厂矿。开工后，见矿苗颇旺，两江总督端方居然生生地将这个矿收归官办。而民间的厂矿企业向商部提出修建铁路的申请时，被批驳回来的情况也占多数。

同时，清政府为了增加收入，坚持对民族工业实行被称为"恶税"的厘金制度，对民族工商业来说是极大的剥削和伤害。各地方政府往往借口"稽查偷漏"，从交通要冲的市镇直至偏僻地方，遍设征收厘金的局、卡。这些局、卡常常向过往货商"任意讹索"厘金。在《重订铁路章程》颁布四年之后，清政府又开始信奉"造路不如赎路"，即先由外国出钱修路后再由政府借钱赎路，然后再进一步把铁路的民有改成国有。到了1911年辛亥革命的前夕，在列强的压力下，清政府居然进一步宣布铁路干路国有和"统一路政"等政策，"夺商办铁路供之外人"，"假国有之名，行卖路之实"，此举对民间铁路事业来说不啻为"摧折性的一击"，民族工矿交通企业的进一步发展因此受到极大的限制。

但是从辛亥革命之前的一些数据来看，这一时期民族资本主义在整个社会经济中已经占有了一席之地：资本额在一万元以上的民营机器缫丝企业已有近二百家；清末民初工矿业，官营资本有八千四百多万元，民营资本二万零五百多万元，民营已大大超过官营；交通运输部业，到1911年全国有大小近六百个轮船企业，资本约两千一百万元，各种轮船一千一百艘，总吨位十四点七万吨，而新设的民营企业已在数量上占据了主要地位。尤其涌现出了张謇、周学熙这样的优秀的实业家。

除了“南张北周”之外，著名的民族实业家还有祝大椿、严信厚、宋炜成、庞元济、朱志尧、朱畴等等。民族实业的初步发展使民族资产阶级作为新的政治力量开始登上历史舞台，代表民族资产阶级上层的维新派掀起了旨在救亡图存的维新变法运动；而中下层的革命派又发动了旨在推翻清王朝建立资产阶级共和国的辛亥革命；民族资本主义的发展不仅为中国民主革命的发展奠定了新的阶级基础，而且也为19世纪末20世纪初资产阶级改良和革命提供了重要的经济前提和内在动力，加速了封建生产关系和政治制度的瓦解。

垂死挣扎

百日维新

中日甲午战争的惨败和帝国主义瓜分中国的狂潮，使中华民族进一步觉醒，出现了一个波澜壮阔的爱国主义救亡高潮。以康有为为代表的资产阶级改良派（又称维新派），在关涉民族危亡的时刻，发动了具有爱国救亡意义的变法维新运动。他们幻想在不触动封建主义的经济基础和不推翻封建统治制度的前提下，实行变法维新，通过改良主义道路来达到参与政权和进行一些社会改革的目的，取得像日本明治维新那样的效果，使中国社会走上资本主义道路。

京都紫禁城

康有为（1858~1927），又名祖诒，字广厦，广东南海人，人称“康南海”。他出身于仕宦家庭，康家乃是广东的望族，世代为儒，以理学传家。光绪十四年（1888），康有为到北京参加顺天乡试，没有考取。这一年，他上书光绪帝，痛陈祖国的危亡，批判因循守旧，要求变法维新，提出了“变成法，通下情，慎左右”三条纲领性的主张。光绪二十一年（1895）

春，正在北京参加会试的各省举人，听说清政府要与日本订立丧权辱国的《马关条约》，群情愤慨。康有为于是连夜起草了一份一万四千多字的上皇帝书，各省举人一千三百多人集会，通过了这个万言书，并将万言书送交都察院。这就是有名的“公车上书”。在上书中，康有为从爱国的立场出发，强烈主张“拒和、迁都、变法”，建议皇帝“下诏鼓天下之气，迁都定天下之本，练兵强天下之势，变法成天下之治”。上书中写道：“窃见方今，外夷交迫，自琉球灭，安南失，缅甸亡，羽翼尽翦，将及腹心。比者日谋高丽，而伺吉林于东；英启卫藏，而窥川、滇于西；俄筑铁路于北，而迫盛京；法煽乱民于南，以取滇、粤！”他特别强调指出：大清已经“在危机存亡之间，未有若今日之可忧也！”不过，因光绪帝已准约，万言书并未被都察院上呈，光绪并未看到万言书。在这次会试中，康有为中了进士，被任命为工部主事。以后，康有为又连续给皇帝上了几次书。在《上清帝第三书》中，他写道：“窃以为今之为治，当以开创之势治天下，不当以守成之势治天下；当以列国并立之势治天下，不当以一统垂裳之势治天下。盖开创则更新百度，守成则率由旧章。列国并立，则争雄角智；一统垂裳，则拱手无为”。“不变法而割祖宗之疆土，驯至于危，与变法而光宗庙之威灵，可以强大，孰轻孰重，必能辨之者。不揣狂愚，窃为皇上筹自强之策，计万世之安，非变通旧法，无以为治。”

光绪皇帝对康有为提出的问题，很受震动。因为，作为一个皇帝，他显然不想当亡国之君，希望通过变法图强以挽救自己的统治。因此他说：“自来求治之道，必当因时制宜，况当国势艰难，尤应上下一心，图自强而弭祸患。朕宵旰忧勤，惩前毖后，唯以蠲除痼习，力行实政为先。叠据中外臣工，条陈时务，如修铁路、铸钞币、造机器、开矿产、折南漕、减兵额、创邮政、练陆军、整海军、立学堂，大抵以筹饷、练兵为急务，以恤商惠工为本源，皆应及时举办。”

康有为不仅指出国难当头，革新的紧急性，而且系统地阐述了自己的变法思想，从政治、经济、文化教育几个方面系统地提出了自己的见解。政治方面，他提出了变君主专制为君主立宪的要求，指出：“东西国之强，皆以立宪法，开国会之故。国会者，君与国民共议一国之政法也”。经济方面，康有为提出了发展工业，振兴商业，保护民族资产阶级利益的主张。文化教育方面，康有为提出了“开民智”“兴学校”“废八股”的主张。这几个方面构成了康有为变法维新的基本纲领。光绪对康有为十分认可，并下决心准备推行维新变法。但是，当时帝党和后党争夺政权的斗争日趋激烈。光绪皇帝曾说：“太后若仍不给我事权，我愿退让此位，不甘做亡国之君。”又让总理各国事务衙门的大臣奕劻将这话转告给慈禧太后，慈禧听了以后勃然大怒，说：“他不愿坐此位，我早已不愿他坐之。”奕劻极力劝说，慈禧太后才慢慢息怒，放话说：“由他去办，俟办不出模样再说。”奕劻就回复光绪皇帝说：“太后不禁皇上办事。”

光绪二十四年(1898)四月二十三日，光绪皇帝颁布了《明定国是》诏书。

《明定国是》诏的颁布标志着政府推行新政的开始。其后光绪又陆续发出数十道改革谕令。变法期间，光绪曾多次赴颐和园向慈禧皇太后问安，并窥其意旨。据说一次慈禧严询变法的事情，光绪皇帝居然长跪两个小时，但这个并不能动摇光绪变法的决心。

四月二十八日，光绪在仁寿殿召见康有为，命其总理各国事务衙门章京，许其专折奏事。

光绪帝读书图

五月十五日，光绪下诏赐梁启超六品衔，负责办理译书局事务。随后封谭嗣同、刘光第、杨锐、林旭四人四品职衔，在军机章京上行走，参与新政事宜，被时人称为“军机四卿”。新政推进期间，陆续颁布的诏谕有：废八股取士，自下科始，改试策论；裁汰冗员，中央裁撤了詹事府、通政司、光禄寺、鸿胪寺、太常寺、太仆寺、大理寺等衙门，外省裁撤湖北、广东、云南三省巡抚，并且命令一月之内，务必裁汰净尽；开学堂，练新军，改各地书院、祠庙为兼习中学西学之学堂，筹办京师大学堂，命孙家鼐管理京师大学堂；提倡西学，设译书局；裁汰营勇；允许旗人各习四民之业，以资生计；此外还发展工商业，在京师设立矿务铁路总局、农工商总局；提倡各种实业，诏谕各省鼓励绅商设厂，甚至允许私人办兵工厂；奖赏新著作、科学发明，准其专利售卖；设立译书局，编译书籍。梁启超在上海设立编译学堂，以培养翻译人才；官绅士民可以开设报馆；京师及各通商口岸设立了邮政局；编制预算及决算，公布岁出岁入；许官民上书言事，严禁官吏阻抑；令各地绅富之有田业者开农会、刊农报、购农器，并举办农工商学各事宜等。

光绪帝也想利用维新变法、推行新政来达到亲政掌握实权的目的，对此慈禧太后心里一清二楚。所以，变法伊始，慈禧就密切注视光绪的一举一动，步步设防。《明定国是》诏发布的第四天，也就是四月二十七日，慈禧太后就采取了相应的措施：第一，迫使光绪下谕免去翁同龢协办大学士和户部尚书的官职，“开缺回籍”。翁同龢是光绪的老师，也是维新变法最大的支持者。从光绪启蒙识字到因支持维新变法削籍归里，师生相处达二十四年。在学习上，翁同龢是光绪的师傅，在生活上是监护人，在政治上，他又是光绪最宠信的大臣。可以说，罢免翁同龢是去除了光绪的左膀右臂。第二，凡朝廷新任命二品以上的大员，都必须到皇太后前谢恩。第三，强迫光绪皇帝任命自己的亲信荣禄为直隶总督。四月二十八日，又命崇礼为步兵统领。到了五月初，荣禄又被授予文渊阁大学士，正式担任直隶总督兼北洋大臣，统率着董福祥的甘军、聂士成的武毅军和袁世凯的新建陆军，驻扎在京津地区。如此一来，原本就没有什么实权的光绪帝势力又大为削弱，而慈禧太后的后党手握重兵，仍然在事实上将光绪架空。罢黜翁同龢对帝党犹如釜底抽薪，不仅孤立了光绪皇帝，而且将这一维新派与皇帝之间架起的桥梁拆除了，可以说沉重打击了维新派。翁同龢被黜以后，慈禧的亲信、原直隶总督王文韶填补了他的空缺，这更增加了后党在朝廷中的实力。要新任命的二品以上大臣到太后前谢恩，这是慈禧太后掌握人事大权的重要手段。如此一来，那些被任命的人可以明白任免他们的权力不属于皇帝，而是牢牢掌握在太后手中。而命荣禄直接统率北洋三军，可以说后党在军事上就直接控制了京畿地区。另外，出于对自身安全的考虑，颐和园周围的警卫力量也得到加强。慈禧太后采取这些军事部署，一方面是防备光绪皇帝利用维新变法的机会，把各省实力派拉到帝党一边；另一方面也防止北洋三军，特别是袁世凯的新建陆军倒向帝党一边。

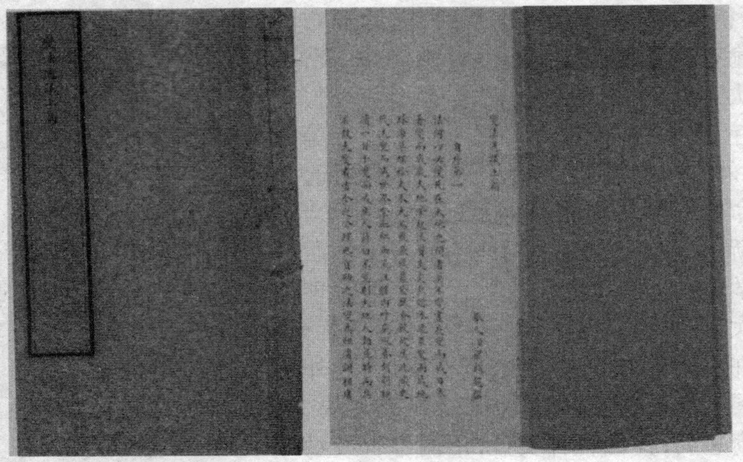

《变法通议》封面及内页

七月二十一日，慈禧的亲信怀塔布、杨崇伊赴天津与荣禄密谋，准备在慈禧太后、光绪皇帝同时到天津阅兵的时候举行政变，废黜光绪帝。光绪对此有所警觉，但因为慈禧的势力已经渗透很深，光绪唯一有可能指望的就是拥有新军的袁世凯。为此，康有为派弟子徐仁禄专程到天津小站游说袁世凯。袁世凯当时表示拥帝，康有为、谭嗣同信以为真。二十六日，光绪帝看到礼部右侍郎徐致靖的《保荐袁世凯折》，谕荣禄传知袁世凯即行来京觐见。二十九日，光绪乘轿到西直门倚虹堂，转登龙舟到颐和园。这是他颁谕变法以来，第九次到颐和园向皇太后问安请旨。同时，他还带有一份奏折，是保荐康有为、康广仁、梁启超、杨深秀等维新派人士作为懋勤殿顾问人选的。慈禧勃然大怒，指责光绪帝要把祖宗的家业葬送于康有为等人之手。光绪赐康有为、杨锐密诏，谕以"朕位且不能保，妥速筹商，密缮封奏。"

八月初一，光绪在颐和园召见袁世凯，命他以侍郎候补的身份专办练兵事务。后谭嗣同等人又访袁世凯，策动他率兵"勤王"，包围颐和园，然后杀掉荣禄。袁世凯假装同意，结果在关键时刻却向荣禄告密。初四傍晚，光绪正在养心殿筹划保存新政的策略时，传来皇太后回宫的消息。不久，光绪帝被慈禧皇太后幽禁于西苑瀛台涵元殿。这就是历史上所说的"戊戌政变"。

从四月二十三日颁诏变法到八月六日慈禧太后发动政变，变法仅仅历时一百零三天，史称"百日维新"。

初八，慈禧皇太后御殿训政。荣禄立刻派兵三千人搜捕维新派和帝党人士。政变后，维新派曾经请求英使、日使和美使设法救光绪帝。而康有为本人得到英国保护逃到香港，梁启超得在日本保护逃到横滨。十五日，谭嗣同、林旭、刘光第、杨锐、杨深秀、康广仁六人被杀于北京菜市口，史称"戊戌六君子"。康有为、梁启超被通缉，地方上的维新官员陈宝箴、江标、黄遵宪等数十人被罢免。接下来慈禧临朝"训政"的一个月时间内，她不断下令禁止新政，除京师大学堂外，新政全被废除。戊戌变法以光绪帝被幽禁为结局向人们宣告了失败。

在维新变法的大约百余天日子里，光绪帝颁布的诏书和谕旨前前后后多达二百多道，内容包括政治、经济、文化、军事、教育各方面。与此前洋务派所推行的“新政”相比，维新派的“新政”是希望从更深的层次上去解决问题，即制度层面的改革。对比二者，洋务派的“自强”新政，目标是为了中国能够“自强”，根本方针是以西方的科学和技术为学习对象，弥补中国传统封建统治的不足。而维新变法的目的虽然也是为了达到富国强兵，但更为彻底，向西方学习的范围已经不再局限于物质和技术层面，而是扩大到许多领域，其核心就是进行政治体制改革，把君主专制的封建体制变为有资本主义色彩的君主立宪体制。尤其是在甲午海战后，洋务派正式宣告破产。为了救亡图存，维新志士们不再局限于洋枪洋炮的学习，而是要全面地向西方学习，走改革政体的路线。所以，戊戌变法爱国和进步的性质决定了它在近代中国历史中有重要意义。但是，在强大而保守的封建传统下，“弃旧图新”被许多人视为对祖宗的背叛。慈禧太后为首的顽固派正是利用这一点以施其破坏和扼杀之谋的。

珍妃

西逃与珍妃之死

戊戌政变以后，后党企图谋害光绪帝，于是宣称“帝病重”。但此举受到了驻京各国公使警告，没有得逞。接着又称“帝久病不能君天下”，打算废掉光绪，并密电南方各督抚争取各地方势力的同意，但没有获得支持。其中，两江总督刘坤一回复的电文语气尤其激烈，流传下“君臣之分已定，中外之口宜防”等名句，被当时人称为“江督十二字电奏，是皇帝延命金丹”。此时，逃到海外的康有为还继续鼓动保皇党华侨纷纷发电“请皇帝圣安”，要求慈禧归政。远在日本的梁启超主办《清议报》，歌颂光绪“圣德”，揭发后党丑恶，也利用舆论号召保皇。所以，慈禧废黜光绪帝的企图也没有得逞。光绪二十五年(1899)，荣禄又向慈禧献计，请“立大阿哥”为同治帝载淳子嗣，以“徐篡大统”。

于是，在光绪二十五年(1899)上演了一场“己亥建储”的闹剧。这一年的十二月二十四日，慈禧把王公大臣、满汉尚书召集到仪鸾殿，宣布了一个以光绪名义的圣谕：“以多罗郡王载漪之子溥儁，继承穆宗毅皇帝为子。”并“封载漪之子溥儁为皇子”，是为“大阿哥”(皇储)。这一年为己亥年，所以被称为“己亥建储”。并且预计在庚子年即光绪二十六年(1900)的元旦，举行光绪帝让位的典礼，并要改元“保庆”。但是，当时对于慈禧并无好感的各列强公使拒绝届期入贺。同月，上海绅商经元善等联名一千多人上书进谏立储之事。维新派的蔡元培以及海外的保皇党华侨号称数十万人，也都纷纷致电反对。慈禧于是被迫将这一计划取消。在洋人的眼里，保守落后、极力排外的慈禧太后本来就不受他们的欢迎，此次后党的这些举动更是遭到了英、法等列强的抵制与反对，从而使慈禧当权势力与列强诸国的矛盾更趋尖锐。于是，慈禧、荣禄等人企图利用义和团运动达到其巩固权力与打击洋人的双重目的。结果，八国联军入侵，清军一败涂地，慈禧携光绪以“暂行西幸”的名义出逃。光绪二十六年（1900）七月二十六日，慈禧命光绪下《罪己诏》：“今见国家阽危若此，其将何以为心乎！知人不明，皆朕一人之罪，小民何辜！遭此涂炭，朕尚何所弛其责备耶。朕为天下之主，不能为民捍患，即身殉社稷，亦复何所顾惜。敬念圣母春秋已高，岂敢有亏孝养，是以恭奉銮舆，暂行巡幸太原。”

慈禧太后弈棋图

二十七年（1901）七月二十五日，慈禧皇太后派全权代表庆亲王奕劻、李鸿章与英、美、俄、德、日、奥、法、意、西、荷、比等十一国公使，在北京签订《辛丑条约》。条约十二款，附件十九件。直到这一年的十一月二十八日，慈禧和光绪皇帝一行才从西安回到紫禁城。回到北京后，慈禧第一次召见了外国驻中国使节，吓破胆的慈禧给各国代表们以前所未有的礼遇。在接见外交使团的夫人们的时候，不仅问候那些曾被义和团围困的人，还流着泪表示同情。慈禧对她们的要求“曲意徇之，各国公使夫人，得不时入宫欢会，间或与闻内政”。通过这些外事活动，慈禧充分表明她是大清帝国权力的象征，而光绪皇帝不过是她的一个政治傀儡罢了。

西逃前夕，还发生了一件大事，那就是“珍妃之死”。珍妃是侍郎长叙的女儿，光绪十四年（1888）被选入宫，同时入宫的还有她的姐姐。姐妹二人一个被封为瑾嫔，一个被封为珍嫔，而慈禧的侄女则被选为皇后。光绪二十六年（1900）年慈禧仓皇西逃的时候，临走之前下令将珍妃溺死在宁寿宫外的井中，当时入宫已经十二年的珍妃刚刚二十五岁。八国联军入城的第二天，珍妃的尸体由留守的宫内太监从井中捞出，草草浅葬于京西田村。慈禧太后回到京城后，宣称珍妃因随扈不及殉难宫中，追封其为恪顺皇贵妃，以此来掩饰自己的害死珍妃的真相。

光绪之死

光绪三十四年十月二十一日（公历 1908 年 11 月 14 日）的傍晚，被幽禁在瀛台涵元殿的光绪皇帝，满含悲愤地离开了人间，终年三十八岁。临终时，身边没有一名亲属及大臣在身旁，等到被人发现时早已死去多时，可谓生前死后，备受冷落，孤苦凄凉至极。就在光绪死去的第二天下午，他的政敌、操纵晚清政权达半个世纪之久的慈禧太后也死在中南海仪鸾殿内，终年七十四岁。

光绪皇帝和慈禧太后先后去世的消息传出，中外同感震惊。慈禧与光绪之间的"帝后"之争确实朝野皆知，而他们之间复杂的恩怨矛盾关系正是光绪之死的焦点所在。人们普遍认为，年纪轻轻的光绪反而死在七十四岁的慈禧前面，而且只差一天，这不是巧合，而是处心积虑的谋害。于是，光绪被人谋害致死的种种说法便由此而产生。

当初，同治帝死后，慈禧为了可以继续垂帘听政，力排众议把自己妹妹的儿子载湉立为皇帝，即光绪，而自己仍旧可以以皇太后的身份独揽大权。光绪四岁就被接进皇宫，到他十八岁成年大婚，及至亲政，在十多年的岁月之中，可以说慈禧在光绪身上倾注了大量心血和精力。

太和殿侧视

但是二人这种良好的关系到了光绪十七岁以后就发生了改变，两人之间的隔阂逐渐明显。慈禧表面上宣布退休，从此不问政事还政于皇帝。但实际上，她仍然把持着军权和官员的任免权。而没有这两项关键的权力，光绪就是傀儡一个。所以变法很快失败，光绪皇帝失去了活动的自由，在精神上也承受着巨大的压抑和折磨。

幽居光绪的南海瀛台是一个人工岛屿，四面环水，一面设有板桥，以通出入；板桥撤了，就里外不通，断绝来往，可谓与世隔绝，天外孤岛。太监每天进送御膳时，架起跳板，走向瀛台，等到皇帝进膳完毕后，跳板就被拿走，所以光绪就只能被囚在瀛台之中无法离开。他曾经忧闷地写下了"欲飞无羽翼，欲渡无舟楫"的诗句。到了冬季，不需要跳板，也有可能离开四面环水的瀛台。那时，水面冻结，冰深数尺，可以踏冰而过。据说有一次光绪曾经带了小太监踏冰离开瀛台，被人发觉之后，总管太监李莲英立刻命令凿冰，防止光绪帝逃离那里。瀛台的生活自然孤独寂寞、苦不堪言。但光绪却从未因此而完全绝望。未来，总是有希望的。毕竟当时慈禧太后长于光绪三十余岁，光绪步入中年的时候，慈禧也已是七

历史小常识：单片请安

慈禧太后规定，凡呈送皇帝的奏折绝对不准单提皇帝，她决意废除光绪帝后，便对外谎称皇帝病危。两江总督刘坤一借口伏读药方单书"恭请皇帝陛下圣安"，表示自己对皇帝的忠心，此后各大臣纷纷效仿。慈禧太后只得将光绪帝改为幽禁。

十开外的古稀老人。据曾与慈禧朝夕相处的德龄回忆说，光绪三十年（1904）开始，也就是慈禧太后七十岁以后，她的身体健康和精神状况明显下降，已没有什么精神来监视光绪了。除了还能进些饭食之外，对于政事基本上不过问了，只是每天在宫里服药。

光绪虽然身在禁宫，但他相信，一旦慈禧太后西归，自己仍要出来亲掌朝柄。因此他时刻没有忘记自己作为一国之君的职责，对于国家大事和世界上主要国家发生的事情，都非常关注。他在慈禧太后面前往往面容肃默，甚至如一呆子。但等太后离开之后，就向身边的人了解西方各国风土人情、政治制度、国家间相互关系等问题。

光绪之宝及"光绪之宝"玺文

当时，西方的强大与清朝与西方频繁的外交活动促使光绪下决心学习外语。裕德曾担任清政府驻外公使，其女儿德龄曾跟随父亲寄居欧洲多年，精通英语，对国外的风土人情也比较了解。慈禧很喜欢她，让其服侍在她身边，以在接见各国公使夫人时充当翻译。德龄也担当了光绪帝的英语老师，每天教习光绪一小时英语。光绪上课非常积极，有时因故误课，也必定要抽时间补上所学内容。光绪的英语水平进步很快，过了不久，就能阅读简单的英文，默写英文句子。不过这样的日子并没有持续多久，慈禧太后以德龄女大当嫁为由，不再让德龄留在宫中，光绪又回到过去的生活。

在努力学习英语的同时，光绪经常读书写字，作为消遣。他看到三国的历史，往往掩卷长叹："我还不如汉献帝！"在庆云殿东室的正面，挂有一幅《宋司马光谕人君用人之道》的立轴，跋文是："光绪丙午十月上浣录，臣全忠敬书。"还有一些匾额斗方之类，下面的落款都写着"臣全忠敬书"。其实，这都是光绪帝本人的御笔。按照习惯，皇帝写的字，都标明御笔，为什么却署为"全忠"而自称为"臣"呢？这是为了表明他当时内心不敢以帝自居的复杂心情。

光绪受到慈禧的虐待却无人倾诉，他不能同臣下交谈，因为即便是近支的王公大臣们也没有人敢忤逆慈禧而私自谒见皇帝。极度寂寞中的光绪只得秘密置办了一个小箱子，私下与他的弟弟醇亲王通信，通过这种书面交谈来释放自己的抑郁心情。小箱子的钥匙一人一把，外人不能打开。其实书信的内容均是些外面的琐碎消息，但慈禧得知此事之后也立刻禁止了。从此之后，光绪连"笔谈"的自由也被剥夺了，情况变得更糟。

太监寇连材的被杀，从另一个侧面揭示了光绪的困境。寇连材入宫时是梳头房的太监，很受慈禧的宠爱，后来发展到凡是宫内有关的会计等事都让他掌握，调为奏事处太监。一年后，又调为慈禧太后会计房太监。但寇连材虽受慈禧喜爱却并非是个利欲熏心之人，他看到太后重新专权后杖责两位贵妃，放逐朝中大臣，蓄谋废除光绪帝等等劣行，

明黄纱平金彩纳金龙单朝袍

心中也不免忧患。一次，他请了五天假回家去向父母兄弟诀别，把他在宫内所写的一本内廷纪事拿出来交给自己的弟弟。这纪事中最重要的有：太后骄奢淫逸，一点不为光绪帝考虑，又因为二妃的缘故，与皇帝之间关系不睦，所以皇帝的处境可谓孤苦伶仃。皇帝每天所进用的御膳虽然看上去罗列数十种，但是离皇帝座位稍远的菜都已经腐臭一半，事实上身为皇帝却经常吃不饱饭，有时偶尔想要吃一种菜，太后就责备他要节俭。而除此之外，每天的呵斥之声更是不绝于耳，只要稍不如意，就对皇帝加以鞭打或者罚他长跪。长久如此，皇帝对太后就像老鼠见了猫一样，天天战战兢兢，以至于一听到锣鼓声和吆喝声，脸色就变。皇帝每次在太后面前长跪请安，不让起来就不敢起来。甲午中日战争爆发以后，光绪帝曾经请求太后停止颐和园工程以便充实兵费，惹得慈禧大怒，从那天直至第二年的九月，十几个月不和皇帝说一句话。皇帝每晚上都必须跪两个小时之久，才让起来等等。从家中回到紫禁城之后，早就做好准备的寇连材递上一件奏折请太后不要再揽权。慈禧看了以后大怒，召见寇连材并斥责说："本朝早有成例，内监有干预政事者斩，你知道吗？"寇连材回答说："知道，但奴才如果怕死，就不上折子了。"于是，慈禧命令立即将其囚禁到内务府慎刑司，然后移交刑部，命令斩首。临刑之时，寇连材整理衣帽，朝着宫中方向拜了九拜，从容就义了。

在这样一位紫禁城统治者的为所欲为之下，光绪的死几乎是必然的，不论是因为长期精神和肉体折磨导致自然死亡，还是被谋害。现代高科技揭示光绪死于急性砒霜中毒，但是背后的元凶是谁，却依然是个悬案。最为广泛的猜测自然是慈禧毒杀光绪，《崇陵传信录》和《清稗类钞》这两种书都记载说光绪被慈禧害死，这类记载和说法没有史料根据，只是推论，因慈禧年老，考虑到如果她先死了，光绪病好重新执政后就要翻局，所以慈禧在死之前先把光绪害死。《慈禧外传》和《瀛台泣血记》都认为光绪是被李莲英害死的。作者的根据是，李莲英一直跟着慈禧，怕慈禧死后光绪执政，对自己不利。所以，他下了毒，让光绪死在慈禧之前。还有说法认为主谋是袁世凯，溥仪在《我的前半生》中说，在戊戌变法期间，袁世凯出卖了光绪皇帝，一旦慈禧死后，光绪皇帝重新执政，就要清算袁世凯忘恩负义的这笔账，所以袁世凯在慈禧死之前，先把光绪害死。

光绪去世以后，有人看到过他病室中极其简陋的陈设：只有一张大床，室内安放着一只北京常见的泥火炉，板壁上裱糊的墙纸已经破碎霉烂，泱泱"天朝"的一国之君，同北京下等老百姓的居室没有什么两样。

预备立宪与“皇族内阁”

百日维新后，资产阶级改良派为抵制革命，展开了要求实行君主立宪的立宪运动，并取得了清廷中央和地方一些汉族官僚的支持。面对一系列困境，清政府不得不采取一些姿态应付立宪运动，并乘此加强皇权，挽救清朝统治的灭亡。

光绪三十一年(1905)，清政府派载泽、端方、戴鸿慈、李盛铎、尚其亨五大臣出洋考察宪政，又命政务处大臣等筹定立宪大纲，设立了“考察宪政馆”。第二年，五大臣经由欧、美各国及日本考察后归国，拟出了立宪方案。慈禧太后立即召见出洋大臣，并于七月颁布“预备仿行宪政”的懿旨。懿旨宣布了立宪的原则是“大权统于朝廷，庶政公诸舆论”，预备实行的时间是“俟数年后规模粗具，查看情形，参用各国成法，妥议立宪实行期限，再行宣布天下，视进步之迟速，定期限之远近”；预备的内容则是“将各项法律详慎厘订，而又广兴教育，清理财务、整饬武备、普设巡警，使绅民悉明国政，以预备立宪基础”。这些措施实际还是清末“新政”的内容。而清政府同时还要求百姓必须“各明忠君爱国之义”，“尊崇秩序，保持平和以预储养成立宪国民之资格”，并强调先从“厘定官制”入手。立宪运动随即由宣传推动阶段进入了发展阶段，各地纷纷建立立宪团体，海外的立宪派也积极响应。光绪三十四年(1908)，清政府颁布了《钦定宪法大纲》二十三条，其中关于“君上大权”的十四条，规定皇帝有权颁行法律，黜涉百司、设官制禄、宣战议和、解散议院、统帅海陆军、总揽司法权等等。皇帝的权力并没有什么本质的变化。

《钦定宪法大纲》颁布不久，光绪和慈禧就相继死去，光绪的侄子溥仪继位，次年改元宣统。宣统元年(1909)，下诏重申“预备立宪”，命各省当年内成立咨议局。立宪派在各省咨议局中占据了领导地位。

预备立宪后，给中国的立宪派很大的鼓舞。宣统二年(1910)九月，资政院会议也应各省咨议局代表及各省督抚提出的颁布宪法、组织内阁、开设议院的要求，皇室同意并批准提前至宣统五年(1913)召开议院。但接下来，奉天代表请愿要求把国会提前到第二年。与此同时，资政院又提出军机大臣们责任不明和设责任内阁的问题。这时，以庆亲王奕劻为首的军机大臣们感到，军机大臣之差已不能久踞，于是在十一月中旬向清廷上奏要求开去军机大臣要差，原因是“才力竭蹶，无补时艰”，但没有获得朝廷的批准。当月下旬奕劻又请开去他个人的军机大臣及总理外务部事务要差，这次清廷不但没准许，反而对他大加赞扬，实际是准备给他换一个头衔，靠他来支撑清室的残局。

宣统三年(1911)四月，由宪政编查馆、会议政务处拟制的内阁官制十九条、内阁办事章程十四条，经过钦定后颁布。于是，按照内阁官制宣布新内阁成立，奕劻仍管理外务部，而内阁总理、协理大臣均兼宪政编查馆大臣。从人员上可以看出，新内阁仍然是旧内阁、军机处、会议政务处及各部的原班人马，这个内阁全体阁员十三人中，满族占九人，汉族占四人，而满族九人中又有七人属于皇族，所以被人们痛诋为“皇族内阁”。皇族内阁的成立，暴露了预备立宪的本质。立宪派连篇累牍地上奏折，发通电，指责皇族内阁不合乎立宪国的通例，强烈要求另外选派贤能官员组织责任内阁。摄政王载沣在全国汹汹不已的形势下，依然蛮横地宣称说：“任免百官是君上大权，议员不得干预。”彻底打破立宪派以及众多要求宪政的国民的希望。

宣统三年(1911)八月十九日,革命党领导的武昌起义爆发,迅速形成燎原之势。摄政王载沣鉴于内阁总理大臣奕劻屡次辞职,皇族其他亲信再没有一个能支持局面的人,在惊慌失措的情况下,起用了袁世凯。

袁世凯是清末民初的军事和政治人物。1895 年,袁世凯在天津小站练兵,在此期间他培植了一批亲信,加强了对全军的控制。小站练兵奠定了袁世凯日后政治道路的基础。1898 年 6 月,袁世凯升任工部右侍郎。12 月,署理山东巡抚,镇压了当时山东境内义和团运动,一下子成为瞩目的实力人物。1901 年李鸿章去世后,袁世凯接任直隶总督、北洋大臣,权势更加显赫。

1902 年,袁世凯在保定编练北洋军,创办了各种武备学堂。至 1905 年北洋六镇编练成军,他控制了其中的五镇,重要将领都是自己的亲信。袁世凯还兼任督办电政大臣、督办铁路大臣及会议商约大臣。在此期间,他还发展北洋工矿企业、修筑铁路。通过办理新政,他结交亲贵,树立党援,权势不断扩张,在他手下很快形成了一个庞大的北洋军事政治集团。1908 年溥仪继位,醇亲王载沣摄政。载沣因为反对袁世凯的很多新政措施,解除袁世凯的职务;袁在此期间韬光养晦,暗地里仍关心政事,等待时机复出。而且此时他的许多部属依然位居要津,实权在握,袁世凯时刻准备东山再起。

袁世凯

袁世凯当上内阁总理大臣,来京组织完全内阁。焦头烂额的载沣失去了主要权力,这意味着宣统皇帝和摄政王从此不能专制一切了。

之后,资政院会议提出:内阁应是负责任内阁,国务大臣不能任用皇亲国戚,要开党禁。清廷一一应允,并且公布了《宪法重要信条十九条》。至此,皇帝既然已被束之高阁,监国摄政王也就无事可做了。载沣在不得已的情况下决定引退,提出辞退监国摄政王之位。这时的太后是光绪皇帝的隆裕皇后,她并没有自己姑姑那样的野心,发懿旨说:"予深处宫闱,未闻大计,惟自武汉事起,各省响应,兵连祸结,满目疮痍,友邦商业并受影响。每一念及,寝食难安,亟宜察内外之情形,定安邦之至计。监国摄政王性情宽厚,谨慎小心,虽求治綦殷,而济变乏术,以至受人蒙蔽,贻害群生,自应俯如所请,准退监国摄政王之位。"之后命载沣仍以醇亲王的身份退归藩邸,不再预政,每年赏给俸银五万两,由皇室经费开支。并明确:"今后用人行政,均责成内阁总理大臣、各国务大臣,担承责任。今后所有颁布诏旨应请盖用御宝,并觐见典礼,予率同皇帝将事……"至此,袁世凯从监国摄政王手中接过了一切权力。

大清完结

武昌起义

1840年鸦片战争以后,帝国主义各国的侵略进一步加深,中国逐步沦为了半封建半殖民地。为了支付列强的赔款又满足自己的骄奢淫逸,清朝统治者对外妥协投降,对内横征暴敛。国内的阶级矛盾、帝国主义与中华民族的矛盾都空前激化。被压迫的各地群众奋起反抗,斗争风起云涌。

墨彩瓶

位居长江腹地的湖北武汉,素有"九省通衢"之称,是水路交通枢纽。列强各国早在这里辟租界,开商埠,办工厂,掠夺原料,倾销商品,严重阻碍了民族工商业的发展,导致农村经济破产,人民被迫走上革命的道路,革命团体和革命思想的宣传也异常活跃。1904年7月,武昌出现了第一个革命团体科学补习所,随后日知会、文学社、共进会等秘密革命组织陆续成立。湖北革命党人更是深入新军,宣传革命,在士兵中发展革命组织,进行了长期艰苦的工作。到武昌起义的前夕,新军中已有三分之一的人众参加了革命组织,成为起义的主力军。1911年,四川成都发生保路风潮,清政府武力镇压,造成成都血案。当时,卖国求荣的清政府为取得外国的支持以维护其统治,把广东、四川、湖北、湖南等地的商办铁路全部收为国有,再卖给外国。粤汉、川汉铁路是沟通南北和深入内地的两条重要干线,因而成为帝国主义争夺的目标,但此前四川修筑铁路的股金,不仅来自绅士、商人、地主,还有农民,而且农民购买的股份占很大比例。清政府颁布"铁路国有"政策以后,由于拒不归还四川的股金,因此招致了四川各阶层,尤其是广大城乡劳动人民的反对,从而掀起了轰轰烈烈的保路运动。为了扑灭保路风潮,清廷派出了渝汉铁路督办、钦差大臣端方率领部分湖北新军入川,协助四川清军镇压。

湖广地区的革命党人趁此机会,开始策动在武昌和长沙伺机起事。9月14日,文学社与共进会在武昌举行联席会议,推蒋翊武为临时总司令,孙武为参谋长。9月24日,他们再次开会,制定了起义计划,决定10月6日(农历八月十五日)湘鄂两省同时发难,发动起义。但是革命党人的活动被湖北当局察觉,开始加强警戒,并宣布八月十五不放假。另外,9月28日湖南共进会领导人焦达峰函告武昌起义指挥部,湖南准备未足,请展期十天。起义日期不得不推迟到10月16日。10月9日,孙武在汉口俄租界宝善里革命总机关赶制炸弹时不慎爆炸,文件全被俄国巡捕搜走,机关暴露。蒋翊武得知此消息,立即召集紧急会议,决定当晚起义。但因命令未能及时送到,起义也没有实现。10月10日上午，湖广总督瑞澂下令按册搜捕党人，武昌机关遭到破坏，形势十分危急。

紧急关头，新军中的革命党人自动联络。当天晚上7点以后，工程第八营革命党的总代表、后队正目（相当班长）熊秉坤领导该营首先发难。他率领十多名革命士兵直奔楚望台军械库，守库的本营左队士兵鸣枪配合，顺利占领了楚望台。工程营左队队官（相当连长）吴兆麟则被推为临时总指挥。夜里11点左右，革命军以工程营为主力，分三路向督署发起猛攻，遭到了千余守兵强大火力的阻击。午夜时分，又发动了第二次进攻，总督瑞澂闻听炮声早就吓得从督署后墙凿洞逃走了。次晨，革命军发动第三次进攻时，终于攻下了督署。武昌起义取得了胜利。

赵尔丰下令镇压保路运动

11日晚及12日凌晨，革命军先后占领汉阳、汉口，武汉三镇完全光复。消息传出，全国和全世界为之震动。

武装起义胜利后，湖北军政府随即于11日在武昌宣告成立。但是，由于原来的起义领袖被捕、被杀、受伤或逃匿，群龙无首，加上革命党人没有认识到掌握领导权的重要性，他们犯了一个致命的错误，即认为只有社会上有"名望"的人才能号召组织政府，于是拥戴新军第二十一混成协统领黎元洪为军政府都督，而湖北咨议局议长、立宪派首领汤化龙为总参议。谁想黎元洪就职后，军政府立即被改组，立宪派分子和反动官绅们纷纷挤进了革命政府担任要职，革命党人赢得了武昌起义的胜利，却终究未能扭转以黎元洪为首的旧官僚、立宪党人控制湖北军政府的局面。

湖北军政府成立后，立即宣布废除清朝宣统年号，改国号为中华民国。紧接着，又公布了《中华民国鄂州约法》，规定主权属于人民。资产阶级共和国的理想，第一次在中国用法律的形式固定下来。此外，军政府发布各种文告，号召各省起义，促进了革命的继续发展。而在外交方面，军政府则宣布所有清政府以往与各国缔结的条约继续有效，并且在华既得利益"一体保护"，表示革命"并无丝毫排外性质"。这充分暴露了资产阶级的软弱性和妥协性。

武昌起义胜利以后，引起了帝国主义和清王朝的极大震恐。迫于中国当时的革命形势，列强们一方面宣布"严守中立"，一方面又派军舰集结武汉江面，做好武装干涉的准备。清廷则于10月12日派陆军大臣荫昌率北洋新军两镇南下进攻革命军。14日，决定再度起用北洋军阀头子袁世凯，委任他为湖广总督督办"剿抚"事宜。袁世凯想趁机攫取更大更高的权位，以"足疾未痊"为理由假意拒绝出任，直到清廷委他为钦差大臣，给他统率水陆各军的大权，他才出山。革命军维持住与清军隔江对峙的局面。

另一方面，武汉地区的军事屡屡遭到挫折，但武昌起义造成的革命形势是反动力量无法扭转的。武昌起义后，短短一个多月，全国有十四个省先后宣告"光复"和独立，革命风暴席卷神州大地，最后推倒了清王朝的腐朽统治。可以说，武昌起义结束了中国两千年的封建帝制，进入了一个新时代。

袁世凯垂钓图

国父孙中山

孙中山，幼名帝象，学名文，字德明，号日新，后改号逸仙，旅居日本时曾化名中山樵，因以“中山”为名。孙中山使用过不少名字，多数是为了宣扬革命或摆脱通缉而取的，有的则在于表达人生期望，比如陈文、山月、杜嘉偌、公武、帝朱、高达生、吴仲等化名，以及杞忧公子、中原逐鹿士、南洋小学生、南洋一学生等笔名。1912 年民国成立之后，他于所有公私档案均以“孙文”署名。

同治五年十月初六日（1866 年 11 月 12 日），孙中山出生在广东省香山县（今中山）翠亨村的一个农民家庭。七岁的时候，进入私塾读书。1879 年，十四岁的孙中山受长兄孙眉接济，跟随母乘着轮船远赴夏威夷，始见“沧海之阔，轮舟之奇”。在夏威夷，孙中山在英国国教会开办的“意奥兰尼书院”中修读了英语、英国历史、数学、化学、物理、圣经等科目。1881 年毕业时，孙中山获得了夏威夷王亲自颁发的英文文法优胜奖。之后，他又进入当地最高学府、美国教会学校“奥阿胡学院”（相当于中学程度）继续学业。1883 年冬天，孙中山来到了香港，与陆皓东一同于公理会受洗入基督教，并就读于拔萃书屋（今拔萃男书院）。第二年就进入中央书院（今皇仁书院）；接着又进入香港西医书院，这正是香港大学的前身。在西医书院，孙中山以首届毕业生中第二的成绩毕业，并由当时之香港总督威廉·罗便臣亲自颁奖。之后他在澳门、广州等地行医。

历史小常识：黄兴

中国资产阶级民主革命家。二十二岁中秀才，1898 年入武昌两湖书院学习，是中华民国开国元勋；辛亥革命时期，时人多称其为黄克强，黄兴与孙中山常被以“静黄”并称，1916 年 10 月 31 日在上海去世。

最开始的时候，孙中山并没有想到革命。他还在 1894 年给李鸿章上了万言书，提出多项改革建议，但被李鸿章断然拒绝。失望之余，孙中山于 11 月 24 日赴檀香山募款组织兴中会，提出了“驱逐鞑虏，恢复中国，创立合众政府”的口号，企图以排满思想为其革命事业铺路。1895 年，孙中山到香港，会见了旧友陆皓东、郑士良、陈少白、杨鹤龄等人，并于该年 2 月在中环士丹顿街 13 号正式成立了“香港兴中会总会”，终于将理想付诸实施。其时，杨衢云、谢缵泰等人已先以“开通民智、改造中国”为宗旨创立“辅仁文社”，孙中山因为两个社团志业相近，于是与辅仁会社接洽，杨衢云等欣然同意举全社并入兴中会，并租定总会所一处，托名“干亨行”。

自此以后，香港便成为革命党人的重要基地。孙中山经常往来于香港和广州之间，策划广州起义，并经常在香港和兴中会成员开会。虽然后来孙中山被香港当局驱逐，但1907年的潮州起义及惠州起义，都是由孙中山派胡汉民到香港协助同盟会香港分会策划起义的。1911年黄花岗起义，是黄兴等人于香港策划的，并由香港运送枪支弹药往广州，起义失败后黄兴也是在香港避难疗伤的。陈少白还在1899年由日本到香港筹办《中国日报》，成为宣传革命的有力工具，到1913年才停刊。

3月16日，首次干部会议决定先攻取广州为根据地，并采用陆皓东所设的青天白日旗为起义军旗，即分工展开各种活动，孙中山主持前方发难任务，杨衢云主持后方支援工作。孙中山进入广州之后，就积极创农学会为机关，广征同志，定于重阳节（10月26日）为起义之日。但是由于事先泄密，起义以失败告终，陆皓东等多数成员被捕并处刑，孙中山则被清廷通缉，同时遭到香港当局驱逐出境，不得不流亡海外。这一年的11月，孙中山来到日本，剪掉了辫子，改穿上了西服。

1896年初，孙中山与妻儿抵达夏威夷，再转往美国，希望在旅美华侨中发展兴中会及筹款。但是到了秋天，在孙中山身上发生了一件国际关注的事件。就在他转往英国伦敦的时候，在当地清廷特务将其缉捕入中国使馆。英国政府慑于舆论压力，迫使清使馆释放了孙中山，这件事后来被称为“伦敦蒙难记”。

第二年，孙中山经由加拿大，辗转来到了日本，并先后结识宫崎寅藏、平山周。这二人后来都变成了孙中山的长期支持者。此后，他一直在中国与日本之间辗转，目睹了八国联军入侵的屈辱和广东起义的失败。

前几次起义虽然没有成功，但是为孙中山后来的革命事业积累了宝贵的经验。1903年夏，孙中山在日本青山开办革命军事学校，改革命誓词为“驱除鞑虏，恢复中华，创立民国，平均地权”。同年9月，孙中山再次回到檀香山，希望能够在华侨中发展革命。其后的两年之间，为了能够得到资金和人员上的支持并宣传自己的革命思想，孙中山在欧美各国以及日本不断活动。

孙中山旧照

1905年8月，在日本人内田良平的牵线下，结合孙中山的兴中会、黄兴与宋教仁等人的华兴会、蔡元培与吴敬恒等人的爱国学社、张继的青年会等组织，在日本东京成立了中国同盟会，孙中山被推为同盟会总理，确定了“驱除鞑虏，恢复中华，建立民国，平均地权”的革命政纲，并以华兴会机关刊物《二十世纪之支那》改组成为《民报》。在《民报》的发刊词上，明确提出了“三民主义学说”。

在孙中山的论述中，三民主义即民族主义、民权主义、民生主义。民族主义要求推翻清政府；民权主义要求建立民主立宪的共和制度，建立中华民国；民生主义要求实现近代化，同时平均地权、节制资本。这种鲜明的革命政治立场，在国内外引起了强烈的反响，也激起保皇派以及改良派的激烈反对。双方围绕是否要用革命手段推翻清王朝、是否要建立民主共和国、是否要实行平均地权的社会革命等方面进行了激烈的争论。革命派主要是以同盟会的机关报《民报》为基地，改良派、保皇派主要是以梁启超的《新民丛报》为基地。

清政府对孙中山在日本的活动十分仇视，就不断提出交涉。1907 年，日本政府因清廷压力，逼迫孙中山离开日本。孙中山在此之后，在各国华侨、留学生中大力宣传革命、筹划革命经费。在他的努力下，革命思想得到了广泛的传播，同盟会及其周边组织获得了快速扩张。1910 年同盟会美洲地区总会成立，更多的华侨参与到革命之中。

在宣传革命的同时，孙中山仍然不忘发动武装起义。就在武昌起义的同年，他还组织发动了黄花岗起义。因此，孙中山虽然没有参与武昌起义，当时他还在美国，是在报纸上看到武昌起义的消息，“武昌之功，乃成于意外”，但他仍然是革命党人心目中的领袖。1911 年 12 月 25 日，孙中山回到了上海，并在 29 日被推选为中华民国临时大总统，于 1912 年 1 月 1 日（辛亥十一月十三日）在南京宣誓就任。

虽然孙中山就任临时大总统，但是领导的临时政府实力有限。虽然大部分省份已脱离清政府的控制，可临时政府的军队无论在装备与士兵素质上，都与清朝的北洋军有着较大的差距。而在此时，外国军舰驶进长江，耀武扬威，并在边境部署大量兵力。同时帝国主义加紧对南京政府实行经济封锁，海关税收分文不给，致使南京临时政府财政十分困难。而当时很多革命党人对袁世凯也抱有一定幻想。孙中山在各方压力下，也为了早日实现共和，被迫做出了一个重要决定，那就是与北洋军的统帅袁世凯和谈，希望通过给予袁世凯临时大总统的职位，用袁世凯的力量结束清政府的统治。最终，双方达成协议：孙中山的临时大总统由袁世凯接任，袁世凯则以实际行动迫使清朝皇帝退位。

1912 年 2 月 12 日，早已没有权力的清朝皇帝接受袁世凯的条件，下旨逊位。在中国延续了两千多年的封建帝制结束。2 月 13 日，孙中山辞去临时大总统职位，袁世凯接任。

大清王朝退出历史舞台

戊戌变法虽然以失败告终，但是六君子以命换法却也敲响了大清王朝的丧钟。

从 1897 年，也就是光绪二十三年爆发义和团运动开始，拉开了反帝反封建的爱国序幕，到 1911 年的辛亥革命，极大地鼓舞了全国各地人民的革命斗志，湖南、陕西、江西、山西、云南、贵州、浙江、江苏、广西、安徽、四川以及福建、广东等各省相继宣布脱离清政府独立。大清王朝终于走向了末日，一去不返。

随着孙中山从海外回到上海，众望所归地被各省代表一致推举为民国临时大总统，清朝皇帝何时退位也被提上了日程。1912 年元旦，孙中山在南京宣誓就职，中华民国正式成立了。两天以后，中华民国临时政府也宣告成立了。

在孙中山就任大总统之前，清政府所依赖的袁世凯的北洋军和南方的革命军在英国驻华公使朱尔典的调停下进行了和议。当时南方的代表是伍廷芳，北方代表为唐绍仪，双方从 1911 年的 12 月 18 日到 31 日在上海举行了五次会谈。主要问题是实行君主立宪还是民主共和。南京成立临时政府之后，帝国主义列强开始对革命党人施加压力，孙中山因为无法顶住中外反动势力的压迫，同时也无力冲破革命阵营内部妥协势力的包围，被迫于1912年1月15日致电和谈代表伍廷芳，要他转告袁世凯，“如清帝实行退位，宣布共和，则临时政府决不食言，文即可正式宣布解职”。也就是说，如果袁世凯可以令清帝退位，孙中山会自行将大总统的位置让给袁世凯。

孝定皇后朝服像

野心勃勃的袁世凯见大总统的宝座可以抢到手，就马上利用革命的威势向清廷逼宫。1月16日，袁世凯率全体阁员上奏，要求皇太后和皇上召集皇族成员秘密召开会议，统筹全局，速定方针。赵秉钧秉承袁世凯的意旨，提出一个方案，主张同时取消南京临时政府和北京君主政府，在天津另组一个统一政府。袁世凯的真实目的是想通过用这种方法达到既迫清帝退位，又能推倒南京临时政府，最后大权由他独掌的目的。结果却遭到了各个大臣的反对。南京临时政府也反对袁世凯一伙提出的在天津组阁的方案，立即打电报给袁世凯，提出了四项条件：第一是清帝退位并放弃一切主权；第二是清帝不得干预临时政府组织事宜；第三就是临时政府地点须在南京；最后是孙总统须俟列国承认临时政府，国内改革成功，和平确立，方行辞职；而袁世凯在就职以前则不允许预临时政府一切之事。

而阴险狡诈的袁世凯为了摆脱自己的窘境，立即在暗中加紧逼宫。在他的授意之下，不少省督和驻外官员都纷纷电奏，要求清廷实行共和。1月26日，实权派人物良弼在回家途中又被革命党人彭家珍炸伤后被袁世凯害死，更使王公贵族惶惶不安。2月5日，南京参议院通过优待条例和张謇起草的《清帝退位诏书》。经过南北双方的多次磋商，于2月9日确定了“八项”优待条件：清帝退位后，其尊号仍存不废，中华民国以待各外国君主之礼相待；退位后的清帝费用每年四百万元，由中华民国拨给；清帝暂住紫禁城，日后移居颐和园，侍卫人员照常留用；其宗庙陵寝，由中华民国酌设卫兵妥慎保护；其奉安典礼，仍如旧制，所有实用经费则由中华民国支付；原来是私有财产的，由中华民国负责保护等。隆裕太后接受了这些条件，2月12日（清宣统三年十二月二十五日）颁发了《清帝退位诏书》，宣统皇帝正式退位，中国两千多年的封建帝制正式结束，大清王朝退出了历史舞台。

第二章　文学艺术

巴黎出版《康熙皇帝》

康熙三十六年(1697),法国传教士白晋所著《康熙皇帝》在巴黎出版。

白晋,1656年生于法国曼城,康熙二十四年(1685),他受法王路易七四的派遣,随法国天主教传教团前来中国,康熙二十七年(1688)抵达北京,颇受康熙皇帝赏识。他曾为康熙帝讲授天文历法及医学、化学、药学等西洋科学知识,与康熙过从甚密。康熙三十六年(1697),康熙帝特封白晋为"钦差",回法国招聘耶稣会士。白晋带着康熙帝送给路易十四的礼品抵达布雷斯特后,即向法国当局传达了康熙帝的旨意,同时向路易十四上一奏折,即《康熙皇帝》一书。该书简要叙述了康熙帝的文治武功,比较详细地介绍了康熙帝的品德、性格、生活、爱好等情况。白晋的这一奏折引起了法国当局的重视和兴趣,从而使之以书稿形式出版发行。在白晋的介绍和号召下,康熙三十八年(1699),又有10位经过挑选的耶稣会士随白晋来华,大多是精通天文、历算、舆地、医学等专门知识的人。

中国第一部官修字典——《康熙字典》

康熙四十九年(1710),清帝康熙下谕令张玉书、陈廷敬参照明代梅膺祚《字汇》和张自烈《正字通》编纂大型字典。康熙五十五年(1716)编成,刊印发行全国。原名《字典》,因作于康熙年间,后世俗称《康熙字典》。它是中国第一部用《字典》命名的字书,也是中国第一部官修字典,"字典"之名从此成为同类辞书的通名。

《康熙字典》体例完全仿照《字汇》和《正字通》,沿用其214个部首,以十二地支分12集,每集又分上、中、下三卷。首列总目、等韵、检字、辨似等,末附补遗、备考。《检字》为检查疑难字而设;《辨似》为辨别笔画近似的字。部首和部中之字,各依笔画多少顺序排列。释字先音后义,注音以《唐韵》《集韵》《韵会》《洪武正韵》的反切为主。这些韵未收之字,采用他书之音。反切之后,解说字的本义,再列此字的别音别义和古音。每个字如有古体,列于本字之下,重文、别体、俗书、讹字,附于注后。对音义有疑的则加按辨析。字义之下都引经、史、子、集文句为证,但引文错误较多。

《康熙字典》收字47043个,在1915年中华书局出版《中华大字典》之前,一直是中国收字最多的字典。不少冷僻字，它书不见，往往于此书可得。

清康熙时绘制的中国地图——《皇舆全图》

《皇舆全图》，清康熙时绘制的中国地图。又称《皇舆全览图》《清内府一统舆地秘图》。康熙四十七年至五十八年（1708～1719）编制。该图是采用近代科学方法绘制的第一张中国全图，因此极具开创意义。

西方的测绘地图技术在明末由传教士利玛窦等传入中国，清入关后很受重视。清初，传教士汤若望、南怀仁相继任职钦天监，其教友则游历中国各地，并且测绘地图，清圣祖玄烨受其影响，决定测绘全国地图。由于当时的清朝缺乏专项人才，因此此项工作主要由西方传教士担任。康熙四十七年至五十四年，他们采用当时世界先进的经纬度测绘法，在中国大部分地区进行实地测绘。后由法国传教士白晋等统一审校、缀合，于五十八年完成。

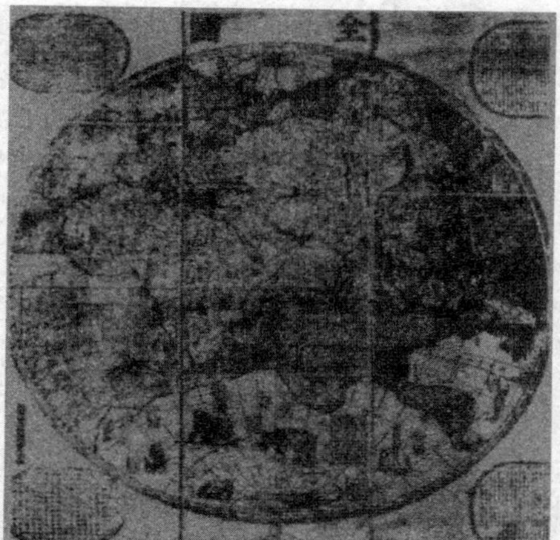
皇舆全览图

《皇舆全图》计全图一张，离合共 32 帧。另外还有分省图，每省各一帧。全图之比例尺约为一百四十万分之一，长宽各数丈。凡山川、府州县城及镇、堡等，都有所载。内地各有注记用汉文，边疆地名则用满文。该图开中国实测经纬度地图之先河，是当时最详细的地图，也是研究中国清朝康熙以来历史地理变化的重要资料。其测绘方法虽不甚精密，西藏部分也有错误，但直至清末，其仍为绘制新地图的依据，在中国地图发展史上有着重要地位。

《皇舆全图》铜版由于在巴黎制造，因此该图流传到了国外。在国内，因图定为内府秘籍，故外间很少流传。直至 1921 年，该图才于沈阳故宫博物院发现，题名《清内府一统舆地秘图》，后由该院石印出版。

乾隆时曾以康熙《皇舆全图》为基础，于乾隆二十四年（1759）完成改订西藏部分错误和新疆测量工作，编绘《乾隆十三排地图》，全图共 104 帧。1925 年北京故宫博物院发现铜版 104 方，1931 年审定为乾隆时《皇舆全图》，并由该院重印，题名《清乾隆内府舆图》。

清修纂《四库全书》

清代统治者自入关后很重视搜集和编纂古代典籍，顺治、康熙、雍正时期编修书籍甚多，其中如大型类书《古今图书集成》，荟萃群书，融贯古今，有一万卷之巨。到乾隆年间，清朝进入鼎盛阶段，国家富足，社会也较为安定，为更大规模的书籍编纂工作提供了条件。

大金榜

乾隆三十七年（1772年）正月，乾隆帝谕令全国各省官员广泛搜集前代佚书和本朝人的著作。谕令说："今内府藏书，插架不为不富。然古今以来著作之手，无虑数千百家，或逸在名山，未登柱史，正宜及时采集，汇送京师，以彰千古同文之盛。其令直省督抚会同学政等，通饬所属，加意购访。"谕令下达后，安徽学政朱筠于十一月提出了搜访校录书籍的四条建议：一是抓紧搜集罕见的旧刻本和抄本；二是充分利用皇家藏书，公布内廷藏书目录，并组织人员从内廷收藏的残本《永乐大典》中辑录佚书；三是著录与校勘并重；四是对于金石、图谱，也要留心搜集。朱筠的建议引起了乾隆帝的重视，交军机大臣讨论后决定：选派翰林官员开馆编辑自《永乐大典》中辑出的佚书与各省采进的书籍，成书后总名《四库全书》。

《四库全书》在乾隆三十八年（1773年）二月正式开馆，馆址设在北京东安门外的翰林院。四库全书馆设有正、副总裁，总纂官、总阅官、总校官、纂修官，以及提调官、监督官、监造官等。在前后九年时间里，正式任命的纂修官员先后共计360人，此外还征用了大量的抄写人员和勤杂人员，四库全书馆里聚集了全国最有名望的专家学者，人才济济，极一时之盛。其中最为著名的有纪昀、戴震等人。

纪昀是直隶献县人，才思敏捷，学问渊通，自开馆即充任总纂官，与修书活动相始终，对《四库全书》的编纂工作出力最多。全书的体例、分类和各种类中书籍的排列次序等都是由纪昀一手确定。他把一生精力备注于《四库提要》及《目录》之中，"凡六经传注之得失，诸史之异同，子集之支分派别，罔不抉奥提纲，溯源彻委"，编成《四库全书总目》二百卷，成为目录学史上总结性的著作。由于他在编纂《四库全书》工作中做出的巨大贡献和表现出的卓越才华，纪昀被人称作"一代文宗"。

充任纂修官的戴震是极负盛名的汉学大师，皖派领袖，以举人身份而蒙特召入馆，负责辑校《永乐大典》中的佚书和校勘古籍。他的学问根基深厚，馆中其他人遇有疑难，经常向他求教，他总是竭诚相助。戴震在馆数年，晨夕披检，靡间寒暑，辑出久已亡佚不传的《算经五书》，并且校订整理了《水经注》《仪礼集释》等大量古籍，为《四库全书》的修纂做出了突出的贡献。由于积劳成疾，戴震于乾隆四十二年（1777年）于馆中逝世。

为了编纂《四库全书》，清廷进行了大规模的征集图书的工作。自乾隆三十七年至四十三年（1772年至1778年），乾隆帝多次下诏访求图书，还特别宣布：凡进书献五百种以上者，奖给《古今图书集成》一部，一百种以上者，奖给《佩文韵府》一部；还将在被收录的图书的提要里记上藏书者的姓名；进献图书特别名贵的，皇帝将亲自在书上题诗，用后尽快送还。由于朝廷的不断督催和各地官员的努力，自各地征集到的图书总数达13000多种，其中有许多是举世罕见的珍本秘籍。这些书籍大部分征自文化特别发达的浙江地区，当地的一些著名藏书家，如扬州马裕、宁波范懋柱等人，进献图书都在六百种以上。这样一次规模空前的征集图书活动为《四库全书》的纂修提供了丰富的基础材料。

在征集到的大量图书中，包括一部分不利于清朝统治者的文字，特别是明清之际的一些野史稗乘，颇多"违碍悖逆"之词。乾隆帝征集图书，修纂《四库全书》，目的在于巩固其统治，对这些不利于其统治的书籍当然不会等闲视之，因而在乾隆三十九年（1774年）八月，就谕令四库馆和各省官员，一定要趁此征书之机，大力查禁一切违碍图书，尽数销毁。其时文字狱正盛，各处官员对禁书之令不敢怠慢，于是在征书的同时，又大肆收缴禁书，经过十几年的时间，查缴禁书竟达3000多种，15万多部，而且查禁的范围不但包括明末清初的稗官野史，还包括许多学士文人的文集、笔记、奏疏以及剧作曲本，甚至一些宋、元时代有关抗击辽、金、元兵的作品也遭到毁禁。在编纂《四库全书》的过程中，还根据乾隆帝的指示，对许多古籍中一些"违碍"的章节、段落和字句进行了削删窜改，使得一些珍贵典籍面目全非。

经过近十年的努力，第一份《四库全书》于乾隆四十六年（1781年）十二月正式修成。这部巨大的丛书集古今图书3500多种，共计79000余卷，内容包罗万象。全书分经、史、子、集四部，部下分类，共四十四类，其中十五类下又分为六十五属。其基本分类为经部，易类、书类、诗类、礼类、春秋类、孝经类、五经总义类、四书类、乐类、小学类，共十类；史部，正史类、编年类、纪事本末类、别史类、杂史类、诏令奏议类、传记类、史钞类、载记类、时令类、地理类、职官类、政书类、目录类、史评类，共十五类；子部，儒家类、兵家类、法家类、农家类、医家类、天文算法类、术数类、艺术类、谱录类、杂家类、类书类、小说家类、释家类、道家类，共十四类；集部，楚辞类、别集类、总集类、诗文评类、词曲类、共五类。所收书籍不但包括一般著述，还包括一部分丛书以及如《册府元龟》和《佩文韵府》这类的巨型类书和工具书。《四库全书》"以万千之遗书而汇为一团，以多数之简册而勒成一部，不唯齐整，易于保存，且完备，易于寻觅。吾国先人之宝籍得赖以不坠者，亦斯役之力也。"

"万世师表"匾额

在编纂过程中，《四库全书》的编者为收入全书和未收而存目的书籍共10200余种撰写了提要。每篇提要都开列书名、卷数、采进来历，考证作者名号经历，介绍书籍的性质与内容大要，评论其得失利弊，说明其流播与影响。这些提要由纪昀编排统稿，按《四库全书》的部类次序编辑成书，即所谓《四库全书总目》。由于各书提要均出自渊深学者之手，概括明晰又常有独到见解，再配合以《四库全书》严密精致的分类框架，所收书目又数量宏大，这部《四库全书总目》因而成为我国目录学中最高成就之作，对后世的学术影响巨大。《四库全书总目》二百卷，最初于乾隆六十年（1795年）由内廷刊刻，后来民间依殿本翻刻，得在全国广泛流传。

《四库全书》卷帙浩繁，没有刊印本，编成后仅抄写了七份，各装订成三万六千多册，分别

于北京大内文渊阁，圆明园文渊阁、承德避暑山庄文津阁、沈阳故宫文溯阁和扬州文

汇阁、镇江文宗阁、杭州文澜阁。抄成后又多次重校、补校。后来由于战乱，文渊阁本、文汇阁本和文宗阁本都荡然无存；文澜阁本毁损过半后补抄完整，与文渊阁本，文津阁栈、文溯阁本现在分别珍藏在杭州、台北、北京和甘肃兰州。

洪昇与《长生殿》

《长生殿》的作者是洪昇（公元1645年～公元1704年），他是清代杰出的戏曲作家。其家庭曾遭清廷的迫害，长期怀才不遇，因而对现实多所不满，养成了狂放、孤傲的性格。他文学修养极高，善写词曲，所撰有《长生殿》《四婵娟》《回文锦》《天涯泪》等剧本多种。康熙二十八年，因在佟皇后丧期内演唱《长生殿》，为人所劾，被革去国子监生的资格。康熙四十三年，于吴兴醉后失足落水而死。洪昇的《长生殿》是清代传奇中最有名的一个。

清版《西厢记》插图

《长生殿》是写唐明皇和杨贵妃的爱情故事。洪昇继承和发展了前代有影响作品的成就，经过十多年的努力，三易其稿，写成了《长生殿》这部在同类题材中成就最高、影响最大的戏曲作品。《长生殿》抒情色彩极为浓厚，曲词清丽流畅，充满诗意，遣词用韵，非常讲究。《长生殿》写出后，在戏曲史上占有的地位。是一部现实主义与浪漫主义结合的优秀作品。

陈梦雷编著《古今图书集成》

《古今图书集成》是在康熙年间由陈梦雷主编而成的。

陈梦雷是福建侯官人，康熙九年（公元1670年）进士，授编修。三藩之乱时，陈梦雷正在福建家中，与同官好友李光地约定，陈梦雷伪降耿精忠以为内应，李光地为清军秘送情报助清军恢复，一旦形势转变则相互提携、作证。后三藩之乱平，李光地受上赏；而陈梦雷却以通逆之罪被遣戍辽东。康熙三十七年（公元1698年），康熙帝东巡辽东，陈梦雷献诗称旨，因召还京师，命侍皇三子诚亲王允祉。允祉在康熙诸子中最为崇尚学问，身边聚集着一批颇具学识的知识分子。由于康熙帝非常重视纂修书籍，其时编辑著述之风十分盛行，因而诚亲王允祉积极赞助陈梦雷编修一部包罗万象的大型类书。务求做到“凡六合之内，巨细必举”。在陈梦雷的主持下，招集众多学者，经过多年努力，终于在康熙四十五年（公元1706年）四月编纂完成，定书名为《文献汇编》。

《文献汇编》，分为6汇编，6000多部，共辑成3600百余部，荟萃了古代各类书籍。这部巨型类书后由诚亲王允祉进呈康熙帝，康熙帝很表欣赏，赐名《古今图书集成》。但康熙帝认为此书还不够完善，于是命儒臣进一步补充、编排、校定。由于这是一项极其巨大的工程，因此直至康熙六十一年（公元1722年）康熙帝逝世，仍然没有完成。

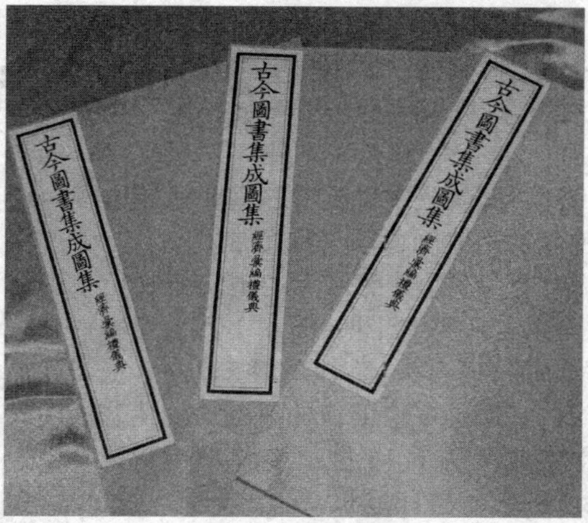

《钦定古今图书集成》书彩

雍正帝即位后，由于忙于对政敌的斗争，因而把编书工作暂时放下。后来，为了消除对与他较量过的兄弟的影响，雍正帝决心重新修书，并颁布诏书："陈梦雷原系叛附耿精忠之人，皇考宽仁免戮，发往关东。后东巡时，以其平日稍知学问，带回京师，交诚亲王处行走。累年以来，招摇无忌，不法甚多，京师断不可留，著将陈梦雷父子发遣边外。……陈梦雷处所存《古今图书集成》一书，皆皇考指示训诲，钦定条例，费数十年圣心，故能贯穿今古，汇合经史，天文地理，皆有图记，下至山川草木，百工制造，海西秘法，靡不备具，洵为典籍之大观。此书工犹未竣，著九卿公举一二学问渊通之人，令其编辑竣事，原稿间有讹错未当者，即加润色增删，仰副皇考稽古博览至意。"雍正帝无端借故处理陈梦雷，显然是为了打击其兄诚亲王允祉，好在他尚没有因人废文，仍然重视《古今图书集成》的编修工作。雍正年间，礼部侍郎蒋廷锡主持了校勘和重编工作，至雍正四年（公元1726年）而终成。

最后编定的《古今图书集成》共1万卷，约1.6亿字，分6汇编，32典，6109部。其中历象汇编分为乾象、岁功、历法、庶征4典共112部；方舆汇编分为坤舆、职方、山川、边裔4典共1187部；明伦汇编分为皇极、宫闱、官常、家范、交谊、氏族、人事、闺媛8典共2987部；博物汇编分为艺术、神异、禽虫、草木4典共1120部；理学汇编分为经籍、学行、文学、字学4典共235部；经济汇编分为选举、铨衡、食货、礼仪、乐律、戎政、祥刑、考工8典共450部。是书所录常常是将原书整部、整篇或是整段抄入，并注明出处，由于分类细密，条理清晰，非常便于检索。像这样编排细密、汇集广泛、规模宏大的类书在我国古代学术史上是空前绝后的，在学术上具有极大价值。

《古今图书集成》编成后由内府用铜活字印制65部，雍正六年（公元1728年）完成，共装订成5000册又目录20册，分装576函。这种殿本的铜活字版《古今图书集成》印制极其精美，堪称古代印刷艺术的杰作。《古今图书集成》是康熙时期一批官修或半官修图书中最有价值的一部，也是我国古典百科全书发展的最高峰。

曹雪芹和高鹗著《红楼梦》

曹雪芹名霑，字梦阮，汉军旗人，其祖先为朝廷官员，少年时代，过着贵族的豪华生活，晚年贫困潦倒，写成《红楼梦》。

曹雪芹

《红楼梦》是一部伟大的现实主义巨著。全书共一百二十回，前八十回由曹雪芹写成，原名《石头记》；《红楼梦》内容极其丰富，它通过贾宝玉和林黛玉的爱情悲剧，形象地反映了18世纪中叶中国封建社会的社会矛盾和危机。《红楼梦》通过对贾、史、王、薛四大家族衰亡史的描写，揭露了封建社会晚期各种不可调和的社会矛盾，暴露了地主阶级的罪恶，揭示了封建制度濒于崩溃和必然灭亡的历史趋势。《红楼梦》深刻地揭露了封建统治阶级贪污纳贿，仗势欺人，官官相护，草菅人命，收租放债，残酷的压迫与剥削劳动人民的罪行。“贾不假，白玉为堂金作马；阿房宫，三百里，住不下金陵一个史；东海缺少白玉床，龙王来请金陵王；丰年好大‘雪’，珍珠如土金如铁”就是四大家族财势逼人的形象概括。贾府修造的省亲别墅——大观园，则是统治阶级骄奢淫逸腐朽生活的真实写照。《红楼梦》作者以极大的同情，热情歌颂了被奴役、被蹂躏的奴婢向封建势力、封建制度挑战的反抗精神，特别是塑造了贾宝玉、林黛玉两个封建贵族叛逆者的形象。

他们要求婚姻自由、个性解放，并对封建礼教和整个封建制度进行了猛烈抨击和尖锐的讽刺。《红楼梦》的艺术成就是卓越的，是中国古典小说的高峰。它情节复杂，事件纷繁，人物众多，但是结构紧严，脉络分明，语言洗练，形象动人。由于阶级和历史的局限，《红楼梦》还存在一些伤感、厌世的消极情绪、虚无主义和宿命论思想。但是《红楼梦》不愧为中国古典小说中思想性最强，艺术性最高的一部伟大作品。

相传，《红楼梦》的前八十回为曹雪芹所著，而后四十回则由高鹗和程伟元所著。

公元1791年（乾隆五十六年）经高鹗续补后四十回的《红楼梦》一百二十回本出版。

高鹗（公元1738年~公元1815年），字兰墅，清代文学家；因酷爱《红楼梦》，别号“红楼外史”；祖籍铁岭（今属辽宁），汉军镶黄旗内务府人，寓居北京。高鹗熟谙经史，热衷仕进，但屡试不第。乾隆六十年中了进士，任过内阁侍读、刑科给事中等官职。他通晓诗词、小说、戏曲、绘画及金石之学，著作如林，但唯有续补《红楼梦》得以传世。也有一说是高鹗与程伟元共同续成《红楼梦》后四十回。程伟元（？~约公元1818年），字小泉，苏州人氏，科场失意未能入仕，流寓京师时结识高鹗。乾隆五十六年（公元1791年），高、程二人首次以活字排印出版了一百二十回本《红楼梦》。自此《红楼梦》的版本系统大致有二：一为带脂砚斋批语的八十回抄本系统，题名《石头记》，有甲戌本，乙卯本、庚辰本、戚序本等；一为一百二十回印本系统，程、高首次活字排印本称程甲本，次年修订再印的称程乙本。现在通行的是以程乙本为根据的一百十回印本。

高鹗能根据原书线索，悉心揣摩曹氏的创作意图，在全书的总体构思上一脉相承，把结局处理成悲剧，使《红楼梦》成为一部情节首尾齐全、结构完整的文学巨著。如贾府危机四伏、大祸迭起终至家败人散；黛死钗嫁宝玉出家，爱情婚姻的主线以悲剧告终等等，这些重要情节的发展都能与前八十回相呼应，具有一定的艺术感染力。续作中不乏精彩生动的章节，如黛玉焚稿，袭人改嫁等。而最大的败笔则在于写宝玉中举、贾府复兴、"兰桂齐芳"等等，这显然有违原著精神。

《红楼梦》后四十回虽然在思想意义、艺术价值和审美情趣等方面都与曹雪芹所做的前八十回有着相当的差距，但由于续作能遵循曹氏原著中的隐喻暗示，大体实现了曹氏的悲剧构思，故得以随曹著前八十回广泛流传。高鹗的贡献在于使《红楼梦》成为完璧，促进了这部有巨大社会意义的经典之作的传播。

吴敬梓著《儒林外史》

吴敬梓（公元 1701 年~公元 1754 年）字敏轩，安徽全椒人。他写的《儒林外史》是一部优秀的古典讽刺小说。

全书共计五十五回，笔锋所指遍及封建社会各个角落，集中揭露了封建科举制度的腐败，讽刺了利欲熏心的封建文人，从一个侧面深刻地反映了封建制度必然灭亡的历史趋势。首先，作品对封建的八股科举制度做了深刻的揭露。作品从一开始就借书中人物之口，反对明太祖制定的八股考试制度，指出这是一代文人的厄难。接着他通过塑造的两个封建文人周进和范进的典型形象，揭露了一心往上爬的封建文人，一旦出仕即为贪官污吏的丑恶，无情抨击了科举制度的虚伪及其所造成的社会罪恶。其次，作品有力的痛击了封建官府和官僚政治的腐败，形象地描绘了封建官吏的昏聩无能和爱钱如命。

吴敬梓

梁启超革新小说

公元1896年，梁启超在他著名的《变法通议》一文中，首次提出了革新小说的主张。他认为通过提倡革新小说内容可以发挥小说的社会教育作用。光绪二十三年（公元1897年），他为《蒙学报》《演义报》作序，又从外国小说中意识到小说的社会政治作用，认为小说是救国的最有效的工具。一改过去轻视小说的传统观念，改变了中国文学诸品种之间的结构关系。

戊戌政变之后，梁启超逃亡日本。光绪二十四年（公元1898年）10月创刊《清议报》，在该报“规例”中，梁启超第一次提出“政治小说”这一新的概念，并亲自翻译日本柴四郎的小说《佳人奇遇》，标以“政治小说”加以刊布。11月在《清议报》上发表小说论文《译印政治小说序》，这是他提出小说界革命的前奏。文章进一步强调小说与政治的密切关系，认为小说应成为推动政治进步的重要手段，自觉地把革新小说与政治斗争有机地联系在一起。

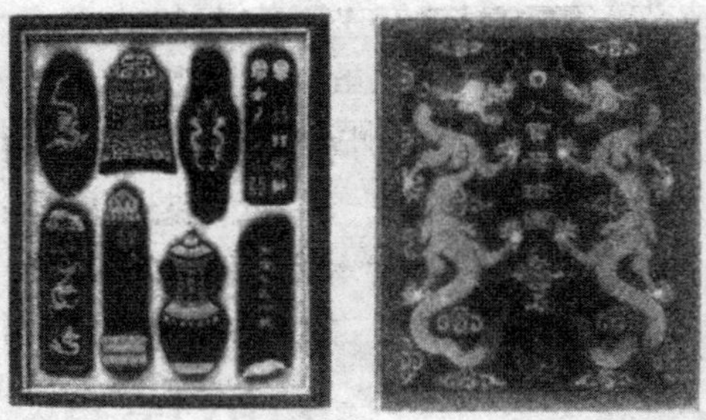

清晚期胡开文款龙纹八宝奇珍黑墨

光绪二十八年（公元1902年），在《新民丛报》创刊号上，梁启超发表了两篇未完剧作（《劫灰梦传奇》《新罗马传奇》）进一步阐明创作小说戏曲的目的，务在“振国民精神”。经过这长期的理论酝酿和创作实践，于是年冬，在他主编的《新小说》创刊号上发表了著名的小说论文《论小说与群治之关系》，正式开始鼓吹提倡小说界革命。这篇文章就是他发起小说界革命的正式宣言。

文章高呼“改良群治，必自小说界革命始；欲新民，必自新小说始”。抓此关键，就能无往而不立，所以“欲新一国之民，不可不先新一国之小说”。他视“小说为文学之最上乘”。认为小说既有“启迪民智”的知识意义，又有改造人类灵魂的作用。梁启超还针对中国的小说现状和社会现状，抨击了旧小说和当时的小说创作。他认为当时社会上存在很多腐朽思想和黑暗现象，都是受旧小说影响的结果，即旧小说的不良影响是“中国群治腐败之总根源”。他批判了正统派文人不重视小说的错误观点，鼓动把小说的创作权从“华士坊贾”的手中拿过来，创作新小说，以达其为改良主义政治服务的目的。《论小说与群治之关系》一文，从其资产阶级改良主义观点出发，对小说的社会作用、文学地位、艺术特点等都做了较系统地论述，提出了小说必须革新的强烈要求。

小说界革命的号召提出后，立即在文坛上发生了巨大的影响，掀起了一个规模大、声势强的小说改良运动。再加上当时印刷新闻事业的发展，使其传播更容易而且广泛。自此，一向受歧视的小说在清末升价十倍，出现了空前繁荣的局面。首先，以刊登小说为主的小说杂志，自《新小说》后大量出现，为新小说建立了阵地；小说家和新小说作品如雨后春笋。当时最有名的小说家均办有杂志。如李伯之的《绣像小说半月刊》、吴趼人的《月月小说》、曾仆的《小说林》等。小说内容从封建思想束缚下摆脱出来,而以改良群治为主旨。新小说以压倒优势取代了才子佳人、狭邪小说等旧小说的统治地位。新创小说和新译小说以其崭新的内容强烈地吸引着读者,风行于社会。其次,随着新小说创作的繁荣,在小说理论批评、考证、研究方面,也有了空前的发展而极尽一时之盛。第三,由于对小说作用的强调和小说与政治密切关系的认识,则大大提高了小说的地位。小说界革命还有力地促进了清末文学通俗化运动的发展,推动了文言小说向白话小说过渡的进程。总之,小说界革命给文坛带来的积极影响和梁启超所做出的贡献,是应该充分肯定的。但同时,也产生了一些消极影响。比如在偏重小说的内容时却忽视了小说的艺术性,使许多作品流于政治说教。另外,他们也过分夸大了小说的地位和作用,甚至说小说是"国民之魂"。这种小说至上观贬低了政治斗争的意义。第三,他片面夸大中国传统小说的消极作用,而一概加以否定,带有民族虚无主义色彩。

清代送报图

晚清四大谴责小说

20世纪初叶的十年间,在资产阶级改良主义思潮的影响下,一批作家企图通过揭露政治腐败,谴责现实黑暗,提倡社会改良,以达到"救亡图存"的目的。他们多以报刊杂志为基地,创作出大量的暴露性小说,以区别于优秀的讽刺小说,鲁迅根据其内容特点,名之为"谴责小说",并举例称其中的《官场现形记》《二十年目睹之怪现状》《老残游记》《孽海花》四部作品为晚清四大谴责小说。

《官场现形记》六十回,作者李伯元(公元1867年~1907年),名宝嘉,江苏武进人。该书由许多短篇故事集纳而成,以揭露清末官场的黑暗腐败为主旨,用讽刺与夸张的漫画化笔调,描绘形形色色的封建官僚群像,演述了清代官吏"迎合,钻营,蒙混,罗掘,倾轧"的种种故事。为了升官发财,上至军机大臣,下至州县杂役,无不暗使机关,甚至明火执仗。儒家的纲常名教,所谓的"为民做主"的做官之道,不过是他们升官发财的"敲门砖"和遮羞布。小说中所描写的官吏,或爱钱如命,或鱼肉百姓,心狠手辣;而对洋人却奴颜婢膝,丑态百出。作者从改良主义的立场出发,"归罪于官声",寄希望于整肃,没有也不可能彻底批判揭露封建制度的弊端,集中刻画出一幅晚清官场的百丑图,使人们可以从中领悟了解清末的官场形象。

《二十年目睹之怪现状》一百零八回,作者吴趼人(公元1866年~1910年),名沃尧,号我佛山人,广东南海人。小说带有自传性质。叙写署名"九死一生"的"我"在清帝国这个鬼蜮世界里二十年来所见所闻的种种怪现状,揭示出官场的堕落、商场与洋场的肮

北京颐和园

脏、封建道德的沦丧、社会风气的极度败坏，绘声绘色地描画了一幅帝国行将崩溃的广阔社会图卷。其中贯串了近二百个小故事和繁多的人物，涉及面广，反映了光绪十年（公元1884年）中法战争后到20世纪初期的现实生活。该书暴露的重点仍是官场，摹画"洋场才子"的丑态甚为逼真；同时，书中也寄寓了作者慨叹现实的感伤情怀。此书在当时影响很大，以至"妇孺能道之"。

《老残游记》二十回，最初发表于光绪二十九年（公元1903年）。作者刘鹗（公元1857年~1909年），字铁云，江苏丹徒人。该书署名洪都百炼生作。小说描写一个名铁英号老残的江湖医生在游历途中的所见、所闻、所为，比较广泛而深刻地反映了清末的某些社会现实。通过对玉贤、刚弼两个酷吏所施暴政的描写，揭露、批判了封建社会中为人们称颂的所谓"清官"犯下的罪恶，给人以振聋发聩之感。作者站在洋务派的立场，将社会弊病归罪于国家缺少航行的"罗盘"，而认为"驾驶"航船的人（暗指清廷统治集团）并没有错。作者主张办洋务，向西方学习，以此来达到改良社会的目的。第一回的隐喻式描写即是表达这种政治见解。该书在艺术上历来为人称道。一些片段绘景状物传神入化，如诗如画，意境盎然，大大提高了这部小说的吸引力。

《孽海花》三十五回。作者曾朴（公元1871年~公元1935年），字孟朴，江苏常熟人。该书成书过程比较复杂，前后经二十多年艰苦创作始成。小说的前十回发表于光绪三十一年（公元1905年）。最后一回发表于民国十九年（公元1930年）。小说以金雯青和傅彩云的故事为主要线索，串连起封建官僚、文人、名士的许多琐闻轶事，展示了清末同治初年到甲午战争失败这三十年间的政治、经济、外交和社会生活的情况，在一定程度上揭露和批判了封建统治阶级的腐败无能和帝国主义的侵略野心。书中绝大多数人物有所影射（如金雯青影射洪钧，傅彩云影射赛金花），并直接描写了以孙中山为首的资产阶级民主革命运动，肯定并宣扬了"天赋人权，万物平等"的民主主义启蒙思想。缺点在于这本书中存在一些缺少批判的逸闻艳情的描写。该书出版后风靡一时，两三年间再版十五次，行销不下五万部。其评论、考证，续作纷纷出现，影响颇大。

以上四大谴责小说代表了晚清谴责小说的总体特征。其共同点是：暴露社会弊病，提倡改良主义；而又往往张大其词，极度夸张，"辞气浮露，笔无藏锋"，未能达到优秀讽刺小说《儒林外史》那种“秉持公心”“旨微而语婉”的艺术境界。鲁迅称之为“谴责小说”,恰如其分。谴责小说是清末小说中的主流。但随着辛亥革命的失败,这类小说渐渐失去其曾有的一点思想光彩,演变为专以“揭阴私、翻底细”为指归的“黑幕小说”,甚至成为专门诋毁私敌的“谤书”和介绍作恶手段的“犯罪教科书”。

开办京师大学堂

在戊戌变法之前,就曾有大臣上书给光绪帝,提出在京师设置一个比较“专精”的学堂。1898 年 2 月,御史王鹏运上奏光绪帝再次提出开办京师大学堂。光绪帝下谕:“妥速办理”。6 月 11 日,光绪帝颁“明定国是”诏,实行变法。随后,命军机大臣和总理衙门妥议开办京师大学堂事。决定由梁启超参考日本和西方各国学制起草《京师大学堂章程》,章程分八章五十二条。规定:京师大学堂的办学方针为:“中学为体,西学为用,中西并用,观其会通”。课程分为普通学和专门学两类。以经学、理学、中外掌故学、诸子学、初级算学、格致学、地理学、文学及体操学为普通学科;以各国语言文学、高等算学、格致学、政治学、地理学、农学、矿学、工程学、商学、兵学、卫生学为专门学科。章程还规定“各省学堂皆归大学堂统辖”。同时提出“宽筹经费”“宏建学舍”“慎选管学大臣”“简派总教习”等建议。7 月 3 日,朝廷批准设立京师大学堂。将原设官书局和新设译书局并入大学堂。光绪二十四年(公元 1898 年)8 月 9 日,京师大学堂正式开学,学员不足百人,多为世家官宦子弟及少数各省中学堂选送的高才生。12 月 30 日,又设立师范斋,规定于前三级学生中选其高才生为师范生,专讲求教学之法,为以后派往各省学堂充当教习之用。次年 9 月,又设立史学、地理、政治三学堂。改派许景澄为管学大臣,黄绍箕为总办,刘可毅、骆成骧仍为教习。光绪二十六年(公元 1900 年),义和团运动在京津一带兴起,京师大学堂内师生对此议论纷纷。管学大臣许景澄与京官袁昶等力主镇压。不久许以“极谏”围攻使馆和排外宣战的罪名而被清廷杀戮,教习刘可毅也被杀害。消息传来京师大学堂学生四散离去,校舍封闭,藏书损失殆尽。9 月,慈禧太后下令停办京师大学堂。

清末新政气象——学堂书报馆

光绪二十八年(公元 1902 年)1 月 7 日,慈禧太后从西安返京筹办“新政”。10 日,派张百熙为京师大学堂管学大臣,命其修改办学章程,扩办学堂规模。京师大学堂重新恢复。2 月 13 日,张百熙奏陈筹备情况:一、准备设预科,预科分政科和艺科两门;设速成科，分仕学馆、师范馆。二、添建讲舍，在原有140余间的基础上添盖120余间。购西城瓦窑地方土地1300亩盖房。落成后除预备、速成两科外，新奏旨送大学堂仕学馆学习肄业的进士，附设医学馆的学生一并迁入。三、附设译局，译局由官书局筹办。四、经费：由华俄银行拨发百万，各省每年拨2万；中省1万；小省5000。又决定任命吴汝纶为大学堂总教习等，慈禧太后批准了以上建议。10月14日，京师大学堂正式举行招生考试。速成科学生考试科目有史论、舆地策、政治策、交涉策、算学策、物理策及外国文论七门。师范馆由各省选送学生若干，考试科目有：修身伦理大义、教育学大义、中外史学、中外地理学、算学、代数、物理化学、浅近英文、日文等。仕学馆由各省推荐，不参加考试。结果共录取学生92名。后来又扩招90名。12月17日，京师大学堂正式开学。光绪二十九年（公元1903年）2月，又增设了进士馆、译学馆及医学实业馆。毕业生分别授给贡生、举人、进士头衔。1个月之后北京掀起了拒俄运动，4月30日，京师大学堂300余学生，鸣钟上堂，发起声讨沙俄罪行大会，会后起草《京师大学堂师范、仕学两馆学生上管学大臣请代奏拒俄书》。当晚，部分学生退学参加了拒俄义勇军。

光绪三十四年（公元1908年）6月，京师大学堂又增设满蒙文学，7月，附设博物品实习科。次年，建立京师大学堂图书馆，清政府将热河文津阁的四库全书拨给京师大学堂图书馆。宣统二年（公元1910年）改设分科为经、法、文、格致、农、工、商七科。民国一年（公元1912年）5月3日，袁世凯批准京师大学堂改名为北京大学。

杰出的花卉写意大师——吴昌硕

吴昌硕（公元1844年~1927年），是晚清著名的绘画大师，名俊卿，一名俊，字昌硕，一作仓石、号缶庐，吾铁，晚号大聋，浙江安吉人。他自幼受到家庭熏陶，成年后刻意求学，30岁方从任颐学画。在任颐的指点下，他博采众家之长，终于在绘画史上独树一帜，成为近代最杰出的花卉写意大师。

吴昌硕爱画梅、菊、兰、竹、牡丹、水仙等，寓意清高超逸，章法结构突兀，左右互相穿插交叉，紧密而得对角之势。

吴昌硕作画参悟篆法、草书的笔意，篆刻的行笔、运刀及章法体势，促成大气磅礴、颇具金石味的独特画风。比如画梅即脱胎于篆隶之法，所谓“蝌蚪老苔隶枝干”；写葡萄、紫藤则有狂草的奔放笔致，所谓“草书作葡萄，动笔走蛟龙”。

敷色方面，吴昌硕打破明清以来文人写意画的陈旧格调，喜用西洋红，有时画花就大胆地把这种红色（或大红）堆上去；画叶子又用很浓的绿、黄及焦墨，这正是吸取了民间画用色的特点，画面上的色彩浑厚复杂，对比强烈，而又显得凝重含蓄，冲突中有和谐。

吴昌硕的存世作品很多，例如《葡萄葫芦图》《紫藤轴》《水仙天竹轴》《秋菊延年图轴》《桃实图轴》《墨荷图轴》等等。

光绪三十年（公元1904年）吴昌硕与吴隐等在杭州西湖孤山创立西泠印社，由他担任社长。其书画篆刻对近现代画家颇具影响，尤受日本画界推崇。有《缶庐集》《缶庐印存》等作品集传世。

《申报》创刊

同治十一年(1872)三月二十三日,英国商人美查等四人在上海合资创办《申报》。

晚清新闻业逐渐发达,各类报刊纷纷刊行。其中影响最大、历史最久的就是上海《申报》。

《申报》开始是用油光纸以铅字排印,隔日出版一张。4 个月以后,由于销路逐渐看好,改为日报。当时的办报宗旨是“为闾阎申疾苦,为大局切维图”,编辑和经理也都聘请中国人担任,时事政治、社会新闻、商业信息等等,无所不载,涵盖了社会生活的各个方面。《申报》主要行销上海,也向各通商口岸发行。宣统元年(1909),由于营业额下降,发行不景气,被该报华人经理买办席裕福(子佩)收买。民国初年(1913)席裕福将《申报》转让给史量才等人。史量才等人接办后,使《申报》成为著名大报。1949 年 5 月上海解放时,该报停刊。

马建忠著成第一部语法书《马氏文通》

马建忠于光绪二十四年(1898)著成中国第一部系统的语法书《马氏文通》。该书使汉语语法研究走向科学化、系统化的道路。

《马氏文通》的作者马建忠(1845~1900),字眉叔,江苏丹徒人。幼年学习拉丁文、希腊文、英文和法文。1876 年,他以郎中资格由李鸿章派往法国留学,后来又兼任当时驻法公使郭嵩焘的翻译。回国后,参加了洋务派集团。出于“因西文已有之规矩,于经籍中求其所同所不同,曲证繁引,以确知华文义例之所在”的目的,他在 1898 年写成《马氏文通》。

《马氏文通》第一次将汉语的词从语法的角度划分了词类,并且分为实词和虚词两个部分。同时,该书还系统地讲解了句法结构,初步建立了词法和句法的语法体系。这一工作,是参照拉丁语系的语法而完成的,其中不免有将汉语牵合拉丁语系语法的痕迹。但《马氏文通》并不是完全生搬拉丁语法,在不少地方仍考虑了汉语的特点。

《马氏文通》有很多优点。首先,它广为搜集例句,全书大约有 7000 多句古汉语例句。其次,他不以分类、举例为满足,还注重对语言规律的探讨。他也不愿把自己局限在严格意义的语法范围之内,而是结合修辞,注重语义。在阐述语法的过程中,他注意概念的界定,并讲究逻辑,打破了训诂学用语含混、关系不明确的旧习惯。《马氏文通》虽有很多局限,如所用的还是文言文,在语法体系上也存在不少漏洞,但该书对后来以至现代汉语语法体系的建立,有着极深的影响。

梁启超著《新民说》

梁启超(1873~1929),字卓如,号任公,广东新会人。早年深受康有为变法维新思想的影响,后成为戊戌变法维新运动中一位杰出的宣传家。

梁启超学识十分渊博,才华卓著,思想较为庞杂而不够严谨。他于1902年发表的《新民说》,可以视为系统阐述他的道德伦理思想的代表作。戊戌维新变法失败后,梁启超目睹八国联军的野蛮入侵,《辛丑条约》的丧权辱国,愈加感到政府的腐败,民智民德的“愚陋怯弱”。因而他取《大学》“作新民”之义,著《新民说》。其意图,正如他在《新民说·叙论》中所说的:“余为新民说,欲以探求我国民腐败堕落之根原,而以他国所以发达进步者比较之,使国民知受病所在,以自警自厉自策进。”即试图通过中、西方的比较研究,从道德伦理方面探寻“我国民腐败堕落之根原”,以激励人们“自警厉自策进”,从而达到救国救民的目的。这有其可取之处,但把社会道德伦理的“腐败堕落”看成是中国“积弱”的根源,陷入了本末倒置,反映出认识上的局限性。然而,《新民说》中表达了他的爱国思想,以及对封建道德伦理的抨击,仍有一定的积极意义。

梁启超

首先,他从改造国民性中的弱点出发,要兴四万万人的民德民智民力。梁启超在《论中国国民之品格》一文中指出,中国国民性的弱点主要表现在爱国心之薄弱、公共心之缺乏和自治力之欠缺这三方面。因而,他认为要救治中国,不能仅仅期望于“一时之贤君相”或“草野一二英雄崛起”,而在于国民之文明程度的提高,故务必要大力提高“吾四万万人之民德民智民力”。也就是说,要着力改造国民性的弱点,即“新民”。他还针对爱国心之薄弱这一国民性的弱点,提出要增强国民的民族主义精神,继承发扬民族文化的优秀传统,革除其中“愚陋怯弱”的东西;同时对西方各国民族,也要“汇择其长者而取之,以补我之所未及”(《新民说·释新民之义》)。

此外,梁启超还抨击了专讲君臣、父子、夫妇等关系的“中国旧伦理”(或称“家族伦理”)。他认为,这种伦理所注重的只是“一私人对一私人之事”的“私德”,讲求的只是“存心养性”“束身寡过”的修养方法。这最多只能养成“独善其身”。因而,他提倡讲“公德”的“社会国家伦理”(亦称“泰西新伦理”)。他认为这种伦理不仅讲家族伦理,而且着重讲求“一私人对于一团体之事”的社会伦理和国家伦理,其基本准则是讲求“公德”,在于“利群”,并进一步把“利群”“益群”的道德高标准赋予“爱群、爱国、爱真理”的具体内涵;同时他并不排斥“利己”的个人利益,主张妥善处理好“利己”与“利他”的关系。可见《新民说》一书既是对封建伦理观念的批判,同时也是梁启超的资产阶级国家现在伦理思想上的体现,具有时代的进步意义。

章炳麟重订《訄书》

章炳麟(1869~1936),后改名绛,字枚叔,号太炎,浙江苏杭县(今属余杭)人。早年提倡维新变法,曾任《时务报》撰述。戊戌政变后被清政府通缉,逃往台湾、日本,阅读了大量西方资产阶级思想家的论著,萌发了反对清政府的革命思想,并参与了孙中山领导的资产阶级民主革命。

章炳麟于光绪二十六年(1900)初将光绪二十三年(1897)以来撰写的50篇论文编集为《訄书》出版。该书在政治上鼓吹变法维新,在哲学上体现了倾向于唯物主义和进化论的自然观。

章炳麟

章炳麟于光绪二十八年(1902)至光绪二十九年(1903)重订《訄书》,在哲学上继续保持唯物主义和进化论的思想倾向,政治上已由赞成维新变法转变为鼓吹“排满”革命,反映其政治思想的急剧转变。在重订本中,章炳麟对1900年以前的尊清思想进行了自我批判,并严厉批判了维新派,号召推翻满清政府的反动统治。他对1900年初刻本进行了大幅度的增减,主要增加了1900年以来所写的文章。重订本共收入论文63篇,“前录”2篇,“附录”4篇,1904年由日本东京翔鸾社刊行,1906年再版。《訄书》的重订,反映章炳麟接受了西方资产阶级民主主义思想并走上了革命道路,对当时资产阶级民主革命运动起着积极的推动作用。

《訄书》在内容上涉及的学术领域十分广泛,包括中国古代各时期各流派的学术思想以及历史、哲学、文学、社会风俗、民族、经济等。其中《天论》《公言》《原学》《原人》《原变》《通谶》等篇,代表了他这一时期的思想成就。在这些文章里,章炳麟利用近代自然科学的一些新成果,论证了各原质成于以太、万物成于各原质的自然观,否定了天命论的说教。在发展现问题上,章炳麟接受了进化论思想。他认为从无机物到高等动物的进化都是“原质”发展和变化的不同形态,自然界和人类社会都经历了不断进化的过程,包括人在内的各种事物的发展变化都是没有穷尽的。生物的变化是生存竞争的结果,绝不是什么上帝的意志决定的。由此可见,章炳麟继承我国古代无神论的传统,结合西方近代的生物进化论,驳斥了“上帝造万物”的目的论,从而在根本上否定了为封建政权作辩护的宗教迷信和"天命论"。在《订孔》《学变》等篇中，章炳麟还对中国哲学史上自先秦诸子下至明清各家的思想作了评判，认为孔子的道德和学术都不能和先秦诸子相比，更不能和荀子相比，并批判了孔子的"虚誉夺实"和尊孔派的"苟务修古"，在思想界引起强烈的反响。

《訄书》文笔古奥，较难索解，但它作为章炳麟最早的论文结集，每个议题大都联系历史，引古证今，是一部半政治半学术的评述著作，对全面深入研究章炳麟早期的政治和哲学思想具有重要的意义。

梁启超发动诗界革命

到了19世纪末，在资产阶级改良运动的推动下，清代后期进步诗歌潮流得到进一步的发展。在1896~1906年(光绪二十二至三十二年)之间，梁启超、夏曾佑、谭嗣同等提出"诗界革命"的口号，并试作"新诗"或"新学之诗"。在戊戌维新变法前一两年，梁启超和夏曾佑、谭嗣同曾试作"新诗"，反映了对新思想、新知识的要求。后来梁启超在办《清议报》《新民丛报》《新小说》等杂志中，登载了改良派及其他作者的许多诗篇，并不断发出了"诗界革命"的呼声。他的"论诗宗旨大略"已见于光绪二十五年(1899)十一月由日本去夏威夷舟中的《日记》，而充分的论述则见于光绪二十八年(1902)二月《新民丛报》开始连载的《饮冰室诗话》。后来梁启超在《新小说》中登载《杂歌谣》，形式语言都趋向通俗化，又赞许其与音乐结合，使之能歌唱，似传统乐府诗而又有新面貌新精神，发挥诗歌的社会教育作用，这是诗界革命又一重要内容。

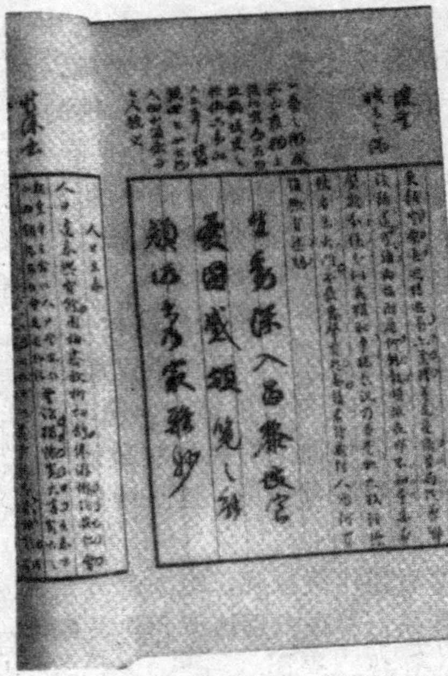

梁启超诗稿手迹(康有为眉批)

梁启超作诗较晚，绝大部分是流亡国外的作品，今存古近体诗360多首，词60多首。他热心提倡"诗界革命"，但并不以诗人自命，而以余事为诗。其诗歌颂献身革命的精神，歌颂新天地、新思想、新文化，突出地歌颂爱国主义，有进步意义和认识意义。作品表现了自己诗论的特点，即旧风格含新意境，亦不排斥新名词。其诗总体上热情奔放，直抒胸臆，朴实晓畅，格调妥当，足称一种"新派诗"。他自认"诗半旧"，亦符合实际。

诗界革命的旗帜是黄遵宪(1848~1905)。黄遵宪认为诗歌创作应该"我手写我口"(《杂感》)，要求"诗之外有事，诗之中有人"，在《人境庐诗草序》中主张表现"古人未有之物，未辟之境”，明确标称自己的诗是“新派诗”。他一方面主张向古人学习，取径要广，而最终“要不失乎为我之诗”；一方面主张学习民歌，博采俗语，并吸收散文的特点和句法入诗。黄遵宪的诗作内容极为丰富，堪称一代诗史。有的作品反映了帝国主义和中华民族的矛盾，歌颂爱国将领，批判投降派丧权辱国的行为，如《香港感怀》《羊城感赋》《冯将军歌》《哀旅顺》《哭威海》《降将军歌》《度辽将军歌》《书愤》等。有的作品辛辣地批判封建顽固派，批判封建文化，抒发维新变法、振兴中华的愿望，如《感怀》《杂感》《赠梁任公同年》《感事》《己亥杂诗》《军歌》等。此外，他还有不少描写海外风物的诗篇，如《日本杂事诗》200 首，这些诗空前地扩大了中国古典诗歌的表现领域。

邹容著《革命军》

光绪二十九年（1903）四月，邹容所著《革命军》一书在上海刊行。

邹容（1885～1905），四川巴县人，幼习经史。时值外寇侵入，国难时艰，他从介绍西方近代文明的新书时报中接受了维新思潮的影响，东渡日本留学，寻求强国的真理。在日本为西方民主思想所吸引，遂舍弃改良维新而走革命排满道路，著《革命军》一书。

同盟会成立前，革命书刊如雨后春笋，而影响最烈的莫过于邹容所著的《革命军》。

邹容在《革命军》中以澎湃的激情、通俗的语言第一次系统地、旗帜鲜明地宣传革命，宣传资产阶级民主共和国的思想。他以进化论立论，宣讲“革命者，天演之公例”，“革命者，世界之公理”，反复强调“中国欲独立，不可不革命”，革命是“起死回生之灵药，返魄还魂之宝方”，阐发“欲御外患，先清内患”，推翻满清政府，建立中华人民共和国的论证。在清政府大失民心，革命运动呼之欲出的时刻，《革命军》给予思想巨大的冲击，受到知识分子的崇信。该书请章炳麟作序，刚一刊行，立即不胫而走，辗转翻印，逾百万册，被《苏报》刊文誉为“今日国民教育之一教科书”。

陈天华所著的《猛回头》《警世钟》在日本刊行

光绪二十九年（1903），反清爱国主义运动活跃分子陈天华所著的《猛回头》《警世钟》两本小册子先后在日本刊行。

陈天华生于光绪元年（1875），湖南新化人，戊戌变法时期，接触新思想，积极要求变革。特别是到日本留学后，在日益高涨的革命气氛感染下，他逐渐成为反清爱国运动的活跃分子。受邹容《革命军》的启发，陈天华决心用民间通俗说唱体裁撰写警世之作。他奋笔疾书，写成了《猛回头》和《警世钟》两本小册子。他在书中大声疾呼，中国已经到了被列强瓜分的危靠关头：“俄罗斯，自北方，包我三面；英吉利，假通商，毒计中藏；法兰西，占广州，窥伺黔桂；德意志，胶州领，虎视东方；新日本，取台湾，再图福建；美利坚，也相要，割土分疆。这中国，哪一点，还有我份；这朝廷，原是个，名存实亡。”他号召国人奋起反抗列强侵略，推翻替列强做“守土官长”的清封建王朝。“猛睡狮，梦中醒，向天一吼！

百兽惊，龙蛇走，魑魅逃藏。改条约，复政权，完全独立。雪仇耻，驱外族，复我冠裳。到那时，齐叫道：中华万岁！才是我，大国民，气吐眉扬”，“洋兵不来便罢，洋兵若来，奉劝各人把胆子放大，全不要怕他。读书的放了笔，耕田的放了犁耙，做生意的放了职事，做文艺的放了器具，齐把刀子磨快，子弹上足，同饮一杯血酒，呼的呼，喊的喊，万众直前，杀那洋鬼子，杀投降那洋鬼子的二毛子。……那些贼官若是帮助洋人杀我们，便先把贼官杀尽。手执钢刀九十九，杀尽仇人方罢手！我所最亲爱的同胞，我所最亲近的同胞，向前去，杀！向前去，杀！杀！”陈天华的小册子充满爱国激情，激发了国人强烈的爱国主义精神，一版再版。陈天华也因这两部深受欢迎、流传甚广的小册子，被人们称为“革命党之大文豪”。

刘鹗编著《铁云藏龟》

甲骨文

光绪二十九年(1903)，由刘鹗所编的《铁云藏龟》抱残守缺斋石印本印成刊行，这是中国历史上第一部著录甲骨文字的书籍。在此之前，《老残游记》作者刘鹗发现当时作为中药的龟板甲骨上刻有文字，便收购了大批有文字的甲骨，总共收藏达5000余片。经过一番整理挑选和仔细研究之后，他精选出1058片，著录成《铁云藏龟》一书。

该书编者刘鹗精通算学、乐律、医学、治河等，又信仰泰州学派，喜欢金石碑版，是我国最早收藏并研究甲骨文的人之一。刘鹗生平曾奉命督治黄河，任过知府，并曾为英国福公司管理过山西煤矿。1900年，当八国联军侵入北京的危难时刻，他购得俄军掠夺的太仓储粟，设平粜局赈济饥民。1908年，刘鹗被人诬告私散仓粟及为外国人在浦口购产而被遣戍新疆，次年病死。

《申报》改由中国人所有

1909年，《申报》中方经理席裕福购进该报产权，从此，《申报》为中国人所有。

《申报》原名《申江新报》，由英商美查于1872年4月30日创刊于上海。初为隔日报，第5期起改为日报，是一张以牟利为主要目的的商业日报，由中国人出任主笔。内容上注意迎合不同读者的需要，较为丰富。重视引进和采用西方通信、印刷等方面的先进科学技术和报业管理经验。

为了向读者及时提供更多的信息，该报重金聘请特约访员。创刊不久，就在杭州设立了第1个外埠通讯点，以后又陆续增设，在北京、天津、南京、汉口、福州、广州、长沙、四川等省市和香港建立起通讯网络。该报十分注重利用当时先进的通讯设备来加速新闻的传递。1881 年,上海至天津的有线电报开通。次年 1 月 6 日,《申报》就刊出由天津访员发至上海的电讯稿。

席裕福购进《申报》后,基本沿袭过去的风格,未做大的改进,只是国内新闻注重报道清政府的各项"新政"措举和立宪派在各地的活动。1912 年,张謇、史量才、赵竹君、应德宏、陈泠 5 人合股接办《申报》,次年起由史量才独资进行。史量才接办后,业务大有起色,更新了印刷设备,扩建馆舍,成为著名的大报。

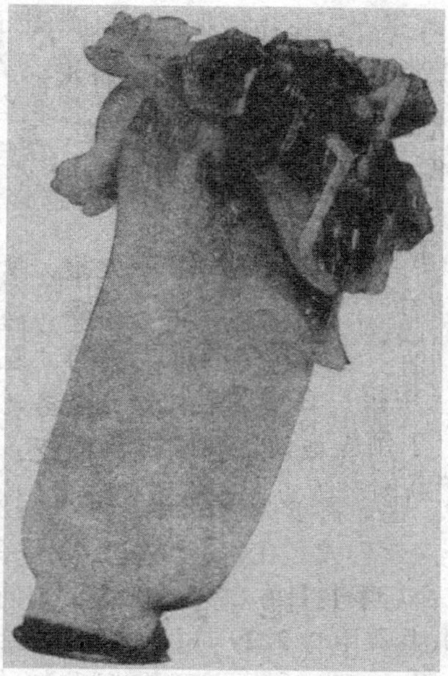

清代翠玉白菜,以一块天然玉石巧妙雕琢而成。白菜象征清白,菜叶上攀爬的一对"蝈蝈儿"象征子孙众多,是一件吉祥之物。

1930 年,《申报》馆设立总管理处,进行了一系列改革,邀请爱国进步人士黄炎培、陶行知、戈公振进报馆设计部。1931 年九・一八事变后,《申报》反对国民党一党专制,主张实行宪政,要求抗日,大力宣传宋庆龄、蔡元培等人发起组织的"中国民权保障同盟"的活动,独家发表宋庆龄的《国民党不再是一个革命集团》的重要宣言。改革副刊"自由谈",聘黎烈文任主编,大量发表鲁迅、茅盾、巴金等进步作家的作品。从 1932 年 7 月起至 1933 年底,兴办了申报流通图书馆、申报妇女补习学校等多种社会公益事业。此外,还出版了《申报月刊》《申报年鉴》,使报纸发行量由初创时的 600 份增加到 15 万份(1932 年),在社会上产生广泛影响。1934 年,史量才被国民党反动派杀害,《申报》言论趋向保守。1941 年 12 月上海"孤岛"沦陷后,《申报》在日伪控制下出版。抗战胜利后被国民党接收,成为 CC 派报纸。1949 年 5 月上海解放时《申报》停刊。

《申报》是旧中国第一大报,所载内容涉及社会、政治、经济、军事、文化等各个方面,是研究中国近代史的"百科全书"。《申报》在中国近代报刊业务改革上经常处于领先地位,影响极为广泛,在中国近代新闻出版史上占有重要地位。

罗振玉开拓甲骨金文研究

罗振玉自青年时起酷好金石考订之学,生平著述 130 余种,刊印书籍 400 多种,对中国的甲骨金文研究做出了开拓性的贡献。

罗振玉(1866~1940)字叔蕴,一字权言,号雪堂,浙江上虞人。15 岁中秀才,当过塾师。曾在上海创办农学社、东文学社,并出版《农学报》。光绪二十八年(1902)任南洋公学虹口分校校长。光绪三十年(1904)创办江苏师范学堂,任监督。光绪三十二年(1906)

甲骨文

奉召入京，任职于学部。思想顽固守旧，主张恪守旧制，反对任何改革。辛亥革命后，逃往日本，以清朝遗老自居，图谋复辟。九·一八事变后，参与制造伪"满洲国"的活动，曾任监察院院长等职。

罗振玉平生搜集和整理甲骨、铜器、简牍、明器、佚书等考古资料，均有专集刊行。在甲骨金文研究方面的代表作是《殷虚书契前编》和《三代吉金文存》。《殷虚书契前编》是最重要的甲骨集之一。宣统二年（1910），罗氏作《殷商贞卜文字考》时，全国所见甲骨不过数千，罗本人收藏七八百片。他命古董商赴安阳搜集，先后所见达3万片。从中选编《殷虚书契前编》20卷，至宣统三年告成。在《国学丛刊》第1~3册连续用石印发表了前3卷，共有甲骨294片。辛亥革命后罗到日本，重编《殷虚书契前编》8卷，1913年在日本出版印行，1932年又在上海重印，共有甲骨2229片，所收比20卷本略有增加。1914年，罗把所藏甲骨及字细难拓的小片甲骨编为《殷虚书契菁华》1卷，共收甲骨68片。1916年，又选录所藏《前编》未收者为《殷虚书契后编》2卷，共收甲骨1104片。1933年，罗再把平时所得各家甲骨拓片编为《殷虚书契续编》6卷，共收甲骨2016片。

《三代吉金文存》共20卷，收录传世的殷、周青铜器铭文拓片4835件，从食器到兵器20余类，分别按铭文字数之多少排列，搜罗颇富。但分类略显不当，且无图像说明。

罗振玉平生整理、记集、出版的甲骨金文著作，保存了大量甲文金文研究资料，为后来学者提供了巨大方便，开拓了中国甲骨金文的研究，在中国古文字研究史上占有重要地位。

梁启超创办《新民丛报》

在资产阶级民主革命思想广泛传播之时，保皇党人也利用自己的阵地，大肆攻击革命，鼓吹改良。这块阵地便是《新民丛报》

戊戌变法失败后，梁启超流亡日本。1902年2月，梁启超联合其他同仁，在日本横滨创办了《新民丛报》。在第一期的《本报告白》中宣布了三条办报宗旨："一、本报取大学新民主义，以为欲维新吾国，当先维新吾民。中国所以不振，由于国民公德缺乏，智慧不开，故本报专对此病而药治之。务采合中西道德以为德育之方针，广罗政学理论以为智育之本原。二、本报以教育为主脑，以政论为附从。但今日世界所趋重在国家主义之教育，故于政治亦不得不译。唯所论务在养吾人国家思想，故于目前一二事之得失，不暇沾沾词费也。三、本报为吾国前途起见，一以国民公利公益为目的，持论务报公平，不偏于一常派；不为灌夫骂座之语，以败坏中国者，咎非专在一人也；不为危险激烈之言，以导中国进步当以渐也。"梁启超为办此报，花费了大量精力，每天写作五千余字，重要的文章，大都出于他的手笔，先后以“中国之新民”“饮冰子”等笔名，撰写了《新民说》《新民议》等大量政论文章、知识性文章和时事评论。梁启超十分注重西方思想文化的宣传，报中专门介绍了西方学者培根、笛卡尔、达尔文、孟德斯鸠、卢梭、康德、黑格尔、圣西门等百余人的思想，涉及范围也十分广泛，凡西方政治、经济、军事、哲学、法律、历史、地理、文学及自然科学，无不尽力加以介绍。创刊第一年共发二十四号，属于介绍西方思想文化的就有二十三号。

第一年共开设二十四个栏目，分论说、学说、时局、史传、教育、学术、小说、名家谈丛、国闻短评、海外汇报、海外奇谈、新知识之杂货店等内容，每一号经常保持十至十五种栏目。

民報

民报

丛报的撰稿者所写文章大都语言明白流畅，文笔生动犀利，深受读者欢迎。创刊后不久就发行五千余份，有时达到一万多份。寄售点多达八九十处，除日本外，在国内有江苏、浙江、安徽、湖南、湖北、江西、广东、广西、四川、福建、山东、直隶、上海、天津等省市，国外有朝鲜、越南、暹罗、檀香山、美国、加拿大等地。其销量之多，影响之大，是当时任何报纸都无法相比的，成为备受人们注重的综合杂志期刊。发行一年后，就将借款还清，改为股份经营，分为六股，梁启超居两股，冯紫珊、黄为之、邓荫南、陈侣笙各占一股。实际上的主编是梁启超。

光绪二十九年（公元 1903 年）2 月，梁启超赴美游历，丛报由蒋观云主持编辑。11 月，梁启超由美返日，继续担任主笔。这次游历回来，梁的政治态度和言谈大变，宣称自己“宗旨顿改，标明保皇，且声言当与异己者宣战。”明确将矛头指向革命。相继发表了许多反对革命的言论和主张。光绪三十一年（公元 1905 年）8 月，同盟会成立，并在日本出版机关刊物《民报》，较为系统地宣传革命主张。次年，《民报》和《新民丛刊》就革命与保皇、民主共和与君主立宪及“土地国有”等问题展开了激烈的论战，影响很大，不少报纸杂志也相继加入论战之中。经过一年多的激烈争论，以《新民丛刊》为首的立宪派一方声势骤减已不能按期出版，先后为《新民丛报》撰稿人有：马君武、黄与之、吴仲遥、康有为、章太炎、蒋方震、冯邦干、麦孟华、徐勤、韩文举、欧榘甲、汤启勋、杨度、徐佛苏、熊知白、黄国康以及黄遵宪、严复等百余人。

1906 年 11 月 20 日，《新民丛报》停刊，至此，一共出了九十六号。

数学家李善兰

李善兰（公元 1811 年~1882 年），字正叔，号秋纫，浙江海宁人。从小喜爱数学，1852 年到上海参加西方数学、天文学等科学著作的翻译。以后又任曾国藩的幕僚，1868 年后任北京同文馆天文学算馆总教习。他在数学方面的成果集中在《则古昔斋算学》中，包括十三种数学著作。其中关于幂级数展开式方面的有《方圆阐幽》《弧矢启秘》《对数探源》。李善兰创造了一种“尖锥术”，即用尖锥的面积来表示 X^n，用求诸锥之和的方式来解决各种数学问题。虽然在此时他还没接触微积分，但实际上已得出了有关定积分公式。在《垛积比类》中，李善兰利用和“开方作法来源图”相类似的数表，列出一系列的高级等差级数求和的公式。这就是国际数学界感兴趣的“李善兰恒等式”。他在数论方面论证了著名的费尔玛定理（见《考数根法》）。而且，沿用至今的不少数学名词，如“代数”“微积分”“积分”等都是李善兰所创造的。当时与李善兰一起参加翻译工作的伟烈亚力对李工作评价颇高。所以，就当时中国科学各学科远远落后于西方而言，数学还算是有些成绩的。

化学家徐寿父子

徐寿（公元 1818~1884 年），江苏无锡人。1861 年入曾国藩幕，1867 年入上海江南制造局，参加西方科技书籍的编译工作，时间长达十七年之久。所编译书籍为十三种，大多数是化学方面的，《化学鉴原》是其中比较重要而彰殉较广的一部，它概略地论述了一些基本理论和各种重要元素的性质，对西方近代化学知识在中国的传播起了一定作用。在译书中，徐寿首创以西文第一音节造字的原则（即取西文名字第一音节造新字命名），被后来中国化学界所接受，一直沿用至今。除译书外，徐寿还与人发起创办了格致书院（公元 1885 半左右），并举办一些讲座或科学讨论会，向听讲者做示范的化学试验，可视作中国化学知识普及教育的最初尝试。徐寿不仅是当时国内的著名科学家，而且在国际上也颇有名气。日本曾派柳原前光等人来向其学习。当时主持江南制造局译书事宜的傅兰雅，对其也非常佩服。

徐寿

徐寿的儿子徐建寅也是一位科学家，译过《化学分原》等多种科学著作。1901 年在武汉试验无烟火药时，不幸身亡，为科学研究献出了自己的生命。

“四王”垄断清初画坛

清入关后，大力提倡绘画艺术，也设立画院。清代画家人数之多，流派之杂，形式技法之变，都比前代尤甚，其中以董其昌的“松江派”势力最大，其代表画家就是王时敏、王鉴、王原祁、王翚，画史上称为“四王”，因为他们的笔墨技法以临古为主，所以画坛上也称他们为"正统画派"。

"四王"画派在画风上具有二整稳健、明净清润的共同特色。他们迷信笔情墨韵的效果是画家的素养以至创作的最终目的,在平淡安闲的理想境界中体现出所谓的"士气"和"书卷气"。他们的笔墨技法也是在反复观临古人的作品,总结古人笔墨布局上的成就之后,发展起来的。正统画派由于过分重视笔墨技法,忽视了对自然山水的观察,因此他们的作品往往缺乏主观情致的抒发,前人的技法规则变成束缚自己的清规戒律。"四王"都以山水见长,皇室权臣对其大加鼓吹、提倡,一时被奉为正宗,风靡朝野,代表着清初画坛的主流。"四王"中又可分为两支:一是太仓王时敏、王原祁祖孙,独师黄公望法,画法细腻精致,追随者很多,世称"娄东派";一是太仓王鉴、常熟王翚师徒,并不专仿某家,能够兼容并蓄,虽然仍不能脱离古人窠臼,却能在一定程度上抒发自己的感受,尤以王翚成就突出,学者称之为"虞山派"。

王时敏(1592~1686),字逊之,号烟客,晚号西庐老人,江苏太仓人。崇祯(1618~1644)初以恩荫仕至太常寺奉常。清兵南下时,王时敏在太仓迎清兵入城,所以深得清朝统治者的优遇。有学者认为"四王"画派之所以被指为正统派,与王时敏这种政治态度不无关系。据说,王时敏少年时就为董其昌、陈继儒赏识,成为"画中九友"之一。他富于收藏,每次遇到名迹,总是不惜以重金收买。他对于古人传统的学习极为刻苦,曾经把古人有代表性的作品缩小摹绘共二十四幅,装裱成一巨册,出入随身携带,反复体会古人用笔运墨之道。王时敏的山水主要师法于黄公望,用笔含蓄,笔墨圆润醇厚,风格苍秀,但丘壑少有变化,大多是模拟之作。他的代表作为《仿黄公望山水图轴》《浮岚暖翠图轴》《秋山白云图轴》等。

王鉴(1598~1677),字圆照,自号湘碧,又号染香庵主,江苏太仓人,曾做过廉州太守,故而世称"王廉州"。他的早期山水大多是仿古之作,他也宗法于黄公望,但又不拘泥于黄公望一家,又能上溯到董源、巨然,下仿董其昌;他还善画青绿设色山水,艳丽秀润,明朗洁净,自具风貌。他的代表作有《长松仙馆图轴》《仿黄公望山水图轴》,《仿巨然山水图轴》《夏日山居图轴》等等。

《仿古山水册》,王鉴绘。

王原祁(1642~1715)字茂京,号麓台,石师道人,江苏太苍人。他是王时敏的孙子。康熙进士,由知县擢翰林、户部右侍郎,甚得康熙帝的恩宠,供奉内廷,为宫廷作画和鉴定古画,任《佩文斋书画谱》纂辑官和《万寿盛典图》总裁。王原祁的山水自幼在王时敏、王鉴的指导下以摹古为方向,早年深得家学,尤皈依黄公望之法,面目和王时敏相类似,但更喜用干笔焦墨,层层皴擦,用笔沉着,自称笔端有"金刚杵"。他设色长于浅绛;其重彩之处,青绿朱赭,相映鲜明,有独到之处，具有“熟不甜，生而涩，淡而厚，实而清”的艺术特色，功力很深厚，只是丘壑缺少变化。他的代表作品有《华山秋色图轴》《仿董巨山水轴》《仿黄公望夏山图轴》《溪山别意图轴》等。王原祁由于受到皇室恩宠，官高权重，声势煊赫，追随者很多，王时敏开创的“娄东派”，到他这里几乎独霸当时画坛。

王翚（1631~1720），字石谷，号耕烟山人，乌目山人，清晖主人，江苏常熟人。少时即承家学，酷爱绘画，专学仿古山水技法，后师从于王鉴、王时敏，相随游历大江南北，观摩宋元名家巨迹，画艺精进，遂成一代大家。康熙三十年他奉敕绘《南巡图》，深得皇帝赏识，于是声名鹊起，晚年甚至有“画圣”之誉。王翚的山水画，早年多仿黄公望，也临摹荆关、王蒙，却不拘泥于个别大家和派系的风范，广采博览，熔各家技法于一炉，也不像其他三家虽博采众长，但仍以黄公望为归依。清人周言工说他“天资高，年力富，下笔可与古人齐驱，百年以来，第一人也”。王时敏则赞扬他“罗古人于尺幅，萃众美于笔下者，五百年来，从未之见，唯吾石谷一人而已”。王翚的作品虽多仿古，但在一定程度能把临古与写景相结合，有一定的生活气息与实境的感受，风格清丽深秀，晚年略为奔放，有苍茫之致，但用笔略嫌刻露草率，显得含蓄不足。他的代表作有《仿赵大年水村图轴》《秋树昏鸦图轴》《夏木垂阴图轴》《仿黄子久富春山居图卷》《沧浪亭图卷》等。由于王翚的画学成就极高，又受到皇帝的器重，所以从学者很多，形成“虞山派”，极大地影响了清初的画风。

昆腔统治戏曲舞台

清朝初年，由明嘉靖年间魏良辅等人改造的昆腔，已经历了100多年的发展，万历末，徽班进京，使其在北方开始流传并迅速盛行起来。康熙以后，昆腔开始了其在戏曲舞台上长达百年的统治。

在南方的苏州、扬州、杭州、南京等地和北方的清朝首都北京，昆剧的演唱并未受到明清易代时的战乱冲击，昆腔家庭戏班和民间职业演出十分活跃。从明中叶起，家庭戏班就是十分普遍，康熙年间，这种家庭戏班仍相当盛行。如清初成就最突出的戏曲家和戏曲理论家李渔，自顺治五年（1648）起，移居杭州，专门从事小说、传奇创作，顺治十四年（1657）迁居金陵后，组织戏班。亲自编戏排戏，率领由其姬妾组成的戏班到各地贵族家中巡回演出，历时20年，足迹遍及秦、楚、闽、豫、江浙、晋、鲁等地，甚至西部和南部边陲。以其为代表的苏州作家群，人数众多，包括李玉、朱皠等一大批思想情趣相投，热衷于戏曲创作的平民作家，他们从现实生活中取材，题材范围广泛，因而在戏曲创作和演出实践中取得了很高成就，著名的剧目有李玉的“一人

牛皋（昆），梅氏缀玉轩藏清初昆、弋脸谱（摹本）。

永占”《一捧雪》《人兽关》《永团圆》《占花魁》《清忠谱》，朱㿥《十五贯》《翡翠园》《九更天》，朱佐朝的《渔家乐》，邱园的《党人碑》，叶时章的《琥珀匙》，张大复的《如是观》，盛际时的《胭脂雪》等，有些很快就成了各地舞台上的保留曲目。

在苏州作家群活跃于舞台的同时，“南洪北孔”成了屹立于清初剧坛的两座对峙的主峰。洪升的《长生殿》以李隆基、杨玉环爱情悲剧为线索，展示了安史之乱的历史画面。孔尚任的《桃花扇》，则以南明王朝的覆亡为背景，以侯方域和李香君的爱情纠葛为线索，写出了这一段沉痛的历史。这是两部在艺术上获得极大成功的昆剧作品，上演以后，很快风靡南北，从而构成了昆剧艺术史的巅峰。

除了家庭戏班和著名文人参与戏曲创作及演出活动，构筑起昆腔艺术的主峰以外，无数活跃于民间的职业戏班则若环绕并拱立主峰的群山。雍正、乾隆两朝，官宦人家蓄养戏班的活动被禁止，却没有禁锢官吏雇用戏班演唱，因而这些活跃于城市的戏院、茶馆，城乡庙台、草台的戏班在营业性演出之外，也承担官府、士绅、商贾的娱乐需要，有些艺人的技艺也十分精湛，集秀班的艺人就曾受到乾隆皇帝的褒奖。这些民间艺人从各方面继承和光大了昆腔表演艺术的优秀传统，对昆腔的发展影响很大。

昆剧创作和演出实践有力地推动了戏曲理论的发展。在各地巡回演出长达10余年，有丰富的创作和实践经验的李渔，结合前人的理论成果和创作经验，撰写了戏剧理论专著《闲情偶寄》，提出了许多精辟的理论见解，其内容包括创作和演出几乎所有方面的内容，比较深入地探索了戏曲艺术的奥妙，尤其是其以不读书之妇人小儿为接受对象而“贵浅不贵深”的创作主张，一切以观众为中心的立论基础是很有见地的。昆腔在创作、演出实践和理论等方面的巨大成就，奠定了其在清初剧坛上占据统治地位的坚实基础。直到清中叶以后，昆腔的统治地位才逐渐衰落。

八大山人积愤为画

清朝的山水画确切地说是从“八大山人”开始的。“八大山人”即清初著名书画家朱耷。1626年生于南昌，为明朝宁王朱权后代，一生经历坎坷，少年时应试得中诸生，19岁时国破家亡，为表达自己的悲愤之情，遂装哑不语，削发为僧，拜耕庵老人受戒。后又还俗，36岁时回到家乡南昌经营青云谱道院，任道院主持，并改名朱道朗，字良月，号破云樵者，又号净月、破云等。一生擅长诗、书、画，他的画押落款很奇特，如“三月十九日”“相如吃”“拾得”等等，意义都是奇异深刻，特别是署款“八大山人”，常连缀似哭似笑之状，以表达自己誓不与清廷合作的倔强狂怪性格。

朱耷的书法，行楷源于王献之、颜真卿等人，纯朴圆润，完全摆脱了明人那种颓废习气，狂草更是落拓不羁，自成一家。

朱耷的绘画最负盛名，尤擅长画山水花鸟。他的山水画源于黄公望，在构图上又颇受董其昌的影响，但用笔干枯，看上去一片荒凉气象。花鸟在沈周、陈淳、徐渭水墨花鸟画的基础上，树立更加特殊的风格，简单奇异，不落俗套，而用笔用墨，于豪放中有温雅，于单纯中有含蓄，能用极少笔墨表达极复杂的事物，与石涛书画有着异曲同工之妙。

《花鸟图》册，朱耷绘。

朱耷早期多画花卉、蔬果、松、梅等，比较精细工致，劲挺有力；中期喜画鱼鸟，草虫构图险绝，好作扁方斫削之势；晚期绘画艺术更趋成熟，造型极度夸张，构图简略奇突，用笔凝重清润，格调朴茂雄奇。他善于用书画表达自己的傲兀不群、愤世嫉俗的感情。画鸟只画一足，画眼则眼珠向上，所谓白眼看"青"天，以寓其内心不平之气。65岁所做的《牡丹孔雀图》，在站立不稳的尖石上蹲着2只孔雀，尾巴3根花翎，以影射清王朝贵族大臣的奴才相。68岁时的《杂画卷》，栖息岩隙的鹌鹑，屹立石巅的乌鸦，站在地面上的小鸟，均拱背缩颈，眼珠顶着眼圈，露出一副孤傲不屈的神情。72岁画的《河上花图》，荷叶、山石泼墨淋漓，笔意纵肆，烘托出画家虽近暮年，傲气依在的民族气节。

朱耷是一位很有名望的书画家。当时直接从师受教的有牛石慧、万个等人。牛石慧是朱耷的弟弟，也是明弋阳王之孙，出家南昌青云谱为道士，所画山水花鸟，酷似朱耷。落款署名"牛石慧"也常是狂草连缀，细看起来像是"生不拜君"四字，借以表达对大清王朝的愤慨不满。

朱耷的山水花鸟画对后世中国画坛影响巨大。清代著名画家如华岩、扬州八怪、赵之谦等人大都是步其后尘，近现代的齐白石、张大千等人更是继承朱耷等古代山水画的优良传统，并进一步发扬光大。

相声形成于乾隆年前

相声大约于乾隆年间(18世纪中叶)形成。它最初流行于北京、天津地区，20世纪30年代，相声演员开始到南方演出。在相声形成的过程中，广泛地从口技、莲花落、把式(武术)、戏法儿、说书等艺术中汲取营养，融汇其他艺术的长处，丰富了相声的表演艺术。相声的特点是寓庄于谐，即运用轻松诙谐的形式表现严肃的主题。它的特殊表现手段"包袱儿"，是根据促使人们发笑的心理作用和艺术手法而组织起来的笑料。

相声表演方式分单口(一人独说)、对口(二人合说，一为逗哏、一为捧哏)、群活(三人合说，也有三人以上合说的)。

一段相声通常由以下部分组成："垫话儿""瓢把儿""活""底"。这大致与文章的引子、过渡、正文和结尾相当。垫话儿的作用是在撂地演出时招徕和等待观众，或在剧场中吸引和集中观众注意力。于是"瓢把儿"成了"引子"。"活"是一段相声的主要内容，"底"是用以结束全段表演的"包袱儿"。

对现代相声的发展和趋于成熟有重要贡献并起到承前启后作用的艺人，有清末民初的马麻子、朱绍文（艺名“穷不怕”）和继起的李德锡（艺名“万人迷”）、焦德海、张寿臣等人。

郑板桥画墨竹

郑燮（1693～1765），字克柔，号板桥、理庵，江苏兴化人，扬州八怪之一。他曾经任山东范县、潍县知县，颇有政声。在潍县遇到连年灾荒时，他打开官仓，赈济灾民，他在送给山东巡抚的《风竹图》上题诗说：“衙斋卧听萧萧竹，疑是民间疾苦声，些小吾曹州县吏，一枝一叶总关情。”但却因此事得罪乡绅，横遭诬陷，于是愤而辞官，回到扬州过着他那“二十年前旧板桥”的卖画生活。

郑板桥绘画主要以兰竹石为对象，其次是松、菊、梅，其中墨竹画得最为出色。尽管他表白自己“无所师承”，画竹学文同、苏轼、徐渭、高其佩、石涛、禹之鼎、尚渔庄。他不仅学习古人和今人，更重视向自然学习。他画竹、种竹、爱竹成癖，朝夕与竹相伴，他说：“非唯我看竹石，即竹石亦爱我也。”他的墨竹图，不论是新老之竹、风雨之竹，还是水乡之竹、山野之竹，都有独特的性格和生命。在章法则能以少胜多，重在意境创造；在笔墨上则“忽焉而淡，忽焉而浓”，浓淡相宜，干湿并兼；他笔下的竹，往往是竹竿瘦而挺，富有弹性，枝叶颇简，称“减枝减叶法”，以突出竹子的“劲节”，叶子又肥，以加强竹子的青翠感。郑燮之竹以意取胜，竹叶往往似桃、柳之叶，但却能神完气足，意境幽远，令人观之忘俗。

板桥画石强调骨法用笔，以白描手法，寥寥数笔，勾出坚硬的山石轮廓，稍做横皴，不施渲染，一般是“石不点苔，惧其浊吾画气”。他画兰则多写山中之兰，取其“各适其天，各全其性”之意，兰叶常常画得肥而有劲。

郑板桥的兰竹石对后世影响很大。乾隆三十年（1765），郑板桥因病去世，享年72岁。

清代宫廷的珐琅工艺

珐琅工艺是金属工艺中的一种，由明代景泰蓝（掐丝珐琅）发展而来。清代宫廷内务府造办处设有金工作坊，工部也设有类似作坊，其中就有珐琅作坊，专门制作宫廷需要的精致华美的珐琅工艺品。

清代宫廷珐琅工艺继承明代景泰蓝传统，又有了进一步发展，到乾隆时期，珐琅工艺水平达到顶峰。珐琅工艺技术及珐琅釉色均有增多，创烧出粉红、翠绿、黑等新色，使珐琅色彩更加丰富多样；铜胎制作厚重，镀金光亮，釉面光滑，没有沙眼气泡，质量上乘；此外珐琅工艺应用器形范围扩大，大到家具、佛塔，小到鼻烟壶、文房用具，都可用珐琅制作。

清代珐琅工艺的杰出成就是引进西方珐琅技术并加以改造，采用中国传统青铜器、瓷器、漆器的器形与纹样,创烧出中国自己独特的画珐琅与錾胎珐琅。由这两种工艺制作的工艺品器形厚重端庄,纹样精致典雅,色彩含蓄秀丽,具有浓厚的民族特色。

画珐琅,即铜胎画珐琅,又叫“烧瓷”。其制作常采用锦地开光的形式,也就是在铜胎上涂满仿锦缎的纹样,作为底色,经烧制后再在“锦地”底色上画花纹装饰,称为“开光”。开光绘画有山水、花鸟、人物等,与清宫粉彩情况相似,随时代风尚而不断改变,康熙时多为色地花卉,雍正时多仿中国传统工笔重彩画,乾隆时仿西洋画,多画西洋风景人物。画珐琅一般有两大类,一类为装饰品,多为家具,钟表的嵌件,一类为实用品,如瓶、盘、碗、罐、盒、香炉、鼻烟壶等。

錾胎珐琅制作与画珐琅不同,先要在金属胎上锤打、錾刻,做出浮雕纹样,然后填充珐琅釉料,最后焙烧、磨光、镀金。乾隆时錾胎珐琅器形多仿古铜器,纹样凸起,珐琅内点,焙烧后如同宝石镶嵌一般。又有一种仅在金属胎上錾刻花纹,表面平滑光亮,珐琅半透明,金属胎上花纹隐约可见,非常含蓄。

乾隆后期珐琅工艺到处滥用,导致珐琅工艺整体水平下降。后来随着宫廷工艺的衰落,清宫珐琅工艺也传入民间,产地有北京与广州。产品主要是铜胎掐丝珐琅(景泰蓝)和铜胎珐琅(烧瓷),大多出口海外。

扬州八怪

清代中叶,扬州一带有一批书画家,书画风格独异,时称扬州画派。其中以罗聘、李方膺、李鲜、金农、黄慎、郑燮、高翔和汪士慎八人为代表,被人统称为“扬州八怪”。

扬州八怪是一群在理想上不甘人下而在现实中却又落拓失意的中下层知识分子。他们多以寄情笔墨描写梅、兰、竹、松、石,表现其清高、孤傲、脱俗,并运用象征、比拟、隐喻等手法,赋予作品深刻的社会内容和独特的思想表现形式。同时,扬州八怪对人民的疾苦,官场的腐败,富商的巧取豪夺,感受最深。加之自身的不平际遭,往往借作品表现出来,因而其作品较少士大夫的精细,而多不同流俗的狂野;在笔墨上,则不受成法的约束,直抒胸臆。

《鲇鱼图》轴,李方膺绘。

扬州八怪发展了中国传统水墨写意画的技巧和意境,尤其在思想上有重大的突破,在历代画坛上独树一帜。

罗聘(1733~1799),字遯夫,号两峰,别号花之寺僧。安徽歙县人。后迁扬州定居。家贫,幼年丧父,跟随金农学画。布衣终身。罗聘的画题材广泛,笔法凝重,而思致渊雅常借物抒怀,讽时喻世。所画人物、肖像、山水、花卉等均有很高的造诣。代表作还有《冬心先生蕉荫午睡图》《药根和尚像》《墨梅图》等。著作有《香叶草堂诗集》。

李方膺(1695~1755),字虬仲,号晴江,别号秋池、抑园。江苏通州(今属南通市)人。曾任知县、知州、县令等。乾隆十六年(1751)被人诬告罢官。与李鱓、金农、郑燮等时相往来,而画风也互为影响。主张师法自然,独创门户。自谓"庭前老树是吾师"。绘画不守矩度,尤少大幅。擅长梅、兰、竹、菊、松树及诸小品等。常以诗补隙,古趣盎然。酷爱梅花。所画梅花笔法苍劲老厚,剪裁极其简洁,表现出一种宁折不弯的倔强性格。画竹则重写意,不拘形似。代表作还有《梅花图》《墨竹图》等。著作有《梅花楼诗钞》。

《采菱图》,金农绘。

李鱓(1682~?),字宗扬,号复堂,别号懊道人、墨磨人。江苏兴化人。康熙五十年(1711)中举,因善画而随侍内廷,为画供奉;不久即遭忌离去。继任山东滕县知县,又因触犯上司被罢官,流落扬州,以卖画为生。始终追求独立的人格和个性的表现,画风在不断探索中经过数次变化。早期曾随蒋廷锡、高其佩学画;笔法严谨,合于法度。后受石涛作品的影响,以破笔泼墨作画,风格变得大胆泼辣不拘墨绳,而感情充沛,天趣盎然。喜在画幅上长题满跋,于质实中见空灵,使画面气韵淋漓酣畅。画风被清末批评家指为有"霸悍之气","失之于犷"等,最受攻击。代表作有《土墙蝶花图》等。

金农(1687~1764),字寿门,号冬心,别号稽留山民等。浙江仁和(今属杭州市)人。善画梅、兰、竹及人物、佛像、山水、马等。反对泥古不化,陈陈相因。绘画笔墨奇古,构思奇特,构图别致,笔法古拙,令人玩味。画中多诗,书合一。著作有《画竹题记》《画梅题记》《冬心集》《砚铭》《印跋》等。

黄慎(1687~1768)字恭寿、恭懋,号瘿瓢子,别号东海布衣。福建宁化人。家境贫寒,少年丧父。后寄居扬州,学画以谋生计。与郑燮、李鱓往来友善。人物、花鸟、山水、楼台、虫鱼等,无所不能。早年用笔工细,中年以后运用狂草,形成"初视如草稿,寥寥数笔,形模难辨,及离丈余视之,则精神骨力出"的粗犷画风。人物画最具特色,多取材民间,如《丝纶图》《群乞图》《渔父图》等。

汪士慎(?~1759),字近人,号巢林。安徽歙县人,寓居扬州。清贫困顿,工诗书画,尤以画梅花、水仙见长。所画梅花,千花万蕊,管领冷香,俨然灞桥风雪中。晚年双目失明,以手摸索写字作画,亦奇绝。

高翔(1688~1753),字凤冈,号犀堂、西塘,别号山林外臣,扬州人。布衣终身。与石涛友善。以山水画闻名。其山水画师法弘仁之意趣,简淡和石涛之纵恣苍莽,而加以创新,形成清奇高古的风格。代表作有《樊川水榭图》《弹子阁图》等。著作有《西塘诗钞》。

四大徽班进京

徽班，是以安徽籍（特别是安庆地区）艺人为主，兼唱二簧、昆曲、梆子、啰啰腔等腔的戏曲班社，开始多活动于皖、赣、江、浙诸省，尤其在扬州地区，更以“安庆色艺最优”。清乾隆五十五年（1790），扬州“三庆”徽班被征调进京，为高宗弘历祝寿，成了徽班进京的开始。此后，四喜、启秀、霓翠、和春、春台等徽班相继进京。六徽班在不断地演出中，逐渐合并成三庆、四喜、春台、和春四大徽班。

当时，正是地方戏曲勃兴的时期，不少新兴的地方剧种已先流入北京。如高腔（时称京腔）和秦腔。徽班特别吸收了秦腔在剧目、声腔、表演方面的精华，又合京、秦二腔。四大徽班在适应北京观众多方面的需求和发挥各班演员的特长的同时，逐渐形成了各自不同的风格：三庆擅长连演整本大戏；四喜擅长演唱昆曲，和春擅于演武戏，春台以童伶戏见长。所以有“三庆的轴子，四喜的曲子，和春的戏子，春台的孩子”之说，出现了四徽班各擅胜场的局面。清嘉庆、道光年间，汉调（楚调）艺人进京参加徽班演出。徽班又兼习楚调之长，为汇合二簧、西皮、昆、秦诸腔向京剧衍变奠定了基础。

四大徽班进京被视为京剧诞生的前奏，在京剧发展史上具有重大意义。

江南四大名绣

顾绣《西湖图册》之“柳浪闻莺”

清代民间染织业空前发展，刺绣也很发达，宫廷、民间以及边远少数民族刺绣全面发展，三者互相影响，互相竞争，既自成体系，又各有千秋。产品除民间自用外，还作商品出售，清代后还大量出口外国。刺绣的商品化大大推动了各地民间刺绣的大发展，尤以江南民间刺绣水平发展最快，出现了苏绣、湘绣、蜀绣、粤绣等“四大名绣”。

苏绣是指江苏地区以苏州为中心的刺绣。宋元时苏州已有作坊集中的“绣线巷”，明末出现顾绣，清代更称苏州为“绣市”，并且设苏州织造局。苏绣制品由于使用要求不同，大体上形成两种不同的风格的刺绣品种，一类主要是欣赏品，多以名画为稿本，做工精细，多出自名门闺媛之手，又称“闺阁绣”。一类主要为日用品，多出于民间作坊与农村妇女之手，题材多为花鸟蝶鱼，寓意吉祥如意。此类日用品又有服饰品、床上用品与佩饰品三种。苏绣特点是典雅秀丽，绣工精细。苏绣针法很多，有套针、抢针、打子、拉梭子、盘金等，尤以套针为主，绣线套接不露针迹。常用三四种深浅不同的同类色或邻近色相配,套绣出晕染自如的色彩效果。花纹边缘留有水路,针脚整齐,绣面厚密微突,有薄浮雕之感。纹样富于装饰味,构图紧密。此外清代苏绣还出现了双面绣,能在一次刺绣过程中使绣品具有两面完美的刺绣效果,更是刺绣中的珍品。

粤绣包括广绣和潮绣。据说唐代已有,明代中后期已形成独特风格。清代粤绣制品主要有实用品与装饰品两种,又因为用料不同,又分为绒绣、线绣、钉金绣、金绒绣等四种类型,其中尤以加衬垫的钉金绣最著名。其特点是:多用马尾毛、孔雀羽刺绣,配色讲求明快华美艳丽,并喜用金线作轮廓线,花纹繁茂,色彩富丽,金碧辉煌,充满热闹欢快的气氛;常采用百鸟朝凤、海产鱼虾以及佛手瓜果一类题材,具有浓厚的地方特色。最主要的针法为擞和针、套针和拖毛针。绣工与其他地区不同,多为男工。清代中期后,粤绣大量出口。光绪二十六年(1900),经广州海关出口的粤绣价值高达496750两白银。为适应海外要求,粤绣由写意转向写实,用色讲求明暗效果,出现异国风味。

顾绣《西湖图册》之“双峰插云”

蜀绣是以四川成都为中心的一种刺绣。其历史悠久,汉末三国时就与蜀锦并称,五代两宋进一步成熟,清代中后期形成体系。其特色是采用本地软缎彩线,厚重鲜丽;用针工整,平齐光亮,丝路清楚,花纹边缘针脚如刀切般整齐。产品多以生活用品为主,也有部分装饰品,多表现花草鸟鱼,如平沙落雁、黄莺翠柳、玉猫千秋、芙蓉鲤鱼等,富于诗情画意,又自然淳朴,具有民间特色。

湘绣是指湖南地区以长沙为中心的刺绣。早在汉代(1972年长沙马王堆汉墓出土刺绣)就已出现,清代后期形成独具风格的刺绣体系。其特点是擅长表现走兽,富于写实,追求刻画形象的逼真,具有浓厚的生活气息;劈丝细若毫发,且经荚仁液蒸发处理,不起毛;针法以参针为最有特色,可点染阴阳浓淡,形成色彩渐变效果,还可表现物象的立体感;配色以深浅灰及黑白为主,素淡雅致。产品以画绣欣赏品为主,也有日用装饰品。

清代民间刺绣除了江南四大名绣,北方还有京绣、汴绣(河南开封)、鲁绣(山东)等,多富于北方地方特色与艺术情调。

清代景德镇陶瓷

清政府众多的御窑厂中,以景德镇御窑规模最大,清宫廷所使用的瓷器大多来自景德镇,集中体现了清代陶瓷工艺水平。因此景德镇实际上已成为清代宫廷陶瓷生产中心。

清代景德镇陶瓷工艺水平在明代的基础上又有了进一步的发展,不仅造型品种有所增加,而且在烧制技术上有所改进,有所创新,主要成就表现在釉上彩、单色釉、青花等瓷器的生产上。

康熙年间的五彩龙凤纹盖缺罐

釉上彩是在烧成的陶瓷上进行敷色彩绘，然后置于窑中低温烧烤而成的一种瓷器。中国釉上彩始于宋代红绿彩。清代轴上彩除了继承发展明代的五彩、斗彩、单彩、素三彩之外，还创烧出了新的轴上彩——粉彩。

清代五彩陶瓷色彩种类有所增加，以康熙时的最精彩。又称“古彩”或“硬彩”。所谓“古彩”是指继承明代传统技法而言，其画风古朴刚劲，豪放浑厚。所谓“硬彩”，是相对于雍正时烧制的粉彩而言，因其敷色单纯浓重，烧成后色彩晶莹明亮，有一种坚硬的感觉。

斗彩是指在釉下青花轮廓内填釉上彩，使釉上、釉下相斗。清代斗彩瓷器比明斗彩色彩更丰富，康熙时在青花轮廓里填五彩，雍正时填粉彩，乾隆时还能分出深浅层次，且多为图案化处理。在装饰题材风格上，明斗彩多画人物花鸟，用笔潇洒、清淡典雅，而清斗彩多画花草、吉祥图案，色彩浓厚富丽，描绘精致。

粉彩的出现是瓷绘画法上的一大进步。粉彩，也叫珐琅彩，又叫瓷胎画珐琅，因在瓷胎上模仿当时新兴的铜胎画珐琅而得名。其制作程序是先在素烧瓷胎上用一种不透明的玻璃粉打底，再在白粉上涂色渲染，而后再用双勾画法勾勒缠枝花草纹样，染出明暗浓淡。由于这层白粉的衬托，烧成后的彩绘不像五彩那样浓艳强烈，而给人一种柔和淡雅的感觉，故也有“软彩”之称。雍正以后，粉彩的烧制更加成熟、普遍，并开始代替五彩，成为清代釉上彩的一个重要品种。

清代单色瓷器生产技术在明代基础上继续发展，除了原来明代已有的原色釉外，又创造出多种中性间色釉，大大丰富了中国陶瓷生产中的颜色釉。

青花瓷器在清代陶瓷生产中继续保持主流地位，制作技术又有所改进，尤以康熙朝青花最有特色。它采用云南的珠明料烧制，彩绘用色更为成熟细致，有深浅变化，层次丰富，色调鲜蓝青翠而不火气，明艳清朗而不俗气。后雍正、乾隆宫廷青花多不如康熙朝青花。

景德镇陶瓷以御窑厂为制瓷中心，御窑厂的工艺技术、艺术风格对景德镇民窑及全国的陶瓷制作均有较大影响。

天津杨柳青年画

杨柳青镇位于天津城西，古称“柳口”，地处运河、子牙河、大清河沿岸，水陆交通便利，市肆林立。这里是北方木版年画的重要发源地。

杨柳青年画始创于明代，最早的画铺有戴廉增和齐健隆两家，后来逐渐发展扩大为廉增、美丽、廉增丽、健隆、患隆、健惠隆六家，甚至扩展到北京、绥远等地。较大的作坊，一家能有 50 多个画案，200 多名工人，每年印制年画 100 万张以上。至清代中晚期，杨柳青及其周围30多个村庄都从事年画的生产,以至于“家家都会点染,户户皆善丹青”;产品行销北方各省以及东北、内蒙古、新疆等地,成为北方年画的主要产地。

杨柳青年画题材范围较广,包括风俗、历史故事、戏曲人物、财神、娃娃、美人、花卉、山水、神码、楼阁、走兽、博古以及十样锦、吉祥富贵图样等,其中大多数题材都是北方人民所喜闻乐见的,这是杨柳青年画之所以大受欢迎的主要原因之一。

晚清天津杨柳青年画《双美图》

杨柳青年画制作精细,分画、刻、印、描开脸等多种工序,以线刻单色版加人工刷色为制作特征,其风格受北方版画和清代院体画的影响;用线精细纤巧,柔丽妩媚,用色追求沉着协调而色彩秾丽的强烈对比效果,与清代丝织刺绣等的用色有一定联系。

因时尚的变迁,杨柳青年画在题材与风格方面在不同时期各有变化。清代乾隆、嘉庆年间,是杨柳青年画最兴盛的时期,由于社会安定、经济繁荣,年画题材以历史、戏曲题材为主,场面热闹,绘制细致,设色雅丽。鸦片战争后,国势渐衰,国难危殆,社会思想动荡活跃,除了表现民众美好理想的题材,如发财致富、五谷丰登、山河壮美、除暴安良等以外,反映时事的作品不断出现。如讥讽慈禧的《回銮图》、赞扬人民起来反抗的《京师女子学堂》,还有表现中国人民反帝斗争的年画,如反映1870年天津教案的《火烧望海楼》等。太平军进驻天津时期,杨柳青年画则以花鸟山水为题,绘制清隽。清末,上海画家钱慧安来杨柳青绘稿,初期追求文雅,多拟典故与前人诗句,赋彩淡匀,代表了文人画题材、作风,后期渐转向世俗化。钱氏对杨柳青年画改进产生了一定影响。清代末年,杨柳青年画尚有一定规模,但已日趋衰落。

杨柳青年画行销于北方各省,其线刻精工细腻,染色强烈鲜丽的风格对河北武强年画、山东杨家埠、高密及陕西凤翔等地的年画创作产生了极大的影响。

清代园林建筑艺术

清代是中国园林的最后兴盛时期,此期的园林建筑艺术显露出地方特色,形成北方、江南和岭南三大体系。

北方园林以北京最为集中,除皇家宛囿外,城内颇具规模的宅园达150处之多,园林建筑呈现厚重朴实刚健之美,具有浑朴、凝重、粗放的艺术特色。江南园林集中在扬州、苏州、南京、杭州等地，宅园建筑轻盈空透，空间层次变化多样，建筑色彩崇尚淡雅，粉墙青瓦，赭色木构，有水墨渲染的清新格调，独具婉约、柔媚、通透的艺术风貌。岭南园林以广州附近东莞、番禺、佛山等地的园林为代表，还包括福建、台湾的宅园。因受气候影响，岭南园林更加通透开敞，同时吸收西方规整式园林的风格，水体和装修多呈几何形式；建筑密度高，姿态丰富，体型呈向空间发展，以幽奥、丰富、装饰性强的风格见称。

北京颐和园昆明湖的玉带桥

在建筑艺术方面，清代的造园技艺已经达到炉火纯青的地步，创造了许多空间——环境处理方面的巧妙手法：小园有一套小中见大、以少胜多、逐步展开、引人入胜、步移景异、余意不尽的手法；大面积苑囿则有另一套依山就水、巧于因借、园中有园、模仿名胜、主次相成、对比变化等手法。园林建筑形成了空间通透、格局多变、造型轻巧、平面自由等特色，还创造了其他建筑无法与之比拟的漏窗、门洞、窗洞、花街铺地等式样。叠山艺术方面也形成以土为主和以石为主两种风格。

清代园林富于意境之美，同山水诗画有着共同的艺术目标。它往往采用提炼概括和写仿寓意等手法，集自然美景于有限的空间，形成咫尺山林。清代园林在模仿自然的基础上，呈现丰富多彩的园林意境，主要有海岛仙山、田园村舍、诗情画意、各地名胜等。海岛仙山以大池为中心，象征东海，池中堆土或叠石为岛，象征传说中的海上仙山，圆明园中的“蓬岛瑶台”、杭州西湖的“小瀛洲”、苏州拙政园的“小蓬莱”等都采用东海仙岛的构想。田园村舍的意境构想也被清代帝苑吸收，如圆明园就有“牧童牛背村笛”的田园风光，还有“映水兰香”“多稼如云”“杏花春馆”等景点，构成一片水乡村景。清代园林以各种点景题额、楹联、书画及叙园景的诗篇、画幅而富有诗情画意，也常吸取诗意、画意作为造景的依据。如圆明园“夹镜鸣琴”一景即取李白“两水夹明镜”诗意而造。清代园林还写仿各地名山胜景，把各地名胜引入园中。如圆明园移植了杭州西湖柳浪闻莺、断桥残雪、平湖秋月等景点，清漪园则模仿西湖堤、岛布置方式。此外，清代园林还有曲水流觞、梵刹琳宇、街市酒肆等意境构思，尤其是寺观园林为清代帝苑提供了丰富的造景借鉴。清帝苑中常设佛寺，如承德避暑山庄有永祐寺、珠源寺、水月庵等建筑，圆明园有观音殿、舍卫城，颐和园有佛香阁。私家园林也设立佛堂。可见，清代园林意境内容丰富，形式不一，极具艺术创造性。

清代园林的全盛时期，皇家帝苑和私家园林竞相发展。清代帝苑代表了此期园林艺术的最高成就。与私家园林相比，帝苑构图严整、景点集中、装修华丽、规模巨大，显示出雍容华贵的皇家气派，以表现承天奉运、天子独尊的封建统治意图。御苑集江南私家园林及各地名山胜水景观于一园，南北造园艺术得到交流，提高了构思深度，也丰富了创作思路。清代私家宅园也达到宋明以来的最高水平，园林规划由住宅、园林分置逐渐向结合方向发展，提高了园林的生活享受职能。宅园用地宝贵，在划分景区和造景方面善用曲折,细腻的手法,空间不断变幻,开合、收放、明暗、大小、精粗等不断转换,表明对比统一构图规律在宅园造园艺术中已被纯熟运用。清代私家园林创造了丰富多彩的艺术形式,呈现出有别于皇家帝苑的民间风格。

清代还出现了我国第一部系统总结园林艺术和技术的理论专著——《园治》。这本书在较高层次上总结了历代造园实践的经验,形成了系统的学说,是一部划时代的巨著。

从总体来看,清代园林堪称中国古典园林发展的一个高峰。清代造园艺术对其他少数民族的建筑也有一定影响,西藏的罗布林卡即模仿汉族离宫的样式建造,回族的住宅中也另辟园林式庭院,养花种草以改善居住环境。

西洋音乐进入中国

清代后期,随着教会音乐的传播和教会学校的建立,西洋音乐逐步进入中国。

教会音乐就是圣咏,即教堂的唱诗祷告,以及沿街布道时以风琴或其他乐器唱和的圣诗。所唱的诗大都是原文翻译,沿用原有圣咏曲调。自嘉庆十五年(1810)至光绪元年(1875)的60多年中,传教士在中国编印的书刊有1000多种,其中有很大部分便是圣咏书谱。为使中国人容易接受,有些传教士也曾以中国传统曲调填配圣咏和采用中西乐理对照的编写法出版圣咏书谱,如1872年出版的狄就烈的《圣诗谱》、1883年出版的李提摩太的《小诗谱》和《中西乐法撮要》等。

为了系统培养掌握西方文化和音乐的人才,教会便在所创办的学校中,开设传授西洋音乐的课程,如上海的“汇文”“慕真”“育英”“贝满”“崇实”“崇德”等教会学校,均设有音乐课程。1849年由法国天主教耶稣会创办的徐汇公学,除设有多种音乐课程外,还组建了一支由学生参加的西洋管弦乐队,该乐队曾演奏过海顿的交响曲。1892年,美国监理会教士林乐知创办中西女中,“教授西洋音乐”便是其办学四条宗旨之一;三门选课中,音乐是其中一门,并以钢琴为主,包括声乐或弦乐器,而约有1/3的学生选学钢琴。且至少要12年,才达到琴科毕业(包括小学)。该校经常举办演奏会以使学生得到锻炼,每年还向全市举行一次公开的大型演奏会。这一时期,传入中国的西洋音乐,除圣咏外,大多是一些西洋通俗歌曲、舞曲和“沙龙音乐”。

清中后期仕女画兴盛

清朝中后期的人物肖像画主要是仕女图。其中有以古时才女佳话为题材的,也有描写神女仙姑或古今美女等,不一而足。画中仕女都纤瘦柔弱,削肩长颈,垂目低颐,有病态美,符合当时士大夫的审美趣味。画中仕女的情态冷漠伤感,有“愁”“怨”“悲”“凄”“慵”“冷”等多种情态。

道咸间出现了一些有成就的仕女画家,最出名的当数改琦和费丹旭,二人并称“改费”。

改琦(1774~1829),字伯蕴,号香白,又号七芗,别号玉壶外史。回族人,其先祖为新疆人,后迁居松江。改琦工于填词,“工山水、人物,有声苏、松间”。特别长于仕女画,以此名闻于海内。他笔下的仕女,形象纤弱,运笔轻柔,设色清雅。在刻画人物心理状态和经营景物方面极有特点。他创作的《红楼梦图》,共有100多个人物,基本上是一人一图,选择人们最为熟悉的情节,如《宝钗扑蝶》《晴雯补裘》等,形象绢秀,线条流畅,但大多数人物失之造型雷同,缺乏个性。存世画迹除了《红楼梦图》外,还有《元机诗意图》轴、《执扇仕女图》轴、《文姬归汉图》扇面等等。

费丹旭(1801~1850),字子苕,号晓楼,浙江乌程(吴兴)人。他年幼时已经工于画美人,年长之后,更加精绝。他是继改琦之后画仕女而名动江左的又一人。主要宗法于崔子忠和华岩,但形成了自己的风格。他的画形象清秀,用笔飘逸,设色轻淡;又长于写真,能以形写神;所画之仕女形象大多秀美颀长,体态婀娜,反映了当时的审美趣味。存世的仕女画代表作有《十二金钗图册》《秋风纨扇图》轴等。他的儿子费以耕也擅长画仕女图。

京剧形成于北京

清同治、光绪年间,京剧形成于北京。京剧的前身是徽剧,通称皮簧戏。徽剧进京后,吸收其他地方戏的优点,在艺术形式上进行革新,形成一个崭新的剧种——京剧。京剧在近百年间遍及全国,成为中国影响最大、最有代表性的戏曲剧种。

故宫重华宫漱芳斋室内小戏台(风雅存)

京剧由皮簧戏演变而来,大致经历了两次合流:秦徽合流与徽汉合流。乾隆年间,徽班进京,以唱二簧调为主,兼唱昆腔、吹腔等各个腔调,很快压倒秦腔。秦腔班的演员有些加入徽班,形成徽、秦两腔合作的局面。徽班在徽调的基础上吸收京秦两腔,在京师取得了主导地位。作为一个剧种的二簧调开始取代昆曲,独尊剧坛,风行一时,成为京剧形成的最早萌芽。道光年间,湖北演员王洪贵、李六、余三胜等入京,使湖北的西皮调与安徽的二簧调第二次合流。湖北的西皮调与北京的二簧调结合以后,经过一段时间的发展,京师梨园出现一番新的气象,领班的主要演员的行当有了改变,其主要演员由旦角变为生角,演出的剧目改以老生为主,且都是唱功戏和唱做并重的戏。名重一时的“同光十三绝”皆为同治至光绪初期活跃在舞台上和观众心目中的各行名角。光绪、宣统年间,北京皮簧班到上海演出,以悦耳动听的京调取胜安徽皮簧班,人称“京戏”。“京戏”一名,遂由上海传至北京。

在改革皮簧戏,由皮簧戏过渡到京剧的过程中,起了重要作用的演员有程长庚、张二奎、余三胜,被人们赞为“三鼎甲”“老生三杰”。程以声情并茂取胜,张以直率奔放独树一帜,余则以曲调优美深受欢迎。三人在唱念上各带乡音,形成徽(程)、京(张)、汉(余)

三大流派。对皮簧戏进行全面改革的人物首推谭鑫培和王瑶卿。谭鑫培对皮簧戏的最大影响,在于他统一了当时舞台上所使用的字音。光绪中叶,他采用以湖广音夹京音读中州韵的方法,形成一种念法,以后逐步予以规范化,成为京剧字音的标准。王瑶卿的贡献在于他为京剧旦角的表演方法开辟了新的道路。他把青衣、花旦、刀马旦、闺门旦的各种表演艺术糅在一起,大大丰富了旦角的表演艺术。京剧四大名旦都经他亲自传授,通过他的后辈演员,京剧艺术形成百花齐放的大好局面。

京剧的艺术特点从其剧目、声韵、场面、行当、装扮几个方面体现出来。京剧的剧目非常丰富,不但有二簧、西皮、吹腔、四平调、拨子等属于二簧系统的剧目,还有昆腔、高腔、秦腔、罗罗腔、柳枝腔、银纽丝调以及民间小调等声腔的剧目。京剧的声韵采用以湖广音为基础读中州韵,现代京剧有逐渐向普通话音靠拢的趋势。京剧的场面按乐器的性能,分为文场和武场。文场中有弦乐器胡琴、京二胡;弹拨乐器乐琴、弦子;吹管乐器笛子、唢呐、海笛和笙。武场以鼓板为主,大锣、小锣次之,合文场的胡琴、月琴、三弦,称六场通透。京剧的行当分为生、旦、净、末、丑、副、外、武、杂、流十行。各个行当都有一套表演程式,在唱念做打的技艺上各具特色。京剧的装扮很有特色。京剧服装援皮簧班四箱的旧例发展为六箱,文服蟒、帔、官衣等入大衣箱;武服大靠、箭衣等入二衣箱;彩裤、水衣等入三衣箱;巾帽、髯口、翎尾入盔头箱;刀枪把子入把子箱;旗帜、帐帔等入旗包箱。京剧服装式样和色彩均丰富多彩。京剧的脸谱是历代艺人长期以来创造的一种富有装饰性和夸张性的人物造型艺术,它以各种鲜明对比的色彩和各具规则的图案,显示人物的性格。色彩斑斓的京剧脸谱已成为中国戏曲的象征。

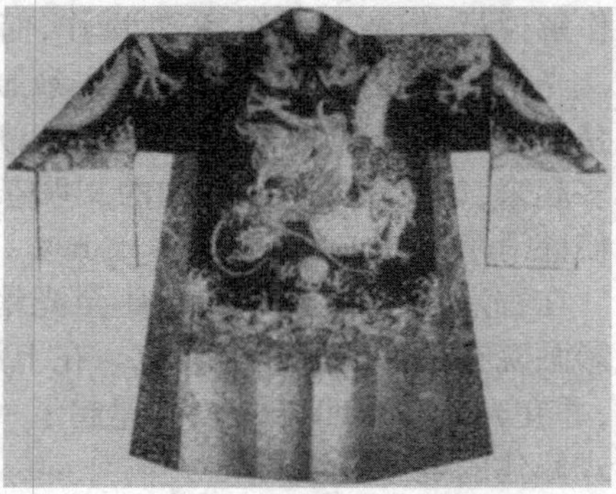
大龙蟒

京剧舞台艺术在文学、表演、音乐、唱腔、锣鼓、化妆、脸谱各方面,构成了一套相互制约、相得益彰的格律化和规范化的程式。京剧表演要求精致细腻,唱腔上要求悠扬委婉、声情并茂;武戏也不以火爆勇猛取胜,宫廷气息比较浓重,纯朴、粗犷的风格相对减弱。它的表演艺术趋于虚实结合的表现手法,最大限度地超脱了舞台空间和时间的限制,表现生活的领域宽,塑造的人物也多,创造舞台形象的艺术手段也更丰富。

京剧形成之初便进入宫廷,在皇室的提倡下得到迅速发展。京剧艺术在历代名家的努力下更臻完美,形成了不同于地方剧种的艺术特色。近百年来,京剧遍及全国,成为中国最有影响的戏曲剧种。

电影艺术传入中国

清光绪二十二年(1896)八月十一日,上海徐园内的"又一村"放映了"西洋影戏",这是中国第一次电影放映。

光绪二十三年(1897)七月,美国电影放映商雍松来到上海,先后在天华茶园、奇园、同庆茶园等处放映电影。光绪二十五年(1899),西班牙商人加伦百克来上海放映电影。光绪二十八年(1902),北京也开始放映电影。当时,有一个外国人携带影片、放映机及发电机来到北京,在前门打磨厂租借福寿堂映演。影片内容多为“美人首旋转微笑,或着花衣作蝴蝶舞”以及“黑人吃西瓜”“脚踏赛跑车”等。次年,中国商人林祝三从欧美携带影片、放映机等返国,也在打磨厂借天乐茶园放映。这是中国人自运外国影片在国内放映的开始。

光绪三十年(1904),慈禧太后70寿辰时,英国驻北京公使曾进献放映机一架和影片数套祝寿。影片在宫内上映时,放映了3本,发电机就发生炸裂,慈禧认为不吉利,清宫内从此不准放映电影。光绪三十一年,清政府派五大臣出国考察,五大臣之一的端方在回国时也曾带回放映机一架,并在次年宴请载泽时,“演电影自娱”,还令通判何朝桦在旁边作解说员,但演至中途,猝然爆炸,何朝桦等人均被炸死。

光绪三十一年(1905),北京丰泰照相馆拍摄了中国最早的一部戏曲片《定军山》。这也是中国人自己摄制的第一部影片。光绪三十二年(1906)以后,北京城内电影放映就逐渐多起来,如北京西单市场内的文明茶园和大栅栏的庆乐茶园,便开始放映有故事情节的侦探滑稽短片。

在香港,大约在光绪三十年至光绪三十一年(1904~1905)间,第一家电影院——比照影画院在中环的云咸街建成。在上海,意大利商人A·雷玛斯经营电影放映,赢利颇丰,并在光绪三十四年(1908)建起了一座可容纳250人的虹口大戏院,这是上海第一家正式修建的电影院。

此后,电影放映在中国,就逐渐遍于南北、深入内地了。电影艺术也进一步为国人所接受和得到发展。

王国维著《人间词话》

王国维是近代思想家,也是著名的学者和词人,在史学、美学、文学方面都有很深的造诣。1908年发表的《人间词话》是他文学批评的代表作,具有广泛的影响。

王国维是中国近代美学的开创者之一。《人间词话》虽为论词而作,但涉及面很广,融汇了中国古典文论和西方哲学、美学,建立起一套文艺理论体系。在这本书中,王国维探求了历代词人的创作得失,在此基础之上,结合本身的艺术创作及鉴赏的经验,提出了“境界”说。所谓“境”是对自然人生之事实的描写,“意”即对这种事实的主观态度,“境界”是“意”与“境”的统一共名。境界不仅指景物、喜、怒、哀、乐,也是人心中的境界,所以能写“真景物真感情”的作品就有境界。有境界的作品形象鲜明,富有感染力。他认为艺术创作的根本要求是合乎自然,他崇尚真实,反对矫揉造作。围绕境界这一中心,他进一步论述了“写境”与“造境”“有我之境”与“无我之境”、景语和情语、“隔与不隔”等内容,对一些文艺创作中的基本问题作了精辟的分析,见解独到。该书不仅继承了中国古代的文学批评思想,也吸收了近代西方美学的观点,从而突破了清代词坛的门户之见,独树一帜。

青年时代的王国维

此外，王国维在中国古典小说、诗词和戏曲研究方面都卓有贡献。除《人间词话》外，他还著有《红楼梦评论》《宋元戏曲考》两部巨作，代表了他在中国古典小说和戏曲研究方面的成就。《红楼梦评论》第一次对《红楼梦》的精神和美学价值作了较系统的探索和评价，批评了旧红学派的“影射”说和“自传”说。他认为文学艺术作品所描写的不是个人的性质，而是全人类的性质，因为文艺作品崇尚具体，所以将全人类的性质放在个人的名下。这种思想已经包含了典型化和文学的形象化的特质，是红学研究的一大突破，影响了新红学派。《宋元戏曲考》是王国维戏曲研究方面的一部总结性著作。在这部著作中，他对历来认为文格卑俗的戏曲做了高度的评价，对有关戏曲专题作了独到的分析，且进一步系统地论述了戏曲的形成和发展过程，对现存的元杂剧作品也做出了精辟的论断。这部书既有开创性，又有权威性。

王国维在诗词创作方面也颇有成就，他的词讲究意境，锤炼字句，有独自的风格。其词作有《观堂长短句》《苕华词》。王国维是近代学术界最早把乾嘉朴学的治学传统和西方近代治学方法融会贯通，从事创造性研究工作的代表人物之一。他在哲学、美学、文学、史学、文字学等各个领域的研究成果，都有承前启后的意义，是中国近代罕见的杰出学者。

李叔同创作歌曲

清代后期著名的学堂乐歌音乐家之一李叔同(1880~1942)，原名文涛，字叔同，别署甚多，原籍浙江平湖，生于天津。青少年时擅长书画篆刻，工诗词。1898 年入上海南洋公学，便接触了救亡图存的维新思想。1903 年又从沈心工处接受了乐歌和西洋音乐知识。随后不久，即编选出版了《国学唱歌集》，这是早期重要的歌曲集之一，集中选编具有爱国情绪的古典诗词和近代诗人的词入曲。

他根据日本留学生传唱的《大国民》改编的《祖国歌》，表现了他的爱国热情，且被广为传唱。1905 年，李叔同赴日本学习西洋绘画和音乐，也就在这一年，他自编了我国近代最早的音乐刊物《音乐小杂志》。1910 年回国后主要从事音乐、美术教育工作，并再次投入乐歌创作活动。

李叔同的乐歌作品，有选曲(用既有的词)、填词、作词、作曲 4 种方式，风格则有表现爱国热情的《大中华》《出军》《扬鞭》《婚姻祝辞》等以及风俗性和抒情性的独唱和小型合唱，后一种有的思想倾向较为消极。他的《送别》《西湖》等优秀作品，文辞秀丽、形象鲜明，富于意境，具有较完美的艺术性。他创作的3首作品，都具有含蓄、典雅的风格，如《春游》，刻画春回大地，人们怀着激动的心情游春的情景。旋律轻柔跳荡，严整和谐，完美地抒发了时代的感情，是近代创作中的优秀之作。

清初太极拳形成

清代初年，太极拳形成并逐渐发展成为清代的一大拳系。

太极拳的创始人是河南温县陈家沟陈氏第九世陈王廷。陈王廷是明末武庠生，清初文庠生。明亡后隐居乡里，自造拳术教授弟子儿孙，以后陈家沟人不学外来拳法。

陈氏拳法最早的套路有太祖下南唐、长拳一百零八势，太极拳五路和炮捶两套，另有短打、擢手、摅手、三十六滚跌、金刚十八拿法等。以后陈家沟专演太极拳第一路和炮捶一路，其中陈氏太极拳第一路又演变出杨式太极拳及武氏太极拳。

太极拳的拳理以古代哲学中的太极说、阴阳说为基础，陈王廷著有《拳经总歌》，阐述太极拳的理法和技法，从中可以了解太极拳防身自卫、健体强身等价值。拳理与拳法相结合，使太极拳在清代迅速发展，成为中国最有代表性的武术派系，影响极为深远。

琉璃厂书店街形成

清康熙后期，琉璃厂书店街开始形成。

北京琉璃厂书店街又名琉璃厂文化街。此处原为元、明两代的官办琉璃窑厂，专为宫廷烧制琉璃瓦件，因此得名。康熙后期，北京的春节集市移至此处。一时百货云集，图书充栋，宝玩填街。很多书商纷纷移市此处，逐渐形成书店街。又因各省会馆多建于琉璃厂附近（宣武门外至前门一带），会馆里来往的官员、应考的举人和商贾以及很多住宅在这一带的汉官、文人，大多嗜书如命，更加促进了琉璃厂书市的发展。

乾隆三十八年（1773），北京开设四库全书馆。这些人因校阅、考典之需，归寓后经常到琉璃厂书肆寻访。江浙书商亦因有利可图，趋之若鹜。据记载当时已有书肆31家，其中五柳居、文萃堂最为有名。其他还有古玩店、文具店、碑帖书画店等。书店街贩书的规模在全国是最大的。如五柳居、文萃堂每年都整船整船地从苏州购书运进京师。许多书肆主人频繁来往于藏书家及达官贵人之门，收购与售卖各家古书。五柳居主人陶正祥，善于鉴别版本，所藏善本秘书是官僚学者竞相收购的目标。朱筠曾推荐其为四库馆搜访异本秘书。

书店街除兜售图书外，还从事刻书事业。如五柳居刻印的《十三经注》、鉴古堂刻印的《辑宋诗抄》、文萃堂刻印的《新刻校正买卖蒙古同文杂字》等，字体工整，字形隽秀，显示出清代精湛的刻印技术。

琉璃厂书店街贩书刻书的繁荣，对京师民众文化生活和文化教育的发展，具有不可抹杀的功绩。清代中叶以后，琉璃厂从事刻版印书，较著名的坊有老二酉堂、三槐堂、聚珍堂、文有堂、文禄堂、修绠堂、富文堂、善成堂、正文斋、来董阁、邃雅斋、通学斋等。

鸦片战争和太平天国运动以后，琉璃厂古旧书业萧条。甲午战争后，废科举、兴新校、谈新学之风气日盛，新书业应运而生。只有厂桥东仍然是善本旧书集中之地。

北京琉璃厂书店街是在国内外具有较大影响的古旧书店街，对传播、交流、保存中国古代文化典籍有较大的作用和意义。

舞狮舞龙遍及全国

“龙舞”，是中华民族历史中最为悠久、最具代表性的民间舞蹈种类之一。不仅在汉族，在许多少数民族中也极盛行。清代“龙舞”的样式很多，在制作工艺和舞蹈表演方面，已发展到了相当高的水平。其表演遍及全国，逢年过节以及喜庆时都少不了舞龙，舞龙成为中国生活方式的一个组成部分。

清代的“龙舞”以“龙灯”的形式表演为多。这种“龙灯舞”表演起来，忽而像飞龙冲天腾跃而起，忽而如飞瀑直下伏地盘旋，鼓声隆隆犹雷鸣，光曳珠耀似闪电，气势磅礴，震撼人心。

舞龙活动在民间一直延续至今，图为湖南南岳地区百姓舞龙的场面。

“灯舞”又称“舞灯”，是历史悠久的汉族传统民间舞蹈。乾隆时人赵翼《檐曝杂记》卷一“烟火”条，记载了清官主办的一次盛大“灯舞”活动：“上元夕，西厂舞灯、放烟火最盛……楼前舞灯者三千列队焉，口唱《太平歌》，各执彩灯，循环进上，各依其缀兆，一转则三千人排成一‘太’字，再转成‘平’字，以次作‘万’字，‘岁’字，又依次合成‘太平万岁’字，所谓‘太平万岁字当中’也。舞罢，则烟火大发，其声如雷霆，火光烛半空，但见千万红鱼奋迅跳跃于云海内，极天下之奇观矣”！

“狮舞”，也叫“耍狮子”。是历史悠久的汉族代表性民间舞之一，在清代已经完全形成，清人的记载已与流传至今的《狮子舞》极为相似了。披毛制狮皮，用绣球引狮、逗狮的舞法，至今仍广泛流传于广大民间。光绪年间的《京都风俗志》“太少狮，以一人举狮头在前，一人在后为狮尾，上遮宽布，彩色绒线，如狮背皮毛状，二人套彩裤作狮腿，前直立，后伛偻，舞动如生，有滚球、戏水等名目”。在广泛流传中各地群众创造了多种多样的《狮子舞》：有威武矫健、穿插着许多翻滚跌扑技巧表演的“武狮”；诙谐风趣逗人喜爱的“文狮”；用板凳装饰成狮形耍舞的“板凳狮”，舞时狮口喷火的“火狮”等等。

莫高窟藏经洞的发现

光绪二十五年(1899)五月二十五日,甘肃省敦煌莫高窟人员在清除第16窟淤沙时,偶然发现一个小洞,门仅高出地面一米,洞长2.7米,宽2.5米,高3米,顶呈覆斗状,空间约为19立方米。洞内有长方形禅床式低坛,上塑高僧洪䛒的坐像。洞的北壁绘有比丘尼与侍女图,西壁嵌有洪䛒的告身敕牒碑。

这个藏经洞中最重要的发现是5万多件经卷、文书、织绣、画像等文物。其中大量的文字典籍文卷,除汉文写本外,还有1/6的藏文、梵文、佉卢文、粟特文、古和阗文、回鹘文等各种民族文字写本;另有绢本绘画、刺绣等美术品共几百件。写本中除佛经、道经、儒家经典外,还有史籍、诗赋、小说、民间文学、地志、户籍、账册、历书、契据、状牒、信札等,包括从公元4世纪近10个朝代的文物图书。其中以唐、五代人的民间文学的变文抄本为最多。这些文本的内容可以分为两类:一类为演绎佛经的故事;一类为古代的历史故事、民间传说和当时的人物故事,如《降魔变文》《秋胡变文》等。

莫高窟藏经洞的发现,是19世纪、20世纪交接时震惊中外学术界的大事。由此在社会科学领域里形成了“敦煌学”这一专门学科。但在同时,该窟也引来了各国文物强盗的疯狂掠夺。

第三章 社会经济

洋务派创办近代民用企业

洋务运动时期,为了解决军事工业的资金问题,洋务派打出“求富”旗号,创办了一批民用企业。

从19世纪70年代开始,洋务派采取了官办、官督商办和官商合办的形式,举办民用工业,包括采矿、冶炼、纺织、交通运输等等,到90年代中期,共办几十个企业。

大清户部官票,壹两

同治十一年(公元1872年),李鸿章派漕运委员朱其昂创办轮船招商局,这是洋务派办民用工业的开端。轮船招商局共招商股73万多两银,海关拨官款190多万两银,官督商办。总局设在上海,在上海天津等地设码头,代政府运漕米等。

光绪二年(公元1876年),李鸿章派唐廷枢筹办开平矿务局,光绪三年(公元1877年)九月在开平正式建立,招商股八十多万两银,官督商办。光绪三年(公元1878年)开井,次年使用外国机器,按新式方法开采。光绪七年(公元1881年),开平矿务局每日出煤“五六百吨之多”,十余年后,开采量增加,每日“可出煤一二千吨”,且“煤质极佳,甲于地处”。

光绪五年(公元1879年),李鸿章在大沽和北塘海口炮台试架设电报到天津,“号令各营,顷刻响应”。光绪六年(公元1880年)九月,李鸿章在天津设电报总局,由盛宣怀任总办。电报线由天津沿运河南下至上海等地,以后又架设了上海至南京及南京至汉口的线路,光绪八年(公元1882年)四月,电报局改为官督商办,招商股80万元。光绪十年(公元1884年),电报总局迁往上海,并在各地设电报分局。光绪十六年(公元1890年),即电报总局成立十周年时,电报线已遍布全国各地。

光绪七年(公元1881年)成立黑龙江漠河金矿,商股七万两银,官款13万两银,官督商办,李鸿章派吉林候补知府李金镛办理。光绪十五年(公元1889年),用新式机器开采，这一年产金18961两。

同年两广总督张之洞主持兴办汉阳铁厂，由清政府拨款200万两银作资金，光绪十六年（公元1890年），在大别山下动工兴建，光绪十九年（公元1893年）完工，共计10厂。官办无款可等，后由盛宣怀接手，改为官督商办。

光绪二年（公元1876年），李鸿章和两江总督沈葆桢开始议办上海机器织布局，光绪五年（公元1879年）派郑观应筹办。

光绪八年（公元1882年），正式成立。招商股银达到5000万两，采用官商合办形式。该局享有十年专利，不许民间仿办。光绪十六年（公元1890年）开工，营业兴隆。光绪十九年（公元1893年）失火、损失约70多万两银。

光绪二十年（公元1894年）又设华盛纺织总厂，下设10个分厂。光绪十六年，张之洞任湖广总督时，将原设广东织布局移至武昌，建立湖北织布局。光绪十五年（公元1889年）八月底，张之洞在两广总督任内奏准在广东设织布局，后张奉调湖广总督，织布局随之迁往湖北，由于筹办资金困难，张之洞先后向英国汇丰银行借款16万两银，于光绪十七年（公元1891年）开始建造厂房，光绪十八年（公元1892年）底才正式开工，尚有盈余。

上海豫园

洋务派在70年代后的20几年里，先后创办了41个资本主义性质的企业，到光绪二十年（公元1894年）尚存30个，共有资本约计3900万元。这是中国早期的官僚资本。

洋务派所办的企业尽管仍带有浓厚的封建性；但已采用资本主义的生产技术和方法，产品主要销售于市场，经营目的是为了利润，基本上是资本主义性质的。

洋务运动时期的商办企业

在洋务派创办官督商办企业的同时，中国社会还出现了一些商办企业。这是近代中国民族资本工商业的发端，也是中国社会经济发生重要变化的一个标志。这些商办企业主要是由一些官僚、地主、买办和商人投资而来的，也还有一些是从原来的旧式手工业工场、作坊开始采用机器生产转化而来的。自公元1869年至公元1894年，商办企业只有五十多个，资本共有五百余万元。虽然数量很少，实力甚微，但它却是一种新生的社会经济力量。其中比较重要的有：

公元1869年，方举赞在上海采用机床生产，创办了发昌机器厂。它的主要生产业务是为外商船厂制造配修零件。由于沿海和长江航运兴起，它的业务发展也比较迅速，到公元1877年，已能生产轮船机器和车床、汽锤等机器产品。80年代，它还兼营进口五金，成为当时上海民族机器工业企业中规模最大的一家。

公元 1872 年，华侨商人陈启源在广东南海区设立第一家继昌隆机器丝厂，以蒸汽机为动力，雇用工人六七百人，产丝精美，行销国外。两年之后，南海又建立了四家缫丝厂，至 80 年代初增至 11 家，共有缫车 2400 架，每年产丝 1200 包。到 90 年代，顺德区的丝厂也很快发展起来，多达 35 家。

公元 1878 年，轮船招商局会办朱其昂在天津设立贻来牟机器磨坊，雇用工人十余人，用机器生产面粉，"面色纯白，与用牛磨者迥不相同"，打破了传统手工业磨面的旧式生产方式，效率大增。

曾国藩

公元 1879 年，汕头的一家豆饼厂开始用机器榨油和压制豆饼，第一年每日生产豆饼 200 块，次年增至 300 块，公元 1881 年又增至 400 块。公元 1883 年又增设一厂，日产豆饼 600 块，大大提高了生产效率。豆饼所用原料大豆，均从华北购进，制成品则在本地和台湾市场销售。

公元 1881 年，黄佐卿在上海设立公和永缫丝厂，共投资本 10 万两，投丝车 100 部，次年投产。开始数年，营业不佳。公元 1887 年后，生产逐渐发展，丝车增至 900 部。此后，上海缫丝业日益兴起，至公元 1894 年已有丝厂 5 家，其中最大的坤记丝厂资本达到 20 万两。

公元 1882 年，徐鸿复、徐润等在上海设立同文书局，购置石印机 20 台，雇用职工 500 人，先后翻印《二十四史》《古今图书集成》等重要古籍。公元 1893 年，该局不幸失火，损失颇重，但因事先投了火灾保险，得到赔偿，仓库、宿舍亦未殃及。后来由于积压资金过多，遂于公元 1893 年停办。

公元 1886 年，官绅杨宗濂、买办吴懋鼎、淮军将领周盛波等在天津合资设立"自来火公司"（火柴厂），资本 18000 两。公元 1891 年投产不久，即发生火灾，厂房被焚。后来又公开招股，资本增至 45000 两，由吴懋鼎任总办，聘请英、俄商人购办机器，并帮同管理账目，但洋商不参股。火柴多行销于河南等地。

公元 1890 年，上海商人设立燮昌火柴公司，资本 5 万两，生产木梗火柴，所需化学原料从欧洲购买，木梗、箱材等使用日货，每日生产硫磺火柴 20 余箱，但质量较差。产品多销售于江西、安徽等内地省份。

此外，在上海、广州、北京等地还有少数小规模的商办企业，有些忽开忽停，举步艰难。

从 19 世纪 60 年代末期到 90 年代初，历时 20 多年，在中国出现的近代商办企业，可说是小农经济与家庭手工业经济汪洋大海中的若干小岛，不但进程缓慢，而且投资和规模很小，设备简陋，技术落后，产品也主要是日用轻工业商品。但它们毕竟是近代中国第一批民族资本主义工业。

外国银行、企业入华

道光二十五年(1845),中国领土出现第一家外国银行——英国资本经营的丽如银行。其后,英、法、德、日、俄、美、荷兰、比利时等国相继在中国设立银行。这些外国银行统称“外商银行”,以示与中国自办的“华商银行”相区别。至1913年已有21家外国银行,分支机构达100多处。至20世纪30年代中期,全国共有外国银行逾50家,大部分是外国银行设在中国的分行,且集中在沿海通商口岸。其中,实力较强的主要有:英国的汇丰银行、麦加利银行(渣打银行)、有利银行;美国的花旗银行、大通银行;俄国的华俄道胜银行、日本的横滨正金银行、三井银行、三菱银行、住友银行等。

外国银行的进入并未获得中国政府的许可,它们利用不平等条约授予的特权,在中国滥发纸币,招揽存款,操纵外汇,积累了极其雄厚的资本。外国银行通过其雄厚实力,控制中国金融和资本市场。外国在华银行不受中国法律约束,而依所属国的法律和条例行事。由于中国从清政府开始,举借外债即用关税、常平税、厘金、盐税等作担保,在路矿借款中则往往以产权作抵押,使外国银行得以乘机掌管税收,并进一步控制中国的财政。

外国在华银行通过这些特权在中国赚取高额利润,其纯利润高踞各业之首。

也是在1845年,苏格兰人柯拜在广州黄埔建造“柯拜船坞”,雇佣中国工人从事船舶修理工作。柯拜船坞是中国最早的外国船舶修造工业,也是外国人在华设立的第一家工厂。

外国银行、企业入华,对中国社会生活产生相当大的影响,大批外国银行侵入中国,逐渐把持了中国的财政命脉。另外,它也在一定程度上刺激了中国金融机构的发展、变化。随着外国银行的不断设立,中国旧有的钱庄、票号等逐渐被近代意义的银行所代替。而“柯拜船坞”的建立,开始了外国船舶修造工业对中国传统,旧式的造船业的排挤,压抑了中国新式民族造船业的发展。自“柯拜船坞”建立以后,各种加工工业如茶叶加工、机器、缫丝、制糖、制革等外资工厂相继建立,对中国民族工业的发展十分不利。

中国现代工业的兴起

鸦片战争后,中国进入半封建半殖民地社会。在外国资本主义的刺激下,传统自然经济分解,商品经济得到发展,并开始了资本的原始积累,中国现代工业因此而兴起。

19世纪60年代初开始的洋务运动,揭开了中国兴办现代工业的序幕。这是在镇压太平天国的过程中,以曾国藩、李鸿章等人为代表的一批官僚,抱着挽救日益衰弱的清王朝的目的而发起的引进西方科学技术、发展军事工业和民用工业的运动。

洋务运动创办的首批现代工业是军事工业,包括1861年曾国藩在安徽安庆创办的内军械所,1862年李鸿章在苏州设立的洋炮局,1865年李鸿章在上海设立的江南制造局(这是清政府所办的规模最大的军用工业),1866年左宗棠在福州开办的福州船政局,等等。从1862年至1894年间,清朝政府在全国各地共开办了19家军用工业,雇佣了1万多名工人。这些军用工业的企业由官方拨充经费，制造出来的产品如枪炮、弹药、轮船等，不直接以商品形式进入市场，而是由政府统一调拨供军队使用。经营目的也并非着眼利润。因此它除了采用机器生产和雇佣劳动外，资本主义成分很少，基本上是属于封建性的官办工业。

1896 年陆润庠在苏州创办的苏纶纱厂

为了适应军用工业对燃料和原材料的需求及获取利润补充军用工业的不足，从 19 世纪 70 年代开始，洋务派开始陆续举办轮船、煤矿、冶铁、纺织等民用工业，1872 年至 1894 年 22 年间，洋务派官僚共举办民用工业 27 家，雇佣 3 万多名工人，包括中国第一家资本主义性质的近代航运企业、1872 年在上海开办的轮船招商局，当时规模最大的近代煤矿开平矿务局和第一家近代棉纺织厂上海机器织布局等等。这些都属于资本主义性质的近代企业，大多为从事商品生产的工矿业和对外营业的交通运输业，采用雇佣劳动，以营利为目的。

在洋务派官僚兴办民用工业的前后，另有一些民间资本，独立创办了一批近代民族资本主义企业。如 1869 年起开始使用车床的中国第一家民族资本主义企业——上海法昌机器厂，1872 年陈启源在家乡南海创设的继昌隆缫丝厂，1894 年朱鸿度在上海投资建成裕源纱厂等等。截至 1894 年，民族资本创办的近代工业先后约有 100 余家，主要分布在缫丝、棉纺织、面粉、火柴、造纸、印刷、榨油等业。民族资本也有投资在采矿业和机器制造方面的，不过规模都很小，其中机器制造工业只能进行修理和配制零部件。所以，民族资本企业主要集中在轻工业而无冶金等重工业，一直到甲午战后至 20 世纪初，仍是如此，且无法摆脱资金薄弱、规模狭小、技术落后等种种弱点。

另外，也有由城乡手工业改组的工业，如金属冶炼业、棉纺织业和丝织业、湖南陶瓷业、浙江竹器业等等，都有一定的生产规模。

中国现代工业兴起的过程中，一直受到帝国主义和封建主义的压迫和控制，发展速度十分缓慢。

中国兴办电信事业

光绪六年(1880)八月，北洋通商大臣李鸿章奏请筹设津沪电报线，在天津成立官办的津沪电报总局，委派盛宣怀为总办。光绪七年(1881)十一月津沪线完工前，正式命名为中国电报总局。

早在 1869 年，丹挪英电报公司、丹俄电报公司和挪英电报公司联合组成大北电报公司(总部设在丹麦首都哥本哈根)。次年，该公司为将电报线路从日本展设到中国海岸，成立大北中国电报公司，开始在香港、上海之间以及上海、长崎之间敷设海底电缆，并擅自将电缆接通至上海租界。1871 年，英国大东电报公司从印度敷设海底电缆至香港。1877 年，清政府开始自办有线电报。

津沪电线通报后，从光绪八年三月起，中国电报总局改为官督商办，招股集资，以充经费。十二月，李鸿章设苏浙闽粤电线；第二年，两江总督左宗棠奏设江宁至汉口的长江电线，都由中国电报总局办理，于光绪十年建成。同时扩大招股，又将总局由天津移到上海，一方面与外商公司交涉折冲电报利权事宜，另一方面统筹各路电线的架设，陆续建成干线多条。

光绪二十年（1894）开始，盈利显著增加。光绪二十八年，北洋大臣袁世凯奏准电报收归官办，自兼总办，引起商股的反对。光绪三十三年，改中国电报总局为上海电政局。光绪三十四年，邮传部收赎了商股。宣统三年（1911），上海电政局移至北京，为电政总局。

电报总局的设立，使中国新式通讯业得以产生，从而改变了延续数千年的驿站通讯方式。

第四章 历史谜团

皇太极的继位之谜

后金天命十一年(公元1626年)八月二十一日,努尔哈赤毒疽发作而死,皇太极继承汗位。关于皇太极是如何继位的问题,有不同的说法。

据朝鲜史籍《鲁庵文集》记载:“老汗(努尔哈赤)临死曰:洪佗始(皇太极)能成吾志。终无所命而死。”因而皇太极得汗位,是符合努尔哈赤临终之命的。

长期以来,一些明清史专家认为,皇太极汗位是从其幼弟多尔衮手中篡夺来的。清人蒋良骐的《东华录》顺治八年(1651)二月己亥诏内载,多尔衮声称“太宗文皇帝(皇太极)之位原系夺立”,暗示皇太极篡夺汗位。据说,努尔哈赤生前已立多尔衮为嗣子,而皇太极用阴谋狡诈的手段从其幼弟手中夺取了汗位,为除去篡位障碍,还逼迫多尔衮生母大妃纳喇氏死殉。此说受到一些人怀疑,因为努尔哈赤痛恨多尔衮生母不忠,去世前特命她死殉。当时多尔衮才十五岁,既无功业,亦无威望,故不可能立多尔衮为嗣。皇太极即位后,对多尔衮“特加爱重”,大力培养提拔,多尔衮对皇太极的恩育万分感念,尽心尽力辅佐皇太极,勋劳卓著,成为皇太极最得力的助手。总之,皇太极与多尔衮兄弟感情较好,无法想象皇太极对多尔衮干下篡位、杀母的勾当。

努尔哈赤

有的则认为,皇太极的汗位是通过激烈争斗,力克竞争对手而得到的。努尔哈赤死后,皇太极与诸贝勒争夺汗位的斗争白热化,最后皇太极击败对手自立为汗。其间,皇太极与代善的争斗尤为激烈,代善有勋绩,有声望,也有势力,长期以来一直是汗位的有力竞争者,皇太极抓住一切机会打击代善,如利用代善与大妃纳喇氏的暧昧关系,推波助澜,借助舆论,促使努尔哈赤罢黜大妃,代善威望遭受损害。努尔哈赤死后,又逼大妃死殉,削弱代善的势力,最后压服代善,夺取汗位。

还有学者认为,皇太极汗位并非夺立,而是由诸贝勒推举产生。太祖努尔哈赤生前未立嗣子,而是确立了八和硕贝勒共治国政的制度,为汗者须请贝勒推举产生。当时诸贝勒中,数皇太极实力最强,努尔哈赤死去当天,代善长子劝代善说:“四大贝勒(皇太极)

才德冠世，深契先帝圣心，众皆悦服，当速继大位。”代善表示同意。次日，在诸贝勒大臣聚于朝时，代善提议举皇太极为汗，诸贝勒“皆喜曰善。议遂定，乃合词请上即位”。《鲁庵文集》所记更富戏剧性：代善表示，按努尔哈赤遗愿，当立皇太极为汗。皇太极推辞，主张代善当立，并“相让走避”。国不可一日无君，大臣们一会儿去请代善，一会儿去拉皇太极，“号呼奔走于两间者再三，凡三日”，最后还是代善使人“群拥”皇太极即位。这里不见刀光剑影、不择手段的权力争斗，代之以和平友好的互相谦让。这与贯串清朝特别是其前期血腥的最高权力之争，形成强烈反差，令人难以置信。其中虽有言过其实之处，但按当时情况，民主推举皇太极为汗，还是有可能的。因为，当时人们相当崇尚武功，而皇太极的武功远远超过才十几岁的多尔衮，与代善比也不相上下；此外，在政治识见、军事才能和个人威望上，皇太极都高出诸贝勒一筹，由于君主专制制度尚未发展完善，遇大事须协商办理，因而推举才能卓著的皇太极即位，是不足为怪的。

孝庄皇后下嫁之谜

“孝庄”即清孝庄文皇后，本名博尔济吉特·布木布泰，她13岁嫁给清太宗皇太极，被封为“庄妃”。在满族宫廷斗争的漩涡和明清大决战的大潮中搏击了一生。她先后辅佐清太宗皇太极、清世祖顺治、清圣祖康熙三朝，主持了入关、定都、灭明三件大事，对清代的建政、巩固和政治清明，起了不可估量的作用。

她当时在朝廷中的地位不亚于唐代的武则天，但她却不称帝；她的权力不小于后代的慈禧太后，但她也不“垂帘听政”。因此，她的生前生后也就有许多故事流传。

第一、洪承畴降清

洪承畴是明王朝的蓟辽总督，是抗清前线八路总兵的主帅。1614年，在松山战败被俘，押送到盛京。当时，皇太极野心勃勃，想吞并中原，正在寻找一个明朝重臣作入关的“带路人”，因此，不惜一切代价劝其降清。又是金钱，又是美女，但洪承畴不为所动，大义凛然地说：“本帅只知有明，不知有清，只知有死，不知有降！”说罢，面壁而坐，不饮不食，只求速死。皇太极真是一筹莫展。

消息传到京城，明王朝举国上下为之感动，立即为他举行了追悼会，崇祯皇帝还亲临祭奠。可是，此时洪承畴并未慷慨就义，不但降了清廷，而且当了清军入关的“开路先锋”。立此劝降大功的人，正是庄妃。

据说，在洪承畴绝食的第四天，忽然一位汉族打扮的俏丽女子推门而入，呜呜咽咽地陪坐在洪承畴身边，竟使洪承畴丧失了戒心，视其为同病相怜之人，攀谈起来。并联想到自己的娇妻爱子，百感交集，也泪如泉涌。那女子一面为他拭泪，一面悄声劝道：“死容易，活下去才难。将军乃明朝之栋梁，栋摧梁折，国将何托？当前，明清两国势均力敌，战则两败俱伤，和则共同兴旺。以将军之威望，若能保全性命，从中斡旋，达成协议，岂不是报效了朝廷和天下生民吗？”

洪承畴沉吟不语。那女子又乘机娓娓道来：“将军纵使不念及家人和我小女子的私情，也应念及生民和社稷。”

“但是——”洪承畴已然心动，欲言又止。

那女子忙接口道：“清主仁慈宽宏，决不会为难将军的。”

洪承畴刚要点头，门就立即打开了，原来大清皇帝皇太极“恰巧”来了，他正盼着这个结果！

此后，洪承畴跟从多尔衮入关征明，攻城掠地，谋杀明室，平定江南，扫荡云贵，败李定国，除明桂王，为清王朝驰骋疆场20余年，真正成为为满清扫平中原的先锋。

第二、策划福临登基

1644年，皇太极驾崩，一场激烈的皇位之争展开了。有实力的竞争者有三个人：长子肃亲王豪格，十四弟睿亲王多尔衮和第九子福临。其中，豪格和多尔衮都是拥有实力的亲王，豪格是众兄弟中唯一封王的儿子，还得到举足轻重的八旗部队中半数的支持；多尔衮，战功卓著，威望正隆，手中握有两白旗部队，兵精将勇，并有豫亲王多铎和武英郡王阿济格的效忠。两大集团互不相让。福临呢，才6岁，而且没有任何实力。但他是庄妃的亲生儿子，庄妃拥有的是足够的智谋。她静观其变，暗中筹划，决定利用两个集团的矛盾，为福临争夺皇位。

孝庄文皇后朝像

庄妃暂放下因皇太极之死带来的巨大悲痛，全部身心投入到夺位之争中去。她审时度势，放眼未来，感到皇太极打下的江山不但要保住，而且统一中国的大业也指日可待，而豪格和多尔衮，无论谁登基，都免不了引发一场大内战。这是他俩都不希望的。所以，豪格表面上屡次假意推辞，多尔衮也迟疑不决，那么拥戴“第三者”福临就是绝好机会。关键是要争取实力派的支持！于是，她晓之以理，动之以情，用了所有的一切手段和伎俩，使一向将大统视为己任的多尔衮与自己达成协议：坚决拥护福临登基。随即水到渠成，庄妃不动一刀一枪，化解了一场剑拔弩张的皇位之争。福临称了帝，庄妃坐收“渔人之利”。福临即位之后，次年改为顺治元年，当时31岁的庄妃，被尊为皇太后。史称“孝庄皇太后”。

第三、定都燕京

与顺治掌政同时，关内一片混乱。李自成攻陷北京，崇祯帝自缢，明朝灭亡。消息传到清廷，震动朝野。为完成清太宗皇太极的遗愿，孝庄当机立断，决定启动全国兵马，大举入关，统一整个中国。她告诫多尔衮，入关后要严明军纪，笼络民心，迁都北京，以稳定中原。

不久，李自成不敌清军，放火烧毁明朝宫殿，洗劫了府库，仓皇溃走。清廷迁都已成定局。但是，清廷上至王公贵族，下至平民百姓都不愿意到那既陌生又充满敌意的他乡去。又是这位孝庄,力挽狂澜,决定破釜沉舟,举行一场史无前例的迁都大进军。她带着年幼的小皇帝,拜别了皇太极的昭陵,承担起迁都的全部风险和重担。她的车子率先走在这支浩浩荡荡的大军的最前面。面对着李自成留下的空城,面对着成千上万人无吃无住的极大困难,是她,早有预见,强令朝鲜国支援大米十万石;是她,坚定下旨:定都燕京!

随即,人心安定了,大军无忧了。李自成败亡,等南明小朝廷被灭。清太宗为之耗尽毕生精力而终未能完成的宏愿,终于实现了!一个幅员辽阔、人口众多的大清王朝建立起来了。而驾驭这一国臣民的正是孝庄的儿子——顺治。

洪承畴祠　原址　今景

第四、辅佐康熙

顺治初年,在经历了明末的暴政、农民起义的破坏、清军铁骑的洗劫之后,中国已变得人烟稀少,破败不堪了。为了帮助年轻的儿子管理这个百废待兴的国家,孝庄竭尽全力辅佐顺治削平群雄、打击朋党,沿用汉制,厉行节俭。使得国家得以休养生息,人民能够安居乐业。可惜,顺治并不争气,在爱妻董鄂妃病逝之后,一蹶不振,自己也染天花而亡。他的儿子康熙 8 岁就登了皇位,孝庄成了太皇太后。两年后康熙生母去世,抚养教育康熙的重任又落到了孝庄肩上。她还在幕后为康熙出主意,治理朝政。

当时,四位辅政大臣鳌拜、苏克萨哈、遏必隆、索尼矛盾重重,各有野心。孝庄对他们分化、利用,最终擒了称雄一时的鳌拜,巩固了皇权。之后,撤三藩,平吴三桂、耿精忠、尚之信。孝庄不但支持康熙力排众议,而且多次拿自己的份银犒赏出征将士,深得人心。

在蒙古察哈尔部布尔尼起兵反清的紧急时刻,孝庄果断推荐已被免职的大学士图海为将,从而平定了北方,稳定了大局。

康熙亲政后数年,凡重大事件,都请示孝庄而后施行。

康熙对孝庄极尽孝道,曾说:“趋承祖母膝下 30 余年,鞠养教诲,以致有成。”

第五、庄妃下嫁之谜

康熙二十六年,孝庄太皇太后去世,享年 75 岁。这位为清朝披肝沥胆的巾帼至尊,死后并未按惯例全国举哀,她的棺椁在“暂安殿”内一停就是 40 年,直至雍正朝才下葬,而且葬在清东陵的风水墙外，令人不得其解。

后人猜测。这和传说她下嫁给多尔衮有关。

传说，为了确保福临即位，庄妃早就与多尔衮有苟且之事，多尔衮出入后宫从不避嫌。多尔衮权倾朝野，羽翼丰满，废帝自立，易如反掌。一旦生变，不但自己母子性命难保，连大清江山也可能断送在八旗内乱之后。因此，她变鹊桥暗渡为明媒下嫁，可说是明智之举。于是朝廷的皇帝名义下诏行婚，制礼举行婚礼。不出两年，多尔衮病逝。福临再无后顾之忧。此后，可能因为满人接受了汉人的道德标准，以此为耻，不肯在正史中写入，后人也以此为憾，不提“下嫁”之事。

当然，孝庄皇后是否真正下嫁给多尔衮，至今仍然是一个谜。

顺治皇帝出家之谜

据说，清王朝入关第一年皇帝顺治因其爱妃董鄂妃去世，悲痛欲绝，看破红尘，遁入五台山落发为僧。堂堂大清皇帝，怎么会为一个妃子出家当和尚呢？人们不明真相，纷纷猜测。

事情得先从董鄂妃说起。

董鄂妃复姓董鄂，她的父亲董鄂顺，满洲正白旗人，是一个有二品世职的男爵。她大约14岁时，被选入宫，配给了顺治的十一弟襄亲王博果尔。当时，清廷有个制度规定，宗室及亲王府中的贵妇人必须轮流入宫侍奉后妃。董鄂妃作为弟媳，自然也不例外。不料，竟被顺治一眼看中，闹出一场风波来。

原来，顺治的皇后和妃子都是太后的侄女。顺治不满意她们，根本没有感情，形同陌路。这次，和董鄂妃一见钟情，使他从孤寂愁苦的感情中解脱出来，一下子燃烧在忘我的恋情中了。据说，襄亲王申斥了董鄂妃，顺治竟因此狠狠地掴了他一个耳光。不久，襄亲王因羞愤而死。顺治遂把董鄂妃收入宫，封为贵妃。

顺治自小登基之后，名为皇帝，实不掌权。先有雄才大略的多尔衮摄政，后有刚毅多谋的母后临朝称制，因此，形成了喜怒无常、骄顽暴烈的脾性。而董鄂妃的贤良温驯、知书达理，似乎“以柔克刚”，二人竟情投意合，恩爱非常。顺治多次要废弃皇后，立她为后。第二年，她为顺治生下了第四子，顺治帝把他称为“第一子”，并规定这个儿子为皇太子。为此，董鄂妃遭到了皇太后和皇后的敌视。过了三个月，这个太子夭折了，董鄂妃更受到皇太后的迫害，心情抑郁。不出三年，她也“忧劳成疾”而死。顺治先是失去爱子，后又痛失爱妻，巨大的悲痛和愤懑，使他动用皇权，下了一道超乎寻常的旨意：他下令全国为他的亡妇服丧。百姓百日，官吏一月。同时命令亲王以下、满汉四品以上的公主、王妃、命妇齐集景远门外哭灵，对哭得不动情的严惩不贷。

之后，顺治又下令追封董鄂妃为“孝敬皇后”，并在用怎样的谥号上，同大臣们计较不休，直到把谥号增加到14个字——“孝献庄和至德宣仁温惠端敬皇后”，才肯罢休。

至此，顺治心灰意冷，悲愤交集，无心再理朝政。终于在半年之后，看破红尘，遁入空门。人们普遍认为，顺治帝情缘断绝之日，正是佛缘缔造之时，并有文证、事证、物证在。

“文证”是说，顺治的儿子康熙，曾四次上五台山，目的就是探视他出家的父亲。顺治死后，康熙触景生情，赋诗一首：

又到清凉境，巉岩卷复重。
劳心愧自省，瘦骨久鸣悲。
膏雨随芳节，寒霜惜火时。
文殊色相在，唯愿鬼神知。

顺治皇帝

“事证”是说，顺治生前信佛，爱佛入迷。曾请浙江恩寺主持王林琇入宫，为自己取法名为“行痴”，并制了个“痴道人”玺章。董鄂妃死后，他无比哀痛。10月的一天，他强令他的佛门师兄茚溪森给他落发为僧。其实，这之前已正式当了18天和尚了。师父王林琇赶来一看，让皇帝当和尚，天下不容，祸闯大了。于是，决定把茚溪森施以火刑。顺治心知不怨茚溪森，不忍加害于人，只得答应蓄发还俗。并用一个太监替他出家，才结束了这场闹剧。

“物证”是说，康熙年间，两宫西狩，路经晋北，地方供给不了御用器皿。只得去五台山求借。借来的器物精致非常，非民间所有。人们认为，这肯定是当年顺治所用之物。

综上所述，认为顺治后来的确出了家，当了和尚。

另外，还有病死一说，给“出家”说划了一个问号。

《王文靖集·自撰年谱》记载：顺治十八年元旦，朝臣应援旧例庆贺朝见，朝廷突然下令朝臣免见。然而，顺治却在养心殿破例地召见了王熙，并赐座、赐茶。

第二天，他再次进宫，顺治与他进行了长谈，直到晚上才出宫。

初三日，顺治又在养心殿召见了他，并破例让他坐在龙床上，两人说话多时……

很多专家认为，这三天的密谈，肯定是绝密的大事。按说“立储”是件大事，但此时的顺治才24岁，身体康健，何必为“立储”而如此紧急磋商？

初六日夜，他又被顺治召入养心殿，顺治说：“朕患痘，势将不起，尔可详听朕言，逗撰诏书，即就榻前书写。”他三拟诏书，顺治三次过目、钦点，直至第二日中午才算定稿。晚上顺治去世了。

此集的作者王熙，是顺治最宠信的汉族大臣，他亲临亲见，应该是可靠的。但是他也曾说三次面君的内容关系重大，不敢在书中披露。

《青碉集》记载，正月初二，皇帝曾到悯忠寺观看太监吴良辅削发为僧仪式。初四九卿大臣到皇宫问安，方知顺治帝染病。初五，早朝的大臣们发现宫廷有些异样，庆祝春节的对联、门神已全部撤掉，整个皇宫笼罩在一派肃杀、惨淡的气氛之中。初七晚，朝廷下大赦令，刑狱囚犯几尽一空，同时传令民间不要炒豆，不要点灯，不要泼水——这正是当时民间祈福天花患者的风俗。

顺治死后，继位者的选择是已经出过天花的康熙。这一切记载都表明顺治确实死于天花。然而，这可不可能是顺治精心策划的一场骗局呢？

把“病死”和“出家”结合起来分析，应该是这样的吧：

顺治从小处于皇太后和多尔衮的重压之下，精神和心理都受到严重的扭曲。不幸的婚姻给他带来无尽烦恼，而昙花一现的爱情给他带来极大的喜悦，然而也给他带来了无尽的哀怨，他的出家是完全可能的。

在清东陵中的孝陵是顺治帝的陵寝，可是这里埋藏的不是顺治的棺木，而是一个骨灰罐！为什么和其他帝王的陵墓不同呢？

康熙皇帝因何而死

康熙帝是清兵入关后的第二代皇帝，他奠定了“康乾盛世”的基础。他在位六十一年，殚心竭力，勤于政事，力戒骄奢，力行实政，使得社会经济迅速发展，他还平定三藩，收复台湾，扫清漠北，对国家统一做出了杰出贡献。然而，他的死却令人费解。据说，他在六十九岁那年，到南苑狩猎，不到半月因身体不适回京到畅春园休养，十月十三日病情突然恶化，在身边侍奉的皇四子胤禛给他进一碗人参汤，不知何因，当日夜里康熙就是一命呜呼了。次日大殓。不久，胤禛即位，年号“雍正”。有人认为是胤禛把他毒死的，有人认为他是病重而死，争议不休，至今未有定论。

康熙帝半身朝服像

康熙死后，有人列举雍正十大罪状：“谋父，逐母，弑兄，屠弟，贪财，好色，诛忠，任佞。把“谋父”列为他的头条罪状。其理由是：本来康熙死前一日，病情已经稳定，第二天却突生变故，骤然死去，而胤禛的一碗参汤怎能不令人生疑？据说，当时有个意大利人马国贤曾置身其中，认为即使不是毒害，也是出现了非常事变。又推测说，畅春园内担任警卫的是隆科多的部下，而隆科多又是胤禛的亲舅舅，能接近康熙的仅此二人，很难排除胤禛与隆科多联手下毒的可能性。还有人说，康熙死后，是隆科多擅自篡改了遗诏，把“传位十四子”，改为“传位于四子”，使雍正依诏登基，顺理成章。令人生疑的还有雍正初年，胤禛借口杀了隆科多，是不是为了杀人灭口，让谋父篡位成为永远的秘密呢？

还有个推断，雍正之所以在皇十四子胤祯返京之前，匆匆下手毒死康熙，是怕受康熙分外垂青且又拥有兵权的胤祯回京另生枝节，影响自己顺利登基。

还有一说认为雍正即位理所当然，是康熙的合法继承人。认为有种种迹象表明，康熙欲传位给四子胤禛。一是在康熙病重期间，胤禛被委以重任。如十一月九日。康熙命胤禛斋戒，代皇帝行南郊大祀。十三日康熙帝改派镇国公吴尔占代行祭天，而让胤禛三次进宫。虽详情无人所知，但此举在斋式期间是非同寻常的，对其信任不容置疑。二是据《清圣祖实录》所记，康熙临终那天，曾召集皇子胤祉和隆重科多近前，说：“皇四子人品贵重，深省朕躬，必能史承大统，着继朕登基，即皇帝位。”还有据朝鲜国《李朝实录》记载，康熙病剧之时，曾解下项上念珠送给胤禛，并说：“此乃顺治帝临终时赠朕之物，今我赠尔，有意存焉，尔其知之。”足见康熙早已属意于胤禛，胤禛既然皇位在握，何必下毒弑父？

再有关于“改诏”之说，有人认为也纯属无稽之谈。康熙生前已将遗诏用满汉两种文字写就，放于大殿“正大光明”匾额之后。汉文内容，自清以来，从无有“于”字夹于其中。即使汉文内容改动，满文也绝难更改。

还有，史学界认为，康熙本来选中胤禛和胤祯两个为继位人选，但病危期间必选其一，而胤禛近在咫尺，则占了头筹。还有人推测，即使康熙有意立胤祯为继承人，但胤祯此时远在千里之外，须二十多天才能到京。康熙深知“国不可一日无君”，否则身边的众皇子为争帝位互相残杀起来，将国无宁日，家无宁日。这样的先例比比皆是。何况在康熙眼中，胤禛也是个有勇有谋能担大任之人。于是，顺水推舟，把皇位传给了胤禛，免除了不堪设想的后果。照此看来，“毒死”一说似无道理，那就只能是“病死”了。

古往今来，为争夺皇位而进行的宫廷斗争触目惊心。康熙被鸩毒的是是非非，不就是对这个问题的生动写照吗？

雍正皇帝死因之谜

清世宗胤禛，即雍正帝，为康熙第四子。他在位期间，推行了“地丁合一”的赋役制度，与沙俄缔结了《恰克图条约》，划定了中俄中段的边界。他还在西南少数民族地区推行“改土归流”政策，加强了各族人民之间经济与文化的交流。但因他为巩固皇权，大肆清除政敌，使清朝政权波澜起伏，血肉相残，后人对其评价褒贬不一。

雍正十三年，他猝死于圆明园内。关于他的死因说法各异，猜测纷纷，竟成了一桩奇案。

据清廷官方史籍，如《清史稿》等，都记载了他是因病而亡。说他从患病到去世仅仅三天，发病当天还处理政务，晚上病情发作，终于不治。有人推测是一种急症，可能是中风。据说雍正执政期间，事必躬亲，日理万机，面对父皇晚年留下的内外忧患和皇室内部

雍正

的激烈矛盾，常常带病处理政事。心力交瘁，积劳成疾。因而突发脑病，骤然病故是在情理之中。

还有一说是因为雍正阴险毒辣，民间传说他曾“谋反、逼母、弑兄、屠弟”，尤其是清廷采取民族高压政策，各地不断出现反清活动，一些人千方百计要报复他。因而传说他是被女侠吕四娘行刺而亡。

吕四娘是明末学者吕留良的孙女。明亡之后，吕留良参加反清斗争没有成功，就在家乡教书为生。清朝官员劝他出来为朝廷做事，他坚决拒绝了。后来竟跑到寺院里当了和尚，远离尘世。在寺院里，他专心致志著书立说，书里面虽然有些反清内容，但没流传出去。不料，他死之后，他的文稿引出一段“文字狱”。看过他文稿的湖南人曾静入狱后，供称是受吕留良著作和学说的影响才萌发反清之志的。结果，雍正大怒，下令掘吕留良及其长子吕葆中之墓，戮尸示众，并将吕留良次子吕毅中斩首，吕氏一门都被发配边疆。吕四娘恰好不在家，幸免于难。吕四娘为报这不共戴天之仇，隐身名山，拜师学艺，练成绝技，又闯荡江湖，广交豪杰义士。终于被她找准机会，潜入深宫，刺杀了雍正，提其首级而遁。

因此事仅见于《满清外史》和《清宫遗闻》等野史或民间传说，令人难以置信。有人认为吕四娘不可能在“吕留良案”中侥幸逃生，至于到戒备森严的圆明园行刺更是很难成功的。因而认为“被刺”说不能成立。

也有人据来自清室中的档案资料分析，雍正是长期服用丹药，毒发而亡。据说，雍正非常迷信鬼神，崇佛信道。从雍正四年起，他就开始服用道士为他练制的“既济丹”，雍正八年患大病后，又服丹药疗疾，到了雍正十三年八月，他又传旨让道士在圆明园内用牛舌头黑铅二百斤练煮。他的死，极有可能是铅在体内长期积聚，毒发致命。此说有据可查，又符合科学道理，较为可信。

但是，至今这三种说法仍无定论，只能算作疑案，继续考证了。

乾隆皇帝的身世之谜

清朝末年社会上普遍流传着浙江海宁陈家有个儿子当了清朝的皇帝的传说。据说，这位皇帝就是乾隆。在私家所写的稗官野史中，如《清朝野史大观》与《高宗之与海宁陈家》里，描述得非常详尽。

清高宗乾隆

说是雍正帝胤禛当皇子时，与海宁陈氏一家来往密切。有一年，恰巧两家都生孩子，竟是同月同日生的。于是胤禛命人将陈家男婴抱去看看，不料孩子抱回家里，竟成了女婴，陈家人不敢声张，只得忍气吞声。不久，康熙去世，胤禛即位，立刻擢拔陈氏一门数人为高官。以后乾隆即位，更对陈氏一家优遇有加。据说，乾隆六次下江浙巡游，竟有四次到海宁陈家，垂询家世。待最后一次临走时步至陈家中门，乾隆开金口："以后除非天子临幸，这门不要轻易开户。"从此，这扇门就一直锁住不开。这些记述使人顿感陈氏与乾隆的关系非同一般。于是有人推测，当年陈氏之子被抱进雍亲王府时，王妃偷梁换柱，连雍正也不知真相，等到乾隆即位后，怀疑自己是陈氏所生。故数度南巡察访想弄个明明白白。也有人传说，乾隆自知自己不是满人，所以在宫中经常着汉人服装。有一天召近侍问："朕似汉人否？"答曰："皇上于汉人诚似矣。而于满而非也。"《清史要略》也有同样记载。

另外，有人对陈氏宅堂的"爱日堂"和"春晖堂"两方匾额作以推测。认为二匾均为乾隆手笔。"爱日"一词汇原出自汉扬雄的《孝至》一文："孝子爱日"，后世演绎成儿子侍奉父母之日为"爱日"。唐代一些著名诗人，如李商隐、骆宾王都引用"爱日"作"恩德"解。而"春晖"一词，则取之于唐孟郊的《游子吟》："谁言寸草心，报得三春晖"，后人以春晖比喻慈母之恩情。如此看来乾隆亲笔题之匾额，都是儿子尊敬和孝敬父母之意，是不是他以此表示对陈氏生养之恩的深情呢？《乾隆与海宁陈阁老》一文还说，清皇室以女易男后，这个女孩在陈家长大，嫁与江苏常熟蒋氏，蒋氏受宠若惊，专为此女筑了一座小楼，名为"公主楼"。不过，上述种种传说，都经不起认真考证，有人逐一批驳，终于使真相大白于天下。

一是以女易男说，实在荒谬。因为雍正帝有十个皇子，六个公主，乾隆是其第四子，从哪方面来说，于情于理都不必抱一外姓孩子来继承皇位。

二是清代皇室与海宁陈家，纯是君臣之谊，并无神秘之处。这是以事实为据的。从陈氏的发迹史来看，陈氏在清初就是名门望族，从康熙至乾隆，三朝显赫。康熙年间，陈氏两度出现兄弟子侄三人同榜，均以科考入仕，凭才干升迁。以后，陈诜任湖北巡抚，工部尚书，其子陈世倌为乾隆时相国。乾隆二十二年，陈世倌以大学士退休，到皇宫辞行，乾隆赐银五千两，命其归家颐养天年，并赐诗道："老成归告能无惜，皇祖朝臣有几人？"以示尊重之意。

关于乾隆南巡，经考证，完全是为了巡视海塘工程。本来在雍正初年，就为了钱塘江下游的国计民生，大举修建了浙江海塘，但雍正忙于军国大事未能南下出巡。到了乾隆时期，海潮冲刷堤岸已造成危害，整修海塘成了当务之急，于是乾隆六下江浙。其中有四次到海宁落脚。陈氏的“隅园”是当地的名胜，环境幽雅，如同离宫，自然被乾隆选中，并令改隅园为“安澜园”，有水波不兴之意，足见乾隆和陈氏一门的往来，并无隐秘之处。

三是关于匾额一说，经查，更是张冠李戴。陈家确有“爱日堂”“春晖堂”二匾，但都与康熙有关。据《陈元龙传》载，康熙三十九年四月，康熙帝在便殿召集群臣，说：“尔等家中各有堂名，不妨直言，当书以赐。”时任吏部左侍郎的陈元龙奏称，其父年逾八十，拟以“爱日堂”三字。康熙帝遂书写赐之。在封建社会，由皇帝亲笔赐书是极荣耀之事，由此建立的君臣关系似乎比其他人更亲密。《海宁州志》载，康熙五十四年六月，康熙帝因陈元龙胞弟陈维坤的妻子守寡四十一年，御书“节孝”二字赐之，又赐“春晖堂”匾额一方。把上述两事强加到乾隆头上，真是有些贻笑大方。

看来，乾隆并非汉人之子是不容置疑的了。

乾隆帝南巡的目的

乾隆帝是历史上知名帝王之一，他在位六十年，是清朝由昌盛走向衰落的转折点。他的功过一直备受争议。乾隆帝曾六次南下巡视。他在《御制南巡记》中说：“予临御五十年，凡举二大事，一曰西师，二曰南巡。”乾隆帝把南巡作为他生平最重要事情之一。他六下江南，开支浩繁，成为乾隆中叶国势渐衰的原因之一。他如此兴师动众南往北返，其目的为何？

有论者以为，乾隆帝“艳羡江南，乘兴南游”，故游玩享乐是其主要动机。乾隆帝乃太平之君，骄奢靡费，习以为常。当时江宁、扬州、苏州、杭州等城市，人口稠密，物产丰盈，经济繁华，且名胜颇多，景色迷人，他为“眺览山川之佳秀，民物之丰美”而六下江南。

另有传说，雍正帝胤禛曾以女儿与海宁陈氏儿子相换，此男儿即后来之乾隆帝，故乾隆帝实为海宁陈氏之子。他即位后对自己的身世发生怀疑，所以南巡的重要目的之一，是去浙江海宁陈家访察，搞清自己出身真相。他六下江南，四次亲临陈家，升堂详问家世，临走时还令把中门封闭，并说：以后不是皇帝临幸，此门不得开启，从此这门一直关闭着。不过，此说可信度较低。

还有学者认为，乾隆帝南巡目的决不会如此简单。他六下江南的活动，除游名胜、寻享乐外，还着眼于社会政治、经济之大端。东南地区号称财赋甲于天下，是清政府财政命脉所系，对维持这一地区的安定很重要。但明末清初，江浙一带反清斗争相当激烈，以后还发生不少文字狱，而且黄淮水患频仍，浙江海塘告警，南方潜伏着严重的社会危机。面对这样的局面，乾隆帝希望通过南巡解决上述社会问题。于是，他五次阅视黄淮治理工程，四次亲勘浙江海塘，指示清理杭州西湖，多次到曲阜祭孔，到文庙行礼，到书院临视，奖励文学，优礼高年，眷顾旧属，慰赐各级官员，致祭历代先贤勋臣忠烈祠墓，奖励富豪商人，颁布体恤民情的法令，检阅军队等等，以达到督促水利，笼络各级官员，维系民心，整饬武备的目的，从而稳固清朝的统治地位。

乾隆帝下江南规模大，次数多，其目的可能不会是单一的，或许前次与后次的目的就有不同的侧重，这有待于今后进一步深入考证。

“香妃冢”之谜

浩浩愁，茫茫劫；短歌终，明月缺。
郁郁佳城，中有碧血。
碧亦有时尽，血亦有时灭，
一缕香魂无断绝。
是耶，非耶？化为蝴蝶。

这首凄切哀婉的词，刻在一方石碑的背面。碑的正面刻着两个大字：“香冢”。这方石碑立在一座大冢之前。大冢就坐落在北京城南风景宜人的陶然亭的东北角上。

据说，这就是有名的“香妃”墓。是在乾隆皇帝的授意下，安葬这里的。为的是自己可以随时随地到这里来凭吊她，寄托对香妃无尽的哀思。

香妃便装像

可是，据说还有两座“香妃”墓，一座在新疆喀什噶尔，一座在河北遵化。两座墓里的香妃，还有两个不同的传说。

头一个说，香妃是回部香妃。

传说，香妃本是回族首领霍集占的王妃，长得国色天香，生来身上就有一股奇香。清高宗乾隆本是个风流皇帝，听说此事，不能忘怀，总想把她弄到自己身边享用。正巧，霍集占造反，清廷派大兵镇压，正是掳香妃来北京的好机会。于是乾隆再三嘱咐平叛边将兆惠一定把香妃捉来，并命令沿途官员好生护持，防止香妃自杀，并保持香妃容颜不损。果然，香妃被捉，押进北京。

到了清宫，果然名不虚传，香妃人还未到，香气先闻。乾隆一见大喜，嘘寒问暖，极为热情。可是，香妃却冷若冰霜，百问不答，一腔仇恨流露在怒目之中。乾隆碰了钉子，仍不死心，就派宫女去好言相劝。只见香妃突然从袖中拔出一把寒光闪闪的匕首，大义凛然地说：“国破家亡，我死意已决。但我不想这样默默无闻地死，我要找个机会报了仇再死！皇上如果强逼我，那就尽快地实现我的愿望了！”宫女听了，大惊失色，赶快禀报乾隆。乾隆知她是烈性女子，不能用强，只得慢慢想办法。

为了讨好香妃，免得她思念家乡，乾隆命人在皇宫西侧修了宝月楼，又在宝月楼旁仿回族风格，修建了回回营，还在武英殿西按照土耳其风格修了浴德堂，供香妃沐浴。至于平素吃用玩游，均按回族习俗，一概满足。

但是，香妃不为所动，仍不回心转意。

当时，皇太后曾告诫乾隆，要么杀掉香妃，成全她的志愿；要么放走她，让她回到新疆安度余命。可是乾隆不忍割舍，事情就又拖了几年。皇太后想，长痛不如短痛，再拖下去说不定会发生什么变故。于是，趁举行祭天大典，乾隆斋戒沐浴的时候，把香妃叫来，问道：

“你既然不想做皇上的人，到底想得到什么结果呢？”

“死。”香妃毫不犹豫地说。

“那么，今天就让你去死，可以吗？”

“那就感谢太后的恩典了。我万里奔波来到此地，是想寻求一个报仇的机会，既然不能如愿，不如早日闭眼，去追随死去的故主为好。”

于是太后派人把她绞杀了。

乾隆听到消息，急忙赶回。看到香妃面带微笑，闭目死去，不禁号啕大哭，痛悔至极。这时，人去楼空，只有一股香气袅袅弥漫，似乎一缕游魂飘向远方。乾隆为了表示对香妃的尊重和哀悼，下令用软轿将遗体抬回新疆喀什安葬。这就是回部香妃的故事。

香妃戎装像

又一个说法是：香妃就是容妃。

一些人查阅了清宫档案后，猜想所谓的香妃应该是乾隆的宠妃——容妃。她是乾隆40多个嫔妃中唯一的回族女子。容妃的故事是这样的：

容妃生于新疆叶尔羌回部，祖上是伊斯兰教的一个首领。她的哥哥因为配合清廷平定霍集占叛乱有功，被召到北京受封。她也随兄来京，恰巧被乾隆看中，选入后宫。被封为“贵人”。

据传，为了保持她的民族习俗和生活习惯，她曾对乾隆提出了三点要求：一，她在京城的住处必须是维吾尔风格的建筑；二，她的哥哥图尔都也必须进京居住，互相照应；三，她死后遗体要运回故乡喀什。乾隆都答应了。

5年之后，她被封为“容妃”。

容妃不但容貌出众，而且聪明机灵。骑马、射箭、写诗、编织，无一不精，深受皇帝宠爱。乾隆特许专人为她缝制维吾尔族服装，专人做回族饭菜。一切生活设施，完全按维吾尔族习惯供奉。她曾与哥哥图尔都一起，陪伴乾隆巡视江南。南巡江浙、东登泰山、北游盛京、拜谒清太祖的福陵，好不风光。每当过年过节，她受的赏赐都比别的嫔妃多得多。

她的家乡有种沙枣树，能散发出一种奇异的香味。为讨她的欢心，乾隆专门派人去新疆把沙枣树带到京城，移栽在她的宫苑里。这样，她的居室就常常飘散着这种奇异的芳香，因此，人们称“容妃”为“香妃子”。

乾隆五十五年，容妃病故，葬于河北省遵化市清东陵西侧的“裕妃园寝”。在这里的月台上有一宝顶，宝顶下是安放棺椁的地宫，地宫深 14 米，与十几米长的地下走廊相通。

1979 年 10 月，有关单位对这座墓进行了发掘清理。发现棺头正中有几行金漆手书回文，意思是：“以真主的名义……”棺木头骨近旁，有一条 83 厘米长的花白发辫，还有龙袍碎片和几件织物，织物上有“江南织造臣成善”“苏州织造臣四德”等字样，此外，还有些珍珠、宝石等。

显然，这里曾被盗过。但清理的实物足以证明，墓主人正是容妃。因为棺头文字说明死者是伊斯兰教徒，龙袍、宝石等证明她的身份是妃子，花白发辫与容妃 55 岁去世年龄相符，织物上的“四德”“成善”等姓名，正是乾隆时江南织造官。

如果说容妃就是香妃，这座墓当然就是香妃墓了。

但是，还有人认为，容妃与香妃并不是一个人。因为容妃并无体香，并非被掳入京，并未被赐死，而且宝月楼修建于她进京之前，与她毫不相干。

如果说新疆喀什埋的是香妃，河北遵化埋的是容妃，那么，陶然亭边的“香冢”里埋的又是谁呢？

嘉庆皇帝遇刺之谜

嘉庆八年闰二月二十日早晨，正当嘉庆皇帝坐轿从西郊回宫，路过神武门将要进入顺贞门之际，突然从西厢房山墙后面冲出一位手持利刃的汉子，直朝御辇扑去。危急时刻，神武门内辇道东西两侧持械肃立的一百多名侍卫、护军章京、护军校、护军，竟无一人上前阻拦。随御辇而行的文武大臣、太监和随从侍卫也个个呆若木鸡，只有定亲王绵恩、御前侍卫扎克塔尔等六人迎前拦挡。嘉庆大惊失色，慌忙下了御辇，逃入顺贞门。刺客追不上皇上，遂挥刀左扎右刺，奋力拼搏，终因寡不敌众被缚。

这是有清以来皇帝第一次遇到谋刺，是清代历史上罕见的大案，在朝野内外引起了极大的恐慌。

经查，刺客名叫陈德，原名陈岳，年四十七岁，镶黄旗人。原为山东青州府海防同知松年之契买家奴。早年曾在山东青州、济南府一带做过家奴、佣工。之后，投靠北京任护军的外甥，跟官服役，并在内务府服役，得有机会出入宫中。再后来，他与妻子一同到一个官吏的家人孟明家做厨役。这期间，他妻子病故，岳母瘫痪，两个小儿都待抚养，因此常以酒浇愁，因常常酒后闹事，被孟家解雇。此后无以为生，先闲住在外甥家，后寄居在旧友黄五福家，看来是个穷困潦倒之人。

陈德被捕后，因是“钦犯”，被连夜审讯，施用种种酷刑。嘉庆下旨，一定要追问出其幕后主使人以及同谋和党羽来。然而，陈德的供词，却使人不能相信。

陈德在供词中说：“我因为穷苦不过，往后难过日子，心里气恼”，遂“起意惊驾，要想因祸得福”，“本月十六日，知道皇上于二十日进京，我就定了主意。”若得手“砍退几人，

直奔轿前,惊了圣驾,皇上自然诸事都由我了。”这番供述漏洞百出,疑点甚多:

其一,行刺的动机是“因祸得福”?惊驾是死罪,福从何来?这点简单常识,谁都懂得,况且陈德还跟随官服役多年,岂能用此说搪塞!至于说“因穷苦不过”而为,更是无稽之谈!

其二,皇帝行踪属国家机密,神武门又是皇帝出行的必经之路,所以戒备极其森严,而且此处建筑高达三十一米,常人进不得前,可是陈德却能持刀并带着他的儿子陈禄儿潜入神武门,岂不是见鬼?

其三,陈德行刺之时,上百名军校和众多随行之人,眼睁睁看着皇帝有杀身之祸,为何都作壁上观?

种种迹象表明,陈德一人绝干不了这天大的事儿,背后必定大有人在。

嘉庆皇帝朝服像

然而,无论如何讯问,陈德都一口咬定是他一人所为,并无主谋。他辩称,自己是在前几天见街上垫道,得知皇帝的进宫日期的。又说,他与其子陈禄儿是在东安门附近喝完酒后,拐弯抹角绕至神武门的。再把抓来的陈德的两个儿子及交往密切之人一一拷问,也没供出什么有价值的线索来。其子说,“实不知伊父者谋逆情事,平日未见有同谋之人往来”;黄五福说,“实不知他闹事是何主意”;陈德服役的家主说,“陈德素常原是安静”,“平日并无闲人来往”。

经过四天四夜的酷刑讯问,也未问出主谋与同谋来,会审官遂定拟具奏,嘉庆传谕:“若一味刑求,反肆狂吠,所言之人如何存活?即不究问,终成疑团,所损者大矣!”于是,陈德被凌迟处死,其二子处绞。

事后,嘉庆仍在怀疑:一个家奴怎会有如此胆识私闯宫廷禁地图谋不轨?肯定在朝廷官员中有同谋主使者。联想到当时他正在整顿吏治,对朝廷内外腐败现象严加惩治,说不定身边也有异心之人。但“主谋”别无他法,只得以“失察”之罪,将十七名文武官员予以处分,将守卫神武门的护军章京、护军校、护军分别革职枷示或交大臣严惩,又将肃亲王永锡交宗人府议处。

一桩震动朝野的重案,至此了结。但这到底是怎么引起来的,有何隐秘至今仍无人知晓。

同治皇帝死因之谜

同治皇帝亲政不到三年,突然驾崩。死时,年仅十九岁。他为何撒手人寰?一直流传着许多不同的说法。

有的说他死于“花柳病”，即性病，是因为他生活不检点造成的。《清朝野史大观》对此说记载较为详细。说同治生前，很喜爱孝哲皇后，她端庄秀丽，贤惠有德。两人感情融洽，生活美满。可是慈禧太后虽表面上还政于同治，其实在宫中仍大权在握，甚至连宫闱之事也横加干涉。在她的淫威之下，同治与孝哲竟不敢过分亲近。而慈禧偏偏看中了将军凤秀之女，令同治将其纳为妃嫔，使同治极为反感。作为天子，竟不能爱自己所爱的人，反倒要勉强爱己所不爱之人，心里的苦闷可想而知。为消解精神的空虚，同治就偷偷跑到宫外去消遣，找私娼取乐。久而久之，染上了花柳病，开始仅有下部不适，并不在意。后来毒发，在脸上、背上都长了毒疮才请太医诊治。太医明知此为性病，但不敢言说。以治痘药治之，岂能对症？终于一命呜呼。

同治帝朝服像

也有的说他死于“痈”，即毒疮。李慈铭在《越缦堂日记》中说：“同治十三年十二月酉刻，上崩。先是十一月朔，……上旋患痈，项背皆一，皆脓溃，先十日已屡昏，殆不知人。”按现代医学解释，痈又名痈疽。发病原因是葡萄状球菌侵入毛囊汗腺的周围所引起。多生于项背及臀部，小的如栗子，大的如手掌，疮口甚多，疼痛异常。此症在初起时，须速就医诊治，迟则陷于危险。同治所患之痈，甚为凶险，终因药效不力，一命归天。

还有的说他死于天花。同治帝的授读师傅，弘德殿行走翁同龢在日记中写道：“十一月初二日，入至内务府大臣处，……见御医李德立、庄守和脉按言：‘天花三日，脉细口渴，腰疼耳脓，四日不得大便，项颈稠密色滞干艳，证属重险，不思食，咽痛作呕。’”“初八日，两宫皇太后在御榻上持烛令诸臣上前瞻仰，上舒臂令观，微语曰：‘谁来此？’伏见天颜，温醉偃卧向外，花极稠密，目光微露。”翁同龢从同治帝发病到去世，多次奉命前往探视。他亲眼所见，应该是绝对真实可靠的。另外，当月末，慈安太后所生之女，大公主，也因患天花而亡，可见当时宫中流行天花病。天花是一种烈性传染病，在当时的医学条件下，患者生还的可能性极小。因此说，同治患天花不治而亡，是比较可信的。

除上述“病死说”外，还有一说：同治是慈禧害死的。《慈禧传信录·穆宗致命》一节中说：“王庆祺（同治帝师傅，昭仁殿行走）革斥后，辄语人云，穆宗亲政后，太后仍多干涉，乃请修园为颐养计，意在禁隔，使勿再干政耳，竟为太后时觉，遂致奇变。”人们从慈禧太后一生专制独裁，凶狠毒辣，以及她后来造成光绪一生不幸的遭遇来看，这个说法颇有一定道理。但此说并无事实根据，只是臆测。况且按当时宫内情势，她干涉朝政是免不了的，但不至于到非亲手杀死自己亲生儿子不可的地步。看来此说不可信。

同治之死，牵扯宫闱内幕，当朝人讳莫如深，后世人只能按一些蛛丝马迹去考证了。孰是孰非，尚待继续研究。

林则徐死因之谜

林则徐，字少穆，福建侯官人，嘉庆进士。历任道员、巡抚、总督等职。他为官清正，办事认真，具有强烈的爱国思想。他又是最早放眼世界，探求新知的开明的朝廷大员，他为反抗外国列强，挽救民族危机，不囿于传统旧习，“日日使人刺探西事，翻译西书，又购其新闻纸”。后来受投降派的诬陷，被革职流放新疆。在新疆，他既重视发展生产，又关心民间疾苦，整顿河工，兴修水利，救灾放赈，为开发边远地区做出了很大贡献。被重新起用后，仍恪尽职守，刚直不阿。六十六岁那年，任钦差大臣，在赴广西上任途中不幸突然死亡。他的死震动了朝野，咸丰皇帝特别颁发了《御祭文》和《御赐碑文》，盛赞其一生的业绩，士大夫也纷纷以各种形式悼念他。

这样一位既爱国又干练的边疆大员，一位名震中外，誉满海内的大人物竟突然在奉旨赴任的途中亡故，不能不使人产生种种猜疑和传说。

林则徐

《清史稿》与《闽杂记》都认为他是因病而死的。说他患痔瘘很久，体质衰弱不堪，抵潮州时又患痢疾，医治无效，死于普宁行馆。林则徐的《讣文》和林则徐的儿子林汝舟《致陈子茂书》则说，因当时林则徐奉旨赶路，日夜兼程，没有服药，所以途中吐泻情况很严重，后来又转为“胸次结胀”“痰喘发厥”，引发了心肺旧疾，元气大伤。病危时，本来脾虚胃寒，庸臣却以参桂热药进补，结果，喘咳加剧，舌蹇气促，不幸病亡。一般官书记载也持病死说。

还有人认为林则徐是被洋商买通了厨子投毒谋害致死。《果庵随笔》说，自从广州禁烟，当地洋行不法商人，对林则徐恨之入骨。后来听说林则徐任钦差大臣赴广西，怕再遭他的打击，不能再从事违法勾当，于是花重金买通了林则徐家的厨子，设法在食物中下毒。到了普宁时，这个厨子在粥中放入了巴豆，巴豆剧毒，能使人大泄，结果林则徐泄泻不已，委顿而亡。别人劝林则徐的儿子追究其事。但按清例，凡毒死者须开棺验尸，家人不忍心这样做，只得作罢。当地的官员虽也有耳闻，但不愿多事，也未予以追究。《东莞县志·逸事余录》更明确指出，这个谋杀案的主谋是广东十三洋行总商伍某，他在林则徐查禁鸦片时曾被锁拿于越华书院，故而忌恨在心，特派亲信携巨款贿赂林则徐的厨师下毒，终于得逞。

另外，据说林则徐临死前曾三次呼喊“星斗南”，认为“星斗南”是福建方言，与广东的“新豆栏”发音相同。林则徐为何这样喊叫呢？人们推测，是因为新豆栏是广东要地，是洋商聚居地区，他在临死前已发觉自己是被洋商所害，但为时已晚。况且当时人们还猜解不出“星斗南”是何意，错过了破案的机会。持这一说法的，有《今传星楼诗话》《拜林文忠小像》及《林则徐传》等。

有人认为，林则徐临终前大呼“星斗南”，不是“新豆栏”的同音字误，而是他对星相的极大忧虑。据说林则徐在赴任途中看见一颗亮星闪耀，以为是“乱民”兴旺的兆头。他呼“星斗南”是寄托“出师未捷身先死”的憾恨。还有人说，林则徐临死前的那天晚上，弥留之际的林则徐恰好看到夜空中一颗巨星坠于北辰星位，这种异常天象令他震惊不已。他知道中国居星斗之南，此方的俄罗斯将成为中国的最大威胁，因此挣扎着大呼，是在提醒国人要防范沙皇俄国的侵略。这些说法，迷信成分很重，有些牵强附会，不足使人信服。

虽然至今“病死说”与“毒死说”仍未能弄个水落石出，但人们对林则徐的崇敬之情是念念不忘的。

李莲英死因之谜

1966年在北京海淀恩济庄，发现了清末大太监李莲英之墓。墓里陪葬品件件都是稀世珍宝。

然而奇怪的是，豪华富丽的棺椁里，只有一颗腐烂干净的骷髅头！头部以下的被子里空空荡荡，连一节小骨头也没有！

据考证，他的墓里宝物俱在，墓壁完好，肯定没经过任何盗墓和发掘。他才死了55年，尸骨不可能腐烂到一点不见的程度。结论只能是，他死以前，就已经“身首异处”了。

这位在慈禧左右呼风唤雨的人，为什么不得好死呢？没有任何史料和传说，至今仍是一个谜。

李莲英生于1848年，直隶河间府人。7岁净身，9岁入宫，当了小太监。12岁那年，一个偶然的机会，使他得到慈禧太后的赏识，从此平步青云。那时，适逢咸丰皇帝在热河驾崩，野心勃勃的慈禧为了与八大臣抢夺实权，想勾结远在北京的恭亲王，于是联络恭亲王的重任就交给了机敏、伶俐、不引人注意的小太监李莲英。结果李莲英昼夜兼程，赶到北京，圆满完成了任务。对日后慈禧操纵朝政驾驭天下立了大功。待大太监安德海死后，他便当了太监总管，官授二品，外赐黄马褂一件。

据说李莲英为人圆滑，面慈心狠，工于心计。一次，慈禧派他随醇亲王奕譞去检阅李鸿章办的北洋水师，实际是作为暗探摸清水师兴建的费用到底是多少。原来在京城时，醇亲王都是要求助于李莲英，而这次随行的李莲英却一反常态，对奕谖恭敬极了，把醇亲王侍奉得舒舒服服，而且假装谦逊，逢人更点头哈腰，口口声声说此次出行就是侍候王爷的，甚至李鸿章为他安排的豪华房间不睡，偏要去睡下等舱。其目的就是要使众人对他毫无戒备，他则能到处刺探实情。果然，他不负慈禧之厚望，不但了解了水师所需费用，还查知了李鸿章将建水师余款存于国外的消息。他的假象，始终没有被人识破。

再如对光绪的态度，也能看出李莲英的狡猾手段。变法失败之后，光绪皇帝被囚于瀛台，每天送给光绪的食物不是馊的，就是剩饭剩菜，但李莲英每逢向光绪请安时，总要带些糕点给光绪，使光绪很感动，给人一个心地善良的印象。其实，李莲英是慈禧的死党，心里对光绪则是另一种态度。

李莲英是在慈禧死后，托辞年老体衰出宫的。64 岁去世。

《清稗类钞·阉寺类》中记载，慈禧死后，李莲英又受宠于隆裕太后。李莲英死时，隆裕太后还特赏银两千两。

李莲英死后身首分家，肯定是被杀，那么是谁杀了他呢？猜测种种。

有人猜测，他可能是触犯了国法被杀的。这很符合他身首异处的实际情况。但斩杀李莲英是个重大事件，重大新闻，怎么史料无记载，世间无传闻呢？可见，此说不可能。

有人说，李莲英是因为讨债，被人暗杀于河北、山东交界之处的。据说李莲英的私产有 500 余万两白银，眼红他财产的人早就要下手，再加上李莲英生前对人勒索甚多，伤害了许多人。当初，因为慈禧在，“大树底下好乘凉”，待慈禧一死，他没了靠山，有人对他暗下毒手，是很有可能的。

还有人说，他的确是病死的。他的后人曾说他是善终，是因得了痢疾，医治无效病故的。由得病到病终前后仅四天时间。他一生虽然享尽了荣华富贵，但始终为自己是个太监，为“半残之身”而羞耻，以为死后没脸去见自己的列祖列宗，于是留下遗嘱，死后只留头颅，将身体舍弃掉了。这个猜测还是有一定道理的，但是，一点这方面的证据也没有。

还有的人说，他是被暗杀的。因为当时正值辛亥革命爆发前夕，暗杀成风。李莲英是慈禧的鹰犬，与慈禧狼狈为奸，卖国求荣，干尽了坏事，为了打击封建势力和旧王朝，革命党人刺杀了他。

洪秀全死因之谜

洪秀全是清末著名的农民起义领袖，他领导的起义给当时的清政府和外国侵略者以沉痛的打击。他在轰轰烈烈的大起义中创立了自己的国家政权：太平天国。但由于种种原因，最终以失败而宣告结束。太平天国的主要领导者也因此纷纷遇难。

清同治三年四月二十七日（1864 年 6 月 1 日），正值太平天国首都天京（今南京）在清军围攻下，岌岌可危之际，太平天国首领洪秀全死于城内天王府。关于其死因，史学界有不同看法。

在二十世纪六十年代以前，大多数人认为，洪秀全是自杀身亡。李秀成是后期太平天国的主要将领，洪秀全去世时，他在天京主持天京保卫战，对天王府的情况当有较确切的了解。曾国藩刊刻的《李秀成自述》中，言及洪秀全之死：“天王（洪秀全）斯时焦急，日日烦躁，即以四月二十七日服毒而亡。”洪仁玕是后期太平天国的主要领导人之一。他被

洪秀全

清军捕获后曾写下《洪仁玕自述》，其后半部分中说：“天王之自杀，更令全局混乱。”太平天国的对手、湘军首领曾国藩在同年六月二十三日（7 月 26 日）的奏稿中说：“首逆洪秀全实系本年五月间，官军猛攻时，服毒而死。”同年七月初七日又奏称：“有伪宫婢者，系道州黄姓女子，即手埋逆尸者也，臣亲加讯问，据供，洪秀全生前，经年不见臣僚，四月二十七日因官军急攻，服毒身死，秘不发丧。而城里群贼，城外官兵，宣传已遍，十余日始行宣布。”根据上述资料，大多史家认为洪秀全系“服毒自杀”。郭廷以说洪秀全之死，“以服毒说为近真”；简又文在《太平天国全史》中指出，洪秀全自杀是“事实”；罗尔纲《太平天国史稿》根据《李秀成自述》内容，认为洪秀全“四月十九日（天历，即 1864 年 6 月 1 日）服毒逝世”。但当时的学者对洪秀全自杀说，已有一定程度的怀疑。

六十年代初，藏在曾国藩家中达一百多年的《湘乡曾八本堂·李秀成亲供手迹》正式影印发行，其中明确记述洪秀全是病死的：“此时大概三月将尾，四月将初之候，斯时我在东门城上，天王斯时已病甚重，四月二十一日（天历）而故。”“此人之病，不食药方，任病任好，不好亦不服药也。是以四月二十一日而亡。……天王之病，因食咐露病起，又不肯食药方，故而死也。”有学者指出，这一记述当是可靠的，因为曾国藩刊刻的《李秀成自述》，是经曾国藩篡改过的。曾国藩的幕僚赵烈文在《能静居士日记》七月初七日条中说：“中堂（指曾国藩）嘱余看李秀成供，改定咨送军机处，傍晚始毕。”曾国藩把李秀成供稿呈送军机处时曾说：“李秀成之供词，文理不甚通适，而情事真确，仅钞送军机处，以备查考。”由此可知，曾国藩所出示的李秀成供稿，是被“改定”过的。由于他在此前的两份奏稿中，都谈及洪秀全自杀之事，所以把李秀成供词中洪秀全病死“改定”为自杀，当在情理之中。《洪仁玕自述》的后半部分中说洪秀全自杀，恐非洪仁玕本意，因为后半部分是由外人译出，原稿已失。外人在翻译时受《李秀成自述》刊刻本影响，是极有可能的。值得注意的是，《洪玕玕自述》前半部分，是出自洪仁玕供词原稿，其中有“至今年四月十九（天历），我主老天王卧病二旬升天”。此说应较可信。幼天王洪福瑱（洪天贵福）在“自述”中曰：“本年四月十九日，老天王病死了。二十四日（天历）众臣子扶我登极。”赵烈文《能静居士日记》五月初六日条记：“闻探报禀称，逆首洪秀全已于四月廿八日病死（彼中之四月二十日）。”自从《李自成亲供手迹》发行后，大多数学者都确信洪秀全是病死的。

附:清朝大事年表

时间	事件
1588 年	努尔哈赤基本统一女真各部。
1619 年	萨尔浒之战。
1635 年	皇太极改族名女真为满洲。
1639—1642 年	皇太极发动对锦州、松山一线的进攻,明、清双方各投入十多万大军,战争历时三年,是明清决战的关键一役。
1644 年	顺治帝从盛京迁都至北京,告天祭地、颁诏全国,开始了清王朝以北京为都城的长达二百多年的统治。
1644—1650 年	多尔衮摄政。
1645 年	清军挥师南下,南明弘光小朝廷土崩瓦解,江南各地几乎望风披靡。
1673—1681 年	“三藩”手握重兵,割据一方,威胁朝廷统治,康熙帝于 1673 年下令撤藩,引起三藩反叛。1681 年,清兵攻陷昆明,长达八年的“三藩之乱”遂告平息。
1665—1683 年	1665 年,康熙派施琅、周全斌进攻台湾,无功而回。三藩局势稳定后,康熙帝力排众议,做出收服台湾的决策。郑经死,其子郑克塽袭位。郑氏,无力再战,与清议和。
1690—1697 年	康熙三次亲率大军出征,取得了乌兰布通、昭莫多等战役的重大胜利,加强了对西北蒙古诸部的管辖。
1758 年	在南疆人民的支持下,清军终于粉碎了大小和卓的叛乱,重新统一了新疆地区。自此,清廷加强了对天山南北的统治。
1709—1744 年	圆明园的修建前后历时 35 年,这座巨大的皇家园林集中了我国南北造园艺术和中西合璧建筑的精华,成为一本活的造园艺术的百科全书,堪称万园之园。圆明园除风景宜人外,收藏和陈列也十分丰富,宝物不计其数,几乎每一座殿堂都有许多珍贵的文物和精美的器具,价值无法估计。
1770 年	土尔扈特部东归。
1787—1788 年	天地会曾多次举行武装反抗斗争,台湾的林爽文起义就是其中之一。

时间	事件
1839 年	林则徐到广州后，只用了 34 天，就收缴鸦片 1188127 公斤，他派人在虎门海滩挖出长宽各 15 丈的 2 个大池，经过 23 天，收缴的鸦片才销毁。虎门销烟的正义行动，取得了广大人民的支持。1839 年是禁烟史上最重要的一年，也是林则徐被历史所铭记的最辉煌的岁月。
1840—1842 年	鸦片战争和《南京条约》的签订标志着西方侵略者正式用武力打开了中国的大门，中国社会逐步沦为半殖民地半封建社会。第一次鸦片战争前，鸦片的吸食主要在东南沿海城市。鸦片战争以后，随着新的通商口岸城市的开放，鸦片已经开始逐渐蔓延到大清腹地。
1851—1864 年	太平天国是清朝后期的一次由农民起义创建的政权，天京陷落后结束，历时 14 年。这次起义利用西方宗教发动，在中外势力的联合镇压下失败。
1856—1860 年	鸦片战争后，西方资本主义列强相继侵入中国。但是，它们不满足已经取得的特权和利益，蓄意加紧侵犯中国主权，进行经济掠夺。英法联军控制北京城后，一路烧杀抢掠，在圆明园大肆抢掠珍贵文物和金银珠宝，并将园内建筑付之一炬。第二次鸦片战争结束后，中国再次丧失了大量主权和领土，向半殖民地道路又前进了一步。
19 世纪 60 至 90 年代	两次鸦片战争后，清政府统治阶级在如何对待内忧外患上分裂为"洋务派"与"顽固派"，洋务派主张利用西方先进生产技术强兵富国，维护清朝的封建统治。他们在全国各地掀起了"师夷长技以自强"的改良运动"洋务运动"。
1883—1885 年	法国侵略越南并进而侵略中国，引发了中法之间的战争，战争双方在军事上互有胜负，但是由于清朝统治者的腐朽昏庸，在法国政府的强迫下签订了丧权辱国的不平等条约，当时人称："法国不胜而胜，中国不败而败。"
1894—1895 年	中日战争结束后，日本迫使战败的清政府在马关签订了割地赔款的《中日马关条约》。条约要求中国割让台湾、澎湖列岛和辽东半岛给日本。甲午战争的胜利，使日本成了"暴发户"。
1898 年	戊戌变法又名百日维新，是以康有为为首的改良主义者通过光绪皇帝所进行的资产阶级政治改革。这次运动遭到了以慈禧太后为首的守旧派的强烈反对，慈禧太后等发动政变，光绪被囚，维新派的康有为、梁启超逃亡国外，戊戌六君子遇害，历时一百零三天的变法失败。
19 世纪末 20 世纪初	义和团是在义和拳的基础上发展而来的，以"扶清灭洋"为口号，是反对一切外来事物和洋务派改革的民间团体。后被慈禧太后利用作为宫廷斗争的工具，遭到了中外反动势力的联合绞杀，并引发八国联军入侵，最后以失败而告终。
1911 年	革命党人于 1911 年 10 月 10 日发动了具有划时代意义的武昌起义。起义的胜利，敲响了清王朝封建统治的丧钟。革命军攻克总督府，占领武昌，并在全国燃起燎原烈火，沉重打击了清政府。武昌起义建立了湖北军政府，成为共和政权的雏形。

·中国通史·

民国

刘宇庚⊙主编

导读

民国(公元1912年~公元1949年)即中华民国。中华民国是从清朝灭亡至中华人民共和国建立期间的国家名称和年号。简称民国。位于亚洲东部、东临太平洋,成立于1912年的民主共和国,为第二次世界大战的主要战胜国及联合国五个主要创始会员国之一。

1912年1月至3月中华民国临时政府以《中华民国临时约法》为临时宪法,南京为临时首都。至此,中华民国正式取代与继承大清帝国。1912年4月孙中山辞职,临时参议院选袁世凯任临时大总统,首都迁至北京;此后至1928年间称为“北洋时期”,该时期的中华民国政府也称为“北洋政府”。代表中国参加第一次世界大战和巴黎和会的即是北洋政府。北洋时期的中华民国国旗为红黄蓝白黑五色旗,象征五族共和之意。国歌为取自尚书大传虞舜篇的《卿云歌》,其中名句:“日月光华,旦复旦兮”。1928年南京国民政府完成二次北伐,攻克北京,改北京市为“北平特别市”(简称“平”),并立南京为首都(简称“京”)。1937年,日本先后攻陷华北、淞沪、南京,占据中国大量领土,国民政府被迫自南京迁往重庆,展开十四年抗战的后八年全面抗战。1941年12月7日,日本偷袭珍珠港,中美英正式对日德意宣战,中国战区遂正式成为二战盟军反法西斯战争战场。1945年8月初,美国在日本广岛与长崎先后投下核武器,日本天皇于8月15日宣布无条件投降。日本帝国于9月2日与盟国签订降伏文书,接受《开罗宣言》及《波茨坦宣言》规定、归还占领之外国领土。遂即满洲国瓦解,汪精卫政府覆亡,台澎诸岛后由中华民国进行接收。1946年5月,国民政府从重庆还都南京,国共谈判也转到南京举行。蒋介石借口共产党拒绝从苏北、皖北等地撤退,公然调集二十万军队,于6月大举围攻以宣化店为中心的中原解放区,发动全面内战。

1949年4月21日,中国人民革命军事委员会主席毛泽东和中国人民解放军总司令朱德发布向全国进军令。百万雄师强渡长江,摧毁了国民党军的防线,于23日解放南京。中华民国在大陆最后一届反动政府垮台,宣告国民党在大陆二十二年统治的结束。

1949年10月1日,中华人民共和国中央人民政府成立典礼,即开国大典,在北京天安门广场隆重举行。中华人民共和国诞生了,中国的历史从此翻开了崭新的篇章。

第一章　民国史话

中华民国成立

1912年1月1日，南京临时政府成立。孙中山就任临时大总统，定国号为中华民国。

当武昌起事获得全国响应时，清王朝注定失败，革命派开始筹建共和国临时政府。但是，由于南方独立各省在鄂或沪建立政府上争执不休，临时政府迟迟不能建立。南京光复后，独立各省始决定临时政府设在南京，决定暂不选举临时大总统，虚位以待袁世凯，设大元帅暂且代理其职权。但是在大元帅人选上又争执不下，形成僵局。时孙中山返回祖国，抵达上海。1911年12月20日，17省代表会议在南京再度召开，决定成立临时政府，以16票的绝对优势选举孙中山为中华民国第1任临时大总统。

临时大总统府设在南京城内旧两江总督衙门内。当晚11时，举行孙中山大总统受任典礼。孙中山宣读誓词。同时发布《临时大总统宣言书》和《告全国同胞书》。宣言毕，即接受大总统印，并由秘书长将其盖于宣言等文件上。之后，孙中山下令定国号为“中华民国”，同时改用公历。2日，孙中山通电各省改历，并以1912年1月1日作为中华民国建元的开始。1912年1月3日，代表团依临时政府组织大纲举行副总统选举会，黎元洪以17票当选。1月11日，各省代表会议又议决以五色旗为中华民国国旗，十八星旗为陆军旗，青天白日满地红旗为海军旗，“请大总统颁令全国各省以为统一”。

孙中山

新成立的南京临时政府是按照西方资产阶级民主政府三权分立的精神建立起来的。大总统代表临时政府总揽政务。总统府秘书长为胡汉民。掌握政府实权的是以孙中山、黄兴为首的一批同盟会员。同时，各省代表会议改组扩充为临时参议院，行使立法权，推举同盟会员林森为议长。临时政府成立之后，颁布了不少除旧布新的法令。临时参议院通过的具有宪法效力的《中华民国临时约法》，规定了资产阶级民主自由的一般原则，使共和国的方案具体化和法律化。南京临时政府的主要成员及其所推行的政策，说明它是一个资产阶级性质的政府。它的成立结束了绵延 2000 多年的封建君主制,具有划时代的意义。

孙中山发动护法运动

张勋复辟引起全国上下一致反对。1917 年 7 月 2 日,段祺瑞与徐世昌偕同靳云鹏、梁启超、汤化龙等人从天津乘汽车赶往马厂,确定以驻马厂的八师发起讨伐张勋的军事行动。与此同时,段派人运动驻廊坊的冯玉祥十六混成旅。

复辟后的溥仪,坐在乾清宫玉座上。

3 日,驻保定第三师师长曹锟也参加讨逆军。当日,段在马厂召集军事会议,组成"讨逆军总司令部",自任总司令。段祺瑞向全国发出反对复辟的通电。4 日,段祺瑞、冯国璋联名通电,列举张勋等人破坏民国的八大罪状,宣布讨伐。同日,段芝贵自马厂誓师出发。

7 月 2 日,广东省长朱庆澜邀请孙中山组织军政府。7 月 6 日,孙率海琛、应瑞舰离沪赴粤,章太炎、朱执信、廖仲恺、陈炯明等同行。17 日到达虎门,旋改乘江固舰抵黄埔。

19 日,孙中山通过津、沪各报邀请国会议员南下护法,召开国会,以行"民国统治之权"。

21 日,程璧光与第一舰队司令林葆怿率舰队自吴淞口开往广东,唐绍仪、汪精卫等同行。行前在沪发表《海军护法宣言》,宣布海军讨逆三大目标。

7 月 3 日,冯国璋通电指斥张勋"逼勒清帝,擅行复辟",表示要"誓扫妖氛,恭行天罚,刻日兴师问罪,殄此元凶"。

湖南督军谭延闿、湖北督军王占元、浙江督军杨善德、直隶督军曹锟、贵州督军刘显世、广东督军陈炳焜、山西督军阎锡山、山东督军张怀芝、河南督军赵倜、福建督军李厚基等也相继发表通电,反对复辟。

7 月 12 日,讨逆军三路 5 万人总攻北京,张勋逃往荷兰使馆,"辫子军"全部投降。

在天津进行幕后策划的段祺瑞,立即重掌北洋政府大权,选冯国璋代理大总统,并于 8 月 14 日对德宣战。段以"再造共和"自居,拒绝恢复《临时约法》和国会,1918 年 2 月纠集官僚政客组成新国会(安福国会),选举徐世昌为大总统。

为恢复《临时约法》及国会,孙中山发动护法运动。他率领宣布脱离北洋政府的海军于 1917 年 7 月由上海到广州,联合两广、云贵地方实力派,召开国会非常会议,于 9 月组成中华民国军政府。孙中山任海陆军大元帅,云南督军唐继尧和两广巡按使陆荣廷为元帅。护法政府拟由湖南进军北伐。

9 月 18 日,湘南宣告独立,组成护法军湘南总司令部,程潜为总司令。

至此,以南北对峙为主要形式的护法战争正式拉开了战幕。

15日,护法军在北军撤出衡山后,向北推进,连克湘潭、株洲,直趋长沙。王、范被迫逃往岳阳。18日,湘军第一师师长赵恒惕抢先进入长沙,21日,程潜赶到长沙。第二天,湖南各界代会议公举陆荣廷为湘粤桂巡阅使,谭浩明为湖南督军,程潜为省长。24日,程潜就任湖南省长。

11月1日,川边屯殖使张煦在西昌宣告独立,并致电军政府大元帅孙中山,表示"拥护真正之共和"。3日,颜德基以"四川靖国临时司令"名义,在绥定通电独立,宣布与西南一致行动。11月25日,焦子静等在陕西白水县通电宣布自立,筹建陕西护法军。11月26日,宁波驻军通电宣告自主。同日,温州、处州宣布独立,与宁波取一致行动。绍兴、台州、严州等处也随之响应,或宣告独立,或声称自立。陆荣廷等为了和北洋军妥协,操纵非常国会于1918年5月改组并控制了军政府,迫使孙中山辞去大元帅,离粤赴护。

声势浩大的五四爱国运动的发起

1919年1月,英、法、日等在法国凡尔赛宫举行和平会议。作为战胜国之一的中国派代表出席会议。但会议拒绝了中国代表团关于收回山东主权的合理要求,而决定将德国在山东掠夺的一切权益转让给日本。这个消息传到国内,群情激愤,舆论鼎沸。人们对帝国主义列强的幻想破灭了。

5月3日夜,北京大学校园内一片沸腾,在法科礼堂聚集着千余名学生及外校学生代表,共同商讨行动方案。会议气氛异常激昂,大会推选北大法科学生廖书仓为临时主席,许德珩起草宣言。先由《京报》主笔、北大讲师邵飘萍报告山东问题。然后北大学生和各校学生代表相继发言。

"五四"时的纪念章

大会议决办法四条:(1)联合各界一致力争;(2)通电巴黎专使,坚持不在和约上签字;(3)通电全国各省市于5月7日国耻纪念日举行群众游行示威;(4)5月4日齐集天安门举行学界大示威。

5月4日,中午,徐世昌在中南海总统府内设宴款待刚刚回国的章宗祥,作陪的有钱能训、曹汝霖、陆宗舆。就在他们举杯之际,"五·四"运动爆发了。

1时许,北京十余所学校的3000多爱国学生,齐集天安门,北大学生傅斯年作为总指挥。他们手执书有"还我青岛""保我主权""诛卖国贼曹汝霖、章宗祥、陆宗舆"等等标语。一面大白旗上写着的一副对联:"卖国求荣,早知曹瞒遗种碑无字;倾心媚外,不期章惇余孽死有头。"学生在广场散发油印的《北京学生界宣言》。

消息立即报告到宴会中的徐世昌那里，徐世昌随即下令京师警察厅总监吴炳湘妥速解决，不许游行。席散后，陆宗舆先行离去，2时半左右，曹汝霖偕章宗祥乘车来到赵家楼曹汝霖住宅。这时，警厅派三四十名警察前来保护，但对曹汝霖说：上头命令，文明对待。

学生们在天安门举行集会后，决定到东交民巷向各国驻华使馆请愿。

游行队伍来到赵家楼胡同时，曹宅大门紧闭。此时曹汝霖仓促避入一小储藏室中，章宗祥由仆人引到地下锅炉房躲藏。大门撞倒，学生蜂拥而入，到处寻找曹汝霖。未找到曹汝霖，愤怒的人群便放起一把火，章宗祥从锅炉房中跑出，被学生发现，将他痛打一顿。随后，警察总监吴炳湘率大批人马赶到，逮捕了32名学生。

北京专科以上学校学生罢课，通电全国各地表示抗议，要求释放被捕学生。天津、长沙等城市学生纷纷集会游行，声援北京学生。在巴黎的中国代表也拒绝签约。

6月初，北京政府下令查禁学生联合会，逮捕上街讲演的学生近千人，激起了全国人民更大的愤怒。上海人民首先行动起来，学生罢课，商人罢市，六七万工人联合举行了政治大罢工。上海的“三罢”斗争，很快波及全国20多个省、150多个大中小城市，形成了全国性的声势浩大的爱国运动，终于迫使北京政府释放了全部被捕学生，免去曹、章、陆的官职，并拒绝在和约上签字。五四爱国运动的直接目标得以实现。在这次运动中，中国工人阶级以独立的政治力量登上历史舞台，标志着中国新民主主义革命的开端。

中国共产党成立

五四运动后，宣传各种新思潮的各种社团和刊物，如雨后春笋一般涌现。马克思主义开始在中国广泛传播，一批具有初步共产主义思想的知识分子于1920年先后在各地组成共产主义小组。次年7月，在共产国际的帮助下，各小组代表在上海召开了中国共产党成立大会。

1921年7月23日晚8时，中国共产党第一次全国代表大会在上海租界贝勒路树德里3号开幕。出席会议的有国内各地和旅日共产主义小组的代表12人，他们是：毛泽东、何叔衡、董必武、陈潭秋、王尽美、邓恩铭、李达、李汉俊、张国焘、刘仁静、陈公博、周佛海，参加会议的还有陈独秀指派的代表包惠僧。共产国际代表马林、尼科尔斯基也出席了会议。会议原定由陈独秀主持，因陈未能出席，遂推举张国焘主持会议，毛泽东与周佛海任记录。

中共“一大”会址——上海法租界贝勒路树德里，后称望志路106号，今兴业路76号现景。

7月30日，一个法租界的侦探

闯进会场，环视一周后说“我找错了地方”，便匆匆退出。代表们迅速离开会场。十几分钟后，法租界巡捕包围了会场，结果扑了空。会议被迫中止。当晚代表们决定：大会转移到浙江嘉兴南湖的一艘游船上继续举行。陈公博和共产国际代表马林、尼科尔斯基等没有参加南湖会议。大会通过了中国共产党第一个纲领。

大会还通过了中国共产党的第一个决议《关于当前实际工作的决议》。决议确定党成立后的中心任务是，加强对工人运动的领导，组织工人阶级，大力发展工会组织，引导工人运动向着党所指引的正确方向发展。决议最后规定，中央委员会应定期向第三国际报告工作。

大会于7月31日下午闭幕。

大会选举产生了党的领导机关——中央局，推选陈独秀为中央局书记，张国焘为组织主任，李达为宣传主任。中国共产党宣告正式成立。

孙中山改组国民党

陈炯明叛变后，孙中山赴上海，共产国际代表马林向孙中山提出改组国民党的建议，李大钊也多次拜访孙中山，商谈国共合作。孙中山接受了改组国民党的建议，于1922年9月召开国民党在沪各省负责人会议，拟定改组宣言及党纲党章。

9月4日，孙中山在上海召集各省国民党负责人53人，讨论改组国民党问题，陈独秀、马林、张太雷均应邀参加。孙中山解释了联俄、联共政策，马林讲了话。与会者一致同意改组国民党。9月6日，陈独秀被孙中山指定参加由丁惟汾、张秋白等9人组成的国民党党务改进起草委员会，起草国民党改组方案并草拟国民党党纲和党章草案。

9月18日，孙中山在上海发表了“致国民党员书”的党内通信，信中沉痛地回顾了同陈炯明的分歧、陈炯明叛变的始末及严重后果。他说，民国奋斗30年来，虽屡经失败，然“失败之残酷、未有甚于此役者”。他在信中提出了今后的对策方针，并做了自我批评，“任用非人，变生肘腋，致北伐大计，功败垂成，当引咎辞职”，并决定联俄联共，彻底改组国民党，以重新振兴国民党的威望，实现国家的统一。

李大钊、陈独秀、蔡和森、张太雷等共产党领导人，以个人身份加入国民党。

1923年1月，苏联政府代表越飞到达上海，与孙中山进行多次会谈，共同发表了《孙文越飞联合宣言》。随后，孙中山又指派廖仲恺去日本热海与在那里的越飞继续会谈。同时孙中山策动滇军和桂军将陈炯明逐出广州。1月16日，孙中山的军队重新杀回广州，陈炯明落荒而逃。在孙中山的策动下，联络了驻留广西的滇军朱培德部和杨希闵部，封杨为讨贼军滇军总司令，并联络了桂军刘震寰部，封刘为讨贼军桂军总司令，定于1922年12月10日向广东发动进攻。讨贼军进展非常顺利。1923年1月初占领封川、德庆、悦城等县，并于16日占领广州，陈炯明等残部逃往惠州。孙中山决定回广州重建大元帅府。1月26日，孙中山离沪赴广州重建大元帅府之前，发表《和平统一宣言》。

2月孙中山回到广州设立大元帅府，就任大元帅。继又聘苏联代表鲍罗廷为政治顾问，协助改组国民党。10月，孙中山指示召开国民党改组特别会议，委任廖仲恺、许崇智、谭平山等9人组成国民党临时中央委员会。

京汉铁路大罢工

林祥谦

1923年2月7日，京汉铁路工人举行大罢工。

1922年年底，京汉铁路各站先后建立了工会组织，全路共有工会16个，会员已达3万余人。为了统一领导，2月1日在郑州召开了京汉铁路总工会成立大会。大会举行过程中，吴佩孚电令驻郑州的第十四师师长兼警备司令勒云鹗、郑州警察局局长黄殿辰和京汉铁路局局长赵继贤出动军警捣毁大会会场，并包围、搜查代表寓所。总工会决定举行总同盟罢工以示抗议，并将总工会迁到汉口江岸办公。1月2日，发表罢工宣言，要求撤革赵继贤、查办黄殿辰，赔偿大会损失6000元，送还大会一切牌额礼物，并由地方官赔礼道歉。2月4日，京汉铁路工人在“争自由，争人权”的口号下举行全路大罢工。京汉全线2000多里、3万多工人迫使客车、货车、军车一律停开，京汉路全线瘫痪。同一天，中国劳动组合书记部发表反对军阀破坏京汉铁路总工会成立大会的通电，号召全国工人“本阶级斗争之精神，切实援助”。2月7日，武汉工会代表和江岸工人举行盛大集会和游行。

吴佩孚在北京公使团和英驻汉口总领事支持下，下令对江岸、郑州和长辛店的罢工工人进行血腥镇压，杀害工人44名，伤300余人，逮捕60余人，开除1000余人。工人领袖林祥谦、罢工领导人施洋等就义。随后，吴佩孚继续用武力强迫复工，不上工就处以严刑。但工人始终坚持，没有总工会的命令，决不上工。为保存力量，2月9日，京汉铁路总工会和湖北工团联合会发出复工命令，罢工遂告结束。这次大罢工是中国工人运动高潮中的最大的一次罢工斗争。

国民党一大召开

1924年1月20日，中国国民党第一次全国代表大会在广州召开。大会代表196人，其中共产党员24人。孙中山以总理身份担任大会主席，并指定胡汉民、汪精卫、林森、谢持、李大钊五人组成主席团。

大会通过了《国民党章程》和《中国国民党第一次全国代表大会宣言》。宣言以反帝、反封建为主要内容，确定了联俄、联共、扶助农工三大政策，重新解释了三民主义，把旧三民主义发展为新三民主义。民族主义主张“一则中国民族自救解放，二则中国境内各民族一律平等”。民权主义主张权利“为一般平民所共有，非少数人所得而私也”。

“凡真正反对帝国主义之个人及团体，均得享有一切自由及权利；而凡卖国罔民以效忠于帝国主义及军阀者，无论其为团体或个人，皆不得享有此等自由及权利”。民生主义，一是平均地权，国家依报价收买地主土地，给农民耕作；二是节制资本，由国家经营管理有独占性质的企业，或规模过大为私人之力所不能办的企业，“使私有资本制度不能操纵国民之生计”。这样解释的新三民主义，其主要内容和中国共产党在民主革命阶段的纲领基本是相同的，因而成为国共合作的共同政治基础。大会选出新的有共产党人参加的中央执行委员会。

随后，一届一中全会组建了中央党部，设立秘书处及组织、宣传、青年、工人、农民、妇女、海外、军事等八部。从此在国共合作统一战线的组织和领导下，国民革命运动在中国南部广泛展开，并迅速扩展到北方。

黄埔军校建立

1924年5月，孙中山在苏联和中国共产党的帮助下建立了“陆军军官学校”（全名为“中国国民党陆军军官学校”）。因其校址设在广州的黄埔岛上，也称“黄埔军官学校”，简称“黄埔军校”。6月16日开学。1926年1月更名为“中央军事政治学校”，国共两党均派有重要干部到校任职。孙中山任学校总理，蒋介石任校长，廖仲恺为党代表。在校本部下设政治部、教授部、教练部、管理部等。学生组织，设总队，下设分队。周恩来、熊雄曾任政治部主任，叶剑英曾任教授部副主任。恽代英、张秋人、萧楚女、聂荣臻等均曾担任负责工作。孙中山亲自制定了“精诚团结”的校训。

黄埔军校大门

黄埔军校自创建至1927年4月共举办四期，毕业学员4981人，培养了一支保卫广州革命政权和进行北伐战争的骨干力量。其中不少人成为中国共产党领导的军事力量的领导骨干。第一期1924年5月9日至11月30日，主要学习陆军术科，包括步兵操典，射击教范，战术、兵器、交通、筑城等四大教程及战术作业等。第二期1924年8月至1925年5月，开始分步兵、炮兵、工兵、辎重、宪兵五科。第三期1925年7月至1926年1月。第四期1926年2月至10月，为提高学生水平，本期规定招收年龄在18岁以上24岁以下的高中毕业生，成立入伍生团，经训练后分别编入步兵军官团、步兵军官预备团及炮兵科、工兵科、政治科、经理科。此外，1925年6月，为培养部队党代表及政治干部，新设政治训练班负责培训各部队所送之下级干部，并设军官政治研究班。1926年2月又设宪兵教练所，3月增设军医补习所。北伐战争开始后为适应战争之需要，1926年11月，于军事科、无线电科、军用化学科等增设高级班，还专为孙传芳、吴佩孚所属投诚部队设置军官政治训练班。另外，黄埔军校附有两个教导团和潮州、武汉、长沙、南昌、洛阳五个分校。

黄埔军校虽然学制较短,但教学颇具特色,实行政治与业务、学科与术科并重的原则。学校除设政治课外,还颁行有“革命军格言”“士兵日课问答练习”等以进行政治思想教育。此外还对学员进行群众纪律教育,教唱“爱民歌”。学员除学习军事科目外还积极参加实际战斗,如第二期学员参加了讨伐陈炯明叛变的“东征”战斗,为保卫广东革命政权、稳固北伐后方做出了贡献。黄埔军校是当时著名的革命军事学校,不仅学员积极参加了“五卅”“沙基”和收回教育权等政治运动,而且毛泽东、鲁迅等许多知名人士曾亲临学校讲演。学校还出版有“黄埔小丛书”、《黄埔日刊》《青年军人》《中国军人》《革命画刊》《黄埔生活》等,并组织有“血花剧社”和“俱乐部”。1927 年 4 月 12 日蒋介石背叛革命后,国民党反动派在学校组织了清党运动,逮捕屠杀共产党人,至此军校的性质发生了根本性的变化,不久更名为“中央陆军军官学校”,并成为蒋介石破坏国共合作、反对民主革命的工具。

孙中山逝世

1925 年 3 月 12 日上午 9 时 30 分,中华民国与中国国民党的缔造者孙中山先生因患肝癌医治无效,在北京东城铁狮子胡同 5 号行辕逝世,终年 59 岁。临终前,他说的最后一句话是:“和平、奋斗、救中国。”

孙中山留有国事遗嘱,给家人的遗嘱和致苏联遗言。

孙中山的逝世,举国为之震惊。

中共中央发表《中国共产党为孙中山之死告中国民众书》,沉痛哀悼这位同中共正在密切合作的伟人。斯大林等许多国家领导人和知名人士发来唁电。

3 月 19 日,由协和医院向中央公园移灵,沿途肃立的有十几万人,到处是花圈、挽联。直到晚上 7 时,送殡队伍尚未从公园散尽。

孙中山夫人宋庆龄、儿子孙科在孙中山灵堂前

从 3 月 24 日至 27 日为受吊之期。数十万人前往中央公园公祭孙中山,以表达人们的怀念之情。30 日,苏联赠送的玻璃棺由专人护送到京。从 3 月 12 日至 31 日,治丧处收到花圈 7000 多个,挽联、挽幅 500 余种。吊唁签名者达 74 万多人,连同接待的其他吊唁者共约 200 万人。

孙中山,名文,字德明,号日新,改号逸仙。1897 年在日本时化名中山樵,遂以中山著称。广东香山人。1878 年后在檀香山、香港求学。后入广州博济医院附属南华医学校、香港西医学院接受西学教育。1892 年毕业后在澳门、广州设医房行医,酝酿反清政治活动。1894 年春,上书李鸿章,提出改革主张,遭拒绝。是年赴檀香山组织革命团体兴中会，提出“驱除鞑虏，恢复中华，创立合众政府”的革命主张。1896 年在伦敦被捕，获救后于次年回国组织武装起义。1905 年中国同盟会成立后，孙中山被推举为总理，制定“建立民国，平均地权”的革命纲领，创办《民报》，揭示三民主义学说，主张用革命暴力推翻专制统治。曾多次组织起义，均遭失败。1911 年武昌起义后，被选为临时政府总统。1912 年 1 月 1 日在南京宣誓就职，4 月 被迫辞去总统职。1919 年，将中华革命党改组为中国国民党。1920 年组织中华民国政府，任非常大总统，筹划北伐。1924 年改组中国国民党，重新解释三民主义，实行联俄、联共、扶助农工三大政策，创建黄埔军官学校。

“五卅”运动

1925 年 4、5 月间，日、英、美等帝国主义在华势力连续制造了几起屠杀中国人民的惨案，继福州惨案和青岛惨案之后，又在上海枪杀工人及学生 60 多人，造成五卅惨案。惨案引起了全国性的五卅运动。在中国共产党领导下，上海的罢工、罢课、罢市斗争，迅速波及全国。香港工人大罢工坚持一年多。在政治上、经济上给英帝国主义以沉重打击。五卅运动促进了全国革命高潮的形成。

“五卅”惨案发生前聚集在南京路上的民众

5 月 7 日，上海日本纺织同业会决定拒绝承认工人的工会组织，并要求租界当局及中国政府取缔工会。14 日，内外棉第七厂的日本资本家又宣布闭厂，停发工人工资，不许工人上班。15 日，该厂夜班工人数百名进厂与资本家交涉，双方发生冲突。日本大班率领打手开枪射击。工人代表顾正红身中 4 弹，同时受伤者十余人，并有多人被捕房抓去。顾正红在医院死亡。

日人此举引起工人极大愤慨。16 日，内外棉第七、第八、第十二厂工人宣布罢工。上海的广大学生也纷纷走上街头，宣传讲演，支持工人。21 日，上海文治大学学生在街上募捐救济工人，被捕房逮捕。

5 月 30 日，上海大中学校 2000 余学生在公共租界散发传单，举行演讲，数十人被拘捕。下午，约近 1 万名学生和市民聚集在公共租界南京路的老闸捕房，要求释放被捕学生。租界当局命巡捕开枪驱赶，学生死 5 人，市民死 11 人、重伤 8 人、轻伤 10 余人。次日，英国巡捕及万国商团再次枪杀示威群众 3 人，伤 18 人。

6 月 1 日，上海各工会联席会议决定正式成立上海总工会，由李立三担任会长。总工会代表数十万工人在《热血日报》上发布宣言。

2 日，穿越苏州河到达南岸散发传单的工人与日本巡捕遭遇，被日巡捕开枪打死 2 人，重伤 3 人。同日，小沙渡工厂工人被厂方协同逮捕 4 人，当场枪杀后，沉尸苏州河中。3 日，杨树浦恒丰纱厂的日本人又枪杀号召罢工者 1 人，伤 2 人，并打死过路 1 名大学生。

连日来的枪杀事件激怒了上海人。罢工的工人达20多万人,罢课学生5万余人,大多数商人开始罢市。至8日,各国迅速派军舰进入上海。“海军陆战队”“万国义勇队”在上海登陆,并进入租界区驻防。

6月5日,中共中央发表《为反抗帝国主义野蛮大屠杀告全国民众书》,说“血肉横飞的上海,现在已成为外国帝国主义的屠杀场了!”与此同时,长沙、青岛、天津、广州等数十个城市的群众亦纷纷罢工、罢市、罢课,以声援上海工人。上海各界组成此次三罢的领导机构——上海工商学联合会。16日,北京政府派蔡廷干为代表赴沪;英、日等国也派出了6名代表,双方开始谈判。谈判前,租界当局被迫释放了被捕人员。

6月26日,声称每罢工一日,损失30万元收入的上海商人宣布单独复市,退出“三罢”运动。罢工的工人陷入孤军奋战的境地。策动这次罢工的中国共产党决定改变罢工策略,以一定的经济要求及地方性的政治要求为最低条件逐步复工,以等待时机,积蓄力量。28日,上海纱厂总工会领导日资纱厂工人同日方资本家进行复工谈判。双方达成下列协议:日方资本家不得携带武器,抚恤顾正红家属1万元,赔偿工人罢工期间损失10万元,处分凶手等。上海各行业的罢工工人陆续复工。

省港大罢工

1925年6月23日,英国海军陆战队在广东朝游行中的中国老百姓突然开枪、开炮,当场打死59人,重伤172人,轻伤者无数。

6月21日,为声援上海罢工者,香港、沙面工人也实行罢工,工人纷纷离职返回广州。23日举行大规模的示威游行。下午1时,广州各界20多万人在东校场举行市民大会,一致通过援助沪案条件16条。会毕进行游行。工人、商人、学生、黄埔学生等依次由东校场出发,经惠爱东路、永汉中路,直出长堤西壕口,过沙面租界河对岸的沙基。午后3时,当游行队伍行经沙面英、法租界对岸之沙基西桥口时,早已布置好的英、法海军陆战队,从沙面突然向示威群众开机枪扫射。游行队伍猝不及防,四散躲避,当场死亡59人,重伤者百余人,轻伤者无数。同时,驻扎在白鹅潭的外国兵舰也开炮向北岸示威。

1925年7月3日,省港罢工委员会成立,图为部分成员合影。左5苏兆征,左6邓中夏。

惨案发生以后,广东革命政府立即以广东省长胡汉民的名义向英、法、葡驻广州总领事提出最严重的抗议。

29日,广州各团体要求对英实行经济绝交。同日,香港25万工人举行全面总罢工,并有13万人陆续撤回广州。

7月3日,省港罢工委员会成立,苏兆征任委员长。

省港罢工委员会成立后，命令纠察队封锁香港。纠察队驻在东至汕头，西到北海，蜿蜒数千里海岸线上的各港口，维持地方治安，扣押英国货物，严禁粮菜外流，封锁香港、澳门与沙面之间的交通。香港顿时交通瘫痪、商务停顿、商店关门、食品奇缺，成为“死港”。

国民革命军誓师北伐

1926年7月9日，国民革命军在广州举行北伐誓师典礼。5月初，国民革命军第四军叶挺独立团和第七军第八旅第十五团，分别自广东肇庆和广西桂林挺进湖南，援助唐生智，揭开北伐序幕。6月4日，国民党中央执行委员会临时全体会议通过国民革命军出师北伐案。6月5日，广州国民政府任蒋介石为国民革命军总司令。6月28日，蒋介石命第四军第十、第十二两师自韶关出发援湘。

蒋介石在北伐誓师大会上发表讲话。台上左一为蒋介石。

7月1日，蒋介石发布北伐部队动员令。7月4日，国民党中央临时全体会议通过《国民革命军北伐宣言》。7月9日，在广州东校场隆重举行蒋介石就任国民革命军总司令和国民革命军北伐誓师大会。党政军负责人和各界民众5万余人参加大会。国民政府代主席谭延闿授印，国民党中央党部代表吴稚晖授旗，蒋介石谨受宣誓毕，致答词，并举行阅兵式，由李济深任总指挥，张治中任司礼。蒋介石发表宣言、通电和告广东军民书等。蒋介石以国民革命军总司令名义，宣告北伐正式开始。

同日，国民革命军总司令部成立。由蒋介石制定、国民政府颁布的《国民革命军总司令部组织大纲》规定，凡国民政府下之陆、海、空各军，均归其统辖；国民革命军总司令，对国民政府与中国国民党，在军事上完全负责并兼任军事委员会主席；出征动员令下后，即为战争状态。凡国民政府所属军、民、财政各部机关，均须受总司令指挥，秉其意旨，办理公事。

7月11日，国民革命军进占长沙。国民革命军自出师以来，进展迅速。7月6日，国民革命军第七、第八军在湘潭以西强渡涟水，攻占娄底镇；9日晨，湘军向常德、长沙溃退。7月9日，国民革命军第八军占领湘乡，7月10日进占湘潭市，7月11日占领长沙。

上海工人第三次武装起义

1927年，在北伐节节胜利的形势下，上海工人发动第三次武装起义。这次起义吸取了前两次起义失败的教训，组织严密，行动迅速，获得成功，有力地支援了北伐军。

周恩来

3月21日,上海工人发动第三次武装起义。

武装起义由中共中央军委书记兼江浙区军委书记周恩来任总指挥,同中共江浙区委负责人罗亦农、赵世炎一起负责领导工作。为确保武装起义胜利,上海区委组织5000人的纠察队,秘密进行政治、军事训练。派一部分工人打入敌人的"保卫团",掌握一部分武器,借敌人的训练和装备,扩大工人纠察队的武装和军事素质。又在市民、特别是贫苦市民中进行广泛细致的政治工作。并根据敌人所在地区力量的强弱,划分了七个作战区域,规定了各区工人纠察队的任务,将敌人兵力较强的闸北区作为起义进攻的重点区。起义前十天,铁路工人中断了铁路运输,使北洋军阀在上海的警备司令毕庶澄部3000人和当地警察2000人处于孤立无援的境地。

3月21日,中共上海区委于上午9时正式做出发动第三次武装起义的决定。中午12时起,在周恩来等的领导下,上海80万工人开始罢工,学生开始罢课,商人开始罢市。总罢工实现后便马上转入武装起义。

武装起义以工人纠察队为先锋,按照预定计划攻打各警署和兵营。起义工人攻下市电话局、电报局,占领警察局和兵营。在战斗中,市民奋勇助战,为起义工人修筑工事;大小饭店的店员赶制食品,供应前线,袖带红十字的男女济难会员奔跑于前线和后方,救护起义的伤员。在工人武装的强大攻势下,敌人挂起白旗缴械投降。

21日晚,各路起义武装先后占领南市、沪东、沪西、浦东、虹口、吴淞六个区,只有闸北仍在激战。22日晚6时,起义工人攻占上海北站,消灭了闸北最后据点。这次武装起义有300多位工人牺牲,1000多人负伤。

22日,上海市民代表会议召开,宣布上海特别市临时政府成立。

南昌起义

1927年8月1日2时,在周恩来、贺龙、叶挺,朱德、刘伯承的领导下南昌起义开始。

起义总指挥部设在江西大旅社,按照中共前委的作战计划,由贺龙指挥的第二十军第一、第二师,向旧藩台衙门、大士院街、牛行车站等处守军发起进攻;由叶挺指挥的第十一军第二十四师向松柏巷天主教堂、新营房、百花洲等处守军发起进攻。经5个小时的激战,全歼守敌3000余人,缴获各种枪5000余支,同日下午,驻马回岭的第二十五师第七十三团和第七十五团,在聂荣臻、周士第率领下参加起义,于2日拂晓开到南昌,与主力部队会合。

起义部队沿用"国民革命军第二方面军"的番号，由贺龙兼代总指挥，叶挺兼代前敌总指挥，刘伯承任参谋长，郭沫若任政治部主任。下辖3个军：第十一军由叶挺任军长，聂荣臻任党代表；第二十军由贺龙任军长，廖乾吾任党代表；第九军由韦杵任军长（未到职），朱德任副军长，朱克靖任党代表。

南昌起义打响了共产党武装斗争的第一枪，是中国共产党拥有独立的武装力量的开始。

井冈山根据地建立

由于国民党当局的残酷镇压，各地起义均遭失利。毛泽东率领秋收起义的队伍撤退到井冈山，创立了第一个农村革命根据地，为中国革命开辟了农村包围城市的道路。此后，朱德、陈毅率领南昌起义保留下来的部队，彭德怀率领平江起义部队先后到达井冈山，壮大了革命队伍。

任中共湖南省委前敌委员会时的书记毛泽东

1927年10月，中共红色军队开始在井冈山创立其第一个农村根据地。井冈山根据地位于湖南、江西两省边界罗霄山脉中段，包括江西的宁冈、永新、莲花、遂川和湖南的炎陵县、茶陵等县。

秋收起义部队在三湾改编后，10月3日到达江西省宁冈县的古城，前敌委员会召开会议，总结了起义的经验教训。然后起义部队沿罗霄山脉南下，且走且战，行程约千里，于27日到达井冈山地区，在宁冈、永新、茶陵、遂川等县恢复和建立了党的地方组织，建立工农兵政府，建立各县农民赤卫队，将当地袁文才、王佐领导的两支地方武装，经改造编为工农革命军第一师第二团，为建立井冈山根据地奠定了基础。

1928年2月，朱培德趁井冈山工农革命军主力在遂川分兵发动群众之际，以第二十七师第七十九团一个营进驻宁冈新城，会同当地靖卫团，对井冈山革命根据地发动第一次"进剿"。井冈山前委决定运用毛泽东提出的"分兵以发动群众，集中以应付敌人"的战术原则，消灭该敌。中旬，毛泽东率工农革命军第一团由遂川返回茅坪，与第二团会合。18日，工农革命军第一、第二团在赤卫队和群众的支援配合下，一举攻占新城，首次歼敌正规军一个营，俘敌300余人，粉碎了国民党军的第一次"进剿"。

毛泽东领导秋收起义

1927年8月7日，中共中央在汉口召开紧急会议，纠正和结束了陈独秀右倾投降主义路线，并决定在湘、鄂、赣、粤四省趁秋收时节发动农民暴动。毛泽东以中央特派员的身份到湖南领导湘赣边界秋收起义。

9月初，毛泽东在安源张家湾召开军事会议，将参加起义的武装编为工农革命军第一军第一师，卢德铭为总指挥，余洒度为师长，下辖3个团，起义总兵力达8000人。

9月9日，湘赣边界秋收起义爆发。起义部队分3路向长沙进攻。第一、第四两团从修水出发，向平江进军，经长寿街时，由于第四团叛变，第一团腹背受敌，损失较大，被迫撤出战斗，向浏阳方向转移。10日，第二团在安源起义，攻占醴陵、浏阳县城。11日，第三团在毛泽东领导下于铜鼓起义，占领白沙镇和东门市。鉴于3路进攻部队均受挫，毛泽东命令各团向浏阳县城东南之文家市集中。

19日，工农革命军3个团的余部陆续到达文家市集中。当晚起义前委召开会议，同意毛泽东提出的放弃攻打长沙，沿罗霄山脉南移，寻求根据地。

广州起义

1927年12月11日，中共广东省委根据中共中央的指示，决定趁粤、桂军阀混战，广州城内兵力薄弱之际，发动起义。中共广东省委书记张太雷任革命军事委员会委员长，叶挺任总指挥，叶剑英任副指挥，徐光英任参谋长。起义以国民革命第四军教导团、警卫团一部及广州工人赤卫队为主力。

凌晨起义爆发，部队向广州市各要点发起突然攻击，仅2小时，广州大部分市区解放，经十余小时奋战，市区国民党政府军及保安队大部被歼。当天上午，广州苏维埃政府宣告成立，并发表宣言。

广州起义烈士陵园

广州起义震惊了国内外。在英、法、美、日等国支持下，张发奎、李福林等调集9个团的兵力，从东、南、北三面围攻广州，起义军未能立即主动向农村转移，遭到重大损失，张太雷中流弹牺牲。经3天浴血奋战，起义军余部撤出广州。一部分在花县编为工农革命军第四师，转至海丰、陆丰，参加了东江地区的革命斗争；一部分退至广西左、右江，参加了后来的左、右江起义；少数人北至韶关，加入南昌起义部队，上了井冈山。

12月15日，共产国际发表《为广州暴动告全世界工人兵士及被压迫民众宣言》，指出:“广州在革命斗争之中,顿开一新的局面”,“广州工人空前的英勇精神实在是世界历史上伟大的事实”。并断言,虽然“红色的广州已经失陷了,现在正在大批的屠杀工人与共产党员,但是中国革命工人的红军已经突出重围,准备卷土重来”。号召全世界的工人和被压迫民众“赶快起来,赞助中国的苏维埃”!

百色起义

1929 年 12 月 11 日,中共中央代表邓小平和共产党人张云逸、雷经天、韦拔群等,领导在共产党掌握和影响下的广西警备第四大队、教导队和右江农民军,在广西右江百色市举行起义,占领了右江区域内的百色、田东等十余县,建立了红军第七军,张云逸任军长,邓小平任前委书记兼政委。接着,红七军在平马召开右江工农兵代表大会,成立了以雷经天为主席的右江苏维埃政府。

中原大战爆发

1930 年发生的蒋阎冯大战,历时 7 个月,这是民国史上最大的一次军阀混战。

中原大战前,蒋介石与冯玉祥(左)、阎锡山合影。

1929 年初,蒋介石召开“编遣会议”,企图裁减冯玉祥、阎锡山和李宗仁的军队。这就激化了他与地方实力派之间的矛盾。同年 3 月,首先爆发的是蒋桂战争,以桂系失败告终。接着发生蒋冯战争、第二次蒋桂战争和蒋唐(生智)战争。以国民政府名义下“讨伐令”的蒋介石在这些战争中都取得了胜利。

战争期间,国民党改组派、西山会议派等反蒋派别在北平联合召开了国民党中央党部扩大会议,成立了以阎锡山为首的国民政府。1930 年 4 月 1 日,阎锡山就任“中华民国军总司令”,冯玉祥、李宗仁就任副总司令,3 人分别在太原、潼关、桂平宣誓就职。冯玉祥在就职宣言中指斥蒋介石为国家动乱不安的祸根,历数了蒋介石践踏民主,弄权卖国的种种恶端,并发誓要为国家除此祸害。

但随着阎、冯不断失利,张学良率东北军入关支持蒋介石。9 月 18 日,张学良通电拥蒋,旋即派东北军 12 万人入关。蒋、冯、阎中原大战正在胶着之时,东北军大兵入关,双方天平迅即倾斜。21 日,东北军占领天津,23 日占领北平。晋军力疲不当,一触即溃,迅速西退。阎、冯联盟崩溃,蒋、张联盟胜利。

11 月 4 日,阎锡山、冯玉祥通电下野,至此,历时 7 个月的中原大战结束。大战中,蒋介石与阎、冯、李双方投入兵力多达 110 万,伤亡 30 余万。战线东起山东,西至襄樊,南迄长沙，绵延数千里，战火席卷中原大地，生灵涂炭。

红军第一次“反围剿”胜利

1928年夏，中国共产党在莫斯科召开了第六次代表大会，决议展开土地革命，创建工农红军，建立苏维埃政权，以武装斗争推翻国民党统治。此后，工农红军和革命根据地都有很大发展。毛泽东、朱德率领红四军主力，开辟了中央革命根据地，包括湘赣、赣南、闽西、湘鄂赣和闽浙赣等几个地区。此外，还有鄂豫皖、湘鄂西、左右江、陕北等十几块根据地。各根据地先后开展了土地革命，打土豪，分田地，变封建地主所有制为农民的土地所有制，使红色政权获得深厚的群众基础。1931年11月，中华苏维埃共和国临时中央政府在江西瑞金成立，毛泽东任主席。

被红军俘虏的国民党军队第18师师长张辉瓒

对中国共产党人的革命斗争，特别是红色根据地的发展，国民党十分恐慌。从1930年蒋阎冯大战结束后，一方面在其统治区内加强对文化教育事业的控制，发动新生活运动，对进步文化实行文化“围剿”。一方面抽调庞大兵力，由蒋介石指挥，对革命根据地连续发动四次军事“围剿”。

1930年10月，蒋介石调集10万兵力，以江西省政府主席兼第九路军总指挥鲁涤平为总司令，师长张辉瓒为前线总指挥，采取“分进合击，长驱直入”的作战方针，向中央苏区进行第一次“围剿”。11月1日，毛泽东、朱德签发了红军第一方面军命令，一方面军约4万人，主力转移到赣江以东的新淦、吉水、永丰、乐安、宜黄、崇仁等地。5日，国民党军向袁水流域推进，继向赣江东岸逼近，寻求红军主力决战。26日，红军主力全部退到东固、南垄、龙冈地区。不日，又秘密转移到黄陂、小布地区，隐蔽待机。

12月，毛泽东指挥红一方面军约4万余人，采取诱敌深入的战略，已将主力移至根据地腹部的黄陂、小布地区整训备战。国民党军分路进至吉安、吉水、永丰、东安、宜黄等地后，增兵至9个师，16日，由吉安、建宁一线分8路纵队大举进攻根据地中心区。25日至27日，第五十师、第二十四师、第八师相继进占源头、洛口，头陂。29日，前敌总指挥兼第十八师师长张辉瓒率师部及两个旅进至龙岗，第二十八师一部进攻约溪，红军以小部兵力钳制东面源头、洛口、头陂等地之敌和西面进攻的约溪之敌；主力由于30日突攻龙岗，激战至晚，全歼第十八师，生俘张辉瓒。红军乘胜追击，于东韶一带又歼第五十师大半，打破国民党第一次“围剿”。

第二次“反围剿”

第一次围剿中央苏区失败后，蒋介石就筹备进行第二次围剿。

1931 年 3 月 28 日，国民党南昌行营对中央苏区第二次“围剿”部署就绪。是日下达总攻击令，限各部 4 月 1 日开始分路向苏区攻击前进。

4 月 1 日，蒋介石调集 20 万兵力，以何应钦为总司令坐镇南昌指挥，从江西吉安到福建建宁 800 里战线上，中央军以“稳扎稳打，步步为营”为方针，分兵 4 路向中央革命根据地分进合击。

4 月 17 日，由任弼时、王稼祥、顾作霖组成的中央代表团从闽西到达宁都的青塘，与中共苏区中央局成员毛泽东、朱德、项英会合。是日，在宁都青塘召开会议，作为中共苏区中央局第一次扩大会议的继续。

毛泽东留在苏区打的主张得到多数赞同，并采纳了毛泽东提出的“先打弱敌”的具体作战方针，决定先集中兵力打富田地区的王金钰这一路国民党军。会后，朱德、毛泽东、周以栗、彭德怀、林彪等去前方，陈毅去赣西南特委任书记，苏区中央局由项英、任弼时、王稼祥 3 人主持工作。

由于采取了毛泽东的正确战略，红军机动灵活，在苏区人民的配合下粉碎了第二次围剿。

第三次“反围剿”

国民党军队第二次围剿中央苏区失败，硝烟尚未散尽，蒋介石就进行第三次围剿。

1931 年 6 月 22 日，蒋介石带英、日、德等国军事顾问由南京抵达南昌，策划对中央苏区进行第三次“围剿”的军事部署。

25 日，蒋介石自任“围剿”军总司令，任命何应钦为前敌总司令兼左翼集团军总司令，陈铭枢为右翼集团军总司令等。随后，调集 23 个师又 3 个旅，约 30 万人的兵力，采取“分路围攻，长驱直入”的方针，准备对中央苏区发动第三次“围剿”。

长征红军中的女兵

7 月中旬，红一方面军为击破国民党军第三次大规模“围剿”，继续实行诱敌深入的方针。时红军主力远在闽西，且未得到休整和补充，只有3万余人。为应付强大之敌，毛泽东提出“避敌主力，打其虚弱，乘胜追歼”的作战方针。

10日前后，毛泽东、朱德指挥方面军主力从闽西北等地区出发，绕道千里回师赣南，于22日前抵达雩都以北的银坑、琵琶垄地区，并与由湘赣苏区转来的红七军及红二十军第一七五团会合。

随后，部队稍事整顿，于28日转至中央革命根据地后部兴国县高兴圩地区寻机破敌。

9月初，对中央苏区进行第三次“围剿”的国民党军，在根据地军民连续打击下，全线撤退。红一方面军乘机对退却之敌实施追击和截击，进一步扩大战果。

15日，红一方面军主力在江西兴国县方石岭地区全歼国民党军第五十二师、第九师炮兵团和一个步兵营，俘敌5000余人。缴各种枪支4500余，子弹120余万发。至此，红一方面军历经一个多月作战，六战六捷，共歼敌17个团3万余人，缴枪万余支，粉碎了国民党军对中央革命根据地的第三次“围剿”。

中华苏维埃共和国成立

1931年11月7日至20日，中华苏维埃第一次全国代表大会在江西瑞金召开。中央、闽西、湘鄂赣、湘赣、湘鄂西、豫东北、琼崖等各苏区及红军各部均选派代表出席，共610人参加。

大会通过了《中华苏维埃共和国宪法大纲》《中华苏维埃共和国劳动法》《中华苏维埃共和国土地法》《中华苏维埃共和国关于经济政策的决定》等文件，发表了《中华苏维埃共和国临时政府对外宣言》和《中华苏维埃第一次全国代表大会告全中国工人与劳动民众书》。

大会产生了中华苏维埃共和国临时中央政府，并选出63人为中央执行委员。25日，组成中华苏维埃共和国中央革命军事委员会(也称中国工农红军革命军事委员会)，以朱德为主席，王稼祥、彭德怀为副主席。27日，中央政府执行委员会举行第一次会议，选举毛泽东为中华苏维埃共和国中央执行委员会主席，项英、张国焘为副主席。

1933年1月，中共临时中央政治局被迫由上海迁至中央革命根据地瑞金。临时中央政治局主要成员博古、张闻天、陈云于1932年底先后由上海出发，经福建永定、上杭，于本月初抵达瑞金。临时中央迁到苏区后，中共中央政治局总负责人为博古，组织部长为任弼时，宣传部长为张闻天，毛泽东被补选为政治局委员。

上海“一·二八”抗战

1932年1月18日，日本驻沪公使馆武官田中隆吉与日本女特务川岛芳子，故意制造事端，引起义勇军杀死日本僧人。于是在上海的日本人大肆冲击中国居民。

22日，日本驻上海舰队司令部在各报发表恫吓性的声明。24日，日本特务机关派人纵火焚烧了日本公使重光葵的公馆，然后诬指是中国人干的。日本以此为借口，大量向上海增兵。23日至28日，日军在上海集结了军舰23艘，飞机40余架，海军陆战队1830余人及武装日侨三四千人，分布在日租界和黄浦江上。

1月23日，第十九路军召开驻上海部队营长以上干部紧急军事会议，并电告中央政府，决心抗战，而南京当局命令十九路军撤退，上海市长还取消各种抗日团体，接受日本的无理要求。

19路军在闸北与日军巷战

1月28日23时30分，日本海军上海陆战队在指挥官鲛岛指挥下，以20余辆装甲车为前导，在炮兵支援下，向各路口中国守军阵地进攻。防守闸北的中国第十九路军第七十八师第一五六旅，依照总部23日下达的密令第二项之规定，当即奋起还击，前来接防的宪兵第六团一部亦奋起抵抗，双方展开激烈巷战。天亮以后，日军在装甲车的掩护下，连续发起猛攻，日机也由航空母舰起飞，对闸北、南市一带狂轰滥炸，战火迅速蔓延。守军第一五六旅所部，顽强抗击日军的进攻，以集束手榴弹对付日军的装甲车，组织敢死队以潜伏手段炸毁敌装甲车，坚守第一阵地，并在炮火掩护下适时向敌实施反击，打退日军的连续进攻。29日17时，第一五六旅主力加入战斗，进行反击，夺回北站及天通庵车站，并乘胜追击，一度攻占日军上海陆战队司令部，迫使日军退至四川路以东、靶子路以南地区。日军首次进攻以失败而告结束。

2月4日，日军发动第一次总攻，以数千人分三路会攻闸北，数百人攻击八字桥。但在中国守军的顽强抗击下，日军承认“进展不易”，被迫于午后撤回原进攻出发阵地。5日，日军再次进攻闸北，守军顽强战斗，阵地失而复得。至此，日军发动的第一次总攻被粉碎。

增援上海的日军混成第二十四旅，于2月6日在佐世保集中起航，驶向吴淞口。为掩护该部登陆，日本上海陆战队在植松少将指挥下，从7日7时50分开始，集中全力进攻吴淞。守军浴血抗击，战至12时，将日军击退。

8日拂晓，日军混成第二十四旅分三路向张华浜、蕴藻浜、吴淞镇进攻。至傍晚，日军攻击达10余次，均遭失败。10日至15日，日军多次组织进攻，均无收效。至此，日军已无力组织新的进攻，被迫原地固守待援，并在英、美、法、意等国公使出面调停下，再次处于休战状态。野村企图从几路包抄吴淞中国守军的计划，终被粉碎。

2月11日，中共临时中央发出《致上海反帝大同盟党团的一封信》。信中说：“目前反日反帝运动的一切宣传及行动，必须与武装拥护苏联，反对世界大战，拥护红军苏维埃等更紧紧地适合地联系起来。同时，对于目前像改组派、第三党、社会民主党、新生命派、托陈取消派等一切反动的或妥协的派别，必须对他们实行更锐利的斗争。”2月14日，中国工农红军总司令朱德、总政治部主任王稼祥联名发表《中国工农红军为日军进攻上海告十九路军士兵书》，赞扬第十九路军士兵奋起抗日的英勇行为。2月15日，中共临时中央发出《中央为上海事变给各地党部的信》。信中指出："上海目前所进行着的反日战争""明显地带有民族革命战争的意义"，"因此，我们党的任务，不是抵制这一战争，而是积极地加入这一战争"。

2月13日，根据日本天皇敕令，日军参谋总长闲院宫载仁急令陆军第九师火速增援上海。此时，在沪日军已达3万余人，野炮近70门，飞机60余架，并有舰艇数十艘集中于吴淞口。

开赴淞沪前线的抗日部队

18日下午，植田向第十九路军军长蔡廷锴发出最后通牒。第十九路军收到日军的通牒后，召开了高级军官会议，与会者群情激愤，怒不可遏。指挥部立即令前线部队集中炮火向日军阵地猛轰，作为对植田通牒的回答和警告。

20日7时30分，日军从正面向闸北至吴淞发起全线进攻。22日拂晓，日军再发起攻击。总指挥蒋光鼐于9时决心由江湾镇、庙行镇、蕴藻浜三个方向同时实施反突击，合围歼灭庙行镇之敌。至15时左右，各部到达出击位置，即全线向日军展开反突击。进攻庙行镇的日军全部陷入反突击部队的包围之中。经数小时激战，日军大部侥幸乘夜间突围逃窜，一部被包围歼灭于金穆宅，大小麦家宅一带。由于进攻庙行方向的日军遭到第十九路军反突击的沉重打击，陷入危境，使日军全线进攻破产。

2月25日，日军改用重点进攻突破一点的战术，以第九师主力在飞机、炮兵支援下，分三路同时向江湾、小场庙、庙行镇猛攻。26日拂晓，守军为改善防御态势和收缩兵力，主动放弃突出的江湾阵地，退守金家塘至竹园墩之线。17日下午，日军进占江湾镇。

3月1日，日军在上海发起全线攻击。总攻之前，上海日军已达7万余人，飞机约150架（另有海军飞机160架）和海军第一、第三舰队。此时，中国第十九路军（包括第五军）总兵力只有4万余人，并已相对减弱。3月1日6时30分，日军对淞沪地区发起全线攻击。守军在优势日军总攻之下，虽阵地多次被日军突破，但仍顽强与敌反复争夺。

正当第十九路军和第五军与日胶着在整个正面战线上顽强奋战之时，日军第十一师从3月1日6时开始，分别从七丫口、杨林口和六滨口登陆。当浏河危急之时，第十九路军无机动兵力可以增援，曾请求军政部速派两师兵力驰援浏河，但军政部置之不理。浏河失陷，使守军侧面及后方均遭严重威胁，不得已于3月1日晚全军退守第二道防线（即黄渡、方泰、嘉定、太仓之线）。

日军发现中国军队全线撤退后，于3月2日占领了闸北、大场、真如，3日进抵南翔。3月3日，国联开会决定，要求中日双方停止战争。至此，淞沪战事乃告结束。

伪满洲国成立

日军占领东三省后，一直寻求将占领合法化的手段，而隐居天津的溥仪等人在日本利诱下，潜往东北，投靠日军。

1932年3月1日，日本假借"满洲国"政府的名义，发表《建国宣言》，正式宣布"满洲国"成立。同时，按照关东军的安排，张燕卿、谢介石等到达旅顺"请驾"。溥仪表示"暂任执政一年"。

3月6日上午，溥仪和婉容以及郑孝胥等人，在日本特务的严密监视下，乘火车离开旅顺。

3月8日，火车到达长春。

3月9日，举行溥仪"就职典礼"。"满铁"总裁内田康哉、关东军司令官本庄繁、参谋长三宅光治、参谋板垣等都到场。

1932年3月9日，在日、伪军的护卫下，溥仪的汽车驶向执政府，举行就任仪式。

10日，溥仪根据关东军司令部提出的名单，任命了伪满洲国的官吏。伪满洲国的各级政权组织均设日本顾问和官吏以掌握实权。

3月10日，伪满洲国"执政"溥仪与关东军司令官本庄繁以换文形式，签订了一个出卖中国东北主权的密约，其主要内容为：

(1)"满洲国"的"国防"及治安，全部委托日本负责；其所需经费则由"满洲国"负担。(2)"满洲国"的铁路、水路、空路及新路之修筑，由日本管理。(3)日本军队所需的各种设施，由"满洲国"尽力供应。(4)日本人可以充任"满洲国"官吏，由关东军司令官推荐和解职。(5)日本有权开发中国东北的矿业资源；为"国防"计，日本所取得的采掘权，俱无期限规定；"满洲国"在制定或修改有关"国防"上所需要的矿产法规时，应事先征得日本的同意。(6)将来由两国缔结正式条约时，要以此密约所列的各项宗旨和规定为立约之基础。

红军第四次"反围剿"

1933年1月22日，蒋介石向鄂豫皖三省"剿共"部队发出特急令，疾呼："限期肃清……。现限期已到，望各将领督饬所部，淬励精神，抱除恶务尽之心，为一劳永逸之计。"29日，蒋介石到达江西省南昌，坐镇指挥对中央革命根据地进行第四次大规模"围剿"。

2月，中央根据地第四次反"围剿"开始。蒋介石调动兵力50万，分中、左、右三路军对中央革命根据地实行第四次"围剿"。中路军共12个师，由前敌总指挥陈诚率领，采取分进合击的战略，组成3个纵队，从乐安、南城、金溪等地进击广昌。红军以少数兵力诱敌第二、第三纵队往黎川方向，主力则移至敌之右翼，在广昌以西的东韶、洛口、吴村集结。26日，敌第一纵队分由乐安、宜黄进击广昌。

27日至28日，当敌人第五十二、第五十九师进入伏击圈后，红军左右两翼在黄陂地区的登仙桥、蛟湖和霍源等地，将敌分割包围。经两天激战，将敌人两个师基本歼灭，敌师长李明、陈时骥以下官兵1.3万余人被俘，缴步枪1万余支，迫击炮40余门，短枪500余支，轻重机枪300余挺，子弹数百万发，无线电1台。

3月15日，对红色根据地进行第四次"围剿"的中路军主力，在黄陂遭到打击后，即改变部署，将其"分进合击"的作战方针改为"中间突破"。是日，以6个师分成两个梯队由宜黄地区出发，经东陂、甘竹直扑广昌，寻求红军主力决战。红军先以第十一军将敌先头4个师向广昌方向吸引，主力则埋伏在草台岗、东陂地区。21日晨，红军主力突然向进至草台岗、东陂一带的敌人后尾两个师发起攻击，激战一日，歼敌第十一师大部和第九师一部。余敌仓皇撤退。红军共歼敌近3个师，俘敌1万余人，缴枪1万余枝，解除苏区危机。中央苏区与闽浙赣苏区连成一片，红军迅速扩大到8万多人。

抗日同盟军成立

1933年5月26日，冯玉祥、吉鸿昌、方振武在张家口宣布组建"察哈尔民众抗日同盟军"，冯玉祥任总司令，方振武任前敌总司令，吉鸿昌任前敌总指挥。

同日，冯玉祥发表就职通电说："日本帝国主义对华侵略得寸进尺，直以灭我国家，奴我民族，为其绝无变更之目的。握政府大权者，以不抵抗而弃三省，以假抵抗而失热河，以不彻底局部抵抗而受挫于淞沪平津。"他还说："率领志同道合之战士及民众，结成抗日战线，武装保卫察省，进而收复失地，争取中国之独立自由。有一分力量，尽一分力量，有十分力量，尽十分力量，大义所在，死而后已。"

7月1日，同盟军左路收复宝昌，乘胜发起多伦战斗。7日23时，同盟军分路发动进攻，经两天三夜激战不下，吉鸿昌乃亲率敢死队，赤膊匍匐前进，连续三次登城，仍未奏效，伤亡200余人。12日晨1时，吉鸿昌利用夜暗再次组织猛攻，城内鸣枪响应，同盟军终从北、西、南三门攻入城内，经3小时巷战，收复多伦，为"九·一八"以来中国军队首次收复失地之举。

消息传开，全国振奋，而南京政府反而派兵压迫同盟军。

方振武、吉鸿昌所率抗日同盟军连日受到国民党军及日军的围攻，又遭飞机轰炸，伤亡惨重。10月16日，北平军分会派北平慈善团体代表刘砥泉等4人到战地晤方、吉，促其罢兵；日军限其下午3时前退出战区。方、吉被迫派代表到顺义第三十二军商震部洽商解决办法。下午2时，方、吉至马家营与商震、徐庭瑶晤面。下午4时半，方、吉通电申述抗日经过及不得已离军之苦衷，旋被押解北平。二人中途脱逃，吉避入天津租界，方则辗转流亡国外，所部6000余人被缴械。抗日同盟军在日军蒋军的夹击之下到此完全失败。

第五次“反围剿”失利

1933年9月25日，蒋介石集中了100万军队，200架飞机，向各红色根据地发动第五次军事“围剿”。其中，用于进攻中央苏区的兵力达50万，这些兵力分成四路：北路以顾祝同为总指挥，以陈诚兼任前敌总指挥，指挥约22个师又两个旅，是为蒋军“围剿”的主力；西路以何键为总指挥，指挥约14个师又一个旅；南路以陈济棠为总指挥，指挥约14个师又两个旅；东路以蒋鼎文为总指挥。

蒋介石鉴于前四次军事“围剿”的失败，改变了“长驱直入”的作战方法，采取“步步为营、堡垒推进”，企图逐步紧缩苏区，消耗红军有生力量，最后寻求红军主力决战，以达到消灭红军的目的。是日，国民党北路军的4个师向中央苏区的战略要地黎川进攻，宣告了第五次“围剿”的开始。

中央苏区“国门”黎川失守，中革军委仍企图“御敌于国门之外”，命红一方面军主力北上恢复黎川。国民党军在硝石至资溪桥不到20公里的一线上集中了7个师又一个旅的兵力，企图完成构筑黎川、硝石之间的碉堡封锁线。中革军委不顾情况变化，命红军继续进攻。10月18日，红一军团由抚河以西进到抚河以东，红三、五、九军团在资溪桥地区同敌人决战。22日，红五、九军团进攻资溪桥和潭头市，连攻4天未能占领。红军开始丧失主动。

红军开始长征

1934年10月，中央红军主力及中央机关共8.6万余人，从福建长汀、宁化和江西瑞金出发，开始长征。

“九·一八”事变以后，日本连续进攻中国，东三省沦陷，华北落入日本控制。对日本侵略者奉行退让政策的蒋介石，对共产党领导下的革命根据地却不断发动军事“围剿”。1933年7月，他在庐山举办军官训练团，聘请德国军事顾问和教官，训练了大批军事人员；并于9月集中了100万军队、200架飞机，向革命根据地发动了第五次军事“围剿”。其中用于进攻中央革命根据地的兵力就有50万。当时，由于共产党内“左”倾冒险主义在中央占了统治地位。致使国民党统治区的共产党组织遭到严重破坏。1933年初，中国共产党临时中央局被迫由上海迁入中央革命根据地。为了全面推行“左倾”错误路线，他们开展“反右倾机会主义”的斗争，借此排斥毛泽东所代表的正确路线，终于导致第五次反“围剿”战争的失败。1934年10月，中央红军主力及中央机关共8.6万余人，从福建长汀、宁化和江西瑞金出发，开始长征。

1934年5月16日，国民党东路军第十纵队第八十八师孙元良部，在其北路军第三、第八纵队和空军的配合下，攻占建宁。其后，红军在古龙冈以北地区多次进行反击作战，均未奏效。中央红色根据地日见缩小。鉴于广昌失守后，国民党军已开始迫近中央苏区腹地,从事内线作战已十分困难,中共中央书记处在瑞金召开会议,决定红军主力撤离中央苏区,进行战略转移,并将这一决定请示共产国际批准。

长征前的红军队伍

7月,中共中央令红七军团组成"中国工农红军抗日先遣队"。7月6日,红七军团从瑞金出发。7月15日,中华苏维埃共和国中央政府、中国工农红军革命军事委员会发表《为中国工农红军北上抗日宣言》。宣言说,苏维埃政府和工农红军绝不能坐视中华民族沦亡于日本帝国主义的侵略,故在同国民党优势兵力决战的紧急关头,苏维埃政府和工农红军不辞一切艰难,以最大决心派遣抗日先遣队北上抗日。

10月10日夜间,中共中央和红军总部悄然从瑞金出发,率领红一、三、五、八、九军团连同后方机关共8.6万余人进行战略移。

10月10日,根据中共中央对于主力红军退出中央根据地后的部署,苏区中央分局、中央军区、中华苏维埃共和国中央办事处成立。苏区中央分局由项英、陈毅、贺昌、邓子恢、张鼎丞、谭震林、梁柏台、陈潭秋、毛泽覃、汪金祥、李才莲等组成,项英任书记,直接指挥红军第二十四师和独立三、七、十一团及赣南军区、闽西军区的地方部队,共计三四万人兵力,坚持游击战争,保卫苏区。

10月16日,中央红军南渡贡水,19日全部进入突围集结地域。

21日,中央红军从王母渡、新田之间突破国民党军的第一道封锁线。

11月5日,红一方面军进入汝城、城口间第二道封锁线。

8日,红一方面军全部通过第二道封锁线。

11日,红一方面军攻占宜章县城,越过粤汉路进入浆水、麻田、梅田,次日经香花岭向临武、嘉禾推进,开始冲越第三道封锁线。至15日,由良田至宜章间全部通过国民党军第三道封锁线,进至临武、蓝山、嘉禾地域。随后兵分两路西进,先后占领道县、江华,渡过潇水。

12月1日,中共中央机关和红一方面军主力全部渡过湘江,突破了国民党军第四道封锁线。中央红军从长征开始时的8.6万人锐减为3万人。

遵义会议

1935年1月1日,红军抢渡乌江成功,1月8日进驻遵义。

1月15日至1月17日,中共中央政治局在贵州省遵义召开扩大会议。出席会议的有中央政治局委员毛泽东、朱德、周恩来、张闻天、陈云、博古,政治局候补委员王稼祥、邓发、刘少奇、何克全,红军总参谋长刘伯承,总政治部代主任李富春,各军团主要负责人林彪、聂荣臻、彭德怀、杨尚昆、李卓然,中央秘书长邓小平,共产国际军事顾问李德及其翻译伍修权等。

遵义会议会址

毛泽东在会上做了重要发言，对第五次反“围剿”和长征以来的“左”倾军事路线进行了分析批判。到会的许多同志发言，支持毛泽东的意见。经过讨论，通过了《中共中央关于反对敌人五次“围剿”的总结决议》。决议明确指出红军第五次反“围剿”的失败以及退出根据地后遭到的严重挫折，主要原因是博古和李德在军事指挥上犯了一系列原则性错误。

会议选举毛泽东为中央政治局常委，取消了博古、李德的最高军事指挥权，决定由中央军委负责人周恩来、朱德负责军事工作。随后根据会议精神常委进行分工，由张闻天代替博古总负责，毛泽东、周恩来负责军事。这次会议结束了王明“左”倾冒险主义在中央的统治，确立了毛泽东在中共中央的领导地位。

在毛泽东指挥下，中央红军连续取得胜利，佯攻贵阳，直逼昆明，四渡赤水。

5 月 1 日，红一方面军主力开始抢渡金沙江。红军分三路抢渡：红一军团抢占龙街渡，红三军团抢占洪门渡；中央军委纵队和红五军团抢占皎平渡。抢渡金沙江后，红一方面军跳出了几十万国民党军围追堵截的包围圈，5 月 29 日，红军强渡大渡河成功，把尾追之敌全部甩在金沙江以南。

红一、四方面军会师

1935 年 6 月 12 日，中央红军翻越夹金山。中央红军强渡大渡河，在汉源击溃川军杨森部后，经天全、芦山抵宝兴。6 月 12 日，自宝兴县硗碛村出发，翻越长征以来的第一座雪山夹金山。此山海拔 4000 多米，一上一下 70 里路，高山缺氧，积雪终年不化，行人翻越十分困难，有些人坐下休息就再也起不来。

同日，红一方面军先头部队翻越终年积雪的夹金山后，到达四川懋功达维地区，与李先念率领在此迎接中央红军的红四方面军第三十军会合。14 日，中共中央、中革军委到了达维镇。接着在懋功以北的两河口举行红一、红四方面军会师大会。毛泽东、朱德、周恩来和领导红四方面军的张国焘都出席了大会。两大主力红军会师，增强了红军的战斗力，总兵力达 10 多万人。

会师后中共中央与张国焘意见不统一，未能解决统一行动问题。

8 月 21 日，红一、红四方面军混编为左、右路军后，开始穿越草地。是日，红军右路军由毛泽东、周恩来、徐向前等率领，自毛儿盖出发，进入草地。这里荒无人烟，到处是野草覆盖的沼泽和黑色淤泥潭，稍一不慎，踏入泥潭，就可能被吞没，许多官兵因此牺牲在草地中。27日，右路军走出草地到达巴西地区，等待左路军前来会合。此时，红军左路军由朱德、张国焘、刘伯承等率领，由卓克基出发，也穿过草地，到达阿坝地区。

8月29日，中共中央率领右路军到达班佑、包座地区。徐向前、陈昌浩指挥第三十军全部和第四军一部，进行了包座战斗，共歼国民党军5000余人，俘国民党军800余人，击毙国民党军师长伍诚仁，于31日占领包座。这次战斗的胜利，打开了红军北上的门户，为实现北上战略方针创造了极为有利的条件。

9月8日，张国焘在阿坝致电中革军委，坚持"乘势南下"的主张，密电右路军中的前敌总指挥部政治委员陈昌浩，命令他率军南下，分裂和企图危害中共中央。前敌总指挥部参谋长叶剑英发现这个电报，立即报告了中共中央和毛泽东。中共中央政治局立即在巴西召开紧急会议，决定率领右路军中的第一、三军和军委纵队8000余人继续北上。

9月12日，中共在四川北部的俄界召开中央政治局扩大会议。会议揭露和批判了张国焘的退却、军阀主义和反党、分裂红军的错误。会议决定将第一、第三军团改组成中国工农红军陕甘支队，由彭德怀任总司令，毛泽东任政委，继续北上。

15日，张国焘在阿坝召开"川康省委扩大会议"，并做出《阿坝会议决议》，称中共中央北上抗日的路线为"机会主义""右倾逃跑"。同日，张国焘以"中国工农红军总政治部"名义下达《大举南进政治保障计划》，17日，发出南下命令。

18日，红军指战员忍受饥饿、疲劳和寒冷，再次穿越草地南下。

红军二万五千里长征结束

1935年9月16日，中央红军抵达甘肃南部的天险关隘腊子口。国民党军鲁大昌部3个团据险阻击红军前进。当天，红军正面强攻，未能突破国民党军防御阵地。17日，红军两个连攀悬崖陡壁，穿插国民党军侧背，一举将守军击溃。天险腊子口突破后，中央红军进入甘南开阔地带，北上陕甘地区的通道开辟出来了。

22日，毛泽东等在哈达铺期间，通过国民党的报纸了解到陕北红军的大致情况。

27日，中共中央政治局在榜罗镇召开会议，正式决定以陕北作为领导中国革命的大本营。

9月16日，红二十五军与陕甘红军会师。

10月19日，红军到达陕甘革命根据地的保安县吴起镇。至此，中共中央、红一方面军主力历时一年的长征结束。途经福建、江西、广东、湖南、广西、贵州、云南、四川、西康、甘肃、陕西11个省。行程二万五千里。

11月23日，中央红军和陕北红军联合作战，发动直罗镇战役。中央红军到达陕北后，蒋介石调集东北军5个师的兵力，分两路向红军大举进攻。毛泽东决定集中兵力，先在直罗镇地区摆下"布袋阵"。是日，东北军一〇九师被诱入直罗镇，红军主力分南北两路夹击，全歼该师，活捉师长牛元峰，同时又在阻击援兵中歼灭敌一〇六师1个团，取得直罗镇战役的胜利。

华北事变

1935年，日本军国主义的魔爪已经伸入华北，他们不断制造事端，向中国政府提出攫取华北统治权的无理要求。

该年5月，日本特务4人潜入察哈尔境内进行军事侦察活动，6月5日在张北县被中国驻军扣留。日本竟以"张北事件"为借口，提出无理要求。6月27日以换文方式达成协议，时称《秦土协定》。这个协定的主要内容是：1.向日军道歉，撤换与该事有关的中国军官，担保日本人在察哈尔省可自由活动；2.取消察哈尔省境内一切国民党机关；3.成立察东非武装区，中国军队第29军从该地区全部撤退；4.将察哈尔省主席宋哲元撤职。

日本侵略者为进一步控制华北，又借口天津两个汉奸报社社长被杀和东北义勇军孙永勤部进入滦东"非武装区域"，指责中国方面"破坏"《塘沽协定》，由日本天津驻军参谋长酒并于5月29日向国民政府提出交涉。同时，自东北调遣日本军队入关，以武力相胁迫。6月9日，日本东北驻屯军司令官梅津美治郎向国民政府北平军分会代理委员长何应钦提出"党书"及附带事，主要内容是：中国政府在河北的党政机关要取消，中国驻河北的中央军和东北军一律撤退，禁止一切抗日活动。7月6日，何应钦复函梅津，全部承诺日方的无理要求，即达成《何梅协定》。于是，中央军和东北军撤离河北省。河北省和平、津两市的国民党党部也撤退，日本侵略军占领了平、津一带战略要地，中国在河北和察哈尔两省的主权大部分被日本军国主义攫取。

接着，日本侵略者又策动汉奸制造所谓华北5省"自治运动"，企图使河北、察哈尔、绥远、山东、山西等省脱离中国政府。10月，日本派特务唆使汉奸、流氓在河北省东部的香河县举行暴动，占领县城。11月，汉奸殷汝耕在通州区成立所谓"冀东防共自治委员会"（后来改称"冀东防共自治政府"）。面对各方面的压力，国民政府于12月指派宋哲元成立冀察政务委员会，想以此来应付当时的危局，但华北已名存实亡，政治、经济实权都已落入敌手。

日本军国主义者在1935年侵略华北的这一系列事件，其目的是炮制第二个伪满洲国——"华北国"。时局的演变，使全中国人民加深了对民族危机的认识。

"一二·九"抗日救亡运动

1935年12月9日，北平学生爆发"一二·九"抗日救亡运动。

1935年下半年，由于日本侵略者的步步紧逼，国民政府的步步退让，处在国防前线的华北同胞，满怀亡国灭种、大祸在即的忧患。

民族多难，失地丧权。在这危急关头，中国共产党北平临时工作委员会组织领导北平爱国学生数千人，于12月9日上午10时半，齐集新华门前请愿，高喊"打倒汉奸""反对华北自治运动""打倒日本帝国主义""停止内战，一致对外"等口号。随后，举行了声势浩大的示威游行。游行队伍在西单和东长安街与军警发生了冲突。学生们像醒狮一样怒吼,把“九·一八”以来郁积在心头的仇恨和愤懑,都喷发了出来!第2天,北平各校学生宣布总罢课。12月16日,北平44所大、中学校学生和市民1万余人,又先后集合在天桥广场和正阳门前召开市民大会,通过《不承认冀察政务委员会》《反对华北任何傀儡组织》和《收复东北失地》等议案。学生们还分别向市民讲演,全体学生哭声凄怆,围立两旁的市民无不洒泪呜咽。这一天,学生的游行队伍又遭到军警的水龙扫射和皮鞭、大刀的袭击,不少学生受伤被捕。但是,北平学生的爱国行动迅速影响全国各地,扩大成了全国各阶层人民声势浩大的爱国反日浪潮。

北平学生的游行队伍

1936年12月12日,北平学生又举行第5次示威游行,中共党组织执行抗日民族统一战线的方针,喊出了“援助绥远抗战”“各党联合起来”等口号,得到北平军警的配合,获得成功。“一二·九”运动对进一步唤起民众,推动国共两党再次合作,建立抗日民族统一战线,以及实现全面抗战,起到了重要的历史作用。

西安事变

红军到达陕北后,消极抗日的蒋介石全力“围剿”红军。当时奉命在西北“围剿”红军的是张学良的东北军和杨虎城的西北军。他们对蒋介石的内战政策不满,并同共产党建立了抗日合作关系。

1936年10月22日,蒋介石到西安,分别召见张学良、杨虎城,宣布进一步“剿共”的计划。张学良不赞成,并说东北军将士不同意继续“剿共”、打内战。张学良对蒋介石阻止人民抗日救亡的做法十分愤慨,他趁在洛阳向蒋祝寿之机,单独会见蒋,要求领导抗日救亡。蒋大发雷霆说:“我就是革命,我就是政府,只有我可以代表整个国家、整个民族,反对我,就是反对政府,就是奸党暴徒。”

12月3日,张学良由西安飞抵洛阳,向蒋介石要求亲率东北军到绥远前线抗日,遭到蒋介石的拒绝。12月4日,蒋介石在洛阳等地完成了“剿共”的部署后再度飞往西安,以临潼华清池作为“剿共”的临时行辕。

12月7日,张学良到临潼华清池向蒋介石“哭谏”:国家民族的存亡,已到最后关头,非抗日不足以救亡;非停止内战,不足以抗日,继续剿共,断非出路。蒋介石又听到张的抗日议论,并涉及部队情绪,勃然大怒,骂张年轻无知,受了共产党的迷惑。两人争论长达3小时。

12月11日，张、杨决定兵谏，并布置了行动。12月12日，凌晨3时左右，东北军外线部队包围华清池。4时许，内线部队一营一连解除了华清池外院的一排宪兵武装，随即与二营先头部队冲入二道门，与内院的蒋介石卫队30多人展开枪战。经过猛烈攻击后，一部分人冲入蒋介石居住的5间厅内。

王玉瓒、孙铭九带领所部分别从左右侧上山搜寻，在半山腰一块大石头后面的乱草丛中，发现了躲藏着的蒋介石。兵士们把蒋介石唤出来，送入新城大楼。同时，陈诚等国民党军政大员也被拘留。

杨虎城将军

当天，张、杨发表《对时局宣言》，并电请中国共产党和红军派代表到西安共商抗日救国大计，处理捉蒋后的善后事宜。

12月12日上午，中共中央紧急召开政治局会议，讨论西安事变问题。决定：采取不与南京对立的方针，不组织与南京对立的政权；中共中央暂时不发表宣言。

西安事变引起全国震动，何应钦力主讨伐张杨，而孙祥熙、宋美龄等则力主和平解决。

12月17日，中共代表周恩来、秦邦宪、叶剑英等乘张学良所派专机抵达西安。

12月19日，中共中央政治局再次召开扩大会议，讨论对西安事变的方针。毛泽东根据对内战与抗日两种前途的分析和会议讨论的意见，进一步确定与完善了中共中央和平解决西安事变的方针。会后，中共中央发出《关于西安事变及我们任务的指示》，指出：我们解决西安事变的基本方针是："坚持停止一切内战一致抗日的组织者与领导者的立场，反对新的内战，主张南京与西安间在团结抗日的基础上，和平解决。"

12月22日，宋美龄、宋子文等抵西安。12月23日上午，三方开始正式谈判，宋子文代表南京方面，张学良、杨虎城代表西安方面，周恩来作为中共全权代表参加。

12月24日，张学良、杨虎城、周恩来与宋子文、宋美龄谈判达成协议：(1)孔、宋改组行政院，肃清亲日派。(2)中央军撤兵并调离西北。(3)蒋允许回归后释放爱国领袖。(4)苏维埃、红军仍旧。蒋停止"剿共"，红军改番号，统一指挥，联合行动。(5)开放政权，召集救国会议。(6)分批释放政治犯。(7)抗战发动，共产党公开。(8)联俄，与英、美、法联络。(9)蒋回去后发通电自责，辞行政院长职。

蒋介石答应停止内战、共同抗日后被释放。他一回到南京就扣押了张学良，并将东北军和西北军调离西北。但迫于全国要求抗日的政治形势，他不得不在实际上改变四年来的内战政策，开始与共产党谈判。西安事变的和平解决是国共两党重新合作和民族和解的起点。

抗日民族统一战线形成

1937年2月15日至22日，国民党五届三中全会在南京举行。

国民党虽然没有根本放弃反共立场，没有制定明确的抗日方针，但在中国共产党的推动和国民党内进步人士的积极努力下，内外政策上不得不都做了某些重要调整。在对内政策上，基本确定了停止内战，实行国共合作的原则；在对外政策上，公开表示“如果让步超出了限度，只有出于抗战之一途”。这次会议是国民党向着对内和平和对外抗日的方向转化的开始，标志着国共合作的抗日民族统一战线的初步形成。

9月22日，国民党中央通讯社发表《中国共产党为公而国共合作宣言》。

23日，蒋介石发表《对中国共产党宣言的谈话》，承认中国共产党的合法地位。国共两党合作关系正式建立，以国共两党合作为基础的抗日民族统一战线正式形成。

卢沟桥事变

1937年7月7日，日军进攻卢沟桥，驻守卢沟桥的中国军队第29军吉星文团坚守阵地，击退日军。史称“卢沟桥事变”。从此揭开了中国全面抗战的序幕。

宛平城守军闻日军侵犯，紧急出城赴战。

卢沟桥横跨永定河，属河北省宛平县管辖，距北平仅30里，是捍卫北平的屏障。驻守在平津一带的中国军队是第29军，总兵力约有10万人。

7月7日夜10时，驻丰台日军河边旅团第一联队第三大队第八中队，由中队长清水节郎率领，在卢沟桥以北地区举行以攻取卢沟桥为假想目标的军事演习。11时许，日军诡称演习时一士兵离队失踪，要求进城搜查。在遭到中国驻军第二十九军第37师219团团长吉星文的严词拒绝后，日军迅即包围宛平县城。翌日晨1时，第29军副军长兼北平市长秦德纯为防止事态扩大，经与日方商定，双方派员前往调查。

但日军趁交涉之际，于8日晨4时50分，向宛平县城猛烈攻击，并强占宛平东北沙岗，打响了攻城第一枪。中国守军忍无可忍，奋起还击。日军在同一天内，连续进攻宛平城三次，均遭中国守军的英勇抵抗。

日本帝国主义为了实现其征服中国的计划，于1937年7月7日在北平西南的卢沟桥进行武装挑衅，并由此发动大规模的侵华战争。

日本的侵略激起中国人民的无比愤慨，促使爱国的各种政治势力团结御侮，共赴国难。驻守平津的中国二十九军官兵奋起抗战。中国共产党发出通电，号召“全中国人民、政府和军队团结起来”，抵抗日本的侵略。国民政府军事委员会委员长蒋介石一面密令军队北上增援，一面在庐山发表谈话，表示事变的任何解决，都不得侵害中国主权与领土完整，否则只有抗战到底。国民政府的抗日决策，得到全国人民的拥护和支持。政府虽表明应战决心，但仍幻想英、美列强出面干涉。

二十九军因孤军奋战失利，平津终被日军占领。日本侵略者又于8月13日侵犯上海。蒋介石下达全国总动员令。淞沪地区的70余万中国军队奋勇抵抗达3个月之久。日军以死伤5万人的代价于11月初攻占上海。中国军民损失惨重，但使日本3个月内灭亡中国的梦想破灭。

由于日本侵华战争的迅速扩大，造成中华民族的严重危机。国民政府召开国防最高会议，决定以军事委员会为抗战最高统帅部，蒋介石出任陆海空军大元帅。另设国防参议会，以各党派的领导人和社会名流为参议员。军事委员会将全国划分为五个战区，颁布战争指导及作战指导计划。蒋介石、阎锡山、冯玉祥、何应钦、李宗仁分别担任各战区司令长官。经过国共两党谈判，国民党在政治方面做出若干改革的许诺，承认了中国共产党的合法地位，并释放了政治犯。

9月22日、23日，以国共两党合作为基础的抗日民族统一战线正式形成。22日，国民党中央通讯社发表《中国共产党为公布国共合作宣言》。23日，蒋介石发表《对中国共产党宣言的谈话》，承认中国共产党的合法地位。国共两党合作关系正式建立。

淞沪会战

1937年8月13日，日军在上海发动“八·一三”事变，淞沪会战开始。

日本侵略者在进攻华北的同时，又制造“虹桥事件”作为借口，策划进攻上海。

上海是我国当时首都南京的门户，又是我国的经济中心和重要工业基地。日本军国主义者为了打击中国人民持久抗战的信心和能力，企图在挑起事端后，于上海及其外围地区与中国军队的主力决战，速战速胜，在短期内逼迫我国政府订立城下之盟。国民政府限于1932年“一·二八”战役后签订的《淞沪停战协定》的规定，上海及其邻近地区不得驻扎中国军队，只能由保安团队及警察维持地方秩序。但为了积极备战，遂任命张治中将军为京沪警备司令，在苏州以中央军校野营办事处名义，主持京沪分区防御设施计划，构筑国防工事，铺设苏州至嘉兴的铁路。“七·七”事变后，又派正规军一个团伪装成保安团，进驻上海虹桥机场，同时调集其他精锐，准备战事发生时先发制人，一举歼灭驻沪日军。

淞沪会战

淞沪会战自1937年8月13日晨，

日军以日租界和黄浦江上的军舰为基地，向闸北一带进行炮击，我军奋起还击开始，至11月12日我军西撤结束。这次战役，日军以松井石根大将为总司令，先后投入陆、海、空军与特种兵部队近30万人，动用舰船130余艘、飞机400余架、战车300余辆，狂妄地宣称1个月内占领上海。我国先由冯玉祥、后由蒋中正（兼）任第3战区司令长官指挥，下设左翼军（总司令陈诚）、中央军（总司令张治中、朱绍良）、右翼军（总司令张发奎），先后调集中央部队，广东、广西、湖南、四川、贵州、云南等地部队和税警总团，中央军校教导总队，以及部分省市保安总队，总计兵力约70余师，奋勇迎战。战争一开始，我军采取进攻态势，猛烈攻击日军在沪据点，压迫敌军滞于黄浦江左岸狭隘地区，予敌重创。8月下旬，日军大批援军在吴淞、川沙登陆，我军在宝山、月浦、罗店、浏河等地与日军反复争夺阵地。至9月17日，我军退守北站、江湾、庙行、罗店、双草墩一线，坚持防御。直至11月5日，日军在杭州湾北岸的金公亭、金山嘴等地登陆，对我上海阵地的侧背进行远后方的迂回，我军才被迫于11月9日开始从上海周围撤退。至12日，上海除租界"孤岛"外，全部沦陷。在历时3个月的淞沪抗战中，我广大官兵在上海人民和全国同胞的支持下，同仇敌忾，斗志昂扬，以劣势装备和血肉之躯，冒着敌人现代化装备和陆、海、空联合作战的猛烈炮火，前赴后继，奋力拼搏，所表现的爱国主义精神，撼天地，泣鬼神！

淞沪会战挫败了日军中央突破、速战速胜的战略意图，迫使日军在华北战场上转攻为守，在青岛地区暂停军事行动，打乱了日本军国主义者侵华的全盘计划，粉碎了他们3个月灭亡中国的迷梦。它是我国局部抗战转向全面抗战的历史转折点，在国际反法西斯斗争中占有极其重要的地位。这次战役，日军伤亡6万多人，被我击毁、击伤飞机200多架，舰船20余艘。中国军队的牺牲精神和战斗能力，赢得了各国军事观察家的高度评价。但是，我军以落后的武器死守被日军优势火力控制的战线，加上指挥失当，伤亡重大，有10多万将士献出了宝贵生命。

八路军成立

1937年8月25日，中共中央发布了命令说：南京已经开始对日抗战，国共两党合作初步成功。为着实现中共中央给国民党三中全会红军改名之保证，推动这一抗战成为全民族的抗日革命战争，我们宣布红军改名为国民革命军第八路军。

前总指挥部改为第八路军总指挥部，以朱德为总指挥，彭德怀为副总指挥，叶剑英为参谋长，左权为副参谋长。总政治部改为第八路政治部，以任弼时为主任，邓小平为副主任。第一军团、十五军团及七十四师合编为陆军第一一五师，以林彪为该师师长，聂荣臻为副师长；二方面军二十七军、二十八军、独立第一、第二两师及赤水警卫营、前总直之一部等部，合编为陆军第一二〇师，以贺龙为师长，萧克为副师长；四方面军二十九军、三十军、陕甘宁独立第一、第二、第三、第四团等部，改编为陆军第一二九师，以刘伯承为师长，徐向前为副师长，以上各部改编后，人员委任照前总命令行之。

八路军成立后，即东渡黄河、奔赴抗日前线。9月25日，八路军在平型关大捷。

11月起，八路军、新四军各部队向敌后实行战略展开，创建敌后抗日根据地。

八路军 129 师师长刘伯承

八路军第一一五师一部在聂荣臻率领下，以晋东北恒山地区为中心，开辟晋察冀抗日根据地；第一二〇师进入管涔山脉，创建晋西北抗日根据地；第一一五师主力转入晋西南，开创晋西南抗日根据地；第一二九师进入以太行山区为依托的晋东南地区，开始创建晋冀豫抗日根据地。

山东全省在中共山东省委发动下，相继有十几个地区爆发武装起义，先后建立了鲁南、鲁中、鲁北和胶东抗日根据地。

在华中，新四军指挥各部挺进长江南北，发动群众，开展游击战争，创建苏南、皖中、豫皖边区抗日根据地。

1938 年 7 月 1 日，朱德在《解放》周刊第四十三、第四十四期合刊上发表《八路军抗战的一周年》一文，指出：八路军一年来已在晋西北、晋绥边、晋东北、冀察晋边、晋东南、冀鲁豫边等地建立了战略支点，并依托这些战略支点向前发展，东面已跨过平汉线，东北面已达北平附近的门头沟、昌平、丰台等地，北面已靠近平绥路，深入了敌人深远的后方和交通枢纽。

7 月 7 日，武汉《新华日报》发表叶剑英的《八路军在晋绥冀察的一年》的文章，指出八路军参战 10 个月来同日伪军进行大小战斗 638 次，估计敌军伤亡 3.4 万人以上，俘日伪军 2094 人，缴获步、马枪 6487 支，我军伤亡 20020 名。在广大人民群众的支援下，敌后游击战争得到了发展，有力地打击了日军。

平型关大捷

1937 年 9 月 25 日，八路军在平型关大捷，振奋全国。

在此之前，中日在平型关附近展开了多次战斗。

平型关大捷

9 月 11 日，日军进至河北蔚县附近，以一部南向涞源，一部西向山西灵丘进击。归属第二战区的第十七军及第七十三师与日军鏖战，逐步西撤至平型关一线。

22 日黄昏，日军第二十一旅团向平型关进攻，被第七十三师击退。翌日，日军再度向平型关、团城口一线进攻。平型关守军第七十三师、第八十四师独立第八旅诸部，与日军展开血战。

为配合第二战区友军防守平型关至茹越口和雁门关的内长城一线，八路军总部令第一一五师进至平型关以西之大营镇待机。林彪、聂荣臻等决心抓住日军骄横、疏于戒备的弱点，利用平型关东北的狭窄谷道伏击歼敌。23 日夜，第一一五师师部进至平型关以东之冉庄、东长城村地域。

25 日拂晓，日军第五师团第二十一旅团一部及大批辎重车辆，沿灵丘至平型关公路西进。7 时许，全部进入第一一五师之伏击圈。第一一五师乘机全线突然开火，予敌以大量杀伤，并发起冲锋。日军第五师团长板垣征四郎急从蔚县、涞源调兵增援，被第一一五师独立团、骑兵营阻击于灵丘以北及以东地区，并于腰站毙伤其 300 余人。战斗持续到 13 时，被围之日军全部被歼。

此役，第一一五师共歼日军 1000 余人，缴获步枪 1000 余支、机枪 20 余挺，击毁汽车 100 余辆、马车 200 余辆，我军伤亡 600 余人。

平型关大捷，振奋全国，各地纷纷电贺。26 日，蒋介石特电朱德、彭德怀，称："二十五日一战，歼敌如麻，足证官兵用命，深堪嘉慰。"

新四军成立

1937 年 10 月 13 日，国民革命军新编第四军（简称"新四军"）成立。抗战爆发后，国共两党就南方各省红军游击队改编问题举行了多次谈判。是日，国共两党达成协定，将在江西、福建、广东、湖南、湖北、河南、浙江、安徽等 8 省 13 个地区（琼崖除外）的红军游击队，改编为国民革命军陆军新编第四军。叶挺任军长，项英任副军长，张云逸任参谋长，周子昆任副参谋长，袁国平任政治部主任，邓子恢任副主任。下辖 4 个支队，陈毅、张鼎丞、张云逸、高敬亭分任 4 个支队的司令员。全军共 1 万余人，归属第三战区。

南京保卫战

1937 年"八·一三"淞沪抗战结束后，日军继续西犯南京，妄图以武力优势彻底摧毁我军战斗意志，迫使我以最屈辱的条件讲和，早日"解决事变"。守卫南京的中华儿女，面对强敌，展开了一场短暂而又壮烈的民族自卫战。

11 月 8 日，日军分路直逼南京；两路尾随我左翼部队沿沪宁线西进；两路沿太湖南岸向湖州集结，企图切断我军退路。

11 月中旬，我第 23 集团军刘湘部共 5 个师、两个独立旅奉命从四川千里迢迢赶赴广德、泗安、长兴一线，迎击侵略军。与此同时，第 57 军一部从河南直赴前线，该部第 112 师和上海撤下来的第 103 师奉命固守江阴，以江阴要塞为依托，阻敌继续西进。

11 月 30 日，广德失守，日军向南京右侧背迂回，形成对南京东南至西南面的包围。12 月 1 日，江阴要塞失守。4 月，日军完成了对南京东面的包围。这样，南京的第 1 道防线——江宁、牛首山、淳化、汤山、龙潭之线已暴露在敌军面前。

我军自决定固守南京后，将在宁的教导总队、首都警备部队和由上海战场调回南京正在整补的第74、66、83军以及第87、88、36师编成卫戍军战斗序列，同时又命第2军团徐源泉部由湖北星夜兼程开赴南京。我军投入南京保卫战的总兵力共10余万人。在南京第一线阵地开战后，日军不断增加兵力向我猛扑，数以万计的炮弹、炸弹袭我阵地。我军将士殊死抵抗，给敌人以重创。

日军围攻南京中华门

12月8日晚，卫戍司令长官唐生智下令第一线守军退守复廊、城垣阵地，继续抵抗。9日起，紫金山各要点、栖霞山、乌龙山、光华门、通济门、雨花台、中华门、水西门等地都激战终日。光华门城垣被敌军两次突入，但都被驻守在那里的教导总队谢承瑞团、第87师一部和第156师敢死队消灭。我第87师第259旅旅长易安华殉国。敌军在光华门受挫，便于11日将主力集中到雨花台和中华门，并对该地区昼夜轰炸。我第88师官兵英勇抵抗，旅长朱赤、高致嵩和团长韩宪元、李杰、华品章等身先士卒，壮烈牺牲。在南京保卫战牺牲的团以上指挥官还有：肖山令、饶国华、罗策群、姚中英、司徒非、李少霞、程智、罗熠斌、谢承瑞等。由于我军火力不足，战至12日暮，紫金山第二峰和各城门均告失守。唐生智向守城部队下达了突围和撤退的命令后，率先由下关渡江，造成了严重失控和极度壅塞局面。

在方圆数十里的南京展开的这场为期8天的战斗，敌我双方投入兵力达几十万，战况空前惨烈。我守卫部队中大部分是入伍不久的新兵，在武器装备低劣的情况下，并没有被凶残强大的敌人所吓倒，为了祖国和民族的存亡，用鲜血在抗战史上写下了悲壮的一页。

日军南京大屠杀

1937年12月13日，日军侵占南京城，在日军司令官松井石根大将和第6师团师团长谷寿夫中将等法西斯分子的指挥下，对我手无寸铁的同胞进行了长达6周惨绝人寰的大规模屠杀。

13日晨，日军谷寿夫师团首先从中华门进入南京，血洗了聚集在中山北路、中央路的难民区，由此，一场惨绝人寰的大屠杀拉开了帷幕。次日，其他三个师团相继进入南京南北各市区，展开了大规模的屠杀。南京这座历史名都陷入了历史上最黑暗的日子里。

13日，约有十余万难民和被解除武装的中国士兵，被日军围逼到燕子矶江边的沙滩上，数十挺机枪疯狂扫射，顿时间，尸体蔽江，水为之不流，至少有5万余人惨遭杀害。14日，日军在汉西门外又集体屠杀难民和非武装军警7000余人，江岸，尸体纵横，血流成河，汇向江流。15日夜，被日军俘房的南京军民9000余人，被押往上元门外鱼雷营江边，遭到集体屠杀，除9人侥幸逃生外，余者全部遇难。16日，日军在下关煤炭港，鼓楼四条巷一带屠杀我无辜同胞数万人。17日，日军在下关上元门屠杀我同胞3000余人，在三叉河杀害四五百人。18日，日军在下关草鞋峡将中国男女老幼同胞5.7万人集体残杀，“先用机枪扫射后，复用刺刀乱戳，最后浇以煤油，纵火焚烧，骸骨悉数投于江中”。在这前后，日军还在上新河一带残杀中国被俘军人及难民28730人。到处尸骸遍野，人血染地，南京成了一座血腥的人间地狱。

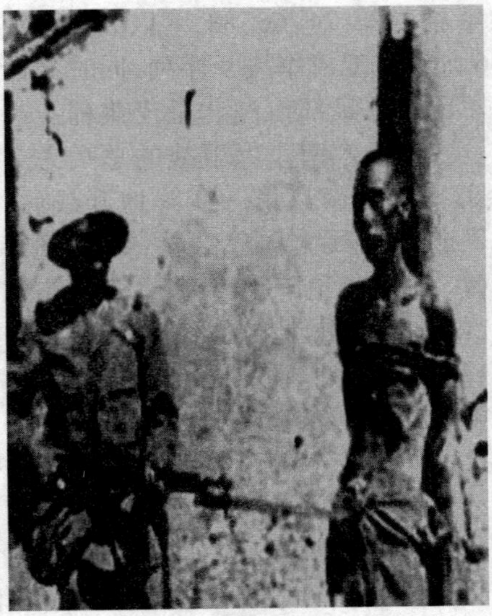

日军正待砍杀一个南京青年

南京市崇善堂在难民区内组织了“崇字掩埋队”，下设4个分队，从本月起，南自中华门，通济门外，西自水西门外，东自中山门外，城内自城南经鼓楼至挹江门以东，共收尸112266具。

世界红十字会南京分会从12月22日开始收埋尸体，第一天在清凉山埋葬尸体129具，在中华门外望江矶等处埋葬尸体650具。12月28日，一次收殓6468具，埋葬在中华门外普德寺，后来逐渐增加到9721具。他们的工作陆续做到第二年夏天还没有完结，到10月底，才把数字做一总结，共埋葬男女尸体43071具。

中国红十字会掩埋尸体22300余具。

此外，日军也处理了大量尸体。据日本南京碇泊场司令部少佐太田寿男交代，该司令部于下关地区“处理掉”尸体10万具，为此动用的船只有30只，卡车10部，负责搬运尸体的士兵800人。

这场大屠杀，被杀者大多是工人、商人、一般市民和农民，部分是放下武器的中国士兵和警察。

这场大屠杀，不但肆虐在民房、店铺，而且血溅到宗教寺院和慈善机构，连慈悲为怀的僧尼与清真教徒都不能幸免于难。

这场大屠杀，主要方式是集体枪杀和活埋。侵略者以机枪扫射成百，成千，甚至上万人，其间伴以步枪点射、刺刀捅戳，最后焚尸灭迹。

这场大屠杀，日军甚至以“杀人竞赛”的方式进行……

这场大屠杀，还伴随着劫掠、纵火和奸杀妇女，南京约1/3的建筑物和财产化为灰烬，无数妇女惨遭强奸。据战后国际法庭认定，日军侵入南京市内后的一个月中，发生了2万起左右的强奸案件。从10来岁的幼女到70岁的老妇，不仅遭兽兵蹂躏，还遭到割乳、剖腹等凌虐。

毛泽东发表《论持久战》

1938 年 5 月 26 日，毛泽东在延安抗日战争研究会上做了《论持久战》的讲演。

他全面考察了抗日战争的发生和发展，指出：中日战争不是任何别的战争，在这场战争中，中日双方存在着互相矛盾的四个基本特点：第一，日本是个帝国主义强国，中国是个半殖民地半封建弱国；第二，日本的侵略战争是退步的、野蛮的，中国的反侵略战争是进步的、正义的；第三，日本战争力量虽强，但它是个小国，人力、军力、财力、物力均感缺乏，经不起长期的战争；第四，日本的非正义战争在国际上是失道寡助的，中国的正义战争却是得道多助的。第一个特点决定了日本的进攻能在中国横行一时，中国不能速胜，抗战要走一段艰难的历程。后三个特点决定了中国不会亡国，经过长期抗战，最终一定胜利。

论持久战

《论持久战》预见到抗日战争将经过战略防御、战略相持和战略反攻三个阶段。在双方力量对比上，中国必将由劣势到平衡再到优势，而日本则必将从优势到平衡再到劣势。《论持久战》强调“兵民是胜利之本”“战争的伟力之最深厚的根源，存在于民众之中”，抗战胜利的关键在于实行人民战争。

台儿庄大捷和徐州会战

1937 年 12 月日军占领南京、济南以后，企图沿津浦线对进，南北夹击，会攻徐州，以便沟通南北战场，进而击破陇海路我军防线，夺取郑州，武汉等地。

我方以李宗仁为第 5 战区司令长官，指挥我军同日本侵略者在以徐州为中心的津浦路南北的广大地域上，展开了一场大会战。

徐州会战共有 3 个阶段。第 1 阶段是津浦路沿线的初期保卫战。这一阶段，日军以津浦线南段为主攻，北段为助攻，向徐州推进。我李品仙部第 11 集团军、廖磊部第 21 集团军、于学忠部第 51 军等奋勇作战，阻敌于淮河南岸，使日军南北不能配合。津浦路北段保卫战，原由第 5 战区副司令长官兼第 3 集团军总司令韩复榘指挥，但他违反战时军法，擅自撤退，致使日军沿线长驱直入，遂任命韩部孙桐萱为第 3 集团军总司令，指挥所属部队反击，孙震部第 22 集团军也急调增援，双方血战一个多月，形成对峙状态。

第 2 阶段即台儿庄大战。台儿庄，位于津浦路台枣（庄）支线及台潍（坊）公路的交叉点，扼运河的咽喉，是徐州的门户。日军由于前一阶段在津浦路南北的侵犯都无法进展，便改谋先攻下台儿庄，再围取徐州。1938 年 3 月中旬，北线日军分左右两翼，向台儿庄进犯。左翼日军第 5 师团，自青岛崂山湾、福岛登陆后沿胶济路西进，以坂本支队向临沂猛攻。我军以庞炳勋第 3 军团第 40 军马法五师等部坚守临沂，调张自忠第 59 军，于 3 月 14 日向日军侧翼反击。经数日激战，有效地阻击了敌人，使日军攻占临沂的企图终未得逞。右翼日军第 10 师团濑谷支队沿津浦路南下，进攻滕县。我第 22 集团军 122 师与敌血战两昼夜，师长王铭章以下大部殉国。日军在攻陷滕县后移军东向，沿枣台支线进攻台儿庄。3 月 23 日，日军开始猛攻台儿庄。我第 2 集团军池峰城率 31 师官兵坚守台儿庄城寨，与敌炮火、坦克相拼，至死不退，后又加入 27 师等部，于城外与日军浴血近战，反复肉搏冲锋，还组织敢死队夜袭。日军因第 10 师团伤亡惨重，便命临沂方向的败军第 5 师团坂本支队放弃进攻临沂，加入台儿庄方面作战，被我军击破。4 月 3 日，第 5 战区指挥汤恩伯部第 20 军团由东向西、第 2 集团军由南向北、孙桐萱部第 3 集团军由北向南，大举反攻。日军遭我内外夹击，死伤枕藉，至 7 日夜，除小部突围逃跑外，大部被歼。此役，我军摧毁了日军第 5、第 10 两个师团之精锐部队，歼灭日军 2 万余人，缴获大批武器和装备，这是我国抗战以来正面战场取得的最重大的胜利。

徐州会战的第 3 阶段是我军主动突围。1938 年 4 月，日本大本营震惊于台儿庄战役的失败，调整部署，调集侵华华北方面军、华中派遣军共 30 万兵力，分 6 路对徐州进行四面合围。我军为了避免被优势之敌围攻，摆脱不利态势，保存有生力量以利持久战，立即做出放弃徐州，向豫、皖边界突围的决定。我军各部队在各线予敌人相当杀伤之后，除留少部在苏北、鲁中和鲁南开展游击战争外，主力于 5 月 15 日向豫东、皖北转移。19 日，放弃了徐州，使日军聚歼我军主力的企图未能得逞。

中日武汉会战

1938 年 6 月 11 日，侵华日军溯长江西上，进攻安庆，拉开了武汉会战的序幕。

武汉踞长江与汉水之间，是平汉、粤汉两铁路的衔接点，又是东西南北水陆交通的枢纽，属我国的心脏腹地，战略地位十分重要。自南京失守后，这里成了全国政治、军事和经济、文化的中心。

日本侵略者认为只要攻占武汉，就可以控制中原，进而支配整个中国，因而企图迅速夺取武汉。1938 年 6 月以后，中日双方在武汉外围展开了一场大战。日军以华中派遣军司令官畑俊六为总指挥，分兵 5 路（其中江南 2 路，江北 3 路）进犯，另派波田支队及海军陆战队协同海军第 3 舰队沿长江西上。我军为保卫武汉，在江南组成第 1 兵团（总司令薛岳）、第 2 兵团（总司令张发奎），归第 9 战区（8 月由武汉卫戍总司令部扩编）司令长官陈诚指挥，依托幕阜山、九宫山、庐山等山脉构筑阵地防守；在江北，组成第 3 兵团（总司令孙连仲）、第 4 兵团（总司令李品仙），归第 5 战区司令长官李宗仁指挥，依托大别山、富金山等山脉构筑阵地防守；并在马当、湖口、武穴和田家镇等江防要塞设防。

1938 年 6 月 11 日，日军溯长江西上，进攻安庆，拉开了武汉会战的序幕。7 月 26 日，

武汉保卫战中，信阳中国军队向敌发射迫击炮。

日军攻陷九江，我第19军团退守庐山两侧，奋勇抵抗，全歼日军第145联队。10月上旬，薛岳兵团又歼敌4个联队，挫败日军突破南浔路的企图。在长江以南，长江沿线和长江以北地带、皖西及豫东南等各战场，我军官兵，英勇抵抗了日军的进攻，在马当、瑞昌、万家岭、马头镇、田家镇、固始和商城等战斗中，我军与敌浴血奋战，反复肉搏，前仆后继，英勇事例，不胜枚举。但是，由于单纯防御，逐次使用兵力，在日军优势火力进攻下，死守的防线一再被攻破。至10月中、下旬，日军已逼近武汉。我军于10月25日撤出武汉，江北及鄂北的部队撤往平汉路以西的沙洋和随县一带，江南的部队沿粤汉路撤至岳阳以南。在武汉会战中，日军为切断华南方面的中国国际补给线，以3个师团，在海军和航空兵的配合下进犯广东，于10月21日侵占广州。

武汉会战期间，国共两党为了抵御民族大敌，相互合作，动员全民投入保卫大武汉的战斗；国际友人也云集武汉，给中国人民以道义上和物质上的重要支援。武汉会战历时四个半月，战线扩大到皖、豫、赣、鄂4省数千里。日本倾其国力，集结了14个师团又4个旅团及航空兵团和海军各一部，超过30万兵力（不包括在华南使用的第21军和第5舰队）。我军相对列阵，动员部署14个集团军共100多个师及海空军一部，约60万兵力。这一战役，中日双方投入兵力之多，战线之长，时间之久，规模之大，是抗日战争中任何战役所不能比拟的。会战结束后，日军由于战线延长，兵力与资源不足，加上敌后抗日根据地的日益发展壮大，不得不放弃“速战速决”的企图，侵略者已深陷“泥潭”，抗日战争以后便逐渐进入了相持阶段。

汪精卫集团叛国投日

1937年卢沟桥事变后，身为中国国民党中央副总裁、中央政治委员会主席、国民参政会议长的汪精卫，竭力鼓吹亡国论，并派代表高崇武、梅思平经香港到上海，和日本政府代表秘密谈判，准备投降。

1938年12月18日，汪精卫同周佛海、曾仲鸣等人秘密逃离重庆，经昆明到达越南河内。同月29日，在河内发表致蒋中正等人的通电（12月29日的电报代号为“艳”日，故又称“艳电”），表示响应日本首相近卫于22日提出的“调整中日关系三原则”，即“善邻友好”“共同防共”和“经济提携”等条件，明确表示其卖国立场。

汪精卫公开投降日本帝国主义后，只有40余人跟着他跑，全国各党各派各界人民都一致强烈声讨，要求通缉、惩治卖国贼。

1939年5月6日，汪精卫逃到上海，匿居在土肥原公馆。31日，他和周佛海等赴日本“访问”，与日本首相平诏，以及陆军、海军和外务等侵略者的头目“会谈”，策划建立伪政权。1939 年 12 月 30 日,在上海同日本政府代表签订卖国条约、《日华新关系调整要纲》及其附件。1940 年 3 月,在日本帝国主义的指使下,在南京成立伪中华民国国民政府,自任主席兼行政院院长。

汪伪政权建立后,便积极在敌占区内建立各级伪地方政权,组建伪军,以"和平反共建国"为口号,破坏抗战,配合日本侵略军对我抗日根据地进行"清乡""扫荡",残酷杀害沦陷区的人民。1940 年 11 月 30 日,又在南京同日本驻伪政权大使阿部信行签订了卖国的《日汪基本关系条约》及附属秘密协约,签订了所谓《日满华共同宣言》。

中日长沙会战

在抗日战争的相持阶段,日军为打击中国第 9 战区军队的主力,解除其对武汉的威胁和策应南方及太平洋方面的作战,发动了 3 次长沙会战,都遭到了失败。

第 1 次长沙会战时,中国部队在洞庭湖沿岸,阻击日军。

1939 年 9 月中旬,日军以 4 个师团的主力和两个支队,10 多万兵力,在舰艇、飞机的支援下,从赣北、鄂南、湘北 3 个方面向长沙发动进攻。第 9 战区代理司令长官薛岳指挥 18 个军约 20 万兵力参战,利用赣北、鄂南、湘北的有利地形节节阻击,并以有力部队侧击、各个击破的战术,挫败了日军的进攻。我军在赣北将日军第 101、106 师团击退;在鄂南将日军第 33 师团击退;在湘北对分 4 路进攻的日军第 6 师团等部,利用新墙河、汨罗江、捞刀河等河川地形节节阻击,随后实施反击。至 10 月上旬,日军损失惨重,不得不向北败退。此役,敌伤亡达 2 万余人。

1941 年 9 月,日军第 2 次进攻长沙。其左翼由平江至株洲一线包抄我军第 9 战区的主力部队,另一路沿粤汉路正面攻打长沙。第 9 战区司令长官薛岳指挥 13 个军约 17 万人,利用有利地形,在正面逐次抵抗,将日军主力诱往长沙东北和东面山地的既设阵地前,围而歼灭之;同时以 7 个军的重兵集团威胁左翼日军的侧翼和后方。在战役进行中,日军一度占领长沙,但随即被我反攻夺回。我军随即转入追击和截击,日军狼狈逃回。

此外,乘日军在汉口附近兵力空虚,我第 5、第 6 两战区的部队向汉口以西一线的宜昌、荆门也发动了反攻。会战结果,日军伤亡达 2 万余人,其中仅在长沙附近就遗尸 1 万多具,不得不于 10 月中旬撤回进攻出发地。

1941 年 12 月,日军第 3 次进攻长沙,调集兵力 12 万多人。第 9 战区投入战役的兵力有 13 个军,约 17 万人。计划先在湘北节节阻击,消耗日军兵力,将日军诱往浏阳河、捞刀河之间,集中主力包围歼灭之。12 月 24 日,日军强渡新墙河向南进犯;渡捞刀河后,于 1942 年 1 月 1 日向长沙猛攻。我长沙守军利用既设工事,连续打退日军 3 天的猛攻,战斗空前激烈。日军攻击屡遭挫折，死伤惨重，且粮弹将尽。这时，我置于长沙外围的部队，向长沙实施合围。日军不得不下令分路突围。我军乘胜堵击、侧击和尾追，扩大胜利战果，取得了长沙会战大捷。1月15日，日军狼狈退过新墙河，双方恢复原来阵线。此役，共毙伤日军约5万人。

杨靖宇壮烈殉国

1940年2月23日，抗日名将杨靖宇在与日军激战中壮烈牺牲。

杨靖宇所率东北抗日民主联军第一路军各部指战员在缺衣少食的条件下，与超过自己几十倍的敌人作战，困难日益加重。特别是进入冬季以后，指战员们常常冒着零下三四十度的严寒与敌搏斗，有时一日数战。许多优秀指挥员相继牺牲，部队减员很大。杨靖宇、魏拯民等领导人决定将各部编成小股部队分散活动，以冲破敌人的围攻。1939年末，杨靖宇率领一部队伍转赴濛江县境活动，在山区转战50余天，战斗达30次之多。1940年2月23日，杨靖宇在濛江县保安村三道崴子被日伪军层层包围。杨靖宇毫无惧色，在数日粒米未进、身体极度虚弱的情况下，他背靠大树向敌群猛烈射击，最后在敌人密集射击下壮烈牺牲，时年35岁。

张自忠将军殉国

1940年5月16日，第五战区第三十三集团军总司令张自忠在南瓜店残酷激战中壮烈殉国。据张自忠部下说，张将军身中数弹，前胸后背被鲜血染红。张自忠，字荩忱，山东临清人，国民党二级陆军上将。早年在冯玉祥的西北军中历任连长、营长、团长、旅长等职，1927年后历任国民革命军第二集团军总司令部副官长、军官学校校长、第二十五师师长、第三十八师师长兼张家口警备司令等职。1933年长城抗战时，任喜峰口第二十九军前线总指挥，积极抗击日寇。1935年华北事变后，任察哈尔省政府主席、冀察政务委员会委员兼天津市市长。“七·七”事变后，一度代理冀察政务委员会委员长、北平绥靖主任兼北平市长。日军占领北平后，他拒绝与日本合作，逃出北平，辗转到达南京参加抗日。1937年11月，回部队任第五十九军军长。其后，率部参加了台儿庄战役、武汉会战，重创日军，升任第三十三集团军总司令兼五十九军军长。1939年的随枣战役中，他指挥部队英勇杀敌，取得了田家集作战的胜利。在这次枣宜会战中，他奉命率部渡过襄河，侧击南撤的日军第三十九师团。在襄河东岸宜城的南瓜店，由于无线电报被日军破译，他所率的总部直属队和第七十四师遭到日军包围。张自忠率部与敌激战，在战斗中壮烈牺牲。

百团大战

八路军副总司令彭德怀在前线指挥战斗

1940年8月10日，八路军以凌厉攻势发动了“百团大战”。在华北辽阔的平原上，在日军控制的漫长交通线上，到处可听到巨大的震耳欲聋的爆炸声、枪炮声，到处可看到弥漫的硝烟和气浪。这是八路军第一次大兵团、大规模地打进攻战。

在战役发起前，八路军总司令朱德、副总司令彭德怀和副总参谋长左权于7月22日向晋察冀军区、第一二〇师、第一二九师下达了关于以破击正太路为中心的《战役预备命令》，并报中共中央军委。为创立显著战绩，破坏敌人进攻西北计划，振奋抗战军民，争取时局好转，“决定趁目前青纱帐与雨季时节，敌对晋察冀、晋西北及晋东南‘扫荡’较为缓和，正太沿线较为空虚的有利时机，大举破击正太路”。《命令》规定此次战役的目的是：“彻底破坏正太线若干要隘，消灭部分敌人，收复若干重要名胜关隘据点，较长期截断该线交通。”

8月20日，正太铁路破击战按计划全面展开。尔后迅速扩展到除山东以外的整个华北地区和主要交通线。其中包括：冀察全境、晋绥大部和热河南部地区；正太、平古（北口）铁路全线，安阳以北之平汉铁路，德州以北之津浦铁路，临汾以北之同蒲铁路，归绥以东之平绥铁路，北宁铁路之山海关至北平段，白晋铁路之平遥至壶关段，以及正在修筑的德石铁路、沧石公路等。在这些地区和交通线，驻有日军3个师团的全部，2个师团的各2个联队，5个独立混成旅团的全部，4个独立混成旅团的各2个大队，1个骑兵旅团的2个大队，共20余万人，飞机150架，另有伪军约15万人。八路军参战兵力实际达105个团。计晋察冀39个团，第一二〇师（含决死队第二、第四纵队等）20个团，第一二九师（含决死队第一、第三纵队等）46个团，共20余万人。此外，尚有许多地方游击队和民兵参加作战。故称“百团大战”。

9月16日，八路军总部发出“百团大战”第二阶段作战命令。具体任务是要求各兵团继续破坏敌之主要交通，摧毁敌深入我根据地内的某些据点。

12月5日，八路军发动的“百团大战”基本结束。这次战役分为3个阶段。第一阶段（8月20日至9月10日）以正太铁路为重点，进行交通总破击战。第二阶段（9月12日至10月上旬），继续破击日军交通线，重点攻击交通线两侧和深入根据地内的日军据点。主要进行了榆（社）辽（县）和涞（源）灵（丘）等战役。第三阶段（10月6日至12月5

日)，粉碎日军对各根据地的报复“扫荡”。历时3个半月的“百团大战”，八路军在地方武装和广大人民群众的紧密配合下，共作战1800余次，毙伤日军2万余人，伪军5000余人；俘日军280余人，伪军1.8万余人；日军投降47人，伪军反正1845人；破坏铁路470余公里，公路1500余公里，桥梁、隧道260多处；缴获各种炮53门，各种枪5800余支。

皖南事变

1941年1月4日，叶挺、项英遵照中共中央命令，率领新四军军部、教导团、特务团和第一支队、第二支队、第三支队的两个团，共9000余人，由泾县云岭出发，计划经茂林，越丕岭，取道旌德、宁国、广德、郎溪到苏南溧阳，然后从镇江相机渡江北上。6日，新四军行至泾县茂林地区时，遭到国民党军的包围。顾祝同、上官云相指挥国民党军新七师、第四十师、第十六师、第五十二师、第七十九师、第一〇二师、第八十三师、第一四五师、第六十五师、第一四四师以及两个炮兵旅，共8万余人，利用有利地形，作了周密布置，准备一举围歼新四军。

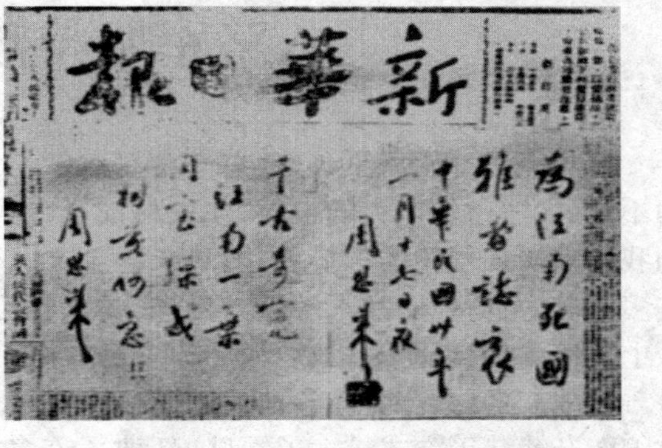

皖南事变发生后周恩来在《新华日报》发表的题辞

1月7日，毛泽东、朱德电令叶挺、项英：“你们在茂林不宜久留，只要宣城、宁国一带情况明了后，即宜东进，乘顽军布置未就，突过其包围线为有利。”这时，北移新四军先头部队在星潭附近又遭顽军拦击。乘部队对星潭实施攻击的机会，项英在百户坑召集会议讨论部队行动方向。会议对攻下星潭后能否向苏南转移，认识不一致，争论达7小时之久。至晚12时，始决定部队改向西南方向行动，经廉岭和高岭转向太平，待机再向苏南转移。这一决定打乱了原定的行动计划，陷入国民党军的重围之中。8日夜，国民党军发起猛攻，包围圈愈缩愈小，叶挺果断指挥，身先士卒，率部突围。尔后转至茂林以东5公里的石井坑，正当整顿队伍，准备继续突围时，又遭顽军第四十师、第五十二师、第一〇八师、第一四四师等部的围攻。

11日，毛泽东、朱德、王稼祥将此情况电告周恩来，并要周在重庆向国民党当局提出严重抗议，坚决要求其在皖南停止进攻，撤围让路。蒋介石一面口头答应下令查处，一面却督令顾祝同加紧围攻，务期“一网打尽，生擒叶项”。皖南新四军在叶挺指挥下，多次打退顽军的进攻，但因仓促应战，地形不利，寡不敌众，弹尽粮绝，经八昼夜血战之后，至14日，除2000余人分散突出重围外，新四军指战员部分被俘，大部壮烈牺牲。军长叶挺和新四军政治部敌工部长林植夫、政治部秘书黄诚在根据组织决定与上官云相谈判时被扣，政治部主任袁国平在突围中牺牲。这就是震惊中外的“皖南事变”。蒋介石一手制造了皖南事变之后，竟于17日以国民政府军事委员会的名义发布通令，诬蔑新四军为“叛军”，宣布取消新四军番号，并将叶挺军长“革职”、交付“军法审判”。至此，国民党发动的第二次反共高潮达到了顶峰。

1月18日，中共中央发言人对皖南事变发表谈话，谈话指出：新四军“转战大江南北，抗御强敌，屡建奇功，不但国人尽知，亦为环球所共见”。新四军在皖南事变中遭到围歼，“实系亲日派阴谋家及反共顽固派有计划之作品”。

1月18日发行的《新华日报》上登载着周恩来的题诗：“千古奇冤，江南一叶，同室操戈，相煎何急?!”诗上首赫然入目地写着另九个狂草大字：“为江南死国难者志哀。”

1月20日，中共中央军委发布重建新四军军部的命令。命令以华中总指挥部为基础，重建新四军军部。任命陈毅为新四军代理军长，刘少奇为政治委员，张云逸为副军长，赖传珠为参谋长，邓子恢为政治部主任。

八路军坚持敌后游击战

抗日战争开始后不久，日本侵略军占领了中国的许多大城市和交通要道，但由于兵力不足，无法占领广大的农村，使农村成了敌人统治的薄弱环节和后方。面对日军不断向我内地深入侵犯的形势，中国共产党领导的八路军和新四军，根据毛泽东的决策，分成许多支队，奋勇地向敌人的后方挺进，建立自己的基地，点燃游击战的烽火，在广阔的地域上开辟了抗日战争的敌后战场。

抗战初期，共产党在各地通过组织游击队、自卫队，进行战争动员、武装起义和争取、改编游杂武装等方式扩大了军队，新建了许多抗日武装。抗战中期，敌后战场已形成了主力军、地方游击兵团和人民自卫武装三种武装力量相结合的体制。于是，以主力部队和地方基干兵团为骨干，以广大群众为基础，组织党、政、军、民各方面的力量，展开了群众性的人民游击战争，使侵略者在其整个占领区时时遭到抗击，一刻也不得安宁。敌后也变成了抗日前线。主要由共产党领导的敌后战场与主要由国民党承担的正面战场相对独立，又相互配合，构成了中国抗日战争的整体。

敌后军民在游击战中创造和发展了许多灵活、巧妙的新战法，如地道战、地雷战、破袭战、“麻雀战”等等，经常有效地用于袭扰和消灭日军，使敌人攻防无措、疲于奔命。

抗日主根据地兵工厂

地道战创始于华北的平原地区。最初只是构造了简单的地窖，作为秘密的战斗基点。随着斗争的需要，这些秘密地窖开始打通，发展为村村相连、户户相通、设有瞭望、射击、暗堡等设施的战斗地道。广大民兵和游击队以地道为依托，由村内打到村外，由地面打到地下，神出鬼没地打击敌人。

地雷战是一种群众性的游击战法。敌后战场的群众就地取材，自制各种地雷。他们在公路、铁路、村口、家门口到处布下地雷阵，就连儿童也学会了埋雷，使敌人寸步难行。

破袭战是迟滞敌人运动的一种战法。利用黑夜撬毁铁路，使敌人的交通运输瘫痪；破坏公路、桥梁，使敌人的摩托化部队无法通行；割断敌人的电线，使敌人的通讯联络失灵。此外，还动员广大群众平毁敌人的封锁沟或封锁墙，打破了敌人对根据地的分割和封锁。

“麻雀战”是到处散布许多小组武装，灵活而快速地对付敌人的战法。游击队和民兵三五成群，采取出没无常的行动，像麻雀一样到处速战速散，巧妙地杀伤、消耗、迷惑和拖倦敌人。

此外，还有敌后武工队，这是深入到敌后之敌人心脏里的精干的武装工作队，斗争方式多样，有文有武，有明有暗，经常配合外线部队作战，达到里应外合以摧毁敌伪政权的目的。

中国抗日战争演出了人类游击战争空前伟大的一幕。松花江畔，长城内外，中原大地，珠江两岸，五指山下，游击战的烽火遍地燃烧。特别是各抗日根据地，军民一条心，不怕物质条件的严重困难，充分发挥人的机智、勇敢，男女老少都直接参加战斗，甚至连儿童也参加站岗放哨。日本侵略者在正面战场和敌后战场的两面夹击下，首尾难以相顾，陷入到处挨打、饥疲交困、苦于奔命、焦头烂额的境地。

“地道战”“地雷战”

1941 年 2 月，侵华日军华北方面军根据大本营和派遣军总部的计划，下达 1941 年度的《肃正建设计划》和“剿共”政策纲要。为加强华北方面军，日军总部又从华中抽调第十七、第三十三师团到华北，从而使华北日军兵力达到 11 个师团另 12 个独立混成旅团共约 30 万人，另外，尚有伪军 10 万余人。在华北战场上，国民党军队约有 50 万，但不断向八路军抗日根据地进行军事进攻和经济封锁；同时，又有 3 万余人公开投敌，与日军的“扫荡”“蚕食”“治安强化运动”相配合，向八路军进攻，使华北敌后抗日进入严重困难时期。

随着反“蚕食”斗争的日趋尖锐、残酷，冀中蠡县一区的群众在斗争实践中总结经验，逐步把孤立的隐蔽洞改造成地道。冀中区党委及时推广了人民群众在对敌斗争中改造平原地形的这一创举，并在斗争中不断完善。许多地方形成房房相通，村村相连，进出方便，能藏、能防、能打、能机动的完整的战斗地道体系。地道战与地雷战和其他多种斗争形式相结合，成为坚持平原作战的有效办法。

抗日根据地军民进行地道战

6 月，日、伪军 2 万余人分别由保定、固安、安新、新城等地出动，采取四面包围、逐步压缩的办法，向大清河以北八路军冀中第十军分区节节逼近。八路军第十军分区部队以分散的游击战与日伪军周旋。15日转至容城以西地区，日军追击，形成第二次合围。因众寡悬殊，再战不利，第十军分区除留少数部队坚持斗争外，机关及主力部队即转移至白洋淀附近地区，并在以民兵组成的白洋淀水上"雁翎队"配合下，利用湖泊、水荡、芦苇草丛，时而分散、时而集中、时而水上、时而陆地，灵活机动地打击"扫荡"之日伪军。

12月，冀中抗日根据地对1941年抗日军民反"蚕食"反"扫荡"斗争进行统计：从今年3月起，日军开始对冀中根据地进行全面"蚕食"，到年底，日伪军在冀中建立了碉堡1026处，修公路2140公里，建封锁沟、墙1760公里。为配合"蚕食"，日伪军进行了68次"扫荡"，冀中根据地军民以游击战、地雷战、地道战来反击日伪军。一年中，主力部队作战1260多次，毙、伤、俘日伪军18.6万余人，攻克了安平、文安等县城，有力还击了日伪的"蚕食"和"扫荡"。但因敌强我弱，冀中根据地在这一年缩小了。

中日豫湘桂会战

1943年前后，国际形势发生了重大而深刻的变化。日本通往太平洋前线的海上交通已失去保证。1943年11月，中、美、英3国召开了开罗会议，发表了"开罗宣言"，共同商定了对德、日作战的计划。

日本开始垂死挣扎，为了强行扭转军事上的不利态势，从1944年春开始，集中50多万侵华兵力，又向中国正面战场发动了一次长达10个月的战略性进攻（代号为1号作战），先后向平汉路中段、粤汉路南段、湘桂路及其附近地区发动进攻，实施打通大陆交通线的作战。这次作战可分为豫中会战、长衡会战、桂柳会战3个阶段。4月17日，侵华日本华北方面军以第12军指挥约7个师团的兵力，在第11军一部的配合下，向豫中发动进攻。敌由邙山头、中牟两地突破中国守军黄河防线，激战于新郑、广武地区；继而向两个方向发起进攻。一路沿平汉路南下，与湖北长台北上之敌会师于确山，打通了平汉路南段；一路由郑州沿陇海路及其以南地区西进，与在垣曲地区南渡黄河之敌会合，遭到中国顽强抵抗后，仍于5月25日攻占了洛阳。

5月17日，日军纠集8个师团的兵力，首先向粤汉线的长沙发动进攻。6月18日攻陷长沙。尔后，又南下进逼衡阳。中国第9战区所属第10军，恁着坚固的城防工事血战了47天。8月8日，衡阳陷落。9月中旬，敌集中8个多师团的兵力，在新成立的第6方面军司令官冈村宁次的指挥下，沿湘桂线西江及越北、雷州半岛，分北、东、南3路合击桂林、柳州与南宁。中国守军第4战区部队分别在上述地区进行抵抗，但未能阻止住敌人的进攻。11月11日，柳州、桂林相继失守。日军占领柳州后，继续西进，向贵州进攻。12上旬，占领贵州的独山和丹寨。中国急调第1、第6、第8战区各一部向贵州增援，终于击退入黔之敌。

桂柳战役结束后，敌又以一部兵力于1945年2月间打通了粤汉铁路广东段，并先后占领该路东侧之盟军空军基地——遂川、赣州。至此，日军虽一度在形式上打通了中国大陆交通线，但由于中国各战场的广大军民不断给敌以袭击和破坏，使敌无法取得预期的效果。

中共七大开幕

1945年4月23日,中共第七次全国代表大会在延安开幕。大会选出毛泽东、周恩来、朱德、刘少奇等15人组成主席团,任弼时为大会秘书长。大会的中心任务是动员和领导全国人民最后打败日本帝国主义,建立独立、自由、民主、富强的新中国。毛泽东主持了大会并致开幕词。毛泽东在开幕词中指出:中国面临着两个前途和两种命运的斗争,党的任务是要用全力去争取光明的前途和光明的命运,反对黑暗的前途和黑暗的命运。

24日,在中共七大上,毛泽东作《论联合政府》的政治报告。报告总结了抗战胜利前夜的国内外形势和国共两党两条抗战路线斗争的经验。指出中共所面临的斗争是激烈的两个前途、两种命运的斗争。为了争取光明的前途,克服黑暗的前途,党应有自己的政治路线,即:"放手发动群众,壮大人民力量,在我党的领导下,打败日本侵略者,解放全国人民,建立一个新民主主义的中国。"

25日,在中国共产党第七次全国代表大会上,朱德作了《论解放区战场》的军事报告。报告主要论述人民军队和解放区的创造、发展过程,指出敌后解放区战场的伟大作用和战绩。说明抗日战争对中国共两党两条不同军事路线的原则区别。

5月14日,在中共七大上,刘少奇作了《关于修改党章的报告》。

中国共产党第七次全国代表大会于11日闭幕。自4月23日起至6月11日止,大会历时50天。代表着120万党员的547位正式代表和208位候补代表,聚集在自己所首创的新民主主义根据地陕甘宁边区首府延安,共开大会22次。大会制定了党的政治路线:"放手发动群众,壮大人民力量,在我党的领导下,打败日本侵略者.解放全国人民,建立一个新民主主义的中国。"这是中国共产党有史以来最盛大的一次全国代表大会。

国民政府宣布全面反攻

1945年7月7日,国民政府军事委员会宣布:战局现已转守为攻。公布八年抗战以来,计毙伤及俘虏日军250余万人;中国军队阵亡130余万人,负伤170余万人。

7月12日,中国伞兵首次作战。伞兵一队180人,凌晨3时从昆明起飞,8时抵广东开平市附近空降,对日军展开游击袭扰活动。

7月14日,中国陆军总司令部制定以桂林、雷州半岛、衡阳、曲江、广州、香港为作战目标的反攻计划。

18日,中国伞兵在广西丹竹空降,在地面部队的配合下,一度占领日军的丹竹机场,袭击日军的补给基地。

7月21日,中国空军出击,轰炸河南遂平日军。夜,中国空军再次出击,猛烈轰炸汉口日机场。

7月24日，第二十军、第二十九军等部，分3路沿湘桂铁路及其两侧向桂林急进，至本日，连克中渡、黄冕、阳朔、白沙，并经激战夺占桂林南方门户永福。同日，第二十六军、第九十四军等部，自越城岭方面向桂林西北进逼，各路大军包围桂林。

整装待发的中国士兵

7月25日，中美空军协同，以305架战机猛袭上海日空军基地。

7月27日，中国伞兵在湖南衡阳附近空降，伏击日军运输车队。同日，国军向桂林日军发起总攻，收复桂林。日军仓皇向广西全县方向逃窜，被追歼一部。

八路军、新四军全面反攻

1945年8月10日至11日，朱德连发七道命令，命令八路军及所属部队向全国各地进发，迫使日伪军投降。

8月，八路军各部队执行朱德总司令的命令，开始全面大反攻。晋察冀解放区担负着收复平绥路东段、平汉和津浦路北段、北宁路南段及其周围广大地区的任务，并向北平、天津、保定、张家口、石家庄等大城市附近进攻。晋察冀部队解放了察哈尔省和热河省全境及其他一些大中小城市。晋冀鲁豫解放区军民向平汉、同蒲路沿线进攻，收复县城30多座，逼近开封、新乡等地，对拒绝投降的日伪军发起进攻，解放黄河沿岸地区。晋绥军区分南北两线反攻，北线占领归绥周围的敌伪据点，南线以太原为进攻中心，在同蒲路两侧展开进攻，解放了绥远和山西广大地区。山东军区部队组成五路大军反攻，歼灭日伪军6万多人，解放了山东108县中的100个县，山东各解放区连成了一片。中央和延安总部还从晋绥、察北、山东、冀热辽等部队抽调了大批主力部队进入东北，与苏联红军共同作战。

8月12日，中共布置了新四军大反攻的任务：江南部队夺取周围的广大乡村和县城；江北部队力争夺取津浦路和长江以北、津浦路以东和淮河以北所有城市，并向陇海路东段进军以配合八路军占领陇海路。新四军苏浙、浙东、皖南、淮北、淮南、苏北、苏中、皖江各部队响应总部号召，立即展开了全面大反攻。至本月底，攻克县城及重要市镇400多个。又发动了淮阴、高邮、津浦路、陇海路东段等战役，对拒不投降的敌伪军进行反攻。

日本投降

1945年8月10日下午，重庆中央电台播音室里人声鼎沸，日本通过瑞士正式向中国转达投降请求的消息传来。

当晚，电台开始播音：

各位听众，现在播送重大新闻……日本无条件投降了……

8月10日晚6时许，日本无条件投降的消息经重庆电台传出，重庆市民大放爆竹，欢欣之状空前高涨。重庆中央社内短而狭的灰墙上，贴出了“日本投降了”巨幅号外。几位记者驾着三轮车狂敲响锣，绕城一周，向市民报告日本投降、抗战胜利的消息。满街的人流，狂欢拍手。

中共中央所在地延安人民欢庆抗战胜利

重庆市鞭炮店生意大佳，爆竹瞬间售空。入夜，爆竹大放，各路探照灯齐放，照耀得市区如同白昼。与此同时，昆明正在放映电影的影院内，当银幕上映出“日本无条件投降”的字幕时，观众一片欢呼。他们拿出帽子、手帕在空中乱舞。正在演戏的剧院里，有人听到胜利的消息后跳上舞台，抱住正在甩腔的大花脸狂呼：“日本投降了！”台下观众狂喜，纷纷跑到街上欢呼胜利。

晚上，古城西安，人们到处燃爆竹，钟楼附近变成了欢乐的中心。

8月11日晨，上海国际饭店之顶升起上海最高的一面国旗，临风招展，数千人仰头致敬。上海全市停业，爆竹声整天不绝，人们自发地上街游行，欢呼中华民族的解放和胜利。

在敌后的晋察冀、晋绥、冀鲁豫等抗日根据地，当边区政府和报社接到日本无条件投降的消息后，连夜组织宣传队奔赴附近农村，传播胜利的消息，赶印号外和传单，飞送各地。人们奔走相告，一群一伙的人们欢呼聚谈，庆贺胜利的到来。

8月12日，成千上万的重庆市民涌上街头游行。连珠炮似的鞭炮声、狂热的鼓掌声掩盖了整个山城。

8月15日，延安，中国共产党中央和八路军总部所在地，听到日本无条件投降的消息后，万人欢腾。街上张灯结彩，各处黑板报都用大字报报道了胜利的消息，各机关和群众的乐队、秧歌队纷纷出发游行。入夜，人们用柴棍扎起火炬，举行了火炬游行。

同日，蒋介石对全国军民和世界人士发表广播演说，他说：“我们的‘正义必然胜过强权’的真理，终于得到了它最后的证明……我们中国在黑暗和绝望的时期中，八年奋斗的信念，今天才得到了实现。”

8月14日上午，日本最高首脑在日本皇宫防空室举行御前会议，讨论无条件投降的诏书问题。8月15日中午，日本天皇的《停战诏书》正式播发，宣布无条件投降。

国共签订《双十协定》

国共领导人在重庆开始谈判，共产党要求国民党承认解放区政权和军队，以实现国内和平，避免内战；而蒋介石则坚持所谓“军令、政令统一”，其目的是要共产党交出军队和解放区政权。蒋介石一边谈判一边派兵进攻华北各地解放区，施加军事压力。共产党采取“针锋相对、寸土必争”的方针，实行自卫反击，于绥远、上党及邯郸等地接连粉碎国民党军队的进攻。蒋介石不得不承认共产党提出的和平建国的基本方针和召开政治协商会议，共商国是。1945 年 10 月 10 日发表《政府与中共代表会谈纪要》即《双十协定》，但在解放区政权和军队问题上仍未能达成协议。

10 月 10 日，《国共双方会谈纪要》在重庆曾家岩桂园张治中寓所客厅内签订。双方代表王世杰、张治中、邵力子和周恩来、王若飞在纪要上签字。

国民党方面表示同意和平建国的基本方针，承认各党派的平等合法地位和人民的某些民主权利，并允诺召开政治协商会议，便拒不承认中共解放区的政权和解放区的军队。

全面内战爆发

1946 年 5 月，国民政府从重庆还都南京，国共谈判也转到南京举行。蒋介石借口共产党拒绝从苏北、皖北等地撤退，公然调集 20 万军队，于 6 月大举围攻以宣化店为中心的中原解放区，发动全面内战。

6 月 26 日，国民党以 30 万大军围攻中共中原解放区，全面内战爆发。6 月中旬，国民党制定了全面进攻、速战速决的战略方针，投入全部正规军的 80%，即 193 个旅、158 万兵力。

国民党军围攻湖北宣化店一带中共中原解放区，预定于 7 月 1 日发起总攻并“全歼”。中共中央为保存有生力量，命中原部队立即突围，并选定“主力向西”的转移方向。中原解放军突围成功，歼灭了 5 万余敌军。

10 月，中共中央、毛泽东决定中共代表团撤回延安。周恩来在上海中共代表团办事处，请郭沫若、许广平、马叙伦、马寅初开座谈会。周恩来对他们说，蒋介石已经完全撕毁了和谈的假面具，大打起来了。在我党中央和毛泽东领导下，我们一定能够以自卫战争，粉碎蒋介石的进攻。

刘、邓挺进大别山

1947 年 6 月 30 日，刘、邓大军突破黄河防线，挺进大别山。

本日夜间，刘伯承、邓小平率晋冀鲁豫野战军第一、第二、第三、第六纵队共13个旅12万余人，在冀鲁豫军区独立第一、第二旅的接应下，从山东阳谷以东之张秋镇至菏泽以北之临濮集之间150余公里的8个地段上，突破了国民党军的黄河防线，进入鲁西南。

中共中央军委此前曾做出部署：刘伯承、邓小平率晋冀鲁豫野战军主力中央突破，南渡黄河，直趋大别山；陈赓、谢富治率晋冀鲁豫野战军一部自晋南渡黄河，进入豫西；陈毅、粟裕率华东野战军从鲁西南辖战豫皖苏，三军配合作战。

7月29日，持续近一个月的鲁西南战役结束，晋冀鲁豫野战军以15个旅兵力歼国民党军4个师部9个半旅约6万人，中共中央今天通令嘉奖。

7月1日，晋冀鲁豫野战军强渡黄河后，蒋介石派军逼迫刘、邓野战军于郓城、菏泽地区作战。刘伯承、邓小平采取的策略是“攻其一点，吸其来援，啃其一边，各个击破”。8日，晋冀鲁豫野战军攻克郓城，歼国民党军整编第五十五师师部及两个旅，10日于定陶歼第一五三旅；14日至15日在巨野、金乡间歼整编第三十二师及整编第七十师，22日歼第一九九旅，27日至28日全歼整编第六十师，俘中将师长宋瑞珂等。此役为人民解放军战略进攻的开端。

至9月底，刘、邓野战军进入大别山后，又攻克县城23个，并在17个县建立了政权。

刘伯承登上大别山三角峰

9月上旬，刘、邓野战军进入大别山，在后面追赶的国民党军20余个旅也先后越过淮河。刘伯承、邓小平采取了避强击弱的策略，集中一部兵力在商城、光山地区连打三仗，歼灭国民党整编第五十八师6000余人，将国民党军大部机动兵力吸引到大别山麓，配合了其他野战军进入豫皖鄂。

12月，国民党军调集33个旅的兵力，由国防部长白崇禧在九江指挥所统一指挥，采取军事进攻和政治诱降相结合、围攻和清剿相结合的办法，对大别山地区展开围攻。

中共中央军委决定刘邓野战军以主力坚持大别山内线；陈粟、陈谢两军向平汉、陇海路展开破击战，调动围攻大别山的国民党军，“直至粉碎敌人对大别山之进攻为止”。刘邓决定由刘伯承率一部兵力向平汉路以西的桐柏和江汉地区实施展开，创建新根据地；由邓小平率领主力坚持大别山区。采取的方针是“敌向内我向外，敌向外，我亦向外”。3日，国民党军占领立煌、罗田、英山等地，并继续向中心区压缩，刘邓野战军第六纵队乘虚奔袭宋埠之国民党军一部。8日至15日，第二、第三、第六纵队分别跳出合击圈，并以旅、团为单位采取“小部队牵制大敌，以大部队消灭小敌”的战法。同时，刘邓野战军另3个纵队于上中旬进入桐柏、江汉和淮西地区。陈粟、陈谢两军于13日发起平汉、陇海路破击战，至22日，共破路400余公里，歼敌2万余人，攻克许昌、西平等县城23座。国民党军为重新控制平汉路，以孙元良兵团主力由郑州南下，与原在豫西的第五兵团部北上，夹击解放军。陈粟、陈谢两军于25日至27日晨，在西平地区歼灭第三师，并于29日围攻确山，重创由大别山回援的整编第二十师，迫使国民党军再次从大别山抽调近3个整编师的兵力增援平汉路。1948年1月3日，陈粟、陈谢两军撤围确山。此战役共歼国民党军69000余人。

辽沈战役

1948年9月12日，"辽沈战役"打响。

战役前，国民党军卫立煌集团共55万人分别猥集在长春、沈阳和锦州3个孤立地区。中共中央和毛泽东从整个战局出发，认为同国民党军进行战略决战的时机已经成熟，决定把战略决战首先放在东北战场，并制定了攻克锦州，把国民党军封闭在东北，各个歼灭的作战方针。东北野战军集中12个纵队和1个炮兵纵队，连同各独立师共70余万人，今日开始行动，向北宁线出击，进攻锦州外围据点。9月30日，蒋介石由南京飞赴北平，亲自指挥东北作战。10月2日，蒋介石飞抵沈阳，召开军事会议，亲自部署援锦军事。

1942年9月12日，解放军东北野战军发起辽沈战役。图为东北野战军首长林彪（中）、罗荣桓（右）、刘亚楼（左）在作战前线。

10月10日，毛泽东致电林彪："你们应尽可能迅速地攻克锦州。只要攻克了锦州，你们就有了主动权。"东北野战军按照军委的电示，对国民党援军进行阻击，集中主力16个师，在炮兵火力支援下，于14日开始向锦州城发起总攻，经过31个小时激战，于15日傍晚攻克锦州，全歼国民党守军10万余人，俘东北"剿总"中将副总司令范汉杰、第六兵团中将司令卢浚泉等，完全封闭了东北国民党军从陆上撤向关内的大门。

10月10日，东北野战军为全歼锦州守敌，在锦西蒋军援军北进的唯一通道塔山展开了阻击战。到15日中午12时，蒋军败退，战役结束。

10月17日，驻守长春的国民党第六十军在军长曾泽生等率领下举行起义。17日午夜，解放军接防部队进城，六十军同时撤出城外，开往九台休整。郑洞国被迫率新七军投降。

10月20日，辽沈战役第二阶段辽西会战开始。东北解放军攻克锦州后，决定采取诱敌深入，打大歼灭战的方针，集中主力在沈阳至锦州间歼灭"西进兵团"。

蒋介石第三次飞到沈阳，确定"东进兵团"和"西进兵团"继续向锦州夹击。企图重夺锦州，并令第五十二军主力夺取营口，以便把东北的部队经内陆或海上撤至关内。23日，“西进兵团”到达黑山、大虎山附近地区时，遇到阻击。坚守黑山的第十纵队抗击了“西进兵团”3昼夜的连续猛攻，为解放军主力从锦州东进争取了时间。廖耀湘兵团被包围于黑山地区。廖兵团为突破包围，向阻击的解放军发起猛攻。26日，解放军6个纵队20万人完成了对“西进兵团”的合围，当晚发起攻击，进行分割围歼，激战至28日晨，全歼国民党军第九兵团及5个军部、12个师共10万余人，俘东北“剿总”中将副总司令兼第九兵团司令廖耀湘等多名高级将领。11月1日，攻城部队向沈阳市区发起总攻，2日占领沈阳全城，歼国民党军13万人，俘国防部派驻东北“剿总”中将部员黄师岳、第五十三军副军长赵振藩等27名将级军官。投诚者有第八兵团中将司令周福成，东北“剿总”中将副参谋长袁克征等66名高级将领。自此东北全境解放。

11月2日，解放军一部向营口市发起攻击，激战3小时，攻克营口，歼国民党守军1.4万余人。辽沈战役全部结束，东北解放军以伤亡6.9万余人的代价，歼灭东北国民党军47万余人。

淮海战役

1948年11月6日，解放军华东、中原野战军协同发起淮海战役。

辽沈战役后，国民党统帅部为避免徐州之部队重蹈卫立煌集团全军被歼的覆辙，决定将刘峙集团主力收缩到津浦路徐州至蚌埠段两侧，采取攻势防御阻止解放军南下，必要时放弃徐州，凭借淮河抗击，确保南京、上海。以徐州为中心的国民党部队有5个兵团，共约80万兵力。解放军参战的有华东、中原野战军16个纵队及地方武装共60余万。由刘伯承、陈毅、邓小平、粟裕、谭震林组成总前委，邓小平任总前委书记，统一领导。

11月8日，国民党第五十九军、七十七军，在第三绥靖区副司令何基沣、张克侠率领下，在淮海前线驻地台儿庄地区举行起义。

11月22日，蒋军第七兵团司令黄百韬，在淮海战役碾庄战斗中被解放军击毙。所部被解放军包围于碾庄地区，全军覆没。

11月29日，正当双堆集地区的战事紧张进行之际，国民党第八十五军一一〇师5000余人，在师长廖运周率领下，举行战场起义。这一行动打乱了黄维兵团的突围计划，使其全部被歼。

1949年1月10日，淮海战役胜利结束。

从上月18日开始，淮海战役进入第三阶段，华东野战军在中原野战军的配合下，对河南永城青龙集、陈官庄地区被围的国民党军杜聿明集团发起总攻。经过4昼夜的激战，全歼国民党军徐州“剿总”指挥部、邱清泉第二兵团兵团部及所辖第五军、第七十军、第七十四军、第十二军、李弥第十三兵团兵团部及所辖第八军等部，击毙第二兵团司令官邱清泉、第七十军军长高吉人等，俘虏徐州“剿总”副总司令杜聿明、第八军少将军长周开成等高级军官52名。

淮海战役历时65天，人民解放军以13万人的伤亡代价，全歼国民党军一个“剿总”

司令部、5个兵团部、22个军、56个师(内有4个半师起义),总共555000余人。至此,蒋介石在华东、中原战场上的主要力量和精锐师团已丧失殆尽,南京、上海及武汉重镇,已处于人民解放军的直接威胁之下。

平津战役

1948年11月中旬,中共中央军委为防止蒋介石将平、津地区之嫡系军队南撤,加强其长江防线,进一步明确提出了抑留并歼灭傅作义集团于华北地区的作战方针,并决定提前发起平津战役。

为此,令东北野战军立即结束休整,夜行晓宿,隐蔽入关,首先隔断平、津和津、塘间国民党军的联系,将其分割包围,然后各个歼灭。

平津战役纪念馆

东北野战军主力在22日开始南下入关。主力部队包括12个纵队和全部特种兵共约80余万人。各纵队分3路从喜峰口、冷口等处进军关内。林彪、罗荣桓等也于30日,率指挥机关从沈阳出发追赶部队。东北野战军越过长城,进入关内以后,被傅作义部发觉;为了争取时间,各纵队全部改为白天行军,取捷径进山海关。傅作义部没有料到解放军入关这样迅速,慌作一团。

12月11日,毛泽东给林彪、罗荣桓等发出《关于平津战役的作战方针》。毛泽东明确指示,从本日起的两星期内基本原则是围而不打(如对张家口、新保安),有些则是隔而不围(即只作战略包围,隔断诸敌联系,而不作战役包围,如对平、津、通州),以待部署完成之后各个歼敌。

20日,解放军发动天津战役。11月22日凌晨,解放军华北第二兵团向新保安发起总攻,平津战役第二阶段开始。解放军逐次歼灭新保安、张家口、天津国民党军。经11小时激战,解放军全歼傅作义的精锐部队第三十五军军部及两个师。23日,华北第三兵团及东北第四纵队,对向北突围的张家口之第十一兵团共7个师(旅)展开堵击、追击,当晚收复张家口,战至次日将第十一兵团5.4万余人歼灭于张家口东北地区。尔后,中共中央军委令东北野战军一部及华北野战军第二、第三兵团严密包围北平。

1949年1月15日,解放军攻占天津,全歼守敌13万,俘陈长捷等高级将领29人。

天津解放之后,解放军发动的平津战役进入第三阶段,人民解放军兵临北平城下。为了维护古都风貌,使人民免遭战火涂炭,平津前线司令部林彪司令员向北平守军最高长官华北"剿总"司令傅作义发出关于和平解放北平的公函。迫于形势,傅作义同意进行谈判。经过林彪的代表陶铸与傅作义的代表邓宝珊、周北峰等人商议,1月15日,双方基本达成了协议。21日,双方在《和平解放北平问题具体实施方案》上签字。22日,傅作义率部按协议撤离市区。北平的和平解放,保护了历史文化名城,避免了人民生命财产的损失。

1月31日，人民解放军和北平市人民政府工作人员入城接受防务和市政，北平宣告和平解放，平津战役就此结束。

渡江战役

1949年4月20日午夜，随着三颗红色信号弹划破夜空，人民解放军中、东、西三集团从西起湖口，东至江阴长达千里的长江北岸，以木帆船为主要航渡工具，排山倒海地强渡长江。江阴要塞7000余官兵在炮台总台长唐秉林、游击炮团团长王德熔、守备总队长李云祭等率领下战场起义，控制了江阴炮台，封锁了江面，致使国民党海军无法进入这段江域。

4月23日，解放军先后攻占丹阳、常州、无锡等城，切断了宁沪铁路。国民党海军第二舰队司令员林遵率25艘舰艇在南京以东江面起义，另一部23艘舰艇在镇江江面向解放军投降。解放军东突击集团第八兵团第三十四军乘胜渡江，以猛烈攻势突入南京、镇江。

中突击集团一部占领芜湖，主力渡过青弋江，并在湾址地区歼国民党军第二十军大部和第九十九军一部。西突击集团乘胜攻占贵池、青阳等地，歼国民党第八兵团一部。中国人民解放军冲上南京总统府大厦，摘下了国民党党旗，换上了红色的解放军军旗，宣告蒋介石国民党22年的统治结束了。

5月12日，解放军发动以消灭汤恩伯主力、解放大上海为目的的“上海战役”。为了解放上海，解放军第三野战军分别从浦东、浦西迫近吴淞口，阻敌退路。解放军在做了充分准备之后，发动上海战役。至22日，解放军已扫清上海外围之敌，逼近市区，并完成对汤部的合围。解放军于23日晚发起总攻，部队迅速跃进，很快占领了市区及高桥、吴淞口。亲临督战的蒋介石见大势已去，遂命汤恩伯逐次掩护，从海上撤出。上船逃走的仅残兵败将5万余人。其余15万人全部被歼。5月27日，苏州河以北最后一股蒋军被消灭。上海战役宣告胜利结束。

中国人民政治协商会议召开

1949年9月21日至30日，中国人民政治协商会议第一届全体会议在北平中南海怀仁堂召开。

这是一次由中国共产党发起并领导的，有各民主党派、无党派民主人士和人民团体代表参加的，协商成立中华人民共和国有关事宜的会议。毛泽东主持会议并致开幕词，他说：“占人类总数四分之一的中国人从此站立起来了，我们的民族将再也不是一个被人侮辱的民族了，我们已经站起来了。”会议通过了《中国人民政治协商会议共同纲领》，指出中华人民共和国的性质是以工人阶级为领导的、工农联盟为基础的、团结各民主阶级和少数民族的人民民主专政国家，并为新中国的政权机关、军事制度、经济政策、文教政策、民族政策和外交政策制定了总原则。

会议还通过了《中国人民政治协商会议组织法》《中华人民共和国中央人民政府组织法》，并做出以下决议：(1)中华人民共和国定都北平，即日起改名为北京；(2)中华人民共和国纪年采用公元纪年；(3)中华人民共和国国歌未确定前，以《义勇军进行曲》为代国歌；(4)国旗定为五星红旗。大会选举出以毛泽东为主席的由180人组成的第一届中国人民政治协商会议全国委员会；选举了由63人组成的中央人民政府委员会，毛泽东为中央人民政府主席，朱德、刘少奇、宋庆龄、李济深、张澜、高岗为副主席，周恩来、陈毅、董必武等56人为政府委员会委员。

宋庆龄作为特邀代表在中国人民政治协商会议第一次全体会议开幕式上发言。

9月30日，周恩来在全国政协第一届会议上提议将"为国牺牲的人民英雄纪念碑建立在天安门广场"。闭幕式后全体代表在北京天安门外举行人民英雄纪念碑奠基典礼。周恩来代表主席团致辞说："我们中国人民政治协商会议第一届全体会议号召人民纪念死者，鼓舞生者，特决定在中华人民共和国首都建立一个为国牺牲的人民英雄纪念碑。"毛泽东主席宣读碑文后，亲手执锹铲土，以表崇敬先烈。碑文系毛泽东撰写，周恩来手书。碑文为："三年以来，在人民解放战争和人民革命中牺牲的人民英雄们永垂不朽！三十年以来，在人民解放战争中和人民革命中牺牲的人民英雄们永垂不朽！由此上溯到一千八百四十年，从那时起，为了反对内外敌人，争取民族独立和人民自由幸福，在历次斗争中牺牲的人民英雄们永垂不朽！"

10月1日，在北京天安门广场举行开国大典，毛泽东向全世界宣告：中华人民共和国成立。从此，半殖民地半封建的中华民国时代结束，开始社会主义中国的新纪元。

中华人民共和国成立

1949年，人民解放军以破竹之势，百万雄师渡过长江，解放了南京，宣告蒋家王朝的覆亡。

"七·一"之后，中共中央成立了以周恩来为主任，彭真、聂荣臻、李维汉等为副主任的开国大典筹备委员会，拟定了开国大典包括的项目。

1949年10月1日，划时代的辉煌日子到来了。下午2时，中南海内开始举行中央人民政府委员会第一次会议，正、副主席宣布就职。选举林伯渠为秘书长；任命周恩来为政务院(国务院)总理兼外交部长；毛泽东主席兼中央人民政府军事委员会主席；朱德兼人民解放军总司令；沈钧儒为最高人民法院院长；罗荣桓为最高人民检查署检察长。

下午3时，毛泽东和中央主要领导同志沿着城西侧的古砖梯道，最先登上了天安门城楼。天安门广场上聚集了30万军民，欢声雷动。整个广场在彩旗、鲜花的映衬下，成了欢乐的海洋。

林伯渠宣布大典开始。毛泽东庄严宣布：中华人民共和国中央人民政府成立了！中国人民从此站起来了！这个庄严的声音通过电波传到全国，传到了世界各地，无数的中国人为之欢呼雀跃。在国歌《义勇军进行曲》的乐曲声中，毛泽东亲自按下天安门广场中央国旗杆的电钮，五星红旗在迎风冉冉升起。54门礼炮齐放28响，如报春惊雷回荡在天地之间。

升旗之后，毛泽东主席宣读了中华人民共和国中央人民政府公告，宣告国民党反动政府已被推翻，中央人民政府是代表中华人民共和国全国人民的唯一合法政府。公告宣读完毕，林伯渠秘书长宣布阅兵开始。

阅兵司令员朱德身着戎装，走下了天安门城楼，乘敞篷汽车通过了金水桥。

在《三大纪律八项注意》《军队老百姓》等军乐乐曲声中，朱总司令由聂荣臻总指挥同车陪同，检阅了三军部队。接着，朱总司令重登天安门城楼，宣读《中国人民解放军总部命令》，号召人民解放军乘胜肃清国民党反动军队的残余，解放一切未解放的国土，同时肃清土匪和其他一切反革命匪徒。

检阅式和分列式历经两个多小时，出动了官兵1.64万名，数十门大炮，数十辆坦克和17架飞机。这两个多小时，浓缩了我国以往漫长的战斗历程，也预示了未来的光辉征途。

阅兵式后，欢腾的群众游行队伍通过天安门前，向新的中央人民政府领导人致意，向高高的五星红旗致意。“毛主席万岁”的口号声响彻云霄。

主席台上精神抖擞的毛泽东也频频向群众挥手致意，回答道：“人民万岁！”广场顿时成了沸腾的海洋。

当天夜里，北京市又组织了万人提灯游行，顿时火树银花照亮了整个北京城。人民群众载歌载舞，军民共同尽情欢度中华人民共和国成立的第一个夜晚。

第二章　文学艺术

中华书局成立

中华书局创办于1912年元旦。

创办人陆费逵(号伯鸿)为乾隆时《四库全书》总校官陆费墀的裔孙,当过武昌小书店经理,又任过昌明公司上海支店经理、文明书局职员。1908年(光绪三十四年)进商务编译所任国文部编辑,后改任出版部长、《教育杂志》主编。辛亥革命爆发,他颇有远见,认定清王朝必定垮台,于是秘密筹措资金,挖走商务编辑人员,编写中小学教科书。就在中华民国官告成立的同时,中华书局挂出了牌子,且推出了适应时局的第一批教科书。

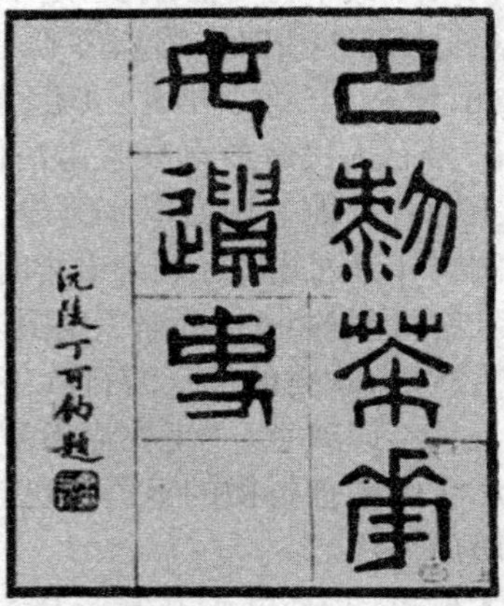

苏曼殊译《巴黎茶花女遗事》

中华书局出版的教科书,主要供中小学使用,此外也出版过少儿读物、师范教材和大学用书。中小教本有《新编初小教科书》《新中华教科书》等。1935年出版的《辞海》更是著称于世。

京师图书馆成为国家图书馆

宣统元年(1909)四月,清学部奏请筹建京师图书馆。1912年7月,北洋政府教育部批准了江翰呈报的京师图书馆阅览章程十八条,8月27日京师图书馆作为国家图书馆正式开馆接待读者。

京师图书馆位于北京什刹海附近的广化寺。当时藏书5424部,131375卷,52326册,其中善奉880部,28412卷,10822册。1917年1月,馆址迁往安定门内方家胡同清国子监南学旧址。周树人(鲁迅)一度实际负责管理该馆工作,获得接受国内出版物呈缴本的权利,并入藏了《四库全书》和《永乐大典》残本。1928年7月,改名为国立北平图书馆。

1929年8月，北平北海图书馆并入该馆。1931年在北海西侧兴建了主体馆舍（即文津街馆舍）。1949年中华人民共和国成立后，北平图书馆改名北京图书馆。1987年10月馆址迁至海淀区白石桥路，原馆舍改为分馆。

北京图书馆作为中国唯一的国家图书馆，为全国收藏最富的图书馆。藏书包括古代重要典籍，近代著名学者手稿，各种学术著作，大量中外文社会科学技术书刊以及少数民族文版的图书等。其中古籍善本30多万册，包括敦煌写经、《永乐大典》《四库全书》及其他古代写本、刻本等。

陈独秀主编的《新青年》创刊

《新青年》初名《青年杂志》，后改名《新青年》，由陈独秀主编，于1915年9月15日在上海创刊。初为月刊，是中国五四运动时期和第一次国内革命战争时期的著名刊物。

《新青年》的发展可分为三个阶段：第一阶段中它是新文化运动的中心，激进民主主义者的战斗旗帜，它所全力进行的反对封建主义思想的斗争客观上为马克思主义在中国的传播起了积极的作用。第二阶段它由民主主义刊物向社会主义刊物转变，在思想上为中国共产党的建立奠定了基础。第三阶段中它是中国共产党上海发起组的机关报和党中央早期的机关理论刊物，在宣传马克思列宁主义和中国共产党的方针、政策上有过一定的成就。

“五四”时期的陈独秀

《新青年》宣传科学与民主，发起批孔运动和文学革命运动，成为新文化运动的倡导者和主要宣传阵地。陈独秀、李大钊、吴虞、鲁迅、钱玄同、胡适、刘半农、沈尹默等人经常为《新青年》撰文，形成了一条反封建的新文化运动战线。

《新青年》比较全面地批判了封建专制主义和封建道德，阐明了民主主义的政治主张。吴虞发表了《家族制度为专制主义之根据论》《儒家主张阶级制度之害》等文，批判“孝为百行之本”的旧礼教，指出儒家的纲常礼教是中国专制制度的社会根基。陈独秀的《驳康有为致总统总理书》《宪法与孔教》《孔子之道与现代生活》等文章，认为孔子之道不符合现代生活，定礼教为“国教”违反思想自由的原则，孔教与帝制有不可分离的因缘，尊孔必将导致复辟。李大钊等人也纷纷发表文章猛烈攻击孔子学说，《新青年》一开始就高举反对封建文化的旗帜，打击了长期以来被作为封建制度思想支柱的旧礼教，反映了新起的激进民主派知识分子反对封建旧道德的决心和勇气。

《新青年》提倡科学，反对封建迷信，当时一些复古派企图以推行蒙昧主义来阻挡新思潮的影响,《新青年》针对《灵学丛志》所宣扬的封建迷信思想,以自然科学,尤其是达尔文的进化论和爱因斯坦的相对论来驳斥"灵学"及"鬼神之说"。指出中国要强盛就应该破除封建迷信,提倡科学。与此同时,把资产阶级的自由平等学说和"个性解放"思想、社会进化观点,作为反对旧道德的思想武器,使许多人逐步摆脱封建思想的束缚。

《新青年》积极提倡新文学,反对旧文学,提倡白话文,反对文言文。胡适的《文学改良刍议》,首先提出改革文学体裁和形式。陈独秀的《文学革命论》,主张推倒贵族文学、古典文学、山林文学,建设国民文学、写实文学、社会文学。他认为"今欲革新政治,势不得不革新盘踞于运用此政治者精神界之文学"。与此同时,李大钊、刘半农等人也纷纷发表文章反对"桐城谬种,选学妖孽"。以鲁迅的文学作品为代表,树立了批判现实主义的典范,造就了一个思想大解放、文风大解放的时代。

以《新青年》为主要阵地的新文化运动,在 1918 年以后特别是"五四"爱国运动以后有了新的发展,1918 年 10 月李大钊发表《庶民的胜利》和《Bolshevism 的胜利》两文,是《新青年》宣传俄国十月革命和社会主义的开始,为新文化运动注入了崭新的思想内容。1920 年 5 月出版《劳动节纪念号》,明显出现社会主义方向。以《新青年》为核心,团结了许多知识分子共同向封建文化做斗争。文学革命这时也有了新的发展,《新青年》开展百家争鸣,自由探讨问题,改用白话文写作使用新式标点符号等。

鲁迅发表《狂人日记》

1918 年,鲁迅发表小说《狂人日记》,吹响了讨伐封建社会的第一声号角。

鲁迅(1881~1936)原姓周,名樟寿,字豫山,后改名树人,字豫才,浙江绍兴人,现代伟大的文学家、思想家。"鲁迅"是他在《新青年》上发表小说《狂人日记》时开始使用的笔名。他出生在一个逐渐没落的封建士大夫家庭,从小受过传统的诗书经传教育。但他有广泛的阅读兴趣,涉猎过许多野史、杂记和小说,特别是那些富有爱国精神和民主思想的著作,这有助于他后来对历史形成比较全面的看法;对绣像、图谱等民间艺术和民间传说,他也深切爱好。由于外婆家在乡下,鲁迅有机会接触农村生活,了解了广大贫苦农民的生活和精神状况,并同他们建立了思想感情上的联系。鲁迅 13 岁那年,祖父因科场案下狱,后父亲又卧病 3 年死去。家道式微使身为长子的鲁迅备受亲邻的冷眼,他在困顿中"看见世人的真面目",对社会的世态炎凉感受颇深,从而憎恶自己出身的阶级和冷酷的旧社会。这些经历深刻地影响了他以后的思想发展和文学创作。

1898 年,鲁迅到南京求学,开始接触西方的社会科学、自然科学和文学,其中对他影响最大的是严复译述的赫胥黎的《天演论》。他由此接受了进化论思想,并在后来很长的时间内以此作为观察社会的思想武器。1902 年,鲁迅赴日本留学。在东京他经常参加留学生的反清集会,并写下了"我以我血荐轩辕"的诗句表明以身许国的志向。鉴于"日本维新是大半发端于西方医学",他立志学医,希望以新的医学来"促进国人对于维新的信仰",并能救治像他父亲那样的疾病。但后来他觉悟到对于愚弱的国民,首要的还在于改变他们的精神。他认为文艺是改变精神的利器,故弃医从文。1906 年鲁迅退学到东京,一方面从事译书、撰稿等文学活动,一方面投身于资产阶级民主革命运动,参加了章太炎等创立的反清革命组织光复会。这时鲁迅的反帝反封建的民主主义思想开始形成。

鲁迅 1902 年到日本留学后,剪去长辫拍的“断发照”

1909 年鲁迅回国,辛亥革命爆发后他以兴奋的心情迎接和支持它。南京临时政府成立后,鲁迅应邀到教育部任职,后随政府迁往北京。但辛亥革命未能完成反帝反封建的历史任务,篡国复辟的风潮迭起,鲁迅深感失望和苦闷,于是沉默了一个时期,埋头于整理古籍、抄录金石碑帖。

1917 年俄国十月革命胜利后,鲁迅看到了“新世纪的曙光”,他以新的姿态投身于革命。1918 年,鲁迅参加了《新青年》的编辑工作,同年 5 月,他在该刊发表了他的第一篇白话小说《狂人日记》。小说通过一个患迫害狂的精神病人的心理活动和精神状态,把对社会生活的具体描写和对狂人特有的内心感受的刻画结合在一起,以此来暴露封建“家族制度和礼教的弊害”,抨击辗转因袭的“精神文明”的冷酷和虚伪,指出封建社会的历史是人吃人的历史。小说以狂人为主角是一个精心而独到的安排,鲁迅以他早年所学的医学知识,本着严格的现实主义态度,通过“迫害狂”患者对环境的感受和他在精神错乱时发出的谵语,巧妙地揭示了普遍存在于精神领域内的“人吃人”的实质。作者借狂人之口,拆穿了旧中国历史的真相:“我翻开历史一查,这历史没有年代,歪歪斜斜的每页上都写着‘仁义道德’几个字。我横竖睡不着,仔细看了半夜,才从字缝里看出字来,满本都写着两个字是‘吃人’”。这是对封建社会历史现象的惊心动魄的概括,具有巨大的批判力量。小说的艺术构思也是新颖的。鲁迅吸收了象征主义的手法,让狂人于胡言乱语中道破历史的真相,亦真亦幻,以虚证实,令读者耳目一新。

《狂人日记》亦是现代文学史上第一部白话小说,它以“表现的深切和格式的特别”产生了广泛而深远的影响,堪称向封建社会讨伐的第一声号角,在文学史上有划时代的意义。它是鲁迅沉寂多年后的第一声呐喊,由此他开始了新的文学战斗历程。

燕京大学成立

1919 年,美国教会所属的北通州协和大学、北京汇文大学合并成立燕京大学。次年,华北女子协和大学并入,仍实行男女分校;1925 年迁至北京西郊新校舍,始行合并,仍保留女部名称,经费和管理各自独立。

燕京大学经费原由美国在华各基督教团体协助,美国普林斯顿大学驻华委员会、罗氏基金会等也给予一定的资助。校舍设备等物质条件比较优越。首任校长为美国外交官司徒雷登。20 年代收回教育权运动后,吴雷川、陆志韦相继任校长,司徒雷登改任教务长。而实权仍握在司徒雷登的手中。

学制初为本科三年,预科二年;后改为本科四年,预科一年。院系设置方面,初只设文理科,不分学系;下设文学院、自然科学学院、应用社会科学学院;后改为文学院(分设中文、外语、历史、哲学、心理、教育、新闻、音乐八个学系)、理(分设化学、生物、物理、数学、家事五个学系)、法(分设政治、经济、社会三个学系)三个学院。1934 年增设研究院,下设文、理、法三个研究所。

美国垄断资本和教会对学校实行控制,但因该校师资力量强,学术气氛也较浓,在学术界有相当的声誉。该校所属哈佛燕京学社在整理古籍、研究东方文化等方面成就较大。

1951 年 1 月,中央人民政府教育部颁布《关于处理接受美国津贴的教会及其他教育机关的指示》,接管燕京大学。全国高等学校院系调整时并入北京大学。

岭南画派形成

1921 年,著名画家高剑父等人在广州发起举办了广东省第一次美术展览会,明确提出革新中国画的主张,并与旧派艺术家展开激烈争论。岭南画派开始形成。

岭南画派的创始人为高剑父、高奇峰兄弟和陈树人三人。高剑父(1879~1951)名伦,字剑父。广东番禺人。幼失双亲,家境贫寒,从小对绘画产生浓厚兴趣。14 岁随花鸟画家居廉学画,因其聪颖敏悟而深受器重。17 岁赴澳门格致书院从法国传教士麦拉学习素描。不久返广州任小学图画教师。后东渡日本留学,在东京学画。后与陈树人等在上海、广州创办《真相画报》《时事画报》,倡导美学,推行中国画的革新运动。辛亥革命后,从事美术教育工作,与其弟高奇峰(翁)创办春睡画院、南中美术院,培养学生。陈树人(1884~1948),名韶哲,别号葭外渔子、二山山樵、得安老人,广东番禺人。1905 年留学日本京都美术学校,学习东西方绘画。同年加入同盟会,追随孙中山革命。出版《广东时事》《有所谓报》,宣传革命主张,积极投身民主革命。回国后任教于广东省高等学校。

高氏兄弟与陈树人是同窗好友,早年均受业于居廉门下,3 人对中国画的革新志同道合,被称为岭南三杰。1921 年 3 人发起举办的广东第一次美术展览会,使人们对二高一陈的作品风貌和艺术主张有了较全面的认识。以后,3 人在中国画传统技法的基础上,进一步糅合日本和西方技法。注重写生,具有广东地方特色,就逐渐形成了具有浓郁的时代气息和地方风格的绘画流派。因 3 人均为五岭岭南的广东番禺人,故得名岭南画派。

岭南画派在艺术思想上主张中西折中,提倡融合西画以革新中国画。在传统方面,三人接受了乃师居廉之影响。留日期间,又较多地接触了西方绘画,开阔了眼界,从而奠定了中西折中的基础。他们力主为人生而艺术,提倡艺术应反映时代、唤起民众、觉悟社会、陶怡性灵。他们的作品力图在内容上出新,如宣传革命,讽刺时弊,歌颂抗日救亡运动，乃至在山水画中画飞机、汽车等，反对因循守旧和一味模拟古人，强调写生，主张师法自然。

在题材上多以飞鸟走兽、山水花卉等南方风物和风光为主。二高兄弟尤其喜欢画虎、鹰和狮，写生惟妙惟肖，笔墨、章法不落俗套。善用色彩和水墨渲染，尤其善于把雄健、泼辣的笔墨与撞水撞粉的技法结合在一起来渲染天光云影，月夜朦胧的气氛。具有刚劲、真实而又诗意盎然的艺术风格。

岭南画派风格独具，影响甚大，是艺术上的一朵奇葩。有力地推动了现代中国画的发展。

鲁迅散文诗《野草》出版

1925年，中国现代文学的第一部散文诗《野草》出版。

五四革命退潮时期，鲁迅在“上下求索”中探寻着前进的道路。这期间他除了公余在北京大学、北京高等师范学校任教之外，还参加了语丝社，组织和领导了莽原社和未名社。

《野草》是中国现代文学的第一部散文诗集，内容比较丰富，也比较复杂，在主要反映理想和现实的冲突的同时，也表现了作者思想上的矛盾。揭露和批判黑暗现实、歌颂顽强不屈的抗争精神是《野草》的主要思想倾向。《秋夜》是《野草》的第一篇作品，它以“奇怪而高”的天空比喻当时的社会现实，以叶子落尽伤痕累累而仍然直刺长空的枣树象征革命志士傲岸不屈的精神，歌颂了敢于反抗黑暗现实、追求光明的战斗者。《过客》在鲁迅思想发展过程中具有代表性。鲁迅在文中描绘的荒凉破败的村野，正是当时军阀统治下的中国北方的写照，过客的形象，正是当时孤军奋战而又毫不懈怠，冲破一切有形无形的障碍勇往直前的战士的形象。《复仇》鞭挞了无聊的看客和旁观者；《狗的驳诘》辛辣地讽刺了那种比狗更势利的人，《影的告别》中的“影”和“人”，是“新我”和“旧我”的象征，作品反映了作者与“旧我”决裂并艰难地探索出路的思想状况。

《野草》在艺术表现上独具匠心，多姿多彩。作品构思巧妙，意境幽深。有的利用短剧的形式塑造人物形象，有的通过浅显的故事说明深刻道理；或虚构梦境以抒写怀抱，或借助象征隐喻现实，既洋溢着诗情，又蕴含着哲理。《野草》以其想象的奇崛高超，语言的隽永深醇，散发着独特的艺术魅力，在中国现代文学史上开了散文诗的先河。

距《野草》写作不久，在北洋军阀制造镇压爱国学生运动的“三一八”惨案后，鲁迅积极支持进步学生的斗争，以致受到反动当局的通缉迫害，因此他于1926年8月离开北京到厦门大学任教。在此期间他写35篇“旧事重提”，后来与以前写的5篇在《莽原》上发表，1927年改题为《朝花夕拾》结集出版。作品追忆了从童年到青年时期的片段生活经历，从侧面描绘了半殖民地半封建的旧中国社会的古老风习和炎凉世态。《朝花夕拾》所写的虽是真人真事，但是具有丰富的社会内容和思想意义，表现了朴素明朗、清新刚健的艺术风格。文章多将叙述、描写、抒情、议论融汇一处，和谐而统一；其写景状物生动传神，人物形象鲜明而富于个性。《野草》和《朝花夕拾》代表了鲁迅创作中的另一种风格。

《野草》较多借鉴西方现代派文学的技巧，深沉含蓄；《朝花夕拾》则主要继承了传统散文的特色，通脱舒展。在中国现代文学的散文创作领域中，它们是独树一帜的。

清华大学转为大学体制

1925 年，清华大学（时称清华学校）开始设立大学部并招收 4 年制大学生，标志着清华大学开始转为大学体制。

清华大学的前身为清华学堂，是 1911 年清政府利用美国“退还”的一部分“庚子赔款”所办的一所留美预备学校。校址位于北京清华园。初设高等科和中等科。辛亥革命后改名为清华学校。1928 年国民党政府接管后，改名国立清华大学，正式确立了大学体制。1937 年抗日战争全面爆发后，为躲避战火，清华大学迁至云南昆明，并与同期迁至的北京大学、南开大学联合组成西南联合大学。1946 年抗日战争胜利后，清华大学迁回北京复校。当时清华大学设有文、法、理、工、农 5 个学院 26 个学系，且在学制、课程、教材和教学方法上多仿照美国。

清华大学具有光荣的革命传统。广大师生在 1919 年参加了“五四”爱国运动。1926 年参加了“三・一八”反帝爱国大示威。1915 年，清华大学师生积极参加了“一二・九”抗日救亡运动，成为当时全国学生运动中的重要力量，1945 年 12 月，西南联大掀起了反内战、争民主的“一二・一”学生运动。1946 年 7 月学校进步师生英勇地参加了反饥饿、反内战、反迫害的斗争，等等。在中国人民追求独立、民主、富强的斗争中，清华大学的广大师生（如闻一多教授、朱自清教授等）表现了中华民族的英雄气概，许多青年学生为中国人民的解放事业献出了生命。有些学生经过长期革命斗争的锻炼而成为新中国各项事业的领导人，如胡乔木、蒋南翔等。

《热风》开拓现代杂文

从“五四”运动前夕开始，鲁迅在创作小说的同时，还写了大量杂文。他以杂文作为直接解剖社会、参与政治斗争和文化论争的武器，在这一领域中取得了丰硕的成果。

鲁迅最早的杂文多发表在《新青年》上。从 1918 年到 1936 年，他共写了 700 多篇杂文，结集成 17 本杂文集。1918 年到 1927 年是鲁迅杂文创作的前期，这时期的杂文收集在《热风》《坟》《华盖集》《华盖集续编》中。鲁迅前期的杂文在不同阶段亦表现出不同的内容特色。“五四”之前，封建意识形态长期淤积下来的思想毒素支配着社会心理；这种历史的惰性排斥和抗拒外来的新思潮，“五四”之后，旧势力仍时时伺机反扑，企图扼杀新生事物。在这种激荡的时代浪潮中，鲁迅作为一个革命民主主义者，这一阶段的杂文带有广泛的社会批评特色。这些杂文的涉及面很广，正如鲁迅在《热风・题记》中所言：“有的是对于扶乩、静坐、打拳而发的；有的是对于所谓‘保存国粹’而发的；有的是对于那时旧官僚的以经验自豪而发的；有的是对于上海《时报》的讽刺画而发的。”但“五四”的时代精神——民主与科学的要求始终贯穿在这些杂文中。其具体表现首先是对封建文化和封建迷信的批判。当时守旧派以"保存国粹"的名义,提倡国学,维护文言,宣扬所谓固有文明和固有道德,意在抵制新思潮的传播和兴起。鲁迅在《热风》的大部分《随感录》及《论"他妈的!"》、《看镜有感》等文章里,对封建文化和道德给予猛烈抨击,指出从缠足、拖大辫、吸鸦片及至一夫多妻、人身买卖,所谓的"国粹"无一不是野蛮和落后的产物。在《论照相之类》《春末闲谈》、另一部分《随感录》等文章中,鲁迅针对愚昧无知的习俗指出:医治"祖传老病"、扫除社会上的"妖气"的"对症药"只有科学;"火药除了做鞭炮,罗盘除了看风水"还有更重要的用途。主张社会解放是鲁迅杂文进行社会批评的另一方面。在《我之节烈观》《我们现在怎样做父亲》《娜拉走后怎样》等一系列杂文中,鲁迅严正批判了封建的节烈观念和父权思想,引导妇女和青年冲破精神桎梏。

1932 年 11 月 27 日,鲁迅应邀在北京师范大学作《再论"第三种人"》的演讲

"五四"运动后不久,新文学统一战线开始分化,资产阶级右翼文人在政治上日趋保守。由于革命中心向南方转移,北洋军阀统治下的北京政治环境险恶。在这种处境下,鲁迅这一阶段的杂文锋芒所向由社会批评转向了政治斗争。在《估学衡》《答 KS》《十四年的读经》《青年必读书》等文章中,他批判了以"学衡派"和"甲寅派"为代表的文化上的种种倒退倾向和复古言论,揭露"读经救国"和"整理国故"的虚伪性。他的《华盖集》和《华盖集续编》中的不少杂文,都是围绕轰动当时的"五卅"运动,女师大事件、"三一八"惨案而写的,集中批判了"现代评论派"等为军阀官僚服务的欧化绅士和市侩文人,对帝国主义、封建军阀提出了严重抗议。在《论费厄泼赖应该缓行》这篇反对资产阶级自由主义和传统的中庸之道的战斗檄文中,鲁迅提出了"痛打落水狗"的主张,表现了彻底的不妥协的革命精神。

鲁迅的杂文不仅具有深刻的思想性,而且具有高度的艺术性。这首先表现在其不拘一格的形式上。除议论性文章外,还有记事性,哲理性、寓言式的种种写法。其次,表现手法变化多端,或短小精悍,犀利泼辣;或气势跌宕,层层递进,有擒纵自如的功力。鲁迅杂文有别于一般政论文的特点还在于其议论的形象化、生动性。凡此种种,结合其寓热情于冷峻中的义笔,形成了人们称之为"鲁迅风"的鲜明的风格。

从《热风》开始,鲁迅的杂文在思想内容、艺术表现等各方面都开创了现代杂文的新风,对当时的社会和文坛都产生了极大影响,在现代文学史上有深远的意义。

南国社成立

1927年冬，综合性文艺团体南国社在上海成立，由田汉领导，准备开展文学、电影、音乐、戏剧、美术、出版等文艺活动。

“南国”之名来自田汉与妻子1924年在新文化运动影响下创办的文艺刊物《南国半月刊》。南国社由从事电影制作的南国电影剧社改组而来，成立后曾开办南国艺术学院，但不久学院即因政治、经济等原因被迫停办，南国社在田汉的领导下致力于戏剧活动。

南国社主要在五卅运动和大革命高潮中开展进步的戏剧活动，后来转向左翼戏剧运动。其演出以此分为前后两个时期。前期的演出活动主要于1928年12月到1929年7、8月间在上海、南京、无锡、广州等地进行。这期间上演的剧目不同程度地抗议了帝国主义操纵下的军阀混战，控诉了封建势力的罪恶，发出了改革社会的呼声；同时反映了小资产阶级知识分子寻求光明而又找不到正确出路的迷惘和苦闷。主要剧目有田汉创作的《湖上的悲剧》《苏州夜话》《江村小景》《第五号病室》等，还有根据王尔德同名独幕剧改编的《莎乐美》。处于革命低潮时期的青年对演出产生了强烈共鸣，希望南国社能“为饥寒所迫的大众”创作出“更粗野更壮烈的艺术”。

1929年秋后，田汉由中国共产党提出的无产阶级戏剧的口号找到了南国社左转的方向；同年创作的短剧《一致》成为南国社左转的标志。《一致》表现了革命群众对暴戾统治的反抗，先后在无锡、上海演出，受到观众热烈欢迎。1930年4月，田汉在《我们自己的批判》一文中全面检查批判了个人和南国社戏剧活动中的小资产阶级倾向，南国社后期的戏剧活动由此开始。田汉根据法国梅里美同名小说改编的《卡门》一剧于1930年6月在上海演出，这一“借外国故事来发挥革命感情影响中国现实”的剧目，在演出后第三天即被反动当局禁演，南国社同年9月被查封，田汉率领社中大多数成员投身于左翼戏剧运动。

南国社的戏剧在内容和表演上都有自己的特点。南国社的成员多为小资产阶级青年，他们对现实的不满和反抗是剧作的主调，而其自身的感伤和浪漫情调则使剧作具有忧郁色彩和抒情特点，是五四时期爱美剧的发展。他们在表演上力求朴素自然，富于生活气息，摒弃了装腔作势的文明戏演出程式。在舞台布置形式上，他们也表现了一种清新、自由、奔放而带有反抗性的精神，学习传统戏曲的表现手法，置景简单，效果独特。

南国社的戏剧活动不仅产生了进步的社会影响，在中国话剧史上亦起了承前启后的重大作用，彻底摆脱了外国戏剧的影响和文明戏的束缚，并为中国影剧事业的发展培养了艺术骨干力量。

闻一多诗集《死水》出版

1928年，闻一多先生的第二本诗集《死水》出版，这是他的代表作，收集了他1925年以来所做的28首诗歌。

闻一多(1899~1946),原名闻家骅,字友三,湖北省浠水县人,现代著名诗人。他出身"世家望族,书香门第",自幼爱好古典诗词和美术。1912年冬,闻一多考入北京清华学校。在校期间,他积极投身于五四运动,并开始诗歌创作,他这时期在艺术思想上受到唯美主义的影响,是新月社的主要成员之一。1922年他赴美留学,研习绘画,兼修文学,发表过有影响的新诗评论。1925年回国后先后在多所大学任教,并成为徐志摩主编的《晨报副刊·诗镌》的主要撰稿人和《新月》杂志的编辑。抗日战争期间,闻一多的思想有了转变和进步1943年以后,他积极参加反对独裁、争取民主的斗争。抗战胜利后,在国民党特务横行的白色恐怖中,他"拍案而起,横眉怒对国民党的手枪",于1946年7月15日被国民党特务暗杀。

闻一多曾潜心研究新诗格律化的理论,他主张新诗应有"音乐的美(音节),绘画的美(辞藻),并且还有建筑的美(节的匀称和句的均齐)",重视诗的格式、音尺、平仄和韵脚。他认为诗人应该超脱于政治之外,但又认为诗人"主要的天赋是'爱',爱他的祖国,爱他的人民"。他从理论到实践探索新诗发展的道路。1923年,他出版了第一部诗集《红烛》,收集了他早期的诗作,有浓厚的浪漫主义色彩和唯美主义倾向,主要表现了诗人对艺术和美的追求。

闻一多的第二部诗集《死水》的基调则转向了现实主义,思想感情更加深沉,由对艺术美的讴歌转为爱国主义的直接高唱和对现实黑暗的诅咒。《死水》运用象征手法表现了污浊的旧社会;《发现》真切表达了诗人对祖国现状的失望和痛苦;《静夜》则流露出对祖国和人民命运的深沉关切,并不以小家庭的安宁为重,发生了富于民族责任感的心声——"幸福!我如今不能受你的私贿,我的世界不在这尺方的墙内"。他冲出了个人的小天地,写下了《荒村》《罪过》《春光》《天安门》等反映人民苦难的诗篇。这些诗篇既发扬了屈原以来古典浪漫主义诗歌的爱国主义传统,又具有杜甫创作中社会批判的性质,同时表现出闻一多的鲜明个性。

闻一多的诗充分体现了他的艺术主张。他在诗中刻意追求绘画美,他不仅喜用色彩斑斓的辞藻来描绘形象,渲染气氛,而且擅用新奇而贴切的比喻和出人意表的想象,营造出种种变幻的情调和意境。此外,他的诗音节和谐,富于音乐感,文字整饬,有形式美。闻一多的诗贯穿着昂扬的爱国主义精神,具有极强烈的民族意识,开创了格律体的新诗流派。

"左翼作家联盟"成立

1928年至1929年间的革命文学论争,虽然传播了马克思主义文艺理论,但是受到了资产阶级文艺家的攻击;而且当时国际环境上苏联、日本都成立了无产阶级作家联合会,为了适应新的斗争形势,中国共产党指示创造社、太阳社的党员作家与鲁迅等人联合成立革命作家团体。

1930年3月2日,中国左翼作家联盟正式在上海中华艺术大学成立,与会的有冯乃超、阳翰笙、夏衍等40余人。选举夏衍、冯乃超、钱杏邨、鲁迅、田汉、郑伯奇、江灵菲7人为常务委员，周全平、蒋光慈为候补委员。成立大会通过了左联的理论纲领和行动纲领。由鲁迅在大会上做了题为《对于左翼作家联盟的意见》的讲话，强调左翼作家一定要和实际斗争接触，总结了革命文学运动倡导时期的经验教训，针对当时存在的错误倾向和建设革命文学的许多关键问题，提出了精辟的意见，是左联的一份宝贵的理论文献。

"左联"等组织出版的部分刊物

左联成立后，先后在北平和日本东京设有分盟，天津有支部，在广州、武汉、南京、保定等地设有小组。左联的领导机构，起初是常务委员会，后改称执行委员会。组织上，左联受中共中央宣传部文化工作委员会的领导。左联与国际无产阶级文艺运动建立了联系，成为国际革命作家联盟的一个支部——中国支部。

左联先后创办的机关刊物有《萌芽月刊》《拓荒者》《巴尔底山》《世界文化》《文学导报》《北斗》《十字街头》《文学》等；还秘密发行了《秘书处消息》和《文学生活》，并在《时事新报》副刊主办《每周文学》。

左联以马克思主义文艺理论指导自己的实践，鲁迅、瞿秋白、冯雪峰做了大量翻译介绍工作。左联一开始就重视理论批评工作，对于"新月派""民族主义文艺运动""自由人""第三种人"及"论语派"等资产阶级文艺观点进行批评，并对国民党当局的反动文艺政策，进行批评和斗争。左联领导的左翼文艺运动，创作上取得了巨大成就。鲁迅的《故事新编》、瞿秋白的杂文、茅盾的《子夜》《林家铺》、蒋光慈的《咆哮了的土地》、丁玲、张天翼等人的小说、田汉等人的剧作，都产生了广泛的影响并培养了一大批文学新人。

由于当时环境的影响，左联也出现了教条主义、宗派主义的错误，鲁迅曾提出中肯的批评。左联受到国民党政府残酷压迫，"左联五烈士"就是被秘密杀戮于上海龙华警备司令部。

左联顽强地战斗了六个年头，培养了一支坚强的革命文艺大军。1936年春，为了适应抗日救亡运动的新形势，左联自行解散。

巴金发表长篇小说《家》

1931年，巴金发表长篇小说《家》。

巴金（1904—2005），原名李尧棠，字芾甘，四川省成都市人，现代著名作家，"巴金"是他的第一部小说《灭亡》1929年发表时开始使用的笔名。巴金出身一个封建官僚地主的大家庭，少年时期目睹了封建家庭内当权势力的专制冷酷及其腐朽丑恶的生活，感受到旧礼教对青年一代的压迫和摧残，了解了下层人民的悲惨命运，由此而产生强烈的激愤。在五四新文化新思想的浪潮冲击下，巴金接受了反帝反封建的民主主义革命思想，对家庭产生了叛逆心理。早年的经历和思想变化，为他后来的文学活动奠定了坚实的基础。1923年，巴金离开封建家庭到上海、南京读书；1927年赴法留学，广泛接触到各种社会思潮，主要受无政府主义思想影响。这年，巴金开始了他的创作生涯。

1934年，巴金在北平沈从文家中。

巴金早期的作品《灭亡》《新生》《爱情三部曲》（《雾》《雨》《电》）等都是写知识青年在军阀统治的环境中进行的种种活动。《灭亡》"真实地暴露了一个想革命而又没有找到正确道路的小知识分子的灵魂"（巴金：《谈（灭亡）》）。其续篇《新生》的主人公虽然参加了实际的革命斗争，但"新生"的希望依旧渺茫。《爱情三部曲》则通过一群青年对黑暗现实的个人反抗及其悲剧，在一定程度上揭露了军阀统治的残暴，赞美了青年人对光明理想的追求和献身精神，其思想主题有反帝反封建的进步意义；但小说中人物身上的小资产阶级狂热性和极端民主自由的无政府主义思想亦造成了作品的局限性。这些作品有助于激发读者变革旧现实的热情，当时在小资产阶级青年中引起了较大反响。

巴金的代表作是完成于1931年的《家》。这部长篇小说与抗战期间完成的续篇《春》《秋》一起，组成了《激流三部曲》。《家》通过一个封建大家庭成员新旧思想的冲突、恋爱和婚姻的悲剧、青年一代对封建礼教的抗争及与家庭的决裂，表现了封建宗法制度必然崩溃的历史过程。作者对题材的熟悉和感受的深切，使这部作品具有强烈的感染力。巴金说，这部作品"所要展示给读者的乃是描写过去十多年间的一幅图画"。作品中塑造了一系列有代表性的人物形象。高家三代人中，以高老太爷为首的腐朽没落的一群，醉生梦死，胡作非为，坐吃山空。克字辈中的克明道貌岸然，实际上是顽固的封建卫道者。觉字辈中的觉新是一个在旧制度熏陶下失去了反抗性的悲剧人物，他是旧礼教的牺牲者，但同时又不自觉地成为大家庭的维护者，伤害了周围的人。作者从他作为"长房长孙"的复杂困境和他内心的尖锐矛盾入手，将他的形象写得丰满深刻，成为现代文学史上的著名典型。觉民、觉慧是受五四新思潮影响、有强烈的个性解放与反封建要求的激进的民主主义者，他们的先后出走使得封建家庭的旧秩序受到强烈冲击，作者在他们身上寄托了自己的理想和希望。书中还刻画了三个美丽的年轻女性——梅、瑞珏和鸣凤，她们的被侮辱被损害终至被毁灭格外令人痛心，作者对她们倾注了深深的同情。《家》的故事背景是五·四以后的特定历史时期，具有现实主义的深刻性。这部作品在描写封建宗法家庭解体方面是同类题材作品中最成功、影响最大的一部，不失为《红楼梦》之后表现封建阶级没落史的杰作。在《春》与《秋》里，《家》中的矛盾进一步展开，长辈们更加虚伪堕落，年青的一代逐渐觉醒与成长。《激流三部曲》奠定了巴金在中国现代文学史上的地位。

抗日战争期间，巴金写了长篇小说《火》（又称《抗战三部曲》），反映了部分小资产阶级知识分子在抗战初期和中期的思想历程与生活变迁。抗战后期及战争结束后，巴金又写了中篇《憩园》和长篇《寒夜》。前者写了富贵人家的悲欢离合，后者表现在寒夜一般的年代里善良的人们普遍的不幸遭遇。

巴金创作力最旺盛的时期是青年时期，他的作品中最引人注目的人物也是青年，他笔下充满青年人特有的浪漫主义的激情——歌颂青春的成长和美丽，诅咒摧残青春的腐朽势力。这一创作特色贯穿在他的主要作品中，即使是以现实主义见长的《家》，依然充溢着很浓的主观感情色彩。他的作品鼓动起许多青年读者的正义感和不满足现实的激情，在青年中影响广泛，这在五四以后的新文学中，是一项特殊的成就。此外，巴金还写了许多短篇小说和散文，具有广泛的国际影响。

《歌女红牡丹》轰动全国

《歌女红牡丹》是中国最早的两部蜡盘发音有声片之一，由明星影片公司和百代公司于1931年合作摄制，由洪深用庄正平的化名编剧，张石川导演，董克毅摄影。

《歌女红牡丹》剧照

歌女红牡丹（胡蝶饰）嫁了一个无赖丈夫（王献斋饰），她声名极盛，月入颇丰，仍不够丈夫挥霍，为此屡受刺激，以致啜声失润，但她对丈夫还是忍气吞声、委曲求全，及至沦为三四等配角，生活潦倒不堪，丈夫照旧对她百般虐待、盘剥。后来。丈夫因卖掉女儿，心情懊恼，以致失手杀人，被捕入狱，她仍不咎既往，探望营救。

影片通过红牡丹这个深受封建意识毒害的歌女遭受重重折磨压迫而仍不觉悟的描写，暴露了封建旧礼教对妇女心灵的摧残和毒害，抨击了红牡丹的丈夫——一个封建遗少的无耻寄生生活，具有一定的现实意义。影片利用有声的优越条件，穿插了京剧《穆柯寨》《玉堂春》《四郎探母》《拿高登》四个节目的片段，是观众在银幕上第一次听到戏曲艺术的唱白。这部影片耗资12万元，费时6个月，收音过程中曾遭遇到不少困难，进行了5次试验才获成功。这部影片于1931年3月15日在上海新光大戏院首次公映。因为是中国的第一部有声片，当时不仅轰动了全国各大城市的观众，同时也吸引了南洋的侨胞，产生了一定的影响。

鲁迅写作“花边文学”

1927年10月，鲁迅从广州赴上海，由此开始了他战斗生涯后期光辉的10年。在这一时期中,鲁迅写得最多、成就最突出的是杂文。鲁迅后期杂文包括1927年到1936年所作,收集在《而已集》《三闲集》《二心集》《南腔北调集》《伪自由书》《准风月谈》《花边文学》《且介亭杂文》《且介亭杂文二集》《且介亭杂文末编》等10本杂文集中。

1928年,由创造社、太阳社发起,鲁迅同他们展开了一场关于无产阶级革命文学的论争。鲁迅对文艺与社会、思想与艺术的关系及作家的世界观问题等都发表了精辟的意见。这些文章都收在《三闲集》中。左联成立前后,鲁迅同创造社、太阳社消除了分歧,并团结许多革命作家,对资产阶级文化社团新月社宣扬的"人性论"进行了批判;并对国民党纠集一批御用文人发起的"民族主义文艺运动"进行了坚决斗争。《二心集》和《南腔北调集》便是这时期反文化"围剿"的产物。1936年,当文艺界"民族革命战争的大众文学"和"国防文学"两个口号出现激烈论争时,鲁迅先后发表了《答托洛斯基派的信》《论现在我们的文学运动》《答徐懋庸并关于抗日统一战线问题》等文章,对文艺界的抗日救亡运动和统一战线问题提出了中肯的意见,认为两个口号应当"并存",推动了文艺界抗日民族统一战线的形成。

1933年开始,鲁迅以多个笔名在《申报》副刊《自由谈》上发表杂文,以时事短评为主,抨击国民党政府的不抵抗主义和"攘外必先安内"的反动政策,这些文章后来结集为《伪自由书》。

鲁迅进一步开拓社会批评和文学论述。这些杂文多收录在《准风月谈》和《花边文学》中。在批评社会现象方面,所涉问题极广,既通过鞭挞种种堕落的市侩恶习,批判精神现象中腐朽的传统思想影响。在对文学活动的论述方面,鲁迅讽刺了"捐班"诗人、"商定"文豪、写阔人秘史、传"登龙"妙术等文坛上的浇薄风气和捧场、打诨等帮闲行径。

鲁迅后期杂文不仅具有更加深广的思想性和社会意义,其艺术表现手法也日益圆熟精纯。形象性与逻辑性的统一是鲁迅杂文最突出的特色。鲁迅主要继承了中国历代散文的优良传统,在杂文中既有政论式的义正辞严,气势凛然,体现出先秦诸子的雄辩力量;又有学术性的旁征博引,析理严密,师承了韩愈文章的谨严明晰,更多的是锋芒毕露、泼辣犀利的短评小品,讽刺与幽默并用,"嘻怒骂皆成文章"。

鲁迅的杂文几乎写出了整整一个时代的风貌,以反映旧中国历史进程的广泛性和深刻性而论,鲁迅的杂文在现代散文中是首屈一指的。

茅盾的长篇小说《子夜》出版

1933年,茅盾的长篇小说《子夜》出版,成为当年文坛上的重要事件。

茅盾(1896~1981),原名沈德鸿,字雁冰,出生于浙江桐乡市乌镇,为现代著名作家,"茅盾"是他常用的笔名。由于父亲早逝,母亲成了茅盾童年时期的启蒙老师。五四运动后,茅盾参加了新文学运动。1920年11月,他接编并全部革新了大型文学刊物《小说月报》;1921年,他参与发起组织了文学研究会;同年7月,中国共产党成立,他成为最早的党员之一;1925年,茅盾在上海积极投入五卅运动;此后辗转在广州、武汉等地从事革命活动。1927年他回到上海,开始创作和参加其他文学活动。

1930年茅盾在上海

1927年秋至1928年春，他创作了三部曲《蚀》，它由《幻灭》《动摇》《追求》三个带连续性的中篇组成，概括了大革命前后小资产阶级知识青年的思想动态和生活经历。

1930年4月，茅盾从日本回上海后不久，便加入了中国左翼作家联盟，与鲁迅共同从事革命文艺活动和社会斗争。自"五四"以来，茅盾在文学创作、评论以及译介外国文艺理论等方面都做了大量工作，又参加过实际的革命活动，在文学、思想、生活上经过了长期积累。因此到了1932年前后，茅盾的创作力达到了全盛时期，其代表作长篇小说《子夜》即诞生在这一阶段。

《子夜》通过民族工业资本家吴逊甫和买办金融资本家赵伯韬之间的矛盾斗争以及他们与周围各阶层人物的错综复杂的关系，真实、形象地反映了30年代初期中国社会的时代风云和历史面貌，揭示了民族工业在半封建半殖民地的情况下不可能得到发展，中国亦不可能走上资本主义道路这样一条历史必然的法则。吴逊甫是个有实力、有魄力亦有手腕的资本家，他志在发展中国的民族工业。但他生不逢时，在半封建半殖民地的中国，他面临着重重困厄：背后有美国金融资本家撑腰的赵伯韬代理外国资本利益要扼杀中国的民族工业；工厂产品在外国市场上受到排挤，他将损失转嫁给工人，引发了工人的罢工反抗；农民运动兴起，断了他在家乡的重要资本来源；合股公司又因产品积压、股东退出、赵伯韬的经济封锁而濒临破产……在腹背受敌的情况下，吴逊甫只得孤注一掷，将资金投入冒险投机事业，彻底违背了自己做个正正派派的企业家的初衷。在遭到惨败后，他只得将产业卖给了英、日资本家，发展民族工业的雄图终成泡影。围绕吴逊甫的活动，《子夜》展示了30年代中国的广阔社会图景。

《子夜》的艺术成就也是十分突出的。这首先表现在人物形象的塑造上。吴逊甫是中国民族资产阶级的典型人物，他性格中充满了矛盾：既精明强悍，又有中国民族资产阶级的先天软弱性。此外，赵伯韬、杜竹斋、周仲伟等亦各具特色。

在创作《子夜》的同时，茅盾还写出了他短篇小说的代表作《林家铺子》和《春蚕》。《林家铺子》通过一家小店的倒闭表现了当时处在风雨飘摇中的整个工商业的前途，同时反映了旧社会"大鱼吃小鱼，小鱼吃虾米"的残酷真相。

《春蚕》则表现了资本主义经济入侵后农村经济凋敝、蚕农"丰收成灾"的悲剧：同时写出了旧中国农村中两代人的冲突；其续篇《秋收》《残冬》反映了老一代农民的逐渐觉醒和新一代农民的逐渐成长。这三个连续的短篇在当时被称为"农村三部曲"。抗战期间，茅盾写了反映辛亥革命到"五四"前夕社会状貌的长篇小说《霜叶红似二月花》；揭露抗战后期雾都重庆豺狼当道、特务横行的《腐蚀》；描绘三四十年代到抗战胜利前夕黑暗社会的剧本《清明前后》。

曹禺创作话剧《雷雨》《日出》

1933年,曹禺创作话剧《雷雨》。曹禺(1910~1997),原名万家宝,字小石,祖籍湖北省潜江县,为现代著名剧作家。他出身封建官僚之家,家庭背景使他非常熟悉封建官僚买办家庭及其上层人物的生活;身居当时交通便利、商业发达的天津城又使他目睹了社会上从"高级流氓""高级恶棍"到"苦力"的各色人等,对下层人民的悲惨处境亦有所了解。这对他创作思想倾向的形成有极大影响,亦为他的作品提供了某些人物原型和素材。

青年时期的曹禺

曹禺的第一部多幕话剧《雷雨》完成于1933年。剧本取材于他青少年时代熟悉的社会圈子,主要描述了一个带浓厚封建性的资产阶级家庭的崩溃。某矿董事长周朴园30年前对婢女侍萍始乱终弃;侍萍带次子投河获救,远走他乡;嫁入鲁家后竟然又与周家异地相逢。留在周公馆的侍萍所生的长子周萍成年后与其继母繁漪有私情,后来又与其弟、繁漪所生的周冲同时爱上了在周家帮工的侍萍之女,他的异父之妹四凤,矛盾冲突由此展开、激化而最终导致了周、鲁两家家破人亡的结局。《雷雨》在艺术上取得了相当大的成功。剧中塑造了一系列鲜明生动的人物形象,台词充分个性化;尤其是全剧结构紧凑,情节扣人心弦,将周、鲁两家前后30年的种种矛盾冲突浓缩在一天之内表现出来,其戏剧高潮接踵而至,悲剧气氛十分强烈。这部剧广泛地吸收了西方命运悲剧、性格悲剧、社会悲剧的艺术技巧,将民族的社会生活内容与外来的艺术形式融合在一起,产生了强大的艺术感染力,是中国现代第一出真正的悲剧。

1935年底,曹禺的第二部多幕话剧《日出》完成。较之《雷雨》,《日出》在思想上、艺术上都有新的追求,更能体现作家独特的创作个性和艺术风格。《日出》是以横断面的方式,在有限的演出空间内出色地展示了当时"损不足以奉有余"的社会的复杂形态。《日出》没有一个完整的带动情节发展的中心事件,而是以交际花陈白露为串线人物,通过她的日常交往,使腐朽没落的社会上层和处于水深火热中的社会底层都一一展现出来,构成了30年代初期半殖民地大都市面貌:在"有余"的世界里,活动着狠毒而又腐朽的银行经理潘月亭、卑污而又狡诈的银行职员李石清,还有洋奴、地痞、富孀、面首等社会渣滓;在"不足"的困境中,挣扎着走投无路的失业者黄省三、不堪凌辱的小东西,辗转呻吟在火坑中的老妓女和小伙计……从这些人物的相互关系及其矛盾冲突中,可以看到当时都市经济恐慌的情形作者,深刻地反映并愤怒地鞭挞了罪恶的社会制度。较之《雷雨》中将支配人物命运的力量归于带神秘色彩的"自然的法则",这是作家在社会认识上的进步。在艺术构思上,《日出》也与《雷雨》那种"太象戏"的结构不同,它没有传奇性的故事,人物、题材都接近现实生活,类似于用"色点点成光彩明亮的后期印象派图画"的技法,以不同的片段写出完整的社会真实。因而《日出》是曹禺剧作中最富于现实性的一部，也是最优秀的一部。

曹禺后来发表的重要剧作还有1937年写的农村题材的《原野》。这是一部以浪漫主义、象征主义为主要表现手法的作品。抗战初期他写了歌颂战争中社会进步的《蜕变》；后来又写了反映封建家庭的败落的《北京人》，并把巴金的小说《家》改编为四幕话剧。

电影《渔光曲》获奖

在1935年的莫斯科国际电影节上，由联华影业公司摄制，蔡楚生编导，王人美、汤天绣、韩兰根等人主演的《渔光曲》获荣誉奖，这是中国第一部在国际上获奖的影片。

《渔光曲》剧照

《渔光曲》完成于1934年，它取材于20~30年代的中国社会现实生活，反映了当时的阶级矛盾。由于贫苦渔民徐福葬身海底，其妻徐妈被迫到船老板家做奶妈，老板家少爷何子英与徐家孪生兄妹成了好友，因打碎古董，徐妈被赶出何家，兄妹俩与双目失明的母亲流落街头，卖唱为生，受到洋人、老板、流氓的种种欺凌，留学回国的何子英资助他们100元钱，他们因此被当作抢劫犯被警察逮捕，徐妈被烧死于慌乱之中。后来，出狱后的孪生兄妹与因父破产而走投无路的何子英一同回到渔村，影片最后以哥哥捕鱼受伤死去，妹妹痛苦万分地望着哥哥的尸体的悲伤场面结束。

该片在艺术上也取得了较高的成就，首先，它选材新，这是中国最早的一部以渔民生活为题材的影片，因而给人以耳目一新之感。其次，演员表演真实，为了逼真地再现生活，摄制组全体创作人员曾在编导蔡楚生的带领下深入渔村实地考察并拍摄。再次，影片突出地反映了自然美、劳动美和劳动者的心灵、精神之美，风格质朴清新，情节生动。

1936年4月14日，《渔光曲》在上海首次公映，接着，在酷热的季节连映84天，创造了当时最高上座纪录。随着影片的广泛传播，贯穿全片、婉转动人的《渔光曲》也很快风靡全国，整部影片，从内容到艺术技巧以至配乐都受到了国内外的一致好评。

京剧四大名旦

京剧四大名旦指的是梅兰芳、程砚秋、尚小云、荀慧生四位京剧表演艺术家。他们以风格独特的流派在京剧舞台上尽领风骚数十年，为京剧的发展和繁荣做出了巨大的贡献。

梅兰芳(1894~1961),工旦。出生于梨园世家,祖籍江苏泰州,长期寓居北京。8 岁学戏,10 岁首次登台,此后 50 余年的舞台生活,精心钻研,勇于革新,创造了众多优美的艺术形象,积累了大量优秀剧目,发展和提高了京剧旦角的演唱和表演艺术,形成了一个具有独特风格的艺术流派,世称"梅派",深受国内观众的喜爱,并在国际上享有盛誉。梅兰芳的艺术成就,对现代中国戏曲艺术的发展起了承先启后的作用。

梅兰芳与发妻王明华

程砚秋(1904~1958),工青衣。满族,生于北京。6 岁学艺,11 岁开始登台,12 岁参加营业演出。最初师从荣蝶仙、荣春亮习武功和武生,后从陈桐云习花旦,继又从陈啸云攻青衣。青年以后,又从阎岚秋(九阵风)、乔蕙兰、谢昆泉、张云卿等名家学习京剧武把子及昆曲身段、唱法,又拜梅兰芳为师,更受教于王瑶卿,并广泛涉猎文学及多种艺术。几年后与高庆奎、余叔岩配演《御碑亭》《打渔杀家》《审头刺汤》,艺术突飞猛进,声誉日隆。他的表演功力深厚,表情细腻,艺术上富于独创,逐渐形成了个人的艺术风格,创立了有广泛影响的艺术流派,世称"程派"。

尚小云(1900~1976),工旦。祖隶汉军旗籍,河北南宫人。幼入北京三乐科班学生,初习武生,后改正旦,以演青衣戏为主,与白牡丹(荀慧生)、芙蓉草(赵桐珊)并称"正乐三杰"。出科后,与孙菊仙合演《三娘教子》《战蒲关》,与杨小楼合演的《楚汉争》《湘江会》,与王瑶卿合演的《乾坤福寿镜》,均好评声鹊起。尚小云的唱腔字正腔圆,刚劲高亢,念白爽朗明快,流丽大方,韵白字清音朗,富于感情,做功刚健又婀娜,而且排演了大量新戏,创造了一系列巾帼英雄、侠女烈妇的艺术形象。艺术上的独树一帜,形成了一个新的流派,世称"尚派"。

荀慧生(1900~1968),工花旦、闺门旦。河北东光县人,幼学艺,习花旦,首次登台于天津。1910 年入京,从梆子演员侯俊山学戏。翌年入三乐(后称正乐)社科班,乃"正乐三杰"之一。后从薛兰芬、路三宝学京剧,又拜吴菱仙、陈德霖、王瑶卿为师,并向孙怡云、田桂凤、乔惠兰、曹心泉、程继先、李寿山请教。期间演了不少新剧。19 岁时(1918),参加喜群社,从此专演京剧。荀慧生从 20 年代起即致力于京剧的革新。由于他功底深厚、戏路宽广,又出身梆子班,故能吸取梆子旦角艺术之长,熔京剧青衣、花旦、闺门旦、刀马旦的表演于一炉,兼收京剧小生、武生等行当的技艺,从唱腔、念白、身段到化妆等方面进行了改革和创造。到 30 年代,逐渐形成风格新颖、独树一格的"荀派"艺术。

梅、程、尚、荀四人以其深厚的艺术功底和富于表现力的表演,对京剧进行了改革和创新,形成了风格各异的艺术流派,丰富了京剧艺术的表现形式,对京剧的百花齐放做出了杰出的贡献。

老舍的代表作《骆驼祥子》

1936 年，长篇小说《骆驼祥子》开始在《宇宙风》上连载，这是老舍先生的代表作。

老舍（1899～1966），原名舒庆春，字舍予，北京市人，现代优秀小说家、剧作家。“老舍”是他最常用的笔名。老舍出身满族正红旗的一个贫民家庭，童年和少年时代是在大杂院里度过的，他由此熟悉了北京下层市民的生活和流传于市井的曲艺、戏剧等传统艺术，这些经历对他后来的创作产生了深远的影响。

1944 年的老舍画像

在“五四”文学革命的影响下，老舍尝试着写下了第一篇新文学习作《小铃儿》，但他的文学生涯的正式开始是在 1924 年赴英教书之后。当时他阅读了大量英文作品，受狄更斯等作家的影响，相继写出了三部长篇小说——《老张的哲学》《赵子曰》《二马》，在一定程度上反映了当时国内黑暗落后的现实，显示了他在讽刺、幽默方面的天才。1926 年，老舍加入文学研究会。1930 年回国后，他先后又写出了《猫城记》《离婚》《牛天赐传》等长篇小说。在此期间，老舍亦开始写短篇小说，作品大多收入《赶集》《樱海集》《蛤藻集》中。老舍的短篇亦以揭露社会黑暗为主要内容，其中不乏优秀之作。如《月牙儿》控诉了逼良为娼的黑暗社会，对沦为暗娼的母女两代寄予深切同情；《上任》揭露了官匪一家的腐败政治；《柳家大院》是北平大杂院贫民痛苦生活的真实写照。这些作品使老舍成为当时文坛上一位活跃的现实主义作家，受到读者的欢迎。

老舍在现实主义创作道路上取得最大成功的作品，当属 1935 年写的长篇小说《骆驼祥子》。祥子本是一个年轻力壮、心强气盛而又淳朴善良的小伙子，他从乡下来到京城拉洋车谋生，省吃俭用想买一辆属于自己的车。为此他倾注了全部的汗水和心血，经过三年的努力圆了这个梦。但冷酷的社会现实很快又将他的梦打得粉碎——新车被军阀的乱兵抢走，仅有的积蓄又被人诈去；租车拉备受老板剥削；违心与虎妞成亲最终落得个家破人亡……一个接一个的打击使得他微薄的人生愿望一再幻灭，终于由消沉走向堕落。它所表现的对劳动人民的深刻理解和真挚同情，对黑暗世道的控诉和批判，深深地打动了读者的心。

继《骆驼祥子》之后，1937 年，老舍写了中篇小说《我这一辈子》，以贫民出身的巡警为描写对象，亦反映了城市下层人民的生活，被视为《骆驼祥子》的姊妹篇。抗日战争期间，老舍主要致力于话剧和鼓词之类通俗文艺的写作，连续写了《残雾》《张自忠》《大地龙蛇》等七个话剧。1944年初，老舍开始创作卷帙浩繁的长篇小说《四世同堂》。这部作品分为《惶惑》《偷生》《饥荒》三部，大规模描绘抗战期间敌伪统治下的北平人民的生活和斗争，充满强烈的爱国主义精神。解放后，老舍陆续写出了一系列佳作。其中《茶馆》是当代中国话剧舞台上最优秀的剧目之一，在国外演出时被誉为"东方舞台上的奇迹"，是老舍后期创作中最成功的作品。正当老舍以旺盛的艺术创造力不断取得新成果之际，"文革"的浩劫使他不堪忍受，愤而投入北京太平湖结束了自己的生命。

老舍的作品不仅以思想内容的深广见长，而且以艺术特色鲜明取胜。受英国小说的影响，老舍的作品语言有幽默风趣、机智俏皮的一面；同时，他善于从人民群众的口语中提炼文学语言，特别是将精确流畅的北京口语运用得出神入化，因而他作品中的语言又有生动传神的一面，"京味"十足，推进了白话文的发展。老舍的作品大多取材于城市下层居民的生活，因而市井风味和地方色彩浓郁，生活气息浓厚，具有独特的艺术魅力。

《新华日报》社址迁往重庆

1938年10月25日，《新华日报》迁往重庆，它是中国共产党在抗日战争时期在国民党统治区公开出版发行的大型机关报。

1937年抗日战争爆发后，国共两党举行两党合作抗日谈判，中共代表团提出在国统区创办一个公开的日报，国民党被迫允诺同意，《新华日报》在共产党的一再努力和各方帮助下于1938年1月11日在武汉创刊，受中共中央长江局领导，社长潘梓年。这一时期，《新华日报》主要成绩是配合抗日战争的需要，阐明抗战的光明前途，坚定国统区广大人民对抗战必胜的信心。1938年10月，随着日军进攻武汉，《新华日报》迁至重庆出版，受中共中央南方局领导，社长仍为潘梓年。《新华日报》针对国统区的实际情况和抗战的需要，在宣传报道中坚持实事求是的原则，宣传共产党全面抗战和持久战的路线，反对片面抗战和投降倒退，在国民党统治区的广大人民群众中起了党的宣传者和组织者的作用。《新华日报》在重庆，积极报道八路军、新四军和敌后抗日根据地奋勇抗击日寇的英雄事迹，如实反映国民党爱国将士正面反击日军的战绩，宣传共产党坚持抗战、坚持团结、坚持进步的主张，对国民党的倒退，掀起的反共高潮，《新华日报》根据事实，揭露国民党"消极抗战、积极反共"制造的一些惨案，使国统区民主人士和各界群众认清了蒋介石国民党的阴谋，纷纷抨击国民党的独裁统治，促使抗日民族统一战线得以维持和抗战顺利进行。

《新华日报》还发表过毛泽东、周恩来、朱德、彭德怀、叶挺等中国共产党领导人的许多重要文章，对包括蒋介石在内的国民党高级领导人的抗日言论，也以热情欢迎的态度予以登载。《新华日报》还面向人民群众的实际生活，注重发表群众意见，开辟"读者园地""青年生活"等专栏，加强与读者的联系。其副刊内容丰富多彩、战斗性强，是进步文化运动的重要阵地。它的"国际述评"采用"以外喻内"的手法，成为突破国民党控制舆论的一种斗争方式，由乔冠华主笔，文章以资料真实、分析透彻而影响很大，常为外国通讯社转载。

抗日战争结束后,《新华日报》配合国内形势的需要,宣传中国共产党争取和平、反对内战卖国独裁的方针政策,为党赢得了国统区的民心,推动了国统区爱国民主运动的发展,揭露了国民党当局的黑暗统治,反对美国的侵略阴谋,尽力做统一战线工作,经常发表各民主党派、各民主人士的文章,团结各界爱国人士,孤立国民党反动派,成为一支反蒋的生力军,曾受毛泽东、周恩来等的称赞,1947 年 2 月被国民党当局封闭。

西南联合大学成立

1937 年抗日战争全面爆发后,为躲避战火,北京大学、清华大学、南开大学先迁至长沙,组成临时大学,共设文、理、工、法商 4 个院 17 个系,并于 10 月 25 日开学。随着日本侵略者的步步进逼,1938 年 4 月又迁至昆明,改称西南联合大学,简称“西南联大”,5 月 4 日开课。并在昆明设理、工学院,在蒙自设文法学院。后文法学院亦迁至昆明。1939 年后西南联大设文、理、法商、工、师范 5 个院 29 个系,2 个专修科、1 个先修班。西南联大成为抗日战争期间设于昆明的一所综合性大学,并于抗日战争胜利后的 1946 年解散,三校分别迁回北京、天津复校。

抗日战争时期西南联合大学

由于北大、清华、南开在旧中国均为著名的高等学府,师资力量雄厚,并且它们具有各自独特的经历和教学作风,组成联大后更是人才荟萃,多数教师学有专长,因此即便在艰苦的岁月,教学质量仍保持较高水准。联大学生来自全国各地,均经统考择优录取,他们不仅具有较好的基础知识,而且具备一定的分析思考能力,因此当时西南联大荟萃了一大批有为学子。虽然条件恶劣,缺少图书资料和实验仪器,物质生活资料极其匮乏,但是在如此艰苦的条件下,联大师生仍竭力维护教学秩序,坚持教学和科研的正常发展。在不到 9 年的时间里,西南联大毕业的学生约 2000 人,他们后来大都战斗在中国社会主义建设的各条战线,也有少数在国外成为举世闻名的学者,为新中国的建设事业、高等教育的发展和世界文明的进步,均做出了一定的贡献。

组成西南联大的北大、清华、南开均具有光荣的革命传统,抗日战争期间,联大师生积极响应和坚持中国共产党抗战、爱国、民主的号召,坚决抵制国民党政府的独裁统治及其反动的思想宣传。并涌现出许多追求真理、主持正义的先进人士;震惊中外的反内战、反暴行、争民主的“一二·一运动”就发生在西南联大;著名诗人、学者闻一多教授,历史学家吴晗教授等都在联大成长为民主战士。

沈从文发表小说《边城》

1936年，沈从文的中篇小说《边城》出版。小说描写的是20年代前后与四川交界的湘西一座小小边城的故事。作品讴歌人性，在人物身上体现了一种“优美、健康、自然，而又不悖乎人性的人生形式”，因而使小小边城形成了一个不分贫富，不讲地位，一律以诚相待，到处充满了爱的理想的环境，曲折地表示了作者对戕灭人性的现实的不满。小说境界情景交融，有诗一般的韵味，富有浓郁的乡土色彩，淳朴而浑厚；语言自然含蓄，如高山流水，极具风致。

沈从文

沈从文（1902～1988），现代小说家、散文家、历史文物研究家。沈从文的早期创作与后期创作虽风格迥异，但在思想上艺术上的发展一直保持着他个人一贯的特色。他的早期作品从形式到内容都比较驳杂，起初主要受鲁迅以故乡生活为题材的小说的启发，创作以乡土文学为主；后来受废名（冯文炳）以抒情笔调写小说的影响，发展了新文学中抒情体小说（或称诗体小说）这一形式。

沈从文的作品总的思想倾向是向往一种健康的世态、富有人情美和心灵美的人与人的关系，恢复被“近代文明”所污染、所泯灭了的人性，表现这种思想倾向的代表有《柏子》《虎雏》和《边城》等小说。同时，他以另一种写实的笔调揭露大都市中“绅士阶层”虚伪的面目和空虚的精神生活以及他们日趋堕落的情状，如《绅士的太太》《王谢子弟》等；对于某些知识阶层中“被阉割了的寺宦观念”，他也给予了抨击，如《有学问的人》《八骏图》等。

由于他在文学创作上坚持现实主义原则，艺术上确有自己独到的特色，不但注意细节描写的真实性，同时还结合浪漫主义的表现手法，所以使他的小说和散文浸透了乡土抒情诗的气氛，创造了一种充满诗情画意的牧歌意境。

徐悲鸿开中国画新风

徐悲鸿（1895～1953），江苏宜兴人。父徐章达精擅书画诗文。徐悲鸿幼从家学，少而有所成。1916年入上海震旦大学法文系半工半读。同年赴日本学习美术。年底返国，任北京大学画法研究会导师。期间常到故宫欣赏和研究古画。在新文化运动影响下，思想趋于进步。1919年入法国国立巴黎高等美术学校留学。并往访德国、英国、比利时、瑞士、意大利等国美术学院、博物馆、美术馆、美术遗址等，悉心研究和临摹。1927年返国，任上海南国艺术学院美术系主任，兼中央大学艺术系教授。1929 年出任北京大学艺术学院院长。1920 年，发表他的第一篇论述中国油画改良的重要著作《中国画改良论》，文中提出“古法佳者守之，垂绝者继之，不佳者改之，未足者增之，西方画之可采入者融之”的著名主张，提倡写实，反对形式主义，提倡革新，反对保守主义。指出“改之方法：学习、物质（绘画工具）、破除派别”。1929 年发表《惑》《惑之不解》等文，明确倡导现实主义。

在上述理论指导下，从 1928 年到 1936 年，他的创作极丰，作品表现出强烈的爱国主义精神和人道主义思想。形成了鲜明的现实主义艺术风格，开中国历史画一代新风，在中国现代绘画史上独树一帜。其代表作有《田横五百士》《九方皋》等。此外，徐悲鸿的国画创作也达到高峰，作品多表现马、牛、狮、雀等，造型精炼，生动传神，如《马》《群牛》《新生命活跃起来》等。30 年代先后赴法国、比利时、意大利、德国及苏联举办中国美术展览和个人画展，蜚声国际画坛。回国后继续倡导现实主义美术。

1936 年冬他在桂林创办美术馆，1937 年赴长沙、广州、香港举办个人画展。1938 年赴新加坡举办筹赈画展，宣传抗日救亡，卖画所得全部捐献祖国用以救济难民。期间创作了《晨曲》《逆风》《壮烈之回忆》《风雨鸡鸣》《漓江春雨》《巴人贫妇》等写实主义作品。1940 年，应泰戈尔之邀赴印度讲学，并举办画展，将所筹画款全数捐寄回国。随后又在新加坡、马来西亚等地举办筹赈画展，所得款项全部捐寄回国。

抗战时期是徐悲鸿艺术创作的鼎盛时期，也是画家在思想上和艺术风格上高度成熟的时期。“七·七”事变后，国难当头，徐悲鸿“遥看群息动，伫立待奔雷”，以画笔为武器，投入抗日救亡斗争。他画跃起的雄狮、嘶鸣的奔马、威武的灵鹫等，表达了对中华民族奋起觉醒的热切期望。他的中国画巨著《愚公移山》（取材于《列子·汤问》篇中的一个寓言），用以表现中华民族团结一心，坚韧不拔，打败日本侵略者的信心。从悲天悯人到人定胜天，这是徐悲鸿艺术思想的又一次升华。抗战胜利后，徐悲鸿任北平艺术专科学校校长、北平美术工作者协会名誉会长。1949 年当选全国文联常务委员、中华全国美术工作者协会主席，并任中央美术学院院长。

郭沫若创作《屈原》等历史剧

郭沫若在诗歌创作之外所取得的重要文学成就，当推历史剧的创作。他在抗战时期写的《屈原》等历史剧，形成了他文学道路上继《女神》之后出现的第二个高峰。

在 1941 年冬到 1943 年春一年多的时间里，郭沫若连续创作了 6 部历史剧，不仅数量多，而且思想艺术水平也达到了他戏剧创作的顶峰。《屈原》一剧是这些历史剧的代表作。40 年代初期，郭沫若生活在国民党统治区的重庆，目睹了“不少的大大小小的时代悲剧”，于是在 1942 年 1 月创作了《屈原》一剧，意在“借了屈原的时代来象征我们当前的时代”，“把这时代的愤怒复活在屈原的时代里”。该剧通过描写伟大爱国诗人屈原生活中极度紧张、激烈的一天，反映了在对秦外交问题上两种路线的斗争，歌颂了屈原坚持正义、不畏强权的爱国思想和斗争精神，从多方面影射了当时的现实。剧本成功地塑造了屈原作为伟大的政治家兼诗人的典型形象。深切的爱国爱民思想和大无畏的斗争精神是屈原最主要的性格特征。这些性格特征通过他忧国忧民、坚持合纵抗秦的正确路线，不畏奸党的侮辱陷害等一系列言行反映出来。最后一幕中的“雷电颂”，将屈原的爱国深情和反抗性格表现得淋漓尽致，使屈原的形象臻于完美。此外，剧本还通过屈原的《橘颂》，赞美橘子美好的质地，象征了屈原崇高的人格和优秀品质。

《屈原》在艺术上也集中体现了郭沫若历史剧豪放、热烈和浓厚的浪漫主义风格，洋溢着诗一般的激情；人物形象融入了作者的主观性和想象力，个性鲜明；剧中语言富于诗的抒情意味。在郭沫若笔下，史与戏、戏与诗和谐统一，有巨大的艺术感染力。《屈原》的艺术结构也很紧凑巧妙，通过屈原生活中的一天，集中表现了多方面的矛盾斗争，折射出屈原的一生，具有高度的艺术概括力。《屈原》于“皖南事变”后公演，在号召人民争取自由民主、反对倒退分裂方面引起了巨大反响，在当时具有深刻的现实意义。它不仅是这一时期历史剧的最辉煌的代表作，而且是现代文学史上不可多得的艺术瑰宝。

在《屈原》之前，郭沫若重新加工了几经改动的《棠棣之花》，突出了“主张集合反对分裂的主题”；继《屈原》之后，1942 年 2 月，郭沫若创作了与《屈原》题旨相近的《虎符》；1942 年 6 月，郭沫若根据《史记·刺客列传》中高渐离以筑击秦始皇的故事，写成了历史剧《高渐离》；1942 年 9 月，表现元代大理总管段功与梁王女儿阿盖的爱情悲剧的《孔雀胆》完成；1943 年 3 月，郭沫若又以明末青年爱国诗人夏完淳慷慨殉国的事迹为题材创作了《南冠草》。这些历史剧都以新的观点来反映历史的真实，具有鲜明的倾向性和时代性。

毛泽东发表《在延安文艺座谈会上的讲话》

1942 年 5 月，毛泽东和凯丰以中共中央的名义邀请在延安的作家、艺术家举行座谈会，毛泽东亲自主持会议并发表讲话，在 5 月 2 日的第一次大会上，毛泽东发表《引言》，在 5 月 23 日的第三次大会上，又发表《结论》，两篇合称为《在延安文艺座谈会上的讲话》。

1937 年抗战爆发，除领导战争外，中国共产党还很重视文化建设，各根据地纷纷成立了各种文艺团体，创作出一系列反映根据地革命斗争的好作品，整个文艺界呈现出一片欣欣向荣的景象。但由于大部分作家和艺术家都来自国统区和大中城市，不熟悉下层劳动群众的生活，不懂他们的语言，不能运用恰当的文学形式来与人民群众进行交流与沟通，另外，文艺界人士在如何处理歌颂根据地光明面和批评其阴暗面、文艺作品应为根据地还是为“大后方”服务等方面，都存在一定程度的问题，为此，中共中央决定召开文艺座谈会。

在《引言》中，毛泽东开宗明义地说明，之所以召开文艺座谈会，是为了探讨文艺工作之于革命工作的关系，以求得革命文艺的正确发展及更好地为其他革命工作服务，他提出一系列关系到革命文艺发展道路的问题，如文艺工作者的工作对象问题、态度问题、立

1942 年 5 月，中共中央宣传部召集延安文艺工作者座谈会，毛泽东发表了《在延安文艺座谈会上的讲话》，阐明革命文艺为人民大众服务的根本方向和文艺工作者深入工农兵、学习马克思主义、改造世界观的重要性。该《讲话》成为后来中共指导文学艺术的纲领性文件。图为毛泽东、朱德等与参加文艺座谈会人员的合影。

场问题、学习问题等等，在与会的作家与艺术家中间引起很大的反响。

在《结论》中，毛泽东提出“文艺为工农兵服务”的方针，认为文艺为什么人的问题，是“一个根本的问题、原则的问题”，并指出革命文艺的发展问题，归根结底是一个“为群众的问题”，至于如何为群众，他又提出“在普及基础上的提高和在提高指导下的普及”的原则，在这个原则指导下，他号召“中国的革命的文学家和艺术家，有出息的文学家和艺术家，必须到群众中去，必须长期地无条件地全心全意地到工农兵群众中去，到火热的斗争中去，到唯一的最广大最丰富的源泉中去”。

延安文艺座谈会的召开，特别是“文艺为工农兵服务”方针的提出，对于根据地群众性文艺活动的开展与繁荣，起到了极大的推动作用，根据地作家深入群众、深入生活写出了一大批深受工农兵欢迎的文学作品，贺敬之、丁毅的《白毛女》、李季的《王贵与李香香》、丁玲的《太阳照在桑乾河上》、周立波的《暴风骤雨》、赵树理的《李有才板话》、孙犁的《荷花淀》等都是其中的代表作。

第三章　历史谜团

秋瑾被害之谜

秋瑾是资产阶级革命党人的杰出代表。1907 年，秋瑾与徐锡麟策划浙皖两地反清起义，徐锡麟在安庆仓促举事失败，被捕遇害。秋瑾所在绍兴大通学堂被包围，秋瑾被捕后，坚贞不屈，视死如归，在绍兴轩亭口英勇就义。秋瑾的壮烈牺牲，让更多的国人觉醒，他们追随革命者的步伐，投身到民主革命的洪流中。那么，秋瑾是如何落入反动政府之手，又是怎样被杀害的呢？

秋瑾出生于浙江山阴，她幼时就读家塾，聪颖好学，十几岁便熟知经史，长于诗词，又能骑马击剑，虽为女流，却有救国济民的远大志向。秋瑾目睹了满清政府腐败无能，丧权辱国的丑恶嘴脸，面对着挣扎在水深火热之中的同胞，她的热血在沸腾，她忍痛抛下一双小儿女，只身远涉重洋来到日本，寻求救国救民的革命真理。1904 年秋，她在横滨加入反清秘密团体“洪门天地会”，创办《白话报》，撰写《敬告中国二万万女同胞》等文章，宣传反清复兴、男女平等的主张，深受留日学生敬佩。年底，秋瑾回国，加入了蔡元培、章太炎领导的资产阶级革命团体光复会，投身到国内反清斗争中。

1905 年，秋瑾二次东渡日本。后经黄兴介绍，秋瑾加入中国第一个资产阶级革命政党——同盟会，把“驱除鞑虏，恢复中华，创立民国，平均地权”的革命纲领作为自己的奋斗目标，从此踏上革命征程。秋瑾革命态度坚决，积极参加革命活动，被推举为同盟会评议部评议员和浙江主盟员。1906 年 1 月，秋瑾回到上海，设立秘密机关，开展革命活动。秋瑾还创办《中国女报》，唤起女同胞的觉醒，号召妇女姐妹投入到反抗压迫的革命洪流中来。《中国女报》使几千年来深受封建桎梏束缚的中国女性猛然警醒，挣脱封建枷锁，争取自己的权益和自由。封建卫道士对秋瑾恨之入骨，对她恐吓谩骂。秋瑾与同志们一起思考着以更激进的革命方式，掀起革命狂潮，实践孙中山先生所倡导的“驱除鞑虏，建立民国”的革命设想，她早将生死置之度外。

1907 年，秋瑾受革命党人徐锡麟委托，回到绍兴主持大通学堂。大通学堂是由革命党创办的，学员都倾向革命，成为开展革命活动和联络浙江会党的中心。秋瑾上任后，加紧联络浙江各地会党，培训军事骨干，积聚革命力量，响应徐锡麟皖浙同时起义的计划。徐锡麟来到安徽，被任为巡警会办兼巡警学堂会办，他利用有利身份，在学堂和新军中积极进行革命工作，暗中筹划安徽起义。但是，不幸的是，同盟会内部出现叛徒，革命党人随时都会暴露，情况十分危急。徐锡麟仓促之间决定提前起事，在巡警毕业典礼上，杀官起义。然而情况又有变化,典礼又提前两天召开,外地革命党人已经来不及赶来,徐锡麟决定单独起事。他刺杀了安徽巡抚恩铭后,起义军冲进安庆军械所,但没能打开弹药贮藏室。三十多名革命者被包围,徐锡麟遇害,起义失败。秋瑾得知噩耗后,她没被反动势力的嚣张气焰吓倒,决定在 7 月 19 日,举行浙江起义。

安徽起义震惊了清政府,革命党人被大肆逮捕。绍兴知府贵福也得到密告:浙江起义总部就在大通学堂,总指挥就是秋瑾。秋瑾发现了反动军队在集结,她明白浙江起义计划已无法实现。秋瑾撤离大通学堂师生,隐藏好枪弹器械,销毁文件书信,自己坚守在学堂中,准备与反动政府做最后的斗争。7 月 13 日下午,三百名清兵将大通学堂紧紧包围,秋瑾被捕。贵福连夜审讯秋瑾,秋瑾一口咬定没有同党。贵福用酷刑逼迫秋瑾招供,秋瑾说:"知府大人是我的同党,您给我写的那幅'竞争世界雄冠全球'的对联,不正说明您对我革命事业的坚决支持和无限厚望吗?您与我合影留念,体现您对同志的关心和友谊。贵大人,您才是我真正的同党呀!"贵大人又气又怕,没想到让秋瑾反咬一口,没想到这个女人如此厉害!真让她抓住了把柄,一旦朝廷知晓审讯内情,定会治罪!贵福越想越怕,他不敢直接审问秋瑾,就派手下严刑拷打秋瑾,逼迫她屈服。秋瑾身受重刑,坚贞不屈,贵福被秋瑾的凛然正义吓破了胆,他捏造罪名,决定将其杀害。

7 月 14 日深夜,秋瑾与女狱卒商量,解下刑具,给朋友写一封书信。忽然,响起急促的砸门声,喊着提审人犯。女狱卒开牢门一看,灯光炫目,荷枪实弹的士兵黑压压地挤满门口,女狱卒知道大事不好,吓得眼泪直流。秋瑾安慰她说:"你别怕,什么酷刑我不知道?我出去看看。"看到门外情况异常,秋瑾估计她将被暗杀,就要求见执行官,她厉声问道:"我犯何罪致死?我要见贵福问个清楚!"会稽知县说:"我也知道你死得冤,但这是没办法的事,请女侠成全。"秋瑾思索片刻,提出三点要求:一,传书密友告知死讯;二,临刑不脱衣帽;三,不斩首示众。知府应允了后两件,秋瑾表示感谢。秋瑾身穿白汗衫,外穿玄色生沙衫裤,足穿皮鞋,身负镣铐,两手反绑,从容走向轩亭口刑场。临刑前,秋瑾平静地说:"请等一会,让我看看有无亲人为我送行。"秋瑾望着空茫漆黑的四周,望着这片生养她的土地,她的热血将浇灌在这里,盛开出绚丽的革命鲜花,那时,她就死而无憾了。秋瑾安详地合上眼睛说:"可以了。"罪恶的枪声响起,女侠秋瑾从容就义,一腔热血染红黎明前的黑暗土地。

秋瑾遗体几经辗转,辛亥革命胜利后,被重新安葬在杭州。孙中山先生题写的"巾帼英雄"四个大字镶嵌在秋瑾墓坛上,人们永远缅怀这位资产阶级女革命家,她的崇高革命气节激励着一代又一代的中国人为民族的繁荣富强而奋斗终生!

蔡锷逃离北京之谜

蔡锷,湖南邵阳人,字松坡。近代爱国军事将领,护国讨袁先锋,率先云南起义,点燃推翻帝制烈火,使中国由专制重回共和。他深受梁启超民主共和思想的熏陶,倾向革命进步行动。蔡锷军事指挥才能卓越,治军严明,享有极高声望。武昌起义后,蔡锷在昆明积极响应,建立军政府,任都督。贵州独立后,他派唐继尧出兵贵阳,支持贵州立宪派。

蔡锷

袁世凯阴谋称帝，害怕蔡锷起兵反对，就把蔡锷全家调到北京。表面上委任蔡锷作高等军事顾问、政治会议委员、陆海军统率处办事员、全国经界局督办、参政院参政，实际是驾空蔡锷，并派人时时监视，形同软禁。1915 年 12 月 13 日，袁世凯公然复辟帝制，激起全国人民的义愤。蔡锷与梁启超密谋，起兵讨袁。蔡锷潜出北京，转道日本、香港，历经险阻返回昆明。蔡锷率领云南护国军，高举护国反袁大旗，掀起了轰轰烈烈的护国运动。袁世凯在强大的压力下，宣布取消帝制，恢复共和。那么，蔡锷是如何逃离北京的呢？

多数人认为是在名妓小凤仙的掩护下，蔡锷逃出北京。蔡锷为麻痹袁世凯，与京师名妓小凤仙整日花天酒地，故意与妻子反目，将家眷赶回湖南老家。1915 年 11 月 11 日上午，蔡锷照例到统率办事处签到，蔡锷预先将表拨快一小时，对值班员说："哎呀，大概我的手表不准，害得我起个大早！不过，既然来了，就签上到吧。"蔡锷匆忙签过到，直奔北京火车站，与小凤仙一起搭车躲进天津日租界的同仁医院。蔡锷向袁世凯请假治疗咽喉疾病。袁世凯对蔡锷一直严加防范，他立即派暗探到天津进行监视。一天深夜，蔡锷与小凤仙狂饮，他连声大叫："我胃里难受，我要呕吐，我忍不住啦！快点扶住我！"暗探们在外面听得清清楚楚，以为蔡锷真醉了。第二天中午，蔡锷房中仍无动静，好似沉醉未醒。午后，小凤仙浓妆艳抹出门购物，可眼见天黑也没看小凤仙回来。暗探们慌了，撞开房门一看，早已人去楼空。原来，蔡锷假借去厕所呕吐逃出后门，身穿日本和服，登上日本商船东渡扶桑。小凤仙的密切配合，为蔡锷争取了宝贵的时间，掩护了蔡锷的行踪，使他顺利东渡日本。

袁世凯

但陶菊隐在《北洋军阀统治时期史话》一书中叙述说："从十月下旬起，蔡锷就经常请病假，不久借着一个与小凤仙乘车出游的机会，十分机警地溜到了火车站。梁启超早已安排家人曹福买好两张三等车票，在车站等候。蔡锷上车后，曹福把车票悄悄塞给蔡锷，二人假装互不相识。火车到天津站后，曹福将蔡锷护送到意租界会见梁启超；会谈之后，曹福又护送蔡锷到日租界同仁医院下榻。"按陶菊隐的观点，蔡锷出逃除与小凤仙的掩护有关，还与梁启超的周密安排分不开。

还有另一种说法，鲜为人知。曾鲲化的外孙女婿贺舜田根据岳母曾龙珠的回忆，撰文提出：蔡锷逃离北京是由国民政府交通参事曾鲲化等精心策划的。按照计划，蔡锷与小凤仙将密探引到中央公园（今中山公园）的今雨轩，蔡锷故意将钱袋子和贵重的巴拿马草帽放到茶桌上，将长衫脱下搭在椅背上。暗探们假充游客，远远瞄着蔡锷。蔡锷起身对小凤仙说："我去厕所，你看好东西。"暗探们看蔡锷身穿短衫走向厕所，以为他不会离开，就没有跟踪。蔡锷绕过厕所，溜出园门，直奔府右街石板房二十号曾鲲化家。曾鲲化的妻子刘灿华为蔡锷准备了蓝衫黑裙，将蔡锷男扮女装，由曾家厨师和马车夫用轿子抬到崇文门火车站。崇文门火车站未设检查机构，曾鲲化利用交通参事职务之便，将蔡锷直接送上去天津的专车。蔡锷成功逃离北京。

哈汉章在《春耕笔录》中叙述道，1915 年 11 月 10 日，哈汉章为祖母庆贺八十寿辰，在钱粮胡同大办寿宴。蔡锷与同僚都应邀出席，他与牌友们通宵玩牌，次日七时才散了牌局。密探们熬了一夜，早已困倦放松了警惕。蔡锷趁机溜出哈府，直入新华门。到达总统办事处后，侍者问蔡锷因何早来？蔡故意惊诧道："咦？我的表快两个小时吗？"他随即给小凤仙打电话，约好午后十二点半吃饭。蔡锷设计瞒过袁世凯的耳目，走出西苑门，乘火车逃到天津，后来，绕道日本返回云南。蔡锷逃离北京后，密探们听说蔡锷与小凤仙有个饭局，就盘问小凤仙。小凤仙只是装糊涂，密探们套不出真话来，就推测是小凤仙坐骡车去丰台，把蔡锷藏进车中带跑了。这之后，北京人就都在传播侠义名妓小凤仙掩护蔡锷逃到丰台的谬传。

蔡锷将军到底是谁帮助逃离北京的？是梁启超、曾鲲化，还是小凤仙？史学界众说纷纭，至今难下定论。

北京发生"三·一八"惨案始末

1926 年 3 月 12 日，冯玉祥国民军与奉系军作战期间，两艘日舰护卫奉军舰进入大沽口，并炮击国民军。国民军开炮还击，将日舰逐出大沽口。事后，日本借口国民军破坏《辛丑条约》，纠合英、美、法等 8 国公使向段祺瑞执政府发出最后通牒，提出拆除大沽口国防设施等无理要求，否则以武力解决。各国军舰云集大沽口，以武力威胁。

3 月 18 日上午 10 时，北大、清华、师大、师大附中等 80 多所大中学校和北京市总工会、国民党北京特别市党部、北京学生总会等 140 多个团体 5000 多人，在天安门前召开国民会议，大会通电全国民众，表示坚决反对八国最后通牒。大会还通过驱逐八国公使出境、宣布《辛丑条约》无效、督促政府严厉驳复八国通牒等项决议。会后，与会群众举行示威游行，前往铁狮子胡同，向执政府请愿。李大钊、陈乔年等参加了示威游行。在执政府门前，卫队突然向群众开枪，打死 47 人，打伤 150 多人，失踪者 40 人。

段祺瑞执政府指使卫兵枪杀学生事件，举国为之震惊。各大报纸纷纷报道，指责段祺瑞执政府这一卑劣行径。

中山舰事件是如何发生的

孙中山逝世后，国民党内右翼集团妄图改变孙中山三大政策，猖狂进行反共活动。

坚持三大政策的国民党左派廖仲恺在广州被刺杀，谢持、邹鲁等在北京西山非法召开所谓国民党一届四中全会，提出“弹劾共产党书”。接着在上海另立所谓中央党部，与广州的国民党中央相对抗。国民党中央执行委员会在广州召开国民党一届四中全会，宣布北京西山会议为非法。1926 年 1 月又召开第二次代表大会，重申接受孙中山遗嘱，完成国民革命的决心，对右派分子给予党纪处分。新成立的中央常务委员会，由汪精卫、蒋介石、谭延闿、胡汉民、林祖涵、陈公博、甘乃光、杨匏安等 9 人组成。担任第一军军长的蒋介石也被选为中央委员。在反击国民党右派的过程中他一跃而成为国民党的重要人物。但蒋介石随着地位的上升，暗中加紧了反共夺权活动。通过中山舰事件和整理党务案，他削弱了共产党人在军内的力量，并将共产党人排斥出国民党中央领导机构。汪精卫被迫出国之后，他出任军事委员会主席，掌握了军政大权。

中山舰

1926 年 3 月 18 日，黄埔军校交通股股长兼驻广州办事处主任欧阳钟到海军局称：“转蒋校长命令，着即通知海军局迅速派兵舰两艘，开赴黄埔，听候差遣。”当中山舰于 19 日开抵黄埔时，蒋介石称：“并无调遣该舰之命令。”令该舰即日开回广州。20 日晨 3 时，有人说“中山舰无故生火游弋”，“显系共产党阴谋暴动”，“要把蒋介石劫去”。蒋介石表示“惊异”。为防止中山舰“有变乱政局之举”，蒋擅自下令宣布广州戒严；任命欧阳格为海军舰队司令，令其派兵逮捕李之龙，占领中山舰；调动军警包围省港罢工委员会和苏联顾问住宅，并软禁布勃诺夫使团一行；收缴罢工委员会纠察队和苏联顾问团卫队的枪支；扣压黄埔军校和第一军中以周恩来为首的共产党员。

3 月 22 日，在汪精卫床前开了一个小时的中央政治委员会，做出了限制共产党、令苏联顾问季山嘉等回国、停止省港大罢工等决定。23 日，蒋介石解散了“青年军人联合会”；又向军委会自请处分，说“此次事起仓促，处置非常，事前未及报告，专擅之罪，诚不敢辞”，“自请从严处分”，并同时解散了“孙文主义学会”。

蒋介石为什么发动“四·一二”反革命政变

北伐军之所以能取得迅速胜利，与国共合作领导这次战争是密不可分的。共产党人发动和领导工农运动，有力地推动了北伐胜利进军，党的组织也随之发展，1927 年初全国共产党员已达 57000 多人。北伐战争的胜利发展和工农革命运动的高潮，使帝国主义列强十分恐慌。他们一面推行炮舰政策，在各地制造惨案，屠杀中国民众；另一方面则加紧在革命队伍内部寻找代理人。1926 年 12 月，广州国民政府及国民党中央迁武汉。武汉

"四·一二"政变时军队杀害共产党人的现场之一

政府初期在国民党左派和中国共产党人的共同领导下，继续执行孙中山的三大政策，提高了党权。这引起蒋介石的不满，他由南昌到达上海后，便与帝国主义和大资产阶级势力勾结在一起，在国民党右派的支持下发动"四·一二"政变，在南京另立国民党中央和国民政府，对共产党人和革命工农群众进行血腥大屠杀。

1927年3月28日，中国国民党中央监察委员紧急会议在上海召开。这是一次决定反共清党的秘密会议。参加会议的国民党监察委员、候补中央监察委员未超过半数。会议决议"采取非常紧急措施"，对共产党实行大捕杀。会议还确定了应首先看管者的名单，有鲍罗廷，陈独秀、李大钊、邓演达等共产党人和国民党左派人士共几百人。

4月11日，蒋介石在南京密令："已光复的各省，一致实行清党。"

4月12日，蒋介石在上海发动政变，白崇禧在上海具体执行蒋介石的政变计划。凌晨，早已准备好的全副武装的青洪帮、特务约数百人，先后在闸北、南市、沪西、吴淞、虹口等区，袭击工人纠察队。工人纠察队仓促抵抗，双方发生激战。事先埋伏在工人纠察队周围的大批军警，以调解"工人内讧"为名，强行收缴枪械。上海2700多名武装工人纠察队被解除武装。工人纠察队牺牲120余人，受伤180人。当天上午，上海总工会会所和各区工人纠察队驻所均被占领。在租界和华界内，外国军警搜捕共产党员和工人1000余人，交给蒋介石的军警。

为了抗议血腥暴行，当天，上海各区工人分别召开了几万人以至几十万人参加的大会，并立即召开工人代表大会，决定4月13日上午10时举行总同盟罢工。

4月13日，总工会在闸北青云路广场召开工人群众大会，会后约有10万人整队去周凤岐二十六军二师司令部请愿。二师司令部已经接到蒋介石命令，当请愿队伍走到宝山路时，用机枪猛烈扫射，当场被枪击而死者在百人以上，伤者无数，被捕200余人。

从4月12日至15日的3天内，上海被屠杀者300余人，被拘捕的共产党人1000多人，流亡失踪者5000多人。工人领袖赵世炎等被杀。

4月初，李济深在上海参加蒋介石的秘密反共会议后，回到广州，与古应芬、钱大钧等人密谋"清共"。15日，李济深命令国民党军钱大钧部、李福林部，搜查封闭了中华全国总工会广州办事处、省港罢工委员会、铁路工会、农会等革命组织和团体，包围了苏联顾问住宅，解除了黄埔军校和工人纠察队的武装。逮捕屠杀延续一周之久。共产党人及群众死难者达2000余人，被捕2000余人。共产党人萧楚女、熊雄、邓培、李启汉等在事变中牺牲。

日军是如何炸死张作霖的

1927年蒋、汪合流北伐，张作霖节节失利。为了保存实力，1928年5月30日，张作霖召集张作相、孙传芳、杨宇霆、张学良举行会议，决定下总退却令。

张作霖历来亲日，为日军扶持，但在出卖东北利益问题上与日军发生冲突。

张作霖

张作霖退出北京之前，日本军部特别是日本关东军，坚决主张"为伸张日本的在满权益，必须使用武力"。关东军司令官村岗长太郎中将决定："干掉张作霖。"张作霖为防意外，先宣布6月1日启程，后改为2日，最后在3日离京。

张离京前，日本驻北京公使芳泽谦吉到中南海逼张作霖在《日张密约》上签字。张作霖拒不接见。

晚8时，专车从北京车站开出。4日5点23分，当张作霖乘坐的专车钻进京奉铁路和南满铁路交叉处的三洞桥时，日本关东军东宫铁男大尉按下电钮，一声巨响，三洞桥中间的一座花岗岩石的桥墩被炸开，桥上的钢轨、桥梁被炸得弯弯曲曲，抛上天空，张作霖的专车被炸得只剩一个底盘。张作霖被炸出三丈多远，咽喉破裂。

奉天省长刘尚清闻讯赶到现场。张作霖被救至沈阳"大帅府"时已奄奄一息。死前张对卢夫人说："告诉小六子（张学良的乳名），以国家为重，好好地干吧！我这个臭皮囊不算什么，叫小六子快回沈阳。"

"九·一八"事变爆发的真正原因

1931年9月18日，日本关东军制造"柳条湖事件"，对中国东北地区发动了武装进攻。

18日22时20分，以爆炸声为信号、早已准备好的全副武装的日军，便向预定目标攻击，同时沈阳站附近的日军大炮向北大营猛烈轰击。柳条湖事件发生后，日军连夜向沈阳增兵。由于东北军执行蒋介石"不准抵抗"的命令，一夜之间，日本侵略军便轻而易举地占领了沈阳城。

9月18日夜里，关东军在南满铁路沿线展开了全面攻势。19日，日军攻占南满、安奉两铁路沿线的重要城镇营口、田庄台、盖平、复县、大石桥、海城、辽阳、鞍山、铁岭、开原、昌图、四平街、公主岭、安东、凤凰城、本溪、抚顺、沟帮子等地。19日凌晨4时，日军向长春发动总攻，中国守军奋起抵抗，后在吉林军署参谋长熙洽"毋须抵抗"的命令下含愤撤退。当日22时许，长春陷落。

日本攻占沈阳，在城墙上射击。

事变时，张学良传达蒋介石的命令不抵抗。张学良说："蒋指示暂不抵抗，准备好了再干，一切事先从外交解决"。不抵抗主义，从中央到地方层层下达。

事件爆发后，蒋介石仍令不抵抗。留居北平的张学良一夜之间十几次致电南京蒋介石请示，均不准抵抗。

从9月18日至25日一周内，关东军占领辽宁、吉林两省的30座城市，并完全或部分控制了12条铁路线，完成了"九·一八"事变军事进攻的第一阶段。

1932年1月1日，日本侵略军从三面向锦州发动总攻，3日占领锦州。中国驻军3万余人奉国民政府命令，稍做抵抗即撤入山海关内，东北全部沦陷。

毛泽东为什么发动延安整风运动

1941年5月19日，毛泽东在延安干部会议上做了题为《改造我们的学习》的报告。报告深刻地批判了不注重研究现状，不注重研究历史、不注重马克思列宁主义的应用的主观主义作风，号召全党采取理论联系实际、实事求是的科学态度，有目的地去研究马克思列宁主义的理论，把马克思列宁主义的理论和中国革命的实际运动结合起来，依据马克思列宁主义的理论和方法，去研究周围的环境，研究近百年的中国史，废除静止地孤立地研究马克思列宁主义的方法。中共整风开始。

12月，中共重要文件《六大以来》正式出版。这本书是毛泽东主持编辑的。《六大以来》包括自1928年6月党的第六次全国代表大会以来至1941年11月的557个文件。这本书是整风运动准备阶段高级干部学习的主要读物。这本书未编成以前，即以活页形式印发给在延安的高级干部学习。

1942年2月，中国共产党在延安和各抗日根据地进行的整顿党的作风的运动，由准备阶段进入普遍整风阶段。针对党内存在的种种问题，去年5月，毛泽东做了《改造我们的学习》的报告，本月，又做了《整顿党的作风》《反对党八股》的报告，指出整风运动的内容是"反对主观主义以整顿学风，反对宗派主义以整顿党风，反对党八股以整顿文风"。

自此，全党范围的整风运动开始。整风运动的学习文件是毛泽东的《改造我们的学习》《整顿党的作风》《反对党八股》，刘少奇的《论共产党员的修养》，陈云的《怎样做一个共产党员》，及其他有关文件和论著。整风运动的方针是"惩前毖后，治病救人"。其具体方法是：在学习文件的基础上，检查自己的工作、思想，开展批评与自我批评，找出错误产生的根源及克服错误的方法。党的高级干部还着重学习、讨论了党史。

开展大生产运动的历史背景

1942 年 12 月底，中共中央提出了“发展经济，保障供给”的方针，号召根据地军民自力更生，克服困难，开展大规模的生产运动。

自去年以来，由于日军的疯狂进攻和残酷“扫荡”，国民党的军事包围和经济封锁，以及自然灾害的侵袭，中共抗日根据地的财政、经济都遭到了极为严重的困难。中共中央于是为大生产运动制订了一系列具体方针：在各项生产事业中，实行以农业为主，农业、畜牧业、工业、手工业、运输业和商业全面发展的方针；在公私关系上，实行“公私兼顾”和“军民兼顾”的方针；在上下关系上，实行统一领导、分散经营的方针；在生产和消费关系上，实行努力生产、厉行节约的方针；在组织形式上，实行合作互助、开展生产竞赛、奖励劳动英雄的方针。

为推动大生产运动的发展，毛泽东、朱德等领导人还亲自参加生产劳动。在“自己动手”“丰衣足食”等口号的鼓舞下，根据地军民迅速掀起了以农业为主的大规模的生产运

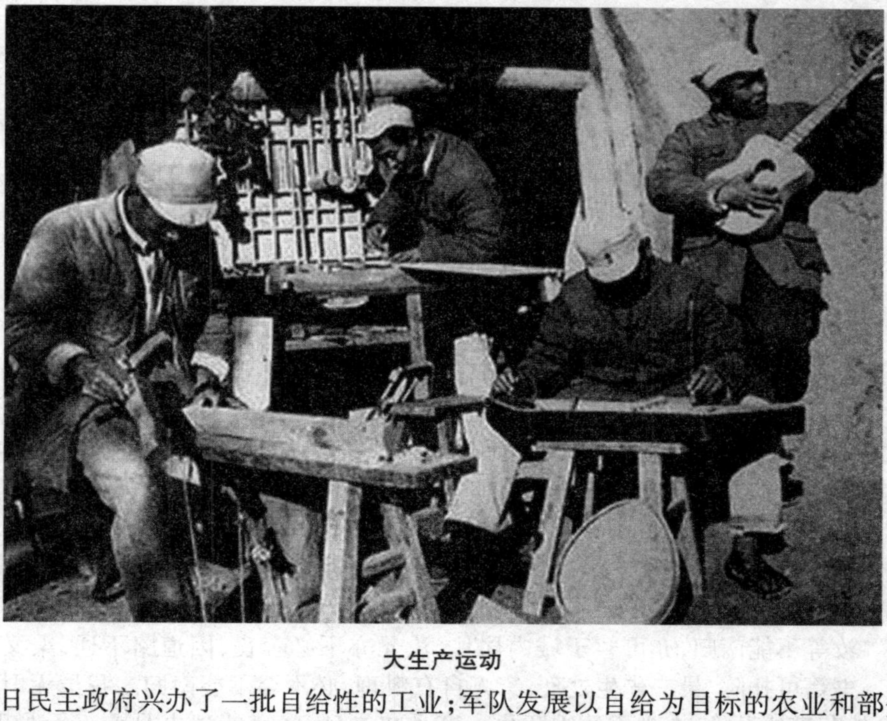

大生产运动

动。抗日民主政府兴办了一批自给性的工业；军队发展以自给为目标的农业和部分工商业；机关、学校人员也发展了自给经济；农民广泛组织起来发展农业生产。中共力图通过这一运动使所辖地区克服严重的物资困难，为坚持抗战，争取最后胜利奠定物质基础。

“重庆谈判”揭秘

抗战胜利后，饱受战争苦难的中国各阶层人民迫切需要国内和平，休养生息，强烈反对内战。国际进步舆论也认为中国应该走和平发展的道路。在国内外舆论的压力下，蒋介石于1945年8月电邀毛泽东到重庆进行和平谈判，会谈的中心是政权和军队问题。

8月23日，中共中央举行政治局扩大会议，讨论同国民党谈判问题。蒋介石连续三次电邀毛泽东赴重庆谈判。同时斯大林也致电中共中央，说中国应该走和平发展的道路，要毛泽东赴重庆同蒋介石谈判。会议根据国内外政治形势，决定同国民党进行谈判。这次会议还决定朱德继续兼任中共中央海外工作委员会主任，周恩来兼任副主任。

8月28日，毛泽东、周恩来、王若飞乘27日国民党派来的专机，在赫尔利、张治中陪同下，于下午3点45分飞抵重庆。前一天，美国驻华大使赫尔利、国民政府军事委员会政治部部长张治中，由重庆飞抵延安，迎接毛泽东到重庆进行和平谈判。到机场欢迎的有蒋介石的代表周至柔，参政会秘书长邵力子、副秘书长雷震，及各界著名人士张澜、沈钧儒、章伯钧、黄炎培、郭沫若等。当晚8时，蒋介石设宴为毛泽东等洗尘。美国大使赫尔利、驻华美军总司令魏德迈和张群、王世杰、邵力子、陈诚、张治中、蒋经国等作陪。28日、29日，毛泽东下榻于蒋介石官邸林园。

9月，毛泽东、周恩来、王若飞等在重庆与国民党当局和中外人士频繁接触。9月6日，毛泽东以1936年2月的旧作《沁园春·雪》赠柳亚子。词发表后，重庆各界为之震惊，随后上海、北京等地也有所闻。随后，国民党内文人纷纷发起作诗运动，并要求选拔力作压倒毛泽东。至月底，报端出现近40首诗词，均平庸之作。有人著文评价说：“观今日毛氏之词，知国民政府大势去矣！”

一代治学医匠王国维自沉之谜

1927年6月2日上午8点，王国维照常到清华研究所，让听差取来学生成绩稿本，而且和同事谈下学期招生之事甚久。随后他借洋2元雇了一辆洋车，直赴颐和园。他先在石舫前兀坐，久之，复步入鱼藻轩吸纸烟，接着便听见投湖之声。被人救上来时，其间不过两分钟，衣犹未尽湿，而气已绝，口鼻之中皆为泥土所塞。他衣袋中有一封给家人的遗书，写道：“五十之年，只欠一死；经此世变，义无再辱。我死后当草草棺殓，即行槁葬于清华茔地。汝等不能南归，亦可暂于城内居住，汝兄亦不必奔丧，因道路不通，渠又不曾出门故也。书籍可托陈、吴二先生处理，家人自有料理，必不至不能南归。我虽无财产分文遗汝等，然苟谨慎勤俭，亦必不致饿死也。五月初二日，父字。”遗书是前一天写下的，前一天清华研究所已放暑假，师生于工字厅开惜别会，王国维亦参加，与人作别如平时，因此他是从容赴死的。

王国维（1877～1927），字伯隅，号静安，又号观堂，浙江海宁人，清末民初文史学者，

王国维

在经史金石之学上，注重新发现，采取新方法，强调古文字古器物之学与经史之学互为表里，突破甲骨文研究的文字考释范围，将其作为原始史料，用以探讨商代的历史，地理和礼制，取得了前辈学者和同辈学者所无法比拟的成就。1907 年起从事词曲和戏曲史的研究，对后世影响较大的论著有《人间词话》和《宋元戏曲史》（又称《宋元戏曲考》）。

王国维首先看到元杂剧的艺术价值，花了近 5 年的时间，专心致力研究元杂剧，宋元南戏的历史，写出《曲录》《唐宋大曲考》《戏曲考源》《优语录》《古剧脚色考》等专著，最后写出《宋元戏曲史》，填补了中国文化史上的空白，开辟了一门新学科。王国维《宋元戏曲史》揭示了戏曲艺术的起源和形成过程，并从形成戏曲艺术的各种艺术因素，对古优、巫觋、汉唐歌舞百戏、滑稽戏到宋金院本、各种乐曲，说唱文学、小说、傀儡戏、影戏等，逐一考证它们的来源、内容、表现形式和艺术特点，从各种艺术的发展变化中，阐述戏曲艺术的孕育形成过程。王国维所遗《人间词话》被奉为文学批评之圭臬。

附：民国大事年表

时间	事件
1912 年	1 月，郑州车站机器厂工人为增加工资，开会议决定罢工，遭到铁路巡营镇压而失败。 2 月，天主教意籍传教士贾师谊在慕霖路创办“天主堂医院”。1924 年改名为“天主堂公教医院”。 是年，交通部以电话余利推广电话业务，设郑州电话局于电报局内，装磁石式交换机 100 门，初装电话用户 43 户，郑州开始使用电话。 本年度郑州人口统计：31850 户，153483 人，其中男 78041 人，女 75442 人。
1913 年	1 月，汴洛铁路由北洋政府交通部陇海铁路督办总公所管辖后与京汉铁路分别管理，另又组建了陇海铁路郑州车站。 3 月 1 日，全国统一废州置县，郑州直隶州遂改称郑县，原知州叶济为郑县第一任县知事。 是年夏秋，宋教仁案后，国民党派熊嗣鬻来郑联络党员密谋反袁起义，事败，郑州党员金承绪、贾宗伊、海贡琳等被捕殉难。 2 月，交通银行郑州支行在大同路成立，归开封分行管辖。 郑县政府正式设立成路工程局，为郑州最早的城市建设专职管理机构。 普乐园建成，位于钱塘里，砖木结构，三面转楼。
1914 年	春，开封普临电灯公司经理魏子青集资廿五万元，来郑开办明远电灯公司，装有 75 千瓦立式蒸汽发电机一台。这是郑州最早的一家电厂。
1915 年	8 月，巩县兵工厂开建，占地 700 亩，之后陆续建起动力厂、炮弹厂、机器厂、枪厂四大分厂。1922 年正式投产，为全国四大兵工厂（奉天兵工厂、孝义兵工厂、杭州上海兵工厂、汉阳兵工厂）之一。 11 月 23 日，报载：荥阳县草帽辫，去岁运赴巴拿马赛会颇受外人赞赏，现该县设立草帽辫传习所一处，以资推广。 是年，郑州大同路开设中西大药房，掌拒田志斌，从业人员 5 人。这是郑州第一家西药房。 中国银行郑州支行在西敦睦里成立，经理潘世经。 陆家花园在杜岭街路北建园，占地 6 亩。前清满族武姓这官员在西平街购地，建筑工层楼房 48 间，为当时少有的高层建筑。

时间	事件
1916 年	2 月 1 日，郑县建设局发表植树统计数字，金水河两岸已植树 3000 余株。 10 月，郑州第一份报纸《郑州日报》创刊。宗旨为“拥护共和，促进新政，提倡教育，振兴商务”。主编刘瑞磷。每期二版，油光纸单面石印。 12 月，由刘瑞磷主纂的《郑县志》，历时 8 个月告成，凡 18 卷。该志由县知事周秉彝倡议编修，周病故后由继任县知事王扬翰主持。 是年，官商合办共汽车公司，开辟郑州至开封班车。这是郑州最早出现的公路营运企业。 是年，郑县人口统计：共 53257 户，246079 人，其中男 126899 人，女 119180 人。
1917 年	5 月 30 日，北洋政府总统黎元洪于 5 月 23 日下令免去段祺瑞国务总理职务，引起各省军阀不满，河南督军赵倜是日在郑州发表通电，宣布“河南独立”。 6 月，日本人岛田万之助，在郑州福寿街开设私人医院。
1918 年	1 月 1 日，陇海铁路苗圃设立，占地 535 亩。 8 月，因郑州、许昌、偃师一带大水为灾，京汉铁路陷于瘫痪。
1919 年	4 月，比利时人克白黎于郑州陇海路十七号私设无线电台，6 月，交通部为抵制外人占夺中国电信权，特函示陇海铁路督办令其撤除。 夏，在“五四”运动影响下，郑州爆发抵制日货运动。国货筹备会于 7 月 22 日开会，决定对各商户挨次调查，查禁日货。各校学生组织“爱国童子团”，四处宣传，激发民众爱国热情。 8 月 10 日，霍乱流行，郑县有 3705 人发病，其中死亡 598 人。 8 月 23 日至 11 月 18 日，河南督军赵倜等先后秘密与日本东洋拓殖会社签订总额为 300 万日元的借款合同。以郑州商埠地产、建筑物、营业税收入及中原公司股票 100 万元和全省牲畜税等为担保阴谋出卖郑州商埠。事件披露后，激起全省人民强烈反对。
1920 年	1 月，大东机器制造厂开办，经理穆铭三，资本 2 万元，厂址在乔家门。 5 月，豫丰纱厂正式投产，占地 96 亩，有纱锭 1 万枚，工人 4000 余人。该厂由上海资本家穆藕初于 1919 年 4 月集资兴建。 6 月 9 日，直系军阀吴佩孚部由湖南撤兵至河南，是日抵郑。自此，河南渐为吴所控制，赵倜权力日渐削弱。 9 月，荥阳霍乱流行，几遍全境，患者 5907 人，死 1684 人。 11 月 16 日，郑州各界 3000 余人举行国民大会，反对赵倜以开放郑州商埠为抵押条件向日本借款 300 万元。 是年，郑县县政府成立郑县救济院，地址在河东街财神庙内（今二七塔东北 200 米处），下设孤儿院、养老院、施医所。

时间	事件
1921 年	是年初，武汉党组织派赵子健到郑州，联络郑州铁路工人高斌、姜海士等筹办京汉铁路郑州工人夜校，传播马列主义。 3 月，李大钊来郑，视察、指导工人运动，在三益街扶轮小学给工人讲课。 9 月，高斌、凌楚藩、姜海士等联络 48 名工会积极分子发起成立了郑州铁路工人俱乐部。高斌被选为总干事，俱乐部设在钱塘里花地岗。 11 月 17 日，陇海铁路工人为反对法籍总管若里虐待工人举行"争人格""光国体"政治大罢工。郑州铁路工人俱乐部发表宣言予以声援。24 日，郑州工人拆卸了由洛阳开出破坏罢工的火车头。26 日。郑、汴、洛等地工人代表在郑州与铁路当局谈判，迫使当局接受工人条件。12 月 30 日，若里职务被撤销，罢工取得胜利。 11 月，中国劳动组合书记部干事李震瀛、北方支部罗章龙、长江支部包惠僧等先后来到郑州了解陇海铁路罢工情况，指导工人运动。
1922 年	1 月 3-5 日，郑州铁路机务工人举行罢工，抗议吴佩孚部殴打、抓捕郑州机务工人。这次罢工使南北交通中断，迫于工人压力，吴佩孚答应了工人俱乐部要求"释放被捕工人；惩办凶手；抚恤受伤工人"的条件，罢工取得胜利。 1 月中旬，郑州、开封等地铁路工人成立"北方香港海员罢工后援会"，进行募捐，支持香港中国海员大罢工。 2 月，郑州铁路工人俱乐部以京汉路郑州机务处全体工人的名义发表宣言，列举机厂厂首陈福海 10 条罪状，提出撤办陈福海的要求，否则将举行全体罢工，交通部被迫答应工人要求，斗争取得胜利。 3 月 2 日，北京政府内阁会议决定，开郑州为商埠。31 日任命张风台兼郑州商埠督办。商埠规划 10.5 平方公里。 4 月中旬，奉军大举人关，直军撤至京汉路长辛店、石家庄、郑州等地。赵倜、吴佩孚关系紧张，赵杰集结兵力 11 营于中牟、郑州间。 4 月，京汉铁路郑州工会成立（8 月改为京汉铁路郑州分工会），高斌为委员长、刘庚和（刘文松）任副委员长、会址设在郑州菜市街玉庆里 4 号。 5 月，郑州工会派代表工人参加了在广州举行的全国第一次劳动大会。 5 月 5-10 日，直军发动驱赵战争。战争结束后，北京政府根据吴佩孚意见，于 11 日将赵倜撤职查办，任命冯玉祥为河南督军。自此，结束了赵倜在河南的八年统治。 6 月 30 日，陈独秀在给共产国际的报告中说："郑州有党员 8 人"。 8 月 10-12 日，京汉铁路总工会第二次筹备会议在郑州召开，凌楚藩、高斌、刘庚和代表京汉铁路郑州分工会出席了会议。高斌被选为会议主席，凌楚藩被选为总工会临时委员长，会议通过了《总工会简章草案》。 8 月中旬 郑州工人集会游行，发表通电，要求北京国会通过由中国劳动组合书记部制定的《劳动法案大纲》19 条。9 月 8 日，郑州工人俱乐部为此再次通电国会。 8 月 25 日，京汉铁路郑州分工会发动声援长辛店工人罢工的同情罢工。28 日，郑州机厂工人将长辛店传来的得胜旗高竖于机厂洋员之办公室侧。并"列队由厂中出，至车站，燃放爆竹万余，高呼胜利"。 9 月 3 日，吴佩孚召开鄂、鲁、豫等省代表参加的"郑州会议"，讨论对奉关系、南北统一等问题。 是年，日本驻郑领事馆经北京政府外交部核准设立。1928 年冯玉祥主豫后予以撤销。

时间	事件
1923 年	1月5日，京汉铁路总工会筹备会在郑州召开第三次会议，全路16个分会代表参加。会议起草了总工会章程草案，议决杨德甫为委员长，确定总工会设在郑州并于2月1日在郑州召开京汉铁路总工会成立大会。 2月1日，京汉铁路总工会成立大会在郑州召开。郑州铁路工人和各路代表千余人在史文彬、项德隆、李震瀛带领下，向大会会场普乐园进发，途中遭直系军阀吴佩孚武力干涉，工人和代表冲破军警阻拦，照常开会，宣布总工会成立。会后，军警包围代表、来宾住处，占驻总工会会所。为反抗封建军阀的政治压迫和白色恐怖，当晚，总工会召开秘密会议，一致决定于4日举行全路同盟总罢工。 2月4日上午12时，京汉铁路总工会宣布京汉铁路总同盟大罢工，不到三小时，京汉铁路全线瘫痪。5-6日，郑州分工会负责人高斌、姜海士等遭军警逮捕。2月7日，吴佩孚在帝国主义支持下，对郑州、江岸、长辛店等地路工进行血腥屠杀。京汉路全线有40余名工人壮烈牺牲，800多人负伤，20多人被捕，500多人被开除，造成悲壮的“二七”惨案。 是年，荥阳县发现秦王寨仰韶文化遗址。为中国新石器时代的4大遗址之一。
1924 年	3月18日，北京政府任命孙丹林为郑州商埠督办，孙未就职，而以夏光宇为筹备主任。年底，因吴佩孚兵败离郑，筹备处即告解体。 11月10日，胡景翼率国民二军南下，于是日攻占郑州。12月胡景翼就任河南督办。 11月22日，开办郑县县立女子小学校，为郑州有女子学校之始。 12月10日，中共北方区委派工人运动领导人李震瀛、张昆弟等重返郑州，从事恢复党的组织和铁路工会的工作。
1925 年	2月7日，全国铁路总工会第二次代表大会和京汉铁路总工会恢复大会在郑州举行。到会的有12路代表45人，中共中央候补委员王荷波出席会议。大会通过恢复各地工会，赞助国民革命等十项决议。 2月25日-3月29日，为争夺河南统治权，胡景翼国民二军与镇嵩军憨玉琨部在郑州以西发生激战。憨玉琨兵败后自杀，河南从此为国民二军所控制。 4月，中共郑州支部建立，后改建为中共郑州地方执委，代行省委职权，黄平万任书记。 5月1日，郑(州)洛(阳)段航空线正式通航。每星期三、六由郑西航，二、五由洛东航。 5月14日，中国社会主义青年团郑州支部成立，马绍琴任书记。 5月下旬，中央派王若飞同志以中央特派员身份来郑州，指导河南党的工作。 6月7日，郑州各界和市民3万余人举行集会，声援上海“五卅”反帝运动。王若飞以全国总工会代表身份参加大会，大会要求废除不平等条约，开展抵制日英货运动。10日，郑州成立各界“沪案后援会”，开展反帝活动。 6月21日，郑州各界举行“抵洋货”大会，在市区公开焚烧英国香烟。

时间	事件
1925年	7月,中共北方区委书记李大钊先后派李水香、李培芝、王仲秀、戴培元等人到郑州,加强对郑州地区工人、农民运动的领导。不久,李大钊由于佑任陪同经郑州到开封,向王若飞、李震瀛等了解郑州工人、农民运动情况。12月,李大钊发表《土地与农民》一文,高度评价了郑、荥一带的农民运动。 8月5-26日,豫丰纱厂5000工人在王若飞、李震瀛、黄平万领导下,为争取缩短工作时间,增加工资,举行罢工斗争。在全省各界和铁路总工会的声援下,厂方被迫接受工人条件,罢工取得胜利。9月3日,共青团郑州地委成立,余立亚任书记。下辖3个支部,共有团员62人。 9月8日,郑州各界举行辛丑国耻纪念大会,到会的有中华全国铁路总工会、京汉铁路总工会等团体数万人,李震瀛等在会上发表演讲,会后举行反帝爱国大游行。 9月18-21日,河南省总工会在郑州福寿街青年会会址召开成立大会。大会通过14项决议。选举张昆弟为委员长、李震瀛为书记。 10月中旬,荥阳县贾峪区农民协会执行委员长、荥阳县农民自卫军第一大队队长张虎臣及其家属共11口惨遭土匪杀害,农民协会遭到严重破坏。 10月,中共豫陕区委在郑州成立,区委机关设在郑州操马场街。王若飞任书记,成员有黄平万、李求实等。是月,王若飞委派由苏联回国的胡伦到荥阳县农村成立中共党小组,并任组长,组织开展农民运动。 12月10日,荥阳县农民协会成立,肖人鹄被选为主席。下有7个区农民协会和68个村农民协会。这是郑州地区最早成立的县农民协会。会员人数达1.6万人。
1926年	1月21日,郑州各界群众4000余人在普乐园集会,纪念列宁逝世二周年,王若飞同志在会上做了题为《列宁主义与中山主义之关系》的演讲。同日,中共豫陕区委和共青团豫陕区委发表《列宁逝世二周年纪念告被压迫同胞》书。 3月,吴佩孚军占领郑州,国民二军撤退。郑州地区工农运动和党团组织遭到严重摧残,在荥阳领导农民运动的罗思危、唐朴农遭逮捕,戴培元在洛阳被害。 9月,中共郑州市委成立,王克新任书记。 10月15日,京汉铁路郑州分会委员长汪胜友、郑州工务段工人总代表司文德被军阀吴佩孚杀害于郑州五湖庙内,人头悬挂在长春桥电线杆上。 12月6日,吴佩孚集部属在郑开会,决定联合奉系,以抗国民革命军北伐。

时间	事件
1927 年	3 月 17 日，奉军南下占领郑州，吴佩孚率卫队逃往巩县，靳云鹗军退至新郑一带。24 日，靳部师长高汝桐反攻郑州失败，高战死。 5 月 31 日，武汉国民政府北伐军唐生智部与冯玉祥的国民革命军第二集团军击退奉军，在郑州会师。 6 月 5 日，郑州举行欢迎北伐军军民联欢大会，庆祝收复郑州，郭沫若等参加大会，大会发出讨蒋通电。 6 月 10 日，武汉国民政府汪精卫等人在郑州与冯玉祥举行“郑州会议”，密谋反共，会后，唐生智部回师武汉，河南为冯玉祥所占据。郑州地区革命形势转向低潮。13 日，武汉国民政府任命冯玉祥为河南政府主席。 6 月 5 日，邓演达奉武汉国民政府命令，由郑州赴潼关会晤冯玉祥，于 9 日陪同冯到达郑州。 6 月 6 日，郑州举行由 10 万人参加的军民联欢大会，郭沫若、鹿钟麟、韩觉民等在会上演讲，大会发出讨蒋通电。 6 月 21 日，冯玉祥第二集团军总司令部在郑召开会议，决议：市面一律使用纸币，禁止现金交易。 7 月 27 日，冯玉祥决定设立郑州市，是日任命王正廷为郑州市政筹备处处长。 9 月中旬，冯玉祥公开进行“清共”。中共河南省委决定由省委委员龚依情兼任郑州市委书记，恢复和发展郑州地区党组织。 9 月 24 日，在中共郑州市委领导下，郑州总工会成立大会在普乐园（今二七纪念堂）举行，参加大会的有京汉铁路工会、陇海铁路工会、豫丰纱厂工会、中牟蛋厂工会、八作工会、电灯厂工会、人力车工会等约 1 万人。刘福林当选为委员长。 9 月 25-27 日，冯玉祥下令镇压工人运动，勒令解散郑州总工会，逮捕郑州总工会领导人，制造了“郑州事变”。 10 月，中共河南省委、郑州市委派贾守 廉到郑、荥、密边界地区的刘胡垌、水磨一带开展农民运动。12 月建立了郑荥密支部，贾任支书。不久，郑荥密支部改建为“特支”，归省委直接领导，李品一任书记。
1928 年	2 月 24 日（农历），郑州郊区刘胡垌乡农民在我党领导下，举行了杨寨农民暴动。 3 月 18 日，河南省国民政府决定成立郑州市，委派刘治州为市长。 4 月 30 日，河南农工银行郑州支行在钱塘里开办营业。 4 月，冯玉祥为纪念其战殉部属，拨款 13 万元动工兴建碧沙岗烈士祠，于 8 月 4 日建成。 5 月，京汉铁路各工会第二次代表大会在郑州召开，重新成立了全路总工会。 8 月，卫志毅任郑州市委书记。市委下有豫丰纱厂、豫中打包厂、打蛋厂等 7 个支部。 是年，郑州市政府在地平门外建平民公园，附设平民图书馆，藏书约 3000 册。 郑县平民医院建立，院址在大同路东头吕祖庙内，院长李梦坡。 军阀石友三部纵火少林寺，大火延烧毁店堂 200 余间，珍贵文物付之一炬。

时间	事件
1929 年	9 月 12 日，据童长荣视察郑州后给中共中央的报告，郑州时有党员 23 人。 10 月 14 日–11 月 22 日，蒋（介石）冯（玉祥）战争爆发。其间蒋介石曾于 11 月 6 日和 11 月 15 日到郑州督战。 12 月 3 日，唐生智与冯玉祥达成一致倒蒋协议，在郑州通电反蒋。12 月 11 日，蒋介石任命杨杰为总指挥，率豫西杂牌部队讨唐，孝义一带同唐军激战。15 日，洛阳方面讨唐军攻郑州。韩复榘转而驱唐，占据郑州。
1930 年	4 月，中共河南省委、团省委机关迁郑。根据《河南省委组织问题决议案》，中心县委重新进行了划分，郑州中心市委包括：密县、巩县、荥阳、中牟、汜水。 5 月–10 月，蒋介石、冯玉祥、阎锡山中原大战。主战场在郑州、漯河、商丘一带。5 月 3 日，阎锡山、冯玉祥在碧沙岗召开军事会议，商讨对蒋作战计划。9 月 20 日，蒋军向郑州等地发起猛攻。10 月 6 日，蒋军击败阎冯联军占领郑州。 6 月，郑县公共运动场在马王庙旧址建成。 10 月，中共郑州中心市委改为中共郑州市委。 11 月，陇海铁路局工程师汤仲明驶其研制的木炭汽车在碧沙岗一带试车，时速达 40 多公里。全国各地陆续推广。 是年，荥阳发现青台、点军台遗址。初系瑞典人阿尔纳盗掘，1933–1936 年，中华民国中央研究院与河南省博物馆正式发掘，属仰韶—龙山文化类型。
1931 年	1 月 30 日，国务会议核准撤销郑州市建制。 6 月，中央银行在河南省设置郑州支行，地址在敦睦路 8 号。 7 月 13 日，荥泽、河阴二县合并为广武县。 8 月，郑县体育场建立，场址在开元寺旧址，设有足、篮球场。 9 月 25 日，郑州豫丰纱厂工人响应中共河南省委紧急通告组织“反日敢死队”，要求武装上前线，反对日本帝国主义侵略和蒋介石的不抵抗政策。 12 月 27 日，为争发工人年关“双薪”，反对厂长、职员私分“红利”，巩县孝义兵工厂党支部组织工人罢工。斗争取得胜利。
1932 年	3 月 22 日，交通部开办京陕线航空邮递，经停洛阳后改停郑州。4 月，由上海经郑州等地到新疆塔城的沪新航线试航。 春，曹留柱在省委直接领导下，到密县发展党的组织及群众组织，建立了区委会，开展了“不还债、不纳税、吃大户、抢粮分粮、分土地”的斗争。 5 月 6 日，中共河南省委机关由开封迁至郑州。随后召开了常委会，决定在全省各地开展“五卅”纪念活动等，发动郑汴等地募捐，声援全国邮政工人罢工。 7 月，省委机关因叛徒告密遭到破坏。省委书记吉国祯、郑州市委书记老陈（陈子成）等 14 人被捕，于 8 月 20 日在开封壮烈牺牲。 10 月，郑县民众教育馆成立，地址在营门街叶公祠内，内设展览、游艺、推广、讲演 4 部。

时间	事件
1933 年	5 月 1 日，交通部开办北平至广州航线，经停郑州。 6 月，豫丰纱厂建立党支部，张治平任书记。 7 月 28 日至次年元月，豫丰纱厂数千工人在纱厂党支部领导下，进行长达半年之久的反内战、反饥饿，要求发放迁厂遣散生活费的大示威请愿斗争，最后取得了胜利。 8 月，黄河下游出现民国以来罕见的大水，洪水到达郑州段，河水涨 8 尺，水面与平汉铁路桥平，13 号到 34 号桥墩发生动摇，桥面扭曲，致使 17 天不能通车。 12 月，中央批准成立河南省委，吕文选任书记，首管郑州工作，省委机关仍设郑州，时郑州有 2 个支部。 是年，陇海铁路公园（俗称陇海花园）成立。其前身为陇海铁路苗圃，成立于 1918 年元旦。
1934 年	1 月 16 日，中国农民银行郑州分行成立。 2 月 27 日，省委在郑州召开会议，决定成立铁路工作委员会，把全省划为 5 个区，郑州为中心区。 5 月 5 日，郑县七区后李村无限责任信用合作社成立，为河南省农村信用合作社之始。 6 月 2 日，爱国商人刘桂勋、谭九思创立的郑州国货公司在大同路开业。 10 月 16 日，“欧亚航空公司郑州办事处”开业，主任胡栗初。飞机场在五里堡，每周有航班二次，往返于北平、广州、上海、兰州之间。 是年，郑县人口统计：总人口 329635 人，其中市区人口 124377 人。
1935 年	1 月 24 日-4 月 10 日，郑县市区进行土地丈量。丈量结果，总面积为 105 平方市里，住 18532 户。 3 月 6 日，豫丰纱厂工人党员徐风山在上海被捕叛变。后豫丰纱厂党支部、荥阳党组织等先后遭破坏。豫丰纱厂党支部书记张治平等被捕。 8 月 1 日，中国农民银行在郑州发行一元卷纸币，票面印有“郑”字，只限本地流通。 10 月 10-20 日，郑州国术运动员参加在上海举行的中华民国第六届运动会，海兰芬（回族）以 126.75 米的成绩获射远第一名，海国荣获第四名；刘景文获轻量级测力第一名。 12 月，在北平“一二.九”运动影响下，郑州扶轮中学教员段超人等联络中正、中原、明新等中学组成郑州市学生联合会，发布宣言，要求政府抗日。郑州掀起学生反帝爱国运动。23 日，在北京南下学生串连下，郑州各学校师生在陇海体育场集会，参加者上万人，举行盛大示威游行。31 日，中正中学学生张璋联络各中学 2000 余名学生占领车站并进行卧轨斗争，要求到南京请愿。 是年，郑县流行天花。据河南省各县法定传染病报告记载，全年发现患者 1389 例，死亡 110 人。

时间	事件
1936年	1月1日，交通银行在郑州设立分行，统一管辖河南和陕西两省的交通银行分支机构。 1月1日，日本驻郑领事馆恢复，隶属驻汉口总领事馆。领事佐佐木高义，武官增田繁雄。是年夏，日本谍干员志贺秀二等人，以开设文化研究所名义，在大同路通商巷九号秘设特务机关，被我方破获，次年元月，日间谍被驱逐出境，日驻郑领事馆撤销。 5月，华阳春浴池四层楼房在一马路建成，该楼安装有电梯，是当时郑州最高的建筑，1938年2月14日被日本飞机炸毁。 7月，中共郑州工委在陇海花园成立，楚光甫任书记，张漫杞（宋昕）任组织委员，王绪飞任宣传委员，胡宏文任军事委员。 9月，苏、浙、皖、赣、冀、鲁、豫、鄂、湘九省长途电话网接通郑州。 是年，特大旱，郑州实测降雨量291毫米，少于多年平均雨量637毫米的50%以下。
1937年	3月，密县因春荒严重，灾民无以为食，发生抢米风潮，参加者三四千人。郑州专署派出军队予以镇压。 5月27日，周恩来陪同杨虎城将军秘密乘欧亚航空公司客机由陕飞沪途经郑州，在机构做短暂停留。 8月22日，中央、中国、交通、中国农民四家银行联合办事处郑州分处成立。 9月18日，《大刚报》在郑州创刊，负责人毛健吾。该报于次年6月南迁信阳。 10月上旬，中共郑县县委成立，韩仲铨任书记，苏明、段超人分任组织、宣传委员。翌年2月，张惠民（张维桢）接任书记。 10月，中共郑县委员会成立，韩仲铨任县委书记，苏明为组织委员，段超人为宣传委员。 11月，上海进步戏剧工作者田汉、洪琛、冼星海发起组成的“救亡话剧团”，赴华北演出途中到郑州扶轮中学演出，在其影响下，郑州扶轮中学于12月初组建了“九一八剧团”。 12月，由中共党组织领导的“孩子剧团”抵郑，在陇海花园大礼堂公演三日，受到热烈欢迎。 12月，国民党第一战区长官部迁驻郑州。

时间	事件
1938 年	2 月 14 日，日机十五架分三批侵入郑州上空，投弹 60 枚，车站商业区悉成灰烬，死伤居民达 500 多人，这是抗战以后日机首次轰炸郑州。 2 月 17 日，日军攻占新乡。为阻止日军南下，国民党新编第 8 师于 19 日拆毁郑州黄河铁路。 2 月，在中共郑县县委和一战区政训处地下党组织领导下，成立了“郑县各界青年战时工作团”，团部设在郑州扶轮中学，有团员 280 余人，主要利用业余时间开展抗日救亡宣传。 3 月，中共郑州中心县委成立，刘子久、张维桢等先后任书记。郑州扶轮中学、豫丰纱厂、邮局、妇女工作委员会、学生训练大队等党支部先后成立。 3 月-6 月，日机多次出动飞机轰炸郑州。3 月 8 日，日军出动飞机 12 架，对火车站附近投弹数十枚，炸毁房屋数十间，死伤居民多人。5 月 13 日，日军在郑州投弹数十枚，炸毁房屋 300 多间，死伤居民 89 人。 3 月 8 日，下午 5 时，郑州各界妇女 3000 多人在陇海大礼堂集会，纪念“三八”国际劳动妇女节，会后举行了“排灯游行”示威。 4 月 4 日，在中共郑州中心县委领导下，政训处妇女工作委员会在扶轮中学召开“四·四”儿童节纪念大会，会上通过了郑州各界儿童救国会救济灾童的议案。会后，2000 多儿童列队游行，高呼抗日救国口号。 4 月 17 日晚，郑州各团体 5000 余人在陇海花园举行“保卫河南宣传周”大会。会后举行了火炬大游行。 4 月 26 日，中共河南省委派危拱之任中共郑州中心县委书记。 5 月中旬，日军攻陷豫东永城，发起豫东战役，企图西取开封、郑州。蒋介石由武汉赴郑州督战，指挥豫东抗战。 6 月 1 日，蒋介石在武汉召开最高军事会议，决定豫东作战略撤退，同时下令决黄河堤，以阻日前进。4 日，商震派第五十三军一个团在中牟县赵口决堤，未获成功。9 日，39 军新 8 师蒋在珍部在花园口决堤成功，这次决口使豫、皖、苏三省 44 县遭水淹，89 万人丧失了生命。 6 月 6 日，开封沦陷，郑州危急。不久，国民党第一战区司令长官部由郑州撤到洛阳。中共郑州中心县委撤销，部分党员转至洛阳。 12 月，中共密县地委成立，隶属豫西省委，密县地委辖区包括密县、郑州、荥阳、汜水、广武、洧川、尉氏、新郑、禹县、长葛、中牟等 11 县。地委书记纪西（康国光），副书记刘清源，组织部长苗树棠，宣传部长楚书范。 是年，豫丰（和纪）纱厂迁往重庆。

时间	事件
1939年	2月21日，郑州至潼关段陇海铁路由国民党当局开始拆除。 3月9日，郑州各界救济难民委员会具呈经济部称：自平汉路拆毁后，铁路员工失业者达2000余人。郑州豫丰纱厂停工后，失业工人达3000余人，急待救济。 4月下旬，中共密县地委调李毅章接任郑州工委书记。8月3日，因叛徒告密，中共密县县委组织部长司树森被捕，至13日，28名地下党员和爱国人士樊百全等及一批进步青年先后遭逮捕。席国光、尚寅宾、王东旭等被通缉。密县党组织遭受严重破坏，史称“密县事变”。 8月11日，郑州连日大雨，倒塌房屋800余间，大同路一带水深6尺。 12月，金水河改道（改道市外）工程竣工。新改道的金水河上大石桥竣工，为石拱桥两孔。同时建成金水河上郑洛桥，宽5米、长18米，为3孔砖合木面桥。
1940年	6月18日，日机六架狂炸郑州，死伤平民多人，仅万顺街一个院内即扒出尸体35具。
1941年	3月1日，郑县县银行成立，设在正兴街，为官商合办，资本20万元。 8月14日，国民党第三集团军（总司令孙桐楦）在撤离郑州前，以“焦土搞战”为名，将明远电灯公司发电设备炸毁，郑州路灯退回单一燃光照明状态。 10月2日，日军一一0师团5万余人，兵分3路强渡黄河，向郑州进犯，一路烧杀抢掠，无恶不作，仅4日在上河王村就屠杀村民300多人。郑州沦陷后，38军在广武、荥阳一带与日军展开激战，于31日发动反攻，收复郑州。 10月24日夜，郑州南十里铺农民赵继手持砍刀，独自闯入日军营，砍死日军7名。次日夜又潜入三官庙日军军营，用手榴弹炸死日军11名，29日夜再次进入日军据点，夺得轻机枪一挺，后不幸受重伤被捕，英勇牺牲。
1942年	是年，河南全省水、旱、虫、风、雹灾并至。收成不及二成，灾民1000多万，郑州一带灾民日有饿死者，多者达百人。巩县、登封、密县树皮草根均刨食殆尽。 黄河水利委员会根据行政院水利委员会牟命令，编制出黄河花园口堵口复堤工程计划，以备战后实施。
1943年	是年，郑州地区连续发生水、旱、蝗灾，粮食颗粒不收，据统计，仅郑县一县有95121人饿死。年底人口统计，全县仅172194人。
1944年	4月18日，日军发动河南战役，由黄河铁桥和中牟附近渡过黄河，进犯郑州，于20日攻陷郑州。 9月21日，以皮定均为司令员，徐子荣为政委的豫西抗日先遣支队从济源河清渡口渡过黄河，向嵩山地区挺进。年底，在汜水、巩县、荥阳及郑州郊区刘河等地先后建立了抗日民主政府。 9月29日，八路军豫西抗日支队夜袭登封嵩山日军空军基地，解放民众3万人。 10月12日，豫西抗日独立支队3团发起黑石关战斗，消灭日军1个小队和伪军100多人。生俘40多人，击毁日军汽船13只，解放民工2000多人。

时间	事件
1945 年	1 月 1 日，皮定均、徐子荣的八路军豫西支队 3 团在五指岭（即荥阳、汜水、密县、登封、巩县 5 县结合部）摧毁了国民党郑州专员公署专员兼保安司令王光临所盘踞的老巢，俘敌 60 余人。 2 月 16 日，我八路军王树声部三个支队渡过黄河到达登封县白栗坪与豫西抗日先遣支队会师。3 月 2 日，在东白栗坪召开会议，传达了中央关于建立中共河南区党委，河南军区，河南人民摘日军的决定。 3 月初，长期坚持斗争的郑州地下党负责人张治平到登封县白栗坪，向一支队司令员皮定均等汇报工作，明确郑州地下党组织及其所领导的 200 余人的武装力量，归属第四分区（四支队）领导。 5 月 5 日，豫西抗日先遣支队第三团并巩县独立团，在巩县琉璃庙沟设伏，击退了日伪 1000 余人的进攻，击毙日军大队长。 6 月上旬，河南军区决定由第一、六支队配合，皮定均强力雄指挥袭击登封大冶镇。经过一个多月的激战，毙伤敌 400 余人，生俘 500 余人，国民党登封县党部书记崔鼎甫被击毙，这是豫西我军攻打寨镇规模最大、时间最长、兵力最多的一次战斗。 6 月，国民党以整编为名，将第 4 集团军的 38 军和 96 军缩成 38 军（辖 17 师、50 师和 117 师）。中共 38 军工委遵照中共中央指示和部队实际决定起义，17 师于 7 月 17 日以整编归还新建制为掩护集结，22 日胜利到达豫西抗日根据地，党中央、毛泽东主席复电祝贺。 8 月 13 日，荥汜县委工作组长张丙戌等在荥阳庙子一带执行任务，因叛徒焦书明告密被捕，于 9 月 20 日牺牲于花河村。 8 月 15 日，日本宣布无条件投降。根据中共中央举行大规模反攻的命令。河南军区第 1.4 支队主力迅速攻占了嵩山地区的巩县、荥阳、汜水、密北等地区，然后向箕山区的登封、密南、新郑等地区进军。 8 月，据国民党行政院善后救济总署河南分署统计：战前郑州人口为 329269 人，战后为 101450 人，减少 227819 人，其中外逃 216362 人，死亡 1436 人。战时房屋塌 28035 间，城墙被破坏 90%；工业到闭 80%；商店大部停业。 9 月 3 日，国民党军开入郑州，接收日军防务。22 日，第一战区接受日军投降仪式在郑州前进指挥所大礼堂举行。受降者为胡宗南、范汉杰、刘茂恩等。日军第十二军团长鹰森孝中将在投降书上签字。美军代表及新闻记者 70 余人参加受降式。在郑投降日军官兵计 43334 人。 10 月 15 日，豫西抗日根据地全体党政军人员，先后从登封白栗坪撤离到桐柏、大别山与李先念、王震部会师，组成中原军区。

时间	事件
1946 年	1 月,中共郑州开封城市工作领导小组成立,负责人朱晦生。归属新四军五师社会部领导。主要任务是宣传党的方针政策,实现停战协定,反对内战,发展组织等。 1 月,国民党第五战区长官司令部改组为郑州绥靖公署,刘峙任主任。 2 月 20 日,黄河堵口复堤工程局成立。3 月 1 日,花园口堵口工程开工。 3 月,在中共郑州开封城市工作领导小组基础上,建立中共郑州支部,书记朱晦生。 3 月 3 日,正在新乡进行军事调处的周恩来与马歇尔、张治中、商洽有关黄河复堤堵口问题,决定各方面派出代表谈判。 5 月 15 日,孔从周率国民党第三十八军五十五师在巩县起义。8 月 23 日,转抵晋冀鲁豫边区,后改编为新三十八军,孔从周任军长。 6 月,河南省立第二医院由开封迁郑,改名为河南省立郑州医院,开始筹建院址,门诊部设在苑陵街,住院部设在塔湾。 夏,由商人集资在老坟岗建成国民市场,有简易棚房 500 余间。 7 月 19 日,周恩来同志视察黄河花园口堵口工程。 9 月 12 日,国民党参谋总长陈诚到达郑州内战前线指挥部。次日召集顾祝同、胡宗南、刘峙、刘汝明、刘茂恩等举行军事会议,策划对冀鲁豫解放区发动军事进攻,宣布顾祝同为郑州行辕主任。 10 月,国际救济委员会郑州孤儿实业学校成立,收容孤儿 102 人,施以小学教育。 是年,郑县人口统计:总计 40136 户,233986 人,其中男 125907 人,女 108079 人。 大同路建成,为水泥混凝土结构路面。这是郑州第一条具有现代"高级路面"形成的道路。
1947 年	1 月 8 日,周恩来同志就黄河花园口堵口问题发表声明,指出:"目前陇海东段内战正在异常紧张之际,蒋介石政府突于上月底严令郑州军事当局及开封黄河堵复局,立即在花园口强行堵口,放水东淹黄河故道居民及两岸群众与解放区自卫部队"。呼吁国内外各界"紧急制止蒋介石政府这一狠毒的堵口放水活动"。 2 月 4 日,蒋介石由南京飞抵郑州,召开高级军事会议,部署内战。 3 月 5 日,国民党政府陆军总司令部将郑州绥靖公署改设为陆军总司令部指挥所,由副总司令范汉杰任主任。 3 月 15 日,黄河花园口决堤历经八年,于是日堵口放水。黄河水全部流入故道,致使 1044 个村庄受灾,被淹土地达 91 万多亩。3 月 24 日,中国解放区救济总会主任董必武发表声明,声讨国民党违约堵口放水。 5 月 4 日,国民党当局在花园口举行庆祝合龙典礼。合龙共计用工 317 万个,耗资 397.88 亿元。 4 月 16 日,省立郑州医院落成,院址在苑陵街 7 月 19 日,毛泽东主席为中央军委起草的电报指出:"为着协助陕甘宁击破胡宗南系统,同时协助刘邓经略中原,决将陈赓、谢富治纵队使用方向改为渡河南进,首先攻占潼关、洛阳、郑州段歼灭该区敌人,并调动胡军相机歼灭之…… 8 月,振兴市场在乔家门西建成,该市场从 1947 年 2 月动工兴建,共有简易房 250 间。 12 月中旬,华东野战军及中原野战军陈谢兵团配合刘邓大军发起平汉、陇海破击战。30 日,将平汉线郑州至信阳、陇海线开封至郑州间铁路破坏,歼敌 4.5 万余人。

时间	事件
1948 年	2 月，郑州电信局报务人员在中共地下党员领导下，为反对当局拖延发放工资，发动“饿工斗争”，得到武汉、南京、徐州、西安等电信局的支持。 5 月初，豫陕鄂八地委在登封县大金店成立，李福祥任地委书记，徐林汉任专员，张显阳任军分区司令员。6 月，豫陕鄂八地委改为豫西四地委，辖登封、密县、巩县、荥阳、新郑、长葛、广武、汜水、郑县。 5 月，中共登封县委、县人民民主政府成立，王梦周任书记，岳平任县长。 密县解放，密县人民民主政府成立，霍雷任县长。6 月建立县委，江琴堂任书记。 6 月 22 日，毛泽东同志为中央军委起草攻打郑州的电报命令。 7 月，中牟县人民民主政府成立，冯国彦任县长。8 月，中共中牟县委成立，吴英甫任副书记。 10 月 12 日，中原军区决定发起郑州战役。次日，陈赓、陈锡联、杨勇、秦基伟等在禹县拟定了郑州战役计划。14 日，刘伯承、陈毅、邓小平、邓子恢、李先念向中央军委报告攻击郑州的时间、部署。15 日，中央军委、毛泽东主席电示刘伯承、陈毅、邓小平关于攻击郑州的时机及部署。20 日晚，我军分别由东、西、南三面向郑州紧缩包围，至 21 日深夜，一纵队攻占城东祭城，九纵队进至城西须水、大李地区，九十七团占领城北双桥、岳岗地带，四纵进至城西南近郊，完成了对郑州的包围。22 日，郑州守敌弃城北逃，被我主力部队分路夹击全歼，郑州宣告解放。郑州战役共歼敌 1.1 万余人。23 日，中共中央电贺郑州解放，电文称：“郑州又告解放，陇海、平汉两大铁路的枢纽为我掌握。对于整个战局极为有利，特电祝贺”。

附录：中国历史大事年表

约4000多年前	传说中的炎帝、黄帝、尧、舜、禹时期。
约前21世纪	夏朝建立。
约前16世纪	商汤灭夏，商朝建立。
约前14世纪	盘庚迁都至殷。
约前11世纪	武王灭殷，西周时期开始。
前841年	国人暴动，共和行政。我国历史开始有确切纪年。
前771年	犬戎攻入镐京，周幽王被杀，西周结束。
前770年	周平王迁都洛邑，东周春秋时期开始。
前685年	齐桓公即位，任管仲为相。
前684年	齐鲁长勺之战。
前656年	齐桓公率鲁、宋等七国联军伐楚。
前638年	宋、楚泓水之战，宋襄公败。
前632年	晋、楚城濮之战，楚军大败，晋文公称霸。
前623年	秦穆公称霸西戎。
前597年	晋楚邲之战，晋军大败。楚庄王称霸。
前551年	孔子诞生。
前506年	吴王阖闾伐楚。
前496年	越王勾践大败吴军，阖闾死。吴王夫差即位。
前475年	战国时期开始。
前473年	越王勾践灭吴。
前403年	韩、赵、魏三家被立为诸侯。
前359年	（一说，前356年）商鞅在秦变法开始。
前341年	马陵之战，孙膑大败魏军。
前307年	赵武灵王实行胡服骑射。
前284年	乐毅率五国联军伐齐。
前283年	蔺相如完璧归赵。

前 279 年	田单用火牛阵攻燕,恢复齐国。
前 278 年	诗人屈原投汨罗江。
前 270 年	范雎入秦,秦实行远交近攻计。
前 260 年	长平之战,秦白起大破赵括。
前 257 年	魏信陵君救赵,大破秦军。
前 256 年	秦灭周。
前 238 年	秦王嬴政亲政。
前 227 年	荆轲刺秦王失败。
前 230—前 221 年	秦灭六国。
前 221 年	秦王改称始皇帝,建立郡县制。
前 213、前 212 年	秦始皇焚书坑儒。
前 210 年	秦始皇死,李斯、赵高立二世皇帝。
前 209 年	陈胜、吴广起义,刘邦、项羽起兵。
前 207 年	巨鹿之战,项羽大破秦军。
前 206 年	刘邦灭秦,刘邦被封汉王。西汉纪年开始。
前 202 年	楚汉战争结束,项羽自杀,刘邦称帝。
前 200 年	汉高祖在白登被围。
前 196 年	汉高祖杀韩信、彭越。
前 188 年	吕太后临朝。
前 180 年	吕太后死,陈平、周勃迎汉文帝即位。
前 167 年	缇萦上书,汉文帝废除肉刑。
前 154 年	吴楚七国之乱。
前 138、前 119 年	张骞两次出使西域。
前 133 年	汉武帝诱匈奴兵至马邑,汉、匈之间战争开始。
前 119 年	卫青、霍去病大败匈奴,匈奴退至大漠西北。
前 100 年	苏武出使匈奴,被扣留(十九年后回汉)。
前 99 年	司马迁下狱。
前 87 年	汉昭帝即位,霍光辅政。
前 33 年	呼韩邪单于到长安,王昭君去匈奴。
公元 8 年	王莽建立新朝,西汉亡。
23 年	昆阳之战,刘秀大破王莽军,新朝亡。

25 年	刘秀建立东汉。
67 年	汉使者从天竺取佛经回国。
73 年	班超第一次出使西域。
132 年	张衡发明地动仪。
166 年	第一次党锢事件。
169 年	第二次党锢事件,李膺、范滂等被杀。
184 年	张角领导黄巾军起义。
189 年	董卓进洛阳。
190 年	关东州郡起兵讨董卓。
196 年	曹操迎汉献帝迁都许城。
200 年	官渡之战,曹操大战袁绍。
208 年	赤壁之战,孙权、刘备联军大破曹军。
214 年	刘备进占益州。
220 年	曹操死。曹丕称帝,国号魏。东汉亡。
221 年	刘备称帝,国号汉,史称蜀汉。
222 年	彝陵(猇亭)之战,刘备被陆逊所败。
225 年	诸葛亮平定南中,七擒孟获。
229 年	孙权称帝,国号吴。
234 年	诸葛亮屯兵五丈原,病逝。
249 年	司马懿杀曹爽。
263 年	钟会、邓艾攻蜀,蜀亡。
265 年	司马炎废魏帝,建立西晋,魏亡。
280 年	东晋灭吴。
301 年	氐族人李特率流兵起义。
308 年	匈奴人刘渊称帝。
316 年	匈奴刘曜攻占长安,西晋亡。
317 年	司马睿在建康即位,东晋建立。
319 年	羯族人石勒称赵王。
354 年	桓温北伐,到达灞上。
376 年	前秦苻坚统一北方。
383 年	淝水之战,苻坚大举进攻东晋失败。

399 年	孙恩起义。
420 年	刘裕建立宋朝（刘宋），东晋亡。南北朝开始。
439 年	北魏统一北方。
462 年	祖冲之创大明历。
479 年	萧道成称帝，建立南齐，宋亡。
493 年	北魏孝文帝迁都洛阳。
502 年	萧衍称帝，建立梁朝，南齐亡。
523 年	六镇起义。
534 年	北魏分裂为西魏、东魏。
548—552 年	侯景之乱。
550 年	高洋建立北齐，东魏亡。
557 年	陈霸先称帝，建立陈朝，梁亡。宇文觉建立北周。西魏亡。
531 年	杨坚称帝，建立隋朝，北周亡。
589 年	隋灭陈，统一中国。
605 年	隋建东都，开凿大运河。
611 年	隋末农民大起义开始。
613 年	隋炀帝再征高丽失败。杨玄感反隋。
617 年	瓦岗军占领兴洛仓，李渊太原起兵。
618 年	李渊称帝，建立唐朝；隋炀帝被杀，隋亡。
621 年	李世民平定东都。
626 年	玄武门之变，唐太宗即位。
629 年	玄奘赴天竺取经。
630 年	唐灭东突厥。各族君长尊称唐太宗为“天可汗”。
641 年	唐文成公主和吐蕃松赞干布结婚。
683 年	唐高宗死，武则天临朝。
690 年	武则天称帝，改国号为周。
712 年	唐玄宗即位，次年任姚崇为相。
755 年	安禄山叛乱，颜杲卿、颜真卿发兵抵抗。
756 年	马嵬驿兵变。唐肃宗即位。
757 年	张巡、许远守睢阳；郭子仪等收复长安、洛阳。
762 年	诗人李白去世。

763年	安史之乱结束。
770年	诗人杜甫去世。
783年	朱泚之乱。
805年	王叔文改革(永贞革新)。
817年	裴度、李愬平定淮西。
824年	文学家韩愈去世。
835年	甘露之变。
846年	诗人白居易去世。
874年	王仙芝起义。
880年	黄巢进长安,建立大齐政权。
907年	朱温称帝,建立后梁。唐朝亡,五代时期开始。
916年	契丹耶律阿保机称帝。
923年	李存勖灭后梁,建立后唐。
936年	石敬瑭借契丹兵灭后唐,建立后晋,割让燕云十六州给契丹。
946年	契丹灭后晋。
947年	契丹改国号为辽。刘知远称帝,建立后汉。
951年	郭威称帝,建立后周,后汉亡。
954年	高平之战,周世宗大败北汉。
959年	周世宗死。
960年	赵匡胤称帝,建立北宋,后周亡。五代结束。
986年	北宋征辽失败,杨业战死。
993年	王小波、李顺起义。
1004年	寇准保宋真宗亲征,宋辽澶渊之盟。
1038年	党项族元昊称帝,建立西夏。
1043年	范仲淹实行新政。
1069年	王安石变法开始。
1084年	司马光完成《资治通鉴》。
1115年	女真族完颜阿骨打称帝,建立金朝。
1120年	方腊起义。
1125年	金灭辽。
1127年	金兵攻入东京,北宋亡。宋高宗即位,南宋开始。

1130年	钟相起义。韩世忠在黄天荡阻击金军。
1140年	郾城之战，岳飞大破金军。
1141年	宋金绍兴和议。次年，岳飞被杀害。
1161年	采石之战，虞允文大败金军。
1162年	宋孝宗即位。
1206年	韩侂胄北伐失败。铁木真统一蒙古，称成吉思汗。
1210年	诗人陆游去世。
1234年	蒙古灭金。
1271年	忽必烈称帝，定国号为元。
1276年	元军攻占临安。
1279年	元军攻占厓山，南宋亡。
1283年	文天祥就义。
1351年	红巾军起义。
1368年	朱元璋称帝，建立明朝；明军攻入大都，元亡。
1403年	燕王朱棣进应天，建文帝下落不明。
1403—1433年	郑和七次下西洋。
1449年	土木堡之变；于谦率军民保卫北京。
1457年	夺门之变；于谦被杀害。
1510年	刘六、刘七起义。
1565年	戚继光、俞大猷基本肃清倭寇。
1572年	张居正辅政开始。
1593年	李时珍去世。
1601年	葛贤领导苏州织工反税监斗争。
1616年	努尔哈赤建立后金。
1619年	萨尔浒之战。
1625年	杨涟、左光斗被阉党杀害。
1626年	苏州市民暴动，颜佩韦等五人就义。宁远之战，努尔哈赤受重伤死。
1628年	陕北农民起义。
1633年	徐光启去世。
1636年	李自成称闯王。后金皇太极称帝，改国号为清。
1641年	李自成破洛阳；张献忠破襄阳；徐霞客去世。

1644 年	李自成建大顺政权，入北京，明朝亡；吴三桂降清，清兵入关。
1645 年	清兵南下，史可法守扬州。
1647 年	夏完淳被害。
1652 年	李定国在桂林击败清军。
1662 年	郑成功收复台湾。
1681 年	康熙帝平定三藩之乱。
1682 年	顾炎武去世。
1685、1686 年	雅克萨之战。
1689 年	中俄订《尼布楚条约》。
1690、1696、1697 年	康熙帝三征噶尔丹。
1764 年	曹雪芹去世。
1782 年	《四库全书》修成。
1796—1805 年	白莲教大起义。
1839 年	林则徐虎门销烟 。
1840 年 —1842 年	第一次鸦片战争。
1841 年 5 月	广州三元里人民痛击英国侵略者。
1842 年	《中英南京条约》签订，鸦片战争结束。
19 世纪 40—50 年代	中国无产阶级产生。
1844 年	《中美望厦条约》《中法黄埔条约》签订。
1851 年	金田起义，太平天国建立 。
1853 年	太平天国定都天京《天朝田亩制度》颁布。
1856 年	太平天国领导集团内部互相残杀 。
1856-1860 年	第二次鸦片战争。
1858 年	清政府分别与英、法、美、俄签订《天津条约》。
1859 年	洪仁玕向洪秀全进呈《资政新篇》。
1860 年	清政府分别与英、法、俄签订《北京条约》。
1861 年	北京政变 。
1861 年	总理衙门成立 。
1862 年	京师同文馆成立 。
1864 年	天京陷落，太平天国运动失败 。
19 世纪 60—70 年代	中国民族资产阶级产生 。

19世纪60—90年代	洋务运动。
1883—1885年	中法战争。
1894—1895年	甲午中日战争。
1895年	中日《马关条约》签订。
19世纪90年代	帝国主义国家掀起瓜分中国的狂潮。
1898年	戊戌变法。
1900年	义和团运动高潮。
1900年	八国联军侵华战争。
1901年	《辛丑条约》签订。
1905年	中国同盟会成立。
1911年	黄花岗起义。
1911年	保路运动。
1911年10月10日	武昌起义。
1912年	（民国元年）中华民国成立。
1912年	清帝退位。
1913年	二次革命。
1915年	护国运动开始。
1915年	新文化运动开始。
1916年	袁世凯恢复帝制失败。
1917年	张勋复辟失败。
1917年	护法运动开始。
1919年5月4日	五四爱国运动爆发。
1921年7月	中国共产党成立。
1922年	香港中国海员大罢工。
1922年7月	中国共产党第二次全国代表大会召开。
1923年	京汉铁路工人大罢工。
1924年	中国国民党第一次全国代表大会。
1924年	国共两党第一次合作实现。
1925年	孙中山逝世。
1925年	五卅惨案、五卅反帝爱国运动爆发。
1926年	国民革命军出师北伐。

1927 年 3 月	上海工人第三次武装起义胜利 。
1927 年 4 月 12 日	蒋介石发动“四一二”反革命政变。
1927 年 7 月 15 日	汪精卫发动“七一五”反革命政变。
1927 年 7 月	国民革命失败 。
1927 年 4 月	蒋介石在南京建立国民政府。
1927 年 8 月 1 日	南昌起义 。
1927 年 8 月 7 日	八七会议。
1927 年 8 月	湘赣边秋收起义。
1927 年 8 月	秋收起义部队到达井冈山。
1927 年	广州起义。
1928 年 4 月	井冈山会师。
1928 年	张学良宣布东北易帜。
1931 年	九一八事变。
1931 年	中华苏维埃共和国临时中央政府成立。
1932 年	一·二八事变,十九陆军抗战。
1932 年	伪满洲国成立。
1934 年 10 月	中央红军开始长征。
1935 年 1 月	遵义会议。
1935 年	中共中央发表八一宣言。
1935 年 10 月	红军第一方面军长征到达陕北 。
1935 年	一二九运动。
1936 年 10 月	红军第二、四方面军长征到达甘肃会宁等地,长征结束。
1936 年 12 月 12 日	西安事变。
1937 年 7 月 7 日	卢沟桥事变 。
1937 年	八一三事变。
1937 年 9 月	淞沪会战 。
1937 年	平型关大捷。
1937 年	中国共产党陕北洛川会议。
1937 年 12 月	南京大屠杀。
1938 年	台儿庄战役。
1938 年	毛泽东发表《论持久战》。

1940 年 3 月	汪精卫伪国民政府在南京成立 。
1940 年	百团大战。
1941 年	皖南事变。
1942 年	中国共产党开始整风。
1945 年	中国共产党第七次全国代表大会召开。
1945 年 8 月 15 日	日本宣布投降。
1945 年	中共和谈代表毛泽东等飞抵重庆,重庆谈判开始。
1945 年	双十协定签字 。
1946 年	政治协商会议召开 。
1946 年 6 月	国民党发动全面内战,人民解放战争开始 。
1947 年 6 月	人民解放军开始全国规模的反攻。
1948 年 9 月	辽沈战役开始。
1948 年 11 月	淮海战役开始。
1948 年 11 月	平津战役开始。
1949 年	中国共产党七届二中全会召开。
1949 年 4 月 21 日	毛泽东、朱德发布向全国进军的命令 。
1949 年 4 月 23 日	人民解放军解放南京,国民政府覆亡 。
1949 年 9 月	中国人民政治协商会议第一次全体会议召开 。
1949 年 10 月 1 日	中华人民共和国成立 。
1950 年 10 月	中国人民志愿军赴朝作战。
1950 年	中苏签订《中苏友好同盟互助条约》。
1950 年	中央人民政府颁布《中华人民共和国土地改革法》。
1951 年	西藏和平解放。
1952 年	土地改革基本结束,彻底废除我国两千多年的封建剥削制度。
1953 年	第一个五年计划开始实行。
1953 年	朝鲜战争结束,抗美援朝胜利。
1954 年	日内瓦会议。
1955 年	万隆会议。
1954 年 9 月	第一届全国人民代表大会召开,《中华人民共和国宪法》颁布。
1956 年	我国对生产资料私有制的社会主义改造基本完成(三大改造完成)。
	中国共产党第八次全国代表大会召开。

1957 年	武汉长江大桥建成。
1958 年	党中央提出“鼓足干劲，力争上游，多快好省地建设社会主义”的总路线。
1959 年	庐山会议召开。
1960 年	中苏关系交恶。
1961 年	党和政府全面调整国民经济，恢复发展生产。
1964 年 10 月 16 日	我国第一颗原子弹爆炸成功。
1966 年	“文化大革命”开始。
1967 年 1 月	全国各地掀起夺取党政各级领导权“一月风暴”。
1967 年	我国第一颗氢弹爆炸成功。
1969 年 11 月 12 日	刘少奇逝世。
1970 年	我国成功发射第一颗人造地球卫星——东方红 1 号。
1971 年	粉碎林彪反革命集团。
1971 年 10 月 25 日	我国在联合国合法席位得到恢复。
1971 年 7 月	基辛格访华。
1972 年	田中角荣访华，中日建交 。
1972 年	《中美联合公报》发表。
1976 年 10 月	粉碎江青反革命集团，“文化大革命”结束。
1978 年	中国共产党第十一届三中全会召开。
1979 年	中美建交。
1980 年	中央为刘少奇恢复名誉，我国在广东的深圳、珠海、汕头和福建的厦门建立经济特区。
1980 年 8 月 12 日	刘少奇追悼会在北京人民大会堂召开。
1981 年	中共十一届六中全会在北京举行。
1982 年	颁布第四部《中华人民共和国宪法》《中华人民共和国民法通则》和《中华人民共和国刑法》。
1982 年	大规模平反冤假错案工作基本结束。
1983 年	中国第一台亿次巨型计算机“银河-Ⅰ”诞生。
1984 年 10 月 1 日	首都各界庆祝中华人民共和国成立 35 周年。
1985 年	邓小平宣布中国政府决定裁军 100 万。
1986 年	亚洲开发银行理事会通过决议，接纳中国为亚行成员国。
1987 年	中共十二届七中全会在北京举行。
1988 年	海南省人民政府成立。

1989 年	胡耀邦逝世，天安门广场 6·4 事件发生。
1990 年	中国首次成功举办亚洲运动会。
1991 年	深圳证券交易所正式开业。
1992 年	邓小平讲话，加快改革开放。
1993 年	汪辜会谈。
1994 年	国务院总理李鹏宣布：三峡工程正式开工。
1995 年	北京市委书记陈希同引咎辞职。
1996 年	京九铁路建成通车。
1997 年	香港回归。
1998 年	我国南方出现历史上罕见的特大洪灾。
1999 年	澳门回归。
2000 年	江泽民在广东考察工作期间提出了“三个代表”的重要思想。
2001 年	我国自行研制的“神舟二号”无人飞船在酒泉卫星发射中心发射成功。
2002 年	第十三届太平洋地区核能大会在深圳召开。
2003 年	胡锦涛当选为中华人民共和国主席。
2003 年	神舟五号载人飞船将航天员杨利伟送入太空后安全返回地面，中国第一次载人航天获得成功。
2004 年	中国在北极的第一个科学考察站——黄河站建成。
2005 年	中国神舟六号载人飞船返航，宇航员费俊龙和聂海胜安全返回地面，中国第二次载人航天获得成功。
2006 年	中华人民共和国取消农业税。
2007 年	中国共产党第十七次全国代表大会在北京召开。
2008 年 5 月 12 日	四川省汶川县发生 8.0 级地震。
8 月 8 日至 24 日	第二十九届奥林匹克运动会在北京举行。
2009 年 10 月 1 日	首都各界庆祝中华人民共和国成立 60 周年大会。
2010 年	上海世界博览会开园仪式在上海世博中心举行。
2011 年	中国第十二个五年规划正式开启。
2011 年 7 月 1 日	首都各界庆祝中国共产党成立九十周年大会。
2011 年 11 月 1 日	清晨 5 时 58 分 10 秒“神舟八号”飞船在酒泉卫星发射中心发射升空。
2012 年 2 月 6 日	时任重庆市副市长的王立军进入美国驻成都总领事馆，滞留 1 天后离开。随后有关部门展开调查。2012 年 3 月，中央免去王立军重庆市副市长职务。同年 9 月 24 日，王立军被判处 15 年有期徒刑。

2012 年 3 月 25 日	梁振英当选香港特别行政区第四任行政长官。
2012 年 4 月 10 日	中共中央决定对薄熙来严重违纪问题立案调查。
2012 年 6 月 16 日	神舟九号飞船成功发射。
2012 年 7 月 21 日	北京遭遇特大暴雨山洪泥石流灾害,遇难人数已达 79 人。
2012 年 9 月 25 日	我国第一艘航母辽宁舰按计划完成建造和试验试航工作后正式交接入列。
2012 年 10 月 11 日	中国作家莫言获 2012 年诺贝尔文学奖。
2012 年 11 月 8 日	中国共产党第十八次全国代表大会在京召开。
2013 年 3 月 14 日	十二届全国人大一次会议上习近平当选中华人民共和国新一届国家主席,并当选国家军委主席。
2013 年 4 月 20 日	四川省雅安市芦山县发生 7.0 级强震。
2013 年 6 月 11 日	神舟十号载人飞船在酒泉卫星发射中心发射成功。6 月 13 日 13 时 18 分神舟十号飞船与天宫一号目标飞行器成功实现自动交会对接。
2013 年 7 月 7 日至 7 月 11 日	四川省成都、德阳、绵阳、阿坝、雅安多地遭遇特大暴雨,引发滑坡、泥石流、城市内涝、农田渍害等次生灾害。
2013 年 9 月 22 日	济南市中级人民法院对薄熙来受贿、贪污、滥用职权案做出一审判决,判处无期徒刑,剥夺政治权利终身,并处没收个人全部财产。
2013 年 11 月 9 日至 12 日	“十八届三中全会”在北京召开。
2013 年 11 月 23 日	我国宣布划设东海防空识别区。
2014 年 1 月 9 日	无锡市滨湖区计生局依法对陈婷、张艺谋征收计划外生育费及社会抚养费共计 748 万余元。
2014 年 2 月 25 日	全国人大常委会决定以立法形式将 9 月 3 日确定为中国人民抗日战争胜利纪念日,表明了中国人民维护世界和平的坚定立场。
2014 年 3 月 8 日	凌晨,马航从吉隆坡飞往北京的 MH370 航班与地面失去联络,机上载有 239 人,包括 154 名中国同胞。
2014 年 7 月 29 日	中共中央政治局召开会议,决定 10 月在北京召开中国共产党第十八届中央委员会第四次全体会议,主要议程是,中共中央政治局向中央委员会报告工作,研究全面推进依法治国重大问题。